Direito CONSTITUCIONAL grifado

Francisco Braga

Direito CONSTITUCIONAL grifado

ATUALIZADO ATÉ A EC 132/23 (A "REFORMA TRIBUTÁRIA")

4ª edição

revista, ampliada
e atualizada

2024

EDITORA
JusPODIVM

www.editorajuspodivm.com.br

EDITORA
*Jus*PODIVM
www.editorajuspodivm.com.br

Rua Canuto Saraiva, 131 – Mooca – CEP: 03113-010 – São Paulo – São Paulo
Tel: (11) 3582.5757
• Contato: https://www.editorajuspodivm.com.br/central-de-relacionamento

Diagramação: Ana Paula Lopes Corrêa *(aninha_lopescorrea@hotmail.com*

Capa: Ana Caquetti

B813d Braga, Francisco.
Direito Constitucional Grifado / Francisco Braga – 4.ed., rev., atual. e ampl. – São Paulo: Editora JusPodivm, 2024.

1.728 p.

Inclui Bibliografia
ISBN: 978-85-442-5170-6

1. Direito Constitucional. I. Braga, Francisco. II. Título.

CDD 341.2

BIBLIOTECÁRIA RESPONSÁVEL

Ana Carolina Ribeiro Mois – CRB7 – RJ 007348/0

Agradeço à minha família, pois sem ela não seria quem sou e não teria escrito este livro; aos meus sócios, pois muito aprendo com eles e parte desse aprendizado está nesta obra; e aos meus alunos, por me estimularem diariamente a buscar estar à altura do que esperam de mim.

Mensagem do Autor

Prezado leitor,

Prezada leitora,

Chegamos à 4ª edição do *Direito Constitucional Grifado*. E eu só posso agradecer a vocês pela confiança que depositaram nas edições anteriores.

Muito obrigado, do fundo do meu coração.

Além disso, reafirmo aqui o que afirmei nas edições anteriores do livro: depositei nele (e continuo depositando nas suas atualizações) todas as minhas energias, sempre com o intuito de elaborar o melhor material possível para atingir a finalidade principal a que ele se propõe: a preparação para os concursos públicos (muito embora se trate de uma obra que também consegue atender quem estuda o direito constitucional com qualquer outro objetivo).

Inclusive, aproveito este espaço para renovar (mais uma vez) o compromisso que firmei nas edições anteriores: o Direito Constitucional Grifado será sempre um livro em constante evolução. A cada nova edição, ele ficará melhor do que na edição anterior. Ele nunca ficará estagnado ou pior. Essa promessa eu faço a vocês e a mim mesmo.

Em relação ao formato do livro, ao estilo de escrita e de abordagem dos temas e à utilização dos grifos ao longo do texto, tudo isso se explica pelo fato de que eu já fui "concurseiro", tive aprovações e exerci diferentes cargos, e essa experiência me mostrou o que ajuda e o que atrapalha na preparação para as provas. Assim, todas as dificuldades que eu enfrentei com os meus materiais de estudo procurei eliminar nesta obra. Ou seja, fiz tudo pensando em como tornar o seu estudo mais eficiente (no tempo e no aproveitamento) e agradável.

Por isso, procurei evitar tudo que, a meu ver, pudesse atrapalhar de alguma forma o estudo da matéria, como as notas de rodapé e a falta de transcrição dos julgados e dos textos legais comentados ao longo do livro.

Você vai perceber que o livro não tem nenhuma nota de rodapé. Tudo que você precisa ler está inserido no próprio texto, de modo que não será necessário, em nenhum momento, parar a leitura para buscar detalhes no fim da página.

Além disso, precedentes jurisprudenciais e dispositivos legais (e constitucionais) não foram apenas mencionados ou comentados, mas transcritos no livro. Fiz isso porque, quando me preparava para as provas, sempre que via referência a algum artigo de lei ou a algum julgado, sentia necessidade de pesquisá-lo para conferir o seu conteúdo. Você não terá esse problema aqui.

Em relação aos precedentes jurisprudenciais transcritos no livro, tenho consciência de que algumas pessoas não gostam de lê-los. Se você for uma delas (ou se simplesmente não quiser "perder tempo" fazendo essa leitura), não se preocupe, pois é possível "pular" esses trechos sem medo de ter prejuízo de conteúdo, pois todos os entendimentos jurisprudenciais contidos nessas decisões foram devidamente comentados e explicados antes da respectiva transcrição. Ou seja, a leitura da jurisprudência inserida no livro é apenas um "complemento" para quem quer robustecer o estudo.

Finalmente, chegamos à característica principal deste livro: os grifos.

Todo o livro foi grifado pessoalmente por mim, de modo a destacar apenas os trechos necessários para que você possa revisar a matéria depois de estudá-la. Com isso, você poderá ler todo o conteúdo (do tópico, do capítulo ou mesmo do livro inteiro) sem precisar perder tempo grifando as passagens mais importantes com a preocupação de preparar o material para revisá-lo posteriormente. Tudo isso já foi feito.

Este livro, portanto, já está pronto para você revisar a matéria sem precisar preparar um material resumido para isso. **O seu único trabalho aqui será ler o conteúdo.**

E por que preferi grifar o texto, em vez de utilizar alguma ferramenta tradicional de revisão, como quadros sinóticos ou frases articuladas ao fim de cada capítulo? Por conta das vantagens que os grifos proporcionam.

Em primeiro lugar, embora resumos em forma de quadros e frases – que são recursos já bastante difundidos – sejam excelentes, pela minha experiência de estudos, olhar para o texto original que já havia sido estudado e reler apenas os trechos mais importantes tem um efeito estimulante da memória mais efetivo, pois, em muitos casos, é a imagem que faz serem relembrados certos detalhes. Muitas pessoas, inclusive, possuem memória fotográfica, e ela é ativada quando se olha novamente para o texto que já havia sido lido.

Além disso, os grifos do livro, embora sejam o suficiente para revisar o que foi estudado, não impedem que você faça, adicionalmente, seus próprios grifos e anotações. Você pode utilizá-los como um norte para saber o mínimo que é necessário reler para fazer uma revisão completa, e, a partir disso, fazer seus próprios destaques e o que mais julgar necessário. Tudo depende da sua forma de estudar. Os grifos "de fábrica" são uma ferramenta que se adapta facilmente ao seu estilo de estudo.

E, justamente por serem uma ferramenta adaptável, os grifos tornam possíveis diferentes estratégias de estudo, dentre as quais, você pode escolher a que melhor atenda suas necessidades.

Se você já se encontrar em um nível avançado de preparação e quiser priorizar outras disciplinas que serão cobradas na sua prova, poderá estudar direito constitucional lendo unicamente nossos grifos e, dessa forma, conseguirá rever rapidamente toda a matéria. A mesma coisa poderá ser feita se você estiver em uma reta final para algum concurso (faltando, por exemplo, 30 dias para a prova) e precisar de um material completo e de leitura rápida. Nesse caso, a leitura dos grifos também resolverá, sozinha, o seu problema.

Se, por outro lado, você ainda se encontrar em uma fase inicial da preparação, o método deste livro também atenderá as suas necessidades. Nesse caso, você poderá fazer uma leitura completa da matéria e revisá-la em seguida relendo apenas os grifos. Inclusive, sugiro que faça uma revisão dentro das primeiras vinte e quatro horas após o estudo do tema, pois é cientificamente comprovado que é nesse período que mais esquecemos a matéria estudada, de modo que revisá-la antes de expirado esse prazo garante uma maior fixação do conteúdo. Eu, por exemplo, costumava fazer isso quando era "concurseiro" e sentia na prática os benefícios. É evidente, porém, que essas revisões "imediatas" não eliminam a necessidade de revisões feitas com intervalos maiores de tempo.

Enfim, esses foram os motivos que me levaram a optar pelo método que utilizo neste livro e que me fazem confiar nos bons resultados que ele proporciona.

É isso. Espero que goste da leitura e que tenha sucesso na caminhada.

Um abraço.

FRANCISCO BRAGA

Sumário

1 CONSTITUCIONALISMO

2 CONSTITUIÇÃO

3 NORMAS CONSTITUCIONAIS

4 HERMENÊUTICA CONSTITUCIONAL

5 PODER CONSTITUINTE

6 CONTROLE DE CONSTITUCIONALIDADE

7

TEORIA GERAL DOS DIREITOS HUMANOS E DOS DIREITOS FUNDAMENTAIS

8 DIREITOS FUNDAMENTAIS NA CF/88

10 DIREITOS POLÍTICOS

11 PARTIDOS POLÍTICOS

12 ORDEM ECONÔMICA E SOCIAL

13 REMÉDIOS CONSTITUCIONAIS

14 ORGANIZAÇÃO DO ESTADO

15 REPARTIÇÃO CONSTITUCIONAL DE COMPETÊNCIAS

16 INTERVENÇÃO

18

PODER EXECUTIVO

20 FUNÇÕES ESSENCIAIS À JUSTIÇA

23 FORÇAS ARMADAS

24 SEGURANÇA PÚBLICA

1

Constitucionalismo

A **Constituição**, tal qual a conhecemos hoje, assim como o próprio Direito, é uma invenção humana, é um fenômeno cultural e histórico. A Constituição não foi entregue pela natureza, mas sim escrita pelo homem. Ela é um produto humano, é um produto que decorre de um movimento histórico, cultural, jurídico e político denominado **constitucionalismo.**

A palavra constitucionalismo, assim como a palavra constituição, é plurívoca, isto é, pode ter vários significados diferentes, a depender da linha doutrinária adotada.

Porém, em síntese, constitucionalismo **é o movimento histórico-cultural de natureza jurídica, política, filosófica e social, com vistas (principalmente) à limitação do poder e à garantia de direitos, que levou à adoção de constituições pela maioria dos Estados, especialmente no que concerne à Constituição formal (Constituição escrita).**

Portanto, a partir da constituição histórica, isto é, da constituição em sentido material (que todos os Estados já possuíam e a partir dela se organizavam), a evolução histórica trouxe a constituição formal, a constituição em sentido moderno, a constituição escrita.

Essa constituição em sentido formal, a constituição escrita (como é o caso da CF brasileira de 1988) é a base do sentimento constitucional atual. Os indivíduos têm, dentro de si, como fruto da cultura em que estão imersos, o sentimento constitucional, o qual, como diz Barroso, é o resultado do entranhamento da constituição na vida cotidiana dos cidadãos. Assim, embora possa ser difícil definir com palavras o que é uma constituição, o indivíduo tem, dentro de si, um sentimento de constituição, sentimento esse que engloba a forma escrita, a limitação do poder, a garantia de direitos fundamentais etc.

Portanto, tudo que se tem dentro de si como sentimento cultural do que é constituição é fruto do constitucionalismo.

A constituição em sentido moderno (a constituição escrita) nem sempre existiu. Ela, porém, é importante, porque proporciona publicidade, segurança e clareza.

A doutrina costuma dividir o estudo do constitucionalismo em algumas fases ou ciclos. Trata-se de uma forma de sistematizar o estudo para facilitar a compreensão do fenômeno do constitucionalismo. Aqui, será abordada uma dessas sistematizações que dividem o constitucionalismo em determinadas fases, cada uma delas tendo contribuído para o sentimento de constituição que se tem atualmente.

FASES DO CONSTITUCIONALISMO

O estudo das fases do constitucionalismo não é uniforme na doutrina e, por isso mesmo, pode ser um pouco complicado, já que variados autores usam nomenclaturas e seccionamentos diferentes (isso será melhor explicado à frente). De qualquer forma, o que é necessário ter em mente é que, ao longo da história, é possível identificar diversas manifestações de caráter constitucional, notadamente por serem momentos em que houve limitação do poder do Estado e/ou definição de direitos aos súditos, que, conforme já registrado no tópico anterior, são objetivos do movimento do constitucionalismo.

Enfim, a doutrina fala nas seguintes **fases do constitucionalismo**:

I) Constitucionalismo na antiguidade clássica;

II) Constitucionalismo antigo (Séc. XIII ao final do Séc. XVIII);

III) Constitucionalismo moderno (a partir do final do Séc. XVIII);

IV) Constitucionalismo liberal (do final do Séc. XVIII ao início do Séc. XX);

V) Constitucionalismo social (desde o início do Séc. XX);

VI) Constitucionalismo contemporâneo ou Neoconstitucionalismo (desde meados do Séc. XX – pós II GG).

Todas essas fases foram importantes para a construção da ideia de constituição em sentido moderno, para a construção do sentimento constitucional que carregamos.

Agora, serão vistos os principais aspectos de cada uma das fases.

■ CONSTITUCIONALISMO NA ANTIGUIDADE CLÁSSICA

Na **antiguidade clássica**, havia apenas ideias embrionárias sobre temas que, séculos depois, seriam fundamentais para a constituição em sentido moderno.

A ideia de uma fase do constitucionalismo na antiguidade clássica abrange 3 constitucionalismos diferentes daquela época: I) constitucionalismo hebreu; II) constitucionalismo grego; e III) constitucionalismo romano.

Qual foi a contribuição de cada um desses constitucionalismos existentes na antiguidade clássica?

No **constitucionalismo hebreu**, havia um Estado teocrático (uma teocracia), no qual foram criados limites ao poder político através da Lei do Senhor. Assim, a Lei do Senhor limitava o poder político exercido pelos homens. Tem-se, aí, uma ideia embrionária de hierarquia das leis.

Autores como, por exemplo, Karl Loewenstein dizem que a Lei de Deus, o Torá, teria sido a primeira constituição. Atualmente, a hierarquia de leis é muito importante para a compreensão da constituição em sentido moderno, pois a constituição é a norma de hierarquia mais elevada no sistema normativo.

No **constitucionalismo grego**, existiram, nas cidades-Estados gregas, vários mecanismos de democracia direta, havendo identidade entre governantes e governados. Os cidadãos gregos exerciam, por muitos mecanismos, diretamente o poder. Havia, até mesmo, sorteios de funções públicas, para que os cidadãos as exercessem de forma temporária.

Não se pode esquecer que havia escravidão na Grécia Antiga, de modo que nem todos eram cidadãos. No entanto, na Grécia, houve as experiências concretas de democracia direta mais pujantes conhecidas na história da humanidade.

Além disso, ainda no constitucionalismo grego da antiguidade clássica, houve a ideia de hierarquia das leis, como se pode verificar, por exemplo, na tragédia "Antígona", de Sófocles: Antígona sepultou seu irmão, descumprindo uma Lei de Creonte, rei de Tebas, que proibia esse sepultamento. Quando questionada por Creonte sobre seu ato, Antígona respondeu: "eu deveria dar cumprimento à sua lei ou à lei dos Deuses, que manda dar sepultura?". Como se percebe, aí aparece o conflito entre leis e sua hierarquia.

No constitucionalismo grego, também havia mecanismos que hoje seriam enquadrados como controle de constitucionalidade. São reminiscências históricas que se assemelham ao que hoje chamamos de controle de constitucionalidade. Aí merece destaque o mecanismo chamado "grafé paranomon", por meio do qual, havia o julgamento de uma lei apontada como violadora de princípios e normas superiores dos Deuses.

Finalmente, no **constitucionalismo romano**, verificou-se uma ideia bastante embrionária da separação do poder. O poder era distribuído entre os Cônsules (que eram dois), o Senado e o povo (inclusive, isso deu ensejo à ideia de que havia, na Roma Antiga, uma constituição mista, que é a constituição que divide o poder entre as várias esferas sociais).

■ CONSTITUCIONALISMO ANTIGO

A ideia da constituição em sentido moderno começa a ganhar um impulso maior a partir do chamado **constitucionalismo antigo**, na Idade Média, e essa ideia se firma no **constitucionalismo moderno**, que começa no final do século XVIII.

Quais são os **marcos mais importantes do constitucionalismo antigo e do constitucionalismo moderno**? São os seguintes:

I) **Início do Constitucionalismo antigo**: ocorre no século XIII, na Inglaterra, com a Magna Carta (1215). A Magna Carta, no Século XIII, é o marco inicial do constitucionalismo antigo.

II) **Fim do Constitucionalismo antigo e início do Constitucionalismo moderno**: ocorre no século XVIII, com as Constituições Americana (1787) e Francesa (1791). Essas duas constituições marcam o fim do constitucionalismo antigo e o início do constitucionalismo moderno, elas são **as duas primeiras constituições escritas em sentido moderno.**

→ ATENÇÃO!

No constitucionalismo antigo e no constitucionalismo moderno, alguns movimentos históricos foram decisivos para a formação da ideia de constituição em sentido moderno. Costuma-se identificar esses movimentos históricos pelos países em que ocorreram (eles são conhecidos como constitucionalismos de determinados Estados). Esses movimentos constitucionais decisivos para a formatação da ideia de constituição em sentido moderno são os seguintes:

I) Constitucionalismo inglês;

II) Constitucionalismo norte-americano; e

III) Constitucionalismo francês.

Como se pode perceber, o constitucionalismo nesses casos está vinculado ao nome de algum Estado específico: Inglaterra, Estados Unidos e França. Dentre esses movimentos constitucionais, o inglês se verificou no período do constitucionalismo que chamamos de antigo, enquanto o dos EUA e o da França se deram na fase chamada de constitucionalismo moderno.

■ CONSTITUCIONALISMO INGLÊS

O constitucionalismo inglês é também chamado de constitucionalismo historicista, por ser baseado em tradições e na evolução histórica do regime constitucional, em vez de um ato revolucionário isolado. Ele tem como principais documentos históricos os seguintes:

I) *Magna Charta* (1215);

II) *Petition of Rights* (1628);

III) *Habeas Corpus Act* (1679); e

IV) *Bill of Rights* (1689).

É importante memorizar os anos de cada um dos documentos, pois podem ser cobrados em provas.

Na Idade Média, tinha-se como característica principal o absolutismo dos governantes (que eram tidos como representantes de Deus para governar os indivíduos), e não havia mecanismos participativos (aqui, fala-se da Idade Média na Europa, principalmente). Porém, é na Idade Média que o constitucionalismo ressurge, afinal de contas, na Antiguidade Clássica, havia ideias embrionárias de hierarquias de leis, de separação do poder etc., ideias essas que se perdem com o absolutismo da Idade Média, vindo o constitucionalismo a ressurgir posteriormente.

É que a história da humanidade não é unidirecional, mas pendular, havendo avanços e retrocessos. Nesse contexto, apesar das ideias embrionárias da antiguidade clássica, todo esse avanço se perde com o absolutismo e a falta de mecanismos participativos da Idade Média. No entanto, é aí, na Idade Média, que o constitucionalismo ressurge e "o pêndulo da história começa a voltar": surgem, na Idade Média, documentos escritos que dizem respeito às limitações do poder real (vigora o absolutismo, mas o Rei começa a perder poder), e o grande marco é a Magna Carta, que **não foi uma constituição**, mas sim um pacto medieval (para alguns, foi um foral, uma carta de franquia, um contrato de domínio, mas não foi uma constituição).

A Magna Carta, assim, foi um pacto firmado entre o Rei João Sem Terra e os barões do reino: os barões do reino (os senhores feudais), em troca da renovação do juramento de fidelidade ao Rei, forçaram-no (o Rei) a assinar um documento (a Magna

Carta), no qual, havia a previsão de limites ao poder real (o que até era comum na época, como constava em outros documentos), mas com a grande novidade da possibilidade de os barões atacarem o rei, se este não cumprisse o que prometera no documento (era a famosa Cláusula 61 da Magna Carta).

Alguns dispositivos da Magna Carta ainda estão em vigor e integram o que conhecemos como constituição inglesa, a qual, como se sabe, não é uma constituição escrita (como o é a brasileira de 1988), mas costumeira (ou consuetudinária). **No entanto, não se pode esquecer que há elementos escritos em uma constituição costumeira.**

Ainda no constitucionalismo inglês, alguns séculos após a Magna Carta, a soberania saiu das mãos do Rei (que deixou de ser o soberano absoluto) e migrou para o Parlamento. Houve, portanto, uma transição da soberania, que passou do Rei para o Parlamento. Isso ocorreu após a Revolução Gloriosa (de 1688), a qual transformou a monarquia inglesa, que deixou de ser uma monarquia absolutista e passou a ser uma monarquia constitucional.

Nesse momento, o Parlamento inglês **impôs** ("forçadamente") o *Bill of Rights* (de 16/12/1689) como uma condição para que o novo Rei (Guilherme de Orange) assumisse o trono depois que o Rei anterior fugiu da Inglaterra. Então, o *Bill of Rights* foi o primeiro documento de origem **parlamentar** a **impor limitações** ao poder do monarca (embora não tenha sido o primeiro documento de origem parlamentar no constitucionalismo inglês).

A Magna Carta foi um documento do próprio Rei, que foi forçado a assiná-la pelos barões do reino. Já o *Bill of Rights* foi um documento do Parlamento inglês imposto ao rei, e, nesse documento, tem-se, simbolicamente, o marco do início da soberania do Parlamento.

Lembre-se sempre do seguinte: o exercício do poder através de leis do Parlamento é a ideia básica do Estado de Direito. O Estado de Direito é aquele em que o governante não governa de acordo com a sua vontade absoluta, mas sim à luz das leis editadas pelo Parlamento. Ter essa noção é muito importante, pois o *Bill of Rights* teve esse peso de ser o primeiro documento escrito de origem parlamentar a limitar o poder do Rei, demarcando o início da soberania do Parlamento e firmando uma ideia básica do Estado de Direito: quem governa o faz conforme as leis do Parlamento.

Além disso, a Revolução Gloriosa contribuiu também para a ideia da separação de poderes. Isso porque, após a Revolução Gloriosa, ficou instituído, na Inglaterra, um governo moderado, com base na representação popular, com base nas leis do Parlamento e com uma feição mista, pois o poder foi dividido entre o Rei, a Câmara dos Lordes (aristocracia) e a Câmara dos Comuns. O Parlamento inglês, portanto, convivia com o Rei e tinha duas Câmaras: a Câmara dos Lordes e a Câmara dos Comuns. Percebe-se, assim, que havia a divisão do poder entre as várias esferas sociais, caracterizando uma constituição mista.

A *Petition of Rights* (de 1628) também foi um documento que assegurou o respeito a certas liberdades dos cidadãos, mas, embora tenha sido elaborada por proposta parlamentar, não foi imposta pelo Parlamento ao Rei, mas sim aceita por este após pressão política.

O *Habeas Corpus Act* (de 1679), por sua vez, trouxe delineamentos mais precisos para o *habeas corpus*.

■ CONSTITUCIONALISMO NORTE-AMERICANO

No constitucionalismo norte-americano, os principais documentos foram os seguintes:

I) **Pacto do Mayflower** (o Mayflower foi um navio que levou imigrantes ingleses para a América do Norte, e nele foi firmado um pacto de como seria a vida na terra nova);

II) **Declaração da Virgínia** de 12/06/1776;

III) **Declaração de independência** de 04/07/1776;

IV) **Constituição de 1787** (foi a primeira constituição escrita moderna);

V) ***Bill of Rights*** (10 primeiras emendas) de 1791. Esse *Bill of Rights* (dos EUA) não se confunde com o do constitucionalismo inglês. O *Bill of Rights* norte-americano é o conjunto das 10 primeiras emendas à Constituição norte-americana, e essas 10 primeiras emendas datam de 1791.

O constitucionalismo norte-americano deu diversas contribuições para a constituição em sentido moderno, para o sentimento constitucional.

Em primeiro lugar, é necessário registrar que foi no constitucionalismo norte-americano que surgiu a ideia de **Constituição como "bíblia política"** (expressão cobrada na prova objetiva do concurso de Promotor de Justiça do MPDFT de 2015), sendo a norma suprema da ordem jurídica.

Foi também no constitucionalismo norte-americano que houve a **adoção da Constituição escrita pela primeira vez**, e ela foi adotada como uma decisão do povo, firmando-se aí a ideia de democracia dualista, que é aquela que se baseia em dois tipos de decisões: decisões raras do povo (a constituição) e decisões cotidianas (frequentes) dos governantes (isto é, dos membros do Executivo e do Legislativo).

Na democracia dualista, as decisões raras do povo prevalecem, quando se chocam com as decisões cotidianas dos governantes. Está aí a ideia de supremacia da Constituição: a Constituição, como uma decisão rara de todo o povo, prevalece sobre as decisões cotidianas dos governantes.

Nessa linha de pensamento, fica clara a ideia de que os chamados **pais da constituição** ("framers", expressão do constitucionalismo norte-americano) estabelecem direitos e princípios da constituição que são intocáveis pelos governantes cotidianos.

Esses direitos e princípios intocáveis protegem o povo norte-americano de uma eventual tirania da maioria dos governantes, de uma tirania do Parlamento, que pode ocorrer se o Parlamento legislar oprimindo e violando direitos do povo. Nesse contexto, a constituição funciona como uma salvaguarda em face da possibilidade de uma tirania da maioria, a constituição é tida como uma defesa dos cidadãos contra uma tirania dos governantes, cujos poderes, nesse cenário, são limitados por ela (constituição). E nos EUA, particularmente, isso teve muita importância, principalmente, por conta de questões tributárias, pois, no período colonial, os norte-americanos foram tributados de forma muito pesada pelo Parlamento inglês, o que fez com que o povo dos EUA tivesse muito receio de ser tributado de forma excessiva por seus governantes.

Como se pode perceber, se há decisões raras do povo que não podem ser contrariadas pelas decisões cotidianas dos governantes, isso leva à ideia de supremacia da Constituição, o que resultou em uma contribuição fenomenal do constitucionalismo norte-americano para o constitucionalismo moderno: o controle de constitucionalidade.

A ideia moderna de controle de constitucionalidade, como se pode perceber, nasceu no constitucionalismo norte-americano, mais precisamente, no famoso caso **Marbury *versus* Madison**, em que o juiz Marshall votou no sentido de que a Constituição torna nula qualquer lei inferior que a contrarie.

A guarda da Constituição, no constitucionalismo norte-americano, foi entregue ao Poder Judiciário, e aí nasceu o controle judicial e difuso de constitucionalidade, o chamado ***judicial review***.

Além disso, no constitucionalismo norte-americano, encontra-se a ideia de que não há poderes absolutos ou supremos: todos os poderes derivam da Constituição, e a Constituição se preocupa em tornar esses poderes equilibrados, utilizando mecanismos de freios e contrapesos (pequenas interferências de um Poder nos outros, os famosos *checks and balances*).

Por fim, é importante elencar mais algumas características do constitucionalismo norte-americano:

a) Nele, a constituição tem a função de garantir direitos, e aí entra o papel do *Bill of Rights* (o conjunto das 10 primeiras emendas à constituição norte-americana), que veiculou um catálogo de direitos fundamentais.

b) Nos EUA, a Constituição tem a função de limitar o poder, é uma Constituição garantia, não é uma Constituição dirigente como a CF brasileira de 1988.

c) Nele se deu, com a Constituição de 1787, a instituição (pela primeira vez na história) do modelo federal de Estado em sentido moderno. A federação em sentido moderno nasce, portanto, com a Constituição dos EUA de 1787.

d) O sistema presidencialista de governo nasce na Constituição dos EUA de 1787. É nela, portanto, que nasce o sistema presidencial moderno.

▪ CONSTITUCIONALISMO FRANCÊS

Os principais documentos históricos do constitucionalismo francês são os seguintes:

I) **Declaração dos Direitos do Homem e do Cidadão** de 1789;

II) **Constituição Francesa** de 1791;

III) **Constituição Francesa** de 1793; e

IV) **Constituição Francesa** de 1799.

Quais foram os principais aspectos do constitucionalismo francês que tiveram importância para o conceito moderno de Constituição?

Em primeiro lugar, a ideia de igualdade de todos perante a lei.

Vigorava na França um sistema medieval (o chamado Antigo Regime) no qual se considerava natural que determinadas pessoas tivessem privilégios legais em relação a outras pessoas em virtude do estamento social em que situadas (nesse cenário não se podia falar em classe social, pois classe social é um conceito marxista, apenas surgido posteriormente).

Os estamentos no Antigo Regime francês eram: clero (o chamado Primeiro Estado), nobreza (o chamado Segundo Estado) e o resto da sociedade (o chamado Terceiro Estado, que compreendia a burguesia, os camponeses e os trabalhadores urbanos). Conforme a pessoa fosse do clero, da nobreza ou do restante, ela possuía um regime diferente, sendo dispensados ao clero e à nobreza privilégios especiais, principalmente, no campo tributário. Esse tratamento diferenciado era considerado natural. **Não havia, portanto, igualdade formal**, pelo contrário, a lei criava diferenças entre as pessoas, conforme o estamento social a que pertencessem.

A Revolução Francesa acabou com essa desigualdade formal. Os privilégios do antigo regime estamental foram abolidos e foi promovida a igualdade perante a lei, inclusive, no que tange à tributação. Assim, os direitos passaram a ser atribuídos não em virtude do estamento social ocupado, mas, sim, em razão da qualidade de ser humano (os homens passaram a ser considerados livres e iguais em virtude de sua natureza humana, e não mais desiguais).

O constitucionalismo francês e a formatação teórica do poder constituinte

Para mudar o estado de coisas existente na França e a constituição material do Estado Francês (na época, ainda não existia uma constituição formal na França), ocorreu um fato muito importante para a ideia moderna de constituição: a formatação teórica do poder constituinte.

Foi **no constitucionalismo francês**, no bojo do movimento revolucionário, que o poder constituinte foi sistematizado, foi teorizado racionalmente. Embora já houvesse filósofos começando a tratar do assunto, o marco fundamental da teoria do poder constituinte foi a obra "Qu'est-ce que le Tiers État?" ("O que é o Terceiro Estado?" ou "A Constituinte Burguesa"), escrita pelo Abade Emmanuel Joseph Sieyès. Foi essa obra que, pela primeira vez, formatou o poder constituinte.

Nessa obra de Sieyés, o poder constituinte é entendido como o poder originário que pertence à **Nação** e que é capaz de criar, de maneira autônoma e independente, a constituição escrita. Há, nessa obra, uma distinção entre o que é o Poder Constituinte e o que são Poderes Constituídos.

> **→ A DIVERGÊNCIA DOUTRINÁRIA SOBRE AS FASES DO CONSTITUCIONALISMO**
>
> Conforme alertamos, a doutrina não é uniforme na abordagem das fases do constitucionalismo.
>
> Por exemplo, Pedro Lenza faz uma divisão de acordo com os períodos históricos, falando, assim, em constitucionalismo da Idade Antiga, constitucionalismo da Idade Média, constitucionalismo da Idade Moderna e constitucionalismo da Idade Contemporânea.
>
> Bernardo Gonçalves Fernandes, por sua vez, fala, simplesmente, nos constitucionalismos inglês, norte-americano e francês, dando pouca importância aos marcos verificados antes da Magna Carta de 1215.

Já Marcelo Novelino propõe a seguinte divisão: constitucionalismo antigo, no qual, insere o que aqui chamamos de constitucionalismo da antiguidade clássica e constitucionalismo inglês; constitucionalismo liberal (utilizando como critério a consagração de direitos fundamentais de primeira geração); constitucionalismo social (utilizando como critério a consagração de direitos fundamentais de segunda geração); e constitucionalismo contemporâneo.

Tudo isso nos mostra que, no estudo das fases do constitucionalismo, é comum nos depararmos com sobreposições de um mesmo fenômeno constitucional, sendo ele inserido em períodos rotulados de formas diferentes. Por exemplo, é possível encontrar referências aos constitucionalismos norte-americano e francês como constitucionalismo moderno e como constitucionalismo liberal. E, ao menos nesse caso, uma classificação não exclui a outra, pois o que há, aí, é a utilização de diferentes critérios: enquanto o rótulo constitucionalismo moderno leva em consideração o fato de que foi nos constitucionalismos norte-americano e francês que surgiram as primeiras Constituições escritas em sentido moderno, o rótulo constitucionalismo liberal utiliza como critério o fato de que essas Constituições consagraram direitos fundamentais de primeira geração, caracterizando, portanto, Estados Liberais.

Seja como for, para fins de provas de concursos, é importante conhecer o máximo possível de referências sobre as fases do constitucionalismo, e é justamente por isso que, nos dois próximos itens, serão abordados o constitucionalismo liberal e o constitucionalismo social.

■ CONSTITUCIONALISMO LIBERAL

No bojo do movimento revolucionário, tem-se, a partir da ideia de que os direitos decorrem da natureza humana (isto é, da condição de ser humano), o surgimento dos direitos individuais universais e naturais de todas as pessoas, que estão expressos na Declaração dos Direitos do Homem e do Cidadão da Assembleia Francesa (de agosto de 1789). Surgem aí os **direitos fundamentais de primeira geração**, que exigem, basicamente, uma abstenção do Estado, tratando-se dos direitos civis e políticos básicos, como o direito de propriedade, o direito de manifestação do pensamento etc.

O constitucionalismo francês foi de grande relevância para a formatação do conceito de Constituição moderna, pois, além de tudo que foi visto, esse movimento foi importante, ainda, para a consolidação da limitação do poder, através da separação de poderes ("O Espírito das Leis" – Montesquieu, 1748); para consolidar a ideia de Constituição escrita, pois a segunda Constituição escrita em sentido moderno foi a Constituição francesa de 1791; e para a formatação do modelo de Estado liberal, que é aquele Estado que não se intromete na vida dos cidadãos, que deixa o mercado e a sociedade (as relações sociais e econômicas) livres, sem interferência (é o chamado Estado de abstenção, que é o que cuida do mínimo necessário à vida das pessoas, como a segurança interna e externa, as fronteiras, o Poder Judiciário, a manutenção dos contratos etc.).

O modelo de Estado liberal emerge, na mesma época, na França e nos Estados Unidos, dando ensejo ao surgimento do chamado **constitucionalismo liberal**, que prega um Estado mínimo, um Estado de abstenção, um Estado que não interfere nas relações sociais e econômicas. Então, é isso o que surge no final do século XVIII (e impera no século XIX): constituições escritas garantindo os direitos fundamentais de primeira geração, que exigem do Estado, principalmente, uma abstenção, um não fazer, o dever de não se intrometer na vida das pessoas. As relações sociais e econômicas, nesse modelo de Estado, devem ser regidas pela mão invisível do mercado, como diria Adam Smith.

Assim, na época do constitucionalismo liberal, a Constituição tinha de atender a 3 requisitos: I) ser escrita; II) assegurar direitos fundamentais de primeira geração (direitos civis e políticos clássicos); e III) limitar o poder.

Nesse modelo de Constituição, tem-se, por exemplo, a Constituição de Cadis – Espanha (1812); a Constituição de Portugal de 1822; a primeira Constituição Brasileira de 1824; a Constituição da Bélgica de 1831 etc.

■ CONSTITUCIONALISMO SOCIAL

No início do século XX, a ideia de constitucionalismo liberal sofre um abalo enorme, porque surgem os direitos fundamentais de segunda geração, que são os direitos sociais, os quais são os direitos que exigem do Estado, principalmente, uma atuação positiva, um fazer. O Estado, com isso, deixa de ser o Estado Liberal e passa a ser o Estado de Bem-Estar Social (ou o Estado Social), e, aí, nasce o **constitucionalismo social**, o qual é marcado pela existência de **direitos fundamentais de segunda geração** e por uma atuação positiva do Estado.

O Estado Liberal se retraía, afastava-se do cidadão, enquanto o Estado Social vai para junto do cidadão prestar serviços, prestar direitos sociais.

O marco do constitucionalismo social é o advento de duas constituições: a Constituição mexicana de 1917 e a Constituição de Weimar (Alemanha) de 1919.

■ CONSTITUCIONALISMO CONTEMPORÂNEO (OU NEOCONSTITUCIONALISMO)

O neoconstitucionalismo (ou constitucionalismo contemporâneo) é o estágio atual do constitucionalismo, tendo surgido na segunda metade do século XX, no pós 2ª Guerra Mundial, depois da barbárie nazista.

Por que surge o neoconstitucionalismo? Porque, na primeira metade do século XX, predominava o positivismo jurídico, no qual o direito era formal e neutro, era desvinculado de questões éticas e morais, o que fez com que os nazistas utilizassem o ordenamento jurídico como instrumento para suas práticas abomináveis.

O Direito, então, foi utilizado como instrumento pelos nazistas, que se valiam, inclusive, de normas jurídicas aprovadas por populares em plebiscitos (ainda que se possa discutir se, nesses plebiscitos, as pessoas tinham real liberdade para manifestar suas opiniões). O fato é que, diante da utilização do próprio sistema normativo positivado como instrumento para práticas abomináveis, algo tinha de mudar.

No Tribunal de Nuremberg, membros do partido nazista se defenderam com base no formalismo e no direito positivo, dizendo que apenas estavam observando o Direito Alemão e que estavam sendo julgados por um tribunal de exceção por algo que não era crime à época em que foi praticado, violando, assim, várias regras e princípios do Direito Penal.

Nesse cenário, percebeu-se que o formalismo do Direito não poderia perdurar, que o Direito não poderia mais ser neutro, isto é, ser algo que respondesse ao formalismo puro. O mundo reclamava por novas concepções jurídicas.

Então, depois da 2ª Guerra Mundial, no bojo do pós-positivismo, alguns autores passaram a falar em uma nova fase do constitucionalismo, que seria o constitucionalismo contemporâneo (ou neoconstitucionalismo).

O neoconstitucionalismo não é um modelo que pretende ser aplicado a todas as constituições, mas apenas às constituições de Estados democráticos.

As **características** do neoconstitucionalismo são as seguintes:

1) A **dignidade da pessoa humana** passa a ser o valor supremo e passa a ser o fundamento do Direito e da Constituição. Assim, uma norma produzida em conformidade com o direito, mas que viola a dignidade da pessoa humana, não tem mais legitimidade.

2) **Não há mais uma separação rígida entre o Direito e a moral**. Ao contrário, adota-se uma leitura moral do Direito e da Constituição. Assim, a interpretação da constituição passa a sofrer uma influência da moralidade crítica, passa por um filtro moral e ético. Há, nesse contexto, uma crítica à legalidade estrita, ao positivismo puro, de modo que o formalismo jurídico perde espaço e as normas da constituição passam a ter uma forte carga axiológica.

3) A **matéria tipicamente constitucional** passa a incluir, além de direitos fundamentais, valores, opções políticas, diretrizes dirigidas aos poderes estatais. Assim, as constituições se tornam cada vez mais dirigentes, prolixas (alguns autores chamam de constituições totais).

4) A **Constituição, cujos preceitos eram encarados como meras sugestões, passa a ter um valor jurídico**, deixando de ser vista como um documento meramente político e passando a ter força impositiva. Assim, consolida-se a visão jurídica de constituição, que, aliás, já vinha sendo construída desde a primeira metade do século XX. Nesse sentido, todas as disposições constitucionais passam a ser entendidas como normas **jurídicas** e há o reconhecimento da força normativa de todas elas, inclusive, das normas programáticas.

5) A Constituição passa a ocupar uma **posição formal hierarquicamente superior** a todas as demais normas.

6) A Constituição passa a ser tida como um **vetor interpretativo fundamental** para a compreensão de todos os ramos do Direito (tudo é visto à luz da constituição). O centro do sistema normativo passa a ser a Constituição (papel que, anteriormente, era ocupado pelo Direito Civil). Os valores e as normas constitucionais (principalmente, os que dizem respeito aos direitos fundamentais) passam a se irradiar sobre todos os ramos do Direito, constitucionalizando toda a ordem jurídica, filtrando todo o ordenamento jurídico. Assim, todos os ramos do direito passam a ser vistos e interpretados de acordo com a constituição e com os direitos humanos e fundamentais.

7) Passa a haver uma **convivência de muitos valores**, valores esses muitas vezes contrapostos (contraditórios) entre si.

8) Nesse quadro, **têm destaque os princípios**, especialmente, para a técnica de ponderação de interesses. Os princípios são entendidos como espécies de normas, ao lado das regras. As normas, então, são o gênero que apresenta como espécies os princípios (normas princípios) e as regras (normas regras). Para isso, foram fundamentais as contribuições de Ronald Dworkin e Robert Alexy, além de outros autores.

9) Os **princípios ganham importância no processo de aplicação do Direito**. O processo de aplicação do direito deixa de ser regido apenas pela ideia de subsunção, ganhando relevo a técnica da ponderação, bem como a proporcionalidade e a razoabilidade. Métodos de interpretação do direito menos formalistas e mais abertos passam a ser privilegiados, havendo uma aproximação entre racionalidade jurídica e razoabilidade. A constituição, com tudo isso, passa a ter uma presença decisiva em todas as questões jurídicas, em todos os conflitos de interesse (até mesmo, por exemplo, em uma discussão entre vizinhos).

10) Nesse contexto, surgem **novos fenômenos típicos do neoconstitucionalismo**, tais como: I) a constitucionalização do direito (todo o direito é constitucionalizado, isto é, o texto constitucional passa a tratar de outros ramos do direito, e não apenas do direito constitucional); II) a filtragem constitucional (todas as relações jurídicas, sociais, políticas etc., devem ser lidas à luz de um filtro, que é a Constituição); III) a onipresença da Constituição (a Constituição é onipresente, está presente em todas as relações humanas, sociais e políticas); IV) a política passa a ser objeto da jurisdição (é o fenômeno da jurisdicionalização da política), e, com isso, a importância do Poder Judiciário, na arena política, passa a ser outra, o papel do Poder Judiciário passa a ser muito mais relevante na arena política (com tudo isso, a jurisdição passa a ter um lugar de destaque muito grande, lugar de destaque esse que ameaça o até então conhecido Estado legiscêntrico, que é aquele em que o papel da lei – isto é, do Poder Legislativo – é central). No modelo tradicional, o centro da separação dos poderes é o Poder Legislativo, que é quem toma a decisão política que deve ser executada pelo Poder Executivo e deve ser o ponto de partida para a tomada da decisão judicial, mas, no século XX, o Estado legiscêntrico é abalado pelo crescimento do Poder Judiciário, pois o âmbito do legislador é diminuído pela Constituição e pelos direitos fundamentais.

Partindo do que vimos acima, Luis Prieto Sanchís, que é um expoente do Neoconstitucionalismo, define-o da seguinte forma: "mais princípios do que regras, mais ponderação que subsunção, constelação plural de valores consagrados na Constituição e onipotência judicial". Apesar de um pouco exagerada, essa definição retrata as características marcantes do constitucionalismo contemporâneo.

É importante registrar que o neoconstitucionalismo, por conta da sua falta de moderação em algumas questões, sofre muitas **críticas**, dentre as quais, as mais relevantes são as seguintes:

1) Há um **excesso de protagonismo judicial** no neoconstitucionalismo. Aqui, cabe lembrar que os membros do Judiciário não são eleitos, sendo que, nos

termos da CF/88 (art. 1º, parágrafo único), todo o poder pertence ao povo, que o exerce diretamente ou por meio de representantes eleitos (dentre os quais, não se encontram os membros do Judiciário). Importante notar que existe legitimidade dos membros do Poder Judiciário, mas essa legitimidade não decorre do mecanismo de democracia representativa (pois eles não são eleitos), e, mesmo assim, eles têm papel excessivo no neoconstitucionalismo.

2) O **excesso de ativismo judicial**. Com esse excesso, o Poder Judiciário estaria desequilibrando a separação de poderes, invadindo as atribuições dos demais Poderes.

3) O **descompromisso metodológico**: as decisões judiciais não têm compromisso metodológico, tudo é muito subjetivo, o que gera a crítica seguinte.

4) Insegurança jurídica.

5) Desvalorização da política e dos representantes eleitos pelo povo.

Neste momento, um **alerta** se faz necessário: apesar de alguns autores se referirem ao neoconstitucionalismo como sinônimo de pós-positivismo, tal assertiva não é tecnicamente correta. Na verdade, o pós-positivismo é o paradigma de pensamento teórico do Direito que surgiu como uma crítica ao positivismo jurídico. O neoconstitucionalismo, por sua vez, é a fase do constitucionalismo que se manifestou em um cenário de predomínio do pós-positivismo.

Como se pode perceber, o neoconstitucionalismo é apenas um dos fenômenos do Direito que tiveram como base o pensamento pós-positivista, mas não o único, ou seja, o pós-positivismo não influenciou apenas o Direito Constitucional, mas todos os ramos do Direito.

No século XX, houve uma intensa globalização das relações sociais, econômicas, jurídicas etc., e essa globalização modificou o constitucionalismo. Isso porque essa globalização trouxe, dentre outros aspectos, a existência de relações íntimas entre as ordens jurídico-constitucionais dos diversos Estados do mundo entre si (por exemplo, há relações entre as ordens constitucionais brasileira e norte-americana; entre as ordens constitucionais argentina e peruana; entre as ordens constitucionais inglesa e francesa etc.).

Da mesma forma, há relações entre as ordens constitucionais dos Estados e normas internacionais e supranacionais.

Também há relações entre Estados e organismos internacionais.

Tudo isso influenciou o constitucionalismo.

Dentre os diversos aspectos que podem surgir a partir das constatações acima, é importante observar que os autores começam a falar, por exemplo, em **transconstitucionalismo**, **crossconstitucionalismo**, **constitucionalismo cruzado**, **constitucionalismo transversal**, **fecundação ou fertilização cruzada**, **pluralismo constitucional**, **constitucionalismo multinível** etc. Essas expressões, muitas vezes, são usadas como sinônimo desse entrelaçamento de ordens jurídicas e, outras vezes, têm significado próprio e específico.

É importante abordar, pelo menos, o transconstitucionalismo, que pode ser cobrado em provas.

▪ TRANSCONSTITUCIONALISMO

O transconstitucionalismo tem como principal nome o professor Marcelo Neves, com sua obra "Transconstitucionalismo".

Transconstitucionalismo significa a utilização, na prática constitucional de um determinado Estado, de argumentos, teorias e decisões judiciais oriundos do constitucionalismo de outro Estado ou de instâncias supranacionais ou de tribunais internacionais. Tem-se, portanto, um entrelaçamento de ordens jurídico-constitucionais diversas. E isso ocorre na realidade brasileira, pois a nossa a ordem jurídico-constitucional está entrelaçada, por exemplo, com a ordem jurídico constitucional norte-americana e com o que deliberam tribunais internacionais.

O transconstitucionalismo se verifica na prática quando, por exemplo, o STF, ao decidir um caso (como uma ADI, uma ADC, um Recurso Extraordinário etc.), utiliza noções oriundas dos constitucionalismos norte-americano, alemão, argentino, colombiano etc.

▪ NOVO CONSTITUCIONALISMO LATINO-AMERICANO

Hoje, os autores já falam no **novo constitucionalismo latino-americano**. O que seria isso? Diz respeito a um modelo de constitucionalismo próprio da América Latina (na qual, como se sabe, o Brasil está inserido). Esse novo modelo de constitucionalismo daria ensejo à formação de um Estado plurinacional e multiétnico com base na valorização da cultura dos povos originários que aqui se encontravam quando da chegada dos navegadores europeus.

Até o advento dessa proposta, os povos originários da América Latina (em especial, os povos indígenas), com estilo de vida mais próximo da natureza, com conhecimento em astronomia, foram deixados em segundo plano, pois o que prevaleceu foi a visão do colonizador europeu. Assim, o novo constitucionalismo latino-americano propõe um resgate da cultura dos povos pré-colombianos, em nítido contraste com o modelo adotado até agora, cuja matriz é europeia.

A proposta é que, nesse novo constitucionalismo, haja uma igualação das culturas pré-existentes com as culturas europeias. Então, esse modelo pretende ter como base um diálogo intercultural entre as culturas originárias e as culturas europeias de forma não hegemônica, mas igualitária, sem se partir do pressuposto de que a cultura europeia é "melhor", mais avançada etc.

Além desse diálogo cultural não hegemônico, outra característica do novo constitucionalismo latino-americano é a ampla participação popular.

Os grandes marcos do novo constitucionalismo latino-americano são as Constituições do Equador de 2008 e da Bolívia de 2009.

▪ CONSTITUCIONALISMO DO FUTURO

A etapa do constitucionalismo em que nos encontramos é o constitucionalismo contemporâneo, mas já se fala no constitucionalismo do futuro, ainda por vir.

Sobre o tema, José Roberto Dromi, autor argentino, publicou um artigo que foi citado por alguns autores brasileiros, já tendo a matéria sido cobrada em concursos. O doutrinador argentino indicou quais valores o constitucionalismo do futuro irá consagrar.

Nesse contexto, segundo Dromi, **as Constituições do futuro terão 7 valores fundamentais**:

1) **Verdade** (no sentido de que as Constituições do futuro não estabelecerão promessas inalcançáveis, impossíveis, mas apenas promessas possíveis de serem cumpridas);

2) **Solidariedade** (entre os povos);

3) **Consenso** (as Constituições do futuro serão fruto de um consenso democrático, o que, no entanto, será bastante difícil, principalmente, se se levar em conta que as sociedades modernas são marcadas pelo pluralismo e pelo dissenso);

4) **Continuidade** (as Constituições do futuro não deverão ter mudanças bruscas, não quebrarão a lógica do sistema, devendo preservar a identidade de cada Estado);

5) **Participação** (as Constituições do futuro irão consagrar uma participação maior do povo na vida política, uma participação mais ativa da sociedade na vida política);

6) **Integração** (a Constituição possui um efeito integrador, devendo efetivamente atuar como o principal elemento de integração da comunidade que é); e

7) **Universalização** (quando Dromi fala em universalização, refere-se à universalização dos direitos fundamentais, que, nessa linha de pensamento, deverão ser consagrados em todas as Constituições).

▪ CONSTITUCIONALISMO WHIG (OU TERMIDORIANO)

A melhor forma de compreender o constitucionalismo whig é ter em mente que ele não necessariamente é ou foi uma fase da evolução do constitucionalismo, muito embora a expressão ("constitucionalismo whig") decorra de um período histórico do constitucionalismo.

O constitucionalismo whig, na verdade, é, mais propriamente, um tipo de constitucionalismo ou mesmo um predicativo que pode ser atribuído ao constitucionalismo de determinado Estado e/ou de determinada época que apresente certas características.

E o que caracteriza o constitucionalismo whig (ou termidoriano)? O fato de a mudança do regime constitucional ocorrer em um processo evolutivo lento e gradual, sem revoluções e cenários de violência. As mudanças ocorridas ao longo desse processo podem até ser profundas (e, nesse sentido, seriam "radicais"), mas não decorrem de radicalismos violentos.

É por esse motivo que o constitucionalismo whig é fortemente associado ao constitucionalismo inglês, que, como vimos, é historicista. Inclusive, ele surgiu justamente na Inglaterra, tratando-se de uma referência ao partido político lá dominante na época da Revolução Gloriosa: o partido Whig.

Conforme já estudamos, após a Revolução Gloriosa, o Parlamento Inglês impôs a Henrique d'Orange o *Bill of Rights* como condição para a sua ascensão ao poder como Rei, e a principal força parlamentar nesse período eram os Whigs, que permaneceram figurando entre os principais partidos políticos ingleses até a Primeira Guerra Mundial.

É desse contexto que vem a expressão "**constitucionalismo whig**".

Mas por que esse constitucionalismo também é chamado de **termidoriano**? Por conta da Revolução Francesa, o que pode até parecer estanho, tendo em vista que a Revolução Francesa é, muitas vezes, lembrada por atos de violência, enquanto o constitucionalismo whig, com vimos, é marcado por uma evolução lenta e gradual do regime constitucional.

Ocorre que, ao longo da Revolução Francesa, houve períodos mais violentos e períodos menos violentos. A sua fase mais violenta (que foi a segunda fase, a dos jacobinos) ficou conhecida como "Período do Terror", e ela teve fim quando os líderes desse regime radical (dentre eles, Robespierre) foram retirados do poder e condenados à guilhotina.

Com a queda de Robespierre e o fim do terror jacobino, ascenderam ao poder os girondinos, que eram moderados e conservadores.

E de onde vem a expressão "termidoriano"? Da data em que tudo isso aconteceu.

É que, durante a Revolução Francesa, houve a criação de um calendário próprio (chamado de calendário revolucionário francês ou calendário republicano) como uma forma de representar o rompimento com o regime anterior. E o golpe que derrubou os jacobinos (e permitiu a ascensão dos girondinos ao poder com um pensamento moderado) ocorreu no dia 27 de julho de 1794, que no calendário revolucionário era o **dia 9 do mês Termidor**. É por esse motivo, inclusive, que o golpe que pôs fim ao período do terror é chamado de Golpe do 9 Termidor.

Perceba que o Golpe do 9 Termidor permitiu que o constitucionalismo francês retrocedesse no radicalismo violento, passando a ter caráter mais moderado e conservador, o que é compatível com a linha de pensamento de um processo evolutivo mais lento e gradual, tal qual o que se verificou na Inglaterra. É por isso que o constitucionalismo whig também é chamado de constitucionalismo termidoriano.

Portanto, a ideia por trás desse tipo de constitucionalismo e as terminologias empregadas para se referir a ele ("whig" e "termidoriano") têm origem no constitucionalismo inglês e no constitucionalismo francês, apesar das diversas diferenças existentes entre essas duas fases do fenômeno do constitucionalismo.

■ CONSTITUCIONALISMO ABUSIVO E CONSTITUCIONALISMO AUTORITÁRIO

A ideia de **constitucionalismo abusivo** foi criada por **David Landau** para se referir ao cenário em que o Estado (mais precisamente, os agentes que exercem o poder) faz uso de meios formalmente legítimos para alterar ou mesmo substituir a Constituição e as demais normas do ordenamento jurídico com o propósito (disfarçado) de **enfraquecer o regime democrático, os direitos fundamentais e as instituições estabelecidas no texto constitucional.** Ou seja, em um constitucionalismo abusivo, os órgãos e poderes constituídos se valem de mecanismos previstos na própria Constituição para alterá-la (e alterar outras disposições da ordem jurídica) e, assim, atingir o objetivo (não declarado) de minar a democracia.

Em outras palavras: o constitucionalismo abusivo nada mais é do que o uso abusivo dos mecanismos de criação de normas, especialmente, as normas constitucionais (tanto originárias quanto derivadas), com o propósito velado de enfraquecer o regime democrático, os direitos fundamentais e as instituições estabelecidas na Constituição. Cuida-se de um **verdadeiro "abuso do direito" de exercer o poder constituinte (e os poderes constituídos)**.

O constitucionalismo abusivo, portanto, **não é uma fase histórica do constitucionalismo**, mas sim uma prática que pode se verificar em qualquer ordem constitucional, embora, no contexto atual, venha se mostrando mais comum na América Latina (como o que ocorreu na Bolívia, em que o Tribunal Constitucional, realizando uma mutação que contrariou disposição expressa da Constituição, permitiu a reeleição ilimitada para cargo eletivos, em especial, para o cargo de Presidente da República, então ocupado por Evo Morales).

Quando se está em um contexto de constitucionalismo abusivo, muitas vezes não é possível perceber, pelo menos em um primeiro momento, que as mudanças na ordem constitucional prejudicam o regime democrático, pois elas são pontuais e gradativas, não gerando grandes rupturas.

No Brasil, a expressão "constitucionalismo abusivo" foi utilizada pelo Min. Luís Roberto Barroso em decisão monocrática proferida na **ADPF 622 MC** em 20/12/2019. Nas palavras do Ministro, *"o constitucionalismo e as democracias ocidentais têm se deparado com um fenômeno razoavelmente novo: os* ***retrocessos democráticos****, no mundo atual, não decorrem mais de golpes de estado com o uso das armas. Ao contrário, as maiores ameaças à democracia e ao constitucionalismo são resultado de* ***alterações normativas pontuais, aparentemente válidas do ponto de vista formal****, que, se examinadas isoladamente, deixam dúvidas quanto à sua inconstitucionalidade. Porém, em seu conjunto, expressam a adoção de medidas que vão* ***progressivamente corroendo a tutela de direitos e o regime democrático****.*

Esse fenômeno tem recebido, na ordem internacional, diversas denominações, entre as quais: ***"constitucionalismo abusivo", "legalismo autocrático" e "democracia iliberal"****. Todos esses conceitos aludem a experiências estrangeiras que têm em comum a atuação de líderes carismáticos, eleitos pelo voto popular, que, uma vez no poder,* ***modificam o ordenamento jurídico****, com o propósito de assegurar a sua permanência no poder. O modo de atuar de tais líderes abrange: (i) a tentativa de esvaziamento ou enfraquecimento dos demais Poderes, sempre que não compactuem com seus propósitos, com ataques ao Congresso Nacional e às cortes; (ii) o desmonte ou a captura de órgãos ou instituições de controle, como conselhos, agências reguladoras, instituições de combate à corrupção, Ministério Público etc; (iii) o combate a organizações da sociedade civil, que atuem em prol da defesa de direitos no espaço público; (iv) a rejeição a discursos protetivos de direitos fundamentais, sobretudo no que respeita a grupos minoritários e vulneráveis – como negros, mulheres, população LGBTI e indígenas; (v) o ataque à imprensa, sempre que leve ao público informações incômodas para o governo".*

É importante notar que o constitucionalismo abusivo **não se confunde com o constitucionalismo autoritário**, que também não é uma fase específica da história do constitucionalismo, mas sim uma prática constitucional ilegítima.

A primeira diferença entre eles é que, enquanto o constitucionalismo abusivo é "sorrateiro", o constitucionalismo autoritário é marcado por uma verdadeira ruptura da ordem constitucional.

O **constitucionalismo autoritário**, ideia concebida por **Mark Tushnet**, fica caracterizado quando a Constituição é criada (ou radicalmente alterada) para dar um "verniz" de legitimidade a um regime sabidamente autoritário. Nele, portanto, a Constituição é utilizada como um simples instrumento legitimador do regime vigente, sem que haja um verdadeiro compromisso dos exercentes do poder com a ordem constitucional.

Diferentemente do que ocorre no constitucionalismo abusivo, no constitucionalismo autoritário é perfeitamente possível perceber as alterações na ordem constitucional, que são realizadas com o objetivo de "legitimar" o exercício do poder (e a permanência nele) de forma autoritária pelos governantes. O constitucionalismo autoritário, portanto, é marcado por um "golpe" que acarreta uma **ruptura da ordem constitucional** e inaugura um novo Estado (totalitário), que, embora não tenha legitimidade na vontade popular, é legitimado (formalmente) pela Constituição.

Dois claros exemplos de constitucionalismo autoritário na história brasileira são a Constituição de 1937 e a Constituição de 1967, a primeira criada para dar legitimidade à ditadura de Getúlio Vargas e a segunda, para legitimar a ditadura militar.

■ CONSTITUCIONALISMO DIGITAL

O constitucionalismo digital, em linhas gerais, é o rótulo dado às respostas do constitucionalismo (mais precisamente, da Constituição) aos desafios decorrentes do avanço da tecnologia digital, com o objetivo de proteger os indivíduos contra as "garras" desse avanço tecnológico.

Em outras palavras: a expressão "constitucionalismo digital" é empregada para se referir a um cenário em que há a consagração, em sede constitucional, de medidas que protegem os indivíduos contra o avanço da tecnologia digital, medidas essas que se apresentam, notadamente, sob a forma de direitos fundamentais.

O constitucionalismo digital, portanto, pode ser definido como a resposta da Constituição aos avanços tecnológicos, com o objetivo de proteger os indivíduos dos abusos cometidos no mundo digital.

O melhor exemplo de manifestação do constitucionalismo digital no ordenamento jurídico brasileiro é, sem dúvida, a expressa consagração na Constituição Federal do direito fundamental à proteção de dados pessoais, que se encontra previsto no art. 5º, LXXIX, incluído no texto constitucional pela EC 115/2022. Veja o teor desse dispositivo:

> "**Art. 5º, LXXIX, CF/88 -** é assegurado, nos termos da lei, o direito à proteção dos dados pessoais, inclusive nos meios digitais."

Luís Roberto Barroso, ao tratar do constitucionalismo digital, esclarece que ele foi uma resposta do constitucionalismo à "revolução digital".

Segundo Barroso, a revolução digital, por conta das modificações que causou na sociedade e dos consequentes desafios gerados a partir disso, fez surgirem novos direitos fundamentais, dos quais é exemplo o **direito à inclusão digital**. Ele explica que, em um mundo digital, fere a dignidade da pessoa humana privar o indivíduo do acesso aos meios tecnológicos, de modo que a inclusão digital se torna um direito fundamental.

Outra questão bastante interessante trazida por Barroso acerca do constitucionalismo digital é que nele (no constitucionalismo digital) nós temos uma remodelação dos paradigmas do próprio constitucionalismo.

Como assim?

Como sabemos, o constitucionalismo tem como finalidades básicas organizar o Estado, limitar o poder estatal (o que compreende, por exemplo, a separação dos Poderes) e assegurar direitos aos indivíduos (os direitos fundamentais).

No constitucionalismo digital, essas finalidades continuam presentes, em especial, a finalidade de limitar o poder estatal. Porém, a limitação do poder, no constitucionalismo digital, não se dirige apenas ao Estado, passando a alcançar, também, agentes privados, principalmente, as chamadas "Big Techs".

"Big Techs" é a expressão utilizada para se referir às grandes empresas que dominam o mercado da tecnologia da informação, e alguns dos principais exemplos são *Google*, *Facebook*, *Instagram*, *WhatsApp* e *Telegram*.

Mas por que razão as "Big Techs" são uma preocupação do constitucionalismo digital?

Porque as "Big Techs", principalmente as responsáveis por redes sociais, criam espaços não estatais nos quais as pessoas convivem amplamente, mantendo desde relações amorosas a relações comerciais. Nas palavras de Barroso, são verdadeiros **espaços "públicos" privados.**

Esse cenário faz surgir a necessidade de proteger os indivíduos de determinadas situações, especialmente, situações violadoras de direitos fundamentais ligados à vida privada e dados pessoais. E essa proteção, invariavelmente, envolve a limitação do poder das "Big Techs", pois são elas as principais responsáveis (pelo menos em potencial) pela violação desses direitos.

É por isso que no constitucionalismo digital temos uma remodelação do próprio constitucionalismo, pois, enquanto a concepção clássica do constitucionalismo (e dos direitos fundamentais) sempre teve como uma de suas preocupações básicas proteger o indivíduo do abuso do poder estatal, no constitucionalismo digital uma das principais preocupações é proteger o indivíduo não só do Estado, mas também de outros agentes privados, notadamente, das "Big Techs".

E foi justamente com o objetivo de assegurar essa proteção contra os avanços da tecnologia digital que foram editados no Brasil o Marco Civil da Internet (Lei 12.965/14) e a Lei Geral de Proteção de Dados Pessoais (Lei 13.709/18), vindo, em seguida, a ser expressamente consagrado na CF/88 o direito fundamental à proteção de dados pessoais (que, aliás, já era um direito implicitamente presente em nosso ordenamento constitucional).

Portanto, o constitucionalismo digital nada mais é do que a consagração, na Constituição, de respostas (notadamente, sob a forma de direitos fundamentais) para os **problemas decorrentes do avanço da tecnologia digital**, e traz consigo uma verdadeira **remodelação do próprio constitucionalismo**, ao estabelecer **limitações aos poderes de agentes privados**, em especial, daqueles que atuam no campo da tecnologia da informação.

■ CONSTITUCIONALISMO FEMINISTA

O **constitucionalismo feminista** nada mais é do que a prática constitucional que adota medidas voltadas à proteção das mulheres e à promoção da igualdade material, evitando e/ou combatendo situações de desigualdade entre elas e os homens.

Trata-se, portanto, de um movimento do constitucionalismo que tem como pilares a isonomia e a inclusão, voltando sua atenção ao combate à discriminação de gênero.

Essa prática constitucional voltada para a igualdade de gênero compreende não apenas a positivação de normas protetivas das mulheres no texto constitucional (e nos textos infraconstitucionais concretizadores da Constituição), mas também um instrumental hermenêutico, um arcabouço doutrinário e uma jurisprudência voltados para o combate à discriminação de gênero.

Em resumo: o constitucionalismo feminista é o movimento do constitucionalismo que se preocupa com a **construção de uma doutrina, de um direito positivo e de uma jurisprudência** que estejam alinhados com a igualdade de gênero.

E a construção desse cenário "feminista" no âmbito do constitucionalismo passa, necessariamente, pela consagração, no direito positivo, na interpretação doutrinária e na jurisprudência, de **direitos fundamentais que assegurem a inclusão e a igualdade material** às mulheres (e mesmo aos gêneros minoritários), extraindo-se sempre, desses direitos, a sua máxima efetividade.

É importante registrar que o constitucionalismo feminista não é uma simples ideia doutrinária. A existência desse movimento já foi reconhecida expressamente na jurisprudência do Supremo Tribunal Federal, mais precisamente, no julgamento do **RE 1008166 (Tema de Repercussão Geral nº 548)**, no qual a Corte reconheceu o acesso a creches e pré-escolas como um direito de aplicabilidade imediata abrangido pelo direito público subjetivo à educação básica gratuita previsto no art. 208, I, da CF/88.

Nesse julgamento, a Min. Rosa Weber, ao proferir o seu voto, afirmou que o reconhecimento do direito de acesso a creches e pré-escolas como direito público subjetivo autoaplicável é necessário para conferir maior segurança às mulheres nas suas relações de trabalho e familiares, de modo que a questão se insere no contexto do constitucionalismo feminista.

Nessa linha de raciocínio, a Ministra esclareceu que o direito de acesso a creches e pré-escolas tem relação com os direitos de liberdade e igualdade de gênero, na medida em que viabiliza o retorno ou mesmo o ingresso da mulher no mercado de trabalho.

Nas palavras da Ministra, *"em razão da histórica divisão assimétrica da tarefa familiar de cuidar de filhos e filhas, o tema insere-se na abordagem do chamado constitucionalismo feminista"*.

Por fim, é importante perceber que o constitucionalismo feminista, embora já tenha sido reconhecido no âmbito do STF como uma realidade no ordenamento jurídico brasileiro, não é necessariamente uma fase histórica específica do constitucionalismo, mas sim uma forma de apresentar soluções para os problemas relacionados à discriminação entre homens e mulheres e de pensar e construir o direito constitucional à luz da promoção da igualdade de gênero.

A INTERPRETAÇÃO DO DIREITO NAS FASES DO CONSTITUCIONALISMO LIBERAL, SOCIAL E CONTEMPORÂNEO

Na evolução do constitucionalismo, principalmente a partir do surgimento das primeiras Constituições escritas (o que ocorreu no constitucionalismo liberal), a forma de interpretar o direito (especialmente, a Constituição) também evoluiu, sendo possível perceber claras diferenças na atividade interpretativa entre os constitucionalismos liberal, social e contemporâneo.

Na fase do constitucionalismo liberal, principalmente na França, a interpretação era vista como uma atividade mecânica dos juízes, isto é, não existiam métodos, elementos e princípios instrumentais de interpretação. A interpretação do texto era direta e literal, não podendo o juiz concluir em sentido diverso do que a lei literalmente dizia (segundo Montesquieu, o juiz deveria ser a mera "boca da lei").

Especialmente na França, havia uma profunda desconfiança, por parte da sociedade, no Poder Judiciário, não podendo o juiz aplicar nada que não estivesse previsto clara, literal e expressamente no texto legal e no texto constitucional.

Já no constitucionalismo social, a interpretação jurídica deixa de ser tão mecânica, passando a apresentar uma maior complexidade, graças a **Savigny**.

Savigny, na segunda metade do século XIX, desenvolveu elementos de interpretação (os chamados elementos ou métodos interpretativos **clássicos**) que mudaram o paradigma interpretativo. Esses elementos são os seguintes:

a) Elemento **gramatical ou literal**: é o elemento que faz o intérprete buscar tanto o significado da palavra isoladamente quanto o seu significado dentro do texto em que ela se encontra, tratando-se de uma análise literal do texto da norma.

b) Elemento **lógico ou científico**: é o elemento que utiliza as regras básicas da lógica (ou do raciocínio lógico), a exemplo do princípio da não contradição.

c) Elemento **sistemático**: é o elemento que parte da premissa de que o ordenamento jurídico é considerado como uma unidade, devendo existir coerência entre suas normas. Dessa forma, se um ordenamento jurídico é formado por normas que têm uma relação de coerência entre si, elas (as normas) devem ser interpretadas em conjunto umas com as outras, devendo todas elas ser encaradas como elementos integrantes de um mesmo sistema (por exemplo, quando a Constituição determina que a propriedade deve atender a sua função social, a interpretação do direito de propriedade passa a ser feita à luz do atendimento da função social).

d) Elemento **histórico**: é o elemento segundo o qual a norma deve ser analisada e interpretada levando-se em conta o contexto da sua criação (leva-se em conta, portanto, quais eram os anseios da sociedade na época em que a norma foi criada, em qual conjuntura ela foi criada etc.).

e) Elemento **teleológico** (esse elemento, na verdade, não foi desenvolvido por Savigny, mas sim proposto posteriormente por Ihering): é o elemento que busca a finalidade da norma, isto é, o objetivo que a norma busca alcançar. No Brasil, o elemento interpretativo teleológico foi, inclusive, positivado, encontrando-se consagrado expressamente no art. 5º da LINDB (Lei de Introdução às Normas do Direito Brasileiro). Segundo esse dispositivo, *"na aplicação da lei, o juiz atenderá aos fins sociais a que ela se dirige e às exigências do bem comum"*.

Finalmente, no constitucionalismo contemporâneo (ou neoconstitucionalismo), passou a haver uma maior abertura na interpretação e aplicação do direito.

Como vimos, no constitucionalismo liberal, a atividade interpretativa era mecânica, não passando o juiz de mera "boca da lei", enquanto, no constitucionalismo social, com o surgimento dos elementos interpretativos criados por Savigny, a interpretação se tornou mais complexa.

Já no constitucionalismo contemporâneo temos uma interpretação jurídica ainda mais complexa do que a verificada no constitucionalismo social, surgindo diversas teorias interpretativas com o objetivo de extrair o significado da Constituição (e suas complexidades) e das demais normas do ordenamento jurídico.

Isso decorre das próprias características verificadas no constitucionalismo contemporâneo, em especial, a convivência de valores plurais e a consagração de regras e princípios como espécies de normas jurídicas (norma jurídica é gênero, enquanto regra e princípio são espécies desse gênero).

Em virtude disso, deixa de existir, nessa fase do constitucionalismo, a mera subsunção como técnica de aplicação do direito, passando a existir ao seu lado a ponderação. Enquanto a subsunção é técnica de aplicação de regras (por meio da qual uma regra é aplicada a um caso concreto quando este nela se enquadra), a ponderação é técnica de aplicação de princípios (por meio da qual é feito um sopesamento entre os princípios envolvidos, aplicando-se um mais do que outro, na medida das possibilidades fáticas e jurídicas envolvidas).

Segundo **Robert Alexy**, as regras são "mandamentos de definição" (ou "mandados de definição", ou "mandamentos definitivos", ou "mandados definitivos"), ou seja, normas que determinam que algo seja cumprido na medida exata de suas prescrições. As regras se caracterizam por terem uma medida exata de cumprimento, devendo ser cumpridas exatamente na medida prevista em seu enunciado. É por isso que as regras obedecem ao que **Ronald Dworkin** chama de lógica do "tudo ou nada" (isto é, quando se aplica uma regra, não se pode ponderar, devendo-se aplicá-la integralmente, caso seja válida, ou não a aplicar em nenhuma medida, caso não seja válida).

A aplicação das regras ocorre através de **subsunção** (que é feita por meio do raciocínio lógico conhecido como **silogismo**, que é estruturado em premissa maior, premissa maior e conclusão).

Já os princípios, segundo Alexy, são "mandamentos de otimização" (ou "mandados de otimização"), ou seja, normas que ordenam que algo seja cumprido na maior medida possível, de acordo com as possibilidades fáticas e jurídicas existentes.

A aplicação dos princípios ocorre através de **ponderação**.

O que vai determinar a maior ou menor aplicação de um princípio são as circunstâncias fáticas (isto é, o caso concreto) e as circunstâncias jurídicas (isto é, os outros princípios envolvidos). Portanto, não é possível aferir o "peso" de um princípio (isto é, o seu valor) abstratamente, sendo necessário fazer essa avaliação em cada caso concreto (por exemplo, deve-se, no caso concreto, ponderar se o direito à privacidade deve prevalecer ou não sobre a liberdade de informação, havendo situações em que o direito à privacidade prevalecerá e outras situações em que a liberdade de informação irá prevalecer, tudo dependendo de quais são os interesses em questão).

Enquanto as regras obedecem à **lógica do "tudo ou nada"**, os princípios obedecem à **lógica do "mais ou menos"** (isto é, os princípios, ao contrário das regras, são aplicados em medidas variáveis em cada caso concreto, a depender de suas peculiaridades). Enquanto as regras se aplicam através de **subsunção**, os princípios, segundo Alexy, aplicam-se através da **ponderação** (que é o sopesamento, o balanceamento entre os princípios envolvidos), a qual, em cada caso, dará um resultado diferente ao operador do direito, já que ela não possui soluções predefinidas.

Nesse cenário, temos no neoconstitucionalismo um **fortalecimento do Poder Judiciário**, que, em um contexto de pluralidade de valores e de diferentes espécies de normas jurídicas, ganha maior relevância na interpretação do direito.

É possível perceber, assim, de forma muito clara, a transformação pela qual o Poder Judiciário passou na evolução do constitucionalismo, passando de mera "boca da lei" (no constitucionalismo liberal, em especial, no contexto da Revolução Francesa) a principal protagonista do sistema jurídico (no neoconstitucionalismo).

2

Constituição

CONCEITO DE CONSTITUIÇÃO

Há diversos conceitos possíveis para a palavra constituição, que, como já visto, é uma expressão plurívoca, admitindo vários sentidos.

Constituição pode ter um sentido comum ou um sentido jurídico. Em sentido comum, como diz José Afonso da Silva, constituição é o modo de ser do Estado; em sentido jurídico, Constituição é a lei fundamental de um Estado, é a lei que organiza seus elementos fundamentais.

Segundo **José Afonso da Silva**, em sentido jurídico, Constituição é o "sistema de normas jurídicas, escritas ou costumeiras, que regula a forma do Estado, a forma de seu governo, o modo de aquisição e o exercício do poder, o estabelecimento de seus órgãos, os limites de sua ação, os direitos fundamentais do homem e as respectivas garantias. **Em síntese, a constituição é o conjunto de normas que organiza os elementos constitutivos do Estado**".

Os **elementos constitutivos do Estado** são os seguintes: I) elemento físico ou geográfico, que é o **território**; II) elemento humano, que é o **povo**; e III) elemento político, que é o **poder**. Alguns autores entendem que há um quarto elemento, que é a finalidade, enquanto outros entendem que a finalidade está incluída no elemento político.

O professor **Canotilho** diz que, em sentido jurídico, constituição é o estatuto jurídico do político, pois a constituição é o lugar em que se entrelaçam o jurídico e o político, é o lugar em que a decisão política é transformada em norma jurídica, e isso se dá justamente no ápice do ordenamento jurídico.

Esse conceito jurídico visto acima é um bom ponto de partida para se responder o que é uma constituição. Porém, se essa pergunta for feita, especialmente, em provas, é necessário lembrar que ela admite várias respostas, a depender da concepção doutrinária adotada. E, na teoria da constituição, as concepções mais cobradas em provas acerca do que é uma constituição são as concepções sociológica, jurídica e política.

Portanto, a pergunta "o que é uma constituição?" Pode ser respondida a partir de um viés sociológico, jurídico, político, dentre outros (que veremos à frente), variando a resposta a partir da concepção adotada. Cada uma dessas concepções está vinculada a um autor principal e a uma obra principal, e isso é muito cobrado nas provas dos diversos concursos.

CONCEPÇÃO SOCIOLÓGICA

Essa concepção tem como expoente Ferdinand Lassalle, que escreveu a obra "A essência da Constituição".

Para Lassalle, a Constituição escrita é apenas uma **folha de papel**. Segundo esse autor, a verdadeira Constituição de um Estado é a **soma dos fatores reais de poder**, a qual prevalece em caso de colisão com a folha de papel.

Nesse contexto, Lassalle diz o seguinte: em uma sociedade, o poder está dividido, há vários fatores reais de poder, há várias formas de poder e vários atores que exercem esse poder. Há o poder econômico, o poder político, o poder militar, o poder da autoridade legitimada, o poder do carisma etc. Esses atores e fatores reais de poder estão na arena social dialogando entre si e defendendo os seus interesses e os interesses dos grupos que os apoiam.

Ao atuarem na arena social, os fatores reais de poder se somam, e o resultado da soma dos fatores que exercem o poder na sociedade é a verdadeira constituição. O que está escrito na constituição formal é uma mera folha de papel. Se o que está escrito corresponde à soma dos fatores reais de poder, a constituição escrita é boa e duradoura, porém, se há uma divergência entre o que está escrito e a soma dos fatores reais de poder, a constituição escrita irá sucumbir, a folha será "rasgada", prevalecendo a soma dos fatores reais de poder.

Em provas de concursos, o que mais se discute e o que é mais interessante para se abordar em prova subjetiva é o que aconteceu com o art. 192, § 3º, da CF/88 em sua redação original, que dizia que *"as taxas de juros reais, nelas incluídas comissões e quaisquer outras remunerações direta ou indiretamente referidas à concessão de crédito, não poderão ser superiores a doze por cento ao ano; a cobrança acima deste limite será conceituada como crime de usura, punido, em todas as suas modalidades, nos termos que a lei determinar"*.

Havia, portanto, um dispositivo constitucional dispondo que a taxa de juros reais não poderia ser superior a 12% ao ano, sob pena de caracterização do crime de usura. Isso era o que estava previsto na "folha de papel", mas os fatores reais de poder não queriam isso, não queriam a limitação dos juros em 12% ano. O que prevaleceu: a folha de papel ou a soma dos fatores reais de poder? Foi a soma dos fatores reais de poder.

Nesse sentido, em um primeiro momento, o que ocorreu foi que o STF decidiu que esse dispositivo não era autoaplicável, isto é, que dependia de uma norma infraconstitucional intermediadora para ser aplicado a situações concretas. E, posteriormente, foi editada a EC 40/2003, que revogou essa previsão constitucional.

Trata-se, como se vê, de uma questão que exemplifica, na prática, a força dos fatores reais do poder em uma determinada sociedade.

CONCEPÇÃO JURÍDICA

O expoente da concepção jurídica de Constituição foi **Hans Kelsen**, especialmente, por meio de sua obra "Teoria Pura do Direito".

Para Kelsen, a Constituição possui supremacia hierárquica formal, a Constituição é o fundamento de validade das demais normas jurídicas inferiores e a Constituição é

norma pura, isto é, é puro dever ser, devendo estar dissociada de qualquer fundamento sociológico, político ou filosófico.

Kelsen, portanto, não concorda com Lassalle e sustenta não ser possível falar em fatores de poder, pois a Constituição é norma pura, é a norma hierarquicamente suprema do Direito positivo e todos devem cumpri-la. A Constituição, na teoria kelseniana, é o documento que prevê como as demais normas jurídicas serão feitas pelo legislador, devendo este obedecer a Constituição e elaborar as leis como ela determina.

Segundo Kelsen, existem dois sentidos de Constituição:

1) **Sentido jurídico-positivo**: nesse sentido, a Constituição é a Constituição formal, escrita, que ocupa o ápice da pirâmide jurídico-normativa, que possui supremacia e é o fundamento de validade de todas as demais normas jurídicas. Para Kelsen, portanto, o sentido jurídico-positivo de Constituição significa que a constituição é o ápice da pirâmide normativa que representa o ordenamento jurídico (hierarquizado). A Constituição em sentido jurídico-positivo, como se pode perceber, pertence ao ordenamento jurídico, ao direito posto, ao direito positivo e, aí, ocupa o ápice da pirâmide-normativa, sendo dotada de hierarquia máxima. Ela é a norma suprema, possui supremacia em relação às demais normas, devendo qualquer norma inferior obedecê-la, pois é a Constituição que determina como serão produzidas todas as demais normas abaixo dela, é a Constituição que cria a lei, o regulamento e todas as demais normas inferiores. Enfim, todas as normas do ordenamento positivo encontram seu fundamento de existência e validade na Constituição.

2) **Sentido lógico-jurídico**: se o fundamento de validade da lei e de todas as normas inferiores é a Constituição, qual é o fundamento de validade da própria Constituição? Kelsen não é jusnaturalista, de modo que ele não diz que o fundamento de validade da Constituição é o direito natural. Kelsen diz que **a constituição encontra o seu fundamento de existência e validade na norma hipotética fundamental**. É algo hipotético porque está fora do direito posto, fora do direito positivo, fora da pirâmide jurídica; e é fundamental porque é o fundamento último de validade da Constituição e, por consequência, das normas inferiores. A norma hipotética fundamental é a constituição em sentido lógico-jurídico. A existência da norma hipotética fundamental é um pressuposto lógico segundo o qual: I) a Constituição formal escrita existe; II) todos devemos cumprir a Constituição formal; e III) todos devemos cumprir as normas do direito positivo inferiores, as quais devem ser produzidas com fundamento na Constituição formal.

Imaginando-se a pirâmide normativa que representa o Direito posto (o ordenamento jurídico), no qual, a Constituição formal se localiza no ápice, a Constituição no sentido lógico-jurídico (norma hipotética fundamental) encontra-se acima do vértice piramidal (encontra-se fora da pirâmide, acima dela).

▪ CONCEPÇÃO POLÍTICA

Essa concepção tem como principal autor **Carl Schmitt**, por meio de sua obra "Teoria da Constituição".

Para Carl Schmitt, quando se fala em Constituição, está-se referindo à **decisão política fundamental** do titular do poder constituinte.

Para Carl Schmitt, há diferença entre o que é Constituição e o que é mera lei constitucional. Segundo ele, Constituição diz respeito à decisão política fundamental, isto é, à decisão que é indispensável para fundar um Estado. Por exemplo, não se pode ter um Estado sem decidir se será um Estado federal ou unitário; sem decidir quais serão os direitos fundamentais; sem decidir como ocorrerá a limitação do poder; sem decidir se será uma república ou monarquia; sem decidir se o sistema de governo será presidencialista ou parlamentarista (essas são as decisões políticas fundamentais, são as decisões que modelarão o regime adotado). A matéria atinente à decisão política fundamental é Constituição, esteja ela escrita na constituição formal ou não.

Por outro lado, há coisas que estão escritas na Constituição formal, mas que não dizem respeito às decisões políticas fundamentais, são coisas que nem deveriam estar na Constituição formal. Essas matérias que não dizem respeito à decisão política fundamental, mas que estão inseridas no texto constitucional, são meras leis constitucionais, e não verdadeira Constituição.

Exemplos sobre isso na CF brasileira de 1988:

a) O art. 1º da CF/88 é verdadeira constituição, pois traz várias decisões políticas essenciais à fundação de um Estado (adoção do modelo federal de Estado, da forma republicana, do modelo do Estado democrático de direito etc.).

> "**Art. 1º, CF/88.** A República Federativa do Brasil, formada pela união indissolúvel dos Estados e Municípios e do Distrito Federal, constitui-se em Estado Democrático de Direito e tem como fundamentos:
> (...)"

b) Já o art. 242, § 2º, da CF/88 é mera lei constitucional, pois não diz respeito a nenhuma decisão política fundamental. Esse dispositivo é constituição apenas do ponto de vista formal, mas tem natureza de lei (o nome "lei constitucional" se deve ao fato de que a natureza material da disposição é de lei, mas a sua forma é de constituição, porque está escrita na constituição formal). Esse dispositivo está na Constituição, mas a sua natureza jurídica não é de decisão política fundamental, mas sim de mera lei.

> "**Art. 242, § 2º, CF/88.** O Colégio Pedro II, localizado na cidade do Rio de Janeiro, será mantido na órbita federal."

A concepção política de Carl Schmitt deu origem à distinção entre Constituição em sentido material e Constituição em sentido formal.

> **ATENÇÃO!**
> Há outras teorias importantes para provas de concursos que dizem respeito à indagação "o que é uma constituição?". Algumas dessas teorias são a seguintes:
>
> I) Concepção culturalista (J. H. Meirelles Teixeira);
> II) A Teoria da Força Normativa da Constituição (Konrad Hesse);

III) A Teoria da Constituição como um Processo Público – A Constituição Aberta (Peter Häberle);

IV) A Teoria da Constituição Dirigente; e

V) A Teoria da Constitucionalização simbólica (Marcelo Neves).

CONCEPÇÃO CULTURALISTA

Essa concepção tem como principal autor **J. H. Meirelles Teixeira**, em sua obra "Curso de Direito Constitucional".

Para esse autor, a Constituição, como uma invenção humana, é resultado da cultura e, ao mesmo tempo, interfere na cultura. Há, portanto, uma simbiose entre Constituição e cultura (por isso, é chamada culturalista). Isso dá ensejo a uma **Constituição total** como um objeto cultural que, em uma perspectiva unitária, abrange aspectos sociológicos, jurídicos, políticos, filosóficos e econômicos.

O que Meirelles Teixeira diz é que as concepções vistas até agora não são necessariamente antagônicas, não se repelem reciprocamente, porque a Constituição é um objeto complexo que possui elementos complexos e que, à luz de uma visão unitária ou total, abrange aspectos sociológicos, aspectos jurídicos, aspectos políticos e também aspectos econômicos, filosóficos etc. Assim, segundo o autor, a Constituição total é o resultado da cultura de uma sociedade em um determinado momento da história que considera a economia, a filosofia, a sociologia, a política etc. A Constituição, portanto, é um objeto cultural, uma invenção humana surgida no bojo de uma determinada cultura, e a Constituição interfere e sofre interferência dessa cultura (há uma simbiose entre Constituição e cultura).

A FORÇA NORMATIVA DA CONSTITUIÇÃO

A teoria da força normativa da constituição tem como principal autor **Konrad Hesse**, em sua obra "A força normativa da Constituição".

Para Hesse, "a Constituição jurídica não configura apenas a expressão de uma dada realidade. Graças ao elemento normativo, ela ordena e conforma a realidade política e social". Hesse, nessa linha de pensamento, faz uma crítica à concepção sociológica de Lassalle, que diz que a Constituição escrita é mera folha de papel e que sucumbe, caso não corresponda à soma dos fatores reais de poder.

Nesse contexto, o que Hesse diz, com sua teoria, é que Lassalle está errado, pois a Constituição escrita não é uma mera folha de papel. Diz ele (Hesse) que a Constituição escrita pode até sucumbir diante da não correspondência aos fatores reais de poder, no entanto, essa sucumbência nem sempre irá ocorrer, pois a Constituição escrita não é uma mera folha de papel, ela não é apenas um espelho ou expressão de uma dada realidade (isto é, dos fatores reais do poder). Ela, na verdade, é dotada de força normativa, podendo, assim, mudar e conformar a realidade política e social.

Dessa forma, segundo Hesse, se não há equivalência entre o que está escrito e os fatores reais de poder, não necessariamente a Constituição escrita irá sucumbir, pois ela pode, muito bem, em virtude de sua força normativa, mudar a realidade.

Mas essa mudança da realidade depende da **vontade de Constituição**, isto é, do empenho que as pessoas têm em concretizar a Constituição. Nesse sentido, quanto maior o empenho das pessoas em concretizar a Constituição, maior será a sua força normativa, e, quanto menor for esse empenho, menor será a força normativa da Constituição.

▪ A CONSTITUIÇÃO COMO UM PROCESSO PÚBLICO

Aqui, o principal autor é **Peter Häberle**, destacando-se as obras "Constituição como processo público" e "A sociedade aberta dos intérpretes da Constituição".

Para esse autor, a verdadeira Constituição é o resultado (temporário) de um processo de interpretação aberto, historicamente condicionado e conduzido à luz da publicidade. Isso significa o seguinte: para Häberle, a Constituição não se resume a um ato pontual da vontade do exercente do poder constituinte, para ele, a norma constitucional é sempre a norma interpretada que resulta de um processo aberto de interpretação pública (a interpretação é pública e é conduzida por uma sociedade aberta de intérpretes, e não apenas por juízes e tribunais).

Havia, antes, uma sociedade fechada de intérpretes (formada pelos juízes e tribunais, que tinham o monopólio da interpretação da Constituição), mas não é mais assim: a democracia e os direitos fundamentais modificaram isso, ampliando a interpretação da Constituição, que, hoje, é feita não mais por uma sociedade fechada de intérpretes, e sim por uma sociedade aberta de intérpretes (que engloba os cidadãos, os grupos, a opinião pública, a coletividade etc.).

Nesse contexto, a norma constitucional é o resultado dessa interpretação aberta, a Constituição é o resultado de um processo cultural, público, plural e aberto de interpretação e atualização cotidianas do texto constitucional.

A linha de raciocínio de Häberle, então, é a seguinte: a interpretação muda no tempo, muda conforme as circunstâncias de cada momento histórico, tratando-se de um processo dinâmico, de modo que a norma constitucional é dinâmica, pois a sua interpretação se desenvolve de forma contínua e pública no tempo. A Constituição, portanto, não é aquela da data de sua promulgação, mas, sim, a do momento de sua interpretação, pois o cenário em que é interpretada pode mudar ao longo da história.

Tudo isso se vincula à ideia de **Constituição aberta**. O que vem a ser uma Constituição aberta? É o seguinte: a Constituição não é um processo hermético, fechado, enclausurado em si mesmo, datado de uma determinada época, mas, sim, algo aberto a novos interesses e necessidades da sociedade e do Estado. E isso ocorre porque os interesses e necessidades mudam conforme o tempo, devendo a Constituição responder a esses novos anseios.

Logo, a Constituição, segundo essa concepção, é um regime aberto de normas (regras e princípios) e essa abertura ocorre por meio de vários aspectos, ocorrendo das seguintes formas: I) por meio de mecanismos de mudança formal da Constituição, que são as emendas constitucionais, e de mecanismos de mudança informal da Constituição, que é o processo de mutação constitucional; II) por meio de conceitos jurídicos indeterminados (por exemplo, "meio ambiente ecologicamente equilibrado", que é um conceito que varia a cada tempo); III) por meio da ausência de monopólio interpretativo (a interpretação não é mais monopólio do Poder Judiciário, sendo agora realizada por uma sociedade aberta).

▪ A CONSTITUIÇÃO À LUZ DA TEORIA DOS SISTEMAS SOCIAIS DE LUHMANN

A **teoria dos sistemas sociais** foi criada por **Niklas Luhmann**, sociólogo alemão que viveu no século XX (de 1927 a 1998).

De forma geral, segundo a teoria sistêmica de Luhmann, a sociedade é um grande sistema, que, por sua vez, é composto por diversos outros sistemas (ou subsistemas). Dentre os diversos sistemas (ou subsistemas) sociais que compõem a sociedade, encontram-se, por exemplo, o sistema do direito, o sistema da economia, o sistema da moral, o sistema da religião, o sistema da ética, o sistema da política etc.

Segundo Luhmann, os sistemas sociais possuem **duas características principais:**

I) Fechamento operacional; e

II) Abertura cognitiva.

O **fechamento operacional** significa que cada sistema é operacionalmente fechado (ele é **autopoiético**), ou seja, cada um deles define, **sem interferência externa**, as suas próprias estruturas, a sua própria linguagem e as operações que realiza para se "reproduzir" e se tornar mais complexo.

Já a **abertura cognitiva** significa que os sistemas sociais, embora não admitam interferência externa na definição de suas estruturas e operações, trocam **informações (conteúdos)** entre si, e, a partir dessa troca de informações, alimentam as operações que realizam e, com isso, "crescem". Por exemplo, o sistema do direito recebe informações dos sistemas da economia, da religião, da ética, da moral etc., e, a partir dessas informações, realiza as suas operações (as quais são definidas sem interferência externa) e cria novas estruturas (novas normas jurídicas), tornando-se mais complexo.

Portanto, os sistemas sociais na teoria da Luhmann são **operacionalmente fechados e cognitivamente abertos.**

Acontece que, para que os sistemas troquem informações entre si, é necessário que eles se comuniquem. Essa comunicação apenas ocorre se os sistemas se conectarem, e essa conexão foi chamada por Luhmann de **acoplamento estrutural**. Uma vez acoplados, os sistemas sociais podem trocar informações e, com base nelas, realizar as suas operações.

Tendo tudo isso em mente, é possível responder a seguinte pergunta: **como Luhmann explica a Constituição?**

Na teoria sistêmica de Luhmann, a Constituição é o **resultado do acoplamento estrutural entre os sistemas do direito e da política.** Essa conclusão é algo natural, tendo em vista que, como explicado por Carl Schmitt na sua obra "Teoria da Constituição", a Constituição é a **decisão política fundamental**.

A teoria da Luhmann já foi cobrada em prova, como ocorreu no concurso para o cargo de Procurador do Estado de Mato Grosso do Sul realizado em 2014, no qual foi considerada correta a assertiva segundo a qual *"Niklas Luhmann define a Constituição como "acoplamento estrutural" entre política e direito, dando realce, assim, às interpenetrações entre sistemas sociais autônomos, o político e o jurídico"*.

É interessante notar, como complemento às ideias de Luhmann, que, em última análise, não é apenas a Constituição que resulta do acoplamento estrutural entre o direito e a política, mas todas as normas jurídicas. Sem dúvida, a comunicação entre os sistemas jurídico e político fica mais evidente na Constituição (já que a Constituição, como vimos, é a "decisão política fundamental"), mas ela também se verifica nas demais normas jurídicas. Isso porque toda norma jurídica nada mais é do que o reconhecimento no mundo do direito de uma escolha feita no campo político (que é o campo em que são debatidos os rumos da sociedade). Em outras palavras: toda norma jurídica, tenha ela *status* constitucional ou não, resulta de uma escolha política.

▶ Possibilidade de explicar outros institutos jurídicos à luz da teoria sistêmica de Luhmann

Tendo em mente o que diz a teoria dos sistemas de Luhmann, especialmente, que, segundo ela, os sistemas sociais se alimentam reciprocamente, é possível explicar outros institutos jurídicos a partir dela, não se limitando a sua aplicação à definição da Constituição.

Dois bons exemplos são o *amicus curiae* e a repercussão geral do recurso extraordinário.

O *amicus curiae* nada mais é do que um colaborador do Poder Judiciário. Ele não é parte do processo, mas auxilia o órgão julgador a decidir melhor, e faz isso por meio do fornecimento de informações relativas à sua área de conhecimento, que não é o direito (já que, para isso, o julgador não precisa de auxílio).

Como é fácil perceber, quando o *amicus curiae* atua em um processo judicial, o que ocorre é uma comunicação entre o sistema do direito e algum outro sistema social. Por exemplo, quando o STF se debruçou sobre a constitucionalidade do uso de células-tronco embrionárias para pesquisas científicas (ADI 3510), houve a manifestação de diversos *amici curiae*, levando para a Corte questões de caráter religioso, ético e científico que deveriam ser consideradas para se decidir a questão. Nesse caso, o sistema do direito recebeu informações dos sistemas da religião, da ética e da ciência.

À luz da teoria sistêmica de Luhmann, portanto, é possível afirmar que o *amicus curiae* é um mecanismo por meio do qual ocorre o **acoplamento estrutural** do direito com diversos outros sistemas sociais.

Quanto ao instituto da repercussão geral, trata-se de um requisito de admissibilidade do recurso extraordinário (cujo julgamento compete ao Supremo Tribunal Federal) previsto no art. 102, § 3º, da CF/88 e regulamentado pelo art. 1.035 do CPC.

Segundo o art. 1.035, § 1º, do CPC, a existência de repercussão geral na matéria debatida no recurso extraordinário depende da presença de questões relevantes do ponto de vista econômico, político, social ou jurídico. Portanto, no instituto da repercussão geral, o sistema do direito também se comunica (por meio do **acoplamento estrutural**) com outros sistemas sociais, em especial, com os sistemas da economia, da política e da sociologia. Trata-se, como se pode perceber, de mais uma figura do nosso ordenamento jurídico que pode ser explicada à luz da teoria sistêmica de Luhmann.

Para ilustrar o que vimos acima sobre a repercussão geral, confira o teor das normas que foram mencionadas:

> "**Art. 102, § 3º, CF/88.** No recurso extraordinário o recorrente deverá demonstrar a **repercussão geral** das questões constitucionais discutidas no caso, nos

termos da lei, a fim de que o Tribunal examine a admissão do recurso, somente podendo recusá-lo pela manifestação de dois terços de seus membros."

"**Art. 1.035, CPC.** O Supremo Tribunal Federal, em decisão irrecorrível, não conhecerá do recurso extraordinário quando a questão constitucional nele versada não tiver repercussão geral, nos termos deste artigo.

§ 1º Para efeito de repercussão geral, será considerada a existência ou não de **questões relevantes do ponto de vista econômico, político, social ou jurídico** que ultrapassem os interesses subjetivos do processo.

§ 2º O recorrente deverá demonstrar a existência de repercussão geral para apreciação exclusiva pelo Supremo Tribunal Federal.

(...)"

ATENÇÃO!

Até aqui, vimos concepções que abordam a Constituição sob um ponto de vista estrutural, ou seja, preocupando-se com **o que é a Constituição** (ora a decisão política fundamental, ora a soma dos fatores reais de poder, ora um documento com força normativa etc.).

Por sua vez, as concepções que veremos a seguir apresentam um enfoque diferente, preocupando-se em esclarecer não o que é a Constituição, mas sim **qual é o seu papel (isto é, a sua função) no ordenamento jurídico**, notadamente, em relação à atuação do Poder Legislativo e dos demais agentes estatais.

Essa mudança de prisma de análise está em consonância com as ideias de Norberto Bobbio em sua obra "Da Estrutura à Função", na qual, o autor sugere uma nova forma de pensar o direito, deixando de se preocupar com a sua estrutura (ou seja, com o que é o direito) e passando a se preocupar com qual é a sua função no Estado e na sociedade.

Em outras palavras, Bobbio deixa de se preocupar com descrever o direito e passa a se preocupar com para que serve o direito. E essa forma de pensar influenciou toda a teoria do direito, vindo as concepções de Constituição vistas a seguir ao encontro desse pensamento.

■ CONSTITUIÇÃO DIRIGENTE

Essa teoria tem como principal autor **J. J. Gomes Canotilho**, em sua obra "Constituição Dirigente e Vinculação do Legislador".

Para Canotilho, a Constituição dirige a atuação do Estado e de (todos os) seus agentes, por meio de programas de ação para concretizar determinados objetivos e finalidades que são estipulados pelo constituinte.

Assim, na visão de Canotilho, a Constituição não é apenas a Constituição garantia do modelo norte-americano clássico liberal (que prevê direitos, processos e procedimentos). A Constituição, para ele, prevê também finalidades, objetivos, programas de ação, principalmente, no campo econômico e social, projetando uma situação ideal que o constituinte deseja que seja implementada no futuro. A constituição, assim, dirige o futuro da sociedade e do Estado, dirige a atuação dos governantes em direção a determinados objetivos.

Trata-se de **uma Constituição típica do Estado social**, prevendo direitos fundamentais de segunda geração (direitos sociais) e mecanismos de intervenção do Estado na economia e na sociedade.

Note que, segundo a concepção de Canotilho, todos os agentes e atividades estatais estão vinculados ao projeto constitucional e aos objetivos políticos e econômicos da Constituição.

> **ATENÇÃO!**
>
> Para o professor Canotilho, o controle da atividade dos agentes estatais em relação aos objetivos previstos na Constituição deve ser um controle exercido por mecanismos populares. Portanto, para Canotilho, são mecanismos de participação popular que devem controlar a vinculação do legislador ao dirigismo da constituição, e não o Poder Judiciário (no Brasil, porém, a vinculação do legislador ingressou na esfera judicial).

É interessante registrar, no entanto, que o próprio professor Canotilho tem revisto sua tese, porque, ao menos em Portugal, o dirigismo tem sido abalado por um fenômeno decorrente da globalização, que é a existência do direito comunitário, da União Europeia, de normas de direito internacional. Por conta desse fenômeno, marcado pela ingerência do direito comunitário e internacional na ordem interna do país, a Constituição portuguesa não consegue mais, sozinha, dirigir o futuro de Portugal.

■ CONSTITUIÇÃO-LEI

Segundo essa concepção (mencionada pelo professor Virgílio Afonso da Silva), a Constituição, na verdade, muito se assemelha à legislação ordinária, ela é, em termos de hierarquia normativa, uma lei como qualquer outra.

Como assim?

É que, segundo essa forma de enxergar a Constituição, esta não se encontra acima do Poder Legislativo, mas à sua disposição, tendo o texto constitucional a mera função de indicar (sugerir) ao legislador os rumos que deve seguir, mas sem qualquer vinculação ou obrigatoriedade.

Considerando a consagração da ideia de supremacia da Constituição, esse modelo não mais se apresenta viável nas democracias constitucionais contemporâneas.

■ CONSTITUIÇÃO-FUNDAMENTO (OU CONSTITUIÇÃO-TOTAL)

Segundo essa concepção, igualmente tratada no Brasil por Virgílio Afonso da Silva, a Constituição se presta a disciplinar não apenas toda a atividade do Estado e as que lhe sejam relacionadas, mas também toda a vida social, ou seja, as atividades privadas. Em outras palavras, a constituição é a lei fundamental de tudo, dentro e fora do Estado, e é por isso que ela também é chamada de Constituição-total (com um significado que não se confunde com a Constituição total da concepção culturalista).

Como se pode perceber, há aqui uma onipresença (ou ubiquidade) da Constituição, dando-se pouca (quase nenhuma) margem de liberdade para a atuação do legislador e dos próprios cidadãos, ficando bastante limitada até mesmo a autonomia privada.

Basicamente, as atividades estatais (notadamente, do Poder Legislativo) e privadas se tornam meros instrumentos de realização dos comandos constitucionais, já que há pouca margem de liberdade de atuação. O legislador, na verdade, acaba se tornando um mero intérprete da Constituição, tendo como tarefa precípua a efetivação dos direitos fundamentais.

Essa ideia se coaduna com a concepção de Peter Häberle (que vimos anteriormente), no seguinte sentido: para Häberle, a Constituição é o resultado da interpretação, a qual é feita não apenas pelos órgãos do Estado, mas por todos aqueles que sofrem a incidência da norma constitucional, de modo que todas as ações humanas seriam, ao mesmo tempo, reguladas pela Constituição e manifestação de interpretação da própria Constituição. Ora, se a Constituição é o resultado da sua interpretação e se todos que se submetem à aplicação da Constituição são seus intérpretes, significa que a Constituição disciplina todas as atividades estatais e não estatais.

Esse modelo de Constituição, como se pode perceber, gera uma judicialização excessiva, pois qualquer "passo em falso" pode gerar uma violação aos comandos constitucionais e a necessidade de composição pelo Poder Judiciário. Fenômeno inverso ocorre com a Constituição-lei, já que ela é meramente indicativa dos rumos a serem tomados pelo legislador, que não está obrigado a segui-la, o que inviabiliza um controle judicial mais intenso.

A Constituição-fundamento muito se assemelha à Constituição dirigente, já que esta, conforme vimos, também vincula a atuação de todos os órgãos e agentes do Estado.

■ CONSTITUIÇÃO-MOLDURA (OU CONSTITUIÇÃO-QUADRO)

Também tratada no Brasil por Virgílio Afonso da Silva, a Constituição-moldura é um "meio termo" entre a Constituição-lei e a Constituição-fundamento, o que evita tanto a judicialização excessiva (da Constituição-fundamento) quanto a politização excessiva (da Constituição-lei).

Como o próprio nome indica, essa Constituição é apenas uma "moldura" da atividade do legislador, isto é, ela se presta tão somente a estabelecer os limites a serem observados pelo Poder Legislativo no exercício de suas atribuições. Por conta disso, o papel do Poder Judiciário nesse caso passa a ser o de simplesmente analisar se os limites (isto é, a "moldura") impostos pela Constituição estão sendo observados na atuação legislativa. Por outro lado, a definição do conteúdo dos atos legislativos fica a critério do juízo de oportunidade política do próprio Poder Legislativo, indene (livre) de intervenção judicial.

■ CONSTITUIÇÃO DÚCTIL (OU MALEÁVEL OU SUAVE)

É uma concepção atribuída ao italiano Gustavo Zagrebelsky.

Segundo Zagrebelsky, a Constituição não mais tem a função de ser o "centro ordenador do Estado", ou seja, não mais lhe cabe estabelecer um projeto predeterminado da vida em sociedade e das atividades estatais ou privadas. A função da constituição aqui é tão somente refletir o pluralismo social, político e econômico e, assim, assegurar as condições que possibilitem a vida em comum no bojo de uma sociedade complexa, pluralista e democrática.

A Constituição dúctil é também chamada de maleável, justamente porque não impõe nenhum modelo predeterminado de Estado ou de sociedade. Ela se presta, na verdade, a ser um simples ponto de partida, um apoio com base no qual a sociedade (que é complexa, pluralista e democrática) implementa, de forma espontânea, suas próprias (e variadas) políticas constitucionais.

CONSTITUCIONALIZAÇÃO SIMBÓLICA

Essa teoria tem como principal expoente **Marcelo Neves**, em sua obra "A Constitucionalização Simbólica".

Para esse autor, a atividade legislativa, inclusive, a constituinte, pode possuir uma natureza eminentemente simbólica, visando atender objetivos políticos diversos da produção de normas jurídicas, dando origem a uma legislação simbólica ou a uma Constituição simbólica.

O constituinte, ao escrever a Constituição, nem sempre tem como objetivo principal atingir o que está ali escrito. Às vezes, o objetivo é outro, havendo na Constituição um mero símbolo, às vezes, nas palavras de Luís Roberto Barroso, há uma **insinceridade normativa**.

E quais seriam os **verdadeiros objetivos da legislação simbólica**? Marcelo Neves destaca **três**:

1) **Confirmar valores sociais**. O objetivo de determinados grupos pode ser o de simplesmente confirmar valores que eles defendem, através de uma "vitória" legislativa, "vitória" essa que comprovaria a superioridade social desse grupo, independentemente de aquela norma jurídica ser efetiva (a eficácia da lei seria de importância secundária). Um exemplo disso, segundo Marcelo Neves, seria a (antiga e não mais existente) criminalização do aborto na Alemanha: não importava que aquela norma não fosse aplicada, pois o que interessava era a superioridade de determinado grupo demonstrada por uma "vitória" legislativa (simbólica), consubstanciada na manutenção do tipo penal.
2) **Fortalecer a confiança do cidadão no governo ou no Estado** (a chamada legislação álibi). Por meio disso, o legislador esvazia uma pressão política e apresenta o Estado como uma entidade sensível aos anseios e desejos dos cidadãos, mas sem que tenha qualquer efetividade (por exemplo, em uma ditadura, a constituição pode ter um rol de direitos fundamentais, mas não ter efetividade alguma). É, como se vê, uma forma de manipulação ou ilusão.
3) **Adiar a solução de conflitos sociais por meio de compromissos dilatórios**. Por exemplo, na assembleia nacional constituinte brasileira de 1987/1988, os grupos políticos, não chegando a um consenso sobre a reforma agrária, resolveram inserir na Constituição a determinação de que ela fosse feita nos termos definidos em lei. Ao adotar essa estratégia, o constituinte postergou para o futuro a solução dessa questão.

Todos esses objetivos podem ser verificados em uma legislação (infraconstitucional) ou em uma Constituição, de modo que é possível falar tanto em legislação simbólica quanto em Constituição simbólica.

CROWDSOURCED CONSTITUTION

Este tema tem íntima relação com o estudo da teoria do poder constituinte, que será objeto de outro capítulo do livro, mas aqui já podemos antecipar algumas noções, para que seja possível compreender em que consiste a chamada *crowdsourced constitution*.

O poder constituinte – que é o poder que tem aptidão para a elaboração de uma Constituição – é, segundo a doutrina contemporânea, de titularidade do povo. Ocorre que o titular não é o único ator envolvido na dinâmica do poder constituinte, havendo um segundo ator, qual seja, o exercente desse poder.

Então, os dois atores que atuam na dinâmica do poder constituinte são:

a) O **titular**, que é o povo.

b) O **exercente**, que é quem irá efetivamente exercer o poder constituinte no lugar do seu titular e, assim, elaborar a Constituição.

Por que motivo é necessário haver esses dois atores? Por conta da insuperável dificuldade de reunir todo o povo de um determinado Estado para a elaboração da Constituição. Dessa forma, havendo um ator para, em nome do povo, exercer o poder constituinte e elaborar a Constituição, o exercício do poder constituinte fica viabilizado.

E o que tudo isso tem a ver com a *crowdsourced constitution*?

É que na *crowdsourced constitution*, ocorre um esvaziamento da necessidade da existência de um segundo ator na dinâmica do poder constituinte, tendo em vista o avanço da tecnologia e dos meios de comunicação. Isso porque o surgimento de novas tecnologias, especialmente, a ampliação do acesso à *internet* permite que o povo participe ativamente das proposições legislativas e expressem suas opiniões sobre os diversos temas, inclusive, sobre as matérias constitucionais.

Isso ocorreu, por exemplo, na Islândia, onde, na primeira década dos anos 2000, em um processo de tentativa de elaboração de uma nova Constituição, houve intensa participação popular por meio das redes sociais (como *Twitter*, *Facebook*, *Youtube* etc.), com a apresentação de milhares de sugestões pelos usuários, as quais resultaram na formação de um rascunho (em inglês, *draft*) que foi enviado ao Parlamento.

Como se pode perceber, nessa experiência islandesa, houve participação direta do próprio titular do poder constituinte (o povo) na elaboração da nova Constituição, o que mitiga um pouco (mas não completamente, evidentemente) a necessidade da existência de um exercente do poder como substituto do povo no processo constituinte.

Basicamente, então, a *crowdsourced constitution* é um modelo de Constituição (ou de processo constituinte) em que, graças à evolução tecnológica (notadamente, da *internet*), há uma verdadeira "terceirização" do exercício do poder constituinte para a "multidão" (mais precisamente, para o próprio titular do poder).

Fica mais fácil compreender o significado da expressão quando se conhece a sua etimologia. *Crowdsourced* é uma expressão inglesa que deriva da junção de *crowd* e *source*, que significam, respectivamente, "multidão" ou "povo" (*crowd*) e "fonte" (*source*). Portanto, *crowdsourced constitution* é aquela Constituição que busca sua fonte no próprio povo, é aquela que é fruto do exercício do poder constituinte pelo próprio povo.

Além disso, a expressão *crowdsourced* pode ser compreendida como um "trocadilho" referente à expressão (também inglesa) *outsourced*, que significa "terceirizado" (já que *out* significa "fora" e *source* significa "fonte", de modo que *outsourced* remete à ideia de buscar de fora, ou seja, de terceirizar). Nesse sentido, a *crowdsourced constitution* seria uma Constituição terceirizada, ou melhor, uma Constituição cuja elaboração foi terceirizada, mais precisamente, ao próprio titular do poder constituinte (o povo).

CLASSIFICAÇÃO DAS CONSTITUIÇÕES

Há várias classificações possíveis. Aqui serão vistas as que mais têm sido cobradas em provas de concursos.

■ DIVISÃO CLÁSSICA OU CLASSIFICAÇÃO QUANTO AO CONTEÚDO (CONSTITUIÇÃO MATERIAL X CONSTITUIÇÃO FORMAL)

Constituição em sentido formal é a constituição escrita. Já Constituição em sentido material é o conjunto de normas escritas ou costumeiras que dizem respeito às decisões que devem ser tomadas para se fundar um Estado.

Assim, a Constituição em sentido material diz respeito à forma de organização da sociedade política, esteja ou não escrita. Independentemente de estar escrita, é matéria constitucional (o que importa é a matéria).

Já a Constituição em sentido formal é o que está escrito como Constituição, é o que ocupa o lugar supremo na pirâmide normativa, diga ou não respeito a matéria estritamente constitucional.

■ QUANTO À FORMA

Quanto à forma, a Constituição pode ser escrita (também chamada de dogmática ou instrumental) ou não escrita (também chamada de costumeira, consuetudinária ou histórica). A Constituição não escrita, por ser costumeira, acaba sendo formada ao longo da história de acordo com os costumes e tradições do respectivo povo.

> **→ ATENÇÃO!**
>
> Há uma questão que merece maior cuidado.
>
> A Constituição escrita pode se subdividir em Constituição codificada e Constituição não codificada. Codificada (reduzida, unitária, orgânica) é a Constituição escrita contida em um único texto. Não codificada (legal, variada, inorgânica) é a Constituição escrita contida em mais de um texto.
>
> **A CF/88, em sua origem, é codificada, mas ela passa por um processo de descodificação.** Como assim? É que hoje, na realidade brasileira, existem normas escritas de nível constitucional fora do catálogo principal da Constituição

(fora da parte dogmática permanente e transitória da CF/88). Onde estão essas normas escritas de natureza constitucional que se encontram fora do texto da CF/88? São as seguintes:

1) **Tratados internacionais de direitos humanos aprovados na forma do art. 5º, § 3º**, equivalentes às emendas, tais como: Convenção Internacional sobre os Direitos das Pessoas com Deficiência e seu Protocolo Facultativo, assinados em Nova York, em 30 de março de 2007.

2) **Normas elaboradas pelo poder de reforma que não se integram ao texto principal da CF/88**, permanecendo no bojo das emendas de forma autônoma. Por exemplo, isso se verifica na EC 32/2001 (que possui texto escrito autônomo, não inserido no texto da CF/88): "Art. 2º As medidas provisórias editadas em data anterior à da publicação desta emenda continuam em vigor até que medida provisória ulterior as revogue explicitamente ou até deliberação definitiva do Congresso Nacional". Trata-se, como se vê, de uma norma autônoma de uma EC.

Hoje, portanto, há normas escritas fora do texto da CF/88, o que indica que esta vem passando por um processo de descodificação.

Outro detalhe importante: **há elementos não escritos na Constituição escrita**, a exemplo do que decorre do art. 5º, § 2º, da CF/88:

> "**Art. 5º, § 2º, CF/88.** Os direitos e garantias expressos nesta Constituição não excluem outros decorrentes do regime e dos princípios por ela adotados, ou dos tratados internacionais em que a República Federativa do Brasil seja parte."

Como se vê, tem-se, nesse dispositivo, uma Constituição escrita determinando que elementos não escritos devem ser admitidos como constitucionais. Portanto, a Constituição escrita pode ter elementos não escritos.

Além disso, **na Constituição não escrita é possível encontrar elementos escritos**. Nesse sentido, por exemplo, normas da Magna Carta Inglesa que ainda estão em vigor integram o que se entende por Constituição inglesa, a qual possui 4 (quatro) elementos, a saber:

1) *Statute Law*: são estatutos, leis **escritas** do Parlamento, sobre matéria constitucional (existem, portanto, leis escritas que integram a constituição inglesa).

2) Decisões judiciais que incorporam costumes (*common law*), inclusive o parlamentar (*parliamentary custom*), ou que interpretam leis do parlamento (*cases law*). Perceba que as decisões judiciais são **escritas** e integram a Constituição inglesa.

3) Convenções Constitucionais (*constitutional conventions*): são acordos parlamentares políticos **não escritos** que cuidam de matéria constitucional. São obrigatórios, tradicionais, e sua alteração é muito difícil. Aqui não há possibilidade de controle judicial.

4) Tratados Internacionais incorporados, que são **escritos.**

Portanto, há na Constituição inglesa (que é não escrita) uma série de elementos escritos.

■ QUANTO AO MODO DE ELABORAÇÃO

Quanto ao modo de elaboração, a Constituição pode ser **dogmática** (também chamada de sistemática) ou **histórica**.

Como se pode perceber, esse critério classificatório adota uma nomenclatura também encontrada na classificação da Constituição quanto à forma, a qual divide as Constituições em escritas (também chamadas de dogmáticas) e não escritas (também chamadas de históricas). No entanto, esses dois critérios classificatórios (quanto à forma e quanto ao modo de elaboração) não se confundem.

De acordo com a classificação quanto ao modo de elaboração, a Constituição **dogmática** é aquela que é elaborada "de um só jato", isto é, a partir de um único trabalho, em geral desenvolvido por uma Assembleia Constituinte. Como essa Constituição é elaborada "de uma só vez", o seu processo de elaboração tem caráter racional e reflexivo e nele são considerados, previamente à elaboração final da Constituição, todos os planos, ideologias, dogmas políticos e sistemas que serão estabelecidos no texto constitucional.

Na Constituição dogmática, portanto, todo o seu conteúdo é pré-concebido antes da sua elaboração final, não se tratando de algo que é construído gradativamente em um processo de constante construção da própria Constituição.

A Constituição brasileira de 1988 é um exemplo de Constituição dogmática.

Já a Constituição **histórica**, de forma diametralmente oposta à Constituição dogmática, é aquela que é criada por um processo lento e gradual ao longo da história, evoluindo no tempo de acordo com as tradições e as necessidades do respectivo povo. Um exemplo desse tipo de Constituição muito lembrado na doutrina é a Constituição inglesa.

Como se pode perceber, a classificação da Constituição como histórica quanto ao modo de elaboração muito se assemelha à classificação da Constituição como costumeira quanto à forma, pois, em última análise, ambas são criadas pelo mesmo processo de elaboração (que é lento e gradual e se desenvolve ao longo da história). O que diferencia esses dois critérios classificatórios é o **prisma de análise**: enquanto a classificação como histórica quanto ao modo de elaboração leva em conta o processo de criação da Constituição, a classificação como costumeira quanto à forma leva em consideração a forma que a Constituição apresenta no ordenamento jurídico.

■ QUANTO À ORIGEM OU POSITIVAÇÃO

Por esse critério, a Constituição pode ser:

a) Constituição **democrática** (também chamada de promulgada ou popular): é aquela que é fruto de uma Assembleia Nacional Constituinte, como as brasileiras de 1891, 1934, 1946 e 1988.

b) Constituição **não democrática** (outorgada, imposta): é a que é imposta. São as chamadas **cartas constitucionais**, a exemplo das brasileiras de 1824, 1937, 1967 e 1969. Aqui é necessário chamar atenção a dois detalhes. O primeiro é sobre a Constituição brasileira de 1967, que foi aprovada pelo Poder Legislativo, e não por uma Assembleia Nacional Constituinte, nos termos do art. 1º, § 1º, do AI-4, sendo considerada, por conta disso, uma Constituição outorgada, embora se trate de uma espécie rara de outorga em que há outorga pelo Executivo com aprovação pelo Legislativo (e aqui é necessário lembrar que o Legislativo é poder constituído, não poder constituinte). Já o segundo detalhe diz respeito à Constituição brasileira de 1969, que, na verdade, do ponto de vista formal, foi uma Emenda à Constituição, mais precisamente, a EC 1/69, aprovada pelo AI-12 de 1969.

c) Constituição **cesarista** (plebiscitária): é aquela, nas palavras de José Afonso da Silva, formada por um plebiscito popular a partir de um projeto elaborado por um imperador (como os plebiscitos napoleônicos) ou por um ditador (como o plebiscito feito por Pinochet, no Chile). Nesses casos, a participação popular não é democrática, não há um ambiente democrático, havendo o único objetivo de ratificar a vontade do exercente do poder. Além disso, é importante notar que, tecnicamente, não se trata verdadeiramente de plebiscito, mas de referendo, pois a consulta popular é posterior.

d) Constituição **pactuada** (contratual): segundo Paulo Bonavides, é aquela que exprime um compromisso entre duas forças políticas rivais, normalmente, entre a monarquia enfraquecida e um outro grupo que está em ascensão (foi o que ocorreu, por exemplo, segundo Bonavides, com a Constituição francesa de 1791).

▪ QUANTO À ESTABILIDADE (OU ALTERABILIDADE OU MUTABILIDADE OU CONSISTÊNCIA)

Aqui, a Constituição pode ser:

a) Constituição rígida;

b) Constituição flexível;

c) Constituição semirrígida;

d) Constituição transitoriamente flexível;

e) Constituição fixa;

f) Constituição imutável; e

g) Constituição super-rígida.

Vejamos cada uma delas.

▶ Constituição rígida

A Constituição **rígida** (todas as brasileiras, exceto a de 1824) é aquela cuja alteração formal ocorre por um **processo distinto e mais difícil** do que o processo de elaboração da lei comum. Ou seja, quando a Constituição é rígida, fazer lei (tanto ordinária quanto complementar) se dá por um processo legislativo mais fácil do que o processo de aprovação de emendas constitucionais.

A CF/88 é rígida, e a sua rigidez fica clara nos seguintes dispositivos do seu texto:

> "**Art. 47, CF/88.** Salvo disposição constitucional em contrário, as deliberações de cada Casa e de suas Comissões serão tomadas por maioria dos votos, presente a maioria absoluta de seus membros."

> "**Art. 69, CF/88.** As leis complementares serão aprovadas por maioria absoluta."
>
> "**Art. 60, § 2º, CF/88.** A proposta será discutida e votada em cada Casa do Congresso Nacional, em dois turnos, considerando-se aprovada se obtiver, em ambos, três quintos dos votos dos respectivos membros."

Como se infere de tais dispositivos, o procedimento de elaboração de emendas constitucionais é mais dificultoso do que o procedimento de elaboração de leis. Isso faz com que a emenda tenha natureza jurídica distinta da lei (se o procedimento fosse o mesmo, a natureza jurídica seria a mesma).

▶ Constituição flexível

A Constituição **flexível** é aquela cuja alteração ocorre pelo mesmo processo da elaboração da lei comum.

Aqui, como não há diferença de procedimentos, fazer lei é o mesmo que fazer emendas constitucionais, de modo que a lei muda a Constituição e, por conta disso, desaparecem a supremacia da Constituição, a necessidade de mecanismos de controle de constitucionalidade etc.

Exemplos de Constituições flexíveis:

I) Constituição inglesa (não escrita) / Soberania do Parlamento (Statute Law);

II) Estatuto do Império da Itália de 1848;

III) Constituição Soviética de 1924.

> **ATENÇÃO!**
>
> O professor Pinto Ferreira chama a Constituição flexível de Constituição plástica. No entanto, para o professor Raul Machado Horta, a expressão Constituição plástica diz respeito à Constituição que, por conta da indeterminação de seus preceitos, precisa de grande regulamentação por parte do legislador ordinário.

▶ Constituição semirrígida

A Constituição **semirrígida** é aquela que é parte rígida e parte flexível: aquilo que é Constituição material é rígido e aquilo que é Constituição formal é flexível. É o caso da Constituição Imperial do Brasil de 1824, conforme fica claro no seu art. 178:

> "**Art. 178.** É só Constitucional o que diz respeito aos limites e atribuições respectivas dos Poderes Políticos, e aos Direitos Políticos e individuais dos cidadãos. Tudo o que não é Constitucional, pode ser alterado sem as formalidades referidas, pelas legislaturas ordinárias."

Como se vê, na Constituição de 1824, tudo o que não era materialmente constitucional podia ser alterado sem as formalidades das emendas, pelo simples procedimento de elaboração da legislação ordinária.

Isso, inclusive, foi cobrado na prova objetiva do concurso para Procurador do Estado de Mato Grosso do Sul realizado pelo CESPE em 2021, na qual foi considerada correta a assertiva que, diante da transcrição do teor do art. 178 da Constituição

Brasileira de 1824, disse que *"é correto afirmar que a Constituição brasileira de 1824 era semirrígida"*.

▶ Constituição transitoriamente flexível

A Constituição **transitoriamente flexível** é a Constituição que é flexível por algum tempo, findo o qual, torna-se rígida (Uadi Bulos). Podem ser citadas como exemplos as Constituições de Baden de 1947 e da Irlanda de 1937, que foram flexíveis durante os três primeiros anos de vigência.

▶ Constituição fixa (ou silenciosa)

A Constituição **fixa (ou silenciosa)** é aquela que nada prevê sobre sua mudança formal, sendo alterável somente pelo próprio poder constituinte originário (Kildare Gonçalves). Podem ser citados como exemplos o Estatuto do Reino da Sardenha de 1848 e a Carta Espanhola de 1876.

▶ Constituição imutável (ou permanente, ou granítica, ou intocável)

A Constituição **imutável** (também chamada de permanente, granítica ou intocável) é a Constituição que **se pretende eterna**, fundando-se na crença de que não há órgão competente para proceder à sua reforma. É uma Constituição que pode estar relacionada a fundamentos religiosos.

A definição da Constituição imutável é muito próxima da Constituição fixa, tanto que os exemplos são os mesmos.

▶ Constituição super-rígida

A Constituição **super-rígida** (classificação trazida por Alexandre de Moraes) é a Constituição rígida dotada de um núcleo imutável, que são as cláusulas pétreas.

Importante notar que não é necessária, para que uma Constituição seja rígida, a existência de cláusulas pétreas. A Constituição pode ser rígida sem possuir cláusulas pétreas, pois, para ter ou não rigidez, o que importa é a maneira de sua alteração, independentemente da existência de matérias imutáveis. O que ocorre é que, existindo cláusulas pétreas, tratar-se-á, segundo Alexandre de Moraes, de uma Constituição super-rígida.

Nem todos os autores adotam essa classificação, porque o que seria super-rígido não seria a própria Constituição, mas apenas uma parte dela, mais precisamente, as suas cláusulas pétreas.

■ QUANTO À DOGMÁTICA

Essa classificação é trazida por Pinto Ferreira.

Quanto à dogmática, a Constituição pode ser ortodoxa ou eclética.

a) Constituição **ortodoxa**: é aquela influenciada por uma única ideologia, a exemplo da Constituição soviética de 1977.

b) Constituição **eclética** (ou compromissória): é aquela influenciada por várias ideologias, normalmente em uma linha conciliatória, de compromisso entre várias forças políticas (há, no caso, várias forças políticas que se conciliam), a exemplo da CF/88 do Brasil.

■ QUANTO À EXTENSÃO

Aqui, a Constituição pode ser:

a) Constituição **concisa** (ou curta, ou breve, ou sumária, ou sucinta, ou básica, ou sintética): é a que trata somente dos princípios fundamentais e da estrutura do Estado, não descendo a minúcias, e, por conta disso, é mais estável. Podem ser citadas como exemplos a Constituição norte-americana de 1787 e a Constituição brasileira de 1891 (Pinto Ferreira).

b) Constituição **prolixa** (também chamada de analítica, longa, volumosa, inchada, ampla, extensa, desenvolvida, larga ou expansiva): é a que veicula muitos temas e entra em detalhes que poderiam ser tratados por leis comuns. Essa Constituição normalmente necessita de mudanças muito rapidamente, a exemplo da CF/88 do Brasil.

Por trás da classificação quanto à extensão, há outra classificação, qual seja, a classificação quanto à finalidade. Isso porque a Constituição pode ser curta ou longa de acordo com a sua finalidade.

■ QUANTO À FINALIDADE

Quanto à sua finalidade, a Constituição pode ser:

a) Constituição **garantia** (ou constituição negativa, abstencionista): é a Constituição que busca apenas garantir liberdades e limitar o poder. Como o objetivo dessa Constituição é apenas garantir liberdades e limitar o poder, ela é curta. Pode ser citada como exemplo a Constituição dos EUA de 1787.

b) Constituição **dirigente** (ou analítica, programática): é a que estabelece todo um projeto de Estado para o futuro, e, como consequência disso, trata-se de uma Constituição longa, pois precisa prever um extenso rol de dispositivos constitucionais para cumprir sua finalidade. Um exemplo é a Constituição brasileira de 1988.

c) Constituição **balanço**: é aquela que nem garante nem dirige nada, apenas descreve e registra a organização política atual estabelecida, a exemplo das Constituições soviéticas. A Constituição balanço, como se vê, é uma mera fotografia, ela é descritiva, pois ela apenas diz como estão as coisas em um dado momento histórico, não se ocupando de garantir nem tampouco dirigir nada.

■ CLASSIFICAÇÃO ONTOLÓGICA (KARL LOEWENSTEIN)

Essa classificação está ligada à essência da Constituição na prática, isto é, ao ser da Constituição, e não apenas ao texto constitucional formalizado. Para essa classificação, importa analisar a relação entre o texto da Constituição e a realidade social. Assim, a Constituição pode ser:

a) Constituição **normativa**: é aquela em que há uma adequação entre texto e realidade. Aqui a realidade é como o texto constitucional diz que deve ser, ou seja, a Constituição domina o processo político e social, interfere na realidade e transforma essa realidade. Segundo essa classificação, portanto, os detentores e os destinatários do poder respeitam e cumprem a Constituição e, assim, o processo político e social se amolda às normas constitucionais.

b) Constituição **nominal** (ou nominalista): é aquela em que não há uma adequação entre texto e realidade, havendo um descompasso entre eles. No entanto, há uma "boa vontade": o processo político não se adapta à Constituição, não por não querer, mas por não conseguir. A Constituição, aqui, tem um caráter educacional, pedagógico, serve de guia para ser alcançado no futuro, mas não se consegue implementá-la, por ser ela prematura. É possível encontrar um exemplo disso no Brasil: o salário mínimo, que não consegue atender a todas as necessidades previstas no art. 7º, IV, da Constituição Brasileira de 1988.

c) Constituição **semântica**: é aquela que está a serviço das classes dominantes. Aqui, também inexiste adequação entre texto e realidade, mas esse descompasso ocorre porque as classes dominantes não querem implementar a Constituição. Esse tipo de Constituição trai o verdadeiro significado de Constituição, pois serve apenas às classes dominantes, às elites, legitimando práticas autoritárias de poder. Para Marcelo Neves, essa Constituição deve ser chamada de instrumentalista, pois é um mero instrumento do detentor de poder.

> **A CF/88 se enquadra em qual dessas categorias?** Não há uniformidade doutrinária nessa classificação envolvendo a Constituição brasileira de 1988. Diferentes provas objetivas de concurso a têm considerado como normativa. Para provas objetivas, portanto, essa parece ser a resposta correta. No entanto, em provas dissertativas e orais, é possível abordar o tema de forma mais aprofundada e responder que a CF/88 é normativa, mas, em alguns aspectos, corresponde a uma constituição nominal, como é o caso da disciplina do salário mínimo.

QUANTO AO SISTEMA

Nesta classificação, a Constituição pode ser:

a) **Principiológica**: é a Constituição em que predominam princípios.

b) **Preceitual**: é aquela em que predominam regras.

A CONSTITUIÇÃO BRASILEIRA DE 1988

Considerando os critérios classificatórios que vimos acima, podemos afirmar que a Constituição brasileira de 1988 é:

a) Quanto à alterabilidade: **rígida**

b) Quanto à forma: **escrita**

c) Quanto à extensão: **analítica (prolixa)**

d) Quanto ao conteúdo: **formal**

e) Quanto ao modo de elaboração: **dogmática**

f) Quanto à origem: **promulgada**

g) Quanto à dogmática: **eclética**

h) Quanto à correspondência com a realidade (critério ontológico – Karl Loewenstein): **normativa**. Em relação a esse critério, é importante lembrar que, conforme vimos, há na doutrina quem afirme que a CF/88 é nominal. Pedro Lenza, por sua vez, diz que a CF/88 **pretende ser** normativa. Aqueles que afirmam que a CF/88 é nominal alegam que a classificação pelo critério ontológico de Karl Loewenstein deve ser feita considerando-se a Constituição pelo que ela realmente é (Bernardo Gonçalves, por exemplo, adota esse raciocínio). Esse ponto de vista enxerga a CF/88 de forma crítica e, por entender que ela não é cumprida na prática, dá a ela o rótulo de uma Constituição nominal. Porém, parece haver um problema nessa linha de pensamento, e esse problema fica claro no seguinte questionamento: a quem cabe avaliar se a nossa Constituição é ou não cumprida na prática? À doutrina? Dentro da doutrina, algum doutrinador específico deve ter o monopólio dessa avaliação? Perceba que analisar se uma determinada Constituição é ou não cumprida na prática é uma atividade que, muitas vezes, pode sofrer influência da ideologia e de outros elementos subjetivos daquele que realiza essa análise, de modo que a classificação de uma Constituição em normativa ou nominal é algo que pode variar em um mesmo tempo e lugar, a depender da pessoa que faz essa classificação. Por exemplo, dentre os Ministros do Supremo Tribunal Federal, certamente muitos afirmariam, caso fossem questionados, que a Constituição brasileira de 1988 é efetivamente cumprida (e, portanto, é uma Constituição normativa), mas com certeza haveria quem discordasse de uma opinião como essa. Seja como for, não há dúvida alguma de que há divergência doutrinária sobre o tema. No entanto, diferentes bancas de concurso têm considerado a CF/88 como uma Constituição normativa, pelo menos em provas objetivas. Esse foi o entendimento adotado, por exemplo, nas provas objetivas dos seguintes concursos: **I)** Agente Administrativo da AGU realizado pelo CESPE em 2010; **II)** Delegado de Polícia do Estado de Goiás realizado pela UEG em 2018; e **III)** Assessor Jurídico da Câmara de Novo Horizonte do Sul/MS realizado pela FAPIPA em 2021. Por isso, em provas objetivas, o ideal parece ser considerar a CF/88 normativa. Já em provas subjetivas ou orais, é possível explorar o tema de forma mais aprofundada e abordar a discussão sobre se seria ou não mais apropriado classificar a nossa Constituição como nominal pelo menos em alguns dos temas que ela disciplina (como é o caso do salário mínimo).

ELEMENTOS DA CONSTITUIÇÃO

Segundo **José Afonso da Silva**, os elementos da Constituição podem ser:

A) **Elementos Orgânicos**: dizem respeito às normas reguladoras da estrutura do Estado e do poder. Por exemplo, os títulos da Organização do Estado, da Organização dos Poderes e do Sistema de Governo.

B) **Elementos Limitativos**: são normas que limitam a atuação dos poderes estatais em nome do Estado de Direito. São os direitos e garantias fundamentais.

C) **Elementos Socioideológicos**: são as normas que revelam o compromisso entre o Estado individualista e o Estado Social. Por exemplo, o capítulo dos Direitos Sociais, o título da Ordem Econômica e Financeira, o título da Ordem Social.

D) **Elementos de Estabilização Constitucional**: são normas que visam solucionar conflitos constitucionais, defender a Constituição, defender o Estado, defender as instituições democráticas. Por exemplo, os artigos referentes à jurisdição constitucional (arts. 102 e 103), a ADI e a ADC, a intervenção, as emendas constitucionais, os artigos referentes à defesa do Estado e das instituições democráticas.

E) **Elementos Formais de Aplicabilidade**: são as normas da Constituição que estabelecem as regras de aplicação da própria Constituição. Por exemplo, o preâmbulo (embora não se encontre no mundo jurídico), o ADCT, o art. 5º, § 1º (que diz que as normas definidoras dos direitos e garantias fundamentais têm aplicação imediata).

ESTRUTURA DA CONSTITUIÇÃO

A estrutura da Constituição é dividida em **3 (três) partes**, ou seja, ela possui três núcleos estruturais, que são os seguintes:

A) preâmbulo;

B) parte dogmática; e

C) disposições transitórias (ADCT).

■ PREÂMBULO

A redação do preâmbulo da CF/88 é a seguinte:

> "Nós, representantes do povo brasileiro, reunidos em Assembléia Nacional Constituinte para instituir um Estado Democrático, destinado a assegurar o exercício dos direitos sociais e individuais, a liberdade, a segurança, o bem-estar, o desenvolvimento, a igualdade e a justiça como valores supremos de uma sociedade fraterna, pluralista e sem preconceitos, fundada na harmonia social e comprometida, na ordem interna e internacional, com a solução

> pacífica das controvérsias, promulgamos, sob a proteção de Deus, a seguinte CONSTITUIÇÃO DA REPÚBLICA FEDERATIVA DO BRASIL."

O que vem a ser o preâmbulo? Qual é a sua natureza? Há duas correntes sobre isso.

Uma corrente diz que o preâmbulo é norma, possui força normativa, obriga, pode ser fonte da declaração de inconstitucionalidade de uma lei comum.

Outra corrente diz que o preâmbulo é simples proclamação, não é norma, não obriga, não pode ser a fonte única da inconstitucionalidade de uma lei ordinária. Segundo esse entendimento, o preâmbulo pode apenas servir como um vetor de hermenêutica, não veiculando normas de observância obrigatória pelas demais esferas da Federação.

No Brasil, a doutrina e a jurisprudência, em sua ampla maioria, adotam a **segunda corrente**. Nesse sentido, decidiu o STF ao julgar a ADI 2.076:

> "Preâmbulo da Constituição: não constitui norma central. Invocação da proteção de Deus: não se trata de norma de reprodução obrigatória na Constituição estadual, não tendo força normativa." **(STF, ADI por omissão 2076, j. em 15/08/2002)**

Portanto, no Brasil, o preâmbulo não tem força normativa, mas é um elemento formal de aplicabilidade, sendo uma fonte importante de hermenêutica constitucional.

O preâmbulo pode ser modificado? Ele pode ser emendado? Pode ser modificado por uma emenda constitucional? Isso não faria sentido, pois, como visto, o preâmbulo é apenas uma mensagem do exercente do poder constituinte (isto é, do legislador constituinte) para o titular do poder constituinte (o povo). Cuida-se de mera proclamação, não possui força normativa (enquanto uma emenda constitucional possui força normativa), de modo que não há razão lógico-jurídica alguma para alterar o preâmbulo, tendo em vista que o momento constituinte não mais é presente.

A invocação de Deus no preâmbulo não se choca com a parte dogmática da Constituição, que prevê o Estado laico. Isso ocorre porque o preâmbulo não possui natureza normativa, enquanto a parte dogmática é composta por normas. Portanto, embora o constituinte tenha dito, no preâmbulo, que se sentiu sob a proteção de Deus, isso não obriga o Estado a ser confessional, mantendo-se laico.

OBSERVAÇÕES SOBRE O PREÂMBULO:

1) O Preâmbulo NÃO TEM a função de resolver lacunas, mesmo porque não tem força normativa.

2) O Preâmbulo se situa no domínio da política e da história, reflete a posição ideológica do constituinte, não tendo natureza de norma. Ele pode servir como vetor interpretativo, mas não tem força normativa.

3) Em termos estritamente formais, o Preâmbulo constitui-se em uma espécie de introdução ao texto constitucional, um resumo dos direitos que permearão a

textualização que o segue, apresentando o processo que resultou na elaboração da Constituição e o núcleo de valores e princípios de uma nação.

PARTE DOGMÁTICA

É composta pelos arts. 1º a 250 da CF/88. Aqui sim há força normativa. A parte dogmática, ela sim, pode ser fonte de inconstitucionalidade da lei infraconstitucional. Além disso, há normas com *status* constitucional fora da parte dogmática, como os tratados de direitos humanos aprovados com o rito de aprovação de emenda constitucional e os textos autônomos das emendas constitucionais.

DISPOSIÇÕES TRANSITÓRIAS (ADCT)

O ADCT é marcado pela presença de normas temporárias (ou, como o nome já diz, transitórias).

O objetivo das normas transitórias é regular a transição entre a realidade existente em um dado momento e a realidade projetada pela norma constitucional.

As normas transitórias têm força normativa, elas são normas, podem ser fonte da declaração de inconstitucionalidade das leis infraconstitucionais.

As normas transitórias podem ter eficácia plena, contida ou limitada, porém, depois de cumprirem sua função (que é transitória), elas deixam de ter eficácia, ainda que não sejam formalmente revogadas. Assim, depois de cumprirem sua função, essas normas não são formalmente revogadas, mas deixam de ter eficácia, consubstanciando o que chamamos de **normas de eficácia exaurida**. Um exemplo desse tipo de norma é o art. 4º do ADCT, cuja eficácia já se exauriu: "*Art. 4º. O mandato do atual Presidente da República terminará em 15 de março de 1990*". Esse dispositivo, hoje, está revogado? NÃO. Esse dispositivo continua no texto, mas teve sua eficácia exaurida, é uma norma de eficácia exaurida.

Por fim, note que as normas do ADCT podem ser modificadas por emendas constitucionais e essas emendas podem ser objeto de controle de constitucionalidade. É possível, inclusive, haver norma transitória com *status* constitucional de maneira autônoma nas emendas.

HISTÓRICO DAS CONSTITUIÇÕES BRASILEIRAS

Como este capítulo trata do tema Constituição, parece ser pertinente encerrá-lo com um resumo esquematizado do histórico das Constituições brasileiras, indicando as disposições, características e inovações mais marcantes de cada uma delas. Esse é um tema que, embora não venha sendo muito cobrado pelas bancas examinadoras, sempre pode surpreender nas provas. Por isso, ele tem a sua importância, mas não a ponto de exigir um estudo exageradamente aprofundado, de modo que o quadro abaixo parece ser suficiente para o nosso objetivo principal, que é a preparação para concursos públicos.

HISTÓRICO DAS CONSTITUIÇÕES BRASILEIRAS	
CONSTITUIÇÃO DE 1824	– Foi **outorgada** em 25 de março de 1824 (foi a Constituição mais longeva da história do Brasil); – Sofreu grande **influência da Constituição Francesa de 1814**; – Adotou a **Monarquia** como forma de Governo; – Adotou a **forma unitária de Estado**; – Adotou como **religião oficial do Império** a Católica Apostólica Romana (as demais religiões eram permitidas, mas seu culto devia ser particular, sem manifestações externas aos templos respectivos); – Dividiu o território em **províncias** (que foram o resultado da transformação das antigas capitanias hereditárias); – Estabeleceu como **Capital do Império Brasileiro a cidade do Rio de Janeiro**, que posteriormente (com a edição do Ato Adicional nº 16, de 12 de agosto de 1834) foi transformada em **Município Neutro ou Município da Corte** (que nada mais era do que a entidade territorial destinada à sede da Monarquia, porém, sendo município neutro, submetia-se diretamente ao poder central, e não à Província do Rio de Janeiro); – Por inspiração das ideias de Benjamin Constant, **deixou de adotar a tripartição de Poderes**, incluindo o Poder Moderador ao lado dos Poderes Legislativo, Executivo e Judiciário (Judicial, nos termos do texto constitucional); – O Poder Legislativo era exercido pela **Assembleia Geral**, composta pela Câmara dos Deputados e pelo Senado (ou Câmara de Senadores), sendo a primeira eletiva e temporária e a segunda vitalícia (com membros nomeados pelo Imperador dentre nomes constantes de lista tríplice enviada pela respectiva Província); – As eleições para o Legislativo eram **indiretas**; – O Poder Executivo era exercido pelo **Imperador**; – O Poder Judiciário, denominado "Poder Judicial", era independente e composto de **juízes e jurados**, tendo como órgão de cúpula, localizado na Capital do Império, o **Supremo Tribunal de Justiça**; – O Poder Moderador também era exercido pelo **Imperador**, que, munido desse verdadeiro "poder dos Poderes", podia suspender Magistrados, dissolver a Câmara dos Deputados e convocar outra imediatamente, nomear os Senadores, dentre outras medidas (não é por outro motivo que Benjamin Constant chamava o Poder Moderador de "Poder Real", sendo ele, nos termos do art. 98 da Constituição de 1824, "a chave de toda a organização Política"); – Cuidava-se de uma **Constituição semirrígida**, pois, para a alteração do seu texto, exigia um procedimento mais dificultoso (do que o de edição de normas infraconstitucionais) apenas para determinadas matérias, permitindo sua alteração pelo processo legislativo comum em relação a outras questões.

HISTÓRICO DAS CONSTITUIÇÕES BRASILEIRAS	
CONSTITUIÇÃO DE 1891	– Foi a **primeira Constituição da República do Brasil**; – Adotou a **República** como forma de Governo; – Adotou a **Federação** como forma de Estado, transformando as antigas Províncias em Estados, e proclamando a união perpétua e indissolúvel destes (ficando vedada, portanto, a secessão); – O antigo Município Neutro (Rio de Janeiro) foi transformado em **Distrito Federal**, que passou a ser a **Capital da União**, mantendo-se, porém, sua natureza municipal; – Houve **separação entre o Estado e a Igreja**, passando o Brasil a ser um Estado laico (inclusive, foram retirados os efeitos civis do casamento religioso e ficou proibido o ensino religioso nas escolas públicas, além de não ter sido invocada a proteção de Deus no preâmbulo da Constituição); – Foi extinto o Poder Moderador e **se adotou a clássica tripartição dos Poderes**: Executivo, Legislativo e Judiciário; – O Poder Legislativo federal era exercido pelo Congresso Nacional, integrado pela Câmara dos Deputados e pelo Senado Federal (consagrou-se, assim, o "**bicameralismo federativo**"); – No âmbito estadual, também se estabeleceu o Poder Legislativo, havendo, inclusive, em alguns Estados, o bicameralismo (por exemplo, São Paulo e Pernambuco possuíam Câmara dos Deputados Estaduais e Senado Estadual); – O Poder Executivo era exercido pelo Presidente da República, eleito, junto com o Vice-Presidente, por sufrágio direto, para mandato de 4 (quatro) anos, sendo vedada a reeleição (aqui, cabe lembrar que os primeiros Presidente e Vice-Presidente da República Brasileira – respectivamente, Deodoro da Fonseca e Floriano Peixoto – foram eleitos indiretamente pelo Congresso Nacional); – No Poder Judiciário, o órgão de cúpula passou a se chamar **Supremo Tribunal Federal**; – Em relação à declaração de direitos, houve aprimoramento, com **abolição das penas de galés, de banimento e de morte** (ressalvados, em relação a esta última, os casos decorrentes da legislação militar em tempo de guerra); – Pela primeira vez no constitucionalismo brasileiro, foi expressamente previsto o ***habeas corpus*** (porém, no âmbito infraconstitucional, desde o Código Criminal de 1830 já havia sido estabelecida a garantia desse remédio constitucional); – A Emenda nº 1, de 03/09/1926, alterou a Constituição de 1891 e limitou a chamada "doutrina brasileira do *habeas corpus*" (que ampliava demasiadamente o cabimento desse remédio), restringindo-o exclusivamente a tutelar a **liberdade de locomoção**; – Cuidava-se de uma **Constituição rígida**, pois qualquer alteração de seu texto exigia um procedimento mais dificultoso do que o de edição e alteração das demais espécies normativas; – A mencionada **reforma de 03/09/1926 centralizou o poder, restringindo a autonomia dos Estados**, sendo marcada por forte conotação autoritária.

HISTÓRICO DAS CONSTITUIÇÕES BRASILEIRAS	
CONSTITUIÇÃO DE 1934	– Sofreu forte **influência da Constituição de Weimar** (Alemanha, 1919), consagrando direitos fundamentais de 2ª geração e o Estado Social de Direito; – Manteve a **República** como forma de Governo e a **Federação** como forma de Estado; – Foi mantido o **Distrito Federal como Capital da República**, com sede na cidade do Rio de Janeiro; – O Estado **permaneceu laico**, porém passou-se a admitir o casamento religioso com efeitos civis e foi facultado o ensino religioso nas escolas públicas; – Foi mantida a **clássica tripartição dos Poderes**: Executivo, Legislativo e Judiciário; – O Poder Legislativo passou a ser exercido pela **Câmara dos Deputados com a colaboração do Senado Federal** (o bicameralismo deixou de ser paritário e passou a ser desigual, sendo também chamado de unicameralismo imperfeito); – A Câmara dos Deputados era composta de **representantes do povo** (eleitos por sistema proporcional e sufrágio universal) e de **representantes eleitos por organizações profissionais** (representação classista/corporativa de influência fascista); – O Presidente da República era eleito, junto com o Vice-Presidente, por sufrágio universal, direto e secreto, para mandato de 4 (quatro) anos, sendo vedada a reeleição; – O Poder Judiciário passou a ter como órgão de cúpula a **Corte Suprema**, composta de 11 (onze) Ministros; – Cuidava-se de uma **Constituição rígida**; – Pela primeira vez houve previsão, no texto da Constituição, do **voto feminino**, com valor igual ao masculino (o que já havia sido positivado no Código Eleitoral de 1932), e do **voto secreto**; – Houve previsão, pela primeira vez, do **mandado de segurança** e da **ação popular**.
CONSTITUIÇÃO DE 1937	– Foi **outorgada** e teve forte influência fascista; – Inaugurou o período ditatorial intitulado **"Estado Novo"**; – Foi apelidada **"Polaca"**, por conta da influência que sofreu da Constituição Polonesa de 1935 (de caráter fascista); – Foi mantida a **República** como forma de Governo e a **Federação** como forma de Estado (no entanto, na prática, a autonomia dos Estados foi sensivelmente reduzida, inclusive, com assunção de governos estaduais por interventores federais, e, por esse motivo, é comum afirmar-se que a federação nesse período foi simplesmente "nominal"); – Foi mantido o **Distrito Federal** como a capital do Brasil, tendo como sede a cidade do Rio de Janeiro; – O Brasil foi mantido como um país laico, sem invocação da proteção de Deus no preâmbulo da Constituição;

HISTÓRICO DAS CONSTITUIÇÕES BRASILEIRAS	
CONSTITUIÇÃO DE 1937	– A **clássica tripartição dos Poderes foi formalmente mantida**, embora, na prática, por conta do viés autoritário do regime, os Poderes Legislativo e Judiciário tenham sido esvaziados; – O Poder Legislativo era exercido pelo **Parlamento Nacional** com a colaboração do **Conselho da Economia Nacional** e do **Presidente da República**; – O **Parlamento Nacional** era composto pela **Câmara dos Deputados** e pelo **Conselho Federal** (o Senado Federal deixou de existir durante o Estado Novo); – O art. 178 dissolveu a Câmara dos Deputados, o Senado Federal, as Assembleias Legislativas Estaduais e as Câmaras Municipais que se encontravam eleitos quando da outorga da Constituição, com previsão de eleições futuras para o novo Parlamento; – Enquanto não fosse instalado o Poder Legislativo (com a eleição do Parlamento Nacional), o Presidente da República poderia expedir **decretos-leis** sobre todas as matérias de competência legislativa da União (ocorre que, na prática, o Legislativo nunca chegou a ser instalado); – O **Poder Executivo** era exercido pelo Presidente da República; – O Presidente da República era a **autoridade suprema do Estado**, que, além de dirigir a administração do País, dirigia a política interna e externa, bem como orientava a política legislativa de interesse nacional; – O Presidente da República tinha **mandato de 6 (seis) anos**, sendo escolhido mediante **eleição indireta**; – O Poder Judiciário tinha como órgão de cúpula o **Supremo Tribunal Federal**, tendo sido extintos os partidos políticos e a Justiça Eleitoral; – Houve **enfraquecimento do Poder Judiciário**, como se verifica dos seguintes exemplos: I) caso fosse declarada a inconstitucionalidade de uma lei, o Presidente da República, se a considerasse necessária ao bem-estar do povo e à promoção ou defesa do interesse nacional, poderia submetê-la novamente ao exame do Parlamento, que, por 2/3 (dois terços) dos votos de cada uma das Casas Legislativas, poderia confirmá-la (a lei) e, assim, **tornar sem efeito a decisão do Tribunal**; II) os **atos praticados durante e em virtude de estado de emergência ou de estado de guerra** não poderiam ser conhecidos por qualquer Juiz ou Tribunal; – Não houve previsão do **mandado de segurança** ou da **ação popular**; – Foi instituída a **censura prévia** da imprensa, do teatro, do cinema e da radiodifusão; – Os jornais eram obrigados a aceitar a inserção de comunicados do Governo, nas dimensões previstas em lei; – Houve previsão de **pena de morte** para os casos previstos na legislação militar de tempo de guerra, bem como para crimes políticos e para homicídio cometido por motivo fútil e com extremos de perversidade; – O Governo podia **aposentar** ou **reformar** os funcionários civis e militares, a seu exclusivo critério; – Houve proibição da **greve** e do ***lockout***.

HISTÓRICO DAS CONSTITUIÇÕES BRASILEIRAS	
CONSTITUIÇÃO DE 1946	– Foi **promulgada** em 1º de fevereiro de 1946; – Teve inspirações liberais (da Constituição de 1891) e sociais (da Constituição de 1934); – Foi mantida a **República** como forma de Governo e a **Federação** como forma de Estado, dando maior relevância aos Municípios (destaque ao municipalismo); – O **Distrito Federal** foi mantido como a Capital da União, ocupando o espaço geográfico da cidade do Rio de Janeiro; – Houve previsão de transferência da Capital da União para o planalto central do País, e, efetivada essa transferência, o então Distrito Federal passaria a constituir o **Estado da Guanabara**; – Com a inauguração de Brasília em 21 de abril de 1960 (como realização do "Plano de Metas" de Juscelino Kubitschek), o então Distrito Federal foi efetivamente transformado no Estado da Guanabara, tendo como capital e sede do Governo a cidade do Rio de Janeiro (o Estado da Guanabara não foi dividido em municípios, e, anos mais tarde, foi fundido com o Estado do Rio de Janeiro em um único Estado, denominado **Estado do Rio de Janeiro**, com sede na cidade do Rio de Janeiro); – O Brasil continuou um **país laico**, mas agora com expressa menção a Deus no preâmbulo da Constituição; – Foi restabelecida a clássica tripartição de Poderes de Montesquieu; – O **Poder Legislativo** era exercido pelo Congresso Nacional, composto pela Câmara dos Deputados e pelo Senado Federal (foi novamente adotado o **bicameralismo igual**); – As funções de Presidente do Senado Federal eram exercidas pelo Vice-Presidente da República; – O **Poder Executivo** era exercido pelo Presidente da República, que era eleito, junto com o Vice-Presidente, de forma direta para **mandato de 5 (cinco) anos**; – O **Poder Judiciário** retornou à normalidade, sendo o Supremo Tribunal Federal o seu órgão de cúpula; – Foi consagrado o **princípio da inafastabilidade da jurisdição**; – Foram restabelecidos no texto constitucional o **mandado de segurança** e a **ação popular**; – Pela primeira vez a Constituição, no Brasil, passou a prever regras sobre **partidos políticos** (os partidos políticos foram constitucionalizados); – Foram vedadas as penas de banimento, de confisco, de caráter perpétuo e de morte (ressalvadas, em relação a esta última, as disposições da legislação militar em tempo de guerra com país estrangeiro); – Foi reconhecido o **direito de greve**, além de terem sido mantidas as garantias trabalhistas conquistadas durante o "Estado Novo"; – A Emenda Constitucional nº 4, de 02 de setembro de 1961, instituiu o **Parlamentarismo**, que foi rejeitado pela população por meio de **referendo realizado em 06 de janeiro de 1963**, havendo, por conta disso, **retorno ao Presidencialismo**.

HISTÓRICO DAS CONSTITUIÇÕES BRASILEIRAS	
CONSTITUIÇÃO DE 1967	– Foi mantida a **República** como forma de Governo; – Formalmente, foi mantida a **Federação** como forma de Estado, mas, na realidade, houve grande centralização do poder, muito se aproximando de um Estado unitário; – Foi mantido o **Distrito Federal** como Capital da União, agora localizado no Planalto Central; – O Brasil permaneceu sendo um país laico, mas com expressa menção da Deus no preâmbulo da Constituição; – No plano formal, foi mantida a **clássica tripartição dos Poderes**, mas, na realidade, havia um **protagonismo do Poder Executivo**, tendo em vista que foram apequenadas as competências do Poder Legislativo e do Poder Judiciário; – O **Poder Legislativo** era exercido pelo Congresso Nacional, composto da Câmara dos Deputados e do Senado Federal; – O **Poder Executivo** era exercido pelo Presidente da República, que era eleito de forma **indireta**, pelo Colégio Eleitoral (composto pelos membros do Congresso Nacional e por Delegados indicados pelas Assembleias Legislativas dos Estados), para mandato de 4 (quatro) anos; – O Presidente da República "legislava" por meio de **decretos-leis**, que podiam ser editados em casos de urgência ou de interesse público relevante (o decreto-lei tinha vigência imediata e era submetido à apreciação do Congresso Nacional, sendo **considerado aprovado se não houvesse deliberação a seu respeito dentro de sessenta dias**); – O **Poder Judiciário** permanecia tendo o Supremo Tribunal Federal como órgão de cúpula; – O **AI-5** (de 13 de dezembro de 1968), embora mantendo formalmente a Constituição Federal de 1967 e as Constituições Estaduais, trouxe as **seguintes modificações**: I) O Presidente da República poderia (em vigência de estado de sítio ou não) decretar o recesso do Congresso Nacional, das Assembleias Legislativas e das Câmaras de Vereadores, que apenas voltariam a funcionar por convocação do próprio Presidente da República; II) O Presidente da República poderia, no interesse nacional, decretar a intervenção nos Estados e Municípios, sem ter de observar as limitações previstas na Constituição; III) Os direitos políticos de qualquer cidadão poderiam ser suspensos pelo prazo de 10 (dez) anos; IV) Poderiam ser cassados os mandatos eletivos federais, estaduais e municipais; V) Ficaram suspensas as garantias (legais ou constitucionais) de vitaliciedade, inamovibilidade e estabilidade; VI) O Presidente da República poderia, após investigação, decretar o confisco de bens de todos que houvessem enriquecido ilicitamente no exercício de cargo ou função; VII) Foi suspensa a garantia do *habeas corpus* para os casos de crimes políticos, contra a segurança nacional, contra a ordem econômica e social e contra a economia popular;

HISTÓRICO DAS CONSTITUIÇÕES BRASILEIRAS	
CONSTITUIÇÃO DE 1967	VIII) Suprimiu o princípio da inafastabilidade da jurisdição, ao dispor que ficariam excluídos "de qualquer apreciação judicial todos os atos praticados de acordo com este Ato Institucional e seus Atos Complementares, bem como os respectivos efeitos". – O **Congresso Nacional foi fechado**, pelo Ato Complementar nº 38, no mesmo dia em que foi baixado o AI-5 (13 de dezembro de 1968).
"CONSTITUIÇÃO" DE 1969	– Não se tratou de uma verdadeira Constituição do ponto de vista formal, mas sim de uma emenda constitucional: a **EC nº 1/69**, baixada pelos próprios Militares (e não pelo Congresso Nacional, que se encontrava fechado); – Por ter trazido e aberto caminho para extensas e sensíveis mudanças, **é considerada manifestação do poder constituinte originário**; – O mandato de Presidente da República foi **ampliado para 5 (cinco) anos**, mas sua eleição permaneceu sendo indireta; – Posteriormente, a EC 8/77 ampliou (novamente) o mandato do Presidente da República para **6 (seis) anos**; – Com o chamado **"pacote de 1978"** (que marcou o início do processo de redemocratização do País), o AI-5 foi revogado, as medidas que, com base no AI-5 cassaram direitos políticos foram suspensas e foi impossibilitada a suspensão do Congresso Nacional pelo Presidente da República; – A **EC 15/80** trouxe previsão de eleições diretas em âmbito estadual; – Apesar do movimento chamado **"Diretas Já"**, a PEC Dante de Oliveira (que pretendia instituir eleição direta para Presidente e Vice-Presidente da República) foi rejeitada, e, em 15 de janeiro de 1985, foi eleito (pelo voto indireto) o primeiro civil (Tancredo Neves) em mais de 20 (vinte) anos; – Em virtude de grave enfermidade, Tancredo Neves não chegou a tomar posse, tendo o Vice-Presidente (José Sarney, também civil) assumido a Presidência da República; – Pelo **Decreto 91.450/1985**, José Sarney instituiu, junto à Presidência da República, uma **Comissão Provisória de Estudos Constitucionais** (conhecida como Comissão Afonso Arinos), com o intuito de futura colaboração com os trabalhos da Assembleia Nacional Constituinte que seria instalada; – A Comissão Afonso Arinos elaborou um anteprojeto de Constituição, que, porém, foi rejeitado por José Sarney, dentre outros motivos, por ter optado pelo sistema parlamentarista; – A **EC nº 26, de 27 de novembro de 1985**, determinou a convocação de uma Assembleia Nacional Constituinte, sendo esta instalada em 1º de fevereiro de 1987 (sob a presidência do Ministro do STF José Carlos Moreira Alves), mesmo sem haver um anteprojeto previamente aprovado.
CONSTITUIÇÃO DE 1988	– Foi **promulgada** em 05 de outubro de 1988; – De inspiração democrática e liberal, sofreu forte influência da Constituição Portuguesa de 1976, tendo sido a Constituição brasileira que contou com maior **legitimidade popular**; – Adotou a **República** como forma de Governo; – Adotou o **Presidencialismo** como sistema de Governo, o que foi confirmado através de plebiscito em 1993; – Foi adotada a **Federação** como forma de Estado, mas com maior autonomia aos Estados, Distrito Federal e Municípios (não obstante a União tenha continuado fortalecida, com sensível centralização do poder);

HISTÓRICO DAS CONSTITUIÇÕES BRASILEIRAS	
CONSTITUIÇÃO DE 1988	– Foi criado o **Estado de Tocantins**; – Os Territórios Federais de **Roraima** e do **Amapá** foram transformados em Estados; – O Território Federal de **Fernando de Noronha** foi extinto, sendo sua área incorporada ao Estado de Pernambuco; – Adotou-se Brasília como a **Capital Federal**, passando o Distrito Federal a ser um ente federativo, inclusive com autonomia política, apesar de parcialmente tutelado pela União; – O Brasil permaneceu sendo um **país laico**, sem religião oficial, apesar de haver referência a Deus no preâmbulo da Constituição; – Adotou-se a **clássica tripartição dos Poderes**, dessa vez com maior equilíbrio, havendo a utilização da técnica de "freios e contrapesos" e o abrandamento da supremacia do Poder Executivo; – O **Poder Legislativo** é exercido pelo Congresso Nacional, composto da Câmara dos Deputados e do Senado Federal, adotando-se um bicameralismo **simétrico** (pois ambas as Casas Legislativas possuem poderes e funcionalidades que se equivalem, isto é, que são simétricos) e **incongruente** (pois as Casas Legislativas possuem diferentes graus de representação política, já que possuem diferentes números de integrantes, diferentes tempos de mandatos, adotam diferentes sistemas eleitorais etc.); – O **Poder Executivo** é exercido pelo Presidente da República, eleito junto com o Vice-Presidente e auxiliado pelos Ministros de Estado; – Inicialmente, o mandato presidencial era de 5 (cinco) anos e era vedada a reeleição, mas, com a **Emenda de Revisão 5/94**, o mandato presidencial passou a ser de 4 (quatro) anos e, com a **EC 16/97**, foi possibilitada uma única reeleição para o período subsequente; – O decreto-lei deixou de existir e deu lugar à **medida provisória**; – No **Poder Judiciário**, o Supremo Tribunal Federal continua como órgão de cúpula, além de ser criado o **Superior Tribunal de Justiça**; – Houve grande preocupação com a consolidação dos princípios democráticos e dos direitos individuais e coletivos, inclusive com a consagração de direitos fundamentais de maneira inédita; – Pela primeira vez, o **racismo** e a **tortura** foram tornados crimes **inafiançáveis**; – Pela primeira vez, foi previsto o controle das omissões legislativas, com dois instrumentos: **mandado de injunção** (controle difuso) e **ADI por omissão** (controle concentrado); – Houve a introdução da **ADPF**; – Também de forma inédita, houve a previsão do **mandado de segurança coletivo** e do ***habeas data***; – Pela primeira vez, há previsão específica de um capítulo sobre o **meio ambiente**; – Houve a previsão da **Defensoria Pública** como instituição essencial à função jurisdicional do Estado, incumbindo-lhe a orientação jurídica e a defesa, em todos os graus, dos necessitados; – Foi a primeira Constituição Brasileira a separar a ordem econômica da ordem social; – Cuida-se de uma **Constituição rígida.**

3

Normas Constitucionais

CARACTERÍSTICAS DAS NORMAS CONSTITUCIONAIS

As normas veiculadas pela Constituição aqui consideradas serão as normas formalmente constitucionais. Ou seja, o que será levado em consideração aqui é se a norma está veiculada na Constituição ou não, sendo irrelevante se a matéria é ou não constitucional.

Isso posto, pode-se afirmar que as normas constitucionais possuem **4 (quatro) grandes características**, que permitem a distinção entre elas e as normas legais em geral.

Essas características são as seguintes e serão destrinchadas a seguir:

a) **Superioridade hierárquica** (que, na verdade, não é uma superioridade, mas, sim, uma supremacia);

b) **Caráter político**;

c) **Conteúdo específico**; e

d) **Natureza da linguagem**.

▪ SUPERIORIDADE HIERÁRQUICA

A superioridade hierárquica das normas constitucionais é, na verdade, uma supremacia. Aqui, referimo-nos ao conceito de Constituição na visão de Kelsen, que enxerga a Constituição como a norma que ocupa o topo da pirâmide normativa.

A superioridade hierárquica significa que as normas constitucionais se encontram em um patamar superior em relação às demais normas jurídicas. E é essa a ideia da pirâmide de Kelsen: em seu vértice, está a Constituição e, abaixo, aparecem as demais normas do ordenamento jurídico, chegando-se à mais específica e concreta norma (a exemplo de uma ordem de serviço).

A superioridade hierárquica da Constituição, então, significa que ela ocupa o topo da pirâmide que representa o ordenamento jurídico (a Constituição ocupa o topo do sistema normativo). E, por ocupar o vértice da ordem jurídica, a Constituição serve como fundamento de validade de qualquer espécie normativa que integre essa mesma ordem jurídica. Nessa linha de raciocínio, qualquer espécie de norma do ordenamento terá a Constituição como fundamento (comum) de validade.

Note que a lei tem seu fundamento de validade imediato na Constituição. Um decreto, por sua vez, tem como fundamento de validade imediato a lei, sendo a Constituição seu fundamento de validade mediato. Essa noção é importante para diferenciar controle de constitucionalidade de controle de legalidade e, assim, saber o que pode ser objeto de controle de constitucionalidade e o que não pode.

O fato é que a Constituição é o fundamento comum de validade de todas as espécies normativas que integram o ordenamento jurídico. **A Constituição, portanto, irradia-se como fundamento de validade de todas as normas.**

Isso é a supremacia constitucional, é a superioridade hierárquica da Constituição.

■ CARÁTER POLÍTICO

É comum a afirmação segundo a qual o Supremo Tribunal Federal é um órgão político, e isso é muito lógico, pois ele interpreta e aplica as normas constitucionais, que têm caráter político.

Mas o que é caráter político, em rigor técnico? Caráter político tem a ver com a distinção entre Estado e sociedade e com a diferenciação da Constituição como fator de legitimação e como fator de limitação.

Como assim? É que a Constituição ora funciona como fator de limitação, ora funciona como fator de legitimação do poder estatal.

Novamente: como assim?

A Constituição, de um lado, serve para limitar (no presente), em favor da sociedade, toda e qualquer atividade do Estado (aí, ela é fator de limitação), e, de outro lado, serve para legitimar todo o poder que a sociedade, um dia (no passado), atribuiu ao Estado (aí, ela é fator de legitimação).

É possível perceber, assim, que a Constituição atua separando o Estado da sociedade, pois delimita como o Estado (de um lado) pode atuar perante a sociedade (de outro lado). E, ao fazer isso, ela limita e legitima o poder estatal, sempre tendo em vista a sociedade, que é de onde emana o poder.

E é justamente nessa linha de raciocínio que o texto da CF/88 trata, antes, dos direitos fundamentais e, depois, do Estado (diferentemente do que se verificava em Constituições anteriores), ou seja, primeiro fala em direitos (porque os direitos limitam a atuação estatal) e depois fala nos poderes do Estado (que foram, no passado, concedidos pela sociedade), legitimando o seu exercício.

Resumindo, em rigor técnico, caráter político é isso: a Constituição tem um duplo papel, funcionando como fator de limitação e como fator de legitimação do poder. E a razão de se afirmar que isso é uma característica política da Constituição é o fato de que o exercício do poder é manifestação do elemento político do Estado, de modo que, ao estabelecer a forma como o poder deve ser exercido e quais direitos devem ser respeitados pela ação estatal, a Constituição demonstra uma inegável natureza política.

■ CONTEÚDO ESPECÍFICO

Toda e qualquer norma da Constituição, geralmente, tem um desses três conteúdos:

a) Divisão do poder político;

b) Organização do Estado;

c) Direitos, garantias e remédios constitucionais.

Essas matérias são as matérias típicas de uma Constituição.

Exatamente por isso, é comum haver cursos de Direito Constitucional divididos em Teoria da Constituição, Teoria do Estado e Teoria dos Direitos Fundamentais, que são os temas que correspondem justamente aos conteúdos típicos das normas constitucionais, como acabamos de ver.

A partir disso, pode-se afirmar que a Constituição tem duas partes constitutivas, a saber:

a) **Parte orgânica**: tem a ver com a divisão do poder político, pois ela diz respeito à Teoria do Estado, à divisão dos Poderes e à estruturação do Estado.

b) **Parte dogmática**: é a parte que trata dos direitos, garantias e remédios constitucionais, e é assim chamada porque é fulcrada em um dogma, qual seja, a dignidade da pessoa humana, que é de onde derivam os direitos e as garantias.

NATUREZA DA LINGUAGEM

A linguagem constitucional é completamente diferente da linguagem das demais normas jurídicas.

Quando se fala em linguagem, deve haver uma distinção entre grau de abertura e grau de densidade. E em uma norma constitucional, o grau de abertura é alto, mas o grau de densidade é baixo (uma norma constitucional é muito aberta, mas pouco densa), sendo esse o motivo, aliás, de se exigir do intérprete constitucional uma atividade de concretização, ou seja, o intérprete deve concretizar a norma que a Constituição contempla, para permitir que essa norma, por mais abstrata que seja, aplique-se ao caso concreto. O intérprete constitucional, portanto, realiza a intermediação entre a abstração da norma constitucional e a concretude do caso concreto.

CLASSIFICAÇÃO DAS NORMAS CONSTITUCIONAIS

A classificação que geralmente é cobrada nos concursos é a que leva em conta a eficácia e a aplicabilidade das normas constitucionais. E, para estudar essa classificação, é necessário, primeiro, saber em que consiste vigência, eficácia e aplicabilidade, além da noção de efetividade.

Tais conceitos, que não são unívocos (pois é possível encontrar outras definições em outros ramos do Direito), serão analisados a seguir à luz da teoria de Kelsen (para conceituar vigência, validade e eficácia) e das lições de José Afonso da Silva e Luis Roberto Barroso (para conceituar aplicabilidade e efetividade).

VIGÊNCIA

Vigência, no Direito Constitucional, significa a **existência da norma**. Assim, se a norma existe, possui vigência; se ela não existe, não possui vigência.

Aqui não se leva em conta se a norma é compatível com outra nem tampouco se pode ser aplicada, mas apenas se ela existe.

A partir de que momento pode-se dizer que uma norma legal começa a existir e, portanto, passa a ter vigência? Isso tem a ver com o processo legislativo, que ainda será aprofundado futuramente.

O processo legislativo se divide em três fases: fase introdutória, fase constitutiva e fase complementar. A fase introdutória corresponde ao ato chamado iniciativa. A fase constitutiva, por sua vez, compreende três atos, quais sejam, a deliberação, a votação e a sanção/veto. Já a fase complementar é constituída por dois atos: promulgação e publicação.

Assim se dá o processo legislativo ordinário, que se presta a produzir uma lei ordinária. Esse é o padrão legislativo, mas existem processos legislativos especiais, que se destinam a espécies normativas específicas e podem ter alguma das fases indicadas acima suprimidas, como é o caso do processo legislativo de emenda constitucional, no qual, não há sanção ou veto (a emenda constitucional é votada e, sendo aprovada, é promulgada e publicada pelas mesas da Câmara e do Senado, não passando pelo crivo do Chefe do Executivo); e da medida provisória, na qual não há deliberação parlamentar (essa deliberação ocorre depois, quando a medida provisória já se encontra produzindo efeitos e se submete à apreciação do Poder Legislativo para ser convertida em lei ou não).

Então, a Iniciativa é o ato que inicia o processo legislativo, que deflagra esse processo.

Uma vez iniciado o processo legislativo, é instaurada a sua fase constitutiva, que compreende deliberação, votação e sanção/veto. Deliberação é a discussão sobre a propositura. Votação é o que a Constituição chama de escrutínio (quando se refere a escrutínio secreto ou público). Sanção ou veto diz respeito à concordância ou discordância do Chefe do Executivo com o projeto de lei.

Em seguida, vem a fase complementar, compreendendo a promulgação e a publicação. A promulgação é o ato que atesta a existência de uma lei (a lei já existe e a promulgação atesta a sua existência). E a publicação é o ato que torna público o teor da lei (e isso serve para que haja ficção jurídica de que a comunidade à qual a norma se dirige tem conhecimento sobre o seu teor).

Diante de tudo isso, pergunta-se: **em que momento o projeto de lei se converte em lei?**

Conforme mencionado anteriormente, há divergências entre o Direito Constitucional e o Direito Civil. Há autores no Direito Civil que dizem que o projeto se converte em lei com a promulgação, enquanto outros dizem que isso ocorre com a publicação. Enfim, é com a publicação, com a promulgação ou em outro momento que o projeto de lei se converte em lei?

Veja o art. 66, § 1º, da CF/88, que diz o seguinte:

> "**Art. 66, § 1º, CF/88.** Se o Presidente da República considerar o projeto, no todo ou em parte, inconstitucional ou contrário ao interesse público, vetá-lo-á total ou parcialmente, no prazo de quinze dias úteis, contados da data do recebimento, e comunicará, dentro de quarenta e oito horas, ao Presidente do Senado Federal os motivos do veto."

Esse dispositivo deixa claro que sancionar ou vetar cabe ao Chefe do Executivo, bem como que esse veto pode ser total ou parcial (no todo ou em parte, respectivamente), bem como jurídico ou político (isto é, por inconstitucionalidade ou por contrariedade ao interesse público, respectivamente).

Esse dispositivo também estabelece uma hipótese rara em que a Constituição fixa prazo em dias úteis (no caso, prazo de 15 dias úteis para a sanção ou o veto do projeto).

Mas o mais importante, nesse dispositivo, é que ele se refere a projeto, de modo que se pode concluir que, entre a votação e a sanção/veto (período esse que pode durar até 15 dias úteis), o que se tem é um projeto de lei.

Adicione-se a isso que o § 7º do art. 66 da CF/88 se refere a LEI:

> "**Art. 66, § 7º, CF/88.** Se a lei não for promulgada dentro de quarenta e oito horas pelo Presidente da República, nos casos dos § 3º e § 5º, o Presidente do Senado a promulgará, e, se este não o fizer em igual prazo, caberá ao Vice-Presidente do Senado fazê-lo."

Esse dispositivo confere a atribuição de promulgação da LEI ao Chefe do Executivo, tenha ele vetado ou sancionado o projeto. Esse dispositivo, além disso, é um caso raro em que a Constituição fixa prazo em horas (no caso, 48 horas para a promulgação da lei).

Mas o mais relevante é que esse dispositivo se refere a lei. De modo que, entre a sanção/derrubada do veto e a promulgação, o que se tem é lei, e não projeto.

Combinando os §§ 1º e 7º do art. 66 da CF/88, pode-se concluir que o momento em que o projeto de lei se converte em lei é a sanção ou a rejeição ao veto. Logo, **o termo inicial da vigência é a sanção ou a rejeição ao veto**, pois, até o momento da sanção ou rejeição ao veto, tem-se projeto de lei, e, a partir da sanção ou rejeição ao veto, passa-se a ter lei, sendo aí iniciada a vigência.

Portanto, é com a sanção ou rejeição ao veto que ocorre a metamorfose de projeto de lei para lei, de modo que, sendo a vigência o mesmo que existência da norma (sem se perquirir acerca da compatibilidade dessa norma com outras normas, bem como acerca de sua aplicabilidade), pode-se dizer que o termo inicial da vigência é a sanção ou, em caso de haver veto, a rejeição ao veto.

■ EFICÁCIA

Eficácia é a aptidão da norma jurídica para a produção dos efeitos que lhe são próprios, dos efeitos que dela são esperados. É por isso que eficácia é um conceito intimamente ligado ao conceito de *vacatio* (tanto a *vacatio legis* quanto a *vacatio constitucionalis*).

A *vacatio* nada mais é do que o intervalo de tempo durante o qual a norma possui vigência, presume-se válida, mas ainda não tem eficácia. Assim, durante a *vacatio*, a norma:

1) possui vigência, porque já houve sanção ou derrubada do veto;

2) presume-se válida, mesmo porque validade não possui um termo inicial, sendo uma presunção, presunção essa que é relativa, podendo ser afastada (quando a norma é declarada inconstitucional) ou ser convertida em absoluta (quando a norma é declarada constitucional);

3) mas ainda não tem eficácia.

Segundo o art. 1º da LINDB (antiga LICC), *"salvo disposição contrária, a lei começa a vigorar em todo o país quarenta e cinco dias depois de oficialmente publicada"*, o que mostra que, se a lei nada disser a respeito do seu período de *vacatio*, este será, automaticamente, de 45 (quarenta e cinco) dias. Ou seja, para a lei não ter período de *vacatio*, é necessário que diga isso expressamente, e, da mesma forma, para que tenha um período de *vacatio* que não seja de 45 dias, é necessário que preveja isso de forma expressa.

Ultrapassada a *vacatio*, passa-se a ter uma norma com vigência, com presunção de validade e eficaz (pois a norma passa a ter aptidão para produzir efeitos jurídicos).

Com base no que foi visto acima, pergunta-se: **qual é o termo inicial de eficácia da norma?**

O termo inicial de eficácia é, no mínimo, a publicação da norma. E diz-se "no mínimo", porque tudo depende de a norma ter vacatio ou não: se não houver *vacatio*, o termo inicial da eficácia será a publicação; se houver *vacatio*, o termo inicial da eficácia será a data de publicação acrescida da *vacatio*.

Quando um dispositivo diz que a lei entra em vigor em determinada data, leia-se que ela passa a ter eficácia (ou torna-se eficaz) a partir dessa data. Lembre-se que vigência a lei já tem desde o momento da sanção ou da derrubada do veto.

> **ATENÇÃO!**
> Para o Direito Civil, não costuma haver distinção entre vigência e eficácia, mas, para o Direito Constitucional, há, conforme vimos.

O art. 1º da LINDB se aplica às emendas constitucionais?

Como vimos, nos termos do art. 1º da Lei de Introdução às Normas do Direito Brasileiro (LINDB), *"salvo disposição contrária, a lei começa a vigorar em todo o país quarenta e cinco dias depois de oficialmente publicada"*. Esse dispositivo fala em "lei", o que faz surgir o seguinte questionamento: essa regra também se aplica às emendas constitucionais?

Existe entendimento doutrinário no sentido de que as emendas constitucionais não são alcançadas por esse dispositivo, de modo que, ainda que não digam nada a respeito do seu período de *vacatio*, entram em vigor tão logo publicadas.

No entanto, é possível encontrar, na jurisprudência do Supremo Tribunal Federal, entendimento no sentido de que, quando a emenda constitucional não representa uma ruptura com a disciplina jurídica que vigorava antes dela (ou seja, não cria novas situações jurídicas, mas tão somente prorroga ou restabelece algo que já se encontrava no ordenamento jurídico), o art. 1º da LINDB não se aplica. Isso permite concluir, *a contrario sensu*, que, quando uma emenda à Constituição é aprovada e efetivamente altera o cenário até então existente no ordenamento jurídico, criando situações jurídicas inéditas, deve ser aplicado o art. 1º da LINDB, de modo que, se a emenda à Constituição nada disser sobre o seu período de *vacatio*, este, automaticamente, será de 45 (quarenta e cinco) dias.

Isso foi afirmado pela Corte ao apreciar casos em que se alegava a necessidade de observância da anterioridade tributária e do art. 1º da LINDB na aplicação da EC 42/2003, que prorrogou a CPMF e revogou a redução da alíquota desse tributo, que até então se encontrava vigente. Como a mera revogação da redução da alíquota, segundo o Tribunal, não caracterizou verdadeira instituição de novo tributo ou majoração de tributo já existente, ficou afastada tanto a anterioridade quanto a *vacatio* automática de 45 dias.

Nas palavras do STF, *"quanto à tese de que a emenda estaria sujeita à vacatio legis de quarenta e cinco dias, por força do que dispõe a Lei de Introdução às Normas do Direito Brasileiro, cumpre reconhecer que* ***não houve ruptura da ordem jurídica a legitimar sua incidência****. O período de vacatio, assim como a regra da anterioridade, presta-se a tutelar a certeza do direito e a adaptação do jurisdicionado às inovações da ordem jurídica. Tratando-se de prorrogação de norma já vigente, a conclusão da Corte tem sido pela imediata aplicabilidade das normas constitucionais"* **(RE 629030 AgR, Primeira Turma, Rel. Min. ROBERTO BARROSO, J. 20/05/2014).**

▶ Observações importantes

Antes de serem abordados os conceitos de aplicabilidade e de efetividade, é necessário fazer algumas **observações** importantes:

1) Aplicabilidade e efetividade não são conceitos autônomos. Na verdade, eficácia, aplicabilidade e efetividade são conceitos correlatos: **quando se fala em aplicabilidade e efetividade, o que se discute são qualidades da eficácia**, e não conceitos autônomos. Assim, é possível haver normas com eficácia e com aplicabilidade; com eficácia e sem aplicabilidade; com eficácia e com efetividade; com eficácia e sem efetividade. Portanto – repita-se –, não se trata de conceitos autônomos, mas, sim, de conceitos trabalhados sobre a ideia de eficácia: é possível que a eficácia se associe ou não à aplicabilidade e que ela se associe ou não à efetividade.

2) Quando se fala em aplicabilidade, há citação obrigatória de José Afonso da Silva, pois foi no seu livro "Aplicabilidade das Normas Constitucionais" que surgiu esse conceito. Aplicabilidade, portanto, é um conceito umbilicalmente ligado a José Afonso da Silva.

3) Quanto a efetividade, trata-se de um conceito ligado a Luis Roberto Barroso, pois foi em seu livro "Efetividade das Normas Constitucionais" que surgiu essa nomenclatura.

■ APLICABILIDADE

Segundo diz José Afonso da Silva, aplicabilidade é a **qualidade da norma que pode ser aplicada a casos concretos** (é a qualidade da norma que tem como ser aplicada a um caso concreto).

Assim, diante desse conceito, percebe-se que não se pode falar em aplicabilidade ou não de uma norma sem haver um caso concreto. O intérprete deve enfrentar um caso concreto para dizer se a norma tem aplicabilidade ou não, mesmo porque aplicabilidade é um conceito ligado a subsunção (subsunção da norma ao caso). Dessa forma, a partir do caso concreto, o intérprete afere se há subsunção e, consequentemente, se há aplicabilidade da norma.

Por exemplo, diante de um caso de Direito Penal, o intérprete, trabalhando com uma norma de Direito Civil, afere se há aplicabilidade ou não. Ora, essa norma de Direito Civil pode ter vigência, presunção de validade e eficácia, mas, para esse caso concreto, ela não é aplicável, porque a ele não se subsume. Porém, se se tratasse de uma norma de Direito Penal, essa norma, além de ter vigência, presunção de validade e eficácia, teria aplicabilidade para esse caso concreto.

José Afonso da Silva ensina que **eficácia é conceito ligado a potencialidade, enquanto aplicabilidade é conceito ligado a realizabilidade.**

Ora, eficácia é conceito ligado a potencialidade porque ela é teórica (diz respeito a, em tese, poder a norma produzir efeitos jurídicos ou não).

Já aplicabilidade é conceito ligado a realizabilidade porque ela é concreta (diz respeito a, **no caso concreto**, a norma a ele se aplicar ou não).

■ EFETIVIDADE

Luís Roberto Barroso buscou inspiração para esse conceito em Kelsen, que trazia uma distinção entre eficácia jurídica e eficácia social.

O que Kelsen chamava de eficácia jurídica é o que aqui chamamos de eficácia (a aptidão da norma para produzir efeitos jurídicos). Por outro lado, o que Kelsen chamava de eficácia social era a qualidade da norma que era efetivamente cumprida pelo meio social. Essa noção é importante, porque há normas que são cumpridas de modo efetivo e outras que não são.

Por exemplo, a norma do CDC que determina que todo produto perecível deve ter seu prazo de validade estampado na sua embalagem é norma com eficácia social, pois ela é efetivamente cumprida pela sociedade. Porém, a Lei de Execução Penal, no que prevê as condições mínimas do cárcere (higiene, segurança etc.) não tem eficácia social, pois não é efetivamente cumprida.

O que Barroso fez foi trazer o conceito de eficácia social para o Brasil e o chamar de efetividade. Portanto, **efetividade é o que Kelsen chamava de eficácia social**, ou seja, é a qualidade da norma que é efetivamente cumprida no meio social.

Vistos esses conceitos, é necessário recordar o seguinte: há normas que são eficazes e aplicáveis e normas que são eficazes e não aplicáveis, bem como há normas que são eficazes e efetivas e normas que são eficazes e não efetivas.

E, para os fins dos nossos estudos, é importante saber que o critério classificatório das normas constitucionais mais utilizado pelas bancas de concursos diz respeito à **eficácia** (aptidão da norma para produzir efeitos jurídicos) e à **aplicabilidade** (qualidade da norma que pode ser aplicada ao caso concreto). E todos os conceitos vistos acima são essenciais para compreender essa classificação cobrada em provas.

Além disso, sinto a obrigação de esclarecer que não existe uma única classificação sobre eficácia e aplicabilidade das normas constitucionais. Mas, para provas de concursos, sem dúvida alguma, a classificação mais importante é a de José Afonso da Silva (considerado doutrina moderna), o que, porém, não torna inútil abordar também (como faremos) outras classificações, inclusive, a da doutrina tradicional.

■ DOUTRINA TRADICIONAL OU CLÁSSICA

No Brasil, o principal autor da doutrina tradicional ou clássica é Manuel Gonçalves Ferreira Filho. No exterior, Thomas Cooley.

Esses autores dividem a norma da Constituição em duas grandes espécies:

1) normas constitucionais **autoaplicáveis** (autoexecutórias ou autoexecutáveis, termos que vêm diretamente do inglês "self executing"); e

2) normas constitucionais **não autoaplicáveis** (não autoexecutórias ou não autoexecutáveis, expressões que vêm diretamente do inglês "not self executing").

Com intuito meramente informativo, é importante registrar que é possível encontrar outras nomenclaturas, como a proposta por Pontes de Miranda: normas bastantes em si (autoaplicáveis) e normas não bastantes em si (não autoaplicáveis).

Normas constitucionais **autoaplicáveis** são normas constitucionais cuja aplicabilidade não depende da produção de norma legal (não depende da interposição legislativa), o que significa que são normas constitucionais que podem ser aplicadas ao caso concreto a partir de quando ela própria é produzida e a despeito da produção de norma legal interposta.

São exemplos de normas autoaplicáveis os arts. 1º, parágrafo único, e 2º da CF/88.

> "**Art. 1º, CF/88.** A República Federativa do Brasil, formada pela união indissolúvel dos Estados e Municípios e do Distrito Federal, constitui-se em Estado Democrático de Direito e tem como fundamentos:
>
> I - a soberania;
>
> II - a cidadania;
>
> III - a dignidade da pessoa humana;
>
> IV - os valores sociais do trabalho e da livre iniciativa;
>
> V - o pluralismo político.
>
> **Parágrafo único.** Todo o poder emana do povo, que o exerce por meio de representantes eleitos ou diretamente, nos termos desta Constituição."
>
> "**Art. 2º, CF/88.** São Poderes da União, independentes e harmônicos entre si, o Legislativo, o Executivo e o Judiciário."

Antes de passarmos às normas não autoaplicáveis, é importante fazer alguns comentários sobre os dispositivos transcritos acima.

Primeiramente, em relação ao art. 2º, perceba que ele é uma norma autoaplicável porque, para que a República Brasileira tenha três Poderes independentes que convivam de modo harmônico e que se chamem Legislativo, Executivo e Judiciário, não é necessário haver uma lei intermediadora. Assim, não havendo necessidade de intermediação infraconstitucional, trata-se de uma norma autoaplicável.

Em relação ao art. 1º, parágrafo único, o primeiro detalhe é que esse dispositivo faz com que o Brasil seja uma **democracia semidireta**. Como assim "semidireta"? É que, em regra, essa democracia será indireta, na qual o poder político é exercido por representantes do povo, mas, em algumas situações, ela será direta, quando o povo pode, de modo direto (isto é, ele mesmo), exercer o poder político que lhe é próprio. Há em nosso ordenamento, portanto, instrumentos de democracia indireta e de democracia direta. E note que não é necessário existir uma lei para que o poder emane do povo e seja exercido de modo indireto (por meio de representantes eleitos) ou mesmo diretamente. Por esse motivo, essa norma constitucional é autoaplicável.

Já as normas constitucionais **não autoaplicáveis** são aquelas cuja aplicabilidade depende da produção de norma legal, da interposição legislativa, isto é, são normas constitucionais que só podem ser aplicadas a casos concretos mediante produção legislativa intermediadora e a partir da produção desta última.

Como exemplos podem ser citados os arts. 134, § 1º, e 201 da CF/88.

> **"Art. 134, § 1º, CF/88.** Lei complementar organizará a Defensoria Pública da União e do Distrito Federal e dos Territórios e prescreverá normas gerais para sua organização nos Estados, em cargos de carreira, providos, na classe inicial, mediante concurso público de provas e títulos, assegurada a seus integrantes a garantia da inamovibilidade e vedado o exercício da advocacia fora das atribuições institucionais."
>
> **"Art. 201, CF/88.** A previdência social será organizada sob a forma do Regime Geral de Previdência Social, de caráter contributivo e de filiação obrigatória, observados critérios que preservem o equilíbrio financeiro e atuarial, e atenderá, na forma da lei, a:
>
> I - cobertura dos eventos de incapacidade temporária ou permanente para o trabalho e idade avançada;
>
> II - proteção à maternidade, especialmente à gestante;
>
> III - proteção ao trabalhador em situação de desemprego involuntário;
>
> IV - salário-família e auxílio-reclusão para os dependentes dos segurados de baixa renda;
>
> V - pensão por morte do segurado, homem ou mulher, ao cônjuge ou companheiro e dependentes, observado o disposto no § 2º."

Os dispositivos transcritos acima também merecem alguns comentários.

Quanto ao art. 134, § 1º, veja que o simples fato de a CF/88 prever a Defensoria Pública em nível estadual não fez com que todos os Estados brasileiros passassem a ter, automaticamente, defensorias públicas, pois isso ficou dependente de regulamentação legal. Cuida-se, portanto, de uma norma não autoaplicável.

No que tange ao art. 201, igualmente, o mero fato de a CF/88 ter previsto Previdência Social nos moldes como previu não fez com que a Previdência Social passasse a existir em tais termos. Isso apenas ocorreu após a necessária interposição legislativa, sem a qual, essa norma constitucional não teria como ser aplicada ao caso concreto. Sem dúvida, é uma norma não autoaplicável.

Quais são as críticas que essa doutrina tradicional recebe e que justificam que ela não seja adotada atualmente? São basicamente duas, que se referem mais à terminologia utilizada do que à conceituação apresentada.

São as seguintes:

1) Nem toda norma constitucional é autoaplicável. Em outras palavras: **nem toda norma constitucional, ainda que classificada como autoaplicável, é totalmente autoaplicável**. Isto é, o termo "autoaplicável" é um termo excessivo.

2) Nem toda norma constitucional é não autoaplicável. Em outras palavras: **nem toda norma constitucional, ainda que classificada como não autoaplicável, é totalmente não autoaplicável**. Isto é, enquanto o termo "autoaplicável" é excessivo, o termo "não autoaplicável" é insuficiente.

Quanto à **primeira** crítica, ela foi feita por um motivo muito simples: havia algumas normas da Constituição que eram classificadas como normas constitucionais autoaplicáveis, mas em relação às quais havia a possibilidade de um fenômeno chamado **contenção de eficácia**, e, justamente por isso, na teoria seguinte aparecem as chamadas normas de eficácia contida.

Essas normas constitucionais são aquelas em relação às quais as normas legais não são de existência obrigatória para lhes conferir aplicabilidade. Trata-se, na verdade, de normas constitucionais em relação às quais a produção de norma interposta é facultativa, mas, se esta vier a ser produzida, terá como finalidade conter (restringir) a aplicação da Constituição a determinados casos concretos. Assim, essas normas seriam aplicáveis a todos os casos, com exceção daqueles em relação aos quais a legislação ordinária as afastasse.

Repetindo: não se trata da imprescindibilidade de uma norma legal para que a norma constitucional seja aplicada, mas sim da mera possibilidade de essa norma legal existir e afastar a aplicação da norma constitucional em alguns casos. Esse é o fenômeno da contenção de eficácia, o qual, segundo a doutrina tradicional, pode ocorrer com a norma constitucional autoaplicável, tornando-a, assim, não tão autoaplicável.

Um exemplo de norma constitucional autoaplicável é o art. 5º, XIII, da CF/88:

> "**Art. 5º, CF/88.**
>
> (...)
>
> XIII - é livre o exercício de qualquer trabalho, ofício ou profissão, atendidas as qualificações profissionais que a lei estabelecer;"

Quanto a esse dispositivo, note que, se nenhuma lei existisse, qualquer trabalho, ofício ou profissão seria livre. No entanto, por exemplo, a CLT estabelece condições relativas a idade, segurança, higiene etc., de modo que, em virtude da interposição dessa norma trabalhista, o trabalho, ofício ou profissão é livre, desde que atendidas as condições por ela impostas.

Perceba que essa norma legal não é de existência obrigatória para que a norma constitucional seja aplicada, mas sim de existência facultativa e que ela afasta a aplicação da norma constitucional em determinados casos. Assim, dizem alguns autores, essa norma constitucional não é completamente autoaplicável, mas, na verdade, aplicável aos casos em que não afastada pela norma infraconstitucional.

Outro exemplo é o art. 93, IX, da CF/88:

> "**Art. 93, CF/88.**
> (...)
> IX - todos os julgamentos dos órgãos do Poder Judiciário serão públicos, e fundamentadas todas as decisões, sob pena de nulidade, **podendo** a lei limitar a presença, em determinados atos, às próprias partes e a seus advogados, ou somente a estes, em casos nos quais a preservação do direito à intimidade do interessado no sigilo não prejudique o interesse público à informação;"

Nesse dispositivo, a CF/88, claramente, faz ponderação entre um bem coletivo (a publicidade) e um direito individual (a intimidade). Esses dois bens jurídicos entram em rota de colisão, surgindo daí a figura do segredo ou sigilo de justiça. Assim, considerando que tanto o CPP quanto o CPC preveem a possibilidade de segredo de justiça ou sigilo de justiça, conclui-se que o ato é público, se não houver segredo (pois, se houver segredo, o ato, naturalmente, não será público).

Essas normas (CPP e CPC) não são normas que tinham de existir para que a norma constitucional pudesse ser aplicada, mas, sim, normas de criação facultativa que podem existir e afastar a aplicação da norma constitucional em alguns casos. Como essas normas existem, elas contêm a eficácia da norma constitucional. E foi por isso que surgiu – repita-se – a crítica: a norma constitucional autoaplicável não se aplica a tudo, mas apenas àquilo em relação ao qual a norma interposta não a afastou.

Conforme registramos anteriormente, essa crítica não diz respeito à concepção da doutrina tradicional em si, mas à terminologia utilizada (no caso, ao excesso do termo "autoaplicável").

Existe também, conforme havíamos anunciado, uma **segunda crítica**: nem toda norma constitucional, ainda que classificada como não autoaplicável, é totalmente não autoaplicável, pois o termo "não autoaplicável" é um termo insuficiente. Isso porque, por mais abstrata e não autoaplicável que seja a norma, ela, no mínimo, produz dois efeitos, sendo um para o passado (efeito *ex tunc*) e um para o futuro (efeito *ex nunc*).

O efeito para o passado é o efeito revogatório: o simples fato de a norma constitucional existir revoga a norma da Constituição passada, por mais abstrata que seja a nova norma. Inclusive, no Brasil, o efeito da Constituição nova sobre a Constituição anterior é a ab-rogação, que é a revogação integral.

Já o efeito para o futuro é que o simples fato de a norma constitucional existir inibe, por mais abstrata que seja essa norma, a produção legislativa infraconstitucional em sentido contrário a ela.

Portanto, toda norma constitucional produz pelo menos dois efeitos: um revogatório e um inibitório.

Essas críticas fizeram com que essa teoria tradicional caísse em desuso. Porém, não se pode ignorar que essa doutrina tradicional teve a função de servir de base para a teoria seguinte. É a partir dessa teoria, portanto, que surge a teoria moderna (de José Afonso da Silva), que é seguida pelo Supremo Tribunal Federal.

■ DOUTRINA MODERNA

A doutrina moderna (José Afonso da Silva) não classifica as normas constitucionais em apenas duas espécies, mas em 3 (três), quais sejam: normas constitucionais:

1) Normas de **eficácia plena** (exemplos: arts. 1º, parágrafo único, e 2º, CF/88);

2) Normas de **eficácia contida**, que Michel Temer prefere chamar de normas de **eficácia redutível ou restringível** (exemplos: arts. 5º, XIII, 37, V, e 93, IX, CF/88); e

3) Normas de **eficácia limitada**, que podem ser de **princípio institutivo ou organizatório** (exemplo: art. 134, § 1º, CF/88) ou de **princípio programático** (exemplo: art. 201, CF/88).

A maneira pela qual essa doutrina foi construída é a resposta automática à doutrina anterior.

Vejamos.

Conforme a primeira crítica à doutrina tradicional, nem toda norma constitucional, ainda que classificada como autoaplicável, é completamente autoaplicável, sendo excessivo o termo "autoaplicável", tendo em vista o fenômeno da contenção de eficácia.

Dois grandes autores responderam a essa crítica: no Brasil, José Afonso da Silva; no exterior, Vezio Crisafulli. A crítica feita por eles foi a seguinte: se existe a possibilidade da contenção de eficácia, isso obriga à criação de uma norma intermediária entre a autoaplicável e a não autoaplicável, surgindo, a partir daí, a norma de eficácia contida.

Assim, guardadas as devidas proporções, a norma constitucional autoaplicável da doutrina tradicional corresponde à norma constitucional de eficácia plena na doutrina moderna, sendo aquela norma que, para ser aplicada, independe de produção legislativa interposta.

A norma constitucional de **eficácia plena**, dessa forma, possui **3 (três) atributos**: aplicabilidade direta, aplicabilidade integral e aplicabilidade imediata.

A aplicabilidade **direta** significa que a norma constitucional pode ser aplicada a casos concretos, independentemente da produção de norma legal.

A aplicabilidade **integral** significa que a norma constitucional não admite contenção de eficácia. Logo, na norma de eficácia plena, a contenção de eficácia não é juridicamente aceita.

E a aplicabilidade **imediata** significa que a norma constitucional pode ser aplicada a casos concretos desde o momento de sua produção.

Na outra extremidade, encontra-se a norma constitucional de **eficácia limitada**. Guardadas as devidas proporções, a norma constitucional de eficácia limitada corresponde à norma constitucional não autoaplicável da doutrina tradicional, sendo, portanto, aquela que apenas pode ser aplicada ao caso concreto se houver a produção de uma norma interposta e apenas a partir da produção dessa norma interposta.

Como se pode perceber, na norma constitucional de eficácia limitada, estão ausentes os atributos da aplicabilidade direta e da aplicabilidade imediata. Ela não possui aplicabilidade direta porque não pode ser aplicada a casos concretos sem a produção de norma legal, e não possui aplicabilidade imediata porque não pode ser aplicada a casos concretos a partir de sua própria produção, mas apenas a partir da produção da norma legal interposta, ou seja, ela precisa aguardar a produção de uma norma intermediadora para ter condições de ser aplicada ao caso concreto.

Finalmente, outra forma encontrada de dar resposta à crítica à doutrina tradicional foi o surgimento de uma categoria intermediária: a **norma constitucional de eficácia contida**, que é aquela em relação à qual a norma legal interposta não é de existência obrigatória, mas sim facultativa. Nesse caso, a norma legal intermediadora não tem a função de dar aplicabilidade à norma constitucional (pois esta já possui aplicabilidade), mas sim de, caso seja editada, conter a eficácia dela (da norma constitucional), afastando sua aplicabilidade ao caso concreto (a norma constitucional só pode ser aplicada aos casos em que não é afastada pela norma legal).

Trata-se, portanto, da norma constitucional que pode ter o seu alcance reduzido (ou restringido) pelo legislador infraconstitucional, e é por esse motivo que Michel Temer prefere chamá-la de **norma de eficácia redutível ou restringível**.

Os exemplos dados são os arts. 5º, XIII, 37, V, e 93, IX, da CF/88.

Inclusive, quanto ao art. 37, V, da CF/88, a sua classificação como norma de eficácia contida já foi afirmada expressamente pelo Supremo Tribunal Federal, o que ocorreu na **ADO 44** (j. 18/04/2023).

O art. 37, V, da CF/88, determina que a quantidade mínima de cargos em comissão a serem ocupados por servidores de carreira deve ser definida em lei, porém, segundo o STF, mesmo sem a existência dessa lei, nada impede que cargos comissionados sejam ocupados por servidores efetivos, o que mostra que o art. 37, V, da CF/88, é uma norma de eficácia contida, pois ele pode ser aplicado imediatamente. Em outras palavras: a lei definidora da quantidade mínima de cargos comissionados a serem ocupados por servidores de carreira é uma lei que restringe o alcance do art. 37, V, da CF/88, e não uma lei da qual esse dispositivo depende para ser aplicado (***"Art. 37, V, CF/88** - as funções de confiança, exercidas exclusivamente por servidores ocupantes de cargo efetivo, e os cargos em comissão, a serem preenchidos por servidores de carreira nos **casos, condições e percentuais mínimos previstos em lei**, destinam-se apenas às atribuições de direção, chefia e assessoramento;"*).

Logo, na norma constitucional de eficácia contida, está ausente o atributo da aplicabilidade integral, pois ela pode ter contida a sua eficácia por uma norma legal, ao contrário da norma de eficácia plena, que não pode ter a sua eficácia contida por força de norma legal.

No entanto, a norma de eficácia contida possui os atributos da aplicabilidade direta e da aplicabilidade imediata, haja vista ter condições de ser aplicada ao caso concreto independentemente de norma interposta e de ser aplicada ao caso concreto desde o momento de sua própria produção. O que acontece é que essa norma (a de eficácia contida) pode ter a sua eficácia contida por norma legal interposta, e é por isso que, antes, ela era tratada como norma constitucional autoaplicável sujeita ao fenômeno da contenção de eficácia. Mais apropriadamente, pode-se dizer que ela possui **aplicabilidade possivelmente não integral**.

Foi assim, então, que se respondeu à primeira crítica feita à doutrina tradicional.

Porém, ainda havia outra crítica, qual seja, a de que nem toda norma constitucional, mesmo que classificada como não autoaplicável, seria totalmente não autoaplicável. Como se respondeu a essa crítica?

A resposta foi a seguinte: a classificação trazida dividiu as normas em de eficácia plena, de eficácia contida e de eficácia limitada, o que mostra que toda norma tem eficácia. Assim, estabelece-se que toda norma constitucional produz efeitos, sendo que umas produzem efeitos plenos, outras produzem efeitos contidos e outras produzem efeitos limitados. Mas todas produzem efeitos, ainda que apenas os efeitos revogatório e inibitório.

Dessa forma, toda e qualquer norma tem efeito jurídico, tem eficácia no direito (seja uma eficácia plena, uma eficácia contida ou uma eficácia limitada). A ideia de que a norma não se aplica a nada é, portanto, afastada aqui.

As normas que têm efeitos mais limitados (que são as normas de eficácia limitada) admitem mais uma subdivisão: normas que declaram **princípio institutivo ou organizatório**; e normas que declaram **princípio programático**.

Essa subdivisão se dá de acordo com o conteúdo da norma, isto é, **se o seu conteúdo é a instituição ou organização de um órgão público** (norma declaratória de princípio institutivo ou organizatório) ou **se o seu conteúdo é um programa de atuação do governo a ser colocado em prática no futuro** (norma declaratória de princípio programático). Em geral, as normas programáticas são marcadas por possuírem em seu texto verbos no futuro, pois estes, embora não sejam um indicativo claro e inequívoco de que a norma contempla um programa de atuação do governo a ser colocado em prática em momento futuro, são, pelo menos, indícios disso.

Como exemplo de norma de eficácia limitada de princípio institutivo, pode-se citar o art. 134, § 1º, da CF/88, que trata da Defensoria Pública e apenas passou a ter aplicabilidade com a edição da LC 80/94. E, como exemplo de norma de eficácia limitada de princípio programático, pode-se citar o art. 201 da CF/88, o qual só adquiriu aplicabilidade com a edição das Leis 8.212 e 8.213, ambas de 1991.

Em relação à norma de eficácia limitada, estão ausentes os atributos da aplicabilidade direta e da aplicabilidade imediata.

Conforme já registramos, essa doutrina moderna é muito cobrada em provas de concursos quando o examinador questiona acerca da classificação das normas constitucionais à luz da sua aplicabilidade.

Por exemplo, no concurso para o cargo de Procurador do Estado de Sergipe realizado pelo CESPE em 2017, o examinador questionou como se classificam, em relação ao grau de eficácia, os arts. 22, I, 37, I, e 216, § 3º, da CF/88, e o gabarito oficial da banca os considerou normas de eficácia plena, contida e limitada, respectivamente.

Quais foram os fundamentos para a banca adotar esse gabarito?

O art. 22, I, estabelece uma competência legislativa privativa da União, e o exercício dessa competência independe de edição de ato infraconstitucional, de modo que se trata de uma norma de eficácia plena. Possui, portanto, aplicabilidade direta, imediata e integral.

O art. 37, I, por sua vez, diz que "*os cargos, empregos e funções públicas são acessíveis aos brasileiros que preencham os requisitos estabelecidos em lei, assim como aos estrangeiros, na forma da lei"*. A análise desse dispositivo deve ser dividia em duas partes: de um lado, o trecho que trata dos brasileiros e, de outro lado, o trecho que trata dos estrangeiros.

Essa norma é de eficácia contida apenas em relação aos brasileiros, pois diz que os brasileiros gozam de acessibilidade aos cargos públicos, podendo, no entanto, a lei estabelecer certos condicionamentos ao exercício desse direito. Já em relação aos estrangeiros, trata-se, na verdade, de uma norma de eficácia limitada, pois depende de regulamentação legal para ser aplicada, já que os estrangeiros apenas podem acessar cargos públicos *"na forma da lei"*. Inclusive, o STF já se manifestou nesse exato sentido, como ocorreu no **RE 544.655-AgR**, em que afirmou que *"o artigo 37, I, da Constituição do Brasil [redação após a EC 19/98], consubstancia, relativamente ao acesso aos cargos públicos por estrangeiros, preceito constitucional dotado de eficácia limitada, dependendo de regulamentação para produzir efeitos, sendo assim, não auto-aplicável"*.

Por fim, o art. 216, § 3º, determina que *"a lei estabelecerá incentivos para a produção e o conhecimento de bens e valores culturais"*, ficando claro que se trata de uma norma de eficácia limitada, pois, sem a edição de uma norma intermediadora não pode ser aplicado a casos concretos.

O tema também foi cobrado no concurso para o cargo de Juiz Substituto do TJ/PR realizado pelo CESPE em 2017. Nessa prova, o examinador questionou a classificação, quanto ao grau de aplicabilidade, das seguintes normas da CF/88:

a) A que trata de desmembramento de Município (art. 18, § 4º). Essa norma, conforme já decidiu o STF (ADI 2381 MC/RS e ADI 2994/BA), é de eficácia limitada, pois apenas pode ser aplicada mediante a edição de lei.

b) A que estabelece o direito à aposentadoria especial dos servidores públicos (art. 40, § 4º, na redação anterior à EC 103/2019 e art. 40, §§ 4º-A, 4º-B e 4º-C, na redação posterior à EC 103/2019). Essa norma é de eficácia limitada, pois exige edição de lei para ter aplicabilidade. Inclusive, o STF julgou diversos mandados de injunção para suprir a falta das leis regulamentadoras desse direito, chegando a editar a Súmula Vinculante nº 33, segundo a qual, *"aplicam-se ao servidor público, no que couber, as regras do regime geral da previdência social sobre aposentadoria especial de que trata o artigo 40, § 4º, inciso III da Constituição Federal, até a edição de lei complementar específica"*.

CLASSIFICAÇÃO DE MARIA HELENA DINIZ

Maria Helena Diniz classifica as normas constitucionais em quatro espécies:

a) Normas **supereficazes** (ou normas com **eficácia absoluta**);

b) Normas com **eficácia plena**;

c) Normas com **eficácia relativa restringível**;

d) Normas com **eficácia relativa complementável** (ou normas com **eficácia relativa dependente de complementação legislativa**).

Segundo a autora, as normas **supereficazes** são aquelas que não podem ser modificadas por emendas constitucionais (são intangíveis), de modo que impedem que sejam contrariadas por qualquer legislação, seja de âmbito infraconstitucional, seja de âmbito constitucional. Trata-se das normas constitucionais protegidas pelas cláusulas pétreas (art. 60, § 4º, CF/88).

As normas com **eficácia plena**, por sua vez, são aquelas que, embora possam ser alteradas por emendas constitucionais, reúnem todas condições para serem imediatamente aplicadas a casos concretos, pois não dependem de regulamentação infraconstitucional. Guardadas as devidas proporções, elas correspondem às normas de eficácia plena da classificação de José Afonso da Silva. A diferença é que José Afonso da silva não utiliza como critério para classificar as normas constitucionais a possibilidade de sofrerem modificação.

As normas com **eficácia relativa restringível**, também guardadas as devidas proporções, correspondem às normas de eficácia contida da classificação de José Afonso da Silva, pois são normas passíveis de alteração constitucional (pois se não o fossem, seriam consideradas normas com eficácia absoluta), mas com aplicabilidade direta e imediata. Tal qual ocorre com as normas de eficácia contida de José Afonso da Silva, elas admitem que o legislador infraconstitucional restrinja o seu alcance, sendo esse o motivo de serem chamadas de normas com eficácia relativa **restringível**.

Finalmente, as normas com **eficácia relativa complementável** são aquelas que, admitindo modificação por emenda constitucional, correspondem, guardadas as devidas proporções, às normas de eficácia limitada de José Afonso da Silva, pois dependem de regulamentação infraconstitucional para serem aplicadas a casos concretos, isto é, para terem aplicabilidade. Apesar de não gozarem de imediata aplicabilidade, elas possuem eficácia paralisante das normas anteriores que lhes sejam contrárias e inibe a produção de novas normas que possam lhes desrespeitar. Além disso, essas normas podem ser de **princípio institutivo** (que dependem de complementação infraconstitucional para dar vida a órgãos e entidades) ou de **princípio programático** (que dependem de complementação infraconstitucional para concretizar programas de ação do Estado).

A classificação de Maria Helena Diniz é, inevitavelmente, comparada com a de José Afonso da Silva e, nessa comparação, acaba sofrendo algumas críticas, pelo fato de utilizar como critério classificatório não apenas o grau de eficácia da norma, mas também a sua alterabilidade, enquanto José Afonso da Silva, em sua classificação, baseia-se apenas no grau eficacial.

▪ CLASSIFICAÇÃO DE CELSO RIBEIRO BASTOS E CARLOS AYRES BRITTO

Celso Bastos e Carlos Britto propõem a classificação das normas constitucionais em dois grandes grupos:

a) Normas **de aplicação**; e

b) Normas **de integração**.

As normas **de aplicação** são aquelas que, desde o seu nascedouro, encontram-se aptas a produzir todos os seus efeitos. Essas normas não admitem regulamentação infraconstitucional ou, quando a admitem, não permitem que seja feita qualquer restrição ao seu alcance. As que não admitem regulamentação são chamadas de normas de aplicação **irregulamentáveis**, enquanto as que admitem regulamentação (porém, sem sofrer restrição) são chamadas de normas de aplicação **regulamentáveis**.

Por sua vez, as normas de **integração** são aquelas que contam com a atuação integrativa do legislador infraconstitucional, isto é, são **integradas** (regulamentadas) no âmbito infraconstitucional. São normas que, entre elas e sua aplicação concreta, possuem uma intermediação feita por uma norma integradora. A atuação do legislador em relação a essas normas pode se prestar a completá-las ou a restringi-las. Por esse motivo, elas podem ser **completáveis** ou **restringíveis**.

As normas de integração **completáveis** são aquelas que **exigem** complementação infraconstitucional para serem aplicadas concretamente (elas possuem um vazio que precisa ser preenchido por um complemento). Já as normas de integração **restringíveis** são aquelas que, ao serem integradas, admitem que o legislador infraconstitucional reduza (ou restrinja) o seu alcance.

4

Hermenêutica Constitucional

Primeiramente, é necessário esclarecer o seguinte: **há diferença entre hermenêutica e interpretação?**

Essa questão, por incrível que pareça, é discutida na doutrina, e existem diferentes opiniões a seu respeito. Alguns doutrinadores entendem que hermenêutica e interpretação são expressões sinônimas, outros entendem simplesmente que não há utilidade prática alguma em diferenciá-las e uma terceira corrente enxerga diferença com utilidade prática entre elas, dizendo que interpretação é a atividade concreta de encontrar o significado da norma (a interpretação opera, portanto, em um caso concreto) e hermenêutica é a ciência que se ocupa de estabelecer as regras abstratas (isto é, os "cânones") que o intérprete utiliza para encontrar o significado da norma ao resolver um caso concreto.

Portanto, para aqueles que enxergam utilidade prática em diferenciar hermêutica de interpretação, a hermenêutica se ocupa de definir abstratamente as diretrizes com base nas quais a interpretação (que é a atividade de encontrar o significado da norma em um caso concreto) é realizada.

Neste livro, as expressões hermenêutica e interpretação serão utilizadas como sinônimas, sem que seja feita, portanto, a diferenciação que vimos acima.

Feita essa introdução, podemos passar ao que realmente importa.

O estudo do tema (hermenêutica constitucional) será dividido em 3 (três) partes, a saber:

1) Definição;
2) Princípios de interpretação (que são o que Humberto Ávila chama de postulados normativos); e
3) Métodos de interpretação.

DEFINIÇÃO

O que é hermenêutica constitucional?

Hermenêutica constitucional é a atividade intelectual de revelação do sentido, alcance e conteúdo de determinada norma constitucional (FERRARA, Francesco. Interpretação e Aplicação das Leis. 4ª ed. Coimbra: Arménio Amado, 1987. p. 128). Essa, segundo respeitada doutrina, é a melhor conceituação de hermenêutica constitucional.

Ora, qualquer norma tem um sentido, um alcance e um conteúdo. E a atividade por meio da qual o intérprete, de modo intelectualizado, faz a revelação do sentido, alcance e conteúdo de uma norma constitucional é a hermenêutica constitucional.

Trata-se, como visto, de uma atividade intelectual, de modo que é uma atividade humana, e não mecanizada. Essa atividade, por envolver norma **constitucional**, é uma interpretação **constitucional**.

A interpretação constitucional é igual a qualquer atividade que envolva interpretação. Em outras palavras, trata-se de uma forma de interpretação jurídica, de uma forma de interpretação do direito. O que há de peculiar nela é o fato de que o seu objeto é uma norma da Constituição, e não da legislação infraconstitucional.

Portanto, a interpretação constitucional é interpretação jurídica, é interpretação do direito. E é por isso que, em regra, são aplicados a ela os métodos, as técnicas e os princípios que são aplicados à interpretação jurídica de modo geral.

O que há de diferente na interpretação constitucional são as características peculiares das próprias normas interpretadas. Nesse contexto, o que caracteriza a interpretação da Constituição e a diferencia da interpretação jurídica infraconstitucional são os traços marcantes das normas constitucionais, que, conforme vimos, são os seguintes:

a) a superioridade hierárquica;

b) o caráter político;

c) o conteúdo específico; e

d) a natureza da linguagem.

Destrinchando isso, tem-se que o que caracteriza a interpretação da Constituição é:

a) O fato de que tem como objeto normas que ocupam a maior posição possível na ordem jurídica, não se tratando da interpretação de uma norma qualquer, mas da norma que ocupa o vértice da pirâmide normativa de Kelsen e que serve de fundamento comum de validade a todas as demais normas que integram o ordenamento jurídico.

b) O fato de que tem como objeto normas que possuem caráter político, isto é, normas que, no passado, legitimaram a atribuição de poder ao Estado e, hoje, limitam o exercício do poder estatal.

c) O fato de que, por ter como objeto normas dotadas de um conteúdo específico, possui esse mesmo conteúdo específico: divisão do poder político, direitos, garantias e os remédios constitucionais.

d) A natureza da linguagem. Como a interpretação constitucional envolve normas que possuem grau de abertura alto e grau de densidade baixo, exige-se do intérprete uma atividade de concretização, de intermediação entre a abstração da norma e a concretude do caso.

Repetindo: interpretação constitucional nada mais é do que interpretação jurídica, é simplesmente uma forma de interpretação do direito.

PRINCÍPIOS DE INTERPRETAÇÃO DA CONSTITUIÇÃO

Aqui abordaremos os seguintes princípios de interpretação da Constituição, além de algumas referências a outros postulados ao longo do nosso estudo:

a) Supremacia da Constituição;

b) Unidade da Constituição;

c) Harmonização (ou concordância prática);

d) Correção funcional;

e) Interpretação conforme a Constituição;

f) Presunção de constitucionalidade;

g) Eficácia integradora;

h) Máxima efetividade;

i) Força Normativa; e

j) Proporcionalidade.

É necessário, porém, ter em mente o seguinte: essa lista de princípios varia de acordo com o autor que escreve sobre eles. Há alguns autores que trazem um catálogo maior, outros trazem um catálogo menor e há até mesmo quem apresente um catálogo de idêntica extensão, mas abordando outros princípios ou os mesmos princípios, mas com nomenclaturas diferentes. Enfim, é um tema não uniforme no estudo do Direito Constitucional.

Agora, destrincharemos cada um dos princípios listados, separadamente.

■ PRINCÍPIO DA SUPREMACIA DA CONSTITUIÇÃO

Supremacia da Constituição é a ideia de que a Constituição ocupa o ápice da pirâmide de Kelsen. Por ocupar essa posição superior, a Constituição serve como fundamento comum de validade de qualquer espécie normativa que integre o ordenamento jurídico que ela (a Constituição) inaugurou e, por conta disso, toda interpretação do ordenamento jurídico deve partir da Constituição e se irradiar para as normas hierarquicamente inferiores.

O princípio da supremacia da Constituição, então, determina que a interpretação de uma norma jurídica seja sempre feita "de cima para baixo", isto é, seja realizada partindo-se do ápice da pirâmide normativa kelseniana (ocupado pela Constituição) até se chegar à sua base (onde se localizam as normas hierarquicamente inferiores).

Em outras palavras, toda norma integrante do ordenamento jurídico deve ser interpretada à luz da Constituição, e não o contrário, justamente por conta da supremacia constitucional.

■ PRINCÍPIO DA UNIDADE DA CONSTITUIÇÃO

Unidade da Constituição quer dizer que a Constituição confere caráter sistemático à ordem jurídica (a ordem jurídica é uma unidade, é um sistema), e o faz porque os valores por ela veiculados (como liberdade, igualdade, direito de propriedade etc.) permeiam todas as normas do ordenamento jurídico.

Além disso, por esse princípio, a própria Constituição deve ser interpretada como um sistema, de modo a se afastarem eventuais antinomias em seu texto e a ideia de hierarquia entre suas normas originárias. É possível perceber, dessa forma, que o princípio da unidade é uma especificação do princípio da interpretação sistemática para o campo da interpretação constitucional.

Nesse sentido, foi com base no princípio da unidade que o STF rechaçou a tese das "normas constitucionais inconstitucionais" do jurista alemão Otto Bachof, que defendia a possibilidade de se reconhecer a inconstitucionalidade de normas originárias da Constituição. Segundo nossa Suprema Corte, inexiste hierarquia entre normas criadas pelo poder constituinte originário, não se podendo, portanto, reconhecer inconstitucionalidade entre elas.

Ao aplicar esse princípio, a Suprema Corte concluiu pela impossibilidade jurídica do pedido e, assim, em decisão monocrática, indeferiu a petição inicial de uma ação direta de inconstitucionalidade ajuizada em face de preceito originário da CF/88 (ADI 4097), nos seguintes termos:

> "**DECISÃO:** 1. Trata-se de ação direta de inconstitucionalidade, em que o Partido Social Cristão postula pronúncia da inconstitucionalidade da parte final do § 4º do art. 14 da Constituição Federal ("§ 4º - são inelegíveis os inalistáveis e os analfabetos"), sustentando que tal dispositivo afronta o art. 5º da própria Constituição. (...) 2. **O pedido é juridicamente impossível.** (...) o que, em absoluto, se não admite, em sistemas como o nosso, de Constituição rígida, é ação tendente a atacar norma editada pelo constituinte originário: "No interior da mesma Constituição originária, obra do mesmo poder constituinte formal, não divisamos como possam surgir normas inconstitucionais. Nem vemos como órgãos de fiscalização instituídos por esse poder seriam competentes para apreciar e não aplicar, com base na Constituição, qualquer de suas normas. É um princípio de identidade ou de não contradição que o impede" (JORGE MIRANDA, "Manual de Direito Constitucional", Coimbra, Coimbra Ed., 2001, tomo VI, p. 18. Grifos originais). Reconhece-o, sem titubeios, a doutrina nacional: "**o direito brasileiro, já foi referido, não admite, como o alemão, a inconstitucionalidade de normas constitucionais, ou seja, de normas incluídas no documento constitucional**. Não se admite, entre nós, como na Alemanha, a existência de normas residentes acima da Constituição, determinantes da validade desta, ou residentes na própria Constituição, mas porque hierarquicamente superiores, determinantes da validade de outras normas constitucionais (...). **Vigora entre nós o princípio da 'unidade hierárquico-normativa' da Constituição. Ou seja, desde o prisma formal, todas as normas constitucionais residem no mesmo patamar hierárquico**" (CLÈMERSON MARLIN CLÈVE, "A Fiscalização Abstrata da Constitucionalidade no Direito Brasileiro, SP, Ed. RT, 2ª ed., 2000, p. 225-227). (...) A tese da inicial, que defende a viabilidade da declaração da inconstitucionalidade de norma constitucional constante do texto originário, não encontra suporte algum no ordenamento brasileiro, perante o qual a "jurisprudência do STF assentou, igualmente, a **inadmissibilidade do controle de constitucionalidade de norma constitucional originária**, enfatizando que a tese da hierarquia entre normas constitucionais originárias, que dá azo à declaração de inconstitucionalidade de umas em face de outras, é incompatível com o sistema de constituição rígida" (GILMAR FERREIRA MENDES, op. cit., p. 195) (...)

> **Patente, dessarte, que o pedido é de todo em todo impossível**, pois implicaria admitir declaração de invalidade de preceito constitucional por ofensa ora (i) ao direito suprapositivo não positivado (direito natural, consubstanciado em "princípios naturais e critérios isonômicos, gerais e coletivos da lei de um estado democrático", vagamente invocados às fls. 05), ora (ii) a norma constitucional positivada, alegadamente de maior hierarquia (como seria o art. 5º, em relação ao art. 14, § 4º, no entendimento do autor). O Supremo Tribunal Federal carece de competência para fiscalizar o Poder Constituinte originário quanto ao dito direito suprapositivo, esteja este positivado, ou não, na Constituição. (...) 4. **Ante o exposto, indefiro a inicial**, nos termos do art. 295, inc. I, do Código de Processo Civil, cc. art. 21, § 1º, do RISTF. (...)"
>
> **(ADI 4097, Relator(a): Min. CEZAR PELUSO, julgado em 25/06/2008, publicado em DJe-142 DIVULG 31/07/2008 PUBLIC 01/08/2008)**

Por oportuno, é necessário, neste momento, fazer um **alerta**: a decisão transcrita acima foi proferida no ano 2008, quando ainda em vigor o CPC/1973. Hoje, com o CPC/2015 vigorando, a possibilidade jurídica do pedido deixou de ser uma condição da ação e passou a fazer parte da análise do mérito, de modo que a sua ausência não mais leva à extinção do feito sem resolução meritória. A conclusão é que, se o STF vier a se deparar com mais um caso como esse (em que há alegação de inconstitucionalidade de normas originárias do texto da Constituição), não mais será cabível o indeferimento da petição inicial, mas sim a rejeição do pedido em sede de julgamento do mérito da ação de controle de constitucionalidade.

■ PRINCÍPIO DA HARMONIZAÇÃO (OU CONCORDÂNCIA PRÁTICA)

O **princípio da harmonização (ou concordância prática)** está fortemente ligado ao princípio da unidade. Para diferenciá-los, é necessário saber o seguinte: o princípio da unidade deve ser utilizado quando há uma tensão abstrata entre duas normas constitucionais (exemplo: direito à propriedade e função social da propriedade). No entanto, quando há uma colisão de princípios, uma colisão de valores, uma colisão de direitos em um caso concreto, aplica-se o princípio da concordância prática ou harmonização (exemplo: abstratamente, a liberdade de informação não conflita com o direito à intimidade, mas pode conflitar no caso concreto).

O princípio da concordância prática diz que cabe ao intérprete coordenar e combinar os bens jurídicos em conflito, realizando uma redução proporcional do âmbito de aplicação de cada um deles. Assim, se há dois princípios válidos que, no caso concreto, colidem entre si, não se deve sacrificar um deles integralmente para a aplicação do outro, devendo-se, na verdade, reduzir proporcionalmente o âmbito de aplicação de cada um deles, para que ambos sejam aplicados proporcionalmente (nem se aplicará apenas um nem apenas outro, mas sim os dois proporcionalmente).

Importante esclarecer que a redução proporcional dos bens jurídicos em conflito é a solução preferencial, mas a verdade é que nem sempre será possível realizar essa redução proporcional no caso concreto, e, nessa hipótese, um dos interesses envolvidos terá de ser sacrificado completamente.

▪ PRINCÍPIO DA CORREÇÃO FUNCIONAL (OU CONFORMIDADE FUNCIONAL OU JUSTEZA)

Quando se fala em justeza, não se está fazendo uma referência a justiça, mas sim a ajuste. Esse princípio impõe aos órgãos encarregados da interpretação constitucional cuidados para não chegarem a um resultado que subverta ou perturbe o esquema organizatório funcional estabelecido pela Constituição. No Brasil, o principal (mas não único) destinatário desse princípio é o STF, que é o encarregado de dar a última palavra sobre a interpretação da Constituição.

Enfim, correção funcional é a ideia de que os intérpretes da Constituição, no exercício da atividade que lhes é própria, devem estar atentos aos limites de suas competências, e não podem, no exercício da sua atividade hermenêutica, ultrapassá-los, sob pena de incorrer em uma interpretação inconstitucional.

Essa questão é fundamental quando se aborda a chamada mutação constitucional, que é a mudança informal da Constituição (é a mudança de seu teor sem a modificação de seu texto). **Como assim?** É que o intérprete da Constituição (não apenas o intérprete formal, que é o Judiciário, mas também o intérprete informal, que, segundo a concepção de sociedade aberta de intérpretes de Peter Häberle, é qualquer pessoa, órgão ou entidade que conviva com uma norma veiculada pela Constituição) deve estar atento aos limites da competência que a Constituição lhe deu, não podendo ultrapassá-los, para não incorrer em uma atividade inconstitucional, especialmente quando se trata de uma mudança informal da Constituição (mutação constitucional).

É evidente, porém, que esse princípio não se aplica somente ao caso de mutação constitucional. O que ocorre é que, na hipótese de mutação constitucional, ele é extremamente importante.

O princípio da correção funcional é um subprincípio do princípio da separação dos Poderes. Na verdade, a separação dos Poderes é o princípio macro do qual decorrem princípios micros, como é o caso da correção funcional.

▪ PRINCÍPIO DA EFICÁCIA INTEGRADORA (OU EFEITO INTEGRADOR)

Esse princípio é muito parecido com o princípio da unidade, motivo pelo qual, há quem sustente que não se trata de um princípio autônomo.

Segundo esse postulado, na resolução de problemas jurídico-constitucionais, deve ser dada primazia aos critérios que favoreçam a integração política e social, produzindo um efeito criador e conservador da unidade.

O princípio do efeito integrador é, na verdade, uma especificação do princípio da unidade, pois trata da unidade no âmbito político e no âmbito social. Ele diz que, se a Constituição é o mais importante instrumento de integração da comunidade, deve-se optar pela interpretação que favoreça essa integração.

▪ PRINCÍPIO DA INTERPRETAÇÃO CONFORME A CONSTITUIÇÃO

A interpretação conforme a Constituição pode ser vista sob dois ângulos:

1) como princípio de interpretação constitucional; ou

2) como técnica de decisão em controle de constitucionalidade.

A interpretação conforme a Constituição como técnica de decisão em controle de constitucionalidade significa o seguinte: quando uma norma legal apresenta dois ou mais sentidos, havendo um sentido conforme a Constituição, é possível que o Poder Judiciário evite a declaração de inconstitucionalidade da norma, afastando os sentidos contrários à Constituição. Nesse caso, o órgão julgador deixa de declarar a norma inconstitucional, desde que seja seguido o sentido que ele considera o único em conformidade com a Constituição.

Como se pode perceber, a interpretação conforme a Constituição como técnica de decisão em controle de constitucionalidade tem dois pressupostos: a) que a norma objeto de controle seja plurissignificativa (isto é, que ela tenha dois ou mais significados); e b) que o Tribunal que exerce o controle tenha o propósito de não declarar a norma inconstitucional.

Nesse caso, o Tribunal que exerce o controle adota uma atividade positiva (ou comissiva) e, depois, adota uma atividade negativa (ou omissiva).

A atividade positiva do Tribunal consiste em afastar todos os sentidos da norma que sejam contrários à Constituição.

Em um segundo momento, ele adota uma atividade negativa, uma omissão, porque ele deixa de declarar a norma inconstitucional, desde que seja seguido o sentido que ele entende como o único em conformidade com a Constituição.

Portanto, na interpretação conforme a Constituição como técnica de decisão em controle de constitucionalidade, o Tribunal que exerce o controle, ao final do processo, declara a inconstitucionalidade não da norma analisada, mas sim de sentidos dessa norma que contrariam a Constituição, mantendo-se hígida a norma objeto do controle. De forma bastante resumida, o órgão judicial, nesse caso, diz o seguinte: "essa norma possui vários sentidos, mas apenas um deles é compatível com a Constituição, sendo inconstitucionais todos os demais".

Existe uma outra técnica de decisão em controle de constitucionalidade que se assemelha à técnica da interpretação conforme, justamente por também se aplicar a casos que envolvem normas plurissignificativas. Cuida-se da técnica da declaração de nulidade sem redução de texto.

Grosso modo, a diferença entre essas duas técnicas é a seguinte: tanto na interpretação conforme quanto na declaração de nulidade sem redução de texto, fica mantido o texto da norma objeto de controle (texto esse que é necessariamente plurissignificativo), mas, na interpretação conforme, o Judiciário estabelece um único significado compatível com a Constituição e exclui todos os demais significados possíveis (por serem inconstitucionais), enquanto, na declaração de nulidade sem redução de texto, o órgão jurisdicional define qual é o significado incompatível com a Constituição e mantém válidos todos os demais significados possíveis.

E perceba o seguinte: tanto a interpretação conforme a Constituição quanto a declaração de nulidade sem redução de texto **são técnicas que apenas podem ser utilizadas quanto o texto objeto de análise pode, de fato, ter mais de um significado**. Quando o texto não é plurissignificativo ou o seu significado é evidente (não comportando, portanto, mais de uma interpretação), essas técnicas não podem ser utilizadas.

Isso, inclusive, já foi afirmado pelo Supremo Tribunal Federal, o que ocorreu na **ADI 6662** (j. 03/04/2023), na qual a Corte apreciou uma norma que estabelecia o prazo de duração de um programa emergencial de emprego criado pela União, e, rejeitando pedido de interpretação conforme a Constituição para a ampliação desse prazo, esclareceu que seria inaplicável no caso a técnica da interpretação conforme, em virtude de a norma analisada não comportar mais de uma interpretação, já que ela era muito clara quanto ao prazo de duração do programa governamental em questão. Nas exatas palavras do STF, *"os artigos impugnados não comportam mais de uma exegese, uma vez que limitam o período de vigência da política de "manutenção de emprego e renda" a 31 de dezembro de 2020 (...). **O seu sentido é unívoco, não sendo cabível a interpretação conforme a Constituição**"*.

Contudo, o que interessa aqui é a interpretação conforme a Constituição como princípio de hermenêutica constitucional, e, nesse sentido, ela significa que o Judiciário, ao analisar uma norma, deve, preferencialmente, interpretá-la de modo a lhe dar um significado compatível com a Constituição, só lhe sendo permitido declará-la inconstitucional se ausente qualquer dúvida sobre a sua invalidade.

Havendo dúvida sobre a invalidade de uma norma legal, o Poder Judiciário não está autorizado a declarar essa norma inválida, por um motivo muito simples: ele não tem a legitimidade do voto, a qual, por outro lado, é conferida aos Poderes Legislativo e Executivo (democraticamente eleitos e, assim, legitimados), que foram os que produziram a norma. Trata-se do que alguns autores chamam de **déficit democrático do Poder Judiciário**, o qual se verifica justamente porque este não tem a legitimidade do voto.

Então, para que o Judiciário declare inválida uma norma elaborada por Poderes que possuem essa legitimidade, não pode haver dúvida acerca da invalidade da norma analisada. Em outras palavras: a dúvida não autoriza o Judiciário a declarar a inconstitucionalidade de uma norma, apenas a certeza o habilita a isso.

■ PRINCÍPIO DA PRESUNÇÃO DE CONSTITUCIONALIDADE

Constitucionalidade, como já visto, significa validade. Portanto, quando se fala em presunção de constitucionalidade, significa que toda norma tem presunção de validade, presunção essa que é relativa, podendo ser elidida ou ser convertida em absoluta.

Essa presunção pode ser elidida, caso haja declaração de inconstitucionalidade da lei ou do ato normativo, ou seja, a presunção relativa é afastada quando a lei ou ato normativo é declarado inconstitucional.

Por outro lado, essa presunção pode ser convertida em absoluta, pode haver a conversão da presunção relativa em presunção absoluta de constitucionalidade, caso haja a declaração de constitucionalidade da lei ou do ato normativo. Ou seja, a presunção de constitucionalidade, que inicialmente é relativa, pode se transformar em absoluta, desde que a norma seja declarada constitucional.

■ PRINCÍPIOS DA MÁXIMA EFETIVIDADE E DA FORÇA NORMATIVA DA CONSTITUIÇÃO

Já foi visto que efetividade é eficácia social, é a qualidade da norma que é efetivamente cumprida pelo meio social.

Quando se fala em princípio da máxima efetividade, significa que a interpretação deve conferir à norma o sentido que maior efetividade lhe dê, sendo vedada qualquer interpretação que lhe restrinja ou mesmo lhe suprima a efetividade. Portanto, deve ser buscada pelo intérprete a maior efetividade possível, o intérprete deve atribuir à norma constitucional o sentido que maior efetividade lhe confira.

É necessário registrar que o princípio da máxima efetividade está intimamente relacionado aos direitos fundamentais. E aí surge a necessidade de abordar rapidamente o **princípio da força normativa da Constituição**, por conta da similitude entre esses dois postulados.

Na verdade, o princípio da força normativa não traz um critério de interpretação, mas, sim, um apelo ao intérprete, no seguinte sentido: independentemente do critério que for utilizado, deve-se interpretar a Constituição de modo a dar maior efetividade e permanência às suas normas.

Em outras palavras, o princípio da força normativa diz que, na interpretação da Constituição, deve ser dada preferência às soluções densificadoras de suas normas e que, assim, as tornem mais eficazes e permanentes.

Na jurisprudência do STF, encontra-se a aplicação do princípio da força normativa para afastar interpretações divergentes das normas constitucionais, pois, segundo entende o Tribunal, interpretações divergentes reduzem a força normativa da Constituição, devendo ser uniformizadas. Para a relativização da coisa julgada, por exemplo, o STF se vale do princípio da força normativa da Constituição, entendendo que, se uma decisão transitada em julgado for contrária à interpretação da Constituição feita pela Suprema Corte, será cabível o ajuizamento de ação rescisória para desconstitui-la.

Como se pode perceber, a definição do princípio da máxima efetividade é muito próxima à do princípio da força normativa. O que os diferencia é o fato de que a aplicação do primeiro se dá eminentemente no âmbito dos direitos fundamentais. O princípio da máxima efetividade é invocado no contexto da aplicação dos direitos fundamentais, impondo que lhes seja conferido o sentido que lhes dê a maior efetividade possível. Para alguns autores, esse princípio pode ser deduzido do art. 5º, §1º, da CF/88 (Ingo Sarlet, por exemplo, entende dessa forma).

> "**Art. 5º, § 1º, CF/88.** As normas definidoras dos direitos e garantias fundamentais têm aplicação imediata."

Por essas razões, esses princípios são chamados de:

a) Princípio da máxima efetividade **DOS DIREITOS FUNDAMENTAIS**; e

b) Princípio da força normativa **DA CONSTITUIÇÃO**.

■ PRINCÍPIO DA PROPORCIONALIDADE

A proporcionalidade é um critério de aferição da validade de todo e qualquer ato do poder público, que deve, sempre, observar os três vetores (ou **máximas parciais**) desse princípio, a saber: adequação, necessidade e proporcionalidade em sentido estrito.

Primeiramente, é importante esclarecer que, apesar da falta de clareza na jurisprudência (e em alguns trabalhos doutrinários) a esse respeito, proporcionalidade não é a mesma coisa que razoabilidade, conforme bem esclarece Humberto Ávila em seu livro "Teoria dos Princípios".

Na verdade, além dos Tribunais (aí incluído o STF), o próprio direito positivo confunde esses princípios, o que ocorre, até mesmo, na Constituição. Por exemplo, a CF/88, em seu art. 5º, LXXVIII, ao prever a duração razoável do processo, quer, na verdade, referir-se a uma duração proporcional do processo.

Entre razoabilidade e proporcionalidade, há **duas diferenças**, uma de origem e outra de estrutura. Ou seja, esses princípios possuem origens e estruturas distintas.

Quanto à **origem**, o princípio da razoabilidade é oriundo do direito anglo-saxônico, isto é, da *common law* (do direito inglês e, depois, do direito americano), enquanto o princípio da proporcionalidade é oriundo do direito romano-germânico, ou seja, da *civil law* (do direito alemão e, depois, do direito francês).

Em relação à **estrutura**, esses princípios também se distinguem.

A razoabilidade tem uma estrutura bifronte, uma estrutura dúplice, pois esse princípio é subdividido em dois vetores: razoabilidade interna (ou razoabilidade material ou de conteúdo) e razoabilidade externa (ou razoabilidade formal ou de continente). É assim que os autores americanos tratam a razoabilidade.

Já a proporcionalidade tem uma estrutura tríplice, pois ela se subdivide em 3 (três) vetores (ou **máximas parciais**), a saber: adequação, necessidade e proporcionalidade em sentido estrito. Duas observações fundamentais se fazem necessárias aqui.

Primeiramente, é necessário esclarecer que a análise desses três vetores é uma análise **cumulativa**, e não alternativa. Em outras palavras, para que o princípio seja atendido, é necessário que os seus três vetores (adequação, necessidade e proporcionalidade em sentido estrito) estejam presentes simultaneamente. A ausência de qualquer deles conduz à invalidade do ato, por ser desproporcional.

Em segundo lugar, quando se analisa o princípio da proporcionalidade, em qualquer vetor que seja abordado, essa análise sempre terá como objeto tanto os meios quanto os fins, seja para aferir a adequação do ato, a sua necessidade ou a sua proporcionalidade em sentido estrito.

Segundo o Supremo Tribunal Federal, no Brasil, **o princípio da proporcionalidade é extraído da cláusula constitucional do devido processo legal em sua acepção substancial** (isto é, do devido processo legal substantivo ou devido processo legal material).

Agora, passamos a analisar os **três vetores da proporcionalidade.**

Adequação significa que o meio escolhido deve ser adequado para o fim visado. Veda-se, assim, a adoção de um meio que se mostre inadequado para o fim que se busca.

Imagine, por exemplo, uma lei que proíba a venda de qualquer bebida alcoólica durante o carnaval, ao argumento de que o consumo de álcool aumenta o contágio de doenças sexualmente transmissíveis. Nesse caso, o meio escolhido é a proibição da venda de bebida alcoólica e o fim é a redução do contágio de doenças sexualmente transmissíveis. Mas o contágio de doenças sexualmente transmissíveis decorre do consumo do álcool ou de outro fator? Decorre de outro fator. Logo, o meio escolhido não é adequado para o fim visado. Assim sendo, a norma é inadequada, sendo, portanto, desproporcional.

Necessidade, por sua vez, significa que o meio escolhido deve ser necessário para obter o fim visado, sendo vedado, a princípio, qualquer excesso. Logo, o meio eleito deve ser o estritamente necessário para a obtenção do resultado visado, não sendo permitido optar por um meio mais gravoso, se for possível adotar um meio menos gravoso.

Por exemplo, imagine uma indústria localizada às margens de um rio, despejando resíduos químicos nesse rio e causando poluição ambiental. É proposta uma ação civil pública na qual resta provada, por perícia, que a instalação de filtros seria suficiente para que a poluição não mais ocorra. Em seguida, há um ato do poder público que causa o fechamento da indústria. Nesse caso, o meio escolhido foi o fechamento da indústria e o fim visado era o fim da poluição ambiental. Mas era necessário o fechamento da indústria para que a poluição fosse cessada? Não, não era necessário o fechamento, sendo suficiente a instalação de filtros. Portanto, o ato de fechamento da indústria é desproporcional por ser, em tese, desnecessário e, assim, é inválido.

Quanto à **proporcionalidade em sentido estrito**, esse vetor também é conhecido como ponderação. A ponderação nada mais é do que a aplicação prática da máxima parcial da proporcionalidade em sentido estrito e significa que o meio escolhido deve ser ponderado, sopesado, balanceado com o fim que se busca. Trata-se, em última análise, da avaliação da relação custo-benefício, não podendo o custo ser superior ao benefício visado para que o ato seja considerado proporcional.

Por exemplo, imagine uma lei que determine que monumentos públicos serão protegidos com cercas elétricas dotadas de uma voltagem com potencial para causar até mesmo a morte de quem tentar invadir a área e causar danos. Nesse caso, o meio escolhido é o possível sacrifício da vida humana como decorrência do choque elétrico causado pela voltagem empregada, enquanto o fim visado é a proteção do patrimônio público. Mas será que é ponderável (ou seja, proporcional em sentido estrito) que, para proteger o patrimônio público, haja o possível sacrifício de uma vida humana? Em outras palavras, vale a pena utilizar a cerca elétrica tal qual previsto na norma? Não, não vale, pois o custo gerado é muito superior ao benefício proporcionado. Logo, a norma em questão é inválida, por ser desproporcional em sentido estrito, haja vista ser excessiva no caso concreto.

É possível perceber que, no primeiro exemplo, o ato não é adequado para o fim, enquanto, no segundo exemplo, o ato é adequado para o fim, mas é, em tese, excessivo e, no terceiro exemplo, o ato é adequado para o fim, mas o seu excesso não ocorre em tese, e sim em concreto (já que a utilização de cercas elétricas para proteger o patrimônio público não é, em si, excessiva, mas, no caso concreto, a voltagem fez o meio ser excessivo).

▶ Aplicação da proporcionalidade nos âmbitos penal e processual

O princípio da proporcionalidade nasceu no Direito Constitucional, que é um ramo do direito de natureza material e civil, mas hoje é aplicado também nas searas penal e processual.

No campo do direito penal, fala-se na proporcionalidade quando se aborda situações de proteção deficiente ou de proteção excessiva dos bens jurídicos. Em ambos os casos, há uma inobservância da proporcionalidade, seja porque o bem jurídico não recebeu proteção adequada (a tipificação da conduta não foi suficiente para essa finalidade), seja porque a proteção dada ao bem jurídico foi exagerada e acarretou restrições inadequadas, desnecessárias ou simplesmente desproporcionais em sentido estrito (a tipificação da conduta "pecou pelo excesso").

Portanto, a **vedação de proteção deficiente** e a **vedação de excesso** (ou vedação de proteção excessiva) no âmbito penal decorrem da não aplicação do princípio da proporcionalidade.

Já em matéria processual, é possível vislumbrar a aplicação do princípio da proporcionalidade quando se fala em tempo razoável do processo. A CF/88, no art. 5º, LXXVIII, diz que *"a todos, no âmbito judicial e administrativo, são assegurados a* ***razoável duração do processo*** *e os meios que garantam a celeridade de sua tramitação"*.

Note que, embora esse dispositivo fale em tempo razoável do processo, ele quer, na verdade, referir-se ao tempo **proporcional** do processo, pois a ideia por trás dele é assegurar que o processo tenha uma duração que se mostre adequada, necessária e proporcional em sentido estrito para se obter a prestação jurisdicional que é pedida em cada caso. E aqui é preciso lembrar que o tempo do processo, naturalmente, varia de acordo com a complexidade da causa e do comportamento das partes.

Enfim, o art. 5º, LXXVIII, da CF/88, ao prever a aplicação da proporcionalidade no âmbito processual, acaba confundindo esse princípio com o da razoabilidade, o que, como vimos, também ocorre na jurisprudência e até mesmo na doutrina.

MÉTODOS DE INTERPRETAÇÃO DA CONSTITUIÇÃO

De imediato, é preciso registrar a necessidade de se ter cuidado para não confundir métodos de interpretação da Constituição com princípios de interpretação da Constituição (também chamados de **postulados normativos**).

Os princípios de interpretação da Constituição são normas que definem a estrutura de aplicação das normas constitucionais. Eles são, portanto, metanormas, são normas de segundo grau (as normas de primeiro grau são aquelas que são aplicadas a casos concretos, enquanto as de segundo grau são as que definem como aplicar as de primeiro grau). Por exemplo, o princípio da unidade diz que a Constituição deve ser interpretada em sua inteireza, como um sistema, afastando-se eventuais antinomias no seu conjunto de regras e princípios, e, ao assim dispor, estabelece a forma como as normas do texto constitucional devem ser aplicadas.

Já os métodos de interpretação da Constituição prescrevem o caminho que o intérprete deve percorrer para encontrar o sentido da norma constitucional. Isso será melhor percebido quando abordarmos cada um deles.

Esses métodos, criados pela doutrina e pela jurisprudência a partir de premissas e pressupostos diversos, foram sistematizados e agrupados pelo professor J. J. Gomes Canotilho e são os seguintes:

1) Método Jurídico (ou hermenêutico clássico);
2) Método Tópico-Problemático (ou método da tópica);
3) Método Hermenêutico-Concretizador;
4) Método Científico-Espiritual;
5) Método Normativo-Estruturante; e
6) Método da Comparação Constitucional.

É importante registrar que nenhum desses métodos se propõe a ser a solução para todos os problemas constitucionais que possam surgir. Além disso, um método não exclui o outro, sendo eles, na verdade, complementares entre si, o que, inclusive, é algo natural, pois, se nenhum deles tem a pretensão de esgotar todas as soluções possíveis para as questões constitucionais que venham a ser apresentadas, nada mais lógico do que admitir complementação por outro método.

Portanto, um mesmo problema constitucional pode ser solucionado pelo emprego concomitante de mais de um método interpretativo ou, quando for possível, pelo emprego de apenas um deles.

■ MÉTODO JURÍDICO (OU HERMENÊUTICO CLÁSSICO)

Esse método, que tem como principal expoente **Ernst Forsthoff**, encara a Constituição como uma simples lei, devendo ser interpretada a partir dos métodos tradicionais de hermenêutica (gramatical, lógico, teleológico, histórico, sistemático etc.), aplicáveis à interpretação das leis em geral.

Trata-se, portanto, de um método interpretativo "ordinário", que, na prática, é aplicado cotidianamente, sem que o intérprete siga qualquer "caminho" ou "fórmula" especial. Ou seja, com esse método, o que se tem é uma interpretação "comum".

Esse tema já foi cobrado em prova, como ocorreu no concurso para o cargo de Juiz de Direito do TJDFT realizado pelo CESPE em 2014, no qual, foi considerada correta a assertiva que dizia que, *"conforme o método jurídico ou hermenêutico clássico, a Constituição deve ser considerada como uma lei e, em decorrência, todos os métodos tradicionais de hermenêutica devem ser utilizados na atividade interpretativa, mediante a utilização de vários elementos de exegese, tais como o filológico, o histórico, o lógico e o teleológico"*.

Essa questão exigiu, simplesmente, o conhecimento da definição que vimos acima, o que é comum ocorrer em relação aos métodos interpretativos da Constituição de modo geral.

■ MÉTODO TÓPICO-PROBLEMÁTICO (OU MÉTODO DA TÓPICA)

Esse método, desenvolvido por **Theodor Viehweg** em sua obra "Topik und Jurisprudenz" (Tópica e Jurisprudência), nada mais é do que a aplicação do método da tópica na interpretação da Constituição.

Mas, antes de nos aprofundarmos nisso, é preciso registrar que o Tópico-Problemático é o método que dá primazia ao problema, é o famoso método em que o intérprete parte do problema para a norma. Em outras palavras: o intérprete, em um primeiro momento, define qual solução considera mais justa ou adequada para o caso concreto analisado e, apenas depois, vai em busca do significado da norma que dê sustentação à solução encontrada.

E como o intérprete consegue fazer essa "ponte" entre a solução encontrada aprioristicamente e o sentido da norma encontrado em um momento posterior? Ele faz isso por meio da utilização de um *topos*. Como assim?

A tópica é o método que se vale de um *topos* (no plural, *topoi*) para realizar a atividade hermenêutica. E aí surge a pergunta: o que é um *topos*? *Topos* é um argumento com validade universal, um argumento que serve para justificar qualquer solução encontrada para o problema. É, enfim, o que se pode chamar de "lugar comum".

Por exemplo, a dignidade da pessoa humana (valor máximo de nosso ordenamento jurídico) é um *topos*, podendo ser invocada para justificar uma infinidade de decisões jurídicas. Talvez ilustrar com um caso concreto facilite a compreensão: na discussão acerca da constitucionalidade da criminalização do aborto, é possível utilizar a dignidade humana da mulher para justificar a conclusão pela inconstitucionalidade da norma penal, mas também é possível, com apoio nesse mesmo valor, concluir pela compatibilidade do tipo penal com a Constituição, por se vislumbrar que a criminalização do abortamento protege a dignidade humana do feto. Como se pode perceber, é um mesmo argumento sendo utilizado para justificar decisões em sentidos diferentes. Isso é um *topos*, um "lugar comum".

Nesse sentido, no concurso para o cargo de Procurador da República realizado em 2012, foi considerada correta a assertiva segundo a qual *"a tópica desenvolvida por Theodor Viehweg, adota os chamados "topoi" (lugares ou premissas comuns) como norte da atividade interpretativa. Os tópicos, por sua vez, cobram o seu sentido sempre a partir do problema a cuja elucidação se destinam"*. Essa questão retratou exatamente o que vimos acima acerca do método da tópica: argumentos com validade universal são utilizados de acordo com a solução que se quer dar ao problema submetido à apreciação do intérprete.

A partir de tudo que foi dito acima, é possível notar que, ao seguir esse método, o intérprete, na verdade, aproveita-se da grande abertura semântica inerente ao texto constitucional. Isso porque um texto com alto grau de abertura e baixa densidade normativa (como é o caso do texto da Constituição) é mais facilmente manipulável pelo aplicador da norma.

E essa ideia já foi cobrada em prova. No concurso para o cargo de Delegado de Polícia Civil de Mato Grosso realizado pelo CESPE em 2017, foi considerada correta a assertiva segundo a qual "o método de interpretação da Constituição que, por considerá-la um sistema aberto de regras e princípios, propõe que se deva encontrar a solução mais razoável para determinado caso jurídico partindo-se da situação concreta para a norma, é denominado método tópico-problemático".

■ MÉTODO HERMENÊUTICO-CONCRETIZADOR

Nesse método, atribuído a **Konrad Hesse**, o intérprete segue o caminho inverso do método Tópico-Problemático. Ao seguir o método Hermenêutico-Concretizador, o intérprete parte da norma para o problema, isto é, em um primeiro momento, busca o significado da norma e, em um segundo momento, define qual solução deve ser dada ao problema apresentado tendo em vista o sentido da norma aplicável.

E como o intérprete faz isso? Ele se vale de suas pré-compreensões, da realidade social e do próprio problema apresentado, realizando um **círculo hermenêutico** entre o contexto em que se encontra e o texto da norma (o intérprete, atuando como um mediador entre o texto interpretado e o contexto da interpretação, vai e volta diversas vezes, em um itinerário circular, até encontrar o sentido da norma). Esse círculo hermenêutico, então, funciona da seguinte forma:

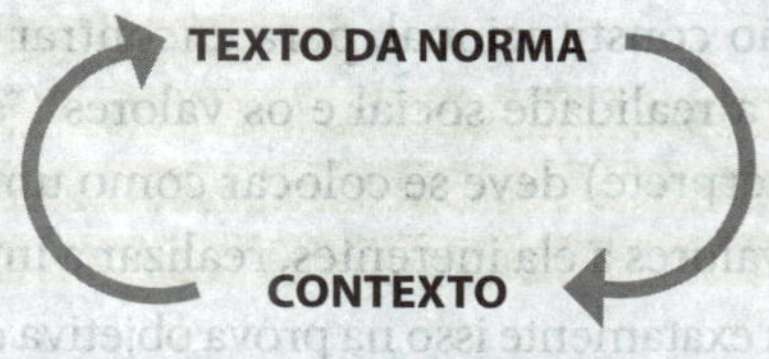

(Pré-compreensões, realidade social, caso concreto analisado)

A partir disso, é possível perceber que o método hermenêutico-concretizador é baseado em **pressupostos subjetivos e pressupostos objetivos.**

Os pressupostos **subjetivos** são as pré-compreensões do intérprete acerca do tema objeto da interpretação. Eles são subjetivos justamente porque dizem respeito à pessoa do intérprete.

Já os pressupostos **objetivos** são o texto interpretado, o contexto no qual é realizada a interpretação (o qual envolve o problema apresentado e a realidade social) e a atividade de mediação entre o texto e o contexto desempenhada pelo intérprete no movimento circular chamado de círculo hermenêutico.

O **círculo hermenêutico, portanto**, é o movimento de ir e vir entre o âmbito subjetivo e o âmbito objetivo realizado repetidamente até que o intérprete chegue ao sentido da norma. Esse movimento circular permite que o intérprete amadureça a sua interpretação a cada releitura do texto normativo, para finalmente atingir a compreensão adequada da norma aplicável à solução do problema.

Um bom exemplo de aplicação prática do método hermenêutico-concretizador é a superação de entendimentos jurisprudenciais, o que, muitas vezes, ocorre em virtude do amadurecimento da interpretação feita anteriormente, amadurecimento esse que, como vimos acima, é propiciado pelo mecanismo do círculo hermenêutico.

Esse método já foi cobrado em prova, como aconteceu na etapa discursiva do concurso para o cargo de Procurador do Estado da Paraíba realizado pelo CESPE em 2021. Nessa prova, uma das questões formuladas pela banca examinadora tinha o seguinte enunciado:

"1) *Indique o método interpretativo que prevê que se deve partir da norma constitucional para o problema concreto.* ***[valor: 5,00 pontos]***

2) *Discorra, de forma fundamentada, a respeito desse método.* ***[valor: 5,00 pontos]***

3) *Aborde os pressupostos interpretativos desse método.* ***[valor: 9,00 pontos]***"

Não há grande dificuldade para perceber que o método cobrado na questão é o hermenêutico-concretizador, pois, como vimos acima, esse é o método em que o intérprete "parte da norma para o problema". E, para responder os questionamentos apresentados pela banca examinadora (quanto ao método e seus pressupostos), bastaria expor tudo que vimos neste tópico.

■ MÉTODO CIENTÍFICO-ESPIRITUAL

Esse método, que tem como principal expoente **Rudolf Smend**, leva em consideração que a Constituição (assim como o próprio Estado) é um fenômeno cultural ligado a valores ("espíritos") da sociedade, e que ela (a Constituição), por conta disso, funciona como instrumento de integração da comunidade, além de ser dinâmica e constantemente renovada, já que os valores mudam conforme o contexto histórico.

Assim, na interpretação constitucional, para encontrar o significado da norma, o intérprete deve considerar a realidade social e os valores ("espíritos") da sociedade (e da Constituição). Ele (o intérprete) deve se colocar como um membro da comunidade, para, levando em conta os valores a ela inerentes, realizar a interpretação constitucional.

A banca CESPE cobrou exatamente isso na prova objetiva do concurso para o cargo de Procurador do Estado de Pernambuco realizado em 2009, no qual, foi considerada correta a assertiva segundo a qual, *"de acordo com o método de interpretação constitucional denominado científico-espiritual, a Constituição é instrumento de integração, não apenas sob o ponto de vista jurídico-formal, mas também, e principalmente, em perspectiva política e sociológica, como instrumento de solução de conflitos, de construção e de preservação da unidade social"*.

Um ótimo exemplo prático de aplicação do método científico-espiritual é o reconhecimento de **mutação constitucional** pelo STF.

Isso porque, em uma situação de ocorrência de mutação, o que se verifica é uma alteração do significado do texto normativo (sem que este sofra uma alteração formal) em virtude de modificações na realidade da sociedade, ou seja, em virtude de os "valores" da sociedade terem sido alterados. Ao reconhecer uma mutação, portanto, o intérprete aplica os valores da comunidade e, como consequência, o significado da Constituição se modifica, tal qual estabelece o método científico-espiritual.

▪ MÉTODO NORMATIVO-ESTRUTURANTE

Segundo esse método, desenvolvido principalmente por **Friedrich Müller**, apenas existe norma concretizada (não existe norma, senão a norma concretizada) e interpretar a norma é concretizá-la, é aplicá-la ao caso concreto, de modo que só há falar em uma atividade interpretativa diante da concretização da norma.

Aqui, para interpretar (e concretizar) a norma, o intérprete deve se valer do texto normativo e do seu âmbito de incidência (que é chamado de **"situação normada"**), sendo do encontro do texto com seu âmbito de incidência que se chega à norma geral, a qual, ao ser individualizada para o caso concreto, é concretizada.

Mas é importante registrar que, segundo esse método, na atividade hermenêutica, o texto normativo é apenas a **ponta do "iceberg"**, significando isso que não é apenas ele (o texto) que o intérprete deve levar em consideração, mas também o ordenamento jurídico como um todo, as lições doutrinárias, os artigos científicos, as obras acadêmicas, a jurisprudência etc., tudo isso sendo confrontado com a "situação normada" na operação de concretização da norma.

Um bom exemplo prático de aplicação desse método é a sistemática de julgamento de recursos extraordinários repetitivos prevista no Código de Processo Civil brasileiro (arts. 1.036 e seguintes).

Nessa sistemática, o STF, ao julgar recursos extraordinários sobre matérias repetitivas, fixa teses gerais aplicáveis a todos os casos envolvendo as mesmas controvérsias. Como se pode perceber, há aí, em um primeiro momento, a definição de uma norma geral (a tese fixada pelo STF) e, em um segundo momento, a concretização da norma quando a tese fixada é aplicada em cada caso concreto individual.

Trata-se de uma aplicação do método normativo-estruturante positivada em nosso ordenamento jurídico.

■ MÉTODO DA COMPARAÇÃO CONSTITUCIONAL

Esse método estabelece que a interpretação constitucional é feita mediante a comparação dos diversos ordenamentos constitucionais.

A origem desse método é a doutrina de **Peter Häberle**, que defende o comparatismo como um quinto método de interpretação, ao lado dos 4 métodos interpretativos da hermenêutica clássica desenvolvidos por Savigny (gramatical, lógico, histórico e sistemático).

O método da Comparação Constitucional, portanto, é o comparatismo aplicado à hermenêutica constitucional.

Um exemplo de aplicação prática desse método é a utilização, pelo Supremo Tribunal Federal, de ideias e institutos oriundos de Cortes Constitucionais de outros países, como é o caso do chamado **estado de coisas inconstitucional**, que tem origem na Colômbia e o STF já aplicou no Brasil (como aconteceu na ADPF 347).

Como se pode perceber, o método da comparação constitucional tem especial aplicação em um cenário de **transconstitucionalismo**, havendo uma íntima relação entre eles.

A INTERPRETAÇÃO CONSTITUCIONAL NO CONSTITUCIONALISMO NORTE-AMERICANO

A doutrina alemã contribuiu de maneira bastante intensa para o desenvolvimento da hermenêutica constitucional com a criação dos métodos interpretativos (todos os autores indicados como principais representantes desses métodos são de origem alemã).

Ao lado da doutrina alemã, o constitucionalismo norte-americano também contribuiu consideravelmente para o desenvolvimento da hermenêutica constitucional, mas com uma abordagem diferente.

Como vimos acima, a interpretação desenvolvida pela doutrina alemã preocupa-se com métodos a serem seguidos pelo intérprete, ou seja, a preocupação é indicar ao responsável pela interpretação da Constituição o caminho que ele deve seguir para encontrar a norma que solucionará o caso concreto.

Já no pensamento jurídico norte-americano, a preocupação não é com o método em si, mas sim com a postura do intérprete (o juiz) diante da Constituição. O que se discute na doutrina norte-americana é se o intérprete deve ter uma postura contida ou se deve ter maior liberdade na atividade interpretativa, chegando, até mesmo, a praticar o que se chama de ativismo judicial (que é o rótulo empregado para se referir a uma postura proativa do Poder Judiciário que chega a interferir nas escolhas políticas dos demais Poderes).

Nesse contexto, surgiu no constitucionalismo norte-americano o debate entre duas correntes de interpretação do direito (em especial, da Constituição): o **interpretativismo** e o **não interpretativismo**.

A corrente interpretativista (ou interpretacionista) é **mais conservadora**, e defende que o intérprete deve ter uma postura de autocontenção, aplicando a norma com o sentido que está expresso (ou ao menos claramente implícito) na Constituição.

Já a corrente não interpretativista (ou não interpretacionista) reconhece ao intérprete uma **maior discricionariedade**, defendendo que, na atividade interpretativa, ele deve considerar, para encontrar o significado da norma, o contexto social do momento em que é realizada a interpretação, adaptando os valores contidos no texto normativo à sociedade contemporânea (inclusive permitindo a adaptação da norma ao pluralismo típico dos tempos atuais).

Para os não interpretativistas, o juiz pode ir além do texto da lei (ou do texto da Constituição), invocando valores como justiça, igualdade e liberdade na **criação judicial do direito**. O que se busca no não interpretativismo é uma interpretação "substancial" da Constituição (pela aplicação de valores encontrados na sociedade), em vez de um respeito puro e simples à vontade da maioria contida no texto constitucional.

No não interpretativismo, a interpretação constitucional evolui de acordo com a realidade existente no momento da realização da atividade interpretativa, o que permite que a Constituição acompanhe a evolução da sociedade, favorecendo até mesmo a permanência do texto constitucional.

Como se pode perceber, enquanto o interpretativismo prega a autocontenção judicial, o não interpretativismo defende uma interpretação com menos amarras, criando um terreno fértil para o ativismo judicial e mutações constitucionais.

Dentro do interpretativismo, é possível encontrar diferentes linhas de pensamento, que podem ser chamadas de diferentes **teorias interpretativistas**. As principais são as seguintes (embora o interpretativismo não se resuma a apenas uma delas):

a) Textualismo (ou literalismo); e

b) Originalismo.

A teoria **textualista (ou literalista)** defende que o significado contido na Constituição é aquele que está no seu texto, ou seja, para o intérprete encontrar a norma aplicável ao caso concreto, ele deve considerar simplesmente o que está escrito na Constituição.

Já a teoria **originalista** defende que, para encontrar a norma aplicável ao caso concreto, o intérprete deve buscar a vontade dos criadores da Constituição (a vontade "original" de quem elaborou a Constituição). A busca pela vontade original, porém, não é feita sem critérios. Essa busca deve ser feita a partir dos registros escritos da época em que foi elaborada a Constituição, escritos esses que contêm os debates que foram travados e o histórico do processo de elaboração do texto constitucional, revelando a vontade dos seus criadores.

O originalismo, no entanto, sofre **críticas**, dentre as quais, as principais são as seguintes:

I) Há grande dificuldade em se descobrir a real vontade dos criadores da Constituição, especialmente porque os textos escritos não necessariamente conseguem refletir fielmente essa vontade (existe um "abismo" entre a real intenção do constituinte e o que está contido no texto constitucional).

II) Pretender restringir o significado da Constituição à vontade dos seus criadores resulta em uma distorção da democracia, pois retira do Tribunal Constitucional a tarefa de interpretar a Constituição à luz dos tempos atuais, reconhecendo legitimidade apenas ao órgão que exerceu o poder constituinte originário ao elaborar a Constituição (essa crítica, sem dúvida, também pode ser dirigida ao textualismo e ao interpretativismo de forma geral).

O tema do interpretativismo e suas linhas de pensamento já foi cobrado mais de uma vez em prova.

Por exemplo, na prova objetiva do concurso para o cargo de Procurador do Município de Natal/RN realizada pelo CESPE em 2008, foi considerada **incorreta** a assertiva segundo a qual, *"no âmbito da doutrina que estuda a interpretação constitucional, é possível identificar duas correntes de pensamento: os interpretativistas e os não interpretativistas. A diferença entre elas, em linhas gerais, é que os interpretativistas defendem um ativismo judicial na interpretação da Constituição, admitindo a possibilidade de os juízes irem além do texto da lei, invocando valores como justiça, igualdade e liberdade na criação judicial do direito, o que é repelido pelos não interpretativistas"*. Como se pode perceber, essa questão inverteu as noções de interpretativismo e não interpretativismo. A corrente descrita na assertiva é a não interpretativista.

Outro exemplo é o da prova objetiva do concurso para o cargo de Juiz Federal do TRF5 realizada pelo CESPE em 2015, na qual foi considerada **incorreta** a assertiva segundo a qual *"a corrente doutrinária denominada não interpretacionismo defende que os juízes, ao decidirem questões constitucionais, devem limitar-se a fazer cumprir as normas explícitas ou claramente implícitas na Constituição escrita"*. Mais uma vez a banca examinadora inverteu as noções de interpretativismo e não interpretativismo. Nesse caso, a corrente descrita na assertiva é a interpretativista.

Já na prova objetiva do concurso para o cargo de Procurador do Estado de Santa Catarina realizada pela FGV em 2022, a banca examinadora apresentou três frases contendo críticas a uma certa teoria de interpretação constitucional e questionou a qual teoria essas críticas estariam se referindo. A resposta foi: **originalismo**.

Essas foram as críticas apresentadas pela banca na questão:

"(1) Desconsidera a existência de um nítido hiato entre o pensamento e a linguagem que o representa e exterioriza;

(2) Visão distorcida do princípio democrático, somente atribuindo legitimidade à Assembleia Constituinte, não ao Tribunal Constitucional; e

(3) A dificuldade epistêmica em delinear o paradigma no qual se situa o sentido do texto constitucional."

Por sua vez, dentro do **não interpretativismo**, também existem diferentes linhas de pensamento, sendo possível apontar como as principais teorias não intepretativistas as seguintes:

a) Conceitualismo; e

b) Simbolismo.

A teoria **conceitualista** defende que o intérprete, na sua atividade interpretativa, deve compreender os conceitos básicos da Constituição à luz da sociedade atual. Essa teoria parte do pressuposto de que a sociedade evolui e se transforma, sendo necessário dar liberdade ao intérprete para que desempenhe sua atividade sem ignorar isso. Em outras palavras: para o conceitualismo, o significado da Constituição deve mudar conforme muda a sociedade.

Já a teoria **simbolista** prega que, na interpretação da Constituição, a Corte Constitucional (o intérprete) deve considerar a história e a tradição norte-americanas (os "símbolos" norte-americanos) da forma como concebidas por ela própria (isto é, pela própria Corte).

É importante registrar que é possível encontrar trabalhos doutrinários no sentido de que o conceitualismo e o simbolismo seriam, na verdade, teorias interpretativistas. Esse posicionamento parece se basear no fato de que o conceitualismo e o simbolismo utilizam elementos contidos na Constituição tal qual ela foi elaborada (conceitos básicos da Constituição no caso do conceitualismo e tradições norte-americanas no caso do simbolismo).

Porém, a verdade é que essas duas teorias utilizam esses elementos da Constituição para realizar uma interpretação constitucional desvinculada do cenário existente na época em que o texto constitucional foi elaborado, permitindo ao juiz uma atuação com maior liberdade, inclusive, com a possibilidade de ativismo judicial.

Por isso, realmente parece mais acertado enquadrar o conceitualismo e o simbolismo dentro do não interpretativismo.

5

Poder Constituinte

CONCEITO

O que é o poder constituinte?

É o poder capaz de criar (elaborar) uma nova Constituição. É o poder que estabelece os fundamentos da organização da sociedade. Há, na doutrina, vários conceitos possíveis de poder constituinte, mas o conceito a seguir sintetiza bem o seu significado.

> **Poder constituinte** é o poder capaz de estruturar e organizar o Estado por meio de uma Constituição, definindo seus princípios regentes e os direitos fundamentais dos cidadãos, estipulando poderes e limites estatais, e fixando a competência das entidades, órgãos e instituições que o compõem.

A definição acima é muito útil para concursos (especialmente para provas subjetivas e orais), abarcando o poder constituinte tanto no que diz respeito ao seu resultado formal, que é a elaboração da Constituição escrita, quanto no que diz respeito ao seu aspecto material, que é a matéria tipicamente constitucional, ou seja, a matéria sobre a qual o poder constituinte necessariamente se debruça (os princípios regentes do Estado, os direitos fundamentais, os limites aos poderes estatais, as competências dos órgãos etc.).

Em relação à Constituição escrita como resultado formal do exercício do poder constituinte, é importante lembrar que, embora o modelo predominante hoje no mundo seja o de Constituições escritas, há países em que a Constituição não é escrita, a exemplo da Inglaterra.

SISTEMATIZAÇÃO TEÓRICA DO PODER CONSTITUINTE

A **sistematização teórica do poder constituinte** surgiu no final do século XVIII. É importante perceber que o que surgiu nesse momento foi apenas a sistematização teórica, e não o poder constituinte em si. Na verdade, o poder constituinte já existia muito antes disso.

O poder constituinte como força capaz de estruturar e organizar o Estado sob o ponto de vista puramente material já existia, pois, desde que existe Estado, existe a organização do Estado e, portanto, existe um poder capaz de realizar essa organização. Em outras palavras: em todos os momentos da história em que se verificou a formação de um agrupamento organizado de pessoas, lá havia uma Constituição e, portanto, o poder constituinte lá se manifestou.

Mas, no final do século XVIII, em um momento crucial do constitucionalismo (mais precisamente, **durante o constitucionalismo francês**, na época do surgimento das primeiras Constituições escritas em sentido moderno), surge a sistematização teórica do poder constituinte, mais especificamente, na obra do **Abade Emmanuel Joseph Sieyès** chamada "Qu'est-ce que le Tiers État?" ("O que é o Terceiro Estado?", que, no Brasil, tem uma edição com uma tradução não literal chamada "A constituinte burguesa"), obra essa datada de 1788, tendo sido reescrita e aperfeiçoada durante a Revolução Francesa.

Isso já foi cobrado em prova, como ocorreu no concurso do MPDFT realizado em 2011, no qual, foi considerada incorreta a assertiva segundo a qual *"a teoria clássica do poder constituinte (originário) absoluto, incondicionado e ilimitado foi desenvolvida nos Estados Unidos durante a "Revolução de Independência""*. Conforme acabamos de ver, a teorização do poder constituinte não se deu nos EUA, mas, sim, no bojo do constitucionalismo francês, na obra do Abade Sieyès chamada "O que é o Terceiro Estado?".

Nessa obra, Sieyès faz a famosa distinção entre **poder constituinte** (afirmando que este pertence à nação) e os **poderes constituídos** (afirmando que estes derivam do poder constituinte e da Constituição formal).

Vejamos a passagem da obra do Abade Sieyès em que pela primeira vez apareceu a expressão "poder constituinte", marcando sua sistematização:

> "A nação existe antes de tudo, ela é a origem de tudo. Sua vontade é sempre legal, é a própria lei. Antes dela e acima dela só existe o direito natural. (...) Em cada parte, a Constituição não é obra do poder constituído, mas do poder constituinte." **(Sieyès, "Qu'est-ce que le Tiers État?")**

Nação é sinônimo de povo?

Segundo o Abade Sieyès, o poder constituinte pertence à nação. Para a maior parte da doutrina, nação não é sinônimo de povo (assim entende, por exemplo, Manoel Gonçalves Ferreira Filho), de modo que o Abade Sieyès utilizou a expressão "nação" propositalmente, isto é, ele deixou de atribuir a titularidade do poder constituinte ao povo de forma consciente.

Que diferença é essa?

Povo é o elemento humano do Estado. São, basicamente, os nacionais (natos ou naturalizados) de um determinado Estado, isto é, são aquelas pessoas que estão ligadas a um Estado pelo vínculo jurídico-político da nacionalidade.

Já nação diz respeito a uma coletividade de pessoas ligadas entre si por traços comuns de etnia, cultura, história, religião, filosofia etc. Nação traz consigo uma ideia de comunidade, portanto. Dentro de um mesmo país podem conviver diversas nações, as quais, inclusive, podem, todas, compor o povo de um mesmo Estado.

Como se pode perceber, povo é um conceito de viés jurídico, enquanto nação é um conceito de viés sociológico.

Inclusive, tratando-se de grupos de pessoas distintos, é possível haver um choque entre os interesses do povo e os interesses de uma determinada nação dentro de um mesmo território.

A expressão "povo" foi utilizada no constitucionalismo norte-americano, como consta do preâmbulo da Constituição dos EUA de 1787. A obra do Abade Sieyès surgiu um ano após a Constituição dos EUA e não utilizou a expressão "povo", o que mostra que foi uma opção consciente e proposital.

NATUREZA DO PODER CONSTITUINTE

Qual é a **natureza** do poder constituinte? É um poder de direito ou é um poder de fato? É possível encontrar correntes de pensamento nesses dois sentidos. Vejamos.

Uma corrente entende que o poder constituinte é um **poder de direito**. Esse é o posicionamento capitaneado por Tomás de Aquino, cuidando-se de uma corrente **jusnaturalista**, que sustenta tratar-se o poder constituinte de um poder de direito, porque ele se funda no direito natural, sendo, consequentemente, um poder jurídico. Em outras palavras: sob esse viés, o poder constituinte existe com fundamento no direito natural, é o direito natural que fundamenta a sua existência, de modo que a razão de existir do poder constituinte é uma razão jurídica, sendo ele, por isso, um poder de direito, um poder jurídico.

A outra corrente diz que o poder constituinte é um **poder de fato**. Essa é a corrente **juspositivista**, capitaneada por Hans Kelsen. Para o juspositivismo, o poder constituinte não se funda no direito natural, sendo ele, na verdade, um fato histórico, uma força fática que não tem fundamento em nenhuma norma jurídica anterior. Assim, o poder constituinte não é jurídico, mas pré-jurídico, ele antecede a ordem jurídica, é a partir dele que a ordem jurídica se inicia, mais precisamente, com a Constituição, a qual, por sua vez, é o fundamento de validade de todas as demais normas do ordenamento jurídico.

No Brasil, predomina (na doutrina e na jurisprudência) a corrente juspositivista.

ATORES DO PODER CONSTITUINTE

Quem são os **atores do poder constituinte?** Isto é, quem são os sujeitos que atuam no poder constituinte? Há **dois atores:**

I) O **titular** do poder constituinte; e

II) O **exercente** do poder constituinte, que pode ser alguém eleito para exercê-lo (e, aí, tem-se uma assembleia constituinte) ou alguém não eleito.

Por que motivo há atores (titular e exercente) do poder constituinte? Isso está ligado ao que alguns doutrinadores chamam de **problemática da titularidade do poder constituinte**.

O poder constituinte tem um titular, que, segundo o entendimento predominante, é o povo. Mas essa não é a única corrente de pensamento acerca da titularidade do poder constituinte. Na verdade, há quem entenda que o titular do poder constituinte é Deus, o monarca, o imperador, o ditador, o Estado, as elites, as forças políticas dominantes, a nação (**teoria da soberania nacional** – Abade Sieyès), o povo (**teoria da soberania popular**).

Entre tantas concepções diferentes sobre a titularidade do poder constituinte, a que prevalece atualmente é a teoria da soberania popular (segundo a qual o titular do poder constituinte é o povo), que, inclusive, é a concepção adotada pela Constituição brasileira de 1988, ao estabelecer, no parágrafo único do seu art. 1º, que *"todo o poder emana do povo, que o exerce por meio de representantes eleitos ou diretamente, nos termos desta Constituição"*.

Mas qual é a problemática da titularidade do poder constituinte, entendendo-se como titular do poder constituinte o povo?

O problema é que o povo não consegue exercer pessoalmente o poder constituinte. Ora, onde o povo poderia deliberar? Como reunir o povo para exercer o poder constituinte diretamente? Até é possível que, em um cenário de tecnologia avançada, isso venha a ocorrer, especialmente, por meio da *internet*, mas, enquanto isso não acontece (embora em alguns países já tenham sido desenvolvidas tecnologias para facilitar essa questão), é preciso que o exercício do poder constituinte se dê por intermédio de exercentes, sendo essa a importância de estes últimos existirem.

Resumindo, os exercentes exercem o poder constituinte no lugar do seu titular, tendo em vista a dificuldade de reunir todos os indivíduos que titularizam o poder para que deliberem sobre a melhor forma de exercê-lo.

O que significa povo?

É fácil dizer que o titular do poder constituinte é o povo. Mas o que é povo? Isso já foi indagado em provas, inclusive, em arguições orais.

Já conceituamos aqui povo e nação, mas, agora, vamos analisar a questão de forma um pouco mais aprofundada.

Povo é uma palavra plurívoca, podendo assumir diversos significados diferentes. Por exemplo, segundo Canotilho, povo é uma pluralidade de forças culturais, sociais e políticas, como partidos, grupos, igrejas, associações, personalidades decisivamente influenciadoras da formação de opiniões, vontades, correntes ou sensibilidades políticas nos momentos pré-constituintes e nos procedimentos constituintes.

Como se pode perceber, para Canotilho, a ideia de povo não está ligada somente à ideia dos nacionais nem somente à ideia dos eleitores (isto é, dos cidadãos). Aliás, em sentido moderno, a ideia de povo não se limita à ideia de ser humano, abrangendo, também, personalidades jurídicas (pessoas jurídicas). Nesse sentido, Canotilho se refere, igualmente, a partidos políticos, a igrejas, a associações, e não apenas a pessoas físicas. Logo, além dos seres humanos, a palavra povo também pode alcançar, segundo essa corrente de pensamento, coletividades, grupos, pessoas jurídicas, enfim, todos aqueles que podem influenciar a tomada de decisão pré-constituinte ou constituinte. Tudo isso pode ser compreendido como sendo povo na visão de Canotilho.

> No entanto, o entendimento mais tranquilo na doutrina é o de que **povo são os nacionais (natos ou naturalizados) de um determinado Estado**, isto é, o seu elemento humano. Segundo esse entendimento tradicional, ainda em voga, **o conceito de povo não se confunde com o de nação**, que diz respeito à coletividade de pessoas vinculadas entre si por traços de cultura, etnia, costumes, religião, filosofia etc., **assim como não se confunde com a definição de habitantes**, que nada mais são do que as pessoas que habitam (de forma permanente ou temporária) um determinado território, sejam elas nacionais daquele Estado ou não.

O exercente, como vimos, é aquele que exerce o poder constituinte no lugar do povo, podendo ser eleito ou não eleito. Vejamos.

O exercente **eleito**, conforme já mencionado, pode ser uma Assembleia Nacional Constituinte, a qual pode ser de duas espécies:

I) **Soberana**, que é aquela que trabalha sem qualquer limitação, é aquela não limitada por plebiscito ou referendo.

II) **Não soberana**, que é aquela que trabalha com limites demarcados por plebiscito ou sujeita a um referendo para validar o resultado de sua obra. Esse cenário pode ocorrer, porque o titular do poder constituinte é o povo e, portanto, é possível que o povo decida, por plebiscito anterior à Assembleia Nacional Constituinte, sobre determinadas matérias (a exemplo da definição do sistema de governo a ser adotado), limitando, com isso, a atuação dos exercentes do poder constituinte. Da mesma forma, é possível que o povo estabeleça que o resultado dos trabalhos da Assembleia Nacional Constituinte deve ser submetido a referendo.

> A Assembleia Nacional Constituinte brasileira de 1987/1988 foi uma Assembleia Nacional Constituinte **soberana**, pois não sofreu limitação decorrente de plebiscito nem teve seu resultado submetido a referendo.

Já o exercente **não eleito** pode ser, por exemplo:

I) Um ditador;

II) Um revolucionário;

III) Uma comissão de "notáveis" designada para elaborar a Constituição; etc.

> É evidente que a legitimidade de uma Constituição redigida por representantes eleitos, ao menos em sua origem, é maior do que a de uma Constituição simplesmente imposta por alguém não eleito. Mas isso pode variar com o tempo, pois uma Constituição pode nascer com alta legitimidade e perder a legitimidade posteriormente (o que, inclusive, pode culminar em um processo de ruptura) ou mesmo nascer imposta e ter, com o tempo, um grau de legitimidade maior. Por exemplo, no Brasil, a Constituição mais longeva foi a de 1824, que foi outorgada.

ESPÉCIES DE PODER CONSTITUINTE

■ DIVISÃO CLÁSSICA

Dentro de uma visão clássica, o poder constituinte pode ser dividido em duas espécies:

1) **Poder Constituinte Originário** (também chamado de inicial, inaugural ou de primeiro grau). O Poder constituinte originário é aquele que dá origem a uma nova Constituição, inaugurando, com isso, um ordenamento jurídico.
2) **Poder Constituinte Derivado** (também chamado de secundário ou de segundo grau), que pode, ainda, ser dividido em:
   a) **Poder Constituinte Derivado Reformador**, que é aquele que dá origem a uma reforma (modificação formal) na Constituição já existente, manifestando-se por meio de emendas constitucionais.
   b) **Poder Constituinte Derivado Revisor**, que é aquele por meio do qual foi feita a revisão na CF/88 prevista no art. 3º do ADCT. Essa revisão foi prevista para ser realizada após 05 (cinco) anos da promulgação da CF/88 (podendo ser feita depois disso, mas não antes), em um procedimento mais simplificado do que o de aprovação de uma emenda constitucional, pois exigiu apenas maioria absoluta e sessão unicameral do Congresso Nacional. O exercício do poder constituinte derivado revisor gerou a elaboração de 06 (seis) Emendas Constitucionais de Revisão e, segundo o STF, não pode mais ser exercido (nem mesmo pela introdução, por meio de emenda constitucional, da previsão de uma nova revisão), por se tratar de norma constitucional de eficácia exaurida. Alguns doutrinadores tratam do poder constituinte derivado revisor como integrante do poder constituinte derivado reformador (ou simplesmente ignoram a sua existência ao classificar o poder constituinte), não fazendo uma distinção expressa entre eles.
   c) **Poder Constituinte Derivado Decorrente**, que é aquele que dá ensejo à criação das Constituições dos Estados-membros. Ele pode ser subdividido em duas espécies: **I)** poder constituinte derivado decorrente inicial, que é o poder que cria as Constituições Estaduais; e **II)** poder constituinte derivado decorrente **de revisão**, que é o poder que altera as Constituições Estaduais por meio de emendas constitucionais estaduais. Essa classificação foi cobrada, por exemplo, na prova objetiva do concurso de Procurador do Estado da Paraíba realizado pelo CESPE em 2021, tendo a banca considerado correta a afirmação segundo a qual, *"no Brasil, quando um estado-membro modifica o texto de sua Constituição estadual, implementando as reformas realizadas nos limites impostos na própria constituição estadual e na Constituição Federal, está-se diante do **poder constituinte derivado decorrente de revisão estadual**"*.

▶ Poder constituinte derivado decorrente

Quanto ao poder constituinte derivado decorrente, é correto afirmar que se trata do poder que os entes da Federação (Estados, Distrito Federal e Municípios) têm de estabelecer sua própria organização fundamental, nos termos impostos pela Constituição Federal? **Não.**

Para compreender isso, primeiramente é necessário analisar rapidamente o poder constituinte decorrente. Vejamos.

O poder constituinte decorrente é um poder de direito **atribuído aos Estados-membros** (não abrangendo os Municípios) para se auto organizarem por meio de Constituições Estaduais. O poder constituinte decorrente, à semelhança de qualquer poder constituído, é derivado, subordinado e limitado. Essa limitação, aliás, é clara, pois o poder constituinte decorrente está previsto no art. 25 da CF/88 e no art. 11, *caput*, do ADCT, que determinam que, na elaboração das leis e Constituições Estaduais, sejam observados os princípios da Constituição Federal. Confira:

> "**Art. 25, CF/88.** Os Estados organizam-se e regem-se pelas Constituições e leis que adotarem, observados os princípios desta Constituição."
>
> "**Art. 11, ADCT CF/88.** Cada Assembléia Legislativa, com poderes constituintes, elaborará a Constituição do Estado, no prazo de um ano, contado da promulgação da Constituição Federal, obedecidos os princípios desta."

Portanto, a limitação do poder constituinte decorrente é clara na CF/88. Inclusive, essa limitação faz com que a Constituição Estadual também deva ser rígida, isto é, um dos princípios da Constituição Federal que devem ser observados nas Constituições Estaduais é o princípio da rigidez, de modo que a Constituição Estadual deve ser rígida em relação à legislação estadual (nesse sentido decidiu o STF na ADI 1722-MC).

Mas perceba que o poder constituinte decorrente, embora deva estabelecer uma Constituição Estadual rígida, não pode estabelecer um procedimento mais rígido do que o procedimento de rigidez da Constituição Federal de 1988 (STF, ADI 486). Em outras palavras, o procedimento de aprovação de emendas às Constituições dos Estados não pode ser mais dificultoso do que o procedimento de aprovação de emendas à Constituição Federal. Na verdade, conforme vimos, todas as normas gerais de processo legislativo previstas na CF/88 são de observância obrigatória nas demais esferas federativas, estando incluído nisso o rito de alteração do próprio texto constitucional.

Ainda, o poder constituinte decorrente, ao elaborar a Constituição Estadual, pode gerar normas de duas espécies, a saber:

1) **Normas próprias** (devem ser geridas dentro da competência legislativa estadual): são normas que o constituinte estadual imagina e cria dentro de sua competência legislativa e no exercício de sua autonomia.

2) **Normas repetidas**: são normas que vêm da CF/88. As normas repetidas podem ser **normas de reprodução obrigatória** (chamadas de normas de reprodução, que são normas centrais da constituição) ou **normas de reprodução facultativa** (chamadas de normas de imitação). Portanto, há normas da CF/88 que devem ser reproduzidas nas Constituições Estaduais obrigatoriamente, a exemplo da previsão da existência de três Poderes, de mandato de 4 anos no Poder Executivo etc. E há normas copiadas do texto federal que são de repetição facultativa, isto é, são normas que o constituinte estadual pode ou não reproduzir na Constituição do Estado, como é o caso da previsão de medida provisória em âmbito estadual, o que cabe ao respectivo constituinte estadual resolver livremente, mas, se decidir imitar a possibilidade de adoção dessa espécie normativa, deve observar a simetria com a Constituição Federal.

As competências diretamente conferidas ao poder decorrente pela CF/88 determinando que certas matérias sejam tratadas na Constituição Estadual não podem ser delegadas pelo poder decorrente ao legislador infraconstitucional estadual. Isso significa o seguinte: se a CF/88 diz que determinado tema tem que ser tratado na Constituição do Estado, o constituinte estadual, ao elaborar a Constituição do Estado não pode estabelecer que quem cuidará desse tema será a lei ordinária estadual (assim decidiu o STF na ADI 3140).

O poder constituinte decorrente também se manifesta na elaboração da Lei Orgânica do Distrito Federal e das Leis Orgânicas dos Municípios? Em outras palavras: a Lei Orgânica do Distrito Federal e as Leis Orgânicas dos Municípios são normas de natureza constitucional (isto é, fruto do poder constituinte)?

A esse respeito, é necessário que fique claro que a natureza constitucional das Constituições Estaduais, além de ser tranquilamente aceita na doutrina e na jurisprudência, é expressamente estabelecida na própria Constituição Federal, pois, segundo o art. 11 do ADCT (que vimos acima), as Assembleias Legislativas, ao elaborarem as Constituições dos Estados, encontravam-se munidas de poderes constituintes.

Confira novamente o teor desse dispositivo:

> "**Art. 11, ADCT CF/88.** Cada Assembléia Legislativa, com poderes constituintes, elaborará a Constituição do Estado, no prazo de um ano, contado da promulgação da Constituição Federal, obedecidos os princípios desta."

Quanto ao Distrito Federal, o STF entende que ele se aproxima mais dos Estados do que dos Municípios (ADI 3756), isto é, o DF parece mais com os Estados do que com os Municípios. Além disso, segundo a Corte, a Lei Orgânica do DF possui natureza de verdadeira Constituição, podendo, inclusive, ser parâmetro de controle de constitucionalidade distrital (RE 577.025), mesmo porque ela (a Lei Orgânica do DF) tem uma derivação direta da Constituição Federal, tratando-se de uma norma elaborada por um poder de segundo grau (pois deriva diretamente do fundamento de validade de toda a ordem jurídica). Por tudo isso, a doutrina predominante (como Pedro Lenza) também entende que a Lei Orgânica do Distrito Federal é manifestação do poder constituinte decorrente.

Já quanto aos Municípios, as suas Leis Orgânicas devem obedecer não apenas à Constituição Federal, mas também às Constituições estaduais, ou seja, não derivam diretamente da Constituição Federal, tratando-se de norma elaborada por um poder de terceiro grau. Como consequência, segundo o entendimento doutrinário majoritário, Lei Orgânica de Município **não é manifestação do poder constituinte decorrente** e, assim, não serve como parâmetro de controle de constitucionalidade (o choque entre a Lei Orgânica municipal e uma lei municipal envolve um controle de mera legalidade).

Logo, considerando que, segundo a doutrina majoritária, os Municípios não exercem poder constituinte decorrente, a resposta à pergunta inicial é negativa: o poder constituinte derivado decorrente, embora seja responsável pela elaboração da Lei Orgânica do Distrito Federal, não se manifesta na elaboração das Leis Orgânicas municipais.

■ DOUTRINA MODERNA

A doutrina moderna não mais aceita a divisão clássica, entendendo ser ela ultrapassada.

A maior parte dos doutrinadores da modernidade encara o poder constituinte da seguinte forma: só existe o **poder constituinte**, que não se divide. Não existem espécies de poder constituinte. Além disso, o verdadeiro poder constituinte é aquele que tem outro poder correlato a ele, que é o **poder desconstituinte**. Dessa forma, só quando há uma correlação com o poder desconstituinte é que se pode falar na existência de um poder constituinte. Em outras palavras, o verdadeiro poder constituinte é aquele que opera ao mesmo tempo em que se verifica também a ação do poder desconstituinte. São duas faces da mesma moeda.

E o que é o poder desconstituinte? É o poder de desconstituir, de apagar toda a ordem jurídica precedente.

Nessa linha de raciocínio, o poder desconstituinte faz com que toda a Constituição e o direito positivo anterior sejam apagados, enquanto o poder constituinte, por sua vez, irá construir, a partir disso, toda a nova ordem jurídica.

> O Min. Carlos Ayres Britto, em sua obra, traz uma imagem simbólica da relação entre o poder constituinte e o poder desconstituinte. Para o Ministro, o poder desconstituinte pode ser simbolizado como um professor que tem em sua mão um apagador, apagando o quadro negro, enquanto o poder constituinte seria o mesmo professor, mas escrevendo no quadro negro, ou seja, o poder constituinte seria o poder de escrever tudo a partir de um quadro em branco.

A partir dessa premissa, perceba que a expressão "poder constituinte originário" seria uma expressão redundante, porque, se é constituinte, é originário. Já a expressão "poder constituinte derivado" seria uma expressão contraditória, porque, se é constituinte, não pode ser derivado ou, dito de outra forma, se é derivado, não é um poder constituinte, mas sim um poder constituído, é um poder que foi constituído pelo poder constituinte.

Por esses motivos, nos dias atuais, a divisão mais propalada na doutrina moderna a respeito das espécies de poder constituinte não é a divisão clássica, mas sim a seguinte:

I) Existe o poder **constituinte**, que é aquele que opera correlatamente ao poder desconstituinte; e

II) Existem os poderes **constituídos**, que derivam do poder constituinte. E esses poderes que são constituídos pelo poder constituinte são os seguintes:

a) Poder reformador, que pode operar por meio de: 1) emenda; 2) revisão; e 3) no caso do Brasil, tratados internacionais de direitos humanos;

b) Poder decorrente; e

c) Outros poderes (Legislativo, Executivo, Judiciário, Ministério Público etc.).

> Como é possível perceber, a visão moderna retoma a divisão promovida pelo Abade Sieyès, que distinguia poder constituinte de poderes constituídos.

A própria CF/88 deixa claro que o poder de reforma é um poder constituído, e não constituinte. Isso porque a disciplina, na CF/88, do Poder Legislativo (que é um poder constituído) diz que o processo legislativo compreende a elaboração de emendas. As emendas constitucionais, portanto, estão colocadas dentro do processo legislativo, que é exercido pelo Poder Legislativo, o qual, por sua vez, é poder constituído, e não constituinte. Portanto, mesmo topograficamente, está claro, na CF/88, que o poder de reforma é um poder constituído, e não um poder constituinte.

OUTRAS CLASSIFICAÇÕES MODERNAS

Além do que foi visto acima, há outras classificações modernas de poder constituinte que podem ser utilizadas. Vejamos.

A primeira classificação divide o poder constituinte em:

I) Poder constituinte **material** (é o poder de decidir, é o poder de tomar a deliberação política); e

II) Poder constituinte **formal** (é o poder de formalizar, isto é, de escrever a decisão política).

> O poder material precede o formal. Isso porque, primeiro, decide-se e, uma vez tomada a decisão, esta é escrita, sendo formalizada em uma norma constitucional.

Já a segunda classificação divide o poder constituinte em:

I) Poder constituinte **fundacional** (ou histórico), que é aquele que funda o Estado pela primeira vez, dando-lhe a primeira Constituição de sua história, a exemplo da Constituição brasileira de 1824; e

II) Poder constituinte **reconstituinte** (ou revolucionário), que é aquele que reconstrói um Estado pré-existente, dando-lhe uma nova Constituição, como é o caso de todas as Constituições brasileiras a partir de 1891 (elas foram elaboradas com base no poder constituinte reconstituinte).

> O poder constituinte fundacional existe antes do Estado, ele é pré-Estado, isto é, ele é anterior à formação do Estado. Por outro lado, o poder constituinte reconstituinte é um poder que aparece posteriormente ao surgimento do Estado, isto é, a formação do Estado é anterior a ele.

MANIFESTAÇÃO DO PODER CONSTITUINTE

Como o poder constituinte se manifesta? Não há uma forma única e pré-fixada pela qual isso pode ocorrer.

O poder constituinte pode se manifestar de várias maneiras, mas **sempre em um momento de ruptura** (quando se verifica o chamado momento constituinte) que é um momento excepcional de elevada consciência política, de elevada mobilização popular que pode ter como resultado a formação de um novo Estado, a restauração de um Estado que se encontrava sob dominação estrangeira, a reconstrução de um Estado ou a transformação de um Estado (em especial, a transformação da estrutura e do regime político de um Estado).

Os momentos de ruptura política podem ser classificados da seguinte forma:

1) **Momentos de Ruptura Violenta (ou belicosa)**: como ruptura violenta, pode-se ter golpe de Estado ou revolução (que, por sua vez, pode ser conservadora ou social). **A diferença entre golpe de Estado e revolução é a seguinte:**

   a. No golpe de Estado, tem-se a tomada de poder por uma parte daqueles que já exercem o poder.

   b. Na revolução, tem-se a tomada do poder pelo povo, isto é, o povo toma de volta o poder que se encontrava nas mãos daqueles que o exerciam, e isso ocorre por haver sido atingido um cenário de opressão popular. Na revolução, o povo toma o poder rompendo com o direito positivo, motivo pelo qual, ela (a revolução) é sempre ilegal (por violar as normas positivadas), embora possa ser legítima (por se fundamentar no princípio democrático e na vontade popular). Há, aí, então, uma ligação entre o poder constituinte e o direito à revolução (oriundo do constitucionalismo norte-americano).

2) **Momentos de Ruptura Pacífica (ou simbólica ou não belicosa)**: como ruptura pacífica, tem-se a chamada **"transição constitucional"**. A seguir analisaremos a "transição constitucional" a partir das **formas** pelas quais ela pode se manifestar.

■ FORMAS DE "TRANSIÇÃO CONSTITUCIONAL"

A "transição constitucional" pode ocorrer, basicamente, de duas formas:

1) Pela **independência da colônia** planejada pela metrópole. O grande exemplo é o da Grã-Bretanha, que, através de seu Parlamento, elaborou, por exemplo, as Constituições (chamadas de heteroconstituições): 1) do Canadá de 1867; 2) da Austrália de 1901; e 3) da África do Sul de 1909.

A categoria das heteroconstituições deriva da classificação das Constituições quanto à origem, classificação essa que identifica dois grandes grupos de Constituições:

a) Constituições **autônomas** (ou **autoconstituições**): são aquelas adotadas por força unicamente da vontade do próprio Estado que a elabora.

b) Constituições **heterônomas** (ou **heteroconstituições**): são aquelas adotadas sob a influência não só do Estado que a elabora, mas também da vontade de outros Estados ou de organismos internacionais, por mecanismos de negociação ou imposição. Como exemplos temos as primeiras Constituições do Canadá, da Austrália e da Nova Zelândia, as quais foram aprovadas pelo Parlamento Inglês. **Atenção!** Para boa parte da doutrina, as heteroconstituições excepcionam a teoria geral clássica do poder constituinte originário, porque, nesse caso, o poder constituinte originário (que, para a teoria clássica, é ilimitado, sendo vinculado apenas à vontade do povo) seria limitado pela vontade de um outro Estado ou de um organismo internacional, de modo que essa ruptura seria diferente das demais rupturas com as quais normalmente as Constituições estão relacionadas. Nesse caso, segundo esse pensamento doutrinário, não haveria propriamente uma ruptura, mas, na verdade, uma negociação.

2) Pelo simples **abandono de período ditatorial** em uma evolução política rumo à democracia. É o caso, por exemplo, da Constituição brasileira de 1988.

> No Brasil, a atual Constituição Federal foi fruto de uma transição constitucional, de uma ruptura simbólica decorrente do abandono de um período ditatorial e da adoção de um regime democrático. A CF/88 foi fruto de uma Assembleia Nacional Constituinte adotada numa perspectiva de ruptura, a qual foi convocada pela EC 26/85, que, embora tenha recebido o rótulo formal de emenda, sua natureza jurídica não era de emenda, pois ela não se destinava a mudar a Constituição vigente, e sim a romper com ela.

CARACTERÍSTICAS DO PODER CONSTITUINTE (CHAMADO DE) "ORIGINÁRIO"

Para a teoria do poder constituinte, o chamado poder constituinte originário tem 3 (três) características. Ele é:

a) **Inicial**: o poder constituinte originário é inicial porque inicia o direito positivo, dá origem à Constituição (como o que elaborou a nossa CF/88). Ele é, então, o início de tudo, nada havendo acima dele (não há acima dele nenhuma outra ordem jurídica). Essa é uma concepção juspositivista e, portanto, não admite falar nem mesmo em direito natural acima do poder constituinte originário, o qual – repita-se – inicia a ordem jurídica.

b) **Autônomo**: o poder constituinte originário é autônomo porque ele não convive no mesmo grau com nenhum outro poder jurídico. Não existe um poder jurídico da mesma hierarquia do poder constituinte originário.

c) **Incondicionado**: como o poder constituinte originário não convive com nenhum outro poder jurídico de mesma ou superior estatura, **ele não tem limites jurídicos**, ele é incondicionado, não está limitado, em termos jurídicos, pelo direito positivo anterior. Nesse sentido, nenhuma norma anterior pode ser oposta ao poder constituinte originário, que atua correlatamente ao poder de desconstituir, ao poder de apagar tudo do sistema jurídico anterior. O poder constituinte originário, por ser juridicamente ilimitado, não está preso a direito adquirido, a ato jurídico perfeito ou a coisa julgada, servindo esses institutos para limitar apenas o poder de reforma (as emendas constitucionais), mas não o poder constituinte originário, que – repita-se – não está sujeito a limites. Inclusive, na CF/88, há dispositivo que comprova isso: o art. 17 do ADCT, que simboliza a ausência de limites jurídicos ao poder constituinte originário, ao dispor que *"os vencimentos, a remuneração, as vantagens e os adicionais, bem como os proventos de aposentadoria que estejam sendo percebidos em desacordo com a Constituição serão imediatamente reduzidos aos limites dela decorrentes, não se admitindo, neste caso, invocação de direito* *adquirido ou percepção de excesso a qualquer título*". Como se percebe, não há invocação de direito adquirido capaz de obstar a aplicação dessa norma constitucional. Além disso, há outros exemplos de normas originárias que demonstram a ausência de limites jurídicos ao poder constituinte originário, como o art. 231, § 6º, da CF/88 e o art. 18 do ADCT, dentre outros.

O poder constituinte originário é um **poder de fato**, pois ele não decorre da ordem jurídica, mas, sim, dá origem a ela, e, justamente por não decorrer do direito positivo, ele não se submete a limitações de caráter jurídico. Isso, no entanto, não significa que não se reconhece a existência de nenhum tipo de limite a esse poder.

■ LIMITES NÃO JURÍDICOS AO PODER CONSTITUINTE ORIGINÁRIO

A falta de limites jurídicos ao poder constituinte originário torna possível, por exemplo, retornar à escravidão, acabar com o voto feminino, admitir execuções sumárias sem observância do devido processo legal, dentre outras aberrações? **Não, isso não é possível.**

Não é possível uma Assembleia Nacional Constituinte tomar uma decisão como essa, mas isso não significa que ela é juridicamente limitada pelo direito anterior (pois, como vimos, ela não é). A razão dessa impossibilidade, segundo Canotilho, é que, embora o poder constituinte originário seja juridicamente ilimitado, ele não é exercido em um vazio, em um vácuo histórico-cultural. Ele é sempre exercido por uma Assembleia Nacional Constituinte (ou por alguém não eleito) dentro de um contexto histórico-cultural, no qual é necessário reconhecer a existência de limites de outra natureza que não jurídica, os chamados **limites metajurídicos** (ou extrajurídicos), os quais são veiculados por meio de pressões de grupos sociais, econômicos, religiosos, políticos etc.

Os limites metajurídicos são impostos pela realidade social, cultural, econômica e política de um determinado Estado que se encontra em processo de elaboração de uma nova Constituição. A Assembleia Nacional Constituinte, portanto, opera limitada por diversos fatores reais, e não pelo direito escrito positivo anterior. Pode até ser que o que havia no direito anterior esteja incorporado no "caldo cultural" de valores da sociedade e isso se imponha à Assembleia Nacional Constituinte, mas não é a regra posta anterior que impõe esses limites, e sim a realidade sociocultural.

Esses limites são muito conhecidos na doutrina, têm sido muito cobrados em provas e têm várias classificações possíveis. Por isso, a seguir, **vamos abordar a classificação mais difundida acerca dos limites metajurídicos (ou extrajurídicos ou suprapositivos) ao poder constituinte originário**, classificação essa sugerida pelo Prof. Jorge Miranda (Portugal), segundo o qual, esses limites podem ser das seguintes espécies:

I) Limitações **ideológicas**, que são aquelas que derivam de ideologias, de crenças, de *lobby*, de grupos de pressão, de valores, da opinião pública etc. Um bom exemplo é a igualdade de gênero (jamais poderia ser admitida a extinção do voto feminino, porque, no Brasil, há uma crença de igualdade de gênero).

II) Limitações **institucionais**, que estão ligadas a instituições arraigadas na sociedade, como a propriedade e a família. Não se poderia admitir, por exemplo, uma Assembleia Nacional Constituinte que estabelecesse não mais existir família.

III) Limitações **substanciais**, que podem ser:

a. **Transcendentes**. Essas limitações são aquelas que transcendem o direito positivo, sendo possível citar como exemplos o direito natural, os valores éticos superiores, a consciência coletiva universal, os direitos humanos, os direitos ligados à dignidade do homem.

b. **Imanentes**. Essas limitações são aquelas que dizem respeito à configuração do Estado naquele dado momento histórico. Por exemplo, historicamente, o Estado pode ser uma monarquia ou uma república, uma federação ou um Estado unitário, e isso pode se relacionar com o momento de ruptura da seguinte forma: se o Estado era, por exemplo, monárquico e a monarquia foi derrubada para se instalar uma república (ou seja, houve uma ruptura com a monarquia), a Assembleia Nacional Constituinte não poderá restabelecer a monarquia, pois a forma de governo, nesse contexto histórico, tornou-se uma limitação substancial imanente.

c. **Heterônomas**. Essas limitações são aquelas ligadas ao direito internacional, e podem ser:

i. **Gerais**. São as limitações heterônomas que dizem respeito a princípios gerais do direito internacional, isto é, ao *jus cogens*, que são normas do direito internacional aplicáveis a todos os Estados, independentemente da vontade deles, como é o caso das normas da Declaração Universal dos Direitos do Homem.

ii. **Especiais**. São as limitações heterônomas que dizem respeito às obrigações assumidas expressamente por um Estado que declara a sua vontade perante outros Estados ou grupos de Estados ou mesmo perante a comunidade internacional, o que é feito por meio de tratados e convenções internacionais.

Então, todos esses fatores acabam limitando uma Assembleia Nacional Constituinte, o que mostra que o poder constituinte originário não pode fazer tudo que julgar conveniente. Essas limitações, no entanto, não são jurídicas, não estão previstas no direito positivo, elas são metajurídicas. **Do ponto de vista jurídico, o poder constituinte originário não sofre limitações.**

■ POSITIVAÇÃO DA CONSTITUIÇÃO

Uma vez realizado o trabalho do poder constituinte originário, tem-se uma **minuta de Constituição**, a qual, em dado momento, torna-se uma Constituição, em um fenômeno que se chama de **positivação da Constituição.**

A positivação da Constituição ocorre quando o projeto (ou minuta) de Constituição é colocado no direito positivo. Nesse momento, positiva-se a Constituição, o que pode ocorrer por meio de:

I) **Outorga**: é uma simples imposição.

II) **Promulgação**: é o ato último de uma Assembleia Nacional Constituinte.

III) **Referendo**: essa situação ocorre quando se tem uma Assembleia Nacional Constituinte não soberana na qual o trabalho precisa ser referendado pelo titular do poder constituinte.

Após a Constituição ser positivada por um desses mecanismos, o poder constituinte originário não desaparece, ele, na verdade, permanece em estado de latência, isto é, fica adormecido. Por isso, **a natureza do PCO não é temporária, mas permanente**, ou seja, uma vez exercido, o poder constituinte originário não se extingue, ele continua existindo, em uma verdadeira "hibernação", até que haja um novo momento de ruptura que justifique sua manifestação.

FENÔMENOS DE DIREITO CONSTITUCIONAL INTERTEMPORAL (RELAÇÕES DA NOVA CONSTITUIÇÃO COM O DIREITO ANTERIOR)

Positivada a nova Constituição, o que ocorre com a Constituição e a legislação infraconstitucional anteriores? É nesse contexto que surgem os fenômenos de direito constitucional intertemporal, em que se pode vislumbrar a existência de dois grandes grupos:

1) Relações da nova Constituição com a **Constituição anterior**. Aqui, há os seguintes fenômenos:

   a) **Desconstitucionalização**; e

   b) **Prorrogação** (também chamada de "recepção material de normas constitucionais anteriores").

2) Relações da nova Constituição com a **legislação anterior**. Aqui, há os seguintes fenômenos:

   a) **Recepção e não recepção**; e

   b) **Repristinação.**

■ DESCONSTITUCIONALIZAÇÃO

Surgindo uma nova Constituição, o que ocorre com a Constituição anterior? A **regra** é que a Constituição antiga seja **integralmente revogada** é que a Constituição antiga seja **integralmente revogada** (ou ab-rogada) pela nova. Ou seja, pela nova. Ou seja, a Constituição anterior é jogada fora, é retirada do direito positivo, é removida da pirâmide normativa.

A desconstitucionalização é uma **exceção** a essa regra. Na desconstitucionalização, a nova ordem constitucional (inaugurada com a nova Constituição) recebe disposições da Constituição anterior (que, antes da nova Constituição, eram constitucionais), porém, com ***status* de lei ordinária**. Ou seja, as antigas normas constitucionais perdem o *status* constitucional, sendo algumas delas recebidas pela nova ordem jurídica em grau inferior no direito positivo, passando a ter *status* de mera lei ordinária.

A desconstitucionalização **não é um fenômeno automático**, não ocorre automaticamente, ela **exige previsão expressa na nova Constituição**, o que se ocorre, notadamente, no ADCT.

> A desconstitucionalização pode ser útil, se a Constituição anterior é longa (prolixa) e está sendo substituída por uma Constituição sintética. Nesse caso, para evitar um vazio legislativo, algumas normas da Constituição anterior podem ser utilizadas no novo ordenamento constitucional como lei ordinária, o que evita um vácuo legislativo que poderia ser gerado com o surgimento da nova Constituição.

■ PRORROGAÇÃO (OU RECEPÇÃO MATERIAL DE NORMAS CONSTITUCIONAIS ANTERIORES)

Esse fenômeno diz respeito à aplicação temporária ou definitiva de dispositivos da Constituição anterior que **continuam com *status* constitucional**. Esse fenômeno também precisa de **previsão expressa**. Há exemplos de prorrogação na CF/88:

> "**Art. 34, ADCT.** O sistema tributário nacional entrará em vigor a partir do primeiro dia do quinto mês seguinte ao da promulgação da Constituição, **mantido, até então, o da Constituição de 1967**, com a redação dada pela Emenda nº 1, de 1969, e pelas posteriores."

No caso desse dispositivo do ADCT, o sistema tributário nacional da Constituição anterior foi prorrogado, foi temporariamente mantido com "status" constitucional já sob a égide da nova Constituição.

Como se vê, na prorrogação, o que é da Constituição anterior não é jogado fora de imediato, mas, sim, mantido (de forma permanente ou provisória) com "status" constitucional. Há clara diferença em relação à desconstitucionalização, na qual há um "rebaixamento" da norma da Constituição anterior.

Outro exemplo de prorrogação se encontra no art. 27, § 1º, do ADCT:

> "**Art. 27, ADCT.** O Superior Tribunal de Justiça será instalado sob a Presidência do Supremo Tribunal Federal.
>
> **§ 1º Até que se instale o Superior Tribunal de Justiça, o Supremo Tribunal Federal exercerá as atribuições e competências definidas na ordem constitucional precedente.**
>
> (...)"

■ RECEPÇÃO E NÃO RECEPÇÃO

Esse fenômeno diz respeito às relações da nova Constituição com a legislação infraconstitucional anterior. Isto é, ele diz o que ocorre com as leis quando surge uma nova Constituição.

Sem dúvida, o ideal seria descartar todas as leis anteriores e elaborar novas leis, mas isso é utópico e, durante o processo, geraria um vazio legislativo que prejudicaria as relações humanas, sociais, existenciais, patrimoniais, políticas etc. Por esse motivo, há os fenômenos de direito constitucional intertemporal que dizem o que fazer com a legislação infraconstitucional anterior diante de uma nova Constituição.

Os principais fenômenos intertemporais são a recepção e a não recepção.

A **recepção** é o fenômeno pelo qual uma nova Constituição ou uma nova emenda constitucional recebe como válidas as normas infraconstitucionais anteriores que forem **materialmente compatíveis** com o novo texto.

Já a **não recepção** é o fenômeno pelo qual as normas infraconstitucionais anteriores que não forem materialmente compatíveis com a nova Constituição ou com a nova emenda constitucional são descartadas.

> Para o STF, a não recepção equivale a uma revogação da norma infraconstitucional. Há, na doutrina, porém, quem prefira não falar em revogação nesse caso, porque, na revogação, tecnicamente o que se tem é uma norma posterior revogando norma anterior de mesma hierarquia. Já na não recepção (que envolve Constituição ou emenda constitucional), tem-se uma norma de hierarquia superior à norma infraconstitucional anterior retirando esta última do ordenamento jurídico. De qualquer forma, o STF diz que não recepção e revogação são a mesma coisa.

A incompatibilidade que pode provocar a não recepção é a incompatibilidade material, isto é, de conteúdo, e não a incompatibilidade formal (de forma). Por exemplo, a CF/88 deixou de prever o Decreto-Lei no rol de espécies normativas. Isso significa que todos os Decretos-Leis anteriores, editados nos moldes da Constituição anterior, foram revogados? Não, porque o que importa não é a compatibilidade formal, mas sim a compatibilidade material com a nova Constituição. Assim, se o conteúdo material do Decreto-Lei é compatível com a CF/88, ele é mantido no ordenamento jurídico, mas se o seu conteúdo não é compatível com a CF/88, ele é não recepcionado. Tanto é assim que, até hoje, temos muitos Decretos-Leis em vigor, a exemplo do Código Penal (Decreto-Lei 2.848). Inclusive, o STF já disse isso expressamente:

> **STF: (...) O juízo de recepção de normas (...) pela ordem constitucional em vigor se dá em razão da compatibilidade de conteúdos, independentemente da forma normativa exigida.** (...) Impossibilidade de reconhecer-se a inconstitucionalidade formal superveniente (...)"
>
> **(RE 632586 AgR, Rel. Min. Ricardo Lewandowski, Segunda Turma, j. em 17/12/2013)**

Portanto, se uma norma é editada sob a forma válida e essa forma passa a não mais existir por força de uma nova Constituição ou de uma emenda constitucional, isso não irá impedir a sua aplicação, desde que materialmente compatível com a nova Constituição ou emenda constitucional.

Note, ainda, que recepção e não recepção são **fenômenos automáticos e implícitos**, não dependendo de previsão expressa na nova Constituição ou emenda constitucional (embora não haja qualquer impedimento a que essa previsão expressa seja feita na nova norma constitucional).

No Brasil, já houve cláusula geral de recepção nas Constituições de 1891, 1934 e 1937. A CF/88 não possui uma cláusula geral de recepção, mas há, nela, uma cláusula expressa de recepção específica de uma determinada matéria, a qual está contida no art. 34, § 5º, do ADCT, que prevê, expressamente, a recepção da legislação anterior sobre o sistema tributário nacional.

> **"Art. 34, § 5°, ADCT.** Vigente o novo sistema tributário nacional, fica assegurada a aplicação da legislação anterior, no que não seja incompatível com ele e com a legislação referida nos § 3º e § 4º."

Esse tema já foi cobrado em provas, como ocorreu no concurso para o cargo de Defensor Público do Estado de Alagoas realizado pelo CESPE em 2017, no qual, foi considerada correta a assertiva segundo a qual o STF admite a *"recepção de lei anterior, desde que materialmente compatível com a nova Constituição"*. Conforme vimos, para que ocorra a recepção de uma norma infraconstitucional anterior, basta que ela seja materialmente compatível com a nova norma constitucional.

Nessa mesma prova, foi considerada incorreta a assertiva que dizia que o Supremo Tribunal Federal admite a *"inconstitucionalidade superveniente de lei anterior em relação a Constituição posterior, para fins de ajuizamento de ação direta de inconstitucionalidade"*. Como acabamos de ver, caso haja incompatibilidade entre a nova Constituição (ou emenda constitucional) e uma norma infraconstitucional anterior, não se tratará de inconstitucionalidade superveniente, mas de simples não recepção da norma que já existia. Nesse caso, segundo o STF, não cabe ajuizamento de ADI (que se presta para aferir a validade de normas posteriores ao paradigma constitucional de controle), embora possa caber ADPF, se presentes os seus requisitos (ADPF 33).

■ REPRISTINAÇÃO

É o fenômeno pelo qual uma norma infraconstitucional que não havia sido recepcionada por uma Constituição (portanto, havia sido revogada) restaura-se e volta ao ordenamento jurídico por força de uma outra nova Constituição.

A repristinação **não é um fenômeno automático**, não é implícita, precisando de previsão expressa (de preferência, no ADCT). No silêncio, portanto, não há que se falar em repristinação de leis anteriores.

Imaginemos uma situação hipotética para exemplificar. Uma certa Constituição previa a pena de morte, e sob sua égide foi editada uma lei ordinária disciplinando a execução dessa pena. Sobrevindo nova Constituição extinguindo a pena de morte, referida lei acaba não recepcionada (e, assim, revogada). Surgindo uma terceira Constituição que restabeleça a pena de morte, fica aberta a possibilidade de repristinação daquela lei que disciplinou a execução dessa pena, o que, como vimos, exigiria previsão expressa na nova Constituição. Evidentemente, nesse exemplo, não foram levados em consideração o princípio da vedação ao retrocesso e a existência de limites metajurídicos ao poder constituinte originário.

RETROATIVIDADE DA NORMA CONSTITUCIONAL (RELAÇÕES DO PODER CONSTITUINTE COM O DIREITO ADQUIRIDO, O ATO JURÍDICO PERFEITO E A COISA JULGADA)

Ao ser criada, uma norma constitucional pode retroagir para atingir direitos consolidados anteriormente (direito adquirido, ato jurídico perfeito e coisa julgada)?

Antes de responder esse questionamento, é necessário esclarecer que, quando se fala em aplicação retroativa de uma norma jurídica, é possível identificar **três diferentes graus de retroatividade:**

I) **Retroatividade máxima:** é aquela que ocorre quando a norma alcança **fatos ocorridos antes dela** (é o caso de uma norma que desconstitui ou altera os termos de um negócio jurídico celebrado no passado).

II) **Retroatividade média:** é aquela que ocorre não quando a norma alcança fatos anteriores a ela, mas sim quando ela alcança **efeitos pendentes de fatos anteriores** a ela, isto é, efeitos que, no momento do surgimento da norma, já existiam, mas se encontravam pendentes (é o caso de parcelas vencidas e ainda não pagas de um negócio jurídico celebrado no passado).

III) **Retroatividade mínima:** é aquela que ocorre quando a norma alcança **efeitos futuros de fatos anteriores** a ela (é o caso de parcelas de um negócio jurídico celebrado no passado que ainda irão vencer).

É bastante tranquilo, inclusive na jurisprudência do Supremo Tribunal Federal, que as normas constitucionais (aí incluídas tanto as originárias quanto as decorrentes de emendas constitucionais), quando introduzidas no ordenamento jurídico, têm, como regra, **retroatividade mínima**, ou seja, embora não atinjam fatos ocorridos antes delas (e, portanto, não gerem efeitos no passado), têm aplicação em relação aos efeitos futuros desses fatos, isto é, atingem efeitos que fatos passados venham a gerar a partir da sua entrada em vigor.

Esse foi o entendimento adotado pelo STF, por exemplo, ao decidir que a disciplina constitucional do teto remuneratório introduzida na CF/88 pela EC 41/03 se aplicaria imediatamente, alcançando, inclusive, parcelas remuneratórias incorporadas pelos servidores públicos antes da sua edição. Ou seja, mesmo os servidores públicos que haviam incorporado vantagens pecuniárias antes da EC 41/03 tiveram o pagamento dessas verbas limitado ao teto remuneratório criado por essa norma.

Essa questão foi objeto do **Tema de Repercussão Geral nº 480** (RE 609.381, j. 02/10/2014), no qual foi fixada a tese segundo a qual *"o teto de retribuição estabelecido pela **Emenda Constitucional 41/03** possui **eficácia imediata**, submetendo às referências de valor máximo nele discriminadas todas as verbas de natureza remuneratória percebidas pelos servidores públicos da União, Estados, Distrito Federal e Municípios, **ainda que adquiridas de acordo com regime legal anterior**. Os valores que ultrapassam os limites estabelecidos para cada nível federativo na Constituição Federal constituem excesso cujo pagamento não pode ser reclamado com amparo na garantia da irredutibilidade de vencimentos"*.

Portanto, **em regra**, as normas constitucionais (tanto as originárias quanto as criadas por emendas constitucionais) possuem **retroatividade mínima**.

Excepcionalmente, porém, elas podem ter **retroatividade média ou mesmo retroatividade máxima**, desde que se trate de **norma originária da Constituição** com previsão expressa nesse sentido. Essa possibilidade decorre do fato de que o poder constituinte originário é juridicamente ilimitado.

Inclusive, é possível encontrar exemplo de retroatividade máxima na CF/88, como é o caso do art. 51 do ADCT, segundo o qual, *"serão revistos pelo Congresso Nacional, através de Comissão mista, nos três anos a contar da data da promulgação da Constituição, todas as doações, vendas e concessões de terras públicas com área superior a três mil hectares, realizadas no período de 1º de janeiro de 1962 a 31 de dezembro de 1987"*.

MECANISMOS DE ALTERAÇÃO DA CONSTITUIÇÃO

Quais são os mecanismos de alteração da Constituição?

As mudanças na Constituição podem ocorrer por meio de mecanismos que consubstanciam processos **formais** ou processos **informais** de alteração do conteúdo do texto constitucional.

Os **processos formais** de alteração previstos na Constituição Brasileira de 1988 são os seguintes:

a) O procedimento de elaboração de **emendas à Constituição** (arts. 59, I, e 60);

b) O procedimento de **revisão constitucional** (art. 3º do ADCT); e

c) Os **tratados internacionais de direitos humanos** equivalentes às emendas (art. 5º, § 3º), tema a ser abordado em outro momento.

As emendas constitucionais são resultado do exercício do chamado poder de reforma ou poder reformador (que é um poder constituinte derivado), enquanto a revisão constitucional resulta do exercício do chamado poder revisor (que também é um poder constituinte derivado).

Em relação à revisão constitucional, porém, é importante esclarecer que alguns autores a enquadram como manifestação do poder de reforma, enquanto outros tratam dela separadamente, como manifestação do poder revisor (ou poder de revisão, ou poder constituinte derivado revisor, ou poder constituinte derivado de revisão).

Estudar o poder de revisão como uma categoria paralela ao poder de reforma (e não como um mecanismo dele) se justifica pelo fato de que a Constituição Federal disciplinou o poder revisor de uma forma diversa da que disciplinou o poder reformador, que é o responsável pela alteração formal da Constituição através das emendas constitucionais.

Aqui, trataremos o poder de reforma e o poder de revisão separadamente, isto é, como duas categorias distintas, sem esquecer, porém, que ambos são poderes de direito e, portanto, possuem as mesmas características: são derivados, subordinados e limitados.

Enfim, nos processos formais de alteração da Constituição, o que ocorre é a modificação formal da Constituição, isto é, a redação do texto constitucional é modificada, a Constituição sofre mudança em sua forma.

Os **processos informais**, por sua vez, são aqueles em que o conteúdo da Constituição sofre alteração, porém, sem que haja qualquer modificação formal do texto. Os processos informais são a chamada **mutação**, que pode ser constitucional ou inconstitucional.

■ MUTAÇÃO

A mutação é um **processo informal (ou não formal) de mudança da Constituição** provocado pela alteração da tradição, dos costumes, da interpretação doutrinária ou, especialmente, da interpretação jurisprudencial (com destaque para a interpretação feita pela Corte Constitucional).

O que ocorre na mutação?

Na mutação, há uma espécie de dissociação entre o texto e a norma. Como se sabe, a norma não é o texto, mas sim o resultado da interpretação dele. O que ocorre na mutação é uma dissociação entre o texto e a norma da seguinte forma: embora o texto continue a dizer exatamente o que dizia antes (ou seja, não há mudança formal), a norma que resulta da interpretação muda (ela dizia uma coisa e passa a dizer outra).

Portanto, na mutação, a mudança não é formal, não é no texto, mas sim no significado, no sentido das normas que resultam da interpretação do texto constitucional, o qual permanece intocado.

Dentre os **mecanismos de mutação**, destaca-se a interpretação jurisprudencial, especialmente a da Corte Constitucional, que, no Brasil, é o Supremo Tribunal Federal. Esse é, talvez, o mecanismo mais importante de mudança informal da Constituição, o que, inclusive, já foi dito pelo próprio STF. Vejamos:

> "A INTERPRETAÇÃO JUDICIAL COMO INSTRUMENTO DE MUTAÇÃO INFORMAL DA CONSTITUIÇÃO. - (...) A interpretação judicial, se e quando necessário, possui legitimidade para atualizar a Constituição da República em relação a "novas exigências, necessidades e transformações resultantes dos processos sociais, econômicos e políticos que caracterizam, em seus múltiplos e complexos aspectos, a sociedade contemporânea." **(STF, HC 90450, 2ª T, 23/09/2008)**
>
> "A Constituição da República se encontra em processo de elaboração permanente nos tribunais incumbidos de aplicá-la." **(ADI 3345, Relator Min. CELSO DE MELLO, Pleno, j. em 25/08/2005)**

Portanto, o STF expressamente admite a interpretação judicial como uma forma importante de mutação da Constituição, se e quando necessário.

Aqui há um importante **detalhe**: as bancas de concurso em geral consideram que a mutação constitucional não é forma de expressão do poder constituinte derivado, mas sim do chamado **poder constituinte difuso** (expressão que tem origem na obra de Georges Bourdeau).

Nesse contexto, é comum haver nas provas a seguinte correlação: quando se fala de mudança na Constituição, as alterações formais (as emendas) estão ligadas ao poder constituinte chamado, na divisão clássica, de derivado, enquanto as alterações informais (isto é, a mutação) estão vinculadas, na doutrina adotada pelas bancas de concurso, às manifestações do poder constituinte chamado de difuso.

Na doutrina estrangeira, quem especialmente trata da mutação é **Georg Jellinek**, na sua obra "Reforma e Mutação da Constituição".

Já na doutrina brasileira, dentre outros, trata do tema **Anna Cândida da Cunha Ferraz**, em sua obra "Processos Informais de Mudança da Constituição: mutações constitucionais e mutações inconstitucionais". Há outros autores e outras obras no Brasil, como a de Uadi Lammêgo Bulos, mas a obra de Anna Cândida da Cunha Ferraz é tida como um marco do tema da mutação no País.

Espécies de mutação

Pelo título da obra da professora Anna Cândida ("Processos Informais de Mudança da Constituição: mutações constitucionais e mutações inconstitucionais"), é possível perceber que existem **duas espécies de mutação:** as mutações **constitucionais** e as mutações **inconstitucionais.**

Qual é a diferença entre elas?

Na mutação **constitucional**, tem-se uma mudança que ocorre sem ofensa absoluta à literalidade do texto ou ao espírito da Constituição. Assim, o texto permanece o mesmo, a interpretação dele muda, mas essa mudança não tem problema algum com a literalidade do texto nem tampouco com o espírito da Constituição, que se compatibilizam com a nova interpretação.

Para imaginar um exemplo, podemos utilizar o art. 5º, XI, da CF/88, segundo o qual, *"a casa é asilo inviolável do indivíduo, ninguém nela podendo penetrar sem consentimento do morador, salvo em caso de flagrante delito ou desastre, ou para prestar socorro, ou, durante o dia, por determinação judicial"*. Nesse dispositivo, tem-se a inviolabilidade do domicílio e o texto da Constituição diz que a **casa** é protegida por essa inviolabilidade. O que significa, literalmente, casa? Casa, como se sabe, tem o significado literal de residência, de lar. Mas a proteção à inviolabilidade do domicílio, hoje, toma a palavra "casa" de maneira ampla. Hoje, na jurisprudência do STF, a palavra "casa" não se resume a residência, abrangendo qualquer espaço não aberto ao público em geral no qual exista uma expectativa de privacidade (como o escritório profissional do advogado, o consultório médico etc.). Essa é a norma que resulta da interpretação do texto da Constituição.

Imagine que o STF mude sua jurisprudência e passe a dizer que a expressão "casa" se limita a abranger apenas residência. Nessa situação, haveria uma mutação, pois a norma (o resultado da interpretação do texto) seria alterada, modificando a própria Constituição. Essa nova interpretação, porém, não conflitaria com a literalidade do texto constitucional, pois seria compatível com a expressão "casa", constante da Constituição. Isso, então, seria uma mutação constitucional, por não se chocar com a literalidade do texto constitucional (embora até pudesse conflitar com o espírito da Constituição, pois violaria o princípio da vedação do retrocesso).

Já as mutações **inconstitucionais** (que são mais comuns) são aquelas que ocorrem a partir dos denominados processos manifestamente inconstitucionais. Nesse caso, a interpretação nova ofende a literalidade do texto constitucional ou o espírito da Constituição ou mesmo ultrapassa limites de forma ou de fundo estabelecidos na Constituição (isto é, ultrapassa o conteúdo material estabelecido na Constituição).

No caso da mutação inconstitucional, portanto, tem-se uma nova interpretação (permanecendo o texto intacto) cujo resultado colide com a literalidade da Constituição (isto é, com o texto constitucional) ou com o seu espírito.

Um exemplo de mutação inconstitucional envolve o art. 52, X, da CF/88. Esse dispositivo prevê caber ao Senado Federal suspender a execução de lei declarada inconstitucional em sede de controle difuso de constitucionalidade. Aplicando-o a um caso concreto, o Ministro Gilmar Mendes sustentou ter ocorrido uma mutação e que essa participação do Senado seria dispensável, tendo efeitos meramente de publicidade.

Essa proposta de mutação, em um primeiro momento, foi rejeitada pelo Supremo Tribunal Federal (Rcl 4335), por entender que ela conflitaria com o texto da Constituição (seria, portanto, uma mutação inconstitucional). No entanto, **superando seu entendimento inicial**, o STF, no final do ano 2017, passou a entender que ocorreu a mutação do art. 52, X, da CF/88, atribuindo à resolução do Senado federal prevista nesse dispositivo efeitos de mera publicidade (ADIs 3470 e 3406), o que será melhor estudado em momento oportuno.

Seja como for, há, de forma geral, uma rejeição no STF à mutação inconstitucional, muito embora seja possível verificar momentos em que a Suprema Corte adota entendimentos que parecem conflitar com o texto constitucional.

Quando se fala em mutação, um dos exemplos mencionados em sede doutrinária é o caso da prisão civil do depositário infiel. O STF admitia a possibilidade dessa prisão, mas passou a entender, em virtude de nova interpretação da Constituição (e tomando em consideração o Pacto de São José da Costa Rica), que ela não mais seria possível. Para visualizar essa mutação, é necessário cotejar o art. 5º, LXVII, da CF/88 e a Súmula Vinculante nº 25:

> **"Art. 5º, CF/88.**
>
> (...)
>
> LXVII - não haverá prisão civil por dívida, salvo a do responsável pelo inadimplemento voluntário e inescusável de obrigação alimentícia e a do depositário infiel;"
>
> **Súmula Vinculante 25:** "É ilícita a prisão civil de depositário infiel, qualquer que seja a modalidade de depósito".

Como se percebe, a letra da Constituição admite a prisão civil por dívida do depositário infiel. Porém, o STF, considerando o Pacto de São José da Costa Rica (que admite apenas a prisão civil por dívida alimentar, e não a do depositário infiel), mudou a forma de interpretar a o texto constitucional, chegando a editar a Súmula Vinculante 25. Houve, portanto, uma mudança, uma mutação na Constituição (o texto permaneceu o mesmo, mas o significado a ele atribuído passou a ser outro).

Essa mutação, inclusive, caracteriza um choque com a literalidade do texto constitucional, o que, porém, não impediu que ela fosse adotada pelo STF, muito provavelmente porque representa uma ampliação de um direito fundamental.

Fato é que a mutação relativa ao tema da prisão civil do depositário infiel indica que mesmo matérias ligadas a cláusulas pétreas (como é o caso dos direitos fundamentais) podem sofrer mutação. Mas é importante lembrar que essa mutação se deu para ampliar direitos fundamentais, afastando uma hipótese de prisão (houve uma ampliação do direito à liberdade).

Alerta sobre a terminologia utilizada

Parece importante registrar uma observação acerca da terminologia utilizada no tema.

Na doutrina, conforme vimos, há quem fale em mutação constitucional e mutação inconstitucional para se referir, respectivamente, a mutações compatíveis e mutações incompatíveis com o espírito e o texto da Constituição. Porém, também é possível encontrar quem fale, tão somente, em mutação constitucional para se referir, de maneira genérica, à mudança de sentido de um texto que integra a Constituição, sem fazer a diferenciação vista entre mutação constitucional e mutação inconstitucional.

Ou seja, alguns autores adjetivam de "constitucional" a expressão "mutação" simplesmente para indicar que se trata de uma mudança de interpretação da Constituição, sem significar compatibilidade ou incompatibilidade com o texto constitucional. Em outras palavras: o que alguns autores chamam genericamente de mutação constitucional é o mesmo que os autores que diferenciam a mutação constitucional da mutação inconstitucional chamam de mutação.

PODER DE REFORMA

O que é o poder de reforma?

O **conceito** de poder de reforma é o seguinte: **é o poder de direito destinado a alterar formalmente a Constituição.** Note que é um poder de direito porque é um poder constituído, pois ele é fundamentado na ordem jurídica, na Constituição, a qual, por sua vez, é fruto do poder constituinte originário.

Em outras palavras, o poder de reforma é um poder de direito previsto na Constituição que tem como objetivo realizar mudanças na própria Constituição. **Trata-se de um poder constituinte derivado** (o chamado poder constituinte derivado reformador).

Esse poder é um mecanismo de abertura da Constituição para novos interesses e necessidades e, por isso, ele é extremamente necessário. Isso porque a Constituição não pode ser algo fechado no tempo, ela não pode ser hermética, ela deve, isso sim, acompanhar a evolução da sociedade.

O poder de reforma, portanto, é um **mecanismo de abertura constitucional** inserido no bojo dos mecanismos de alteração da Constituição. Ele é um dos instrumentos utilizados para se modificar a Constituição.

Características do poder de reforma

O poder constituinte originário, como visto, é inicial, autônomo e incondicionado. Já o poder de reforma (assim como qualquer poder constituinte derivado) não tem as mesmas características, pois ele é:

a) **Derivado**: o poder de reforma é derivado, porque tem fundamento na Constituição, tem fundamento no poder constituinte originário e dele deriva.

b) **Subordinado**: é subordinado, porque tem uma relação de hierarquia ou de subordinação perante a Constituição (perante o poder constituinte originário), não se encontrando no mesmo nível.

c) **Condicionado (limitado)**: é limitado, porque a Constituição, ao criar o poder de reforma, faz isso impondo limites. Existem, portanto, limites ao poder de reforma, limites esses que são jurídicos, já que são impostos pela Constituição, isto é, por uma norma jurídica.

Enquanto **o poder constituinte originário é um poder de fato** (pois não decorre de nenhuma norma positivada anterior), **o poder constituinte derivado (como é o caso do poder de reforma) é um poder de direito**, é um poder jurídico, pois decorre da Constituição elaborada pelo poder constituinte originário.

É importante registrar que essas características também se aplicam ao poder derivado revisor, que tem a mesma natureza do poder derivado reformador (ambos são poderes derivados).

▶ Espécies de limitações ao poder de reforma

Há **quatro tipos diferentes de limites** ao poder de reforma:

a) **Temporais**: são as limitações ligadas ao tempo, como é o caso da vedação de qualquer alteração durante determinado período após a promulgação da Constituição.

b) **Circunstanciais**: são as limitações ligadas a determinadas circunstâncias fáticas que, uma vez verificadas, impedem a elaboração de emendas.

c) **Formais**: são as limitações ligadas à forma, isto é, à observância do processo legislativo previsto na Constituição, o que envolve o quórum de votação, a correta tramitação da proposta etc.

d) **Materiais (cláusulas pétreas)**: as limitações materiais são as cláusulas pétreas, que podem ser explícitas (as quais, no caso da CF/88, estão previstas no art. 60, § 4º) ou implícitas. As cláusulas pétreas impedem que determinadas matérias sofram certas alterações pelo poder de reforma.

Em relação às limitações temporais, na CF/88, elas foram previstas apenas para a revisão constitucional (conforme consta do art. 3º do ADCT), não tendo sido impostas para as emendas constitucionais, que estão disciplinadas no art. 60.

> "**Art. 3º, ADCT.** A revisão constitucional será realizada após cinco anos, contados da promulgação da Constituição, pelo voto da maioria absoluta dos membros do Congresso Nacional, em sessão unicameral."

Porém, já houve no constitucionalismo brasileiro limitações temporais ao poder de emenda, como foi o caso do art. 174 da Constituição de 1824:

> "**Art. 174, Constituição de 1824.** Se passados quatro anos depois de jurada a Constituição do Brazil, se conhecer que algum dos seus artigos merece reforma, se fará a proposição por escripto, a qual deve ter origem na Camara dos Deputados, e ser apoiada pela terça parte delles."

Se qualquer dessas limitações for violada pelo poder de reforma – aqui englobadas tanto as emendas constitucionais quanto a revisão constitucional –, abre-se a possibilidade de controle judicial da constitucionalidade da norma que tenha sido elaborada com um desses vícios.

▶ Poder de reforma na CF/88 (emendas constitucionais)

O poder de reforma, como já registramos, é o poder capaz de alterar formalmente a Constituição por meio das **emendas constitucionais.**

Em relação às emendas constitucionais, o art. 59, I, da CF/88 diz expressamente que o processo legislativo compreende a elaboração dessa espécie normativa, ou seja, a elaboração de emendas encontra-se dentro do Poder Legislativo, que é um poder constituído. Logo, conforme vimos, o poder de reforma é um **poder constituído.**

> "**Art. 59, CF/88.** O processo legislativo compreende a elaboração de:
>
> **I - emendas à Constituição;**
>
> II - leis complementares;
>
> III - leis ordinárias;
>
> IV - leis delegadas;
>
> V - medidas provisórias;
>
> VI - decretos legislativos;
>
> VII – resoluções."

→ *Iniciativa das emendas à CF/88*

O art. 60 da CF/88 dispõe sobre a inciativa da proposta de emenda, atribuindo-a:

I) A um terço, no mínimo, dos Deputados Federais ou dos Senadores;

II) Ao Presidente da República;

III) A mais da metade das Assembleias Legislativas das unidades da Federação, manifestando-se, cada uma delas, pela maioria **relativa** de seus membros.

> "**Art. 60, CF/88.** A Constituição poderá ser emendada mediante proposta:
>
> I - de um terço, no mínimo, dos membros da Câmara dos Deputados ou do Senado Federal;
>
> II - do Presidente da República;
>
> III - de mais da metade das Assembléias Legislativas das unidades da Federação, manifestando-se, cada uma delas, pela maioria relativa de seus membros."

Note que essas regras de iniciativa consubstanciam uma **limitação formal** ao poder de reforma, pois a deflagração das emendas constitucionais só pode se dar nessas 3 (três) hipóteses.

É importante notar que **não há iniciativa popular expressa para o poder de reforma na CF/88**. Na doutrina, porém, há quem entenda ser possível a iniciativa popular de emenda constitucional, aplicando-se, por analogia, as regras atinentes à iniciativa popular comum. Mas, para fins de provas objetivas, invariavelmente, **as bancas examinadoras têm entendido não existir iniciativa popular de emendas à CF/88**, não obstante haja alguns projetos em tramitação no Congresso Nacional com tal finalidade.

Por outro lado, em outubro de 2018, o Supremo Tribunal Federal decidiu que, não obstante inexista paralelo na Constituição Federal, **podem as Constituições Estaduais prever iniciativa popular de propostas de emendas aos seus próprios textos**, por se cuidar de mecanismo de exercício da soberania popular e não haver obstáculo decorrente do princípio da reserva de iniciativa nem tampouco da simetria constitucional **(ADI 825/AP)**.

Existe iniciativa privativa de proposta de emenda constitucional?

Não há iniciativa privativa de proposta de emenda para nenhum legitimado no texto da CF/88. Não há, portanto, iniciativa privativa de emendas à CF/88, não se aplicando a elas lógica da iniciativa legislativa privativa das leis. Esse, inclusive, é o entendimento que vem sendo aplicado pelas bancas de concurso.

Porém, é importante registrar que foi gerada certa dúvida sobre esse tema, em virtude de, na ADI 5017, que trata da criação de novos TRFs, ter sido deferida medida cautelar pelo Ministro Joaquim Barbosa (Presidente do STF na época) para suspender a EC 73/2013, por ter vislumbrado vício de iniciativa na norma.

Essa ação ainda se encontra pendente de julgamento, mas o que ocorreu aí, na verdade, foi que o Min. Joaquim Barbosa, ao deferir a mencionada liminar, utilizou um precedente que determinou a aplicação das regras de iniciativa privativa para emendas a Constituições Estaduais, e não para emendas à CF/88. Houve, como se pode perceber, um equívoco na utilização do precedente.

A dúvida, porém, deixou de existir quando o Supremo Tribunal Federal, em 03/11/2020, julgou a ADI 5296, na qual foi impugnada a EC 74/2013, que, sendo de origem parlamentar, estendeu às Defensorias Públicas da União e do Distrito Federal a autonomia funcional, administrativa e orçamentária. Ao julgar improcedente a ação (e reconhecer a constitucionalidade da norma), o STF afirmou que o poder constituinte derivado de emendar a Constituição Federal se submete apenas aos limites materiais e formais (além dos circunstanciais) já estabelecidos no próprio texto constitucional, dentre os quais, não se encontra a reserva de iniciativa do processo legislativo em nenhuma matéria. De acordo com o Tribunal, as hipóteses de iniciativa privativa, embora se apliquem às emendas às Constituições dos Estados, não se aplicam às emendas à Constituição Federal.

Em resumo, enquanto não há iniciativa privativa de emendas à CF/88, as emendas às Constituições Estaduais têm de respeitar as regras de reserva de iniciativa, conforme decidido pelo STF na **ADI 2966** (*"matéria restrita à iniciativa do Poder Executivo não pode ser regulada por emenda constitucional de origem parlamentar"*) e na **ADI 5075** (*"a instituição de requisitos para a nomeação do Delegado-Chefe da Polícia Civil é matéria de iniciativa privativa do Poder Executivo [...], e, desta forma, não pode ser tratada por Emenda Constitucional de iniciativa parlamentar"*).

Essa lógica, no entanto, não se aplica à elaboração inicial das Constituições Estaduais. Embora devam ser observadas as regras de iniciativa privativa na elaboração de emendas às Constituições Estaduais, essas restrições, segundo o STF, não se aplicam à elaboração do texto originário das Constituições dos Estados (**ADI 2581**).

Mas um último **ALERTA** deve ser feito: apesar de a elaboração inicial das Constituições Estaduais não se submeterem às hipóteses de iniciativa privativa previstas na CF/88, o constituinte derivado decorrente não pode tratar, na Constituição do Estado (seja no texto originário, seja por meio de emendas posteriores), de temas cuja iniciativa legislativa a Constituição Federal reserva a determinados órgãos no âmbito do processo legislativo ordinário.

É que, conforme estudaremos no capítulo sobre processo legislativo, a Constituição Federal, em relação a determinados órgãos, estabelece que certas matérias devem ser tratadas em leis de sua exclusiva iniciativa. No âmbito estadual, isso acontece, por exemplo, com o Ministério Público, o Tribunal de Contas e o Tribunal de Justiça.

Essas matérias (que devem ser tratadas por meio de lei de iniciativa privativa de determinados órgãos), segundo o Supremo Tribunal Federal, não podem ser disciplinadas pelo constituinte derivado decorrente na Constituição do Estado, ainda que se trate do texto originário da Constituição Estadual. Isso porque, se fosse permitido o tratamento desses temas em normas das Constituições dos Estados, acabaria ficando fulminada a prerrogativa dos órgãos que, nos termos da CF/88, foram contemplados com a exclusividade para iniciar o processo legislativo respectivo por meio de projeto de lei.

O Supremo Tribunal Federal adotou esse entendimento **na ADI 3841** (julgada em 16/06/2020), na qual foram questionadas normas de Constituição Estadual que estabeleceram regras aplicáveis a todos os concursos públicos realizados no Estado, determinando a participação de representantes dos servidores nas comissões organizadoras, alcançando, inclusive, órgãos que, nos termos da CF/88, possuem a prerrogativa de, no âmbito do processo legislativo ordinário, apresentar proposições para disciplinar sua organização e funcionamento, como é o caso do Tribunal de Contas e do Ministério Público.

Ao julgar a ação, a Corte decidiu que a regra em questão somente pode ser aplicada no âmbito do próprio Poder Legislativo (que foi quem elaborou a Constituição Estadual), sendo inconstitucional a sua extensão a outros órgãos e Poderes, por conta da prerrogativa que lhes é conferida pela Constituição Federal para iniciar o processo legislativo ordinário para tratar do tema. Ficou afastada, no caso, a aplicação da regra em relação a órgãos como a Defensoria Pública, o Ministério Público, o Tribunal de Contas e a Procuradoria-Geral do Estado.

Nos termos da ementa do julgado, *"não pode a Constituição Estadual, mesmo em seu texto originário, dispor a respeito de matéria cuja iniciativa legislativa seja reservada a órgão de outro Poder, por inibir o futuro exercício desta prerrogativa por seu titular".*

Por fim, é importante chamar atenção para um detalhe: o entendimento do STF no sentido de que as normas originárias das Constituições Estaduais não se submetem às regras de iniciativa legislativa privativa **não se aplica às normas originárias das Leis Orgânicas dos Municípios**, o que é algo natural, tendo em vista que, segundo o próprio STF, as Leis Orgânicas municipais, diferentemente das Constituições Estaduais, não são normas de natureza constitucional.

Por esse motivo, uma Lei Orgânica de um Município não pode, em seu texto originário, tratar, por exemplo, do regime jurídico dos servidores municipais ou da organização da Administração Pública municipal, pois esses temas são de iniciativa privativa do Chefe do Executivo, conforme decorre do art. 61, § 1º, II, "a", "c" e "e", da CF/88.

Esse entendimento foi firmado pelo Supremo Tribunal Federal no **Tema de Repercussão Geral nº 223** (RE 590829, j. 05/03/2015), no qual foi fixada a tese segundo a qual *"é inconstitucional, por afrontar a iniciativa privativa do Chefe do Poder Executivo, a normatização de direitos dos servidores públicos em lei orgânica do Município"*.

→ Limitações circunstanciais ao poder de emendar a CF/88

O art. 60, § 1º, da CF/88 veda a elaboração de emendas constitucionais durante intervenção federal, estado de defesa e estado de sítio.

> "**Art. 60, § 1º, CF/88.** A Constituição não poderá ser emendada na vigência de intervenção federal, de estado de defesa ou de estado de sítio."

O que esse § 1º do art. 60 da CF/88 traz são **limitações circunstanciais**, que se justificam por se referirem a situações fáticas de instabilidade institucional. Nesses períodos, considerando que os ânimos naturalmente se alteram, fica vedada a alteração formal da Constituição.

→ Quórum de aprovação das emendas constitucionais

O § 2º do art. 60 da CF/88 traz uma **limitação formal**, mais precisamente, acerca do quórum de aprovação de uma emenda à Constituição. Segundo esse dispositivo, para ser aprovada, a proposta de emenda constitucional deve se submeter a dois turnos de discussão e votação em cada Casa do Congresso Nacional e contar, em cada um deles, com 3/5 (três quintos) dos votos dos respectivos Parlamentares.

> "**Art. 60, § 2º, CF/88.** A proposta será discutida e votada em cada Casa do Congresso Nacional, em dois turnos, considerando-se aprovada se obtiver, em ambos, três quintos dos votos dos respectivos membros."

Esse dispositivo consubstancia a **rigidez constitucional**, pois ele exige, para a aprovação de emendas constitucionais, um procedimento mais dificultoso do que o procedimento de elaboração das leis. Ou seja, para se alterar a Constituição, é necessário observar o procedimento previsto no art. 60, § 2º, da CF/88, não sendo suficiente o rito mais simplificado previsto para a aprovação das leis.

Esses requisitos buscam atingir um equilíbrio entre a necessidade de a Constituição perdurar (isto é, a supremacia da Constituição) e a necessidade de a Constituição mudar (para satisfazer os novos interesses e necessidades da sociedade, que são dinâmicos). Há, então, uma tensão entre a valorização da supremacia da Constituição, de um lado, e a necessidade de mudança da Constituição, de outro lado, tensão essa que é solucionada pelo equilíbrio trazido pelo procedimento que prevê dois turnos de votação e quórum de aprovação de 3/5.

Isso porque, se mudar for muito fácil, a supremacia da Constituição desaparecerá, pois, se o procedimento de alteração da Constituição for igual ao de produção de leis, a Constituição deixa de ser rígida e passa a ser flexível. Por outro lado, se mudar a Constituição for muito difícil, as novas necessidades da sociedade não conseguirão ser atendidas e, assim, haverá risco de ruptura.

Note que o quórum de 3/5 não é o maior quórum do processo legislativo constitucional brasileiro, pois a CF/88 exige o quórum de 2/3 para a aprovação de Leis Orgânicas Municipais (art. 29) e da Lei Orgânica do DF (art. 32).

Por fim, é importante registrar que, segundo decidiu o STF na **ADI 6453** (julgada em 14/02/2022), a maioria de 3/5 para a aprovação de emendas à Constituição Federal é de **observância obrigatória no âmbito dos Estados-membros**, de modo que as Constituições Estaduais não podem estabelecer uma maioria diferente para a aprovação de emendas ao seu texto.

Isso porque, conforme a jurisprudência consolidada da Corte, as normas gerais de processo legislativo (aí incluído o processo de alteração formal da Constituição) submetem-se à simetria (isto é, são de observância obrigatória), de modo que o poder constituinte derivado decorrente (que é juridicamente limitado pelos princípios estabelecidos na Constituição Federal, conforme consta dos arts. 25 da CF/88 e 11 do ADCT) deve observá-las.

Com esse entendimento, o STF declarou a inconstitucionalidade de norma da Constituição do Estado de Rondônia que exigia maioria de 2/3 (em vez de 3/5) para a aprovação de emendas ao seu texto.

Confira a ementa do julgado:

> "(...) QUÓRUM DE APROVAÇÃO DE EMENDA À CONSTITUIÇÃO DO ESTADO DE RONDÔNIA. PODER CONSTITUINTE DECORRENTE. **EXIGÊNCIA DE 2/3 DOS MEMBROS DA ASSEMBLEIA ESTADUAL LEGISLATIVA PARA APROVAÇÃO DE PROJETO DE ALTERAÇÃO DO TEXTO CONSTITUCIONAL LOCAL.** (...) 1. A autonomia dos Estados-membros deve ser exercida de acordo com os princípios estabelecidos na Constituição Federal (art. 25 CRFB). **Aplicação do princípio da simetria.** 2. O processo legislativo de reforma constitucional do Estado-membro **integra o poder constituinte derivado decorrente** e, por conseguinte, retira sua força da Constituição Federal. Esse fundamento constitucional implica limitação e formalidades a serem observadas nas dimensões da sua auto-organização e autolegislação (Art. 11, ADCT). 3. **As normas disciplinadoras do processo legislativo de reforma constitucional, como o quórum de aprovação, são de observância obrigatória pelos Estados-membros.** Precedentes. (...)" **(ADI 6453, Pleno, Rel. Min. ROSA WEBER, j. 14/02/2022)**

Esse mesmo entendimento foi posteriormente adotado pelo Supremo Tribunal Federal, na **ADI 7205** (j. 18/12/2022), em relação ao quórum exigido para a aprovação de **emendas à Lei Orgânica do Distrito Federal** (que, segundo a jurisprudência da Corte, tem a mesma natureza das Constituições dos Estados). Nessa ação, foi impugnada norma da LODF que exigia maioria de 2/3 (dois terços) para a aprovação de emendas ao seu texto, e o STF a declarou **inconstitucional**, em virtude de dever ser observado, por simetria, o modelo de elaboração de emendas à Constituição Federal, que exige aprovação por 3/5 (três quintos) dos membros da Casa Legislativa.

- Há intervalo mínimo entre os dois turnos de votação?

No procedimento de apreciação de proposta de emenda constitucional, os dois turnos podem ser votados no mesmo dia?

A lógica, evidentemente, diz que não. Porém, isso já ocorreu na prática, como foi o caso da votação da EC 62/09, e **o STF, de forma estranha, entendeu inexistir vedação à realização dos dois turnos no mesmo dia** (ADI 4.425, julgada em 2013). Há, portanto, precedentes de votação dos dois turnos no mesmo dia que receberam a chancela do STF.

- Necessidade de retorno à Casa iniciadora na hipótese de alteração da proposta pela Casa revisora

Se, depois de aprovada na Casa iniciadora, a proposta de emenda constitucional sofrer modificação na Casa revisora, ela deverá retornar à Casa de origem para que a alteração seja por ela apreciada. Porém, segundo o STF, o retorno à Casa iniciadora não será necessário, se o novo texto dado pela Casa revisora não implicar nenhuma mudança substancial, como ocorre quando se trata de uma mera alteração gramatical do texto (ADC nº 3, ADI 2.666 etc.).

Portanto, não sendo a alteração substancial, não há necessidade de retorno do texto da PEC à Casa em que teve início a sua tramitação. Confira, nesse sentido, a seguinte ementa:

> "(...) Proposta de emenda que, votada e aprovada na Câmara dos Deputados, sofreu alteração no Senado Federal, **tendo sido promulgada sem que tivesse retornado à Casa** iniciadora para nova votação quanto à parte objeto de modificação. **Inexistência de ofensa ao art. 60, § 2º da Constituição Federal** no tocante à supressão, no Senado Federal, da expressão "observado o disposto no § 6º do art. 195 da Constituição Federal", que constava do texto aprovado pela Câmara dos Deputados em 2 (dois) turnos de votação, **tendo em vista que essa alteração não importou em mudança substancial do sentido do texto** (Precedente: ADC nº 3, rel. Min. Nelson Jobim). (...)" **(ADI 2666/DF; Relator(a): Min. ELLEN GRACIE; J. 03/10/2002; Tribunal Pleno)**

→ *Promulgação da emenda à Constituição*

Nos termos do § 3º do art. 60 da CF/88, uma vez aprovada em ambas as Casas Legislativas, a emenda constitucional deve ser promulgada pelas Mesas da Câmara e do

Senado, com o respectivo número de ordem. Cuida-se de mais uma **limitação formal** ao poder de reforma.

> **"Art. 60, § 3º, CF/88.** A emenda à Constituição será promulgada pelas Mesas da Câmara dos Deputados e do Senado Federal, com o respectivo número de ordem."

Importante perceber que a promulgação é feita pelas mesas da Câmara e do Senado. Esse ato não é praticado pela Mesa do Congresso Nacional, mas sim pelas Mesas de cada uma de suas Casas.

Esse dispositivo deixa claro, também, que **não existe a etapa de sanção ou veto presidencial no procedimento de elaboração de emenda constitucional.** Sanção e veto presidencial restringem-se a projetos de leis ordinárias e complementares, não se aplicando a propostas de emendas à Constituição.

→ *Impossibilidade de reapresentação de proposta de emenda na mesma sessão legislativa*

Segundo o § 5º do art. 60 da CF/88, se a proposta de emenda for rejeitada ou restar prejudicada, a matéria nela tratada não poderá ser reapresentada em nova proposta de emenda na mesma sessão legislativa, isto é, no mesmo ano.

> **"Art. 60, § 5º, CF/88.** A matéria constante de proposta de emenda rejeitada ou havida por prejudicada não pode ser objeto de nova proposta na mesma sessão legislativa."

Esse § 5º do art. 60 da CF/88 não pode ser confundido com o art. 67 da CF/88, segundo o qual, *"a matéria constante de projeto de lei rejeitado somente poderá constituir objeto de novo projeto, na mesma sessão legislativa, mediante proposta da maioria absoluta dos membros de qualquer das Casas do Congresso Nacional"*.

Como se pode perceber, mesmo que haja apoio da maioria absoluta dos membros de qualquer das Casas do Congresso Nacional, a proposta de emenda constitucional não pode ser reapresentada na mesma sessão legislativa. Essa possibilidade se aplica apenas a projetos de lei.

A limitação do art. 60, § 5º, é formal, temporal ou mista? Há discussão sobre isso. A maioria da doutrina entende que se trata de uma limitação **formal.**

→ *As cláusulas pétreas (limitações materiais)*

O § 4º do art. 60 da CF/88 traz limitações **materiais** ao poder de reforma (as cláusulas pétreas expressas da CF/88), assim dispondo:

> **"Art. 60, § 4º, CF/88.** Não será objeto de deliberação a proposta de emenda tendente a abolir:
>
> I - a forma federativa de Estado;
>
> II - o voto direto, secreto, universal e periódico;
>
> III - a separação dos Poderes;
>
> IV - os direitos e garantias individuais."

Esse dispositivo veicula preceitos fundamentais (inclusive para fins de ADPF), bem como princípios de hermenêutica constitucional (vetores de hermenêutica). Isso, porém, não significa que são normas de hierarquia superior às demais normas constitucionais. Não se admite, no Brasil, hierarquia entre normas constitucionais originárias, encontrando-se todas elas no mesmo patamar hierárquico, ainda que se trate de cláusulas pétreas. As cláusulas pétreas, portanto, têm a mesma hierarquia das demais normas constitucionais.

Qual é o real alcance do rol de cláusulas pétreas? Elas impedem qualquer tipo de alteração nos dispositivos que tratam dos temas nela indicados? O STF já decidiu que a proteção jurídica da cláusula pétrea diz respeito ao **núcleo essencial** das matérias descritas no rol do art. 60, § 4º, da CF/88, não significando, portanto, uma intangibilidade absoluta e literal. O que está protegido é o núcleo essencial, e não todo e qualquer aspecto que disser respeito às cláusulas pétreas (STF, ADI 2024-MC e MS 23047).

Passemos a analisar o § 4º do art. 60 da CF/88.

Esse dispositivo dispõe que *"não será objeto de deliberação a proposta de emenda tendente a abolir: (...)"*.

Isso significa que o vício atinge a fase legislativa da emenda. A rigor, não pode haver deliberação e votação sobre proposta de emenda que seja tendente a abolir uma cláusula pétrea. Portanto, o vício por violação ao art. 60, § 4º, da CF/88 se apresenta já na fase do exame legislativo da proposta, o que abre a possibilidade de um controle judicial de constitucionalidade preventivo por meio de mandado de segurança impetrado (exclusivamente) por Parlamentar (nesse sentido, o MS 32033, com destaque para o voto proferido pelo Min. Teori Zavascki).

É importe perceber, ainda, que esse § 4º diz que não será objeto de deliberação a **proposta de emenda** tendente a abolir os temas ali elencados. Portanto, as cláusulas pétreas se dirigem à proposta de emenda, ao poder de reforma, não sendo oponíveis ao poder constituinte originário. Ou seja, não é possível invocar cláusula pétrea para tentar invalidar norma originária da Constituição.

Nesse sentido, por exemplo, não se pode afirmar que a previsão de pena de morte em caso de guerra declarada é inconstitucional por violar a cláusula pétrea dos direitos e garantias individuais. Isso porque o poder constituinte originário não está limitado pelas cláusulas pétreas, ocorrendo, na verdade, o contrário: o poder constituinte originário institui as cláusulas pétreas, e ele pode fazer isso, inclusive, com algum tipo de limite, como o que mencionamos no exemplo acima (apesar de os direitos e garantias individuais serem cláusulas pétreas, a própria Constituição admite a pena de morte no caso de guerra declarada).

Portanto, não há, no Brasil, uma hierarquia diferenciada das cláusulas pétreas, não se podendo afirmar que elas são superiores às demais normas originárias da Constituição. No Brasil, conforme vimos ao estudarmos o tema da hermenêutica constitucional, não se adota a teoria das normas constitucionais inconstitucionais do professor alemão Otto Bachoff, o que, inclusive, foi afirmado pelo STF na ADI 815, julgada em 1996.

Outro detalhe é que o § 4º do art. 60 da CF/88 diz não poder ser objeto de deliberação a proposta de emenda **tendente a abolir** uma cláusula pétrea. Que significa ser tendente a abolir? Isso significa que não se pode modificar nenhuma norma constitucional que diga respeito a uma cláusula pétrea? Evidentemente, não.

É plenamente possível modificar uma norma constitucional que diga respeito a uma cláusula pétrea para reforçar ou ampliar a proteção a essa cláusula pétrea. Uma emenda constitucional, por exemplo, pode ampliar os direitos e garantias individuais. Na verdade, para ser tendente a abolir uma cláusula pétrea, a modificação deve gerar uma restrição no seu núcleo essencial, de modo que a modificação vedada é aquela que atinge negativamente o núcleo essencial da cláusula pétrea, e não qualquer modificação.

Em outras palavras: é possível aprovar uma emenda ao texto constitucional que altere uma cláusula pétrea, desde que essa alteração não consubstancie uma restrição ao núcleo essencial daquilo que é protegido pela petrificação.

Vejamos, agora, cada uma das cláusulas pétreas.

- Forma federativa de Estado (art. 60, § 4º, I, CF/88)

> "**Art. 60, § 4º, CF/88.** Não será objeto de deliberação a proposta de emenda tendente a abolir:
>
> I - a forma federativa de Estado;"

A forma federativa de Estado é uma cláusula pétrea, de modo que a federação não pode ser abandonada por meio de emenda constitucional.

Mas é importante ter em mente que, na linha do que vimos acima, o que está petrificado quanto à federação (conforme asseverou, inclusive, o Min. Sepúlveda Pertence na ADI 1749-MC) não são os pormenores, mas sim o núcleo essencial.

Portanto, os pormenores da forma de Estado adotada pela CF/88 podem ser alterados. Por exemplo, é possível realizar mudanças pontuais na repartição das competências legislativas da União, dos Estados e dos Municípios, transferindo algumas delas de uma esfera política para outra. O que não se admite é esvaziar completamente as competências de uma entidade federativa e as atribuir a outro ente da Federação.

Por esse motivo, a **EC 132/2023** (a chamada "Reforma Tributária"), ao criar a **competência compartilhada para a fiscalização e arrecadação do IBS** (Imposto sobre Bens e Serviços) não violou a cláusula pétrea da forma federativa de Estado. Isso porque, embora essa emenda tenha alterado o desenho de repartição de competências da CF/88, não esvaziou o âmbito de competência de nenhum ente federado. Pelo contrário, o que a competência compartilhada da EC 132/2023 faz é promover o diálogo entre as diferentes entidades federativas (mais precisamente, entre os Estados, o Distrito Federal e os Municípios) para definir a forma de atuação em relação ao IBS, o que privilegia a autonomia federativa e, consequentemente, o próprio pacto federativo.

- Voto direto, secreto, universal e periódico (art. 60, § 4º, II, CF/88)

> "**Art. 60, § 4º, CF/88.** Não será objeto de deliberação a proposta de emenda tendente a abolir:
>
> (...)
>
> II - o voto direto, secreto, universal e periódico;"

É cláusula pétrea o voto direto, secreto, universal e periódico.

É importante notar que o voto obrigatório não está incluído nessa cláusula pétrea, de modo que é possível adotar voto facultativo por meio de emenda constitucional.

Outro detalhe é que a periodicidade do voto é cláusula pétrea. Isso, **indiretamente, protege a forma republicana de governo.** A república não está expressamente petrificada (tanto que houve, na vigência da CF/88, a possibilidade de adoção de monarquia por plebiscito), mas, como a forma republicana envolve a assunção temporária e eletiva do poder, a previsão do voto periódico acaba protegendo a república indiretamente.

- A separação dos Poderes (art. 60, § 4º, III, CF/88)

> "**Art. 60, § 4º, CF/88.** Não será objeto de deliberação a proposta de emenda tendente a abolir:
>
> (...)
>
> III – a separação dos poderes;"

Mais uma vez, não são os pormenores que estão protegidos por essa cláusula pétrea, mas apenas o núcleo essencial da separação dos Poderes.

Por exemplo, a EC 45/04 criou a súmula vinculante e o efeito vinculante das decisões do STF em sede de controle abstrato de constitucionalidade. Essas vinculações se referem aos demais órgãos do Poder Judiciário e à Administração Pública de todas as esferas da Federação, ou seja, atinge diretamente o Poder Executivo. E isso foi feito por meio de emenda constitucional (uma emenda constitucional vinculou o Poder Executivo às deliberações da Suprema Corte), mas, mesmo assim, o STF entendeu que não houve violação à cláusula pétrea da separação dos Poderes.

- Os direitos e garantias individuais (art. 6º, § 4º, IV, CF/88)

> "Art. 60, § 4º, CF/88. Não será objeto de deliberação a proposta de emenda tendente a abolir:
>
> (...)
>
> IV - os direitos e garantias individuais;"

Nos termos do art. 60, § 4º, IV, da CF/88, os direitos e garantias individuais são cláusulas pétreas.

Qual é o real alcance dessa cláusula pétrea? Discutindo isso, surgiram várias teorias a respeito da interpretação que deve ser dada à expressão "direitos e garantias individuais".

Ou seja, há diferentes correntes sobre qual é o alcance do art. 60, § 4º, IV, da CF/88. Vejamos.

I) **Corrente restritiva (ou literal):** entende que a interpretação deve ser literal, de modo que o que está protegido é apenas o conjunto de "direitos e garantias individuais". Logo, direitos coletivos, sociais, difusos etc. ficam de fora.

II) **Corrente ampliativa:** entende que o que está protegido por essa cláusula pétrea é o rol de direitos fundamentais. Dentro dessa corrente ampliativa há a seguinte divisão: parte de seus defensores entende que abrange os direitos fundamentais sob o ponto de vista formal (isto é, todos os direitos fundamentais que estão listados na Constituição) e outra parte defende que a proteção alcança apenas os direitos fundamentais sob o ponto de vista material, isto é, os direitos fundamentais que têm vinculação direta com a dignidade da pessoa humana (e que, portanto, têm uma fundamentalidade material, uma fundamentalidade substancial), de modo que aquilo que, apesar de formalmente previsto como direito fundamental, não tenha vinculação com a dignidade da pessoa humana não é cláusula pétrea.

E a partir disso surgem algumas **discussões.**

A primeira diz respeito ao seguinte questionamento: **somente o que está previsto no art. 5º da CF/88 está protegido pela cláusula pétrea dos direitos e garantias individuais?**

Evidentemente, não. Na verdade, há direitos e garantias individuais fora do art. 5º da CF/88, e eles também são protegidos pela cláusula pétrea em questão. Nesse sentido, por exemplo, o STF já reconheceu que a anterioridade tributária prevista no art. 150, III, "b", da CF/88 é uma garantia individual, estando protegida pela cláusula pétrea do art. 60, § 4º, IV, da CF/88 (ADI 939, j. 15/12/1993). Da mesma forma, a anterioridade eleitoral foi considerada cláusula pétrea, por ser uma garantia individual do eleitor (ADI 3685, j. 22/03/2006).

Portanto, há disposições protegidas pela cláusula pétrea dos direitos e garantias individuais fora do art. 5º da CF/88.

Mas tudo que está no art. 5º da CF/88 é cláusula pétrea? Isso depende da corrente que se adotar sobre o art. 60, § 4º, IV, da CF/88.

Se for adotada a interpretação literal, segundo a qual a cláusula pétrea diz respeito apenas aos direitos e garantias individuais, nem tudo que está no art. 5º será cláusula pétrea, porque o art. 5º trata de direitos e garantias individuais e coletivos. De acordo com essa interpretação, por exemplo, o mandado de segurança individual é cláusula pétrea, mas o mandado de segurança coletivo não é.

Por outro lado, se for adotada a interpretação ampliativa formal, tudo que está no art. 5º da CF/88 será cláusula pétrea (aliás, por essa interpretação, tudo que está no Título II da CF/88, por ser direito fundamental, será cláusula pétrea). E, se for adotada a corrente ampliativa material, nem tudo que está no art. 5º será cláusula pétrea (por exemplo, o inciso XXIX do art. 5º não será cláusula pétrea, por não ter vinculação direta com a dignidade da pessoa humana, já que se refere a questões relacionadas com a atividade empresarial).

> "**Art. 5º, XXIX** - a lei assegurará aos autores de inventos industriais privilégio temporário para sua utilização, bem como proteção às criações industriais, à propriedade das marcas, aos nomes de empresas e a outros signos distintivos, tendo em vista o interesse social e o desenvolvimento tecnológico e econômico do País;"

A interpretação ampliativa material é a posição que tem prevalecido para boa parte da doutrina brasileira, mas isso ainda não se encontra pacificado, não sendo possível apontar com certeza qual é a posição adotada por todas as bancas de concurso.

Por outro lado, conforme já exposto acima, para o STF, há direitos individuais espalhados pela Constituição, não estando eles confinados no art. 5º da CF/88. E, segundo a Corte, os direitos individuais previstos fora do art. 5º da CF/88 também são protegidos pela cláusula pétrea do art. 60, § 4º, IV, da CF/88.

Portanto, para provas de concurso, o que é tranquilo afirmar é que os direitos e garantias individuais não se limitam ao art. 5º da CF/88 e que a cláusula pétrea do art. 60, § 4º, IV, da CF/88 protege disposições espalhadas por todo o texto constitucional.

Sobre o tema, é importante registrar um caso em que o STF decidiu que uma imunidade tributária prevista no texto constitucional originário, qual seja, a não incidência de imposto de renda nos proventos de aposentadoria (prevista no art. 153, § 2º, II), podia ser suprimida por emenda constitucional, porque imunidade tributária não é cláusula pétrea relativa a direitos e garantias individuais (RE 372.600, julgado em 2003).

Como consequência, foi possível uma emenda constitucional alterar o texto da Constituição e determinar a incidência do tributo, passando a ser cobrado imposto de renda sobre os proventos de aposentadoria.

O acórdão do caso ficou ementado nos seguintes termos:

> **Ementa:** IMUNIDADE. ART. 153, § 2º, II DA CF/88. REVOGAÇÃO PELA EC Nº 20/98. POSSIBILIDADE. 1. Mostra-se impertinente a alegação de que a norma art. 153, § 2º, II, da Constituição Federal não poderia ter sido revogada pela EC nº 20/98 por se tratar de cláusula pétrea. 2. **Esta norma não consagrava direito ou garantia fundamental**, apenas previa a imunidade do imposto sobre a renda a um determinado grupo social. **Sua supressão do texto constitucional, portanto, não representou a cassação ou o tolhimento de um direito fundamental** e, tampouco, um rompimento da ordem constitucional vigente. 3. Recurso extraordinário conhecido e improvido. **(RE 372.600)**

Por fim, é importante registrar que **não se pode confundir a proteção aos direitos fundamentais com a disciplina constitucional sobre a forma de prestação dos direitos fundamentais.**

Por exemplo, atualmente, nos termos da CF/88, o direito à saúde é prestado por um sistema único de saúde (o SUS) e o direito à educação é prestado por diferentes sistemas de educação (federal, estaduais e municipais). É possível mudar a forma de prestação do direito fundamental, sem que isso seja, necessariamente, tendente a abolir esse direito. Logo, seria possível, considerando o exemplo do direito à educação, que uma emenda constitucional alterasse o texto da CF/88 e estabelecesse um sistema único de educação em substituição aos vários sistemas atualmente existentes, sem que isso fosse considerado algo tendente a abolir o direito à educação (na verdade, essa medida hipotética poderia acabar reforçando esse direito).

→ *Cláusulas pétreas implícitas*

O art. 60, § 4º, da CF/88 prevê as cláusulas pétreas explícitas do nosso sistema constitucional.

Mas há, também, limites materiais implícitos ao poder de reforma na CF/88? O próprio STF respondeu a essa pergunta, nos seguintes termos:

> "Não há dúvida de que, em face do novo sistema constitucional, é o S.T.F. competente para, em controle difuso ou concentrado, examinar a constitucionalidade, ou não, de Emenda Constitucional (...) impugnada por violadora de cláusulas pétreas explícitas ou implícitas." **(STF, ADIs 829, 830 e 833, 14/04/1993)**

Percebe-se, assim, que o Supremo Tribunal Federal aceita a existência de cláusulas pétreas implícitas, isto é, de limites materiais implícitos ao poder de reforma da Constituição, o que, inclusive, já foi questionado em prova, como ocorreu no concurso para o cargo de Juiz de Direito do TJ/PB realizado pelo CESPE em 2015, em que foi considerada correta a assertiva segundo a qual *"o poder constituinte de reforma está sujeito a limitações materiais que podem estar presentes nas denominadas cláusulas pétreas implícitas"*.

E quais são as limitações materiais implícitas ao poder de reforma da Constituição? O STF, embora tenha admitido a existência delas, não esclareceu quais seriam, o que ficou a cargo dos doutrinadores, sendo elencadas (em sede doutrinária), principalmente, as seguintes:

1) **A titularidade do poder**: é possível haver uma emenda dizendo que todo o poder emana das mulheres (e não mais do povo)? Evidentemente, não, não é possível que uma emenda constitucional mude a titularidade do poder.

2) **O órgão exercente do poder de reforma**: é possível uma emenda constitucional dizer que as emendas constitucionais deixarão de ser feitas pelo Congresso Nacional e passarão a ser feitas pelo Presidente da República? Também não. O órgão exercente do poder de reforma também é uma limitação material implícita.

3) **O procedimento de elaboração de emendas constitucionais**: não é possível que uma emenda disponha que as emendas à Constituição passarão a ser aprovadas por maioria absoluta, e não mais por 3/5 dos votos. O procedimento de elaboração de emendas não pode ser alterado, porque nele há um equilíbrio entre a supremacia da constituição e a necessidade de mudança (há, aí, um ponto de equilíbrio da rigidez constitucional). Mas, na história constitucional brasileira, isso ocorreu na vigência da "Constituição" de 1969, que, na década de 1970, sofreu alteração quanto ao quórum de aprovação das emendas constitucionais. Hoje, sob a égide da CF/88, entende-se que isso não é possível, pois há aí um limite material implícito ao poder de reforma.

4) **A república e o presidencialismo**: não há menção expressa a eles no art. 60, § 4º, da CF/88, muito embora a proteção da periodicidade do voto proteja a república indiretamente. Acontece que, como se sabe, houve um plebiscito em 1993 (previsto no art. 2º do ADCT), no qual a população deliberou

não querer a monarquia nem o parlamentarismo. Parte da doutrina diz que, a partir daí, a república e o presidencialismo se tornaram cláusulas pétreas (implícitas). Já outra parte da doutrina entende que a república e o presidencialismo se tornaram cláusulas pétreas (implícitas) relativas, porque seria possível haver uma nova consulta popular para alterar a forma e o sistema de governo (ou seja, seria possível adotar a monarquia e o parlamentarismo mediante deliberação em novo plebiscito convocado para rever a decisão tomada no plebiscito de 1993).

> "**Art. 2º, ADCT.** No dia 7 de setembro de 1993 o eleitorado definirá, através de plebiscito, a forma (república ou monarquia constitucional) e o sistema de governo (parlamentarismo ou presidencialismo) que devem vigorar no País."

5) **O rol de cláusulas pétreas explícitas**: várias vozes na doutrina entendem que o próprio rol de cláusulas pétreas explícitas é uma cláusula pétrea implícita, de modo que não seria possível criar novas cláusulas pétreas nem tampouco tirar da Constituição cláusulas pétreas existentes. Ou seja, não seria possível aumentar nem diminuir o rol de cláusulas pétreas previsto no art. 60, § 4º, da CF/88. **Mas por quê?** Não se poderia aumentar esse rol porque as cláusulas pétreas são limitações ao poder de reforma, de modo que, se fosse editada uma emenda constitucional limitando ainda mais o poder de reforma, o que se teria seria o poder de reforma limitando-se a si mesmo, e uma limitação jurídica não pode advir da mesma força que a cria (uma limitação jurídica a um poder jurídico deve necessariamente vir de uma força jurídica superior). Inclusive, é por isso que o poder de reforma é limitado pelo poder originário e não por ele mesmo. A bem da verdade, se o poder de reforma fosse limitado por ele mesmo, isso seria um falso limite, pois **limitação verdadeira é aquela que é imposta por uma força superior.** No entanto, há **exceções** à vedação de ampliação do rol de cláusulas pétreas. Que exceções seriam essas? Seriam as hipóteses de inclusão, no rol de cláusulas pétreas expressas, das cláusulas pétreas que já existem de forma implícita. Importante perceber, a propósito, que **não se pode confundir a impossibilidade de aumentar o rol de cláusulas pétreas com o âmbito interno de cada cláusula pétrea.** Este último pode sofrer ampliação. **Como assim?** Uma cláusula pétrea pode ter uma expansão do seu alcance, sem que isso implique aumentar o rol de cláusulas pétreas. Por exemplo, se surgir um novo direito individual, o rol de cláusulas pétreas não será ampliado, mas a cláusula pétrea do inciso IV do § 4º do art. 60 da CF/88 terá sofrido, internamente, uma expansão. Além de não ser possível ampliar o rol de cláusulas pétreas, também não é possível reduzir esse rol, **não é possível retirar cláusulas pétreas da Constituição**, pois isso consistiria em fraudar o espírito originário do constituinte, seria uma ruptura com a vontade do poder constituinte originário. Como consequência, fica vedada, no Brasil, a **dupla revisão**, que se fundamenta no chamado **poder constituinte evolutivo** e consiste em um mecanismo para atingir o conteúdo protegido por uma cláusula pétrea da seguinte maneira: primeiramente, uma emenda constitucional retirar do rol de cláusulas pétreas o obstáculo e, posteriormente, uma segunda emenda constitucional estabelece aquilo que era vedado pela cláusula pétrea que foi suprimida pela primeira emenda. Como se pode perceber, nesse mecanismo, são necessárias duas alterações no texto da Constituição para se atingir o objetivo inicial, sendo esse o motivo de se chamar "dupla revisão". Por exemplo, se se quisesse adotar a pena de morte indiscriminada no Brasil, isso seria possível, segundo essa linha de pensamento, por meio da dupla revisão, da seguinte forma: primeiramente, uma emenda constitucional retiraria do rol de cláusulas pétreas (art. 60, § 4º, CF/88) o inciso IV e, depois, uma segunda emenda constitucional estabeleceria a pena de morte de maneira ampla no Brasil. Mas **o entendimento majoritário em nossa doutrina é no sentido de que a dupla revisão não é possível**, porque o poder de reforma encontra limites jurídicos e o rol de cláusulas pétreas é, em si mesmo, um limite jurídico (implícito) que não pode ser superado por esse poder.

6) **Os fundamentos do Estado brasileiro (previstos no art. 1º da CF/88) e os objetivos da República Federativa do Brasil (previstos no art. 3º da CF/88)**: modificar essas disposições seria contrariar todo o espírito da CF/88, motivo pelo qual, são considerados cláusulas pétreas implícitas, não podendo sofrer alterações tendentes a aboli-los.

7) **O Ministério Público**: há quem diga (como é o caso de Hugo Nigro Mazzilli) que o MP é uma cláusula pétrea (implícita), porque, nos termos do art. 127 da CF/88, ele é uma instituição permanente, além de estar intimamente vinculado à democracia. Mas, analisando de maneira crítica essa linha de pensamento, podemos concluir que, na verdade, o simples fato de a Constituição estabelecer expressamente que o Ministério Público é uma instituição permanente não deveria ser suficiente para torná-lo uma cláusula pétrea, porque há outras instituições que, segundo o texto constitucional, são permanentes, sem que sejam consideradas cláusulas pétreas, a exemplo da Polícia Rodoviária Federal e da Polícia Ferroviária Federal. Seja como for, o fato é que o MP é considerado cláusula pétrea, assim como o são suas atribuições constitucionais, porque, além de ser uma instituição permanente, é essencial à democracia (tendo em vista que uma de suas funções institucionais é a defesa da ordem democrática).

8) **Os mecanismos de democracia direta**: trata-se do direito de sufrágio (votar e ser votado), do plebiscito, do referendo, da iniciativa popular de leis e da ação popular. O voto é uma cláusula pétrea explícita, conforme prevê o art. 60, § 4º, II, da CF/88, logo, não há dúvidas quanto à impossibilidade de aboli-lo ou de tentar aboli-lo. Mas e quanto aos outros mecanismos mencionados? Seria possível suprimir do texto constitucional algum deles? Entende-se que não. Os mecanismos de democracia direta não podem ser suprimidos por meio de emenda constitucional, pois são considerados cláusulas pétreas implícitas (à exceção do voto, que é uma cláusula pétrea explícita).

- A democracia é uma cláusula pétrea?

A democracia é considerada cláusula pétrea? Para Carlos Ayres Britto, não, a democracia não é cláusula pétrea. Isso porque as cláusulas pétreas existem para proteger a democracia, o que mostra que a democracia é um valor maior do que as cláusulas pétreas.

Rotular a democracia como cláusula pétrea é reduzi-la a menos do que ela representa, pois ela é mais do que as cláusulas pétreas, ela é, na verdade, a razão de as cláusulas pétreas existirem.

Esse raciocínio, inclusive, encontra respaldo no preâmbulo da CF/88, que diz que a Constituição foi elaborada e promulgada com o objetivo de instituir um Estado **Democrático**, o que mostra que tudo foi feito por força da democracia, que as cláusulas pétreas existem para proteger a democracia, que elas são a última proteção da democracia, a qual seria o núcleo essencial de tudo que se tem no direito constitucional brasileiro.

Portanto, repita-se: a democracia não é cláusula pétrea, ela é mais do que isso.

E é interessante notar que tudo que foi dito acima sobre a democracia pode ser dito em relação à dignidade da pessoa humana, que é a razão última da Constituição, do poder constituinte, dos direitos fundamentais etc. A dignidade humana é o valor máximo do ordenamento jurídico, de modo que este é construído em torno dela. Não obstante, há quem entenda ser a **dignidade da pessoa humana** uma cláusula pétrea implícita.

- O poder constituinte evolutivo e a dupla revisão

Quando tratamos do rol de cláusulas pétreas expressas como uma cláusula pétrea implícita, abordamos rapidamente o poder constituinte evolutivo, mas a importância do tema requer um tópico específico para o seu estudo.

Na doutrina, há quem defenda que a existência de cláusulas pétreas como limites materiais absolutos (isto é, insuperáveis, inafastáveis) ao poder de reforma seria algo ilegítimo, porque levaria a um **paradoxo da democracia**. Canotilho, por exemplo, trata dessa questão.

Por que motivo a cláusula pétrea absoluta seria ilegítima? Por que haveria, nela, um paradoxo da democracia?

Quem considera ilegítimas as cláusulas pétreas insuperáveis afirma que é inadmissível que o poder constituinte exercido em um dado momento constituinte (elaborando uma nova Constituição) limite gerações do futuro, criando obstáculos à mudança do texto constitucional pelas gerações vindouras.

O questionamento que essa corrente doutrinária apresenta é o seguinte: como uma geração passada pode governar, do túmulo, a geração atual? Por que a geração atual está limitada pelo que uma geração antiga (constituinte) desejou no passado? Haveria aí um dilema democrático contramajoritário? Existiria uma antidemocraticidade básica entre gerações no constitucionalismo?

Discute-se, aqui, como se percebe, um tema ligado à democracia intergeracional: a geração de hoje pode limitar a geração de amanhã? A geração de ontem pode limitar a geração de hoje? É democrático que a geração atual não possa modificar algo na Constituição simplesmente porque a geração anterior (constituinte) assim desejou? Esse é o dilema.

No bojo dessa discussão, **o professor Jorge Miranda aponta a existência de 3 (três) correntes de pensamento sobre a legitimidade ou não das cláusulas pétreas**. Essas correntes são as seguintes:

I) **1ª corrente:** sustenta que as cláusulas pétreas são **ilegítimas**, pois o povo sempre tem o direito de mudar a Constituição. Para essa linha de pensamento, a imposição de limites ao poder de reforma (principalmente limitações materiais), por ser uma medida imposta pelo povo de ontem à maioria do povo de hoje, é ilegítima, porque consubstancia uma decisão contramajoritária, uma decisão, portanto, antidemocrática. Essa corrente prega que se deve relembrar o que consta do art. 28 da Declaração dos Direitos do Homem e do Cidadão da Assembleia Constituinte Francesa, segundo o qual, o povo tem sempre o direito de rever, de reformar e de mudar a sua Constituição, não podendo uma determinada geração sujeitar as gerações futuras às suas leis. Quem segue essa linha doutrinária, então, entende ser ilegítimo que a geração de ontem queira limitar a geração de hoje, bem como que a geração de hoje queira limitar a geração de amanhã.

II) **2ª corrente:** sustenta que as cláusulas pétreas são legítimas e insuperáveis, devendo ser respeitadas sempre.

III) **3ª corrente:** sustenta que as cláusulas pétreas são legítimas, porém, superáveis com base no poder constituinte evolutivo, o que pode ocorrer, inclusive, por meio de uma dupla revisão.

As duas últimas correntes, portanto, têm em comum o entendimento de que as cláusulas pétreas são perfeitamente legítimas. Elas se diferenciam apenas em relação à possibilidade (ou não) de superação (isto é, de afastamento) das cláusulas pétreas por meio de modificações no texto constitucional.

E qual é o argumento utilizado para defender a legitimidade das cláusulas pétreas?

O principal argumento é o de que as cláusulas pétreas são manifestações do poder constituinte, com lastro direto na soberania popular e que, portanto, devem prevalecer em face do poder (constituído) de reforma, exercido por representantes do povo. Por essa linha de ideias, o momento constituinte, por envolver uma forte manifestação da consciência política do povo, é muito diferente do momento reformador, eles não são a mesma coisa, de modo que é legítimo que o momento constituinte imponha limites ao momento reformador.

Isso porque o momento constituinte é um momento de decisões raras do povo, é um momento de ruptura, enquanto o momento reformador não envolve uma ruptura, mas, sim, uma mera mudança, cuidando-se de um momento de decisões cotidianas dos governantes, as quais devem implicar apenas mudanças, nunca rupturas. As rupturas são reservadas a momentos de tomadas de decisões raras pelo povo, pois é nesses momentos que se manifesta o poder constituinte originário.

Nesse contexto, considerando que alterar o texto constitucional sem que haja qualquer tipo de limite não consubstanciaria uma mera mudança, mas, sim, uma ruptura (pois permitiria atingir o espírito da Constituição), há, segundo essa linha de pensamento, legitimidade no estabelecimento de cláusulas pétreas.

Ora, se, a título de mudança, pretende-se atacar as bases dos valores da Constituição que foi redigida pelo povo em um momento raro, isso consubstancia, na verdade, o rompimento com a decisão rara anteriormente tomada pelo povo e a construção de um novo momento raro. Fica bastante claro, assim, que mudar é diferente de romper e que, ao mudar, é necessário ter cuidado para não se implementar uma ruptura. E as cláusulas pétreas balizam as mudanças na Constituição para que não representem uma ruptura.

É importante ter em mente que, no momento de ruptura, é possível estabelecer limitações a eventuais mudanças futuras na Constituição, justamente por se tratar de uma manifestação do poder constituinte (originário), ou seja, por ser o exercício de um poder de fato, histórico, que não se submete a limites jurídicos. Já o momento reformador é diferente, pois nele é exercido um poder constituído (que é o poder de reformar), cuidando-se não de um poder de fato, mas de um poder de direito, de um poder jurídico, que, como tal, submete-se a limites jurídicos, limites esses que são impostos pelo poder constituinte, como é o caso das cláusulas pétreas.

Diante de todos esses argumentos, **a maioria da doutrina tem assentado que as cláusulas pétreas são legítimas**, dividindo-se esses doutrinadores entre aqueles que as consideram insuperáveis e aqueles que as consideram superáveis com base no poder constituinte evolutivo.

E o que é poder constituinte evolutivo? O professor português Vital Moreira afirma que o poder constituinte evolutivo seria o poder de modificar as normas constitucionais que o poder constituinte originário clausulou como intocáveis, como intangíveis, ou seja, **o poder constituinte evolutivo seria o poder de mudar as cláusulas pétreas**.

No caso das cláusulas pétreas **expressas**, essa mudança operada pelo poder constituinte evolutivo se manifestaria por meio do procedimento de **dupla revisão**, procedimento esse que envolve duas mudanças formais no texto constitucional: a primeira emenda retira a cláusula pétrea do rol de cláusulas pétreas e a segunda emenda (que é a razão pela qual esse mecanismo se chama dupla revisão) realiza a mudança que se queria desde o início.

Os defensores da dupla revisão afirmam que ela é a melhor opção para assegurar a longevidade da Constituição, pois evita a necessidade de uma ruptura com a ordem constitucional vigente, ao permitir que o texto constitucional seja modificado e adaptado à realidade atual.

A teoria do poder constituinte evolutivo admite mudar, também, as cláusulas pétreas **implícitas**, a exemplo do procedimento de elaboração de emendas constitucionais. Foi, inclusive, o que ocorreu no Brasil na década de 1970, quando a EC 8/77 alterou o art. 48 da Constituição então em vigor, modificando o quórum de aprovação de emendas, que deixou de ser de 2/3 e passou a ser de maioria absoluta. Essa alteração foi considerada uma manifestação do poder constituinte evolutivo.

No Brasil, conforme já esclarecemos, predomina atualmente a tese de que a dupla revisão não é possível, porque o próprio rol de cláusulas pétreas é uma cláusula pétrea implícita, não podendo ele ser reduzido ou aumentado. Logo, no direito brasileiro sob a égide da CF/88, predomina o entendimento segundo o qual as cláusulas pétreas são legítimas e insuperáveis, não podendo ser suprimidas nem mesmo com fundamento na tese do poder constituinte evolutivo.

■ REVISÃO CONSTITUCIONAL (PODER DE REVISÃO)

O poder revisor (ou poder de revisão) é o poder capaz de alterar formalmente a Constituição, mas não por meio das emendas constitucionais, e sim através de um procedimento formal específico: a **revisão constitucional**, que tem como resultado as chamadas **emendas constitucionais de revisão.**

No que diz respeito ao poder de revisão constitucional, há algumas questões importantes, inclusive já decididas na jurisprudência, que merecem atenção.

▶ Possibilidade de emenda constitucional prever nova revisão da Constituição

Como sabemos, a revisão constitucional foi prevista, no art. 3º do ADCT, para ser realizada após os primeiros cinco anos de vigência da CF/88, exigindo-se, para sua aprovação, a maioria absoluta dos membros do Congresso Nacional reunidos em sessão unicameral. Essa revisão já foi concretizada, de modo que a norma constitucional que a previu é, hoje, uma norma de eficácia exaurida.

Diante disso, surge o seguinte questionamento: o poder reformador poderia, hoje, modificar o art. 3º do ADCT para prever uma nova revisão constitucional? Isso seria possível? Em outras palavras, seria possível prever, por meio de emenda à Constituição, uma nova revisão, com quórum inferior ao das emendas constitucionais (cuja aprovação depende de dois turnos de votação em cada Casa Legislativa, com votos de 3/5 dos Parlamentares em cada um deles)? **O STF já se manifestou sobre isso mais de uma vez, decidindo não ser possível**, pois a revisão só poderia ser feita uma única vez, sem possibilidade de ser "ressuscitada". Vejamos:

> "Após 5 de outubro de 1993, cabia ao Congresso Nacional deliberar no sentido da oportunidade ou necessidade de proceder à aludida revisão constitucional, **a ser feita uma só vez." (ADI 981 MC)**
>
> "Ao Poder Legislativo, Federal ou Estadual, não está aberta a via da introdução, no cenário jurídico, do instituto da revisão constitucional." **(ADI 1722 MC)**

Por esse motivo, no concurso da ABIN realizado pelo CESPE em 2010, foi considerada correta a assertiva segundo a qual *"a revisão constitucional realizada em 1993, prevista no ADCT, é considerada norma constitucional de eficácia exaurida e de aplicabilidade esgotada, não estando sujeita à incidência do poder reformador"*.

▶ Limitações ao poder de revisão

Conforme vimos, o art. 3º do ADCT previu o prazo de 5 anos para que fosse possível a realização da revisão constitucional, nos seguintes termos:

> **"Art. 3º, ADCT.** A revisão constitucional será realizada após cinco anos, contados da promulgação da Constituição, pelo voto da maioria absoluta dos membros do Congresso Nacional, em sessão unicameral".

Nesse dispositivo do ADCT, como se pode ver, há uma **limitação temporal** e **limitações formais** ao poder de revisão. A limitação temporal é a necessidade de aguardar o decurso de 05 (cinco) anos após a promulgação da Constituição. Já as limitações formais são as exigências de aprovação por maioria absoluta e de sessão unicameral.

▶ Necessidade de a revisão constitucional respeitar as cláusulas pétreas

As cláusulas pétreas (limitações materiais ao poder de reforma) estão previstas no art. 60, § 4º da CF/88, que disciplina as emendas constitucionais. Surgiu a dúvida, então, se elas também se aplicariam à revisão constitucional ou se estariam restritas ao poder de emendar a Constituição.

Em outras palavras: ao realizar a revisão prevista no art. 3º do ADCT, o Congresso Nacional deveria respeitar as disposições petrificadas da Constituição Federal (art. 60, § 4º, CF/88)?

Na ADI 981-MC, o STF apreciou essa questão e decidiu que sim, a revisão constitucional também deve observar as cláusulas pétreas, não podendo violá-las. A ementa do acórdão ficou assim redigida:

> "(...) EMENDA OU REVISÃO, COMO PROCESSOS DE MUDANÇA NA CONSTITUIÇÃO, SÃO MANIFESTAÇÕES DO PODER CONSTITUINTE INSTITUIDO E, POR SUA NATUREZA, LIMITADO. **ESTA A "REVISÃO" PREVISTA NO ART. 3. DO ADCT DE 1988 SUJEITA AOS LIMITES ESTABELECIDOS NO PARAGRAFO 4. E SEUS INCISOS, DO ART. 60, DA CONSTITUIÇÃO.** (...) AS MUDANÇAS NA CONSTITUIÇÃO, DECORRENTES DA "REVISÃO" DO ART. 3. DO ADCT, **ESTAO SUJEITAS AO CONTROLE JUDICIAL, DIANTE DAS "CLAUSULAS PETREAS" CONSIGNADAS NO ART. 60, PAR. 4. E SEUS INCISOS, DA LEI MAGNA DE 1988. (...)" (ADI 981 MC)**

▶ A previsão da revisão constitucional e o plebiscito sobre a forma e o sistema de governo

Conforme foi previsto no art. 2º do ADCT, em 1993, foi realizado um plebiscito para que a população manifestasse sua opção entre:

I) República e monarquia (forma de governo); e

II) Presidencialismo e parlamentarismo (sistema de governo).

O resultado da consulta popular foi pela manutenção da república e do presidencialismo. Mas isso fez surgir um questionamento: a realização do plebiscito com a manutenção da forma e do sistema de governo previstos originalmente na Constituição Federal prejudicou a possibilidade de realização da revisão constitucional?

Essa dúvida surgiu porque havia quem entendesse que a razão de o ADCT ter previsto a realização da revisão era a possibilidade de alteração da forma e do sistema de governo, de modo que a revisão serviria para adequar a Constituição a esse possível novo cenário. Segundo essa linha de raciocínio, não tendo ocorrido nenhuma dessas modificações, não mais se justificaria a revisão da Constituição.

Mas o STF decidiu que o resultado do plebiscito em nada afetou a possibilidade de realização da revisão constitucional prevista no art. 3º do ADCT, ou seja, a manutenção da república e do presidencialismo não prejudicou o exercício do poder de revisão (ADI 981-MC). Confira:

> "(...) SUSTENTA-SE, NA INICIAL, ALÉM DISSO, QUE A REVISÃO DO ART. 3. DO ADCT DA CARTA POLITICA DE 1988 NÃO MAIS TEM CABIMENTO, POR QUE ESTARIA INTIMAMENTE VINCULADA AOS RESULTADOS DO PLEBISCITO PREVISTO NO ART. 2. DO MESMO INSTRUMENTO CONSTITUCIONAL TRANSITORIO. (...) **O RESULTADO DO PLEBISCITO DE 21 DE ABRIL DE 1993 NÃO TORNOU SEM OBJETO A REVISÃO A QUE SE REFERE O ART. 3. DO ADCT.** APÓS 5 DE OUTUBRO DE 1993, CABIA AO CONGRESSO NACIONAL DELIBERAR NO SENTIDO DA OPORTUNIDADE OU NECESSIDADE DE PROCEDER A ALUDIDA REVISÃO CONSTITUCIONAL, **A SER FEITA "UMA SÓ VEZ". (...)" (ADI 981 MC)**

Na verdade, a revisão constitucional não se prestou simplesmente a adequar a Constituição a uma eventual alteração da forma e do sistema de governo. A finalidade do poder de revisão foi permitir que, após alguns anos de vigência do novo texto constitucional, fossem realizadas as alterações gerais que viessem a ser consideradas necessárias após o período inicial de "teste" da nova Constituição da República. Inclusive, essa é uma diferença apontada pela doutrina entre a revisão constitucional e a emenda constitucional: enquanto esta se presta a realizar alterações pontuais na Constituição, aquela teve o propósito de possibilitar modificações de caráter geral no texto constitucional.

A propósito, essa distinção foi cobrada no concurso para o cargo de Promotor de Justiça do Ministério Público do Estado do Paraná realizado em 2014, no qual, foi considerada correta a assertiva segundo a qual, *"dentre as distinções entre a emenda (art. 60 da CF/88) e a revisão constitucional, pode-se afirmar que aquela deve ser utilizada quando se pretende operar mudanças específicas, pontuais, enquanto esta se presta a alterações de caráter mais geral na Constituição"*.

6

Controle de Constitucionalidade

Este é, sem dúvida alguma, o tema de direito constitucional mais importante quando se trata de preparação para provas de concursos em geral. Por isso, é extremamente importante compreender bem o que estudaremos neste capítulo.

De início, é imprescindível ter em mente a seguinte noção: só há lógica em cogitar a existência de mecanismos de controle de constitucionalidade em um cenário em que há uma Constituição escrita, rígida e que consagre a separação de Poderes.

Por quê?

Pelas seguintes razões:

I) Quando a Constituição não é escrita, é possível a sua alteração pela simples modificação dos costumes, sem que haja a observância de qualquer procedimento formal. Nesse caso, sequer é possível pensar na ideia de supremacia da Constituição, de modo que, por consequência, não há espaço para controle de constitucionalidade.

II) Quando a Constituição, ainda que seja escrita, não é rígida, seu processo formal de alteração é idêntico ao processo de elaboração de uma norma infraconstitucional, o que faz com que qualquer norma seja dotada de aptidão para modificar o texto constitucional. E, se qualquer norma pode modificar a Constituição, não há lógica em cogitar a ocorrência de violação ao texto constitucional e, como consequência, não há sentido em se falar em controle de constitucionalidade.

III) Quando a Constituição não prevê a separação de Poderes, um mesmo órgão fica incumbido de todas as funções do Estado (legislativa, executiva e judiciária), o que também faz com que inexista razão lógica para se falar em controle de constitucionalidade, tendo em vista a ausência de mecanismos de freios e contrapesos, já que tudo é "resolvido" por um único órgão. Na verdade, em um cenário como esse, caso o Estado entenda, por qualquer motivo (jurídico ou não), que a norma não mais deva subsistir, ele simplesmente extirpará essa norma do ordenamento jurídico pelo mecanismo que bem entender, substituindo-a por outra ou não.

ASPECTOS HISTÓRICOS

Normalmente, quando se faz uma abordagem dos aspectos históricos do controle de constitucionalidade, é comum mencionar, de imediato, o caso *Marbury Vs.*

Madison, julgado pela Suprema Corte dos EUA em 1803, sendo o marco do *judicial review*, especialmente por conta do voto do famoso juiz John Marshall.

Mas, antes de abordar esse caso, é necessário estudar dois outros antecedentes do controle de constitucionalidade.

É possível apontar antecedentes do controle de constitucionalidade desde a Antiguidade Clássica, enquadrando como tais alguns marcos históricos que estão ligados aos princípios que regem esse controle, a exemplo da hierarquia das leis.

Assim, embora o controle de constitucionalidade na forma como se conhece hoje seja algo que somente se possa estudar a partir do século XVIII (quando surgiu a primeira Constituição escrita em sentido moderno, que é a Constituição dos EUA), há antecedentes históricos desde a Antiguidade Clássica, os quais – repita-se – são marcos que dizem respeito aos princípios que regem o controle de constitucionalidade.

Aqui, abordaremos dois dos **antecedentes remotos** apontados pela doutrina, por serem interessantes para o nosso estudo. Eles são os seguintes:

1) **Grécia** (entre os séculos V e IV a.c.): havia o instituto da ***Graphé Paranomón***, que era o antecedente grego (da Grécia Antiga) do controle de constitucionalidade pelo qual, caso fosse aprovada na Assembleia do Povo (a Bulé) uma lei comum que fosse contrária às chamadas leis fundamentais (que eram leis ancestrais, divinas, imutáveis), qualquer do povo (qualquer cidadão) poderia acusar o proponente daquela norma e os que a aprovaram perante um tribunal de, no mínimo, mil jurados. Por esse mecanismo, realizava-se o julgamento de uma lei comum que era acusada de violar uma lei fundamental. Nesse procedimento, podia haver a suspensão da norma atacada até o julgamento final, e, se o julgamento fosse no sentido da procedência da acusação, a norma seria anulada retroativamente (efeitos *ex tunc*) e os que a haviam proposto e aprovado seriam responsabilizados pessoalmente. Cuidava-se, portanto, de um mecanismo que, guardadas as devidas proporções, tinha alguma similitude com a ADI prevista atualmente em nosso ordenamento jurídico.

2) **Portugal** (em 1603): o Código Filipino previa que o Corregedor das Comarcas poderia declarar nula uma lei municipal, se essa lei fosse contrária a uma Ordenação do Reino. Aqui, como se percebe, também há uma ideia de hierarquia de leis (tal qual no *Graphé Paranomón*), além da atribuição da competência para a declaração dessa nulidade a uma autoridade judicial. Esse antecedente histórico é muito importante para a realidade brasileira, pois o Código Filipino foi aplicado em nossas terras na época do Brasil Colônia, não se podendo, portanto, negar a ligação que tem com a nossa cultura.

Mas foi a Constituição Norte-Americana de 1787 que trouxe para o mundo a ideia de Constituição escrita em sentido moderno, a ideia de Constituição escrita que garante direitos, que organiza os Poderes etc.

E essa Constituição teve, dentre as diversas ideias que foram utilizadas em sua concepção, uma que muito interessa ao estudo do controle de constitucionalidade, qual seja, a de que as decisões raras do povo formadoras da Constituição, quando em choque com as decisões cotidianas dos governantes (dentre elas, as leis comuns), prevalecem. Inclusive, isso era entendido como uma proteção do povo em face de uma possível tirania da maioria, no seguinte sentido: caso a maioria parlamentar se tornasse tirana, o povo ficaria protegido pela impossibilidade de essa maioria parlamentar deliberar de forma contrária às suas (do povo) decisões raras. O receio de uma possível "tirania do Parlamento" se devia ao fato de que os EUA haviam sido colônia da Inglaterra e o Parlamento inglês havia legislado de forma bastante prejudicial aos norte-americanos.

Como se pode notar, o estabelecimento da prevalência das decisões raras do povo sobre as decisões cotidianas dos governantes traz consigo a ideia de hierarquia de normas (hierarquia superior da Constituição – que é o conjunto de decisões raras do povo – em relação à lei comum). Tudo isso estava presente nos debates sobre a Constituição dos EUA.

Porém, a Constituição dos EUA, ela própria, não trouxe nenhum dispositivo expresso de controle de constitucionalidade, isto é, a existência do controle de constitucionalidade não foi expressamente prevista em seu texto. Na verdade, o controle de constitucionalidade no constitucionalismo norte-americano foi fruto de uma construção da jurisprudência da Suprema Corte dos EUA com base em ideias doutrinárias e em mecanismos de *checks and balances* (freios e contrapesos).

Na doutrina, houve um marco muito importante nesse debate travado no constitucionalismo dos EUA.

A Constituição dos EUA foi aprovada em 1787, mas ela passou por um processo de ratificação nos Estados que durou 4 (quatro) anos. Nesse processo, havia os que queriam que a Constituição fosse ratificada e os que queriam o seu abandono. Os que queriam a ratificação eram os **federalistas**, que defendiam o modelo federal, introduzido por essa Constituição. Já os que não queriam a ratificação desejavam o retorno do modelo antigo, em que havia Estados soberanos unidos em uma confederação (esses eram os **anti-federalistas**).

Nesse jogo de ideias (isto é, no debate sobre a ratificação ou não da Constituição dos EUA), os federalistas publicaram vários artigos defendendo a ratificação da Constituição, artigos esses que depois foram reunidos com o nome de **"Os Artigos Federalistas" (1787-1788)** e foram escritos por **"Publius"**, que era um pseudônimo de três autores: James Madison, Alexander Hamilton e John Jay.

Hamilton, principalmente em dois dos Artigos Federalistas, quais sejam, LXXVIII e LXXXI, expôs as **bases teóricas do controle de constitucionalidade**. Esse autor defendeu, por exemplo, que nenhum ato legislativo contrário à Constituição poderia ser válido e que seria missão do Poder Judiciário (isto é, dos juízes e dos tribunais) declarar nulos todos os atos contrários ao sentido manifesto da Constituição. Hamilton, portanto, já preconizava **doutrinariamente**, nos mencionados artigos, o controle de constitucionalidade.

Esse foi o marco doutrinário do debate sobre o controle de constitucionalidade nos EUA.

Mas a utilização desse instrumento (chamado de *judicial review*) pela Suprema Corte dos EUA para invalidar (declarando ser nula) uma lei do Congresso Norte-Americano ocorreu, pela primeira vez, no chamado caso *Marbury Vs. Madison*, de

1803, que é o marco encontrado em praticamente todos os livros que tratam do tema. Não se pode esquecer, no entanto, que, antes disso, houve alguns precedentes de leis estaduais sendo apreciadas por Tribunais estaduais.

Sobre o que tratou o caso *Marbury Vs. Madison*? Essa pergunta já foi feita até mesmo em provas orais de concursos e, por isso, devemos entender esse precedente.

■ CASO MARBURY *VS.* MADISON E O NASCIMENTO DO "JUDICIAL REVIEW" (MODELO NORTE-AMERICANO)

Na época, John Adams, do Partido Federalista, era o Presidente dos EUA. O seu Secretário de Estado era John Marshall, que, depois, tornou-se juiz da Suprema Corte, sendo dele o voto que levou à decisão no caso Marbury *vs.* Madison.

Ocorre que o Partido Federalista perdeu as eleições seguintes, sendo eleito Thomas Jefferson (do Partido Republicano) para o cargo de Presidente dos EUA, com posse marcada para o dia 04/03/1801.

Antes da posse do novo Presidente, mais precisamente no último dia do seu mandato, Adams conseguiu aprovar, no Congresso dos EUA, uma lei criando cargos de juiz de paz, que eram cargos de livre nomeação. Dentre os nomeados para esses cargos, encontrava-se William Marbury, que foi nomeado juiz de paz no distrito de Wash, Columbia.

Os juízes de paz eram chamados de juízes da meia-noite ("midnight judges"), porque, como a lei foi aprovada no último dia do mandato, houve um "corre-corre" para a nomeação deles, que tinham de receber em mãos a carta de nomeação para se investirem no cargo. Nesse contexto, Adams determinou ao seu Secretário de Estado (Marshall) que entregasse essas cartas de nomeações, para que os juízes simpatizantes do Partido Federalista tomassem posse em cargos da magistratura. Marshall, na missão de cumprir essa tarefa, não conseguiu entregar todas essas cartas e um dos juízes que não as recebeu foi justamente Marbury.

Em sequência, ocorreu a posse de Thomas Jefferson, saindo de cena Adams e Marshall, e assumindo James Madison como novo Secretário de Estado.

Thomas Jefferson, então, ordenou ao seu Secretário de Estado que não entregasse as cartas de nomeação a quem não as havia recebido antes. Diante disso, Marbury ajuizou uma ação contra Madison (daí chamar-se o caso Marbury Vs. Madison), ação essa que foi um *writ of mandamus* (que, no Brasil, é o mandado de segurança) proposto perante a Suprema Corte dos EUA.

O ajuizamento da demanda perante a Suprema Corte se deveu ao fato de que uma lei havia determinado que o *writ of mandamus*, quando proposto em face de ato de Secretário de Estado, deveria ser ajuizado perante esse Tribunal. Tratava-se, portanto, de uma lei que previa um foro especial no âmbito cível para os Secretários de Estado, e foi justamente essa questão que foi apreciada pela Suprema Corte dos EUA, presidida, na época, por John Marshall, que, conforme vimos, foi o Secretário de Estado que deixou de entregar a Marbury a sua carta de nomeação.

Thomas Jefferson, nesse contexto, alertou Marshall de que, se o caso fosse julgado contra o seu Secretário de Estado, ele iniciaria um período de complicada relação com a Suprema Corte, inclusive, defendendo o *impeachment* de seus juízes, no que ele teria grandes chances de lograr êxito, já que contava com o apoio da maioria do Parlamento.

Diante disso, Marshall, após postergar a solução do caso por 1 (um) ano, proferiu seu célebre voto, afirmando, primeiramente, quanto à questão de fundo, que Marbury tinha direito à nomeação.

Em seguida, porém, passando ao que seria uma preliminar, asseverou que, embora houvesse direito à nomeação, a ação (*writ of mandamus*) utilizada por Marbury apresentava um problema: a lei que criou o *writ of mandamus* e deu à Suprema Corte a competência para julgá-lo contrariava a Constituição, porque só a Constituição podia estabelecer competência para a Suprema Corte, não podendo isso ser feito por uma lei comum. Logo, a lei em questão era inconstitucional e, por conseguinte, nula, de modo que, embora Marbury tivesse direito, ele não dispunha de uma ação correspondente a esse direito, o que o impedia de ser nomeado, já que não era possível obrigar Madison a lhe entregar a carta de nomeação.

Esse, então, foi o voto proferido por John Marshall que ficou na história como o marco inaugural do controle de constitucionalidade no modelo atualmente adotado.

Dentre outros aspectos, Marshall asseverou, em seu voto, que é princípio de todas as Constituições escritas que uma lei contrária à Constituição é **nula** e que, quando há um conflito entre a lei e a Constituição, é o Poder Judiciário que deve resolvê-lo, deixando de aplicar a lei ao caso concreto.

A propósito, vejamos abaixo um **trecho do voto de Marshall** no caso em questão (Marbury *vs*. Madison):

> "A fraseologia particular da Constituição dos Estados Unidos confirma e fortalece o **princípio**, que deve ser **essencial a todas as constituições escritas**, segundo o qual **uma lei contrária à constituição é nula**; e que **os tribunais, bem como todos os outros departamentos** [ou Secretarias de Estado]**, estão vinculados a esse instrumento**."

Foi assim, então, que teve início o *judicial review*, que é o mecanismo de controle de constitucionalidade chamado de modelo norte-americano, o qual é **judicial, repressivo e difuso**. Por esse mecanismo, uma inconstitucionalidade é declarada por qualquer membro do Poder Judiciário ao decidir um caso concreto, e essa decisão produz efeitos entre as partes do caso concreto julgado, efeitos esses que retroagem ao nascimento da norma reconhecida inconstitucional (eficácia *ex tunc*).

> **→ ATENÇÃO!**
>
> Aqui ainda não é momento para tecer considerações acerca da mudança de entendimento pelo STF quanto aos efeitos do controle incidental de constitucionalidade (Informativo 886). Isso será tratado em momento específico. Até lá, estudaremos o controle de constitucionalidade tendo como base a sistemática tradicional, especialmente neste momento inicial, em que o que interessa é conhecer as bases históricas do instituto.

O modelo norte-americano (chamado de *judicial review*) se espalhou por diversos países (inclusive o Brasil), tendo por **características principais** as seguintes:

1) O caso Marbury *vs.* Madison (1803) foi o seu marco inicial, tendo ele sido apreciado pela Suprema Corte dos EUA, com destaque para o voto do Juiz Marshall. Esse precedente foi um caso concreto, isto é, uma demanda proposta por uma pessoa em face de outra, uma situação em que há autor e réu.

2) No *Judicial Review*, a lei inconstitucional é **nula** ("null and void").

3) O controle é **judicial**, **repressivo** (isto é, feito depois que a norma já existe no ordenamento jurídico, e não na fase de elaboração legislativa), **concreto** (isto é, exercido em um caso concreto), **declaratório** (apenas declara uma nulidade que já existe) e **difuso** (isto é, cabe a qualquer juiz ou tribunal, ao analisar um caso concreto). Perceba que, por ser um controle exercido em um caso concreto envolvendo partes interessadas, os efeitos da decisão são "inter partes", isto é, atingem apenas quem é autor e réu no processo. Além disso, justamente por haver nesse modelo de controle a declaração da nulidade do ato inconstitucional, os efeitos da decisão são retroativos ("ex tunc"), atingindo o ato inválido na sua origem (ou seja, desde a sua edição).

4) É um **poder implícito**, pois, conforme vimos, esse controle de constitucionalidade não estava clara e expressamente previsto na Constituição dos EUA de 1787.

▪ MODELO AUSTRÍACO (HANS KELSEN)

A ideia de controle de constitucionalidade vista acima foi difundida e, depois, aprimorada, dando ensejo a uma nova formatação, sob a influência de vários autores, especialmente, Hans Kelsen, que – notadamente à luz dos ensinamentos contidos em sua obra "Teoria Pura do Direito" –, na contribuição que deu para a Constituição da Áustria de 1920 (reformada em 1929), introduziu um **outro modelo de controle de constitucionalidade**.

O modelo austríaco (kelseniano) estabeleceu um **controle abstrato** (isto é, analisado sem um caso concreto subjacente) e **concentrado** (isto é, exercido por um único tribunal – que seria um tribunal constitucional –, e não por todos os juízes), sendo a lei inconstitucional meramente **anulável** (e não nula).

Nesse modelo, a decisão de inconstitucionalidade produz **efeitos *erga omnes*** (porque não há caso concreto, sendo a lei examinada em abstrato) e, em regra, **não retroativos** (*ex nunc*) ou **para o futuro** (a partir de um determinado prazo, limitado ao máximo de seis meses, diferentemente do que ocorre atualmente no Brasil, em que a modulação dos efeitos pode ser feita para prazos muito superiores a esse).

O acórdão do tribunal constitucional, no modelo proposto por Kelsen, tem natureza **constitutiva negativa** (e não declaratória), porque ele anula a lei a partir da decisão (ou de momento posterior), não se tratando de uma declaração de nulidade.

Esse modelo (chamado de kelseniano ou austríaco) possui, portanto, as seguintes **características**:

1) Influência de Hans Kelsen na elaboração da Constituição austríaca de 1920 (e na reforma de 1929).

2) O controle é concentrado (isto é, atribuído a um órgão determinado, mais precisamente, a um tribunal constitucional).

3) Não há caso concreto (a lei é examinada em abstrato).

4) Os efeitos são "*erga omnes*" (isto é, atingem todas as pessoas).

5) A lei inconstitucional é apenas anulável (ela não é nula).

6) A decisão que anula a lei inconstitucional possui natureza **constitutiva negativa ou desconstitutiva** (não é uma decisão declaratória).

7) Os efeitos da decisão são "*ex nunc*" (não retroativos) ou "pro futuro".

EVOLUÇÃO DO CONTROLE DE CONSTITUCIONALIDADE NO BRASIL

A Constituição brasileira de 1824 surgiu mais de 20 (vinte) anos depois do caso Marbury *vs.* Madison (que é de 1803). Essa Constituição não trouxe mecanismo de controle de constitucionalidade, mesmo porque ela foi influenciada não pelo constitucionalismo norte-americano, mas sim pelo constitucionalismo francês, tendo como figura central o Imperador, o qual, inclusive, exercia não apenas o Poder Executivo, mas também o chamado Poder Moderador, que foi uma ideia elaborada por Benjamin Constant.

Nesse quadro de monarquia com poderes muito fortes reservados ao Imperador, não havia ambiente propício para o controle de constitucionalidade. Lembre-se que a Constituição dos EUA não era uma Constituição monárquica, de um Estado unitário, sob a égide de um Imperador, mas sim uma Constituição republicana que adotava (e adota ainda hoje) o presidencialismo, estabelecendo um Estado Federal.

Na verdade, o modelo americano do *judicial review* apenas foi adotado no Brasil com a proclamação da República, especialmente em virtude da influência de Rui Barbosa e de Campos Sales.

E os documentos que introduziram o *judicial review* (controle difuso concreto de constitucionalidade) no sistema brasileiro foram os seguintes:

1) **Decreto nº 510**, de 22 de junho de 1890, que veiculou uma **Constituição Provisória** (no Brasil, houve uma Constituição provisória, embora pouco se fale a respeito).

2) **Decreto nº 848**, de 11 de outubro de 1890, que organizou a Justiça Federal.

3) **Constituição de 1891** (foi a primeira Constituição da República).

4) **Lei nº 221**, de 20 de novembro de 1894, que dispôs sobre a Justiça Federal.

Esses, então, foram os documentos responsáveis pela introdução, no Brasil, do controle difuso de constitucionalidade (o chamado *judicial review*, que é o modelo norte-americano), inclusive, com a previsão do que hoje se chama de recurso extraordinário.

Já o modelo concentrado (o modelo kelseniano ou austríaco), segundo a doutrina, foi introduzido no Brasil pela **EC 16** de 1965 (sob a égide, portanto, da CF/46), que trouxe a **Representação de Inconstitucionalidade**, a qual foi a precursora da atual ADI genérica. Essa previsão foi introduzida no art. 101, I, alínea "k", da CF/46 pelo art. 2º da referida emenda constitucional.

Mas é importante registrar que o controle concentrado no Brasil, embora tenha tido a EC 16/65 como marco da ADI genérica (na época, Representação de Inconstitucionalidade), teve um outro marco, às vezes esquecido pela doutrina.

É que a CF/34 já havia introduzido a **Representação Interventiva** (art. 12, §§ 1º e 2º, CF/34), a qual era necessária para a intervenção federal (isto é, a intervenção da União nos Estados). Esse instrumento funcionava da seguinte maneira: o Procurador-Geral da República apresentava, ao Supremo Tribunal Federal, a Representação Interventiva com o objetivo de obter a declaração de constitucionalidade da lei do Congresso Nacional que decretava a intervenção em caso de violação aos princípios constitucionais sensíveis, e, somente depois de o STF reconhecer a constitucionalidade dessa lei, ficava autorizada a efetivação da medida interventiva pelo Presidente da República.

Portanto, havia na CF/34 uma espécie de ação declaratória de constitucionalidade, mas com objeto restrito, pois este só podia ser a lei de intervenção, que era a lei editada pelo Congresso Nacional decretando a intervenção e que era levada ao STF pelo Procurador-Geral da República, através da Representação Interventiva, para que a Suprema Corte resolvesse se essa lei era constitucional ou inconstitucional. Cuidava-se, portanto, de uma espécie de controle concentrado de constitucionalidade que se dava nos moldes da atual ADC, mas que tinha como objeto apenas leis de intervenção.

Sob a égide da CF/34, então, a Representação Interventiva era uma (e única) hipótese de controle concentrado de constitucionalidade existente no ordenamento jurídico brasileiro. No entanto, **para fins de provas de concursos (especialmente, provas objetivas) tem prevalecido que o marco inicial do controle concentrado abstrato de constitucionalidade no Brasil é a EC 16/65**, que, como vimos, introduziu em nosso sistema a Representação de Inconstitucionalidade.

Por exemplo, no concurso para o cargo de Juiz de Direito Substituto do TJ/MG realizado pela VUNESP em 2012, foi considerada correta a assertiva segundo a qual *"o sistema judicial de controle de constitucionalidade brasileiro foi alterado pela Emenda n.º 16/65 à Constituição Federal brasileira de 1946, uma vez que introduziu o controle judicial abstrato"*. As bancas examinadoras, portanto, ao menos em provas objetivas, não têm considerado a Representação Interventiva prevista na Constituição de 1934 como marco inicial do controle abstrato no Brasil.

E nessa mesma prova também foi considerada correta a assertiva segundo a qual *"o sistema judicial de controle de constitucionalidade brasileiro até a introdução do controle concentrado, por modificação operada na Constituição Federal de 1946, seguia o modelo norteamericano, sendo que, a partir daí, recepcionou a concepção 'austríaco-kelseniana', sem, contudo, abandonar a fiscalização judicial difusa"*. Como vimos, o Brasil adotou o modelo norte-americano de controle de constitucionalidade a partir do início da República, e, após a EC 16/65, os dois modelos (o norte-americano e o austríaco) passaram a conviver no nosso sistema.

A **CF/88** formatou o atual sistema de controle de constitucionalidade brasileiro com inspiração, dentre outras, na **Constituição Portuguesa de 1976**, cuidando-se de um **sistema misto**, tendo em vista que reúne mecanismos do controle difuso e do controle concentrado. E várias **inovações** foram trazidas pelo constituinte de 1988 nesse tema, sendo as **principais** as seguintes:

1) **Ampliação do rol de legitimados** para a propositura da ADI (art. 103, I a IX). Antes, a representação de inconstitucionalidade (criada pela EC 16/65) só podia ser ajuizada pelo Procurador-Geral da República, tendo a CF/88 ampliado o leque de legitimados ativos.

2) Introdução da **ADI por Omissão** (art. 103, § 2º).

3) Introdução da **Arguição de Descumprimento de Preceito Fundamental** (art. 102, *caput*, renumerado para § 1º pela EC 3/93).

4) Introdução do **mandado de injunção** (art. 5º, LXXI).

5) Introdução do **mandado de segurança coletivo** (art. 5º, LXX).

A ADI, a ADI por omissão e a ADPF são instrumentos de controle concentrado, enquanto o mandado de injunção e o mandado de segurança coletivo são instrumentos de controle difuso.

Além dessas inovações, há outros aspectos da CF/88 que merecem referência e destaque. Por exemplo, o texto constitucional de 1988 continuou dispondo que o Senado Federal poderia suspender a execução, no todo ou em parte, de lei declarada inconstitucional por decisão definitiva do STF (art. 52, X, CF/88), o que já existia no direito brasileiro antes de 1988. Além disso, a CF/88 prevê a oitiva prévia do Procurador-Geral da República em todas as ações de inconstitucionalidade, bem como a participação do Advogado-Geral da União para realizar a defesa do ato impugnado.

Depois da promulgação da CF/88, alguns documentos também modificaram o nosso sistema de controle de constitucionalidade. Os principais foram os seguintes:

1) **Emenda Constitucional nº 3/93**, que introduziu a Ação Declaratória de Constitucionalidade de lei ou ato normativo federal, com a previsão de efeito vinculante (art. 102, I, a, § 2º, CF/88) e – inicialmente – com legitimidade restrita (art. 103, § 4º, CF/88). Mas, atualmente, a legitimidade para a ADC é a mesma prevista para a ADI.

2) **Lei nº 9.868, de 10 de novembro de 1999**, que dispõe sobre o processo e julgamento da ação direta de inconstitucionalidade (**ADI**) e da ação declaratória de constitucionalidade (**ADC**), perante o Supremo Tribunal Federal.

3) **Lei nº 9.882, de 3 de dezembro de 1999**, que dispõe sobre o processo e julgamento da Arguição de Descumprimento de Preceito Fundamental (ADPF).

4) **Emenda Constitucional nº 45/2004**, que, dentre outros aspectos:

   a. Estendeu expressamente o efeito vinculante (que era previsto apenas em relação à ADC) para a ADI (art. 102, § 2º);

   b. Igualou a legitimidade para a propositura da ADC e da ADI (ou seja, revogou o § 4º do art. 103 da CF/88);

   c. Introduziu a exigência de demonstração da **repercussão geral** da questão constitucional nos recursos extraordinários (art. 102, § 3º, CF/88); e

   d. Criou a **súmula vinculante**, que passou a poder ser editada pelo STF (art. 103-A, CF/88).

5) **Lei nº 11.417, de 19 de dezembro de 2006**, que disciplinou a edição, a revisão e o cancelamento de enunciado de **súmula vinculante** pelo Supremo Tribunal Federal.

6) **Lei nº 11.418, de 19 de dezembro de 2006**, que acrescentou à Lei nº 5.869, de 11 de janeiro de 1973 (CPC/73) dispositivos que regulamentaram o § 3º do art. 102 da Constituição Federal (**repercussão geral**). Esses dispositivos da Lei 11.418/2006 acabaram sendo revogados pelo CPC/15 (Lei nº 13.105/2015), vide seu art. 1.035, que trata da repercussão geral atualmente.

7) **Lei nº 12.063, de 27/10/2009**, que acrescentou à Lei nº 9.868/99 o Capítulo II-A, o qual estabelece a disciplina processual da ação direta de inconstitucionalidade por omissão (**ADO**).

8) **Lei nº 12.562, de 23/12/2011**, que regulamentou o inciso III do art. 36 da Constituição Federal, dispondo sobre o processo e julgamento da **representação interventiva** perante o Supremo Tribunal Federal.

Esses, então, são os documentos normativos que formatam o sistema brasileiro de controle de constitucionalidade, **o qual possui diversas funções**, que abordaremos a seguir.

FUNÇÕES DO CONTROLE DE CONSTITUCIONALIDADE NO BRASIL

FUNÇÃO CLÁSSICA

A função clássica do controle de constitucionalidade é a salvaguarda da Constituição, para retirar do sistema (do direito positivo) todas as leis e atos normativos que violem a supremacia/soberania do texto constitucional.

Ou seja, a função clássica é uma atividade legislativa negativa, pois, se as normas criadas pelo legislador (em atividade legislativa positiva) violam a Constituição, o Poder Judiciário (em controle abstrato e em controle concreto) exerce uma função em sentido oposto (uma função legislativa negativa), qual seja, a de retirar do sistema ("jogar fora") as normas que violam as disposições constitucionais.

■ FUNÇÕES BÁSICAS

O nosso sistema é um sistema complexo, ele não se resume à função clássica.

Além da função clássica, há outras funções do controle de constitucionalidade no sistema brasileiro atual, que são as chamadas funções básicas. Elas são as seguintes:

1) Impedir a subsistência, no sistema, de uma norma violadora da Constituição (é a atividade legislativa negativa). Como se pode perceber, uma das funções básicas do controle de constitucionalidade brasileiro é justamente a sua função clássica. O principal mecanismo dessa função é a ADI.

2) Declarar a constitucionalidade de uma norma. O principal mecanismo dessa função é a ADC, que se presta a reforçar a presunção de constitucionalidade de uma norma, que, quando é criada, presume-se relativamente constitucional, passando essa presunção a ser absoluta, caso o STF declare a constitucionalidade no controle abstrato (o que é feito por meio da ADC).

3) Conferir aplicabilidade (à semelhança de uma "eficácia plena") a todas as normas constitucionais. Para essa finalidade, existe a ADI por omissão (ADO) e o mandado de injunção.

4) Assegurar o cumprimento dos preceitos fundamentais, o que é feito por meio da ADPF.

ESPÉCIES DE INCONSTITUCIONALIDADE

Há uma série de classificações possíveis para as inconstitucionalidades e aqui abordaremos as mais importantes para as provas, que são as seguintes:

a) Quanto ao objeto;

b) Quanto à natureza do vício;

c) Quanto à extensão do vício;

d) Quanto ao momento do vício; e

e) Quanto à forma de incidência do vício.

■ QUANTO AO OBJETO

Quanto ao objeto, a inconstitucionalidade pode ser:

1) **Por ação**: nesse caso, há um fazer inconstitucional, há algo comissivo que viola a Constituição, como a edição de uma lei contrária ao texto constitucional. Cuida-se de um agir inconstitucional.

2) **Por omissão**: nesse caso, há um não fazer inconstitucional, um ato omissivo que viola a Constituição. Cuida-se de uma situação em que o texto constitucional exige uma determinada providência que não é implementada.

A inconstitucionalidade por omissão e o fenômeno da erosão constitucional

A **erosão constitucional (ou erosão da consciência constitucional)**, ideia criada por **Karl Loewenstein**, é o fenômeno que se verifica quando o Estado (mais precisamente, os seus agentes e os Poderes constituídos) tem uma postura de **indiferença perante a Constituição**, deixando de cumpri-la e criando na sociedade um sentimento de que ela não é e não precisa ser respeitada.

A erosão constitucional, portanto, gera um **efeito psicológico** na comunidade, "atrofiando" a consciência constitucional que ela tinha anteriormente e, consequentemente, enfraquecendo a força normativa da Constituição, já que faz desaparecer o que Konrad Hesse chama de **vontade de Constituição** (que é o empenho que as pessoas têm de concretizar a Constituição).

O principal cenário de risco de ocorrência de erosão constitucional é aquele em que há **inconstitucionalidades por omissão**, pois são situações em que os Poderes constituídos deixam de atender comandos previstos na Constituição e se mantêm indiferentes em relação a eles, quase como se "não se importassem".

Quando se está diante de uma omissão inconstitucional, há um descumprimento do dever de legislar ou de praticar algum outro ato exigido pela Constituição para viabilizar o gozo de direitos constitucionalmente assegurados ou mesmo a realização de algum projeto previsto no texto constitucional. É por isso que em um cenário como esse a erosão da consciência constitucional se manifesta e pode ser "sentida" mais facilmente.

Inclusive, na jurisprudência do **Supremo Tribunal Federal**, há diversos precedentes envolvendo omissões inconstitucionais em que a Corte falou em erosão constitucional.

Por exemplo, no MI 542, julgado em 29/08/2001, o STF tratou do tema explicando que *"o Poder Público – **quando se abstém de cumprir, total ou parcialmente, o dever de legislar**, imposto em cláusula constitucional, de caráter mandatório – infringe, com esse comportamento negativo, a própria integridade da Lei Fundamental, **estimulando, no âmbito do Estado, o preocupante fenômeno da erosão da consciência constitucional** (ADI 1.484-DF, Rel. Min. CELSO DE MELLO). A inércia estatal em adimplir as imposições constitucionais traduz **inaceitável gesto de desprezo pela autoridade da Constituição** e configura, por isso mesmo, comportamento que deve ser evitado. É que nada se revela mais nocivo, perigoso e ilegítimo do que elaborar uma Constituição, sem a vontade de fazê-la cumprir integralmente, ou, então, de apenas executá-la com o propósito subalterno de torná-la aplicável somente nos pontos que se mostrarem ajustados à conveniência e aos desígnios dos governantes, em detrimento dos interesses maiores dos cidadãos".*

No mesmo sentido, na ADI 1442, julgada em 03/11/2004, a Corte registrou que *"a **omissão do Estado** - que deixa de cumprir, em maior ou em menor extensão, a imposição ditada pelo texto constitucional – qualifica-se como **comportamento revestido da maior gravidade político-jurídica**, eis que, **mediante inércia, o Poder Público também desrespeita a Constituição**, também compromete a eficácia da declaração constitucional de direitos e também impede, por ausência de medidas concretizadoras, a própria aplicabilidade dos postulados e princípios da Lei Fundamental. As situações configuradoras de omissão inconstitucional, ainda que se cuide de omissão parcial, refletem* *comportamento estatal que deve ser repelido, pois a inércia do Estado –* ***além de gerar a erosão da própria consciência constitucional*** *– qualifica-se, perigosamente, como um dos processos informais de mudança ilegítima da Constituição, expondo-se, por isso mesmo, à censura do Poder Judiciário".*

O fenômeno da erosão constitucional, portanto, é reconhecido (e repelido) pelo Supremo Tribunal Federal.

▪ QUANTO À NATUREZA DO VÍCIO

Esta classificação se refere apenas a situações em que a inconstitucionalidade se dá por ação, isto é, por um ato comissivo.

Quanto à natureza do vício, a inconstitucionalidade **por ação** pode ser:

1) **Material** (também chamada de **nomoestática**): é a inconstitucionalidade que viola o conteúdo da Constituição, como é o caso de uma lei que diz que a autoridade administrativa pode determinar a prisão de um servidor público como forma de punição.

2) **Formal** (também chamada de **nomodinâmica**): é a inconstitucionalidade em que a norma tem um conteúdo compatível com a Constituição (por exemplo, uma lei que diz que o consumidor deve ser protegido nas relações de consumo), mas desrespeitou a sua forma de elaboração (como é o caso de uma lei que é aprovada apenas na Câmara, sem contar com a aprovação do Senado).

É importante perceber que, quando a inconstitucionalidade decorre de uma omissão, ela só pode ser material, pois, sempre que se está diante de uma postura omissiva, não há um ato praticado e, portanto, não há como se cogitar a inobservância de alguma formalidade. Foi por esse motivo que, no início deste tópico, foi dito que a classificação da inconstitucionalidade em formal ou material apenas se aplica a casos de inconstitucionalidade por ação (haja vista que apenas quando há um ato praticado é que se torna possível analisar se alguma formalidade imposta pela Constituição foi inobservada).

Quanto à inconstitucionalidade formal, ela pode ser subdividida em algumas espécies, a saber:

1) **Orgânica**: é aquela que deriva da incompetência do órgão legislativo que edita a norma. Nesse caso, o órgão que produz a norma não tem competência constitucional para fazê-lo, como ocorre quando a competência para legislar é da União, através do Congresso Nacional, mas um Estado, através de sua Assembleia Legislativa, cria a lei.

2) **Propriamente dita**: é a que decorre de violação ao procedimento legislativo constitucional. Ela pode ser:

   a) *Subjetiva:* é aquela em que a inconstitucionalidade consiste em um vício de iniciativa.

   b) *Objetiva:* é aquela em que se verifica algum outro vício (que não o de iniciativa) no procedimento legislativo de elaboração da norma.

3) **Por violação a pressupostos objetivos do ato**: é a espécie de inconstitucionalidade formal que se verifica, por exemplo, na decretação de estado de sítio sem autorização do Parlamento, pois a autorização do Congresso Nacional é pressuposto para a prática desse ato, de modo que, caso não haja essa autorização, configura-se um vício formal. Outro exemplo é a necessidade de que a criação de Município (por lei estadual) se dê com a observância dos pressupostos exigidos pelo art. 18, § 4º, da CF/88 (observância do período previsto em lei complementar federal, realização de consulta popular sob a forma de plebiscito e divulgação de estudos de viabilidade municipal), sob pena de, não o fazendo, ficar caraterizada uma inconstitucionalidade formal por violação a pressupostos objetivos do ato. Enfim, essa espécie de inconstitucionalidade formal ocorre quando a Constituição exige algum pressuposto de caráter objetivo para a prática de determinado ato e esse pressuposto não é observado no caso concreto.

Em relação à inconstitucionalidade formal, surge o seguinte questionamento: eventual vício na vontade dos parlamentares que participaram do processo legislativo de aprovação da norma impugnada permite o reconhecimento dessa espécie de inconstitucionalidade? Por exemplo, um esquema de corrupção de "compra" de votos dos integrantes do Poder Legislativo para que aprovem propostas apresentadas pelo Poder Executivo é apto a caracterizar a inconstitucionalidade formal das normas aprovadas pelas Casas Legislativas?

Esse debate foi travado em relação às ECs 41/03 e 47/05, que implementaram uma reforma previdenciária e foram votadas na época em que ocorreu o esquema de corrupção de "compra" de votos parlamentares popularmente conhecido como **mensalão**. Esse esquema criminoso, inclusive, foi comprovado judicialmente perante o STF (na Ação Penal nº 470), tendo havido a condenação criminal de diversos envolvidos.

Utilizando-se como fundamento o fato de que essas emendas foram aprovadas mediante votos "comprados" pelo Poder Executivo, foi alegada, nas **ADIs 4887, 4888 e 4889**, a inconstitucionalidade dessas normas, e o STF, ao julgar essas ações (em 10/11/2020), firmou o entendimento de que um esquema de "compra" de votos dos Parlamentares é apto a gerar a inconstitucionalidade **formal** da norma, por violação ao devido processo legislativo constitucional, pois este, que deve ser observado na elaboração de todas as espécies normativas (inclusive, evidentemente, das emendas constitucionais), compreende a observância dos princípios da moralidade e da probidade.

Porém, no caso julgado, o STF não declarou a inconstitucionalidade das normas impugnadas (as ECs 41/03 e 47/05), porque, segundo afirmou a Corte, para que essa inconstitucionalidade seja reconhecida, é necessário que fique demonstrado de forma inequívoca que, sem os votos viciados pela ilicitude praticada, o resultado do processo legislativo teria sido outro, o que não ocorreu na hipótese, pois, no esquema do "mensalão", apenas 7 (sete) Deputados Federais tiveram sua participação comprovada e foram condenados criminalmente (na Ação Penal nº 470, julgada pelo STF).

Segundo o STF, como o número de Parlamentares comprovadamente envolvidos no esquema de corrupção não foi suficiente para se concluir que, sem os seus votos, a maioria de 3/5 (três quintos) exigida pelo art. 60, § 2º, da CF/88 para a aprovação de uma emenda constitucional não teria sido atingida, a inconstitucionalidade das normas não pode ser reconhecida.

Nos termos que constaram do acórdão lavrado no julgamento, *"o vício que corrompe a vontade do parlamentar* ***ofende o devido processo constituinte reformador ou legislativo contrariando o princípio democrático e a moralidade administrativa.*** *(...) Quebra do decoro parlamentar pela conduta ilegítima de malversação do uso da prerrogativa do voto pelo parlamentar* ***configura crise de representação.*** *(...) No caso,* ***o número alegado de votos comprados não se comprova suficiente para comprometer o resultado das votações*** *ocorridas na aprovação das emendas constitucionais n. 41//2003 e n. 47/2005. (...)"*.

Por fim, é interessante registrar que essa inconstitucionalidade que o STF enquadrou como um vício formal ao julgar as ADIs 4887, 4888 e 4889 já vinha, há muito tempo, sendo abordada por Pedro Lenza, mas como uma terceira categoria, ao lado das inconstitucionalidades formal e material. Lenza chama essa espécie de inconstitucionalidade de inconstitucionalidade por vício de decoro parlamentar, e não de inconstitucionalidade formal, mas o raciocínio jurídico envolvido é o mesmo que foi adotado pelo STF nas ADIs mencionadas. A Corte, portanto, ao julgar essas ações, embora tenha empregado rótulo (ou classificação) diverso, adotou a tese que já vinha sendo defendida por Lenza no sentido de que o vício da vontade parlamentar vicia a própria norma aprovada, tornando-a inconstitucional.

■ QUANTO À EXTENSÃO DO VÍCIO

Esta classificação, diferentemente da anterior, diz respeito tanto a situações em que a inconstitucionalidade se dá por ação quanto a situações em que a inconstitucionalidade decorre de uma omissão.

Quanto à extensão do vício, a inconstitucionalidade **por ação** pode ser:

1) **Total**: é aquela em que toda a lei ou ato é inconstitucional.
2) **Parcial**: é aquela em que apenas uma expressão, um artigo, inciso ou alínea (ou alguns deles, mas não todos) é inconstitucional.

Nos termos do art. 12-B, I, da Lei 9.868/99, a inconstitucionalidade **por omissão** também pode ser, quanto à extensão do vício, total ou parcial:

1) **Total**: ela será total quando o ato necessário para dar efetividade à norma constitucional não for editado.
2) **Parcial**: ela será parcial quando o ato houver sido editado, mas for insuficiente para a salvaguarda do direito constitucionalmente tutelado.

> "**Art. 12-B, Lei 9.868/99.** A petição indicará:
> I - a omissão inconstitucional total ou parcial quanto ao cumprimento de dever constitucional de legislar ou quanto à adoção de providência de índole administrativa;
> II - o pedido, com suas especificações."

■ QUANTO AO MOMENTO DO VÍCIO

Esta é mais uma classificação que diz respeito apenas a situações em que a inconstitucionalidade se dá por ação, isto é, por um ato comissivo.

Quanto ao momento do vício, a inconstitucionalidade **por ação** pode ser:

1) **Originária**: é aquela que se encontra na origem da norma, isto é, no momento em que a norma nasce, ela já é viciada. Nesse caso, a inconstitucionalidade pode ser formal ou material.

2) **Superveniente**: é aquela em que a norma nasce sem vício algum, mas, depois, por algum motivo, torna-se inconstitucional. Essa inconstitucionalidade só pode ocorrer por vício material, pois se trata de um caso em que a norma deixa de ter um **conteúdo** compatível com a Constituição.

Perceba que, quando a inconstitucionalidade decorre de uma omissão, ela só pode ser originária. Isso porque, como a omissão só fica caracterizada a partir do momento em que há uma norma constitucional cujo comando não é concretizado, a inconstitucionalidade decorrente dessa omissão só pode passar a existir a partir do momento em que a própria postura omissiva fica caracterizada (não há como a inconstitucionalidade ser superveniente nesse caso). Foi por esse motivo que, no início deste tópico, foi dito que a classificação da inconstitucionalidade em originária ou superveniente apenas se aplica a casos de inconstitucionalidade por ação (haja vista que apenas quando há um ato praticado é que se torna possível analisar se eventual vício decorrente desse ato já existia no momento em que ele foi praticado ou se o vício apenas surgiu em momento posterior).

Quanto à inconstitucionalidade superveniente, segundo a doutrina, são três as situações em que ela pode ocorrer (na verdade, cuida-se de três causas possíveis da superveniência de uma inconstitucionalidade), a saber:

a) **Inconstitucionalidade superveniente por alteração formal da Constituição**: nesse caso, a Constituição é modificada formalmente (ou entra em vigor uma nova Constituição) e, por conta disso, a norma que não tinha vício se torna viciada.

b) **Inconstitucionalidade superveniente por alteração informal da Constituição**: é uma hipótese de mutação, que, conforme já estudamos, é uma mudança hermenêutica. Nesse caso, a norma nasce e, nesse momento, é compatível com o significado da Constituição, mas, em momento posterior, a interpretação constitucional muda (ocorre uma mutação) e isso torna a norma incompatível com o conteúdo da Constituição.

c) **Inconstitucionalidade superveniente por alteração da realidade fática:** nesse caso, quando a norma nasce, existe uma determinada realidade fática, à luz da qual, não há vício algum, mas, depois, essa realidade fática muda e, por conta disso (e tendo em vista que a realidade fática é considerada no juízo de controle de constitucionalidade), a norma passa a violar o conteúdo da Constituição.

A hipótese de inconstitucionalidade superveniente por alteração formal da Constituição, de acordo com a jurisprudência do STF, não configura inconstitucionalidade superveniente, mas, sim, **não recepção** (a lei nasce sem vício, mas a nova Constituição ou emenda constitucional não a recepciona, por incompatibilidade de conteúdo). Portanto, para o Supremo Tribunal Federal, essa hipótese é de revogação ou não recepção da lei ou ato normativo anterior, e não de inconstitucionalidade superveniente, ou seja, o Tribunal não reconhece essa inconstitucionalidade superveniente no Brasil.

E há importantes repercussões práticas do fato de não haver, no caso, uma inconstitucionalidade (superveniente), mas sim uma não recepção. Por exemplo, não se aplica, no caso de reconhecimento de uma não recepção, o art. 97 da CF/88 (que prevê a cláusula de reserva de plenário para a declaração de inconstitucionalidade), pois a não recepção não é o mesmo que uma inconstitucionalidade.

Perceba, no entanto, que, muito embora a não recepção de uma norma não se confunda com a sua inconstitucionalidade, o STF admite que, por analogia, aplique-se a modulação de efeitos (instituto previsto no nosso ordenamento jurídico para casos de reconhecimento de inconstitucionalidade) à decisão de não recepção. Confira o julgado abaixo nesse sentido:

> "(...) **DECLARAÇÃO DE NÃO-RECEPÇÃO DA NORMA COM MODULAÇÃO DE EFEITOS**. (...) O princípio da segurança jurídica impõe que, mais de vinte e dois anos de vigência da Constituição, nos quais dezenas de concursos foram realizados se observando aquela regra legal, **modulem-se os efeitos da não-recepção**: manutenção da validade dos limites de idade fixados em editais e regulamentos fundados no art. 10 da Lei n. 6.880/1980 até 31 de dezembro de 2011. (...)" **(RE 600885/RS; Relator(a): Min. CÁRMEN LÚCIA; J. 09/02/2011; Tribunal Pleno)**

Outra repercussão prática de se tratar de uma situação de recepção ou não recepção é que, segundo o STF, não cabe ADI para requerer que seja analisado se um determinado ato foi ou não recepcionado pela Constituição (ou seja, quando o parâmetro constitucional é posterior ao objeto do controle). Pode ser cabível ADPF, mas não ADI. O cabimento da ADPF nessa hipótese se deve ao parágrafo único, I, da Lei 9.882/99, que permite a discussão, no bojo dessa ação, acerca da recepção ou não recepção do ato.

> "**Art. 1º, parágrafo único, Lei 9.882/99.** Caberá também argüição de descumprimento de preceito fundamental:

> I - quando for relevante o fundamento da controvérsia constitucional sobre lei ou ato normativo federal, estadual ou municipal, **incluídos os anteriores à Constituição**;(...)"

Há, portanto, reflexos práticos do fato de que a alteração formal posterior da Constituição (ou a entrada em vigor de uma nova Constituição) não gera uma inconstitucionalidade (superveniente), mas sim o fenômeno da não recepção (ou revogação).

► O STF admite o fenômeno da inconstitucionalidade superveniente?

Na jurisprudência do STF é comum encontrar a afirmação peremptória de que o STF não admite a inconstitucionalidade superveniente. E, muitas vezes, as questões das mais variadas provas de concursos tomam isso como uma verdade. Mas perceba que essa assertiva apenas é verdadeira quando se trata de uma inconstitucionalidade superveniente decorrente de modificação formal no texto constitucional.

Em outras palavras, o que o STF diz é que, no caso de alteração formal da Constituição (ou seja, havendo nova Constituição ou emenda constitucional), o vício daí decorrente não é de inconstitucionalidade (no caso, superveniente), cuidando-se, na verdade, de uma revogação por não recepção.

Porém, quando se trata de uma mutação (mudança hermenêutica) ou de uma alteração da realidade fática, a afirmação de que a Suprema Corte não reconhece a inconstitucionalidade superveniente não é verdadeira, porque o STF tem admitido a caracterização de inconstitucionalidade superveniente ou progressiva nesses dois casos. Cuida-se, aí, da chamada **inconstitucionalidade superveniente material ou inconstitucionalidade superveniente sob a ótica material**.

É que o Supremo Tribunal Federal tem reconhecido expressamente, em algumas hipóteses, a existência de um **processo de inconstitucionalização progressiva** da lei ou ato normativo, inclusive, mesmo depois de ele (STF) ter declarado a constitucionalidade dessa lei ou ato normativo.

Em relação ao reconhecimento da inconstitucionalidade progressiva após a lei ou ato ter sido declarado constitucional, isso é possível porque, segundo a Suprema Corte, a declaração da constitucionalidade não é impedimento para, depois, decidir-se que a lei ou o ato se tornou inconstitucional em um processo de inconstitucionalização progressiva decorrente de mudanças fáticas ou jurídicas no campo da hermenêutica. Isso ocorre porque os efeitos vinculantes das decisões proferidas pelo STF em controle de constitucionalidade não atingem o seu Plenário, mas apenas os demais órgãos do Poder Judiciário e a Administração Pública de todas as esferas da Federação.

Nesse exato sentido, quando o STF julgou uma questão de ordem na ADC nº 1, o Min. Carlos Veloso asseverou que o julgamento da procedência da ADC (isto é, o fato de o STF dizer que a lei é constitucional) não impediria, em sua visão, que, no futuro, a mesma lei fosse objeto de ADI por ter ela se tornado inconstitucional.

O reconhecimento desse processo de inconstitucionalização ocorreu, por exemplo, nos seguintes casos:

a) RE 567985, Rel. p/Acórdão: Min. Gilmar Mendes, Pleno, j. em 18/04/2013;

b) RE 580963, Rel. Min. Gilmar Mendes, Pleno, julgado em 18/04/2013; e

c) Rcl 4374, Rel. Min. Gilmar Mendes, Pleno, j. em 18/04/2013.

As decisões acima referidas cuidam do benefício assistencial (previsto na CF/88 e na LOAS) que é pago a pessoas idosas ou com deficiência que integram família considerada economicamente hipossuficiente (ou seja, miserável). Disciplinando essa questão, a lei criou um critério para dizer quando a família é miserável e esse critério foi a família possuir renda *per capta* inferior a 1/4 (um quarto) do salário mínimo.

Tal critério, inicialmente, foi considerado constitucional pelo STF, mas, em um segundo momento, a Suprema Corte mudou seu entendimento, passando a afirmar que houve uma inconstitucionalidade progressiva e que, assim, mesmo em situações nas quais a renda *per capta* familiar é maior do que 1/4 do salário mínimo, é possível que a pessoa seja considerada miserável e, por consequência, tenha direito ao benefício assistencial da LOAS.

No mesmo sentido, o STF, julgando a ADI 3937 (Rel. Min. Marco Aurélio, Pleno, j. em 24/08/2017), **reconheceu a inconstitucionalidade superveniente sob a ótica material do art. 2º da Lei Federal 9.055/99**, que permitia o uso de amianto na construção civil. No caso, a própria Suprema Corte, ao noticiar em seu sítio eletrônico a tomada dessa decisão, explicou que "o dispositivo em questão, diante da alteração dos fatos e conhecimento científico sobre o tema, passou por um processo de inconstitucionalização e, no momento atual, não mais se compatibiliza com a Constituição Federal de 1988."

Perceba, a propósito, que no julgamento desse caso (ADI 3937) o Supremo Tribunal Federal já deu sinais de modificação do seu entendimento acerca dos efeitos da decisão em controle incidental de constitucionalidade, tema que será melhor estudado futuramente.

> "(...) 1. A Lei nº 12.684/2007, do Estado de São Paulo, proíbe a utilização, no âmbito daquele Estado, de produtos, materiais ou artefatos que contenham quaisquer tipos de amianto ou asbesto, versando sobre produção e consumo (art. 24, V, CF/88), proteção do meio ambiente (art. 24, VI) e proteção e defesa da saúde (art. 24, XII, CF/88). Dessa forma, compete, concorrentemente, à União a edição de normas gerais e aos estados suplementar a legislação federal no que couber (art. 24, §§ 1º e 2º, CF/88). Somente na hipótese de inexistência de lei federal é que os estados exercerão a competência legislativa plena (art. 24, § 3º, CF/88). 2. A Constituição de 1988 estabeleceu uma competência concorrente não cumulativa, na qual há expressa delimitação dos modos de atuação de cada ente federativo, os quais não se sobrepõem. Compete à União editar as normas gerais (art. 24, § 1º), não cabendo aos estados contrariar ou substituir o que definido em norma geral, mas sim o suplementar (art. 24, § 2º). (...) A inobservância dos limites constitucionais impostos ao exercício da competência concorrente implica a inconstitucionalidade formal

da lei. 3. O art. 1º da Lei Federal nº 9.055/1995 proibiu a extração, a produção, a industrialização, a utilização e a comercialização de todos os tipos de amianto, com exceção da crisotila. Em seu art. 2º, a lei autorizou a extração, a industrialização, a utilização e a comercialização do amianto da variedade crisotila (asbesto branco) na forma definida na lei. Assim, se a lei federal admite, de modo restrito, o uso do amianto, em tese, a lei estadual não poderia proibi-lo totalmente, pois, desse modo, atuaria de forma contrária à prescrição da norma geral federal. Nesse caso, não há norma suplementar, mas norma contrária/substitutiva à lei geral, em detrimento da competência legislativa da União. 4. No entanto, **o art. 2º da Lei Federal nº 9.055/1995 passou por um processo de inconstitucionalização, em razão da alteração nas relações fáticas subjacentes à norma jurídica, e, no momento atual, não mais se compatibiliza com a Constituição de 1988**. Se, antes, tinha-se notícia dos possíveis riscos à saúde e ao meio ambiente ocasionados pela utilização da crisotila, falando-se, na época da edição da lei, na possibilidade do uso controlado dessa substância, atualmente, o que se observa é um consenso em torno da natureza altamente cancerígena do mineral e da inviabilidade de seu uso de forma efetivamente segura, sendo esse o entendimento oficial dos órgãos nacionais e internacionais que detêm autoridade no tema da saúde em geral e da saúde do trabalhador. (...) 6. **Quando da edição da lei federal, o país não dispunha de produto qualificado para substituir o amianto crisotila. No entanto, atualmente, existem materiais alternativos. Com o advento de materiais recomendados pelo Ministério da Saúde e pela ANVISA e em atendimento aos compromissos internacionais de revisão periódica da legislação, a Lei Federal nº 9.055/1995 – que, desde sua edição, não sofreu nenhuma atualização -, deveria ter sido revista para banir progressivamente a utilização do asbesto na variedade crisotila, ajustando-se ao estágio atual do consenso em torno dos riscos envolvidos na utilização desse mineral.** 7. (i) O consenso dos órgãos oficiais de saúde geral e de saúde do trabalhador em torno da natureza altamente cancerígena do amianto crisotila, (ii) a existência de materiais alternativos à fibra de amianto e (iii) **a ausência de revisão da legislação federal revelam a inconstitucionalidade superveniente (sob a óptica material) da Lei Federal nº 9.055/1995, por ofensa ao direito à saúde (art. 6º e 196, CF/88), ao dever estatal de redução dos riscos inerentes ao trabalho por meio de normas de saúde, higiene e segurança (art. 7º, inciso XXII, CF/88), e à proteção do meio ambiente (art. 225, CF/88).** 8. Diante da invalidade da norma geral federal, os estados-membros passam a ter competência legislativa plena sobre a matéria, nos termos do art. 24, § 3º, da CF/88. Tendo em vista que a Lei nº 12.684/2007 do Estado de São Paulo proíbe a utilização do amianto crisotila nas atividades que menciona, em consonância com os preceitos constitucionais (em especial, os arts. 6º, 7º, inciso XXII; 196 e 225 da CF/88) e com os compromissos internacionais subscritos pelo Estado brasileiro, não incide ela no mesmo vício de inconstitucionalidade material da legislação federal. 9. **Ação direta julgada improcedente, com a declaração incidental de inconstitucionalidade do art. 2º da Lei 9.055/1995, com efeito erga omnes e vinculante. (ADI 3937/SP; Relator(a): Min. MARCO AURÉLIO; Relator(a) p/ Acórdão: Min. DIAS TOFFOLI; J. 24/08/2017; Tribunal Pleno)**

É possível, portanto, que uma lei anterior à CF/88 seja recepcionada por ela, mas, depois, por força de mudanças fáticas ou jurídicas (informais), venha a se tornar inconstitucional. Igualmente, é possível que uma lei surja já sob a égide da CF/88 e perfeitamente compatível com ela, mas, depois, pelos mesmos motivos referidos, torne-se inconstitucional.

Quanto à hipótese de a lei ser anterior à CF/88, ser recepcionada por ela e, depois, tornar-se inconstitucional por conta de mudanças fáticas e jurídicas, pode-se citar como exemplo o art. 68 do CPP, segundo o qual o Ministério Público pode propor ação civil *ex delicto* em favor de vítima pobre. Esse dispositivo, apesar de ter sido recepcionado pela CF/88, encontra-se, segundo o STF, em um processo de inconstitucionalização progressiva.

É que, não obstante o texto constitucional estabeleça que a defesa dos considerados pobres é atribuição da Defensoria Pública, no momento da promulgação da CF/88, a Defensoria não se encontrava devidamente estruturada (essa era a realidade fática na época) e, por esse motivo, era constitucional que o Ministério Público continuasse com essa atribuição. No entanto, a partir do momento em que a Defensoria Pública esteja adequadamente organizada e estruturada, a lei passa a ser inconstitucional. Nesse sentido, a seguinte decisão do STF:

> "LEGITIMIDADE – AÇÃO 'EX DELICTO' - MINISTÉRIO PÚBLICO - DEFENSORIA PÚBLICA - ARTIGO 68 DO CÓDIGO DE PROCESSO PENAL - CARTA DA REPÚBLICA DE 1988. (...). **INCONSTITUCIONALIDADE PROGRESSIVA** – (...) Enquanto não criada por lei, organizada – e, portanto, preenchidos os cargos próprios, na unidade da Federação – a Defensoria Pública, permanece em vigor o artigo 68 do Código de Processo Penal, estando o Ministério Público legitimado para a ação de ressarcimento nele prevista. (...)." **(RE 135328, Rel. Min. Marco Aurélio, Pleno, j. em 29/06/1994).** Vide ainda no STF: RE 147.776, j. em 19/05/1998; RE 341717 AgR, j. em 05/08/2003.

Então, enquanto a Defensoria Pública não estiver bem estruturada, permanece em vigor o art. 68 do CPP.

Veja que a expressão "enquanto" carrega consigo a ideia de tempo, tratando-se, portanto, de uma mudança fática que ocorre com o passar do tempo. Porém, nesse caso, também deve ser utilizada a expressão "onde", que se refere a lugar, pois a (in)constitucionalidade de uma lei pode variar no tempo e no lugar.

Dessa forma, no mesmo dia (mesmo momento temporal), o art. 68 do CPP pode ser constitucional em um lugar (onde a Defensoria não esteja estruturada) e inconstitucional em outro lugar (onde a Defensoria já se encontre bem aparelhada e estruturada).

Fato é que, conforme visto, segundo a jurisprudência do STF, uma lei que hoje é constitucional pode se tornar inconstitucional amanhã por conta de uma mudança na realidade fática. Esse é o fenômeno chamado **inconstitucionalidade progressiva**, é o processo de inconstitucionalização, que pode ser reconhecido pelo Poder Judiciário, especialmente pelo STF, tanto no controle concentrado quanto no controle difuso.

▶ A questão da constitucionalidade superveniente e a convalidação de atos inconstitucionais por emendas à Constituição

Vimos, acima, que o Supremo Tribunal Federal admite que uma norma nascida válida pode, posteriormente, tornar-se inconstitucional do ponto de vista material.

E quanto ao caminho inverso? Admite-se que uma norma nascida inconstitucional torne-se, em momento posterior, compatível com a Constituição? Em outras palavras, **é admitido o fenômeno da constitucionalização superveniente?**

Considerando que o direito brasileiro adota, como regra, a teoria da nulidade do ato inconstitucional, de modo que a norma que é criada em desconformidade com a Constituição é nula, ou seja, inválida desde sua origem, sendo imprestável, desde seu nascedouro, para a produção de efeitos no mundo jurídico, parece ser bastante tranquilo afirmar que não se pode cogitar a possibilidade de ocorrência da constitucionalidade superveniente. Isso porque, se o ato inconstitucional é nulo, a sua invalidade se opera de pleno direito já no momento em que ele é inserido no ordenamento jurídico, sendo inviável, em momento posterior, torná-lo compatível com a ordem constitucional.

Inclusive, nesse contexto, a decisão que reconhece uma inconstitucionalidade tem, em regra, natureza meramente declaratória, ou seja, ela tão somente reconhece uma invalidade já existente, uma invalidade que se faz presente de forma automática pelo simples fato de se verificar uma incompatibilidade entre um determinado ato e a Constituição.

A nulidade do ato inconstitucional, portanto, é um fenômeno involuntário, é algo que está fora do alcance dos desígnios do legislador e mesmo do Poder Judiciário, a quem cabe, tão somente, declarar essa invalidade, e não a constituir (exceto no caso de modulação dos efeitos da decisão de inconstitucionalidade, que, como se sabe, não é a regra em nosso sistema jurídico).

Mas, se essa questão é tão simples assim, por que motivo estou falando tanto sobre ela aqui? Porque o tema já foi objeto de prova, mais precisamente, da prova do concurso de residência jurídica da PGE/AM aplicada em 2020, e, nela, a abordagem não foi tão tranquila.

Nessa prova, o examinador entendeu que, como o Supremo Tribunal Federal admitiu a convalidação de atos inconstitucionais por emendas à Constituição, ele teria reconhecido a possibilidade do fenômeno da constitucionalidade superveniente.

Essa convalidação ocorreu, por exemplo, nas ECs 42/2003 e 57/2008.

A EC 42/2003, em seu art. 4º, convalidou a criação, pelos Estados e Distrito Federal, de adicionais de ICMS destinados a alimentar seus Fundos de Combate à Pobreza que haviam (os adicionais) sido instituídos até então em desacordo com as disposições constitucionais. Essa emenda permitiu, ainda, que esses adicionais inconstitucionais permanecessem vigentes até o ano 2010, que foi o prazo previsto no art. 79 do ADCT para a vigência do Fundo de Combate e Erradicação da Pobreza na esfera federal.

Já a EC 57/2008 convalidou os atos de criação de Municípios ocorridos até 31 de dezembro de 2006 sem a observância dos requisitos da Constituição da República, desde que houvessem observado as exigências previstas na legislação do respectivo Estado.

E o que o Supremo Tribunal Federal entendeu a respeito dessas emendas constitucionais?

Na **ADI 2869**, houve a impugnação de normas do Estado do Rio de Janeiro que instituíram o Fundo de Combate à Pobreza nesse Estado e criaram adicionais de ICMS para financiar esse fundo. O requerente alegou que tais normas teriam inobservado a disciplina prevista na Constituição Federal sobre o tema.

E o que o STF disse a respeito?

Em virtude da entrada em vigor da EC 42/2003, que, conforme registrei acima, determinou, expressamente, fossem mantidas hígidas a instituição e a cobrança desses adicionais de ICMS que até então haviam sido criados em desacordo com as exigências constitucionais, o Ministro Carlos Ayres Britto, em decisão monocrática de 04/05/2004, reconheceu que essa emenda convalidou os atos impugnados e, assim, julgou prejudicada a ação e a extinguiu sem resolução do mérito por conta da perda do seu objeto.

A decisão do Ministro, no caso, teve conteúdo unicamente processual, ela se fundamentou no desaparecimento dos pressupostos para o julgamento de uma ação direta de inconstitucionalidade. Em momento algum na decisão houve a afirmação do reconhecimento de uma constitucionalidade superveniente.

E há outro detalhe: a decisão em questão foi monocrática, não foi proferida por nenhum órgão colegiado do Supremo Tribunal Federal.

Confira o seguinte trecho da decisão:

> "(...)
>
> 10. Feito o relatório, passo a decidir.
>
> 11. Em 27 de janeiro do corrente ano, o Estado do Rio de Janeiro protocolizou a Petição nº 6.467, pela qual requereu a juntada de cópia do inteiro teor da Emenda Constitucional nº 42/03, bem como a declaração da perda do objeto da presente argüição de inconstitucionalidade. Naquela ocasião, deferi a juntada do documento apresentado pela requerida, dando vista à parte autora. Em seguida, determinei o encaminhamento dos autos à douta Procuradoria-Geral da República, que assim se manifestou:
>
> "(...)
>
> 3. Observa-se, entretanto, que, com o advento da Emenda Constitucional nº 42, de 19 de dezembro de 2003, a discussão acerca da regularidade do adicional fixado no inciso II, do artigo 2º, da Lei nº 4.056/02 tornou-se descabida, porquanto restou assegurada a vigência desse adicional até o ano de 2010, ainda que se verifique sua incompatibilidade com a Emenda Constitucional nº 31, de 14 de dezembro de 2000.
>
> 4. Eis o teor do art. 4º da Emenda Constitucional nº 42, de 19 de dezembro de 2003: 'Os adicionais criados pelos Estados e pelo Distrito Federal até a data de promulgação desta Emenda, naquilo em que estiverem em desacordo com o previsto nesta Emenda, na Emenda Constitucional nº 31, de 14 de dezembro de 2000, ou na lei complementar de que trata o art. 155, § 2º, XII, da Constituição, terão vigência, no máximo, até o prazo previsto no art. 79 do Ato das Disposições Constitucionais Transitórias.'
>
> 5. Ante o exposto, e pelas razões aduzidas, manifesta-se o Ministério Público Federal pela prejudicialidade da presente ação direta.
>
> (...)"
>
> 12. A bem da verdade, observa-se que o art. 4º da Emenda Constitucional nº 42/2003 validou os adicionais criados pelos Estados e pelo Distrito Federal, ainda

que estes estivessem em desacordo com o previsto na Emenda Constitucional nº 31/2000. Sendo assim, se pairavam dúvidas acerca da constitucionalidade dos diplomas normativos ora adversados, estas foram expressamente enxotadas pelo mencionado art. 4º.

13. Evidencia-se, portanto, que o arcabouço constitucional delineado na exordial foi alterado pelo legislador constituinte de reforma, restando inviável proceder ao confronto de instrumentos normativos estaduais frente à ordem constitucional substancialmente modificada. Sobre esse tema, veja-se a remansosa jurisprudência desta Suprema Corte, in verbis:

"(...)

4. Ora, é pacífica a jurisprudência do Supremo Tribunal Federal, no sentido de que, no controle concentrado de constitucionalidade, realizado no âmbito da Ação Direta de Inconstitucionalidade, de que trata o art. 102 da C.F/88, o texto a ser confrontado com a Constituição é de ato normativo federal ou estadual elaborado durante sua vigência e desde que aquela (a Constituição) continue em vigor.

(...)

6. Se esse novo texto das normas constitucionais federais revogou, ou não, a norma estadual objeto da impugnação, é questão que só se pode resolver no controle difuso de constitucionalidade, ou seja, na solução de casos concretos, nas instâncias próprias. Não, assim, no controle concentrado, 'in abstrato', da Ação Direta de Inconstitucionalidade, na qual o Supremo Tribunal Federal só leva em conta o texto constitucional em vigor, não, portanto, o revogado ou substancialmente alterado.

(...)" **(ADI 1.674, Rel. Min. Sydney Sanches)**

14. Com estes fundamentos, **convenço-me da perda do objeto da presente ação, motivo pelo qual nego seguimento ao pedido**. O que faço por observância ao art. 21, § 1º, do RI/STF.

Publique-se.

Brasília, 04 de maio de 2004.

Ministro CARLOS AYRES BRITTO

Relator"

Como se pode perceber, o mais próximo que o Ministro chegou de se manifestar sobre a constitucionalidade dos atos impugnados foi afirmar, *obiter dictum*, que a EC 42/2003 teria afastado eventual dúvida sobre a constitucionalidade dessas normas estaduais. Isso, porém, não significa afirmar a ocorrência de uma constitucionalidade superveniente, mas apenas consubstancia a natural aplicação da presunção de constitucionalidade das leis e atos normativos do poder público, o que é princípio norteador da hermenêutica constitucional.

E exatamente a mesma coisa ocorreu na **ADI 2381**, envolvendo ato de criação de Município em desconformidade com a CF/88 e sua convalidação pela superveniente EC 57/2008. Essa ação foi relatada pela Ministra Cármen Lúcia, que, também em decisão monocrática (de 30/06/2010), reconheceu a perda do seu objeto e a extinguiu sem resolução do mérito, **sem afirmar qualquer constitucionalização superveniente**. Confira o seguinte trecho da decisão:

"(...)

Examinados os elementos havidos nos autos, DECIDO:

14. O Autor sustenta, em síntese, que a lei ora atacada contrariaria o art. 18, § 4º, da Constituição da República, com alteração da Emenda Constitucional n. 15/1996, que dispõe:

"Art. 18. A organização político-administrativa da República Federativa do Brasil compreende a União, os Estados, o Distrito Federal e os Municípios, todos autônomos, nos termos desta Constituição.

(...)

§ 4º A criação, a incorporação, a fusão e o desmembramento de Municípios, far-se-ão por lei estadual, dentro do período determinado por Lei Complementar Federal, e dependerão de consulta prévia, mediante plebiscito, às populações dos Municípios envolvidos, após divulgação dos Estudos de Viabilidade Municipal, apresentados e publicados na forma da lei".

Alega o Autor que o dispositivo constitucional transcrito teria eficácia limitada e somente com a edição da lei complementar nacional seria possível a criação de novos municípios. Sustenta, ainda, que a legislação estadual sobre a criação, fusão, incorporação e desmembramento de municípios não poderia ser aplicada, pois a Emenda Constitucional n. 15/1996 tornou obrigatória a consulta prévia às populações dos municípios envolvidos, sendo insuficiente a consulta apenas à população do município a ser criado.

15. Como bem apontou o Procurador-Geral da República, "a edição da [Emenda Constitucional n.] 57, de 18 de dezembro de 2008, altera a percepção acerca da (in)constitucionalidade do diploma impugnado, porquanto a criação do Município de Pinto Bandeira se enquadra na excepcional situação descrita no art. 96 do [Ato das Disposições Constitucionais Transitórias]" (fl. 1033).

A Emenda Constitucional n. 57/2008 acrescentou o art. 96 ao Ato das Disposições Constitucionais Transitórias, nos seguintes termos:

"Art. 1º O Ato das Disposições Constitucionais Transitórias passa a vigorar acrescido do seguinte art. 96:

'Art. 96. Ficam convalidados os atos de criação, fusão, incorporação e desmembramento de Municípios, cuja lei tenha sido publicada até 31 de dezembro de 2006, atendidos os requisitos estabelecidos na legislação do respectivo Estado à época de sua criação'".

(...)

17. Com o advento da Emenda Constitucional n. 57/2008, a criação do Município de Pinto Bandeira/RS foi convalidada, pois a Lei estadual n. 11.375, de 28 de setembro de 1999, foi publicada antes de 31 de dezembro de 2006 e observou os requisitos estabelecidos na legislação estadual à época de sua edição.

18. Caso análogo foi analisado pelo Ministro Ricardo Lewandowski, que, em decisão monocrática, julgou prejudicada a Ação Direta de Inconstitucionalidade 3.018/MS, nos seguintes termos:

"Trata-se de ação direta, com pedido de medida cautelar, ajuizada pelo Procurador-Geral da República, com o objetivo de ver declarada a inconstitucionalidade das Leis 2.679 e 2.680, ambas de 29 de setembro de 2003 e do Estado do Mato Grosso do Sul.

A Lei 2.679/2003 'cria o município de PARAÍSO DAS ÁGUAS, com desmembramento parcial das áreas dos Municípios de Costa Rica, Água Clara e Chapadão do Sul'. Já a Lei 2.680/2003 'cria o município de FIGUEIRÃO, com desmembramento parcial das áreas dos municípios de Camapuã e Costa Rica'.

Alega o autor, em suma, que 'as referidas leis, como se constata, criam os municípios mediante o desmembramento parcial de outros sem que, entretanto, tenha sido editada a lei complementar federal prevista no § 4º do artigo 18 da Constituição Federal, com a redação dada pela Emenda Constitucional n. 15, de 1996, sem a qual não é possível a criação ou desmembramento de municípios' (fl. 3).

À fl. 375, peticiona o Município de Água Clara e requer a extinção desta ação, em razão da superveniência da Emenda Constitucional 57/2008, que teria convalidado referidas leis.

O Estado de Mato Grosso do Sul, às fls. 378-380, também postula no mesmo sentido.

É o breve relatório. Decido.

Bem examinados os autos, constato que **a presente ação direta de inconstitucionalidade perdeu o seu objeto ante a superveniência de Emenda Constitucional que convalidou os diplomas normativos impugnados**. Refiro-me à Emenda Constitucional 57/2008, que acrescentou o art. 96 ao Ato das Disposições Constitucionais Transitórias – ADCT, verbis:

'Art. 96. Ficam convalidados os atos de criação, fusão, incorporação e desmembramento de Municípios, cuja lei tenha sido publicada até 31 de dezembro de 2006, atendidos os requisitos estabelecidos na legislação do respectivo Estado à época de sua criação'.

No caso dos autos, as Leis 2.679 e 2.680 foram publicadas em 30 de setembro de 2003, o que atende o requisito da EC 57/2008. No mesmo sentido, cito decisão proferida na ADI 3.097/SC, Rel. Min. Marco Aurélio , que impugnava as Leis estaduais 12.668, de 3 de outubro de 2003, e 12.690, de 25 de outubro de 2003, que criam os municípios catarinenses de Balneário Rincão e Pescaria Brava.

Ressalto, ainda, quanto à possibilidade de o relator, em despacho monocrático, reconhecer a prejudicialidade de ação direta de inconstitucionalidade.

(...)

Isso posto, julgo prejudicada esta ação direta de inconstitucionalidade (art. 21, IX, RISTF)" **(ADI 3.018/MS, Rel. Min. Ricardo Lewandowski, decisão monocrática, DJ 9.12.2009)**

No mesmo sentido decidiu o Ministro Marco Aurélio, ao negar seguimento à Ação Direta de Inconstitucionalidade 3.097/SC, nos termos seguintes:

"PROCESSO OBJETIVO – EMENDA CONSTITUCIONAL SUPERVENIENTE – PREJUÍZO DO PEDIDO FORMULADO – MANIFESTAÇÃO DO REQUERENTE – NEGATIVA DE SEGUIMENTO AO PROCESSO. (...) 2. Conforme ressaltado pelo próprio requerente, foi promulgada, em 18 de dezembro de 2008, a Emenda Constitucional n. 57, com a seguinte redação: As Mesas da Câmara dos Deputados e do Senado Federal, nos termos do § 3º do art. 60 da Constituição Federal, promulgam a seguinte Emenda ao texto constitucional: Art. 1º O Ato das Disposições Constitucionais Transitórias passa a vigorar acrescido do seguinte art. 96: 'Art. 96. Ficam convalidados os atos de criação, fusão, incorporação e desmembramento de Municípios, cuja lei tenha sido publicada até 31 de dezembro de 2006, atendidos os requisitos estabelecidos na legislação do respectivo Estado à época de sua criação.' Art. 2º Esta Emenda Constitucional entra em vigor na data de sua publicação. Brasília, em 18 de dezembro de 2008. Assim, acabou regularizada a situação jurídica referente à criação dos Municípios catarinenses de Balneário Rincão e Pescaria Brava. Em síntese, **modificou-se substancialmente a norma constitucional que o Procurador-Geral da**

República, na inicial desta ação, apontou como inobservada. (...) 3. **Nego seguimento ao pedido formulado**, fazendo-o, repito, ante a nova situação jurídica que surgiu com a Emenda Constitucional n. 57/2008" **(ADI 3.097/SC, Rel. Min. Marco Aurélio, decisão monocrática, DJ 28.8.2009)**

O Município de Pinto Bandeira/RS foi criado por lei estadual que se enquadra nos parâmetros previstos no art. 96 do Ato das Disposições Constitucionais Transitórias. **Tem-se, portanto, a convalidação do ato de criação desse município e a consequente perda superveniente do objeto desta ação direta de inconstitucionalidade.**

19. Pelo exposto, **julgo prejudicada a presente ação direta de inconstitucionalidade por perda superveniente de objeto** (art. 21, inc. IX, do Regimento Interno do Supremo Tribunal Federal), cassando-se a medida cautelar antes deferida.

20. Ficam também prejudicados os pedidos de admissão como *amicus curiae* da Associação de Moradores Pró-Município de Pinto Bandeira (fls. 1038-1060), da Associação em Defesa do Território de Bento Gonçalves (fls. 1176-1180) e da Confederação Nacional dos Municípios (fls. 1209-1217).

Publique-se.

Arquive-se.

Brasília, 30 de junho de 2010.
Ministra CÁRMEN LÚCIA
Relatora"

Essa decisão foi atacada por meio de agravo regimental, ao qual, em 24/03/2011, foi negado provimento pelo Plenário do STF, que, ao apreciar esse recurso, tão somente confirmou a decisão da Ministra Relatora, sem falar em constitucionalidade superveniente.

Não houve – repita-se – afirmação do reconhecimento de uma constitucionalidade superveniente, o que, inclusive, nos parece, sequer seria possível, tendo em vista a lógica do sistema de controle de constitucionalidade brasileiro, em especial, a adoção da teoria da nulidade.

Na verdade, o que temos na jurisprudência do Supremo Tribunal Federal de forma bastante clara e tranquila é justamente a **rejeição da constitucionalidade superveniente**. Em outras palavras: a Suprema Corte, em mais de uma oportunidade, afirmou expressamente não ser admissível o fenômeno da constitucionalização superveniente de um ato que nasceu incompatível com a Constituição.

Nesse sentido, por exemplo, o STF já acolheu recurso de agravo (**RE 592152 AgR**, julgado em 18/04/2017) para dar seguimento a recurso extraordinário que havia sido julgado prejudicado por conta da modificação do parâmetro constitucional de controle e fez isso justamente para evitar que, ficando prejudicado o recurso extraordinário, o resultado fosse a constitucionalidade superveniente do ato impugnado na ação. Ou seja, o Supremo Tribunal Federal determinou o prosseguimento do recurso extraordinário para que o caso fosse julgado à luz do parâmetro constitucional em vigor no momento da prática do ato impugnado, de modo que a validade deste pudesse ser aferida e se evitasse, com isso, o fenômeno da constitucionalização superveniente.

Além disso, em sede de ADI, mais de uma vez, o Supremo Tribunal Federal determinou o prosseguimento do feito, apesar da alteração ou revogação do parâmetro constitucional de controle no curso do processo, com o objetivo expresso na decisão de evitar que a prejudicialidade da ação acarretasse a constitucionalização superveniente do ato impugnado que havia nascido claramente inconstitucional. Isso ocorreu, por exemplo, nas **ADIs 2189 e 2158**.

Ou seja, apesar do entendimento existente no âmbito da Suprema Corte no sentido de que a alteração ou revogação do paradigma constitucional de controle no curso do processo prejudica a ADI, esse entendimento fica afastado e o feito tem prosseguimento sempre que se verifica o risco de a prejudicialidade da ação acarretar a constitucionalidade superveniente do ato impugnado.

E por que as ADIs 2869 e 2381, analisadas acima, foram jugadas prejudicadas, em vez de terem prosseguimento para se evitar possível constitucionalidade superveniente? Porque, nesses casos, a alteração do paradigma constitucional de controle foi implementada por uma norma constitucional que determinou expressamente a manutenção dos atos impugnados nas ações (ou seja, as emendas constitucionais, na verdade, consubstanciaram novas normas determinando a observância de situações jurídicas consolidadas no passado) e essa alteração do texto constitucional teve o efeito de confirmar a presunção de constitucionalidade que as leis e os atos normativos do poder público naturalmente possuem.

Mas o fato é que, quando se fala expressamente em constitucionalidade superveniente, o que se tem na jurisprudência do Supremo Tribunal Federal (inclusive, em precedentes do Plenário posteriores às ADIs 2869 e 2381) é, invariavelmente, a **rejeição a esse fenômeno**. Confira os seguintes julgados nesse sentido:

> "Ação Direta de Inconstitucionalidade. (...) **Substancial alteração do parâmetro de controle. Não ocorrência de prejuízo. Superação da jurisprudência da Corte acerca da matéria.** (...) A Lei estadual (...), **por ser inconstitucional ao tempo de sua edição, não poderia ser convalidada pela Emenda Constitucional nº 41/03. E, se a norma não foi convalidada, isso significa que a sua inconstitucionalidade persiste e é atual**, ainda que se refira a dispositivos da Constituição Federal que não se encontram mais em vigor, alterados que foram pela Emenda Constitucional nº 41/03. Superada a preliminar de prejudicialidade da ação, fixando o entendimento de, **analisada a situação concreta, não se assentar o prejuízo das ações em curso, para evitar situações em que uma lei que nasceu claramente inconstitucional volte a produzir, em tese, seus efeitos** (...)" **(ADIs 2189 e 2158, Rel. Min. DIAS TOFFOLI, Pleno, j. em 15/09/2010)** Vide ainda: ADIs 1835, 94, 2158, 2189, 239, 1333, 1835, 509; etc.
>
> "Ementa: RECURSO EXTRAORDINÁRIO – CONSTITUCIONALIDADE SUPERVENIENTE. **Em jogo constitucionalidade superveniente, impõe-se a sequência do recurso extraordinário."**
>
> **(RE 592152 AgR/SE; Relator(a): Min. RICARDO LEWANDOWSKI; Redator(a) do acórdão: Min. MARCO AURÉLIO; Julgamento: 18/04/2017; Publicação: 29/06/2018; Órgão julgador: Primeira Turma)**
>
> "(...) A figura das emendas parlamentares impositivas em matéria de orçamento público, tanto individuais como coletivas, foi introduzida no Estado de Roraima antes de sua previsão no plano federal, que só ocorreu com as ECs nº 86/2015 e 100/2019. (...) **Inexistência de constitucionalidade superveniente no Direito brasileiro.** (...)" **(ADI 6308, Pleno, Rel. Min. ROBERTO BARROSO, j. 06/06/2022)**

É interessante perceber que a rejeição à constitucionalidade superveniente é tão forte no Supremo Tribunal Federal que, no caso do RE 592152 AgR (transcrito acima), a condução do julgamento foi feita pela divergência aberta pelo Ministro Marco Aurélio (hoje aposentado), que costumava ter posicionamentos vencidos em muitos dos casos julgados pela Corte.

Portanto, o reconhecimento da convalidação de atos do poder público por emendas constitucionais supervenientes **não é o mesmo que constitucionalização superveniente**.

Ao menos até o presente momento, não se pode afirmar que o STF, por haver reconhecido a perda do objeto em ações de controle de constitucionalidade em virtude da superveniência de emendas constitucionais que alteraram o paradigma constitucional de controle e determinaram a manutenção dos atos impugnados na ação, admite a constitucionalidade superveniente. Mesmo porque, conforme acabamos de ver, **sempre que a Corte se refere, de forma literal e expressa, ao fenômeno da constitucionalidade superveniente, ela o faz, invariavelmente, para rejeitá-lo**, e fez isso em diversos precedentes ao longo de diferentes décadas.

Na verdade, o que ocorre é que a convalidação de atos por meio de emenda constitucional e a constitucionalização superveniente possuem o mesmo efeito prático, que é a manutenção no ordenamento jurídico do ato viciado. Mas isso não faz com que esses fenômenos sejam a mesma coisa, pois eles operam por mecanismos diferentes.

A constitucionalidade ou inconstitucionalidade é um fenômeno automático, ela se opera de pleno direito, pelo simples conflito entre o ato editado pelo poder público e a Constituição.

Já a convalidação é um fenômeno expresso em norma constitucional superveniente. É como se a nova norma trazida por uma emenda constitucional estivesse, ela mesma, constituindo uma nova situação jurídica, porém, com efeitos retroativos. E o interessante é que, ao operar efeitos retroativos, ela não fere direito adquirido, ato jurídico perfeito ou coisa julgada, pois está justamente mantendo no mundo jurídico situações que já existiam e tal qual existiam, sem modificar os fatos já consumados.

Portanto, enquanto a constitucionalidade superveniente, caso fosse admitida, seria um fenômeno implícito e automático, a convalidação depende de previsão expressa na norma constitucional. É o mesmo que ocorre na prorrogação, por uma nova Constituição, de disposições da Constituição anterior.

Para enriquecer a compreensão da questão, pode-se fazer a seguinte análise: a comparação entre convalidação e constitucionalização superveniente é semelhante à comparação entre repristinação e efeito repristinatório, pois também são fenômenos que têm efeitos práticos semelhantes, mas que operam de formas diferentes e possuem fundamentos diferentes.

A repristinação é um fenômeno tratado no art. 2º, § 3º, da LINDB (Lei de Introdução às Normas do Direito Brasileiro) e ocorre quando uma nova lei prevê, expressamente, que uma lei anterior que havia sido revogada pela lei que essa nova lei está agora revogando, volta a ter vigência. Na verdade, é como se a nova lei estivesse, ela mesma, inserindo no ordenamento jurídico disposições idênticas às contidas na lei que havia sido revogada pela lei que está agora sendo revogada.

A repristinação, portanto, é um fenômeno **legislativo** que envolve três normas diferentes: a nova norma, a norma que está sendo revogada pela nova norma e a norma que havia sido revogada pela norma que está agora sendo revogada. Além disso, ela não é automática, mas, sim, depende de previsão expressa na lei, e não opera no campo da validade da norma, e sim no campo de sua vigência, conforme decorre do art. 2º da LINDB, que diz que a lei tem vigência até que outra a modifique ou revogue.

Já o efeito repristinatório é um efeito automático (e implícito) da decisão de declaração de inconstitucionalidade e opera no campo da validade das normas.

O efeito repristinatório consiste no seguinte: quando uma decisão reconhece a inconstitucionalidade de uma determinada norma, isso faz com que a norma que havia sido revogada por essa norma declarada inconstitucional volte a ser aplicável. Isso ocorre por conta da adoção da teoria da nulidade como regra em nosso sistema de controle de constitucionalidade, pois, se o ato inconstitucional é nulo, ele é inválido desde a sua origem, de modo que não se pode reconhecer a ele a aptidão de produzir efeitos jurídicos, dentre os quais, a possibilidade de revogar normas anteriores a ele.

Portanto, enquanto a repristinação é um fenômeno legislativo, o efeito repristinatório é um fenômeno que ocorre no contexto do controle de constitucionalidade.

O efeito repristinatório da declaração de inconstitucionalidade, porém, pode ser afastado pela modulação dos efeitos da decisão de inconstitucionalidade, pois nesse caso a teoria da nulidade é temperada pela teoria da anulabilidade do ato inconstitucional.

Grosso modo, o reconhecimento da nulidade do ato inconstitucional acarreta um efeito prático semelhante a nunca ter esse ato existido no mundo jurídico. Consequentemente, as normas que ele pretendeu revogar são tidas como se nunca houvessem deixado de produzir seus efeitos próprios.

Como se pode perceber, o efeito repristinatório, ao contrário da repristinação, é automático (e, por isso, alguns o chamam de efeito repristinatório **tácito**) e envolve apenas duas normas: a norma inconstitucional e a norma que havia sido revogada por essa norma cuja inconstitucionalidade foi reconhecida. Além disso, em vez de operar no campo da vigência das normas, opera no campo da validade delas.

É interessante registrar, também, que, apesar de o efeito repristinatório decorrer naturalmente da eficácia *ex tunc* (retroativa) da declaração de inconstitucionalidade, o art. 11, §2º, da Lei 9.868/99 o prevê, igualmente, para a medida cautelar em ADI, apesar de essa decisão cautelar ter eficácia *ex nunc* (não retroativa).

> "**Art. 11, Lei 9.868/99.** Concedida a medida cautelar, o Supremo Tribunal Federal fará publicar em seção especial do Diário Oficial da União e do Diário da Justiça da União a parte dispositiva da decisão, no prazo de dez dias, devendo solicitar as informações à autoridade da qual tiver emanado o ato, observando-se, no que couber, o procedimento estabelecido na Seção I deste Capítulo.
>
> **§ 1º** A medida cautelar, dotada de eficácia contra todos, será concedida com efeito *ex nunc*, salvo se o Tribunal entender que deva conceder-lhe eficácia retroativa.
>
> **§ 2º** A concessão da medida cautelar torna aplicável a legislação anterior acaso existente, salvo expressa manifestação em sentido contrário."

Finalmente, qual posicionamento deve ser adotado nas provas?

Considerando tudo que vimos acima, principalmente, o fato de que o Supremo Tribunal Federal, sempre que se refere expressamente à constitucionalidade superveniente, faz isso para rejeitá-la, o mais seguro em provas de concursos é sustentar a impossibilidade desse fenômeno.

Nesse exato sentido, inclusive, posicionou-se o CESPE na prova objetiva do concurso para o cargo de Defensor Público do Estado de Alagoas realizado em 2017 (portanto, posteriormente aos precedentes do Supremo Tribunal Federal que envolveram convalidações de atos inválidos por emendas constitucionais), no qual, foi considerada incorreta a assertiva segundo a qual o STF admite a *"constitucionalidade superveniente de lei ordinária originalmente inconstitucional, por meio de emenda constitucional posterior"*.

Mas fica o **alerta**: quando se souber que o examinador de uma prova específica tem posicionamento no sentido de que a convalidação dos atos do poder público por emendas constitucionais caracteriza constitucionalização superveniente (como ocorreu na prova da residência jurídica da PGE/AM 2020), o ideal é seguir a orientação do examinador, para evitar prejuízos no concurso.

■ QUANTO À FORMA DE INCIDÊNCIA DO VÍCIO

Trata-se de mais uma classificação que leva em consideração apenas a inconstitucionalidade decorrente de um ato comissivo.

Quanto à forma de incidência do vício, a inconstitucionalidade **por ação** pode ser:

1) **Antecedente** (ou imediata): é aquela que incide diretamente no dispositivo legal que viola a Constituição.

2) **Consequente** (ou derivada ou consequencial): é o caso da inconstitucionalidade "por arrastamento" ou "por atração". Cuida-se da inconstitucionalidade que ocorre quando uma determinada norma não é inconstitucional à primeira vista, mas está vinculada a outra norma que tem um vício claro. Nesse caso, a norma que a princípio não é inconstitucional não tem razão de existir se for declarada a inconstitucionalidade da outra norma, de modo que a inconstitucionalidade desta última é arrastada para a aquela primeira e ambas são extirpadas do ordenamento jurídico. Segundo a definição encontrada na seção de Vocabulário Jurídico (Tesauro) do sítio eletrônico do Supremo Tribunal Federal, a inconstitucionalidade por arrastamento *"ocorre quando a declaração de inconstitucionalidade de uma norma impugnada se estende aos dispositivos normativos que apresentam com ela uma relação de conexão ou de interdependência. Nesses casos, as normas declaradas inconstitucionais servirão de fundamento de validade para aquelas que não pertenciam ao objeto da ação, em razão da relação de instrumentalidade entre a norma considerada principal e a dela decorrente."* Em resumo, nessa espécie de inconstitucionalidade, há uma norma que apresenta uma inconstitucionalidade antecedente e uma segunda norma que, por ter com a primeira uma relação de conexão ou interdependência, torna-se inconstitucional por arrastamento. Vejamos o que diz a jurisprudência do STF a esse respeito:

> "(...) Segundo a jurisprudência dessa Corte, na hipótese de determinada norma constituir fundamento de validade para outro preceito normativo, a inconstitucionalidade daquela implica a invalidade, **por arrastamento**, desse. (...)" **(STF, RE 631698 AgR, Rel. Min. Ricardo Lewandowski, Segunda Turma, j. em 22/05/2012)**

Portanto, na inconstitucionalidade por arrastamento, há duas normas envolvidas, sendo uma norma o fundamento de validade (ou a razão de existir) do outro preceito normativo, de modo que não há sentido na existência de um sem o outro. Nesse contexto, se a norma que é fundamento de validade de outra norma é inconstitucional, esta última norma também o é (portanto, arrasta-se, da primeira norma para a segunda, a inconstitucionalidade).

A inconstitucionalidade por arrastamento pode ocorrer entre dispositivos de um mesmo diploma normativo ou entre dispositivos de diplomas normativos diferentes. Por exemplo, se é declarada a inconstitucionalidade de uma lei, o regulamento dessa lei também deve ser retirado do mundo jurídico.

Quando a inconstitucionalidade por arrastamento se verifica entre dispositivos de mesmo patamar hierárquico (por exemplo, normas previstas em uma mesma lei), ela é chamada de **horizontal** e, quando se verifica entre dispositivos entre os quais há uma dependência hierárquica (por exemplo, uma norma prevista em uma lei e outra prevista no decreto que regulamenta essa lei), é chamada de **vertical**.

TIPOS DE CONTROLE DE CONSTITUCIONALIDADE

É possível classificar o controle de constitucionalidade em diferentes tipos, levando em consideração os seguintes critérios:

a) Quanto ao momento ou oportunidade do controle;

b) Quanto à concentração; e

c) Quanto à natureza.

▪ QUANTO AO MOMENTO OU OPORTUNIDADE DO CONTROLE

Quanto ao momento ou oportunidade do controle, ele pode ser:

1) **Preventivo**: é aquele que incide ainda na fase legislativa, isto é, durante a produção (elaboração) da norma. Aqui, fala-se ainda em projeto de lei, mas não em lei.

2) **Repressivo**: é o que ocorre após a fase de elaboração da norma, isto é, quando ela já se encontra no direito positivo.

▪ QUANTO À CONCENTRAÇÃO

Quanto à concentração, o controle pode ser:

1) Controle **difuso**: é o que é exercido por vários juízes e tribunais.

2) Controle **concentrado**: é o que é exercido por um único órgão (ele se concentra em um único órgão). No Brasil, o controle concentrado é realizado pelo STF (quando o parâmetro constitucional de controle é a Constituição Federal) ou por um Tribunal de Justiça (quando o parâmetro constitucional de controle é a Constituição Estadual respectiva).

■ QUANTO À NATUREZA

Quanto à natureza, o controle pode ser:

1) Controle **concreto**: é aquele que é feito na análise de um caso concreto, envolvendo autor e réu (a exemplo do famoso caso *Marbury vs. Madison*).

2) Controle **abstrato**: é aquele em que não há um caso concreto. Nesse caso, o ato submetido a controle é examinado em tese. Cuida-se do modelo austríaco.

SISTEMAS DE CONTROLE DE CONSTITUCIONALIDADE

Os sistemas de controle de constitucionalidade são os seguintes:

a) Político;

b) Jurisdicional;

c) Misto.

■ CONTROLE POLÍTICO

É aquele exercido por um órgão de natureza política, portanto, não pelo Poder Judiciário.

■ CONTROLE JURISDICIONAL

É o controle exercido por um órgão judicial, isto é, pelo Poder Judiciário.

■ CONTROLE MISTO (OU HÍBRIDO)

O controle misto é aquele que envolve elementos políticos e judiciais, podendo ser assim caracterizado em virtude de um de três motivos diferentes, a saber:

a) Pela **natureza da norma impugnada**: nesse caso, as normas gerais são entregues ao controle político e as normas locais são entregues ao controle judicial (configurando-se, assim, um sistema misto de controle de constitucionalidade).

b) Pela **composição do órgão de controle**: nesse caso, considera-se o controle misto quando o tribunal constitucional encarregado do controle tem uma composição mista, sendo ele integrado por juízes e por membros indicados por meio de um mecanismo político.

c) Pela **convivência de diversos mecanismos de controle**: é o sistema que conjuga mecanismos de controle político com mecanismos de controle judicial, como é o caso do sistema brasileiro, que, além de conjugar mecanismos judiciais com mecanismos políticos de controle, combina mecanismos de controle preventivo com mecanismos de controle repressivo. No Brasil, portanto, o controle é misto sob esse ponto de vista.

NATUREZA DO ATO INCONSTITUCIONAL

Qual é a **natureza jurídica** de uma norma inconstitucional?

Há diversas correntes doutrinárias sobre isso. Para fins de provas de concursos, o que interessa são as seguintes linhas de pensamento:

I) **1ª corrente**: entende que o ato inconstitucional é **nulo (teoria da nulidade)**. Essa é a teoria adotada no constitucionalismo norte-americano.

II) **2ª corrente**: entende que o ato inconstitucional é **anulável (teoria da anulabilidade)**. Essa é a teoria adotada no constitucionalismo austríaco ou kelseniano.

III) **3ª corrente**: entende que o ato inconstitucional é **inexistente**.

No Brasil, adota-se a **teoria da nulidade** como regra, mas são admitidas algumas exceções (ou temperamentos) em direção à tese da anulabilidade, o que ocorre em virtude da possibilidade de modulação dos efeitos da declaração de inconstitucionalidade, conforme estudaremos em momento oportuno.

PARÂMETROS DO CONTROLE DE CONSTITUCIONALIDADE

Quais são os parâmetros utilizados no controle de constitucionalidade?

O controle de constitucionalidade é uma tarefa realizada a partir de dois parâmetros, que são os seguintes:

1) **Parâmetro superior**: é a Constituição, isto é, é a norma constitucional que serve como critério de análise da constitucionalidade do ato impugnado. Muitos autores se referem ao parâmetro superior como paradigma de controle ou simplesmente como parâmetro de controle. Portanto, se o examinador, na prova, utilizar alguma dessas expressões sem fazer qualquer diferenciação, saiba que ele está se referindo à norma constitucional tida como violada.

2) **Parâmetro inferior**: é o ato impugnado por violar alguma disposição da Constituição. Cuida-se do que se costuma chamar de objeto do controle, e pode consistir em uma ação (um fazer) ou uma omissão (um não fazer). Essa ação ou omissão pode ser algo normativo, isto é, do mundo do direito (como uma lei inconstitucional ou a ausência de elaboração de uma lei), ou algo material, isto é, uma conduta inconstitucional (como a conduta comissiva de mandar prender alguém fora das hipóteses autorizadas pela Constituição ou a conduta omissiva de deixar de oferecer vagas no ensino fundamental).

No que se refere aos aspectos puramente normativos (isto é, relativos às normas existentes no direito positivo), o parâmetro superior é a Constituição e o parâmetro inferior são as leis e demais atos do poder público.

Essa divisão entre parâmetro superior e parâmetro inferior, inclusive, pode ser extraída da pirâmide normativa elaborada por Hans Kelsen para representar o ordenamento jurídico, na qual, a Constituição ocupa o topo, estando as leis logo abaixo dela e os demais atos do poder público logo abaixo das leis. Como se pode perceber, no esquema kelseniano, as normas superiores (parâmetro superior) servem de fundamento de validade para as normas inferiores (parâmetro inferior), não podendo estas contrariar aquelas.

Nessa linha de raciocínio, tudo que se encontra abaixo da Constituição tem de apresentar conformidade com ela. Esse é o **princípio da compatibilidade vertical.**

Além disso, a análise da constitucionalidade de um ato infraconstitucional deve ser feita levando-se em conta a norma constitucional que estava em vigor quando esse ato foi praticado. Cuida-se, aí, do **princípio da contemporaneidade**.

A relação entre o parâmetro superior e o parâmetro inferior no controle de constitucionalidade é regida por esses dois princípios (compatibilidade vertical e contemporaneidade).

■ BLOCO DE CONSTITUCIONALIDADE

O parâmetro normativo superior, como vimos, é a Constituição. Mas o que se deve entender como Constituição? Isto é, **quais são as normas do ordenamento jurídico que podem servir como paradigma de controle?** É apenas o texto constitucional expressamente escrito ou há algo mais?

A doutrina e a jurisprudência vêm trabalhando com a ideia de que o parâmetro superior do controle de constitucionalidade (isto é, o que se chama de Constituição) projeta-se para além do mero texto constitucional escrito, abrangendo mais do que isso. Aqui entra em cena o tema do **"bloco de constitucionalidade"**.

O chamado bloco de constitucionalidade é o catálogo de normas que podem ser utilizadas como parâmetro superior (ou paradigma normativo superior) para a aferição da constitucionalidade ou inconstitucionalidade de uma lei ou ato normativo inferior.

A ideia de bloco de constitucionalidade é uma construção doutrinária, tendo surgido na França, inclusive, com a contribuição da jurisprudência. Segundo os doutrinadores, o marco da construção da ideia de bloco de constitucionalidade foi uma decisão do Conselho Constitucional Francês datada de 16 de julho de 1971 que tratou da liberdade de associação, elevando-a ao patamar de princípio fundamental.

Na França, foi seguida a linha de pensamento do constitucionalista francês Louis Favoreu (que foi quem criou a expressão "bloco de constitucionalidade"), adotando-se uma definição bastante ampla do bloco de constitucionalidade, de modo que este abrange, até mesmo, normas que não integram o texto constitucional, mas dele decorrem por refletirem valores constitucionais. A ideia francesa de bloco de constitucionalidade, portanto, engloba todas as normas com *status* materialmente constitucional. Cuida-se de uma concepção (ou teoria) **ampliativa**.

Já no Brasil, na linha das ideias do constitucionalista português J. J. Gomes Canotilho, não vem sendo adotada (inclusive no STF) uma concepção tão ampla, pois, no direito brasileiro, o bloco de constitucionalidade compreende apenas normas com *status* formalmente constitucional (ainda que sejam normas implícitas) e que possam ser empregadas como parâmetro de controle de constitucionalidade (isto é, normas dotadas de parametricidade). Trata-se de uma concepção (ou teoria) **restritiva**.

Portanto, enquanto o direito francês adota uma concepção ampliativa do bloco de constitucionalidade, o direito brasileiro adota uma concepção restritiva.

O bloco de constitucionalidade (no Brasil) não se esgota nos dispositivos formais da parte dogmática da Constituição, ele não abrange apenas o texto escrito. O bloco de constitucionalidade, na verdade, além do texto escrito, abrange também o espírito, os princípios, os valores da Constituição. Ele engloba as normas explícitas e implícitas (tais como determinados princípios, a exemplo do princípio da proporcionalidade) do texto permanente da Constituição, do ADCT, dos textos de emendas constitucionais que não foram incorporados ao texto constitucional principal, dos tratados internacionais sobre direitos humanos incorporados nos termos do art. 5º, § 3º, da CF/88.

Mas não há uma uniformidade doutrinária sobre qual é o preciso conteúdo do bloco de constitucionalidade. Inclusive, há até mesmo quem negue a existência de um bloco de constitucionalidade, há quem diga que o parâmetro superior se restringe ao texto escrito da Constituição e nada mais. Há também quem diga que as normas do ADCT só fazem parte do bloco de constitucionalidade se sua eficácia ainda não estiver exaurida. Enfim, existe uma discussão doutrinária sobre o tema.

No Brasil, é possível afirmar – conforme a doutrina, a jurisprudência dominante e as bancas de concurso – que o nosso bloco de constitucionalidade (isto é, o nosso parâmetro superior de controle de constitucionalidade) é formado por:

1) **O texto vigente da CF/88**: são as normas originárias da CF/88 e que ainda estão em vigor, as normas que foram acrescentadas pelas emendas constitucionais, as normas que foram acrescentadas pelas emendas constitucionais de revisão. Aqui estão abrangidas tanto as normas explícitas quanto as normas implícitas do texto constitucional.

2) **As disposições autônomas das emendas constitucionais não incorporadas ao texto principal da Constituição**: embora isso não ocorra em todas as emendas, há disposições constitucionais que não foram incluídas no texto principal da Constituição, permanecendo nas emendas constitucionais de forma autônoma.

3) **Os tratados internacionais sobre direitos humanos aprovados na forma do art. 5º, § 3º, da CF/88 (os quais são equivalentes às emendas constitucionais)**: em virtude do seu *status* constitucional, também integram o bloco de constitucionalidade.

4) **Os princípios, direitos e garantias fundamentais implícitos (mencionados no art. 5º, § 2º, da CF/88)**: segundo o art. 5º, § 2º, da CF/88, *"os direitos e garantias expressos nesta Constituição não excluem outros decorrentes do regime*

e dos princípios por ela adotados, ou dos tratados internacionais em que a República Federativa do Brasil seja parte", e isso também integra o nosso bloco de constitucionalidade.

5) **O espírito e os valores da CF/88**: esse entendimento foi adotado na ADI 595, relatada pelo Min. Celso de Mello, que fez constar essa abrangência do bloco de constitucionalidade em sua decisão monocrática, datada de 2002. Note, a propósito, que o espírito e os valores constitucionais podem, inclusive, estar referidos no preâmbulo da Constituição. Mas **cuidado!** Lembre-se que o preâmbulo não tem força normativa por si só, não pode ser fonte de declaração de inconstitucionalidade, não integrando, portanto, o bloco de constitucionalidade. Porém, pode haver referência, no preâmbulo, a valores e ao espírito da CF/88, os quais integram o nosso bloco de constitucionalidade, conforme asseverou o Min. Celso de Mello na referida decisão monocrática proferida na ADI 595.

6) **As normas do ADCT**: em relação a essas normas, há entendimento bastante difundido na doutrina de que apenas aquelas cuja eficácia ainda não tenha sido exaurida integram o bloco de constitucionalidade.

Por outro lado, **não integram o nosso bloco de constitucionalidade** o que a doutrina chama de **normas constitucionais interpostas**. E o que são normas constitucionais interpostas? Isso foi explicado pelo Ministro Gilmar Mendes, ao proferir voto no seguinte caso:

> "Zagrebelsky afirma, por outro lado, que, se as normas constitucionais fizerem **referência expressa a outras disposições normativas**, a violação constitucional pode advir da afronta a essas outras normas, as quais, muito embora não sejam formalmente constitucionais, vinculam os atos e procedimentos legislativos, constituindo-se **normas constitucionais interpostas** (Zagrebelsky, Gustavo. La giustizia costituzionale. Bologna, Mulino, 1979, p.40-41)." **(STF: MS 32033 MC, j. em 24/04/2013; SS 3758, j. em 23/04/2009; MS 26915 MC, j. em 08/10/2007)**

Nesse precedente, o Min. Gilmar Mendes esclareceu o que são as normas constitucionais interpostas e afirmou ser possível falar em ofensa à Constituição quando violada uma norma constitucional interposta.

Ocorre, porém, que há ampla jurisprudência do Supremo Tribunal Federal em sentido contrário ao que defendeu o Min. Gilmar Mendes nesse caso. **A jurisprudência do STF entende ser incabível controle de constitucionalidade quando há violação apenas de norma interposta.** Entende a jurisprudência da Suprema Corte que, nesse caso, há violação meramente reflexa ou indireta da Constituição. Confira o julgado abaixo nesse sentido:

> "(...) Não cabe controle abstrato de constitucionalidade por violação de norma infraconstitucional interposta, sem ocorrência de ofensa direta à Constituição Federal. (...) **Ação direta de inconstitucionalidade não conhecida.**" **(ADI 2122, Rel. Min. ILMAR GALVÃO, Pleno, j. em 04/05/2000)** – Vide ainda: ADI 2344 QO, Rel. Min. CELSO DE MELLO, Pleno, j. em 23/11/2000.

Portanto, **normas constitucionais interpostas não integram o bloco de constitucionalidade no Brasil**, e, nessa linha de raciocínio, quando a violação à Constituição é meramente reflexa (ou indireta), o Supremo Tribunal Federal não admite o controle de constitucionalidade, pois, nessa hipótese, a disposição diretamente violada é, na verdade, a da norma interposta, e não a da Constituição.

Importante registrar que esse entendimento se aplica não apenas ao controle concentrado abstrato, mas também ao controle difuso concreto, pois o STF não admite a interposição de recurso extraordinário (que é instrumento de controle difuso concreto de constitucionalidade) quando a violação à Constituição é meramente reflexa. Veja esse entendimento no seguinte julgado:

> "(...) EVENTUAL **VIOLAÇÃO REFLEXA DA CONSTITUIÇÃO DA REPÚBLICA** NÃO VIABILIZA O RECURSO EXTRAORDINÁRIO. (...) 1. **Obstada a análise da suposta afronta ao preceito constitucional invocado, porquanto dependeria de prévia análise da legislação infraconstitucional aplicada à espécie, procedimento que foge à competência jurisdicional extraordinária desta Corte Suprema, nos termos do art. 102 da Magna Carta.** 2. As razões do agravo não se mostram aptas a infirmar os fundamentos que lastrearam a decisão agravada, principalmente no que se refere à ausência de ofensa a preceito da Constituição da República. (...) **(ARE 1210061 AgR/AL; Relator(a): Min. ROSA WEBER; J. 27/03/2020; Primeira Turma)**

■ CONTROLE DE CONSTITUCIONALIDADE POR VIOLAÇÃO A NORMA DE REGIMENTO INTERNO DE CASA LEGISLATIVA

No Tema de Repercussão Geral nº 1.120 **(RE 1.297.884, j. 14/06/2021)**, o Supremo Tribunal Federal se manifestou sobre a seguinte questão: é possível falar em inconstitucionalidade formal de uma lei em virtude de, no seu processo legislativo, ter sido inobservada alguma regra do regimento interno da Casa Legislativa (ou mesmo por ter havido alguma discordância entre os Parlamentares a respeito da correta aplicação ou interpretação dessa regra)?

Segundo entendeu o STF, **não**.

De acordo com a Corte, não cabe ao Poder Judiciário realizar controle sobre a aplicação e/ou interpretação de normas internas (como é o caso do regimento interno) do Poder Legislativo, sob pena de violação à separação dos Poderes. O STF esclareceu que, a menos que haja ofensa a alguma norma da Constituição Federal, essa questão (a aplicação e interpretação do regimento interno de um Poder) é *interna corporis*, não podendo sofrer a intromissão dos demais Poderes da República.

Portanto, segundo o Supremo Tribunal Federal, inexiste inconstitucionalidade formal (e, consequentemente, não é possível haver controle de constitucionalidade) por violação a regra de tramitação legislativa prevista unicamente em regimento interno de Casa Legislativa.

Nos termos da tese fixada pelo STF nesse precedente, *"em respeito ao princípio da separação dos poderes, previsto no art. 2º da Constituição Federal, quando não caracterizado o desrespeito às normas constitucionais pertinentes ao processo legislativo, é defeso ao Poder Judiciário exercer o controle jurisdicional em relação à interpretação do sentido e do alcance de normas meramente regimentais das Casas Legislativas, por se tratar de matéria interna corporis".*

Na verdade, para que seja possível falar em inconstitucionalidade (seja ela formal ou material), é indispensável que a norma apontada como violada (isto é, o paradigma de controle) seja uma norma da Constituição, de modo que, para o reconhecimento, por exemplo, de uma inconstitucionalidade formal propriamente dita, é necessário que fique caracterizada uma ofensa a alguma norma constitucional disciplinadora da tramitação das proposições legislativas, não bastando, para tal fim, que tenha sido inobservada (ou incorretamente interpretada) uma norma regimental interna do Poder Legislativo, a qual nem mesmo possui *status* constitucional, sendo, portanto, incabível falar em inconstitucionalidade em virtude de sua violação.

■ CONTROLE DE CONSTITUCIONALIDADE REALIZADO COM BASE EM PARÂMETROS ESTRANGEIROS

Vimos o que são os parâmetros superior e inferior do controle de constitucionalidade brasileiro. Vimos, também, que esses parâmetros são normas editadas pelo povo e pelo Estado brasileiro no exercício de sua soberania.

Agora, o questionamento que precisamos enfrentar é o seguinte: é possível que o Poder Judiciário brasileiro realize controle de constitucionalidade com base em parâmetros estrangeiros? Em outras palavras: **pode-se falar em controle de constitucionalidade exercido no Brasil a partir do confronto entre normas constitucionais e infraconstitucionais criadas por Estado estrangeiro?**

Essa pergunta pode causar estranheza, porque foge à lógica da teoria geral do Estado, segundo a qual, todo Estado se organiza a partir de três elementos constitutivos básicos, quais sejam, povo, poder e território, de modo que cogitar o exercício do poder estatal (no caso, manifestado pelo controle de constitucionalidade) a partir de normas editadas por outro Estado parece subverter a essência da própria ideia de Estado.

Mas, na jurisprudência do Supremo Tribunal Federal, é possível encontrar uma hipótese excepcional de controle de constitucionalidade exercido a partir de normas estrangeiras. É uma situação em que tanto o parâmetro superior (o paradigma constitucional de controle) quanto o parâmetro inferior (o objeto) são oriundos de Estado estrangeiro, ou seja, são fruto do exercício da soberania de outro povo.

Essa situação excepcional ocorre em caso de **extradição**, que é um instrumento de cooperação internacional por meio do qual um Estado solicita a outro a entrega de uma pessoa com a finalidade de aplicação da legislação penal, seja para executar uma condenação já imposta, seja para viabilizar a investigação e/ou a instrução processual, conforme decorre do art. 83, II, da Lei de Migração.

Nos termos da Lei de Migração (Lei 13.445/2017), a extradição exige, para que o pedido apresentado pelo país requerente seja acolhido, a prévia existência de um tratado de extradição entre os Estados envolvidos ou, caso não haja um tratado de extradição, a apresentação de uma promessa de reciprocidade pelo Estado que solicita a extradição.

Também segundo a Lei de Migração, o pedido de extradição deve ser submetido à apreciação do Supremo Tribunal Federal, que analisará se os requisitos exigidos pelo ordenamento jurídico brasileiro para o acolhimento do pedido extradicional estão presentes.

Dessa forma, nos casos em que não existe tratado de extradição entre os países envolvidos, o STF deve analisar a validade da promessa de reciprocidade apresentada pelo Estado requerente, e faz isso cotejando-a com a Constituição desse Estado, pois esta é o fundamento de validade dos atos estatais lá editados. Há, nessa situação, portanto, um controle de constitucionalidade realizado pelo Supremo Tribunal Federal a partir de uma Constituição estrangeira e de uma norma infraconstitucional também estrangeira.

Esse cenário se verificou na década de 1990, em um pedido de extradição apresentado pelo Estado italiano ao Estado brasileiro. Nessa época, não havia em nosso ordenamento jurídico tratado de extradição entre Brasil e Itália (que apenas veio a ser incorporado posteriormente), e o Supremo Tribunal Federal, apreciando o pedido de extradição, analisou a validade da promessa de reciprocidade apresentada pela Itália, cotejando-a com a Constituição Italiana. No caso, a Corte concluiu pela impossibilidade de se acolher o pedido, pois a promessa de reciprocidade não era válida, já que, a partir de uma análise da Constituição da Itália, caso as posições fossem invertidas (o Brasil requerendo à Itália uma extradição nos mesmos termos), o pedido não poderia ser acolhido pelo Estado italiano.

Confira a ementa desse precedente:

> "(...) III. Extradição de brasileiro e **promessa de reciprocidade do Estado requerente: invalidade desta, a luz da Constituição Italiana, que o STF pode declarar**. (...) A **validade e a consequente eficácia da promessa de reciprocidade** ao Estado requerido, em que fundado o pedido de extradição, pressupõem que, **invertidos os papeis, o ordenamento do Estado requerente lhe permita honra-la**: (...) não é o caso da Itália, quando se cuida de extraditando brasileiro, pois, o art. 26 da Constituição Italiana só admite a extradição do nacional italiano quando expressamente prevista pelas convenções internacionais, o que não ocorre na espécie. (...) **Inquestionáveis o teor e a vigência do preceito constitucional italiano** (art. 26, I), que só admite a extradição de nacionais, por força de convenção internacional, compete exclusivamente ao Supremo Tribunal Federal, juiz da extradição passiva, no Brasil, julgar da **invalidade, perante a ordem jurídica do Estado requerente, da promessa de reciprocidade** em que baseado o pedido, a fim de negar-lhe a eficácia extradicional pretendida: desnecessidade de diligencia a respeito." **(Ext 541/EU; J. 07/11/1992; Pleno)**

Portanto, é possível, no Brasil, o controle de constitucionalidade de ato estatal estrangeiro em confronto com Constituição também estrangeira.

SISTEMA BRASILEIRO DE CONTROLE DE CONSTITUCIONALIDADE

Atualmente, o sistema brasileiro de controle de constitucionalidade apresenta o seguinte **panorama geral**:

1) Há mecanismos de **controle preventivo**; e

2) Há mecanismos de **controle repressivo**.

Tanto no controle preventivo quanto no controle repressivo há mecanismos de **controle político** e de **controle judicial**.

Portanto, há, no Brasil:

a) Controle de constitucionalidade **preventivo e político**;

b) Controle de constitucionalidade **preventivo e judicial**;

c) Controle de constitucionalidade **repressivo e político**; e

d) Controle de constitucionalidade **repressivo e judicial**.

Como se pode perceber, é incorreta a afirmação segundo a qual o controle de constitucionalidade no Brasil é unicamente repressivo judicial, pois, ao lado dele, temos mecanismos de controle preventivo judicial, preventivo político e repressivo político.

> No momento em que é exercido o controle preventivo (seja ele político ou judicial), não há presunção de constitucionalidade do objeto controlado, porque a presunção de constitucionalidade é da lei ou da emenda constitucional, e não de projeto de lei ou de proposta de emenda à Constituição. A presunção de constitucionalidade é da norma já formada (já existente), de modo que essa presunção só é considerada no controle repressivo.

MECANISMOS DE CONTROLE PREVENTIVO POLÍTICO

Os mecanismos de controle preventivo político são os seguintes:

1) **Comissões de Constituição e Justiça (CCJs) das Casas Legislativas**: elas examinam se o projeto de lei está ou não em conformidade com a Constituição.

2) **Veto por inconstitucionalidade**: o Poder Executivo, ao examinar o projeto, sanciona ou veta, podendo o veto se dar por contrariedade ao interesse público ou por inconstitucionalidade. Neste último caso, cuida-se de um mecanismo preventivo e político de controle de constitucionalidade.

3) **Análise do Legislativo sobre o veto por inconstitucionalidade**: se ocorre o veto por inconstitucionalidade, o Legislativo analisa esse veto, o que consubstancia outro mecanismo de controle preventivo político de constitucionalidade.

4) **Rejeição de projeto de lei delegada por motivo de inconstitucionalidade**: para a elaboração de uma lei delegada, o Presidente da República pede a delegação ao Legislativo, o qual pode prever a submissão da lei elaborada pelo Chefe do Executivo ao exame do Parlamento, situação em que o Presidente elabora o projeto de lei delegada e o remete ao Legislativo, o qual, ao examiná-lo, pode rejeitá-lo por motivo de inconstitucionalidade.

Já que, na fase de elaboração da norma (na qual é possível o controle preventivo), não há presunção de constitucionalidade, em caso de dúvida sobre a compatibilidade de um projeto de lei com a Constituição, ele deve, em um cenário ideal, ser rejeitado pela CCJ ou, ao menos, vetado pelo Executivo. E, por esse mesmo motivo (ausência de presunção de constitucionalidade), o Parlamento deve manter o veto, quando este se fundamenta em razões de inconstitucionalidade ou de suspeita de inconstitucionalidade.

MECANISMOS DE CONTROLE PREVENTIVO JUDICIAL

Existe mecanismo de controle de constitucionalidade preventivo judicial?

Discutiu-se muito isso na Assembleia Nacional Constituinte de 87/88, tendo havido a sugestão de previsão de um instrumento específico para que o STF pudesse analisar projetos de lei, mas isso não foi adiante. Portanto, **em regra**, não há controle de constitucionalidade preventivo em sede judicial.

No entanto, **excepcionalmente**, o Supremo Tribunal Federal admite hipóteses de controle realizado pelo Poder Judiciário preventivamente.

É o caso do mandado de segurança impetrado por Parlamentar em face da tramitação de projeto de lei ou de proposta de emenda à Constituição em determinadas situações. Isso é admitido pelo STF desde a década de 1980, e, já sob a égide da CF/88, houve vários casos de mandados de segurança impetrados por Parlamentares em face da tramitação de proposta de emenda ou de projeto de lei que foram admitidos pela Suprema Corte.

Mas é necessário ter **cuidado** com essa hipótese, pois esse mecanismo de controle preventivo judicial apenas é possível quando há uma inconstitucionalidade nos seguintes termos:

1) Em caso de **proposta de emenda**, a inconstitucionalidade pode ser formal ou material para que o controle preventivo judicial seja possível. Aqui, é necessário registrar que o vício material de uma PEC se configura quando (e apenas quando) a proposição é tendente a abolir alguma cláusula pétrea, conforme prevê o art. 60, § 4º, da CF/88. Esse dispositivo veda a própria deliberação sobre a proposta quando se trata de PEC que possui conteúdo tendente a abolir uma cláusula pétrea (ou seja, nesse caso, é proibido que o procedimento de elaboração da norma se desenvolva), e, por esse motivo, o Supremo Tribunal Federal refere-se a essa situação como violadora do devido processo legislativo, muito embora envolva uma análise acerca do conteúdo da proposição.
2) Em caso de **projeto de lei**, apenas um vício formal (ou seja, uma violação ao devido processo legislativo) permite a impetração de mandado de segurança como mecanismo de controle de constitucionalidade judicial preventivo.

O vício formal que permite o controle de constitucionalidade preventivo judicial, tanto na proposta de emenda quanto no projeto de lei, deve ser um vício formal relacionado ao devido processo legislativo constitucionalmente previsto, **não podendo ser uma violação meramente regimental**. Dessa forma, se a irregularidade verificada no caso concreto for a inobservância de alguma disposição do Regimento Interno da Câmara dos Deputados ou do Senado Federal ou mesmo do Regimento Comum do Congresso Nacional, não será cabível o controle preventivo em questão, pois nessa hipótese não haverá violação ao texto constitucional, mas tão somente a uma norma interna do Poder Legislativo.

Um resumo de tudo isso pode ser encontrado no seguinte trecho do voto do Min. Teori Zavascki no MS 32033:

"(...) É sabido que nosso sistema constitucional **não prevê nem autoriza o controle de constitucionalidade de meros projetos normativos**. A jurisprudência desta Corte Suprema está firmemente consolidada na orientação de que, em regra, devem ser rechaçadas as demandas judiciais com tal finalidade. (...) Somente em **duas situações** a jurisprudência do STF abre exceção a essa regra: a primeira, quando se trata de Proposta de Emenda à Constituição – PEC que seja manifestamente ofensiva a cláusula pétrea; e a segunda, em relação a projeto de lei ou de PEC em cuja tramitação for verificada **manifesta ofensa a alguma das cláusulas constitucionais que disciplinam o correspondente processo legislativo**. Nos dois casos, as justificativas para excepcionar a regra estão claramente definidas na jurisprudência do Tribunal: em ambos, **o vício de inconstitucionalidade está diretamente relacionado a aspectos formais e procedimentais da atuação legislativa.** (...)" **(Voto do Min. Teori Zavascki, rel. p/acórdão do MS 32033, j. em 20/06/2013)**

O acórdão desse caso recebeu a seguinte ementa:

"(...) 1. Não se admite, no sistema brasileiro, o controle jurisdicional de constitucionalidade material de projetos de lei (controle preventivo de normas em curso de formação). **O que a jurisprudência do STF tem admitido, como exceção, é "a legitimidade do parlamentar - e somente do parlamentar - para impetrar mandado de segurança com a finalidade de coibir atos praticados no processo de aprovação de lei ou emenda constitucional incompatíveis com disposições constitucionais que disciplinam o processo legislativo" (MS 24.667, Pleno, Min. Carlos Velloso, DJ de 23.04.04).** Nessas excepcionais situações, em que o vício de inconstitucionalidade está diretamente relacionado a aspectos formais e procedimentais da atuação legislativa, a impetração de segurança é admissível, segundo a jurisprudência do STF, porque visa a corrigir vício já efetivamente concretizado no próprio curso do processo de formação da norma, antes mesmo e independentemente de sua final aprovação ou não. 2. **Sendo inadmissível o controle preventivo da constitucionalidade material das normas em curso de formação, não cabe atribuir a parlamentar, a quem a Constituição nega habilitação para provocar o controle abstrato repressivo, a prerrogativa, sob todos os aspectos mais abrangente e mais eficiente, de provocar esse mesmo controle antecipadamente, por via de mandado de segurança.** 3. A prematura intervenção do Judiciário em domínio jurídico e político de formação dos atos normativos em curso no Parlamento, além de universalizar um sistema de controle preventivo não admitido pela Constituição, subtrairia dos outros Poderes da República, sem justificação plausível, a prerrogativa constitucional que detém de debater e aperfeiçoar os projetos, inclusive para sanar seus eventuais vícios de inconstitucionalidade. **Quanto mais evidente e grotesca possa ser a inconstitucionalidade material de projetos de leis, menos ainda se deverá duvidar do exercício responsável do papel do Legislativo, de negar-lhe aprovação, e do Executivo, de apor-lhe veto, se for o caso.** Partir da suposição contrária significaria menosprezar a seriedade e o senso de responsabilidade desses dois Poderes do

> Estado. E se, eventualmente, um projeto assim se transformar em lei, sempre haverá a possibilidade de provocar o controle repressivo pelo Judiciário, para negar-lhe validade, retirando-a do ordenamento jurídico. (...)" **(MS 32033/DF; Relator(a): Min. GILMAR MENDES; Relator(a) p/ Acórdão: Min. TEORI ZAVASCKI; J. 20/06/2013; Tribunal Pleno)**

Os aspectos mais importantes já decididos pelo STF sobre o mandado de segurança que pode servir como mecanismo de controle de constitucionalidade preventivo judicial são, resumidamente, os seguintes:

1) Só pode ser impetrado **por parlamentar**, não por terceiro (MS 23328; MS 24667 AgR).
2) Visa corrigir **violação do procedimento formal constitucionalmente previsto** para a elaboração de leis ou emendas (MS 24667 AgR).
3) **Não cabe** se a violação é apenas de normas **regimentais** (MS 22503).
4) Quando se trata de **projeto de lei o controle é apenas formal**, não material (MS 32033).
5) No caso das **propostas de emenda, também é possível corrigir risco de violação a cláusula pétrea**, o que caracteriza um **controle de natureza material**, muito embora, também nesse caso, o STF afirme que o vício diz respeito ao processo legislativo (MS 20257; MS 24667 AgR).
6) Deve ser **extinto sem julgamento de mérito caso o impetrante deixe de ser parlamentar** por qualquer motivo (MS 33.444).

Esses são os principais aspectos que têm sido cobrados pelas bancas examinadoras, como ocorreu no concurso para o cargo de Juiz Substituto do TJ/SP realizado pela VUNESP em 2015. Nessa prova, foi apresentada a seguinte situação hipotética: *"por meio de mandado de segurança preventivo, Vereador pretende obter ordem judicial obstando a tramitação de projeto de lei municipal que disciplina, no âmbito do Município, como deve ser ministrado o ensino religioso"*. A partir desse anunciado, a questão apresentou diferentes alternativas de resposta, e a considerada correta foi a que dizia que *"não é cabível o controle preventivo de constitucionalidade material das normas em curso de formação"*.

De fato, conforme vimos, quando se trata de lei não é cabível controle de constitucionalidade preventivo em relação ao conteúdo (isto é, não é cabível controle de constitucionalidade material preventivo). O controle de constitucionalidade material preventivo é admitido pelo STF apenas em relação a proposta de emenda constitucional tendente a abolir cláusula pétrea. No entanto, tanto no caso de vício formal (em PEC e em projeto de lei) quanto no caso de PEC com conteúdo tendente a abolir cláusula pétrea, o Supremo Tribunal Federal diz que o vício verificado é de violação ao devido processo legislativo constitucional, o que não deixa de estar certo, pois, em relação às PECs violadoras de cláusulas pétreas, ainda que o controle preventivo de constitucionalidade envolva a análise do conteúdo da proposição legislativa, o art. 60, § 4º, da CF/88 veda a própria deliberação sobre a proposta, ou seja, veda que o próprio processo legislativo se desenvolva.

MECANISMOS DE CONTROLE REPRESSIVO POLÍTICO

O controle repressivo, conforme já antecipamos, pode ser político ou judicial. Aqui trataremos do controle repressivo político.

Primeiramente, observe que, no controle repressivo, incide a presunção de constitucionalidade de leis e atos normativos, pois não envolve mais um mero projeto de lei ou uma proposta de emenda, mas sim uma lei ou emenda já existente. Essa presunção, no entanto, é relativa, não absoluta.

■ ART. 49, V, CF/88

O primeiro instrumento de controle repressivo político encontra-se no art. 49, V, da CF/88, que prevê que o Congresso Nacional pode sustar atos normativos do Poder Executivo que ultrapassem os limites do seu poder regulamentar ou de eventual delegação legislativa.

> "**Art. 49, CF/88.** É da competência exclusiva do **Congresso Nacional**:
>
> (...)
>
> V - sustar os atos normativos do Poder Executivo que exorbitem do poder regulamentar ou dos limites de delegação legislativa;"

Portanto, se o Executivo edita um regulamento exorbitando dos limites de seu poder regulamentar, esse ato pode ser sustado pelo Congresso Nacional.

Não há dúvida de que esse dispositivo prevê um controle repressivo, pois ele se refere a atos normativos, o que evidencia que se trata de atos já existentes, e não em mera fase de elaboração.

Da mesma forma, se o Presidente da República recebe delegação do Congresso Nacional para editar lei delegada, mas exorbita dos limites da delegação, esse ato normativo pode ser sustado pelo Congresso Nacional.

■ ART. 52, X, CF/88

O art. 52, X, da CF/88 também costumava ser lembrado como um mecanismo de controle de constitucionalidade repressivo político, pois prevê a competência do Senado Federal para suspender (por meio de resolução) leis declaradas inconstitucionais pelo Supremo Tribunal Federal.

> "**Art. 52, CF/88.** Compete privativamente ao **Senado Federal**:
>
> (...)
>
> X - suspender a execução, no todo ou em parte, de lei declarada inconstitucional por decisão definitiva do Supremo Tribunal Federal;"

Essa competência do Senado Federal foi prevista na CF/88 para ter aplicação no controle difuso concreto (que é incidental), e não em caso de ADI e outros instrumentos de controle abstrato.

Segundo a sistemática que por muito tempo foi adotada na jurisprudência do STF, se, em sede de recurso extraordinário, a Suprema Corte julgasse inconstitucional uma lei ou um ato normativo, essa decisão teria efeito meramente *inter partes*, mas o Senado Federal poderia, por meio de uma resolução editada com base no art. 52, X, da CF/88, suspender a execução dessa lei ou ato normativo cuja inconstitucionalidade foi reconhecida. E essa resolução seria editada com eficácia *erga omnes*, ou seja, produziria efeitos para todo mundo.

No entanto, atualmente, a partir do julgamento das ADIs 3406 e 3470 (noticiado no Informativo 886/STF), a presente hipótese de controle repressivo político de constitucionalidade deixou de existir, pois a Suprema Corte passou a atribuir às suas decisões proferidas em controle incidental de constitucionalidade eficácia vinculante e *erga omnes*. Nesse contexto, foi reconhecida a mutação da norma extraída do art. 52, X, da CF/88, de modo que a resolução editada pelo Senado Federal com fundamento nesse dispositivo teria passado a ter a função de dar mera publicidade à decisão de declaração de inconstitucionalidade proferida pelo STF em controle incidental. Esse tema será melhor estudado à frente.

■ ART. 62, § 5º, CF/88

O art. 62, § 5º, da CF/88 também prevê mecanismo de controle de constitucionalidade repressivo e político, nos seguintes termos:

> "**Art. 62, § 5º, CF/88.** A deliberação de cada uma das Casas do Congresso Nacional sobre o mérito das medidas provisórias dependerá de **juízo prévio sobre o atendimento de seus pressupostos constitucionais.**"

Conforme se extrai desse dispositivo, no caso de o Executivo editar uma medida provisória e a submeter à apreciação do Parlamento, a Casa Legislativa, antes de analisar o mérito da medida, deve verificar se estão presentes os seus pressupostos constitucionais (relevância e urgência). Isso consubstancia um controle de constitucionalidade repressivo e político.

A doutrina entende que se trata de um controle repressivo (e não preventivo), porque a medida provisória, nesse caso, já se encontra em vigor.

> **ATENÇÃO!**
>
> Apesar de o art. 62, § 5º, da CF/88 ser tido como um controle repressivo, há quem entenda que ele, na verdade, é um controle misto, porque envolve não apenas a medida provisória, mas também o projeto de lei de conversão da medida provisória em lei. Portanto, em relação à medida provisória em si mesma considerada, não há dúvida alguma de que esse controle é repressivo, conforme registrado acima. No entanto, em relação ao projeto de lei de conversão da medida provisória em lei, esse controle deveria, segundo esse entendimento crítico, ser considerado preventivo, já que diz respeito a algo que ainda não foi positivado no ordenamento jurídico.

■ POSSIBILIDADE DE O TRIBUNAL DE CONTAS DA UNIÃO RECONHECER A INCONSTITUCIONALIDADE (SUPERAÇÃO DA SÚMULA 347 DO STF)

Com base na jurisprudência do STF, a doutrina sempre reconheceu a possibilidade de o Tribunal de Contas da União (o que naturalmente se estendia aos demais Tribunais de Contas) declarar a inconstitucionalidade de normas ao apreciar casos concretos, e essa possibilidade era tida como uma hipótese de controle de constitucionalidade repressivo político. Mas isso, atualmente, não mais persiste, conforme explicado abaixo.

Durante muito tempo, o Supremo Tribunal Federal admitiu a possibilidade de o TCU realizar o controle de constitucionalidade, desde que o fizesse no exercício de suas atribuições regulares, e esse entendimento foi (e continua até hoje) estampado na Súmula nº 347 da Corte, mas acabou sendo superado no ano 2021.

Como assim?

A **Súmula 347 do STF**, de 13/12/1963, até hoje não revogada expressamente, diz que *"o Tribunal de Contas, no exercício de suas atribuições, pode apreciar a constitucionalidade das leis e dos atos do poder público"*.

Por conta desse enunciado, sempre foi tido como certo, de maneira mais ou menos uniforme na doutrina, que o TCU não poderia exercer controle **abstrato** de constitucionalidade (o que só poderia ser feito pelo STF), mas poderia, nos casos submetidos ao seu julgamento, isto é, nas contas que estivessem sendo julgadas, realizar um controle **concreto** de constitucionalidade. Ou seja, essa súmula sempre permitiu que, no desempenho de suas funções, o Tribunal de Contas realizasse controle concreto incidental de constitucionalidade.

Esse controle, portanto, nos termos da Súmula 347/STF, permitia ao TCU julgar, incidentalmente, a constitucionalidade das leis e dos atos normativos do poder público. Para alguns autores, no entanto, mesmo amparado por esse enunciado sumular, o TCU não poderia apreciar a constitucionalidade de leis, mas apenas de atos e contratos do poder público.

Ocorre, porém, que, apesar da existência e da permanência da Súmula 347 do STF até hoje, ela nunca esteve livre de críticas. O Min. Gilmar Mendes, por exemplo, já entendia há algum tempo que ela, editada anteriormente à CF/88, era ultrapassada e deveria ser revogada. Mas o fato é que esse enunciado não foi revogado até hoje, o que fez com que sempre fosse cobrado em provas de concursos.

No entanto, nessa linha de pensamento crítico, o Supremo Tribunal Federal (mais precisamente, o Ministro Alexandre de Mores monocraticamente) vinha, nos últimos anos, afastando a aplicação da sua Súmula 347, afirmando que ela, anterior à CF/88, não se compatibilizaria com a ordem constitucional em vigor, pois apenas à Suprema Corte se permite (com exclusividade) realizar controle de constitucionalidade, além de o exercício desse controle pelo Tribunal de Contas ferir a separação de Poderes e o sistema de *checks and balances* consagrado na Constituição da República.

Isso porque a CF/88, ao atribuir ao Poder Judiciário o desempenho do controle de constitucionalidade, estabelece diversas balizas para que essa tarefa possa ser desempenhada, tais como a cláusula de reserva de plenário (a ser observada nos Tribunais), o rol restrito de legitimados para a instauração do controle concentrado abstrato, a exigência de maioria absoluta para que a inconstitucionalidade seja declarada etc. E o Tribunal de Contas não se submete a nenhuma dessas balizas, de modo que permitir que esse órgão realize o controle de constitucionalidade causaria verdadeiro desequilíbrio no esquema organizatório traçado na Constituição Federal, pois possibilitaria o afastamento da presunção de constitucionalidade das leis e atos do Poder Público sem as amarras estabelecidas pelo constituinte no contexto do sistema de freios e contrapesos.

Segundo o Min. Alexandre de Moraes, se a Constituição da República, com a finalidade de proteger a presunção de constitucionalidade das normas editadas pelos órgãos estatais e a própria separação de Poderes, estabelece diversas exigências para que uma inconstitucionalidade seja reconhecida, permitir que o Tribunal de Contas (que não se submete a essas amarras) declare uma inconstitucionalidade seria uma subversão do esquema organizatório traçado pelo constituinte, pois, a um só tempo, representaria usurpação de funções do Poder Judiciário (para realizar o controle de constitucionalidade) e do Poder Legislativo (para criar leis).

Esse entendimento foi adotado, **liminarmente**, por exemplo, nos Mandados de Segurança nºs 35410, 35490, 35494, 35500 e 35836.

Finalmente, em 13/04/2021, o Plenário do Supremo Tribunal Federal realizou o julgamento de mérito desses casos e, como já havíamos alertado desde a 1ª edição deste livro, superou a sua Súmula 347, passando a entender, em verdadeira guinada jurisprudencial, que **o Tribunal de Contas não pode realizar controle de constitucionalidade**, ainda que no desempenho de suas atribuições.

Seguindo a linha de raciocínio inicialmente adotada (de forma monocrática) pelo Min. Alexandre de Moraes, o Plenário da Corte decidiu que a possibilidade de o Tribunal de Contas exercer controle de constitucionalidade usurpa a atribuição do Poder Judiciário (especialmente, do STF) de declarar inconstitucionalidade com eficácia para além do caso apreciado (com efeitos *erga omnes* e vinculantes), pois a decisão da Corte de Contas, embora seja tomada em um caso concreto, leva a Administração a afastar a aplicação da lei em todos os demais casos. Um cenário como esse caracteriza, segundo o STF, verdadeira violação à separação dos Poderes, já que o Tribunal de Contas não possui função jurisdicional, que é a função estatal incumbida, por excelência, do controle de constitucionalidade.

No julgamento, os Ministros destacaram que a Súmula 347/STF foi editada antes da CF/88 e, pelos motivos mencionados acima, não se compatibiliza com a ordem constitucional que se encontra em vigor.

Apenas para contextualizar o novo entendimento firmado pelo STF, é pertinente esclarecer em que consistiram os casos julgados por ele. Tratava-se de mandados de segurança impetrados contra decisões do TCU que vinham reconhecendo a inconstitucionalidade de disposições legais que asseguravam o pagamento de um bônus de eficiência a servidores inativos da Receita Federal do Brasil. Ao adotar essa postura nos casos concretos submetidos à sua apreciação (em especial, nos processos de registro de aposentadoria), o TCU acabava fazendo com que a Administração Pública aplicasse esse entendimento aos demais casos antes mesmo de serem apreciados pela Corte de Contas, justamente para evitar problemas em sua análise futura.

As decisões do Tribunal de Contas, portanto, embora tomadas por ocasião da apreciação de casos concretos, acabavam se projetando para fora desses casos, revestindo-se de uma eficácia *erga omnes* e vinculante, muito se aproximando, inclusive, de um cenário de transcendência dos motivos determinantes.

Foi desse ponto de vista que o STF analisou a situação e decidiu afastar o entendimento consagrado na sua Súmula 347.

Esse posicionamento, inclusive, foi reiterado pelo Supremo Tribunal Federal no ano 2023, quando a questão acabou sendo melhor "detalhada" pela Corte, ganhando o que podemos chamar de "novos contornos".

Isso ocorreu no julgamento do **MS 25888 AgR** (j. 22/08/23), oportunidade em que o STF reafirmou que **o Tribunal de Contas não pode realizar livremente o controle de constitucionalidade, ainda que de forma incidental**. O Supremo Tribunal Federal, no entanto, em vez de cancelar de forma expressa e oficial a sua Súmula 347, decidiu realizar uma "releitura" desse enunciado.

Segundo decidiu o STF, a sua Súmula 347 não permite que o Tribunal de Contas realize de forma livre e/ou ampla o controle de constitucionalidade, mas permite que a Corte de Contas, ao desempenhar as suas funções nos casos concretos que aprecia, reconheça uma inconstitucionalidade se (e somente se) a norma envolvida violar a literalidade do texto da Constituição (que é o caso da chamada "violação patente" da Constituição) ou possuir um conteúdo que já tenha sido declarado inconstitucional pelo Supremo Tribunal Federal anteriormente.

Em outras palavras: segundo o Supremo Tribunal Federal, o Tribunal de Contas **apenas pode reconhecer uma inconstitucionalidade que já seja previamente conhecida**, seja em virtude de já existir pronunciamento anterior do Supremo Tribunal Federal no sentido dessa inconstitucionalidade, seja em virtude de se tratar de um caso em que a norma controlada é claramente inconstitucional (por violar a literalidade da Constituição).

O Tribunal de Contas, portanto, não pode (ele próprio) reconhecer uma inconstitucionalidade de forma inédita, mas apenas reafirmar uma inconstitucionalidade que já era anteriormente conhecida. O controle de constitucionalidade, portanto, não pode ser exercido (ineditamente) pela Corte de Contas. É necessário que ele tenha sido realizado anteriormente (ou que a inconstitucionalidade seja evidente) para que o Tribunal de Contas fique autorizado a, diante de um caso concreto, dizer que o conteúdo por ele analisado é inconstitucional.

Em termos mais simples: no controle de constitucionalidade, o Tribunal de Contas, segundo o STF, é **mero "imitador"**, e não "criador" da declaração de inconstitucionalidade.

Isso fica bastante claro na ementa desse julgamento. Veja:

> "(...) 5. Súmula 347 do Supremo Tribunal Federal: compatibilidade com a ordem constitucional de 1988: o verbete confere aos Tribunais de Contas – caso imprescindível para o exercício do controle externo – a possibilidade de afastar (incidenter tantum) normas cuja aplicação no caso expressaria um resultado inconstitucional **(seja por violação patente a dispositivo da Constituição ou por contrariedade à jurisprudência do Supremo Tribunal Federal sobre a matéria)**. (...) **Reafirmação da jurisprudência do Supremo Tribunal Federal quanto à inviabilidade de realização de controle abstrato de constitucionalidade por parte de Tribunal de Contas** (MS 35.410, MS 35.490, MS 35.494, MS 35.498, MS 35.500, MS 35.812, MS 35.824, MS 35.836, todos de Relatoria do Eminente Ministro Alexandre De Moraes, Tribunal Pleno, e publicados no DJe 5.5.2021). 7. Caso concreto. O Tribunal de Contas da União incorreu em uso inadequado da Súmula 347: simplesmente vocalizar o enunciado não perfaz condição suficiente para se vencer a presunção de constitucionalidade (...)" **(MS 25888 AgR, Pleno, Rel. Min. GILMAR MENDES, j. 22/08/2023)**

É interessante registrar que essa discussão será novamente enfrentada pelo Pleno do STF no **ARE 1.208.460**, que se encontra pendente de julgamento. Provavelmente, quando julgar o caso, a Corte irá mais uma vez reafirmar o entendimento que vimos acima.

Seja como for, atualmente, tendo em vista a adoção desse novo entendimento pelo Pleno do Supremo Tribunal Federal, é seguro posicionar-se, em provas, no sentido da impossibilidade de Tribunal de Contas realizar controle de constitucionalidade. No entanto, é importante sempre ter em mente o teor da Súmula 347 da Suprema Corte, pois, não estando ela oficialmente revogada ou cancelada, nada impede que as bancas examinadoras questionem a respeito desse enunciado (inclusive, sobre a sua literalidade) ou mesmo exijam que se aborde a evolução jurisprudencial nesse tema.

Note, a propósito, que o fato de a Súmula 347/STF não ter sido oficialmente cancelada ou revogada faz com que haja algumas opiniões doutrinárias no sentido de não ter ocorrido a sua superação definitiva. Porém, considerando a pluralidade de precedentes em que ela foi afastada, o posicionamento mais seguro (ou pelo menos o tecnicamente correto) para as provas é no sentido de ter sido ela superada, especialmente tendo em vista toda a fundamentação adotada pela Suprema Corte para recusar a sua aplicação (conforme vimos acima).

A Súmula 347 não é a única no STF que se encontra superada sem ter sido oficialmente revogada ou cancelada. Esse mesmo cenário se verifica, por exemplo, em relação à Súmula nº 5 da Corte, que trata do tema do processo legislativo e estabelece que *"a sanção do projeto supre a falta de iniciativa do Poder Executivo"*, entendimento esse há muito superado sem que tenha havido o cancelamento ou a revogação expressa do enunciado.

É interessante notar, por fim, que o raciocínio adotado pelo STF para rejeitar a possibilidade de Tribunal de Contas exercer controle de constitucionalidade é semelhante ao que levou a Corte a proibir o desempenho desse controle pelo CNJ e pelo CNMP: por se tratar de órgão não jurisdicional, não pode exercer a fiscalização da constitucionalidade das leis e dos atos do poder público.

▪ AJUIZAMENTO DE ADI

Outro mecanismo de controle repressivo e político é a própria decisão de ajuizamento de uma ADI ou de uma ADC, notadamente, quando essas ações são ajuizadas pelo Poder Executivo ou pelo Poder Legislativo, que são órgãos de natureza política.

Os órgãos e autoridades do Executivo e do Legislativo que podem propor ADI e ADC são os seguintes:

I) Do **Poder Executivo**: Presidente da República, Governador de Estado ou do Distrito Federal.

II) Do **Poder Legislativo**: mesa do Senado, mesa da Câmara dos Deputados, mesa de Assembleia Legislativa de Estado e mesa da Câmara Legislativa do Distrito Federal.

A mera decisão tomada por esses órgãos e autoridades no sentido de propor uma ADI ou uma ADC consubstancia, em si mesma, uma manifestação de controle de constitucionalidade (repressivo político), já que o Executivo e o Legislativo ajuízam a ação de controle por reputarem inconstitucional o ato atacado.

▪ REVOGAÇÃO, PELO PODER LEGISLATIVO, DE LEI TIDA COMO INCONSTITUCIONAL

Também é tida como mecanismo de controle de constitucionalidade repressivo e político a revogação, pelo Legislativo, de lei considerada inconstitucional.

É muito simples: o Poder Legislativo, caso entenda que uma lei é inconstitucional, pode aprovar um projeto de lei revogando-a.

▪ RETIRADA, PELO PODER EXECUTIVO, DE ATOS NORMATIVOS PRÓPRIOS TIDOS COMO INCONSTITUCIONAIS

Se o Poder Executivo editar um ato e, em seguida, vislumbrar alguma inconstitucionalidade nele, pode promover a sua retirada do mundo jurídico.

Aqui, tem aplicação a **Súmula 346 do STF**, segundo a qual, *"a Administração Pública pode declarar a nulidade dos seus próprios atos"*.

Ora, se o Poder Executivo edita um ato normativo e entende que esse ato é inconstitucional, a Administração deve reconhecer essa inconstitucionalidade, pois, nos termos da Súmula 346/STF, a Administração pode (deve) declarar a nulidade dos seus próprios atos, e ato inconstitucional, conforme vimos, é nulo (teoria da nulidade).

Isso se aplica a decretos autônomos, decretos regulamentares, atos administrativos em geral etc.

■ NÃO APLICAÇÃO, PELO PODER EXECUTIVO, DE LEI TIDA COMO INCONSTITUCIONAL

A não aplicação, pelo Poder Executivo, de lei considerada inconstitucional também consubstancia controle de constitucionalidade repressivo e político, e é uma hipótese que tem gerado várias discussões.

O Poder Executivo pode deixar de cumprir ou aplicar uma lei, por reputá-la inconstitucional? Isso é possível ou não? Essa pergunta já apareceu em várias provas de concursos, especialmente, em discursivas e orais.

Vejamos.

Sob a égide da Constituição anterior (isto é, antes da CF/88), havia um entendimento muito claro no sentido de que o Poder Executivo poderia determinar o não cumprimento (isto é, o descumprimento) de uma lei tida como inconstitucional.

Esse entendimento era tranquilo, porque, antes da CF/88, as autoridades do Poder Executivo (Presidente da República, Governadores de Estado etc.) não tinham legitimidade para promover a representação de inconstitucionalidade (que corresponde à atual ADI), que era uma ação privativa do Procurador-Geral da República. Portanto, se o Governador de um Estado ou o Presidente da República se deparasse com uma lei que entendesse ser inconstitucional, ele não tinha o que fazer, pois não podia promover a representação de inconstitucionalidade, só lhe restando cumprir ou não cumprir a lei. E, nesse cenário, diante de uma lei considerada inconstitucional, admitia-se que a autoridade do Poder Executivo decidisse não cumprir essa lei, por ser ela inconstitucional.

O que mudou com a entrada em vigor da CF/88?

A CF/88 ampliou o rol de legitimados para a propositura da ADI, que passou a poder se proposta não apenas pelo PGR, mas também, dentre outros, pelo Presidente da República e pelos Governadores dos Estados.

A partir dessa novidade, quando o Governador de um Estado e o Presidente da República se deparassem com uma lei tida como inconstitucional, eles poderiam ajuizar uma ADI, e, por conta disso, uma controvérsia se instalou: depois da CF/88, continua-se a entender que o Executivo pode deixar de cumprir uma lei tida como inconstitucional ou, a partir da CF/88, a atitude correta é, em vez de deixar de cumprir a lei (que tem, como se sabe, presunção de constitucionalidade), ajuizar uma ADI?

A **maioria da doutrina** continua a entender que é possível que o Poder Executivo deixe de aplicar uma lei que ele entenda ser inconstitucional. E, para sustentar esse entendimento, vários motivos são apontados, a saber:

1) **Todos os Poderes estão obrigados a zelar pela guarda da Constituição**, função essa que não é um monopólio do Poder Judiciário. Na verdade, o Judiciário é importantíssimo na missão de guarda da Constituição (especialmente o STF, a quem compete precipuamente essa tarefa, nos termos do art. 102 da CF/88), mas isso não significa que ele faz isso com exclusividade. Na verdade, todas as autoridades públicas (e toda a sociedade) têm obrigação de cumprir e zelar pela Constituição. Portanto, o primeiro compromisso do Administrador, o primeiro compromisso da autoridade pública do Poder Executivo é com a Constituição. Tanto é assim, que o art. 78, *caput*, da CF/88 diz que o Presidente da República deve prestar o compromisso de manter, defender e cumprir a Constituição. Ora, se o Presidente da República, diante de uma lei inconstitucional, cumpre essa lei, ele viola o art. 78 da CF/88. Portanto, o Chefe do Executivo não pode ser compelido a cumprir uma lei que repute ser inconstitucional. Além disso, quem ganhou legitimidade para propor ADI/ADC foram o Presidente da República e os Governadores dos Estados, mas o Poder Executivo compreende, ainda, os Prefeitos dos Municípios, os quais não possuem legitimidade para propor ADI no STF (eles podem até ter legitimidade para propor ADI estadual em face da Constituição Estadual, mas não para propor controle abstrato de constitucionalidade perante o STF), de modo que não se lhes pode negar a possibilidade de afastar a aplicação de uma lei que considerem inconstitucional.

> "**Art. 78, CF/88.** O Presidente e o Vice-Presidente da República tomarão posse em sessão do Congresso Nacional, prestando o compromisso de manter, defender e cumprir a Constituição, observar as leis, promover o bem geral do povo brasileiro, sustentar a união, a integridade e a independência do Brasil.
>
> **Parágrafo único.** Se, decorridos dez dias da data fixada para a posse, o Presidente ou o Vice-Presidente, salvo motivo de força maior, não tiver assumido o cargo, este será declarado vago."

2) **A presunção de constitucionalidade das leis não pode ser tão forte a ponto de se sobrepor à supremacia da Constituição.** Em outras palavras, aplicar uma lei que a autoridade entende ser inconstitucional unicamente em virtude da sua presunção (relativa) de constitucionalidade pode equivaler a negar aplicação à própria Constituição. Ora, se há um impasse entre aplicar a lei ou a Constituição, é evidente que se deve optar por preservar a Constituição, e não a lei. A presunção de constitucionalidade da lei não pode ser suficientemente forte a ponto de se sobrepor ao princípio da supremacia da Constituição.

3) **No Brasil, adota-se, como regra, a teoria da nulidade do ato inconstitucional.** Assim, em regra, a lei inconstitucional é nula. Ora, se a lei inconstitucional é nula, ela não produz efeitos válidos, sendo, inclusive, a decisão judicial que reconhece a inconstitucionalidade retroativa (ela opera efeitos *ex tunc*). Nesse contexto, não faz sentido a autoridade pública ser obrigada a produzir atos jurídicos inválidos, que serão apagados por uma futura declaração de inconstitucionalidade. A lei inconstitucional é quase uma não lei, ela existe apenas formalmente, mas ela é algo inválido, tanto que a declaração de inconstitucionalidade deve retroagir para apagar todos os seus efeitos. A rigor, a lei inconstitucional não gera direitos nem obrigações, ela não obriga ninguém. Inclusive, conforme já referido anteriormente, há até mesmo alguns autores que abraçam a tese de que a lei inconstitucional é inexistente. Então, realmente não faz sentido obrigar o Executivo a cumprir a lei inconstitucional.

4) **Não há sentido em obrigar o poder público a aplicar uma lei tida como inconstitucional**, pois nem mesmo o particular está obrigado a cumprir uma lei que ele repute inconstitucional. Note que, diante de uma lei que considere ser inconstitucional, o particular tem a opção de se recusar a cumprir essa lei, sujeitando-se às consequências jurídicas que podem decorrer desse comportamento, inclusive defendendo-se na esfera judicial ou administrativa, se for o caso, alegando que deixou de cumprir a lei por ser ela inconstitucional. Ora, se nem mesmo o particular pode ser obrigado a cumprir uma lei inconstitucional, não há sentido em se pretender obrigar o Administrador a cumpri-la, especialmente considerando-se o interesse público consubstanciado na supremacia da Constituição. Nesse sentido, inclusive, posicionou-se o Min. Moreira Alves em seu voto proferido no julgamento da Representação 980, cuja leitura é recomendada.

Por todos esses motivos, a maioria da doutrina entende ser possível que o Poder Executivo deixe de aplicar uma lei inconstitucional. Podem ser citados como exemplos Luís Roberto Barroso, Ronaldo Poletti, Clèmerson Merlin Clève, Gustavo Binenbojm etc.

Veja, porém, que esse descumprimento da lei pelo Poder Executivo deve ser **motivado**, inclusive, para atenuar a possibilidade de *impeachment*. Isso porque, em tese, tanto o descumprimento da Constituição quanto o descumprimento da lei podem acarretar o *impeachment*, tendo em vista que o art. 85, *caput* e inciso VII, da CF/88 prevê ser crime de responsabilidade o ato do Presidente da República que atente contra a Constituição (e cumprir uma lei inconstitucional é atentar contra a Constituição) e contra o cumprimento das leis.

Portanto, o Chefe do Executivo fica em uma "sinuca de bico": deixar de cumprir uma lei que venha a ser considerada constitucional pode caracterizar crime de responsabilidade (art. 85, VII, CF/88) e cumprir uma lei que venha a ser considerada inconstitucional também pode (art. 85, *caput*, CF/88). Em última análise, em ambos os casos, há ato atentatório à Constituição. Por esses motivos, se o Executivo vai deixar de cumprir uma lei por considerá-la inconstitucional, deve motivar essa decisão.

E qual é o entendimento do STF acerca desse tema? A **posição clássica do STF** é a seguinte:

> "Inconstitucionalidade - Sem embargo de que, em princípio, compete ao Poder Judiciário a atribuição de declarar inconstitucional uma lei, a jurisprudência tem admitido que o Poder Executivo, também interessado no cumprimento da Constituição, goza da faculdade de não executá-la, submetendo-se aos riscos dai decorrentes, inclusive o do 'impeachment'. Nesse caso, quem for prejudicado se socorrerá dos remédios judiciais ao seu alcance. Recusando cumprimento a lei havida como inconstitucional, o governador se coloca na mesma posição do particular que se recusa, a seu risco, a desobedecer a lei, aguardando as ações e medidas de quem tiver interesse no cumprimento dela." **(STF, RMS 14136/ES, Rel. Min. Antônio Villas Boas, Segunda Turma, j. em 14/06/1966)**

Esse entendimento representa a posição clássica da nossa Suprema Corte, consagrada desde a década de 1960.

Já **sob a égide da CF/88**, não há uma posição clara do Plenário do STF, mas o Min. Moreira Alves, em um voto de sua lavra, afirmou que a posição clássica (que vimos acima) deve permanecer mesmo após 05/10/1988. Vejamos:

> "**Os poderes executivo e legislativo**, por sua chefia – e isso mesmo tem sido questionado com o alargamento da legitimação ativa na ação direta de inconstitucionalidade –, **podem tão-só determinar aos seus órgãos subordinados que deixem de aplicar administrativamente as leis ou atos com força de lei que considerem inconstitucionais." (STF, ADI-MC 221-DF, 29/03/1990, DJ 22/10/1993, voto do Ministro Moreira Alves)**

Além de tudo isso, o fato de a Súmula 347 do STF (sobre o exercício do controle de constitucionalidade pelo TCU) ter sido aplicada durante vários anos mostra, ao menos implicitamente, que o Poder Executivo pode deixar de cumprir lei inconstitucional, já que inexiste qualquer lógica em forçar o Executivo a aplicar uma lei que, posteriormente, seria reconhecida como inválida pela Corte de Contas.

Porém, é necessário, nesse ponto, ter em mente que, conforme vimos acima, o STF superou o entendimento contido na sua Súmula 347.

A superação desse enunciado faz com que, necessariamente, também fique superado o entendimento de que o Executivo pode negar aplicação a uma lei inconstitucional? Não, não faz, pois a Súmula 347/STF era apenas um reforço argumentativo. Como vimos, existem outros fundamentos para legitimar a possibilidade de o Poder Executivo deixar de aplicar uma norma inconstitucional.

No **STJ**, inclusive, há uma clara decisão a respeito do tema. Veja:

> "LEI INCONSTITUCIONAL - PODER EXECUTIVO - NEGATIVA DE EFICÁCIA. **O Poder Executivo deve negar execução a ato normativo que lhe pareça inconstitucional." (STJ, Primeira Turma, RESP 23.121/GO, Rel. Min. Humberto Gomes de Barros, j. em 06/10/1993)**

Portanto, o STJ admite a negativa de aplicação, pelo Poder Executivo, de lei tida como inconstitucional.

Enfim, **o Poder Executivo pode deixar de cumprir lei inconstitucional ou não?** Segundo a doutrina majoritária, sim; segundo a posição clássica do STF, sim; segundo voto do Ministro Moreira Alves do STF proferido sob a égide da CF/88, sim; e, segundo o STJ, sim.

CONTROLE REPRESSIVO JUDICIAL NO BRASIL

Vejamos o **quadro geral** do controle de constitucionalidade repressivo judicial, que pode ser, basicamente, de dois modelos:

1) **Controle CONCRETO (também chamado de incidental ou por via de exceção)**: esse controle é difuso, cabendo a qualquer juiz ou tribunal.
2) **Controle ABSTRATO (também chamado de por via de ação direta)**: o controle abstrato é CONCENTRADO no STF ou nos TJs, conforme o parâmetro superior do controle seja a Constituição Federal (hipótese em que o controle é feito pelo STF) ou uma Constituição Estadual (hipótese em que o controle é feito por um TJ). Esse controle é feito por meio de ações típicas, como a ADI genérica, a ADC, a ADI por omissão (ADO), a ADPF.

> **ATENÇÃO!** A regra, conforme exposto acima, é que o controle difuso seja realizado no caso concreto e o controle concentrado seja realizado em abstrato. No entanto,

isso nem sempre ocorre: por exemplo, de modo excepcional, a ADI interventiva é um instrumento de controle de constitucionalidade concentrado (pois se concentra no Supremo Tribunal Federal em caso de intervenção federal ou no Tribunal de Justiça em caso de intervenção estadual), mas realizado no caso concreto, e não em abstrato.

CONTROLE CONCRETO (DIFUSO)

O controle concreto é comumente chamado de difuso, muito embora essas expressões (concreto e difuso) não signifiquem a mesma coisa, conforme vimos acima.

Como você já deve saber, o controle concreto é aquele exercido quando da análise de um caso concreto, enquanto o controle difuso é aquele que pode ser realizado por qualquer juiz ou tribunal. Em regra, o controle concreto é feito de forma difusa (assim como o controle abstrato é feito de forma concentrada), mas essa regra não é absoluta, já que, como exceção, temos controle concreto feito de forma concentrada, que é o caso da ADI interventiva.

O que é necessário ter em mente é que, em virtude de haver uma correlação quase absoluta entre controle concreto e controle difuso, essas duas expressões são, muitas vezes, empregadas como sinônimas. E o mesmo se pode dizer sobre a correlação entre controle concentrado e controle abstrato.

O controle concreto ou difuso diz respeito a um caso concreto, a uma lide, ou seja, a um conflito de interesses caracterizado por uma pretensão resistida que é levado ao Poder Judiciário em qualquer tipo de ação. Nesse caso, tem-se o modo mais comum de controle de constitucionalidade judicial, sendo o controle exercido no dia a dia pelos diversos juízes e tribunais no bojo de qualquer ação.

Imagine, por exemplo, que seja publicada uma lei prevendo que os professores podem confiscar os bens dos seus alunos e, diante disso, um professor decida confiscar uma caneta de um aluno presente em sua aula. Se o aluno não resiste, isto é, se ele se conforma com o confisco, não há lide, de modo que não surge a oportunidade para que o controle de constitucionalidade seja exercido. Mas imagine que o aluno não se conforme com esse confisco e ajuíze uma demanda com o objetivo de recuperar a caneta confiscada e que, nessa demanda, haja defesa e resistência do professor ao pedido de obrigação de fazer consistente em restituir a caneta, defesa essa deduzida com base na lei que permite o confisco de bens de alunos por professores. Imagine, ainda, que o aluno, por sua vez, alegue que essa lei que fundamentou o confisco é inconstitucional, sendo a inconstitucionalidade da lei a causa de pedir, isto é, o fundamento do seu pedido.

Nesse caso, a inconstitucionalidade da lei não é o pedido, mas sim a causa de pedir. O pedido aí é a condenação do professor na obrigação de restituir a caneta. Como se percebe, para o juiz julgar o pedido de restituição da caneta, terá de enfrentar uma questão incidental e prejudicial, qual seja, a constitucionalidade ou inconstitucionalidade da lei com base na qual o professor realizou o confisco. Isso é um exemplo de controle de constitucionalidade exercido no caso concreto, isto é, em uma lide, em uma demanda em que há autor e réu.

É possível perceber, com isso, que a declaração de inconstitucionalidade, nesse tipo de controle (concreto), não é o objeto principal da ação, mas sim uma questão incidental que deve ser enfrentada necessariamente pelo magistrado para que ele possa julgar a lide. A análise da inconstitucionalidade, nesse tipo de controle, influencia decisivamente o julgamento da causa, embora não seja o objeto do pedido. Já a declaração de inconstitucionalidade como objeto principal da ação é algo típico do controle abstrato, exercido por meio de ações específicas, como a ADI e a ADC.

Por conta dessas características, o controle concreto é chamado de incidental (pela via incidental ou *incidenter tantum*) e o controle abstrato é chamado de principal (pela via principal ou *principaliter tantum*).

No entanto, é necessário que fique claro que, do ponto de vista técnico, controle difuso não é sinônimo de controle concreto, assim como não é sinônimo de controle incidental (ou na via incidental). Da mesma forma, controle concentrado não é sinônimo de controle abstrato, assim como não é sinônimo de controle direto (ou na via direta, ou principal, ou na via principal).

Na verdade, trata-se de classificações que levam em consideração **critérios distintos.**

A classificação do controle como difuso ou concentrado leva em conta **o órgão que pode realizá-lo.** Assim, o controle é difuso quando pode ser exercido por qualquer órgão (ele é exercido difusamente) e é concentrado quando só pode ser exercido por um único órgão (ele é exercido de forma concentrada nesse órgão).

Já a classificação do controle como concreto ou abstrato leva em consideração o tipo de processo ou de relação jurídica processual no qual ele (o controle) é exercido. Assim, o controle é concreto quando é realizado em um processo que envolve um caso concreto no qual as partes da ação disputam interesses de caráter subjetivo e, na discussão sobre esse caso concreto, é questionada a validade da norma que deve ser aplicada para solucioná-lo. Por outro lado, o controle é abstrato quando é realizado em um processo que não envolve um caso concreto nem tampouco interesses subjetivos, mas tão somente a análise da validade da norma considerada no plano abstrato (ou seja, a validade da norma é apreciada de forma desconectada de qualquer disputa subjetiva entre partes, não envolvendo a sua aplicação a um caso concreto).

É por isso que se diz que o controle concreto é realizado em processos de **natureza subjetiva** (nos quais há uma disputa de interesses entre autor e réu), enquanto o controle abstrato é realizado em processos de **natureza objetiva** (nos quais não há lide nem partes propriamente ditas).

Finalmente, a classificação do controle como incidental ou direto (ou na via direta, ou principal, ou na via principal) leva em conta a via processual (isto é, o "caminho" dentro do processo) no qual ele (o controle) é realizado. O controle é incidental quando é realizado na fundamentação da decisão (isto é, na análise da causa de pedir da ação), que não é a via principal do processo. Por outro lado, o controle é principal quando é realizado no próprio pedido do processo, ou seja, quando a declaração da validade ou invalidade da norma constitui o objeto da ação (o pedido é a própria declaração da validade ou invalidade da norma). Nesse caso, a validade ou invalidade da norma não é a mera fundamentação do pedido, mas o próprio pedido. Tendo em vista que a via processual na qual o pedido é decidido é a via principal do processo, o controle que é realizado no pedido é chamado de controle pela via principal.

Portanto, controle difuso não é sinônimo de controle concreto nem de controle incidental, assim como controle concentrado não é sinônimo de controle abstrato nem de controle pela via principal. Apesar disso, é preciso reconhecer que, invariavelmente, o controle difuso é realizado na via incidental.

Além disso, na grande maioria dos casos, o controle difuso é concreto, assim como o controle concentrado é abstrato. Mas isso não ocorre na totalidade das situações, sendo possível vislumbrar exceções a essa regra.

É possível, por exemplo, embora não seja a regra, falar na existência de **controle concentrado concreto**, como é o caso da **ADI interventiva**. Essa ação é uma hipótese de controle concreto porque envolve uma situação concreta apresentada nos autos, e não um juízo abstrato de validade de uma norma. Além disso, ela consubstancia um controle concentrado porque é julgada por apenas um órgão, que em âmbito federal é o STF e em âmbito estadual é o Tribunal de Justiça.

Da mesma forma, embora também não seja a regra, é possível falar em **controle abstrato incidental**, como ocorreu no julgamento das **ADIs 3406 e 3470** (que ficaram conhecidas como as ADIs em que houve a abstrativização do controle difuso). Essas ações foram ajuizadas para impugnar uma norma estadual, e, no seu julgamento, o Supremo Tribunal Federal reconheceu a validade da norma impugnada e, incidentalmente, declarou a inconstitucionalidade de uma norma federal (mais precisamente, do art. 2º da Lei 9.055/95). Perceba que, no caso, **a norma federal foi apreciada em abstrato** (pois não havia uma disputa de interesses subjetivos), **mas na via incidental**, o que deixa clara a possibilidade de o controle de constitucionalidade ser abstrato incidental.

Na verdade, o que ocorreu nessas ADIs foi um controle difuso, que é o controle que pode ser exercido por qualquer órgão e em qualquer tipo de processo, inclusive, em processos abstratos. Porém, considerando que, invariavelmente, a via processual na qual o controle difuso é exercido é a via incidental, é possível afirmar que houve, no caso, um **controle abstrato incidental** ou, de forma mais precisa, **um controle difuso abstrato incidental**.

É possível perceber, portanto, que o controle difuso de constitucionalidade pode ser um controle abstrato.

E, para ilustrar isso de forma ainda melhor, podemos lembrar como outro exemplo de controle difuso abstrato aquele que é exercido pelos tribunais no chamado **incidente de inconstitucionalidade (ou incidente de arguição de inconstitucionalidade)**, disciplinado nos arts. 948 a 950 do CPC.

O incidente de inconstitucionalidade é aquele incidente processual que é instaurado no âmbito dos tribunais para a apreciação de uma alegação de inconstitucionalidade que tenha sido apresentada em um processo judicial.

A instauração do incidente de inconstitucionalidade é um dever imposto aos tribunais como condição para que possam declarar a inconstitucionalidade da norma (ou do ato) objeto de discussão no processo judicial que está em julgamento. Esse dever decorre do art. 97 da CF/88, que prevê a chamada **cláusula de reserva de plenário** (que estudaremos a seguir), segundo a qual, sempre que um processo está em andamento em um tribunal, eventual declaração de inconstitucionalidade no bojo desse processo somente pode ser feita pelo plenário ou pelo órgão especial desse tribunal.

O que acontece é que o plenário ou órgão especial do tribunal, ao apreciar a inconstitucionalidade que foi suscitada, decidirá somente sobre a validade ou invalidade **em abstrato** da norma questionada, não se pronunciando sobre a sua aplicação ao caso concreto que é objeto do processo que se encontra em julgamento.

O incidente de inconstitucionalidade é um mecanismo que se aplica a todos os tribunais, de modo que se trata de um instrumento de controle difuso de constitucionalidade.

E, como o controle que é feito nesse incidente é um controle realizado em abstrato (isto é, sem considerar a aplicação da norma questionada a um caso concreto), cuida-se de uma hipótese de **controle difuso abstrato de constitucionalidade**.

Esse é mais um exemplo que nos mostra que controle difuso de constitucionalidade não é sinônimo de controle concreto de constitucionalidade, e que o controle difuso também pode ser abstrato, não sendo obrigatoriamente realizado de forma concreta.

No entanto, é importante perceber o seguinte: o que é abstrato no incidente de inconstitucionalidade é o julgamento do próprio incidente, e não o julgamento do processo judicial em que ele (o incidente) é instaurado. Isso porque o julgamento do processo tem como objeto uma disputa de interesses subjetivos (mais precisamente, dos interesses disputados pelas partes do processo), tratando-se, portanto, de um julgamento de um caso concreto, e não de um julgamento em abstrato. Isso ficará melhor compreendido após o estudo aprofundado da cláusula de reserva de plenário à frente.

Por fim, é importante registrar que o controle difuso de constitucionalidade pode ser feito pelo juiz **de ofício** ou **mediante provocação**. E a provocação pode ser feita pelo autor na petição inicial, pelo réu na contestação, pelo Ministério Público ao intervir no feito ou em qualquer peça processual.

■ CLÁUSULA DE RESERVA DE PLENÁRIO

Um aspecto sobre o controle difuso concreto que é muito cobrado em provas de concursos é a aplicação do **art. 97 da CF/88**, que prevê a denominada **cláusula de reserva de plenário** (ou, como é chamada nos EUA, regra do ***full bench***). Na verdade, porém, esse dispositivo se aplica tanto ao controle difuso concreto quanto ao controle concentrado abstrato de constitucionalidade, muito embora seja quase que exclusivamente estudado no contexto do controle difuso. Isso, inclusive, já foi cobrado em prova, como ocorreu no concurso para o cargo de Juiz do TJPA realizado pela VUNESP em 2014, no qual foi considerada correta a assertiva segundo a qual *"o princípio constitucional da reserva de plenário exige sua observância no controle difuso e concentrado da constitucionalidade"*.

O art. 97 da CF/88, como dito acima, institui a cláusula de reserva de plenário e a exigência de um quórum de **maioria absoluta** para que Tribunais reconheçam uma inconstitucionalidade. Esse dispositivo diz, exatamente, o seguinte:

> "**Art. 97, CF/88.** Somente pelo voto da **maioria absoluta de seus membros ou dos membros do respectivo órgão especial** poderão os **tribunais** declarar a **inconstitucionalidade** de lei ou ato normativo do Poder Público."

Assim, nos tribunais, a declaração de **inconstitucionalidade** depende de o tema ser analisado pelo plenário ou pelo órgão especial da Corte, além de se exigir, para a declaração dessa inconstitucionalidade, a maioria absoluta dos membros respectivos.

E em que consiste o órgão especial do Tribunal? Ele tem previsão no art. 93, XI, da CF/88, que diz o seguinte:

> "**Art. 93, CF/88.**
>
> (...)
>
> XI – nos tribunais com número **superior a vinte e cinco julgadores, poderá** ser constituído **órgão especial**, com o **mínimo de onze e o máximo de vinte**

> **e cinco membros**, para o exercício das atribuições administrativas e jurisdicionais delegadas da competência do tribunal pleno, provendo-se metade das vagas por antigüidade e a outra metade por eleição pelo tribunal pleno."

Um primeiro detalhe sobre esse dispositivo é que, ao utilizar a forma verbal "poderá", deixa claro que a criação do órgão especial é uma **faculdade** do tribunal, não se trata de uma obrigação.

Como se sabe, o órgão máximo de um Tribunal é sempre o plenário (o chamado Tribunal Pleno), que é um órgão integrado por todos os membros da respectiva Corte. Ocorre que há tribunais muito grandes, nos quais, se tiverem número superior a 25 (vinte e cinco) membros, é possível que a competência jurisdicional e administrativa do plenário seja repassada ao órgão especial, que, por sua vez, será composto por 11 (onze) a 25 (vinte e cinco) membros.

Suponha-se, por exemplo, que um tribunal possua 100 Desembargadores. Ora, em um Tribunal com essa quantidade de membros, é muito difícil julgar feitos judiciais ou tomar deliberações administrativas cotidianas, porque se torna inviável reunir sempre todos os seus integrantes, motivo pelo qual, o art. 93, XI, da CF/88 permite que a competência do plenário seja repassada ao órgão especial, se assim desejar a Corte.

Dessa forma, o que a cláusula de reserva de plenário (art. 97, CF/88) diz é que, nos Tribunais, a declaração de inconstitucionalidade deve ser realizada por decisão do plenário ou – onde houver – do órgão especial, e não por decisão dos órgãos fracionários (que são as turmas, câmaras, seções etc.). E, segundo o Supremo Tribunal Federal, essa exigência também se aplica para a **modulação** dos efeitos da declaração de inconstitucionalidade, de modo que, para modular a eficácia da decisão, o tribunal deve observar a cláusula de reserva de plenário **(AI 417.014 AgR-ED, j. 18/12/2006, 2ª Turma)**.

É possível perceber, a partir disso, que os órgãos internos dos tribunais variam conforme o regimento interno respectivo (que disciplina a composição interna do Tribunal), podendo eles ser (e costumam ser) os seguintes:

1) **Tribunal Pleno** (é o órgão composto por todos os membros do Tribunal);

2) **Órgão Especial** (é o órgão facultativo previsto no art. 93, XI, da CF/88);

3) **Órgãos Fracionários**: Seções, Câmaras, Turmas etc.

Os órgãos fracionários (indicados no item 3 acima) não podem, portanto, julgar inconstitucionalidade de lei ou ato normativo, pois o art. 97 da CF/88 atribui essa competência ao Pleno ou ao órgão especial do Tribunal.

Assim, se, por exemplo, encontra-se em curso uma apelação no bojo da qual há uma discussão sobre a inconstitucionalidade de uma lei, o órgão fracionário não pode, ele próprio, declarar a inconstitucionalidade dessa lei, devendo suspender a marcha processual, destacar a análise da inconstitucionalidade e remeter a análise da questão para o plenário ou o órgão especial, que decidirá unicamente sobre a inconstitucionalidade ou não da norma.

Como é possível perceber, o órgão especial ou o tribunal pleno não julga o recurso em si, mas apenas a questão da inconstitucionalidade, e, após resolver essa questão, deve devolver o caso ao órgão fracionário, que, então, julgará o recurso aplicando o entendimento do tribunal pleno ou órgão especial a respeito da alegação de inconstitucionalidade.

É isso o que diz o art. 97 da CF/88, o qual – repita-se – se aplica ao controle difuso concreto e também ao controle concentrado abstrato, de modo que as ADIs, as ADCs, as ADOs etc. devem ser julgadas pelo Pleno do STF e, no âmbito dos TJs, pelo Pleno ou órgão especial do Tribunal.

Agora, alguns aspectos sobre o tema devem ser destacados.

Primeiramente, é importante notar que não é possível que o órgão fracionário do Tribunal tente "driblar" o art. 97 da CF/88 com o "jeitinho brasileiro".

Como assim?

Se, por exemplo, diante de uma questão de inconstitucionalidade existente em um recurso, o órgão fracionário deixa de remeter a sua análise ao órgão especial ou ao plenário para ser mais célere e, ao fazer isso, alega que não está declarando a inconstitucionalidade da norma, mas apenas não está aplicando essa norma no caso concreto analisado, isso viola a cláusula de reserva de plenário, não sendo admitido.

E o STF já editou uma súmula vinculante nesse sentido, a **Súmula Vinculante nº 10**, que, inclusive, tem sido muito cobrada nas provas. Segundo esse enunciado, "*viola a cláusula de reserva de plenário (CF, artigo 97) a decisão de órgão fracionário de tribunal que, embora não declare expressamente a inconstitucionalidade de lei ou ato normativo do poder público, **afasta sua incidência, no todo ou em parte***".

Portanto, ou o caso concreto se subsume à lei e, aí, a lei deve ser aplicada a ele ou o caso concreto nada tem a ver com a lei e, por consequência, a lei não pode ser aplicada a ele. O órgão fracionário não pode dizer que, embora o caso se subsuma à lei, não irá aplicá-la ao caso concreto analisado, pois, como vimos, isso nada mais é do que uma fuga da regra prevista no art. 97 da CF/88, é uma "estratégia" que viola a cláusula de reserva de plenário, conforme consta da Súmula Vinculante 10.

Na verdade, quando o órgão fracionário do tribunal diz que o caso se enquadra na lei, mas, mesmo assim, a lei não será aplicada, o que esse órgão fracionário está fazendo é reconhecer, por via oblíqua, a invalidade (inconstitucionalidade) dessa lei, o que, nos termos do art. 97 da CF/88, exige a observância da reserva de plenário. Esse é o raciocínio por trás da Súmula Vinculante nº 10.

Por outro lado, caso o órgão fracionário do tribunal se limite a interpretar a norma infraconstitucional, especificando quando e como ela se aplica, não há violação à Súmula Vinculante nº 10 nem tampouco à cláusula de reserva de plenário. Sobre isso, vejamos o que diz o STF:

> "É pacífica a jurisprudência do Supremo Tribunal Federal de que **não há violação do art. 97 da Constituição Federal** quando o Tribunal de origem, sem declarar a inconstitucionalidade da norma e sem afastá-la sob fundamento de contrariedade à Constituição Federal, **limita-se a interpretar a legislação infraconstitucional e a aplicá-la ao caso concreto**." **(ARE 743287 AgR, 1ª Turma, j. em 18/03/2014)**. Vide ainda, por exemplo: ARE 851059 AgR, 1ª Turma, j. em 01/03/2016; ARE 814649 AgR, 1ª Turma, j. em 19/08/2014.
>
> "Interpretação que restringe a aplicação de uma norma a alguns casos, mantendo-a com relação a outros, não se identifica com a declaração de inconstitucionalidade da norma, que é a que se refere o art. 97 da Constituição." **(RE 460971/RS; Relator(a): Min. SEPÚLVEDA PERTENCE; Julgamento: 13/02/2007; Órgão Julgador: Primeira Turma)**

Logo, se o tribunal interpreta a lei e a aplica ao caso sob julgamento, sem declarar a sua inconstitucionalidade, não há violação à Súmula Vinculante nº 10, mesmo porque isso é diferente de simplesmente afastar a lei no caso concreto, o que, isso sim, caracteriza uma fuga do art. 97 da CF/88.

Por esse motivo, é possível encontrar em grande parte da doutrina a orientação de que, quando a decisão realiza uma interpretação conforme a Constituição da norma aplicada, não se exige a observância da cláusula de reserva de plenário, justamente por não haver, nesse caso, uma declaração de inconstitucionalidade, mas sim a preservação da norma.

Porém, é necessário ter **CUIDADO** com essa questão. Isso porque a interpretação conforme, como já estudamos, pode atuar como princípio de interpretação constitucional ou como técnica de decisão em controle de constitucionalidade. Na segunda hipótese, ela serve para se reconhecer a inconstitucionalidade de diversos sentidos da norma interpretada, preservando-se como constitucional apenas um dos seus possíveis significados. Quando a interpretação conforme é realmente utilizada como princípio interpretativo, de fato, não há necessidade de aplicação da cláusula de reserva de plenário, pois se trata de mera interpretação da norma aplicada ao caso, porém, quando é utilizada como técnica de decisão em controle de constitucionalidade, o que se tem, em última análise, é uma declaração de inconstitucionalidade, o que, segundo vem entendendo o Supremo Tribunal Federal, exige a observância da regra do art. 97 da CF/88.

O STF decidiu nesse sentido, por exemplo, no **RE 765.254 AgR-EDv**, julgado pelo seu Plenário por unanimidade de votos em 20/04/2020. Segundo o voto do Relator Min. Luiz Fux, invocando a doutrina de Ingo Sarlet, Marinoni e Mitidiero, *"a interpretação conforme à Constituição, mais do que constituir um método interpretativo, consubstancia técnica de controle de constitucionalidade, não sendo possível, portanto, sua utilização por órgão fracionário"*.

E, seguindo a mesma linha de raciocínio, o Min. Gilmar Mendes, em decisão monocrática proferida em 27/03/2018 no **RE 755.234**, afirmou que *"parece compatível com orientação da Corte que a interpretação conforme constitui-se técnica de decisão no controle de constitucionalidade, devendo assim observar o full bench"*.

Portanto, quando se trata da interpretação conforme a Constituição no contexto do controle de constitucionalidade (e não como mero princípio interpretativo), é necessário observar a cláusula de reserva de plenário, segundo os pronunciamentos mais recentes do Supremo Tribunal Federal.

Nesse mesmo sentido, quando o órgão fracionário, sem observar o art. 97 da CF/88, disfarça uma declaração de inconstitucionalidade sob o argumento de estar realizando uma interpretação conforme, ele viola a cláusula de reserva de plenário e a Súmula Vinculante nº 10, o que também já foi afirmado expressamente pelo Supremo Tribunal Federal.

Isso ocorreu, por exemplo, na **Rcl 14.872**, na qual o STF entendeu que, embora o órgão fracionário do Tribunal inferior houvesse decidido o caso afirmando estar realizando uma interpretação conforme da norma invocada no processo, o que ele fez, na verdade, foi reconhecer uma inconstitucionalidade por omissão parcial, o que, por consubstanciar um juízo de (in)constitucionalidade, só poderia ter sido feito pelo plenário ou pelo órgão especial da Corte.

Confira o voto proferido pelo Min. Gilmar Mendes no caso:

> "(...) observo que **a autoridade reclamada, ao realizar o que denominou de "interpretação da legislação conforme à Constituição", afastou a aplicação do art. 1º da Lei 10.698/2003** (...). E assim o fez por entender que o referido diploma legal teria natureza de revisão geral anual, razão pela qual o reajuste deveria ser concedido de forma igualitária a todos os servidores. **Tal leitura pelo Tribunal reclamado configura, na verdade, omissão inconstitucional** parcial, na medida em que considera a incompletude do legislador em conceder o aumento para todos os servidores públicos. (...) **Ao assim decidir, observo que, por via transversa (interpretação conforme), houve o afastamento da aplicação do referido texto legal**, o que não foi realizado pelo órgão do Tribunal designado para tal finalidade. Dessa forma, restou configurada a **violação ao art. 97 da Constituição Federal**, cuja proteção é reforçada pela Súmula Vinculante 10 do STF (...)." **(Rcl 14.872, voto do Rel. Min. Gilmar Mendes, 2ª Turma, j. 31/05/2016)**

Mas é importante perceber que nem sempre que o tribunal deixa de aplicar a norma invocada pela parte significa que ele a está afastando.

É que é possível que o órgão jurisdicional resolva a causa com fundamento diverso do que foi alegado pelos interessados, o que, naturalmente, causará a não aplicação da norma invocada como causa de pedir, mas não haverá, em tal hipótese, o afastamento da norma e sim a sua simples não apreciação, de modo que também não haverá, nessa hipótese, violação à Súmula Vinculante nº 10.

Esse cenário se verificou, por exemplo, na **Rcl 29307 AgR**, oportunidade em que o STF esclareceu que o Tribunal de origem havia decidido a causa com enfoque diferente do alegado pela parte, o que afastaria a caracterização da ofensa à cláusula de reserva de plenário.

> "RECLAMAÇÃO CONSTITUCIONAL. (...) SÚMULA VINCULANTE Nº 10/STF. **LEGISLAÇÃO FEDERAL NÃO ANALISADA.** AUSENTE JUÍZO DE CONSTITUCIONALIDADE. **Imprescindível à configuração de afronta à cláusula da reserva de plenário que a decisão esteja fundamentada na incompatibilidade entre a norma legal e a Constituição Federal.** No caso, inexistente o exame do art. 23, II, da Lei nº 11.909/2009 na decisão reclamada. (...) **Afastada a violação da Súmula Vinculante nº 10 desta Suprema Corte.** (...)"
>
> **(Rcl 29307 AgR/PB; Relator(a): Min. ALEXANDRE DE MORAES; Relator(a) p/ Acórdão: Min. ROSA WEBER; Julgamento: 04/12/2018; Órgão Julgador: Primeira Turma)**

Ainda, o art. 97 da CF/88 não se aplica às decisões relativas à **não recepção da lei**. Isso não exige a observância do art. 97 da CF/88, porque, de acordo com o STF, não é caso de inconstitucionalidade, mas sim de revogação, e o que o art. 97 da CF/88 diz é que, para declarar a INCONSTITUCIONALIDADE, é preciso afetar o tema ao plenário ou ao órgão especial e haver o pronunciamento da maioria absoluta dos membros. Por outro lado, para se declarar a não recepção de uma lei por uma nova Constituição ou por uma nova emenda constitucional, não há necessidade de observância da cláusula de reserva de plenário, justamente porque, nesse caso, a questão, segundo o STF, não é de inconstitucionalidade. Veja a seguinte decisão da Suprema Corte nesse sentido:

> "(...) Esta Corte, no julgamento da ADI 2/DF, Rel. Min. Paulo Brossard, Tribunal Pleno, DJ 21.11.1997, decidiu que **o exame da compatibilidade de legislação**

> **pré-constitucional** com a nova Carta não se confunde com a declaração de constitucionalidade ou inconstitucionalidade, pois se traduz em juízo de recepção ou não-recepção, razão pela qual **não se vislumbra a alegada ofensa ao art. 97 da CF/88 ou à Súmula Vinculante 10/STF**. (...)" **(ARE 651448 AgR, Rel. Min. ROSA WEBER, 1ª Turma, j. em 03/03/2015)**

Portanto, quando se trata de recepção ou não recepção, a discussão é sobre revogação ou não revogação da norma, e não sobre sua constitucionalidade ou inconstitucionalidade. E, por esse motivo, essa situação não exige a observância da cláusula de reserva de plenário.

Da mesma forma, é importante registrar que o art. 97 da CF/88 não se aplica às turmas recursais dos juizados especiais e dos juizados de pequenas causas, pois **a cláusula de reserva de plenário tem aplicação apenas em tribunal**. Logo, considerando que turma recursal não tem natureza de tribunal (apesar de ser a instância recursal por excelência no âmbito dos juizados), não há razão para a aplicação da regra do *full bench* nesse caso. Confira precedente do STF nesse sentido:

> "(...) **PRINCÍPIO DA RESERVA DE PLENÁRIO. ART. 97 DA CF/88. SÚMULA VINCULANTE 10. JUIZADOS DE PEQUENAS CAUSAS E ESPECIAIS. INAPLICABILIDADE.** 1. O art. 97 da Constituição (...) está se dirigindo aos Tribunais indicados no art. 92 e aos respectivos órgãos especiais de que trata o art. 93, XI. A referência, portanto, **não atinge juizados de pequenas causas (art. 24, X) e juizados especiais (art. 98, I)** (...)" **(STF, RE com Agravo 792562 AgR, Rel. Min. Teori Zavascki, Segunda Turma, j. em 18/03/2014)**

O Supremo Tribunal Federal também entende que a reserva de plenário **não precisa ser observada em relação às decisões cautelares**, ainda que determinem a não aplicação de alguma norma por contrariedade à Constituição.

Esse entendimento se fundamenta no fato de que o art. 97 da CF/88, ao exigir a manifestação do plenário ou do órgão especial do tribunal para se **declarar** uma inconstitucionalidade, refere-se à decisão final proferida em sede de controle de constitucionalidade (seja ele concreto ou abstrato, difuso ou concentrado). Essa regra apenas se aplica, portanto, às decisões **definitivas** em que se reconheça uma inconstitucionalidade. Por outro lado, a decisão cautelar não é definitiva, ela possui caráter precário, não havendo nela uma verdadeira declaração de inconstitucionalidade, mas, em regra, tão somente a suspensão da norma impugnada ou alguma outra medida acauteladora determinada com base no poder geral de cautela do magistrado (ou mesmo do órgão fracionário).

Esse entendimento ficou bastante claro na **Rcl 15.220 AgR**, julgada em 19/06/2013, em que o requerente alegou violação à Súmula Vinculante 10 praticada pelo Tribunal Superior do Trabalho em virtude de não ter sido observado o art. 97 da CF/88 na prolação de uma decisão cautelar. Ao apreciar o pedido, o STF afirmou não ser possível reconhecer a ocorrência de violação à Súmula Vinculante 10 no caso, por se tratar de *"decisão reclamada proferida em sede de decisão cautelar, a qual não tem o condão de declarar a inconstitucionalidade de norma, inserindo-se a atuação monocrática do relator no poder geral de cautela inerente ao ato de julgar"*.

Esse posicionamento também foi afirmado pelo STF em outros precedentes, como a Rcl 21.723 ED-AgR (j. 15/09/2015), a Rcl 17.288 AgR (j. 25/06/2014) e a Rcl 8848 AgR (j. 17/11/2011). Além disso, na **Rcl 29.550 AgR**, julgada em 07/05/2018, a Corte confirmou a sua jurisprudência e afirmou claramente que *"decisão proferida em sede de liminar prescinde da aplicação da cláusula de reserva de plenário (art. 97 da CF/88) e, portanto, não viola a Súmula Vinculante nº 10"*.

Portanto, os tribunais podem proferir decisões cautelares sem precisarem observar o art. 97 da CF/88.

Por fim, há um precedente bastante interessante do STF sobre a aplicação da regra contida no art. 97 da CF/88 à análise da (in)constitucionalidade de atos concretos do poder público.

Conforme estudaremos oportunamente, no âmbito do controle concentrado abstrato, não se admite a propositura de ADI em face de ato infraconstitucional que não tenha forma de lei e que tenha caráter concreto. Isso porque, nos termos da Constituição Federal, a ADI apenas é cabível em face de lei ou de ato normativo do poder público, de modo que, se o ato não é uma lei e é concreto (ou seja, não possui normatividade), não pode ser impugnado por meio dessa ação de controle concentrado abstrato.

No controle difuso concreto, porém, esse raciocínio não se aplica, muito embora o art. 97 da CF/88 exija a observância da cláusula de reserva de plenário para que qualquer Tribunal declare a inconstitucionalidade de lei ou de ato **NORMATIVO** do poder público.

É que, segundo decidiu o STF ao julgar os embargos de declaração opostos em face do acórdão proferido no agravo regimental interposto na **Rcl 18165**, no controle difuso, a análise da inconstitucionalidade não pode se restringir a leis e atos dotados de normatividade. E uma das razões desse entendimento é a constatação de que isso seria contrário à própria essência desse tipo de controle, que teve origem no constitucionalismo norte-americano, no qual foi firmada a premissa básica de que é inerente à atividade jurisdicional o exercício do controle de constitucionalidade quando da interpretação de leis e atos estatais na análise de casos concretos, devendo, sempre, prevalecer a Constituição caso seja contrariada por esses atos infraconstitucionais, independentemente de possuírem eles natureza concreta ou abstrata.

Mas, para compreender corretamente o precedente referido acima, é necessário saber o seguinte: esse caso, inicialmente, havia sido julgado no sentido da não aplicação da cláusula de reserva de plenário para a declaração de inconstitucionalidade de ato estatal não dotado de normatividade nem de forma de lei. Porém, após a oposição de embargos de declaração (nos quais, inclusive, a parte embargante demonstrou que os precedentes utilizados como fundamento da decisão embargada eram todos relativos ao controle concentrado abstrato e não ao controle difuso concreto), o Supremo Tribunal Federal modificou o acórdão e determinou a observância do art. 97 da CF/88.

Agora, confira as ementas dos acórdãos do agravo regimental e dos embargos de declaração manejados nesse caso (**Rcl 18165**):

> **Ementa:** CONSTITUCIONAL. CONTROLE DE CONSTITUCIONALIDADE. RESERVA DE PLENÁRIO. DECRETO LEGISLATIVO EDITADO POR ASSEMBLEIA LEGISLATIVA SUSTANDO AÇÃO PENAL CONTRA RÉU DEPUTADO ESTADUAL. OFENSA À SÚMULA VINCULANTE 10. INOCORRÊNCIA. 1. O princípio da reserva de plenário previsto

no art. 97 da Constituição (e a que se refere a Súmula Vinculante n. 10) diz respeito à declaração de "inconstitucionalidade de lei ou ato normativo do Poder Público". 2. Atos normativos têm como características essenciais a abstração, a generalidade e a impessoalidade dos comandos neles contidos. São, portanto, expedidos sem destinatários determinados e com finalidade normativa, alcançando todos os sujeitos que se encontram na mesma situação de fato abrangida por seus preceitos. 3. **O decreto legislativo que estabelece a suspensão do andamento de uma certa ação penal movida contra determinado deputado estadual não possui qualquer predicado de ato normativo. O que se tem é ato individual e concreto, com todas as características de ato administrativo de efeitos subjetivos limitados a um destinatário determinado. Atos dessa natureza não se submetem, em princípio, à norma do art. 97 da CF/88, nem estão, portanto, subordinados à orientação da Súmula Vinculante 10.** Precedentes. 4. Agravo regimental a que se nega provimento.

(Rcl 18165 AgR/RR; Relator(a): Min. TEORI ZAVASCKI; Julgamento: 18/10/2016; Órgão Julgador: Segunda Turma)

Ementa: CONTROLE DIFUSO DE CONSTITUCIONALIDADE DA EC 35/2001, DOS §§ 4º e 5º DO ARTIGO 34 DA CONSTITUIÇÃO ESTADUAL E DE DECRETO LEGISLATIVO ESTADUAL REALIZADO POR ÓRGÃO FRACIONÁRIO DE TRIBUNAL. **DESRESPEITO À CLÁUSULA DE RESERVA DE PLENÁRIO. VIOLAÇÃO À SÚMULA VINCULANTE 10. EMBARGOS ACOLHIDOS COM EFEITOS INFRINGENTES. 1. No exercício da atividade jurisdicional, posto um litígio em juízo, o Poder Judiciário deverá solucioná-lo e para tanto, incidentalmente, poderá analisar a constitucionalidade ou não de lei ou de ato normativo, inclusive aqueles de efeitos concretos (controle difuso de constitucionalidade). 2. A inconstitucionalidade de ato normativo estatal só pode ser declarada pelo voto da maioria absoluta da totalidade dos membros do tribunal ou, onde houver, dos integrantes do respectivo órgão especial, sob pena de absoluta nulidade da decisão emanada do órgão fraccionário (Turma, Câmara ou Seção), em respeito à previsão do art. 97 da Constituição Federal.** 2. Embargos de declaração ACOLHIDOS, com efeitos infringentes, para reformar o acórdão embargado e, via de consequência, julgar procedente a reclamação.

(Rcl 18165 AgR-ED/RR; Relator(a): Min. ALEXANDRE DE MORAES; Julgamento: 21/08/2017; Órgão Julgador: Segunda Turma)

Portanto, segundo entende o STF, a cláusula de reserva de plenário se aplica para se reconhecer a inconstitucionalidade tanto de atos de caráter abstrato (isto é, atos normativos) quanto de atos de caráter concreto (isto é, atos não normativos).

■ CONSEQUÊNCIA DA INOBSERVÂNCIA DA CLÁUSULA DE RESERVA DE PLENÁRIO

Se uma decisão for proferida por um Tribunal sem observar a cláusula de reserva de plenário em uma situação em que ela deveria ter sido aplicada, qual é a consequência disso? A **nulidade absoluta** dessa decisão.

Isso, inclusive, é algo tranquilo na jurisprudência do Supremo Tribunal Federal. Por exemplo, no ARE 791.932, julgado em 11/10/2018, a Corte afirmou que *"a inconstitucionalidade de lei ou ato normativo estatal só pode ser declarada pelo voto da maioria absoluta da totalidade dos membros do tribunal ou, onde houver, dos integrantes do respectivo órgão especial,* ***sob pena de absoluta nulidade*** *da decisão emanada do órgão* *fracionário (turma, câmara ou seção), em respeito à previsão do art. 97 da Constituição Federal".*

Portanto, o desrespeito ao art. 97 da CF/88 acarreta a nulidade absoluta da decisão.

▪ PROCEDIMENTO DA CLÁUSULA DE RESERVA DE PLENÁRIO

Nos Tribunais, há o incidente de arguição de inconstitucionalidade, que é o procedimento pelo qual o órgão fracionário destaca a análise da inconstitucionalidade e a remete ao órgão especial ou tribunal pleno. E esse incidente de arguição de inconstitucionalidade está disciplinado no CPC/15 (arts. 948 a 950), assim como estava no CPC/73.

Por conta da importância dos dispositivos, é indispensável que os analisemos.

> "**Art. 948, CPC/15.** Arguida, em **controle difuso**, a inconstitucionalidade de lei ou de ato normativo do poder público, o relator, após ouvir o Ministério Público e as partes, submeterá a questão à turma ou à câmara à qual competir o conhecimento do processo."
>
> "**Art. 949, CPC/15.** Se a arguição for:
>
> I - rejeitada, prosseguirá o julgamento;
>
> II - acolhida, a questão será submetida ao plenário do tribunal ou ao seu órgão especial, onde houver.
>
> **Parágrafo único.** Os órgãos fracionários dos tribunais **não submeterão ao plenário ou ao órgão especial** a arguição de inconstitucionalidade quando **já houver pronunciamento destes ou do plenário do Supremo Tribunal Federal** sobre a questão."

O art. 948 do NCPC deixa claro que, havendo controle difuso, a questão da inconstitucionalidade será, inicialmente, submetida pelo relator ao órgão fracionário (câmara ou turma) a que compete julgar o feito (por exemplo, a apelação). Nessa primeira análise, esse órgão fracionário terá **duas opções**, previstas no art. 949 do NCPC: **I)** rejeitar a alegação de inconstitucionalidade e, assim, prosseguir no julgamento do feito; ou **II)** acolher essa alegação, suspender o julgamento do feito e remeter a análise da inconstitucionalidade ao pleno ou órgão especial.

Portanto, a turma ou câmara faz uma primeira avaliação do tema e, se a arguição de inconstitucionalidade é rejeitada nesse primeiro momento, isso significa que o órgão fracionário entendeu que a lei é constitucional e, sendo a lei considerada constitucional, o julgamento do caso pela turma ou câmara prossegue. Isso porque o que o art. 97 da CF/88 diz é que a declaração de INCONSTITUCIONALIDADE deve-se observar a cláusula de reserva de plenário, não se aplicando essa exigência à declaração de constitucionalidade, mesmo porque, nesta segunda hipótese, o que se tem é a confirmação da presunção relativa de constitucionalidade que a lei ou ato normativo já possui.

Por outro lado, se a turma ou câmara acolhe a arguição de inconstitucionalidade, ela está dizendo que, a seu ver, a lei é inconstitucional, hipótese em que se aplica o art. 97 da CF/88, devendo a questão ser remetida ao plenário ou órgão especial do Tribunal.

Ainda, segundo o parágrafo único do art. 949 do CPC/15, se a questão já tiver sido decidida pelo pleno ou órgão especial do respectivo tribunal ou mesmo pelo plenário do STF, ela não precisa ser (novamente) submetida à cláusula de reserva de plenário. Nesses casos, o órgão fracionário simplesmente aplica, no caso concreto sob sua análise, o que já foi decidido pelo pleno ou órgão especial do próprio tribunal ou pelo plenário do STF. Isso, inclusive, já estava previsto no art. 481, parágrafo único, do revogado CPC/73.

É importante registrar que, além de estar prevista no CPC, a desnecessidade de submissão do caso à reserva de plenário quando já existe pronunciamento do Supremo Tribunal Federal sobre o tema se encontra consolidada na jurisprudência. Por exemplo, a tese fixada pelo STF no **Tema de Repercussão Geral nº 856** (ARE 914045, j. 15/10/2015) diz exatamente isso, pois estabelece que *"é desnecessária a submissão à regra da reserva de plenário quando a decisão judicial estiver fundada em jurisprudência do Plenário ou em Súmula deste Supremo Tribunal Federal"*.

Além disso, com o intuito de enriquecer os estudos, é importante registrar que o STF possui precedente no sentido de que, se ambas as suas turmas já decidiram a questão, não há necessidade de que o seu pleno também decida sobre ela para que fique dispensada a aplicação da cláusula de reserva de plenário. Isso porque o Supremo Tribunal Federal é composto de apenas duas turmas, de modo que, se a tese jurídica foi enfrentada por ambas no mesmo sentido, é como se o seu plenário tivesse decidido.

Esse posicionamento foi adotado pelo STF no AI 607.616 AgR, no qual a Corte afirmou que *"não há reserva de plenário (art. 97 da Constituição) à aplicação de jurisprudência firmada pelo Pleno ou por ambas as Turmas desta Corte"*.

Esse precedente, porém, já é antigo (foi julgado em 31/08/2010), e a linha de pensamento nele adotada não faz mais sentido atualmente (e nem mesmo deve ser aplicada), diante do entendimento que vem se firmando no STF no sentido de que ele (o STF) também se submete à cláusula de reserva de plenário, inclusive no julgamento de recurso extraordinário (confira a explicação no tópico específico sobre essa questão). No entanto, para fins de concursos públicos, é interessante ter conhecimento da existência desse entendimento, pois é possível que seja cobrado em prova.

Portanto, o art. 97 da CF/88 não impede que o órgão fracionário do Tribunal, desde logo, declare a constitucionalidade (rejeitando a arguição de inconstitucionalidade) ou mesmo a inconstitucionalidade já reconhecida anteriormente pelo pleno ou órgão especial do próprio tribunal ou pelo pleno do STF.

E um detalhe importante, também já decidido pelo Supremo Tribunal Federal, é que, para que fique dispensada a aplicação da reserva de plenário com fundamento no fato de que a questão já foi decidida anteriormente (pelo próprio tribunal ou pelo STF), não é necessário que haja uma perfeita e idêntica correspondência entre o caso apreciado e o precedente utilizado como paradigma. Basta, para tal finalidade, que a tese jurídica tenha sido enfrentada, não havendo necessidade de identidade absoluta entre os casos.

Adotando essa linha de pensamento sobre a questão, o STF já afirmou que:

a) *"Não é necessária identidade absoluta para aplicação dos precedentes dos quais resultem a declaração de inconstitucionalidade ou de constitucionalidade.*

Requer-se, sim, que as matérias examinadas sejam equivalentes" **(AI 607.616 AgR, j. 31/08/2010).**

b) *"A aplicação do precedente não precisa ser absolutamente literal. Se, a partir do julgado, for possível concluir um posicionamento acerca de determinada matéria, já se afigura suficiente a invocação do aresto para afastar a vigência da norma maculada pelo vício da inconstitucionalidade, já reconhecido pelo Supremo Tribunal Federal"* **(RE 578.582 AgR, j. 27/11/2012).**

Importante lembrar, a propósito, que as decisões do STF, no controle ABSTRATO, possuem efeito vinculante, motivo pelo qual o órgão fracionário (câmara, turma ou seção) fica vinculado à decisão do STF proferida, por exemplo, em ADI ou ADC ou mesmo ao entendimento consolidado em enunciado da Súmula Vinculante. Nesses casos, o próprio órgão fracionário do Tribunal inferior julga o caso aplicando desde logo o que o STF decidiu em ADI ou ADC ou o entendimento sumulado, não havendo razão para remeter a análise do tema ao pleno ou órgão especial.

Nesse sentido, o STF afirmou, na **Rcl 10064 AgR**, julgada em 28/08/2014, que *"não afronta a cláusula de reserva de plenário acórdão de órgão fracionário que aplica súmula vinculante".*

Inclusive, mesmo o entendimento do STF constante de súmula não vinculante (a chamada **súmula persuasiva**) pode ser aplicado diretamente pelo órgão fracionário do tribunal inferior, sem necessidade de observância da cláusula de reserva de plenário, conforme foi afirmado pela Suprema Corte no seguinte precedente:

> "(...) A jurisprudência pacífica desta Corte, agora reafirmada em sede de repercussão geral, entende que é desnecessária a submissão de demanda judicial à regra da reserva de plenário na hipótese em que **a decisão judicial estiver fundada em jurisprudência do Plenário do Supremo Tribunal Federal ou em Súmula deste Tribunal**, nos termos dos arts. 97 da Constituição Federal, e 481, parágrafo único, do CPC. (...)" **(ARE 914045 RG, Rel. Min. Edson Fachin, j. em 15/10/2015)**

Ainda, é necessário observar o seguinte: para fins de afastar a necessidade de aplicação do art. 97 da CF/88, a decisão do STF que declara a inconstitucionalidade de uma lei não precisa ser uma decisão do controle abstrato (ADI, ADC etc.).

Se a decisão tiver sido proferida em sede de controle abstrato, haverá o efeito vinculante (o que, atualmente, o STF já reconheceu para o controle difuso), mas não há necessidade de que seja uma decisão proferida nesse tipo de controle, podendo ser uma decisão do plenário do STF no controle difuso, a exemplo do recurso extraordinário.

Assim, mesmo uma decisão do STF em sede de controle difuso, desde que declare a inconstitucionalidade da norma, já é suficiente para que o órgão fracionário do Tribunal inferior não precise se preocupar com a aplicação do art. 97 da CF/88 e, portanto, não tenha de remeter a análise do tema ao pleno ou órgão especial. E isso porque mesmo uma decisão do STF no controle difuso já é suficiente para afastar a presunção de constitucionalidade da lei ou do ato normativo.

É evidente, no entanto, que essa decisão do Supremo Tribunal Federal que torna desnecessária a aplicação da cláusula de reserva de plenário pelos demais Tribunais deve ter sido tomada pelo seu pleno. Nesse sentido, vejamos o seguinte precedente do STF:

> "Controle incidente de constitucionalidade de normas: reserva de plenário (Const., art. 97): **inaplicabilidade**, em outros tribunais, quando já declarada pelo Supremo Tribunal, **ainda que incidentemente**, a inconstitucionalidade da norma questionada (...) 2. A **decisão plenária do Supremo Tribunal**, declaratória de inconstitucionalidade de norma, posto que incidente, sendo pressuposto necessário e suficiente a que o Senado lhe confira efeitos *erga omnes*, **elide a presunção de sua constitucionalidade**: a partir daí, podem os órgãos parciais dos outros tribunais acolhê-la para fundar a decisão de casos concretos ulteriores, prescindindo de submeter a questão de constitucionalidade ao seu próprio plenário." **(STF, RE 191.898, Rel. Min. Sepúlveda Pertence, j. em 27/05/1997)**

Portanto, uma decisão do plenário do STF no controle difuso já é suficiente para afastar a necessidade de aplicação do art. 97 da CF/88 pelos Tribunais inferiores.

Enfim, sendo a arguição de inconstitucionalidade acolhida pelo órgão fracionário do Tribunal, observar-se-á o procedimento previsto no art. 950 do CPC/15:

> "**Art. 950.** Remetida cópia do acórdão a todos os juízes, o presidente do tribunal designará a sessão de julgamento.
>
> **§ 1°** As pessoas jurídicas de direito público responsáveis pela edição do ato questionado poderão manifestar-se no incidente de inconstitucionalidade se assim o requererem, observados os prazos e as condições previstos no regimento interno do tribunal.
>
> **§ 2°** A parte legitimada à propositura das ações previstas no art. 103 da Constituição Federal poderá manifestar-se, por escrito, sobre a questão constitucional objeto de apreciação, no prazo previsto pelo regimento interno, sendo-lhe assegurado o direito de apresentar memoriais ou de requerer a juntada de documentos.
>
> **§ 3°** Considerando a relevância da matéria e a representatividade dos postulantes, o relator poderá admitir, por despacho irrecorrível, a manifestação de outros órgãos ou entidades."

O § 3° do art. 950 do CPC/15 prevê a possibilidade de admissão de *amicus curiae* no incidente de inconstitucionalidade processado nos Tribunais, o que é importante para pluralizar a conferir maior legitimidade à decisão.

A previsão, no procedimento delineado pelo art. 950 do CPC/15, da possibilidade de manifestação dos responsáveis pela edição do ato, dos legitimados ativos da ADI/ADC e do *amicus curiae* se deve ao fato de que, a partir do momento em que a questão da inconstitucionalidade é destacada do órgão fracionário e remetida ao pleno ou órgão especial, tem-se uma decisão puramente abstrata.

Em outras palavras, nesse incidente, a constitucionalidade ou inconstitucionalidade da norma atacada é analisada em tese, é apreciada abstratamente, ou seja, é como se houvesse uma "ilha" de controle abstrato dentro de um processo judicial em que se realiza um controle concreto de constitucionalidade.

Em resumo, o órgão fracionário do Tribunal, diante de uma alegação de inconstitucionalidade, tem três opções:

1) Rejeitar a arguição de inconstitucionalidade e julgar a causa desde logo.
2) Acolher a alegação de inconstitucionalidade, mas julgar desde logo o processo, por já ter a questão sido examinada pelo pleno ou órgão especial do próprio Tribunal ou pelo pleno do STF.
3) Acolher a alegação de inconstitucionalidade e, não tendo a questão sido examinada ainda pelo próprio Tribunal ou pelo STF, destacar o tema e instaurar um incidente de inconstitucionalidade, remetendo o exame da matéria ao pleno ou órgão especial do próprio Tribunal. Nessa hipótese, o pleno ou órgão especial decide a questão do controle de constitucionalidade e devolve o tema ao órgão fracionário, que, então, julgará o caso concreto, observando o que o pleno ou órgão especial decidiu no incidente de inconstitucionalidade.

É possível um recurso em face da decisão do pleno ou órgão especial do tribunal que julga o incidente de arguição de inconstitucionalidade? Cabe recurso extraordinário dessa decisão? **NÃO!** O recurso extraordinário não pode ser interposto em face da decisão do pleno ou órgão especial do tribunal que julga o incidente de inconstitucionalidade. O recurso extraordinário deve ser interposto, se for o caso, em face da decisão do órgão fracionário que, em momento posterior, julgar o caso concreto. Inclusive, há uma súmula do STF sobre isso:

> **Súmula 513/STF:** "A decisão que enseja a interposição de recurso ordinário ou extraordinário não é a do plenário, que resolve o incidente de inconstitucionalidade, mas a do órgão (Câmaras, Grupos ou Turmas) que completa o julgamento do feito."

Portanto, o recurso não é interposto em face da decisão do pleno ou órgão especial do Tribunal proferida no incidente de inconstitucionalidade, mas sim, se for o caso, em face da decisão do órgão fracionário que julgar o processo.

Mas, sendo interposto esse recurso, deve ser juntada cópia da decisão do plenário ou órgão especial proferida por ocasião do julgamento do incidente de inconstitucionalidade. Foi assim que decidiu o STF. Vejamos:

> "(...) Concluindo o órgão julgador, na esteira de pronunciamento em incidente de inconstitucionalidade, pelo conflito da norma com a Constituição Federal, **necessária é a juntada da decisão do Plenário ou do órgão especial formalizada quando da apreciação do incidente**, isso em face à competência prevista no artigo 97 da Lei Maior da República." **(RE 238790 AgR, Rel. Min. MARCO AURÉLIO, Primeira Turma, j. em 08/02/2011)**

E note o seguinte: deve ser juntada a cópia da decisão do plenário ou órgão especial do Tribunal, inclusive, quando o órgão fracionário deixa de submeter a questão ao pleno ou órgão especial por ter, tal órgão, em outro processo, já decidido o tema. Em qualquer desses casos, é preciso, para que o recurso próprio possa ser interposto, juntar a decisão do pleno ou órgão especial do Tribunal inferior que apreciou a questão da inconstitucionalidade, independentemente de essa decisão ter sido proferida no processo atual (em que está sendo interposto o recurso) ou em processo anterior.

■ CLÁUSULA DE RESERVA DE PLENÁRIO E JULGAMENTO DE RECURSO EXTRAORDINÁRIO PELO STF

O art. 97 da CF/88 (que prevê a reserva de plenário e a exigência de maioria absoluta para a declaração de inconstitucionalidade no âmbito dos Tribunais) se aplica ao próprio STF, no que diz respeito às suas duas Turmas?

A princípio, sim, tanto no controle abstrato (ADI, ADC, ADO, ADPF etc.) quanto no controle concreto difuso (RExt etc.). **Como regra geral, portanto, as Turmas do STF não podem declarar a inconstitucionalidade sem que o plenário já o tenha feito.** Inclusive, assim já decidiu o STF nos EDcl no AgRg no RE 371.089.

Porém, existe uma discussão no STF (e que já foi cobrada em provas de concursos) quanto à aplicação da cláusula de reserva de plenário no julgamento de recursos extraordinários pelas Turmas do STF.

Note que o recurso extraordinário, por natureza, envolve sempre o controle de constitucionalidade, o que, inclusive, decorre da própria disciplina desse recurso na CF/88 (art. 102, III):

> "**Art. 102, CF/88.** Compete ao Supremo Tribunal Federal:
>
> (...)
>
> III - julgar, mediante recurso extraordinário, as causas decididas em única ou última instância, quando a decisão recorrida:
>
> a) contrariar dispositivo desta Constituição;
>
> b) declarar a inconstitucionalidade de tratado ou lei federal;
>
> c) julgar válida lei ou ato de governo local contestado em face desta Constituição.
>
> d) julgar válida lei local contestada em face de lei federal."

Como se pode perceber, todas as hipóteses previstas no art. 102, III, da CF/88 envolvem controle de constitucionalidade, inclusive a da alínea "d", que, no fundo, diz respeito a competência legislativa, que, como se sabe, é um tema constitucional.

Portanto, o controle de constitucionalidade é ínsito ao recurso extraordinário, é da sua natureza.

E, assim, surge a seguinte questão: diante da natureza do recurso extraordinário (que é destinado a discutir temas de controle de constitucionalidade), os órgãos fracionários do STF (isto é, as suas duas turmas) podem ou não ter autorização regimental para julgar recursos extraordinários declarando a inconstitucionalidade de normas sem precisar observar o art. 97 da CF/88?

A princípio, não há qualquer razão constitucional para admitir a possibilidade de as turmas do STF dispensarem a aplicação do art. 97 da CF/88 com base no regimento interno do Tribunal. Na verdade, essa discussão nem mesmo deveria existir, pois a CF/88 não faz nenhuma ressalva à cláusula de reserva de plenário.

Mas por que, então, essa discussão existe? Porque a Segunda Turma do STF disse em um julgado que *"(...) o STF exerce, por excelência, o controle difuso de constitucionalidade quando do julgamento do recurso extraordinário, tendo os seus colegiados fracionários competência regimental para fazê-lo sem ofensa ao art. 97 da Constituição Federal. (...)"* **(RE 361829 ED, Rel. Min. Ellen Gracie, Segunda Turma, j. em 02/03/2010)**.

Nesse precedente, a Segunda Turma do STF disse que ela pode, no recurso extraordinário, deixar de aplicar o art. 97 da CF/88, porque a Suprema Corte exerce por excelência o controle difuso de constitucionalidade no julgamento dos recursos extraordinários, o que permitiria às Turmas julgar esses recursos sem observância da reserva de plenário.

Há autores muito festejados entre os "concurseiros" que, em seus livros, baseiam-se na decisão mencionada acima para afirmar (embora de forma crítica) que a cláusula de reserva de plenário não precisa ser observada pelo STF no julgamento de recursos extraordinários. Inclusive, essa decisão foi adotada como gabarito de questão de prova.

Isso ocorreu no concurso para o cargo de Procurador da República realizado pelo MPF em 2011, no qual a banca examinadora considerou correta a assertiva segundo a qual *"o princípio da reserva de plenário não se aplica ao próprio STF, no julgamento de recursos extraordinários"*.

Na época da realização dessa prova, o entendimento mais recente do Supremo Tribunal Federal era o que dispensava a aplicação da cláusula de reserva de plenário no julgamento de recurso extraordinário, de modo que a banca examinadora adotou posicionamento compatível com a jurisprudência do momento.

E, por conta dessa questão da prova do MPF, há quem diga (conforme observamos acima) que, nos concursos, o ideal é responder nesse sentido, isto é, que não se aplica a cláusula de reserva de plenário ao próprio STF no julgamento de recursos extraordinários. Esse é o posicionamento, por exemplo, de Pedro Lenza, o que, inegavelmente, é um excelente parâmetro sobre qual postura deve ser adotada nas provas.

O problema é que, posteriormente, no ano 2014, a própria Segunda Turma do STF afirmou que *"o art. 97 da Constituição, ao subordinar o reconhecimento da inconstitucionalidade de preceito normativo a decisão nesse sentido da 'maioria absoluta de seus membros ou dos membros dos respectivos órgãos especiais', está se dirigindo aos Tribunais indicados no art. 92 e aos respectivos órgãos especiais de que trata o art. 93, XI"* **(ARE 792562 AgR, Rel. Min. Teori Zavascki, Segunda Turma, j. em 18/03/2014)**.

Como se pode perceber, esse precedente afirmou a aplicação da cláusula de reserva de plenário a todos os Tribunais do Poder Judiciário, o que engloba o Supremo Tribunal Federal, que está previsto como órgão integrante do Poder Judiciário no art. 92, I, da CF/88.

> "**Art. 92, CF/88.** São órgãos do Poder Judiciário:
>
> I - o Supremo Tribunal Federal;
>
> (...)"

E, por conta desse julgado, o CESPE, em uma prova realizada também no ano 2014, considerou correta a afirmação de que a regra do art. 97 da CF/88 deve, sim, ser observada pelo STF no julgamento de recursos extraordinários.

Trata-se do concurso para o cargo de Analista da Câmara dos Deputados (Consultor Legislativo – Área 1) realizado em 2014. Nessa prova, após os recursos contra o gabarito preliminar, foi oficialmente considerada correta a assertiva que dizia que *"em se tratando de julgamento de recurso extraordinário, a declaração, por turma do STF, da inconstitucionalidade incidental de determinada norma não constitui ofensa à clausula de reserva de plenário desde que a norma já tenha sido declarada inconstitucional pelo plenário da Corte Suprema"*.

O gabarito preliminar havia sido no sentido de que essa assertiva estaria errada (ou seja, foi no sentido de que as Turmas do STF poderiam julgar recurso extraordinário independentemente de observarem a cláusula de reserva de plenário). Mas, após os recursos, a banca examinadora, retificando o gabarito original, passou a considerá-la correta, afirmando, para justificar a alteração, que *"o item está correto conforme a jurisprudência mais atualizada do STF"*.

Isso significa que, segundo entendeu o CESPE, Turma do STF só pode declarar inconstitucionalidade em sede de recurso extraordinário se a norma impugnada já tiver sido declarada inconstitucional pelo plenário do próprio STF, ou seja, desde que observado o art. 97 da CF/88. Portanto, ao final, o que o CESPE concluiu foi que o art. 97 da CF/88 deve ser aplicado às Turmas do Supremo Tribunal Federal no julgamento de recursos extraordinários (posicionou-se, portanto, em sentido contrário ao que entendeu a banca examinadora da prova do concurso do MPF que vimos acima).

Resumindo: em provas objetivas, a banca do concurso do MPF de 2011, com fundamento na jurisprudência da época da prova, entendeu que a cláusula de reserva de plenário não se aplica às turmas do STF em julgamento de recurso extraordinário, e o CESPE, em prova de 2014, também se fundamentando na jurisprudência da época do concurso, entendeu que o art. 97 da CF/88 se aplica sim às turmas do STF no julgamento de recurso extraordinário. Portanto, essas bancas tiveram posições divergentes sobre o tema, mas fundamentando-se no entendimento do Supremo Tribunal Federal que era atual no momento da realização de cada prova.

E veja que essa polêmica envolvendo a aplicação da reserva de plenário aos recursos extraordinários não aparece apenas entre as bancas de concursos. Ela já foi reconhecida internamente pelo próprio STF, como foi afirmado expressamente pelo Min. Joaquim Barbosa no voto que proferiu no **AI 607.616 AgR**, nos seguintes termos: *"(...) é disputada a aplicação da reserva de plenário às turmas do Supremo Tribunal Federal (cf. o RE 361.829-Edcl, rel. min. Ellen Gracie, Segunda Turma, Dje de 19/03/2010)"*.

Diante desse cenário "angustiante", realizamos um levantamento da jurisprudência da Suprema Corte. Nessa pesquisa (que teve como marco inicial o ano 2011, que foi quando ocorreu a prova do MPF que vimos acima), não foram localizadas decisões em que as duas turmas do STF tenham diretamente e de imediato declarado a inconstitucionalidade nos julgamentos de recursos extraordinários comuns (típicos do controle de constitucionalidade concreto) sem que o tema já tivesse sido definido pelo plenário da Corte. Portanto, a partir da análise da jurisprudência do Supremo Tribunal Federal, conclui-se que os seus órgãos fracionários não têm declarado a inconstitucionalidade sem que o seu plenário já tenha se pronunciado sobre o tema.

E há mais um **detalhe** nisso tudo: conforme foi afirmado no precedente da Segunda Turma do Supremo Tribunal Federal datado do ano 2010 que vimos acima, a tese favorável à não observância da reserva de plenário seria a de que o regimento interno do STF autoriza as Turmas da Corte a julgar, desde logo, os recursos extraordinários sem obediência ao art. 97 da CF/88.

Ocorre que, analisando o RISTF, não é possível encontrar suporte para essa tese. Na verdade, a partir da análise dessas normas regimentais, tudo indica, ao contrário, que o recurso extraordinário deve ser remetido ao Pleno do STF quando implicar julgamento no sentido da inconstitucionalidade de uma norma que ainda não tenha sido apreciada pelo Plenário da Corte. O que o RISTF afirma é que as Turmas do STF têm competência originária para julgar recurso extraordinário, o que está previsto no seu art. 9º, III. Mas o RISTF diz também o seguinte:

> "**Art. 22, RISTF.** O Relator submeterá o feito ao julgamento do Plenário, quando houver relevante arguição de inconstitucionalidade ainda não decidida."
>
> "**Art. 11, RISTF.** A Turma remeterá o feito ao julgamento do Plenário independente de acórdão e de nova pauta:
>
> I – quando considerar relevante a arguição de inconstitucionalidade ainda não decidida pelo Plenário, e o Relator não lhe houver afetado o julgamento;
>
> II – quando, não obstante decidida pelo Plenário, a questão de inconstitucionalidade, algum Ministro propuser o seu reexame;"

Está claro no RISTF, como se pode perceber, que o Relator deve submeter o tema ao Plenário quando há inconstitucionalidade ainda não apreciada por ele, e que, se o Relator não o fizer, a Turma deve fazê-lo.

Além disso, em 2018, o **Plenário** do Supremo Tribunal Federal afirmou ser aplicável a cláusula de reserva de plenário ao próprio STF, tanto no controle difuso quanto no controle concentrado. Isso ocorreu no **ARE 791932**, no qual a Corte registrou que *"a cláusula de reserva de plenário atua como condição de eficácia jurídica da própria declaração jurisdicional de inconstitucionalidade dos atos do Poder Público, aplicando-se para todos os tribunais, via difusa, e para o SUPREMO TRIBUNAL FEDERAL, também no controle concentrado (CF, art. 97 e SV 10)"* **(ARE 791932/DF, Relator(a): Min. ALEXANDRE DE MORAES, J. 11/10/2018, Pleno).**

Nesse julgado, a Suprema Corte deixou claro que a regra do art. 97, em se tratando de controle difuso, aplica-se a **todos os Tribunais** e que, em relação ao Supremo Tribunal Federal, ela se aplica **também** no controle concentrado.

Apesar da existência desse precedente do Plenário do STF, não se pode ignorar que o tema permanece um pouco nebuloso, por conta do histórico divergente da jurisprudência e de posições contrastantes adotadas pelas bancas de concursos. Para visualizar isso melhor, vejamos, em ordem cronológica, como esse tema foi abordado nas provas.

Em **2011**, a banca examinadora do concurso do MPF entendeu ser correta a afirmação de que *"o princípio da reserva de plenário não se aplica ao próprio STF, no* *julgamento de recursos extraordinários"*. Esse posicionamento era o único admissível na época, pois, como vimos, havia um precedente recente do Supremo Tribunal Federal exatamente nesse sentido. Portanto, o examinador posicionou-se em conformidade com a jurisprudência então atual.

Em **2014**, o CESPE, em concurso da Câmara dos Deputados, entendeu que a cláusula de reserva de plenário se aplica no julgamento de recurso extraordinário pelo STF, pois considerou correta a assertiva segundo a qual *"em se tratando de julgamento de recurso extraordinário, a declaração, por turma do STF, da inconstitucionalidade incidental de determinada norma não constitui ofensa à clausula de reserva de plenário desde que a norma já tenha sido declarada inconstitucional pelo plenário da Corte Suprema"*. Nesse caso, a banca também se posicionou de acordo com a jurisprudência então atual do Supremo Tribunal Federal, pois, conforme vimos, no ano 2014, a Segunda Turma do STF afirmou que o art. 97 da CF/88 se aplica a todos os Tribunais do Poder Judiciário brasileiro, o que engloba o próprio STF.

Em **2017**, a Fundação Carlos Chagas, no concurso para o cargo de Defensor Público do Estado do Paraná, considerou correta a afirmação de que *"há precedente do Supremo Tribunal Federal afirmando que, mesmo sendo órgãos fracionários, as Turmas do Supremo Tribunal Federal não se submetem à cláusula de reserva de plenário"*. O posicionamento da banca examinadora nesse caso também não merece crítica alguma, pois a questão foi "blindada", já que, como vimos, realmente existe precedente do STF no sentido de que a cláusula de reserva de plenário não se aplica às suas Turmas. Isso, porém, não significa que a FCC possui entendimento próprio no sentido de que o art. 97 da CF/88 não é aplicável ao Supremo Tribunal Federal. Significa, apenas, que essa banca examinadora conhece a jurisprudência da nossa Suprema Corte.

Finalmente, em **2019**, tivemos uma situação em que a banca examinadora contrariou a jurisprudência do Supremo Tribunal Federal. Trata-se do concurso para o cargo de Procurador do Município de Cerquilho/SP, realizado pela VUNESP. Nesse caso, a banca considerou correta a afirmação de que *"a cláusula de reserva de plenário é forma de controle difuso de constitucionalidade, a exceção do Supremo Tribunal Federal, e deve ser reconhecida somente pela maioria absoluta dos membros do pleno do respectivo Tribunal ou de membros do respectivo órgão especial deste para a declaração de inconstitucionalidade"*. Essa prova foi realizada após o pronunciamento do Plenário do STF no sentido de que ele (o STF) se submete à cláusula de reserva de plenário tanto no controle difuso quanto no controle concentrado de constitucionalidade (o que, como vimos, ocorreu no ARE 791932), ou seja, foi um caso em que o examinador inobservou a jurisprudência mais recente sobre a matéria.

Ademais, nessa questão, a VUNESP afirmou que a cláusula de reserva de plenário *"é forma de controle difuso de constitucionalidade"*, o que não é tecnicamente preciso, pois o art. 97 da CF/88 não faz essa restrição. A cláusula de reserva de plenário, na verdade, deve ser observada tanto no controle difuso quanto no controle concentrado, como é o caso de uma ADI, que deve ser julgada pelo Plenário do Supremo Tribunal Federal, e não por uma de suas Turmas. Não é por outra razão que a Lei 9.868/99 exige a maioria absoluta dos Ministros da Corte para que possa ser declarada a inconstitucionalidade no julgamento de uma ADI (art. 23).

E qual posicionamento deve ser adotado em provas?

Sugerimos o seguinte: em provas subjetivas e orais, deve ser exposto todo o quadro visto aqui. Já em provas objetivas, o ideal é seguir sempre o entendimento mais recente do STF, que, no caso, é o de que ele se submete, sim, à cláusula de reserva de plenário. Isso, inclusive, é o que vem sendo feito pelas bancas examinadoras, como ocorreu no concurso do MPF de 2011, no concurso da Câmara dos Deputados de 2014 (CESPE) e, até mesmo, no concurso da DPE/PR de 2017 (FCC), no qual a questão cobrou o conhecimento histórico da jurisprudência do STF, e não o entendimento mais atual do Tribunal.

O "ponto fora da curva" realmente foi a VUNESP, que claramente contrariou a jurisprudência do STF, e, por isso, a questão da prova que vimos acima deveria ter sido anulada. No entanto, mesmo nas futuras provas realizadas por essa banca examinadora, o mais seguro é seguir o entendimento atual do Supremo Tribunal Federal, pois, se o gabarito oficial da prova contrariar esse entendimento, na pior das hipóteses, será possível apresentar recursos com fundamentos bastante sólidos.

A única ressalva em relação à VUNESP é a hipótese em que a questão apresentada seja de múltipla escolha e possua alguma alternativa que pareça ser "mais correta" do que a que diz que a cláusula de reserva de plenário se aplica ao STF. Em uma situação como essa, o ideal, em se tratando especificamente da VUNESP, parece ser marcar como correta essa outra alternativa "mais correta", tendo em vista o histórico dessa banca examinadora que, nesse tema, contrariou a jurisprudência do STF.

■ O CASO ESPECÍFICO DO RECURSO EXTRAORDINÁRIO EM ADI ESTADUAL

Na jurisprudência do STF, é possível identificar **uma hipótese** relativa a um tipo específico de recurso extraordinário em relação ao qual as duas Turmas do STF claramente entendem que não é aplicável o art. 97 da CF/88.

Que hipótese é essa?

Veja que o recurso extraordinário costuma ser interposto nas ações de controle difuso concreto de constitucionalidade (envolvendo autor e réu), mas há uma hipótese específica de seu cabimento em controle concentrado abstrato de constitucionalidade, diferente dessa hipótese comum.

Essa hipótese especial de cabimento de recurso extraordinário é a seguinte: quando há uma ADI ou ADC estadual na qual o parâmetro superior (ou seja, a norma da Constituição Estadual invocada como parâmetro de controle) é uma norma de reprodução obrigatória da Constituição Federal. Nesse caso, embora a ADI estadual seja um mecanismo de controle abstrato de constitucionalidade, cabe recurso extraordinário para o STF.

Portanto, quando, em uma ADI estadual, a norma da Constituição Estadual que se alega ter sido violada por uma lei estadual ou municipal é uma norma de reprodução obrigatória da Constituição Federal, é possível interpor recurso extraordinário, que, nesse caso, é um recurso extraordinário específico, porque não é um recurso extraordinário do controle concreto, mas sim do controle abstrato de constitucionalidade.

A Primeira Turma do STF já decidiu que, nessa hipótese, não é preciso aplicar o art. 97 da CF/88 quando o órgão fracionário do STF julga esse recurso e o Tribunal inferior já declarou, por seu pleno ou órgão especial, a inconstitucionalidade da lei ou ato normativo.

Nesse caso, portanto, o órgão fracionário do STF pode desde logo julgar o recurso extraordinário, mantendo a inconstitucionalidade já reconhecida pelo Tribunal de origem (especialmente quando o tema de fundo já tiver sido objeto de exame pelo STF em situações similares ou análogas). Isso porque, nesse caso, a reserva de plenário já foi obedecida na origem, no Tribunal inferior.

Porém, se o Tribunal de origem declarar a constitucionalidade do objeto impugnado, o recurso extraordinário, para poder ser provido e reconhecer a inconstitucionalidade, deve ser remetido ao Plenário da Suprema Corte.

A propósito, veja, nesse sentido, os seguintes trechos do voto do Min. Luís Roberto Barroso proferido na decisão do STF em questão:

> "No entanto, tal entendimento [no sentido da necessidade de observância do art. 97 da CF/88] não é aplicável na hipótese, uma vez que, ao se manter o acórdão recorrido, a inconstitucionalidade da lei não estará sendo declarada pela primeira vez por este órgão fracionário. Com efeito, **a cláusula da reserva de plenário não é exigida quando o Supremo Tribunal Federal, na sua competência recursal, mantém acórdão recorrido que declarou a inconstitucionalidade de norma local em processo de controle por ação direta estadual.** Nesses casos, assenta-se tão-somente a conformidade do *decisum* recorrido com o entendimento desta Corte, órgão incumbido do papel de intérprete máximo da Constituição. **Hipótese diversa é aquela em que, afastada a inconstitucionalidade pelo Tribunal de origem, esta Corte dá provimento ao recurso extraordinário para extinguir do ordenamento jurídico a norma impugnada. Em tais condições, em observância ao disposto no art. 97 da Constituição Federal, deve ser o julgamento do feito afetado ao Plenário desta Corte.** (...) É que eu acho que, quando o Tribunal de Justiça, ele próprio declara a inconstitucionalidade, o artigo 97 foi observado, porque **lá houve reserva de Plenário.** Como nós estamos apenas confirmando, eu penso que não teríamos o dever de mandar ao Plenário. Mas, se fosse a hipótese inversa, ou seja, o Tribunal de origem não declarou a inconstitucionalidade, e nós estivéssemos dando provimento ao extraordinário para declarar a inconstitucionalidade, aí teríamos reserva de Plenário." **(trechos do Voto do Min. Luís Roberto Barroso no ARE 661288, Rel. Min. DIAS TOFFOLI, Primeira Turma, j. em 06/05/2014)**

Assim, no julgado acima referido, a Primeira Turma do STF entendeu que, quando o processo de origem é de controle abstrato de constitucionalidade estadual e o TJ declarou a inconstitucionalidade de uma lei estadual ou municipal por violação a uma norma da Constituição Estadual de reprodução obrigatória da Constituição Federal, o recurso extraordinário interposto pode ser julgado por turma do STF sem necessidade de remeter a questão à análise do Plenário.

Por outro lado, se o TJ entender, na origem, que a lei atacada é constitucional e, em face dessa decisão, for interposto recurso extraordinário, a turma do STF não poderá declarar a inconstitucionalidade, o que deverá ser afetado ao plenário da Corte, em observância ao art. 97 da CF/88.

Esse entendimento, firmado inicialmente na Primeira Turma do Tribunal, foi também adotado, posteriormente, pela Segunda Turma, como ocorreu no ARE 1.008.426 AgR, julgado em 26/05/2017.

EFEITOS DA DECISÃO DE INCONSTITUCIONALIDADE NO CONTROLE CONCRETO DIFUSO

Quais são os **efeitos** da declaração judicial de constitucionalidade ou inconstitucionalidade no controle concreto difuso?

Aqui chegamos ao ponto da matéria em que há novidade jurisprudencial. Como você já deve ao menos ter ouvido falar, o Supremo Tribunal Federal, em decisão noticiada no Informativo 886, apresentou uma mudança de entendimento no que diz respeito aos efeitos da decisão no controle incidental de constitucionalidade.

Assim, por questões didáticas, abordaremos, incialmente, a sistemática tradicional para, em seguida, tratar dessa novidade jurisprudencial.

■ SISTEMÁTICA TRADICIONAL

Tradicionalmente, como **regra**, os efeitos da decisão no controle difuso de constitucionalidade sempre foram:

a) Retroativos ou *ex tunc* (a retroatividade é uma consequência da adoção da teoria da nulidade); e

b) *Inter partes* (isto é, atingem somente as partes do processo, ou seja, autor e réu).

Note que a retroatividade é uma consequência da adoção da teoria da nulidade dos atos inconstitucionais, já que, sendo nulo o ato, ele é nulo desde sempre e, por isso, os efeitos da decisão devem retroagir.

Ademais, a retroatividade ocorre porque a decisão precisa ser suficiente para resolver um problema que se encontra na origem: cuida-se de um controle concreto, isto é, que envolve autor e réu, e o pedido principal não é a declaração de inconstitucionalidade, mas sim um pedido de direito material (como uma obrigação de dar ou de fazer), o qual precisa ser resolvido adequadamente e, para que isso ocorra, em regra, é necessário que a declaração de inconstitucionalidade retroaja à origem do conflito. Sem "cortar o mal pela raiz", não há, na maioria dos casos, como resolver o problema a contento.

Por exemplo, no mencionado caso hipotético do confisco da caneta do aluno pelo professor, se a decisão não retroagisse, o professor ficaria impedido de confiscar novas canetas, mas não teria de restituir a caneta ao aluno naquele caso concreto, o que, evidentemente, não resolveria adequadamente o conflito.

Excepcionalmente, os efeitos no controle difuso concreto poderiam fugir da regra geral e ser:

a) Não retroativos (*ex nunc*) ou mesmo prospectivos (*pro futuro*); e

b) *Ultra partes* (o que ocorre como decorrência de uma **eficácia expansiva** da decisão de controle de constitucionalidade).

Conforme visto anteriormente, a regra é a eficácia retroativa da decisão que reconhece a inconstitucionalidade. Logo, a princípio, não seria possível nenhum tipo modulação dos efeitos da decisão, seja no controle concreto ou no controle abstrato, pois a teoria da nulidade não se coaduna com uma ideia de modulação. Porém, há temperamentos na adoção da teoria da nulidade e o fato é que a possibilidade de modulação dos efeitos da decisão que reconhece a inconstitucionalidade passou a ser admitida.

A modulação foi inicialmente admitida no controle abstrato (mais precisamente, na ADI e na ADC), tendo sido tratado no art. 27 da Lei 9.868/99, que expressamente admitiu essa técnica. Referido dispositivo diz o seguinte:

> "**Art. 27, Lei 9.868/99.** Ao declarar a inconstitucionalidade de lei ou ato normativo, e tendo em vista **razões de segurança jurídica ou de excepcional interesse social**, poderá o Supremo Tribunal Federal, por maioria de **dois terços** de seus membros, restringir os efeitos daquela declaração ou decidir que ela só tenha eficácia a partir de seu trânsito em julgado ou de outro momento que venha a ser fixado."

Logo, na ADI e na ADC, passou-se a admitir a modulação dos efeitos da decisão de inconstitucionalidade. Essa modulação é possível, segundo o STF, à luz de uma ponderação, ponderação essa que NÃO ENVOLVE A SUPREMACIA DA CONSTITUIÇÃO. A ponderação que autoriza a modulação dos efeitos envolve, de um lado, a norma constitucional tida por violada (e, portanto, a própria regra da nulidade do ato inconstitucional) e, de outro lado, os princípios da boa-fé e da segurança jurídica, mas não a supremacia da Constituição. Nesse mesmo sentido, vejamos a seguinte decisão do STF:

> "(...) A modulação dos efeitos temporais da decisão que declara a inconstitucionalidade decorre da **ponderação entre a disposição constitucional tida por violada e os princípios da boa-fé e da segurança jurídica**, uma vez que a norma vigorou por oito anos sem que fosse suspensa pelo STF. A **supremacia da Constituição** é um pressuposto do sistema de controle de constitucionalidade, sendo **insuscetível de ponderação** por impossibilidade lógica. (...)" **(ADI 4481, Rel. Min. ROBERTO BARROSO, Pleno, j. em 11/03/2015)**

A partir da possibilidade da modulação dos efeitos da decisão proferida na ADI e na ADC, passou-se a questionar se seria possível a produção de efeitos excepcionalmente modulados (com eficácia *ex nunc* ou *pro futuro*) também da decisão do STF proferida em sede de controle concreto difuso de constitucionalidade, em aplicação analógica do art. 27 da Lei 9.868/99.

E, em um primeiro momento, a jurisprudência do STF não quis admitir a possibilidade de modulação no controle concreto, asseverando que era um instrumento apenas do controle concentrado de constitucionalidade, especialmente, porque a previsão legal era apenas para esse tipo de controle.

Em momento posterior, porém, a Suprema Corte mudou seu entendimento. O marco da mudança de entendimento, a partir do qual o STF passou a modular os efeitos da decisão do controle concreto de constitucionalidade, foi o famoso RE 197.917, cujo julgamento se iniciou em 2002 e se encerrou em 2004, tratando do número de Vereadores do Município de Mira Estrela.

Nesse caso, o número de Vereadores foi considerado excessivo pelo STF, mas, se a Corte declarasse a inconstitucionalidade da lei municipal que fixou esse número e desse eficácia retroativa à decisão, isso iria afetar o princípio da boa-fé e o princípio da segurança jurídica, tendo em vista que os Vereadores eleitos que se encontravam no curso do mandato e que, inclusive, já haviam apresentado propostas legislativas e votado projetos de lei ficariam em uma situação esdrúxula. Diante disso, o STF modulou os efeitos da decisão, para que a declaração de inconstitucionalidade passasse a valer apenas a partir das eleições seguintes. A propósito, vejamos referida decisão do STF:

> "**RECURSO EXTRAORDINÁRIO**. MUNICÍPIOS. CÂMARA DE VEREADORES. COMPOSIÇÃO. (...) INCONSTITUCIONALIDADE, INCIDENTER TANTUM, DA NORMA MUNICIPAL. **EFEITOS PARA O FUTURO**. SITUAÇÃO EXCEPCIONAL. (...) 8. Efeitos. Princípio da segurança jurídica. Situação excepcional em que a declaração de nulidade, com seus normais efeitos *ex tunc*, resultaria grave ameaça a todo o sistema legislativo vigente. Prevalência do interesse público para assegurar, em caráter de exceção, efeitos *pro futuro* à declaração incidental de inconstitucionalidade." **(STF, RE 197917, Rel. Min. Maurício Corrêa, Pleno, j. em 24/03/2004)**

A partir desse julgado, então, o plenário do STF passou, por aplicação analógica do art. 27 da Lei 9.868/99, a modular os efeitos da declaração de inconstitucionalidade no controle concreto, o que hoje já se encontra sedimentado, como demonstra a seguinte decisão:

> "(...) O Supremo Tribunal Federal **tem reconhecido, excepcionalmente, a possibilidade de proceder à modulação ou limitação temporal** dos efeitos da declaração de inconstitucionalidade, mesmo quando proferida, por esta Corte, **em sede de controle difuso**. (...)" **(RE 353508 AgR, Rel. Min. Celso de Mello, Segunda Turma, j. em 15/05/2007)**

Enfim, sobre a modulação no controle concreto, temos, em resumo o seguinte:

1) Pode ocorrer em **situações extremas** (STF, RE 553223 AgR-ED, 19/08/2008), quando houver, por exemplo, boa-fé, "risco extremo à segurança jurídica ou ao interesse social" (STF, RE 553223 AgR-ED, voto do relator, Min. Joaquim Barbosa) ou "grave lesão à ordem pública" (STF, RE 442309 AgR, 13/11/2007);
2) Somente pode ser feita pelo **plenário do STF** (por força do art. 97 da CF/88), não por suas turmas (STF, AI 417014 AgR, 18/12/2006);
3) **Exige manifestação expressa** sobre o tema (no silêncio da Corte, não há modulação), observando-se, ainda, a exigência do quórum qualificado previsto no art. 27 da Lei 9.868/99 (STF, RE 392139 AgR, 26/04/2005; AI 527297 AgRED, 15/12/2009; etc.);
4) **Esse quórum qualificado é de 2/3** tanto no caso de modulação referente a repercussão geral no recurso extraordinário (RE 586453 QO, j. em 20/02/2013) como nos recursos extraordinários em geral (REs 567985 e RE 580963, j. em 18/04/2013); e
5) Essa modulação **já foi admitida**, por analogia, até mesmo **em relação a atos normativos pré-constitucionais**. No caso, o STF admitiu a modulação dos efeitos da decisão de não recepção da norma impugnada (RE 600885/RS,

julgado em 09/02/2011 pelo Plenário). Portanto, a não recepção de uma norma pré-constitucional pode ter como termo inicial um momento posterior à entrada em vigor da Constituição, por aplicação analógica do art. 27 da Lei 9.868/99.

APROFUNDANDO O TEMA: MODULAÇÃO DOS EFEITOS DA DECLARAÇÃO DE CONSTITUCIONALIDADE EM CONTROLE DIFUSO

A modulação dos efeitos da decisão no controle de constitucionalidade está prevista em nosso ordenamento jurídico para a hipótese de ser declarada a **inconstitucionalidade** da norma (além de o STF admitir a aplicação desse mecanismo para o juízo de não recepção de norma anterior à Constituição), e exige, para a sua implementação no caso concreto, o voto de 2/3 (dois terços) dos Ministros da Suprema Corte, conforme consta do art. 27 da Lei 9.868/99.

Perceba que a Lei 9.868/99 nada fala sobre a hipótese em que o Tribunal declara a **constitucionalidade** de uma norma, o que pode fazer surgir o questionamento sobre a possibilidade de se modular a eficácia de uma decisão que reconheça que determinada norma é constitucional.

No **RE 638115 ED-ED** (julgado em 18/12/2019), o STF se manifestou sobre isso e entendeu que **é possível a modulação também da decisão que declara a constitucionalidade de uma norma**, e que nesse caso o quórum exigido não é o de 2/3 (aplicável em caso de declaração de inconstitucionalidade), mas sim o da **maioria absoluta** dos Ministros da Corte.

Nesse precedente, a Suprema Corte analisou especificamente a hipótese de reconhecimento da constitucionalidade de lei ou ato normativo **em sede de recurso extraordinário** (portanto, no bojo do controle difuso concreto). Logo, para casos de declaração de constitucionalidade em julgamento de ADI ou ADC, permanece aplicável a regra expressa do art. 27 da Lei 9.868/99, que exige votos de 2/3 dos Ministros. Inclusive, o próprio STF já aplicou o art. 27 da Lei 9.868/99 (que exige a maioria de 2/3 dos Ministros) para modular os efeitos de decisão declaratória de constitucionalidade no controle concentrado abstrato de constitucionalidade, como ocorreu na **ADI 4167 ED**.

Portanto, se, em sede de **recurso extraordinário**, o Supremo Tribunal Federal declara a **inconstitucionalidade** de uma norma, é possível a **modulação** dos efeitos da decisão, desde que haja votos de **2/3 (dois terços)** dos Ministros. Por outro lado, se, também em sede de **recurso extraordinário**, a Suprema Corte não declara inconstitucionalidade (ou seja, o Tribunal reconhece que determinada norma é **constitucional**), a modulação dos efeitos da decisão é igualmente possível, mas depende tão somente dos votos da **maioria absoluta** dos Ministros.

Já em sede de **controle concentrado abstrato de constitucionalidade**, a modulação de efeitos da decisão (seja ela declaratória de constitucionalidade, seja ela declaratória de inconstitucionalidade) depende dos votos da **maioria de 2/3 (dois terços)** dos Ministros do STF, por aplicação do art. 27 da Lei 9.868/99, conforme já decidiu a Corte, por exemplo, na ADI 4167 ED.

Além disso, como regra, na sistemática tradicional, a decisão proferida no controle judicial difuso concreto de constitucionalidade teria eficácia apenas entre as partes, ou seja, os efeitos da decisão seriam *inter partes*, o que significa que atingiriam apenas as partes da demanda (autor e réu).

Por isso, a posição dominante no STF (e na doutrina, embora houvesse algumas divergências) se firmou no sentido de que, como consequência, em caso de inobservância da decisão, não caberia reclamação por parte de terceiros que não participaram da lide originária no controle difuso.

Assim, considerando-se novamente o caso hipotético do confisco da caneta do aluno pelo professor, se o STF decidisse ser inconstitucional a lei que permitiu esse confisco, também determinaria a devolução da caneta, tendo essa decisão efeitos retroativos, mas restritos às partes da demanda. E, por conta dessa eficácia meramente *inter partes*, o professor poderia confiscar a caneta de outros alunos, que, por não terem sido partes no processo, não poderiam apresentar reclamação constitucional alegando desobediência do professor à decisão do STF proferida no caso paradigma.

No sentido do não cabimento de reclamação apresentada por terceiros, temos, por exemplo, a seguinte decisão do STF:

> "(...) **RECLAMAÇÃO. ALEGADA AFRONTA À AUTORIDADE DE DECISÃO PROLATADA EM PROCESSO DE ÍNDOLE SUBJETIVA EM QUE NÃO FIGUROU COMO PARTE O RECLAMANTE. AUSÊNCIA DE EFICÁCIA ERGA OMNES. NÃO CABIMENTO.** O acórdão paradigma foi prolatado em processo de índole subjetiva, desprovido de eficácia *erga omnes*, em que não figurou como parte o reclamante, motivo pelo qual a sua invocação não se amolda ao previsto no art. 102, I, l, da Constituição da República. (...)" **(Rcl 19701 ED, Rel. Min. ROSA WEBER, 1ª Turma, j. em 20/10/2015)**

Portanto, na sistemática tradicional, não cabe reclamação por parte de quem não integrou a lide originária.

No entanto, excepcionalmente, os efeitos da decisão judicial prolatada no controle concreto de constitucionalidade poderiam ter projeções para além das partes da demanda. Em outras palavras, havia a possibilidade de essa decisão ter efeitos que se projetassem perante terceiros.

É que uma decisão proferida no controle concreto difuso de constitucionalidade pelo STF (isto é, uma decisão do plenário do STF), ainda que não obrigasse terceiros, podia se constituir em um importante precedente judicial que terminasse afetando as demais lides, por conta da autoridade da decisão da Suprema Corte. Isso, evidentemente, continua ocorrendo até hoje. A esse respeito, assim já se manifestou o STF:

> "As decisões tomadas pelo Plenário do Supremo Tribunal Federal [em controle difuso de constitucionalidade] não possuem, por si, eficácia geral e vinculante, no entanto, **formam orientação jurisprudencial dominante**, pois são prolatadas pela expressão maior do princípio da colegialidade do órgão que ocupa a posição central no sistema jurisdicional." **(RE 518672-AgR, Voto do Rel. Min. Joaquim Barbosa, 2ª Turma, j. em 26/05/2009)**

Nesse contexto, não era (e não é até hoje) incomum que, logo após a prolação de decisão pelo plenário do STF a respeito de um tema em sede de recurso extraordinário, todos os juízes do País passassem a adotar o mesmo entendimento. E era aí que podia acontecer de o julgado do STF em controle concreto gerar efeitos que não fossem apenas *inter partes*, já que acabavam se irradiando para outros casos. Trata-se do que **o STF chama de efeitos *ultra partes*, os quais decorrem de uma eficácia expansiva da decisão da decisão.**

É isso que consta, por exemplo, da paradigmática Reclamação 4335, que tratou da inconstitucionalidade da vedação da progressão de regime de cumprimento de pena nos crimes hediondos:

"(...) 2. Progressão de regime. Crimes hediondos. (...) 5. **Efeito *ultra partes* da declaração de inconstitucionalidade em controle difuso. Caráter expansivo da decisão. (...)" (Rcl 4335, Rel. Min. Gilmar Mendes, Pleno, j. em 20/03/2014)**

Nesse caso, portanto, o STF reconheceu que a sua decisão afetou outras lides. Em relação ao tema da inconstitucionalidade da vedação de progressão de regime de cumprimento de pena em crimes hediondos, o STF acabou editando uma súmula vinculante, mas independentemente disso, a sua decisão sobre essa matéria já vinha, desde antes, sendo seguida pelos juízes e Tribunais de todo o País.

Inclusive, considerando a força dos seus próprios precedentes, o STF, mesmo que as decisões em controle concreto tivessem eficácia apenas entre as partes (na sistemática tradicional, repita-se), vinha admitindo a possibilidade de terceiros estranhos à lide em que se discute o controle de constitucionalidade difuso concreto serem aceitos no processo como *amicus curiae* (por exemplo, em recurso extraordinário), podendo apresentar razões escritas e oferecer sustentação oral. Isso ocorreu, por exemplo, no RE 415.454 QO e no RE 416.827 QO e, hoje, encontra-se positivado no CPC/15.

Em relação ao *amicus curiae*, trataremos melhor do tema quando estudarmos a ação direta de inconstitucionalidade.

▶ A resolução do Senado Federal editada com fundamento no art. 52, X, da CF/88

Outro tema muito importante no controle concreto difuso de constitucionalidade é a **participação do Senado Federal nos termos do art. 52, X, da CF/88**, que diz o seguinte:

> "**Art. 52, CF/88.** Compete privativamente ao **Senado Federal**:
>
> (...)
>
> X - suspender a execução, no todo ou em parte, de lei declarada inconstitucional por decisão definitiva do Supremo Tribunal Federal;"

Aqui o que é necessário entender é o seguinte: na sistemática tradicional, a decisão do STF proferida no controle difuso concreto de constitucionalidade, em regra, tinha efeitos *inter partes*, isto é, valia apenas para as partes, não sendo *erga omnes*, embora pudesse ter efeitos *ultra partes* em decorrência da eficácia expansiva da decisão. Nesse contexto, a participação do Senado Federal (art. 52, X, CF/88) serviria para, suspendendo a execução da lei, conferir efeitos *erga omnes* à declaração de inconstitucionalidade.

Se a resolução do Senado suspendesse a execução da lei, isso seria feito desse momento em diante, sendo os seus efeitos, portanto, não retroativos (a resolução teria eficácia *ex nunc*).

Mesmo antes da publicação do Informativo 886/STF, houve discussão sobre essa atribuição do Senado Federal prevista no art. 52, X, da CF/88, mais precisamente, sobre se ela ainda existiria tal como antes ou se a edição dessa resolução teria deixado de ser necessária para que a decisão no controle difuso produzisse efeitos *erga omnes*.

Essa discussão foi travada com contornos mais definidos no bojo da Reclamação 4.335, que tratou da (in)constitucionalidade da vedação da progressão de regime de cumprimento de pena em relação aos crimes hediondos.

Nesse caso, os Ministros Gilmar Mendes e Eros Grau votaram no sentido de que a participação do Senado Federal prevista no art. 52, X, da CF/88 seria dispensável, pois teria ocorrido uma mutação constitucional, a qual teria igualado os efeitos das decisões do STF no controle concreto às suas decisões no controle abstrato, ou seja, essa mutação teria feito com que a decisão da inconstitucionalidade proferida pelo STF, por exemplo, em sede de recurso extraordinário fosse igual à decisão do STF em ADI e ADC, razão pela qual o papel do Senado teria se esvaziado, já que na ADI e na ADC não há qualquer necessidade de intervenção do Senado, sendo a decisão do STF suficiente, por si só, para fulminar a lei cuja inconstitucionalidade foi reconhecida.

Essa posição, no entanto, não foi chancelada pelo STF (ao julgar a Reclamação 4.335), tendo a maioria dos Ministros entendido que o Senado ainda tinha participação no controle difuso concreto de constitucionalidade para dar efeitos *erga omnes* à decisão da Suprema Corte.

Outra questão sobre esse tema era a seguinte: **o Senado Federal podia suspender a execução de normas federais, estaduais ou municipais**. Portanto, mesmo normas municipais podiam ser objeto da resolução do Senado editada com fulcro no art. 52, X, da CF/88, uma vez que elas podem chegar ao STF no controle concreto de constitucionalidade, já que a ação em que se alega incidentalmente a inconstitucionalidade de uma lei municipal tem início no primeiro grau, havendo interposição de recurso para o Tribunal inferior e em seguida, manejo de recurso extraordinário para o STF.

Então, se o STF examinasse uma lei municipal no controle concreto e entendesse ser ela inconstitucional para as partes da demanda, o Senado podia suspender a execução dessa lei municipal, tal qual podia fazer em relação a uma lei estadual ou a uma lei federal. A atuação do Senado Federal fundamentada no art. 52, X, da CF/88, portanto, nunca se restringiu às normas editadas pelo Congresso Nacional.

Isso, inclusive, chegou a ser cobrado em prova, como ocorreu no concurso para o cargo de Promotor de Justiça do Ministério Público de Roraima realizado pelo CESPE em 2012, em que foi considerada incorreta a seguinte assertiva: *"consoante a doutrina, não se aplica às leis municipais o dispositivo constitucional segundo o qual o Senado Federal poderá suspender a execução, no todo ou em parte, de lei declarada inconstitucional por decisão definitiva do STF"*.

Como vimos, a resolução do Senado do art. 52, X, da CF/88 tinha efeitos *ex nunc* (não retroativos), ocorrendo a suspensão da norma desde a edição da resolução em diante.

E um detalhe importante é que o Senado podia editar essa resolução por provocação (por exemplo, por provocação do STF ou do PGR) ou mesmo de ofício, por iniciativa de sua Comissão de Constituição e Justiça, conforme consta do art. 386 do seu Regimento Interno.

Mas a decisão do Senado de editar essa resolução era vinculada ou discricionária? O Senado tinha discricionariedade ou obrigação de suspender a execução da lei?

Para os que já vinham sustentando que o art. 52, X, da CF/88 havia perdido a razão de ser, a decisão do Senado seria não apenas discricionária, seria mais do que isso, ela seria, na verdade, dispensável.

Por outro lado, entre os que continuaram entendendo que o art. 52, X, da CF/88 permanecia hígido, havia quem dissesse que o Senado era obrigado a suspender a execução da lei declarada inconstitucional e havia quem dissesse que o Senado exercia um juízo de valor sobre isso, preferindo permanecer inerte, inclusive, por considerar a possibilidade de a composição do STF ser modificada em momento posterior e, com isso, ser alterado o entendimento do Tribunal sobre a matéria.

Enfim, segundo a posição majoritária (inclusive nas decisões do próprio STF), a decisão do Senado Federal de editar ou não a resolução do art. 52, X, da CF/88 sempre foi **discricionária**, e não vinculada.

Ainda sobre a atuação do Senado Federal, há uma outra questão que costuma ser cobrada em provas.

Como vimos, o STF entende que o Senado decide, com discricionariedade, se suspende ou não, no todo ou em parte, a lei declarada inconstitucional pela Suprema Corte no controle concreto de constitucionalidade. Mas aqui temos um **detalhe**: o Senado não pode editar uma resolução para **interpretar** a decisão do STF proferida no controle difuso de modo a modificar ou restringir os efeitos dessa decisão. Isso, inclusive, o STF entendeu ao julgar o **MS 16512**, ainda em 1966, e, nessa mesma decisão, a Suprema Corte estabeleceu que, embora o Senado Federal tenha discricionariedade para editar ou não a resolução suspendendo a execução da lei declarada inconstitucional em sede de controle concreto difuso, uma vez editada essa resolução, a questão fica resolvida definitivamente, não podendo o Senado, posteriormente, editar nova resolução revogando a resolução anterior.

Nesse caso concreto julgado pelo STF, o Senado havia editado a Resolução nº 32, suspendendo a execução de leis declaradas inconstitucionais pela Suprema Corte e, 5 anos mais tarde, editou a Resolução nº 93 para revogá-la, o que, segundo entendeu o STF, não seria possível.

Por essa razão, o CESPE, no concurso para o cargo de Juiz Substituto do TJ/MA realizado em 2013, considerou incorreta a assertiva segundo a qual *"no controle difuso de constitucionalidade, o Senado Federal tem a discricionariedade de suspender a lei declarada inconstitucional pelo STF, por intermédio de resolução que pode ser por ele posteriormente revogada, para restabelecer a eficácia da norma"*. Como vimos, o STF (acompanhado pela doutrina majoritária) entende que há discricionariedade do Senado no caso, mas, uma vez editada a resolução, não é possível revogá-la em momento posterior (STF, MS 16512, Pleno, j. em 25/05/1966). É importante registrar, porém, que essa discussão pode perder o sentido em virtude da mudança de entendimento do Supremo Tribunal Federal acerca dos efeitos da declaração incidental de inconstitucionalidade (Informativo 886).

Além disso, caso seja editada a resolução pelo Senado Federal, ela deve observar os exatos termos da decisão do STF, não podendo suspender apenas uma parte daquilo que foi declarado inconstitucional pela Suprema Corte.

E é importante registrar também que, segundo a jurisprudência do STF, essa resolução do Senado Federal que suspende a execução de uma lei declarada inconstitucional no controle concreto **pode produzir efeitos repristinatórios**, ou seja, pode fazer com que retornem efeitos de leis ou atos normativos que haviam sido revogados pela legislação que foi suspensa pela resolução do Senado. Nesse sentido, a seguinte decisão do STF:

> "(...) A Resolução do Senado Federal 49/95, que conferiu efeitos *erga omnes* à decisão proferida no RE 148.754/RJ, redator para o acórdão Min. Francisco Rezek, Tribunal Pleno, DJ 04.03.1994, **fez exsurgir a LC 07/70, numa espécie de efeito repristinatório, de forma que tal norma voltasse a produzir seus efeitos.** Precedente. (...)" **(AI 677191 AgR, Rel. Min. Ellen Gracie, Segunda Turma, j. em 08/06/2010)**

Uma última observação a ser registrada é que, considerando que, nos termos do art. 52, X, da CF/88, essa resolução do Senado Federal é editada quando se tem uma declaração de inconstitucionalidade, a sua edição não tem cabimento para suspender execução de norma anterior à Constituição, pois nesse caso não se trata de um juízo de constitucionalidade ou inconstitucionalidade, mas de recepção ou não recepção. Isso foi afirmado pelo Supremo Tribunal Federal no seguinte caso:

> "(...) o conflito de norma com preceito constitucional superveniente resolve-se no campo da não recepção, não cabendo a comunicação ao Senado prevista no inciso X do art. 52 da CF."
>
> **(RE 387.271, rel. min. Marco Aurélio, j. 8-8-2007, P, DJE de 1º-2-2008)**

NOVA SISTEMÁTICA ADOTADA PELO STF (INFORMATIVO 886)

A sistemática vista acima (que aqui chamamos de sistemática tradicional) é exatamente o que sempre foi estudado nas graduações e nos cursos preparatórios para concursos.

Ocorre que as **características tradicionais** do controle concreto difuso de constitucionalidade, já há algum tempo, vêm sendo modificadas pela jurisprudência do STF.

Conforme já foi visto, em regra, os efeitos do controle concreto de constitucionalidade são retroativos e *inter partes*, mas isso tem sido modificado para aproximar esse tipo de controle de constitucionalidade do controle abstrato concentrado de constitucionalidade.

Em outras palavras, o controle concreto difuso está paulatinamente se aproximando do controle abstrato concentrado, o que significa que há um fenômeno igualando o controle concreto ao controle abstrato de constitucionalidade (assemelhando, por exemplo, o julgamento do STF em recurso extraordinário ao julgamento do STF em ADI ou ADC). Esse fenômeno tem sido chamado, pela doutrina, de processo de **abstrativização (ou objetivação) do controle difuso**.

Portanto, o controle concreto tem se transformado em um controle abstrato de constitucionalidade, ou, dito de outra forma, o controle subjetivo tem se transformado em um controle objetivo de constitucionalidade. E esse tema da objetivação do controle difuso tem sido muito cobrado em provas de concursos.

Algumas das principais manifestações do fenômeno de objetivação (ou abstrativização) do controle difuso que têm sido mais exigidas pelas bancas examinadoras são as seguintes:

1) Redução do papel do Senado, mais precisamente, da sua atribuição prevista no art. 52, X, da CF/88. No entanto, aqui é necessário lembrar que essa tese, **em um primeiro momento**, não foi aceita pelo STF, conforme a discussão na Rcl 4335, que vimos anteriormente. Isso seria um fenômeno da objetivação do controle difuso, mas, nesse momento inicial, não foi aceito pelo STF.

2) Admissão de efeitos *ex nunc* ou modulados para o futuro no controle concreto difuso. Conforme visto, apesar de uma relutância inicial, o STF passou a admitir (e isso hoje se encontra sedimentado) a aplicação, por analogia, do art. 27 da Lei 9.868/99 para modular os efeitos da decisão de inconstitucionalidade também no controle concreto difuso de constitucionalidade.

3) Admissão de *amicus curiae* e de sustentação oral de terceiros em recurso extraordinário (tal como o STF admitiu, por exemplo, no RE 416.827 e no RE 415.454). É importante perceber aqui que, indo ao encontro da possibilidade de efeitos ultra partes (isto é, da eficácia expansiva da decisão) em sede de recurso extraordinário, passou-se a admitir a participação de *amicus curiae* no controle concreto, o que o aproximou do controle abstrato, pois alguém que nada tem a ver com a causa (no caso, o *amicus curiae*, que não é autor nem réu) passou a poder apresentar razões escritas e oferecer sustentação oral. Isso é mais um aspecto a demonstrar o processo de objetivação do controle difuso e, inclusive, foi expressamente positivado no CPC/15 (art. 138).

4) Edição de súmula vinculante. Como se sabe, a súmula vinculante consolida as decisões do STF proferidas em sede de controle concreto difuso e dá a essas decisões, em seu conjunto, um caráter abstrato, pois a tese decidida passa a ter eficácia vinculante e *erga omnes*.

5) Não admissão de ADI, reputando a inicial manifestamente improcedente, quando a norma já foi declarada constitucional em recurso extraordinário, como ocorreu, por exemplo, na **ADI-AgR 4071** (rel. Min. Menezes Direito, 22.4.2009). Nesse precedente, o STF decidiu que a ADI era manifestamente improcedente, porque a lei nela impugnada já havia sido apreciada pelo STF em sede de recurso extraordinário e nele foi declarada constitucional. O que tivemos nesse caso, portanto, foi a oposição de um obstáculo a uma ADI (que é instrumento de controle abstrato concentrado de constitucionalidade) em virtude de uma decisão proferida no controle concreto difuso de constitucionalidade (mais precisamente, em sede de recurso extraordinário). Trata-se de um caso, portanto, em que o controle concreto produziu efeitos similares ao controle abstrato.

6) Impossibilidade de desistência do recurso extraordinário após ser reconhecida a repercussão geral, pois, nessa hipótese, o tema passa a ser revestido de objetividade (**RE 693456 QO**, rel. Min. Dias Toffoli, decisão de 02/09/2015). Mas aqui é importante ter atenção a um detalhe: de acordo com a literalidade do art. 998, p. único, do CPC/15, até é possível a desistência do recurso extraordinário, mas, se a questão debatida nos autos já houver tido sua repercussão geral reconhecida, a desistência do recurso extraordinário não impedirá o seu

exame e a consequente fixação da tese jurídica pelo STF. O que houve no RE 693456 QO foi que o advogado da parte manifestou sua intenção de desistir do recurso quando a sessão de julgamento do mérito recursal no Supremo Tribunal Federal já havia sido iniciada, o que levou os Ministros a vislumbrarem uma manobra de fraude processual no caso e a firmarem o entendimento de que não se admite desistência de recurso com repercussão geral já reconhecida. Além disso, nessa ocasião, ainda não se encontrava em vigor o CPC/15, que teve vacatio legis de 01 (um ano), de modo que, se essa questão houvesse sido apreciada hoje, talvez a decisão fosse diferente. Seja como for, é inegável que o requisito da repercussão geral possui contornos de objetividade, transcendendo os interesses subjetivos discutidos na causa e isso é mais um fenômeno que aproxima o controle difuso do controle concentrado.

7) Possibilidade de julgamento de mérito de recurso extraordinário com repercussão geral reconhecida, mesmo que ele se encontre prejudicado pela perda superveniente do objeto (RE 601580, j. em 19/09/2018). Se a repercussão geral já foi reconhecida, ainda que o recurso extraordinário não tenha mais objeto, ele poderá ser julgado no mérito e será possível fixar a tese aplicável.

Nessa esteira, prosseguindo no caminho de abstrativização do controle concreto, o STF, no ano 2017, atribuiu efeitos *erga omnes* e vinculantes à declaração **incidental** de inconstitucionalidade. Os casos sobre essa questão que ficaram famosos foram as ADIs 3406 e 3470, conforme veiculado no Informativo 886/STF, muito embora antes do julgamento dessas ações a Suprema Corte já houvesse indicado mudança de entendimento sobre o tema no bojo da ADI 3937, conforme apontamos anteriormente.

Essas ADIs (3406 e 3470) foram ajuizadas em face de uma lei do Estado do Rio de Janeiro e foram julgadas (em conjunto) improcedentes, ou seja, o STF declarou a constitucionalidade da referida norma estadual com eficácia vinculante e *erga omnes*, o que foi algo natural, pois essa decisão tratou de uma norma que foi objeto de uma ação de controle concentrado abstrato. Perceba que a (in)constitucionalidade da lei fluminense foi o objeto da ação.

Ocorre que, durante o julgamento dessas ADIs, o STF, de forma incidental, reconheceu a inconstitucionalidade do art. 2º da Lei Federal 9.055/95 e, mesmo em se tratando de uma declaração *incidenter tantum*, a Suprema Corte entendeu que ela teria, por si só, eficácia vinculante e *erga omnes*, diferentemente da sistemática tradicional do controle difuso.

▶ Foi adotada a teoria da transcendência dos motivos determinantes no julgamento das ADIs 3406 e 3470?

É possível que surja o seguinte questionamento: se a decisão foi tomada no bojo de uma ADI, por que estamos falando em controle difuso? A resposta é simples: é que a declaração de inconstitucionalidade no caso foi INCIDENTAL e o controle incidental é justamente aquele exercido de forma difusa, enquanto, por outro lado, o controle exercido por meio de ADI e ADC é o que se dá pela via principal, e não incidentalmente.

Portanto, no caso, tivemos uma declaração de inconstitucionalidade típica do controle difuso no seio do julgamento de uma ADI. É necessário ter bastante cuidado com isso, para evitar confundir institutos.

Voltemos à decisão. Ao atribuir, desde já, efeitos vinculantes e *erga omnes* à declaração incidental de inconstitucionalidade, o STF afirmou que o art. 52, X, da CF/88 sofreu uma mutação constitucional (acolhendo, ao menos em parte, a tese sustentada pelo Ministro Gilmar Mendes no julgamento da Rcl 4335) e que o papel do Senado Federal passou a ser o de dar mera publicidade à decisão tomada pela Suprema Corte.

Aqui surge mais um questionamento: o STF adotou a tese da transcendência dos motivos determinantes ou a mera abstrativização do controle difuso?

Uma coisa é certa: o STF, embora não tenha registrado isso de forma expressa, adotou a abstrativização do controle difuso nesse caso, pois atribuiu a uma declaração incidental de inconstitucionalidade os mesmos efeitos decorrentes do controle concentrado abstrato (*erga omnes* e vinculantes).

No entanto, não é possível afirmar que foi adotada a teoria da transcendência dos motivos determinantes, pois, além de isso não ter sido dito pela Corte, tal tese é mais abrangente do que a simples abstrativização do controle difuso.

É necessário perceber que, pela aplicação da transcendência dos motivos determinantes, a *ratio decidendi* (isto é, os motivos determinantes da decisão) produz, ela mesma, efeitos vinculantes. Por outro lado, a abstrativização do controle difuso consiste em atribuir à declaração de inconstitucionalidade na via incidental os mesmos efeitos do controle concentrado abstrato.

Caso a transcendência dos motivos determinantes fosse aplicada, qualquer norma que tivesse o mesmo conteúdo da norma que foi declarada inconstitucional também seria inconstitucional, ainda que nunca fosse analisada pelo Supremo Tribunal Federal. Isso acarretaria uma interferência exagerada e indevida nas funções do Poder Legislativo e inviabilizaria o diálogo entre o legislador e o STF, impossibilitando, inclusive, uma evolução na interpretação constitucional e eventuais mudanças de entendimento sobre os mais diversos temas.

Aplicar a transcendência dos motivos determinantes representaria, na prática, uma verdadeira vinculação do Poder Legislativo às decisões tomadas pelo Supremo Tribunal Federal no controle de constitucionalidade, o que levaria ao fenômeno chamado de **fossilização da Constituição**, já que inviabilizaria (ou ao menos dificultaria) a evolução do debate constitucional.

E veja que, no precedente citado, o art. 2º da Lei Federal 9.055/95 foi declarado inconstitucional com eficácia vinculante e *erga omnes*, mas aos motivos determinantes dessa inconstitucionalidade não foram atribuídos tais efeitos. Houve, portanto, a abstrativização do controle difuso de constitucionalidade, mas não a transcendência da *ratio decidendi*, que são, como se pode perceber, fenômenos diferentes, apesar de próximos.

Ocorre que há quem afirme que, pelo simples fato de a declaração de inconstitucionalidade ter ocorrido incidentalmente (portanto, na fundamentação da decisão da ADI), o STF teria adotado a tese da transcendência dos motivos determinantes. Mas, conforme exposto acima, o que se deve levar em conta é que o que recebeu eficácia vinculante e *erga omnes* não foi a *ratio decidendi*, e sim o dispositivo da decisão, no qual ficou registrada a declaração de inconstitucionalidade reconhecida incidentalmente.

A declaração incidental de inconstitucionalidade, portanto, não se limitou a servir de fundamentação para o julgamento, tendo sido registrada na parte dispositiva da decisão, o que fica bastante claro ao se analisar o voto da Ministra Relatora Rosa Weber, que foi seguido pela maioria dos Ministros e teve o seguinte dispositivo:

> "(...)
>
> **16. Conclusão**
>
> Ante o exposto, conheço, pois, das presentes ações diretas e julgo improcedentes os pedidos nelas deduzidos, **declarando incidentalmente, a inconstitucionalidade do art. 2º da Lei Federal 9055/95**.
>
> **É como voto.**"

Portanto, no caso, o Supremo Tribunal Federal atribuiu eficácia vinculante e *erga omnes* à parte dispositiva da decisão (na qual se fez constar a declaração incidental de inconstitucionalidade), e não à sua fundamentação, o que permite concluir, sem qualquer resquício de dúvida, que não foi aplicada a teoria da transcendência dos motivos determinantes no caso.

Por tais motivos, o que o precedente em análise nos permite afirmar com segurança é simplesmente que o STF abstrativizou o controle difuso de constitucionalidade.

Esse novo entendimento foi adotado pelo Supremo Tribunal Federal em mais de uma oportunidade e as bancas de concurso já o vêm adotando nas provas.

Por exemplo, no concurso para o cargo de Analista Técnico da Defensoria Pública do Estado de Santa Catarina realizado pela FUNDATEC em **2018**, foi considerada **incorreta** a assertiva que dizia que *"no controle difuso, declarada incidenter tantum a inconstitucionalidade da lei ou ato normativo pelo Supremo Tribunal Federal, o efeito é ex tunc e só tem aplicação para as partes e no processo em que houve a citada declaração"*. Como se pode perceber, a banca examinadora não admitiu, nessa questão, a eficácia meramente *inter partes* da declaração de inconstitucionalidade no controle difuso incidental, adotando, portanto, o novo entendimento do STF.

No mesmo sentido, no concurso para o cargo de Procurador Jurídico da Câmara Municipal de Campo Limpo Paulista/SP realizado em **2018**, a VUNESP cobrou o tema, considerando **correta** a assertiva que dizia que, *"de acordo com recente entendimento do STF, a declaração de inconstitucionalidade de norma realizada em controle difuso pela Corte pode possuir eficácia erga omnes, devendo o Senado Federal ser apenas comunicado da decisão, nos termos do art. 52, X, da CF"*. A banca examinadora, portanto, adotou nessa prova o novo entendimento do Supremo Tribunal Federal sobre os efeitos da declaração de inconstitucionalidade no controle difuso incidental.

E, no concurso para o cargo de Procurador Jurídico da Câmara Municipal de Serrana/SP realizado em **2019**, a VUNESP cobrou novamente o tema e considerou **correta** a assertiva segundo a qual *"o STF passou a acolher a teoria da abstrativização do controle difuso"*, o que mostra, mais uma vez, que a banca vem adotando o novo entendimento do Supremo Tribunal Federal sobre a eficácia da decisão no controle difuso incidental de constitucionalidade.

▸ A confirmação da abstrativização do controle difuso pelo Supremo Tribunal Federal (Tema de Repercussão Geral nº 885)

Embora nas ADIs 3406 e 3470 o Supremo Tribunal Federal tenha afirmado expressamente que o controle difuso de constitucionalidade foi abstrativizado (ou abstratizado, ou objetivado) e que o art. 52, X, da CF/88 sofreu uma mutação que fez com a resolução do Senado Federal nele prevista passasse a ter efeitos de mera publicidade da declaração incidental de inconstitucionalidade realizada pelo STF, restaram muitas dúvidas sobre se essa abstrativização realmente "veio para ficar".

Essas dúvidas tiveram fim em fevereiro de 2023, quando, no **Tema de Repercussão Geral nº 885** (RE 955227, j. 08/02/2023), o STF confirmou a ocorrência da abstrativização (ou abstratização, ou objetivação) do controle difuso.

Nesse julgamento, o Min. Luís Roberto Barroso (relator do caso) registrou que, desde a EC 45/04 (que criou o requisito da repercussão geral do recurso extraordinário), as decisões proferidas em recurso extraordinário com repercussão geral e as proferidas em controle concentrado de constitucionalidade foram, pouco a pouco, passando a ter os mesmos efeitos, seja pela atuação do Poder Judiciário, seja pela atuação do Poder Legislativo (como fez ao editar o Código de Processo Civil, no qual foi prevista a vinculação dos tribunais brasileiros às decisões do STF em recurso extraordinário com repercussão geral).

Nessa linha de raciocínio, o Ministro afirmou expressamente que a declaração de inconstitucionalidade em sede de recurso extraordinário com repercussão geral possui **os mesmos efeitos vinculantes e a mesma eficácia *erga omnes* das ações de controle concentrado abstrato de constitucionalidade.**

Nos exatos termos do seu voto (que foi seguido à unanimidade pelos demais Ministros), *"é inconteste que as decisões proferidas em recursos extraordinários com repercussão geral e as proferidas em controle concentrado gradativamente têm adquirido os mesmos efeitos, seja pela atuação do próprio Poder Judiciário ou do Poder Legislativo.* ***Trata-se do fenômeno da objetivação do controle difuso.*** *(...)*

(...)

Assim, aproveito para afirmar ser necessário que esta Corte reconheça que a declaração de inconstitucionalidade, em sede de recurso extraordinário com repercussão geral, possui os mesmos efeitos vinculantes e eficácia erga omnes atribuídos às ações de controle abstrato. Nesses casos, ***a resolução do Senado, a que faz menção o art. 52, X, da CF/1988, possuirá a finalidade de publicizar as decisões de inconstitucionalidade****, não configurando requisito para a atribuição de efeitos vinculantes erga omnes.*

(...)

Desse modo, entendo ser imprescindível que se reconheça a ***mutação do art. 52, X, da CF/1988****, para as decisões proferidas em recurso extraordinário com repercussão geral. (...)*

Trata-se, portanto, de passo rumo à ***consolidação do processo de abstratização do controle difuso****, resultando em uma maior integridade à teoria de precedentes, bem como no aprimoramento do controle de constitucionalidade brasileiro."*

Portanto, não há mais dúvida alguma de que o Supremo Tribunal Federal reconhece expressamente a ocorrência da abstrativização do controle difuso de constitucionalidade e que o art. 52, X, da CF/88 sofreu uma mutação, de modo que, atualmente, a resolução do Senado Federal prevista nesse dispositivo tem como finalidade tão somente dar publicidade à declaração incidental de inconstitucionalidade realizada pelo STF.

Essa abstrativização, porém, de acordo com o que foi decidido pelo STF no Tema nº 885, **não se aplica a recursos extraordinários anteriores à instituição do requisito da repercussão geral no ordenamento jurídico brasileiro**. Isso mostra que, para que a declaração de inconstitucionalidade no controle difuso tenha eficácia vinculante e *erga omnes*, é necessário que ela ocorra em um recurso extraordinário com repercussão geral ou em um processo de controle concentrado de constitucionalidade (como ocorreu nas ADIs 3406 e 3470).

→ *Agora todo recurso extraordinário possui eficácia vinculante e "erga omnes"?*

Conforme vimos, no **Tema de Repercussão Geral nº 885**, o STF decidiu que o recurso extraordinário com repercussão geral possui os mesmos efeitos de uma ação do controle concentrado abstrato de constitucionalidade, isto é, eficácia vinculante e *erga omnes*.

Acontece que, desde a criação do requisito da repercussão geral pela EC 45/04 (mais precisamente, desde a sua regulamentação em âmbito infraconstitucional), todo recurso extraordinário julgado pelo Supremo Tribunal Federal necessariamente possui repercussão geral. Isso porque, nos termos do art. 102, § 3º, da CF/88 (incluído na Constituição pela EC 45/04), a presença da repercussão geral no recurso extraordinário só pode ser negada pelo STF mediante os votos de 2/3 (dois terços) dos seus Ministros. Ou seja, para que se decida pela inexistência de repercussão geral em um recurso extraordinário, é necessário que o STF se manifeste expressamente nesse sentido e que essa manifestação se dê pela maioria qualificada de 2/3 (dois terços) dos seus membros.

Isso significa o seguinte: a presença da repercussão geral no recurso extraordinário é sempre presumida. Porém, **essa presunção é relativa**, pois pode ser afastada mediante manifestação de 2/3 (dois terços) dos Ministros do STF.

Veja o teor do art. 102, § 3º, da CF/88, que estabelece o que vimos acima:

> "**Art. 102, § 3º, CF/88.** No recurso extraordinário o recorrente deverá demonstrar a repercussão geral das questões constitucionais discutidas no caso, nos termos da lei, a fim de que o Tribunal examine a admissão do recurso, **somente podendo recusá-lo pela manifestação de dois terços de seus membros**."

Considerando que, no Tema de Repercussão Geral nº 885, o STF decidiu que o recurso extraordinário com repercussão geral possui eficácia vinculante e *erga omnes* e que, desde a entrada em vigor da EC 45/04, todo recurso extraordinário julgado pelo

STF tem repercussão geral, isso significa que agora todos os recursos extraordinários, inclusive aqueles julgados monocraticamente ou pelas Turmas do Tribunal, terão efeitos vinculantes e *erga omnes*?

O STF não decidiu essa questão específica no Tema nº 885, mas é possível extrair uma resposta da jurisprudência do próprio STF.

Conforme veremos em tópico específico deste capítulo, em mais de uma oportunidade o Supremo Tribunal Federal decidiu que, no controle concentrado abstrato de constitucionalidade, **caso não seja atingida a maioria dos Ministros da Corte** no sentido da declaração da inconstitucionalidade (ou da constitucionalidade), **a decisão não produz eficácia vinculante e *erga omnes*.**

Isso ocorreu, por exemplo, nos seguintes precedentes:

a) Na **ADI 4167**, na qual a votação terminou empatada (5x5) e o STF decidiu que a decisão não seria dotada de eficácia vinculante e *erga omnes*.

b) Na **ADI 4066,** na qual, embora não tenha havido empate na votação, também não foi atingida a maioria absoluta para a declaração de inconstitucionalidade (o placar foi de 5x4) e, por isso, a decisão não foi dotada de efeitos vinculantes e *erga omnes*.

Essa, então, é uma das premissas que se deve ter em mente: no controle concentrado abstrato, caso não seja atingida, no julgamento, a maioria absoluta no sentido da inconstitucionalidade (ou da constitucionalidade), a decisão fica sem eficácia vinculante e *erga omnes*.

Além disso (e essa é a outra premissa que se deve ter em mente), é necessário lembrar que **abstrativizar o controle difuso nada mais é do que atribuir ao controle difuso os mesmos efeitos do controle concentrado abstrato**, ou seja, eficácia vinculante e *erga omnes*.

A partir dessas duas premissas, é possível chegar à seguinte conclusão: se a abstrativização do controle difuso é a atribuição, ao controle difuso, dos efeitos típicos do controle concentrado abstrato, e se, no controle concentrado abstrato, a decisão não gera efeitos vinculantes e *erga omnes* quando não é formada a maioria absoluta no julgamento, é natural que apenas os recursos extraordinários (com repercussão geral) julgados pelo Pleno do STF tenham aptidão para produzir efeitos vinculantes e *erga omnes* (já que, quando o recurso é julgado monocraticamente ou por um órgão fracionário do Tribunal, fica impossibilitada a formação da maioria absoluta no julgamento).

Portanto, essas são as premissas e a conclusão para responder o questionamento sobre se todo recurso extraordinário produzirá, a partir de agora, efeitos vinculantes e *erga omnes*:

Premissa 1 (ou premissa maior): a abstrativização do controle difuso é a atribuição, ao controle difuso, dos efeitos próprios do controle concentrado abstrato de constitucionalidade (isto é, é a atribuição dos efeitos vinculantes e *erga omnes*).

Premissa 2 (ou premissa menor): segundo o STF, no controle concentrado abstrato, caso não seja formada a maioria absoluta (isto é, a maioria dos membros do Tribunal) no sentido da inconstitucionalidade (ou da constitucionalidade), a decisão proferida não produz efeitos vinculantes e *erga omnes*.

Conclusão: apenas recursos extraordinários (com repercussão geral) julgados pelo Pleno do STF têm aptidão para produzir efeitos vinculantes e *erga omnes*, pois, caso o recurso seja julgado monocraticamente ou por uma Turma do Tribunal (que é um órgão fracionário), torna-se impossível atingir a maioria absoluta no sentido da inconstitucionalidade (ou da constitucionalidade).

Além de tudo que vimos acima, é importante lembrar que, conforme já estudamos, o Supremo Tribunal Federal se submete à cláusula de reserva de plenário, tanto no controle concentrado quanto no controle difuso, de modo que, do ponto de vista técnico, o correto é que os recursos extraordinários não sejam julgados monocraticamente ou por Turma quando houver declaração de inconstitucionalidade.

▶ Foi adotada a teoria da transcendência dos motivos determinantes no Tema de Repercussão Geral nº 885?

Assim como vimos em relação ao julgamento das ADIs 3406 e 3470, **no Tema de Repercussão Geral nº 885, o Supremo Tribunal Federal também não adotou a teoria da transcendência dos motivos determinantes**, tendo atribuído eficácia vinculante e *erga omnes* tão somente à declaração de inconstitucionalidade da norma que foi efetivamente objeto de controle difuso incidental pelo STF.

Portanto, no Tema nº 885, o Supremo Tribunal Federal confirmou a ocorrência da abstrativização do controle difuso de constitucionalidade sem adotar a transcendência dos motivos determinantes, que continua não sendo aplicada pela Corte.

Aqui são aplicáveis as mesmas considerações quanto ao risco de fossilização da Constituição que foram feitas no tópico sobre a não aplicação da transcendência dos motivos determinantes nas ADIs 3406 e 3470

▶ A partir de agora todas as decisões no controle difuso em qualquer juízo ou tribunal têm eficácia vinculante e "erga omnes"?

Não. Como vimos acima, ao abstrativizar o controle difuso, o STF reconheceu a mutação do art. 52, X, da CF/88, dispositivo esse que se aplica apenas no âmbito do próprio Supremo Tribunal Federal, pois ele, expressamente, permite que o Senado Federal suspenda a execução de leis que foram declaradas inconstitucionais pela Suprema Corte, e apenas pela Suprema Corte, não alcançando nenhum outro juízo ou tribunal.

A conclusão é que o novo entendimento que atribui efeitos vinculantes e *erga omnes* ao controle difuso incidental se aplica apenas às declarações de inconstitucionalidade do Supremo Tribunal Federal, mais precisamente, quando a inconstitucionalidade é reconhecida em recurso extraordinário com repercussão geral (como estabeleceu o STF no Tema de Repercussão Geral nº 885, que vimos anteriormente) ou em ação de controle concentrado de constitucionalidade (como ocorreu nas ADIs 3406 e 3470).

Nos demais tribunais e juízos do País, bem como nos processos subjetivos julgados pelo próprio STF sem repercussão geral, os efeitos da declaração de inconstitucionalidade em controle difuso incidental continuam seguindo a sistemática tradicional, ou seja, continuam sendo *inter partes*, não vinculantes e *ex tunc*, pelo menos enquanto não houver alguma nova decisão do Supremo Tribunal Federal ampliando o alcance da abstrativização do controle difuso de constitucionalidade.

■ NO CONTROLE DIFUSO CONCRETO, O JUIZ DE PRIMEIRO GRAU PODE REALIZAR A MODULAÇÃO DE EFEITOS?

Conforme vimos, embora a modulação dos efeitos da decisão no controle de constitucionalidade tenha sido prevista em nosso ordenamento jurídico para o controle concentrado abstrato, o Supremo Tribunal Federal admite, por analogia, que ela seja realizada também no controle difuso concreto, especialmente, no recurso extraordinário.

E isso faz surgir o seguinte questionamento: no controle difuso, **pode um juiz de primeiro grau, ao julgar uma lide que lhe é apresentada, modular os efeitos de eventual declaração de inconstitucionalidade** realizada no julgamento do caso concreto?

Embora exista um debate doutrinário sobre isso, **a resposta mais acertada é a que reconhece essa possibilidade**.

Isso porque, conforme vimos, na modulação de efeitos, o que ocorre é uma **ponderação** entre, de um lado, a norma constitucional violada (e, portanto, o próprio princípio da nulidade do ato inconstitucional) e, de outro lado, os princípios da boa-fé e da segurança jurídica, que também são valores contidos na Constituição. Para modular, portanto, o órgão julgador pondera valores constitucionais e decide qual deles deve ter preponderância no caso analisado. Esse, inclusive, é o entendimento do STF sobre a questão, conforme a Corte afirmou, por exemplo, na **ADI 4481**, julgada em 11/03/2015.

Isso mostra que a possibilidade de modulação da decisão de inconstitucionalidade decorre da própria Constituição, e não de previsão infraconstitucional. Ou seja, a modulação de efeitos no controle de constitucionalidade é possível porque a própria Constituição permite, e não por ter sido regulamentada por norma legal (mais precisamente, pelas Leis 9.868/99 e 9.882/99).

A prova disso é o fato de que o Supremo Tribunal Federal já modulava efeitos de declarações de inconstitucionalidade antes mesmo das Leis 9.868/99 e 9.882/99, sendo possível citar os seguintes precedentes como exemplos de casos em que isso ocorreu: RE 78209, RE 78594 e RE 79628.

O STF admite até mesmo que os órgãos jurisdicionais inferiores, ao julgarem casos concretos, modulem efeitos de declaração de inconstitucionalidade que ele (STF) tenha realizado anteriormente no controle concentrado abstrato. Portanto, se determinada norma foi declarada inconstitucional pelo STF no controle abstrato com efeitos *ex tunc* (retroativos), é possível que os juízes e tribunais inferiores, no julgamento de casos concretos envolvendo a mesma norma, atribuam eficácia *ex nunc* ao reconhecimento da sua inconstitucionalidade e, assim, ao solucionar as lides, convalidem efeitos passados dela.

Tudo isso deixa evidente que a modulação da declaração de inconstitucionalidade **não é uma competência exclusiva do Supremo Tribunal Federal**, podendo ser realizada pelos demais órgãos jurisdicionais, inclusive, por juízes de primeiro grau.

▪ CONTROLE CONCRETO EM AÇÕES COLETIVAS

Uma questão importante é a relação entre o controle de constitucionalidade concreto e as ações coletivas, como, por exemplo, a ação civil pública e a ação popular. É possível haver o controle concreto nessas ações?

Como se sabe, as ações coletivas geram efeitos que se aproximam da eficácia *erga omnes*, por conta de seu caráter coletivo. Diante disso, **pergunta-se**: é possível que, nas ações coletivas (cujas decisões têm eficácia semelhante à *erga omnes*), seja realizado o controle de constitucionalidade?

A dúvida existe porque essa possibilidade tornaria essas ações algo muito próximo de uma ADI, isto é, as suas consequências práticas poderiam ser as mesmas de uma ADI, o que seria inadmissível, porque a ADI é julgada pelo STF, de modo que transformar uma ação civil pública em uma ADI caracterizaria usurpação da competência do STF, já que a ACP é julgada por um juiz de primeiro grau.

A doutrina e a jurisprudência admitem controle concreto de constitucionalidade em ações coletivas, desde que essas ações não sejam, na prática, substitutivas de ADI, isto é, desde que a declaração de inconstitucionalidade seja, no caso, realmente incidental, não constituindo o objeto principal da ação. Em outras palavras, a declaração de inconstitucionalidade tem que estar na causa de pedir (como é natural do controle concreto), e não no pedido principal. Não é possível apresentar a declaração de inconstitucionalidade como pedido único e principal da ação coletiva.

Resumindo: desde que a declaração de inconstitucionalidade consubstancie a causa de pedir e haja no processo um pedido principal de caráter concreto, é possível o controle de constitucionalidade na ação civil pública e nas ações coletivas de forma geral.

Vamos ver um **exemplo**: uma lei estadual hipotética determina ser dispensável o estudo prévio de impacto ambiental (EPIA) para a construção de barragens de retenção e captação de água, tendo em vista a crise hídrica. Essa lei é inconstitucional, por violar o art. 225, § 1º, IV, da CF/88, que exige EPIA para qualquer obra potencialmente causadora de significativa degradação do meio ambiente. Sem dúvida alguma, é cabível o ajuizamento de ADI (no STF) em face dessa lei. Mas a ACP também é possível? Sim, desde que a questão da inconstitucionalidade esteja na causa de pedir e seja, assim, realmente uma questão incidental necessária para decidir o caso concreto. Mas, se a declaração de inconstitucionalidade for o pedido (o objeto da ação), essa ACP não será admissível.

Dessa forma, é possível uma ACP que tenha como pedido a condenação do Estado na obrigação de fazer consistente em exigir o EPIA para a construção de uma determinada barragem específica, tendo como causa de pedir a inconstitucionalidade da lei estadual que dispensa esse estudo. Nesse caso, a declaração de inconstitucionalidade da lei estadual será incidental, mas o pedido principal será a condenação da parte contrária a cumprir a obrigação de, na construção daquela barragem específica indicada na petição inicial, exigir o EPIA.

Essa ACP hipotética é admissível, porque a análise da inconstitucionalidade é uma questão prejudicial do caso concreto analisado, o qual envolve a construção de uma barragem específica. E a decisão que for eventualmente proferida nessa ação valerá apenas para essa barragem em questão, não alcançando a construção de nenhuma outra barragem.

Por outro lado, não seria possível uma ACP com o pedido de condenação do poder público na obrigação de, em toda e qualquer barragem que viesse a ser construída no Estado, exigir o EPIA, pois, nessa hipótese, o que se teria seria uma ADI disfarçada de ACP, tendo em vista que eventual procedência do pedido, na prática, fulminaria a própria lei abstratamente considerada. Em outras palavras, em uma situação hipotética como essa, o que se teria não seria um caso concreto, mas sim o exame da lei no plano abstrato, o que não é possível em sede de ação coletiva.

Nesse sentido, vejamos a seguinte decisão do STF:

> "(...) O Supremo Tribunal Federal tem reconhecido a **legitimidade da utilização da ação civil pública como instrumento idôneo de fiscalização incidental de constitucionalidade, pela via difusa**, de quaisquer leis ou atos do Poder Público, mesmo quando contestados em face da Constituição da República, desde que, nesse processo coletivo, **a controvérsia constitucional**, longe de identificar-se como objeto único da demanda, **qualifique-se como simples questão prejudicial**, indispensável à resolução do litígio principal (...)" **(Rcl 1898 ED, 2ª Turma, j. em 10/06/2014)**

E, **nesse mesmo sentido**, há as seguintes decisões do Supremo Tribunal Federal: Rcl 2460/MC/RJ, Rcl 1503/DF, RE 227159/GO, Rcl 1733 MC/SP, Rcl 1897 AgR; etc.

Veja, agora, uma decisão do STF inadmitindo o uso da ação civil pública como substitutivo de ação de controle concentrado abstrato de constitucionalidade, nos termos que vimos acima:

> "Constitucional e Processual Civil. Reclamação constitucional. Contribuição para custeio de iluminação pública. Ação civil pública. **Contorno de ação direta de inconstitucionalidade. Usurpação de competência do Supremo Tribunal Federal. Reclamação julgada procedente.** 1. A pretensão deduzida nos autos da ação civil pública se destina a **dissimular o controle abstrato de constitucionalidade** (...) 3. Reclamação julgada procedente." **(Rcl 2353, Rel. Min. DIAS TOFFOLI, Primeira Turma, j. em 30/09/2014)**

Portanto, o controle de constitucionalidade é possível em sede de ACP, desde que não se trate de uma ADI disfarçada.

Por fim, é importante registrar que o novo entendimento do STF acerca dos efeitos da declaração incidental de inconstitucionalidade não afeta a jurisprudência atinente ao controle de constitucionalidade no bojo de ações coletivas, pois somente o reconhecimento da inconstitucionalidade pelo STF é que foi abstrativizado, mesmo porque essa abstrativização envolve a mutação do art. 52, X, da CF/88, o qual se aplica apenas a decisões definitivas proferidas pela Suprema Corte.

CONTROLE CONCRETO DE CONSTITUCIONALIDADE NO STJ

Como ocorre o controle de constitucionalidade concreto no **STJ**?

Ora, como se sabe, o controle concreto é exercido por qualquer juiz ou tribunal, inclusive pelo STJ, seja nas suas ações originárias, nos recursos ordinários, nos mandados de segurança etc. Inclusive, o RISTJ, nos arts. 199 e 200, prevê o incidente de inconstitucionalidade perante a sua corte especial, observando o art. 97 da CF/88.

Mas é possível que surja o seguinte questionamento: é cabível discussão de controle de constitucionalidade concreto no STJ em sede de **recurso especial**? Isso é cobrado em provas de concursos.

Imagine, por exemplo, que um TJ ou um TRF profira uma decisão, sendo possível interpor dois recursos dessa decisão: recurso especial para o STJ e/ou recurso extraordinário para o STF.

Conforme visto, o controle de constitucionalidade é da natureza do recurso extraordinário, logo, a matéria constitucional, a princípio, não deve estar no recurso especial para o STJ, e sim no recurso extraordinário para o STF.

A finalidade básica do REsp não é o controle de constitucionalidade, o controle de constitucionalidade como finalidade básica de recurso é algo que se aplica ao RExt. Assim, se a questão do controle de constitucionalidade é ventilada no REsp, transforma-se o REsp em RExt e, além disso, usurpa-se a competência do STF. Portanto, a princípio, a questão de controle de constitucionalidade não deve ser levantada em REsp, mas sim em RExt. A esse respeito e nesse sentido, vejamos a seguinte decisão do STJ:

> "(...) ALEGAÇÃO DE INCONSTITUCIONALIDADE. IMPOSSIBILIDADE DE ANÁLISE, EM SEDE DE RECURSO ESPECIAL. (...) é entendimento pacífico, no STJ, que **o 'recurso especial não se presta à alegação, pela parte recorrente, de inconstitucionalidade de lei,** matéria própria de recurso extraordinário, de competência do STF' (STJ, AgRg no AREsp 16.747/SP, Rel. Min. TEORI ALBINO ZAVASCKI, PRIMEIRA TURMA, DJe de 14/2/2012). (...)" **(REsp 1440298/RS, Rel. Min. Assusete Magalhães, 2ª Turma, j. em 07/10/2014)**

Isso significa que não há nenhuma possibilidade de o STJ, em recurso especial, discutir controle de constitucionalidade? **Não, não significa.** Excepcionalmente, é possível discutir controle de constitucionalidade em recurso especial.

Veja que o que o STJ não pode, em sede de recurso especial, é examinar uma questão constitucional que já tenha sido debatida na instância inferior (no TJ ou no TRF), porque, se a questão foi debatida na instância inferior, ela tem que ser desafiada por recurso extraordinário, e não por recurso especial. Porém, se no recurso especial há uma questão que ainda não foi aventada nas instâncias inferiores e que é necessária para a solução do próprio recurso especial, o STJ pode, nesse caso, examinar o controle de constitucionalidade concreto nesse recurso.

E por qual motivo deve ser feita essa diferenciação? Porque o art. 102, III, da CF/88 deixa claro que, da decisão (tomada em única ou última instância) que resolve uma questão constitucional, o recurso cabível é o recurso extraordinário para o Supremo Tribunal Federal. Além disso, o art. 105, III, da CF/88 estabelece que o recurso especial é cabível quando a decisão (tomada em única ou última instância) resolve uma questão infraconstitucional federal.

É justamente por isso que, se a decisão recorrida tiver tratado da questão de controle de constitucionalidade, o recurso cabível será o recurso extraordinário, e não o recurso especial, sob pena de usurpação da competência do Supremo Tribunal Federal, além do próprio não cabimento do recurso. Por outro lado, se a decisão recorrida houver resolvido um debate envolvendo normas infraconstitucionais federais (sem se debruçar sobre controle de constitucionalidade), não estará configurada uma hipótese de cabimento de recurso extraordinário, mas de recurso especial, sendo este, portanto, o recurso que deve ser manejado nesse caso. E, nesse recurso especial, caso surja uma questão relacionada a controle incidental de constitucionalidade de cuja solução dependa a solução do próprio recurso, essa questão constitucional poderá ser enfrentada pelo STJ, já que o controle incidental é realizado de forma difusa.

Portanto, quando o STJ se depara com uma questão constitucional que não foi discutida nos tribunais inferiores e que é necessária à solução do próprio recurso especial, ele pode examinar tal questão.

Nesse sentido, a VUNESP, no concurso para o cargo de Juiz Substitutivo do TJ/SP realizado em 2014, considerou **incorreta** a assertiva que dizia que *"é vedado ao Superior Tribunal de Justiça o exercício do controle difuso de constitucionalidade, na medida em que tal tribunal tem a função de garantir a inteireza da legislação federal infraconstitucional"*.

Inclusive, nessa linha de raciocínio e pelos motivos expostos acima, o STF entende que recurso extraordinário manejado em face de decisão do STJ em recurso especial só é admitido quando a questão constitucional não foi debatida nas instâncias inferiores, conforme consta da seguinte decisão:

> "(...) 1. Do sistema constitucional vigente, que prevê o cabimento simultâneo de recurso extraordinário e de recurso especial contra o mesmo acórdão dos tribunais de segundo grau, decorre que **da decisão do STJ, no recurso especial, só se admitirá recurso extraordinário se a questão constitucional objeto do último for diversa da que já tiver sido resolvida pela instância ordinária**. 2. Não se contesta que, no sistema difuso de controle de constitucionalidade, o STJ, a exemplo de todos os demais órgãos jurisdicionais de qualquer instância, tenha o poder de declarar incidentemente a inconstitucionalidade da lei, mesmo de ofício; **o que não é dado àquela Corte, em recurso especial, é rever a decisão da mesma questão constitucional do tribunal inferior**; se o faz, de duas uma: ou usurpa a competência do STF, se interposto paralelamente o extraordinário ou, caso contrário, ressuscita matéria preclusa. (...)" **(AI 145589 AgR, Rel. Min. Sepúlveda Pertence, Pleno, j. em 02/09/1993)** – Vide ainda: RE 518257 AgR, Rel. Min. Eros Grau, Segunda Turma, j. em 01/04/2008.

O julgado acima, inclusive, traz uma outra distinção importante.

É possível que uma questão constitucional tenha sido decidida na instância ordinária (por um TJ ou por um TRF), mas que em face dessa decisão tenha sido interposto apenas recurso especial para discutir uma questão infraconstitucional federal que tenha sido enfrentada no julgamento. A questão constitucional resolvida pelo tribunal inferior não poderá, após o julgamento do recurso especial, ser objeto de recurso extraordinário, pois ela já terá sofrido preclusão em virtude da não interposição de recurso extraordinário em face da decisão da instância ordinária. Porém, se no julgamento do recurso especial surgir uma outra questão constitucional (diversa da que foi resolvida pelo tribunal inferior) que precise ser enfrentada (incidentalmente) para a solução do próprio recurso especial, será cabível recurso extraordinário para debater esse controle concreto de constitucionalidade que apenas surgiu por ocasião do julgamento do recurso pelo STJ.

RECURSO EXTRAORDINÁRIO

Conforme já registrado, o recurso extraordinário é um mecanismo muito importante do controle concreto de constitucionalidade. Segundo as palavras da própria Suprema Corte, cuida-se do instrumento por meio do qual o STF exerce, por excelência, o controle difuso de constitucionalidade.

O seu estudo mais detido fica reservado à disciplina de direito processual civil, mas aqui temos algumas observações importantes a fazer.

HIPÓTESES DE CABIMENTO

Primeiramente, é indispensável a leitura do art. 102, III, da CF/88, que traz as hipóteses de cabimento desse recurso:

> "**Art. 102, CF/88.** Compete ao Supremo Tribunal Federal, precipuamente, a guarda da Constituição, cabendo-lhe:
>
> (...)
>
> III - julgar, mediante recurso extraordinário, as causas decididas em única ou última instância, quando a decisão recorrida:
>
> a) contrariar dispositivo desta Constituição;
>
> b) declarar a inconstitucionalidade de tratado ou lei federal;
>
> c) julgar válida lei ou ato de governo local contestado em face desta Constituição.
>
> d) julgar válida lei local contestada em face de lei federal."

Todas essas hipóteses de cabimento (que são objeto de estudo mais aprofundado na disciplina de direito processual civil, quando da análise dos pressupostos de admissibilidade dos recursos) dizem respeito a matérias constitucionais. Veja:

I) A alínea "a" refere-se a situações em que a decisão recorrida tenha ofendido a Constituição Federal.

II) A alínea "b" refere-se a situações em que foi exercido controle de constitucionalidade na decisão recorrida.

III) A alínea "c" também se refere a situações em que há o exercício de controle de constitucionalidade, pois cuida de hipóteses em que a Constituição Federal é tomada como paradigma de análise da validade de leis e atos locais.

IV) A alínea "d" diz respeito a situações em que há conflito entre entidades federativas, pois trata de confrontos entre atos infraconstitucionais editados por diferentes esferas da Federação. E o equilíbrio do pacto federativo é, sem dúvida alguma, uma matéria constitucional, sendo, inclusive, protegido por cláusula pétrea (art. 60, § 4º, I, CF/88).

Além disso, por ser o recurso extraordinário um instrumento de salvaguarda da Constituição Federal, o Supremo Tribunal Federal não admite sua interposição para discutir questões de fato ou matéria relativa a direito local (Súmula 280/STF). Assim, não é possível, por exemplo, manejar um recurso extraordinário para que o STF decida sobre a correta valoração do acervo probatório existente nos autos ou sobre a interpretação de uma norma estadual ou municipal.

E, como o art. 102, III, da CF/88 diz que será cabível recurso extraordinário para julgar causas "decididas", a Suprema Corte exige que a matéria veiculada nesse recurso tenha sido prequestionada, isto é, já tenha sido ventilada nas instâncias inferiores. Cuida-se o requisito conhecido como **prequestionamento**.

Importante registrar, também, que a mera ofensa reflexa à Constituição não permite a interposição de recurso extraordinário, pois, nesse caso, a norma diretamente violada não é a do texto constitucional, mas a da legislação infraconstitucional.

"(...) – A ausência de efetiva apreciação do litígio constitucional, por parte do Tribunal de que emanou o acórdão impugnado, não autoriza – ante a falta de **prequestionamento explícito** da controvérsia jurídica – a utilização do recurso extraordinário. – **Não cabe recurso extraordinário, quando interposto com o objetivo de discutir questões de fato ou de examinar matéria de caráter probatório**. – Mostra-se processualmente inviável o recurso extraordinário, quando, interposto com fundamento em alegada violação ao art. 97 da Carta Política, impugna acórdão que não declarou a inconstitucionalidade de qualquer ato estatal. Precedentes." **(ARE 940084 AgR, Rel. Min. CELSO DE MELLO, Segunda Turma, j. em 23/02/2016)**

"(...) É inadmissível, em recurso extraordinário, o exame da legislação infraconstitucional ou a análise de ofensa reflexa à Constituição Federal. (...)" **(ARE 910090 AgR, Rel. Min. DIAS TOFFOLI, Segunda Turma, j. em 02/02/2016)**

Súmula 280/STF: "Por ofensa a direito local não cabe recurso extraordinário."

▪ REQUISITO DE ADMISSIBILIDADE ESPECÍFICO: REPERCUSSÃO GERAL

Um detalhe muito importante é que a EC 45/04 trouxe, como inovação, a exigência de **repercussão geral** para a admissibilidade do recurso extraordinário, conforme consta do art. 102, § 3º, da CF/88. Cuida-se de um pressuposto de admissibilidade intrínseco previsto especificamente para esse recurso.

"**Art. 102, § 3º.** No recurso extraordinário o recorrente deverá demonstrar a repercussão geral das questões constitucionais discutidas no caso, nos termos da lei, a fim de que o Tribunal examine a admissão do recurso, **somente podendo recusá-lo pela manifestação de dois terços de seus membros**." (Incluída pela Emenda Constitucional nº 45, de 2004)

Portanto, para o conhecimento do recurso extraordinário, é preciso que o recorrente demonstre a repercussão geral da matéria discutida nos autos, cuja presença só pode ser recusada por DOIS TERÇOS dos membros do STF, o que torna a repercussão geral (relativamente) **presumida**.

Veja que a repercussão geral foi inicialmente disciplinada no âmbito infraconstitucional pela Lei 11.418/06, que modificou o CPC/73 e hoje se encontra revogada pelo CPC/15, que, por sua vez, cuida do tema no seu art. 1.035. E o Código de Processo Civil prevê quatro hipóteses em que a existência de repercussão geral é **absolutamente presumida**, não admitindo, por consequência, juízo negativo. Essas hipóteses (de absoluta presunção de repercussão geral) encontram-se previstas nos arts. 1.035, § 3º, e 987, § 1º, e ocorrerão quando a decisão recorrida:

I) contrariar súmula do STF (art. 1.035, § 3º, I);

II) contrariar jurisprudência dominante do STF (art. 1.035, § 3º, I);

III) reconhecer a inconstitucionalidade de tratado ou de lei federal na aplicação do procedimento da cláusula de reserva de plenário (art. 1.035, § 3º, III); ou

IV) for proferida em julgamento de incidente de resolução de demandas repetitivas (art. 987, § 1º).

"**Art. 1.035, CPC/15.** O Supremo Tribunal Federal, **em decisão irrecorrível, não conhecerá do recurso extraordinário** quando a questão constitucional nele versada **não tiver repercussão geral**, nos termos deste artigo.

§ 1º Para efeito de repercussão geral, será considerada a existência ou não de questões relevantes do ponto de vista **econômico, político, social ou jurídico** que ultrapassem os interesses subjetivos do processo.

§ 2º O recorrente deverá demonstrar a existência de repercussão geral para **apreciação exclusiva pelo Supremo Tribunal Federal**.

§ 3º Haverá repercussão geral sempre que o recurso impugnar acórdão que:

I - contrarie súmula ou jurisprudência dominante do Supremo Tribunal Federal;

II – (Revogado pela Lei nº 13.256/2016)

III – tenha reconhecido a inconstitucionalidade de tratado ou de lei federal, nos termos do art. 97 da Constituição Federal.

§ 4º O relator poderá admitir, na análise da repercussão geral, a **manifestação de terceiros**, subscrita por procurador habilitado, nos termos do Regimento Interno do Supremo Tribunal Federal.

§ 5º Reconhecida a repercussão geral, o relator no Supremo Tribunal Federal determinará a **suspensão do processamento de todos os processos pendentes**, individuais ou coletivos, que versem sobre a questão e tramitem no território nacional.

§ 6º O interessado pode requerer, ao presidente ou ao vice-presidente do tribunal de origem, que exclua da decisão de sobrestamento e inadmita o recurso extraordinário que tenha sido interposto intempestivamente, tendo o recorrente o prazo de 5 (cinco) dias para manifestar-se sobre esse requerimento.

§ 7º Da decisão que indeferir o requerimento referido no § 6º ou que aplicar entendimento firmado em regime de repercussão geral ou em julgamento de recursos repetitivos caberá **agravo interno**. (Redação dada pela Lei nº 13.256/2016)

§ 8º Negada a repercussão geral, o presidente ou o vice-presidente do tribunal de origem negará seguimento aos recursos extraordinários sobrestados na origem que versem sobre matéria idêntica.

§ 9º O recurso que tiver a repercussão geral reconhecida deverá ser julgado no prazo de **1 (um) ano** e terá **preferência** sobre os demais feitos, ressalvados os que envolvam réu preso e os pedidos de habeas corpus.

§ 10. (Revogado pela Lei nº 13.256/2016)

§ 11. A súmula da decisão sobre a repercussão geral constará de ata, que será publicada no diário oficial e valerá como acórdão."

"**Art. 987, CPC/15.** Do julgamento do mérito do incidente caberá recurso extraordinário ou especial, conforme o caso.

§ 1º O recurso tem efeito suspensivo, **presumindo-se a repercussão geral** de questão constitucional eventualmente discutida."

O § 4º do art. 1.035 do CPC/15, como se pode perceber, prevê a possibilidade de admissão de *amicus curiae* na análise da repercussão geral da matéria discutida nos autos, o que confere uma maior abertura ao debate constitucional, na linha de pensamento da ideia de sociedade aberta de intérpretes da Constituição trazida por Peter Häberle.

A manifestação de *amicus curiae* na apreciação da repercussão geral no recurso extraordinário, aliás, já era permitida desde o CPC/73, que trazia previsão semelhante no seu art. 543-A, § 6º. E, além disso, o STF já admitia, desde antes do CPC/15, a manifestação de *amicus curiae* para se manifestar sobre o próprio mérito do recurso extraordinário, o que pode ser verificado, por exemplo, no andamento processual do RE 593849, durante o qual, antes mesmo do CPC/15, foram admitidos vários *amici curiae*.

Justamente por isso, o CESPE, no concurso para o cargo de Juiz do TJ/RN realizado em 2013, considerou **incorreta** a assertiva segundo a qual *"em se tratando de recurso extraordinário interposto pela União, tendo havido reconhecimento pelo STF da repercussão geral da questão suscitada nesse recurso, não é possível o ingresso de estado da Federação como amicus curiae, já que essa forma de ingresso é possível apenas em ação de controle concentrado de constitucionalidade"*.

A questão da repercussão geral, que, como visto, exige a demonstração de haver na matéria debatida nos autos relevância que vá além dos interesses subjetivos das partes da demanda, faz com que a discussão do processo ganhe contornos de uma discussão abstrata, objetiva.

Inclusive, em consonância com essa linha de raciocínio, uma vez reconhecida a existência de repercussão geral no RExt, não é mais possível a desistência do recurso com o efeito de prejudicar a discussão da matéria, conforme decidiu o STF no RE 693.456 QO, que já comentamos aqui anteriormente.

Em sentido semelhante é o parágrafo único do art. 998 do CPC/15, que dá a entender que a desistência do recurso extraordinário após o reconhecimento da presença de repercussão geral até é possível, porém, sem acarretar impedimento à apreciação da tese jurídica.

"**Art. 998, CPC/15.** O recorrente poderá, a qualquer tempo, sem a anuência do recorrido ou dos litisconsortes, desistir do recurso.

> **Parágrafo único. A desistência do recurso não impede a análise de questão cuja repercussão geral já tenha sido reconhecida** e daquela objeto de julgamento de recursos extraordinários ou especiais repetitivos."

Perceba a diferença: a literalidade do art. 998, p. único, do CPC/15, diz apenas que a desistência do recurso extraordinário após o reconhecimento da repercussão geral não impede que a matéria tratada no recurso seja apreciada, o que parece permitir a conclusão de que a desistência do recurso em si não fica obstaculizada pela presença de repercussão geral afirmada pelo Supremo Tribunal Federal. Por outro lado, o STF, na questão de ordem apreciada no RE 693.456 rejeitou a própria possibilidade de desistência do recurso após ter sido reconhecida a repercussão geral no caso.

O STF, portanto, "disse mais" do que a literalidade do parágrafo único do art. 998 do CPC/15, de modo que, na prova, é necessário ficar atento ao enunciado da questão. Se ele cobrar a literalidade do CPC/15, marque a resposta de acordo com isso, mas, se ele cobrar o entendimento do Supremo Tribunal Federal, leve em consideração a questão de ordem decidida no RE 693.456.

Confira abaixo a ementa do julgado.

> "Recurso extraordinário. Repercussão geral reconhecida. **Questão de ordem. Formulação de pedido de desistência da ação no recurso extraordinário em que reconhecida a repercussão geral da matéria. Impossibilidade.** Mandado de segurança. Servidores públicos civis e direito de greve. Descontos dos dias parados em razão do movimento grevista. Possibilidade. Reafirmação da jurisprudência do Supremo Tribunal Federal. Recurso do qual se conhece em parte, relativamente à qual é provido. 1. O Tribunal, por maioria, resolveu questão de ordem no sentido de não se admitir a desistência do mandado de segurança, firmando a tese da **impossibilidade de desistência de qualquer recurso ou mesmo de ação após o reconhecimento de repercussão geral da questão constitucional**. (...)" **(RE 693456/RJ; Relator(a): Min. DIAS TOFFOLI; Julgamento: 27/10/2016; Órgão Julgador: Tribunal Pleno)**

Em relação a esse julgado é interessante saber o contexto em que a decisão foi tomada. Tratava-se de um processo de mandado de segurança que já se encontrava no STF em virtude da interposição de recurso extraordinário e a repercussão geral da matéria nele debatida já havia sido reconhecida. Ocorre que, quando já iniciada a sessão do julgamento do mérito do recurso, o advogado da parte impetrante, baseando-se no entendimento que permite a desistência do mandado de segurança a qualquer tempo, manifestou o intuito de desistência. Os Ministros, então, vislumbraram uma tentativa de fraude processual e rejeitaram a desistência, firmando o entendimento de que, após o reconhecimento da repercussão geral, não se pode desistir de nenhum recurso ou ação.

Além disso, é importante saber que a questão de ordem no RE 693.456 foi decidida no dia 02/09/2015, quando ainda não se encontrava em vigor o CPC/15, que teve *vacatio legis* de 01 (um) ano. Por isso, se esse tema for novamente levado à apreciação do Supremo Tribunal Federal, talvez os Ministros apliquem a literalidade do CPC/15 e decidam pela possibilidade de desistência do recurso, porém, sem prejuízo à análise da tese jurídica veiculada nos autos.

Por enquanto, no entanto, o que temos, para fins de provas de concurso, é a sútil diferença que vimos acima entre o texto do CPC/15 e a jurisprudência do STF.

E, em semelhante linha de raciocínio, analisando uma situação um pouco diferente, o STF, ao julgar o RE 601580, em 19/09/2018, entendeu que, uma vez reconhecida a repercussão geral, o fato de o recurso extraordinário ficar prejudicado em virtude da superveniente perda do objeto não impede que seja julgado o seu mérito e, assim, fixada a tese aplicável à hipótese. No caso, o decurso de longo intervalo de tempo desde o ajuizamento da demanda havia tornado inútil a prestação jurisdicional, por conta do desaparecimento do cenário fático que reclamava a tutela do Poder Judiciário, mas, mesmo assim, a Corte entendeu possível julgar o recurso.

Por fim, é de extrema importância destacar que apenas o Supremo Tribunal Federal possui competência para apreciar a presença de repercussão geral na questão objeto do recurso extraordinário, não podendo isso ser feito pelo Tribunal inferior que prolatou a decisão recorrida (art. 1.035, § 2º, CPC/15).

Além disso, como requisito de admissibilidade do recurso extraordinário, o recorrente deve demonstrar a existência de repercussão geral em preliminar formalizada na peça recursal, conforme exige a jurisprudência do STF.

> "**Art. 1.035, § 2º, CPC.** O recorrente deverá demonstrar a existência de repercussão geral para apreciação exclusiva pelo Supremo Tribunal Federal."

> **Ementa:** AGRAVO REGIMENTAL NOS EMBARGOS DE DECLARAÇÃO NO RECURSO EXTRAORDINÁRIO COM AGRAVO. PRELIMINAR DE REPERCUSSÃO GERAL COM FUNDAMENTAÇÃO DEFICIENTE. SÚMULA 280/STF. ORDEM DE JULGAMENTO DO RECURSO EXTRAORDINÁRIO E DO RECURSO ESPECIAL. AGRAVO A QUE SE NEGA PROVIMENTO. **I – É ônus da parte recorrente apresentar a preliminar, formal e fundamentada, de repercussão geral da matéria constitucional versada no recurso extraordinário, com indicação específica das circunstâncias que evidenciem, no caso concreto, a relevância econômica, política, social ou jurídica, para que seja atendido o requisito previsto no art. 102, § 3º, da Constituição e no art. 1.035 do CPC.** II – A análise da tese versada no recurso extraordinário demanda a interpretação de normas locais, o que é vedado pela Súmula 280/STF. III – É desnecessário aguardar-se o julgamento do recurso especial pelo STJ quando o extraordinário não possuir condições de admissibilidade. Precedentes. IV – Agravo regimental a que se nega provimento.
>
> **(ARE 1021153 ED-AgR/SP; Relator(a): Min. RICARDO LEWANDOWSKI; Julgamento: 30/11/2018; Órgão Julgador: Segunda Turma)**

▶ A "prima" da repercussão geral: a relevância do recurso especial dirigido ao STJ

O tema deste tópico não possui necessária relação com o controle de constitucionalidade, mas, por razões didáticas, é interessante que seja abordado neste momento, pois estudá-lo por meio da comparação com o requisito da repercussão geral do recurso extraordinário facilita a sua compreensão.

Vamos ver, então, do que se trata.

A **EC 125/2022** alterou o art. 105 da CF/88, para nele incluir os §§ 2º e 3º, criando um novo requisito de admissibilidade do recurso especial dirigido ao Superior Tribunal de Justiça: a **relevância** das questões jurídicas tratadas no recurso.

O requisito da relevância do recurso especial (criado pela EC 125/22) **é semelhante à repercussão geral do recurso extraordinário** dirigido ao Supremo Tribunal Federal (criada pela EC 45/04).

As principais diferenças entre esses institutos é que, enquanto a repercussão geral foi **criada pela EC 45/04**, a relevância foi **criada pela EC 125/22**; e, enquanto a repercussão geral diz respeito a **questões jurídicas de natureza constitucional** (já que é um requisito de admissibilidade do recurso extraordinário), a relevância diz respeito a **questões jurídicas infraconstitucionais federais** (já que é um requisito de admissibilidade do recurso especial, que é um instrumento para se fixar a interpretação sobre o direito federal infraconstitucional).

Nos termos do art. 105, § 2º, da CF/88, agora, por força do requisito da relevância, a parte recorrente, ao interpor um recurso especial, deve demonstrar, na própria peça recursal, que as questões de direito federal infraconstitucional discutidas no processo têm relevância.

Os termos nos quais essa relevância deverá ser demonstrada no recurso serão esclarecidos em uma lei que, segundo o art. 105, § 2º, da CF/88, deverá ser editada para regulamentar o instituto.

Inclusive, por conta da exigência de lei regulamentadora para disciplinar o requisito da relevância (contida no art. 105, § 2º, da CF/88), o Superior Tribunal de Justiça decidiu que a demonstração da presença desse requisito de admissibilidade do recurso especial somente será exigida após a edição dessa lei. Esse entendimento encontra-se estampado no **Enunciado Administrativo nº 8**, aprovado pela Corte em 18/10/2022, com a seguinte redação:

> "A indicação, no recurso especial, dos fundamentos de relevância da questão de direito federal infraconstitucional **somente será exigida em recursos interpostos contra acórdãos publicados após a data de entrada em vigor da lei regulamentadora** prevista no artigo 105, parágrafo 2º, da Constituição Federal."

Portanto, segundo o STJ, o requisito da relevância do recurso especial foi previsto na CF/88 em uma **norma de eficácia limitada** (já que depende de regulamentação infraconstitucional para ser aplicada).

O mesmo entendimento foi adotado pelo Supremo Tribunal Federal em relação ao requisito da repercussão geral do recurso extraordinário quando ele foi criado pela EC 45/04.

O art. 105, § 2º, da CF/88 estabelece, ainda, que a presença da relevância no recurso especial somente pode ser negada por decisão de 2/3 (dois terços) dos membros do órgão que julgará o recurso. Ou seja, à semelhança do que fez o art. 102, § 3º, da CF/88 em relação à repercussão geral do recurso extraordinário, existe uma **presunção relativa da presença da relevância**, já que ela somente pode ser afastada pela maioria qualificada de 2/3 dos membros do órgão julgador.

Em outras palavras: a princípio, a relevância estará sempre presente. Ela só será considerada ausente no caso concreto se 2/3 (dois terços) dos membros do órgão competente para julgar o recurso especial decidirem que não há relevância.

Confira o teor do art. 105, § 2º, da CF/88:

> "**Art. 105, § 2º, CF/88.** No recurso especial, o recorrente deve demonstrar a **relevância das questões de direito federal infraconstitucional** discutidas no caso, **nos termos da lei**, a fim de que a admissão do recurso seja examinada pelo Tribunal, o qual **somente pode dele não conhecer com base nesse motivo pela manifestação de 2/3 (dois terços) dos membros** do órgão competente para o julgamento."

Além de o texto constitucional estabelecer uma presunção relativa da presença da relevância, ele listou alguns casos em que essa presunção deixa de ser relativa e passa a ser absoluta. São situações em que, independentemente de manifestação do órgão julgador, a relevância do recurso especial será considerada presente e não poderá ser afastada.

Esses casos estão previstos no § 3º do art. 105 da CF/88, segundo o qual, sempre haverá relevância nos recursos especiais interpostos nos seguintes processos:

I) Ações penais;

II) Ações de improbidade administrativa;

III) Ações cujo valor da causa ultrapasse 500 (quinhentos) salários-mínimos;

IV) Ações que possam gerar inelegibilidade;

V) Hipóteses em que o acórdão recorrido contrariar jurisprudência dominante do Superior Tribunal de Justiça.

Além desses casos, o inciso VI do § 3º do art. 105 da CF/88 permite que a legislação infraconstitucional preveja outras hipóteses de presunção absoluta da presença da relevância do recurso especial.

Confira o teor do art. 105, § 3º, da CF/88:

> "**Art. 105, § 3º, CF/88.** Haverá a relevância de que trata o § 2º deste artigo nos seguintes casos:
>
> I - ações penais;
>
> II - ações de improbidade administrativa;
>
> III - ações cujo valor da causa ultrapasse 500 (quinhentos) salários mínimos;
>
> IV - ações que possam gerar inelegibilidade;
>
> V - hipóteses em que o acórdão recorrido contrariar jurisprudência dominante do Superior Tribunal de Justiça;
>
> VI - outras hipóteses previstas em lei."

Por fim, é importante registrar que o art. 2º da EC 125/22 (não incorporado ao texto da CF/88) estabeleceu que a demonstração do requisito da relevância somente seria exigida nos recursos especiais interpostos após a sua entrada em vigor. Porém, como vimos acima, com a edição o Enunciado Administrativo nº 8 do STJ, a exigência da demonstração do requisito da relevância foi postergada para após a edição da lei regulamentadora do instituto.

Também segundo o art. 2º da EC 125/22, uma vez interposto o recurso especial, a parte recorrente pode atualizar o valor da causa para enquadrar o seu recurso no art. 105, § 3º, III, da CF/88, que, como vimos, estabelece a presunção absoluta da relevância quando a causa tem valor superior a 500 (quinhentos) salários-mínimos.

Confira o teor desse dispositivo:

> "**Art. 2º, EC 125/22.** A relevância de que trata o § 2º do art. 105 da Constituição Federal será exigida nos recursos especiais interpostos após a entrada em vigor desta Emenda Constitucional, ocasião em que **a parte poderá atualizar o valor da causa para os fins de que trata o inciso III do § 3º** do referido artigo."

Em resumo, as principais novidades trazidas pela EC 125/22 são as seguintes:

1) No recurso especial, o recorrente passa a ter que demonstrar a **relevância das questões de direito federal infraconstitucional discutidas no caso** para que o STJ examine a admissibilidade do recurso (é semelhante à repercussão geral do recurso extraordinário dirigido ao STF).

2) Em regra, a presença da relevância do recurso especial é **presumida de forma relativa**, só podendo ser afastada pela manifestação de 2/3 (dois terços) dos membros do órgão competente para o julgamento no STJ (que pode, inclusive, ser um órgão fracionário, como as Turmas).

3) Haverá relevância automática (com **presunção absoluta**) nos seguintes casos:

- **a.** ações penais;
- **b.** ações de improbidade;
- **c.** ações cujo valor ultrapasse 500 (quinhentos) salários-mínimos;
- **d.** ações que possam gerar inelegibilidade;
- **e.** hipóteses em que o acórdão recorrido contrariar jurisprudência dominante do STJ;
- **f.** outras hipóteses previstas em lei (portanto, a lei pode ampliar os casos de presunção absoluta da relevância).

4) Ao interpor o recurso especial, a parte recorrente pode **atualizar o valor da causa** com o objetivo de enquadrar o recurso na hipótese de presunção absoluta de relevância pelo valor superior a 500 (quinhentos) salários-mínimos.

5) Segundo o STJ, a exigência da demonstração da presença da relevância do recurso especial **depende da edição da lei regulamentadora do instituto**.

SÚMULA VINCULANTE

A súmula vinculante foi introduzida no ordenamento brasileiro pela EC 45/04, mais precisamente, pelo art. 103-A da CF/88, com a seguinte redação:

"**Art. 103-A, CF/88.** O Supremo Tribunal Federal poderá, de ofício ou por provocação, mediante decisão de **dois terços** dos seus membros, após reiteradas decisões sobre matéria constitucional, aprovar súmula que, **a partir de sua publicação na imprensa oficial, terá efeito vinculante** em relação aos demais órgãos do Poder Judiciário e à administração pública direta e indireta, nas esferas federal, estadual e municipal, bem como proceder à sua revisão ou cancelamento, na forma estabelecida em lei.

§ 1º A súmula terá por objetivo a validade, a interpretação e a eficácia de normas determinadas, acerca das quais haja controvérsia atual entre órgãos judiciários ou entre esses e a administração pública que acarrete **grave insegurança jurídica e relevante multiplicação de processos sobre questão idêntica**.

§ 2º Sem prejuízo do que vier a ser estabelecido em lei, a aprovação, revisão ou cancelamento de súmula poderá ser provocada **por aqueles que podem propor a ação direta de inconstitucionalidade**.

§ 3º Do ato administrativo ou decisão judicial que contrariar a súmula aplicável ou que indevidamente a aplicar, caberá **reclamação** ao Supremo Tribunal Federal que, julgando-a procedente, anulará o ato administrativo ou cassará a decisão judicial reclamada, e determinará que outra seja proferida com ou sem a aplicação da súmula, conforme o caso."

Esses dispositivos constitucionais são muito cobrados em provas de concursos.

A súmula vinculante consolida as decisões do STF no controle concreto difuso de constitucionalidade e confere a essas decisões, que, a princípio, teriam eficácia apenas *inter partes* (o que foi modificado após o Informativo 886/STF), um caráter de decisão vinculante e *erga omnes*. É para isso que serve a súmula vinculante.

A Lei nº 11.417/06 disciplina a edição, a revisão e o cancelamento de enunciado de súmula vinculante. Em especial, o art. 3º dessa lei é de grande importância, por tratar dos legitimados para propor a edição, a revisão ou o cancelamento de súmula vinculante, elencando outros legitimados, além daqueles previstos na CF/88 para o ajuizamento da ADI.

"**Art. 3º, Lei 11.417/06.** São legitimados a propor a edição, a revisão ou o cancelamento de enunciado de súmula vinculante:

I - o Presidente da República;

II - a Mesa do Senado Federal;

III – a Mesa da Câmara dos Deputados;

IV – o Procurador-Geral da República;

V - o Conselho Federal da Ordem dos Advogados do Brasil;

VI - **o Defensor Público-Geral da União**;

VII – partido político com representação no Congresso Nacional;

VIII – confederação sindical ou entidade de classe de âmbito nacional;

IX – a Mesa de Assembléia Legislativa ou da Câmara Legislativa do Distrito Federal;

X - o Governador de Estado ou do Distrito Federal;

XI - **os Tribunais Superiores, os Tribunais de Justiça de Estados ou do Distrito Federal e Territórios, os Tribunais Regionais Federais, os Tribunais Regionais do Trabalho, os Tribunais Regionais Eleitorais e os Tribunais Militares.**

> **§ 1º** O Município poderá propor, incidentalmente ao curso de processo em que seja parte, a edição, a revisão ou o cancelamento de enunciado de súmula vinculante, o que não autoriza a suspensão do processo.
>
> **§ 2º** No procedimento de edição, revisão ou cancelamento de enunciado da súmula vinculante, o relator poderá admitir, por decisão irrecorrível, a manifestação de terceiros na questão, nos termos do Regimento Interno do Supremo Tribunal Federal."

É possível perceber que o que há de inovador na legitimidade para propor edição, revisão e cancelamento de enunciado de súmula vinculante, quando comparada com a legitimidade para a propositura das ações de controle concentrado abstrato de constitucionalidade, é a inclusão, no rol de legitimados, do Defensor Público-Geral da União e dos tribunais situados abaixo do STF na estrutura do Poder Judiciário.

Além disso, foi prevista também a legitimidade do Município, mas apenas incidentalmente, isto é, a legitimidade da municipalidade para propor edição, revisão ou cancelamento de enunciado de súmula vinculante fica condicionada à existência de um processo judicial em curso no qual ela seja parte. Mas o dispositivo legal deixa claro que a apresentação da proposta pelo Município não permite seja suspenso o processo no qual tem origem a questão levada ao STF.

O CPC/15 também trata da súmula vinculante, determinando que os juízes e tribunais a observem (art. 927), bem como prevendo o cabimento de reclamação caso ocorra o seu descumprimento (art. 988). Veja:

> "**Art. 927, CPC.** Os juízes e os tribunais observarão:
>
> I - as decisões do Supremo Tribunal Federal em controle concentrado de constitucionalidade;
>
> II - os enunciados de súmula vinculante;
>
> (...)"
>
> "**Art. 988, CPC.** Caberá **reclamação** da parte interessada ou do Ministério Público para:
>
> (...)
>
> III – **garantir a observância de enunciado de súmula vinculante** e de decisão do Supremo Tribunal Federal em controle concentrado de constitucionalidade;"

Portanto, tanto as decisões do STF em sede de controle concentrado (ADI, ADC) quanto as decisões do STF em sede de controle concreto CONSOLIDADAS EM SÚMULA VINCULANTE devem ser observadas pelos juízes e tribunais, sob pena de reclamação. **E, agora, segundo o novo entendimento do STF noticiado no seu Informativo 886, as decisões proferidas em sede de recurso extraordinário também passarão a ensejar a apresentação de reclamação em caso de sua inobservância, já que a Suprema Corte atribuiu eficácia vinculante e *erga omnes* ao controle incidental de constitucionalidade.**

A respeito dessa reclamação fundamentada na violação de súmula vinculante, uma diferenciação deve ser feita: se a violação for praticada por órgão jurisdicional, o cabimento da reclamação será imediato, mas, se a violação decorrer de ato de órgão administrativo, a reclamação apenas poderá ser manejada após o esgotamento da esfera administrativa. É o que consta do art. 7º, § 1º, da Lei 11.417/06:

> "**Art. 7º, Lei 11.417/06.** Da decisão judicial ou do ato administrativo que contrariar enunciado de súmula vinculante, negar-lhe vigência ou aplicá-lo indevidamente caberá reclamação ao Supremo Tribunal Federal, sem prejuízo dos recursos ou outros meios admissíveis de impugnação.
>
> **§ 1º Contra omissão ou ato da administração pública, o uso da reclamação só será admitido após esgotamento das vias administrativas.**
>
> § 2º Ao julgar procedente a reclamação, o Supremo Tribunal Federal anulará o ato administrativo ou cassará a decisão judicial impugnada, determinando que outra seja proferida com ou sem aplicação da súmula, conforme o caso."

Veja, porém, que, caso a decisão judicial já tenha transitado em julgado, não será cabível reclamação, conforme já constava da Súmula 734 do STF e foi incorporado pelo art. 988, § 5º, I, do CPC/15.

> "**Súmula 734/STF:** Não cabe reclamação quando já houver transitado em julgado o ato judicial que se alega tenha desrespeitado decisão do Supremo Tribunal Federal."
>
> "**Art. 988, § 5º, CPC.** É inadmissível a reclamação:
>
> I – proposta após o trânsito em julgado da decisão reclamada;
>
> (...)"

> "(...) **Nos termos do art. 988, § 5º, inciso I, do CPC, não cabe Reclamação para desconstituir decisões transitadas em julgado. Trata-se de assimilação, pelo novo código processual, de antigo entendimento do STF, enunciado na Súmula 734 (Não cabe reclamação quando já houver transitado em julgado o ato judicial que se alega tenha desrespeitado decisão do Supremo Tribunal Federal).** 2. Em consulta ao sítio eletrônico do Juizado Especial Federal da 3ª Região verifica-se que o processo 0024670-51.2007.4.03.6301 transitou em julgado, em 20/2/2018, e sua baixa definitiva foi determinada em 1º/7/2019; enquanto que a presente ação reclamatória foi protocolada em 22/1/2020 (doc. 2). (...)" **(Rcl 38906 AgR/SP; Relator(a): Min. ALEXANDRE DE MORAES; Julgamento: 27/03/2020; Órgão Julgador: Primeira Turma)**

Importante registrar, ainda, que as súmulas vinculantes do STF **não atingem o Poder Legislativo no exercício de sua função típica de legislar**, mas apenas os demais órgãos do Poder Judiciário e o Poder Executivo, estando o legislador fora do alcance vinculante do enunciado. Mas é essencial perceber que, embora a súmula vinculante não impeça o legislador de editar leis contrárias a ela, as demais atribuições de caráter não legislativo, ainda que exercidas pelo Poder Legislativo, devem observar a súmula vinculante.

Isso decorre do próprio *caput* do art. 103-A da CF/88, que diz claramente que a súmula vinculante atinge os demais órgãos do Poder Judiciário (isto é, todos os órgãos do Judiciário, exceto o plenário do STF, que é o órgão competente para aprovar, revisar ou cancelar o enunciado) e todos os órgãos da Administração Pública direta e indireta de todas as esferas da Federação. Esse dispositivo não inclui no alcance da súmula vinculante o Poder Legislativo, o que significa, na verdade, que a função legislativa do Estado não fica vinculada, mas as demais funções estatais sofrem a vinculação, mesmo que sejam exercidas, atipicamente, pelo Poder Legislativo. É o mesmo raciocínio que se aplica à eficácia vinculante das decisões tomadas em controle de constitucionalidade.

Portanto, a aplicação da lei pelo Judiciário ou pelo Executivo pode até ser objeto de reclamação, se contrariar a súmula vinculante do STF, mas a elaboração de uma lei pelo Poder Legislativo pode ocorrer independentemente da existência de um enunciado de súmula vinculante em sentido contrário.

O não alcance da função legislativa pela súmula vinculante visa a evitar o fenômeno conhecido como **fossilização da Constituição**. Isso porque, se o Poder Legislativo ficasse impedido de legislar em virtude da existência de um precedente jurisprudencial com eficácia vinculante, jamais seria dada ao Poder Judiciário a oportunidade de reavaliar sua interpretação do texto constitucional, transformando-o em um verdadeiro fóssil incapaz de acompanhar as inevitáveis modificações fáticas e jurídicas, o que comprometeria, até mesmo, a permanência (longevidade) da Constituição. E um cenário como esse pode levar a uma situação de **hiato constitucional** (expressão do professor Ivo Dantas), que se caracteriza pela dissociação entre o conteúdo da Constituição e a realidade social, quadro esse que, se levado às últimas consequências, pode acarretar uma ruptura da ordem constitucional com uma nova manifestação do poder constituinte originário.

▪ POSSIBILIDADE DE MODULAÇÃO DE EFEITOS DA SÚMULA VINCULANTE

Como sabemos, o art. 27 da Lei 9.868/99 trouxe a possibilidade de modulação dos efeitos da declaração de inconstitucionalidade em ADI e ADC, exigindo para tanto 2/3 (dois terços) dos votos dos Ministros do Supremo Tribunal Federal.

> "**Art. 27, Lei 9.868/99.** Ao declarar a inconstitucionalidade de lei ou ato normativo, e tendo em vista razões de segurança jurídica ou de excepcional interesse social, poderá o Supremo Tribunal Federal, por maioria de dois terços de seus membros, restringir os efeitos daquela declaração ou decidir que ela só tenha eficácia a partir de seu trânsito em julgado ou de outro momento que venha a ser fixado."

O STF, por analogia, admite, também, a modulação dos efeitos da declaração de inconstitucionalidade no controle concreto difuso, além da modulação da decisão de não recepção de norma anterior à Constituição.

E, de forma bastante interessante, o art. 4º da Lei 11.417/06 trouxe a possibilidade de modulação, também, de enunciado de súmula vinculante, exigindo, para isso, votos de 2/3 (dois terços) dos Ministros do STF, bem como a presença de razões de segurança jurídica ou de excepcional interesse público que justifiquem a medida.

Então, nós temos o seguinte: a regra é que o enunciado de súmula vinculante possui eficácia imediata a partir da sua publicação na imprensa oficial (no Diário da Justiça e no Diário Oficial da União), conforme decorre do art. 103-A, *caput*, da CF/88 e dos arts. 2º, *caput* e § 4º, e 4º da Lei 11.417/06. Mas, de maneira excepcional, desde que conte com votos de 2/3 dos Ministros do Supremo Tribunal Federal e haja razões de segurança jurídica ou de excepcional interesse público, a súmula vinculante poderá sofrer modulação de efeitos, isto é, seus efeitos poderão ser restringidos e/ou protraídos no tempo.

> "**Art. 2º, Lei 11.417/06.** O Supremo Tribunal Federal poderá, de ofício ou por provocação, após reiteradas decisões sobre matéria constitucional, editar enunciado de súmula que, **a partir de sua publicação na imprensa oficial**, terá efeito vinculante em relação aos demais órgãos do Poder Judiciário e à administração pública direta e indireta, nas esferas federal, estadual e municipal, bem como proceder à sua revisão ou cancelamento, na forma prevista nesta Lei.
>
> **§ 1º** O enunciado da súmula terá por objeto a validade, a interpretação e a eficácia de normas determinadas, acerca das quais haja, entre órgãos judiciários ou entre esses e a administração pública, controvérsia atual que acarrete grave insegurança jurídica e relevante multiplicação de processos sobre idêntica questão.
>
> **§ 2º** O Procurador-Geral da República, nas propostas que não houver formulado, manifestar-se-á previamente à edição, revisão ou cancelamento de enunciado de súmula vinculante.
>
> **§ 3º** A edição, a revisão e o cancelamento de enunciado de súmula com efeito vinculante dependerão de decisão tomada por 2/3 (dois terços) dos membros do Supremo Tribunal Federal, em sessão plenária.
>
> **§ 4º** No prazo de 10 (dez) dias após a sessão em que editar, rever ou cancelar enunciado de súmula com efeito vinculante, o Supremo Tribunal Federal fará publicar, **em seção especial do Diário da Justiça e do Diário Oficial da União**, o enunciado respectivo."
>
> "**Art. 4º, Lei 11.417/06.** A súmula com efeito vinculante tem eficácia imediata, mas o Supremo Tribunal Federal, por decisão de 2/3 (dois terços) dos seus membros, poderá restringir os efeitos vinculantes ou decidir que só tenha eficácia a partir de outro momento, tendo em vista razões de segurança jurídica ou de excepcional interesse público."

Tenha **ATENÇÃO** a um detalhe: os pressupostos autorizadores da modulação da eficácia da súmula vinculante, embora sejam muito parecidos com os pressupostos exigidos pelo art. 27 da Lei 9.868/99 para a modulação da declaração de inconstitucionalidade, não são idênticos a eles, o que pode aparecer em provas como uma "casca de banana".

Nos termos do art. 4º da Lei 11.417/06, a modulação deve ser justificada por razões de segurança jurídica ou de excepcional interesse <u>**público**</u>. Já o art. 27 da Lei 9.868/99 exige a presença de razões de segurança jurídica ou de excepcional interesse <u>**social**</u>.

■ POSSIBILIDADE DE APLICAÇÃO DA SÚMULA VINCULANTE A ATOS ANTERIORES À APROVAÇÃO DO ENUNCIADO

Em segunda fase de concurso para ingresso na magistratura (TJPE/2015), foi feita a seguinte pergunta: **enunciado de súmula vinculante pode gerar efeitos em relação a atos praticados antes de sua aprovação?**

Aqui, a primeira (e principal) coisa que se quer saber é se a edição de súmula vinculante permite o ajuizamento de reclamação contra ato que, antes da publicação do enunciado respectivo, contrariou o entendimento nele contido.

A esse respeito, o Supremo Tribunal Federal já se manifestou diversas vezes, firmando o entendimento de que enunciado de súmula vinculante não pode ser invocado como fundamento para o manejo de reclamação com o objetivo de impugnar ato praticado antes de sua aprovação.

Esse entendimento é bastante lógico, pois, se a reclamação é cabível para atacar ato que descumpriu a súmula vinculante, não há sentido em se admitir reclamação quando esse ato é anterior à aprovação do enunciado, já que, se o enunciado ainda não existia no momento da prática do ato impugnado, não é possível afirmar que houve o seu descumprimento.

Ademais, vimos que, segundo o art. 103-A, *caput*, da CF/88 e do art. 2º, *caput*, da Lei 11.417/06, o efeito vinculante da súmula somente se verifica a partir da publicação do enunciado na imprensa oficial, de modo que não se pode cogitar que atos praticados antes desse momento sejam alcançados por essa vinculação.

Confira os seguintes precedentes nesse sentido:

> **Ementa:** (...) ALEGADA VIOLAÇÃO À SÚMULA VINCULANTE 44. ATO RECLAMADO ANTERIOR AO ADVENTO DO PARADIGMA. 1. **A jurisprudência desta Corte é firme no sentido de que o cabimento da reclamação com parâmetro em Súmula Vinculante pressupõe a existência do paradigma anteriormente à decisão impugnada.** Precedentes. (...)
>
> **(Rcl 23619 AgR/GO; Relator(a): Min. EDSON FACHIN; Julgamento: 10/05/2019; Órgão julgador: Segunda Turma)**
>
> **Ementa:** (...) RECLAMAÇÃO. ALEGAÇÃO DE OFENSA À SUMULA VINCULANTE 32. AUSÊNCIA DE IDENTIDADE MATERIAL. ATO RECLAMADO ANTERIOR À PUBLICAÇÃO DA SÚMULA VINCULANTE SUPOSTAMENTE DESRESPEITADA. NÃO CABIMENTO DA VIA RECLAMATÓRIA. (...) I – Ausência de identidade material entre os fundamentos do ato reclamado e aqueles emanados da súmula vinculante ora invocada. II – **Inexiste ofensa à autoridade de pronunciamento da Corte se o ato reclamado é anterior à decisão dela emanada.** III – **Da mesma forma, as súmulas vinculantes só podem ser eventualmente contrariadas, à luz do art. 103-A, § 3º, da Constituição Federal, por atos administrativos ou decisões judiciais surgidos após a edição e a publicação de seus respectivos enunciados.** (...)
>
> **(Rcl 12741 AgR; Órgão julgador: Segunda Turma; Relator(a): Min. RICARDO LEWANDOWSKI; Julgamento: 09/09/2014)**
>
> **EMENTA:** RECLAMAÇÃO – ALEGADO DESRESPEITO AO ENUNCIADO DA SÚMULA VINCULANTE Nº 08/STF – IMPOSSIBILIDADE – DECISÃO RECLAMADA PROFERIDA EM DATA ANTERIOR À PUBLICAÇÃO, NA IMPRENSA OFICIAL, DE REFERIDA FORMULAÇÃO SUMULAR – AUSÊNCIA DO INTERESSE DE AGIR – INVIABILIDADE DA UTILIZAÇÃO PROCESSUAL DO INSTRUMENTO DA RECLAMAÇÃO COMO INADMISSÍVEL SUCEDÂNEO DE AÇÃO RESCISÓRIA, DE RECURSOS OU DE AÇÕES JUDICIAIS EM GERAL – PRECEDENTES – RECURSO DE AGRAVO IMPROVIDO. ANTERIORIDADE DA DECISÃO RECLAMADA E AUSÊNCIA DE PARÂMETRO. - **Considerado o que dispõe o art. 103-A, "caput", da Constituição, somente a partir da data em que o enunciado sumular é publicado em órgão da imprensa oficial é que passa a ter eficácia vinculante, impondo-se, em consequência, à observância dos demais juízes e Tribunais, excluídos do seu alcance todos os atos**

decisórios, como o de que ora se cuida, anteriores à sua publicação. - Impõe--se, à parte reclamante, para ter legítimo acesso à via reclamatória, demonstrar que o ato de que se reclama tenha sido proferido posteriormente à publicação, na imprensa oficial, do enunciado da Súmula Vinculante. - **Inexiste ofensa a enunciado constante de súmula vinculante do Supremo Tribunal Federal, se o ato de que se reclama é anterior a referido pronunciamento sumular.**

(Rcl 7001AgR/SC; Relator(a): Min. CELSO DE MELLO; Julgamento: 10/04/2014; Órgão julgador: Tribunal Pleno)

Portanto, é entendimento pacificado no Supremo Tribunal Federal não ser cabível o ajuizamento de reclamação com fundamento em violação de súmula vinculante que apenas foi editada após a prática do ato impugnado.

Mas é bastante importante ter conhecimento do que ocorreu na **Reclamação 4.335**, que teve algumas peculiaridades, inclusive, a aplicação, por alguns Ministros, de enunciado de súmula vinculante editado posteriormente à prática do ato reclamado, mais precisamente, no curso da reclamação. Perceba, portanto, que essa reclamação não foi ajuizada com fundamento em violação de verbete vinculante editado após a prática do ato reclamado, já que, no momento do seu ajuizamento, esse verbete nem mesmo existia.

O que ocorreu, então?

A Reclamação 4.335 foi ajuizada com o propósito de fazer ser observado, por um juiz de primeiro grau do Tribunal de Justiça do Acre, o entendimento firmado pelo STF, no HC 82.959/SP, no sentido da inconstitucionalidade da vedação de progressão do regime prisional nos crimes hediondos, vedação essa prevista, na época, no art. 2º, § 1º, da Lei 8.072/90. Segundo o Supremo Tribunal Federal, a proibição legal de progressão de regime prisional violava o princípio da individualização da pena, previsto no art. 5º, XLVI, da CF/88.

Ocorre que o Juiz de Direito da Vara de Execuções Penais de Rio Branco/AC, inobservando o entendimento do Supremo Tribunal Federal mencionado acima, indeferiu pedido de progressão de regime apresentado por condenados pela prática de crimes hediondos. Diante disso, a Defensoria Pública apresentou ao STF a Reclamação 4.335, pedindo fosse respeitada a decisão tomada pelo STF no HC 82.959/SP.

Como se sabe, o controle de constitucionalidade exercido em sede de *habeas corpus* tem caráter incidental e, na época, não se havia atribuído eficácia vinculante ao controle de constitucionalidade incidental, de modo que, ao menos a princípio, não seria cabível a reclamação, em virtude da falta de um paradigma com eficácia vinculante.

Mas, nessa época, o Ministro Gilmar Mendes (Relator do caso) era um grande entusiasta da teoria da transcendência dos motivos determinantes da decisão (a qual atribui eficácia vinculante e *erga omnes* à fundamentação da decisão) e, nesse contexto, sustentava que teria se verificado a mutação do art. 52, X, da CF/88 no sentido de que a resolução do Senado prevista nesse dispositivo teria passado a ter a função de dar mera publicidade à decisão do STF tomada em controle incidental de constitucionalidade. Por conta disso, esse Ministro votou pelo acolhimento da reclamação, tendo sido seguido pelo Ministro Eros Grau.

Esses foram os únicos Ministros que defenderam a mutação do art. 52, X, da CF/88 e a adoção da teoria da transcendência dos motivos determinantes.

Outros quatro Ministros (Sepúlveda Pertence, Joaquim Barbosa, Ricardo Lewandowski e Marco Aurélio), por sua vez, rejeitaram a teria da transcendência da *ratio decidendi* e a tese de mutação do art. 52, X, da CF/88, mas concederam *habeas corpus* de ofício, para que o juiz de primeiro grau observasse a inconstitucionalidade da vedação de progressão de regime prisional.

E outros quatro Ministros (Teori Zavascki, Luís Roberto Barroso, Rosa Weber e Celso de Mello) julgaram procedente a reclamação, mas não com fundamento na transcendência dos motivos determinantes da decisão tomada no HC 82.959/SP. Esses Ministros, na verdade, fundamentaram seus votos na superveniência da Súmula Vinculante nº 26, segundo a qual, *"para efeito de progressão de regime no cumprimento de pena por crime hediondo, ou equiparado, o juízo da execução observará a inconstitucionalidade do art. 2º da Lei 8.072, de 25 de julho de 1990, sem prejuízo de avaliar se o condenado preenche, ou não, os requisitos objetivos e subjetivos do benefício, podendo determinar, para tal fim, de modo fundamentado, a realização de exame criminológico"*.

É importante notar – repita-se – que, no momento do ajuizamento da Reclamação 4.335, a Súmula Vinculante 26 ainda não existia. A sua edição, portanto, foi um fato superveniente verificado no curso do processo, o qual foi levado em consideração pelos Ministros em virtude do art. 462 do CPC/73 (correspondente ao art. 493 do CPC/15), segundo o qual, *"se, depois da propositura da ação, algum fato constitutivo, modificativo ou extintivo do direito influir no julgamento da lide, caberá ao juiz tomá-lo em consideração, de ofício ou a requerimento da parte, no momento de proferir a sentença"*.

Portanto, no precedente que estamos analisando, o fundamento da aplicação do enunciado de súmula vinculante superveniente foi uma norma processual que determina a observância, nos julgamentos proferidos pelo Poder Judiciário, de fatos ocorridos após a propositura da ação que constituam, modifiquem ou extingam o direito discutido e possam repercutir na solução da demanda. E esse fato constitutivo, modificativo ou extintivo do direito, no caso da Rcl 4.335, foi a Súmula Vinculante nº 26.

Inclusive, a Súmula Vinculante nº 26 constou expressamente da ementa do acórdão da Rcl 4.335 como um dos fundamentos da decisão. Foi um caso, portanto, em que um enunciado de súmula vinculante produziu efeitos em relação a ato praticado antes de sua edição.

Mas é necessário que fique claro que a Rcl 4.335 cuidou de uma situação distinta das situações tratadas nos precedentes, vistos anteriormente, que inadmitiram reclamação para alegar violação a enunciado de súmula vinculante editado após a prática do ato reclamado. Isso porque a Rcl 4.335 não foi ajuizada com o argumento de violação à súmula vinculante do STF, mas sim afirmando desrespeito à decisão tomada pela Suprema Corte no HC 82.959/SP. A Súmula Vinculante nº 26 somente surgiu após o ajuizamento dessa reclamação.

Portanto, a Rlc 4.335 e a jurisprudência firmada pelo STF no sentido do não cabimento de reclamação para fazer valer enunciado de súmula vinculante editado após a prática do ato impugnado tratam de situações diferentes.

Ementa: Reclamação. 2. Progressão de regime. Crimes hediondos. 3. Decisão reclamada aplicou o art. 2º, § 2º, da Lei nº 8.072/90, declarado inconstitucional pelo Plenário do STF no HC 82.959/SP, Rel. Min. Marco Aurélio, DJ 1.9.2006. 4. **Superveniência da Súmula Vinculante n. 26.** 5. Efeito ultra partes da declaração de inconstitucionalidade em controle difuso. Caráter expansivo da decisão. 6. Reclamação julgada procedente.

(Rcl 4335/AC; Relator(a): Min. GILMAR MENDES; Julgamento: 20/03/2014; Órgão julgador: Tribunal Pleno)

E qual entendimento se deve adotar em provas?

Depende de como for formulado o enunciado da questão. Se ele se referir ao ajuizamento de reclamação fundamentada em verbete de súmula vinculante editado após a prática do ato impugnado, o ideal é se posicionar pelo não cabimento da reclamação.

Mas, se o examinador quiser saber se é possível que um enunciado da súmula vinculante do STF produza, de algum modo, efeitos em relação a ato praticado anteriormente à sua edição, ele provavelmente estará interessado no que foi decidido na Rcl 4.335, com todas as suas peculiaridades. Nesse caso, se não se tratar de uma prova objetiva, recomendo que sejam abordadas as duas situações: (I) a jurisprudência do Supremo Tribunal Federal pacificada no sentido da inadmissibilidade de reclamação fundada em violação de enunciado de súmula vinculante aprovado após a prática do ato impugnado e (II) o peculiar precedente da Rcl 4.335.

■ REQUISITO DE ADMISSIBILIDADE DA RECLAMAÇÃO: ESTRITA ADERÊNCIA

Para que seja cabível a reclamação contra o descumprimento da súmula vinculante, o Supremo Tribunal Federal exige um requisito de admissibilidade específico: a **estrita aderência** entre o ato impugnado e o enunciado desrespeitado.

O que significa isso?

Significa que o objeto do ato reclamado deve se enquadrar perfeitamente no conteúdo do enunciado vinculante, não sendo suficiente, para o cabimento da reclamação, que o ato impugnado tão somente tangencie (isto é, aborde de forma meramente indireta) o comando contido no verbete.

Vejamos um **exemplo** para facilitar a compreensão do tema.

A Súmula Vinculante 47 diz que *"os honorários advocatícios incluídos na condenação ou destacados do montante principal devido ao credor consubstanciam verba de natureza alimentar cuja satisfação ocorrerá com a expedição de precatório ou requisição de pequeno valor, observada ordem especial restrita aos créditos dessa natureza"*. Esse enunciado, portanto, estabelece o regime de pagamento dos honorários sucumbenciais nas condenações judiciais impostas à Fazenda Pública.

Houve manejo de reclamações fundamentadas em supostas violações à Súmula Vinculante 47 por decisões judiciais que trataram da possibilidade de, na execução, destacar valores referentes a honorários advocatícios contratuais (**Rcl 34358 AgR**) e da possibilidade de penhorar proventos de aposentadoria para o pagamento de honorários decorrentes da sucumbência (**Rcl 33911 AgR**). Essas reclamações, assim como a Súmula Vinculante 47, trataram do pagamento de honorários advocatícios, mas envolvendo casos relacionados a questões que não foram objeto do enunciado em questão nem tampouco dos precedentes que deram origem a esse enunciado.

Veja: a Súmula Vinculante 47 trata, tão somente, do regime de pagamento de honorários de sucumbência nas condenações impostas à Fazenda Pública, as quais se submetem ao regime de precatório ou requisição de pequeno valor. Já os atos atacados nas reclamações mencionadas tinham a ver ora com o destaque de valores referentes a honorários contratuais, ora com a possibilidade de penhora de proventos de aposentadoria para o pagamento de honorários sucumbenciais. Como se pode perceber, os honorários advocatícios eram um ponto comum a todos os casos, mas não havia identidade entre as questões jurídicas envolvidas. Não havia, portanto, estrita aderência entre os atos impugnados nas reclamações e a Súmula Vinculante nº 47, o que fez com que essas reclamações fossem inadmissíveis.

> **EMENTA:** (...) EXECUÇÃO. PRETENSÃO DE DESTAQUE DE HONORÁRIOS ADVOCATÍCIOS CONTRATUAIS. **ALEGAÇÃO DE AFRONTA AO ENUNCIADO DA SÚMULA VINCULANTE 47. AUSÊNCIA DE ESTRITA ADERÊNCIA ENTRE ATO RECLAMADO E PARADIGMA INVOCADO.** PRECEDENTES DE AMBAS AS TURMAS DO SUPREMO TRIBUNAL FEDERAL. AGRAVO INTERNO DESPROVIDO.
>
> **(Rcl 34358 AgR/SP; Relator(a): Min. LUIZ FUX; Julgamento: 05/11/2019; Órgão julgador: Primeira Turma)**
>
> **EMENTA:** AGRAVO REGIMENTAL. RECLAMAÇÃO CONSTITUCIONAL. HONORÁRIOS ADVOCATÍCIOS. INDEFERIMENTO DE PENHORA DE SALÁRIO. SÚMULA VINCULANTE Nº 47. **AUSÊNCIA DE ESTRITA ADERÊNCIA.** 1. A possibilidade de penhora de proventos de aposentadoria para pagamento de honorários advocatícios de sucumbência, em caso de comprometimento do sustento do núcleo familiar, não é tema compreendido na Súmula Vinculante nº 47. 2. **A jurisprudência desta Corte exige, para o cabimento da reclamação constitucional, aderência estrita do objeto do ato reclamado ao conteúdo do paradigma de controle do STF** (Rcl 19394/DF, Rel. Min. Celso de Mello, DJe 24.4.2017; Rcl 19631/DF, Rel. Min. Dias Toffoli, DJe 01.7.2015; Rcl 4.487/PR-AgR, Rel. Min. Dias Toffoli, DJe 5.12.2011). 3. Agravo interno conhecido e não provido.
>
> **(Rcl 33911 AgR/RS; Relator(a): Min. ROSA WEBER; Julgamento: 20/09/2019; Órgão julgador: Primeira Turma)**
>
> **EMENTA:** Agravo regimental na reclamação. (...) 1. **A aderência estrita do objeto do ato reclamado ao conteúdo das decisões paradigmas é requisito de admissibilidade da reclamação constitucional.** 2. A reclamação não é meio processual adequado para o reexame do mérito da demanda originária. 3. Agravo regimental não provido.
>
> **(Rcl 25230 AgR/SP; Relator(a): Min. DIAS TOFFOLI; Julgamento: 13/12/2016; Órgão julgador: Segunda Turma)**

Portanto, memorize essa expressão: "estrita aderência". Ela certamente aparecerá nas provas dos diversos concursos públicos.

Mas por qual motivo o Supremo Tribunal Federal exige essa aderência estrita como requisito de admissibilidade da reclamação? Porque, se assim não fosse, a reclamação acabaria sendo utilizada para rever o acerto da decisão impugnada, fazendo papel, portanto, de verdadeiro recurso. E isso fica muito claro na ementa da Rcl 25230 AgR, transcrita acima.

Nas palavras do próprio STF (por exemplo, na Rcl 42.050), a reclamação se presta, tão somente, a confrontar o ato impugnado com o paradigma invocado como desrespeitado, nada além disso. É por isso que se exige a estrita aderência entre o ato atacado na reclamação e o seu paradigma de controle. Sem esse rigor, a reclamação não cumpriria o seu papel (de cotejar o ato reclamado com o paradigma invocado) e acabaria se transformando em um sucedâneo recursal, pois se tornaria um instrumento para viabilizar uma ampla revisão das decisões proferidas nas instâncias inferiores.

Para concluir, aproveito para registrar um último detalhe: a estrita aderência é exigida não apenas para se admitir reclamação contra ato violador de súmula vinculante, mas também para se conhecer de reclamação manejada contra ato que desrespeita decisão proferida em controle de constitucionalidade com eficácia vinculante, como, por exemplo, a decisão tomada em sede de ADI e de ADPF. Nesse sentido, por exemplo, a Reclamação 42.050 foi extinta sem resolução do mérito por falta de estrita aderência entre o ato reclamado e a decisão proferida pelo STF na ADPF 482, que foi o paradigma invocado como fundamento da impugnação. Esse caso será estudado quando tratarmos do princípio da unidade do Ministério Público, em capítulo específico.

CONTROLE DE CONSTITUCIONALIDADE EXERCIDO PELO CNJ E PELO CNMP?

Conforme vimos, o controle concreto difuso de constitucionalidade é exercido por qualquer juiz ou tribunal, mas, evidentemente, quando no exercício de atividade **judicante**. Por outro lado, quando o juiz se encontra exercendo atividade em conselhos (como o Conselho Nacional de Justiça ou o Conselho Nacional do Ministério Público), esse raciocínio não se aplica.

Em outras palavras: segundo o STF, **o controle de constitucionalidade não pode ser feito pelo CNJ nem pelo CNMP**, pois a sua natureza estritamente administrativa não os autoriza a exercer controle de constitucionalidade das leis e atos do Poder Público nem tampouco a verificar fenômeno de recepção ou não recepção, porque a CF/88 confere a competência para exercer esse tipo de controle exclusivamente ao Poder Judiciário (com destaque ao próprio STF).

Vejamos, nesse sentido, as seguintes decisões da Suprema Corte:

> "(...) **O Conselho Nacional do Ministério Público não ostenta competência para efetuar controle de constitucionalidade de lei**, posto consabido tratar-se de órgão de natureza administrativa, cuja atribuição adstringe-se ao controle da legitimidade dos atos administrativos praticados por membros ou órgãos do Ministério Público federal e estadual (...)" **(MS 27744, Rel. Min. LUIZ FUX, 1ª Turma, j. em 14/04/2015)**
>
> "(...) A Lei n. 8.223/2007, decretada e sancionada pelos Poderes Legislativo e Executivo do Estado da Paraíba, **não pode ter o controle de constitucionalidade realizado pelo Conselho Nacional de Justiça** (...)" **(AC 2.390-MC-REF, Rel. Min. Carmen Lucia, j. em 19/08/2010)**
>
> "O Conselho Nacional de Justiça, embora seja órgão do Poder Judiciário, nos termos do art. 103-B, § 4º, II, da Constituição Federal, possui, tão somente, atribuições de natureza administrativa e, nesse sentido, **não lhe é permitido apreciar a constitucionalidade dos atos administrativos**, mas somente sua legalidade." **(STF, Plenário, MS 28872 AgR, Rel. Min. Ricardo Lewandowski, julgado em 24/02/2011)**

Esse mesmo entendimento foi adotado pelo STF em vários outros casos, como, por exemplo, os seguintes:

- MS 28.066, Rel. dec. mon. de 14/06/2009;
- AC 2.390-MC-REF, Pleno, j. em 19/08/2010;
- MS 28141, Pleno, j. em 10/02/2011;
- MS 30.922, dec. mon. de 10/10/2011;
- MS 32.865 MC, dec. mon. de 02/06/2014; e
- MS 30.793, 2ª Turma, j. em 05/08/2014.

Mas é necessário ter **cuidado** com uma questão: o CNJ (assim como o CNMP), como se sabe, exerce atividade de natureza administrativa, realizando um controle administrativo dos atos praticados pelos órgãos integrantes do Poder Judiciário. E, no exercício desse controle de caráter administrativo, esse Conselho pode vislumbrar que a lei que serve de fundamento para a prática do ato administrativo controlado é incompatível com a Constituição e afastar a aplicação dessa lei no caso apreciado, tendo como consequência o reconhecimento da invalidade do ato administrativo submetido à sua fiscalização, justamente por conta da falta de lei que autorize a sua prática.

Isso, segundo o STF, não consubstancia um controle de constitucionalidade (mesmo porque a Suprema Corte não reconhece a possibilidade de realização de controle de constitucionalidade pelo CNJ), mas sim um controle administrativo do Poder Judiciário, com a peculiaridade de envolver o reconhecimento incidental de uma inconstitucionalidade em um ato diverso daquele que está sendo controlado.

Houve, inclusive, um precedente em que o STF se manifestou nesse exato sentido (**Pet 4656**). Esse caso teve origem no Estado da Paraíba, onde foi editada uma lei criando cargos comissionados no Tribunal de Justiça para o exercício de atividades que não se enquadravam nas funções de direção, chefia e assessoramento, que são as hipóteses que, nos termos da CF/88, permitem o provimento em comissão.

Vários desses cargos foram providos e os respectivos atos de nomeação foram submetidos ao controle do CNJ, que, vislumbrando que a lei estadual que os criou contrariava a CF/88, afastou sua aplicação e, por conseguinte, invalidou os atos de nomeação, por lhes faltar fundamento legal.

Segundo decidiu o STF, não há óbice algum a essa atitude do CNJ, que, aliás, não caracteriza controle de constitucionalidade (mesmo porque o CNJ não possui atribuições jurisdicionais, mas apenas administrativas), e sim mero controle de cunho administrativo.

Além disso, a Suprema Corte entendeu que, no procedimento de controle instaurado no CNJ, sequer seria necessário oportunizar contraditório e ampla defesa aos servidores nomeados, pois o caso dizia respeito a cargos em comissão (os quais permitem livre nomeação e exoneração) e não envolvia nenhuma questão subjetiva (como, por exemplo, a prática de alguma infração funcional), mas apenas a mera compatibilidade dos atos de nomeação com o ordenamento jurídico em vigor.

Justamente por conta da jurisprudência do STF, o CESPE, na prova de Procurador do Município de Belo Horizonte realizada em 2017, considerou errada a afirmação de que *"o CNJ, como órgão do Poder Judiciário, tem competência para apreciar a constitucionalidade de atos administrativos"*. Isso porque, como vimos, o Conselho Nacional de Justiça é um órgão administrativo do Poder Judiciário e, portanto, exerce atividade de natureza administrativa, podendo controlar a validade de atos administrativos do Poder Judiciário. Tendo em vista que esse conselho não exerce jurisdição, não lhe é reconhecida a possibilidade de realizar controle de constitucionalidade.

Em junho de 2020, ao julgar o **MS 30943**, o STF reiterou esse entendimento, ao analisar um caso em que o CNMP aplicou a um membro do Ministério Público a sanção disciplinar de afastamento das funções com prejuízo da remuneração e das demais vantagens do cargo no momento em que fosse ajuizada a ação civil de perda do cargo.

Houve ajuizamento de mandado de segurança em face dessa determinação do CNMP, alegando-se a inconstitucionalidade da previsão legal da medida disciplinar aplicada (art. 208, p. único, LC 75/93), por ferir as garantias funcionais dos membros do Ministério Público consistentes na vitaliciedade e na irredutibilidade de subsídio. O Supremo Tribunal Federal, por sua vez, entendeu que, como o CNMP não pode realizar controle de constitucionalidade, não se poderia exigir que ele reconhecesse a inconstitucionalidade alegada, de modo que foi correta a aplicação da medida disciplinar em questão, já que ela estava prevista na lei, que se presume constitucional. Além disso, o Tribunal acabou reconhecendo a constitucionalidade da previsão legal das sanções impugnadas pelo impetrante, por entender que as garantias funcionais do *Parquet* devem ser interpretadas em conjunto com as demais normas constitucionais, como o princípio da moralidade.

Nas palavras da Corte, "*a jurisprudência do Supremo Tribunal Federal entende que os órgãos correicionais, como o CNMP, não podem realizar controle de constitucionalidade de lei em tese, reservado somente às Cortes jurisdicionais, razão pela qual era inexigível conduta diversa da aplicação de dispositivo legal incidente à hipótese sob julgamento. (...) Os membros do Ministério Público Federal possuem garantias constitucionalmente previstas, dentre elas a irredutibilidade de subsídio (artigo 128, I, c) e a vitaliciedade, só sendo possível a perda do cargo em virtude de sentença judicial transitada em julgado (artigo 128, I, a), contudo, não se pode interpretar essas garantias isoladamente, conjugando-as às demais normas constitucionalmente fixadas, dentre elas o princípio da moralidade. Assim, não é inconstitucional o disposto no artigo 208, parágrafo único, da LC 75/1993, ao prever a perda dos vencimentos e demais vantagens do cargo em razão da propositura de ação civil para a perda do cargo, após regular processo administrativo. (...)*".

Mas é necessário fazer uma observação final: embora não se reconheça ao CNJ (e ao CNMP) a possibilidade de realizar controle de constitucionalidade, é possível que esse conselho, no exercício de suas atribuições, reconheça alguma inconstitucionalidade que já tenha sido reconhecida pela jurisprudência do Supremo Tribunal Federal, conforme restou decidido pela Suprema Corte no **MS 26739**:

> "(...) 2. No caso, a deliberação do CNJ se pautou essencialmente na ilegalidade do ato do Tribunal local (por dissonância entre os 60 dias de férias e o Estatuto dos Servidores do Estado de Minas Gerais). **Quanto à fundamentação adicional de inconstitucionalidade, o Supremo tem admitido sua utilização pelo**

Conselho quando a matéria já se encontra pacificada na Corte, como é o caso das férias coletivas. (...)" **(MS 26739/DF; Relator(a): Min. DIAS TOFFOLI; J. 01/03/2016; Segunda Turma)**

Em resumo, o quadro é o seguinte:

I) O CNJ (e o CNMP) não pode realizar controle de constitucionalidade.

II) O CNJ (e o CNMP) pode reconhecer uma inconstitucionalidade, desde que aplicando entendimento consolidado na jurisprudência do STF.

CONTROLE DE CONSTITUCIONALIDADE JUDICIAL ABSTRATO

No estudo do controle concentrado abstrato, daremos foco especial à Ação Direta de Inconstitucionalidade (ADI), por ser o instrumento "padrão" em que esse tipo de controle é exercido.

O controle de constitucionalidade repressivo e judicial, conforme já visto, pode ser de dois modelos, a saber:

1) **CONCRETO** (ou incidental ou por via de exceção): como regra, é um controle de constitucionalidade difuso, cabendo a qualquer juiz ou tribunal.

2) **ABSTRATO** (ou por via de ação direta): como regra, é um controle de constitucionalidade concentrado, sendo exercido pelo STF (quando o parâmetro superior é a CF) e pelos Tribunais de Justiça (quando o parâmetro superior é uma Constituição Estadual), tendo como ações típicas perante o STF a ADI genérica, a ADC, a ADO, e a ADPF.

Conforme vimos, **a ADI interventiva excepciona esse sistema**, pois é um caso de controle concreto, porém, concentrado.

▪ CONSIDERAÇÕES GERAIS

Conforme já visto e anotado logo acima, o controle judicial abstrato é exercido por meio de determinadas ações típicas. Ele, ao contrário do controle concreto de constitucionalidade, não é efetivado em qualquer ação, mas sim em ações específicas, as quais possuem **natureza objetiva** e têm como finalidade **defender a supremacia da Constituição**. No controle abstrato, portanto, o processo é objetivo, diferentemente do que ocorre no controle concreto, que é realizado no bojo de um processo subjetivo comum.

O processo subjetivo é aquele em que há autor e réu, bem como um pedido que envolve um interesse das partes, como, por exemplo, uma obrigação de dar, de fazer de não fazer etc. É, portanto, o caso da maioria das ações, é o caso das lides que são apresentadas ao Poder Judiciário rotineiramente.

Como já sabemos, nas ações subjetivas, que não são ações criadas com o objetivo de fiscalização em abstrato da constitucionalidade dos atos do poder público, é possível haver o controle de constitucionalidade no caso concreto. Ou seja, em uma ação cuja razão de ser não é o exercício do controle de constitucionalidade, é possível que haja o controle de constitucionalidade.

Por outro lado, no processo objetivo, cuja razão de existir não é a tutela de interesses subjetivos, mas sim a proteção da ordem jurídica no plano abstrato, não se visualiza a presença de elementos próprios do processo subjetivo. Não há espaço para se falar, portanto, na existência de autor e réu ou mesmo de lide (que é o conflito de interesses caracterizado por uma pretensão resistida), muito embora o STF já tenha admitido a possibilidade de homologação de acordo em ação de controle concentrado abstrato de constitucionalidade (no caso, uma ADPF), o que será melhor explicado em momento oportuno.

Da mesma forma, no processo de caráter objetivo não se discute se alguma prestação é ou não é devida (pois isso diz respeito a interesses subjetivos), não há partes tecnicamente falando, mas apenas o requerente (que é o legitimado ativo) e o responsável pela prática do ato impugnado (que é uma espécie de "legitimado passivo"), além de não haver discussão sobre fatos extintivos ou modificativos de direitos e de pretensões, como prescrição, decadência etc. Todas essas questões têm espaço nas ações de natureza subjetiva, não nas de natureza objetiva.

Para que fique bastante claro: em um processo subjetivo, um autor deduz uma pretensão a ser satisfeita por um réu. Esse tipo de processo, portanto, envolve interesses subjetivos e partes interessadas na satisfação desses interesses. Já em um processo objetivo, o pedido deduzido é de proteção da ordem jurídica, não há interesses subjetivos postos em juízo nem tampouco autor e réu propriamente ditos. O que há, nesse caso, é um requerente (que é o legitimado ativo) e o responsável pela prática do ato impugnado, que, embora seja ouvido no processo, não se apresenta da mesma forma como o réu de um processo subjetivo, pois, enquanto este defende seus interesses pessoais, aquele presta informações sobre o ato jurídico objeto do julgamento.

Por conta dessas características, há quem afirme que o processo objetivo é um processo mais "fácil" (isto é, de condução menos tumultuosa) do que o processo subjetivo. Um exemplo que corrobora esse entendimento é o fato de que, em regra, no processo objetivo (como a ADI e a ADC), não há espaço para se falar em suspeição e impedimento dos Ministros do STF, o que, porém, pode ocorrer em um processo subjetivo, no qual, um Ministro pode ser suspeito ou impedido em virtude de algum aspecto relativo às suas relações com o autor e/ou com o réu.

No entanto, ainda em relação à questão da suspeição e do impedimento, é necessário observar o seguinte: embora se compreenda que, em regra, não há falar em suspeição e/ou impedimento de magistrado em processo objetivo, o STF entende ser possível, nesse tipo de processo, alegar suspeição por motivo de foro íntimo, além de ser possível, excepcionalmente, reconhecer o impedimento em determinadas situações.

Resumidamente, a Suprema Corte entende, a esse respeito, que:

1) É possível Ministro do STF invocar **razões de foro íntimo** para não participar do processo de controle abstrato (ADI 3345, ADI 6362);

2) Excepcionalmente, pode **haver impedimento de Ministro que, antes de integrar o STF, oficiou na ADI**:

a. como Procurador-Geral da República (como ocorreu na ADI 4);

b. como Advogado-Geral da União (como ocorreu na ADI 2231, na ADI 2258 e na ADI 4125).

Portanto, a regra é que, em processo objetivo, não há falar em suspeição nem em impedimento de magistrado, justamente por não estarem em jogo interesses pessoais. Excepcionalmente, porém, algumas hipóteses de impedimento e de suspeição são admitidas, quais sejam, o foro íntimo e o caso do Ministro do STF que, em momento anterior, atuou no processo, seja como PGR, seja como AGU.

Importante registrar, porém, que, em questão de ordem suscitada na **ADI 6362** (j. 02/09/2020), o Supremo Tribunal Federal fixou a tese de que *"não há impedimento nem suspeição nos julgamentos de ações de controle concentrado, exceto se o próprio Ministro firmar, por razões de foro íntimo, a sua não participação"*.

Isso confirma duas coisas que já se encontravam consagradas na jurisprudência do STF:

I) Que a **regra** é o não cabimento de alegação de impedimento ou suspeição de Ministro em processo de controle concentrado abstrato de constitucionalidade.

II) Que, **de forma excepcional**, é possível falar em impedimento e suspeição de Ministro em processo de controle concentrado abstrato de constitucionalidade, mas apenas se o próprio Ministro decidir não participar do julgamento por razões de foro íntimo.

Ocorre que a tese fixada nessa questão de ordem não previu a hipótese de impedimento decorrente de ter o Ministro atuado anteriormente no processo em outra função. **Que posicionamento se deve adotar em provas, então?**

Depende de como o tema for cobrado. Se a questão reproduzir a tese fixada na questão de ordem suscitada na ADI 6362, pode ser considerada correta sem problemas. E, se a questão afirmar que é possível reconhecer impedimento de Ministro do STF no controle concentrado abstrato de constitucionalidade em virtude de ter ele atuado anteriormente no mesmo processo em outra função, essa afirmação também poderá ser considerada correta, pois isso ocorreu diversas vezes no histórico de ações de controle abstrato julgadas pelo Supremo Tribunal Federal.

Por fim, é importante destacar que, segundo decidiu o STF no **RE 1.017.365** (questão de ordem julgada em 15/08/2023), o entendimento que vimos acima no sentido da inaplicabilidade das hipóteses de impedimento e suspeição de magistrado no controle concentrado abstrado de constitucionalidade também se aplica aos recursos extraordinários **no momento de definição da tese de repercussão geral**.

Isso porque, na etapa de fixação da tese de repercussão geral, o recurso extraordinário tem caráter objetivo, à semelhança de um processo de controle abstrato de constitucionalidade, pois a tese fixada leva em conta a interpretação em abstrato das normas discutidas na ação.

Diferente é a etapa do julgamento do recurso extraordinário na qual o STF resolve o caso concreto discutido nos autos (a chamada "causa-piloto") a partir da aplicação da tese que foi fixada anteriormente. Nessa etapa, o processo tem caráter subjetivo (pois envolve um caso concreto que está sendo solucionado), e, por isso, incidem nela normalmente as hipóteses de impedimento e suspeição de magistrado, podendo algum Ministro deixar de participar dessa fase do julgamento em virtude de alguma delas.

Por conta disso, o STF, na questão de ordem decidida no RE 1.017.365, fixou a tese segundo a qual, *"nos recursos extraordinários apreciados sob a sistemática da repercussão geral,* ***o impedimento restringe-se à etapa da votação referente ao processo subjetivo e à conclusão de julgamento aplicada às partes****, porém,* ***não se aplica à fixação e votação da tese constitucional****, pois nesta não se discutem situações individuais nem interesses concretos. Ou seja, deve-se participar da integralidade do julgamento concernente ao tema de repercussão geral (incluindo voto, debates e sessões correspondentes),* ***apenas deixando de apresentar voto sobre a causa-piloto (caso concreto)****"*.

■ PARTICIPAÇÃO DO PROCURADOR-GERAL DA REPÚBLICA E DO ADVOGADO-GERAL DA UNIÃO NO CONTROLE CONCENTRADO ABSTRATO

O Procurador-Geral da República (PGR) e o Advogado-Geral da União (AGU) são autoridades que atuam no processo objetivo de controle abstrato de constitucionalidade e, por isso, algumas observações devem ser feitas em relação a eles.

Primeiramente, é importante registrar que a participação do PGR, não apenas nas ações de (in)constitucionalidade, mas em todos os processos de competência do STF, é **obrigatória**, nos termos do art. 103, § 1º, da CF/88. Ele atua, nesses casos, como **fiscal da Constituição** (nas palavras de Carlos Ayres Brito, como *custos constitutionis*) e pode, nessa condição, opinar livremente pela constitucionalidade ou pela inconstitucionalidade em abstrato da lei ou ato normativo submetido ao controle do STF.

Ademais, o PGR é um dos legitimados ativos para mover as ações de controle abstrato, conforme ainda será visto à frente.

> "**Art. 103, § 1º, CF/88.** O Procurador-Geral da República deverá ser previamente ouvido nas ações de inconstitucionalidade e em todos os processos de competência do Supremo Tribunal Federal."

Quanto ao AGU, a sua atuação no controle abstrato de constitucionalidade é delimitada pelo art. 103, § 3º, da CF/88, que prevê o seu papel de **defensor do ato impugnado na ação**.

> "**Art. 103, § 3º, CF/88.** Quando o Supremo Tribunal Federal apreciar a inconstitucionalidade, em tese, de norma legal ou ato normativo, citará, previamente, o Advogado-Geral da União, que **defenderá o ato ou texto impugnado**."

Em relação a esse dispositivo, note que ele, claramente, refere-se ao controle concentrado abstrato de constitucionalidade (pois utiliza a expressão "em tese"), de modo que ele não se aplica ao controle concreto difuso.

Essa atuação do Advogado-Geral da União se dá notadamente na ADI, que é a ação colocada à disposição dos legitimados ativos para alegarem a inconstitucionalidade de determinada lei ou ato normativo. No entanto, discute-se em sede doutrinária sobre a obrigatoriedade de o AGU atuar defendendo o ato também na ADC.

Em relação a isso, parte da doutrina (que parece ser a majoritária) entende que não há sentido nessa participação do AGU, tendo em vista que, na ADC, não há impugnação a nenhuma norma, mas sim o pedido de reconhecimento de sua constitucionalidade. Outra corrente doutrinária entende que a participação do AGU é obrigatória não apenas na ADI, mas também na ADC, em virtude de serem elas ações ambivalentes (dúplices).

Essa discussão, porém, não se limitou ao campo doutrinário.

O STF já se manifestou sobre isso e decidiu que, **na ADC, não há participação do Advogado-Geral da União**. Isso ocorreu na questão de ordem apreciada na **ADC 1** (j. 27/10/1993), na qual o relator do caso (Min. Moreira Alves) explicou no seu voto que, "*no processo da ação declaratória de constitucionalidade, **por visar à preservação da presunção de constitucionalidade** do ato normativo que é seu objeto, **não há razão para que o Advogado-Geral da União atue** como curador dessa mesma presunção*".

Em relação à ADO e à ADPF, as Leis 9.868/99 (art. 12-E, § 2º) e 9.882/99 (art. 5º, § 2º) preveem tão somente a **possibilidade** de o Relator ouvir o Advogado-Geral da União, não havendo obrigatoriedade nisso, o que é natural, já que em nenhuma delas há a análise da inconstitucionalidade de uma lei ou de um ato normativo. Isso porque, na ADO, o que o legitimado ativo alega é uma omissão e, na ADPF, o objeto é muito mais amplo do que na ADI, comportando, até mesmo, discussão sobre a recepção ou a não recepção de uma norma anterior à Constituição.

Além disso, vale a pena registrar que, ao falar em "citação" do AGU, o art. 103, § 3º, da CF/88 comete um equívoco técnico, pois, como se trata de um processo objetivo, não cabe falar em citação, pois, nesse tipo de processo, não há as peculiaridades do processo subjetivo, não se veicula uma lide (em que há autor e réu e uma pretensão resistida). Assim, deveria a CF/88 ter dito "intimará", "notificará", "comunicará" ou utilizado alguma outra expressão que significasse dar notícia ao AGU acerca da causa, mas não deveria ter se referido a citação, haja vista caracterizar equívoco técnico.

Note, ainda, que, nos termos da CF/88, a participação do AGU no processo objetivo de controle abstrato de constitucionalidade tem um objetivo muito específico: **defender o ato ou texto impugnado.**

Portanto, a CF/88 determina, com clareza, que o AGU não atua livremente opinando pela constitucionalidade ou inconstitucionalidade da lei ou ato normativo impugnado (ao contrário do que ocorre com o PGR), tendo ele que **defender** o ato impugnado. O AGU, então, no controle abstrato de constitucionalidade, tem o papel de fazer a defesa do ato impugnado, isto é, de dizer que o ato não tem vício de natureza constitucional.

Mas esse papel do AGU previsto no texto da CF/88 sofre críticas doutrinárias e é objeto de debate também no STF. De forma geral, essas críticas sustentam que seguir à risca a determinação da CF/88 que impõe ao AGU o dever de defender a norma impugnada pode levar a situações inusitadas em que ele se veja colocado em uma posição "desconfortável", o que justificaria permitir ao AGU atuar com mais liberdade no controle abstrato de constitucionalidade, sem ter que necessariamente defender a norma objeto de impugnação.

Vejamos alguns exemplos que são mencionados por aqueles que entendem que o AGU não pode ser sempre obrigado a defender o ato impugnado.

O AGU pode, por exemplo, ter aconselhado o Presidente da República a ajuizar uma ADI e até mesmo ter minutado a petição inicial dessa ADI, de modo que, uma vez proposta a ação, ele se verá forçado a adotar uma postura oposta àquilo que havia aconselhado ao Presidente da República, pois terá de fazer a defesa da lei impugnada.

Outra situação inusitada seria o caso de o ato impugnado ser uma lei de outro ente da Federação (por exemplo, um Estado) que viole uma competência federal, situação em que o AGU teria de defender a higidez de uma lei que é contrária aos interesses da União por invadir o seu campo de competências.

Porém, esses exemplos que vimos acima têm um problema: eles confundem o papel do AGU no controle concentrado abstrato de constitucionalidade com o papel do AGU como chefe da Advocacia-Geral da União.

O AGU enquanto chefe da Advocacia-Geral da União é um advogado público (mais precisamente, o advogado público que comanda a advocacia pública federal) e, como tal, deve atuar de acordo com os interesses da União. Não há dúvida alguma disso. Porém, o papel dado pela CF/88 ao AGU no controle abstrato de constitucionalidade **não tem absolutamente nada a ver com o exercício das funções de advocacia pública**. No controle abstrato de constitucionalidade, o papel do AGU é de instrumento de promoção da dialeticidade no processo para que o Supremo Tribunal Federal possa tomar a melhor decisão em cada caso. A finalidade do Advogado-Geral da União no controle abstrato de constitucionalidade é assegurar uma espécie de "paridade de armas" na "relação processual", apresentando a antítese dos argumentos que o legitimado ativo da ação veiculou na petição inicial.

Perceba o seguinte: o papel que é exercido pelo AGU no controle abstrato de constitucionalidade poderia ser exercido por qualquer outra pessoa, justamente porque é um papel que nada tem a ver com o desempenho das funções de advocacia pública. No entanto, por uma opção política do constituinte, o escolhido para ser o defensor do ato impugnado no controle abstrato de constitucionalidade foi o AGU.

E, como defensor do ato impugnado, o AGU deve fazer justamente isso: defender o ato impugnado, que é o que a CF/88, no art. 103, § 3º, determina expressamente que ele faça.

É importante repetir para que fique muito claro: a determinação contida no art. 103, § 3º, da CF/88 foi feita pelo constituinte com uma razão lógica: é preciso, diante da gravidade inerente ao controle de constitucionalidade (que é um ponto sensível da separação dos Poderes), garantir um mínimo de debate, é preciso garantir um processo dialético, com vistas a que seja tomada a melhor decisão possível.

E, justamente por conta desse objetivo do constituinte, a jurisprudência clássica do STF sempre entendeu que **o AGU, ao contrário do que ocorre com o PGR, não se manifesta com ampla liberdade**, ele tem de realizar a defesa da norma impugnada, ele não é mero parecerista, mas sim defensor da norma impugnada. No entanto, é importante nunca perder de vista que, em um processo objetivo, não se pode falar em contraditório e ampla defesa nos mesmos termos em que se fala em um processo subjetivo envolvendo autor e réu. No processo objetivo, tem-se uma defesa simples elaborada pelo AGU com o objetivo de demonstrar ao STF a validade da norma impugnada.

Tendo tudo isso em mente, há um **DETALHE** que merece ser registrado: a determinação constitucional no sentido de que o AGU deve fazer a defesa da norma impugnada sofreu alguns temperamentos (isto é, algumas relativizações) na jurisprudência do STF.

Por exemplo, o STF já decidiu (e mantém esse posicionamento até hoje) que **o AGU não é obrigado a defender uma tese jurídica se, sobre essa tese jurídica, ele (o STF) já houver se debruçado e fixado entendimento contrário**, ainda que isso tenha ocorrido em ação de controle concreto de constitucionalidade.

Portanto, se o STF já disse em sede de recurso extraordinário que a lei é inconstitucional e, agora, está analisando essa lei em sede de ADI, o AGU pode se render a esse precedente e, se quiser, pode dizer nos autos do processo que o Supremo Tribunal Federal já se manifestou sobre a tese e que se curva à posição adotada pela Corte. Isso foi afirmando pelo STF, por exemplo, na **ADI 1616**.

Acontece que, após essa flexibilização feita pelo STF, o AGU passou a extrapolar os limites fixados pela Suprema Corte.

Como assim?

Conforme vimos acima, o Supremo Tribunal Federal decidiu que o AGU pode deixar de defender a lei atacada na ADI se ele próprio (o STF) já tiver decidido que o conteúdo dessa lei é inconstitucional. Mas, feito esse temperamento pelo STF, o AGU passou a, em várias ações, manifestar-se de maneira mais livre (inclusive afirmando nos autos que a lei impugnada é realmente inconstitucional), sem se preocupar com o seu dever constitucional de defender a norma.

Isso ocorreu, por exemplo, na ADI 4249 (que tratou da Lei Antifumo do Estado de São Paulo), na ADI 4271 (que tratou sobre poderes investigatórios do MP) e em em outros casos. Inclusive, o STF, em uma certa ocasião (ADI 3916 QO, j. 07/10/2009), chegou a dizer que o AGU realmente poderia se pronunciar livremente em qualquer sentido no controle abstrato de constitucionalidade.

Mas, posteriormente, **o Supremo Tribunal Federal retornou à sua posição clássica (no sentido de que o AGU deve sim fazer a defesa da lei ou ato impugnado), excepcionando apenas o caso em que o STF já tiver decidido que o conteúdo da lei é inconstitucional**.

Por exemplo, na ADI 2433 (j. 04/02/2015), o STF afirmou que, *"ante a imperatividade do preceito constitucional, o papel da Advocacia-Geral da União é o de proteção à norma impugnada"*.

Posteriormente esse entendimento foi novamente afirmado pelo Supremo Tribunal Federal, como ocorreu, dentre outros casos, na **ADI 2743** (j. 01/08/2018), na qual o STF disse expressamente que o AGU é obrigado a defender a norma impugnada, a menos que haja pronunciamento anterior do próprio STF no sentido da inconstitucionalidade do seu conteúdo. Nas exatas palavras da Corte, *"o Advogado-Geral da União – que, **em princípio, atua como curador da presunção de constitucionalidade do ato impugnado** (...) – não está obrigado a defender o diploma estatal, **se este veicular conteúdo normativo já declarado incompatível com a Constituição da República pelo Supremo Tribunal Federal** em julgamentos proferidos no exercício de sua jurisdição constitucional"*.

E, na **ADI 4667** (j. 22/06/2020), o STF, de forma muito clara, afirmou que, *"a teor do disposto no artigo 103, § 3º, da Carta Federal, no processo objetivo em que o Supremo aprecia a inconstitucionalidade de norma legal ou ato normativo, **o Advogado-Geral da União atua como curador, cabendo-lhe defender o ato ou texto impugnado**, sendo imprópria a emissão de entendimento sobre a procedência da pecha"*.

Portanto, segundo o atual e firme entendimento do Supremo Tribunal Federal manifestado pelo Plenário da Corte, o AGU deve mesmo defender a norma impugnada, isto é, deve dizer que ela é constitucional. A única exceção reconhecida pelo Pleno do STF (exceção essa que libera o AGU da obrigação de defender a norma impugnada) é a hipótese em que o próprio STF já decidiu anteriormente que o conteúdo da norma atacada é inconstitucional.

Além disso, é interessante registrar uma manifestação do Min. Gilmar Mendes no julgamento de uma ADI em que o Advogado-Geral da União, em vez de exercer o seu papel de defensor da norma impugnada, resolveu, por vontade própria, manifestar-se pela inconstitucionalidade dela. Trata-se da **ADI 5525** (j. 08/03/2018), na qual o Min. Gilmar Mendes, ao analisar a norma impugnada na ação e os argumentos apresentados a respeito da sua validade, registrou que, no caso, a manifestação do AGU pela inconstitucionalidade da norma (em vez de defendê-la) só foi admitida porque o conteúdo da norma era claramente incompatível com a CF/88, pois ela violava a literalidade do texto constitucional (a norma impugnada determinava a realização de eleição indireta para o Poder Executivo caso ocorresse dupla vacância nesse Poder nos últimos **seis meses** do mandato, enquanto o art. 81, § 1º, da CF/88, é expresso no sentido de que a eleição deve ser indireta se a dupla vacância ocorrer nos últimos **dois anos** do mandato).

Nas palavras do Min. Gilmar Mendes, *"essa manifestação da AGU, em que postula a declaração de inconstitucionalidade do ato,* ***só é possível porque a incompatibilidade com a Constituição é manifesta****. Antes de defender os atos impugnados por meio de ações direta de inconstitucionalidade,* ***a Advocacia-Geral da União tem o dever de velar pela higidez jurídico-constitucional****"*.

Essa manifestação, porém, não foi do Supremo Tribunal Federal, mas apenas do Min. Gilmar Mendes em uma passagem do seu voto. Por isso, não é possível afirmar que o STF (considerado o tribunal como um todo) afirmou que o AGU fica dispensado de defender a norma impugnada quando ela é manifestamente contrária à CF/88, especialmente, quando ela ofende a literalidade do texto constitucional.

No entanto, é importante ter conhecimento dessa manifestação do Min. Gilmar Mendes, pois ela pode ser cobrada em prova de alguma forma. Por exemplo, a banca examinadora pode perguntar se existe manifestação **no âmbito do Supremo Tribunal Federal** no sentido de que o AGU não é obrigado a defender a norma impugnada no controle abstrato de constitucionalidade quando ela é manifestamente inconstitucional. Se a pergunta for essa, a resposta deve ser positiva, pois, como vimos, há sim manifestação **no STF** (embora não seja **do STF**) nesse sentido.

Além disso, é interessante registrar que, na prática, quando a norma impugnada é de origem estadual, além do AGU, a própria Procuradoria-Geral do respectivo Estado, peticionando em nome do Governador do Estado (que, quando se trata de uma lei estadual, é notificado para prestar informações, nos termos do art. 6º da Lei 9.868/99), acaba defendendo o ato, apresentando argumentos no sentido da validade da norma. Para ilustrar isso, tomemos como exemplo a ADI 4013, na qual foram apresentadas diversas petições pelo Governador do Estado do Tocantins (algumas delas subscritas isoladamente por Procurador do Estado), sustentando a constitucionalidade da norma.

▪ APLICAÇÃO DA CLÁUSULA DE RESERVA DE PLENÁRIO E DO ART. 52, X, DA CF/88, AO CONTROLE CONCENTRADO ABSTRATO

Outros dois detalhes importantes sobre o controle concentrado abstrato de constitucionalidade dizem respeito à aplicação (ou não) da cláusula de reserva de plenário e da disposição do art. 52, X, da CF/88.

Em relação ao primeiro detalhe, assim como ocorre no controle concreto de constitucionalidade, aplica-se ao controle concentrado abstrato o art. 97 da CF/88, que prevê o quórum de maioria absoluta e a reserva de plenário para a declaração de inconstitucionalidade. Portanto, a ADI deve ser apreciada pelo plenário do STF.

Já no que tange ao segundo detalhe, por outro lado, não se aplica no controle abstrato o art. 52, X, da CF/88, que trata da participação do Senado Federal no controle concreto difuso. Esse dispositivo, conforme já estudamos, é aquele que prevê a competência do Senado Federal para editar resolução com a finalidade de suspender a execução, no todo ou em parte, de lei declarada inconstitucional pelo STF em decisão definitiva.

Essa disposição da Constituição se aplica ao controle concreto, porque, tradicionalmente **(pelo menos antes da mudança de entendimento do noticiada no Informativo 886/STF)**, a decisão em tal tipo de controle vale, a princípio, *inter partes* (isto é, apenas para o autor e o réu da ação), sendo necessário que o Senado suspenda a execução da lei atacada para que a decisão do STF tenha projeção *erga omnes*. Diferentemente, na ADI, os efeitos da decisão já são *erga omnes*, não havendo falar em uma participação do Senado nos moldes do ocorre no controle concreto difuso.

E isso se aplica analogicamente no âmbito dos Estados, nas ADIs julgadas pelos Tribunais de Justiça. Também não há, nas ações de controle concentrado abstrato de constitucionalidade estadual, a participação da Assembleia Legislativa, sendo, inclusive, inconstitucional eventual previsão dessa participação na Constituição Estadual, como já decidiu o Supremo Tribunal Federal, por exemplo, no RE 199.293, relatado pelo Ministro Marco Aurélio, que em seu voto registrou esse entendimento de forma bastante clara:

> "(...) **Tratando-se de hipótese em que a competência para julgar originariamente a representação de inconstitucionalidade é do tribunal de justiça, não cabe a comunicação à casa legislativa. Esse é o sistema que decorre da Carta Federal.** Declarada a inconstitucionalidade de ato normativo no abstrato, em processo objetivo e não subjetivo, a decisão irradia-se. Vale dizer que fulminada fica a lei, não cabendo providência voltada à suspensão. (...)"
>
> **(RE 199.293, voto do rel. min. Marco Aurélio, j. 19-5-2004, P, DJ de 6-8-2004)**

Ademais, a própria ementa do acórdão lavrado no RE 199.923 assentou que a necessidade de comunicação da declaração de inconstitucionalidade ao Poder Legislativo se aplica apenas ao controle difuso e que é inconstitucional a previsão dessa comunicação no âmbito do controle concentrado abstrato:

> Ementa: (...) **INCONSTITUCIONALIDADE DE ATO NORMATIVO** - CONTROLES DIFUSO E CONCENTRADO DE CONSTITUCIONALIDADE - **COMUNICAÇÃO À CASA LEGISLATIVA** - DISTINÇÃO. A comunicação da pecha de inconstitucionalidade proclamada por Tribunal de Justiça pressupõe decisão definitiva preclusa na via recursal e julgamento considerado o controle de constitucionalidade difuso.

Insubsistência constitucional de norma sobre a obrigatoriedade da notícia, em se tratando de controle concentrado de constitucionalidade.
(RE 199293; Órgão julgador: Tribunal Pleno; Relator(a): Min. MARCO AURÉLIO; Julgamento: 19/05/2004; Publicação: 06/08/2004)

ADI GENÉRICA

A ADI é o principal instrumento do controle abstrato de constitucionalidade. Ela tem como propósito preservar a supremacia da Constituição, retirando do direito positivo leis e atos normativos que contrariem a Lei Maior.

Já que o objetivo da ADI genérica é retirar do direito positivo leis e atos normativos violadores da Constituição, há quem diga que a tarefa exercida nesse tipo de ação é a de **legislador negativo**.

Como assim?

O legislador positivo produz leis e atos normativos, inserindo-os no direito positivo. Já o STF, no controle de constitucionalidade exercido por meio da ADI (e também da ADC, se ela for julgada improcedente), pode retirar essas leis e esses atos normativos do ordenamento jurídico e "jogá-los fora", em virtude de eles violarem a Constituição. Ao fazer isso, o Supremo Tribunal Federal realiza uma clara atividade de legislador negativo, pois atua em sentido oposto ao de criação normativa.

Importante notar que o pedido de declaração de inconstitucionalidade é o pedido típico, principal, natural da ADI. A declaração de inconstitucionalidade, na ADI, não está meramente na causa de pedir, ela está (também) no pedido, ela é o pedido principal dessa ação.

Por esse motivo, a ADI é considerada uma ação pela qual o STF exerce uma atividade típica da seara política, é uma atividade política de defesa da Constituição. Cuida-se, como vimos, de uma atividade legislativa negativa, que, inclusive, é uma atividade contramajoritária.

Vamos entender melhor isso.

Os representantes eleitos do povo são, como regra, escolhidos pela maioria dos eleitores e criam leis por deliberação de sua maioria. Inserir uma lei no ordenamento jurídico é, portanto, uma atividade majoritária, o que mostra que a retirada de uma lei da ordem jurídica por razões de inconstitucionalidade vai de encontro aos desígnios da maioria, cuidando-se, então, de uma atividade contramajoritária.

Além disso, retirar uma lei do ordenamento jurídico por violação à Constituição não é atribuição de representantes eleitos pelo povo, mas sim do Poder Judiciário, que não tem seus membros escolhidos por grupos majoritários da sociedade. A declaração de inconstitucionalidade, portanto, não representa a vontade da maioria, cuidando-se, assim, de uma atividade contramajoritária.

E isso ganha especial relevância no campo dos direitos fundamentais, pois, como se sabe, em regra, a maioria da população elege a maioria dos congressistas, os quais podem eventualmente legislar violando direitos fundamentais das minorias sociais. E como se sabe, em uma democracia, a simples vontade da maioria não legitima deliberações que violem direitos de minorias, sob pena de ficar caracterizada uma ditadura (da maioria), e não um regime democrático. Uma norma criada pela maioria e que oprima as minorias, portanto, deve ser retirada do ordenamento jurídico por conta de sua inconstitucionalidade, o que evidencia a função contra majoritária do controle de constitucionalidade, notadamente, em sede concentrada abstrata.

Por tudo isso, não se pode compreender a ADI genérica da mesma forma como são compreendidos os processos comuns envolvendo autor e réu.

A **disciplina legislativa** da ADI genérica é estabelecida pelas seguintes normas:

I) Na **Constituição Federal de 1988**, pelos seguintes dispositivos:

a. Art. 97

b. Art. 102, I, "a" e "p", e § 2º

c. Art. 103, incisos I a IX, e §§ 1º e 3º

d. Art. 125, § 2º (trata especificamente da ADI em âmbito estadual, que é julgada pelo Tribunal de Justiça do Estado).

II) No âmbito infraconstitucional, pela **Lei nº 9.868/99**, que dispõe sobre o processo e julgamento da ação direta de inconstitucionalidade (ADI) e da ação declaratória de constitucionalidade (ADC) pelo Supremo Tribunal Federal. Inclusive, a própria Lei 9.868/99 teve sua constitucionalidade questionada em diferentes ADIs, mais precisamente, nas ADIs 2154 e 2258, mas essas ações foram julgadas improcedentes, tendo o STF reconhecido a constitucionalidade da Lei 9.868/99.

E aqui fica um alerta para quem está se preparado para os diversos concursos públicos: a leitura da Lei 9.868/99 é extremamente importante, pois as provas costumam exigir a literalidade de suas disposições.

A partir de agora, iniciamos a análise dos principais aspectos da CF/88 e da Lei 9.868/99 sobre o processo e o julgamento da ADI.

■ LEGITIMIDADE ATIVA

Como se sabe, a ADI é um processo objetivo (e não subjetivo), por isso, tecnicamente, não há partes (autor e réu) nem interesse de agir.

Essa ação não pode ser proposta por qualquer interessado, mas apenas por quem tem legitimidade ativa. Esses legitimados ativos atuam em nome próprio, mas no interesse de toda a sociedade, cuidando-se de uma espécie de substituição processual.

A legitimidade ativa para o ajuizamento da ADI é demarcada pelo art. 103, I a IX, da CF/88 e pelo art. 2º da Lei 9.868/99, que preveem os seguintes legitimados ativos:

I) o Presidente da República;

II) a Mesa do Senado Federal (**CUIDADO!** A mesa do Congresso Nacional não possui legitimidade ativa para a ADI);

III) a Mesa da Câmara dos Deputados (**CUIDADO!** A mesa do Congresso Nacional não possui legitimidade ativa para a ADI);

IV) a Mesa de Assembleia Legislativa de Estado ou da Câmara Legislativa do Distrito Federal;

V) o Governador de Estado ou do Distrito Federal;

VI) o Procurador-Geral da República;

VII) o Conselho Federal da Ordem dos Advogados do Brasil;

VIII) partido político com representação no Congresso Nacional; e

IX) confederação sindical ou entidade de classe de âmbito nacional.

Conforme observado acima, tecnicamente, não há espaço para falar em interesse de agir na ADI, pois se trata de um processo objetivo. Apesar disso, é possível encontrar na jurisprudência do STF algumas decisões (como na ADI 3367 e na ADI 2220) utilizando a expressão "interesse de agir" em ADI, mas fica registrado aqui o alerta de que o uso dessa expressão é inadequado, tendo em vista que as ações de controle concentrado abstrato de constitucionalidade têm caráter objetivo.

Por que o STF usa essa expressão, mesmo que seja um equívoco? Porque há um detalhe em relação a esses legitimados: embora a CF/88 não diga isso expressamente, **o STF entende que há dois grupos (ou duas espécies) de legitimados**, quais sejam, os legitimados **universais** e os legitimados **especiais**. Vejamos.

1) **Legitimados universais**: não necessitam comprovar pertinência temática para ajuizar a ADI, ou seja, podem ajuizar ADI em relação a quaisquer leis e atos normativos.

2) **Legitimados especiais**: necessitam comprovar pertinência temática para ajuizar a ADI, ou seja, só podem ajuizar ADI em relação a leis e atos normativos com os quais tenham pertinência temática.

Em que consiste a pertinência temática? O STF diz que a **pertinência temática** diz respeito a um "**nexo de afinidade** entre os objetivos institucionais da entidade que ajuíza a ação direta e o conteúdo material da norma por ela impugnada nessa sede processual" (voto Min. Celso de Mello, **ADI 1096 MC**, j. 16/03/1995).

Portanto, a pertinência temática é uma relação entre o legitimado ativo e o objeto da ADI.

E é justamente quando se refere à pertinência temática, que o STF fala (equivocadamente) em interesse de agir na ADI.

Mas, segundo o Supremo Tribunal Federal, dentre os legitimados ativos para a ADI, quais são legitimados universais e quais são legitimados especiais?

São **legitimados universais**:

1) O Presidente da República;

2) A Mesa do Senado Federal;

3) A Mesa da Câmara dos Deputados;
4) O Procurador-Geral da República;
5) O Conselho Federal da OAB; e
6) Partido político com representação no Congresso Nacional (ADI 1096 MC, ADI 1396 MC, ADI 1407MC).

Por outro lado, são **legitimados especiais**:

1) O Governador de Estado ou do Distrito Federal (ADI -MC 2396, ADI 2656);
2) A Mesa de Assembleia Legislativa ou da Câmara Legislativa do Distrito Federal; e
3) Confederação Sindical (ADI 1114) ou entidade de classe de âmbito nacional (ADI-MC 138, ADI 396, ADI 893).

Como se pode perceber, os legitimados universais são todos de âmbito nacional, enquanto os especiais são de âmbito estadual, à exceção da confederação sindical e da entidade de classe de âmbito nacional, que são os únicos legitimados especiais de abrangência nacional.

Vejamos um exemplo para ilustrar a exigência de demonstração de pertinência temática pelos legitimados especiais.

Uma hipotética lei do Estado do Rio Grande do Sul que não foi de iniciativa do Governador do Estado, mas sim de um Parlamentar, aumentou a remuneração dos servidores públicos gaúchos. Nesse caso, o Governador do Estado de Roraima não pode ajuizar uma ADI tendo como objeto essa lei, mas o motivo dessa impossibilidade não é a falta de legitimidade ativa (pois ele é legitimado ativo, nos termos da CF/88 e da Lei 9.869/99), e sim a ausência de pertinência temática. Isso porque não há pertinência temática entre o cargo de Governador do Estado de Roraima e uma lei do Estado do Rio Grande do Sul que concede aumento remuneratório aos servidores do Estado do Rio Grande do Sul.

O raciocínio contido no exemplo dado acima, porém, não significa que o Governador de um determinado Estado nunca possa ajuizar ADI contra leis editadas por outros Estados. O que ocorre é que, no caso hipotético que descrevi acima, cuidava-se de uma questão meramente interna do próprio Estado, de modo que o Chefe do Executivo de outro Estado não tinha relação com a matéria.

No entanto, é perfeitamente possível que uma lei editada por um Estado repercuta nos interesses de outros Estados. Nesse caso, os Governadores desses outros Estados possuirão relação com a norma e, portanto, estará presente a pertinência temática exigida para o ajuizamento da ADI. Confira, nesse sentido, os seguintes precedentes do STF:

> "Em se tratando de impugnação a diploma normativo a envolver outras Unidades da Federação, o Governador há de demonstrar a pertinência temática, ou seja, a repercussão do ato considerados os interesses do Estado."
>
> **(ADI 2.747, rel. min. Marco Aurélio, julgamento em 16-5-2007, DJ de 17-8-2007)**

> "Lei editada pelo Governo do Estado de São Paulo. Ação direta de inconstitucionalidade proposta pelo Governador do Estado de Goiás. **Amianto crisotila. Restrições à sua comercialização imposta pela legislação paulista, com evidentes reflexos na economia de Goiás, Estado onde está localizada a maior reserva natural do minério.** Legitimidade ativa do Governador de Goiás para iniciar o processo de controle concentrado de constitucionalidade e pertinência temática."
>
> **(ADI 2.656, rel. min. Maurício Corrêa, julgamento em 8-5-2003, Plenário, DJ de 1º-8-2003)**
>
> "Tratando-se de impugnação de ato normativo de Estado diverso daquele governado pelo requerente, impõe-se a demonstração do requisito 'pertinência.'"
>
> **(ADI 902-MC, rel. min. Marco Aurélio, julgamento em 3-3-1994, Plenário, DJ de 22-4-1994)**

Importante registrar que a legitimidade ativa é conferida ao órgão, cargo ou entidade, e não à pessoa física que ocupe se encontre no exercício do cargo ou no comando do órgão ou entidade, o que fica ainda mais evidente em relação aos legitimados ativos que integram a Administração Pública, pois nesta vigora o princípio da impessoalidade. Isso significa que, caso haja, no curso do processo, mudança na titularidade do cargo ou na chefia do órgão ou entidade que ajuizou a ADI, a ação não é afetada, prosseguindo normalmente.

Assim, se, por exemplo, uma ADI é ajuizada por um Governador de Estado e, antes do seu julgamento, esse Estado passa a ter um novo Governador, a ação prossegue normalmente, pois a legitimidade ativa não é conferida à pessoa física que exerce o mandato, mas sim ao cargo, órgão ou entidade (ADI 2728-ED).

Há certos detalhes sobre alguns dos legitimados ativos que merecem ser objeto de análise apartada. E é o que faremos nos tópicos a seguir.

▶ Partidos políticos com representação no Congresso Nacional

Quanto à legitimidade dos **partidos políticos** com representação no Congresso Nacional, o STF entende que a ADI deve ser ajuizada pela direção **nacional** do partido, e não por seus diretórios estaduais, ainda que a lei impugnada seja uma lei estadual. Portanto, ADI em face de lei estadual não pode ser movida por diretório estadual de partido político com representação no Congresso Nacional, **mas apenas pelo seu diretório nacional**. Nesse sentido: ADI 1528-QO, ADI 2547-QO, ADI 1096, ADI 610, ADI 779. Confira a seguinte ementa para ilustrar:

> "Ilegitimidade ativa *ad causam* de Diretório Regional ou Executiva Regional. **Firmou a jurisprudência desta Corte o entendimento de que o Partido Político, para ajuizar ação direta de inconstitucionalidade perante o Supremo Tribunal Federal, deve estar representado por seu Diretório Nacional**, ainda que o ato impugnado tenha sua amplitude normativa limitada ao Estado ou Município do qual se originou."
>
> **(ADI 1.528-QO, rel. min. Ellen Gracie, julgamento em 1-8-2002, Plenário, DJ de 23-8-2002)**

E a representação do partido político no Congresso Nacional exigida para que ele possa ajuizar a ADI é uma representação de quantos parlamentares? **Basta possuir 01 (um) parlamentar (seja Deputado ou Senador) no Congresso Nacional para que o partido político possa ajuizar a ADI.**

Se o partido político que tem representante no Congresso Nacional perder essa representação após o ajuizamento da ADI e antes de seu julgamento, essa ação fica prejudicada? O STF, no passado, chegou a entender que sim, mas mudou seu posicionamento e passou a entender que **a ADI não fica prejudicada pela perda superveniente da representação parlamentar**. Confira:

> "Agravo Regimental em Ação Direta de Inconstitucionalidade. 2. Partido político. **3. Legitimidade ativa. Aferição no momento da sua propositura. 4. Perda superveniente de representação parlamentar. Não desqualificação para permanecer no pólo ativo da relação processual.** 5. Objetividade e indisponibilidade da ação. 6. Agravo provido." **(ADI-AgR-AgR 2618, rel. p/acórdão Min. Gilmar Mendes, j. em 12/08/2004)** Vide ainda: **ADI 2.159-AgR**, rel. min. Carlos Velloso, j. em 12-8-2004, Plenário, DJ de 1º-2-2008; **ADI-QO 2054**, rel. p/acórdão Min. Sepúlveda Pertence, j. em 20/03/2003.

Portanto, se o partido político perde a representação no Congresso Nacional depois que ajuíza a ADI, a ação tem continuidade e é julgada normalmente.

Confederação sindical

Quanto à confederação sindical, a primeira observação que deve ser feita é que ela não deve ser confundida com federação sindical. A federação sindical é uma entidade sindical de segundo grau, enquanto a confederação sindical é entidade sindical de terceiro grau, possuindo abrangência nacional. A federação sindical é a entidade de cúpula da representação da categoria.

Igualmente, confederação sindical não se confunde com central sindical.

A própria CLT deixa clara a existência de diferenças entre essas entidades, notadamente, nos seus arts. 534 e 535. A central sindical não é tratada nesses dois dispositivos, mas a sua referência em outras passagens da lei evidencia ser uma entidade distinta. Ademais, a Lei 11.648/08 foi editada para tratar especificamente das centrais sindicais, distinguindo-as dos sindicatos, federações e confederações sindicais, o que afasta qualquer dúvida a esse respeito.

Portanto, central sindical e federação sindical não possuem legitimidade ativa para a ADI, que é apenas da confederação sindical.

Além disso, o Supremo Tribunal Federal possui entendimento no sentido de que **sindicato**, ainda que tenha abrangência nacional, não possui legitimidade para ajuizar ação de controle concentrado abstrato de constitucionalidade. Por exemplo, na ADI 4463 AgR, julgada em 27/03/2020, a Corte afirmou que "*os sindicatos, mesmo que de âmbito nacional, não possuem legitimidade para propor ação direta de inconstitucionalidade perante o Supremo Tribunal Federal*".

Como se percebe, embora confederação sindical tenha legitimidade ativa para a ADI, sindicato, ainda que de âmbito nacional, não tem.

▶ Entidade de classe de âmbito nacional

Quanto às entidades de classe de âmbito nacional, há algumas decisões importantes do STF.

A primeira delas diz respeito à seguinte questão: **as associações de associações também têm legitimidade ativa?** Isto é, as associações de entidades de classe têm legitimidade ativa? O STF entendia que não, por não serem elas entidades de classe em sentido estrito, já que representariam pessoas jurídicas, e não pessoas físicas. Porém, a Suprema Corte mudou esse entendimento e, atualmente, admite a legitimidade ativa das associações de associações, que nada mais são do que entidades de classe compostas por outras entidades de classe, e não por pessoas físicas.

Essa mudança de entendimento ocorreu no seguinte precedente, bastante cobrado em provas:

> "Ação direta de inconstitucionalidade: legitimação ativa: 'entidade de classe de âmbito nacional' (...) revisão da jurisprudência do Supremo Tribunal. (...) 3. Nesse sentido, altera o Supremo Tribunal sua jurisprudência, de modo a **admitir a legitimação das 'associações de associações de classe', de âmbito nacional, para a ação direta de inconstitucionalidade.**" **(ADI 3153 AgR, Pleno, j. em 12/08/2004)**

Quanto a conselhos federais, eles não são considerados entidades de classe para fins de instauração do controle concentrado abstrato de constitucionalidade, por isso, os conselhos federais de fiscalização de profissões em geral (como conselho de veterinária, conselho de medicina etc.) não possuem legitimidade ativa para a ADI. A **única exceção** é o conselho federal da OAB, porque ele é expressamente referido na CF/88 como legitimado ativo (art. 103, VII). Nesse sentido, podemos citar como exemplo o precedente da **ADI 641 MC**.

Por esse motivo, no concurso para o cargo de Juiz de Direito Substituto do TJ/PA realizado em 2014, a VUNESP considerou **correta** a assertiva que dizia que uma ADI ajuizada pelo Conselho Federal de Medicina *"não deverá ser conhecida sob o fundamento de que o Conselho Federal de Medicina não se enquadra na previsão constitucional relativa às entidades de classe de âmbito nacional"*.

Importante lembrar também que, conforme vimos, o STF não reconhece legitimidade ativa para a ADI a sindicatos, mesmo que sejam de âmbito nacional.

Segundo a jurisprudência do STF, **a entidade de classe de âmbito nacional, para ter legitimidade, deve atender os seguintes requisitos**:

I) possuir homogeneidade entre os seus membros integrantes, não podendo, portanto, representar categorias diversas (ADI 6112 AgR);

II) representar toda a categoria que tenha interesse na norma impugnada (ADI 4473, ADI 4967, ADI 5171, ADI 6112 AgR); e

III) estar presente em pelo menos 9 (nove) Estados da Federação, ou seja, deve ter associados efetivamente presentes em pelo menos 9 (nove) Estados-membros (ADI 3917 AgRg e ADI 6112 AgR). **É a presença em pelo menos 9 (nove) Estados que dá o caráter nacional à entidade de classe.** Essa exigência decorre da aplicação por analogia do art. 7º, § 1º, da Lei dos Partidos Políticos (Lei nº 9.096/95), segundo o qual, o partido político tem caráter nacional quando comprova possuir apoiadores em 1/3 (um terço) ou mais dos Estados da Federação.

Veja abaixo alguns dos precedentes do STF nesse sentido:

> "(...)
>
> É o relatório.
>
> Decido.
>
> A Constituição de 1988, nos termos do art. 103, IX, reconheceu legitimidade ativa às entidades de classe de âmbito nacional para a propositura de ações de controle concentrado de constitucionalidade.
>
> Segundo a jurisprudência da Corte, figuram como requisitos qualificativos de tais entidades, para fins de acesso ao controle abstrato de normas, (i) a delimitação subjetiva da associação, que deve representar categoria delimitada ou delimitável de pessoas físicas ou jurídicas, sendo vedada a heterogeneidade de composição (ADI nº 4.230/RJ-AgR, de minha relatoria); (ii) o caráter nacional, configurada com a comprovação da presença de associados em ao menos nove Estados da Federação (ADI nº 108/DF-QO, Ministro Celso de Mello, DJ de 5/6/92); e (iii) a vinculação temática entre os objetivos institucionais da postulante e a norma objeto de sindicância.
>
> Além dessas condicionantes, foi alçada ainda outra, de caráter mais concreto, caracterizada pela suficiência ou não de representatividade da associação postulante, em razão da maior ou menor abrangência do ato questionado, a refletir o interesse de toda ou parte da categoria. **Com efeito, a jurisprudência da Corte não tem admitido a legitimidade ativa de associação que representa apenas fração ou parcela da categoria profissional, quando o ato impugnado repercute sobre a esfera jurídica de toda uma classe.**
>
> Nessas hipóteses de carência de representatividade, **quando a associação requerente, em nome de parcela da categoria, pleiteia a declaração de inconstitucionalidade de ato normativo que diz respeito a toda a coletividade da classe, tem-se posicionado o Supremo Tribunal no sentido da ausência legitimidade ativa**. Vide:
>
> > "EMENTA: LEGITIMIDADE PARA A CAUSA. Ativa. Ação direta de inconstitucionalidade – ADI. Ação proposta pela Associação Nacional dos Magistrados Estaduais – ANAMAGES. Impugnação de norma concernente a toda a magistratura. Legitimação não caracterizada. Entidade classista de âmbito nacional, mas de representação parcial da categoria profissional. Não representatividade em, pelo menos, 9 (nove) estados da federação, nem de todos os membros do Poder Judiciário nacional. Inteligência do art. 103, IX, cc. art. 102, § 2º, da CF. Inicial indeferida. Agravo regimental improvido. Precedentes. Carece de legitimação para propor ação direta de inconstitucionalidade, a entidade de classe que, embora de âmbito estatutário nacional, não tenha representação em, pelo menos, nove estados da federação, nem represente toda a categorial profissional, cujos interesses pretenda tutelar. (ADI 3.617/DF-AgR, Tribunal Pleno, Relator o Ministro Cezar Peluso, DJe de 01/07/11).
> >
> > "Ação direta de inconstitucionalidade – Legitimidade ativa ad causam – CF/1988, art. 103 – Rol taxativo – Entidade de classe – Representação institucional de mera fração de determinada categoria funcional – Descaracterização da autora como entidade de classe – Ação direta não conhecida. (...) A Constituição da República, ao disciplinar o tema concernente a quem pode ativar, mediante ação direta, a jurisdição constitucional concentrada do STF, ampliou, significativamente, o rol – sempre taxativo – dos que dispõem da titularidade de agir

em sede de controle normativo abstrato. Não se qualificam como entidades de classe, para fins de ajuizamento de ação direta de inconstitucionalidade, aquelas que são constituídas por mera fração de determinada categoria funcional. Precedentes." (ADI 1.875-AgR, Rel. Min. Celso de Mello, DJ de 12/12/08.)

"Associação Nacional dos Registradores de Pessoas Naturais não se compreende no âmbito do art. 103, IX, 2ª parte, da CF, por ser um subgrupo dentro do grupo representado pela ANOREG – Associação dos Notários e Registradores do Brasil. Assim, falta-lhe legitimidade para a propositura da presente ação." (ADI 1.788, Redator para o Acórdão Min. Nelson Jobim, DJ de 17/3/06.)

Como ressaltado pelo eminente Ministro Cezar Peluso, em decisão monocrática na ADI 3.617/PA:

"Se o ato normativo impugnado mediante ação direta de inconstitucionalidade repercute sobre a esfera jurídica de toda uma classe, **não é legítimo permitir-se que associação representativa de apenas uma parte dos membros dessa mesma classe impugne a norma, pela via abstrata da ação direta. Afinal, eventual procedência desta produzirá efeitos erga omnes (art. 102, § 2º, da CF)**, ou seja, atingirá indistintamente todos os sujeitos compreendidos no âmbito ou universo subjetivo de validade da norma declarada inconstitucional.

(...)

Não se pode, portanto, reconhecer à associação autora o requisito da ampla representatividade do conjunto de todas as pessoas às quais a norma atacada se aplica, nem, por conseguinte, sua legitimação ativa extraordinária para a demanda." (DJ de 9/12/05).

No caso ora em apreciação, a Federação Nacional de Entidades de Oficiais Militares Estaduais, como nominalmente se apresenta, representa somente fração da categoria funcional dos policiais militares, quais sejam os oficiais, a teor do art. 3º, IV, do seu estatuto social:

"**Art. 3º.** A FENEME tem como objetivos fundamentais:

(...)

II – exercer a representação e promover as ações judiciais e extrajudiciais em defesa das garantias, prerrogativas, direitos e interesses, diretos e indiretos, das Instituições Militares Estaduais e dos Oficiais integrantes delas (...)."

Por sua vez, a categoria funcional dos policiais militares, nos termos do art. 8º do Decreto-lei nº 667/69, é composta de oficiais e de praças militares.

É bem verdade que a entidade autora, em seu estatuto (art. 1º, § 3º), admite a filiação de entidades estaduais que tiverem em seus quadros oficiais e praças, desde que presididas por oficiais. Contudo, sua atuação em juízo restringe-se a defender os interesses dos oficiais integrantes das instituições militares estaduais, conforme expressamente destacado em suas finalidades institucionais.

Desse modo, na linha já declinada, **entidade que representa em juízo apenas os interesses dos oficiais militares não poderia validamente impugnar norma estadual que dispõe sobre o regime de previdência de todos os servidores militares do Estado do Paraná, por não possuir o requisito da ampla representatividade do conjunto de todas as pessoas às quais a norma atacada se aplica.**

Ante o exposto, **em face da ausência de legitimidade ativa da entidade ora requerente, nego seguimento à presente ação direta de inconstitucionalidade** (art. 21, § 1º, RISTF), restando prejudicado o pedido de ingresso no feito do Estado do Pará na condição de *amicus curiae*.

Publique-se. Intime-se.

Brasília, 1º de setembro de 2011.

Ministro Dias Toffoli

Relator"

(Decisão monocrática proferida pelo Min. Relator na ADI 4473/PA, j. 01/09/2011)

"AÇÃO DIRETA DE INCONSTITUCIONALIDADE. (...) 1. **A Federação Nacional de Entidades de Oficiais Militares Estaduais (FENEME) não ostenta legitimidade ativa ad causam para ajuizar ação direta de inconstitucionalidade questionando o sistema previdenciário aplicável a todos os servidores militares do Estado do Pará uma vez que sua representatividade da categoria é apenas parcial**. Precedente do STF: ADI nº 4.733, rel. Min. Dias Toffoli, Plenário, Dje de 31.07.2012. 2. **O Clube dos Oficiais da Polícia Militar do Pará (COPMPA), o Clube dos Oficiais do Corpo de Bombeiros Militar do Pará (COCB), a Associação dos Cabos e Soldados da Polícia Militar do Pará (ASSUBSAR) e o Instituto de Defesa dos Servidores Públicos Civis e Militares do Estado do Pará (INDESPCME-PA) são entidades com atuação limitada ao Estado do Pará, de modo que não apresentam caráter nacional necessário ao enquadramento no art. 103, IX, da Constituição da República**, consoante pacífica jurisprudência do STF (cf., dentre outros, ADI nº 108/DF-QO, rel. Min. Celso de Mello, DJ de 5/6/92, ADI nº 3.381/DF, rel. Min. Cármen Lúcia, Pleno, DJ 29.6.2007; ADI-AgR nº 3.606/DF, rel. Min. Gilmar Mendes, Pleno, DJ 27.10.2006). (...) 4. Ação direta de inconstitucionalidade não conhecida."

(ADI 4967/PA; Relator(a): Min. LUIZ FUX; Julgamento: 05/02/2015; Órgão Julgador: Tribunal Pleno)

"(...) 5. A Associação Nacional dos Membros do Ministério Público (CONAMP), **ao congregar os integrantes do Ministério Público da União e dos Estados, possui legitimidade ativa para a propositura das ações do controle concentrado de constitucionalidade**, nos termos do artigo 103, IX, da Constituição Federal. (...)"

(ADI 5171/AP; Relator(a): Min. LUIZ FUX; Julgamento: 30/08/2019; Órgão Julgador: Tribunal Pleno)

"AGRAVO REGIMENTAL NA AÇÃO DIRETA DE INCONSTITUCIONALIDADE. (...) **AÇÃO PROPOSTA POR ASSOCIAÇÃO QUE REPRESENTA MERO SEGMENTO DA CARREIRA DOS MILITARES ESTADUAIS, CONSTITUÍDA NÃO SÓ PELOS OFICIAIS, MAS TAMBÉM PELOS PRAÇAS MILITARES. REQUERENTE QUE NÃO SE INCLUI NO ROL TAXATIVO DE LEGITIMADOS À PROPOSITURA DAS AÇÕES DE CONTROLE ABSTRATO DE CONSTITUCIONALIDADE. ARTIGO 103, IX, DA CONSTITUIÇÃO FEDERAL. ILEGITIMIDADE ATIVA AD CAUSAM.** AGRAVO A QUE SE NEGA PROVIMENTO. 1. A Constituição de 1988 ampliou consideravelmente a legitimidade ativa para provocar o controle normativo abstrato, reforçando a jurisdição constitucional por meio da democratização das suas vias de acesso. **No caso de entidades de classe de âmbito nacional, a legitimidade deve observar três condicionantes procedimentais: a) homogeneidade entre os membros integrantes da entidade (ADI 108-QI, Rel. Min Celso de Mello, Plenário, DJ de 5/6/1992; ADI 146, Rel. Min. Maurício Corrêa, Plenário, DJ de 19/12/2002); b) representatividade da categoria em sua totalidade e comprovação do caráter nacional da entidade, pela presença efetiva de associados em, pelo menos, nove estados-membros (ADI 386, Rel. Min. Sydney Sanches, Plenário, DJ de 28/6/1991; e ADI 1.486-MC, Rel. Min. Moreira Alves, Plenário, DJ de 13/12/1996); e c) pertinência temática entre os objetivos institucionais da entidade postulante e**

> **a norma objeto da impugnação (ADI 1.873, Rel. Min. Marco Aurélio, Plenário, DJ de 19/9/2003).** 2. A Federação Nacional das Entidades de Oficiais Militares Estaduais - FENEME representa mero segmento da categoria funcional dos policiais militares (os oficiais), que também é composta de praças militares (artigo 8º do Decreto-lei 667/1969). Apesar de alegar que passou a ser integrada também pelos praças militares, a FENEME não comprovou a representação da totalidade da categoria dos policiais militares – oficiais e praças – em, pelo menos, 9 (nove) Estados da Federação. 3. A Federação Nacional das Entidades de Oficiais Militares Estaduais - FENEME não possui legitimidade para propor ação de controle concentrado de constitucionalidade. (...) 4. Agravo a que se nega provimento."
>
> **(ADI 6112 AgR/AL; Relator(a): Min. LUIZ FUX; Julgamento: 14/02/2020; Órgão Julgador: Tribunal Pleno)**

É importante registrar que a exigência de presença da entidade de classe em pelo menos 9 (nove) Estados para que fique demonstrado o seu caráter nacional é **mitigada pelo STF** em uma hipótese. Trata-se da situação em que a atividade econômica da classe que é representada pela entidade, em virtude das suas peculiaridades, não é explorada amplamente em todo e qualquer Estado da Federação, embora tenha importância para todo o País.

Quando há um cenário como esse, o Supremo Tribunal Federal entende que o caráter nacional da entidade de classe decorre da relevância que a atividade que ela representa tem para todo o País. Por isso, nesses casos, o STF reconhece a legitimidade da entidade de classe, mesmo que ela não esteja presente, com sede instalada, em pelo menos 9 (nove) Estados da Federação, desde que ela (a entidade de classe) seja relevante para o segmento que representa.

Isso ocorreu, por exemplo, na **ADI 6040 AgR** (j. 15/12/2020), que foi ajuizada por uma entidade de classe representativa dos produtores de aço, a qual, em virtude de a produção de aço não ocorrer em todo o território nacional (embora seja uma atividade importante para todo o País), não se fazia presente em pelo menos 9 (nove) Estados. O STF, analisando as circunstâncias, entendeu necessário flexibilizar a exigência de presença da entidade de classe em pelo menos 9 (nove) Estados e reconheceu a legitimidade ativa no caso.

Nas palavras da Corte, foi necessário concluir pela *"**inaplicabilidade, no caso, do critério adotado para a definição do caráter nacional dos partidos políticos** (Lei nº 9.096, de 19.9.1995: art. 7º), haja vista a **relevância nacional da atividade** dos associados do Instituto Aço Brasil, **não obstante a produção de aço ocorrer em poucas unidades da federação**"*.

No mesmo sentido, na **ADI 2866 MC** (j. 25/09/2003), o STF admitiu a legitimidade ativa de uma entidade de classe representativa dos produtores de sal que não estava presente em pelo menos 9 (nove) Estados da Federação, por se tratar de uma atividade que é relevante para todo o País, mas que, em virtude das suas especificidades, apenas é desenvolvida em algumas localidades.

Nas palavras da Corte, concluiu-se pela *"**inaplicabilidade, no caso, do critério adotado para a definição do caráter nacional dos partidos políticos** (Lei nº 9.096, de 19.9.1995: art. 7º), haja vista a **relevância nacional da atividade** dos associados da ABERSAL, **não obstante a produção de sal ocorrer em poucas unidades da federação**"*.

Portanto, embora o STF exija, para a demonstração do caráter nacional da entidade de classe, que ela esteja presente em pelo menos 9 (nove) Estados da Federação, o próprio STF flexibiliza essa exigência quando a atividade é relevante para todo o País (ou seja, quando ela tem importância nacional), mas, em virtude de suas peculiaridades, não é desenvolvida em todas as localidades. Nos casos em que isso ocorre, o Supremo Tribunal Federal reconhece a legitimidade ativa da entidade de classe ainda que ela esteja presente em menos do que 9 (nove) Estados da Federação.

Também é importante registrar, em relação à legitimidade das entidades de classe de âmbito nacional, que houve um interessante caso ocorrido durante o período da pandemia de COVID-19 em que uma associação ajuizou uma ação de controle concentrado abstrato de constitucionalidade e o Supremo Tribunal Federal analisou a sua legitimidade ativa à luz dos requisitos exigidos pela sua jurisprudência, vistos acima.

Essa ação foi uma ADPF, mas tem plena pertinência com o estudo da legitimidade ativa para a ADI, porque, conforme veremos oportunamente, a legitimidade ativa para a ADPF é mesma da ADI (e o mesmo ocorre com a ADC e a ADO).

Enfim, que caso foi esse?

No contexto da pandemia de COVID-19, o CNJ editou a Recomendação 62/2020, sugerindo aos magistrados e tribunais e adoção de medidas que prevenissem a propagação do vírus nos sistemas de justiça penal e socioeducativo, isto é, nos sistemas de privação da liberdade de adultos e de menores.

Nessa recomendação, grosso modo, o CNJ fez a sugestão de que fosse evitada a adoção de medidas privativas de liberdade, bem como que as privações de liberdade já determinadas e efetivadas fossem reavaliadas, analisando-se a possibilidade de sua substituição por medidas alternativas à prisão, à internação e à semiliberdade.

A Associação Nacional dos Membros do Ministério Público Pró-Sociedade, por sua vez, ajuizou a **ADPF 660** para impugnar dispositivos dessa recomendação do CNJ, alegando que eles seriam potencialmente ofensivos ao direito à segurança (aí incluída a segurança sanitária), ao direito à saúde e ao princípio da legalidade. Alegou, ainda, que as medidas sugeridas inobservariam as orientações de manutenção de isolamento social e não garantiriam que as pessoas beneficiadas por elas cumpririam as regras da "quarentena", além de gerar uma soltura em massa de pessoas (adultas e menores) possivelmente irreversível.

Como já destacamos acima, nos termos do art. 2º, I, da Lei 9.882/99 c/c o art. 103, IX, da CF/88, as entidades de classe de âmbito nacional possuem legitimidade para o ajuizamento de ADPF, exigindo o Supremo Tribunal Federal, em relação a elas, a demonstração de pertinência temática entre as suas finalidades institucionais e o ato impugnado na ação de controle de constitucionalidade.

A associação que ajuizou a ADPF 660, por sua vez, afirmou possuir atuação em âmbito nacional, além de suas finalidades institucionais apresentarem pertinência temática com o ato impugnado, já que, nos termos de seu estatuto, seus objetivos envolveriam a defesa da ordem jurídica, dos direitos sociais e individuais indisponíveis, o debate de temas envolvendo o direito constitucional, direito penal e processual penal e da infância e juventude, bem como questões envolvendo a política criminal, a vitimologia, a impunidade e ineficiência do Sistema de Justiça.

Apesar disso, o Ministro Gilmar Mendes (Relator), ao analisar a postulação, indeferiu a petição inicial da ação, em virtude da ilegitimidade da associação requerente, pelos seguintes motivos:

1) A entidade requerente **não representa toda a categoria dos integrantes do Ministério Público**, mas apenas parte dela, o que, nos termos da jurisprudência do STF, impede que se reconheça a qualquer entidade de classe a legitimidade para a instauração do controle concentrado abstrato de constitucionalidade. Nesse sentido, para que se reconheça a legitimidade de uma entidade de classe para o ajuizamento de ADPF (ou de ADI), **é necessário que ela represente o interesse comum e homogêneo de toda a categoria** (e não de apenas parte dela) **e que essa categoria seja intrinsecamente distinta das demais categorias existentes**, ou seja, o grupo representado pela entidade deve ser delimitado de forma clara.

2) Um **grupo formado circunstancialmente**, como é o caso de uma associação dos membros do Ministério Público que se dizem pró-sociedade ou de uma associação de empregados de uma empresa específica, não pode, segundo entende o STF, ser considerado entidade de classe para fins de ajuizamento de ação de controle concentrado abstrato de constitucionalidade. Isso porque entidades como essas não têm como real finalidade defender os interesses das categorias que dizem representar, mas, na verdade, pretendem atuar em situações específicas, desde que presentes determinadas circunstâncias, como ocorre quando ajuízam uma ação de controle concentrado de constitucionalidade para impugnar um ato que alegam desprestigiar o sistema de justiça e promover a impunidade. A Suprema Corte decidiu da mesma forma, por exemplo, na ADI 34-MC.

3) O caráter nacional da entidade não ficou demonstrado, pois, embora tenha ela alegado possuir membros em 15 (quinze) unidades federativas distintas, **não apresentou prova documental suficiente de sua estruturação e do desempenho de atividades em âmbito nacional**.

4) Nas palavras do STF, em um caso como esse (em que se verificam os obstáculos apontados nos itens 1, 2 e 3 acima), a entidade postulante não apresenta **"representatividade adequada, em âmbito nacional"**, o que impede o reconhecimento de sua legitimidade.

5) Por fim, ainda que a entidade requerente tenha sido admitida como *amicus curiae* em outros processos tramitando perante o STF (o que de fato ocorreu), esse fato não tem a aptidão de comprovar sua legitimidade ativa para o ajuizamento de ADPF, pois **os requisitos para a admissão de uma entidade como "amiga da corte" são mais flexíveis do que as exigências para a instauração do controle concentrado abstrato de constitucionalidade**. Inclusive, nem mesmo se exige que o *amicus curiae*, para ser admitido em um processo, seja uma entidade de classe de âmbito nacional, podendo ser, até mesmo, uma pessoa física ou jurídica de natureza privada, desde que, evidentemente, possua experiência no tema debatido no processo e possa contribuir para a tomada da decisão.

O teor da decisão do Min. Gilmar Mendes foi o seguinte:

"(...)

Da ilegitimidade ativa da Associação Requerente

(...)

No que se refere à legitimidade, o art. 2º, I, da Lei 9.882/99, prevê a aplicação das mesmas normas relativas à ação direta de inconstitucionalidade.

No caso em análise, a ação foi impetrada pelo requerente com base no art. 103, IX, da CF/88, que prevê a legitimidade das entidades de classe de âmbito nacional.

Ao interpretar a referida norma, a jurisprudência do STF estabeleceu que entidades de classe são apenas aquelas constituídas por associações de pessoas que representem o **interesse comum de determinada categoria intrinsecamente distinta das demais** (ADI 34-MC/DF, Rel. Min. Octavio Galotti, RTJ, 128/481; STF, ADI 108, Rel. Min. Celso de Mello, DJU de 5.6.1992; STF, ADI 42-0/DF, Rel. Min. Paulo Brossard, DJU de 2.4.1993).

No precedente da ADI 34-MC, estabeleceu-se que **grupos formados circunstancialmente, como a associação de empregados de determinada empresa, não poderiam ser classificados como entidades de classe para os fins do art. 103, IX, da CF/88.**

De acordo com o voto do Relator, o Ministro Octavio Galotti, a razão de ser da distinção decorreria da maior generalidade do objeto da ação direta de inconstitucionalidade, cuja iniciativa, por consequência, demanda maior representatividade da entidade ou associação postulante se comparado, por exemplo, com a legitimidade para a impetração de mandado de segurança coletivo (ADI 34-MC/DF, Rel. Min. Octavio Galotti, RTJ, 128/481, p. 6).

No julgamento da ADI 77-2/DF, de Relatoria do Ministro Sepúlveda Pertence, a Corte assentou ser imprescindível que haja a comprovação de que a entidade realiza trabalhos de amplitude nacional, agindo em nome de interesses homogêneos de toda a classe (ADI 77, Rel. Min. Sepúlveda Pertence, DJU 23.4.1993. BULOS, Uadi Lammêgo. Curso de Direito Constitucional. p. 278).

Portanto, não basta a simples declaração formal do caráter nacional da associação ou a manifestação da intenção em seus atos constitutivos (ADI 386/ES, Rel. Min. Sydney Sanches, DJ de 28-6-1991; ADI 108/DF, Rel. Min. Celso de Mello, DJ de 5-6-1992).

Na situação em exame, observo que não houve a comprovação da representatividade adequada, em âmbito nacional, da associação requerente.

Nesse sentido, a Associação Nacional de Membros do Ministério Público Pró-Sociedade se limitou a invocar as disposições de seu estatuto e a juntar cópias de atas de reuniões realizadas, não demonstrando, contudo, que representa o interesse comum e homogêneo de toda a categoria do Ministério Público brasileiro.

A requerente também **não comprovou a estruturação e o desempenho de atividades em caráter nacional, limitando-se a alegar, sem a juntada de prova documental suficiente, que possui membros em 15 (quinze) unidades distintas da Federação.**

Ressalte-se que **a intervenção da requerente como *amicus curiae* em outros processos em tramitação nesta Corte não é suficiente para fins de comprovação da legitimação ativa.**

Isso porque os requisitos para a admissão dos amici curiae são mais flexíveis que as exigências estabelecidas para fins do art. 103, IX, da CF/88.

(...)

Nessa linha, para a intervenção como amici não se exige que se trate de órgão ou entidade de âmbito nacional. Essa circunstância foi destacada pelo Min. Edson

> Fachin, em decisão proferida no HC 143.988, ao registrar que "a representatividade do amigo da Corte está ligada menos ao seu âmbito espacial de atuação, e mais à notória contribuição que pode ele trazer para o deslinde da questão".
>
> Em decisão proferida no RE 590.415, o Ministro Roberto Barroso admitiu até mesmo o ingresso de empresa privada como *amicus curiae*, em virtude de sua ampla experiência no assunto tratado no recurso extraordinário.
>
> O art. 138 do CPC/15 também passou a admitir o ingresso de pessoa natural com especialização no assunto e representatividade adequada.
>
> Contudo, **a admissão de todas essas hipóteses de intervenção não se confunde com os requisitos estabelecidos para a hipótese do art. 103, IX, da CF/88**, conforme demonstrado.
>
> **Por esses motivos, concluo pela ilegitimidade ativa da requerente.**
>
> (...)"
>
> **(ADPF 660, decisão monocrática do Min. Relator Gilmar Mendes, j. 25/03/2020)**

A partir da decisão tomada na ADPF 660 e dos demais precedentes do Supremo Tribunal Federal vistos acima, podemos concluir que os requisitos para se reconhecer legitimidade ativa às entidades de classe de âmbito nacional no controle concentrado abstrato de constitucionalidade são os seguintes:

I) A entidade deve possuir homogeneidade entre os seus membros integrantes, não podendo representar categorias diversas.

II) A entidade deve representar toda a categoria que tenha interesse na norma impugnada.

III) A entidade, para ter caráter nacional, deve estar presente em pelo menos 9 (nove) Estados da Federação, ou seja, deve ter associados efetivamente presentes em pelo menos 9 (nove) Estados-membros. Esse requisito, no entanto, fica **mitigado** quando a atividade econômica que é representada pela entidade de classe, em virtude das suas peculiaridades, apenas é desenvolvida em algumas localidades, embora tenha relevância para todo o País (quando há esse cenário, o STF entende que o caráter nacional da entidade de classe decorre da relevância que a atividade econômica por ela representada tem para todo o País, e, por isso, a Corte reconhece a legitimidade ativa da entidade ainda que ela esteja presente em menos do que 9 Estados da Federação).

IV) A entidade deve demonstrar que possui "representatividade adequada em âmbito nacional" (memorize essa expressão, pois certamente aparecerá nas provas), o que compreende as seguintes exigências:

a. deve representar toda a categoria interessada na norma, e não apenas uma parte dela.

b. os interesses por ela defendidos devem ser homogêneos e comuns a toda a categoria representada.

c. a categoria representada deve ser intrinsecamente distinta das demais categorias existentes, isto é, deve ser possível delimitá-la e diferenciá-la de outras categorias.

d. não pode se tratar (a entidade) de um grupo formado circunstancialmente, isto é, para atuar apenas quando presentes determinadas circunstâncias e temas.

e. deve demonstrar a efetiva estruturação e realização de atividades em pelo menos 9 (nove) Estados-membros (ou Distrito Federal), não bastando a mera alegação de que possui associados em pelo menos um terço dos Estados federados (e Distrito Federal).

V) O fato de a entidade ter sido admitida como *amicus curiae* em processos tramitando perante o STF não lhe assegura legitimidade ativa para ajuizar ação de controle concentrado abstrato de constitucionalidade, pois os requisitos de cada uma dessas situações são distintos.

Então, para que uma entidade de classe se caracterize como de âmbito nacional e tenha legitimidade ativa para o controle concentrado abstrato de constitucionalidade, ela deve preencher os requisitos listados acima.

Mas, para que se reconheça a sua legitimidade ativa para a ADI, não é necessário que a entidade de classe de âmbito nacional (ou a confederação sindical) esteja em funcionamento há pelo menos 01 (um) ano. Esse requisito não diz respeito à ADI, mas sim ao mandado de segurança coletivo, nos termos do art. 5º, LXX, "b", da CF/88. Os requisitos para o ajuizamento de cada uma dessas ações, portanto, não se confundem.

▪ A LEGITIMIDADE ATIVA PARA O CONTROLE CONCENTRADO ABSTRATO PERTENCE AO ÓRGÃO, CARGO OU ENTIDADE, NÃO À PESSOA QUE O OCUPA

Quanto à legitimidade para o ajuizamento de ação direta de inconstitucionalidade (e das demais ações de controle concentrado abstrato), o Supremo Tribunal Federal enfrentou o seguinte questionamento: **essa legitimidade ativa é do cargo, órgão ou entidade elencado no art. 103 da CF/88 ou da pessoa física que o titulariza?** A resposta a essa pergunta tem consequências práticas.

Por exemplo, caso se entenda que a legitimidade é da pessoa física que ocupa o cargo, órgão ou entidade, uma vez proposta uma ADI e vindo a ocorrer uma modificação na titularidade do cargo, órgão ou entidade, a ação fica prejudicada. Já na hipótese de se entender que a legitimidade não é da pessoa física, esta não poderá propor a ação se estiver afastada, ainda que em caráter temporário, do cargo, órgão ou entidade.

O que entendeu o STF sobre isso?

Na **ADI 6728 AgR**, julgada em 03/05/2021, o Supremo Tribunal Federal decidiu que a legitimidade ativa para o controle concentrado abstrato de constitucionalidade é do órgão, cargo ou entidade, e não da pessoa física que o ocupa.

No caso específico julgado pela Corte, o Governador do Estado do Rio de Janeiro havia sido afastado de suas funções em virtude de o STJ receber denúncia criminal contra ele e determinar, cautelarmente, o seu afastamento do cargo. Apesar disso, ele (o Governador do Rio de Janeiro) ajuizou ADI para requerer que o STF realizasse uma interpretação conforme de dispositivos da Constituição do Estado do Rio de Janeiro e do Código de Processo Penal.

O STF, no entanto, entendeu que, apesar de o afastamento do cargo decorrer de uma decisão cautelar e ter, portanto, caráter temporário, a pessoa afastada fica impedida de, no período em que perdurar o afastamento, exercer as funções inerentes ao cargo, dentre elas, o ajuizamento de ação de controle concentrado abstrato de constitucionalidade. Nos termos da ementa do acórdão, *"**o afastamento cautelar de cargo de Governador de Estado, suspendendo o exercício das funções públicas respectivas, implica a ilegitimidade para a propositura de ação direta de inconstitucionalidade**, na forma do art. 103, V, da Constituição da República"*.

Nas palavras utilizadas pelo Min. Edson Fachin (relator) em seu voto:

> *"o indivíduo afastado perde, ainda que de forma temporária, a capacidade de exercer a função estatal e se encontra proibido de realizar as competências vinculadas ao cargo.*
>
> *(...)*
>
> *Uma vez constatada a existência de medida cautelar de afastamento das funções, em decisão proferida pela Corte Especial do Superior Tribunal de Justiça, **inexiste fundamento para que o titular do mandato retenha o poder de expressar a vontade do Estado por meio de ação direta de inconstitucionalidade.***
>
> *(...)*
>
> *Parece-me que a interpretação que melhor se coaduna com a Constituição da República é aquela que, **diante de afastamento cautelar no qual se suspendem as relações entre o ocupante do cargo e o desempenho das funções correlatas, rejeita, a fortiori, a possibilidade de o Governador afastado propor ação direta.** De uma parte, porque **a atribuição do art. 103, V da CRFB/88 só pode ser entendida como componente do feixe de funções típicas do cargo** e, portanto, alvo da supracitada suspensão. De outra parte, em virtude do lugar central que ocupa a legitimação para a propositura de ações diretas no desenho de nossas instituições democráticas, não se pode conceber que esta capacidade seja preservada ao Chefe do Poder Executivo quando outras lhe são defesas".*

Como se pode extrair dos esclarecimentos do Ministro, a legitimidade para o ajuizamento de ação de controle concentrado abstrato de constitucionalidade integra o conjunto de funções do cargo, órgão ou entidade, não sendo um poder conferido à pessoa física que o ocupa. Isso fica muito claro no trecho em que afirma que *"a atribuição do art. 103, V da CRFB/88 só pode ser entendida como **componente do feixe de funções típicas do cargo**"*.

Como consequência, quando o titular do cargo, órgão ou entidade é afastado de suas funções ou mesmo perde o vínculo definitivamente, ele fica impedido de ajuizar ação de controle concentrado abstrato de constitucionalidade, e, da mesma forma, o fato de o afastamento das funções ou a extinção do vínculo ocorrer no curso de uma ação já ajuizada não prejudica o seu julgamento de mérito, já que a legitimidade ativa não desaparece por conta disso.

■ CAPACIDADE POSTULATÓRIA PARA O AJUIZAMENTO DE ADI

Os legitimados para a instauração de controle concentrado abstrato dispõem de capacidade postulatória ou precisam estar representados no processo por profissional da advocacia?

Segundo o STF, apenas o Governador de Estado e as autoridades e entidades referidas no art. 103, incisos I a VII (não as dos incisos VIII e IX), da CF possuem capacidade postulatória, não precisando de advogado (ADI 127 MC QO).

Importante notar que há uma diferença entre legitimidade ativa e capacidade postulatória. Não necessariamente quem possui legitimidade ativa pode agir pessoalmente sem assistência de advogado.

Sobre isso, o parágrafo único do art. 3º da Lei 9.868/99 diz que a petição inicial, **quando for subscrita por advogado**, deve ser acompanhada por instrumento de procuração. A expressão "quando for" indica que nem sempre a inicial da ADI deve ser subscrita por advogado.

E, justamente nesse contexto, a jurisprudência do STF diz que alguns dos legitimados ativos têm capacidade postulatória (e por isso não precisam de advogado), mas outros não possuem capacidade postulatória (e por isso precisam de advogado).

> **"Art. 3°, Lei 9.868/99.**
>
> (...)
>
> **Parágrafo único.** A petição inicial, acompanhada de instrumento de procuração, quando subscrita por advogado, será apresentada em duas vias, devendo conter cópias da lei ou do ato normativo impugnado e dos documentos necessários para comprovar a impugnação."

Resumidamente, **possuem capacidade postulatória na ADI** os seguintes legitimados (ADI 127 MC QO):

1) O Presidente da República;
2) A Mesa do Senado Federal;
3) A Mesa da Câmara dos Deputados;
4) A Mesa da Assembleia Legislativa ou da Câmara Legislativa do DF;
5) O Governador do Estado ou do DF;
6) O PGR; e
7) O CFOAB.

Por outro lado, os seguintes legitimados ativos para a ADI **não possuem capacidade postulatória**, precisando, portanto, de advogado:

1) Partido político com representação no Congresso Nacional; e
2) Confederação sindical ou entidade de classe de âmbito nacional;

Apenas com o intuito de trazer a conhecimento uma decisão que teve grande repercussão, é importante registrar que, no dia 23/03/2021, o Min. Marco Aurélio do Supremo Tribunal Federal, em decisão monocrática liminar, indeferiu a inicial da ADI 6764, ajuizada pelo Presidente da República, por ela não ter sido subscrita pelo Advogado-Geral da União. Na decisão, o Ministro afirmou que não se deve confundir legitimidade ativa com capacidade postulatória.

No entanto, isso não permite afirmar que houve uma mudança na jurisprudência do STF sobre o tema, pois se trata de uma decisão isolada tomada em juízo monocrático, e não de uma guinada de posicionamento do Plenário do Tribunal. Logo, o mais seguro para fins de concursos é continuar seguindo o entendimento firmado no âmbito da Corte no sentido de que apenas os partidos políticos (com representação no Congresso Nacional), as confederações sindicais e as entidades de classe de âmbito nacional não possuem capacidade postulatória para instaurar o controle concentrado abstrato de constitucionalidade.

Ao constituir advogado, o legitimado ativo deve outorgar procuração com poderes específicos, indicando, no instrumento de mandato, os diplomas e os dispositivos – se for o caso – impugnados, conforme vem decidindo o Supremo Tribunal Federal (ADIs 2017, 2835, 4373, 4860). Esse, portanto, é o entendimento tranquilo e tradicional sobre o tema.

Ocorre que, na **ADI 4541**, julgada em 19/04/2021, o Supremo Tribunal Federal adotou um posicionamento que também merece registro.

Essa ação foi ajuizada por um partido político representado no Congresso Nacional, que, como vimos acima, precisa constituir advogado para propor ADI. E assim foi feito.

No entanto, a procuração inicialmente outorgada não indicou em seu instrumento os diplomas e dispositivos legais a serem impugnados na ação. Posteriormente, no curso do processo, um novo instrumento de procuração foi apresentado pelo legitimado ativo, indicando os dispositivos objeto da impugnação, de modo a sanar a falha.

Como o STF se manifestou sobre isso?

A questão foi analisada pela Min. Cármen Lúcia (relatora), que fez duas considerações.

Primeiramente, a Ministra registrou que, embora a jurisprudência da Corte realmente exija que haja, no instrumento de procuração para o ajuizamento de ADI, a indicação dos diplomas e dispositivos legais a serem impugnados, no caso em análise a falta de indicação numérica dos dispositivos objeto da ação não representaria vício algum.

É que a exigência de indicação (no instrumento de procuração) dos diplomas e dispositivos a serem impugnados tem como finalidade evitar que a procuração outorgada seja genérica. Isso, porém, não ocorreu no caso, porque, no instrumento de procuração, o legitimado ativo especificou o conteúdo dos dispositivos que deveriam ser impugnados na ação (no caso, eram dispositivos da legislação do Estado da Bahia que, segundo alegado na petição inicial, permitiriam a transposição de servidores entre cargos públicos, violando, assim, a regra constitucional do concurso público).

Nos termos do voto da Ministra, essa procuração atendeu a exigência da jurisprudência do Supremo Tribunal Federal de outorga de poderes específicos para o ajuizamento de ADI, *"pois a procuração que acompanha a inicial desta ação atribui poderes para "o ajuizamento e acompanhamento de ação direta de inconstitucionalidade [no] Supremo Tribunal Federal, impugnando dispositivos da legislação do Estado da Bahia que permitiram a ocupação do cargo de Auditor do Tribunal de Contas por servidores que não se submeteram à exigência constitucional do concurso público"* (doc. 1).

Embora a procuração não indique, expressamente, os dispositivos legais questionados, tanto não configura inespecificidade a impedir o processamento desta ação. Nesse sentido, "atende as exigências legais procuração que outorga poderes específicos ao advogado para impugnar, pela via do controle concentrado, determinado ato normativo, sendo desnecessária a individualização dos dispositivos" (ADI 2.728/AM, Rel. Min. Maurício Corrêa, Plenário, DJ 22.2.2004).

É possível afirmar que o entendimento adotado nesse caso (ADI 4541) superou o tradicional posicionamento do STF que exige a indicação, no instrumento de procuração, dos diplomas e dispositivos a serem impugnados na ADI? Não.

Na verdade, os dois entendimentos convivem de forma harmônica, da seguinte forma:

I) Em regra, exige-se que, nos casos em que o legitimado ativo constitui advogado para o ajuizamento da ADI, o instrumento de procuração outorgue poderes específicos para isso, indicando os diplomas e dispositivos a serem impugnados na ação.

II) Porém, quando, apesar da falta de indicação numérica dos diplomas e dispositivos a serem impugnados na ação, o instrumento de procuração não for genérico (por indicar especificamente o objetivo da ADI e o conteúdo das normas que devem ser seu objeto), a exigência de outorga de poderes específicos para a o ajuizamento da ação ficará satisfeita.

Além disso, a Min. Cármen Lúcia destacou que, mesmo que se entendesse pela irregularidade da procuração em virtude da não indicação numérica dos dispositivos a serem impugnados, no caso não seria possível extinguir a ação sem resolução do mérito, porque eventual vício na constituição do advogado teria sido sanado pela superveniente juntada de novo instrumento de procuração, dessa vez com a indicação específica dos diplomas e dispositivos objeto da ação.

Disso, é possível extrair o entendimento de que, na ADI, eventual vício processual decorrente da outorga de procuração sem indicação dos diplomas e dispositivos a serem impugnados é sanável, podendo ser afastado pela juntada de novo instrumento de procuração que supra essas falhas.

Essas questões processuais tratadas pela Ministra Cármen Lúcia em seu voto não foram objeto de manifestação dos demais Ministros. Porém, também não houve apresentação de qualquer divergência em relação a elas, o que permite concluir que houve concordância unânime com o posicionamento da relatora.

Portanto, hoje, com o julgamento da ADI 4541, é possível afirmar que o Supremo Tribunal Federal possui os seguintes entendimentos a respeito da procuração outorgada para o ajuizamento de ADI:

I) Em regra, exige-se que o instrumento de procuração outorgue poderes específicos para a propositura da ação, indicando os diplomas e dispositivos a serem impugnados. Esse é o entendimento existente já há bastante tempo no STF (ADIs 2017, 2835, 4373, 4860).

II) Quando, apesar da falta de indicação numérica dos diplomas e dispositivos a serem impugnados, o instrumento de procuração não é genérico (por indicar especificamente o objetivo da ADI e o conteúdo das normas que devem ser seu objeto), a exigência de outorga de poderes específicos para o ajuizamento da ação fica satisfeita. Esse posicionamento foi adotado na ADI 4541.

III) Eventual vício no instrumento de procuração decorrente da não indicação dos diplomas e dispositivos a serem impugnados na ação pode ser sanado pela juntada de novo instrumento que supra essas falhas. Esse posicionamento também foi adotado na ADI 4541.

Para quem possui tanto legitimidade ativa quanto capacidade postulatória, abrem-se várias hipóteses, podendo o legitimado assinar pessoalmente (de modo isolado) a inicial ou conjuntamente com o advogado constituído (ou com o chefe do respectivo órgão de advocacia pública).

Se se tratar de Governador de Estado, ele pode assinar sozinho a inicial, pode assiná-la conjuntamente com um advogado constituído ou mesmo em conjunto com o Procurador-Geral do Estado (ou algum outro Procurador do Estado, conforme dispuserem as normas aplicáveis no âmbito da respectiva carreira). No entanto, **não pode o Procurador-Geral do Estado (ou um advogado constituído) assinar sozinho a peça inaugural da ADI**, conforme decidido pelo STF na ADI 5084/DF, que é o atual posicionamento da Suprema Corte sobre o tema.

Isso porque a decisão de ajuizar ou não uma ação direta de inconstitucionalidade consubstancia um juízo de conveniência política exclusivo do próprio legitimado ativo, de modo que, se fosse permitido a um advogado constituído ou a um Procurador do Estado ajuizar a ação isoladamente (sem a subscrição da petição inicial pelo Governador do Estado), tal medida representaria uma usurpação da atribuição de decidir sobre a instauração ou não do controle concentrado abstrato de constitucionalidade.

Quando o Governador do Estado atua representado por Procurador do Estado, não há necessidade de se juntar instrumento de procuração, já que o Procurador do Estado tem mandato *ex lege* conferido pela própria Constituição Federal, pela Constituição do Estado e pelas normas infraconstitucionais que estabelecem o regime jurídico do cargo. Por outro lado, quando o Governador atua representado por um advogado privado, a outorga de procuração e a apresentação do respectivo instrumento se fazem necessárias (ADI 2728-ED).

Um questionamento que surge sobre a legitimidade ativa é o seguinte: **a ADI pode ser proposta pela mesma autoridade da qual emanou o ato impugnado?** Por exemplo, se o Presidente da República edita uma medida provisória que, depois, é convertida em lei, pode ele ajuizar uma ADI em face dessa lei de conversão? **Sim**, pode, não há qualquer impedimento a isso.

■ PARTICIPAÇÃO DOS LEGITIMADOS ATIVOS NO CONTROLE DIFUSO CONCRETO

Os legitimados ativos para a ADI podem, todos eles, manifestar-se no controle difuso concreto de constitucionalidade, nos incidentes de arguição de inconstitucionalidade nos tribunais, conforme prevê o art. 950, § 2º, do CPC/15.

> **"Art. 950, § 2º, CPC.** A parte legitimada à propositura das ações previstas no art. 103 da Constituição Federal poderá manifestar-se, por escrito, sobre a questão constitucional objeto de apreciação, no prazo previsto pelo regimento interno, sendo-lhe assegurado o direito de apresentar memoriais ou de requerer a juntada de documentos."

Essa possibilidade se justifica pelo fato de que o incidente de arguição de inconstitucionalidade, embora seja um mecanismo do controle concreto difuso, ganha ares de objetividade, já que, quando ele é instaurado, destaca-se a questão constitucional do bojo de um processo de caráter subjetivo e a remete ao plenário ou órgão especial do tribunal para lá ser analisada abstratamente.

Há, portanto, uma lógica por trás da autorização legal dada aos legitimados ativos da ADI para essa manifestação no incidente de arguição de inconstitucionalidade.

▪ IMPOSSIBILIDADE DE O LEGITIMADO ATIVO DESISTIR DA AÇÃO

Uma vez proposta a ADI, não se permite a desistência, pois vigora no controle concentrado abstrato de constitucionalidade o **princípio da indisponibilidade de instância**, consagrado no art. 5° da Lei 9.868/99 (*"Art. 5º Proposta a ação direta, não se admitirá desistência."*).

E a impossibilidade de desistir se aplica tanto à própria ação ajuizada quanto ao pedido de medida cautelar nela formulado, segundo já decidiu o Supremo Tribunal Federal, como consta do julgado transcrito abaixo (**ADI 982 MC**).

Portanto, o legitimado ativo, uma vez ajuizada a ADI, não pode desistir da ação e, na hipótese de haver formulado pedido de medida cautelar, também não pode desistir desse pedido.

> **EMENTA:** AÇÃO DIRETA DE INCONSTITUCIONALIDADE - PEDIDO DE MEDIDA CAUTELAR - DESISTÊNCIA - IMPOSSIBILIDADE - PRINCÍPIO DA INDISPONIBILIDADE - PEDIDO DE DESISTÊNCIA INDEFERIDO. - **O princípio da indisponibilidade, que rege o processo de controle normativo abstrato, impede - por razões exclusivamente fundadas no interesse público - que o autor da ação direta de inconstitucionalidade venha a desistir do pedido de medida cautelar por ele eventualmente formulado.** (...)"
>
> **(ADI 892 MC/RS; Relator(a): Min. CELSO DE MELLO; Julgamento: 27/10/1994; Órgão Julgador: Tribunal Pleno)**

▪ LEGITIMIDADE PASSIVA

Sobre a legitimidade passiva na ADI, inicialmente é preciso lembrar que essa ação tem caráter objetivo, isto é, não tutela interesses de natureza meramente subjetiva, mas sim a higidez do ordenamento jurídico, especialmente, a da Constituição Federal, motivo pelo qual, não é tecnicamente correto falar na existência de partes (ativa e passiva) nesse processo.

Não há, portanto, um legitimado passivo (um réu ou requerido) propriamente dito em face de quem a ação seja ajuizada, ao contrário do que ocorre, por exemplo, em uma ação de conhecimento que se submete ao procedimento comum disciplinado pelo CPC. O que há, na verdade, é o responsável (ou os responsáveis) pela prática do ato impugnado na ação e esse responsável deve ser notificado no curso do processo para prestar informações, como prevê o art. 6º da Lei 9.868/99.

Não obstante o que foi dito acima, é comum encontrar, nas decisões do Supremo Tribunal Federal, a referência aos responsáveis pela prática do ato impugnado como "legitimados passivos".

> "**Art. 6º, Lei 9.868/99.** O relator pedirá informações aos órgãos ou às autoridades das quais emanou a lei ou o ato normativo impugnado.
>
> **Parágrafo único.** As informações serão prestadas no prazo de trinta dias contado do recebimento do pedido."

Por conta desse cenário, em regra, o legitimado ativo, logo na inicial da ADI, faz o requerimento de que sejam solicitadas informações aos órgãos ou autoridades responsáveis pela prática do ato impugnado.

Enfim, estão passivamente legitimados a "responder" à ADI (lembrando que não são rés) todas as entidades e autoridades que participaram da formação da lei ou do ato normativo impugnado.

■ LEGITIMIDADE RECURSAL

Quem pode recorrer na ADI?

Segundo o STF, só possui legitimidade recursal aquele que possui legitimidade ativa e ajuizou a ação. Terceiros, por outro lado, não possuem legitimidade para recorrer na ADI. Nem mesmo a pessoa jurídica a que se vincula o legitimado ativo pode apresentar recurso.

Resumindo: apenas o próprio legitimado ativo que ajuizou a ação pode apresentar recurso. Dessa forma, os demais legitimados ativos (que não ajuizaram a ADI) e a pessoa jurídica a que se vincula o legitimado que deu início ao processo objetivo não possuem legitimidade recursal.

> "**Ementa:** EMBARGOS DE DECLARAÇÃO. AÇÃO DIRETA DE INCONSTITUCIONALIDADE. LEGITIMIDADE PARA RECORRER DAQUELE QUE, EMBORA LEGITIMADO PARA A PROPOSITURA DA ADI, NÃO É PARTE NESTA AÇÃO. INADMISSIBILIDADE. EMBARGOS NÃO CONHECIDOS. **I – Não tem legitimidade recursal aquele que, embora tenha legitimidade geral para propor a Ação Direta de Inconstitucionalidade, não é parte na relação instaurada no STF.** II – Embargos de declaração não conhecidos." **(ADI 1105 ED-segundos, Pleno, j. 01/08/2011)**
>
> "(...) **O Estado-membro não dispõe de legitimidade para interpor recurso em sede de controle normativo abstrato**, ainda que a ação direta de inconstitucionalidade tenha sido ajuizada pelo respectivo Governador, a quem assiste a prerrogativa legal de recorrer contra as decisões proferidas pelo Relator da causa (Lei nº 9.868/99, art. 4º, parágrafo único) ou, excepcionalmente, contra aquelas emanadas do próprio Plenário do Supremo Tribunal Federal (Lei nº 9.868/99, art. 26). (...)" **(ADI 2130 AgR, Pleno, Rel. Min. CELSO DE MELLO, j. 03/10/2001)**

Esse entendimento, no entanto, segundo o Supremo Tribunal Federal, aplica-se apenas no controle concentrado abstrato de constitucionalidade **instaurado perante o próprio STF**. Quando se trata de controle concentrado abstrato instaurado em âmbito estadual (perante um Tribunal de Justiça), a legitimidade recursal (por exemplo, para interpor recurso extraordinário, quando cabível) não fica restrita ao próprio legitimado ativo que ajuizou a ação na origem. Nesse caso, o STF reconhece legitimidade a outros órgãos e entidades que tenham interesse na norma, como é o caso de um Município que interpõe recurso extraordinário em uma ADI estadual não ajuizada por ele na qual o Tribunal de Justiça declarou a inconstitucionalidade de uma norma municipal de seu interesse.

O STF admitiu essa possibilidade, por exemplo, no **RE 839950**, julgado pelo seu Plenário em 24/10/2018. Esse recurso, manejado contra acórdão proferido pelo TJRJ em processo de controle concentrado abstrato de constitucionalidade estadual, foi interposto pelo Município do Rio de Janeiro, sem que ele tivesse ajuizado inicialmente a ação de controle, e o STF reconheceu sua legitimidade, afirmando expressamente que o fato de o Município não ter ajuizado a ação não afasta a sua legitimidade recursal. A Corte esclareceu, ainda, que os seus precedentes que restringem a legitimidade recursal ao próprio legitimado ativo que ajuizou a ação se referem apenas ao controle concentrado de constitucionalidade instaurado perante o próprio Supremo Tribunal Federal, não alcançando o controle concentrado abstrato estadual.

Nos termos do voto do Min. Luiz Fux (relator do caso), *"o entendimento ora refutado, que nega ao ente municipal legitimidade para interpor Recurso Extraordinário em face de decisão proferida no processo de fiscalização abstrata de constitucionalidade perante o Tribunal de Justiça, não goza de amparo na jurisprudência do Plenário do Supremo Tribunal Federal.* ***Os precedentes do Pleno desta Corte abordaram outra hipótese, em que a Ação Direta de Inconstitucionalidade é originalmente ajuizada perante o Supremo por Governador de Estado.*** *Os referidos julgados, em casos que tais, negaram legitimidade ao próprio Estado-membro para a interposição de agravo regimental impugnando decisões monocráticas (v. g., ADI 2130 AgR, Relator(a): Min. CELSO DE MELLO, Tribunal Pleno, julgado em 03/10/2001).*

A situação concreta ora apreciada é fundamentalmente distinta. A uma, a ação de controle abstrato de constitucionalidade foi ajuizada na esfera estadual; *a duas, o seu ajuizamento foi promovido por entidade sindical e não pelo Prefeito Municipal.* ***Não se afigura legítimo sacrificar o acesso à justiça do Município*** *quando patrocinado pelo seu órgão de representação judicial, sendo certo que a ciência e implícita anuência do Prefeito decorrem da sua intimação, nos termos de fls. 127 e 185 dos autos. Ora, se o Chefe do Executivo é informado da existência de um processo em curso e o encaminha à Procuradoria Municipal, atribuindo a esta a responsabilidade pela defesa dos interesses da edilidade em juízo no caso,* ***é imperioso o conhecimento do recurso interposto pelo Município*** *(...).*

(...)"

Portanto, quanto à **legitimidade recursal no controle concentrado abstrato de constitucionalidade**, o Supremo Tribunal Federal faz a seguinte distinção:

a) Quando se trata de **controle concentrado abstrato instaurado perante o próprio STF**, a legitimidade recursal é paralela à legitimidade ativa, só podendo apresentar recursos o próprio legitimado ativo que ajuizou a ação.

b) Quando se trata de **controle concentrado abstrato instaurado em âmbito estadual perante um Tribunal de Justiça**, a legitimidade recursal não fica restrita ao legitimado ativo que ajuizou a ação, admitindo-se recursos apresentados por outros interessados na norma questionada, a exemplo de um Município que não ajuizou a ação, mas tem interesse na norma impugnada (como ocorreu no RE

839950) ou de uma Câmara Municipal que, apesar de não ter ajuizado a ação, tem interesse na norma objeto de controle (como ocorreu no RE 1126828 AgR).

No **RE 839950**, o Pleno do Supremo Tribunal Federal estabeleceu mais um entendimento muito importante sobre a legitimidade recursal no controle concentrado abstrato de constitucionalidade: **a peça recursal pode ser subscrita isoladamente pelo Procurador do recorrente**, sem que fique caracterizado qualquer vício processual. A Corte, no caso, entendeu que exigir a assinatura do legitimado recursal em conjunto com a do seu Procurador seria uma formalidade que não se justifica em um cenário de cooperação processual (que é o cenário que foi estabelecido pelo CPC/15).

Nas palavras do Min. Luiz Fux (relator do caso) em seu voto, *"o novo Código de Processo Civil, inspirado pelo paradigma da instrumentalidade processual, exorta as partes e o Estado-Juiz à observância dos preceitos de cooperação e boa-fé (artigos 5º e 6º), impondo a* ***eliminação de formalidades estéreis para privilegiar a solução integral do mérito*** *(art. 4º). O novel diploma, assim, é* ***refratário à chamada jurisprudência defensiva, consistente na criação de requisitos formais não previstos em lei ou no sobredimensionamento de exigências meramente superficiais*** *para obstar o conhecimento de ações e recursos"*.

E, nessa linha de pensamento, ficou registrado na ementa desse julgamento que *"o Município ostenta legitimidade para interpor Recurso Extraordinário em face de decisão proferida no processo de fiscalização abstrata de constitucionalidade perante o Tribunal de Justiça,* ***bastando que a peça esteja subscrita por Procurador Geral do Município,*** *não sendo necessária a aposição da assinatura do Prefeito Municipal"*.

Posteriormente, a 2ª Turma do STF também aplicou esse entendimento, o que ocorreu no **RE 1126828 AgR**, julgado em 04/02/2020. Nesse caso, o STF (na verdade, a sua 2ª Turma) admitiu um recurso extraordinário contra acórdão proferido por Tribunal de Justiça em ADI estadual, tendo o recurso sido subscrito apenas pelo Procurador do recorrente. Nesse caso, o colegiado afirmou que, por se tratar o recurso de um **ato eminentemente técnico**, admite-se que seja interposto em petição assinada apenas pelo procurador do legitimado, seja ele um Procurador do Estado, um Procurador Municipal, um Procurador Legislativo etc., especialmente porque, no caso, o ato de recorrer foi praticado na defesa do ato impugnado no processo.

Segundo constou da ementa do acórdão, *"Procurador dispõe de legitimidade para interpor recurso extraordinário contra acórdão de Tribunal de Justiça proferido em representação de inconstitucionalidade em defesa de lei ou ato normativo estadual ou municipal"*.

É importante perceber, porém, que a ementa desse precedente recebeu uma redação bastante confusa.

A confusão dessa ementa se deve ao fato de que nela constou que se estava reconhecendo legitimidade para recorrer **ao Procurador**, mas, na verdade, o recurso em questão **não foi interposto em nome do Procurador**, tendo este tão somente assinado a peça recursal isoladamente. O que se reconheceu no caso, portanto, foi a possibilidade de o Procurador interpor o recurso, **em nome do legitimado ativo**, sem que este último assinasse a respectiva petição. Foi a mesma situação do RE 839950, julgado pelo Pleno do STF.

Mesmo assim, caso o tema seja cobrado em prova, é necessário ter muito cuidado com a forma como a questão estiver redigida. Se a questão afirmar simplesmente que no controle concentrado de constitucionalidade o STF admite recurso interposto pelo Procurador do legitimado ou que o Procurador do legitimado tem legitimidade para recorrer no controle concentrado de constitucionalidade, ela deve ser considerada correta. Isso porque, nesse caso, afirmar que o Procurador do legitimado tem legitimidade para recorrer é uma mera atecnia que, inclusive, é encontrada até mesmo na jurisprudência do STF (como acabamos de ver acima).

Mais tarde, houve outro caso em que esse entendimento do STF foi aplicado. Trata-se do **RE 1.068.600 AgR-ED-EDv** (j. 04/06/2020), no qual o Plenário da Corte, seguindo a mesma linha de raciocínio que vimos acima, admitiu recurso extraordinário interposto em ADI estadual ajuizada por Prefeito Municipal, **tendo a petição recursal sido subscrita isoladamente pelo Procurador** (o recurso não foi assinado pelo Prefeito).

Nesse caso, o STF entendeu que, quando o legitimado ativo autoriza o ajuizamento da ação de controle concentrado, fica implícito o seu intuito de que o processo chegue ao fim, o que inclui, naturalmente, a fase recursal. E, por isso, eventuais recursos podem ser interpostos pelo Procurador que tenha sido autorizado a ajuizar a ação, sem necessidade de as petições recursais serem assinadas pelo legitimado ativo. A Corte destacou, para reforçar a possibilidade de se admitir o recurso, o fato de que havia, nos autos, documento lavrado pelo legitimado ativo deixando clara a sua vontade de ajuizar a ação e de, sendo caso, interpor os recursos necessários.

Nas palavras do Tribunal, *"nestes autos, consta* ***documento com manifestação inequívoca do Chefe do Poder Executivo, conferindo poderes específicos ao procurador para instaurar o processo de controle normativo abstrato de constitucionalidade, bem como para recorrer das decisões proferidas nos autos.*** *(...) Recusar o Recurso Extraordinário neste contexto seria ceder a* ***excessivo formalismo****, o que não se admite, ainda mais se forem levados em conta os relevantes interesses em jogo no processo de controle concentrado de constitucionalidade. (...) Mesmo que assim não se entendesse, o Código de Processo Civil de 2015 traz uma nova perspectiva, voltada à primazia da resolução do mérito. (...) Portanto, seriam de todo aplicáveis os arts. 76 e 932, parágrafo único, do CPC/2015, que preveem concessão de prazo para a regularização, respectivamente, da incapacidade processual, da representação da parte e do vício sanável, ou para a complementação da documentação exigível, notadamente antes de se considerar inadmissível o recurso"*.

Isso, porém, não significa que o STF reconheceu legitimidade para que o Procurador recorra de forma autônoma (em seu próprio nome), mesmo porque o recurso, no caso julgado, não foi manejado em nome do Procurador, mas, sim, em nome do legitimado ativo (no caso, um Prefeito Municipal). O que esse precedente significa é que o recurso pode ser assinado isoladamente pelo Procurador, sem necessidade de o legitimado ativo assiná-lo conjuntamente, mas a legitimidade recursal continua sendo de quem tem legitimidade para recorrer.

Em 2022, esse entendimento foi novamente confirmado pelo **Plenário** do STF, no **ARE 873804 AgR-segundo-ED-EDv-AgR** (j. 13/10/2022), no qual a Corte reconheceu a possibilidade de, no âmbito do controle de constitucionalidade, o Procurador do legitimado (no caso, um Procurador de Município) interpor recurso assinando a peça recursal sozinho (isto é, sem que o legitimado para o recurso também a subscrevesse).

De qualquer forma, é necessário ter em mente que o único recurso cabível do julgamento de mérito da ADI são os embargos de declaração. Não há cabimento de nenhum outro recurso nem tampouco de ação rescisória, conforme se infere do art. 26 da Lei 9.868/99:

> "**Art. 26, Lei 9.868/99.** A decisão que declara a constitucionalidade ou a inconstitucionalidade da lei ou do ato normativo em ação direta ou em ação declaratória é irrecorrível, ressalvada a interposição de embargos declaratórios, não podendo, igualmente, ser objeto de ação rescisória."

Quanto ao Procurador-Geral do Estado, em uma ADI proposta pelo Governador do Estado, ele não possui legitimidade para manejar recursos em seu nome. O que pode ocorrer, segundo a jurisprudência do STF, é ele apresentar um recurso em nome do próprio Governador e assinar a peça recursal sozinho, conforme vimos isso acima.

No entanto, há uma hipótese bastante específica e restrita em que se reconhece legitimidade recursal autônoma ao Procurador-Geral do Estado: quando o processo de origem é uma ADI estadual (processada e julgada pelo respectivo Tribunal de Justiça estadual) e o PGE, por determinação da Constituição do Estado, atua como defensor do ato impugnado (tal qual o AGU em sede de ADI perante o STF), admite-se que, para defender o objeto da impugnação, ele, em nome próprio, apresente recursos.

Esse entendimento do STF se fundamenta na teoria dos poderes implícitos: se a Constituição do Estado determina caber ao PGE a defesa do ato impugnado em sede de ADI estadual, a ele devem ser reconhecidos os poderes necessários para cumprir essa missão, e dentre esses poderes se encontra a legitimidade recursal. Tal posicionamento foi adotado no RE 570392 (julgado em 11/12/2014), que recebeu a seguinte ementa:

> **"O Procurador-Geral do Estado dispõe de legitimidade para interpor recurso extraordinário contra acórdão do Tribunal de Justiça proferido em representação de inconstitucionalidade (art. 125, § 2º, da Constituição da República) em defesa de lei ou ato normativo estadual ou municipal**, em simetria a mesma competência atribuída ao Advogado-Geral da União (art. 103, § 3º, da Constituição da República). **Teoria dos poderes implícitos. (...)" (RE 570392/RS; J. 11/12/2014; Pleno)**

Embora não haja precedente do STF a respeito dessa mesma situação no âmbito do controle de constitucionalidade instaurado perante ele próprio, nada impede que o mesmo raciocínio seja aplicado à ADI julgada pelo Supremo Tribunal Federal, admitindo-se que o AGU, atuando como defensor do ato impugnado, apresente recurso com a finalidade de exercer essa defesa.

■ OBJETO DA ADI

Qual é o objeto da ADI? Em outras palavras, quais atos podem ser impugnados em uma ação direta de inconstitucionalidade? Isso é muito cobrado em provas.

A ADI pode ser ajuizada em face de **lei ou ato normativo federal ou estadual**, conforme diz a CF/88, em seu art. 102, I, "a".

> "**Art. 102, CF/88.** Compete ao Supremo Tribunal Federal, precipuamente, a guarda da Constituição, cabendo lhe:
>
> I - processar e julgar, originariamente:

> a) a **ação direta de inconstitucionalidade de lei ou ato normativo federal ou estadual** e a ação declaratória de constitucionalidade de lei ou ato normativo federal;"

É possível perceber, de imediato, que lei ou ato normativo municipal não pode ser objeto de ADI.

Mas aqui é necessário ter muito **CUIDADO** com um detalhe: o que não se admite é que lei ou ato normativo municipal seja objeto de ADI julgada pelo Supremo Tribunal Federal. Isto é, lei ou ato normativo municipal não pode sofrer impugnação em face da Constituição Federal em sede de controle concentrado abstrato realizado em ADI.

No entanto, é perfeitamente possível que, que uma lei municipal ou um ato normativo municipal seja objeto de controle difuso concreto de constitucionalidade realizado em face da Constituição Federal. Além disso, como veremos à frente, as leis e os atos normativos municipais podem ser objeto de controle concentrado abstrato de âmbito estadual (realizado pelo respectivo TJ).

Resumindo, temos o seguinte:

a) Apenas lei ou ato normativo federal ou estadual pode ser objeto de ADI perante o STF, a qual tem como paradigma constitucional de controle a Constituição Federal.

b) Lei ou ato normativo municipal não pode ser objeto de ADI julgada pelo STF.

c) Lei ou ato normativo municipal pode sofrer controle de constitucionalidade em face da Constituição Federal, desde que se trate do controle difuso concreto, que é realizado incidentalmente.

d) Lei ou ato normativo municipal pode ser objeto de controle de constitucionalidade concentrado abstrato estadual, que é realizado pelo Tribunal de Justiça respectivo.

Justamente por isso, o CESPE, na prova de juiz de direito do TC/AC realizada em 2012, considerou **errada** a assertiva segundo a qual, *"como as ações diretas de inconstitucionalidade têm como objeto leis ou atos normativos federais e estaduais, não é possível, no sistema jurídico brasileiro, a realização do controle de constitucionalidade de lei ou ato normativo municipal em face da CF"*. Como vimos, é perfeitamente possível que lei ou ato normativo municipal sofra controle de constitucionalidade em face da Constituição Federal, mas isso não pode ocorrer em sede de ADI julgada pelo Supremo Tribunal Federal.

Inclusive, conforme ainda estudaremos, existe uma hipótese excepcional em que o controle concentrado abstrato realizado em âmbito estadual pode ter como paradigma constitucional de controle a Constituição Federal. Nesse caso, será possível que uma lei ou um ato normativo municipal seja impugnado em face da Constituição Federal no bojo de uma "ADI", mas essa "ADI" será estadual, julgada por um Tribunal de Justiça.

▶ Lei ou ato normativo do Distrito Federal pode ser objeto de ADI?

Conforme vimos, nos termos do art. 102, I, "a", da CF/88, os atos que têm aptidão para ser objeto de ADI são as leis e os atos normativos **federais e estaduais**. Ou seja, para que um ato possa ser impugnado em ADI, é necessário que se trate de uma lei ou de um ato normativo editado pela União ou por algum Estado.

E quanto às leis e atos normativos editados pelo Distrito Federal? Podem ser objeto de ADI julgada pelo STF?

Para responder isso, é necessário saber, primeiro, que o Distrito Federal, em virtude de não poder ser dividido em Municípios, acumula as competências que a Constituição Federal atribui aos Estados e aos Municípios. Em virtude dessa competência cumulativa, o DF edita tanto atos de natureza estadual quanto atos de natureza municipal.

Isso está previsto no art. 32, *caput* e § 1º, da CF/88. Veja:

> "**Art. 32, CF/88.** O Distrito Federal, **vedada sua divisão em Municípios**, reger-se-á por lei orgânica, votada em dois turnos com interstício mínimo de dez dias, e aprovada por dois terços da Câmara Legislativa, que a promulgará, atendidos os princípios estabelecidos nesta Constituição.
>
> **§ 1º** Ao Distrito Federal são atribuídas as **competências legislativas reservadas aos Estados e Municípios.**
>
> (...)"

Por conta da competência cumulativa do Distrito Federal, a jurisprudência do Supremo Tribunal Federal se firmou no sentido de que apenas leis e atos normativos decorrentes do exercício da competência estadual do DF podem ser objeto de ADI. Já as leis e atos normativos que sejam manifestação da competência municipal do DF não podem ser impugnados em ação direta de inconstitucionalidade julgada pelo STF.

Esse posicionamento foi adotado pela Corte, por exemplo, na **ADI 1832** (j. 27/05/1998), na qual foi decidido que, *"em face da posição particular que a Constituição Federal atribui ao Distrito Federal de editar leis que se assimilam às leis municipais, a jurisprudência do Supremo Tribunal Federal já assentou entendimento no sentido do* ***descabimento da ação direta de inconstitucionalidade quando tenha por objeto leis ou atos normativos fundados no exercício da competência municipal****"*.

No entanto, o próprio STF faz algumas ressalvas a esse entendimento. Segundo o Tribunal, há situações em que, mesmo que se alegue que a norma do Distrito Federal impugnada na ADI tem natureza municipal, a ação deve ser julgada.

É possível encontrar na jurisprudência da Corte **duas hipóteses** nesse sentido:

I) Quando **não é possível estabelecer se o tema tratado na norma impugnada na ADI é de natureza estadual ou municipal**. Segundo o STF, quando essa distinção é inviável, a ação deve ser julgada normalmente e a validade da norma impugnada deve ser apreciada. É o que ocorre, por exemplo, com as leis que tratam de servidores públicos. Isso porque, tendo em vista que todos os entes federados devem possuir quadros próprios de agentes públicos (em virtude de autonomia conferida a eles pela Constituição Federal), não é possível afirmar se uma lei do Distrito Federal que discipline aspectos relacionados aos seus servidores públicos foi elaborada com base na sua competência estadual ou municipal. Foi isso o que decidiu o STF, por exemplo, na **ADI 3341** (j. 29/05/2014), na qual a Corte esclareceu que *"a* ***natureza híbrida do Distrito Federal*** *não afasta a competência desta Corte para exercer o controle* *concentrado de normas que tratam sobre a* ***organização de pessoal****, pois nesta seara é* ***impossível distinguir se sua natureza é municipal ou estadual****".*

II) Quando **é impugnada na ADI uma norma do Distrito Federal com o argumento de que ela invade a competência da União**, o STF não admite que se alegue que essa norma tem natureza municipal para que a ação seja extinta. O entendimento da Corte não poderia ser diferente, pois, se fosse possível extinguir a ADI com base na alegação de se tratar de uma norma de natureza municipal, o STF jamais saberia se houve ou não a invasão na competência da União e, assim, haveria o risco de se perpetuar uma inconstitucionalidade no ordenamento jurídico. Portanto, quando uma norma do DF é impugnada em ADI com o argumento de que ela invade a competência da União, a ação não pode ser extinta com base na alegação de se tratar de uma norma decorrente da competência municipal do Distrito Federal. Esse posicionamento foi adotado pelo STF, por exemplo, na **ADI 2448**, julgada em 23/04/2003.

Em resumo, temos o seguinte na jurisprudência do STF sobre a possibilidade de **leis e atos normativos do Distrito Federal** serem objeto de ADI:

I) Apenas leis e atos normativos do Distrito Federal que **decorram da sua competência estadual** podem ser objeto de ADI.

II) Quando **não for possível afirmar se a lei ou o ato normativo do DF impugnado na ADI tem natureza estadual ou municipal**, a ação será julgada normalmente, não sendo possível a sua extinção com fundamento na alegação de se tratar de norma decorrente da competência municipal do Distrito Federal.

III) Quando uma lei ou um ato normativo do DF é impugnado em ADI com o **argumento de que invade competência da União**, não é possível extinguir o processo com base na alegação de se tratar de norma de natureza municipal, devendo a ação ser julgada normalmente para se averiguar se houve ou não a usurpação de competência mencionada.

▶ Espécies normativas que podem ser objeto de ADI

A princípio, todas as espécies normativas previstas no art. 59 da CF/88 podem ser objeto de ADI. Essas espécies normativas são as seguintes:

> "**Art. 59, CF/88.** O processo legislativo compreende a elaboração de:
> I - emendas à Constituição;
> II - leis complementares;
> III - leis ordinárias;
> IV - leis delegadas;
> V - medidas provisórias;
> VI - decretos legislativos;
> VII - resoluções."

Em relação aos decretos legislativos e às resoluções, o STF já se manifestou no sentido de que devem apresentar normatividade (isto é, generalidade, abstração e impessoalidade) para que possam ser objeto de ADI. Esse entendimento se deve ao fato de que tais atos não se submetem a um processo legislativo propriamente dito (isto é, não têm a forma de lei), cuidando-se, na verdade, de atos internos das Casas Legislativas, além de, muitas vezes, terem caráter concreto, como, por exemplo, o decreto legislativo que suspende a tramitação de um processo criminal admitido em face de um Parlamentar.

Além das normas elencadas no art. 59 da CF/88, há outras espécies normativas que também podem ser objeto de ADI.

Mas, antes de abordar isso, é necessário saber o seguinte: qual é a diferença entre lei e ato normativo?

Lei é a norma que resulta do processo legislativo formal previsto na Constituição, é o resultado obtido após o Congresso Nacional (ou a Casa Legislativa de outro ente federado) apreciar e deliberar dentro do processo legislativo previsto na Constituição. Em outras palavras, é o ato estatal que o ordenamento jurídico rotula de lei, por ter observado as normas que regem o processo legislativo, isto é, as normas que disciplinam o seu procedimento de elaboração. É, enfim, a "lei em sentido formal".

Já **ato normativo** é aquele que, embora não seja lei em sentido formal, possui determinadas características ou requisitos que o aproximam de uma típica lei. Essas características ou requisitos do ato normativo que o aproximam de uma típica lei são as "notas tipológicas" exigidas pelo Supremo Tribunal Federal para que esse ato possa ser objeto de controle abstrato de constitucionalidade.

As **notas tipológicas** necessárias, segundo o STF (ADI 2195 MC), para um ato normativo estatal ser objeto de controle abstrato de constitucionalidade são as seguintes:

a) Possuir coeficiente de **generalidade abstrata** (ele não pode ser um ato concreto);

b) Possuir **autonomia jurídica** (isto é, derivar diretamente da Constituição, sem intermédio de outra norma);

c) Possuir **impessoalidade**; e

d) Possuir **eficácia vinculante** das prescrições dele constantes (ou seja, deve possuir **coercibilidade**, um grau de obrigatoriedade).

Em outras palavras, segundo o Supremo Tribunal Federal, para que um ato normativo possa ser objeto de ADI, ele deve ter as seguintes características:

I) Possuir **normatividade** (o que é uma obviedade, já que se trata de um ato normativo).

II) Possuir **autonomia** (isto é, derivar diretamente da Constituição, não podendo se tratar de um ato infralegal).

A normatividade é caracterizada pela presença de alguns atributos, quais sejam, generalidade, abstração, impessoalidade e coercibilidade. Essas são as caraterísticas de uma norma jurídica. Portanto, um ato, para ser considerado normativo, deve apresentar generalidade, abstração, impessoalidade e coercibilidade. E, além disso, para que possa ser objeto de ADI, o ato normativo deve apresentar autonomia jurídica, isto é, deve ser um ato autônomo, que é aquele que deriva diretamente da Constituição, sem intermédio de nenhuma outra norma.

Portanto, a lei nada mais é do que o ato estatal que tem forma de lei (a "lei em sentido formal"), enquanto o ato normativo é o ato estatal que, não tendo forma de lei, apresenta generalidade, abstração, imperatividade e coercibilidade. Esses são os atos que podem ser objeto de ADI, desde que sejam de origem federal ou estadual.

Tudo isso foi tratado de maneira bastante didática, por exemplo, na **ADI 6079 AgR** (julgada em 14/02/2020), na qual o STF esclareceu que *"o ato normativo de que cuida o artigo 102, I, a, da Constituição Federal, apto a promover a atuação deste Supremo Tribunal Federal em sede de ação direta de inconstitucionalidade, deve i) ser proveniente do Poder Público federal ou estadual; ii) violar, em tese, diretamente o texto constitucional; e iii) possuir generalidade e abstração, o que afasta do objeto da fiscalização abstrata os atos normativos secundários e os atos de efeitos concretos. (...) A determinabilidade dos destinatários da norma retira sua abstração quando os destinatários são individualizados pelo ato, que passa a ter efeitos concretos"*.

Importante registrar que é comum que o Supremo Tribunal Federal, ao analisar se um ato possui normatividade suficiente para ser objeto de ADI, refira-se tão somente à presença de generalidade, abstração e impessoalidade, sem se referir à coercibilidade do ato. Portanto, se, em provas, a assertiva afirmar que o ato, para poder ser objeto de ADI, deve apresentar generalidade, abstração e impessoalidade (sem se referir a coercibilidade), essa assertiva pode ser considerada correta.

Aqui, surge uma questão clássica em provas de concursos: **cabe ADI em face de lei de efeitos concretos, isto é, uma lei que não tem generalidade nem abstração, como é o caso da lei orçamentária, que é praticamente um ato administrativo com forma de lei?**

O STF, no passado, entendeu que não, mas mudou de entendimento e passou a admitir ADI em face de lei de efeitos concretos, sendo os seguintes os casos paradigmáticos dessa mudança de entendimento da Suprema Corte:

> "(...) NORMAS ORÇAMENTÁRIAS. REVISÃO DE JURISPRUDÊNCIA. (...) Possibilidade de submissão das normas orçamentárias ao controle abstrato de constitucionalidade. (...)" **(ADI-MC 4048, j. em 14/05/2008)**
>
> "(...) A lei não precisa de densidade normativa para se expor ao controle abstrato de constitucionalidade, devido a que se trata de ato de aplicação primária da Constituição. Para esse tipo de controle, exige-se densidade normativa apenas para o ato de natureza infralegal. Precedente: ADI 4.048 -MC." **(ADI-MC 4049, j. em 05/11/2008)**

Portanto, não é preciso que a <u>**lei**</u> tenha as características de generalidade e abstração para ser objeto de ADI. Sendo lei (tenha ela normatividade ou não, tenha ela destinatários específicos ou não), caberá ADI, seja essa lei de efeitos concretos ou não. Inclusive, o STF já admitiu que mesmo uma lei fruto de acordo homologado judicialmente seja objeto de ADI, não se podendo alegar a existência de coisa julgada para evitar o controle concentrado de constitucionalidade (RE 1186465 AgR/TO).

> **Ementa:** AGRAVO INTERNO NO RECURSO EXTRAORDINÁRIO. NORMAS LOCAIS QUE TRANSFORMARAM CARGOS DE ANALISTAS - TÉCNICO JURÍDICO EM PROCURADOR MUNICIPAL. REPRESENTAÇÃO DE INCONSTITUCIONALIDADE PROPOSTA PERANTE O TRIBUNAL DE JUSTIÇA DO ESTADO DE TOCANTINS. ADMISSIBILIDADE. (...) 2. O Prefeito do Município de Palmas ajuizou Ação Direta de Inconstitucionalidade contra normas locais que transformaram cargos de Analista - Técnico Jurídico em Procurador do Município. 3. O Pleno do Tribunal de Justiça do Estado do Tocantins, por maioria, não conheceu da ação direta de inconstitucionalidade, ao fundamento de que (I) o

procedimento escolhido pelo requerente para veicular as pretensões deduzidas na inicial se afigura inadequado e (II) há afronta ao instituto da coisa julgada material. **4. Esta SUPREMA CORTE tem entendimento consolidado no sentido de que o fato de uma lei possuir destinatários determináveis não retira seu caráter abstrato e geral, tampouco a transforma em norma de efeitos concretos.** O acórdão recorrido divergiu desse entendimento, devendo, portanto, ser reformado. **5. De outro lado, o Tribunal de origem não conheceu da presente ação direta de inconstitucionalidade por entender que a norma contestada seria fruto de acordo homologado judicialmente, sendo, portanto, inviável a rediscussão da matéria por meio de ação direta de inconstitucionalidade, por violação à coisa julgada material. 6. Acordos homologados judicialmente jamais podem afastar o controle concentrado de constitucionalidade das leis. 7. Por outro lado, é possível que o Poder Judiciário produza decisões que conflitem com a própria Constituição Federal, gerando a chamada coisa julgada inconstitucional, de modo que não apenas atos do Poder Legislativo têm o condão de ser declarados inconstitucionais. No plano jurisdicional, se a sentença não está em consonância com o texto constitucional, inegavelmente está ferindo a norma maior, de sorte que essa incompatibilidade de adequação aos ditames do ordenamento magno é que leva irremediavelmente ao patamar da inconstitucionalidade (...). 8. Nesse diapasão, não subsiste a afirmação do Tribunal de origem no sentido de que a norma tida por viciada não pode ser objeto de Ação Direta de Inconstitucionalidade, pois se discute aqui a constitucionalidade das leis impugnadas, e não o trânsito em julgado de acordos homologados judicialmente.** (...)

(RE 1186465 AgR/TO; Relator(a): Min. ALEXANDRE DE MORAES; Julgamento: 08/10/2019; Órgão Julgador: Primeira Turma)

Por outro lado, se não se tratar de lei, isto é, se for um **ato normativo** outro qualquer, as características de generalidade, abstração, autonomia, impessoalidade e eficácia vinculante são necessárias para que seja cabível ADI.

Há, como se percebe, diferença de tratamento na jurisprudência do STF entre lei formal e os demais atos normativos do poder público.

A questão do cabimento ou não de ADI para impugnar os mais diversos atos estatais é sempre cobrada pelas bancas examinadoras. Por esse motivo, trago abaixo um resumo geral sobre isso, indicando, de acordo com a jurisprudência do STF, os atos que podem e os que não podem ser objeto de ADI.

Segundo o Supremo Tribunal Federal, **cabe ADI em face de:**

1) Emendas Constitucionais e Emendas de Revisão. Importante lembrar que a elaboração de emendas à Constituição se submete a limitações materiais e formais (e as emendas de revisão se sujeitavam, até mesmo, a uma limitação temporal), de modo que elas podem, eventualmente, ser inconstitucionais, se violarem alguma dessas limitações.

2) Leis complementares.

3) Leis ordinárias.

4) Lei que cria município.

5) Leis promulgadas e publicadas, mas não vigentes (isto é, durante o período da *vacatio legis*).

6) Leis e atos normativos do Distrito Federal. Aqui é importante lembrar que o DF acumula competências estaduais e municipais, de modo que não são todos os atos normativos e leis do DF que podem ser objeto de ADI, mas **apenas**

aqueles editados com base na sua competência estadual. Ficam, portanto, excluídos da possibilidade de impugnação em sede de ADI os atos normativos e as leis do Distrito Federal que decorram do exercício de sua competência municipal, já que, como vimos, não é cabível ADI em face de lei ou ato municipal.

7) Leis delegadas e Resoluções do Congresso Nacional que veiculam as delegações para a elaboração das leis delegadas.

8) Medidas provisórias e leis de conversão de medidas provisórias. Inclusive, o STF tem entendido que mesmo os requisitos constitucionais de relevância e urgência exigidos para a edição de uma medida provisória podem, em situações excepcionais de clara ausência de algum deles, ser apreciados no controle de constitucionalidade.

9) Decretos legislativos e resoluções, quando veiculam normas gerais e abstratas.

10) Resoluções do TSE, quando possuem autonomia e veiculam normas gerais e abstratas, mas não quando essas resoluções respondem consultas.

11) Resoluções do CNJ, quando possuem autonomia e veiculam normas gerais e abstratas.

12) Resoluções do CNMP, quando possuem autonomia e veiculam normas gerais e abstratas.

13) Tratados Internacionais. Na verdade, o que é impugnado na ADI são os atos que incorporam os tratados internacionais ao direito positivo interno, isto é, os Decretos Legislativos e os Decretos Presidenciais respectivos, e não o tratado internacional em si.

14) Decretos ou regulamentos autônomos, quando previstos na Constituição ou quando são abstratos e veiculam atos normativos ofendendo diretamente a Constituição.

15) Regimentos Internos de Tribunais do Poder Judiciário e de Casas Legislativas, desde que haja violação direta à Constituição, isto é, desde que possuam autonomia.

16) Pareceres da antiga Consultoria Geral da República, desde que sejam posteriores à promulgação da CF/88, tenham teor normativo e tenham sido aprovados pelo Presidente da República.

17) Pareceres da AGU, desde que tenham teor normativo e tenham sido aprovados pelo Presidente da República.

18) Convênios em matéria tributária firmados pelos Estados.

19) Resoluções do CONAMA, **quando possuem caráter primário e normativo** (ADI 4457).

20) Parecer normativo, **desde que tenha caráter primário** (isto é, desde que diga respeito diretamente a disposições da Constituição, e não a disposições de uma norma infraconstitucional). O parecer normativo é aquele parecer que, em virtude de preencher algum requisito legal, vincula órgãos da Administração Pública. Por exemplo, é comum que a legislação dos diversos entes federados preveja que, caso um parecer emitido pelo órgão de Advocacia Pública (como a Procuradoria Geral do Estado) seja aprovado pelo respectivo Chefe do Executivo, ele vinculará todos os demais órgãos da Administração

Pública. Nesse caso, esse parecer será um parecer normativo, e, se ele for primário (isto é, se ele disser respeito a normas da Constituição, e não a normas infraconstitucionais), ele poderá ser objeto de ADI. O STF decidiu nesse sentido na **ADI 3889** (j. 04/07/2023), que foi ajuizada contra um parecer normativo do Tribunal de Contas do Estado de Rondônia.

Por outro lado, também segundo o Supremo Tribunal Federal, **não cabe ADI em face de:**

1) Normas originárias da Constituição Federal. Isso porque não é aceita, no nosso sistema, a teoria das normas constitucionais inconstitucionais, não se admitindo a existência de hierarquia entre as normas originárias da Constituição Federal. Não é possível dizer que uma norma originária da CF/88 é inconstitucional por violar outra norma originária da CF/88, motivo pelo qual, não se pode afirmar, por exemplo, que a previsão de pena de morte em caso de guerra declarada é inconstitucional por violar o direito à vida.

2) Normas estrangeiras.

3) Atos normativos privados. Então, por exemplo, regulamento interno de empresa privada não pode ser objeto de ADI.

4) Convenções coletivas de trabalho.

5) Leis e atos normativos **municipais** contestados em face da CF/88.

6) Decretos meramente regulamentares ou regulamentos comuns. Esses atos não decorrem diretamente da constituição, mas sim de uma norma infraconstitucional, eles regulamentam uma lei. Por conta disso, segundo a jurisprudência do STF, o vício eventualmente existente em um regulamento é um vício de ilegalidade, e não de inconstitucionalidade, não se admitindo, portanto, que esse ato seja objeto de ADI.

7) Leis e atos normativos pré-constitucionais, pois, se o ato é pré-constitucional, apenas se pode falar em eventual revogação por não recepção, e não em inconstitucionalidade. Esse raciocínio se aplica sempre que o ato é anterior à norma constitucional paradigma, independentemente de esta norma ser originária da Constituição ou fruto de emenda constitucional.

8) Leis e atos normativos temporais quando sua eficácia já se exauriu.

9) Leis e atos normativos já revogados antes da propositura da ADI (a esse respeito, há observações importantes feitas no tópico seguinte).

10) Sentenças normativas da Justiça do Trabalho, pois elas devem ser desafiadas pelos meios próprios, e não por ADI.

11) Súmulas comuns e vinculantes.

12) Atos regulamentares internos dos órgãos da Administração.

13) Resoluções do TSE que respondem consultas.

14) Resoluções do CONAMA, **quando não possuem caráter primário** (ADI 3074 AgR e ADI 2714).

É necessário, aqui, fazer duas observações, e a primeira delas diz respeito ao não cabimento de ADI para impugnar atos meramente regulamentares.

De fato, o Supremo Tribunal Federal não admite o ajuizamento de ADI em face de atos de caráter meramente regulamentar, justamente porque esses atos não são dotados de primariedade, eles são atos secundários, ou seja, não derivam diretamente da Constituição, mas sim de uma lei (que é uma norma infraconstitucional). A finalidade precípua desses atos é dar aplicabilidade a leis, e não regulamentar diretamente o texto constitucional, com o qual possuem uma relação meramente indireta. Podemos citar como exemplos desse tipo de ato os decretos editados pelo Chefe do Poder Executivo com fundamento direto em uma lei para dar execução aos comandos dessa lei. São os chamados **decretos regulamentares**. Da mesma forma, são exemplos de atos de caráter meramente regulamentar as normas editadas por agências reguladoras, no desempenho de suas atribuições, com fundamento nas leis que disciplinam a sua atuação.

Atos como esses, a princípio, não podem ser objeto de ADI, por serem atos secundários, de modo que eventual violação à Constituição que envolva a aplicação deles não será causada diretamente por eles, mas sim pelas leis das quais derivam (com as quais possuem uma relação direta). Se esses atos apresentarem algum vício de validade, esse vício será um vício de ilegalidade, e não de inconstitucionalidade.

Acontece que, em determinadas situações, o poder público edita atos normativos atribuindo-lhes o rótulo de atos regulamentares (ou seja, com fundamento direto em uma lei, e não na Constituição), mas acabam extrapolando os limites permitidos no texto legal e inovando o ordenamento jurídico, com a criação obrigações sem lastro em lei.

Nessas hipóteses, como esses atos infralegais criam obrigações sem previsão legal anterior, eles acabam usurpando a função da lei, tendo em vista que, nos termos do art. 5º, II, da CF/88, apenas lei pode obrigar alguém a fazer ou deixar de fazer alguma coisa.

> **"Art. 5º, II, CF/88 -** ninguém será obrigado a fazer ou deixar de fazer alguma coisa senão em virtude de lei;"

É possível perceber, a partir do que foi dito acima, que, nos casos em que os atos infralegais (não dotados de forma de lei, portanto) extrapolam os limites das leis que fundamentaram a sua edição e inovam o ordenamento jurídico criando obrigações sem previsão legal anterior, esses atos, do ponto de vista material (isto é, do seu conteúdo), acabam se tornando verdadeiras leis, e, por isso, podem ser objeto de ADI.

Isso ocorreu, por exemplo, na **ADI 4874**, que foi ajuizada em face de uma resolução da ANVISA, ato que, a princípio, deve ser editado com fundamento e nos limites da lei que disciplina essa agência reguladora. Nesse precedente, o ato normativo impugnado, ainda que tenha sido editado com o propósito de ser meramente regulamentar, acabou estabelecendo proibições que não tinham lastro legal anterior, motivo pelo qual o Supremo Tribunal Federal admitiu a ação.

Conforme esclareceu a Min. Rosa Weber (Relatora) em seu voto, *"dotada a **Resolução da Diretoria Colegiada da ANVISA nº 14/2012 de conteúdo normativo suficientemente primário**, uma vez inexistente no ordenamento jurídico pátrio ato normativo de grau hierárquico superior contemplando expressamente a proibição da utilização de aditivos em produtos fumígenos derivados do tabaco (o que adiante será retomado e aprofundado), resulta inviável reduzir a controvérsia, na espécie, a mero conflito de legalidade, sem* *estatura constitucional. Qualifica-se o ato normativo impugnado, ainda, pelos predicados de* ***autonomia, abstração, generalidade*** *e* ***imperatividade****, os quais lhe imprimem densidade normativa suficiente a credenciá-lo à* ***tutela de constitucionalidade in abstracto****".*

É por isso, portanto, que há casos em que o STF admite o ajuizamento de ADI tendo como objeto atos que foram editados a pretexto de regulamentar alguma lei, o que mostra que o que importa para saber se determinado ato pode ou não ser objeto de ADI não é o rótulo que ele recebe, mas sim a sua real natureza. Logo, se, por exemplo, o Chefe do Poder Executivo edita um decreto afirmando que está regulamentando determinada lei, mas acaba criando obrigações que extrapolam a disciplina legal, esse decreto, ainda que tenha sido editado com o rótulo de decreto regulamentar, pode ser impugnado em sede de ADI. O mesmo se aplica a atos normativos editados por agências reguladoras, Ministérios e outros órgãos estatais.

E isso nos traz à segunda observação que precisava ser feita, que diz respeito à possibilidade ou não de resolução do CONAMA ser objeto de ADI.

Nas listas que vimos anteriormente, as resoluções do CONAMA foram elencadas tanto como atos passíveis de impugnação em ADI quanto como atos **não** passíveis de impugnação nessa ação de controle de constitucionalidade.

O que ocorre é que o Supremo Tribunal Federal possui mais de um precedente inadmitindo o ajuizamento dessa ação em face desses atos (ADI 3074 AgR e ADI 2714). Isso porque, na grande maioria dos casos, as resoluções do CONAMA são editadas com fundamento na Lei 6.938/81, que, no seu art. 8º, estabelece diversas competências desse conselho, dentre elas, a possibilidade de editar normas sobre diversas questões relacionadas com a preservação ambiental. Por isso, em regra, resolução do CONAMA não tem aptidão para ser objeto de ADI.

Mas o fato é que, em relação às resoluções do CONAMA, é perfeitamente aplicável a ressalva que fizemos quanto ao cabimento ou não de ADI em face de atos regulamentares (até porque, a princípio, essas resoluções possuem natureza regulamentar). Nessa linha de raciocínio, é possível que, ao editar uma resolução, o CONAMA ultrapasse os limites legais e acabe dando caráter primário a ela, e, quando isso ocorrer, será possível impugnar essa norma por meio de ADI.

Isso, inclusive, já ocorreu na prática, mais precisamente, na **ADI 5547** (julgada em 22/09/2020), na qual foi impugnada a Resolução CONAMA nº 458/2013, e o Supremo Tribunal Federal admitiu a ação, afirmando que *"a Resolução impugnada é ato normativo primário, dotada de generalidade e abstração suficientes a permitir o controle concentrado de constitucionalidade"*.

Portanto, é necessário sempre ter esse cuidado: quando um ato normativo (não dotado de forma de lei) tiver caráter primário, ainda que tenha sido editado com alegado fundamento em lei, ele poderá ser objeto de ADI.

■ NECESSIDADE DE IMPUGNAÇÃO DE TODAS AS NORMAS QUE POSSUEM O MESMO CONTEÚDO E DE TODO O COMPLEXO DE NORMAS QUE REGEM DETERMINADO INSTITUTO

Imagine a seguinte situação: em um determinado Estado-membro existe uma lei que viola a Constituição Federal, e, na Constituição desse Estado, há uma norma que possui o mesmo conteúdo dessa lei.

Imagine, agora, que essa lei seja impugnada em uma ADI perante o Supremo Tribunal Federal, mas o legitimado ativo não inclua, no objeto da ação, a norma da Constituição Estadual que possui conteúdo idêntico ao dela.

Essa ADI será admitida? Ela poderá ser julgada no mérito? Segundo o STF, **não**.

O Supremo Tribunal Federal entende que, quando o legitimado ativo ajuíza uma ADI para impugnar uma norma, mas deixa de incluir no objeto da ação outra norma do mesmo ente federado que possui conteúdo idêntico, **a ação perde a utilidade e, consequentemente, fica descaracterizado o interesse de agir**, devendo o processo ser extinto sem julgamento de mérito.

Isso porque, nessa hipótese, ainda que o STF viesse a declarar a inconstitucionalidade da norma impugnada, essa decisão não teria nenhuma utilidade, pois continuaria existindo, no mesmo ordenamento jurídico, outra norma de idêntico conteúdo, de modo que o vício de inconstitucionalidade continuaria presente apesar do julgamento de procedência da ação.

Esse entendimento foi adotado pelo STF, por exemplo, na **ADI 3808** (j. 25/10/2021), na qual o legitimado ativo impugnou uma lei do Estado do Espírito Santo que estabelecia certos requisitos para a escolha do respectivo Delegado-Geral da Polícia Civil, mas deixou de impugnar uma norma da Constituição Estadual que tinha o mesmo conteúdo, o que retirou qualquer utilidade do julgamento de mérito da ação.

Nas palavras do Tribunal, *"mostra-se inócua a pretensão de inconstitucionalidade deduzida pelo autor exclusivamente contra os preceitos legais previstos na LC nº 04/90, tendo em vista que, caso eventualmente provido o pedido, mesmo assim subsistiria a exigência condicionante da escolha do Chefe de Polícia Civil no âmbito normativo da Constituição estadual. (...)* ***A ausência de impugnação da integralidade do complexo normativo torna o provimento judicial pretendido ineficaz e, por isso mesmo, destituído de qualquer utilidade****, de modo a afastar a caracterização do interesse de agir do autor"*.

Portanto, ao ajuizar uma ADI, o legitimado ativo deve impugnar todas as normas do ente federado que possuam o mesmo conteúdo. Caso isso não seja feito, o julgamento de mérito da ação perderá a utilidade e o processo será extinto sem resolução do mérito.

Note, porém, que, embora isso não tenha sido dito pelo STF, esse entendimento **apenas se aplica a situações em que não há uma inconstitucionalidade por arrastamento**, que é a inconstitucionalidade que ocorre quando existe uma relação de interdependência entre as normas envolvidas, isto é, quando uma norma é a razão de existir da outra norma, de modo que, caso uma deixe de existir, a outra perde o seu sentido. É o que se verifica, por exemplo, entre uma lei e o decreto que a regulamenta, pois, se a lei for declarada inconstitucional, o decreto perderá completamente o seu sentido, o que faz com que ele (o decreto) seja inconstitucional por arrastamento.

Quando, em uma ação de controle concentrado de constitucionalidade, há uma situação de inconstitucionalidade por arrastamento, **a inconstitucionalidade da norma que é dependente da norma que foi impugnada pode ser reconhecida ainda que ela (a norma dependente) não tenha sido objeto da ação** (por isso, não há como falar que, em caso de inconstitucionalidade por arrastamento, a falta de impugnação da norma dependente retira a utilidade da ação). Essa é a única situação no controle concentrado de constitucionalidade em que o STF admite que seja declarada a inconstitucionalidade de uma norma que não foi impugnada. Em todos os demais casos, se a norma não foi impugnada, a sua inconstitucionalidade não pode ser reconhecida como se tivesse havido a sua impugnação.

Isso porque, no controle concentrado de constitucionalidade, a regra é a aplicação do **princípio da congruência**, segundo o qual, o julgamento deve se limitar ao que foi pedido (aqui é importante registrar, porém, que, no **controle difuso**, nada impede que, mesmo sem provocação, uma inconstitucionalidade seja reconhecida **incidentalmente** em qualquer tipo de processo – inclusive, em processo de controle concentrado de constitucionalidade –, pois, como estudamos, o controle difuso não depende de provocação para ser realizado).

Nessa linha de raciocínio, se, por exemplo, for ajuizada uma ADI contra uma lei estadual violadora da Constituição Federal e o legitimado ativo deixar de impugnar, na mesma ação, uma norma da Constituição do respectivo Estado dotada de conteúdo idêntico ao dessa lei, não haverá aí uma situação de inconstitucionalidade por arrastamento, porque uma Constituição Estadual não depende da existência de uma lei estadual para ter sentido. Logo, nessa hipótese, a ação não terá utilidade (pois, ainda que ela seja julgada procedente, o vício de inconstitucionalidade continuará existindo no ordenamento jurídico) e, por isso, deverá ser extinta sem julgamento de mérito.

Por fim, é importante registrar que a situação da inconstitucionalidade por arrastamento **não se confunde com a hipótese em que um determinado instituto jurídico é disciplinado por um complexo de normas que se interconectam formando um todo unitário** de uma maneira que a aplicação e a interpretação desse instituto apenas possam ser feitas caso todas essas normas estejam presentes.

Quando se está diante de um complexo de normas que regem um determinado instituto, essas normas, embora sejam interdependentes do ponto de vista jurídico (pois elas se interconectam para estabelecer a disciplina jurídica de um determinado instituto), não são interdependentes do ponto de vista lógico. Ou seja, **nesse caso, uma norma não é a razão de existir de outra norma** (como ocorre em uma situação de inconstitucionalidade por arrastamento), mas, sim, uma norma disciplina aspectos de um determinado instituto jurídico e outra norma disciplina outros aspectos desse mesmo instituto jurídico, de modo que **elas se complementam e passam a compor um todo unitário** (e isso faz com que, para que esse instituto jurídico seja compreendido na sua inteireza, seja necessário que todas as normas que o disciplinam estejam presentes).

Em uma situação como essa, **o Supremo Tribunal Federal exige que todas as normas integrantes do complexo normativo sejam impugnadas**, não podendo o legitimado ativo selecionar apenas uma ou algumas delas para serem objeto da ação de controle concentrado de constitucionalidade. Isso porque, se fosse possível uma impugnação "seletiva" de normas integrantes de um mesmo complexo normativo, o que ocorreria seria uma manipulação desse complexo de normas, para que ele deixasse de ter determinado conteúdo e passasse a ter um conteúdo diferente. Haveria, em última análise, a criação de um novo complexo normativo pelo STF como decorrência da realização do controle de constitucionalidade, o que não é admitido pela Corte, por **violar a separação dos Poderes**.

Esse entendimento foi adotado pelo Supremo Tribunal Federal, por exemplo, na **ADI 2422 AgR** (j. 10/05/2012), na qual houve a impugnação de uma norma específica que tratava do poder de polícia ambiental da União, sem que fosse impugnado todo o complexo de normas que disciplinava o poder fiscalizatório da União em matéria ambiental.

Nesse caso, pelos motivos que vimos acima, o STF não admitiu a ação (ela, portanto, foi **extinta sem julgamento de mérito**), tendo o relator do processo (Min. Celso de Mello) esclarecido no seu voto que, *"em um contexto no qual se destaque um complexo normativo indecomponível, que seja somente capaz de atuar "in solidum", vale dizer, quando presentes e* *eficazes todos os preceitos que nele se acham incorporados,* ***qualificando-se, em tal situação, como uma verdadeira e incindível unidade estrutural, mostra-se inviável proceder, em sede de controle abstrato, a um questionamento seletivo de determinadas prescrições,*** *pelo fato de estas, por integrarem a totalidade do sistema, não admitirem impugnações isoladas, sob pena de completa desarticulação e desagregação do próprio sistema normativo a que se acham incorporadas, o que culminaria, até mesmo, por viabilizar, por parte do órgão investido de jurisdição constitucional, uma inadmissível reelaboração da própria lei,* ***o que afrontaria, gravemente, o postulado constitucional da separação de poderes****".*

Veja o teor da ementa que esse julgamento recebeu:

> "(...) **DIPLOMAS NORMATIVOS QUE INTEGRAM COMPLEXO NORMATIVO INCINDÍVEL** – NECESSIDADE DE IMPUGNAÇÃO ABRANGENTE DE TODAS AS NORMAS UNIDAS PELO VÍNCULO DE CONEXÃO – INOCORRÊNCIA – INVIABILIDADE DA AÇÃO DIRETA. – Tratando-se de **normas legais e de diplomas legislativos que se interconexionam ou que mantêm, entre si, vínculo de dependência jurídica**, cabe ao autor da ação direta, ao postular a declaração de inconstitucionalidade, **abranger, no alcance desse "judicium", todas as regras unidas pelo vínculo de conexão**, sob pena de, em não o fazendo, tornar inviável a própria instauração do controle concentrado de constitucionalidade. – Em situação de mútua dependência normativa, em que as regras estatais interagem umas com as outras, condicionando-se, reciprocamente, em sua aplicabilidade e eficácia, **revela-se incabível a impugnação tópica ou fragmentária de apenas algumas dessas normas**, considerada a circunstância de o complexo normativo que elas integram qualificar-se como unidade estrutural incindível, **a inviabilizar questionamentos seletivos e isolados de determinadas prescrições normativas**. – Em tal contexto, e **pelo fato de referidas normas integrarem a totalidade do sistema, não se admitem, em sede de controle normativo abstrato, impugnações isoladas ou tópicas**, sob pena de completa desarticulação e desagregação do próprio sistema normativo a que se acham incorporadas. (...)" **(ADI 2422 AgR, Pleno, Rel. Min. CELSO DE MELLO, j. 10/05/2012)**

▪ AJUIZAMENTO DE ADI EM FACE DE LEI JÁ REVOGADA

É possível ajuizar ADI em face de lei já revogada? Há duas perspectivas sobre isso.

Primeiramente, conforme visto acima, segundo o Supremo Tribunal Federal, não cabe ADI em face de lei já revogada, não podendo a declaração de inconstitucionalidade de lei que foi revogada previamente ao ajuizamento da ação ser objeto único de uma ADI. Essa é a regra.

Portanto, a ADI não pode ser proposta contra uma lei que já se encontra revogada, por haver impossibilidade jurídica do pedido, já que não é possível retirar do ordenamento jurídico e "jogar fora" aquilo que já foi "jogado fora". Nesse sentido, o seguinte julgado do STF:

> "Há, porém, no caso, impossibilidade jurídica do pedido, porquanto esta Corte já firmou jurisprudência no sentido de que a Ação Direta de Inconstitucionalidade não é cabível quando a arguição se faz em face de Constituição já revogada, **nem quando o ato normativo impugnado foi revogado antes da propositura dela**. Ação Direita de Inconstitucionalidade não conhecida." **(ADI 3, Rel. Min. Moreira Alves, Pleno, j. em 07/02/1992)**

Mas há uma segunda perspectiva na abordagem desse tema, a saber: o pedido de declaração de inconstitucionalidade de lei já revogada não pode ser o pedido único e principal da ADI, mas pode ser feito como pedido sucessivo no bojo dessa ação de controle concentrado abstrato.

Portanto, quando se trata de pedido sucessivo, há interesse na ADI, justamente **para afastar um efeito repristinatório indesejado.**

Vejamos um exemplo.

Imagine que uma ADI seja proposta em face de uma lei que está em vigor e que essa lei tenha revogado outra lei. Se a lei em vigor for declarada inconstitucional, ocorrerá, em regra, o efeito repristinatório, tornando novamente aplicável a lei que havia sido revogada. Caso a lei que havia sido revogada também seja inconstitucional, o efeito repristinatório gerado pela decisão que declarou a inconstitucionalidade da norma revogadora será indesejado, pois será um efeito repristinatório que "ressuscitará" uma norma que viola a Constituição. Justamente para evitar isso, é possível que o legitimado ativo formule um pedido sucessivo na ADI requerendo que, além da inconstitucionalidade da lei em vigor, seja reconhecida a inconstitucionalidade da lei revogada (perceba que, com a declaração da inconstitucionalidade da norma revogada, fica evitada a eficácia repristinatória da decisão, já que não sobra mais nenhuma norma para ser "ressuscitada").

Enfim, se a legislação revogada também é inconstitucional, é possível afastar o efeito repristinatório, que, nesse caso, é indesejado. E o STF entende que, para afastar o efeito repristinatório indesejado, a petição inicial deve impugnar, também, a norma anterior (revogada), formulando-se pedidos sucessivos de declaração de inconstitucionalidade. Além disso, se a lei revogada houver revogado uma outra lei também inconstitucional, essa outra lei revogada também deve ser impugnada na inicial da ADI.

Portanto, toda a cadeia normativa que apresente o vício de inconstitucionalidade deve ser impugnada na ADI.

Outro detalhe é que, segundo entende o STF, a impugnação na ADI deve, a princípio, abranger toda a cadeia normativa tida como inconstitucional, mas **apenas até a data da promulgação da CF/88.** Assim, atos revogados que sejam anteriores à Constituição não devem ser impugnados e o motivo é simples: normas anteriores à Constituição não podem ser inconstitucionais, mas, no máximo, não recepcionadas.

Ademais, segundo já afirmou expressamente o STF, "o efeito repristinatório da declaração de inconstitucionalidade não revigora a vigência de normas pré-constitucionais" (ADI 3111).

> **Ementa:** CONSTITUCIONAL. ADI. EFEITO REPRISTINATÓRIO E IMPUGNAÇÃO DA CADEIA NORMATIVA POSTERIOR À CF/88. (...) PRECEDENTES. 1. **O efeito repristinatório da declaração de inconstitucionalidade não revigora a vigência de normas pré-constitucionais, não havendo óbice ao conhecimento de ação direta que se limita a impugnar parte de cadeia normativa editada após a CF/88**, conforme precedente firmado na ADI 3.660 (Rel. Min. GILMAR MENDES, Tribunal Pleno, DJe de 8/5/2008). (...)
>
> **(ADI 3111, Pleno, Rel. Min. ALEXANDRE DE MORAES, j. 30/06/2017)**

Mas o que acontece com a ADI se o legitimado ativo não impugnar toda a cadeia normativa inconstitucional posterior à CF/88?

Em um primeiro momento, o STF firmou entendimento no sentido de que, na hipótese de não haver a impugnação, na ADI, de toda a cadeia de normas revogadas e revogadoras que sofram do vício de inconstitucionalidade, a ação não poderia ser conhecida.

Isso porque, em regra, na ADI o STF deve observar a congruência (pois o pedido nessa ação é fechado, ao contrário da causa de pedir, que é aberta), apenas podendo declarar a inconstitucionalidade da norma que houver sido impugnada, exceto em caso de inconstitucionalidade por arrastamento. Logo, não havendo impugnação capaz de evitar o efeito repristinatório indesejado, não poderia a ADI ser conhecida. O Supremo Tribunal Federal decidiu nesse sentido, por exemplo, nas ADIs 3148, 3111 e 5260.

Esse posicionamento, no entanto, recebia críticas.

Uma linha doutrinária defendia que a não impugnação de toda a cadeia normativa não deveria impedir o conhecimento da ADI e o afastamento do efeito repristinatório indesejado, pois o STF pode realizar a modulação dos efeitos da decisão (como prevê o art. 27 da Lei 9.868/99), fazendo com que a declaração de inconstitucionalidade não tenha eficácia retroativa à origem da norma impugnada. Portanto, segundo essa linha de pensamento, bastaria que o STF modulasse os efeitos da declaração de inconstitucionalidade para que a norma impugnada gerasse efeitos no mundo jurídico e, assim, revogasse as normas anteriores a ela (o que impediria que essas normas anteriores "ressuscitassem").

Inclusive, o Ministro Gilmar Mendes, na ADI 3660, propôs exatamente isso: relativizar a exigência de impugnação de toda a cadeia normativa apontada como inconstitucional, tendo em vista que o Tribunal pode sempre deliberar sobre a modulação dos efeitos da decisão e, assim, evitar o efeito repristinatório indesejado.

Inicialmente essa sugestão não foi acolhida, pois, na **ADI 5260** (j. 11/10/2018), o STF decidiu que *"a ausência de impugnação de toda a cadeia normativa, ressalvados os diplomas normativos anteriores à Constituição Federal de 1988, enseja o não conhecimento da ação ajuizada"*.

Esse entendimento, no entanto, era prejudicial ao controle de constitucionalidade e à preservação da higidez da Constituição, pois impedia o conhecimento de ações em virtude de falhas cometidas pelo legitimado ativo.

Por isso, acolhendo a crítica doutrinária e a sugestão dada pelo Min. Gilmar Mendes na ADI 3660, o Supremo Tribunal Federal mudou o seu posicionamento e passou a entender que a ausência de impugnação de toda a cadeia normativa inconstitucional posterior ao paradigma de controle não impede o conhecimento da ação, justamente porque o STF pode delimitar os efeitos da sua decisão declaratória de inconstitucionalidade, podendo, inclusive, estabelecer que ela não gerará efeitos repristinatórios.

Esse novo entendimento foi adotado, por exemplo, na **ADI 7110** (j. 14/09/2022), na qual o Supremo Tribunal Federal afirmou expressamente que *"não obsta a cognição da ação direta a falta de impugnação de ato jurídico revogado pela norma tida como inconstitucional, supostamente padecente do mesmo vício, que se teria por repristinada. Cabe à Corte, ao delimitar a eficácia da sua decisão, se o caso, excluir dos efeitos da decisão declaratória eventual efeito repristinatório quando constatada incompatibilidade com a ordem constitucional"*.

E a Min. Rosa Weber (relatora do caso) registrou no seu voto que, *"se o Tribunal pode atribuir eficácia temporária à lei declarada inconstitucional, ou não recepcionada, pela mesma lógica **não lhe é vedado excluir, dos efeitos da decisão declaratória,***

***eventual efeito repristinatório**, uma vez constatada incompatibilidade com a ordem constitucional".*

Inclusive, o mesmo posicionamento já havia sido adotado pelo STF na **ADI 3239**, julgada em 08/02/2018.

E não é só.

Para evitar a extinção da ADI em virtude do efeito repristinatório indesejado, o STF também admite o uso da **declaração de inconstitucionalidade por arrastamento.**

Esse entendimento foi adotado pela Corte, por exemplo, na ADI 5076, julgada em 13/03/2023.

Essa ação foi ajuizada para impugnar uma norma do Estado de Rondônia que havia revogado uma norma anterior que também era inconstitucional (pois tinha conteúdo semelhante ao da norma impugnada). O legitimado ativo, no entanto, não realizou a impugnação da norma revogada, ou seja, ele não impugnou toda a cadeia normativa inconstitucional posterior ao paradigma de controle, de modo que se tornou possível a ocorrência do efeito repristinatório indesejado.

O Supremo Tribunal Federal, no entanto, admitiu a ação e julgou o seu mérito em relação a ambas as normas (a que foi impugnada e a que foi revogada por ela), utilizando, para viabilizar isso, a técnica da **declaração de inconstitucionalidade por arrastamento** (o STF declarou a inconstitucionalidade da norma impugnada e, por arrastamento, da norma revogada).

No caso, o STF decidiu que, quando há uma **relação de íntima conexão** entre a norma impugnada e a norma que ela revogou (e essa era a situação, já que as duas normas tratavam do mesmo tema e tinham disposições semelhantes), a ação pode ser julgada no mérito em relação a ambas as normas, ainda que a norma revogada não tenha sido impugnada. Isso porque, em relação a esta última, é possível a declaração de inconstitucionalidade por arrastamento, **o que evita o efeito repristinatório indesejado**.

Como se pode perceber, nesse caso, mesmo o legitimado ativo não tendo realizado a impugnação de toda a cadeia normativa inconstitucional, o Supremo Tribunal Federal evitou tanto a extinção do processo quanto o efeito repristinatório indesejado por meio da utilização da declaração de inconstitucionalidade por arrastamento da norma que não foi impugnada.

Da leitura do inteiro teor do julgamento, é possível perceber que o STF fez isso porque o tema debatido na ação (competência para legislar sobre porte de arma de fogo) era muito relevante e vinha gerando algumas divergências, o que tornou necessário que o Tribunal se pronunciasse sobre o seu mérito. Foi, portanto, uma decisão pragmática.

Porém, o fato é que há na jurisprudência do Supremo Tribunal Federal entendimento no sentido de que, em uma situação de possível efeito repristinatório indesejado no controle abstrato de constitucionalidade, ainda que o legitimado ativo não realize a impugnação de toda a cadeia normativa posterior ao paradigma de controle, a ação pode ser conhecida e julgada no mérito, por ser possível a declaração de inconstitucionalidade por arrastamento da norma que não foi impugnada (desde que entre ela e a norma impugnada haja uma relação de íntima conexão), evitando-se, com isso, a ocorrência do efeito repristinatório indesejado.

É importante registrar, no entanto, que, do ponto de vista técnico, o uso da declaração de inconstitucionalidade por arrastamento nesse caso não é adequado, pois a inconstitucionalidade por arrastamento é aquela que atinge uma norma quando a norma que é a sua razão de existir é inconstitucional. Portanto, a inconstitucionalidade por arrastamento apenas ocorre quando há uma relação de interdependência entre duas normas e uma delas é inconstitucional, o que faz com que a outra norma também seja inválida (por arrastamento). Diferentemente disso, em um cenário de efeito repristinatório indesejado, o que temos é uma cadeia de normas que se sucedem em virtude de uma haver revogado a outra. Nessa situação, não há espaço para se falar em relação de interdependência entre as normas, já que não existe interdependência entre norma revogada e norma em vigor, por um motivo simples: não há sentido lógico em cogitar que algo que existe (a norma em vigor) depende de algo que não existe (a norma revogada).

Seja como for, o fato é que o entendimento que vimos acima existe na jurisprudência do Supremo Tribunal Federal.

Então, em resumo, **hoje nós temos o seguinte quadro no STF sobre o efeito repristinatório indesejado:**

I) Para evitá-lo, o legitimado ativo deve realizar a **impugnação de toda a cadeia normativa inconstitucional** que seja posterior ao paradigma de controle.

II) Quando o legitimado ativo não realiza a impugnação de toda a cadeia normativa inconstitucional posterior ao paradigma de controle, não é mais necessário extinguir o processo, porque: I) o STF pode **delimitar a eficácia da decisão declaratória de inconstitucionalidade** (já que pode modular os seus efeitos), estabelecendo, inclusive, que ela não terá efeito repristinatório; e II) é possível a **declaração de inconstitucionalidade por arrastamento** da norma que não foi impugnada, quando entre ela e a norma impugnada há uma relação de íntima conexão (como ocorre quando ambas tratam do mesmo tema e têm conteúdos semelhantes).

▶ Efeito repristinatório indesejado e impugnação de normas anteriores à Constituição

Conforme acabamos de estudar, o STF não admite o ajuizamento de ADI contra normas anteriores ao paradigma constitucional de controle, seja este uma norma originária da Constituição ou uma norma resultante de emenda constitucional.

Isso porque, em relação a normas pré-constitucionais, o confronto delas com o texto constitucional consubstancia um juízo de recepção ou não recepção, e não um juízo de constitucionalidade ou inconstitucionalidade. Em outras palavras: segundo a jurisprudência do Supremo Tribunal Federal, normas anteriores à Constituição, caso sejam com ela incompatíveis, não são consideradas inconstitucionais, mas sim não recepcionadas (nesse caso, o STF fala em revogação por não recepção).

Além disso, vimos que o Supremo Tribunal Federal também não admite o ajuizamento de ADI para impugnar norma que já se encontra revogada no momento em que a ação é ajuizada, exceto quando a norma impugnada houver revogado normas anteriores também inconstitucionais. Nessa hipótese, para evitar o chamado **efeito repristinatório indesejado**, o STF exige, sob pena de indeferimento da petição inicial, que seja impugnada na ADI todas as normas integrantes da cadeia normativa que foi revogada pelo objeto principal da ação, desde que posteriores ao paradigma constitucional invocado como violado (pois, como vimos, em relação a normas anteriores ao paradigma constitucional de controle, não cabe ADI).

Isso significa que não se admite que, para evitar o efeito repristinatório indesejado, o legitimado ativo impugne na ADI a cadeia normativa completa, inclusive, as normas anteriores ao paradigma constitucional de controle? **Não exatamente.**

Na **ADI 4711**, julgada em 08/09/2021, o Supremo Tribunal Federal decidiu que, quando o legitimado ativo, com a finalidade de evitar o efeito repristinatório indesejado, realiza, por um excesso de zelo, a impugnação de toda a cadeia normativa, inclusive dos atos anteriores à norma constitucional que alega ter sido violada, é possível admitir a impugnação em sua integralidade e conhecer da ADI, julgando o seu mérito sem excluir nenhuma das normas impugnadas, mesmo as pré-constitucionais. Nesse caso, se o Tribunal julgar a ação procedente, a decisão reconhecerá a inconstitucionalidade das normas posteriores ao paradigma de controle e a revogação por não recepção das normas anteriores a ele.

Isso foi explicado de forma esclarecedora pelo Min. Luís Roberto Barroso (relator) em seu voto, ao lembrar de um precedente do Tribunal que foi relatado pelo Min. Gilmar Mendes. Veja:

> "(...)
>
> 4. A declaração de inconstitucionalidade em abstrato de normas legais, diante do efeito repristinatório que lhe é inerente, importa na restauração dos preceitos normativos revogados pela lei declarada inconstitucional. Sendo assim, a jurisprudência desta Corte exige a impugnação da íntegra da cadeia normativa incompatível com a Constituição, para que a decisão do Supremo Tribunal Federal atinja as leis que "exteriorizem os mesmos vícios de inconstitucionalidade que inquinam a legislação revogadora" (v. ADI 3.148, Rel. Min. Celso de Mello, j. em 13.12.2006).
>
> 5. Não se desconhece que este Supremo Tribunal Federal exige apenas a impugnação da cadeia de normas revogadoras e revogadas até o advento da Constituição de 1988, porquanto o controle abstrato de constitucionalidade abrange tão somente o direito pós-constitucional. Nada obstante, esta Corte admite o cabimento de ação direta de inconstitucionalidade nos casos em que o autor, por precaução, inclui, em seu pedido, também a declaração de revogação de normas anteriores à vigência do novo parâmetro constitucional. Transcreva-se, nessa linha, trecho elucidativo do voto do Min. Gilmar Mendes na ADI 3.660:
>
> "(...)
>
> Assim, na delimitação inicial do sistema normativo, o requerente deve verificar a existência de normas revogadas que poderão ser eventualmente repristinadas pela declaração de inconstitucionalidade das normas revogadoras. Isso implica, inclusive, a impugnação de toda a cadeia normativa de normas revogadoras e revogadas, sucessivamente.
>
> Por outro lado, é preciso levar em conta que o processo de controle abstrato de normas destina-se, fundamentalmente, à aferição da constitucionalidade de normas pós-constitucionais (ADI nº 2, Rel. Min. Paulo Brossard, DJ 2.2.1992). Dessa forma, eventual colisão entre o direito pré-constitucional e a nova Constituição

> deve ser simplesmente resolvida pelos princípios de direito intertemporal (*lex posterior derogat priori*).
>
> Assim, considerando ambos os entendimentos professados pela jurisprudência, a conclusão não pode ser outra senão a de que a impugnação deve abranger apenas a cadeia de normas revogadoras e revogadas até o advento da Constituição de 1988.
>
> (...)
>
> Não se pode deixar de considerar, ademais, que, nos casos em que o requerente, por excesso de cuidado, impugnou toda a cadeia normativa, mesma as normas anteriores ao texto constitucional de 1988, poderá o Tribunal conhecer da ação e declarar a inconstitucionalidade das normas posteriores a 5 de outubro de 1988 e, na mesma decisão, declarar a revogação das normas anteriores a essa data. (...)"
> (ADI 3660, Rel. Min. Gilmar Mendes, j. em 13.03.2008).
>
> (...)"
>
> **(ADI 4711, Pleno, trecho do voto do Rel. Min. ROBERTO BARROSO, j. 08/09/2021)**

Esse entendimento também ficou estampado na ementa do julgamento, onde foi registrado que *"o Supremo Tribunal Federal exige a impugnação da cadeia de normas revogadoras e revogadas até o advento da Constituição de 1988, porquanto o controle abstrato de constitucionalidade abrange tão somente o direito pós-constitucional. Nada obstante, esta Corte admite o cabimento de ação direta de inconstitucionalidade nos casos em que o autor, por precaução, inclui, em seu pedido, também a declaração de revogação de normas anteriores à vigência do novo parâmetro constitucional"*.

Em momento posterior, o STF adotou novamente esse posicionamento, o que ocorreu na **ADI 6500** (j. 13/03/2023), na qual a Corte, fazendo referência ao precedente da ADI 4711, afirmou que, *"ainda que se entenda necessária apenas a impugnação das normas posteriores à Constituição, não é vedada a inclusão das anteriores por precaução do requerente, a fim de evitar o efeito repristinatório indesejado"*.

▪ AJUIZAMENTO DE ADI EM FACE DE LEI COM EFICÁCIA SUSPENSA NO ÂMBITO DA COMPETÊNCIA LEGISLATIVA CONCORRENTE

Como vimos, em regra, é incabível o ajuizamento de ADI para impugnar uma lei que, no momento da propositura da ação, já se encontra revogada. Isso porque uma lei revogada já não mais existe no ordenamento jurídico, de modo que se torna impossível retirá-la do mundo jurídico por meio de uma ação de controle abstrato de constitucionalidade.

E quanto à lei que não foi revogada, mas se encontra com a eficácia suspensa? É possível o ajuizamento de ADI contra ela?

Essa questão tem especial interesse no âmbito da **competência legislativa concorrente**. Esse tema ainda será estudado (há um capítulo específico neste livro sobre repartição constitucional de competências, e, nele, abordamos a competência legislativa concorrente), mas é necessário saber neste momento o seguinte: segundo a CF/88, no âmbito da competência legislativa concorrente, a União atua editando normas gerais e os Estados, normas específicas para suplementar as normas gerais da União.

Caso a União não edite as normas gerais sobre determinado tema da competência legislativa concorrente, os Estados podem editar tanto as normas específicas quanto as normas gerais que deixaram de ser editadas pela União. Nessa situação, os Estados exercem a chamada **competência legislativa plena**.

O exercício da competência legislativa plena pelos Estados não impede que a União, posteriormente, venha a editar as normas gerais que deveria ter editado desde o início. Caso isso ocorra, as normas gerais que os Estados haviam editado e que sejam contrárias às normas gerais supervenientes editadas pela União ficam com a eficácia suspensa.

Perceba o seguinte: as normas gerais supervenientes da União **não revogam** as normas gerais anteriores dos Estados, mas **apenas suspendem a sua eficácia**.

Tudo isso está estabelecido nos §§ 1º a 4º do art. 24 da CF/88. Veja:

> "**Art. 24, CF/88.** (...)
>
> **§ 1º** No âmbito da legislação concorrente, **a competência da União limitar-se-á a estabelecer normas gerais**.
>
> **§ 2º** A competência da União para legislar sobre normas gerais **não exclui a competência suplementar dos Estados.**
>
> **§ 3º** Inexistindo lei federal sobre normas gerais, **os Estados exercerão a competência legislativa plena**, para atender a suas peculiaridades.
>
> **§ 4º** A superveniência de lei federal sobre normas gerais **suspende a eficácia da lei estadual**, no que lhe for contrário."

E esse é o contexto do questionamento que foi feito acima: **no âmbito da competência concorrente, uma lei estadual (de normas gerais) que esteja com a eficácia suspensa em virtude da superveniência de lei federal sobre a mesma matéria pode ser objeto de ADI?**

A resposta é **sim**.

É possível ajuizar ADI contra lei estadual com eficácia suspensa no âmbito da competência legislativa concorrente por um motivo simples: em uma ação de controle concentrado abstrato de constitucionalidade, o que é analisado pelo Tribunal é a VALIDADE da norma, e não a sua eficácia, de modo que o ajuizamento de uma ADI contra uma lei cuja eficácia esteja suspensa tem utilidade, pois uma lei com eficácia suspensa continua existindo no ordenamento jurídico e, portanto, continua tendo aptidão para violar a Constituição.

Além disso, no âmbito da competência legislativa concorrente, é plenamente possível que uma lei estadual de normas gerais que teve sua eficácia suspensa pela superveniência de uma lei federal volte, em algum momento posterior, a ter eficácia. Para que isso ocorra, basta, por exemplo, que a lei federal que havia paralisado a eficácia da lei estadual seja revogada. A possibilidade de retorno da eficácia da lei estadual é mais um fator que deixa clara a utilidade de se ajuizar uma ADI para impugná-la (ainda que, no momento do ajuizamento da ação, a eficácia da lei estadual esteja suspensa).

Esse entendimento, inclusive, já foi adotado pelo Supremo Tribunal Federal, o que ocorreu na **ADI 7112**, julgada em 22/11/2022.

Nesse precedente, o STF decidiu que **é possível o ajuizamento de ADI contra lei estadual com eficácia suspensa no âmbito da competência legislativa concorrente**. A única **exceção** a isso, segundo a Corte, é a situação em que seja **impossível o retorno da eficácia da lei estadual questionada** (nesse caso, como a lei que está com a eficácia suspensa jamais poderá ser aplicada novamente, não há utilidade no julgamento da ADI, sendo inadmissível o seu ajuizamento ou ficando ela prejudicada se já houver sido ajuizada).

Nos termos que constaram da ementa desse julgamento, *"a suspensão da eficácia de uma lei estadual, nos moldes do art. 24, § 4º, da Constituição da República, somente leva à prejudicialidade de uma ação direta de inconstitucionalidade contra ela movida nos casos em que seja impossível a retroação da eficácia do objeto. Nos demais casos, é possível o conhecimento da ADI, dado que o juízo de inconstitucionalidade opera-se na dimensão da validade, e não da eficácia"*.

Perceba que, nesse trecho, quando o Supremo Tribunal Federal fala em *"retroação da eficácia do objeto"*, ele está se referindo ao **retorno da eficácia da lei impugnada na ação**. Portanto, segundo o STF, quando se mostrar impossível que a lei estadual com eficácia suspensa volte a ter eficácia, a ADI não será cabível. Por outro lado, se não houver obstáculo ao eventual retorno da eficácia da lei estadual, a ADI será cabível.

É importante registrar que o Min. André Mendonça (relator do caso), ao proferir o seu voto, deu um exemplo de situação em que uma lei estadual com eficácia suspensa no âmbito da competência legislativa concorrente fica impossibilitada de recuperar a sua eficácia: quando o tema nela tratado vem a ser disciplinado de forma exauriente por emenda constitucional. Em uma hipótese como essa, a lei estadual fica impossibilitada de voltar a ter eficácia, pois a matéria acabou sendo completamente tratada na própria Constituição, deixando de existir qualquer espaço para se aplicar a norma estadual.

Portanto, segundo o STF, é cabível ADI contra lei estadual com eficácia suspensa no âmbito da competência legislativa concorrente, exceto se for impossível que ela eventualmente volte a ter eficácia (como ocorre quando o tema tratado na lei vem a ser disciplinado de forma exauriente por emenda constitucional).

Esse entendimento já foi cobrado em prova, como aconteceu no concurso para o cargo de Procurador do Estado de Minas Gerais realizado pela FGV em 2022.

Nessa prova, a banca examinadora apresentou, em uma das questões, o seguinte enunciado: *"o Estado Alfa, no exercício de competência legislativa concorrente e à mingua de qualquer norma da União sobre a respectiva matéria, editou a Lei nº XX. Em momento posterior, a União veiculou normas gerais sobre a matéria por meio da Lei nº YY, as quais eram totalmente colidentes com os comandos da Lei estadual nº XX. Quando a Lei nº YY já se encontrava em vigor, o Estado Alfa editou a Lei nº WW, que também colidia frontalmente com os seus comandos"*. Em seguida, foi perguntado qual dessas leis estaduais poderia ser impugnada em controle concentrado de constitucionalidade perante o STF, e foi considerada correta a assertiva que dizia que *"ambas podem ser objeto de controle"*.

Como se pode perceber, o gabarito da banca examinadora está de acordo com o entendimento adotado pelo STF na ADI 7112 (que vimos acima), pois admitiu o ajuizamento de ação de controle concentrado abstrato de constitucionalidade contra lei estadual com eficácia suspensa no âmbito da competência legislativa concorrente.

No entanto, é necessário fazer um **ALERTA** quanto ao entendimento que essa banca específica (a FGV) adotou nesse caso.

Inicialmente, quando divulgou o gabarito preliminar da prova, a banca não admitiu o ajuizamento de ação de controle concentrado de constitucionalidade contra as duas leis estaduais mencionadas na questão, mas apenas contra a segunda (ou seja, a banca, em um primeiro momento, rejeitou a possibilidade de se impugnar em uma ação de controle abstrato de constitucionalidade uma lei com eficácia suspensa). Após os recursos, a banca alterou o gabarito preliminar e passou a admitir o controle concentrado de constitucionalidade contra ambas as leis (na linha, portanto, do precedente do Supremo Tribunal Federal que vimos acima).

Porém, ao fundamentar o acolhimento dos recursos e a mudança do gabarito, a banca afirmou que seria possível o ajuizamento de ADPF (e não de ADI) contra a lei estadual com eficácia suspensa, e fundamentou esse entendimento no fato de que, ao ser editada, a lei não estava com a eficácia suspensa e que a suspensão da eficácia foi superveniente à criação da lei, o que não poderia (segundo a banca) ser objeto de análise em uma ADI. No entanto, nenhum precedente do Supremo Tribunal Federal foi indicado pela FGV para fundamentar a sua conclusão de que a ação cabível seria a ADPF em vez da ADI.

A banca tão somente afirmou que *"a Lei estadual nº XX, por não apresentar nenhum vício contemporâneo à sua edição, não pode ser objeto de ação direta de inconstitucionalidade. No entanto, pode ser manejada a arguição de descumprimento de preceito fundamental contra ela, ocasião em que se discutirá a sua compatibilidade com a nova conformação constitucional (Lei nº 9.882/1999, Art. 1º, parágrafo único, I), ainda que a sua eficácia esteja suspensa"*.

Com todo o respeito possível ao examinador, não há como concordar com essa fundamentação. Isso porque, no controle concentrado de constitucionalidade, o paradigma de controle (isto é, o parâmetro superior) é sempre uma norma da Constituição, e, no caso da questão apresentada na prova, não houve alteração do texto constitucional após a edição da lei estadual que teve a eficácia suspensa. Em outras palavras: a lei estadual que teve a eficácia suspensa era **POSTERIOR** à Constituição, de modo que não há sentido em falar que o instrumento adequado para impugná-la seria a ADPF.

Ademais (embora isso não seja indispensável para demonstrar o equívoco da FGV, mas apenas um argumento adicional), a questão apresentada pela banca não especificou se a causa de pedir da ação de controle de constitucionalidade seria a violação a alguma norma constitucional de repartição de competências, o que deixou em aberto a possibilidade de, no caso hipotético apresentado, o STF analisar a validade da norma à luz de qualquer disposição da Constituição. Ora, se o paradigma constitucional de controle não era necessariamente uma norma de repartição de competências, a superveniência da lei federal de normas gerais é irrelevante para se analisar qual seria a ação cabível para impugnar a lei estadual suspensa, de modo que não é possível invocar a lei federal superveniente como um motivo para impedir o uso da ADI e impor o manejo da ADPF.

O equívoco da banca fica mais cabalmente demonstrado pelo fato de que ela não conseguiu mencionar nenhum precedente do STF para fundamentar o seu entendimento. Por outro lado, como vimos acima, existe precedente do Supremo Tribunal Federal admitindo ADI (e não ADPF) contra lei estadual com eficácia suspensa no âmbito da competência legislativa concorrente. Por isso, admitir o cabimento de ADI realmente é o posicionamento mais adequado, tendo em vista a jurisprudência do STF sobre controle de constitucionalidade.

No entanto, é importante ter conhecimento da fundamentação que foi apresentada pela FGV para alterar o gabarito, pois isso, embora tecnicamente equivocado, pode ser útil em novas provas da banca.

Seja como for, após essa prova, **o tema foi novamente cobrado pela própria FGV**, o que ocorreu na etapa discursiva do concurso para o cargo de Juiz Substituto do TJ/GO realizada em 2024. Nessa prova, a banca examinadora apresentou uma questão com o seguinte enunciado: *"analise se a Constituição da República reconhece, ou não, a possibilidade de existir uma norma legal que, apesar de ultrapassado o período de vacatio legis, não produza efeitos, bem como os reflexos da referida possibilidade ou impossibilidade em relação à sua submissão ao controle concentrado de constitucionalidade, via ação direta de inconstitucionalidade, perante o Supremo Tribunal Federal".*

Como se pode perceber, dessa vez em uma questão subjetiva, a FGV voltou a cobrar o tema que vimos acima.

REQUISITOS DA PETIÇÃO INICIAL DA ADI GENÉRICA

A inicial de uma ADI deve observar os requisitos da petição inicial previstos no Código de Processo Civil (pois de petição inicial se trata), além dos requisitos específicos previstos na Lei 9.868/99, que é o diploma que disciplina essa ação de controle concentrado de constitucionalidade. Esses requisitos específicos estão indicados no art. 3º dessa lei.

> "**Art. 3°, Lei 9.868/99.** A petição indicará:
>
> **I** - o dispositivo da lei ou do ato normativo impugnado e os fundamentos jurídicos do pedido em relação a cada uma das impugnações;
>
> **II** - o pedido, com suas especificações."

O inciso I desse art. 3º deixa claro que a inicial da ADI deve indicar o objeto da ação (*"o dispositivo da lei ou do ato normativo impugnado"*) e a causa de pedir (*"os fundamentos jurídicos do pedido"*).

Já tratamos do objeto da ADI. Vamos, agora, tratar da sua causa de pedir.

Fundamentos jurídicos do pedido (causa de pedir) da ADI genérica

No bojo da causa de pedir (isto é, nos fundamentos jurídicos do pedido), a inicial da ADI deve apontar os dois parâmetros do controle de constitucionalidade, que são o parâmetro superior (a norma constitucional tida por violada) e o parâmetro inferior (o objeto, isto é, o dispositivo da lei ou ato normativo que se tem por violador da Constituição), além de indicar especificamente em que consiste a contrariedade do ato impugnado em relação ao texto constitucional.

Essa exigência de indicação específica daquilo que representa a inconstitucionalidade de cada dispositivo impugnado é o que se chama de **ônus da impugnação específica** ou **ônus da impugnação especificada.**

No momento do julgamento da ADI, os parâmetros superior e inferior devem estar vigentes nos moldes indicados na petição inicial?

A jurisprudência clássica do STF se firmou no sentido de que a modificação do parâmetro superior (ou seja, a mudança da norma constitucional que é tida por violada na ADI) prejudica a ADI já proposta ou impede o ajuizamento de ADI no futuro. Vejamos julgado do STF que demonstra esse posicionamento tradicional:

> "(...) NECESSIDADE DA VIGÊNCIA ATUAL, EM SEDE DE CONTROLE ABSTRATO, DO PARADIGMA CONSTITUCIONAL ALEGADAMENTE VIOLADO – SUPERVENIENTE MODIFICAÇÃO/SUPRESSÃO DO PARÂMETRO DE CONFRONTO E DO TEXTO DA NORMA ESTATAL IMPUGNADA – HIPÓTESE DE **PREJUDICIALIDADE** (...)." **(ADI**

2971 AgR, Rel. Min. CELSO DE MELLO, Pleno, j. em 06/11/2014) Vide ainda no STF: ADI 3404, ADI 15, ADI 396, ADI 2197, ADI 2670, ADI 2755, ADI 230; etc.

No entanto, modificando seu entendimento, o STF passou a admitir que a ADI seja julgada mesmo que tenha havido modificação do parâmetro superior (que é norma constitucional tida por violada) no curso da ação. Em outras palavras: depois que a ADI é proposta, ainda que a norma constitucional tida por violada seja revogada ou alterada, a ADI não necessariamente fica prejudicada. O Supremo Tribunal Federal vem admitindo o prosseguimento da ação nesses casos, com o objetivo de evitar que ocorra a constitucionalidade superveniente de uma norma (impugnada na ação) que nasceu inconstitucional. Isso porque, no direito brasileiro, não se admite o fenômeno da constitucionalidade superveniente. Vejamos os seguintes julgados do STF:

"Ação Direta de Inconstitucionalidade. (...) **Substancial alteração do parâmetro de controle. Não ocorrência de prejuízo. Superação da jurisprudência da Corte acerca da matéria.** (...) A Lei estadual (...), **por ser inconstitucional ao tempo de sua edição, não poderia ser convalidada pela Emenda Constitucional nº 41/03. E, se a norma não foi convalidada, isso significa que a sua inconstitucionalidade persiste e é atual**, ainda que se refira a dispositivos da Constituição Federal que não se encontram mais em vigor, alterados que foram pela Emenda Constitucional nº 41/03. Superada a preliminar de prejudicialidade da ação, fixando o entendimento de, **analisada a situação concreta, não se assentar o prejuízo das ações em curso, para evitar situações em que uma lei que nasceu claramente inconstitucional volte a produzir, em tese, seus efeitos** (...)" **(ADIs 2189 e 2158, Rel. Min. DIAS T OFFOLI, Pleno, j. em 15/09/2010)** Vide ainda: ADIs 1835, 94, 2158, 2189, 239, 1333, 1835, 509; etc.

Ementa: (...) 7. **A alteração do parâmetro constitucional, quando o processo ainda em curso, não prejudica a ação.** Precedente: ADI 2189, rel. Min. Dias Toffoli, DJe 16.12.2010. (...)

(ADI 94/RO; Relator(a): Min. GILMAR MENDES; Julgamento: 07/12/2011; Órgão Julgador: Tribunal Pleno)

EMENTA: (...) 2. **Tendo em vista que a presente ação foi ajuizada em 1989, algumas disposições constitucionais apontadas como parâmetro constitucional de controle foram alteradas durante o transcurso do processamento da ação. Afasta-se, no entanto, a alegação de prejuízo da ação em virtude dessas alterações, na esteira da jurisprudência mais recente da Corte** (ADI nº 2.158/PR e nº 2.189/PR, de minha relatoria, DJe de 16/12/10; ADI nº 94/RO, Relator o Ministro Gilmar Mendes, DJ de 16/12/11; ADI nº 239/RJ, de minha relatoria, DJe 30/10/14). (...) **(ADI 145/CE; Relator(a): Min. DIAS TOFFOLI; Julgamento: 20/06/2018; Órgão Julgador: Tribunal Pleno)**

Inclusive, em julgados mais recentes, o STF nem mesmo tem condicionado o prosseguimento da ADI à prévia constatação de que a norma impugnada já era inconstitucional perante a redação anterior do paradigma constitucional de controle. A Corte, diante da alteração do parâmetro superior no curso do processo, tem simplesmente afirmado que a modificação no texto constitucional apontado como violado não prejudica o julgamento da ADI, pois, dessa forma, evita-se eventual constitucionalidade superveniente da norma impugnada.

Isso ocorreu, por exemplo, na **ADI 856** (j. 04/09/2023), na qual o Supremo Tribunal Federal afirmou simplesmente que *"**a alteração do parâmetro de controle indicado na inicial da Ação Direta de Inconstitucionalidade não gera perda do interesse de agir**, porquanto **impossível a convalidação superveniente de vício de inconstitucionalidade**, de modo que a situação de ofensa à norma fundamental persistirá, sendo mister que esta Suprema Corte exerça jurisdição para corrigir o estado de contrariedade à Carta Magna"*.

Portanto, para evitar que uma norma que nasceu inconstitucional seja beneficiada com uma espécie de constitucionalidade superveniente (em virtude da alteração ou revogação do parâmetro superior de controle), o STF vem afastando o seu entendimento clássico acerca da necessidade de o parâmetro superior discutido na ADI estar vigente no momento do julgamento da ação.

E veja que, no caso de revogação ou modificação do parâmetro constitucional de controle no curso da ADI, o STF deverá realizar dois juízos sucessivos, como bem lembrou o Ministro Gilmar Mendes no julgamento da ADI 94/RO:

1) Primeiramente, analisará se o ato impugnado na ADI era compatível com o texto da Constituição Federal sob cuja vigência foi editado.

2) Em momento seguinte, caso o ato impugnado na ADI seja considerado constitucional à luz do texto original do parâmetro superior invocado na ação, o Tribunal deverá analisar se esse ato impugnado foi recepcionado ou não pela nova redação dada à Constituição.

Em relação ao parâmetro inferior, a situação é diferente: o STF entende, ainda hoje, que, como regra, a revogação do parâmetro inferior (ou seja, da norma que é apontada como violadora da Constituição) prejudica a ADI que já foi ajuizada ou impede o ajuizamento futuro da ação. Vejamos:

> "(...) A jurisprudência dessa Suprema Corte é pacífica quanto à prejudicialidade da ação direta de inconstitucionalidade, por perda superveniente de objeto, quando sobrevém a revogação ou alteração substancial da norma questionada em sua constitucionalidade (...)." **(ADI 4061 ED, Pleno, j. em 19/08/2015)** Vide ainda: ADI 2352, ADI 2971 AgR, ADI 3341, ADI 1442, ADI 254 QO; ADI 2352.

Há, porém, **exceções**, isto é, a jurisprudência do STF admite que, em determinadas hipóteses, a ADI já proposta tenha regular prosseguimento, mesmo que tenha ocorrido a revogação (ou o exaurimento da eficácia) do seu objeto. Essas situações são as seguintes:

1) Quando há fraude processual, isto é, quando o ato impugnado é revogado com o intuito de prejudicar a ADI e evitar a jurisdição do STF. Inclusive, a Suprema Corte estabeleceu um parâmetro objetivo para determinar se há ou não há fraude no caso que esteja sendo julgado: a inclusão do processo em pauta para julgamento. Assim, uma vez ocorrida a inclusão em pauta da ADI, a revogação do ato impugnado caracteriza fraude processual.

2) Quando há continuidade normativa: se o ato impugnado é revogado, mas o seu conteúdo continua em outra norma, a ADI pode prosseguir. Assim, não haverá perda do objeto se ficar demonstrado que o conteúdo do ato impugnado foi repetido, em sua essência, em outro diploma normativo. Neste caso,

como não houve desatualização significativa no conteúdo do instituto, não há obstáculo para o conhecimento da ação. Assim se decidiu, por exemplo, na ADI 2418 (Inf. 824/STF). Inclusive, essa ADI (2418) teve prosseguimento mesmo sem o aditamento da petição inicial, embora também seja possível encontrar, na jurisprudência do STF, precedente (mais antigo) no qual, em situação semelhante, o legitimado ativo aditou a inicial (ADI 4298 MC).

3) Quando a revogação do ato impugnado apenas é comunicada ao STF após o julgamento da ADI. Se o ato impugnado é revogado no curso do processo, mas a sua revogação apenas é comunicada à Suprema Corte após o julgamento da ação, a decisão proferida permanece hígida, pois, do contrário, estaria sendo admitido que a jurisdição do STF fosse manipulada para atender interesses de terceiros. Isso porque, se uma manobra como essa fosse permitida, eventual revogação de um ato impugnado em ADI apenas seria comunicada se a decisão fosse desfavorável aos interesses de quem realiza a comunicação.

4) Quando o ato atacado é temporário, a ADI foi ajuizada quando ele ainda se encontrava em vigor e a inclusão em pauta da ação e o início do julgamento ocorreram antes do exaurimento da eficácia do ato. Nesse caso, a ADI não fica prejudicada.

Confira trechos das ementas dos precedentes citados acima:

> **Ementa:** (...) 1. Há jurisprudência consolidada no Supremo Tribunal Federal no sentido de que a revogação da norma cuja constitucionalidade é questionada por meio de ação direta enseja a perda superveniente do objeto da ação. Nesse sentido: ADI 709, Rel. Min. Paulo Brossard, DJ, 20.05.1994; ADI 1442, Rel. Min. Celso de Mello, DJ, 29.04.2005; ADI 4620-AgR, Rel. Min. Dias Toffoli, Dje, 01.08.2012. 2. **Excepcionam-se desse entendimento os casos em que há indícios de fraude à jurisdição da Corte, como, a título de ilustração, quando a norma é revogada com o propósito de evitar a declaração da sua inconstitucionalidade.** Nessa linha: ADI 3306, Rel. Min. Gilmar Mendes, DJe, 07.06.2011. 3. **Excepcionam-se, ainda, as ações diretas que tenham por objeto leis de eficácia temporária, quando: (i) houve impugnação em tempo adequado, (ii) a ação foi incluída em pauta e (iii) seu julgamento foi iniciado antes do exaurimento da eficácia.** Nesse sentido: ADI 5287, Rel. Min. Luiz Fux, Dje, 12.09.2016; ADI 4.426, Rel. Min. Dias Toffoli, Dje, 17.05.2011; ADI 3.146/DF, Rel. Min. Joaquim Barbosa, DJ, 19.12.2006. 4. **Com maior razão, a prejudicialidade da ação direta também deve ser afastada nas ações cujo mérito já foi decidido, em especial se a revogação da lei só veio a ser arguida posteriormente, em sede de embargos de declaração.** Nessa última hipótese, é preciso não apenas impossibilitar a fraude à jurisdição da Corte e minimizar os ônus decorrentes da demora na prestação da tutela jurisdicional, mas igualmente preservar o trabalho já efetuado pelo Tribunal, bem como evitar que a constatação da efetiva violação à ordem constitucional se torne inócua. 5. Embargos de declaração desprovidos.
>
> **(ADI 951 ED/SC; Relator(a): Min. ROBERTO BARROSO; Julgamento: 27/10/2016; Órgão Julgador: Tribunal Pleno)**
>
> "(...) A Corte destacou, de início, que não teria havido a perda de objeto da ação, relativamente ao parágrafo único do art. 741 do CPC/1973, revogado pela Lei 13.105/2015, que estatui um novo Código. **A matéria disciplinada no referido dispositivo teria recebido tratamento normativo semelhante, embora não igual, nos §§ 5º a 8º do art. 535 e nos §§ 12 a 15 do art. 525 do novo CPC.** As

alterações sofridas pela norma em questão — que cuidaram apenas de adjetivar o instituto da inexigibilidade por atentado às decisões do STF — não teriam comprometido aquilo que ela teria de mais substancial, ou seja, a capacidade de interferir na coercitividade de títulos judiciais. Este seria, de fato, o aspecto objeto de impugnação pelo autor da ação direta, para quem o instituto frustraria a garantia constitucional da coisa julgada. Portanto, **não havendo desatualização significativa no conteúdo do instituto, não haveria obstáculo para o conhecimento da ação** (ADI 2.501/MG, DJe de 19.12.2008). (...)" **(ADI 2418, Inf. 824/STF)**

Além dessas hipóteses, é possível que a norma impugnada na ADI, em vez de revogada no curso da ação, seja simplesmente alterada antes do julgamento e a sua nova redação também seja inconstitucional. Nessa situação, a ADI pode ter prosseguimento? Sim, mas o Supremo Tribunal Federal dá tratamentos distintos a essa questão, de acordo com o cenário verificado.

Como assim?

Segundo o STF, caso o objeto da ADI sofra **modificação substancial (isto é, de conteúdo)** no curso do processo, é possível que a ação, em vez de ficar prejudicada (e ser extinta sem resolução do mérito), tenha continuidade e seja julgada no seu mérito. Para que isso ocorra, é necessário que a nova redação da norma impugnada também seja inconstitucional e que **o legitimado ativo adite a petição inicial**, demonstrando que o vício de inconstitucionalidade persiste.

Veja que esse é o entendimento firmado pelo Supremo Tribunal Federal para os casos em que a alteração da norma atacada na ADI é **substancial**, ou seja, quando se trata de uma alteração de conteúdo. Como exemplo, podemos citar o precedente da **ADI 2595 AgR** (julgada em 18/12/2017), que recebeu a seguinte ementa:

"(...) 1. **A revogação, ou substancial alteração, do complexo normativo impõe ao autor o ônus de apresentar eventual pedido de aditamento, caso considere subsistir a inconstitucionalidade na norma que promoveu a alteração ou revogação** (ADI 2.542, Rel. Min. LUIZ FUX, Pleno, DJe de 27/10/2017). 2. A impugnação deficitária de complexo normativo unitário configura vício processual, comprometendo o interesse de agir e impedindo o conhecimento da ação. (...) 3. In casu, havido reforço e complementação substancial da matéria em exame pela Lei 12.933/2013, o requerente manteve-se inerte, deixando de promover o aditamento do pedido, mesmo transcorrido considerável lapso de tempo desde a inovação legislativa. (...)" **(ADI 2595 AgR, Rel. Min. ALEXANDRE DE MORAES, j. 18/12/2017, Pleno)**

Diferente é a situação em que o objeto da ADI sofre alteração no curso do processo, mas essa alteração **não é substancial** (isto é, não modifica o conteúdo da norma), a exemplo do que ocorre quando a modificação consiste em tão somente atribuir um nome diferente a um cargo público que é disciplinado na norma questionada na ação.

Quando a alteração do objeto da ADI não é substancial, ela não tem potencial de causar nenhum tipo de prejuízo para a apreciação da validade da norma, motivo pelo qual a ação pode ter prosseguimento e ser julgada no mérito, independentemente de o legitimado ativo promover o aditamento da petição inicial, informando a alteração ocorrida e demonstrando que, apesar dela, o vício de inconstitucionalidade persiste.

Esse foi o entendimento adotado pelo STF, por exemplo, na **ADI 5579**, julgada em 21/06/2021. Nessa ação, houve a impugnação de dispositivo da Lei Orgânica do Distrito

Federal que conferia autonomia funcional a integrantes da Polícia Civil, e a redação desse dispositivo foi alterada no curso do processo, mas a alteração consistiu simplesmente em modificar o nome do cargo de perito papiloscopista, que passou a se chamar datiloscopista policial.

Segundo esclareceu a relatora, Ministra Cármen Lúcia, em seu voto (seguido à unanimidade), *"essa mudança (...)* ***não altera, em sua essência, o objeto da presente ação direta****, considerados os argumentos para o pedido de inconstitucionalidade, a dizer, a inconstitucionalidade da atribuição de independência funcional à atuação dos integrantes das carreiras da polícia civil distrital, aí incluídos os datiloscopistas.* ***Essa circunstância afasta a necessidade de aditamento da petição inicial no ponto****"*.

Portanto, no que diz respeito à necessidade de aditamento da petição inicial da ADI para que a ação tenha prosseguimento (e seja julgada no mérito) quando o seu objeto sofre alteração no curso do processo, o Supremo Tribunal Federal possui dois entendimentos distintos para situações distintas:

I) Quando a alteração é **substancial** (isto é, modifica o conteúdo da norma impugnada), é necessário que o legitimado ativo promova o aditamento da petição inicial, demonstrando que o vício de inconstitucionalidade continua existindo. Não sendo aditada a inicial, a ação fica prejudicada e é extinta sem resolução do mérito (ADI 2595 AgR, j. 18/12/2017).

II) Quando a alteração **não é substancial** (como é o caso daquela que consiste em tão somente modificar o nome de um cargo público disciplinado na norma impugnada na ação), o aditamento da inicial fica dispensado, podendo a ADI prosseguir e ser julgada no mérito, independentemente dessa providência (ADI 5579, j. 21/06/2021; ADI 3753, j. 11/04/2022).

Por fim, nesse contexto de exceções à prejudicialidade da ADI como decorrência da revogação ou alteração do ato impugnado no curso da ação, há algumas situações envolvendo a impugnação de medidas provisórias ou mesmo a sua superveniência no decorrer do processo que já foram apreciadas pelo Supremo Tribunal Federal e que merecem atenção:

I) Quando o objeto da ADI é revogado por uma medida provisória, a ação de controle não fica prejudicada enquanto a MP não é convertida em lei. Esse entendimento se deve ao fato de que a medida provisória é uma "lei sob condição resolutiva", pois precisa ser confirmada pelo Poder Legislativo para que produza efeitos jurídicos definitivos. Enquanto essa confirmação não ocorre, a MP tão somente suspende (ou paralisa) as normas anteriores que sejam com ela incompatíveis, o que não tem o condão de prejudicar a análise do mérito da ADI (ADIs 5709 e 5717).

II) Quando é impugnada em ADI uma medida provisória, caso ela seja convertida em lei no curso no processo, a ação de controle apenas fica prejudicada se ocorrer modificação substancial no texto original. Mas, no caso de a medida provisória ser convertida em lei sem modificação substancial, para que a ADI não reste prejudicada, é necessário que o legitimado ativo adite a inicial informando o ocorrido (ADIs 5709 e 5717). Em resumo: se, no curso da ADI, a medida provisória impugnada é convertida em lei com modificação substancial (isto é, com alteração de conteúdo), a ação fica prejudicada ainda que haja aditamento da inicial. Mas, se a conversão em lei ocorre sem modificação substancial da medida provisória, a ação pode ter prosseguimento, desde que haja o aditamento da inicial informando que houve a conversão.

> "CONSTITUCIONAL. PROCESSO LEGISLATIVO. MEDIDA PROVISÓRIA. (...) CONVERSÃO DA MEDIDA PROVISÓRIA EM LEI. AUSÊNCIA DE PREJUDICIALIDADE SUPERVENIENTE. ADITAMENTO DA PETIÇÃO INICIAL. PRECEDENTES JUDICIAIS DO STF. (...) 1. **O Supremo Tribunal Federal definiu interpretação jurídica no sentido de que apenas a modificação substancial, promovida durante o procedimento de deliberação e decisão legislativa de conversão de espécies normativas, configura situação de prejudicialidade superveniente da ação a acarretar, por conseguinte, a extinção do processo sem resolução do mérito. Ademais, faz-se imprescindível o aditamento da petição inicial para a convalidação da irregularidade processual. Desse modo, a hipótese de mera conversão legislativa da medida provisória não é argumento suficiente para justificar prejudicialidade processual superveniente.** 2. **Medida provisória não revoga lei anterior, mas apenas suspende seus efeitos no ordenamento jurídico, em face do seu caráter transitório e precário. Assim, aprovada a medida provisória pela Câmara e pelo Senado, surge nova lei, a qual terá o efeito de revogar lei antecedente. Todavia, caso a medida provisória seja rejeitada (expressa ou tacitamente), a lei primeira vigente no ordenamento, e que estava suspensa, volta a ter eficácia.** (...)"
> **(ADI 5709/DF; Relator(a): Min. ROSA WEBER; Julgamento: 27/03/2019; Órgão Julgador: Tribunal Pleno)**

Fica claro, portanto, que é possível, em algumas situações, que a ADI prossiga, mesmo tendo ocorrido a revogação ou alteração do seu parâmetro inferior, isto é, do objeto da ação.

Pedido fechado e causa de pedir aberta

Vimos que o art. 3º da Lei 9.868/99 exige que a petição inicial da ADI indique o objeto, a causa de pedir e o pedido.

Quanto ao pedido, vigora, como regra, na ADI, o **princípio da congruência** (ou da adstrição ao pedido), o que significa que, em regra, o STF só pode declarar a inconstitucionalidade de dispositivos de lei ou ato normativo que foram impugnados expressamente na inicial e que constam do pedido, sob pena de ser prolatada uma decisão *extra petita* ou *ultra petita*, o que, como se sabe, não se admite.

Portanto, na ADI, em regra, o pedido é **fechado**, devendo ser observado o princípio da congruência.

Mas, **excepcionalmente**, podem ser declarados inconstitucionais dispositivos que não foram impugnados na inicial da ADI. Isso ocorre quando se trata de **inconstitucionalidade por arrastamento** (já abordada anteriormente). Nesse caso, ainda que não tenha havido pedido na petição inicial, o STF admite arrastar a inconstitucionalidade para atingir dispositivo não impugnado pelo legitimado ativo.

Então, se, por exemplo, uma lei é inconstitucional, essa inconstitucionalidade pode ser arrastada para o regulamento dessa lei. Da mesma forma, se o art. 5º de uma lei é inconstitucional, o art. 6º dessa lei, ainda que não apresente, por si só, nenhuma inconstitucionalidade, mas dependa essencialmente do art. 5º, pode ser declarado inconstitucional por arrastamento, embora não tenha sido impugnado na petição inicial. Isso porque esse art. 6º, com a fulminação do art. 5º, fica sem qualquer função no ordenamento jurídico.

Em suma, se há uma relação de dependência entre as normas, pode haver o arrastamento da inconstitucionalidade.

Por outro lado, a **causa de pedir** na ADI, em regra, é aberta, não fechada. Dessa forma, uma vez proposta a ADI, todos os aspectos materiais e formais relativos a uma possível inconstitucionalidade de uma lei ou ato normativo devem ser examinados pelo STF em seu julgamento, independentemente de terem sido citados na inicial ou não.

Portanto, em regra, se, por exemplo, o legitimado ativo afirma haver uma inconstitucionalidade por ofensa a um determinado dispositivo constitucional, o STF pode decidir que não há violação a esse dispositivo, mas há vício por ofensa a outra disposição da Constituição, sendo a inconstitucionalidade declarada com base em uma causa de pedir não citada na petição inicial.

Inclusive, segundo o STF, se o legitimado ativo ajuizou uma ADI para impugnar um determinado dispositivo com fundamento em determinada argumentação, mas, após protocolizar a petição inicial, percebe que a fundamentação da alegação de inconstitucionalidade poderia ter sido mais "robusta", não há necessidade alguma de se ajuizar uma nova ADI para impugnar o mesmo dispositivo e "reforçar" a fundamentação da impugnação (**ADI 5749 AgR**).

Isso ocorre justamente porque a causa de pedir na ADI é aberta, de modo que todos os argumentos que podem servir para se reconhecer a inconstitucionalidade do ato impugnado já se consideram incluídos nos fundamentos do pedido apresentado pelo legitimado ativo.

A consequência disso é que o ajuizamento de uma nova ADI em face de dispositivo já impugnado em ADI anterior com o objetivo de tão somente incrementar a fundamentação da primeira ação carece de interesse processual, em virtude da desnecessidade da propositura dessa segunda ação, já que a causa de pedir aberta faz com que todos os argumentos já se considerem englobados na fundamentação da alegação de inconstitucionalidade.

Inclusive, o Min. Alexandre de Moraes, Relator da ADI 5749, ao proferir seu voto no julgamento do Agravo Regimental interposto nessa ação, registrou que o propósito de reforçar a fundamentação do pedido formulado na ADI mediante a apresentação de novos fundamentos para o reconhecimento da inconstitucionalidade pode ser alcançado pelo legitimado ativo através do simples aditamento da petição inicial da ação, o que evidencia a desnecessidade do ajuizamento de uma segunda ADI para tal finalidade.

Além disso, haverá identidade de demandas, se o dispositivo impugnado nas duas ações for o mesmo e o legitimado ativo que as ajuizou também for o mesmo, já que a causa de pedir, em virtude de ser aberta, vai ser sempre a mesma.

Por conta disso, quando um mesmo legitimado ativo ajuíza duas ações diretas de inconstitucionalidade em face de uma mesma norma, ainda que invocando fundamentos jurídicos diferentes, o Supremo Tribunal Federal entende haver litispendência entre elas, extinguindo um dos processos sem resolução do mérito, conforme determina o art. 485, V, do CPC/15 (**ADI 5749**).

Por outro lado, se o legitimado ativo que ajuizou a segunda ação não for o mesmo que ajuizou a primeira, não se estará diante de uma identidade de demandas, devendo, nesse caso, haver a reunião dos processos para julgamento conjunto, com a formação de uma espécie de "litisconsórcio" entre os legitimados ativos que propuseram as ações (**ADI 1460-QO e decisão monocrática do Min. Sepúlveda Pertence na ADI 3064**).

Confira abaixo alguns trechos das decisões mencionadas acima:

> "(...) **as ações diretas de inconstitucionalidade possuem causa de pedir aberta.** É dizer: ao julgar improcedentes ações dessa natureza, o Supremo Tribunal Federal afirma a integral constitucionalidade dos dispositivos questionados (...)" **(RE 372535 AgR -ED, 1ª Turma, j. em 09/10/2007)** Vide ainda: ADI 3576, RE 343818.
>
> **Ementa:** (...) 1. **A causa de pedir aberta das ações do controle concentrado de constitucionalidade torna desnecessário o ajuizamento de nova ação direta para a impugnação de norma cuja constitucionalidade já é discutida em ação direta em trâmite perante o SUPREMO TRIBUNAL FEDERAL, proposta pela mesma parte processual.** 2. Verificada a identidade entre as partes, o pedido e a causa de pedir, no tocante à declaração de inconstitucionalidade do art. 2º, § 1º, da Lei 12.850/2013, impõe-se a extinção sem resolução do mérito da segunda ação direta proposta. 3. Agravo Regimental conhecido e desprovido.
>
> **(ADI 5749 AgR/DF; Relator(a): Min. ALEXANDRE DE MORAES; Julgamento: 09/02/2018; Órgão Julgador: Tribunal Pleno)**
>
> "(...)
>
> No essencial, entretanto, a segunda ação direta repete o pedido de inconstitucionalidade do art. 2º, § 1º, da Lei 12.850/2013. **A menção a novos parâmetros de controle e técnicas de declaração de inconstitucionalidade não são suficientes para descaracterizar a identidade parcial entre as duas ações.**
>
> Como destacado na decisão agravada, a causa de pedir aberta das ações do controle concentrado de constitucionalidade (ADI 1749, Rel. Min. OCTAVIO GALLOTTI, redator para acórdão Min. NELSON JOBIM, Tribunal Pleno, DJ de 15/4/2005) permite que, uma vez proposta a discussão sobre a constitucionalidade de determinada norma, inclua-se nesse julgamento todos os fundamentos influentes sobre o juízo de inconstitucionalidade da norma, não estando a CORTE limitada aos fundamentos declinados pela parte.
>
> Assim, os argumentos veiculados nesta ADI 5749 já são inteiramente alcançados pela ação direta em trâmite na CORTE, a qual, frise-se, foi proposta pelo mesmo partido político, que **poderá aduzir esse mesmo conteúdo nos autos da ADI 5567, com a mesma extensão e eficácia, a título de aditamento à petição inicial daquela ação.**
>
> Portanto, **observado que a ação direta mais antiga tem o objeto mais amplo, no qual já se inclui a norma especificamente impugnada na ação direta mais recente, é de se reconhecer a litispendência parcial entre essas duas ações,** no tocante ao pedido de inconstitucionalidade do art. 2º, § 1º, da Lei 12.850/2013, **a recomendar a extinção da ADI 5749 sem resolução do mérito, conforme recomenda a jurisprudência da CORTE.** Nesse sentido: ADI 2853, Rel. Min. ELLEN GRACIE, decisão monocrática, DJ de 7/3/2003; ADI 3457, Rel. Min. CEZAR PELUSO, decisão monocrática, DJ de 2/5/2005; e ADI 4567, Rel. Min. ROSA WEBER, decisão monocrática, DJe de 19/3/2013. Desta última decisão, colaciono o seguinte trecho:
>
> Verifico que a presente ação direta de inconstitucionalidade ostenta, com relação à ADI 4564, a mim distribuída por substituição da relatoria e já submetida ao rito abreviado do art. 12 da Lei 9.868/1999, a tríplice identidade definidora da litispendência (art. 301, §§ 1º, 2º e 3º do Código de Processo Civil).
>
> Nesse sentir, **observado que as ações têm "as mesmas partes, a mesma causa de pedir e o mesmo pedido", a repetir, a ação ora proposta, a ADI 4564 já em**

curso, incide à espécie o art. 267, V, do CPC, que informa a extinção do processo, sem resolução de mérito, na hipótese da litispendência.(...)"

(ADI 5749 AgR, trecho do voto do Min. Alexandre de Moraes, Relator)

É necessário, no entanto, saber um detalhe: muito embora a regra pacificada seja a causa de pedir aberta, é possível encontrar na jurisprudência do STF decisões em que a Suprema Corte consignou que é possível afastar o princípio da causa de pedir aberta e deixar de examinar, na integralidade, todas as possibilidades de inconstitucionalidade (ADI 2058 e questão de ordem suscitada na ADI 2182).

Isso ocorreu em casos nos quais o legitimado ativo alegou que o ato impugnado apresentava uma inconstitucionalidade formal, o que, segundo entendeu o STF, impedia que fosse analisada eventual inconstitucionalidade de caráter material. Portanto, nos termos da jurisprudência do Supremo Tribunal Federal, se o requerente da ADI alega tão somente uma inconstitucionalidade formal, o Tribunal não pode analisar se o ato impugnado é inconstitucional do ponto de vista material, ainda que vigore o princípio da causa de pedir aberta no controle concentrado abstrato de constitucionalidade.

EMENTA: AÇÃO DIRETA DE INCONSTITUCIONALIDADE. 1. **QUESTÃO DE ORDEM: PEDIDO ÚNICO DE DECLARAÇÃO DE INCONSTITUCIONALIDADE FORMAL DE LEI. IMPOSSIBILIDADE DE EXAMINAR A CONSTITUCIONALIDADE MATERIAL.** (...) 1. **Questão de ordem resolvida no sentido da impossibilidade de se examinar a constitucionalidade material dos dispositivos da Lei 8.429/1992 dada a circunstância de o pedido da ação direta de inconstitucionalidade se limitar única e exclusivamente à declaração de inconstitucionalidade formal da lei, sem qualquer argumentação relativa a eventuais vícios materiais de constitucionalidade da norma.** (...)

(ADI 2182/DF; Relator(a): Min. MARCO AURÉLIO; Relator(a) p/ Acórdão: Min. CÁRMEN LÚCIA; Julgamento: 12/05/2010; Órgão Julgador: Tribunal Pleno)

EMENTA: (...) **Caso em que, por suas peculiaridades, o S.T.F. apenas poderia levar em conta eventuais vícios de inconstitucionalidade formal, mas não de inconstitucionalidade material.** Conseqüência: não conhecimento da ação, prejudicado o pedido de Medida Cautelar, ressalvada a via do controle difuso de constitucionalidade, nas instâncias próprias.

(ADI 2058/PI; Relator(a): Min. SYDNEY SANCHES; Julgamento: 02/08/2000; Órgão Julgador: Tribunal Pleno)

Veja que um dos fundamentos invocados pelo Min. Marco Aurélio (Relator) no julgamento da questão de ordem da ADI 2182 foi o entendimento do próprio STF no sentido de que é inepta a petição inicial da ADI quando a fundamentação do pedido é genérica, de modo que seria incongruente com tal entendimento apreciar vício material quando o legitimado ativo alega, unicamente, haver uma inconstitucionalidade formal na norma impugnada.

Inclusive – ainda nas palavras do Min. Marco Aurélio –, se o STF fosse analisar vício material quando alegado vício formal, teria de cotejar todos os dispositivos do diploma objeto da ação com todos os dispositivos dotados de *status* constitucional, o que engloba não apenas o texto permanente da Constituição Federal, mas também o ADCT, os textos das emendas constitucionais não incorporados à Constituição Federal e os tratados internacionais aprovados nos termos do art. 5º, §3º, da CF/88. Isso, segundo o Ministro, seria uma tarefa impossível de se executar, além de também contrariar a jurisprudência do Supremo Tribunal Federal firmada no sentido de serem ineptas as iniciais de ADIs destituídas de fundamentação que demonstre especificamente em que consiste a contrariedade do ato impugnado com o texto constitucional.

No sentido da inépcia da petição inicial de ação direta de inconstitucionalidade com fundamentação genérica, confira os seguintes julgados:

> **EMENTA:** AGRAVO REGIMENTAL EM AÇÃO DIRETA DE INCONSTITUCIONALIDADE. **FUNDAMENTAÇÃO GENÉRICA E ABSTRATA. RESOLUÇÃO DO MÉRITO. IMPOSSIBILIDADE. INÉPCIA. EXTINÇÃO DO PROCESSO.** (...) 1. **Pedido articulado em termos meramente genéricos desatende pressuposto para desenvolvimento adequado do processo. Inicial inepta.** 2. **Esta CORTE inadmite, para fins de questionamento da higidez constitucional de norma, que a impugnação se apresente de forma abstrata.** Precedentes. (...)
>
> **(ADI 5118 AgR/DF; Relator(a): Min. ALEXANDRE DE MORAES; Julgamento: 09/04/2018; Órgão Julgador: Tribunal Pleno)**
>
> **EMENTA:** (...) 5. **Pedido articulado em termos meramente genéricos desatende pressuposto para desenvolvimento adequado do processo. Inicial inepta. Esta CORTE inadmite, para fins de questionamento da higidez constitucional de norma, que a impugnação se apresente de forma abstrata. Precedentes.** Não conhecimento da Ação Direta de Inconstitucionalidade (...).
>
> **(ADI 282/MT; Relator(a): Min. ALEXANDRE DE MORAES; Julgamento: 05/11/2019; Órgão Julgador: Tribunal Pleno)**

E, corroborando a linha de raciocínio adotada no julgamento da questão de ordem da ADI 2182 (impossibilidade de analisar vício material, se o legitimado ativo alegou apenas vício formal), o Min. Roberto Barroso proferiu voto na ADI 5081 afirmando que, se, em ação de controle concentrado abstrato anterior, foi reconhecida a validade formal da norma, isso não impede que, em ação posterior, seja analisada a validade material dessa mesma norma. Confira:

> "(...) Nesses casos, em que esta Corte não se manifestou sobre a questão constitucional específica, **entendo ser cabível a reapreciação da norma anteriormente considerada válida pelo Tribunal, sobretudo quando a análise da constitucionalidade do ato normativo ocorreu apenas sob o aspecto formal. A coisa julgada e a causa de pedir aberta no controle abstrato não devem funcionar como mecanismos para impedir a análise de questões constitucionais não apreciadas sobre o respectivo ato normativo.** Caso assim não fosse, esta Corte permitiria a manutenção no ordenamento jurídico de dispositivos em aparente desacordo com a Constituição pelo simples fato de a sua validade, sob o ponto de vista formal, já haver sido atestada em julgamentos anteriores. **A validade formal do diploma legal não garante imunidade a vícios de natureza material, e não se pode realisticamente supor que o Tribunal irá antever todos os possíveis vícios de inconstitucionalidade material nestas hipóteses.** (...)"
>
> **(ADI 5.081, voto do rel. min. Roberto Barroso, j. 27-5-2015, Plenário, DJE de 19-8-2015)**

Por fim, importante registrar que houve casos em que o legitimado ativo alegou que, como a causa de pedir no controle concentrado abstrato de constitucionalidade é aberta, não deveria prevalecer, na ADI, a necessidade de impugnar especificamente cada dispositivo do objeto da ação.

Em relação a isso, o STF decidiu que o fato de a causa de pedir no controle concentrado abstrato de constitucionalidade ser aberta não dispensa o legitimado ativo do ônus de impugnar especificamente cada dispositivo atacado na ADI, ônus esse que está previsto expressamente no art. 3º, I, da Lei 9.868/99, ao exigir que a inicial contenha a indicação dos fundamentos jurídicos do pedido em relação a cada impugnação deduzida por quem ajuizou a ação (**ADI 6244**).

E, na mesma linha de raciocínio, a causa de pedir aberta, segundo STF, também não desobriga o legitimado ativo de apresentar uma fundamentação do pedido que seja suficiente para demonstrar a alegação de inconstitucionalidade. Em outras palavras, a causa de pedir aberta não autoriza um déficit de fundamentação na inicial da ação de controle concentrado abstrato (**ADO 43 AgR**).

Por conta desses entendimentos do Supremo Tribunal Federal, se o legitimado ativo impugna, na ADI, uma lei em sua integralidade, ele deve apresentar os fundamentos da impugnação especificamente em relação a cada dispositivo dessa lei, ou seja, ele deve dizer, na petição inicial, por que cada dispositivo da lei é inconstitucional e em que consiste essa inconstitucionalidade. Não se admite que ele simplesmente afirme, de modo não específico, que a lei é inteiramente inconstitucional.

Da mesma forma, se na lei há um artigo que é subdivido, por exemplo, em parágrafos, o legitimado ativo não pode impugná-lo de forma genérica afirmando que ele é inteiramente inconstitucional. Nesse caso, **a petição inicial da ação deve impugnar de forma específica cada parágrafo do artigo apontado como inconstitucional** e demonstrar por qual motivo cada um deles é inválido. Se isso não for feito pelo legitimado ativo, a ação não poderá ser conhecida em relação aos parágrafos que não foram impugnados especificadamente. O STF decidiu nesse sentido, por exemplo, na **ADI 6500**, julgada em 13/03/2023.

Confira os trechos importantes das ementas dos precedentes mencionados acima:

> "(...) **À falta da apresentação de razões específicas, não pode a ação ser conhecida** quanto ao pedido de "declaração de inconstitucionalidade da integralidade da Lei nº 7.898/2018 do Estado do Rio de Janeiro", pois, segundo jurisprudência desta Suprema Corte, **o déficit de impugnação específica inviabiliza os pedidos veiculados em ação direta de inconstitucionalidade**. Precedentes. (...)" **(ADI 6244, Pleno, Rel. Min. ALEXANDRE DE MORAES, j. 29/05/2020)**
>
> "(...) A causa de pedir aberta nas ações objetivas **não dispensa as partes do ônus da fundamentação suficiente**. Precedentes. (...)" **(ADO 43 AgR, Pleno, Rel. Min. EDSON FACHIN, j. 29/05/2020)**
>
> "(...) AÇÃO DIRETA DE INCONSTITUCIONALIDADE. ADI. PRELIMINAR. **IMPUGNAÇÃO ESPECÍFICA.** (...) 1. Preliminarmente, embora o pedido inicial refira-se à integralidade do artigo 88, **a própria impugnação sequer se refere ao parágrafo único**, que trata da assessoria jurídica junto à Assembleia Legislativa. **Ausente impugnação específica, o pedido não deve ser conhecido quanto ao referido parágrafo.** (...)" **(ADI 6500, Pleno, Rel. Min. EDSON FACHIN, j. 13/03/2023)**

▶ Possibilidade de aditamento da inicial para incluir outras normas no objeto da ação

O legitimado ativo da ADI pode aditar a inicial para incluir novos dispositivos na impugnação? **Sim**, mas não de forma indiscriminada.

O Supremo Tribunal Federal admite o aditamento da petição inicial nas hipóteses em que, no curso da ação, ocorre alteração ou revogação da norma impugnada na ADI e a nova norma apresenta os mesmos vícios de inconstitucionalidade. Essa é uma situação, inclusive, em que a alteração do objeto no curso do processo não prejudica a ADI. O Tribunal adotou esse entendimento, por exemplo, na ADI 3502.

Além disso, o STF também aceita o aditamento da inicial para incluir novos dispositivos na impugnação (além dos que já haviam sido impugnados originalmente), desde que não haja necessidade de solicitar novas informações aos órgãos responsáveis pela edição do ato nem de abrir prazo para novas manifestações do Advogado-Geral da União e do Procurador-Geral da República.

Ou seja, a inclusão de novos dispositivos é admitida pela Corte quando eles fizerem parte do mesmo complexo normativo constante originalmente da inicial e os fundamentos jurídicos para impugná-los forem os mesmos, de modo que o aditamento não acarrete a ampliação do escopo da ação nem prejudique o seu cerne.

O Tribunal se posicionou dessa forma, por exemplo, na **ADI 1926**, julgada em 20/04/2020, na qual esclareceu que *"a jurisprudência desta Corte é no sentido de que o aditamento à inicial somente é possível nas hipóteses em que a inclusão da nova impugnação (i) dispense a requisição de novas informações e manifestações; e (ii) não prejudique o cerne da ação (...)"*.

Esse entendimento se fundamenta nos princípios da economia e da celeridade processuais, tendo como objetivo aproveitar uma ação já em curso para apreciar a validade da maior quantidade possível de normas.

Acontece que, na **ADI 4541**, julgada em 19/04/2021, o STF **inadmitiu** o aditamento da inicial para incluir dispositivos na impugnação após a prestação de informações pelo órgão responsável pela edição da norma e as manifestações do AGU e do PGR.

Isso significa que agora a inclusão de novos dispositivos no objeto da ADI será sempre vedada se o AGU e o PGR já houverem se manifestado nos autos, independentemente de haver necessidade ou não de novas manifestações dessas autoridades? Em outras palavras: essa nova decisão faz com que esteja superado o entendimento anterior, adotado na ADI 1926?

Não necessariamente.

Isso porque, da análise do julgamento da ADI 4541, fica claro (embora os Ministros não tenham afirmado expressamente) que o indeferimento do pedido de aditamento da inicial para a inclusão de novos dispositivos teve razões práticas, pois, na verdade, o STF negou a possibilidade de o legitimado ativo aditar a inicial nesse caso porque o aditamento pretendido não geraria economia processual.

É necessário conhecer alguns detalhes do caso para compreender melhor a questão.

Essa ADI foi ajuizada para impugnar dispositivos de determinadas leis do Estado da Bahia, e, quando todos os órgãos e autoridades já haviam se manifestado nos autos, o legitimado ativo apresentou pedido de aditamento para incluir na impugnação um dispositivo da Constituição do Estado da Bahia de teor muito semelhante (e, portanto, maculado pelo mesmo vício de inconstitucionalidade) ao de um dos dispositivos legais impugnados inicialmente. A norma indicada no pedido de aditamento, portanto, não ampliaria o escopo da ação, o que, a princípio, atrairia a aplicação do entendimento adotado pelo STF na ADI 1926 e, assim, seria possível a sua inclusão tardia no objeto da ação.

Acontece que, além do referido dispositivo da Constituição Estadual, o legitimado ativo omitiu na petição inicial outros dispositivos legais dotados de mesmo teor e que, assim, seriam igualmente viciados. Esses outros dispositivos legais omitidos eram as redações anteriores do dispositivo legal impugnado na ação cujo conteúdo era semelhante ao do dispositivo constitucional objeto do pedido de aditamento.

Por conta disso, ainda que o pedido de aditamento fosse deferido e que a ação fosse julgada procedente em relação ao dispositivo constitucional tardiamente incluído na impugnação e ao dispositivo legal de teor semelhante, a versão anterior deste último voltaria a ser aplicável (por conta da eficácia repristinatória da decisão final da ADI) e a inconstitucionalidade impugnada na ação continuaria existindo no ordenamento jurídico (caracterizando o chamado efeito repristinatório indesejado). Ou seja, o aditamento pretendido pelo legitimado ativo não geraria economia processual alguma.

Dessa forma, vislumbrando que não seria útil ao resultado prático do processo, o STF preferiu rejeitar o pedido de aditamento, afirmando que, após a prestação de informações pelo órgão de origem da norma impugnada e as manifestações do Advogado-Geral da União e do Procurador-Geral da República, é vedado alterar o pedido da ação. Inclusive, para fundamentar esse indeferimento, a Ministra Relatora (Cármen Lúcia) invocou antigos precedentes da Corte, tanto monocráticos quanto do Plenário (ADI 437 QO, j. 01/03/1991), no sentido da impossibilidade de alteração do objeto impugnado após a vinda das informações do órgão responsável pela edição da norma atacada, e afirmou no seu voto que o *"Supremo Tribunal assentou a inadmissibilidade do aditamento à inicial da ação após o recebimento das informações dos Requeridos e das manifestações do Advogado-Geral da União e do Procurador-Geral da República"*.

É importante repetir, porém, que isso não significa necessariamente que o entendimento adotado anteriormente pelo próprio STF na ADI 1926 esteja superado, pois, embora os Ministros não tenham afirmado isso expressamente, a rejeição do pedido de aditamento na ADI 4541 se deveu ao fato de que a alteração do objeto da ação nesse caso não geraria qualquer proveito prático para o processo, pois o efeito repristinatório indesejado continuaria presente e, assim, impediria a apreciação do pedido de declaração de inconstitucionalidade do dispositivo legal cujo teor era semelhante ao do dispositivo da Constituição Estadual que o legitimado ativo pretendia incluir tardiamente no objeto da ação. Ou seja, a inconstitucionalidade que se pretendia retirar do ordenamento jurídico com o pedido de aditamento da petição inicial continuaria existindo, de modo que permitir que o objeto da ação fosse aditado causaria tumulto no andamento processual sem gerar qualquer benefício.

Se não é possível afirmar que a decisão da ADI 4541 (mais recente) superou o entendimento da ADI 1926 (menos recente), qual posicionamento deve ser adotado nas provas? **Depende.**

Em uma prova objetiva, é necessário analisar como o tema está cobrado no enunciado da questão e como estão redigidas as assertivas. Caso a questão se refira a uma situação em que o legitimado ativo pretende incluir novo dispositivo no objeto da ADI e que a inclusão desse novo dispositivo não causará atraso no andamento processual nem exigirá novas manifestações do AGU e do PGR, certamente o ideal será adotar o entendimento da ADI 1926, na qual o STF admitiu o aditamento da inicial nessas circunstâncias.

Por outro lado, se a questão não trouxer esses detalhes e tão somente afirmar ser inadmissível a inclusão de novos dispositivos no objeto da ADI após as manifestações do órgão responsável pela norma impugnada, do AGU e do PGR, provavelmente, o examinador exigirá uma resposta de acordo com o julgamento da ADI 4541, em que o STF simplesmente rejeitou o pedido de aditamento. Foi exatamente isso que ocorreu, por exemplo, na prova objetiva do concurso para o cargo de Procurador do Estado da Paraíba realizado pelo CESPE em 2021, na qual foi considerada incorreta a assertiva segundo a qual, *"com o recebimento das informações dos requeridos e das manifestações do advogado-geral da União e do procurador-geral da República, é admitido o aditamento à inicial da ação direta de inconstitucionalidade até o julgamento"*.

Além dessas hipóteses, é possível que, em uma mesma questão de prova objetiva, sejam apresentados ambos os entendimentos (o da ADI 1926 e o da ADI 4541). Nesse caso, o ideal é responder de acordo com o entendimento mais recente, ou seja, no sentido de que, uma vez realizada a "instrução processual" (com a vinda das informações do órgão do qual se originou a norma impugnada e das manifestações do AGU e do PGR), não é possível aditar a inicial para alterar o pedido e incluir novos dispositivos no objeto da ADI.

Já em provas subjetivas e orais, o recomendado é desenvolver o tema abordando todos os detalhes que vimos acima e expondo as diferentes decisões do STF a seu respeito, indicando o entendimento mais recente da Corte.

▪ INTERVENÇÃO DE TERCEIROS E "AMICUS CURIAE"

O art. 7º da Lei 9.868/99 estabelece não ser admitida a intervenção de terceiros em ADI.

> "**Art. 7º, Lei 9.868/99.** Não se admitirá intervenção de terceiros no processo de ação direta de inconstitucionalidade."

Assim, em ADI, não há falar em assistência ou outras modalidades de intervenção de terceiros. Essa restrição legal se deve ao fato de se tratar de um processo objetivo.

Em relação ao litisconsórcio, embora possa haver, na ADI, vários legitimados no polo ativo ou passivo, não se trata tecnicamente de litisconsórcio, porque o processo não é subjetivo, mas sim objetivo. Apesar disso, é possível encontrar na jurisprudência do Supremo Tribunal Federal situações em que, no controle concentrado abstrato de constitucionalidade, havia a presença de mais de um legitimado ativo e os Ministros se referiram à formação de litisconsórcio, como ocorreu, por exemplo, na ADI 1460-QO.

Um detalhe importante é que **a vedação à intervenção de terceiros contida no art. 7º da Lei 9.868/99 não impede a figura do *amicus curiae* na ADI**, que, inclusive, está expressamente prevista no § 2º desse mesmo artigo. Vejamos:

> "**Art. 7º, § 2º, Lei 9.868/99.** O relator, considerando a relevância da matéria e a representatividade dos postulantes, **poderá**, por despacho irrecorrível, admitir, observado o prazo fixado no parágrafo anterior, a manifestação de outros órgãos ou entidades."

Como se percebe da redação desse dispositivo, a decisão de admissão do *amicus curiae* é do relator, e não do colegiado. Ademais, o Relator não está obrigado a isso, cuidando-se de uma faculdade que a lei lhe confere.

Portanto, a figura do *amicus curiae* pode participar da ADI e, ao ingressar no processo, é-lhe permitido apresentar razões escritas e realizar sustentação oral.

Há várias questões sobre o *amicus curiae* já decididas pelo Supremo Tribunal Federal e que merecem ser estudadas.

A primeira dessas questões é sobre a recorribilidade da decisão que resolve sobre o ingresso do *amicus curiae* no processo. Nos termos da literalidade do art. 7º, § 2º, da Lei 9.868/99, a decisão do relator que admite o ingresso do *amicus curiae* é irrecorrível. A partir disso surgem dois questionamentos:

I) Se a decisão indefere o pedido de ingresso, ela é passível de recurso?

II) Caso a resposta ao item anterior seja positiva, o próprio postulante a *amicus curiae* que foi rejeitado pelo Tribunal pode apresentar esse recurso?

Essas duas perguntas precisam ser respondidas em conjunto, pois envolvem não apenas a recorribilidade da decisão que trata do ingresso do *amicus curiae*, mas também a própria possibilidade de o *amicus curiae* apresentar recursos.

O STF, tradicionalmente, firmou o entendimento de que o *amicus curiae* não teria legitimidade para apresentar recurso algum, nem mesmo os embargos de declaração. A única ressalva era a possibilidade de ele recorrer contra a decisão que negava o seu ingresso no processo, e esse entendimento se fundamentava justamente no fato de que a o art. 7º, § 2º, da Lei 9.868/99 veda recursos tão somente contra a decisão que admite o amigo da corte, permitindo, assim, a conclusão de que a decisão que o inadmite seria passível de recurso.

Temos nesse sentido, por exemplo, o seguinte precedente:

> "AÇÃO DIRETA DE INCONSTITUCIONALIDADE. EMBARGOS DE DECLARAÇÃO OPOSTOS POR **AMICUS CURIAE**. AUSÊNCIA DE LEGITIMIDADE. (...) 1. A jurisprudência deste Supremo Tribunal é assente quanto ao não-cabimento de recursos interpostos por terceiros estranhos à relação processual nos processos objetivos de controle de constitucionalidade. **2. Exceção apenas para impugnar decisão de não-admissibilidade de sua intervenção nos autos.** (...)" **(ADI-ED 3615, Rel. Min. Cármen Lúcia, Pleno, j. em 17/03/2008)**

Portanto, segundo o entendimento tradicional que se consolidou no STF, o *amicus curiae* não poderia recorrer, nem mesmo por meio de embargos de declaração, mas, em se tratando de decisão que inadmitisse a sua participação no processo de controle concentrado de constitucionalidade, poderia ele recorrer (por meio de agravo), tendo em vista que, segundo o art. 7º, § 2º, da Lei 9.868/99, apenas é irrecorrível a decisão que admite (e não a que inadmite) o *amicus curiae*. Leia novamente o dispositivo legal:

> "**Art. 7º, § 2º, Lei 9.868/99.** O relator, considerando a relevância da matéria e a representatividade dos postulantes, poderá, por despacho **irrecorrível**, **admitir**, observado o prazo fixado no parágrafo anterior, a manifestação de outros órgãos ou entidades."

Esse cenário parecia ter sofrido uma importante modificação com a entrada em vigor do CPC/15, que, no seu art. 138, §§ 1º e 3º, trouxe uma disciplina geral do *amicus curiae*, prevendo, dentre outros aspectos, a sua legitimidade para apresentar embargos de declaração

(§ 1º), além da possibilidade de recorrer contra as decisões que, nos tribunais, julgam os incidentes de resolução de demandas repetitivas (§ 3º). Confira o teor do art. 138 do CPC/15:

> "**Art. 138, CPC/15.** O juiz ou o relator, considerando a relevância da matéria, a especificidade do tema objeto da demanda ou a repercussão social da controvérsia, poderá, por decisão irrecorrível, de ofício ou a requerimento das partes ou de quem pretenda manifestar-se, solicitar ou admitir a participação de pessoa natural ou jurídica, órgão ou entidade especializada, com representatividade adequada, no prazo de 15 (quinze) dias de sua intimação.
>
> **§ 1º** A intervenção de que trata o caput não implica alteração de competência nem autoriza a interposição de recursos, **ressalvadas a oposição de embargos de declaração e a hipótese do § 3º**.
>
> **§ 2º** Caberá ao juiz ou ao relator, na decisão que solicitar ou admitir a intervenção, definir os poderes do amicus curiae.
>
> **§ 3º** O amicus curiae pode recorrer da decisão que julgar o incidente de resolução de demandas repetitivas."

Em virtude dessa inovação trazida pelo art. 138 do CPC/15, houve vários casos de *amicus curiae* apresentando embargos de declaração em ação direta de inconstitucionalidade tramitando no Supremo Tribunal Federal.

No entanto, mesmo com a entrada em vigor do novo CPC, o STF continuou (e continua até hoje) não reconhecendo ao *amicus curiae* a possibilidade de apresentar embargos de declaração nos processos de controle concentrado abstrato de constitucionalidade.

Isso porque as ações de controle abstrato de normas são disciplinadas por leis específicas (as Leis 9.868/99 e 9.882/99), que já estabelecem um regramento para a figura do *amicus curiae*, sem lhe conferir legitimidade para recorrer.

Assim, com fundamento no critério da especialidade, o Supremo Tribunal Federal vem afastando, nos processos de controle concentrado abstrato de constitucionalidade, a legitimidade recursal do *amicus curiae* prevista no § 1º do art. 138 do CPC/15.

Esse entendimento foi adotado, por exemplo, na **ADI 2914 ED**, julgada pelo Pleno do STF em 05/08/2020. Nesse precedente, a Min. Cármen Lúcia (relatora) esclareceu em seu voto (condutor do julgamento) que *"a jurisprudência deste Supremo Tribunal consolidou-se no sentido de serem* ***incabíveis recursos interpostos por terceiros nos processos objetivos de controle de constitucionalidade, nesses incluídos os que ingressam nos autos na qualidade de amicus curiae****, ou seja, colaboradores que trazem aos autos informações ou dados técnicos, se assim entender necessário o Relator.*

Esse entendimento está mantido após a entrada em vigor do Código de Processo Civil de 2015*, cujo permissivo legal genérico do § 1º do art. 138 não tem prevalência sobre a disciplina especial da Lei n. 9.868/99".*

Por outro lado, em relação a processos de caráter subjetivo (como é o caso do recurso extraordinário), por conta da previsão contida no art. 138, § 1º, do CPC/15, passou a existir o pensamento de que o *amicus curiae* poderia opor embargos de declaração sem problemas. Em outras palavras: para essa linha de pensamento (que parecia ser amplamente aceita), o STF proibiu o manejo de embargos de declaração pelo amicus curiae apenas no controle concentrado abstrato de constitucionalidade, reservando a aplicação do art. 138, § 1º, do CPC (que estabelece a legitimidade do amigo da corte para os embargos de declaração) aos processos subjetivos.

No âmbito do STF, inclusive, chegou a haver casos em que foi admitido o manejo de embargos de declaração por *amicus curiae* em recurso extraordinário.

Porém, em decisão de 04/04/2024, no julgamento de embargos de declaração opostos nos **Temas de Repercussão Geral nos 881 e 885** (REs 949297 e 955227), o STF modificou esse cenário, pois estabeleceu que **em recurso extraordinário com repercussão geral o *amicus curiae* também não pode opor embargos de declaração**.

Ou seja, o STF negou a aplicação do art. 138, § 1º, do CPC, aos processos subjetivos de recurso extraordinário com repercussão geral, aplicando a esses casos o mesmo entendimento que havia firmado para processos objetivos de controle concentrado abstrato de constitucionalidade.

Embora essa decisão tenha representado uma mudança no cenário até então existente, ela tem sentido lógico, pois a jurisprudência do STF, atualmente, trata o recurso extraordinário com repercussão geral de forma muito semelhante aos processos de controle concentrado abstrato de constitucionalidade. Logo, se o Tribunal não admite embargos de declaração opostos por *amicus curiae* no controle abstrato, é natural que também não os admita em recurso extraordinário com repercussão geral.

O Supremo Tribunal Federal, no entanto, fez uma ressalva: embora o *amicus curiae* não possa opor embargos de declaração no controle difuso realizado em recurso extraordinário com repercussão geral (tal qual não pode fazer no controle abstrato de constitucionalidade), ele pode apresentar ao relator do processo no STF uma simples petição apontando eventual questão que precise ser esclarecida no caso em julgamento. Nessa hipótese, será o próprio relator quem decidirá se a questão suscitada deve ser objeto de esclarecimento ou não, e essa decisão do relator será **irrecorrível**.

O fundamento para se admitir essa "petição simples" do *amicus curiae* está no art. 323, § 3º, do Regimento Interno do STF, segundo o qual, *"mediante decisão irrecorrível, poderá o(a) Relator(a) admitir de ofício ou a requerimento, em prazo que fixar, a manifestação de terceiros, subscrita por procurador habilitado, sobre a questão da repercussão geral"*.

Mas qual é a diferença prática entre permitir a oposição de embargos de declaração e permitir a apresentação de uma simples petição pelo *amicus curiae*? No fim das contas não seriam a mesma coisa?

Não.

Os embargos de declaração são um recurso e, a princípio, são levados a julgamento pelo colegiado, o que exige a sua inclusão em pauta e a dedicação de tempo de trabalho de todo o Tribunal. Já a simples petição é analisada (ao menos inicialmente) pelo relator do processo, que pode admití-la ou não por meio de uma decisão contra a qual ninguém pode se insurgir, por ser uma decisão irrecorrível.

Logo, ao vedar a oposição de embargos de declaração e permitir a apresentação de uma simples petição apontando a necessidade de serem feitos certos esclarecimentos sobre a questão julgada, o STF simplificou todo o procedimento e evitou que o Tribunal ficasse eventualmente "abarrotado" de recursos apresentados pelos *amici curiae* habilitados no processo (e aqui é importante lembrar que, em alguns processos, a quantidade de *amici curiae* habilitados nos autos é bastante elevada, de modo que, se eles pudessem apresentar recursos, a tramitação processual acabaria se tornando infinita).

Portanto, segundo o STF, no controle de constitucionalidade, o *amicus curiae* não pode opor embargos de declaração nem nos processos de controle concentrado

abstrato (que possuem caráter objetivo) nem nos processos de controle difuso concreto em recurso extraordinário com repercussão geral (que possuem caráter subjetivo).

Isso quer dizer que o § 1º do art. 138 do CPC, que estabelece a possibilidade de o *amicus curiae* opor embargos de declaração, é letra morta e não possui nenhuma utilidade? **Não.**

Na verdade, o art. 138, § 1º, do CPC, pelo menos a princípio (e até que haja alguma outra novidade jurisprudencial), continua sendo aplicável aos processos em geral, com exceção dos processos de controle concentrado abstrato de constitucionalidade e dos recursos extraordinários com repercussão geral. Ou seja, o art. 138, § 1º, do CPC (que prevê que o *amicus curiae* pode opor embargos de declaração) possui **aplicação residual** (pois ele, embora continue aplicável, fica limitado aos casos em que não é vedada a oposição de embargos de declaração por *amicus curiae*).

Quanto à questão da possibilidade de o *amicus curiae* recorrer contra a decisão que nega seu ingresso no processo, ela passou por uma evolução na jurisprudência do Supremo Tribunal Federal (e sofreu uma verdadeira guinada no ano 2022), como veremos a partir de agora.

Tradicionalmente, o Supremo Tribunal Federal sempre entendeu possível que o postulante a *amicus curiae* recorresse contra a decisão que rejeitasse o seu ingresso nos autos. Porém, em 17 de outubro de 2018 (no **RE 602584**), a Corte proferiu decisão em sentido contrário, isto é, inadmitiu recurso apresentado por postulante a *amicus curiae* para atacar decisão que rejeitou seu pedido de participação no processo, e fez isso com base nos seguintes fundamentos:

I) O *amicus curiae* é um **amigo** da Corte e admitir a possibilidade de ele apresentar recursos o transformaria em um **inimigo** do Tribunal, motivo pelo qual, não se poderia admitir a atribuição de legitimidade recursal a ele.

II) O Tribunal tem liberdade para avaliar se quem pede o ingresso no processo como *amicus curiae* tem algo a contribuir ou não e, caso entenda que o peticionante nada tem a acrescentar, pode recusar seu ingresso para evitar tumulto processual e a sobrecarga da Corte, sem que isso gere qualquer prejuízo ou interesse recursal ao requerente.

III) O art. 138 do CPC/15, ao disciplinar de forma geral a figura do *amicus curiae*, previu sua legitimidade para recorrer em apenas dois casos: a) para opor embargos de declaração; e b) contra a decisão que julga incidente de resolução de demandas repetitivas. Assim, não poderia o amigo da corte manejar recurso em nenhuma outra hipótese.

Confira a ementa desse julgado:

> "(...) 1. Cabe ao amicus oferecer sua opinião sobre a causa, sobretudo nas questões técnico-jurídicas de maior complexidade. Assim, **a tradução literal para "amigo da corte", ainda que possa ser insuficiente para expressar o papel que desempenha, bem sintetiza a razão de ser eminentemente colaborativa do instituto.** 2. O instituto do *amicus curiae*, historicamente, caracterizava-se pela presunção de neutralidade de sua manifestação, tanto na experiência romano-germânica, quanto na tradição anglo-saxônica. 3. Aos amici cabia apresentar elementos de fato e de direito que, por qualquer razão, escapassem do conhecimento dos juízes, assegurando a paridade de armas entre as partes, atuando de forma presumidamente imparcial. 4. A experiência norte-americana demonstra que os amici curiae ao longo do tempo perderam sua presumida imparcialidade (...). 5. A Suprema Corte americana alterou sua Rule 37 com o fito de clarificar quais

os aspectos aptos a justificar a atuação da figura, independentemente de seus eventuais interesses: "1. A manifestação de *amicus curiae* que chame a atenção do Tribunal para uma questão relevante que ainda não tenha sido comunicada pelas partes pode ser de grande ajuda para o Tribunal. **A manifestação de amicus curiae que não sirva a este propósito sobrecarrega o Tribunal, e sua juntada não é recomendável.** A manifestação de *amicus curiae* pode ser apresentada apenas por um advogado admitido a praticar perante este Tribunal, conforme previsto na regra 5." (...) 6. A doutrina do tema reconhece que há uma multiplicidade de interesses a orientar a atuação do colaborador da Corte, o que não macula a ratio essendi da participação. **O eventual interesse individual não pode ser o fundamento a justificar seu ingresso**; não se confundindo com o interesse tipicamente subjetivado das partes, nem com o interesse institucional, de viés colaborativo e democrático, que constitui o amicus como um representante da sociedade. (...). 7. O *amicus curiae* presta sua potencial contribuição com a jurisdição, mas **não se submete à sucumbência – nem genérica, nem específica - apta a ensejar o interesse de recorrer da decisão que, apreciando o pedido de ingresso, não vislumbra aptidão contributiva suficiente para a participação no caso concreto. A manifestação do amicus não pode ser imposta à Corte, como um inimigo da Corte.** 8. O ingresso do *amicus curiae*, a par do enquadramento nos pressupostos legais estabelecidos Código de Processo Civil – notadamente que a causa seja relevante, o tema bastante específico ou tenha sido reconhecida a repercussão geral –, **pode eventualmente ser obstado em nome do bom funcionamento da jurisdição**, conforme o crivo do relator, mercê não apenas de o destinatário da colaboração do *amicus curiae* ser a Corte, mas também das balizas impostas pelas normas processuais, dentre as quais a de conduzir o processo com eficiência e celeridade, consoante a análise do binômio necessidade-representatividade. 9. **O legislador expressamente restringiu a recorribilidade do amicus curiae às hipóteses de oposição de embargos de declaração e da decisão que julgar o incidente de resolução de demandas repetitivas, conforme explicita o artigo 138 do CPC/15**, ponderados os riscos e custos processuais. 10. É que **o amicus curiae não se agrega à relação processual, por isso não exsurge para ele uma expectativa de resultado ou mesmo uma lesividade jurídica a ensejar a recorribilidade da denegação de seu ingresso.** O status de amicus encerra-se no momento em que se esgota – ou se afere inexistir – sua potencialidade de contribuição ou sugestão (...). 11. **A irrecorribilidade da decisão do Relator que denega o ingresso de terceiro na condição de amicus curiae em processo subjetivo impede a cognoscibilidade do recurso sub examine, máxime porque a possibilidade de impugnação de decisão negativa em controle subjetivo encontra óbice (i) na própria ratio essendi da participação do colaborador da Corte; e (ii) na vontade democrática exposta na legislação processual que disciplina a matéria.** (...) **(RE 602584 AgR-segundo; Pleno; Relator(a): Min. MARCO AURÉLIO; Redator(a) do acórdão: Min. LUIZ FUX; J. 17/10/2018)**

Essa decisão do Supremo Tribunal Federal recebeu severas críticas da doutrina. Inclusive, mesmo após ela, vários processualistas continuaram entendendo que o *amicus curiae* poderia recorrer contra a decisão que rejeita seu ingresso no processo, a exemplo de Fredie Didier Jr. e Daniel Assumpção. E esses autores mantiveram seu posicionamento pelo simples motivo de que a literalidade do CPC (art. 138) e da Lei 9.868/99 (art. 7º, § 2º) somente veda o manejo do recurso (no caso, um agravo) quando a decisão admite o *amicus curiae*, haja vista que somente nessa hipótese esses dispositivos legais rotulam a decisão de "irrecorrível", o que, a *contrario sensu*, leva à conclusão de ser passível de recurso a decisão que indefere o ingresso do amigo da corte.

Além disso, é importante notar que a decisão proferida pelo STF no bojo do RE 602584 foi um caso do que se chama de "jurisprudência defensiva", que é a jurisprudência que tem como objetivo reduzir a quantidade de casos submetidos à apreciação do Tribunal e que, justamente por isso, em regra, não possui fundamentos jurídicos sólidos, o que faz com que tenda a ser superada. Inclusive, durante os debates travados no julgamento desse precedente, os Ministros da Suprema Corte chegaram a afirmar expressamente a necessidade de reduzir o volume de processos que chegam a eles.

Posteriormente, no dia 06/08/2020, ao julgar um agravo regimental no bojo da **ADI 3396**, o Supremo Tribunal Federal, também invocando o art. 138 do CPC/15 (que, como vimos, trouxe uma disciplina geral da figura do *amicus curiae* no processo civil brasileiro), admitiu que o peticionante a amigo da corte apresentasse recurso contra a decisão que rejeitou o seu ingresso no processo. E o fundamento desse entendimento foi justamente o fato de que o art. 138 do CPC/15 prevê a irrecorribilidade tão somente da decisão que admite o *amicus curiae*, o que permitiria concluir que a decisão de inadmissão é passível de recurso.

Nesse precedente, portanto, foi adotado pelo Supremo Tribunal Federal, em sede de controle concentrado abstrato de constitucionalidade, o entendimento no sentido de que cabe recurso contra a decisão que inadmite o ingresso do *amicus curiae* e que esse recurso pode ser apresentado pelo próprio peticionante a *amicus curiae*.

Mas por que o STF, nesse caso, decidiu de forma diversa do posicionamento que adotou no RE 602584 AgR-segundo (que analisamos anteriormente)?

Perceba o seguinte: no **RE 602584 AgR-segundo**, o Supremo Tribunal Federal, ao negar a possibilidade de o *amicus curiae* recorrer contra a decisão de inadmissão do seu ingresso nos autos, expressamente se referiu ao fato de que se tratava de um **processo de caráter subjetivo**. Essa constatação mostra com bastante clareza que o STF, ao julgar o agravo na **ADI 3396**, estabeleceu uma diferenciação entre processos de controle difuso concreto de constitucionalidade (que possuem caráter subjetivo) e processos de controle concentrado abstrato de constitucionalidade (que possuem caráter objetivo), admitindo o recurso do postulante a *amicus curiae* nestes e não o admitindo naqueles.

Portanto, no que diz respeito à possibilidade de o postulante a *amicus curiae* recorrer da decisão que nega seu ingresso no processo, o Supremo Tribunal Federal também chegou a estabelecer uma **diferenciação de acordo com a natureza do processo (à semelhança do que fez quanto à possibilidade de o amigo da corte opor embargos de declaração)**:

I) Em processos de **caráter subjetivo** (controle difuso concreto de constitucionalidade), o postulante a *amicus curiae* **não poderia recorrer** contra a decisão que rejeitasse seu ingresso no processo.

II) Em processos de **caráter objetivo** (controle concentrado abstrato de constitucionalidade), o postulante a *amicus curiae* **poderia recorrer** contra a decisão que rejeitasse o seu ingresso no processo.

Portanto, se em uma prova a questão apresentada disser, especificamente, que o Supremo Tribunal Federal não admite recurso de *amicus curiae* contra a decisão que recusa o seu ingresso em processo **subjetivo**, o ideal é considerar essa assertiva correta. Por outro lado, se a questão afirmar, **de modo genérico** (sem especificar a natureza do processo), que o *amicus curiae* pode recorrer contra decisão de inadmissão do seu ingresso nos autos, ela também deve ser considerada correta, pois o STF continua admitindo esse recurso nos processos de controle concentrado abstrato de constitucionalidade e as decisões mais recentes da Corte sobre o tema (que foram proferidas em processos objetivos) foram nesse sentido.

Esse cenário, porém, **sofreu uma modificação substancial em julho de 2022.**

Ao julgar a **ADO 70 AgR**, em 04/07/2022, o Pleno do Supremo Tribunal Federal, por unanimidade, passou a entender que, **também em processo objetivo (controle concentrado abstrato de constitucionalidade), é incabível recurso contra a decisão que rejeita o ingresso do postulante a "amicus curiae" nos autos**. Ou seja, caso o relator de um processo de controle concentrado abstrato de constitucionalidade indefira o ingresso de um postulante a "amicus curiae", este não poderá recorrer, sendo inadmissível eventual recurso que venha a apresentar.

Nesse precedente, o Tribunal disse expressamente que, de fato, vinha admitindo recurso de postulante a "amicus curiae" contra decisão que rejeitasse seu ingresso em processo objetivo (ADI, ADO, ADC, ADPF), mas que percebeu a necessidade de alterar seu entendimento para passar a inadmitir o recurso, assim como já vinha fazendo em processo subjetivo. A ementa desse julgamento estabeleceu, simplesmente, que *"é irrecorrível a decisão na qual o relator indefere pedido de ingresso de amicus curiae na ação"*.

A verdade é que esse novo posicionamento do STF é, evidentemente, uma jurisprudência defensiva, pois a mudança de entendimento teve como finalidade tão somente reduzir a quantidade de recursos julgados pelo Tribunal, sem que tenha sido apresentada uma justificativa jurídica razoável como fundamento.

Atualmente, portanto, não mais existe distinção entre processos objetivos e processos subjetivos quanto ao cabimento de recurso contra a decisão de indeferimento de ingresso de "amicus curiae". Em ambos os casos, o recurso é incabível, segundo o atual entendimento do STF.

Não há dúvida, então, de que, caso o tema seja cobrado prova, independentemente da etapa do concurso, a resposta será no sentido de que, seja qual for o tipo de processo (objetivo ou subjetivo), o Supremo Tribunal Federal não admite recurso contra decisão que rejeita ingresso de postulante a *amicus curiae* nos autos. E, se o questionamento aparecer em prova discursiva ou oral, o candidato terá espaço para expor todo o histórico da jurisprudência do STF sobre a questão, abordando, inclusive, os conflitos verificados com a literalidade da legislação e com posicionamentos de doutrinadores, tudo conforme vimos acima.

■ FUNDAMENTOS JURÍDICOS DO PEDIDO (CAUSA DE PEDIR) DA ADI GENÉRICA

Na ADI 3396 (que analisamos anteriormente), ao admitir recurso do peticionante a *amicus curiae* contra a decisão que recusou o seu ingresso no processo, o Supremo Tribunal Federal, alegando estar se fundamentando na sua jurisprudência, afirmou que **pessoa física não pode ser *amicus curiae* em processo de controle concentrado abstrato de constitucionalidade**

Esse entendimento parece ser compatível com a Lei 9.868/99 (que disciplina a ADI, a ADC e a ADO), pois o seu art. 7º, § 2º, ao tratar do *amicus curiae*, refere-se apenas a órgão ou entidade, não fazendo referência a pessoa física.

Mas a verdade é que afirmar, nessa decisão, que pessoa física não pode ser *amicus curiae* em controle concentrado abstrato de constitucionalidade parece ser algo contraditório, pois essa decisão se fundamentou, dentre outros aspectos, no art. 138 do CPC, que prevê expressamente que pessoa natural pode ser admitida como *amicus curiae*.

Porém, o fato é que essa decisão na ADI 3396 é o que temos de mais recente no Pleno do STF sobre a matéria, de modo que, em provas, deve-se adotar o entendimento de que pessoa física não pode ser *amicus curiae* em processo de controle concentrado abstrato de constitucionalidade.

Aqui, no entanto, também deve ser feito um **ALERTA**.

Saiba que o julgamento desse agravo regimental apresentado pelo peticionante a *amicus curiae* na ADI 3396 teve início no ano 2016, quando alguns Ministros já haviam afirmado a impossibilidade de se admitir pessoa física como *amicus curiae* no processo. Ocorre que, em 2017, na ADPF 145 AgR-segundo, o STF, invocando o art. 138 do CPC e o art. 7º, § 2º, da Lei 9.868/99, deixou clara a possibilidade de pessoa natural ser *amicus curiae*, desde que atendidos os requisitos legais. E, como sabemos, a ADPF é uma ação de controle concentrado abstrato de constitucionalidade. Confira a ementa do julgado:

> "(...) 1. **Conforme os arts. 7º, §2º, da Lei 9.868/1999, 6º, §2º, da Lei 9.882/1999, e 138 do CPC/15, os critérios para admissão de pessoas físicas como amicus curiae são a relevância da matéria, especificidade do tema ou repercussão social da controvérsia, assim como a representatividade adequada do pretendente.** 2. A mera alegação de integrar lides processuais acerca de mesma temática a ser solvida em processo de índole abstrata, sem a indicação de contribuição específica ao debate, não legitima a participação do Peticionante. (...)" **(ADPF 145 AgR-segundo; Órgão julgador: Tribunal Pleno; Relator(a): Min. EDSON FACHIN; Julgamento: 01/09/2017)**

Interessante notar que esse julgado nos trouxe um outro entendimento bastante interessante: o *amicus curiae*, para ser admitido no processo, deve efetivamente contribuir para o deslinde da questão posta nos autos, ou seja, ele deve demonstrar que tem algo a acrescentar, não sendo suficiente, para se acolher o seu pedido de ingresso, que ele possua legitimidade para a propositura de ações de controle concentrado abstrato de constitucionalidade ou mesmo que já tenha ajuizado uma dessas ações tratando do tema a respeito do qual quer agora se manifestar na qualidade de *amicus curiae*.

Mas em relação à possibilidade de pessoa física ser *amicus curiae* em controle abstrato de constitucionalidade, o que podemos notar, do cotejo entre a decisão tomada na ADI 3396 e a decisão tomada na ADPF 145, é que o Supremo Tribunal Federal, com base na mesma fundamentação legal, adotou dois entendimentos diametralmente opostos. Talvez isso tenha ocorrido porque o art. 6º, §§ 1º e 2º, da Lei 9.882/99, ao prever a possibilidade de manifestação, na ADPF, de interessados estranhos ao processo, refere-se a pessoas (§ 1º), não restringindo isso, em momento algum, a órgãos e entidades.

O fato, porém, é que a decisão mais recente do Pleno do Supremo Tribunal Federal sobre pessoa física ser *amicus curiae* em processo de controle concentrado abstrato de constitucionalidade é no sentido de que isso não é possível.

> "**Art. 6º, Lei 9.882/99.** Apreciado o pedido de liminar, o relator solicitará as informações às autoridades responsáveis pela prática do ato questionado, no prazo de dez dias.
>
> **§ 1º** Se entender necessário, poderá o relator ouvir as partes nos processos que ensejaram a argüição, requisitar informações adicionais, designar perito ou comissão de peritos para que emita parecer sobre a questão, ou ainda, fixar data para declarações, em audiência pública, de pessoas com experiência e autoridade na matéria.
>
> **§ 2º** Poderão ser autorizadas, a critério do relator, sustentação oral e juntada de memoriais, por requerimento dos interessados no processo."

Além de tudo isso, é necessário registrar mais um fato importante verificado no histórico de decisões proferidas no âmbito do Supremo Tribunal Federal sobre a questão: na **ADI 6855** (que foi ajuizada pelo Presidente da República para questionar atos normativos estaduais editados no contexto da pandemia de COVID-19 que chegou ao Brasil em 2020), o Min. Luís Roberto Barroso, em decisão monocrática de 19/06/2021, admitiu como "amicus curiae" o então Senador Renan Calheiros.

O Ministro entendeu que, como Renan Calheiros era o relator da comissão parlamentar de inquérito instaurada no Senado Federal para apurar fatos ocorridos durante a referida pandemia (a chamada "CPI da COVID" ou "CPI da Pandemia"), ele poderia contribuir efetivamente para esclarecer questões debatidas na ação, além de ter representatividade suficiente para isso.

Nos exatos termos da decisão, *"o Senador José Renan Vasconcelos Calheiros requer ingresso no feito, a título de amicus curiae (Petição 56917/2021), na qualidade de relator da CPI da COVID-19. (...) Dada a relevância da matéria, a representatividade do postulante, na condição de relator da CPI da COVID-19, e a especificidade do interesse que representa, defiro seu ingresso no feito, tal como requerido (art. 7º, §2º, da Lei 9.868/1999)"*.

Isso significa que, a partir dessa decisão, o Supremo Tribunal Federal passou a entender, de forma geral, que pessoa física pode ser amicus curiae em controle concentrado abstrato de constitucionalidade (ou, mais especificamente, em ADI)?

Não, não significa.

A verdade é que, como vimos, a decisão que admite *amicus curiae* no processo é monocrática e irrecorrível, de modo que, ainda que o Tribunal (pelo seu Pleno) tenha firmado entendimento a respeito dos requisitos para que o postulante a *amicus curiae* seja aceito nos autos, qualquer Ministro pode proferir decisão em sentido contrário, sem que haja a possibilidade de essa decisão ser impugnada e, assim, levada à análise do Plenário da Corte. Isso é algo que não se pode controlar por meios processuais, o que faz com que seja possível a existência de decisões monocráticas destoantes da jurisprudência do Tribunal.

Além disso, nesse caso envolvendo o então Senador Renan Calheiros, o contexto do debate (que era a pandemia de COVID-19) e a condição em que o postulante a *amicus curiae* pedia seu ingresso (como relator da "CPI da Pandemia") eram excepcionais e faziam com que, de fato, o postulante tivesse condições de contribuir para o debate com ampla representatividade.

Isso tudo mostra que se tratou, realmente, de uma situação excepcional, que não permite afirmar ter ocorrido uma alteração na jurisprudência do Supremo Tribunal Federal.

No entanto, o fato é que há no STF (e poderá haver mais no futuro) registro histórico de admissão de pessoa física como *amicus curiae* em ADI, mesmo após o julgamento do agravo interposto na ADI 3396 (no qual a Corte afirmou que pessoa física não pode ser *amicus curiae* no controle concentrado abstrato). **E isso não pode ser ignorado, inclusive, em provas de concurso.**

Então qual posicionamento deve ser adotado em prova?

Nas provas, o mais seguro, sempre, é considerar como correto o entendimento mais recente do Pleno do STF, que, no caso, foi o aplicado na ADI 3396. Mas é necessário ficar sempre atento à forma como a questão abordar o tema.

Se, por exemplo, a questão cobrar especificamente qual foi o entendimento adotado pelo STF em sede de ADPF, o ideal é responder que a Suprema Corte, em decisão tomada nesse tipo de ação, mostrou ser possível a participação de pessoa física como amicus curiae. Mas, se a questão se referir genericamente a controle concentrado abstrato ou a ação direta de inconstitucionalidade, deve-se adotar o entendimento mais recente do Plenário do Supremo Tribunal Federal, que foi o firmado na ADI 3396, na qual não se admitiu pessoa física como *amicus curiae*.

Além disso, caso a questão afirme que existe decisão no âmbito do Supremo Tribunal Federal admitindo pessoa física como *amicus curiae* em controle concentrado abstrato (ou, mais especificamente, em ADI), a assertiva também deve ser considerada correta, pois, como vimos, foi o que aconteceu na ADI 6855.

Adicionalmente a tudo que vimos acima, é importante ficar atento às novidades vindas do STF, pois a questão da (im)possibilidade de pessoa física ser *amicus curiae* em controle concentrado abstrato de constitucionalidade merece uma nova decisão que "bata o martelo" a seu respeito, haja vista os detalhes envolvendo esse debate que, sem dúvida, geram bastante insegurança.

Finalmente, em relação ao **momento processual de sua intervenção**, segundo o Supremo Tribunal Federal, o *amicus curiae* apenas pode solicitar sua admissão até a data em que o Relator liberar o processo para pauta, isto é, até a inclusão do feito em pauta para julgamento (**ADI 4071 AgR**, Pleno, j. 22/04/2009; **ADI 4246**, decisão monocrática de 10/05/2011; **ADI 2135 AgR**, Pleno, j. 18/05/2018).

No entanto, em situações excepcionais e justificadas, o STF admite o ingresso do "amigo da corte" mesmo após referido momento procedimental, por exemplo, quando a sensibilidade da matéria objeto do julgamento e o devido processo legal o exigem, como ocorreu no **RE 841.526**.

Nesse precedente, a Suprema Corte admitiu o ingresso do *amicus curiae* (que, no caso, era a Defensoria Pública da União) após a inclusão do feito em pauta, com o objetivo de assegurar a "paridade de armas", já que o procurador do autor do processo não havia realizado sustentação oral e a União havia se habilitado como *amicus curiae*. Assim, como o feito envolvia direitos fundamentais da população carcerária, mais precisamente, a responsabilidade civil do Estado por morte de detento (um tema, portanto, sensível), o STF entendeu necessário admitir nos autos alguém que pudesse se manifestar expondo "o outro lado da moeda", evitando, com isso, que o debate se limitasse a abordar o ponto de vista estatal.

> "(...)
>
> *Ab initio*, cumpre registrar que, na sessão do dia 22 de abril de 2009, no julgamento da ADI-AgR nº 4.071 (Rel. Min. Menezes Direito, DJ de 15.10.2009), **o Plenário deste Supremo Tribunal Federal decidiu que os pedidos de ingresso dos *amicus curiae* poderão ser formulados até a inclusão do processo em pauta para julgamento**.
>
> O pedido que ora se analisa, no entanto, foi deduzido pela Defensoria Pública da União em data posterior à inclusão em pauta do processo para julgamento, o que, a rigor, obstaria a intervenção da requerente neste feito.
>
> Assinalo, contudo, que **dada à sensibilidade da matéria que será submetida a julgamento e a ausência de sustentação oral pelo procurador do autor (Pet. 13.784/2016), recomenda-se a admissão da requerente como *amicus curiae***, apenas para proferir sustentação oral, de modo a contribuir para o debate, trazendo a perspectiva de quem atua na defesa dos desassistidos, que compõem a grande massa carcerária brasileira.
>
> A intervenção da requerente no julgamento é justificada, ainda, na **busca de garantir a paridade de armas e um equilíbrio ao debate em Plenário**, na medida em que a União já se encontra habilitada neste processo como *amicus curiae*. De tal modo, com a admissão da requerente, ampliar-se-á a discussão para além da ótica do Estado, trazendo-se para o Plenário também a perspectiva dos encarcerados.

Essa possibilidade de admissibilidade da intervenção do *amicus curiae* depois de pautado o processo para julgamento, de forma excepcional e para garantir a paridade de armas, já foi enfrentada pela Corte, conforme se verifica do RE nº 635.659/SP, Rel. Min. Gilmar Mendes, 19 e 20.8.2015.

(...)"

(RE 841526/RS; trecho de decisão monocrática do Min. Rel. Luiz Fux; Julgamento: 28/03/2016)

PRODUÇÃO DE PROVAS E ANÁLISE DE FATOS NA ADI

Há produção de provas na ADI?

Muito embora se trate de processo objetivo, há uma espécie de produção probatória na ADI prevista na Lei 9.868/99 (art. 9º, §§ 1º e 2º), inclusive, com a possibilidade de realização de perícia.

> "**Art. 9º, Lei 9.868/99.**
>
> (...)
>
> **§ 1º** Em caso de necessidade de esclarecimento de matéria ou circunstância de fato ou de notória insuficiência das informações existentes nos autos, poderá o relator requisitar informações adicionais, designar perito ou comissão de peritos para que emita parecer sobre a questão, ou fixar data para, em audiência pública, ouvir depoimentos de pessoas com experiência e autoridade na matéria.
>
> **§ 2º** O relator poderá, ainda, solicitar informações aos Tribunais Superiores, aos Tribunais federais e aos Tribunais estaduais acerca da aplicação da norma impugnada no âmbito de sua jurisdição."

Esse é um mecanismo (fenomenal) de abertura do STF para toda a sociedade. Por força desses dispositivos legais, o STF está aberto à opinião das pessoas. **Concretiza-se, aí, a sociedade aberta dos intérpretes da Constituição**, não sendo a interpretação da Lei Maior monopolizada pelos tribunais, em especial pelo STF, mas sim aberta a toda a sociedade.

Além disso, esses dispositivos indicam que **questões e consequências fáticas podem interferir decisivamente no julgamento acerca da constitucionalidade ou inconstitucionalidade de uma lei ou ato normativo.**

Portanto, quando se examina uma lei ou ato normativo, ainda que no controle abstrato, fatos concretos da vida real podem interferir no julgamento, podendo a lei ser constitucional ou inconstitucional a partir de determinadas circunstâncias fáticas.

O STF, então, ao realizar o julgamento, deve considerar as consequências fáticas do ato impugnado. Isso aconteceu, por exemplo, nos casos de inconstitucionalidade progressiva envolvendo o prazo em dobro para a Defensoria Pública recorrer no processo penal (HC 70.514), a legitimidade do Ministério Público para promover a ação civil *ex delicto* (RE 135.328), e a inconstitucionalidade superveniente material do art. 2º da Lei, que permitia o uso do amianto crisotila na indústria e na construção civil (ADI 3937).

A possibilidade de consideração de fatos no controle abstrato de constitucionalidade, no entanto, tem limites, segundo o próprio STF. De acordo com a Corte, embora seja possível realizar essa análise de situações fáticas, **não se admite uma análise aprofundada de fatos** no controle concentrado abstrato de constitucionalidade, como seria o caso de apreciação de supostos atos ilícitos imputados a agentes públicos nas esferas civil e criminal, pois isso é incompatível com processos de natureza objetiva.

Isso porque a apuração de fatos como esses (atos ilícitos) exige uma ampla dilação probatória e a observância plena do devido processo legal, com o respeito integral ao contraditório e à ampla defesa, o que é condizente com processos de índole subjetiva, mas não com processos objetivos, nos quais nem mesmo há partes propriamente ditas.

Esse entendimento foi adotado pelo Supremo Tribunal Federal na **ADPF 686**, julgada em 19/10/2021, sendo plenamente aplicável a qualquer ação de controle concentrado abstrato de constitucionalidade, pois os fundamentos da decisão se aplicam a todas delas. Nas palavras da Corte, *"**a natureza dos processos de índole objetiva (como a arguição de descumprimento de preceito fundamental) é incompatível com a análise aprofundada de fatos** envolvendo supostas práticas ilícitas, atos de improbidade administrativa ou infrações criminais imputadas a particulares, servidores públicos ou autoridades políticas, **pois a apuração desses fatos, além de envolver ampla dilação probatória, também exige a observância dos postulados que informam o devido processo legal**, especialmente o contraditório e a ampla defesa".*

■ CAUTELAR NA ADI

É possível a concessão de medida cautelar na ADI?

Sim, e isso possui previsão tanto na Constituição Federal (art. 102, I, "p") quanto na Lei 9.868/99 (art. 10, *caput* e §§).

> "**Art. 102, CF/88.** Compete ao Supremo Tribunal Federal, precipuamente, a guarda da Constituição, cabendo-lhe:
>
> I - processar e julgar, originariamente:
>
> (...)
>
> p) o pedido de medida cautelar das ações diretas de inconstitucionalidade;
>
> (...)"
>
> "**Art. 10, Lei 9.868/99.** Salvo no período de recesso, a medida cautelar na ação direta será concedida por decisão da maioria absoluta dos membros do Tribunal, observado o disposto no art. 22, após a audiência dos órgãos ou autoridades dos quais emanou a lei ou ato normativo impugnado, que deverão pronunciar-se no prazo de cinco dias.
>
> **§ 1º** O relator, julgando indispensável, ouvirá o Advogado-Geral da União e o Procurador-Geral da República, no prazo de três dias.
>
> **§ 2º** No julgamento do pedido de medida cautelar, será facultada sustentação oral aos representantes judiciais do requerente e das autoridades ou órgãos responsáveis pela expedição do ato, na forma estabelecida no Regimento do Tribunal.
>
> **§ 3º** Em caso de excepcional urgência, o Tribunal poderá deferir a medida cautelar sem a audiência dos órgãos ou das autoridades das quais emanou a lei ou o ato normativo impugnado."
>
> "**Art. 22, Lei 9.868/99.** A decisão sobre a constitucionalidade ou a inconstitucionalidade da lei ou do ato normativo somente será tomada se presentes na sessão pelo menos oito Ministros."

A decisão cautelar na ADI, como regra, suspende a eficácia dos dispositivos nela contemplados e é tomada, colegiadamente, pela **maioria absoluta dos Ministros do STF**, exceto em período de recesso e em casos nos quais a urgência não permita aguardar o pronunciamento do plenário, conforme decorre do *caput* do art. 10 da Lei 9.868/99. E, para a instalação da sessão de julgamento da cautelar, é necessária a presença de pelo menos 08 (oito) Ministros, conforme previsto no art. 22 da Lei 9.868/99.

Nos períodos de recesso, as questões urgentes (dentre elas, as medidas cautelares em ADIs) são resolvidas pelo Presidente da Corte, conforme prevê o art. 13, VIII, do Regimento Interno do STF.

Além disso, mesmo não se estando em período de recesso, o Ministro Relator da ação pode, monocraticamente e dependendo de referendo do Plenário, conceder a cautelar na ADI, se a urgência do caso não permitir que se aguarde a deliberação do Tribunal Pleno. Isso é o que se chama de cautelar *ad referendum* do Plenário, que tem previsão no art. 21, V, do Regimento Interno do STF.

E quais são os **requisitos** para o deferimento de medida cautelar na ADI? São os conhecidos requisitos de toda cautelar: *fumus boni iuris* (que nada mais é do que a plausibilidade jurídica) e *periculum in mora* (que é o perigo da demora).

Quanto ao requisito do perigo da demora, o STF já decidiu que ele pode, em certas hipóteses, ser substituído pelo critério da conveniência. Por quê? É que não há prazo (prescricional ou decadencial) para a propositura de ADI, de modo que uma lei pode ser editada em determinado momento e apenas depois de, por exemplo, 10 (dez) anos ser proposta a ADI para impugná-la. Evidentemente, não há como falar em *periculum in mora* quando a lei já foi publicada há tanto tempo, de modo que o STF admite a substituição de tal requisito pelo critério da conveniência. Nesse sentido, confira o seguinte julgado:

> "(...) é possível, como se entendeu em precedentes desta Corte, utilizar-se do **critério da conveniência, em lugar do *periculum in mora***, para a concessão de medida liminar, ainda quando o dispositivo impugnado já esteja em vigor há anos." **(ADI-MC 2314)** Vide ainda: ADI-MC 1087; ADI-MC 568; ADI-MC 3462; etc.

Mas esse entendimento atualmente já se encontra "ampliado", tendo sido admitida a substituição de ambos os requisitos da cautelar (tanto o *periculum in mora* quanto o *fumus boni iuris*) pelo juízo de conveniência da concessão da medida. Isso ocorreu, por exemplo, na decisão liminar proferida em 04/06/2020 pelo Min. Alexandre de Moraes na **ADPF 690**, na qual se discutiu a sistemática adotada pelo Governo Federal para a divulgação de dados sobre a pandemia de COVID-19.

Nas palavras do Ministro, "***a análise dos requisitos do fumus boni iuris e do periculum in mora, para sua concessão, admite maior discricionariedade por parte do SUPREMO TRIBUNAL FEDERAL, com a realização de verdadeiro juízo de conveniência política da suspensão da eficácia (ADI 3.401 MC, Rel. Min. GILMAR MENDES, Pleno, decisão em 3/2/2005), pelo qual deverá ser verificada a conveniência da suspensão cautelar da lei impugnada (ADI 425 MC, Rel. Min. PAULO BROSSARD, Pleno, decisão em 4/4/1991; ADI 467 MC, Rel. Min. OCTÁVIO GALLOTTI, Pleno, decisão em 3/4/1991), permitindo, dessa forma, uma maior subjetividade na análise da relevância do tema, bem assim em juízo de conveniência, ditado pela gravidade que envolve a discussão (ADI 490 MC, Rel. Min. CELSO DE MELLO, Pleno, decisão em 6/12/1990; ADI 508 MC, Rel. Min. OCTÁVIO GALLOTTI, Pleno, decisão em 16/4/1991)***, *bem como da plausibilidade inequívoca e dos evidentes riscos sociais ou individuais, de várias ordens, que a execução provisória da lei questionada gera imediatamente (ADI 474 MC, Rel. Min. SEPÚLVEDA PERTENCE, Pleno, decisão em 4/4/1991), ou, ainda, das prováveis repercussões pela manutenção da eficácia do ato impugnado (ADI 718 MC, Rel. Min. CELSO DE MELLO, Pleno, decisão em 3/8/1992), da relevância da questão (ADI 804 MC, Rel. Min. SEPÚLVEDA PERTENCE, Pleno, decisão em 27/11/1992) e da relevância da fundamentação da arguição de* *inconstitucionalidade, além da ocorrência de periculum in mora, tais os entraves à atividade econômica, social ou política (ADI 173 MC, Rel. Min. MOREIRA ALVES, Pleno, decisão em 9/3/1990) ou, como no caso em questão, o prejuízo ao efetivo combate a pandemia causada pelo COVID-19 em defesa da vida e da saúde de todos os brasileiros".*

Assim, no controle concentrado abstrato de constitucionalidade, o STF pode, diante de um caso concreto, em vez de se limitar a analisar o *fumus boni iuris* e o *periculum in mora*, avaliar os impactos positivos e negativos da concessão e da não concessão da medida cautelar e, a partir disso, deferir ou não essa medida. Isso permite uma maior subjetividade, por parte do tribunal, na análise do pedido liminar.

E quais são os **efeitos** da decisão que concede medida cautelar em ADI? São os previstos no art. 11, § 1º, da Lei 9.868: em regra, *erga omnes* e *ex nunc* (não retroativos), podendo, porém, o Tribunal entender pela atribuição de eficácia retroativa (*ex tunc*).

Além disso, nos termos do § 2º desse mesmo art. 11, a concessão da cautelar na ADI gera o chamado **efeito repristinatório** (ou efeito repristinatório tácito), pois torna aplicável a legislação anterior acaso existente. Porém, o Tribunal pode, desde que o faça expressamente, atribuir efeito não repristinatório a essa decisão.

> "**Art. 11.** Concedida a medida cautelar, o Supremo Tribunal Federal fará publicar em seção especial do Diário Oficial da União e do Diário da Justiça da União a parte dispositiva da decisão, no prazo de dez dias, devendo solicitar as informações à autoridade da qual tiver emanado o ato, observando-se, no que couber, o procedimento estabelecido na Seção I deste Capítulo.
>
> **§ 1º** A medida cautelar, dotada de eficácia contra todos, será concedida com efeito *ex nunc*, salvo se o Tribunal entender que deva conceder-lhe eficácia retroativa.
>
> **§ 2º** A concessão da medida cautelar torna aplicável a legislação anterior acaso existente, salvo expressa manifestação em sentido contrário."

Assim, em resumo, os efeitos da concessão da cautelar na ADI são os seguintes:

I) Efeitos comuns (regra geral):

- **a.** Não retroativos (*ex nunc*);
- **b.** Gerais (*erga omnes*);
- **c.** Repristinatórios;
- **d.** Vinculantes.

II) Efeitos excepcionais:

- **a.** Retroativos (*ex tunc*);
- **b.** Não repristinatórios.

Como regra, portanto, a concessão da cautelar na ADI suspende provisoriamente a lei ou ato normativo objeto da ação, por meio de uma decisão que vale para todos (efeitos *erga omnes*), não retroage, torna aplicável a legislação anterior acaso existente (efeito repristinatório) e vincula os demais órgãos do Poder Judiciário e os órgãos da Administração Pública de todas as esferas federativas (efeito vinculante).

Por outro lado, se a cautelar for indeferida, essa decisão não tem efeito vinculante, conforme já decidiu o STF (AgRg Rcl 3424). Logo, uma decisão de indeferimento da cautelar na ADI não pode servir para o ajuizamento de Reclamação perante o STF em face de eventual decisão que considere inconstitucional o ato impugnado na ação de controle concentrado abstrato.

A eficácia vinculante permite o uso da reclamação caso a integridade ou a autoridade do julgamento cautelar seja desrespeitado por alguma autoridade administrativa ou judicial. Mas – repita-se – tais efeitos vinculantes apenas se verificam na decisão que defere a cautelar, e não na que indefere.

A previsão da reclamação se encontra no art. 102, I, "l", da CF/88, além de ter sido disciplinada pelo CPC/15.

> "**Art. 102, CF/88.** Compete ao Supremo Tribunal Federal, precipuamente, a guarda da Constituição, cabendo-lhe:
>
> I - processar e julgar, originariamente:
>
> (...)
>
> **l) a reclamação para a preservação de sua competência e garantia da autoridade de suas decisões;**
>
> (...)"

DECISÃO DEFINITIVA (FINAL) DA ADI

Para que seja realizado o julgamento final na ADI, é necessária a presença de pelo menos 08 (oito) Ministros, conforme consta do art. 22 da Lei 9.868/99.

> "**Art. 22, Lei 9.868/99.** A decisão sobre a constitucionalidade ou a inconstitucionalidade da lei ou do ato normativo somente será tomada se presentes na sessão **pelo menos oito Ministros**."

Perceba que a presença de 8 (oito) Ministros é um requisito para a realização da sessão de julgamento da ADI. Não se pode confundir o quórum para a realização (que é o chamado quórum de instalação) da sessão de julgamento em que poderá ser tomada a decisão da ADI com o quórum para declarar a inconstitucionalidade ou a constitucionalidade (que é o chamado quórum de julgamento).

O quórum para afirmar a constitucionalidade ou inconstitucionalidade da lei ou ato normativo não é esse de 8 (oito) ministros, mas sim o de **maioria absoluta**, que está previsto no art. 97 da CF/88, segundo o qual, para se declarar a inconstitucionalidade nos Tribunais, exige-se a maioria absoluta do órgão especial ou do plenário. Esse quórum de maioria absoluta também está previsto na Lei 9.868/99, mais precisamente, em seu art. 23. E, considerando que o total de ministros do STF são 11 (onze), a maioria absoluta é alcançada com os votos de 6 (seis) Ministros.

Resumindo, sem a presença de pelo menos 8 (oito) Ministros, o STF não pode julgar a ADI, mas, estando presente esse número de Ministros, o tribunal pode realizar o julgamento, precisando, porém, de pelo menos 6 (seis) votos para declarar a inconstitucionalidade ou a constitucionalidade.

Ainda, nos termos do parágrafo único do art. 23 da Lei 9.868/99, se não for alcançada a maioria necessária para declarar a constitucionalidade ou a inconstitucionalidade e se estiverem ausentes Ministros suficientes para influir no resultado do julgamento, este será **suspenso**, sendo retomado quando estiverem presentes os demais Ministros necessários para a tomada da decisão em um sentido ou em outro.

Por exemplo, estando presentes oito Ministros, o julgamento pode ser realizado, mas, se cinco ministros votarem pela inconstitucionalidade e três Ministros votarem pela constitucionalidade, nenhuma decisão terá sido tomada, por não ter sido obtido o quórum mínimo de seis Ministros (maioria absoluta) em nenhum desses sentidos. Nesse caso, o julgamento deve ser suspenso para ser retomado em uma sessão futura na qual estejam presentes os Ministros ausentes, sendo esse procedimento repetido até que seja atingido o quórum de seis Ministros a favor de uma das teses, isto é, a favor da inconstitucionalidade ou da constitucionalidade.

> "**Art. 23, Lei 9.868/99.** Efetuado o julgamento, proclamar-se-á a constitucionalidade ou a inconstitucionalidade da disposição ou da norma impugnada se num ou noutro sentido se tiverem manifestado pelo menos seis Ministros, quer se trate de ação direta de inconstitucionalidade ou de ação declaratória de constitucionalidade.
>
> **Parágrafo único.** Se não for alcançada a maioria necessária à declaração de constitucionalidade ou de inconstitucionalidade, estando ausentes Ministros em número que possa influir no julgamento, este será suspenso a fim de aguardar-se o comparecimento dos Ministros ausentes, até que se atinja o número necessário para prolação da decisão num ou noutro sentido."

E quanto aos **efeitos da decisão final na ADI**? Esses efeitos estão previstos no art. 102, § 2º, da CF/88 e no art. 28, p. único, da Lei 9.868, que atribuem **eficácia vinculante e *erga omnes*** a essa decisão.

> "**Art. 102, § 2º, CF/88.** As decisões definitivas de mérito, proferidas pelo Supremo Tribunal Federal, nas ações diretas de inconstitucionalidade e nas ações declaratórias de constitucionalidade produzirão **eficácia contra todos** e **efeito vinculante**, relativamente aos demais órgãos do Poder Judiciário e à administração pública direta e indireta, nas esferas federal, estadual e municipal."
>
> "**Art. 28, p. único, Lei 9.868/99.** A declaração de constitucionalidade ou de inconstitucionalidade, inclusive a interpretação conforme a Constituição e a declaração parcial de inconstitucionalidade sem redução de texto, têm **eficácia contra todos** e **efeito vinculante** em relação aos órgãos do Poder Judiciário e à Administração Pública federal, estadual e municipal."

Além disso, é necessário registrar que a declaração de inconstitucionalidade, em regra, opera **efeitos retroativos (*ex tunc*) e repristinatórios**. A eficácia repristinatória (que apenas ocorre quando a ADI é julgada procedente, isto é, quando o objeto da ação é declarado inconstitucional) nada mais é do que tornar novamente aplicável eventual norma que havia sido revogada pela norma declarada inconstitucional, o que é uma consequência natural da eficácia *ex tunc* da decisão.

Excepcionalmente, o STF pode modular os efeitos da decisão, restringindo o alcance dela e/ou estabelecendo um outro marco temporal (posterior ao momento do nascimento da norma declarada inconstitucional) para o início da produção de sua eficácia. Para realizar essa modulação, é necessário que haja votos de 2/3 (dois terços) dos Ministros do Tribunal, além da presença de razões de segurança jurídica ou de excepcional interesse social que justifiquem essa medida, conforme ainda estudaremos.

Em resumo, os efeitos da decisão final da ADI são os seguintes:

I) Efeitos comuns (regra geral):

- **a.** Gerais (*erga omnes*);
- **b.** Retroativos (*ex tunc*);
- **c.** Repristinatórios;
- **d.** Vinculantes (esses efeitos são chamados, nos EUA, de *binding effect*).

II) Efeitos excepcionais (verificados em caso de modulação):

- **a.** Restritos;
- **b.** Não retroativos (*ex nunc*) ou modulados para o futuro (*pro futuro*);
- **c.** Não repristinatórios (o que é uma consequência da excepcional atribuição de eficácia não retroativa à decisão).

Para facilitar o estudo, confira abaixo um quadro esquematizado explicando em que consiste cada um desses efeitos.

EFEITOS COMUNS (REGRA GERAL) DA DECISÃO FINAL NA ADI	
EFEITOS	**SIGNIFICADO**
Erga omnes	Significam que a decisão atinge todas as pessoas, órgãos e entidades, ou seja, projeta seus efeitos de forma geral para fora do processo.
Vinculantes	Significam que a decisão vincula os demais órgãos do Poder Judiciário e todos os órgãos da Administração Pública direta e indireta de todos os entes da Federação. Em outras palavras, a eficácia vinculante é o que faz com que esses órgãos fiquem obrigados a observar a decisão do STF.
Retroativos (*ex tunc*)	Significam que a declaração de inconstitucionalidade retroage à origem da norma declarada inconstitucional. A norma inconstitucional, portanto, é inválida desde o momento em que nasceu. A eficácia retroativa é uma decorrência da adoção da teoria da nulidade do ato inconstitucional.
Repristinatórios	Significam que, uma vez declarada a inconstitucionalidade de uma norma, eventuais normas que tenham sido revogadas pela norma declarada inconstitucional voltam a ser aplicáveis. Cuida-se de uma decorrência lógica da teoria da nulidade do ato inconstitucional e da eficácia retroativa da decisão de inconstitucionalidade.
Restritos	Significam que a decisão deixa de gerar efeitos de forma geral para fora do processo e passa a ter alcance restrito nos termos em que foi modulada.

EFEITOS EXCEPCIONAIS (MODULAÇÃO) DA DECISÃO FINAL NA ADI	
EFEITOS	**SIGNIFICADO**
Não retroativos (*ex nunc*)	Significam que a decisão não torna inválida a norma inconstitucional desde o momento do seu nascedouro, mas sim a partir de um momento posterior. Quando se atribui eficácia não retroativa, a teoria da nulidade do ato inconstitucional cede espaço para a teoria da anulabilidade e a decisão de inconstitucionalidade deixa de ser declaratória e passa a ter verdadeiro caráter constitutivo. Nesse caso, a norma reconhecida como inconstitucional produz efeitos no mundo jurídico no período compreendido entre o seu nascimento e o momento fixado na modulação da decisão de inconstitucionalidade.

EFEITOS EXCEPCIONAIS (MODULAÇÃO) DA DECISÃO FINAL NA ADI	
EFEITOS	**SIGNIFICADO**
Não repristinatórios	Significam que, apesar do reconhecimento da inconstitucionalidade da norma impugnada, eventual norma que havia sido revogada por ela não volta a ser aplicável. Isso, em regra, ocorre quando há modulação para atribuir
Não repristinatórios	eficácia não retroativa à decisão de inconstitucionalidade, pois, nesse caso, como a decisão não retroage, o ato reconhecido como inconstitucional terá produzido efeitos no mundo jurídico, dentre eles, o efeito de revogar atos anteriores. No entanto, mesmo em caso de haver modulação, é possível que o STF, se assim deliberar, atribua eficácia repristinatória à decisão, como explicou o Min. Gilmar Mendes no seu voto proferido nos embargos de declaração opostos na ADI 2791.

Por fim, é necessário analisar a seguinte questão: **em que momento a decisão final de mérito da ADI passa a produzir os seus efeitos vinculantes?**

Sobre isso, a dúvida consiste em saber se com a simples publicação da ata de julgamento (que, em regra, ocorre com certa rapidez) já surge a eficácia vinculante da decisão ou se essa eficácia depende da publicação do próprio acórdão após o seu trânsito em julgado.

A esse respeito, o *caput* do art. 28 da Lei 9.868/99 (que vimos acima) estabelece que, após o trânsito em julgado (mais precisamente, dentro do prazo de 10 dias depois do trânsito em julgado), o dispositivo do acórdão da ADI deve ser publicado na imprensa oficial. E o parágrafo único desse mesmo artigo estabelece que a decisão final da ADI tem efeito vinculante (e *erga omnes*).

Assim, combinando o *caput* com o parágrafo único do art. 28 da Lei 9.868/99, a conclusão natural seria a de que a produção de efeitos vinculantes da decisão final de mérito no controle concentrado de constitucionalidade só ocorreria com a publicação do respectivo acórdão após o seu trânsito em julgado. Essa interpretação, aliás, promove segurança jurídica, já que, enquanto a decisão não transita em julgado, ela pode ser modificada, e atribuir eficácia vinculante a algo ainda sujeito a alteração tem o potencial de gerar incertezas.

Esse entendimento, inclusive, chegou a ser aplicado pelo Supremo Tribunal Federal, o que ocorreu no **RE 730462 (Tema de Repercussão Geral nº 733, j. 28/05/2015)**.

Nesse precedente, o STF decidiu que as decisões judiciais (e administrativas) atingidas pela eficácia vinculante são apenas aquelas proferidas após a publicação do acordão da ADI nos termos do art. 28 da Lei 9.868/99 (que exige a publicação da parte dispositiva do acórdão após o seu trânsito em julgado).

Nos exatos termos que constaram da ementa desse julgamento, da decisão de inconstitucionalidade proferida pelo STF "***decorre também o efeito vinculante**, consistente em atribuir ao julgado uma qualificada força impositiva e obrigatória em relação a supervenientes atos administrativos ou judiciais (= eficácia executiva ou instrumental), que, para viabilizar-se, tem como instrumento próprio, embora não único, o da reclamação prevista no art. 102, I, "l", da Carta Constitucional. (...) **A eficácia executiva, por decorrer da sentença (e não da vigência da norma examinada), tem como termo inicial a data da publicação do acórdão do Supremo no Diário Oficial (art. 28 da Lei***

9.868/1999). É, consequentemente, eficácia que ***atinge atos administrativos e decisões judiciais supervenientes a essa publicação, não os pretéritos****, ainda que formados com suporte em norma posteriormente declarada inconstitucional".*

Esse, porém, não é o entendimento predominante no STF.

A verdade é que na jurisprudência do Supremo Tribunal Federal há diversas decisões, tanto de Turma quanto do Plenário, afirmando que a eficácia vinculante da decisão proferida no controle concentrado de constitucionalidade (seja ela uma decisão cautelar, seja ela uma decisão definitiva de mérito) é produzida **a partir do momento da simples publicação da respectiva ata de julgamento na imprensa oficial**. Dentre essas decisões, há, inclusive, algumas que foram proferidas após o julgamento do RE 730462, que vimos acima.

Confira uma lista com alguns desses precedentes:

1) Na **ADI 711 QO**, que foi julgada pelo **Pleno do STF** em 05/08/1992, foi afirmado que *"o deferimento da medida cautelar produz seus efeitos a partir da data da publicação da ata de julgamento no Diário Da Justiça Da União"*.

2) Na **Rcl 2576**, julgada pelo **Pleno do STF** em 23/06/2004, foi afirmado que *"é de ser aplicado o critério adotado por esta Corte, quando do julgamento da Questão de Ordem, na ADI 711 em que a decisão, em julgamento de liminar, é válida a partir da data da publicação no Diário da Justiça da ata da sessão de julgamento"*.

3) Na **Rcl 3473 AgR**, julgada pelo **Pleno do STF** em 31/08/2005, foi afirmado que *"a jurisprudência do Supremo Tribunal Federal é no sentido de que o efeito da decisão proferida pela Corte, que proclama a constitucionalidade ou a inconstitucionalidade de lei ou ato normativo federal, inicia-se com a publicação da ata da sessão de julgamento"*.

4) Na **Rcl 872 AgR**, julgada pelo **Pleno do STF** em 08/09/2005, foi afirmado que *"a obrigatoriedade de observância da decisão de liminar, em controle abstrato realizado pelo Supremo Tribunal Federal, impõe-se com a publicação da ata da sessão de julgamento no Diário da Justiça. O ajuizamento de reclamação independe tanto da publicação do acórdão cuja autoridade se quer garantir (ADC 4-MC) como de sua juntada"*.

5) Na **Rcl 3632 AgR**, julgada pelo **Pleno do STF** em 02/02/2006, foi afirmado que *"a decisão de inconstitucionalidade produz efeito vinculante e eficácia erga omnes desde a publicação da ata de julgamento e não da publicação do acórdão. (...) A ata de julgamento publicada impõe autoridade aos pronunciamentos oriundos desta Corte"*.

6) Na **Rcl 6999 AgR**, julgada pelo **Pleno do STF** em 17/10/2013, foi afirmado que *"as decisões proferidas em sede de controle concentrado de constitucionalidade, em regra, passam produzir efeitos a partir da publicação, no veículo oficial, da ata de julgamento"*.

7) No **ARE 1031810 AgR-ED-ED**, julgado pela **Segunda Turma do STF** em 05/11/2019, foi afirmado que *"a eficácia das decisões proferidas em controle concentrado de constitucionalidade ocorre a partir da publicação da ata de seu julgamento"*.

8) No **ARE 1330184 AgR-terceiro**, julgado pela **Primeira Turma do STF** em 03/10/2022, foi afirmado que, *"segundo a jurisprudência consolidada do STF,*

a eficácia das decisões proferidas em sede de controle concentrado de constitucionalidade ocorre a partir da publicação da ata de julgamento".

Além de todos esses casos, há um tema de repercussão geral julgado em fevereiro de 2023 no qual o Pleno do Supremo Tribunal Federal estabeleceu que as decisões proferidas no controle concentrado de constitucionalidade geram efeitos vinculantes e atingem relações jurídicas **a partir da data da publicação da ata de julgamento**.

Esse caso envolveu especificamente o debate sobre os efeitos que a decisão de inconstitucionalidade do STF tem nas relações jurídicas tributárias de trato continuado (que são aquelas que se protraem no tempo), mas o raciocínio nele firmado quanto ao início da eficácia vinculante da decisão proferida no controle concentrado de constitucionalidade se aplica a qualquer situação, pois não há razão para não se aplicar.

Trata-se do **Tema de Repercussão Geral nº 881** (RE 949297, j. 08/02/2023). Nele, o Supremo Tribunal Federal decidiu que as coisas julgadas que foram formadas em processos subjetivos envolvendo relações jurídicas continuadas (mais precisamente, relações tributárias continuadas) perdem imediatamente a eficácia quando há uma decisão superveniente do STF em sentido contrário no controle concentrado de constitucionalidade. Segundo ficou decidido, essa perda de eficácia ocorre justamente **a partir da publicação da ata de julgamento da ação de controle concentrado de constitucionalidade**.

Nos exatos termos do voto do Min. Edson Fachin (relator do caso), "*o juízo definitivo de constitucionalidade em escopo de ADI, ADO e ADC formado pelo Tribunal Pleno do STF possui aptidão para alterar o estado de direito de relação tributária de trato continuado, por força do art. 28 da Lei 9.868/1999, rompendo o silogismo original da sentença judicial transitada em julgada, à luz da cláusula rebus sic stantibus , de modo a fazer cessar os efeitos prospectivos da primeira decisão,* ***a partir da publicação da ata de julgamento da ação de índole abstrata***".

Tudo isso mostra que, de fato, o entendimento do Supremo Tribunal Federal (adotado tanto pelas suas Turmas quanto pelo seu Plenário) é no sentido de que a eficácia vinculante da decisão (tanto cautelar quanto final de mérito) proferida no controle concentrado de constitucionalidade tem início com a publicação da respectiva ata de julgamento.

■ A EFICÁCIA VINCULANTE E O CABIMENTO DA RECLAMAÇÃO

A eficácia vinculante faz com que, no caso de descumprimento da decisão final da ADI, caiba reclamação para que o STF garanta a autoridade do seu julgado, conforme consta do art. 102, I, "l", da CF/88.

Quem pode propor essa reclamação? O STF variou sua jurisprudência ao longo do tempo, mas a posição atual é a de que **qualquer pessoa** pode propor reclamação perante o STF, se for prejudicada por um ato do Judiciário ou do Executivo que viole a autoridade de uma decisão proferida em ADI ou ADC (AgRg Rcl 1880, AgRg Rcl 2143).

Segundo a Constituição, **o efeito vinculante se dirige aos demais órgãos do Poder Judiciário e à Administração Pública direta e indireta de todas as esferas da Federação.**

Isso significa, em primeiro lugar, que o próprio Pleno do Supremo Tribunal Federal, que é o órgão que julga as ações de controle concentrado abstrato de constitucionalidade, não sofre os efeitos vinculantes das suas decisões proferidas nessas ações.

Em outras palavras, o STF pode, em sede de ADI ou ADC, dizer que uma lei é constitucional (e essa decisão terá efeito vinculante), sem ficar impedido de, no futuro, rever essa questão e entender (inclusive em sede de controle concentrado abstrato) que essa mesma lei é inconstitucional. Isso ocorre porque o STF (mais precisamente, o seu Plenário) não fica vinculado por suas decisões.

Porém, se o STF concluir, em sede de ADI ou ADC, que a lei é inconstitucional, o quadro muda, porque o julgamento de procedência da ADI ou de improcedência da ADC (declarando-se, portanto, a inconstitucionalidade do ato) tem como consequência retirar o ato impugnado do ordenamento jurídico. Nesse caso, como a lei não mais se encontra na ordem jurídica, o STF não tem a possibilidade de mudar de entendimento no futuro e passar a considerar a norma constitucional.

É importante compreender o seguinte: tanto na declaração de inconstitucionalidade quanto na declaração de constitucionalidade, não ocorre a vinculação do Pleno do STF. O que impede que o Tribunal reveja seu entendimento no caso de declarar a inconstitucionalidade da norma não é eventual eficácia vinculante da decisão, mas sim o fato de que a norma, uma vez reconhecida a sua inconstitucionalidade, é retirada do ordenamento jurídico, ficando inviabilizada nova análise sobre sua validade.

Inclusive, a esse respeito, o STF entende que, caso seja apresentada reclamação com base na alegação de afronta a determinada decisão prolatada em processo objetivo de controle de constitucionalidade, o próprio Supremo Tribunal Federal poderá, ao julgar tal reclamação, reapreciar e redefinir o conteúdo e o alcance da sua decisão apontada como violada, podendo, até mesmo, superar total ou parcialmente o entendimento nela firmado, se entender que, em virtude de evolução hermenêutica, tal decisão não se coaduna mais com a interpretação atual da Constituição. Isso é possível porque – repita-se – o STF não é atingido pelo efeito vinculante das suas decisões (STF Rcl 4374, Rel. Min. Gilmar Mendes, Pleno, j. em 18/04/2013).

Mas é necessário ter atenção a um detalhe muito importante: é comum afirmar-se, simplesmente, que o Supremo Tribunal Federal não é atingido pela eficácia vinculante da decisão proferida em controle concentrado abstrato de constitucionalidade. E isso se deve ao fato de o art. 102, § 2º, da CF/88 e o art. 28, p. único, da Lei 9.868/99, estabelecerem que o efeito vinculante, no âmbito do Poder Judiciário, atinge apenas "os demais órgãos", o que leva a afirmações no sentido de que esses demais órgãos do Poder Judiciário são todos os órgãos que não sejam o STF.

Porém, o certo é que apenas o Plenário do Supremo Tribunal Federal fica livre do efeito vinculante, pois é ele o órgão competente para julgar as ações de controle concentrado abstrato, conforme determina a cláusula de reserva de plenário (art. 97 da CF/88). Assim, como a expressão "demais órgãos do Poder Judiciário" é uma referência aos órgãos aos quais não cabe julgar essas ações, a conclusão é de que, no Poder Judiciário, apenas o Plenário do STF não fica vinculado. Todos os demais órgãos do Judiciário, inclusive, as Turmas do Supremo Tribunal Federal, são atingidos pela eficácia vinculante da decisão proferida em controle concentrado abstrato de constitucionalidade.

E não faria sentido algum entender que as Turmas do STF não sofrem essa vinculação, pois isso seria o mesmo que afirmar que as decisões do Plenário do Tribunal em sede de controle concentrado abstrato de constitucionalidade não precisam ser observadas pelos seus órgãos fracionários.

De qualquer forma, se, em uma prova de concurso, a questão afirmar, de forma simples e genérica, que a eficácia vinculante não atinge o Supremo Tribunal Federal, essa afirmação pode ser considerada correta (a menos que haja na questão outra assertiva que seja "mais certa"), pois se trata de uma imprecisão técnica bastante comum, inclusive, na jurisprudência.

É importante registrar também que **o Poder Legislativo não é atingido pelos efeitos vinculantes no que diz respeito à sua função legislativa**.

E aqui também cabe um alerta: é muito comum a afirmação pura e simples de que o Poder Legislativo não é atingido pela eficácia vinculante das decisões proferidas em controle concentrado abstrato de constitucionalidade. Mas, na verdade, o que não sofre essa vinculação é tão somente a função legislativa. As demais funções exercidas (atipicamente) pelo Poder Legislativo sujeitam-se aos efeitos vinculantes dessas decisões.

Porém, tal qual alertamos em relação à não vinculação do STF (isto é, do seu Plenário), orientamos aqui que, se uma questão de prova afirmar, sem maiores detalhes, que o Poder Legislativo não é atingido pela eficácia vinculante das decisões proferidas em sede de controle concentrado abstrato de constitucionalidade, essa assertiva seja considerada correta, a menos que haja alguma outra assertiva na questão que seja "mais certa". E o motivo é o mesmo: trata-se de uma imprecisão técnica muito comum, inclusive, na jurisprudência.

Portanto, a eficácia vinculante atinge o Poder Executivo, os demais órgãos do Poder Judiciário e o Poder Legislativo nas suas funções não legislativas. A função legislativa fica livre dessa vinculação, conforme jurisprudência tranquila do Supremo Tribunal Federal (AgRg Rcl 2617, AgRg Rcl 14156, ADI 1850 MC, AgRg ADI 2617, ADI 2903, Rcl 5442 etc.). É por isso que o Poder Legislativo pode elaborar uma norma de idêntico teor àquela que já foi declarada inconstitucional pelo STF em sede de ADI.

A postura do Legislativo de criar uma nova norma idêntica à que foi declarada inconstitucional pelo STF no controle de constitucionalidade (o que só é possível por conta da não vinculação da função legislativa pela decisão de inconstitucionalidade) é chamada de **reação legislativa, superação legislativa** ou **efeito *backlash*** *(backlash effect)*.

Mais do que uma simples reação do Poder Legislativo (ou um "ativismo congressual"), a edição, pelo Parlamento, de uma nova norma idêntica à que foi declarada inconstitucional traz consigo um benefício: ela abre um **diálogo** entre as instituições do Estado, permitindo o **amadurecimento** do entendimento sobre a questão constitucional em debate.

A não vinculação do Poder Legislativo existe, portanto, para evitar o que se chama de **fossilização** (ou **petrificação**) da Constituição. Isso porque é possível que, em virtude de mudanças fáticas e/ou jurídicas verificadas no decorrer do tempo, o Supremo Tribunal Federal passe a entender que uma norma que era considerada inconstitucional se tornou constitucional. No entanto, como a declaração de inconstitucionalidade de uma norma faz com que ela seja retirada do ordenamento jurídico, a única forma de se implementar essa evolução na interpretação constitucional é a edição, pelo Poder Legislativo, de uma nova norma com idêntico conteúdo, a qual, agora, será considerada válida pela Suprema Corte.

Como se pode perceber, a não vinculação da função legislativa permite que os Poderes realizem esses **diálogos constitucionais** que evitam o fenômeno da fossilização da Constituição, conforme bem abordado pelo STF, por exemplo, na **ADI 5105**. Nesse precedente, a Suprema Corte, adotando a teoria dos diálogos constitucionais, esclareceu que essa teoria não admite que um único órgão ou instituição monopolize a tarefa de definir o sentido e o alcance das disposições da Constituição, devendo esse debate, inclusive, ser levado a outros fóruns de discussão, que não o Poder Judiciário. E, nesse sentido, não se poderia vincular a atividade legislativa às decisões tomadas em sede de controle jurisdicional concentrado abstrato de constitucionalidade.

A leitura da ementa dessa decisão é extremamente enriquecedora e, por isso, destaco alguns trechos:

> **Ementa:** (...) 1. O hodierno **marco teórico dos diálogos constitucionais** repudia a adoção de concepções juriscêntricas no campo da hermenêutica constitucional, na medida em que preconiza, descritiva e normativamente, a **inexistência de instituição detentora do monopólio do sentido e do alcance das disposições magnas**, além de atrair a gramática constitucional para **outros fóruns de discussão, que não as Cortes.** 2. O princípio fundamental da separação de poderes, enquanto cânone constitucional interpretativo, reclama a pluralização dos intérpretes da Constituição, mediante a atuação coordenada entre os poderes estatais – Legislativo, Executivo e Judiciário – e os diversos segmentos da sociedade civil organizada, **em um processo contínuo, ininterrupto e republicano, em que cada um destes players contribua**, com suas capacidades específicas, no embate dialógico, no afã de avançar os rumos da empreitada constitucional e no aperfeiçoamento das instituições democráticas, **sem se arvorarem como intérpretes únicos e exclusivos da Carta da República.** 3. **O desenho institucional erigido pelo constituinte de 1988, mercê de outorgar à Suprema Corte a tarefa da guarda precípua da Lei Fundamental, não erigiu um sistema de supremacia judicial em sentido material (ou definitiva), de maneira que seus pronunciamentos judiciais devem ser compreendidos como última palavra provisória**, vinculando formalmente as partes do processo e finalizando uma rodada deliberativa acerca da temática, **sem, em consequência, fossilizar o conteúdo constitucional.** 4. **Os efeitos vinculantes, ínsitos às decisões proferidas em sede de fiscalização abstrata de constitucionalidade, não atingem o Poder Legislativo**, ex vi do art. 102, § 2º, e art. 103-A, ambos da Carta da República. 5. Consectariamente, **a reversão legislativa da jurisprudência da Corte se revela legítima em linha de princípio, seja pela atuação do constituinte reformador (i.e., promulgação de emendas constitucionais), seja por inovação do legislador infraconstitucional (i.e., edição de leis ordinárias e complementares)**, circunstância que demanda providências distintas por parte deste Supremo Tribunal Federal. 5.1. A emenda constitucional corretiva da jurisprudência modifica formalmente o texto magno, bem como o fundamento de validade último da legislação ordinária, razão pela qual a sua invalidação deve ocorrer nas hipóteses de descumprimento do art. 60 da CRFB/88 (i.e., limites formais, circunstanciais, temporais e materiais), encampando, neste particular, exegese estrita das cláusulas superconstitucionais. 5.2. **A legislação infraconstitucional que colida frontalmente com a jurisprudência (leis in your face) nasce com presunção iuris tantum de inconstitucionalidade, de forma que caberá ao legislador ordinário o ônus de demonstrar, argumentativamente, que a correção do precedente faz-se necessária, ou, ainda, comprovar, lançando mão de novos argumentos, que as premissas fáticas e axiológicas sobre as quais se fundou o posicionamento jurisprudencial não mais subsistem, em exemplo acadêmico de mutação constitucional pela via legislativa.** Nesse caso, a novel legislação se submete a um escrutínio de constitucionalidade mais rigoroso, nomeadamente quando o precedente superado amparar-se em cláusulas pétreas. (...)
>
> **(ADI 5105; Órgão julgador: Tribunal Pleno; Relator(a): Min. LUIZ FUX; Julgamento: 01/10/2015; Publicação: 16/03/2016)**

Uma **questão interessante** sobre a reclamação constitucional cabível contra ato que desrespeite decisão com efeito vinculante é a seguinte: o Ministro Gilmar Mendes entende que é possível requerer, em sede de reclamação, a declaração incidental de constitucionalidade ou de inconstitucionalidade de normas análogas às que já foram examinadas pelo STF em sede de controle concentrado abstrato.

É importante perceber que a declaração de constitucionalidade ou inconstitucionalidade não pode ser o pedido, isto é, não pode ser o objeto principal da reclamação. O que é possível é, em sede de reclamação, haver a declaração incidental da constitucionalidade ou inconstitucionalidade de uma lei de teor idêntico ao de outra lei já examinada em momento anterior pelo STF no bojo do controle concentrado abstrato.

Vejamos, nesse exato sentido, o seguinte trecho da decisão cautelar do Min. Gilmar Mendes na **Rcl 4987**, que, em momento posterior, foi julgada prejudicada e nunca teve o mérito apreciado:

> "(...) parece bastante lógica a possibilidade de que, em sede de reclamação, o Tribunal analise a constitucionalidade de leis cujo teor é idêntico, ou mesmo semelhante, a outras leis que já foram objeto do controle concentrado de constitucionalidade perante o Supremo Tribunal Federal. (...) Trata-se (...) de um poder ínsito à própria competência do Tribunal de fiscalizar incidentalmente a constitucionalidade (...). Assim, **em relação à lei de teor idêntico àquela que já foi objeto do controle de constitucionalidade no STF, poder-se-á, por meio da reclamação, impugnar a sua aplicação ou rejeição por parte da Administração ou do Judiciário, requerendo-se a declaração incidental de sua inconstitucionalidade, ou de sua constitucionalidade, conforme o caso.**"
> **(Rcl 4987; decisão concessiva da cautelar do relator Min. Gilmar Mendes; j. 07/03/2007)** Vide ainda: Voto do Min. Gilmar Mendes na Rcl 3014; Decisão do Rel. Min. Gilmar Mendes na Rcl 5470.

Interessante notar que o Min. Gilmar Mendes, nessa decisão, deixou claro que o seu entendimento no sentido da possibilidade da declaração incidental de (in)constitucionalidade de norma de teor idêntico ao de outra norma anteriormente analisada pelo STF em sede de controle concentrado abstrato nada tem a ver com a tese da transcendência dos motivos determinantes e está alinhado com precedentes do Supremo Tribunal Federal. Segundo registrou o Ministro, esse entendimento tão somente promove a reclamação como uma ação constitucional voltada à garantia da autoridade das decisões e da competência da Suprema Corte. Vejamos:

> "(...)
> Creio que **tal controvérsia reside não na concessão de efeito vinculante aos motivos determinantes das decisões em controle abstrato de constitucionalidade**, mas na possibilidade de se analisar, em sede de reclamação, a constitucionalidade de lei de teor idêntico ou semelhante à lei que já foi objeto da fiscalização abstrata de constitucionalidade perante o Supremo Tribunal Federal.
> Após refletir sobre essa questão, e baseando-me em estudos doutrinários que elaborei sobre o tema, **não tenho nenhuma dúvida de que, ainda que não se empreste eficácia transcendente (efeito vinculante dos fundamentos determinantes) à decisão, o Tribunal, em sede de reclamação contra aplicação de lei idêntica àquela declarada inconstitucional, poderá declarar, incidentalmente, a inconstitucionalidade da lei ainda não atingida pelo juízo de inconstitucionalidade**.
> Ressalto que **essa tese não é estranha à Corte**. No julgamento da Rcl nº 595 (Rel. Min. Sydney Sanches), o Tribunal declarou a inconstitucionalidade de expressão contida na alínea "c" do inciso I do art. 106 da Constituição do Estado de Sergipe, que outorgava competência ao respectivo Tribunal de Justiça para processar e julgar ação direta de inconstitucionalidade de normas municipais em face da Constituição Federal.
> Esse entendimento **segue a tendência da evolução da reclamação como ação constitucional voltada à garantia da autoridade das decisões e da competência do Supremo Tribunal Federal.**

> (...)"
> **(Rcl 4987; decisão concessiva da cautelar do relator Min. Gilmar Mendes; j. 07/03/2007)**

Teoria da Transcendência dos Motivos Determinantes

A transcendência dos motivos determinantes é admitida ou não?

Para compreender melhor isso, é necessário saber que existem duas teorias sobre o alcance objetivo da eficácia vinculante e *erga omnes* da decisão do controle concentrado abstrato de constitucionalidade. Esse alcance objetivo (ou aspecto objetivo) diz respeito aos elementos da decisão que produzem os efeitos vinculantes e *erga omnes*.

As duas teorias existentes são a **teoria restritiva** e a **teoria extensiva**.

Segundo a teoria restritiva, apenas o dispositivo da decisão produz efeitos vinculantes e *erga omnes*. Note que o dispositivo é a parte da decisão em que o tribunal diz, tão somente, se a norma é constitucional ou inconstitucional, sem indicar os motivos dessa conclusão.

Já a teoria extensiva estende a eficácia vinculante e *erga omnes* para além do dispositivo. De acordo com essa teoria, tanto o dispositivo quanto os fundamentos determinantes da decisão produzem efeitos vinculantes e *erga omnes*. Para essa teoria, portanto, a fundamentação da decisão, na parte que contém os motivos determinantes de decidir (isto é, a *ratio decidendi*), também tem eficácia vinculante e *erga omnes*.

Importante lembrar que, na fundamentação da decisão, podem ser declinados dois tipos de argumentos: I) os que são determinantes para a tomada da decisão em um ou outro sentido (*ratio decidendi*); e II) os que não são determinantes, sendo mencionados apenas como um "bônus", a título de argumentação (*obter dictum* ou, no *obiter dictum*).

Portanto, a *ratio decidendi* é a essência da tese jurídica definida na decisão, enquanto o *obiter dictum* é a argumentação meramente periférica, isto é, o argumento que até pode ser útil para decidir, mas que não é determinante para a decisão.

A jurisprudência clássica do STF entende que os efeitos vinculantes atingem apenas o **dispositivo da decisão**, adotando, portanto, a **teoria restritiva**. Então, segundo o entendimento tradicional do Supremo Tribunal Federal, os efeitos vinculantes não alcançam a motivação da decisão, restringindo-se ao seu dispositivo.

Se a teoria extensiva fosse adotada, a aplicação de uma lei de conteúdo idêntico ao de outra lei declarada inconstitucional poderia ser objeto de reclamação, porque os motivos determinantes teriam eficácia vinculante. Como assim? É que o dispositivo de uma decisão se limita a estabelecer que uma determinada norma é constitucional ou inconstitucional, sem indicar os motivos dessa conclusão, os quais, por sua vez, são indicados na fundamentação da decisão.

Logo, por conta da adoção da teoria restritiva, se o Legislativo elaborar uma norma de conteúdo idêntico ao de outra norma que foi anteriormente declarada inconstitucional em controle concentrado abstrato, essa nova norma não ficará vinculada pela decisão de inconstitucionalidade anterior, pois a eficácia vinculante é gerada apenas pelo dispositivo da decisão, que, no caso, refere-se a norma diversa, embora de idêntico teor.

Por outro lado, se o efeito vinculante fosse admitido não apenas no dispositivo, mas também na fundamentação da decisão, mais precisamente, nos motivos determinantes da decisão (a chamada *ratio decidendi*), esses motivos iriam se aplicar a normas futuras elaboradas pelo Legislativo que tivessem o mesmo teor da norma anteriormente declarada inconstitucional. Nesse caso, se o Legislativo elaborasse essa nova lei de conteúdo idêntico ao de outra lei já declarada inconstitucional, seria possível, até mesmo, o ajuizamento de reclamação contra a aplicação dessa nova lei, embora ela nunca houvesse sido declarada inconstitucional diretamente.

O fato é que o STF não admite a transcendência dos motivos determinantes, entendendo que os efeitos vinculantes se encontram apenas no dispositivo, e não nos motivos da decisão.

Mas é importante saber que esse entendimento foi relativizado pelo STF em algumas decisões na primeira metade dos anos 2010, porque alguns Ministros passaram a admitir a transcendência dos motivos determinantes (ou a eficácia transcendente), o que significava dizer que os efeitos vinculantes não se encontravam apenas no dispositivo da decisão, mas também na *ratio decidendi*. E, assim, o STF, em algumas oportunidades, reconheceu efeitos vinculantes em relação aos fundamentos determinantes da decisão no controle concentrado, ou seja, o STF adotou a teoria extensiva em algumas decisões específicas.

Porém, depois dessas raras decisões, desde o julgamento da Rcl 4219 QO, o STF tem rejeitado reiteradamente a teoria da transcendência dos fundamentos determinantes e vem adotando a teoria restritiva. Vejamos, exemplificativamente, a seguinte decisão do STF:

> "(...) 2. A jurisprudência majoritária do Supremo Tribunal Federal **não reconhece a possibilidade do manejo de reclamação fundada na transcendência dos motivos determinantes.** (...)" **(Rcl 21756 AgR, Rel. Min. EDSON FACHIN, 1ª Turma, j. em 23/02/2016)**

Sobre esse tema, é necessário reiterar o que abordamos quando estudamos o controle difuso de constitucionalidade: na decisão veiculada no Informativo 886, o STF não afirmou estar adotando a teoria da transcendência dos motivos determinantes, muito embora tenha claramente ocorrido a abstrativização do controle realizado na via incidental. Portanto, ainda hoje, não é possível dizer (ao menos não com segurança) que a Suprema Corte adota a teoria da transcendência dos motivos determinantes.

▪ MODULAÇÃO DOS EFEITOS DA DECISÃO FINAL NA ADI

A regra, como vimos, é que a decisão final na ADI tenha eficácia erga omnes e retroativa, o que é uma decorrência lógica da adoção da teoria da nulidade dos atos inconstitucionais. Isso porque, se o ato inconstitucional é nulo, ele é inválido desde sempre e não tem aptidão para produzir efeito algum no mundo jurídico, de modo que a decisão de inconstitucionalidade gera efeitos retroativos e se aplica para todo mundo.

Porém, esses efeitos podem, excepcionalmente, ser modulados, nos termos do art. 27 da Lei 9.868/99.

> "**Art. 27, Lei 9.868/99.** Ao declarar a inconstitucionalidade de lei ou ato normativo, e tendo em vista **razões de segurança jurídica ou de excepcional interesse social**, poderá o Supremo Tribunal Federal, por maioria de **dois terços de seus membros**, restringir os efeitos daquela declaração ou decidir que ela só tenha eficácia a partir de seu trânsito em julgado ou de outro momento que venha a ser fixado."

Como é possível perceber da leitura desse dispositivo legal, a modulação de efeitos pode atingir a eficácia da decisão em seu caráter *erga omnes* e/ou em seu caráter *ex tunc* (modulação temporal). O caráter *erga omnes* da decisão é modulado pela restrição dos efeitos da declaração de inconstitucionalidade a um determinado grupo de pessoas (ou pela exclusão de um determinado grupo de pessoas do alcance da decisão), enquanto o caráter retroativo (*ex tunc*) é modulado pela definição de um outro momento (que não o da origem da norma impugnada) como marco inicial da produção de efeitos (cuida-se, aí, de uma modulação temporal).

O art. 27 da Lei 9.868/99 (que prevê a possibilidade de modulação de efeitos da decisão que declara a inconstitucionalidade) teve sua constitucionalidade questionada perante o STF nas **ADIs 2154 e 2258** (j. 03/04/2023), e a Corte decidiu que esse dispositivo é plenamente constitucional, mesmo porque a possibilidade de modulação de efeitos decorre da própria Constituição, já que ela se presta a preservar valores protegidos constitucionalmente, como a segurança jurídica e os direitos fundamentais envolvidos no julgamento do processo de controle de constitucionalidade. Inclusive, justamente por isso, mesmo antes da Lei 9.868/99 o Supremo Tribunal Federal já admitia a modulação de efeitos da declaração de inconstitucionalidade.

Nas palavras do STF: *"mesmo antes do advento da Lei n. 9.868/1999 este Supremo Tribunal tinha mitigado a aplicação da teoria da nulidade em casos pontuais preservando alguns dos efeitos produzidos pela norma declarada inconstitucional. (...)* ***Ao proceder à modulação de efeitos da declaração de inconstitucionalidade, este Supremo Tribunal pondera entre preceitos constitucionais*** *com a finalidade de preservar a unidade da Constituição e os princípios da segurança jurídica e da confiança no sistema jurídico. (...)* ***É de responsabilidade deste Supremo Tribunal Federal a efetivação dos direitos fundamentais*** *pelas prestações positivas, a demonstrar a insuficiência do modelo de nulidade da lei inconstitucional para a proteção desses direitos".*

Nos termos do art. 27 da Lei 9.868/99, os requisitos legais para a realização da modulação são os seguintes:

a) Ser a medida justificada por razões de segurança jurídica ou de excepcional interesse social.

b) Haver votos de 2/3 (dois terços) dos Ministros do STF admitindo-a.

Inclusive, é comum que as bancas examinadoras cobrem esse tema pela exigência da mera literalidade da lei. Por exemplo, no concurso para o cargo de Juiz de Direito Substituto do TJ/PA realizado pela VUNESP em 2014, foi considerada **correta** a assertiva que dizia que o Supremo Tribunal Federal pode modular os efeitos da declaração de inconstitucionalidade, desde que *"haja razões de segurança jurídica ou de excepcional interesse social e maioria de dois terços dos membros do Tribunal, sendo possível a modulação no controle difuso e concentrado da constitucionalidade"*. Nesse caso, além do texto da lei (art. 27, Lei 9.868/99), era necessário conhecer o entendimento do STF no sentido de que a modulação é admitida, por analogia, também no controle difuso.

A modulação de efeitos consubstancia uma relativização da teoria clássica da nulidade, aproximando o sistema brasileiro da teoria da anulabilidade.

Segundo o Ministro Gilmar Mendes (EDcl ADI 3601), na modulação há uma ponderação entre, de um lado, o princípio constitucional da nulidade (teoria da nulidade dos atos inconstitucionais) e, de outro lado, o princípio constitucional da segurança jurídica. Portanto, a modulação é possível porque há uma ponderação entre nulidade e segurança jurídica em cada caso.

Segundo o Supremo Tribunal Federal, para ocorrer a modulação (isto é, para que os efeitos da decisão final da ADI sofram restrição e/ou sejam não retroativos ou *pro futuro*), **é necessário haver uma decisão expressa do Tribunal**. Se a Corte silenciar sobre a modulação, os efeitos da decisão seguirão a regra geral, isto é, serão retroativos e *erga omnes* (EDcl ADI 2996).

E como se implementa a modulação?

Conforme o STF já afirmou, o procedimento envolvendo a modulação é **bifásico, escalonado e progressivo**, isto é, ele possui duas fases progressivas (uma seguida da outra).

Na primeira fase, ocorre o julgamento sobre o mérito da constitucionalidade (ou inconstitucionalidade) do ato impugnado e a decisão é tomada por maioria absoluta.

Já na segunda fase, há um outro julgamento, referente apenas à modulação. É nessa fase que o STF decide se irá modular ou não, exigindo-se maioria de 2/3 (dois terços) para que ocorra a modulação. A modulação, portanto, não pode ser determinada por decisão da maioria absoluta dos Ministros.

Portanto, é necessário haver maioria absoluta para declarar a inconstitucionalidade e maioria de 2/3 para modular os efeitos da decisão. Em outras palavras, para aplicar a teoria da nulidade (na primeira fase do julgamento), a decisão deve ser tomada pela maioria absoluta dos Ministros, enquanto que, para afastar a teoria da nulidade (na segunda fase do julgamento), a decisão deve ser tomada por 2/3 (dois terços) dos Ministros.

Desde a **ADI 3601** (julgada em 2010), o STF firmou o entendimento de que a modulação de efeitos pode ser provocada em sede de embargos de declaração. Antes desse caso paradigma, o STF entendia que, se no julgamento final da ADI nada tivesse sido falado ou se não tivesse sido formulado pedido de modulação, não seria possível modular, mas agora o STF entende que o tema da modulação pode ser suscitado em sede de embargos de declaração, mesmo que não tenha havido pedido na petição inicial nem discussão sobre a modulação quando da apreciação do mérito da ADI.

Confira, nesse sentido, a ementa da decisão dos embargos de declaração na ADI 3601:

> "EMBARGOS DE DECLARAÇÃO. AÇÃO DIRETA DE INCONSTITUCIONALIDADE. (...) AUSÊNCIA DE PEDIDO ANTERIOR. NECESSIDADE DE MODULAÇÃO DOS EFEITOS. 1. O art. 27 da Lei nº 9.868/99 tem fundamento na própria Carta Magna e em princípios constitucionais, de modo que sua efetiva aplicação, quando presentes os seus requisitos, garante a supremacia da Lei Maior. **Presentes as condições necessárias à modulação dos efeitos da decisão que proclama a inconstitucionalidade de determinado ato normativo, esta Suprema Corte tem o dever constitucional de, independentemente de pedido das partes, aplicar o art. 27 da Lei nº 9.868/99.** 2. Continua a dominar no Brasil a doutrina do princípio da nulidade da lei inconstitucional. **Caso o Tribunal não faça nenhuma ressalva na decisão, reputa-se aplicado o efeito retroativo. Entretanto, podem as partes trazer o tema em sede de embargos de declaração.** 3. Necessidade de preservação dos atos praticados pela Comissão Permanente de Disciplina da Polícia Civil do Distrito Federal durante os

> quatro anos de aplicação da lei declarada inconstitucional. 4. Aplicabilidade, ao caso, da excepcional restrição dos efeitos prevista no art. 27 da Lei 9.868/99. Presentes não só razões de segurança jurídica, mas também de excepcional interesse social (preservação da ordem pública e da incolumidade das pessoas e do patrimônio – primado da segurança pública), capazes de prevalecer sobre o postulado da nulidade da lei inconstitucional. 5. Embargos declaratórios conhecidos e providos para esclarecer que a decisão de declaração de inconstitucionalidade da Lei distrital nº 3.642/05 tem eficácia a partir da data da publicação do acórdão embargado."
>
> **(ADI 3601 ED/DF; Relator(a): Min. DIAS TOFFOLI; Julgamento: 09/09/2010; Órgão Julgador: Tribunal Pleno)**

É necessário registrar, no entanto, que, embora o Supremo Tribunal Federal admita a possibilidade de a modulação de efeitos ser suscitada em sede de embargos de declaração, o próprio STF também possui entendimento no sentido de que essa possibilidade é excepcional, não podendo ser tratada como regra nem ser aceita sem qualquer critério. Segundo a Corte, os embargos de declaração opostos com a finalidade de obter a modulação de efeitos da declaração de inconstitucionalidade apenas podem ser admitidos e conhecidos se o embargante demonstrar de forma suficiente que a situação é excepcional e que, como tal, requer que a decisão de inconstitucionalidade seja modulada, em virtude da presença de razões de segurança jurídica e interesse social.

O STF decidiu nesse sentido, por exemplo, na **ADI 6328 ED**, julgada em 10/10/2022. Nesse precedente, a Corte registrou expressamente que *"a jurisprudência do SUPREMO TRIBUNAL FEDERAL admite o conhecimento de embargos declaratórios para a modulação da eficácia das decisões proferidas em controle concentrado de constitucionalidade,* ***desde que comprovada suficientemente hipótese de singular excepcionalidade****"*.

Quanto aos **efeitos restritos** que podem ser adotados quando se realiza a modulação, eles fazem com que a decisão da ADI deixe de ter eficácia *erga omnes* e passe a ter um alcance restrito, de acordo com o que ficar estabelecido pelo Tribunal no caso apreciado. Ou seja, a permissão legal (art. 27, Lei 9.868/99) de modular os efeitos da decisão para restringir a sua eficácia possibilita excluir do alcance da ADI determinados grupos de pessoas e/ou determinadas situações jurídicas que seriam especialmente prejudicadas pela decisão.

Isso, inclusive, já foi afirmado no âmbito do próprio Supremo Tribunal Federal, como ocorreu, por exemplo, no voto do Ministro Gilmar Mendes no julgamento dos embargos de declaração na ADI 2791, os quais, tendo sido manejados com a finalidade de obter a modulação dos efeitos da decisão, que não havia sido pedida na petição inicial da ação, foram rejeitados, porque, na época, o STF não admitia que a modulação fosse suscitada em sede de embargos declaratórios sem que tivesse havido pedido anterior nesse sentido.

▶ A modulação de efeitos e a inconstitucionalidade útil

A expressão **"inconstitucionalidade útil"** é utilizada para se referir a situações em que o poder público edita normas que sabe serem inconstitucionais por acreditar que o Poder Judiciário demorará para declarar essa inconstitucionalidade, o que permitirá que essas normas (sabidamente inconstitucionais) produzam efeitos práticos (isto é, sejam "úteis") durante o período em que não forem objeto de controle pelo Judiciário.

Em outras palavras: a inconstitucionalidade útil se verifica quando o poder público sabe que determinado conteúdo é inconstitucional, mas, mesmo assim, edita normas que tenham esse conteúdo, com o objetivo de que essas normas produzam os seus efeitos e, assim, façam com que determinadas finalidades (evidentemente, imorais, pois violam a Constituição) sejam atingidas.

Perceba que, em um cenário de inconstitucionalidade útil, o poder público acredita que o Poder Judiciário será moroso e demorará para declarar a inconstitucionalidade da norma editada. Por isso, a probabilidade de a norma vir a ser declarada inconstitucional é irrelevante para o poder público, pois o que ele pretende é obter os efeitos práticos decorrentes da norma durante o período em que o Judiciário se omitir sobre a sua inconstitucionalidade.

E a modulação de efeitos da declaração de inconstitucionalidade tem íntima relação com a inconstitucionalidade útil, pois a possibilidade de o Supremo Tribunal Federal modular a declaração de uma inconstitucionalidade acaba sendo um estímulo à edição de normas sabidamente inconstitucionais.

Isso porque o poder público, sabendo que o Judiciário é moroso e que a declaração de inconstitucionalidade, quando finalmente ocorrer, poderá sofrer modulação, sente-se ainda mais confortável para editar uma norma que, apesar de violar a Constituição, gerará efeitos práticos úteis para resolver alguma situação que, naquele momento, está exigindo uma solução do Estado.

No âmbito do Supremo Tribunal Federal, já houve referências à inconstitucionalidade útil em diferentes julgados, notadamente, em debates ocorridos entre os Ministros a respeito da modulação da declaração de inconstitucionalidade de alguma norma.

Por exemplo, na **ADI 954**, foram opostos embargos de declaração com o objetivo de obter a modulação de efeitos da declaração de inconstitucionalidade da norma que foi impugnada na ação. No julgamento desses embargos (em 20/06/2018), embora o STF tenha acolhido o pedido de modulação, o Min. Marco Aurélio se manifestou contrariamente a ele, registrando o seguinte no seu voto:

> "(...)
>
> (...) tenho ressaltado não se poder encampar o que apontei como **inconstitucionalidade útil**, no que se edita lei sabidamente inconstitucional (...), **apostando-se na morosidade da Justiça e na possibilidade de modulação do pronunciamento judicial** no sentido da procedência da pecha de inconstitucionalidade.
>
> (...)"

A mesma coisa aconteceu na **ADI 4601**, na qual também foram opostos embargos de declaração com o objetivo de obter a modulação da declaração de inconstitucionalidade, tendo o STF acolhido o pedido e o Min. Marco Aurélio restado vencido, registrando no seu voto que *"descabe agasalhar o pedido de modulação dos efeitos da decisão.* ***Eis a denominada inconstitucionalidade útil.*** *Praticamente aposta-se na morosidade da Justiça. Proclamado o conflito da norma com a Constituição Federal, mitiga-se esta última sob o ângulo da higidez, como se não estivesse em vigor até então, e assenta-se, como termo inicial do surgimento de efeitos da constatação do conflito, a data da publicação do acórdão"*.

Igualmente, na **ADI 1251** (j. 06/08/2020), houve debate sobre a modulação dos efeitos da declaração de inconstitucionalidade da norma impugnada na ação, e, sendo novamente vencido, o Min. Marco Aurélio posicionou-se contra a modulação, votando da seguinte forma:

> "(...)
>
> *(...) Sou contra, e continuarei pensando assim, à denominada* ***inconstitucionalidade útil****, ou seja:* ***edita-se norma que sabidamente é inconstitucional, para, depois, apostar-se na morosidade da Justiça e na modulação****, dando-se o dito pelo não dito e tornando-se a Constituição Federal documento flexível.*
>
> *Por isso voto contra a modulação (...).*"

Portanto, a inconstitucionalidade útil é um tema que se relaciona intimamente com a modulação de efeitos da declaração de inconstitucionalidade, trazendo um olhar crítico sobre ela (a modulação), e está presente nos debates ocorridos no Supremo Tribunal Federal.

O tema, inclusive, já foi cobrado em prova. Por exemplo, em 2023, na fase discursiva do concurso para o cargo de Procurador do Estado de Santa Catarina, a banca examinadora (que era a FGV) formulou uma questão com o seguinte enunciado: *"de forma objetiva e concisa, defina o termo "Inconstitucionalidade útil", utilizado em alguns julgados do Supremo Tribunal Federal"*.

■ EFEITOS DA DECISÃO EM CASO DE EMPATE NA VOTAÇÃO

Se um dos Ministros se declarar suspeito por motivo de foro íntimo ou estiver impedido porque, antes, atuou como PGR ou como AGU, havendo apenas 10 Ministros para julgar a ADI e ocorrendo empate (5x5), o que acontece com o julgamento da ação?

Essa situação ocorreu na **ADI 4167**, tendo o STF decidido, diante do empate (5x5), que, como o art. 97 da CF/88 diz que para se declarar a **inconstitucionalidade** é preciso maioria absoluta, a ação devia ser julgada improcedente, haja vista não ter sido atingida a maioria absoluta no sentido da inconstitucionalidade. Consequentemente, a lei teve de ser considerada constitucional. Isso porque, não sendo atingido o quórum exigido pelo art. 97 da CF/88 para a declaração de inconstitucionalidade, deve prevalecer a presunção de constitucionalidade da lei ou ato normativo.

Mas, nesse caso, apesar de o julgamento ter se concluído pela improcedência da ADI (sendo a lei considerada constitucional), essa decisão, segundo o STF, não teve efeitos *erga omnes* e vinculantes, porque não foi atingido o quórum de seis Ministros exigido pelo art. 23 da Lei 9.868/99.

Situação semelhante ocorreu, posteriormente, na **ADI 4066**, na qual, embora não tenha havido empate na votação, também não foi atingida a maioria absoluta para a declaração de inconstitucionalidade (o placar foi de 5x4) e, por isso, foi mantida a presunção de constitucionalidade da norma, mas a decisão não foi dotada de efeitos *erga omnes* e vinculantes.

> **EMENTA:** (...) 14. Quórum de julgamento constituído por nove Ministros, considerados os impedimentos. Cinco votos pela procedência da ação direta, a fim de declarar a inconstitucionalidade, por proteção deficiente, da tolerância ao uso do amianto crisotila, da forma como encartada no art. 2º da Lei nº 9.055/1995, em face dos arts. 7º, XXII, 196 e 225 da Constituição da República. Quatro votos pela improcedência. **Não atingido o quórum de seis votos (art. 23 da Lei nº 9.868/1999), maioria absoluta (art. 97 da Constituição da República), para proclamação da constitucionalidade ou**

inconstitucionalidade do dispositivo impugnado, a destituir de eficácia vinculante o julgado. 15. Ação direta de inconstitucionalidade conhecida e, no mérito, não atingido o quórum exigido pelo art. 97 da Constituição da República para a pronúncia da inconstitucionalidade do art. 2º da Lei nº 9.055/1995.

(ADI 4066/DF; Relator(a): Min. ROSA WEBER; Julgamento: 24/08/2017; Órgão Julgador: Tribunal Pleno)

■ PEDIDO DE DESTAQUE NO PLENÁRIO VIRTUAL DO STF E MANUTENÇÃO DOS VOTOS DOS MINISTROS APOSENTADOS

O Plenário Virtual do STF é uma ferramenta existente no âmbito da Corte que consiste em um ambiente virtual para julgamento de processos no qual os Ministros do Tribunal devem, dentro de um prazo, depositar os seus votos.

Essa ferramenta não se confunde com o julgamento de processos por videoconferência, pois neste caso o que há é um julgamento com a participação simultânea dos Ministros no qual é possível, inclusive, haver debates entre eles. O julgamento por videoconferência, portanto, nada mais é do que um julgamento realizado nos mesmos moldes de um julgamento presencial, porém, de forma remota e com o uso da *internet*.

Nos termos do art. 21-b, § 3º, do Regimento Interno do Supremo Tribunal Federal, quando um processo é julgado no Plenário Virtual, é permitido que algum Ministro apresente o que se chama de **pedido de destaque**, que nada mais é do que um pedido para que o julgamento do processo passe a ocorrer em sessão presencial.

Quando é realizado um pedido de destaque no Plenário Virtual, o processo deve ser incluído em uma pauta de julgamento do Plenário físico. E, como cabe ao Presidente do Tribunal presidir os trabalhos da Corte, em especial, os do Plenário (arts. 13, III, e 143 do RISTF), será ele o responsável por definir a nova data para julgamento (presencial) do caso que recebeu pedido de destaque.

Veja o teor do art. 21-b, § 3º, do RISTF:

> "**Art. 21-b, RISTF.** Todos os processos de competência do Tribunal poderão, a critério do relator ou do ministro vistor com a concordância do relator, ser submetidos a julgamento em listas de processos em ambiente presencial ou eletrônico, observadas as respectivas competências das Turmas ou do Plenário.
>
> (...)
>
> **§ 3º** No caso de **pedido de destaque feito por qualquer ministro**, o relator encaminhará o processo ao órgão colegiado competente para **julgamento presencial**, com publicação de nova pauta.
>
> (...)"

A esse respeito, o seguinte questionamento precisou ser enfrentado pelo STF: **quando há pedido de destaque, o que acontece com os votos que eventualmente já houverem sido apresentados pelos Ministros no Plenário Virtual?**

Sobre essa questão, o Supremo Tribunal Federal firmou o entendimento de que, havendo pedido de destaque no Plenário Virtual, os votos que já haviam sido depositados são desconsiderados e o placar do julgamento é zerado, devendo os Ministros proferir novos votos na sessão plenária presencial em que o julgamento do caso for retomado. Isso ocorreu, por exemplo, nas **ADIs 6254, 6255, 6258, 6271 e 6367**.

Como se pode perceber, o efeito prático desse entendimento é dar aos Ministros da Corte um verdadeiro "poder de veto" no Plenário Virtual, pois permite que qualquer deles, vislumbrando que o julgamento está caminhando para um resultado que não lhe interessa, apresente um pedido de destaque e, com isso, faça com que todos os votos já proferidos sejam desconsiderados, ganhando tempo para, no julgamento presencial, tentar convencer os demais Ministros a adotarem o seu posicionamento.

Seja como for, na **ADI 5399**, julgada em 09/06/2022, o Supremo Tribunal Federal, apreciando uma questão de ordem suscitada pelo Min. Alexandre de Moraes, passou a adotar o entendimento de que, se houver pedido de destaque no Plenário Virtual e, quando da data do julgamento presencial do caso, um dos Ministros que haviam apresentado voto no ambiente virtual já se encontrar aposentado ou por outro motivo não mais integrar o Tribunal, o seu voto deverá ser preservado, não podendo ser desconsiderado.

Portanto, segundo o STF, quando é realizado pedido de destaque em um processo submetido a julgamento no seu Plenário Virtual, os Ministros que apresentaram seus votos no ambiente virtual devem, por ocasião do julgamento presencial do caso, proferir novos votos. Mas, se na data do julgamento presencial algum deles já tiver se aposentado ou tiver deixado de integrar o Tribunal por outro motivo, o seu voto deverá ser mantido e será considerado no resultado final do julgamento.

Esse entendimento, no entanto, não se aplica se, após o voto do Ministro que deixou de integrar o Tribunal, surgirem fatos novos capazes de influenciar o julgamento, a exemplo da alteração legislativa sobre a matéria objeto de apreciação. Foi nesse sentido que decidiram as duas Turmas do STF no **MS 28801 AgR** (j. 08/11/2022) e no **INQ 3515 ED-QO** (j. 06/06/2023).

Portanto, segundo decidido pelo STF, na hipótese de um Ministro proferir o seu voto e o julgamento somente ser concluído tempos depois (seja por conta de pedido destaque no Plenário Virtual, seja por conta de um pedido de vista de algum outro Ministro), caso esse Ministro que votou venha a deixar de integrar o Tribunal por algum motivo (por exemplo, em virtude de sua aposentadoria), **o seu voto somente será mantido e considerado no julgamento final se não houver, entre a data em que foi proferido e a data da conclusão do julgamento, um fato novo**. Por outro lado, se houver, nesse intervalo de tempo, um fato novo (como é o caso de uma nova lei que altera as normas aplicáveis à matéria objeto do julgamento), o voto anteriormente proferido será descartado e o Ministro sucessor poderá votar no caso.

No entanto, **o voto do Ministro sucessor deverá tratar tão somente do fato novo que houver sido verificado e de como esse fato novo repercute no julgamento do caso**. Inclusive, é possível, por conta disso, que o voto do Ministro sucessor se refira a apenas um capítulo do julgamento, situação em que o voto do Ministro antecessor será preservado em parte, descartando-se somente o capítulo que houver sido afetado pelo fato novo ocorrido no curso do processo (o capítulo descartado ficará substituído pelo voto do Ministro sucessor).

Nas exatas palavras do STF, "*o Ministro sucessor, inclusive quando Relator, **poderá proferir voto se, após iniciado o julgamento** – e mesmo tendo sido proferido voto do Ministro que veio a ser sucedido –, **surgir fato novo não antes apreciado e cuja análise seja admitida no feito**, mediante manifestação que trate do fato superveniente e de* *sua influência no processo, **eventualmente instituindo-se votação por capítulos***" (MS 28801 AgR).

▪ CARÁTER DÚPLICE DA ADI (E DA ADC)

O art. 24 da Lei 9.868/99 evidencia a existência de uma similitude entre a ADI e a ADC, que são verdadeiras "irmãs gêmeas". O que acontece é que a procedência da ADI provoca os mesmos efeitos da improcedência da ADC e vice-versa, sendo elas, por isso, consideradas **ações dúplices** ou **ambivalentes** ("são duas faces de uma mesma moeda").

> "**Art. 24.** Proclamada a constitucionalidade, julgar-se-á improcedente a ação direta ou procedente eventual ação declaratória; e, proclamada a inconstitucionalidade, julgar-se-á procedente a ação direta ou improcedente eventual ação declaratória."

É importante deixar claro que há, evidentemente, diferenças entre essas ações. Por exemplo, na ADI, o objeto pode ser lei ou ato normativo federal ou estadual, enquanto na ADC o objeto pode ser apenas lei ou ato normativo federal, não sendo essa ação cabível quando o objeto é lei ou ato normativo estadual. No entanto, conforme explicado acima, a procedência ou improcedência da ADI encontra correlação com a procedência ou improcedência da ADC, pois a procedência de uma equivale à improcedência da outra e vice-versa.

Inclusive, o STF já decidiu que é possível cumular pedidos típicos de ADI e de ADC e uma única ação de controle concentrado (ADI 5316 MC).

> "EMENTA: (...) CUMULAÇÃO DE AÇÕES EM PROCESSO OBJETIVO. POSSIBILIDADE. ART. 292 DO CÓDIGO DE PROCESSO CIVIL. APLICAÇÃO SUBSIDIÁRIA. (...) 6. **A cumulação simples de pedidos típicos de ADI e de ADC é processualmente cabível em uma única demanda de controle concentrado de constitucionalidade, desde que satisfeitos os requisitos previstos na legislação processual civil (CPC, art. 292).** 7. Pedido cautelar deferido."
>
> **(ADI 5316 MC/DF; Relator(a): Min. LUIZ FUX; Julgamento: 21/05/2015; Órgão Julgador: Tribunal Pleno)**

▶ Possibilidade de rejulgamento da validade da norma caso a ADI seja julgada improcedente

Como vimos, a ADI e a ADC são ações dúplices (ou ambivalentes), de modo que a procedência de uma equivale à improcedência da outra e vice-versa. Em outras palavras: caso a ADI seja julgada improcedente, isso significará que o STF reconheceu a constitucionalidade da norma impugnada, a qual, como consequência, permanecerá existindo no mundo jurídico.

Vimos também que a eficácia vinculante da decisão final proferida em ADI não atinge (ou seja, não vincula) o Pleno do próprio STF, de modo que a Corte pode, em eventual novo processo posteriormente ajuizado, modificar o posicionamento que adotou em ação de controle concentrado abstrato anteriormente julgada.

Isso significa que, caso uma norma seja considerada constitucional pelo Supremo Tribunal Federal (seja porque julgou improcedente eventual ADI ajuizada contra ela, seja porque julgou procedente eventual ADC ajuizada para confirmar a sua validade), a Corte (pelo seu Pleno) poderá, caso seja ajuizada nova ação de controle concentrado abstrato contra essa mesma norma, mudar de entendimento e declarar a sua inconstitucionalidade.

No entanto, segundo o STF, para que seja possível ocorrer o rejulgamento da validade da norma em nova ação de controle concentrado abstrato de constitucionalidade, é necessário que, após o primeiro julgamento (no qual a norma foi considerada constitucional), tenha ocorrido alguma alteração fática e/ou jurídica que justifique ressuscitar o debate da questão. Caso não seja demonstrada qualquer novidade fática e/ou jurídica que justifique novo julgamento, a nova ação ajuizada não será admitida pela Corte.

Isso foi decidido pelo Supremo Tribunal Federal, por exemplo, na **ADI 6630** (j. 09/03/2022), que foi ajuizada para impugnar disposições da Lei da Ficha Limpa (LC 135/2010) que já haviam sido consideradas válidas pela Corte em outras ações de controle concentrado abstrato de constitucionalidade. Como não houve demonstração de qualquer alteração fática ou jurídica que justificasse submeter novamente a norma a julgamento, a ação foi inadmitida pelo STF.

Inclusive, é importante registrar que na ementa do julgamento constou "Ação Direta julgada improcedente", mas, após a oposição de embargos de declaração, o STF esclareceu que se tratou de um erro material e que a ação, na verdade, foi não conhecida.

Por fim, é necessário lembrar que, caso uma norma seja declarada inconstitucional pelo STF em ADI, a Corte não poderá, posteriormente, modificar seu entendimento para passar a considerar constitucional essa mesma norma. Isso, no entanto, não se deve ao efeito vinculante da decisão proferida em ADI, mas sim ao fato de que, quando a norma é declarada inconstitucional no controle concentrado abstrato de constitucionalidade, ela é retirada do ordenamento jurídico, de modo que fica inviabilizada a mudança de entendimento sobre a validade dessa mesma norma (embora o STF possa alterar o seu posicionamento sobre a tese jurídica envolvida e, assim, considerar constitucionais **outras normas** que tenham conteúdo semelhante).

■ CABIMENTO DE RECURSO E AÇÃO RESCISÓRIA CONTRA A DECISÃO FINAL NA ADI

Nos termos do art. 26 da Lei 9.868/99, não cabe recurso contra a decisão final proferida em ADI (ou em ADC), exceto os embargos de declaração. Além disso, também não se admite o ajuizamento de ação rescisória para desconstituir essa decisão.

> "**Art. 26.** A decisão que declara a constitucionalidade ou a inconstitucionalidade da lei ou do ato normativo em ação direta ou em ação declaratória é **irrecorrível, ressalvada a interposição de embargos declaratórios**, não podendo, igualmente, ser objeto de ação rescisória."

Em relação aos embargos declaratórios, algumas observações precisam ser feitas.

Primeiramente, é importante saber que **não há prazo em dobro para a oposição desses embargos de declaração**, não se aplicando ao processo objetivo de ADI ou de ADC as normas do processo subjetivo relativas a esse tema (art. 188 do CPC/73 e arts. 180 e 183 do CPC/15). Nesse sentido já decidiu o STF: AgRg ADI 2130, AgRg ADI 1797.

Deve ser registrado também que a União e o Estado-membro não possuem legitimidade para a oposição de embargos de declaração em face da decisão da ADI, haja vista que eles não são legitimados ativos para a ação. Na verdade, os legitimados ativos são o Presidente da República (e não a União) e Governador do Estado (e não o Estado). Nesse sentido: STF, AgRg ADI 2131 e EDcl ADI 3232 MC.

Além disso, não tem legitimidade para o manejo dos embargos de declaração quem não participou do processo, ainda que tenha legitimidade para propor ADI. Assim, um legitimado ativo para a ADI que não participou do processo não pode opor embargos declaratórios (EDcl ADI 3756, EDcl EDcl ADI 1105).

Quanto ao *amicus curiae*, vimos que o Supremo Tribunal Federal possui tradicional entendimento no sentido de que ele não tem legitimidade para opor embargos de declaração em face de decisão de ADI (EDcl ADI 2359 AgRg, EDcl ADI 2591, EDcl ADI 4167), entendimento esse que continua aplicável até hoje, apesar da entrada em vigor do CPC/15, que, no seu art. 138, § 1º, prevê a possibilidade de o amigo da corte fazer uso desse recurso. Assim decidiu a Corte, por exemplo, nas ADIs 2914 ED, 3785 ED e 5262 ED.

Isso porque, segundo o STF, as ações de controle concentrado abstrato de constitucionalidade são regidas por normas especiais (das quais não consta a possibilidade de o *amicus curiae* opor embargos de declaração), não se aplicando a elas a norma geral do art. 138, § 1º, que ficou reservada aos processos de caráter subjetivo.

Em outras palavras: de acordo com o Supremo Tribunal Federal, o *amicus curiae* pode embargar de declaração em processo subjetivo (controle de constitucionalidade difuso concreto), mas não em processo objetivo (controle de constitucionalidade concentrado abstrato).

Por fim, quanto à vedação de ajuizamento de ação rescisória contra a decisão final da ADI (e da ADC), é importante registrar que essa vedação, contida no art. 26 da Lei 9.868/99, teve sua constitucionalidade questionada perante o Supremo Tribunal Federal, ao argumento de que a proibição de ajuizamento de ação rescisória viola o direito fundamental do acesso à justiça (também chamado de inafastabilidade da jurisdição), que é previsto no art. 5º, XXXV, da CF/88, segundo o qual *"a lei não excluirá da apreciação do Poder Judiciário lesão ou ameaça a direito"*.

Analisando a questão (**ADIs 2154 e 2258**, j. 03/04/2023), o STF decidiu que a proibição legal de ajuizamento de ação rescisória contra a decisão final da ADI (e da ADC) é constitucional, pois as decisões proferidas no controle concentrado abstrato de constitucionalidade exigem um maior grau de definitividade e segurança, o que seria prejudicado pela possibilidade de ajuizamento de ação rescisória, já que isso faria com que a decisão que reconheceu a validade ou invalidade de uma norma ficasse sujeita a ser desfeita a qualquer momento durante o prazo para o ajuizamento da rescisória. Logo, a proibição do uso da rescisória no controle concentrado abstrato de constitucionalidade é constitucional, por preservar a **segurança jurídica**.

Além disso, a própria natureza objetiva do processo de controle concentrado abstrato de constitucionalidade é incompatível com o uso da ação rescisória, pois a rescisória foi prevista na legislação processual para processos de caráter subjetivo, isto é, os seus pressupostos e requisitos somente se aplicam a processos subjetivos, nos quais há disputa de interesses entre pessoas, disputa essa que não ocorre no controle concentrado abstrato de constitucionalidade, que se presta tão somente a proteger o ordenamento jurídico sem envolver casos concretos de disputa de interesses intersubjetivos.

■ REPERCUSSÃO DA DECISÃO FINAL DA ADI EM RELAÇÃO A AÇÕES SUBJETIVAS (ISTO É, DO CONTROLE CONCRETO DE CONSTITUCIONALIDADE)

Quando uma ADI é julgada no mérito, o que acontece com os processos subjetivos que envolvem a aplicação da norma que foi o seu objeto?

Quanto às repercussões da decisão final da ADI nos processos subjetivos, é necessário diferenciar duas situações: as ações subjetivas ainda em andamento no momento do julgamento da ADI e as ações subjetivas que, no momento em que a ADI é decidida, já haviam sido julgadas em sentido contrário.

Em relação às ações subjetivas em andamento, essas ações não são paralisadas pela decisão final da ADI, mas seus julgamentos não poderão contrariar a decisão da ADI, tendo em vista o efeito vinculante desta última, sob pena de reclamação.

Em relação às ações subjetivas que já haviam sido julgadas em sentido contrário, duas considerações merecem destaque:

I) Não cabe o ajuizamento de reclamação, pois esta não pode ser manejada contra decisão transitada em julgado, conforme consta da Súmula 734/STF e do art. 988, § 5º, I, do CPC/15. E, nesse sentido, já decidiu o Supremo Tribunal Federal em algumas oportunidades (Rcl 2860 AgR; Rcl 19567 AgR).

II) Cabe ação rescisória para desconstituir a decisão que transitou em julgado em sentido contrário ao entendimento firmado pelo Supremo Tribunal Federal, desde que ainda haja prazo para o seu ajuizamento. Nesse sentido decidiu o STF, por exemplo, no seguinte precedente:

> "(...) 4. Afirma-se, portanto, como tese de repercussão geral que a decisão do Supremo Tribunal Federal declarando a constitucionalidade ou a inconstitucionalidade de preceito normativo **não produz a automática reforma ou rescisão** das sentenças anteriores que tenham adotado entendimento diferente; para que tal ocorra, será indispensável a interposição do recurso próprio ou, se for o caso, **a propositura da ação rescisória própria, nos termos do art. 485, V, do CPC, observado o respectivo prazo decadencial (CPC, art. 495)**. Ressalva-se desse entendimento, quanto à indispensabilidade da ação rescisória, a questão relacionada à execução de efeitos futuros da sentença proferida em caso concreto sobre relações jurídicas de trato continuado. (...)" **(RE 730462, Rel. Min. TEORI ZA VASCKI, Pleno, j. em 28/05/2015)**

Importante notar que o entendimento adotado no precedente transcrito acima foi firmado antes da entrada em vigor do CPC/15 e, nessa época, o Supremo Tribunal Federal entendia que, para o cabimento de ação rescisória contra decisão que contrariasse o seu entendimento, era necessário que esse entendimento violado tivesse sido firmado em sede de controle concentrado abstrato de constitucionalidade, não bastando o controle difuso concreto. Isso pode ser extraído do acórdão lavrado no **RE 590809** (Tema de Repercussão Geral 136), segundo o qual, na ausência de decisão tomada em controle concentrado abstrato, deve ser aplicada a Súmula 343/STF, a qual, por sua vez, estabelece que *"não cabe ação rescisória por ofensa a literal disposição de lei, quando a decisão rescindenda se tiver baseado em texto legal de interpretação controvertida nos tribunais"*.

Acontece que o CPC/15 trouxe disposições que modificaram esse cenário, pois, nos termos dos seus **art. 525, § 1º, III, e §§ 12 a 15, e 535, III, e §§ 5º a 8º**:

a) Passou a admitir expressamente a rescisória no caso de haver decisão superveniente do STF em sentido contrário não só no controle concentrado, mas também no controle difuso; e

b) Fixou o início do prazo decadencial dessa ação rescisória na data do trânsito em julgado da nova decisão do STF (inclusive, o próprio Supremo Tribunal Federal, seguindo o art. 525, § 15, do CPC, já afirmou que o prazo da ação rescisória nesse caso tem início com o trânsito em julgado da decisão superveniente do STF, como ocorreu no Tema de **Repercussão Geral nº 725**).

Portanto, na prática, o CPC/15 permite, até mesmo, que haja a contagem de um novo prazo para o ajuizamento da ação rescisória, já que o termo inicial dessa contagem é a data do trânsito em julgado da decisão do STF utilizada como paradigma. Mas é necessário ter **atenção** a um detalhe: os dispositivos mencionados acima se aplicam apenas a decisões transitadas em julgado após a vigência do CPC/15, conforme dispõe o seu art. 1.057.

"**Art. 525, CPC/15.** Transcorrido o prazo previsto no art. 523 sem o pagamento voluntário, inicia-se o prazo de 15 (quinze) dias para que o executado, independentemente de penhora ou nova intimação, apresente, nos próprios autos, sua impugnação.

§ 1º Na impugnação, o executado poderá alegar:

(...)

III - inexequibilidade do título ou inexigibilidade da obrigação;

(...)

§ 12. Para efeito do disposto no inciso III do § 1o deste artigo, considera-se também inexigível a obrigação reconhecida em título executivo judicial fundado em lei ou ato normativo considerado inconstitucional pelo Supremo Tribunal Federal, ou fundado em aplicação ou interpretação da lei ou do ato normativo tido pelo Supremo Tribunal Federal como incompatível com a Constituição Federal, em controle de constitucionalidade concentrado ou difuso.

§ 13. No caso do § 12, os efeitos da decisão do Supremo Tribunal Federal poderão ser modulados no tempo, em atenção à segurança jurídica.

§ 14. A decisão do Supremo Tribunal Federal referida no § 12 deve ser anterior ao trânsito em julgado da decisão exequenda.

§ 15. Se a decisão referida no § 12 for proferida após o trânsito em julgado da decisão exequenda, caberá ação rescisória, cujo prazo será contado do trânsito em julgado da decisão proferida pelo Supremo Tribunal Federal.

(...)"

"**Art. 535, CPC/15.** A Fazenda Pública será intimada na pessoa de seu representante judicial, por carga, remessa ou meio eletrônico, para, querendo, no prazo de 30 (trinta) dias e nos próprios autos, impugnar a execução, podendo arguir:

(...)

III - inexequibilidade do título ou inexigibilidade da obrigação;

(...)

§ 5º Para efeito do disposto no inciso III do *caput* deste artigo, considera-se também inexigível a obrigação reconhecida em título executivo judicial fundado em lei ou ato normativo considerado inconstitucional pelo Supremo Tribunal Federal, ou fundado em aplicação ou interpretação da lei ou do ato

> normativo tido pelo Supremo Tribunal Federal como incompatível com a Constituição Federal, em controle de constitucionalidade concentrado ou difuso.
>
> **§ 6º** No caso do § 5º, os efeitos da decisão do Supremo Tribunal Federal poderão ser modulados no tempo, de modo a favorecer a segurança jurídica.
>
> **§ 7º** A decisão do Supremo Tribunal Federal referida no § 5º deve ter sido proferida antes do trânsito em julgado da decisão exequenda.
>
> **§ 8º** Se a decisão referida no § 5º for proferida após o trânsito em julgado da decisão exequenda, caberá ação rescisória, cujo prazo será contado do trânsito em julgado da decisão proferida pelo Supremo Tribunal Federal."
>
> "**Art. 1.057, CPC/15.** O disposto no art. 525, §§ 14 e 15 , e no art. 535, §§ 7º e 8º, aplica-se às decisões transitadas em julgado após a entrada em vigor deste Código, e, às decisões transitadas em julgado anteriormente, aplica-se o disposto no art. 475-L, § 1º, e no art. 741, parágrafo único, da Lei nº 5.869, de 11 de janeiro de 1973 ."

Essas normas, inclusive, foram declaradas **constitucionais** pelo STF na **ADI 2418** (j. 04/05/2016), não havendo mais dúvidas sobre a sua validade. Segundo decidiu a Corte nesse caso, *"**são constitucionais as disposições normativas do parágrafo único do art. 741 do CPC, do § 1º do art. 475-L, ambos do CPC/73, bem como os correspondentes dispositivos do CPC/15, o art. 525, § 1º, III e §§ 12 e 14, o art. 535, § 5º.** São dispositivos que, buscando harmonizar a garantia da coisa julgada com o primado da Constituição, vieram agregar ao sistema processual brasileiro um mecanismo com eficácia rescisória de sentenças revestidas de vício de inconstitucionalidade qualificado".*

Além disso, tudo que vimos acima foi **confirmado e complementado pelo Supremo Tribunal Federal nos Temas de Repercussão Geral nºs 733, 881 e 885.**

No **Tema nº 733** (RE 730462, j. 28/05/2015), o STF estabeleceu que **a decisão proferida no controle concentrado de constitucionalidade produz efeitos vinculantes apenas para frente**, isto é, vincula tão somente novas decisões (judiciais ou administrativas) que venham a ser proferidas. Dessa forma, caso essas novas decisões desrespeitem o que foi decidido no controle concentrado de constitucionalidade, será cabível o uso de instrumentos processuais para revertê-las, como é o caso da reclamação.

E quanto às decisões judiciais anteriores à decisão proferida no controle concentrado de constitucionalidade que sejam contrárias a ela?

As decisões anteriores em sentido contrário não ficam atingidas pelo efeito vinculante do controle concentrado (mesmo porque não há como vincular algo que ocorreu no passado), mas, **mesmo assim, elas podem ser desfeitas**. Esse "desfazimento", no entanto, segundo decidiu o STF, não é automático, pois **depende do ajuizamento de ação rescisória** (caso a decisão anterior em sentido contrário já tenha transitado em julgado) **ou da interposição do recurso cabível** (caso ainda haja prazo para recorrer).

Nos termos da tese fixada nesse julgamento **(Tema de Repercussão Geral nº 733)**, *"a decisão do Supremo Tribunal Federal declarando a constitucionalidade ou a inconstitucionalidade de preceito normativo não produz a automática reforma ou rescisão das decisões anteriores que tenham adotado entendimento diferente. Para que tal ocorra, será indispensável a interposição de recurso próprio ou, se for o caso, a propositura de ação rescisória própria, nos termos do art. 485 do CPC, observado o respectivo prazo decadencial (art. 495)".*

Caso a decisão do STF tenha sido proferida após o trânsito em julgado da decisão em sentido contrário, o prazo para a ação rescisória será contado a partir do trânsito em julgado da decisão do STF, e não do trânsito em julgado da decisão divergente anterior. Isso é o que determina o art. 525, § 15, do CPC (que vimos acima), além de ter sido expressamente afirmado pelo Min. Teori Zavascki no Tema de Repercussão Geral nº 733. Nas palavras do Ministro (relator do caso), *"o novo Código de Processo Civil (Lei 13.105, de 16.3.2015), com vigência a partir de um ano de sua publicação, traz disposição explícita afirmando que, (...), "caberá ação rescisória, cujo prazo será contado do trânsito em julgado da decisão proferida pelo Supremo Tribunal Federal" (art. 525, § 12 e art. 535, § 8º)"*.

E, nesse mesmo precedente, embora não tenha sido o objeto da tese fixada ou mesmo do julgamento (tratou-se, portanto, de um *obiter dictum*), o STF aproveitou para esclarecer que a decisão proferida no controle concentrado de constitucionalidade, além de permitir o ajuizamento de ação rescisória ou de recurso contra decisões anteriores em sentido contrário (prolatadas em processos subjetivos), repercute nos efeitos futuros das coisas julgadas anteriores referentes a relações jurídicas de trato continuado.

Em outras palavras: a decisão tomada no controle concentrado de constitucionalidade tem aptidão para afastar a continuação da produção de efeitos de coisas julgadas anteriores formadas em sentido contrário em processos subjetivos sobre relações jurídicas continuadas, sem que, para isso, seja necessário o manejo de ação rescisória (ou de recurso, caso ainda não tenha ocorrido o trânsito em julgado).

Esse esclarecimento, inclusive, constou expressamente da ementa do julgamento. Nos exatos termos em que ela foi redigida, *"ressalva-se desse entendimento, quanto à indispensabilidade da ação rescisória, a questão relacionada à execução de efeitos futuros da sentença proferida em caso concreto sobre relações jurídicas de trato continuado"*.

Porém, como o debate sobre os efeitos futuros das decisões proferidas em processos subjetivos envolvendo relações jurídicas continuadas não foi o objeto principal do Tema de Repercussão Geral nº 733, o Supremo Tribunal Federal precisou analisar essa questão nos Temas de Repercussão Geral nºs 881 e 885.

Nos **Temas nºs 881 e 885** (REs 949297 e 955227, julgados em 08/02/2023), o STF tratou de situações envolvendo relações jurídicas de trato continuado (que são aquelas relações jurídicas que se protraem no tempo, como as que se renovam a cada intervalo temporal), mais precisamente, relações jurídicas tributárias.

Nesses temas, o Supremo Tribunal Federal não tratou da desconstituição de decisões anteriores em caso de superveniência de decisão em sentido contrário no controle concentrado de constitucionalidade. O que a Corte analisou nesse julgamento foi se as coisas julgadas envolvendo relações jurídicas continuadas permanecem ou não possuindo eficácia (isto é, continuam ou não regendo as relações jurídicas a que se referem) na hipótese de o STF vir a tomar uma decisão em sentido contrário no controle concentrado de constitucionalidade. Foi, portanto, uma análise que se situou no **plano da eficácia** das coisas julgadas anteriores.

O STF decidiu que, sendo tomada uma decisão no controle concentrado de constitucionalidade, eventuais coisas julgadas anteriores a ela que tenham sido formadas em sentido contrário **perdem imediatamente a eficácia**, e as relações jurídicas regidas por essas coisas julgadas passam, a partir daí, a ser regidas pela nova decisão tomada no controle concentrado de constitucionalidade. No caso de uma relação jurídica tributária de trato continuado, se o contribuinte possui uma coisa julgada a seu favor estabelecendo que determinado tributo não é devido, mas o STF, em momento posterior, vem a decidir no controle concentrado de constitucionalidade que o tributo é devido, o contribuinte deve, a partir daí, passar a pagar o tributo.

E, segundo ficou decidido especificamente no Tema nº 885, **esse entendimento também se aplica quando a nova decisão do STF é tomada em julgamento de recurso extraordinário com repercussão geral**, não se restringindo, portanto, a casos em que a decisão superveniente da Corte é tomada em controle concentrado de constitucionalidade. Isso porque, segundo esclareceu o Min. Luís Roberto Barroso (que foi o relator desse tema), **a decisão proferida em recurso extraordinário com repercussão geral possui os mesmos efeitos de uma decisão proferida no controle concentrado de constitucionalidade**.

Isso, inclusive, confirmou a ocorrência da abstrativização do controle difuso de constitucionalidade (conforme estudamos em tópico específico deste livro). Essa abstrativização, porém, de acordo com o que foi decidido pelo STF, não se aplica a recursos extraordinários anteriores à instituição do requisito da repercussão geral no ordenamento jurídico brasileiro.

Para que o estudo da matéria não fique incompleto, é interessante conhecer o teor da tese que foi fixada pelo STF no julgamento desses temas (os quais – repita-se – envolveram casos concretos sobre relações jurídicas de natureza tributária). Ela recebeu a seguinte redação:

> "**1.** As decisões do STF em controle incidental de constitucionalidade, anteriores à instituição do regime de repercussão geral, não impactam automaticamente a coisa julgada que se tenha formado, mesmo nas relações jurídicas tributárias de trato sucessivo.
>
> **2.** Já as decisões proferidas em ação direta ou em sede de repercussão geral interrompem automaticamente os efeitos temporais das decisões transitadas em julgado nas referidas relações, respeitadas a irretroatividade, a anterioridade anual e a noventena ou a anterioridade nonagesimal, conforme a natureza do tributo." **(Tese fixada nos Temas de Repercussão Geral nº 811 e 885, REs 949297 e 955227, julgados pelo Pleno do STF em 08/02/2023)**

Por fim, é importante registrar que, embora os Temas nºs 881 e 885 tenham envolvido relações jurídicas tributárias, não há motivo para não se aplicar o entendimento que foi firmado nesses casos a relações jurídicas continuadas de outras naturezas, mesmo porque um dos principais fundamentos utilizados pelo STF nesse julgamento foi o de que as coisas julgadas que regem relações jurídicas continuadas em geral se submetem à **cláusula *rebus sic stantibus***, a qual estabelece que a conservação da decisão judicial nos moldes em que foi originalmente proferida (isto é, sem qualquer alteração) depende de também se conservarem inalteradas as circunstâncias fáticas e jurídicas que estavam presentes no momento da sua prolação.

Inclusive, a cláusula *rebus sic stantibus* das decisões judiciais envolvendo relações jurídicas continuadas em geral (e não só as relações jurídicas tributárias) está **expressamente positivada no nosso ordenamento jurídico**, mais precisamente, no art. 505, I, do CPC, segundo o qual, os juízes podem decidir novamente uma causa já julgada se ela envolver relação jurídica continuada e se houver alteração fática ou jurídica no contexto original do julgamento.

Veja o teor desse dispositivo:

> "**Art. 505, CPC.** Nenhum juiz decidirá novamente as questões já decididas relativas à mesma lide, salvo:
>
> I - se, tratando-se de relação jurídica de trato continuado, sobreveio modificação no estado de fato ou de direito, caso em que poderá a parte pedir a revisão do que foi estatuído na sentença;
>
> (...)"

Além da incidência da cláusula *rebus sic stantibus*, outro fundamento utilizado pelo Supremo Tribunal Federal nos Temas de Repercussão Geral nºs 881 e 885 foi o de que a existência de coisas julgadas contrárias a decisões proferidas pelo STF em controle de constitucionalidade gera um cenário de violação à isonomia. Isso porque, em um cenário como esse, diferentes pessoas acabam ficando submetidas a tratamentos jurídicos diversos em uma mesma matéria unicamente em virtude de algumas delas terem obtido pronunciamento judicial em seu favor.

A necessidade de se evitar a violação à isonomia, segundo decidiu o Supremo Tribunal Federal (realizando um juízo de ponderação entre a isonomia e a segurança jurídica), faz com que se justifique afastar a eficácia da coisa julgada envolvendo relação jurídica continuada quando há decisão superveniente do STF em sentido contrário no controle concentrado de constitucionalidade ou em recurso extraordinário com repercussão geral.

Não é difícil perceber que a isonomia (e a necessidade de se evitar a sua violação) é um fundamento que se aplica a relações jurídicas das mais diversas naturezas, e não apenas às relações tributárias. Isso porque não seria compatível com a Constituição impedir que a isonomia fosse violada quando a relação jurídica envolvesse matéria tributária e permitir essa violação quando a matéria envolvida fosse não tributária, tendo em vista que a isonomia é um direito fundamental assegurado pelo texto constitucional de forma ampla, e não apenas a um determinado conjunto de pessoas ou de relações jurídicas.

Portanto, restringir a proteção da isonomia a relações jurídicas tributárias seria, na verdade, uma violação da isonomia.

Tudo isso mostra que o entendimento firmado pelo STF nos Temas de Repercussão Geral nºs 881 e 885 é aplicável também a relações jurídicas continuadas não tributárias.

AÇÃO DECLARATÓRIA DE CONSTITUCIONALIDADE (ADC)

Após termos estudado a ADI, o estudo das demais ações típicas do controle concentrado abstrato de constitucionalidade fica mais fácil, pois muitas das características da ADI estão presentes em todas essas ações, especialmente na ADC, que, como veremos, nada mais é do que uma "ADI no sentido oposto".

A ADC é mais um instrumento de controle de constitucionalidade judicial abstrato e foi criada não pelo texto originário da CF/88, mas sim por meio da EC 3/93.

Houve uma discussão na doutrina sobre se a ADC seria constitucional ou não. A esse respeito, o STF decidiu que a EC 3/93, ao criar a ADC, não incidiu em nenhuma inconstitucionalidade, sendo, portanto, constitucional essa ação de controle de constitucionalidade (ADC 1 QO).

Não há, no direito comparado, uma ação semelhante à ADC.

A ADC, na verdade, é uma ADI com sinal trocado, essas ações são dúplices ou ambivalentes, pois a procedência de uma equivale à improcedência da outra. Há, portanto, uma inegável similitude entre elas.

Em ambas, discute-se em abstrato a constitucionalidade ou inconstitucionalidade de uma lei ou ato normativo: na ADI, o legitimado ativo provoca o STF alegando que a lei ou o ato normativo impugnado é inconstitucional, enquanto, na ADC, o legitimado ativo provoca o STF e afirma que a lei ou o ato normativo objeto da ação é constitucional e pede que o STF ratifique a sua presunção de constitucionalidade, presunção essa que se encontra ameaçada por existir uma controvérsia judicial relevante a seu respeito nas instâncias inferiores.

Por tais motivos, há quem diga que a ADC já era, implicitamente, uma situação prevista no ordenamento jurídico brasileiro que se manifestaria justamente na hipótese de improcedência da ADI, já que o julgamento de improcedência da ADI significa afirmar, com efeito vinculante e eficácia *erga omnes*, que a lei ou ato normativo é constitucional. Isso, inclusive, é dito expressamente pelo artigo 24 da Lei 9.868/99:

> "**Art. 24, Lei 9.868/99.** Proclamada a constitucionalidade, julgar-se-á improcedente a ação direta ou procedente eventual ação declaratória; e, proclamada a inconstitucionalidade, julgar-se-á procedente a ação direta ou improcedente eventual ação declaratória."

■ FINALIDADES BÁSICAS DA ADC

É possível afirmar que a ADC possui **três finalidades precípuas**:

1) Ratificar a presunção de constitucionalidade da lei ou ato normativo. Através da ADC, a presunção de constitucionalidade, que existe desde o nascimento da lei ou ato normativo, é ratificada, deixando de ser uma presunção relativa para se transformar em uma presunção absoluta. Inclusive, por conta disso, há quem diga que o exercício da jurisdição em sede de ADC implica em uma atividade legislativa positiva.

2) Afastar a insegurança e a incerteza jurídicas provocadas pela controvérsia judicial que se instaurou nas instâncias inferiores sobre a constitucionalidade ou inconstitucionalidade daquela lei ou ato normativo.

3) Promover a isonomia, pois, para o cabimento da ADC, deve haver nas instâncias inferiores decisões judiciais conflitantes sobre a constitucionalidade ou não de uma determinada lei ou ato normativo e, diante desse cenário, o legitimado ativo provoca o Judiciário pedindo que ele confirme que a constitucionalidade da norma. Por sua vez, o STF, ao confirmar que o ato é constitucional, afasta a insegurança e a incerteza jurídicas, transforma a presunção de constitucionalidade relativa em absoluta e, com isso, promove a isonomia, através da homogeneização das decisões judiciais das instâncias inferiores, tendo em vista que tais decisões terão de ser prolatadas com observância do entendimento firmado pelo STF no julgamento da ADC.

ASPECTOS PROCESSUAIS DA ADC

A ADC é regida pela Lei 9.868/99 e seus aspectos processuais são, basicamente, os mesmos da ADI, com algumas diferenças, que serão pontuadas a seguir.

Inicialmente, vamos tratar da **legitimidade ativa.**

Em um primeiro momento, a legitimidade ativa da ADC era diferente da legitimidade ativa da ADI, pois era mais restrita. Quando a EC 3/93 criou a ADC, a legitimidade ativa para essa ação estava prevista no § 4º do art. 103 da CF/88 (hoje já revogado), segundo o qual, a ADC só podia ser ajuizada por quatro legitimados: o Presidente da República; a Mesa da Câmara dos Deputados; a Mesa do Senado Federal; e o Procurador-Geral da República.

Posteriormente, a EC 45/04 revogou o § 4º do art. 103 da CF/88 e igualou a legitimidade ativa da ADC à da ADI. Hoje, portanto, a legitimidade ativa para a ADC é a mesma prevista para a ADI, também havendo distinção entre legitimados universais e legitimados especiais (exigindo-se pertinência temática destes últimos).

Quanto à **legitimidade passiva** para a ADC (aqui considerada a legitimidade passiva não nos moldes do processo subjetivo, mas à semelhança do que abordamos ao tratar da ADI), ela, a rigor, não existe, isto é, não há falar, a princípio, em legitimidade passiva na ADC, porque, nessa ação, o legitimado ativo afirma que a lei é constitucional, de modo que não há informações a serem prestadas pelos órgãos que editaram a norma, já que esta não está sendo rotulada como inválida.

No entanto, a Lei 9.868/99 prevê, no seu art. 20, § 2º, que o Relator da ADC no STF **pode** solicitar aos Tribunais Superiores, aos Tribunais federais e aos Tribunais estaduais informações sobre a aplicação da norma objeto da ação no âmbito de sua jurisdição.

Além disso, há entendimento doutrinário no sentido de que os demais legitimados ativos podem, na ADC, manifestar-se contra o pedido que o STF está avaliando, ou seja, segundo esse posicionamento, eles podem ingressar na ADC para pedir que o STF julgue a ação improcedente.

> "**Art. 20, Lei 9.868/99.** Vencido o prazo do artigo anterior, o relator lançará o relatório, com cópia a todos os Ministros, e pedirá dia para julgamento.
>
> **§ 1º** Em caso de necessidade de esclarecimento de matéria ou circunstância de fato ou de notória insuficiência das informações existentes nos autos, poderá o relator requisitar informações adicionais, designar perito ou comissão de peritos para que emita parecer sobre a questão ou fixar data para, em audiência pública, ouvir depoimentos de pessoas com experiência e autoridade na matéria.
>
> **§ 2º** O relator poderá solicitar, ainda, informações aos Tribunais Superiores, aos Tribunais federais e aos Tribunais estaduais acerca da aplicação da norma questionada no âmbito de sua jurisdição.
>
> **§ 3º** As informações, perícias e audiências a que se referem os parágrafos anteriores serão realizadas no prazo de trinta dias, contado da solicitação do relator."

Esse art. 20 deixa claro, ainda, em seu § 1º, que na ADC, assim como ocorre na ADI, é possível a análise de fatos e a produção de provas. Isso é algo natural, tendo em vista o caráter dúplice dessas ações.

A participação do Procurador-Geral da República como fiscal da Constituição é obrigatória na ADC, conforme consta do art. 19 da Lei 9.868/99.

Por outro lado, **na ADC não há participação do AGU**, conforme decidiu o STF na questão de ordem suscitada na **ADC 1** (j. 27/10/1993).

Por que motivo o AGU não participa da ADC? Porque, constitucionalmente, o papel do AGU no controle abstrato é defender o ato normativo atacado e, no caso da ADC, o legitimado ativo, ao ajuizar a ação, não acusa a lei de nenhum vício, pelo contrário, ele provoca o STF e diz que a lei é constitucional, pedindo que a Corte confirme a constitucionalidade dessa lei. Por esse motivo, não há necessidade de o AGU fazer a defesa da lei ou ato normativo na ADC.

Justamente por isso, na questão de ordem julgada na ADC 1, o relator do caso (Min. Moreira Alves) registrou no seu voto que, *"no processo da ação declaratória de constitucionalidade, por visar à preservação da presunção de constitucionalidade do ato normativo que é seu objeto,* ***não há razão para que o Advogado-Geral da União atue como curador dessa mesma presunção****. Aliás, o silêncio da Emenda Constitucional n. 3 a esse respeito, não obstante tenha incluído um § 4º no art. 103 da Carga Magna, é um silêncio eloquente, a afastar a ideia de que houve omissão, a propósito, por inadvertência".*

No que se refere ao **objeto**, ele, na ADC, é mais restrito do que na ADI, pois o objeto da ADC só pode ser lei ou ato normativo federal, não sendo possível ADC tendo como objeto leis e atos normativos estaduais (que podem ser objeto de ADI) nem tampouco municipais.

Vejamos, sobre isso, o teor da CF/88:

> "**Art. 102, CF/88.** Compete ao Supremo Tribunal Federal, precipuamente, a guarda da Constituição, cabendo-lhe:
>
> I - processar e julgar, originariamente:
>
> a) a ação direta de inconstitucionalidade de lei ou ato normativo federal ou estadual e a **ação declaratória de constitucionalidade de lei ou ato normativo federal**;"

Portanto, na ADI, a lei ou ato normativo objeto da ação pode ser federal ou estadual, enquanto na ADC somente pode ser federal.

Por conta disso, embora caiba ADI, não cabe ADC, por exemplo, em face de lei de criação de municípios, porque essa lei é uma lei estadual e, como acabamos de ver, não cabe ADC em face de leis estaduais. Da mesma forma, não cabe ADC em face de leis e atos normativos do DF, porque eles não são de natureza federal, mas sim distrital, equivalendo, portanto, a leis e atos normativos da competência estadual ou municipal.

Os **requisitos da petição inicial** da ADC são os mesmos da ADI, mas acrescidos de uma exigência específica, qual seja, a prova da existência de **controvérsia judicial relevante** nas instâncias inferiores. Vejamos, a propósito, o art. 14 da Lei 9.868/99:

> "**Art. 14, Lei 9.868/99.** A petição inicial indicará:
>
> I - o dispositivo da lei ou do ato normativo questionado e os fundamentos jurídicos do pedido;
>
> II - o pedido, com suas especificações;

III - a existência de controvérsia judicial relevante sobre a aplicação da disposição objeto da ação declaratória."

O STF entende que a caracterização dessa controvérsia judicial relevante exige a prova da existência de pronunciamentos judiciais antagônicos (conflitantes) em proporções relevantes nas instâncias inferiores de forma a causar insegurança e incerteza quanto à constitucionalidade da norma (ADC 1 MC).

Mas é importante registrar que, segundo o STF, a caracterização de uma controvérsia judicial como relevante não leva em conta critérios quantitativos, mas qualitativos, ou seja, o fato de haver muitas ou poucas decisões judiciais conflitantes acerca da validade da norma não é o fator determinante para a admissibilidade da ADC. É possível que, mesmo havendo poucas decisões sobre a questão, a importância da norma analisada e o risco de solapamento à sua presunção de constitucionalidade causado pela divergência jurisdicional façam com que a controvérsia a seu respeito seja relevante, como ocorre, por exemplo, no caso de uma emenda constitucional ou mesmo de uma lei ordinária cuja matéria seja relevante e tenha aptidão para gerar multiplicação de demandas.

Confira, nesse sentido, o voto do Min. Luiz Fux proferido na **ADI 5316 MC**, julgada pelo Pleno do STF em 21/05/2015:

> "(...)
>
> Ressalto ainda que, não obstante os argumentos lançados pela AGU, **a entidade requerente logrou êxito em demonstrar a existência de controvérsia judicial relevante sobre a aplicação da disposição objeto do pedido declaratório** (Lei nº 9.868/1999, art. 14, III). Insta frisar, como aponta em doutrina o Ministro Gilmar Mendes, que **o critério de aferição da "controvérsia judicial relevante" é qualitativo e não quantitativo**. Eis o robusto magistério, a que me filio integralmente:
>
> "A exigência quanto à configuração de controvérsia judicial ou controvérsia jurídica associa-se não só à ameaça ao princípio da presunção de constitucionalidade – esta independe de um número quantitativamente relevante de decisões de um e de outro lado –, mas também, e sobretudo, à invalidação prévia de uma decisão tomada por segmentos expressivos do modelo representativo.
>
> (...)
>
> É fácil ver, pois, que o estabelecimento de uma comparação quantitativa entre o número de decisões judiciais num ou noutro sentido, com o objetivo de qualificar o pressuposto de admissibilidade da ação declaratória de constitucionalidade, contém uma leitura redutora e equivocada do sistema de controle abstrato na sua dimensão positiva.
>
> (...)
>
> Assim, a exigência de demonstração de controvérsia judicial há de ser entendida, nesse contexto, como atinente à existência de controvérsia jurídica relevante, capaz de afetar a presunção de legitimidade da lei e, por conseguinte, a eficácia da decisão legislativa. **(BRANCO, Paulo Gustavo Gonet, MENDES, Gilmar Ferreira. Curso de direito constitucional. São Paulo: Saraiva, 2015, p. 1188-1189)**
>
> Como narrado linhas atrás, há hoje ao menos três decisões judiciais no País considerando inválida a regra transitória contida no art. 2º da EC nº 88/2015 por suposta violação à isonomia e à unidade do Poder Judiciário. **Dois aspectos, a meu sentir, tornam essa controvérsia juridicamente relevante, tal como exigido pela Lei nº 9.868/1999. O primeiro diz respeito à estatura constitucional do**

> **diploma que tem sido invalidado nas instâncias inferiores. Trata-se de uma Emenda à Constituição da República, expressão mais elevada da vontade do parlamento brasileiro. Em segundo lugar, parece-me que decisões similares possam vir a se proliferar pelos estados brasileiros, configurando real ameaça à presunção de constitucionalidade da EC nº 88/2015.**
>
> Conheço, portanto, de todos os pedidos e passo ao exame do mérito.
>
> (...)"
>
> **(ADI 5316 MC/DF; j. 21/05/2015; Pleno; trecho do voto do Min. Relator Luiz Fux)**

Perceba que, sem esse requisito específico, a ADC se transformaria em uma simples consulta ao STF, descaracterizando a natureza jurisdicional da atividade da Suprema Corte, o que não é possível. Ou seja, considerando que as leis e os atos normativos possuem presunção de constitucionalidade, se não há nenhuma controvérsia judicial sobre sua validade constitucional, não há interesse em pedir ao STF que ratifique essa presunção de constitucionalidade, mesmo porque o Supremo Tribunal Federal não é um órgão de consulta. E esse é o motivo de se exigir controvérsia judicial relevante: para que exista um mínimo de interesse e de utilidade na ação, para que a atividade do STF não seja em vão.

Outro **detalhe importante** é que a exigência de controvérsia judicial relevante impede que a ADC seja movida nas hipóteses em que a lei já foi promulgada e publicada, mas ainda não entrou em vigor, não está vigente, isto é, durante o período de *vacatio legis.*

Portanto, **lei no período de *vacatio legis* pode ser objeto de ADI, mas não pode ser objeto de ADC**, pois, se ela está em *vacatio legis*, significa que ainda não está vigente e, consequentemente, não foi aplicada no dia a dia, de modo que não há como existir controvérsia judicial relevante nas instâncias inferiores a seu respeito.

Ademais, a exigência de controvérsia judicial relevante faz com que seja mais difícil (embora não impossível) ajuizar ADC em face de medida provisória. Isso porque a EC 32 acabou com a possibilidade de reedições infinitas de medidas provisórias, o que fez com que a comprovação da existência de controvérsia judicial relevante se tornasse um pouco mais difícil, já que a medida provisória se submete a um prazo específico (60 dias + 60 dias), muitas vezes não suficiente para que a controvérsia judicial relevante se instaure.

Mas repita-se: o ajuizamento de ADC em face de medida provisória após a EC 32 ficou mais difícil, porém, não impossível. Se o curto espaço de tempo for suficiente para que a controvérsia judicial relevante seja instaurada, a ADC poderá ser ajuizada. O STF abordou esse tema na ADC 11 MC, que foi proposta em face de uma medida provisória.

É importante saber também que o Supremo Tribunal Federal admite a cumulação de pedidos típicos de ADI com pedidos típicos de ADC em um mesmo processo, desde que, evidentemente, presentes os requisitos da legislação processual para a cumulação de demandas, conforme restou decidido, por exemplo, na ADI 5316 MC. Confira a ementa abaixo:

> "(...) CUMULAÇÃO DE AÇÕES EM PROCESSO OBJETIVO. POSSIBILIDADE. ART. 292 DO CÓDIGO DE PROCESSO CIVIL. APLICAÇÃO SUBSIDIÁRIA. (...) 6. **A cumulação simples de pedidos típicos de ADI e de ADC é processualmente cabível em uma única demanda de controle concentrado de constitucionalidade, desde que satisfeitos os requisitos previstos na legislação processual civil (CPC, art. 292).** (...)"
>
> **(ADI 5316 MC/DF; Relator(a): Min. LUIZ FUX; Julgamento: 21/05/2015; Órgão Julgador: Tribunal Pleno)**

Finalmente, no que diz respeito à possibilidade de manifestação de amicus curiae na ADC, o dispositivo que a previa na Lei 9.868/99 (art. 18, § 2º) foi vetado pelo Presidente da República. Inclusive, houve o ajuizamento de ADI alegando omissão inconstitucional em virtude do veto a esse dispositivo, com o fundamento de que esse veto teria prejudicado a participação democrática nos processos de verificação da validade de normas jurídicas, mas o STF não acolheu essa alegação e rejeitou o pedido de reconhecimento de inconstitucionalidade por omissão.

Isso ocorreu nas **ADIs 2154 e 2258** (julgadas em 03/04/2023), e, ao rejeitar a alegação de omissão inconstitucional, o Supremo Tribunal Federal chegou a dizer que a necessidade de participação popular no processo da ADC poderia ser atendida pelo ajuizamento de ADI (para a qual há previsão legal expressa de participação de *amicus curiae*) ou pela adoção, no processamento da ADC, da providência prevista no art. 20, § 1º, da Lei 9.868/99, que permite ao relator da ADC requisitar informações adicionais, ouvir peritos e até mesmo designar audiência pública para esclarecer melhor a matéria objetivo de julgamento ("***Art. 20, § 1º, Lei 9.868/99.*** *Em caso de necessidade de esclarecimento de matéria ou circunstância de fato ou de notória insuficiência das informações existentes nos autos, poderá o relator requisitar informações adicionais, designar perito ou comissão de peritos para que emita parecer sobre a questão ou fixar data para, em audiência pública, ouvir depoimentos de pessoas com experiência e autoridade na matéria.*").

Seja como for, o fato é que, mesmo sem existir previsão legal específica permitindo a participação do amigo da corte, o Supremo Tribunal Federal vem reiteradamente admitindo que ele se manifeste nessa ação. Isso aconteceu, por exemplo, nas **ADCs 12, 35, 43 e 69**.

Inclusive, em decisões mais recentes, o STF vem admitindo o *amicus curiae* em ADC com fundamento no art. 138 do CPC/15 (que disciplina a figura do *amicus curiae* de forma geral para o processo civil). Isso ocorreu, por exemplo, na ADC 69, na qual o Min. Alexandre de Moraes (relator da ação) proferiu decisão em que afirmou estar deferindo o ingresso dos postulantes a amigo da corte *"nos termos dos artigos 21, XVIII, e 323, § 3º, do Regimento Interno do STF c/c o* ***art. 138 do Código de Processo Civil de 2015****"*.

Apesar disso, o fato é que, mesmo antes do CPC/15, o STF já admitia o ingresso de *amicus curiae* em ADC, embora o dispositivo da Lei 9.868/99 que permite a manifestação do amigo da corte diga respeito especificamente à ADI (e à ADO, pois o art. 12-E da Lei 9.868/99 manda aplicar à ADO, no que couber, as normas que regem o procedimento da ADI, dentre as quais se encontra aquela que permite o ingresso de *amicus curiae* nos autos).

Por conta de tudo que vimos acima, a Fundação Carlos Chagas, no concurso para o cargo de Juiz Substituto do TJ/AL realizado em 2015, considerou **correta** a assertiva segundo a qual *"a ação declaratória de constitucionalidade observa processo objetivo que admite a manifestação de órgãos ou entidades a título de* amici curiae, *ainda que o permissivo legal específico que autorizaria sua intervenção tenha sido vetado pelo Presidente da República"*.

■ CAUTELAR NA ADC

A Lei 9.868/99 prevê, no *caput* do seu art. 21, a possibilidade de concessão de medida cautelar na ADC para determinar a suspensão dos processos que tratem da norma que é seu objeto.

> "**Art. 21, Lei 9.868/99.** O Supremo Tribunal Federal, por decisão da **maioria absoluta de seus membros**, poderá deferir pedido de **medida cautelar** na ação declaratória de constitucionalidade, consistente na determinação de que os juízes e os Tribunais **suspendam o julgamento dos processos** que envolvam a aplicação da lei ou do ato normativo objeto da ação até seu julgamento definitivo."

Como se percebe, o conteúdo legal da cautelar na ADC é a suspensão do julgamento dos processos que envolvam a aplicação da lei ou ato normativo objeto da ADC.

Houve, inclusive, questionamento sobre a constitucionalidade desse dispositivo (art. 21 da Lei 9.868/99), com a alegação de que a possibilidade de suspensão de processos violaria a garantia constitucional do juiz natural. O STF, porém, rejeitou essa alegação (ADIs 2154 e 2258, j. 03/04/2023) e declarou a constitucionalidade do art. 21 da Lei 9.868/99, pois, se a ADC é uma ação que envolve a análise da constitucionalidade ou não de uma norma que está gerando questionamentos em outros processos e se cabe ao STF julgar essa ação, é ele (o próprio STF) o juiz natural da questão, de modo que a ele deve ser possibilitado suspender o andamento de outros processos sobre o mesmo tema para evitar que a ADC perca a sua utilidade. Nas palavras da Corte, *"o art. 21 da Lei n. 9.868/1999 não ofende a garantia ao juiz natural. O preceito visa assegurar a eficácia da futura decisão do Supremo Tribunal, que, cuidando de aferir a constitucionalidade, ou não, de lei ou ato normativo, é, por excelência, o juízo natural da questão"*.

Além disso, o parágrafo único desse mesmo art. 21 estabelece que, uma vez deferida a cautelar, a ADC deve ser julgada no prazo de 180 (cento e oitenta) dias, sob pena de a medida concedida perder a eficácia.

> "**Art. 21, Lei 9.868/99.**
>
> (...)
>
> **Parágrafo único.** Concedida a medida cautelar, o Supremo Tribunal Federal fará publicar em seção especial do Diário Oficial da União a parte dispositiva da decisão, no prazo de dez dias, devendo o Tribunal proceder ao julgamento da ação no **prazo de cento e oitenta dias, sob pena de perda de sua eficácia**."

Então, o STF pode deferir a cautelar suspendendo as ações em curso, mas isso vale por 180 (cento e oitenta) dias. Se o STF não julgar a ADC nesse prazo, a cautelar perde sua eficácia.

Há alguns **detalhes importantes** a esse respeito:

1) A cautelar que determina a suspensão do julgamento dos processos em geral pode ressalvar o julgamento dos processos em curso no próprio STF (ADC 18 MC).

2) A jurisprudência do STF entende que a cautelar na ADC, além da suspensão dos processos em curso, pode ter outros conteúdos não expressamente previstos na Lei 9.868/99, como a realização da interpretação conforme da norma objeto da ação, a determinação de que juízes e tribunais se abstenham de afastar a aplicação dessa norma etc. Nesse sentido, confira a ementa da decisão cautelar na **ADC nº 12:**

> "Medida liminar deferida para, **com efeito vinculante**: a) **emprestar interpretação conforme** para incluir o termo 'chefia' nos incisos II, III, IV, V do artigo 2° do ato normativo em foco; b) **suspender, até o exame de mérito desta ADC, o julgamento dos processos** que tenham por objeto questionar a constitucionalidade da Resolução nº 07/2005, do Conselho Nacional de Justiça; c) **obstar que juízes e Tribunais venham a proferir decisões que impeçam ou afastem a aplicabilidade** da mesma Resolução nº 07/2005, do CNJ; e d) **suspender, com eficácia *ex tunc*, os efeitos daquelas decisões que, já proferidas, determinaram o afastamento da sobredita aplicação.**" **(STF, ADC 12 MC, Rel. Min. Carlos Britto, Pleno, j. em 16/02/2006)**

Quais são os requisitos da cautelar na ADC?

O STF, na ADC 4 MC, afirmou que os requisitos da cautelar na ADC são os clássicos requisitos das medidas cautelares, quais sejam: I) *fumus boni iuris* (fumaça do bom direito); e II) *periculum in mora* (perigo na demora). Mas, em algumas de suas decisões, o STF admite o deferimento da cautelar por estar presente o requisito da conveniência da concessão da medida, principalmente, quando a lei já está em vigor há algum tempo, situação em que não mais se faz presente o *periculum in mora* (isso ocorreu, por exemplo, na cautelar da ADC 4). Ou seja, o STF admite que os requisitos tradicionais da tutela cautelar sejam substituídos por um juízo político de conveniência, o que já ocorreu não apenas em ADC, mas também em outros processos de controle concentrado abstrato, como a ADPF.

Quais são os efeitos da concessão da medida cautelar na ADC? Aqui também há os efeitos comuns (que são os efeitos gerados como regra) e os efeitos excepcionais.

I) Efeitos comuns (regra geral):

- **a.** Gerais (*erga omnes*);
- **b.** Não retroativos (*ex nunc*);
- **c.** Vinculantes; e
- **d.** Temporários (por 180 dias).

II) Efeitos Excepcionais:

- **a.** Retroativos (*ex tunc*); e
- **b.** Prorrogados por mais 180 dias.

A Lei 9.868/99 não se refere expressamente a nenhuma hipótese de prorrogação dos 180 dias de eficácia da medida cautelar, mas na jurisprudência do STF essa possibilidade existe. Então, **mesmo sem previsão legal, o STF admite a possibilidade de prorrogação do prazo de vigência da cautelar estabelecido na Lei 9.868/99**, como ocorreu na ADC 18 QO e na ADC 11 MC-QO. Inclusive, na ADC 18, esse prazo recebeu sucessivas prorrogações, tendo o prazo original, no total, sido prorrogado 3 vezes, cada uma delas, por 180 dias.

Uma vez exaurido o prazo (seja o prazo originário de 180 dias ou o prazo prorrogado), cessa o efeito vinculante da cautelar e, em consequência, isso inviabiliza o ajuizamento de reclamação contra eventual descumprimento da medida ou, se a reclamação já tiver sido ajuizada, ela fica prejudicada (AgRg AgRg Rcl 8258).

■ DECISÃO FINAL DA ADC

Os efeitos da decisão final da ADC são, basicamente, os mesmos da decisão final da ADI. Vejamos.

I) Efeitos comuns (regra geral):

a. Gerais (*erga omnes*);

b. Retroativos (*ex tunc*);

c. Repristinatórios (quando a ADC é julgada improcedente, ou seja, quando a lei ou ato normativo é reputado inconstitucional); e

d. Vinculantes (*binding effect*).

II) Efeitos excepcionais (modulação, conforme o art. 27 da Lei 9.868/99):

a. Restritos (desde que assim decidido com quórum de 2/3 dos Ministros);

b. Não retroativos (*ex nunc*) ou *pro futuro* (desde que decidido com quórum de 2/3 dos Ministros); e

c. Não repristinatórios (na ADC, assim como ocorre na ADI, o STF pode afastar a eficácia repristinatória, o que, evidentemente, apenas tem sentido quando a ADC é julgada improcedente).

Aqui é importante registrar que a possibilidade de modulação dos efeitos da decisão final que declara a constitucionalidade de uma norma é uma **medida excepcional**, isto é, não deve ser encarada com a mesma naturalidade da modulação dos efeitos de uma decisão declaratória de uma inconstitucionalidade.

Isso porque a Lei 9.868/99, ao prever a possibilidade de modulação dos efeitos da decisão no controle concentrado abstrato de constitucionalidade, refere-se à decisão que declara uma inconstitucionalidade, e não à decisão que confirma uma constitucionalidade. Além disso, em regra, para fins de proteção da segurança jurídica, o reconhecimento da constitucionalidade da norma com eficácia retroativa costuma ser muito mais efetiva do que a limitação do reconhecimento dessa constitucionalidade a um intervalo de tempo menor.

Por esses motivos, a modulação dos efeitos da decisão final declaratória de uma constitucionalidade em uma ADC é uma medida de caráter excepcional, apenas se justificando quando, diante das circunstâncias fáticas e jurídicas envolvidas, for mais benéfico para a segurança jurídica e o interesse social reconhecer que a norma questionada na ação deve ser afastada em um determinado intervalo de tempo. Esse tipo de cenário ocorreria, por exemplo, em um contexto no qual, durante determinado período de tempo, diversas relações jurídicas fossem firmadas com o afastamento de uma norma que, embora em vigor, era considerada inconstitucional, e, tempos depois, o STF, em uma ADC, viesse a decidir que a norma em questão era, na verdade, válida. Em um cenário como esse, a preservação da segurança jurídica provavelmente ficaria melhor atendida se houvesse a modulação dos efeitos da declaração de constitucionalidade, pois, com isso, ficariam preservadas as relações jurídicas que, antes da decisão, foram firmadas com expectativa de legitimidade.

A possibilidade de modulação da declaração de constitucionalidade no controle concentrado abstrato (independentemente de ela ocorrer em uma decisão de procedência de uma ADC ou em uma decisão de improcedência de uma ADI) e o seu caráter excepcional já foram reconhecidos expressamente pelo Supremo Tribunal Federal, podendo ser citados como exemplos disso os precedentes das **ADIs 3756 ED** (j. 24/10/2007), **4167 ED** (j. 27/02/2013) e **2332 ED** (j. 18/10/2022).

Inclusive, na ementa da ADI 2332 ED, o STF afirmou expressamente que *"a modulação de efeitos em declaração de constitucionalidade é medida excepcional e restrita a hipóteses específicas"*. E o Min. Luís Roberto Barroso (relator do caso), abordou a questão de forma bastante didática no seu voto (seguido por todos os demais Ministros), no qual registrou que *"a atribuição de efeitos prospectivos **é medida excepcional aplicada, como regra, à declaração de inconstitucionalidade. Não é comum a modulação de efeitos de declaração de constitucionalidade.** Embora haja precedentes nesta Corte nesse sentido (ADI 3756-ED, Rel. Min. Carlos Britto; ADI 4167-ED, Rel. Min. Joaquim Barbosa), **a atribuição de efeitos ex nunc costuma ser empregada nas hipóteses de invalidação de lei ou ato normativo**. Inclusive, não é sem razão que o art. 27 da Lei nº 9.868/1999 é expresso ao afirmar que a modulação dos efeitos da decisão é aplicável nos casos de declaração de inconstitucionalidade de lei ou de ato normativo. A própria lógica da presunção de constitucionalidade das leis conduz à conclusão de que a medida é excepcional e restrita a hipóteses específicas"*.

Um bom exemplo de situação excepcional que permite a modulação de efeitos da declaração de constitucionalidade é a hipótese em que a situação de fato disciplinada pela norma que veio a ser declarada constitucional já se consolidou (no passado) de forma irreversível e em sentido contrário ao estabelecido pela norma em questão.

Isso foi o que aconteceu na ADI 3756, na qual o STF declarou a constitucionalidade das normas da Lei de Responsabilidade Fiscal que aplicam ao Distrito Federal o mesmo tratamento que é dado aos Estados, inclusive no que diz respeito ao limite de despesas com pessoal.

Na situação concreta envolvida nessa ADI, o Tribunal de Contas do Distrito Federal havia determinado, nos anos anteriores ao julgamento da ação pelo STF, que o DF (mais precisamente, o seu Poder Legislativo, que foi o órgão envolvido nessa manifestação específica do Tribunal de Contas) observasse o limite de gastos dos Municípios, e não o dos Estados. Por conta disso, quando o Supremo Tribunal Federal declarou válida a aplicação do tratamento legal dos Estados (inclusive quanto ao limite de gastos) ao Distrito Federal, as despesas dos anos anteriores do DF já haviam sido realizadas adotando-se como parâmetro o limite dos Municípios, de modo que essa situação fática se consolidou (no passado) de forma irreversível (já que não havia como voltar no tempo e alterar os gastos que foram feitos).

Esse cenário gerou uma excepcionalidade que justificou a modulação de efeitos da declaração de constitucionalidade das normas da LRF que mandam aplicar ao Distrito Federal o mesmo tratamento dado aos Estados. Com essa modulação de efeitos, o Supremo Tribunal Federal determinou que o reconhecimento da validade dessas normas apenas operaria efeitos (de forma vinculante) a partir do julgamento da ação, não retroagindo à data da edição da LRF (em outras palavras: a decisão gerou efeitos *ex nunc*, e não *ex tunc*).

Tudo isso está registrado da forma muito clara na ementa do julgamento dos embargos de declaração que foram apresentados na ADI 3756 justamente para questionar o termo inicial dos efeitos da declaração de constitucionalidade das referidas disposições da LRF.

Nos exatos termos dessa ementa, *"no julgamento da ADI 3.756, o Supremo Tribunal Federal deu pela improcedência do pedido. Decisão que, no campo teórico, somente comporta eficácia ex tunc ou retroativa. No plano dos fatos, porém, **não há como se exigir que o Poder Legislativo do Distrito Federal se amolde, de modo retroativo, ao julgado*** *da ADI 3.756, porquanto as despesas com pessoal já foram efetivamente realizadas, tudo com base na Decisão nº 9.475/00, do TCDF, e em sucessivas leis de diretrizes orçamentárias. (...) Embargos de declaração parcialmente acolhidos para esclarecer que o fiel cumprimento da decisão plenária na ADI 3.756 se dará na forma do art. 23 da LC nº 101/2000, a partir da data de publicação da ata de julgamento de mérito da ADI 3.756, e com estrita observância das demais diretrizes da própria Lei de Responsabilidade Fiscal".*

Por fim, é importante esclarecer também que, quando o STF realiza a modulação da declaração de constitucionalidade no controle concentrado abstrato, essa modulação, tal qual a modulação da declaração de inconstitucionalidade, é feita com fundamento no art. 27 da Lei 9.868/99, exigindo-se, portanto, os votos da **maioria qualificada de 2/3 (dois terços) dos Ministros da Corte**.

Isso ficou muito claro nos debates do julgamento da ADI 4167 ED e foi registrado até mesmo na ementa desse caso, que, ao mencionar a modulação da declaração de constitucionalidade da norma questionada na ação, afirmou expressamente tratar-se de *"aplicação do art. 27 da Lei 9.868/99"*.

No entanto, é necessário ter cuidado para não confundir essa situação (de modulação da declaração de constitucionalidade no controle concentrado abstrato) com a hipótese de modulação da declaração de constitucionalidade no controle difuso concreto (em recurso extraordinário).

Isso porque, segundo já decidiu o Supremo Tribunal Federal, a modulação de uma declaração de constitucionalidade realizada em um **recurso extraordinário** não depende de votos de 2/3 dos Ministros, mas apenas da maioria absoluta deles. Esse entendimento foi adotado pela Corte no **RE 638115 ED-ED** (j. 18/12/2019).

AÇÃO DIRETA DE INCONSTITUCIONALIDADE POR OMISSÃO (ADO)

A ADO é mais uma ação do controle concentrado abstrato de constitucionalidade.

Como já vimos, a inconstitucionalidade pode ser por ação ou por omissão.

A inconstitucionalidade por ação ocorre, por exemplo, quando há a edição de uma lei que é inconstitucional (inconstitucionalidade por ação normativa). Por outro lado, na inconstitucionalidade por omissão, o que se tem é justamente uma omissão, isto é, a Constituição exige uma atuação e essa atuação não é realizada.

A omissão pode ser **total ou parcial**.

A omissão é total quando nada é feito.

A omissão é parcial quando algo é feito, mas esse algo é feito de forma incompleta e insuficiente para cumprir o comando constitucional.

A CF/88 criou duas ações específicas para combater a inconstitucionalidade por omissão: o mandado de injunção (para o controle concreto de constitucionalidade) e a ADI por omissão (para o controle abstrato de constitucionalidade). Vejamos as disposições constitucionais que tratam do tema:

> **"Art. 5°, LXXI, CF/88** - conceder-se-á mandado de injunção sempre que a falta de norma regulamentadora torne inviável o exercício dos direitos e liberdades constitucionais e das prerrogativas inerentes à nacionalidade, à soberania e à cidadania;"

> "**Art. 103, § 2°, CF/88.** Declarada a inconstitucionalidade por omissão de medida para tornar efetiva norma constitucional, **será dada ciência ao Poder competente** para a adoção das providências necessárias e, em se tratando de órgão administrativo, para fazê-lo em trinta dias."

Essas duas ações (uma do controle difuso concreto e outra do controle concentrado abstrato) prestam-se a corrigir o que a doutrina chama de **síndrome de inefetividade das normas constitucionais**, que se verifica quando um preceito constitucional deixa de ter aplicação a casos concretos por conta da omissão do poder público em adotar as medidas determinadas pelo texto constitucional para concretizar seus comandos.

É possível perceber, a partir do que consta do art. 103, § 2º, da CF/88 (transcrito acima), que a omissão inconstitucional apenas se verifica em relação a normas constitucionais de eficácia limitada, pois as normas de eficácia plena e de eficácia contida não dependem da adoção de nenhuma outra medida para que possam ser aplicadas a casos concretos, de modo que não têm aptidão para sofrer da síndrome de inefetividade.

■ DISCIPLINA PROCESSUAL DA ADI POR OMISSÃO

A Lei 12.063/09 acrescentou à Lei 9.868/99 o capítulo II-A para tratar especificamente da disciplina processual da ADI por omissão. Essa disciplina processual veicula regras que, em geral, são as mesmas regras da ADI genérica e da ADC.

Mas há algumas poucas peculiaridades no regramento da ADO, que devem ser vistas aqui.

Os **legitimados ativos** da ADO são os mesmos da ADI e da ADC, conforme prevê o art. 12-A da Lei 9.868/99. E se exige pertinência temática para os legitimados especiais também na ADO.

> "**Art. 12-A, Lei 9.868/99.** Podem propor a ação direta de inconstitucionalidade por omissão os legitimados à propositura da ação direta de inconstitucionalidade e da ação declaratória de constitucionalidade."

Aqui é necessário fazer uma **observação importante**: há na doutrina quem diga que não há razão para a propositura da ADO quando quem ajuíza a ação é a própria autoridade à qual cabe a tarefa de suprir a omissão inconstitucional (por exemplo, Clèmerson Merlin Clève, Gilmar Mendes etc.).

Portanto, se cabe a uma determinada autoridade suprir a omissão, ela não pode ajuizar a ADO, já que é ela a responsável por resolver a omissão inconstitucional. Eis aí, portanto, um limite à legitimação ativa na ADO.

Os **legitimados passivos** para a ADO são as autoridades ou órgãos responsáveis pela omissão inconstitucional, são aqueles que deveriam ter atuado cumprindo a Constituição, mas não o fizeram. Aqui também cabem as mesmas observações feitas quando do estudo da legitimidade passiva na ADI, no sentido de se tratar de um processo objetivo, e não subjetivo.

Em relação à legitimidade passiva, há casos em que a lei cuja edição se pretende obter é de iniciativa privativa de determinado órgão ou autoridade (como os casos do art. 61, § 1º, da CF/88). Em tais casos, a legitimidade passiva será do órgão ou autoridade a quem cabe iniciar o processo legislativo, já que a omissão só a ele pode ser imputada.

Um exemplo dessa situação é o caso da omissão na apresentação de projeto de lei que promova a revisão geral anual da remuneração dos servidores públicos. Nesse caso, segundo o STF, a legitimidade passiva será do Chefe do Poder Executivo, tendo em vista ser dele a atribuição constitucional de iniciar o processo legislativo sobre essa matéria. Esse entendimento foi adotado pela Corte na **ADO 42 AgR** (j. 29/05/2020), que recebeu a seguinte ementa:

> "(...) AGRAVO REGIMENTAL EM AÇÃO DIRETA DE INCONSTITUCIONALIDADE POR OMISSÃO. (...) INÉPCIA DA INICIAL. **AUSÊNCIA DE INDICAÇÃO PRECISA DA AUTORIDADE A QUE SE IMPUTA A OMISSÃO.** IMPOSSIBILIDADE DE CONHECIMENTO DA AÇÃO. (...) 1. Nas ações diretas de inconstitucionalidade por omissão, a ausência de indicação do Presidente da República no polo passivo da demanda não permite depreender a exata dimensão da ofensa ao dever de legislar, a desautorizar o conhecimento da ação. 2. É do Presidente da República a iniciativa legislativa para a lei que disponha sobre a revisão geral anual. (...)" (ADO 42 AgR, Pleno, Rel. Min. EDSON FACHIN, j. 29/05/2020)

Esse entendimento do STF, inclusive, já foi objeto de questionamento em prova, como ocorreu no concurso para o cargo de Procurador do Distrito Federal realizado pelo CESPE em 2022, no qual foi considerada correta a assertiva segundo a qual, *"nas ações diretas de inconstitucionalidade por omissão sobre a revisão geral anual, é imperiosa a indicação do presidente da República no polo passivo"*.

No entanto, é importante registrar o entendimento doutrinário (por exemplo, o de Pedro Lenza) no sentido de que o polo passivo da ADO nas hipóteses em que a iniciativa legislativa é privativa de um determinado órgão ou autoridade deve ser ocupado não apenas pelo responsável por iniciar o processo legislativo, mas também pela Casa Legislativa respectiva.

Seja como for, mesmo em casos de iniciativa privativa de leis, caso o projeto já se encontre em tramitação na Casa Legislativa e haja demora na apreciação da proposição, ficará caracterizada a chamada *inertia deliberandi*, não mais podendo a omissão ser imputada ao encarregado de dar início ao processo legislativo, mas apenas à própria Casa Legislativa, sendo apenas dela, nesse caso, a legitimidade passiva.

Quanto aos **requisitos da inicial da ADO**, eles estão previstos no art. 12-B da Lei 9.868/99, que deixa clara a possibilidade de a omissão impugnada nessa ação ser total ou parcial, bem como que essa omissão pode ser não apenas legislativa, mas também administrativa.

> "**Art. 12 -B, Lei 9.868/99.** A petição indicará:
>
> I - **a omissão inconstitucional total ou parcial** quanto ao cumprimento de dever constitucional de **legislar** ou quanto à **adoção de providência de índole administrativa;**
>
> II - o pedido, com suas especificações."

Esses são os requisitos da inicial da ADI por omissão.

A inicial da ADO, portanto, deve indicar a norma constitucional que se deseja tornar efetiva, isto é, a norma constitucional que está sendo desrespeitada pela omissão (parâmetro superior de controle), assim como deve indicar em que consiste essa omissão (total ou parcial) que viola a Constituição, isto é, qual medida deve ser adotada para suprir a lacuna.

E, conforme registrado acima, nos termos da Lei, essa omissão inconstitucional pode ser de natureza legislativa ou administrativa, ou seja, a providência exigida pela CF/88 pode ser a edição de uma norma ou a adoção de uma medida administrativa.

O STF já apreciou uma ADO para combater uma omissão administrativa muito marcante, qual seja, o **analfabetismo**, tendo a ação sido ajuizada para impugnar a omissão de medidas tendentes a erradicar essa mazela. Trata-se da **ADO 1698**, que foi julgada improcedente, pois o Tribunal entendeu que não havia inércia do Presidente da República em envidar esforços administrativos no sentido de pôr fim ao analfabetismo no Brasil e implementar o ensino fundamental obrigatório. Segundo o STF, apesar de haver analfabetos no Brasil, a Presidência da República havia praticado atos voltados à erradicação desse mal que assola boa parte da população do País. Esse é um bom exemplo de medida administrativa que foi objeto de ADO no Supremo Tribunal Federal.

Confira a ementa do acórdão:

> "(...) 1. **Dados do recenseamento do Instituto Brasileiro de Geografia e Estatística demonstram redução do índice da população analfabeta**, complementado pelo aumento da escolaridade de jovens e adultos. 2. **Ausência de omissão por parte do Chefe do Poder Executivo federal em razão do elevado número de programas governamentais para a área de educação.** 3. A edição da Lei n. 9.394/96 (Lei de Diretrizes e Bases da Educação Nacional) e da Lei n. 10.172/2001 (Aprova o Plano Nacional de Educação) demonstra atuação do Poder Público dando cumprimento à Constituição. 4. Ação direta de inconstitucionalidade por omissão improcedente." **(ADI 1698/DF; Relator(a): Min. CÁRMEN LÚCIA; J. 25/02/2010; Pleno)**

Ainda quanto ao objeto da ADO, entende-se que as omissões devem ser federais ou estaduais, não cabendo ADO para combater omissão de natureza municipal. O raciocínio envolve uma analogia com os requisitos do objeto da ADI genérica, que se presta a combater inconstitucionalidades de atos normativos federais ou estaduais. Portanto, para a propositura de uma ADO, a omissão questionada deve ser federal ou estadual.

Além disso, quando se alega uma omissão normativa na ADO, os atos normativos que não foram praticados e que são necessários para tornar efetiva a norma constitucional podem ser tanto atos normativos primários (como a lei formal) quanto atos normativos secundários (como regulamentos, instruções etc.). Portanto, a ausência de um **ato normativo secundário** que seja necessário para tornar efetiva uma norma constitucional também pode ser objeto de ADO.

Em relação à omissão normativa, caso seja enviado o projeto de lei que supre a omissão, isso faz com que a ADO perca seu objeto ou mesmo com que fique impossibilitado o ajuizamento dessa ação? O STF entendeu, inicialmente, que, quando o Executivo remete ao Congresso Nacional um projeto de lei que é necessário para suprir a omissão, eventual ADO já proposta perderia o objeto (assim se decidiu, por exemplo, na ADI 130). Porém, **atualmente**, a posição da Suprema Corte é no sentido de que, mesmo existindo diversos projetos de lei em andamento, a ADO pode ser proposta, justamente porque o mero envio do projeto de lei não é suficiente para fazer cessar a violação à Constituição pela omissão, sendo preciso que o processo legislativo chegue ao seu final e seja promulgada e publicada a lei, pois apenas assim a omissão fica suprida (ADI 3682).

No entanto, caso a norma reclamada seja editada no curso do processo, a ADO perde seu objeto e é extinta sem resolução do mérito, como ocorreu na ADO nº 24.

Quanto ao **parâmetro superior** da ADO, ele sempre deve ser uma norma da Constituição, ou seja, os atos normativos não editados (o parâmetro inferior) devem ser necessários para tornar efetiva uma norma **constitucional**.

Portanto, o objeto da ADO não pode ser a edição de uma norma ou de uma medida administrativa relativa a um direito previsto no plano infraconstitucional. A omissão relativa a um direito infraconstitucional (isto é, previsto apenas na lei) não pode ser combatida por meio de ADO, porque a ADO só pode ter como parâmetro superior uma norma da Constituição, e não uma norma legal.

Por isso, se o direito que não está sendo atendido por conta da ausência de alguma norma ou alguma medida administrativa é um direito previsto apenas na lei, e não na Constituição, não cabe ADO. Assim decidiu o STF na **ADO nº 3**, em decisão monocrática do Min. Joaquim Barbosa, transcrita abaixo:

> "(...)
>
> É o relatório.
>
> Decido.
>
> **Para o cabimento da ação direta de inconstitucionalidade por omissão é imprescindível a existência de um direito previsto na Constituição Federal que não possa ser exercido por ausência de norma regulamentadora.**
>
> Sendo assim, é indispensável a indicação precisa do dispositivo constitucional carente de regulamentação infraconstitucional.
>
> **Por outro lado, a ação direta de inconstitucionalidade por omissão não é destinada a fazer suprir lacuna ou ausência de regulamentação de direito previsto em norma infraconstitucional.**
>
> No presente caso, o requerente insurge-se contra suposta omissão na mencionada lei 3.983/2002 do Estado do Rio de Janeiro, consubstanciada na não inclusão do cargo de Agente de Segurança dentre os cargos transformados e componentes da estrutura jurídica do Tribunal de Justiça daquele Estado. Em outras palavras, o requerente não indicou com precisão qualquer dispositivo constitucional dependente da regulamentação que se pretende.
>
> Ademais, como bem ressaltou o procurador-geral da República, em seu parecer, não há norma constitucional que "determine a Presidente de Tribunal de Justiça a iniciativa de lei nos moldes relatados pelo requerente" (fls. 97).
>
> Portanto, **evidencia-se, no caso, a manifesta ausência dos pressupostos constitucionais para o cabimento da presente ação direta de inconstitucionalidade por omissão.**
>
> Do exposto, com fundamento no art. 21, § 1º do Regimento Interno do Supremo Tribunal Federal, nego seguimento à presente ação direta de inconstitucionalidade por omissão.
>
> (...)"
>
> **(ADO 3/RJ; Relator(a): Min. JOAQUIM BARBOSA; Julgamento: 03/05/2012)**

E, se no curso do processo for revogada a norma constitucional que necessitava de regulamentação para sua efetividade, a ADO eventualmente proposta para suprir essa omissão perderá o seu objeto (ADI 1836 QO).

Quanto ao **pedido**, o art. 103, § 2º, da CF/88 indica que ele deve consistir na emissão de uma **comunicação** ao Poder omisso ou na expedição de uma **ordem** ao órgão administrativo para suprir a omissão no prazo de 30 (trinta) dias. Portanto, só haverá verdadeira imposição da prática do ato omisso se a omissão for de um órgão administrativo.

Além disso, o STF admite a **fungibilidade** entre a ADI genérica e a ADI por omissão. A corte entende que se trata de ações fungíveis, de modo que uma ação pode ser recebida como a outra, isto é, a ADI genérica pode ser recebida como ADO e vice-versa. Isso pode ocorrer, "notadamente, quando há uma situação de inconstitucionalidade por omissão parcial, pois, em uma hipótese como essa, houve a elaboração de uma norma (houve, portanto, um ato comissivo do Poder Público), mas essa norma é insuficiente, o que pode gerar dúvida sobre se ela é inconstitucional ou se simplesmente precisa de complementação. Como essa questão, às vezes, pode não ficar muito clara para o legitimado ativo, o STF entende que a ADI genérica e a ADO são ações fungíveis. Esse entendimento foi aplicado, por exemplo, nos seguintes precedentes: ADI 875, ADI 1987, ADI 2727, ADI 3243.

É importante registrar, porém, que, também segundo o Supremo Tribunal Federal, a fungibilidade entre ADI e ADO **não pode ser aplicada quando há erro grosseiro** (ou seja, quando não fica caracterizada uma dúvida objetiva fundada quanto à ação cabível), como decidiu a Corte na **ADO 37 AgR**, julgada em 17/05/2019.

No caso específico dessa ação, o STF vislumbrou a ocorrência de erro grosseiro em virtude de ela ter sido ajuizada para atacar uma alegada omissão na regulamentação de uma medida prevista unicamente em norma legal (ou seja, em âmbito infraconstitucional), sem previsão na Constituição Federal. Assim, como a petição inicial não indicou nenhuma omissão violadora do texto constitucional (o caso, portanto, não envolvia nenhuma inconstitucionalidade, mas, no máximo, uma ilegalidade), a Corte inadmitiu a ADO, bem como a sua conversão em ADI.

Porém, também é possível vislumbrar eventual caracterização de erro grosseiro quando o legitimado ativo ajuíza uma ADI em uma situação na qual a inconstitucionalidade decorre de uma omissão **total** na regulamentação do texto constitucional. Nesse caso, não há como se alegar que houve uma dúvida fundada de caráter objetivo na escolha da ação cabível, pois o vício de inconstitucionalidade indicado na petição inicial consiste na total ausência de uma medida que deveria ter sido adotada pelo Estado e não foi, o que não pode, em hipótese alguma, ser objeto de uma ADI, já que essa ação, nos termos do art. 102, I, "a", da CF/88, presta-se à impugnação de leis e atos normativos (portanto, de atos comissivos) do Poder Público federal ou estadual.

Por isso, em caso de inconstitucionalidade por omissão **total**, não se admite (pelo menos a princípio) que o legitimado ativo ajuíze uma ADI e, em momento posterior, requeria sua conversão em ADO. Nessa hipótese, fica caracterizado um erro grosseiro, não havendo espaço para se falar em dúvida fundada objetiva na escolha da ação cabível.

Seguindo essa linha de raciocínio, no concurso para o cargo de Advogado da Prefeitura de Mandaguari/PR realizado em 2019, a banca examinadora considerou correta a assertiva segundo a qual *"não se admite a possibilidade de conversão da ação direta de inconstitucionalidade, por violação positiva da Constituição, em ação de inconstitucionalidade por omissão, decorrente da violação negativa do texto constitucional"*.

Esse raciocínio, no entanto, conforme vimos, não se aplica a situações de inconstitucionalidade por omissão **parcial**, pois, nessas hipóteses, há um ato comissivo do Poder Público que é insuficiente para atender o texto constitucional, o que pode fazer com que fique caracterizada, a depender das circunstâncias envolvidas, uma dúvida fundada objetiva quanto ao cabimento de ADI ou de ADO.

Esse entendimento do STF está em sintonia com o art. 12-E da Lei 9.868/99, que aproxima a ADO da ADI genérica, ao prever que se aplicam ao procedimento da ADO, no que couber, as disposições sobre a ADI.

> "**Art. 12-E, Lei 9.868/99.** Aplicam-se ao procedimento da ação direta de inconstitucionalidade por omissão, no que couber, as disposições constantes da Seção I do Capítulo II desta Lei.
>
> **§ 1º** Os demais titulares referidos no art. 2º desta Lei poderão manifestar-se, por escrito, sobre o objeto da ação e pedir a juntada de documentos reputados úteis para o exame da matéria, no prazo das informações, bem como apresentar memoriais.
>
> **§ 2º** O relator poderá solicitar a manifestação do Advogado-Geral da União, que deverá ser encaminhada no prazo de 15 (quinze) dias.
>
> **§ 3º** O Procurador-Geral da República, nas ações em que não for autor, terá vista do processo, por 15 (quinze) dias, após o decurso do prazo para informações."

Diante da fungibilidade entre ADI genérica e ADO (notadamente, quando a inconstitucionalidade por omissão é parcial), o STF já sinalizou no sentido de que é possível **cumular pedidos** de declaração de inconstitucionalidade por ação e de declaração de inconstitucionalidade por omissão em uma única ação (ADI 1600 MC, ADO 3276, ADI 4079). Confira a ementa da ADI 4079:

> **Ementa:** (...) Quando se alega uma omissão inconstitucional **parcial**, discute-se a validade de um diploma que teria afrontado a Carta Federal por não ser suficientemente abrangente. Essas hipóteses se situam em uma zona de fronteira entre a ação e a omissão inconstitucional, evidenciando a relativa fungibilidade entre o controle de constitucionalidade das condutas omissivas e comissivas. **Por isso, é possível a cumulação de pedidos alternativos de saneamento da omissão e de afastamento do diploma editado.** (...)
>
> **(ADI 4079/ES; Relator(a): Min. ROBERTO BARROSO; Julgamento: 26/02/2015; Órgão Julgador: Tribunal Pleno)**

ATENÇÃO!

Apesar da fungibilidade entre ADI genérica e ADO (que são, ambas, ações do controle concentrado abstrato), **não há fungibilidade entre mandado de injunção e ADI por omissão**. O STF entende que não é possível converter mandado de injunção (que é instrumento de controle concreto) em ADO (que é instrumento de controle abstrato). Assim entendeu a Corte no MI 395 QO, julgado em 1992.

O STF também não admite que sua competência para julgar a ADO seja usurpada por meio de outras ações propostas perante juízos de primeiro grau discutindo pedidos típicos de ADO. Um exemplo é a ação popular, que, segundo já decidiu o STF, não pode ser utilizada como uma ADO disfarçada. Confira, nesse sentido, a ementa da **Rcl 1017**:

> "Reclamação: usurpação da competência do STF (CF, art. 102, I, l): **ação popular que, pela causa de pedir e pelo pedido de provimento mandamental formulado, configura hipótese reservada à ação direta de inconstitucionalidade por omissão de medidas administrativas**, de privativa competência originária do Supremo Tribunal: procedência." **(Rcl 1017/SP; Relator(a): Min. SEPÚLVEDA PERTENCE; J. 07/04/2005; Pleno)**

No que diz respeito à possibilidade ou não de desistência da ação, o **princípio da indisponibilidade de instância** (que impede a desistência) também se aplica à ADO, conforme consta do art. 12-D da Lei 9.868/99. Vejamos:

> "**Art. 12-D, Lei 9.868/99.** Proposta a ação direta de inconstitucionalidade por omissão, **não se admitirá desistência.**"

Portanto, na ADO, aplica-se o princípio da indisponibilidade de instância, impedindo-se a desistência da ação.

E quanto ao **Procurador-Geral da República?** Ele é ouvido na ADO? **Sim.** O PGR, no seu papel de fiscal da Constituição, deve ser ouvido na ADO, se não houver sido quem ajuizou a ação, como prevê o art. 12-E, § 3º, da Lei 9.868/99. Aliás, o art. 103, § 1º, da CF/88 diz que essa autoridade deve ser previamente ouvida nas ações de inconstitucionalidade e em todos os processos de competência do STF.

> "**Art. 12-E, § 3º, Lei 9.868/99.** O Procurador-Geral da República, nas ações em que não for autor, terá vista do processo, por 15 (quinze) dias, após o decurso do prazo para informações."

Portanto, há participação do PGR na ADO.

E quanto ao **Advogado-Geral da União?** Ele participa da ADO? A Lei 9.868/99, no seu art. 12-E, diz que **poderá** ser solicitada a sua manifestação pelo relator da ação.

> "**Art. 12-E, Lei 9.868/99.**
>
> (...)
>
> **§ 2º** O relator **poderá** solicitar a manifestação do Advogado-Geral da União, que deverá ser encaminhada no prazo de **15 (quinze) dias.**"

Então, o Relator poderá solicitar a oitiva do AGU. Note que a lei não impõe, de forma obrigatória, essa oitiva. A lógica por trás disso é a seguinte: se há uma omissão legislativa **total** (isto é, se nenhuma lei foi feita para suprir a exigência constitucional), em tese, não há necessidade de oitiva do AGU na ADO, por não haver nenhum ato ou texto a ser defendido nessa hipótese. Por outro lado, se a omissão é meramente **parcial** (isto é, se algo foi feito, mas é insuficiente aos olhos do legitimado ativo da ADO), há, nessa hipótese, sentido em ouvir o AGU para que realize a defesa do ato atacado na ADO, a fim de que diga que tal ato é suficiente para sanar a exigência da Constituição.

Portanto, a lógica diz o seguinte: na omissão total, não é necessária a oitiva do AGU, enquanto, na omissão parcial, a oitiva do AGU é necessária. Isso é o que diz a lógica. Mas, **na prática**, o STF tem ouvido o AGU nas ADOs em geral, seja a omissão total ou parcial.

▪ CAUTELAR NA ADO

A cautelar na ADO é admitida ou não?

O STF chegou a entender que a cautelar era inadmissível na ADO, como decidiu, por exemplo, ao apreciar o pedido de medida cautelar na ADI 267, na ADI 361 e na ADI 1439.

Porém, a Lei 9.868/99, ao ser modificada pela Lei 12.063/09, passou a prever expressamente a possibilidade de medida cautelar na ADI por omissão em seu art. 12-F.

Assim como ocorre na ADI genérica, a concessão da cautelar na ADO depende de decisão da maioria absoluta dos membros do STF, em sessão de julgamento que exige a presença de pelo menos 08 (oito) Ministros para ser instalada.

> "**Art. 12-F, Lei 9.868/99.** Em caso de excepcional urgência e relevância da matéria, o Tribunal, por decisão da **maioria absoluta de seus membros**, observado o disposto no art. 22, poderá conceder medida cautelar, após a audiência dos órgãos ou autoridades responsáveis pela omissão inconstitucional, que deverão pronunciar-se no prazo de **5 (cinco) dias**.
>
> **§ 1º** A medida cautelar poderá consistir na suspensão da aplicação da lei ou do ato normativo questionado, no caso de omissão parcial, bem como na suspensão de processos judiciais ou de procedimentos administrativos, ou ainda em outra providência a ser fixada pelo Tribunal."

O § 1º do art. 12-F da Lei 9.868/99 confere uma grande liberdade ao Tribunal para definir o teor da decisão cautelar na ADO. Segundo esse dispositivo, a cautelar pode consistir na determinação das seguintes medidas:

I) Suspensão do ato impugnado na ação, caso seja uma hipótese de omissão parcial;

II) Suspensão de processos judiciais ou administrativos relacionados com a matéria debatida nos autos; ou

III) Outra providência a ser fixada pelo Tribunal.

Mas que "outra providência" seria essa mencionada no § 1º? Isso depende do caso específico analisado pelo Tribunal. Por exemplo, na ADO 24, o STF, em decisão cautelar monocrática do Min. Dias Toffoli, reconheceu a mora legislativa e fixou o prazo de 120 (cento e vinte) dias para que fossem adotadas as providências necessárias para o cumprimento do dever constitucional de legislar. Confira o seguinte trecho da decisão:

> "(...) defiro em parte a **medida cautelar** pleiteada na presente ação, *ad referendum* do Plenário, para reconhecer o estado de mora do Congresso Nacional, **a fim de que os requeridos, no prazo de 120 (cento e vinte) dias, adotem as providências legislativas necessárias ao cumprimento do dever constitucional** imposto pelo art. 27 da Emenda Constitucional nº 19, de 4 de junho de 1998. (...)" **(ADO 24, decisão monocrática do Rel. Min. Dias Toffoli, j. em 01/07/2013)**

Essa ADO acabou sendo extinta sem resolução do mérito, pois a norma cuja elaboração se reclamava na ação foi editada no curso do processo.

▪ DECISÃO FINAL NA ADO

A decisão final na ADO, quando é no sentido da improcedência, diz que, até aquele momento, não há uma omissão que viola a Constituição. Portanto, se a ADO é julgada improcedente, isso significa que o STF não reconhece, até aquele instante, a existência de uma omissão violadora da Constituição. E, se isso ocorre, nada impede, no futuro, a propositura de uma nova ADO, porque é possível que, no momento do julgamento da primeira ação, o STF tenha decidido pela improcedência por não ter havido o decurso de tempo necessário para a edição do ato, mas, no futuro, fique caracterizado decurso de prazo suficiente para caracterizar uma omissão inconstitucional superveniente.

Por exemplo, no já citado caso da erradicação do analfabetismo, é possível que, se, daqui a 30 (trinta) anos, ainda houver analfabetos, uma nova ADO seja proposta e se decida que, passado tanto tempo, o que foi feito pelo Estado não foi suficiente, julgando-se procedente a ADO, por conta de ter havido uma omissão parcial em relação à exigência da norma constitucional.

Portanto, quando uma ADO é julgada improcedente, isso significa apenas que, até aquele momento, não se configurou uma omissão capaz de representar uma violação à Constituição.

Por outro lado, quando a decisão final da ADO é no sentido da procedência, o STF declara que há uma omissão inconstitucional e dá ciência dessa omissão ao responsável pela edição do ato. Essa ciência deve ter como destinatário um órgão administrativo ou um Poder, conforme consta do art. 103, § 2º, da CF/88:

> "**Art. 103, § 2º, CF/88.** Declarada a inconstitucionalidade por omissão de medida para tornar efetiva norma constitucional, será dada ciência ao Poder competente para a adoção das providências necessárias e, em se tratando de órgão administrativo, para fazê-lo em trinta dias."

E no mesmo sentido do art. 103, § 2º, da CF/88 é o art. 12-H da Lei 9.868/99 (incluído pela lei nº 12.063/2009):

> "**Art. 12-H, Lei 9.868/99.** Declarada a inconstitucionalidade por omissão, com observância do disposto no art. 22, será dada ciência ao Poder competente para a adoção das providências necessárias.
>
> **§ 1º** Em caso de omissão imputável a órgão administrativo, as providências deverão ser adotadas no prazo de 30 (trinta) dias, ou em prazo razoável a ser estipulado excepcionalmente pelo Tribunal, tendo em vista as circunstâncias específicas do caso e o interesse público envolvido.
>
> **§ 2º** Aplica-se à decisão da ação direta de inconstitucionalidade por omissão, no que couber, o disposto no Capítulo IV desta Lei."

É necessário registrar que, conforme veremos a seguir, há uma diferença na natureza jurídica da decisão do STF que julga procedente a ADI por omissão, a depender do caso.

Quando a omissão é de um Poder

Quando a decisão final da ADO tem como destinatário um Poder, o STF apenas dá ciência dessa omissão ao Poder omisso. Essa decisão não obriga, sendo apenas uma espécie de apelo ao Legislador, para que ele legisle e supra a omissão verificada.

Nesse contexto, há um precedente em que o STF, diante de omissão do Poder Legislativo, não apenas deu ciência ao Legislador de sua omissão e pediu para que ele legislasse, como também fixou um prazo como um parâmetro razoável (uma sugestão) para o Legislativo legislar, mas sem definir consequências para a hipótese de descumprimento desse prazo. Essa decisão foi tomada no seguinte caso:

> "(...) Ação julgada procedente para **declarar o estado de mora em que se encontra o Congresso Nacional**, a fim de que, **em prazo razoável de 18 (dezoito) meses, adote ele todas as providências legislativas necessárias ao cumprimento do dever constitucional** (...). Não se trata de impor um prazo para a

atuação legislativa do Congresso Nacional, mas apenas da **fixação de um parâmetro temporal razoável** (...)" **(ADI 3682, Rel. Min. Gilmar Mendes, j. em 09/05/2007)**

É oportuno lembrar que, quando tratamos da cautelar na ADO, foi visto que, em razão da liberdade dada pela Lei 9.868/99, o Tribunal pode determinar, cautelarmente, providências não previstas no texto legal, dentre elas, por exemplo, a fixação de prazo razoável para a adoção da medida. Vimos, inclusive, um caso em que, monocraticamente, o Min. Dias Toffoli fixou o prazo de 120 dias para a adoção das providências legislativas necessárias ao cumprimento do dever constitucional. Mas é importante notar que o prazo eventualmente fixado para suprir a omissão é uma mera sugestão, ele não é impositivo, não tem consequências claras definidas.

E o que ocorre se esse prazo não for cumprido? Na doutrina, há quem diga que, se esse prazo não for cumprido, a autoridade responsável pela prática do ato viola seus deveres funcionais, sendo possível até mesmo a sua responsabilização pessoal. Também há quem defenda que, caso esse prazo não seja cumprido, os prejudicados pela omissão, embora não possam obrigar a autoridade ou o Poder a legislar, teriam a possibilidade de buscar, judicialmente, uma indenização (assim entende, por exemplo, Flavia Piovesan).

▶ Quando a omissão é de um órgão administrativo

Se a decisão final do STF julgando procedente a ADO é dirigida não a um Poder, mas sim a um órgão administrativo, sua natureza é outra. A Lei 9.868/99 diz que, nesse caso, o órgão tem o **dever** de adotar as providências necessárias para suprir a omissão no prazo de 30 (trinta) dias ou em outro prazo razoável excepcionalmente fixado pelo STF (art. 12-H, § 1º).

Portanto, quando a omissão é de um órgão administrativo, a decisão final da ADO deixa de ser uma mera comunicação e/ou sugestão de prazo para a adoção das medidas reclamadas e passa a ser uma ordem para que a omissão seja suprida.

> **"Art. 12-H, § 1º, Lei 9.868/99.** Em caso de omissão imputável a órgão administrativo, **as providências deverão ser adotadas no prazo de 30 (trinta) dias, ou em prazo razoável a ser estipulado excepcionalmente** pelo Tribunal, tendo em vista as circunstâncias específicas do caso e o interesse público envolvido."

É possível perceber que, quando a decisão é dirigida a órgão administrativo, ela não é uma mera ciência, mas sim uma ordem, ela, nesse caso, tem **conteúdo mandamental**.

Esse § 1º acima transcrito inova em relação à CF/88, ao prever que o prazo de 30 dias pode dar lugar a um outro prazo razoável a ser estipulado excepcionalmente pelo STF. A partir daí surge uma questão para a qual ainda não foi dada resposta: essa previsão de fixação de outro prazo (que não o de 30 dias) é constitucional ou inconstitucional, tendo em vista que a CF/88 determina que esse prazo deve ser de 30 dias? Há uma discussão a esse respeito, ainda sem resposta conclusiva.

De qualquer forma, quando o responsável pela omissão é um órgão administrativo, a decisão final da ADO tem caráter mandamental e deve ser cumprida no prazo de 30 dias ou em outro prazo fixado pelo STF. Cuida-se nesse caso, portanto, de uma verdadeira ordem judicial, e o descumprimento dessa ordem pode ensejar responsabilização.

No mais, o art. 12-H, § 2º, da Lei 9.868/99 manda aplicar à decisão final da ADO, no que couber, as mesmas regras da ADI genérica e da ADC, o que significa que, na ADO, a decisão final gera efeitos vinculantes e *erga omnes*, além de não desafiar nenhum recurso (exceto os embargos de declaração) nem ação rescisória.

> "**Art. 12-H, § 2º, Lei 9.868/99.** Aplica-se à decisão da ação direta de inconstitucionalidade por omissão, no que couber, o disposto no Capítulo IV desta Lei."

■ CARACTERÍSTICAS IMPORTANTES DA DECISÃO FINAL NA ADO

Considerando o tratamento da ADO no ordenamento jurídico brasileiro (que vimos nos tópicos anteriores), é possível elencar as diversas características da decisão final proferida nessa ação, as quais se encontram enumeradas na lista abaixo.

1) A decisão final da ADO pode consubstanciar uma declaração de inconstitucionalidade sem nulidade. Como assim? É que, normalmente, quando se diz que algo é inconstitucional, esse algo é nulo, porém, no caso da omissão, como o ato não foi praticado ou foi praticado de forma insuficiente, é possível haver uma inconstitucionalidade sem nulidade. Isso é possível quando a decisão visa estimular que o ato seja praticado ou seja complementado.
2) Há forte corrente doutrinária sustentando que a decisão final da ADO **deveria** permitir, à semelhança do que ocorre no mandado de injunção, que a própria Suprema Corte legislasse de maneira geral até a omissão ser suprida. Esse, porém, não é o entendimento do STF, conforme vimos anteriormente.
3) A decisão final da ADO tem efeitos *erga omnes* e vinculantes e reconhece ter decorrido um prazo razoável para a adoção da medida sem que essa medida tenha sido concretizada.
4) Os efeitos da decisão final da ADO são não retroativos (isto é, são *ex nunc*), porque nessa decisão o STF reconhece que há uma omissão, e isso vale do momento da decisão em diante. É que, se essa decisão fosse retroagir, isso equivaleria a reconhecer uma omissão inconstitucional desde a promulgação da CF/88, o que seria incoerente, porque, para se caracterizar uma omissão inconstitucional, é necessário que tenha decorrido um prazo razoável para a adoção da medida. Por esse motivo, a decisão da ADO é não retroativa.
5) No caso de o responsável pela edição do ato ser um Poder, o STF pode sugerir um prazo na decisão final da ADO para que a medida seja adotada.
6) Não cabe recurso em face da decisão final da ADO, salvo embargos de declaração.

▶ A POSSIBILIDADE DE A DECISÃO DA ADO TER EFEITOS CONCRETOS

Vimos que, nos termos da CF/88 e da Lei 9.868/99, a decisão final proferida em sede de ADO não possui eficácia concreta, mas tão somente atesta a omissão inconstitucional, embora haja fixação de prazo para o suprimento da omissão caso ela seja imputada a um órgão administrativo. Essa é a regra e o que tradicionalmente sempre foi observado pelo Supremo Tribunal Federal.

No entanto, não podemos ignorar que, embora a regra seja a inexistência de efeitos concretos na decisão final da ADO, houve, ao longo dos anos, alguns casos em que o STF deu efeitos concretos à ADO, e isso, que ocorria isoladamente (ou seja, de modo realmente excepcional), vem se tornando comum na jurisprudência da Corte, chegando ao ponto de, só no ano 2023, ter havido dois precedentes nesse sentido.

Essa evolução fica bastante clara se analisarmos o seguinte histórico de julgados em que o Supremo Tribunal Federal deu efeitos concretos à decisão final da ADO:

I) Na **ADO 25**, julgada em **30/11/2016**, o Supremo Tribunal Federal reconheceu a omissão inconstitucional na ausência de edição de lei pelo Congresso Nacional para disciplinar uma hipótese de repartição de receitas tributárias. No caso, o STF fixou prazo para o Legislativo suprir a omissão e determinou que, se o prazo não fosse cumprido, o Tribunal de Contas da União fixaria as regras aplicáveis na matéria.

II) Na **ADO 26**, julgada em **13/06/2019**, o Supremo Tribunal Federal reconheceu a existência de omissão inconstitucional do Congresso Nacional por não editar lei tipificando (como crime) a prática de homofobia e transfobia, e, ao proferir a decisão, a Corte, afirmando estar realizando uma interpretação conforme a Constituição, determinou o enquadramento típico das condutas de homofobia e transfobia na Lei nº 7.716/89 (que criminaliza o racismo), devendo isso ser seguido enquanto o legislador não criasse uma lei disciplinando a questão. A **tese definida pelo STF** nesse julgado foi a seguinte:

> "**1. Até que sobrevenha lei emanada do Congresso Nacional** destinada a implementar os mandados de criminalização definidos nos incisos XLI e XLII do art. 5º da Constituição da República, **as condutas homofóbicas e transfóbicas**, reais ou supostas, que envolvem aversão odiosa à orientação sexual ou à identidade de gênero de alguém, por traduzirem expressões de racismo, compreendido este em sua dimensão social, **ajustam-se, por identidade de razão e mediante adequação típica, aos preceitos primários de incriminação definidos na Lei nº 7.716, de 08/01/1989**, constituindo, também, na hipótese de homicídio doloso, circunstância que o qualifica, por configurar motivo torpe (Código Penal, art. 121, § 2º, I, "in fine");
>
> **2.** A repressão penal à prática da homotransfobia não alcança nem restringe ou limita o exercício da liberdade religiosa, qualquer que seja a denominação confessional professada, a cujos fiéis e ministros (sacerdotes, pastores, rabinos, mulás ou clérigos muçulmanos e líderes ou celebrantes das religiões afro-brasileiras, entre outros) é assegurado o direito de pregar e de divulgar, livremente, pela palavra, pela imagem ou por qualquer outro meio, o seu pensamento e de externar suas convicções de acordo com o que se contiver em seus livros e códigos sagrados, bem assim o de ensinar segundo sua orientação doutrinária e/ou teológica, podendo buscar e conquistar prosélitos e praticar os atos de culto e respectiva liturgia, independentemente do espaço, público ou privado, de sua atuação individual ou coletiva, desde que tais manifestações não configurem discurso de ódio, assim entendidas aquelas exteriorizações que incitem a discriminação, a hostilidade ou a violência contra pessoas em razão de sua orientação sexual ou de sua identidade de gênero;
>
> **3.** O conceito de racismo, compreendido em sua dimensão social, projeta-se para além de aspectos estritamente biológicos ou fenotípicos, pois resulta, enquanto manifestação de poder, de uma construção de índole histórico-cultural motivada pelo objetivo de justificar a desigualdade e destinada ao controle ideológico, à dominação política, à subjugação social e à negação da alteridade, da dignidade e da humanidade daqueles que, por integrarem grupo vulnerável (LGBTI+) e por não pertencerem ao estamento que detém posição de hegemonia em uma dada estrutura social, são considerados estranhos e diferentes, degradados à condição de marginais do ordenamento jurídico, expostos, em consequência de odiosa inferiorização e de perversa estigmatização, a uma injusta e lesiva situação de exclusão do sistema geral de proteção do direito." **(Tese fixada pelo STF na ADO 26, j. 13/06/2019)**

III) Na **ADO 30**, julgada em **24/08/2020**, o Supremo Tribunal Federal reconheceu haver omissão inconstitucional na legislação que disciplinava a isenção do IPI na aquisição de veículos por pessoas com deficiência, em virtude de essa legislação não ter incluído as pessoas com deficiência auditiva dentre os seus beneficiários. Ao reconhecer a inconstitucionalidade por omissão no caso, a Corte determinou, na própria decisão que julgou a ADO, a extensão da isenção às pessoas com deficiência auditiva enquanto não fosse editada uma lei que fizesse isso.

IV) Na **ADO 38**, julgada em **28/08/2023**, o Supremo Tribunal Federal reconheceu a omissão inconstitucional do Congresso Nacional em virtude de, durante mais de duas décadas, não ter editado a lei complementar exigida pelo art. 45, § 1º, da CF/88, para disciplinar a distribuição das vagas de Deputado Federal entre os Estados na proporção da população de cada um. Nessa decisão, o STF determinou ao Legislativo que suprisse a omissão em certo prazo e que, caso a omissão não fosse suprida, o próprio Poder Judiciário, por meio do TSE, estabeleceria a norma a ser aplicada.

V) Na **ADO 20**, julgada em **14/12/2023**, o Supremo Tribunal Federal reconheceu a omissão inconstitucional do Congresso Nacional em virtude de não ter editado a lei disciplinadora da licença-paternidade exigida pelo art. 7º, XIX, da CF/88, e determinou que essa omissão fosse suprida em certo prazo, após o qual, caso não fosse editada a norma pelo Legislativo, caberia ao próprio STF estabelecer as regras aplicáveis.

Como se pode perceber, embora a regra na ADO (segundo a CF/88, a Lei 9.868/99 e a jurisprudência tradicional do STF) seja a decisão final servir apenas para o reconhecimento da omissão inconstitucional e para comunicar essa omissão ao órgão responsável por ela, há casos em que o Supremo Tribunal Federal dá eficácia concreta a essa decisão, estabelecendo a norma que deve ser aplicada para disciplinar a matéria objeto da ação.

Em alguns casos, o STF dá eficácia concreta **direta** à decisão, já estabelecendo de imediato qual norma deve ser aplicada para suprir a omissão inconstitucional (como ocorreu nas **ADOs 26 e 30**), e em outros casos dá eficácia concreta **intermediária**, que é o que acontece quando a Corte fixa um prazo para a omissão ser suprida pelo próprio órgão responsável pela edição da norma e diz que, caso o prazo não seja atendido, a omissão será suprida pelo Poder Judiciário (foi o que ocorreu nas **ADOs 25, 38 e 20**).

As decisões em que o STF dá eficácia concreta à ADO (seja uma eficácia concreta direta, seja uma eficácia concreta intermediária) fazem com que a ADO fique muito parecida com o mandado de injunção, que, conforme veremos no capítulo sobre remédios constitucionais, é uma ação que também tem como objetivo combater omissões inconstitucionais, mas que, diferentemente da ADO, sempre gera efeitos concretos na sua decisão final (isto é, no mandado de injunção, a norma sempre é concretizada na decisão final, ainda que seja necessário dar oportunidade ao órgão omisso para que supra a omissão por ato próprio em determinado prazo).

Tudo isso que vimos acima significa que, agora, a ADO tem (sempre) eficácia concreta? **Não, não significa isso.**

O que vimos acima, na verdade, apenas deixa claro que, embora a regra na ADO seja a não geração de efeitos concretos, **é perfeitamente possível, segundo a jurisprudência do STF, que essa ação tenha eficácia concreta**, seja ela uma eficácia concreta direta, seja ela uma eficácia concreta intermediária (aqui é importante lembrar que, conforme vimos acima, na maior parte dos casos em que o STF deu eficácia concreta à ADO, foi adotada a **eficácia concreta intermediária**, que, inclusive, é a regra no mandado de injunção).

Seja como for, o cenário que temos mostra que é possível falar na existência de uma **tendência** do STF de dar eficácia concreta à ADO **com mais frequência**, tendo em vista que, só no ano 2023, isso foi feito duas vezes.

No entanto, não podemos deixar de registrar que, mesmo nos anos mais recentes, não foram todas as ADOs que foram julgadas com efeitos concretos pelo STF. Por exemplo, nos anos 2022 e 2023, a Corte julgou as **ADOs 59** (j. 03/11/2022) e **27** (j. 03/07/2023) e, nesses casos, simplesmente reconheceu a omissão inconstitucional e determinou que ela fosse suprida pelo órgão competente.

Por isso, não é possível afirmar de forma pura e simples que agora, em virtude do julgamento das ADOs 38 e 20, a decisão final da ADO tem sempre efeitos concretos. Na verdade, a regra continua sendo, pelo menos a princípio, a inexistência de efeitos concretos na ADO, mas devemos ter em mente que o Supremo Tribunal Federal admite que essa ação tenha efeitos concretos e que, na maioria dos casos em que o STF dá efeitos concretos a ela, a linha adotada é a concretista **intermediária** (embora a linha concretista direta também já tenha sido adotada pela Corte).

Além disso, é importante perceber que os casos em que o STF deu eficácia concreta à ADO envolveram, todos eles, temas sensíveis e que não podiam aguardar solução pelos órgãos que deveriam editar as normas. E, nos temas mais urgentes, a eficácia concreta dada pelo STF foi a eficácia direta (para suprir de imediato a omissão), e não a eficácia intermediária. Isso aconteceu, por exemplo, na ADO 26, em que, sem conceder prazo algum para o Congresso Nacional legislar, a Corte determinou o imediato enquadramento da homofobia e da transfobia na Lei do Racismo, de modo a dar uma pronta solução para a grave situação de discriminação dessas minorias.

É possível perceber, portanto, que a sensibilidade e a urgência do tema tratado na ação são aspectos que, claramente, são levados em consideração pelo STF para dar ou não eficácia concreta à ADO.

O que fazer em provas?

Em provas objetivas, tendo em vista que o STF não reconheceu expressamente ter realizado uma mudança de entendimento, por enquanto, parece mais seguro seguir o posicionamento tradicional (no sentido da inexistência de eficácia concreta na ADO), a menos que o enunciado da questão dê a entender que está cobrando do candidato os casos em que o STF deu eficácia concreta à ADO.

Já em provas subjetivas e orais, o ideal é expor todo o cenário que vimos aqui, explicando qual o posicionamento tradicionalmente adotado e que há casos em que o STF dá efeitos concretos à ADO, com prevalência, nesses casos, da eficácia concreta intermediária.

ARGUIÇÃO DE DESCUMPRIMENTO DE PRECEITO FUNDAMENTAL (ADPF)

A ADPF é uma ação **tipicamente brasileira**, não existindo ação similar no direito comparado. A ADPF foi criada pelo constituinte de 1988, que a previu no parágrafo único do art. 102 da CF/88, dispositivo esse que foi, depois, renumerado para § 1º do mesmo art. 102, pela EC 3/93.

A CF/88 diz o seguinte sobre a ADPF:

> "**Art. 102, CF/88.**
>
> (...)
>
> **§ 1º** A argüição de descumprimento de preceito fundamental, decorrente desta Constituição, será apreciada pelo Supremo Tribunal Federal, na forma da lei."

Como se pode perceber, essa disposição constitucional é lacônica, pois diz apenas que a ADPF existe, que ela é uma ação relativa aos preceitos fundamentais da Constituição e que ela será apreciada em foro próprio (qual seja, o STF), remetendo todo o resto da sua disciplina para a lei comum. A Constituição nem mesmo diz o que se deve entender por preceito fundamental e qual é objeto da ADPF, o que ficou a cargo do legislador infraconstitucional, que, por sua vez, acabou não preenchendo todas essas lacunas, de modo que a contribuição da doutrina e da jurisprudência ganhou muita relevância na definição dos contornos dessa ação.

Por essas razões, é tranquilo afirmar que a norma constitucional que prevê a ADPF é uma norma de **eficácia limitada**, conforme, inclusive, entendeu o examinador do concurso para o cargo de Juiz do TJ/DFT realizado em 2012. Nessa prova, foi considerada **incorreta** a assertiva que dizia que *"a Constituição da República dispõe em seu art. 102, § 1º "A arguição de descumprimento de preceito fundamental, decorrente desta Constituição será apreciada pelo Supremo Tribunal Federal na forma da lei". Segundo a doutrina essa é uma norma constitucional de eficácia **contida**"*. Conforme vimos, a norma da CF/88 que prevê a ADPF é de eficácia limitada, pois, para ter aplicabilidade, depende (dependia, na verdade) de regulamentação infraconstitucional, o que já foi providenciado pelo legislador ordinário.

Qual é, então, a lei que regulamenta a ADPF? É a Lei 9.882/99, que assim dispõe em seu art. 1º:

> "**Art. 1º, Lei 9.882/99.** A argüição prevista no § 1º do art. 102 da Constituição Federal será proposta perante o Supremo Tribunal Federal, e terá por objeto evitar ou reparar lesão a preceito fundamental, resultante de ato do Poder Público."

Esse dispositivo legal já traz uma disciplina mais detalhada sobre o objeto dessa ação constitucional, indicando ser possível uma ADPF preventiva e uma ADPF repressiva. Ademais, o objeto da ADPF deve ser algo relativo a um ato do Poder Público.

No parágrafo único desse art. 1º, a lei diz o seguinte:

> "**Art. 1º, Lei 9.882/99.**
>
> (...)
>
> **Parágrafo único.** Caberá também argüição de descumprimento de preceito fundamental:
>
> I - quando for relevante o fundamento da controvérsia constitucional sobre **lei ou ato normativo federal, estadual ou municipal, incluídos os anteriores à Constituição.**
>
> II - (VETADO)"

Esse parágrafo único prevê, como se pode notar, mais uma hipótese de cabimento da ADPF: para impugnar leis e atos normativos anteriores à Constituição, seja qual for a esfera federativa de origem.

Por fim, é importante registrar que a Lei 9.882/99, que disciplina o processo e julgamento da ADPF, foi integralmente impugnada em uma ADI proposta perante o Supremo Tribunal Federal. Isso ocorreu na **ADI 2231** (j. 22/05/2023), e o STF decidiu que a Lei é constitucional, tendo rejeitado todas as alegações de inconstitucionalidade apresentadas. A Corte, inclusive, fixou nesse julgamento a tese segundo a qual "*é constitucional a Lei nº 9.882/1999, que dispõe sobre o processo e julgamento da arguição de descumprimento de preceito fundamental*".

Portanto, tudo que abordarmos neste livro envolvendo dispositivos da Lei 9.882/99 é compatível com a CF/88, conforme decidido pelo STF.

ESPÉCIES DE ADPF

A Lei 9.882/99 estabelece quais são as **espécies de ADPF**.

Já vimos que a ADPF pode ser preventiva ou repressiva, pois, nos termos do art. 1º, *caput*, da Lei 9.882/99, ela se presta a evitar (ADPF preventiva) ou a reparar (ADPF repressiva) violação a preceito fundamental da Constituição.

Além disso, há outras duas espécies de ADPF previstas na Lei 9.882/99:

1) **ADPF autônoma** (também chamada de principal ou direta); e
2) **ADPF incidental** (também chamada de indireta ou por derivação ou paralela ou por equiparação), que está prevista no art. 6º, § 1º, da Lei 9.882/99.

ADPF autônoma

A ADPF autônoma é uma ação similar às demais ações de controle concentrado abstrato de constitucionalidade no STF. Tanto é assim que os legitimados ativos da ADPF autônoma são os mesmos da ADI e da ADC.

Porém, há diferenças entre essas ações. Vejamos.

O parâmetro superior de controle da ADPF é mais restrito do que o da ADI e da ADC, pois, na ADI e na ADC, qualquer norma da Constituição pode servir de parâmetro superior, enquanto na ADPF apenas as normas da Constituição que dizem respeito a preceitos fundamentais podem servir de parâmetro superior de controle.

Por outro lado, embora o parâmetro superior na ADPF seja mais restrito, o seu objeto é mais amplo do que o da ADI e da ADC. Por exemplo, na ADPF o objeto não se limita a atos normativos, alcançando também atos não normativos. E, mesmo no que diz respeito a atos normativos, o objeto da ADPF é mais amplo, pois pode abranger atos normativos municipais e mesmo atos normativos anteriores à constituição, conforme consta do parágrafo único do art. 1º da Lei 9.882/99, visto acima. Lembre-se que, na ADI e na ADC, o objeto não pode ser um ato normativo municipal nem tampouco um ato normativo anterior à Constituição.

ADPF incidental

Na ADPF incidental, tem-se uma ação subjetiva comum envolvendo autor e réu e, no bojo dessa ação, há uma questão relativa à violação de um preceito fundamental, sendo essa questão destacada da ação e remetida ao STF, que irá decidir sobre ela de forma abstrata, objetiva e principal.

A previsão da ADPF incidental está no art. 6º, § 1º, da Lei 9.882/99, que diz o seguinte:

> **"Art. 6º, Lei 9.882/99.**
>
> (...)
>
> **§ 1º** Se entender necessário, poderá o relator ouvir as **partes** nos **processos que ensejaram a argüição**, requisitar informações adicionais, designar perito ou comissão de peritos para que emita parecer sobre a questão, ou ainda, fixar data para declarações, em audiência pública, de pessoas com experiência e autoridade na matéria."

Esse § 1º (especialmente nos trechos destacados) deixa claro que pode haver uma ação subjetiva em curso nas instâncias inferiores do bojo da qual a questão seja destacada.

Enfim, a ADPF incidental é uma ADPF destacada a partir de uma ação subjetiva.

PRESSUPOSTOS DA ADPF

Segundo a CF/88 e a Lei 9.882/99, os pressupostos da ADPF são os seguintes:

1) **Existência de ameaça ou violação a preceito fundamental provocada:**
   a. por um **ato do Poder Público** (isto é, um ato estatal ou a ele equiparado); ou
   b. por **lei** ou por um **ato normativo** federal, estadual ou municipal, incluídos os anteriores à Constituição, havendo **relevância da controvérsia constitucional a respeito** (ADPF 76).
2) Inexistência de outro meio eficaz para sanar a lesividade (é o chamado **princípio da subsidiariedade da ADPF**).
3) Existência de uma **lide proposta perante o Poder Judiciário**, no caso da ADPF **incidental**.

LEGITIMIDADE ATIVA

Conforme o art. 2º, I, da Lei 9.882/99, a legitimidade ativa da ADPF, seja ela autônoma ou incidental, é a mesma da ADI e da ADC.

> **ATENÇÃO!**
>
> As partes do processo originário, no caso da ADPF incidental, não têm legitimidade para propor a ação. Inclusive, houve um veto na Lei 9.882/99 nesse ponto, veto esse que recebe críticas doutrinárias no sentido de que essa medida (o veto), ao impossibilitar as partes da ação originária de ajuizarem ADPF, tornou a ADPF

incidental um instituto inútil, que, na prática, caiu em desuso, pois ninguém propõe uma ADPF incidental se pode propor uma ADPF autônoma.

> **"Art. 2º, Lei 9.882/99.** Podem propor argüição de descumprimento de preceito fundamental:
>
> I - os legitimados para a ação direta de inconstitucionalidade;
>
> II - (VETADO)"

Note, porém, que, embora as partes da ação originária não possam ajuizar a ADPF incidental, elas podem pedir que o Procurador-Geral da República mova essa ação, conforme prevê o art. 2º, § 1º, da Lei 9.882/99. É interessante perceber que esse dispositivo legal previu a possibilidade de as partes do processo de origem provocarem apenas o PGR, mas a verdade é que, na prática, nada impede que elas solicitem o ajuizamento da ADPF incidental a qualquer legitimado ativo.

> **"Art. 2º, § 1º, Lei 9.882/99.** Na hipótese do inciso II, faculta-se ao interessado, mediante representação, solicitar a propositura de argüição de descumprimento de preceito fundamental ao Procurador-Geral da República, que, examinando os fundamentos jurídicos do pedido, decidirá do cabimento do seu ingresso em juízo."

Outro detalhe importante sobre a legitimidade ativa é que, apesar de a ADPF poder atacar atos municipais, **Prefeitos não têm legitimidade para mover ADPF**, conforme já decidiu o STF (**AgRg ADPF 148**). Prefeitos municipais, portanto, não são legitimados ativos para ADI e ADC nem tampouco para ADPF.

Os cidadãos em geral também não têm legitimidade ativa, conforme também decidiu o STF (**AgRg ADPF 226**).

Confira as ementas dos precedentes mencionados:

> "(...) Ação por descumprimento de preceito fundamental (ADPF). **Prefeito municipal. Autor não legitimado para ação direta de inconstitucionalidade. Ilegitimidade reconhecida.** (...) Aplicação do art. 2º, I, da Lei federal nº 9.882/99. (...) Quem não tem legitimidade para propor ação direta de inconstitucionalidade, não a tem para ação de descumprimento de preceito fundamental." **(ADPF 148 AgR/SP; Relator(a): Min. CEZAR PELUSO; J. 03/12/2008; Pleno)**
>
> "(...) Segundo dispõe o artigo 2º da Lei nº 9.882, de 3 de dezembro de 1999, **podem propor arguição de descumprimento de preceito fundamental os legitimados para a ação direta de inconstitucionalidade** e entre estes, consoante o artigo 103 da Constituição Federal, **não estão incluídos os cidadãos**." **(ADPF 226 AgR/RS; Relator(a): Min. MARCO AURÉLIO; J. 09/06/2011; Pleno)**

E também na ADPF o Supremo Tribunal Federal diferencia os legitimados ativos em universais e especiais, exigindo a demonstração de **pertinência temática** dos legitimados especiais, como ocorreu na ADPF 144.

É comum que o tema da legitimidade ativa para a ADPF seja cobrado em provas, e as bancas examinadoras sempre tentam confundir os candidatos. Por exemplo, no concurso para o cargo de Juiz Substituto do TJAL realizado pela FCC em 2019, foi considerada incorreta a assertiva que dizia que "*a ADPF admite a extensão da legitimidade ativa a tantos quantos forem os cidadãos que tiverem seus direitos individuais afetados por ato do Poder Público lesivo a preceito fundamental*". Essa afirmação é falsa, pois, como vimos, os legitimados ativos para a ADPF são os mesmos que podem propor ADI.

■ LEGITIMIDADE PASSIVA

A legitimidade passiva na ADPF será dos órgãos, agentes ou autoridades que supostamente praticaram a violação ou a ameaça ao preceito fundamental. Aqui cabem as mesmas observações feitas sobre a legitimidade passiva na ADI.

E perceba que, por ser possível impugnar ato municipal na ADPF, a legitimidade passiva para essa ação pode ser de um órgão, entidade ou autoridade municipal, muito embora nenhum deles tenha legitimidade ativa.

Na ADPF incidental, **as partes da ação originária não são legitimadas passivas.** Porém, o Relator poderá determinar a manifestação delas, conforme consta do art. 6º, § 1º, da Lei 9.882/99.

> "**Art. 6º, Lei 9.882/99.** Apreciado o pedido de liminar, o relator solicitará as informações às autoridades responsáveis pela prática do ato questionado, no prazo de dez dias.
>
> **§ 1º** Se entender necessário, poderá o relator ouvir as partes nos processos que ensejaram a argüição, requisitar informações adicionais, designar perito ou comissão de peritos para que emita parecer sobre a questão, ou ainda, fixar data para declarações, em audiência pública, de pessoas com experiência e autoridade na matéria.
>
> **§ 2º** Poderão ser autorizadas, a critério do relator, sustentação oral e juntada de memoriais, por requerimento dos interessados no processo."

■ PRECEITOS FUNDAMENTAIS

A APDF, seja ela autônoma ou incidental, tem como objetivo principal proteger um preceito fundamental da Constituição. Isso faz, em primeiro lugar, com que pareça que há uma certa hierarquia entre as normas constitucionais, já que existe uma ação específica para proteger os preceitos fundamentais, o que poderia dar a impressão de que estes são mais importantes do que as demais normas da Constituição.

No entanto, **não há hierarquia entre as normas constitucionais**, ocupando todas elas o mesmo patamar hierárquico. O STF não admite a hierarquização de normas originárias da Constituição.

Ademais, conforme visto, a Constituição foi lacônica ao disciplinar a ADPF e não estabeleceu o que são preceitos fundamentais. A Lei 9.882/99, por sua vez, também não trouxe uma definição ou indicação do que seja preceito fundamental. Há a esse respeito, como se pode perceber, um vazio constitucional e legislativo, cabendo ao STF preenchê-lo. Portanto, é o STF que irá dizer, caso a caso, o que é preceito fundamental e o que não é, contando, inclusive, com o auxílio da doutrina nessa tarefa.

A doutrina conceitua os preceitos fundamentais como as disposições que contêm a essência do regime constitucional, as normas que revelam os valores fundamentais do ordenamento jurídico e definem a identidade do Estado.

E quais normas da CF/88 devem ser consideradas preceitos fundamentais? Tanto a doutrina quanto a jurisprudência se debruçam sobre essa questão, já tendo o Supremo Tribunal Federal apreciado diversas ADPFs envolvendo diferentes disposições constitucionais, as quais, por conta disso, podem ser apontadas como preceitos fundamentais.

Segundo o **STF**, são preceitos fundamentais, dentre outros:

1) Os direitos e garantias individuais, as cláusulas pétreas, os princípios sensíveis (que são os que justificam a ADI interventiva), os princípios fundamentais **(ADPF 33 MC)**;

2) O direito à saúde, o direito ao meio ambiente ecologicamente equilibrado (arts. 196 e 225, CF/88) e a busca pelo desenvolvimento econômico sustentável **(ADPF 101)**;

3) A autonomia administrativa e financeira da Defensoria Pública (art. 134, § 2º, da CF/88) **(ADPF 307 MC)**;

4) O direito fundamental à liberdade de cátedra, previsto no art. 206, II, da CF/88 **(ADPF 526)**;

5) A garantia do pluralismo de ideias, prevista no art. 206, III, da CF/88 **(ADPF 526)**.

Por sua vez, a **doutrina** elenca como preceitos fundamentais, dentre outros:

1) Os Princípios Fundamentais (Título I da CF/88), incluindo os fundamentos e objetivos da República Brasileira, bem como as decisões políticas estruturantes;

2) Os direitos fundamentais, notadamente, os que são materialmente fundamentais;

3) As cláusulas pétreas;

4) Os princípios constitucionais sensíveis (art. 34, VII, CF/88);

5) Os princípios da Ordem Econômica (art. 170, CF/88); e

6) As normas relativas ao Estado de Direito e ao princípio democrático.

■ PRINCÍPIO DA SUBSIDIARIEDADE DA ADPF

O princípio da subsidiariedade se aplica à ADPF, conforme consta do art. 4º, § 1º,da Lei 9.882/99, nos seguintes termos:

> **"Art. 4º, Lei 9.882/99.**
>
> (...)
>
> **§ 1º** Não será admitida argüição de descumprimento de preceito fundamental quando houver qualquer outro meio eficaz de sanar a lesividade."

A subsidiariedade é um princípio específico da ADPF.

Assim, por força desse princípio, para caber a ADPF, é preciso que não exista nenhum outro meio que seja eficaz para sanar a lesividade ao preceito fundamental. Logo, se couber outro remédio, não cabe a ADPF. É isso o que se entende por princípio da subsidiariedade.

E o que faz com que um outro instrumento processual seja tão eficaz quanto a ADPF? Isto é, como se identifica se um determinado meio é tão eficaz quanto a ADPF? Segundo o STF, para ser tão eficaz quanto a ADPF, **é necessário que o instrumento processual-constitucional "resolva a questão jurídica com a mesma efetividade, imediaticidade e amplitude que a própria ADPF"** (ADPF 79 MC).

É interessante registrar que esse tema é objeto de debates e discussões na doutrina. Alguns autores (como André Ramos Tavares) entendem que o dispositivo legal da Lei 9.882/99 que impõe a subsidiariedade na ADPF é inconstitucional, porque a lei não poderia limitar as hipóteses de cabimento da ação previstas na CF/88, que diz que cabe ADPF sempre que houver violação a preceito fundamental. Segundo essa corrente de pensamento, a lei, ao restringir o cabimento da ADPF a hipóteses de violação a preceito fundamental em que não haja outro meio eficaz, viola a Constituição.

Para essa doutrina, a conclusão deveria ser no sentido oposto, isto é, de que a ADPF tem preferência em relação a qualquer outra ação quando há violação a um preceito fundamental. Esse pensamento doutrinário, então, sustenta que, em vez do princípio da subsidiariedade, deveria haver o princípio da preferência da ADPF. E um dos fundamentos invocados é o fato de que a ADPF é uma ação especial em relação às demais ações de controle concentrado abstrato, já que ela serve apenas para situações de ameaça ou violação a preceito fundamental, ou seja, ela é uma ação constitucional prevista especificamente para a tutela dos preceitos fundamentais, o que justificaria que ela tivesse prevalência em relação a todas as demais ações.

Porém, essa posição doutrinária não é aceita pelo Supremo Tribunal Federal. A posição que prevalece (e é adotada pelo STF) é a que defende que o princípio da subsidiariedade deve ser aplicado à ADPF. Dentre vários outros casos, esse entendimento foi adotado, por exemplo, no julgamento do agravo regimental na ADPF 261, que recebeu a seguinte ementa:

> "(...) 1. A simples menção a um único julgamento no qual teria sido aplicada a legislação impugnada não implica o reconhecimento da existência de controvérsia judicial relevante, apta a ensejar o conhecimento da Arguição de Descumprimento de Preceito Fundamental. 2. **O cabimento da ADPF será viável desde que haja a observância do princípio da subsidiariedade**, que exige o esgotamento de todas as vias possíveis para sanar a lesão ou a ameaça de lesão a preceitos fundamentais, ou a verificação, ab initio, da inutilidade de tais meios para a preservação do preceito. (...)" **(ADPF 261 AgR/GO; Relator(a): Min. ALEXANDRE DE MORAES; J. 09/02/2018; Pleno)**

Como saber se a exigência da subsidiariedade está satisfeita no caso submetido à apreciação do Supremo Tribunal Federal? Para verificar se o princípio da subsidiariedade está atendido, a análise deve ser feita levando-se em consideração todos os meios processuais existentes no ordenamento jurídico ou apenas as ações de controle concentrado abstrato de constitucionalidade?

A esse respeito, existem duas correntes doutrinárias:

I) **Teoria da equivalência dos resultados:** entende que a possibilidade de ajuizamento de qualquer outra ação (objetiva ou subjetiva, individual ou coletiva) ou recurso prejudica a ADPF. Ou seja, se houver qualquer outra ação ou recurso capaz de produzir o mesmo resultado da ADPF, deve-se optar por um deles, não sendo cabível a ADPF.

II) **Teoria da equivalência dos processos:** entende que, somente se houver a possibilidade de ajuizamento de outra ação de controle concentrado abstrato de constitucionalidade é que a ADPF fica descartada. Em outras palavras, essa corrente diz que só cabe ADPF se não couber ADI, ADC ou ADO, ou seja, para que a ADPF não seja cabível, é necessário que haja outro meio que produza tanto um resultado quanto um processo, semelhantes aos da ADPF.

Qual desses posicionamentos é adotado pelo **STF**?

O Supremo Tribunal Federal até hoje não afirmou expressamente que adota uma ou outra teoria, mas em diversos precedentes vem se filiando, de forma bastante clara, à primeira corrente **(teoria da equivalência dos resultados)**, segundo a qual, a subsidiariedade significa que, se houver qualquer outra ação ou recurso capaz de sanar a violação ao preceito fundamental, não cabe ADPF.

Por que motivo é possível afirmar que o STF **vem se filiando à teoria da equivalência dos resultados, mesmo que não tenha afirmado isso expressamente**? Porque ele já decidiu, por exemplo, não estar preenchido o requisito da subsidiariedade em uma situação na qual havia um mandado de segurança em curso em um Tribunal de Justiça com o mesmo objeto da ADPF que havia sido ajuizada. Nesse caso, a Suprema Corte entendeu que o mandado de segurança era um meio processual capaz de sanar a lesividade alegada na ADPF (**AgRg ADPF 319**). Confira, a propósito, a ementa do julgado:

> "(...) 1. **Encontra-se em trâmite no Tribunal de Justiça do Estado da Paraíba mandado de segurança** impetrado pela Defensoria Pública do Estado **em que se impugna o mesmo ato omissivo objeto da presente arguição**, sendo os respectivos pedidos idênticos. **Portanto, existe meio processual capaz de sanar a lesividade alegada pela associação autora com a mesma amplitude e imediaticidade** que teria a decisão proferida pelo Supremo Tribunal Federal, razão pela qual se tem por **não atendido o requisito da subsidiariedade. (...)" (ADPF 319 AgR/PB; Relator(a): Min. DIAS TOFFOLI; J. 06/11/2014; Pleno)**

E, nessa mesma linha de raciocínio (no sentido da adoção da teoria da equivalência dos resultados), ao julgar, em 22/09/2020, o Agravo Regimental na **ADPF 501** (admitindo, conforme veremos, a tramitação da ação contra súmula de Tribunal), o STF, ao analisar a satisfação da exigência da subsidiariedade no caso, afirmou que esse requisito se encontrava preenchido, pois não havia nenhum outro meio com a mesma eficácia da ADPF para sanar a lesividade. A Corte, ao assim decidir, não restringiu a análise da subsidiariedade às ações de controle concentrado abstrato de constitucionalidade, mas, sim, realizou esse juízo de forma ampla, considerando todos os instrumentos processuais existentes no ordenamento jurídico.

No mesmo sentido, em decisão monocrática de 11/11/2021, a **ADPF 888** foi inadmitida pelo Min. Alexandre de Moraes em virtude de haver, no caso, a possibilidade do manejo de recursos para sanar a lesividade apontada na petição inicial da ação. Essa decisão foi, posteriormente, confirmada pelo Pleno do Tribunal em 14/12/2021, em julgamento de agravo regimental interposto contra ela. Nos termos da ementa desse julgamento, *"o cabimento da Arguição de Descumprimento de Preceito Fundamental será viável desde que haja a observância do princípio da subsidiariedade, que exige o esgotamento de **todas as vias possíveis para sanar a lesão ou a ameaça de lesão** a preceitos fundamentais, ou a verificação, ab initio, de sua inutilidade para a preservação do preceito. (...) A existência de **outros meios idôneos** ao enfrentamento da lesão constitucional alegada pelo Agravante, em razão dos quais se mostra **desatendido o requisito da subsidiariedade** (art. 4º, § 1º, da Lei 9.882/1999), inviabiliza o imediato acesso à Arguição de Descumprimento de Preceito Fundamental"*.

E, reforçando a constatação de que o STF adota, quanto à análise da subsidiariedade da ADPF, a teoria da equivalência dos resultados, na **ADPF 891**, julgada em 18/04/2022, a Corte inadmitiu o ajuizamento da ação para impugnar entendimento firmado pelo STJ em sede de IAC (Incidente de Assunção de Competência), tendo em vista que, nessa situação, existem recursos cabíveis para atacar a decisão (inclusive, no caso, havia sido interposto recurso extraordinário). O Tribunal registrou, ainda, que, quando cabe recurso no caso concreto, o manejo da ADPF faz com que, na prática, esta ação seja utilizada como um sucedâneo recursal, o que é inadmissível.

Nos exatos termos que constaram da ementa desse caso, *"o cabimento da Arguição de Descumprimento de Preceito Fundamental será viável desde que haja a observância do princípio da subsidiariedade, que exige o esgotamento de **todas as vias possíveis para sanar a lesão ou a ameaça de lesão** a preceitos fundamentais, ou a verificação, ab initio, de sua inutilidade para a preservação do preceito. (...) A existência de **outros meios idôneos ao enfrentamento da lesão constitucional** alegada pelo Agravante, em razão dos quais se mostra desatendido o requisito da subsidiariedade (art. 4º, § 1º, da Lei 9.882/1999), inviabiliza o imediato acesso à Arguição de Descumprimento de Preceito Fundamental"*.

Foi, portanto, mais uma situação em que o STF adotou a teoria da equivalência dos resultados.

De qualquer forma, em relação às ações objetivas de controle concentrado abstrato julgadas pelo STF (ADI, ADC e ADO), nas hipóteses em que elas forem cabíveis, a princípio, não caberá ADPF. Por outro lado, se elas não forem cabíveis, poderá caber ADPF, desde que os seus requisitos próprios estejam satisfeitos. Importante perceber que o fato de não serem cabíveis as demais ações de controle concentrado na Suprema Corte não faz com que, automaticamente, seja cabível a ADPF, pois é possível haver situação em que não caiba ADI, não caiba ADC, não caiba ADO nem tampouco ADPF. Basta imaginar, por exemplo, uma lei municipal que, embora viole a CF/88, não fere nenhum preceito fundamental, de modo que, em face dessa lei, não será cabível nenhuma ação de controle abstrato de constitucionalidade perante o Supremo Tribunal Federal, nem mesmo a ADPF.

A regra, então, é que, sendo cabível qualquer ação de controle concentrado abstrato de competência do STF, não caberá ADPF, porque não ficará atendida a exigência de subsidiariedade dessa ação. Porém, a Suprema Corte já chegou a entender que o cabimento de uma ação de controle concentrado abstrato **estadual** (julgada, portanto, por um Tribunal de Justiça, a exemplo de uma ADI estadual) não impediria o ajuizamento de ADPF, pois o paradigma constitucional de controle em âmbito estadual é uma norma da Constituição do Estado, enquanto na ADPF é uma norma (mais precisamente, um preceito fundamental) da Constituição Federal, de modo que a ação de controle estadual não seria dotada da mesma efetividade, amplitude e imediaticidade da ADPF, restando satisfeita, portanto, a exigência da subsidiariedade da arguição perante o STF. Esse entendimento foi adotado na ADPF 449, julgada em 08/05/2019.

No entanto, em momento posterior, em 24/08/2020, ao julgar um agravo regimental na **ADPF 534**, o Supremo Tribunal Federal, retomando um entendimento mais antigo (ADPF 100 MC, j. 15/12/2008), decidiu que, sendo cabível ação de controle concentrado abstrato estadual, a ADPF não pode ser admitida, por conta do não atendimento da subsidiariedade. Segundo afirmou o Tribunal, a ação em âmbito estadual, sendo dotada de eficácia vinculante e "*erga omnes*", tem aptidão para neutralizar de imediato o ato lesivo, de modo que deve ser reconhecida como um meio tão eficaz quanto a ADPF, o que impede que esta última seja admitida, por conta da exigência de subsidiariedade.

O acórdão desse julgado ficou assim ementado:

> "(...) – **A possibilidade de instauração, no âmbito do Estado-membro, de processo objetivo de fiscalização normativa abstrata de leis municipais contestadas em face da Constituição Estadual (CF, art. 125, § 2º) torna inadmissível, por efeito da incidência do princípio da subsidiariedade (Lei nº 9.882/99, art. 4º, § 1º), o acesso imediato à arguição de descumprimento de preceito fundamental.** – É que, nesse processo de controle abstrato de normas locais, **permite-se ao Tribunal de Justiça estadual a concessão, até mesmo "in limine", de provimento cautelar neutralizador da suposta lesividade do diploma legislativo impugnado**, a evidenciar a existência, no plano local, de instrumento processual de caráter objetivo apto a sanar, de modo pronto e eficaz, a situação de lesividade, atual ou potencial, alegadamente provocada por leis ou atos normativos editados pelo Município. Doutrina. Precedentes. (...)" **(ADPF 534 AgR, Pleno, Rel. Min. CELSO DE MELLO, j. 24/08/2020)**

Posteriormente, esse entendimento foi reiterado pelo STF, que deixou claro que a ADPF não será cabível quando couber ação de controle concentrado abstrato estadual, independentemente de o paradigma constitucional de controle na ação estadual ser norma da Constituição do Estado ou norma da Constituição Federal de reprodução obrigatória (como veremos em momento oportuno, o STF admite que o controle concentrado abstrato estadual seja realizado adotando-se como paradigma norma da Constituição Federal que seja de observância obrigatória).

Isso ocorreu na **ADPF 703 AgR** (j. 17/02/2021). Nesse julgado, o STF afirmou que *"a **possibilidade de impugnação de ato normativo municipal perante o Tribunal de Justiça local**, em sede concentrada, tendo-se por **parâmetro de controle dispositivo da Constituição estadual, ou mesmo da Constituição Federal, desde que se trate de norma de reprodução obrigatória**, caracteriza meio eficaz para sanar a lesividade apontada pela parte, de mesmo alcance e celeridade que a arguição de descumprimento de preceito fundamental perante o SUPREMO TRIBUNAL FEDERAL, em razão do que se mostra **desatendido o requisito da subsidiariedade** (art. 4º, § 1º, da Lei 9.882/1999)".*

Portanto, segundo o atual entendimento do Supremo Tribunal Federal, quando couber ação de controle concentrado abstrato em âmbito estadual perante um Tribunal de Justiça (seja o paradigma de controle uma norma da Constituição do Estado, seja ele uma norma da Constituição Federal de reprodução obrigatória), não caberá ADPF, em virtude de ficar desatendida a exigência de subsidiariedade.

Em relação às ações subjetivas comuns, elas, em regra, não obstam a ADPF, já que, em geral, não são eficazes para sanar a lesividade ao preceito fundamental, mesmo porque suas decisões não são dotadas de eficácia *erga omnes* nem de efeitos vinculantes. Não obstante isso, há situações em que o STF entende que uma ação subjetiva comum pode impedir o manejo da ADPF, como ocorreu no caso que vimos acima, no qual, a Suprema Corte inadmitiu a ADPF por vislumbrar que o mandado de segurança era um meio eficaz para sanar a lesividade.

■ OBJETO DA ADPF

O objeto da ADPF não está previsto na Constituição Federal, mas sim na Lei 9.882/99, mais precisamente em seu art. 1º, *caput* e parágrafo único.

> "**Art. 1º, Lei 9.882/99.** A argüição prevista no § 1º do art. 102 da Constituição Federal será proposta perante o Supremo Tribunal Federal, e terá por objeto evitar ou reparar lesão a preceito fundamental, resultante de ato do Poder Público.
>
> **Parágrafo único.** Caberá também argüição de descumprimento de preceito fundamental:
>
> I - quando for relevante o fundamento da controvérsia constitucional sobre lei ou ato normativo federal, estadual ou municipal, incluídos os anteriores à Constituição;
>
> II – (VETADO)"

A partir da leitura do dispositivo legal acima, percebe-se que a ADPF pode ser movida em caso de violação a um preceito fundamental por **ato do poder público**.

O objeto da ADPF, portanto, é mais amplo do que o da ADI, pois, enquanto esta apenas pode ser proposta em face de lei ou ato normativo federal ou estadual, aquela pode ser ajuizada em face de ato do poder público das mais diversas naturezas (inclusive, se for uma norma anterior à Constituição) e de todas as esferas da Federação (federal, estadual e municipal), pois a lei não traz nenhuma restrição em relação a esse aspecto.

O ato do poder público em face do qual pode ser proposta ADPF engloba atos normativos, atos administrativos e mesmo atos judiciais.

Mas, em relação ao cabimento da ação para impugnar atos normativos, é necessário ter atenção para o fato de que não cabe ADPF para discutir atos normativos regulamentares (regulamentos). Isso porque a violação a preceito fundamental nesse caso, se houver, será decorrente da lei que está sendo regulamentada, e não do próprio regulamento, conforme, inclusive, já foi decidido pelo STF (ADPF 93 AgR e ADPF 210 AgR). Confira abaixo:

> "(...) IV - A jurisprudência desta Suprema Corte, **não reconhece a possibilidade de controle concentrado de atos que consubstanciam mera ofensa reflexa à Constituição, tais como o ato regulamentar consubstanciado no Decreto presidencial ora impugnado. (...)" (ADPF 93 AgR/DF; Relator(a): Min. RICARDO LEWANDOWSKI; Julgamento: 20/05/2009; Órgão Julgador: Tribunal Pleno)**

Além disso, a discussão sobre a constitucionalidade ou inconstitucionalidade de projetos de lei ou de propostas de emenda à Constituição, a princípio, não pode ser objeto de ADPF, conforme decidiu o STF na **ADPF 43 AgR**, na qual, ao inadmitir a ação, esclareceu que a ADPF se presta a impugnar *"ato do poder público não mais suscetível de alterações. A proposta de emenda à Constituição não se insere na condição de ato do poder público pronto e acabado, porque ainda não ultimado o seu ciclo de formação"*.

Inclusive, havia dispositivos no projeto que originou a Lei 9.882/99 que previam a possibilidade de controle de constitucionalidade judicial preventivo por meio de ADPF, mas eles foram vetados (eram o art. 4º, § 4º, e o art. 9º do projeto), o que leva à inevitável conclusão de que essa ação não pode ser utilizada em face de projetos de lei ou de propostas de emenda à Constituição.

O STF entende que pode ser ajuizada ADPF em face de decisões judiciais, quando essas decisões judiciais se referem ao controle de constitucionalidade, e não à tutela de interesses subjetivos comuns. Mas não se admite ADPF em face de decisão judicial transitada em julgado (a qual desafia ação rescisória, e não APDF) ou que tenha sido convalidada por lei superveniente, pois, neste último caso, o ato judicial passa a ter fundamento legal e eventual violação à Constituição passará a ser causada diretamente pela lei, e não pela decisão em si.

Além disso, a restrição legal (que não tem previsão constitucional, mas apenas legal) acerca do cabimento da ADPF somente em relação a atos do poder público exclui a possibilidade de mover ADPF em face de atos privados. Portanto, só cabe ADPF em relação a atos do poder público, não cabendo em relação a atos não estatais, ainda que esses atos não estatais violem preceitos fundamentais.

Inclusive, essa restrição do cabimento da ADPF somente para impugnar atos praticados pelo poder público recebeu críticas doutrinárias, justamente por ter sido estabelecida apenas em lei, sem previsão na Constituição.

De qualquer forma, ainda que a ADPF seja cabível somente em face de atos do poder público, é necessário lembrar que, em algumas hipóteses, há atos privados equiparados a atos do poder público, como é o caso de atos praticados por delegação. São atos, inclusive, em relação aos quais pode caber mandado de segurança. Nesses casos, a depender da situação, parece ser possível o manejo da ADPF, se o ato violar ou ameaçar um preceito fundamental.

Necessário registrar, também, que a ADPF pode ser ajuizada para combater uma lesão ou ameaça de lesão a preceito fundamental decorrente de uma **omissão inconstitucional do poder público**. Ou seja, a ADPF pode abranger hipóteses de inconstitucionalidade por omissão, o que está implícito na expressão "atos do poder público".

Nesse sentido, inclusive, por exemplo, na ADPF nº 4, ajuizada para combater omissão parcial relativa à fixação do valor do salário mínimo, o Supremo Tribunal Federal afirmou que, na hipótese, havia outro meio eficaz para tratar da questão (no caso, a ADO), mas não rejeitou a possibilidade de manejo de ADPF para combater omissões.

Na jurisprudência do Supremo Tribunal Federal, temos, ainda, como exemplos de ADPFs ajuizadas para combater omissões, a ADPF 319 AgR e a ADPF 347, na qual foi reconhecido o estado de coisas inconstitucional no sistema prisional brasileiro, causado por omissões do poder público em assegurar condições dignas à população carcerária.

Pode ser cabível ADPF contra provimento de Tribunal de Justiça (**ADPF 41**).

Em relação a súmulas de Tribunais, o STF firmou tradicional entendimento no sentido de não ser cabível ADPF para impugná-las, sejam elas súmulas comuns (ADPF 80 Agr) ou súmulas vinculantes (ADPF 147 AgR). Isso porque uma súmula nada mais é do que um enunciado do entendimento pacificado do Tribunal, não se caracterizando como um ato do poder público capaz, por si só, de lesionar um preceito fundamental da Constituição Federal. Ademais, em relação às súmulas vinculantes, elas possuem procedimento específico de aprovação, revisão e cancelamento previsto em lei, de modo que o meio adequado para deduzir eventuais razões para que elas não mais subsistam seria justamente esse procedimento legal.

Confira, a propósito, as ementas dos julgados em que esse posicionamento foi adotado pelo Supremo Tribunal Federal:

> **EMENTA:** AGRAVO REGIMENTAL NA ARGUIÇÃO DE DESCUMPRIMENTO DE PRECEITO FUNDAMENTAL. ENUNCIADOS DE SUMULA DO SUPREMO TRIBUNAL FEDERAL. REVISÃO. INADEQUAÇÃO DA VIA. NEGATIVA DE SEGUIMENTO DA ARGUIÇÃO. 1. **O enunciado da Súmula desta Corte, indicado como ato lesivo aos preceitos fundamentais, não consubstancia ato do Poder Público, porém tão somente a expressão de entendimentos reiterados seus.** À argüição foi negado seguimento. 2. Os enunciados são passíveis de revisão paulatina. A argüição de descumprimento de preceito fundamental não é adequada a essa finalidade. 3. Agravo regimental não provido.
>
> **(ADPF 80 AgR/DF; Relator(a): Min. EROS GRAU; Julgamento: 12/06/2006; Órgão Julgador: Tribunal Pleno)**
>
> **EMENTA:** AGRAVO REGIMENTAL NA ARGUIÇÃO DE DESCUMPRIMENTO DE PRECEITO FUNDAMENTAL. SÚMULA VINCULANTE N. 2 DO SUPREMO TRIBUNAL FEDERAL (...) 2. **A arguição de descumprimento de preceito fundamental não é a via adequada para se obter a interpretação, a revisão ou o cancelamento de súmula vinculante.** 3. Agravo regimental ao qual se nega provimento.
>
> **(ADPF 147 AgR/DF; Relator(a): Min. CÁRMEN LÚCIA; Julgamento: 24/03/2011; Órgão Julgador: Tribunal Pleno)**

Ocorre que, em 22/09/2020, ao julgar um agravo regimental na **ADPF 501**, o Supremo Tribunal Federal admitiu a tramitação de ADPF ajuizada contra súmula de Tribunal (no caso, uma súmula do TST). A ação havia, inicialmente, sido extinta sem resolução do mérito por decisão monocrática do Ministro Alexandre de Moraes (Relator), com fundamento no entendimento firmado pela Suprema Corte no sentido da impossibilidade de se impugnar enunciado sumular por meio de ADPF. Porém, apresentado agravo regimental contra essa decisão, em julgamento realizado pelo Pleno da Corte, o Ministro Ricardo Lewandowski abriu divergência para admitir a ação, fundamentando-se, dentre outros aspectos, no fato de que a súmula impugnada continha preceitos gerais e abstratos.

Em provas de concursos, o ideal é adotar o entendimento mais recente do STF e, caso se trate de uma prova subjetiva ou oral, abordar o histórico da jurisprudência que vimos acima. Mas, para saber se esse novo posicionamento se consolidará, é necessário aguardar os próximos casos submetidos ao Tribunal.

Cabe ADPF em face de **veto do Chefe do Executivo no processo legislativo**? No STF, existem decisões divergentes sobre o tema, mas o fato é que o entendimento prevalecente, inclusive, com decisão colegiada do Plenário, é no sentido da inadmissibilidade da ADPF contra veto.

O cenário no Supremo Tribunal Federal é o seguinte:

I) Decisões negando a possibilidade de ajuizamento de ADPF em face de veto:

a. ADPF nº 1 QO (decisão colegiada do Plenário, de 03/02/2000);

b. ADPF nº 73 (decisão monocrática do Min. Rel. Eros Grau, de 07/05/2007, inadmitindo a ação com fundamento no precedente da ADPF nº 1);

c. ADPF nº 269 (decisão monocrática da Min. Rel. Rosa Weber, de 13/03/2013, inadmitindo a ação com fundamento no precedente da ADPF nº 1).

II) Decisão admitindo ADPF em face de veto:

a. ADPF nº 45 (decisão monocrática do Min. Rel. Celso de Mello, de 29/04/2004, admitindo a ação, mas extinguindo-a sem resolução do mérito, por perda superveniente do objeto).

Além disso, temos em sede doutrinária o Min. Gilmar Mendes defendendo a possibilidade de ajuizamento de ADPF para impugnar veto do Executivo no processo legislativo.

Como se pode perceber, o posicionamento predominante (e chancelado pelo Plenário do STF) é no sentido da impossibilidade do manejo da ADPF para impugnar veto do Chefe do Executivo no processo legislativo.

Porém, temos um precedente extremamente importante sobre o tema em que o Supremo Tribunal Federal, em um caso bastante peculiar, **admitiu tramitação de ADPF contra veto do Presidente da República no bojo do processo legislativo**. Trata-se das ADPFs 714, 715 e 718, apreciadas em conjunto.

No caso, o Min. Gilmar Mendes, em decisão monocrática sujeita a referendo do Plenário, admitiu as mencionadas ações, ajuizadas contra veto do Presidente da República ao Projeto de Lei 1.562/2020, que pretendia alterar a Lei 13.979/2020, a qual, por sua vez, havia sido editada para tratar de medidas de combate à pandemia de COVID-19. O que aconteceu nesse processo legislativo foi que o Chefe do Executivo Federal exarou veto a alguns dispositivos do projeto, enquanto o restante da proposição acabou sofrendo sanção tácita por decurso de prazo. Porém, após expirado o prazo constitucional de quinze dias úteis para sancionar ou vetar o projeto (art. 66, §§ 1º e 3º, CF/88), o Presidente da República manifestou novo veto, ou seja, na prática, houve um veto a uma lei já existente, e não a um projeto de lei.

Ficou caracterizada, portanto, uma situação teratológica, o que, segundo argumentou o Min. Gilmar Mendes em seu voto proferido no julgamento do referendo da sua decisão monocrática, tornou impossível aplicar o entendimento firmado pelo Plenário do STF na ADPF 1 QO, em que se concluiu pela inadmissibilidade de ajuizamento de ADPF contra veto do Executivo no processo legislativo.

Atualmente, portanto, no que diz respeito ao cabimento de ADPF contra veto, existem dois entendimentos distintos adotados pelo Plenário do Supremo Tribunal Federal, mas o detalhe é que, conforme se pode extrair do inteiro teor dos julgados em que eles foram firmados, cada um desses entendimentos se aplica a um cenário diferente, nos seguintes termos:

a) De forma geral, o STF não admite ADPF contra veto do Executivo no processo legislativo, pois se trata de um ato político imune ao controle jurisdicional e não consubstancia um ato do poder público passível de impugnação em ADPF, especialmente, porque projeto de lei ainda não é lei nem ato normativo (ADPF 1 QO, j. 03/02/2000).

b) Excepcionalmente, o STF admite ADPF contra veto do Executivo no processo legislativo, quando se estiver diante de uma situação teratológica (ou heterodoxa, como preferiu chamar o Min. Gilmar Mendes em seu voto) em relação à qual se justifique a intervenção do Poder Judiciário e, assim, o afastamento, no caso concreto, do entendimento segundo o qual não se admite ADPF em face de veto (ADPFs 714, 715 e 718 MC-Ref, julgadas conjuntamente em 31/08/2020).

Que postura adotar em provas, caso o tema seja questionado pela banca examinadora? Depende. Em provas subjetivas e orais, o ideal é abordar todo o histórico jurisprudencial que vimos acima e o cenário atualmente existente no âmbito do Supremo Tribunal Federal. Por outro lado, em provas objetivas, a resposta deve ser dada de acordo com a forma como o enunciado e as assertivas da questão forem formulados. Por exemplo, a afirmação de que o STF já admitiu ADPF contra veto estará correta. Da mesma forma, se o examinador disser que veto do Executivo fora do prazo constitucional permite o ajuizamento de ADPF, isso também deverá ser considerado correto. Porém, se a questão da prova for no sentido de que o STF admite ADPF contra veto do Executivo no processo legislativo de forma ampla em toda e qualquer situação, ela estará incorreta.

Em relação ao objeto da ADPF, importante registrar também que, conforme decidiu o STF na ADPF 33, podem ser objeto de ADPF discussões relativas a recepção ou não recepção pela nova Constituição de uma norma anterior a ela, conforme consta do art. 1º, p. único, da Lei 9.882/99. Portanto, é possível ADPF para discutir recepção ou não recepção. Porém, não cabe ADPF para discutir unicamente se a lei anterior à Constituição era ou não inconstitucional em relação à Constituição anterior (EDcl ADPF 371; ADPF 33). Confira:

> **Ementa:** (...) ALTERAÇÃO DA NORMA PRÉ-CONSTITUCIONAL POR MEDIDA PROVISÓRIA. COMPATIBILIDADE DE NORMA PRÉ-CONSTITUCIONAL COM A CONSTITUIÇÃO EM VIGOR NA ÉPOCA DE SUA PROMULGAÇÃO. PRINCÍPIO DA SUBSIDIARIEDADE. 1. **O Tribunal Pleno desta Corte assentou a impossibilidade, em sede de arguição de descumprimento de preceito fundamental, de se verificar a compatibilidade de norma pré-constitucional com a Constituição em vigor na época de sua promulgação.** Precedente: ADPF 33, de relatoria do Ministro Gilmar Mendes, Tribunal Pleno, DJ 27.10.2006. (...) 3. Possibilidade de indeferimento liminar pelo Relatório, nos termos do art. 4º, §1º, da Lei 9.882/99, ante a ausência de pressupostos para o processamento da ADPF. (...)
>
> **(ADPF 371 ED/DF; Relator(a): Min. EDSON FACHIN; Julgamento: 26/11/2015; Órgão Julgador: Tribunal Pleno)**

Há uma outra questão bastante interessante quanto ao objeto da ADPF: diferentemente da ADI (que, em regra, fica prejudicada se o ato impugnado for revogado no curso da ação), **a ADPF pode prosseguir (não ficando prejudicada) caso, uma vez proposta a ação, ocorra a revogação do ato impugnado antes do seu julgamento, desde que continue havendo utilidade em decidir o caso com efeitos *erga omnes* e vinculantes**, como se verifica quando a decisão se presta a disciplinar as relações jurídicas estabelecidas durante a vigência do ato que foi revogado, bem como a fixar o entendimento em relação a leis de idêntico teor editadas por outras entidades da Federação. Essa solução adotada pelo STF vai ao encontro do princípio da eficiência processual, além de homenagear o aproveitamento, em prol da sociedade, dos atos já praticados.

Nesse sentido, foi decidido na ADPF 449, que recebeu a seguinte ementa:

> **Ementa:** (...) 2. A procuração sem poderes específicos para ajuizar a Arguição de Descumprimento de Preceito Fundamental pode ser regularizada no curso do processo, mercê da instrumentalidade do Direito Processual. 3. **A Arguição de Descumprimento de Preceito Fundamental não carece de interesse de agir em razão da revogação da norma objeto de controle, máxime ante a necessidade de fixar o regime aplicável às relações jurídicas estabelecidas durante a vigência da lei, bem como no que diz respeito a leis de idêntico teor aprovadas em outros Municípios.** Precedentes: (...)
>
> **(ADPF 449/DF; Relator(a): Min. LUIZ FUX; Julgamento: 08/05/2019; Órgão Julgador: Tribunal Pleno)**

Cabimento de ADPF contra resolução do CONAMA

Cabe ADPF para impugnar resolução do CONAMA?

Antes de responder isso, precisamos analisar se cabe ADI contra resolução do CONAMA, pois, se couber ADI, não caberá ADPF, tendo em vista a subsidiariedade desta última.

Em relação à ADI, a maioria dos precedentes do STF não permitem o seu uso para atacar resolução do CONAMA, mas também houve casos em que a Corte admitiu a ação contra esse tipo de ato. E o motivo dessa duplicidade de tratamento é muito simples: a primariedade ou não do ato.

Em outras palavras, se a resolução do CONAMA for dotada de normatividade e de primariedade (ou seja, se for diretamente derivada da Constituição), ela poderá ser objeto de ADI. Por outro lado, se se tratar de um ato meramente regulamentar (isto é, que deriva diretamente de uma lei e apenas indiretamente da Constituição, como é o caso da maioria das resoluções do CONAMA, pois elas geralmente são editadas com fundamento da Lei 6.938/81), não poderá ser impugnada em sede de ADI.

Isso porque, conforme vimos, para ser objeto de ADI, é necessário que o ato seja uma lei em sentido formal ou que, não sendo lei, tenha normatividade (generalidade, abstração e impessoalidade) e seja primário. Atos regulamentares não podem ser objeto de ADI.

Em relação à ADPF, o Supremo Tribunal Federal também entende que atos regulamentares não podem ser objeto dela, o que nos mostra que, em tese, resolução do CONAMA somente pode ser impugnada em ADPF quando também puder ser impugnada em ADI. A consequência disso é que, por força do princípio da subsidiariedade, como regra, resoluções do CONAMA não podem ser impugnadas por meio de ADPF, pois, na maioria dos casos, quando for cabível essa ação, será cabível também a ADI.

As únicas hipóteses que podemos vislumbrar de cabimento de ADPF contra esse tipo de ato (resolução do CONAMA) sem que também seja cabível ADI são os casos em que a resolução seja anterior à norma constitucional (pois, nesse caso, não cabe ADI) ou não seja dotada de normatividade (caso em que também não cabe ADI).

Apesar dessas considerações, o STF, referendando medida cautelar monocrática da Min. Rosa Weber, admitiu, em 30/11/2020, o ajuizamento das **ADPFs 747, 748 e 749** contra resolução do CONAMA dotada de normatividade e de caráter regulamentar (pois foi editada com fundamento na Lei Federal 6.938/81) e que foi editada posteriormente à norma constitucional invocada como parâmetro superior de controle. Trata-se da Resolução nº 500/2020.

Cuida-se, portanto, de um cenário em que a resolução impugnada, segundo a jurisprudência tradicional do STF, não poderia ser objeto nem de ADI nem de ADPF, por ser um ato secundário. E, ainda que fosse um ato primário, a ADPF não seria cabível, pois caberia ADI e o princípio da subsidiariedade impede o uso da arguição quando cabe outro meio eficaz para sanar a lesão ao preceito fundamental.

Mesmo assim, o Tribunal, referendando a decisão cautelar da Ministra Rosa Weber (Relatora), admitiu as ADPFs ajuizadas.

A decisão referendada pelo Plenário do Tribunal simplesmente ignorou o fato de se estar diante de um ato meramente regulamentar, muito embora esse aspecto tenha sido destacado pelo Ministro do Meio Ambiente, ao prestar informações nos autos do processo.

Da mesma forma, em relação à análise do atendimento ou não da subsidiariedade no caso, a decisão foi extremamente superficial, pois se limitou a afirmar que nenhum meio ordinário existente no ordenamento jurídico poderia sanar a lesividade ao preceito fundamental consubstanciado no direito fundamental (de todos) ao meio ambiente ecologicamente equilibrado. A decisão nem mesmo cogitou do cabimento ou não da ADI no caso.

Aparentemente, o "desespero" para suspender a eficácia do ato impugnado fez o Tribunal atropelar sua própria jurisprudência e ignorar as peculiaridades do caso.

Seja como for, para fins de provas de concursos, se a banca examinadora questionar sobre o cabimento de ADPF para impugnar resolução do CONAMA, o ideal, pelo menos até que haja decisão do Supremo Tribunal Federal em sentido contrário, é responder positivamente, isto é, que a ação é cabível, conforme entendeu o STF nas ADPFs 747, 748 e 749.

→ *Cabimento de ADPF contra norma que deveria ser objeto de ADI*

Conforme vimos, a ADPF, para ser admitida, deve atender o requisito da **subsidiariedade**, o qual impede o ajuizamento dessa ação quando há outro meio igualmente eficaz para sanar a lesividade.

Um exemplo de outro meio tão eficaz quanto a ADPF é a ADI, o que, como regra, faz com que a ADPF seja inadmissível quando o ato lesivo pode ser impugnado por meio de ADI. É o que ocorre quando um preceito fundamental da Constituição Federal é violado por uma lei estadual posterior a ele.

Em um cenário como esse, a ação de controle concentrado de constitucionalidade cabível é a ADI, não podendo ser utilizada a ADPF, em virtude da subsidiariedade desta última. Essa é a regra.

Porém, o Supremo Tribunal Federal já admitiu ADPF ajuizada para impugnar normas estaduais editadas em momento posterior à promulgação da norma constitucional apontada como violada. Isso ocorreu na **ADPF 446** (julgada em 04/10/2019), na qual foi impugnado um complexo de normas estaduais sobre um mesmo tema (mais precisamente, sobre o regime de previdência especial dos Parlamentares do Estado), e, nesse complexo, havia tanto normas anteriores ao paradigma de controle quanto normas posteriores a ele.

Nessa situação, como uma clara medida de **economia processual**, o Supremo Tribunal Federal conheceu da ADPF (como ADPF, e não como ADI) de forma integral e julgou todos os pedidos formulados e todas as normas impugnadas (tanto as anteriores ao paradigma de controle quanto as posteriores a ele). Conforme constou da ementa do caso, *"a Arguição de Descumprimento de Preceito Fundamental* ***é a via adequada para impugnação conjunta de atos normativos anteriores e posteriores à edição dos preceitos constitucionais*** *que são invocados como parâmetros de controle"*.

Mas há um detalhe importante sobre esse precedente que deve ser registrado: em relação às normas anteriores ao paradigma constitucional violado, foi declarada a **não recepção**, enquanto que, em relação às normas posteriores a ele, foi declarada a **inconstitucionalidade**.

A mesma situação ocorreu posteriormente em outro caso. Trata-se da **ADPF 1056** (j. 27/11/2023), na qual o legitimado ativo impugnou um complexo de normas sobre o mesmo tema e, dentre essas normas, todas eram anteriores ao paradigma constitucional de controle, com exceção de apenas uma.

O STF aplicou a mesma linha de raciocínio que havia aplicado no precedente da ADPF 446 (que vimos acima) e conheceu da ação em sua integralidade. No entanto, aqui houve uma diferença em relação ao precedente da ADPF 446: dessa vez, o Supremo Tribunal Federal conheceu da ação como ADPF apenas em relação às normas anteriores ao paradigma constitucional de controle. No que diz respeito à norma posterior a ele, a Corte conheceu da ação como ADI.

Portanto, segundo o posicionamento mais recente do STF sobre a questão, quando o legitimado ativo ajuíza uma ADPF contra um complexo de normas sobre o mesmo tema e uma (ou algumas) dessas normas é posterior ao paradigma constitucional de controle, a ação, embora possa ser admitida, será parcialmente conhecida como ADPF (em relação às normas anteriores ao paradigma de controle) e parcialmente conhecida como ADI (em relação às normas posteriores ao paradigma de controle).

Em resumo, na jurisprudência do STF, temos o seguinte quanto à possibilidade (ou não) de normas passíveis de impugnação em ADI serem objeto de ADPF:

I) **Em regra**, essas normas não podem ser impugnadas em ADPF, sendo essa ação inadmissível em relação a elas, por conta da sua **subsidiariedade**.

II) **Excepcionalmente**, quando o legitimado ativo realiza a impugnação de um **complexo de normas** e nesse complexo há normas que devem ser objeto de ADI (por serem posteriores ao paradigma de controle) e normas que devem ser objeto de ADPF (por serem anteriores ao paradigma de controle), o STF, homenageando a **economia processual**, admite integralmente a ação, parte como ADPF (em relação às normas anteriores ao paradigma de controle) e parte como ADI (em relação às normas posteriores ao paradigma de controle), declarando a **não recepção das normas anteriores** ao parâmetro constitucional violado e a **inconstitucionalidade das normas posteriores** a ele. Isso ocorreu, por exemplo, nas **ADPFs 446 e 1056.**

▪ REQUISITO ESPECÍFICO: RELEVÂNCIA DA CONTROVÉRSIA

Quando fica caracterizada a relevância da controvérsia? Segundo a doutrina, quando há um grande número de processos análogos, quando há gravidade da tese discutida, quando há grande alcance político, econômico, social ou ético da questão etc.

Alguns autores dizem que o requisito da relevância da controvérsia seria um requisito específico da ADPF incidental, no sentido de que ela indicaria que a controvérsia transcende os interesses subjetivos das partes do processo originário.

Além disso, a própria Lei 9.882/99 parece restringir a exigência da relevância da controvérsia aos casos de ADPFs propostas contra leis ou atos de caráter normativo (excluindo dessa exigência, portanto, as ADPFs ajuizadas para impugnar atos administrativos e atos judiciais), tendo em vista que tal requisito apenas foi mencionado expressamente pela Lei no inciso I do parágrafo único do seu art. 1º. E, por conta disso, também há na doutrina quem afirme que o requisito da relevância da controvérsia seria exigido apenas para a admissibilidade de ADPFs que tenham como objeto uma lei e/ou um ato de caráter normativo.

Mas há, no STF, decisão monocrática indeferindo liminarmente uma ADPF autônoma ajuizada em face de um ato despido de caráter normativo exatamente por conta da suposta falta de relevância (ADPF 76, decisão monocrática do Relator Min. Gilmar Mendes). Nesse precedente, foi afirmado que **a relevância da controvérsia é um requisito implícito da ADPF genericamente considerada**, sem restringir essa exigência à ADPF incidental ou à ADPF proposta para impugnar lei ou ato normativo. Segundo afirmou o Min. Gilmar Mendes, a relevância da controvérsia é um requisito implícito da ADPF no nosso sistema de controle de constitucionalidade.

Da leitura da decisão, é possível notar que a análise da presença da relevância é feita em conjunto com a análise do atendimento da subsidiariedade, da seguinte forma: se a matéria for relevante, apenas a ADPF poderá resolver a questão (e o princípio da subsidiariedade terá sido observado), mas, se a matéria não for relevante, a solução do caso poderá ser remetida a outros meios, não restando, portanto, atendido o princípio da subsidiariedade.

Confira os trechos mais importantes dessa decisão:

> "(...)
>
> Como o instituto da ADPF assume feição eminentemente objetiva, **o juízo de relevância deve ser interpretado como requisito implícito de admissibilidade** do pedido.
>
> **Seria possível admitir, em tese, a propositura de ADPF diretamente contra ato do Poder Público, nas hipóteses em que, em razão da relevância da matéria, a adoção da via ordinária acarrete danos de difícil reparação à ordem jurídica.** O caso em apreço, contudo, revela que as medidas ordinárias à disposição da ora requerente - e, não utilizadas - poderiam ter plena eficácia.
>
> Ressalte-se que **a fórmula da relevância do interesse público, para justificar a admissão da argüição de descumprimento (explícita no modelo alemão), está implícita no sistema criado pelo legislador brasileiro.**

> No presente caso, afigura-se de solar evidência a falta de relevância jurídica para a instauração da ADPF.
>
> Assim, tendo em vista a existência, pelo menos em tese, de outras medidas processuais cabíveis e efetivas para questionar os atos em apreço, entendo que o conhecimento do presente pedido de ADPF não é compatível com uma interpretação adequada do princípio da subsidiariedade.
>
> Nestes termos, indefiro, liminarmente, a petição inicial (Lei nº 9.868/1999, art. 4o). Conseqüentemente, nego seguimento ao presente pedido de argüição de descumprimento de preceito fundamental por entender que a postulação é manifestamente incabível, nos termos e do art. 21, § 1o do RISTF. Por conseguinte, declaro o prejuízo do pedido de medida liminar postulado.
>
> (...)"
>
> **(ADPF 76/TO; Relator(a): Min. GILMAR MENDES; Julgamento: 13/02/2006)**

■ POSSIBILIDADE DE CELEBRAÇÃO DE ACORDO EM ADPF

Em março de 2018, ao apreciar a **ADPF 165**, o Supremo Tribunal Federal entendeu ser possível a **celebração de acordo no bojo de um processo objetivo de controle de constitucionalidade** (no caso, uma arguição de descumprimento de preceito fundamental), desde que fique demonstrado que há no feito um **conflito intersubjetivo subjacente que admita autocomposição**, isto é, desde que envolva disputa de direito patrimonial disponível.

O objetivo da admissão da celebração desse acordo é dar maior efetividade à prestação jurisdicional.

Nesse caso, o papel do STF é homologar o acordo firmado, e essa homologação **não significa o acolhimento ou a rejeição de uma ou outra tese defendida no processo**. O Tribunal, em tal cenário, cuida apenas de homologar as disposições patrimoniais que se encontrem no âmbito de disponibilidade das partes, sendo o processo **extinto com resolução do mérito** por homologação da autocomposição, nos termos do art. 487, III, "b", CPC.

Confira o seguinte trecho do **Informativo 892 do STF**, no qual esse julgamento foi noticiado:

> "(...) O Colegiado, inicialmente, considerou viável o acordo no âmbito de processo objetivo. Esclareceu haver, no bojo da ação, notável conflito intersubjetivo, que comporta solução por meio de acordo apresentado para homologação. Assim, **ao homologá-lo, o STF não chancela nenhuma interpretação peculiar dada à lei**. Pelo contrário, não obstante o ajuste veicule diversas teses jurídicas, a homologação não as alcança, nem as legitima, e **abrange apenas as disposições patrimoniais firmadas no âmbito de disponibilidade das partes**. Portanto, a homologação **apenas soluciona um incidente processual, para dar maior efetividade à prestação jurisdicional**. (...)" **(STF, Inf. 892, ADPF 165/DF, j. 01/03/2018)**

É importante notar que, embora esse acordo tenha sido firmado no bojo de uma ADPF, o Supremo Tribunal Federal **não restringiu a possibilidade de celebração de acordo a essa ação específica**, deixando em aberto a possibilidade de adoção dessa medida (a celebração de acordo) em outros processos de controle concentrado abstrato de constitucionalidade (que são processos de caráter objetivo).

Isso, inclusive, foi posteriormente confirmado na **ADI 7191** (julgada em conjunto com a **ADPF 984**), no bojo da qual, em 15/12/2022, foi homologado um acordo entre a União, os Estados e o Distrito Federal envolvendo o ICMS incidente sobre combustíveis. A decisão que homologou o acordo foi do **Pleno do STF**, e, nela, a Corte afirmou expressamente que essa homologação, à semelhança do que ocorre com a decisão de mérito que julga a validade de uma norma no controle concentrado abstrato de constitucionalidade, ficou dotada de **eficácia vinculante e *erga omnes***, como forma de conferir segurança jurídica a todos os envolvidos na sua celebração e aos contribuintes em geral.

Porém, é necessário ter **CUIDADO** com o seguinte detalhe: atribuir eficácia vinculante e *erga omnes* à homologação do acordo firmado não significa dar essa mesma eficácia a qualquer das teses jurídicas apresentadas nos autos pelos interessados no processo. As teses jurídicas debatidas nos autos (em um sentido ou em outro) permanecem sem qualquer acolhimento pelo STF (já que elas nem mesmo foram analisadas pela Corte), de modo que elas permanecem sem vincular quem quer que seja. **O que foi dotado de efeitos vinculantes (e *erga omnes*) foi somente o acordo homologado**, e não as teses jurídicas debatidas na ação.

É importante registrar também que a celebração de acordo no controle concentrado abstrato de constitucionalidade pode ocorrer tanto em relação ao pedido principal da ação (isto é, em relação ao mérito) quanto em relação ao pedido cautelar.

Em outras palavras: no controle abstrato de constitucionalidade, a celebração de acordo (que, como vimos, é admitida pelo STF) pode ocorrer tanto em relação ao objeto do pedido final de mérito quanto em relação ao objeto do pedido cautelar.

Nos precedentes que vimos acima, o acordo foi celebrado em relação ao mérito da ação, isto é, o STF homologou o acordo celebrado nos autos para resolver conflitos de interesses que tinham relação com a controvérsia jurídica que o legitimado ativo, na petição inicial, pediu que fosse apreciada pelo tribunal.

Imagine, porém, que uma ADI tenha sido ajuizada para impugnar determinada lei e que nela tenha havido pedido cautelar para obter a suspensão imediata da norma e de eventos próximos (como iminentes concursos públicos) nos quais ela teria de ser aplicada.

Seria possível celebrar um acordo nos autos dessa ADI tendo como objeto o pedido cautelar, estabelecendo-se (no acordo) que os eventos cuja suspensão foi requerida pelo legitimado ativo poderão ser realizados desde que sem a aplicação da norma impugnada na ação?

Sim, seria. E o STF decidiu nesse sentido na ADI 7433, que foi ajuizada para impugnar uma lei do Distrito Federal que restringia o acesso de mulheres aos cargos da Polícia Militar do DF, estabelecendo para elas uma quantidade de vagas menor do que a destinada aos homens. Nessa ação, houve pedido cautelar para suspender a norma impugnada e a realização do concurso da PMDF que se encontrava na iminência de ser realizado, e o Supremo Tribunal Federal, em decisão de 08/11/2023, homologou um acordo para permitir a realização do concurso desde que a restrição de vagas para as candidatas mulheres fosse afastada.

Como se pode perceber, nesse caso o acordo homologado não se referiu ao pedido final de mérito da ação, mas ao pedido cautelar.

Note que, quando o acordo tem como objeto o pedido final de mérito da ação de controle abstrato de constitucionalidade, a sua homologação leva, como vimos, à extinção do processo com resolução do mérito (embora sem o acolhimento de nenhuma das teses jurídicas defendidas nos autos). Porém, quando o objeto do acordo é o pedido cautelar, a sua homologação não acarreta a extinção do processo, seguindo a ação o seu curso normal para ser julgada no mérito.

Portanto, o Supremo Tribunal Federal admite a celebração de acordo em ação de controle concentrado abstrato de constitucionalidade, e isso é possível tanto em relação ao pedido final de mérito quanto em relação ao pedido cautelar.

■ ASPECTOS PROCESSUAIS DA ADPF (LEI 9.882/99)

Há vários aspectos processuais da ADPF previstos na Lei 9.882/99 e também na jurisprudência do STF. Os mais importantes são os seguintes:

1) O instrumento de mandato, quando existente, deve incluir a outorga de poderes específicos para mover a ADPF (ADPF 110), sendo possível, entretanto, a concessão de prazo para regularizar a situação (ADPF 167 MC-REF).

2) Segundo o art. 3º, V, da Lei 9.882/99, além dos demais requisitos (indicação do objeto e do preceito fundamental violado, comprovação da lesão e pedido), deve haver comprovação na petição inicial, se for o caso, da existência de controvérsia judicial relevante sobre a aplicação do preceito fundamental que se considera violado (mas aqui é necessário lembrar que o STF trata a relevância da controvérsia como um requisito implícito de admissibilidade de toda ADPF).

3) A causa de pedir é aberta.

4) É possível a concessão de medida liminar, conforme prevê o art. 5º da Lei 9.882/99, sendo necessários, para o seu deferimento, os votos da maioria absoluta dos Ministros.

5) Em situações urgentes ou em períodos de recesso, o Ministro Relator pode deferir a liminar monocraticamente, sujeita a referendo do Pleno (art. 5º, § 1º, Lei 9.882/99).

6) Os requisitos da liminar são, novamente, os de toda cautelar, ou seja, *fumus boni iuris* e *periculum in mora*, além da possibilidade de o STF conceder a medida com fundamento na **conveniência política** do seu deferimento, tendo em vista a relevância e a gravidade do tema debatido na ação, conforme restou decidido na ADPF 567 MC (decisão monocrática do Ministro Alexandre de Moraes *ad referendum* do Plenário).

7) Segundo o art. 5º, § 3º, da Lei 9.882/99, a liminar pode consistir na determinação de suspensão do andamento de processos ou dos efeitos de decisões judiciais ou, ainda, em qualquer medida que tenha relação com o objeto da ADPF.

8) Segundo a jurisprudência do STF, quando a liminar repercute em processo em andamento, o Tribunal pode aplicar por analogia o art. 21 da Lei 9.868/99 e fixar o prazo de **180 dias** para a vigência dessa decisão, prazo esse que pode ser prorrogado (ADPF 130 QO, j. em 04/09/2008).

9) A decisão final da ADPF produz efeitos *erga omnes* e vinculantes em relação, nas exatas palavras do art. 10, § 3º, da Lei 9.882/99, "aos demais órgãos do Poder Público."

10) Segundo o art. 11 da Lei 9.882/99, a decisão final da ADPF que declarar a inconstitucionalidade do objeto da ação poderá sofrer modulação de efeitos, mediante os votos de 2/3 (dois terços) dos membros do STF.

11) A decisão final da ADPF pode reconhecer a **não recepção com efeitos modulados** (ADPF 151 MC, Pleno, j. em 02/02/2011). Logo, o STF admite a aplicação, por analogia, da modulação de efeitos à decisão de não recepção do ato questionado.

12) A decisão final da ADPF, mesmo julgando a ação improcedente, pode dar **interpretação conforme à Constituição** a um determinado ato normativo (ADPF 46, Pleno, j. em 05/08/2009).

13) Segundo o art. 12 da Lei 9.882/99, a decisão final da ADPF é irrecorrível e não pode ser objeto de ação rescisória. Naturalmente, porém, admite a oposição de embargos de declaração.

14) Tal qual ocorre na ADI, não é possível a **intervenção de terceiros** na ADPF (pois não há previsão legal que a autorize), embora possa haver manifestação de *amicus curiae*, conforme prevê o art. 6º, § 1º, parte final, da Lei 9.882/99, dispositivo que vem sendo utilizado pelo STF como fundamento para admitir o amigo da corte nessa ação ("***Art. 6º, § 1º, Lei 9.882/99.*** *Se entender necessário, poderá o relator ouvir as partes nos processos que ensejaram a argüição, requisitar informações adicionais, designar perito ou comissão de peritos para que emita parecer sobre a questão, ou ainda, fixar data para declarações, em audiência pública, de* ***pessoas com experiência e autoridade na matéria****.*").

15) Conforme entende o STF, a ADPF pode ser convertida em ADI e vice-versa, havendo **fungibilidade** entre essas ações (ADI 4105 MC; ADI 4180 REFMC; ADI 4163), **exceto no caso de erro grosseiro** (que fica caracterizado quando não há uma dúvida objetiva justificada quanto à ação cabível), como se decidiu na ADPF 314 AgR, julgada em em 11/12/2014. O erro grosseiro, portanto, afasta a fungibilidade entre ADI e ADPF. Note que a fungibilidade só pode ser aplicada quando uma ação é ajuizada, mas estão presentes os requisitos de admissibilidade de outra ação, além de não haver erro grosseiro. O STF deixou isso muito claro, por exemplo, na **ADI 4163**, na qual houve a impugnação de norma anterior ao paradigma de controle e, por isso, a Corte converteu a ação em ADPF. Nas palavras do Tribunal, "*é lícito conhecer de ação direta de inconstitucionalidade como arguição de descumprimento de preceito fundamental, quando coexistentes todos os requisitos de admissibilidade desta, em caso de inadmissibilidade daquela*". Isso, inclusive, já foi cobrado em prova, como ocorreu no concurso para o cargo de Promotor de Justiça do MPDFT realizado em 2013, no qual a banca examinadora considerou **correta** a assertiva que dizia que "*pode ser conhecida a ação direta de inconstitucionalidade*

como arguição de descumprimento de preceito fundamental, presentes os requisitos de admissibilidade desta e ausentes os daquela".

CONTROLE DE CONSTITUCIONALIDADE NO ÂMBITO ESTADUAL

No âmbito estadual, o controle de constitucionalidade também pode ser concentrado abstrato ou difuso concreto.

Veremos, inicialmente, os principais aspectos do controle estadual concentrado abstrato, realizado pelo Tribunal de Justiça.

■ CONTROLE CONCENTRADO ABSTRATO NO ÂMBITO ESTADUAL

Cuida-se de um controle concentrado em um único órgão, qual seja, o Tribunal de Justiça e tem previsão no art. 125, § 2º, da CF/88.

> "**Art. 125, § 2º.** Cabe aos Estados a instituição de representação de inconstitucionalidade de leis ou atos normativos estaduais ou municipais em face da Constituição Estadual, vedada a atribuição da legitimação para agir a um único órgão."

Aplica-se, aqui, o art. 97 da CF/88, que prevê a cláusula de reserva de plenário com exigência do quórum de maioria absoluta para declarar a inconstitucionalidade.

Esse controle é exercido no bojo de ações típicas que devem ter respaldo na CF/88 e na Constituição Estadual. O exemplo clássico dessas ações de controle concentrado abstrato estadual é a ação chamada de ADI Estadual, mas é relativamente tranquilo na doutrina o entendimento de que o art. 125, § 2º, da CF/88, também permite que as Constituições Estaduais prevejam a possibilidade de manejo de ADC, ADO e ADPF perante o respectivo Tribunal de Justiça.

Apenas quanto à ADPF é que é possível encontrar alguma divergência, por conta do fato de o parâmetro superior de controle nessa ação ser um preceito fundamental da Constituição Federal, o que poderia levar à conclusão de não ser possível sua previsão em âmbito estadual. Já a possibilidade de previsão de ADC e ADO nas Constituições Estaduais seria uma decorrência natural da autorização constitucional de instituição da "representação de inconstitucionalidade" no âmbito dos Estados, pelos seguintes motivos:

1) A ADC nada mais é do que uma ADI com "sinal trocado".

2) Na ADO, assim como na ADI, o que se ataca é uma inconstitucionalidade, inclusive, em ambos os casos, essa inconstitucionalidade pode ser parcial, o que faz com que não haja razão para impedir a previsão de ADO em âmbito estadual.

Mas o entendimento majoritário (aí incluído, por exemplo, Dirley da Cunha Júnior) realmente é no sentido da possibilidade de os Estados, por meio de suas Constituições, preverem essas quatro ações de controle concentrado abstrato (ADI, ADC, ADO e ADPF), a serem propostas perante o respectivo Tribunal de Justiça, tendo como parâmetro superior de controle a Constituição Estadual (no caso da ADPF, preceitos fundamentais da Constituição Estadual) e como parâmetro inferior (objeto) lei ou ato normativo estadual ou municipal.

Inclusive, existe uma proposta de emenda à Constituição em tramitação na Câmara dos Deputados (mais precisamente, a PEC 358) que pretende modificar o art. 125, § 2º, da CF/88 para prever expressamente a possibilidade de criação da ADC e da ADPF em âmbito estadual, conferindo a esse dispositivo a seguinte redação:

> "**§ 2º** Cabe aos Estados a instituição de representação de constitucionalidade de lei estadual, e de inconstitucionalidade de lei estadual ou municipal, em face da Constituição Estadual, e de arguição de descumprimento de preceito constitucional estadual fundamental, cujas decisões poderão ser dotadas de efeito vinculante, vedada a atribuição da legitimação para agir a um único órgão."

▶ Legitimidade ativa

Segundo o art. 125, § 2º, da CF/88, nas ações de controle concentrado abstrato estadual, é vedada a atribuição da legitimidade ativa a um único órgão. A legitimidade ativa nessas ações, portanto, deve ser plural, sendo vedada a previsão de um único legitimado ativo.

Como se pode perceber, apesar de os Estados terem autonomia para, por meio de suas Constituições, definir a legitimação ativa para as ações de controle concentrado abstrato estadual, essa autonomia não lhes permite o estabelecimento de um legitimado ativo único, pois a Constituição Federal traz uma vedação preliminar à atribuição dessa legitimidade a um único órgão, entidade ou autoridade.

O rol de legitimados ativos pode ser maior do que o rol de legitimados ativos para o controle concentrado abstrato perante o STF?

O art. 125, § 2º, da CF/88 trata do controle concentrado abstrato de constitucionalidade em âmbito estadual, mas de forma pouco detalhada. O que esse dispositivo estabelece é apenas que:

I) O paradigma constitucional de controle deve ser a Constituição do Estado;

II) O objeto do controle deve ser lei ou ato normativo estadual ou municipal; e

III) A legitimidade ativa não pode ser atribuída a um único órgão ou autoridade, devendo ser plural.

> "**Art. 125, § 2º, CF/88.** Cabe aos Estados a instituição de representação de inconstitucionalidade de leis ou atos normativos estaduais ou municipais em face da Constituição Estadual, vedada a atribuição da legitimação para agir a um único órgão."

A partir disso, surge o seguinte questionamento: a liberdade dada aos Estados, pelo art. 125, § 2º, da CF/88, para definir o rol de legitimados ativos para o controle concentrado abstrato estadual permite que eles (os Estados) estabeleçam um rol desses legitimados mais amplo do que o rol de legitimados ativos para o controle concentrado abstrato em âmbito federal (perante o STF)?

Na **ADI 558**, julgada em 19/04/2021, o Supremo Tribunal Federal decidiu que sim, os Estados podem estabelecer um rol de legitimados ativos para o controle concentrado abstrato estadual mais amplo do que o rol, previsto no art. 103 da CF/88, de legitimados ativos para o controle concentrado abstrato perante o STF.

A propósito, confira o rol de legitimados ativos estabelecido no art. 103 da CF/88:

> "**Art. 103, CF/88.** Podem propor a ação direta de inconstitucionalidade e a ação declaratória de constitucionalidade:
>
> I - o Presidente da República;
>
> II - a Mesa do Senado Federal;
>
> III - a Mesa da Câmara dos Deputados;
>
> IV - a Mesa de Assembléia Legislativa ou da Câmara Legislativa do Distrito Federal;
>
> V - o Governador de Estado ou do Distrito Federal;
>
> VI - o Procurador-Geral da República;
>
> VII - o Conselho Federal da Ordem dos Advogados do Brasil;
>
> VIII - partido político com representação no Congresso Nacional;
>
> IX - confederação sindical ou entidade de classe de âmbito nacional."

Por conta disso, os Estados podem atribuir legitimidade ativa, por exemplo, ao Procurador-Geral do Estado, ao Defensor Público-Geral do Estado, aos Parlamentares Estaduais, a uma determinada comissão da respectiva Assembleia Legislativa etc., muito embora não haja, no rol de legitimados para o controle concentrado abstrato perante o STF (previsto art. 103 da CF/88), autoridades ou órgãos federais equivalentes a essas autoridades ou órgãos estaduais.

O STF esclareceu, inclusive, que a previsão de legitimidade ativa para o Procurador-Geral do Estado e para o Defensor Público-Geral do Estado não representa ofensa às atribuições constitucionais da Procuradoria-Geral do Estado (art. 132, CF/88) e da Defensoria Pública (art. 134, CF/88), pois, além de o art. 125, § 2º, da CF/88 dar aos Estados liberdade para conferir legitimidade ativa a essas autoridades, a natureza da atuação dos legitimados ativos no âmbito do controle concentrado abstrato de constitucionalidade não se confunde com a natureza da atuação de tais órgãos (PGE e DPE) no desempenho de suas funções constitucionais.

Essa distinção entre a natureza da atuação dos legitimados ativos no controle concentrado abstrato de constitucionalidade e a natureza da atuação da Procuradoria-Geral do Estado e da Defensoria Pública no desempenho de suas atribuições constitucionais é facilmente percebida a partir da natureza dos processos em que essas atuações ocorrem: no controle concentrado abstrato de constitucionalidade, o que se tem é um processo de caráter objetivo, no qual não há uma lide propriamente dita (mas tão somente a busca pela proteção da higidez do ordenamento jurídico) nem tampouco verdadeiras partes processuais (autor e réu), enquanto que, por outro lado, a atuação em juízo da PGE e da DPE no desempenho de suas atribuições constitucionais se dá em processos de caráter subjetivo, nos quais há a disputa de interesses subjetivos com verdadeiras lides e partes envolvidas.

Enfim, como se pode notar, inexiste necessidade de, em âmbito estadual, observar-se uma simetria com o rol de legitimados ativos para o controle concentrado abstrato federal previsto no art. 103 da CF/88, o que, inclusive, permite concluir que a lista de legitimados para o controle estadual pode ser maior ou menor do que a lista de legitimados para o controle exercido pelo STF (já que, repita-se, não há obrigatoriedade de simetria com a CF/88 nessa questão).

Conforme registrou o Supremo Tribunal Federal no julgamento da ADI 558, *"no § 2º do art. 125 da Constituição da República se veda seja atribuída a um único órgão a legitimidade para a representação de inconstitucionalidade de leis ou atos normativos estaduais ou municipais em face da Constituição Estadual. Os Estados detêm autonomia para ampliar os legitimados para além do previsto no art. 103 da Constituição da República. Não ofende os art. 132 e 134 da Constituição da República a atribuição ao Procurador-Geral do Estado, ao Defensor Público Geral do Estado, à Comissão Permanente da Assembleia Legislativa e aos membros da Assembleia Legislativa para ajuizarem ação de controle abstrato no Tribunal de Justiça estadual"*.

A Constituição do Estado pode excluir o Procurador-Geral de Justiça da lista de legitimados ativos para o controle de constitucionalidade concentrado abstrato estadual?

Conforme vimos, o Supremo Tribunal Federal possui entendimento de que não há dever de simetria entre o modelo estadual e o modelo federal no que diz respeito aos legitimados ativos para o controle de constitucionalidade concentrado abstrato.

Esse entendimento foi reafirmado pela Corte na **ADI 5693**, julgada em 11/11/2021.

Ocorre que, nesse mesmo precedente, o STF esclareceu que, embora não haja obrigatoriedade de simetria nessa questão, **os Estados-membros não são completamente livres para definir o rol de legitimados para a instauração do controle de constitucionalidade abstrato perante seus Tribunais de Justiça**. Isso porque, apesar de essa legitimidade ativa não precisar ser simétrica à do modelo federal, ela **deve observar as disposições da Constituição Federal como um todo**.

Em outras palavras: o fato de a definição dos legitimados ativos para o controle concentrado abstrato estadual não precisar observar uma simetria com os legitimados ativos para o controle concentrado abstrato federal não permite que a Constituição do Estado-membro viole de alguma forma a Constituição Federal ao definir o rol de legitimados ativos para o controle estadual.

Por esse motivo, o Supremo Tribunal Federal decidiu, na **ADI 5693**, que as Constituições dos Estados não podem deixar de atribuir legitimidade ativa no controle concentrado abstrato estadual ao Procurador-Geral de Justiça, que é o chefe do Ministério Público local.

Isso porque, nos termos dos arts. 127, *caput*, e 129, I a IX, da CF/88, é atribuição constitucional do Ministério Público a defesa da ordem jurídica e de diversos valores e direitos assegurados pelo texto constitucional, de modo que excluir a sua legitimidade para a instauração do controle de constitucionalidade concentrado abstrato estadual representaria uma violação à Constituição Federal, mais precisamente, aos contornos e ao modelo de atuação do Ministério Público definidos por ela.

Veja, a propósito, o teor desses dispositivos constitucionais:

> "**Art. 127, CF/88.** O Ministério Público é instituição permanente, essencial à função jurisdicional do Estado, incumbindo-lhe a defesa da ordem jurídica, do regime democrático e dos interesses sociais e individuais indisponíveis."

> "**Art. 129, CF/88.** São funções institucionais do Ministério Público:
>
> I - promover, privativamente, a ação penal pública, na forma da lei;
>
> II - zelar pelo efetivo respeito dos Poderes Públicos e dos serviços de relevância pública aos direitos assegurados nesta Constituição, promovendo as medidas necessárias a sua garantia;
>
> III - promover o inquérito civil e a ação civil pública, para a proteção do patrimônio público e social, do meio ambiente e de outros interesses difusos e coletivos;
>
> IV - promover a ação de inconstitucionalidade ou representação para fins de intervenção da União e dos Estados, nos casos previstos nesta Constituição;
>
> V - defender judicialmente os direitos e interesses das populações indígenas;
>
> VI - expedir notificações nos procedimentos administrativos de sua competência, requisitando informações e documentos para instruí-los, na forma da lei complementar respectiva;
>
> VII - exercer o controle externo da atividade policial, na forma da lei complementar mencionada no artigo anterior;
>
> VIII - requisitar diligências investigatórias e a instauração de inquérito policial, indicados os fundamentos jurídicos de suas manifestações processuais;
>
> IX - exercer outras funções que lhe forem conferidas, desde que compatíveis com sua finalidade, sendo-lhe vedada a representação judicial e a consultoria jurídica de entidades públicas."

Nessa linha de raciocínio, o STF registrou que *"a ordem constitucional de 1988 erigiu o Ministério Público à condição de guardião independente da Constituição, defensor dos direitos individuais indisponíveis, difusos e coletivos, protetor da higidez dos atos praticados pelo Poder Público, outorgando-lhe um papel proeminente e indispensável à tutela efetiva do ordenamento jurídico-constitucional. (...) Todas as vezes em que a Constituição dispôs sobre fiscalização normativa abstrata previu como legitimado ativo o Procurador-Geral da República, a demonstrar o papel central desempenhado pelo Ministério Público em referido sistema de controle de constitucionalidade. (...) Ao Ministério Público, por dever de ofício, incumbe a defesa da integridade do sistema normativo, portanto, tem o dever de zelar pela supremacia da Constituição, contestando, pelos meios processuais adequados, os atos do Poder Público com ela conflitantes"*.

A tese fixada no julgamento estabeleceu que *"os Estados-membros da Federação, no exercício da competência outorgada pela Constituição Federal (art. 25, caput, c/c art. 125, § 2º, CF), não podem afastar a legitimidade ativa do Chefe do Ministério Público estadual para propositura de ação direta de inconstitucionalidade perante o Tribunal de Justiça local"*.

▶ Parâmetros de controle

Qual é o **parâmetro superior** do controle concentrado abstrato estadual? Em regra, na ADI estadual, o parâmetro superior só pode ser a Constituição Estadual, não podendo a Constituição Federal servir de paradigma constitucional de controle. No entanto, há duas situações em que, de modo excepcional, o Supremo Tribunal Federal admite que a Constituição Federal seja utilizada como parâmetro superior na ADI estadual.

Uma dessas exceções ocorre quando a norma da Constituição Federal invocada como paradigma de controle é uma **norma de reprodução obrigatória** pelos

Estados-membros. Nesse caso, o STF admite que a Constituição Federal seja utilizada como parâmetro superior na ADI estadual, ainda que a Constituição Estadual não reproduza efetivamente a norma federal, pois, segundo entende a Corte, as normas de reprodução obrigatória, por deverem ser observadas obrigatoriamente, têm abrangência nacional e são consideradas partes integrantes dos ordenamentos jurídicos estaduais.

Confira os seguintes precedentes nesse sentido:

> **"(...) 1. É constitucional o exercício pelos Tribunais de Justiça do controle abstrato de constitucionalidade de leis municipais em face da Constituição da República, quando se tratar de normas de reprodução obrigatória pelos Estados-membros. 2. As normas constitucionais de reprodução obrigatória, por possuírem validade nacional, integram a ordem jurídica dos Estados-membros ainda quando omissas em suas Constituições estaduais, inexistindo qualquer discricionariedade em sua incorporação pelo ordenamento local. (...) 4. A pluralidade dos intérpretes da Constituição no Poder Judiciário deve respeitar as normas constitucionais de competência, pelo que descabe aos Tribunais de Justiça o exercício irrestrito do exame de constitucionalidade de lei ou de ato normativo municipal em face da Constituição da República. 5. (...) Como tese de julgamento, firma-se o seguinte entendimento: É constitucional o exercício pelos Tribunais de Justiça do controle abstrato de constitucionalidade de leis municipais em face da Constituição da República, quando se tratar de normas de reprodução obrigatória pelos Estados-membros."**
>
> **(ADI 5646; Relator(a): Min. LUIZ FUX; Julgamento: 07/02/2019; Órgão julgador: Tribunal Pleno)**
>
> (...) Ação direta de inconstitucionalidade estadual. Parâmetro de controle. (...) 1. **Tribunais de Justiça podem exercer controle abstrato de constitucionalidade de leis municipais utilizando como parâmetro normas da Constituição Federal, desde que se trate de normas de reprodução obrigatória pelos Estados.** Precedentes. (...)
>
> **(RE 650898/RS; Relator(a): Min. MARCO AURÉLIO; Relator(a) p/ Acórdão: Min. ROBERTO BARROSO; Julgamento: 01/02/2017; Órgão Julgador: Tribunal Pleno)**
>
> (...) REPRESENTAÇÃO DE INCONSTITUCIONALIDADE ESTADUAL. PARÂMETRO DE CONTROLE. ADI 409. (...) 2. **O Supremo Tribunal Federal firmou sua orientação no sentido de que o controle de constitucionalidade por via de ação direta, quando exercido pelos Tribunais de Justiça, deve limitar-se a examinar a validade das leis à luz da Constituição do Estado, o que não impede que a respectiva decisão seja embasada em norma constitucional federal que seja de reprodução obrigatória pelos Estados-membros.** 3. Embargos de declaração conhecidos como agravo interno, a que se nega provimento.
>
> **(Rcl 6344 ED/RS; Relator(a): Min. ROBERTO BARROSO; Julgamento: 30/06/2017; Órgão Julgador: Primeira Turma)**

A outra exceção envolve as chamadas **normas remissivas** da Constituição Estadual, que são aquelas normas que, em vez de disciplinarem o tratamento jurídico da matéria a que se referem, remetem essa tarefa a outra norma, notadamente, à Constituição Federal. Segundo o STF, quando o caso envolve violação a norma da Constituição Estadual que remete o tema à Constituição Federal (ou seja, quando envolve uma norma constitucional estadual remissiva), a ADI estadual pode ter como paradigma de controle norma do texto constitucional federal.

Esse entendimento foi adotado, por exemplo, nos seguintes precedentes:

> **"(...) 1. A jurisprudência mais recente desta Suprema Corte, firmada, inclusive, sob a sistemática da repercussão geral, admite o controle abstrato de constitucionalidade, pelo Tribunal de Justiça, de leis e atos normativos estaduais e municipais em face da Constituição da República, apenas quando o parâmetro de controle invocado seja norma de reprodução obrigatória ou exista, no âmbito da Constituição estadual, regra de caráter remissivo à Carta federal. 2. Ação direta de inconstitucionalidade conhecida. Pedido julgado parcialmente procedente, para dar interpretação conforme à Constituição, para assentar a possibilidade de o Tribunal de Justiça local exercer o controle concentrado de constitucionalidade de leis e atos normativos municipais em face da Carta da República, apenas quando o parâmetro de controle invocado seja norma de reprodução obrigatória ou exista, no âmbito da Constituição estadual, regra de caráter remissivo."**
>
> **(ADI 5647; Órgão julgador: Tribunal Pleno; Relator(a): Min. ROSA WEBER; Julgamento: 04/11/2021)**
>
> "(...) a ação direta de inconstitucionalidade de lei ou ato normativo municipal perante o Tribunal de Justiça estadual somente poderá ter por parâmetro normas da Constituição Federal quando as mesmas forem de reprodução obrigatória na ordem constitucional local ou objeto de transposição ou remissão na Constituição estadual. (...)"
>
> **(ADI 5646; Relator(a): Min. LUIZ FUX; Julgamento: 07/02/2019; Órgão julgador: Tribunal Pleno)**

Portanto, segundo a jurisprudência do STF, no que diz respeito ao parâmetro superior (paradigma de controle) da ADI estadual, há uma regra e duas exceções:

a) **Regra:** apenas pode ser paradigma de controle na ADI estadual norma da respectiva Constituição Estadual.

b) **Exceções:** é possível que norma da Constituição Federal seja paradigma de controle em ADI estadual em duas situações, quais sejam, **(I)** quando se tratar de norma de reprodução obrigatória e **(II)** quando se tratar de norma para a qual a própria Constituição do Estado remete a disciplina do tema tratado na ação.

Fora dessas situações excepcionais, segundo o STF, é inconstitucional norma de Constituição Estadual que preveja a possibilidade de o controle concentrado abstrato realizado pelo Tribunal de Justiça ter como parâmetro superior norma da Constituição Federal. Já o **parâmetro inferior** (objeto) deve ser lei ou ato normativo estadual ou municipal. Leis e atos normativos federais não podem servir como parâmetro inferior em ADI estadual, de modo que não se pode afirmar que uma lei federal é inconstitucional por violar uma Constituição Estadual.

→ *Lei Orgânica Municipal como paradigma de controle*

Como vimos, o art. 125, § 2º, da CF/88 prevê que os Estados devem instituir controle concentrado abstrato de constitucionalidade, tendo como paradigma constitucional de controle a Constituição Estadual e como objeto lei ou ato normativo estadual ou municipal. A redação do dispositivo é a seguinte:

> "**Art. 125, § 2º, CF/88.** Cabe aos Estados a instituição de representação de inconstitucionalidade de leis ou atos normativos estaduais ou municipais em face da Constituição Estadual, vedada a atribuição da legitimação para agir a um único órgão."

Nos termos estabelecidos na Constituição Federal, portanto, o parâmetro superior do controle concentrado abstrato estadual deve ser norma da Constituição do respectivo Estado.

No entanto, o seguinte questionamento sobre esse tema foi levado ao Supremo Tribunal Federal: apesar do teor do art. 125, § 2º, da CF/88, uma Constituição de Estado pode estabelecer que, no controle concentrado abstrato exercido pelo respectivo Tribunal de Justiça, seja utilizada como parâmetro superior (ou paradigma) de controle a Lei Orgânica de um Município?

Essa questão foi enfrentada pelo STF na **ADI 5548**, julgada em 17/08/2021.

Nessa ação, houve a impugnação de disposição da Constituição do Estado de Pernambuco que previa a possibilidade de o Tribunal de Justiça realizar controle concentrado abstrato de leis e atos normativos municipais em face da Lei Orgânica do respectivo Município. Essa hipótese de controle foi rotulada pela Constituição Pernambucana de controle de constitucionalidade, pois o instrumento para o seu exercício era a ação direta de inconstitucionalidade perante o TJ/PE.

Ao analisar essa previsão da Constituição do Estado de Pernambuco, o Supremo Tribunal Federal declarou a sua inconstitucionalidade, pois o art. 125, § 2º, da CF/88, ao prever que os Estados devem instituir o controle concentrado abstrato de constitucionalidade estadual, é claro no sentido de que o paradigma constitucional de controle deve ser norma da Constituição Estadual. Em outras palavras, não há previsão, na CF/88, de controle concentrado abstrato estadual com base em Lei Orgânica Municipal, motivo pelo qual, essa possibilidade não pode ser estabelecida em norma estadual, ainda que por meio da Constituição do Estado.

Portanto, segundo o STF, é inconstitucional a previsão em Constituição Estadual da possibilidade de realização de controle concentrado abstrato (de constitucionalidade) perante o respectivo Tribunal de Justiça tendo como paradigma (ou parâmetro superior) Lei Orgânica Municipal.

Esse posicionamento da Suprema Corte não surpreende, pois, conforme já estudamos, é prevalecente o entendimento de que Lei Orgânica Municipal não tem natureza de norma constitucional, ao contrário das Constituições Estaduais e da Lei Orgânica do Distrito Federal, que são obras do chamado poder constituinte derivado decorrente, sendo, portanto, normas de caráter constitucional, o que as torna aptas a servir de paradigma de controle de constitucionalidade (em âmbito estadual e distrital, respectivamente).

Aliás, em relação às Constituições dos Estados, a própria Constituição Federal, no art. 11 do ADCT, estabelece que elas são fruto do exercício do poder constituinte, tendo em vista que, nos termos desse dispositivo, "*cada Assembléia Legislativa, **com poderes constituintes**, elaborará a Constituição do Estado*". O poder constituinte originário, portanto, ao elaborar a CF/88, expressamente atribuiu poderes constituintes aos órgãos legislativos dos Estados para que elaborassem as respectivas Constituições Estaduais.

Diferente é a situação da Lei Orgânica Municipal, que, segundo o entendimento que prevalece, não é obra do poder constituinte e, portanto, não tem natureza de norma constitucional.

Defesa do ato impugnado e participação do Ministério Público

No controle estadual, por aplicação simétrica do que ocorre no STF (em que há a oitiva do PGR e do AGU), há a oitiva do Procurador-Geral de Justiça e a participação do Procurador-Geral do Estado, este como defensor da lei ou ato normativo estadual ou municipal que está sendo impugnado na ação e aquele como fiscal da Constituição Estadual.

No entanto, o STF já decidiu que a Constituição Estadual pode prever que, em vez do PGE, quem irá defender o ato impugnado na ADI estadual será o Procurador-Geral da Assembleia Legislativa, não havendo obrigatoriedade de simetria específica com a atribuição do AGU para defender o ato impugnado na ADI julgada pela Suprema Corte. Confira, nesse sentido, o seguinte precedente:

> "(...) **Não é inconstitucional norma da Constituição do Estado que atribui ao procurador da Assembleia Legislativa ou, alternativamente, ao procurador-geral do Estado, a incumbência de defender a constitucionalidade de ato normativo estadual questionado em controle abstrato de constitucionalidade na esfera de competência do Tribunal de Justiça.** Previsão que não afronta a Constituição Federal, já que ausente o dever de simetria para com o modelo federal, que impõe apenas a pluralidade de legitimados para a propositura da ação (art. 125, § 2º, CF/88). **Ausência de ofensa ao art. 132 da Carta Política, que fixa a exclusividade de representação do ente federado pela Procuradoria-Geral do Estado**, uma vez que nos feitos de controle abstrato de constitucionalidade nem sequer há partes processuais propriamente ditas, inexistindo litígio na acepção técnica do termo. (...)"
>
> **(ADI 119/RO; Relator(a): Min. DIAS TOFFOLI; Julgamento: 19/02/2014; Órgão Julgador: Tribunal Pleno)**

Participação do Poder Legislativo

Na **ADI 5548**, julgada em 17/08/2021, além da questão sobre a aptidão ou não de Lei Orgânica Municipal para ser paradigma de confronto no controle concentrado abstrato estadual (que estudamos anteriormente), o Supremo Tribunal Federal analisou outro questionamento: Constituição de Estado pode estabelecer que, no controle concentrado abstrato realizado pelo Tribunal de Justiça, a Assembleia Legislativa tem a função de suspender a norma declarada inconstitucional em face da Constituição Estadual e as Câmaras de Vereadores, a atribuição de suspender as normas municipais declaradas "inconstitucionais" em face das respectivas Leis Orgânicas Municipais?

O dispositivo que causou esse questionamento foi o art. 63, § 3º, da Constituição do Estado de Pernambuco, segundo o qual, *"declarada a inconstitucionalidade, a decisão será comunicada à Assembléia Legislativa para promover a suspensão da eficácia da lei, em parte ou no seu todo, quando se tratar de afronta à Constituição Estadual, ou à Câmara Municipal quando a afronta for à Lei Orgânica respectiva"*.

Essa atribuição da Assembleia Legislativa e das Câmaras de Vereadores seria semelhante, portanto, à do Senado Federal prevista no art. 52, X, da CF/88, segundo o qual, cabe privativamente ao Senado *"suspender a execução, no todo ou em parte, de lei declarada inconstitucional por decisão definitiva do Supremo Tribunal Federal"*. A diferença é que a disposição do art. 52, X, da CF/88 se aplica no controle difuso, e não no controle concentrado.

O Supremo Tribunal Federal, além de afirmar a impossibilidade de Lei Orgânica Municipal ser paradigma de controle (conforme vimos anteriormente), decidiu pela **inconstitucionalidade** da previsão, em Constituição Estadual, da referida participação da Assembleia Legislativa (e das Câmaras Municipais) no controle concentrado realizado pelo Tribunal de Justiça, tendo em vista que a participação do Poder Legislativo no controle de constitucionalidade é prevista na Constituição Federal apenas no âmbito do controle difuso, e não no controle concentrado.

Assim, segundo entendeu o Supremo Tribunal Federal, trata-se de uma interferência do Poder Legislativo sem previsão na Constituição Federal, de modo que a norma estadual em questão, ao prever a atribuição da Assembleia Legislativa (e das Câmaras Municipais) para suspender a eficácia de lei declarada inconstitucional pelo Tribunal de Justiça, viola o esquema organizatório traçado na CF/88. Embora não tenha sido dito expressamente pela Corte nesse julgamento, a verdade é que uma disposição de Constituição Estadual com esse teor viola a separação dos Poderes, pois estabelece uma hipótese de atuação do Poder Legislativo no controle de constitucionalidade que não foi prevista na Constituição Federal, e o controle de constitucionalidade envolve sensíveis mecanismos de interferências dos Poderes (especialmente o Legislativo e o Judiciário) uns nos outros.

É importante registrar, no entanto, que o próprio STF já reconheceu a constitucionalidade de norma de Constituição Estadual que prevê a atribuição da Assembleia Legislativa para, no âmbito do **controle difuso de constitucionalidade**, suspender norma declarada inconstitucional diante da respectiva Constituição Estadual em decisão irrecorrível (definitiva) do Tribunal de Justiça. Isso ocorreu no **RE 199.293**, julgado em 19/05/2004 por unanimidade de votos, envolvendo dispositivos da Constituição do Estado de São Paulo.

Nesse precedente, inclusive, o Min. Marco Aurélio (relator) esclareceu em seu voto que o art. 52, X, da CF/88 é **norma de observância obrigatória** pelos Estados, o que é uma afirmação natural, considerando a jurisprudência do STF no sentido de que normas da Constituição Federal que afetam a separação dos Poderes (e esse é o caso do art. 52, X, da CF/88, já que diz respeito ao controle de constitucionalidade, que é um sensível aspecto da relação entre os Poderes) são de observância obrigatória.

Mas o detalhe mais importante desse julgado (RE 199.293) foi a seguinte diferenciação feita pelo Supremo Tribunal Federal: é **constitucional** disposição de Constituição de Estado que preveja a atribuição da Assembleia Legislativa para suspender norma declarada inconstitucional pelo Tribunal de Justiça em controle **difuso** de constitucionalidade realizado em face da respectiva Constituição Estadual (seguindo, portanto, o modelo do art. 52, X, da CF/88), mas é **inconstitucional** disposição de Constituição de Estado que preveja essa mesma participação do Legislativo Estadual no âmbito do controle **concentrado abstrato** exercido pelo Tribunal de Justiça.

A impossibilidade de haver essa participação do Legislativo no controle concentrado abstrato foi fundamentada não apenas na inexistência de sua previsão no texto da Constituição Federal, mas também no fato de se tratar de algo ilógico, haja vista que a decisão de inconstitucionalidade no controle concentrado abstrato retira a norma inconstitucional do ordenamento jurídico (em regra, com eficácia retroativa e *erga omnes*), de modo que, se o Poder Legislativo tivesse a atribuição de suspender a norma declarada inválida pelo Tribunal de Justiça nesse tipo de controle, ele, na verdade, iria suspender algo que não mais existe no mundo jurídico.

Nos exatos termos da ementa do acórdão lavrado nesse precedente, *"a comunicação da pecha de inconstitucionalidade proclamada por Tribunal de Justiça pressupõe decisão definitiva preclusa na via recursal e julgamento considerado o* ***controle de constitucionalidade difuso. Insubsistência*** *constitucional de norma sobre a obrigatoriedade da notícia, em se tratando de* ***controle concentrado de constitucionalidade****"*.

▶ Simultaneidade entre ADI estadual e ADI perante o STF

Conforme visto, o parâmetro superior na ADI estadual só pode ser a Constituição Estadual. Aliás, segundo o Supremo Tribunal Federal, quando o paradigma de controle é a Constituição Federal, somente ele próprio (o STF) pode processar e julgar ações de controle concentrado abstrato. Dessa forma, disposições de Constituições Estaduais que estabelecem que o parâmetro superior da ADI estadual pode ser norma da Constituição Federal são inconstitucionais, ressalvando-se, no entanto, conforme vimos anteriormente, a possibilidade de norma da Constituição Federal de reprodução obrigatória ser paradigma constitucional de controle em âmbito estadual.

Logo, Constituição Estadual não pode prever que o Tribunal de Justiça pode julgar uma ADI estadual tomando como parâmetro superior a Constituição Federal.

Apesar disso, há casos em que as Constituições Estaduais preveem que o parâmetro inferior da ADI estadual pode ser uma lei municipal e que o parâmetro superior pode ser a Constituição Federal. Isso é feito pelo legislador estadual porque não existe ADI perante o STF para impugnar lei municipal em face da Constituição Federal (embora esse confronto possa ocorrer em sede de ADPF). Seja qual for o motivo que eventualmente leve o constituinte estadual a criar uma norma nesse sentido, o fato é que, segundo o STF, é inconstitucional a previsão de ADI estadual tendo como parâmetro superior a Constituição Federal e como parâmetro inferior lei municipal.

As normas da Constituição Estadual (que, como vimos, são o parâmetro superior do controle concentrado abstrato estadual) podem ser das seguintes espécies:

1) **Normas próprias**: são normas que o constituinte estadual, com sua criatividade e dentro de sua competência, edita.

2) **Normas repetidas**: são normas repetidas da Constituição Federal. Elas podem ser de **duas espécies**, a saber:

   a) De reprodução obrigatória (também chamadas de **"normas de reprodução"**);

   b) De reprodução facultativa (também chamadas de **"normas de imitação"**).

É necessário ter atenção redobrada com as normas de reprodução obrigatória. Isso porque, quando o parâmetro superior é uma norma de reprodução obrigatória, algumas situações interessantes podem ocorrer, conforme veremos a seguir.

Note que o parâmetro inferior de controle, na ADI estadual, é composto por leis e atos normativos estaduais e municipais. Imagine, então, uma norma parâmetro superior que seja de reprodução obrigatória da CF/88 e uma norma parâmetro inferior que seja uma lei estadual. Nesse caso, tem-se uma lei estadual violando uma norma da Constituição Estadual que é uma norma de reprodução obrigatória da Constituição Federal.

Por exemplo, se uma lei estadual cria o Poder Moderador (no âmbito do Estado) a ser exercido pelo Governador do Estado, essa lei viola a norma da Constituição Estadual que estabelece que os Poderes são três (Legislativo, Executivo e Judiciário, sem previsão do Poder Moderador), mas também viola a CF/88, haja vista que a separação de Poderes e a previsão dos Poderes Executivo, Legislativo e Judiciário estão, na verdade, previstas na Constituição Federal, sendo isso repetido na Constituição Estadual por serem normas de observância obrigatória.

Essa lei estadual hipotética, portanto, viola tanto a Constituição Estadual quanto a Constituição Federal. Nesse cenário, é possível se verificar uma situação interessante, qual seja, o ajuizamento concomitante (*simultaneus processus*) de duas ações diferentes de controle concentrado abstrato de constitucionalidade: I) uma ação no STF, porque cabe ADI em face de lei estadual que viola a CF; e II) outra ação no TJ, porque cabe ADI estadual de lei estadual que viola a Constituição Estadual, mesmo que envolva uma norma de reprodução obrigatória.

Então, quando o parâmetro superior de controle é uma norma de reprodução obrigatória, é possível haver duas ações ao mesmo tempo, isto é, dois processos simultâneos, duas ADIs simultâneas, uma no STF e outra no Tribunal de Justiça do Estado. São duas ações de controle abstrato de constitucionalidade. Nessa hipótese, o STF pode determinar a suspensão da ADI estadual até que a ADI federal seja julgada.

Em provas de concursos, é comum o examinador questionar se, nesse caso, o STF pode determinar que a ação estadual seja extinta. E a resposta é negativa, o STF não pode determinar que a ação estadual seja **extinta**, mas apenas a **suspensão** do seu andamento (ADI 1423 MC; AgRg Pet 2701; RExt 537.232; ADI 4627). Confira:

> "Ação direta de inconstitucionalidade. (...) - Rejeição das preliminares de litispendência e de continência, porquanto, **quando tramitam paralelamente duas ações diretas de inconstitucionalidade, uma no Tribunal de Justiça local e outra no Supremo Tribunal Federal, contra a mesma lei estadual impugnada em face de princípios constitucionais estaduais que são reprodução de princípios da Constituição Federal, suspende-se o curso da ação direta proposta perante o Tribunal estadual até o julgamento final da ação direta proposta perante o Supremo Tribunal Federal**, conforme sustentou o relator da presente ação direta de inconstitucionalidade em voto que proferiu, em pedido de vista, na Reclamação 425. - Ocorrência, no caso, de relevância da fundamentação jurídica do autor, bem como de conveniência da concessão da cautelar. Suspenso o curso da ação direta de inconstitucionalidade nº 31.819 proposta perante o Tribunal de Justiça do Estado de São Paulo, defere-se o pedido de liminar (...)."

(ADI 1423 MC, Pleno, Rel. Min. MOREIRA ALVES, j. 20/06/1996)

"(...) **Se a ADI é proposta inicialmente perante o Tribunal de Justiça local e a violação suscitada diz respeito a preceitos da Carta da República, de reprodução obrigatória pelos Estados-membros, deve o Supremo Tribunal Federal, nesta parte, julgar a ação, suspendendo-se a de lá**; se além das disposições constitucionais federais há outros fundamentos envolvendo dispositivos da Constituição do Estado, a ação ali em curso deverá ser sobrestada até que esta Corte julgue em definitivo o mérito da controvérsia. Precedente. (...)" **(ADI 2361 MC, Pleno, Rel. Ministro Maurício Corrêa, j. 11/10/2001)**

É importante esclarecer, no entanto, que, diante da simultaneidade de controle abstrato no STF e no TJ contra a mesma norma, há situações em que o Supremo Tribunal Federal determina a suspensão do processo estadual sem dizer que está fazendo isso em virtude de o paradigma de controle ser norma de reprodução obrigatória. No entanto, ao se analisar os detalhes desses casos, é possível perceber que eles, pelo menos em grande parte, envolvem normas de reprodução obrigatória da CF/88, apesar de isso não ser dito expressamente pelo STF.

Um bom exemplo de caso como esse é o precedente da **ADPF 190** (j. 29/09/2016), na qual o Supremo Tribunal Federal simplesmente afirmou que *"**a ocorrência de coexistência de jurisdições constitucionais estadual e nacional configura a hipótese de suspensão prejudicial** do processo de controle normativo abstrato instaurado perante o Tribunal de Justiça local"*. Como se pode perceber, nesse caso (que envolveu uma ADPF, e não uma ADI, mas se aplica perfeitamente aqui, pois a ADPF também é ação de controle abstrato de constitucionalidade), o STF afirmou apenas que, havendo simultaneidade de controle abstrato em âmbito federal e e em âmbito estadual contra a mesma norma, o controle estadual deve ser suspenso. A Corte não condicionou expressamente a suspensão do processo estadual à constatação de que o paradigma de controle é norma de reprodução obrigatória.

É interessante ter conhecimento da existência desse tipo de precedente, porque a cobrança do tema nas provas pode ocorrer em termos semelhantes, isto é, a banca examinadora pode simplesmente perguntar se é correto afirmar que, havendo concomitância de controle abstrato em âmbito federal e em âmbito estadual contra a mesma norma, o controle do âmbito estadual deve ser suspenso. Se a pergunta for essa, a resposta deve ser positiva, pois, como vimos, há julgados do STF abordando o tema dessa forma.

Seja como for, na hipótese de haver a simultaneidade de processos, sendo a ADI perante o STF julgada improcedente (ou seja, o STF declarando o ato constitucional perante a Constituição Federal), o TJ pode dar prosseguimento à ação de controle abstrato ajuizada perante ele e, se for o caso, considerar a lei inconstitucional, desde que, evidentemente, por fundamento diverso. No entanto, se o STF julgar procedente a ADI (declarando, portanto, inconstitucional o ato atacado), a ação em trâmite no TJ perde o seu objeto, pois, nesse caso, o ato impugnado é retirado do ordenamento jurídico, em virtude de sua incompatibilidade com a Constituição Federal.

Mas o que acontece se houver uma concomitância de ADIs (uma no TJ e outra no STF) ajuizadas contra uma mesma norma e a ação que tramita perante o

Tribunal local não for suspensa e acabar sendo julgada antes da ação que tramita perante o STF? Isso fará com que a ADI ajuizada perante a Suprema Corte fique prejudicada?

Segundo decidiu o Supremo Tribunal Federal (**ADI 3659**), para que nessa hipótese a ação que tramita perante ele fique prejudicada, é necessário que sejam preenchidos **dois requisitos cumulativos**:

1) Que a ação estadual seja julgada procedente, isto é, que o ato seja declarado inconstitucional pelo Tribunal Estadual.

2) Que a norma da Constituição Estadual com base na qual se realizou o controle **não tenha correspondência na Constituição Federal**, pois, se o parâmetro utilizado na ação estadual tiver correspondente na CF/88 (pouco importando se é uma norma de reprodução obrigatória ou não), a decisão não terá o condão de prejudicar a ADI ajuizada perante o STF, tendo em vista que compete à Suprema Corte a última palavra sobre a interpretação da Constituição Federal e, nesse caso, embora o Tribunal de Justiça julgue a ação com base na Constituição Estadual, o que estaria em jogo seria uma norma cujo teor se encontra previsto também na Constituição Federal.

Confira, a propósito, a ementa da ADI 3659:

> **Ementa:** CONSTITUCIONAL. CONTROLE DE CONSTITUCIONALIDADE DE PRECEITO NORMATIVO ESTADUAL. COEXISTÊNCIA DE PROCESSOS DE FISCALIZAÇÃO ABSTRATA NO STF E EM CORTE ESTADUAL. (...) **1. Coexistindo ações diretas de inconstitucionalidade de um mesmo preceito normativo estadual, a decisão proferida pelo Tribunal de Justiça somente prejudicará a que está em curso perante o STF se for pela procedência e desde que a inconstitucionalidade seja por incompatibilidade com dispositivo constitucional estadual tipicamente estadual (= sem similar na Constituição Federal). 2. Havendo declaração de inconstitucionalidade de preceito normativo estadual pelo Tribunal de Justiça com base em norma constitucional estadual que constitua reprodução (obrigatória ou não) de dispositivo da Constituição Federal, subsiste a jurisdição do STF para o controle abstrato tendo por parâmetro de confronto o dispositivo da Constituição Federal reproduzido.** (...). 4. Ação direta de inconstitucionalidade julgada procedente.
>
> **(ADI 3659/AM; Relator(a): Min. ALEXANDRE DE MORAES; Julgamento: 13/12/2018; Órgão Julgador: Tribunal Pleno)**

No entanto, em uma situação na qual o julgamento da ADI estadual não prejudica a ADI no STF, se houver interposição de recurso extraordinário contra o acórdão da ADI estadual e o STF julgar esse recurso extraordinário declarando a inconstitucionalidade da norma impugnada antes de julgar a ADI que havia sido ajuizada perante ele, essa ADI (a do STF) **ficará prejudicada**. Isso acontece porque, nesse caso, o próprio Supremo Tribunal Federal já terá reconhecido, em outro processo, a invalidade da norma que é objeto da ADI que foi proposta perante ele, o que faz com que essa ação fique prejudicada (mesmo porque a norma impugnada já não mais fará parte do ordenamento jurídico, em virtude de ter sido declarada inconstitucional no recurso julgado pelo STF).

Esse cenário ocorreu na **ADI 2146** (j. 12/05/2021), que foi ajuizada contra uma lei estadual (mais precisamente, uma lei do Estado de São Paulo) que também foi impugnada em uma ADI estadual, na qual a norma foi declarada inconstitucional. Como houve a interposição de recurso extraordinário contra a decisão da ADI estadual e o STF julgou esse recurso extraordinário (confirmando a inconstitucionalidade da lei) antes de julgar a ADI que foi ajuizada perante ele, esta última perdeu o objeto e ficou prejudicada.

Nos exatos termos da decisão do STF que extinguiu a ação, *"o Tribunal de Justiça do Estado de São Paulo declarou a inconstitucionalidade da Lei (...) em sua integralidade, por vício de iniciativa, tendo este SUPREMO TRIBUNAL FEDERAL mantido o respectivo acórdão no julgamento do Recurso Extraordinário 537.134 (...),* ***do que decorre o prejuízo da ação, em face da perda superveniente de seu objeto****"*.

Efeitos da decisão

Os **efeitos da decisão** do Tribunal de Justiça no controle concentrado abstrato de constitucionalidade estadual são, basicamente, os mesmos das decisões das ADIs julgadas pelo STF.

Portanto, os efeitos da decisão final do Tribunal de Justiça proferida no controle concentrado abstrato estadual são, em regra, os seguintes:

a. Gerais (*erga omnes*);

b. Retroativos (*ex tunc*);

c. Repristinatórios (quando a lei ou ato normativo é declarado inconstitucional); e

d. Vinculantes (que são equivalentes ao que, nos EUA, é chamado de *binding effect*).

Excepcionalmente, o Tribunal de Justiça pode realizar a modulação dos efeitos da decisão do controle abstrato concentrado estadual, com a aplicação do art. 27 da Lei nº 9.868/99. O TJSP, por exemplo, tem aplicado esse art. 27 e tem feito a modulação dos efeitos das decisões proferidas nas suas ADIs estaduais.

Além disso, no controle abstrato estadual, à semelhança do que ocorre no modelo federal, não é necessária a participação da Assembleia Legislativa Estadual. No âmbito federal, o Senado só participa do controle de constitucionalidade quando se trata do controle difuso (art. 52, X, CF/88), não atuando no controle concentrado abstrato. E a mesma lógica se aplica aqui: a Assembleia Legislativa Estadual não pode interferir no controle concentrado abstrato estadual. Na ADI estadual, a decisão do TJ já é suficiente para fulminar a lei ou ato normativo tido como inconstitucional, sendo descabida a intromissão do Poder Legislativo.

Algumas Constituições Estaduais até trazem a previsão de que a Assembleia Legislativa deve atuar para suspender a lei ou ato normativo tido como inconstitucional por decisão do Tribunal de Justiça no controle concentrado abstrato, mas o STF já firmou o entendimento de que disposições como essa são inconstitucionais.

Cabimento de recurso extraordinário

No caso de a ADI proposta perante o Tribunal de Justiça ter como parâmetro superior uma norma da Constituição Estadual de reprodução obrigatória da Constituição

Federal, em face da decisão proferida pelo TJ é possível a interposição de recurso extraordinário para o STF, com base no art. 102, III, "a", da CF/88 (assim decidiu o STF, por exemplo, na Rcl 383; na Rcl 337 etc.).

Por outro lado, caso a norma da Constituição Estadual não seja de reprodução obrigatória da CF, não caberá recurso extraordinário, o qual apenas será cabível – repita-se – se a norma da Constituição Estadual for de reprodução obrigatória da CF/88. Se se tratar de uma norma de reprodução facultativa, não caberá o apelo extremo (AgRg AI 694.299), pois, sendo uma norma de imitação ou mesmo uma norma própria, incide a Súmula 280 do STF, que diz que, por ofensa a direito local não cabe recurso extraordinário.

Súmula 280/STF: "Por ofensa a direito local não cabe recurso extraordinário."

Nesse sentido, o examinador do concurso para o cargo de Promotor de Justiça do MP/GO realizado em 2014 considerou **incorreta** a assertiva segundo a qual *"desafia recurso extraordinário decisão proferida por Tribunal local em ação direta de inconstitucionalidade em que há alegação de ofensa, pela legislação ou ato normativo estadual ou municipal, a preceito da Constituição estadual, ainda que o preceito não reproduza norma constitucional federal de observância obrigatória pelos Estados"*. Como acabamos de ver, esse recurso extraordinário só é cabível quando o parâmetro superior do controle estadual é uma norma da Constituição Estadual de reprodução obrigatória da Constituição Federal.

Outro detalhe em relação a esse recurso extraordinário é o seguinte: o Ministério Público Federal também tem legitimidade para a sua interposição, e não apenas o MP Estadual. Isso consta expressamente do art. 37, p. único, da LC 75/93:

> "**Art. 37, LC 75/93.**
>
> (...)
>
> **Parágrafo único.** O Ministério Público Federal será parte legítima para interpor recurso extraordinário das decisões da Justiça dos Estados nas representações de inconstitucionalidade."

Portanto, o MPF possui legitimidade para interpor recurso extraordinário no controle concentrado abstrato estadual.

Esse recurso extraordinário também pode ser interposto pelo Procurador-Geral do Estado, desde que ele esteja atuando como defensor do ato impugnado, conforme decidiu o STF no RExt 570.392 (ementa transcrita abaixo). Isso, inclusive, já foi abordado anteriormente neste livro.

> **Ementa:** RECURSO EXTRAORDINÁRIO. REPERCUSSÃO GERAL. (...) 1. **O Procurador-Geral do Estado dispõe de legitimidade para interpor recurso extraordinário contra acórdão do Tribunal de Justiça proferido em representação de inconstitucionalidade (art. 125, § 2º, da Constituição da República) em defesa de lei ou ato normativo estadual ou municipal, em simetria a mesma competência atribuída ao Advogado-Geral da União (art. 103, § 3º, da Constituição da República). Teoria dos poderes implícitos.** (...) 3. Recurso extraordinário provido.
>
> **(RE 570392/RS; Relator(a): Min. CÁRMEN LÚCIA; Julgamento: 11/12/2014; Órgão Julgador: Tribunal Pleno)**

Importante notar que a decisão do STF nesse recurso extraordinário é uma decisão proferida no bojo do controle abstrato de constitucionalidade, e não no bojo do controle concreto difuso comum. **Trata-se de um recurso extraordinário excepcional.**

Como se sabe, em regra, o recurso extraordinário é interposto em face de uma decisão proferida no controle de constitucionalidade difuso (em que há lide envolvendo autor e réu), mas, no caso que estamos analisando, cuida-se de recurso extraordinário interposto no âmbito do controle abstrato (e não concreto) de constitucionalidade, pois é manejado em face de julgamento realizado pelo Tribunal de Justiça em sede de uma ADI estadual.

Portanto, esse recurso extraordinário é um recurso apresentado dentro do controle abstrato, e não do controle difuso. E isso gera consequências práticas importantes em relação à decisão do STF a ser proferida no seu julgamento. Por exemplo, nesse tipo de recurso extraordinário, a decisão do STF tem **efeitos *erga omnes*, e não *inter partes*,** além de ela não ensejar a possibilidade de edição da resolução do Senado Federal prevista no art. 52, X, da CF/88, tudo isso por não se tratar de controle difuso concreto, mas sim de controle abstrato de constitucionalidade. Essas peculiaridades desse recurso extraordinário específico foram abordadas pelo Supremo Tribunal Federal, por exemplo, no RE 187.142, nos seguintes termos:

> "O Tribunal, por votação unânime, conheceu do recurso extraordinário e lhe deu provimento para declarar a inconstitucionalidade dos arts. 25, 27 e parágrafos, do Ato das Disposições Transitórias da Lei Orgânica do Município do Rio de Janeiro, de 05/4/90. Votou o Presidente. **E, em questão de ordem levantada pelo Presidente (Ministro Moreira Alves), decidiu que a decisão tomada, como a presente, em recurso extraordinário interposto em ação direta de inconstitucionalidade estadual, tem eficácia *erga omnes*, por se tratar de controle concentrado, eficácia essa que se estende a todo o território nacional.** Ausentes, justificadamente, os Ministro Carlos Velloso e Celso de Mello, Presidente. Presidiu o julgamento o Ministro Moreira Alves. Plenário, 13.8.98."
>
> **(RE 187142/RJ; Relator(a): Min. ILMAR GALVÃO; Julgamento: 13/08/1998; Órgão Julgador: Tribunal Pleno)**

Além disso, apesar de se aplicar nesse tipo de recurso extraordinário a lógica do controle abstrato, surgiu uma divergência no STF sobre o seu prazo de interposição. A discussão foi a seguinte: **nesse recurso extraordinário, interposto em face de decisão de Tribunal de Justiça em sede de controle abstrato estadual, aplica-se ou não a contagem em dobro do prazo (art. 188 do CPC/73 e arts. 180 e 183 do CPC/15)?**

O entendimento predominante no Plenário do STF vinha sendo o de que o prazo em dobro só se aplica aos processos subjetivos, e não aos processos objetivos, de modo que tal benesse não incidiria nesse tipo de recurso extraordinário. Apesar disso, instalou-se uma divergência entre as duas turmas do STF, pois a Segunda Turma adotou a posição no sentido de que não se aplica o prazo em dobro nesses recursos extraordinários (e nos processos objetivos em geral), enquanto a Primeira Turma passou a entender de forma diferente, isto é, no sentido da aplicação do prazo em dobro. Vejamos as seguintes decisões do STF:

"(...) **INAPLICABILIDADE, AO PROCESSO OBJETIVO DE CONTROLE NORMATIVO ABSTRATO DE CONSTITUCIONALIDADE, DA NORMA EXCEPCIONAL INSCRITA NO ART. 188 DO CPC**, MESMO PARA EFEITO DE INTERPOSIÇÃO DE RECURSO EXTRAORDINÁRIO DIRIGIDO AO SUPREMO TRIBUNAL FEDERAL (...)" **(RE 658375 AgR, Rel. Min. CELSO DE MELLO, Segunda Turma, j. em 25/03/2014)** Vide ainda na Segunda Turma: AI 788.453-AgR; ARE 707.339-AgR; RE 561.935-ED-ED; RE 658.375-AgR. No Plenário: ADI 2.130 AgR; e ADI 1.797 AgR.

"**Aplica-se o prazo em dobro previsto no art. 188 do CPC** aos recursos extraordinários interpostos em ações diretas de inconstitucionalidade no âmbito dos Tribunais de Justiça." **(ARE 661288, Rel. Min. DIAS TOFFOLI, Primeira Turma, j. em 06/05/2014)**

Para a felicidade dos "concurseiros", essa divergência foi resolvida pelo Plenário do STF, que, no dia **06/02/2019**, julgando um agravo regimental no ARE 830727 e um agravo regimental interposto em face da decisão liminar proferida no bojo da ADI 5814, **reafirmou o entendimento da inaplicabilidade do prazo em dobro para a interposição de recursos em processos objetivos de controle abstrato de constitucionalidade**.

Confira abaixo as ementas dos acórdãos:

EMENTA: AGRAVO REGIMENTAL NO RECURSO EXTRAORDINÁRIO COM AGRAVO. PROCESSUAL CIVIL. AÇÃO DIRETA DE INCONSTITUCIONALIDADE ESTADUAL. ENTIDADE PÚBLICA. PRAZO PARA RECORRER. CONTAGEM EM DOBRO: INAPLICABILIDADE. RECURSO EXTRAORDINÁRIO INTEMPESTIVO. 1. **Não se aplica o privilégio do prazo recursal em dobro no processo de controle concentrado de constitucionalidade.** Precedentes. 2. Agravo regimental ao qual se nega provimento. **(ARE 830727 AgR/SC; Relator(a): Min. DIAS TOFFOLI; Relator(a) p/ Acórdão: Min. CÁRMEN LÚCIA; Julgamento: 06/02/2019; Órgão Julgador: Tribunal Pleno)**

Ementa: Processo Constitucional. Agravo Regimental em Ação direta de inconstitucionalidade. Desprovimento. 1. **As prerrogativas processuais dos entes públicos, tal como prazo recursal em dobro e intimação pessoal, não se aplicam aos processos em sede de controle abstrato.** 2. Agravo regimental não provido.

(ADI 5814 MC-AgR-AgR/RR; Relator(a): Min. ROBERTO BARROSO; Julgamento: 06/02/2019; Órgão Julgador: Tribunal Pleno)

Nesse recurso extraordinário interposto no bojo do controle concentrado abstrato estadual, o STF pode modular os efeitos da decisão do Tribunal de Justiça, aplicando o art. 27 da Lei 9.868/99. Inclusive, em uma ação cautelar em recurso extraordinário dessa natureza, o STF, até mesmo, já alterou a modulação dos efeitos realizada pelo TJ na origem (Pet 2859 MC).

Além disso, nesse tipo de recurso extraordinário, é possível o julgamento, no STF, por ato monocrático do Relator, quando a decisão impugnada refletir jurisprudência pacificada do Supremo Tribunal Federal sobre o tema (EDcl RE 376.440).

É relevante registrar, ainda, que há entendimento das duas turmas do STF no sentido de que não se aplica o art. 97 da CF/88 (cláusula de reserva de plenário) ao julgamento desse tipo de recurso extraordinário quando o TJ declara a inconstitucionalidade da lei estadual ou municipal e o STF apenas mantém esse julgamento. Nessa hipótese, não se aplica a reserva de plenário no STF, porque ela já foi aplicada na origem pelo TJ, podendo o julgamento do recurso ser realizado diretamente por uma das turmas da Suprema Corte.

Por outro lado, se o TJ, ao julgar a ADI estadual, rejeita a alegação de inconstitucionalidade, o julgamento de eventual recurso extraordinário deverá observar o art. 97 da CF/88, se o STF decidir declarar a inconstitucionalidade da norma impugnada. Isso porque, em tal hipótese, a cláusula de reserva de plenário não terá sido aplicada na origem.

Nesse sentido decidiram a Primeira Turma no ARE 661288, julgado em 06/05/2014, e a Segunda Turma no ARE 1.008.426 AgR, julgado em 26/05/2017.

Confira:

> "(...) **a cláusula da reserva de plenário não é exigida quando o Supremo Tribunal Federal, na sua competência recursal, mantém acórdão recorrido que declarou a inconstitucionalidade de norma local em processo de controle por ação direta estadual.** (...) Hipótese diversa é aquela em que, afastada a inconstitucionalidade pelo Tribunal de origem, esta Corte dá provimento ao recurso extraordinário para extinguir do ordenamento jurídico a norma impugnada. Em tais condições, em observância ao disposto no art. 97 da Constituição Federal, deve ser o julgamento do feito afetado ao Plenário desta Corte. (...)" **(trechos do Voto do Min. Luís Roberto Barroso no ARE 661288, Rel. Min. DIAS TOFFOLI, Primeira Turma, j. em 06/05/2014)**

Portanto, se o TJ, ao julgar a ADI estadual, diz que a lei estadual ou municipal é inconstitucional e é interposto recurso extraordinário em face dessa decisão, a turma do STF, para manter a decisão, pode julgar o recurso sem necessidade de remeter o feito ao Plenário. Por outro lado, se o TJ diz que a lei é constitucional e é interposto recurso extraordinário, o STF, para declarar a inconstitucionalidade, precisa observar a reserva de plenário.

Por fim, não se pode deixar de registrar que, nesse recurso extraordinário, é necessário haver prequestionamento e demonstração de repercussão geral, conforme tem exigido o Supremo Tribunal Federal (AgRg RE 638.729).

■ CONTROLE DE CONSTITUCIONALIDADE DIFUSO CONCRETO ESTADUAL

O controle de constitucionalidade estadual difuso concreto é praticamente igual ao controle difuso concreto realizado pelo STF e por todos os juízes e tribunais.

Portanto, esse controle, resumidamente:

1) é incidental;

2) é deduzido na causa de pedir, e não no pedido principal;

3) pode ser exercido por provocação ou de ofício;

4) pode ser exercido em qualquer ação ou recurso;

5) pode ser exercido pelo TJ e pelos juízes estaduais;

6) quando realizado pelo TJ, exige a observância da cláusula de reserva de plenário (art. 97, CF/88);

7) sua decisão produz efeitos retroativos e *inter partes*;

8) tem os seguintes parâmetros de controle:

a. **Parâmetro superior**: tanto a Constituição Estadual quanto a Constituição Federal. Apenas no controle concentrado abstrato estadual é que o parâmetro superior, em regra, restringe-se à Constituição Estadual, mas, no controle difuso concreto estadual, o TJ e os juízes podem investigar a inconstitucionalidade da lei em face também da Constituição Federal. E, quando o parâmetro superior for a Constituição Federal, se o STF já tiver decidido a questão com efeito vinculante, os juízes estaduais, evidentemente, serão obrigados a aplicar o entendimento vinculante da Suprema Corte.

b. **Parâmetro inferior**: depende de qual é o parâmetro superior, pois, se este for a Constituição Federal, o parâmetro inferior poderá ser uma lei ou ato normativo federal, estadual ou municipal (o juiz estadual pode analisar se uma lei federal é inconstitucional em face da Constituição Federal), mas, se o parâmetro superior for a Constituição Estadual, o parâmetro inferior só poderá ser uma lei ou ato normativo estadual ou municipal (um juiz estadual não pode analisar se uma lei federal é inconstitucional em face da Constituição Estadual).

▶ Constituição Estadual pode prever a aplicação simétrica do art. 52, X, da CF/88, no controle difuso de constitucionalidade realizado pelo respectivo Tribunal de Justiça?

Conforme já estudamos, o art. 52, X, da CF/88 estabelece que compete ao Senado Federal suspender a execução de lei declarada inconstitucional pelo Supremo Tribunal Federal em decisão definitiva proferida no controle difuso de constitucionalidade.

> **"Art. 52, CF/88. Compete privativamente ao Senado Federal:**
>
> **(...)**
>
> **X - suspender a execução, no todo ou em parte, de lei declarada inconstitucional por decisão definitiva do Supremo Tribunal Federal;**
>
> **(...)"**

Vimos também que, segundo o STF (ADI 5548 e RE 199.293), é inconstitucional norma de Constituição de Estado que prevê a aplicação do mecanismo do art. 52, X, da CF/88 no controle de constitucionalidade concentrado abstrato estadual, pois não há previsão disso na Constitucional Federal e a participação do Legislativo para suspender a execução de norma declarada inconstitucional não é compatível com o controle concentrado abstrato, que é, por si só, dotado de eficácia *erga omnes* e vinculante.

E quanto ao controle difuso de constitucionalidade estadual? Nesse caso é possível a Constituição do Estado prever a participação do Poder Legislativo para suspender a execução da norma declarada inconstitucional por decisão definitiva do respectivo Tribunal de Justiça? **Segundo o Supremo Tribunal Federal, sim.**

Esse questionamento foi enfrentado pelo STF no **RE 199.293**, julgado em 19/05/2004, precedente em que a Corte se manifestou sobre dispositivos da Constituição do Estado de São Paulo que tratavam da participação da Assembleia Legislativa (para suspender a execução da norma declarada inconstitucional) no controle de constitucionalidade realizado pelo respectivo Tribunal de Justiça, prevendo essa participação tanto no controle difuso concreto quanto no controle concentrado abstrato.

Em relação ao controle concentrado abstrato, o STF decidiu pela inconstitucionalidade da participação do Poder Legislativo, pelos motivos que vimos anteriormente.

Por outro lado, no que diz respeito ao controle difuso concreto, o entendimento da Corte foi diferente. O STF decidiu que o art. 52, X, da CF/88 é uma **norma de observância obrigatória** (conforme constou do voto do relator do caso, Min. Marco Aurélio), de modo que a sua aplicação em âmbito estadual no controle difuso de constitucionalidade realizado pelo Tribunal de Justiça (tendo como paradigma a Constituição Estadual, evidentemente) é compatível com a Constituição Federal.

Nas palavras da Corte, *"a comunicação da pecha de inconstitucionalidade proclamada por Tribunal de Justiça pressupõe decisão definitiva preclusa na via recursal e julgamento considerado o controle de constitucionalidade difuso. Insubsistência constitucional de norma sobre a obrigatoriedade da notícia, em se tratando de controle concentrado de constitucionalidade"*.

Portanto, segundo o Supremo Tribunal Federal, Constituição de Estado pode, aplicando por simetria o art. 52, X, da CF/88, prever a competência da Assembleia Legislativa para suspender a execução de norma declarada inconstitucional por decisão definitiva (irrecorrível) do respectivo Tribunal de Justiça no controle difuso de constitucionalidade.

TÉCNICAS DECISÓRIAS NO CONTROLE DE CONSTITUCIONALIDADE

Para finalizar este capítulo, é interessante abordar as diferentes técnicas de decisão que podem ser utilizadas no controle de constitucionalidade.

A esse respeito, é necessário, inicialmente, esclarecer que uma técnica de decisão no controle de constitucionalidade nada mais é do que a forma como o órgão judicial reconhece a validade ou a invalidade de um determinado ato ou norma perante a Constituição. Assim, se existem diferentes técnicas decisórias, isso significa que o órgão que exerce o controle pode declarar a constitucionalidade ou a inconstitucionalidade com diferentes extensões, efeitos e repercussões práticas, sempre considerando as circunstâncias e os elementos do caso submetido a julgamento.

Há quem afirme que as diferentes técnicas de decisão no controle de constitucionalidade, ou pelo menos algumas delas, apenas têm aplicação no controle concentrado abstrato. Os defensores desse entendimento alegam que, no controle difuso concreto, o que se tem é uma mera interpretação das normas para que elas possam ser aplicadas aos diferentes casos concretos, de modo que não seria possível falar em técnicas de decisão de controle de constitucionalidade.

Esse, no entanto, não parece ser o melhor entendimento, por dois motivos: **(I)** primeiramente, porque, ainda que o controle difuso concreto envolva interesses subjetivos das partes em conflito, a verdade é que, nele, também há um juízo acerca da validade da norma aplicável à solução do caso, juízo esse que também se verifica no controle concentrado abstrato, ainda que não haja neste último um conflito intersubjetivo envolvido; **(II)** em segundo lugar, a cláusula de reserva de plenário, conforme vimos, faz com que a análise da constitucionalidade da norma no controle difuso concreto ganhe um viés abstrato, já que, quando ela é aplicada, a apreciação da arguição de inconstitucionalidade é apartada do julgamento do caso concreto para ser decidida abstratamente pelo pleno ou órgão especial do tribunal. Tudo isso mostra que não há lógica em diferenciar o controle abstrato do controle concreto para fins de aplicação das técnicas decisórias.

Quanto ao estudo do tema das diferentes técnicas de decisão no controle de constitucionalidade, ele tem origem principalmente na Europa, especialmente, na década de 1980, quando o jurista e magistrado português **José Manuel Moreira Cardoso da Costa** tentou sistematizar e agrupar em três grandes grupos os tipos básicos de decisões que vinham sendo proferidas pelos tribunais constitucionais europeus.

Esses **três grupos básicos de decisões (ou de técnicas decisórias)** foram os seguintes:

I) **Decisões simples ou extremas:** são aquelas em que o tribunal, sem fazer qualquer reserva ou impor qualquer condição, simplesmente declara que uma determinada norma é constitucional ou inconstitucional. Trata-se de uma **declaração de inconstitucionalidade (ou constitucionalidade) pura e simples.**

II) **Decisões intermediárias (ou intermédias):** são aquelas que não se enquadram nos extremos da declaração pura e simples de constitucionalidade ou inconstitucionalidade. Nesse tipo de decisão, o tribunal busca um "meio-termo", em vez de simplesmente declarar a validade ou a invalidade da norma. Nessas decisões, são utilizadas, por exemplo, as técnicas da interpretação conforme a Constituição, da declaração de nulidade sem redução de texto e do apelo ao legislador.

III) **Decisões integrativas e substitutivas:** são aquelas em que o órgão que realiza o controle adiciona à norma impugnada algum elemento que lhe falta para que se compatibilize com a Constituição ou mesmo substitui o seu conteúdo por um que seja constitucionalmente válido.

A identificação desses três tipos de decisões é importante para ajudar a compreender o que são as diferentes técnicas decisórias no controle de constitucionalidade, quais são os pontos em comum entre elas e como elas se diferenciam umas das outras. Porém, a nomenclatura que vimos acima não vem sendo adotada no Brasil (e, aparentemente, nem mesmo na Europa), notadamente, na jurisprudência do Supremo Tribunal Federal, não obstante seja possível enquadrar nesses três grandes grupos diversas técnicas de decisão utilizadas pela nossa Suprema Corte.

As técnicas de decisão no controle de constitucionalidade e as suas nomenclaturas que podem ser identificadas na **jurisprudência do STF** são as seguintes:

I) **Declaração de inconstitucionalidade simples (ou pura e simples):** é a que ocorre quando uma norma é impugnada em sua integralidade e o tribunal declara a inconstitucionalidade nos termos em que requerida (trata-se da aplicação plena da teoria da nulidade). Note que, aqui, o pedido de declaração de inconstitucionalidade pode se referir a um diploma normativo inteiro ou simplesmente ao texto integral de algumas de suas disposições (como artigos, parágrafos, incisos e alíneas), mas o que importa para que fique caraterizado o uso dessa técnica é que o reconhecimento da inconstitucionalidade se refira à integralidade do preceito.

II) **Declaração de constitucionalidade simples (ou pura e simples):** é a que ocorre quando o objeto do controle é a integralidade de uma norma (podendo se tratar de um diploma normativo inteiro ou simplesmente do texto integral de algumas de suas disposições, como artigos, parágrafos, incisos e alíneas) e o tribunal declara a sua constitucionalidade total.

III) **Declaração de inconstitucionalidade parcial com redução de texto:** é a que ocorre quando apenas parte de uma norma é declarada inconstitucional (nesse caso, é possível que o pedido tenha abrangido apenas essa parte da norma – hipótese em que a decisão será de procedência total – ou mesmo o texto integral dela – hipótese em que a decisão será de procedência parcial). Em geral, quando essa técnica é utilizada, a decisão que declara a inconstitucionalidade indica as expressões específicas do texto normativo que foram consideradas inválidas, e, a partir daí, a interpretação desse texto normativo deve ser feita sem considerar as expressões declaradas inconstitucionais (é por isso que a declaração da inconstitucionalidade nesse caso é realizada **com redução de texto**). Segundo o STF (ADI 896 MC e ADI 3459), essa técnica **não pode ser empregada caso acarrete alteração radical do sentido ou do alcance do texto impugnado**, sob pena de ocorrer uma usurpação das funções do Poder Legislativo (ou seja, o uso dessa técnica não pode transformar o tribunal em um "legislador positivo"). Nesse caso, o processo deve ser extinto sem julgamento de mérito. No entanto, o próprio STF tem precedente admitindo que, em caso de pedido de declaração de inconstitucionalidade parcial que possa acarretar alteração radical do sentido do texto impugnado, seja dada ao legitimado ativo, antes de se extinguir o processo sem resolução de mérito, a **oportunidade de aditar a inicial** para que o objeto da ação passe a abranger o restante do dispositivo atacado (ADI 1949 MC).

IV) **Interpretação conforme a Constituição:** essa técnica de decisão tem aplicação quando o texto impugnado é **plurissignificativo**, e, ao utilizá-la, o tribunal declara que um dos possíveis significados do texto é compatível com a Constituição (ou seja, é constitucional), mas os demais significados são incompatíveis com ela (ou seja, são inconstitucionais). É importante não confundir a interpretação conforme enquanto técnica de decisão no controle de constitucionalidade com a interpretação conforme enquanto princípio interpretativo. Na qualidade de princípio interpretativo, o que a interpretação conforme faz e orientar o intérprete a realizar o máximo esforço possível para interpretar o texto normativo de uma forma que ele seja considerado compatível com a Constituição e, assim, preserve a sua validade.

V) **Declaração de nulidade (ou de inconstitucionalidade) sem redução de texto:** essa técnica de decisão também tem aplicação quando o texto impugnado é **plurissignificativo**, mas aqui ocorre o inverso do que se verifica na interpretação conforme. Enquanto na interpretação conforme o tribunal reconhece a validade de um dos possíveis sentidos do texto normativo e elimina os demais sentidos, na declaração de nulidade sem redução de texto um dos possíveis sentidos do texto é considerado inválido e os demais são considerados compatíveis com a Constituição. Além disso, é possível encontrar na jurisprudência do Supremo Tribunal Federal uma situação excepcional de uso da declaração de nulidade sem redução de texto envolvendo texto **unívoco** (isto é, não plurissignificativo). Isso ocorre quando o texto impugnado é inválido, mas a inconstitucionalidade não se encontra em uma expressão contida nele, mas sim em outro dispositivo para o qual ele faz **remissão**. Em uma hipótese como essa, tendo em vista que a inconstitucionalidade reside não em uma expressão contida no texto impugnado, mas sim na aplicação de uma norma para a qual ele remete, é cabível o uso da técnica decisória da declaração de nulidade sem redução de texto, mesmo porque não há texto a ser suprimido do dispositivo impugnado nesse caso. Isso ocorreu, por exemplo, no precedente da ADI 491 MC. A técnica da declaração de nulidade sem redução de texto foi cobrada, por exemplo, no concurso para o cargo de Procurador do Município de Manaus/AM realizado pelo CESPE em 2018, no qual foi considerada **correta** a assertiva segundo a qual, *"ao afirmar que a aplicação de uma norma a determinada hipótese fática é inconstitucional, o STF se utiliza da técnica de decisão denominada declaração de inconstitucionalidade sem redução do texto"*.

VI) **Declaração de inconstitucionalidade sem pronúncia de nulidade:** por essa técnica, o tribunal reconhece que o ato impugnado é inconstitucional, mas **não invalida o seu texto**. Essa técnica é muito comum nos julgamentos de ADOs (especialmente quando envolvem inconstitucionalidades omissivas parciais) em que o órgão julgador reconhece a inconstitucionalidade por omissão e simplesmente comunica a mora ao legislador, inclusive, fazendo um apelo para que ele supra a sua omissão. No entanto, também é possível identificar a utilização da declaração de inconstitucionalidade sem pronúncia de nulidade em situações envolvendo inconstitucionalidades comissivas (tanto no controle abstrato quanto no controle concreto), como nos casos em que o STF reconhece a inconstitucionalidade progressiva de determinada norma, afirmando que ela é "ainda constitucional" (temos exemplo disso no **RE 135328** e na **ADI 3937**, dentre outros precedentes). Essa técnica decisória foi cobrada, por exemplo, no concurso para o cargo de Juiz Federal do TRF da 5ª Região realizado pelo CESPE em 2015, no qual foi considerada **incorreta** a assertiva segundo a qual *"a técnica da declaração de inconstitucionalidade sem pronúncia de nulidade é utilizada para considerar inconstitucional apenas determinada hipótese de aplicação da lei, sem proceder à alteração do seu programa normativo"*. Conforme vimos, essa é a definição da técnica da declaração de inconstitucionalidade sem redução de texto.

VII) **Declaração de inconstitucionalidade estendida (ou por arrastamento):** é a que ocorre quando o tribunal verifica uma situação de **inconstitucionalidade por arrastamento** (que foi estudada anteriormente neste capítulo). Nesse caso, o princípio da congruência é excepcionado e passa a ser possível a declaração da inconstitucionalidade de uma norma que não foi impugnada na ação.

VIII) **Decisões manipuladoras (ou manipulativas):** essa técnica decisória, que tem origem na Itália, é aquela que se utiliza quando a simples retirada do ato inconstitucional do ordenamento jurídico não é suficiente para proteger a supremacia da Constituição. Cuida-se de situações em que o tribunal, para manter a higidez constitucional, não pode se limitar a atuar como "legislador negativo", tendo ele de "transformar" o significado ou o conteúdo do texto impugnado e, assim, dar a ele um alcance e um conteúdo diversos dos originais, por considerar que essa medida é necessária para que o ato se torne compatível com a Constituição. Em uma acepção ampla, até mesmo a modulação de efeitos (prevista no art. 27 da Lei 9.868/99 e no art. 11 da Lei 9.882/99) pode ser considerada uma técnica decisória manipulativa, pois ela permite que o tribunal manipule o alcance da decisão. As decisões manipulativas podem ser classificadas em **duas espécies:**

a. **Decisões manipulativas aditivas:** consubstanciam técnica decisória utilizada quando a norma é declarada inconstitucional em virtude de possuir um conteúdo normativo de alcance menor do que o exigido pela Constituição. É importante ter em mente que essa técnica apenas é cabível quando a insuficiência da norma é proposital, isto é, quando ela exprime uma "vontade negativa" do legislador, que, de forma intencional, deixou de contemplar (ou expressamente excluiu) uma situação ou um grupo de pessoas que, segundo a Constituição, deveria ser contemplado. Portanto, não há espaço para uma decisão aditiva quando se está diante de uma lacuna normativa não intencional e que, como tal, pode ser resolvida por simples integração judicial da norma. Perceba que, quando se profere uma decisão aditiva, o ato impugnado é declarado inconstitucional apenas em relação àquilo que ele não prevê e que a Constituição determina que seja nele contemplado. As decisões aditivas são muito úteis em casos de inconstitucionalidade por omissão parcial, mas não têm utilidade em casos de inconstitucionalidade por omissão total, pois, quando a omissão é total, não existe texto normativo para ser considerado insuficiente. Existem **dois tipos de decisões manipulativas aditivas**, ambos já admitidos na jurisprudência do Supremo Tribunal Federal:

1. **Decisões aditivas de extensão de conteúdo:** são as decisões aditivas em que o tribunal reconhece a inconstitucionalidade do ato impugnado em virtude da sua insuficiência e estende o seu conteúdo, com eficácia geral (*erga omnes*), às situações que deveriam ter sido contempladas no seu texto. Esse tipo de decisão, portanto, acrescenta (adiciona) ao ato impugnado situações que ele deveria ter previsto, mas não o fez, sendo muito comum, por exemplo, nos julgamentos de mandados de injunção, que, conforme estudaremos no capítulo sobre os remédios constitucionais, podem ter o efeito de suprir a omissão inconstitucional. As decisões aditivas de extensão de conteúdo podem ser decisões **aditivas de garantia** ou decisões **aditivas de prestações.** Em ambas a extensão do conteúdo da norma impugnada tem como consequência assegurar direitos a situações e/ou grupos de pessoas que não haviam sido contemplados por ela originalmente. A diferença entre elas é que, enquanto as aditivas de garantia estendem direitos (fundamentais) de caráter **não prestacional**, as aditivas de prestações estendem direitos (fundamentais) de caráter **prestacional** (que são os direitos econômicos e sociais).

2. **Decisões aditivas de princípio:** nessas decisões, ao reconhecer a inconstitucionalidade da norma impugnada, o tribunal não estende o seu conteúdo a situações ou grupos de pessoas não contemplados por ela, mas simplesmente fixa as diretrizes e os **princípios** que, em um momento subsequente, deverão ser observados para se realizar a complementação da norma deficitária. Isso ocorre porque os casos que exigem uma decisão aditiva de princípio, em geral, envolvem situações que não encontram solução única e bem delineada na Constituição, o que faz com que a deficiência inconstitucional da norma impugnada possa ser solucionada de diversas maneiras. Por conta disso, o tribunal, em vez de solucionar de imediato a lacuna inconstitucional do ato atacado, limita-se a definir os princípios que devem ser observados para suprir a deficiência normativa e determina que essa deficiência seja solucionada, de modo *erga omnes* (isto é, geral), pelos próprios órgãos responsáveis pela produção normativa. E, caso esses órgãos, após a prolação da decisão aditiva de princípio, não solucionem o déficit da norma, o próprio Poder Judiciário, ao apreciar os casos concretos em que os indivíduos venham a se queixar da inobservância do seu direito por conta da permanência do déficit normativo, pode, com efeitos *intra partes*, preencher a lacuna tomando por base os princípios definidos na decisão aditiva.

b. Decisões **manipulativas substitutivas:** nessas decisões, o tribunal reconhece que o ato impugnado é parcialmente inconstitucional e **substitui a parte inválida por um conteúdo compatível com a Constituição** (ao utilizar essa técnica decisória, o tribunal diz que a norma é inconstitucional "na parte em que prevê uma coisa em vez de outra"). O novo conteúdo inserido na norma impugnada é **constitucionalmente obrigatório**, ou seja, é imposto pela Constituição, de modo que, para que a Constituição seja cumprida (e não ocorra uma inconstitucionalidade), o julgador se vê obrigado a realizar essa substituição de conteúdo. A decisão manipulativa substitutiva possui **dois componentes (ou elementos)**: o **componente ablatório ou demolitório** (*pars destruens*) e o **componente reconstrutivo ou integrativo** (*pars construens*). Pelo componente ablatório, o conteúdo da norma impugnada é considerado inválido e retirado do texto (ele sofre uma ablação). E, pelo componente reconstrutivo, o conteúdo inválido é substituído pelo conteúdo necessário para tornar a norma compatível com a Constituição e evitar que o efeito ablatório do reconhecimento da invalidade do conteúdo original gere um vácuo normativo. Um bom exemplo de decisão manipulativa substitutiva na jurisprudência do STF é o precedente das ADIs 4357 e 4425, na quais a Corte reconheceu a inconstitucionalidade da utilização da Taxa Referencial (TR) como índice de correção monetária dos débitos judiciais da Fazenda Pública e, em substituição a ela, determinou a aplicação do Índice Nacional de Preços ao Consumidor Amplo Especial (IPCA-E).

IX) **Decisões construtivas:** essa técnica decisória é utilizada no controle da inconstitucionalidade por omissão. Por meio dela, o tribunal, verificando que a Constituição possui um comando que não foi atendido pelo legislador infraconstitucional (havendo, portanto, uma omissão inconstitucional), cria o conteúdo que deveria ter sido criado pelo Poder Legislativo para dar efetividade à norma constitucional que depende de regulamentação. Perceba que essa técnica não se confunde com as decisões manipulativas. Isso porque a técnica da decisão manipulativa se aplica a situações nas quais a norma que é necessária para concretizar a Constituição chegou a ser editada, mas, em virtude de não atender adequadamente o comando constitucional, o tribunal "transforma" o seu conteúdo para que ele passe a ser compatível com a Constituição. Já na técnica da decisão construtiva, a norma que é necessária para concretizar a Constituição não existe (ou seja, há um "vazio normativo"), e o tribunal, para solucionar a situação de omissão inconstitucional, "constrói" uma norma onde não havia nada. Essa técnica de decisão **já foi utilizada expressamente pelo STF**, inclusive, no controle concentrado abstrato de constitucionalidade, como ocorreu na **ADO 38** (j. 28/08/2023). Nessa ação, a Corte reconheceu a omissão inconstitucional do Congresso Nacional em editar a lei exigida pelo art. 45, § 1º, da CF/88 para disciplinar a distribuição das vagas de Deputado Federal entre os Estados de forma proporcional à população de cada um. No caso, o STF fixou prazo para o Poder Legislativo suprir a omissão e determinou que, se a omissão não fosse suprida, a norma seria criada pelo próprio Poder Judiciário por meio do TSE. Nas exatas palavras da Corte, *"as técnicas decisórias passíveis de utilização no âmbito da jurisdição constitucional* ***contemplam as chamadas decisões construtivas****, que são aquelas através da quais, a fim de concretizar plenamente a força normativa da Constituição, a Corte se vê compelida* ***a introduzir conteúdos normativos não diretamente identificáveis na legislação em vigor****. (...) No caso sub judice, justifica-se a prolatação de sentença construtiva, haja vista: a) ser o conteúdo da norma* ***de fácil extração da literalidade do texto constitucional****; b) implicar a omissão inconstitucional identificada em* ***ofensa ao direito político fundamental ao sufrágio*** *das populações dos Estados subrepresentados e, por conseguinte, ao princípio democrático; c) que* ***controvérsias relacionadas ao funcionamento do processo político-eleitoral impõem uma postura mais expansiva e particularista*** *por parte do Supremo Tribunal Federal, em detrimento de opões mais deferentes e formalistas".*

X) Decisões dialógicas: essas decisões são uma técnica decisória que busca evitar o ativismo judicial "exagerado" existente nas decisões manipulativas (em especial, nas aditivas de extensão de conteúdo e nas substitutivas). As decisões dialógicas são aquelas em que o tribunal, com a finalidade de resolver a violação à Constituição, **promove um diálogo** entre as entidades e os órgãos integrantes do Estado e mesmo entre eles e os grupos sociais (isto é, os particulares) prejudicados pelo ato ou omissão inconstitucional. Ao proferir uma decisão dialógica, o tribunal não invade (ao menos não por completo) o âmbito de competências das demais instituições, mas apenas provoca e coordena a atuação delas. Portanto, quando o tribunal adota uma técnica decisória dialógica, a sua conduta invasiva se limita à supervisão e orientação da atuação dos órgãos constitucionalmente competentes para concretamente solucionar a violação constitucional (dentre esses órgãos, destacam-se o Poder Legislativo e o Poder Executivo). Trata-se, portanto, de uma técnica de decisão que promove o diálogo para solucionar o vício de inconstitucionalidade. Segundo a doutrina, essa técnica decisória tem origem em países não europeus (especialmente, na Colômbia e na África do Sul) e está relacionada com o chamado **processo estrutural**, que é o tipo de processo em que são deduzidas demandas estruturais, as quais, por sua vez, são aquelas que têm como objetivo reformar ou reorganizar uma estrutura burocrática que deixou de funcionar ou que se encontra funcionando em desconformidade com o que dela se espera para que direitos fundamentais sejam concretizados. Ou seja, um processo estrutural (no qual há um litígio estrutural) se presta a solucionar um problema estrutural para, assim, atingir-se um estado de coisas ideal. No Brasil, o melhor exemplo de processo estrutural e de utilização da técnica decisória dialógica é o caso da **ADPF 347**, na qual o Supremo Tribunal Federal reconheceu estar configurado um **estado de coisas inconstitucional** (instituto importado do Direito colombiano) no sistema prisional brasileiro. Segundo decidiu o STF, o cenário de generalizada violação de direitos fundamentais nas unidades prisionais brasileiras somente poderia ser solucionado por meio de mudanças estruturais cuja implementação dependeria da participação de diversas instituições, em especial, do Poder Legislativo, do Poder Executivo, do Ministério Público e da Defensoria Pública, cabendo ao Poder Judiciário (na figura do Supremo Tribunal Federal) tão somente dar o "pontapé" inicial para tirar esses órgãos da inércia e coordenar os trabalhos desenvolvidos por eles, aos quais caberia, inclusive, definir o conteúdo das políticas públicas capazes de solucionar o quadro de inconstitucionalidade.

7

Teoria Geral dos Direitos Humanos e dos Direitos Fundamentais

TERMINOLOGIA

Qual é a diferença entre direitos humanos e direitos fundamentais?

Quando se fala em direitos humanos, trata-se de direitos reconhecidos no plano internacional, como, por exemplo, em declarações, tratados e convênios, dentre outros documentos. Inclusive, é importante lembrar aqui que, nos termos da CF/88, um dos nossos princípios nas relações internacionais é a prevalência dos direitos humanos (art. 4º, II, CF/88):

> "**Art. 4º, CF/88.** A República Federativa do Brasil rege-se nas suas relações internacionais pelos seguintes princípios:
>
> I - Independência nacional;
>
> **II - prevalência dos direitos humanos;**
>
> III - autodeterminação dos povos;
>
> IV - não-intervenção;
>
> V - igualdade entre os Estados;
>
> VI - defesa da paz;
>
> VII - solução pacífica dos conflitos;
>
> VIII - repúdio ao terrorismo e ao racismo;
>
> IX - cooperação entre os povos para o progresso da humanidade;
>
> X - concessão de asilo político.
>
> Parágrafo único. A República Federativa do Brasil buscará a integração econômica, política, social e cultural dos povos da América Latina, visando à formação de uma comunidade latino-americana de nações."

Por outro lado, direitos fundamentais são direitos positivados no plano interno de cada Estado, especialmente, no texto constitucional. No Brasil, o núcleo dos direitos fundamentais está, notadamente, consagrado no art. 5º da CF/88, mas a verdade é que há direitos fundamentais espalhados por toda a Constituição, como se verifica no art. 6º, no art. 7º e em outros dispositivos. Enfim, em qualquer trecho da Constituição pode haver direitos fundamentais (que – repita-se – são direitos positivados no plano interno).

Em outras palavras, **os direitos humanos (consagrados no plano internacional), ao serem positivados no plano interno, transformam-se em direitos fundamentais.**

No entanto, do ponto de vista material (isto é, com relação à substância), não há diferença entre direitos humanos e direitos fundamentais, prestando-se ambas as categorias a tutelar e promover a dignidade da pessoa humana.

Em resumo, do ponto de vista material, não há diferença entre direitos humanos e direitos fundamentais, pois ambos gravitam em torno da dignidade da pessoa humana e se prestam a protegê-la e promovê-la. No entanto, sob o viés formal, essas categorias se diferenciam, especificamente, quanto ao plano de consagração, pois os direitos humanos estão previstos no plano internacional, enquanto os direitos fundamentais estão positivados no ordenamento jurídico interno, mais precisamente, na Constituição.

José Afonso da Silva utiliza a expressão "**direitos fundamentais do homem**", definindo-os como sendo "as prerrogativas e instituições que o direito positivo concretiza em garantias de uma convivência digna, livre e igual de todas as pessoas". Essa definição traz em si muitas características dos direitos fundamentais. Vejamos:

1) Conforme vimos, os direitos fundamentais são direitos positivados no âmbito de determinado Estado, são direitos positivados principalmente no plano constitucional.
2) Além disso, os direitos fundamentais não devem ser apenas formalmente previstos (positivados), devendo também ser concretizados no dia a dia das pessoas, pois são garantias vinculadas à dignidade da pessoa humana, figurando, dentre essas garantias, a liberdade e a igualdade entre todos como dois dos direitos fundamentais mais importantes.

Há três elementos muito importantes na expressão utilizada por José Afonso da Silva referida acima ("direitos fundamentais do homem"):

1) O autor menciona **direitos**. Isso é importante, porque se trata de direitos subjetivos, isto é, os direitos fundamentais revelam uma relação jurídica obrigacional, sendo verdadeiros direitos, e não meras aspirações. Por trás de um direito, há uma relação jurídica vinculada a uma obrigação, relação jurídica essa que, em termos clássicos, envolve um credor, um devedor e um objeto. E o credor dos direitos fundamentais, em uma perspectiva clássica, é o ser humano, que é o segundo elemento do conceito aqui analisado.
2) Aparece como credor dessa relação jurídica obrigacional o **homem**, isto é, o ser humano, pois se trata de direitos do homem.
3) O terceiro elemento é a expressão "**fundamental**". Cuida-se de direito fundamental, o que evidencia não se tratar de um direito qualquer, mas sim de um direito ligado à dignidade da pessoa humana. Cuida-se de uma prestação positiva ou negativa (isto é, de um fazer ou de um não fazer) ligada à dignidade da pessoa humana.

Existem diversos critérios para estabelecer a fundamentalidade ou não de um direito, isto é, para dizer qual direito é ou não fundamental. O critério mais utilizado na doutrina e nas bancas de concurso é o da **fundamentalidade à luz da sua vinculação à dignidade da pessoa humana**, segundo o qual, um direito é fundamental quando ele tem íntima ligação com a dignidade da pessoa humana, isto é, quando ele está em uma situação na qual, se for suprimido do ordenamento jurídico, a dignidade da pessoa humana será afetada negativamente. Quando o direito fundamental tem essa ligação com a dignidade da pessoa humana, diz-se que ele é **materialmente fundamental**.

E quem é o **devedor** da relação jurídica obrigacional existente por trás de um direito fundamental? Como visto, o credor é o ser humano e o objeto é uma prestação positiva ou negativa ligada à dignidade da pessoa humana. O devedor nessa relação jurídica, sob a ótica clássica, por sua vez, é **o Estado**, que é o grande devedor de direitos fundamentais.

Portanto, os direitos fundamentais trazem consigo uma relação jurídica obrigacional que tem como credor o ser humano, como objeto uma prestação positiva ou negativa ligada à dignidade da pessoa humana e como devedor o Estado.

Além das categorias direitos humanos e direitos fundamentais, existem os chamados **direitos do homem**, que também são direitos que se prestam à tutela e promoção da dignidade humana, mas que não se encontram previstos em nenhum documento, seja na ordem jurídica interna, seja na ordem jurídica internacional. São direitos inerentes à condição humana, decorrendo de uma visão jusnaturalista.

EVOLUÇÃO HISTÓRICA

Como se chegou no estágio atual dos direitos fundamentais? Qual foi a evolução histórica que levou ao momento presente dos direitos fundamentais?

Embora se possa falar em antecedentes históricos dos direitos humanos desde a antiguidade clássica, para fins de preparação para as provas de concursos, o mais importante não são os antecedentes remotos, mas sim os chamados **antecedentes próximos**.

Os antecedentes próximos são o conjunto de documentos do constitucionalismo (especialmente do constitucionalismo inglês, do constitucionalismo norte-americano e do constitucionalismo francês) e de documentos oriundos das Nações Unidas. Esses documentos escritos consubstanciam os antecedentes próximos, ao lado do pensamento doutrinário de vários autores e filósofos, como Kant, Hobbes, Rousseau etc.

Os principais documentos componentes dessa evolução histórica que são cobrados nas provas de concursos são os seguintes:

- **a)** *Magna Carta Libertatum* (1215);
- **b)** *Petition of Rights* (1628);
- **c)** *Habeas Corpus Amendment Act* (1679);
- **d)** Corpo de Liberdades de Massachusetts (1641);
- **e)** Forma de Governo da Pensilvânia (1682);
- **f)** *Bill of Rights* (1689);
- **g)** Declaração de direitos do bom povo da Virgínia (12/06/1776);
- **h)** Declaração de Independência dos Estados Unidos (04/07/1776);
- **i)** Declaração dos Direitos do Homem e do Cidadão (Assembleia Constituinte Francesa, 26/08/1789);

j) Carta das Nações Unidas (26/06/1945); e

k) Declaração Universal dos Direitos do Homem (10/12/48).

Esses documentos estão ligados também ao constitucionalismo, pois, como se sabe, há uma íntima relação entre o constitucionalismo e os direitos fundamentais, já que um dos escopos do constitucionalismo é a limitação do poder e a garantia de direitos. Inclusive, é por isso que há uma similitude entre a evolução histórica do constitucionalismo e a evolução histórica dos direitos fundamentais.

Cabe, dentre todos, destacar a **Declaração dos Direitos do Homem e do Cidadão, da Assembleia Constituinte Francesa**, a qual foi proposta por Lafayette, tendo como inspiração a doutrina de Thomas Jefferson, que redigiu a Declaração da Virgínia e a Declaração de Independência dos EUA. Thomas Jefferson, aliás, era embaixador dos EUA na França na época da Revolução Francesa e na época da Declaração dos Direitos do Homem e do Cidadão, tendo ele influenciado o documento francês, razão pela qual, a declaração francesa é muito similar à Declaração da Virgínia e à Declaração de Independência dos EUA.

A declaração francesa tem um papel fundamental na expressão "direitos do homem" e também na afirmação da universalidade dos direitos humanos.

É possível notar o caráter universal da declaração francesa, por exemplo, no seu art. 2º, que, ao se referir a toda associação política, quer se referir a todo Estado, a todo Governo. Veja:

> "**Artigo 2º, Declaração dos Direitos do Homem e do Cidadão.** A finalidade de toda associação política é a conservação dos direitos naturais e imprescritíveis do homem. Esses direitos são: a liberdade, a propriedade, a segurança e a resistência à opressão."

Nesse dispositivo, há direitos naturais imprescritíveis do homem como sendo o fundamento e a finalidade de todo Governo e de todo Estado. Esses direitos básicos são os seguintes: liberdade, propriedade, segurança e resistência à opressão.

A universalidade também está presente no art. 16 dessa declaração, que se refere não apenas à sociedade francesa, mas a toda e qualquer sociedade. Esse dispositivo se alinha com o conceito ideal de Constituição, segundo o qual, a Constituição é o documento escrito que prevê separação de poderes e garantia de direitos fundamentais, sendo estes últimos, no caso, os direitos fundamentais civis e políticos clássicos.

> "**Artigo 16, Declaração dos Direitos do Homem e do Cidadão.** Toda sociedade na qual não está assegurada a garantia dos direitos nem determinada a separação de poderes, não tem constituição."

A Declaração dos Direitos do Homem e do Cidadão foi incorporada à Constituição Francesa de 1791 como seu preâmbulo e também à Constituição Francesa de 1793. Além disso, **essa declaração é um marco da chamada primeira geração de direitos humanos**, que é caracterizada pela prevalência de **direitos universais ligados a uma abstenção do Estado**, a um não fazer, tendo foco na liberdade e na igualdade formal.

Essa primeira geração de direitos fundamentais é uma geração que pretende tornar o indivíduo livre do abuso do Estado, que era absolutista. Nesse contexto (de surgimento da ideia de direitos humanos universais), esses direitos visam, principalmente, fazer com que o Estado não possa interferir na esfera privada dos indivíduos e é por isso que, segundo eles determinam, o Estado deve, essencialmente, não fazer, deve, por exemplo, não retirar a liberdade, não retirar a propriedade, não impedir a manifestação do pensamento etc. Esses direitos **são os direitos civis clássicos e os direitos políticos ou de participação** e estão vinculados a uma igualdade formal.

Enfim, a primeira geração de direitos fundamentais surge com a declaração francesa feita no bojo da Revolução Francesa e também com o movimento revolucionário norte-americano. **Esses dois movimentos consagraram a primeira geração de direitos fundamentais.**

A **segunda geração de direitos fundamentais** surge no início do século XX, com as Constituições do México de 1917 e da Alemanha de 1919 (Constituição de Weimar), que trouxeram direitos caracterizados por consubstanciarem **obrigações de fazer**, sendo, portanto, direitos prestacionais, direitos positivos, e não mais direitos negativos (como são os de primeira geração).

Os direitos de segunda geração são focados na **igualdade material**: o Estado deve providenciar prestações positivas para promover uma efetiva igualdade entre as pessoas. São os **direitos sociais, econômicos e culturais**. Exemplos são o direito à educação e o direito à saúde.

A **terceira geração de direitos humanos/fundamentais** também surge no século XX, mas ela **está ligada a uma titularidade coletiva ou difusa**, como, por exemplo, o direito ao meio ambiente ecologicamente equilibrado. Na terceira geração, portanto, não se refere ao homem individualmente considerado, mas sim ao ser humano considerado como coletividade.

Todo esse desenvolvimento de direitos fundamentais universais sofre um retrocesso muito grande com a Segunda Guerra Mundial, quando, por trás da filosofia nazifascista, houve uma negação à universalidade dos direitos fundamentais. Sustentou-se, assim, inexistirem direitos universais (isto é, direitos de todos), porque os seres humanos, segundo essa filosofia, seriam divididos em raças, havendo uma raça superior e raças inferiores, reconhecendo-se direitos apenas à raça superior e sendo eles negados às raças inferiores, que eram simplesmente exterminadas.

Quando a ideologia nazifascista cai, tem-se um novo momento de reafirmação dos direitos humanos e dos direitos fundamentais e a **construção de um sistema internacional de proteção aos direitos humanos, sistema esse apoiado na ideia da dignidade da pessoa humana**, a qual tem como fundamento filosófico mais importante o pensamento de Kant, que faz a distinção entre pessoas e coisas que vemos logo abaixo.

I) Pessoa:

a. é um fim em si mesmo;

b. possui dignidade;

c. deve ser dotada de autonomia;

d. é insubstituível.

II) Coisa:

a. é um meio;

b. é um instrumento para realizar a dignidade humana;

c. não tem dignidade, mas sim preço (que pode ser um preço econômico ou um preço afetivo).

Segundo Kant, portanto, coisas são instrumentos, enquanto pessoas são um fim em si mesmo. As coisas servem para concretizar a dignidade das pessoas. E, por esses motivos, o maior crime que pode ocorrer é transformar pessoas em coisas, é coisificar o ser humano, ou seja, tratar o ser humano como se fosse um instrumento ou uma coisa, que foi exatamente o que fez o nazifascismo, regime que exterminou milhões de pessoas, tratando-as como coisas, e não como seres dotados de dignidade.

CARACTERÍSTICAS DOS DIREITOS FUNDAMENTAIS

O tema das características dos direitos fundamentais é amplamente tratado em sede doutrinária, sendo possível apontar como principais as seguintes:

a) Historicidade;

b) Inalienabilidade (ou indisponibilidade);

c) Personalidade;

d) Imprescritibilidade;

e) Irrenunciabilidade;

f) Constitucionalização;

g) Inviolabilidade;

h) Vinculação dos poderes públicos;

i) Aplicação imediata;

j) Limitabilidade (ou relatividade);

k) Indivisibilidade e interdependência;

l) Não taxatividade;

m) Proibição de retrocesso;

n) Concorrência; e

o) Universalidade.

Passemos à análise de cada uma delas.

■ HISTORICIDADE

Que significa dizer que os direitos fundamentais são históricos?

Walter Claudius Rothenburg diz que é possível identificar duas visões (ou concepções) sobre a historicidade dos direitos fundamentais.

De acordo com uma primeira concepção, a historicidade significa que existem direitos que são comuns às histórias de diversas sociedades. Os direitos fundamentais, de acordo com esse ponto de vista, são históricos por estarem presentes nas histórias de muitas sociedades.

De acordo com uma segunda concepção, adjetivada por Walter Claudius Rothenburg como uma visão otimista ou romântica, a historicidade significa que, no curso da história, os direitos fundamentais clássicos são aperfeiçoados e novos direitos fundamentais surgem, à medida em que vão sendo modificados os interesses da sociedade. São, portanto, novos direitos ligados a novos interesses necessários para a concretização da dignidade da pessoa humana. Como se pode perceber, essa concepção é de cunho evolucionista.

A ideia defendida por essa forma evolucionista de abordar a historicidade é a de que direitos fundamentais são reconhecidos, modificados e podem até mesmo desaparecer com o passar do tempo, em alguns contextos históricos e sociais.

Nessa visão, os direitos fundamentais são históricos, porque são resultado de um processo histórico de luta pela sua afirmação, isto é, não são um dado da natureza, mas sim uma construção decorrente da luta do homem. Ou seja, os direitos fundamentais são históricos, porque há uma afirmação gradual deles no decorrer da história, possuindo eles uma índole evolutiva, pois, conforme surgem novas necessidades ou novas ameaças à dignidade humana, surgem também novos direitos fundamentais indispensáveis à promoção e proteção da dignidade da pessoa humana.

■ INALIENABILIDADE (OU INDISPONIBILIDADE)

A inalienabilidade significa que os direitos fundamentais são intransferíveis, indisponíveis, inegociáveis, inalienáveis. São, em suma, coisas fora do comércio, não podendo ser objeto de negócio jurídico. Eles são desprovidos de conteúdo econômico patrimonial.

Assim, o titular não pode tornar impossível física ou juridicamente (por meio de um contrato, por exemplo) o exercício por si mesmo dos seus direitos fundamentais. Ou seja, ninguém pode negociar, por exemplo, a sua liberdade, a sua capacidade de ser igual às outras pessoas etc.

O fundamento da indisponibilidade é a dignidade da pessoa humana: ninguém pode se despir de sua própria dignidade (ao menos juridicamente falando). Por isso, o consentimento do titular de um direito fundamental não é suficiente para tornar legítimo e constitucional qualquer negócio jurídico que possa afetar tal direito.

Por exemplo, uma pessoa não pode se tornar escrava de outra vendendo a ela sua liberdade, assim como não é possível que alguém venda ou comercialize partes do corpo humano. Inclusive, nesse exato sentido, o art. 199, § 4º, da CF/88 diz justamente que é vedado todo tipo de comercialização de órgãos, tecidos e substâncias humanas, cuidando-se de um dispositivo constitucional na linha da inalienabilidade dos direitos fundamentais.

Porém, é necessário esclarecer que os direitos fundamentais não são absolutos, podendo seu exercício sofrer restrições. E, assim como os direitos fundamentais não são absolutos, a sua indisponibilidade também não é absoluta, o que significa que a inalienabilidade dos direitos fundamentais deve ser aferida caso a caso, à luz da dignidade da pessoa humana, que é o fundamento dos direitos humanos. Isso porque vários negócios jurídicos afetam, ainda que indiretamente (ou ao menos tangenciam) direitos fundamentais, sem que isso caracterize qualquer invalidade, como é o caso do contrato de utilização da imagem por meio do qual uma pessoa permite que terceiros utilizem comercialmente sua imagem para fins econômicos. Não há impedimento a esse tipo de acordo.

No entanto, há um limite: não se admite transferir o direito fundamental em si a outra pessoa, abrindo mão da titularidade desse direito. Ou seja, é possível relativizar temporariamente o direito fundamental, mas não se pode dele dispor de formal integral e permanente.

Além disso, não se pode confundir a indisponibilidade de um direito com a disponibilidade do bem sobre o qual recai esse direito. Por exemplo, o direito fundamental de propriedade em si mesmo considerado (isto é, a capacidade da pessoa de ser proprietária de algo) é indisponível, de modo que não é possível a celebração de um negócio jurídico em que a pessoa abra mão do seu direito de ser titular do direito de propriedade abstratamente considerado. Porém, a pessoa pode abrir mão da propriedade de um determinado objeto, pois a coisa sobre a qual recai o direito de propriedade é comercializável, o que não é comercializável é a capacidade de ser proprietário.

■ PERSONALIDADE

A característica da personalidade significa que os direitos fundamentais são personalíssimos, de modo que eles se extinguem com a morte do seu titular.

Importante perceber que a característica da personalidade dos direitos fundamentais não impede que terceiros herdem bens (materiais ou imateriais) sobre os quais incidia o direito de propriedade do falecido (e que, a partir da morte do titular, passarão a sofrer a incidência do direito de propriedade dos herdeiros), mas impede que os próprios direitos fundamentais em si mesmos considerados sejam transferidos aos sucessores.

■ IMPRESCRITIBILIDADE

A característica da imprescritibilidade significa que os direitos fundamentais não prescrevem, isto é, eles não se perdem pelo decurso do tempo, ainda que nesse período não sejam exercidos. Logo, eles são sempre exigíveis.

Segundo ensina José Afonso da Silva, a prescrição atinge a exigibilidade de direitos patrimoniais comuns, não a exigibilidade de direitos fundamentais.

■ IRRENUNCIABILIDADE

Não é possível renunciar a um direito fundamental, os direitos fundamentais são irrenunciáveis.

O que pode ocorrer é que o titular de um direito fundamental não o exerça, por conta de uma **autolimitação voluntária**, autolimitação essa que é revogável a qualquer tempo.

Por exemplo, quando alguém passa por uma situação desagradável e decide não mais sair de casa, isso não significa que essa pessoa renunciou à sua liberdade de ir e vir (que é imprescritível e irrenunciável), podendo ela, quando bem entender, sair à rua novamente. Essa limitação no exercício do direito fundamental de ir e vir foi feita voluntariamente pelo seu titular e pode ser revogada (pelo próprio titular) a qualquer tempo.

Nesse sentido, o CESPE, no concurso para o cargo de Procurador do Município de Belo Horizonte/MG realizado em 2017, considerou **incorreta** a assertiva que dizia que *"os direitos fundamentais são personalíssimos, razão por que somente o seu titular tem o direito de renunciá-los"*. Como acabamos de ver, os direitos fundamentais não podem ser renunciados pelo seu titular.

E quanto aos contratos envolvendo *reality shows*? Nesses casos, a porta do imóvel em que as pessoas estão confinadas deve ser mantida aberta, não sendo permitido que a tranquem e impeçam que as pessoas ali confinadas deixem o local. Essas pessoas se colocam em confinamento voluntariamente, mas devem ter preservado o direito de sair de lá quando desejarem, não podendo ficar presas.

▪ CONSTITUCIONALIZAÇÃO

Conforme vimos, o que diferencia direitos humanos de direitos fundamentais é o fato de que os direitos humanos são previstos na ordem internacional, enquanto os direitos fundamentais são positivados no ordenamento jurídico interno, preferencialmente, na Constituição.

A característica da constitucionalização significa, justamente, que os direitos fundamentais devem ser positivados no ordenamento jurídico interno no plano constitucional formal, isto é, eles devem estar previstos no texto constitucional.

Note que a fundamentalização (que é a consideração de um direito como sendo fundamental) e a constitucionalização (que é a previsão de um direito na Constituição formal), embora estejam relacionadas, não são expressões sinônimas. Uma coisa é dizer que um direito é fundamental (o que significa dizer que ele está ligado à dignidade da pessoa humana) e outra coisa é dizer que um direito é constitucionalizado (o que significa dizer que ele está previsto na Constituição escrita). Perceba que o direito positivado na Constituição formal pode ser ou não um direito fundamental material, isto é, um direito escrito na Constituição, ainda que com o rótulo de direito fundamental, pode ter ou não vinculação com a dignidade da pessoa humana.

Portanto, um direito será materialmente fundamental (isto é, terá característica de direito fundamental) se tiver vinculação com a dignidade da pessoa humana. Por outro lado, um direito escrito na Constituição pode ser um direito fundamental apenas sob o ponto de vista formal, sem ter qualquer vinculação com a dignidade da pessoa humana, como é o caso do inciso XXIX do art. 5º da CF/88, que insere no rol de direitos fundamentais a propriedade dos nomes e signos distintivos das empresas, que são pessoas jurídicas, e não pessoas naturais. Esse direito é um direito fundamental apenas formalmente, mas não do ponto de vista material, haja vista não ter relação com a dignidade da pessoa humana.

O ideal é que todos os direitos materialmente fundamentais estejam previstos na Constituição formal, mas a verdade é que o que a Constituição traz é sempre um rol aberto de direitos fundamentais, não esgotando o tema.

INVIOLABILIDADE

Os direitos fundamentais são invioláveis, no sentido de que eles devem ser obrigatoriamente observados.

E quem deve observância aos direitos fundamentais? Todos, ou seja:

I) o legislador, ao elaborar normas infraconstitucionais, pois o direito positivo deve respeitar os direitos fundamentais;

II) os agentes do poder público no exercício de todas as funções do Estado; e

III) por força da chamada eficácia horizontal dos direitos fundamentais, os demais particulares, sejam eles pessoas físicas ou jurídicas.

VINCULAÇÃO DOS PODERES PÚBLICOS

Os direitos fundamentais vinculam a todos, o que é uma decorrência da universalidade dos direitos fundamentais no plano da vinculação, conforme ainda estudaremos. Mas eles vinculam especialmente os poderes públicos, ou seja, os atos dos poderes constituídos devem ser impregnados da observância dos direitos fundamentais, sob pena de serem inválidos.

Os direitos fundamentais, portanto, são limites e parâmetros para a atuação positiva e negativa, material e legislativa do Estado, de modo que o Estado não pode agir ou deixar de agir nem tampouco legislar violando direitos fundamentais. E essa vinculação atinge atos dos três Poderes (Executivo, Legislativo e Judiciário), ou seja, todos os poderes públicos estão vinculados pelos direitos fundamentais.

APLICAÇÃO IMEDIATA DOS DIREITOS FUNDAMENTAIS

Os direitos fundamentais possuem aplicação imediata, conforme consta do art. 5º, § 1º, da CF/88, dispositivo do qual se extrai o postulado normativo da máxima efetividade (já estudado anteriormente), segundo o qual, na interpretação constitucional, deve-se priorizar o resultado que confira a maior eficácia possível aos direitos fundamentais.

> "**Art. 5º, § 1º, CF/88.** As normas definidoras dos direitos e garantias fundamentais têm aplicação imediata"

Aqui, é necessário ter muito cuidado com uma questão: no contexto do estudo dos direitos fundamentais, **aplicação não é a mesma coisa que aplicabilidade**. Nesse sentido, o fato de toda norma definidora de direito fundamental possuir aplicação imediata (art. 5º, § 1º, CF/88) não significa que todas elas possuam, também, aplicabilidade imediata.

Na verdade, como já estudamos, a aplicabilidade da norma constitucional tem a ver com a famosa classificação que leva em conta o seu grau eficacial (podendo ser norma de eficácia plena, contida ou limitada). Por outro lado, a aplicação imediata (prevista no art. 5º, § 1º, da CF/88) significa que, em caso de não cumprimento pelo poder público de alguma norma consagradora de direito fundamental, o titular do direito violado pode buscar sua implementação por meio do Poder Judiciário, podendo se valer, para isso, de instrumentos conferidos pelo próprio constituinte, notadamente, os remédios constitucionais.

Disso se pode perceber que uma norma consagradora de direito fundamental, embora eventualmente seja de eficácia limitada (tendo, portanto, aplicabilidade apenas mediata), possui aplicação imediata, de modo que a sua concretização, caso não levada a efeito pela autoridade responsável, pode ser exigida pelo titular do direito mediante provocação do Poder Judiciário.

Essa sútil diferenciação já foi cobrada em prova objetiva, tendo sido verdadeira "casca de banana". Por isso, o ideal é que, caso as diferentes assertivas da questão proposta pela banca apresentem as expressões "aplicação imediata" e "aplicabilidade imediata" ao se referirem a direitos fundamentais, o candidato tenha redobrada atenção e verifique se o examinador está exigindo o conhecimento sobre o art. 5º, § 1º, da CF/88 ou o conhecimento sobre a classificação das normas constitucionais de acordo com o seu grau eficacial.

LIMITABILIDADE (OU RELATIVIDADE)

A característica da relatividade, também conhecida como **princípio da convivência das liberdades públicas**, significa que os direitos fundamentais não são absolutos, eles podem sofrer limitações em face de outros direitos ou valores fundamentais. E o STF já disse isso expressamente, como, por exemplo, no seguinte caso:

> "OS DIREITOS E GARANTIAS INDIVIDUAIS NÃO TÊM CARÁTER ABSOLUTO. **Não há, no sistema constitucional brasileiro, direitos ou garantias que se revistam de caráter absoluto**, mesmo porque razões de relevante interesse público ou exigências derivadas do princípio de convivência das liberdades legitimam, ainda que excepcionalmente, a adoção, por parte dos órgãos estatais, de medidas restritivas das prerrogativas individuais ou coletivas, desde que respeitados os termos estabelecidos pela própria Constituição (...) pois **nenhum direito ou garantia pode ser exercido em detrimento da ordem pública ou com desrespeito aos direitos e garantias de terceiros**." **(STF, MS 23.452/RJ, 16/09/1999)**

Vê-se, então, que os direitos fundamentais não são absolutos, porque o seu exercício não pode levar a uma violação de direitos de terceiros ou da ordem pública. É a conhecida máxima segundo a qual "o seu direito termina onde começa o meu" (e vice-versa).

Nesse sentido, Luís Roberto Barroso, ao dissertar sobre a dignidade da pessoa humana, deixou claro que ela, embora na maioria das situações tenha preferência sobre outros princípios, não tem caráter absoluto e que, como valor máximo do ordenamento jurídico-constitucional (e não um direito em si mesmo considerado), é o "fiel da balança" em casos de colisões de direitos e interesses constitucionalmente tutelados:

> "(...) Três observações finais relevantes. A primeira: **a dignidade da pessoa humana é parte do conteúdo dos direitos materialmente fundamentais, mas não se confunde com qualquer deles**. Nem tampouco é a dignidade um direito fundamental em si, ponderável com os demais. Justamente ao contrário, **ela é o parâmetro da ponderação, em caso de concorrência entre direitos fundamentais**. Em segundo lugar, embora seja qualificada como um valor ou princípio fundamental, **a dignidade da pessoa humana não tem caráter absoluto**. É certo que ela deverá ter precedência na maior parte das situações em que entre em rota de colisão com outros princípios, mas, **em determinados contextos, aspectos especialmente relevantes da dignidade poderão ser sacrificados em prol de outros valores individuais ou sociais**, como na pena de prisão, na expulsão do estrangeiro ou na proibição de certas formas de expressão. Uma última anotação: **a dignidade da pessoa humana, conforme assinalado acima, se aplica tanto nas relações entre indivíduo e Estado como nas relações privadas**. (...)" **(Luís Roberto Barroso, A Dignidade da Pessoa Humana no Direito Constitucional Contemporâneo: Natureza Jurídica, Conteúdos Mínimos e Critérios de Aplicação. Versão provisória para debate público. Mimeografado, dezembro de 2010)**

Portanto, não há direitos fundamentais absolutos ou ilimitados. Inclusive, nem mesmo o direito à vida é absoluto, porque se admite, por exemplo, a legítima defesa, o estado de necessidade e mesmo a pena de morte em caso de guerra declarada, a qual se encontra expressamente prevista no art. 5º XLVII, "a", da CF/88.

Note, porém, que há vasta produção doutrinária nacional e estrangeira (na qual se inclui, por exemplo, Norberto Bobbio) defendendo a existência de pelo menos dois direitos fundamentais absolutos:

I) O direito fundamental de não ser submetido a tortura nem a tratamento desumano ou degradante (expressamente previsto no art. 5º, III, da CF/88); e

II) O direito fundamental de não ser escravizado.

Esse posicionamento conta com grande adesão na doutrina e já foi aplicado, inclusive, na jurisprudência dos Tribunais brasileiros.

Além disso, é possível encontrar, ainda, sugestões doutrinárias no sentido de que o direito ao **sigilo da fonte jornalística** (previsto no art. 5º, XIV, da CF/88), o direito de **não ser associado compulsoriamente** (previsto no art. 5º, XX, da CF/88) e o direito de **o brasileiro nato não ser extraditado** (previsto no art. 5º, LI, da CF/88) também possuem caráter absoluto.

■ INDIVISIBILIDADE E INTERDEPENDÊNCIA

Que significa dizer que os direitos fundamentais são indivisíveis e interdependentes?

Na década de 1960, quando alguns tratados foram redigidos, os EUA e outros países não quiseram reconhecer os direitos sociais, econômicos e culturais como direitos fundamentais, mas apenas os direitos civis e políticos clássicos. Por esse motivo, foram firmados separadamente, de um lado, tratados sobre os direitos civis e políticos e, de outro lado, tratados sobre os direitos sociais, econômicos e culturais.

Diante desse cenário, a tendência é imaginar que é possível separar os direitos fundamentais e que eles são divisíveis e independentes (direitos civis e políticos de um lado e direitos sociais, econômicos e culturais de outro). Isso, porém, é um equívoco.

Na verdade, de nada adianta ter direitos civis sem ter, também, direitos econômicos, sociais e culturais. De nada serve ter a liberdade de ir e vir, se não possuir renda e o direito social do trabalho para gerar essa renda. Imagine, por exemplo, a situação de um indivíduo ser livre para fazer uma viagem a um país estrangeiro, mas não ter recursos financeiros para exercer a liberdade de viajar. Nesse caso, não há utilidade alguma em ser livre para ir e vir.

Da mesma forma, não adianta possuir renda suficiente para se locomover, se não se tem a liberdade de ir e vir.

Portanto, os direitos fundamentais são interdependentes, isto é, eles **não sobrevivem um sem o outro**, ainda que classificados em diferentes gerações ou dimensões.

▪ NÃO TAXATIVIDADE

A não taxatividade significa que o rol de direitos fundamentais constante da Constituição é um **rol aberto**, de modo que os direitos fundamentais expressos não excluem outros que estejam implícitos nem impede que novos direitos fundamentais venham a ser positivados no texto constitucional.

Cuida-se da chamada **cláusula de inesgotabilidade** (ou cláusula aberta, ou cláusula de abertura): o catálogo expresso de direitos fundamentais previstos na Constituição consubstancia um rol aberto, o que está previsto expressa e formalmente não esgota a possibilidade de existirem outros direitos fundamentais. Assim, outros direitos, ainda que não escritos, devem ser tidos como direitos fundamentais se forem essenciais à dignidade da pessoa humana.

Na CF/88, a cláusula aberta de direitos fundamentais é o § 2º do seu art. 5º, que estabelece a possibilidade de serem reconhecidos direitos fundamentais decorrentes (inclusive, implicitamente) do regime e dos princípios constitucionais e dos tratados internacionais firmados pelo País.

> "**Art. 5º, § 2º, CF/88.** Os direitos e garantias expressos nesta Constituição não excluem outros decorrentes do regime e dos princípios por ela adotados, ou dos tratados internacionais em que a República Federativa do Brasil seja parte."

É importante registrar, no entanto, que, no Brasil, as Constituições de 1934 (art. 114), 1937 (art. 123), 1946 (art. 144), 1967 (art. 150, § 35) e 1969 (art. 153, § 36) previram catálogos abertos de direitos fundamentais, de modo que não se trata de uma novidade trazida pela CF/88. Desde a Constituição de 1934, portanto, nós temos, no nosso constitucionalismo, cláusula aberta de direitos fundamentais expressa no texto constitucional.

Por esse motivo, no concurso para o cargo de Promotor de Justiça do MP/RS realizado em 2014, a banca examinadora considerou **incorreta** a assertiva segundo a qual *"a norma contida no art. 5º, § 2º, da Constituição Federal, significou, pela primeira vez na história do direito constitucional brasileiro, a abertura (expansividade) do catálogo de direitos fundamentais"*.

■ PROIBIÇÃO DE RETROCESSO

A proibição de retrocesso (comumente chamada de princípio da proibição de retrocesso) tem sua principal aplicação no âmbito dos direitos fundamentais sociais, e, por esse motivo, geralmente é chamada de **proibição de retrocesso social**. No entanto, há entendimento doutrinário no sentido de que a vedação de retrocesso se aplica a todos os direitos fundamentais (até mesmo aos direitos fundamentais liberais clássicos), e não apenas aos direitos fundamentais sociais.

Essa vedação significa que não é possível retroceder em relação às conquistas de direitos fundamentais (notadamente os sociais) já alcançadas.

O princípio de proibição de retrocesso também é chamado de princípio do não retrocesso, princípio da proibição da contrarrevolução, princípio da proibição da evolução reacionária ou **efeito *cliquet*** (esta última expressão é muito comum).

Esse tema será melhor estudado e aprofundado no capítulo sobre direitos sociais, tendo em vista que a sua ligação é mais forte com essa espécie de direitos fundamentais.

■ CONCORRÊNCIA

Segundo o Ministro Gilmar Mendes, a concorrência significa que uma determinada situação fática ou uma determinada conduta pode dar ensejo à incidência concomitante de uma pluralidade de direitos fundamentais, isto é, ela pode estar protegida, ao mesmo tempo, por vários direitos fundamentais.

Em outras palavras: vários direitos fundamentais podem ser exercidos cumulativamente, concorrentemente, por um mesmo titular, ao mesmo tempo, em relação a uma mesma conduta humana. Um bom exemplo é o ato de participar de uma procissão religiosa nas ruas de uma cidade. Essa procissão a céu aberto está protegida, ao mesmo tempo, pela liberdade de crença e de culto, pela liberdade de reunião, pela liberdade de locomoção e, eventualmente, por outros direitos fundamentais.

Então, uma mesma situação pode estar protegida, a um só tempo, por vários direitos fundamentais.

■ UNIVERSALIDADE

A universalidade tem algumas premissas que remontam à antiguidade clássica, mas o grande impulso dado a essa característica dos direitos fundamentais veio dos movimentos revolucionários do constitucionalismo norte-americano e do constitucionalismo francês, principalmente, da Declaração de Direitos da Virgínia, da Declaração de Independência dos EUA e, evidentemente, da Declaração Universal dos Direitos do Homem e do Cidadão da Assembleia Francesa de 1789. Esses três documentos foram fundamentais para a ideia de que há direitos universais, isto é, para a ideia de que qualquer ser humano tem determinados direitos pelo simples fato de ser uma pessoa humana.

É possível identificar a universalidade em **quatro planos distintos**, ou seja, existem quatro diferentes planos de universalidade:

1) Plano da Titularidade (também chamado de amplitude subjetiva da universalidade);
2) Plano Temporal (há uma amplitude atemporal da universalidade);
3) Plano Cultural; e
4) Plano da Vinculação.

O que significa a universalidade em cada um desses planos?

No **plano da titularidade**, significa que todos os seres humanos são titulares de direitos fundamentais, ou seja, a condição de ser humano é a única condição necessária para ser titular de direito fundamental.

O **plano temporal** significa que os direitos fundamentais são universais, porque eles estão presentes em todas as épocas da história. Por esse ponto de vista, quando se observa o surgimento de um novo direito fundamental, isso nada mais é do que uma mudança de percepção em relação a direitos que já seriam existentes ou, nas palavras de André Ramos Tavares, é como "tirar o pó de algo que jazia incógnito".

Portanto, o plano temporal da universalidade significa que os direitos fundamentais sempre existiram em todas as épocas da história. Essa abordagem, como se pode perceber, choca-se com a visão evolutiva da historicidade dos direitos fundamentais, que estudamos anteriormente.

O **plano cultural** significa que os direitos fundamentais são universais, porque estão presentes (ou ao menos deveriam estar presentes) em todas as culturas do mundo. Essa dimensão se relaciona com o processo de universalização desses direitos, que seriam reconhecidos assim que determinada cultura atingisse certo nível de compreensão ou evolução.

Ou seja, segundo essa linha de pensamento, os direitos fundamentais estão presentes em todas as culturas ou, se não estão presentes em alguma cultura, isso significa que essa cultura ainda não atingiu determinado estágio de compreensão. Essa ideia é alvo de críticas, porque traz consigo a premissa de que as diferentes culturas se encontram hierarquizadas, existindo culturas superiores e culturas inferiores.

O **plano da vinculação** significa que os direitos fundamentais são universais, porque obrigam a todos: o Estado, os legisladores, os juízes, as pessoas físicas, as pessoas jurídicas etc.

Há sérias críticas à ideia de universalização, principalmente no plano cultural, tendo em vista o relativismo (diversidade) das culturas existentes no mundo. O pensamento de que há níveis hierárquicos de culturas (inferiores e superiores) encontra-se ultrapassado nos dias atuais, não se admitindo essa hierarquização.

Por outro lado, a universalidade permite que, em determinadas culturas que ainda não professam direitos fundamentais, as pessoas oprimidas pela inobservância desses direitos tomem consciência da opressão que sofrem. Em um cenário como esse, a ideia de universalidade acaba servindo de esperança de libertação para pessoas que padecem de situações forçadas ou indesejadas, como o caso, por exemplo, de mulheres que são submetidas a casamento forçado, a mutilação genital, a escravidão doméstica etc.

O cenário ideal é que os direitos fundamentais consigam assegurar, ao menos, a liberdade de escolha das pessoas, independentemente da cultura dominante em que se encontrem inseridas. E, nesse contexto, as melhores soluções para o embate entre a universalidade e o relativismo das culturas são as soluções que buscam diálogos interculturais, como defendem, por exemplo, os professores Boaventura de Sousa Santos e Joaquín Herrera Flores.

Universalidade de chegada e universalidade de partida

Conforme foi visto, o universalismo dos direitos fundamentais se choca, em certa medida, com o relativismo cultural. E as melhores formas de compatibilizar a universalidade com o relativismo cultural são as concepções que procuram os diálogos entre as culturas sem partir da premissa de que uma cultura é superior a outra.

Joaquín Herrera Flores adota uma linha de pensamento de diálogo intercultural na qual ele propõe a universalidade de chegada, que se contrapõe à noção de universalidade de partida.

A **universalidade de partida** é aquela em que, no início do diálogo, uma parte diz à outra que esta deve reconhecer determinados direitos humanos (e fundamentais), porque eles dizem com uma cultura mais elevada e quem não os reconhece se encontra em um nível cultural inferior. Em outras palavras, uma parte diz à outra que ela deve absorver os direitos fundamentais conforme preconiza a sua cultura, que é superior.

A ideia na universalidade de partida, portanto, é que o estabelecimento dos direitos fundamentais que devem ser reconhecidos como universais ocorra já no início do diálogo intercultural, isto é, logo na "linha de partida" do diálogo, não havendo, portanto, espaço para que uma parte contribua para a formação da convicção da outra a esse respeito. O que há aí é uma verdadeira imposição prévia de uma determinada visão de mundo e dos direitos fundamentais que ela reconhece. Nesse caso, o choque com o relativismo é inevitável.

O que Joaquín Herrera Flores propõe, na ideia de universalidade de chegada, é que os direitos fundamentais universais sejam aqueles definidos não no início (pré-concebidos), mas sim no final do diálogo, sem se partir da premissa de que a cultura de um dos interlocutores está correta e a outra está errada. O que se pretende é que as culturas dialoguem para que se consiga identificar quais são os direitos verdadeiramente universais, isto é, os direitos que pertencem a todos.

A **universalidade de chegada** busca atingir uma síntese universal dos direitos (isto é, busca identificar quais são os direitos realmente universais), após um processo de diálogo intercultural, e não antes desse diálogo, ou seja, ela propõe que os direitos fundamentais universais sejam definidos apenas na "linha de chegada" do diálogo intercultural, e não na sua "linha de partida". A ideia aqui é identificar quais são os direitos fundamentais universais dentro de um diálogo sem posições pré-concebidas.

O caminho trilhado pelo universalismo de chegada, portanto, é o inverso do trilhado pelo universalismo de partida.

E esse tema já foi cobrado em concurso. Por exemplo, na prova da DPE/RR, realizada pelo CESPE em 2013, foi considerada **correta** a assertiva segundo a qual *"o conceito de universalismo de chegada sintetiza as garantias universais aptas a sustentar uma teoria dos direitos humanos intercultural"*. Essa ideia é justamente a que vimos acima: o universalismo de chegada pretende que haja um verdadeiro diálogo intercultural que permita identificar os direitos humanos (e fundamentais) que se apliquem interculturalmente de forma genuína, isto é, que sejam verdadeiramente universais.

E nessa mesma prova foi considerada **incorreta** a assertiva segundo a qual *"o conceito de universalismo de chegada associa-se à ideia de humanidade em sua indistinta integralidade cultural e social"*. Como vimos, a universalidade de chegada não pretende que haja uma única cultura ou sociedade, mas sim que as diversas culturas dialoguem e consigam chegar a um consenso sobre quais são os direitos fundamentais universais.

▶ Cosmopolitismo dos direitos humanos (e dos direitos fundamentais)

A tese do cosmopolitismo dos direitos fundamentais é defendida por Boaventura de Sousa Santos.

Esse autor entende que o universalismo que conhecemos e estudamos desde o início da sistematização dos direitos humanos e fundamentais nada mais é do que um "localismo hegemônico", isto é, consiste na visão ocidental dos direitos fundamentais que é imposta ao resto do mundo.

Boaventura explica que é necessário deixar de lado essa visão universalista dos direitos humanos que se impõe ao resto do mundo e compreender que todas as culturas têm visões incompletas e problemáticas da dignidade humana, inclusive, a cultura ocidental. Segundo o autor, se alguma cultura fosse realmente tão completa quanto se julga, não existiriam várias culturas, mas apenas uma, com uma única concepção de dignidade humana e de direitos fundamentais, o que não ocorre, e a prova disso é a constatação da existência de um relativismo cultural.

Nesse contexto, o autor estabelece como premissa o fato de que todas as culturas têm visões diferentes da dignidade humana, algumas mais amplas do que outras, algumas mais abertas a outras culturas do que outras etc.

A partir dessas ideias, Boaventura de Sousa Santos defende a promoção de um diálogo intercultural sobre a dignidade humana que eventualmente leve a uma **concepção mestiça de direitos humanos**, isto é, uma concepção em que não se afirme a existência de um universalismo (que, segundo o autor, é uma ideia falsa, pois, é uma imposição da visão ocidental ao resto do mundo), mas sim a existência de uma "constelação de sentidos locais" do que se deve entender por direitos fundamentais.

Em resumo, Boaventura de Sousa Santos, percebendo que todas as culturas têm visões falhas e incompletas da dignidade humana, repudia um universalismo imposto pela cultura ocidental e defende um cosmopolitismo, isto é, o reconhecimento de que as diversas culturas podem apresentar definições diferentes de dignidade humana e do rol de direitos fundamentais, sem que isso impeça que elas dialoguem entre si e se compreendam, em uma verdadeira "rede de referências normativas".

Como se pode perceber, Boaventura defende que o debate sobre a dignidade humana e os direitos fundamentais se emancipe do pensamento hegemônico ocidental (representado pelo universalismo) e passe a se orientar por um pensamento contra-hegemônico (representado pelo cosmopolitismo) que efetivamente leve em consideração a existência de diferentes culturas, todas igualmente capazes de contribuir para esse debate.

É interessante registrar que esse tema foi cobrado nos mesmos termos que vimos acima na prova objetiva do concurso para o cargo de Procurador do Estado de Rondônia realizado pelo CESPE em 2022. A banca considerou correta a assertiva segundo a qual "*Boaventura de Sousa Santos propõe uma superação do debate sobre universalismo e relativismo a partir de uma concepção multicultural dos direitos humanos*".

PERSPECTIVAS DOS DIREITOS FUNDAMENTAIS

Desde um famoso caso decidido em 1958 pela Corte Constitucional da Alemanha, tem-se entendido que há uma **dupla perspectiva dos direitos fundamentais**, conforme veremos a seguir.

▪ PERSPECTIVA (OU DIMENSÃO) SUBJETIVA

É a perspectiva que relaciona os direitos fundamentais com uma relação obrigacional.

Para essa perspectiva, os direitos fundamentais são direitos subjetivos. Conforme já vimos, os direitos fundamentais têm, por trás de si, uma relação obrigacional envolvendo um credor, um devedor e um objeto. Nesse sentido, direitos fundamentais, na dimensão subjetiva, são direitos subjetivos da pessoa humana em face do Estado (e também de outros particulares). Cuida-se de uma perspectiva clássica.

Esses direitos fundamentais (subjetivos) são justiciáveis (ou judicializáveis), o que significa dizer que eles são direitos que podem ser exigidos judicialmente.

Nessa dimensão clássica, então, **os direitos fundamentais são autênticos direitos subjetivos** que têm por trás de si uma relação jurídica obrigacional e que permitem ao seu credor a sua judicialização, ou seja, podem ser exigidos judicialmente.

▪ PERSPECTIVA (OU DIMENSÃO) OBJETIVA

A perspectiva objetiva significa que, além de serem direitos subjetivos, os direitos fundamentais formam um conjunto de finalidades ou valores objetivos básicos de uma determinada sociedade. Eles compõem uma ordem de valores, um ordenamento axiológico objetivo que informa e orienta, inclusive, a ordem jurídica.

Em outras palavras, os direitos fundamentais, além de direitos subjetivos, são também um conjunto de valores, consubstanciando os valores mais importantes de uma determinada sociedade.

Na dimensão objetiva, os direitos fundamentais possuem **duas funções** principais, a saber:

I) São **diretrizes obrigatórias para o poder público e para os particulares em geral**. São diretrizes obrigatórias para o poder público, porque têm uma eficácia dirigente do poder público, ou seja, o poder público é dirigido para a finalidade de concretizar direitos fundamentais, tendo a obrigação de adotar políticas públicas no sentido da concretização dos direitos fundamentais, de legislar visando proteger e assegurar a concretização dos direitos fundamentais etc. E são diretrizes obrigatórias para a sociedade e os particulares em geral, porque os particulares e a sociedade como um todo estão submetidos a **deveres fundamentais** (que estudaremos oportunamente).

II) Servem como **vetores interpretativos de todo o sistema normativo**, especialmente, no que diz respeito a decisões judiciais no controle de constitucionalidade. Em sua dimensão objetiva, portanto, os direitos fundamentais têm a função de orientar a interpretação do sistema normativo de um determinado Estado.

EFICÁCIA DOS DIREITOS FUNDAMENTAIS

Os planos de eficácia dos direitos fundamentais são, basicamente, dois:

I) Eficácia vertical; e

II) Eficácia horizontal (também chamada de **eficácia privada**).

■ EFICÁCIA VERTICAL

A eficácia vertical dos direitos fundamentais é aquela que diz respeito a uma relação entre o Estado e o particular. Normalmente, o particular é o credor de direitos fundamentais, enquanto o Estado é o devedor de direitos fundamentais. Essa relação é, como se pode perceber, vertical.

Isso corresponde a uma noção clássica de direitos fundamentais entendidos como direitos subjetivos que visam proteger a pessoa humana (o credor) em face do Estado (o devedor). Nesse caso, os direitos fundamentais operam em uma relação existente entre liberdade (das pessoas) e autoridade (do Estado).

É no plano da eficácia vertical que ocorre a maior incidência dos direitos fundamentais.

■ EFICÁCIA HORIZONTAL

No plano da eficácia horizontal (ou privada), os direitos fundamentais estão inseridos nas relações entre os particulares, que são relações horizontais. Por conta da eficácia horizontal, os particulares são coobrigados entre si a respeitar os direitos fundamentais uns dos outros ("o meu direito termina onde começa o seu e vice-versa").

É importante deixar claro que a eficácia horizontal não descarta a eficácia vertical, ela, na verdade, traz consigo a ideia de que os direitos fundamentais, além de incidirem nas relações entre Estado e indivíduo, incidem **também** nas relações entre os particulares.

E o propósito da eficácia horizontal é não apenas que um particular respeite os direitos fundamentais de outro particular, mas também que os particulares atuem, ao lado do Estado, no sentido da implementação positiva (isto é, da concretização) dos direitos fundamentais. Em outras palavras, não só o Estado deve atuar para concretizar direitos fundamentais, toda a sociedade deve agir com esse mesmo objetivo.

O plano da eficácia horizontal diz respeito a relações jurídicas obrigacionais em que tanto o credor quanto o devedor são particulares. Portanto, o Estado fica de fora dessa relação jurídica obrigacional, mas não completamente de fora, porque ele (o Estado) deve sempre ocupar pelo menos uma posição subjacente como garantidor mínimo de que os direitos fundamentais sejam respeitados pelos particulares em suas relações, afinal de contas, é o Estado que legisla para obrigar os particulares, é o Estado que mantém a polícia e os órgãos de fiscalização etc.

É interessante notar que, em última análise, a eficácia horizontal é reforçada pelo fato de que não há somente direitos fundamentais, mas também deveres fundamentais. Aliás, o Capítulo I do Título II da CF/88 é a maior prova da existência dos deveres fundamentais, pois é rotulado como o capítulo "Dos Direitos e **Deveres** Individuais e Coletivos". Mas o fato é que há deveres fundamentais previstos ao longo de toda a CF/88, e não apenas aí.

É possível encontrar espalhados pela Constituição dispositivos que cuidam de direitos fundamentais e que impõem aos particulares, e não apenas ao Estado, obrigações relativas à concretização desses direitos fundamentais, obrigações essas que caracterizam deveres fundamentais. Exemplos disso são os arts. 205, 225 e 227, que preveem, respectivamente, o dever da sociedade de colaborar para promover e incentivar a educação, o dever da coletividade de preservar o meio ambiente ecologicamente equilibrado e o dever da sociedade de assegurar direitos à criança, ao adolescente e ao jovem.

O tema dos deveres fundamentais e suas espécies será melhor estudado e aprofundado em tópico específico à frente.

> "**Art. 205, CF/88.** A educação, direito de todos e dever do Estado e da família, será promovida e incentivada com a colaboração da sociedade, visando ao pleno desenvolvimento da pessoa, seu preparo para o exercício da cidadania e sua qualificação para o trabalho."
>
> "**Art. 225, CF/88.** Todos têm direito ao meio ambiente ecologicamente equilibrado, bem de uso comum do povo e essencial à sadia qualidade de vida, impondo-se ao Poder Público e à coletividade o dever de defendê-lo e preservá-lo para as presentes e futuras gerações."
>
> "**Art. 227, CF/88.** É dever da família, da sociedade e do Estado assegurar à criança, ao adolescente e ao jovem, com absoluta prioridade, o direito à vida, à saúde, à alimentação, à educação, ao lazer, à profissionalização, à cultura, à dignidade, ao respeito, à liberdade e à convivência familiar e comunitária, além de colocá-los a salvo de toda forma de negligência, discriminação, exploração, violência, crueldade e opressão."

▪ TEORIA DA "STATE ACTION" (E SUAS MITIGAÇÕES)

Dentro do estudo da eficácia dos direitos fundamentais, é bastante importante conhecer a chamada **teoria (ou doutrina) da *state action*** (ou *state action doctrine*, ou teoria da ação estatal).

A teoria da *state action* defende que os direitos fundamentais apenas sejam aplicados para proteger os indivíduos dos abusos do Estado. Segundo essa teoria, os direitos fundamentais somente devem ser aplicados nas relações entre Estado e indivíduos, não se aplicando nas relações travadas entre particulares.

Em outras palavras: segundo a teoria da *state action*, os direitos fundamentais se prestam a defender os indivíduos apenas de **atos comissivos ou omissivos estatais** (e vem daí o nome "state action", que, em uma tradução literal para o português, significa "ação do Estado"), não tendo aplicação em relações travadas entre particulares.

Como se pode perceber, para essa teoria, os direitos fundamentais apenas devem ser aplicados verticalmente, tendo eles uma verdadeira **ineficácia horizontal** (é por isso que há quem atribua à *state action* o rótulo de uma teoria de ineficácia horizontal dos direitos fundamentais).

Essa teoria parte do pressuposto de que os direitos fundamentais surgiram para defender os indivíduos dos arbítrios estatais, de modo que eles devem ser aplicados justamente contra **atos do Estado**.

A teoria da *state action*, como se pode perceber, **alinha-se ao pensamento liberal**, já que busca seus fundamentos na concepção clássica dos direitos fundamentais, especialmente, na origem desses direitos, que teve viés liberal. Esse caráter liberal da origem dos direitos fundamentais fica bastante claro quando lembramos que os direitos fundamentais de primeira geração (que foram os primeiros direitos fundamentais a serem reconhecidos) tinham caráter liberal, sendo a sua finalidade impor abstenções ao Estado para proteger a esfera jurídica dos indivíduos.

Foi por isso que a teoria da *state action* **se desenvolveu nos Estados Unidos** (país que, como já estudamos, tem tradição liberal, notadamente, no seu constitucionalismo), embora o debate sobre a aplicação ou não dos direitos fundamentais nas relações privadas tenha surgido na Alemanha (onde não teve muita aceitação a ideia de ineficácia horizontal dos direitos fundamentais).

A doutrina da *state action* teve **grande aceitação no pensamento jurídico norte-americano** (principalmente porque o texto constitucional dos EUA, ao tratar dos direitos fundamentais, refere-se aos poderes públicos, o que foi interpretado como um motivo para apenas se admitir a aplicação desses direitos contra o Estado) e foi **adotada pela Suprema Corte estadunidense**, onde teve uma aplicação muito forte principalmente até a década de 1940. A partir dessa década, o Tribunal **passou a mitigar** essa teoria, embora (e isso é importante que fique claro) **sem rejeitá-la** (ou seja, a teoria continuou sendo aplicada, mas com suavizações).

São dois os grupos de **exceções (ou mitigações) à doutrina da *state action*** admitidos pela Suprema Corte norte-americana. Essas exceções se referem a **situações em que os direitos fundamentais podem ser invocados para proteger particulares de outros particulares**, e são as seguintes:

I) Quando o ato violador do direito é praticado, por um particular contra outro, no **desempenho de uma função tipicamente estatal** (essa exceção é chamada de ***public function exception*** ou ***public function theory***). Daniel Sarmento (que, no Brasil, estudou de forma aprofundada o tema) cita como exemplo de aplicação dessa exceção pela Suprema Corte dos EUA um caso que envolveu os partidos políticos (que nos EUA, assim como no Brasil, são pessoas jurídicas de direito privado) no qual o Tribunal determinou que eles observassem o princípio da igualdade e admitissem a filiação de pessoas negras. Outros dois exemplos, seguindo a mesma linha de raciocínio (com aplicação do princípio da igualdade), ocorreram quando a Corte considerou ilícitas (1) a conduta de um parque privado, mas aberto ao público, de negar acesso a pessoas negras e (2) a negativa de um advogado privado a jurados motivada por questões raciais (neste último caso, como a atuação do advogado estava integrada à prestação jurisdicional, que é uma função do Estado, ficou caracterizada a presença estatal justificadora da aplicação de direitos fundamentais).

II) Quando o ato violador do direito é praticado, por um particular contra outro, **em nome do Estado**, o que pode se verificar em dois cenários diferentes, quais sejam:

(a) em virtude de o particular ser um **delegatário do poder público** sem que integre a estrutura estatal, ou seja, o particular atua com a "força" do Estado, mas sem que o Estado esteja inserido na sua estrutura ou tenha poder de decisão direto sobre os seus atos (essa exceção é chamada de ***entanglement exception ou entanglement theory***); ou

(b) em virtude de haver um **entrelaçamento entre o particular e o poder público** de modo que o Estado (ou os seus agentes) integre a própria estrutura do particular ou tenha poder de decisão em relação aos seus atos, caracterizando-se uma verdadeira **sobreposição entre as identidades do particular e do ente público**, como é o caso, comum nos EUA, de associações esportivas compostas por particulares e por entidades e/ou agentes do poder público (essa exceção é chamada de ***entwinement exception ou entwinement theory***).

Como se pode perceber, as mitigações à doutrina da *state action* admitidas pela Suprema Corte dos EUA não negam essa teoria, pois elas se referem a situações nas quais, embora as partes envolvidas sejam particulares, está presente a atuação do Estado.

Por fim, é importante registrar, como bem lembra Daniel Sarmento, que, mesmo no constitucionalismo norte-americano, o entendimento firmado na teoria da *state action* de que os direitos fundamentais não conferem proteção a particulares contra outros particulares (mas apenas contra o Estado) **não se aplica ao direito de não ser escravizado** (previsto nos EUA na 13ª Emenda, que foi responsável por abolir a escravidão nesse país), podendo esse direito ser oposto a todos, inclusive, aos particulares.

APLICABILIDADE DOS DIREITOS FUNDAMENTAIS ÀS RELAÇÕES PRIVADAS

Como ocorre a aplicabilidade dos direitos fundamentais em relação aos particulares? É uma aplicabilidade direta ou é uma aplicabilidade intermediada pelo legislador? É possível identificar, no direito brasileiro e no direito comparado, **três correntes de pensamento doutrinário** sobre isso:

- **1ª corrente:** entende que os direitos fundamentais não se aplicam às relações privadas, sendo eles exigíveis apenas do Estado. Essa posição está apegada à ideia clássica de que direitos fundamentais são direitos do ser humano em face do Estado. A teoria da *state action*, que estudamos anteriormente, é um exemplo de manifestação dessa primeira corrente;
- **2ª corrente:** entende que os direitos fundamentais se aplicam às relações privadas **indiretamente**, isto é, através do legislador e da previsão nas leis comuns (regulamentação infraconstitucional);
- **3ª corrente:** entende que os direitos fundamentais se aplicam às relações privadas **diretamente**, sem necessidade de intermediação legislativa.

Qual é o entendimento predominante no Brasil?

No Brasil, tanto a doutrina quanto a jurisprudência (STF, RE 201.819, RE 160.222, RE 158.215, RE 161.243 etc.) se inclinam no sentido de entender que os direitos fundamentais se aplicam às relações privadas, com prevalência da tese da **aplicação direta**, isto é, sem necessidade de intermediação do legislador.

Confira o seguinte precedente do Supremo Tribunal Federal aplicando esse entendimento:

> "I. **EFICÁCIA DOS DIREITOS FUNDAMENTAIS NAS RELAÇÕES PRIVADAS**. As violações a direitos fundamentais não ocorrem somente no âmbito das relações entre o cidadão e o Estado, mas igualmente nas relações travadas entre pessoas físicas e jurídicas de direito privado. Assim, os direitos fundamentais assegurados pela Constituição **vinculam diretamente** não apenas os poderes públicos, estando direcionados também à proteção dos particulares em face dos poderes privados." **(RE nº 201.819)**. Vide ainda, por exemplo: RE 201.819, RE 160.222, RE 158.215; RE 161.243, etc.

EFICÁCIA DIAGONAL DOS DIREITOS FUNDAMENTAIS

Além da eficácia vertical e da eficácia horizontal, é reconhecida também a **eficácia diagonal dos direitos fundamentais.**

A eficácia diagonal, assim como a eficácia horizontal, consiste na aplicação dos direitos fundamentais a relações travadas entre particulares, mas, enquanto a eficácia horizontal diz respeito a relações em que as partes se encontram em posições equivalentes (isto é, sem que uma seja hiper ou hipossuficiente em relação à outra), a eficácia diagonal refere-se à aplicação dos direitos fundamentais **entre particulares que se encontram em situações absolutamente assimétricas**, como, por exemplo, nas relações trabalhistas e nas relações de consumo.

Portanto, o Direito do Trabalho e o Direito do Consumidor são típicos contextos de aplicação de direitos fundamentais em relações diagonais, que são aquelas travadas entre particulares, mas em que um deles é hipossuficiente, isto é, mais fraco na relação.

TEORIA DOS QUATRO "STATUS" DOS DIREITOS FUNDAMENTAIS

Essa teoria foi desenvolvida no final do século XIX por Georg Jellinek, em sua obra Sistema dos Direitos Subjetivos Públicos. Essa teoria, considerando os direitos fundamentais consagrados, aponta a existência de quatro *status* (ou situações jurídicas) do indivíduo perante o Estado. **Essas quatro situações jurídicas, segundo essa teoria, são as seguintes:**

1) *Status* **passivo** (*status subjectionis*);
2) *Status* **ativo** (*status activus*);
3) *Status* **negativo** (*status libertatis*); e
4) *Status* **positivo** (*status civitatis*).

"STATUS" PASSIVO

No *status* **passivo**, o indivíduo está em uma situação de subordinação em relação ao poder público, está em uma situação passiva. Nesse *status*, a pessoa possui deveres em face do Estado, o Estado pode impor às pessoas obrigações e proibições, como é o caso do serviço militar obrigatório (a pessoa, aí, está em uma situação passiva, está subordinada a um dever para com o Estado).

Essa relação de sujeição ao Estado pode ser uma relação de sujeição geral ou especial.

A relação de sujeição **geral** é uma relação que atinge todas as pessoas, ou seja, todas as pessoas estão, de alguma forma, submetidas ao poder do Estado, que legisla obrigando a todos, exerce sua autoridade em relação a todas elas. É verdade que essa autoridade geral exercida pelo poder público não é absoluta e ilimitada, mas, mesmo assim, ela existe, estando todos, de alguma forma – em maior ou menor medida –, submetidos ao poder estatal.

Além da relação de sujeição geral, existe a relação de sujeição **especial**, que ocorre não em relação a todos, mas apenas em relação a algumas pessoas. Que pessoas são essas? As relações de sujeição especial dizem respeito a situações em que algumas pessoas estão especialmente submetidas ao poder do Estado, quando são pessoas que mantêm relações com o Estado nas esferas mais íntimas da Administração Pública, ou seja, no âmbito interno dos órgãos e das instâncias administrativas. São os casos, por exemplo, dos servidores públicos, dos alunos de escolas públicas e dos presos, pessoas essas que se encontram em uma relação especial de subordinação ao Estado, porque elas estão nas entranhas do Estado, dentro do serviço público, dentro de escolas públicas, dentro de carceragens etc.

Essas relações especiais de sujeição podem ser voluntárias ou involuntárias. Um exemplo de sujeição especial voluntária é o caso do indivíduo que presta um concurso público para ingressar no quadro de pessoal da Administração Pública, pois nesse caso ele, por vontade própria, busca uma situação de subordinação especial ao Estado. Por outro lado, podemos citar como exemplos de sujeição especial involuntária, dentre outros, os casos dos presidiários e dos militares em serviço obrigatório, que, por imposição do ordenamento jurídico, ingressam na intimidade da Administração Pública.

A teoria das relações especiais de sujeição nasceu na Alemanha, onde se entendia que, na verdade, as atividades internas da Administração Pública não estavam sujeitas aos direitos fundamentais, ao direito comum, sendo regidas, na verdade, por normas internas, sendo impermeáveis pelo direito comum. Portanto, o que vigorava no plano interno da Administração era uma autonomia administrativa plena, sem controle judicial.

Essa concepção alemã foi afastada pela ideia de Estado Democrático de Direito e pela expansão e consolidação dos direitos fundamentais. O marco da mudança de pensamento na Alemanha foi uma decisão do Tribunal Constitucional Alemão de 14/03/1972 em caso versando sobre a violação de correspondência de um preso. Nesse caso, entendeu-se que a violação de correspondência de um preso deveria observar os direitos fundamentais, devendo ter fundamento em lei, e não apenas em normas internas da Administração.

É interessante notar que, no âmbito das relações especiais de sujeição, os direitos fundamentais das pessoas podem sofrer limitações mais severas do que as limitações que existem no âmbito das relações gerais. Isso porque é necessário o bom funcionamento da instituição ou do serviço público mantido pela Administração, sendo possível haver uma limitação mais severa. Tome-se como exemplo o já mencionado direito ao sigilo de correspondência do preso: evidentemente, todas as pessoas sofrem alguma limitação de caráter geral no direito de correspondência (como, por exemplo, a impossibilidade de enviar, por esse meio, dinheiro em espécie ou explosivos), mas o preso, além da limitação geral, pode ter, também, limitações especiais, desde que previstas na lei, como se verifica na Lei de Execuções Penais, que admite que o diretor do presídio abra correspondências dos presos.

Mas é necessário lembrar que essas limitações mais severas impostas às pessoas que se encontram em uma relação especial de sujeição devem estar autorizadas pela Constituição e pelas leis, não podendo estar previstas apenas no âmbito interno da Administração, além de deverem ser proporcionais e razoáveis, limitando-se a restringir apenas o estritamente necessário.

A imposição dessas limitações mais severas traz consigo, também, um ônus de fundamentação mais rigoroso do que o da fundamentação das restrições dos direitos fundamentais das pessoas que se encontram em uma relação geral de sujeição. Isso porque quem está inserido em uma relação de sujeição no âmbito interno do Estado encontra-se em uma posição mais frágil do que as pessoas que estão fora do âmbito interno do Estado. Por isso, os limites dos limites (que são os limites impostos à limitação de direitos fundamentais) devem ser mais rigorosos no âmbito das relações especiais de sujeição, tendo em vista que a possibilidade de abuso estatal é muito maior aí do que nas relações gerais de sujeição.

■ "STATUS" ATIVO

Pelo *status* **ativo**, o indivíduo pode participar das decisões políticas, pode influir na formação da vontade do Estado. Trata-se dos **direitos de participação política** (direito de votar, de ser votado etc.).

"STATUS" NEGATIVO

O *status* **negativo** (ou *status libertatis*) significa que há uma esfera de liberdade do indivíduo que deve ser respeitada pelo Estado, ou seja, o indivíduo está livre da ação estatal em uma determinada esfera de sua liberdade. São **direitos de defesa** em face do Estado. Por conta desse *status*, o indivíduo pode exigir do Estado que se abstenha de interferir arbitrariamente em sua autonomia, pode exigir do Estado uma atuação negativa, um não agir, como se verifica, por exemplo, ao se impor ao Estado que não retire a liberdade ou a propriedade das pessoas sem a prévia observância do devido processo legal.

No *status* negativo, portanto, os indivíduos possuem uma esfera de liberdade que é intocável pelo Estado, porque o Estado exerce sua autoridade sobre homens livres, e, se esses homens são livres, é preciso que haja um determinado campo de autonomia imune à intervenção estatal.

"STATUS" POSITIVO

O *status* **positivo** (ou *status civitatis*) significa que o indivíduo pode exigir do Estado uma prestação, uma atuação positiva. Cuida-se dos **direitos a prestações**, são, de forma geral, os direitos fundamentais de segunda geração, dizendo respeito a ações concretas voltadas à proteção, por exemplo, do direito à saúde, do direito à educação etc. Além disso, algumas prestações podem estar relacionadas a direitos fundamentais de terceira geração, como as ações voltadas à preservação do patrimônio cultural.

CORRELAÇÃO ENTRE A TEORIA DE JELLINEK E AS ESPÉCIES DE DIREITOS FUNDAMENTAIS

Como se pode notar do que estudamos acima, é possível relacionar as diferentes espécies de direitos fundamentais propostas pela doutrina à teoria dos quatro *status* de Jellinek.

Nessa linha de pensamento, por exemplo, a classificação dos direitos fundamentais sistematizada por Canotilho quanto à função por eles exercida no ordenamento jurídico (direitos de defesa, direitos a prestações e direitos de participação) pode ser distribuída entre os *status* propostos por Jellinek da seguinte forma:

1) Os direitos de defesa estão ligados ao *status* negativo;

2) Os direitos a prestações estão ligados ao *status* positivo; e

3) Os direitos de participação estão ligados ao *status* ativo.

A propósito, é importante registrar que alguns direitos fundamentais são **bifrontes**, isto é, possuem, ao mesmo tempo, uma face voltada a direitos de defesa e outra face voltada a direitos a prestações. Esses direitos exigem do Estado tanto um agir (positivo) quanto um não agir (negativo).

A estrutura bifronte presente em certos direitos fundamentais é tratada na doutrina, por exemplo, por Jorge Miranda, que explica que os direitos bifrontes são aqueles que contemplam tanto prestações negativas quanto prestações positivas, isto é, exigem obrigações de fazer e de não fazer. Por exemplo, o direito ao meio ambiente ecologicamente equilibrado exige obrigações de não fazer (no caso, de não poluir) e obrigações de fazer (como as obrigações de promover fiscalização ambiental, de realizar práticas de conservação e proteção do meio ambiente, de instituir unidades de conservação ambiental etc.).

O exemplo do meio ambiente ecologicamente equilibrado como um direito bifronte foi cobrado no concurso para o cargo de Juiz do TJSP realizado pela VUNESP em 2013, no qual foi considerada correta a assertiva segundo a qual *"o direito ao meio ambiente, como direito de terceira geração ou terceira dimensão, apresenta uma estrutura bifronte, cujo significado consiste em contemplar direito de defesa e direito prestacional"*.

Por fim, é necessário ter atenção a um detalhe muito importante que pode até mesmo ajudar a melhor compreender o tema: a teoria dos quatro *status* de Jellinek não se confunde com a tradicional classificação dos direitos fundamentais em primeira, segunda, terceira (e até mesmo quarta e quinta) gerações ou dimensões. Quando se classificam os direitos fundamentais em gerações ou dimensões, o critério utilizado é o temporal, mais precisamente, o momento do surgimento desses direitos ao longo da história. Por outro lado, a classificação de Jellinek leva em conta a essência, o conteúdo, dos direitos, tal qual se verifica na classificação dos direitos fundamentais em direitos de defesa, direitos a prestações e direitos de participação.

FUNÇÕES DOS DIREITOS FUNDAMENTAIS

Em sede doutrinária (com destaque a Canotilho), costumam ser identificadas **quatro funções** exercidas pelos direitos fundamentais, a saber:

1) Funções de **defesa (ou de liberdade)**;

2) Funções de **prestação**;

3) Funções de **proteção perante terceiros**; e

4) Funções de **não discriminação**.

Algumas dessas funções se assemelham a alguns dos "status" tratados na Teoria dos Quatro "Status" de Jellinek, mas o que veremos aqui não se confunde com o que estudamos acima ao abordar essa teoria.

■ FUNÇÕES DE DEFESA

As funções de **defesa** (ou de liberdade) significam que os direitos fundamentais evitam abusos do Estado, eles servem para evitar que o Estado abuse do poder. Por essas funções, os direitos fundamentais servem para exigir um não fazer, uma atuação negativa do Estado. As funções de defesa se relacionam, principalmente, com o *status* negativo da teoria de Jellinek e com a chamada primeira geração dos direitos fundamentais, como se verifica, por exemplo, na proibição de prisão arbitrária (impõe-se ao Estado um não agir ao se proibir que ele prenda pessoas arbitrariamente).

■ FUNÇÕES DE PRESTAÇÃO

As funções de **prestação** significam que os direitos fundamentais servem, também, para exigir uma atuação positiva do Estado corporificada em prestações materiais e normativas (isto é, por meio da legislação) que muitas vezes devem ser traduzidas em políticas públicas. Dito de forma mais simples, a função de prestação significa que o Estado deve agir materialmente e também legislando para concretizar determinados direitos fundamentais, inclusive, se for o caso, por meio da implementação de políticas públicas.

Para que o Estado preste, por exemplo, saúde, educação, cultura etc., ele precisa legislar sobre esses temas e precisa, materialmente, construir escolas, hospitais, centros culturais etc. As funções de prestação estão vinculadas ao *status* positivo da teoria de Jellinek e à chamada segunda geração (ou dimensão) de direitos fundamentais.

■ FUNÇÕES DE PROTEÇÃO PERANTE TERCEIROS

Conforme foi visto, os direitos fundamentais possuem uma eficácia horizontal (e também diagonal), incidindo diretamente nas relações entre os particulares. E também foi visto que o Estado não fica totalmente ausente das relações entre particulares, pois ele atua como garantidor da não violação, por parte de terceiros, do direito fundamental de alguém. Essa atuação estatal garantidora decorre das funções de proteção perante terceiros, das quais são dotados os direitos fundamentais.

Em outras palavras, os direitos fundamentais têm a função de proteger a pessoa de terceiros, e, para que eles cumpram essa função, o Estado tem que atuar como garantidor mínimo. Evidentemente, essa garantia não é absoluta, mas, mesmo assim, o Estado é um garantidor.

É no bojo dessas funções de proteção perante terceiros que se encontram discussões sobre a vedação a proteção deficiente, sobre a existência de um direito fundamental a segurança (no sentido da eficiência processual penal do Estado) e sobre a existência de mandados de criminalização.

A vedação da proteção deficiente significa dizer que o Estado tem que proteger de maneira adequada os direitos fundamentais. Ou seja, há a possibilidade de violação da proporcionalidade não apenas quando ocorre um abuso do Estado (isto é, quando o Estado atua de forma excessiva), mas também quando ele protege de maneira deficiente direitos fundamentais.

O tema da vedação da proteção deficiente foi tratado pelo STF no **HC 104.410**, no qual o Tribunal afirmou exatamente isso: os direitos fundamentais não podem ser protegidos pelo Estado de maneira deficiente, sob pena de violação do princípio da proporcionalidade não na sua perspectiva de proibição do excesso, mas sim na sua perspectiva de vedação de proteção deficiente.

No contexto do direito fundamental a segurança, por sua vez, o Estado deve cumprir todas as suas obrigações relacionadas aos direitos fundamentais dos condenados, dos investigados, dos réus etc., mas também deve cumprir um papel ligado à proteção perante terceiros. Esse papel diz respeito à eficiência do Estado na gestão da segurança pública, devendo ele ser eficiente sob o ponto de vista processual penal e sob o ponto de vista do direito penal material. Ou seja, o Estado deve manter o Poder Judiciário, o Ministério Público e a Polícia eficientes para que investiguem e punam as violações penais, sempre com o cuidado de não desrespeitar os direitos dos investigados, dos acusados e dos réus.

Quanto aos mandados de criminalização, eles são ordens expressas do constituinte (inseridas na Constituição) dirigidas ao legislador ordinário no sentido de que determinados fatos devem, necessariamente, ser criminalizados, com o objetivo de proteger direitos fundamentais contra condutas de terceiros. Diante de um mandado de criminalização, portanto, o legislador ordinário tem o dever de tipificar determinadas condutas, em virtude da existência de uma ordem do constituinte nesse sentido. São exemplos os incisos XLII, XLIII e XLIV do art. 5º da CF/88.

> "**Art. 5º, CF/88.**
>
> (...)
>
> XLII - a prática do racismo constitui crime inafiançável e imprescritível, sujeito à pena de reclusão, nos termos da lei;
>
> XLIII - a lei considerará crimes inafiançáveis e insuscetíveis de graça ou anistia a prática da tortura, o tráfico ilícito de entorpecentes e drogas afins, o terrorismo e os definidos como crimes hediondos, por eles respondendo os mandantes, os executores e os que, podendo evitá-los, se omitirem;
>
> XLIV - constitui crime inafiançável e imprescritível a ação de grupos armados, civis ou militares, contra a ordem constitucional e o Estado Democrático;
>
> (...)"

FUNÇÕES DE NÃO DISCRIMINAÇÃO

As **funções de não discriminação** significam que os direitos fundamentais devem promover a igualdade material, protegendo as minorias em face de práticas discriminatórias eventualmente perpetradas pela maioria.

Inclusive, no bojo das funções de não discriminação, enquadra-se a chamada **função contramajoritária do STF**, que significa que o Supremo Tribunal Federal tem o dever de se opor a determinadas práticas adotadas pela maioria quando essas práticas impliquem violação de direitos fundamentais das minorias.

Essa função contramajoritária da Suprema Corte se coaduna com o regime democrático, afinal de contas, a democracia não se resume à imposição, de forma absoluta, da vontade da maioria em face da minoria, sendo, na verdade, o regime no qual a vontade da maioria prevalece, exceto quando isso significa violação a direitos fundamentais das minorias, mesmo porque democracia não é sinônimo de assembleísmo.

E isso foi afirmado em termos muito semelhantes pelo STF no **RE 477554**:

> **"A função contramajoritária do STF é ligada "ao relevantíssimo papel que compete a esta Suprema Corte exercer no plano da jurisdição das liberdades: o de órgão investido do poder e da responsabilidade institucional de proteger as minorias contra eventuais excessos da maioria ou, ainda, contra omissões que, imputáveis aos grupos majoritários, tornem-se lesivas, em face da inércia do Estado, aos direitos daqueles que sofrem os efeitos perversos do preconceito, da discriminação e da exclusão jurídica"**, (...) como, por exemplo, "grupos minoritários expostos a situações de vulnerabilidade jurídica, social, econômica ou política e que, por efeito de tal condição, tornam-se objeto de intolerância, de perseguição, de discriminação e de injusta exclusão", a exemplo do que ocorre no caso das situações que envolvem uniões homoafetivas." **(RE 477554/MG, Rel. Min. Celso de Mello, 01/07/2011)**

CLASSIFICAÇÃO DOS DIREITOS FUNDAMENTAIS

Há muitas classificações na doutrina. Serão tratadas aqui as mais cobradas em provas.

■ CLASSIFICAÇÃO QUANTO AO CONTEÚDO

a) **Direitos fundamentais meramente formais**: são aqueles previstos no texto da Constituição como fundamentais.

b) **Direitos fundamentais materiais**: são aqueles cujo núcleo essencial está vinculado à dignidade da pessoa humana, sendo dotados, por conta disso, de uma fundamentalidade material.

Veja que é perfeitamente possível que um direito seja fundamental do ponto de vista formal (ou seja, que ele esteja previsto como fundamental no texto constitucional), mas não do ponto de vista material (por não ter relação com a tutela da dignidade da pessoa humana). Inclusive, há um exemplo disso na CF/88, mais precisamente, no seu art. 5º, XXIX, que prevê no rol de direitos individuais a proteção à criação industrial, ao nome empresarial, a marcas etc., questões que, evidentemente, nada têm a ver com a dignidade humana, cuidando-se, portanto, de um direito fundamental formal que não é direito fundamental do ponto de vista material.

> "**Art. 5º, XXIX, CF/88** - a lei assegurará aos autores de inventos industriais privilégio temporário para sua utilização, bem como proteção às criações industriais, à propriedade das marcas, aos nomes de empresas e a outros signos distintivos, tendo em vista o interesse social e o desenvolvimento tecnológico e econômico do País;"

■ CLASSIFICAÇÃO FORMAL DADA PELA CF/88

Segundo consta do texto da CF/88, os direitos fundamentais podem ser:

a) Direitos **individuais** (art. 5º);

b) Direitos **coletivos** (art. 5º);

c) Direitos **sociais** (arts. 6º, 193 e ss.);

d) Direitos à **nacionalidade** (art. 12);

e) Direitos **políticos** (arts. 14 a 16); e

f) Direitos relacionados aos **partidos políticos** (art. 17).

Há quem inclua os direitos relacionados aos partidos políticos dentro dos direitos políticos, mas a CF/88 trata deles em capítulos separados.

Essa classificação é feita pela CF/88 sob o ponto de vista meramente formal. É uma classificação literal, topográfica (feita de acordo com a topografia da Constituição), isto é, são rótulos dados pelo texto constitucional. A Constituição brasileira, portanto, adota uma classificação formal (ou literal) dos direitos fundamentais.

■ CLASSIFICAÇÃO DE ACORDO COM AS GERAÇÕES DE DIREITOS FUNDAMENTAIS

O responsável pela ideia de "gerações" de direitos fundamentais foi o jurista tcheco-francês **Karel Vasak**, que desenvolveu sua teoria geracional em um texto publicado em 1977 e a apresentou em uma palestra proferida em 1979 no Instituto Internacional de Direitos Humanos de Estrasburgo (França), a qual foi intitulada "Pelos Direitos Humanos da Terceira Geração: os Direitos de Solidariedade".

Vasak, ao criar a teoria geracional dos direitos fundamentais, não tinha pretensões científicas, mas apenas o intuito de situar as diferentes categorias de direitos nos contextos históricos em que surgiram, o que mostra que o critério utilizado nessa classificação é o momento do surgimento dos direitos ao longo da história.

De acordo com a teoria de Karel Vasak, é possível apontar a existência de três gerações de direitos fundamentais:

I) **1ª Geração** de direitos fundamentais, que diz respeito aos **direitos civis e políticos clássicos**, predominando obrigações de não fazer;

II) **2ª Geração** de direitos fundamentais, que diz respeito aos direitos prestacionais e ao Estado de Bem-Estar Social (compreende, portanto, os **direitos econômicos, sociais e culturais**), predominando obrigações de fazer; e

III) **3ª Geração** de direitos fundamentais, que diz respeito aos **direitos coletivos e difusos** (direitos de caráter transindividual e solidário), como os direitos ao meio ambiente ecologicamente equilibrado, à comunicação, à autodeterminação dos povos, aos bens que integram o patrimônio comum da humanidade (patrimônio artístico, histórico, cultural, paisagístico, estético e turístico), dentre outros de caráter coletivo e solidário.

Essas três gerações de direitos fundamentais são correlacionadas aos ideais da Revolução Francesa (que se encontram no lema "liberdade, igualdade e fraternidade"), da seguinte forma:

I) **A primeira geração de direitos fundamentais representa o ideal liberdade.** Nessa geração, o foco é na igualdade meramente formal, surgindo a preocupação com a igualdade material apenas na segunda geração.

II) **A segunda geração de direitos fundamentais representa o ideal igualdade.** Trata-se, aqui, da igualdade material, pois essa geração consagra direitos que colocam o Estado na posição de prestador de serviços para promover uma efetiva igualdade de condições entre as pessoas.

III) **A terceira geração de direitos fundamentais representa o ideal fraternidade.** Essa geração de direitos tem preocupação com a solidariedade, com a ideia do ser humano encarado coletivamente, de modo que os titulares desses direitos são o povo, a coletividade, a família, a nação e, segundo algumas opiniões doutrinárias, até mesmo os países em desenvolvimento.

O pensamento doutrinário mais atual prefere falar em **dimensões** de direitos fundamentais, e não em gerações. Isso porque a expressão "geração" carrega consigo uma ideia de substitutividade, o que não ocorre com os direitos fundamentais, pois uma geração não substitui a outra, o que há, na verdade, é uma agregação (uma soma) entre as gerações (ou dimensões).

É importante registrar, ainda, que há diversas vozes na doutrina que afirmam a existência de outras gerações, além das três que vimos acima. E, embora haja uma convergência de entendimentos em relação às três primeiras gerações, os doutrinadores divergem em relação às gerações posteriores, não chegando a um consenso sobre quantas gerações existem nem sobre quais são os direitos fundamentais consagrados em cada uma delas.

Por exemplo, no que diz respeito à 4ª geração de direitos fundamentais, é possível encontrar, pelo menos, quatro diferentes linhas de pensamento doutrinário sobre qual é o seu conteúdo:

I) **1ª linha de pensamento**: a 4ª geração de direitos fundamentais consagra os direitos à **D**emocracia, à **I**nformação e ao **P**luralismo (**"D.I.P."**), que são direitos decorrentes da globalização política. Esse posicionamento é defendido, por exemplo, por **Paulo Bonavides** e já foi cobrado em prova, como ocorreu no concurso para o cargo de Procurador do Município de Lauro de Freitas/BA realizado em 2015, no qual se considerou correta a assertiva segundo a qual a 4ª geração de direitos fundamentais compreende o *"direito a democracia direta, ao pluralismo e à informação, biotecnologia"*.

II) **2ª linha de pensamento**: a 4ª geração de direitos fundamentais consagra os direitos das **minorias**.

III) **3ª linha de pensamento**: a 4ª geração de direitos fundamentais consagra direitos vinculados à **biotecnologia**, à **bioética** e à **regulação da engenharia genética**. Esse posicionamento é defendido, por exemplo, por Norberto Bobbio.

IV) **4ª linha de pensamento**: a 4ª geração de direitos fundamentais consagra **direitos intergeracionais**, especialmente, o direito a uma vida saudável. Os direitos intergeracionais são direitos entre gerações, como é o caso do direito previsto no art. 225 da CF/88, que assegura a todos o meio ambiente ecologicamente equilibrado, impondo-se ao poder público e à presente geração obrigações para com as gerações futuras.

Já em relação à 5ª geração de direitos fundamentais, é possível encontrar, pelo menos, três diferentes linhas de pensamento doutrinário sobre qual é o seu conteúdo:

I) **1ª linha de pensamento**: a 5ª geração de direitos fundamentais consagra o direito à **paz** (aqui compreendida em sua acepção coletiva, isto é, de paz entre e dentro dos povos, a **"paz mundial"**). Esse é o posicionamento defendido, por exemplo, por **Paulo Bonavides**, que entende que o direito à paz, antes enquadrado na 3ª geração de direitos fundamentais, deve passar a ser alocado na 5ª geração. Aqui é importante deixar registrado que **Karel Vasak, ao criar a teoria geracional dos direitos fundamentais, enquadrou o direito à paz na 3ª geração de direitos fundamentais** (que, como vimos, compreende os direitos de caráter transindividual e solidário).

II) **2ª linha de pensamento**: a 5ª geração de direitos fundamentais consagra os direitos advindos da **tecnologia de informação (*internet*)**, do **ciberespaço** e da **realidade virtual em geral**.

III) **3ª linha de pensamento**: a 5ª geração de direitos fundamentais consagra o direito à segurança pública, que está relacionado com o direito à paz, por ser impossível se atingir a paz sem haver uma atuação efetiva do Estado no campo da segurança pública.

Além desses posicionamentos, é possível encontrar trabalhos doutrinários reconhecendo a existência da 6ª geração de direitos fundamentais e enquadrando nela os direitos à democracia, à informação e ao pluralismo (que Paulo Bonavides classifica na 4ª geração).

Também é possível encontrar trabalhos reconhecendo a existência da 7ª geração de direitos fundamentais, uns no sentido de que ela consagraria o direito à probidade e à boa administração pública, outros no sentido de que ela consagraria o direito ao respeito.

E é possível encontrar, ainda, produções doutrinárias falando na 8ª geração de direitos fundamentais, defendendo que ela compreenderia o direito à segurança pública, que outros doutrinadores alocam na 5ª geração.

Portanto, é inegável o dissenso doutrinário envolvendo a 4ª geração de direitos fundamentais e as subsequentes, havendo uma altíssima quantidade (quase exagerada) de trabalhos de caráter doutrinário a esse respeito, o que pode ser verificado através de uma simples consulta nos sistemas de pesquisa *on-line*.

Apesar disso, o Supremo Tribunal Federal parece adotar a teoria geracional clássica de Karel Vasak (que fala apenas em primeira, segunda e terceira gerações), pois, ao tratar do tema, sempre se refere, apenas, às três primeiras gerações de direitos fundamentais, sendo possível citar como exemplos os seguintes precedentes: MS 22164, ARE 955846 AgR, ACO 1966 AgR.

DEVERES FUNDAMENTAIS

O que são os chamados deveres fundamentais?

Os deveres fundamentais podem ser compreendidos de duas formas, tendo em vista que a doutrina que se debruça sobre o tema costuma subdividi-los em duas espécies: **I)** autônomos; e **II)** não autônomos.

Os deveres fundamentais **não autônomos** nada mais são do que a outra face dos direitos fundamentais, isto é, são as ações ou omissões impostas, notadamente de forma implícita, a todos que devem respeitar e concretizar os direitos fundamentais.

Em outras palavras, a espécie dever fundamental não autônomo é aquela que leva em consideração que a todo direito fundamental corresponde um dever fundamental consistente na obrigação de promover o respeito e a concretização desse direito fundamental. Logo, há tantos deveres fundamentais não autônomos (implícitos ou não) quantos direitos fundamentais.

Os deveres fundamentais não autônomos, portanto, decorrem implicitamente dos direitos fundamentais (embora nada impeça que sejam previstos expressamente no texto constitucional), já que nada mais são do que a obrigação de respeitá-los e concretizá-los.

Já os deveres fundamentais **autônomos** são aqueles que não decorrem de um direito fundamental. Essa espécie de dever fundamental, na verdade, consubstancia os deveres de custear (em sentido amplo, e não apenas financeiro) a existência e o funcionamento da comunidade política (e do próprio Estado). Segundo a doutrina, esses deveres estão necessariamente previstos na Constituição e possuem baixa densidade normativa, carecendo, assim, de densificação (regulamentação/concretização) infraconstitucional para serem exigidos. Logo, eles não possuem aplicabilidade nem aplicação imediatas.

Nesse contexto, são deveres fundamentais autônomos, por exemplo, o dever de prestar serviço militar (art. 143, CF/88); a responsabilidade de todos pela segurança pública (art. 144, CF/88); o dever da família e da sociedade de proteger a criança e o adolescente (art. 227, CF/88); o dever de pagar tributos etc.

Na verdade, de uma análise da Constituição, é possível concluir que existem deveres fundamentais previstos no texto constitucional que são, ao mesmo tempo, autônomos e não autônomos. Podemos citar dois exemplos para ilustrar isso: os arts. 225 e 227 da CF/88.

O art. 225 estabelece, no seu *caput*, que *"todos têm direito ao meio ambiente ecologicamente equilibrado"* e que cabe *"ao Poder Público e à coletividade o dever de defendê-lo e preservá-lo para as presentes e futuras gerações"*. Nos termos desse dispositivo, portanto, o meio ambiente ecologicamente equilibrado é direito (fundamental) de todos e, de forma correlata a isso e para assegurar esse direito, existe o dever (fundamental) imposto expressamente ao Estado e à coletividade de defender e preservar o meio ambiente ecologicamente equilibrado. Ocorre que esse dever fundamental existe não apenas por conta do direito de todos ao meio ambiente ecologicamente equilibrado, mas também em virtude da necessidade de preservação da própria comunidade e do Estado, tratando-se de um dever (fundamental) que precisa existir independentemente de haver um direito que lhe seja correlato. É, portanto, um dever fundamental que se caracteriza, simultaneamente, como autônomo e como não autônomo.

Por sua vez, o art. 227 da CF/88 impõe à família, à sociedade e ao Estado uma série de deveres em relação à criança, ao adolescente e ao jovem, estabelecendo que *"é dever da família, da sociedade e do Estado assegurar à criança, ao adolescente e ao jovem, com absoluta prioridade, o direito à vida, à saúde, à alimentação, à educação, ao lazer, à profissionalização, à cultura, à dignidade, ao respeito, à liberdade e à convivência familiar e comunitária, além de colocá-los a salvo de toda forma de negligência, discriminação, exploração, violência, crueldade e opressão"*.

Todas essas prestações que esse dispositivo determina que sejam asseguradas à criança, ao adolescente e ao jovem pela família, pela sociedade e pelo Estado são deveres correlatos a direitos fundamentais também assegurados pela Constituição Federal. Trata-se aí, portanto, de deveres fundamentas não autônomos.

Ocorre, porém, que esses deveres fundamentais, tal qual o dever de preservação do meio ambiente ecologicamente equilibrado, existem não apenas por conta da existência de direitos fundamentais correlatos a eles, mas também por conta da necessidade de preservação da própria comunidade e do Estado (pois, sem a proteção das crianças, dos adolescentes e dos jovens, a tendência é a ruína da sociedade), o que permite concluir que eles se caracterizam, ao mesmo tempo, como deveres fundamentais autônomos e como deveres fundamentais não autônomos.

É importante registrar, ainda, que tanto os deveres fundamentais autônomos quanto os não autônomos apresentam fundamentalidade formal, pois estão positivados na Constituição, ainda que de forma implícita (no caso dos deveres fundamentais não autônomos), além da fundamentalidade material, pois têm relação com a promoção da dignidade da pessoa humana.

Quanto aos deveres fundamentais não autônomos, isso é fácil de perceber, tendo em vista que eles são uma face dos direitos fundamentais. Já em relação aos deveres fundamentais autônomos, embora eles não decorram implicitamente dos direitos fundamentais, essas duas fundamentalidades (a formal e a material) também se fazem presentes, pois, além de esses deveres terem necessariamente de estar previstos na Constituição (fundamentalidade formal), eles têm a finalidade de assegurar a manutenção e o funcionamento da comunidade política, a qual se organiza justamente com a finalidade principal de concretizar direitos fundamentais e promover a dignidade humana (fundamentalidade material).

Em outras palavras: tanto os deveres fundamentais não autônomos quanto os autônomos, em última análise, relacionam-se com a dignidade humana e, portanto, com a concretização de direitos fundamentais, pois os não autônomos são o "outro lado da moeda" dos direitos fundamentais e os autônomos se prestam ao custeio e à manutenção do Estado, que existe com a finalidade de buscar o bem comum e, portanto, de concretizar a dignidade da pessoa humana.

ESTADO DE COISAS INCONSTITUCIONAL

O tema do estado de coisas inconstitucional foi abordado pela primeira vez em uma decisão da Corte Constitucional da Colômbia.

Em que consiste isso?

Trata-se de uma situação que fica caracterizada em um cenário de desrespeito a direitos fundamentais, mas não como decorrência de toda e qualquer violação desses direitos. O que dá ensejo a um estado de coisas inconstitucional é apenas a ampla violação de direitos fundamentais.

Para compreender melhor a questão, vamos detalhar os seus pressupostos.

O estado de coisas inconstitucional fica configurado em um contexto no qual estejam presentes os seguintes fatores:

1) Uma violação generalizada e sistêmica de direitos fundamentais;
2) A inércia ou incapacidade reiterada e persistente das autoridades públicas em modificar essa conjuntura, havendo uma verdadeira falta de vontade política de solucionar a situação;
3) A existência de transgressões que exigem a atuação não de um único órgão, mas sim de uma pluralidade de autoridades, para restaurar a normalidade, ou seja, para que o problema seja resolvido, é necessário que haja a atuação conjunta dos diversos órgãos e Poderes, cada um na sua esfera de atribuições.

O estado de coisas inconstitucional, portanto, é um estado de **franca violação a direitos fundamentais.**

No Brasil, o Supremo Tribunal Federal decidiu que se encontrava caracterizado um estado de coisas inconstitucional no bojo da ADPF 347, que tratou do sistema penitenciário brasileiro.

Nessa ADPF, em um primeiro momento, o STF, vislumbrando a caracterização de um estado de coisas inconstitucional no sistema penitenciário brasileiro, o qual só poderia ser solucionado com a adoção conjunta de medidas de caráter normativo, administrativo e orçamentário (o que exigiria a atuação de todos os Poderes da República), determinou, **em decisão cautelar**, a liberação de recursos do Fundo Penitenciário Nacional (para fazer frente à situação precária das penitenciárias existentes no País) e implementação, dentro do prazo de 90 (noventa) dias, da realização de audiências de custódia, que são aquelas realizadas mediante o comparecimento do preso perante a autoridade judiciária no prazo máximo de 24 (vinte e quatro) horas após a efetuação da prisão.

Perceba que, no caso, para não incorrer em ofensa ao princípio da separação dos Poderes, o Supremo Tribunal Federal não definiu o conteúdo das medidas a serem adotadas pelos demais Poderes. Por exemplo, ao liberar os recursos do Fundo Penitenciário Nacional, a Suprema Corte não definiu quais medidas especificamente deveriam ser tomadas pela Administração.

O papel do STF, em uma situação como essa, é de simplesmente dar o "pontapé inicial", tirando os demais Poderes da inércia, bem como o de coordenar as ações a serem adotadas com vistas à solução do problema e acompanhar seus resultados. Enfim, a Suprema Corte se limita a assegurar o cumprimento da Constituição, sem definir o conteúdo dos atos de competência de outras autoridades. Atuando dessa maneira, o Tribunal faz com que a "ilegalidade" verificada no caso seja repelida, sem que termine praticando outra "ilegalidade", qual seja, o desrespeito à separação dos Poderes.

Confira a ementa dessa decisão:

> "(...) Cabível é a arguição de descumprimento de preceito fundamental considerada a situação degradante das penitenciárias no Brasil. (...) **Presente quadro de violação massiva e persistente de direitos fundamentais, decorrente de falhas estruturais e falência de políticas públicas e cuja modificação depende de medidas abrangentes de natureza normativa, administrativa e orçamentária, deve o sistema penitenciário nacional ser caraterizado como "estado de coisas inconstitucional".** FUNDO PENITENCIÁRIO NACIONAL – VERBAS – CONTINGENCIAMENTO. Ante a situação precária das penitenciárias, o interesse público direciona à liberação das verbas do Fundo Penitenciário Nacional. AUDIÊNCIA DE CUSTÓDIA – OBSERVÂNCIA OBRIGATÓRIA. Estão obrigados juízes e tribunais, observados os artigos 9.3 do Pacto dos Direitos Civis e Políticos e 7.5 da Convenção Interamericana de Direitos Humanos, a realizarem, em até noventa dias, audiências de custódia, viabilizando o comparecimento do preso perante a autoridade judiciária no prazo máximo de 24 horas, contado do momento da prisão." **(ADPF 347 MC/DF; Relator: Min. MARCO AURÉLIO; J. 09/09/2015; Pleno)**

Posteriormente, essa ação foi julgada no mérito, o que ocorreu no dia 04/10/2023, oportunidade em que o STF **confirmou a ocorrência de um estado de coisas inconstitucional no sistema prisional brasileiro** e, com o objetivo de solucionar a situação de violação massiva de direitos fundamentais, determinou a adoção de mais providências do que havia determinado na decisão cautelar. O Supremo Tribunal Federal determinou, por exemplo, que os juízes e tribunais, ao decretarem prisões provisórias, motivassem a não aplicação de medidas cautelares diversas da prisão, bem como que a União, os Estados e o Distrito Federal elaborassem planos (nacional e estaduais) de enfrentamento ao estado de coisas inconstitucional em questão.

A Corte, inclusive, fixou a seguinte tese de julgamento:

> "1. **Há um estado de coisas inconstitucional no sistema carcerário brasileiro**, responsável pela violação massiva de direitos fundamentais dos presos. Tal estado de coisas demanda a atuação cooperativa das diversas autoridades, instituições e comunidade para a construção de uma solução satisfatória.
>
> 2. Diante disso, **União, Estados e Distrito Federal**, em conjunto com o Departamento de Monitoramento e Fiscalização do Conselho Nacional de Justiça (DMF/CNJ), **deverão elaborar planos** a serem submetidos à homologação do Supremo Tribunal Federal, nos prazos e observadas as diretrizes e finalidades expostas no presente voto, especialmente voltados para o controle da superlotação carcerária, da má qualidade das vagas existentes e da entrada e saída dos presos.
>
> 3. O CNJ realizará estudo e regulará a criação de número de varas de execução penal proporcional ao número de varas criminais e ao quantitativo de presos." **(ADPF 347, Pleno, Rel. Min. MARCO AURÉLIO, Redator do acórdão Min. LUÍS ROBERTO BARROSO, j. 04/10/2023)**

O estado de coisas inconstitucional também foi objeto de debate em outros casos apreciados pelo STF.

Por exemplo, na **ADPF 976 MC-Ref** (j. 22/08/2023), foi debatida a existência de um estado de coisas inconstitucional envolvendo a população de rua no Brasil. Nesse caso, o Supremo Tribunal Federal não chegou a afirmar estar configurado um estado de coisas inconstitucional, mas disse que havia um **potencial** estado de coisas inconstitucional, e, com o objetivo de dar solução ao quadro de violações a direitos fundamentais da população de rua, determinou a adoção de diversas providências, dentre elas, a implementação de medidas de acolhimento e segurança nos abrigos públicos e a observância compulsória, pelos Estados, Distrito Federal e Municípios, da **Política Nacional para a População em Situação de Rua**, criada pela União por meio do Decreto nº 7.053/09.

LIMITAÇÕES DOS DIREITOS FUNDAMENTAIS

Já foi vista a característica da limitabilidade dos direitos fundamentais, mas há temas correlatos de extrema relevância.

É necessário, inicialmente, fazer a seguinte observação: **nem tudo é direito fundamental e nem tudo está abrangido por um direito fundamental.** Há, portanto, diferença entre o que é a delimitação do âmbito de proteção de um direito fundamental e o que é a limitação (ou restrição) de um direito fundamental. Uma coisa é delimitar o âmbito de proteção de um direito fundamental, outra coisa é limitar um direito fundamental dentro do seu âmbito de proteção.

Em outras palavras, se algo não está no âmbito de proteção, isso que não está no âmbito de proteção não chega a representar uma limitação ao direito fundamental. É por isso que afirmar que algo está fora do âmbito de proteção de um direito fundamental não é o mesmo que limitar esse direito, embora possa haver uma relação entre essas duas coisas.

Por exemplo, o art. 6º da CF/88 prevê o direito à alimentação. Nesse direito à alimentação está incluído o direito de ter um jantar custeado pelo Estado em um restaurante de luxo? Evidentemente, não. Isso não está sequer previsto no âmbito de proteção desse direito fundamental, logo, o não fornecimento de refeição de luxo não é uma limitação ao direito à alimentação, já que, como vimos, o não atendimento de algo que não se encontra no âmbito de proteção de um direito fundamental não caracteriza uma restrição a esse direito.

Como se identifica o âmbito de proteção de um direito fundamental? Ele é delimitado caso a caso, isto é, cada direito fundamental recebe um tratamento próprio.

Mas quem delimita o âmbito de proteção de um direito fundamental? Isso pode ser feito:

1) Pela própria Constituição; ou

2) Pelo Legislador ordinário, se houver sido autorizado pelo constituinte, em uma atividade que é chamada de "conformação" ou "regulação".

Por exemplo, o direito à educação tem seu âmbito de proteção (isto é, seu conteúdo e sua amplitude) delimitado pela própria Constituição, mais precisamente, nos arts. 205 a 214. Já os direitos à moradia e à alimentação não têm uma disciplina constitucional exaustiva, sendo apenas anunciados pela CF/88 (em seu art. 6º), sem que se trate do seu conteúdo e da sua amplitude. Logo, é o legislador ordinário, através da atividade de "conformação" ou "regulação", que vai delimitar o âmbito de proteção desses direitos, isto é, é o legislador que vai dizer o que significam os direitos à moradia e à alimentação.

Já as **restrições** dos direitos fundamentais, que não se confundem com a delimitação desses direitos, operam de forma diferente.

Depois que se delimita o âmbito de proteção do direito, podem ser estabelecidas restrições a esse âmbito de proteção já delimitado, e essas restrições podem ser concebidas a partir de **duas grandes teorias**, quais sejam:

a) **Teoria interna**: segundo a teoria interna, os limites aos direitos fundamentais são "imanentes" a eles, ou seja, os direitos fundamentais já nascem com essas limitações, são limites "desde sempre" ou "desde dentro".

b) **Teoria externa**: para a teoria externa, os limites aos direitos fundamentais são externos a eles, isto é, eles não nascem com esses limites, os quais são impostos externamente.

Por sua vez, as restrições aos direitos fundamentais podem ser feitas por dois meios:

1) **Pela própria Constituição**, veiculando uma restrição constitucional expressa, das seguintes formas:

a. Por **outros direitos fundamentais** (por exemplo, o direito da liberdade de manifestação do pensamento pode ser limitado pelo direto de indenização por dano moral ou à imagem);

b. A partir de **situações excepcionais**, como estado de defesa e estado de sítio, hipóteses em que a Constituição impõe determinadas restrições a direitos fundamentais;

c. Pela **própria norma definidora do direito fundamental**. Nesse caso, é possível haver dois tipos de restrição: **restrição imediata** (ou direta) e **restrição mediata** (ou indireta), operando-se esta última por meio de uma reserva legal restritiva, que pode ser simples ou qualificada. A reserva legal restritiva é uma previsão da Constituição que determina que o legislador ordinário pode estabelecer restrições ao direito previsto no texto constitucional.

2) **Pelo legislador ordinário**, que estabelece a restrição quando autorizado pela Constituição e nos termos dessa autorização, autorização essa que consiste no que se chama de reserva legal de índole restritiva, a qual pode ser simples ou qualificada, conforme vimos acima.

Como se pode perceber, para que o legislador atue restringindo um direito fundamental, é preciso que, antes, a Constituição tenha previsto uma restrição mediata (ou indireta) a esse direito fundamental, por meio de uma reserva legal restritiva. Ou seja, a atuação limitadora do legislador infraconstitucional nada mais é do que uma regulamentação da reserva legal de índole restritiva.

Além disso, entende-se em sede doutrinária que os direitos fundamentais **não podem ser invocados com o propósito de se atingirem determinadas finalidades inadmitidas** pelo ordenamento jurídico. Essas hipóteses, portanto, também caracterizam casos de imposição de restrições aos direitos fundamentais.

Por exemplo, os direitos fundamentais não podem ser utilizados para:

1) **Justificar o ilícito.** Não se admite, por exemplo, que um indivíduo, alegando ter direito à liberdade, viole a lei. Inclusive, nessa mesma linha de pensamento, como bem observou Montesquieu, a liberdade nada mais é do que o poder de fazer o que a lei autoriza. Isso porque, se alguém tiver o poder de fazer o que a lei proíbe (ou seja, de violar a lei), esse alguém não terá liberdade, pois os outros indivíduos também poderão atuar dessa forma e, assim, a esfera de interesses de quem primeiro violou a lei sob a alegação de que seu direito à liberdade permitiria isso também será atingida. Inclusive, nessa linha de raciocínio, o STF já admitiu como válida a violação do sigilo de correspondência de pessoa encarcerada em uma situação na qual a autoridade carcerária, dentro das hipóteses legais, interceptou carta enviada com o propósito de praticar crimes. Nas palavras do Tribunal, "a cláusula tutelar da inviolabilidade do sigilo epistolar não pode constituir instrumento de salvaguarda de práticas ilícitas" (HC 70814, j. 01/03/1994).

2) **Sustentar a irresponsabilidade civil.**

3) **Anular outros direitos constitucionais.** O que pode ocorrer é que, em caso de colisão entre direitos constitucionalmente tutelados, haja a compatibilização deles no caso concreto (princípio da concordância prática), mas não se admite que um direito simplesmente anule outro.

■ ESPÉCIES DE RESERVA LEGAL RESTRITIVA: SIMPLES E QUALIFICADA

Conforme vimos, quando a Constituição, ela própria, restringe um direito fundamental, essa restrição pode ser direta (imediata) ou indireta (mediata). Na restrição indireta, que se dá por meio de uma reserva legal restritiva, essa reserva legal pode ser simples ou qualificada. **Qual é a diferença entre elas?**

Primeiramente, é pertinente lembrar que a restrição imediata é aquela em que a própria Constituição prevê a restrição de forma expressa ou direta. São exemplos disso os incisos IV e XV do art. 5º da CF/88, que, de imediato, restringem os direitos a que se referem, sem remeter isso ao legislador infraconstitucional. No caso do inciso IV, a restrição ao exercício do direito consiste na vedação de que esse direito seja exercido de forma anônima e, no inciso XV, a restrição ao direito é a possibilidade de a locomoção no território nacional não ser livre quando não se estiver em tempo de paz. Veja:

> **"Art. 5º, CF/88.**
>
> (...)
>
> IV – é livre a manifestação do pensamento, **sendo vedado o anonimato**;
>
> (...)
>
> XV – é livre a locomoção no território nacional **em tempo de paz**, podendo qualquer pessoa, nos termos da lei, nele entrar, permanecer ou dele sair com seus bens ;
>
> (...)"

Já a restrição mediata (ou indireta) é aquela em que a Constituição autoriza que a legislação ordinária restrinja o alcance do direito fundamental, ao estabelecer uma reserva de lei restritiva (ou restrição legal), que pode ser uma reserva legal restritiva simples ou uma reserva legal restritiva qualificada.

Na reserva legal **simples**, a Constituição exige apenas que uma eventual restrição seja prevista em lei, não havendo no dispositivo constitucional qualquer exigência acerca do conteúdo ou da finalidade dessa lei. Nesse caso, a Constituição autoriza o legislador a estabelecer a restrição com ampla liberdade, não impondo a ele nenhum tipo de exigência desde logo sobre o conteúdo da lei que ele irá elaborar. É possível citar como exemplos de reserva legal simples os incisos VII e LVIII do art. 5º da CF/88.

> **"Art. 5º, CF/88.**
>
> (...)
>
> VII – é assegurada, nos termos da lei, a prestação de assistência religiosa nas entidades civis e militares de internação coletiva;
>
> (...)
>
> LVIII – o civilmente identificado não será submetido a identificação criminal, salvo nas hipóteses previstas em lei;
>
> (...)"

Da leitura desses dispositivos, é possível perceber que, nos casos a que eles se referem, há a possibilidade de a lei prever restrições de forma ampla, sem qualquer condicionamento quanto ao conteúdo ou à finalidade da restrição.

Já na reserva legal **qualificada**, a Constituição autoriza que o legislador infraconstitucional estabeleça restrições, mas limita a sua atuação, estabelecendo desde logo, em relação à lei que restringirá o direito fundamental, determinados objetivos ou finalidades a serem atendidos, certas condições especiais ou determinados meios a serem empregados.

Um exemplo de reserva legal qualificada é a prevista no inciso XII do art. 5º da CF/88, que permite que a lei restrinja o direito fundamental à inviolabilidade das comunicações telefônicas, por meio da previsão do uso do "grampo telefônico", desde que mediante autorização judicial (condição especial) e se destine a investigação criminal ou a instrução processual penal (finalidade a ser atendida). Como se pode perceber, a lei restritiva do direito fundamental nesse caso não pode ter caráter amplo (logo, não é uma reserva legal simples), pois o constituinte estabeleceu finalidades e condições a serem observadas por ela (logo, é uma reserva legal qualificada).

> "**Art. 5º, CF/88.**
>
> (...)
>
> XII – é inviolável o sigilo da correspondência e das comunicações telegráficas, de dados e das comunicações telefônicas, salvo, no último caso, por ordem judicial, **nas hipóteses e na forma que a lei estabelecer para fins de investigação criminal ou instrução processual penal**; (...)"

Esse tema foi cobrado no concurso do TJDFT realizado pelo CESPE em 2016, tendo sido considerada **incorreta** a assertiva segundo a qual *"a reserva legal estabelecida para a inviolabilidade das comunicações telefônicas é classificada como simples, e para a identificação criminal reserva qualificada"*. Na verdade, de acordo com o que vimos, o correto seria o inverso disso: a reserva legal estabelecida para a inviolabilidade das comunicações telefônicas (art. 5º, XII, CF/88) é qualificada e a estabelecida para a identificação criminal (art. 5º, LVIII, CF/88) é simples.

■ "LIMITES DOS LIMITES"

Seja qual for a autorização dada pela Constituição ao legislador infraconstitucional para que restrinja direitos fundamentais, a sua atuação restritiva não será absoluta. Por esse motivo, a doutrina fala na **teoria dos "limites dos limites"**.

Os limites dos limites restringem a atuação do legislador quando ele está limitando direitos fundamentais. O legislador não pode limitar direitos fundamentais de maneira absoluta, ou seja, ele deve observar limites para impor limites, não se lhe sendo permitido estabelecer todos os limites que bem entender.

Como bem observa Gilmar Mendes, os limites dos limites decorrem da própria Constituição e dizem respeito à necessidade de se proteger o núcleo essencial do direito fundamental, que não pode ser limitado ou tocado pelo legislador ordinário. Além disso, o legislador ordinário deve agir com clareza, generalidade, determinação e proporcionalidade ao estabelecer uma restrição a um direito fundamental.

Enfim, ao tratar dos limites a um direito fundamental, o legislador infraconstitucional deve respeitar algumas diretrizes, pois, como visto, ele tem limites nessa atividade. Em resumo, o legislador, ao limitar um direito fundamental, deve:

a) estar autorizado pela Constituição, de forma expressa ou implícita;

b) preservar o núcleo essencial do direito fundamental em questão;

c) observar a proporcionalidade e a razoabilidade; e

d) produzir normas claras e genéricas, abstendo-se de realizar restrições casuísticas (sob pena de violação à igualdade). Por exemplo, o legislador não pode, de forma infundada, escolher um determinado grupo de pessoas para sofrer restrições em seus direitos fundamentais.

A teoria dos limites dos limites é chamada por alguns de **teoria dos "limites dos limites dos limites"**. Os que preferem essa denominação justificam essa opção pelo fato de que os direitos fundamentais são, em si mesmos, limites, mais precisamente, limites ao poder do Estado. Assim, como essa teoria trata dos limites que devem ser respeitados na atividade de limitação dos direitos fundamentais, que, por sua vez, são verdadeiros limites (à atuação estatal), seria possível chamá-la também de teoria dos limites dos limites dos limites.

▪ CLÁUSULA DE RESERVA LEGAL SUBSIDIÁRIA

Conforme foi visto, as restrições aos direitos fundamentais podem ser feitas pela Constituição ou pelo legislador infraconstitucional, quando autorizado por uma reserva legal restritiva.

Se uma norma constitucional consagradora de direito fundamental nada fala sobre a possibilidade de reserva legal restritiva, pode o legislador infraconstitucional impor restrições a ele? Isto é, pode haver autorização implícita da Constituição para a restrição de certos direitos fundamentais?

Segundo Gilmar Mendes, no Brasil essa autorização implícita existe e ela decorre do que o Ministro chama de **cláusula de reserva legal subsidiária**, que está prevista no art. 5º, II, da CF/88, dispositivo que autoriza o legislador a impor, por meio de lei, restrições a direitos fundamentais, mesmo que a norma constitucional não traga expressamente essa autorização. Evidentemente, também nesse caso o legislador infraconstitucional deverá observar os "limites dos limites, não podendo se exceder.

> "**Art. 5º, II, CF/88** - ninguém será obrigado a fazer ou deixar de fazer alguma coisa senão em virtude de lei;"

Portanto, ainda que não haja cláusula expressa de reserva legal, o legislador pode impor restrições aos direitos fundamentais com base em autorização constitucional implícita decorrente da **cláusula de reserva legal subsidiária**, prevista no art. 5º, II, da CF/88.

Por esse motivo, o CESPE, no concurso do TJDFT de 2016, considerou **incorreta** a assertiva segundo a qual *"direitos fundamentais formalmente ilimitados, desprovidos* *de reserva legal, não podem sofrer restrições de qualquer natureza"*. Como acabamos de ver, na ausência de reserva legal expressa, é possível restringir o direito fundamental com base na cláusula de reserva legal subsidiária (art. 5º, II, CF/88).

▪ NÚCLEO ESSENCIAL DOS DIREITOS FUNDAMENTAIS

Vimos que, ao impor limites aos direitos fundamentais, o legislador infraconstitucional deve, dentre outros cuidados, preservar o núcleo essencial desses direitos.

Nesse contexto, surge a necessidade de identificar o núcleo essencial de cada direito fundamental.

Segundo a doutrina (a exemplo de Vieira de Andrade), o núcleo essencial último de todos os direitos fundamentais é a dignidade da pessoa humana, de modo que a dignidade humana se apresenta como um limite absoluto ao legislador ordinário na sua atividade de restringir esses direitos. Mas, além desse núcleo essencial último, cada direito fundamental tem o seu próprio núcleo essencial (ou núcleo duro) específico, que também não pode ser tocado pelo legislador, sendo, tal qual a dignidade humana, um limite à possibilidade de restrição pelo legislador infraconstitucional.

E **há duas teorias básicas sobre o núcleo essencial dos direitos fundamentais**, mais precisamente, duas teorias que tentam explicar como se identifica o núcleo essencial de um direito fundamental. Vejamos:

I) **Teoria absoluta**: diz que cada direito fundamental possui seu núcleo essencial intangível e **determinável abstratamente**, no qual não é possível intervir em hipótese alguma. Logo, para essa teoria, cada direito fundamental possui um núcleo essencial que é identificado de maneira abstrata e apriorística, através de uma simples análise desvinculada de um caso concreto.

II) **Teoria relativa**: diz que o núcleo essencial de cada direito fundamental é **aquilo que resta após o sopesamento**, isto é, após a ponderação com outros direitos fundamentais. Nesse caso, a garantia do conteúdo essencial é reduzida à máxima da proporcionalidade.

Portanto, a **teoria absoluta** diz que abstrata e aprioristicamente é possível identificar o núcleo essencial do direito fundamental e a **teoria relativa** diz que só é possível identificar o núcleo essencial do direito fundamental depois que se faz o sopesamento desse direito fundamental com outros direitos fundamentais.

No direito brasileiro, a Constituição não traz disposição expressa sobre qual dessas teorias adota, mas o destaque dado pela jurisprudência (notadamente, do Supremo Tribunal Federal) à ponderação sugere uma preferência pela teoria relativa. E, nesse exato sentido, o CESPE, no concurso do TJDFT de 2016, considerou incorreta a assertiva segundo a qual *"a constituição consagra expressamente a teoria absoluta do núcleo essencial de direitos fundamentais"*.

8

Direitos Fundamentais na CF/88

Neste capítulo, **será dado destaque ao art. 5º da CF/88**, haja vista sua elevada incidência nas provas, sendo, inclusive, em muitos casos, cobrada a sua mera literalidade.

O art. 5º da CF/88 envolve quatro questionamentos essenciais:

1) Quais são os seus destinatários?

2) Como é a sua aplicabilidade?

3) O rol expresso de direitos fundamentais é taxativo?

4) Os direitos nele previstos são preceitos fundamentais?

Essas são as questões básicas que servirão para guiar o estudo desse dispositivo constitucional.

DESTINATÁRIOS DO ART. 5º DA CF/88

Há dois grupos de destinatários expressos no *caput* do art. 5º da CF/88:

I) os brasileiros; e

II) os estrangeiros residentes no Brasil.

Vejamos a redação desse dispositivo:

> "**Art. 5º, CF/88.** Todos são iguais perante a lei, sem distinção de qualquer natureza, garantindo-se aos **brasileiros** e aos **estrangeiros residentes no País** a inviolabilidade do direito à vida, à liberdade, à igualdade, à segurança e à propriedade, nos termos seguintes:
>
> (...)"

Portanto, são destinatários expressos dos direitos previstos no art. 5º da CF/88 (e, por conseguinte, dos direitos fundamentais em geral) os brasileiros e os estrangeiros residentes no País.

Mas isso não esgota o tema dos destinatários do art. 5º da CF/88, havendo muitas outras questões a serem analisadas.

■ DIFERENÇA DE TRATAMENTO ENTRE BRASILEIROS

Todos os brasileiros usufruem igualmente de todos os direitos fundamentais ou há diferenças de tratamento jurídico na fruição desses direitos por determinados grupos de brasileiros?

Há, na CF/88, direitos que são dirigidos apenas a certos grupos de brasileiros, sem que isso implique qualquer violação ao princípio da igualdade. Isso porque o princípio da igualdade determina que se trate igualmente os iguais e desigualmente os desiguais, na medida de suas desigualdades (igualdade material).

Portanto, determinados grupos de brasileiros têm certos direitos que lhes são assegurados por força de alguma condição específica. O que é importante é que todos os que estejam na mesma situação sejam tratados da mesma forma.

Distinções entre brasileiros natos e brasileiros naturalizados

No que diz respeito ao tema dos destinatários dos direitos fundamentais, existem distinções entre dois grupos de brasileiros que costumam ser muito cobradas em provas de concursos: **os brasileiros natos e os brasileiros naturalizados.**

Esse tipo de distinção (entre brasileiros natos e naturalizados) **só pode ser estipulado pela própria Constituição.** Apenas a Constituição pode determinar essa distinção, por conta do que dispõe o seu art. 12, § 2º:

> "**Art. 12, CF/88.**
>
> (...)
>
> **§ 2º.** A lei não poderá estabelecer distinção entre brasileiros natos e naturalizados, salvo nos casos previstos nesta Constituição."

Então, qualquer diferença de tratamento jurídico entre brasileiros natos e naturalizados deve ter fundamento constitucional.

E quais são as distinções entre brasileiros natos e naturalizados na Constituição?

Por exemplo, no art. 5º, o inciso LI diz que nenhum brasileiro será extraditado, exceto o naturalizado e em determinados casos.

> "**Art. 5°, LI** - nenhum brasileiro será extraditado, salvo o naturalizado, em caso de crime comum, praticado antes da naturalização, ou de comprovado envolvimento em tráfico ilícito de entorpecentes e drogas afins, na forma da lei;"

Portanto, o brasileiro nato não será extraditado em nenhuma hipótese, o que, porém, não significa que ele não vai responder a processo criminal ou cumprir pena, mas isso, sendo caso, será feito no Brasil, e não no estrangeiro.

A extradição, como se sabe, é um instrumento de cooperação internacional por meio do qual se entrega alguém a um Estado estrangeiro para cumprir pena ou responder a processo criminal. E o brasileiro naturalizado pode ser extraditado apenas nas duas hipóteses previstas na Constituição: crime comum praticado antes da naturalização ou comprovado envolvimento em tráfico ilícito de entorpecentes e drogas afins, na forma da lei.

Outra diferença entre brasileiros natos e naturalizados muito cobrada em provas diz respeito aos cargos privativos de brasileiros natos, que estão previstos no art. 12, § 3º, da CF/88.

"**Art. 12, CF/88.**

(...)

§ 3°. São privativos de brasileiros natos os cargos:

I - de Presidente e Vice-Presidente da República;

II - de Presidente da Câmara dos Deputados;

III - de Presidente do Senado Federal;

IV - de Ministro do Supremo Tribunal Federal;

V - da carreira diplomática;

VI - de oficial das Forças Armadas;

VII - de Ministro de Estado da Defesa."

Como se pode perceber, a linha sucessória do Presidente da República só pode ser ocupada por brasileiros natos. Aqui, lembre-se que, embora todos os Ministros do STF devam ser brasileiros natos, nem todos eles se encontram na linha sucessória do Presidente da República, mas apenas o Presidente do Tribunal.

Igualmente, não são todos os Ministros de Estado que devem ser brasileiros natos, mas apenas o Ministro de Estado da Defesa.

A propósito, surge uma questão interessante: segundo a CF/88, os Ministérios serão disciplinados a partir de proposta do Poder Executivo. Mas é possível extinguir ministérios livremente? Sim, com exceção daqueles que têm menção constitucional. Por exemplo, o Ministério de Estado da Defesa só pode ser extinto por uma emenda constitucional que revogue o inciso VII do § 3º do art. 12 da CF/88, pois, enquanto houver alguma menção a ele ou ao respectivo Ministro na Constituição, ele não poderá ser extinto por ato infraconstitucional.

Além disso, é necessário ter cuidado com alguns detalhes importantes acerca dos cargos privativos de brasileiro nato. É possível perceber que não estão elencados no dispositivo transcrito acima, por exemplo, os cargos de Presidente do CNJ, de Presidente do TSE e de Vice-Presidente do TSE. No entanto, mesmo não estando previstos no rol taxativo do art. 12, § 3º, da CF/88, esses cargos são privativos de brasileiro nato, pois, segundo a própria CF/88 (arts. 103-B, § 1º, e 119, p. único), eles só podem ser exercidos por Ministros do STF, que devem ser brasileiros natos, como determina o art. 12, § 3º, da CF/88.

Outra diferença prevista na CF/88 entre brasileiros natos e naturalizados é encontrada no art. 89, VII, que preconiza que seis cidadãos brasileiros **natos** estarão na composição do Conselho da República. No Conselho de Defesa Nacional, por sua vez, não há previsão de participação de cidadão brasileiro nato (art. 91, CF/88). Em ambos os conselhos, porém, há a participação de cargos que são privativos de brasileiro nato, no caso, os cargos de Vice-Presidente da República, de Presidente do Senado Federal, de Ministro de Estado da Defesa e de Comandante das Forças Armadas (que é exercido por um Oficial das Forças Armadas, o qual, por sua vez, é privativo de brasileiro nato, nos termos do art. 12, § 3º, da CF/88).

"**Art. 89, CF/88.** O Conselho da República é órgão superior de consulta do Presidente da República, e dele participam:

I - o Vice-Presidente da República;

II - o Presidente da Câmara dos Deputados;

III - o Presidente do Senado Federal;

IV - os líderes da maioria e da minoria na Câmara dos Deputados;

V - os líderes da maioria e da minoria no Senado Federal;

VI - o Ministro da Justiça;

VII - seis cidadãos **brasileiros natos**, com mais de trinta e cinco anos de idade, sendo dois nomeados pelo Presidente da República, dois eleitos pelo Senado Federal e dois eleitos pela Câmara dos Deputados, todos com mandato de três anos, vedada a recondução.

(...)

Art. 91, CF/88. O Conselho de Defesa Nacional é órgão de consulta do Presidente da República nos assuntos relacionados com a soberania nacional e a defesa do Estado democrático, e dele participam como membros natos:

I - o Vice-Presidente da República;

II - o Presidente da Câmara dos Deputados;

III - o Presidente do Senado Federal;

IV - o Ministro da Justiça;

V - o Ministro de Estado da Defesa;

VI - o Ministro das Relações Exteriores;

VII - o Ministro do Planejamento.

VIII - os Comandantes da Marinha, do Exército e da Aeronáutica."

Além disso, o art. 222, *caput* e §§ 1º e 2º, diz que apenas brasileiros natos ou naturalizados há mais de dez anos (há, portanto, uma distinção dentro da categoria de brasileiros naturalizados) poderão ser donos, gestores e responsáveis pelo editorial de empresas jornalísticas e de radiodifusão sonora e de sons e imagens.

"**Art. 222, CF/88.**

(...)

§ 1º Em qualquer caso, pelo menos setenta por cento do capital total e do capital votante das empresas jornalísticas e de radiodifusão sonora e de sons e imagens deverá pertencer, direta ou indiretamente, a brasileiros natos ou naturalizados há mais de dez anos, que exercerão obrigatoriamente a gestão das atividades e estabelecerão o conteúdo da programação.

§ 2º A responsabilidade editorial e as atividades de seleção e direção da programação veiculada são privativas de brasileiros natos ou naturalizados há mais de dez anos, em qualquer meio de comunicação social."

Distinções entre brasileiros que se encontram no gozo de direitos políticos e brasileiros que não se encontram no gozo desses direitos

Outra diferença entre grupos de brasileiros no que diz respeito à fruição de direitos fundamentais é a que se refere aos **brasileiros que se encontram no gozo de direitos políticos e os brasileiros cujos direitos políticos estão perdidos ou suspensos.**

A esse respeito, a distinção de tratamento mais relevante é a prevista no art. 5º, LXXIII, da CF/88, que diz que qualquer **cidadão** é parte legítima para propor ação popular. Cidadão é o brasileiro que se encontra no gozo dos direitos políticos, de modo que os brasileiros que não se encontrem no gozo desses direitos não podem fazer uso desse remédio constitucional.

> "**Art. 5º, LXXIII, CF/88** – qualquer cidadão é parte legítima para propor ação popular que vise a anular ato lesivo ao patrimônio público ou de entidade de que o Estado participe, à moralidade administrativa, ao meio ambiente e ao patrimônio histórico e cultural, ficando o autor, salvo comprovada má-fé, isento de custas judiciais e do ônus da sucumbência;"

Distinções entre brasileiros e brasileiras

A Constituição prevê diferenças entre brasileiros relacionadas ao **gênero**, isto é, hipóteses de tratamento diferenciado decorrente do fato de a pessoa ser homem ou mulher, assegurando a fruição de determinados direitos fundamentais a um grupo e não assegurando a outro.

Esse tema é tratado na CF/88, inicialmente, pelo art. 5º, I, que preconiza a igualdade de gênero, **nos termos da Constituição**, o que deixa clara a possibilidade de o texto constitucional estabelecer diferenças de tratamento entre homens e mulheres.

Como exemplo disso, podemos citar o art. 5º, L, que diz que às presidiárias (referindo-se, portanto, a mulheres em situação de sujeição especial ao Estado) serão asseguradas condições para permanecer com seus filhos durante o período de amamentação. Somente esse grupo de brasileiras é que poderá usufruir desse direito.

> "**Art. 5º, CF/88.**
>
> I - homens e mulheres são iguais em direitos e obrigações, nos termos desta Constituição;
>
> (...)
>
> L - às presidiárias serão asseguradas condições para que possam permanecer com seus filhos durante o período de amamentação;
>
> (...)"

É possível encontrar outro exemplo de distinção de gênero no art. 40, § 1º, III, que trata da aposentadoria voluntária dos servidores públicos, estabelecendo requisitos de idade diferentes para homens e mulheres, bem como no art. 201, § 7º, I e II , que prevê uma diferenciação semelhante a essa para o âmbito do Regime Geral de Previdência Social (INSS). Ou seja, a mulher se submete a requisitos menos rigorosos do que o homem para o gozo da aposentadoria.

Ainda, a Constituição Federal, em seu art. 7º, XVIII, XIX e XX, previu a licença à gestante pelo prazo de 120 (cento e vinte) dias, sem, porém, fixar prazo para a licença paternidade, além de estabelecer a proteção do mercado de trabalho especificamente da mulher, nada dizendo sobre o homem.

> "**Art. 7º, CF/88.**
>
> (...)
>
> XVIII - licença à gestante, sem prejuízo do emprego e do salário, com a duração de cento e vinte dias;
>
> XIX - licença-paternidade, nos termos fixados em lei;
>
> XX - proteção do mercado de trabalho da mulher, mediante incentivos específicos, nos termos da lei;
>
> (...)"

Todas essas distinções são justificadas no âmbito do direito constitucional, e o Supremo Tribunal Federal já disse, expressamente, quais são as justificativas (legítimas) que levam a essa diferença de tratamento de gênero sem que isso caracterize qualquer violação à igualdade (RE 658312):

I) A histórica exclusão da mulher do mercado de trabalho;
II) A menor resistência física da mulher;
III) O acúmulo, pela mulher, de atividades domésticas e no ambiente de trabalho.

Segundo esclareceu o STF, o princípio da igualdade permite certos tratamentos desiguais, quando justificados por razões (igualmente desiguais) compatíveis com a Constituição e desde que o tratamento discriminatório imposto seja proporcional às diferenças existentes no plano fático. Isso nada mais é do que a promoção da igualdade do ponto de vista material.

Veja a ementa do julgado:

> "2. O princípio da igualdade não é absoluto, sendo mister a verificação da correlação lógica entre a situação de discriminação apresentada e a razão do tratamento desigual. 3. **A Constituição Federal de 1988 utilizou-se de alguns critérios para um tratamento diferenciado entre homens e mulheres:** i) em primeiro lugar, levou em consideração **a histórica exclusão da mulher do mercado regular de trabalho** e impôs ao Estado a obrigação de implantar políticas públicas, administrativas e/ou legislativas de natureza protetora no âmbito do direito do trabalho; ii) considerou existir um componente orgânico a justificar o tratamento diferenciado, em virtude da **menor resistência física da mulher**; e iii) observou um componente social, pelo fato de ser comum **o acúmulo pela mulher de atividades no lar e no ambiente de trabalho** – o que é uma realidade e, portanto, deve ser levado em consideração na interpretação da norma. 4. **Esses parâmetros constitucionais são legitimadores de um tratamento diferenciado desde que esse sirva, como na hipótese, para ampliar os direitos fundamentais sociais e que se observe a proporcionalidade na compensação das diferenças. (...)" (RE 658312, Rel. Min. DIAS TOFFOLI, Pleno, j. em 27/11/2014)**

Distinções entre brasileiros ricos e brasileiros pobres

Outra diferença de tratamento constitucional entre brasileiros diz respeito a brasileiros ricos e pobres, pois os brasileiros economicamente hipossuficientes têm determinados direitos fundamentais dirigidos especificamente a eles. Vejamos que direitos são esses.

Segundo o art. 5º, LXXIV, da CF/88, o Estado prestará assistência jurídica integral não a todo mundo, mas apenas a quem comprovar insuficiência de recursos (no cumprimento desse direito, atua a Defensoria Pública). Da mesma forma, o registro civil de nascimento e a certidão de óbito são gratuitos, na forma da lei, não a todos os brasileiros, mas apenas aos reconhecidamente pobres (art. 5º, LXXVI, CF/88).

> "**Art. 5°, LXXIV, CF/88** - o Estado prestará assistência jurídica integral e gratuita aos que comprovarem insuficiência de recursos;"
>
> "**Art. 5°, LXXVI, CF/88** - são gratuitos para os reconhecidamente pobres, na forma da lei:
>
> a) o registro civil de nascimento;
>
> b) a certidão de óbito."

ATENÇÃO! Ampliando o direto previsto no art. 5º, LXXVI, da CF/88, a Lei 9.534/97 estabeleceu serem gratuitos o registro civil de nascimento e o de óbito, bem como a primeira certidão respectiva, assegurando essa gratuidade a todos, brasileiros e estrangeiros, sejam pobres ou não. Essa ampliação infraconstitucional foi declarada constitucional pelo STF no bojo da **ADI 1800** e da **ADC 5**.

É importante registrar que, apesar de os dispositivos mencionados acima estabelecerem, a princípio, uma diferenciação de tratamento entre brasileiros (ricos de um lado e pobres de outro), o Supremo Tribunal Federal, no **Tema de Repercussão Geral nº 988** (RE 1.018.911, julgado em 11/11/2021), firmou o entendimento de que os estrangeiros hipossuficientes residentes no Brasil também têm direito à gratuidade de registro para regularizar sua situação migratória, não se admitindo que normas legais e infralegais afastem esse direito.

Isso porque essa gratuidade (que é uma imunidade ao pagamento das taxas registrais) têm relação com o exercício da própria cidadania, e o art. 5º, LXXVII, da CF/88 estabelece serem gratuitos os atos necessários ao exercício da cidadania. Confira o teor desse dispositivo:

> "**Art. 5º, LXXVII** - são gratuitas as ações de habeas corpus e habeas data, e, na forma da lei, os atos necessários ao exercício da cidadania."

Nos termos da tese fixada pela Corte, *"é imune ao pagamento de taxas para registro da regularização migratória o estrangeiro que demonstre sua condição de hipossuficiente, nos termos da legislação de regência"*.

Portanto, segundo a jurisprudência do Supremo Tribunal Federal, a Constituição Federal estabelece distinção não apenas entre brasileiros ricos e pobres, mas também entre estrangeiros ricos e pobres que residam no Brasil, já que os pobres (hipossuficientes) gozam de gratuidade na regularização de seus registros migratórios.

■ DIREITO FUNDAMENTAL EXCLUSIVO DE ESTRANGEIROS

O *caput* do art. 5º da CF/88 não se refere apenas a brasileiros, mas também aos estrangeiros residentes no País.

E existe, no art. 5º da CF/88, **um direito fundamental que não é usufruído por nenhum brasileiro (seja ele nato ou naturalizado), mas apenas por estrangeiros**. Trata-se do direito previsto no inciso LII, que veda a extradição de estrangeiro por crime político ou de opinião.

> "**Art. 5º, LII, CF/88** - não será concedida extradição de estrangeiro por crime político ou de opinião;"

Como se pode perceber, nenhum brasileiro irá usufruir desse direito. Cuida-se de um direito fundamental dirigido exclusivamente a estrangeiros. E, justamente por isso, o CESPE, no concurso do TJDFT de 2016, considerou **correta** a assertiva segundo a qual *"há direitos fundamentais cuja titularidade é reservada aos estrangeiros"*.

A propósito, é importante esclarecer que o crime político referido no art. 5º, LII, da CF/88 (pelo qual o estrangeiro não pode ser extraditado) não é o mesmo crime político mencionado no art. 109, IV, da CF/88, a ser processado e julgado pela Justiça Federal. Embora em ambos os casos a Constituição utilize a mesma expressão ("crime político"), não se trata de coisas idênticas, mas sim de figuras com naturezas jurídicas completamente diferentes.

> "**Art. 109, CF/88.** Aos juízes federais compete processar e julgar:
> (...)
> IV - os crimes políticos e as infrações penais praticadas em detrimento de bens, serviços ou interesse da União ou de suas entidades autárquicas ou empresas públicas, excluídas as contravenções e ressalvada a competência da Justiça Militar e da Justiça Eleitoral;"

O crime político do art. 5º, LII, da CF/88 é aquele definido como crime (político) no exterior, é aquele crime cuja prática viola a legislação estrangeira e é motivado por razões de natureza política. Já o crime político referido no art. 109, IV, da CF/88 é aquele definido como crime no Brasil, é aquele que viola a legislação brasileira e que tem motivação política.

São, portanto, coisas distintas: o crime político que impede a extradição de estrangeiro é aquele que viola a legislação estrangeira e o crime político cujo processamento e julgamento compete à Justiça Federal é aquele que viola o ordenamento jurídico brasileiro.

E onde está previsto, no direito brasileiro, o crime político referido no art. 109, IV, da CF/88?

Os crimes políticos no Brasil (da competência da Justiça Federal) eram aqueles definidos na Lei 7.170/83 (que era a Lei de Segurança Nacional e foi revogada pela Lei 14.197/2021). Isso, inclusive, já foi decidido no âmbito do STF, como ocorreu no **RC 1473** (j. 14/11/2017, Primeira Turma, Rel. Min. Luiz Fux).

Atualmente, esses crimes estão disciplinados nos arts. 359-I a 359-T do Código Penal (incluídos pela Lei 14.197/2021), rotulados de "Crimes Contra o Estado Democrático de Direito".

Se o juiz federal julga, por sentença, o crime político, nos termos do art. 109, IV, da CF/88, qual é o recurso cabível? Não é apelação para o TRF, mas sim recurso ordinário para o STF, nos termos do art. 102, II, "b", da CF/88. Portanto, nesse caso, o Juiz Federal julga o crime político e a respectiva sentença desafia recurso ordinário diretamente para o STF.

> "**Art. 102, CF/88.** Compete ao Supremo Tribunal Federal, precipuamente, a guarda da Constituição, cabendo-lhe:
>
> (...)
>
> II - julgar, em recurso ordinário:
>
> (...)
>
> b) o crime político;"

A SITUAÇÃO DOS ESTRANGEIROS NÃO RESIDENTES NO BRASIL

O *caput* do art. 5º da CF/88 se refere a estrangeiros **residentes** no País. **Como fica, então, a situação dos estrangeiros não residentes no País, a exemplo dos turistas?** Eles usufruem ou não dos direitos fundamentais elencados no art. 5º da CF/88 (e em toda a Constituição), já que o *caput* do art. 5º afirma expressamente que os direitos nele previstos são dirigidos aos brasileiros e aos estrangeiros **residentes** no Brasil?

Uma parte da doutrina (como José Afonso da Silva) afirma que somente os estrangeiros residentes gozam do direito subjetivo relativo a enunciados constitucionais de direitos e garantias fundamentais, não sendo esses direitos gozados pelos estrangeiros não residentes, pois eles teriam sido excluídos pelo *caput* do art. 5º da CF/88.

Isso, porém, não significa, segundo o autor, que os estrangeiros não residentes não tenham proteção jurídica, mas a proteção jurídica dispensada a eles viria de outras normas, mais precisamente, do direito interno infraconstitucional ou do direito internacional, mas não do art. 5º da CF/88. Porém, essa é uma posição doutrinária minoritária.

A **maioria da doutrina e o Supremo Tribunal Federal** têm outra posição. Eles entendem que a interpretação do art. 5º da CF/88 não deve ser literal, de forma que estrangeiros não residentes também podem usufruir dos direitos previstos no art. 5º da CF/88 (e em toda a Constituição). Esse entendimento se coaduna com toda a formulação teórica dos direitos fundamentais, já que esses direitos se prestam a tutelar e promover a dignidade da pessoa humana, e o indivíduo, pelo simples fato de ser estrangeiro e residir fora do Brasil, não perde sua condição humana nem tampouco, por consequência, a sua dignidade. Confira, nesse sentido, a seguinte decisão do STF:

> "(...) **ESTRANGEIRO NÃO DOMICILIADO NO BRASIL - IRRELEVÂNCIA - CONDIÇÃO JURÍDICA QUE NÃO O DESQUALIFICA COMO SUJEITO DE DIREITOS E TITULAR DE GARANTIAS CONSTITUCIONAIS E LEGAIS** – (...) O súdito estrangeiro, mesmo o não domiciliado no Brasil, tem plena legitimidade para impetrar o remédio constitucional do 'habeas corpus' (...). **A condição jurídica de não-nacional do Brasil e a circunstância de o réu estrangeiro não possuir domicílio em nosso país não legitimam a adoção, contra tal acusado, de qualquer tratamento arbitrário ou discriminatório.** (...)" **(STF, HC 94404, j. em 18/11/2008)**
> Vide, dentre outros: STF, RE 215267, j. em 24/04/2001.

Portanto, a jurisprudência do STF é no sentido de que o estrangeiro não residente goza da mesma proteção conferida ao estrangeiro residente, podendo ele, por exemplo, manejar *habeas corpus*, mandado de segurança etc.

Esse tema pode ser cobrado em provas, por exemplo, pela apresentação de um caso hipotético envolvendo um estrangeiro turista no Brasil que foi preso ilegalmente, questionando-se se esse estrangeiro pode manejar *habeas corpus*. Nesse caso, o que o examinador estará querendo saber é se o estrangeiro não residente no País pode ou não usufruir os direitos do art. 5º da CF/88 ou se esse dispositivo se restringe a estrangeiros residentes. Nesse caso, deve-se responder que, nos termos da jurisprudência do Supremo Tribunal Federal, o estrangeiro não residente goza da mesma proteção conferida ao estrangeiro residente, embora haja doutrina minoritária que discorda desse entendimento.

Inclusive, o CESPE tangenciou essa matéria no concurso do TJDFT de 2016, tendo considerado **incorreta** a assertiva que dizia que *"o gozo da titularidade de direitos fundamentais pelos brasileiros depende da efetiva residência em território nacional"*. Essa questão não tratou de estrangeiros, mas, ao se referir à necessidade de efetiva residência no território nacional, tentou confundir o candidato. A assertiva foi considerada incorreta em virtude de não haver, na Constituição, o condicionamento do gozo de direitos fundamentais por brasileiros à efetiva residência no Brasil. Mas, se, em vez de brasileiros, a referência houvesse sido a estrangeiros, a afirmação continuaria incorreta, pois, como vimos, segundo o STF, não é necessário que o estrangeiro resida no País para que usufrua de direitos fundamentais.

■ PESSOAS JURÍDICAS PODEM TITULARIZAR E USUFRUIR DIREITOS FUNDAMENTAIS DO ART. 5º OU DE QUALQUER OUTRO DISPOSITIVO DA CONSTITUIÇÃO?

Até agora, falamos apenas em pessoas físicas. E, assim, surge o seguinte questionamento: **pessoas jurídicas podem titularizar e usufruir direitos fundamentais do art. 5º ou de qualquer outro dispositivo da Constituição?** Os direitos fundamentais são usufruídos e titularizados apenas por pessoas físicas ou são também usufruídos e titularizados por pessoas jurídicas?

O motivo desse questionamento é que direitos fundamentais, sob o ponto de vista material, são direitos vinculados à dignidade da pessoa humana. Assim, se se apegar à fundamentalidade material desses direitos (que é a vinculação à dignidade humana), a resposta a essa pergunta tende a ser negativa, ou seja, no sentido de que pessoas jurídicas não usufruem ou titularizam direitos fundamentais, já que elas não são dotadas da condição humana e, portanto, não possuem dignidade da pessoa humana, o que é uma exclusividade das pessoas naturais.

Apesar disso, e embora a noção clássica seja a de que os direitos fundamentais são direitos do ser humano, a doutrina e a jurisprudência vêm entendendo que **os direitos fundamentais previstos no art. 5º da CF/88 e em toda a Constituição podem ser usufruídos por pessoas jurídicas, desde que sejam compatíveis com a natureza delas, isto é, com a sua falta de estrutura biopsicológica**. Por exemplo, a jurisprudência admite a possibilidade de pessoa jurídica pleitear indenização por danos morais (Súmula 227/STJ), mas, naturalmente, não lhe reconhece a liberdade de locomoção, não podendo ela, portanto, ser paciente em habeas corpus. Além disso, o CESPE já entendeu em prova de concurso que pessoa jurídica possui direito à vida, o qual, nesse caso, parte da doutrina prefere chamar de direito à existência.

Aliás, existe um direito fundamental que parece ser destinado mais a pessoas jurídicas (especificamente, de direito privado) do que a pessoas físicas, haja vista dizer respeito a nomes e signos empresariais. Cuida-se do inciso XXIX do art. 5º da CF/88.

> "**Art. 5º, XXIX, CF/88** - a lei assegurará aos autores de inventos industriais privilégio temporário para sua utilização, bem como proteção às criações industriais, à propriedade das marcas, aos nomes de empresas e a outros signos distintivos, tendo em vista o interesse social e o desenvolvimento tecnológico e econômico do País;"

A peculiaridade das pessoas jurídicas de direito público

Vimos que as pessoas jurídicas de direito privado podem usufruir de direitos fundamentais que sejam compatíveis com a sua falta e estrutura biopsicológica. **E quanto às pessoas jurídicas de direito público? Elas também podem usufruir de direitos fundamentais?**

É sabido que a concepção clássica dos direitos fundamentais é no sentido de que tais direitos são dirigidos **contra o estado**, sendo o Estado o devedor dos direitos fundamentais, e não o seu credor. Logo, a concepção clássica não se coaduna com a titularização de direitos fundamentais pelo Estado.

Apesar disso, e considerando os direitos fundamentais do ponto de vista **formal**, isto é, deixando de lado a fundamentalidade material desses direitos e focando na sua fundamentalidade formal, **admite-se na doutrina majoritária e na jurisprudência que pessoas jurídicas de direito público usufruam certos direitos fundamentais previstos no art. 5º da CF/88 e em toda a Constituição, notadamente, os direitos fundamentais de cunho procedimental**, a exemplo do contraditório e da ampla defesa ou mesmo da impetração de um mandado de segurança.

Inclusive, a própria dimensão objetiva dos direitos fundamentais é um fator que contribui para o reconhecimento da possibilidade de pessoas jurídicas de direito público gozarem de direitos fundamentais (de caráter procedimental).

Nessa linha de raciocínio, o Supremo Tribunal Federal, em uma ação movida pelo Estado de São Paulo contra a União, reconheceu que pessoas jurídicas de direito público podem titularizar e usufruir direitos fundamentais de caráter procedimental. Nesse caso específico, a Suprema Corte afirmou a necessidade de a União observar o devido processo legal ao inscrever o Estado de São Paulo em cadastro de inadimplentes (AC 2032 QO). Confira a ementa do julgado:

> "(...) A QUESTÃO DOS DIREITOS E GARANTIAS CONSTITUCIONAIS, NOTADAMENTE **AQUELES DE CARÁTER PROCEDIMENTAL, TITULARIZADOS PELAS PESSOAS JURÍDICAS DE DIREITO PÚBLICO**. - A imposição de restrições de ordem jurídica, pelo Estado, quer se concretize na esfera judicial, quer se realize no âmbito estritamente administrativo (como sucede com a inclusão de supostos devedores em cadastros públicos de inadimplentes), supõe para legitimar-se constitucionalmente **o efetivo respeito, pelo Poder Público, da garantia indisponível do 'due process of law', assegurada, pela Constituição da República (art. 5º, LIV), à**

> **generalidade das pessoas, inclusive às próprias pessoas jurídicas de direito público**, eis que o Estado, em tema de limitação ou supressão de direitos, não pode exercer a sua autoridade de maneira abusiva e arbitrária. Doutrina. Precedentes. (...)"
>
> **(AC 2032 QO, Rel. Min. Celso de Mello, Pleno, j. em 15/05/2008).** Vide ainda: AC 3389 MC, decisão monocrática do Rel. Min. Celso de Mello, j. em 21/06/2013.

Os direitos fundamentais procedimentais, que podem ser usufruídos por pessoas jurídicas de direito público, são, por exemplo, os seguintes:

1) O **princípio da legalidade** (art. 5º, II, CF/88).

> "**Art. 5°, CF/88.**
>
> (...)
>
> II - ninguém será obrigado a fazer ou deixar de fazer alguma coisa senão em virtude de lei;"

2) O **direito de propriedade** (art. 5º, XXII, CF/88).

> "**Art. 5°, CF/88.**
>
> (...)
>
> XXII - é garantido o direito de propriedade;"

3) A **inafastabilidade da jurisdição** (art. 5º, XXXV, CF/88).

> "**Art. 5°, CF/88.**
>
> (...)
>
> XXXV - a lei não excluirá da apreciação do Poder Judiciário lesão ou ameaça a direito;"

4) O **direito adquirido**, o **ato jurídico perfeito** e a **coisa julgada** (art. 5º, XXXVI, CF/88).

> "**Art. 5°, CF/88.**
>
> (...)
>
> XXXVI - a lei não prejudicará o direito adquirido, o ato jurídico perfeito e a coisa julgada;"

5) A **garantia do juiz natural** (art. 5º, XXXVII e LIII, CF/88).

> "**Art. 5°, CF/88.**
>
> (...)
>
> XXXVII - não haverá juízo ou tribunal de exceção;
>
> (...)
>
> LIII - ninguém será processado nem sentenciado senão pela autoridade competente;"

6) O **devido processo legal** (art. 5º, LIV, CF/88).

> **"Art. 5°, CF/88.**
>
> (...)
>
> LIV - ninguém será privado da liberdade ou de seus bens sem o devido processo legal;"

7) O **contraditório** e a **ampla defesa** (art. 5º, LV, CF/88).

> **"Art. 5°, CF/88.**
>
> (...)
>
> LV - aos litigantes, em processo judicial ou administrativo, e aos acusados em geral são assegurados o contraditório e ampla defesa, com os meios e recursos a ela inerentes;"

8) A garantia do **mandado de segurança** (art. 5º, LXIX, CF/88), conforme, inclusive, decidiu o STF ao julgar o RMS 22021, admitindo a impetração por pessoa jurídica de direito público.

> **"Art. 5°, CF/88.**
>
> (...)
>
> LXIX - conceder-se-á mandado de segurança para proteger direito líquido e certo, não amparado por "habeas-corpus" ou "habeas-data", quando o responsável pela ilegalidade ou abuso de poder for autoridade pública ou agente de pessoa jurídica no exercício de atribuições do Poder Público;"

→ *Pessoa jurídica de direito público pode exercer direitos fundamentais em face dos particulares?*

Ao se reconhecer o gozo de direitos fundamentais por pessoas jurídicas de direito público, é necessário ter o cuidado de distinguir duas situações diferentes: o exercício desses direitos em face de outra pessoa jurídica de direito público e o exercício deles em face dos particulares.

Quando esses direitos são exercidos por uma pessoa jurídica de direito público em face de outra pessoa jurídica de direito público, a questão fica menos tormentosa, porque, nesse caso, continuam sendo direitos exercidos contra o Estado, pois, embora o Estado seja o credor do direito fundamental, ele também continua no polo passivo da relação obrigacional. Seria o caso, por exemplo, da demanda proposta pelo Estado de São Paulo contra a União Federal que vimos anteriormente.

Porém, quando uma pessoa jurídica de direito público quer exercer direitos fundamentais contra os cidadãos em geral ou mesmo contra uma pessoa jurídica de direito privado, o tema fica mais problemático. Isso porque, nesse caso, há uma inversão completa da ideia clássica dos direitos fundamentais como garantias das pessoas contra o Estado.

Inclusive, o **Superior Tribunal de Justiça**, no REsp 1258389, bem abordou essa questão, esclarecendo que os únicos direitos que são reconhecidos às pessoas jurídicas de direito público são aqueles de caráter procedimental ou relacionados com as prerrogativas constitucionais das entidades e dos órgãos da Administração Pública, direitos esses que são todos oponíveis ao próprio Estado.

Logo, segundo o STJ, não se admite que as pessoas jurídicas de direito público exerçam direitos fundamentais (de caráter material) em face de particulares, especialmente, porque isso seria uma subversão da própria natureza e inspiração dos direitos fundamentais, que foram pensados como um instrumento de proteção do indivíduo contra o abuso estatal.

Confira a enriquecedora ementa desse julgado:

> "(...) DIREITOS FUNDAMENTAIS. PESSOA JURÍDICA DE DIREITO PÚBLICO. RECONHECIMENTO LIMITADO. (...) 2. **A inspiração imediata da positivação de direitos fundamentais resulta precipuamente da necessidade de proteção da esfera individual da pessoa humana contra ataques tradicionalmente praticados pelo Estado.** (...) 3. Em razão disso, de modo geral, **a doutrina e jurisprudência nacionais só têm reconhecido às pessoas jurídicas de direito público direitos fundamentais de caráter processual ou relacionados à proteção constitucional da autonomia, prerrogativas ou competência de entidades e órgãos públicos**, ou seja, direitos oponíveis ao próprio Estado e não ao particular. Porém, ao que se pôde pesquisar, **em se tratando de direitos fundamentais de natureza material pretensamente oponíveis contra particulares, a jurisprudência do Supremo Tribunal Federal nunca referendou a tese de titularização por pessoa jurídica de direito público**. Na verdade, há julgados que sugerem exatamente o contrário, como os que deram origem à Súmula n. 654, assim redigida: 'A garantia da irretroatividade da lei, prevista no art. 5º, XXXVI, da Constituição da República, não é invocável pela entidade estatal que a tenha editado'. 4. Assim, **o reconhecimento de direitos fundamentais - ou faculdades análogas a eles - a pessoas jurídicas de direito público não pode jamais conduzir à subversão da própria essência desses direitos, que é o feixe de faculdades e garantias exercitáveis principalmente contra o Estado**, sob pena de confusão ou de paradoxo consistente em se ter, na mesma pessoa, idêntica posição jurídica de titular ativo e passivo, de credor e, a um só tempo, devedor de direitos fundamentais, incongruência essa já identificada pela jurisprudência do Tribunal Constitucional Alemão (...). 5. No caso em exame, **o reconhecimento da possibilidade teórica de o município pleitear indenização por dano moral contra o particular constitui a completa subversão da essência dos direitos fundamentais**, não se mostrando presente nenhum elemento justificador do pleito, como aqueles apontados pela doutrina e relacionados à defesa de suas prerrogativas, competência ou alusivos a garantias constitucionais do processo. (...)."
>
> **(RESP 1258389, Rel. Min. Luís Felipe Salomão, 4ª Turma, j. em 17/12/2013, DJE de 15/04/2014)**

Esse precedente deixa claro que, quanto a direitos fundamentais de natureza material (isto é, de caráter não processual) oponíveis contra particulares, a jurisprudência do STF nunca referendou a possibilidade de que pessoas jurídicas de direito público deles sejam titulares.

Dessa forma, segundo o STJ, quando uma pessoa jurídica de direito público pretende exercer direitos fundamentais de cunho material contra pessoas físicas ou contra pessoas jurídicas de direito privado, não se deve acolher a teoria da titularização de direitos fundamentais pelas entidades públicas.

E é justamente por isso que o STJ, embora admita que pessoas jurídicas (de direito privado) possam pleitear indenização por dano moral quando há ofensa à sua honra objetiva, não reconhece essa mesma possibilidade às pessoas jurídicas **de direito público**. Esse entendimento encontra-se consolidado na Corte e foi publicado, até mesmo, na sua Jurisprudência em Teses, nos seguintes termos:

I) *"A pessoa jurídica pode sofrer dano moral, desde que demonstrada ofensa à sua honra objetiva"* (Tese nº 10 da Edição nº 125);

II) *"A pessoa jurídica **de direito público** não é titular de direito à indenização por dano moral relacionado à ofensa de sua honra ou imagem, porquanto, tratando-se de direito fundamental, seu titular imediato é o particular e o reconhecimento desse direito ao Estado acarreta a subversão da ordem natural dos direitos fundamentais"* (Tese nº 11 da Edição nº 125).

Esse, portanto, é o entendimento que, na jurisprudência do STJ, estabelece a regra sobre a possibilidade ou não de pessoa jurídica de direito público pleitear reparação por dano moral.

Porém, é de extrema importância registrar a decisão tomada no **REsp 1.722.423**, julgado em 24/11/2020, no qual o STJ reconheceu a possibilidade de pessoa jurídica de direito público obter indenização por dano moral. Mas isso não significa que a Corte modificou o seu entendimento sobre a matéria, pois ficou muito claro no acórdão que o caso apresentava peculiaridades que o diferenciavam dos precedentes em que foi firmada a tese de descabimento de reparação por dano moral em favor do poder público.

Segundo esclareceu o STJ, os casos que havia julgado até então envolviam situações em que o poder público era alvo de críticas ou mesmo de notícias inverídicas, estando em jogo, portanto, o exercício da liberdade de manifestação do pensamento por particulares. Houve também, entre esses precedentes, um caso em que o que ocorreu foi a utilização indevida do logotipo de uma entidade autárquica (mais precisamente, do Ibama), caracterizando um mero uso indevido de bem imaterial do Estado.

Nenhuma dessas situações, segundo entendeu o STJ ao julgar os casos, justificava a subversão da teoria geral dos direitos fundamentais para reconhecer a possibilidade de o poder público pleitear reparação por danos morais em face de particular.

Porém, no REsp 1.722.423, houve particularidades que impuseram diferenciar o caso dos precedentes até então apreciados pelo STJ. Isso porque a situação tratada nesse recurso especial envolvia um esquema fraudulento de desvio de benefícios previdenciários, esquema esse que fez, inclusive, com que diversos beneficiários deixassem de receber seus benefícios. Segundo entendeu o Tribunal, por ter havido prejuízo a terceiros, a gravidade dessas circunstâncias foi capaz de prejudicar a credibilidade da autarquia previdenciária (o INSS) e, assim, fez com que se justificasse afastar o entendimento jurisprudencial tradicional para reconhecer a possibilidade de o poder público pleitear, no caso, a reparação pelo dano moral sofrido.

Nas palavras da Corte, *"**embora haja no STJ diversas decisões em que se reconheceu a impossibilidade da pessoa jurídica de Direito Público ser vítima de dano moral, o exame dos julgados revela que essa orientação não se aplica ao caso dos autos.** (...) Diversamente do que se verifica no caso dos autos, nesses precedentes estava em jogo a livre manifestação do pensamento, a liberdade de crítica dos cidadãos ou o uso indevido de bem imaterial do ente público. (...) Também **não afasta a pretensão reparatória o argumento de que as pessoas que integram o Estado não sofrem "descrédito mercadológico"**. (...) O direito das pessoas jurídicas à reparação por dano moral não exsurge apenas no caso de prejuízos comerciais, mas também nas hipóteses, mais abrangentes, de ofensa à honra objetiva. Nesse plano, até mesmo entidades sem fins lucrativos podem se atingidas. (...) **Não se pode afastar a possibilidade de resposta judicial à agressão perpetrada por agentes do Estado contra a credibilidade institucional da autarquia.** (...)"*.

Como o acórdão lavrado pelo Tribunal inferior nesse caso havia se limitado a afirmar a impossibilidade de indenização por dano moral em favor do INSS, o STJ, **reconhecendo expressamente a possibilidade dessa reparação**, determinou o retorno dos autos à origem, para que essa questão fosse novamente apreciada, dessa vez, partindo-se da premissa da possibilidade de fixação de indenização por dano moral em favor da pessoa jurídica de direito público lesada.

Portanto, atualmente, na jurisprudência do **STJ**, temos dois entendimentos diferentes (a regra geral e a exceção) acerca da possibilidade de pessoa jurídica de direito público pleitear indenização por dano moral:

I) A **regra geral** é não ser possível essa reparação, por subverter a natureza e a teoria geral dos direitos fundamentais. Esse entendimento se aplica a casos que envolvam, por exemplo, críticas ao poder público, notícias imprecisas ou inverídicas sobre pessoas jurídicas de direito público e até mesmo o uso indevido de logotipos de entidades da Administração Pública.

II) A **exceção** é a possibilidade de haver essa reparação, quando a gravidade da situação justificar o afastamento do entendimento tradicional e, assim, permitir o reconhecimento de prejuízo à honra objetiva e à credibilidade da pessoa jurídica de direito público lesada. É o que se verifica, por exemplo, quando o caso envolve esquema fraudulento de desvio de benefícios previdenciários, o que, conforme reconheceu o STJ no REsp 1.722.423, é capaz de ferir a honra objetiva da entidade previdenciária, pois prejudica terceiros e, com isso, afeta a credibilidade do ente público.

APLICABILIDADE DO ART. 5º DA CF/88

Primeiramente, é necessário alertar que o motivo de o presente tópico se referir especificamente ao art. 5º da CF/88 é o fato de que o enfoque de todo este capítulo é o art. 5º da CF/88. No entanto, **todo o raciocínio jurídico que veremos aqui se aplica a todas as normas consagradoras de direitos fundamentais encontradas na Constituição**, não se restringindo ao art. 5º.

Além disso, é importante esclarecer que o que veremos aqui não exclui o que estudamos anteriormente sobre aplicação e aplicabilidade das normas definidoras de direitos fundamentais e das normas constitucionais em geral. Na verdade, todas essas ideias se complementam, devendo ser somadas umas às outras.

O art. 5º, § 1º, da CF/88 diz que *"as normas definidoras dos direitos e garantias fundamentais têm aplicação imediata"*, sendo desse dispositivo que se extrai o princípio da máxima efetividade, segundo o qual, os direitos fundamentais devem ser interpretados de uma forma que lhes seja assegurada a máxima eficácia possível.

Isso significa que todas as normas de direitos fundamentais são sempre normas constitucionais de eficácia plena ou de eficácia contida?

Como se sabe, as normas constitucionais de eficácia plena são aquelas que não dependem do legislador e não admitem a redução de seu alcance. As normas constitucionais de eficácia contida são aquelas que não dependem do legislador, mas permitem que o legislador restrinja seu alcance. O que elas têm em comum é que **ambas têm aplicabilidade imediata**, não dependendo do legislador.

Nesse contexto, é possível dizer que o § 1º do art. 5º da CF/88 indica que qualquer norma de direito fundamental será sempre uma norma constitucional que não precisa da atividade do legislador ordinário para ser aplicada a casos concretos, sendo sempre uma norma de eficácia plena ou de eficácia contida, jamais norma de eficácia limitada (que depende de regulamentação infraconstitucional)? **Não é possível afirmar isso. O art. 5º, § 1º, da CF/88 deve ser compreendido de outra forma.**

Há incisos no art. 5º da CF/88 que mencionam a necessidade de lei ordinária, sem que isso signifique que são normas de eficácia limitada, cuidando-se, na verdade, de normas de eficácia contida. É o caso, por exemplo, dos incisos XIII e LVIII.

> **"Art. 5º, CF/88.**
>
> (...)
>
> XIII - é livre o exercício de qualquer trabalho, ofício ou profissão, atendidas as qualificações profissionais que a lei estabelecer;
>
> (...)
>
> LVIII - o civilmente identificado não será submetido a identificação criminal, salvo nas hipóteses previstas em lei."

Embora esses incisos mencionem uma lei, eles não são normas de eficácia limitada, mas sim de eficácia contida, pois asseguram amplamente um direito desde logo (sendo aplicáveis imediatamente), embora admitindo que uma lei restrinja seu alcance. Portanto, a aplicabilidade desses incisos é imediata, restando, assim, atendida a determinação do § 1º do art. 5º da CF/88 (que prevê a aplicação imediata das normas definidoras de direitos fundamentais) sem necessidade de nenhuma outra providência.

A propósito, é importante lembrar que aplicação e aplicabilidade são coisas diferentes, conforme já estudamos. Mas, se uma norma possui aplicabilidade imediata, ela naturalmente também tem aplicação imediata, pois o direito nela previsto poderá, ao menos em tese, ser exercido.

Há, também, incisos no art. 5º da CF/88 que mencionam a necessidade de uma lei infraconstitucional e que não parecem ter aplicabilidade imediata, mas sim que precisam da atuação do legislador infraconstitucional para serem aplicados a casos concretos. Como exemplos, temos os incisos XXXII e XLI.

> "**Art. 5º, CF/88.**
>
> (...)
>
> XXXII - o Estado promoverá, na forma da lei, a defesa do consumidor;
>
> (...)
>
> XLI – a lei punirá qualquer discriminação atentatória dos direitos e liberdades fundamentais;"

No caso desses dois incisos, com algum exercício de hermenêutica, até poderia ser conferida aplicabilidade imediata a eles, por meio de uma interpretação visando a construção de princípios gerais de hermenêutica aplicáveis desde logo. Por exemplo, o inciso XXXII pode ser interpretado como consagrador do princípio do *in dubio pro* consumidor, já que o Estado deve elaborar leis que protejam o consumidor, e o inciso XLI pode ser interpretado como consagrador do princípio do *in dubio pro* garantia dos direitos e liberdades fundamentais, no sentido de que, na dúvida, os direitos e liberdades fundamentais devem ser interpretados de forma que se lhes dê maior aplicabilidade. Através dessa "estratégia" interpretativa, esses incisos seriam imediatamente aplicáveis, sob a forma de princípios.

Por sua vez, alguns outros incisos do art. 5º da CF/88 mencionam a necessidade de lei infraconstitucional sem aparentarem ter qualquer possibilidade de aplicabilidade imediata sem a elaboração de uma lei intermediadora, nem mesmo como princípios gerais de hermenêutica. Não há dúvida, portanto, de que esses incisos possuem aplicabilidade mediata e que a atuação do legislador infraconstitucional é indispensável para que de alguma forma possam ser aplicados a situações concretas. Como exemplos, podemos citar os incisos XXVIII, XLII e XLIII.

> "**Art. 5º, CF/88.**
>
> (...)
>
> XXVIII - são assegurados, nos termos da lei:
>
> a) a proteção às participações individuais em obras coletivas e à reprodução da imagem e voz humanas, inclusive nas atividades desportivas;
>
> b) o direito de fiscalização do aproveitamento econômico das obras que criarem ou de que participarem aos criadores, aos intérpretes e às respectivas representações sindicais e associativas.
>
> (...)
>
> XLII - a prática do racismo constitui crime inafiançável e imprescritível, sujeito à pena de reclusão, nos termos da lei;
>
> (...)
>
> XLIII - a lei considerará crimes inafiançáveis e insuscetíveis de graça ou anistia a prática da tortura, o tráfico ilícito de entorpecentes e drogas afins, o terrorismo e os definidos como crimes hediondos, por eles respondendo os mandantes, os executores e os que, podendo evitá-los, se omitirem;"

Como se pode perceber, os direitos previstos no inciso XXVIII não podem ser exercidos sem que haja regulamentação legal, o crime de racismo não pode ser punido sem que haja previsão da pena em lei (inciso XLII) e os crimes mencionados no inciso XLIII não podem ser considerados inafiançáveis e insuscetíveis de graça ou anistia sem que haja definição em lei a respeito.

A partir de tudo isso que foi visto acima, e ao lado do que já estudamos acerca de aplicação e aplicabilidade das normas de direitos fundamentais, as conclusões são as seguintes:

I) A norma do § 1º do art. 5º da CF/88 não é um comando absoluto, o que ela traz é uma presunção relativa (e não absoluta) de aplicabilidade imediata e de plena eficácia das normas definidoras de direitos e garantias fundamentais. Ou seja, **sempre que possível**, deve-se entender que a norma definidora de direito ou garantia fundamental é uma norma **de eficácia plena ou de eficácia contida**.

II) Para que se confira aplicabilidade imediata a uma norma definidora de direito fundamental, é possível, ainda que ela exija a edição de lei regulamentadora, interpretá-la como um princípio aplicável de imediato, como é o caso do princípio do *in dubio pro* consumidor, que é extraído do art. 5º, XXXII, da CF/88.

III) Excepcionalmente, quando não houver outro caminho interpretativo, será preciso reconhecer a necessidade de intervenção do legislador infraconstitucional, ou seja, que a aplicabilidade da norma não é imediata, mas sim mediata, sendo necessário, excepcionalmente, a edição de uma lei intermediadora. Nesse sentido é a melhor doutrina, a exemplo de Ingo Wolfgang Sarlet, que diz que **os poderes públicos devem extrair a maior eficácia possível das normas de direitos fundamentais,** as quais apenas de forma fundamentada e em hipóteses extremas podem ser entendidas como programáticas, devendo-se dar **prevalência à sua máxima efetividade**.

Em resumo, há uma presunção relativa (e não absoluta) de aplicabilidade imediata das normas definidoras de direitos e garantias fundamentais. Nessa linha de raciocínio, sempre que possível, as normas definidoras de direitos e garantias fundamentais serão de eficácia plena ou contida e, excepcionalmente, serão entendidas como normas de eficácia limitada.

Quando, excepcionalmente, houver uma norma definidora de direito fundamental que seja programática e alguém estiver sendo prejudicado pela impossibilidade de aplicação dessa norma em virtude da sua não regulamentação, qual **remédio** essa pessoa deverá utilizar? O mandado de segurança ou o mandado de injunção?

O mandado de segurança se presta a tutelar direito líquido e certo, o que não é o caso de um direito fundamental excepcionalmente consagrado em uma norma programática. Em regra, os direitos fundamentais têm aplicabilidade imediata e, consequentemente, têm aptidão para gerar direitos líquidos e certos, de modo que surge para o eventual prejudicado pela violação do direito a possibilidade de se valer do mandado de segurança.

Porém, no caso de o direito fundamental estar consagrado em norma que não é de aplicabilidade imediata, não há como se cogitar a caracterização de um direito líquido e certo no caso concreto, pois, antes de se poder alegar que a existência do direito se encontra documentalmente comprovada, é necessário que esse direito seja regulamentado em âmbito infraconstitucional. Por isso, o remédio cabível nesse caso é o **mandado de injunção**, e não o mandado de segurança.

Além disso, quando houver um direito fundamental consagrado em norma cuja aplicabilidade não é imediata, caso seja editada a lei necessária para implementar essa aplicabilidade, essa lei poderá ser, depois, simplesmente revogada, fazendo com que se retorne ao *status* anterior?

Por exemplo, o inciso XXXII do art. 5º prevê que o Estado promoverá, na forma da lei, a defesa do consumidor. Deixemos de lado, para os fins deste estudo, a extração do princípio do *in dubio* pro consumidor desse dispositivo. A lei mencionada nesse inciso é uma lei específica e que já foi editada, qual seja, o CDC (Lei 8.078/90). A partir do momento em que essa lei surgiu, a aplicabilidade desse dispositivo passou a operar de maneira integral. É possível simplesmente revogar o CDC e, assim, retornar à situação de vazio legislativo? **Não!**

Em se tratando de uma norma de direito fundamental que precisa da atuação do legislador infraconstitucional, uma vez elaborada a lei intermediadora, ela não poderá ser simplesmente revogada por outra, gerando-se uma situação de vazio jurídico, porque isso seria um retrocesso na aplicabilidade de uma norma definidora de direitos e garantias fundamentais, o que é inaceitável. Inclusive, um dos efeitos que a doutrina reconhece às normas programáticas é a sua **eficácia impeditiva do retrocesso social**.

Portanto, não é possível simplesmente revogar o CDC, já que isso seria um retrocesso. Só é possível revogar inteiramente o CDC se outra norma que lhe faça as vezes for colocada em seu lugar. É possível, por outro lado, modificar o CDC. O que não se admite é um vazio jurídico, pois a Constituição impõe um duplo dever ao legislador quanto às normas de direitos fundamentais, ainda que programáticas:

1) em primeiro lugar, o legislador tem o dever de legislar; e

2) em segundo lugar, uma vez elaborada a lei, ele tem o dever de preservar essa legislação.

O ROL DE DIREITOS DO ART. 5º DA CF/88 É TAXATIVO?

Esse tema é tratado no § 2º do art. 5º da CF/88, que afirma peremptoriamente que os direitos fundamentais expressos no texto constitucional não excluem outros, sejam eles implícitos (decorrentes do regime e dos princípios adotados pela Constituição) ou expressos em tratados internacionais subscritos pelo Brasil.

> "**Art. 5º, § 2º, CF/88.** Os direitos e garantias expressos nesta Constituição não excluem outros decorrentes do regime e dos princípios por ela adotados, ou dos tratados internacionais em que a República Federativa do Brasil seja parte."

Logo, o rol de direitos previstos no art. 5º e espalhados pela Constituição como um todo constitui um catálogo aberto, trata-se de um **rol aberto**, estabelecendo direitos que não excluem outros. Cuida-se do que se chama de **catálogo materialmente aberto**, ou **cláusula de inesgotabilidade**, ou **fundamentalidade aberta dos direitos fundamentais**.

Essa cláusula de inesgotabilidade deixa claro que o rol de direitos consagrados na Constituição não é um rol taxativo, pois os direitos e garantias fundamentais, além de estarem previstos no art. 5º da CF/88 e em outras passagens da Constituição, podem estar implícitos (que são aqueles que decorrem dos princípios e do regime adotados pela CF/88) ou previstos em tratados internacionais.

Um interessante exemplo de direito fundamental implícito é o direito à **busca** da felicidade. É importante notar que não se trata de um direito à felicidade em si, pois não se pode assegurar a ninguém a condição de ser feliz, mesmo porque a felicidade de uma pessoa pode causar a infelicidade de outra. Segundo esse direito, as pessoas devem ter condições mínimas de serem capazes de **buscar** a felicidade, isto é, de trabalharem para serem felizes. Esse tema tem raízes no direito constitucional norte-americano, mas já foi reconhecido pelo STF, como ocorreu, por exemplo, no RE 477554, que recebeu a seguinte ementa:

> "(...) Tenho por fundamental, ainda, (...) o reconhecimento de que assiste, a todos, sem qualquer exclusão, **o direito à busca da felicidade**, verdadeiro postulado constitucional **implícito**, que se qualifica como expressão de uma idéia-força que deriva do princípio da essencial dignidade da pessoa humana. (...)" **(RE 477554/MG, Rel. Min. Celso de Mello, j. em 01/07/2011).** Vide ainda no STF: ADI 3300 MC; STA 223 AgR; etc.

OS TRATADOS INTERNACIONAIS SOBRE DIREITOS HUMANOS

Vimos que, além dos direitos fundamentais expressamente previstos na Constituição, são reconhecidos direitos fundamentais implícitos no texto constitucional e os direitos fundamentais decorrentes de tratados internacionais dos quais o Brasil seja parte.

A respeito dos tratados internacionais firmados pelo Brasil, é necessário chamar atenção ao § 3º do art. 5º da CF/88, que foi incluído pela EC 45/2004.

> "**Art. 5º, § 3º, CF/88.** Os tratados e convenções internacionais sobre direitos humanos que forem aprovados, em cada Casa do Congresso Nacional, em dois turnos, por três quintos dos votos dos respectivos membros, serão equivalentes às emendas constitucionais."

Cuida-se de um dispositivo específico sobre determinado tipo de tratado internacional, qual seja, o tratado sobre direitos humanos, que, quando aprovado por procedimento similar ao de aprovação de emenda constitucional, será equivalente a ela, isto é, terá status constitucional.

A partir disso, é possível perceber que no direito brasileiro existem os seguintes tipos de tratados internacionais:

1) **Tratados Internacionais comuns**, que possuem, segundo o STF, *status* de lei ordinária, de modo que eles não podem se contrapor nem mesmo a leis complementares, limitando-se ao âmbito de normação do legislador ordinário. O STF, portanto, não admite que tratados internacionais invadam o âmbito de atuação da lei complementar, a qual, segundo entende a Suprema Corte, não pode ser substituída por nenhuma outra espécie normativa infraconstitucional, nem mesmo pelos atos internacionais incorporados ao direito positivo interno (nesse sentido: **ADI 1480 MC**).

2) Tratados Internacionais **de Direitos Humanos** (TIDHs), que podem ser:

   a) **anteriores à EC/45**; ou

   b) **posteriores à EC/45**, os quais podem ser internalizados na forma do § 3º do art. 5º da CF/88 e, nesse caso, ter *status* constitucional.

Existe um debate doutrinário sobre se o § 3º do art. 5º da CF/88 (incluído pela EC 45/04) é constitucional ou não, sendo possível identificar duas correntes de pensamento a esse respeito.

Uma dessas correntes de pensamento sustenta que o § 3º do art. 5º da CF/88 é inconstitucional, porque os tratados internacionais de direitos humanos já eram equivalentes às emendas constitucionais antes mesmo da EC 45/04.

Essa corrente afirma que a natureza de emenda constitucional dos tratados internacionais de direitos humanos seria decorrente do § 2º do art. 5º da CF/88, segundo o qual, *"os direitos e garantias expressos nesta Constituição não excluem outros decorrentes do regime e dos princípios por ela adotados, ou dos tratados internacionais em que a República Federativa do Brasil seja parte"*. Esse § 2º, segundo essa linha de pensamento, já seria suficiente para conferir aos tratados internacionais de direitos humanos a natureza de emenda constitucional, isto, é a natureza jurídica de norma constitucional.

Logo, o § 3º do art. 5º da CF/88 seria inconstitucional por ter dificultado a introdução de tratados internacionais sobre direitos humanos no Brasil, ao exigir o mesmo quórum de aprovação das emendas constitucionais, o que, antes da EC 45/04, não era necessário. Teria ocorrido, portanto, um retrocesso causado pela introdução do § 3º no art. 5º da CF/88.

Existe uma outra corrente de pensamento, porém, que sustenta não haver nenhuma inconstitucionalidade no § 3º do art. 5º da CF/88, porque o § 2º, que já existia antes da EC 45/04, nunca conferiu aos tratados internacionais de direitos humanos a natureza de emenda constitucional. Essa linha doutrinária afirma que a jurisprudência clássica do STF sempre entendeu que os tratados internacionais de qualquer natureza (fossem sobre direitos humanos ou não) tinham *status* de lei ordinária, de modo que a introdução do § 3º no art. 5º da CF/88 foi um avanço, e não um retrocesso.

E, de fato, a jurisprudência clássica do Supremo Tribunal Federal sobre o tema era no sentido de que todos os tratados internacionais (de direitos humanos ou não) tinham *status* de lei ordinária, a exemplo dos seguintes julgados: HC 72.131/RJ (22/11/1995); HC 73044/SP (19/03/1996); RE 253071/GO (29/05/2001); RE 205962 AgR/SP (30/05/2003); ADI MC 1480.

Portanto, apenas o entendimento no sentido da constitucionalidade do § 3º do art. 5º da CF/88 se compatibiliza com a jurisprudência do STF.

A hierarquia dos tratados internacionais sobre direitos humanos no ordenamento jurídico brasileiro

Conforme observado acima, o § 3º do art. 5º da CF/88 foi incluído pela EC 45/04, de modo que há tratados internacionais de direitos humanos internalizados antes dessa emenda e após essa emenda.

Hoje é possível identificar a existência de **quatro diferentes correntes de pensamento sobre a natureza jurídica dos tratados internacionais de direitos humanos anteriores à EC 45/04**. Vejamos:

I) ***1ª corrente:*** esses tratados possuem hierarquia superior a todo o ordenamento jurídico nacional, inclusive, à própria Constituição, tendo eles, portanto, uma hierarquia supraconstitucional. Segundo essa linha de pensamento, as normas internacionais sobre direitos humanos localizam-se acima da Constituição, porque integram o *jus cogens*, que são as normas reconhecidas no direito internacional que têm caráter imperativo e não podem ser derrogadas pela vontade individual dos Estados.

II) ***2ª corrente:*** esses tratados possuem hierarquia constitucional, motivo pelo qual, inclusive, o § 3º do art. 5º da CF/88 seria inconstitucional.

III) ***3ª corrente:*** esses tratados possuem hierarquia supralegal, isto é, encontram-se abaixo da Constituição, mas acima das leis infraconstitucionais, isto é, acima das leis complementares e das leis ordinárias. Essa é a posição dominante em sede doutrinária e a adotada pelo **Supremo Tribunal Federal**.

IV) ***4ª corrente:*** esses tratados possuem hierarquia legal comum, tendo status de lei ordinária. Essa linha de pensamento era adotada pela jurisprudência clássica do STF, mas hoje se encontra ultrapassada, inclusive, no próprio STF.

Portanto, a jurisprudência atualmente dominante no Supremo Tribunal Federal entende que **os tratados internacionais de direitos humanos anteriores à EC 45/04 (portanto, não incorporados pelo rito do art. 5º, § 3º, da CF/88) possuem *status* supralegal**, tornando inaplicável (com eficácia paralisante) toda a legislação infraconstitucional (leis complementares ou ordinárias) que se choque com eles. Esse entendimento se tornou majoritário no STF a partir do julgamento do **RE 466.343**, que é o *leading case* dessa discussão, mas foi reiterado em outros casos, como, por exemplo, o RE 349703, que recebeu a seguinte ementa, bastante ilustrativa do que vimos aqui:

> "(...) Desde a adesão do Brasil, sem qualquer reserva, ao Pacto Internacional dos Direitos Civis e Políticos (art. 11) e à Convenção Americana sobre Direitos Humanos - Pacto de San José da Costa Rica (art. 7º, 7), ambos no ano de 1992, não há mais base legal para prisão civil do depositário infiel, pois o caráter especial desses diplomas internacionais sobre direitos humanos lhes reserva **lugar específico**

no ordenamento jurídico, estando abaixo da Constituição, porém acima da legislação interna. O ***status* normativo supralegal dos tratados internacionais de direitos humanos** subscritos pelo Brasil torna **inaplicável a legislação infraconstitucional com ele conflitante**, seja ela **anterior ou posterior ao ato de adesão.** (...)"

(RE 349703, Rel. p/ Acórdão Min. GILMAR MENDES, Pleno, j. em 03/12/2008). Vide ainda: RE 466343, j. em 03/12/2008.

Agora, veremos as **principais decisões do STF sobre a natureza jurídica dos tratados internacionais**, especialmente, aquelas que tratam da prisão civil do depositário infiel, tema muito cobrado em provas.

→ *A questão da prisão civil do depositário infiel*

Em relação ao tema da prisão civil do depositário infiel, houve uma colisão entre o que dispõe a CF/88 e a Convenção Americana de Direitos Humanos (CADH), de 22/11/1969, internalizada no direito positivo brasileiro em 1992, pelo Decreto Presidencial 678. Essa convenção é chamada também de **Pacto de São José da Costa Rica**.

A CADH foi internalizada no direito brasileiro quando já se encontrava em vigor a Constituição Federal de 1988, e seus dispositivos entraram em colisão com o texto constitucional brasileiro no que diz respeito à possibilidade de decretação da prisão civil do depositário infiel.

A CF/88, no seu art. 5º, LXVII, diz que não haverá prisão civil por dívida, mas prevê duas exceções, quais sejam, os casos do devedor de alimentos e do depositário infiel.

"**Art. 5º, LXVII, CF/88** – não haverá prisão civil por dívida, salvo a do responsável pelo inadimplemento voluntário e inescusável de obrigação alimentícia e a do depositário infiel".

Por sua vez, a CADH, no seu art. 7º, § 7º, diz que ninguém pode ser detido por dívidas, admitindo como única exceção o caso da dívida de alimentos.

"**Art. 7º, § 7º, CADH:** "Ninguém deve ser detido por dívidas. Este princípio não limita os mandados de autoridade judiciária competente expedidos em virtude de inadimplemento de obrigação alimentar".

Portanto, não há previsão, na CADH, da possibilidade de prisão civil do depositário infiel. Apenas a CF/88 tem disposição autorizando essa medida. Essa é a colisão verificada no caso.

O STF acabou fazendo prevalecer a CADH, inclusive, editando a Súmula Vinculante nº 25, que proíbe a prisão civil do depositário infiel, seja qual for a modalidade do depósito.

Súmula Vinculante 25: "É ilícita a prisão civil de depositário infiel, qualquer que seja a modalidade do depósito."

Portanto, diante da colisão apontada, o Supremo Tribunal Federal optou pela prevalência da CADH, fazendo isso até mesmo por meio de súmula vinculante. Essa posição do STF, inclusive, indica que um tratado de direitos humanos pode ampliar a proteção do cidadão, sugerindo uma modificação informal da Constituição, uma mutação constitucional no sentido de ampliar direitos fundamentais, o que estaria de acordo com o princípio último da Constituição, que é a dignidade da pessoa humana. Ou seja, uma mutação como essa se compatibilizaria com os princípios e valores mais profundos da nossa Lei Maior.

E, seguindo essa linha, no RE 466.343 (o *leading case* da hierarquia supralegal dos tratados de direitos humanos não incorporados pelo rito das emendas constitucionais), o Supremo Tribunal Federal chegou a afirmar que não podem subsistir normas que sejam contrárias ao Pacto de São José da Costa Rica, sejam essas normas infraconstitucionais ou constitucionais. Como se pode perceber, segundo o raciocínio adotado nesse precedente, a CADH teria modificado a própria CF/88.

Esse tipo de decisão fortalece a tese de que os tratados sobre direitos humanos anteriores à EC 45/04 teriam natureza constitucional, e não apenas supralegal. No entanto, é importante deixar claro que, conforme vimos, a tese que prevalece, inclusive, no STF, é a de que os tratados de direitos humanos anteriores à EC 45/04 têm natureza supralegal.

A propósito, veja a ementa que foi dada ao RE 466.343:

> "PRISÃO CIVIL. Depósito. Depositário infiel. Alienação fiduciária. Decretação da medida coercitiva. Inadmissibilidade absoluta. **Insubsistência da previsão constitucional e das normas subalternas.** Interpretação do art. 5º, inc. LXVII e §§ 1º, 2º e 3º, da CF, à luz do art. 7º, § 7, da Convenção Americana de Direitos Humanos (Pacto de San José da Costa Rica). (...). **É ilícita a prisão civil de depositário infiel, qualquer que seja a modalidade do depósito.**"
> **(RE 466343, Rel. Min. Cezar Peluso, Pleno, j. em 03/12/2008)**

Além disso, o STF já afirmou, em outras decisões, que a CADH deve prevalecer por ser a norma mais benéfica aos direitos humanos, e não apenas por conta do seu *status* supralegal, que afasta a aplicação das normas infraconstitucionais em sentido contrário (HC 96772 e HC 94013). Nesses casos, inclusive, a Corte deixou claro, mais uma vez, que os tratados de direitos humanos não incorporados pelo rito do art. 5º, § 3º, da CF/88 não são normas constitucionais, mas sim supralegais.

Confira as ementas:

> "HERMENÊUTICA E DIREITOS HUMANOS: **A NORMA MAIS FAVORÁVEL COMO CRITÉRIO QUE DEVE REGER A INTERPRETAÇÃO DO PODER JUDICIÁRIO.** (...) Aplicação, ao caso, do Artigo 7º, n. 7, c/c o Artigo 29, ambos da Convenção Americana de Direitos Humanos (Pacto de São José da Costa Rica): um caso típico de **primazia da regra mais favorável à proteção efetiva do ser humano.**" **(HC 96772, Rel. Min. Celso de Mello, 2ª Turma, j. em 09/06/2009)**

"(...) o Pacto de San José da Costa Rica, passando a ter como fundamento de validade o § 2º do art. 5º da CF/88, prevalece como **norma supralegal** em nossa ordem jurídica interna e, assim, proíbe a prisão civil por dívida. **Não é norma constitucional** – à falta do rito exigido pelo § 3º do art. 5º -, mas **a sua hierarquia intermediária de norma supralegal autoriza afastar regra ordinária brasileira que possibilite a prisão civil por dívida.** (...)" **(HC 94013, Primeira Turma, j. em 10/02/2009)**

→ *A questão da audiência de custódia*

A discussão envolvendo a natureza do Pacto de São José da Costa Rica e sua prevalência sobre as normas internas se aplica não apenas à questão da prisão civil do depositário infiel, mas a todos os direitos previstos na CADH, em especial, à questão da **audiência de custódia**, que é um tema que foi muito debatido.

A exigência de audiência de custódia impõe, conforme consta da CADH, que o preso seja levado imediatamente à presença do juiz, o que entra em colisão com o texto constitucional brasileiro.

Quando analisamos a CF/88, percebemos que ela determina simplesmente que a prisão seja **comunicada** ao juiz (art. 5º, LXII). A CADH, por sua vez, vai além disso e estabelece que o preso deve ser levado à **presença** do juiz (art. 7º, § 5º). Esse choque entre a CF/88 e a CADH pode ser facilmente visualizado a partir da leitura dos dispositivos envolvidos:

"**Art. 5º, LXII, CF/88** – a prisão de qualquer pessoa e o local onde se encontre serão **comunicados** imediatamente ao juiz competente e à família do preso ou à pessoa por ele indicada;"

"**Art. 7º, § 5º, CADH** – Toda pessoa presa, detida ou retida deve ser **conduzida**, sem demora, à presença de um juiz ou outra autoridade autorizada por lei a exercer funções judiciais."

O Supremo Tribunal Federal, ao julgar a **ADI 5240**, decidiu no sentido da manutenção da audiência de custódia, fazendo prevalecer a CADH no que diz respeito ao seu art. 7º, que é o mesmo artigo que veda a prisão civil do depositário infiel. Essa ação foi ajuizada para impugnar um provimento do TJSP que, sob o fundamento de estar dando cumprimento à CADH, disciplinou a realização da audiência de custódia em seu âmbito. No mérito, foi julgada improcedente, por conta do *status* supralegal do Pacto de São José da Costa Rica, que prevê a realização da audiência de custódia.

Portanto, mais uma vez, em uma situação de choque entre a CF/88 e a CADH, o STF fez prevalecer a CADH, como mostra a emenda do julgado:

"(...) 1. A **Convenção Americana sobre Direitos do Homem**, que dispõe, em seu artigo 7º, item 5, que 'toda pessoa presa, detida ou retida deve ser conduzida, sem demora, à presença de um juiz', posto ostentar o **status jurídico supralegal** que os tratados internacionais sobre direitos humanos têm no ordenamento jurídico brasileiro, **legitima a denominada 'audiência de custódia', cuja denominação sugere-se "audiência de apresentação"**. (...) 11. Ação direta de inconstitucionalidade PARCIALMENTE CONHECIDA e, nessa parte, JULGADA IMPROCEDENTE, **indicando a adoção da referida prática da audiência de apresentação por todos os tribunais do país.**" **(ADI 5240, Rel. Min. LUIZ FUX, Pleno, j. em 20/08/2015)**

A audiência de custódia acabou sendo regulamentada pela Resolução CNJ 213/2015, que, em seu art. 1º, diz que ela deve ser realizada no prazo de 24 (vinte e quatro) horas após a comunicação da prisão em flagrante à autoridade judicial competente.

Após a Resolução CNJ 213/2015, a Lei 13.964/2019 (conhecida como "Lei Anticrime") também tratou da questão, alterando o art. 310 do Código de Processo Penal, que passou a prever que a audiência de custódia deve ser realizada no prazo de 24 (vinte e quatro) horas contadas da **realização** da prisão em flagrante.

▶ O controle de convencionalidade

O reconhecimento de que a natureza dos tratados internacionais de direitos humanos não aprovados pelo rito do art. 5º, § 3º, da CF/88 é supralegal implica no reconhecimento de que, no direito brasileiro, existe, além do controle de constitucionalidade, também o **controle de convencionalidade**, que nada mais é do que a verificação se as normas infraconstitucionais são compatíveis com os tratados de direitos humanos subscritos pela República Brasileira.

Portanto, as leis complementares e ordinárias do direito interno positivo devem obediência não apenas à Constituição (controle de constitucionalidade), mas também aos tratados internacionais de direitos humanos dos quais o Brasil é parte (controle de convencionalidade), sejam eles tratados de direitos humanos equivalentes a emendas constitucionais (aprovados nos termos do art. 5º, § 3º, CF/88) ou tratados de direitos humanos de natureza supralegal.

Assim, o controle de convencionalidade significa que as leis infraconstitucionais não podem violar as disposições contidas em tratados internacionais de direitos humanos dos quais a República Federativa do Brasil seja parte e que tenham sido incorporados ao ordenamento interno sem a observância do rito do art. 5º, § 3º, da CF/88. Isso porque, conforme vimos, esses tratados **têm eficácia paralisante das normas infraconstitucionais que lhes sejam contrárias, sejam elas anteriores ou posteriores ao ato de incorporação, de modo que o tratado de direitos humanos incorporado ao direito interno com *status* supralegal impede duas coisas:**

I) A aplicação de normas anteriores a ele que lhe sejam contrárias; e

II) A elaboração de novas normas (posteriores a ele) que o contrariem.

> → **CUIDADO!**
>
> O controle de convencionalidade não se aplica a tratados comuns (que são aqueles que versam sobre outros temas que não direitos humanos), pois esses tratados continuam tendo *status* de lei ordinária, e não *status* supralegal, de modo que geram mero controle de legalidade, e não de convencionalidade.

▶ A partir da EC 45/04, os tratados de direitos humanos devem obrigatoriamente ser incorporados pelo rito do art. 5º, § 3º, da CF/88?

Se um tratado internacional de direitos humanos não atingir o quórum previsto no § 3º do art. 5º da CF/88 (3/5 de votos em dois turnos de votação em cada Casa do Congresso Nacional), ele pode ingressar no ordenamento positivo brasileiro mesmo assim, mas como norma supralegal, sem ser equivalente a emenda constitucional? Sobre isso, é possível identificar duas diferentes linhas de pensamento doutrinário.

Uma dessas linhas de pensamento sustenta que os tratados internacionais de direitos humanos posteriores à EC 45/04 só podem ingressar no direito positivo brasileiro na forma do art. 5º, § 3º, da CF/88, sendo obrigatório que alcancem o quórum de aprovação das emendas constitucionais. Assim, segundo esse entendimento, os tratados internacionais de direitos humanos posteriores à EC 45 ou são incorporados com *status* de emenda constitucional ou não são incorporados no ordenamento brasileiro.

Por outro lado, existe uma segunda linha de pensamento, que parece ser majoritária (e é defendida, por exemplo, por André de Carvalho Ramos), no sentido de que os tratados internacionais de direitos humanos posteriores à EC 45 podem ingressar no ordenamento interno de duas maneiras: na forma própria de emenda constitucional (tendo, nesse caso, *status* de emenda constitucional) ou na forma anterior, que exigia maioria simples em turno único de votação em cada Casa do Congresso Nacional (tendo, nesse caso, *status* supralegal). Por admitir duas formas de incorporação dos tratados de direitos humanos posteriores à EC 45, esse entendimento é chamado de **teoria do duplo estatuto**.

Não se tem notícia de manifestação do Supremo Tribunal Federal a respeito disso.

▪ O RECONHECIMENTO DA JURISDIÇÃO DO TRIBUNAL PENAL INTERNACIONAL

Nos termos do art. 5º, § 4º, da CF/88 (também incluído pela EC 45/04), o Brasil pode se submeter à jurisdição de um Tribunal Penal Internacional, se houver aderido à sua criação.

> "**Art. 5º, § 4º, CF/88.** O Brasil se submete à jurisdição de Tribunal Penal Internacional a cuja criação tenha manifestado adesão."

Nesse contexto, o Brasil está sujeito à jurisdição do famoso Tribunal Penal Internacional de Haia, ao qual manifestou adesão. Quando se fala, em sede doutrinária ou jurisprudencial, sobre o Tribunal Penal Internacional, é a esse tribunal que se está fazendo referência. E isso se aplica, inclusive, a este livro.

Mas surgiram alguns questionamentos a esse respeito.

Primeiramente, **esse dispositivo, que foi inserido pela EC 45/04, é constitucional ou ele ofende a soberania do Estado Brasileiro, ao determinar sua submissão a um tribunal internacional?**

Não parece haver qualquer problema com essa norma, porque o Brasil aderiu ao sistema internacional de direitos humanos das Nações Unidas. Além disso, atualmente, a soberania é um conceito menos amplo e absoluto do que já foi no passado, tendo ela, hoje, um caráter mais relativo. Mas o argumento principal que afasta definitivamente a ideia de haver inconstitucionalidade nessa regra é que, no texto originário da CF/88, já havia a previsão de um tribunal internacional, mais precisamente, no art. 7º do ADCT.

> "**Art. 7º, ADCT CF/88.** O Brasil propugnará pela formação de um tribunal internacional dos direitos humanos."

Logo, o Tribunal Penal Internacional já encontrava amparo constitucional, no art. 7º do ADCT, desde a entrada em vigor da CF/88, de modo que e a EC 45/04, ao incluir o § 4º no art. 5º da CF/88, não trouxe nenhuma novidade, não havendo nenhuma inconstitucionalidade nesse dispositivo criado pelo constituinte reformador.

Além disso, surgem dois questionamentos envolvendo o instituto da entrega ao Tribunal Penal Internacional:

I) O Brasil pode entregar **brasileiro nato** ao Tribunal Penal Internacional, mesmo não podendo ele ser extraditado?

II) O Brasil pode entregar um estrangeiro ao Tribunal Penal Internacional, se ele estiver sujeito, nessa jurisdição, à pena de **prisão perpétua**?

O pano de fundo dessas indagações é a discussão que diz respeito à natureza jurídica da **entrega (ou *surrender*)** e da **extradição. A entrega ao TPI deve seguir o mesmo regime jurídico aplicável à extradição?**

O Brasil, durante as tratativas diplomáticas internacionais sobre o Tribunal Penal Internacional, demonstrou preocupação com a pena de prisão perpétua, por conta da existência de vedação a esse tipo de pena na CF/88. Apesar dessas preocupações, o Brasil assinou o Tratado de Roma, que criou o TPI de Haia, e o incorporou ao ordenamento jurídico interno.

Enfim, há ou não identidade entre os institutos da entrega e da extradição? Sobre o tema, sugere-se adotar para provas o que afirma André de Carvalho Ramos, conforme o seguinte excerto de sua obra, distinguindo a extradição da entrega (ou *surrender*):

> "A **extradição** é termo reservado ao ato de cooperação jurídica internacional penal entre Estados soberanos. Já o **surrender** é utilizado no caso específico de cumprimento de ordem de organização internacional de proteção de direitos humanos, como é o caso do Tribunal Penal Internacional." **(RAMOS, André de Carvalho. Curso de Direitos Humanos. São Paulo: Saraiva, 2014, p. 354)**

Além disso, na **Pet 4625**, o Supremo Tribunal Federal se manifestou sobre um pedido de entrega apresentado pelo TPI ao Brasil. O caso acabou sendo extinto sem resolução do mérito, em decisão monocrática da Min. Rosa Weber de 22/06/2020, por conta da perda do objeto decorrente da prisão superveniente da pessoa objeto do pedido. Mas, nessa decisão, a Ministra chegou a afirmar que o instituto da entrega não se confunde com o instituto da extradição, adotando, portanto, a mesma linha de pensamento defendida por André de Carvalho Ramos. Além disso, afirmou que a competência para apreciar o pedido não seria do STF, mas sim de um juízo federal de primeiro grau, nos termos do art. 109, III, da CF/88.

A partir de tudo isso, pode-se chegar à conclusão de que **extradição é diferente de entrega**. As naturezas jurídicas desses institutos são distintas, de modo que não se pode aplicar o mesmo regime jurídico a ambos. Isso, como se pode naturalmente concluir, abre condições para a entrega de brasileiro nato e para a entrega de brasileiro naturalizado.

Porém, não há uma decisão do Supremo Tribunal Federal sobre a questão da possibilidade de realização da entrega em uma situação de aplicação da pena de prisão perpétua.

Mesmo assim, considerando que inexiste identidade entre a entrega e a extradição, a lógica indica que as limitações à extradição não se aplicam à entrega, de modo que parecem ficar superadas as objeções à entrega de brasileiro nato e de qualquer pessoa ao TPI, inclusive, se houver possibilidade de aplicação da pena de prisão perpétua.

■ OS DIREITOS FUNDAMENTAIS SÃO PRECEITOS FUNDAMENTAIS?

Os direitos e garantias fundamentais previstos no art. 5º da CF/88 e em todo o texto constitucional devem ser considerados preceitos fundamentais?

Como se sabe, há, em nosso ordenamento jurídico, o instrumento da ADPF (Arguição de Descumprimento de Preceito Fundamental), mas a CF/88, embora preveja essa ação, não diz o que são preceitos fundamentais, o que também não é feito pela legislação infraconstitucional.

Mas, em sede doutrinária, é tranquilo o entendimento de que os direitos e garantias fundamentais previstos no art. 5º e em todo o texto da CF/88 devem ser entendidos como portadores da natureza de preceitos fundamentais da ordem constitucional. Por esse motivo, a ofensa a esses direitos pode vir a ensejar o ajuizamento de ADPF, evidentemente, desde que observados os contornos constitucionais dessa ação e seus requisitos e limites próprios.

Inclusive, o STF adota esse mesmo entendimento, como é possível extrair de diversos casos de ADPFs ajuizadas por conta de violações a direitos fundamentais previstos tanto no art. 5º quanto em outras passagens da Constituição. Por exemplo, no julgamento da medida cautelar da ADPF 33, o Min. Gilmar Mendes, em seu voto, afirmou expressamente que os direitos e garantias previstos no art. 5º da CF/88 são preceitos fundamentais. Além disso, na ADPF 526, julgada em 11/05/2020, o Pleno do STF reconheceu o direito fundamental de liberdade de cátedra, previsto no art. 206, II, da CF/88, e a garantia do pluralismo de ideias, prevista no art. 206, III, da CF/88, como preceitos fundamentais.

Além disso, é certo que os direitos fundamentais, em virtude de sua dimensão objetiva, devem reger a interpretação de toda a Constituição, ou seja, podem funcionar como **vetores de hermenêutica constitucional**.

BREVE ANÁLISE DO ART. 5º DA CF/88

Para finalizar este capítulo, é importante realizar uma análise dos direitos fundamentais previstos no art. 5º da CF/88 que vêm se mostrando mais importantes para fins de provas de concursos, notadamente, por conta de sua repercussão na jurisprudência.

Vamos lá.

▪ DIREITO À VIDA (ART. 5º, "CAPUT", CF/88)

> "**Art. 5º, CF/88.** Todos são iguais perante a lei, sem distinção de qualquer natureza, garantindo-se aos brasileiros e aos estrangeiros residentes no País a inviolabilidade do **direito à vida**, à liberdade, à igualdade, à segurança e à propriedade, nos termos seguintes:
>
> (...)"

O direito à vida apresenta dois desdobramentos:

a) O direito de não ser privado da vida (isto é, o direito de não ser morto de forma não natural); e

b) O direito a uma vida digna.

Esse direito fundamental e seus desdobramentos têm levado a relevantes discussões na jurisprudência, destacando-se os seguintes temas:

I) Pesquisas com células-tronco embrionárias (STF, ADI 3510);

II) Interrupção da gravidez nos casos de gestação de feto anencéfalo (STF, ADPF 54);

III) Interrupção voluntária da gestação no seu primeiro trimestre (STF, HC 124.306).

▸ Pesquisas com células-tronco embrionárias (STF, ADI 3510)

No julgamento da ADI 3510 (que teve como objeto o art. 5º da Lei nº 11.105/2005), o STF definiu o conceito jurídico de vida, estabelecendo que esta se inicia com a **existência do cérebro.** Essa linha de raciocínio (existência de vida condicionada à existência de cérebro) foi a adotada pelo art. 3º da Lei nº 9.434/97, ao permitir a retirada de tecidos, órgãos ou partes do corpo humano com finalidade de transplante ou tratamento depois da constatação da morte encefálica. Portanto, também para a Lei, sem cérebro, não há vida.

> "**Art. 5º, Lei 11.105/2005.** É permitida, para fins de pesquisa e terapia, a utilização de células-tronco embrionárias obtidas de embriões humanos produzidos por fertilização in vitro e não utilizados no respectivo procedimento, atendidas as seguintes condições:
>
> I – sejam embriões inviáveis; ou
>
> II – sejam embriões congelados há 3 (três) anos ou mais, na data da publicação desta Lei, ou que, já congelados na data da publicação desta Lei, depois de completarem 3 (três) anos, contados a partir da data de congelamento.
>
> **§ 1º** Em qualquer caso, é necessário o consentimento dos genitores.
>
> **§ 2º** Instituições de pesquisa e serviços de saúde que realizem pesquisa ou terapia com células-tronco embrionárias humanas deverão submeter seus projetos à apreciação e aprovação dos respectivos comitês de ética em pesquisa.

§ 3º É vedada a comercialização do material biológico a que se refere este artigo e sua prática implica o crime tipificado no art. 15 da Lei nº 9.434, de 4 de fevereiro de 1997."

Nesse contexto, o STF entendeu que a pesquisa com células-tronco embrionárias não ofende o direito à vida, mas, pelo contrário, ao promover o direito à saúde (pois permite o avanço da ciência) e ao planejamento familiar (já que tais pesquisas utilizam apenas embriões produzidos por fertilização *in vitro* e não utilizados), tutela o direito a uma vida digna. A decisão recebeu uma ementa extremamente rica, cujos principais trechos são os seguintes:

"(...) **PESQUISAS COM CÉLULAS-TRONCO EMBRIONÁRIAS. INEXISTÊNCIA DE VIOLAÇÃO DO DIREITO À VIDA.** CONSTUCIONALIDADE DO USO DE CÉLULAS-TRONCO EMBRIONÁRIAS EM PESQUISAS CIENTÍFICAS PARA FINS TERAPÊUTICOS. DESCARACTERIZAÇÃO DO ABORTO. **NORMAS CONSTITUCIONAIS CONFORMADORAS DO DIREITO FUNDAMENTAL A UMA VIDA DIGNA, QUE PASSA PELO DIREITO À SAÚDE E AO PLANEJAMENTO FAMILIAR.** (...) **A pesquisa científica com células-tronco embrionárias, autorizada pela Lei nº 11.105/2005, objetiva o enfrentamento e cura de patologias e traumatismos que severamente limitam, atormentam, infelicitam, desesperam e não raras vezes degradam a vida de expressivo contingente populacional** (...). A escolha feita pela Lei de Biossegurança não significou um desprezo ou desapreço pelo embrião "in vitro", porém uma mais firme disposição para encurtar caminhos que possam levar à superação do infortúnio alheio. (...) Contexto de solidária, compassiva ou fraternal legalidade que, longe de traduzir desprezo ou desrespeito aos congelados embriões "in vitro", **significa apreço e reverência a criaturas humanas que sofrem e se desesperam. Inexistência de ofensas ao direito à vida e da dignidade da pessoa humana, pois a pesquisa com células-tronco embrionárias (inviáveis biologicamente ou para os fins a que se destinam) significa a celebração solidária da vida e alento aos que se acham à margem do exercício concreto e inalienável dos direitos à felicidade e do viver com dignidade (Ministro Celso de Mello).** (...) A potencialidade de algo para se tornar pessoa humana já é meritória o bastante para acobertá-la, infraconstitucionalmente, contra tentativas levianas ou frívolas de obstar sua natural continuidade fisiológica. (...) **O embrião referido na Lei de Biossegurança ("in vitro" apenas) não é uma vida a caminho de outra vida virginalmente nova, porquanto lhe faltam possibilidades de ganhar as primeiras terminações nervosas**, sem as quais o ser humano não tem factibilidade como projeto de vida autônoma e irrepetível. (...) IV - AS PESQUISAS COM CÉLULAS-TRONCO NÃO CARACTERIZAM ABORTO(...) É constitucional a proposição de que toda gestação humana principia com um embrião igualmente humano, claro, mas **nem todo embrião humano desencadeia uma gestação igualmente humana, em se tratando de experimento "in vitro"** (...) O modo de irromper em laboratório e permanecer confinado "in vitro" é, para o embrião, insuscetível de progressão reprodutiva. Isto sem prejuízo do reconhecimento de que o zigoto assim extra-corporalmente produzido e também extra-corporalmente cultivado e armazenado é entidade embrionária do ser humano. Não, porém, ser humano em estado de embrião. (...) **Não se cuida de interromper gravidez humana, pois dela aqui não se pode cogitar.** (...) O princípio fundamental da dignidade da pessoa humana opera por modo binário, o que propicia a base constitucional para um casal de adultos recorrer a técnicas de reprodução assistida que incluam a fertilização artificial ou "in vitro". (...) Mais exatamente, **planejamento familiar que, "fruto da livre decisão do casal", é "fundado nos princípios da dignidade da pessoa humana** e da paternidade responsável" (§ 7º desse emblemático artigo constitucional de nº 226). O recurso a processos de fertilização artificial não implica o dever da tentativa de nidação no corpo da mulher de todos os óvulos afinal fecundados. Não existe tal dever (inciso II do art. 5º da CF), porque incompatível com o próprio instituto do "planejamento familiar" na citada perspectiva da "paternidade responsável". (...) VI - **DIREITO À SAÚDE COMO COROLÁRIO DO DIREITO FUNDAMENTAL À VIDA DIGNA.** (...)" **(ADI 3510/DF; Relator(a): Min. AYRES BRITTO; J. 29/05/2008; Pleno)**

▶ Interrupção da gravidez nos casos de gestação de feto anencéfalo (STF, ADPF 54)

Mantendo coerência com o julgamento proferido na ADI 3510, o Supremo Tribunal Federal, ao julgar a **ADPF 54**, entendeu ser inconstitucional a interpretação segundo a qual a interrupção da gravidez de feto anencéfalo se enquadra nas figuras típicas dos arts. 124, 126 e 128, I e II, do Código Penal.

Portanto, de acordo com a Suprema Corte, uma vez comprovado, por laudos médicos, com 100% de certeza, que o feto não tem cérebro e que não há perspectiva de sobrevida (o que não se conseguia apurar na década de 1940, quando entrou em vigor o Código Penal), a interrupção da gravidez não consubstancia conduta típica.

Ademais, foram utilizados como argumentos para dar arrimo à decisão a dignidade da pessoa humana, a liberdade, a autodeterminação, a saúde, o direito de privacidade e os direitos sexuais e reprodutivos da mulher. Nesse sentido, não seria razoável impor, em confronto com esses valores do ordenamento constitucional, a manutenção de uma gravidez cujo resultado final fosse, irremediavelmente, a morte do feto, tendo em vista que tal exigência representaria um sacrifício sem fundamento imposto à gestante.

Nas palavras da Corte, *"o Brasil é uma república laica, surgindo absolutamente neutro quanto às religiões. (...) Mostra-se inconstitucional interpretação de a interrupção da gravidez de feto anencéfalo ser conduta tipificada nos artigos 124, 126 e 128, incisos I e II, do Código Penal".*

▶ A gestação de gêmeos siameses é equivalente à de feto anencéfalo para fins de interrupção?

No **HC 220432** (julgado pela Segunda Turma do STF em 13/10/22), discutiu-se se a gestação de gêmeos siameses deveria ser necessariamente tratada da mesma forma que a gestação de feto anencéfalo no que diz respeito à sua interrupção. Em outras palavras: o que se questionou nesse caso foi se a decisão tomada pelo STF na ADPF 54 (segundo a qual a interrupção da gestação de feto anencéfalo não configura crime de aborto) se aplica automaticamente à gestação de gêmeos siameses, de modo a ficar autorizada a sua interrupção sem que reste caracterizado aborto criminoso.

O STF (na verdade, a sua Segunda Turma) decidiu que a autorização de interrupção de gestação de feto anencéfalo dada na ADPF 54 **não se estende automaticamente à gestação de gêmeos siameses.** Em relação a este último caso (gestação de gêmeos siameses), a interrupção da gravidez depende da verificação, à luz das circunstâncias de cada caso concreto, da presença dos requisitos legais autorizadores do abortamento previstos no art. 128, I, do Código Penal (que prevê a figura do **aborto necessário**).

> "**Art. 128, CP** - Não se pune o aborto praticado por médico:
>
> **Aborto necessário**
>
> I - se não há outro meio de salvar a vida da gestante;
>
> (...)"

Ou seja, segundo decidiu o STF, no caso de gestação de gêmeos siameses, não fica automaticamente autorizada a sua interrupção tal qual ficou autorizada a interrupção da gestação de feto anencéfalo (ADPF 54). A gestação de gêmeos siameses, segundo a Corte, somente pode ser interrompida se, no caso concreto, ficar demonstrado que a sua continuidade colocará em risco a vida da própria gestante e que a única forma de evitar isso é o abortamento.

Nessa decisão foi registrado, inclusive, que, estando presentes as circunstâncias do art. 128, I, do Código Penal, o médico pode realizar o aborto sem nem mesmo precisar de autorização judicial (mas – repita-se – é necessário que os pressupostos do art. 128, I, do Código Penal estejam presentes).

▶ Interrupção voluntária da gestação no seu primeiro trimestre (STF, HC 124.306)

Seguindo seus posicionamentos que confirmam o caráter não absoluto do direito à vida, o STF, em um caso concreto (HC 124.306) discutiu a constitucionalidade da criminalização do aborto no primeiro trimestre de gestação.

Nesse precedente, a 1ª Turma da Suprema Corte conferiu interpretação conforme a Constituição aos arts. 124 a 126 do Código Penal, para **excluir do seu âmbito de incidência o aborto voluntário realizado no primeiro trimestre da gestação**. Para chegar a essa conclusão, o colegiado entendeu que a tipificação de tal conduta:

- **I)** **fere o princípio da proporcionalidade**, tendo em vista que não é medida adequada para tutelar a vida do nascituro, além de gerar gravames sociais superiores aos benefícios da criminalização e existirem meios menos gravosos para evitar a prática de abortos; e
- **II)** **viola diversos direitos fundamentais da mulher**, a saber: sua autonomia, seus direitos sexuais e reprodutivos e sua integridade física e psíquica.

Nesse caso concreto, portanto, de forma incidental, o Supremo Tribunal Federal entendeu ser inconstitucional criminalizar o abortamento voluntário no primeiro trimestre da gestação. Isso, no entanto, não significa que a Corte extirpou do ordenamento jurídico a figura típica do aborto nos três primeiros meses gestacionais, pois, para que isso ocorresse, seria necessário haver decisão com eficácia vinculante e *erga omnes* ou mesmo alteração legislativa.

Veja como ficou ementado o acórdão:

> "(...) **Inconstitucionalidade da incidência do tipo penal do aborto no caso de interrupção voluntária da gestação no primeiro trimestre.** (...) é preciso conferir **interpretação conforme a Constituição** aos próprios arts. 124 a 126 do Código Penal – que tipificam o crime de aborto – para **excluir do seu âmbito de incidência a interrupção voluntária da gestação efetivada no primeiro trimestre**. A criminalização, nessa hipótese, **viola diversos direitos fundamentais da mulher, bem como o princípio da proporcionalidade.** (...) A criminalização é incompatível com os seguintes direitos fundamentais: **os direitos sexuais e reprodutivos da mulher, que não pode ser obrigada pelo Estado a manter uma gestação indesejada; a autonomia da mulher, que deve conservar o direito de fazer suas escolhas existenciais; a integridade física e psíquica da gestante, que é quem sofre, no seu corpo e no seu psiquismo, os efeitos da gravidez; e a igualdade da mulher, já que homens não engravidam e, portanto, a equiparação plena de gênero depende de se respeitar a vontade da mulher nessa matéria.** (...) A tudo isto se acrescenta o impacto da criminalização sobre as mulheres pobres. É que o tratamento como crime, dado pela lei penal brasileira, impede que estas mulheres, que não têm acesso a médicos e clínicas privadas, recorram ao sistema público de saúde para se submeterem aos procedimentos cabíveis. Como consequência, multiplicam-se os casos de automutilação, lesões graves e óbitos. (...) A tipificação penal **viola, também, o princípio da proporcionalidade por motivos que se cumulam: (i) ela constitui medida de duvidosa adequação para proteger o bem jurídico que pretende tutelar (vida do nascituro), por não produzir impacto relevante sobre o número de abortos praticados no país, apenas impedindo que sejam feitos de modo seguro; (ii) é possível que o Estado evite a ocorrência de abortos por meios mais eficazes e menos lesivos do que a criminalização, tais como educação sexual, distribuição de contraceptivos e amparo à mulher que deseja ter o filho, mas se encontra em condições adversas; (iii) a medida é desproporcional em sentido estrito, por gerar custos sociais (problemas de saúde pública e mortes) superiores aos seus benefícios.** (...)" **(HC 124306/RJ; Relator(a): Min. MARCO AURÉLIO; Relator(a) p/ Acórdão: Min. ROBERTO BARROSO; J. 09/08/2016; Primeira Turma)**

IGUALDADE (ART. 5º, "CAPUT" E I, CF/88)

> "**Art. 5º, CF/88.** Todos são **iguais perante a lei**, sem distinção de qualquer natureza, garantindo-se aos brasileiros e aos estrangeiros residentes no País a inviolabilidade do direito à vida, à liberdade, à igualdade, à segurança e à propriedade, nos termos seguintes:
>
> I - homens e mulheres são iguais em direitos e obrigações, nos termos desta Constituição;
>
> (...)"

O art. 5º da CF/88, em seu *caput*, estabelece a igualdade formal, que nada mais é do que aplicar a lei igualmente a todas as pessoas.

No entanto, além da igualdade formal, a Constituição impõe a busca, também, da igualdade material, que é a igualdade no plano concreto, a igualdade de acesso aos bens da vida. Isso, em alguns casos, já é previsto expressamente no próprio texto constitucional, como é o caso do inciso I do art. 5º da CF/88, que permite tratamento desigual entre homens e mulheres com o intuito de atingir a isonomia substancial, como ocorre, por exemplo, ao se assegurarem condições para que as mulheres presidiárias permaneçam com seus filhos durante o período de amamentação (art. 5º, L, CF/88).

Para se chegar à igualdade material, o Estado deve adotar uma postura ativa, oferecendo prestações positivas tendentes a assegurar a isonomia substancial, prestações essas que são chamadas de **ações afirmativas** ou **discriminações positivas**.

As ações afirmativas são medidas discriminatórias que têm o objetivo de promover determinados grupos sociais que se encontrem em posição desfavorável, de modo a atingir a igualdade em sentido material, ou seja, cuida-se do "tratar desigualmente os desiguais na medida de suas desigualdades".

E o Supremo Tribunal Federal já se manifestou em hipóteses nas quais se discutia a constitucionalidade de determinadas ações afirmativas, como as cotas raciais para ingresso em universidades públicas e em concursos públicos, o PROUNI e a Lei Maria da Penha.

A seguir veremos importantes decisões do STF envolvendo o direito à igualdade, tanto no contexto das ações afirmativas quanto fora dele.

▶ Cotas raciais para ingresso em universidades públicas

Na **ADPF 186**, o STF, vislumbrando a existência de desigualdades sociais historicamente determinadas ("dívida histórica"), considerou constitucional a política de cotas raciais adotada pela Universidade de Brasília (UnB), que, para um período de 10 (dez) anos, determinou a reserva de 20% (vinte por cento) das vagas para estudantes negros e de uma pequena quantidade delas para índios.

Além disso, deixou claro a Suprema Corte, nessa oportunidade, que as ações afirmativas fundadas em discriminação reversa (como é o caso das cotas raciais) não podem ser instituídas com o propósito de serem eternas, devendo, ao contrário, permanecer apenas enquanto persistirem as circunstâncias discriminatórias que as legitimam, sob pena de se transfigurarem em instrumento de favorecimento de um determinado grupo social em detrimento da sociedade como um todo.

O julgado recebeu a seguinte ementa:

> "(...) ATOS QUE INSTITUÍRAM SISTEMA DE RESERVA DE VAGAS COM BASE EM CRITÉRIO ÉTNICO-RACIAL (COTAS) NO PROCESSO DE SELEÇÃO PARA INGRESSO EM INSTITUIÇÃO PÚBLICA DE ENSINO SUPERIOR. (...) **I – Não contraria - ao contrário, prestigia – o princípio da igualdade material, previsto no caput do art. 5º da Carta da República, a possibilidade de o Estado lançar mão seja de políticas de cunho universalista, que abrangem um número indeterminados de indivíduos, mediante ações de natureza estrutural, seja de ações afirmativas, que atingem grupos sociais determinados, de maneira pontual, atribuindo a estes certas vantagens, por um tempo limitado, de modo a permitir-lhes a superação de desigualdades decorrentes de situações históricas particulares.** (...) IV – Medidas que buscam reverter, no âmbito

> universitário, o quadro histórico de desigualdade que caracteriza as relações étnico-raciais e sociais em nosso País, não podem ser examinadas apenas sob a ótica de sua compatibilidade com determinados preceitos constitucionais, isoladamente considerados, ou a partir da eventual vantagem de certos critérios sobre outros, devendo, ao revés, ser analisadas à luz do arcabouço principiológico sobre o qual se assenta o próprio Estado brasileiro. V - **Metodologia de seleção diferenciada pode perfeitamente levar em consideração critérios étnico-raciais ou socioeconômicos**, de modo a assegurar que a comunidade acadêmica e a própria sociedade sejam beneficiadas pelo pluralismo de ideias, de resto, um dos fundamentos do Estado brasileiro, conforme dispõe o art. 1º, V, da Constituição. (...) VII – No entanto, **as políticas de ação afirmativa fundadas na discriminação reversa apenas são legítimas se a sua manutenção estiver condicionada à persistência, no tempo, do quadro de exclusão social que lhes deu origem**. Caso contrário, tais políticas poderiam converter-se benesses permanentes, instituídas em prol de determinado grupo social, mas em detrimento da coletividade como um todo, situação – é escusado dizer – incompatível com o espírito de qualquer Constituição que se pretenda democrática, devendo, outrossim, respeitar a proporcionalidade entre os meios empregados e os fins perseguidos. (...)" **(ADPF 186/DF; Relator(a): Min. RICARDO LEWANDOWSKI; J. 26/04/2012; Pleno)**

▶ Cotas raciais em concursos públicos

Na mesma linha do entendimento adotado na ADPF 186, o Supremo Tribunal Federal, ao julgar a **ADC 41**, considerou constitucional a Lei nº 12.990/14, que reservou 20% das vagas em concursos públicos federais para candidatos negros. Além disso, asseverou a constitucionalidade do critério da autodeclaração para a identificação dos candidatos aptos a concorrer a tais vagas, sem prejuízo da utilização de critérios subsidiários de heteroidentificação (como a entrevista realizada por comissão plural), desde que respeitada a dignidade da pessoa humana e garantidos o contraditório e a ampla defesa.

Ao julgar essa ADC, o STF aproveitou para fixar as seguintes balizas a serem observadas na aplicação do sistema de cotas nos concursos públicos:

I) os percentuais de reserva de vaga devem valer para todas as fases dos concursos;

II) a reserva deve ser aplicada em todas as vagas oferecidas no concurso público, e não apenas naquelas previstas no edital de abertura;

III) os concursos não podem fracionar as vagas de acordo com a especialização exigida para burlar a política de cotas, que só se aplica em concursos com mais de duas vagas; e

IV) a ordem classificatória obtida para fins de nomeação dos candidatos aprovados deve produzir efeitos durante toda a carreira funcional do beneficiário da reserva de vagas.

Assim ficou ementado o acórdão:

> "(...) 1. **É constitucional a Lei nº 12.990/2014, que reserva a pessoas negras 20% das vagas oferecidas nos concursos públicos para provimento de**

cargos efetivos e empregos públicos no âmbito da administração pública federal direta e indireta, por três fundamentos. 1.1. Em primeiro lugar, a desequiparação promovida pela política de ação afirmativa em questão **está em consonância com o princípio da isonomia**. Ela se funda na necessidade de superar o racismo estrutural e institucional ainda existente na sociedade brasileira, e **garantir a igualdade material** entre os cidadãos (...) 1.2. Em segundo lugar, **não há violação aos princípios do concurso público e da eficiência**. A reserva de vagas para negros não os isenta da aprovação no concurso público. (...) Além disso, a incorporação do fator "raça" como critério de seleção, ao invés de afetar o princípio da eficiência, contribui para sua realização em maior extensão, criando uma "burocracia representativa", capaz de garantir que os pontos de vista e interesses de toda a população sejam considerados na tomada de decisões estatais. 1.3. Em terceiro lugar, a medida **observa o princípio da proporcionalidade em sua tríplice dimensão**. A existência de uma política de cotas para o acesso de negros à educação superior não torna a reserva de vagas nos quadros da administração pública desnecessária ou desproporcional em sentido estrito. (...) 2. Ademais, a fim de garantir a efetividade da política em questão, também é constitucional a instituição de mecanismos para evitar fraudes pelos candidatos. **É legítima a utilização, além da autodeclaração, de critérios subsidiários de heteroidentificação (e.g., a exigência de autodeclaração presencial perante a comissão do concurso), desde que respeitada a dignidade da pessoa humana e garantidos o contraditório e a ampla defesa.** 3. Por fim, a administração pública deve atentar para os seguintes parâmetros: **(i) os percentuais de reserva de vaga devem valer para todas as fases dos concursos; (ii) a reserva deve ser aplicada em todas as vagas oferecidas no concurso público (não apenas no edital de abertura); (iii) os concursos não podem fracionar as vagas de acordo com a especialização exigida para burlar a política de ação afirmativa, que só se aplica em concursos com mais de duas vagas; e (iv) a ordem classificatória obtida a partir da aplicação dos critérios de alternância e proporcionalidade na nomeação dos candidatos aprovados deve produzir efeitos durante toda a carreira funcional do beneficiário da reserva de vagas.** 4. Procedência do pedido, para fins de declarar a integral constitucionalidade da Lei nº 12.990/2014. Tese de julgamento: **"É constitucional a reserva de 20% das vagas oferecidas nos concursos públicos para provimento de cargos efetivos e empregos públicos no âmbito da administração pública direta e indireta. É legítima a utilização, além da autodeclaração, de critérios subsidiários de heteroidentificação, desde que respeitada a dignidade da pessoa humana e garantidos o contraditório e a ampla defesa". (ADC 41/DF; Relator(a): Min. ROBERTO BARROSO; J. 08/06/2017; Pleno)**

Programa Universidade para Todos (PROUNI)

O PROUNI é um programa de concessão de bolsas integrais ou parciais para estudantes de cursos de nível superior, em instituições privadas com ou sem fins lucrativos. A instituição desse programa se deu pela Lei nº 11.096/05, resultado da conversão da Medida Provisória nº 213, tendo ela sido objeto das **ADIs 3314, 3330 e 3379**.

Ao julgar essas ações, o STF reconheceu a constitucionalidade do PROUNI, por se tratar de importante instrumento de inserção social e de cumprimento do art. 205 da CF/88, que dispõe ser a educação direito de todos e **dever do Estado** e da família.

O acórdão recebeu a seguinte ementa:

> "(...) **PROGRAMA UNIVERSIDADE PARA TODOS – PROUNI. AÇÕES AFIRMATIVAS DO ESTADO. CUMPRIMENTO DO PRINCÍPIO CONSTITUCIONAL DA ISONOMIA.** (...) 3. A educação, notadamente a escolar ou formal, é direito social que a todos deve alcançar. Por isso mesmo, dever do Estado e uma de suas políticas públicas de primeiríssima prioridade. (...) 5. **Não há outro modo de concretizar o valor constitucional da igualdade senão pelo decidido combate aos fatores reais de desigualdade.** (...) **A desigualação em favor dos estudantes que cursaram o ensino médio em escolas públicas e os egressos de escolas privadas que hajam sido contemplados com bolsa integral não ofende a Constituição pátria**, porquanto se trata de um descrímen que acompanha a toada da compensação de uma anterior e factual inferioridade ("ciclos cumulativos de desvantagens competitivas"). Com o que **se homenageia a insuperável máxima aristotélica de que a verdadeira igualdade consiste em tratar igualmente os iguais e desigualmente os desiguais**, máxima que Ruy Barbosa interpretou como o ideal de tratar igualmente os iguais, porém na medida em que se igualem; e tratar desigualmente os desiguais, também na medida em que se desigualem. (...)" **(ADI 3330/DF; Relator(a): Min. AYRES BRITTO; J. 03/05/2012; Pleno)**

▶ Lei Maria da Penha

A Lei nº 11.340/06 (Lei Maria da Penha) também foi objeto de questionamento perante o STF, que, ao julgar a **ADC 19**, por unanimidade, declarou a constitucionalidade dos dispositivos dessa lei que trazem um tratamento mais protetivo à mulher, consubstanciando verdadeira ação afirmativa com a finalidade de coibir a prática de violência doméstica. Ao assim decidir, a Suprema Corte invocou, dentre outros fundamentos, o **princípio da igualdade** e a **proteção à família** (da qual a mulher é a célula básica).

Nas palavras do Tribunal, *"o artigo 1º da Lei nº 11.340/06 surge, sob o ângulo do tratamento diferenciado entre os gêneros – mulher e homem –, harmônica com a Constituição Federal, no que necessária a proteção ante as peculiaridades física e moral da mulher e a cultura brasileira"*.

▶ Tratamento diferenciado entre homens e mulheres para fins de habilitação como pensionistas de servidores públicos

Previdência é um tema de competência legislativa concorrente (art. 24, XII, CF/88), e, por isso, os Estados podem estabelecer as minúcias dos regimes previdenciários dos seus servidores. Dentre essas minúcias, encontram-se algumas regras para que a pensão por morte deixada pelo segurado seja paga aos beneficiários previstos em lei.

A esse respeito, chegou ao STF, no **RE 659.424** (Tema de Repercussão Geral nº 457), o seguinte questionamento: a competência dada aos Estados-membros pelo art. 24, XII, da CF/88 permite que eles estabeleçam requisitos diferentes entre homens e mulheres para que se habilitem como pensionistas de seus cônjuges falecidos que eram servidores públicos estaduais? Segundo o Supremo Tribunal Federal, **não**, pois isso ofende a **isonomia**.

No caso apreciado pela Corte, uma lei do Estado do Rio Grande do Sul exigia que, para o gozo do benefício de pensão por morte deixada por servidor estadual, o cônjuge sobrevivente, se homem, precisaria comprovar dependência econômica em relação ao segurado falecido, mas, se mulher, não precisaria atender esse requisito. Essa distinção, segundo decidiu o STF, é inconstitucional.

No julgamento, realizado em 09/10/2020, foi fixada a seguinte **tese**: "*é inconstitucional , por transgressão ao princípio da isonomia entre homens e mulheres (CF , art. 5º, I), a exigência de requisitos legais diferenciados para efeito de outorga de pensão por morte de ex-servidores públicos em relação a seus respectivos cônjuges ou companheiros/ companheiras (CF , art. 201, V)*".

Limitação das vagas destinadas às mulheres nos concursos para cargos da Polícia Militar

É comum que, no âmbito dos Estados, existam normas prevendo que, nos concursos para os cargos da Polícia Militar, é possível estabelecer reserva de vagas destinadas especificamente para mulheres em quantitativo inferior ao das vagas destinadas aos homens.

Em virtude disso, diversas ações de controle concentrado abstrato de constitucionalidade foram ajuizadas pelo Procurador-Geral da República impugnando leis de vários Estados que estabeleciam esse tipo de reserva de vagas. O argumento central apresentado nessas ações foi a violação à isonomia decorrente do tratamento diferenciado entre homens e mulheres que existe em normas desse teor.

Uma dessas ações foi a **ADI 7492** (j. 14/02/2024), na qual foi impugnada uma lei do Estado do Amazonas que disciplinava os concursos para os cargos da Polícia Militar e estabelecia que "*serão destinadas, **no mínimo, 10% (dez por cento) das vagas** previstas em concurso para os quadros de combatentes **às candidatas do sexo feminino***".

O STF declarou essa norma **inconstitucional**.

Segundo decidiu o Supremo Tribunal Federal, ao estabelecer esse quantitativo mínimo de vagas a serem destinadas às mulheres, a norma permite que o poder público limite o acesso das candidatas do sexo feminino aos cargos, reservando a maior parte deles aos homens.

Há, portanto, no caso, uma **violação à isonomia**, tendo em vista a existência de um tratamento diferenciado entre homens e mulheres que não se justifica de forma legítima à luz de nenhuma disposição da CF/88.

O STF explicou que a isonomia é assegurada em diversas passagens da CF/88, inclusive de forma específica para as relações entre homens e mulheres e até mesmo no que diz respeito ao acesso a cargos públicos e ao mercado de trabalho.

Por exemplo, logo nas suas disposições iniciais, a CF/88 estabelece, no art. 3º, IV, que não deve haver, na República Brasileira, preconceito de sexo ("***Art. 3º, CF/88.*** *Constituem objetivos fundamentais da República Federativa do Brasil: ... IV - promover o bem de todos, **sem preconceitos de origem, raça, sexo, cor, idade e quaisquer outras formas de discriminação**.*").

Em seguida, no art. 5º, *caput*, o texto constitucional garante o direito fundamental à igualdade de forma geral, e, no inciso I desse mesmo artigo, assegura de forma específica a igualdade entre homens e mulheres ("***Art. 5º, CF/88.*** *Todos são **iguais perante a lei**, sem distinção de qualquer natureza, garantindo-se aos brasileiros e aos estrangeiros* *residentes no País a inviolabilidade do direito à vida, à liberdade, **à igualdade**, à segurança e à propriedade, nos termos seguintes: I - **homens e mulheres são iguais** em direitos e obrigações, nos termos desta Constituição;"*).

Já no art. 7º, XXX, a CF/88 estabelece como direito dos trabalhores a proibição de discriminação relacionada a salários, funções e critérios de admissão em virtude de sexo (*"**Art. 7º, CF/88.** São direitos dos trabalhadores urbanos e rurais, além de outros que visem à melhoria de sua condição social: ... XXX - **proibição de diferença** de salários, de exercício de funções e **de critério de admissão por motivo de sexo**, idade, cor ou estado civil;"*).

Ademais, o art. 37 da CF/88, nos incisos I e II, estabelece que o acesso aos cargos públicos deve ser assegurado de forma ampla para todos, sem haver previsão de qualquer tratamento discriminatório entre homens e mulheres.

Com base em todos esses fundamentos, o Supremo Tribunal Federal fixou o entendimento de que são inconstitucionais normas que permitam haver limitação de vagas destinadas a mulheres (com a reserva da maioria das vagas para os homens) nos concursos para os cargos das Polícias Militares. Segundo a Corte, normas desse tipo **violam a isonomia**.

Esse entendimento, evidentemente, é aplicável a qualquer concurso público para qualquer cargo, tendo em vista que os fundamentos utilizados pelo STF não se restringem aos concursos da Polícia Militar, sendo aplicáveis de forma ampla às relações entre homens e mulheres.

▶ Exercício de cargo público como critério de desempate em concursos públicos

A Lei do Estado do Pará nº 5.810/1994 estabeleceu como critério de desempate nos concursos públicos estaduais o fato de o candidato já ser servidor público do Estado do Pará, e que, em caso de o empate persistir mesmo após a aplicação dessa regra, terá preferência quem for mais antigo no serviço estadual.

O STF, na **ADI 5358**, julgada em 27/11/2020, julgou inconstitucional essa norma, por vislumbrar violação à **isonomia**, já que ela favorecia certos candidatos de forma injustificada e desproporcional. Segundo o Tribunal, o exercício de cargo público em uma entidade federativa específica e o respectivo tempo de serviço não podem servir como critério para proporcionar a certos candidatos uma situação mais vantajosa do que a dos outros, pois essa medida não se legitima à luz da Constituição.

De acordo com o entendimento adotado pelo STF, a utilização desses critérios para desempatar candidatos em concursos públicos fere os princípios da isonomia e da impessoalidade, que, além de serem princípios que regem a Administração Pública, norteiam a própria regra constitucional que exige prévia aprovação em concurso público como condição para o acesso a cargos e empregos públicos.

Além disso, a norma impugnada, segundo a Corte, fere o art. 19, III, da CF/88, que veda que os entes federados estabeleçam distinções entre brasileiros ou preferências entre si. Isso porque o critério de desempate adotado pela lei paraense favorece servidores públicos do Estado do Pará em detrimento de servidores públicos de outros Estados e de profissionais oriundos da iniciativa privada, os quais, inclusive, podem ser até mais experientes e capacitados do que o candidato que foi beneficiado pelo simples fato de ter vínculo funcional com a Administração Paraense.

Nos termos da tese fixada no julgamento, *"é inconstitucional a fixação de critério de desempate em concursos públicos que favoreça candidatos que pertencem ao serviço público de um determinado ente federativo"*.

▶ Cumprimento de pena por travestis e transexuais em estabelecimentos prisionais masculinos ou femininos

Na **ADPF 527**, o Min. Luís Roberto Barroso deferiu medida cautelar determinando que travestis e transexuais condenadas criminalmente podem optar por cumprir a pena em estabelecimento masculino ou feminino, de acordo com sua identidade de gênero, e que, caso optem por uma unidade carcerária masculina, fica-lhes assegurada uma área reservada como forma de lhes garantir a segurança.

Para tomar essa decisão, o Ministro se fundamentou no princípio da igualdade, bem como em outros direitos assegurados constitucionalmente, como a dignidade humana, a autonomia, a liberdade, a saúde e a vedação à tortura e ao tratamento degradante e desumano.

▶ Benefícios vitalícios a ex-agentes públicos

Na **ADI 6579**, julgada em 04/11/2021, o Supremo Tribunal Federal declarou a inconstitucionalidade de lei estadual que assegurava a concessão vitalícia (sem limitação temporal) de **benefícios (como apoio e segurança pessoal) a ex-agentes públicos (como ex-Governadores).** Segundo a Corte, uma norma como essa **viola a isonomia e os princípios republicano e da moralidade**, pois cria verdadeiros privilégios (benefícios de caráter pessoal), não se tratando de prerrogativas necessárias para o desempenho de funções públicas.

No mesmo sentido o STF já havia decidido em relação a **benefícios de caráter pecuniário** pagos vitaliciamente a ex-ocupantes de cargos eletivos ou seus dependentes, os quais a Corte também considerou inconstitucionais por **violarem os princípios republicano e da isonomia**, justamente por caracterizarem verdadeiros privilégios. Esse entendimento foi adotado, por exemplo, na **ADI 4555** (j. 14/08/2019) e na **ADI 4545** (j. 05/12/2019).

Confira as ementas desses precedentes:

> "(...) 1. Ação direta que impugna a Lei nº 4.733, de 27 de dezembro de 2018, do Estado do Amazonas, que dispõe sobre **medidas de segurança e apoio aos ex-governadores**, mediante a disponibilização de até dez servidores, sem limitação temporal expressa. (...) 3. O Supremo Tribunal Federal definiu interpretação jurídica, na formação de precedentes, no sentido de que a instituição de prestação pecuniária mensal e vitalícia a ex-ocupantes de cargos eletivos ou seus dependentes, designada "subsídio" ou "pensão", corresponde à concessão de benesse que **não se compatibiliza com a Constituição Federal (notadamente com o princípio republicano e o princípio da igualdade, consectário daquele), por configurar tratamento diferenciado e privilegiado sem fundamento jurídico razoável**, em favor de quem não exerce função pública ou presta qualquer serviço à administração. (...) 4. Em específico, esta Suprema

Corte reconheceu, na ADI 5346/BA (Rel. Min. Alexandre de Moraes, Pleno, j. em sessão virtual de 11 a 17/10/2019, DJe 06/11/2019), a **inconstitucionalidade do caráter vitalício da disponibilização de serviços de segurança e motorista** estabelecida pela Constituição do Estado da Bahia, por violação dos princípios republicano, da isonomia e da moralidade administrativa, e conferiu interpretação conforme, para estabelecer que a prestação dos serviços fica limitada ao final do mandato subsequente, enquanto não regulamentada a norma. 5. Aplicação do precedente formado na ADI 5346/BA, para conferir, ao caput do art. 1º da lei impugnada, interpretação conforme à Constituição, nos mesmos termos. 6. Pedido de interpretação conforme à Constituição para limitação do quantitativo de servidores para oito pessoas, à semelhança da Lei Federal nº 7.474/1986, julgado improcedente, por ser questão abrangida pelo espaço normativo conferido pela autonomia federativa (art. 25, caput e § 1º, CRFB). Não foi demonstrada, no caso, a irrazoabilidade do número fixado e respectiva ofensa à moralidade. Diferença entre lei federal e lei estadual não exorbitante. Indevida pretensão de imposição do patamar estabelecido na lei federal como parâmetro de razoabilidade ao legislador estadual. (...)" **(ADI 6579, Pleno, Rel. Min. ROSA WEBER, j. 04/11/2021)**

"(...) Artigo 11 do Ato das Disposições Constitucionais Transitórias da Constituição do Estado do Piauí. "Subsídio" mensal e vitalício a ex-governador que tenha exercido o cargo em caráter permanente. Precedentes do Supremo Tribunal Federal. Ação direta julgada procedente. 1. O Supremo Tribunal Federal definiu interpretação jurídica, na formação de precedentes, no sentido de que a instituição de **prestação pecuniária mensal e vitalícia a ex-governadores**, designada como "subsídio", corresponde a concessão de benesse que **não se compatibiliza com a Constituição Federal** (notadamente com o princípio republicano e o princípio da igualdade, consectário deste), por configurar tratamento diferenciado e privilegiado sem fundamento jurídico razoável, em favor de quem não exerce função pública nem presta qualquer serviço à administração. (...)" **(ADI 4555, Pleno, Rel. Min. ROSA WEBER, j. 14/08/2019)**

"(...) Artigo 85, §5º, da Constituição do Estado do Paraná. "Subsídio" mensal e vitalício a ex-governador que tenha exercido o cargo em caráter permanente. (...) Previsão de transferência do benefício ao cônjuge supérstite. Pensão. Precedentes do STF. (...) 2. O Supremo Tribunal Federal definiu interpretação jurídica, na formação de precedentes, no sentido de que a instituição de **prestação pecuniária mensal e vitalícia a ex-governadores**, designada "subsídio", corresponde à concessão de **benesse que não se compatibiliza com a Constituição Federal (notadamente com o princípio republicano e o princípio da igualdade, consectário daquele)**, por configurar tratamento diferenciado e privilegiado sem fundamento jurídico razoável, em favor de quem não exerce função pública ou presta qualquer serviço à administração. (...)" **(ADI 4545, Pleno, Rel. Min. ROSA WEBER, j. 05/12/2019)**

▶ A questão do prazo decadencial para a anulação de atos administrativos

Na **ADI 6019**, julgada em 12/05/2021, o Supremo Tribunal Federal analisou a compatibilidade com a CF/88 da fixação, em lei estadual, do prazo de 10 (dez) anos para a Administração Pública estadual anular atos administrativos considerados inválidos.

A decisão tomada nesse caso se fundamentou no princípio da isonomia.

Como assim?

É sabido que a Administração pública, em virtude do poder-dever de autotutela que possui, pode (na verdade, deve) anular seus atos que sejam inválidos. Isso, inclusive, é dito pela Súmula 473 do STF, segundo a qual, *"a administração pode anular seus próprios atos, quando eivados de vícios que os tornam ilegais, porque dêles não se originam direitos; ou revogá-los, por motivo de conveniência ou oportunidade, respeitados os direitos adquiridos, e ressalvada, em todos os casos, a apreciação judicial"*.

Ocorre que a anulação de atos administrativos deve ser feita dentro de determinado prazo (de natureza decadencial), sob pena de se perpetuar uma insegurança nas relações jurídicas deles decorrentes. Tendo isso em vista, a União estabeleceu, para a anulação de atos administrativos no âmbito da Administração Pública federal, o prazo de 5 (cinco) anos, conforme previsto no art. 54 da Lei 9.784/99, segundo o qual, *"o direito da Administração de anular os atos administrativos de que decorram efeitos favoráveis para os destinatários decai em* ***cinco anos****, contados da data em que foram praticados, salvo comprovada má-fé"*.

Diversos Estados-membros, inspirando-se nessa lei federal, também editaram leis fixando, em seus âmbitos, o prazo decadencial de 5 (cinco) anos para a anulação de seus atos administrativos.

Aqui surge o primeiro questionamento sobre o tema: **os Estados podem ter leis próprias disciplinando esse prazo?** Sim, pois se trata de uma questão de direito administrativo que, segundo a Constituição Federal, não é de competência privativa de nenhuma esfera federativa, de modo que se insere nas capacidades de auto-organização, autoadministração e autolegislação de cada ente federado. Inclusive, nesse exato sentido, em relação aos Estados-membros, a CF/88 dispõe, em seu art. 25, § 1º, que *"são reservadas aos Estados as competências que não lhes sejam vedadas por esta Constituição"*, o que é mais um fundamento para concluir que essas entidades federativas são competentes para fixar regras e prazos próprios para a prática e o controle dos seus atos administrativos.

Além dos Estados que, inspirados na legislação federal, editaram leis próprias fixando o prazo de 5 (cinco) anos para a anulação dos seus atos administrativos, há Estados que não possuem leis próprias sobre essa questão e que, por conta disso, aplicam por analogia a Lei 9.784/99 e o prazo de 5 (cinco) anos nela previsto. Essa aplicação analógica é admitida pela jurisprudência do STF e do STJ.

Porém, também há Estados que, exercendo sua autonomia, decidem fixar prazos para a anulação de seus atos administrativos diferentes do prazo estabelecido pela União para que seus atos administrativos sejam anulados (prazo esse que, como vimos, é de cinco anos).

São exemplos disso o Estado de São Paulo e o Estado de Pernambuco, que fixaram, em suas leis disciplinadoras de seus processos administrativos, o prazo decadencial de 10 (dez) anos para a anulação dos seus atos administrativos considerados inválidos.

Veja o teor dos dispositivos legais que estabeleceram o prazo decadencial decenal nos âmbitos desses Estados:

> "**Artigo 10 da Lei 10.177/98 do Estado de São Paulo.** A Administração anulará seus atos inválidos, de ofício ou por provocação de pessoa interessada, salvo quando:

> I - ultrapassado o prazo de **10 (dez) anos** contado de sua produção;
>
> (...)"
>
> "**Art. 54 da Lei 11.781/2000 do Estado de Pernambuco.** O direito da Administração de anular os atos administrativos de que decorram efeitos favoráveis para os destinatários e danosos para o Estado decai em **dez anos**, contados da data em que foram praticados, salvo comprovada má-fé, e observada a legislação civil brasileira quanto à prescrição de dívida para o erário."

O art. 10, I, da Lei 10.177/98 do Estado de São Paulo foi o objeto da **ADI 6019**, e, no julgamento dessa ação, o Supremo Tribunal Federal declarou **inconstitucional** a fixação, por esse dispositivo legal, do prazo de 10 (dez) anos para a anulação de atos administrativos no âmbito da Administração Paulista.

Por que o STF decidiu dessa forma?

Segundo a Corte, embora a norma em questão não usurpe a competência de nenhum outro ente federado (pois, conforme vimos, trata-se de questão cuja disciplina se insere na autonomia de cada entidade federativa) e o prazo de dez anos não ofenda a razoabilidade nem a segurança jurídica, há no caso uma **ofensa à isonomia**.

Isso porque, segundo foi registrado no julgamento, a União adota, por lei própria, o limite temporal de 5 (cinco) anos para a anulação dos seus atos administrativos benéficos aos administrados, o que é feito igualmente por diversos Estados. Também foi registrado pelo Tribunal que os Estados que não possuem leis próprias disciplinando a questão aplicam, por analogia, o prazo (de cinco anos) fixado na legislação federal, e que até mesmo o prazo prescricional para a dedução de pretensões contra o poder público em juízo é de 5 (cinco) anos, conforme previsto no art. 1º do Decreto nº 20.910/32, nos termos do qual, *"as dívidas passivas da União, dos Estados e dos Municípios, bem assim todo e qualquer direito ou ação contra a Fazenda federal, estadual ou municipal, seja qual for a sua natureza, prescrevem em cinco anos contados da data do ato ou fato do qual se originarem"*.

Com base nesse cenário, o STF afirmou que, como as relações travadas entre o poder público e os administrados têm sempre sido pautadas pela adoção do limite temporal de 5 (cinco) anos, não pode um Estado específico estabelecer prazo diverso para o exercício do seu poder-dever de autotutela em relação aos seus atos administrativos, sob pena de ofensa à isonomia. Consequentemente, segundo a Corte, **é inconstitucional a fixação do prazo de 10 (dez) anos para que a Administração estadual anule seus atos administrativos**, devendo ser observado, para tal finalidade, o prazo de 5 (cinco) anos.

Veja o teor da ementa do julgamento:

> "(...) 1. Ação direta contra o art. 10, I, da Lei nº 10.177/1998, do Estado de São Paulo, que estabelece o **prazo decadencial de 10 (dez) anos para anulação de atos administrativos reputados inválidos pela Administração Pública estadual**. 2. Lei estadual que disciplina o prazo decadencial para o exercício da autotutela pela administração pública local **não ofende a competência da União Federal** para legislar sobre direito civil (art. 22, I, CF/1988) ou para editar normas gerais sobre licitações e contratos (art. 22, XXVII, CF/1988). Trata-se, na verdade, de **matéria inserida na competência constitucional dos estados-membros para legislar sobre direito administrativo** (art. 25, § 1º, CF/1988). 3. O dispositivo impugnado **não viola os princípios constitucionais da segurança jurídica e**

> **da razoabilidade. O prazo decenal não é arbitrário e não caracteriza, por si só, instabilidade das relações jurídicas ou afronta às legítimas expectativas dos particulares na imutabilidade de situações jurídicas consolidadas com o decurso do tempo.** Esse é, inclusive, o prazo prescricional geral do Código Civil (art. 205) e de desapropriação indireta (Tema 1.019, STJ), dentre outros inúmeros exemplos no ordenamento jurídico brasileiro. 4. Sem embargo, **o prazo quinquenal consolidou-se como marco temporal geral nas relações entre o Poder Público e particulares** (v., e.g., o art. 1º do Decreto nº 20.910/1932 e o art. 173 do Código Tributário Nacional), e esta Corte somente admite exceções ao princípio da isonomia quando houver fundamento razoável baseado na necessidade de remediar um desequilíbrio entre as partes. 5. Os demais estados da Federação aplicam, indistintamente, o prazo quinquenal para anulação de atos administrativos de que decorram efeitos favoráveis aos administrados, seja por previsão em lei própria ou por aplicação analógica do art. 54 da Lei nº 9.784/1999. **Não há fundamento constitucional que justifique a situação excepcional do Estado de São Paulo, impondo-se o tratamento igualitário nas relações Estado-cidadão.** (...)"
>
> **(ADI 6019, Pleno, Rel. Min. MARCO AURÉLIO, Redator do acórdão Min. ROBERTO BARROSO, j. 12/05/2021)**

Apesar de essa decisão do STF merecer críticas (e a principal delas é a constatação de que ela viola a autonomia dos Estados-membros para criar suas próprias normas de processo administrativo), o recomendado para as provas dos diferentes concursos é adotar o entendimento firmado nesse precedente, segundo o qual, repita-se para que fique claro, a fixação do prazo decadencial de 10 (dez) anos para a anulação de atos administrativos é inconstitucional por violar a isonomia, devendo a Administração observar o prazo de 5 (cinco) anos para o exercício do seu poder-dever de autotutela.

Por fim, é importante registrar que, nesse julgamento, o STF modulou os efeitos da decisão, pois, quando da análise do caso pelo Tribunal, diversos atos administrativos já haviam sido anulados pela Administração Pública do Estado de São Paulo tomando-se como parâmetro o prazo decadencial decenal. Além disso, em relação a diversos outros atos administrativos, já havia decorrido mais da metade do prazo de 10 (dez) anos, embora ele ainda não houvesse expirado.

Levando tudo isso em consideração, a Corte manteve válida a aplicação do prazo decadencial de 10 (dez) anos para a anulação de atos administrativos pela Administração do Estado de São Paulo em relação aos atos já anulados até o dia **23/04/2021** (data da publicação da ata do julgamento de mérito da ação), bem como em relação aos atos que, nessa data **(23/04/2021)**, já haviam sido praticados há mais de 5 (cinco) anos. No que diz respeito aos demais atos (isto é, os atos ainda não anulados e que, no dia **23/04/2021**, haviam sido praticados há menos de cinco anos), a Corte determinou a aplicação do prazo decadencial de 5 (cinco) anos adotando-se como termo inicial o dia **23/04/2021**, que foi o marco temporal da modulação.

Veja o trecho da ementa do acórdão em que ficou registrada a modulação dos efeitos da decisão:

> "(...) A declaração de nulidade, com efeitos ex tunc, do dispositivo ora impugnado acarretaria enorme insegurança jurídica no Estado de São Paulo, com potencial de (i) refazimento de milhares de atos administrativos cuja anulação já se consolidou no tempo, (ii) ampla e indesejável litigiosidade nas instâncias ordinárias e (iii)

provável impacto econômico em momento de grave crise financeira que assola o país, tendo em vista que os atos anulados haviam produzido efeitos favoráveis aos administrados 7. Desse modo, **impõe-se a modulação dos efeitos desta decisão** (art. 27 da Lei nº 9.868/1999), para que **(i)** sejam **mantidas as anulações já realizadas pela Administração até a publicação da ata do julgamento de mérito desta ação direta (23.04.2021)**, desde que tenham observado o prazo de 10 (dez) anos; **(ii)** seja **aplicado o prazo decadencial de 10 (dez) anos aos casos em que, em 23.04.2021, já havia transcorrido mais da metade do tempo fixado na lei declarada inconstitucional** (aplicação, por analogia, do art. 2.028 do Código Civil); e **(iii)** para **os demais atos administrativos já praticados, seja o prazo decadencial de 5 (cinco) anos contado a partir da publicação da ata do julgamento de mérito desta ação** (23.04.2021). (...)"

(ADI 6019, Pleno, Rel. Min. MARCO AURÉLIO, Redator do acórdão Min. ROBERTO BARROSO, j. 12/05/2021)

▶ Fixação de prazos distintos para a licença-maternidade de acordo com a natureza da filiação

Na **ADI 6600**, julgada em 27/04/2021, o Supremo Tribunal Federal analisou disposições contidas em lei do Estado do Tocantins que estabeleciam, para os militares estaduais, prazos de licença-maternidade que variavam de acordo com a natureza da filiação, de modo que, se a maternidade fosse biológica, o prazo seria um e, se a maternidade fosse adotiva, o prazo seria outro.

Segundo decidiu a Corte, essas normas são inconstitucionais, em virtude de imporem à filiação adotiva uma **discriminação não prevista na Constituição Federal**, que, ao contrário do que fez a lei estadual, protege a maternidade biológica e a maternidade adotiva da mesma forma, assegurando a ambas as mesmas garantias. Por isso, **é inválido o tratamento diferente dado à mãe adotante.**

Nas palavras do Tribunal, *"a Constituição Federal estabelece a proteção à maternidade como dever do Estado, além de outros direitos sociais instrumentais como a licença-gestante, o direito à segurança no emprego, a proteção do mercado de trabalho da mulher e a redução dos riscos inerentes ao trabalho, por meio de normas de saúde, higiene e segurança. (...)* ***A formação do vínculo familiar por meio da adoção está igualmente protegida pelas garantias conferidas pela Constituição à maternidade biológica****, inclusive no tocante à convivência integral da criança com a mãe de maneira harmônica e segura.* ***A Constituição não diferencia a maternidade biológica da adotiva****, pelo que* ***é inconstitucional qualquer disposição normativa que discrimine a mãe adotiva****"*.

▶ Concessão de licença-maternidade a pais solo

O princípio da isonomia também foi utilizado pelo Supremo Tribunal Federal no debate envolvendo o questionamento sobre se é ou não devida a concessão de licença-maternidade a **pais de família monoparental** (os chamados pais solo) com o mesmo prazo assegurado às mães.

A questão foi enfrentada pelo STF no **RE 1.348.854** (Tema de Repercussão Geral nº 1182, j. 12/05/22), tendo a Corte decidido que a licença-maternidade (inclusive eventuais prorrogações asseguradas em lei, como ocorre no serviço público federal, em que o prazo total chega a 180 dias) deve ser assegurada ao pai solo, por força dos princípios da **isonomia** (entre homens e mulheres) e da **proteção integral à criança.**

Nos termos da tese de repercussão geral fixada no caso, *"à luz do art. 227 da CF, que confere proteção integral da criança com absoluta prioridade e do princípio da paternidade responsável, a licença maternidade, prevista no art. 7º, XVIII, da CF/88 e regulamentada pelo art. 207 da Lei 8.112/1990, estende-se ao pai genitor monoparental".*

Perceba que a tese definida pelo STF se refere de forma expressa e específica à licença-maternidade prevista na lei que disciplina o regime jurídico dos servidores públicos civis da União (a Lei 8.112/90), mas ela se aplica a qualquer esfera da Federação, pois os seus fundamentos não se restringem a um ente federado específico, alcançando todo o País de maneira uniforme.

Concessão de licença-maternidade à mãe não gestante em união homoafetiva

No **Tema de Repercussão Geral nº 1072** (RE 1211446, j. 13/03/2024), o Supremo Tribunal Federal enfrentou o seguinte questionamento: diante da ausência de previsão legal, é possível assegurar à mãe não gestante em uma união homoafetiva o direito à licença-maternidade?

O caso envolvia uma servidora pública municipal que vivia em união estável com outra mulher, e, nessa relação, a companheira da servidora engravidou por meio de fertilização "in vitro", mas, por ser profissional autônoma, não teve direito à licença-maternidade.

Em virtude disso, a servidora requereu judicialmente que lhe fosse assegurada a licença no seu vínculo funcional com o Município.

O que o STF decidiu?

O Supremo Tribunal Federal decidiu que, em virtude de a CF/88 proteger a maternidade e a infância, **a licença-maternidade deve ser assegurada não só à mãe gestante, mas também à mãe não gestante**, inclusive no contexto de uma união homoafetiva. Além disso, segundo a Corte, excluir a mãe não gestante da proteção dada pela licença-maternidade viola a isonomia, pois o que importa, para a proteção da maternidade, é a circunstância de ser mãe, e não necessariamente o fato de a mulher ter engravidado.

O STF, no entanto, fez uma **ressalva**: no contexto de uma união homoafetiva, a licença-maternidade só pode ser usufruída por uma das mães, independentemente de qual delas engravidou (no caso de uma fertilização "in vitro"). **A mãe que não gozar a licença-maternidade terá direito a uma licença pelo mesmo prazo da licença-paternidade.**

Nos termos da tese fixada pela Corte, *"a mãe servidora ou trabalhadora não gestante em união homoafetiva tem direito ao gozo de licença-maternidade. Caso a companheira tenha utilizado o benefício, fará jus à licença pelo período equivalente ao da licença-paternidade".*

Candidatos portadores de deficiência em provas físicas de concursos públicos

Invocando, dentre outros fundamentos, o direito à **igualdade material**, o Supremo Tribunal Federal decidiu ser inconstitucional vedar a adaptação de provas físicas de concursos públicos para candidatos portadores de deficiência. A corte entendeu, também, que viola a Constituição a aplicação a esses candidatos, nas provas físicas de concursos públicos, dos mesmos critérios de avaliação aplicáveis aos candidatos sem deficiência, a menos que o tratamento igualitário seja necessário por conta da natureza das funções do cargo a ser ocupado.

Esse entendimento foi adotado na **ADI 6476** (julgada em 08/09/2021), na qual o STF fixou as seguintes teses:

I) É inconstitucional a interpretação que exclui o direito de candidatos com deficiência à adaptação razoável em provas físicas de concursos públicos;

II) É inconstitucional a submissão genérica de candidatos com e sem deficiência aos mesmos critérios em provas físicas, sem a demonstração da sua necessidade para o exercício da função pública.

▶ Constitucionalidade dos subtetos remuneratórios nos âmbitos estadual e municipal

A **EC 41/03**, alterando a redação do inciso XI do art. 37 da CF/88, estabeleceu o teto remuneratório do funcionalismo público brasileiro (que é o subsídio mensal de Ministro do STF), bem como diferentes subtetos a serem observados nos Estados e nos Municípios, diferenciando, inclusive, os diferentes Poderes.

Veja a redação do dispositivo:

> "**Art. 37, XI, CF/88** - a remuneração e o subsídio dos ocupantes de cargos, funções e empregos públicos da administração direta, autárquica e fundacional, dos membros de qualquer dos Poderes da União, dos Estados, do Distrito Federal e dos Municípios, dos detentores de mandato eletivo e dos demais agentes políticos e os proventos, pensões ou outra espécie remuneratória, percebidos cumulativamente ou não, incluídas as vantagens pessoais ou de qualquer outra natureza, não poderão exceder o subsídio mensal, em espécie, dos Ministros do Supremo Tribunal Federal, aplicando-se como limite, nos Municípios, o subsídio do Prefeito, e nos Estados e no Distrito Federal, o subsídio mensal do Governador no âmbito do Poder Executivo, o subsídio dos Deputados Estaduais e Distritais no âmbito do Poder Legislativo e o subsídio dos Desembargadores do Tribunal de Justiça, limitado a noventa inteiros e vinte e cinco centésimos por cento do subsídio mensal, em espécie, dos Ministros do Supremo Tribunal Federal, no âmbito do Poder Judiciário, aplicável este limite aos membros do Ministério Público, aos Procuradores e aos Defensores Públicos;"

A fixação, pela EC 41/03, de limites remuneratórios distintos para as esferas federal, estadual e municipal, bem como de diferenciação entre os três Poderes em âmbito estadual foi impugnada perante o STF nas **ADIs 6391 e 6392**, julgadas em 14/02/2022.

O pedido de declaração de inconstitucionalidade da norma se fundamentou no **princípio da isonomia**. O legitimado ativo alegou que deveria haver um único limite remuneratório (mais precisamente, o subsídio de Ministro do STF) para todos os servidores públicos de todas as esferas federativas e de todos os Poderes, não se justificando o tratamento discriminatório estabelecido pela EC 41/03.

O STF, no entanto, não acolheu os argumentos apresentados e declarou a **constitucionalidade** do teto e dos subtetos remuneratórios estabelecidos pela EC 41/03 no art. 37, XI, da CF/88.

Segundo a Corte, a fixação de diferentes limites remuneratórios nas diferentes esferas federativas e nos diferentes Poderes é medida que leva em conta a peculiaridade de cada ente federado e de seus Poderes, permitindo que eles remunerem o seu pessoal de acordo com as suas realidades. Nessa linha de raciocínio, segundo o STF, as alterações trazidas pela EC 41/03 homenageiam a autonomia administrativa e financeira de cada entidade federativa e são compatíveis com o princípio da igualdade, pois permitem que os entes integrantes da Federação disciplinem as suas funções e o seu pessoal da forma mais racional possível.

Além disso, o Tribunal registrou que já havia reconhecido anteriormente a constitucionalidade dos limites remuneratórios criados pela EC 41/03, como ocorreu no **RE 609.381** (Tema de Repercussão Geral nº 480, julgado em 02/10/2014) e na **ADI 3872** (julgada em 29/11/2021).

A prisão especial dos portadores de diploma de nível superior e a prisão em sala de Estado Maior dos advogados

O Código de Processo Penal previa, no seu art. 295, VII, que as pessoas que possuíssem diploma de curso de nível superior, quando fossem presas provisoriamente (isto é, antes da execução da pena definitiva), seriam recolhidas em instalações separadas daquelas destinadas aos demais presos. Essa era a **prisão especial** dos portadores de diploma universitário.

Veja a previsão legal em questão:

> "**Art. 295, CPP.** Serão **recolhidos a quartéis ou a prisão especial**, à disposição da autoridade competente, **quando sujeitos a prisão antes de condenação definitiva**:
>
> (...)
>
> VII - os **diplomados** por qualquer das faculdades superiores da República;
>
> (...)"

Essa disposição legal teve sua validade questionada perante o STF na **ADPF 334**, julgada em 03/04/2023.

O Supremo Tribunal Federal, enfrentando a questão, decidiu que a prisão especial dos portadores de diploma de nível superior é incompatível com a CF/88, por **violar a isonomia**, tendo em vista caracterizar uma discriminação não justificada por valores constitucionais. Diferente seria a situação se o recolhimento do indivíduo em ambiente separado tivesse como objetivo preservar algum valor constitucionalmente tutelado, como ocorreria no caso em que o indivíduo, se fosse recolhido em convívio com os demais presos, sofresse sérios riscos de perder a vida ou de prejudicar sua integridade física. Nesse caso, a sua separação dos demais presos seria válida, pois se justificaria pela proteção a bem jurídicos relevantes para a Constituição (a vida e a integridade física).

Confira a ementa da decisão:

> "1. **Todos os cidadãos têm o direito a tratamento idêntico pela lei, exceto quando presente uma correlação lógica entre a distinção que a norma opera e o fator de discrímen**, em consonância com os critérios albergados pela Constituição Federal. 2. **O princípio constitucional da igualdade opera em dois planos distintos.** De uma parte, frente ao legislador ou ao Executivo, na edição de leis e atos normativos, impedindo que possam criar tratamentos abusivamente diferenciados a pessoas que se encontram em situações idênticas. Em outro plano, na obrigação direcionada ao intérprete de aplicar a lei e atos normativos de maneira igualitária, sem estabelecimento de diferenciações em razão de sexo, religião, convicções filosóficas ou políticas, de raça ou classe social. 3. A prisão especial constitui o recolhimento provisório em local distinto, cuja concessão **se admite, à luz da Constituição, quando a segregação do ambiente prisional comum visa a atender a determinadas circunstâncias pessoais que colocam seus beneficiários em situação de maior e mais gravosa exposição ao convívio geral no cárcere**. Expô-los ao contato com a população carcerária frustraria a tutela desses interesses constitucionalmente protegidos. 4. **Não há amparo constitucional, contudo, para a segregação de presos provisórios com apoio no grau de instrução acadêmica**, tratando-se de mera qualificação de ordem estritamente pessoal que contribui para a perpetuação de uma inaceitável seletividade socioeconômica do sistema de justiça criminal, incompatível com o princípio da igualdade e com o Estado democrático de Direito. 5. Ausente qualquer justificativa que empregue sentido válido ao fator de discrímen indicado na norma impugnada, a conclusão é a de que **a prisão especial, em relação aos portadores de diploma de nível superior, é inconciliável com o preceito fundamental da isonomia** (art. 3º, IV, e art. 5º, caput, CF)." **(ADPF 334, Pleno, Rel. Min. ALEXANDRE DE MORAES. j. 03/04/2023)**

É importante registrar, no entanto, que o fato de o STF ter decidido que a prisão especial dos portadores de diploma universitário é incompatível com a CF/88 não significa que a prisão em sala de Estado Maior assegurada aos advogados pelo Estatuto da OAB (art. 7º, V) seja inconstitucional.

A prisão em sala de Estado Maior dos advogados consiste no recolhimento dos advogados em instalações compatíveis com a dignidade do exercício da advocacia em caso de prisão sofrida antes da execução da pena definitiva. Caso inexistam essas instalações na localidade, a prisão provisória do advogado deve se dar na modalidade domiciliar.

Veja o teor do art. 7º, V, da OAB, que prevê a prisão dos advogados em sala de Estado Maior:

> "**Art. 7º, EOAB.** São direitos do advogado:
>
> (...)
>
> V - não ser recolhido preso, antes de sentença transitada em julgado, **senão em sala de Estado Maior**, com instalações e comodidades condignas, assim reconhecidas pela OAB, e, **na sua falta, em prisão domiciliar**;
>
> (...)"

A prisão dos advogados em Sala de Estado maior não é um privilégio ou qualquer outro tipo de benefício pessoal, mas uma garantia do ordenamento jurídico para assegurar o livre exercício da advocacia, que, nos termos do art. 133 da CF/88, é essencial à administração da justiça (*"**Art. 133, CF/88.** O advogado é **indispensável à administração da justiça**, sendo inviolável por seus atos e manifestações no exercício da profissão, nos limites da lei."*).

Por esse motivo, o Supremo Tribunal Federal, na **ADI 1127** (j. 17/05/2006), considerou constitucional a prisão em sala de Estado Maior dos advogados. Veja a ementa desse julgamento:

> "(...) II - A imunidade profissional é indispensável para que o advogado possa exercer condigna e amplamente seu múnus público. III - A inviolabilidade do escritório ou do local de trabalho é consectário da inviolabilidade assegurada ao advogado no exercício profissional. IV - A presença de representante da OAB em caso de prisão em flagrante de advogado constitui garantia da inviolabilidade da atuação profissional. A cominação de nulidade da prisão, caso não se faça a comunicação, configura sanção para tornar efetiva a norma. **V - A prisão do advogado em sala de Estado Maior é garantia suficiente para que fique provisoriamente detido em condições compatíveis com o seu múnus público.** (...)" **(ADI 1127, Pleno, Rel. Min. MARCO AURÉLIO, Redator do acórdão Min. RICARDO LEWANDOWSKI, j. 17/05/2006)**

Tecnicamente, para que um ambiente seja considerado uma sala de Estado Maior, ele deve ser uma sala (e não uma cela, de modo que não deve ter grades), deve estar localizado em uma instalação militar (das Forças Armadas ou suas forças auxiliares) e deve ter condições dignas de habitabilidade. Essa definição não está prevista em nenhuma disposição do ordenamento jurídico, tratando-se, na verdade, de uma construção do Supremo Tribunal Federal, que já afirmou que *"a Sala de Estado-Maior se define por sua qualidade mesma de sala e não de cela ou cadeia. Sala, essa, instalada no Comando das Forças Armadas ou de outras instituições militares (Polícia Militar, Corpo de Bombeiros) e que em si mesma constitui tipo heterodoxo de prisão, porque destituída de portas ou janelas com essa específica finalidade de encarceramento"* **(HC 91089, Primeira Turma, Rel. Min. CARLOS BRITTO, j. 04/09/2007)**.

Porém, o Poder Judiciário (inclusive, o próprio STF) vem flexibilizando essa definição e tem admitido como atendida a exigência de sala de Estado Maior quando o advogado preso provisoriamente é recolhido em local que, embora não seja propriamente uma sala de Estado Maior, apresente condições compatíveis com a dignidade do exercício da advocacia (como uma cela separada de outros presos na qual haja banheiro próprio e boas condições de higiene e salubridade). Assim, quando a instalação na qual se encontra recolhido o advogado apresenta essas condições, ainda que não seja propriamente uma sala de Estado Maior, tem sido considerada como atendida a prerrogativa da prisão do advogado em sala de Estado Maior e rejeitado o pedido de que o seu recolhimento se dê em prisão domiciliar.

Veja nesse sentido o seguinte precedente do Supremo Tribunal Federal:

> "(...) PRISÃO PREVENTIVA DE ADVOGADO. **SALA DE ESTADO-MAIOR.** AUSÊNCIA DE ILEGALIDADE OU ABUSO DE PODER. 1. A orientação jurisprudencial do Supremo Tribunal Federal é no sentido de **que o "recolhimento de advogado**

em local que, embora não configure Sala de estado maior, possua instalações condignas, não viola a autoridade do que decidido na ADI 1.127/DF" (Rcl 16.011, Rel. Min. Luiz Fux). Na mesma linha: Rcl 18.185, Rel. Min. Luís Roberto Barroso; e Rcl 15.815, da Rel. Min. Luiz Fux. (...)" **(HC 149104 AgR, Primeira Turma, Rel. Min. ROBERTO BARROSO, j. 16/03/2018)**

■ LIBERDADE DE MANIFESTAÇÃO DO PENSAMENTO (ART. 5º, IV E V, CF/88)

"**Art. 5º, CF/88.** Todos são iguais perante a lei, sem distinção de qualquer natureza, garantindo-se aos brasileiros e aos estrangeiros residentes no País a inviolabilidade do direito à vida, à liberdade, à igualdade, à segurança e à propriedade, nos termos seguintes:

(...)

IV - é livre a manifestação do pensamento, sendo vedado o anonimato;

V - é assegurado o direito de resposta, proporcional ao agravo, além da indenização por dano material, moral ou à imagem;

(...)"

A Constituição assegura a liberdade de manifestação do pensamento, mas, como se pode notar, prevê a responsabilização daquele que cometer abusos no exercício desse direito, pois deverá indenizar eventual dano material, moral ou à imagem que causar ao se manifestar. Essa responsabilização pelo cometimento de excessos é uma decorrência natural do caráter relativo dos direitos fundamentais.

Existem algumas discussões relevantes envolvendo a liberdade de manifestação do pensamento que foram analisadas pelo Supremo Tribunal Federal, conforme veremos a seguir.

▶ Discurso de ódio

A livre manifestação do pensamento não é um direito absoluto, notadamente, quando em conflito com outros direitos fundamentais, o que deve ser objeto de ponderação feita por lei ou por decisão judicial. E, por isso mesmo, a doutrina e a jurisprudência repudiam o chamado "discurso de ódio" (*hate speech*).

Nesse sentido, o Supremo Tribunal Federal, ao julgar o **HC 82.424**, manteve a condenação por crime de racismo imposta a um escritor de livros que, em sua obra, fazia apologia de ideias preconceituosas e discriminatórias contra os judeus. No caso, portanto, a liberdade de imprensa e de manifestação do pensamento sofreu restrição diante da dignidade da pessoa humana e do direito à honra.

O acórdão ficou assim ementado:

"(...) LIBERDADE DE EXPRESSÃO. LIMITES. (...) 10. **A edição e publicação de obras escritas veiculando idéias anti-semitas**, que buscam resgatar e dar credibilidade à concepção racial definida pelo regime nazista, negadoras e subversoras de fatos históricos incontroversos como o holocausto, consubstanciadas na pretensa inferioridade e desqualificação do povo judeu,

> **equivalem à incitação ao discrímen com acentuado conteúdo racista**, reforçadas pelas conseqüências históricas dos atos em que se baseiam. (...) 13. **Liberdade de expressão. Garantia constitucional que não se tem como absoluta.** Limites morais e jurídicos. **O direito à livre expressão não pode abrigar, em sua abrangência, manifestações de conteúdo imoral que implicam ilicitude penal.** 14. As liberdades públicas não são incondicionais, por isso devem ser exercidas de maneira harmônica, observados os limites definidos na própria Constituição Federal (CF, artigo 5º, § 2º, primeira parte). **O preceito fundamental de liberdade de expressão não consagra o "direito à incitação ao racismo"**, dado que **um direito individual não pode constituir-se em salvaguarda de condutas ilícitas**, como sucede com os delitos contra a honra. Prevalência dos princípios da dignidade da pessoa humana e da igualdade jurídica. (...)" **(HC 82424/RS; Relator(a): Min. MOREIRA ALVES; Relator(a) p/ Acórdão: Min. MAURÍCIO CORRÊA; Julgamento: 17/09/2003; Órgão Julgador: Tribunal Pleno)**

"Marcha da maconha"

A chamada "marcha da maconha" nada mais é do que uma reunião pública de pessoas defendendo a descriminalização da maconha.

Na **ADPF 187**, o Supremo Tribunal Federal analisou se o direito de livre manifestação do pensamento acoberta a realização desse evento. Ao julgar o caso, a Corte considerou a "marcha da maconha" um movimento legítimo, por estar amparada pelos direitos fundamentais de reunião (art. 5º, XVI, CF/88) e de livre manifestação do pensamento (art. 5º, IV, CF/88).

Inclusive, o Tribunal esclareceu que, em um evento como esse, os direitos de reunião e de livre manifestação do pensamento estão interconectados como meio (liberdade de reunião) e fim (liberdade de manifestação do pensamento).

Nessa linha de pensamento, o STF entendeu que a simples proposta de descriminalização de determinada conduta não se confunde com ato de incitação à pratica do crime (tipificado no art. 286, Código Penal) nem com apologia de fato criminoso (tipificada no art. 287, Código Penal). Com tais fundamentos, a ação foi julgada no sentido de dar interpretação conforme a Constituição ao art. 287 do Código Penal, para afastar qualquer entendimento que considere crime a manifestação de pensamento em prol da descriminalização das drogas, seja o evento público ou privado.

O Tribunal deixou claro, no entanto, que, embora seja considerada legítima a reunião para a divulgação de ideias na defesa da descriminalização de uma determinada conduta, isso não significa que, durante a realização do evento, seja permita a prática dessa conduta que se pretende descriminalizar ou de qualquer outro ilícito. Caso isso ocorra, deverá haver a responsabilização dos envolvidos.

Proselitismo religioso

Na **ADI 2566**, o Supremo Tribunal Federal julgou inconstitucional disposição legal que proibia a prática de proselitismo religioso em rádio comunitária, por entender que tal vedação ofenderia os direitos fundamentais de liberdade religiosa (art. 5º, VI,

CF/88) e de livre manifestação do pensamento (art. 5º, IV, CF/88). Nesse contexto, a Corte esclareceu que a liberdade de expressão apresenta uma dupla faceta:

I) assegura o direito de o indivíduo não ser arbitrariamente privado ou impedido de manifestar seu próprio pensamento; e

II) assegura o direito coletivo de receber informações e de conhecer a expressão do pensamento alheio.

O proselitismo consiste na transmissão de conteúdo tendente a converter pessoas a uma doutrina, sistema, religião, seita ou ideologia, por meio de um discurso persuasivo e do uso de argumentos críticos. E, segundo decidiu o STF no precedente em questão, o exercício do proselitismo é acobertado pelo direito fundamental de livre manifestação do pensamento, e, caso se trate de um proselitismo religioso, ele estará acobertado tanto pela liberdade de manifestação do pensamento quanto pela liberdade religiosa. Inclusive, a proteção dada ao proselitismo pelo direito de livre manifestação do pensamento foi um dos fundamentos para se considerar legítima a "marcha da maconha" na ADPF 187.

Essa foi a ementa dada ao acórdão da ADI 2566:

> "(...) 1. A liberdade de expressão representa **tanto o direito de não ser arbitrariamente privado ou impedido de manifestar seu próprio pensamento quanto o direito coletivo de receber informações e de conhecer a expressão do pensamento alheio**. 2. Por ser um instrumento para a garantia de outros direitos, a jurisprudência do Supremo Tribunal Federal reconhece a primazia da liberdade de expressão. 3. **A liberdade religiosa não é exercível apenas em privado, mas também no espaço público, e inclui o direito de tentar convencer os outros, por meio do ensinamento, a mudar de religião. O discurso proselitista é, pois, inerente à liberdade de expressão religiosa.** Precedentes. (...) 5. O artigo 220 da Constituição Federal expressamente consagra a liberdade de expressão sob qualquer forma, processo ou veículo, hipótese que inclui o serviço de radiodifusão comunitária. 6. **Viola a Constituição Federal a proibição de veiculação de discurso proselitista em serviço de radiodifusão comunitária." (ADI 2566/DF; Relator(a): Min. ALEXANDRE DE MORAES; Relator(a) p/ Acórdão: Min. EDSON FACHIN; Julgamento: 16/05/2018; Órgão Julgador: Tribunal Pleno)**

Quando, porém, o proselitismo é praticado de forma ofensiva, ferindo direitos fundamentais, ele não é admitido pelo Supremo Tribunal Federal, a exemplo do caso em que um pastor de uma determinada igreja evangélica publicou na *internet* vídeos e comentários de conteúdo religioso nos quais ofendeu líderes e seguidores de outras crenças religiosas diversas da sua (católica, judaica, espírita, islâmica, umbandista etc.), pregando, inclusive, o fim de algumas delas e imputando fatos ofensivos aos seus devotos e sacerdotes.

Esse pastor foi denunciado e condenado pela prática de crime de racismo, sendo essa condenação mantida pela Suprema Corte ao julgar o **RHC 146.303**, oportunidade em que asseverou que *"a incitação ao ódio público contra quaisquer denominações religiosas e seus seguidores não está protegida pela cláusula constitucional que assegura a liberdade de* *expressão*". Além disso, essa conduta, segundo o STF, viola também a liberdade religiosa, já que esta assegura não apenas o direito de professar a própria fé, mas também o direito à existência de uma multiplicidade de crenças (ou descrenças) religiosas, que devem conviver harmonicamente, em um cenário de tolerância religiosa.

Confira a ementa do julgado:

> "(...) **Liberdade de manifestação religiosa. Limites excedidos.** Recurso ordinário não provido. (...) 2. **O direito à liberdade religiosa é, em grande medida, o direito à existência de uma multiplicidade de crenças/descrenças religiosas,** que se vinculam e se harmonizam – para a sobrevivência de toda a multiplicidade de fés protegida constitucionalmente – na chamada tolerância religiosa. 3. **Há que se distinguir entre o discurso religioso (que é centrado na própria crença e nas razões da crença) e o discurso sobre a crença alheia, especialmente quando se faça com intuito de atingi-la, rebaixá-la ou desmerecê-la (ou a seus seguidores). Um é tipicamente a representação do direito à liberdade de crença religiosa; outro, em sentido diametralmente oposto, é o ataque ao mesmo direito.** 4. Como apontado pelo Superior Tribunal de Justiça no julgado recorrido, a conduta do paciente não consiste apenas na "defesa da própria religião, culto, crença ou ideologia, mas, sim, de um ataque ao culto alheio, que põe em risco a liberdade religiosa daqueles que professam fé diferente [d]a do paciente". (...)" **(RHC 146303/RJ; Relator(a): Min. EDSON FACHIN; Relator(a) p/ Acórdão: Min. DIAS TOFFOLI; Julgamento: 06/03/2018; Órgão Julgador: Segunda Turma)**

Portanto, é possível perceber que o Supremo Tribunal Federal vem se posicionando no sentido de que o proselitismo está acobertado pelo direito de livre manifestação do pensamento, desde que, evidentemente, praticado sem ofensa a outros direitos fundamentais.

▶ Tatuagem e concurso público

Houve um caso em que um candidato em concurso público foi eliminado em virtude de possuir tatuagem no corpo. Analisando a situação, no **RE 898.450**, o Supremo Tribunal Federal estabeleceu as seguintes premissas:

I) Tatuagem nada mais é do que exteriorização da liberdade de manifestação do pensamento. Logo, a decisão de ter tatuagem no corpo é protegida pela liberdade de expressão.

II) Edital de concurso público não pode estabelecer restrições a pessoas com tatuagem, a menos que a tatuagem apresente conteúdo violador de valores constitucionais, como uma que enalteça ideologias terroristas, práticas discriminatórias, obscenidades etc.

III) Os requisitos para o acesso a funções públicas devem estar previstos em lei (e não apenas no edital do concurso) e precisam ser justificados pela natureza do cargo e das atribuições a serem exercidas.

Nessa linha de raciocínio, o STF decidiu que a eliminação de candidato em concurso público pelo simples fato de possuir tatuagem no corpo que não ofenda valores tutelados constitucionalmente é ilegítima, especialmente, se a restrição à participação no certame não tem previsão em lei, mas apenas no edital do concurso.

No caso, o Tribunal fixou as seguintes **teses com repercussão geral** (Tema nº 838):

I) os requisitos do edital para o ingresso em cargo, emprego ou função pública devem ter por fundamento lei em sentido formal e material;

II) editais de concurso público não podem estabelecer restrição a pessoas com tatuagem, salvo situações excepcionais em razão de conteúdo que viole valores constitucionais.

O acórdão foi ementado nos seguintes termos:

> "(...) 1. O princípio da legalidade norteia os requisitos dos editais de concurso público. 2. **O artigo 37, I, da Constituição da República, ao impor, expressamente, que "os cargos, empregos e funções públicas são acessíveis aos brasileiros que preencham os requisitos estabelecidos em lei", evidencia a frontal inconstitucionalidade de toda e qualquer restrição para o desempenho de uma função pública contida em editais, regulamentos e portarias que não tenham amparo legal.** (...) 4. Os requisitos legalmente previstos para o desempenho de uma função pública devem ser **compatíveis com a natureza e atribuições do cargo.** (...) 6. As pigmentações de caráter permanente inseridas voluntariamente em partes dos corpos dos cidadãos configuram **instrumentos de exteriorização da liberdade de manifestação do pensamento e de expressão**, valores amplamente tutelados pelo ordenamento jurídico brasileiro (CRFB/88, artigo 5°, IV e IX). (...) 12. O Estado não pode considerar aprioristicamente como parâmetro discriminatório para o ingresso em uma carreira pública o fato de uma pessoa possuir tatuagens, visíveis ou não. (...) 14. **As restrições estatais para o exercício de funções públicas originadas do uso de tatuagens devem ser excepcionais**, na medida em que implicam uma interferência incisiva do Poder Público em direitos fundamentais diretamente relacionados ao modo como o ser humano desenvolve a sua personalidade. 15. **A cláusula editalícia que cria condição ou requisito capaz de restringir o acesso a cargo, emprego ou função pública por candidatos possuidores de tatuagens, pinturas ou marcas, quaisquer que sejam suas extensões e localizações, visíveis ou não, desde que não representem símbolos ou inscrições alusivas a ideologias que exteriorizem valores excessivamente ofensivos à dignidade dos seres humanos, ao desempenho da função pública pretendida, incitação à violência iminente, ameaças reais ou representem obscenidades, é inconstitucional.** (...)" **(RE 898450 RG; Órgão julgador: Tribunal Pleno; Relator(a): Min. LUIZ FUX; Julgamento: 27/08/2015)**

▶ Caso Porta dos Fundos

Ainda sobre a liberdade de manifestação do pensamento, houve um caso com grande repercussão na mídia envolvendo o grupo de humor Porta dos Fundos.

A situação foi a seguinte: no fim do ano 2019, o serviço de *streaming* Netflix disponibilizou em sua plataforma uma produção humorística do grupo Porta dos Fundos, intitulada *"Especial de Natal Porta dos Fundos: A Primeira Tentação de Cristo"*, na qual se satirizavam registros bíblicos sobre Jesus Cristo.

Entendendo que essa obra humorística ultrapassava os limites do direito de livre manifestação do pensamento, por abalar valores da fé cristã, a Associação Centro

Dom Bosco de Fé e Cultura ajuizou ação civil pública perante um juízo de primeiro grau do TJRJ, requerendo liminarmente a suspensão de sua veiculação.

Diante do indeferimento do pedido de tutela provisória, a entidade autora da ACP interpôs agravo de instrumento, no bojo do qual: I) o Desembargador plantonista indeferiu o pedido de concessão de efeito ativo, mas, de ofício, determinou a obrigação à Netflix de incluir *"no início do filme e na publicidade do mesmo um aviso de gatilho de que se trata de uma sátira que envolve valores caros e sagrados da fé cristã"*; e II) posteriormente, o Desembargador relator concedeu o efeito ativo postulado, determinando a suspensão da veiculação da produção artística em questão.

A Netflix, por sua vez, ajuizou uma reclamação constitucional perante o STF (**Rcl 38.782**), alegando violação, pelas decisões do Desembargador plantonista e do Desembargador relator, ao quanto decidido pela Suprema Corte no bojo da ADPF 130 e da ADI 2404.

Na ADPF 130, o Supremo Tribunal Federal declarou a não recepção da Lei 5.250/67 (Lei de Imprensa) pela Constituição Federal de 1988, com o fundamento de que a liberdade de imprensa é um prolongamento das liberdades de manifestação do pensamento, de informação e de expressão artística, científica, intelectual e comunicacional, de modo que é inconciliável com a ordem constitucional inaugurada em 1988 qualquer regulamentação estatal sobre a matéria.

A Suprema Corte entendeu, ainda, nesse julgado, que a liberdade de imprensa (assim como, naturalmente, a de expressão artística, científica, intelectual e comunicacional) não pode ser objeto de censura prévia, possuindo naturalmente uma autorregulação e uma regulação pela sociedade, a qual, por seus próprios critérios, "aprova" ou "reprova" a forma como exercida a atividade jornalística.

Além disso, nessa mesma ADPF, o STF registrou que, em caso de colisão entre os direitos de liberdade de imprensa, de expressão e de manifestação do pensamento com os direitos à honra, à imagem, à intimidade e à vida privada, aqueles primeiros devem prevalecer. Nesse choque de direitos, portanto, os direitos a honra, imagem, intimidade e vida privada são aplicados apenas posteriormente, caso haja abuso na liberdade de expressão, para garantir o direito de resposta e a responsabilização nas esferas civil, penal e administrativa. E isso ocorre porque a liberdade de imprensa possui uma íntima relação com a democracia, uma não existindo sem a outra, o que evidencia a imprescindibilidade de se assegurar um ambiente livre de censura.

Por sua vez, na ADI 2404, discutiu-se a constitucionalidade do art. 254 da Lei 8.069/90 (Estatuto da Criança e do Adolescente), que tipificou como infração administrativa a transmissão, via rádio ou televisão, de programação em horário diverso do **autorizado**.

O Supremo Tribunal Federal, apreciando o pedido formulado nessa ação, declarou a inconstitucionalidade da expressão "em horário diverso do autorizado" contida no art. 254 do ECA, fundamentando-se no fato de que a CF/88 assegura a liberdade de expressão, não prevendo a possibilidade de imposição de qualquer exigência de licença ou autorização prévias do poder público como condição para a atuação dos meios de comunicação.

Ainda nesse contexto, segundo a Suprema Corte, a forma adotada pela CF/88 para tutelar as crianças e os adolescentes de programações de rádio e televisão impróprias foi a previsão da competência material da União para classificar, com fins **meramente indicativos**, as diversões públicas e as programações de rádio e televisão.

Assim, por meio da adoção de sistema de classificação indicativa, o constituinte estabeleceu o ponto de equilíbrio entre a liberdade dos meios de comunicação e a tutela das crianças e dos adolescentes, não havendo permissivo constitucional para se exigir licença (ou autorização) prévia para a veiculação de determinada programação no rádio e na televisão. Isso, no entanto, não afasta a possibilidade de responsabilização de emissoras, caso causem dano por meio de sua programação.

Trata-se, portanto, de mais um julgado em que o Supremo Tribunal Federal afirmou a vedação de censura à liberdade de expressão e a possibilidade de posterior responsabilização em caso de dano.

Considerando esses julgados e inúmeros outros da jurisprudência da Suprema Corte, o Min. Dias Toffoli, Presidente da Corte (a quem cabe apreciar casos urgentes durante o período de recesso, nos termos do art. 13, VIII, do RISTF), deferiu o pedido de tutela liminar, suspendendo os efeitos das decisões reclamadas e permitindo, com isso, a livre veiculação da obra artística impugnada na ação de origem.

Ao assim decidir, o Ministro, além de fazer referência aos julgados comentados acima, considerou *"a liberdade de expressão, condição inerente à racionalidade humana, como direito fundamental do indivíduo e corolário do regime democrático"*, destacando que a democracia pressupõe pluralismo de ideias, com igual direito a voz para todos. Além disso, destacou *"a plenitude do exercício da liberdade de expressão como decorrência imanente da dignidade da pessoa humana e como meio de reafirmação/potencialização de outras liberdades constitucionais."*

Esclareceu, ainda, que no caso não houve desrespeito à liberdade de crença, já que a exposição ao conteúdo em questão é voluntária, bem como que a laicidade do Estado, constitucionalmente prevista, impede que o Poder Público favoreça ou hierarquize interpretações bíblicas e religiosas de um ou mais grupos em detrimento dos demais.

No julgamento do mérito, ocorrido em 03/11/2020, o Tribunal, seguindo a linha de raciocínio empregada na liminar, acolheu o pedido.

Enfim, houve, mais uma vez, a afirmação da impossibilidade de imposição de qualquer tipo de censura – inclusive a judicial – ao exercício da liberdade de expressão, que, em um regime democrático, deve ser pleno.

▶ Recolhimento de livros em feira literária

No ano 2019, também teve grande repercussão um outro caso envolvendo a liberdade de manifestação do pensamento e outros direitos fundamentais, que ocorreu na Bienal do Livro do Rio de Janeiro, em que o Prefeito desse Município, sob o pretexto de proteger o público jovem e infantil, determinou que os exemplares de obras que tratassem de homotransexualismo fossem comercializados em embalagem lacrada com aviso de conteúdo, sob pena de serem recolhidos e de ser cassada a licença para a realização do evento.

Esse ato do Prefeito Municipal levou à impetração de mandado de segurança originário perante o Tribunal de Justiça do Rio de Janeiro, no bojo do qual, foi deferida medida liminar para determinar a abstenção de apreensão das obras em razão de seu conteúdo homotransexual e de cassação da licença para a bienal. O fundamento da decisão foi a preservação da liberdade de expressão.

Ocorre que essa liminar foi suspensa pela Presidência do TJRJ, com fundamento nos arts. 78 e 79 do ECA, que assim dispõem:

> "**Art. 78, ECA.** As revistas e publicações contendo material impróprio ou inadequado a crianças e adolescentes deverão ser comercializadas em embalagem lacrada, com a advertência de seu conteúdo.
>
> **Parágrafo único.** As editoras cuidarão para que as capas que contenham mensagens pornográficas ou obscenas sejam protegidas com embalagem opaca.
>
> **Art. 79, ECA.** As revistas e publicações destinadas ao público infanto-juvenil não poderão conter ilustrações, fotografias, legendas, crônicas ou anúncios de bebidas alcoólicas, tabaco, armas e munições, e deverão respeitar os valores éticos e sociais da pessoa e da família."

Em face da suspensão da liminar pela Presidência do TJRJ, foi apresentado pedido de suspensão ao Supremo Tribunal Federal (**SL 1248**) pelo MPF, além de ter sido ajuizada reclamação pela organizadora da Bienal (**Rcl 36742**) fundamentada na decisão tomada pelo STF na ADPF 130.

Qual postura adotou a Suprema Corte nesse caso?

Na **Suspensão de Liminar 1248**, o Min. Dias Toffoli (Presidente da Corte) acolheu o pedido do MPF e suspendeu a decisão do Presidente do TJRJ que permitia a apreensão de livros e a cassação da licença, com os seguintes fundamentos:

I) Ao determinar fossem lacradas apenas obras que tratassem do homotransexualismo, o ato da Administração Municipal assimilou relações homossexuais a conteúdo impróprio ou inadequado a crianças e adolescentes, o que feriu a estrita legalidade, já que o ECA (arts. 78 e 79) não proíbe a abordagem de relacionamentos homoafetivos em publicações destinadas ao público infanto-juvenil, e ofendeu o princípio da isonomia, por discriminar um grupo específico de pessoas em razão de sua orientação sexual e identidade de gênero.

II) A jurisprudência do STF se encontra firmada no sentido de assegurar direitos iguais a casais hetero ou homossexuais, por força da vedação constitucional a discriminações fundadas em sexo, raça ou cor.

III) O regime democrático assegura a liberdade de expressão (o que engloba a liberdade de manifestação artística e intelectual) e pressupõe um ambiente de livre trânsito de ideias, com direito a voz para todos.

Por sua vez, na **Reclamação 36742**, o Min. Gilmar Mendes (Relator) concedeu medida liminar para suspender a decisão do Presidente do TJRJ, mas com foco nas liberdades de informação e de imprensa, asseguradas na ADPF 130, na qual se declarou a não recepção da Lei de Imprensa pela CF/88.

Nesse sentido, segundo o Ministro, o ato da Administração Municipal:

I) representou discriminação em virtude de gênero e de orientação sexual, o que contraria a jurisprudência do STF, que se firmou no sentido da proteção da liberdade de orientação sexual; e

II) ao eleger determinado conteúdo ("beijo gay") como inadequado, consubstanciou verdadeira censura prévia, o que não é compatível com a garantia constitucional de liberdade plena de informação e de imprensa, conforme assentado pelo Supremo Tribunal Federal ao julgar a ADPF 130.

Ambos os processos foram, posteriormente, extintos sem resolução do mérito, por perda superveniente do objeto.

Direito de resposta e retratação espontânea (Lei 13.188/2015)

A Constituição Federal assegura a liberdade de expressão (art. 5º, IV), mas prevê que, em caso de excesso no seu exercício, a vítima do abuso passa a ter direito de resposta proporcional à violação à sua honra e/ou imagem, além de eventual reparação civil (art. 5º, V).

> "**Art. 5º, CF/88.**
>
> (...)
>
> IV - é livre a manifestação do pensamento, sendo vedado o anonimato;
>
> V - é assegurado o direito de resposta, proporcional ao agravo, além da indenização por dano material, moral ou à imagem;
>
> (...)"

O direito de resposta funciona, em nosso ordenamento jurídico, como uma alternativa à censura prévia, a qual não é admitida, conforme consta expressamente dos arts. 5º, IX, e 220, § 2º, da CF/88.

> "**Art. 5º, IX, CF/88** - é livre a expressão da atividade intelectual, artística, científica e de comunicação, **independentemente de censura** ou licença;"
>
> "**Art. 220, CF/88.** A manifestação do pensamento, a criação, a expressão e a informação, sob qualquer forma, processo ou veículo não sofrerão qualquer restrição, observado o disposto nesta Constituição.
>
> *§ 1º* Nenhuma lei conterá dispositivo que possa constituir embaraço à plena liberdade de informação jornalística em qualquer veículo de comunicação social, observado o disposto no art. 5º, IV, V, X, XIII e XIV.
>
> **§ 2º** É **vedada** toda e qualquer **censura** de natureza política, ideológica e artística.
>
> (...)"

O exercício do direito de resposta foi regulamentado pela Lei 13.188/2015, que teve alguns dispositivos questionados perante o Supremo Tribunal Federal nas **ADIs 5415, 5418 e 5436**. Dentre esses dispositivos, encontra-se o art. 2º, § 3º, da lei, que estabelece que, em caso de ofensa causada por matéria divulgada, publicada ou transmitida por veículo de comunicação social, a retratação espontânea desse veículo de comunicação não retira do ofendido o direito de resposta nem o direito de obter eventual indenização.

Veja o teor do dispositivo:

> "**Art. 2º, Lei 13.188/2015.** Ao ofendido em matéria divulgada, publicada ou transmitida por veículo de comunicação social é assegurado o direito de resposta ou retificação, gratuito e proporcional ao agravo.
>
> ***§ 1º*** Para os efeitos desta Lei, considera-se matéria qualquer reportagem, nota ou notícia divulgada por veículo de comunicação social, independentemente do meio ou da plataforma de distribuição, publicação ou transmissão que utilize, cujo conteúdo atente, ainda que por equívoco de informação, contra a honra, a intimidade, a reputação, o conceito, o nome, a marca ou a imagem de pessoa física ou jurídica identificada ou passível de identificação.
>
> ***§ 2º*** São excluídos da definição de matéria estabelecida no § 1º deste artigo os comentários realizados por usuários da internet nas páginas eletrônicas dos veículos de comunicação social.
>
> **§ 3º** A retratação ou retificação espontânea, ainda que a elas sejam conferidos os mesmos destaque, publicidade, periodicidade e dimensão do agravo, **não impedem o exercício do direito de resposta** pelo ofendido **nem prejudicam a ação de reparação** por dano moral."

Em 11/03/2021, o Supremo Tribunal Federal, julgando as ações ajuizadas, entendeu que o art. 2º, § 3º, da Lei 13.188/2015 é plenamente constitucional, pois eventual retratação espontânea do veículo de comunicação causador da ofensa pode não ser suficiente para reparar o dano sofrido, assim como pode não restabelecer integralmente a verdade, de modo que, para se atender o comando do art. 5º, V, da CF/88 (que assegura o direito de resposta proporcional ao agravo sofrido), não se pode retirar do ofendido a oportunidade de se manifestar sobre a matéria que lhe foi ofensiva.

Além disso, conforme destacaram os Ministros no julgamento, assegurar o direito de resposta é assegurar a liberdade de manifestação do pensamento de quem sofreu a ofensa, direito igualmente protegido pela Constituição Federal.

▶ Direito ao esquecimento (RE 1010606, Tema de Repercussão Geral nº 786)

O direito ao esquecimento consiste na possibilidade de uma pessoa impedir que determinado fato de sua vida, ainda que verídico, seja abordado publicamente e lhe cause algum tipo de sofrimento ou constrangimento.

Muito se discutiu se o ordenamento jurídico brasileiro assegura, de um modo geral, esse direito, e essa discussão foi enfrentada pelo Supremo Tribunal Federal ao julgar, em 11/02/2021, o **RE 1010606** (Tema de Repercussão Geral nº 786).

A situação concreta apreciada pela Corte envolvia o caso Aída Curi, um episódio de violência de gênero que resultou na morte da vítima e ficou muito conhecido no País na década de 1950. A família da vítima ajuizou uma ação de reparação civil em virtude de o caso ter sido abordado, em 2004, no programa televisivo Linha Direta da TV Globo.

No caso, a pretensão deduzida na demanda era a de obter o reconhecimento da impossibilidade de uma emissora de televisão rememorar um fato de violência de gênero que, anos antes, teve grande repercussão social e a sua condenação a indenizar por danos morais, haja vista a violação aos direitos à vida privada, à honra e à imagem.

E o que o STF decidiu?

Segundo a Corte, a CF/88 não prevê, de forma geral e abstrata, o direito ao esquecimento, e o seu reconhecimento na esfera civil equivaleria a uma censura prévia, o que não se compatibiliza com o regime constitucional brasileiro.

O STF realizou uma ponderação entre os diversos interesses em conflito (direito de informação, liberdade de imprensa, vida privada, honra, imagem) e concluiu pela prevalência da **liberdade de expressão**, considerando que há fatos de interesse da sociedade cujo conhecimento não pode ser obstaculizado. Isso, porém, não significa que eventuais abusos e ilícitos não possam ser objeto de reparação civil (além, evidentemente, de responsabilização criminal), mas essa questão deve ser resolvida pelos meios já existentes em nosso ordenamento jurídico, que contempla um sistema de responsabilidade civil.

No caso concreto analisado, no entanto, o STF não vislumbrou a prática de qualquer abuso ou ilícito, pois o fato que se pretendida "esquecer" teve grande repercussão na sociedade e foi abordado pela emissora de televisão de maneira lícita, objetiva, respeitosa e sem deturpação.

Segundo a tese fixada no julgamento, *"é incompatível com a Constituição a ideia de um direito ao esquecimento, assim entendido como um poder de obstar em razão da passagem do tempo a divulgação de fatos ou dados verídicos e licitamente obtidos e publicados em meios de comunicação social analógicos ou digitais"*.

▶ Possibilidade de responsabilização de empresa jornalística por divulgação de matéria ou entrevista (RE 1.075.412, Tema de Repercussão Geral nº 995)

No **Tema de Repercussão Geral nº 995** (RE 1.075.412, j. 29/11/2023), o Supremo Tribunal Federal enfrentou o seguinte questionamento: **uma empresa jornalística pode ser responsabilizada civilmente por matérias ou entrevistas por ela divulgadas?** Essa responsabilização violaria a liberdade de imprensa?

No julgamento desse caso, o STF esclareceu que a censura prévia é vedada no nosso ordenamento jurídico, de modo que não se pode impedir a divulgação de matérias jornalísticas e de entrevistas. No entanto, como a CF/88 também protege outros direitos fundamentais, é plenamente possível que, uma vez veiculada uma matéria ou entrevista por uma empresa jornalística, seja realizado um controle posterior, com a possibilidade de imposição do dever de indenizar e/ou de adotar outras medidas (a exemplo da remoção da matéria ou entrevista) caso fique comprovado que o conteúdo é mentiroso ou, por algum outro motivo, violador dos direitos de alguém.

Porém, caso o conteúdo ofensivo seja uma entrevista na qual o entrevistado (e não o jornalista) tenha imputado a alguém a prática de crime, a empresa jornalística somente poderá ser responsabilizada se, quando divulgou a entrevista, havia indícios de que o entrevistado estava mentindo ou se ela (a empresa jornalística) houver sido negligente na verificação da veracidade dos fatos relatados pelo entrevistado (inclusive se houver negligenciado a busca por elementos que pudessem contrariar o relato do entrevistado).

Basicamente, portanto, o que o STF decidiu foi que a liberdade de imprensa deve ser exercida com responsabilidade (a Corte, inclusive, fez referência expressa à existência do binômio "liberdade com responsabilidade", adotando-o como vetor orientador da liberdade de imprensa).

Com esses fundamentos, o Supremo Tribunal Federal fixou a seguinte tese (**Tema de Repercussão Geral nº 995**):

> "1. A plena proteção constitucional à liberdade de imprensa é consagrada pelo **binômio liberdade com responsabilidade**, vedada qualquer espécie de censura prévia. Admite-se a **possibilidade posterior de análise e responsabilização**, inclusive com remoção de conteúdo, por informações comprovadamente injuriosas, difamantes, caluniosas, mentirosas, e em relação a eventuais danos materiais e morais. Isso porque os direitos à honra, intimidade, vida privada e à própria imagem formam a **proteção constitucional à dignidade da pessoa humana**, salvaguardando um espaço íntimo intransponível por intromissões ilícitas externas.
>
> 2. Na hipótese de publicação de **entrevista em que o entrevistado imputa falsamente prática de crime a terceiro**, a empresa jornalística somente poderá ser responsabilizada civilmente se: **(i)** à época da divulgação, **havia indícios concretos da falsidade** da imputação; e **(ii)** o veículo **deixou de observar o dever de cuidado** na verificação da veracidade dos fatos e na divulgação da existência de tais indícios."

Restrições à publicidade de produtos fumígenos e inserção de advertências nas suas embalagens

Envolvendo os temas da liberdade de expressão e da livre iniciativa, o Supremo Tribunal Federal enfrentou o seguinte questionamento: são constitucionais normas legais que imponham restrições à publicidade de produtos fumígenos (cigarros e afins), bem como a obrigação de serem inseridas advertências de caráter sanitário nas embalagens desses produtos (a exemplo do clássico aviso "este produto causa câncer")?

Essa questão foi enfrentada pelo STF na **ADI 3311**, julgada em 14/09/2022, e a Corte decidiu que **essas normas são válidas**.

Nesse julgamento, o Tribunal realizou uma ponderação entre os direitos fundamentais de liberdade de manifestação do pensamento e de livre iniciativa de um lado e o direito à saúde de outro.

O STF esclareceu que, embora a CF/88 assegure o direito de liberdade de expressão (aí abrangida não apenas a liberdade de manifestação do pensamento, mas também a liberdade de manifestação artística e de comunicação), esse direito não é absoluto e deve sofrer restrições para que outros direitos fundamentais também sejam preservados, desde que, evidentemente, essas restrições sejam proporcionais.

Dessa forma, considerando que a restrição da publicidade do tabaco e a inserção de advertências sanitárias nas embalagens desse produto são instrumentos de proteção da saúde das pessoas (portanto, são meios de concretização do direito fundamental à saúde), fica justificada de forma legítima a limitação imposta à liberdade de expressão no caso.

Ademais, a própria CF/88, no art. 220, §§ 3º, II, e 4º, prevê de forma específica que a publicidade do tabaco (que é um exemplo de fumígeno) deve observar eventuais restrições legais, sendo possível, inclusive, que haja a imposição da obrigação de divulgação de advertências quanto ao malefício do uso dessa substância.

Veja o teor desses dispositivos:

> "**Art. 220, CF/88.** A manifestação do pensamento, a criação, a expressão e a informação, sob qualquer forma, processo ou veículo não sofrerão qualquer restrição, observado o disposto nesta Constituição.
>
> (...)
>
> **§ 3º** Compete à lei federal:
>
> I - regular as diversões e espetáculos públicos, cabendo ao Poder Público informar sobre a natureza deles, as faixas etárias a que não se recomendem, locais e horários em que sua apresentação se mostre inadequada;
>
> II - estabelecer os **meios legais que garantam à pessoa e à família a possibilidade de se defenderem** de programas ou programações de rádio e televisão que contrariem o disposto no art. 221, bem como **da propaganda de produtos, práticas e serviços que possam ser nocivos à saúde** e ao meio ambiente.
>
> **§ 4º** A propaganda comercial de **tabaco**, bebidas alcoólicas, agrotóxicos, medicamentos e terapias estará **sujeita a restrições legais**, nos termos do inciso II do parágrafo anterior, e conterá, sempre que necessário, **advertência sobre os malefícios decorrentes de seu uso**.
>
> (...)"

Quanto ao direito de livre iniciativa, segundo explicou o STF, ele também deve ser exercido em harmonia com os demais direitos fundamentais assegurados pela Constituição. Além disso, a própria CF/88 estabelece (no art. 170) princípios que norteiam a atividade econômica, de modo que esta deve ser exercida de forma harmônica com direitos fundamentais eventualmente colidentes e com os demais valores assegurados pela Constituição, em especial, com os objetivos da República Brasileira, que estão previstos no art. 3º da CF/88 e coincidem com vários dos princípios norteadores da ordem econômica (previstos no art. 170 da CF/88).

Confira esses dispositivos:

> "**Art. 3º, CF/88.** Constituem objetivos fundamentais da República Federativa do Brasil:
>
> I - construir uma sociedade livre, justa e solidária;
>
> II - garantir o desenvolvimento nacional;
>
> III - erradicar a pobreza e a marginalização e reduzir as desigualdades sociais e regionais;
>
> IV - promover o bem de todos, sem preconceitos de origem, raça, sexo, cor, idade e quaisquer outras formas de discriminação."
>
> "**Art. 170, CF/88.** A ordem econômica, fundada na valorização do trabalho humano e na livre iniciativa, tem por fim assegurar a todos existência digna, conforme os ditames da justiça social, observados os seguintes princípios:
>
> I - soberania nacional;
>
> II - propriedade privada;
>
> III - função social da propriedade;
>
> IV - livre concorrência;

V - defesa do consumidor;

VI - defesa do meio ambiente, inclusive mediante tratamento diferenciado conforme o impacto ambiental dos produtos e serviços e de seus processos de elaboração e prestação;

VII - redução das desigualdades regionais e sociais;

VIII - busca do pleno emprego;

IX - tratamento favorecido para as empresas de pequeno porte constituídas sob as leis brasileiras e que tenham sua sede e administração no País.

Parágrafo único. É assegurado a todos o livre exercício de qualquer atividade econômica, independentemente de autorização de órgãos públicos, salvo nos casos previstos em lei."

Em resumo: considerando que, em regra, os direitos fundamentais têm caráter relativo, é válido, como forma de proteger o direito à saúde, restringir a liberdade de expressão na publicidade relacionada a produtos fumígenos e impor a obrigação de inserir nas embalagens desses produtos alertas sobre o mal que causam à saúde das pessoas.

A ementa desse julgamento recebeu a seguinte redação:

"(...) ART. 3º, CAPUT e §§ 2º, 3º, 4º, 5º E 6º, DA LEI Nº 9.294/1996. **PRODUTOS FUMÍGENOS, DERIVADOS OU NÃO DO TABACO.** RESTRIÇÕES À PROPAGANDA COMERCIAL. ADVERTÊNCIAS SANITÁRIAS NAS EMBALAGENS. (...) 3. A propaganda comercial encontra proteção constitucional, por ser manifestação da liberdade de expressão e comunicação. Na arquitetura dos direitos fundamentais, que não comporta direitos absolutos, sujeita-se a restrições, desde que proporcionais, na proteção de outros valores públicos. 4. **A atividade empresarial, em todas as suas facetas, inclusive a publicitária, submete-se aos princípios da ordem econômica** e há compatibilizar-se com a concretização dos demais direitos fundamentais. 5. O art. 220, § 4º, CF, no sentido de que a propaganda do "tabaco, bebidas alcoólicas, agrotóxicos, medicamentos e terapias" pode sofrer "restrições legais" explicita a possibilidade e a importância das limitações publicitárias dos produtos notadamente nocivos. 6. **A propaganda comercial pode sofrer restrição legal de variada intensidade e, de modo proporcional, ser afastada para a tutela de outros direitos fundamentais.** A expressão "restrição", no art. 220, § 4º, CF, não traduz limitação apriorística à ponderação de valores resultante da aplicação do princípio da proporcionalidade no caso concreto. 7. **Surgem constitucionais as restrições da publicidade dos produtos fumígenos, derivados ou não do tabaco, limitada à exposição dos produtos nos postos de venda, e a imposição de advertência sanitária acompanhada de imagem, por se mostraram adequadas, necessárias e proporcionais em sentido estrito, no contexto multifacetado das políticas públicas de combate ao fumo e de controle do tabaco.** 8. Prevalência da tutela da saúde (art. 6º, CF) e incidência da proteção prioritária da criança e do adolescente (art. 227, CF). Concretização dos objetivos fundamentais da República (art. 3º, CF), mediante o estabelecimento de limites à atividade empresarial, no trato de problema de saúde pública de grande proporção. Limitada a livre iniciativa, na dimensão expressiva e comunicativa, para a construção de uma sociedade mais livre, justa e solidária, o desenvolvimento nacional sustentável, a redução de desigualdades e a promoção do bem de todos. (...)" **(ADI 3311, Pleno, Rel. Min. ROSA WEBER, j. 14/09/2022)**

■ LIBERDADE RELIGIOSA (ART. 5º, VI, CF/88)

O direito de liberdade de consciência e de crença (por alguns chamado simplesmente de liberdade religiosa) está previsto no art. 5º, VI, da CF/88, nos seguintes termos:

> **"Art. 5º, VI, CF/88** - é inviolável a liberdade de consciência e de crença, sendo assegurado o livre exercício dos cultos religiosos e garantida, na forma da lei, a proteção aos locais de culto e a suas liturgias;"

É interessante notar que a proteção da liberdade religiosa é tão importante para o constituinte, que ele conferiu às entidades religiosas e aos templos de qualquer culto a **imunidade à cobrança de impostos** (art. 150, VI, "b", CF/88), que é chamada de **imunidade tributária religiosa** (ou imunidade religiosa). Além disso, com a edição da **EC 116/2022**, essa imunidade foi expressamente assegurada em relação ao **IPTU**, mesmo quando o templo religioso se encontra instalado em **prédio alugado** (art. 156, § 1ª-A, CF/88).

> **"Art. 150, CF/88.** Sem prejuízo de outras garantias asseguradas ao contribuinte, é vedado à União, aos Estados, ao Distrito Federal e aos Municípios:
>
> (...)
>
> VI - instituir impostos sobre:
>
> (...)
>
> **b) entidades religiosas e templos de qualquer culto, inclusive suas organizações assistenciais e beneficentes;** ***(Redação dada pela EC 132/2023)***
>
> (...)"
>
> **"Art. 156, CF/88.** Compete aos Municípios instituir impostos sobre:
>
> I - propriedade predial e territorial urbana;
>
> (...)
>
> **§ 1º-A** O imposto previsto no inciso I do caput deste artigo não incide sobre templos de qualquer culto, ainda que as entidades abrangidas pela imunidade de que trata a alínea "b" do inciso VI do caput do art. 150 desta Constituição sejam apenas **locatárias do bem imóvel.** ***(Incluído pela EC 116/2022)***
>
> (...)"

Note que, antes da EC 116/2022, o STF já assegurava essa imunidade em relação aos imóveis das entidades religiosas que se encontrassem alugados a terceiros, desde que a renda dos aluguéis fosse revertida em favor das atividades essenciais dessas entidades. É o que consta da **Súmula Vinculante 52**, nos termos da qual, *"ainda quando alugado a terceiros, permanece imune ao IPTU o imóvel pertencente a qualquer das entidades referidas pelo art. 150, VI, "c", da Constituição Federal, desde que o valor dos aluguéis seja aplicado nas atividades para as quais tais entidades foram constituídas".*

Embora o entendimento contido na Súmula Vinculante 52 se refira à imunidade tributária das entidades assistenciais sem fins lucrativos (que é a imunidade prevista no art. 150, VI, "c", da CF/88), ele também engloba as entidades religiosas, tendo em vista que estas desempenham atividades assistenciais. Isso, inclusive, já foi decidido pelo Supremo Tribunal Federal, como ocorreu no **Tema**

de Repercussão Geral nº 336 (RE 630790, j. 21/03/2022), no qual foi fixada a tese segundo a qual *"**as entidades religiosas podem se caracterizar como instituições de assistência social** a fim de se beneficiarem da imunidade tributária prevista no art. 150, VI, c, da Constituição, que abrangerá não só os impostos sobre o seu patrimônio, renda e serviços, mas também os impostos sobre a importação de bens a serem utilizados na consecução de seus objetivos estatutários"*.

Agora, com a EC 116/2022, essa imunidade passou a ser assegurada expressamente tanto em relação aos imóveis das entidades religiosas alugados a terceiros (Súmula Vinculante 52) quanto em relação aos imóveis pertencentes a terceiros que se encontrem alugados a essas entidades (art. 156, § 1º-A, CF/88).

O tema da liberdade religiosa se faz bastante presente na jurisprudência também em relação a outras questões.

Fora debates relacionados a proselitismo e ensino religiosos (tratados em outros tópicos), o Supremo Tribunal Federal cuidou das seguintes questões atinentes à liberdade religiosa:

a) Pode uma lei permitir o sacrifício de animais em cultos de religiões de matriz africana?

b) É possível, por razões religiosas, que candidatos em concursos públicos se submetam às etapas do certame em datas e horários especiais não previstos nos respectivos editais?

c) É possível, por razões religiosas, que sejam fixados critérios especiais para que servidores públicos desempenhem suas atribuições, inclusive para fins de avaliação durante o período de estágio probatório?

Veremos a seguir os entendimentos firmados pelo STF em relação a cada um desses temas.

▶ Sacrifício de animais em cultos de religiões de matriz africana

No que diz respeito a essa questão, o caso apreciado pela Suprema Corte foi de uma lei do Estado do Rio Grande do Sul que instituiu o Código de Proteção aos Animais e previu que não caracterizaria maus-tratos de animais o exercício de cultos e liturgias de religiões de matriz africana. Ao assim dispor, essa lei acabou permitindo o sacrifício de animais na realização desses atos.

O Ministério Público do Estado do Rio Grande do Sul ajuizou uma ADI perante o TJ/RS alegando a inconstitucionalidade da norma, em virtude de:

I) violar a competência da União para legislar sobre direito penal, já que a permissão de sacrifícios de animais de acordo com a liturgia das mencionadas religiões caracterizaria uma causa excludente de ilicitude para afastar a caracterização de crime ambiental; e

II) ferir a laicidade do Estado, que é imposta pelo art. 19, I, da CF/88.

Chegando o caso ao Supremo Tribunal Federal em sede de recurso extraordinário interposto em face do acórdão lavrado pelo TJ/RS, a Suprema Corte entendeu o seguinte:

I) Não se trata de norma sobre direito penal, pois o que o dispositivo impugnado faz é excluir eventual responsabilidade administrativa, de modo que não há no caso usurpação da competência da União para legislar sobre direito penal.

II) Também não há usurpação de competência para legislar sobre direito ambiental, pois, nessa matéria, a competência é concorrente, cabendo à União editar normas gerais e aos Estados, normas específicas. No caso, inexiste norma geral aprovada pelo Congresso Nacional disciplinando a questão, de modo que não é possível falar que o Estado invadiu a esfera de atuação federal.

III) Não há, no caso, violação à laicidade estatal (art. 19, I, CF/88), pois o que esta veda é que o Estado esteja associado a uma religião específica, enquanto o que a norma impugnada faz, ao dar proteção legal às religiões de matriz africana, é tão somente assegurar a liberdade religiosa. Na verdade, o dispositivo legal atacado está em consonância com o princípio da laicidade do Estado, pois este veda não apenas a concessão de privilégio a uma religião, mas também o menosprezo e/ou a supressão de rituais e cultos religiosos.

IV) Não há violação ao princípio da igualdade, pois o estigma que as religiões de matriz africana carregam na sociedade justifica uma maior atenção do Estado.

Portanto, segundo o STF, a norma em questão é válida, tendo sido fixada a seguinte **tese**: *"é constitucional a lei de proteção animal que, a fim de resguardar a liberdade religiosa, permite o sacrifício ritual de animais em cultos de religiões de matriz africana."*

A ementa do caso foi assim redigida:

> "(...) 1. Norma estadual que institui Código de Proteção aos Animais sem dispor sobre hipóteses de exclusão de crime **amoldam-se à competência concorrente dos Estados** para legislar sobre florestas, caça, pesca, fauna, conservação da natureza, defesa do solo e dos recursos naturais, proteção do meio ambiente e controle da poluição (art. 24, VI, da CRFB). 2. A prática e os rituais relacionados ao sacrifício animal são patrimônio cultural imaterial e constituem os modos de criar, fazer e viver de diversas comunidades religiosas, particularmente das que vivenciam a liberdade religiosa a partir de práticas não institucionais. 3. **A dimensão comunitária da liberdade religiosa é digna de proteção constitucional e não atenta contra o princípio da laicidade.** 4. O sentido de laicidade empregado no texto constitucional destina-se a afastar a invocação de motivos religiosos no espaço público como justificativa para a imposição de obrigações. A validade de justificações públicas não é compatível com dogmas religiosos. 5. **A proteção específica dos cultos de religiões de matriz africana é compatível com o princípio da igualdade, uma vez que sua estigmatização, fruto de um preconceito estrutural, está a merecer especial atenção do Estado.** (...)"
>
> **(RE 494601/RS; Relator(a): Min. MARCO AURÉLIO; Relator(a) p/ Acórdão: Min. EDSON FACHIN; Julgamento: 28/03/2019; Órgão Julgador: Tribunal Pleno)**

▶ Designação de datas e horários especiais em concursos públicos para candidatos que alegam escusa de consciência por crença religiosa

Essa questão foi enfrentada pelo STF no **RE 611.874** (Tema de Repercussão Geral nº 386), e a posição que prevaleceu foi no sentido de que, como o Estado é laico (art. 19, I, CF/88), ele não pode se colocar em uma situação de submissão a dogmas, ritos e calendários religiosos, porém, como a Constituição prevê o direito fundamental de liberdade religiosa (art. 5º, VI), é dever do Estado assegurar as condições para que esse direito possa ser exercido sem embaraços. Logo, não pode o Estado impor aos indivíduos uma situação em que tenham de optar entre sua fé e o acesso a um cargo público.

Ademais, segundo a corrente majoritária no julgamento, o art. 5º, VIII, da CF/88 veda que as pessoas sejam privadas de seus direitos por motivos de crença religiosa e determina que o Estado ofereça a possibilidade de cumprimento de obrigações alternativas nos casos em que a obrigação original não possa ser cumprida por razões relacionadas à religião do indivíduo. Isso, de acordo com os Ministros, torna possível a designação de datas e horários distintos dos previstos no edital do concurso público para que os candidatos impedidos de se submeterem às etapas do certame nos moldes previstos no instrumento convocatório por motivos ligados à sua fé possam prosseguir no processo seletivo.

> "**Art. 5º, VIII, CF/88** - ninguém será privado de direitos por motivo de crença religiosa ou de convicção filosófica ou política, salvo se as invocar para eximir-se de obrigação legal a todos imposta e recusar-se a cumprir prestação alternativa, fixada em lei;"

No entanto, ponderando e harmonizando esses direitos tutelados pela Constituição com outros preceitos constitucionais, especialmente, os princípios da igualdade, da razoabilidade e da proporcionalidade, a Corte estabeleceu alguns limites à possibilidade de designação de datas e horários especiais para candidatos que a solicitem por razões religiosas. Segundo o Tribunal, essa medida não pode, diante das circunstâncias de cada caso:

a) ser irrazoável;

b) representar violação à igualdade entre todos os candidatos do concurso;

c) acarretar ônus desproporcional à Administração Pública para a sua implementação.

Em todo caso, o poder público deverá decidir sobre a situação de maneira fundamentada, o que é uma decorrência natural dos princípios que regem a Administração Pública, em especial, os do art. 37 da CF/88.

Nesse sentido, a tese fixada no caso estabeleceu que "*nos termos do artigo 5º, VIII, da Constituição Federal é possível a realização de etapas de concurso público em datas e horários distintos dos previstos em edital, por candidato que invoca escusa de consciência por motivo de crença religiosa, desde que presentes a razoabilidade da alteração, a preservação da igualdade entre todos os candidatos e que não acarrete ônus desproporcional à Administração Pública, que deverá decidir de maneira fundamentada*".

▶ Fixação de critérios especiais, por motivos de crença religiosa, para que servidores públicos desempenhem suas atribuições, inclusive para fins de avaliação em estágio probatório

Essa questão foi apreciada pelo STF no **ARE 1.099.099** (Tema de Repercussão Geral nº 1.021), e, tal qual ocorreu no julgamento sobre a possibilidade de designação de datas e horários especiais em concursos públicos, a maioria dos Ministros votou pela possibilidade do estabelecimento de critérios diferenciados para servidores públicos desempenharem suas funções e serem avaliados em período de estágio probatório.

Os fundamentos utilizados nesse caso foram os mesmos que embasaram o entendimento firmado pelo Tribunal ao analisar a escusa de consciência religiosa em concursos públicos. Inclusive, houve, da mesma forma, a ponderação entre os valores constitucionais em jogo e o estabelecimento de limites à possibilidade do tratamento diferenciado. De acordo com a Corte, a fixação, por razões vinculadas à religião, de critérios diferenciados para que servidores públicos desempenhem suas atribuições não pode:

a) ser irrazoável;

b) desvirtuar as atribuições do cargo;

c) acarretar ônus desproporcional à Administração Pública.

Também aqui, o poder público deverá decidir sobre a situação de maneira fundamentada, o que é uma decorrência natural dos princípios que regem a Administração Pública, em especial, os do art. 37 da CF/88.

Segundo a tese fixada no julgamento, "*nos termos do artigo 5º, VIII, da Constituição Federal é possível à Administração Pública, inclusive durante o estágio probatório, estabelecer critérios alternativos para o regular exercício dos deveres funcionais inerentes aos cargos públicos, em face de servidores que invocam escusa de consciência por motivos de crença religiosa, desde que presentes a razoabilidade da alteração, não se caracterize o desvirtuamento do exercício de suas funções e não acarrete ônus desproporcional à Administração Pública, que deverá decidir de maneira fundamentada*".

▶ Proibição temporária de realização de missas e cultos religiosos durante a pandemia de COVID-19

Na **ADPF 811**, o Supremo Tribunal Federal se manifestou sobre a validade de norma infraconstitucional vedar a realização de missas e cultos religiosos presenciais abertos ao público durante a pandemia de COVID-19, que chegou ao Brasil no ano 2020. Essa ação foi ajuizada contra o Decreto do Estado de São Paulo nº 65.563/2011, que, por sua vez, foi editado com fundamento na Lei Federal 13.979/20, que autorizou a instituição de quarentena como medida de combate à doença.

De forma geral, o julgamento da questão envolveu a análise sobre se a restrição em questão violaria ou não o direito fundamental de liberdade religiosa.

O mérito da ação foi julgado pelo STF em 08/04/2021, e a Corte entendeu que a proibição contida na norma impugnada é constitucional. Isso porque, no caso, a medida impugnada teve como finalidade proteger o direito à saúde da população, e, de acordo com dados técnicos apresentados, é possível concluir que ela possui eficácia para conter o avanço da doença que pretende combater. Logo, trata-se de uma medida adequada e necessária para os fins a que se destina, sendo, portanto, proporcional.

Ademais, os direitos assegurados pela Constituição Federal, em regra, não são absolutos, devendo ser compatibilizados entre si. No caso julgado, estavam em jogo, de um lado, o direito de liberdade religiosa e, de outro lado, o direito à vida, e, no contexto apresentado, o STF entendeu ser plenamente justificado impor uma restrição parcial, excepcional e temporária à liberdade religiosa para que fosse possível a implementação de medidas emergenciais comprovadamente eficazes para proteger o direito à vida.

No que diz respeito aos aspectos processuais do caso, é natural que surja o questionamento sobre a admissibilidade da ação ajuizada (uma ADPF) para impugnar um ato infralegal, já que, em relação a esse tipo de ato, eventual invalidade seria de índole legal, e não constitucional.

Porém, conforme vimos no capítulo sobre controle de constitucionalidade, quando um ato infralegal exorbita dos limites da lei na qual se fundamentou, ele assume caráter primário e, como consequência, pode ser objeto de controle concentrado abstrato de constitucionalidade, tanto em ADI quanto em ADPF.

O problema é que, na ADPF 811, essa questão não foi bem analisada, assim como não houve uma manifestação cuidadosa do Supremo Tribunal Federal sobre o atendimento ou não do requisito da subsidiariedade da ação.

Como sabemos, se o ato (federal ou estadual) é primário e dotado de normatividade, ele pode ser objeto de ADI, e, sendo possível o manejo da ADI, a ADPF passa a ser inadmissível, por conta do seu caráter subsidiário. E, sem dúvida, o ato impugnado nesse caso possui normatividade, pois suas disposições são gerais e abstratas, não possuindo destinatários determinados. Mesmo assim, o STF admitiu a ação.

Aparentemente, o que ocorreu no caso foi que o Supremo Tribunal Federal, considerando a relevância da questão, não quis obstaculizar a análise do mérito por conta de aspectos processuais e, por isso, não se debruçou devidamente sobre esses detalhes. Isso fica bastante claro no voto do Min. Gilmar Mendes (Relator), que, em relação à admissibilidade da ação, afirmou tão somente entender, "*nesse juízo preliminar, que a presente arguição atende aos requisitos para seu conhecimento. A arguição foi proposta por legitimado universal, partido político com representação no Congresso Nacional (art. 103, VIII, CF/88 c/c art. 2º, I, Lei n. 9.882/99). Indica-se preceito fundamental violado e, ademais, o requisito da subsidiariedade, desenvolvido pela jurisprudência desta Corte, encontra-se atendido, uma vez que inexiste outra ação de controle objetivo apta a fazer sanar a lesão apontada*".

Como se pode perceber, de fato, a Corte não deu a devida atenção ao juízo de admissibilidade da ação, mas, para fins de provas de concursos, é necessário não ignorar a existência desse precedente. Logo, se a banca examinadora questionar se é possível o ajuizamento de ADPF para impugnar ato infralegal estadual dotado de normatividade e que impõe medidas de isolamento social com a finalidade de combater a pandemia de COVID-19, a resposta deve ser positiva, com fundamento na ADPF 811.

▶ Exigência de que escolas e bibliotecas públicas mantenham, em seu acervo, livro de determinada religião

Pode uma lei determinar que as escolas e bibliotecas públicas estaduais mantenham, em seus acervos, exemplar de determinado livro de caráter religioso?

Esse questionamento foi enfrentado pelo Supremo Tribunal Federal na **ADI 5258**, julgada em 13/04/2021, e a Corte decidiu que uma norma com esse teor é inconstitucional, por violar a laicidade do Estado (art. 19, I, CF/88), a liberdade religiosa (art

5º, VI) e até mesmo a isonomia (art. 5º, caput e I, CF/88), pois faz com que o poder público se alinhe a uma religião específica em detrimento das demais religiões.

A norma em questão era uma lei editada pelo Estado do Amazonas que obrigava as bibliotecas e as escolas públicas estaduais a manterem, em seus acervos, pelo menos um exemplar da bíblia. Ao dispor dessa maneira, a lei discriminou as demais religiões, pois não assegurou a disponibilização de seus respectivos livros (ferindo, portanto, a isonomia e a liberdade religiosa), e fez com que o Estado adotasse uma postura alinhada com uma religião específica (violando, com isso, a laicidade estatal).

Nos termos que constaram da ementa da decisão, *"é inconstitucional, por ofensa aos princípios da isonomia, da liberdade religiosa e da laicidade do Estado, norma que obrigue a manutenção de exemplar de determinado livro de cunho religioso em unidades escolares e bibliotecas públicas estaduais"*.

Confira o teor das disposições constitucionais desrespeitadas por essa lei (arts. 5º, *caput*, I e VI, e 19, I, da CF/88):

> "**Art. 5º, CF/88.** Todos são iguais perante a lei, sem distinção de qualquer natureza, garantindo-se aos brasileiros e aos estrangeiros residentes no País a inviolabilidade do direito à vida, à liberdade, à igualdade, à segurança e à propriedade, nos termos seguintes:
>
> I - homens e mulheres são iguais em direitos e obrigações, nos termos desta Constituição;
>
> (...)
>
> VI - é inviolável a liberdade de consciência e de crença, sendo assegurado o livre exercício dos cultos religiosos e garantida, na forma da lei, a proteção aos locais de culto e a suas liturgias;
>
> (...)"
>
> "**Art. 19, CF/88.** É vedado à União, aos Estados, ao Distrito Federal e aos Municípios:
>
> I - estabelecer cultos religiosos ou igrejas, subvencioná-los, embaraçar-lhes o funcionamento ou manter com eles ou seus representantes relações de dependência ou aliança, ressalvada, na forma da lei, a colaboração de interesse público;
>
> (...)"

■ INVIOLABILIDADE DOMICILIAR (ART. 5º, XI, CF/88)

> "**Art. 5º, CF/88.** Todos são iguais perante a lei, sem distinção de qualquer natureza, garantindo-se aos brasileiros e aos estrangeiros residentes no País a inviolabilidade do direito à vida, à liberdade, à igualdade, à segurança e à propriedade, nos termos seguintes:
>
> (...)
>
> XI - a casa é asilo inviolável do indivíduo, ninguém nela podendo penetrar sem consentimento do morador, salvo em caso de flagrante delito ou desastre, ou para prestar socorro, ou, durante o dia, por determinação judicial;
>
> (...)"

Do dispositivo constitucional acima transcrito, fica claro que, se não houver consentimento do morador, só se pode entrar na casa, seja o "invasor" uma autoridade pública ou um particular (RE 331303):

a) durante o dia, desde que haja determinação judicial;

b) a qualquer hora do dia, sem necessidade de ordem judicial, se for uma situação de flagrante delito, de desastre ou para prestar socorro.

No **RE 603.616** (Tema de Repercussão Geral nº 280), o Supremo Tribunal Federal, analisando um caso de violação domiciliar motivada por situação de flagrante delito (mais precisamente, tráfico de drogas), esclareceu que a ação estatal nessa hipótese pode ser objeto de controle judicial (ainda que posterior) e que é necessário que o agente público envolvido justifique, posteriormente à execução da medida, o motivo da invasão, sob pena de responsabilização civil, penal e disciplinar.

Esse precedente tratou especificamente de uma invasão domiciliar decorrente de flagrante delito, sem esclarecer de forma clara se esse mesmo entendimento se aplica às demais hipóteses de violação de domicílio em que é dispensada a autorização judicial (desastre e prestação de socorro). Porém, a lógica parece indicar que sim, pois os fundamentos utilizados nessa decisão se aplicam, sem maiores problemas, a todas essas situações. Inclusive, há uma passagem do voto do Ministro Relator Gilmar Mendes que conduz exatamente a essa conclusão, ao afirmar, expressamente, que *"nas hipóteses em que a Constituição dispensa o controle judicial prévio, resta o controle a posteriori"*. Ou seja, ele se referiu a todos os casos em que a invasão domiciliar é permitida sem autorização judicial e as tratou da mesma forma, no sentido da possibilidade de controle judicial posterior.

O acórdão recebeu a seguinte ementa:

> "(...) A Constituição dispensa o mandado judicial para ingresso forçado em residência em caso de flagrante delito. (...). **A cláusula que limita o ingresso ao período do dia é aplicável apenas aos casos em que a busca é determinada por ordem judicial.** Nos demais casos – flagrante delito, desastre ou para prestar socorro – a Constituição não faz exigência quanto ao período do dia. 4. **Controle judicial a posteriori.** (...) Muito embora o flagrante delito legitime o ingresso forçado em casa sem determinação judicial, **a medida deve ser controlada judicialmente**. A inexistência de controle judicial, ainda que posterior à execução da medida, esvaziaria o núcleo fundamental da garantia contra a inviolabilidade da casa (art. 5, XI, da CF) e deixaria de proteger contra ingerências arbitrárias no domicílio (Pacto de São José da Costa Rica, artigo 11, 2, e Pacto Internacional sobre Direitos Civis e Políticos, artigo 17, 1). (...) **Os agentes estatais devem demonstrar que havia elementos mínimos a caracterizar fundadas razões (justa causa) para a medida.** 6. **Fixada a interpretação de que a entrada forçada em domicílio sem mandado judicial só é lícita, mesmo em período noturno, quando amparada em fundadas razões, devidamente justificadas a posteriori, que indiquem que dentro da casa ocorre situação de flagrante delito**, sob pena de responsabilidade disciplinar, civil e penal do agente ou da autoridade e de nulidade dos atos praticados. (...)" **(RE 603616/RO; Relator(a): Min. GILMAR MENDES; Julgamento: 05/11/2015; Órgão Julgador: Tribunal Pleno)**

Tendo em vista que, se houver ordem judicial, é possível a invasão domiciliar, desde que esta ocorra durante o dia, é necessário definir o que se considera dia. A esse respeito, há dois critérios conhecidos:

I) o critério **cronológico**, que considera dia o intervalo entre as 06h e as 18h; e

II) o critério **físico-astronômico**, que considera dia o intervalo verificado entre a aurora e o crepúsculo, isto é, entre o amanhecer e o anoitecer.

Como se pode perceber, pelo critério físico-astronômico, a duração do dia varia, a depender da região geográfica, o que não ocorre quando se adota o critério cronológico.

E qual desses critérios deve ser utilizado? Há quem entenda que a melhor solução é combinar os dois critérios. Na jurisprudência, **o critério físico-astronômico já foi utilizado pelo Ministro Celso de Mello (STF).**

Além disso, é importante saber que, segundo a doutrina e a jurisprudência (STF), a expressão "casa" abrange não apenas o domicílio, mas também escritórios, oficinas, garagens, quartos de hotel com hóspede, enfim, qualquer compartimento habitado privado, isto é, que não seja de livre acesso ao público. Essa abrangência ficou bastante clara, por exemplo, no **RHC 90376**, no qual, o Supremo Tribunal Federal reconheceu aos quartos de hotel (evidentemente, desde que estejam ocupados) a proteção da inviolabilidade domiciliar:

> "(...) BUSCA E APREENSÃO DE MATERIAIS E EQUIPAMENTOS REALIZADA, SEM MANDADO JUDICIAL, EM **QUARTO DE HOTEL AINDA OCUPADO - IMPOSSIBILIDADE - QUALIFICAÇÃO JURÍDICA DESSE ESPAÇO PRIVADO (QUARTO DE HOTEL, DESDE QUE OCUPADO) COMO "CASA", PARA EFEITO DA TUTELA CONSTITUCIONAL DA INVIOLABILIDADE DOMICILIAR** - GARANTIA QUE TRADUZ LIMITAÇÃO CONSTITUCIONAL AO PODER DO ESTADO EM TEMA DE PERSECUÇÃO PENAL, MESMO EM SUA FASE PRÉ-PROCESSUAL - **CONCEITO DE "CASA" PARA EFEITO DA PROTEÇÃO CONSTITUCIONAL** (CF, ART. 5º, XI E CP, ART. 150, § 4º, II) - **AMPLITUDE DESSA NOÇÃO CONCEITUAL**, QUE TAMBÉM COMPREENDE OS APOSENTOS DE HABITAÇÃO COLETIVA (COMO, POR EXEMPLO, OS **QUARTOS DE HOTEL, PENSÃO, MOTEL E HOSPEDARIA, DESDE QUE OCUPADOS**): NECESSIDADE, EM TAL HIPÓTESE, DE MANDADO JUDICIAL (CF, ART. 5º, XI). (...) - **Para os fins da proteção jurídica a que se refere o art. 5º, XI, da Constituição da República, o conceito normativo de "casa" revela-se abrangente e, por estender-se a qualquer aposento de habitação coletiva, desde que ocupado (CP, art. 150, § 4º, II), compreende, observada essa específica limitação espacial, os quartos de hotel.** Doutrina. Precedentes. (...)" **(RHC 90376/RJ; Relator(a): Min. CELSO DE MELLO; Julgamento: 03/04/2007; Órgão Julgador: Segunda Turma)**

Nesse mesmo sentido, o STF já decidiu, por exemplo, que a autoridade tributária não pode, sem o consentimento do "morador" ou autorização judicial, entrar em escritório de empresa para realizar fiscalização. A autoexecutoriedade da administração pública perde força, portanto, diante da inviolabilidade do domicílio. Esse entendimento foi adotado no **RE 331303**, assim ementado:

> "(...) alegação de **ilicitude da prova obtida mediante apreensão de documentos por agentes fiscais, em escritório de empresa - compreendido no alcance**

> **da garantia constitucional da inviolabilidade do domicílio** - e de contaminação das provas daquela derivadas: tese substancialmente correta (...) 1. Conforme o art. 5º, XI, da Constituição - afora as exceções nele taxativamente previstas ("em caso de flagrante delito ou desastre, ou para prestar socorro") **só a "determinação judicial" autoriza, e durante o dia, a entrada de alguém - autoridade ou não - no domicílio de outrem, sem o consentimento do morador**. 2. Em conseqüência, **o poder fiscalizador da administração tributária perdeu, em favor do reforço da garantia constitucional do domicílio, a prerrogativa da auto-executoriedade, condicionado, pois, o ingresso dos agentes fiscais em dependência domiciliar do contribuinte, sempre que necessário vencer a oposição do morador, passou a depender de autorização judicial prévia**. (...)" **(RE 331303 AgR/PR; Relator(a): Min. SEPÚLVEDA PERTENCE; Julgamento: 10/02/2004; Órgão Julgador: Primeira Turma)**

Por fim, é importante ter em mente que a inviolabilidade domiciliar protege quem se encontra ocupando o local, e não necessariamente o proprietário do imóvel. Portanto, por exemplo, o locatário pode opor esse direito fundamental ao locador, tal qual um hóspede de quarto de hotel também se encontra acobertado por essa proteção constitucional nos limites da habitação ocupada.

A (i)licitude da invasão domiciliar segundo o STJ (HC 598.061, j. 02/03/2021)

Conforme vimos, nos termos do art. 5º, XI, da CF/88, *"a casa é asilo inviolável do indivíduo, ninguém nela podendo penetrar sem consentimento do morador, salvo em caso de flagrante delito ou desastre, ou para prestar socorro, ou, durante o dia, por determinação judicial"*. Esse dispositivo estabelece, como regra, a impossibilidade de ingresso em domicílio sem a autorização do respectivo morador e, como exceção, a possibilidade desse ingresso, mesmo sem consentimento do morador, desde que haja mandado judicial nesse sentido (que deve ser cumprido durante o dia) ou se esteja diante de uma situação de desastre ou de flagrante delito ou, ainda, se a finalidade for prestar socorro.

O problema, segundo analisou o STJ no **HC 598051** (julgado em 02/03/2021), é que não há, na Constituição Federal ou nas normas infraconstitucionais, a previsão do procedimento a ser adotado em caso de ingresso em domicílio sem mandado judicial, o que pode levar a situações de cometimentos de abusos, e esses excessos, além de violarem direitos fundamentais, contribuem para o aumento da própria criminalidade, já que levam a invalidações de provas e condenações.

Esse cenário, segundo o Tribunal, exige que o Poder Judiciário, na sua função de intérprete do ordenamento jurídico, estabeleça balizas procedimentais a serem observadas nas diligências policiais, a exemplo do que ocorre em diversos países.

Nesse contexto, a primeira premissa estabelecida pelo STJ foi a de que a invasão domiciliar em caso de flagrante apenas se justifica quando houver, no caso concreto, **elementos objetivos que evidenciem a real necessidade de fazer cessar imediatamente a prática delitiva**. Caso contrário, os agentes policiais devem dar preferência ao ingresso no domicílio mediante autorização judicial, o que dá maior segurança à licitude da operação. Inclusive, segundo a Corte, foi justamente nessa linha de raciocínio que a Lei 11.343/06 (Lei de Drogas) e a Lei 12.850/13 (Lei de Organização Criminosa) estabeleceram a possibilidade de postergação do flagrante (a chamada "ação controlada"), ou seja, admitiram que, mesmo sendo possível a intervenção policial diante da flagrância delitiva, esta não ocorresse de imediato.

Além disso, seguindo, inclusive, a linha de pensamento adotada pelo STF no Tema de Repercussão Geral nº 280 (em que foi fixada a tese de que *"a entrada forçada em domicílio sem mandado judicial só é lícita, mesmo em período noturno, quando amparada em fundadas razões, devidamente justificadas a posteriori"*), o STJ estabeleceu que o ingresso domiciliar sem mandado, além de dever ser justificado por escrito (mediante relatório circunstanciado), deve ser registrado em áudio e vídeo, como forma de afastar qualquer dúvida quanto à existência de elementos objetivos que demonstrem a situação de flagrante delito e/ou quanto ao fato de o consentimento do morador ter sido dado de forma realmente livre (sem qualquer tipo de coação). O Tribunal, portanto, estabeleceu exigências maiores do que as que haviam sido fixadas pelo STF.

Por fim, o STJ fixou o **prazo de um ano para que os entes federados (em especial, os Estados) estruturem suas forças de segurança pública** no sentido de viabilizar o registro das operações policiais (em áudio e vídeo), de modo a assegurar a licitude das diligências realizadas. Esse prazo, no entanto, não deve ser encarado como uma ordem, mas sim como uma mera sugestão.

Em relação ao caso concreto apreciado pelo Tribunal, a situação envolvia a condenação de um indivíduo por tráfico de drogas, tendo a decisão condenatória se baseado em prova consistente na apreensão de entorpecentes, por agentes policiais, dentro da residência do acusado.

Segundo entendeu o STJ, não havia nos autos nada que demonstrasse que, no momento da diligência policial que resultou na apreensão das drogas, estivessem presentes elementos objetivos que justificassem a invasão domiciliar, pois não foi encontrado nenhum entorpecente com o acusado quando da busca pessoal nele realizada.

A decisão de invadir o domicílio, portanto, baseou-se em mero juízo subjetivo realizado pelos policiais.

Além disso, como a diligência não foi gravada em áudio e vídeo, não havia nos autos prova de que o ingresso dos agentes na casa do paciente se deu mediante o consentimento livre e voluntário deste último. O único elemento instrutório existente nesse sentido eram os depoimentos dos próprios policiais, os quais, segundo o STJ, não se revestem de verossimilhança, tendo em vista o senso comum e as regras de experiência.

Logo, a invasão domiciliar foi ilícita e, consequentemente, as provas obtidas no interior da residência (as drogas apreendidas) também se tornaram ilícitas, já que a obtenção destas não teria ocorrido sem o ingresso no domicílio. Por conta disso, o STJ anulou a prova produzida e absolveu o paciente.

Nas palavras da Corte, *"na espécie,* ***não havia elementos objetivos, seguros e racionais que justificassem a invasão de domicílio do suspeito****, porquanto a simples avaliação subjetiva dos policiais era insuficiente para conduzir a diligência de ingresso na residência, visto que não foi encontrado nenhum entorpecente na busca pessoa realizada em via pública. (...) A seu turno, as regras de experiência e o senso comum, somadas às peculiaridades do caso concreto,* ***não conferem verossimilhança à afirmação dos agentes castrenses de que o paciente teria autorizado, livre e voluntariamente****, o ingresso* *em seu próprio domicílio, franqueando àqueles a apreensão de drogas e, consequentemente, a formação de prova incriminatória em seu desfavor. (...) Assim,* ***como decorrência da proibição das provas ilícitas por derivação (art. 5º, LVI, da Constituição da República), é nula a prova derivada de conduta ilícita*** *- no caso, a apreensão, após invasão desautorizada da residência do paciente, de 109 g de maconha –, pois evidente o nexo causal entre uma e outra conduta, ou seja, entre a invasão de domicílio (permeada de ilicitude) e a apreensão de drogas. (...) Habeas Corpus concedido, com a* ***anulação da prova decorrente do ingresso desautorizado no domicílio e consequente absolvição do paciente*** *(...)".*

Por fim, é importante registrar que o trecho da decisão em que o STJ determinou que todos os entes federados adotassem medidas para que o ingresso domiciliar fosse registrado em áudio e vídeo foi, posteriormente, anulado pelo Supremo Tribunal Federal em sede recursal, mais precisamente, no **RE 1.342.077**, julgado monocraticamente pelo Min. Alexandre de Moraes em 02/12/2021.

Segundo o STF, o STJ, ao impor essa obrigação às entidades federativas, acabou transformando o processo (que era um *habeas corpus* individual) em um *habeas corpus* coletivo e lhe atribuiu eficácia *erga omnes* e vinculante, o que exorbita da finalidade desse remédio constitucional, especialmente por ter se intrometido em questões que dizem respeito à organização administrativa e orçamentária dos entes federados e dos seus órgãos de segurança pública.

Além disso, o Supremo Tribunal Federal explicou que, ao obrigar as entidades integrantes da Federação a adotarem providências administrativas para o registro em áudio e vídeo dos ingressos nos domicílios, o STJ acabou impondo uma maior restrição à possibilidade já excepcional de invasão domiciliar, pois criou requisitos não previstos no art. 5º, XI, da CF/88 ou na tese fixada (pelo STF) no Tema de Repercussão Geral nº 280, que foi estudado no tópico anterior.

O restante da decisão proferida pelo STJ foi mantido inalterado pelo STF.

■ VIDA PRIVADA (ART. 5º, X, CF/88) E SIGILO DAS COMUNICAÇÕES (ART. 5º, XII, CF/88)

"**Art. 5º, CF/88.** Todos são iguais perante a lei, sem distinção de qualquer natureza, garantindo-se aos brasileiros e aos estrangeiros residentes no País a inviolabilidade do direito à vida, à liberdade, à igualdade, à segurança e à propriedade, nos termos seguintes:

(...)

X - são invioláveis a intimidade, a vida privada, a honra e a imagem das pessoas, assegurado o direito a indenização pelo dano material ou moral decorrente de sua violação;

(...)

XII - é inviolável o sigilo da correspondência e das comunicações telegráficas, de dados e das comunicações telefônicas, salvo, no último caso, por ordem judicial, nas hipóteses e na forma que a lei estabelecer para fins de investigação criminal ou instrução processual penal;

(...)"

Para fins de prova, o mais relevante aqui é diferenciar gravação clandestina, quebra de sigilo e interceptação de comunicação, bem como abordar as principais decisões do Supremo Tribunal Federal sobre o tema.

Além disso, também foi levada ao STF uma discussão sobre a violação do direito à privacidade pela Medida Provisória nº 954/2020, que, no âmbito do combate à pandemia de COVID-19, determinou que as empresas prestadoras dos serviços de telefonia compartilhassem, com o IBGE, dados sobre os usuários dos seus serviços.

Vamos agora analisar cada uma dessas questões.

▶ Gravação clandestina

A gravação clandestina é vedada (como regra) pelo art. 5º, X, da CF/88, o qual protege o direito à privacidade.

O que é a gravação clandestina? Ela consiste em uma gravação feita por um dos interlocutores participantes da comunicação sem conhecimento dos demais.

Essa gravação pode ser:

a) **ambiental**, que é aquela em que se utiliza um dispositivo para gravar um determinado recinto;

b) **pessoal**, que ocorre quando o indivíduo usa algum tipo de gravador escondido e grava uma conversa com outra pessoa; ou

c) **telefônica**, que é aquela em que duas ou mais pessoas comunicam-se por telefone e uma delas grava a conversa.

Perceba que a gravação em si não é ilegal. O que é ilegal (por violar o direito à privacidade) é a divulgação da conversa gravada sem o consentimento do outro interlocutor.

É possível, porém, excepcionalmente, admitir a gravação clandestina, o que ocorre quando houver **justa causa**. O critério para admiti-la é esse: a presença de justa causa. Logo, a princípio, não se pode admitir a divulgação de uma gravação clandestina sem o conhecimento e consentimento do outro interlocutor, mas, havendo um motivo plausível e mediante a ponderação do direito à privacidade com o outro interesse envolvido, ela pode ser divulgada.

Foi justamente considerando esse contexto que o Supremo Tribunal Federal, no Tema de Repercussão Geral nº 237 (RE 583937), fixou a tese segundo a qual *"é lícita a prova consistente em gravação ambiental realizada por um dos interlocutores sem conhecimento do outro"*.

Nessa linha de raciocínio, é possível identificar algumas situações em que o STF já admitiu a utilização da gravação clandestina:

I) Pelo réu, em um **processo criminal**, para fazer prova a seu favor. Nesse caso, utilizando a técnica da ponderação, coloca-se, de um lado, o direito à privacidade e, de outro lado, o direito à ampla defesa e à liberdade, pois, em uma situação como essa, o indivíduo pode ter sua liberdade restringida em razão de um fato de que é acusado.

II) Gravações contra **agentes públicos**. Admitem-se gravações que registram condutas de agentes públicos lesivas ao interesse público e aos seus deveres funcionais. Essa admissão é decorrência do princípio da moralidade administrativa, que, ponderado com o direito à privacidade, prevalece. O STF entende que, em uma ponderação entre o direito à privacidade do agente público e o princípio da moralidade administrativa, prevalece este último. Inclusive, há na doutrina quem afirme que, na verdade, não há, no caso, ofensa à privacidade do agente público, pois o seu ato (que é praticado na qualidade de agente público) submete-se ao princípio da publicidade.

III) Gravação como **legítima defesa**. A pessoa que grava, por exemplo, o telefonema de um sequestrador, de um chantagista ou estelionatário pode utilizar essa gravação como prova, pois caracteriza legítima defesa.

IV) Registro de conversa com a finalidade de exercer um **futuro direito de defesa**. Se a pessoa tem o receio de que, futuramente, seja acusada de algo que não disse, pode gravar essa conversa, para, em tal oportunidade, exercer o seu direito de defesa.

Quebra de sigilo

Em relação à quebra de sigilo, o entendimento majoritário é no sentido de que sua vedação também está fundamentada no direito à privacidade (art. 5º, X, CF/88).

São **quatro** os sigilos protegidos pela vedação à quebra: fiscal, bancário, informático e telefônico.

Quebra de sigilo telefônico não se confunde com gravação clandestina, nem tampouco com interceptação telefônica. A quebra do sigilo consiste no acesso a determinados dados bancários, fiscais, informáticos ou ao histórico de ligações telefônicas. Quando se fala em quebra de sigilo, quer-se dizer que se tem acesso ao dado já registrado, seja ele bancário, fiscal, informático ou o histórico das ligações telefônicas efetuadas. Então, quando o sigilo quebrado é, por exemplo, o telefônico, o propósito não é acessar o teor da conversa, mas sim saber para quem a pessoa telefonou e quanto tempo durou a conversa, ou seja, o que se busca obter é o histórico das ligações.

A quebra do sigilo pode ser determinada por:

I) Juiz;

II) CPI. Tanto federal quanto estadual? O STF entende que tanto CPI federal quanto CPI estadual podem determinar quebra de sigilo. A CPI municipal, por sua vez, não pode determinar essa quebra (**ACO 730/RJ**), já que ela, diferentemente das demais, não possui poderes de investigação próprios de autoridade judicial.

III) Autoridades administrativas fazendárias. Por força de lei (mais especificamente, a LC 105/2001), autoridades fazendárias podem solicitar dados bancários, isto é, podem quebrar sigilo **bancário**. Importante perceber que o único sigilo que essas autoridades podem quebrar é o bancário, não podendo quebrar os demais sigilos. Esse tema foi bastante debatido no Supremo Tribunal Federal, tendo a Corte, em um primeiro momento, considerado essa previsão legal inconstitucional, mas **atualmente entende ser constitucional**. Portanto, a autoridade fazendária pode obter dados bancários sem necessidade de autorização judicial, desde que atendidos os requisitos legais, como a necessidade de haver procedimento administrativo em curso envolvendo aquele determinado contribuinte. Segundo o STF, nesse caso, não há verdadeira quebra de sigilo bancário, mas apenas sua transferência para o Fisco, que não está autorizado a divulgar as informações. Isso é aplicável no âmbito da União, que já regulamentou a LC 105/01, e também no âmbito dos Estados e Municípios, desde que editem regulamentação nos mesmos moldes da regulamentação feita pela União (**RE 601.314**).

Quanto ao Ministério Público, ele, em regra, não pode determinar quebra de sigilo, devendo requerer a medida ao juiz. Mas, segundo o STF, há uma exceção a essa regra: quando há verba pública envolvida (e apenas nesse caso), o Ministério Público pode quebrar o sigilo **bancário** diretamente, sem necessidade de intervenção jurisdicional. Isso porque as verbas públicas se submetem aos princípios da administração pública, dentre os quais, o da **publicidade**, o que justifica a quebra pelo *Parquet* (**MS 21.729**). Esse mesmo entendimento se aplica ao Tribunal de Contas (**MS 33.340**), conforme consta das ementas abaixo:

> "(...) Legitimidade do Ministério Público para requisitar informações e documentos destinados a instruir procedimentos administrativos de sua competência. (...) **5. Não cabe ao Banco do Brasil negar, ao Ministério Público, informações sobre nomes de beneficiários de empréstimos concedidos pela instituição, com recursos subsidiados pelo erário federal, sob invocação do sigilo bancário, em se tratando de requisição de informações e documentos para instruir procedimento administrativo instaurado em defesa do patrimônio público. Princípio da publicidade, ut art. 37 da Constituição.** 6. No caso concreto, os empréstimos concedidos eram verdadeiros financiamentos públicos, porquanto o Banco do Brasil os realizou na condição de executor da política creditícia e financeira do Governo Federal (...)" **(MS 21729/DF; Relator(a): Min. MARCO AURÉLIO; Relator(a) p/ Acórdão: Min. NÉRI DA SILVEIRA; Julgamento: 05/10/1995; Órgão Julgador: Tribunal Pleno)**
>
> "(...) 3. O sigilo de informações necessárias para a preservação da intimidade é relativizado quando se está diante do interesse da sociedade de se conhecer o destino dos recursos públicos. **4. Operações financeiras que envolvam recursos públicos não estão abrangidas pelo sigilo bancário a que alude a Lei Complementar nº 105/2001, visto que as operações dessa espécie estão submetidas aos princípios da administração pública insculpidos no art. 37 da Constituição Federal. Em tais situações, é prerrogativa constitucional do Tribunal [TCU] o acesso a informações relacionadas a operações financiadas com recursos públicos.** (...) 7. O Tribunal de Contas da União não está autorizado a, manu militari, decretar a quebra de sigilo bancário e empresarial de terceiros, medida cautelar condicionada à prévia anuência do Poder Judiciário, ou, em situações pontuais, do Poder Legislativo. (...) **8. In casu, contudo, o TCU deve ter livre acesso às operações financeiras realizadas pelas impetrantes, entidades de direito privado da Administração Indireta submetidas ao seu controle financeiro, mormente porquanto operacionalizadas mediante o emprego de recursos de origem pública. Inoponibilidade de sigilo bancário e empresarial ao TCU quando se está diante de operações fundadas em recursos de origem pública. Conclusão decorrente do dever de atuação transparente dos administradores públicos em um Estado**

> **Democrático de Direito.** (...) 16. É cediço na jurisprudência do E. STF que: "ADMINISTRAÇÃO PÚBLICA – PUBLICIDADE. A transparência decorre do princípio da publicidade. TRIBUNAL DE CONTAS – FISCALIZAÇÃO – DOCUMENTOS. Descabe negar ao Tribunal de Contas o acesso a documentos relativos à Administração Pública e ações implementadas, não prevalecendo a óptica de tratar-se de matérias relevantes cuja divulgação possa importar em danos para o Estado. (...)" (...)" **(MS 33340/DF; Relator(a): Min. LUIZ FUX; Julgamento: 26/05/2015; Órgão Julgador: Primeira Turma)**

Além do que vimos acima, no final do ano 2019, o Supremo Tribunal Federal, no **RE 1055941**, foi provocado a se manifestar sobre uma outra questão (distinta, porém, semelhante): **podem o COAF (Conselho de Controle de Atividades Financeiras) e a Receita Federal, sem necessidade de autorização judicial, compartilhar dados fiscais e bancários do contribuinte com o Ministério Público e com as autoridades policiais, para fins de persecução penal?**

Nesse caso, a Suprema Corte, seguindo a mesma linha de raciocínio que adotou em relação à quebra de sigilo bancário pelas autoridades fazendárias com base na LC 105/2001, entendeu possível o compartilhamento desses dados pelo COAF e pela Receita Federal com o Ministério Público e as autoridades policiais, desde que isso seja feito, sempre, no bojo de um procedimento formal que resguarde o sigilo dos dados e possibilite o controle (inclusive, judicial) de eventuais abusos e desde que sejam disponibilizadas as informações em sua inteireza, pois o fracionamento delas (das informações) pode prejudicar a correta análise do caso pelos órgãos de persecução penal e o próprio exercício do contraditório e da ampla defesa pelo investigado.

A tese fixada pelo STF ao julgar o caso (**RE 1055941**, Tema de Repercussão Geral nº 990) foi a seguinte:

I) É constitucional o compartilhamento dos relatórios de inteligência financeira do COAF e da íntegra do procedimento fiscalizatório da Receita Federal do Brasil, que define o lançamento do tributo, com os órgãos de persecução penal, para fins criminais, sem a obrigatoriedade de prévia autorização judicial, devendo ser resguardado o sigilo das informações em procedimentos formalmente instaurados e sujeitos a posterior controle jurisdicional.

II) O compartilhamento pelo COAF e pela Receita Federal do Brasil, referente ao item anterior, deve ser feito unicamente por meio de comunicações formais, com garantia de sigilo, certificação do destinatário e estabelecimento de instrumentos efetivos de apuração e correção de eventuais desvios.

À semelhança do que decidiu em relação à quebra de sigilo efetuada com base na LC 105/01, a Suprema Corte asseverou, no RE 1055941, que as autoridades destinatárias dos dados têm o dever de resguardar o sigilo dos mesmos, de modo que também nesse caso não se trata de verdadeira "quebra" de privacidade.

Em relação ao COAF, tendo em vista que muito foi falado a seu respeito nos meios de comunicação por conta das operações de combate à corrupção, é importante fazer um esclarecimento: a Medida Provisória nº 893/2019 alterou seu nome para UIF (Unidade de

Inteligência Financeira), porém, quando houve a conversão dessa norma em lei, acabou sendo mantido o nome COAF. Por isso, é possível encontrar, na jurisprudência (como, inclusive, consta da redação oficial da tese fixada no Tema de Repercussão Geral nº 990) e em outras fontes de consulta, referências a esse órgão como UIF, mas, nos termos da Lei 13.974/2020 (que resultou da conversão da MP 893/2019), ele continua se chamando COAF.

Por fim, é importante registrar que a possibilidade de haver o compartilhamento de dados pelo COAF e pela Receita Federal com o Ministério Público e as autoridades policiais não faz com que o Ministério Público possa, de forma ampla, requisitar dados fiscais diretamente (isto é, **sem autorização judicial**) à Receita Federal para fins de persecução penal.

Foi isso que decidiu o STJ no **RHC 82.233**, julgado em 09/02/2022. Nesse precedente, o Tribunal esclareceu que a decisão do STF no caso que vimos acima (RE 1055941, Tema de Repercussão Geral nº 990) diz respeito à **representação fiscal para fins penais**, instituto que tem previsão no art. 83 da Lei 9.430/96 e que autoriza o compartilhamento, de ofício, pela Receita Federal, de dados relacionados a supostos ilícitos tributários ou previdenciários. Inclusive, excepcionando o sigilo fiscal (que é a regra no nosso ordenamento jurídico), o Código Tributário Nacional, no seu art. 198, § 3º, I, permite a divulgação de informações relativas a representações fiscais para fins penais.

Confira o teor desses dispositivos legais:

> "**Art. 83, Lei 9.430/96.** A **representação fiscal para fins penais** relativa aos crimes contra a ordem tributária previstos nos artes. 1o e 2o da Lei no 8.137, de 27 de dezembro de 1990, e aos crimes contra a Previdência Social, previstos nos arts. 168-A e 337-A do Decreto-Lei no 2.848, de 7 de dezembro de 1940 (Código Penal), será encaminhada ao Ministério Público depois de proferida a decisão final, na esfera administrativa, sobre a exigência fiscal do crédito tributário correspondente."
>
> "**Art. 198, CTN.** Sem prejuízo do disposto na legislação criminal, é vedada a divulgação, por parte da Fazenda Pública ou de seus servidores, de informação obtida em razão do ofício sobre a situação econômica ou financeira do sujeito passivo ou de terceiros e sobre a natureza e o estado de seus negócios ou atividades.
>
> (...)
>
> **§ 3º** Não é vedada a divulgação de informações relativas a:
>
> I – representações fiscais para fins penais;
>
> (...)"

A representação fiscal para fins penais, no entanto, não se confunde com uma eventual requisição apresentada diretamente pelo MP com o objetivo de obter dados de contribuintes.

Perceba que há uma diferença entre, de um lado, um órgão de fiscalização financeira identificar indícios de crime e, a partir disso, comunicar suas suspeitas aos órgãos de persecução penal e, de outro lado, os órgãos de persecução penal, sem autorização judicial, solicitarem à Receita Federal informações financeiras sigilosas, alegando suspeitas de prática de ilícitos.

Nas palavras do STJ, *"não é possível se admitir que órgãos de investigação, em procedimentos informais e não urgentes, solicitem informações detalhadas sobre indivíduos ou empresas, informações essas constitucionalmente protegidas,* ***salvo autorização judicial****"*.

Portanto, segundo o Superior Tribunal de Justiça, **é ilegal a requisição de dados fiscais pelo Ministério Público sem autorização judicial.**

→ *Quebra de sigilo fiscal e bancário pelo CNJ*

Conforme ainda será estudado em capítulo à frente, o Conselho Nacional de Justiça (CNJ) é um órgão de controle interno do Poder Judiciário, muito embora não tenha natureza jurisdicional, mas tão somente administrativa.

Na **ADI 4709**, julgada em 30/05/2022, houve a impugnação de dispositivo do Regimento Interno do CNJ que permite ao Corregedor Nacional de Justiça (que é o Corregedor do CNJ), por ato monocrático, requisitar dados fiscais e bancários que sejam necessários ao esclarecimento de infrações objeto de procedimento submetido à sua apreciação. Em outras palavras: a norma em questão permite a **quebra do sigilo bancário e fiscal pelo CNJ**, alcançando, inclusive, dados de magistrados.

Trata-se do art. 8º, V, do RICNJ, que tem a seguinte redação:

> "**Art. 8º, RICNJ.** Compete ao Corregedor Nacional de Justiça, além de outras atribuições que lhe forem conferidas pelo Estatuto da Magistratura:
>
> (...)
>
> V - requisitar das autoridades fiscais, monetárias e de outras autoridades competentes informações, exames, perícias ou documentos, sigilosos ou não, imprescindíveis ao esclarecimento de processos ou procedimentos submetidos à sua apreciação, dando conhecimento ao Plenário;
>
> (...)"

O legitimado ativo da referida ação alegou que o dispositivo em questão viola o direito fundamental de privacidade, especialmente, o de sigilo de dados.

O STF, porém, decidiu que a norma é constitucional, pois o direito de privacidade, inclusive, o de sigilo de dados, não é absoluto (mesmo porque, em regra, no nosso ordenamento jurídico não há direitos absolutos), de modo que pode ser relativizado diante de outros valores constitucionalmente tutelados.

No caso, o propósito da norma impugnada é instrumentalizar o exercício do controle interno do Poder Judiciário e promover o regime republicano e a idoneidade do exercício da jurisdição, de modo que se justifica afastar o direito de privacidade para viabilizar a concretização desses interesses constitucionais.

Além disso, segundo o Supremo Tribunal Federal, **essa requisição de dados pelo Corregedor do CNJ não representa uma verdadeira quebra de sigilo, mas sim uma transferência de sigilo dentro da Administração Pública**, mais precisamente, das autoridades fiscais e monetárias para o Conselho Nacional de Justiça. O CNJ, uma vez recebidos os dados requisitados, não pode divulgá-los, devendo mantê-los em segredo.

Ou seja, o STF aplicou aí o mesmo entendimento que havia adotado quando considerou constitucionais a quebra de sigilo (requisição de dados) por autoridades fazendárias (RE 601.314) e o compartilhamento de dados entre a Receita Federal e o COAF de um lado e o Ministério Público e as autoridades policiais de outro (RE 1055941). Nesses casos, a Corte deixou claro que se tratava, na verdade, de uma transferência do sigilo de um órgão para outro, e não de uma verdadeira quebra de sigilo, não ficando autorizada, portanto, a divulgação dos dados requisitados.

Nos exatos termos que constaram da ementa da ADI 4709, essa "*atribuição requisitória que, prima facie, colide com o direito à privacidade, à intimidade, à vida privada e à proteção de dados (art. 5º, X e XII, CRFB) resulta constitucional, por se tratar de* ***hipótese de transferência de sigilo justificada diante do papel institucional do CNJ e do Corregedor Nacional de Justiça****. O controle interno do Poder Judiciário* ***coaduna-se com os valores republicanos e com a necessidade de manter a idoneidade do exercício do poder que é a jurisdição*** *(ADI 3367). (...) Consoante interpretação jurídica definida por este Supremo Tribunal Federal, ainda que os sigilos bancário e fiscal tenham estatura constitucional,* ***não há direitos absolutos em atenção a outros valores públicos****: RE 601314 (Tema nº 225 da Repercussão Geral), ADIs 2386, 2390, 2397 e 2859 e RE 1055941 (Tema nº 990 da Repercussão Geral). Quanto a agentes públicos, enquanto exercem função pública, é relativizada a inacessibilidade a dados da vida patrimonial de maneira ainda mais ampla, forte no art. 13 da Lei de Improbidade Administrativa (Lei nº 8.429/1992), no art. 29 da Lei 5.010/1966 e na Lei nº 8.730/1993*".

O Supremo Tribunal Federal, no entanto, como uma forma de conferir alguma garantia aos contribuintes que sejam objeto da atuação do CNJ, estabeleceu, assim como fez nos precedentes dos REs 601314 e 1055941, que há condições para que a "quebra de sigilo" realizada pelo Corregedor Nacional de Justiça seja válida. Segundo a Corte, só é constitucional a requisição de dados pelo Corregedor do CNJ se ela disser respeito a pessoa determinada que seja objeto de procedimento instaurado e em curso no CNJ para apurar infração específica (ou seja, não é válida uma requisição de dados genérica que, de modo indiscriminado, alcance pessoas e fatos diversos). Além disso, é necessário que a "quebra de sigilo" seja determinada por decisão devidamente fundamentada e baseada em elementos concretos que indiquem a prática do ato investigado.

Nas palavras do STF, "*ao assentar a constitucionalidade das hipóteses de transferência de sigilo examinadas, considerou, este Plenário do STF, a existência de garantias ao contribuinte que tem seus dados bancários ou fiscais compartilhados. Atribuição requisitória que se sustenta, do ponto de vista constitucional, na hipótese de existência de processo devidamente instaurado para averiguação de conduta de pessoa determinada. Em particular, no caso do Corregedor Nacional de Justiça, para apuração de infrações de sua competência, em desfavor de sujeito certo, e mediante decisão fundamentada e baseada em indícios concretos*".

Por fim, é importante registrar que nessa mesma ação houve a alegação de inconstitucionalidade formal da norma impugnada. O legitimado ativo alegou que a competência do Corregedor Nacional de Justiça para requisitar os dados em questão só poderia ser prevista na Constituição Federal ou na lei veiculadora do Estatuto da Magistratura.

O STF rejeitou essa alegação e considerou a norma constitucional também do ponto de vista formal, em virtude de o CNJ ter sido autorizado pelo art. 5º, § 2º, da EC

45/04 (que foi a emenda constitucional que criou o CNJ) a editar normas sobre o seu funcionamento e sobre as atribuições do Corregedor Nacional de Justiça. Vejo o teor desse dispositivo:

> "**Art. 5º, § 2º, EC 45/04**. Até que entre em vigor o Estatuto da Magistratura, **o Conselho Nacional de Justiça, mediante resolução**, disciplinará seu funcionamento e **definirá as atribuições do Ministro-Corregedor**."

Ademais, a Corte afirmou que é válido conferir a atribuição de requisição de dados ao Corregedor do CNJ em vez de ao Plenário do Conselho, tendo em vista que a Corregedoria Nacional de Justiça é um órgão que recebeu, da Constituição Federal, um maior destaque na composição do CNJ e no âmbito do controle interno do Poder Judiciário e da magistratura nacional. Logo, é possível perceber que o delineamento constitucional do Corregedor Nacional de Justiça tem a finalidade de lhe conferir especial função na concretização dos valores republicanos, o que deixa evidente que a sua competência para "quebrar" os sigilos bancário e fiscal é compatível com o texto constitucional.

Nas palavras do STF, *"a Corregedoria Nacional de Justiça é órgão destacado, pela Constituição Federal, na arquitetura do CNJ e do controle interno do Poder Judiciário e da magistratura nacional. O arranjo institucional permite perceber atribuições próprias que visam a densificar o papel constitucional de concretização dos valores republicanos, o que afasta a alegação de inconstitucionalidade na atribuição requisitória por decisão singular do Corregedor, e não do Plenário"*.

Portanto, segundo o STF, a previsão contida na **Resolução CNJ nº 67/2009** (Regimento Interno do CNJ) que autoriza o Corregedor Nacional de Justiça a requisitar dados fiscais e bancários protegidos por sigilo é constitucional, desde que a requisição tenha como objeto dados necessários para o esclarecimento de infração praticada por pessoa determinada, haja procedimento administrativo devidamente instaurado para apurar essa infração e seja determinada por decisão fundamentada e baseada em indícios concretos da prática da infração investigada.

▶ Interceptação das comunicações

A vedação à interceptação das comunicações se refere às comunicações epistolar (correspondência/cartas), telegráfica, de dados e telefônica.

A interceptação consiste na intromissão ou interrupção da comunicação por um terceiro sem o conhecimento de um ou de ambos os interlocutores. Como se pode perceber, a interceptação não se confunde com a gravação clandestina nem com a quebra de sigilo.

Na gravação clandestina, um dos interlocutores realiza a gravação, ao passo em que, na interceptação, é uma terceira pessoa, estranha à comunicação, que se intromete nela. A interceptação telefônica é o famoso "grampo telefônico". E ela também nada tem a ver com a quebra de sigilo. Isso porque a interceptação telefônica é a gravação da própria conversa em tempo real, enquanto a quebra de sigilo se refere à obtenção de dados relativos a operações e comunicações realizadas em momento passado. No caso da quebra de sigilo telefônico, cuida-se da obtenção do histórico de ligações feitas e a duração de cada uma.

O principal valor protegido pela vedação à interceptação é a liberdade de comunicação (art. 5º, XII, da CF/88). Mas também é possível vislumbrar a proteção, aí, à privacidade.

Importante registrar que não é necessário que o dado ou conversa interceptado tenha conteúdo sigiloso para caracterizar a interceptação. Portanto, interceptar o conteúdo de um envelope que contenha, por exemplo, um recorte de jornal também é vedado pela Constituição.

→ *Caráter não absoluto da inviolabilidade das comunicações*

Tal qual ocorre com os direitos fundamentais de modo geral, o sigilo das comunicações não é absoluto.

Por exemplo, quanto ao sigilo da comunicação epistolar, o STF entende que ele não pode servir como escudo protetivo para salvaguardar práticas ilícitas. Segundo o Tribunal, a Constituição, de fato, protege a inviolabilidade da correspondência, mas essa proteção não é absoluta, de modo que, se a correspondência estiver sendo utilizada para fins ilícitos, pode ser interceptada, ou seja, havendo suspeitas da utilização ilícita da correspondência, seu sigilo pode ser violado. Inclusive, até mesmo os próprios correios podem, em casos tais, abrir a correspondência. É uma questão de ponderação, pois determinados valores podem justificar a interceptação de correspondência.

Porém, essa violação ao sigilo de correspondência não pode ser feita de forma descriteriosa. Para compreender bem isso, é necessário analisar a jurisprudência do Supremo Tribunal Federal de forma global.

O STF já admitiu como válida a violação do sigilo de correspondência de pessoa encarcerada em uma situação na qual a autoridade carcerária, **dentro das hipóteses legais**, interceptou carta enviada com o propósito de praticar crimes. Nas palavras do Tribunal, *"a cláusula tutelar da inviolabilidade do sigilo epistolar não pode constituir instrumento de salvaguarda de práticas ilícitas"* (**HC 70.814**, j. 01/03/1994).

Além disso, no dia 17/08/2020, o STF julgou um caso (**RE 1.116.949**, Tema de Repercussão Geral nº 1.041) em que um indivíduo foi condenado por tráfico de drogas com fundamento em prova obtida com a violação, pelos agentes dos Correios, de um pacote contendo entorpecentes. A conclusão da Corte foi no sentido de que, como a abertura do pacote no caso concreto julgado não observou as disposições legais aplicáveis, a prova obtida se tornou ilícita, em virtude da violação ao direito de sigilo das comunicações.

Segundo decidiu o Supremo Tribunal Federal nesse caso, a quebra do sigilo de correspondência pode ocorrer não apenas mediante autorização judicial, mas também nos casos em que o legislador (isto é, a lei) diz que pode ocorrer. De acordo com o STF, portanto, a quebra do sigilo de correspondência é legítima quando observada a reserva de jurisdição e quando houver autorização legal, não ocorrendo, em nenhum desses casos, violação ilegítima ao direito fundamental de sigilo de correspondência.

Nas exatas palavras da Corte, *"além da reserva de jurisdição, é possível ao legislador definir as hipóteses fáticas em que a atuação das autoridades públicas não seriam equiparáveis à violação do sigilo a fim de assegurar o funcionamento regular dos correios"*.

A partir desse entendimento, o STF fixou a tese segundo a qual, *"sem autorização judicial ou fora das hipóteses legais, é ilícita a prova obtida mediante abertura de carta, telegrama, pacote ou meio análogo"*.

Essa tese, no entanto, foi posteriormente alterada pelo Supremo Tribunal Federal no julgamento dos embargos de declaração que foram opostos contra a decisão inicial do caso. Isso ocorreu em 30/11/2023.

Nesses embargos de declaração, o STF não alterou o entendimento adotado inicialmente. A Corte apenas modificou a redação da tese fixada para esclarecer melhor o seu alcance, o que foi necessário em virtude de a Lei 6.538/78 (a Lei do Serviço Postal ou "Lei dos Correios") estabelecer uma diferença entre correspondência e encomenda (a lei diz o que se considera correspondência – como é o caso da carta – e o que se considera encomenda). A existência dessa diferenciação, inclusive, já havia sido reconhecida pelo STF na ADPF 46, na qual a Corte decidiu que a exclusividade dos Correios no serviço postal se aplica apenas às correspondências (categoria que, muitas vezes, é chamada simplesmente de "carta", considerada essa expressão em uma acepção ampla), podendo o serviço de entrega de encomendas ser explorado por particulares.

Basicamente, o objetivo do debate nos embargos de declaração foi definir como os agentes públicos (em especial, os agentes dos Correios e os agentes que atuam em unidades prisionais) devem agir diante de correspondências e encomendas que possam estar sendo utilizadas como instrumento para a prática de crimes.

O Supremo Tribunal Federal acolheu os embargos de declaração e reformulou a tese de repercussão geral do caso, estabelecendo, em linhas gerais, o seguinte:

I) Quando se tratar de correspondência (carta, telegrama, comunicação por pacote e meios semelhantes), que é necessariamente entregue pelos Correios em virtude da sua exclusividade nesse serviço, ela só poderá ser aberta se estiver presente alguma hipótese legal que permita a abertura ou mediante autorização judicial. Há, porém, uma **exceção** a isso: quando a correspondência se encontrar em um estabelecimento prisional, ela poderá ser aberta pelas autoridades competentes se houver, no caso concreto, indícios de que está sendo utilizada para a prática de algum ilícito.

II) Quando se tratar de encomenda que estiver sendo entregue pelos Correios, os agentes dos Correios somente poderão realizar a sua abertura se houver, no caso concreto, indícios de que ela (a encomenda) está sendo utilizada para a prática de algum ilícito. Nesse caso, os agentes dos Correios deverão formalizar (por escrito) as providências adotadas por eles, para possibilitar posterior controle judicial ou administrativo da quebra do sigilo.

A partir disso, a tese fixada pelo STF ficou com a seguinte redação (**Tema de Repercussão Geral nº 1041**):

> "(1) **Sem autorização judicial ou fora das hipóteses legais, é ilícita a prova** obtida mediante abertura de carta, telegrama, pacote ou meio análogo, **salvo se ocorrida em estabelecimento penitenciário**, quando houver fundados indícios da prática de atividades ilícitas;

(2) Em relação a **abertura de encomenda postada nos Correios**, a prova obtida somente será lícita quando houver **fundados indícios da prática de atividade ilícita, formalizando-se as providências adotadas** para fins de controle administrativo ou judicial."

Portanto, segundo a jurisprudência do Supremo Tribunal Federal, o direito ao sigilo de correspondência (e das comunicações em geral) realmente não é absoluto, mas, para que ele seja relativizado e a comunicação seja violada, deve haver previsão legal ou autorização judicial. **Essas condições estabelecidas pelo Tribunal estavam presentes nos dois casos mencionados acima (HC 70.814 e RE 1.116.949)?**

No HC 70.814, sim, pois a violação à carta foi realizada pela autoridade carcerária com fundamento em hipótese prevista na Lei de Execução Penal, mais precisamente, em seu art. 41, parágrafo único.

Já no RE 1.116.949, as condições exigidas para a violação do sigilo da comunicação não estavam presentes. Isso porque a Lei 6.538/78 (que disciplina o serviço postal) prevê, em seu art. 10, III, que a abertura de **carta** que apresente indícios de conter substância ou objeto proibido não caracteriza violação do sigilo de correspondência, mas, no caso, os agentes dos Correios abriram um **pacote**, e não uma carta, além de não ter sido observado o procedimento exigido na lei.

Além desses precedentes jurisprudenciais, há hipóteses expressas na própria Constituição Federal em que se admite restrição ao sigilo das comunicações, a saber:

a) durante o Estado de defesa (art. 136, § 1º, I, "b" e "c", da CF/88); e

b) durante o Estado de sítio (art. 139, III, da CF/88).

"**Art. 136, CF/88.** O Presidente da República pode, ouvidos o Conselho da República e o Conselho de Defesa Nacional, decretar estado de defesa para preservar ou prontamente restabelecer, em locais restritos e determinados, a ordem pública ou a paz social ameaçadas por grave e iminente instabilidade institucional ou atingidas por calamidades de grandes proporções na natureza.

§ 1º O decreto que instituir o estado de defesa determinará o tempo de sua duração, especificará as áreas a serem abrangidas e indicará, nos termos e limites da lei, as medidas coercitivas a vigorarem, dentre as seguintes:

I - restrições aos direitos de:

(...)

b) sigilo de correspondência;

c) sigilo de comunicação telegráfica e telefônica;

(...)"

"**Art. 139, CF/88.** Na vigência do estado de sítio decretado com fundamento no art. 137, I, só poderão ser tomadas contra as pessoas as seguintes medidas:

(...)

III - restrições relativas à inviolabilidade da correspondência, ao sigilo das comunicações, à prestação de informações e à liberdade de imprensa, radiodifusão e televisão, na forma da lei;

(...)"

→ *A proteção também alcança os dados ou se restringe à comunicação?*

A jurisprudência tradicional do Supremo Tribunal Federal se consolidou no sentido de que o que está protegido pelo art. 5º, XII, da CF/88 não são os dados em si, mas apenas a sua comunicação. O fundamento desse entendimento sempre foi o fato de que o art. 5º, XII, da CF/88 diz serem invioláveis as comunicações dos dados, de modo que se concluiu naturalmente que, se os dados não estivessem sendo comunicados, não incidiria a proteção desse dispositivo. Nesse caso, não se aplicaria a proteção do art. 5º, XII, CF/88, mas apenas, possivelmente, a do art. 5º, X, CF/88, se ficasse caracterizada alguma violação à intimidade.

Imagine, por exemplo, que haja dados relativos à vida privada de alguém (honra, intimidade, imagem etc.) registrados em um computador. Segundo o entendimento tradicional do STF, esses dados são protegidos pelo direito à privacidade (art. 5º, X, CF/88) e, portanto, não podem ser divulgados, mas, enquanto permanecerem tão somente depositados no dispositivo, não serão protegidos pelo art. 5º, XII, da CF/88. Caso sejam comunicados, porém, incidirá a proteção do art. 5º, XII, da CF/88.

Diferente é a situação dos dados que não contêm informações pessoais, pois eles, enquanto se encontrarem simplesmente depositados em um dispositivo, não serão protegidos pelo art. 5º, X, nem tampouco pelo art. 5º, XII, da CF/88, mas, uma vez comunicados, receberão a proteção do art. 5º, XII.

Ou seja, a comunicação é protegida (sendo vedada a sua interceptação) pelo art. 5º, XII, e não pelo art. 5º, X, da CF/88. E, segundo a jurisprudência tradicional do STF, a proteção do art. 5º, XII, se aplica apenas às comunicações, não se estendendo aos dados que se encontrem tão somente mantidos em registro.

Esse entendimento, no entanto, sofreu uma **modificação pela Segunda Turma do STF** no julgamento do **HC 168.052** (ocorrido em 20/10/2020), no qual se entendeu que o art. 5º, XII, da CF/88 protege não apenas atos de comunicação, mas também dados registrados em aparelhos celulares (no caso concreto, conversas de *WhatsApp*), os quais, por conta disso, não podem ser acessados sem autorização judicial. Segundo ficou decidido, esse dispositivo constitucional sofreu uma **mutação** em virtude das diversas e sensíveis modificações fáticas e jurídicas ocorridas nos últimos anos, especialmente o avanço tecnológico, que fez com que os telefones celulares passassem a armazenar uma enorme quantidade de informações pessoais sobre seus usuários.

Como se pode perceber, de acordo com esse novo entendimento, mesmo dados que não estão sendo comunicados (mas tão somente se encontram depositados em aparelho celular) sofrem a proteção do art. 5º, XII, da CF/88. É importante destacar, porém, que foi um entendimento de órgão fracionário da Corte, e não do seu Plenário, o qual ainda irá se manifestar sobre a questão no **ARE 1042075** (Tema de Repercussão Geral nº 977), no qual todos os Ministros do Tribunal poderão expor seus posicionamentos a respeito da matéria. É necessário, portanto, aguardar o desfecho desse julgamento, o qual, inclusive, tem objeto mais amplo do que o do HC 168.052, pois trata do acesso a dados contidos em aparelho celular de forma geral, e não apenas do acesso a conversas de *WhatsApp*.

→ *Interceptação telefônica*

A interceptação telefônica, excepcionalmente, é admitida, **desde que atendidos os seguintes requisitos:**

I) haja uma decisão judicial determinando.

II) haja uma lei regulamentando, pois a CF/88 exige que a interceptação se dê na forma da lei. Essa lei é a Lei 9.296/96.

III) a interceptação seja utilizada para fins de investigação criminal ou instrução processual penal. Apenas nesses dois casos essa medida é admitida.

Esses requisitos exigidos para a realização da interceptação telefônica estão expressamente previstos no art. 5º, XII, da CF/88, pois esse dispositivo estabelece ser vedada essa medida, *"salvo, por ordem judicial, nas hipóteses e na forma que a lei estabelecer para fins de investigação criminal ou instrução processual penal"*.

Como se vê, exige-se ordem judicial para a implementação de uma interceptação telefônica, de modo que nenhuma outra autoridade pode determinar essa medida, seja o Ministério Público, uma CPI, o Tribunal de Contas etc. Aplica-se no caso a chamada **cláusula de reserva de jurisdição**.

O que é a cláusula de reserva de jurisdição?

Como o próprio nome indica, essa cláusula significa que a análise de determinadas matérias é reservada ao Poder Judiciário, que é o único que pode determinar providências em relação a elas.

Quais são as matérias que, segundo o STF, estão reservadas ao Judiciário? É possível elencar quatro, o que não significa que outras não possam ser incluídas. São as seguintes:

I) interceptação telefônica (art. 5º, XII, da CF/88);

II) inviolabilidade de domicílio, pois, como vimos, por força do art. 5º, XI, da CF/88, ressalvadas as hipóteses previstas na própria Constituição, apenas o juiz pode determinar a invasão domiciliar;

III) ordem de prisão, exceto em situação de flagrante delito (art. 5º, LXI, da CF/88);

IV) levantamento de sigilo imposto a processo judicial, havendo, inclusive, precedente do STF (a exemplo do **MS 27.483 MC-REF**) no sentido de que apenas o próprio juízo que ordenou o sigilo pode levantá-lo.

A respeito da interceptação telefônica, o Supremo Tribunal Federal enfrentou o seguinte questionamento: uma vez decretada, essa medida pode ser renovada? Há algum limite para essa renovação?

Segundo decidiu o STF (**RE 625263, Tema de Repercussão Geral nº 661, j. 17/03/2022**), não existe no ordenamento jurídico brasileiro a fixação de um **prazo para a duração da interceptação telefônica nem tampouco para as renovações dessa medida**. Em relação a isso, a Corte deixou claro, ainda, que o fato de o texto constitucional prever, no art. 136, § 2º, prazo máximo de duração para a excepcional medida do estado de defesa (na qual é admitida a restrição ao sigilo das comunicações, como prevê o art. 136, § 1º, I, "c", da CF/88) não faz com que, automaticamente, a interceptação telefônica, abstratamente considerada, também se submeta a essa limitação temporal.

Nessa linha de pensamento, a Corte estabeleceu os seguintes pontos mais importantes:

I) A decretação da interceptação telefônica depende de decisão judicial devidamente fundamentada à luz das circunstâncias e da complexidade do caso concreto, não podendo se fundamentar na mera gravidade abstrata da infração penal investigada.

II) A renovação da decretação da interceptação telefônica também depende de decisão judicial devidamente fundamentada à luz das circunstâncias e da complexidade do caso concreto, não podendo se fundamentar na mera gravidade abstrata da infração penal investigada.

III) A fundamentação da decisão (seja ela de decretação inicial ou de prorrogação da interceptação telefônica) não pode ser padrão nem tampouco genérica, devendo verdadeiramente considerar as peculiaridades do caso concreto.

IV) Para que haja a prorrogação da interceptação telefônica, não é indispensável que a respectiva decisão judicial aponte fatos novos para justificá-la.

V) A decisão de prorrogação da interceptação telefônica não precisa exaurir todos os motivos que justificam a renovação da medida.

VI) A decretação e a renovação da interceptação telefônica devem sempre atender os requisitos legais da medida, que se encontram estabelecidos no art. 2º da Lei 9.296/96.

VII) O fato de a decretação inicial da interceptação telefônica não ter retornado resultados incriminatórios contra a pessoa investigada não impede que a medida seja renovada, desde que haja razões concretas que justifiquem a renovação.

VIII) A interceptação telefônica pode ser prorrogada sucessivas e ilimitadas vezes, não havendo prazo de duração total abstratamente fixado em nosso ordenamento jurídico para essa medida.

Nos exatos termos da tese de repercussão geral fixada pelo STF, *"são lícitas as sucessivas renovações de interceptação telefônica, desde que, verificados os requisitos do artigo 2º da Lei nº 9.296/1996 e demonstrada a necessidade da medida diante de elementos concretos e a complexidade da investigação, a decisão judicial inicial e as prorrogações sejam devidamente motivadas, com justificativa legítima, ainda que sucinta, a embasar a continuidade das investigações. São ilegais as motivações padronizadas ou reproduções de modelos genéricos sem relação com o caso concreto"*.

Por fim, há uma questão que já foi cobrada mais de uma vez em provas: imagine que gravações autorizadas para investigação criminal revelaram a prática de ilícitos por servidores que não estavam sendo investigados criminalmente. Podem essas gravações ser utilizadas em processo administrativo disciplinar? Segundo o STF, elas podem ser utilizadas em processo disciplinar, tanto contra os servidores que estavam sendo investigados quanto contra outros servidores cujos eventuais ilícitos forem descobertos (**INQ 2424 QO QO**). Esse entendimento, inclusive, também é adotado pelo **STJ**, conforme consta da sua **Súmula 591**, segundo a qual *"é permitida a "prova emprestada" no processo administrativo disciplinar, desde que devidamente autorizada pelo juízo competente e respeitados o contraditório e a ampla defesa"*.

Da mesma forma, segundo entende o STF, se, durante uma interceptação telefônica determinada para investigar a prática de determinado delito, descobre-se que foi praticada uma outra infração penal, essa prova encontrada fortuitamente é válida, ainda que a nova infração descoberta seja punida com detenção em vez de reclusão, que é o tipo de pena privativa de liberdade exigido pelo art. 2º, III, da Lei 9.296/96 como condição para a determinação da interceptação telefônica (**AI 626.214 AgR**).

Confira as ementas dos julgados:

> "PROVA EMPRESTADA. (...) Dados obtidos em inquérito policial. Uso em procedimento administrativo disciplinar, contra outros servidores, cujos eventuais ilícitos administrativos teriam despontado à colheita dessa prova. Admissibilidade. (...) **Dados obtidos em interceptação de comunicações telefônicas e em escutas ambientais, judicialmente autorizadas para produção de prova em investigação criminal ou em instrução processual penal, podem ser usados em procedimento administrativo disciplinar, contra a mesma ou as mesmas pessoas em relação às quais foram colhidos, ou contra outros servidores cujos supostos ilícitos teriam despontado à colheita dessa prova." (Inq 2424 QO-QO/RJ; Relator(a): Min. CEZAR PELUSO; Julgamento: 20/06/2007; Órgão Julgador: Tribunal Pleno)**
>
> "(...) INTERCEPTAÇÃO TELEFÔNICA LICITAMENTE CONDUZIDA. (...) **1. O Supremo Tribunal Federal, como intérprete maior da Constituição da República, considerou compatível com o art. 5º, XII e LVI, o uso de prova obtida fortuitamente através de interceptação telefônica licitamente conduzida, ainda que o crime descoberto, conexo ao que foi objeto da interceptação, seja punido com detenção. (...)" (AI 626214 AgR/MG; Relator(a): Min. JOAQUIM BARBOSA; Julgamento: 21/09/2010; Órgão Julgador: Segunda Turma)**

▶ Compartilhamento de dados de usuários por empresas de telefonia

O Presidente da República Jair Bolsonaro editou a Medida Provisória nº 954/2020, estabelecendo que as empresas prestadoras dos serviços de telefonia fixa e móvel deveriam fornecer, à Fundação Instituto Brasileiro de Geografia e Estatística (IBGE), dados sobre os usuários dos serviços, com o objetivo de realizar entrevistas com essas pessoas e, assim, alimentar os bancos de dados utilizados no combate à pandemia de COVID-19 que atingiu o Brasil no ano 2020.

Segundo essa medida provisória, os dados que deveriam ser compartilhados eram os nomes, telefones e endereços dos usuários, fossem eles pessoas físicas ou pessoas jurídicas.

Foram ajuizadas 05 (cinco) ADIs contra essa medida provisória, que foram autuadas com os seguintes números: **6387**, **6388**, **6389**, **6390** e **6393**.

Analisando o caso, o Plenário do Supremo Tribunal Federal referendou a liminar deferida pela Ministra Rosa Weber (Relatora das ADIs) e suspendeu a eficácia da norma, por vislumbrar violação aos direitos fundamentais à intimidade, à vida privada e ao sigilo de dados, notadamente porque ela não estabelece mecanismos que assegurem o sigilo, a higidez e o anonimato das informações em questão.

Na sessão de julgamento, os Ministros observaram que, apesar da gravidade da crise sanitária e da importância de combatê-la, isso não justifica o atropelamento de direitos e garantias fundamentais.

Registraram, ainda, que, embora os direitos fundamentais possam ser relativizados em situações de colisão com outros direitos fundamentais, essa relativização deve ser norteada pelos princípios da proporcionalidade e da razoabilidade, o que não se vislumbrou nas medidas impostas pela norma impugnada.

As ações em questão acabaram sendo julgadas prejudicadas e extintas sem resolução do mérito, em virtude de a medida provisória nelas atacada ter perdido a vigência por conta do decurso do prazo previsto no art. 62, § 3º, da CF/88 sem conversão em lei.

▶ Acesso a informações contidas em aparelho celular sem autorização judicial (STF, HC 168.052)

As informações contidas em aparelho celular, especialmente as conversas por meio de aplicativos (como *WhatsApp*), estão protegidas pelo direito de privacidade e de sigilo das comunicações? Em outras palavras, é possível que sejam acessadas independentemente de autorização judicial?

Imagine a situação em que policiais, sem prévia autorização judicial, tenham acessado informações contidas em aparelho celular e, a partir das conversas via *WhatsApp* registradas no aparelho (que revelaram a prática de crime) tenham realizado busca e apreensão na residência do dono do aparelho. As provas obtidas no caso são válidas?

A Segunda Turma do STF, inicialmente, entendeu ser desnecessária a autorização judicial para que fosse admitido o acesso aos dados contidos em aparelho celular (HC 91.867, que tratou de uma situação de acesso a registros telefônicos), mas esse entendimento foi modificado no **HC 168.052**, julgado em 20/10/2020.

Segundo decidiu a Turma nesse caso, o tradicional entendimento do Supremo Tribunal Federal de que o art. 5º, XII, da CF/88 protege tão somente as comunicações e não os dados em si (o que afastaria a proteção desse dispositivo nos casos em que os dados não estivessem sendo comunicados, mas tão somente mantidos em registro, como é o caso das informações contidas em telefones celulares) deve ser revisto, em virtude das diversas alterações jurídicas (a exemplo da Lei 12.965/14, conhecida como marco civil da internet) e do sensível avanço tecnológico dos últimos anos, que fez com que aparelhos portáteis (como os smartphones) passassem a conter uma infinidade de informações pessoais dos seus usuários. Essa mudança na realidade fática e jurídica, segundo entenderam os Ministros, reclama uma maior proteção aos direitos fundamentais envolvidos (vida privada e sigilo das comunicações).

A Segunda Turma, nesse contexto, entendeu ter havido uma **mutação** no art. 5º, XII, da CF/88, de modo que ele deve, atualmente, ser entendido como uma proteção não apenas aos atos de comunicação, mas também aos próprios dados comunicados que se encontram registrados nos diversos dispositivos, como é o caso das conversas realizadas pelo aplicativo *WhatsApp*. Houve, portanto, uma (proposta de) alteração no entendimento tradicional do STF, segundo o qual o art. 5º, XII, da CF/88 protege apenas as comunicações, não alcançando os dados que se encontram em registro.

Além disso, o Ministro Relator (Gilmar Mendes) registrou em seu voto que, ainda que não se entendesse pela alteração de sentido do art. 5º, XII, da CF/88, seria inevitável reconhecer que os dados constantes de aparelhos celulares, por dizerem respeito a aspectos da vida pessoal das pessoas, devem ser protegidos pelo art. 5º, X, da CF/88.

Com esses fundamentos, e esclarecendo que não há no ordenamento jurídico nenhuma vedação absoluta à obtenção de dados contidos em telefones celulares, a Segunda Turma do STF apresentou uma mudança de entendimento e decidiu que o acesso aos dados contidos nesses aparelhos, especialmente conversas realizadas por *WhatsApp* e aplicativos afins, **depende de prévia autorização judicial**. Os Ministros esclareceram, ainda, que essa exigência **se aplica mesmo que o proprietário do aparelho autorize** o acesso aos dados, pois a intervenção jurisdicional funciona como uma garantia protetora do direito à não autoincriminação.

É importante destacar, porém, que se trata de um entendimento de órgão fracionário do STF, e não do seu Plenário, o qual ainda irá se manifestar sobre a questão no **ARE 1042075** (Tema de Repercussão Geral nº 977), no qual todos os Ministros do Tribunal poderão expor seus posicionamentos a respeito da matéria. É necessário, portanto, aguardar o desfecho desse julgamento, o qual, inclusive, tem objeto mais amplo do que o do HC 168.052, pois trata do acesso a dados contidos em aparelho celular de forma geral, e não apenas do acesso a conversas de *WhatsApp*.

▶ Produção de dossiês pelo poder público a respeito das opções políticas dos servidores

Na **ADPF 722**, julgada em 16/05/2022, o Supremo Tribunal Federal enfrentou o seguinte questionamento: pode o Poder Público (mais precisamente, por meio de órgãos de inteligência) elaborar dossiês sobre servidores públicos das diversas esferas federativas reunindo informações sobre suas orientações políticas, especialmente, sobre manifestações contrárias ao governo?

A Corte decidiu que **não**.

Segundo o STF, a Administração Pública não pode confeccionar dossiês para reunir informações sobre servidores públicos que apresentem manifestações políticas contrárias ao governo, pelos seguintes motivos:

I) Dossiês desse tipo se prestam simplesmente a satisfazer interesses pessoais daqueles que determinam a sua elaboração, o que caracteriza um desvio de finalidade, pois a colheita, a produção e o compartilhamento de dados, informações e conhecimentos específicos pelo Poder Público deve sempre atender o interesse público, e não interesses privados.

II) Dossiês desse tipo violam os direitos fundamentais de privacidade, livre manifestação do pensamento, reunião e associação.

Com base nesse entendimento, o STF invalidou atos do Ministério da Justiça e Segurança Pública que produziram e/ou compartilharam informações sobre a vida pessoal e política de servidores públicos federais, estaduais e municipais identificados como integrantes de determinados movimentos políticos.

Segundo a Corte, todas as pessoas, inclusive os servidores públicos, podem livremente expressar seu pensamento, reunir-se e associar-se, desde que, evidentemente, exerçam esses direitos dentro dos limites permitidos pelo ordenamento jurídico.

■ PROTEÇÃO DOS DADOS PESSOAIS (ART. 5º, LXXIX, CF/88)

A **EC 115/2022** incluiu no art. 5º da CF/88 o inciso LXXIX, no qual passou a ser previsto expressamente o direito à proteção de dados pessoais (inclusive na internet) como um direito fundamental no ordenamento jurídico brasileiro.

> "**Art. 5º, LXXIX, CF/88** - é assegurado, nos termos da lei, o direito à proteção dos dados pessoais, inclusive nos meios digitais."

A primeira observação a ser feita sobre esse "novo" direito fundamental no nosso constitucionalismo é que, embora ele só tenha passado a ser positivado expressamente a partir da edição da EC 115/2022, é possível afirmar que ele já existia implicitamente no Direito brasileiro (inclusive como direito fundamental) mesmo antes dessa emenda. Isso porque, conforme estudamos anteriormente, no ordenamento jurídico brasileiro, os direitos fundamentais não se encontram previstos em um rol exaustivo, havendo, na CF/88, uma **cláusula aberta** de direitos fundamentais, prevista no art. 5º, § 2º, que permite o reconhecimento (até mesmo de forma implícita) de outros direitos fundamentais além dos expressamente estabelecidos no texto constitucional.

> "**Art. 5º, § 2º, CF/88.** Os direitos e garantias expressos nesta Constituição não excluem outros decorrentes do regime e dos princípios por ela adotados, ou dos tratados internacionais em que a República Federativa do Brasil seja parte."

Uma prova de que o direito à proteção de dados pessoais já era reconhecido (ao menos implicitamente) como direito fundamental antes da promulgação da EC 115/2022 é que, antes dessa emenda, já haviam sido aprovadas a Lei 12.965/2014 (chamada de "Marco Civil da Internet") e a Lei 13.709/2018 (a Lei Geral de Proteção de Dados Pessoais – LGPD), ambas (especialmente a última) cuidando da proteção de dados pessoais e estabelecendo condições para o tratamento e o compartilhamento desses dados.

O segundo detalhe importante é que o direito fundamental à proteção de dados pessoais foi inserido na Constituição Federal em uma norma de eficácia limitada, pois ela estabelece que esse direito é assegurado "nos termos da lei". Porém, conforme vimos acima, a regulamentação legal exigida pelo texto constitucional já existia antes mesmo da promulgação da EC 115/2020, especialmente, na Lei 13.709/2018 (a LGPD), de modo que não haverá obstáculos ao seu exercício.

De qualquer forma, mesmo que o direito à proteção de dados pessoais ainda não houvesse sido regulamentado, o indivíduo que se sentisse prejudicado por essa omissão poderia exigir o cumprimento do direito judicialmente, tendo em vista o atributo da aplicação imediata das normas consagradoras de direitos fundamentais, previsto no art. 5º, § 1º, da CF/88.

> "**Art. 5º, § 1º, CF/88.** As normas definidoras dos direitos e garantias fundamentais têm aplicação imediata."

O direito à proteção de dados pessoais é sinônimo do direito à privacidade ou do direito ao sigilo de dados?

Não, esses direitos não se confundem, embora haja uma inegável relação entre eles. Essa relação, inclusive, fica muito clara na Lei 13.709/2018 (LGPD), que estabelece, logo no *caput* do seu art. 1º, que a disciplina nela contida sobre o tratamento de dados pessoais tem *"o objetivo de proteger os direitos fundamentais de liberdade e de privacidade"*.

A partir disso, é possível perceber (assim como percebeu o legislador ao editar a LGPD) que existe uma **relação de instrumentalidade** entre o direito à privacidade e o direito à proteção de dados pessoais, sendo este um instrumento de concretização daquele. A mesma relação instrumental existe, conforme já decidiu o STF, entre o direito de reunião e o direito de liberdade de expressão, como restou decidido no caso da "Marcha da Maconha" (ADPF 187), que estudamos anteriormente neste capítulo.

O direito fundamental à proteção de dados pessoais, portanto, viabiliza a proteção da vida privada, sendo um verdadeiro instrumento desta.

Além disso, é importante perceber que o direito à proteção de dados pessoais se apresenta como um direito **mais amplo do que o direito à privacidade e do que o direito ao sigilo de dados.**

Isso porque a "proteção" de dados pessoais envolve regras para o tratamento desses dados e o seu uso compartilhado por pessoas públicas ou privadas. Como é possível perceber, "proteger" dados pessoais compreende a proteção da privacidade e o sigilo de determinados dados do indivíduo, mas não se limita a isso. Em outras palavras: impor o sigilo de certos dados e a proteção da privacidade é uma das modalidades (ou espécies) de proteção de dados das pessoas, mas não a única. Os dados pessoais também podem ser protegidos, por exemplo, por meio da fixação de requisitos para que eles sejam coletados, armazenados e divulgados por terceiros, como é feito pela LGPD.

Por fim, é interessante registrar que, antes mesmo da EC 115/2022, já havia precedentes jurisprudenciais (notadamente, no âmbito do Superior Tribunal de Justiça) tratando do direito fundamental à proteção de dados pessoais na *internet*, especialmente, à luz da Lei 12.965/2014 ("Marco Civil da Internet") e da Lei 13.709/2018 (LGPD).

Nesses precedentes, foi utilizada a diferenciação feita pela Lei 12.965/2014 ("Marco Civil da Internet") entre **provedores de conexão à *internet* e provedores de aplicações de *internet*.** Basicamente, a diferença entre eles é a seguinte: os provedores de conexão são aqueles que fornecem ao usuário o acesso à *internet* por meio de um terminal (um computador, um telefone celular etc.), enquanto os provedores de aplicações são aqueles que fornecem ao usuário funcionalidades que podem ser utilizadas a partir de um terminal com acesso à *internet* (como é o caso dos serviços de *e-mail*, das redes sociais, do armazenamento de dados em nuvem etc.).

> "**Art. 5º, Lei 12.965/2014.** Para os efeitos desta Lei, considera-se:
>
> (...)
>
> V - **conexão à internet**: a habilitação de um terminal para envio e recebimento de pacotes de dados pela internet, mediante a atribuição ou autenticação de um endereço IP;
>
> (...)
>
> VII - **aplicações de internet**: o conjunto de funcionalidades que podem ser acessadas por meio de um terminal conectado à internet;
>
> (...)"

O **STJ** já decidiu, por exemplo, o seguinte:

I) No caso de uma conta de *e-mail* sofrer um ataque *hacker* que delete as mensagens nela armazenadas, o respectivo provedor (no caso, um **provedor de aplicações de *internet***) não pode ser compelido a fornecer o conteúdo dessas mensagens, pois a Lei 12.965/2014 ("Marco Civil da Internet") não prevê a obrigação de os provedores de aplicações de *internet* armazenarem as mensagens existentes nas contas de *e-mail* dos seus usuários, o que, inclusive, é uma restrição à atuação desses servidores que tem como objetivo resguardar a privacidade dos usuários. Nas palavras do Tribunal, *"no Marco Civil da Internet, há apenas duas categorias de dados que devem ser obrigatoriamente armazenados: os registros de conexão (art. 13) e os registros de acesso à aplicação (art. 15). A restrição dos dados a serem armazenados pelos provedores de conexão e de aplicação visa a garantir a privacidade e a proteção da vida privada dos cidadãos usuários da Internet. Não há, assim, previsão legal atribuindo aos provedores de aplicações que oferecem serviços de e-mail, como é o caso da recorrida, o dever de armazenar as mensagens recebidas ou enviadas pelo usuário e que foram deletadas"* **(REsp 1.885.201, Rel. Min. NANCY ANDRIGHI, Terceira Turma, j. 23/11/2021)**.

II) Os provedores de conexão e de aplicações de *internet* têm a obrigação, estabelecida pelo art. 22 do "Marco Civil da Internet", de **armazenar dados dos usuários** para fornecê-los quando determinado judicialmente com a finalidade de viabilizar a responsabilização civil e/ou criminal pela prática de ilícitos. No entanto, esses dados não podem ser fornecidos de forma indiscriminada e em relação a uma coletividade de usuários, sendo indispensável, para o fornecimento dessas informações, que haja pedido específico e fundamentado, indicando as suas razões e os usuários envolvidos. Nas palavras do Tribunal, *"Nos termos da Lei n. 12.965/2014 (art. 22),* ***a parte interessada poderá pleitear ao juízo****, com o propósito de formar conjunto probatório em processo judicial cível ou penal, em caráter incidental ou autônomo,* ***que ordene ao responsável pela guarda o fornecimento de registros de conexão ou de registros de acesso a aplicações de internet****. Para tanto, sob pena de* *admissibilidade, exige a norma que haja: I - fundados indícios da ocorrência do ilícito; II - justificativa motivada da utilidade dos registros solicitados para fins de investigação ou instrução probatória; e III - período ao qual se referem os registros (parágrafo único). (...) **É vedado ao provedor de aplicações de internet - em pedido genérico e coletivo, sem a especificação mínima de uma conduta ilícita realizada - fornecer dados, de forma indiscriminada**, dos usuários que tenham compartilhado determinada postagem"* **(REsp 1.859.665, Rel. Min. LUIS FELIPE SALOMÃO, Quarta Turma, j. 09/03/2021).**

III) Para fins de viabilizar a responsabilização de usuários pela prática de ilícitos na *internet*, os **provedores de conexão à *internet* têm a obrigação de armazenar os dados pessoais/cadastrais dos usuários** (como nome, endereço, RG, CPF) para fornecê-los quando houver determinação judicial nesse sentido. Por outro lado, **os provedores de aplicações de *internet* têm a obrigação de armazenar tão somente os dados de conexão dos usuários** (dentre os quais, o endereço IP). Nas palavras do Tribunal, *"em relação ao dever jurídico em si de prestar informações sobre a identidade de usuário de serviço de internet, ofensor de direito alheio, **o entendimento mais recente da Corte reconhece a obrigação do provedor de conexão/acesso à internet de**, uma vez instado pelo Poder Judiciário, **fornecer, com base no endereço de IP ("Internet Protocol"), os dados cadastrais de usuário autor de ato ilícito**, sendo possível a imposição de multa no caso de descumprimento da ordem, "mesmo que seja para a apresentação de dados cadastrais" (...). (...) enquanto **aos provedores de aplicação é exigida a guarda dos dados de conexão** (nestes incluído o respectivo IP), **aos provedores de acesso ou de conexão cumprirá a guarda de dados pessoais dos usuários**, sendo evidente, na evolução da jurisprudência da Corte, a tônica da efetiva identificação do usuário"* **(REsp 1.914.596, Rel. Min. LUIS FELIPE SALOMÃO, Quarta Turma, j. 23/11/2021).**

IV) O dever dos provedores de conexão à *internet* de armazenar e fornecer dados cadastrais dos usuários responsáveis pela prática de ilícitos já existia mesmo antes da Lei 12.965/2014 ("Marco Civil da Internet"), pois esses provedores têm o **dever jurídico de armazenar esses dados durante o prazo de prescrição de eventual pretensão de reparação civil.** Nas palavras do Tribunal, há o *"reconhecimento pela jurisprudência de um dever jurídico dos provedores de acesso de armazenar dados cadastrais de seus usuários durante o prazo de prescrição de eventual ação de reparação civil"* **(REsp 1622483, Rel. Min. PAULO DE TARSO SANSEVERINO, Terceira Turma, j. 15/05/2018).**

V) Embora os provedores de aplicações de *internet* não tenham o dever de armazenar dados cadastrais (pessoais) dos seus usuários (dever que é imposto apenas aos provedores de conexão à *internet*), eles não podem alegar a impossibilidade de identificar individualmente os seus usuários, pois lhes é imposta a obrigação de armazenar os dados de conexão deles, dentre os quais, o endereço IP. Por isso, **é dever dos provedores de aplicações a identificação de cada usuário a partir do IP das suas publicações, de modo que estas não fiquem anônimas e seja possível determinar a sua autoria.** Nas palavras do Tribunal, *"ainda que não exija os dados pessoais dos seus usuários,*

> *o provedor de conteúdo, que registra o número de protocolo na internet (IP) dos computadores utilizados para o cadastramento de cada conta, mantém um* ***meio razoavelmente eficiente de rastreamento dos seus usuários****, medida de segurança que corresponde à diligência média esperada dessa modalidade de provedor de serviço de internet. (...) A jurisprudência deste Superior Tribunal de Justiça é consolidada no sentido de - para adimplir sua obrigação de identificar usuários que eventualmente publiquem conteúdos considerados ofensivos por terceiros -* ***é suficiente o fornecimento do número IP correspondente à publicação ofensiva*** *indicada pela parte"* **(REsp 1829821. Rel. Min. NANCY ANDRIGHI, Terceira Turma, j. 25/08/2020).**

▶ Possibilidade de compartilhamento de dados pessoais entre órgãos e entidades da administração pública

Envolvendo os temas do direito à privacidade e da proteção de dados pessoais, o Supremo Tribunal Federal apreciou a seguinte questão: os órgãos e entidades da Administração Pública podem compartilhar entre si dados pessoais, isto é, dados relativos às pessoas dos administrados?

Essa questão foi analisada pela Corte na **ADI 6649** e na **ADPF 695**, ambas julgadas em 15/09/2022, nas quais foi questionada a validade do Decreto 10.046/2019, editado pelo Presidente da República para disciplinar o compartilhamento de dados no âmbito da Administração Pública federal.

O que decidiu o STF?

O Supremo Tribunal Federal decidiu que é **válido** o compartilhamento de dados pessoais entre órgãos e entidades da Administração Pública, desde que atendidos certos requisitos indispensáveis para que fique resguardado o direito fundamental à proteção de dados pessoais.

Segundo a Corte, para que o compartilhamento de dados pessoais entre órgãos e entidades da Administração Pública seja válido, é necessário que:

I) Seja dada **publicidade** ao compartilhamento realizado;

II) Haja a indicação de uma **finalidade específica e legítima** que justifique o compartilhamento;

III) Os dados compartilhados se limitem aos que forem **estritamente necessários** para o atendimento da finalidade de interesse público informada como justificativa (portanto, o compartilhamento deve ser mínimo, não devendo ultrapassar aquilo que for indispensável); e

IV) Sejam **observadas as normas da Lei Geral de Proteção de Dados** (LGPD) compatíveis com a Administração Pública.

Além disso, o STF estabeleceu as seguintes balizas:

a) A Administração Pública deve ter rigorosos mecanismos de controle de acesso à sua base de dados pessoais, acesso esse que fica limitado a órgãos e entidades que comprovem real necessidade de consulta a esses dados.

b) A Administração Pública deve adotar mecanismos de segurança compatíveis com a LGPD (para que seja respeitado o direito fundamental à proteção de dados pessoais), a exemplo de um sistema eletrônico de registro de acesso, o qual, inclusive, auxiliará em caso de eventual responsabilização pelo compartilhamento ou uso indevido dos dados ou pelo cometimento de outros abusos.

c) Para que novos dados sobre pessoas sejam incluídos nos bancos de dados da Administração Pública, deve haver prévia justificativa formalizada (isto é, por escrito) na qual fique demonstrada a necessidade da inclusão desses dados à luz da proporcionalidade, da razoabilidade e da LGPD. A mesma coisa deve ser feita para que seja incluído algum novo tema (isto é, alguma nova categoria de dados) na base de dados do poder público.

d) Quando o compartilhamento de dados ocorrer no bojo de operações de inteligência, ele deverá observar a legislação específica aplicável e as exigências estabelecidas pelo próprio Supremo Tribunal Federal no julgamento da **ADI 6529**, na qual foram fixadas condicionantes para o compartilhamento de dados pelos órgãos do SISBIN (Sistema Brasileiro de Inteligência). Nesse precedente, a Corte decidiu que *"a) os órgãos componentes do Sistema Brasileiro de Inteligência* ***somente podem fornecer dados e conhecimentos específicos à ABIN quando comprovado o interesse público da medida****, afastada qualquer possibilidade de o fornecimento desses dados atender a interesses pessoais ou privados; b) qualquer solicitação de dados* ***deverá ser devidamente motivada*** *para eventual controle de legalidade pelo Poder Judiciário; c) mesmo presente interesse público, os dados referentes às* ***comunicações telefônicas ou dados sujeitos à reserva de jurisdição não podem ser compartilhados*** *na forma do dispositivo legal, decorrente do imperativo de respeito aos direitos fundamentais; d) nas hipóteses cabíveis de fornecimento de informações e dados à ABIN,* ***são imprescindíveis procedimento formalmente instaurado e existência de sistemas eletrônicos de segurança e registro de acesso****, inclusive para efeito de responsabilização em caso de eventual omissão, desvio ou abuso".*

▪ LIBERDADE PROFISSIONAL (ART. 5º, XIII, CF/88)

O direito fundamental de liberdade profissional (ou liberdade de trabalho, ou liberdade de profissão, ou liberdade de exercício profissional) encontra-se previsto no art. 5º, XIII, da CF/88, que estabelece ser livre o exercício de qualquer trabalho, mas permite que a lei estabeleça restrições a essa liberdade.

Por força desse dispositivo, os indivíduos podem livremente escolher qualquer profissão que queiram exercer, porém, é possível que o Estado estabeleça, por lei, determinadas restrições e exigências para que certas atividades profissionais sejam exercidas.

O art. 5º, XIII, da CF/88, portanto, é uma **norma constitucional de eficácia contida**, pois a sua aplicabilidade é direta e imediata (já que as pessoas têm direito à liberdade profissional, independentemente de qualquer regulamentação infraconstitucional), mas pode ser restringida (pois a regulamentação infraconstitucional, embora não seja indispensável, é admitida, e, sendo feita, pode trazer restrições ao direito).

> "**Art. 5º, XIII, CF/88** - é livre o exercício de qualquer trabalho, ofício ou profissão, atendidas as qualificações profissionais que a lei estabelecer;"

Qual entidade federada tem **competência** para legislar criando restrições e exigências para o exercício de profissões? A **União**, nos termos do art. 22, XVI, da CF/88. Portanto, apenas normas federais podem restringir a liberdade de exercício profissional, não tendo os Estados, o Distrito Federal e os Municípios competência constitucional para isso.

Além disso, segundo a jurisprudência do STF, para que o legislador imponha restrições e condições ao exercício de alguma profissão, deve haver um motivo constitucionalmente legítimo que justifique a medida. É necessário, portanto, que haja razoabilidade e proporcionalidade na limitação da liberdade profissional e que a limitação não viole (outras) disposições constitucionais.

Uma das profissões cujo exercício sofre limitações por lei é a **advocacia.**

Exemplos de normas que vedam o exercício da advocacia por determinadas pessoas são o próprio Estatuto da OAB (Lei 8.906/94) e a Lei 13.316/2016 (que disciplina as carreiras dos servidores do MPU e do CNMP).

Na **ADI 5235**, julgada em 14/06/2021, foram impugnados dispositivos dessas leis, mais precisamente, dispositivos que proíbem servidores do Poder Judiciário e do Ministério Público da União de exercerem a advocacia, além de vedarem que essa atividade seja desempenhada por servidores públicos em geral contra a Fazenda Pública que os remunera.

Veja o teor desses dispositivos:

> "**Art. 28, Lei 8.906/94.** A advocacia é incompatível, mesmo em causa própria, com as seguintes atividades:
>
> (...)
>
> IV - ocupantes de cargos ou funções vinculados direta ou indiretamente a qualquer órgão do Poder Judiciário e os que exercem serviços notariais e de registro;
>
> (...)"
>
> "**Art. 30, Lei 8.906/94.** São impedidos de exercer a advocacia: I - os servidores da administração direta, indireta e fundacional, contra a Fazenda Pública que os remunere ou à qual seja vinculada a entidade empregadora;
>
> (...)"
>
> "**Art. 21, Lei 13.316/2016.** Aos servidores efetivos, requisitados e sem vínculo do Ministério Público da União é vedado o exercício da advocacia e de consultoria técnica, ressalvado o disposto no art. 29 da Lei nº 8.906, de 4 de julho de 1994."

O que decidiu o STF?

O Supremo Tribunal Federal decidiu que essas proibições são **constitucionais**, pois, nos termos do art. 5º, XIII, da CF/88, é perfeitamente possível que o legislador estabeleça restrições ao exercício de profissões. Além disso, as normas impugnadas, ao proibirem que servidores públicos exerçam uma atividade profissional que, por motivos diversos, tem potencial para levá-los a desempenhar suas funções de forma inadequada, têm como finalidade proteger a eficiência, a moralidade e a isonomia no âmbito da Administração Pública. Tendo em vista que a restrição em questão é um meio adequado para atingir a finalidade proposta, ela atende a proporcionalidade.

Nos termos da ementa do julgamento, *"a intervenção dos Poderes Públicos na liberdade de exercício de atividade, ofício ou profissão* ***deve sempre manter correspondência com o objetivo de proteger a coletividade*** *contra possíveis riscos indesejados decorrentes da própria prática profissional ou de conferir primazia à promoção de outros valores de relevo constitucional, como,* ***no caso, a garantia da eficiência, da moralidade e da isonomia no âmbito da Administração Pública****. (...) As incompatibilidades previstas no Estatuto da Ordem dos Advogados do Brasil (Lei nº 8.906/94) restritivas do exercício da advocacia por analistas, técnicos e auxiliares do Poder Judiciário e do Ministério Público da União* ***configuram restrições adequadas e razoáveis à liberdade de exercício profissional por traduzirem expressão de valores constitucionalmente protegidos****"*.

Em seu voto, a Min. Rosa Weber (relatora) explicou as razões da decisão, esclarecendo que:

> *"a Constituição Federal de 1988 consagra a liberdade de exercício profissional como direito fundamental titularizado por todas as pessoas (CF, art. 5º, XIII). Essa liberdade fundamental, no entanto, traduz hipótese de norma fundamental de* ***eficácia contida*** *(segundo a classificação de José Afonso da Silva). Isso significa tratar-se de direito passível de ser usufruído imediatamente e em toda sua extensão, sem a necessidade de interposição legislativa, mas* ***somente enquanto não sobrevier lei ordinária restringindo seu âmbito de aplicação****. Compete privativamente à União estabelecer tais restrições à liberdade de exercício profissional, legislando sobre as condições a serem observadas para o exercício de profissões (CF, art. 22, XVI):*
>
> *(...)*
>
> *A intervenção dos Poderes Públicos na liberdade de exercício de atividade, ofício ou profissão deve sempre manter correspondência com o objetivo de* ***proteger a coletividade contra possíveis riscos*** *decorrentes da própria prática profissional ou de* ***conferir primazia à promoção de outros valores de relevo constitucional****, como a moralidade, a eficiência, a igualdade, a segurança pública, entre outros, na linha da jurisprudência desta Corte:*
>
> *(...)*
>
> *A orientação jurisprudencial firmada pelo Supremo Tribunal Federal já assentou, em inúmeros precedentes,* ***a compatibilidade com o texto constitucional de normas restritivas ao exercício da advocacia****, desde que a limitação profissional em questão satisfaça os critérios de adequação e razoabilidade e atenda à finalidade de proteger a coletividade contra riscos sociais indesejados ou ao propósito de assegurar a observância de outros princípios constitucionais:*
>
> *(...)*
>
> *No que se refere aos* ***servidores públicos****, o Supremo Tribunal Federal reconheceu a constitucionalidade da vedação ao exercício da advocacia por servidores dos Ministérios Públicos estaduais e da União, enfatizando tratar-se de limitação voltada à garantia da observância dos princípios constitucionais* ***da isonomia, da moralidade e da eficiência*** *no âmbito da Administração Pública:*

> *(...)*
>
> *Em conclusão, as **incompatibilidades** previstas no Estatuto da Ordem dos Advogados do Brasil (Lei nº 8.906/94) **restritivas do exercício da advocacia** por analistas, técnicos e auxiliares do Poder Judiciário e do Ministério Público da União configuram restrições adequadas e razoáveis à liberdade de exercício profissional por traduzirem expressão dos valores constitucionais da eficiência, da moralidade e da isonomia no âmbito da Administração Pública.*
>
> *(...)"*

Como se pode perceber, essa questão não é nova no âmbito do Supremo Tribunal Federal, e a Corte já havia reconhecido, anteriormente, a validade da vedação do exercício da advocacia por servidores públicos. Podem ser citados como exemplos os seguintes precedentes:

I) **ADI 5454** (j. 15/04/2020), na qual foi reconhecida a constitucionalidade de resolução do CNMP que vedava o exercício da advocacia por servidores do MPU e dos Ministérios Públicos dos Estados.

II) **ADI 3.541** (j. 12/02/2014) e **RE 550.005 AgR** (j. 08/05/2012), nos quais foi reconhecida a constitucionalidade do art. 28, V, do Estatuto da OAB, que veda o exercício da advocacia por servidores públicos ligados a atividades policiais (a exemplo dos Delegados de Polícia).

Essa mesma linha de raciocínio foi utilizada posteriormente pelo STF na **ADI 7227** (j. 18/03/2023), na qual a Corte julgou **inconstitucional** norma que alterou o Estatuto da OAB (a Lei 8.906/94) para estabelecer que a proibição nele contida de exercício da advocacia por policiais e por militares da ativa não se aplicaria quando esses agentes públicos exercessem a advocacia em causa própria.

A vedação de exercício da advocacia por policiais e por militares da ativa está prevista no art. 28, V e VI, do Estatuto da OAB (Lei 8.906/94), e a Lei 14.365/22 incluiu nesse artigo os §§ 3º e 4º, estabelecendo que essa vedação não se aplicaria em caso de exercício da advocacia em causa própria.

Veja:

> "**Art. 28, Lei 8.906/94.** A advocacia é incompatível, mesmo em causa própria, com as seguintes atividades:
>
> (...)
>
> V - ocupantes de cargos ou funções **vinculados direta ou indiretamente a atividade policial de qualquer natureza**;
>
> VI - **militares** de qualquer natureza, na ativa;
>
> (...)
>
> **§ 3º** As causas de incompatibilidade previstas nas hipóteses dos incisos V e VI do caput deste artigo não se aplicam ao exercício da advocacia em causa própria, estritamente para fins de defesa e tutela de direitos pessoais, desde que mediante inscrição especial na OAB, vedada a participação em sociedade de advogados.
>
> **§ 4º** A inscrição especial a que se refere o § 3º deste artigo deverá constar do documento profissional de registro na OAB e não isenta o profissional do pagamento da contribuição anual, de multas e de preços de serviços devidos à OAB, na forma por ela estabelecida, vedada cobrança em valor superior ao exigido para os demais membros inscritos."

Os §§ 3º e 4º do art. 28 do Estatuto da OAB foram impugnados na ADI 7227, e o Supremo Tribunal Federal os declarou inconstitucionais. Segundo o STF as vedações ao exercício da advocacia contidas no Estatuto da OAB têm como objetivo preservar a liberdade e independência do próprio advogado no exercício da profissão, o que fica prejudicado quando policiais e militares da ativa podem exercer a advocacia, pois esses agentes públicos submetem-se a regime de hierarquia que pode reduzir sua autonomia como advogados, além de estarem inseridos em uma estrutura estatal que pode prejudicar a sua imparcialidade no exercício da advocacia (em outras palavras: esses agentes públicos, embora atuando como advogados, podem acabar sendo compelidos a favorecer o interesse do poder público em detrimento dos seus deveres como advogados).

Ademais, os policiais e os militares da ativa, em virtude das suas funções públicas, acabam tendo acesso a documentos e informações que os advogados em geral não têm, de modo que, caso pudessem exercer a advocacia, poderia haver um desequilíbrio nas relações processuais em que eles atuassem, violando, assim, a isonomia.

Por essas razões, o STF entendeu não haver como compatibilizar o exercício da advocacia, ainda que em causa própria, com o exercício de cargos policiais ou com as atividades militares da ativa.

Nas exatas palavras da Corte, *"a incompatibilidade do exercício da advocacia, mesmo em causa própria, pelos integrantes das polícias e militares na ativa, objetiva obstar a ocorrência de conflitos de interesse, preservar a necessidade de exclusividade no desempenho das atividades policiais ou militares, ou da função de advogado, e manter o núcleo essencial do direito à liberdade de profissão, que não é inviabilizado em geral, mas restrito o exercício concomitante de duas profissões, assegurada, contudo, a liberdade de escolha entre elas"*.

Mas é necessário reiterar – para que fique bem compreendido – o seguinte: a restrição ao exercício de qualquer profissão somente é constitucional quando é justificada por algum motivo constitucionalmente legítimo (ou seja, quando tem como finalidade proteger algum outro interesse tutelado pela Constituição), quando é proporcional (isto é, quando atende as exigências de necessidade, adequação e proporcionalidade em sentido estrito) e quando não viola outras normas constitucionais.

Por essa razão, o STF já reconheceu ser inválida a restrição à atividade profissional de músico, o que ocorreu na **ADPF 183**, julgada em 27/09/2019. Nessa ação, foi impugnada a Lei 3.857/60 (que cria a Ordem dos Músicos do Brasil – OMB e regulamenta o exercício da profissão de músico), mais precisamente, os seus dispositivos que previam que o exercício da profissão de músico dependia de registro na OMB e que essa entidade podia fiscalizar os músicos, inclusive, aplicando penalidades.

O STF decidiu que essas normas não foram recepcionadas pela CF/88, pois inexiste justificativa constitucionalmente legítima para a restrição da atividade profissional de músico, tendo em vista que não há nenhum interesse de terceiro que possa ser protegido por essa limitação, além de ela (a restrição) violar o direito de liberdade de manifestação artística, assegurado pelo art. 5º, IX, da CF/88, segundo o qual, *"é livre a expressão da atividade intelectual, artística, científica e de comunicação, independentemente de censura ou licença"*.

A ementa do acórdão foi redigida nos seguintes termos:

> "(...) 1. O art. 5º, XIII, parte final, da CF admite a limitação do exercício dos trabalhos, ofícios ou profissões, **desde que materialmente compatível com os demais preceitos do texto constitucional**, em especial o valor social do trabalho (arts. 1º, IV; 6º, caput e inciso XXXII; 170, caput e inciso VIII; 186, III, 191 e 193 da CF) e a liberdade de manifestação artística (art. 5º, IX, da CF). 2. As limitações ao livre exercício das profissões **serão legítimas apenas quando o inadequado exercício de determinada atividade possa vir a causar danos a terceiros e desde que obedeçam a critérios de adequação e razoabilidade**, o que não ocorre em relação ao exercício da profissão de músico, ausente qualquer interesse público na sua restrição. 3. A existência de um conselho profissional com competências para selecionar, disciplinar e fiscalizar o exercício da profissão de músico (art. 1º), para proceder a registros profissionais obrigatórios, para expedir carteiras profissionais obrigatórias (arts. 16 e 17) e para exercer poder de polícia, aplicando penalidades pelo exercício ilegal da profissão (arts. 18, 19, 54 e 55), **afronta as garantias da liberdade de profissão e de expressão artística.** (...)" **(ADPF 183, Pleno, j. 27/09/2019)**

Seguindo essa mesma linha de raciocínio, o Supremo Tribunal Federal, no **RE 511.961**, julgado em 17/06/2009, decidiu ser incompatível com a Constituição Federal a exigência (prevista no Decreto-Lei 972/69) de diploma de nível superior em curso de jornalismo como condição para o exercício da profissão de jornalista.

Segundo explicou a Corte, exigir a formação de nível superior nesse caso, em vez de proteger direitos tutelados pelo texto constitucional (em especial, as liberdades de expressão e de informação), viola-os. Portanto, essa exigência contraria os objetivos que autorizam a restrição de direitos fundamentais, qual seja, proteger outros direitos constitucionalmente tutelados.

Confira o seguinte trecho da ementa desse precedente:

> "(...) As liberdades de expressão e de informação e, especificamente, a liberdade de imprensa, somente podem ser restringidas pela lei em hipóteses excepcionais, sempre em razão da proteção de outros valores e interesses constitucionais igualmente relevantes, como os direitos à honra, à imagem, à privacidade e à personalidade em geral. (...) **A ordem constitucional apenas admite a definição legal das qualificações profissionais na hipótese em que sejam elas estabelecidas para proteger, efetivar e reforçar o exercício profissional das liberdades de expressão e de informação por parte dos jornalistas. Fora desse quadro, há patente inconstitucionalidade da lei.** A exigência de diploma de curso superior para a prática do jornalismo - o qual, em sua essência, é o desenvolvimento profissional das liberdades de expressão e de informação - não está autorizada pela ordem constitucional, pois constitui uma restrição, um impedimento, uma verdadeira supressão do pleno, incondicionado e efetivo exercício da liberdade jornalística, expressamente proibido pelo art. 220, § 1º, da Constituição. (...)" **(RE 511961, Pleno, Rel. Min. GILMAR MENDES, j. 17/06/2009)**

Por outro lado, por considerar ser uma medida proporcional, o Supremo Tribunal Federal julgou constitucional a vedação legal de exercício de outras atividades profissionais imposta a servidores efetivos de agências reguladoras (**ADI 6033**, j. 06/03/2023). Segundo a Corte, o regime jurídico especial das agências reguladoras e o interesse público que está envolvido na sua atuação justifica a imposição de um regime jurídico mais rígido aos seus servidores. Com base nesse entendimento, o STF fixou a tese segundo a qual *"é constitucional norma legal que veda aos servidores titulares de cargo efetivo de agências reguladoras o exercício de outra atividade profissional, inclusive gestão operacional de empresa, ou de direção político-partidária"*.

Confira a ementa desse julgamento:

> "(...) 1. Ação direta de inconstitucionalidade contra os arts. 23, II, c, e 36-A, da Lei nº 10.871/2004, que **proíbem, aos servidores efetivos das agências reguladoras, o exercício de outra atividade profissional**, inclusive gestão operacional de empresa, ou direção político-partidária, excetuados os casos admitidos em lei. 2. A Constituição Federal de 1988 estabelece que "é livre o exercício de qualquer trabalho, ofício ou profissão, atendidas as qualificações profissionais que a lei estabelecer" (art. 5º, XVIII). O art. 37, I, da CF/1988, por sua vez, estipula a acessibilidade aos cargos públicos aos brasileiros que preencham os requisitos previstos em lei. O art. 39, caput, da CF/1988, prevê que os entes federados instituirão, no âmbito de sua competência, regime jurídico e planos de carreira para os servidores da administração pública direta, das autarquias e fundações públicas. 3. Assim, **o constituinte delegou ao legislador ordinário competência para: (i) especificar as restrições profissionais ao exercício de qualquer trabalho, ofício ou profissão; (ii) regular os requisitos de acesso aos cargos públicos; e (iii) dispor sobre o regime jurídico e planos de carreira dos servidores públicos ocupantes de cargos efetivos**. A criação de regimes de trabalho especiais e de proibições funcionais mais intensas a determinadas categorias de servidores públicos insere-se na liberdade de conformação do Parlamento, à luz do princípio democrático, desde que observado o princípio da proporcionalidade. 4. **As agências reguladoras independentes são autarquias de regime especial**, caracterizadas por independência administrativa, ausência de subordinação hierárquica, mandato fixo, estabilidade de seus dirigentes e autonomia financeira. Esse regime especial foi concebido para lhes assegurar independência e isenção no desempenho de suas funções normativas, fiscalizatórias e sancionatórias. **Justifica-se, desse modo, a previsão de normas funcionais mais rígidas tendo por finalidade a prevenção de potenciais conflitos de interesses que possam comprometer o interesse público subjacente às funções das agências.** 5. As normas contidas nos arts. 23, II, c, e 36-A, da Lei nº 10.871/2004 asseguram a observância dos princípios da moralidade, da eficiência administrativa e da isonomia e **são meios proporcionais aptos a garantir a indispensável isenção e independência dos servidores das agências reguladoras**. Precedentes. (...)" **(ADI 6033, Pleno, Rel. Min. ROBERTO BARROSO, j. 06/03/2023)**

▪ DIREITO DE REUNIÃO (ART. 5º, XVI, CF/88)

O direito de reunião está previsto no art. 5º, XVI, da CF/88, nos seguintes termos:

> *"Art. 5º, XVI, CF/88* - todos podem reunir-se pacificamente, sem armas, em locais abertos ao público, independentemente de autorização, desde que não frustrem outra reunião anteriormente convocada para o mesmo local, sendo apenas exigido prévio aviso à autoridade competente;"

Esse dispositivo deixa claro que, desde que de forma pacífica, todos podem se reunir em locais públicos independentemente de qualquer autorização estatal, mas é necessário que quem pretenda se reunir comunique a realização do evento às autoridades. O objetivo da exigência de prévia comunicação é permitir que a Administração tome as providências necessárias para que a realização da reunião não viole direitos de terceiros, como o direito de ir e vir e o de realização de outras reuniões.

Imagine, por exemplo, uma situação em que seja convocada uma reunião pública a ser realizada na Avenida Paulista, localizada na região central do Município de São Paulo. Nessa hipótese, a comunicação do evento às autoridades tem a função de permitir que sejam tomadas as providências administrativas necessárias para que a realização da reunião, por exemplo, não impeça que as pessoas que morem na região tenham acesso às suas residências (direito de ir e vir) nem inviabilize a realização de outras reuniões já convocadas anteriormente.

Pela leitura do texto constitucional (art. 5º, XVI), pode parecer que a falta de aviso prévio formal às autoridades torna ilícita a reunião. Porém, segundo decidiu o STF no Tema de Repercussão Geral nº 855 (**RE 806339**, julgado em 15/12/2020), esse aviso não é indispensável.

À semelhança do que afirmou quando julgou o caso da "Marcha da Maconha", a Corte entendeu que o direito de reunião existe como um instrumento para viabilizar a liberdade de expressão (a qual tem recebido especial proteção da jurisprudência do Tribunal) e, como tal, não pode ficar condicionado a uma comunicação formal, sendo suficiente que o poder público tenha tomado conhecimento do evento por outros meios, como ocorre quando há divulgação do ato nos meios de comunicação ao público geral (que foi o que aconteceu nesse caso concreto). Dessa maneira, ficam viabilizadas as reuniões espontâneas (aquelas convocadas sem grandes planejamentos), não havendo a necessidade de observância de formalidades e de uma organização exagerada, que, provavelmente, inviabilizariam o exercício do direito.

Nos termos da tese fixada nesse julgamento, *"a exigência constitucional de aviso prévio relativamente ao direito de reunião é satisfeita com a veiculação de informação que permita ao poder público zelar para que seu exercício se dê de forma pacífica ou para que não frustre outra reunião no mesmo local"*.

▪ DIREITO DE ASSOCIAÇÃO (ART. 5º, XVII, XVIII, XIX, XX E XXI, CF/88)

O direito de associação é tratado por diversos incisos do art. 5º da CF/88, mais precisamente, pelos incisos XVII a XXI.

De forma resumida, o que esses dispositivos estabelecem é o seguinte:

a) A **liberdade de associação para fins lícitos é plena**, mas, em caso de associação de caráter paramilitar, fica vedada;

b) A **criação de associações e cooperativas independem de autorização do Estado**, que não pode interferir no funcionamento dessas entidades;

c) **Não é permitido que se imponha às associações, compulsoriamente, a sua dissolução ou a suspensão de suas atividades, exceto por decisão judicial** (trata-se de um ato submetido à reserva de jurisdição), decisão essa que, especificamente para dissolver uma associação, deve se encontrar transitada em julgado;

d) Os indivíduos são livres para se associarem, para permanecerem associados e para deixarem as associações. Ou seja, é assegurado o direito de **liberdade de associação**;

e) Mediante autorização, **as associações podem representar seus filiados** nos âmbitos judicial e extrajudicial.

> "Art. 5º, CF/88.
>
> (...)
>
> **XVII - é plena a liberdade de associação para fins lícitos, vedada a de caráter paramilitar;**
>
> **XVIII - a criação de associações e, na forma da lei, a de cooperativas independem de autorização, sendo vedada a interferência estatal em seu funcionamento;**
>
> **XIX - as associações só poderão ser compulsoriamente dissolvidas ou ter suas atividades suspensas por decisão judicial, exigindo-se, no primeiro caso, o trânsito em julgado;**
>
> **XX - ninguém poderá ser compelido a associar-se ou a permanecer associado;**
>
> **XXI - as entidades associativas, quando expressamente autorizadas, têm legitimidade para representar seus filiados judicial ou extrajudicialmente;**
>
> **(...)"**

Envolvendo especificamente a **liberdade de associação** (art. 5º, XVII e XX, CF/88), o Supremo Tribunal Federal, em 25/10/2021, julgou a **ADI 4267**, na qual houve o questionamento sobre a possibilidade ou não de uma lei impor às pessoas portadoras de deficiência visual proprietárias de cães-guias e aos respectivos instrutores e famílias de acolhimento a obrigação de serem filiados, ainda que indiretamente, a federação internacional de cães-guias.

Nessa ação, foi impugnada uma lei do Estado de São Paulo que exigia que cães-guias, seus instrutores e famílias de acolhimento tivessem documentação expedida por federação internacional de cães-guias ou por escola de treinamento filiada a essa entidade, e o STF decidiu que **essa exigência é inconstitucional**, por impor a filiação compulsória a uma entidade privada, o que viola o **direito fundamental de liberdade de associação**, que assegura aos indivíduos a livre decisão sobre se associarem, sobre permanecerem associados e sobre deixarem suas associações.

Também com fundamento do direito fundamental de **liberdade de associação**, o STF considerou inconstitucional que, sem previsão legal, **associações de moradores de loteamentos urbanos** cobrem **taxas de manutenção e conservação** de moradores não associados. Isso porque a cobrança compulsória desses valores sem autorização em lei equivale a uma imposição de associação, o que viola a liberdade de associação.

Esse entendimento foi firmado no **Tema de Repercussão Geral nº 492** (RE 695.911, j. 15/12/2020). Segundo decidiu a Corte, a questão envolve o tema do uso, parcelamento e ocupação do solo urbano, que é de competência legislativa concorrente, de modo que, para que ocorra a cobrança em questão, é necessário que haja previsão em lei editada por alguma das entidades federativas.

A Lei 13.465/2017, que alterou a Lei 6.766/79 (Lei do Parcelamento do Solo Urbano), tratou da questão e permitiu a cobrança das mencionadas taxas mediante o atendimento de determinadas condições. Antes dessa lei, conforme explicou a Corte, essa cobrança apenas seria legítima se alguma lei local a autorizasse, o que era plenamente possível, tendo em vista que a disciplina do uso, parcelamento e ocupação do solo urbano é de competência legislativa concorrente.

Nos termos da tese fixada pelo STF, *"é inconstitucional a cobrança por parte de associação de taxa de manutenção e conservação de loteamento imobiliário urbano de proprietário não associado até o advento da Lei nº 13.465/17 ou de anterior lei municipal que discipline a questão, a partir do qual se torna possível a cotização de proprietários de imóveis, titulares de direitos ou moradores em loteamentos de acesso controlado, desde que, i) já possuidores de lotes, tenham aderido ao ato constitutivo das entidades equiparadas a administradoras de imóveis ou, (ii) no caso de novos adquirentes de lotes, o ato constitutivo da obrigação tenha sido registrado no competente registro de imóveis"*.

Outro caso envolvendo a liberdade de associação foi o **RE 820823** (Tema de Repercussão Geral nº 922, j. 03/10/2022), no qual se discutiu se uma associação poderia condicionar o desligamento de um associado ao pagamento de dívidas por ele contraídas por intermédio da entidade (como empréstimos bancários mais vantajosos) e/ou de multas.

O Supremo Tribunal Federal decidiu que é inconstitucional impor o pagamento de dívidas que o associado tenha contraído por intermédio da associação (ou mesmo de multas) como condição para seja aceito o pedido de desfiliação da entidade. Segundo a Corte, esse tipo de exigência viola o direito fundamental de liberdade de associação, que assegura que ninguém seja obrigado a se associar ou a permanecer associado.

Segundo a tese de repercussão geral fixada pelo STF, *"é **inconstitucional o condicionamento da desfiliação de associado à quitação de débito** referente a benefício obtido por intermédio da associação ou ao pagamento de multa"*.

▶ Liberdade de associação envolvendo entidades emissoras da "carteira de estudante"

A Lei 12.933/13 disciplina o direito à **meia-entrada** assegurado a estudantes, pessoas idosas, pessoas com deficiência e jovens com idade de 15 a 29 anos comprovadamente carentes.

No que diz respeito aos estudantes, o art. 1º, § 2º, dessa lei estabelece que o gozo do direito à meia-entrada depende da apresentação da Carteira de Identificação Estudantil (CIE), popularmente conhecida como "carteira de estudante".

O mesmo dispositivo estabelece, também, as entidades estudantis que são autorizadas a emitir a "carteira de estudante", bem como que, em se tratando de entidade estadual ou municipal, ela, para poder emitir o documento, deve ser filiada às entidades nacionais elencadas.

Por fim, o dispositivo estabelece que a "carteira de estudante" deve ser elaborada de acordo com um modelo único nacionalmente padronizado estabelecido pelas entidades estudantis nacionais nele mencionadas.

Veja o teor do texto legal em questão:

> "**Art. 1º, § 2º, Lei 12.933/13.** Terão direito ao benefício os estudantes regularmente matriculados nos níveis e modalidades de educação e ensino previstos no Título V da Lei nº 9.394, de 20 de dezembro de 1996, que comprovem sua condição de discente, mediante a **apresentação, no momento da aquisição do ingresso e na portaria do local de realização do evento, da Carteira de Identificação Estudantil (CIE)**, emitida pela Associação Nacional de Pós-Graduandos (ANPG), pela União Nacional dos Estudantes (UNE), pela União Brasileira dos Estudantes Secundaristas (Ubes), pelas **entidades estaduais e municipais filiadas àquelas**, pelos Diretórios Centrais dos Estudantes (DCEs) e pelos Centros e Diretórios Acadêmicos, com prazo de validade renovável a cada ano, **conforme modelo único nacionalmente padronizado e publicamente disponibilizado pelas entidades nacionais antes referidas e pelo Instituto Nacional de Tecnologia da Informação (ITI)**, com certificação digital deste, podendo a carteira de identificação estudantil ter 50% (cinquenta por cento) de características locais."

Em outras passagens da Lei 12.933/13 também há menção à necessidade de as entidades estudantis estaduais e municipais serem filiadas às entidades nacionais para fins de sua atuação no tema do direito à meia-entrada dos estudantes. Isso ocorre no § 4º do art. 1º e no § 2º do art. 2º.

Veja:

> "**Art. 1º, § 4º, Lei 12.933/13.** A Associação Nacional de Pós-Graduandos, a União Nacional dos Estudantes, a União Brasileira dos Estudantes Secundaristas e as **entidades estudantis estaduais e municipais filiadas àquelas** deverão disponibilizar um banco de dados contendo o nome e o número de registro dos estudantes portadores da Carteira de Identificação Estudantil (CIE), expedida nos termos desta Lei, aos estabelecimentos referidos no caput deste artigo e ao Poder Público."
>
> "**Art. 2º, § 2º, Lei 12.933/13.** Os estabelecimentos referidos no caput do art. 1º deverão disponibilizar o relatório da venda de ingressos de cada evento à Associação Nacional de Pós-Graduandos, à União Nacional dos Estudantes, à União Brasileira dos Estudantes Secundaristas, a **entidades estudantis estaduais e municipais filiadas àquelas** e ao Poder Público, interessados em consultar o cumprimento do disposto no § 10 do art. 1º."

Na **ADI 5108**, julgada em 28/03/2022, o Supremo Tribunal Federal analisou a validade dessas disposições à luz do direito fundamental de liberdade de associação, assegurado pelo art. 5º, XVII e XX, da CF/88.

O STF decidiu que a exigência, prevista na Lei 12.933/13, de que as entidades estudantis estaduais e municipais, para atuarem no tema do direito à meia-entrada dos estudantes, devem se filiar às entidades de âmbito nacional é **inconstitucional**, por **violar o direito fundamental de liberdade de associação**, que, sendo verdadeira expressão da autonomia da vontade, é **assegurado tanto a pessoas físicas quanto a pessoas jurídicas**.

A exigência legal em questão, segundo a Corte, caracteriza uma indevida ingerência estatal na autonomia das entidades estudantis, que se viam forçadas a se filiar a entidades que, eventualmente, nem mesmo seriam alinhadas às suas diretrizes.

Nos exatos termos que constaram da ementa desse julgamento, *"**a ordem constitucional brasileira garante a formação de associações por pessoas, naturais ou jurídicas,** que queiram, juntas, perseguir finalidade lícita de forma continuada, do que decorre, além da pluralidade de atores e da estabilidade, a ideia de voluntariedade, característica que torna dissonante da estrutura que a Constituição Federal atribuiu às associações a reunião compulsória de seus membros. Ao consagrar a liberdade de associação, a Constituição fê-lo como expressão da autonomia da vontade, haja vista que **à pessoa, natural ou não, foi conferido o direito de se associar, de não se associar, de permanecer associado ou de deixar de fazer parte de uma entidade associativa.** (...) A expressão "filiadas àquelas", constante (...) da Lei nº 12.933/13, pressupõe uma vinculação compulsória das entidades estudantis locais e regionais às entidades nacionais (UNE, UBES e ANPG), cujo não atendimento tem como consequência a impossibilidade de aquelas associações expedirem documento de identificação em relação aos estudantes que estão a elas vinculados. **Esse dever de filiação importa em intervenção direta na autonomia da entidade estudantil,** que se vê obrigada a se associar a entidade não necessariamente alinhada às suas metas, princípios, diretrizes e interesses".*

Apesar de a exigência de filiação ser inconstitucional, a previsão, também contida na Lei 12.933/13, de que as "carteiras de estudante" devem ser confeccionadas de acordo com um modelo único estabelecido pelas entidades nacionais não viola o texto constitucional. Segundo a Corte, essa previsão legal, na verdade, confere maior racionalidade ao sistema de emissão de "carteiras de estudante", pois facilita a fiscalização e o combate a fraudes, sendo, portanto, uma opção legítima do legislador.

O STF registrou, no entanto, que o modelo padronizado pelas entidades nacionais deve ser disponibilizado publicamente e não pode conter parâmetros que inviabilizem a participação, no processo de confecção das "carteiras de estudante", das demais entidades legalmente autorizadas a desempenhar essa atividade.

Nas palavras do Tribunal, *"**a adoção do modelo único nacional confere maior racionalidade ao sistema,** possibilitando a padronização da identidade estudantil, o que **facilita a fiscalização e o combate às fraudes.** A escolha da UNE, UBES e ANPG para a definição e a disponibilização desse modelo – conjuntamente com o ITI, responsável pela certificação digital – constitui-se em opção legítima e razoável do legislador, tendo em vista a enorme representatividade e a relevância da atuação de tais entidades nacionais, as quais, por suas longas trajetórias na representação estudantil, estão habilitadas a definir um modelo adequado à garantia de racionalidade na emissão da CIE. Não obstante, **o modelo único deve ser publicamente disponibilizado e possuir parâmetros razoáveis, de modo a não limitar seu acesso pelas entidades às quais a própria lei reconheceu a prerrogativa de emissão do documento**".*

▪ PRESUNÇÃO DE INOCÊNCIA (ART. 5º, LVII, CF/88)

O princípio da presunção de inocência está previsto no art. 5º, LVII, da CF/88, nos seguintes termos:

> "**Art. 5º, LVII, CF/88** - ninguém será considerado culpado até o trânsito em julgado de sentença penal condenatória;"

Execução provisória da pena

O maior interesse no estudo da presunção de inocência diz respeito à possibilidade ou não de o réu condenado em processo criminal iniciar o cumprimento da pena imposta na sentença (ou no acórdão) antes do trânsito em julgado da condenação. Em outras palavras: **é possível a execução provisória da pena?**

Essa questão foi analisada pelo Supremo Tribunal Federal diversas vezes (com mudanças e retomadas de entendimentos), tendo ganho grande repercussão midiática.

O que se questionou em relação a isso foi o seguinte: tendo em vista que os recursos especial e extraordinário não possuem efeito suspensivo automático, uma vez confirmada ou imposta uma condenação criminal por Tribunal de segundo grau (TJ ou TRF), seria possível iniciar a execução da pena, verificando-se, assim, a prisão do réu como uma consequência automática da condenação?

Traçando um rápido histórico, o STF se posicionou da seguinte maneira ao longo do tempo:

I) **Até fevereiro de 2009**, admitia a execução provisória da pena, de modo que a prisão era uma decorrência automática da condenação em segundo grau, uma vez exauridas as instâncias ordinárias.

II) **A partir de fevereiro de 2009**, passou a não admitir a execução provisória da pena, ainda que confirmada ou imposta a condenação por Tribunal de segundo grau. Nesse caso, a prisão do réu apenas poderia ser decretada se presentes os pressupostos da prisão cautelar.

III) **A partir de fevereiro de 2016**, voltou a admitir a execução provisória da pena, de modo que a prisão se tornou novamente uma decorrência automática da condenação em segundo grau, uma vez exauridas as instâncias ordinárias.

IV) **Em novembro de 2019**, voltou a não admitir a execução provisória da pena, conforme explicado abaixo.

Foram ajuizadas as ADCs 43, 44 e 54, visando declarar a constitucionalidade do art. 283 do Código de Processo Penal, que veda a execução da pena antes do trânsito em julgado da condenação, nos seguintes termos:

> "**Art. 283, CPP. Ninguém poderá ser preso senão** em flagrante delito ou por ordem escrita e fundamentada da autoridade judiciária competente, em decorrência de prisão cautelar ou **em virtude de condenação criminal transitada em julgado.**"

No dia 07/11/2019, o STF julgou essas ações e, retomando entendimento que havia sido superado, decidiu que o cumprimento da pena somente pode ser iniciado após o trânsito em julgado da condenação. Nessa oportunidade, a Suprema Corte afirmou que o art. 283 do CPP é compatível com a CF/88 e que o princípio da presunção de inocência (art. 5º, LVII, CF/88) não permite outra conclusão, senão a de que é inadmissível a execução provisória da condenação penal, pouco importando se os recursos cabíveis são destituídos de efeito suspensivo automático.

Portanto, a execução provisória da pena não é mais admitida, não podendo a prisão do réu decorrer automaticamente da condenação com esgotamento das instâncias ordinárias.

Perceba, no entanto, que isso não significa que o réu não pode ser preso antes do trânsito em julgado da condenação, pois é possível a sua prisão, desde que presentes os pressupostos da prisão preventiva (art. 312 do CPP) e haja decisão fundamentada nesse sentido. Em outras palavras, não é possível a prisão pena antes do trânsito em julgado da condenação, mas é possível a prisão cautelar.

▶ Eliminação de candidato em concurso público por conta da existência de inquérito ou processo criminal

Outro caso envolvendo o princípio da presunção de inocência foi o da eliminação de um candidato em concurso público com base na pendência de processo criminal ou inquérito policial em seu nome.

Analisando a situação, o Supremo Tribunal Federal decidiu que, em regra, **a simples existência de inquéritos ou processos penais em curso não autoriza a eliminação de candidatos em concursos públicos**, pois tal medida ofende o princípio da presunção de inocência. Nos termos da tese de repercussão geral fixada pela Corte, *"sem previsão constitucionalmente adequada e instituída por lei, não é legítima a cláusula de edital de concurso público que restrinja a participação de candidato pelo simples fato de responder a inquérito ou ação penal"* (Tema de Repercussão Geral nº 22, **RE 560.900**, Rel. Min. Roberto Barroso, j. 05/02/2020).

No entanto, é necessário deixar claro que, nesse mesmo julgamento, a Corte registrou que, quando a natureza do cargo e das suas atribuições justificar, é possível que a lei estabeleça requisitos mais rigorosos para o ingresso na carreira, permitindo a eliminação de candidatos em concurso público a partir da valoração de fatos passados que apresentem gravidade (a exemplo de inquérito policial ou ação penal, mesmo sem condenação criminal). Isso pode ocorrer, por exemplo, em relação a carreiras da segurança pública, magistratura, Advocacia Pública, Defensoria Pública e Ministério Público.

Portanto, no Tema de Repercussão Geral nº 22, o Supremo Tribunal Federal deixou clara a possibilidade de, excepcionalmente e mediante a devida justificativa baseada na gravidade dos fatos envolvidos e na natureza do cargo, haver a eliminação de candidato em concurso público mesmo sem a existência de condenação criminal definitiva contra ele.

E isso foi confirmado quando a Primeira Turma do STF julgou a **Rcl 48908 ED**, no dia 28/06/2022. Nesse caso, o que se discutiu (e se considerou válida) foi a possibilidade de um candidato em concurso público para ingresso na Polícia Civil do Rio de Janeiro ser eliminado do certame por conta da existência, em seu histórico, de uma ação penal na qual houve a decretação da extinção da punibilidade em virtude da prescrição.

Nesse julgamento, os Ministros afirmaram se tratar de um caso que se enquadra perfeitamente no que foi decidido no Tema de Repercussão Geral nº 22, pois, neste precedente, a Corte, embora tenha fixado a regra de que não se admite a eliminação de candidato em concurso público em virtude da simples existência de inquérito policial ou ação penal em curso, deixou clara a possibilidade de, excepcionalmente e a depender da natureza do cargo envolvido, ser possível, desde que haja previsão legal nesse sentido, a eliminação de candidato em concurso público a partir da valoração, em decisão devidamente fundamentada, de fatos passados que apresentem gravidade.

A partir de tudo isso, podemos chegar às seguintes conclusões:

I) O entendimento firmado pelo STF no **Tema de Repercussão Geral nº 22** continua perfeitamente aplicável, não tendo sido superado.

II) O entendimento firmado pelo STF no **Tema de Repercussão Geral nº 22** permite que, excepcionalmente, caso exista previsão legal nesse sentido, haja eliminação de candidato em concurso público a partir da valoração, em decisão devidamente fundamentada, de fatos passados que apresentem gravidade, ainda que não haja condenação criminal transitada em julgado.

III) O precedente da **Rcl 48908 ED**, no qual a Primeira Turma do STF considerou válida a eliminação de candidato em concurso de ingresso na Polícia Civil em virtude da existência de ação penal na qual foi decretada a extinção da punibilidade pela prescrição, confirma o que consta dos itens I e II acima.

▸ Afastamento automático de servidor público em virtude de indiciamento em inquérito policial e suspensão de sua remuneração em virtude de processo criminal

A Lei 9.613/98 (Lei de Lavagem de Dinheiro), em seu art. 17-D estabeleceu que, nas investigações por crime de lavagem de dinheiro ou ocultação de bens, caso haja indiciamento de servidor público, ele deverá ser automaticamente afastado de suas funções. Confira o teor do dispositivo:

> "**Art. 17-D, Lei 9.613/98.** Em caso de indiciamento de servidor público, este será afastado, sem prejuízo de remuneração e demais direitos previstos em lei, até que o juiz competente autorize, em decisão fundamentada, o seu retorno."

Essa norma foi impugnada perante o Supremo Tribunal Federal na **ADI 4911**, que foi julgada em 23/11/2020.

No caso, a Corte declarou a inconstitucionalidade do dispositivo legal, pelas seguintes razões:

a) Ele viola a **isonomia**, pois, considerando que o indiciamento não é ato indispensável nem tampouco vinculante para o ajuizamento da ação penal, é possível que o processo-crime seja ajuizado em face de servidores que foram indiciados e de servidores que não o foram. Logo, a previsão do afastamento automático do servidor indiciado acaba gerando um cenário de discriminação entre ele e outro acusado que não tenha sido indiciado.

b) Ele viola a **proporcionalidade**, pois não há necessidade de se determinar que o afastamento do servidor se dê de forma automática, já que é possível que a medida seja imposta judicialmente, inclusive mediante representação da autoridade policial, caso estejam presentes os requisitos da cautelaridade.

c) Ele viola a **presunção de inocência**, pois autoriza, no curso da fase investigatória, a aplicação de uma medida restritiva de direitos sem a prévia análise da presença dos seus requisitos justificadores, como o risco para as investigações gerado pelo fato de o servidor continuar no exercício de suas funções.

Confira a ementa do julgado:

> "(...) 1. **Inconstitucionalidade do afastamento automático** do servidor público investigado por crimes de lavagem ou ocultação de bens, direitos e valores em decorrência de **atividade discricionária da autoridade policial**, nos termos do art. 17-D da Lei 9.613/1998, consistente em indiciamento e independentemente de início da ação penal e análise dos requisitos necessários para a efetivação dessa grave medida restritiva de direitos. 2. A determinação do afastamento automático do servidor investigado, por consequência única e direta do indiciamento pela autoridade policial, não se coaduna com o texto constitucional, uma vez que **o afastamento do servidor, em caso de necessidade para a investigação ou instrução processual, somente se justifica quando demonstrado nos autos o risco da continuidade do desempenho de suas funções e a medida ser eficaz e proporcional à tutela da investigação e da própria administração pública**, circunstâncias a serem apreciadas pelo Poder Judiciário. 3. Reputa-se **violado o princípio da proporcionalidade** quando não se observar a necessidade concreta da norma para tutelar o bem jurídico a que se destina, já que **o afastamento do servidor pode ocorrer a partir de representação da autoridade policial ou do Ministério Público**, na forma de medida cautelar diversa da prisão, conforme os arts. 282, § 2º, e 319, VI, ambos do CPP. 4. **A presunção de inocência exige que a imposição de medidas coercitivas ou constritivas aos direitos dos acusados, no decorrer de inquérito ou processo penal, seja amparada em requisitos concretos que sustentam a fundamentação da decisão judicial impositiva**, não se admitindo efeitos cautelares automáticos ou desprovidos de fundamentação idônea. 5. **Sendo o indiciamento ato dispensável para o ajuizamento de ação penal**, a norma que determina o afastamento automático de servidores públicos, por força da opinio delicti da autoridade policial, **quebra a isonomia entre acusados indiciados e não indiciados**, ainda que denunciados nas mesmas circunstâncias. Ressalte-se, ainda, a possibilidade de promoção de arquivamento do inquérito policial mesmo nas hipóteses de indiciamento do investigado. (...)"
>
> **(ADI 4911; Relator: Min. EDSON FACHIN; Redator do acórdão: Min. ALEXANDRE DE MORAES; J. 23/11/2020; Pleno)**

Questão semelhante foi enfrentada pelo STF na **ADI 2926** (j. 19/03/2023), na qual foi impugnada uma lei estadual (mais precisamente, uma lei do Estado do Paraná) que previa que o policial civil que respondesse a processo criminal poderia, por decisão do respectivo Corregedor-Geral, ter sua remuneração suspensa pelo só fato da existência de processo criminal contra ele.

O STF decidiu que essa norma é inconstitucional, **por violar o devido processo legal e a presunção de inocência**, já que impunha ao servidor público (no caso, um policial civil) a privação de um dos seus direitos mais básicos (o recebimento de remuneração) sem que ao menos houvesse a conclusão do processo criminal instaurado contra ele.

No entanto, nada impede que o servidor seja afastado das suas funções em caso de instauração de sindicância, conforme a lei impugnada também autorizava. O afastamento, porém, deve ser decidido de forma fundamentada em cada caso concreto, devendo haver circunstâncias que justifiquem a medida e o respeito ao devido processo legal (especialmente, ao contraditório e ampla defesa).

Nas exatas palavras do STF, *"em abstrato, não destoa do Texto Constitucional norma que prevê a possibilidade de afastamento cautelar do servidor indiciado em sindicância,* ***devendo ser observadas as garantias constitucionais do contraditório e da ampla defesa (art. 5º, LV)****".*

▶ A presunção de inocência e a não autoincriminação se aplicam na esfera administrativa?

Nas **ADIs 4017 e 4103** e no **RE 1224374** (Tema de Repercussão Geral nº 1079), julgados conjuntamente em 19/05/2022, o Supremo Tribunal Federal analisou a validade da previsão legal de consequências (sanções) administrativas para a pessoa que, abordada conduzindo veículo automotor, recusa-se a realizar o teste de alcoolemia (que tem como modalidade mais conhecida o "teste do bafômetro").

Essas consequências encontram-se previstas no art. 165-A c/c art. 277, § 3º, do Código de Trânsito Brasileiro (CTB), consistindo em: aplicação de multa, recolhimento da carteira de habilitação, retenção do veículo e suspensão do direito de dirigir por 12 (doze) meses.

Confira o teor desses dispositivos:

> "**Art. 165-A, CTB.** Recusar-se a ser submetido a teste, exame clínico, perícia ou outro procedimento que permita certificar influência de álcool ou outra substância psicoativa, na forma estabelecida pelo art. 277:
>
> Infração - gravíssima;
>
> Penalidade - multa (dez vezes) e suspensão do direito de dirigir por 12 (doze) meses;
>
> Medida administrativa - recolhimento do documento de habilitação e retenção do veículo, observado o disposto no § 4º do art. 270.
>
> **Parágrafo único.** Aplica-se em dobro a multa prevista no caput em caso de reincidência no período de até 12 (doze) meses."
>
> "**Art. 277, CTB.** O condutor de veículo automotor envolvido em acidente de trânsito ou que for alvo de fiscalização de trânsito poderá ser submetido a teste, exame clínico, perícia ou outro procedimento que, por meios técnicos ou científicos, na forma disciplinada pelo Contran, permita certificar influência de álcool ou outra substância psicoativa que determine dependência.
>
> **§ 1º** (Revogado)
>
> **§ 2º** A infração prevista no art. 165 também poderá ser caracterizada mediante imagem, vídeo, constatação de sinais que indiquem, na forma disciplinada pelo Contran, alteração da capacidade psicomotora ou produção de quaisquer outras provas em direito admitidas.

> **3º** Serão aplicadas as penalidades e medidas administrativas estabelecidas no art. 165-A deste Código ao condutor que se recusar a se submeter a qualquer dos procedimentos previstos no caput deste artigo."

As alegações apresentadas ao Supremo Tribunal Federal foram no sentido de que a aplicação de sanções e medidas administrativas em virtude da recusa do indivíduo a se submeter a teste de alcoolemia viola os direitos fundamentais de presunção de inocência e de não autoincriminação, previstos no art. 5º, LVII e LXIII, da CF/88.

> "**Art. 5º, CF/88.** (...)
>
> (...)
>
> LVII - **ninguém será considerado culpado** até o trânsito em julgado de sentença penal condenatória;
>
> (...)
>
> LXIII - o preso será informado de seus direitos, entre os quais o de **permanecer calado**, sendo-lhe assegurada a assistência da família e de advogado;
>
> (...)"

A Corte concordou com a argumentação apresentada?

Não.

Segundo decidiu o STF, a previsão legal de consequências de caráter administrativo (como multa, suspensão do direito de dirigir, recolhimento da carteira de habilitação e retenção do veículo) para casos em que o condutor de veículo automotor, abordado pela autoridade de trânsito, recusa-se a se submeter ao teste de alcoolemia não viola os princípios da presunção de inocência e da não autoincriminação, pois as referidas consequências são meramente administrativas, não tendo repercussão na esfera penal e/ou processual penal (já que não consubstanciam aplicação de sanções penais), que são os âmbitos nos quais se originaram e são aplicáveis as garantias da presunção de inocência e da não autoincriminação.

Nas palavras da Corte, *"**o princípio da não-autoincriminação**, reconhecido pelo Pacto Internacional de Direitos Civis e Políticos de 1966 e pela Convenção Americana de Direitos Humanos de 1969, **assegura a prerrogativa de seu titular não ser obrigado a produzir prova ou de não contribuir, de qualquer modo, para a própria condenação no âmbito criminal** (nemo tenetur se detegere). (...) In casu, **a natureza administrativa das punições e sanções estabelecidas pelas leis hostilizadas afasta as alegações de incompatibilidade do artigo 277, § 3°, do CTB, com o art. 5°, LXIII, da Constituição Federal**. (...) A recusa do condutor em realizar os testes referidos **não importará a presunção da prática de delito ou na imposição de pena criminal**, mas apenas um incentivo instituído pelo Código de Trânsito Brasileiro para que os condutores cooperem com a fiscalização do trânsito, cabível penalização administrativa em caso de não cumprimento como único meio de conferir efetividade à norma e estimular o bom comportamento. (...) Deveras, a medida visa a contribuir para a exequibilidade da proibição de ingestão de álcool em qualquer nível. A toda evidência, se não houvesse consequência legal para o motorista que deixasse de realizar o teste do etilômetro, a proibição do consumo de álcool antes de dirigir seria inócua. A fim de se desincentivar essa* *conduta, é necessário que a recusa produza efeitos no âmbito administrativo, operando-se a* ***restrição de direitos de modo independente da incidência das normas penais****"*.

A tese fixada pelo STF no **Tema de Repercussão Geral 1079** (RE 1224374) estabeleceu que "não viola a Constituição a previsão legal de imposição das sanções administrativas ao condutor de veículo automotor que se recuse à realização dos testes, exames clínicos ou perícias voltados a aferir a influência de álcool ou outra substância psicoativa (art. 165-A e art. 277, §§ 2º e 3º, todos do Código de Trânsito Brasileiro, na redação dada pela Lei 13.281/2016)".

Portanto, são válidas as sanções e medidas administrativas previstas no CTB para a hipótese de negativa do condutor de veículo automotor a se submeter a teste de alcoolemia.

Mas **CUIDADO!** Apesar de nesse julgamento ter sido firmado o entendimento de que a presunção de inocência e a não autoincriminação são garantias voltadas ao âmbito penal e processual penal, isso não significa de um modo absoluto que elas jamais poderão ser aplicadas na esfera administrativa.

Isso porque, mesmo na esfera administrativa, há situações de maior gravidade que exigem a observância dos princípios da presunção de inocência e da não autoincriminação, em virtude dos valores envolvidos. Inclusive, no próprio julgamento que estamos analisando aqui, o Min. Luís Roberto Barroso registrou expressamente essa ressalva em seu voto.

Nas palavras do Ministro, *"essa legislação prevê sanções administrativas a quem recuse se submeter ao teste, a quem recuse soprar o bafômetro - uma espécie do gênero, mas é a mais praticada. A recusa em se submeter ao bafômetro sujeita o condutor a consequências que vão do recolhimento, no ato, da carteira e do veículo, e, ao final do procedimento administrativo, penalidade de multa e, eventualmente, suspensão da carteira por doze meses. Argumentou-se que punir alguém por se recusar a produzir uma prova contra si violaria esse princípio constitucional da não autoincriminação.*

Como sabemos, e já foi posto aqui, ***o princípio da não autoincriminação é originário do Direito Penal****. Embora, Presidente,* ***eu até ache que ele possa ter eventual aplicação no âmbito do direito sancionatório não penal em situações extremas****, não considero que estas sanções são graves o suficiente para justificar essa transplantação do princípio da área penal para a área administrativa.*

Estamos falando de a recusa de soprar o bafômetro gerar consequências administrativas, nem medida privativa de liberdade, nem medidas alternativas de privação de direito, apenas retenção da carteira, recolhimento temporário do veículo e eventual pena de multa ao final.

(...)

Não acho que haja violação da não autoincriminação e tampouco acho que haja violação do princípio da presunção da inocência. *Mesmo a criminalização da direção sob influência de álcool, afetando as capacidades psicomotoras,* ***não decorre automaticamente da recusa em soprar o bafômetro****. (...) Não há violação da presunção de inocência, mas sim documentação adequada de um estado de embriaguez que coloque em risco a vida das demais pessoas"*.

Isso nos mostra que o que decidiu o Supremo Tribunal Federal nesse caso não consubstancia uma absoluta e definitiva impossibilidade de se invocar a presunção de inocência e a não autoincriminação em um contexto de aplicação de sanções e outras medidas administrativas. A regra, de fato, é o não cabimento da aplicação dessas garantias na esfera administrativa, mas é possível vislumbrar situações em que os interesses envolvidos apresentam maior relevância e sensibilidade, o que pode fazer ser necessário observar a presunção de inocência e a não autoincriminação.

Um bom exemplo é o caso do **processo administrativo disciplinar**, em relação ao qual há farta produção doutrinária defendendo a aplicação da presunção de inocência e da não autoincriminação. Inclusive, o próprio Supremo Tribunal Federal já reconheceu a aplicação do princípio da presunção de inocência no processo administrativo disciplinar, como ocorreu no **MS 23262**, julgado pelo Plenário da Corte em 23/04/2014.

Da mesma forma, o Superior Tribunal de Justiça, no **MS 21205**, julgado em 14/10/2020, deixou clara a aplicabilidade da garantia da não autoincriminação no âmbito do processo administrativo disciplinar, ao decidir que a pessoa que, nesse tipo de procedimento, depõe na qualidade de testemunha sem apresentar qualquer tipo de irresignação não pode, depois, invocar o direito à não autoincriminação para não ser punida em virtude de infrações que foram reveladas por ela mesma e sem resistência quando depôs como testemunha. Ao assim decidir, o Tribunal deixou claro, *a contrario sensu*, que a não autoincriminação é aplicável no processo administrativo disciplinar, pois, se essa garantia não se aplica quando o indivíduo revela por conta própria ter praticado alguma infração, isso significa que, não sendo esse o caso, a não autoincriminação incide normalmente.

Por fim, é interessante registrar, por conta da pertinência com o tema, que nesse mesmo julgamento o STF analisou a validade da proibição de venda de bebidas alcoólicas em rodovias federais contida no art. 2º da Lei 11.705/2008.

Veja o teor do dispositivo:

> "**Art. 2º, Lei 11.705/2008.** São vedados, **na faixa de domínio de rodovia federal ou em terrenos contíguos à faixa de domínio com acesso direto à rodovia**, a venda varejista ou o oferecimento de bebidas alcoólicas para consumo no local.
>
> **§ 1º** A violação do disposto no caput deste artigo implica multa de R$ 1.500,00 (um mil e quinhentos reais).
>
> **§ 2º** Em caso de reincidência, dentro do prazo de 12 (doze) meses, a multa será aplicada em dobro, e suspensa a autorização de acesso à rodovia, pelo prazo de até 1 (um) ano.
>
> **§ 3º** Não se aplica o disposto neste artigo em área urbana, de acordo com a delimitação dada pela legislação de cada município ou do Distrito Federal."

A esse respeito, o Tribunal considerou ser constitucional a norma, pois se trata de uma proibição contida em lei federal e a fiscalização das rodovias federais cabe à União (por meio da Polícia Rodoviária Federal), bem como porque a vedação em questão se mostra proporcional, tendo em vista que é meio necessário, adequado e proporcional em sentido estrito para se atingir a finalidade de impedir, nas rodovias federais, a condução de veículos automotores após a ingestão de álcool pelos respectivos condutores.

Ademais, trata-se de norma que pondera o princípio da livre iniciativa com o direito à vida e à integridade física (tanto dos condutores de veículos quanto de terceiros), sendo razoável a restrição imposta à liberdade de iniciativa para se conseguir preservar os outros valores constitucionais envolvidos, os quais são têm importância, inclusive, para a própria ordem econômica, conforme decorre do art. 170 da CF/88.

Além disso, é certo que essa proibição legal não inviabiliza por completo o exercício da atividade econômica dos estabelecimentos localizados nas rodovias federais nem tampouco viola a liberdade de escolha dos consumidores, já que diversos outros produtos continuam podendo ser comercializados e a restrição em questão alcança somente estabelecimentos situados nas faixas de domínio das rodovias e em terrenos contíguos a elas (não alcança outros estabelecimentos comercias da região que não estejam localizados nesses locais específicos).

Nos exatos termos utilizados pelo STF, *"a vedação à venda varejista ou ao oferecimento de bebidas alcoólicas para consumo no local, destinada a empreendimentos comerciais localizados em terrenos com acesso direto à rodovia (artigo 2° da Lei n° 11.705/2008), é adequada, necessária e estritamente proporcional ao fim de impedir a condução de veículos automotores após a ingestão de álcool em rodovias federais, porquanto não inviabiliza o exercício das liberdades econômicas dos estabelecimentos e das liberdades individuais de escolha dos consumidores"*.

Encerramos aqui a análise do art. 5º da CF/88. Mas fica o **ALERTA**: quem está na caminhada da preparação para os concursos públicos deve ter em mente a necessidade de o estudo do tema ser complementado pela leitura repetida desse artigo e dos demais dispositivos sobre direitos fundamentais previstos no texto constitucional, pois a literalidade dessas disposições é muito cobrada em provas.

9

Nacionalidade

Como se sabe, o Estado, segundo a teoria geral do Estado, é formado basicamente por três elementos, conforme a doutrina dominante. Esses elementos são os seguintes:

I) Povo (elemento **humano**);

II) Território (elemento **físico ou geográfico**); e

III) Poder (elemento **político**). É possível encontrar definições doutrinárias no sentido de que o elemento político do Estado seria o governo ou mesmo a soberania, como verdadeiros sinônimos de poder. Essas três figuras, no entanto, embora intimamente relacionadas, não são exatamente a mesma coisa. A expressão "poder" parece ser a que melhor define o elemento político, abrangendo, inclusive, o governo e a soberania.

Alguns autores falam ainda na **finalidade** como quarto elemento do Estado, mas a maioria entende que ela se encontra **inserida no elemento político**, já que a finalidade de um Estado (que é sempre a busca do bem comum) é atingida através do exercício do poder.

Na CF/88, há **três situações** distintas acerca das relações entre o elemento humano e os demais elementos do Estado (quais sejam, o território e o poder). Essas três situações dizem respeito à condição de **nacional**, à condição de **cidadão** e à condição de **estrangeiro**.

- **Nacional** é o brasileiro nato ou naturalizado.
- **Cidadão** é o brasileiro no gozo dos direitos políticos.
- **Estrangeiro** é o nacional de outro Estado.

Segundo o professor José Afonso da Silva, a nacionalidade, no sentido e no sistema jurídico, é o **vínculo jurídico-político** de direito público interno que faz da pessoa um dos elementos componentes da dimensão pessoal do Estado. Essa definição é bastante elucidativa e de grande utilidade no estudo do tema.

Mas de que forma a nacionalidade insere a pessoa nos elementos constitutivos do Estado? É que **o povo (o elemento humano do Estado) é o conjunto de indivíduos ligados ao Estado pelo vínculo da nacionalidade**. Em outras palavras, o povo são os nacionais (natos ou naturalizados) de um determinado Estado.

A condição de nacional (nato ou naturalizado) é algo que diz respeito às relações entre o elemento humano e os demais elementos que constituem o Estado. Isso porque, conforme será visto à frente, o que faz da pessoa um dos elementos componentes da dimensão pessoal do Estado (isto é, o que faz a pessoa titularizar a nacionalidade de um determinado Estado) pode ter vinculação com o local do seu nascimento (e aí temos uma relação entre o elemento povo e o elemento território) ou com a sua descendência de pessoas que se encontram submetidas à soberania do Estado (e aí temos uma relação entre o elemento povo e o elemento poder).

Lembre-se que a nacionalidade, além de ser um vínculo de direito público interno, é também um **direito fundamental do homem**, estando ela prevista, inclusive, na Declaração Universal dos Direitos do Homem, cujo art. 15 assim dispõe:

> "**Artigo 15.**
>
> 1) Todo homem tem direito a uma nacionalidade.
>
> 2) Ninguém será arbitrariamente privado de sua nacionalidade, nem do direito de mudar de nacionalidade."

Cuida-se a nacionalidade, portanto, de algo que recebe proteção tanto no âmbito interno quanto no sistema internacional de direitos do homem.

A regra geral é que cada Estado possui a liberdade de decidir quem são as pessoas que serão consideradas nacionais em relação a ele. A princípio, portanto, vigora a regra da liberdade do Estado para estabelecer os critérios de fixação dos seus nacionais.

O direito de nacionalidade, ademais, é um tema **materialmente constitucional**, ainda que eventualmente não esteja tratado no texto da Constituição, mas apenas em disposições infraconstitucionais. Independentemente do cenário normativo, a nacionalidade é um tema com substância de Constituição, é um tema cuja discussão é imprescindível para a formatação de um Estado, haja vista não ser possível organizar ou constituir um Estado nem tampouco fixar suas regras sem passar pela decisão fundamental acerca da nacionalidade. Portanto, a nacionalidade é um tema materialmente constitucional, mesmo que esteja tratada na legislação infraconstitucional.

No Brasil, a nacionalidade é um tema materialmente constitucional e também formalmente constitucional, pois é tratado no texto da Constituição, mais precisamente no art. 12 da CF/88, que estabelece **duas espécies de nacionalidade brasileira**, quais sejam, a **primária** e a **secundária**.

Enquanto a nacionalidade originária, em regra, não está ligada a um ato de vontade, decorrendo automaticamente do nascimento do indivíduo sob determinadas circunstâncias previstas no ordenamento jurídico, a nacionalidade secundária está, de maneira geral, ligada a um ato de vontade do indivíduo. No entanto, como veremos, existe uma hipótese (excepcional) em que, segundo a CF/88, é necessária a manifestação de um ato de vontade para a aquisição da nacionalidade primária.

A nacionalidade **primária** (também chamada de nacionalidade de origem, originária ou nata) é tratada na Constituição Brasileira em seu art. 12, I. De acordo com a opção de cada país, ela pode ser fixada a partir dos seguintes critérios, verificados no momento do **nascimento** da pessoa:

a) Por critérios de origem **sanguínea** (*jus sanguinis*) ou de descendência. Aqui, a nacionalidade é fixada em razão de o indivíduo nascer como descendente de um casal que é nacional de um Estado que adota, como critério para a definição de seus nacionais, os laços sanguíneos, pouco importando o local do nascimento. Em outras palavras, segundo esse critério, considera-se nacional quem descende de nacionais do respectivo Estado.

b) Por critérios de origem **territorial** (*jus soli*). Segundo esse critério, o que confere a condição de nacional ao indivíduo é o aspecto geográfico (o território), considerando-se nacional quem nasce no território do Estado que adota esse critério, pouco importando os laços sanguíneos.

c) Por critérios **mistos**. Quando um Estado adota critérios mistos para a atribuição de nacionalidade às pessoas, ele exige o preenchimento, no momento do nascimento, de requisitos de caráter sanguíneo e territorial, além, eventualmente, de alguns elementos adicionais.

Já a nacionalidade **secundária** (também denominada de nacionalidade adquirida, derivada ou voluntária), que na CF/88 é tratada no art. 12, II, tem vinculação muito forte com um **ato de vontade**, ela, em regra, está ligada a um fato voluntário **posterior ao nascimento**. A aquisição dessa nacionalidade, portanto, depende de declaração de vontade da pessoa.

Essas, então, são as duas espécies básicas de nacionalidade.

É necessário observar que, nessa discussão, há espaço para a ocorrência de conflitos positivos e negativos de nacionalidade. A adoção pura do critério *jus soli* ou do critério *jus sanguinis*, sem considerar critérios mistos, pode levar a situações de conflito positivo ou negativo de nacionalidade.

O que isso significa? Significa que é possível encontrar alguém que seja **polipátrida**, que é a pessoa que, em razão do nascimento, possui mais de uma nacionalidade originária. Nesse caso, há um conflito positivo de nacionalidade, como ocorre com alguém cujos pais são nacionais de um Estado que adota o critério *jus sanguinis*, mas que nasceu em um Estado que adota o critério *jus soli*. Essa pessoa será nacional do Estado dos seus pais (porque esse Estado adota o critério *jus sanguinis*) e também do Estado em que nasceu (porque esse Estado adota o critério *jus soli*). Um exemplo comum dessa situação, na nossa realidade, são os filhos de italianos nascidos no Brasil.

> **ATENÇÃO!**
>
> No mundo moderno já se discute, nesse caso, a existência de uma nacionalidade prevalecente. Imagine, por exemplo, uma pessoa que nasceu no Brasil e que, por ser filha de italianos, também possui nacionalidade italiana, mas nunca foi à Itália. Nesse caso, a nacionalidade brasileira prevaleceria, ou seja, apesar de a pessoa ser polipátrida, ela teria nacionalidade brasileira prevalecente.

Também é possível ocorrer o inverso: alguém que, pelos critérios adotados, não possui nenhuma nacionalidade. Esse indivíduo é chamado de **apátrida** (ou **heimatlos**).

A situação de apatridia pode ocorrer, por exemplo, com um indivíduo que nasce em um Estado que adota de maneira absoluta o critério *jus sanguinis*, mas é filho de um casal nacional de um Estado que adota de maneira absoluta o critério *jus soli*.

Essa pessoa, então, não teria nacionalidade alguma, o que seria uma violação aos seus direitos humanos, pois, como visto, a Declaração Universal dos Direitos do Homem estabelece que toda pessoa tem direito a uma nacionalidade. A apatridia, portanto, é um cenário não desejável.

Outra possível hipótese de apatridia é aquela em que o Estado cassa arbitrariamente a nacionalidade de seus cidadãos, normalmente, por questões políticas, o que pode ocorrer em ditaduras. Essa situação, evidentemente, também não é desejável.

TRATAMENTO DA NACIONALIDADE NA CF/88

Passemos, agora, a analisar como a CF/88 cuida do tema da nacionalidade.

■ NACIONALIDADE PRIMÁRIA

Na CF/88, há três hipóteses de nacionalidade primária.

▶ Art. 12, I, "a", CF/88

A **primeira hipótese** de nacionalidade nata é a do art. 12, I, "a", da CF/88, que assim dispõe:

> "**Art. 12, CF/88.** São brasileiros:
>
> I – natos:
>
> a) os nascidos na República Federativa do Brasil, ainda que de pais estrangeiros, desde que estes não estejam a serviço de seu país;"

Como se pode observar, nesse dispositivo, adota-se como critério inicial o do *jus soli*, sendo brasileiro quem nasce em território brasileiro, mesmo que seus pais não sejam brasileiros. Mas há aí a previsão de uma exceção, qual seja, o fato de os pais estarem a serviço de seu país, hipótese em que o indivíduo nascido no Brasil não será brasileiro nato. Essa exceção se aplica, especialmente, a situações envolvendo relações diplomáticas, de modo que os diplomatas de um país que estejam trabalhando no Brasil terão filhos nacionais do seu Estado de origem, e não brasileiros, inclusive, para evitar conflitos de interesse.

Esse dispositivo, portanto, utiliza como critério predominante o da territorialidade.

E é necessário ter atenção a um detalhe: nessa hipótese, para haver a exclusão da nacionalidade brasileira (isto é, para incidir a exceção vista acima), é preciso que **ambos os pais** estejam a serviço dos seus países de origem. Então, se um dos pais estiver no Brasil passeando ou a serviço de outro país que não seja o seu país de origem (ou mesmo se um dos pais for brasileiro), o filho será brasileiro, não sendo aplicável a exceção.

Para ilustrar, tomemos como exemplos as seguintes situações hipotéticas:

I) o filho do Cônsul da Dinamarca com a Embaixatriz da Holanda nascido no Brasil não é brasileiro, pois seus pais estão a serviço de seus países de origem.

II) o filho do Embaixador da Suécia com uma coreana que está estudando no Brasil é brasileiro.

III) o filho de um casal belga que se encontra no Brasil trabalhando para o Japão é brasileiro.

▶ Art. 12, I, "b", CF/88

A **segunda hipótese** de nacionalidade nata encontra-se prevista no art. 12, I, "b", da CF/88, que assim dispõe:

> "**Art. 12, CF/88.** São brasileiros:
>
> I – natos:
>
> (...)
>
> b) os nascidos no estrangeiro, de pai brasileiro ou mãe brasileira, desde que qualquer deles esteja a serviço da República Federativa do Brasil;"

Essa alínea adota como critério predominante o *jus sanguinis*, combinando-o com uma situação funcional, qual seja, estar o pai ou a mãe a serviço da República Federativa do Brasil. Portanto, quem nasce fora do território brasileiro, sendo filho de um pai brasileiro **ou** de uma mãe brasileira (basta que um deles seja brasileiro), é brasileiro nato, desde que um de seus pais esteja a serviço do Brasil.

E para os fins dessa hipótese de nacionalidade originária, o pai (ou a mãe) do indivíduo pode ser brasileiro nato ou naturalizado.

Como se pode perceber, essa alínea "b" contempla o "outro lado da moeda" da exceção prevista na alínea "a": os filhos de diplomatas brasileiros nascidos no exterior têm nacionalidade brasileira.

Para os fins dessa hipótese de nacionalidade originária, o que significa estar a serviço do Brasil? Significa estar a serviço da União? **Não.**

A pessoa no estrangeiro pode estar, de maneira mais prolongada ou menos prolongada, prestando serviço não apenas à União, mas a qualquer ente da Federação, seja da Administração centralizada, seja da Administração descentralizada. Portanto, estar a serviço do Brasil abrange qualquer dessas situações, não se limitando ao âmbito da União. Ademais, há autores (como Francisco Rezek) que incluem nessa definição, também, os funcionários brasileiros de organizações internacionais das quais o Brasil seja parte. Mas não se pode chegar ao extremo de admitir que quem está no estrangeiro a serviço, por exemplo, da CBF (que é uma instituição privada) está a serviço do Brasil.

▶ Art. 12, I, "c", CF/88

A **terceira hipótese** de nacionalidade primária está tratada no art. 12, I, "c", da CF/88, que assim dispõe:

> "**Art. 12, CF/88.** São brasileiros:
>
> I – natos:
>
> (...)

> c) os nascidos no estrangeiro de **pai brasileiro ou de mãe brasileira**, desde que sejam **registrados em repartição brasileira competente** ou venham a **residir na República Federativa do Brasil e optem**, em qualquer tempo, **depois de atingida a maioridade**, pela nacionalidade brasileira;"

Nessa alínea "c", adota-se um **critério misto**, pois o ponto de partida é a adoção do *jus sanguinis*, mas combina-se o *jus sanguinis* com uma de duas condições alternativas, uma delas relacionada com o território brasileiro. Essas condições são as seguintes: (I) ser o indivíduo registrado, no exterior, em repartição brasileira competente ou (II) vir ele a residir no Brasil e optar, a qualquer tempo, depois de atingida a maioridade, pela nacionalidade brasileira.

Esse dispositivo cuida do caso de quem nasce no estrangeiro de pais brasileiros que não se encontram a serviço da República Federativa do Brasil. Nessa hipótese, sim, os pais podem estar trabalhando, por exemplo, para a CBF ou empresas privadas.

Nessa situação, o filho pode se tornar brasileiro nato, se for implementada uma de duas condições:

I) o simples registro na repartição brasileira competente localizada no exterior, e, se isso ocorrer, a pessoa será, desde logo, brasileira; ou

II) não sendo adotada a opção I, se a pessoa vier a residir no Brasil e, a qualquer tempo (não há limitação temporal), após atingida a maioridade, optar pela nacionalidade brasileira.

Como se pode perceber, caso se opte pela condição do item II acima, a aquisição da nacionalidade decorrerá de um ato de vontade. Cuida-se de uma hipótese (excepcional) de nacionalidade originária que compreende um elemento volitivo. E por que se exige, nesse caso, a maioridade do optante? Porque essa opção é um **ato personalíssimo**, não podendo ser exercida pelos pais do indivíduo, o que faz com que seja necessário ter capacidade jurídica plena para que seja possível manifestar essa vontade (RE 418096).

Importante registrar que se entende que, vindo a pessoa a residir no Brasil e manifestando sua opção pela nacionalidade brasileira, esta não pode ser negada, sendo imperativo o seu reconhecimento. Ou seja, nesse caso, não há possibilidade de, em juízo discricionário, o Brasil negar a nacionalidade brasileira a quem fez a opção nos termos previstos na Constituição.

A doutrina tem entendido, portanto, que esse dispositivo constitucional gera uma espécie de **nacionalidade potestativa**, já que o efeito pretendido depende exclusivamente da vontade do interessado. A Constituição, nessa hipótese, coloca na vontade do interessado toda a carga decisória, retirando do Estado qualquer tipo de poder discricionário para decidir se deseja ou não que a pessoa seja nacional sua. Ou seja, segundo a doutrina, a discricionariedade do Estado foi exercida no momento em que definiu as regras para a aquisição da nacionalidade, mas, definidas essas regras, ele não pode negar a nacionalidade a quem preenche os requisitos exigidos.

→ **ATENÇÃO!**

A opção pela nacionalidade brasileira referida acima não implica a perda de alguma outra nacionalidade originária que, porventura, a pessoa tenha adquirido ao nascer no exterior. Assim, se a pessoa adquiriu nacionalidade originária no estrangeiro e, depois, vindo a residir no Brasil, opta pela nacionalidade originária brasileira, essa opção significa apenas que a pessoa quer ser brasileira, e não que ela quer abrir mão da outra nacionalidade para ser brasileira.

→ *A situação do menor nascido no estrangeiro que vem a residir no Brasil antes de atingir a maioridade*

Segundo decidiu a 2ª Turma do Supremo Tribunal Federal no RE 418096, se o indivíduo nasce no exterior, tem pais brasileiros e vem a residir no Brasil ainda menor, ele passa a ser considerado brasileiro nato automaticamente, pois, enquanto não atingida a maioridade, não pode exercer sua opção pela nacionalidade brasileira e essa opção, por ser um ato personalíssimo, não pode ser exercida pelos seus pais.

No entanto, estando esse indivíduo no Brasil, uma vez atingida a maioridade, a sua nacionalidade brasileira fica suspensa até que ele manifeste sua opção por ela.

A ementa desse precedente é bastante clara nesse sentido:

> "CONSTITUCIONAL. NACIONALIDADE: OPÇÃO. C.F., ART. 12, I, c, COM A EMENDA CONSTITUCIONAL DE REVISÃO Nº 3, DE 1994. I. - **São brasileiros natos os nascidos no estrangeiro, de pai brasileiro ou de mãe brasileira, desde que venham a residir no Brasil e optem, em qualquer tempo, pela nacionalidade brasileira.** II. - A opção pode ser feita a qualquer tempo, desde que venha o filho de pai brasileiro ou de mãe brasileira, nascido no estrangeiro, a residir no Brasil. Essa opção somente pode ser manifestada **depois de alcançada a maioridade**. É que **a opção, por decorrer da vontade, tem caráter personalíssimo.** Exige-se, então, que o optante tenha **capacidade plena para manifestar a sua vontade**, capacidade que se adquire com a maioridade. III. - Vindo o nascido no estrangeiro, de pai brasileiro ou de mãe brasileira, a **residir no Brasil, ainda menor, passa a ser considerado brasileiro nato, sujeita essa nacionalidade a manifestação da vontade do interessado, mediante a opção, depois de atingida a maioridade. Atingida a maioridade, enquanto não manifestada a opção, esta passa a constituir-se em condição suspensiva da nacionalidade brasileira.** (...)"
>
> **(RE 418096, Rel. Min. CARLOS VELLOSO, Segunda Turma, j. em 22/03/2005)**

Nos termos dessa decisão do STF, portanto, o fato de a criança que nasceu no estrangeiro e lá não foi registrada em repartição brasileira competente vir a residir no Brasil já lhe confere, automaticamente, a condição de brasileira nata. Mas, uma vez atingida a maioridade, a condição de brasileira nata fica suspensa enquanto a opção pela nacionalidade brasileira não for exercida. Nesse caso, portanto, a opção funciona como uma condição suspensiva da nacionalidade brasileira e, uma vez manifestada, faz com que a pessoa volte a ser brasileira nata.

Poucos meses depois dessa decisão, a 1ª Turma do STF passou a exigir o registro provisório para que o menor filho de pais brasileiros e nascido no estrangeiro, vindo a residir no Brasil, seja considerado brasileiro nato enquanto não atingida a maioridade. Após o atingimento da maioridade, a manifestação da opção, tal qual vimos acima, funciona como condição suspensiva da nacionalidade brasileira. Isso foi decidido no RE 415957:

> "Opção de nacionalidade brasileira (CF, art. 12, I, c): menor residente no País, nascido no estrangeiro e filho de mãe brasileira, que não estava a serviço do Brasil: **viabilidade do registro provisório (L. Reg. Públicos, art. 32, § 2º), não o da opção definitiva**. 1. **A partir da maioridade, que a torna possível, a nacionalidade do filho brasileiro, nascido no estrangeiro, mas residente no País, fica sujeita à condição suspensiva da homologação judicial da opção**. 2. Esse condicionamento suspensivo, só vigora a partir da maioridade; **antes, desde que residente no País, o menor - mediante o registro provisório previsto no art. 32, § 2º, da Lei dos Registros Públicos - se considera brasileiro nato, para todos os efeitos**. 3. Precedentes (RE 418.096, 2ª T., 23.2.05, Velloso; AC 70-QO, Plenário, 25.9.03, Pertence, DJ 12.3.04)."
>
> **(RE 415957, Rel Min. SEPÚLVEDA PERTENCE, Primeira Turma, j. em 23/08/2005)**

Conforme vimos, nesse caso (menor nascido no estrangeiro e que lá não foi registrado na repartição brasileira competente), como a pessoa ainda é menor, não pode ela exercer a opção pela nacionalidade brasileira, e, sendo essa opção um ato personalíssimo, também não pode ela ser exercida pelos pais. Mas os pais, nessa situação, podem fazer o registro provisório do filho. Por isso, antes de atingida a maioridade, o menor, se estiver residindo no Brasil, terá a condição de brasileiro nato, **desde que realizado o seu registro provisório.**

Em resumo, a partir da maioridade, a nacionalidade brasileira originária da pessoa nascida no estrangeiro de pais brasileiros e que veio a residir no Brasil quando ainda era menor fica sujeita à condição suspensiva da opção, que – repita-se – só pode ser feita a partir do atingimento da maioridade. Mas, antes de atingida a maioridade, o menor, se estiver residindo no Brasil, terá a condição de brasileiro nato, desde que realizado o seu registro provisório.

Note que o primeiro precedente (o da 2ª Turma) não exigia o registro provisório, mas o segundo precedente (o da 1ª Turma) exige o registro provisório.

→ *A situação do estrangeiro adotado por brasileiro no exterior*

No texto da CF/88, não há a previsão expressa da possibilidade da aquisição da nacionalidade nata como decorrência da **adoção**, por brasileiros, de criança estrangeira no exterior. O texto constitucional apenas atribui nacionalidade originária a alguém nascido no estrangeiro quando se trata de filho biológico de brasileiro. E isso faz ser levantado o seguinte questionamento: **o estrangeiro adotado por brasileiro no exterior adquire a nacionalidade brasileira originária caso cumpra o procedimento previsto na Constituição (registro na repartição competente ou manifestação da opção após a maioridade) ou ele apenas pode se tornar brasileiro pela via da naturalização?**

Essa questão é tormentosa, não havendo uma definição segura sobre ela na jurisprudência ou na legislação.

O fato é que há sobre isso pelo menos duas correntes de pensamento, que são antagônicas.

Uma primeira corrente entende que, em virtude da vedação constitucional de tratamento discriminatório entre os filhos (art. 227, § 6º, CF/88), deve ser reconhecida a nacionalidade originária ao estrangeiro adotado no exterior por brasileiro. Esse posicionamento doutrinário, portanto, dá ao estrangeiro adotado o mesmo tratamento conferido aos filhos biológicos.

Uma segunda corrente, por sua vez, entende que, como a Constituição Federal não previu a atribuição de nacionalidade originária ao estrangeiro adotado por brasileiro, a única forma de ele se tornar nacional do Brasil é pela sua naturalização. Essa posição doutrinária entende que a nacionalidade é uma questão estrutural do próprio Estado, de modo que não há espaço, nesse tema, para invocar a vedação de tratamento discriminatório (cujos efeitos são restritos à esfera dos direitos civis) e, assim, tentar excepcionar disposições expressas do texto constitucional que dizem respeito à soberania estatal, como é o caso do regramento da nacionalidade. Para essa corrente doutrinária, as hipóteses de nacionalidade originária devem ser interpretadas restritivamente. Valerio Mazzuoli, por exemplo, adota esse entendimento.

E no nosso ordenamento jurídico há alguma norma sobre a questão?

O art. 52-C do ECA, que foi incluído pela Lei 12.010/09, prevê que, nas adoções internacionais em que o país de acolhida é o Brasil, deve ser expedido o Certificado de **Naturalização** Provisório, o que, segundo a parcela da doutrina que rejeita a atribuição de nacionalidade originária a estrangeiro adotado por brasileiro, deixa claro que o caminho para o adotado se tornar brasileiro é, realmente, o da nacionalidade secundária, não podendo ele ser considerado brasileiro nato. Isso porque esse dispositivo se refere a um certificado de **naturalização**, e não a um certificado de nacionalidade nata. Veja:

> "**Art. 52-C.** Nas adoções internacionais, quando o Brasil for o país de acolhida, a decisão da autoridade competente do país de origem da criança ou do adolescente será conhecida pela Autoridade Central Estadual que tiver processado o pedido de habilitação dos pais adotivos, que comunicará o fato à Autoridade Central Federal e determinará as providências necessárias à expedição do **Certificado de Naturalização Provisório**."

Ocorre que o próprio Estado Brasileiro, por meio do Ministério das Relações Exteriores, entende, com fundamento justamente na vedação de tratamento discriminatório entre filhos (art. 227, § 6º, CF/88), que o estrangeiro adotado por brasileiro deve ser considerado brasileiro nato, e não naturalizado. É o que consta do item 4.4.50 do Manual do Serviço Consular e Jurídico, que trata do registro de filho estrangeiro adotado por brasileiros no exterior:

> "**4.4.50** No que se refere ao amparo legal, aplicar-se-á o disposto nas NSCJs 4.4.34 e 4.4.35, já que o adotado por brasileiros no exterior terá, nos termos do §6º do art. 227 da Constituição Federal, o direito à **nacionalidade brasileira originária**, previsto no artigo 12, inciso I, alínea "c" do texto constitucional."

Na jurisprudência, não houve até o momento uma definição pelos Tribunais superiores sobre a questão, mas há diversas decisões de Tribunais de segundo grau entendendo que a nacionalidade brasileira, no caso que estamos analisando, deve ser a secundária, não a primária. Nesse sentido, podem ser citados os seguintes exemplos:

TRF1, **Apelação Cível 0024007-54.2011.4.01.3800**, 6ª Turma, j. 17/08/2015; TRF3, **Apelação Cível 0015230-96.2000.4.03.6100**, 3ª Turma, j. 12/06/2002; TRF2, **Apelação Cível 2017.51.01.226518-2**, 8ª Turma Especializada, j. 29/01/2019; TRF2, **Apelação Cível 2008.50.01.002744-6**, 6ª Turma Especializada, j. 06/10/2010; TRF2, **Apelação Cível 2006.51.02.004046-5**, 6ª Turma Especializada, j. 07/03/2008.

Porém, não se pode deixar de registrar que, embora em quantidade bem menor, também é possível encontrar jurisprudência reconhecendo a nacionalidade originária ao estrangeiro adotado por brasileiro no exterior, justamente em virtude da vedação constitucional ao tratamento discriminatório entre filhos contida no art. 227, § 6º, da CF/88. Um incomum exemplo disso é o seguinte precedente: TRF4, **Apelação Cível 5013576-68.2020.4.04.7002**, 4ª Turma, j. 13/10/2021.

A posição que parece prevalecer, portanto, é a que entende ser caso de naturalização, e não de nacionalidade originária.

Mas, mesmo assim, o tema não é tranquilo.

E o que fazer caso isso seja questionado em uma prova?

Depende muito da forma como o tema for abordado. É pouco provável que surja em uma prova objetiva, mas, se isso acontecer, o ideal parece ser seguir a literalidade da Constituição Federal, que não prevê a atribuição de nacionalidade originária ao estrangeiro adotado por brasileiro.

Já em provas subjetivas e orais, a melhor forma de responder é abordando tudo que foi exposto acima, o que, certamente, será suficiente para surpreender positivamente o examinador. Nesse caso, o ideal é expor as posições doutrinárias conflitantes e o cenário que temos em nosso ordenamento jurídico, inclusive, registrando que o entendimento pela nacionalidade secundária parece prevalecer, notadamente, por conta das decisões nesse sentido proferidas por Tribunais de segundo grau. Essa estratégia certamente renderá bons frutos.

Seja como for, é importante registrar que a matéria será analisada pelo Supremo Tribunal Federal, e, quando isso ocorrer, teremos uma solução definitiva para a questão. O STF fará isso no **Tema de Repercussão Geral nº 1253** (RE 1.163.774), que se encontra pendente de julgamento.

▪ NACIONALIDADE SECUNDÁRIA

De um modo geral, é possível elencar duas espécies de naturalização, quais sejam, a **tácita** e a **expressa**.

A naturalização expressa é aquela que depende de manifestação expressa pelo interessado da sua vontade de se naturalizar. Essa é a espécie de naturalização adotada pela CF/88.

Já a naturalização tácita, não adotada pela CF/88, é aquela em que a nacionalidade secundária é adquirida pelo indivíduo automaticamente, como decorrência do preenchimento de determinadas condições previstas no ordenamento jurídico, sem necessidade de manifestação de vontade da pessoa que está sendo naturalizada.

Na história do constitucionalismo brasileiro, houve previsão de naturalização tácita na Constituição Federal de 1891, que, nos termos do seu art. 69, 4º, naturalizou brasileiros todos os estrangeiros que já se encontrassem no Brasil na data da proclamação da República (ocorrida em 15/11/1889) e que, dentro de um determinado prazo (mais precisamente, seis meses após a sua entrada em vigor), não viessem a manifestar sua intenção de manter a nacionalidade de origem. Essa naturalização tácita foi chamada de "**grande naturalização**" e, inclusive, já havia sido adotada antes mesmo da Constituição de 1891, durante o Governo Provisório do Marechal Deodoro da Fonseca, por meio do Decreto nº 58-A, de 14 de dezembro de 1889.

Dentre as Constituições brasileiras, a "grande naturalização" foi prevista originalmente na Constituição de 1891 e foi mantida, nos exatos termos do texto de 1891, por todas as Constituições subsequentes, exceto pela CF/88, que – repita-se – apenas admite naturalização expressa, não tácita. Apesar disso, é comum que, em alguns trabalhos doutrinários, apenas a Constituição de 1891 seja lembrada ao se abordar a "grande naturalização".

Além disso, a Constituição de 1824, em seu art. 6º, IV, considerou brasileiros os nascidos em Portugal que, no momento da independência do Brasil, aqui residiam, desde que aderissem à nacionalidade brasileira (naturalização expressa) ou simplesmente continuassem residindo em território brasileiro (naturalização tácita). Portanto, a Constituição Imperial Brasileira também admitiu a naturalização tácita.

Como se pode perceber, a única Constituição brasileira que não contemplou nenhuma hipótese de naturalização tácita foi a Constituição Federal de 1988.

▶ Espécies de naturalização previstas na CF/88

Na Constituição de 1988, a nacionalidade secundária é prevista no seu art. 12, II. Esse dispositivo prevê os requisitos básicos da nacionalidade derivada, mas não a confere automaticamente às pessoas, exigindo sempre uma declaração de vontade para a sua aquisição. Como vimos, a CF/88 não contempla nenhuma hipótese de naturalização tácita, apenas expressa.

Segundo classificação doutrinária, a nacionalidade secundária expressa pode ser de **duas espécies**, ambas previstas na Constituição Brasileira de 1988:

1) Nacionalidade secundária **ordinária**; e

2) Nacionalidade secundária **extraordinária**.

→ *Nacionalidade secundária ordinária*

A nacionalidade secundária **ordinária** está prevista no art. 12, II, "a", da CF/88, que assim dispõe:

> "**Art. 12, CF/88.** São brasileiros:
>
> (...)
>
> II – naturalizados:
>
> a) os que, **na forma da lei**, adquiram a nacionalidade brasileira, exigidas aos originários de países de língua portuguesa apenas residência por um ano ininterrupto e idoneidade moral;"

A lei referida no dispositivo transcrito era o Estatuto do Estrangeiro (Lei 6.815/80), hoje revogado pela Lei de Migração (Lei nº 13.445/2017).

Esse dispositivo traz, como regra geral, uma autorização para que a lei ordinária fixe os critérios para aquisição da nacionalidade secundária. Por isso, fala-se em naturalização ordinária ou nacionalidade secundária ordinária: é aquela feita na forma da lei.

Perceba que, nesse caso, o legislador ordinário possui uma margem de atuação para definir os critérios para aquisição da nacionalidade secundária. Porém, essa lei tem uma limitação, a qual está prevista na parte final do dispositivo, em que a CF/88, desde logo suprimindo a possibilidade de o legislador dispor em sentido contrário, afirma que dos originários de países de língua portuguesa, serão exigidas apenas residência por um ano ininterrupto e idoneidade moral.

Importante registrar que a Lei de Migração (Lei 13.445/17) prevê, nos seus arts. 64 e seguintes, ao lado da naturalização ordinária e da extraordinária, as naturalizações que chama de especial e provisória, as quais têm requisitos diversos. Mas, em última análise, a naturalização especial e a provisória nada mais são do que hipóteses de naturalização conferida na forma da lei com fundamento no art. 12, II, "a", da CF/88.

Na tabela abaixo, é feita, de forma esquematizada, a diferenciação entre as diversas hipóteses de naturalização cujos requisitos se encontram definidos em lei, mais precisamente, na Lei de Migração.

NATURALIZAÇÃO CONFERIDA NA FORMA DA LEI (ART. 12, II, "a", CF/88 c/c LEI 13.445/17)		
MODALIDADE DA NATURALIZAÇÃO	**A QUEM SE APLICA**	**REQUISITOS (CUMULATIVOS)**
Naturalização ordinária (arts. 65 e 66, Lei 13.445/17)	Qualquer estrangeiro	**1)** Ter capacidade civil, segundo a lei brasileira; **2)** Comunicar-se em língua portuguesa, consideradas as condições do naturalizando; **3)** Não possuir condenação penal ou estiver reabilitado, nos termos da lei; e **4)** Ter residência em território nacional, pelo prazo mínimo de 4 (quatro) anos, ficando esse prazo reduzido para 1 (um) ano, se o requerente: **a)** tiver filho brasileiro; **ou** **b)** tiver cônjuge ou companheiro brasileiro do qual não esteja separado legalmente ou de fato no momento da naturalização; **ou** **c)** houver prestado ou puder prestar serviço relevante ao Brasil; **ou** **d)** possuir alguma capacidade profissional, científica ou artística que recomende a naturalização.

NATURALIZAÇÃO CONFERIDA NA FORMA DA LEI (ART. 12, II, "a", CF/88 c/c LEI 13.445/17)		
MODALIDADE DA NATURALIZAÇÃO	**A QUEM SE APLICA**	**REQUISITOS (CUMULATIVOS)**
Naturalização especial (arts. 68 e 69, Lei 13.445/17)	Estrangeiro que: **a)** seja cônjuge ou companheiro, há mais de 5 (cinco) anos, de integrante do Serviço Exterior Brasileiro em atividade ou de pessoa a serviço do Estado brasileiro no exterior; **ou** **b)** seja ou tenha sido empregado em missão diplomática ou em repartição consular do Brasil por mais de 10 (dez) anos ininterruptos.	**1)** ter capacidade civil, segundo a lei brasileira; **2)** comunicar-se em língua portuguesa, consideradas as condições do naturalizando; e **3)** não possuir condenação penal ou estiver reabilitado, nos termos da lei.
Naturalização provisória (art. 70, Lei 13.445/17)	Criança ou adolescente migrante (estrangeiro)	**1)** Ter fixado residência no território nacional (brasileiro) antes de completar 10 (dez) anos de idade; e **2)** A concessão da naturalização ser requerida por intermédio do representante legal do naturalizando.

A Lei de Migração prevê, no parágrafo único do seu art. 70, que a naturalização provisória será convertida em definitiva se o naturalizando requerer isso expressamente dentro do prazo de 2 (dois) anos após atingir a maioridade.

→ *Nacionalidade secundária extraordinária*

A nacionalidade secundária extraordinária está prevista no art. 12, II, "b", da CF/88, que assim dispõe:

> "**Art. 12, CF/88.** São brasileiros:
>
> (...)
>
> II – naturalizados:
>
> (...)
>
> b) os estrangeiros de qualquer nacionalidade, **residentes** na República Federativa do Brasil há mais de **quinze anos ininterruptos e sem condenação penal, desde que requeiram a nacionalidade brasileira.**"

Na sua parte final, essa alínea "b" traz a necessidade da manifestação da vontade do requerente. Assim, na nacionalidade secundária, tanto na ordinária quanto na extraordinária, é necessário haver uma manifestação de vontade do requerente e que ele:

I) Na naturalização ordinária (vista no tópico anterior):

a. preencha os requisitos da lei (regra geral); ou

b. seja originário de país de língua portuguesa e resida no Brasil há um ano ininterrupto e tenha idoneidade moral.

II) Na naturalização extraordinária, resida no Brasil há mais de quinze anos ininterruptos e não tenha condenação criminal.

Em todos esses casos é necessária a declaração de vontade no sentido de adquirir a nacionalidade secundária brasileira.

▶ Existe direito subjetivo à naturalização?

Há discussão doutrinária sobre se é possível ou não reconhecer um direito subjetivo à naturalização. Em outras palavras: **é possível dizer que a naturalização é um direito que não pode ser negado pelo Estado?**

Conforme visto em relação à nacionalidade originária, no caso da opção da alínea "c" do inciso I do art. 12 da CF/88, a doutrina entende que se cuida de um direito potestativo do interessado. Mas isso é um caso de nacionalidade originária.

Em relação à nacionalidade secundária, o cenário é diferente. Primeiramente, porque, em relação a ela, é necessário distinguir o tratamento dado à naturalização ordinária do tratamento dado à naturalização extraordinária.

Não há dúvida alguma de que, na naturalização extraordinária, que tem os requisitos previstos na própria Constituição, o requerente, caso preencha as exigências constitucionais, possui direito subjetivo a adquirir a nacionalidade brasileira. E os fundamentos desse entendimento são dois:

I) Os requisitos estão previstos no próprio texto constitucional, o que afasta a discricionariedade do Estado na análise do requerimento apresentado pelo interessado.

II) O art. 12, II, "b", da CF/88 diz que os estrangeiros que preencherem os requisitos nele previstos terão direito a se naturalizarem, *"desde que requeiram a nacionalidade brasileira"*, dando a entender, segundo a doutrina majoritária (como Bernardo Gonçalves e Marcelo Novelino) que, uma vez apresentado o requerimento por quem preenche os requisitos constitucionais, o Estado brasileiro é obrigado a lhe reconhecer a nacionalidade secundária.

Inclusive, o Supremo Tribunal Federal já se manifestou nesse exato sentido. No RE 264848, o Tribunal apreciou uma situação envolvendo a nacionalidade secundária extraordinária (que, como vimos, tem os requisitos previstos na própria Constituição) e decidiu que, nesse caso, o ato de reconhecimento da naturalização é **meramente declaratório**, retroagindo os seus efeitos à data de apresentação do respectivo requerimento. Ficou claro nesse precedente que, tendo sido preenchidos os requisitos constitucionais, basta a apresentação do pedido de naturalização para que o requerente seja considerado brasileiro naturalizado. Em outras palavras, a Corte reconheceu o direito subjetivo à aquisição da nacionalidade secundária extraordinária.

O julgado ficou assim ementado:

> "(...) CONCURSO PÚBLICO. ESTRANGEIRO. NATURALIZAÇÃO. REQUERIMENTO FORMALIZADO ANTES DA POSSE NO CARGO EXITOSAMENTE DISPUTADO MEDIANTE CONCURSO PÚBLICO. INEXISTÊNCIA DE OFENSA À ALÍNEA 'B' DO INCISO II DO ARTIGO 12 DA MAGNA CARTA. **O requerimento de aquisição da nacionalidade brasileira, previsto na alínea 'b' do inciso II do art. 12 da Carta de Outubro, é suficiente para viabilizar a posse no cargo triunfalmente disputado mediante concurso público.** Isto quando a pessoa requerente contar com **quinze anos ininterruptos de residência fixa no Brasil, sem condenação penal**. A Portaria de formal reconhecimento da naturalização, expedida pelo Ministro de Estado da Justiça, é de **caráter meramente declaratório**. Pelo que seus efeitos hão de **retroagir à data do requerimento do interessado**. (...)."
>
> **(RE 264848, Rel. Min. CARLOS BRITTO, Primeira Turma, j. em 29/06/2005)**

Portanto, nesse caso, o STF decidiu no sentido de que, cumpridos os requisitos constitucionais da nacionalidade secundária extraordinária (art. 12, II, "b", CF/88), o reconhecimento da nacionalidade é meramente declaratório, e não constitutivo, o que significa dizer – repita-se – que, nesse caso, existe direito subjetivo à aquisição da nacionalidade.

Diferente, porém, é o caso da naturalização ordinária.

Como vimos, existem duas hipóteses de naturalização ordinária: (I) a que tem os requisitos definidos em lei e (II) a que tem os requisitos definidos na própria Constituição, que é a hipótese que se aplica aos originários de países de língua portuguesa que tenham residência no Brasil por 1 (um) ano ininterrupto e idoneidade moral. E, por conta da existência dessas duas hipóteses diferentes (uma com requisitos definidos em lei e outra com requisitos definidos na Constituição), a doutrina diverge sobre a existência ou não de direito subjetivo à naturalização ordinária.

Existe uma corrente doutrinária que entende que, sempre que os requisitos para a naturalização estão previstos na Constituição, há direito subjetivo à aquisição da nacionalidade, pouco importando se se trata de naturalização ordinária ou extraordinária. Assim entende, por exemplo, Valerio Mazzuoli.

Porém, a maior parte da doutrina (como Bernardo Gonçalves e Marcelo Novelino) entende que apenas na naturalização extraordinária há direto subjetivo à aquisição da nacionalidade e que, na naturalização ordinária, o Estado possui discricionariedade na análise do requerimento do interessado, independentemente de os requisitos estarem previstos em lei ou na Constituição.

Inclusive, esse entendimento já foi adotado em prova de concurso. Por exemplo, a banca INCAB, no concurso de Soldado da PM/SC de 2019, considerou correta a assertiva segundo a qual *"há possibilidade de naturalização, aos originários de países de língua portuguesa, caso tenham residência no Brasil por 1 (um) ano ininterrupto e idoneidade moral. Todavia, não há direito subjetivo à naturalização, mesmo que preenchidos os requisitos, porque se trata de ato discricionário e político"*.

Portanto, o entendimento majoritário, que, inclusive, já foi adotado em prova, é no sentido de que, na naturalização ordinária, ainda que os requisitos estejam previstos na própria Constituição Federal, o reconhecimento da nacionalidade depende de juízo discricionário do Estado brasileiro, não havendo direito subjetivo do interessado.

A situação da família da pessoa que obtém a naturalização

Quando um indivíduo obtém a naturalização, a sua família também fica naturalizada?

A nacionalidade secundária (ou naturalização) não implica aquisição automática da nacionalidade brasileira pelo cônjuge ou pelos filhos da pessoa, além de não autorizar que eles (o cônjuge ou os filhos do naturalizado) entrem ou se radiquem no Brasil sem que sejam atendidas as exigências legais aplicáveis.

Evidentemente, o cônjuge e os filhos do naturalizado podem adquirir a nacionalidade brasileira, o que, inclusive, é disciplinado pela Lei de Migração (que ab-rogou o Estatuto do Estrangeiro), mas essa aquisição não é uma decorrência automática e necessária da naturalização de ninguém, dependendo do preenchimento, em cada caso, dos requisitos previstos no ordenamento jurídico.

Isso, inclusive, já foi afirmado pelo Supremo Tribunal Federal, como ocorreu no seguinte precedente:

> "(...) O CASAMENTO CIVIL NÃO SE QUALIFICA, NO SISTEMA JURÍDICO VIGENTE NO BRASIL, COMO CAUSA DE AQUISIÇÃO DA NACIONALIDADE BRASILEIRA. - **Não se revela possível, em nosso sistema jurídico-constitucional, a aquisição da nacionalidade brasileira 'jure matrimonii', vale dizer, como efeito direto e imediato resultante do casamento civil.** Magistério da doutrina. (...)."
> **(Ext 1121, Rel. Min. CELSO DE MELLO, Pleno, j. em 18/12/2009)**

Portanto, o fato puro e simples de um brasileiro se casar com um estrangeiro não dá a esse estrangeiro a condição de brasileiro. Não há, no Brasil, o critério *jure matrimonii* (ou *jus communicatio*) para a aquisição da nacionalidade brasileira.

Inclusive, isso pode ser inferido de uma outra questão que estudamos anteriormente. Conforme vimos, não há possibilidade, no sistema jurídico constitucional brasileiro, de se estabelecer distinção entre brasileiros natos e naturalizados que não tenha base constitucional. Ou seja, as diferenças de tratamento jurídico entre o brasileiro nato e o brasileiro naturalizado só podem ter fundamento na Constituição.

Isso se encontra estabelecido no art. 12, § 2º, da CF/88, que veda que a lei estabeleça distinção entre brasileiros natos e naturalizados, salvo nos casos previstos na CF/88, os quais já examinamos em tópico próprio.

Portanto, se o vínculo civil (como é o caso do casamento) com um brasileiro nato não torna a pessoa brasileira, esse mesmo vínculo mantido com alguém que se naturaliza brasileiro também não torna a pessoa brasileira, pois não há previsão nesse sentido na Constituição Federal.

A título de curiosidade, porém, é interessante registrar que, no constitucionalismo brasileiro, já houve o reconhecimento da nacionalidade brasileira como decorrência de vínculo civil. Isso ocorreu na Constituição Federal de 1891, mais precisamente, em seu art. 69, 5º, segundo o qual, eram brasileiros "*os estrangeiros que possuírem bens imóveis no Brasil e forem casados com brasileiros ou tiverem filhos brasileiros contanto que residam no Brasil, salvo se manifestarem a intenção de não mudar de nacionalidade*".

E essa previsão foi mantida, nesses exatos termos, em todas as Constituições brasileiras subsequentes, exceto na CF/88.

Desde a entrada em vigor da CF/88, portanto, vínculo civil não assegura a nacionalidade brasileira.

■ PERDA DA NACIONALIDADE BRASILEIRA

Até o presente momento, tratamos da aquisição da nacionalidade, mas, de acordo com a Constituição, a nacionalidade brasileira, além de adquirida, também pode ser perdida.

A perda da nacionalidade brasileira pode ocorrer nas situações previstas no art. 12, § 4º, da CF/88, que foi alterado no ano 2023 pela **EC 131**.

Abaixo veremos as hipóteses de perda da nacionalidade brasileira, inclusive, comparando as regras anteriores à **EC 131/2023** com as regras posteriores a essa emenda.

▶ Art. 12, § 4º, I, CF/88

Antes da EC 131/2023, o art. 12, § 4º, I, da CF/88, tinha a seguinte redação:

> "**Art. 12, § 4º, CF/88.** Será declarada a perda da nacionalidade do brasileiro que:
>
> I - tiver **cancelada sua naturalização**, por **sentença judicial**, em virtude de **atividade nociva ao interesse nacional**; (Redação anterior à EC 131/2023)
>
> (...)"

Após a EC 131/2023, o art. 12, § 4º, I, da CF/88, passou a ter a seguinte redação:

> "**Art. 12, § 4º, CF/88.** Será declarada a perda da nacionalidade do brasileiro que:
>
> I - tiver **cancelada sua naturalização**, por **sentença judicial**, em virtude de **fraude relacionada ao processo de naturalização** ou de **atentado contra a ordem constitucional e o Estado Democrático**; ***(Redação dada pela EC 131/2023)***
>
> (...)"

Como se pode perceber, a EC 131/2023 não alterou de forma muito profunda o art. 12, § 4º, I, da CF/88, pois a essência do dispositivo continuou a mesma, qual seja, o brasileiro naturalizado pode perder sua nacionalidade (que, no caso, é uma nacionalidade secundária) por força de sentença judicial.

O que a EC 131/2023 alterou nesse dispositivo foram apenas os motivos que justificam uma sentença de cancelamento da naturalização brasileira. Antes da Emenda, o motivo era a prática de alguma atividade nociva ao interesse nacional. Agora (após a EC 131/2023), os motivos que autorizam o cancelamento da naturalização brasileira passaram a ser dois: **I)** o cometimento de fraude para obter a naturalização; ou **II)** a prática de ato que atente contra a ordem constitucional e o Estado Democrático.

As alterações que a EC 131/2023 promoveu no art. 12, § 4º, I, da CF/88, compreenderam, portanto, apenas alguns detalhes do dispositivo, não alterando a sua essência.

É importante perceber que o que o art. 12, § 4º, I, da CF/88, permite não é o cancelamento da nacionalidade originária, mas sim da nacionalidade secundária. O brasileiro naturalizado (e não o brasileiro nato) pode ter cancelada a sua naturalização, o que deve ser feito por sentença judicial e deve ter como motivo o cometimento de **fraude para obter a naturalização** ou a prática de **ato que atente contra a ordem constitucional e o Estado Democrático.**

Veja que, apesar de a concessão da naturalização ser um ato de competência exclusiva do Ministério da Justiça e Segurança Pública (conforme prevê o art. 218 do Decreto 9.199/2017, que regulamentou a Lei de Migração), esse ato não pode ser revisto pelo Ministro de Estado da Justiça e Segurança Pública. O cancelamento da naturalização depende, segundo previsto expressamente na Constituição Federal, de sentença judicial. Isso, inclusive, já foi afirmado pelo Supremo Tribunal Federal:

> "NATURALIZAÇÃO – REVISÃO DE ATO – COMPETÊNCIA. Conforme revela o inciso I do § 4º do artigo 12 da Constituição Federal, **o Ministro de Estado da Justiça não tem competência para rever ato de naturalização.**"
> **(RMS 27840, Rel. p/ Acórdão Min. MARCO AURÉLIO, Pleno, j. em 07/02/2013)**

A naturalização, portanto, só pode ser cancelada por sentença judicial.

A sentença judicial que cancela a naturalização pode ser baseada em uma lei que imponha a perda da naturalização como uma sanção principal ou acessória, mas sempre ligada ao cometimento de fraude para obter a naturalização ou à prática de um ato atentatório contra a ordem constitucional e o Estado Democrático.

A perda da nacionalidade pelo cancelamento da naturalização opera efeitos ***ex nunc*** (não retroativos). Portanto, o brasileiro naturalizado que perde a nacionalidade brasileira sofre essa perda do momento da sentença em diante, sem efeitos retroativos.

É possível a reaquisição da nacionalidade brasileira por quem teve cancelada sua naturalização por sentença judicial? Sim, é possível, por meio de uma **ação rescisória.** Então, se essa pessoa obtiver a rescisão da sentença judicial de cancelamento da naturalização, ela readquire a nacionalidade brasileira, reaquisição essa que também se dá com efeitos **não retroativos**.

▶ Art. 12, § 4º, II, CF/88

Outra hipótese de perda da nacionalidade brasileira encontra-se no **art. 12, § 4º, II, da CF/88**, que estabelece uma regra e uma exceção a essa regra.

Antes da EC 131/2023, o art. 12, § 4º, II, da CF/88, tinha a seguinte redação:

> **"Art. 12, § 4º, CF/88.** Será declarada a perda da nacionalidade do brasileiro que:
>
> (...)
>
> II - **adquirir outra nacionalidade**, salvo nos casos: ***(Redação anterior à EC 131/2023)***
>
> a) de reconhecimento de nacionalidade **originária** pela lei estrangeira; ***(Redação anterior à EC 131/2023)***
>
> b) de imposição de **naturalização**, pela norma estrangeira, ao brasileiro residente em estado estrangeiro, como **condição para permanência em seu território ou para o exercício de direitos civis**; ***(Redação anterior à EC 131/2023)***
>
> (...)"

Após a EC 131/2023, o art. 12, § 4º, II, passou a ter a seguinte redação:

> **"Art. 12, § 4º, CF/88.** Será declarada a perda da nacionalidade do brasileiro que:
>
> (...)
>
> II - **fizer pedido expresso de perda da nacionalidade brasileira** perante autoridade brasileira competente, **ressalvadas situações que acarretem apatridia**. ***(Redação dada pela EC 131/2023)***
>
> (...)"

Perceba, de imediato, que essa hipótese de perda da nacionalidade brasileira **pode alcançar brasileiros natos**.

Antes da EC 131/2023, esse dispositivo estabelecia que o brasileiro que adquirisse **voluntariamente** outra nacionalidade perderia a nacionalidade brasileira. Então, se a pessoa se tornasse nacional de outro Estado, a regra era que, em virtude disso, deixasse de ser nacional do Brasil.

Mas havia **exceções** a essa regra, isto é, hipóteses em que a aquisição de outra nacionalidade não gerava a perda da nacionalidade brasileira.

A primeira exceção era o caso de quem tinha reconhecida uma nacionalidade **originária** pela lei estrangeira (alínea "a" do art. 12, § 4º, II, da CF/88, hoje revogada pela EC 131/2023). Se uma pessoa fosse brasileira e, no estrangeiro, adquirisse uma nacionalidade originária (isto é, em virtude de algo vinculado ao seu nascimento), a dupla nacionalidade seria possível, não ocorrendo a perda da nacionalidade brasileira. Perceba que a perda da nacionalidade brasileira nesse caso apenas não ocorria se a segunda nacionalidade fosse uma nacionalidade originária, ainda que fosse adquirida por ato de vontade.

A segunda exceção, isto é, a outra situação de aquisição de nacionalidade estrangeira que não acarretava a perda da nacionalidade brasileira encontrava-se na alínea "b" do inciso II do § 4º do art. 12 da CF/88, que, assim como a alínea "a" desse dispositivo, encontra-se, atualmente revogada pela EC 131/2023.

Enquanto a alínea "a" se referia à aquisição de uma nacionalidade originária, a alínea "b" cuidava da situação em que fosse **imposta** ao brasileiro uma **naturalização**, isto é, uma nacionalidade secundária. Se o brasileiro estivesse residindo no exterior e a lei estrangeira impusesse, como condição para a permanência em seu território ou para lá exercer direitos civis, a aquisição da nacionalidade desse Estado, essa naturalização, justamente por ser imposta (viciando, portanto, a vontade do brasileiro por coação), não gerava a perda da nacionalidade brasileira.

Importante notar que há situações em que a aquisição da nacionalidade estrangeira não chega a ser uma imposição, mas apenas uma conveniência. Nesses casos, se o brasileiro decidisse adquirir a nacionalidade estrangeira, a consequência tecnicamente correta seria a perda da nacionalidade brasileira. São exemplos disso os casos de jogadores de futebol que adquirem nacionalidade estrangeira por mera conveniência dos clubes pelos quais jogam, tendo em vista questões relacionadas à existência de cotas para estrangeiros nas competições. Embora, na prática, muitas vezes, esses jogadores acabassem não perdendo a nacionalidade brasileira, a previsão contida expressamente na Constituição não deixava margem para dúvidas: em caso de naturalização no estrangeiro, a perda da nacionalidade brasileira apenas não ocorreria quando houvesse verdadeira imposição (coação) para que o brasileiro pudesse permanecer no território ou exercer direitos civis. Qualquer flexibilização a essa regra não estava contemplada no texto constitucional.

Inclusive, nessa linha de raciocínio, o STF chegou a decidir que o brasileiro detentor de *green card* e residente nos EUA que adquirisse a nacionalidade norte-americana perderia a nacionalidade brasileira, pois, se ele já possuía *green card*, não precisava adquirir a nacionalidade norte-americana para o exercício de direitos civis ou para permanecer nos EUA. Segundo o STF, no caso em questão, o brasileiro nato titular de *green card* que adquire nacionalidade norte-americana perde a nacionalidade brasileira e poderia ser extraditado pelo Brasil, caso cometesse um crime nos EUA e fugisse para o Brasil (STF, **MS 33864/DF**, julgado em 19/04/2016 – **Informativo 822**; e STF, **Ext 1462/DF**, julgado em 28/03/2017 – **Informativo 859**). Esse entendimento, inclusive, chegou a ser cobrado em prova objetiva de concurso (como ocorreu no concurso para o cargo de Procurador do Estado de Mato Grosso realizado pela Fundação Carlos Chagas em 2016).

Acontece que, desde a entrada em vigor da EC 131/2023, isso que vimos acima não se aplica mais, pois essa emenda alterou o art. 12, § 4º, II, da CF/88.

A partir da EC 131/2023, o art. 12, § 4º, II, da CF/88 passou a prever **uma única hipótese de perda da nacionalidade brasileira** (que se aplica tanto a brasileiros natos quanto a brasileiros naturalizados), qual seja, a **apresentação de pedido expresso**, formulado pela própria pessoa, para deixar de ser brasileira.

Portanto, atualmente, desde a EC 131/2023, a CF/88 admite, no art. 12, § 4º, II, a **renúncia pura e simples à nacionalidade brasileira** (seja ela uma nacionalidade originária ou adquirida). Em outras palavras: agora o brasileiro (seja ele nato ou naturalizado) pode deixar de ser brasileiro por vontade própria, simplesmente dizendo expressamente "quero deixar de ser brasileiro".

Desde a EC 131/2023, portanto, a perda da nacionalidade brasileira passou a ser um **direito potestativo** (que é aquele tipo de direito que pode ser exercido livremente pelo seu titular, sem possibilidade de contestação ou de resistência apresentada por terceiros).

Há, porém, uma **exceção** a isso, isto é, uma situação em que, mesmo que renuncie à nacionalidade brasileira, o brasileiro não pode deixar de ser brasileiro. Essa exceção é o caso em que a pessoa que renuncia à nacionalidade brasileira não possui outra nacionalidade, hipótese em que a perda da nacionalidade brasileira a tornaria uma **apátrida** (apátrida, conforme vimos anteriormente, é a pessoa que não é nacional de nenhum país).

Portanto, mesmo permitindo (desde a EC 131/2023) que o brasileiro perca a nacionalidade brasileira por vontade própria (mediante simples renúncia expressa), **a CF/88 não admite que isso gere situações de apatridia**, até porque haveria, nesse caso, uma violação à Declaração Universal dos Direitos do Homem, que, conforme vimos, estabelece que **a nacionalidade é um direito fundamental de todo indivíduo**.

E como se dá a perda da nacionalidade brasileira nas hipóteses do art. 12, § 4º, II, da CF/88?

Isso é disciplinado pelo **Decreto 9.199/2017**, que regulamentou a Lei de Migração. Esse decreto ainda não foi alterado após a EC 131/2023 para se adequar à nova redação do art. 12, § 4º, da CF/88, motivo pelo qual ele continua se referindo ao conteúdo que os incisos I e II desse dispositivo possuíam antes da Emenda. No entanto, o art. 250 do Decreto parece continuar perfeitamente aplicável mesmo após a EC 131/2023, pois ele estabelece, simplesmente, que a perda da nacionalidade brasileira será declarada por ato do Ministro da Justiça e Segurança Pública após procedimento administrativo com observância do devido processo legal. Além disso, o art. 251 do Decreto, que tão somente estabelece os requisitos do pedido de perda da nacionalidade brasileira que seja apresentado pela própria pessoa interessada, também parece continuar plenamente aplicável após a EC 131/2023.

Portanto, uma vez apresentado, por brasileiro, pedido de perda da nacionalidade brasileira, deve ser instaurado procedimento administrativo para se verificar se os requisitos do pedido encontram-se atendidos (em especial, se não há potencial para gerar uma situação de apatridia), dando-se sempre oportunidade ao interessado para se manifestar ao longo do processo, e, ao fim, caso esteja tudo em ordem, o Ministro da Justiça e Segurança Pública declara a perda da nacionalidade brasileira.

Confira o teor dos arts. 250 e 251 do Decreto 9.199/2017:

> "**Art. 250, Decreto 9.199/2017.** A declaração da perda de nacionalidade brasileira se efetivará **por ato do Ministro de Estado da Justiça e Segurança Pública**, após procedimento administrativo, no qual serão garantidos os princípios do contraditório e da ampla defesa."
>
> **Art. 251, Decreto 9.199/2017.** Na hipótese de **procedimento de perda de nacionalidade instaurado a pedido do interessado**, a solicitação deverá conter, no mínimo:
>
> I - a identificação do interessado, com a devida documentação;
>
> II - o relato do fato motivador e a sua fundamentação legal;
>
> III - a documentação que comprove a incidência de hipótese de perda de nacionalidade, devidamente traduzida, se for o caso;
>
> IV - endereço de correio eletrônico do interessado, se o possuir.
>
> **§ 1º** O **Ministério da Justiça e Segurança Pública dará publicidade da decisão quanto à perda de nacionalidade** em seu sítio eletrônico, inclusive quando houver interposição de recurso.

> **§ 2º** Caberá recurso da decisão a que se refere o § 1º à instância imediatamente superior, no prazo de dez dias, contado da data da publicação no sítio eletrônico do Ministério da Justiça e Segurança Pública."

Por fim, é necessário registrar que a EC 131/2023 acrescentou ao art. 12 da CF/88 um § 5º, estabelecendo que, no caso de renúncia à nacionalidade brasileira, **é possível que essa nacionalidade seja readquirida**, desde que a nacionalidade perdida tenha sido uma nacionalidade **originária**.

Portanto, segundo o art. 12, § 5º, da CF/88 (incluído no texto constitucional pela EC 131/2023), se o brasileiro **NATO** renunciar à nacionalidade brasileira nos termos do art. 12, § 4º, II, da CF/88, ele poderá readquiri-la. Isso, porém, não se aplica ao brasileiro naturalizado, o qual, se renunciar à nacionalidade brasileira (que, no caso, cuida-se de uma nacionalidade adquirida, e não originária), não terá a opção de readquiri-la, devendo passar por novo processo de naturalização (cumprindo todos os requisitos aplicáveis) caso deseje se tornar brasileiro novamente.

É importante, notar, porém, que a requisição da nacionalidade brasileira nesse caso **se opera com efeitos *ex nunc*** (isto é, não retroativos), de modo que no intervalo de tempo entre a perda da nacionalidade e a sua reaquisição, o indivíduo não será considerado brasileiro.

Confira o teor do art. 12, § 5º, da CF/88:

> "**Art. 12, CF/88.**
>
> (...)
>
> **§ 5º** A renúncia da nacionalidade, nos termos do inciso II do § 4º deste artigo, não impede o interessado de readquirir sua nacionalidade brasileira **originária**, nos termos da lei."

Perceba, no entanto, que mesmo antes da EC 131/2023 a nacionalidade brasileira que era perdida por conta da ocorrência de alguma das hipóteses do art. 12, § 4º, II, da CF/88, já podia ser readquirida. Isso porque a Lei de Migração (Lei 13.445/2017), no seu art. 76, previa essa possibilidade, ao estabelecer que a nacionalidade brasileira poderia ser readquirida uma vez cessada a causa que levou à sua perda. Veja:

> "**Seção V – Da Reaquisição da Nacionalidade**
>
> **Art. 76, Lei 13.445/2017.** O brasileiro que, em razão do previsto no inciso II do § 4º do art. 12 da Constituição Federal, houver perdido a nacionalidade, uma vez cessada a causa, poderá readquiri-la ou ter o ato que declarou a perda revogado, na forma definida pelo órgão competente do Poder Executivo."

Quando o Poder Legislativo criou esse dispositivo (que ainda não foi alterado após a EC 131/2023), ele levou em consideração o art. 12, § 4º, II, da CF/88, na redação anterior à EC 131/2023, redação essa que, como vimos, previa a perda da nacionalidade brasileira no caso de aquisição voluntária da nacionalidade de outro país (exceto se se tratasse de uma nacionalidade originária desse outro país).

No entanto, feitas as devidas adaptações, parece possível aplicar o art. 76 da Lei de Migração após a EC 131/2023, mesmo sem que ele seja alterado. Isso porque esse dispositivo simplesmente diz que o brasileiro que perdeu a nacionalidade brasileira nos termos do art. 12, § 4º, II, da CF/88 pode readquirir a nacionalidade brasileira caso cesse a causa da perda. Desde a EC 131/2023, a causa da perda da nacionalidade brasileira na hipótese do art. 12, § 4º, II, da CF/88 é a renúncia expressa, de modo que, se a pessoa que renunciou à nacionalidade brasileira apresentar pedido de recuperação dessa nacionalidade (o que, como vimos, é permitido pelo art. 12, § 5º, da CF/88 quando se tratar de uma nacionalidade brasileira originária), a causa da perda da nacionalidade ficará cessada e, como consequência, a nacionalidade brasileira poderá ser recuperada.

→ *A situação do brasileiro que adquirisse automaticamente uma nacionalidade estrangeira em virtude de casamento antes da EC 131/2023*

Na redação anterior à EC 131/2023, a CF/88 não incluía expressamente, dentre as exceções à regra do inciso II do § 4º do art. 12, a hipótese de aquisição de nacionalidade estrangeira por brasileiro em virtude de se casar com uma estrangeira, quando essa nacionalidade fosse concedida automaticamente pelo Estado estrangeiro.

Por isso, a aquisição da nacionalidade estrangeira como decorrência automática do casamento com pessoa estrangeira não podia acarretar a perda da nacionalidade brasileira, porque o nacional brasileiro não manifestava, nesse caso, vontade de adquirir outra nacionalidade, mas apenas de se casar. Assim, por haver uma outorga automática de nacionalidade estrangeira, o brasileiro não perdia a nacionalidade brasileira nesse caso.

Então, antes da EC 131/2023, sempre que um Estado estrangeiro conferia sua nacionalidade a um brasileiro de uma maneira que não envolvesse manifestação de vontade do interessado, a nacionalidade brasileira não era perdida.

Após a EC 131/2023, porém, essa questão deixou de ser relevante, pois a Emenda retirou do texto constitucional a previsão de perda da nacionalidade brasileira como decorrência da aquisição da nacionalidade de outro país.

■ QUASE-NACIONALIDADE

No Capítulo III do Título II da CF/88, além do tema da nacionalidade, encontra-se uma disciplina específica sobre a reciprocidade de tratamento jurídico entre brasileiros e portugueses. A isso se dá o nome de **quase-nacionalidade**, que está prevista no art. 12, § 1º, da CF/88, nos seguintes termos:

> "**Art. 12, CF/88.**
>
> (...)
>
> **§ 1º** Aos **portugueses** com **residência permanente no País**, se houver **reciprocidade em favor de brasileiros**, serão atribuídos os **direitos inerentes ao brasileiro, salvo os casos previstos nesta Constituição**."

Por motivos óbvios, Brasil e Portugal têm uma relação peculiar, e, nesse contexto, a CF/88 assegura aos portugueses com residência permanente no Brasil, desde que haja reciprocidade de Portugal aos brasileiros com residência permanente lá, a atribuição de todos os direitos inerentes ao brasileiro. O português, nesse caso, será um quase-brasileiro, assim como o brasileiro residente em Portugal será (caso haja reciprocidade) um quase-português. É por isso que se chama de quase-nacionalidade.

Quando o dispositivo fala *"salvo os casos previstos nesta Constituição"*, a que casos ele está se referindo? Às prerrogativas inerentes aos brasileiros natos.

Portanto, o português com residência permanente no Brasil poderá exercer todos os direitos do brasileiro **naturalizado**, se houver reciprocidade por parte de Portugal. Em outras palavras, o português, nesse caso, será equivalente a um brasileiro naturalizado, podendo fazer tudo que o brasileiro naturalizado puder fazer, ou seja, ele só não poderá fazer o que for privativo de brasileiro nato.

Em caso de reciprocidade, então, o português com residência permanente no Brasil não poderá, por exemplo, ocupar cargos privativos de brasileiro nato, como o cargo de Presidente da República, mas poderá se candidatar a cargos eletivos não privativos de brasileiro nato.

Resumindo, na quase-nacionalidade, todas as limitações ao brasileiro naturalizado se aplicam ao português.

A situação da quase-nacionalidade é regida pelo **Tratado de Amizade, Cooperação e Consulta entre a República Federativa do Brasil e a República Portuguesa**, o qual foi assinado em Porto Seguro/BA no ano 2000, tendo sido aprovado pelo Decreto Legislativo 165/2001 e promulgado pelo Decreto Presidencial 3.927/2001.

SUPRANACIONALIDADE

A doutrina moderna afirma a existência da **supranacionalidade**, que decorre de fenômenos ligados à globalização, como a formação de blocos de Estados. Um exemplo disso é o que se verifica na Europa com a União Europeia, onde a condição de nacional pertencente a um de seus Estados integrantes assegura ao indivíduo direitos que são reconhecidos em outros Estados europeus. Por isso, afirma-se que há aí uma supranacionalidade.

Na realidade brasileira, não há um bloco de Estados nos mesmos moldes da União Europeia, não existe uma comunidade sul-americana ou latino-americana à semelhança do que ocorre na Europa. Há, aqui, o MERCOSUL, mas ele não se assemelha à União Europeia, é algo diferente.

A União Europeia é uma reunião de Estados que tem como ponto de partida uma integração de natureza política ou de cidadania e como consequência uma integração econômica. Por sua vez, o MERCOSUL é um tratado de integração econômica e que pode gerar algum tipo de integração política ou de cidadania. São, portanto, coisas diferentes que podem acabar convergindo para uma mesma realidade.

O fato é que já começamos a ter algumas situações semelhantes a uma supranacionalidade, embora muito tímida, no âmbito do MERCOSUL, o que pode ganhar maior corpo com o decorrer do tempo.

10

Direitos Políticos

CONCEITO DE DIREITOS POLÍTICOS

Nas objetivas palavras de Pedro Lenza, "os direitos políticos nada mais são que instrumentos por meio dos quais a CF garante o exercício da soberania popular, atribuindo poderes aos cidadãos para interferirem na condução da coisa pública, seja direta, seja indiretamente".

Com diferentes palavras, mas trazendo a mesma ideia, Bernardo Gonçalves Fernandes diz que "os direitos políticos são entendidos como um conjunto de regras que disciplina o exercício da soberania popular. Nesse sentido, é um grupo de normas que envolvem a participação dos indivíduos (cidadãos) nos processos de poder, ou seja, nas tomadas de decisões que envolvem a vida pública do Estado e da sociedade. Os direitos políticos fundamentam o princípio democrático presente no § único do art. 1º da CR/88 e são desenvolvidos por meio de normas que dizem respeito à escolha de representantes para o exercício do poder em nome do povo ou pela própria participação direta do povo no exercício do poder.

Portanto, esses direitos instrumentalizam a condição da cidadania ativa enquanto meio de participação nos processos de formação do poder no Estado e na sociedade, viabilizando o que podemos chamar de exercício da democracia participativa em um Estado Democrático de Direito."

Em nossas próprias palavras – e com o objetivo de tornar esse conceito mais palatável –, podemos conceituar os direitos políticos como o conjunto de regras previstas no ordenamento jurídico que disciplinam como se dará a interferência do indivíduo cidadão nos processos de tomada de decisões políticas de um determinado povo e, portanto, de um determinado Estado, pois o povo é elemento constitutivo do Estado, conforme estudamos anteriormente. Os direitos políticos, enfim, são a disciplina jurídica do exercício da soberania popular (isto é, do exercício do poder pelo povo), a qual, no nosso ordenamento jurídico, é exercida por meio de representantes eleitos ou diretamente pelo povo, como prevê o art. 1º, parágrafo único, da CF/88.

> "**Art. 1º, CF/88.** A República Federativa do Brasil, formada pela união indissolúvel dos Estados e Municípios e do Distrito Federal, constitui-se em Estado Democrático de Direito e tem como fundamentos:
>
> I - a soberania;

> II - a cidadania;
>
> III - a dignidade da pessoa humana;
>
> IV - os valores sociais do trabalho e da livre iniciativa;
>
> V - o pluralismo político.
>
> **Parágrafo único.** Todo o poder emana do povo, que o exerce por meio de representantes eleitos ou diretamente, nos termos desta Constituição."

DEMOCRACIA

O parágrafo único do art. 1º da CF/88 (visto acima) deixa claro qual tipo de democracia é adotada em nosso País. Mas antes de abordar isso, é preciso esclarecer uma questão: **o que é democracia?**

A democracia costuma ser tradicionalmente conceituada, no plano teórico, como o regime político que se fundamenta nos seguintes pilares básicos: (I) ampla participação popular na tomada de decisões que envolvem a vida pública; (II) igualdade política, especialmente, igualdade do valor do voto de cada cidadão; (III) transparência na gestão da coisa pública, possibilitando o controle popular; (IV) inclusão de todos os adultos no processo político, repudiando-se exclusões e discriminações que não tenham justificativa legítima.

Esse conceito encontrado na doutrina, no entanto, traz um problema: é sabido que, na prática, esses critérios indicados acima não se fazem inteiramente presentes, mesmo em realidades que se dizem democráticas. Por conta disso, é comum se deparar com a seguinte pergunta: **a democracia realmente existe?**

Sim, existe. Diante desses problemas encontrados no mundo real, a doutrina ensina que a melhor forma de compreender a democracia não é a partir de um ideal (como o conceito trazido acima), mas a partir da realidade. Assim, **a democracia deve ser entendida como um processo em constante evolução** que, para se aprimorar, depende da contribuição de todos, respeitando-se sempre a diversidade, as particularidades dos indivíduos, as minorias, a liberdade de opinião, de orientação sexual e de crença, bem como a igualdade.

Seja qual for a forma de compreender a democracia, é possível encontrar algumas classificações desse regime político, diferenciando-a em espécies (ou modelos). A seguir abordaremos a classificação que divide a democracia em direta, indireta e semidireta.

■ DEMOCRACIA DIRETA

Originada na Grécia Antiga, a democracia direta é aquela em que o povo exerce o poder sem a presença de intermediários. Atualmente, esse modelo de democracia é muito pouco adotado, tendo em vista a inviabilidade de ser operacionalizada, em virtude das grandes extensões territoriais e do alto volume populacional.

Por esses motivos, sua (rara) utilização tem ficado restrita a locais de pequeno território e reduzida população, não obstante haja quem vislumbre que, na (atual) era digital, por conta dos recursos que permitem a ampla participação da população no debate público (como ocorre com a chamada "crowdsourced constitution"), a tendência natural é o retorno dessa espécie de regime democrático.

DEMOCRACIA INDIRETA (OU REPRESENTATIVA)

A Democracia indireta ou representativa é aquela em que o papel do povo se resume a, periodicamente, escolher seus representantes por meio do exercício do sufrágio. A origem desse modelo democrático se deu, principalmente, com a Revolução Francesa, tendo sido a forma encontrada pela elite de "afastar" o povo do efetivo exercício do poder.

Como se pode perceber, a democracia indireta acabou servindo como instrumento de dominação em favor da classe burguesa, o que, em meio a diversos movimentos e crises sociais e duas guerras mundiais entre os séculos XIX e XX, levou ao seu colapso, cedendo espaço a outro modelo de regime democrático: a democracia semidireta ou participativa.

DEMOCRACIA SEMIDIRETA (OU PARTICIPATIVA)

A democracia participativa (semidireta) é, atualmente, o modelo predominante no mundo (e é o adotado, no Brasil, pela CF/88), sendo caracterizada pela existência da representação política (escolha de representantes por meio do sufrágio) e pela presença de meios de participação direta do povo no exercício da soberania (poder) do Estado. Em outras palavras, nessa espécie de democracia, a soberania popular é exercida (pelo povo) tanto pela escolha de representantes (eleitos) como pela participação direta na vida política do Estado, através de determinados institutos (ou instrumentos). Resumindo: é um "mix" entre a democracia direta e a democracia indireta.

Os **instrumentos de democracia participativa**, que permitem a participação direta do povo na vida política do Estado (e, por isso, alguns as preferem rotular de instrumentos de democracia direta), existentes no ordenamento jurídico brasileiro são: o **direito de sufrágio**, o **plebiscito**, o **referendo**, a **iniciativa popular de lei** e a **ação popular**.

O direito de sufrágio, o plebiscito, o referendo e a iniciativa popular de lei estão expressamente previstos no art. 14, *caput*, da CF/88 como meios de efetiva interferência do povo na tomada de decisões políticas do Estado. Nesse rol, não se encontra a ação popular, mas há na doutrina quem a elenque dentre os institutos caracterizadores de nossa democracia participativa, já que permite o controle dos cidadãos sobre a coisa pública.

A regulamentação infraconstitucional do plebiscito, do referendo e da iniciativa popular de lei é feita pela Lei 9.709/98, enquanto a da ação popular é feita pela Lei 4.717/65. Já o direito de votar e de ser votado (direito de sufrágio) é regulamentado pelas normas eleitorais.

> "**Art. 14, CF/88.** A soberania popular será exercida pelo sufrágio universal e pelo voto direto e secreto, com valor igual para todos, e, nos termos da lei, mediante:
>
> I - plebiscito;
>
> II - referendo;
>
> III - iniciativa popular."
>
> "**Art. 1º, Lei 9.709/98.** A soberania popular é exercida por sufrágio universal e pelo voto direto e secreto, com valor igual para todos, nos termos desta Lei e das normas constitucionais pertinentes, mediante:

> I – plebiscito;
>
> II – referendo;
>
> III – iniciativa popular."

Plebiscito e referendo

O plebiscito e o referendo encontram-se definidos no art. 2º, *caput*, da Lei 9.709/98, nos seguintes termos:

> "**Art. 2º, Lei 9.709/98.** Plebiscito e referendo são consultas formuladas ao povo para que delibere sobre matéria de acentuada relevância, de natureza constitucional, legislativa ou administrativa.
>
> **§ 1º** O plebiscito é convocado com anterioridade a ato legislativo ou administrativo, cabendo ao povo, pelo voto, aprovar ou denegar o que lhe tenha sido submetido.
>
> **§ 2º** O referendo é convocado com posterioridade a ato legislativo ou administrativo, cumprindo ao povo a respectiva ratificação ou rejeição."

Como se pode perceber, tanto o plebiscito quanto o referendo são consultas feitas ao povo, tendo como objetivo receber (ou não) a chancela sobre determinada matéria (desde que relevante), seja ela de índole constitucional, legislativa ou administrativa. A diferença é que o plebiscito é prévio e o referendo é posterior. Portanto, enquanto o plebiscito busca a aprovação, o referendo busca a confirmação.

E como o plebiscito e o referendo são convocados? Depende da questão a ser submetida à consulta popular, conforme disposto nos arts. 3º, 4º, 5º e 6º da Lei 9.709/98. Isso está esquematizado na tabela abaixo para facilitar o estudo.

CONVOCAÇÃO DE PLEBISCITO E REFERENDO		
QUESTÃO SUBMETIDA À CONSULTA	**ESPÉCIE DE CONSULTA**	**COMPETÊNCIA PARA CONVOCAR E FORMA DA CONVOCAÇÃO**
– Questões de relevância nacional, de competência do Poder Legislativo ou do Poder Executivo.	– Plebiscito ou referendo.	– Congresso Nacional, sob a forma de decreto legislativo de iniciativa de pelo menos 1/3 (um terço) dos membros de qualquer de suas Casas.
– Incorporação, subdivisão ou desmembramento de Estados (art. 18, § 3º, CF/88).	– Plebiscito. Nesse caso, a consulta plebiscitária deverá ser feita na mesma data e horário em cada um dos Estados envolvidos.	– Congresso Nacional, sob a forma de decreto legislativo de iniciativa de pelo menos 1/3 (um terço) dos membros de qualquer de suas Casas.

– Criação, incorporação, fusão e desmembramento de Municípios (art. 18, § 4º, CF/88).	– Plebiscito.	– Assembleia Legislativa, sob a forma prevista na legislação federal e estadual de regência do caso.
– Demais questões, de competência dos Estados, do Distrito Federal e dos Municípios.	– Plebiscito ou referendo.	– As consultas à população (plebiscito ou referendo) serão convocadas de conformidade com as Constituições Estaduais e Leis Orgânicas respectivas.

Veja abaixo os dispositivos da **Lei 9.709/98** que serviram de base para a tabela acima:

"**Art. 3º** Nas questões de relevância nacional, de competência do Poder Legislativo ou do Poder Executivo, e no caso do § 3º do art. 18 da Constituição Federal, o plebiscito e o referendo são convocados mediante decreto legislativo, por proposta de um terço, no mínimo, dos membros que compõem qualquer das Casas do Congresso Nacional, de conformidade com esta Lei.

Art. 4º A incorporação de Estados entre si, subdivisão ou desmembramento para se anexarem a outros, ou formarem novos Estados ou Territórios Federais, dependem da aprovação da população diretamente interessada, por meio de plebiscito realizado na mesma data e horário em cada um dos Estados, e do Congresso Nacional, por lei complementar, ouvidas as respectivas Assembléias Legislativas.

§ 1º Proclamado o resultado da consulta plebiscitária, sendo favorável à alteração territorial prevista no *caput*, o projeto de lei complementar respectivo será proposto perante qualquer das Casas do Congresso Nacional.

§ 2º À Casa perante a qual tenha sido apresentado o projeto de lei complementar referido no parágrafo anterior compete proceder à audiência das respectivas Assembléias Legislativas.

§ 3º Na oportunidade prevista no parágrafo anterior, as respectivas Assembléias Legislativas opinarão, sem caráter vinculativo, sobre a matéria, e fornecerão ao Congresso Nacional os detalhamentos técnicos concernentes aos aspectos administrativos, financeiros, sociais e econômicos da área geopolítica afetada.

§ 4º O Congresso Nacional, ao aprovar a lei complementar, tomará em conta as informações técnicas a que se refere o parágrafo anterior.

Art. 5º O plebiscito destinado à criação, à incorporação, à fusão e ao desmembramento de Municípios, será convocado pela Assembléia Legislativa, de conformidade com a legislação federal e estadual.

Art. 6º Nas demais questões, de competência dos Estados, do Distrito Federal e dos Municípios, o plebiscito e o referendo serão convocados de conformidade, respectivamente, com a Constituição Estadual e com a Lei Orgânica."

→ *Consultas populares nas campanhas eleitorais municipais*

A **EC 111/2021** (que ficou conhecida como "Reforma Eleitoral", por ter realizado algumas pequenas alterações na disciplina constitucional dos direitos políticos e dos partidos políticos), trouxe uma interessante novidade que, embora não se confunda com o plebiscito nem com o referendo, insere-se no contexto da democracia e da participação do povo na condução da vida política do Estado, motivo pelo qual merece menção neste tópico.

Essa novidade é a seguinte: no âmbito dos Municípios, as questões aprovadas pela Câmara de Vereadores deverão ser submetidas a **consultas populares**, para que a população se manifeste de forma contrária ou favorável a elas, devendo essas consultas ocorrer **no período das eleições municipais.**

Para viabilizar essas consultas públicas, as Câmaras de Vereadores devem informar à Justiça Eleitoral as questões que aprovaram, e isso deve ser feito com antecedência mínima de 90 (noventa) dias da data das eleições municipais.

As manifestações apresentadas em resposta às consultas (sejam elas contrárias ou favoráveis às propostas aprovadas pelo Legislativo municipal) serão divulgadas durante o período de campanha eleitoral, mas essa divulgação não poderá ocorrer no espaço destinado à propaganda gratuita veiculada no rádio e na televisão.

Essas consultas populares municipais criadas pela EC 111/2021 podem se tornar um importante mecanismo para ajudar os eleitores a realizarem uma escolha mais consciente de seus candidatos, pois, com elas, eles (os eleitores) terão condições de, durante o período de campanha eleitoral, analisar se o trabalho dos Parlamentares eleitos nas eleições anteriores foi positivo ou não para o Município, e a partir disso poderão decidir se devem reelegê-los ou dar chance a outros candidatos.

Essas novidades trazidas pela EC 111/2021 encontram-se previstas nos §§ 12 e 13 do art. 14 da CF/88, os quais não existiam antes da emenda, tendo sido incluídos por ela:

> "**Art. 14, CF/88.**
>
> (...)
>
> **§ 12.** Serão realizadas concomitantemente às eleições municipais as consultas populares sobre questões locais aprovadas pelas Câmaras Municipais e encaminhadas à Justiça Eleitoral até 90 (noventa) dias antes da data das eleições, observados os limites operacionais relativos ao número de quesitos.
>
> **§ 13.** As manifestações favoráveis e contrárias às questões submetidas às consultas populares nos termos do § 12 ocorrerão durante as campanhas eleitorais, sem a utilização de propaganda gratuita no rádio e na televisão."

▶ Iniciativa popular de lei

A iniciativa popular de propostas legislativas também está disciplinada na Lei 9.709/98 (arts. 13 e 14, que, em parte, reproduzem o art. 61, §2º, da CF/88) e depende de subscrição por pelo menos **um por cento do eleitorado nacional**, devendo essa parcela de eleitores estar **distribuída por cinco Estados ou mais**, sendo que em cada um desses Estados deve haver a adesão de pelo menos **três décimos por cento de seus eleitores**. Além disso, a proposta de iniciativa popular deve versar sobre **uma única matéria** e terá sua tramitação iniciada, sempre, na Câmara dos Deputados.

> "**Art. 13, Lei 9.709/98.** A iniciativa popular consiste na apresentação de projeto de lei à Câmara dos Deputados, subscrito por, no mínimo, um por cento

> do eleitorado nacional, distribuído pelo menos por cinco Estados, com não menos de três décimos por cento dos eleitores de cada um deles.
>
> **§ 1º** O projeto de lei de iniciativa popular deverá circunscrever-se a um só assunto.
>
> **§ 2º** O projeto de lei de iniciativa popular não poderá ser rejeitado por vício de forma, cabendo à Câmara dos Deputados, por seu órgão competente, providenciar a correção de eventuais impropriedades de técnica legislativa ou de redação.
>
> **Art. 14, Lei 9.709/98.** A Câmara dos Deputados, verificando o cumprimento das exigências estabelecidas no art. 13 e respectivos parágrafos, dará seguimento à iniciativa popular, consoante as normas do Regimento Interno."

Note que esses comentários se aplicam à iniciativa popular de leis **federais**. Em relação à iniciativa popular em âmbito municipal, a questão deve ser tratada pela Lei Orgânica de cada Município, sendo exigido pela CF/88 (art. 29, XIII) tão somente a subscrição por pelo menos cinco por cento do eleitorado local. E, quanto à iniciativa popular em âmbito estadual, ela deve ser disciplinada em lei do respectivo Estado, não trazendo a CF/88 nenhuma minúcia a seu respeito (art. 27, § 4º).

> "**Art. 29, CF/88.** O Município reger-se-á por lei orgânica, votada em dois turnos, com o interstício mínimo de dez dias, e aprovada por dois terços dos membros da Câmara Municipal, que a promulgará, atendidos os princípios estabelecidos nesta Constituição, na Constituição do respectivo Estado e os seguintes preceitos:
>
> (...)
>
> **XIII -** iniciativa popular de projetos de lei de interesse específico do Município, da cidade ou de bairros, através de manifestação de, pelo menos, cinco por cento do eleitorado; (...)"
>
> "**Art. 27, § 4º, CF/88.** A lei disporá sobre a iniciativa popular no processo legislativo estadual."

DIREITOS POLÍTICOS POSITIVOS

Direitos Políticos positivos são aqueles consolidados em normas que asseguram a **participação** do indivíduo no sistema político e nos órgãos governamentais, isto é, são as disposições que garantem a **participação** dos cidadãos na vida política do Estado. Como visto, essa participação pode se dar, conforme prevê o art. 14 da CF/88, pelo voto, pelo plebiscito, pelo referendo e pela iniciativa popular, além de haver outros instrumentos, como, por exemplo, a ação popular.

O direito político positivo por excelência é o **direito de sufrágio**. O direito de sufrágio, por sua vez, nada mais é do que o direito de votar e de ser votado.

É possível perceber, assim, que o direto de sufrágio se caracteriza tanto pela **capacidade eleitoral ativa** (que é a capacidade de ser eleitor, ou seja, é a aptidão para realizar o alistamento eleitoral e votar), como pela **capacidade eleitoral passiva** (que é o direito de ser votado, é a elegibilidade do cidadão).

■ CAPACIDADE ELEITORAL ATIVA

A capacidade eleitoral ativa (também chamada de sufrágio ativo) é exercida pelo voto.

Para que possa votar, o indivíduo deve contar com:

a) Alistamento eleitoral (deve possuir, portanto, título de eleitor);

b) Nacionalidade brasileira (pois, nos termos do art. 14, § 2º, da CF/88, quem é estrangeiro não pode se alistar como eleitor);

c) Idade mínima de 16 (dezesseis) anos;

d) Não ser conscrito (isto é, não estar em período de serviço militar obrigatório), tendo em vista que os conscritos em serviço militar obrigatório (que são aqueles que prestam o serviço militar obrigatoriamente durante um ano, em regra, ao atingirem a maioridade civil) não podem se alistar como eleitores (art. 14, § 2º, CF/88). Porém, o indivíduo que integra o serviço militar de forma permanente é alistável, sendo ele, nesse caso, obrigado a se alistar como eleitor, por força do art. 14, § 1º, da CF/88.

> "**Art. 14, CF/88.** (...)
>
> **§ 1º** O alistamento eleitoral e o voto são:
>
> I - obrigatórios para os maiores de dezoito anos;
>
> II - facultativos para:
>
> a) os analfabetos;
>
> b) os maiores de setenta anos;
>
> c) os maiores de dezesseis e menores de dezoito anos.
>
> **§ 2º** Não podem alistar-se como eleitores os estrangeiros e, durante o período do serviço militar obrigatório, os conscritos."

Em nosso ordenamento jurídico, conforme consta dos dispositivos transcritos acima, o exercício do voto é, em regra, **obrigatório**. Ele é, no entanto, **facultativo** para quem tenha idade superior a 70 (setenta) anos ou acima de 16 (dezesseis) e abaixo de 18 (dezoito) anos, bem como para os analfabetos.

Ao votar, o cidadão é obrigado a apresentar o título de eleitor? Não.

A Lei 12.034/09, introduzindo o art. 91-A à Lei 9.504/97 (Lei das Eleições) previu a obrigação de, no momento da votação, o eleitor apresentar, além do título eleitoral, documento oficial com foto. Essa norma foi impugnada perante o STF, no bojo da **ADI 4467**, na qual, ao deferir medida cautelar, a Suprema Corte entendeu desarrazoada a dupla exigência e fixou interpretação segundo a qual, para fins de identificação do eleitor no momento da votação, há obrigatoriedade de apresentação apenas de documento oficial com foto, não sendo obrigatório que se apresente, também, o título eleitoral, especialmente, porque este último não possui aptidão para evitar fraudes relativas à comprovação da identidade do eleitor. Confira a ementa da decisão:

> "(...) **OBRIGATORIEDADE DA EXIBIÇÃO CONCOMITANTE, NO MOMENTO DA VOTAÇÃO, DO TÍTULO ELEITORAL E DE DOCUMENTO OFICIAL DE IDENTIFICAÇÃO**

> **COM FOTOGRAFIA.** ALEGAÇÃO DE OFENSA AO POSTULADO DO LIVRE EXERCÍCIO DA SOBERANIA E AOS PRINCÍPIOS CONSTITUCIONAIS DA PROPORCIONALIDADE, DA RAZOABILIDADE E DA EFICIÊNCIA. (...) 3. A apresentação do atual título de eleitor, por si só, já não oferece qualquer garantia de lisura nesse momento crucial de revelação da vontade do eleitorado. Por outro lado, **as experiências das últimas eleições realizadas no Brasil demonstraram uma maior confiabilidade na identificação aferida com base em documentos oficiais de identidade dotados de fotografia, a saber: as carteiras de identidade, de trabalho e de motorista, o certificado de reservista e o passaporte**. 4. A norma contestada (...) estabeleceu, já para as eleições gerais de 2010, a obrigatoriedade da apresentação, no momento da votação, de documento oficial de identificação com foto. 5. Reconhecimento, em exame prefacial, de plausibilidade jurídica da alegação de **ofensa ao princípio constitucional da razoabilidade na interpretação dos dispositivos impugnados que impeça de votar o eleitor que, embora apto a prestar identificação mediante a apresentação de documento oficial com fotografia, não esteja portando seu título eleitoral**. 6. Medida cautelar deferida para dar às normas ora impugnadas **interpretação conforme à Constituição Federal, no sentido de que apenas a ausência de documento oficial de identidade com fotografia impede o exercício do direito de voto.**"
>
> **(ADI 4467 MC/DF; Relator(a): Min. ELLEN GRACIE; Julgamento: 30/09/2010; Órgão Julgador: Tribunal Pleno)**

Ao julgar o mérito da ação, em 20/10/2020, o Supremo Tribunal Federal confirmou a cautelar e manteve a desnecessidade de apresentação, pelo eleitor no momento da votação, do título eleitoral em conjunto com documento de identificação com foto. Nas palavras utilizadas pela Corte no julgamento, a questão foi *"equacionada sob o viés do **princípio da proporcionalidade**, ante a suficiência de documento oficial com foto para identificação do eleitor, revelando-se medida adequada e necessária para garantir a autenticidade do voto. (...) Com a imposição da apresentação dos dois documentos, alguns eleitores, regularmente alistados, seriam alijados de participar do processo eleitoral caso não estivessem portando o título eleitoral no dia da votação, com eventuais reflexos na soberania popular (CF, art. 14) e no processo democrático"*.

É interessante notar que, ao deferir a medida cautelar, o STF afirmou estar se fundamentando no princípio da razoabilidade, mas, no julgamento final (mérito da ação), o Tribunal, adotando a mesma linha de raciocínio empregada no juízo liminar, afirmou estar aplicando o princípio da proporcionalidade. Trata-se, como se pode perceber, de mais um precedente em que a Corte, de modo tecnicamente equivocado, utilizou razoabilidade e proporcionalidade como expressões sinônimas.

▶ Características do voto

O voto apresenta determinadas **características**. No ordenamento brasileiro, ele é:

a) **Direto**: significa que o cidadão vota diretamente (sem intermediários) no candidato de sua escolha. Existe, como exceção, uma hipótese de voto indireto no nosso ordenamento jurídico, que ocorre quando há dupla vacância na Presidência da República (art. 81, § 1º, CF/88).

b) **Secreto**: a opção do eleitor não é tornada pública, sendo mantida em sigilo. Não obstante o voto seja secreto, essa característica, segundo o STF (**ADI 1057**), não se aplica aos votos nas deliberações parlamentares, pois nesse caso vigora, como regra, o princípio da publicidade, que decorre do regime democrático. Assim, a menos que a Constituição expressa e excepcionalmente preveja ser secreto o voto em determinada deliberação parlamentar, ele será aberto (público).

c) **Universal**: significa que o voto no Brasil não depende do atendimento de nenhuma condição discriminatória (como renda, grau de escolaridade, nome, família, cor, sexo, religião etc.). O voto, no nosso ordenamento jurídico, portanto, não é restrito, já que ele não é censitário (que é aquele que exige determinado padrão econômico, de renda) nem capacitário (que é aquele que exige certas capacitações do eleitor, como um grau mínimo de escolaridade).

d) **Periódico**: como é natural de uma república democrática, os mandatos são temporários (havendo alternância no exercício do poder) e, consequentemente, o voto se repete a cada período de tempo.

e) **De comparecimento obrigatório**: essa obrigatoriedade se aplica apenas aos maiores de 18 (dezoito) anos e menores de 70 (setenta) anos que sejam alfabetizados. Para os maiores de 16 anos e menores de 18 (dezoito) anos, bem como para os analfabetos e para os maiores de 70 (setenta) anos, o voto é facultativo.

f) **Livre**: embora haja a obrigação de comparecer às urnas (ressalvadas as hipóteses de facultatividade do voto), o eleitor é livre para escolher o seu candidato ou mesmo anular seu voto ou votar em branco, sem que sofra qualquer interferência externa.

g) **Personalíssimo**: significa que o voto somente pode ser exercido pessoalmente pelo cidadão, sendo vedado votar por procuração.

h) **De igual valor para todos**: significa que o voto é igualitário, isto é, tem valor igual para todos, independentemente de cor, sexo, condição social, intelectual etc.

Algumas das características do voto consubstanciam cláusulas pétreas da CF/88, mas não todas. A questão está tratada no art. 60, § 4º, II, da CF/88:

> "**Art. 60, § 4º** Não será objeto de deliberação a proposta de emenda tendente a abolir:
>
> I - a forma federativa de Estado;
>
> **II - o voto direto, secreto, universal e periódico;**
>
> III - a separação dos Poderes;
>
> IV - os direitos e garantias individuais."

Segundo esse dispositivo, são cláusulas pétreas as características direta, secreta, universal e periódica do voto. Perceba que, embora a própria Constituição estabeleça que o voto é obrigatório, não inseriu essa obrigatoriedade no rol de cláusulas pétreas, de modo que é possível que uma emenda constitucional torne o voto facultativo.

→ *O "voto impresso"*

Em relação ao voto, houve uma questão que foi bastante comentada nos meios de comunicação e nas redes sociais. Trata-se do chamado "voto impresso".

O "voto impresso" nada mais é do que, após efetivado o voto na urna eletrônica, haver a impressão do seu registro, só sendo o processo de votação concluído após o eleitor confirmar que o que consta da folha impressa corresponde ao seu voto na urna eletrônica. Esse procedimento foi previsto no art. 59-A da Lei 9.504/97, introduzido pela Lei 13.165/2015:

> "**Art. 59-A, Lei 9.504/97.** No processo de votação eletrônica, a urna imprimirá o registro de cada voto, que será depositado, de forma automática e sem contato manual do eleitor, em local previamente lacrado.
>
> **Parágrafo único.** O processo de votação não será concluído até que o eleitor confirme a correspondência entre o teor de seu voto e o registro impresso e exibido pela urna eletrônica."

Essa previsão legal do "voto impresso" foi impugnada perante o Supremo Tribunal Federal, na **ADI 5889**, tendo a Suprema Corte, inicialmente, deferido medida cautelar para suspender a eficácia do dispositivo legal. Ao julgar o mérito da ação, em 16/09/2020, o Tribunal confirmou a cautelar e julgou procedente o pedido, declarando a inconstitucionalidade da impressão do voto. Os fundamentos utilizados pelo Tribunal foram o risco de identificação do eleitor com a consequente possibilidade de quebra do sigilo e da liberdade do voto.

■ CAPACIDADE ELEITORAL PASSIVA E CONDIÇÕES DE ELEGIBILIDADE

A capacidade eleitoral passiva, conforme vimos, nada mais é do que o direito de ser votado, é a possibilidade de concorrer a um mandato eletivo e ser eleito.

O direito de ser votado, porém, apenas pode ser efetivamente exercido se o indivíduo preencher as condições de elegibilidade para o cargo que almeja, além de não incorrer em nenhum impedimento, ou seja, não incidir nos chamados direitos políticos negativos.

As **condições de elegibilidade** estão previstas no art. 14, § 3º, da CF/88, e são seis:

I) Ser **brasileiro** (nato ou naturalizado, exceto quanto aos cargos de Presidente e Vice-Presidente da República, que são privativos de brasileiro nato, conforme estabelece o art. 12, § 3º, I, da CF/88);

II) Encontrar-se no **pleno exercício dos direitos políticos;**

III) Possuir **alistamento eleitoral** (alistamento como eleitor);

IV) Possuir **domicílio eleitoral na circunscrição** (limitação territorial) do cargo que disputará;

V) Encontrar-se **filiado a algum partido político;**

VI) Possuir a **idade mínima exigida para assumir o cargo** que disputará (35 anos para o Senado e para o Executivo Federal; 30 anos para o Executivo Estadual e do Distrito Federal; 21 anos para a Câmara dos Deputados, para o Legislativo Estadual e do Distrito Federal, para o Executivo Municipal e para juiz de paz; e 18 anos para o Legislativo Municipal).

> "**Art. 14, § 3º** São condições de elegibilidade, na forma da lei:
>
> **I** - a nacionalidade brasileira;

> **II** - o pleno exercício dos direitos políticos;
>
> **III** - o alistamento eleitoral;
>
> **IV** - o domicílio eleitoral na circunscrição;
>
> **V** - a filiação partidária;
>
> **VI** - a idade mínima de:
>
> a) trinta e cinco anos para Presidente e Vice-Presidente da República e Senador;
>
> b) trinta anos para Governador e Vice-Governador de Estado e do Distrito Federal;
>
> c) vinte e um anos para Deputado Federal, Deputado Estadual ou Distrital, Prefeito, Vice-Prefeito e juiz de paz;
>
> d) dezoito anos para Vereador."

Em relação à exigência de filiação partidária, é importante tomar nota do seguinte: o STF irá decidir sobre a possibilidade de registro de candidaturas avulsas (isto é, sem vinculação com qualquer partido político) no que diz respeito a eleições majoritárias. Inclusive, o tema já teve sua repercussão geral reconhecida (RE 1.238.853, **Tema nº 974**, reautuação do ARE 1.054.490), sendo imprescindível acompanhar o seu desfecho.

Por fim, quanto ao requisito de idade mínima como condição de elegibilidade, é importante registrar que ela é verificada considerando a data da posse no cargo eletivo. Assim, por exemplo, para concorrer ao mandato de Presidente da República, o cidadão não precisa ter, no momento do registro da candidatura ou da eleição, 35 (trinta e cinco) anos de idade, mas deve cumprir essa condição etária até a data da posse no cargo.

Há, porém, uma **exceção**: a idade mínima de 18 (dezoito) anos exigida para o mandato de Vereador deve ser atingida até o último dia previsto para o registro da candidatura, não podendo isso ser postergado para o momento da posse. Essa distinção, trazida pela Lei 13.165/15 (que alterou a Lei 9.504/97), tem o objetivo de evitar que candidatos menores de 18 (dezoito) anos pratiquem atos previstos na legislação como crimes eleitorais e não possam ser responsabilizados por eles.

> "**Art. 11, § 2º, Lei 9.504/97.** A idade mínima constitucionalmente estabelecida como condição de elegibilidade é verificada tendo por referência a data da posse, **salvo quando fixada em dezoito anos**, hipótese em que será aferida na data-limite para o pedido de registro."

DIREITOS POLÍTICOS NEGATIVOS

Enquanto os direitos políticos positivos são as disposições contidas no ordenamento jurídico que permitem a participação na vida política do Estado, **os direitos políticos negativos consistem nas normas que privam o indivíduo do direito de participar da tomada de decisões políticas do Estado.**

Nas palavras de Pedro Lenza, "ao contrário dos direitos políticos positivos, os direitos políticos negativos individualizam-se ao definirem formulações constitucionais restritivas e impeditivas das atividades político-partidárias privando o cidadão do exercício de seus direitos políticos, bem como impedindo-o de eleger um candidato (capacidade eleitoral ativa) ou de ser eleito (capacidade eleitoral passiva)."

Os direitos políticos negativos compreendem, portanto, as **inelegibilidades** e as **hipóteses de suspensão e de perda dos direitos políticos.**

INELEGIBILIDADES

As inelegibilidades são circunstâncias que fazem com que o cidadão fique impedido de exercer, total ou parcialmente, a capacidade eleitoral passiva, que, como vimos, é a capacidade de ser votado.

A finalidade da existência de hipóteses de inelegibilidade em nosso ordenamento jurídico está prevista no § 9º do art. 14 da CF/88, qual seja, *"proteger a probidade administrativa, a moralidade para exercício de mandato considerada vida pregressa do candidato, e a normalidade e legitimidade das eleições contra a influência do poder econômico ou o abuso do exercício de função, cargo ou emprego na administração direta ou indireta."*

Um detalhe muito importante sobre as inelegibilidades é uma questão de caráter formal: enquanto as condições de elegibilidade estão todas previstas na CF/88, as inelegibilidades podem ser previstas na própria Constituição Federal (art. 14, §§ 4º a 8º) ou em lei **complementar**, conforme prevê o art. 14, § 9º, da CF/88. Portanto, jamais uma lei ordinária poderá prever uma inelegibilidade. Se isso acontecer, essa lei ordinária terá um vício formal de inconstitucionalidade.

> "**Art. 14, § 9º, CF/88.** Lei complementar estabelecerá outros casos de inelegibilidade e os prazos de sua cessação, a fim de proteger a probidade administrativa, a moralidade para exercício de mandato considerada vida pregressa do candidato, e a normalidade e legitimidade das eleições contra a influência do poder econômico ou o abuso do exercício de função, cargo ou emprego na administração direta ou indireta."

Em relação às hipóteses de inelegibilidade previstas no próprio texto da Constituição Federal, elas não precisam de regulamentação infraconstitucional para serem aplicadas, pois consubstanciam normas de eficácia plena.

■ ESPÉCIES DE INELEGIBILIDADES

Existem duas espécies de inelegibilidades: as **absolutas** e as **relativas.**

As inelegibilidades absolutas são aquelas, **taxativamente previstas na Constituição**, que tornam o indivíduo inelegível em relação a qualquer cargo eletivo e a qualquer mandato, não sendo possível afastar o obstáculo por meio da chamada desincompatibilização. Quando o indivíduo é absolutamente inelegível, portanto, ele não possui elegibilidade alguma, seja a elegibilidade genericamente considerada, seja a elegibilidade para casos (e cargos) específicos.

Já as inelegibilidades relativas são aquelas que tornam o indivíduo inelegível em relação apenas a determinados cargos ou mandatos e são causadas por questões ligadas a parentesco ou a função pública exercida ou mesmo por ser o candidato militar ou por sofrer outras restrições legais, podendo essas inelegibilidades estar previstas na

CF/88 ou em lei complementar (art. 14, § 9º, da CF/88). Quem é relativamente inelegível, portanto, possui elegibilidade genérica, porém, no momento do pleito eleitoral para determinado cargo, não pode se candidatar.

Perceba que, enquanto as inelegibilidades absolutas estão previstas na Constituição de forma taxativa (não podendo ser ampliadas por norma infraconstitucional), as inelegibilidades relativas podem ser inovadas no âmbito infraconstitucional, podendo lei **complementar** prever novas hipóteses, conforme consta do art. 14, § 9º, da CF/88, visto acima.

As inelegibilidades relativas, em alguns casos, podem ser superadas por meio da desincompatibilização (desde que esta seja efetivada dentro do prazo previsto), permitindo, com isso, que quem se encontrava inelegível torne-se elegível.

▶ Inelegibilidades absolutas

As inelegibilidades absolutas estão previstas no art. 14, § 4º, da CF/88, sendo **duas** as hipóteses, a saber:

I) O **inalistável** é absolutamente inelegível. E quem são os inalistáveis? São os estrangeiros e os conscritos (estes, durante o serviço militar obrigatório), que, justamente por não poderem se alistar (e o alistamento é uma condição de elegibilidade), são absolutamente inelegíveis.

II) O **analfabeto**, embora possa se alistar (e, portanto, possa exercer o direito de voto), é absolutamente inelegível.

> "**Art. 14, § 4º, CF/88.** São inelegíveis os inalistáveis e os analfabetos."

▶ Inelegibilidades relativas

Conforme vimos, quem é relativamente inelegível não pode ser eleito para determinados cargos, mas pode para outros. Vamos ver a seguir as situações que geram a inelegibilidade relativa.

→ *Inelegibilidade relativa para um terceiro mandato consecutivo*

Essa é uma inelegibilidade que decorre do exercício de uma função pública e atinge quem ocupa a chefia do Poder Executivo, seja qual for a esfera da Federação.

Assim, Prefeitos, Governadores e o Presidente da República não podem ser reeleitos para um terceiro mandato consecutivo. É certo que, segundo o art. 14, § 5º, da CF/88, eles podem concorrer a um segundo mandato sucessivo, mas esse é o limite máximo.

Essa regra, a propósito, decorre da redação dada ao dispositivo constitucional pela EC 16/97, não tendo sido prevista no texto original da Constituição. Vejamos:

> "**Art. 14, § 5º, CF/88.** O Presidente da República, os Governadores de Estado e do Distrito Federal, os Prefeitos e quem os houver sucedido, ou substituído no curso dos mandatos poderão ser reeleitos para um único período subseqüente."

Segundo a literalidade do art. 14, § 5º, essa inelegibilidade também alcança quem houver sucedido ou simplesmente substituído o Chefe do Executivo no curso do mandato e, por conta disso, surgiu o seguinte questionamento: **se o Vice substitui temporariamente o titular durante o mandato (o que é bastante comum), ele fica inelegível para concorrer a um terceiro período de governo, caso tenha composto a chapa (como Vice) nas duas eleições anteriores?**

Essa celeuma foi resolvida em um caso envolvendo o ex-Governador do Estado de São Paulo Geraldo Alckmin.

A situação foi a seguinte: Alckmin foi eleito Vice-Governador para dois mandatos consecutivos, nos quais, o titular eleito foi Mário Covas. Naturalmente, nos dois períodos governamentais em que se elegeu como Vice, Alckmin substituiu Covas nos momentos em que este, por qualquer motivo, teve de se afastar. Ocorre que, no curso do segundo mandato, Mário Covas faleceu e Alckmin o sucedeu e, nas eleições subsequentes, candidatou-se a Governador do Estado de São Paulo, o que gerou alegações de sua inelegibilidade, pois se trataria de um terceiro mandato consecutivo.

A questão chegou ao Supremo Tribunal Federal, que, no **RE 366.488**, decidiu que, para fins de reeleição, **só se computa um mandato quando seu exercício se dá de forma definitiva**, ou seja, por eleição ou por sucessão, de modo que a mera substituição do titular pelo Vice não faz com que se considere exercido o mandato para se aferir a elegibilidade do candidato. O acórdão ficou assim ementado:

> **EMENTA:** (...) I. - Vice-governador eleito duas vezes para o cargo de vice-governador. No segundo mandato de vice, sucedeu o titular. Certo que, no seu primeiro mandato de vice, teria substituído o governador. **Possibilidade de reeleger-se ao cargo de governador, porque o exercício da titularidade do cargo dá-se mediante eleição ou por sucessão.** Somente quando sucedeu o titular é que passou a exercer o seu primeiro mandato como titular do cargo. II. - Inteligência do disposto no § 5º do art. 14 da Constituição Federal. (...)
>
> **(RE 366488/SP; Relator(a): Min. CARLOS VELLOSO; Julgamento: 04/10/2005; Órgão Julgador: Segunda Turma)**

No entanto, é importante registrar que tanto o TSE quanto o STF têm o entendimento de que, se a mera substituição (que é temporária) ocorre dentro do período de 6 (seis) meses anteriores ao pleito eleitoral, ela fica computada como se fosse um mandato para fins de reeleição. Esse entendimento decorre da interpretação sistemática dos §§ 5º, 6º e 7º do art. 14 da CF/88, pois os §§ 6º e 7º estabelecem, respectivamente, que: I) para concorrerem a outros cargos, os Chefes do Executivo devem renunciar aos seus mandatos até 6 (seis) meses antes das eleições (§ 6º); e II) para que os Chefes do Executivo não gerem a inelegibilidade reflexa de seus parentes, devem renunciar aos seus mandatos também até 6 (seis) meses antes das eleições (§ 7º).

Conjugando todas essas disposições da CF/88 (§§ 5º, 6º e 7º do art. 14), o TSE e o STF entendem que o exercício da chefia do Poder Executivo, ainda que temporária, dentro do período de 6 (seis) meses antes do pleito eleitoral deve ser considerado como um mandato para fins de reeleição. Como consequência, se alguém exerce temporariamente o cargo de Chefe do Executivo no semestre antecedente às eleições e se elege para esse mesmo cargo nessas eleições (ou seja, para o período imediatamente subsequente), não pode, ao fim do mandato para o qual se elegeu, candidatar-se (novamente) para o período subsequente, por incidir a inelegibilidade do art. 14, § 5º, da CF/88.

Nas exatas palavras utilizadas pelo Supremo Tribunal Federal, ao apreciar uma situação como essa envolvendo a chefia do Poder Executivo municipal, *"**desde que antes do interstício de seis meses** e até que ocorra a eleição, a substituição do prefeito, nos casos de dupla vacância, tem natureza temporária, a afastar a causa de inelegibilidade prevista no art. 14, § 5º, da CRFB"* **(RE 1131639 ED-AgR, Rel. Min EDSON FACHIN, j. 31/05/2019, Segunda Turma).**

Como se pode extrair desse julgado, se a mera substituição (que, repita-se, é temporária) no Poder Executivo ocorre antes do semestre que antecede o pleito eleitoral, o exercício do cargo não é computado para fins de reeleição, mas, se ocorre dentro desses 6 (seis) meses, considera-se exercido o mandato para a incidência do art. 14, § 5º, da CF/88.

A respeito da vedação ao terceiro mandato consecutivo no Poder Executivo, o Tribunal Superior Eleitoral já se manifestou várias vezes sobre se essa proibição se aplica apenas a uma mesma pessoa (a que exerceu o mandato) ou se ela alcança parentes, impedindo, assim, que um mesmo grupo familiar exerça três mandatos consecutivos no Executivo.

E o TSE entende que a vedação ao terceiro mandato consecutivo no Poder Executivo se aplica ao grupo familiar, não se limitando ao titular do mandato. Esse entendimento se fundamenta na combinação do § 5º com o § 7º (que trata da inelegibilidade reflexa) do art. 14 da CF/88. Portanto, o limite máximo de dois mandatos consecutivos na chefia do Executivo se aplica ao titular do cargo, ao seu cônjuge e aos seus parentes consanguíneos e afins até o 2º grau, inclusive, se o parentesco decorrer de adoção (AgR-REspe nº 31.979; REspe 32.528; Res. 22.811; Res. 22.777; Res. 22.6700).

Então, por exemplo, se um indivíduo encontra-se exercendo o segundo mandato consecutivo como Prefeito de um Município, sua esposa não pode concorrer à Prefeitura no período imediatamente subsequente, pois isso caracterizaria um terceiro mandato consecutivo.

É importante registrar, por fim, que, apesar de a doutrina (a exemplo de Pedro Lenza) enquadrar a vedação ao terceiro mandato consecutivo no Poder Executivo como uma hipótese de inelegibilidade relativa, já que ela inabilita o indivíduo para concorrer a um cargo e a um mandato específicos, o Supremo Tribunal Federal, na **ADI 1805 MC**, afirmou que, na verdade, essa disposição não tem a ver com inelegibilidade, mas sim com a elegibilidade do indivíduo. Nas exatas palavras da Corte, *"na redação original, o § 5º do art. 14 da Constituição era regra de inelegibilidade absoluta. Com a redação resultante da Emenda Constitucional nº 16/1997, o § 5º do art. 14 da Constituição passou a ter a natureza de norma de elegibilidade"*.

No entanto, posteriormente, na **ADI 4758** (que julgou a "Lei da Ficha Limpa"), o Tribunal deu a entender que considera o art. 14, § 5º, da CF/88 uma hipótese de inelegibilidade, pois afirmou que *"a inelegibilidade tem as suas causas previstas nos §§ 4º a 9º do art. 14 da Carta Magna de 1988"*.

- A figura do "Prefeito itinerante"

O chamado "Prefeito itinerante" nada mais é do que aquele que se elege para o Executivo Municipal por duas vezes consecutivas e, estando impedido de exercer um terceiro mandato (por conta do art. 14, § 5º, da CF/88), transfere seu domicílio eleitoral para outro Município e lá se candidata ao cargo de Prefeito, depois, quando exercidos dois mandatos consecutivos, transfere novamente seu domicílio eleitoral e se candidata em Município diverso e assim por diante.

Como se percebe, o "Prefeito itinerante" enxerga o exercício da chefia do Executivo como uma profissão, sendo, por isso, chamado também de "Prefeito profissional".

Essa prática é admitida em nosso sistema?

Tendo em vista que, com a mudança do domicílio eleitoral, o cargo eletivo a ser disputado passa a ser outro, o TSE, por muito tempo, admitiu a figura do "Prefeito itinerante", embora com algumas ressalvas.

Porém, em 17/12/2008, ao julgar o **Recurso Especial Eleitoral 32.507**, o Tribunal mudou seu entendimento, passando a não mais admitir essa prática, ainda que o candidato preenchesse todas as condições de elegibilidade e não apresentasse nenhuma inelegibilidade. Nessa oportunidade, o TSE vislumbrou haver fraude e desvio de finalidade nessa conduta, pois a mudança do domicílio eleitoral estaria sendo efetivada com o único intuito de "fugir" da regra do art. 14, § 5º, da CF/88.

O caso chegou ao Supremo Tribunal Federal (**RE 637.485**), que confirmou o entendimento do TSE, decidindo que a vedação ao terceiro mandato consecutivo se aplica considerando-se o cargo exercido (Prefeito, Governador ou Presidente da República), independentemente de haver mudança do domicílio eleitoral. Essa interpretação do art. 14, § 5º, da CF/88 é uma decorrência do princípio republicano, que traz consigo a ideia de temporariedade e alternância no exercício do poder.

Além disso, segundo a Suprema Corte, por respeito aos princípios da anterioridade eleitoral, da segurança jurídica e da confiança, esse novo entendimento do TSE não poderia ser aplicado às eleições que se encontravam em curso, mas apenas às subsequentes.

O acórdão do STF recebeu a seguinte ementa:

> **Ementa:** (...) O instituto da reeleição tem fundamento não somente no postulado da continuidade administrativa, mas também no princípio republicano, que impede a perpetuação de uma mesma pessoa ou grupo no poder. **O princípio republicano condiciona a interpretação e a aplicação do próprio comando da norma constitucional, de modo que a reeleição é permitida por apenas uma única vez. Esse princípio impede a terceira eleição não apenas no mesmo município, mas em relação a qualquer outro município da federação.** Entendimento contrário tornaria possível a figura do denominado "prefeito itinerante" ou do "prefeito profissional", o que claramente é incompatível com esse princípio, que também traduz um postulado de temporariedade/alternância do exercício do poder. Portanto, ambos os princípios – continuidade administrativa e republicanismo – condicionam a interpretação e a aplicação teleológicas do art. 14, § 5º, da Constituição. **O cidadão que exerce dois mandatos consecutivos como prefeito de determinado município fica inelegível para o cargo da mesma natureza em qualquer outro município da federação.** (...) Não só a Corte Constitucional, mas também o Tribunal que exerce o papel de órgão de cúpula da Justiça Eleitoral devem adotar tais cautelas por ocasião das chamadas viragens jurisprudenciais na interpretação dos preceitos constitucionais que dizem respeito aos direitos políticos e ao processo eleitoral. **Não se pode deixar de considerar o peculiar caráter normativo dos atos judiciais emanados do Tribunal Superior Eleitoral, que regem todo o processo eleitoral.** Mudanças na jurisprudência eleitoral, portanto, têm efeitos normativos diretos sobre os pleitos eleitorais, com sérias repercussões sobre os direitos fundamentais dos cidadãos (eleitores e candidatos) e partidos políticos. (...) A importância fundamental do princípio da segurança jurídica para o regular transcurso dos processos eleitorais está plasmada no princípio da

anterioridade eleitoral positivado no art. 16 da Constituição. O Supremo Tribunal Federal fixou a interpretação desse artigo 16, entendendo-o como uma garantia constitucional (1) do devido processo legal eleitoral, (2) da igualdade de chances e (3) das minorias (RE 633.703). **Em razão do caráter especialmente peculiar dos atos judiciais emanados do Tribunal Superior Eleitoral, os quais regem normativamente todo o processo eleitoral, é razoável concluir que a Constituição também alberga uma norma, ainda que implícita, que traduz o postulado da segurança jurídica como princípio da anterioridade ou anualidade em relação à alteração da jurisprudência do TSE. Assim, as decisões do Tribunal Superior Eleitoral que, no curso do pleito eleitoral (ou logo após o seu encerramento), impliquem mudança de jurisprudência (e dessa forma repercutam sobre a segurança jurídica), não têm aplicabilidade imediata ao caso concreto e somente terão eficácia sobre outros casos no pleito eleitoral posterior.** (...) **(RE 366488/SP; Relator(a): Min. CARLOS VELLOSO; Julgamento: 04/10/2005; Órgão Julgador: Segunda Turma)**

→ *Inelegibilidade relativa para concorrer a outros cargos*

Essa inelegibilidade, prevista no art. 14, § 6º, da CF/88, também atinge apenas os ocupantes de cargo eletivo no Poder Executivo.

Assim, Prefeito, Governador e Presidente da República, caso queiram concorrer a algum outro cargo (ou seja, quando não estiverem tentando a reeleição), devem renunciar aos seus mandatos antes dos 06 (seis) meses que antecedem as eleições.

> "**Art. 14, § 6º, CF/88.** Para concorrerem a outros cargos, o Presidente da República, os Governadores de Estado e do Distrito Federal e os Prefeitos devem renunciar aos respectivos mandatos até seis meses antes do pleito."

Essa renúncia ao mandato até 06 (seis) meses antes do pleito eleitoral é o que se chama de **desincompatibilização**, que é o procedimento por meio do qual o indivíduo se "liberta" de alguma circunstância que o impedia de se candidatar para o cargo pretendido.

Note que essa inelegibilidade relativa não alcança o Vice (Vice-Presidente, Vice-Governador, Vice-Prefeito) e, segundo decidiu o STF na medida cautelar da **ADI 1805**, a necessidade de desincompatibilização apenas se aplica quando o Chefe do Executivo pretende se candidatar a algum outro cargo, isto é, a um cargo diverso daquele que ocupa. Caso queira pleitear a reeleição, não há necessidade de se desincompatibilizar. Confira a ementa do precedente:

(...) 9. **Não se tratando, no § 5º do art. 14 da Constituição, na redação dada pela Emenda Constitucional nº 16/1997, de caso de inelegibilidade, mas, sim, de hipótese em que se estipula ser possível a elegibilidade dos Chefes dos Poderes Executivos, federal, estadual, distrital, municipal e dos que os hajam sucedido ou substituído no curso dos mandatos, para o mesmo cargo, para um período subseqüente, não cabe exigir-lhes desincompatibilização para concorrer ao segundo mandato, assim constitucionalmente autorizado.** 10. Somente a Constituição poderia, de expresso, estabelecer o afastamento do cargo, no prazo por ela definido, como condição para concorrer à reeleição prevista no § 5º do art. 14, da Lei Magna, na redação atual. 11. **Diversa é a natureza da regra do § 6º do**

art. 14 da Constituição, que disciplina caso de inelegibilidade, prevendo-se, aí, prazo de desincompatibilização. (...) Na aplicação do § 5º do art. 14 da Lei Maior, na redação atual, não cabe, entretanto, estender o disposto no § 6º do mesmo artigo, que cuida de hipótese distinta. 12. **A exegese conferida ao § 5º do art. 14 da Constituição, na redação da Emenda Constitucional nº 16/1997, ao não exigir desincompatibilização do titular para concorrer à reeleição, não ofende o art. 60, § 4º, IV, da Constituição**, como pretende a inicial, com expressa referência ao art. 5º, § 2º, da Lei Maior.

(ADI 1805 MC/DF; Relator(a): Min. NÉRI DA SILVEIRA; Julgamento: 26/03/1998; Órgão Julgador: Tribunal Pleno)

Esse entendimento foi posteriormente confirmado no julgamento final da ação (em 23/11/2020), no qual o STF esclareceu que apenas há espaço para se falar em desincompatibilização quando se está diante de uma norma que estabelece uma inelegibilidade, como se verifica no art. 14, § 6º, da CF/88. Esse, porém, não é o caso do art. 14, § 5º, da CF/88, pois esse dispositivo, ao invés de estabelecer uma inelegibilidade, prevê, na verdade, a **elegibilidade** do Chefe do Poder Executivo para o segundo mandato subsequente. Logo, por não ter havido previsão expressa em sentido contrário, não há necessidade de desincompatibilização em caso de disputa de reeleição no Poder Executivo.

Nesse julgamento, o STF também afirmou a constitucionalidade da EC 16/97 ao introduzir em nosso ordenamento constitucional, pela primeira vez, a possibilidade de reeleição no Poder Executivo. Segundo a Corte, a previsão desse instituto sem necessidade de desincompatibilização não viola os princípios republicano e democrático, assim como não fere a igualdade na disputa eleitoral e privilegia a continuidade administrativa, logo, não se mostra incompatível com a Constituição Federal.

Nas exatas palavras utilizadas pelo Tribunal, ficou reconhecida a *"constitucionalidade da previsão de reeleição dos chefes do Poder Executivo para um único mandato subsequente, sem desincompatibilização do cargo, uma vez resguardados os princípios republicano e democrático, bem assim garantida a igualdade na disputa dos cargos e a continuidade administrativa"*.

→ *Inelegibilidade reflexa*

A chamada inelegibilidade reflexa é uma inelegibilidade (relativa) causada pelo parentesco, estando prevista no § 7º do art. 14 da CF/88:

> "**Art. 14, § 7º.** São inelegíveis, no território de jurisdição do titular, o cônjuge e os parentes consangüíneos ou afins, até o segundo grau ou por adoção, do Presidente da República, de Governador de Estado ou Território, do Distrito Federal, de Prefeito ou de quem os haja substituído dentro dos seis meses anteriores ao pleito, salvo se já titular de mandato eletivo e candidato à reeleição."

Essa inelegibilidade é chamada "reflexa" porque não atinge o ocupante do cargo eletivo, mas sim seus parentes. Aqui, portanto, a condição de detentor de mandato eletivo reflete (repercute) na esfera jurídica dos parentes do mandatário, tornando-os inelegíveis.

Não é difícil notar que, ao tornar inelegíveis os parentes de determinados detentores de mandato eletivo, o objetivo do constituinte foi evitar a perpetuação de um mesmo grupo familiar no poder, dando, assim, efetividade aos princípios republicanos e democráticos.

Segundo o § 7º do art. 14 da CF/88, são inelegíveis, na área de atuação do Prefeito, do Governador ou do Presidente da República, o seu cônjuge e os seus parentes consanguíneos ou afins até o segundo grau ou por adoção. **Em outras palavras**, o cônjuge e os parentes até o segundo grau (ou por adoção) do Presidente da República não podem concorrer a cargo algum no território nacional; o cônjuge e os parentes até o segundo grau (ou por adoção) de Governador de Estado não podem concorrer a cargos dentro do respectivo Estado; e o cônjuge e os parentes até o segundo grau (ou por adoção) de Prefeito Municipal não podem concorrer a cargos do respectivo Município.

Além disso, essa inelegibilidade também atinge o cônjuge e os parentes até o segundo grau (ou por adoção) de quem haja substituído o Prefeito, o Governador ou o Presidente da República dentro dos 06 (seis) meses que antecedem o pleito eleitoral.

No entanto, essa regra do art. 14, § 7º, da CF/88 não incidirá, se o parente do Prefeito, Governador ou Presidente da República (ou quem o tenha substituído no semestre anterior à eleição), já sendo titular de mandato eletivo, estiver simplesmente tentando ser reeleito.

Importante notar que, como se pode extrair do próprio art. 14, § 7º, da CF/88, essa inelegibilidade pode ser afastada mediante a desincompatibilização, com a renúncia do titular do cargo até 6 (seis) meses antes da realização das eleições em que seu parente pretende concorrer.

Há algumas questões sobre o tema já decididas pelos Tribunais superiores que merecem registro.

A primeira delas é que, segundo definido pelo STF, a inelegibilidade reflexa (inclusive, quanto à exigência de desincompatibilização com antecedência de seis meses do pleito eleitoral) se aplica mesmo em caso de eleição suplementar, que é aquela realizada na hipótese de dupla vacância no Poder Executivo para que seja concluído o período do mandato já iniciado, como estabelece o art. 81 da CF/88 (RE 843.455, Tema de Repercussão Geral nº 781).

Em segundo lugar, o STF entende que essa inelegibilidade, além do filho adotivo, também alcança o chamado "filho de criação", ou seja, aplica-se em caso de filiação socioafetiva (AC 2891 MC, j. 06/06/2011).

Além disso, de acordo com o entendimento do TSE, a inelegibilidade reflexa (art. 14, § 7º, CF/88), que, como vimos, torna inelegível o cônjuge do Chefe do Poder Executivo, também incide quando se trata de união estável ou de união homoafetiva, não se restringindo a vínculos decorrentes de casamento.

Indispensável registrar, também, que o Supremo Tribunal Federal editou a Súmula Vinculante nº 18, com o intuito de evitar condutas fraudulentas, estabelecendo que, se o vínculo conjugal se dissolve no curso do mandato, esse fato não tem o efeito de tornar inaplicável a regra do art. 14, § 7º, da CF/88. Ou seja, ainda que o Chefe do

Executivo se divorcie no curso do seu mandato, para que seu ex-cônjuge possa concorrer a algum mandato dentro do seu território de atuação, será necessário haver a desincompatibilização 6 (seis) meses antes do pleito eleitoral. Esse enunciado tem a seguinte redação:

> **Súmula Vinculante nº 18:** "A dissolução da sociedade ou do vínculo conjugal, no curso do mandato, não afasta a inelegibilidade prevista no § 7º do artigo 14 da Constituição Federal."

Segundo o STF, para que essa súmula seja aplicável, é necessário que a dissolução do vínculo conjugal tenha ocorrido após já ter iniciado o mandato, de modo que, se houver ocorrido antes do seu início, não se aplica o entendimento constante do enunciado (RE 446.999, j. 28/06/2005). Além disso, se a dissolução do vínculo apenas ocorreu após o início do mandato, a Súmula Vinculante 18 será aplicável, ainda que o casal já estivesse separado de fato antes de iniciado o mandato (AC 3311 AgR, j. 19/03/2013).

O raciocínio que deve ser aplicado é o seguinte: se o mandato foi iniciado quando ainda existia o vínculo conjugal, esse vínculo conjugal, para fins da inelegibilidade do art. 14, § 7º, da CF/88, persiste até o fim desse mandato (RE 568.596, j. 01/10/2008, Tema de Repercussão Geral nº 61).

E essa regra se aplica por mandato, de modo que, se um indivíduo casado exerce mandato eletivo no Poder Executivo e, no curso desse mandato, divorcia-se, o seu ex-cônjuge fica inelegível para disputar as eleições imediatamente subsequentes, por força da Súmula Vinculante 18. Mas, caso ele seja reeleito, a inelegibilidade reflexa não se aplicará no segundo mandato (já que a dissolução do vínculo conjugal ocorreu durante o primeiro mandato), ficando o ex-cônjuge livre para se candidatar nas eleições seguintes (AC 3311 AgR).

Imagine, por exemplo, uma situação em que o Prefeito do Município X é casado e, durante o curso do mandato, o casal se divorcia. Esse divórcio não tornará a ex-esposa do Prefeito elegível para cargos do mesmo Município, pois, segundo a Súmula Vinculante nº 18, a dissolução do vínculo conjugal no curso do mandato não afasta a inelegibilidade reflexa. Nessa situação hipotética, para que a ex-esposa do Prefeito do Município X possa se candidatar a algum cargo eletivo desse mesmo Município, será necessário que haja a desincompatibilização, com a renúncia do titular do cargo até 06 (seis) meses antes do pleito eleitoral.

No entanto, segundo o próprio Supremo Tribunal Federal (**RE 758.461**), caso a extinção do vínculo conjugal seja decorrente de morte de um dos cônjuges, a inelegibilidade reflexa não incide. Logo, se, no exemplo dado acima, o Prefeito houvesse falecido, a sua ex-esposa seria elegível para cargos do mesmo Município, exceto, evidentemente, se a dissolução do matrimônio (ainda que decorrente de falecimento) se verificasse dentro do semestre anterior à eleição. O caso julgado recebeu a seguinte ementa:

> "(...) 1. O que orientou a edição da Súmula Vinculante 18 e os recentes precedentes do STF foi a preocupação de inibir que a dissolução fraudulenta ou simulada de sociedade conjugal seja utilizada como mecanismo de burla à norma da inelegibilidade reflexa prevista no § 7º do art. 14 da Constituição. **Portanto, não atrai a aplicação do entendimento constante da referida súmula a extinção do vínculo conjugal pela morte de um dos cônjuges.**" **(RE 758461/PB; Relator(a):**

Min. TEORI ZAVASCKI; Julgamento: 22/05/2014; Órgão Julgador: Tribunal Pleno)

Para finalizar, há um questionamento que foi levado ao Tribunal Superior Eleitoral e merece referência aqui: aplica-se à inelegibilidade reflexa o mesmo raciocínio que veda a figura do "Prefeito itinerante"? Ou seja, o Chefe do Executivo de um determinado Município torna inelegíveis seus parentes para concorrem a mandato eletivo no Município vizinho?

Imagine, por exemplo, a situação em que um indivíduo é Prefeito em um Município e a sua esposa pretende candidatar-se, nas eleições seguintes, à Prefeitura do Município vizinho. Ela será inelegível, por força do art. 14, § 7º, da CF/88, aplicando-se o mesmo raciocínio utilizado pelo STF para se inadmitir o "Prefeito itinerante", haja vista a inegável influência política exercida pelo seu marido na região?

O TSE, no REspe nº 19257 (j. 13/06/2019), entendeu que não se aplica a inelegibilidade reflexa nesse caso, ou seja, não se pode aplicar, por analogia, o entendimento que veda a figura do "Prefeito itinerante", pois essa vedação decorre de interpretação do art. 14, § 5º, da CF/88, enquanto a inelegibilidade reflexa é disciplinada pelo art. 14, § 7º, da CF/88, que restringe sua aplicação aos limites territoriais de atuação do titular do mandato em curso. Logo, o art. 14, § 7º, da CF/88 não torna os parentes do Prefeito inelegíveis no Município vizinho.

Nos termos do decidido pelo TSE, o direito à elegibilidade é um direito fundamental e, como tal, deve ser interpretado da forma que tenha a maior eficácia possível, por força do princípio da máxima efetividade (art. 5º, § 1º, CF/88). Além disso, as inelegibilidades devem ser interpretadas restritivamente, para evitar que acabem alcançando situações não previstas pela norma, e o STF, ao vedar a figura do "Prefeito itinerante", realizou uma interpretação do art. 14, § 5º, da CF/88 (que diz respeito à inelegibilidade de um mesmo indivíduo para o terceiro mandato consecutivo), e não do art. 14, § 7º, da CF/88 (que trata da inelegibilidade reflexa).

→ *(In)elegibilidade dos militares*

A questão da elegibilidade dos militares está disciplinada no art. 14, § 8º, da CF/88, segundo o qual, quando o militar for alistável, ele será elegível, desde que atenda algumas condições.

Conforme vimos, durante o período de serviço militar obrigatório (aquele que tem duração de um ano), o conscrito é inalistável. Logo, esse militar é inelegível.

Por outro lado, o militar que não se encontra no período de serviço obrigatório pode se alistar e, podendo realizar o alistamento eleitoral, é também elegível. No entanto, nesse caso, a elegibilidade do militar depende do preenchimento das seguintes condições:

I) Se o militar tiver **menos de 10 (dez) anos de serviço**, deverá, para se candidatar, afastar-se da atividade em caráter definitivo, ou seja, terá de abrir mão de seu vínculo com a corporação.

II) Se o militar tiver **mais de 10 (dez) anos de serviço**, será agregado (o que caracteriza um afastamento temporário) pela autoridade superior quando houver o registro da sua candidatura e, se eleito, passará automaticamente para a inatividade no momento da expedição do diploma pela Justiça Eleitoral. Nesse caso, portanto, o militar não perde o vínculo com a corporação.

O art. 14, § 8º, da CF/88, não fala expressamente que no caso do militar com menos de 10 (dez) anos de serviço o seu afastamento deve ser definitivo, como é possível perceber da leitura do dispositivo:

> "**Art. 14, § 8º, CF/88.** O militar alistável é elegível, atendidas as seguintes condições:
>
> I - se contar menos de dez anos de serviço, deverá afastar-se da atividade;
>
> II - se contar mais de dez anos de serviço, será agregado pela autoridade superior e, se eleito, passará automaticamente, no ato da diplomação, para a inatividade."

No entanto, o Supremo Tribunal Federal, ao julgar o **RE 279.469**, interpretou esse dispositivo constitucional e fixou entendimento no exato sentido exposto acima, isto é, de que o militar que tenha menos de 10 (dez) anos de serviço deve romper o seu vínculo com a corporação caso queira se candidatar a mandato eletivo. Confira:

> "(...) Militar alistável. Elegibilidade. Policial da Brigada Militar do Rio Grande do Sul, com menos de 10 (dez) anos de serviço. Candidatura a mandato eletivo. Demissão oficial por conveniência do serviço. Necessidade de afastamento definitivo, ou exclusão do serviço ativo. Pretensão de reintegração no posto de que foi exonerado. Inadmissibilidade. Situação diversa daquela ostentada por militar com mais de 10 (dez) anos de efetivo exercício. (...) Interpretação das disposições do art. 14, § 8º, incs. I e II, da CF. (...) **Diversamente do que sucede ao militar com mais de dez anos de serviço, deve afastar-se definitivamente da atividade, o servidor militar que, contando menos de dez anos de serviço, pretenda candidatar-se a cargo eletivo.**"
>
> **(RE 279469/RS; Relator(a): Min. MAURÍCIO CORRÊA; Relator(a) p/ Acórdão: Min. CEZAR PELUSO; Julgamento: 16/03/2011; Órgão Julgador: Tribunal Pleno)**

É importante registrar que a Lei Orgânica Nacional das Polícias Militares e dos Corpos de Bombeiros Militares (Lei nº 14.751/23) trouxe disposições muito semelhantes às do art. 14, § 8º, da CF/88, que vimos acima.

Essas disposições se encontram no art. 22 da Lei, que, detalhando um pouco o regime do art. 14, § 8º, da CF/88, diz que o afastamento do militar com menos de 10 anos de serviço e a agregação do militar com mais de 10 anos de serviço devem ocorrer **no dia seguinte ao dia do pedido de registro da candidatura.**

Esse dispositivo especifica também qual é a espécie de inatividade para a qual o militar com mais de 10 anos de serviço é transferido quando é eleito. Essa inatividade é a **reserva remunerada.**

O art. 22 da Lei 14.751/23, porém, não se limitou a especificar a disciplina contida no art. 14, § 8º, da CF/88, tendo ido além do que prevê esse dispositivo. Isso porque ele (o art. 22 da Lei 14.751/23) estabeleceu que, quando o militar é eleito como **suplente**, ele fica **agregado**, em vez de ser transferido para a inatividade. Essa regra, evidentemente, apenas é aplicável a militares com mais de 10 anos de serviço, pois os militares com menos de 10 anos de serviço, conforme vimos, perdem o seu vínculo com a corporação quando registram suas candidaturas, de modo que se torna impossível a sua agregação após esse momento.

De qualquer forma, a previsão legal de agregação do militar que é eleito como suplente é de **constitucionalidade duvidosa**, pois a CF/88, no seu art. 14, § 8º, dá apenas duas opções ao militar elegível que registra candidatura a cargo eletivo: perder o vínculo com a corporação se tiver menos de 10 anos de serviço ou manter esse vínculo se tiver mais de 10 anos de serviço (e, nesse último caso, se for eleito, passará para a inatividade). Perceba que a CF/88 não faz distinção entre o militar que é eleito para cargo de titular e o que é eleito para cargo de suplente, de modo que não parece válida uma norma infraconstitucional que faça essa diferenciação.

Veja o teor do art. 22 da Lei 14.751/23:

> "Art. 22. O militar alistável é elegível, atendidas as seguintes prescrições:
>
> I - o militar com menos de 10 (dez) anos de serviço que for candidato a mandato eletivo será **afastado do serviço ativo no dia posterior ao pedido de registro de sua candidatura** na Justiça Eleitoral;
>
> II - o militar com mais de 10 (dez) anos de serviço que for candidato a mandato eletivo será **agregado no dia posterior ao pedido de registro de sua candidatura** na Justiça Eleitoral com remuneração, enquanto perdurar o pleito eleitoral, e, se eleito, **no ato da diplomação passará para a reserva remunerada** com remuneração proporcional ao tempo de serviço; e
>
> III - o militar eleito e que tomar posse **como suplente será agregado ao respectivo quadro**, enquanto perdurar o mandato temporário, devendo optar por uma das remunerações."

Uma última questão sobre a elegibilidade dos militares merece ser tratada aqui.

Nos termos do art. 14, § 3º, V, da CF/88, uma das condições de elegibilidade é a **filiação partidária** do candidato. Como fica, então, a situação do militar alistável (e, portanto, elegível), tendo em vista que o art. 142, § 3º, V, da CF/88 proíbe que os militares em atividade se filiem a partido político?

Há um precedente antigo do Supremo Tribunal Federal a esse respeito. Trata-se do **AI 135.452**, julgado pelo Pleno em 20/09/1990. Nesse caso, a Corte entendeu que, como a Constituição Federal diz que o militar alistável é elegível (art. 14, § 8º) e que os militares não podem, enquanto em atividade, estar filiados a partidos políticos (art. 142, § 3º, V), a eles deve ser reconhecido o direito de se candidatar independentemente de filiação partidária.

Segundo o raciocínio adotado pelo STF, a Constituição Federal estabelece que o militar alistável é elegível e ponto final. Logo, é necessário realizar uma interpretação que compatibilize as demais disposições constitucionais a esse respeito, quais sejam, a regra geral que exige filiação partidária como condição de elegibilidade e a regra específica que proíbe que os militares em atividade se filiem a partidos políticos.

A conclusão, então, foi a de que não se exige dos militares em atividade alistáveis (que, segundo a Constituição, são elegíveis) o atendimento da condição de elegibilidade da filiação partidária. Nas palavras do STF, *"se o militar da ativa é alistável, é ele elegível (CF, art. 14, par. 8.). Porque não pode ele filiar-se a partido político (CF, art 42, par. 6.), a filiação partidária não lhe é exigível como condição de elegibilidade, certo que somente a partir do registro da candidatura é que será agregado (CF, art. 14, par. 8., II; Cod. Eleitoral, art. 5., parag. único; Lei n. 6.880, de 1980, art. 82, XIV, par. 4.)"*.

E como funciona, na prática, o registro da candidatura do militar nesse caso, já que ele não precisa ser filiado a partido político? A sua candidatura deve ser aprovada em convenção de algum partido político (como ocorre com todo e qualquer candidato), e esse partido (ao qual ele não pode ser filiado, por vedação constitucional) solicita o seu registro à Justiça Eleitoral, desde que devidamente autorizado. Ou seja, deve ser observado o procedimento normal da Lei 9.504/97 (Lei das Eleições), com a peculiaridade de se dispensar a filiação ao partido político. Esse é o entendimento do TSE, conforme se extrai do Ac. 11.314, de 30/08/1990, no qual se afirmou que, *"sendo alistável e elegível, mas não filiável, basta-lhe, nessa condição excepcional, como suprimento da prévia filiação partidária, o pedido do registro da candidatura, apresentado pelo partido e autorizado pelo candidato"*.

Essa orientação já foi adotada pelo TSE, inclusive, para disciplinar processo eleitoral, sendo um exemplo disso a Resolução 20.993/2002 (art. 12, § 2º), que tratou do registro das candidaturas nas eleições de 2002.

"LEI DA FICHA LIMPA"

Conforme vimos, o art. 14, § 9º, da CF/88 estabelece que lei complementar pode prever novas hipóteses de inelegibilidade (relativa). Essa lei complementar é a LC 64/90, que sofreu alterações pela LC 135/2010, a famosa "Lei da Ficha Limpa".

Considerando o nosso objetivo (preparação para provas de concurso) e o alcance da disciplina direito constitucional, não entraremos em minúcias sobre a LC 64/90, por entendermos que elas se inserem no âmbito de estudo do direito eleitoral. Aqui, cuidaremos de abordar apenas algumas questões envolvendo a "Lei da Ficha Limpa" que foram analisadas pelo Supremo Tribunal Federal.

No entanto, uma observação deve ser feita: como foi visto, a regulamentação das inelegibilidades em âmbito infraconstitucional deve se dar, obrigatoriamente, por meio de lei complementar. No entanto, não se deve confundir isso com a regulamentação das condições de elegibilidade. Por exemplo, o domicílio eleitoral na circunscrição e a filiação partidária (ambos previstos no art. 14 da CF como condições de elegibilidade) podem ser disciplinados mediante simples lei ordinária, não exigindo tratamento em lei complementar (**STF, ADI 1063 MC**). No mesmo sentido, segundo o STF (**ADI 3592**), as sanções de cassação do registro e de cassação do diploma pela prática da conduta de captação de sufrágio podem ser previstas em lei ordinária (que é a Lei nº 9.504/97, a Lei das Eleições), pois não consubstanciam novas hipóteses de inelegibilidade.

Em outras palavras: se a situação não diz respeito a uma hipótese de inelegibilidade, ela não precisa ser disciplinada por lei complementar.

Confira as ementas dos julgados mencionados:

> **Ementa:** (...) FILIAÇÃO PARTIDÁRIA E DOMICÍLIO ELEITORAL (ART. 9º) - PRESSUPOSTOS DE ELEGIBILIDADE - MATÉRIA A SER VEICULADA MEDIANTE LEI ORDINÁRIA - **DISTINÇÃO ENTRE PRESSUPOSTOS DE ELEGIBILIDADE E HIPÓTESES**

DE INELEGIBILIDADE (...) PRESSUPOSTOS DE ELEGIBILIDADE: **O domicílio eleitoral na circunscrição e a filiação partidária, constituindo condições de elegibilidade (CF, art. 14, § 3º), revelam-se passíveis de válida disciplinarão mediante simples lei ordinária. Os requisitos de elegibilidade não se confundem, no plano jurídico-conceitual, com as hipóteses de inelegibilidade, cuja definição - além das situações já previstas diretamente pelo próprio texto constitucional (CF, art. 14, §§ 5º a 8º) - só pode derivar de norma inscrita em lei complementar (CF, art. 14, § 9º).** (...)
(ADI 1063 MC/DF; Relator(a): Min. CELSO DE MELLO; Julgamento: 18/05/1994; Órgão Julgador: Tribunal Pleno)

Ementa: Ação direta de inconstitucionalidade. Art. 41-A da Lei nº 9.504/97. Captação de sufrágio. 2. **As sanções de cassação do registro ou do diploma previstas pelo art. 41-A da Lei nº 9.504/97 não constituem novas hipóteses de inelegibilidade.** 3. A captação ilícita de sufrágio é apurada por meio de representação processada de acordo com o art. 22, incisos I a XIII, da Lei Complementar nº 64/90, que não se confunde com a ação de investigação judicial eleitoral, nem com a ação de impugnação de mandato eletivo, pois não implica a declaração de inelegibilidade, mas apenas a cassação do registro ou do diploma. (...)
(ADI 3592/DF; Relator(a): Min. GILMAR MENDES; Julgamento: 26/10/2006; Órgão Julgador: Tribunal Pleno)

Passemos agora à análise de questões relacionadas à "Lei da Ficha Limpa".

■ NECESSIDADE DE OBSERVAR A ANTERIORIDADE ELEITORAL (ART. 16, CF/88)

A "Lei da Ficha Limpa" (LC 135/2010) trouxe hipóteses de inelegibilidade não previstas até então na LC 64/90 (como a previsão de inelegibilidade sem necessidade de trânsito em julgado de condenação, bastando decisão de órgão colegiado), o que tornaria inelegíveis diversos candidatos que, antes dessas alterações, poderiam se candidatar.

Por conta disso, surgiu o seguinte questionamento: as alterações trazidas pela LC 135/2010 poderiam ser aplicadas imediatamente, atingindo as eleições do mesmo ano em que entraram em vigor?

Veja que o art. 16 da CF/88 consagra o princípio da anualidade (ou anterioridade) eleitoral, que determina que normas que alteram o processo eleitoral, embora entrem em vigor imediatamente, apenas podem ser aplicadas a eleições que ocorram após 1 (um) ano de sua vigência. Esse princípio, conforme já decidiu o STF (ADI 3685), consubstancia uma garantia individual do cidadão-eleitor, bem como do cidadão-candidato e até mesmo dos partidos políticos, e, por ser uma garantia individual, é uma **cláusula pétrea**, nos termos do art. 60, § 4º, IV, da CF/88.

> "**Art. 16, CF/88.** A lei que alterar o processo eleitoral entrará em vigor na data de sua publicação, não se aplicando à eleição que ocorra até um ano da data de sua vigência."

E, com base nesse princípio, o STF, julgando o RE 633.703, determinou que a "Lei da Ficha Limpa" não poderia ser aplicada às eleições realizadas em 2010, devendo aguardar as eleições seguintes (de 2012). Portanto, as inovações nas hipóteses de inelegibilidade se submetem à anterioridade eleitoral.

■ (IN)CONSTITUCIONALIDADE MATERIAL E APLICAÇÃO A FATOS PRETÉRITOS

No bojo das ADCs 29 e 30 e da ADI 4578 (que foram julgadas conjuntamente), questionou-se a constitucionalidade material da LC 135/2010, bem como a possibilidade de ela ser aplicada a fatos ocorridos antes de sua edição.

Nessa oportunidade, o STF vislumbrou que a "Lei da Ficha Limpa" é materialmente constitucional, pois atende aos postulados da razoabilidade e da proporcionalidade, já que concretiza os comandos moralizadores do art. 14, § 9º, da CF/88 e impõe um sacrifício individual que tem como efeito um grande benefício coletivo. Além disso, segundo a Suprema Corte, a lei em questão não representa desrespeito à presunção de inocência, pois não há norma que estenda a presunção de inocência ao âmbito dos pleitos eleitorais.

Inclusive, ao tratar da não violação à presunção de inocência, o Tribunal, de forma bastante interessante, estabeleceu uma baliza para a aplicação do princípio da vedação de retrocesso: a necessidade de existir um consenso básico que faça o tema (ou o direito) estar presente de forma uniforme na consciência jurídica geral da comunidade. Nessa linha de raciocínio, o STF esclareceu que não se pode alegar que a aplicação da "Lei da Ficha Limpa" representa um retrocesso na implementação do princípio da presunção de inocência, justamente por não existir um consenso que gere a consciência jurídica geral no sentido de que ele se aplica na seara eleitoral.

O STF também decidiu ser perfeitamente possível a aplicação das inovações trazidas pela LC 135/2010 a fatos pretéritos, de modo que fatos ocorridos antes de sua edição tornaram inelegíveis diversos candidatos. Quanto a essa questão, segundo a Suprema Corte, o art. 5º, XXXVI, da CF/88 não impede a aplicação da "Lei da Ficha Limpa" em relação a fatos anteriores a ela, não sendo possível invocar direito adquirido ou coisa julgada para afastar sua incidência, pois a elegibilidade (que deve ser preenchida por todo e qualquer candidato) nada mais é do que a adequação do indivíduo ao regime jurídico (constitucional e legal complementar) do processo eleitoral em vigor no momento do pleito eleitoral.

Além de tudo isso, nesse precedente, o Supremo Tribunal Federal afirmou ser possível a cumulação do regime de perda ou suspensão dos direitos políticos (tema tratado no art. 15 da CF/88) com o regime de inelegibilidades, inclusive, as decorrentes da "Lei da Ficha Limpa". Isso porque são situações jurídicas distintas, já que, enquanto as inelegibilidades impedem o indivíduo de concorrer a um determinado cargo eletivo (ou mesmo de exercê-lo caso eleito), a perda ou suspensão dos direitos políticos, além de acarretarem restrição ao direito de concorrer em pleitos eleitorais, acarretam restrição ao direito de votar.

O julgado ficou assim ementado:

> **Ementa:** (...) 1. **A elegibilidade é a adequação do indivíduo ao regime jurídico - constitucional e legal complementar - do processo eleitoral, razão pela qual a aplicação da Lei Complementar nº 135/10 com a consideração de fatos anteriores não pode ser capitulada na retroatividade vedada pelo art. 5º, XXXVI, da Constituição**, mercê de incabível a invocação de direito adquirido ou de autoridade da coisa julgada (que opera sob o pálio da cláusula rebus sic stantibus) anteriormente ao pleito em oposição ao diploma legal retromencionado;

> subjaz a mera adequação ao sistema normativo pretérito (expectativa de direito). (...) 3. **A presunção de inocência consagrada no art. 5º, LVII, da Constituição Federal deve ser reconhecida como uma regra e interpretada com o recurso da metodologia análoga a uma redução teleológica, que reaproxime o enunciado normativo da sua própria literalidade, de modo a reconduzi-la aos efeitos próprios da condenação criminal** (que podem incluir a perda ou a suspensão de direitos políticos, mas não a inelegibilidade), sob pena de frustrar o propósito moralizante do art. 14, § 9º, da Constituição Federal. 4. **Não é violado pela Lei Complementar nº 135/10 o princípio constitucional da vedação de retrocesso, posto não vislumbrado o pressuposto de sua aplicabilidade concernente na existência de consenso básico, que tenha inserido na consciência jurídica geral a extensão da presunção de inocência para o âmbito eleitoral.** 5. O direito político passivo (ius honorum) é possível de ser restringido pela lei, nas hipóteses que, in casu, não podem ser consideradas arbitrárias, porquanto **se adequam à exigência constitucional da razoabilidade**, revelando elevadíssima carga de reprovabilidade social, sob os enfoques da violação à moralidade ou denotativos de improbidade, de abuso de poder econômico ou de poder político. 6. **O princípio da proporcionalidade resta prestigiado pela Lei Complementar nº 135/10**, na medida em que: (i) atende aos fins moralizadores a que se destina; (ii) estabelece requisitos qualificados de inelegibilidade e (iii) impõe **sacrifício à liberdade individual de candidatar-se a cargo público eletivo que não supera os benefícios socialmente desejados em termos de moralidade e probidade para o exercício de referido munus publico.** (...) 11. A inelegibilidade tem as suas causas previstas nos §§ 4º a 9º do art. 14 da Carta Magna de 1988, que se traduzem em condições objetivas cuja verificação impede o indivíduo de concorrer a cargos eletivos ou, acaso eleito, de os exercer, e **não se confunde com a suspensão ou perda dos direitos políticos**, cujas hipóteses são previstas no art. 15 da Constituição da República, e que importa restrição não apenas ao direito de concorrer a cargos eletivos (ius honorum), mas também ao direito de voto (ius sufragii). Por essa razão, **não há inconstitucionalidade na cumulação entre a inelegibilidade e a suspensão de direitos políticos.** (...) 14. Inaplicabilidade das hipóteses de inelegibilidade às eleições de 2010 e anteriores, bem como para os mandatos em curso, à luz do disposto no art. 16 da Constituição. Precedente: RE 633.703, Rel. Min. GILMAR MENDES (repercussão geral).
>
> **(ADI 4578/AC; Relator(a): Min. LUIZ FUX; Julgamento: 16/02/2012; Órgão Julgador: Tribunal Pleno)**

■ (IN)OCORRÊNCIA DE VIOLAÇÃO À GARANTIA DA COISA JULGADA

Houve um caso que também envolveu a discussão sobre a possibilidade de aplicação das modificações trazidas pela "Lei da Ficha Limpa" a fatos anteriores a ela, mas que trouxe o questionamento sobre se essa aplicação a eventos pretéritos poderia ocorrer mesmo quando houvesse coisa julgada.

O caso foi o seguinte: um Vereador foi condenado por abuso de poder econômico e compra de votos em relação a fatos ocorridos no ano 2004, ficando inelegível por 03 (três) anos, como previa a redação original do art. 1º, I, "d", da LC 64/90.

Como o prazo de inelegibilidade era "curto", nas eleições de 2008 ele conseguiu se candidatar novamente e foi eleito para mais um mandato como Vereador.

Ocorre que, em 2010, foi editada a LC 135 ("Lei da Ficha Limpa"), que alterou o mencionado art. 1º, I, "d", da LC 64/90 e ampliou o prazo de inelegibilidade ali previsto para 08 (oito) anos, o que o tornou inelegível para as eleições de 2012.

Esse caso chegou ao STF no bojo do **RE 929.670**, tendo a Suprema Corte entendido que o aumento do prazo de inelegibilidade da LC 135/2010 poderia ser aplicado ao caso, mesmo havendo decisão reconhecendo a conduta ilegal e fixando o prazo de inelegibilidade (de três anos) já acobertada pela coisa julgada. Isso porque os prazos de inelegibilidade (e o seu aumento) não consubstanciam sanção, de modo que não há falar em ofensa à vedação de retroatividade contida no art. 5º, XXXVI, da CF/88 (*"Art. 5º, XXXVI - a lei não prejudicará o direito adquirido, o ato jurídico perfeito e a coisa julgada;"*).

Ademais, no sentido do que já anotamos acima, a inelegibilidade nada mais é do que um requisito negativo (isto é, que deve estar ausente) de adequação do cidadão ao regime jurídico do processo eleitoral, e é por isso que as hipóteses de inelegibilidade (e os seus prazos) não possuem caráter punitivo e sua aplicação imediata não viola coisa julgada, ato jurídico perfeito ou direito adquirido.

Os principais trechos da ementa desse julgado são os seguintes:

> **Ementa:** (...) 3. **A inelegibilidade do art. 22, XIV, da Lei Complementar nº 64/90, não encerra sanção**, porquanto a procedência dos pedidos deduzidos em ação de investigação judicial eleitoral se assemelha, quanto aos efeitos jurídico-eleitorais, às demais hipóteses das alíneas do art. 1º, I. (...) 6. O legislador eleitoral complementar incorreu em manifesta atecnia ao afirmar que a inelegibilidade do art. 22, XIV, encerraria sanção, máxime porque a natureza jurídica de instituto é efetivamente perquirida a partir da análise dos efeitos jurídicos que efetivamente dele advêm. (...) 10. In casu, a) **a controvérsia jurídica travada cinge-se em perquirir se há, ou não, ofensa às garantias constitucionais da coisa julgada e da irretroatividade da lei gravosa, ex vi, respectivamente, do art. 5º, XXXVI e XL, nas hipóteses de aumento de prazo de 3 (três) para 8 (oito) anos da inelegibilidade** prevista no art. 22, XIV, da LC nº 64/90, em razão de condenação por abuso de poder político ou econômico, **quando (i) se verificara o trânsito em julgado** e (ii) ocorrera o exaurimento do prazo de 3 anos, tal como disposto na redação primeva do indigitado preceito. b) Em consequência, verificado o exaurimento do prazo de 3 (três) anos, previsto na redação originária do art. 22, XIV, por decisão transitada em julgado, **é perfeitamente possível que o legislador infraconstitucional proceda ao aumento dos prazos**, o que impõe que o agente da conduta abusiva fique inelegível por mais 5 (cinco) anos, totalizando os 8 (oito) anos, **sem que isso implique ofensa à coisa julgada**, que se mantém incólume; (...) d) **Destarte, não revela ofensa à retroatividade máxima, de ordem a fulminar a coisa julgada, mesmo após o exaurimento dos 3 (três) anos inicialmente consignados na decisão judicial passada em julgado que reconhece a prática de poder político ou econômico (reconhecimento este que, aí sim, faz exsurgir a inelegibilidade).** Trata-se, em vez disso, de exemplo acadêmico de retroatividade inautêntica (ou retrospectividade). (...) 18. Fixada a seguinte tese de repercussão geral no RE nº 929.670/DF: **"A condenação por abuso do poder econômico ou político em ação de investigação judicial eleitoral transitada em julgado, ex vi do art. 22, XIV, da LC nº 64/90, em sua redação primitiva, é apta a atrair a incidência da inelegibilidade do art. 1º, inciso I, alínea d, na redação dada pela LC nº 135/2010, aplicando-se a todos os processos de registro de candidatura**

> **em trâmite"**. 19. Ex positis, voto pelo DESPROVIMENTO do recurso extraordinário.
>
> **(RE 929670/DF; Relator(a): Min. RICARDO LEWANDOWSKI; Relator(a) p/ Acórdão: Min. LUIZ FUX; Julgamento: 01/03/2018; Órgão Julgador: Tribunal Pleno)**

PERDA E SUSPENSÃO DOS DIREITOS POLÍTICOS

Nos termos do art. 15 da CF/88, a privação dos direitos políticos pode se dar por perda ou por suspensão, mas **jamais pode ocorrer a cassação desses direitos.**

O referido dispositivo da Constituição da República elenca os casos em que os direitos políticos podem ser perdidos ou suspensos. Vejamos:

> "**Art. 15, CF/88.** É vedada a cassação de direitos políticos, cuja perda ou suspensão só se dará nos casos de:
>
> I - cancelamento da naturalização por sentença transitada em julgado;
>
> II - incapacidade civil absoluta;
>
> III - condenação criminal transitada em julgado, enquanto durarem seus efeitos;
>
> IV - recusa de cumprir obrigação a todos imposta ou prestação alternativa, nos termos do art. 5º, VIII;
>
> V - improbidade administrativa, nos termos do art. 37, § 4º."

Como se pode notar, o art. 15 da CF/88 traz o rol das situações em que pode ocorrer a perda ou suspensão dos direitos políticos, mas não esclarece quais hipóteses são de perda e quais hipóteses são de suspensão, tarefa que acabou sendo encampada pela doutrina.

Primeiramente, é necessário saber qual a diferença entre perda e suspensão.

Segundo os doutrinadores que se debruçam sobre o tema, a exemplo de José Afonso da Silva, a perda tem caráter definitivo e a suspensão tem caráter temporário. Porém, o fato de a perda ter caráter definitivo não significa que, uma vez perdidos, os direitos políticos não possam ser recuperados.

Na verdade, tanto em caso de perda quanto em caso de suspensão, os direitos políticos podem ser recuperados.

O que ocorre é que, em caso de suspensão, a recuperação dos direitos políticos depende simplesmente do desaparecimento da causa que os levou a serem suspensos, enquanto, em caso de perda, é necessária a conduta ativa de praticar o ato necessário para a recuperação dos direitos perdidos. Em outras palavras, quando os direitos políticos são suspensos, sua recuperação se dá de forma automática, tão logo desapareça a causa da restrição, e, quando são perdidos, sua recuperação continua sendo possível, mas não se dá de forma automática, pois depende da prática de algum ato comissivo do interessado.

Vejamos agora quais são os casos de perda e quais são os casos de suspensão dos direitos políticos.

PERDA DOS DIREITOS POLÍTICOS

Segundo a doutrina constitucionalista, as hipóteses de perda dos direitos políticos são as previstas nos incisos I e IV do art. 15 da CF/88, que são as seguintes:

a) **Cancelamento da naturalização por sentença transitada em julgado:** ao perder a nacionalidade brasileira, o indivíduo volta a ser estrangeiro e, consequentemente, torna-se inalistável, não mais podendo exercer seus direitos políticos no Brasil, conforme decorre dos §§ 2º e 3º, I, do art. 14 da CF/88. Nesse caso, a reaquisição dos direitos políticos depende da desconstituição da sentença de cancelamento por meio de ação rescisória.

b) **Recusa de cumprir obrigação a todos imposta e a prestação alternativa:** nos termos do art. 5º, VIII, da CF/88, ninguém pode ser privado de direitos por motivos ligados a crenças religiosas ou convicções filosóficas ou políticas. No entanto, existem no ordenamento jurídico determinadas obrigações que são impostas a todos, como é o caso do serviço militar obrigatório ("***Art. 143, CF/88.*** *O serviço militar é obrigatório nos termos da lei.*") e do voto ("***Art. 14, § 1º, CF/88.*** *O alistamento eleitoral e o voto são: I - obrigatórios para os maiores de dezoito anos; II - facultativos para: a) os analfabetos; b) os maiores de setenta anos; c) os maiores de dezesseis e menores de dezoito anos.*"). O cidadão até pode invocar razões de caráter religioso, filosófico ou político para recusar o cumprimento de obrigação a todos imposta (caracterizando a chamada **escusa de consciência**), mas, nesse caso, deverá cumprir uma obrigação alternativa que esteja prevista em lei, sob pena de perder seus direitos políticos, como decorre do art. 5º, VIII, c/c art. 15, IV, ambos da CF/88. Portanto, é possível, por força da escusa de consciência, que o indivíduo deixe de cumprir obrigação legal a todos imposta, desde que cumpra prestação alternativa estabelecida em lei. Perceba que a prestação alternativa fixada em lei **não é penalidade**, não tem qualquer cunho sancionatório, tendo, na verdade, simplesmente o objetivo de desobrigar a pessoa de fazer o que, por motivo de consciência, não pode fazer. Por outro lado, se o indivíduo, após se negar a cumprir a obrigação legal a todos imposta, nega-se a cumprir a prestação alternativa, sofre, aí sim, uma sanção, uma penalidade, que está prevista no art. 15, IV, da CF/88. A recuperação dos direitos políticos nesse caso depende do cumprimento da obrigação a todos imposta ou da prestação alternativa.

"**Art. 5º, VIII, CF/88** - ninguém será privado de direitos por motivo de crença religiosa ou de convicção filosófica ou política, salvo se as invocar para eximir-se de obrigação legal a todos imposta e recusar-se a cumprir prestação alternativa, fixada em lei;"

"**Art. 15, CF/88.** É vedada a cassação de direitos políticos, cuja perda ou suspensão só se dará nos casos de:

(...)

IV - recusa de cumprir obrigação a todos imposta ou prestação alternativa, nos termos do art. 5º, VIII;"

> **→ ATENÇÃO!**
>
> É importante alertar que existe uma divergência doutrinária sobre o enquadramento do inciso IV do art. 15 da CF/88, isto é, se se trata de uma hipótese de perda ou se é um caso de suspensão dos direitos políticos. Entre os doutrinadores que discorrem sobre direito eleitoral, tem prevalecido o entendimento no sentido de ser um caso de suspensão dos direitos políticos. Porém, entre os constitucionalistas, o posicionamento majoritário sustenta tratar-se de hipótese de perda, não de suspensão.
>
> Esse pensamento predominante no direito constitucional tem como base a diferenciação feita por José Afonso da Silva entre perda e suspensão, que foi justamente a que vimos anteriormente: na perda, o interessado deve praticar algum ato para recuperar seus direitos políticos, enquanto, na suspensão, a recuperação dos direitos políticos ocorre naturalmente, bastando que cesse a causa da restrição dos direitos.
>
> Assim, como no caso do art. 15, IV, da CF/88 o indivíduo apenas consegue reaver seus direitos políticos se efetivamente cumprir a prestação alternativa prevista em lei, os constitucionalistas, em sua maioria, entendem que o caso é realmente de perda (e não de suspensão) dos direitos políticos.

Por fim, existe uma terceira hipótese de perda dos direitos políticos, que não está elencada no art. 15 da CF/88. É o caso da **perda da nacionalidade brasileira em virtude da aquisição voluntária de outra nacionalidade**, prevista no art. 12, § 4º, II, da CF/88.

> "**Art. 12, § 4º, CF/88** - Será declarada a perda da nacionalidade do brasileiro que:
>
> I - tiver cancelada sua naturalização, por sentença judicial, em virtude de atividade nociva ao interesse nacional;
>
> II - adquirir outra nacionalidade, salvo nos casos:
>
> a) de reconhecimento de nacionalidade originária pela lei estrangeira;
>
> b) de imposição de naturalização, pela norma estrangeira, ao brasileiro residente em estado estrangeiro, como condição para permanência em seu território ou para o exercício de direitos civis;"

Essa hipótese, apesar de não listada no art. 15 da CF/88, pode ser elencada como caso de perda de direitos políticos, porque, como se sabe, a nacionalidade brasileira (seja a originária ou a secundária) é pressuposto para a aquisição de direitos políticos, como decorre dos §§ 2º e 3º, I, do art. 14 da CF/88, segundo os quais, o estrangeiro é inalistável e a nacionalidade brasileira é condição de elegibilidade.

Como vimos ao estudar o direito fundamental de nacionalidade, a nacionalidade brasileira perdida por força do art. 12, § 4º, da CF/88 pode ser readquirida, e, uma vez ocorrida essa reaquisição, os direitos políticos perdidos são recuperados.

■ SUSPENSÃO DOS DIREITOS POLÍTICOS

As hipóteses de suspensão dos direitos políticos encontram-se previstas nos incisos II, III e V do art. 15 da CF/88, sendo as seguintes:

a) **Incapacidade civil absoluta:** essa hipótese está prevista no inciso II do art. 15 da CF/88, mas atualmente, após a entrada em vigor da Lei 13.146/2015, perdeu sentido de existir. Isso porque, hoje, os únicos indivíduos absolutamente incapazes são os menores de 16 (dezesseis) anos e todos os demais casos de incapacidade civil são de incapacidade relativa. Logo, considerando que, nos termos do art. 14, § 1º, II, "c", da CF/88, o menor de 16 (dezesseis) anos não pode se alistar eleitor, não há mais razão para se prever essa hipótese de suspensão dos direitos políticos, embora seja indispensável conhecê-la para fins de provas de concursos.

b) **Condenação criminal transitada em julgado:** nos termos do art. 15, III, da CF/88, enquanto durarem os efeitos da condenação criminal transitada em julgado, os direitos políticos ficarão suspensos. Em relação a essa hipótese de suspensão dos direitos políticos, houve um debate levado ao STF no bojo do **RE 601.182** (j. 08/05/2019): ela incide mesmo quando a pena aplicada é restritiva de direitos, em vez de privativa de liberdade? Segundo a Suprema Corte, **sim**, pois a norma do art. 15, III, da CF/88 é autoaplicável (já que se trata de uma consequência imediata da sentença penal condenatória transitada em julgado), sendo irrelevante a natureza da pena imposta no caso concreto. Além dessa questão, o STF também debateu o seguinte: **a suspensão dos direitos políticos prevista no art. 15, III, da CF/88 impede que candidatos aprovados em concurso público tomem posse no cargo se tiverem condenação criminal transitada em julgado?** É comum que os estatutos de servidores públicos dos diferentes entes federados prevejam como requisito para a posse no cargo o pleno gozo dos direitos políticos e a quitação com as obrigações eleitorais (por exemplo, no âmbito da União, essa exigência está prevista no art. 15, II e III, da Lei 8.112/90). Isso faz com que as pessoas condenadas criminalmente com trânsito em julgado, em virtude de terem os seus direitos políticos suspensos por força do art. 15, III, da CF/88, fiquem impedidas de tomar posse em cargo público? Segundo decidiu o STF no **Tema de Repercussão Geral nº 1190** (RE 1.282.553, j. 04/10/23), **não**. Isso porque, de acordo com o STF, a suspensão dos direitos políticos prevista no art. 15, III, da CF/88 tem como objetivo tão somente retirar da vida política as pessoas que tenham conduta incompatível com ela, não suspendendo direitos civis ou sociais do indivíduo (e o direito ao trabalho é um direito social), de modo que **a condenação criminal transitada em julgado não impede que candidato aprovado em concurso público tome posse no cargo**. O STF esclareceu ainda que a exigência do gozo dos direitos políticos como condição para posse em cargo público prevista nos diversos estatutos de servidores públicos deve ser interpretada no sentido de que, para tomar posse no cargo, o servidor deve comprovar que **não se furtou (por vontade própria) ao cumprimento das suas obrigações eleitorais** e que está **quite com a Justiça Eleitoral**, não significando que a pessoa definitivamente condenada criminalmente não possa ser investida em um cargo público. Porém, para que o condenado criminalmente possa tomar posse em cargo público, é necessário que **o crime cometido seja compatível com as atribuições do cargo a ser exercido** e que o cumprimento da pena não inviabilize o desempenho das atribuições desse cargo em virtude de **eventual incompatibilidade com o horário de trabalho**. Essas questões devem ser **analisadas pelo juízo da Execução Penal** em cada caso. Com esses fundamentos, o STF fixou tese de repercussão geral segundo a qual *"**a suspensão dos direitos políticos prevista no artigo 15, III, da Constituição Federal** ("condenação criminal transitada em julgado, enquanto durarem seus efeitos") **não impede a nomeação e posse de candidato aprovado em concurso público**, desde que **não incompatível com a infração penal praticada**, em respeito aos princípios da dignidade da pessoa humana e do valor social do trabalho (CF, art. 1º, III e IV) e do dever do Estado em proporcionar as condições necessárias para a harmônica integração social do condenado, objetivo principal da execução penal, nos termos do artigo 1º da LEP (Lei nº 7.210/84). O início do efetivo exercício do cargo ficará **condicionado ao regime da pena** ou à decisão judicial do juízo de execuções, que analisará a **compatibilidade de horários**"*.

c) **Improbidade administrativa, nos termos do art. 37, § 4º, da CF/88:** essa hipótese de suspensão dos direitos políticos, prevista no art. 15, V, da CF/88, é imune a dúvidas sobre seu enquadramento (como perda ou como suspensão), pois o art. 37, § 4º, da CF/88, diz expressamente que a prática de ato de improbidade administrativa acarreta, dentre outras coisas, a **suspensão** (e não a perda) dos direitos políticos (*"Art. 37, § 4º, CF/88. Os atos de improbidade administrativa importarão a suspensão dos direitos políticos, a perda da função pública, a indisponibilidade dos bens e o ressarcimento ao erário, na forma e gradação previstas em lei, sem prejuízo da ação penal cabível."*).

Além das hipóteses de suspensão dos direitos políticos previstas no art. 15 da CF/88 (vistas acima), há mais dois casos espalhados em nosso ordenamento jurídico que merecem atenção.

O primeiro deles envolve a chamada **quase-nacionalidade**, que, conforme já estudamos, consiste na reciprocidade de tratamento jurídico entre brasileiros e portugueses prevista no art. 12, § 1º, da CF/88:

> "**Art. 12, § 1º, CF/88.** Aos portugueses com residência permanente no País, se houver reciprocidade em favor de brasileiros, serão atribuídos os direitos inerentes ao brasileiro, salvo os casos previstos nesta Constituição."

A situação da quase-nacionalidade é regida pelo Tratado de Amizade, Cooperação e Consulta entre a República Federativa do Brasil e a República Portuguesa, o qual foi assinado em Porto Seguro/BA no ano 2000, sendo objeto, no Brasil, do Decreto 3.927/2001. E, segundo o item 3 do art. 17 desse tratado, *"o gozo de direitos políticos no Estado de residência importa na suspensão do exercício dos mesmos direitos no Estado da nacionalidade"*.

Logo, se um cidadão brasileiro passar a residir em Portugal e lá gozar de direitos políticos, terá esses mesmos direitos suspensos no Brasil enquanto essa situação persistir.

O segundo caso de suspensão dos direitos políticos não previsto no art. 15 da CF/88 é apontado por Pedro Lenza. Segundo o autor, deve ser considerada hipótese de suspensão dos direitos políticos a perda de mandato parlamentar por quebra de decoro, nos termos do art. 55, II, e § 1º, da CF/88. Isso porque a LC 64/90, em seu art. 1º, I, "b", estabelece que, nesse caso, o ex-Parlamentar fica inelegível durante o período remanescente do mandato perdido e pelos 08 (oito) anos subsequentes ao seu término.

Porém, nesse caso, com a devida vênia, não nos parece haver uma suspensão dos direitos políticos nos moldes "pensados" pelo art. 15 da CF/88, pois, quando há perda de mandato por quebra de decoro parlamentar, a consequência é apenas a inelegibilidade temporária do indivíduo, não sofrendo ele a restrição de todos os seus direitos políticos. Ou seja, há a suspensão da capacidade eleitoral passiva, mas não da capacidade eleitoral ativa. No entanto, por conta da relevância de Pedro Lenza para os estudos do direito constitucional, esse entendimento não poderia ser omitido aqui.

Por fim, é importante registrar que é comum as bancas examinadoras, ao cobrarem o tema da perda e suspensão dos direitos políticos nas provas, exigirem o conhecimento da literalidade do texto constitucional e das distinções feitas pela doutrina entre perda e suspensão. Foi o que ocorreu, por exemplo, no concurso para o cargo de Procurador do Município de Belo Horizonte/MG realizado pelo CESPE em 2017, no qual foi considerada **correta** a assertiva que dizia que *"após a condenação criminal transitada em julgado, os direitos políticos do infrator ficarão suspensos enquanto durarem os efeitos da referida condenação"*. Como vimos, essa hipótese está prevista no art. 15, III, da CF/88 e, segundo a doutrina, é um caso de suspensão dos direitos políticos.

EXERCÍCIO DE MANDATO ELETIVO POR SERVIDOR PÚBLICO

O servidor público elegível e que não incida em nenhuma hipótese de inelegibilidade poderá candidatar-se, eleger-se e exercer mandato eletivo, desde que sejam observadas as regras do art. 38 da CF/88, relativas à cumulação do cargo de origem com o mandato conquistado.

> "**Art. 38, CF/88.** Ao servidor público da administração direta, autárquica e fundacional, no exercício de mandato eletivo, aplicam-se as seguintes disposições:
>
> I - tratando-se de mandato eletivo federal, estadual ou distrital, ficará afastado de seu cargo, emprego ou função;
>
> II - investido no mandato de Prefeito, será afastado do cargo, emprego ou função, sendo-lhe facultado optar pela sua remuneração;
>
> III - investido no mandato de Vereador, havendo compatibilidade de horários, perceberá as vantagens de seu cargo, emprego ou função, sem prejuízo da remuneração do cargo eletivo, e, não havendo compatibilidade, será aplicada a norma do inciso anterior;
>
> IV - em qualquer caso que exija o afastamento para o exercício de mandato eletivo, seu tempo de serviço será contado para todos os efeitos legais, exceto para promoção por merecimento;

> V - na hipótese de ser segurado de regime próprio de previdência social, permanecerá filiado a esse regime, no ente federativo de origem. **(Redação dada pela Emenda Constitucional nº 103, de 2019)**"

O art. 38 da CF/88, portanto, disciplina a situação do servidor público que exerce mandato eletivo, abordando, basicamente, três situações:

a) Tratando-se de mandato eletivo **federal, estadual ou do Distrito Federal**, o servidor deverá se afastar do cargo, emprego ou função de origem e receberá a remuneração relativa ao cargo eletivo. Nesse caso, o tempo de serviço no exercício do mandato será considerado para todos os fins como se estivesse exercendo suas atribuições na posição de origem, exceto para efeitos de promoção por merecimento.

b) Tratando-se de mandato eletivo de **Prefeito**, o servidor deverá se afastar do cargo, emprego ou função de origem, mas poderá escolher a remuneração que prefere receber (se a da origem ou a do cargo eletivo). Nesse caso, o tempo de serviço no exercício do mandato também será considerado para todos os fins como se estivesse exercendo suas atribuições na posição de origem, exceto para efeitos de promoção por merecimento.

c) Tratando-se de mandato eletivo de **Vereador**, o servidor poderá, desde que haja compatibilidade de horários, permanecer no exercício do seu cargo, emprego ou função de origem, cumulando-o com o exercício do cargo eletivo e recebendo as remunerações referentes a ambos. Porém, se não houver compatibilidade de horários, ele terá de se afastar do cargo, emprego ou função de origem, mas poderá optar pela remuneração que preferir receber (se a da origem ou a do cargo eletivo). Nessa segunda hipótese (a de incompatibilidade de horários), o tempo de serviço no exercício do mandato, tal qual ocorre nos itens "a" e "b" acima, será considerado para todos os fins como se estivesse exercendo suas atribuições na posição de origem, exceto para efeitos de promoção por merecimento.

Note que, nos termos do inciso V do art. 38 da CF/88 (na redação dada pela EC 103/2019), o fato de o servidor passar a exercer um mandato eletivo não o faz se desvincular do regime próprio de previdência do ente federativo de origem, permanecendo filiado a ele.

Além disso, diante das disposições da CF/88, surge um questionamento interessante sobre o tema: **havendo compatibilidade de horários, é possível a cumulação de dois cargos de professor com o mandato eletivo de Vereador?**

Como se sabe, nos termos do art. 37, XVI, CF/88, em regra, é vedada a cumulação remunerada de cargos públicos, com algumas exceções, dentre elas, a possibilidade de serem cumulados dois cargos de professor, desde que haja compatibilidade de horários. Confira:

> "**Art. 37, XVI, CF/88 -** é vedada a acumulação remunerada de cargos públicos, exceto, quando houver compatibilidade de horários, observado em qualquer caso o disposto no inciso XI:

> **a) a de dois cargos de professor;**
>
> b) a de um cargo de professor com outro técnico ou científico;
>
> c) a de dois cargos ou empregos privativos de profissionais de saúde, com profissões regulamentadas;"

Assim, sendo lícita a cumulação de dois cargos de professor, poderia um servidor ocupante desses dois cargos exercer, simultaneamente (e desde que houvesse compatibilidade de horários), um mandato eletivo como Vereador?

Sobre essa questão, é possível encontrar entendimentos tanto no sentido da possibilidade quanto no sentido da impossibilidade da cumulação.

Na jurisprudência do Supremo Tribunal Federal, não temos notícia de julgamento de mérito dessa questão específica (cumulação de dois cargos de professor com um mandato eletivo de Vereador), mas a Corte firmou entendimento, de forma bastante clara, no sentido de que **a cumulação tríplice de cargos é vedada em qualquer hipótese (ARE 848.993, Tema de Repercussão Geral nº 921)**. Por esse motivo, em provas de concurso, recomenda-se adotar o posicionamento pela impossibilidade de cumulação de mais de dois cargos, seja qual for a situação.

Por fim, a seguinte questão envolvendo a candidatura de servidor público a mandato eletivo foi levada ao STF: é constitucional a previsão legal de **manutenção da remuneração do cargo de origem** durante o período em que o servidor se encontra dele afastado em virtude da campanha eleitoral?

A Suprema Corte, na **ADI 2934** (julgada em 06/12/2019), entendeu que sim, é constitucional norma que preveja o licenciamento do servidor com a manutenção de sua remuneração no período compreendido entre o registro da candidatura e a realização da eleição, por dois motivos:

1) Essa medida se coaduna com o regime jurídico diferenciado a que estão submetidos os servidores públicos, de modo que não há falar em quebra da isonomia em relação aos trabalhadores da iniciativa privada.
2) Essa medida assegura a lisura e a transparência do processo eleitoral, evitando que ele seja contaminado pela utilização da máquina da Administração com fins eleitoreiros.

Esse julgado recebeu a seguinte ementa:

> "(...) DIREITO À LICENÇA REMUNERADA DO SERVIDOR PÚBLICO CANDIDATO A CARGO ELETIVO. ALEGADA CONTRARIEDADE AO PRINCÍPIO CONSTITUCIONAL DA ISONOMIA. (...) **2. A manutenção da remuneração do servidor público candidato no período de seu afastamento, em razão de campanha eleitoral, observa o princípio da isonomia, na faceta material, considerado o regime jurídico diferenciado pelo qual submetidos os servidores públicos e os empregados da iniciativa privada, a justificar juridicamente como fator idôneo a discriminação estabelecida nas normas impugnadas. 3. A licença com remuneração ao servidor público, no período do registro da candidatura até o pleito eleitoral, assegura a lisura do processo e a impossibilidade de utilização do aparato administrativo com contaminação do processo eleitoral e da transparência necessária da campanha.** (...)"

(ADI 2934/DF; Relator(a): Min. CÁRMEN LÚCIA; Julgamento: 06/12/2019; Órgão Julgador: Tribunal Pleno)

AÇÃO DE IMPUGNAÇÃO DE MANDATO ELETIVO (AIME)

A Ação de Impugnação de Mandato Eletivo (AIME) está prevista no art. 14, §§ 10 e 11, da CF/88.

> "**Art. 14, CF/88.** (...)
>
> **§ 10** - O mandato eletivo poderá ser impugnado ante a Justiça Eleitoral no **prazo de quinze dias contados da diplomação**, instruída a ação com provas de **abuso do poder econômico**, **corrupção** ou **fraude**.
>
> **§ 11** - A ação de impugnação de mandato tramitará em **segredo de justiça**, respondendo o autor, na forma da lei, se temerária ou de manifesta má-fé."

Trata-se, portanto, de uma **ação constitucional** que tem como objetivo impugnar o mandato eletivo (e o respectivo diploma expedido pela Justiça Eleitoral) que tenha sido obtido mediante abuso de poder econômico, corrupção ou fraude.

A natureza dessa ação é **desconstitutiva**, pois tem como finalidade a invalidação do diploma do candidato eleito ilegitimamente, e a competência para seu processo e julgamento é da Justiça Eleitoral, mais precisamente, do órgão que expediu o diploma cuja invalidação se postula (aplica-se a regra do art. 2º da LC 64/90).

Em provas de direito constitucional, os aspectos que mais têm sido cobrados pelas bancas de concurso em relação à AIME são os seguintes:

a) As **hipóteses de cabimento** (que, em última análise, são a causa de pedir da ação): abuso do poder econômico, corrupção ou fraude. Segundo entende o TSE, o abuso do poder econômico não engloba abuso de poder político nem abuso de autoridade, de modo que a ocorrência desses dois últimos não permite o ajuizamento da AIME, exceto se tiverem conexão com algum abuso de poder econômico.

b) O **prazo para ajuizamento**, que é de 15 (quinze) dias contados da expedição do diploma impugnado na ação.

c) O **sigilo** imposto pela própria Constituição: a AIME deve, necessariamente, tramitar em segredo de justiça.

11

Partidos Políticos

Dedicaremos este capítulo ao estudo da disciplina constitucional dos partidos políticos e das disposições legais que tenham relevância para a compreensão do perfil delineado pela CF/88 para essas entidades. Não nos aprofundaremos nas minúcias do tema contidas nas normas infraconstitucionais, pois esses detalhes são mais apropriadamente abordados no estudo do direito eleitoral.

Inicialmente, precisamos compreender a razão da existência dos partidos políticos e a sua relação com o regime democrático, que definimos no capítulo anterior, quando estudamos os direitos políticos.

OS PARTIDOS POLÍTICOS E A DEMOCRACIA

Por que motivo existem os partidos políticos? Há algo que os torne indispensáveis? Segundo a linha de pensamento predominante na doutrina, **sim**, há.

Os partidos políticos são uma **necessidade decorrente da democracia representativa**, especialmente, em sociedades plurais, como as que se fazem presentes atualmente na cultura ocidental. É nesse sentido que se afirma, com certa tranquilidade, que, nos tempos modernos, os partidos políticos são essenciais ao regime democrático, tendo em vista a dificuldade de os indivíduos, isoladamente, definirem quais são as decisões políticas mais adequadas para a busca do bem comum.

Inclusive, seguindo justamente essa forma de pensar, **Hans Kelsen** foi um dos maiores defensores da realização da democracia através dos partidos políticos, concebendo estes como verdadeiros instrumentos indispensáveis do regime democrático moderno.

A vinculação dos partidos políticos à existência e sobrevivência da democracia está presente na CF/88, ao estabelecer, como condição de elegibilidade, que a candidatura em um pleito eleitoral depende da filiação a algum partido político (art. 14, § 3º, V, CF/88). Isso evidencia que, no regime constitucional brasileiro, a concretização da democracia representativa passa, necessariamente, pela atuação dos partidos políticos.

Não se pode esquecer, no entanto, que a necessidade de filiação partidária especificamente nas eleições majoritárias foi questionada perante o Supremo Tribunal Federal, que se manifestará sobre a questão no RE 1.238.853 (Tema de Repercussão Geral nº 974).

A DISCIPLINA DOS PARTIDOS POLÍTICOS NA CF/88

Inicialmente, é indispensável registrar que o direito de os indivíduos se organizarem em partidos políticos é uma das categorias de direitos fundamentais consagradas na Constituição Federal de 1988, ao lado dos direitos individuais e coletivos, dos direitos sociais, dos direitos políticos e do direito à nacionalidade. Todos esses direitos encontram-se inseridos, topograficamente, no Título II da CF/88, rotulado "Dos Direitos e Garantias Fundamentais".

Portanto, os partidos políticos consubstanciam um direito fundamental expressamente assegurado por nosso ordenamento constitucional, o que não poderia ser diferente, tendo em vista a sua íntima relação com o regime democrático.

■ LIBERDADE DE CRIAÇÃO E DIRETRIZES A SEREM OBSERVADAS PELOS PARTIDOS POLÍTICOS

O texto constitucional dedica o art. 17 ao tratamento dos partidos políticos, e, já no seu *caput*, estabelece a liberdade de criação e extinção dessas entidades, bem como da realização das operações de fusão e de incorporação entre elas.

Além disso, esse mesmo dispositivo impõe algumas diretrizes que devem ser obrigatoriamente observadas pelos partidos políticos. Cuida-se de algumas imposições constitucionais que, não obstante a liberdade de criação dessas entidades, devem ser observadas. Essas imposições são as seguintes:

I) Os partidos políticos devem ter **caráter nacional**, o que impede a criação de um partido político apenas em âmbito estadual e/ou municipal. Segundo o STF, *"a determinação constitucional de caráter nacional dos partidos políticos objetiva impedir a proliferação de agremiações sem expressão política, que podem atuar como 'legendas de aluguel', fraudando a representação, base do regime democrático"* (ADI 5311, j. 04/03/2020). Todo partido político, portanto, em virtude do seu obrigatório caráter nacional, deve possuir um órgão de direção (comumente chamado de "diretório") nacional e diversos órgãos de direção estaduais e municipais, como consta da Lei 9.096/95, a exemplo do seu art. 15, IV, dentre outros dispositivos. E, também nos termos da Lei 9.096/95, o caráter nacional de um partido político é aferido a partir da presença do chamado **"apoiamento mínimo"** para a sua criação, conforme consta do art. 7º, § 1º, desse diploma legal. Segundo esse dispositivo, para que fique demonstrado o seu caráter nacional, é necessário que o partido político *"comprove, **no período de dois anos**, o apoiamento de eleitores não filiados a partido político, correspondente a, pelo menos, **0,5% (cinco décimos por cento) dos votos dados na última eleição geral para a Câmara dos Deputados**, não computados os votos em branco e os nulos, distribuídos por **um terço, ou mais, dos Estados**, com um mínimo de **0,1% (um décimo por cento) do eleitorado***

que haja votado em cada um deles". Importante registrar que a exigência, contida nessa regra, de que apenas eleitores que já não tenham filiação a partido político sejam considerados para a aferição do apoiamento mínimo foi uma novidade trazida pela Lei 13.107/2015, tendo sido declarada constitucional pelo STF na **ADI 5311**, por fortalecer o controle da representatividade das agremiações políticas e da legitimidade do apoio por elas recebido, o que, segundo o Tribunal, é compatível com o regime democrático. Além disso, a exigência de que o apoiamento mínimo seja levantado em um período de dois anos (o que também dificulta o processo de criação dos partidos políticos) foi inserida no dispositivo legal em questão, posteriormente, pela Lei 13.165/2015.

II) Os partidos políticos são **proibidos** de receber recursos financeiros de entidade ou governo estrangeiros ou de se subordinar a eles.

III) Os partidos políticos são **obrigados a prestar contas** à Justiça Eleitoral. Segundo o Supremo Tribunal Federal, a obrigação de prestação de contas traz consigo o dever do partido político de identificar os particulares que eventualmente lhe tenham realizado doações e os candidatos aos quais as doações tenham sido direcionadas. Nas palavras da Corte, *"prejudica-se o aprimoramento da democracia brasileira quando um dos aspectos do princípio democrático — a democracia representativa — se desenvolve em bases materiais encobertas por métodos obscuros de doação eleitoral. Sem as informações necessárias, entre elas a identificação dos particulares que contribuíram originariamente para legendas e para candidatos, com a explicitação também destes, o processo de prestação de contas perde em efetividade, obstruindo o cumprimento, pela justiça eleitoral, da relevantíssima competência estabelecida no art. 17, III, da CF"* **(ADI 5.394, Rel. Min. Alexandre de Moraes, j. 22/03/2018).**

IV) Os partidos políticos, no desempenho das **atividades parlamentares**, devem observar as determinações legais aplicáveis.

Confira a literalidade do art. 17, *caput* e seus incisos, da CF/88:

> "**Art. 17, CF/88.** É livre a criação, fusão, incorporação e extinção de partidos políticos, resguardados a soberania nacional, o regime democrático, o pluripartidarismo, os direitos fundamentais da pessoa humana e observados os seguintes preceitos:
>
> I - caráter nacional;
>
> II - proibição de recebimento de recursos financeiros de entidade ou governo estrangeiros ou de subordinação a estes;
>
> III - prestação de contas à Justiça Eleitoral;
>
> IV - funcionamento parlamentar de acordo com a lei."

Por fim, ainda no contexto das diretrizes a serem observadas pelos partidos políticos, o § 4º do art. 17 da CF/88 proíbe que essas entidades façam uso de organizações paramilitares, nos seguintes termos:

> "**Art. 17, § 4º, CF/88.** É vedada a utilização pelos partidos políticos de organização paramilitar."

E o art. 6º da Lei 9.096/95, na mesma linha dessa vedação constitucional, dispõe que *"é vedado ao partido político ministrar instrução militar ou paramilitar, utilizar-se de organização da mesma natureza e adotar uniforme para seus membros"*.

O procedimento de criação dos partidos políticos

Conforme prevê o art. 1º da Lei 9.096/95, os partidos políticos são pessoas jurídicas de direito privado (o que também se encontra previsto no art. 44, V, do Código Civil), e, como tais, dependem do atendimento de certas formalidades para serem regularmente criados. Esse dispositivo legal, na linha do que já vimos neste capítulo, estabelece que *"o partido político, **pessoa jurídica de direito privado**, destina-se a assegurar, no interesse do **regime democrático**, a autenticidade do sistema representativo e a defender os **direitos fundamentais** definidos na Constituição Federal"*.

Portanto, em consonância com o perfil dos partidos políticos traçado pela Constituição Federal, a Lei 9.096/95 deixa claro, no âmbito infraconstitucional, a íntima relação entre essas entidades e a promoção da democracia e dos direitos fundamentais.

Mas como se dá a criação de um partido político?

Nos termos do art. 17, § 2º, da CF/88, os partidos políticos adquirem personalidade jurídica na forma estabelecida na legislação civil, o que significa que isso ocorre com o registro da entidade no cartório de registro civil de pessoas jurídicas do local de sua sede, como prevê o art. 8º, *caput*, da Lei 9.096/95.

Em sua redação original, esse dispositivo legal estabelecia que o registro civil dos partidos políticos deveria se dar na capital federal, onde, portanto, ficavam centralizadas as sedes de todos os partidos, mas essa imposição deixou de existir com a entrada em vigor da Lei 13.877/2019, que modificou a redação do *caput* do art. 8º da Lei 9.096/95, dando liberdade para cada partido político definir onde pretende ficar sediado, ao dispor que *"o requerimento do registro de partido político, dirigido ao cartório competente do Registro Civil das Pessoas Jurídicas do **local de sua sede**, deve ser subscrito pelos seus fundadores, em número nunca inferior a 101 (cento e um), com domicílio eleitoral em, no mínimo, 1/3 (um terço) dos Estados"*.

E, nessa mesma linha, o § 1º do art. 8º da Lei 9.096/95 também foi alterado pela Lei 13.877/2019, para deixar de exigir que os partidos políticos tenham sede na capital do País e passar a prever, tão somente, que a sede deles se localizará em algum ponto do território nacional. Segundo esse dispositivo, o requerimento de registro do partido político *"indicará o nome e a função dos dirigentes provisórios e o endereço da sede do partido no território nacional"*.

Uma vez adquirida a personalidade jurídica com o competente registro no cartório de pessoas jurídicas, o partido político deve obter o apoiamento mínimo de eleitores para comprovar o seu caráter nacional, constituir os seus órgãos integrantes previstos em seu estatuto e designar seus dirigentes também na forma do seu estatuto. Em seguida, deve requerer seu registro no TSE, tudo conforme determinam o art. 17, § 2º, da CF/88 e os arts. 8º, § 3º, e 9º, *caput*, da Lei 9.096/95.

> **"Art. 17, § 2º, CF/88.** Os partidos políticos, após adquirirem personalidade jurídica, na forma da lei civil, registrarão seus estatutos no Tribunal Superior Eleitoral."
>
> **"Art. 8º, § 3º, Lei 9.096/95.** Adquirida a personalidade jurídica na forma deste artigo, o partido promove a obtenção do apoiamento mínimo de eleitores a que se refere o § 1º do art. 7º e realiza os atos necessários para a constituição definitiva de seus órgãos e designação dos dirigentes, na forma do seu estatuto."
>
> **"Art. 9º, Lei 9.096/95.** Feita a constituição e designação, referidas no § 3º do artigo anterior, os dirigentes nacionais promoverão o registro do estatuto do partido junto ao Tribunal Superior Eleitoral, através de requerimento acompanhado de:
>
> (...)"

Apenas após cumprir o procedimento previsto na Lei 9.096/95 e se encontrar registrado no TSE, o partido político fica habilitado a atuar nas atividades políticas (podendo ter acesso aos recursos do fundo partidário e à propaganda gratuita em rádio e televisão, além de participar de eleições) e tem assegurada a exclusividade de sua denominação, sigla e símbolos, conforme prevê o art. 7º, §§ 2º e 3º, da Lei 9.096/95:

> **"Art. 7º, Lei 9.096/95.**
>
> (...)
>
> **§ 2º** Só o partido que tenha registrado seu estatuto no Tribunal Superior Eleitoral pode participar do processo eleitoral, receber recursos do Fundo Partidário e ter acesso gratuito ao rádio e à televisão, nos termos fixados nesta Lei.
>
> **§ 3º** Somente o registro do estatuto do partido no Tribunal Superior Eleitoral assegura a exclusividade da sua denominação, sigla e símbolos, vedada a utilização, por outros partidos, de variações que venham a induzir a erro ou confusão."

Importante esclarecer que, apesar de o procedimento de registro de partido político se dar perante o TSE, ele, segundo o STF, não tem natureza jurisdicional, mas administrativa. Isso tem uma relevante consequência prática: não cabe recurso extraordinário endereçado ao Supremo Tribunal Federal para impugnar a decisão proferida, nesse procedimento, pela Corte Eleitoral. Isso porque os recursos previstos nas normas processuais têm cabimento apenas no bojo de processos de cunho jurisdicional, não sendo cabíveis quando se está diante de uma atividade estatal de caráter meramente administrativo.

Nas palavras do STF, *"o procedimento de registro partidário, embora formalmente instaurado perante órgão do Poder Judiciário (TSE), reveste-se de natureza materialmente administrativa. Destina-se a permitir ao TSE a verificação dos requisitos constitucionais e legais que, atendidos pelo partido político, legitimarão a outorga de plena capacidade jurídico-eleitoral à agremiação partidária interessada. A natureza jurídico-administrativa do procedimento de registro partidário impede que este se qualifique como causa para efeito de impugnação, pela via recursal extraordinária, da decisão nele proferida"* **(RE 164.458 AgR, Rel. Min. Celso de Mello, j. 27/04/1995)**.

▶ Regras sobre incorporação e alteração estatutária dos partidos políticos introduzidas pela EC 111/2021

A EC 111/2021 trouxe, em seu art. 3º, regras aplicáveis aos processos de incorporação de partidos políticos e às anotações de alterações dos estatutos dos partidos políticos, tendo como objetivo suprir lacunas que existiam em nosso ordenamento jurídico e, assim, evitar problemas práticos.

Primeiramente, quanto à incorporação de partidos políticos, a EC 111/2021 estabeleceu (art. 3º, I) que, até que seja editada lei disciplinando a questão, as sanções aplicadas aos órgãos estaduais e municipais de um partido político que foi incorporado a outro não podem ser direcionadas ao partido político incorporador, ressalvadas apenas as sanções aplicadas aos dirigentes do partido incorporado que já integravam o partido incorporador.

Essa medida tem como finalidade evitar que a Justiça Eleitoral, diante de uma incorporação de partido político, direcione ao partido incorporador as sanções que haviam sido aplicadas aos órgãos municipais e estaduais do partido incorporado, o que vinha sendo feito em virtude de inexistir disciplina legal a respeito.

No que diz respeito às anotações das alterações dos estatutos dos partidos políticos, a EC 111/2021 estabeleceu (art. 3º, II) o seguinte: até que seja editada lei disciplinando a questão, quando um partido político comunicar uma alteração estatutária ao TSE para a respectiva anotação, ele (o TSE) apenas poderá apreciar as disposições específicas que foram alteradas. Essa medida tem como objetivo assegurar a autonomia dos partidos políticos, evitando interferências indevidas do Estado no seu funcionamento e organização.

Confira o teor do art. 3º da EC 111/2021, que não foi incorporado ao texto da CF/88:

> "**Art. 3º, EC 111/2021.** Até que entre em vigor lei que discipline cada uma das seguintes matérias, observar-se-ão os seguintes procedimentos:
>
> I - nos processos de incorporação de partidos políticos, as sanções eventualmente aplicadas aos órgãos partidários regionais e municipais do partido incorporado, inclusive as decorrentes de prestações de contas, bem como as de responsabilização de seus antigos dirigentes, não serão aplicadas ao partido incorporador nem aos seus novos dirigentes, exceto aos que já integravam o partido incorporado;
>
> II - nas anotações relativas às alterações dos estatutos dos partidos políticos, serão objeto de análise pelo Tribunal Superior Eleitoral apenas os dispositivos objeto de alteração."

■ A AUTONOMIA DE ORGANIZAÇÃO DOS PARTIDOS POLÍTICOS

O § 1º do art. 17 da CF/88 assegura aos partidos políticos **autonomia de organização**, o que lhes permite definir, sem interferências, a sua estrutura interna, a existência e a composição de seus órgãos, as suas coligações e as normas de fidelidade partidária.

A autonomia garantida pela Constituição mostra, inclusive, que a Lei 9.096/95 (chamada de Lei dos Partidos Políticos) não deve ser considerada uma "lei orgânica" dos partidos políticos, pois leis orgânicas têm como característica definir a organização dos órgãos ou entidades a que se referem, enquanto, no caso dos partidos políticos, essa organização, por determinação constitucional, não é feita pela lei, mas sim por cada partido de forma autônoma.

Em relação às coligações, o texto constitucional sofreu algumas mudanças desde a sua promulgação, mais precisamente, no que diz respeito às eleições proporcionais e à chamada "verticalização", conforme veremos nos tópicos seguintes.

▶ As coligações nas eleições majoritárias e nas eleições proporcionais

A coligação partidária nada mais é do que a reunião de dois ou mais partidos políticos, por período determinado, para disputar um certo pleito eleitoral, e atua (a coligação) como se fosse um único partido. Uma vez encerrado o processo eleitoral para a qual foi constituída, a coligação fica desfeita.

A CF/88 sempre admitiu a formação de coligações partidárias tanto nas eleições majoritárias quanto nas eleições proporcionais, porém, a partir da EC 97/2017, ficaram proibidas as coligações nos pleitos que adotam o sistema eleitoral **proporcional**, que são as eleições para todos os cargos do Poder Legislativo em todas as esferas da Federação, exceto para o Senado Federal (para o qual se adota o sistema majoritário).

Essa vedação, no entanto, nos termos do art. 2º da EC 97/2017, apenas se aplicou a partir das eleições de 2020, não tendo alcançado, portanto, o pleito eleitoral de 2018.

Em relação às eleições **majoritárias** (que são as que se prestam a preencher os cargos do Poder Executivo em todas as esferas federativas e os do Senado Federal), as coligações partidárias continuaram permitidas.

Essa nova disciplina consta do art. 17, § 1º, da CF/88, na redação dada pela EC 97/2017:

> "**Art. 17, § 1º, CF/88.** É assegurada aos partidos políticos autonomia para definir sua estrutura interna e estabelecer regras sobre escolha, formação e duração de seus órgãos permanentes e provisórios e sobre sua organização e funcionamento e para adotar os critérios de escolha e o regime de suas coligações nas eleições majoritárias, **vedada a sua celebração nas eleições proporcionais**, sem obrigatoriedade de vinculação entre as candidaturas em âmbito nacional, estadual, distrital ou municipal, devendo seus estatutos estabelecer normas de disciplina e fidelidade partidária."

Envolvendo a questão da vedação de coligações nas eleições proporcionais, chegou ao STF um debate sobre se seria possível haver transferência de recursos do Fundo Partidário e do Fundo Especial de Financiamento de Campanha (FEFC) entre candidatos a cargos proporcionais e candidatos a cargos majoritários de partidos políticos diversos, ainda que coligados no pleito majoritário.

Esse questionamento foi objeto de análise na **ADI 7214** (j. 03/10/2022), na qual houve a impugnação de uma resolução do TSE que proibiu esse repasse de recursos.

Segundo decidiu o STF, viola a CF/88 o repasse de verbas do Fundo Partidário e do Fundo Especial de Financiamento de Campanha (FEFC) entre candidatos a cargos proporcionais e candidatos a cargos majoritários de partidos políticos diversos, ainda que os partidos envolvidos tenham formado coligação no pleito majoritário.

De acordo com a Corte, uma norma que proíba essa transferência de recursos do Fundo Partidário e do FEFC **está de acordo com a vedação constitucional de celebração de coligações nos pleitos proporcionais**, pois permitir o repasse de verbas em questão seria uma burla a essa proibição.

Além disso, essa vedação se compatibiliza e protege os critérios legais e constitucionais de distribuição dos recursos desses fundos (critérios esses que levam em conta a quantidade de candidatos eleitos por cada partido político no pleito para a Câmara dos Deputados), pois, se fosse possível a transferência de recursos do Fundo Partidário e do FEFC entre candidatos de diferentes partidos políticos de acordo com seus próprios juízos de conveniência e oportunidade, os critérios legais e constitucionais de distribuição desses recursos acabariam sendo desrespeitados.

O Tribunal esclareceu ainda, que uma norma contendo essa proibição **não viola a autonomia partidária**, pois esta garantia foi conferida aos partidos políticos não para lhes servir como um benefício, mas para proteger a democracia e a república, que é o que se pretende com uma regra que veda práticas que possam burlar a vedação de celebração de coligações em eleições proporcionais.

Nos termos do voto do Min. Ricardo Lewandowski (relator do caso), *"não vejo nenhum malferimento à autonomia partidária no caso em exame, sobretudo porque, como visto, a autonomia partidária foi conferida pelos constituintes aos partidos políticos, não em benefício deles próprios, mas com a intenção de fortalecer o regime democrático e o princípio republicano"*.

A questão da verticalização das coligações

A verticalização era uma exigência do TSE (como constou da Resolução 20.933/2002 desse Tribunal) no sentido de que, em uma mesma eleição, caso fosse formada uma coligação para o pleito em âmbito nacional, as coligações de âmbito regional deveriam guardar coerência (ou simetria) com ela, muito embora algumas pequenas variações fossem permitidas.

Como se pode perceber, havia uma verticalização entre as coligações formadas, sendo imposta uma coerência "de cima para baixo".

Ocorre que a EC 52/2006, modificando o art. 17, § 1º, da CF/88, estabeleceu, expressamente, a desnecessidade dessa coerência entre as coligações firmadas nos diversos pleitos eleitorais. Segundo a redação dada a esse dispositivo constitucional (e que se encontra vigente até hoje, mesmo após a EC 97/2017), os partidos políticos têm autonomia para definir suas coligações, *"sem obrigatoriedade de vinculação entre as candidaturas em âmbito nacional, estadual, distrital ou municipal"*.

É importante lembrar, no entanto, que, conforme vimos no tópico anterior, a partir das eleições de 2020, ficou vedada a formação de coligações nas eleições proporcionais.

Esse tema já foi cobrado em prova. Por exemplo, no concurso para o cargo de Procurador do Estado de São Paulo realizado pela VUNESP em 2018, foi considerada incorreta a assertiva segundo a qual *"é assegurada aos partidos políticos autonomia para definir o regime de suas coligações nas eleições proporcionais, uma vez que há o vínculo de obrigatoriedade entre as candidaturas em âmbito nacional, estadual, distrital ou municipal*". Como vimos, a verticalização não pode mais ser exigida e a formação de coligações em eleições proporcionais não é mais permitida.

As federações partidárias

A Lei 14.208/2021, que realizou o que se considerou uma "reforma eleitoral" e alterou as Leis 9.096/95 (Lei dos Partidos Políticos) e 9.504/97 (Lei das Eleições), criou a figura da **federação de partidos políticos**, que não se confunde com as coligações de partidos políticos.

A federação partidária, para ser criada, deve contar com **pelo menos dois partidos políticos** e ser **registrada no TSE**, e, uma vez instituída, passa a ser tratada como se fosse um partido, inclusive, no que diz respeito aos seus direitos e deveres e às regras de funcionamento parlamentar e de fidelidade partidária. Isso, no entanto, não retira dos partidos que a integram a sua identidade e autonomia.

Uma das principais diferenças entre as federações e as coligações partidárias é que, enquanto as coligações podem ser desfeitas tão logo encerrado o pleito eleitoral, as federações devem permanecer constituídas pelo período mínimo de 4 anos, de modo que, em regra, terão duração até o final do mandato dos candidatos que foram eleitos por ela (isso apenas não ocorre em relação ao mandato de Senador, que tem duração de oito anos).

Essa exigência legal tem o potencial de fazer com que os partidos que decidam se unir em uma federação tenham efetiva afinidade ideológica, o que não ocorre nas coligações, já que estas não precisam continuar existindo após as eleições. Isso, aliás, evidencia um dos objetivos do legislador ao criar as federações partidárias: permitir que elas funcionem como um teste para os partidos políticos analisarem a viabilidade de futura fusão ou incorporação.

Em relação às coligações, a sua efemeridade fazia com que partidos políticos sem afinidade ideológica se unissem temporariamente apenas para eleger um maior número de candidatos, e, assim, nos pleitos submetidos ao sistema proporcional, os eleitores desses partidos acabavam vendo os seus votos serem computados para eleger candidatos com os quais não se identificavam politicamente. Esse, inclusive, foi um dos motivos pelos quais a EC 97/2017 vedou as coligações nas eleições proporcionais.

E essa é outra **importante diferença** entre as federações e as coligações partidárias: enquanto estas não podem participar de **eleições proporcionais** (art. 17, § 1º, da CF/88 na redação dada pela EC 97/2017), aquelas podem ser formadas para concorrer nesses pleitos (arts. 11-A, §§ 7º e 8º, da Lei 9.096/95 e 6º-A, *caput*, da Lei 9.504/97).

As regras disciplinadoras das federações partidárias foram inseridas pela Lei 14.208/2021 no art. 11-A da Lei 9.096/95 (Lei dos Partidos Políticos) e no art. 6º-A da Lei 9.504/97 (Lei das Eleições), que receberam a seguinte redação:

> "**Art. 11-A, Lei 9.096/95.** Dois ou mais partidos políticos poderão reunir-se em federação, a qual, após sua constituição e respectivo registro perante o Tribunal Superior Eleitoral, atuará como se fosse uma única agremiação partidária.
>
> **§ 1º** Aplicam-se à federação de partidos todas as normas que regem o funcionamento parlamentar e a fidelidade partidária.

§ 2º Assegura-se a preservação da identidade e da autonomia dos partidos integrantes de federação.

§ 3º A criação de federação obedecerá às seguintes regras:

I – a federação somente poderá ser integrada por partidos com registro definitivo no Tribunal Superior Eleitoral;

II – os partidos reunidos em federação deverão permanecer a ela filiados por, no mínimo, 4 (quatro) anos;

III – a federação poderá ser constituída até a data final do período de realização das convenções partidárias;

IV – a federação terá abrangência nacional e seu registro será encaminhado ao Tribunal Superior Eleitoral.

§ 4º O descumprimento do disposto no inciso II do § 3º deste artigo acarretará ao partido vedação de ingressar em federação, de celebrar coligação nas 2 (duas) eleições seguintes e, até completar o prazo mínimo remanescente, de utilizar o fundo partidário.

§ 5º Na hipótese de desligamento de 1 (um) ou mais partidos, a federação continuará em funcionamento, até a eleição seguinte, desde que nela permaneçam 2 (dois) ou mais partidos.

§ 6º O pedido de registro de federação de partidos encaminhado ao Tribunal Superior Eleitoral será acompanhado dos seguintes documentos:

I – cópia da resolução tomada pela maioria absoluta dos votos dos órgãos de deliberação nacional de cada um dos partidos integrantes da federação;

II – cópia do programa e do estatuto comuns da federação constituída;

III – ata de eleição do órgão de direção nacional da federação.

§ 7º O estatuto de que trata o inciso II do § 6º deste artigo definirá as regras para a composição da lista da federação para as eleições proporcionais.

§ 8º Aplicam-se à federação de partidos todas as normas que regem as atividades dos partidos políticos no que diz respeito às eleições, inclusive no que se refere à escolha e registro de candidatos para as eleições majoritárias e proporcionais, à arrecadação e aplicação de recursos em campanhas eleitorais, à propaganda eleitoral, à contagem de votos, à obtenção de cadeiras, à prestação de contas e à convocação de suplentes.

§ 9º Perderá o mandato o detentor de cargo eletivo que se desfiliar, sem justa causa, de partido que integra federação."

"**Art. 6º-A, Lei 9.504/97.** Aplicam-se à federação de partidos de que trata o art. 11-A da Lei nº 9.096, de 19 de setembro de 1995 (Lei dos Partidos Políticos), todas as normas que regem as atividades dos partidos políticos no que diz respeito às eleições, inclusive no que se refere à escolha e registro de candidatos para as eleições majoritárias e proporcionais, à arrecadação e aplicação de recursos em campanhas eleitorais, à propaganda eleitoral, à contagem de votos, à obtenção de cadeiras, à prestação de contas e à convocação de suplentes.

Parágrafo único. É vedada a formação de federação de partidos após o prazo de realização das convenções partidárias."

Como é possível perceber, segundo esses dispositivos legais, para que as federações de partidos possam concorrer em eleições, elas devem ser formadas (com registro no TSE) até o fim do prazo para a realização das convenções partidárias (art. 11-A, § 3º, III, da Lei 9.096/95 e art. 6º-A, p. único, da Lei 9.504/97).

Esse prazo, no entanto, é diferente daquele estabelecido para que os partidos políticos sejam constituídos e possam concorrer nos pleitos eleitorais. Segundo o art. 4º, da Lei 9.504/97, os partidos políticos apenas podem lançar candidatos nas eleições se estiverem devidamente constituídos e registrados no TSE até 06 (seis) meses antes do pleito, o que é um prazo menor do que o que foi conferido às federações partidárias (que, como vimos acima, receberam da lei a benesse de poderem se constituir até o fim do período das convenções partidárias, o qual se encerra após os seis meses que antecedem as eleições).

> "**Art. 4º, Lei 9.504/97.** Poderá participar das eleições o partido que, **até seis meses antes do pleito**, tenha registrado seu estatuto no Tribunal Superior Eleitoral, conforme o disposto em lei, e tenha, até a data da convenção, órgão de direção constituído na circunscrição, de acordo com o respectivo estatuto."

Em resumo: pelas regras trazidas pela Lei 14.208/2021, as federações partidárias receberam um **prazo maior do que o conferido aos partidos políticos** para se constituírem e poderem concorrer em pleitos eleitorais.

Por conta desse tratamento discriminatório estabelecido entre as federações partidárias e os partidos políticos, o STF, em decisão cautelar de 09/02/2022 proferida na **ADI 7021**, suspendeu os dispositivos das Leis 9.096/95 e 9.504/97 que conferiam às federações de partidos o prazo elástico para se constituírem antes das eleições, e determinou que se aplique a elas **o mesmo prazo conferido aos partidos políticos para serem criados e registrados no TSE**, qual seja, 06 (seis) meses antes do pleito eleitoral no qual pretende concorrer.

Essa decisão teve como finalidade afastar a quebra da isonomia causada pelas normas impugnadas e, com isso, evitar que as federações partidárias passassem a ter uma vantagem indevida em relação aos partidos políticos na disputa pelos cargos eletivos.

No entanto, como a decisão foi proferida em ano eleitoral, o Tribunal admitiu que, **unicamente no ano de 2022**, as federações fossem constituídas e registradas no TSE **até 31 de maio**, pois, caso contrário, poderia ficar inviabilizada a formação dessas entidades nesse ano específico.

A decisão (que referendou a cautelar monocrática anteriormente proferida pelo Min. Roberto Barroso, relator da ação), foi lavrada nos seguintes termos:

> "(...) O Tribunal, por maioria, **referendou a cautelar deferida parcialmente**, apenas para adequar o prazo para constituição e registro das federações partidárias e, nesse sentido: **(i) suspendeu** o inciso III do § 3º do art. 11-A da Lei nº 9.096/1995 e o parágrafo único do art. 6º-A da Lei nº 9.504/1997, com a redação dada pela Lei nº 14.208/2021; bem como **(ii)** conferiu interpretação conforme à Constituição ao caput do art. 11-A da Lei nº 9.096/1995, de modo a exigir que, **para participar das eleições, as federações estejam constituídas como pessoa jurídica e obtenham o registro de seu estatuto perante o Tribunal Superior Eleitoral no mesmo prazo aplicável aos partidos políticos; (iii)** ressalvadas as federações constituídas para as **eleições de 2022**, as quais deverão preencher tais condições até **31 de maio de 2022**. (...)" **(ADI 7021 MC, Pleno, Rel. Min. ROBERTO BARROSO, j. 09/02/2022)**

■ A CLÁUSULA DE DESEMPENHO PARTIDÁRIO (OU CLÁUSULA DE DESEMPENHO ELEITORAL, OU CLÁUSULA DE BARREIRA) DA EC 97/2017

A EC 97/2017 estabeleceu exigências de desempenho mínimo **nas eleições para a Câmara dos Deputados** para que os partidos políticos tenham acesso aos recursos do fundo partidário e à propaganda gratuita no rádio e na televisão. Essas exigências estão previstas nos incisos I e II do art. 17, § 3º, da CF/88 de forma **alternativa**, ou seja, para que o desempenho mínimo seja atendido, basta que o partido político atenda a um desses incisos.

Segundo o art. 17, § 3º, da CF/88, para ter acesso aos recursos do fundo partidário e à propaganda gratuita em rádio e televisão, o partido político deve:

a) Ter obtido, nas eleições para a Câmara dos Deputados, pelo menos, **3% (três por cento) dos votos válidos**, distribuídos em pelo menos um terço dos Estados e Distrito Federal, com um mínimo de 2% (dois por cento) dos votos válidos em cada um deles (inciso I); **ou**

b) Ter eleito pelo menos **15 (quinze) Deputados Federais** distribuídos em pelo menos um terço dos Estados e Distrito Federal (inciso II).

Esse dispositivo tem, hoje, a seguinte redação:

> "**Art. 17, § 3º, CF/88.** Somente terão direito a recursos do fundo partidário e acesso gratuito ao rádio e à televisão, na forma da lei, os partidos políticos que alternativamente:
>
> I - obtiverem, nas eleições para a Câmara dos Deputados, no mínimo, 3% (três por cento) dos votos válidos, distribuídos em pelo menos um terço das unidades da Federação, com um mínimo de 2% (dois por cento) dos votos válidos em cada uma delas; ou
>
> II - tiverem elegido pelo menos quinze Deputados Federais distribuídos em pelo menos um terço das unidades da Federação."

O desempenho mínimo previsto no art. 17, § 3º, da CF/88, porém, apenas será exigido a partir das eleições de 2030, conforme estabelece o art. 3º da EC 97/2017, o qual, igualmente, estabeleceu algumas regras de transição relativas à cláusula de barreira para o acesso aos recursos do fundo partidário e à propaganda gratuita em rádio e televisão.

Conforme consta desse dispositivo, o desempenho mínimo previsto no art. 17, § 3º, da CF/88 será atingido paulatinamente ao longo das eleições para o cargo de Deputado Federal realizadas a partir de 2018. Em outras palavras, desde a EC 97/2017, para que os partidos políticos tenham direito aos recursos do fundo partidário e à propaganda gratuita no rádio e na televisão, devem atender a requisitos mínimos de desempenho aferidos com base nas eleições para a Câmara dos Deputados realizadas a partir de 2018 e que, a cada novo pleito para essa Casa Legislativa, ficam gradativamente mais rígidos.

Para tornar mais fácil a visualização do desempenho mínimo exigido dos partidos políticos nas eleições de 2018 e seguintes, esquematizamos o conteúdo do art. 3º da EC 97/2017 e do art. 17, § 3º, da CF/88 na tabela abaixo:

DESEMPENHO MÍNIMO PARA QUE O PARTIDO POLÍTICO TENHA DIREITO AOS RECURSOS DO FUNDO PARTIDÁRIO E À PROPAGANDA GRATUITA EM RÁDIO E TELEVISÃO			
ELEIÇÕES PARA A CÂMARA DOS DEPUTADOS DE 2018	**ELEIÇÕES PARA A CÂMARA DOS DEPUTADOS DE 2022**	**ELEIÇÕES PARA A CÂMARA DOS DEPUTADOS DE 2026**	**ELEIÇÕES PARA A CÂMARA DOS DEPUTADOS DE 2030 E SEGUINTES**
O partido político deve:	O partido político deve:	O partido político deve:	O partido político deve:
Ter obtido, nas eleições para a Câmara dos Deputados, pelo menos, **1,5% (um e meio por cento) dos votos válidos**, distribuídos em pelo menos **um terço** dos Estados e Distrito Federal, com um mínimo de **1% (um por cento) dos votos válidos** em cada um deles;	Ter obtido, nas eleições para a Câmara dos Deputados, pelo menos, **2% (dois por cento) dos votos válidos**, distribuídos em pelo menos **um terço** dos Estados e Distrito Federal, com um mínimo de **1% (um por cento) dos votos válidos** em cada um deles;	Ter obtido, nas eleições para a Câmara dos Deputados, pelo menos, **2,5% (dois e meio por cento) dos votos válidos**, distribuídos em pelo menos **um terço** dos Estados e Distrito Federal, com um mínimo de **1,5% (um e meio por cento) dos votos válidos** em cada um deles;	Ter obtido, nas eleições para a Câmara dos Deputados, pelo menos, **3% (três por cento) dos votos válidos**, distribuídos em pelo menos **um terço** dos Estados e Distrito Federal, com um mínimo de **2% (dois por cento) dos votos válidos** em cada um deles;
OU	**OU**	**OU**	**OU**
Ter eleito **pelo menos 9 (nove) Deputados Federais** distribuídos em pelo menos **um terço** dos Estados e Distrito Federal.	Ter eleito **pelo menos 11 (onze) Deputados Federais** distribuídos em pelo menos **um terço** dos Estados e Distrito Federal.	Ter eleito **pelo menos 13 (treze) Deputados Federais** distribuídos em pelo menos **um terço** dos Estados e Distrito Federal.	Ter eleito **pelo menos 15 (quinze) Deputados Federais** distribuídos em pelo menos **um terço** dos Estados e Distrito Federal.

Para que essa questão fique bem compreendida e com o intuito de ilustrar o que vimos acima, confira a redação do art. 3º da EC 97/2017:

> "**Art. 3º, EC 97/2017.** O disposto no § 3º do art. 17 da Constituição Federal quanto ao acesso dos partidos políticos aos recursos do fundo partidário e à propaganda gratuita no rádio e na televisão aplicar-se-á a partir das eleições de **2030**.
>
> **Parágrafo único.** Terão acesso aos recursos do fundo partidário e à propaganda gratuita no rádio e na televisão os partidos políticos que:
>
> **I -** na legislatura seguinte às eleições de **2018**:
>
> a) obtiverem, nas eleições para a Câmara dos Deputados, no mínimo, 1,5% (um e meio por cento) dos votos válidos, distribuídos em pelo menos um terço das unidades da Federação, com um mínimo de 1% (um por cento) dos votos válidos em cada uma delas; **ou**
>
> b) tiverem elegido pelo menos nove Deputados Federais distribuídos em pelo menos um terço das unidades da Federação;
>
> **II -** na legislatura seguinte às eleições de **2022**:
>
> a) obtiverem, nas eleições para a Câmara dos Deputados, no mínimo, 2% (dois por cento) dos votos válidos, distribuídos em pelo menos um terço das unidades da Federação, com um mínimo de 1% (um por cento) dos votos válidos em cada uma delas; **ou**
>
> b) tiverem elegido pelo menos onze Deputados Federais distribuídos em pelo menos um terço das unidades da Federação;

III - na legislatura seguinte às eleições de **2026**:

a) obtiverem, nas eleições para a Câmara dos Deputados, no mínimo, 2,5% (dois e meio por cento) dos votos válidos, distribuídos em pelo menos um terço das unidades da Federação, com um mínimo de 1,5% (um e meio por cento) dos votos válidos em cada uma delas; **ou**

b) tiverem elegido pelo menos treze Deputados Federais distribuídos em pelo menos um terço das unidades da Federação."

A situação do candidato eleito por partido político que não tenha atingido o desempenho mínimo

Considerando que nem todos os partidos políticos que lograrem eleger candidatos à Câmara dos Deputados terão direito aos recursos do fundo partidário e à propaganda gratuita no rádio e na televisão (mas apenas aqueles que tiverem o desempenho mínimo que vimos acima), a EC 97/2017 incluiu o § 5º no art. 17 da CF/88, permitindo que o candidato que houver sido eleito por um partido que não tenha tido desempenho suficiente para gozar esses direitos se filie a um partido que tenha obtido o desempenho necessário para isso. Essa autorização constitucional possibilita ao Parlamentar migrar para uma agremiação política que eventualmente tenha recursos que melhor favoreçam o bom desempenho de suas atribuições.

O exercício dessa opção pelo candidato não acarreta a perda do seu mandato (portanto, não caracteriza infidelidade partidária) nem é considerado para fins de cálculo dos recursos do fundo partidário e do tempo gratuito de rádio e televisão a que cada partido político tem direito.

"**Art. 17, § 5º, CF/88.** Ao eleito por partido que não preencher os requisitos previstos no § 3º deste artigo é assegurado o mandato e facultada a filiação, sem perda do mandato, a outro partido que os tenha atingido, não sendo essa filiação considerada para fins de distribuição dos recursos do fundo partidário e de acesso gratuito ao tempo de rádio e de televisão."

Esse tema já foi cobrado em prova. Por exemplo, no concurso para o cargo de Procurador do Estado de São Paulo realizado pela VUNESP em 2018, foi considerada incorreta a assertiva segundo a qual *"ao eleito por partido que não preencher os requisitos constitucionais que asseguram o direito ao fundo partidário é vetado filiar-se a outro partido que os tenha atingido, uma vez que a lei procura assegurar a igualdade na distribuição dos recursos e de acesso gratuito ao tempo de rádio e de televisão"*.

Cômputo em dobro dos votos obtidos por mulheres e negros para fins de acesso ao fundo partidário e ao Fundo Especial de Financiamento de Campanha (FEFC)

Dentro do contexto da exigência constitucional de desempenho mínimo para que os partidos políticos tenham acesso ao fundo partidário (e à propaganda gratuita em rádio e televisão), há uma novidade introduzida pela EC 111/2021 que consiste em uma verdadeira ação afirmativa.

Seguindo a tendência de incentivar e valorizar a participação de mulheres e negros na vida política do País, a EC 111/2021 criou uma regra segundo a qual, para fins de acesso aos recursos do fundo partidário e do Fundo Especial de Financiamento de Campanha (FEFC), os votos obtidos por candidatas mulheres e por candidatos negros nas eleições para a Câmara dos Deputados serão **computados em dobro.**

A quantidade de votos obtidos pelos partidos políticos nas eleições para a Câmara dos Deputados é fundamental para definir quais deles terão acesso ao fundo partidário (já que existe, para esse fim, uma exigência de desempenho mínimo prevista no art. 17, § 3º, da CF/88, conforme já estudamos), além de balizar o montante de recursos desse fundo a que terá direito cada partido que fizer jus ao rateio (já que esse montante varia, conforme estabelece o art. 41-A da Lei 9.096/95).

Da mesma forma, a quantidade de votos obtidos pelos partidos políticos nas eleições para a Câmara dos Deputados é considerada na definição do montante de recursos do FEFC a que cada um deles terá direito, conforme prevê o art. 16-D da Lei 9.504/97 (Lei das Eleições).

O cálculo exato dos recursos destinados a cada partido político não será detalhado aqui, pois o seu estudo minucioso é mais apropriado em materiais e obras da disciplina de Direito Eleitoral.

Tendo em vista a importância da quantidade de votos obtidos pelos partidos políticos nas eleições para a Câmara dos Deputados, a EC 111/2021 a utilizou como instrumento para aumentar o peso da participação das mulheres e dos negros na vida política do País, de modo a incentivar que essa participação efetivamente ocorra (já que o acesso aos recursos pelos partidos políticos variará de acordo com eles terem ou não candidatos negros e candidatas mulheres efetivamente votados). Trata-se de uma ação afirmativa.

Essa ação afirmativa, no entanto, já nasceu com data certa de encerramento. Ela será aplicada apenas nas eleições para a Câmara dos Deputados realizadas de **2022 a 2030.**

Além disso, apenas pode ser aplicado um dos critérios de cômputo em dobro dos votos, não sendo eles cumulativos. Dessa forma, em relação às candidatas mulheres que sejam negras, os votos por elas obtidos não serão computados de forma quadruplicada, já que não podem ser contados em dobro duas vezes (uma vez por serem mulheres e outra vez por serem negras).

Todas essas regras estão contidas no **art. 2º da EC 111/2021**, o qual não foi inserido no texto da CF/88.

> "**Art. 2º, EC 111/2021.** Para fins de distribuição entre os partidos políticos dos recursos do fundo partidário e do Fundo Especial de Financiamento de Campanha (FEFC), os votos dados a candidatas mulheres ou a candidatos negros para a Câmara dos Deputados nas eleições realizadas de 2022 a 2030 serão contados em dobro.
>
> **Parágrafo único.** A contagem em dobro de votos a que se refere o caput somente se aplica uma única vez."

A Emenda Constitucional nº 117/2022 e a participação das mulheres na vida político-partidária do País

A **EC 117/2022**, editada com o objetivo de estimular a participação das mulheres na vida político-partidária do País, alterou o art. 17 da CF/88 para acrescentar os §§ 7º e 8º em seu texto.

Veja:

> "**Art. 17, CF/88.** (...)
>
> **§ 7º** Os partidos políticos devem aplicar no mínimo 5% (cinco por cento) dos recursos do fundo partidário na criação e na manutenção de programas de promoção e difusão da participação política das mulheres, de acordo com os interesses intrapartidários.
>
> **§ 8º** O montante do Fundo Especial de Financiamento de Campanha e da parcela do fundo partidário destinada a campanhas eleitorais, bem como o tempo de propaganda gratuita no rádio e na televisão a ser distribuído pelos partidos às respectivas candidatas, deverão ser de no mínimo 30% (trinta por cento), proporcional ao número de candidatas, e a distribuição deverá ser realizada conforme critérios definidos pelos respectivos órgãos de direção e pelas normas estatutárias, considerados a autonomia e o interesse partidário."

Quanto à norma do § 7º, ela estabeleceu a obrigatoriedade de aplicação do mínimo de 5% (cinco por cento) dos recursos do Fundo Partidário em programas de promoção e difusão da participação política das mulheres, obrigatoriedade essa que já estava prevista no art. 44, inciso V, da Lei nº 9.096/95 (Lei dos Partidos Políticos), nos seguintes termos:

> "**Art. 44, Lei 9.096/95.** Os recursos oriundos do Fundo Partidário serão aplicados:
>
> (...)
>
> V - na criação e manutenção de programas de promoção e difusão da participação política das mulheres, criados e executados pela Secretaria da Mulher ou, a critério da agremiação, por instituto com personalidade jurídica própria presidido pela Secretária da Mulher, em nível nacional, conforme percentual que será fixado pelo órgão nacional de direção partidária, observado o mínimo de 5% (cinco por cento) do total;
>
> (...)"

A intenção do legislador ao editar a EC 117/2022 foi a de constitucionalizar e, assim, dar maior proteção à previsão contida na Lei nº 9.096/95, que, agora, não pode mais ser suprimida pelo legislador infraconstitucional.

Por seu turno, o § 8º do art. 17 da CF/88 passou a estabelecer uma quantidade mínima de recursos financeiros e de tempo de rádio e televisão que os partidos políticos devem destinar às campanhas das candidatas mulheres. Esses recursos devem ser de no mínimo 30% do tempo de propaganda gratuita (no rádio e na televisão) e do montante do Fundo Partidário e do Fundo Especial de Financiamento de Campanha que couberem ao partido. Esse valor será maior (portanto, superior ao mínimo), conforme for maior a quantidade de candidaturas de mulheres (as quais, conforme veremos abaixo, também é de no mínimo 30%).

É importante registrar que essa regra incluída pela EC 117/2022 teve o cuidado de preservar a **autonomia partidária**, pois, apesar de ter fixado uma quantidade mínima de recursos a serem aplicados nas candidaturas de mulheres, deixou os partidos livres para, de acordo com critérios internos próprios, definirem como esse mínimo de recursos será distribuído entre as suas candidatas mulheres.

Para esclarecer o contexto em que foi promulgada e EC 117/2022, é necessário fazer alguns comentários sobre o cenário jurídico (tanto das normas positivadas quanto da jurisprudência) que a antecedeu.

A regra do § 8º do art. 17 da CF/88, incluído pela EC 117/2022, tem íntima relação com a chamada **cota de gênero** nas campanhas eleitorais, a qual se encontra prevista no art. 10, § 3º, da Lei nº 9.504/97.

Segundo essa disposição legal, nas eleições proporcionais, os partidos políticos e as coligações partidárias devem observar, no preenchimento das candidaturas, o mínimo de 30% (trinta por cento) e o máximo de 70% (setenta por cento) das vagas para cada sexo. Em outras palavras: no registro das candidaturas, deve haver, no quantitativo de candidatos, o mínimo de 30% de mulheres e o máximo de 70% de homens ou vice-versa (o mínimo de 30% de homens e o máximo de 70% de mulheres).

Veja o teor do dispositivo:

> "**Art. 10, § 3º, Lei 9.504/97.** Do número de vagas resultante das regras previstas neste artigo, cada partido ou coligação preencherá o mínimo de 30% (trinta por cento) e o máximo de 70% (setenta por cento) para candidaturas de cada sexo."

Após a criação dessa regra contida na Lei 9.504/97, e em descompasso com ela, foi editada a Lei nº 13.165/15, que, em seu art. 9º, exigiu que os partidos políticos destinassem, para o financiamento das campanhas eleitorais de candidaturas de mulheres, no mínimo 5% (cinco por cento) e no máximo 15% (quinze por cento) do total de recursos do Fundo Partidário que lhes coubessem.

Como se pode perceber, o descompasso entre essa disposição e a cota de gênero estabelecida no art. 10, § 3º, da Lei 9.504/97 consistiu no fato de que esta última havia estabelecido uma reserva 30% das candidaturas para as mulheres, enquanto o art. 9º da Lei 13.165/15 reservou para o custeio dessas mesmas candidaturas apenas 5% a 15% do montante do Fundo Partidário pertencente ao respectivo partido político.

Veja o teor desse dispositivo:

> "**Art. 9º, Lei 13.165/15.** Nas três eleições que se seguirem à publicação desta Lei, os partidos reservarão, em contas bancárias específicas para este fim, no mínimo 5% (cinco por cento) e no máximo 15% (quinze por cento) do montante do Fundo Partidário destinado ao financiamento das campanhas eleitorais para aplicação nas campanhas de suas candidatas, incluídos nesse valor os recursos a que se refere o inciso V do art. 44 da Lei nº 9.096, de 19 de setembro de 1995."

Por conta do descompasso com a cota de gênero, a Lei 13.165/15 teve sua constitucionalidade questionada no Supremo Tribunal Federal pela Procuradoria-Geral da República, que alegou que a efetiva participação das mulheres na vida política só seria possível se fosse acompanhada de uma destinação de recursos que lhe fosse proporcional. Nessa linha argumentativa, segundo a PGR, sem que fossem acompanhadas de recursos de mesma proporção, as ações afirmativas de inclusão das mulheres na política (como a cota de gênero) não teriam condições de atingir a finalidade para a qual foram criadas.

Seguindo a linha de pensamento da PGR, o STF, na **ADI 5617** (j. 15/03/2018), fundamentando-se no **princípio da isonomia**, decidiu dar **interpretação conforme à Constituição ao art. 9º da Lei nº 13.165/2015**, de modo a equiparar o patamar legal mínimo de candidaturas femininas (que hoje é o do art. 10, § 3º, da Lei nº 9.504/97, que exige o mínimo de 30% de mulheres) ao mínimo de recursos do Fundo Partidário a lhes serem destinados. Assim, segundo estabeleceu o Supremo Tribunal Federal, tanto nas eleições majoritárias quanto nas proporcionais, cada partido político deveria destinar o mínimo de 30% dos recursos do Fundo Partidário que lhe couberem para financiar as suas candidaturas femininas. Além disso, a Corte fixou que, havendo percentual de candidaturas femininas superior a 30%, o mínimo de recursos do partido destinados a financiar essas candidaturas deveria ser majorado na mesma proporção.

Na mesma ocasião, o STF reconheceu outra inconstitucionalidade no art. 9º da Lei nº 13.165/2015, mais precisamente, quanto ao prazo de vigência da regra que estabeleceu a destinação mínima de recursos para o financiamento de candidaturas femininas.

Como assim?

Esse dispositivo previa que a regra de destinação mínima de recursos partidários para as campanhas de mulheres perduraria por apenas três eleições. Por outro lado, a cota de gênero foi prevista no art. 10, § 3º, da Lei 9.504/97 sem limitação temporal, o que levou o STF a julgar inconstitucional a limitação temporal prevista no art. 9º da Lei 13.165/15 e a decidir que a reserva de recursos estabelecida nesse dispositivo também deveria ter duração indeterminada.

Isso porque, segundo o STF, o percentual mínimo de recursos para as campanhas de mulheres deveria seguir a mesma regra do art. 10, § 3º, da Lei nº 9.504/97 (no mínimo, 30%), de modo que, não havendo fixação de prazo de duração nesse dispositivo, também não poderia ser fixado prazo para que a regra do art. 9º da Lei 13.165/15 tivesse aplicação.

É importante registrar, também, que, apesar de a decisão do STF ter versado apenas sobre o Fundo Partidário, o **TSE** firmou entendimento no sentido de que o Fundo Especial de Financiamento de Campanha (FEFC) deveria seguir o mesmo raciocínio.

Segundo o **TSE**, *"embora circunscrito o objeto da ADI 5617 à distribuição dos recursos partidários que veio a ser fixada por meio da Lei nº 13.165/2015, os fundamentos então esposados transcendem o decidido naquela hipótese, considerada, em especial, a premissa de que "a igualdade entre homens e mulheres exige não apenas que as mulheres tenham garantidas iguais oportunidades, mas também que sejam elas empoderadas por um ambiente que lhes permita alcançar a igualdade de resultados". Aplicável, sem dúvida, a mesma diretriz hermenêutica; "ubi eadem ratio ibi idem jus", vale dizer, onde* *houver o mesmo fundamento, haverá o mesmo direito. (...) Se a distribuição do Fundo Partidário deve resguardar a efetividade do disposto no art. 10, § 3º, da Lei nº 9.504/97, no sentido de viabilizar o percentual mínimo de 30% de candidaturas por gênero, consoante decidiu a Suprema Corte ao julgamento da ADI 5617, com maior razão a aplicação dos recursos do Fundo Especial de Financiamento de Campanha (FEFC) - cuja vocação é, exclusivamente, o custeio das eleições - há de seguir a mesma diretriz"* **(Consulta nº 060025218, Acórdão de 22/05/2018, Rel. Min. Rosa Weber).**

Nesse mesmo precedente, o Tribunal Superior Eleitoral afirmou que a cota de gênero deveria ser observada também na distribuição do tempo de propaganda eleitoral entre os candidatos. Segundo a Corte, a inexistência de regra expressa que impusesse a observância dos patamares mínimos previstos no art. 10, § 3º, da Lei nº 9.504/97 na distribuição do tempo de propaganda eleitoral no rádio e na televisão não era um impeditivo à realização de interpretação constitucional que concluísse pela aplicação dos percentuais previstos em tal dispositivo também na distribuição desse tempo entre os candidatos do partido.

Nas exatas palavras do TSE, *"aplica-se, no ponto, a mesma ratio decidendi adotada pela Suprema Corte na ADI 5617, com prevalência ao direito à dignidade da pessoa humana (art. 1º, III, da CF) e à igualdade de gênero (art. 5º, caput, da CF)"*.

A partir de tudo isso, é possível perceber que o § 8º do art. 17 da CF/88, incluído pela EC 117/2022, **confirmou (positivando em sede constitucional) as diretrizes já estabelecidas na jurisprudência do STF e do TSE** quanto à distribuição do tempo de rádio e televisão e dos recursos do Fundo Especial de Financiamento de Campanha e do Fundo Partidário às candidaturas femininas.

A obrigação da destinação do percentual mínimo de 30% não exige, porém (conforme já registrado anteriormente), uma distribuição igualitária entre cada candidata, uma vez que a distribuição dos recursos deve observar os critérios definidos internamente por cada partido político (pelos respectivos órgãos de direção e pelas normas estatutárias), ficando respeitada, assim, a autonomia partidária.

Por fim, é importante registrar que, além de ter alterado expressamente o texto constitucional, a EC 117/2022 possui disposições não incorporadas ao texto da CF/88. Trata-se dos seus artigos 2º e 3º.

Esses dispositivos consistem, grosso modo, em regras que **anistiaram o descumprimento, pelos partidos políticos, da jurisprudência e das disposições infraconstitucionais anteriores à EC 117/22** que já determinavam a aplicação de recursos mínimos no financiamento de campanhas de candidatas mulheres (art. 9º da Lei 13.165/15 e ADI 5617) e nos programas de incentivo da participação das mulheres na vida político-partidária do País (art. 44, V, da Lei 9.096/96).

Porém, esses mesmos dispositivos (mais precisamente, o art. 2º) determinaram que os recursos que deixaram de ser aplicados antes da EC 117/22 passaram a dever ser aplicados nas eleições subsequentes.

Confira o teor dessas disposições:

> "**Art. 2º, EC 117/22.** Aos partidos políticos que não tenham utilizado os recursos destinados aos programas de promoção e difusão da participação política das mulheres ou cujos valores destinados a essa finalidade não tenham sido reconhecidos pela Justiça Eleitoral é assegurada a utilização desses valores nas

> eleições subsequentes, vedada a condenação pela Justiça Eleitoral nos processos de prestação de contas de exercícios financeiros anteriores que ainda não tenham transitado em julgado até a data de promulgação desta Emenda Constitucional.
>
> **Art. 3º, EC 117/22.** Não serão aplicadas sanções de qualquer natureza, inclusive de devolução de valores, multa ou suspensão do fundo partidário, aos partidos que não preencheram a cota mínima de recursos ou que não destinaram os valores mínimos em razão de sexo e raça em eleições ocorridas antes da promulgação desta Emenda Constitucional."

Trata-se, como se vê, de regras editadas com a finalidade de regularizar a situação dos partidos que não vinham cumprindo as determinações da legislação e das decisões do STF e do TSE.

■ A FIDELIDADE PARTIDÁRIA

O art. 17, § 1º, da CF/88 estabelece que os partidos políticos têm autonomia para se organizar, *"devendo seus estatutos estabelecer normas de **disciplina e fidelidade partidária**"*.

Como se pode perceber, o tema da disciplina e fidelidade partidária deve ser tratado no estatuto do próprio partido político, não sendo matéria cuja regulamentação cabe à lei. Em outras palavras, não cabe ao legislador definir as situações em que fica caracterizado um ato de indisciplina ou de infidelidade de algum filiado de partido político, mas sim à própria agremiação, por meio do seu estatuto.

Isso não significa, no entanto, que a legislação não possa trazer nenhuma disposição atinente a essa questão, o que, inclusive, é feito pela Lei 9.096/95, em seus arts. 23 a 26. Esses dispositivos, no entanto, em consonância com o art. 17, § 1º, da CF/88, estabelecem apenas que a verificação do cumprimento dos deveres partidários deve se dar nos termos definidos no estatuto do partido, respeitado o devido processo legal, e que a atuação dos Parlamentares nas Casas Legislativas deve se pautar pelos princípios e diretrizes estabelecidos pela própria agremiação política.

Ou seja, o que a Lei 9.096/95 diz, em relação à disciplina e fidelidade partidária, é tão somente que esse tema será tratado nos estatutos dos partidos políticos e que as disposições estatutárias a esse respeito devem ser cumpridas pelos filiados das agremiações. As normas legais, portanto, respeitam a autonomia partidária para regulamentar a questão.

Confira o teor dos arts. 23 a 26 da Lei dos Partidos Políticos:

> "**Art. 23, Lei 9.096/95.** A responsabilidade por violação dos deveres partidários deve ser apurada e punida pelo competente órgão, na conformidade do que disponha o estatuto de cada partido.
>
> **§ 1º** Filiado algum pode sofrer medida disciplinar ou punição por conduta que não esteja tipificada no estatuto do partido político.
>
> **§ 2º** Ao acusado é assegurado amplo direito de defesa.
>
> **Art. 24, Lei 9.096/95.** Na Casa Legislativa, o integrante da bancada de partido deve subordinar sua ação parlamentar aos princípios doutrinários e

programáticos e às diretrizes estabelecidas pelos órgãos de direção partidários, na forma do estatuto.

Art. 25, Lei 9.096/95. O estatuto do partido poderá estabelecer, além das medidas disciplinares básicas de caráter partidário, normas sobre penalidades, inclusive com desligamento temporário da bancada, suspensão do direito de voto nas reuniões internas ou perda de todas as prerrogativas, cargos e funções que exerça em decorrência da representação e da proporção partidária, na respectiva Casa Legislativa, ao parlamentar que se opuser, pela atitude ou pelo voto, às diretrizes legitimamente estabelecidas pelos órgãos partidários.

Art. 26, Lei 9.096/95. Perde automaticamente a função ou cargo que exerça, na respectiva Casa Legislativa, em virtude da proporção partidária, o parlamentar que deixar o partido sob cuja legenda tenha sido eleito."

Esse tema já foi cobrado em prova. Por exemplo, no concurso para o cargo de Procurador do Estado de São Paulo realizado pela VUNESP em 2018, foi considerada incorreta a assertiva segundo a qual *"os partidos políticos não podem estabelecer normas de disciplina e fidelidade partidária, assim como são proibidos de receber recursos financeiros de entidade ou governo estrangeiros ou de subordinação a estes"*. Embora os partidos políticos realmente não possam receber recursos financeiros de entidade ou governo estrangeiros nem tampouco a eles se subordinar, eles têm, conforme vimos, autonomia para tratar de disciplina e fidelidade partidária em seus estatutos.

▶ Fidelidade partidária e disciplina partidária são expressões sinônimas?

Pela literalidade do art. 17, § 1º, da Constituição Federal e dos arts. 23 a 26 da Lei 9.096/95, pode parecer que fidelidade partidária e disciplina partidária são a mesma coisa. E durante muito tempo essas expressões foram encaradas como sinônimas, não se fazendo distinção entre elas, por se vislumbrar que ambas diriam respeito a questões internas dos partidos políticos nas relações com seus filiados.

Isso, no entanto, mudou quando o TSE, em 2007, apresentou resposta à Consulta nº 1.398, na qual se questionou se o partido político (ou a coligação) teria direito de manter a vaga obtida em eleição pelo sistema proporcional quando o seu candidato eleito cancelasse sua filiação ou a transferisse para outro partido.

Nessa oportunidade, a Corte Eleitoral estabeleceu que a ideia de fidelidade não se limita às relações internas entre o partido político e seus filiados, mas, sim, projeta-se para o mundo exterior, dizendo respeito, também e especialmente, às relações entre o candidato eleito e os seus eleitores (nas quais o papel do partido político é de tão somente servir de intermediador). Isso porque o eleitor, ao escolher determinado candidato, leva em conta, dentre outros aspectos, a legenda à qual ele é filiado, de modo que eventual cancelamento da filiação do candidato eleito ou mesmo a sua transferência para outra legenda afeta a confiança nele depositada através do voto.

A partir disso, é possível visualizar a seguinte diferenciação entre disciplina partidária e fidelidade partidária:

I) A **disciplina partidária** diz respeito tão somente às relações entre o partido político e os seus filiados (são questões *interna corporis*), e eventual sanção aplicada pela legenda a algum filiado em virtude de ato de indisciplina não acarreta a perda do mandato que o filiado apenado esteja exercendo, ainda que se trate de uma sanção disciplinar de expulsão. A disciplina partidária, portanto, é um instituto de **direito privado**.

II) A **fidelidade partidária**, por sua vez, diz respeito não apenas às relações entre o partido político e os seus filiados, mas também entre estes e os eleitores, que, ao escolherem os seus candidatos, escolhem também os partidos aos quais eles pertencem. Assim, o candidato eleito deve se manter fiel ao partido pelo qual concorreu, como uma forma de respeitar a vontade popular manifestada através dos votos recebidos. E, se houver a prática de infidelidade partidária (com o cancelamento da filiação ou a sua transferência para outra legenda), a consequência será a **perda do mandato**. Tendo em vista que a fidelidade partidária não diz respeito somente às relações (internas) travadas dentro do partido político, mas também ao próprio processo eleitoral (notadamente, às relações entre os candidatos e seus eleitores), conclui-se que se trata de um instituto de **direito público**.

▶ A exigência de fidelidade partidária se aplica tanto às eleições proporcionais quanto às eleições majoritárias?

Inicialmente, o TSE entendeu que o instituto da infidelidade partidária deveria ser aplicado tanto a eleições proporcionais quanto a eleições majoritárias. Porém, o Supremo Tribunal Federal, ao julgar a **ADI 5081**, entendeu que apenas se aplica a eleições proporcionais, de modo que, quando se trata de cargo conquistado em pleito submetido ao sistema majoritário, eventual cancelamento da filiação do eleito ou a sua transferência para outro partido não acarreta a perda do mandato.

A razão desse entendimento e da distinção de tratamento entre as eleições proporcionais e majoritárias é o fato de que, no sistema proporcional, o protagonismo é do partido político (que tem direito a tantas vagas quantas forem conquistadas de acordo com o número de votos recebidos), enquanto, no sistema majoritário, o protagonista passa a ser o candidato, e não a legenda à qual pertence. Por isso, se, por um lado, no pleito proporcional, o candidato eleito que deixa o partido político pelo qual se elegeu frustra a vontade dos eleitores, por outro lado, no pleito majoritário, a vontade do eleitorado fica frustrada se a simples saída do candidato eleito da legenda pela qual concorreu acarretar a perda do mandato por ele conquistado.

Nas palavras do Tribunal, *"as características do sistema proporcional, com sua* ***ênfase nos votos obtidos pelos partidos****, tornam a fidelidade partidária importante para garantir que as opções políticas feitas pelo eleitor no momento da eleição sejam minimamente preservadas. Daí a legitimidade de se decretar a perda do mandato do candidato que abandona a legenda pela qual se elegeu. (...) O sistema majoritário, adotado para a eleição de presidente, governador, prefeito e senador, tem lógica e dinâmica diversas da do sistema proporcional.* ***As características do sistema majoritário, com sua ênfase na figura do candidato, fazem com que a perda do mandato, no caso de mudança de partido, frustre a vontade do eleitor e vulnere a soberania popular*** *(CF, art. 1º, parágrafo único; e art. 14, caput)"* **(ADI 5081, julgada em 27/05/2015, Pleno, Rel. Min. Roberto Barroso).**

▶ Situações em que o abandono do partido pelo candidato eleito não caracteriza infidelidade partidária

Há casos em que, mesmo que o candidato eleito deixe o partido pelo qual concorreu, não fica caracterizada uma infidelidade partidária e, consequentemente, o mandato conquistado não é perdido.

As hipóteses em que o abandono do partido pelo candidato eleito não caracteriza infidelidade partidária e, portanto, não acarreta a perda do mandato são aquelas em que há **justa causa** para a saída do indivíduo de sua agremiação política. Essas hipóteses foram inicialmente elencadas na Resolução 22.610/07 do TSE, mas, atualmente, encontram-se disciplinadas e previstas no art. 22-A da Lei 9.096/95 (introduzido pela Lei 13.165/15) e nos §§ 5º e 6º do art. 17 da CF/88 (introduzidos, respectivamente, pelas ECs 97/2017 e 111/2021).

Segundo esses dispositivos, há justa causa para a desfiliação partidária e, portanto, não ocorre a perda do mandato nos seguintes casos:

I) Quando o programa partidário sofre reiterados desvios ou é substancialmente modificado (art. 22-A, p. único, I, Lei 9.0906/95). Nesse caso, o candidato eleito se vê diante de uma desvirtuação do partido pelo qual concorreu, o que justifica a sua desfiliação.

II) Quando o candidato eleito sofre grave discriminação política pessoal (art. 22-A, p. único, II, Lei 9.0906/95).

III) Quando a desfiliação ocorre para que o candidato já eleito mude de partido nos trinta dias que antecedem o prazo de filiação partidária para concorrer às eleições (majoritárias ou proporcionais) que se realizarão ao término do seu mandato em curso (art. 22-A, p. único, III, Lei 9.0906/95). Esse prazo mínimo de filiação partidária exigido como condição para concorrer a eleições é de seis meses, conforme estabelece o art. 9º, *caput*, da Lei 9.504/97 (Lei das Eleições). Ou seja, o candidato já eleito que, com o intuito de disputar as eleições seguintes, muda de partido nos trinta dias que antecedem esses seis meses mínimos de filiação partidária não perde o mandato por infidelidade partidária.

IV) Quando o partido político não atingiu as exigências constitucionais mínimas para ter acesso a recursos do fundo partidário e ao tempo gratuito de rádio e televisão. Nesse caso, o candidato eleito por esse partido pode migrar para outro partido sem perder seu mandato (art. 17, § 5º, CF/88). Essa hipótese de desfiliação partidária sem perda do mandato não é rotulada como justa causa pelo texto constitucional, mas não há razão para deixá-la de fora dessa categoria, já que ela impede que a desfiliação de um partido político caracterize infidelidade partidária.

V) Quando partido político de origem (isto é, o partido do qual o candidato pretende se desfiliar) concorda com a desfiliação (art. 17, § 6º, CF/88).

> "**Art. 22-A, Lei 9.096/95.** Perderá o mandato o detentor de cargo eletivo que se desfiliar, sem justa causa, do partido pelo qual foi eleito.

Parágrafo único. Consideram-se justa causa para a desfiliação partidária somente as seguintes hipóteses:

I - mudança substancial ou desvio reiterado do programa partidário;

II - grave discriminação política pessoal; e

III - mudança de partido efetuada durante o período de trinta dias que antecede o prazo de filiação exigido em lei para concorrer à eleição, majoritária ou proporcional, ao término do mandato vigente."

*"**Art. 9º, Lei 9.504/97**.* Para concorrer às eleições, o candidato deverá possuir domicílio eleitoral na respectiva circunscrição pelo prazo de seis meses e estar com a filiação deferida pelo partido no mesmo prazo.

Parágrafo único. Havendo fusão ou incorporação de partidos após o prazo estipulado no *caput*, será considerada, para efeito de filiação partidária, a data de filiação do candidato ao partido de origem."

*"**Art. 17, § 5º, CF/88.*** Ao eleito por partido que não preencher os requisitos previstos no § 3º deste artigo é assegurado o mandato e facultada a filiação, sem perda do mandato, a outro partido que os tenha atingido, não sendo essa filiação considerada para fins de distribuição dos recursos do fundo partidário e de acesso gratuito ao tempo de rádio e de televisão."

*"**Art. 17, § 6º, CF/88.*** Os Deputados Federais, os Deputados Estaduais, os Deputados Distritais e os Vereadores que se desligarem do partido pelo qual tenham sido eleitos perderão o mandato, salvo nos casos de anuência do partido ou de outras hipóteses de justa causa estabelecidas em lei, não computada, em qualquer caso, a migração de partido para fins de distribuição de recursos do fundo partidário ou de outros fundos públicos e de acesso gratuito ao rádio e à televisão."

Por fim, há um detalhe muito importante sobre o afastamento da infidelidade partidária e da perda do mandato quando caracterizada uma hipótese de justa causa. Segundo o Supremo Tribunal Federal, embora a justa causa para a desfiliação partidária assegure ao candidato eleito a sua manutenção no cargo, o direito de suplência continua sendo do partido político de origem, isto é, da legenda pela qual o mandato foi conquistado originariamente. Logo, se, por qualquer motivo, o Parlamentar que se desfiliou da agremiação pela qual concorreu deixar o cargo eletivo, o suplente que ocupará a vaga será do partido de origem, e não do partido para o qual tenha migrado o desfiliado.

Nas exatas palavras da Corte, "*o reconhecimento da justa causa para transferência de partido político afasta a perda do mandato eletivo por infidelidade partidária. Contudo, ela não transfere ao novo partido o direito de sucessão à vaga*" **(MS 27.938, Rel. Min. Joaquim Barbosa, j. 11/03/2010)**.

Além disso, segundo estabelece o art. 17, § 6º, da CF/88, uma vez ocorrida a desfiliação partidária por justa causa, seja qual for a hipótese, a migração de partido político não poderá ser considerada para fins de distribuição de recursos do fundo partidário (ou de outros fundos públicos) nem para fins de definição do tempo gratuito de rádio e televisão que caberá a cada partido. A mesma regra encontra-se prevista no art. 17, § 5º, da CF/88, de modo que o candidato eleito que migra de partido político porque o seu partido de origem não atendeu as exigências constitucionais para ter acesso ao fundo partidário e ao tempo gratuito de rádio e televisão não afeta o cálculo das parcelas desses recursos que cabem a cada partido.

Portanto, o fato de um partido político perder, por justa causa, um candidato eleito não faz com que sejam reduzidos os seus recursos do fundo partidário ou o seu tempo gratuito de rádio e televisão. E, da mesma forma, o partido que vier a receber em seus quadros esse candidato não terá direito, por conta desse fato, a uma maior quantidade de recursos do fundo partidário ou a um maior tempo gratuito de rádio e televisão.

É importante registrar, também, que o art. 17, § 6º, da CF/88 (incluído pela EC 111/2021), além de estabelecer uma nova hipótese de justa causa para a desfiliação partidária, teve a função de, ao se referir apenas a Deputados (Federais, Estaduais e Distritais) e a Vereadores, deixar expresso no texto constitucional que o instituto da infidelidade partidária apenas se aplica a cargos conquistados pelo **sistema eleitoral proporcional**, o que, embora já fosse o entendimento tranquilo do STF e do TSE, não se encontrava previsto explicitamente na CF/88.

Por fim, merece menção o fato de que, mesmo antes da EC 111/2021, o TSE já possuía entendimento no sentido de não caracterizar infidelidade partidária o desligamento do partido por candidato eleito pelo sistema proporcional quando o partido de origem concordasse com a desfiliação. Podem ser citados como exemplos os seguintes precedentes:

> "(...) A jurisprudência desta Corte é firme no sentido de que a concordância da agremiação partidária com o desligamento do filiado é apta a permitir a desfiliação sem prejuízo do mandato eletivo. (Pet nº 0601117-75, rel. Min. Rosa Weber, DJe de 17.4.2018). (...)" **(Recurso Especial Eleitoral nº 060015033, Acórdão de 10/09/2019, Relator designado Min. Alexandre de Moraes)**
>
> "(...) Em recurso especial eleitoral com agravo, o Ministro Relator manteve o entendimento firmado para as eleições de 2016 no sentido de que "a concordância da agremiação partidária com o desligamento do filiado é apta a permitir a desfiliação sem prejuízo do mandato eletivo" (AgR–Pet nº 0601117–75/PE, Rel. Min. Rosa Weber, j. em 20.02.2018). Precedentes. (...)" **(Agravo Regimental em Agravo de Instrumento nº 060018590, Acórdão de 13/05/2021, Relator designado Min. Luís Roberto Barroso)**
>
> "(...) Conforme entendimento fixado pelo TSE para os processos relativos às eleições de 2016, "a carta de anuência do partido político constitui justa causa para a desfiliação partidária sem perda de mandato eletivo". Precedentes. (...)" **(Agravo Regimental em Agravo de Instrumento nº 060013212, Acórdão de 03/09/2020, Relator(a) Min. Alexandre de Moraes)**

▶ O procedimento para a aplicação da perda do mandato em caso de infidelidade partidária

A perda do mandato decorrente de infidelidade partidária encontra-se disciplinada na Resolução 22.610/07 do TSE (posteriormente alterada pela Resolução 22.733/08), segundo a qual, a decretação da perda do cargo eletivo nesse caso se dá por meio de procedimento judicial de competência do TSE ou de um TRE, conforme o caso.

Essa resolução teve sua constitucionalidade questionada perante o STF, sob o argumento de que a Corte Eleitoral teria exorbitado do seu poder regulamentar, ao usurpar as atribuições dos Poderes Legislativo e Executivo para dispor sobre matéria eleitoral (que deveria ser disciplinada por lei) e ao invadir o campo de atuação da lei complementar, tendo em vista que, segundo o art. 121, *caput*, da CF/88, as competências dos órgãos jurisdicionais eleitorais devem ser definidas por lei complementar, e não por resolução do TSE.

Mas o Supremo Tribunal Federal, nas **ADIs 3.999 e 4.086**, reconheceu a constitucionalidade da norma. Segundo decidiu a Corte nessas ações, *"o STF, por ocasião do julgamento dos MS 26.602, MS 26.603 e MS 26.604, reconheceu a existência do dever constitucional de observância do princípio da fidelidade partidária. (...) Não faria sentido a Corte reconhecer a existência de um direito constitucional sem prever um instrumento para assegurá-lo. As resoluções impugnadas surgem em contexto excepcional e transitório, tão-somente como mecanismos para salvaguardar a observância da fidelidade partidária enquanto o Poder Legislativo, órgão legitimado para resolver as tensões típicas da matéria, não se pronunciar. (...) São constitucionais as Resoluções 22.610/2007 e 22.733/2008 do Tribunal Superior Eleitoral"*.

Enfim, nos termos da resolução em questão, a perda do cargo decorrente de infidelidade partidária se dá no bojo de um **procedimento judicial** ao fim do qual, caso julgado procedente, será decretada a perda do mandato, com a comunicação da decisão ao Presidente da respectiva Casa Legislativa, para que emposse o suplente no prazo de 10 (dez) dias.

O pedido de decretação da perda do cargo deve ser apresentado pelo próprio partido político interessado, tendo ele o prazo de 30 (trinta) dias contados da desfiliação para fazer isso. Expirado esse prazo, nos 30 (trinta) dias subsequentes, qualquer pessoa juridicamente interessada e o Ministério Público Eleitoral passam a poder requerer a decretação da perda do mandato.

A competência para apreciar o pedido será do TSE ou de um TRE, a depender do caso. Quando envolver mandato federal, a competência será do TSE, e, nas demais hipóteses, a competência será dos TREs respectivos.

Importante registrar que essa mesma resolução prevê a possibilidade de o candidato eleito que se desfiliou de sua legenda (ou que dela pretenda se desfiliar) instaurar um procedimento de justificação de sua desfiliação para que se declare a existência de justa causa e, com isso, evite-se a perda do mandato conquistado.

12

Ordem Econômica e Social

O tema da ordem econômica e social é bastante extenso, pois engloba um longo trecho da CF/88. Por isso, considerando a finalidade desta obra (o estudo para concursos), não serão abordados todos os seus detalhes, mas apenas aspectos gerais, além do estudo dos direitos à educação e à saúde em tópicos específicos, por conta do maior destaque que recebem nas provas.

Essa estratégia parece ser a melhor também porque, muitas vezes, as questões de provas, ao questionarem sobre a ordem econômica e social, cobram simplesmente a literalidade da Constituição, e, para isso, não há necessidade do auxílio de um livro, pois a leitura do texto constitucional (que não pode deixar de ser feita) é suficiente.

A ordem econômica e a ordem social têm estreita ligação com o modelo de Estado adotado. Assim, conforme seja adotado um modelo de Estado liberal, um modelo de Estado de bem-estar social ou um modelo de Estado neoliberal, a ordem econômica e social será mais ou menos densa e profunda.

Nesse contexto, se o Estado adota um modelo liberal, que é o Estado da abstenção, da ausência, do não fazer, é o Estado que deixa as relações sociais e econômicas livres, na "mão invisível do mercado" (expressão de Adam Smith), não há razão para se disciplinar pormenorizadamente a ordem econômica e a ordem social, pois as questões que lhes digam respeito receberão pouca ou nenhuma regulação estatal.

Já em um Estado de bem-estar social (como é o caso da CF/88), passa a ser necessário disciplinar de forma mais robusta a ordem econômica e a ordem social, porque esse modelo de Estado não é ausente, ele se apresenta nas relações sociais e econômicas para promover a igualdade entre as pessoas, para prover serviços (como educação, saúde etc.). Cuida-se do Estado que intervém na economia para que a economia funcione na direção de determinados objetivos pré-estabelecidos na Constituição e gere a riqueza necessária para o atingimento desses objetivos.

Finalmente, no modelo de Estado neoliberal (que abandona o bem-estar social e retorna aos ideais do liberalismo), a ordem econômica e social retrocede, ela deixa de ser pormenorizada na Constituição.

Portanto, há uma ampla vinculação entre o modelo de Estado adotado e as ordens econômica e social. Em outras palavras, para se saber qual é o modelo de Estado adotado por uma Constituição, basta analisar o tratamento que ela dá à ordem econômica e social.

APLICABILIDADE DOS DIREITOS ECONÔMICOS E SOCIAIS E A RESERVA DO POSSÍVEL

Antes de iniciarmos efetivamente o estudo das ordens econômica e social, é importante fazer uma rápida abordagem sobre a aplicabilidade dos direitos econômicos e sociais.

Esses direitos fundamentais são ligados a prestações positivas do Estado, são **direitos prestacionais.**

A aplicabilidade desse tipo de direitos fundamentais enfrenta dificuldades adicionais para sua concretização, porque direitos a prestações: I) estão vinculados a uma incidência maior de normas programáticas; II) estão vinculados à necessidade de políticas públicas mais complexas para sua implementação (exige medidas de caráter normativo e material); e III) finalmente, exigem, para sua concretização, um dispêndio de recursos financeiros e humanos mais significativo. Direitos prestacionais, portanto, apresentam essas peculiaridades.

Diante disso, há na doutrina autores que entendem que direitos fundamentais vinculados a prestações positivas (direitos econômicos e direitos sociais) são aplicáveis na medida do possível e do razoável, à luz da **teoria da reserva do possível**. Isso significa dizer que esse tipo de direito é aplicável até o limite dos recursos disponíveis, das possibilidades orçamentárias e financeiras do Estado. Trata-se, portanto, de uma aplicabilidade diferente da que se verifica nos direitos civis e políticos clássicos.

A teoria da reserva do possível tem sido muito cobrada em provas de concursos, sendo importante seu estudo, especialmente na preparação para provas de Advocacia Pública, tendo em vista que se trata de **um dos principais argumentos de defesa do Estado em demandas judiciais que envolvem direitos prestacionais.**

Essa teoria tem origem em precedentes do início da década de 1970 da Corte Constitucional Alemã, especialmente, em uma decisão que analisou o limite de vagas nas universidades públicas da Alemanha. Nesse caso, a Corte Constitucional Alemã decidiu no sentido de que o direito a uma prestação positiva (mais precisamente, o oferecimento de mais vagas nas universidades públicas) sujeitava-se à reserva do possível, só sendo cabível ao cidadão exigir do Estado aquilo que fosse racionalmente razoável supor que o Estado pudesse cumprir ou prestar. Em outras palavras: segundo se decidiu, não é razoável que o cidadão possa exigir do Estado tudo que quiser, é razoável exigir apenas aquilo que o Estado pode prestar, à luz da sua capacidade ou possibilidade, inclusive, do ponto de vista orçamentário e financeiro.

Quando se fala na reserva do possível, há três dimensões que devem ser consideradas, de acordo com Ingo Sarlet:

1) **Possibilidade fática:** consiste na disponibilidade de recursos necessários à satisfação das prestações de direitos sociais e econômicos. Ou seja, é necessário que haja recursos (financeiros e humanos) para satisfazer as prestações requeridas, não se podendo obrigar o Estado a fazer algo que ele não tem condições de fazer. Por exemplo, em relação ao direito à moradia, seria viável exigir do Estado que construísse uma casa para cada pessoa? Seria viável que o Judiciário exigisse do Estado que construísse uma casa para a pessoa que o requeresse judicialmente? Não. E isso se deve ao que se chama

de **universalização da prestação** (que decorre do princípio da isonomia): se uma pessoa tem direito a determinada prestação, todas as outras que se encontrarem na mesma situação também terão esse direito. Portanto, quando se fala em necessidade de haver recursos para essa prestação, refere-se à existência de recursos para cumprir a prestação para todas as demais pessoas que estejam na mesma situação, de modo que, se não se pode universalizar a prestação, não se pode exigi-la do Estado. A verdade, porém, é que esse argumento tem mais aplicação teórica do que prática, pois, como sabemos, no caso concreto, mediante a ponderação dos interesses em conflito, é muito complicado (e improvável) um magistrado negar, por exemplo, um caro tratamento de saúde a uma pessoa que esteja morrendo, sob o argumento de que o Estado não pode universalizar tal prestação.

2) **Possibilidade Jurídica:** essa dimensão envolve (I) a existência de autorização orçamentária para cobrir as despesas e (II) a análise das competências federativas. Essa dimensão da reserva do possível tem íntima relação com o princípio da legalidade, pois, segundo esse princípio, a Administração apenas pode fazer o que a lei (em sentido amplo) autoriza. Nessa linha de raciocínio, é necessário ter em mente que o orçamento é uma lei, de modo que, não havendo previsão orçamentária para a despesa, o poder público fica juridicamente impossibilitado de realizá-la. Importante esclarecer, a esse respeito, que a inexistência de verbas no orçamento não pode ser um impedimento absoluto para a efetivação de direitos sociais, principalmente, quando se vê que não há verba suficiente porque não foram destinadas as quantias adequadas. Porém, quando foram destinados valores razoáveis no orçamento, pode-se invocar a falta de verbas orçamentárias como fundamento de defesa para que o Estado não seja compelido a cumprir a prestação pela qual é demandado. Além disso, na dimensão da possibilidade jurídica da prestação, deve-se analisar, também, qual é o ente federativo competente para atender a demanda, pois apenas dele pode ser exigida a efetivação do direito social reclamado, o que também, evidentemente, tem relação com o princípio da legalidade.

3) **Razoabilidade da exigência e proporcionalidade da prestação:** nessa dimensão, indaga-se se é razoável exigir do Estado determinada prestação e se a prestação é proporcional, tendo em vista as várias demandas que o Estado tem de atender. Em outras palavras, o que essa dimensão da reserva do possível diz é que, se há demandas com maior prioridade, não se pode exigir que o Estado cumpra outras menos urgentes.

Em resumo, a teoria da reserva do possível diz que, ao se exigir do Estado a implementação de direitos sociais e econômicos, é necessário que o faça respeitando as possibilidades fáticas e jurídicas, bem como a razoabilidade e proporcionalidade.

A teoria da reserva do possível, no entanto, não pode ser um subterfúgio para o Estado nada fazer ou mesmo fraudar a implementação de direitos fundamentais ou para que o Estado retroceda nas conquistas já alcançadas. A reserva do possível há de respeitar, por exemplo, o denominado **mínimo existencial**, ou seja, ainda que as capacidades do Estado em termos orçamentários e financeiros sejam limitadas, isso não pode ser uma desculpa para deixar de prover, no que diz respeito aos direitos econômicos e sociais, o chamado mínimo existencial, que é o mínimo que o cidadão precisa para ter a sua dignidade (minimamente) respeitada.

O mínimo existencial, na nossa Constituição, pode ser extraído de alguns dispositivos, dentre os quais, destaca-se, em primeiro lugar, a proteção à dignidade da pessoa humana, que é um dos fundamentos do nosso Estado Democrático de Direito, conforme o art. 1º, III, da CF/88, de modo que o Estado tem o dever de prover o cidadão do mínimo necessário para uma existência digna.

Em segundo lugar, também é possível encontrar fundamento para o mínimo existencial nos objetivos fundamentais da nossa República, previstos no art. 3º da CF/88, todos eles ligados ao mínimo existencial, da seguinte forma: para que a República consiga cumprir seus objetivos fundamentais, é necessário que seja assegurado o mínimo indispensável para se respeitar a dignidade das pessoas.

> "**Art. 1º, CF/88.** A República Federativa do Brasil, formada pela união indissolúvel dos Estados e Municípios e do Distrito Federal, constitui-se em Estado Democrático de Direito e tem como fundamentos:
>
> I - a soberania;
>
> II - a cidadania;
>
> III - a dignidade da pessoa humana;
>
> IV - os valores sociais do trabalho e da livre iniciativa;
>
> V - o pluralismo político.
>
> **Parágrafo único.** Todo o poder emana do povo, que o exerce por meio de representantes eleitos ou diretamente, nos termos desta Constituição."
>
> "**Art. 3º, CF/88.** Constituem objetivos fundamentais da República Federativa do Brasil:
>
> I - construir uma sociedade livre, justa e solidária;
>
> II - garantir o desenvolvimento nacional;
>
> III - erradicar a pobreza e a marginalização e reduzir as desigualdades sociais e regionais;
>
> IV - promover o bem de todos, sem preconceitos de origem, raça, sexo, cor, idade e quaisquer outras formas de discriminação."

Da mesma forma, **a previsão constitucional do salário mínimo**, dispondo que ele deve ser capaz de atender às necessidades vitais básicas do trabalhador e de sua família com moradia, alimentação, vestuário, saúde, previdência social etc. (art. 7º, IV, CF/88) **tem ligação com o mínimo existencial**. Como o salário mínimo é (ou ao menos deveria ser) a renda minimamente necessária para o trabalhador prover as necessidades básicas suas e de sua família, ele carrega consigo a ideia de mínimo existencial.

Há, então, na CF/88, a previsão do mínimo existencial, devendo esse mínimo ser atendido. Nesse sentido, a ideia de que o Estado não pode prover tudo, tendo um limite, uma reserva do possível (já que suas capacidades são limitadas, e não ilimitadas) não pode ser oposta à obrigação de assegurar o mínimo existencial, que é o mínimo necessário à existência digna. Por conta disso, o Estado, ao definir as políticas públicas e os direitos sociais que irá implementar, deve nortear suas escolhas pelo mínimo existencial.

E tudo isso é afirmado pela jurisprudência do STF, sendo de extrema importância a leitura das seguintes ementas para enriquecer a compreensão do tema:

> "Não se mostrará lícito, no entanto, ao Poder Público, em tal hipótese - mediante indevida manipulação de sua atividade financeira e/ou político-administrativa - criar obstáculo artificial que revele o ilegítimo, arbitrário e censurável propósito de fraudar, de frustrar e de inviabilizar o estabelecimento e a preservação, em favor da pessoa e dos cidadãos, de **condições materiais mínimas de existência**. (...) Cumpre advertir, desse modo, que **a cláusula da reserva do possível - ressalvada a ocorrência de justo motivo objetivamente aferível - não pode ser invocada, pelo Estado, com a finalidade de exonerar-se do cumprimento de suas obrigações constitucionais**, notadamente quando, dessa conduta governamental negativa, puder resultar nulificação ou, até mesmo, aniquilação de direitos constitucionais impregnados de um sentido de essencial fundamentalidade. (...)"
>
> **(ADPF 45 MC, Rel. Min. Celso de Mello, decisão monocrática de 29/04/2004)**
>
> "(...) **A QUESTÃO DA RESERVA DO POSSÍVEL: RECONHECIMENTO DE SUA INAPLICABILIDADE, SEMPRE QUE A INVOCAÇÃO DESSA CLÁUSULA PUDER COMPROMETER O NÚCLEO BÁSICO QUE QUALIFICA O MÍNIMO EXISTENCIAL** (RTJ 200/191-197) – O PAPEL DO PODER JUDICIÁRIO NA IMPLEMENTAÇÃO DE POLÍTICAS PÚBLICAS INSTITUÍDAS PELA CONSTITUIÇÃO E NÃO EFETIVADAS PELO PODER PÚBLICO – A FÓRMULA DA RESERVA DO POSSÍVEL NA PERSPECTIVA DA TEORIA DOS CUSTOS DOS DIREITOS: **IMPOSSIBILIDADE DE SUA INVOCAÇÃO PARA LEGITIMAR O INJUSTO INADIMPLEMENTO DE DEVERES ESTATAIS DE PRESTAÇÃO CONSTITUCIONALMENTE IMPOSTOS AO PODER PÚBLICO** (...)
>
> **(ARE 745745 AgR; Órgão julgador: Segunda Turma; Relator(a): Min. CELSO DE MELLO; Julgamento: 02/12/2014)**
>
> "(...) **PRINCÍPIOS DA SEPARAÇÃO DOS PODERES E DA RESERVA DO POSSÍVEL. VIOLAÇÃO. INOCORRÊNCIA.** (...) 2. A controvérsia objeto destes autos – possibilidade, ou não, de o Poder Judiciário determinar ao Poder Executivo a adoção de providências administrativas visando a melhoria da qualidade da prestação do serviço de saúde por hospital da rede pública – foi submetida à apreciação do Pleno do Supremo Tribunal Federal na SL 47-AgR, Relator o Ministro Gilmar Mendes, DJ de 30.4.10. 3. Naquele julgamento, **esta Corte, ponderando os princípios do "mínimo existencial" e da "reserva do possível", decidiu que, em se tratando de direito à saúde, a intervenção judicial é possível em hipóteses como a dos autos**, nas quais o Poder Judiciário não está inovando na ordem jurídica, mas apenas determinando que o Poder Executivo cumpra políticas públicas previamente estabelecidas. (...)
>
> **(RE 642536 AgR/AP; Relator(a): Min. LUIZ FUX; Julgamento: 05/02/2013; Órgão julgador: Primeira Turma)**
>
> "(...) **A CONTROVÉRSIA PERTINENTE À "RESERVA DO POSSÍVEL" E A INTANGIBILIDADE DO MÍNIMO EXISTENCIAL: A QUESTÃO DAS "ESCOLHAS TRÁGICAS"**. - A destinação de recursos públicos, sempre tão dramaticamente escassos, faz instaurar situações de conflito (...) compelindo, o Poder Público, em face dessa relação dilemática, causada pela insuficiência de disponibilidade financeira e orçamentária, a proceder a **verdadeiras "escolhas trágicas", em decisão governamental cujo parâmetro, fundado na dignidade da pessoa humana, deverá ter em perspectiva a intangibilidade do mínimo existencial**, em ordem a conferir real efetividade às normas programáticas positivadas na própria Lei Fundamental. Magistério da doutrina. - **A cláusula da reserva do possível**

- que não pode ser invocada, pelo Poder Público, com o propósito de fraudar, de frustrar e de inviabilizar a implementação de políticas públicas definidas na própria Constituição - encontra insuperável limitação na garantia constitucional do mínimo existencial, que representa, no contexto de nosso ordenamento positivo, emanação direta do postulado da essencial dignidade da pessoa humana. Doutrina. Precedentes. - **A noção de "mínimo existencial", que resulta, por implicitude, de determinados preceitos constitucionais (CF, art. 1º, III, e art. 3º, III)**, compreende um complexo de prerrogativas cuja concretização revela-se capaz de garantir condições adequadas de existência digna, em ordem a assegurar, à pessoa, acesso efetivo ao direito geral de liberdade e, também, a prestações positivas originárias do Estado, viabilizadoras da plena fruição de direitos sociais básicos, tais como o direito à educação, o direito à proteção integral da criança e do adolescente, o direito à saúde, o direito à assistência social, o direito à moradia, o direito à alimentação e o direito à segurança. Declaração Universal dos Direitos da Pessoa Humana, de 1948 (Artigo XXV). **A PROIBIÇÃO DO RETROCESSO SOCIAL COMO OBSTÁCULO CONSTITUCIONAL À FRUSTRAÇÃO E AO INADIMPLEMENTO, PELO PODER PÚBLICO, DE DIREITOS PRESTACIONAIS.** - O princípio da proibição do retrocesso impede, em tema de direitos fundamentais de caráter social, que sejam desconstituídas as conquistas já alcançadas pelo cidadão ou pela formação social em que ele vive. - A cláusula que veda o retrocesso em matéria de direitos a prestações positivas do Estado (como o direito à educação, o direito à saúde ou o direito à segurança pública, v.g.) traduz, no processo de efetivação desses direitos fundamentais individuais ou coletivos, obstáculo a que os níveis de concretização de tais prerrogativas, uma vez atingidos, venham a ser ulteriormente reduzidos ou suprimidos pelo Estado. Doutrina. **Em conseqüência desse princípio, o Estado, após haver reconhecido os direitos prestacionais, assume o dever não só de torná-los efetivos**, mas, também, se obriga, sob pena de transgressão ao texto constitucional, a preservá-los, abstendo-se de frustrar - mediante supressão total ou parcial - os direitos sociais já concretizados. (...)

(ARE 639337 AgR/SP; Relator(a): Min. CELSO DE MELLO; Julgamento: 23/08/2011; Órgão julgador: Segunda Turma)

Portanto, no Brasil, embora se reconheça que o Estado, desde que demonstre de forma objetiva e séria a sua incapacidade, não pode ser obrigado a atender tudo que dele é demandado, **ele (o Estado) deve assegurar ao menos o mínimo existencial, ao qual, segundo o STF, não pode ser oposta a cláusula da reserva do possível**, a qual também não pode ser invocada para se tentar justificar o retrocesso de direitos fundamentais.

Inclusive, mesmo as normas programáticas têm como um de seus efeitos a eficácia impeditiva do retrocesso social, de modo que elas não podem ser frustradas com fundamento na reserva do possível quando essa frustração caracterizar um retrocesso vedado. Em outras palavras, o princípio da vedação do retrocesso (ou efeito *cliquet*) também é um obstáculo à alegação da reserva do possível, ainda que decorra de uma norma programática.

Há, portanto, duas limitações intransponíveis à alegação da reserva do possível como justificativa para deixar de implementar direitos constitucionalmente assegurados:

I) O mínimo existencial; e

II) A vedação de retrocesso.

Mas há um detalhe muito importante nas decisões do STF transcritas acima que não pode passar despercebido: apesar das limitações impostas à alegação da reserva do possível pelo poder público, isso não significa que ela será sempre rejeitada pelo Judiciário. O próprio Supremo Tribunal Federal deixou claro, na ADPF 45 MC, que o julgador, ao apreciar uma pretensão a alguma prestação deduzida em face do Estado, deve observar a *"ocorrência de justo motivo objetivamente aferível"*, ou seja, a Fazenda Pública pode alegar a reserva do possível para deixar de atender alguma demanda, desde que demonstre seriamente e de maneira objetiva a impossibilidade de atendê-la e que não haja violação ao mínimo existencial e à vedação de retrocesso.

Essa linha de raciocínio quer dizer o seguinte: a reserva do possível é uma **matéria de defesa do Estado**, e, se é uma matéria de defesa do Estado, o ônus de provar que realmente não há como cumprir a prestação requerida é do próprio Estado, que, ao invocar essa teoria, deve demonstrar de forma objetiva a impossibilidade de cumprimento da prestação. Ou seja, não basta uma mera alegação genérica de inviabilidade de atendimento da pretensão, sendo necessário que o poder público demonstre, de forma objetiva e cabal, sua incapacidade de atender à demanda. Caso contrário, será condenado ao implemento da prestação.

Em resumo, a reserva do possível é reconhecida, mas não pode justificar a omissão total nas prestações relativas aos direitos sociais e econômicos, sendo devido ao menos o necessário ao cumprimento do mínimo existencial. Igualmente, a reserva do possível não pode justificar o retrocesso dos direitos fundamentais alcançados, por conta da vedação do retrocesso.

Esse tema é enfrentado na prática em diversas situações relativas a direitos sociais e econômicos, como saúde, educação, segurança pública etc. E, nesse contexto, se houver violação a direitos fundamentais, em especial, ao mínimo existencial ou à proibição de retrocesso, o Poder Judiciário pode determinar a implementação de políticas públicas pelo Poder Executivo, sem que isso caracterize qualquer ofensa à separação de Poderes. Nesse caso, segundo o Supremo Tribunal Federal, o que se tem é o mero restabelecimento da legalidade, e não uma invasão indevida na esfera de atribuição de outro Poder.

Isso porque, considerando que o art. 5º, XXXV, da CF/88, ao prever a inafastabilidade da jurisdição, estabelece que *"a lei não excluirá da apreciação do Poder Judiciário lesão ou ameaça a direito"*, fica claro que, segundo a CF/88, o papel do Poder Judiciário no nosso ordenamento jurídico é restabelecer e proteger direitos, de modo que, quando uma decisão judicial, por vislumbrar que direitos fundamentais estão sendo violados, determina que o Poder Executivo implemente determinada política pública, não há aí uma invasão do Judiciário na esfera de atribuições do Executivo. O que há, nesse caso, é simplesmente o Poder Judiciário desempenhando as funções que a CF/88 diz expressamente que são suas.

Porém, evidentemente, o Poder Judiciário não pode, alegando estar cumprindo a sua função constitucional de restabelecer e proteger direitos, intrometer-se no próprio conteúdo de uma política pública e definir os seus detalhes, pois isso diz respeito ao mérito administrativo, que é campo de atuação exclusiva do Poder Executivo. Caso o Judiciário, ao realizar o controle de uma política pública, invada o campo de definição do seu conteúdo, haverá, aí sim, violação à separação dos Poderes.

Portanto, ao controlar uma política pública a cargo do Poder Executivo, o que o Poder Judiciário pode fazer sem violar a separação dos Poderes é definir os objetivos que essa política pública deve atingir e os direitos fundamentais que ela deve atender. No entanto, não pode o Judiciário estabelecer a política pública específica que deve ser implementada pelo Poder Executivo nem como essa implementação ocorrerá, pois essas questões estão inseridas no mérito da Administração Pública, que, como vimos, é campo de atuação exclusiva do Poder Executivo.

Tudo isso, inclusive, já foi dito expressamente pelo Supremo Tribunal Federal.

Por exemplo, no **Tema de Repercussão Geral nº 698** (RE 684612, j. 03/07/2023), envolvendo políticas públicas de saúde, o STF decidiu que, caso haja violação a direitos fundamentais, o Judiciário pode controlar os atos do Poder Executivo, mas, por conta da separação dos Poderes, deve se limitar a apontar os objetivos a serem atingidos pela Administração Pública na implementação das suas políticas públicas, não podendo a intervenção judicial tratar do conteúdo delas. Nesse julgamento, o STF até chegou a indicar soluções para os problemas de saúde pública que estavam sendo apreciados, mas essas soluções foram apenas sugestões dadas pela Corte em caráter exemplificativo, e não ordens direcionadas ao Poder Executivo.

A **tese de repercussão geral** fixada pelo STF nesse julgamento foi a seguinte:

> "1. A intervenção do Poder Judiciário em políticas públicas voltadas à realização de direitos fundamentais, **em caso de ausência ou deficiência grave do serviço, não viola o princípio da separação dos poderes.**
>
> 2. A decisão judicial, como regra, **em lugar de determinar medidas pontuais, deve apontar as finalidades a serem alcançadas** e determinar à Administração Pública que apresente um plano e/ou os meios adequados para alcançar o resultado.
>
> 3. No caso de serviços de saúde, o déficit de profissionais pode ser suprido por concurso público ou, por exemplo, pelo remanejamento de recursos humanos e pela contratação de organizações sociais (OS) e organizações da sociedade civil de interesse público (OSCIP)." **(Tema de Repercussão Geral nº 698)**

Portanto, havendo norma constitucional que assegure determinado direito reclamado judicialmente, é possível a implementação de políticas públicas por intermédio de decisão judicial quando o Estado, sob a alegação da reserva do possível, viola direitos fundamentais, notadamente, quando há violação ao mínimo existencial ou à vedação de retrocesso. A esse respeito, veja, por exemplo, a seguinte decisão do STF:

> "DIREITO CONSTITUCIONAL E ADMINISTRATIVO. **IMPLEMENTAÇÃO DE POLÍTICAS PÚBLICAS. (...) VIOLAÇÃO AO PRINCÍPIO DA SEPARAÇÃO DOS PODERES. INOCORRÊNCIA. (...)** 1. O entendimento adotado pela Corte de origem (...) não diverge da jurisprudência firmada no âmbito deste Supremo Tribunal Federal, no sentido de que **o Poder Judiciário, em situações excepcionais, pode determinar que a Administração Pública adote medidas assecuratórias de direitos constitucionalmente reconhecidos como essenciais, sem que isso configure violação do princípio da separação de Poderes**. (...)"
>
> **(ARE 886710 AgR, Rel. Min. ROSA WEBER, 1ª T, j. em 03/11/2015).** Vide ainda no STF, por exemplo: ADPF 45 MC; STA 175 AgR; AI 598212 ED; RE 581352 AgR; RE 763667 AgR; RE 642536 AgR; ARE 639337 AgR; STA 223 AgR; RE 410715 AgR; ARE 761127 AgR; ARE 894085 AgR; RE 684612 RG.

No entanto, é importante repetir que, conforme decidido pelo próprio STF no Tema de Repercussão Geral nº 698, a determinação judicial de implementação de políticas públicas não pode invadir o mérito administrativo, sob pena de violação à separação dos Poderes.

Por fim, é interessante registrar que, em 2021, foi editada a **Lei 14.181**, que incluiu no Código de Defesa do Consumidor disposições contendo a disciplina legal a respeito de situações de **superendividamento nas relações de consumo.** Essa lei estabeleceu que uma pessoa em situação de superendividamento é aquela que não consegue saldar a totalidade das suas dívidas sem comprometer o seu mínimo existencial.

O Presidente da República, regulamentando essa lei, editou o **Decreto 11.150/22** (posteriormente alterado pelo Decreto 11.567/23), nele definindo o valor que deve ser considerado como mínimo existencial para fins de quitação das dívidas das pessoas enquadradas em situação de superendividamento nas **relações de consumo** (essa norma, portanto, refere-se a **dívidas de consumo**). Segundo esse decreto, o mínimo existencial, para essa finalidade, é a **renda mensal no valor de R$ 600,00 (seiscentos reais)**. Nos exatos termos do seu art. 3º, *caput*, *"no âmbito da prevenção, do tratamento e da conciliação administrativa ou judicial das situações de superendividamento,* ***considera-se mínimo existencial a renda mensal do consumidor pessoa natural equivalente a R$ 600,00 (seiscentos reais)****"*.

Portanto, há atualmente no Brasil uma **definição legal de mínimo existencial**, aplicável às situações de superendividamento nas relações de consumo, que é a **renda mensal no valor de R$ 600,00 (seiscentos reais)**.

■ DOUTRINA CHENERY

Apesar de o Supremo Tribunal Federal possuir o entendimento pacificado de que é possível decisão judicial determinar a implementação de direitos constitucionalmente assegurados (notadamente, quando há desrespeito ao mínimo existencial), é importante registrar que o Poder Judiciário não pode se intrometer na definição de políticas públicas adotadas pela Administração sob o fundamento de inadequação do critério técnico adotado. Isso é o que preceitua a chamada **Doutrina Chenery** ("Chenery doctrine"), originada na Suprema Corte dos Estados Unidos, mais precisamente, no caso **SEC *vs.* Chenery Corp.**

Segundo essa doutrina, diante de determinada escolha política feita pelo poder público, o Judiciário não pode substituir o Administrador na definição do melhor critério técnico a ser utilizado como norte nem tampouco na avaliação do acerto desse critério, sob pena de ofensa à separação dos Poderes, mesmo porque o Poder Judiciário não possui a expertise necessária para fazer análises técnicas.

A doutrina Chenery foi utilizada pelo **Superior Tribunal de Justiça** no julgamento do **AgInt no AgInt na SLS 2240**, no qual entendeu não ser dado ao Poder Judiciário interferir e invalidar a estipulação de tarifas de transporte público urbano, especialmente, nos casos em que o poder público esclarece terem sido utilizados critérios técnicos para a definição de tais valores. Nesse julgado, a Corte afirmou expressamente que as decisões políticas da Administração apenas podem ser invalidadas se estiverem eivadas de alguma ilegalidade, não sendo possível essa invalidação se fundamentar em razões técnicas.

O acórdão desse caso ficou ementado assim:

> (...) DETERMINAÇÃO GOVERNAMENTAL QUE DEVE SER PRESTIGIADA TAMBÉM PARA MITIGAR A PROBLEMÁTICA DO DÉFICIT DEMOCRÁTICO DO PODER JUDICIÁRIO. **CONSIDERAÇÕES SOBRE A DOUTRINA CHENERY. DIFICULDADE DE O JUDICIÁRIO CONCLUIR SE UMA ESCOLHA CUJA MOTIVAÇÃO É ALEGADAMENTE POLÍTICA SERIA CONCRETIZADA CASO A ADMINISTRAÇÃO EMPREGASSE SOMENTE METODOLOGIA TÉCNICA. IMPOSSIBILIDADE DE AS ESCOLHAS POLÍTICAS DOS ÓRGÃOS GOVERNAMENTAIS SEREM INVALIDADAS PELO JUDICIÁRIO, CASO NÃO SEJAM REVESTIDAS DE RECONHECIDA ILEGALIDADE.** (...)
>
> 5. A interferência judicial para invalidar a estipulação das tarifas de transporte público urbano viola gravemente a ordem pública. **A legalidade estrita orienta que, até prova definitiva em contrário, prevalece a presunção de legitimidade do ato administrativo praticado pelo Poder Público** (STF, RE n.º 75.567/SP, Rel. Min. DJACI FALCÃO, Primeira Turma, julgado em 20/11/1973, DJ de 19/4/1974, v.g.) - **mormente em hipóteses como a presente, em que houve o esclarecimento da Fazenda estadual de que a metodologia adotada para fixação dos preços era técnica.**
>
> (...)
>
> 8. (...) Dessa forma, **o ato administrativo editado pelo Estado de São Paulo deve ser prestigiado também para mitigar a problemática do déficit democrático do Poder Judiciário.**
>
> 9. Eventual intento político da medida não poderia ensejar a invalidação dos critérios tarifários adotados, tout court. Conforme leciona Richard A. Posner, o Poder Judiciário esbarra na dificuldade de concluir se um ato administrativo cuja motivação alegadamente política seria concretizado, ou não, caso o órgão público tivesse se valido tão somente de metodologia técnica. De qualquer forma, essa discussão seria inócua, pois, **segundo a doutrina Chenery - a qual reconheceu o caráter político da atuação da Administração Pública dos Estados Unidos da América -, as cortes judiciais estão impedidas de adotarem fundamentos diversos daqueles que o Poder Executivo abraçaria, notadamente nas questões técnicas e complexas, em que os tribunais não têm a expertise para concluir se os critérios adotados pela Administração são corretos** (Economic Analysis of Law. Fifth Edition. New York: Aspen Law and Business, 1996, p. 671). Portanto, **as escolhas políticas dos órgãos governamentais, desde que não sejam revestidas de reconhecida ilegalidade, não podem ser invalidadas pelo Poder Judiciário.**
>
> (...)
>
> **(AgInt no AgInt na SLS 2240/SP; Relator(a): Ministra LAURITA VAZ; Órgão Julgador: CORTE ESPECIAL; Data do Julgamento: 07/06/2017)**

É interessante notar que, na jurisprudência, é comum que a Doutrina Chenery (ou pelo menos a linha de pensamento por trás dela) seja aplicada sem que o tribunal diga expressamente que a está aplicando.

É o que ocorre, por exemplo, quando o Poder Judiciário deixa de controlar atos editados por agências reguladoras invocando como fundamento o fato de que essas entidades possuem **discricionariedade técnica**, na qual não pode haver intromissão judicial, sob pena de ficar caracterizada uma ofensa à separação dos Poderes.

No âmbito do Supremo Tribunal Federal isso já aconteceu, por exemplo, na **ADI 4679** (j. 08/11/2017) e no **RE 1.059.819** (Tema de Repercussão Geral nº 991, j. 21/02/2022).

Na **ADI 4679**, houve a impugnação de disposições da Lei 12.485/2011 que estabeleceram regras para a prestação do serviço de televisão por assinatura, e o Supremo Tribunal Federal decidiu ser incabível a intervenção judicial no caso, em virtude de as normas atacadas envolverem **critérios técnicos** estabelecidos pelo legislador, enquanto o controle realizado pelo Poder Judiciário deve ter caráter jurídico.

Nas palavras da Corte, *"a revisão judicial de marcos regulatórios editados pelo legislador requer uma **postura de autocontenção** em respeito tanto à investidura popular que caracteriza o Poder Legislativo quanto à **complexidade técnica** inerente aos temas a que o Poder Judiciário é chamado a analisar pela ótica estrita da **validade jurídica**"*.

Como vimos, o respeito à atuação técnica do Poder Público é o pressuposto básico da Doutrina Chenery, e essa foi a linha seguida nesse precedente.

Já no **RE 1.059.819** (Tema de Repercussão Geral nº 991), o debate envolveu a validade ou não de cláusula de contrato de concessão de serviço público (no caso, o serviço de telefonia) firmado entre agência reguladora e empresa prestadora do serviço que, dentro dos limites permitidos pela lei de regência (a Lei 9.472/97), autoriza o reajuste das tarifas cobradas dos usuários em percentual superior à inflação.

Seguido a linha de pensamento adotada na ADI 4679 (que, inclusive, foi mencionada pelos Ministros no julgamento), o STF decidiu que é indevida a intervenção do Judiciário no caso, pois a agência reguladora (a ANATEL) agiu de acordo com o que é permitido pelo art. 19 da Lei 9.472/97 (que atribui à entidade reguladora a função de revisar tarifas e homologar reajustes), além de o reajuste aprovado não ter extrapolado os limites legais. Dessa forma, como o ato questionado foi praticado dentro dos limites permitidos em lei, não pode sofrer controle judicial, já que este se limita a questões de validade jurídica, não podendo analisar o acerto técnico do ato da Administração, sob pena de ofensa à separação dos Poderes.

Nos termos da tese fixada nesse julgamento, *"afronta o princípio da separação dos poderes a anulação judicial de cláusula de contrato de concessão firmado por agência reguladora e prestadora de serviço de telefonia que, em observância aos marcos regulatórios estabelecidos pelo Legislador, autoriza a incidência de reajuste de alguns itens tarifários em percentual superior ao do índice inflacionário fixado, quando este não é superado pela média ponderada de todos os itens"*.

Como se pode perceber, mais uma vez o STF decidiu ser vedado ao Judiciário se intrometer em decisões técnicas dos demais Poderes, o que, como vimos, é a "alma" da Doutrina Chenery.

■ DOUTRINA CHEVRON

Outra importante tese doutrinária que se debruça sobre a questão da interferência judicial na tomada de decisões pela Administração Pública é a **Doutrina Chevron** ("Chevron doctrine"), que também teve origem em um precedente da Suprema Corte dos Estados Unidos, mais precisamente, no caso **Chevron U.S.A., Inc. *Vs.* Natural Resources Defense Council, Inc.**

Essa doutrina, que tem aplicação predominante em casos que envolvem o controle judicial de atos de agências reguladoras, também é chamada de Doutrina da Deferência Administrativa ou Doutrina da Deferência Judicial ("judicial deference doctrine"), pois ela estabelece que o Poder Judiciário deve mostrar deferência à interpretação dada à lei pela Administração no desempenho de suas atribuições e na definição de suas políticas públicas.

Segundo a Doutrina Chevron, o Judiciário não deve interferir nas decisões tomadas pela Administração simplesmente por considerar que o Poder Público não tomou a melhor decisão possível. O que se exige do Administrador é, tão somente, que a sua interpretação e a sua decisão sejam fundamentadas e apresentem razoabilidade quando analisadas à luz do disposto no ordenamento jurídico. Como se percebe, essa doutrina defende uma postura de deferência (isto é, de respeito) do Poder Judiciário em relação às decisões tomadas pelo Poder Executivo.

Mas como é feita essa análise no caso concreto? Como o Judiciário sabe se deve respeitar a decisão da Administração ou não?

Segundo a Doutrina Chevron, o controle jurisdicional dos atos e decisões da Administração Pública deve compreender duas etapas.

Na **primeira etapa**, o Judiciário verifica se a norma em que se fundamenta o Administrador para a sua tomada de decisão realmente dava liberdade (abertura) para que fosse interpretada, como ocorre em caso de ambiguidade do seu texto ou de emprego de um conceito indeterminado. Caso a norma não proporcione margem de liberdade para a atuação da Administração, o ato administrativo controlado deve ser considerado inválido já nessa etapa inicial, se for incompatível com a previsão normativa.

Porém, se a norma der margem de liberdade para a tomada da decisão administrativa, passa-se à **segunda etapa** do controle judicial, na qual, o que se analisa é se a decisão tomada pela Administração foi uma decisão razoável. Caso a decisão tenha sido razoável, o Poder Judiciário, em uma postura de deferência, deve se abster de interferir, mantendo válido o ato administrativo. Por outro lado, se a decisão da Administração não tiver sido razoável (isto é, se não se adequar razoavelmente ao conteúdo da norma que fundamentou o ato e ao ordenamento jurídico como um todo), ela deverá ser invalidada judicialmente.

Em outras palavras, segundo a Doutrina Chevron, se o Administrador tinha liberdade conferida pela norma para tomar a sua decisão e essa decisão, ainda que não tenha sido a melhor possível, foi razoável, não cabe ao Judiciário interferir na questão para dar a sua própria interpretação da lei. Ele (o Judiciário) deve, na verdade, adotar uma postura de deferência em relação à Administração.

No Brasil, essa doutrina já foi aplicada pelo Supremo Tribunal Federal, o que aconteceu na **ADI 4874** (julgada em 01/02/2018), na qual a Corte analisou a validade de uma resolução da ANVISA que proibiu a importação e a comercialização de produtos derivados do tabaco que contivessem determinados aditivos.

Ao rejeitar o pedido de declaração de inconstitucionalidade do ato normativo editado pela ANVISA, o STF, aplicando a Doutrina Chevron, esclareceu que, "*definidos na legislação de regência as políticas a serem perseguidas, os objetivos a serem implementados e os objetos de tutela, **ainda que ausente pronunciamento direto, preciso e não ambíguo do legislador** sobre as medidas específicas a adotar, não cabe ao Poder Judiciário, no exercício do controle jurisdicional da exegese conferida por uma Agência ao seu próprio estatuto legal, simplesmente substituí-la pela sua própria interpretação da lei. **Deferência da jurisdição constitucional à interpretação empreendida pelo ente administrativo acerca do diploma definidor das suas próprias competências e atribuições, desde que a solução a que chegou a agência seja devidamente fundamentada e tenha lastro em uma***

interpretação da lei razoável e compatível com a Constituição. Aplicação da doutrina da deferência administrativa (Chevron U.S.A. v. Natural Res. Def. Council)".

A Doutrina Chevron já foi cobrada em prova, como ocorreu na fase discursiva do concurso para o cargo de Promotor de Justiça Adjunto do MPDFT realizado em 2021.

É interessante perceber que, assim como vimos em relação à Doutrina Chenery, também é comum que a Doutrina Chevron (ou pelo menos o raciocínio por trás dela) seja aplicada na jurisprudência sem que o tribunal diga expressamente que a está aplicando. E os mesmos exemplos mencionados em relação à Doutrina Chenery podem ser citados aqui para ilustrar essa constatação: a **ADI 4679** (j. 08/11/2017) e o **RE 1.059.819** (Tema de Repercussão Geral nº 991, j. 21/02/2022).

Mas, antes de prosseguir, é importante notar que o motivo de ser possível usar os mesmos exemplos para demonstrar que a jurisprudência aplica tanto a Doutrina Chenery quanto a Doutrina Chevron é o fato de que essas doutrinas possuem o mesmo núcleo essencial, qual seja, a máxima segundo a qual **o Judiciário deve respeitar o âmbito de liberdade dado pela lei ao administrador**. Esse é o cerne do que estabelecem essas doutrinas.

Agora, passemos a analisar rapidamente os dois precedentes mencionados.

Na **ADI 4679**, o STF decidiu que *"a revisão judicial de marcos regulatórios editados pelo legislador requer uma **postura de autocontenção** em respeito tanto à investidura popular que caracteriza o Poder Legislativo quanto à complexidade técnica inerente aos temas a que o Poder Judiciário é chamado a analisar pela ótica estrita da validade jurídica"*.

Nesse caso, a Corte afirmou claramente que, não havendo nenhuma ilegalidade praticada, o Judiciário deve se conter e respeitar a decisão do Poder Público. E é exatamente isso que estabelece a Doutrina Chevron, que diz que, tendo a decisão do administrador sido tomada dentro da margem de liberdade dada pela lei e sendo ela razoável, é incabível o controle judicial.

Já no **RE 1.059.819** (Tema de Repercussão Geral nº 991), o STF decidiu que o Poder Judiciário não pode invalidar cláusula de contrato de concessão de serviço público (no caso, o serviço de telefonia) firmado entre agência reguladora e empresa prestadora do serviço que, dentro dos limites permitidos pela lei de regência (a Lei 9.472/97), autoriza o reajuste das tarifas cobradas dos usuários em percentual superior à inflação.

Nos termos da tese fixada nesse julgamento, *"afronta o princípio da separação dos poderes a anulação judicial de cláusula de contrato de concessão firmado por agência reguladora e prestadora de serviço de telefonia que, em observância aos marcos regulatórios estabelecidos pelo Legislador, autoriza a incidência de reajuste de alguns itens tarifários em percentual superior ao do índice inflacionário fixado, quando este não é superado pela média ponderada de todos os itens"*.

Novamente, o STF decidiu que o Judiciário deve respeitar os atos do Poder Público que tenham sido praticados dentro da margem de liberdade dada pelo ordenamento jurídico, tal qual estabelece a Doutrina Chevron.

■ TEORIA DAS "ESCOLHAS TRÁGICAS"

A teoria das "escolhas trágicas" está intimamente relacionada com a teoria da reserva do possível, havendo, até mesmo, quem as identifique como sinônimas.

Segundo essa teoria, por conta da escassez dos recursos públicos e da consequente impossibilidade de o Estado atender todas as demandas que lhe são apresentadas, é inevitável que, na definição das políticas públicas e dos direitos sociais a serem implementados, ao se eleger uma determinada necessidade da coletividade, outra fique desatendida. É a perfeita aplicação da famosa metáfora do "cobertor curto".

Nessa linha de raciocínio, toda escolha feita pelo Estado na definição das suas políticas públicas será trágica, pois toda ela, inevitavelmente, deixará alguma outra necessidade "descoberta". Ou seja, ao estabelecer os direitos que serão atendidos, o poder público abre mão de atender outros.

E a ideia por trás das "escolhas trágicas" tem total relação com a reserva do possível, justamente porque, como vimos, a teoria da reserva do possível também tem como pano de fundo a impossibilidade de o Estado atender todos os direitos que lhe são reclamados, por conta da limitação dos seus recursos ou mesmo por conta de obstáculos jurídicos.

Essa correlação entre as "escolhas trágicas" e a reserva do possível, inclusive, fica clara na jurisprudência do Supremo Tribunal Federal, sendo possível citar como exemplo o julgamento do ARE 639.337, no qual, o Tribunal afirmou que *"a destinação de recursos públicos, sempre tão dramaticamente escassos, faz instaurar situações de conflito, quer com a execução de políticas públicas definidas no texto constitucional, quer, também, com a própria implementação de direitos sociais assegurados pela Constituição da República, daí resultando contextos de antagonismo que impõem, ao Estado, o encargo de superá-los mediante opções por determinados valores, em detrimento de outros igualmente relevantes, compelindo o Poder Público, em face dessa relação dilemática, causada pela insuficiência de disponibilidade financeira e orçamentária, a proceder a verdadeiras* ***"escolhas trágicas"****, em decisão governamental cujo parâmetro, fundado na dignidade da pessoa humana, deverá ter em perspectiva a intangibilidade do mínimo existencial"*.

ORDEM ECONÔMICA

A ordem econômica encontra-se disciplinada nos arts. 170 a 192 da CF/88, que integram a chamada **Constituição Econômica**.

O que é a Constituição Econômica? Ela nada mais é do que o conjunto de dispositivos constitucionais que disciplinam o modelo econômico e o sistema de produção adotados pela Constituição, estabelecendo a finalidade da economia e regrando os fatores de produção e a relação entre a iniciativa pública e a iniciativa privada (isto é, a relação entre o Estado e aqueles que produzem a riqueza).

O Capítulo I do Título VII da CF/88 é dedicado aos **princípios gerais da atividade econômica**, estando os fundamentos e as finalidades da ordem econômica, bem como os seus princípios gerais, disciplinados no art. 170 da CF/88.

A leitura do art. 170 da CF/88 revela que o constituinte de 1988 tentou conciliar o capitalismo com o humanismo, tentou conciliar o capitalismo com um modelo de bem-estar social. O que ele pretendeu foi a construção de um capitalismo que não fosse predatório (ou "selvagem"), mas sim humano e social.

O art. 170 da CF/88 é muito exigido nas provas, motivo pelo qual é imprescindível a sua análise.

O *caput* do art. 170 da CF/88 deixa claro que a ordem econômica brasileira (a geração de riqueza no Brasil) tem como fundamento a valorização do trabalho humano, a livre iniciativa, a dignidade das pessoas e a justiça social, sendo, portanto, uma ordem econômica que é voltada para um capitalismo humanizado, e não para um capitalismo predatório. É possível perceber, dessa forma, que a livre iniciativa e a livre concorrência não são os únicos valores norteadores da ordem econômica, havendo nela a tutela de interesses de caráter social.

E aqui é importante retomar uma observação feita anteriormente: a forma como a ordem econômica é disciplinada na Constituição mostra qual é o modelo de Estado adotado no ordenamento jurídico. **Como assim?** É que, se os únicos valores protegidos pela ordem econômica fossem a livre iniciativa e a livre concorrência, estaríamos diante de um Estado liberal. Por outro lado, se a propriedade privada não fosse assegurada, isso seria um sinal de um regime de viés socialista e comunista. Mas, na realidade brasileira, a ordem econômica se preocupa tanto com a livre iniciativa e a livre concorrência quanto com valores ligados à dignidade humana, ao trabalho, à igualdade, o que mostra que o Estado brasileiro é um Estado de bem-estar social.

O ART. 170 DA CF/88 E OS PRINCÍPIOS DA ORDEM ECONÔMICA BRASILEIRA

O art. 170 da CF/88 estabelece os princípios da ordem econômica brasileira. Assim está redigido o dispositivo:

> "**Art. 170, CF/88.** A ordem econômica, fundada na **valorização do trabalho humano** e na **livre iniciativa**, tem por fim assegurar a todos **existência digna**, conforme os ditames da **justiça social**, observados os seguintes princípios:
>
> I - soberania nacional;
>
> II - propriedade privada;
>
> III - função social da propriedade;
>
> IV - livre concorrência;
>
> V - defesa do consumidor;
>
> VI - defesa do meio ambiente, inclusive mediante tratamento diferenciado conforme o impacto ambiental dos produtos e serviços e de seus processos de elaboração e prestação;
>
> VII - redução das desigualdades regionais e sociais;
>
> VIII - busca do pleno emprego;
>
> IX - tratamento favorecido para as empresas de pequeno porte constituídas sob as leis brasileiras e que tenham sua sede e administração no País.
>
> **Parágrafo único.** É assegurado a todos o **livre exercício de qualquer atividade econômica, independentemente de autorização de órgãos públicos**, salvo nos casos previstos em lei."

Importante notar que todos esses princípios devem ser interpretados sob o viés econômico, o que é uma obviedade, já que se trata dos princípios que regem a ordem econômica.

Nesse contexto, ao falar em soberania nacional (inciso I), o dispositivo se refere à ideia de soberania nacional econômica. Da mesma forma, quando estabelece a função social da propriedade como um dos princípios da ordem econômica (inciso III), a referência é à função social da propriedade econômica, isto é, da propriedade que gera riqueza.

Interessante notar que, ao elencar a propriedade privada como um dos princípios da ordem econômica (inciso II), o art. 170 da CF/88 deixa claro que os meios de produção de riqueza são de propriedade privada, e não de propriedade do Estado. Isso evidencia que não há no Brasil um regime socialista ou comunista. Mas, embora a propriedade seja privada, ela não se presta a gerar riqueza com o único intuito de enriquecer o seu proprietário, pois, nos termos do inciso III (princípio da função social da propriedade), a propriedade no modelo econômico brasileiro possui também uma finalidade social.

Além disso, o art. 170 da CF/88 consagra a livre concorrência como princípio da ordem econômica (inciso IV), o que mostra não ser admitida a dominação de mercados nem o estabelecimento de monopólios privados.

Esse artigo mostra, também, a especial preocupação que o ordenamento jurídico brasileiro tem com o consumidor, pois estabelece a defesa do consumidor como princípio da ordem econômica (inciso V). Portanto, o consumidor é protegido não apenas pelo art. 5º, mas também pelo art. 170 da CF/88, sendo a sua proteção imposta como um dos nortes a serem seguidos na atividade econômica.

O inciso VI do art. 170 estabelece como princípio da ordem econômica a defesa do meio ambiente, o que evidencia a busca por um desenvolvimento sustentável, já que a atividade econômica deve respeitar o meio ambiente, o que, inclusive, nos termos desse dispositivo, assegura tratamento diferenciado aos agentes econômicos, conforme os impactos ambientais de seus produtos e serviços.

O inciso VII do art. 170 estabelece como princípio da ordem econômica um dos objetivos fundamentais da República Brasileira, qual seja, a redução das desigualdades regionais e sociais (art. 3º, III, CF/88). Isso mostra a importância da atividade econômica para que um país consiga cumprir sua missão.

Ao estabelecer a busca do pleno emprego como um dos princípios da ordem econômica, o inciso VIII do art. 170 da CF/88 deixa claro que a ordem econômica deve gerar o maior número de empregos possível, o que, inclusive, é um pressuposto para que a ordem econômica cumpra seu objetivo de promover a dignidade humana (art. 170, *caput*, CF/88), além de ser indispensável para que os demais princípios elencados nesse artigo sejam atendidos, já que as pessoas dependem da criação de empregos e do exercício de suas profissões para sobreviverem dignamente.

O inciso IX do art. 170 prevê, como princípio da ordem econômica, o tratamento favorecido para as empresas de pequeno porte constituídas sob as leis brasileiras e que tenham sua sede e administração no Brasil, o que é uma medida inspirada na promoção da isonomia, na redução das desigualdades e na geração de empregos.

Por fim, o parágrafo único do art. 170 da CF/88 estabelece a livre iniciativa como princípio norteador da ordem econômica, ao assegurar "a todos o livre exercício de qualquer atividade econômica, independentemente de autorização de órgãos públicos, ***salvo nos casos previstos em lei***". Importante perceber que se trata de uma norma de eficácia contida, já que, embora confira uma ampla liberdade de exercício de atividade econômica, ressalva a possibilidade de o legislador, por meio de lei, limitar essa liberdade quando julgar que tal medida atende melhor os interesses da coletividade.

Livre iniciativa e livre concorrência

Em relação à livre iniciativa e à livre concorrência, ambas são asseguradas pelo art. 170 da CF/88, além de ser a livre iniciativa um dos fundamentos da República Brasileira (art. 1º, IV, CF/88). Elas são princípios conexos, mas diferentes. **E qual é a diferença entre elas?**

A livre iniciativa é a garantia de liberdade para dar início a uma atividade econômica, ela assegura tanto a liberdade para escolher a atividade a ser explorada quanto a liberdade para definir quais meios serão utilizados para exercer essa atividade. Já a livre concorrência é a garantia de liberdade para que os agentes econômicos compitam entre si, é a igualdade de condições para que eles concorram uns com os outros.

Perceba que a livre concorrência representa uma garantia da livre iniciativa, pois, se não houver livre concorrência, fatalmente inexistirá livre iniciativa, já que a inexistência de liberdade para competir inviabiliza a exploração da atividade econômica.

Importante notar também que a ideia de livre iniciativa deve ser entendida de maneira alinhada à ideia de livre concorrência, no seguinte sentido: assegura-se a todos liberdade de iniciativa econômica para que seja gerada uma livre concorrência, e não para que sejam estabelecidos monopólios e cartéis.

→ *Súmula Vinculante nº 49*

Sobre a livre concorrência, é de grande importância a **Súmula Vinculante 49**, segundo a qual, *"ofende o princípio da livre concorrência lei municipal que impede a instalação de estabelecimentos comerciais do mesmo ramo em determinada área"*. Esse enunciado tem origem na Súmula 646 do STF, que tem a mesma redação.

De acordo com o entendimento contido nesse enunciado vinculante, uma lei que, por exemplo, determine que não pode haver duas farmácias ou dois supermercados a menos de determinada distância um do outro ofende o princípio da livre concorrência. Inclusive, no **RE 193.749** (julgado em 04/06/1998), o STF apreciou um caso envolvendo a exigência de distanciamento mínimo entre farmácias e reconheceu a inconstitucionalidade dessa restrição, afirmando que ela consubstancia uma *"limitação geográfica que induz à concentração capitalista, em detrimento do consumidor, e implica cerceamento do exercício do princípio constitucional da livre concorrência, que é uma manifestação da liberdade de iniciativa econômica privada"*.

No entanto, o STF admite **exceções à Súmula Vinculante 49**, realizando uma ponderação entre os interesses constitucionalmente tutelados que estejam envolvidos, dentre os quais, encontram-se a livre concorrência e a livre iniciativa.

A Suprema Corte entende que, quando se justifica por questões de segurança e de proteção à saúde e ao meio ambiente, é possível haver restrição de localização de certos estabelecimentos (inclusive, com fixação de distância mínima a ser observada entre eles), como é o caso dos postos de combustíveis, que trazem alto risco à população (nesse sentido: **AgRg na Rcl 30.986**).

É importante registrar que o tema já foi cobrado em prova. Por exemplo, no concurso para o cargo de Juiz de Direito do TJ/PB realizado pelo CESPE em 2015, foi considerada **correta** a assertiva segundo a qual *"será materialmente inconstitucional,* *por ofender o princípio da livre concorrência, lei municipal que, a pretexto de realizar zoneamento urbano, estabeleça distância mínima de quinhentos metros entre uma farmácia e outra"*. Como acabamos de ver, uma norma como essa contraria o entendimento contido na Súmula Vinculante 49.

→ *A regulamentação infraconstitucional da livre iniciativa*

Importante saber que o parágrafo único do art. 170 da CF/88 (e a "Constituição Econômica" de forma geral) foi regulamentado pela **Lei nº 13.874/2019**, resultado da conversão da Medida Provisória nº 881/2019, conhecida como "MP da Liberdade Econômica". Essa lei, conforme consta de sua ementa, *"institui a Declaração de Direitos de Liberdade Econômica"*.

Em consonância com o art. 170 da CF/88, o diploma legal em questão, alterando dispositivos de normas disciplinadoras dos diversos ramos do direito, trouxe disposições tutelando a livre iniciativa nas quais afirma expressamente a importância da liberdade no desempenho de atividades econômicas para o desenvolvimento do País. Confira, nesse sentido, alguns trechos dos seus arts. 1º, 2º e 3º:

"**CAPÍTULO I**

DISPOSIÇÕES GERAIS

Art. 1º Fica instituída a Declaração de Direitos de Liberdade Econômica, que estabelece normas de proteção à livre iniciativa e ao livre exercício de atividade econômica e disposições sobre a atuação do Estado como agente normativo e regulador, nos termos do inciso IV do *caput* do art. 1º, do parágrafo único do art. 170 e do *caput* do art. 174 da Constituição Federal.

§ 1º O disposto nesta Lei será observado na aplicação e na interpretação do direito civil, empresarial, econômico, urbanístico e do trabalho nas relações jurídicas que se encontrem no seu âmbito de aplicação e na ordenação pública, inclusive sobre exercício das profissões, comércio, juntas comerciais, registros públicos, trânsito, transporte e proteção ao meio ambiente.

§ 2º Interpretam-se em favor da liberdade econômica, da boa-fé e do respeito aos contratos, aos investimentos e à propriedade todas as normas de ordenação pública sobre atividades econômicas privadas.

§ 3º O disposto nos arts. 1º, 2º, 3º e 4º desta Lei não se aplica ao direito tributário e ao direito financeiro, ressalvado o inciso X do *caput* do art. 3º.

§ 4º O disposto nos arts. 1º, 2º, 3º e 4º desta Lei constitui norma geral de direito econômico, conforme o disposto no inciso I do *caput* e nos §§ 1º, 2º, 3º e 4º do art. 24 da Constituição Federal, e será observado para todos os atos públicos de liberação da atividade econômica executados pelos Estados, pelo Distrito Federal e pelos Municípios, nos termos do § 2º deste artigo.

§ 5º O disposto no inciso IX do *caput* do art. 3º desta Lei não se aplica aos Estados, ao Distrito Federal e aos Municípios, exceto se:

I - o ato público de liberação da atividade econômica for derivado ou delegado por legislação ordinária federal; ou

II - o ente federativo ou o órgão responsável pelo ato decidir vincular-se ao disposto no inciso IX do *caput* do art. 3º desta Lei por meio de instrumento válido e próprio.

§ 6º Para fins do disposto nesta Lei, consideram-se atos públicos de liberação a licença, a autorização, a concessão, a inscrição, a permissão, o alvará,

> o cadastro, o credenciamento, o estudo, o plano, o registro e os demais atos exigidos, sob qualquer denominação, por órgão ou entidade da administração pública na aplicação de legislação, como condição para o exercício de atividade econômica, inclusive o início, a continuação e o fim para a instalação, a construção, a operação, a produção, o funcionamento, o uso, o exercício ou a realização, no âmbito público ou privado, de atividade, serviço, estabelecimento, profissão, instalação, operação, produto, equipamento, veículo, edificação e outros.
>
> **Art. 2º** São princípios que norteiam o disposto nesta Lei:
>
> I - a liberdade como uma garantia no exercício de atividades econômicas;
>
> II - a boa-fé do particular perante o poder público;
>
> III - a intervenção subsidiária e excepcional do Estado sobre o exercício de atividades econômicas; e
>
> IV - o reconhecimento da vulnerabilidade do particular perante o Estado.
>
> **Parágrafo único.** Regulamento disporá sobre os critérios de aferição para afastamento do inciso IV do *caput* deste artigo, limitados a questões de má-fé, hipersuficiência ou reincidência.
>
> **CAPÍTULO II**
>
> **DA DECLARAÇÃO DE DIREITOS DE LIBERDADE ECONÔMICA**
>
> **Art. 3º** São direitos de toda pessoa, natural ou jurídica, essenciais para o desenvolvimento e o crescimento econômicos do País, observado o disposto no parágrafo único do art. 170 da Constituição Federal:
>
> (...)"

→ *A repressão ao abuso do poder econômico*

Além do art. 170, a CF/88 possui outros dispositivos voltados à garantia da livre concorrência e da livre iniciativa, a exemplo do art. 173, § 4º, que busca combater o abuso do poder econômico como forma de proteger a livre iniciativa e a livre concorrência. Esse dispositivo está atualmente regulamentado pela Lei nº 12.529/2011.

> **"Art. 173, CF/88.**
>
> (...)
>
> **§ 4º** A lei reprimirá o abuso do poder econômico que vise à dominação dos mercados, à eliminação da concorrência e ao aumento arbitrário dos lucros."

Portanto, o ordenamento jurídico constitucional brasileiro consagra a liberdade de atividade econômica, a possibilidade de apropriação privada dos meios de produção, um sistema capitalista etc., mas a atividade privada não pode abusar do poder econômico, não pode dominar mercados, eliminar a concorrência nem tampouco aumentar arbitrariamente os lucros, pois isso ofende os valores da ordem econômica, como a proteção do consumidor, a livre iniciativa e a livre concorrência.

E, para levar a efeito o combate ao abuso do poder econômico e a proteção da livre concorrência, da livre iniciativa, do consumidor e de outros valores da ordem econômica, foi editada a Lei 12.529/11, que regulamentou o art. 173, § 4º, da CF/88.

Nos termos do art. 1º dessa lei, ela *"estrutura o Sistema Brasileiro de Defesa da Concorrência - SBDC e dispõe sobre a prevenção e a repressão às infrações contra a ordem econômica, orientada pelos ditames constitucionais de liberdade de iniciativa, livre concorrência, função social da propriedade, defesa dos consumidores e repressão ao abuso do poder econômico".*

Um dos aspectos mais importantes dessa lei é o fato de que ela disciplina a atuação do CADE (Conselho Administrativo de Defesa Econômica), autarquia federal incumbida, dentre outras coisas, de apurar, sancionar e fazer cessarem infrações à ordem econômica.

→ *Transporte individual privado de passageiros por meio de aplicativos*

Na esteira da liberdade de iniciativa, da livre concorrência e dos demais princípios e valores que norteiam a ordem econômica, o Supremo Tribunal Federal, em 08/05/2019, julgando conjuntamente o **RE 1054110** e a **ADPF 449**, reconheceu a **inconstitucionalidade de normas municipais que proíbam ou restrinjam de forma desproporcional (isto é, arbitrariamente, sem justificativa legitimada pela Constituição) o transporte individual privado de passageiros por meio de aplicativos** (como Uber, 99, Cabify e outros). E os argumentos utilizados pela Suprema Corte foram:

I) os valores sociais do trabalho e da livre iniciativa, que são fundamentos da República Brasileira, previstos no art. 1º da CF/88;

II) o direito fundamental de liberdade de exercício profissional, assegurado pelo art. 5º, XIII, CF/88;

III) os fundamentos e os princípios da ordem econômica previstos no art. 170 da CF/88, tais como a valorização do trabalho humano, a livre iniciativa, a livre concorrência e a defesa do consumidor, destacando-se, quanto aos consumidores, o fato de que o mercado concorrencial é o instrumento mais eficaz para protegê-los;

IV) o princípio da busca pelo pleno emprego (art. 170, VIII, CF/88), que fica violado pela proibição legal do livre exercício da profissão de transporte individual remunerado, pois essa proibição impede a abertura do mercado a novos prestadores do serviço;

V) a previsão, contida no art. 22, XI, da CF/88, de que a competência legislativa para tratar da matéria (transporte) é privativa da União, tendo, inclusive, sido editada, com base nessa competência, a Lei Federal nº 13.640/2018, com a finalidade de "*regulamentar o transporte remunerado privado individual de passageiros*", lei essa que não impôs restrições ao exercício dessa atividade.

As teses fixadas pelo Tribunal no julgamento do RE 1054110 foram as seguintes:

1) "A proibição ou restrição da atividade de transporte privado individual por motorista cadastrado em aplicativo é inconstitucional, por violação aos princípios da livre iniciativa e da livre concorrência."

2) "No exercício de sua competência para regulamentação e fiscalização do transporte privado individual de passageiros, os Municípios e o Distrito Federal não podem contrariar os parâmetros fixados pelo legislador federal (CF/1988, art. 22, XI)."

Confira os trechos mais importantes das enriquecedoras ementas desses julgados:

> "(...) Transporte individual remunerado de passageiros por aplicativo. livre iniciativa e livre concorrência. 1. **Recurso Extraordinário com repercussão geral interposto contra acórdão que declarou a inconstitucionalidade de lei municipal que proibiu o transporte individual remunerado de passageiros por motoristas cadastrados em aplicativos como Uber, Cabify e 99.** 2. A questão constitucional suscitada no recurso diz respeito à licitude da atuação de motoristas privados cadastrados em plataformas de transporte compartilhado em mercado até então explorado por taxistas. 3. **As normas que proíbam ou restrinjam de forma desproporcional o transporte privado individual de passageiros são inconstitucionais porque: (i) não há regra nem princípio constitucional que prescreva a exclusividade do modelo de táxi no mercado de transporte individual de passageiros; (ii) é contrário ao regime de livre iniciativa e de livre concorrência a criação de reservas de mercado em favor de atores econômicos já estabelecidos, com o propósito de afastar o impacto gerado pela inovação no setor; (iii) a possibilidade de intervenção do Estado na ordem econômica para preservar o mercado concorrencial e proteger o consumidor não pode contrariar ou esvaziar a livre iniciativa, a ponto de afetar seus elementos essenciais. Em um regime constitucional fundado na livre iniciativa, o legislador ordinário não tem ampla discricionariedade para suprimir espaços relevantes da iniciativa privada.** (...) Trata-se, afinal, de uma opção que: **(i) privilegia a livre iniciativa e a livre concorrência**; (ii) incentiva a inovação; (iii) tem impacto positivo sobre a mobilidade urbana e o meio ambiente; **(iv) protege o consumidor**; e **(v) é apta a corrigir as ineficiências de um setor submetido historicamente a um monopólio "de fato"**. 5. **A União Federal, no exercício de competência legislativa privativa para dispor sobre trânsito e transporte (CF/1988, art. 22, XI), estabeleceu diretrizes regulatórias para o transporte privado individual por aplicativo, cujas normas não incluem o controle de entrada e de preço. Em razão disso, a regulamentação e a fiscalização atribuídas aos municípios e ao Distrito Federal não podem contrariar o padrão regulatório estabelecido pelo legislador federal.** (...)"
>
> **(RE 1054110/SP; Tema RG 967; Relator(a): Min. ROBERTO BARROSO; Julgamento: 09/05/2019; Órgão Julgador: Tribunal Pleno)**
>
> "(...) 4. **A União possui competência privativa** para legislar sobre "diretrizes da política nacional de transportes", "trânsito e transporte" e "condições para o exercício de profissões" (art. 22, IX, XI e XVI, da CRFB) (...) 5. **O motorista particular, em sua atividade laboral, é protegido pela liberdade fundamental insculpida no art. 5º, XIII, da Carta Magna, submetendo-se apenas à regulação proporcionalmente definida em lei federal**, pelo que o art. 3º, VIII, da Lei Federal n.º 12.965/2014 (Marco Civil da Internet) e a Lei Federal n.º 12.587/2012, alterada pela Lei n.º 13.640 de 26 de março de 2018, garantem a operação de serviços remunerados de transporte de passageiros por aplicativos. 6. A **liberdade de iniciativa garantida pelos artigos 1º, IV, e 170 da Constituição brasileira** consubstancia cláusula de proteção destacada no ordenamento pátrio como fundamento da República (...) 9. **O exercício de atividades econômicas e profissionais por particulares deve ser protegido da coerção arbitrária por parte do Estado, competindo ao Judiciário, à luz do sistema de freios e contrapesos estabelecidos na Constituição brasileira, invalidar atos normativos que estabeleçam restrições desproporcionais à livre iniciativa e à liberdade profissional.** Jurisprudência: (...) 10. O sistema constitucional de proteção de liberdades goza de prevalência prima facie, **devendo eventuais restrições ser informadas por um parâmetro constitucionalmente legítimo e adequar-se ao teste da**

proporcionalidade, exigindo-se ônus de justificação regulatória baseado em elementos empíricos que demonstrem o atendimento dos requisitos para a intervenção. 11. **A norma que proíbe o "uso de carros particulares cadastrados ou não em aplicativos, para o transporte remunerado individual de pessoas" configura limitação desproporcional às liberdades de iniciativa (art. 1º, IV, e 170 da CRFB) e de profissão (art. 5º, XIII, da CRFB), a qual provoca restrição oligopolística do mercado em benefício de certo grupo e em detrimento da coletividade.** (...) 12. (...) sendo correto afirmar que **os princípios constitucionais da igualdade (art. 5º, caput), da livre iniciativa (artigos 1º, IV, e 170) e da livre concorrência (art. 173, § 4º) vedam ao Estado impedir a entrada de novos agentes no mercado** para preservar a renda de agentes tradicionais. (...) 13. **A proibição legal do livre exercício da profissão de transporte individual remunerado afronta o princípio da busca pelo pleno emprego, insculpido no art. 170, VIII, da Constituição, pois impede a abertura do mercado a novos entrantes**, eventualmente interessados em migrar para a atividade como consectário da crise econômica, para promover indevidamente a manutenção do valor de permissões de táxi. (...) 17. (...) **a proibição da operação desses serviços alcança efeito inverso ao objetivo de defesa do consumidor imposto pelos artigos 5º, XXXII, e 170, V, da Constituição.** (...)"

(ADPF 449/DF; Relator(a): Min. LUIZ FUX; Julgamento: 08/05/2019; Órgão Julgador: Tribunal Pleno)

→ *Previsão de tratamento favorecido para as empresas de pequeno porte*

O tratamento favorecido para as empresas de pequeno porte constituídas sob as leis brasileiras e que tenham sua sede e administração no Brasil, conforme vimos, também é um princípio da ordem econômica e também tem desdobramentos no texto constitucional.

Um dos desdobramentos mais importantes desse princípio é o art. 179 da CF/88, que prevê a simplificação, redução ou mesmo eliminação das obrigações administrativas, tributárias, previdenciárias e creditícias dessas empresas, como forma de incentivá-las a desempenhar suas atividades.

"**Art. 179, CF/88.** A União, os Estados, o Distrito Federal e os Municípios dispensarão **às microempresas e às empresas de pequeno porte, assim definidas em lei, tratamento jurídico diferenciado**, visando a incentivá-las pela simplificação de suas obrigações administrativas, tributárias, previdenciárias e creditícias, ou pela eliminação ou redução destas por meio de lei."

Tem-se, nesse dispositivo, uma espécie de ação afirmativa para as microempresas e as empresas de pequeno porte brasileiras. Cuida-se de um tratamento jurídico diferenciado visando a proteção dessas empresas, que geram empregos imprescindíveis para a população. O que se verifica aí, portanto, é uma discriminação com justificativa legítima, especialmente, porque empresas menores encontram dificuldades ao competirem com as grandes empresas.

■ A ATUAÇÃO DO ESTADO NO DOMÍNIO ECONÔMICO

Conforme já exposto anteriormente, na questão da ordem econômica, vigora no Brasil o modelo de Estado de bem-estar social, que, como se sabe, não é um Estado ausente, mas sim um Estado atuante, intervencionista. Nesse contexto, há atuação do Estado brasileiro na atividade econômica, e a Constituição disciplina essa atuação, que pode ser sistematizada conforme veremos abaixo.

Nos termos da Constituição de 1988, o Estado pode atuar nas seguintes áreas ou atividades:

1) Na **prestação de serviços públicos e sociais** (o que é regido pelo art. 175 da CF/88, além de outros dispositivos constitucionais); e

2) Na **atividade econômica em sentido estrito**, o que pode ocorrer por meio de:

   a. **Atuação direta** (chamada de participação): é a participação do Estado no domínio econômico como agente explorador da atividade econômica. Nesse caso, é o próprio Estado (ele mesmo) que explora a atividade econômica, podendo fazer isso (I) em **regime de monopólio** (o que é disciplinado pelo art. 177 da CF/88) ou (II) em **regime comum**, isto é, em concorrência com a iniciativa privada (o que é disciplinado pelo art. 173 da CF/88).

   b. **Atuação indireta** (chamada de intervenção): é a intervenção do Estado na atividade econômica não como explorador direto, mas como agente normativo, regulador, fiscalizador, incentivador e planejador da atividade econômica (o que está disciplinado no art. 174 da CF/88).

> "**Art. 174, CF/88.** Como agente normativo e regulador da atividade econômica, o Estado exercerá, na forma da lei, as funções de fiscalização, incentivo e planejamento, sendo este **determinante para o setor público e indicativo para o setor privado**."

A parte final do *caput* do art. 174 da CF/88 (transcrito acima) é extremamente importante no estudo da matéria, por conta da sua alta incidência em provas (especialmente, em provas objetivas). Portanto, jamais se pode esquecer essa diferenciação feita pela Constituição nesse dispositivo: o planejamento é determinante para o setor público, mas meramente indicativo para o setor privado.

Antes de prosseguirmos, é importante fazer um alerta acerca da nomenclatura utilizada no tema da atuação do Estado no domínio econômico.

Acima, quando tratamos da atuação do Estado na atividade econômica em sentido estrito, utilizamos a expressão "participação" para nos referirmos à atuação direta e a expressão "intervenção" para nos referirmos à atuação indireta. Mas é importante ter em mente que, na doutrina, a terminologia empregada nesse tema não é uniforme. Há, por exemplo, quem chame a atuação do Estado na atividade econômica em sentido estrito de intervenção do Estado na economia (ou no domínio econômico) e, nesse contexto, rotule a atuação direta como intervenção direta e a atuação indireta como intervenção indireta. Enfim, não há um padrão preciso seguido à risca por todos.

O que é importante é compreender que, no âmbito das atividades econômicas em sentido estrito, o Estado pode atuar diretamente (como explorador) ou indiretamente (como agente regulador em sentido amplo). Isso é algo uniforme na doutrina, exceto por José dos Santos Carvalho Filho, que inverte esses rótulos, chamando a exploração de atuação indireta e a regulação (em sentido amplo) de atuação direta.

Seguindo no estudo do tema, é interessante registrar que todo o cuidado que a CF/88 tem com a atividade econômica é necessário, porque é através da atividade econômica (seja ela explorada pelo Estado ou pelos agentes privados) que se gera riqueza, a qual, por sua vez, é fundamental para o desenvolvimento econômico e humano de um país, pois é a riqueza que assegura o acesso aos instrumentos necessários para a promoção da dignidade humana.

É preciso distinguir serviço público de atividade econômica.

Mas, antes, é necessário fazer um alerta: segundo a doutrina e a jurisprudência, existe uma grande categoria denominada "atividade econômica em sentido amplo", a qual abrange tanto serviço público quanto atividade econômica em sentido estrito, que é aquela explorada em regime de livre iniciativa e livre concorrência e que a seguir diferenciaremos do serviço público.

Serviço público é uma atividade eminentemente estatal que tem como titular sempre uma entidade pública, não havendo titularidade privada de serviço público. Além disso, o serviço público é regido por um regime jurídico de direito público.

Essas são as características dos serviços públicos.

Importante notar que nem mesmo em relação aos serviços públicos de conteúdo econômico é possível haver titularidade privada. A titularidade pública dos serviços públicos, ainda que de conteúdo econômico (como as telecomunicações), é disciplinada por lei, o que, ademais, está expressamente previsto na Constituição, mais precisamente, no seu art. 175.

> "**Art. 175, CF/88. Incumbe ao Poder Público**, na forma da **lei**, diretamente ou sob regime de concessão ou permissão, sempre através de licitação, **a prestação de serviços públicos**."

Portanto, como se pode inferir desse dispositivo constitucional, a prestação de serviços públicos compete ao poder público, que o fará na forma da lei, direta ou indiretamente. Se a prestação for indireta, será necessário haver licitação, independentemente de ser caso de concessão ou de permissão de serviço público.

E o parágrafo único do art. 175 da CF/88 prevê os aspectos que as leis disciplinadoras dos serviços públicos devem abordar. São os seguintes:

a) O regime das empresas concessionárias e permissionárias;

b) Os direitos dos usuários;

c) A política tarifária; e

d) A obrigação de prestar o serviço de forma adequada.

> "**Art. 175, CF/88.**
>
> (...)
>
> **Parágrafo único.** A lei disporá sobre:

> I - o regime das empresas concessionárias e permissionárias de serviços públicos, o caráter especial de seu contrato e de sua prorrogação, bem como as condições de caducidade, fiscalização e rescisão da concessão ou permissão;
>
> II - os direitos dos usuários;
>
> III - política tarifária;
>
> IV - a obrigação de manter serviço adequado."

Já **atividade econômica em sentido estrito (ou simplesmente atividade econômica)** diz respeito à geração de riqueza por meio da produção, da comercialização ou da exploração de bens, de recursos naturais ou de serviços em geral. Não se confunde, portanto, com serviço público. Atividade econômica não é atividade de titularidade exclusiva do Estado.

Tendo em vista que a Constituição consagra, dentre os princípios da ordem econômica (art. 170), a apropriação privada dos meios de produção, a livre concorrência, a livre iniciativa etc., a regra geral em relação à atividade econômica é o seu exercício livre e direto pelas pessoas físicas e jurídicas de direito privado, isto é, pelo mercado, e não pelo Estado. Na exploração da atividade econômica (em sentido estrito), o Estado atua apenas excepcionalmente.

Portanto, serviço público é atividade estatal por natureza, sendo possível haver, excepcionalmente, sua delegação por concessão ou permissão mediante licitação, mas a titularidade permanece sendo do Estado. Já atividade econômica, em regra, é atividade da iniciativa privada, atuando o Estado apenas excepcionalmente. É isso, inclusive, o que consta do art. 173 da CF/88:

> **"Art. 173, CF/88.** Ressalvados os casos previstos nesta Constituição, **a exploração direta de atividade econômica pelo Estado só será permitida quando necessária aos imperativos da segurança nacional ou a relevante interesse coletivo**, conforme definidos em lei."

A regra, então, é que a iniciativa privada cuide da exploração direta da atividade econômica, só atuando o Estado excepcionalmente, na forma da lei, quando houver imperativo de segurança nacional ou relevante interesse coletivo.

▶ Entidades da Administração que atuam no domínio econômico

A atuação do Estado, seja prestando serviços públicos, seja atuando direta ou indiretamente na atividade econômica em sentido estrito, é feita sempre por órgãos e entidades da Administração direta e da Administração indireta.

Os órgãos da Administração Pública que podem prestar serviços públicos ou atuar (direta ou indiretamente) na atividade econômica são os seguintes:

1) No que diz respeito à **prestação de serviços públicos e sociais** (regulados pelo art. 175 da CF/88), o Estado atua através da:

- **a.** Administração **direta**;
- **b.** Administração **indireta**, podendo atuar por meio de autarquias, empresas públicas, fundações públicas e sociedades de economia mista.

2) No que diz respeito à **atividade econômica em sentido estrito**, o Estado pode atuar direta ou indiretamente, a partir das seguintes premissas:

a. Quanto à **atuação direta** (participação), há exploração direta da atividade econômica, em regime de monopólio (exclusividade) ou comum (concorrência com a iniciativa privada), podendo a atuação do Estado se dar por meio de empresas públicas, sociedades de economia mista e outras entidades estatais ou paraestatais (por exemplo, as subsidiárias das empresas públicas e das sociedades de economia mista).

b. Quanto à **atuação indireta** (intervenção), tem-se ação do Estado como agente normativo, regulador, fiscalizador, incentivador e planejador, o que é feito pela Administração direta e pelas chamadas agências reguladoras.

Importante lembrar que todas as empresas estatais (empresas públicas e sociedades de economia mista) e suas subsidiárias devem ser criadas mediante autorização dada por lei. Essa exigência encontra-se no art. 37, XIX e XX, da CF/88.

Ademais, as empresas estatais e suas subsidiárias podem ser de **dois tipos**, a saber:

1) Prestadoras de serviços públicos (como é o caso da Empresa de Correios e Telégrafos); ou

2) Exploradoras de atividade econômica (como é o caso da Petrobrás, do Banco do Brasil, da Caixa Econômica Federal etc.).

E o regime jurídico das empresas estatais é diferente para cada uma das duas espécies indicadas acima, de modo que as prestadoras de serviços públicos têm um regime jurídico e as exploradoras de atividade econômica têm outro regime jurídico. Isso porque, enquanto as estatais prestadoras de serviços públicos recebem um tratamento jurídico com várias incursões do direito público, as estatais exploradoras de atividade econômica, inclusive por uma questão de isonomia, devem ser tratadas de forma semelhante às empresas privadas em geral, já que desempenham suas atividades em regime de concorrência com elas.

Nesse sentido, a Constituição veicula uma disciplina jurídica específica para as empresas estatais que atuam diretamente na exploração da atividade econômica, o que consta dos parágrafos do seu art. 173, especialmente, do § 1º, II, e do § 2º, que estabelecem, respectivamente, que as estatais exploradoras de atividade econômica devem se submeter ao regime próprio das empresas privadas e não podem receber privilégios fiscais que não se apliquem ao setor privado.

> "**Art. 173, CF/88.**
>
> (...)
>
> **§ 1º** A lei estabelecerá o estatuto jurídico da empresa pública, da sociedade de economia mista e de suas subsidiárias **que explorem atividade econômica de produção ou comercialização de bens ou de prestação de serviços**, dispondo sobre:
>
> I - sua função social e formas de fiscalização pelo Estado e pela sociedade;
>
> II - a **sujeição ao regime jurídico próprio das empresas privadas**, inclusive quanto aos direitos e obrigações civis, comerciais, trabalhistas e tributários;

III - licitação e contratação de obras, serviços, compras e alienações, observados os princípios da administração pública;

IV - a constituição e o funcionamento dos conselhos de administração e fiscal, com a participação de acionistas minoritários;

V - os mandatos, a avaliação de desempenho e a responsabilidade dos administradores.

§ 2º As empresas públicas e as sociedades de economia mista **não poderão gozar de privilégios fiscais não extensivos às do setor privado.**

§ 3º A lei regulamentará as relações da empresa pública com o Estado e a sociedade."

Esse, portanto, é o regramento constitucional que se aplica às empresas estatais que atuam diretamente na atividade econômica em sentido estrito.

Quanto às empresas estatais que não exploram atividade econômica, isto é, que prestam serviços públicos, elas são regidas por outro sistema jurídico constitucional, submetem-se a outro regime jurídico constitucional, não estando sujeitas às restrições do art. 173 da CF/88.

Os monopólios do poder público

Como vimos, a participação direta do Estado na atividade econômica em sentido estrito pode se dar por meio de regime de monopólio, regime esse que está disciplinado pela Constituição em seu art. 177, cuja leitura é de grande importância, pois esse dispositivo é muito cobrado em provas.

O art. 177 da CF/88 mostra que o regime de monopólio do Estado brasileiro diz respeito a **três grandes áreas**, quais sejam:

1) Petróleo;

2) Gás natural; e

3) Minerais nucleares.

Portanto, a atuação do Estado intervindo no domínio econômico como agente explorador em regime de monopólio só pode ocorrer nessas áreas, na forma do *caput* do art. 177 da CF/88.

"**Art. 177, CF/88.** Constituem monopólio da União:

I - a pesquisa e a lavra das jazidas de petróleo e gás natural e outros hidrocarbonetos fluidos;

II - a refinação do petróleo nacional ou estrangeiro;

III - a importação e exportação dos produtos e derivados básicos resultantes das atividades previstas nos incisos anteriores;

IV - o transporte marítimo do petróleo bruto de origem nacional ou de derivados básicos de petróleo produzidos no País, bem assim o transporte, por meio de conduto, de petróleo bruto, seus derivados e gás natural de qualquer origem;

V - a pesquisa, a lavra, o enriquecimento, o reprocessamento, a industrialização e o comércio de minérios e minerais nucleares e seus derivados, com exceção dos radioisótopos cuja produção, comercialização e utilização poderão ser autorizadas sob regime de permissão, conforme as alíneas b e c do inciso XXIII do *caput* do art. 21 desta Constituição Federal."

Em relação ao monopólio da União sobre o gás, ele não impede nem se incompatibiliza com a previsão do art. 25, § 2º, da CF/88, que estabelece caber aos Estados a exploração dos serviços locais de gás canalizado.

A esse respeito, é necessário fazer a seguinte diferenciação: a União detém o monopólio do gás, tendo competência para estabelecer o tratamento jurídico dele, mas o serviço local de distribuição do gás canalizado é de competência dos Estados (art. 25, § 2º, CF/88), o que não significa atribuir a eles a propriedade (que é da União, nos termos do art. 20, IX, CF/88) e a possibilidade de fixar a disciplina jurídica do gás.

Inclusive, a União já editou normas disciplinando o gás natural, como é o caso da Lei 11.909/2009, que *"dispõe sobre as atividades relativas ao transporte de gás natural, de que trata o art. 177 da Constituição Federal, bem como sobre as atividades de tratamento, processamento, estocagem, liquefação, regaseificação e comercialização de gás natural"*.

A propósito, a distinção entre o que cabe à União (monopólio e propriedade do gás natural) e o que cabe aos Estados (exploração dos serviços locais de gás canalizado) foi o pano de fundo da Rcl 4210, tendo o STF deixado clara, nesse precedente, a existência dessa diferenciação.

→ *Diferenças entre o regime de monopólio e o regime de exclusividade*

Ainda em relação ao monopólio, qual a diferença entre ele e a exclusividade na exploração de uma determinada atividade? **Existe alguma distinção?**

Sim, existe, e isso foi muito bem delineado pelo Ministro Eros Grau no julgamento da ADPF 46, que tratou da prestação do serviço postal pelos Correios. Nessa ação, o Supremo Tribunal Federal deixou claro que o regime de monopólio se refere apenas a atividades econômicas em sentido estrito e que, em algumas situações excepcionais, o Estado explora essas atividades detendo o monopólio delas (art. 177, CF/88). Já a exclusividade é manifestação de um regime de privilégio e tem a ver com a prestação dos serviços públicos. Como assim? É que, ao disciplinar determinado serviço público, é comum que o ordenamento jurídico preveja a sua prestação em um regime marcado por algum privilégio, e esse privilégio, geralmente, é a exclusividade na exploração da atividade assegurada ao prestador do serviço.

Então imagine, por exemplo, a concessão da exploração de uma rodovia. É comum que o contrato que concede ao particular a exploração desse serviço preveja que apenas ele irá explorar aquele determinado trecho. Isso é um regime de privilégio, e o privilégio aí é a exclusividade na prestação do serviço.

Outro bom exemplo é o serviço postal, que, inclusive, foi o objeto da ADPF 46 (mencionada acima). O serviço postal é prestado **apenas** pelos Correios, mas isso não caracteriza um monopólio, e sim uma exclusividade, pois o serviço postal não é uma atividade econômica em sentido estrito, e sim um serviço público, havendo um privilégio (no caso, a exclusividade) no seu regime jurídico.

Confira como ficou ementado o acórdão da ADPF 46:

"(...) 1. O serviço postal – conjunto de atividades que torna possível o envio de correspondência, ou objeto postal, de um remetente para endereço final e determinado – não consubstancia atividade econômica em sentido estrito. **Serviço postal é serviço público.** 2. A atividade econômica em sentido amplo é gênero que compreende duas espécies, o serviço público e a atividade econômica em sentido estrito. **Monopólio é de atividade econômica em sentido estrito, empreendida por agentes econômicos privados. A exclusividade da prestação dos serviços públicos é expressão de uma situação de privilégio. Monopólio e privilégio são distintos entre si**; não se os deve confundir no âmbito da linguagem jurídica, qual ocorre no vocabulário vulgar. 3. A Constituição do Brasil confere à União, em caráter exclusivo, a exploração do serviço postal e o correio aéreo nacional [artigo 20, inciso X]. 4. O serviço postal é prestado pela Empresa Brasileira de Correios e Telégrafos - ECT, empresa pública, entidade da Administração Indireta da União, criada pelo decreto-lei n. 509, de 10 de março de 1.969. **5. É imprescindível distinguirmos o regime de privilégio, que diz com a prestação dos serviços públicos, do regime de monopólio sob o qual, algumas vezes, a exploração de atividade econômica em sentido estrito é empreendida pelo Estado. 6. A Empresa Brasileira de Correios e Telégrafos deve atuar em regime de exclusividade na prestação dos serviços que lhe incumbem em situação de privilégio, o privilégio postal. 7. Os regimes jurídicos sob os quais em regra são prestados os serviços públicos importam em que essa atividade seja desenvolvida sob privilégio, inclusive, em regra, o da exclusividade.** (...)"

(ADPF 46; Relator(a): Min. MARCO AURÉLIO; Relator(a) p/ Acórdão: Min. EROS GRAU; Julgamento: 05/08/2009; Órgão Julgador: Tribunal Pleno)

Atuação indireta do Estado na atividade econômica

Como vimos, além da atuação direta (participação), o Estado pode ter uma atuação indireta (intervenção) na atividade econômica em sentido estrito.

A atuação indireta do Estado já não se dá na qualidade de agente explorador da atividade econômica, seja em regime de monopólio, seja em regime de concorrência. Na verdade, a atuação indireta é a atuação do Estado intervindo no domínio econômico para cumprir o papel de agente normativo, regulador, fiscalizador, incentivador e planejador da atividade econômica, conforme está previsto no art. 174 da CF/88.

Portanto, o regramento básico da atuação indireta do Estado na atividade econômica encontra-se no art. 174 da CF/88, que dispõe o seguinte:

"**Art. 174, CF/88.** Como **agente normativo e regulador da atividade econômica**, o Estado exercerá, na forma da lei, as funções de **fiscalização, incentivo e planejamento**, sendo **este determinante para o setor público e indicativo para o setor privado**.

§ 1º A lei estabelecerá as diretrizes e bases do planejamento do desenvolvimento nacional equilibrado, o qual incorporará e compatibilizará os planos nacionais e regionais de desenvolvimento.

§ 2º A lei apoiará e estimulará o cooperativismo e outras formas de associativismo.

§ 3º O Estado favorecerá a organização da atividade garimpeira em cooperativas, levando em conta a proteção do meio ambiente e a promoção econômico-social dos garimpeiros.

> **§ 4º** As cooperativas a que se refere o parágrafo anterior terão prioridade na autorização ou concessão para pesquisa e lavra dos recursos e jazidas de minerais garimpáveis, nas áreas onde estejam atuando, e naquelas fixadas de acordo com o art. 21, XXV, na forma da lei."

Como se pode perceber, nos termos do *caput*, o planejamento não é coercitivo para o setor privado, mas apenas indicativo. Ele somente é determinante para o setor público.

Em sua atuação indireta na atividade econômica, o Estado exerce funções de fiscalização, incentivo e planejamento. No exercício das funções de fiscalização, tem-se o chamado **Estado regulador**; no exercício das funções de incentivo, tem-se o chamado **Estado promotor**; e, no exercício do planejamento, tem-se o chamado **Estado planejador ou indutor da economia**.

A previsão de fiscalização pelo Estado significa que ele irá regular a atividade econômica, o que inclui o poder de investigar eventuais violações ao domínio econômico, podendo apurar as responsabilidades e impor as sanções cabíveis, tudo isso, evidentemente, na forma da lei, como é o caso da Lei 12.529/11, que estruturou o Sistema Brasileiro de Defesa da Concorrência – SBDC.

Além disso, da leitura do art. 174 da CF/88, pode-se perceber que, segundo esse dispositivo, o Estado, quando atua indiretamente na atividade econômica, deve se dedicar, também, a algumas missões específicas, que são as seguintes:

a) estabelecer as diretrizes e bases do planejamento do desenvolvimento nacional equilibrado (§ 1º), buscando-se, com isso, evidentemente, reduzir as desigualdades regionais e sociais, o que é um dos objetivos da República Federativa do Brasil, como prevê o art. 3º, III, da CF/88;

b) apoiar e estimular o cooperativismo e outras formas de associativismo (§ 2º); e

c) favorecer a organização da atividade garimpeira em cooperativas (§ 3º).

ORDEM SOCIAL

A ordem social tem como núcleo o Título VIII da CF/88 (arts. 193 a 232, CF/88).

Nos referidos dispositivos, encontra-se a disciplina jurídico-constitucional dos chamados direitos sociais. Muitos desses direitos sociais já estão anunciados no art. 6º da CF/88, cuidando o Título da Ordem Social de discipliná-los.

Importante registrar que a lista de direitos sociais constante do art. 6º, *caput*, da CF/88 já foi cobrada em prova objetiva, o que mostra sua importância no estudo da matéria. Segundo esse dispositivo, são direitos sociais:

I) a educação;

II) a saúde;

III) a alimentação;

IV) o trabalho;

V) a moradia;

VI) o transporte;

VII) o lazer;

VIII) a segurança;

IX) a previdência social;

X) a proteção à maternidade e à infância;

XI) a assistência aos desamparados.

O art. 6º prevê também, como direito fundamental assegurado aos brasileiros em situação de vulnerabilidade, uma **renda básica familiar paga pelo Poder Público** nos termos disciplinados em normas infraconstitucionais, que atualmente são as Leis 14.601/2023 (que instituiu o **Programa Bolsa Família**) e 14.628/2023 (que instituiu o **Programa de Aquisição de Alimentos – PAA** e o **Programa Cozinha Solidária**), além de outras normas que eventualmente as complementem. Esse direito social foi incluído expressamente no texto constitucional pela **EC 114/2021**, que acrescentou o parágrafo único ao art. 6º da CF/88.

> **"Art. 6º, CF/88.** São direitos sociais a educação, a saúde, a alimentação, o trabalho, a moradia, o transporte, o lazer, a segurança, a previdência social, a proteção à maternidade e à infância, a assistência aos desamparados, na forma desta Constituição."
>
> ***Parágrafo único.*** Todo brasileiro em situação de vulnerabilidade social terá direito a uma renda básica familiar, garantida pelo poder público em programa permanente de transferência de renda, cujas normas e requisitos de acesso serão determinados em lei, observada a legislação fiscal e orçamentária."

No que diz respeito ao direito social à **alimentação** (previsto expressamente no *caput* do art. 6º da CF/88, visto acima), a **EC 132/2023** (a chamada "Reforma Tributária") trouxe uma novidade importante. Essa emenda, no seu art. 8º, criou a **Cesta Básica Nacional de Alimentos**, estabelecendo que a sua composição deve ser **definida em lei complementar** que observe, nessa tarefa, as **peculiaridades culturais de cada região do País**, além de contemplar **alimentos saudáveis e nutritivos**. E, com o objetivo de facilitar a concretização do direito fundamental à alimentação, esse dispositivo também determinou que o **Imposto sobre Bens e Serviços** (IBS) e a **Contribuição sobre Bens e Serviços** (CBS) incidentes sobre os componentes da cesta básica nacional devem ter **alíquota zero**.

Veja:

> **"Art. 8º, EC 132/2023.** Fica criada a **Cesta Básica Nacional de Alimentos**, que considerará a **diversidade regional e cultural da alimentação do País** e garantirá a **alimentação saudável e nutricionalmente adequada**, em observância ao direito social à alimentação previsto no art. 6º da Constituição Federal.
>
> **Parágrafo único.** Lei **complementar** definirá os produtos destinados à alimentação humana que comporão a Cesta Básica Nacional de Alimentos, sobre os quais **as alíquotas dos tributos previstos nos arts. 156-A e 195, V, da Constituição Federal serão reduzidas a zero.**"

Além disso, ainda no Capítulo dos Direitos Sociais, o art. 7º elenca direitos dos trabalhadores urbanos e rurais, valendo a pena destacar aqui a disciplina do salário mínimo e do piso salarial, por já ter sido objeto de debates no Supremo Tribunal Federal.

> "**Art. 7º, CF/88.** São direitos dos trabalhadores urbanos e rurais, além de outros que visem à melhoria de sua condição social:
>
> (...)
>
> IV - salário mínimo, fixado em lei, nacionalmente unificado, capaz de atender a suas necessidades vitais básicas e às de sua família com moradia, alimentação, educação, saúde, lazer, vestuário, higiene, transporte e previdência social, com reajustes periódicos que lhe preservem o poder aquisitivo, sendo vedada sua vinculação para qualquer fim;
>
> V - piso salarial proporcional à extensão e à complexidade do trabalho;
>
> (...)"

Piso salarial não é a mesma coisa que salário mínimo. Piso salarial nada mais é do que o valor mínimo que os integrantes de uma determinada categoria profissional devem receber pelo seu trabalho. Já o salário mínimo é o valor mínimo que qualquer trabalhador deve receber pelo seu trabalho.

Como se pode depreender da leitura do art. 7º, IV, da CF/88, não se admite a vinculação do salário mínimo para fim algum, de modo que, por exemplo, as vantagens a serem pagas a servidores públicos ou empregados não podem ter como base de cálculo o salário mínimo (Súmula Vinculante nº 4). No entanto, **o Supremo Tribunal Federal admite que o piso salarial fixado por lei seja vinculado ao salário mínimo, desde que não haja previsão de reajustes automáticos** a cada alteração do valor do salário mínimo. Isso foi decidido, por exemplo, no RE 1077813 AgR/PR e no ARE 1110094 AgR, que receberam as seguintes ementas:

> "(...) **A utilização do salário mínimo como parâmetro para a fixação de salário-base não viola o verbete vinculante nº 4 da Súmula do Supremo.** (...)"
>
> **(RE 1077813 AgR/PR; Relator(a): Min. MARCO AURÉLIO; Julgamento: 05/02/2019; Órgão Julgador: Primeira Turma)**
>
> "(...) SALÁRIO PROFISSIONAL. ENGENHEIROS. **PISO SALARIAL FIXADO PELA LEI 4.950-A/66 EM MÚLTIPLOS DO SALÁRIO MÍNIMO. INEXISTÊNCIA DE REAJUSTES AUTOMÁTICOS.** VIOLAÇÃO DA SÚMULA VINCULANTE 4 E ADPF 53-MC. NÃO OCORRÊNCIA. (...) I - **Não há vedação para a fixação de piso salarial em múltiplos do salário mínimo, desde que inexistam reajustes automáticos.** Precedentes. II - Não configurada afronta a Súmula Vinculante 4, nem a ADPF 53 MC/PI. (...)"
>
> **(ARE 1110094 AgR/DF; Relator(a): Min. RICARDO LEWANDOWSKI; Julgamento: 29/06/2018; Órgão Julgador: Segunda Turma)**

▪ O CONTEÚDO DA ORDEM SOCIAL NA CF/88

O conteúdo básico da Ordem Social na CF/88 (Título VIII, arts. 193 a 232) é o seguinte:

1) Disposição geral (art. 193, CF/88);

2) Seguridade Social (arts. 194 a 204, CF/88):

2.1. Disposições gerais sobre a Seguridade Social (arts. 194 a 195);

2.2. Saúde (arts. 196 a 200);

2.3. Previdência Social (arts. 201 e 202); e

2.4. Assistência Social (arts. 203 e 204).

3) Educação (arts. 205 a 214, CF/88);

4) Cultura (arts. 215 a 216-A, CF/88);

5) Desporto (art. 217, CF/88);

6) Ciência, tecnologia e inovação (arts. 218 a 219-B, CF/88);

7) Comunicação social (arts. 220 a 224, CF/88);

8) Meio ambiente (art. 225, CF/88);

9) Família, criança, adolescente, jovem e pessoas idosas (arts. 226 a 230, CF/88); e

10) Índios (arts. 231 e 232, CF/88).

Todos os dispositivos do texto constitucional referidos acima costumam ser cobrados nas provas dos variados concursos. É inegável, portanto, a relevância da leitura de cada um deles.

E, para que a leitura "seca" dessas disposições da Constituição Federal fique mais palatável, podemos destacar algumas ideias gerais sobre os temas nelas tratados. Vejamos.

Em relação à seguridade social, é importante ter sempre em mente que ela engloba três áreas: saúde, previdência social e assistência social. As medidas adotadas pelo Estado para implementar esses três direitos integram, portanto, a seguridade social. E existe uma diferença muito relevante entre os "pés" do "tripé" da seguridade social, que diz respeito à gratuidade ou não desses serviços. A saúde e a assistência social são gratuitas, isto é, quem delas precisa pode usufruir de suas prestações sem ter de pagar por isso. Por outro lado, a previdência social é contributiva, ou seja, para dela participarem, as pessoas devem pagar contribuições, não há gratuidade nessa área.

No que diz respeito à educação, também há uma diferenciação decorrente da CF/88 que é extremamente relevante para a compreensão do tratamento jurídico dado a esse direito fundamental.

Conforme veremos no estudo mais aprofundado da matéria (nos tópicos seguintes deste capítulo), o direito à saúde é prestado por meio de um sistema único (o SUS – Sistema Único de Saúde), mas na educação não existe um sistema único, e sim vários sistemas, mais precisamente, um sistema de educação para cada entidade federativa, cada um deles com missões próprias estabelecidas na Constituição. Como será visto oportunamente, no campo da educação, o texto constitucional define atuações prioritárias para cada esfera da Federação, ou seja, cada sistema de educação (federal, estadual ou municipal) atuará predominantemente em determinada função.

Quanto ao desporto, tratado no art. 217 da CF/88, o destaque é a justiça desportiva, que, apesar de ser chamada "justiça", tem caráter administrativo (e não jurisdicional) e representa, em certa medida, uma mitigação à inafastabilidade da jurisdição. Isso porque o texto constitucional não permite que se levem as questões desportivas ao Poder Judiciário, sem que antes seja esgotada a instância na justiça desportiva, que, por sua vez, tem o prazo de 60 (sessenta) dias para proferir decisão final em cada caso.

> "**Art. 217, CF/88.**
>
> (...)
>
> **§ 1º** O Poder Judiciário só admitirá ações relativas à disciplina e às competições desportivas após esgotarem-se as instâncias da justiça desportiva, regulada em lei.
>
> **§ 2º** A justiça desportiva terá o prazo máximo de sessenta dias, contados da instauração do processo, para proferir decisão final.
>
> (...)"

Por fim, quanto à comunicação social, tratada nos arts. 220 a 224 da CF/88, ela cuida, principalmente, dos meios de comunicação por rádio e por televisão. E o ponto de destaque aqui é a existência, no art. 222, de distinção de tratamento entre brasileiros natos e brasileiros naturalizados no que diz respeito à propriedade, ao capital, à gestão e à programação das empresas jornalísticas e de radiodifusão sonora e de sons e imagens. Esse dispositivo estabelece três coisas basilares em relação a isso:

1) A propriedade de empresa jornalística e de radiodifusão sonora e de sons e imagens é privativa de brasileiros natos ou naturalizados **há mais de dez anos**, ou de pessoas jurídicas constituídas sob as leis brasileiras e que tenham sede no Brasil.

2) Pelo menos 70% (setenta por cento) do capital total e do capital votante das empresas jornalísticas e de radiodifusão sonora e de sons e imagens deve pertencer, direta ou indiretamente, a brasileiros natos ou naturalizados **há mais de dez anos**.

3) A gestão das atividades e a definição do conteúdo da programação das empresas jornalísticas e de radiodifusão sonora e de sons e imagens são atribuições exclusivas de brasileiros natos ou naturalizados **há mais de dez anos.**

Além disso, nos termos do § 2º do art. 222 da CF/88, seja qual for o meio de comunicação, a responsabilidade editorial e as atividades de seleção e direção da programação veiculada são sempre de brasileiros natos ou naturalizados há mais de dez anos.

Confira a redação do artigo:

> "**Art. 222, CF/88.** A propriedade de empresa jornalística e de radiodifusão sonora e de sons e imagens é privativa de brasileiros natos ou naturalizados há mais de dez anos, ou de pessoas jurídicas constituídas sob as leis brasileiras e que tenham sede no País.
>
> **§ 1º** Em qualquer caso, pelo menos setenta por cento do capital total e do capital votante das empresas jornalísticas e de radiodifusão sonora e de sons e imagens deverá pertencer, direta ou indiretamente, a brasileiros natos ou

> naturalizados há mais de dez anos, que exercerão obrigatoriamente a gestão das atividades e estabelecerão o conteúdo da programação.
>
> **§ 2º** A responsabilidade editorial e as atividades de seleção e direção da programação veiculada são privativas de brasileiros natos ou naturalizados há mais de dez anos, em qualquer meio de comunicação social.
>
> (...)"

■ RELAÇÃO ENTRE A ORDEM SOCIAL E A ORDEM ECONÔMICA

O art. 193 da CF/88 (rotulado pelo texto constitucional como a "disposição geral" sobre a ordem social) estabelece a base e os objetivos da ordem social, da seguinte forma:

a) A sua base é o primado do trabalho.

b) Os seus objetivos são o bem-estar social e a justiça social.

Esse artigo estabelece também, em seu parágrafo único (incluído pela **EC 108/2020**), que cabe ao Estado planejar as políticas sociais, mas fica assegurada, de acordo com o que for disposto em lei, a participação da sociedade na formulação, no monitoramento, no controle e na avaliação dessas políticas.

> ***"Art. 193, CF/88.*** A ordem social tem como ***base o primado do trabalho***, e como ***objetivo o bem-estar e a justiça sociais***.
>
> ***Parágrafo único.*** O Estado exercerá a função de ***planejamento*** das políticas sociais, assegurada, na forma da lei, a ***participação da sociedade*** nos processos de formulação, de monitoramento, de controle e de avaliação dessas políticas. ***(Incluído pela EC 108/2020)"***

Como se pode perceber, há uma interligação entre a ordem social e a ordem econômica, há uma harmonia entre elas. Isso fica claro pela constatação de que os princípios gerais que devem nortear toda a ordem social e a sua interpretação (o primado do trabalho, o bem-estar social e a justiça social) são também valorizados na ordem econômica, a qual também é fundada na valorização do trabalho humano e tem como finalidade assegurar a todos uma existência digna conforme os ditames da justiça social.

E isso é natural, pois, conforme vimos, a ordem social e a ordem econômica estão, conjuntamente, ligadas ao papel do Estado, o que, inclusive, faz com que, quanto maior a intervenção do Estado nas relações sociais e econômicas, maior seja a regulação constitucional desses temas. Atualmente (CF/88), estamos em um Estado de bem-estar social e, por isso, há uma regulação constitucional ampla sobre a ordem econômica e a ordem social. Se estivéssemos em um Estado mínimo (liberal), essa regulação não seria tão abrangente.

É indispensável ler atentamente as disposições constitucionais sobre a ordem econômica e sobre a ordem social, pois elas, comumente, são cobradas em questões de provas que exigem o conhecimento da literalidade do texto constitucional.

PRINCÍPIO DA VEDAÇÃO DO RETROCESSO (EFEITO "CLIQUET")

Esse princípio, abordado rapidamente no capítulo sobre direitos fundamentais, tem sua principal aplicação no campo dos direitos sociais, sendo, por isso, também chamado de princípio da não reversibilidade dos direitos fundamentais sociais ou princípio do não retrocesso social.

Cuida-se de um princípio originado na Europa (em especial, na Alemanha, Espanha e Portugal) e que possui duas dimensões (ou dois conteúdos): uma negativa e uma positiva.

A dimensão **negativa** (que é a mais conhecida e geralmente a única abordada na maioria dos manuais) significa que o legislador, ao editar normas, deve respeitar a não supressão ou a não redução do grau de densidade normativa que os direitos fundamentais sociais já alcançaram, seja no âmbito constitucional ou no âmbito infraconstitucional. Apenas se permite essa supressão ou redução do grau de densidade normativa se, como moeda de troca, forem criadas prestações alternativas de modo a assegurar os direitos objeto da alteração.

Já a dimensão **positiva** consiste no dever dos Poderes Públicos de implementar os direitos sociais através de sua efetiva concretização, com vistas à constante redução das desigualdades fático-sociais. Esse conteúdo positivo, como se pode perceber, não exige simplesmente a manutenção do *status quo* (isto é, a mera não supressão de direitos conquistados), mas sim o avanço social, por meio da ininterrupta conquista de melhores condições de vida para a sociedade.

Critério para aferir o nível de consagração de um direito para fins de identificação do retrocesso vedado

Conforme vimos, o princípio da vedação de retrocesso impede que haja supressão ou redução do grau de conquista dos direitos fundamentais, principalmente, dos direitos fundamentais sociais.

E, nesse contexto, surge o seguinte questionamento: como saber qual grau de consagração o direito já atingiu para fins de identificar se sua alteração representa um retrocesso vedado?

Essa questão é fácil de responder quando as conquistas dos direitos fundamentais se encontram positivadas no ordenamento jurídico, isto é, previstas expressamente nas normas editadas pelo poder público.

Porém, quando se trata de um cenário em que a existência do direito foi reconhecida implicitamente ou em que o alcance de um direito expresso no ordenamento jurídico foi delimitado por construção doutrinária e/ou jurisprudencial (e não expressamente pela norma consagradora do direito), torna-se mais difícil aferir o exato nível de conquista atingido pela comunidade em relação a esse direito para fins de identificar se eventual alteração de seu conteúdo representaria um retrocesso proibido ou não.

Mas o Supremo Tribunal Federal, no bojo das ADCs 29 e 30 e da ADI 4578 (que foram julgadas conjuntamente), deu um direcionamento para a solução dessa questão.

Essas ações tiveram como objeto a "Lei da Ficha Limpa", e um dos aspectos analisados foi a sua compatibilidade com o princípio da presunção de inocência, que, segundo alegado nas ações, teria sido violado pela previsão contida na lei de que, mesmo sem decisão transitada em julgado, candidatos poderiam ficar inelegíveis. O STF decidiu pela ausência de qualquer ofensa a esse princípio, em virtude de não ser ele aplicável à seara eleitoral. E foi justamente aí que o Tribunal estabeleceu uma baliza para a aplicação do princípio da vedação de retrocesso.

Segundo a Corte, para se saber se um direito possui determinado conteúdo (no caso, se a presunção de inocência teria aplicação no âmbito do direito eleitoral ou não), deve-se verificar se existe um consenso básico que faça o tema (ou o direito) estar presente de forma uniforme na consciência jurídica geral da comunidade. Nessa linha de raciocínio, o STF esclareceu, no caso julgado, que não se pode alegar que a aplicação da "Lei da Ficha Limpa" representa um inadmissível retrocesso na implementação do princípio da presunção de inocência, justamente por não existir um consenso que gere a consciência jurídica geral no sentido de que ele se aplica na seara eleitoral.

Em outras palavras, para se afirmar que um direito atingiu um certo nível de consagração, é necessário que os avanços conquistados em relação a ele estejam positivados (seja em nível constitucional ou em nível infraconstitucional) ou que, não estando os seus avanços estabelecidos expressamente no ordenamento jurídico, exista um consenso que gere a consciência jurídica na comunidade de que ele possui um determinado conteúdo.

Uma vez identificado o conteúdo do direito e o seu nível de consagração, é possível saber quais modificações representariam um retrocesso vedado e quais não representariam.

■ DIREITO À SAÚDE

O direito à saúde está disciplinado nos arts. 196 a 200 da CF/88, **dispositivos de leitura obrigatória na preparação para as provas**.

Nos termos da Constituição, a saúde é direito de todos e dever do Estado, tendo as ações e serviços públicos de saúde as seguintes **características principais** (arts. 196 a 198 da CF/88):

a) integram uma rede regionalizada e hierarquizada e constituem um sistema único (o conhecido Sistema Único de Saúde – SUS, disciplinado pela Lei 8.080/90);

b) são prestados mediante descentralização, com direção única em cada esfera de governo;

c) devem assegurar acesso universal e atendimento integral, com prioridade para as atividades preventivas, sem prejuízo dos serviços assistenciais;

d) contam com a participação da comunidade.

> "**Art. 196, CF/88.** A saúde é direito de todos e dever do Estado, garantido mediante políticas sociais e econômicas que visem à redução do risco de doença e de outros agravos e ao acesso universal e igualitário às ações e serviços para sua promoção, proteção e recuperação.
>
> **Art. 197, CF/88.** São de relevância pública as ações e serviços de saúde, cabendo ao Poder Público dispor, nos termos da lei, sobre sua regulamentação,

> fiscalização e controle, devendo sua execução ser feita diretamente ou através de terceiros e, também, por pessoa física ou jurídica de direito privado.
>
> **Art. 198, CF/88.** As ações e serviços públicos de saúde integram uma rede regionalizada e hierarquizada e constituem um sistema único, organizado de acordo com as seguintes diretrizes:
>
> I - descentralização, com direção única em cada esfera de governo;
>
> II - atendimento integral, com prioridade para as atividades preventivas, sem prejuízo dos serviços assistenciais;
>
> III - participação da comunidade."

O SUS, por sua vez, não se limita a atuar na prestação de serviços médicos, tendo participação, também, conforme estabelece o art. 200 da CF/88, nas atividades de:

I) fiscalização de procedimentos, produtos e substâncias de interesse da área da saúde;

II) produção de insumos para a área da saúde, como medicamentos, equipamentos, imunobiológicos, hemoderivados etc.;

III) fiscalização de alimentos;

IV) fiscalização de produtos tóxicos, psicoativos e radioativos;

V) execução de ações de saúde do trabalhador;

VI) execução de ações de vigilância sanitária e de saneamento básico;

VII) proteção do meio ambiente; e

VIII) desenvolvimento científico e tecnológico.

Portanto, para além dos serviços médicos, o SUS possui outras atribuições, as quais também têm relação com o direito à saúde.

> **Art. 200, CF/88.** Ao sistema único de saúde compete, além de outras atribuições, nos termos da lei:
>
> I - controlar e fiscalizar procedimentos, produtos e substâncias de interesse para a saúde e participar da produção de medicamentos, equipamentos, imunobiológicos, hemoderivados e outros insumos;
>
> II - executar as ações de vigilância sanitária e epidemiológica, bem como as de saúde do trabalhador;
>
> III - ordenar a formação de recursos humanos na área de saúde;
>
> IV - participar da formulação da política e da execução das ações de saneamento básico;
>
> V - incrementar, em sua área de atuação, o desenvolvimento científico e tecnológico e a inovação;
>
> VI - fiscalizar e inspecionar alimentos, compreendido o controle de seu teor nutricional, bem como bebidas e águas para consumo humano;
>
> VII - participar do controle e fiscalização da produção, transporte, guarda e utilização de substâncias e produtos psicoativos, tóxicos e radioativos;

VIII - colaborar na proteção do meio ambiente, nele compreendido o do trabalho.

A participação da iniciativa privada na prestação dos serviços de saúde

Nos termos do art. 199, *caput* e § 1º, da CF/88, a iniciativa privada pode, livremente, prestar assistência à saúde, além de poder participar do SUS de forma complementar, mediante contrato ou convênio com o poder público, e, na celebração desse vínculo, deve ser dada preferência às instituições privadas filantrópicas e as sem fins lucrativos.

Em relação aos atores privados que atuam na saúde, o texto constitucional estabelece algumas balizas, pois estabelece, nos §§ 2º e 3º do art. 199, que:

a) É proibida a destinação de recursos públicos na área da saúde a entidades privadas com fins lucrativos.

b) É proibida a participação de empresas ou capitais estrangeiros na assistência à saúde, salvo os casos previstos em lei.

Por fim, o § 4º do art. 199 da CF/88 estabelece que é vedada a comercialização de órgãos e de sangue e seus derivados, e que cabe à lei a regulamentação das condições e dos requisitos para a realização de:

a) Remoção de órgãos para fins de transplante, pesquisa e tratamento; e

b) Coleta, processamento e transfusão de sangue e seus derivados.

Confira o teor do art. 199 do texto constitucional:

"**Art. 199, CF/88.** A assistência à saúde é livre à iniciativa privada.

§ 1º As instituições privadas poderão participar de forma complementar do sistema único de saúde, segundo diretrizes deste, mediante contrato de direito público ou convênio, tendo preferência as entidades filantrópicas e as sem fins lucrativos.

§ 2º É vedada a destinação de recursos públicos para auxílios ou subvenções às instituições privadas com fins lucrativos.

§ 3º É vedada a participação direta ou indireta de empresas ou capitais estrangeiros na assistência à saúde no País, salvo nos casos previstos em lei.

§ 4º A lei disporá sobre as condições e os requisitos que facilitem a remoção de órgãos, tecidos e substâncias humanas para fins de transplante, pesquisa e tratamento, bem como a coleta, processamento e transfusão de sangue e seus derivados, sendo vedado todo tipo de comercialização."

A literalidade desse dispositivo, inclusive, já foi cobrada em prova, como ocorreu no concurso para o cargo de Procurador do Município de Fortaleza/CE realizado pelo CESPE em 2017, no qual foi considerada **correta** a assertiva segundo a qual *"a rede privada de saúde pode integrar o Sistema Único de Saúde, de forma complementar, por meio de contrato administrativo ou convênio"*. Como vimos, isso é o que diz o § 1º do art. 199 da CF/88.

Da mesma forma, no concurso para o cargo de Procurador do Estado do Maranhão realizado pela Fundação Carlos Chagas em 2016, foi considerada **correta** a assertiva que dizia que instituição privada com fins lucrativos *"poderá participar, de forma complementar, do Sistema Único de Saúde, ainda que as entidades filantrópicas e as sem fins lucrativos tenham preferência"*. E, nessa mesma prova, foi considerada **incorreta** a assertiva segundo a qual essa instituição *"poderá receber recursos públicos para auxílio ou subvenções"*, o que, como vimos, é vedado pelo § 2º do art. 199 da CF/88.

▶ O piso salarial da enfermagem

A **EC 124/2022** incluiu os §§ 12 e 13 ao art. 198 da CF/88 e, com isso, passou a prever no texto constitucional o **piso salarial nacional dos profissionais da enfermagem**, que nada mais é do que o limite mínimo da remuneração que deve ser paga a esses profissionais.

O **§ 12 do art. 198 da CF/88** estabelece que os profissionais da enfermagem (que, segundo o dispositivo, são o enfermeiro, o técnico de enfermagem, o auxiliar de enfermagem e a parteira) têm direito à fixação de um piso remuneratório, e que esse piso remuneratório deve ser previsto em lei federal a ser observada em todas as esferas da Federação pelas pessoas jurídicas de direito público e de direito privado.

Já o **§ 13 do art. 198 da CF/88** fixou um prazo para, após a edição da lei federal de fixação do piso salarial, os entes federados providenciarem a adequação da remuneração dos seus profissionais da enfermagem ao novo limite remuneratório mínimo. Esse prazo foi o **término do ano** no qual editada a lei federal fixadora do valor da remuneração mínima.

Veja o teor desses dispositivos:

> **"Art. 198, CF/88.**
>
> (...)
>
> **§ 12.** Lei federal instituirá **pisos salariais profissionais nacionais para o enfermeiro, o técnico de enfermagem, o auxiliar de enfermagem e a parteira**, a serem observados por pessoas jurídicas de direito público e de direito privado. ***(Incluído pela EC 124/2022)***
>
> **§ 13.** A União, os Estados, o Distrito Federal e os Municípios, **até o final do exercício financeiro em que for publicada a lei de que trata o § 12 deste artigo**, adequarão a remuneração dos cargos ou dos respectivos planos de carreiras, quando houver, de modo a atender aos pisos estabelecidos para cada categoria profissional. ***(Incluído pela EC 124/2022)***
>
> (...)"

Após a inclusão desses parágrafos no art. 198 da CF/88, foi editada a lei federal de fixação do piso salarial nacional da enfermagem. Trata-se da **Lei 14.434/2022**, que, alterando a Lei 7.498/86, estabeleceu como remunerações mínimas a serem pagas aos profissionais da enfermagem nas redes pública e privada as seguintes:

I) Para o enfermeiro, R$ 4.750,00 (quatro mil, setecentos e cinquenta reais);

II) Para o técnico de enfermagem, 70% da remuneração do enfermeiro; e

III) Para o auxiliar de enfermagem e a parteira, 50% da remuneração do enfermeiro.

Acontece que essa lei foi impugnada perante o STF na **ADI 7222** e, em um primeiro momento, teve sua eficácia suspensa cautelarmente, em virtude dos possíveis graves impactos que ela poderia gerar na prestação dos serviços de saúde. Isso porque diversas instituições privadas e até mesmo vários entes federados poderiam não ter condições financeiras de suportar a sua imediata implantação, o que, em vez de acarretar uma melhora nos serviços de saúde, poderia levar ao seu colapso, violando, como consequência, o direito fundamental à saúde, em vez de protegê-lo.

A suspensão cautelar da lei se deu inicialmente por decisão monocrática do Min. Luís Roberto Barroso proferida no dia 04/09/2022, mas, posteriormente, foi referendada pelo Pleno do Supremo Tribunal Federal no dia 19/09/2022.

De forma resumida, os fundamentos adotados pelo Min. Barroso que posteriormente foram confirmados pelo Pleno do STF foram os de que a implantação do piso salarial fixado pela Lei 14.434/2022 poderia:

I) Causar um desequilíbrio financeiro-orçamentário nos entes federados;

II) Gerar demissões e/ou supressões de postos de trabalho no âmbito da categoria da enfermagem; e

III) Gerar o fechamento de estabelecimentos de saúde.

A partir disso, o Ministro (e depois o Pleno do Tribunal) concluiu que a implantação do novo piso salarial, em vez de proteger, poderia violar o princípio da busca pelo pleno emprego e o direito à saúde, ambos assegurados pela Constituição Federal.

Por essas razões, a decisão determinou a suspensão da Lei 14.434/2022 até serem prestadas informações que permitam avaliar com maior segurança se a implantação do piso salarial da enfermagem efetivamente violaria ou não os valores constitucionais mencionados acima.

Ocorre que, diante de toda essa celeuma sobre os potenciais impactos da implantação do piso salarial nacional da enfermagem, o Congresso Nacional não ficou inerte. Ele aprovou a **EC 127/2022**, que incluiu os §§ 14 e 15 no art. 198 da CF/88, para estabelecer que a União, para viabilizar a implantação do piso salarial da enfermagem, deve prestar auxílio financeiro aos Estados, Distrito Federal e Municípios, bem como às instituições filantrópicas e aos estabelecimentos de saúde privados que atendam pelo menos 60% (sessenta por cento) dos seus pacientes pelo SUS.

Veja o teor desses dispositivos:

> **"Art. 198, CF/88.**
>
> (...)
>
> **§ 14.** Compete à União, nos termos da lei, prestar **assistência financeira complementar** aos Estados, ao Distrito Federal e aos Municípios e às entidades filantrópicas, bem como aos prestadores de serviços contratualizados que atendam, no mínimo, 60% (sessenta por cento) de seus pacientes pelo sistema único de saúde, **para o cumprimento dos pisos salariais de que trata o § 12 deste artigo.** ***(Incluído pela EC 127/2022)***

> **§ 15.** Os recursos federais destinados aos pagamentos da assistência financeira complementar aos Estados, ao Distrito Federal e aos Municípios e às entidades filantrópicas, bem como aos prestadores de serviços contratualizados que atendam, no mínimo, 60% (sessenta por cento) de seus pacientes pelo sistema único de saúde, para o cumprimento dos pisos salariais de que trata o § 12 deste artigo serão consignados no orçamento geral da União com dotação própria e exclusiva. ***(Incluído pela EC 127/2022)***"

Após a edição da EC 127/2022 (que criou o auxílio financeiro custeado pela União para viabilizar a implantação do piso salarial da enfermagem), o Supremo Tribunal Federal, em 03/07/2023, proferiu **nova decisão cautelar** na ADI 7222, revogando a suspensão da Lei 14.434/22 (que, portanto, voltou a ser aplicável) e determinando o seguinte:

I) A União e as entidades da sua Administração indireta devem cumprir o piso salarial da enfermagem integralmente, tal qual previsto na Lei 14.434/22.

II) Os entes subnacionais (Estados, Distrito Federal e Municípios, inclusive as entidades da sua Administração indireta) e as entidades privadas que atendam pelo menos 60% dos seus pacientes pelo SUS só são obrigados a cumprir o piso salarial da enfermagem se a União lhes pagar o auxílio financeiro criado pela EC 127/2022.

III) Os entes subnacionais (Estados, Distrito Federal e Municípios, inclusive as entidades da sua Administração indireta) e as entidades privadas que atendam pelo menos 60% dos seus pacientes pelo SUS só são obrigados a cumprir o piso salarial da enfermagem **na proporção do auxílio financeiro pago pela União.** Logo, se a União não pagar integralmente o auxílio financeiro, os entes subnacionais (e as entidades privadas que atendam pelo menos 60% dos seus pacientes pelo SUS) não serão obrigados a pagar integralmente aos seus profissionais da enfermagem os valores que devem ser pagos para que o piso salarial seja integralmente cumprido. Nesse caso, os entes subnacionais (e as entidades privadas que atendam pelo menos 60% dos seus pacientes pelo SUS) pagarão o que for possível pagar com o auxílio financeiro dado pela União.

IV) Caso a União não possua recursos para pagar o auxílio financeiro aos entes subnacionais e às entidades privadas que atendam pelo menos 60% dos seus pacientes pelo SUS, ela deverá providenciar a abertura de crédito orçamentário suplementar para esse fim. Caso essa providência não seja adotada pela União, os entes subnacionais e as entidades privadas que atendam pelo menos 60% dos seus pacientes pelo SUS ficarão desobrigados de cumprir o piso salarial da enfermagem.

V) Havendo recursos financeiros suficientes para que os entes públicos cumpram o piso salarial da enfermagem, o pagamento desse piso deverá ser **proporcional à jornada de trabalho cumprida por cada profissional**. Isso porque o piso salarial estabelecido na Lei 14.434/22 leva em consideração a jornada completa de trabalho prevista no art. 7º, XIII, da CF/88 (8 horas diárias e 44 horas semanais), de modo que, se o profissional da enfermagem tiver jornada inferior a essa, o pagamento do piso salarial deverá ser parcial e proporcional à sua jornada.

VI) Em relação aos profissionais da enfermagem **submetidos ao regime celetista em geral**, a implantação do piso salarial deve **necessariamente ser precedida de negociação coletiva**, prevalecendo o negociado sobre o legislado. O objetivo dessa exigência é fazer com que o cumprimento do piso salarial em cada caso se adeque às realidades de cada hospital e instituição de saúde envolvida, evitando-se, com isso, efeitos negativos do cumprimento da Lei 14.434/22, a exemplo da demissão em massa. Porém, se não houver acordo na negociação coletiva, o piso salarial deverá ser implantado tal qual previsto na Lei 14.434/22.

Nos exatos termos da decisão do STF, ficaram *"restabelecidos os efeitos da Lei nº 14.434/2022 (...),* ***para que seja implementado o piso salarial nacional por ela instituído****, nos seguintes termos:* ***(i)*** *em relação aos servidores públicos civis da* ***União, autarquias e fundações públicas federais****, a implementação do piso salarial nacional* ***deve ocorrer na forma prevista na Lei nº 14.434/2022; (ii)*** *em relação aos servidores públicos dos* ***Estados, Distrito Federal, Municípios e de suas autarquias****, bem como aos profissionais contratados por* ***entidades privadas que atendam, no mínimo, 60% de seus pacientes pelo SUS****, a implementação da diferença resultante do piso salarial nacional* ***deve se dar em toda a extensão coberta pelos recursos provenientes da assistência financeira da União****; e* ***(iii)*** *em relação aos* ***profissionais celetistas em geral****, a implementação do piso salarial nacional deve ocorrer na forma prevista na Lei nº 14.434/2022, a menos que se convencione diversamente em negociação coletiva, a partir da preocupação com demissões em massa ou comprometimento dos serviços de saúde. (...) Nesse caso,* ***deve prevalecer o negociado sobre o legislado*** *(...)".*

▶ O mínimo de recursos que devem ser aplicados na área da saúde

Devido à grande relevância do direito à saúde, o constituinte reformador (EC 29/2000) incluiu o § 2º no art. 198 da CF/88, prevendo o mínimo de recursos a serem aplicados anualmente em ações e serviços públicos de saúde (**são percentuais que devem ser memorizados!**).

Tamanha é a importância dessa regra que, caso descumprida, fica autorizada a intervenção da União nos Estados e dos Estados nos Municípios, conforme previsto nos arts. 34, VII, "e", e 35, III, da CF/88.

Resumidamente, nos termos da Constituição, esses valores mínimos são os seguintes:

I) Para a **União**: 15% (quinze por cento) da receita corrente líquida.

II) Para os **Estados** e o **Distrito Federal**: percentual estabelecido em lei complementar federal incidente sobre o produto da arrecadação dos impostos estaduais, sobre as parcelas da arrecadação dos impostos federais que lhes cabem e sobre as receitas tributárias repassadas pela União ao Fundo de Participação dos Estados e do Distrito Federal, excluídos os valores que são repassados aos Municípios.

III) Para os **Municípios**: percentual estabelecido em lei complementar federal incidente sobre o produto da arrecadação dos impostos municipais, sobre as parcelas da arrecadação dos impostos federais e estaduais que lhes cabem e sobre as receitas tributárias repassadas pela União ao Fundo de Participação dos Municípios, excluídos os repasses de 1% ocorridos em julho, setembro e dezembro de cada ano.

A lei complementar que fixa os percentuais a serem aplicados pelos Estados, Distrito Federal e Municípios é a LC 141/2012 (arts. 6º, 7º e 8º). Essa lei estabeleceu os percentuais de 12% para os Estados e 15% para os Municípios. Em relação ao Distrito Federal, como esse ente federativo acumula as competências estaduais e municipais, trouxe um regime híbrido, determinando a aplicação de dois percentuais diferentes:

a) 15% em relação aos recursos de origem municipal; e

b) 12% em relação aos recursos de origem estadual e ao produto da arrecadação direta de impostos que não possam ser decompostos nas competências estaduais e municipais.

> **"Art. 198, CF/88.**
>
> (...)
>
> **§ 1º** O sistema único de saúde será financiado, nos termos do art. 195, com recursos do orçamento da seguridade social, da União, dos Estados, do Distrito Federal e dos Municípios, além de outras fontes.
>
> **§ 2º** A União, os Estados, o Distrito Federal e os Municípios **aplicarão, anualmente, em ações e serviços públicos de saúde recursos mínimos** derivados da aplicação de percentuais calculados sobre:
>
> I - no caso da União, a receita corrente líquida do respectivo exercício financeiro, não podendo ser inferior a 15% (quinze por cento);
>
> II - no caso dos Estados e do Distrito Federal, o produto da arrecadação dos impostos a que se referem os arts. 155 e 156-A e dos recursos de que tratam os arts. 157 e 159, I, "a", e II, deduzidas as parcelas que forem transferidas aos respectivos Municípios; ***(Redação dada pela EC 132/2023)***
>
> III - no caso dos Municípios e do Distrito Federal, o produto da arrecadação dos impostos a que se referem os arts. 156 e 156-A e dos recursos de que tratam os arts. 158 e 159, I, "b", e § 3º. ***(Redação dada pela EC 132/2023)***
>
> **§ 3º** Lei complementar, que será reavaliada pelo menos a cada cinco anos, estabelecerá:
>
> I - os percentuais de que tratam os incisos II e III do § 2º;
>
> II - os critérios de rateio dos recursos da União vinculados à saúde destinados aos Estados, ao Distrito Federal e aos Municípios, e dos Estados destinados a seus respectivos Municípios, objetivando a progressiva redução das disparidades regionais;
>
> III - as normas de fiscalização, avaliação e controle das despesas com saúde nas esferas federal, estadual, distrital e municipal;
>
> (...)"

Esse tema já foi cobrado em prova e a resolução da questão dependeu do conhecimento da mera literalidade do art. 198, § 2º, da CF/88. Isso aconteceu no concurso para o cargo de Procurador do Município de Penalva/MA realizado pelo IMA em 2017, no qual foi considerada **incorreta** a assertiva que dizia que *"os Estados aplicarão, anualmente, em ações e serviços públicos de saúde recursos mínimos derivados da aplicação de percentuais calculados sobre a receita corrente líquida do respectivo exercício financeiro, não podendo ser inferior a 15% (quinze por cento)"*. Para responder corretamente, bastava lembrar que a base de cálculo utilizada na definição dos recursos mínimos que devem ser aplicados pelos Estados na saúde não é a receita corrente líquida (art. 198, § 2º II, CF/88). Essa base de cálculo, na verdade, é utilizada na aferição dos valores mínimos a serem aplicados na saúde pela União (art. 198, § 2º, I, CF/88). Além disso, conforme vimos, o percentual mínimo de 15% é previsto na Constituição para a União, e não para os Estados.

→ *Possibilidade de se exigir judicialmente a aplicação dos recursos mínimos que devem ser destinados às ações e serviços públicos de saúde*

Conforme estudamos, a Constituição Federal estabelece, no seu art. 198, §§ 2º e 3º, que há uma quantidade mínima de recursos a serem aplicados pelos entes federados nas ações e serviços públicos de saúde e que, para os Estados, Distrito Federal e Municípios, esse montante deve ser fixado em lei complementar (que é a LC 141/2012), enquanto que, para a União, essa quantia mínima é de 15% da receita corrente líquida.

> **"Art. 198, CF/88.**
>
> (...)
>
> **§ 2º** A União, os Estados, o Distrito Federal e os Municípios aplicarão, anualmente, em ações e serviços públicos de saúde recursos mínimos derivados da aplicação de percentuais calculados sobre:
>
> I - no caso da União, a receita corrente líquida do respectivo exercício financeiro, não podendo ser inferior a 15% (quinze por cento);
>
> II - no caso dos Estados e do Distrito Federal, o produto da arrecadação dos impostos a que se referem os arts. 155 e 156-A e dos recursos de que tratam os arts. 157 e 159, I, "a", e II, deduzidas as parcelas que forem transferidas aos respectivos Municípios; ***(Redação dada pela EC 132/2023)***
>
> III - no caso dos Municípios e do Distrito Federal, o produto da arrecadação dos impostos a que se referem os arts. 156 e 156-A e dos recursos de que tratam os arts. 158 e 159, I, "b", e § 3º. ***(Redação dada pela EC 132/2023)***
>
> **§ 3º** Lei complementar, que será reavaliada pelo menos a cada cinco anos, estabelecerá:
>
> I - os percentuais de que tratam os incisos II e III do § 2º;
>
> (...)"

Em relação a isso, no **RE 858.075** (Tema de Repercussão Geral nº 818), julgado em 17/05/2021, o Supremo Tribunal Federal decidiu que, caso o poder público não aplique na saúde o mínimo de recursos exigidos pelo § 2º do art. 198 da CF/88 e pela lei complementar referida no § 3º desse artigo, é possível exigir judicialmente que esses recursos sejam aplicados.

No caso julgado, o pedido foi de que se determinasse ao poder público a aplicação, na saúde, dos recursos mínimos previstos no art. 77 do ADCT (que foi incluído pela EC 29/2000), o qual estabeleceu a quantidade mínima de recursos a serem aplicados enquanto não editada a lei complementar referida no art. 198, § 3º, da CF/88 (a LC 141/2012). Porém, o raciocínio (no sentido da possibilidade de se exigir judicialmente o cumprimento do comando constitucional) parece ser perfeitamente aplicável em relação aos percentuais atualmente vigentes, que estão previstos no § 2º do art. 198 da CF/88 e na LC 141/2012.

Confira a ementa do acórdão lavrado nesse julgamento:

> "(...) 2. O Plenário do STF já se manifestou pela impossibilidade de aplicação, antes do advento da Lei Complementar nº 141/2012, da sanção de restrição de transferência voluntária federal a Estado-membro em razão do descumprimento do percentual mínimo de gastos em saúde. Precedentes. Assim, mostra-se correto o julgamento de improcedência dos pedidos formulados em face da União. 3. Por outro lado, tal fundamento **não conduz à impossibilidade de controle judicial da observância do investimento mínimo constitucional em saúde, já que a sua exigibilidade exsurge diretamente do art. 198, § 2º, II, da Constituição c/c art. 77, § 1º, do ADCT.** Este último dispositivo indica expressamente os percentuais mínimos a serem observados pelos Municípios desde o ano 2000, deixando claro o caráter autoaplicável da previsão, que deveria ser obedecida desde a sua promulgação. 4. Recurso extraordinário parcialmente provido, para restabelecer tão somente os comandos judiciais que se dirigiam ao Município de Nova Iguaçu. Tese de julgamento: "É compatível com a Constituição Federal controle judicial a tornar obrigatória a observância, tendo em conta recursos orçamentários destinados à saúde, dos percentuais mínimos previstos no artigo 77 do Ato das Disposições Constitucionais Transitórias, considerado período anterior à edição da Lei Complementar nº 141/2012"."
>
> **(RE 858075, Tema de RG 818, Pleno, Rel. Min. MARCO AURÉLIO, Redator do acórdão Min. ROBERTO BARROSO, j. 17/05/2021)**

A partir do próximo tópico, passaremos a analisar os principais precedentes jurisprudenciais sobre o direito à saúde, que, em virtude de sua relevância, é objeto de inúmeros debates nos nossos tribunais.

▶ Responsabilidade solidária na prestação do direito à saúde

É tranquilo no Supremo Tribunal Federal o entendimento de que existe responsabilidade solidária das três esferas da Federação na prestação dos serviços de saúde. Logo, em uma demanda para obter um medicamento e/ou um tratamento médico, o polo passivo pode ser ocupado pela União, pelo Estado e pelo Município, isolada ou conjuntamente, a critério da parte autora, como ficou decidido no **RE 855.178** (Tema de Repercussão Geral nº 793), ementado nos seguintes termos:

> "(...) DIREITO À SAÚDE. TRATAMENTO MÉDICO. RESPONSABILIDADE SOLIDÁRIA DOS ENTES FEDERADOS. (...) **O tratamento médico adequado aos necessitados se insere no rol dos deveres do Estado, porquanto responsabilidade solidária dos entes federados. O polo passivo pode ser composto por qualquer um deles, isoladamente, ou conjuntamente."**
>
> **(RE 855178, Pleno, Tema de Repercussão Geral nº 793, Rel. Min. LUIZ FUX, j. 05/03/2015)**

Diante do reconhecimento da solidariedade passiva entre as esferas federativas no tema do direito à saúde e da possibilidade de o autor da ação escolher contra qual delas ajuizará a demanda, surge o seguinte questionamento: **como evitar que essa solidariedade passiva acabe fazendo com que um único ente federado tenha de suportar sozinho o ônus de atender os pedidos de fornecimento de tratamento de saúde e que, com isso, seja causado um desequilíbrio nas contas públicas e no próprio esquema constitucional de repartição de competências?**

O próprio STF respondeu essa questão ao fixar a tese de repercussão geral no precedente mencionado acima (Tema nº 793). Segundo a Corte, cabe ao próprio juiz que proferiu a decisão definir a entidade que deve dar cumprimento à ordem judicial, bem como, sendo caso, determinar o ressarcimento em favor do ente que forneceu o tratamento.

Nos exatos termos da tese fixada, *"os entes da federação, em decorrência da competência comum, são solidariamente responsáveis nas demandas prestacionais na área da saúde, e diante dos critérios constitucionais de descentralização e hierarquização, compete à autoridade judicial* ***direcionar o cumprimento conforme as regras de repartição de competências e determinar o ressarcimento*** *a quem suportou o ônus financeiro"*.

▶ Fornecimento de medicamento fora da lista do SUS

Uma questão bastante tormentosa na jurisprudência diz respeito à existência de direito do indivíduo à obtenção de todo e qualquer medicamento (a ser fornecido pelo Estado), ainda que não constante da lista de fármacos disponibilizados pelo SUS. Sobre esse tema, a jurisprudência mudou bastante ao longo dos anos, mas o Superior Tribunal de Justiça, na sistemática de recursos repetitivos **(Tema nº 106)**, fixou critérios para o acolhimento de pedidos de fornecimento de tais medicamentos.

Segundo o STJ, para que o Estado seja compelido a fornecer medicamento não constante da lista do SUS, é necessária a presença cumulativa dos seguintes requisitos:

1) Comprovação, por meio de laudo médico fundamentado do médico que assiste o paciente, da **imprescindibilidade do medicamento**, assim como da **ineficácia**, para o tratamento da moléstia, **das opções disponibilizadas pelo SUS**;

2) **Insuficiência de recursos do requerente** para arcar com o custo do medicamento prescrito;

3) Estar o medicamento **registrado na ANVISA**; e

4) O medicamento ser utilizado para as **finalidades terapêuticas indicadas no seu registro na ANVISA**, ficando vedado o seu fornecimento para uso "off label" (isto é, em situações diversas das indicadas na bula do remédio), **exceto nos casos em que isso seja autorizado pela própria ANVISA**.

É interessante registrar que, inicialmente, ao julgar o mérito do caso, o STJ não fez constar da tese fixada a exigência de que, para o fornecimento de medicamento não constante da lista do SUS, o seu uso se dê de acordo com as indicações constantes do seu registro na ANVISA (isto é, de acordo com a sua bula). Apenas em momento seguinte, ao julgar embargos de declaração opostos contra o acórdão de julgamento do mérito, foi que o Tribunal incluiu na redação da tese a exigência de uso do medicamento de acordo com a sua bula, o que, segundo esclareceu a Corte, afasta a possibilidade de compelir o Poder Público a fornecer medicamento para uso "off label" (isto é, para uso em tratamentos terapêuticos diversos dos indicados no registro e na bula do remédio), a menos que isso seja autorizado pela própria ANVISA.

Confira as ementas dos acórdãos do julgamento de mérito e dos embargos de declaração:

> "(...)
>
> 3. Tese afetada: Obrigatoriedade do poder público de fornecer medicamentos não incorporados em atos normativos do SUS **(Tema 106)**. Trata-se, portanto, exclusivamente do fornecimento de medicamento, previsto no inciso I do art. 19-M da Lei n. 8.080/1990, não se analisando os casos de outras alternativas terapêuticas.
>
> **4. TESE PARA FINS DO ART. 1.036 DO CPC/2015: A concessão dos medicamentos não incorporados em atos normativos do SUS exige a presença cumulativa dos seguintes requisitos: (i) Comprovação, por meio de laudo médico fundamentado e circunstanciado expedido por médico que assiste o paciente, da imprescindibilidade ou necessidade do medicamento, assim como da ineficácia, para o tratamento da moléstia, dos fármacos fornecidos pelo SUS; (ii) incapacidade financeira de arcar com o custo do medicamento prescrito; (iii) existência de registro na ANVISA do medicamento.** (...)"
>
> **(REsp 1657156, Rel. Min. BENEDITO GONÇALVES, PRIMEIRA SEÇÃO, j. 25/04/2018)**
>
> "(...)
>
> 5. No caso dos autos, faz-se necessário tão somente esclarecer que **o requisito do registro na ANVISA afasta a possibilidade de fornecimento de medicamento para uso off label, salvo caso autorizado pela ANVISA.**
>
> 6. Embargos de Declaração acolhidos parcialmente, sem efeitos infringentes, para esclarecer que onde se lê: "existência de registro na ANVISA do medicamento", leia-se: "existência de registro do medicamento na ANVISA, observados os usos autorizados pela agência".
>
> (...)
>
> **TESE FIXADA:** A tese fixada no julgamento repetitivo passa a ser: A concessão dos medicamentos não incorporados em atos normativos do SUS exige a presença cumulativa dos seguintes requisitos: **i)** Comprovação, por meio de laudo médico fundamentado e circunstanciado expedido por médico que assiste o paciente, da imprescindibilidade ou necessidade do medicamento, assim como da ineficácia, para o tratamento da moléstia, dos fármacos fornecidos pelo SUS; **ii)** incapacidade financeira de arcar com o custo do medicamento prescrito; **iii)** existência de registro do medicamento na ANVISA, observados os usos autorizados pela agência.
>
> (...)"
>
> **(EDcl no REsp 1657156, Rel. Min. BENEDITO GONÇALVES, PRIMEIRA SEÇÃO, j. 12/09/2018)**

Por fim, é importante registrar que esse entendimento do STJ é compatível com a jurisprudência do STF. Por exemplo, no ARE 926469 AgR (j. 07/06/2016), a Primeira

Turma da Corte afirmou que "a jurisprudência do Supremo Tribunal Federal é firme no sentido de que, apesar do caráter meramente programático atribuído ao art. 196 da Constituição Federal, o Estado não pode se eximir do dever de propiciar os meios necessários ao gozo do direito à saúde dos cidadãos. (...) O Supremo Tribunal Federal tem se orientado no sentido de ser ***possível ao Judiciário a determinação de fornecimento de medicamento não incluído na lista padronizada fornecida pelo SUS, desde que reste comprovação de que não haja nela opção de tratamento eficaz para a enfermidade***".

→ *Legitimidade passiva nas ações de fornecimento de medicamento registrado na ANVISA que não integra a lista do SUS*

Conforme vimos, o Supremo Tribunal Federal decidiu, no **Tema de Repercussão Geral nº 793**, que, nos processos judiciais envolvendo a prestação de um serviço de saúde (medicamento, tratamento, procedimento etc.), há **solidariedade passiva entre todas as esferas federativas**, podendo o autor ajuizar a ação contra qualquer delas em conjunto ou isoladamente, cabendo ao juiz indicar o ente que deve suportar o cumprimento da decisão.

Ainda segundo a Corte, o direcionamento do cumprimento da decisão pelo juiz deve observar as normas infraconstitucionais que organizam o SUS (pois elas estabelecem qual ente federado é responsável por qual tarefa), e, caso um ente federativo acabe suportando ônus financeiro por cumprir determinação relacionada a medida que não se encontra dentre suas atribuições no âmbito SUS, ele deverá ser ressarcido.

Em 2022, tivemos uma novidade no STF envolvendo essa questão.

A tese fixada no Tema de Repercussão Geral nº 793 continua válida, mas a Primeira Turma do Tribunal acrescentou um detalhe à interpretação dela. Trata-se de uma evolução na compreensão da matéria.

Segundo decidiu a Primeira Turma da Corte, quando a medida a ser adotada para cumprir a determinação imposta no processo for, segundo as normas do SUS, de atribuição da União, esta deverá necessariamente integrar o polo passivo da demanda e a competência para julgar o caso será da Justiça Federal.

Esse entendimento foi adotado, por exemplo, na **Rcl 49890** (j. 22/03/2022), na **Rcl 50414** (j. 22/03/2022) e no **RE 1286407 AgR-segundo** (j. 26/04/2022).

Um exemplo de situação que exige a participação da União é a demanda em que o autor pede fornecimento de **medicamento não constante da lista do SUS (embora registrado na ANVISA)**. Isso porque, segundo as normas do SUS, é da União a atribuição para incluir novos medicamentos na lista de dispensação do Sistema Único de Saúde.

A necessária participação da União no processo não impede que o autor da demanda inclua outros entes federados no polo passivo (nesse caso, haverá um **litisconsórcio passivo necessário com a União**).

Tudo isso ficou muito claro na ementa do julgamento do **RE 1286407 AgR-segundo**, que recebeu a seguinte redação:

> **"EMENTA:** (...) 2. A solidariedade atribuída a todos os entes (art. 23, II, da CF) não pode significar possibilidade absoluta de atropelo, por ordens judiciais, da

estrutura fixada essencialmente a partir da lógica hierarquizada e sistematizada das ações e serviços públicos de saúde (art. 198, caput e I, da CF), materializada pela divisão de atribuição feita pela Lei 8.080/1990, que instituiu o Sistema Único de Saúde. 3. A interpretação do Tema 793-RG deve considerar a existência de solidariedade entre todos os entes em caso de competência comum, mas deve observar o direcionamento necessário da demanda judicial ao ente responsável pela prestação específica pretendida, permitindo-se que o cumprimento seja direto e, eventual ressarcimento, eficaz. Nesses casos, **quando identifica-se a responsabilidade direta da União pelo fornecimento do medicamento ou pelo tratamento pretendido, nos termos da Lei 8.080/1990, sua inclusão no polo passivo da demanda é medida necessária**, a ser providenciada pelo juiz da causa, evitando-se o descompasso entre a previsão orçamentária e a concretização da despesas na área da saúde. 4. Da mesma forma, **quando se objetivar a incorporação, a exclusão ou a alteração pelo SUS de novos medicamentos, produtos e procedimentos**, bem como a constituição ou a alteração de protocolo clínico ou de diretriz terapêutica, **as quais são atribuições do Ministério da Saúde**, assessorado pela Comissão Nacional de Incorporação de Tecnologias no SUS, nos termos do art. 19-Q da Lei 8.080/1990, **a inclusão da União também se fará necessária**. 5. No caso concreto, o Tribunal de origem, considerando que a medicação postulada se encontra ausente dos Protocolos Clínicos e Diretrizes Terapêuticas do Sistema Único de Saúde (PDCT/SUS), entendeu ser **necessária a inclusão da União no polo passivo da ação como litisconsorte passivo necessário**, tornando a **Justiça Federal absolutamente competente para o julgamento da demanda**. Assim, manteve os efeitos da tutela de urgência para resguardar o atendimento de saúde do beneficiado, e declarou de ofício a incompetência absoluta da Justiça Estadual, determinando a remessa dos autos à Justiça Federal. **O acórdão recorrido está em conformidade com a tese de repercussão geral fixada no Tema 793. (...)" (RE 1286407 AgR-segundo, Primeira Turma, Rel. Min. ALEXANDRE DE MORAES, j. 26/04/2022)**

É importante registrar, porém, que, mesmo após esses pronunciamentos da Primeira Turma do STF sobre o tema, a **Segunda Turma do STJ**, apreciando casos envolvendo a mesma questão jurídica, decidiu que é desnecessária a inclusão da União no polo passivo de demanda em que se pede medicamento não integrante da lista do SUS, desde que se trate de um medicamento registrado na ANVISA. Ou seja, o STJ contrariou frontalmente o que estabeleceu o Supremo Tribunal Federal.

Esse entendimento foi adotado no âmbito do STJ (pela sua Segunda Turma), por exemplo, no **RMS 68602** (j. 26/04/2022) e no **AgInt no RMS 68612** (j. 08/08/2022).

Nas exatas palavras do Tribunal, *"sendo o medicamento pleiteado registrado na Anvisa, deve prevalecer a escolha firmada pelo impetrante no que concerne à indicação do polo passivo do mandamus.* ***A jurisprudência do STJ não exige a inclusão da União*** *no polo passivo nas demandas em que se pleiteia o fornecimento de medicamento não incorporado na Relação Nacional de Medicamentos Essenciais (Rename), mas registrados na Anvisa"* **(AgInt no RMS 68612).**

Após isso, em 12/04/2023, o STJ (mais precisamente, a sua Sexta Seção) julgou o **Incidente de Assunção de Competência (IAC) nº 14**, confirmando, no âmbito da Corte, o entendimento de que, nas ações de fornecimento de medicamentos fora da lista do SUS, não há obrigatoriedade de inclusão da União no polo passivo, devendo a demanda ser julgada pelo juízo que for competente de acordo com os entes federados que o autor da ação decidiu incluir no processo.

Portanto, existe hoje uma divergência entre o STF e o STJ sobre o tema, sendo necessário aguardar para saber se o Plenário do Supremo Tribunal Federal confirmará o entendimento adotado pela Primeira Turma da Corte e se o STJ se curvará a esse entendimento.

O pronunciamento definitivo do STF sobre a matéria ocorrerá no julgamento do **Tema de Repercussão Geral nº 1234** (RE 1.366.243), que se encontra pendente de análise de mérito. No entanto, com o intuito de acautelar a situação enquanto não ocorre o julgamento final do caso, o Supremo Tribunal Federal, em 19/04/2023, proferiu decisão provisória nos autos desse tema de repercussão geral, determinando que, até a solução da questão, seja observado o seguinte nos processos ajuizados para obter o fornecimento, pelo poder público, de medicamentos e/ou tratamentos de saúde **(e é isso que se aplica atualmente)**:

I) Se o medicamento ou tratamento requerido estiver **padronizado** (isto é, se ele estiver **previsto na lista do SUS**), a composição do polo passivo do processo deverá observar a repartição de responsabilidades do SUS que é estabelecida em lei, ainda que isso implique deslocamento de competência. Portanto, se a responsabilidade pelo fornecimento for da União, ela deverá constar do polo passivo da ação; se a responsabilidade for do Estado, ele deverá constar do polo passivo da ação; e, se a responsabilidade for do Município, ele deverá constar do polo passivo da ação. Evidentemente, porém, nada impede que, nos termos do Tema de Repercussão Geral nº 793, a parte que ajuizou a ação coloque mais de um ente federado no polo passivo, desde que o ente legalmente responsável pelo fornecimento do medicamento ou tratamento também seja incluído. Se o polo passivo do processo indicado pelo autor da demanda não estiver em conformidade com as competências do SUS, o juízo ao qual o processo foi direcionado deverá determinar a sua correção, e, se essa correção alterar a competência para o julgamento do caso, isso não impedirá que o juízo perante o qual a ação foi inicialmente ajuizada defira eventual pedido cautelar para evitar o perecimento de direitos.

II) Se o medicamento ou tratamento requerido **NÃO estiver padronizado** (isto é, se ele **não estiver previsto na lista do SUS**), a ação ajuizada deverá ser processada e julgada pelo próprio juízo ao qual foi direcionada pelo autor da demanda, ficando proibida, até o julgamento definitivo do Tema de Repercussão Geral nº 1234, a determinação de inclusão da União no polo passivo, bem como a remessa do processo a outro juízo (no caso, um juízo federal) em virtude disso.

III) As determinações mencionadas nos dois itens anteriores **apenas se aplicam a processos ainda não sentenciados**. Se o processo já se encontrava sentenciado antes da decisão provisória do STF no Tema de Repercussão Geral nº 1234, ele deverá continuar no juízo (e no ramo de Justiça) em que já se encontrava, nele permanecendo até o seu trânsito em julgado e eventual execução. Isso deve ser observado ainda que, no processo, tenha havido a determinação de inclusão da União no polo passivo (em caso de ação ajuizada para pedir fornecimento de medicamento ou tratamento não padronizado) ou não tenha sido determinada a inclusão do ente federado legalmente competente para atender o pedido (em caso de ação ajuizada para pedir fornecimento de medicamento ou tratamento padronizado).

IV) Os **recursos especiais** e os **recursos extraordinários** nos quais se discuta se há ou não necessidade de incluir a União no polo passivo dos processos em que se pede o fornecimento de medicamento ou tratamento (constante ou não da lista do SUS) devem ficar **suspensos até o julgamento definitivo do Tema de Repercussão Geral nº 1234**. Isso, porém, não impede que sejam deferidas nesses processos (mesmo com recurso especial/extraordinário suspenso) medidas cautelares que eventualmente se façam necessárias.

Esse, portanto, é o cenário atual da jurisprudência a respeito das ações de fornecimento de medicamentos e tratamentos de saúde não previstos na lista do SUS.

Talvez estejamos caminhando para um "redesenho" da tese do Tema de Repercussão Geral nº 793 (no qual foi reconhecida a solidariedade na prestação do direito à saúde). O objetivo do STF parece ser o de estabelecer uma melhor organização das competências de cada esfera federativa no fornecimento de tratamentos e medicamentos em vez de deixar isso a critério exclusivo da vontade do autor da ação.

Fornecimento de medicamento sem registro na ANVISA

Evoluindo no tema, o Supremo Tribunal Federal analisou um caso em que foi questionada a possibilidade de o poder público ser compelido a fornecer medicamentos que nem mesmo contam com registro na ANVISA. A Corte se posicionou no sentido de que, em regra, o Estado não tem essa obrigação, mas que, em situações excepcionais, é possível essa exigência.

O tema foi objeto do **RE 657718** (Tema de Repercussão Geral nº 500), no qual a Suprema Corte fixou a seguinte tese:

1) O Estado não pode ser obrigado a fornecer **medicamentos experimentais**.

2) A ausência de **registro na ANVISA** impede, como regra geral, o fornecimento de medicamento por decisão judicial.

3) É possível, **excepcionalmente**, a concessão judicial de medicamento sem registro sanitário, quando, havendo pedido de registro pendente de análise, há **mora irrazoável da ANVISA** em apreciar esse pedido (prazo superior ao previsto na Lei 13.411/2016), desde que preenchidos três requisitos:

I) a **existência de pedido de registro** do medicamento no Brasil (conforme já exposto acima), **salvo no caso de medicamentos órfãos**, que são aqueles destinados ao tratamento de doenças raras e ultrarraras;

II) a **existência de registro do medicamento em renomadas agências** de regulação no exterior;

III) a **inexistência de substituto terapêutico** com registro no Brasil.

4) As ações que demandem o fornecimento de medicamentos sem registro na ANVISA deverão ser **necessariamente propostas em face da União**, já que, no caso, estão em discussão questões relativas a atribuições de uma autarquia federal (a ANVISA).

Observe **quatro detalhes muito importantes**:

a) O STF definiu que, em se tratando de **medicamento experimental**, não se pode exigir que o Estado o forneça em hipótese alguma.

b) Segundo a tese fixada, quando se trata de **medicamento órfão**, para que seja deferido o pedido de fornecimento, **não é necessário que exista procedimento de registro pendente de análise pela ANVISA**, o que, consequentemente, faz com que fique prejudicada qualquer verificação de mora irrazoável dessa entidade.

c) No Brasil, existe uma definição legal de medicamento órfão, que se encontra prevista em uma resolução da ANVISA. Trata-se da **Resolução RDC nº 28/2007**, que, no art. 2º, III, estabelece que **medicamento órfão** é o *"termo usado para designar medicamento que se mostre **eficaz no tratamento ou diagnóstico de doenças raras ou negligenciadas**"*. Como se pode perceber, segundo essa definição, para que um medicamento seja considerado órgão, basta que ele seja eficaz para tratar uma doença rara, não se exigindo que seu uso se dê exclusivamente no tratamento dessa doença.

d) Quando se deduz a pretensão de fornecimento de medicamento sem registro na ANVISA, **fica afastada a solidariedade entre as entidades federativas**, passando a legitimidade passiva a ser **apenas da União**. Perceba que **essa situação é diferente** daquela em que o medicamento tem registro na ANVISA, mas não integra a lista de fornecimento do SUS: conforme vimos, o STF (divergindo do STJ) decidiu que, nas ações de fornecimento de medicamento **registrado na ANVISA, mas não integrante da lista do SUS**, a União deve necessariamente integrar o polo passivo, porém, isso não impede que os demais entes federados (Estado e/ou Município) também sejam demandados. Já quando a ação é ajuizada para pedir medicamento **não registrado na ANVISA**, a legitimidade passiva, segundo o STF (Tema de RG nº 500), é apenas da União, não sendo possível demandar o Estado nem o Município.

No que diz respeito ao afastamento da solidariedade passiva nesse caso (de fornecimento de medicamento não registrado na ANVISA), é necessário esclarecer uma questão.

A tese fixada nesse julgamento não diz de forma expressa e literal que a solidariedade passiva fica afastada. Ela diz, tão somente, que *"as ações que demandem fornecimento de medicamentos sem registro na Anvisa deverão necessariamente ser propostas em face da União"*, o que levou ao surgimento de algumas opiniões no sentido de que nada impediria a inclusão no polo passivo do Estado e/ou do Município, desde que a União também fosse incluída. Ou seja, essa linha de raciocínio sustenta que o que o STF exige é que a União seja demandada nessas ações, não ficando necessariamente afastada a solidariedade passiva entre ela e as demais esferas federativas.

Essa conclusão, no entanto, não se sustenta a partir de uma leitura sistemática do precedente. Isso porque o voto vencedor (e condutor) do julgamento, proferido pelo Min. Luís Roberto Barroso, estabeleceu que:

> *"a Lei nº 9.782/1999 instituiu o sistema nacional de vigilância sanitária e atribuiu à Agência Nacional de Vigilância Sanitária (Anvisa), autarquia federal sob regime especial vinculada ao Ministério da Saúde, a competência para exercer a vigilância sanitária de medicamentos (art. 8º, § 1º, I). Portanto, como a Agência integra a estrutura da Administração Pública Federal,* ***não se pode permitir que Estados e Municípios (entes federativos que não são responsáveis pelo registro de medicamentos) sejam condenados a custear tais prestações de saúde*** *quando eles não têm responsabilidade pela mora da Agência, nem têm a possibilidade de saná-la.*
>
> *Esse entendimento – vale dizer –* ***não conflita com a decisão proferida no RE 855178 (ainda pendente de julgamento de embargos de declaração), em que o Plenário deste STF reiterou sua jurisprudência quanto à responsabilidade solidária dos entes federados para fornecimento de tratamento médico aos necessitados.*** *Isso porque* ***ambas as decisões têm fundamentos diversos.*** *O fundamento utilizado no recurso extraordinário para se concluir pela solidariedade foi a competência comum da União, dos Estados, do Distrito Federal e dos Municípios para cuidar da saúde (art. 23, CF/1988). Diversamente, no presente caso, está em questão a hipótese de mora administrativa na concessão do registro, atribuída unicamente à Agência federal. Desse modo, quando se tratarem especificamente de ações judiciais que envolvam medicamentos não registrados na Anvisa, o polo passivo deve ser composto necessariamente pela União, de modo a que a demanda deverá ser proposta perante a Justiça Federal".*

É possível, perceber, portanto, que o voto que balizou o julgamento deixou claro que a responsabilidade pelo fornecimento do medicamento nesse caso somente pode ser atribuída à União, e que esse entendimento não exclui nem se confunde com o entendimento anteriormente firmado pelo Tribunal no sentido da existência de solidariedade passiva entre as esferas federativas na questão do fornecimento de tratamentos médicos.

Isso fica claro nos seguintes trechos do voto:

I) "(...) **não se pode permitir que Estados e Municípios** (entes federativos que não são responsáveis pelo registro de medicamentos) **sejam condenados a custear tais prestações de saúde** (...)";

II) "Esse entendimento – vale dizer – não conflita com a decisão proferida no RE 855178 (ainda pendente de julgamento de embargos de declaração), em que o Plenário deste STF reiterou sua jurisprudência quanto à responsabilidade solidária dos entes federados para fornecimento de tratamento médico aos necessitados. Isso porque **ambas as decisões têm fundamentos diversos**"; e

III) "(...) no presente caso, está em questão a hipótese de mora administrativa na concessão do registro, atribuída unicamente à Agência federal".

Fica claro, a partir dessa análise, que o Supremo Tribunal Federal afastou a solidariedade passiva entre União, Estados e Municípios quando o que se pretende na ação é o fornecimento de medicamento não registrado na ANVISA. Nesses casos, a legitimidade para figurar no polo passivo da demanda é apenas da União.

No entanto, em provas, caso a assertiva apresente a transcrição literal da tese fixada pelo STF (a qual, como vimos, não diz expressamente que, nessas ações, a legitimidade passiva é exclusivamente da União), ela deve ser considerada correta, exceto se houver, na mesma questão, outra assertiva afirmando que apenas a União pode figurar no polo passivo, hipótese em que esta última será a resposta certa, por ser a assertiva "mais correta".

Fornecimento de medicamento não registrado na ANVISA, mas com importação autorizada

Conforme vimos, no **Tema de Repercussão Geral nº 500 (RE 657718, j. 22/05/2019)**, o Supremo Tribunal Federal fixou o entendimento de que é possível compelir o poder público a fornecer medicamento não registrado na ANVISA (e, evidentemente, não previsto na lista de fornecimento de medicamentos do SUS), desde que presentes determinados pressupostos cumulativos, quais sejam:

I) Que não se trate de medicamento experimental;

II) Que haja um procedimento de registro em curso e a ANVISA não o tenha concluído dentro do prazo legal (que se encontra estabelecido na Lei nº 13.411/2016), exceto quando se tratar de medicamentos órfãos (que são aqueles destinados ao tratamento de doenças raras ou ultrarraras), hipótese em que fica dispensada a exigência de haver pedido de registro pendente de análise pela ANVISA;

III) Que o medicamento esteja registrado em renomadas agências de regulação de medicamentos estrangeiras;

IV) Que não exista, no Brasil, substituto terapêutico para o medicamento pretendido.

A legitimidade passiva para a ação nessa hipótese, segundo definiu o STF, é apenas da União, tendo em vista que a situação envolve atribuições da ANVISA, que é uma entidade autárquica integrante da Administração Pública federal.

É interessante registrar que, com base no entendimento firmado nesse tema, já houve caso em que, por decisão monocrática de Ministro do Supremo Tribunal Federal, foi determinado ao poder público que fornecesse medicamento para tratamento de doença rara a paciente com idade superior àquela para a qual o medicamento se encontrava registrado na ANVISA, por ter ficado demonstrado que em renomada agência reguladora estrangeira esse mesmo medicamento estava registrado para uso em pacientes com idade superior àquela indicada no registro da ANVISA.

Isso ocorreu, por exemplo, na **STP 803 MC**, na qual o Min. Luiz Fux, em decisão monocrática de 17/07/2021, determinou que a União fornecesse o medicamento chamado Zolgensma a criança portadora da doença rara chamada AME (Atrofia Muscular Espinhal), embora ela (a criança) tivesse idade superior àquela para a qual esse medicamento se encontrava registrado na ANVISA.

Para entender a situação, é necessário saber que a Atrofia Muscular Espinhal (AME) é uma doença rara que deve ser combatida nos primeiros anos de vida, e, na ANVISA, o registro do Zolgensma (medicamento utilizado no tratamento dessa doença) contempla o uso apenas em crianças de até dois anos de idade, enquanto agências estrangeiras admitem o seu uso para tratar crianças um pouco mais velhas.

Por conta disso, o Min. Fux, aplicando a tese fixada no Tema de Repercussão Geral nº 500 (que permite compelir o poder público a fornecer medicamento que, embora não registrado na ANVISA, tenha registro em renomadas agências estrangeiras), determinou que o medicamento fosse fornecido, apesar de o paciente em tratamento não se enquadrar nas hipóteses de uso autorizadas pela ANVISA.

Além do entendimento fixado no Tema de Repercussão Geral nº 500, o Supremo Tribunal Federal, ao julgar o mérito do **Tema de Repercussão Geral nº 1.161 (RE 1.165.959, j. 21/06/2021)**, firmou mais um entendimento envolvendo a obrigação do poder público de fornecer medicamentos.

Esse caso envolveu um pedido de fornecimento de medicamento produzido à base de canabidiol que não possuía registro na ANVISA, mas cuja importação para uso próprio era autorizada pela própria ANVISA.

Por conta de, embora não registrado na ANVISA, o medicamento ter sua importação para uso próprio permitida, o STF entendeu ser possível, excepcionalmente, obrigar o poder público a fornecê-lo, desde que presentes os seguintes pressupostos cumulativos:

I) Seja comprovada a incapacidade econômica do paciente;

II) Seja comprovada a imprescindibilidade clínica do tratamento; e

III) Seja comprovada a impossibilidade de substituição do medicamento pretendido por algum medicamento constante da lista de fornecimento de medicamentos do SUS.

Nos exatos termos da tese fixada nesse julgamento, *"cabe ao Estado fornecer, em termos excepcionais, medicamento que, embora não possua registro na ANVISA, tem a sua importação autorizada pela agência de vigilância sanitária, desde que comprovada a incapacidade econômica do paciente, a imprescindibilidade clínica do tratamento, e a impossibilidade de substituição por outro similar constante das listas oficiais de dispensação de medicamentos e os protocolos de intervenção terapêutica do SUS"*.

Como se pode perceber, o que essa tese faz é, em última análise, considerar a autorização de importação do medicamento como um equivalente do seu registro na ANVISA, pois, quando há essa autorização, basta, para que seja deferido o pedido, que sejam preenchidos os demais requisitos (que não o registro na ANVISA) exigidos para fornecimento de medicamento não constante da lista do SUS (requisitos esses que, conforme vimos, foram definidos pelo STJ no Tema de Recursos Repetitivos nº 106).

Note ainda que, apesar de esse caso envolver fornecimento de medicamento sem registro na ANVISA, o Supremo Tribunal Federal, diferentemente do que fez no Tema de Repercussão Geral nº 500, não afirmou ser a legitimidade passiva apenas da União, mesmo porque a situação não diz respeito a nenhuma demora da ANVISA na análise de pedido de registro de medicamento. Ao contrário disso, segundo entendeu o STF, o fato de a ANVISA permitir a importação do medicamento faz justamente com que seja desnecessário haver o registro dele para que o seu fornecimento possa ser exigido do poder público, o que, como consequência, faz com que deixe de ter qualquer utilidade processual a discussão sobre a existência ou não de pedido de registro pendente de apreciação pela ANVISA e as consequências disso na legitimidade passiva para a ação de fornecimento do medicamento.

Não por outro motivo, a ação que deu origem ao recurso extraordinário julgado pelo STF nesse caso foi ajuizada contra o Estado de São Paulo, que não teve reconhecida a sua ilegitimidade ad causam em nenhum momento da tramitação processual.

Fornecimento de medicamento de alto custo

Quando o medicamento é de alto custo, o Judiciário pode obrigar o Estado a fornecê-lo?

Essa questão foi apreciada pelo Supremo Tribunal Federal ao julgar, em 11/03/2020, o **RE 566471** (Tema de Repercussão Geral nº 6), tendo a Suprema Corte decidido que, em regra, o poder público não pode ser compelido a fornecer medicamentos de alto custo que, embora registrados na ANVISA, não integrem a lista de fornecimento do SUS.

Essa é a regra. Ocorre que, até o momento, a tese aplicável ainda não foi fixada pelo STF e, quando for fixada, provavelmente contemplará exceções à regra, pois os Ministros, ao votarem, afirmaram a existência de hipóteses excepcionais e muitos deles, inclusive, já apresentaram suas sugestões de qual tese deve ser fixada. Portanto, tudo indica que a tese que vier a ser estabelecida pelo Tribunal contemplará situações em que, mesmo sendo de alto custo o medicamento, o Estado poderá ser obrigado judicialmente a fornecê-lo.

É possível que essas exceções sigam, ao menos em parte, as balizas que já vêm sendo observadas pelos demais órgãos judiciários ao determinar o fornecimento, pelo poder público, de medicamentos de alto custo. Essas balizas (cumulativas), conforme vimos, foram fixadas pelo STJ no REsp 1657156 (Tema de Recursos Repetitivos nº 106), e são as seguintes:

I) Existir laudo médico indicando a necessidade do medicamento;

II) Haver demonstração da ineficiência dos demais tratamentos disponíveis;

III) Haver demonstração da incapacidade financeira da parte;

IV) Haver registro do medicamento na ANVISA.

De qualquer forma, esses requisitos não foram, até o momento, adotados pelo STF para excepcionar a regra da não obrigatoriedade de fornecimento, pelo Estado, de medicamentos de alto custo, sendo necessário, portanto, aguardar a fixação da tese do RE 566471 para se definir essa questão.

Manutenção de medicamento em estoque

Ainda sobre fornecimento de medicamentos, o Supremo Tribunal Federal apreciou um caso em que o Estado reiteradamente tinha seus estoques de um determinado fármaco esvaziados, o que gerava um hiato nos tratamentos das pessoas que dele dependiam. Nessa situação, muito embora o ente público não estivesse se negando a fornecer o remédio, foi compelido pelo Poder Judiciário (com a chancela do STF) a manter o medicamento em estoque, pois o direito à saúde não se coaduna com interrupções de tratamentos (RE 429903).

Portanto, segundo o Supremo Tribunal Federal, o Judiciário pode obrigar o Estado a manter medicamentos em estoque para evitar interrupções de tratamento. Essa obrigação do poder público decorre do direito fundamental à saúde, já que a tutela adequada da saúde da população exige que seja assegurada, sem interrupções, a continuidade dos tratamentos.

Fosfoetanolamina sintética ("pílula do câncer")

Outro caso que teve grande repercussão na jurisprudência e nos meios de comunicação foi o da fosfoetanolamina sintética (a **"pílula do câncer"**).

De forma bem resumida, o que ocorreu foi o seguinte: um pesquisador da Universidade de São Paulo – USP desenvolveu essa substância, com a promessa de ser eficaz no tratamento contra o câncer. O fármaco foi fornecido gratuitamente pela USP durante vários anos aos portadores de câncer que aceitassem participar das pesquisas, mas, como a substância ainda não havia sido aprovada pela ANVISA, a universidade decidiu (em 2014) interromper esse fornecimento, o que gerou uma massiva judicialização por pessoas pretendendo obter o medicamento.

Diante da repercussão do caso e da forte pressão popular, o Congresso Nacional editou a Lei nº 13.269/16, autorizando o uso da fosfoetanolamina sintética por pacientes portadores de câncer, mesmo sem a aprovação da ANVISA. Essa lei foi questionada na ADI 5501, vindo o STF, em sede cautelar, a suspender a sua eficácia, com os seguintes argumentos:

a) Ela viola o direito à saúde, pois permite a distribuição de um medicamento cujas consequências ainda são desconhecidas, o que é medida que, em vez de proteger, coloca em risco a saúde da população.

b) Ao autorizar a produção e o fornecimento de um medicamento sem necessidade de autorização da ANVISA, o Poder Legislativo feriu o princípio da separação dos Poderes, pois cabe à ANVISA, por meio da prática de atos administrativos concretos, a fiscalização de medicamentos, de modo que, ao editar a lei em questão, o legislador se substituiu ao administrador, o que é vedado pela Constituição Federal.

Esse entendimento foi, posteriormente, confirmado no julgamento do mérito da ação (em 23/10/2020), com a declaração da inconstitucionalidade da norma. A lei em questão, portanto, violou, a um só tempo, o direito à saúde e a separação dos Poderes.

Inibidores de apetite (medicamentos anorexígenos)

O debate enfrentado pelo STF na ADI 5501 (que tratou do caso da "pílula do câncer) também ocorreu na **ADI 5779**, julgada em 14/10/2021.

Nessa ação, foi impugnada a Lei 13.454/17, que autorizava a produção, a comercialização e o consumo de medicamentos inibidores de apetite (a exemplo da popular sibutramina) sem a aprovação da ANVISA. Tal qual se deu na ADI 5501, o STF entendeu que uma norma desse teor viola o direito fundamental à saúde, pois, apesar de o Legislativo poder regulamentar a comercialização de substâncias destinadas à saúde humana, isso não pode ser feito sem os devidos cuidados, sob pena de caracterizar uma proteção insuficiente do direito à saúde e uma verdadeira violação à proibição de retrocesso na tutela desse direito fundamental.

Compulsoriedade de se submeter a campanha de vacinação (COVID-19)

No contexto do combate à pandemia de COVID-19 que chegou ao Brasil no ano 2020, o Supremo Tribunal Federal foi provocado a se manifestar sobre a possibilidade de o poder público implementar programa de vacinação com caráter compulsório. A questão enfrentada foi a seguinte: o Estado pode forçar os indivíduos a se imunizarem contra uma doença ou não? Como fica a situação das pessoas que alegam questões políticas, filosóficas, religiosas e/ou existenciais para recusar a vacina?

Esse debate teve como pano de fundo o art. 3º, III, "d", da Lei 13.979/20 (a lei de combate à pandemia do novo coronavírus), que prevê a possibilidade de o poder público, dentre as medidas de combate à COVID-19, tornar compulsória a vacinação, bem como (no caso da discussão sobre a possibilidade de oposição da escusa de consciência) o art. 5º, VIII, da CF/88, que veda a privação de direitos em virtude de recusa a cumprir obrigação legal por motivos religiosos, filosóficos ou políticos e assegura a escolha por uma prestação alternativa. Veja o teor desses dispositivos:

> "***Art. 3º, Lei 13.979/20.*** Para enfrentamento da emergência de saúde pública de importância internacional de que trata esta Lei, as autoridades poderão adotar, no âmbito de suas competências, entre outras, as seguintes medidas:
> (...)
> III - determinação de realização compulsória de:
> (...)
> d) vacinação e outras medidas profiláticas;
> (...)"
>
> "***Art. 5º, VIII, CF/88*** - ninguém será privado de direitos por motivo de crença religiosa ou de convicção filosófica ou política, salvo se as invocar para eximir-se de obrigação legal a todos imposta e recusar-se a cumprir prestação alternativa, fixada em lei;"

Essas questões foram analisadas nas **ADIs 6586 e 6587**, que trataram da constitucionalidade da vacinação compulsória, e no **ARE 1267879** (Tema de Repercussão Geral nº 1103), que tratou sobre a possibilidade de se opor escusa de consciência para se eximir da obrigatoriedade da vacina, especialmente, se os pais podem alegar motivos filosóficos, políticos e religiosos para deixarem de vacinar seus filhos. As três ações foram julgadas conjuntamente no dia 17/12/2020.

O STF, ao julgar os pedidos apresentados, destacou que, no contexto de uma doença que atinge toda a comunidade, o direito à saúde assume uma feição coletiva e, por imposição do princípio constitucional da solidariedade, deve prevalecer sobre direitos individuais.

Nesse sentido, em relação ao pedido de reconhecimento do direito de escusa de consciência para se eximir da obrigação de se vacinar, o Tribunal esclareceu que a situação não se assemelha à possibilidade de recusar um determinado tratamento terapêutico que tenha repercussões unicamente para o próprio indivíduo, pois o combate a uma pandemia, para ser eficaz, exige que uma parcela considerável da população seja imunizada. Assim, a recusa de alguns à aplicação da vacina representa expor a coletividade ao risco da doença, o que não encontra abrigo na Constituição. Trata-se de uma excepcional situação em que o Estado pode proteger as pessoas mesmo contra sua vontade, tal qual se verifica na obrigação legal do uso do cinto de segurança nos veículos.

Além disso, no que diz respeito à possibilidade de os pais alegarem escusa de consciência para deixarem de vacinar seus filhos, os Ministros registraram que o poder familiar não permite essa medida, pois ele não consubstancia um direito ilimitado dos pais para dirigir a vida dos filhos e limitar os seus direitos, mas sim um instrumento para protegê-los (os filhos) dos riscos inerentes à condição de vulnerabilidade em que naturalmente se encontram.

Em relação à compulsoriedade da vacinação, o Tribunal a considerou constitucional, destacando que ela, no contexto da pandemia enfrentada, representa uma **dupla obrigação**: I) de um lado, o poder público tem a obrigação de oferecer a imunização para tutelar o direito coletivo à saúde; e II) de outro lado, os indivíduos têm a obrigação de se vacinarem, de modo a viabilizar a proteção à saúde de todos.

Porém, a Corte deixou muito claro o seguinte: vacinação compulsória não é a mesma coisa que vacinação forçada. A que é válida é a vacinação **compulsória**, que é aquela que pode ser imposta às pessoas por meio do estabelecimento de medidas de coerção indireta previstas em lei, como multa e proibição de frequentar determinados lugares caso o indivíduo não se submeta ao programa de imunização. Já a vacinação forçada (que é aquela implementada contra a vontade das pessoas, inclusive por meio da coação física) é inconstitucional, pois viola o direito fundamental à integridade física.

Quanto à competência para a adoção da vacinação compulsória, a Corte, seguindo a linha de raciocínio que vem adotando nas questões relacionadas ao direito à saúde (especialmente, no contexto da pandemia de COVID-19), reconheceu que todas as esferas da Federação (União, Estados, Distrito Federal e Municípios) têm poderes para implementá-la, desde que atuem dentro de suas respectivas esferas de competência.

Em todo caso, a medida adotada pela Administração Pública deve, sempre, ser baseada em evidências científicas e estudos estratégicos, além de informar a população acerca da eficácia, da segurança e das contraindicações dos medicamentos utilizados. Isso, inclusive, é determinado expressamente pelo art. 3º, § 1º, da Lei 13.979/20, segundo o qual, *"as medidas previstas neste artigo somente poderão ser determinadas com base em evidências científicas e em análises sobre as informações estratégicas em saúde e deverão ser limitadas no tempo e no espaço ao mínimo indispensável à promoção e à preservação da saúde pública"*.

Segundo a **tese** fixada pelo STF no ARE 1267879, *"é constitucional a obrigatoriedade de imunização por meio de vacina que, registrada em órgão de vigilância sanitária, tenha sido incluída no plano nacional de imunizações; ou tenha sua aplicação obrigatória decretada em lei; ou seja objeto de determinação da União, dos estados, do Distrito Federal ou dos municípios com base em consenso médico-científico. Em tais casos, não se caracteriza violação à liberdade de consciência e de convicção filosófica dos pais ou responsáveis, nem tampouco ao poder familiar"*.

Já nas ADIs 6586 e 6587, a **tese** fixada estabeleceu o seguinte:

> *"(I) A vacinação compulsória não significa vacinação forçada, facultada a recusa do usuário, podendo, contudo, ser implementada por meio de medidas indiretas, as quais compreendem, dentre outras, a restrição ao exercício de certas atividades ou à frequência de determinados lugares, desde que previstas em lei, ou dela decorrentes, e tenham como base evidências científicas e análises estratégicas pertinentes, venham acompanhadas de ampla informação sobre a eficácia, segurança e contraindicações dos imunizantes, respeitem a dignidade humana e os direitos fundamentais das pessoas; atendam aos critérios de razoabilidade e proporcionalidade; e sejam as vacinas distribuídas universal e gratuitamente.*
>
> *(II) Tais medidas, com as limitações expostas, podem ser implementadas tanto pela União como pelos estados, pelo Distrito Federal e pelos municípios, respeitadas as respectivas esferas de competência."*

Em resumo, segundo decidiu o STF, a vacina contra a COVID-19:

1) Pode ser **compulsória** (conforme prevê o art. 3º, III, "d", da Lei 13.979/20), o que significa a possibilidade de o poder público se valer de meios de coerção indireta para implementar essa obrigação (ADIs 6586 e 6587);

2) Não pode ser **forçada** (que é aquela implementada contra a vontade das pessoas, inclusive por meio da coação física), por violar o direito fundamental à integridade física (ADIs 6586 e 6587);

3) Não pode ser evitada pelos indivíduos por meio do exercício de **escusa de consciência**, pois a recusa de alguns à aplicação da vacina representa expor a coletividade ao risco da doença, o que não encontra abrigo na Constituição (ARE 1267879);

4) Não pode deixar de ser aplicada aos **menores** por decisão dos pais, ainda que com fundamento em escusa de consciência (ARE 1267879);

5) Pode ser implementada (inclusive compulsoriamente) por **todos os entes federados**, desde que observem os limites das suas competências constitucionais (ADIs 6586 e 6587).

→ *A questão do "passaporte da vacina"*

O que se convencionou chamar de **"passaporte da vacina"** nada mais é do que a exigência de as pessoas comprovarem terem sido vacinadas para que possam frequentar determinados lugares ou realizar certas atividades. É o caso, por exemplo, da exigência de apresentação de comprovante de vacinação como condição para que as pessoas entrem em restaurantes e se hospedem em hotéis.

No contexto do combate à pandemia de COVID-19, com a evolução das campanhas de vacinação (não só no Brasil, mas também internacionalmente), essa medida passou a ser adotada em diversos Municípios brasileiros e até mesmo em outros países.

O grande questionamento que surgiu a esse respeito foi o seguinte: **a exigência de apresentação de comprovante de vacinação como condição para frequentar determinados lugares e realizar certas atividades é constitucional?** Seria isso uma invasão arbitrária na liberdade individual de cada um?

Conforme vimos, o art. 3º, III, "d", da Lei 13.979/20 prevê a possibilidade de adoção de vacinação compulsória como medida de combate à pandemia de COVID-19, e o Supremo Tribunal Federal, nas **ADIs 6586 e 6587**, considerou constitucional essa previsão legal.

Vimos também que a vacinação compulsória, conforme explicou o próprio STF nos precedentes mencionados, significa a possibilidade de o Poder Público se valer de **meios de coerção indireta** para compelir a população a se vacinar. Dentre esses meios de coerção indireta, encontra-se o "passaporte da vacina".

A partir disso, já é possível concluir que, para o Supremo Tribunal Federal, o "passaporte da vacina" é compatível com a Constituição.

E, na **ADPF 913 MC**, o STF foi provocado a enfrentar a questão de forma específica. Nessa oportunidade, em decisão monocrática cautelar do dia 11/12/2021, o Min. Luís Roberto Barroso considerou **válida** a exigência de apresentação de **comprovante de vacinação contra a COVID-19** (além da realização de teste de detecção da doença) para que viajantes oriundos do exterior possam entrar no Brasil.

A decisão **excluiu dessa exigência apenas quatro situações:**

I) Quando **motivos médicos** justificarem a não vacinação da pessoa;

II) Quando a pessoa **vier de um país em que comprovadamente não haja vacinação disponível** com amplo alcance;

III) Quando **razões humanitárias excepcionais** justificarem a dispensa da exigência; e

IV) Quando o viajante for brasileiro ou estrangeiro residente no Brasil que **havia saído do território brasileiro em momento anterior à prolação da decisão** (e que, portanto, não tinha conhecimento da necessidade de apresentação do "passaporte da vacina" quando deixou o Brasil).

Essa decisão, após prolatada, foi submetida ao referendo do Plenário em sessão virtual, e, no dia 15/12/2021, já contava com a chancela da maioria dos Ministros da Corte, o que deixa claro que o entendimento do STF realmente é no sentido de que o "passaporte da vacina" é uma medida compatível com a Constituição. Caso assim não entendesse, o Tribunal certamente teria aproveitado essa oportunidade para declarar a sua invalidade.

O julgamento, no entanto, não foi concluído, pois, pouco antes do encerramento da sessão virtual, o Min. Nunes Marques apresentou pedido de deslocamento do caso para o Plenário físico, e, após isso, a ação foi julgada prejudicada pelo Min. Luís Roberto Barroso (relator do processo), em virtude de a pandemia de COVID-19 ter sido controlada, o que fez com que o cenário fático que justificou inicialmente o ajuizamento da ADPF não se fizesse mais presente. Tudo indica, porém, que o entendimento pela validade da exigência de apresentação de comprovante de vacinação seria mantido tanto na sessão presencial de referendo da medida cautelar quanto na decisão final de mérito do processo.

Inclusive, em oportunidades anteriores envolvendo a questão do "passaporte da vacina", o Supremo Tribunal Federal já havia mantido a aplicação da medida, como ocorreu na **ADPF 756 TPI-décima segunda**, em que, por decisão monocrática de 31/12/2021 (referendada pelo Plenário da Corte em 21/02/2022), o Min. Ricardo Lewandowski manteve a exigência de comprovante de vacinação por instituições federais de ensino como condição para o retorno às atividades presenciais, e na **STP 824 MC**, em que, por decisões monocráticas de 01/10/2021 e 30/11/2021, o Min. Luiz Fux manteve a exigência do "passaporte da vacina" no Município do Rio de Janeiro.

No primeiro caso (ADPF 756 TPI-décima segunda), a decisão se fundamentou na autonomia universitária, estabelecendo que, por conta dessa autonomia, as instituições de ensino superior têm liberdade para dispor sobre seu funcionamento e estrutura administrativa, bem como sobre suas atividades pedagógicas, o que autoriza a exigência de apresentação do comprovante de vacinação. Já no segundo caso (STP 824 MC), a decisão invocou como fundamento a competência municipal para atuar na saúde e, portanto, no combate à pandemia de COVID-19, o que permite aos Municípios estabelecer as medidas mais adequadas (de acordo com a sua realidade) para combater a crise sanitária, dentre elas, o "passaporte da vacina", conforme, inclusive, prevê o art. 3º da Lei 13.979/20 (cujo rol de medidas de combate à pandemia, segundo a decisão, tem caráter meramente **exemplificativo**).

Como se pode perceber, nesses dois casos, não houve o enfrentamento, de forma específica, da questão da validade material do "passaporte da vacina". Porém, é certo que, caso o STF considerasse a medida inválida, teria aproveitado essas oportunidades para afirmar a inconstitucionalidade da medida.

Em 2024, outro caso relevante envolvendo o tema do "passaporte da vacina" foi apreciado pelo STF. Trata-se da **ADPF 1123**, que foi ajuizada contra diversos decretos editados por diferentes Municípios do Estado de Santa Catarina afastando a necessidade de apresentação de comprovante de vacinação contra a COVID-19 como requisito para a matrícula de alunos nas escolas localizadas nesses Municípios (tanto as escolas da rede pública municipal quanto as escolas privadas).

Em decisão cautelar de 11/03/2024, o Supremo Tribunal Federal **suspendeu todos esses decretos**, pelos seguintes motivos:

I) O direito à saúde é tema de competência legislativa concorrente e material comum, o que faz com todos os entes federados possam atuar na matéria, porém, sempre respeitando as normas gerais estabelecidas pela União. No caso da vacina contra a COVID-19, ela foi incluída pela União no Plano Nacional de Imunização, o que a tornou obrigatória para as crianças em virtude de o Estatuto da Criança e do Adolescente (Lei 8.069/90) estabelecer no seu art. 14, § 1º, que *"é obrigatória a vacinação das crianças nos casos recomendados pelas autoridades sanitárias"*. Ademais, no Estado de Santa Catarina, há lei (estadual), prevendo a necessidade de apresentação da caderneta de vacinação como requisito para a matrícula de alunos nas escolas da rede pública estadual e nas escolas privadas localizadas no Estado, de modo que os decretos municipais impugnados contrariaram também as normas estaduais.

II) A dispensa da obrigatoriedade de vacinação viola a proteção das crianças e dos adolescentes, que, por determinação constitucional (art. 227, CF/88), devem ser tratados com absoluta prioridade.

III) Os decretos impugnados contrariam a jurisprudência do próprio STF firmada no Tema de Repercussão Geral nº 1103, no qual a Corte, conforme vimos anteriormente, reconheceu a constitucionalidade da compulsoriedade da vacinação, inclusive, contra a COVID-19.

Portanto, segundo decidiu o STF, normas municipais não podem afastar a obrigatoriedade da vacinação contra a COVID-19.

▶ (Des)necessidade de os Estados e os Municípios aguardarem autorização da ANVISA para implementarem seus programas de vacinação contra a COVID-19

O Conselho Federal da OAB ajuizou a **ADPF 770** para impugnar a omissão do Poder Público Federal em apresentar um plano nacional de imunização definitivo contra a pandemia de COVID-19 que atingiu o Brasil no ano 2020, bem como em oferecer à população a vacina respectiva.

Diversas medidas cautelares foram requeridas na petição inicial, dentre as quais, (I) a autorização para a aquisição e o fornecimento de vacinas já registradas em agências de regulação no exterior, independentemente de registro na ANVISA, e (II) a permissão para que vacinas já registradas em agências estrangeiras possam ser utilizadas no Brasil caso a ANVISA deixe de observar o prazo de 72 (setenta e duas) horas para aprovar a medicação nos termos do art. 3º, VIII, e § 7º-A, da Lei 13.979/20.

Segundo o art. 3º, VIII, e § 7º-A, da Lei 13.979/20, é possível, no combate à pandemia de COVID-19, haver a autorização temporária e excepcional para a importação e a distribuição de insumos, medicamentos, materiais e equipamentos, mesmo sem registro na ANVISA, desde que possuam registro em certas agências reguladoras estrangeiras e a própria ANVISA dê essa autorização, que se considera automaticamente concedida (de forma tácita) se o respectivo pedido não for apreciado dentro do prazo de 72 (setenta e duas) horas.

Veja a redação da norma:

> "***Art. 3º, Lei 13.979/20.*** Para enfrentamento da emergência de saúde pública de importância internacional de que trata esta Lei, as autoridades poderão adotar, no âmbito de suas competências, entre outras, as seguintes medidas:
> (...)
> VIII – autorização excepcional e temporária para a importação e distribuição de quaisquer materiais, medicamentos, equipamentos e insumos da área de saúde sujeitos à vigilância sanitária sem registro na Anvisa considerados essenciais para auxiliar no combate à pandemia do coronavírus, desde que:
> a) registrados por pelo menos 1 (uma) das seguintes autoridades sanitárias estrangeiras e autorizados à distribuição comercial em seus respectivos países:

> 1. Food and Drug Administration (FDA);
> 2. European Medicines Agency (EMA);
> 3. Pharmaceuticals and Medical Devices Agency (PMDA);
> 4. National Medical Products Administration (NMPA);
>
> b) *(revogada)*
>
> (...)
>
> ***§ 7º-A.*** A autorização de que trata o inciso VIII do *caput* deste artigo deverá ser concedida pela Anvisa em até 72 (setenta e duas) horas após a submissão do pedido à Agência, dispensada a autorização de qualquer outro órgão da administração pública direta ou indireta para os produtos que especifica, sendo concedida automaticamente caso esgotado o prazo sem manifestação.
>
> (...)"

No caso, um dos pedidos do CFOAB foi o reconhecimento da plena aplicabilidade das disposições legais transcritas cima.

Como a questão foi decidida?

No dia 17/12/2020, o Ministro Ricardo Lewandowski, monocraticamente, apreciou os pedidos cautelares e os deferiu parcialmente *ad referendum* do Plenário do Tribunal. Em sua decisão, ele destacou que a prestação do direito à saúde, o qual, nos termos do texto constitucional, é direito de todos e dever do Estado, compreende não apenas medidas curativas, mas, igualmente, medidas preventivas, tais como as vacinas. Nesse exato sentido, inclusive, a própria Constituição Federal, em seu art. 196, estabelece que o direito à saúde é *"garantido mediante políticas sociais e econômicas que visem à* ***redução do risco de doença e de outros agravos****"*.

Nesse contexto, segundo registrou o Ministro, é inevitável, notadamente em um cenário de pandemia, reconhecer o dever do Estado de adotar uma postura proativa tendente a implementar programas universais de vacinação, sob pena de, caso não o faça, incorrer em omissão violadora da Constituição.

Quanto à possibilidade de todos os entes federados, e não apenas a União, atuarem na campanha de vacinação contra a COVID-19, o Ministro Ricardo Lewandowski destacou que o Supremo Tribunal Federal vem tranquilamente reconhecendo a competência para todas as esferas da Federação, desde que dentro de seus respectivos âmbitos de competência, aturarem na prestação dos serviços de saúde e no combate à pandemia desse novo coronavírus.

Isso porque a Constituição Brasileira de 1988 adotou um **federalismo de cooperação** (ou **de integração**), no qual, em relação a matérias indicadas no texto constitucional, há um verdadeiro entrelaçamento de atribuições entre as entidades federativas, e o direito fundamental à saúde é uma dessas matérias, tanto no campo das competências administrativas quanto no campo das competências legislativas, conforme consta dos arts. 23, II, e 24, XII, da CF/88.

> "***Art. 23, CF/88.*** É competência comum da União, dos Estados, do Distrito Federal e dos Municípios:
>
> (...)

II - cuidar da saúde e assistência pública, da proteção e garantia das pessoas portadoras de deficiência;

(...)"

"**Art. 24, CF/88.** Compete à União, aos Estados e ao Distrito Federal legislar concorrentemente sobre:

(...)

XII - previdência social, proteção e defesa da saúde;

(...)"

Dessa forma, embora seja da União a competência para planejar e promover a defesa contra calamidades públicas (art. 21, XVIII, CF/88) e para, por meio do Ministério da Saúde, definir o Programa Nacional de Imunizações, inclusive estabelecendo casos de vacinação obrigatória (Lei 6.259/75), isso não exclui a competência dos Estados, do Distrito Federal e dos Municípios para atuarem nessas questões, notadamente quando a atuação do Governo Federal não estiver sendo suficiente para a adequada tutela do direito fundamental à saúde, seja pela demora excessiva na autorização de uso de vacinas, seja pela insuficiência da quantidade de imunizante adquirida e disponibilizada à população.

De forma bastante clara, o Ministro Ricardo Lewandowski afirmou em sua decisão que *"a Constituição outorgou a todos os entes federados a competência comum de cuidar da saúde, compreendida nela a adoção de quaisquer medidas que se mostrem necessárias para salvar vidas e garantir a higidez física das pessoas ameaçadas ou acometidas pela nova moléstia, incluindo-se nisso a disponibilização, por parte dos governos estaduais, distrital e municipais, de imunizantes diversos daqueles ofertados pela União, desde que aprovados pela Anvisa, caso aqueles se mostrem insuficientes ou sejam ofertados a destempo.*

No âmbito dessa autonomia insere-se, inclusive, a importação e distribuição, em caráter excepcional e temporário, por autoridades dos Estados, Distrito Federal e Municípios, de "quaisquer materiais, medicamentos e insumos da área de saúde sujeitos à vigilância sanitária sem registro na Anvisa considerados essenciais para auxiliar no combate à pandemia do coronavírus", observadas as condições do art. 3°, VIII, a, e § 7°-A, da Lei 13.979/2020, alterada pela Lei 14.006/2020".

Nessa linha de raciocínio, o Ministro reconheceu expressamente a presunção de constitucionalidade do art. 3º, VIII e § 7º-A, da Lei 13.979/20 e, portanto, a sua plena aplicabilidade, a qual alcança todas as esferas da Federação, não se restringindo à órbita da União. Ou seja, essa norma permite que Estados, Distrito Federal e Municípios solicitem à ANVISA autorização temporária e excepcional para importação e uso de vacinas que tenham sido registradas em agências reguladoras estrangeiras, ficando essa autorização automaticamente concedida após decorrido o prazo de 72 horas da apresentação do respectivo pedido.

Inclusive, para mostrar que a questão do uso de medicamento sem prévia manifestação da ANVISA a seu respeito não é inédita no Supremo Tribunal Federal, o Ministro lembrou do precedente do RE 657.718, no qual a Corte reconheceu a possibilidade de obrigar o poder público a fornecer medicamento sem prévio registro sanitário no Brasil, nas hipóteses em que ele (o medicamento) já tivesse sido registrado em agência reguladora estrangeira renomada e a ANVISA não analisasse o pedido de registro dentro dos prazos estabelecidos pela Lei 6.360/76, na redação dada pela Lei 13.411/2016.

Com esses fundamentos, o Ministro Ricardo Lewandowski deferiu em parte os pedidos cautelares formulados na petição inicial, *ad referendum* do Plenário do Supremo Tribunal Federal, para estabelecer que *"os Estados, Distrito Federal e Municípios (i) no caso de descumprimento do Plano Nacional de Operacionalização da Vacinação contra a Covid-19, recentemente tornado público pela União, ou na hipótese de que este não proveja cobertura imunológica tempestiva e suficiente contra a doença, poderão dispensar às respectivas populações as vacinas das quais disponham, previamente aprovadas pela Anvisa, ou (ii) se esta agência governamental não expedir a autorização competente, no prazo de 72 horas, poderão importar e distribuir vacinas registradas por pelo menos uma das autoridades sanitárias estrangeiras e liberadas para distribuição comercial nos respectivos países, conforme o art. 3º, VIII, a, e § 7º-A, da Lei 13.979/2020, ou, ainda, quaisquer outras que vierem a ser aprovadas, em caráter emergencial, nos termos da Resolução DC/ANVISA 444, de 10/12/2020".*

É importante destacar que, seguindo a linha das decisões tomadas pelo Supremo Tribunal Federal no controle das ações e omissões governamentais no combate à COVID-19, o Ministro registrou que, em todo caso, sejam quais forem as medidas adotadas pelo poder público no enfrentamento da pandemia, elas deverão, sempre, ser baseadas em evidências científicas e análises estratégicas (conforme, inclusive, determina a própria Lei 13.979/20, no seu art. 3º, § 1º), e sua adoção deverá, invariavelmente, ser justificada de forma fundamentada e explícita, em juízo que compete exclusivamente à própria Administração Pública diante de cada caso concreto.

Em julgamento realizado no dia 24/02/2021, o Plenário do Tribunal referendou a cautelar por votação unânime.

Resumidamente, segundo decidiu o STF nesse caso (ADPF 770), a vacina contra a COVID-19:

1) Pode ser objeto de **autorização excepcional e temporária pela ANVISA**, desde que tenha sido registrada em determinadas agências sanitárias estrangeiras de renome, conforme prevê o art. 3º, VIII, da CF/88.

2) Fica **automaticamente autorizada**, caso a ANVISA não analise o pedido de autorização excepcional e temporária dentro do prazo de 72 horas, conforme prevê o art. 3º, § 7º-A, da Lei 13.979/20.

3) Pode ser disponibilizada à população por **todos os entes federativos**, ainda que haja um plano nacional de imunização, caso o programa de vacinação da União não seja capaz de atender todo o País.

4) Pode ser disponibilizada à população por **qualquer ente federado** (sempre dentro dos limites de suas competências constitucionais), o que pode ser feito, inclusive, **sem prévia permissão expressa da ANVISA**, caso esta não aprecie o pedido de autorização excepcional e temporária dentro do **prazo de 72 horas** e a vacina já tenha sido **aprovada por alguma autoridade sanitária**

estrangeira, pois nessa hipótese a autorização se considera dada automaticamente, conforme prevê o art. 3º, VIII e § 7º-A, da Lei 13.979/20.

■ DIREITO À EDUCAÇÃO

O direito à educação, presente em nosso constitucionalismo desde a Constituição de 1824 (que previa a gratuidade da instrução primária a todos os cidadãos), é tratado na CF/88 nos arts. 205 a 214, dispositivos que também são de **leitura obrigatória** por todos os "concurseiros".

Antes de qualquer outra coisa, há uma informação extremamente relevante para a boa compreensão de algumas passagens do texto constitucional: no Brasil, o ensino é dividido em (I) **educação básica** e (II) **ensino superior**. A educação básica, por usa vez, compreende três etapas: educação infantil, ensino fundamental e ensino médio, tudo conforme estabelece o art. 21 da Lei 9.394/96 (Lei de Diretrizes e Bases da Educação Nacional). Essas diferenciações são importantes tanto para o estudo do direito fundamental à educação quanto para o estudo, na disciplina de direito previdenciário público, da aposentadoria especial de professor.

Passemos agora à análise do delineamento do direito à educação na CF/88.

Nos termos do art. 205 da Constituição, a educação é **direito de todos e dever do Estado**, decorrendo dessa ideia as seguintes características desse direito fundamental, conforme se pode extrair do próprio texto constitucional:

a) A educação básica é obrigatória e gratuita dos 4 (quatro) aos 17 (dezessete) anos de idade (art. 208, I, CF/88).

b) A gratuidade do ensino é assegurada a quem não se encontre na faixa etária referida no item "a", se não tiver tido acesso à educação na idade apropriada (art. 208, I, CF/88).

c) O ensino obrigatório e gratuito é **direito público subjetivo** (art. 208, § 1º, CF/88).

d) Caso haja omissão estatal no fornecimento dos serviços educacionais, o interessado pode requerer judicialmente a sua implementação, pois, conforme já estudamos, as normas definidoras de direitos e garantias fundamentais possuem aplicação imediata (art. 5º, § 1º, CF/88).

> "**Art. 205, CF/88.** A educação, direito de todos e dever do Estado e da família, será promovida e incentivada com a colaboração da sociedade, visando ao pleno desenvolvimento da pessoa, seu preparo para o exercício da cidadania e sua qualificação para o trabalho."

▸ Princípios norteadores do ensino

O art. 206 da CF/88 estabelece os princípios norteadores do ensino, que são os seguintes:

a) Igualdade de condições (inciso I);

b) Liberdade de cátedra (inciso II);

c) Pluralismo de ideias (inciso III);

d) Gratuidade do ensino público (inciso IV);

e) Valorização dos profissionais da educação escolar (inciso V);

f) Gestão democrática do ensino público (inciso VI);

g) Garantia de padrão de qualidade (inciso VII);

h) Piso salarial nacional para os profissionais da educação escolar pública (inciso VIII);

i) Garantia do direito à educação e à aprendizagem ao longo da vida (inciso IX, incluído pela **EC 108/2020**).

> "**Art. 206, CF/88.** O ensino será ministrado com base nos seguintes princípios:
>
> I - igualdade de condições para o acesso e permanência na escola;
>
> II - liberdade de aprender, ensinar, pesquisar e divulgar o pensamento, a arte e o saber;
>
> III - pluralismo de idéias e de concepções pedagógicas, e coexistência de instituições públicas e privadas de ensino;
>
> IV - gratuidade do ensino público em estabelecimentos oficiais;
>
> V - valorização dos profissionais da educação escolar, garantidos, na forma da lei, planos de carreira, com ingresso exclusivamente por concurso público de provas e títulos, aos das redes públicas;
>
> VI - gestão democrática do ensino público, na forma da lei;
>
> VII - garantia de padrão de qualidade.
>
> VIII - piso salarial profissional nacional para os profissionais da educação escolar pública, nos termos de lei federal;
>
> IX - garantia do direito à educação e à aprendizagem ao longo da vida.
>
> **Parágrafo único.** A lei disporá sobre as categorias de trabalhadores considerados profissionais da educação básica e sobre a fixação de prazo para a elaboração ou adequação de seus planos de carreira, no âmbito da União, dos Estados, do Distrito Federal e dos Municípios."

→ *O movimento "Escola sem Partido"*

O denominado Escola sem Partido é um movimento que defende a neutralidade ideológica nas escolas e propõe, para que esse objetivo seja atingido, uma série de obrigações a serem cumpridas pelos professores em sala de aula.

Com inspiração nessas ideias, diversos projetos de lei foram apresentados às Casas Legislativas de todo o País, e, no Estado de Alagoas, a proposta virou lei. Trata-se da Lei Estadual nº 7.800/16, que deu o nome de "Escola Livre" ao programa de neutralidade ideológica do sistema de ensino alagoano.

Essa lei foi levada ao Supremo Tribunal Federal, que se manifestou sobre a sua constitucionalidade nas **ADIs 5537, 5580 e 6038**, julgadas conjuntamente em 24/08/2020. Nessa oportunidade foram apreciados diversos aspectos relativos à validade da norma, tanto do ponto de vista formal quanto do ponto de vista material.

Resumidamente, os principais traços da lei apreciados pelo STF foram os seguintes:

a) Ela proibiu, no âmbito do ensino regular do Estado, a prática de **"doutrinação política e ideológica"** e de outras condutas que pudessem impor ou induzir aos alunos opiniões político-partidárias, filosóficas ou religiosas.

b) Ela determinou que as escolas confessionais orientadas por valores morais, religiosos ou ideológicos localizadas no Estado **inserissem no contrato de prestação de serviços educacionais essa informação**, de modo a permitir que os pais dos alunos tivessem conhecimento dessa informação e, a partir disso, autorizassem a veiculação desses conteúdos aos seus filhos, servindo a assinatura do contrato como tal autorização.

c) Ela impôs diversas **obrigações a serem cumpridas pelos professores** da rede estadual de ensino, determinando a observância de uma série de comportamentos e vedando outros.

d) Ela **determinou à Secretaria de Educação Estadual a promoção de cursos de ética** com o propósito de conscientizar os educadores, os estudantes e seus pais ou responsáveis sobre os limites éticos e jurídicos da atividade docente.

e) Ela se originou de uma proposta de **iniciativa parlamentar**.

No que diz respeito às disposições que estabeleceram obrigações a professores da rede estadual de ensino e a órgãos da Administração Estadual (como a Secretaria de Educação), o Supremo Tribunal Federal reconheceu a **inconstitucionalidade formal** da lei, tendo em vista que ela teve origem parlamentar e essas questões (organização da Administração e regime jurídico dos servidores do Poder Executivo) são de iniciativa privativa do Chefe do Poder Executivo, nos termos do art. 61, § 1º, II, "c" e "e", da CF/88. Além disso, a determinação legal de promoção de cursos por um órgão da Administração Estadual acabou gerando despesa em uma matéria reservada à iniciativa do Executivo, o que fere o art. 63, I, da CF/88. Aqui é importante lembrar que, segundo a jurisprudência tranquila do STF, as regras básicas de processo legislativo previstas na Constituição Federal (dentre elas, as que tratam da iniciativa) são de observância obrigatória nas demais esferas federativas.

> "**Art. 61, § 1º, CF/88.** São de iniciativa privativa do Presidente da República as leis que:
>
> (...)
>
> II - disponham sobre:
>
> (...)
>
> c) servidores públicos da União e Territórios, seu regime jurídico, provimento de cargos, estabilidade e aposentadoria;
>
> (...)
>
> e) criação e extinção de Ministérios e órgãos da administração pública, observado o disposto no art. 84, VI;
>
> (...)"
>
> "**Art. 63, CF/88.** Não será admitido aumento da despesa prevista:

> I - nos projetos de iniciativa exclusiva do Presidente da República, ressalvado o disposto no art. 166, § 3º e § 4º; (...)"

Em relação à obrigação imposta às escolas confessionais de inserir, nos contratos de prestação de serviços educacionais, a informação sobre sua orientação moral, religiosa ou ideológica para que os pais dos alunos, ao assinarem os respectivos contratos, manifestassem sua concordância com a apresentação de tais conteúdos aos seus filhos, o STF reconheceu mais uma **inconstitucionalidade formal**, dessa vez por vício de competência. Segundo a Corte essa disposição legal diz respeito a direito civil (pois disciplina relações contratuais), que é de competência legislativa privativa da União (art. 22, I, CF/88), não podendo Estado-membro legislar sobre o tema.

Finalmente, no que toca ao cerne da lei, qual seja, a imposição de neutralidade ideológica a ser observada pelos professores, com a proibição de condutas capazes de levar os alunos a se alinharem a determinadas opiniões político-partidárias, filosóficas ou religiosas, o Supremo Tribunal Federal reconheceu a **inconstitucionalidade formal e material** da lei.

Quanto à inconstitucionalidade formal, entendeu a Corte que tais disposições legais tratam de diretrizes e bases da educação, que são tema da competência legislativa privativa da União, nos termos do art. 22, XXIV, da CF/88. O Tribunal esclareceu que, no âmbito da educação, a Constituição Federal repartiu as competências legislativas da seguinte maneira:

a) As normas sobre diretrizes e bases da educação nacional cabem apenas à União, que tem competência legislativa privativa para isso, como prevê o art. 22, I, da CF/88. Logo, os demais entes federativos não podem tratar do tema nem mesmo se houver omissão de norma federal a respeito. A única possibilidade de descentralização da competência para legislar sobre diretrizes e bases da educação é a eventual delegação feita aos Estados pela própria União através de lei complementar, conforme autoriza o parágrafo único do art. 22 da CF/88.

b) As normas sobre as demais questões relativas à educação (que não sejam diretrizes e bases) inserem-se no âmbito da competência legislativa concorrente (art. 24, IX, CF/88), de modo que, em relação a elas, os Estados podem atuar ao lado da União, cabendo a esta as normas gerais e àqueles as normas específicas para atender suas próprias peculiaridades. Nesse caso, porém, é possível a atuação estadual nas normas gerais, desde que haja omissão da União a esse respeito, conforme estabelecem os parágrafos do art. 24 da CF/88.

Tendo em vista que a regulamentação das diretrizes e bases da educação cabe privativamente à União, ela é a entidade federada que pode estabelecer a orientação (diretrizes) e os alicerces (bases) da educação. O Estado-membro, portanto, ao criar lei impondo a observância de determinados conteúdos (ideológicos, filosóficos, morais, éticos etc.) e disciplinando a atuação dos professores em relação à formação e ao desenvolvimento dos alunos, acabou invadindo a competência da União para tratar de diretrizes e bases da educação. Segundo o STF não há dúvida de que tais disposições legais se inserem nesse âmbito (das diretrizes e bases da educação), pois dizem respeito à liberdade de ensinar e aprender e ao pluralismo de ideias, que são princípios orientadores da educação expressamente previstos na Constituição Federal (art. 206, II e III). Portanto, houve invasão ao campo de competências da União no caso.

Além disso, mesmo que se entendesse que a norma estadual questionada não trata de diretrizes e bases da educação e que, portanto, teria disciplinado aspectos da educação inseridos na competência legislativa concorrente (art. 24, IX, CF/88), ela sofreria de inconstitucionalidade, por invadir a competência da União para dispor sobre normas gerais no âmbito da legislação concorrente. Isso porque a Lei 9.394/96 (Lei de Diretrizes e Bases da Educação) é a norma geral sobre educação, e estabelece que o ensino deve ser ministrado observando a liberdade de aprender e ensinar, o pluralismo de ideias e o apreço à tolerância, além de determinar que a educação deve se inspirar no princípio da liberdade e ter por finalidade o pleno desenvolvimento do educando e a sua preparação para o exercício da cidadania.

A lei estadual questionada, por sua vez, ao impor uma vedação ao que chamou de "doutrinação política e ideológica", acabou contrariando as normas gerais federais sobre a matéria. Logo, seja a análise feita à luz da competência legislativa privativa da União ou à luz da competência legislativa concorrente, a norma impugnada apresenta vício de inconstitucionalidade formal.

Além disso, segundo decidiu o STF, ela é **materialmente inconstitucional**, justamente porque a imposição de neutralidade ideológica e a vedação de que os professores tenham condutas que possam levar os alunos a aderirem a determinada corrente de pensamento político ou filosófico ferem a liberdade de cátedra (art. 206, II, CF/88) e o pluralismo político (art. 206, III, CF/88), que são princípios que orientam o ensino na Constituição Brasileira.

A Corte destacou, ainda, que esse tipo de previsão legal acaba permitindo a perseguição de profissionais do magistério que se posicionem contrariamente a determinada corrente de pensamento, especialmente porque estabelece a eles vedações vagas, dando margem a arbítrios e gerando um ambiente hostil cerceador da liberdade de ensinar, o que viola o art. 206, V, da CF/88, que determina que o ensino seja ministrado com base na valorização dos profissionais da educação.

Com esses fundamentos, o STF jugou procedentes as ações ajuizadas e declarou a lei impugnada inconstitucional em sua integralidade.

→ *A vedação da "ideologia de gênero" nas escolas*

Com fundamentos muito semelhantes aos utilizados nas ADIs 5537, 5580 e 6038 (nas quais foi julgado inconstitucional o "Escola sem Partido"), o Supremo Tribunal Federal já havia reconhecido a inconstitucionalidade da vedação da utilização, nas escolas, de materiais didáticos contendo a chamada ideologia de gênero.

No caso levado ao STF (**ADPF 457**, julgada em 27/04/2020), uma lei do Município de Nova Gama/GO havia proibido a utilização de material didático com esse conteúdo nas escolas públicas municipais, e a Corte reconheceu a inconstitucionalidade da norma tanto do ponto de vista formal quanto do ponto de vista material (tal qual ocorreu em relação à lei estadual que instituiu o "Escola sem Partido").

Ao julgar a ação, o Tribunal entendeu que lei **municipal** não pode proibir a divulgação de materiais relacionados ao tema da ideologia de gênero nas escolas públicas municipais, porque isso envolve definição de conteúdo programático, grade curricular e metodologia de ensino, que são questões inseridas na competência legislativa **privativa** da União para legislar sobre diretrizes e bases da educação nacional (art. 22, XXIV, CF/88). A Corte destacou que nem mesmo a competência municipal para legislar sobre assuntos de interesse local (art. 30, I, CF/88) permite que os Municípios editem normas que contrariem a legislação nacional sobre diretrizes e bases da educação (a Lei 9.394/96).

> "***Art. 22, CF/88.*** Compete privativamente à União legislar sobre:
>
> (...)
>
> XXIV - diretrizes e bases da educação nacional;
>
> (...)"
>
> "***Art. 30, CF/88.*** Compete aos Municípios:
>
> I - legislar sobre assuntos de interesse local;
>
> (...)"

Além disso, segundo o STF, uma norma como essa desrespeita diversos princípios da Constituição Federal, como a igualdade (art. 5º, *caput* e I), a liberdade de expressão (art. 5º, IX), a liberdade de cátedra (art. 206, II) e o pluralismo de ideias (art. 206, III), além de ferir um dos fundamentos da República, qual seja, a promoção do bem de todos sem preconceitos ou discriminações (art. 3º, IV).

> "***Art. 3º, CF/88.*** Constituem objetivos fundamentais da República Federativa do Brasil:
>
> (...)
>
> IV - promover o bem de todos, sem preconceitos de origem, raça, sexo, cor, idade e quaisquer outras formas de discriminação."
>
> "***Art. 5º, CF/88.*** Todos são iguais perante a lei, sem distinção de qualquer natureza, garantindo-se aos brasileiros e aos estrangeiros residentes no País a inviolabilidade do direito à vida, à liberdade, à igualdade, à segurança e à propriedade, nos termos seguintes:
>
> I - homens e mulheres são iguais em direitos e obrigações, nos termos desta Constituição;
>
> (...)
>
> IX - é livre a expressão da atividade intelectual, artística, científica e de comunicação, independentemente de censura ou licença;
>
> (...)"
>
> "***Art. 206, CF/88.*** O ensino será ministrado com base nos seguintes princípios:
>
> (...)
>
> II - liberdade de aprender, ensinar, pesquisar e divulgar o pensamento, a arte e o saber;
>
> III - pluralismo de idéias e de concepções pedagógicas, e coexistência de instituições públicas e privadas de ensino;
>
> (...)"

Como se pode perceber, a linha de raciocínio adotada aqui foi praticamente a mesma utilizada no julgamento sobre a validade do programa de neutralidade ideológica nas escolas (o "Escola sem Partido").

Confira a ementa do acórdão:

> "(...) 1. **Compete privativamente à União legislar sobre diretrizes e bases da educação nacional (CF, art. 22, XXIV)**, de modo que **os Municípios não têm competência legislativa para a edição de normas que tratem de currículos, conteúdos programáticos, metodologia de ensino ou modo de exercício da atividade docente**. A eventual necessidade de suplementação da legislação federal, com vistas a` regulamentação de interesse local (art. 30, I e II, CF), **não justifica a proibição de conteúdo pedagógico, não correspondente às diretrizes fixadas na Lei de Diretrizes e Bases da Educação Nacional** (Lei 9.394/1996). Inconstitucionalidade formal. (...) 5. A Lei 1.516/2015 do Município de Novo Gama – GO, ao **proibir a divulgação de material com referência a ideologia de gênero nas escolas municipais**, não cumpre com o dever estatal de promover políticas de inclusão e de igualdade, contribuindo para a manutenção da discriminação com base na orientação sexual e identidade de gênero. Inconstitucionalidade material reconhecida. (...)" **(ADPF 457, Pleno, Rel. Min. ALEXANDRE DE MORAES, j. 27/04/2020)**

Esse mesmo entendimento foi novamente adotado pelo STF na **ADPF 460**, julgada em 29/06/2020, na qual a Corte reconheceu a inconstitucionalidade de uma lei do Município de Cascavel/PR que também vedava a implementação de políticas de ensino que aplicassem a ideologia de gênero e/ou utilizassem os termos "gênero" e "orientação sexual".

Nesse julgamento, tal qual ocorreu na ADPF 457, o Supremo Tribunal Federal concluiu que a lei municipal impugnada invadia a competência da União para legislar sobre diretrizes e bases da educação (art. 22, XXIV, CF/88) e violava diversos preceitos constitucionais, como a gestão democrática do ensino, o pluralismo político e de ideias, a liberdade de expressão, a liberdade de ensinar e a liberdade de aprender, além de desvalorizar o professor e gerar um ambiente de perseguição a esse profissional, por lhe atribuir, de forma apriorística, o rótulo de doutrinador.

Nas palavras da Corte, *"a vedação da abordagem dos temas de "gênero" e de "orientação sexual" no âmbito escolar viola os princípios da **liberdade**, enquanto pressuposto para a cidadania; da **liberdade de ensinar e aprender**; da **valorização dos profissionais da educação escolar**; da **gestão democrática do ensino**; do **padrão de qualidade social do ensino**; da **livre manifestação do pensamento**; e da **livre expressão da atividade intelectual, artística, científica e de comunicação**, independentemente de censura ou licença (artigos 1º, II e V; 5º, IV e IX; e 206, II, V, VI e VII, da Constituição Federal). (...) A **cidadania**, fundamento da República Federativa do Brasil assim como o **pluralismo político**, está consagrada na Constituição ao lado de objetivos fundamentais de construção de uma sociedade livre, justa e solidária e de combate à discriminação (artigos 1º, II e V; e 3º, I e IV, CRFB), sendo certo que o sistema político se funda na representação dos diversos setores da sociedade, todos com liberdade para alcançar o poder por meio de processo político livre e democrático e com educação que os habilite a exercer essa liberdade. (...) A neutralidade ideológica ou política pretendida pelo legislador municipal, ao vedar a abordagem dos temas de "gênero" e "orientação sexual", **esteriliza a participação social decorrente dos***

***ensinamentos plurais adquiridos em âmbito escolar**, mostrando-se não apenas inconstitucional, mas também incompatível com o nosso ordenamento jurídico*".

→ *A vedação do uso da linguagem neutra nas instituições de ensino e nos editais de concursos públicos*

Seguindo semelhante linha de pensamento à que foi adotada nas ADIs 5537, 5580 e 6038 (nas quais foi julgado inconstitucional o "Escola sem Partido") e nas ADPFs 457 e 460 (nas quais foi declarada a inconstitucionalidade da proibição do uso de material didático contendo "ideologia de gênero" nas escolas), o Supremo Tribunal Federal, na **ADI 7019** (julgada em 13/02/2023), julgou inconstitucional uma lei estadual (do Estado de Rondônia) que vedava o uso de linguagem neutra (que é aquela em que não há flexão identificando gênero masculino ou feminino) em instituições de ensino e editais de concursos públicos.

Nesse caso, porém, a Corte se limitou a reconhecer a **inconstitucionalidade formal da lei (por usurpação da competência legislativa da União)**, não tendo afirmado (no julgamento final de mérito) a ocorrência de inconstitucionalidade material, muito embora esse vício (de inconstitucionalidade material) tenha sido utilizado como fundamento pelo Min. Edson Fachin (relator do caso) para suspender cautelarmente a norma no início do processo (o Ministro, na decisão cautelar, havia vislumbrado violação à igualdade e à liberdade de expressão e de cátedra na proibição do uso da linguagem neutra).

Segundo decidiu o Supremo Tribunal Federal, embora o tema da educação seja de competência legislativa concorrente (como prevê o art. 24, IX, da CF/88), os Estados, ao legislarem criando normas específicas sobre a matéria, devem observar as normas gerais, que são de competência privativa da União, nos termos do art. 22, XXIV, da CF/88 (segundo esse dispositivo, compete privativamente à União legislar sobre diretrizes e bases da educação nacional). E, ainda que não houvesse previsão, no texto constitucional, da competência privativa da União para legislar sobre diretrizes e bases da educação nacional, os Estados continuariam sendo obrigados a observar as normas gerais federais sobre a matéria, já que educação é tema de competência legislativa concorrente (art. 24, IX, CF/88) e, na competência concorrente, a edição de normas gerais compete à União, como prevê o art. 24, § 1º, da CF/88.

Assim, tendo em vista que as normas gerais editadas pela União (que estão contidas na Lei 9.394/96, que é a Lei de Diretrizes e Bases da Educação Nacional – LDB) disciplinam questões relativas a grades curriculares, conteúdos programáticos, metodologias de ensino e modo de exercício da atividade docente (isto é, modo de desempenho das atividades de professor), não pode uma lei estadual invadir o campo de definição dessas questões e estabelecer diretrizes próprias para o modo de utilização da língua portuguesa (já que isso afeta os processos de ensino e de aprendizagem, que são questões inseridas no campo de atuação das normas gerais federais).

Nesse julgamento, o STF fixou a tese segundo a qual "*norma estadual que, a pretexto de proteger os estudantes, proíbe modalidade de uso da língua portuguesa viola a competência legislativa da União*".

Portanto, segundo o Supremo Tribunal Federal, é inconstitucional norma estadual que proíbe o uso da linguagem neutra nas escolas (e nos editais de concursos públicos), por invadir a **competência da União para legislar sobre normas gerais relativas à educação**.

Gratuidade do ensino

Dentre os princípios que norteiam o ensino, ganha maior relevo a gratuidade do ensino público (art. 206, IV, CF/88), que é fonte de importantes debates judiciais, havendo dois entendimentos jurisprudenciais que devem ser conhecidos.

Sobre o tema, a Súmula Vinculante nº 12 diz ser vedada a cobrança de taxa de matrícula em universidades públicas.

> **Súmula Vinculante 12:** "A cobrança de taxa de matrícula nas universidades públicas viola o disposto no art. 206, IV, da Constituição Federal."

Por outro lado, o Supremo Tribunal Federal já decidiu que é permitida a cobrança de mensalidade em cursos de especialização oferecidos por universidades públicas, sem que isso represente ofensa ao art. 206, IV, da CF/88. Confira o seguinte precedente nesse sentido:

> "(...) COBRANÇA DE MENSALIDADE EM CURSO DE PÓS-GRADUAÇÃO LATO SENSU POR INSTITUIÇÃO PÚBLICA DE ENSINO. CURSO DE ESPECIALIZAÇÃO. POSSIBILIDADE. OFENSA AO PRINCÍPIO DA GRATUIDADE DO ENSINO EM ESTABELECIMENTOS OFICIAIS. INOCORRÊNCIA. 1. **A garantia constitucional da gratuidade de ensino não obsta a cobrança, por universidades públicas, de mensalidade em curso de especialização.** (...)"
>
> **(RE 597854/GO; Relator(a): Min. EDSON FACHIN; Julgamento: 26/04/2017; Órgão Julgador: Tribunal Pleno)**

As prestações mínimas asseguradas pelo direito à educação

O art. 208 da CF/88 indica o mínimo garantido pelo direito fundamental à educação, cuidando-se de medidas (ou prestações) que devem obrigatoriamente ser implementadas pelo Estado.

Essas prestações mínimas são as seguintes:

- **I)** Educação básica obrigatória e gratuita dos 4 (quatro) aos 17 (dezessete) anos de idade;
- **II)** Oferta da educação básica gratuita a todos que não tiveram acesso a ela dos 4 (quatro) aos 17 (dezessete) anos de idade;
- **III)** Progressiva universalização do ensino médio gratuito;
- **IV)** Atendimento especializado aos portadores de deficiência, preferencialmente, na rede regular de ensino, isto é, na mesma rede de ensino em que os não portadores de deficiência são atendidos;
- **V)** Educação infantil, prestada em creche e pré-escola, para crianças de até 5 (cinco) anos de idade;
- **VI)** Acesso aos níveis mais elevados de acordo com a capacidade de cada um;
- **VII)** Oferta de ensino noturno regular;
- **VIII)** Fornecimento, mediante programas suplementares, de material didático, transporte, alimentação e assistência à saúde em todas as etapas da educação básica.

> "**Art. 208, CF/88.** O dever do Estado com a educação será efetivado mediante a garantia de:
>
> I - educação básica obrigatória e gratuita dos 4 (quatro) aos 17 (dezessete) anos de idade, assegurada inclusive sua oferta gratuita para todos os que a ela não tiveram acesso na idade própria;
>
> II - progressiva universalização do ensino médio gratuito;
>
> III - atendimento educacional especializado aos portadores de deficiência, preferencialmente na rede regular de ensino;
>
> IV - educação infantil, em creche e pré-escola, às crianças até 5 (cinco) anos de idade;
>
> V - acesso aos níveis mais elevados do ensino, da pesquisa e da criação artística, segundo a capacidade de cada um;
>
> VI - oferta de ensino noturno regular, adequado às condições do educando;
>
> VII - atendimento ao educando, em todas as etapas da educação básica, por meio de programas suplementares de material didáticoescolar, transporte, alimentação e assistência à saúde.
>
> **§ 1º** O acesso ao ensino obrigatório e gratuito é direito público subjetivo.
>
> **§ 2º** O não-oferecimento do ensino obrigatório pelo Poder Público, ou sua oferta irregular, importa responsabilidade da autoridade competente.
>
> **§ 3º** Compete ao Poder Público recensear os educandos no ensino fundamental, fazer-lhes a chamada e zelar, junto aos pais ou responsáveis, pela freqüência à escola."

→ *O direito à educação básica gratuita abrange o acesso a creches e pré-escolas?*

Como vimos, a CF/88 assegura aos indivíduos o fornecimento, pelo Estado, de educação básica obrigatória e gratuita (art. 208, I) e prevê que o acesso ao ensino obrigatório e gratuito é um **direito público subjetivo** (art. 208, § 1º).

Sobre esse tema, o seguinte questionamento foi enfrentado pelo Supremo Tribunal Federal no **RE 1008166 (Tema de Repercussão Geral nº 548)**, julgado em 22/09/2022: o direito subjetivo à educação básica, previsto no art. 208, § 1º, da CF/88, abrange o acesso a creches e pré-escolas?

A Corte decidiu que **sim.**

Nos termos da **Lei de Diretrizes e Bases da Educação Nacional – LDB (Lei 9.394/96)**, a educação básica compreende a educação infantil, o ensino fundamental e o ensino médio (art. 21).

A mesma lei estabelece, no seu art. 30, que a educação infantil é prestada em creches (para crianças de até três anos de idade) e em pré-escolas (para crianças de quatro a cinco anos de idade).

Veja:

> "**Art. 21, LDB.** A educação escolar compõe-se de:
>
> I - educação básica, formada pela educação infantil, ensino fundamental e ensino médio;

II - educação superior."

"**Art. 30, LDB.** A educação infantil será oferecida em:
I - creches, ou entidades equivalentes, para crianças de até três anos de idade;
II - pré-escolas, para as crianças de 4 (quatro) a 5 (cinco) anos de idade."

Como se pode perceber, a educação infantil compreende o atendimento em creches e pré-escolas.

O STF decidiu, assim, que o direito público subjetivo à educação básica assegura o acesso a creches e pré-escolas.

E, segundo a Corte, tratando-se de um direito subjetivo previsto em **norma constitucional de eficácia plena** (que, como se sabe, é dotada de aplicabilidade direta e imediata), caso o poder público deixe de oferecer atendimento nas creches e nas pré-escolas, é possível exigir por meio de ação judicial que ele seja compelido a oferecer vagas nesses estabelecimentos.

Essa foi a **tese de repercussão geral** fixada pelo STF (Tema nº 548):

*"1. A educação básica em todas as suas fases - educação infantil, ensino fundamental e ensino médio - constitui direito fundamental de todas as crianças e jovens, **assegurado por normas constitucionais de eficácia plena e aplicabilidade direta e imediata**.*

*2. A educação infantil compreende creche (de zero a 3 anos) e a pré-escola (de 4 a 5 anos). Sua oferta pelo Poder Público **pode ser exigida individualmente**, como no caso examinado neste processo.*

*3. O Poder Público tem o **dever jurídico de dar efetividade integral** às normas constitucionais sobre acesso à educação básica."*

→ *Reserva de vagas para irmãos na mesma escola*

Envolvendo o direito fundamental à educação e as prestações que ele compreende, foi questionada perante o Supremo Tribunal Federal a constitucionalidade de uma lei do Estado do Rio de Janeiro de iniciativa parlamentar que estabeleceu a obrigação de o Poder Executivo assegurar vagas na mesma escola para irmãos que frequentassem a mesma etapa ou ciclo escolar.

Esse questionamento ocorreu na **ADI 7149**, julgada em 26/09/2022.

Basicamente, o que o STF teve de analisar nesse caso foi se a norma em questão tratou ou não de organização e/ou atribuições da Administração Pública, o que, em caso positivo, geraria sua inconstitucionalidade, por violação da iniciativa legislativa exclusiva do Chefe do Poder Executivo prevista no art. 61, § 1º, II, "e", da CF/88 (que, conforme já estudamos, é uma norma de observância obrigatória no âmbito dos Estados e dos Municípios).

"**Art. 61, § 1º, CF/88.** São de iniciativa privativa do Presidente da República as leis que:

(...)

II - disponham sobre:

(...)

> e) criação e extinção de Ministérios e órgãos da administração pública, observado o disposto no art. 84, VI;
>
> (...)"

A Corte decidiu que não houve no caso usurpação da iniciativa legislativa privativa do Chefe do Poder Executivo, pelos seguintes motivos:

I) A iniciativa legislativa privativa do Chefe do Poder Executivo prevista no art. 61, § 1º, II, "e", da CF/88 diz respeito a proposições que tratem de organização, atribuições e funcionamento da Administração Pública. A norma impugnada, por sua vez, não realizou nenhuma alteração na estrutura, nas atribuições ou mesmo no funcionamento dos órgãos ou entidades da Administração estadual, de modo que, independentemente de ter ou não potencial para gerar algum gasto público, não representou uma usurpação da referida iniciativa legislativa privativa do Chefe do Executivo. A jurisprudência do STF se encontra consolidada no sentido de que nem toda norma que gera ou tem potencial para gerar despesas para o Poder Executivo é de iniciativa privativa do seu Chefe. Para que seja caso de iniciativa exclusiva da chefia do Executivo, é necessário que a proposição trate estritamente das matérias indicadas no texto constitucional como de iniciativa exclusiva dessa autoridade. No caso do art. 61, § 1º, II, "e", da CF/88, a matéria de iniciativa reservada ao Chefe do Executivo é a organização, o funcionamento e as atribuições da Administração Pública. Logo, se a norma gera alguma despesa para o poder público, mas não trata dessa matéria, ela não é de iniciativa exclusiva do Executivo.

II) A norma impugnada, ao assegurar reserva de vagas na mesma escola para irmãos que frequentam a mesma etapa ou ciclo escolar, consegue, a um só tempo, facilitar o acesso ao sistema de ensino, diminuir a evasão escolar, fortalecer a convivência familiar e facilitar o transporte de alunos. Logo, o que a norma faz é concretizar o direito à educação e a proteção dos interesses das crianças e dos adolescentes (à semelhança do Estatuto da Criança e do Adolescente). E, segundo a jurisprudência do STF, não há reserva de iniciativa legislativa nas proposições que cuidam de dar concretude a direitos (notadamente, direitos sociais) que foram dados (isto é, criados) pela própria Constituição Federal, pois a concretização desses direitos é inerente ao Estado enquanto instituição, tratando-se de uma missão imposta a todos os órgãos e Poderes estatais. Como o caso envolve direitos que emanam da Constituição (e que, portanto, são impostos a todos os órgãos e Poderes), não é possível alegar que a lei em questão criou qualquer obrigação ao poder público, pois essa obrigação já havia sido imposta a ele pelo texto constitucional. O STF já havia decidido nesse sentido, por exemplo, na **ADI 5243** (j. 11/04/2019) e na **ADI 4723** (j. 22/06/2020). Nesta última, o Min. Edson Fachin (relator da ação), esclareceu no seu voto que *"não há invasão de competência quando o poder legislativo limita-se a explicitar o conteúdo de direito fundamental já expresso na Constituição. (...) A lei estadual, quando se presta a promover o cumprimento de encargo inerente ao Poder Público para a viabilidade de concretização do direito social, não fere prerrogativa constitucional de iniciativa.*

Se não há vício de iniciativa, não há falar em ofensa à separação dos poderes ou em usurpação dos poderes constitucionais outorgados ao Executivo. (...)".

Portanto, em resumo, segundo o STF, uma lei de iniciativa parlamentar que assegure reserva de vagas na mesma escola a irmãos que frequentem a mesma etapa ou ciclo escolar não é inconstitucional. Essa norma não apresenta vício de iniciativa legislativa, pois não altera estrutura, organização, funcionamento ou atribuições de órgãos e/ou entidades da Administração Pública, de modo que não atrai a incidência do art. 61, § 1º, II, "e", da CF/88, que reserva ao Chefe do Executivo a iniciativa legislativa de normas que tratem dessas questões. Ademais, como essa lei concretiza direitos fundamentais sociais previstos na própria Constituição Federal (mais precisamente, o direito à educação e a proteção da criança e do adolescente), não há espaço para se falar em reserva de iniciativa legislativa para qualquer órgão ou autoridade, pois a obrigação de implementar tais direitos é inerente a todos os órgãos e Poderes estatais.

Confira a ementa desse julgado:

> **"Ementa:** (...) I - O Plenário do Supremo Tribunal Federal já deliberou que **"norma de origem parlamentar que não cria, extingue ou altera órgão da Administração Pública não ofende a regra constitucional de iniciativa privativa do Poder Executivo para dispor sobre essa matéria", assim como "não ofende a separação de poderes, a previsão, em lei de iniciativa parlamentar, de encargo inerente ao Poder Público a fim de concretizar direito social previsto na Constituição".** (ADI 4.723/AP, Rel. Min. Edson Fachin) II - Ao garantir a reserva de vaga para irmãos, sem influenciar no funcionamento de órgãos, alterar o regime jurídico de servidores, estabelecer regramento procedimental sobre matrículas ou proibir o gestor de implementar estratégias por ele idealizadas, a norma editada pela Assembleia Legislativa do Estado do Rio de Janeiro **não subtraiu do Chefe do Poder Executivo a iniciativa que lhe é reservada pelos artigos 61, § 1ª, II, e; e 84, VI, a, ambos do Texto Constitucional**, de observância obrigatória pelos Estados-membros. III - A norma impugnada não representa inovação legislativa, já que o Estatuto da Criança e do Adolescente - ECA (Lei 8.069/1990), marco legal dos direitos das crianças e dos adolescentes, já contempla, em seu artigo 53, V, dispositivo com conteúdo semelhante. (...)" **(ADI 7149, Pleno, Rel. Min. RICARDO LEWANDOWSKI, j. 26/09/2022)**

▶ Estrutura de prestação do direito à educação

Diferentemente da saúde (que consubstancia um sistema único), a educação é estruturada em vários sistemas, existindo um sistema diferente para cada entidade da Federação. Nos termos do art. 211 da CF/88, entre esses sistemas deve haver colaboração, cabendo:

I) à União a atuação no sistema federal e dos Territórios, além da assistência técnica e financeira às demais esferas federativas;

II) aos Estados e Distrito Federal a atuação prioritária no ensino fundamental e no ensino médio;

III) aos Municípios a atuação prioritária na educação infantil e no ensino fundamental; e

IV) A todas as esferas federativas (União, Estados, Distrito Federal e Municípios) exercer ação redistributiva em relação às suas escolas (essa previsão, que se encontra no § 6º do art. 211, foi incluída pela EC 108/2020).

> "**Art. 211, CF/88.** A União, os Estados, o Distrito Federal e os Municípios organizarão em regime de colaboração seus sistemas de ensino.
>
> **§ 1º** A União organizará o sistema federal de ensino e o dos Territórios, financiará as instituições de ensino públicas federais e exercerá, em matéria educacional, função redistributiva e supletiva, de forma a garantir equalização de oportunidades educacionais e padrão mínimo de qualidade do ensino mediante assistência técnica e financeira aos Estados, ao Distrito Federal e aos Municípios;
>
> **§ 2º** Os Municípios atuarão prioritariamente no ensino fundamental e na educação infantil.
>
> **§ 3º** Os Estados e o Distrito Federal atuarão prioritariamente no ensino fundamental e médio.
>
> **§ 4º** Na organização de seus sistemas de ensino, a União, os Estados, o Distrito Federal e os Municípios definirão formas de colaboração, de forma a assegurar a universalização, a qualidade e a equidade do ensino obrigatório .
>
> **§ 5º** A educação básica pública atenderá prioritariamente ao ensino regular.
>
> **§ 6º** A União, os Estados, o Distrito Federal e os Municípios exercerão ação redistributiva em relação a suas escolas.
>
> **§ 7º** O padrão mínimo de qualidade de que trata o § 1º deste artigo considerará as condições adequadas de oferta e terá como referência o Custo Aluno Qualidade (CAQ), pactuados em regime de colaboração na forma disposta em lei complementar, conforme o parágrafo único do art. 23 desta Constituição."

Isso foi cobrado no concurso para o cargo de Procurador do Município de Fortaleza/CE realizado pelo CESPE em 2017. Nessa prova, foi considerada **correta** a assertiva que dizia que *"os municípios devem atuar prioritariamente no ensino fundamental e na educação infantil, ao passo que os estados devem atuar prioritariamente no ensino fundamental e no médio"*. Como se pode perceber, para responder corretamente, bastava conhecer a literalidade da Constituição Federal (art. 211, §§ 2º e 3º).

▶ O mínimo de recursos que devem ser aplicados na educação

A disciplina constitucional do direito à educação apresenta um aspecto em comum com a do direito à saúde, que é a previsão de uma quantidade mínima de recursos que devem ser aplicados anualmente pelas entidades federativas (art. 212, CF/88). Também aqui o descumprimento da determinação constitucional torna possível a intervenção da União nos Estados (art. 34, VII, "e", CF/88) e dos Estados nos Municípios (art. 35, III, CF/88), conforme estudaremos futuramente.

Vimos que, ao tratar dos valores destinados à área da saúde, a Constituição estabeleceu o percentual mínimo de recursos apenas para a União, tendo remetido a lei complementar a fixação dos percentuais a serem aplicados pelas demais entidades federativas. Diferentemente disso, no tratamento do direito à educação, a própria Constituição já estabelece, no art. 212, os percentuais a serem aplicados por todas as esferas da Federação. Foram fixados dois percentuais diferentes (ambos incidentes sobre a receita resultante de **impostos**), um a ser observado pela União e outro a ser observado pelos demais entes federados, nos seguintes termos:

a) A União deve aplicar, no mínimo, **18% (dezoito por cento)** da receita resultante de impostos, excluídos os valores repassados às demais entidades federativas.

b) Os Estados, o Distrito Federal e os Municípios devem aplicar, no mínimo, **25% (vinte e cinco por cento)** da receita resultante de impostos, incluindo-se, nesse valor, as quantias provenientes de transferências tributárias e excluindo-se dele as quantias repassadas a outras entidades federativas.

Os parágrafos do art. 212 trazem algumas disposições importantes relativas à aplicação dos recursos públicos na educação, especialmente, no que diz respeito às parcelas mínimas da receita proveniente de impostos.

Nos termos do § 2º, para aferir se foi cumprida a determinação constitucional de aplicação mínima de recursos oriundos de impostos por cada entidade federativa, devem ser considerados os valores destinados a todos os sistemas de educação (isto é, o sistema federal, o sistema estadual e o sistema municipal), além daqueles eventualmente direcionados a escolas comunitárias, confessionais ou filantrópicas, que podem receber recursos públicos, nos termos e condições do art. 213 da CF/88.

Além disso, a distribuição dos recursos públicos na educação deve, prioritariamente, atender as necessidades do ensino obrigatório referentes à universalização, à garantia do padrão de qualidade e à equidade, observando-se os termos do plano nacional de educação (art. 212, § 3º, CF/88).

Outro detalhe importante é o seguinte: conforme vimos anteriormente, o direito à educação, nos termos do art. 208 da CF/88, assegura prestações mínimas, dentre elas, o fornecimento de material didático, transporte, alimentação e assistência à saúde. Dessas quatro frentes de atendimento, o § 4º do art. 212 da CF/88 deixa de fora da aplicação mínima de recursos provenientes de impostos a alimentação e a assistência à saúde, que devem ser custeadas com outros recursos, quais sejam, os provenientes de contribuições sociais e de outras fontes orçamentárias.

Não se pode deixar de destacar, também, as novidades incluídas no art. 212 da CF/88 pela EC 108/2020.

Uma dessas novidades é o § 7º, que determina expressamente que os recursos previstos no art. 212 para aplicação na manutenção e desenvolvimento do ensino **não podem ser utilizados para pagar aposentadorias e pensões** de servidores (como professores) e seus dependentes. Essa regra, inclusive, possui consonância com o entendimento do Supremo Tribunal Federal sobre o tema, que na **ACO 2799 AgR**, julgada em 03/04/2020, não admitiu que as despesas com aposentadorias fossem computadas para fins de aferição da aplicação ou não, na educação, do mínimo de recursos constitucionalmente exigido. Nesse precedente, a Corte estabeleceu (com essas palavras que seguem) a *"impossibilidade de se incluir o pagamento de proventos e inativos no conceito de gastos com manutenção e desenvolvimento do ensino, sob pena de descumprimento do art. 212 da Constituição da República"*.

Além disso, como forma de assegurar que eventuais mudanças relacionadas aos impostos existentes (mais precisamente, a extinção ou substituição desses tributos) não prejudiquem os recursos mínimos que devem ser destinados à educação, a EC

108/2020 incluiu o § 8º no art. 212 da CF/88, determinando que, caso essas mudanças ocorram, os percentuais mínimos previstos no *caput* desse artigo (18% para a União e 25% para os demais entes federados) devem ser redefinidos, de modo que os montantes que venham sendo aplicados não sofram redução.

Por fim, também por obra da EC 108/2020, foi incluído o § 9º no art. 212 da CF/88, prevendo que deverá ser editada uma lei para regulamentar a fiscalização, a avaliação e o controle das despesas com educação nos âmbitos dos Estados, do Distrito Federal e dos Municípios. A União não foi referida nesse dispositivo.

> "**Art. 212, CF/88.** A União aplicará, anualmente, nunca menos de dezoito, e os Estados, o Distrito Federal e os Municípios vinte e cinco por cento, no mínimo, da receita resultante de impostos, compreendida a proveniente de transferências, na manutenção e desenvolvimento do ensino.
>
> **§ 1º** A parcela da arrecadação de impostos transferida pela União aos Estados, ao Distrito Federal e aos Municípios, ou pelos Estados aos respectivos Municípios, não é considerada, para efeito do cálculo previsto neste artigo, receita do governo que a transferir.
>
> **§ 2º** Para efeito do cumprimento do disposto no "*caput*" deste artigo, serão considerados os sistemas de ensino federal, estadual e municipal e os recursos aplicados na forma do art. 213.
>
> **§ 3º** A distribuição dos recursos públicos assegurará prioridade ao atendimento das necessidades do ensino obrigatório, no que se refere a universalização, garantia de padrão de qualidade e equidade, nos termos do plano nacional de educação.
>
> **§ 4º** Os programas suplementares de alimentação e assistência à saúde previstos no art. 208, VII, serão financiados com recursos provenientes de contribuições sociais e outros recursos orçamentários.
>
> **§ 5º** A educação básica pública terá como fonte adicional de financiamento a contribuição social do salário-educação, recolhida pelas empresas na forma da lei.
>
> **§ 6º** As cotas estaduais e municipais da arrecadação da contribuição social do salário-educação serão distribuídas proporcionalmente ao número de alunos matriculados na educação básica nas respectivas redes públicas de ensino.
>
> **§ 7º** É vedado o uso dos recursos referidos no *caput* e nos §§ 5º e 6º deste artigo para pagamento de aposentadorias e de pensões.
>
> **§ 8º** Na hipótese de extinção ou de substituição de impostos, serão redefinidos os percentuais referidos no *caput* deste artigo e no inciso II do *caput* do art. 212-A, de modo que resultem recursos vinculados à manutenção e ao desenvolvimento do ensino, bem como os recursos subvinculados aos fundos de que trata o art. 212-A desta Constituição, em aplicações equivalentes às anteriormente praticadas.
>
> **§ 9º** A lei disporá sobre normas de fiscalização, de avaliação e de controle das despesas com educação nas esferas estadual, distrital e municipal."

→ *A "anistia" dada pela EC nº 119/2022*

Como vimos, o art. 212 da CF/88 estabelece o mínimo de recursos que todos os entes federados devem destinar anualmente à manutenção e ao desenvolvimento do ensino.

Vimos também que o descumprimento da determinação contida no art. 212 da CF/88 pode levar à decretação de **intervenção federal** no Estado (ou Distrito Federal) que o tenha descumprido, bem como de **intervenção estadual** (ou federal, caso se trate de Município localizado em Território Federal) no Município violador dessa regra, conforme preveem os art. 34, VII, "e", e 35, III, do texto constitucional:

> "**Art. 34, CF/88.** A União não intervirá nos Estados nem no Distrito Federal, exceto para:
>
> (...)
>
> VII - assegurar a observância dos seguintes princípios constitucionais:
>
> (...)
>
> e) aplicação do mínimo exigido da receita resultante de impostos estaduais, compreendida a proveniente de transferências, na **manutenção e desenvolvimento do ensino** e nas ações e serviços públicos de saúde."
>
> "**Art. 35, CF/88.** O Estado não intervirá em seus Municípios, nem a União nos Municípios localizados em Território Federal, exceto quando:
>
> (...)
>
> III - não tiver sido aplicado o mínimo exigido da receita municipal na **manutenção e desenvolvimento do ensino** e nas ações e serviços públicos de saúde;
>
> (...)"

Ocorre que, nos anos 2020 e 2021, em virtude da pandemia de COVID-19 que atingiu o Brasil, os Estados, o Distrito Federal e os Municípios tiveram dificuldades financeiras e administrativas para manter a destinação dos recursos mínimos à educação (estabelecidos no art. 212 da CF/88), e esse foi o motivo da edição da **EC 119/2022**.

A EC 119/2022 acrescentou o art. 119 ao ADCT, para estabelecer que os Estados, o Distrito Federal e os Municípios, bem como os seus agentes públicos, não podem ser responsabilizados pelo não cumprimento do art. 212 da CF/88 nos anos 2020 e 2021, tendo em vista que, nesses anos, o Brasil foi atingido pela pandemia de COVID-19.

Como se pode perceber, esse dispositivo "anistiou" os entes federados subnacionais (e os seus agentes públicos) que deixaram de aplicar os recursos constitucionais mínimos na educação nos anos 2020 e 2021.

O parágrafo único desse artigo estabeleceu, porém, que os recursos que deixaram de ser aplicados na manutenção e no desenvolvimento do ensino nesses anos (gerando, portanto, um déficit em relação ao mínimo exigido constitucionalmente) devem ser aplicados até o exercício financeiro de 2023. Ou seja, até 2023, os Estados, o Distrito Federal e os Municípios que, em 2020 e 2021, tenham aplicado no ensino uma quantidade de recursos inferior ao mínimo exigido pelo art. 212 da CF/88 devem "tirar o atraso", aplicando, em 2023, além do mínimo exigido para esse ano, todo o montante que deixou de ser aplicado em 2020 e 2021 para atingir o mínimo exigido nesses anos.

Confira o teor do dispositivo:

> "**Art. 119, ADCT.** Em decorrência do estado de calamidade pública provocado pela pandemia da Covid-19, os Estados, o Distrito Federal, os Municípios e os agentes públicos desses entes federados não poderão ser responsabilizados administrativa, civil ou criminalmente pelo descumprimento, exclusivamente

> nos exercícios financeiros de 2020 e 2021, do disposto no caput do art. 212 da Constituição Federal.
>
> **Parágrafo único.** Para efeitos do disposto no caput deste artigo, o ente deverá complementar na aplicação da manutenção e desenvolvimento do ensino, até o exercício financeiro de 2023, a diferença a menor entre o valor aplicado, conforme informação registrada no sistema integrado de planejamento e orçamento, e o valor mínimo exigível constitucionalmente para os exercícios de 2020 e 2021.

Além de incluir o art. 119 no ADCT, a EC 119/2022 trouxe algumas disposições que não foram incorporadas ao texto da CF/88. Elas estão previstas no seu art. 2º.

Esse dispositivo estabelece que o descumprimento do art. 212 da CF/88 nos anos 2020 e 2021:

a) Não pode gerar repercussões negativas aos Estados, DF e Municípios na celebração de contratos e outros ajustes, inclusive, para fins de recebimento de recursos da União **(art. 2º, *caput*, EC 119/22)**; e

b) Não pode gerar intervenção estadual nos Municípios **(art. 2º, p. único, EC 119/22)**.

Veja:

> "**Art. 2º, EC 119/2022.** O disposto no caput do art. 119 do Ato das Disposições Constitucionais Transitórias **impede a aplicação de quaisquer penalidades, sanções ou restrições aos entes subnacionais** para fins cadastrais, de aprovação e de celebração de ajustes onerosos ou não, incluídas a contratação, a renovação ou a celebração de aditivos de quaisquer tipos, de ajustes e de convênios, entre outros, inclusive em relação à possibilidade de execução financeira desses ajustes e de recebimento de recursos do orçamento geral da União por meio de transferências voluntárias.
>
> **Parágrafo único.** O disposto no caput do art. 119 do Ato das Disposições Constitucionais Transitórias também **obsta a ocorrência dos efeitos do inciso III do caput do art. 35 da Constituição Federal**."

→ *O FUNDEB e a EC 108/2020*

Vimos que o art. 212 da CF/88 estabelece um mínimo de recursos a serem aplicados na manutenção e desenvolvimento do ensino por todos os entes federados. Por sua vez, a EC 56/2006 modificou o art. 60 do ADCT, determinando que, pelos 14 (quatorze) anos subsequentes, no âmbito do Estados, do Distrito Federal e dos Municípios, parte desses recursos deveriam ser destinados à educação básica e à remuneração adequada (o texto constitucional utilizou a expressão "condigna") dos trabalhadores da educação.

Trata-se, como se pode perceber, de uma regra que tem como objetivo aprimorar a prestação do direito fundamental à educação, reforçando a etapa de formação da base dos estudantes.

Segundo o art. 60, I, do ADCT (na redação dada pela EC 53/2006), esses recursos destinados especificamente à educação básica e à remuneração digna dos profissionais da educação deveriam ser distribuídos, entre os Estados, o Distrito Federal e os

Municípios, por meio da criação de fundos no âmbito de cada Estado e do Distrito Federal, totalizando, portanto, 27 (vinte e sete) fundos.

Esse fundo (existente em cada Estado e no Distrito Federal) recebeu do texto constitucional (art. 60, I, ADCT) o nome de **Fundo de Manutenção e Desenvolvimento da Educação Básica e de Valorização dos Profissionais da Educação – FUNDEB.**

Se a EC 53/2006 já havia criado e disciplinado o FUNDEB, por que motivo foi aprovada a EC 108/2020, tratando da mesma questão?

Porque, como vimos acima, na sua previsão original (trazida pela EC 53/2006), o FUNDEB foi criado para ser temporário, mais precisamente, para durar 14 (quatorze) anos, de modo que deixaria de existir em dezembro de 2020. Para evitar que essa extinção ocorresse, foi aprovada a EC 108/2020, que tornou o FUNDEB permanente, não estando mais sujeito a prazo de vigência.

Atualmente, por obra da EC 108/2020, o FUNDEB e a obrigação dos Estados, do Distrito Federal e dos Municípios de destinarem parte dos recursos referidos no art. 212 da CF/88 à educação básica e à remuneração digna dos profissionais que nela atuam encontram-se previstos e disciplinados no art. 212-A da CF/88, que traz como principais disposições as seguintes:

a) O FUNDEB é um fundo de **natureza contábil**, e não de natureza financeira, ou seja, os seus recursos, enquanto aguardam serem utilizados, constam de meros registros contábeis, sem que tenham sido efetivamente transferidos para ele (art. 212-A, I, CF/88).

b) Os recursos do FUNDEB, que em sua maioria são de origem estadual, distrital ou municipal, recebem complementação da União (art. 212-A, IV, CF/88).

c) A complementação devida pela União ao FUNDEB é de no mínimo 23% dos recursos do fundo, observando-se critérios de distribuição definidos nas alíneas do art. 212-A, V, da CF/88.

d) A União não pode custear a complementação por ela devida ao FUNDEB com a contribuição social do salário-educação, que é paga pelas empresas e é fonte adicional de financiamento da educação básica pública, conforme prevê o art. 212, § 5º, da CF/88 (art. 212-A, XIII, CF/88).

e) Os recursos do FUNDEB e a complementação devida pela União devem, obrigatoriamente, ser aplicados pelos Estados, Distrito Federal e Municípios apenas nos campos de atuação prioritária de cada um deles, que, para os Municípios, são a educação infantil e o ensino fundamental e, para os Estados e o Distrito Federal, são o ensino fundamental e o ensino médio, conforme estabelecem os §§ 2º e 3º do art. 211 da CF/88 (art. 212-A, VII, CF/88).

Esses são os principais aspectos da disciplina constitucional do FUNDEB e de seus recursos, que está contida no art. 212-A da CF/88. É interessante realizar a leitura atenta da totalidade desse artigo, embora os seus mais específicos detalhes não pareçam ter grande chance de aparecer nas provas.

"***Art. 212-A, CF/88.*** Os Estados, o Distrito Federal e os Municípios destinarão parte dos recursos a que se refere o *caput* do art. 212 desta Constituição à manutenção e ao desenvolvimento do ensino na educação básica e à remuneração condigna de seus profissionais, respeitadas as seguintes disposições:

I - a distribuição dos recursos e de responsabilidades entre o Distrito Federal, os Estados e seus Municípios é assegurada mediante a instituição, no âmbito de cada Estado e do Distrito Federal, de um Fundo de Manutenção e Desenvolvimento da Educação Básica e de Valorização dos Profissionais da Educação (Fundeb), de natureza contábil;

II - os fundos referidos no inciso I do caput deste artigo serão constituídos por 20% (vinte por cento): ***(Redação dada pela EC 132/2023)***

a) das parcelas dos Estados no imposto de que trata o art. 156-A; ***(Incluído pela EC 132/2023)***

b) da parcela do Distrito Federal no imposto de que trata o art. 156-A, relativa ao exercício de sua competência estadual, nos termos do art. 156-A, § 2º; e ***(Incluído pela EC 132/2023)***

c) dos recursos a que se referem os incisos I, II e III do caput do art. 155, o inciso II do caput do art. 157, os incisos II, III e IV do caput do art. 158 e as alíneas "a" e "b" do inciso I e o inciso II do caput do art. 159 desta Constituição; ***(Incluído pela EC 132/2023)***

III - os recursos referidos no inciso II do *caput* deste artigo serão distribuídos entre cada Estado e seus Municípios, proporcionalmente ao número de alunos das diversas etapas e modalidades da educação básica presencial matriculados nas respectivas redes, nos âmbitos de atuação prioritária, conforme estabelecido nos §§ 2º e 3º do art. 211 desta Constituição, observadas as ponderações referidas na alínea "a" do inciso X do *caput* e no § 2º deste artigo;

IV - a União complementará os recursos dos fundos a que se refere o inciso II do *caput* deste artigo;

V - a complementação da União será equivalente a, no mínimo, 23% (vinte e três por cento) do total de recursos a que se refere o inciso II do *caput* deste artigo, distribuída da seguinte forma:

a) 10 (dez) pontos percentuais no âmbito de cada Estado e do Distrito Federal, sempre que o valor anual por aluno (VAAF), nos termos do inciso III do *caput* deste artigo, não alcançar o mínimo definido nacionalmente;

b) no mínimo, 10,5 (dez inteiros e cinco décimos) pontos percentuais em cada rede pública de ensino municipal, estadual ou distrital, sempre que o valor anual total por aluno (VAAT), referido no inciso VI do *caput* deste artigo, não alcançar o mínimo definido nacionalmente;

c) 2,5 (dois inteiros e cinco décimos) pontos percentuais nas redes públicas que, cumpridas condicionalidades de melhoria de gestão previstas em lei, alcançarem evolução de indicadores a serem definidos, de atendimento e melhoria da aprendizagem com redução das desigualdades, nos termos do sistema nacional de avaliação da educação básica;

VI - o VAAT será calculado, na forma da lei de que trata o inciso X do *caput* deste artigo, com base nos recursos a que se refere o inciso II do *caput* deste artigo, acrescidos de outras receitas e de transferências vinculadas à educação, observado o disposto no § 1º e consideradas as matrículas nos termos do inciso III do *caput* deste artigo;

VII - os recursos de que tratam os incisos II e IV do *caput* deste artigo serão aplicados pelos Estados e pelos Municípios exclusivamente nos respectivos âmbitos de atuação prioritária, conforme estabelecido nos §§ 2º e 3º do art. 211 desta Constituição;

VIII - a vinculação de recursos à manutenção e ao desenvolvimento do ensino estabelecida no art. 212 desta Constituição suportará, no máximo, 30% (trinta por cento) da complementação da União, considerados para os fins deste inciso os valores previstos no inciso V do *caput* deste artigo;

IX - o disposto no *caput* do art. 160 desta Constituição aplica-se aos recursos referidos nos incisos II e IV do *caput* deste artigo, e seu descumprimento pela autoridade competente importará em crime de responsabilidade;

X - a lei disporá, observadas as garantias estabelecidas nos incisos I, II, III e IV do *caput* e no § 1º do art. 208 e as metas pertinentes do plano nacional de educação, nos termos previstos no art. 214 desta Constituição, sobre:

a) a organização dos fundos referidos no inciso I do *caput* deste artigo e a distribuição proporcional de seus recursos, as diferenças e as ponderações quanto ao valor anual por aluno entre etapas, modalidades, duração da jornada e tipos de estabelecimento de ensino, observados as respectivas especificidades e os insumos necessários para a garantia de sua qualidade;

b) a forma de cálculo do VAAF decorrente do inciso III do *caput* deste artigo e do VAAT referido no inciso VI do *caput* deste artigo;

c) a forma de cálculo para distribuição prevista na alínea "c" do inciso V do *caput* deste artigo;

d) a transparência, o monitoramento, a fiscalização e o controle interno, externo e social dos fundos referidos no inciso I do *caput* deste artigo, assegurada a criação, a autonomia, a manutenção e a consolidação de conselhos de acompanhamento e controle social, admitida sua integração aos conselhos de educação;

e) o conteúdo e a periodicidade da avaliação, por parte do órgão responsável, dos efeitos redistributivos, da melhoria dos indicadores educacionais e da ampliação do atendimento;

XI - proporção não inferior a 70% (setenta por cento) de cada fundo referido no inciso I do *caput* deste artigo, excluídos os recursos de que trata a alínea "c" do inciso V do *caput* deste artigo, será destinada ao pagamento dos profissionais da educação básica em efetivo exercício, observado, em relação aos recursos previstos na alínea "b" do inciso V do *caput* deste artigo, o percentual mínimo de 15% (quinze por cento) para despesas de capital;

XII - lei específica disporá sobre o piso salarial profissional nacional para os profissionais do magistério da educação básica pública;

XIII - a utilização dos recursos a que se refere o § 5º do art. 212 desta Constituição para a complementação da União ao Fundeb, referida no inciso V do *caput* deste artigo, é vedada.

§ 1º O cálculo do VAAT, referido no inciso VI do *caput* deste artigo, deverá considerar, além dos recursos previstos no inciso II do *caput* deste artigo, pelo menos, as seguintes disponibilidades:

I - receitas de Estados, do Distrito Federal e de Municípios vinculadas à manutenção e ao desenvolvimento do ensino não integrantes dos fundos referidos no inciso I do *caput* deste artigo;

II - cotas estaduais e municipais da arrecadação do salário-educação de que trata o § 6º do art. 212 desta Constituição;

III - complementação da União transferida a Estados, ao Distrito Federal e a Municípios nos termos da alínea "a" do inciso V do *caput* deste artigo.

§ 2º Além das ponderações previstas na alínea "a" do inciso X do *caput* deste artigo, a lei definirá outras relativas ao nível socioeconômico dos educandos

> e aos indicadores de disponibilidade de recursos vinculados à educação e de potencial de arrecadação tributária de cada ente federado, bem como seus prazos de implementação.
>
> *§ 3º* Será destinada à educação infantil a proporção de 50% (cinquenta por cento) dos recursos globais a que se refere a alínea "b" do inciso V do *caput* deste artigo, nos termos da lei."

→ *Utilização dos recursos do FUNDEB para fins diversos*

É possível a utilização de recursos do FUNDEB (Fundo de Manutenção e Desenvolvimento da Educação Básica e de Valorização dos Profissionais da Educação) para fins que não sejam a manutenção e desenvolvimento da educação básica e a valorização dos profissionais da educação?

Essa questão foi enfrentada pelo Supremo Tribunal Federal na **ADI 6490**, julgada em 21/02/2022, além de ter sido objeto de precedentes anteriores da Corte.

Nessa ADI, que foi ajuizada para questionar a interpretação de disposições do ADCT, da Lei 9.394/96 (Lei de Diretrizes e Bases da Educação Nacional) e da Lei 11.494/07 (Lei do FUNDEB), com a finalidade de que fosse autorizada a utilização de recursos do FUNDEB no combate à pandemia de COVID-19 que chegou ao Brasil no ano 2020, o STF decidiu que **não é possível utilizar recursos do FUNDEB em medidas que não sejam relacionadas à educação**, especialmente, à manutenção e desenvolvimento da educação básica e à valorização dos profissionais da educação.

Isso porque, conforme esclareceu a Corte, as receitas do FUNDEB são constitucionalmente vinculadas exclusivamente à área da educação, mais precisamente, à promoção da educação básica e à valorização dos profissionais que atuam na educação, não podendo ser desviadas dessas finalidades, ainda que o propósito do desvio seja o uso dos recursos em outras atividades de relevante interesse público, como é o caso do combate à pandemia de COVID-19.

Esse entendimento, inclusive, não é uma novidade na jurisprudência do STF, que já havia se pacificado no sentido da impossibilidade de utilização de recursos de fundos constitucionalmente vinculados (notadamente, os da educação) em áreas diversas daquelas estabelecidas pelo texto constitucional. Podemos citar os seguintes precedentes da Corte nesse sentido: ACO 648, ARE 1066281 AgR, ARE 1272638 AgR, RE 1122970 ED-AgR, STP 66, STP 68 AgR e STP 88 AgR.

→ *Recursos do FUNDEB decorrentes de precatórios e sua utilização para incrementação da remuneração dos professores e pagamento de honorários advocatícios*

Conforme estudamos, a EC 108/2020 incluiu o art. 212-A no texto da CF/88 e tornou o FUNDEB (Fundo de Manutenção e Desenvolvimento da Educação Básica) um fundo permanente existente no âmbito dos Estados e do Distrito Federal.

Antes da EC 108/2020, o FUNDEB já existia, tendo sido criado pela EC 53/2006, que previu esse fundo no art. 60 do ADCT, estabelecendo que sua vigência seria de 14 (quatorze) anos. E, **antes de ser criado o FUNDEB (pela EC 53/2006), existia o FUNDEF (Fundo de Manutenção e Desenvolvimento do Ensino Fundamental)**, que foi criado pela EC 14/96 (que o previu no art. 60 do ADCT, com prazo de vigência de dez anos) e tinha finalidade semelhante à do FUNDEB, mas com foco no ensino fundamental.

Tanto nos termos estabelecidos pela EC 53/2006 quanto nos fixados pela EC 108/2020, ficou estabelecido no texto constitucional um percentual mínimo dos recursos do FUNDEB que deveria ser utilizado para pagar a remuneração dos profissionais da educação básica (o mesmo ocorreu, anteriormente, em relação ao FUNDEF, com a diferença de que, no caso desse fundo, a reserva de recursos se destinava à remuneração dos **professores do ensino fundamental**).

Na disciplina fixada pela EC 53/2006, esse percentual era de 60% (sessenta por cento), conforme se encontrava previsto no art. 60, XII, do ADCT (na redação dada pela EC 53/2006). Agora, na disciplina estabelecida pela EC 108/2020, esse percentual é de 70% (setenta por cento), conforme consta do art. 212-A, XI, da CF/88.

Veja:

"**Art. 60, ADCT (redação dada pela EC 53/2006).** Até o 14º (décimo quarto) ano a partir da promulgação desta Emenda Constitucional, os Estados, o Distrito Federal e os Municípios destinarão parte dos recursos a que se refere o caput do art. 212 da Constituição Federal à manutenção e desenvolvimento da educação básica e à remuneração condigna dos trabalhadores da educação, respeitadas as seguintes disposições:

I - a distribuição dos recursos e de responsabilidades entre o Distrito Federal, os Estados e seus Municípios é assegurada mediante a criação, no âmbito de cada Estado e do Distrito Federal, de um Fundo de Manutenção e Desenvolvimento da Educação Básica e de Valorização dos Profissionais da Educação - FUNDEB, de natureza contábil;

(...)

XII - proporção **não inferior a 60% (sessenta por cento) de cada Fundo** referido no inciso I do caput deste artigo será **destinada ao pagamento dos profissionais do magistério da educação básica** em efetivo exercício.

(...)"

"**Art. 212-A, CF/88.** Os Estados, o Distrito Federal e os Municípios destinarão parte dos recursos a que se refere o caput do art. 212 desta Constituição à manutenção e ao desenvolvimento do ensino na educação básica e à remuneração condigna de seus profissionais, respeitadas as seguintes disposições:

I - a distribuição dos recursos e de responsabilidades entre o Distrito Federal, os Estados e seus Municípios é assegurada mediante a instituição, no âmbito de cada Estado e do Distrito Federal, de um Fundo de Manutenção e Desenvolvimento da Educação Básica e de Valorização dos Profissionais da Educação (Fundeb), de natureza contábil;

(...)

XI - proporção **não inferior a 70% (setenta por cento) de cada fundo** referido no inciso I do caput deste artigo, excluídos os recursos de que trata a alínea "c" do inciso V do caput deste artigo, será **destinada ao pagamento dos profissionais da educação básica em efetivo exercício**, observado, em relação aos recursos previstos na alínea "b" do inciso V do caput deste artigo, o percentual mínimo de 15% (quinze por cento) para despesas de capital;

(...)"

Também vimos que o FUNDEB (assim como ocorria com o FUNDEF) pode receber complementação de recursos da União. Isso já podia ocorrer quando o FUNDEB era disciplinado pelas disposições trazidas pela EC 53/2006 e continua podendo ocorrer agora, com as normas estabelecidas pela EC 108/2020.

Inclusive, caso a União deixe de realizar a complementação cabível ou a realize de forma insuficiente, os Estados, Distrito Federal e Municípios podem demandar em processos judiciais que os recursos devidos sejam entregues. E, nesse caso, como se trata de uma condenação imposta à União por decisão judicial, o pagamento dos valores devidos deve se dar por meio da sistemática de precatórios, como estabelece o art. 100 da CF/88.

> "Art. 100, CF/88. Os pagamentos devidos pelas Fazendas Públicas Federal, Estaduais, Distrital e Municipais, em virtude de sentença judiciária, far-se-ão exclusivamente na ordem cronológica de apresentação dos precatórios e à conta dos créditos respectivos, proibida a designação de casos ou de pessoas nas dotações orçamentárias e nos créditos adicionais abertos para este fim."

Inclusive, o Supremo Tribunal Federal já se manifestou sobre isso e disse expressamente que, em caso de a União pagar as complementações devidas ao FUNDEF/FUNDEB em valor inferior ao devido e ser condenada judicialmente a realizar o pagamento do restante da quantia, esse pagamento deve ser feito por meio de **precatório**. Isso foi afirmado pelo STF no **Tema de Repercussão Geral nº 416** (RE 635347, j. 03/07/2023), no qual foi fixada a seguinte tese:

> "1. A complementação ao FUNDEF realizada a partir do valor mínimo anual por aluno fixada em desacordo com a média nacional **impõe à União o dever de suplementação de recursos**.
>
> 2. Sendo tal obrigação imposta por título executivo judicial, **aplica-se a sistemática dos precatórios**, nos termos do art. 100 da Constituição Federal."

Como se pode perceber, essa tese de repercussão geral se refere apenas ao FUNDEF. Porém, ela também se aplica ao FUNDEB, por não haver norma constitucional que justifique diferença de tratamento entre esses dois fundos no tema.

A partir de tudo isso, dois questionamentos foram enfrentados pelo Supremo Tribunal Federal na **ADPF 528**, julgada em 21/03/2022:

I) Dos valores recebidos pelos Estados, Distrito Federal e Municípios em virtude de precatórios pagos pela União para complementar recursos do FUNDEB, também deve ser reservado um percentual mínimo para o pagamento dos profissionais da educação básica, inclusive com a possibilidade de incrementar a sua remuneração?

II) Dos valores recebidos pelos Estados, Distrito Federal e Municípios em virtude de precatórios pagos pela União para complementar recursos do FUNDEB, pode ser utilizada uma parte para pagar os honorários contratuais dos advogados que foram constituídos para ajuizar as ações das quais se originaram esses precatórios?

A resposta dada pela Corte a ambos os questionamentos foi **negativa**.

Segundo decidiu o STF, a regra que prevê a destinação de percentual mínimo dos recursos do FUNDEB ao pagamento dos profissionais da educação básica não se aplica aos valores recebidos a título de complementação paga pela União quando esse pagamento se dá pela sistemática de precatórios em virtude de condenação judicial.

A razão disso é o fato de que, se fosse aplicada a regra em questão, poderia ocorrer um aumento salarial episódico dos profissionais da educação básica (por exemplo, com a utilização dos recursos decorrentes dos precatórios pagos pela União para instituir gratificações ou mesmo para majorar o vencimento base), e esse aumento salarial não poderia, depois, ser suprimido, haja vista a garantia constitucional da irredutibilidade remuneratória dos servidores públicos (prevista no art. 37, XV, da CF/88).

Isso geraria uma situação insustentável, especialmente para os pequenos Municípios brasileiros, que, nos anos subsequentes (nos quais não receberiam novamente valores de precatórios pagos pela União para complementar os recursos do FUNDEB), passariam a ser obrigados a comprometer seus recursos orçamentários com o pagamento do pessoal da educação. Além disso, poderia causar efetivo prejuízo à própria prestação dos serviços de educação, pois grande parte dos recursos destinados ao ensino precisariam ser alocados no pagamento dos seus profissionais, impedindo maiores investimentos, por exemplo, em estrutura.

Nos termos que constaram do acórdão lavrado no caso, a realização da complementação de recursos do FUNDEB por meio de precatório consubstancia uma situação excepcional, o que justifica não aplicar a regra que vincula parte desses valores ao pagamento dos profissionais da educação básica, pois o contrário disso *"implicaria em pontual e insustentável aumento salarial dos professores do ensino básico, que, em razão da regra de irredutibilidade salarial, teria como efeito pressionar o orçamento público municipal nos períodos subsequentes – sem o respectivo aporte de novas receitas derivadas de inexistentes precatórios –, acarretando o investimento em salários além do patamar previsto constitucionalmente, em prejuízo de outras ações de ensino a serem financiadas com os mesmos recursos"*.

Quanto ao pagamento de honorários advocatícios contratuais com parte dos valores provenientes dos precatórios pagos pela União para complementar os recursos do FUNDEB, o Supremo Tribunal Federal decidiu que ele é vedado, pois, segundo a CF/88, os recursos do FUNDEB têm destinação vinculada à educação básica, não podendo ser utilizados em nenhuma outra finalidade. Porém, a Corte registrou que é possível utilizar para esse fim (pagamento de honorários advocatícios contratuais) quantias provenientes dos juros de mora eventualmente incidentes sobre os valores dos precatórios pagos pela União.

Nos exatos termos que constaram do acórdão, *"**é inconstitucional o pagamento de honorários advocatícios contratuais com recursos alocados no FUNDEF/FUNDEB**, que devem ser utilizados exclusivamente em ações de desenvolvimento e manutenção do ensino. (...) **A vinculação constitucional em questão não se aplica aos encargos moratórios que podem servir ao pagamento de honorários advocatícios contratuais devidamente ajustados**, pois conforme decidido por essa CORTE, "os juros de mora legais têm natureza jurídica autônoma em relação à natureza jurídica da verba em atraso" (RE 855091-RG, Rel. Min. DIAS TOFFOLI, Tribunal Pleno, julgado em 15/3/2021, DJe de 8/4/2021)"*.

A propósito, é importante esclarecer que o entendimento firmado pelo Supremo Tribunal Federal nesse caso se aplica não apenas em relação à complementação de recursos do FUNDEB, mas também quando se trata de complementação de recursos do extinto FUNDEF. Os fundamentos em um caso e no outro são os mesmos.

Por fim, é importante registrar que esse entendimento foi posteriormente reafirmado pelo Supremo Tribunal Federal no **Tema de Repercussão Geral nº 1256** (RE 1428399, j. 16/06/2023), no qual foi fixada a seguinte tese:

> "1. É **inconstitucional** o emprego de verbas do FUNDEF/FUNDEB para **pagamento de honorários advocatícios contratuais**.
>
> 2. É possível **utilização dos juros de mora** inseridos na condenação relativa a repasses de verba do FUNDEF, para **pagamento de honorários advocatícios contratuais." (Tema de Repercussão Geral nº 1256)**

→ *O TCU tem competência para fiscalizar verbas do FUNDEB (ou do FUNDEF)?*

Como vimos, o FUNDEB é um fundo estadual de promoção da educação básica. Já o FUNDEF era um fundo também de natureza estadual, mas tinha foco na promoção do ensino fundamental. Assim como ocorria com o FUNDEF, o FUNDEB pode receber complementação de recursos da União quando os seus recursos não são suficientes para atender o mínimo necessário por aluno.

A esse respeito, o seguinte questionamento chegou ao Supremo Tribunal Federal: sendo o FUNDEB (e o FUNDEF) um fundo existente nos Estados e no Distrito Federal, **pode o Tribunal de Contas da União exercer fiscalização sobre seus recursos?**

Esse questionamento foi apresentado ao STF na **ADI 5791** (j. 05/09/2022), que foi ajuizada para impugnar normas relativas ao FUNDEB, notadamente, disposições que tratam da fiscalização dos seus recursos e que estabelecem a competência do TCU para fiscalizar, em especial, os recursos repassados pela União a esse fundo. Por exemplo, um dos dispositivos impugnados foi o art. 26, III, da Lei 11.494/2007, lei que regulamentava o FUNDEB e que, hoje, encontra-se revogada pela Lei 14.113/2020.

A Lei 14.113/2020, por sua vez, reproduz, no seu art. 30, III, o teor do art. 26, III, da Lei 11.494/2007, prevendo a atribuição do TCU para fiscalizar recursos da educação, inclusive, os do FUNDEB.

Veja:

> "**Art. 26, Lei 11.494/07 (Revogada).** A fiscalização e o controle referentes ao cumprimento do disposto no art. 212 da Constituição Federal e do disposto nesta Lei, especialmente em relação à aplicação da totalidade dos recursos dos Fundos, serão exercidos:
>
> I - pelo órgão de controle interno no âmbito da União e pelos órgãos de controle interno no âmbito dos Estados, do Distrito Federal e dos Municípios;
>
> II - pelos Tribunais de Contas dos Estados, do Distrito Federal e dos Municípios, junto aos respectivos entes governamentais sob suas jurisdições;
>
> **III - pelo Tribunal de Contas da União, no que tange às atribuições a cargo dos órgãos federais, especialmente em relação à complementação da União."**

> "**Art. 30, Lei 14.113/2020.** A fiscalização e o controle referentes ao cumprimento do disposto no art. 212 da Constituição Federal e do disposto nesta Lei,

> especialmente em relação à aplicação da totalidade dos recursos dos Fundos, serão exercidos:
>
> I - pelo órgão de controle interno no âmbito da União e pelos órgãos de controle interno no âmbito dos Estados, do Distrito Federal e dos Municípios;
>
> II - pelos Tribunais de Contas dos Estados, do Distrito Federal e dos Municípios, perante os respectivos entes governamentais sob suas jurisdições;
>
> **III - pelo Tribunal de Contas da União, no que tange às atribuições a cargo dos órgãos federais, especialmente em relação à complementação da União;**
>
> IV - pelos respectivos conselhos de acompanhamento e controle social dos Fundos, referidos nos arts. 33 e 34 desta Lei."

A revogação da Lei 11.494/2007 pela Lei 14.113/2020, porém, foi ignorada pelo STF no julgamento da ação. Em outras palavras: o Tribunal julgou o caso como se a norma impugnada não houvesse sido revogada no curso do processo, o que, contudo, teve a utilidade de fixar o entendimento sobre a competência ou não do TCU para fiscalizar recursos do FUNDEB (e do FUNDEF).

O que então decidiu o STF? **O TCU pode fiscalizar recursos do FUNDEB?**

O Supremo Tribunal Federal decidiu que sim, quando há complementação de valores pela União. Portanto, a Corte rejeitou a tese apresentada na petição inicial da ação no sentido de que, sendo os recursos do FUNDEB (e do FUNDEF) aplicados pelos Estados, Distrito Federal e Municípios, a fiscalização desses valores deveria ser feita pelos Tribunais de Contas locais.

Segundo o STF, **quando o FUNDEB (ou o FUNDEF) recebe complementação de recursos da União, o Tribunal de Contas da União tem competência para fiscalizar a gestão e aplicação desses recursos**, pois o que define se é caso ou não de atuação da Corte de Contas não é a natureza do órgão ou entidade responsável pelas verbas, mas sim a natureza das próprias verbas envolvidas. Logo, se a verba é federal, o TCU tem competência para fiscalizar.

Nos exatos termos da ementa do julgamento, *"no desenho constitucional do Fundeb, cabe à União repassar, aos Estados e ao Distrito Federal, o montante destinado a complementar o valor mínimo por aluno definido nacionalmente. **É competência do TCU fiscalizar a aplicação de verbas originárias da União** por parte dos demais entes da Federação"*.

→ Lei estadual que inclui o pagamento de pessoal inativo nas despesas com manutenção e desenvolvimento do ensino

Conforme vimos, o art. 212 da CF/88 estabelece uma quantidade mínima de recursos que devem ser destinados pelos entes federados à manutenção e desenvolvimento do ensino. Nos termos desse dispositivo, *"a União aplicará, anualmente, nunca menos de dezoito, e os Estados, o Distrito Federal e os Municípios vinte e cinco por cento, no mínimo, da receita resultante de impostos, compreendida a proveniente de transferências, na manutenção e desenvolvimento do ensino"*.

Tendo isso em vista, surge o seguinte questionamento: **os Estados podem editar leis incluindo o pagamento de servidores inativos (como é o caso dos professores aposentados) dentre as despesas com manutenção e desenvolvimento do ensino?**

Esse questionamento foi enfrentado pelo Supremo Tribunal Federal na **ADI 5719** (julgada em 18/08/2020) e na **ADI 6049** (julgada em 23/08/2021), e a Corte declarou inconstitucionais disposições desse teor contidas em uma lei do Estado de São Paulo editada no ano 2007 e em uma lei do Estado de Goiás editada no ano 2018.

Por quê?

Em primeiro lugar, porque, evidentemente, ao incluir o pagamento de inativos dentre as despesas com manutenção e desenvolvimento do ensino, o legislador estadual acaba burlando o mandamento do art. 212, *caput*, da CF/88, que teve como propósito assegurar um mínimo de recursos a serem investidos na concretização do direito fundamental à educação, o que fica prejudicado se parte desses recursos é utilizada para custear benefícios previdenciários (os quais devem ser suportados pelo respectivo regime de previdência).

Além disso, porque, nos termos do art. 24, IX, da CF/88, a educação é um tema inserido na competência legislativa concorrente (no âmbito da qual os Estados editam normas específicas e a União edita normas gerais, as quais apenas podem ser editadas pelos Estados casa haja omissão da União) e já existe norma geral federal definindo quais despesas são consideradas de manutenção e desenvolvimento do ensino.

Essa norma geral é a Lei nº 9.394/96, conhecida como Lei de Diretrizes e Bases da Educação Nacional (LDB), tema que, inclusive, é de competência legislativa privativa da União, nos termos do art. 22, XXIV, da CF/88.

Portanto, seja no âmbito da competência legislativa concorrente ou no âmbito da competência legislativa privativa da União, **a norma estadual em questão usurpa competência da União**.

> "**Art. 22, CF/88.** Compete privativamente à União legislar sobre:
>
> (...)
>
> XXIV - diretrizes e bases da educação nacional;
>
> (...)"
>
> "**Art. 24, CF/88.** Compete à União, aos Estados e ao Distrito Federal legislar concorrentemente sobre:
>
> (...)
>
> IX - educação, cultura, ensino, desporto, ciência, tecnologia, pesquisa, desenvolvimento e inovação;
>
> (...)"

A LDB elenca, nos seus arts. 70 e 71, as despesas que são consideradas de manutenção e desenvolvimento do ensino, e dentre elas não está previsto o pagamento de servidores inativos, de modo que uma lei estadual que contenha disposição em sentido diverso representa uma invasão no campo de competência da União nesse tema.

Some-se a isso o fato de que, considerando que, nos termos do art. 212 da CF/88, o mínimo de recursos a serem destinados à manutenção e desenvolvimento do ensino é calculado a partir da receita proveniente de impostos, a lei estadual em questão, ao estabelecer que esses recursos devem custear aposentadoria de servidores inativos, acaba violando o art. 167, IV, da CF/88, que proíbe a vinculação de receita de impostos a alguma despesa específica.

> "**Art. 167, CF/88.** São vedados:
> (...)
> IV - a **vinculação de receita de impostos a órgão, fundo ou despesa**, ressalvadas a repartição do produto da arrecadação dos impostos a que se referem os arts. 158 e 159, a destinação de recursos para as ações e serviços públicos de saúde, para manutenção e desenvolvimento do ensino e para realização de atividades da administração tributária, como determinado, respectivamente, pelos arts. 198, § 2º, 212 e 37, XXII, e a prestação de garantias às operações de crédito por antecipação de receita, previstas no art. 165, § 8º, bem como o disposto no § 4º deste artigo;
> (...)"

Por fim, o STF registrou que, caso as leis impugnadas houvessem sido editadas após a EC 108/2020, além das violações ao texto constitucional apontadas acima, elas também teriam violado o § 7º do art. 212 da CF/88 (incluído pela EC 108/2020), que veda que os recursos destinados à manutenção e desenvolvimento do ensino sejam utilizados para pagar aposentadorias e pensões.

> "**Art. 212, § 7º, CF/88.** É vedado o uso dos recursos referidos no caput e nos §§ 5º e 6º deste artigo para pagamento de aposentadorias e de pensões."

Confira as ementas dos acórdãos lavrados nos julgamentos dessas ações:

> "(...) 1. A Constituição prevê o dever de aplicação de percentual mínimo para investimentos na manutenção e desenvolvimento do ensino. 2. **A definição de quais despesas podem ou não ser consideradas como manutenção e desenvolvimento de ensino é definida em regra geral de competência da União**, qual seja, os artigos 70 e 71 da Lei de Diretrizes e Bases da Educação Nacional, de nº 9.394/1996. Disposição diversa de lei local significa **afronta aos arts. 22, XXIV, e 24, IX da CRFB**. 3. O cômputo de despesas com encargos previdenciários de servidores inativos ou do déficit de seu regime próprio de previdência como manutenção e desenvolvimento de ensino importa em **violação** a destinação mínima de recursos exigida pelo art. 212 da CRFB, bem como à cláusula de **não vinculação de impostos do art. 167, IV da CRFB**. (...)" **(ADI 5719, Pleno, Rel. Min. EDSON FACHIN, j. 18/08/2020)**
>
> "(...) II - A Lei Complementar 147/2018, ao incluir o pagamento de pessoal inativo nas despesas com manutenção e desenvolvimento do ensino, **invadiu a competência privativa da União, prevista no art. 22, XXIV, da Constituição Federal**, para legislar sobre diretrizes e bases da educação nacional. Precedentes. III - A União exerceu a sua competência para legislar sobre normas gerais, por meio dos arts. 70 e 71 da Lei de Diretrizes e Bases da Educação Nacional - LDB (Lei 9.394/1996), estabelecendo quais despesas seriam consideradas como de manutenção e desenvolvimento do ensino e realizadas com vistas à consecução dos objetivos básicos das instituições educacionais, excluindo, expressamente, aquelas que não estariam relacionadas com tal mister. IV- A Lei estadual **viola também o art. 167, IV e 212, caput, da CF, por**

> **vincular parte das receitas provenientes de impostos ao pagamento de despesas com o pagamento de inativos**, os quais deveriam ser, a princípio, custeados pelas receitas do regime previdenciário. (...)" **(ADI 6049, Pleno, Rel. Min. RICARDO LEWANDOWSKI, j. 23/08/2021)**

Esse entendimento foi posteriormente reiterado pelo Supremo Tribunal Federal, como ocorreu na **ADI 6412** (j. 04/09/2023), oportunidade em que o STF fixou a tese segundo a qual *"é inconstitucional lei estadual que autoriza o cômputo de gastos previdenciários como despesas com manutenção e desenvolvimento do ensino"*.

▶ Autonomia universitária e sua ampliação em âmbito estadual

O art. 207, *caput*, da CF/88, estabelece que as universidades possuem autonomia em determinadas questões, mais precisamente, nos aspectos didático-científico, administrativo e de gestão financeira e patrimonial. Essa é a chamada **autonomia universitária.**

Veja o teor do dispositivo:

> "**Art. 207, CF/88.** As universidades gozam de autonomia didático-científica, administrativa e de gestão financeira e patrimonial, e obedecerão ao princípio de indissociabilidade entre ensino, pesquisa e extensão.
>
> **§ 1º** É facultado às universidades admitir professores, técnicos e cientistas estrangeiros, na forma da lei.
>
> **§ 2º** O disposto neste artigo aplica-se às instituições de pesquisa científica e tecnológica."

A esse respeito, surge o seguinte questionamento: **é possível, no âmbito dos Estados, que uma norma estadual amplie a autonomia universitária prevista na CF/88 e determine que as universidades estaduais possuem autonomia financeira e orçamentária, bem como as prerrogativas de iniciativa legislativa privativa para proposições relacionadas à sua organização e funcionamento e de eleição do seu reitor de acordo com suas próprias normas?**

Essa questão foi enfrentada pelo STF na **ADI 5946**, julgada em 24/05/2021, na qual foram impugnados dispositivos da Constituição do Estado de Roraima que, ampliando o rol de autonomias asseguradas às universidades pelo art. 207 da CF/88, estabeleceram que a Universidade Estadual de Roraima gozaria das autonomias financeira e orçamentária e das prerrogativas de eleger seu reitor de acordo com suas próprias normas e de iniciar, com exclusividade, o processo legislativo relativo às leis sobre sua organização e funcionamento.

Segundo decidiu a Corte, é inconstitucional norma estadual (ainda que prevista na Constituição do Estado) que, ampliando a autonomia universitária prevista no art. 207 da CF/88, assegura às universidades estaduais autonomia financeira e orçamentária e as prerrogativas da escolha do próprio reitor e da iniciativa legislativa exclusiva das proposições sobre sua organização e funcionamento, pois essa ampliação viola a separação dos Poderes.

Mas é necessário ter **CUIDADO** com o seguinte detalhe: não é toda e qualquer ampliação da autonomia universitária em âmbito estadual que viola a Constituição

Federal, mas apenas a ampliação que consubstancie uma violação à separação dos Poderes (como ocorre quando se atribui autonomia financeira e orçamentária às universidades estaduais) ou a outras disposições da Constituição Federal.

Isso porque, nos termos do art. 18 da CF/88, os entes federados são dotados de autonomia, de modo que eles possuem liberdade para ampliar a autonomia universitária prevista no art. 207 da CF/88, desde que, ao fazer isso, não violem disposições da Constituição Federal, a exemplo da separação dos Poderes, das normas de observância obrigatória, e da própria autonomia universitária do art. 207 da CF/88, que, sendo uma garantia mínima das universidades, não pode ser restringida (embora possa ser ampliada).

Conforme esclareceu o Min. Gilmar Mendes (relator do caso) em seu voto, *"não há dúvidas de que a Constituição de 1988 assegurou a autonomia universitária, dividindo-a em três campos de incidência: didático-científica, administrativa e de gestão financeira e patrimonial.*

(...)

Observadas as normas de repetição obrigatória, os entes da Federação possuem liberdade para conferir contornos próprios à autonomia que será garantida às universidades estatais por eles criadas, podendo ampliá-las, sem jamais restringi-las. A ampliação da autonomia universitária só se encontra limitada pela Constituição Federal naquilo que puder implicar violação ao princípio da separação dos poderes".

Porém, antes de concluir sobre a validade ou não dos dispositivos impugnados na ação, o Ministro, de forma bastante didática, abordou cada um dos aspectos da autonomia universitária, explicando seu significado.

Iniciando pela **autonomia didático-científica,** ele esclareceu que ela *"**é a essência da Universidade, um espaço livre para pensar, discutir e rediscutir ideias e ideais, bem como para produzir conhecimento**, fazer ciência e, assim, impulsionar a justiça social e o desenvolvimento nacional.*

Conforme reiterado por esta Corte em diversas oportunidades, os desdobramentos da autonomia didático-científica demandam não apenas o não agir estatal, de modo a não violar sua autonomia, como, também, ações positivas do Estado que possibilitem recursos suficientes para a efetivação de suas garantias".

Quanto à **autonomia administrativa**, o Ministro explicou que, como uma *"consequência e condição da autonomia didático-científica, as Universidades gozam de autonomia administrativa, isto é, a garantia de que as providências administrativas necessárias à concreção da liberdade acadêmica possam ser adotadas sem a interferência indevida do Estado.*

Na lição de Anna Cândida da Cunha Ferraz, a autonomia administrativa da universidade é um poder de autodeterminação e de autonormação.

(...)

Nada obstante tal autonomia, esta Corte já firmou entendimento no sentido de que as Universidades públicas se submetem, evidentemente, à Constituição e às leis, e também ao controle de órgãos de fiscalização.

(...)

Portanto, a autonomia administrativa não liberta as Universidades Públicas dos limites constitucionais e legais impostos à administração pública. Não pode, por exemplo, o chefe do Poder Executivo local permitir que as universidades estatais por ele criadas sigam um modelo próprio de Autonomia das Universidades privadas ou instituí-las com as autonomias próprias dos poderes instituídos pela Constituição Federal.

Afora essas duas barreiras impostas pela própria Constituição Federal, devemos reconhecer ao Chefe do Poder Executivo liberdade para desenhar a estrutura das Universidades estatais a ele vinculadas, de modo a melhor atender as necessidades locais".

Passando à **autonomia de gestão financeira e patrimonial**, o Min. Gilmar Mendes registrou em seu voto que *"essa dimensão da autonomia **consiste em poder gerir os recursos postos a sua disposição**, executar e reestruturar orçamentos, constituir patrimônio e dele livremente dispor. Embora trate-se de uma gestão vinculada às finalidades que orientam a existência da própria instituição, no caso das universidades públicas, **essa autonomia permite certa discricionariedade quanto aos meios de execução do seu orçamento**".*

Dentro dessa tríplice autonomia das universidades assegurada pelo art. 207 da CF/88, a autonomia didático-científica, para ser concretizada, depende da efetiva observância da autonomia administrativa e da autonomia de gestão financeira e patrimonial, mas estas duas últimas apenas ficam viabilizadas se as universidades possuírem recursos financeiros mínimos que assegurem seu funcionamento. Isso porque de nada adianta possuir competências e liberdade para atuar dentro dessas competências, se inexistem os meios materiais necessários para desempenhá-las.

Foi o que explicou o Min. Gilmar Mendes em seu voto, ao registrar que a *"autonomia didático-científica só se perfectibiliza com as garantias da autonomia administrativa e da autonomia de gestão financeira e patrimonial que, por sua vez, só serão de fato observadas se presentes recursos financeiros mínimos para assegurar seu funcionamento.*

(...)

De nada vale prever autonomia para o desempenho de suas funções, se não são garantidos recursos suficientes para exercê-las.

As competências constitucionais esvaziam-se sem as condições materiais para o seu exercício.

(...)

Portanto, não basta garantir às universidades autonomia de gestão financeira e patrimonial, se a elas não for garantido um mínimo de recursos e patrimônio para gerir.

A conjugação das três dimensões da autonomia universitária, somada à necessidade de garantir recursos mínimos para o seu funcionamento, permite concluir que as Universidades estatais podem seguir diferentes modelos de autonomia".

Passando à análise da validade das normas impugnadas na ação, o Min. Gilmar Mendes esclareceu que **a autonomia de gestão financeira e patrimonial não se confunde nem compreende a autonomia financeira e orçamentária**. Esta última é a prerrogativa que o órgão possui de apresentar a sua própria proposta de orçamento (para ser consolidada em conjunto com as propostas orçamentárias dos demais órgãos autônomos) e de ter recursos próprios, a serem gastos de acordo com as previsões orçamentárias. Já a autonomia de gestão financeira e patrimonial significa, tão somente, que a entidade (no caso, a universidade) pode, uma vez recebidos recursos oriundos de outros órgãos, administrá-los da forma que for mais adequada e conveniente.

A autonomia financeira e orçamentária, portanto, é mais ampla do que autonomia de gestão financeira e patrimonial, e somente foi assegurada pela Constituição Federal aos Poderes constituídos (Legislativo, Executivo e Judiciário), ao Ministério Público, à Defensoria Pública e ao Tribunal de Contas. Em relação ao Tribunal de Contas, ele não foi mencionado no voto do Min. Gilmar Mendes como um órgão dotado de autonomia financeira e orçamentária, mas a jurisprudência do STF lhe reconhece essa autonomia, podendo-se citar como exemplos disso os seguintes precedentes: ADI 119, ACO 3397 MC-Ref e AC 2511 AgR.

Considerando que há íntima relação entre a separação dos Poderes e a forma como a autonomia financeira e orçamentária dos órgãos estatais está delineada na Constituição Federal, uma norma estadual que cria nova hipótese de órgão dotado dessa autonomia viola o esquema de separação dos Poderes traçado no texto constitucional. Uma norma com esse teor, portanto, é inconstitucional, tendo em vista que, segundo a jurisprudência do STF, as normas da Constituição Federal que afetam a separação dos Poderes são de observância obrigatória, não podendo os Estados (bem como os Municípios) legislar em desacordo com a CF/88 nessa questão.

Como consequência disso, embora os Estados tenham liberdade para definir os contornos da autonomia universitária de suas universidades, eles não podem conferir autonomia financeira e orçamentária a essas entidades, sob pena de violarem a separação dos Poderes, tendo em vista que a CF/88 não inclui, na autonomia universitária, a autonomia financeira e orçamentária.

Nas palavras do Ministro Gilmar Mendes, *"a Constituição Federal não atribuiu às Universidades a "Autonomia Financeira e Orçamentária", atributo por ela conferido aos entes federados e aos poderes instituídos, ao Ministério Público e à Defensoria Pública.*

Ao contrário, ao tratar das Universidades, o art. 207 mencionou apenas "autonomia de gestão financeira e patrimonial" que, como já dito, consiste em liberdade para administrar os recursos e patrimônio que recebe, ou seja, a partir do momento em que "o dinheiro entra na sua conta".

A autonomia Financeira e Orçamentária é mais ampla, portanto, permitindo aos poderes elaborar sua própria proposta orçamentária, dentro dos limites estabelecidos na lei de diretrizes orçamentárias, a qual será consolidada pelo Poder Executivo e encaminhada para votação pelo Poder Legislativo.

Assim, (...) o Poder Constituinte decorrente não pode dar tratamento próprio de poder instituído às Universidades estaduais ou municipais, sob pena de afronta ao princípio da separação dos poderes.

As Universidades, embora autônomas, submetem-se à estrutura do Poder Executivo, que as criou. O poder de elaborar a proposta orçamentária, dentro dos limites legais e respeitadas as estruturas administrativas próprias, é conferido pela Constituição ao Chefe do Poder Executivo.

(...)

Dessa forma, o poder constituinte dos Estados e Distrito Federal não pode, sob pena de violação ao princípio da separação dos poderes – norma de observância obrigatória pelo poder constituinte derivado e decorrente –, prever tal autonomia a órgãos ou entidades vinculadas ao poder executivo estadual, sob pena de usurpar competência própria de um poder, competência essa que não pode ser objeto de renúncia pelo atual ocupante da cadeira de chefia do poder executivo.

(...)

(...) a emenda constitucional impugnada incorre em inconstitucionalidade material por violação ao previsto no art. 2º da Constituição Federal, uma vez que subtrai poderes do Chefe do Poder Executivo e amplia a autonomia universitária (art. 207 da CF), de modo a conferir à Universidade estadual – fundação pública – as autonomias reservadas aos Poderes Executivo, Legislativo, Judiciário, ao Ministério Público e à Defensoria Pública".

É importante registrar, no entanto, que a impossibilidade de se conferir autonomia financeira e orçamentária às universidades estaduais não acarreta a impossibilidade de o ente federado definir de forma livre (e desde que respeitadas as normas da CF/88) a forma como os recursos orçamentários serão repassados aos cofres universitários.

Por isso, o STF também decidiu que **é plenamente constitucional a previsão de que os recursos orçamentários serão repassados às universidades de acordo com a sistemática de duodécimos**, que é aquela em que o repasse se dá mês a mês, havendo, portanto, doze repasses por ano (daí vem o nome "duodécimos").

Os duodécimos estão previstos na Constituição Federal (art. 168) como a sistemática de repasse de verbas orçamentárias ao Poder Legislativo, ao Poder Judiciário, ao Ministério Público e à Defensoria Pública, mas não são uma exclusividade desses órgãos (não há nenhuma disposição no texto constitucional que estabeleça serem os duodécimos um mecanismo exclusivo dos órgãos dotados de autonomia financeira e orçamentária), de modo que, embora não estejam (os duodécimos) expressamente previstos na CF/88 para as universidades, podem, dentre outras opções, ser a sistemática escolhida pelo ente federado (no exercício de sua autonomia) para realizar os repasses orçamentários a tais entidades.

> "**Art. 168, CF/88.** Os recursos correspondentes às dotações orçamentárias, compreendidos os créditos suplementares e especiais, destinados aos órgãos dos Poderes Legislativo e Judiciário, do Ministério Público e da Defensoria Pública, ser-lhes-ão entregues até o dia 20 de cada mês, em duodécimos, na forma da lei complementar a que se refere o art. 165, § 9º.
>
> **§ 1º** É vedada a transferência a fundos de recursos financeiros oriundos de repasses duodecimais.
>
> **§ 2º** O saldo financeiro decorrente dos recursos entregues na forma do caput deste artigo deve ser restituído ao caixa único do Tesouro do ente federativo, ou terá seu valor deduzido das primeiras parcelas duodecimais do exercício seguinte."

Enfim, o que importa é que o repasse dos recursos às universidades efetivamente ocorra (inclusive, para que elas possam desempenhar as funções inerentes à autonomia universitária conferida pelo art. 207 da CF/88), pouco importando qual foi a sistemática de repasse escolhida pelo ente federado, desde que seja uma sistemática que não viole nenhuma disposição constitucional.

Conforme esclareceu o Min. Gilmar Mendes em seu voto, *"a previsão de repasse dos recursos na forma de duodécimos, embora não prevista pela Constituição Federal para as Universidades, estaria dentro da margem de discricionariedade do Chefe do Poder Executivo na construção da engenharia institucional mais adequada às necessidades e opções do Estado ou Município.*

(...)

A definição do montante de recursos a ser destinado às Universidades estatais é competência do Poder Executivo, e não pode ser abolida pelos Entes Federados com base em sua autonomia.

No entanto, a escolha da forma de repasse dos recursos parece admitir diferentes modelos, podendo os Entes federados, respeitada a competência privativa do Chefe do Poder Executivo, escolher modelo diferente do previsto para a União.

(...)

Desde que respeitada a competência do chefe do poder executivo para propor o modelo de repasse de recursos, o repasse orçamentário por duodécimos encontra-se dentro da margem de discricionariedade conferida aos Estados e Municípios para desenhar o arranjo institucional que melhor se adeque às necessidades de suas Universidades.

(...)

(...) o repasse por duodécimos não consiste em instrumento próprio de quem detém autonomia orçamentária e financeira, como os poderes instituídos, podendo ser utilizado como forma de garantia da autonomia administrativa e de gestão financeira e patrimonial reconhecida às Universidades, a critério do Chefe do Poder Executivo.

Do art. 207 da Constituição não se extrai o direito de as Universidades receberem seu orçamento na forma de duodécimos. Por outro lado, a interpretação sistemática da Constituição também não permite concluir que às Universidades estaria vedado o repasse orçamentário na forma de duodécimos.

Escolher pelo repasse de recursos orçamentários na forma de duodécimos configura uma opção legítima como forma de aprimoramento da gestão Universitária, atendidas as especificidades locais".

Além disso, e seguindo a linha de raciocínio baseada na separação dos Poderes, o Supremo Tribunal Federal declarou a **inconstitucionalidade da disposição que estabelecia que a universidade estadual poderia escolher seu próprio reitor de acordo com suas próprias regras e dar início ao processo legislativo concernente às leis disciplinadoras da sua organização e funcionamento.**

Segundo entendeu a Corte, a atribuição de tais prerrogativas às universidades invade o campo de atuação do Chefe do Poder Executivo, esvaziando as funções que foram conferidas a ele pela Constituição Federal, de modo que aí também há violação à separação dos Poderes.

É que, de acordo com a CF/88, cabe ao Chefe do Poder Executivo dispor sobre organização e funcionamento da Administração Pública e sobre servidores públicos, inexistindo previsão no texto constitucional de transferência dessas atribuições a entidades da Administração Pública. Logo, ao estabelecer que a escolha do reitor e a deflagração do processo legislativo relativo à organização e funcionamento das universidades estaduais cabem às próprias universidades (que são integrantes da Administração

Pública), a norma estadual impugnada viola a forma como foi delineada a separação de Poderes na Constituição Federal.

Conforme registrou o Min. Gilmar Mendes em seu voto, as disposições *"que possibilitaram à Universidade estadual escolher seu próprio reitor, retirando qualquer participação do chefe do poder executivo no processo, bem como reservaram à Universidade iniciativa privativa para enviar projeto de lei, incorrem em vício de inconstitucionalidade material por violação ao art. 2º da Constituição Federal"*.

▶ Ensino religioso nas escolas públicas

O Supremo Tribunal Federal apreciou um caso em que se debateu a questão do ensino religioso nas escolas públicas, tema que envolve não apenas o direito à educação, mas também o direito à liberdade religiosa. Trata-se da ADI 4439, ajuizada pelo Procurador-Geral da República, com o objetivo de conferir interpretação conforme a dispositivos da Lei de Diretrizes e Bases da Educação (Lei 9.394/96) e de um acordo firmado entre o Brasil e a Santa Sé que tratavam da matéria.

Nessa ADI, o PGR argumentou que, sendo laico o Estado brasileiro, o ensino religioso nas escolas públicas não poderia ser confessional (isto é, vinculado a uma religião específica), devendo se ater a aspectos históricos e filosóficos do fenômeno religioso genericamente considerado, englobando as várias religiões e até mesmo concepções não religiosas.

O Supremo Tribunal Federal, no entanto, não acolheu a linha argumentativa do Procurador-Geral da República.

Segundo decidiu o STF, o ensino religioso nas escolas públicas pode ter caráter confessional, sendo indevida a intervenção do Estado para definir o conteúdo das aulas (pois isso ofenderia a garantia da liberdade religiosa), bem como para estabelecer uma religião específica para o ensino confessional (pois isso ofenderia a laicidade do Estado).

No entanto, por conta da conjugação da laicidade do Estado com a liberdade religiosa, e em cumprimento ao art. 210, § 1º, CF/88 (que prevê o ensino religioso como disciplina – de matrícula facultativa – dos horários normais das escolas públicas de ensino fundamental), deve ser assegurada a igualdade de oportunidades para que os representantes das diversas religiões se credenciem para ministrar as aulas correspondentes, nas quais os alunos poderão se matricular conforme julgarem mais apropriado.

O julgado recebeu a seguinte ementa, bastante enriquecedora para o estudo do tema:

> "(...) 1. (...) A interpretação da Carta Magna brasileira, que, mantendo a nossa tradição republicana de ampla liberdade religiosa, consagrou a inviolabilidade de crença e cultos religiosos, deve ser realizada em sua dupla acepção: (a) **proteger o indivíduo e as diversas confissões religiosas de quaisquer intervenções ou mandamentos estatais**; (b) **assegurar a laicidade do Estado, prevendo total liberdade de atuação estatal em relação aos dogmas e princípios religiosos**. 2. A interdependência e complementariedade das **noções de Estado Laico e Liberdade de Crença e de Culto são premissas básicas para a interpretação do**

ensino religioso de matrícula facultativa previsto na Constituição Federal, pois a matéria alcança a própria liberdade de expressão de pensamento sob a luz da tolerância e diversidade de opiniões. (...) 4. **A singularidade da previsão constitucional de ensino religioso, de matrícula facultativa, observado o binômio Laicidade do Estado (CF, art. 19, I)/Consagração da Liberdade religiosa (CF, art. 5º, VI)**, implica regulamentação integral do cumprimento do preceito constitucional previsto no artigo 210, §1º, **autorizando à rede pública o oferecimento, em igualdade de condições (CF, art. 5º, caput), de ensino confessional das diversas crenças.** 5. **A Constituição Federal garante aos alunos, que expressa e voluntariamente se matriculem, o pleno exercício de seu direito subjetivo ao ensino religioso como disciplina dos horários normais das escolas públicas de ensino fundamental, ministrada de acordo com os princípios de sua confissão religiosa e baseada nos dogmas da fé**, inconfundível com outros ramos do conhecimento científico, como história, filosofia ou ciência das religiões. 6. O binômio Laicidade do Estado/Consagração da Liberdade religiosa está presente na medida em que o texto constitucional (a) expressamente garante a voluntariedade da matrícula para o ensino religioso, consagrando, inclusive o dever do Estado de absoluto respeito aos agnósticos e ateus; (b) **implicitamente impede que o Poder Público crie de modo artificial seu próprio ensino religioso, com um determinado conteúdo estatal para a disciplina**; bem como proíbe o favorecimento ou hierarquização de interpretações bíblicas e religiosas de um ou mais grupos em detrimento dos demais. 7. **Ação direta julgada improcedente** (...) afirmando-se a **constitucionalidade do ensino religioso confessional como disciplina facultativa dos horários normais das escolas públicas de ensino fundamental.**"

(ADI 4439/DF; Relator(a): Min. ROBERTO BARROSO; Relator(a) p/ Acórdão: Min. ALEXANDRE DE MORAES; Julgamento: 27/09/2017; Órgão Julgador: Tribunal Pleno)

■ ÍNDIOS

A disciplina da proteção constitucional dos índios se encontra inserida nos arts. 231 e 232 da CF/88. Antes da CF/88, porém, os índios já haviam recebido tratamento nos textos constitucionais brasileiros.

A primeira Constituição brasileira a trazer disposições sobre os índios foi a CF/34, tendo todas as Constituições subsequentes mantido em seus textos a disciplina do tema. No entanto, a nomenclatura "índios" foi uma inovação da CF/88, pois as Constituições anteriores utilizavam a expressão "silvícolas" (que significa "selvagem" ou "aquele que nasce ou vive na selva") para se referirem aos índios.

▶ A guinada no tratamento constitucional dos índios realizada pela CF/88

A Constituição Federal de 1988 representou uma mudança de paradigma na disciplina constitucional dos índios, e saber isso é essencial para compreender bem as disposições constitucionais sobre o tema e as razões pelas quais a CF/88 contém determinadas normas aplicáveis aos povos indígenas.

Antes da CF/88, os textos constitucionais, além de utilizarem a expressão "silvícolas" em vez de "índios", previam que os índios seriam incorporados à "comunhão nacional", demonstrando uma clara intenção de "ocidentalização" dos povos indígenas.

Essa forma de tratamento dos índios recebeu diversas críticas em sede doutrinária, pois representava, em última análise, uma verdadeira tentativa de aniquilação da cultura indígena, que seria incorporada pela cultura do "homem branco".

Inclusive, havia, antes da CF/88, a previsão no texto constitucional de que era da União a competência para legislar sobre essa "incorporação dos silvícolas à comunhão nacional" (art. 8º, XVII, "o", CF/67 e art. 8º, XVII, "o", EC 1/69).

A CF/88 deu fim a essa linha de pensamento e **trouxe uma disciplina constitucional de valorização da cultura indígena**, em substituição à tentativa de "ocidentalização" dos povos indígenas. Isso, inclusive, é a primeira coisa estampada no art. 231 da CF/88 (que é o dispositivo inaugural do capítulo da Constituição destinado aos índios), o qual, em seu *caput*, estabelece expressamente que *"são reconhecidos aos índios sua organização social, costumes, línguas, crenças e tradições"*.

Além disso, também na linha de valorização da cultura indígena e de sua autodeterminação perante a cultura ocidental, a CF/88 reconheceu, no seu art. 232, a **capacidade jurídica dos índios**, inclusive, para fins de dedução de pretensões em demandas judiciais, cenário que não era realidade na vigência das Constituições anteriores, tendo em vista que o índio era tratado juridicamente (pelo Código Civil de 1916) como relativamente incapaz e sujeito a um regime de tutela até que se adaptasse à "civilização".

Essa mudança de paradigma da proteção constitucional dos povos indígenas está em harmonia com o chamado **novo constitucionalismo latino-americano** (embora a Constituição Brasileira de 1988 não costume ser mencionada como um marco desse constitucionalismo), o qual, conforme já estudamos neste livro, propõe uma valorização dos povos originários da América Latina, de modo que passem a ser tratados em pé de igualdade com o "homem branco".

▶ A disciplina dos índios na CF/88

Conforme vimos, na CF/88, os índios são tratados nos arts. 231 e 232, que estabelecem, basicamente, o seguinte:

I) A **cultura indígena é expressamente reconhecida e protegida**, inclusive, no que diz respeito aos costumes, línguas, crenças, tradições e organização social dos índios (art. 231, *caput*, CF/88).

II) São assegurados aos índios os **direitos originários sobre as terras tradicionalmente ocupadas** por eles (art. 231, *caput* e §§, CF/88). Esse tema será melhor abordado em tópico específico.

III) Compete à **União demarcar e proteger as terras tradicionalmente ocupadas** pelos índios, o que é feito por meio da Fundação Nacional do Índio – FUNAI, autarquia integrante da Administração Pública Federal (art. 231, *caput* e §§, CF/88). Esse tema será melhor abordado em tópico específico.

IV) É assegurado aos índios o direito de **não serem removidos de suas terras**, exceto em duas situações: **a)** em caso de **catástrofe ou epidemia** que ponha em risco a população indígena (hipótese em que, uma vez efetivada a remoção, deve haver o referendo do Congresso Nacional); ou **b)** quando a medida se justificar por **interesse da soberania brasileira** (hipótese em que a remoção só pode ser efetivada após a aprovação do Congresso Nacional). Em qualquer caso de remoção, é assegurado aos índios o **imediato retorno** às suas terras tão logo cesse a situação que justificou a medida (art. 231, § 5º, CF/88).

V) É **vedada a exploração do garimpo por terceiros** em terras indígenas, tendo em vista que o art. 231, § 7º, da CF/88 estabelece que não se aplicam a essas terras as disposições do art. 174, §§ 3º e 4º, da CF/88, que são normas que preveem que o poder público deve promover a organização dos garimpeiros em cooperativas e dar prioridade aos atos de autorização e de concessão necessários ao desempenho da atividade garimpeira. Inclusive, nessa linha de pensamento, a Lei 7.805/89, que prevê as regras que regem a outorga de permissão para o desempenho do garimpo (tanto por indivíduos quanto por cooperativas) estabelece, no seu art. 23, "a", que a permissão para o exercício da atividade garimpeira **não abrange terras indígenas**. No entanto, é importante deixar claro que a exploração do garimpo em terras indígenas **não é vedada aos próprios indígenas**, que podem exercer essa atividade de acordo com a sua cultura.

VI) É assegurada aos índios **capacidade jurídica**, inclusive, a capacidade processual, podendo eles, agora, demandar em juízo independentemente de representação ou assistência (art. 232, CF/88), o que antes da CF/88 não era admitido, por conta do Código Civil de 1916, que previa a incapacidade civil relativa dos índios e a sua sujeição a um regime de tutela até que eles se adaptassem à "civilização" (art. 6º, III e parágrafo único, CC/16).

VII) Nas demandas judiciais propostas pelos índios na defesa de seus direitos e interesses, **o Ministério Público (tanto o federal quanto o estadual, a depender de a competência no caso concreto ser da Justiça Federal ou da Estadual) funcionará como fiscal da ordem jurídica** (art. 232, CF/88). Essa atribuição do Ministério Público também se encontra prevista no art. 129, V, da CF/88, que prevê dentre as funções institucionais desse órgão *"defender judicialmente os direitos e interesses das populações indígenas"*.

Confira o teor desses dispositivos:

"**Art. 231, CF/88.** São reconhecidos aos índios sua organização social, costumes, línguas, crenças e tradições, e os direitos originários sobre as terras que tradicionalmente ocupam, competindo à União demarcá-las, proteger e fazer respeitar todos os seus bens.

§ 1º São terras tradicionalmente ocupadas pelos índios as por eles habitadas em caráter permanente, as utilizadas para suas atividades produtivas, as imprescindíveis à preservação dos recursos ambientais necessários a seu bem-estar e as necessárias a sua reprodução física e cultural, segundo seus usos, costumes e tradições.

§ 2º As terras tradicionalmente ocupadas pelos índios destinam-se a sua posse permanente, cabendo-lhes o usufruto exclusivo das riquezas do solo, dos rios e dos lagos nelas existentes.

> ***§ 3º O aproveitamento dos recursos hídricos, incluídos os potenciais energéticos, a pesquisa e a lavra das riquezas minerais em terras indígenas só podem ser efetivados com autorização do Congresso Nacional, ouvidas as comunidades afetadas, ficando-lhes assegurada participação nos resultados da lavra, na forma da lei.***
>
> **§ 4º** As terras de que trata este artigo são inalienáveis e indisponíveis, e os direitos sobre elas, imprescritíveis.
>
> **§ 5º** É vedada a remoção dos grupos indígenas de suas terras, salvo, "ad referendum" do Congresso Nacional, em caso de catástrofe ou epidemia que ponha em risco sua população, ou no interesse da soberania do País, após deliberação do Congresso Nacional, garantido, em qualquer hipótese, o retorno imediato logo que cesse o risco.
>
> **§ 6º** São nulos e extintos, não produzindo efeitos jurídicos, os atos que tenham por objeto a ocupação, o domínio e a posse das terras a que se refere este artigo, ou a exploração das riquezas naturais do solo, dos rios e dos lagos nelas existentes, ressalvado relevante interesse público da União, segundo o que dispuser lei complementar, não gerando a nulidade e a extinção direito a indenização ou a ações contra a União, salvo, na forma da lei, quanto às benfeitorias derivadas da ocupação de boa fé.
>
> **§ 7º** Não se aplica às terras indígenas o disposto no art. 174, § 3º e § 4º.
>
> **Art. 232, CF/88.** Os índios, suas comunidades e organizações são partes legítimas para ingressar em juízo em defesa de seus direitos e interesses, intervindo o Ministério Público em todos os atos do processo."

Além das disposições contidas nos arts. 231 e 232 da CF/88, o texto constitucional cuida da proteção conferida aos índios em outros dois dispositivos relacionados com a ordem social. Um deles é o art. 210, § 2º, que assegura aos indígenas o uso de seus próprios idiomas e processos de aprendizagem, e o outro é o art. 215, § 1º, que prevê o dever do Estado de proteger as manifestações das culturas indígenas.

> ***"Art. 210, § 2º, CF/88.*** O ensino fundamental regular será ministrado em língua portuguesa, assegurada às comunidades indígenas também a utilização de suas línguas maternas e processos próprios de aprendizagem."
>
> ***"Art. 215, § 1º, CF/88.*** O Estado protegerá as manifestações das culturas populares, indígenas e afro-brasileiras, e das de outros grupos participantes do processo civilizatório nacional."

▶ O direito de não remoção dos índios e a impossibilidade de serem convocados por comissão parlamentar de inquérito

Conforme vimos, o art. 231, § 5º, da CF/88 **veda a remoção dos índios de suas terras, ressalvadas apenas duas situações excepcionais** (hipóteses em que a remoção dos indígenas é permitida, desde que atendidas as exigências constitucionais):

I) Em caso de **catástrofe ou epidemia** que ponha em risco a população indígena (hipótese em que, uma vez efetivada a remoção, deve haver o referendo do Congresso Nacional); ou

II) Quando a medida se justificar por **interesse da soberania brasileira** (hipótese em que a remoção só pode ser efetivada após a aprovação do Congresso Nacional).

Ainda segundo o art. 231, § 5º, da CF/88, em qualquer caso de remoção dos índios de suas terras, é assegurado o seu **imediato retorno** tão logo cesse a situação que justificou a medida.

Veja novamente o teor desse dispositivo:

> **"Art. 231, § 5º, CF/88. É vedada a remoção dos grupos indígenas de suas terras, salvo, "ad referendum" do Congresso Nacional, em caso de catástrofe ou epidemia que ponha em risco sua população, ou no interesse da soberania do País, após deliberação do Congresso Nacional, garantido, em qualquer hipótese, o retorno imediato logo que cesse o risco."**

Por conta do direito de não remoção dos índios de suas terras, bem como em virtude da valorização e proteção dada pela CF/88 à cultura indígena tanto nos arts. 231 e 232 quanto nos arts. 215 e 216 (que tratam da proteção do direito à cultura de forma geral e nela inserem as manifestações culturais indígenas), o Supremo Tribunal Federal possui entendimento no sentido de que **comissão parlamentar de inquérito não pode convocar índios para serem ouvidos fora de suas terras.**

Segundo a Corte, a remoção dos indígenas (tanto enquanto indivíduos como enquanto grupos) de suas terras é **sempre um ato de vontade própria** deles, não podendo ser decorrente de imposição, a menos que se trate de alguma das situações excepcionais em que o próprio texto constitucional permite que eles sejam removidos. A convocação por uma CPI, no entanto, não é uma dessas situações excepcionais.

Em outras palavras: caso uma CPI pretenda ouvir um indígena, isso deverá ser comunicado na forma de convite, e o indígena poderá decidir livremente se irá comparecer ou não perante a comissão, **não havendo possibilidade de condução coercitiva** em caso de não comparecimento. O comparecimento de um índio perante uma comissão parlamentar de inquérito, portanto, é uma faculdade conferida a ele, e não uma obrigação.

Esse entendimento foi afirmado pelo STF, por exemplo, no seguinte precedente:

> "(...) Comissão Parlamentar de Inquérito: intimação de indígena para prestar depoimento na condição de testemunha, fora do seu habitat: violação às normas constitucionais que conferem proteção específica aos povos indígenas (CF, arts. 215, 216 e 231). 1. **A convocação de um índio para prestar depoimento em local diverso de suas terras constrange a sua liberdade de locomoção**, na medida em que **é vedada pela Constituição da República a remoção dos grupos indígenas de suas terras**, salvo exceções nela previstas (CF/88, artigo 231, § 5º). 2. A tutela constitucional do grupo indígena, que visa a proteger, além da posse e usufruto das terras originariamente dos índios, a respectiva identidade cultural, se estende ao indivíduo que o compõe, quanto à remoção de suas terras, que **é sempre ato de opção, de vontade própria, não podendo se apresentar como imposição**, salvo hipóteses excepcionais. (...)" **(HC 80.240, j. 20/06/2001, Pleno)**

As terras tradicionalmente ocupadas pelos indígenas, sua demarcação e o direito sobre elas

A CF/88 disciplina a questão das terras tradicionalmente ocupadas pelos índios estabelecendo, especialmente, os direitos que recaem sobre elas e a titularidade da sua propriedade. O tratamento constitucional desse tema é necessário por conta da importância que a terra tem para a manifestação e a preservação da cultura e da identidade dos povos indígenas.

O que o texto constitucional estabelece sobre as terras tradicionalmente ocupadas pelos índios é o seguinte:

I) Elas são de **propriedade da União** (art. 20, XI, CF/88), mas, segundo o Supremo Tribunal Federal (Súmula nº 650), essa propriedade não engloba terras que foram ocupadas em um passado remoto por aldeamentos indígenas que não mais existem (**Súmula 650/STF:** *"Os incisos I e XI do art. 20 da Constituição Federal não alcançam terras de aldeamentos extintos, ainda que ocupadas por indígenas em passado remoto."*).

II) A **União** deve identificá-las e **demarcá-las** (art. 231, *caput*, CF/88).

III) Os índios têm direito à **posse permanente** delas (art. 231, § 2º, CF/88).

IV) Os índios têm direito ao **usufruto exclusivo** das riquezas do solo, dos rios e dos lagos nelas existentes (art. 231, § 2º, CF/88). A esse respeito, é importante registrar que, segundo o Supremo Tribunal Federal **(Pet 3388, j. 19/03/2009)**, o fato de a CF/88 assegurar aos indígenas o usufruto exclusivo das riquezas do solo, dos rios e dos lagos existentes nas terras tradicionalmente ocupadas por eles **não impede que haja, nesses mesmos territórios, a presença de não índios** ou mesmo a abertura de estradas e a instalação de equipamentos para a prestação de serviços públicos, desde que, evidentemente, tudo seja feito de modo que sejam respeitados os direitos dos índios, com a devida supervisão da Administração Pública Federal, do Ministério Público e até mesmo de entidades representativas dos indígenas. Por esse motivo, **os índios não podem interditar ou bloquear estradas ou impedir o funcionamento de repartições públicas** localizadas em terras indígenas. No mesmo precedente, o STF entendeu que **o usufruto exclusivo assegurado aos índios não é incompatível com as faixas de fronteira,** sendo perfeitamente possível que nessas áreas haja terras indígenas, nas quais as forças de segurança pública podem ingressar e instalar seus equipamentos, postos de segurança e agentes **sem que seja necessária qualquer licença.**

V) Para que haja **a pesquisa e a lavra de recursos minerais e o aproveitamento de potenciais de energia hidráulica** nessas terras, é necessário que sejam atendidas **condições específicas** estabelecidas em lei (art. 176, § 1º, CF/88).

VI) Elas são **inalienáveis e indisponíveis**, e os direitos incidentes sobre elas são **imprescritíveis** (art. 231, § 4º, CF/88).

VII) Qualquer ato jurídico (em sentido amplo) que inobserve os direitos dos índios sobre as terras tradicionalmente ocupadas por eles e estabeleça sobre elas **direitos em favor de terceiros** (como domínio, posse ou exploração) será **nulo e extinto, não produzindo efeitos jurídicos**, de modo que será **indevida até mesmo qualquer indenização** ao prejudicado por essa invalidade, exceto em caso de benfeitoria realizada em virtude de ocupação de boa-fé e haja lei prevendo o pagamento de indenização nessa hipótese (art. 231, § 6º, CF/88).

VIII) De forma excepcional, quando estiver presente **relevante interesse público da União** e houver autorização em **lei complementar**, será possível a prática de ato jurídico em favor de não indígenas que tenha como objeto a ocupação, o domínio, a posse ou a exploração das terras tradicionalmente ocupadas pelos índios (art. 231, § 6º, CF/88).

IX) A promoção e a organização da **atividade garimpeira** pelo Poder Público não podem incidir sobre as terras tradicionalmente ocupadas pelos índios, sendo o garimpo **vedado nessas áreas** (art. 231, § 7º, c/c art. 174, §§ 3º e 4º, CF/88).

Confira o teor dessas disposições constitucionais:

> "**Art. 20, CF/88.** São bens da União:
>
> (...)
>
> **XI - as terras tradicionalmente ocupadas pelos índios.**"
>
> "**Art. 174, CF/88.**
>
> (...)
>
> **§ 3º O Estado favorecerá a organização da atividade garimpeira** em cooperativas, levando em conta a proteção do meio ambiente e a promoção econômico-social dos garimpeiros.
>
> **§ 4º** As cooperativas a que se refere o parágrafo anterior terão prioridade na **autorização ou concessão para pesquisa e lavra dos recursos e jazidas de minerais garimpáveis,** nas áreas onde estejam atuando, e naquelas fixadas de acordo com o art. 21, XXV, na forma da lei."
>
> "**Art. 176, CF/88.** As jazidas, em lavra ou não, e demais recursos minerais e os potenciais de energia hidráulica constituem propriedade distinta da do solo, para efeito de exploração ou aproveitamento, e pertencem à União, garantida ao concessionário a propriedade do produto da lavra.
>
> **§ 1º** A pesquisa e a lavra de recursos minerais e o aproveitamento dos potenciais a que se refere o "caput" deste artigo somente poderão ser efetuados mediante autorização ou concessão da União, no interesse nacional, por brasileiros ou empresa constituída sob as leis brasileiras e que tenha sua sede e administração no País, na forma da lei, que estabelecerá as **condições específicas quando essas atividades se desenvolverem em faixa de fronteira ou terras indígenas.**
>
> (...)"

> "**Art. 231, CF/88.** São reconhecidos aos índios sua organização social, costumes, línguas, crenças e tradições, e os **direitos originários sobre as terras que tradicionalmente ocupam**, competindo à União demarcá-las, proteger e fazer respeitar todos os seus bens.
>
> **§ 1º** São **terras tradicionalmente ocupadas pelos índios** as por eles habitadas em caráter permanente, as utilizadas para suas atividades produtivas, as imprescindíveis à preservação dos recursos ambientais necessários a seu bem-estar e as necessárias a sua reprodução física e cultural, segundo seus usos, costumes e tradições.
>
> **§ 2º** As terras tradicionalmente ocupadas pelos índios **destinam-se a sua posse permanente, cabendo-lhes o usufruto exclusivo das riquezas do solo, dos rios e dos lagos nelas existentes.**
>
> **§ 3º** O aproveitamento dos recursos hídricos, incluídos os potenciais energéticos, a pesquisa e a lavra das riquezas minerais em terras indígenas **só podem ser efetivados com autorização do Congresso Nacional, ouvidas as comunidades afetadas,** ficando-lhes assegurada participação nos resultados da lavra, na forma da lei.
>
> **§ 4º** As terras de que trata este artigo são **inalienáveis e indisponíveis,** e os direitos sobre elas, imprescritíveis.
>
> ***§ 5º É vedada a remoção dos grupos indígenas de suas terras,*** salvo, "ad referendum" do Congresso Nacional, em caso de ***catástrofe ou epidemia que ponha em risco sua população,*** ou no interesse da ***soberania do País***, após deliberação do Congresso Nacional, ***garantido, em qualquer hipótese, o retorno imediato*** logo que cesse o risco.
>
> ***§ 6º*** São ***nulos e extintos,*** não produzindo efeitos jurídicos, ***os atos que tenham por objeto a ocupação, o domínio e a posse das terras a que se refere este artigo, ou a exploração das riquezas naturais*** do solo, dos rios e dos lagos nelas existentes, ressalvado relevante interesse público da União, segundo o que dispuser lei complementar, ***não gerando a nulidade e a extinção direito a indenização*** *ou a ações contra a União,* ***salvo, na forma da lei, quanto às benfeitorias derivadas da ocupação de boa fé.***
>
> ***§ 7º Não se aplica às terras indígenas o disposto no art. 174, § 3º e § 4º."***

Considerando o regime das terras indígenas estabelecido na CF/88 (que vimos acima), pode uma lei prever a possibilidade de o poder público conceder à iniciativa privada a exploração de serviços e o uso de imóveis (como áreas territoriais) necessários às atividades de ecoturismo e de comércio madeireiro nessas terras ou em terras vizinhas (isto é, contíguas)?

Essa questão foi enfrentada pelo Supremo Tribunal Federal na **ADI 7008** (j. 22/05/2023), que foi ajuizada contra uma lei ESTADUAL (mais precisamente, uma lei do Estado de São Paulo) que autorizava o poder público a conceder a exploração de serviços e o uso de imóveis necessários às atividades de ecoturismo e de comércio madeireiro no âmbito do respectivo Estado.

A esse respeito, o STF decidiu que nada impede que uma norma infraconstitucional permita a concessão da exploração de serviços e de imóveis públicos para fins de atividades de ecoturismo e de comércio de madeiras, porém, essa concessão **não pode**

recair sobre terras indígenas, pois essas terras, nos termos do art. 231, § 2º, da CF/88, destinam-se a **usufruto exclusivo dos índios**, além de eles (os indígenas) as utilizarem como moradia e como um instrumento de preservação da união da comunidade indígena e de sua sobrevivência e perpetuação, o que ficaria prejudicado se fosse possível a exploração dessas áreas territoriais pela iniciativa privada.

O STF registrou ainda que, por conta do regime constitucional dos povos indígenas e de suas terras (art. 231, CF/88), caso a exploração de atividades pela iniciativa privada, embora não seja realizada em terras indígenas, possa causar impactos nessas terras (em virtude de ocorrer em áreas vizinhas), **deve haver consulta prévia às comunidades indígenas afetadas** para que seja válida essa exploração.

Além disso, o Supremo Tribunal Federal esclareceu que, quando a possibilidade de exploração de serviços e áreas públicas para fins de ecoturismo e de comércio madeireiro é prevista em norma ESTADUAL, essa norma **não pode violar a legislação federal de proteção do meio ambiente**, a exemplo das normas federais que exigem a realização de licenciamento ambiental para a exploração de atividades efetiva ou potencialmente poluidoras (Lei 6.938/81). Isso porque todas essas questões envolvem direito ambiental, que é tema de **competência legislativa concorrente**, de modo que os Estados, ao criarem leis sobre a matéria, devem respeitar as normas gerais editadas pela União, tudo conforme prevê o art. 24, VI e VIII, e §§ 1º a 4º, da CF/88.

Adotando esses fundamentos, o STF jugou o caso fixando a **seguinte tese**:

> "1. É constitucional norma estadual que, sem afastar a aplicação da legislação nacional em matéria ambiental (inclusive relatório de impacto ambiental) e o **dever de consulta prévia às comunidades indígenas e tradicionais, quando diretamente atingidas por ocuparem zonas contíguas**, autoriza a concessão à iniciativa privada da exploração de serviços ou do uso de bens imóveis do Estado;
>
> 2. A concessão pelo Estado **não pode incidir sobre áreas tradicionalmente ocupadas por povos indígenas, remanescentes quilombolas e demais comunidades tradicionais." (tese fixada na ADI 7008, Pleno, Rel. Min. ROBERTO BARROSO, j. 22/05/2023)**

→ *A problemática da definição e da demarcação das terras indígenas*

Conforme vimos, a Constituição Federal assegura aos índios diversos direitos sobre as terras tradicionalmente ocupadas por eles e estabelece, como regra, a nulidade sem direito a indenização de qualquer ato que deixe de observar isso e constitua direitos sobre essas terras em favor de não indígenas.

Isso faz com que surja a necessidade de definir o que se entende por terras tradicionalmente ocupadas pelos índios e de demarcá-las (tarefa que a CF/88 atribui à União, conforme consta do *caput* do art. 231).

A demarcação das terras indígenas consiste em identificar quais são essas terras e estremá-las das terras não indígenas, ou seja, trata-se do procedimento de delimitação dessas áreas. A utilidade prática dessa demarcação é possibilitar, a partir dela, a definição da área territorial sobre a qual os índios podem exercer os direitos que lhes são assegurados pela Constituição Federal.

Ocorre que, para que uma área possa ser demarcada como terra indígena, é necessário estabelecer quais são os critérios para enquadrar um território como tradicionalmente ocupado pelos índios.

A CF/88, no § 1º do seu art. 231, traz uma definição do que devem ser consideradas terras indígenas, ao estabelecer que *"são terras tradicionalmente ocupadas pelos índios as por eles* ***habitadas em caráter permanente****, as* ***utilizadas para suas atividades produtivas****, as* ***imprescindíveis à preservação dos recursos ambientais necessários a seu bem-estar*** *e as* ***necessárias a sua reprodução física e cultural****, segundo seus usos, costumes e tradições".*

Segundo a Constituição Federal, portanto, são terras indígenas todas aquelas que sejam utilizadas pelos índios com finalidade de habitação permanente, realização de atividades produtivas e reprodução física e cultural, além daquelas que sejam necessárias para preservar os recursos ambientais que assegurem o bem-estar dos indígenas.

A CF/88, então, define uma terra como indígena a partir da utilidade que ela (a terra) tem para os indígenas.

Essa definição contida no texto constitucional, no entanto, não é suficiente para orientar a prática dos atos concretos de demarcação das diversas áreas como terras indígenas, pois, ao longo da história, diversos territórios foram ocupados e desocupados pelos índios. Por conta disso, ainda que diferentes povos indígenas tenham utilizado diferentes áreas para fins de habitação, preservação ambiental e atividades produtivas, culturais e reprodutivas, surge o seguinte questionamento, que deve ser respondido para que seja possível realizar a demarcação das terras indígenas: **todos os espaços territoriais que em algum momento da história foram ocupados pelos índios, mesmo que tenham sido posteriormente desocupados, devem ser considerados terras indígenas para fins de demarcação?**

Duas teorias foram criadas com o objetivo de responder esse questionamento e, assim, definir quais áreas podem (e devem) ser demarcadas como terras tradicionalmente ocupadas pelos índios: a teoria do **fato indígena** (também conhecida como **teoria do marco temporal**) e a **teoria do indigenato.**

A **teoria do fato indígena** (ou **teoria do marco temporal**) diz que, para definir quais terras devem ser consideradas indígenas, é necessário estabelecer um marco temporal (isto é, um momento específico na linha do tempo), sendo consideradas indígenas e demarcadas como tais as terras que nesse exato momento se encontrem ocupadas pelos índios para fins de habitação e manifestação de sua cultura de forma geral. Segundo essa teoria, as áreas ocupadas pelos índios em momento anterior ao marco temporal e as que venham a ser ocupadas por eles em momento posterior não podem ser consideradas terras indígenas. O marco temporal defendido por essa teoria para balizar a demarcação das terras indígenas é o dia 05/10/1988, data da **promulgação da CF/88.**

Já a **teoria do indigenato** diz que devem ser consideradas terras tradicionalmente ocupadas pelos índios aquelas ocupadas pelos indígenas "desde sempre", isto é, desde antes mesmo da criação do Estado brasileiro e da própria chegada do colonizador europeu ao território brasileiro. Segundo essa teoria, o direito dos índios às suas terras é um direito congênito, inato à condição de indígena e, assim, atemporal, insuscetível de sofrer delimitação por marcos estabelecidos na linha do tempo. Para essa teoria, portanto, a demarcação é um **ato meramente declaratório** da ocupação de determinada área pelos índios ao longo da história. Os defensores dessa teoria sustentam que ela é a teoria adotada pela CF/88, tendo em vista que o caput do seu art. 231 estabelece que são assegurados aos índios os *"os direitos **originários** sobre as terras que tradicionalmente ocupam"*.

As duas teorias já foram adotadas pelo Supremo Tribunal Federal.

Em um primeiro momento, na **Pet 3388** (j. 19/03/2009), envolvendo a demarcação do território indígena chamado **Raposa Serra do Sol**, o Supremo Tribunal Federal adotou a **teoria do marco temporal (ou do fato indígena)**.

Segundo decidiu o STF nesse caso, para que uma área fosse considerada terra tradicionalmente ocupada pelos índios, seria necessário que:

I) No momento da **promulgação da CF/88 (05/10/1988)**, ela se encontrasse **efetivamente ocupada por um grupo indígena** com ânimo permanente e intuito de continuidade cultural e étnica naquele território;

II) No momento da **promulgação da CF/88 (05/10/1988)**, caso o grupo indígena houvesse sido expulso da terra, estivesse **caracterizada uma situação de esbulho renitente,** que se verifica quando a terra é esbulhada, mas quem sofre o esbulho continua "marcando presença" na região e tentando reintegrar-se na posse da área (tem-se aí, portanto, um conflito possessório persistente no tempo e materializado por circunstâncias de fato ou mesmo pela sua judicialização).

Fora dessas hipóteses, segundo decidiu a Corte, não seria possível considerar uma terra como tradicionalmente ocupada pelos índios. Ou seja, não poderiam ser enquadradas e demarcadas como terras indígenas **(I)** as áreas que tivessem sido ocupadas e desocupadas pelos índios antes da promulgação da CF/88 e em relação às quais não houvesse um conflito possessório persistente, bem como **(II)** as áreas que apenas tivessem sido ou viessem a ser ocupadas pelos índios após a promulgação da CF/88.

O entendimento adotado pelo STF nesse caso (no qual foi aplicada a teoria do marco temporal), sem dúvida, confere maior segurança jurídica à questão da identificação e demarcação das terras indígenas, pois define contornos mais claros e objetivos quanto aos territórios indígenas e, assim, tranquiliza proprietários de terras que, em um cenário de adoção da teoria do Indigenato, pudessem ter receio de "perder" suas propriedades sem qualquer direito de indenização.

Por outro lado, os críticos da teoria do marco temporal afirmam que o posicionamento do Supremo Tribunal Federal tem um viés eurocêntrico e ignora todos os esbulhos sofridos pelos povos indígenas ao longo da história, inclusive, após a independência do Estado brasileiro.

O tema, portanto, apesar do julgamento da Pet 3388, não ficou pacificado, mesmo porque esse precedente, que era uma ação popular, não foi dotado de eficácia vinculante, conforme explicou o próprio STF ao julgar embargos de declaração opostos contra o acórdão que foi lavrado no caso.

Nesses embargos, a Corte reconheceu que, embora a sua decisão tivesse força persuasiva para orientar os demais Tribunais na decisão de outros casos sobre a matéria, ela realmente não tinha o poder de vincular nenhum órgão do Poder Judiciário. Nas suas próprias palavras, *"a decisão proferida em ação popular é desprovida de força vinculante, em sentido técnico. Nesses termos, os fundamentos adotados pela Corte não se estendem, de forma automática, a outros processos em que se discuta matéria similar. Sem prejuízo disso, o acórdão embargado ostenta a força moral e persuasiva de uma decisão da mais alta Corte do País, do que decorre um elevado ônus argumentativo nos casos em se cogite da superação de suas razões"*.

Após a Pet 3388, o STF discutiu novamente a matéria, o que ocorreu no **Tema de Repercussão Geral nº 1031** (RE 1.017.365, j. 27/09/2023).

No Tema de Repercussão Geral nº 1031, o Supremo Tribunal Federal, alterando o seu entendimento anterior, estabeleceu que, na demarcação das terras indígenas, **não se aplica a teoria do marco temporal**, em virtude de a CF/88 não ter estabelecido nenhuma data específica como critério para definir um momento determinado em que as terras deveriam se encontrar ocupadas pelos índios para serem consideradas terras indígenas.

Ao julgar esse caso, o Supremo Tribunal Federal adotou o entendimento de que o direito dos índios sobre as terras indígenas não se submete a nenhuma limitação temporal, tendo a Corte, portanto, seguido a **teoria do indigenato**. Porém, segundo ficou decidido pelo STF, isso não significa que toda e qualquer terra já ocupada pelos indígenas em algum momento da história deva ser considerada terra indígena, pois, para que ela seja assim considerada, **é necessário haver laudo antropológico atestando a tradicionalidade da ocupação indígena** (tradicionalidade essa que compreende a demonstração de que as terras são ou foram utilizadas pelos índios para sua habitação permanente, para a realização de suas atividades produtivas, para a sua reprodução física e cultural e para a preservação dos recursos ambientais que assegurem o seu bem-estar).

Ao exigir a existência de tradicionalidade na ocupação da área como condição para que ela (a área ocupada) seja considerada terra indígena, o Supremo Tribunal Federal esclareceu expressamente ter afastado a adoção de um posicionamento que assegure aos índios a **posse imemorial** de terras que eles tenham ocupado em algum momento da história sem caráter de tradicionalidade. Isso foi afirmado por vários Ministros durante o julgamento.

A posse imemorial é aquela reconhecida independentemente da natureza da relação dos indígenas com a terra, isto é, independentemente do modo (e da finalidade) de ocupação da terra pelos índios. Caso se assegurasse aos povos indígenas a posse imemorial, seria considerada terra indígena qualquer espaço territorial que eles houvessem ocupado em algum momento da história (mesmo nos momentos mais remotos dos quais nem sequer há memórias ou registros), independentemente de essa ocupação ter ocorrido com a finalidade de os índios fixarem sua habitação permanente, realizarem suas atividades produtivas, reproduzirem-se física e culturalmente e preservarem recursos ambientais necessários ao seu bem-estar.

Porém, o Supremo Tribunal Federal exigiu, para que um território seja considerado terra indígena, que a sua ocupação por índios tenha ocorrido de um modo específico, e esse modo é o que a CF/88 chama de "tradicionalidade". Segundo o STF, a CF/88 apenas assegura aos índios direitos sobre terras que tenham sido TRADICIONALMENTE ocupadas por eles, e essa "tradicionalidade" fica caracterizada quando os indígenas ocuparam (ou ocupam) o território com a finalidade de fixar sua habitação permanente, realizar atividades produtivas, reproduzir-se física e culturalmente e preservar recursos ambientais necessários ao seu bem-estar.

O que ficou decidido pelo STF, portanto, foi que o direito dos indígenas às suas terras não depende de eles (os indígenas) estarem ocupando tais áreas na data da promulgação da CF/88 ou de haver, nessa mesma data, uma situação de esbulho renitente. No entanto, embora não exista um marco temporal para definir se uma terra deve ou não ser protegida como indígena, não é todo e qualquer território que em algum momento da história tenha sido ocupado por grupos indígenas que será considerado terra indígena, mas apenas aqueles que tenham sido ocupados com TRADICIONALIDADE. Essa tradicionalidade, por sua vez, deve ser atestada em **laudo antropológico, a ser elaborado conforme previsto no Decreto 1.775/96**, que estabelece o procedimento de demarcação de terras indígenas.

Com o julgamento do Tema de Repercussão Geral nº 1031, **o fato de estarem os índios na posse da terra na data da promulgação da CF/88 ou de haver uma situação de esbulho renitente nessa mesma data se tornou algo completamente irrelevante?**

Não.

O fato de estarem os índios na posse da terra na data da promulgação da CF/88 ou de haver uma situação de esbulho renitente nessa mesma data foi utilizado pelo STF como critério para definir se o particular que eventualmente tenha constituído direitos sobre uma terra indígena deve ou não ser indenizado em virtude da demarcação dessa área como indígena.

Segundo ficou decidido pelo Supremo Tribunal Federal, se na data da promulgação da CF/88 os índios se encontravam na posse da terra ou se existia nessa mesma data uma situação de esbulho renitente, o particular que, em momento posterior, tenha constituído direito sobre a área (por exemplo, tornando-a produtiva, alienando-a, arrendando-a etc.) **terá direito apenas, e desde que tenha agido de boa-fé, à indenização das benfeitorias úteis e necessárias**. Essa indenização, conforme vimos anteriormente, é assegurada pelo art. 231, § 6º, da CF/88.

Por outro lado, se na data da promulgação da CF/88 os índios não se encontravam na posse da terra nem tampouco existia nessa mesma data uma situação de esbulho renitente (ou seja, se a terra, em 05 de outubro de 1988, estava ocupada por um particular sem que houvesse disputa com indígenas), o particular que eventualmente tenha constituído direito sobre a área, além de dever ser indenizado pelas benfeitorias úteis e necessárias, terá direito a ser reassentado para outra terra não indígena (ou seja, terá direito a receber da União outra área territorial para dar continuidade às suas atividades). Caso o reassentamento não seja possível, o particular deverá receber **indenização pela terra nua da área que "perdeu" em virtude da sua demarcação como terra indígena**, mas essa indenização (pela terra nua) deve ser discutida em processo próprio (diverso do processo demarcatório).

Havendo debate sobre a indenização devida pela terra nua, enquanto o valor incontroverso (que é aquele oferecido pelo poder público) não for pago, o particular poderá se manter na posse da terra (pois o STF reconheceu ao particular com direito à indenização da terra nua, o chamado "direito de retenção" enquanto não realizado o pagamento do valor incontroverso da indenização). Uma vez pago o valor incontroverso, o particular não poderá mais reter a terra, mas o processo sobre o valor da indenização prosseguirá para nele se discutir se há ou não direito a uma indenização superior àquela oferecida pelo poder público.

Essas indenizações são todas pagas pela União, por ser o ente federado que possui a competência para realizar a demarcação das terras indígenas. Porém, se a União tiver de pagar indenização pela terra nua da área demarcada como indígena, ela (a União) terá **direito de regresso contra o ente federativo que eventualmente tenha constituído o título** (isto é, o direito à terra indígena) em favor do particular que foi indenizado.

O Supremo Tribunal Federal, no entanto, estabeleceu um limite temporal após o qual a realização de benfeitorias por particulares ou a constituição de direitos em seu favor envolvendo terras indígenas não gera direito a indenização alguma (tanto das benfeitorias quanto da terra nua). Esse limite é a demarcação da área como terra indígena (demarcação essa que, segundo afirmou expressamente o STF, tem natureza meramente declaratória do direito dos índios à terra demarcada, não se tratando, portanto, de um ato de caráter constitutivo).

Então, uma vez demarcada a área como terra indígena (com a publicação da portaria que a declara como indígena após procedimento com observância do contraditório e ampla defesa), não é mais possível alegar boa-fé em eventual ocupação por particular, de modo que o particular que venha a ocupar ou a exercer atividades produtivas em uma terra indígena após a sua demarcação não terá direito a receber indenização alguma, seja pelas benfeitorias realizadas, seja pela terra nua.

A inexistência do direito a indenização, porém, não se aplica nos casos em que a demarcação da terra tenha sido questionada judicialmente e ainda se encontrava pendente de resolução no momento em que o STF julgou o Tema de Repercussão Geral nº 1031. Para esses casos, aplica-se normalmente o regime de indenizações que vimos acima.

O STF estabeleceu, ainda, que a demarcação das terras indígenas (para que nelas os povos indígenas possam fixar sua habitação e desenvolver as demais atividades inerentes à sua cultura) **é um dever do poder público**, não se submetendo a juízo de conveniência estatal.

E se, por qualquer motivo, não for possível realizar a demarcação de terras para a ocupação indígena? Nesse caso (e apenas nesse caso, isto é, apenas quando a demarcação for realmente inviável), o poder público deverá criar as chamadas "áreas reservadas", que são espaços territoriais que não são tradicionalmente indígenas, mas que se destinam a acomodar os indíos com a mesma finalidade de ocupação de uma terra indígena (conforme prevê o art. 26 da Lei 6.001/73, o "Estatuto do Índio"). Essas áreas reservadas **podem ser criadas com a colaboração de todas as esferas federativas** (União, Estados e Municípios), cada uma contribuindo com as terras que eventualmente possua.

Uma vez realizada a demarcação de uma área como terra indígena, **é possível, segundo decidiu o STF, que essa demarcação sofra revisão em um procedimento de redimensionamento**, mas há prazo para isso. O pedido de revisão deve ser apresentado **dentro do prazo de 5 (cinco) anos após a demarcação anterior** e deve ser acompanhado de prova da ocorrência de erro grave e insanável na definição dos limites da terra indígena ou no procedimento demarcatório objeto de revisão. Esse limite de prazo, porém, não se aplica caso a revisão da demarcação já estivesse em curso na via administrativa ou judicial (caso o interessado tenha judicializado a questão) na data do julgamento do Tema de Repercussão Geral nº 1031.

Ao julgar o Tema de Repercussão Geral nº 1031, o Supremo Tribunal Federal afirmou expressamente, também, que **o exercício dos direitos dos indígenas sobre suas terras não é incompatível com a proteção que a CF/88 dá ao meio ambiente** (de modo que os índios podem desempenhar normalmente as suas atividades nessas terras).

Por fim, o STF afirmou nesse julgamento algo que a CF/88 também diz (no art. 232): os indígenas possuem capacidade civil plena, não dependendo de representação ou de assistência para a prática de atos da vida civil, o que engloba a possibilidade de propor ações judiciais na defesa de seus direitos sem a necessidade de fazerem isso por meio de qualquer representante. **A Corte reconheceu aos índios, portanto, capacidade civil e processual.**

Porém, é necessário ter **CUIDADO** com um detalhe: na tese de repercussão geral fixada pelo STF nesse julgamento, o trecho que trata da capacidade civil e processual dos indígenas se refere a capacidade civil e **postulatória** (que é a capacidade, própria dos advogados, de deduzir pedidos em processos judiciais). A menção a capacidade postulatória, no entanto, parece ter sido uma mera falha técnica da tese redigida, pois não há nenhuma disposição na CF/88 que estabeleça a desnecessidade de constituição de advogado para que os indígenas proponham ações judiciais.

Isso, inclusive, fica claro em alguns trechos dos votos dos Ministros. Por exemplo, o Min. Dias Toffoli, em seu voto, ao tratar da questão da capacidade civil e processual dos indígenas, deixou claro se tratar apenas da capacidade de deduzir pretensões em processos judiciais sem necessidade de representação. A necessidade de constituição de advogado não ficou afastada pelo Ministro.

Nas exatas palavras do Min. Dias Toffoli, *"tenho, desse modo, porque pertinente em qualquer demanda na qual se apurem os direitos constitucionais indígenas, que* ***deva ser firmada tese a respeito da legitimidade e da capacidade processuais dos indígenas para a realização da defesa judicial de seus direitos e interesses****, sem prejuízo da intervenção do Ministério Público no processo e da legitimidade concorrente da FUNAI para a proteção dos direitos individuais e coletivos dos indígenas, conforme art. 11-B, § 6º, da Lei nº 9.028, de 12 de abril de 1995".*

Confira agora a redação da **tese fixada** pelo STF no **Tema de Repercussão Geral nº 1031**:

> "I – ***A demarcação consiste em procedimento declaratório do direito originário*** territorial à posse das terras ocupadas tradicionalmente por comunidade indígena;
>
> II – ***A posse tradicional indígena é distinta da posse civil***, consistindo na ocupação das ***terras habitadas em caráter permanente pelos indígenas***, nas ***utilizadas para suas atividades produtivas***, nas ***imprescindíveis à preservação dos recursos ambientais necessários a seu bem-estar*** e nas ***necessárias a sua***

reprodução física e cultural, segundo seus usos, costumes e tradições, nos termos do §1º do artigo 231 do texto constitucional;

III – A proteção constitucional aos direitos originários sobre as terras que tradicionalmente ocupam ***independe da existência de um marco temporal em 05 de outubro de 1988 ou da configuração do renitente esbulho***, como conflito físico ou controvérsia judicial persistente à data da promulgação da Constituição;

IV – ***Existindo ocupação tradicional indígena ou renitente esbulho*** contemporâneo à promulgação da Constituição Federal, ***aplica-se o regime indenizatório relativo às benfeitorias úteis e necessárias***, previsto no §6º do art. 231 da CF/88;

V – ***Ausente ocupação tradicional indígena ao tempo da promulgação da Constituição Federal ou renitente esbulho na data da promulgação da Constituição***, são válidos e eficazes, produzindo todos os seus efeitos, os atos e negócios jurídicos perfeitos e a coisa julgada relativos a justo título ou posse de boa-fé das terras de ocupação tradicional indígena, ***assistindo ao particular direito à justa e prévia indenização das benfeitorias necessárias e úteis, pela União***; e ***quando inviável o reassentamento dos particulares, caberá a eles indenização pela União (com direito de regresso em face do ente federativo que titulou a área) correspondente ao valor da terra nua***, paga em dinheiro ou em títulos da dívida agrária, se for do interesse do beneficiário, e processada em autos apartados do procedimento de demarcação, com pagamento imediato da parte incontroversa, garantido o direito de retenção até o pagamento do valor incontroverso, permitidos a autocomposição e o regime do §6º do art. 37 da CF;

VI – ***Descabe indenização em casos já pacificados***, decorrentes de terras indígenas já reconhecidas e declaradas em procedimento demarcatório, ressalvados os casos judicializados e em andamento;

VII – ***É dever da União efetivar o procedimento demarcatório das terras indígenas***, sendo admitida a ***formação de áreas reservadas somente diante da absoluta impossibilidade de concretização da ordem constitucional de demarcação***, devendo ser ouvida, em todo caso, a comunidade indígena, buscando-se, se necessário, a autocomposição entre os respectivos entes federativos para a identificação das terras necessárias à formação das áreas reservadas, tendo sempre em vista a busca do interesse público e a paz social, bem como a proporcional compensação às comunidades indígenas (art. 16.4 da Convenção 169 OIT);

VIII – ***A instauração de procedimento de redimensionamento de terra indígena não é vedada*** em caso de descumprimento dos elementos contidos no artigo 231 da Constituição da República, por meio pedido de revisão do procedimento demarcatório apresentado ***até o prazo de cinco anos da demarcação anterior***, sendo necessário comprovar grave e insanável erro na condução do procedimento administrativo ou na definição dos limites da terra indígena, ressalvadas as ações judiciais em curso e os pedidos de revisão já instaurados até a data de conclusão deste julgamento;

IX – O ***laudo antropológico*** realizado nos termos do Decreto nº 1.775/1996 é ***um dos elementos fundamentais para a demonstração da tradicionalidade da ocupação de comunidade indígena determinada***, de acordo com seus usos, costumes e tradições, na forma do instrumento normativo citado;

> X – As terras de ocupação tradicional indígena ***são de posse permanente da comunidade***, cabendo aos indígenas o ***usufruto exclusivo das riquezas do solo, dos rios e lagos nelas existentes***;
>
> XI – As terras de ocupação tradicional indígena, na qualidade de terras públicas, ***são inalienáveis, indisponíveis e os direitos sobre elas imprescritíveis***;
>
> XII – A ocupação tradicional das terras indígenas é ***compatível com a tutela constitucional do meio ambiente***, sendo assegurado o exercício das atividades tradicionais dos povos indígenas;
>
> XIII – Os povos indígenas ***possuem capacidade civil e postulatória***, sendo ***partes legítimas nos processos em que discutidos seus interesses***, sem prejuízo, nos termos da lei, da legitimidade concorrente da FUNAI e da intervenção do Ministério Público como fiscal da lei."

Esse, portanto, é o **atual entendimento do Supremo Tribunal Federal** a respeito da demarcação das terras indígenas (Tema de Repercussão Geral nº 1031).

Ocorre que, após o julgamento do Tema de Repercussão Geral nº 1031, o Congresso Nacional aprovou a **Lei nº 14.701/23**, que estabeleceu a aplicação da teoria do marco temporal na demarcação das terras indígenas.

Essa lei, portanto, "ressuscitou" o critério do marco temporal para fins de classificação de uma terra como indígena ou não.

Segundo essa lei, para que uma terra possa ser demarcada como indígena, é necessário que, na data da promulgação da CF/88, os índios se encontrassem na posse da área ou, caso houvessem sido retirados dela, estivessem tentando retomar a posse por meio da presença física ou da judicialização da disputa (ou seja, a lei exige a posse efetiva da área na data da promulgação da CF/88 ou a existência de um cenário de esbulho renitente nessa mesma data). Como se pode perceber, **o legislador adotou os mesmos critérios que o STF havia adotado no precedente da Pet 3388.**

A adoção do marco temporal como critério para a demarcação de terras indígenas encontra-se no art. 4º, *caput* e §§ 1º a 4º, da Lei 14.701/23. Veja:

> "**Art. 4º, Lei 14.701/23.** São terras tradicionalmente ocupadas pelos indígenas brasileiros aquelas que, na data da promulgação da Constituição Federal, eram, simultaneamente:
>
> I - habitadas por eles em caráter permanente;
>
> II - utilizadas para suas atividades produtivas;
>
> III - imprescindíveis à preservação dos recursos ambientais necessários a seu bem-estar;
>
> IV - necessárias à sua reprodução física e cultural, segundo seus usos, costumes e tradições.
>
> **§ 1º** A comprovação dos requisitos a que se refere o caput deste artigo será devidamente fundamentada e baseada em critérios objetivos.
>
> **§ 2º** A ausência da comunidade indígena em 5 de outubro de 1988 na área pretendida **descaracteriza o seu enquadramento no inciso I do caput deste artigo, salvo o caso de renitente esbulho** devidamente comprovado.
>
> **§ 3º** Para os fins desta Lei, **considera-se renitente esbulho o efetivo conflito possessório, iniciado no passado e persistente até o marco demarcatório**

> **temporal da data de promulgação da Constituição Federal**, materializado por circunstâncias de fato ou por controvérsia possessória judicializada.
>
> **§ 4º** A cessação da posse indígena ocorrida anteriormente a 5 de outubro de 1988, independentemente da causa, **inviabiliza o reconhecimento da área como tradicionalmente ocupada**, salvo o disposto no § 3º deste artigo.
>
> (...)"

Considerando a existência de divergência entre o que foi decidido pelo STF no Tema de Repercussão Geral nº 1031 e o que, logo em seguida, foi estabelecido pelo Poder Legislativo na Lei 14.701/23, **qual posicionamento deve ser adotado em provas de concurso?**

Depende de como o tema for cobrado pela banca examinadora.

Para uma prova objetiva, devemos considerar os seguintes cenários possíveis:

I) Se o enunciado da questão exigir o conhecimento do posicionamento do Supremo Tribunal Federal sobre a matéria, o ideal será responder de acordo com o que foi decidido no Tema de Repercussão Geral nº 1031, a menos que haja nova decisão do STF superando esse entendimento por qualquer motivo.

II) Se o enunciado da questão exigir o conhecimento sobre o que a legislação estabelece a respeito do tema, o ideal será responder de acordo com a Lei 14.701/23.

III) Se o enunciado da questão não especificar se está cobrando o entendimento do STF ou o teor da legislação, o ideal será marcar como correta a assertiva "menos errada". No entanto, uma questão como essa provavelmente teria problemas que poderiam levar à sua anulação.

Por outro lado, em uma prova discursiva ou oral, por haver espaço para mostrar conhecimento à banca examinadora, o ideal seria explicar o tema abordando a sua evolução na jurisprudência do Supremo Tribunal Federal e o seu tratamento na Lei 14.701/23, tudo conforme vimos anteriormente.

→ *É necessário haver a homologação da terra indígena para que a União tenha a obrigação de protegê-la?*

Como vimos, o art. 231, *caput* e § 2º, da CF/88 assegura aos índios a posse permanente das terras tradicionalmente ocupadas por eles, bem como o usufruto exclusivo das riquezas naturais nelas existentes, **impondo à União a obrigação de proteger o exercício desse direito**.

> "**Art. 231, CF/88.** São reconhecidos aos índios sua organização social, costumes, línguas, crenças e tradições, e os direitos originários sobre as terras que tradicionalmente ocupam, **competindo à União demarcá-las, proteger e fazer respeitar todos os seus bens.**
>
> (...)

> § 2º As terras tradicionalmente ocupadas pelos índios **destinam-se a sua posse permanente, cabendo-lhes o usufruto exclusivo das riquezas** do solo, dos rios e dos lagos nelas existentes.
>
> (...)"

Para que as terras indígenas sejam devidamente protegidas e os índios possam exercer seus direitos sobre elas, é necessário que elas sejam demarcadas, pois, sem a demarcação, não há como saber, pelo menos para os fins da concretização da proteção constitucional, se uma terra é indígena ou não.

O **procedimento de demarcação das terras indígenas** é disciplinado pelo **Decreto nº 1.775/96**, que prevê diversas fases integrantes desse procedimento.

Uma dessas fases é a **homologação**, que é realizada por decreto do Presidente da República (trata-se, portanto, de um decreto homologatório), o qual é editado após já terem sido delimitadas as terras indígenas e se presta a confirmar a delimitação realizada. Após a homologação, o único ato pendente do procedimento de demarcação é o registro da área demarcada.

A esse respeito, a seguinte questão foi enfrentada pela Supremo Tribunal Federal: o Poder Público tem a obrigação de proteger as terras indígenas e assegurar o exercício dos direitos dos índios sobre elas, mesmo que elas ainda não tenham sido homologadas? Em outras palavras: a homologação é condição para que as terras indígenas recebam a devida proteção?

Na **ADPF 709**, em decisão cautelar do Ministro Barroso referendada pelo Plenário do Tribunal em 02/03/2022 (ADPF 709 MC-segunda-Ref), o STF decidiu que a proteção às terras indígenas e aos direitos dos índios sobre elas é uma obrigação do Poder Público, independentemente de ter havido a prévia homologação no respectivo procedimento demarcatório.

Nessa ação, houve a impugnação de atos praticados pelo FUNAI (entidade autárquica federal responsável pela proteção dos índios) e pela União que retiraram a atuação do Poder Público na proteção territorial e na prestação de serviços em terras indígenas com processo de demarcação ainda não concluído (especialmente, ainda sem homologação), o que deixou essas áreas vulneráveis à ação de invasores (notadamente, de grileiros e madeireiros), além de ter exposto as comunidades indígenas ao contágio pela COVID-19 (já que o fato ocorreu durante a pandemia causada pela proliferação desse vírus).

O STF, adotando o entendimento de que a obrigação estatal de proteção das terras indígenas e dos direitos dos índios não depende de a área estar homologada, determinou a suspensão dos atos impugnados e o retorno da atuação do Poder Público federal na proteção territorial e na prestação de serviços nas terras envolvidas.

■ SELEÇÃO DE JURISPRUDÊNCIA

Diversos temas relevantes envolvendo a ordem social já foram objeto de análise pelo Supremo Tribunal Federal, e esses precedentes, além de complementarem o estudo da matéria, costumam ser cobrados nas diversas provas. Por isso, este tópico é dedicado a, de forma bastante objetiva, reunir esses julgados e selecionar os trechos mais importantes de suas ementas.

▶ Atendimento diferenciado e internação em acomodações superiores no SUS

Segundo o Supremo Tribunal Federal, é incompatível com a Constituição a pretensão de internação em acomodação superior ou de atendimento diferenciado no SUS mediante pagamento de diferença de valor. Isso porque, nos termos do art. 196 da CF/88, o acesso aos serviços de saúde deve ser universal e igualitário, ou seja, todas as pessoas devem ser atendidas igualmente, não podendo haver disponibilização de acomodações superiores, de tratamentos diferenciados nem tampouco de quaisquer outros privilégios. Assim se decidiu no RE 581488 (Tema 579 da repercussão geral):

> "É **constitucional** a regra que **veda**, no âmbito do Sistema Único de Saúde, a **internação em acomodações superiores**, bem como o **atendimento diferenciado** por médico do próprio Sistema Único de Saúde, ou por médico conveniado, mediante o pagamento da diferença dos valores correspondentes." **(RE 581488, Rel. Min. Dias Toffoli, j. em 03/12/2015. Tema 579 da repercussão geral)**

▶ Possibilidade de decisão judicial determinar a construção de nova escola

Segundo o Supremo Tribunal Federal, é possível propor demanda buscando a condenação do Estado na obrigação de fazer consistente na construção de uma nova escola em virtude de a escola existente estar deteriorada. Não há, nisso, ofensa à separação de Poderes (sendo possível judicializar essa política pública), pois se trata da mera proteção de um direito constitucionalmente assegurado, ou seja, cuida-se de restabelecer a legalidade. Isso porque a Constituição prevê ser direito público subjetivo o acesso ao ensino obrigatório e gratuito, o que, nos termos do art. 208, I, e § 1º, da CF/88, refere-se à educação básica.

Essa obrigação do Estado encontra-se inserida no **mínimo existencial**, de modo que não se admite discricionariedade do poder público para decidir não implementar o ensino básico. Importante ter em mente, nesse contexto, que, nos termos do art. 208, I, II e V, da CF/88, o ensino médio deve ser universalizado progressivamente e o ensino superior é acessado conforme a capacidade de cada um, mas **o ensino básico é obrigatório e gratuito**.

Esse tema foi objeto do ARE 761127 AgR:

> "(...) IMPLEMENTAÇÃO DE POLÍTICAS PÚBLICAS. **DETERIORAÇÃO DAS INSTALAÇÕES DE INSTITUIÇÃO PÚBLICA DE ENSINO. CONSTRUÇÃO DE NOVA ESCOLA. POSSIBILIDADE.** INEXISTÊNCIA DE VIOLAÇÃO AO PRINCÍPIO DA SEPARAÇÃO DOS PODERES. GARANTIA DO DIREITO À EDUCAÇÃO BÁSICA. PRECEDENTES. (...)" **(ARE 761127 AgR, Rel. Min. ROBERTO BARROSO, Primeira Turma, j. em 24/06/2014)**

▶ Impossibilidade de instituição pública de ensino cobrar anuidade pelo fornecimento de alimentação

Considerando que o art. 206, IV, da CF/88 assegura a gratuidade do ensino público e que o art. 208, VII, da CF/88 assegura o fornecimento de alimentação em todas as etapas da educação básica (que, nos termos do art. 208, I, da CF/88, é obrigatória e gratuita), o Supremo Tribunal Federal considerou inadmissível a cobrança, por instituição pública de ensino profissionalizante (que faz parte do ensino médio, nos termos do art. 36-A da Lei 9.394/96), de anuidade relativa à alimentação.

Esse entendimento foi adotado no RE 357148, cuja ementa encontra-se transcrita abaixo. Interessante notar que, nessa ementa, o STF, por erro material, fez referência ao inciso VI do art. 208 da CF/88, mas, da leitura dos votos dos Ministros, é possível concluir que o fundamento utilizado na decisão foi o inciso VII desse artigo, que assegura o fornecimento de alimentação em todas as etapas da educação básica.

> "(...) **EDUCAÇÃO – DIREITO FUNDAMENTAL** – ARTIGOS 206, INCISO IV, E 208, INCISO VI, DA CONSTITUIÇÃO FEDERAL – ENSINO PROFISSIONALIZANTE – ESTADO – ALIMENTAÇÃO – COBRANÇA – IMPROPRIEDADE. **Ante o teor dos artigos 206, inciso IV, e 208, inciso VI, da Carta de 1988, descabe a instituição pública de ensino profissionalizante a cobrança de anuidade relativa à alimentação.**" **(RE 357148, Rel. Min. MARCO AURÉLIO, Primeira Turma, j. em 25/02/2014**)

▶ Ausência de discricionariedade do poder público na implementação da educação infantil

Segundo entendeu o STF no ARE 639.337 AgR, o Estado não tem liberdade para, em juízo de discricionariedade, decidir se irá implementar ou não a educação infantil, pois há uma obrigação imposta pela Constituição Federal (art. 208, IV) de atendimento desse direito fundamental, devendo ele ser necessariamente concretizado. E, caso o poder público descumpra essa obrigação, será possível a judicialização da questão e a imposição do cumprimento desse dever mediante decisão judicial.

> "(...) **A educação infantil representa prerrogativa constitucional indisponível**, que, deferida às crianças, a estas assegura, para efeito de seu desenvolvimento integral, e como primeira etapa do processo de educação básica, o atendimento em creche e o acesso à pré-escola (CF, art. 208, IV). - Essa prerrogativa jurídica, em conseqüência, impõe, ao Estado, por efeito da alta significação social de que se reveste a educação infantil, a **obrigação constitucional de criar condições objetivas que possibilitem, de maneira concreta, em favor das "crianças até 5 (cinco) anos de idade" (CF, art. 208, IV), o efetivo acesso e atendimento em creches e unidades de pré-escola**, sob pena de configurar-se inaceitável omissão governamental, apta a frustrar, injustamente, por inércia, o integral adimplemento, pelo Poder Público, de prestação estatal que lhe impôs o próprio texto da Constituição Federal. - A educação infantil, por qualificar-se como **direito fundamental de toda criança, não se expõe, em seu processo de concretização, a avaliações meramente discricionárias da Administração Pública** nem se subordina a razões de puro pragmatismo governamental. - Os Municípios - que atuarão, prioritariamente, no ensino fundamental e na educação infantil (CF, art. 211, § 2º) - não poderão demitir-se do mandato constitucional, juridicamente vinculante, que lhes foi outorgado pelo art. 208, IV, da Lei Fundamental da República, e que representa fator de **limitação da discricionariedade político-administrativa dos entes municipais**, cujas opções, tratando-se do atendimento das crianças em creche (CF, art. 208, IV), não podem ser exercidas de modo a comprometer, com apoio em juízo de

simples conveniência ou de mera oportunidade, a eficácia desse direito básico de índole social. (...)" **(ARE 639337 AgR, Rel. Min. CELSO DE MELLO, Segunda Turma, j. e m 23/08/2011)**

Possibilidade do "homeschooling" no Brasil

O *homeschooling* é o ensino da criança em casa pelos pais, sem ir à escola, exceto para prestar as provas. O que se discutiu, em relação a esse tema, foi se essa prática é possível ou não no ordenamento jurídico constitucional em vigor.

No RE 888815 (**Tema de Repercussão Geral nº 822**), o STF decidiu a questão e entendeu que **não há, na ordem constitucional brasileira, uma vedação absoluta ao ensino domiciliar**, pois a CF/88, apesar de não o prever expressamente, não o proíbe. **No entanto, essa modalidade de ensino não pode ser exercida atualmente no Brasil, já que há a necessidade de regulamentação infraconstitucional para que isso seja feito**, regulamentação essa que deverá respeitar os mandamentos constitucionais que tratam da educação (como a obrigatoriedade da educação básica dos 4 aos 17 anos de idade), além de prever mecanismos de avaliação e fiscalização do cumprimento desse direito fundamental.

Segundo a tese fixada pelo Tribunal no julgamento desse recurso, *"não existe direito público subjetivo do aluno ou de sua família ao ensino domiciliar, inexistente na legislação brasileira"*.

O julgado recebeu a seguinte ementa:

Ementa: CONSTITUCIONAL. EDUCAÇÃO. (...) **NECESSIDADE DE LEI FORMAL, EDITADA PELO CONGRESSO NACIONAL, PARA REGULAMENTAR O ENSINO DOMICILIAR.** (...) No caso da educação básica obrigatória (CF, art. 208, I), os titulares desse direito indisponível à educação são as crianças e adolescentes em idade escolar. 2. É dever da família, sociedade e Estado assegurar à criança, ao adolescente e ao jovem, com absoluta prioridade, a educação. A Constituição Federal consagrou o dever de solidariedade entre a família e o Estado como núcleo principal à formação educacional das crianças, jovens e adolescentes (...) **3. A Constituição Federal não veda de forma absoluta o ensino domiciliar**, mas proíbe qualquer de suas espécies que não respeite o dever de solidariedade entre a família e o Estado como núcleo principal à formação educacional das crianças, jovens e adolescentes. **São inconstitucionais, portanto, as espécies de unschooling radical (desescolarização radical), unschooling moderado (desescolarização moderada) e homeschooling puro, em qualquer de suas variações. 4. O ensino domiciliar não é um direito público subjetivo do aluno ou de sua família, porém não é vedada constitucionalmente sua criação por meio de lei federal, editada pelo Congresso Nacional**, na modalidade "utilitarista" ou "por conveniência circunstancial", **desde que se cumpra a obrigatoriedade, de 4 a 17 anos, e se respeite o dever solidário Família/Estado, o núcleo básico de matérias acadêmicas, a supervisão, avaliação e fiscalização pelo Poder Público; bem como as demais previsões impostas diretamente pelo texto constitucional**, inclusive no tocante às finalidades e objetivos do ensino; em especial, evitar a evasão escolar e garantir a socialização do indivíduo, por meio de ampla convivência familiar e comunitária (CF, art. 227). 5. Recurso extraordinário desprovido, com a fixação da seguinte tese (**TEMA 822**): **"Não existe direito**

público subjetivo do aluno ou de sua família ao ensino domiciliar, inexistente na legislação brasileira".

(RE 888815/RS; Relator(a): Min. ROBERTO BARROSO; Relator(a) p/ Acórdão: Min. ALEXANDRE DE MORAES; Julgamento: 12/09/2018; Órgão Julgador: Tribunal Pleno)

Constitucionalidade da transferência de instituição de ensino superior privada para pública

A Lei 9.394/96 (Lei de Diretrizes e Bases da Educação Nacional), em seu art. 49, *caput*, estabelece que as instituições de ensino superior devem aceitar a transferência de alunos oriundos de outras instituições, desde que haja vaga e se observe o devido processo seletivo.

> "**Art. 49, Lei 9.394/96.** As instituições de educação superior aceitarão a transferência de alunos regulares, para cursos afins, na hipótese de existência de vagas, e mediante processo seletivo."

Em relação aos alunos que, por serem agentes públicos ou dependentes de agentes públicos, sofrem transferência de ofício pela Administração, o parágrafo único desse artigo remete a regulamentação da questão a outra lei:

> "**Art. 49, parágrafo único, Lei 9.394/96.** As transferências *ex officio* dar-se-ão na forma da lei."

A lei referida nesse dispositivo legal foi editada. Trata-se da Lei 9.536/97, que, no art. 1º, *caput*, assegura aos servidores civis federais e aos militares, quando estudantes, bem como aos seus dependentes também estudantes, sempre que sofrerem remoção ou transferência de ofício que acarrete mudança de domicílio para outra localidade, o direito de serem transferidos entre instituições de ensino superior **vinculadas a qualquer sistema de ensino**, ainda que não haja vaga disponível.

Nos termos do parágrafo único do mesmo artigo, esse direito apenas não se aplica quando o deslocamento do agente público se dá com a finalidade de assumir cargo efetivo em decorrência de aprovação em concurso público, função de confiança ou cargo comissionado.

Confira a redação do dispositivo legal:

> "**Art. 1º, Lei 9.536/97.** A transferência *ex officio* a que se refere o parágrafo único do art. 49 da Lei nº 9.394, de 20 de dezembro de 1996, será efetivada, entre instituições vinculadas a qualquer sistema de ensino, em qualquer época do ano e independente da existência de vaga, quando se tratar de servidor público federal civil ou militar estudante, ou seu dependente estudante, se requerida em razão de comprovada remoção ou transferência de ofício, que acarrete mudança de domicílio para o município onde se situe a instituição recebedora, ou para localidade mais próxima desta.
>
> **Parágrafo único.** A regra do *caput* não se aplica quando o interessado na transferência se deslocar para assumir cargo efetivo em razão de concurso público, cargo comissionado ou função de confiança."

O tema chegou ao STF, na **ADI 3324**, para a Corte se manifestar acerca da validade da possibilidade de transferência de alunos de instituições privadas para públicas sem a observância dos requisitos que, em geral, são exigidos das pessoas que pretendem ingressar nessas instituições, o que seria permitido pelo *caput* do art. 1º da Lei 9.536/97, ao se referir a transferências entre instituições vinculadas a **qualquer sistema de ensino.**

O que se alegou nessa ação foi que assegurar a agentes públicos (e seus dependentes) a transferência de uma instituição de ensino superior privada para uma pública sem exigir que se submetam aos mesmos trâmites que todas as demais pessoas precisam observar (em especial, o exame vestibular, que, nas universidades públicas, sempre apresentaram maior grau de dificuldade), representaria uma vantagem desproporcional e irrazoável, que, portanto, feriria o princípio da igualdade (art. 5º, *caput* e I, CF/88), inclusive, a igualdade de acesso e permanência no ensino, prevista no art. 206, I, da CF/88.

Além disso, permitir o acesso a universidades públicas sem exigir prévia aprovação no processo seletivo respectivo ofenderia o art. 208, V, da CF/88, segundo o qual, o acesso aos níveis mais elevados do ensino (dentre eles, evidentemente, o nível superior) deve se dar segundo a capacidade de cada um.

Por fim, alegou-se que a regra legal em questão seria contrária aos próprios princípios da Administração Pública (art. 37, CF/88), em especial, os da impessoalidade e da moralidade.

E o que o STF decidiu nesse caso?

Ao julgar a ação (em 16/12/2004), a Corte acolheu os argumentos apresentados na petição inicial e deu interpretação conforme a Constituição à norma impugnada, para estabelecer que, na sua aplicação, deve ser observada a natureza (pública ou privada) das instituições de ensino envolvidas, de modo que a instituição de origem tenha a mesma natureza da instituição de destino. Ou seja, se o aluno vem de instituição privada, tem direito a ser transferido para instituição privada, e, se vem de instituição pública, tem direito a ser transferido para instituição pública.

Segundo constou da ementa do acórdão, *"a constitucionalidade do artigo 1º da Lei nº 9.536/97, viabilizador da transferência de alunos, pressupõe a observância da natureza jurídica do estabelecimento educacional de origem, a congeneridade das instituições envolvidas – de privada para privada, de pública para pública –, mostrando-se inconstitucional interpretação que resulte na mesclagem – de privada para pública"*.

Acontece que, no dia 19/09/2018, julgando o **RE 601580** (Tema de Repercussão Geral nº 57), o Supremo Tribunal Federal, apreciando um caso concreto que envolvia a mesma norma legal (art. 1º da Lei 9.536/97), entendeu que, se o agente público for transferido para uma localidade em que não há instituição de ensino superior privada, ele (ou seu dependente), caso seja universitário, terá direito de ser transferido para uma instituição pública, ainda que seja oriundo de uma instituição privada.

De acordo com o entendimento adotado no caso, a decisão tomada na ADI 3324 (que vimos acima) não tratou da hipótese em que não há, na localidade de destino, instituição de ensino da mesma natureza daquela de onde é transferido o servidor ou seu dependente, de modo que o precedente lá firmado não é aplicável ao caso.

Além disso, destacaram os Ministros (seguindo o voto do Relator, Ministro Edson Fachin) que inadmitir a transferência entre instituições de ensino em uma situação como a dos autos acabaria por aniquilar o direito fundamental à educação do agente público que foi removido ou transferido de ofício pela Administração (ou de seus dependentes), o que não se coadunaria com o propósito do legislador ao criar a norma legal em questão nem tampouco com a própria Constituição ao disciplinar o direito à educação.

Nos termos da ementa do acórdão, *"a transferência de servidor público federal civil ou militar estudante, ou seu dependente, prevista no art. 49, parágrafo único, da Lei 9.394/96, e regulamentada pela Lei 9.536/97, pode ser efetivada entre instituições pertencentes a qualquer sistema de ensino, na falta de universidade congênere à de origem"*.

E a tese de repercussão geral fixada no caso estabeleceu que *"é constitucional a previsão legal que assegure, na hipótese de transferência ex officio de servidor, a matrícula em instituição pública, se inexistir instituição congênere à de origem"*.

Portanto, segundo o STF:

a) O agente público removido ou transferido de ofício (ou seus dependentes), caso se encontre matriculado em instituição de ensino superior, terá direito a ser transferido, na localidade de destino, para instituição de mesma natureza da instituição de origem. Logo, se ele é oriundo de instituição privada, pode ser transferido para uma instituição privada, e, se é oriundo de instituição pública, pode ser transferido para uma instituição pública (ADI 3324).

b) Se, na localidade de destino, não houver instituição de ensino da mesma natureza (pública ou privada) da instituição de origem, o agente público removido ou transferido de ofício (ou seus dependentes) poderá ser transferido para instituição de natureza diversa da instituição de origem (RE 601580).

▶ Constitucionalidade da meia-entrada para estudantes

Na **ADI 1950**, o Supremo Tribunal Federal reconheceu a constitucionalidade da meia-entrada para estudantes regularmente matriculados em estabelecimentos de ensino. Segundo o Tribunal, a previsão constitucional da livre iniciativa não inviabiliza o benefício, pois a Constituição também determina que o Estado garanta o efetivo exercício dos direitos à educação, à cultura e ao desporto, e a meia-entrada é um instrumento de concretização desses direitos, auxiliando, inclusive, na complementação da formação dos estudantes, ao facilitar o acesso à cultura, ao esporte e ao lazer.

Nesse contexto, havendo choque entre a livre iniciativa e a implementação dos direitos à educação, à cultura e ao desporto, deve ser adotada a solução que melhor atenda os interesses da coletividade (o interesse público primário), e, no caso, essa solução é o reconhecimento da constitucionalidade da meia-entrada para estudantes.

Além disso, decidiu o STF, nesse caso, que a meia-entrada é tema inserido na disciplina do direito econômico, que, nos termos do art. 24, I, da CF/88, é de competência legislativa concorrente, de modo que os Estados podem legislar a respeito.

A ementa do julgado foi redigida nos seguintes termos:

> "(...) LEI N. 7.844/92, DO ESTADO DE SÃO PAULO. **MEIA ENTRADA ASSEGURADA AOS ESTUDANTES REGULARMENTE MATRICULADOS EM ESTABELECIMENTOS DE ENSINO.** INGRESSO EM CASAS DE DIVERSÃO, ESPORTE, CULTURA E LAZER. COMPETÊNCIA CONCORRENTE ENTRE A UNIÃO, ESTADOS-MEMBROS E O DISTRITO FEDERAL PARA LEGISLAR SOBRE DIREITO ECONÔMICO. **CONSTITUCIONALIDADE.** (...) 4. Se de um lado a Constituição assegura a livre iniciativa, de outro determina ao Estado a adoção de todas as providências tendentes a garantir o efetivo exercício do direito à educação, à cultura e ao desporto [artigos 23, inciso V, 205, 208, 215 e 217 § 3º, da Constituição]. Na composição entre esses princípios e regras há de ser preservado o interesse da coletividade, interesse público primário. **5. O direito ao acesso à cultura, ao esporte e ao lazer, são meios de complementar a formação dos estudantes.** 6. Ação direta de inconstitucionalidade julgada improcedente." **(ADI 1950, Rel. Min. EROS GRAU, Pleno, j. em 03/11/2005)**

É interessante registrar, no entanto, que atualmente existe uma lei federal estabelecendo normas gerais sobre a meia-entrada para estudantes (bem como para pessoas idosas, pessoas com deficiência e jovens carentes com idade entre 15 e 29 anos) em eventos culturais e esportivos. Trata-se da Lei 12.933/2013.

► Educação como serviço público não privativo

Nas ADIs 1007 e 1266, o Supremo Tribunal Federal estabeleceu que a educação é um serviço público não privativo, ou seja, pode ser prestado livremente pela iniciativa privada, independentemente de concessão, permissão ou autorização do poder público.

Como se pode perceber, quando a iniciativa privada presta o serviço de educação, ela faz isso em nome próprio (como titular do serviço), e não em virtude de delegação de serviço público.

Mas é necessário ter em mente que, apesar de a educação poder ser prestada diretamente por particulares, as instituições privadas de ensino devem atender as exigências legais e constitucionais disciplinadoras desse serviço, inclusive, submetendo-se a fiscalização do poder público.

Confira as ementas dos julgados:

> "(...) 1. Os serviços de **educação**, seja os prestados pelo Estado, seja os prestados por particulares, configuram **serviço público não privativo, podendo ser desenvolvidos pelo setor privado independentemente de concessão, permissão ou autorização.** (...)" **(ADI 1007, Rel. Min. EROS GRAU, Pleno, j. em 31/08/2005)**
>
> "(...) Os serviços de educação, seja os prestados pelo Estado, seja os prestados por particulares, configuram serviço público não privativo, podendo ser prestados pelo setor privado independentemente de concessão, permissão ou autorização. **Tratando-se de serviço público, incumbe às entidades educacionais particulares, na sua prestação, rigorosamente acatar as normas gerais de educação nacional e as dispostas pelo Estado-membro**, no exercício de competência legislativa suplementar (§ 2º do art. 24 da Constituição do Brasil). (...)" **(ADI 1.266, Rel. Min. EROS GRAU, Pleno, j. em 06/04/2005)**

Possibilidade de lei estadual estabelecer disciplina de proteção ambiental diversa da prevista em norma geral federal, desde que mais protetiva

O Supremo Tribunal Federal possui entendimento firmado no sentido de que, apesar de o direito ambiental ser tema de competência legislativa concorrente (art. 24, VI e VIII, CF/88), não é inconstitucional lei estadual que invada o âmbito de definição de normas gerais em matéria ambiental quando já exista lei federal sobre a questão, desde que a proteção contida na norma estadual seja maior do que a contida na norma federal.

Por outro lado, caso um Estado edite uma lei sobre questão ambiental atinente a norma geral já disciplinada em lei federal e estabeleça nela uma proteção ao meio ambiente menor do que a contida na legislação federal, a norma estadual será inconstitucional, por invadir a competência da União para editar normas gerais em matéria ambiental prevista no art. 24, VI e VIII e §§ 1º e 2º, da CF/88.

Com base nessa linha de raciocínio, o STF, na **ADI 5675**, julgada em 18/12/2021, declarou inconstitucional uma lei estadual que, em comparação com norma geral federal já existente, ampliava os casos permitidos de ocupação antrópica em áreas de preservação permanente.

No caso, como a proteção ambiental contida na norma estadual era menor do que a contida na legislação federal de normas gerais que já havia sido editada, ficou caracterizada a invasão no campo de competência da União. Por outro lado, se o nível de proteção contido na lei estadual houvesse sido maior do que o da lei federal, não teria ficado caracterizada, segundo a jurisprudência do STF, a usurpação da competência da União, ainda que já existisse norma geral federal sobre o tema.

Pelos mesmos motivos, na **ADI 4529** (j. 22/11/2022), o Supremo Tribunal Federal declarou a inconstitucionalidade de normas estaduais que flexibilizavam os requisitos para a exigência de estudo de impacto ambiental (EIA) nos licenciamentos de usinas hidrelétricas. As normas estaduais questionadas nessa ação dispensavam o EIA quando se tratasse de hidrelétrica com potencial entre 10 e 30 megawatt, enquanto a legislação federal (Lei 6.938/81 c/c Resolução CONAMA nº 1/1986) exige esse procedimento para hidrelétricas com potencial acima de 10 megawatt, estabelecendo, portanto, uma proteção ambiental maior do que a das referidas normas estaduais.

Assim, como a normas gerais federais nesse caso eram mais protetivas ao meio ambiente do que as normas estaduais impugnadas, estas foram consideradas inconstitucionais, por contrariarem a legislação federal e, consequentemente, usurparem a competência da União para a definição de normas gerais sobre proteção ambiental (competência essa que decorre do art. 24, VI e VIII e § 1º, da CF/88).

Impossibilidade de lei dispensar a elaboração de estudo prévio de impacto ambiental

Segundo o STF, não se admite que uma lei dispense, de forma apriorística, a elaboração de estudo prévio de impacto ambiental, pois isso ofende o direito fundamental ao meio ambiente ecologicamente equilibrado e a previsão constitucional de elaboração desse estudo em caso de obra ou atividade com potencial para causar significativa degradação ambiental (art. 225, § 1º, IV, CF/88).

A necessidade ou não do estudo, portanto, deve ser analisada em cada caso concreto, não sendo possível uma lei resolver a respeito e liberar o poder público de exigi-lo.

O STF decidiu nesse sentido, por exemplo, no **RE 739998 AgR** (j. 12/08/2014). Veja:

> "(...) PROTEÇÃO DO MEIO AMBIENTE. **ESTUDO PRÉVIO DE IMPACTO AMBIENTAL. DISPENSA PELO MUNICÍPIO. IMPOSSIBILIDADE.** (...) O entendimento adotado no acórdão recorrido não diverge da jurisprudência firmada no âmbito deste Supremo Tribunal Federal, no sentido de **violar o art. 225, § 1º, IV, da Lei Maior, a previsão legal que dispense a elaboração de estudo prévio de impacto ambiental**. (...)" **(RE 739998 AgR, Rel. Min. ROSA WEBER, Primeira Turma, j. 12/08/2014)**

No entanto, também segundo o STF, nada impede que a lei estabeleça um **procedimento de licenciamento ambiental simplificado** para regularizar atividades e empreendimentos que já se encontrem em fase de instalação ou funcionamento e para atividades e empreendimentos de baixo ou médio potencial poluidor. Esse licenciamento simplificado **pode, inclusive, ser previsto em lei estadual**, pois direito ambiental é tema de competência legislativa concorrente (art. 24, VI e VIII, CF/88) e não há, no caso, contrariedade às normas gerais federais sobre a matéria.

Isso foi decidido pelo STF na **ADI 5014**, julgada em 13/11/2023.

Necessidade de lei para alterar ou suprimir espaços territoriais especialmente protegidos

Nos termos da previsão do art. 225, § 1º, III, da CF/88, a supressão ou alteração de espaços territoriais especialmente protegidos depende da edição de lei em sentido formal. O texto constitucional nada diz sobre essa exigência quando se trata do ato de criação.

Por isso, o STF entende que a criação dos espaços territoriais especialmente protegidos não depende necessariamente de lei, podendo se dar por meio de simples decreto, embora a lei seja possível, se assim preferir o poder público. No entanto, é inconstitucional a alteração ou supressão desses espaços feita por meio de decreto (MS 26064) ou mesmo de medida provisória (ADI 4717), pois o texto constitucional é expresso no sentido da necessidade de lei formal para isso.

Logo, o Estado pode criar, por exemplo, unidades de conservação, seja por decreto ou por lei (nesse caso, tem-se um decreto de natureza autônoma). Mas, uma vez criado o espaço, ainda que por decreto, só pode ser alterado ou suprimido por meio de lei.

Os julgados em que foi adotado esse entendimento receberam as seguintes ementas:

> "(...) MEIO AMBIENTE. (...) ARTIGO 225, § 1º, III, CB/88. DELIMITAÇÃO DOS ESPAÇOS TERRITORIAIS PROTEGIDOS. VALIDADE DO DECRETO. (...) 1. A Constituição do Brasil atribui ao Poder Público e à coletividade o dever de defender um meio ambiente ecologicamente equilibrado. [CB/88, art. 225, §1º, III]. **2. A delimitação dos espaços territoriais protegidos pode ser feita por decreto ou por lei, sendo esta imprescindível apenas quando se trate de alteração ou supressão**

desses espaços. Precedentes. (...)" **(MS 26064, Rel. Min. EROS GRAU, Pleno, j. em 17/06/2010)**

"(...) **ALTERAÇÃO DA ÁREA DE UNIDADES DE CONSERVAÇÃO POR MEDIDA PROVISÓRIA. IMPOSSIBILIDADE.** CONFIGURADA OFENSA AO PRINCÍPIO DA PROIBIÇÃO DE RETROCESSO SOCIOAMBIENTAL. (...) (...) 3. **As medidas provisórias não podem veicular norma que altere espaços territoriais especialmente protegidos, sob pena de ofensa ao art. 225, inc. III, da Constituição da República.** 4. As alterações promovidas pela Lei n. 12.678/2012 importaram diminuição da proteção dos ecossistemas abrangidos pelas unidades de conservação por ela atingidas, acarretando ofensa ao princípio da proibição de retrocesso socioambiental, pois atingiram o núcleo essencial do direito fundamental ao meio ambiente ecologicamente equilibrado previsto no art. 225 da Constituição da República. (...)"

(ADI 4717/DF; Relator(a): Min. CÁRMEN LÚCIA; Julgamento: 05/04/2018; Órgão julgador: Tribunal Pleno)

Desnecessidade de lei para alterações que ampliem a proteção ambiental dos espaços territoriais especialmente protegidos

Vimos no tópico anterior que, segundo o STF, a alteração ou supressão de espaços territoriais especialmente protegidos exige lei em sentido formal.

No entanto, os julgados que foram analisados não esclareceram de forma precisa se a alteração desses espaços com a finalidade de ampliar a proteção ambiental pode ser feita por meio de simples decreto ou se também exige lei.

A esse respeito, é necessário ter em mente que o intuito do constituinte ao exigir lei para a alteração e a supressão de um espaço territorial especialmente protegido foi claramente o de promover uma maior tutela do meio ambiente, o que parece levar à inevitável conclusão de que, tal qual ocorre com a criação desse espaço, a alteração ampliativa da proteção não depende de lei em sentido formal.

Inclusive, nessa exata linha de raciocínio, o Min. Eros Grau, Relator do MS 26064 (analisado no tópico anterior), afirmou em seu voto que a ampliação da proteção de uma unidade de conservação pode ser feita por meio de ato da mesma hierarquia do que criou a unidade, como prevê o art. 22, § 6º, da Lei 9.985/00 (Lei do Sistema Nacional de Unidades de Conservação). Nessa passagem, o Ministro se referiu especificamente às unidades de conservação (mesmo porque o caso julgado dizia respeito a uma unidade de conservação), mas parece ser possível a aplicação desse entendimento a qualquer espaço territorial especialmente protegido, por ser essa a solução mais favorável à proteção do meio ambiente.

E, justamente por isso, esse dispositivo da Lei do SNUC (art. 22, § 6º) foi declarado constitucional pelo STF no bojo da ADI 3646, julgada em 20 de setembro de 2019. Nessa oportunidade, o Tribunal afirmou que a finalidade da Constituição, ao exigir lei para alteração ou supressão de espaço territorial especialmente protegido foi a de conferir uma maior proteção ao meio ambiente, de modo que a interpretação do tema deve seguir essa linha de raciocínio. Logo, deve-se concluir que a alteração que exige lei é aquela que representa prejuízo ou retrocesso ao nível de proteção ambiental que se encontra implementado, não sendo ela necessária para realizar alteração ampliativa da proteção.

Nesse julgado, o STF, seguindo esse pensamento, também declarou a constitucionalidade do § 5º do art. 22 da Lei do SNUC, que permite a transformação de unidade de conservação de uso sustentável (menos protetiva) em unidade de conservação de proteção integral (mais protetiva) por meio de instrumento da mesma hierarquia do que criou a unidade, ou seja, sem necessidade de lei formal, já que se trata de uma alteração ampliativa da tutela ambiental.

A exigência constitucional de lei para a redução da proteção ambiental se justifica pelo fato de que ela (a lei) faz com que o Poder Legislativo (que é o órgão mais representativo dos interesses da comunidade) decida sobre a questão ambiental, que é um direito difuso, e esse maior cuidado com a legitimação popular do ato não se faz necessário quando se trata de conferir uma maior proteção ao direito fundamental.

É verdade que a ADI 3646, tal qual o MS 26064, tratou especificamente das unidades de conservação, porém a conclusão pela constitucionalidade do art. 22, §§ 5º e 6º, da Lei 9.985/00 se fundamentou em uma interpretação do art. 225, § 1º, III, da CF/88 que se aplica de forma geral aos espaços territoriais especialmente protegidos, o que, inclusive, fica claro na ementa do julgado, como se pode perceber:

> "(...) 3. A teor do art. 225, § 1º, inciso III, da Constituição Federal, a alteração e a supressão de espaços territoriais especialmente protegidos somente são permitidas por intermédio de lei. **A finalidade da Carta Magna, ao fixar a reserva de legalidade, deve ser compreendida dentro do espírito de proteção ao meio ambiente nela insculpido.** Somente a partir da teleologia do dispositivo constitucional é que se pode apreender seu conteúdo normativo. Nesse sentido, **a exigência de lei faz-se presente quando referida modificação implicar prejudicialidade ou retrocesso ao status de proteção já constituído naquela unidade de conservação**, com o fito de coibir a prática de atos restritivos que não tenham a aquiescência do Poder Legislativo. **Se, para inovar no campo concreto e efetuar limitação ao direito à propriedade, a Constituição não requisitou do Poder Público a edição de lei, tanto mais não o faria para simples ampliação territorial ou modificação do regime de uso aplicável à unidade de conservação, a fim de conferir a ela superior salvaguarda** (de proteção parcial para proteção integral). Por essa razão, **não incidem em inconstitucionalidade as hipóteses mencionadas nos §§ 5º e 6º do art. 22 da Lei nº 9.985/2000, as quais dispensam a observância da reserva legal** para os casos de alteração das unidades de conservação, seja mediante transformação da unidade de conservação do grupo de Uso Sustentável para o grupo de Proteção Integral, seja mediante a ampliação dos limites territoriais da unidade, desde que sem modificação de seus limites originais, exceto pelo acréscimo proposto. (...)"
>
> **(ADI 3646/DF; Relator(a): Min. DIAS TOFFOLI; Julgamento: 20/09/2019; Órgão julgador: Tribunal Pleno)**

Impossibilidade de revogação de norma que fixa parâmetros para a aferição do cumprimento da legislação ambiental sem que esses parâmetros sejam atualizados ou substituídos por outros

Nas **ADPFs 747 e 749**, julgadas em 14/12/2021, o Supremo Tribunal Federal declarou a inconstitucionalidade da Resolução nº 500/2020 do CONAMA, em virtude de ela ter revogado (suprimido) parâmetros de aferição do cumprimento da legislação ambiental sem estabelecer, como contrapartida, novos critérios para atualizá-los ou mesmo substituí-los.

Segundo o STF, a pura e simples supressão de marcos regulatórios ambientais representa um retrocesso na tutela do direito fundamental ao meio ambiente ecologicamente equilibrado, o que, como consequência, viola também o direito à vida e à saúde.

A norma em questão portanto, caracteriza uma proteção deficiente do meio ambiente, cuja tutela é norteada pelo princípio da precaução, o qual, por sua vez, faz com que, em matéria ambiental, haja uma preferência pela preservação em detrimento da restauração. Essa ordem de preferência, no entanto, fica subvertida quando ocorre a supressão de parâmetros que haviam sido fixados para viabilizar a verificação do cumprimento da legislação protetiva do meio ambiente.

▶ Impossibilidade de submeter animais a atos de crueldade

Segundo o Supremo Tribunal Federal, a previsão constitucional do direito à cultura e ao desporto não permite que, a pretexto da realização de atividades culturais e esportivas, haja submissão de animais a atos de crueldade, mesmo porque o art. 225, § 1º, VII, da CF/88 é expresso no sentido de serem vedadas práticas cruéis com animais. Por isso, fica vedada a realização de eventos como briga de galo e "farra do boi", conforme decidido no **RE 153.531** e na **ADI 1856**.

Briga de galo, então, segundo o STF, não é mera manifestação cultural, mas, sim, crime. Inclusive, nessa mesma linha de raciocínio, a EC 96/2017 incluiu o § 7º no art. 225 da CF/88, estabelecendo que a utilização de animais em práticas desportivas não é considerada ato de crueldade, desde que se trate de manifestação da cultura e esteja regulamentada em lei específica e **assegure ao animal o seu bem-estar**. Ou seja, é possível utilizar animais no desporto, mas isso não autoriza que sejam tratados cruelmente.

Os julgados mencionados acima receberam as seguintes ementas:

> "(...) COSTUME - MANIFESTAÇÃO CULTURAL - ESTÍMULO - RAZOABILIDADE - PRESERVAÇÃO DA FAUNA E DA FLORA - ANIMAIS - CRUELDADE. A obrigação de o Estado garantir a todos o pleno exercício de direitos culturais, incentivando a valorização e a difusão das manifestações, **não prescinde da observância da norma do inciso VII do artigo 225 da Constituição Federal, no que veda prática que acabe por submeter os animais à crueldade. Procedimento discrepante da norma constitucional denominado "farra do boi".**
>
> **(RE 153531/SC; Relator(a): Min. FRANCISCO REZEK; Redator(a) do acórdão: Min. MARCO AURÉLIO; Julgamento: 03/06/1997; Órgão julgador: Segunda Turma)**

> "(...) PROTEÇÃO CONSTITUCIONAL DA FAUNA (CF, ART. 225, § 1º, VII) - **DESCARACTERIZAÇÃO DA BRIGA DE GALO COMO MANIFESTAÇÃO CULTURAL** - RECONHECIMENTO DA INCONSTITUCIONALIDADE DA LEI ESTADUAL IMPUGNADA - (...) - A promoção de briga de galos, além de caracterizar prática criminosa tipificada na legislação ambiental, **configura conduta atentatória à Constituição da República, que veda a submissão de animais a atos de crueldade**, cuja natureza perversa, à semelhança da "farra do boi" **(RE 153.531/SC), não permite sejam eles qualificados como inocente manifestação cultural, de caráter meramente folclórico**. Precedentes. - **A proteção jurídico-constitucional**

> **dispensada à fauna abrange tanto os animais silvestres quanto os domésticos ou domesticados**, nesta classe incluídos os galos utilizados em rinhas, pois o texto da Lei Fundamental vedou, em cláusula genérica, qualquer forma de submissão de animais a atos de crueldade. (...)"
>
> **(ADI 1856, Rel. Min. CELSO DE MELLO, Pleno, j. em 26/05/2011)**

Reconhecimento da união civil homoafetiva

Na ADPF 132, o Supremo Tribunal Federal, com fundamento no art. 226 da CF/88, reconheceu a união homoafetiva como núcleo familiar, considerando que esse dispositivo constitucional não restringe a constituição de família aos vínculos matrimoniais nem tampouco a casais formados por pessoas de sexos diferentes.

Além disso, segundo afirmado pelo Tribunal, a ordem constitucional brasileira faculta às pessoas fazerem o que bem entenderem, desde que não haja violação a direito ou legítimo interesse de outra pessoa ou da sociedade, o que não ocorre na constituição de união entre pessoas do mesmo sexo.

Interessante registrar que, na esteira dessa decisão do STF (que reconheceu a união civil homoafetiva), o CNJ editou a Resolução 175/2013, proibindo que os cartórios recusassem a celebração de casamento civil ou a conversão de união estável em casamento entre pessoas do mesmo sexo. Portanto, atualmente, no Brasil, é possível o casamento civil homoafetivo.

> "(...) "(...) O *caput* do art. 226 confere à família, base da sociedade, especial proteção do Estado. Ênfase constitucional à instituição da família. Família em seu coloquial ou proverbial significado de núcleo doméstico, pouco importando se formal ou informalmente constituída, ou se integrada por casais heteroafetivos ou por pares homoafetivos. **A Constituição de 1988, ao utilizar-se da expressão "família", não limita sua formação a casais heteroafetivos nem a formalidade cartorária, celebração civil ou liturgia religiosa.** (...) Avanço da Constituição Federal de 1988 no plano dos costumes. (...) Competência do Supremo Tribunal Federal para manter, interpretativamente, o Texto Magno na posse do seu fundamental atributo da coerência, o que passa pela eliminação de preconceito quanto à orientação sexual das pessoas. (...) **A Constituição não interdita a formação de família por pessoas do mesmo sexo. Consagração do juízo de que não se proíbe nada a ninguém senão em face de um direito ou de proteção de um legítimo interesse de outrem, ou de toda a sociedade, o que não se dá na hipótese sub judice.** Inexistência do direito dos indivíduos heteroafetivos à sua não equiparação jurídica com os indivíduos homoafetivos. Aplicabilidade do §2º do art. 5º da Constituição Federal, a evidenciar que outros direitos e garantias, não expressamente listados na Constituição, emergem "do regime e dos princípios por ela adotados"(...)" **(ADPF 132, Rel. Min. AYRES BRITTO, Pleno, j. em 05/05/2011)** Vide ainda: ADI 4277, Rel. Min. AYRES BRITTO, Pleno, j. em 05/05/2011.

13

Remédios Constitucionais

É de extrema importância ter a noção básica de que os remédios constitucionais nada mais são do que garantias fundamentais. Como assim?

Para entender isso, é preciso diferenciar direitos de garantias fundamentais.

Nas palavras de Pedro Lenza, "os direitos são bens e vantagens prescritos na norma constitucional, enquanto as garantias são os instrumentos através dos quais se assegura o exercício dos aludidos direitos (preventivamente) ou prontamente os repara, caso violados."

Enfim, as normas que estabelecem garantias fundamentais nada mais são do que disposições assecuratórias dos direitos fundamentais.

Todo remédio constitucional é uma garantia fundamental, mas nem toda garantia fundamental é um remédio constitucional. Em outras palavras, os remédios constitucionais são espécies do gênero garantias fundamentais, mais precisamente, as que estão consagradas no texto constitucional como tais, como é o caso do *habeas corpus*, do *habeas data*, do mandado de segurança e das demais ações que veremos aqui.

Segundo explica a doutrina, os remédios constitucionais são **ações** previstas no texto constitucional (portanto, não possuem natureza recursal, nem natureza de mero direito de petição, e sim natureza de ação), mas nem toda ação constitucional é um remédio constitucional. Por exemplo, as ações típicas de controle concentrado de constitucionalidade estão previstas na Constituição, mas não são remédios constitucionais. Para que uma ação constitucional seja considerada um remédio constitucional, é necessário que ela se preste a proteger os direitos fundamentais, seja pelo seu restabelecimento após sua violação, seja pela prevenção de sua violação.

Em resumo, as garantias fundamentais visam a assegurar o exercício dos direitos fundamentais e os remédios constitucionais são garantias fundamentais que possuem natureza de ação, mais precisamente, são ações previstas na Constituição com o propósito de proteger direitos fundamentais. Nem sempre os direitos fundamentais serão assegurados por alguma ação (remédio constitucional), pois, em algumas situações, a própria norma que prevê o direito fundamental já o assegura, como é o caso do art. 5º, VI, da CF/88, que prevê, a um só tempo, o direito fundamental à liberdade religiosa e a garantia desse direito consubstanciada na proteção aos locais de culto e suas liturgias. Outro bom exemplo é o art. 5º, XXXVII, da CF/88, que, ao estabelecer o direito ao juiz natural, assegura esse direito pela vedação da instituição de juízo ou tribunal de exceção. Como se pode perceber, a vedação a juízo ou tribunal de exceção é a garantia do direito ao juiz natural e não se enquadra como um remédio constitucional, pois nem mesmo possui natureza de ação.

> "**Art. 5º, CF/88.**
>
> (...)
>
> **VI** - é inviolável a liberdade de consciência e de crença, sendo assegurado o livre exercício dos cultos religiosos e garantida, na forma da lei, a proteção aos locais de culto e a suas liturgias;
>
> (...)
>
> **XXXVII** - não haverá juízo ou tribunal de exceção;
>
> (...)"

HISTÓRICO DOS REMÉDIOS CONSTITUCIONAIS NAS CONSTITUIÇÕES BRASILEIRAS

Por questões didáticas e visando a melhor compreensão do tema, é de extrema importância traçar a linha histórica dos remédios constitucionais em nosso constitucionalismo. Para isso, a tabela esquematizada a seguir (indicando os textos constitucionais brasileiros em que cada um dos remédios foi previsto) é mais do que suficiente e ajudará a melhor compreender eventuais referências históricas que precisarem ser feitas.

REMÉDIO CONSTITUCIONAL	PREVISÃO NAS CONSTITUIÇÕES BRASILEIRAS
Habeas Corpus	**CF/1891:** art. 72, §§ 22 **EC nº 1/26:** trouxe novidades, restringindo a chamada "Teoria Brasileira do *Habeas Corpus*". **CF/1934:** art. 113, nº 23 **CF/1937:** art. 122, nº 16 **CF/1946:** art. 141, § 23 **CF/1967:** art. 150, § 20 **AI-5, de 13/12/1968:** restringiu a amplitude do *habeas corpus*. **EC nº 1/69:** art. 153, § 20 **CF/1988:** art. 5º, LXVIII

REMÉDIO CONSTITUCIONAL	PREVISÃO NAS CONSTITUIÇÕES BRASILEIRAS
Mandado de Segurança	**CF/1934:** art. 113, nº 33 **CF/1937:** NÃO PREVIU O MANDADO DE SEGURANÇA. **CF/1946:** art. 141, § 24 **CF/1967:** art. 150, § 21 **EC nº 1/69:** art. 153, § 21 **CF/1988:** art. 5º, LXIX
Mandado de Segurança Coletivo	**CF/1988:** art. 5º, LXX
Mandado de Injunção	**CF/1988:** art. 5º, LXXI
Habeas Data	**CF/1988:** art. 5º, LXXII
Ação Popular	**CF/1934:** art. 113, nº 38 **CF/1937:** NÃO PREVIU A AÇÃO POPULAR. **CF/1946:** art. 141, § 38 **CF/1967:** art. 150, § 31 **EC nº 1/69:** art. 153, § 31 **CF/1988:** art. 5º, LXXIII

Importante registrar que a Constituição Imperial de 1824, no seu art. 157, previu uma figura chamada "acção popular", mas de natureza jurídica diversa da ação popular que conhecemos, motivo pelo qual, não foi considerada no histórico de remédios constitucionais constante da tabela acima.

"HABEAS CORPUS" (ART. 5º, LXVIII, CF/88)

> "**Art. 5º, LXVIII -** conceder-se-á habeas corpus sempre que alguém sofrer ou se achar ameaçado de sofrer violência ou coação em sua liberdade de locomoção, por ilegalidade ou abuso de poder;"

▪ NOÇÕES GERAIS

Nos seus contornos atuais, o *habeas corpus* é o remédio constitucional que se presta a evitar ou reparar lesão à liberdade de ir e vir (ou seja, tutela a liberdade física de locomoção). Nem sempre foi assim, contudo.

Embora tenha havido manifestações anteriores do *habeas corpus*, a sua primeira previsão constitucional se deu na CF/1891, tendo permanecido em todas as Constituições brasileiras subsequentes.

Em um momento inicial, esse remédio constitucional foi utilizado para garantir não só a liberdade física, mas também outros direitos que tivessem a locomoção como pressuposto básico, direitos esses que nos dias atuais podem ser tutelados por outros remédios constitucionais, como o mandado de segurança. Essa amplitude exagerada do *habeas corpus* ficou conhecida como "teoria brasileira do *habeas corpus*", que persistiu até a Reforma Constitucional de 1926, quando finalmente se restringiu o uso dessa garantia para tutelar (preventiva e repressivamente) a liberdade de ir e vir.

O *habeas corpus* é uma ação gratuita, nos termos do art. 5º, LXXVII, da CF/88.

> "**Art. 5º, LXXVII** - são gratuitas as ações de *habeas corpus* e habeas data, e, na forma da lei, os atos necessários ao exercício da cidadania."

■ LEGITIMIDADE E CABIMENTO

Quem são os sujeitos envolvidos no *habeas corpus*?

O autor da ação de *habeas corpus* é chamado **impetrante**, enquanto aquele a quem se imputa a prática do ato ilegal é chamado de **impetrado ou autoridade coatora**. Já a pessoa em favor da qual se impetra o *habeas corpus* é chamada **paciente**.

O impetrante pode ser qualquer pessoa física ou jurídica. O paciente, evidentemente, apenas pode ser pessoa física, já que pessoa jurídica não se locomove, de modo que não goza de direito tutelável por meio de *habeas corpus*.

O impetrante pode ajuizar o *habeas corpus* em favor próprio (apenas quando for pessoa física) ou de terceiro, sem necessidade de assistência de advogado ou de observar formalidades. Há, inclusive, casos de impetração de *habeas corpus* redigido em um simples guardanapo de papel.

Além disso, o *habeas corpus* pode ser deferido até mesmo de ofício pelo Poder Judiciário, quando estiver apreciando um caso concreto e vislumbrar uma violação ilegal à liberdade de locomoção. Essa possibilidade tem previsão no Código de Processo Penal, que, no § 2º do seu art. 654, estabelece que *"os juízes e os tribunais têm competência para expedir de ofício ordem de habeas corpus, quando no curso de processo verificarem que alguém sofre ou está na iminência de sofrer coação ilegal"*.

O *habeas corpus* é admitido inclusive em face de particular, como nos conhecidos casos de clínicas psiquiátricas que privam ilegalmente pacientes da liberdade de ir e vir.

Também é muito comum o manejo dessa ação constitucional para trancar ações penais e inquéritos policiais, o que se admite tendo em vista que a pena eventualmente aplicada pode privar o paciente de sua liberdade.

Porém, esse remédio não é cabível contra o andamento de processos administrativos, justamente porque, nessa hipótese, não há ameaça nem tampouco lesão ao direito de locomoção, já que as sanções administrativas não acarretam privação de liberdade. Por esse motivo, no concurso para o cargo de Procurador do Município de Belo Horizonte realizado pelo CESPE em 2017, foi considerada **incorreta** a assertiva segundo a qual *"o habeas corpus é o instrumento adequado para impedir o prosseguimento de processo administrativo"*.

Nesse mesmo sentido, o STF não admite *habeas corpus* impetrado para trancar processo de ***impeachment***, tendo em vista que as sanções que nele podem ser aplicadas são de natureza político-administrativa e não acarretam cerceamento da liberdade, conforme ficou decidido no seguinte caso:

> "AGRAVO REGIMENTAL NO **HABEAS CORPUS**. PROCESSO DE IMPEACHMENT. DECISÃO PROFERIDA PELA CÂMARA DOS DEPUTADOS. VIA PROCESSUAL INADEQUADA. (...) 2. **No caso, a insurgência a que se opõe o impetrante, em rigor, diz respeito a eventual obstáculo ao exercício de direitos políticos e não ao direito de ir e vir.** 3. Agravo regimental a que se nega provimento."
>
> **(HC 134315 AgR/DF; Relator(a): Min. TEORI ZAVASCKI; Julgamento: 16/06/2016; Órgão Julgador: Tribunal Pleno)**

E, ainda nesse contexto, houve um caso de *habeas corpus* impetrado em face de ato estatal praticado, no ano de 2020, no âmbito do combate à pandemia de COVID-19.

O ato em questão foi uma medida do Governador do Estado de São Paulo que, com a colaboração de empresas de telefonia, implementou o monitoramento de dados celulares, com o objetivo de identificar violações às medidas de isolamento social, sem, contudo, identificar e individualizar cada usuário. O propósito era o de simplesmente saber o grau de adesão da população às rotinas restritivas da quarentena e, a partir disso, definir as medidas subsequentes.

Para impugnar esse ato, foi impetrado, no STJ, o **HC 572996**, que foi rejeitado, por conta de seu não cabimento, haja vista que sua impetração visava atacar um ato em tese, além de o ato impugnado não acarretar, por si só, restrição ao direito de ir e vir, isto é, à liberdade de locomoção.

Segundo o Tribunal, as violações à liberdade física de ir e vir alegadas pelo impetrante seriam apenas hipotéticas, não se apresentando de forma plausível e iminente. Além disso, o *habeas corpus*, no caso, estava sendo utilizado como instrumento de controle abstrato da validade (constitucionalidade) do ato estatal, finalidade a que não se presta esse remédio constitucional.

Conclusão: segundo o STJ, não cabe *habeas corpus* para impugnar ato estatal que implementa monitoramento de dados celulares sem acarretar verdadeira restrição à liberdade de locomoção nem tampouco para controlar a validade em abstrato desse ato.

Por fim, o art. 142, § 2º, da CF/88 diz não caber *habeas corpus* em relação a punições disciplinares militares (*"§ 2º Não caberá habeas corpus em relação a punições disciplinares militares."*). No entanto, essa disposição, segundo o Supremo Tribunal Federal, significa tão somente que não se pode, por meio do referido remédio constitucional, apreciar o mérito da punição aplicada, mas é possível controlar o respeito aos seus pressupostos de legalidade, como a observância da hierarquia, a pertinência do ato punido com a função militar, a possibilidade de aplicação da sanção na esfera disciplinar etc.

Confira, nesse sentido, a ementa do **RE 338.840**:

> **Ementa:** RECURSO EXTRAORDINÁRIO. MATÉRIA CRIMINAL. PUNIÇÃO DISCIPLINAR MILITAR. **Não há que se falar em violação ao art. 142, § 2º, da CF, se a concessão de habeas corpus, impetrado contra punição disciplinar militar, volta-se tão-somente para os pressupostos de sua legalidade, excluindo a apreciação de questões referentes ao mérito.** Concessão de ordem que se pautou pela apreciação dos aspectos fáticos da medida punitiva militar, invadindo seu mérito. A punição disciplinar militar atendeu aos pressupostos de legalidade, quais sejam, a hierarquia, o poder disciplinar, o ato ligado à função e a pena susceptível de ser aplicada disciplinarmente, tornando, portanto, incabível a apreciação do habeas corpus. Recurso conhecido e provido.
>
> **(RE 338840/RS; Relator(a): Min. ELLEN GRACIE; Julgamento: 19/08/2003; Órgão Julgador: Segunda Turma)**

É possível o uso do "habeas corpus" em favor de pessoa jurídica para trancar ação penal envolvendo crime ambiental?

Como vimos, o *habeas corpus* é uma garantia prevista no art. 5º, LXVIII, da CF/88 e tem como finalidade tutelar a liberdade de locomoção, ou seja, presta-se a proteger fisicamente o indivíduo no seu direito de ir e vir.

Tendo em vista que, nos termos da CF/88, o *habeas corpus* tutela a liberdade física de locomoção, o Supremo Tribunal Federal não admite o seu uso em favor de pessoas jurídicas, já que estas, por conta de sua própria natureza, não se locomovem. No julgamento do **HC 92.921**, o Ministro Ricardo Lewandowski até chegou a apresentar posicionamento no sentido de admitir o remédio constitucional tendo como paciente pessoa jurídica, mas a tese foi rejeitada pelo colegiado.

Já no STJ, chegou-se a admitir *habeas corpus* em favor de pessoa jurídica para trancar ação penal em caso de crime ambiental, desde que os pacientes do remédio constitucional (isto é, aqueles em favor dos quais ocorreu a impetração) fossem tanto a pessoa jurídica quanto a pessoa física que em conjunto com ela fosse ré no processo criminal. Porém, atualmente, nem mesmo o STJ vem admitindo a possibilidade de habeas corpus em favor de pessoa jurídica, ainda que se trate de crime ambiental e a pessoa jurídica seja ré em ação penal em conjunto com pessoas físicas.

Inclusive, em sua ferramenta virtual chamada Jurisprudência em Teses, o Tribunal incluiu a tese segundo a qual *"o habeas corpus não pode ser impetrado em favor de pessoa jurídica, pois o writ tem por objetivo salvaguardar a liberdade de locomoção"* (tese de processo penal/"habeas corpus" nº 17), e, dentre os precedentes que levaram à aprovação dessa tese, há caso de inadmissão de *habeas corpus* impetrado em favor de pessoas física e jurídica acusadas de crime ambiental.

Portanto, mesmo em caso de processo criminal por delito ambiental em que tenham sido denunciadas tanto a pessoa jurídica quanto as pessoas físicas responsáveis pelo ato, a jurisprudência (do STF e do STJ) não vem admitindo o manejo de *habeas corpus* em favor de pessoa jurídica.

Impetração de "habeas corpus" para assegurar direito de manifestação em local de vacinação

Um caso curioso envolvendo o remédio constitucional do *habeas corpus* foi apreciado pelo Supremo Tribunal Federal (mais precisamente, pelo Min. Luís Roberto Barroso em decisão monocrática de 18/08/2021) no **HC 204.718**.

Esse *habeas corpus* foi impetrado com o propósito de assegurar a todos o direito de ingressar nos locais de aplicação da vacina contra a COVID-19 (para serem vacinados) portando cartazes, roupas e outros adereços com críticas (de caráter político) ao Presidente da República e ao Governo Federal. Em outras palavras, o objetivo da impetração foi assegurar o direito de manifestação nos locais de imunização sem que os manifestantes sofressem qualquer constrangimento ou fossem impedidos de entrar nesses locais.

Ao analisar o caso, o Min. Barroso, monocraticamente, extinguiu o processo sem apreciação do mérito em virtude da inadequação da via eleita.

Isso porque o *habeas corpus* é um remédio constitucional que se presta a tutelar a liberdade física de locomoção (isto é, o direito de ir e vir) dos indivíduos (conforme expressamente estabelecido no art. 5º, LXVIII, da CF/88), e, no caso, não ficou demonstrada nenhuma restrição a esse direito, o que fez a ação ser inadmitida.

Portanto, segundo decidido no âmbito do Supremo Tribunal Federal (HC 204.718, j. 18/08/2021), não cabe *habeas corpus* para assegurar o direito de manifestação e a liberdade de expressão, tendo em vista que esses direitos não se confundem com a liberdade de locomoção, que é o que o *habeas corpus* se destina a tutelar.

■ COMPETÊNCIA

A regra é que a competência para processar e julgar *habeas corpus* seja fixada e definida de acordo com o impetrado, isto é, depende de a qual juízo a pessoa apontada como coatora se submete. Paralelamente a isso, há hipóteses em que a Constituição Federal estabelece a competência de acordo com o paciente, como é o caso do *habeas corpus* impetrado em favor do Presidente da República, que é de competência do STF, nos termos do art. 102, I, "d", da CF/88.

Vejamos as disposições constitucionais que tratam dessa questão:

> "**Art. 102, CF/88.** Compete ao Supremo Tribunal Federal, precipuamente, a guarda da Constituição, cabendo-lhe:
>
> I - processar e julgar, originariamente:
>
> (...)
>
> b) nas infrações penais comuns, o Presidente da República, o Vice-Presidente, os membros do Congresso Nacional, seus próprios Ministros e o Procurador-Geral da República;
>
> c) nas infrações penais comuns e nos crimes de responsabilidade, os Ministros de Estado e os Comandantes da Marinha, do Exército e da Aeronáutica, ressalvado o disposto no art. 52, I, os membros dos Tribunais Superiores, os do Tribunal de Contas da União e os chefes de missão diplomática de caráter permanente;
>
> **d) o habeas corpus, sendo paciente qualquer das pessoas referidas nas alíneas anteriores; o mandado de segurança e o habeas data contra atos do Presidente da República, das Mesas da Câmara dos Deputados e do Senado Federal, do Tribunal de Contas da União, do Procurador-Geral da República e do próprio Supremo Tribunal Federal;**
>
> (...)
>
> i) o habeas corpus, quando o coator for Tribunal Superior ou quando o coator ou o paciente for autoridade ou funcionário cujos atos estejam sujeitos diretamente à jurisdição do Supremo Tribunal Federal, ou se trate de crime sujeito à mesma jurisdição em uma única instância;
>
> (...)
>
> II - julgar, em recurso ordinário:
>
> a) o habeas corpus, o mandado de segurança, o habeas data e o mandado de injunção decididos em única instância pelos Tribunais Superiores, se denegatória a decisão;
>
> (...)"

"**Art. 105, CF/88.** Compete ao Superior Tribunal de Justiça:

I - processar e julgar, originariamente:

a) nos crimes comuns, os Governadores dos Estados e do Distrito Federal, e, nestes e nos de responsabilidade, os desembargadores dos Tribunais de Justiça dos Estados e do Distrito Federal, os membros dos Tribunais de Contas dos Estados e do Distrito Federal, os dos Tribunais Regionais Federais, dos Tribunais Regionais Eleitorais e do Trabalho, os membros dos Conselhos ou Tribunais de Contas dos Municípios e os do Ministério Público da União que oficiem perante tribunais;

(...)

c) os habeas corpus, quando o coator ou paciente for qualquer das pessoas mencionadas na alínea "a", ou quando o coator for tribunal sujeito à sua jurisdição, Ministro de Estado ou Comandante da Marinha, do Exército ou da Aeronáutica, ressalvada a competência da Justiça Eleitoral;

(...)

II - julgar, em recurso ordinário:

a) os habeas corpus decididos em única ou última instância pelos Tribunais Regionais Federais ou pelos tribunais dos Estados, do Distrito Federal e Territórios, quando a decisão for denegatória;

(...)"

"**Art. 108, CF/88.** Compete aos Tribunais Regionais Federais:

I - processar e julgar, originariamente:

(...)

d) os habeas corpus, quando a autoridade coatora for juiz federal;

(...)

II - julgar, em grau de recurso, as causas decididas pelos juízes federais e pelos juízes estaduais no exercício da competência federal da área de sua jurisdição."

"**Art. 109, CF/88.** Aos juízes federais compete processar e julgar:

(...)

VII - os habeas corpus, em matéria criminal de sua competência ou quando o constrangimento provier de autoridade cujos atos não estejam diretamente sujeitos a outra jurisdição;

(...)"

"**Art. 114, CF/88.** Compete à Justiça do Trabalho processar e julgar:

(...)

IV - os mandados de segurança, *habeas corpus* e *habeas data*, quando o ato questionado envolver matéria sujeita à sua jurisdição;

(...)"

"**Art. 121, CF/88.** Lei complementar disporá sobre a organização e competência dos tribunais, dos juízes de direito e das juntas eleitorais.

(...)

§ 3º - São irrecorríveis as decisões do Tribunal Superior Eleitoral, salvo as que contrariarem esta Constituição e as denegatórias de habeas corpus ou mandado de segurança.

§ 4º - Das decisões dos Tribunais Regionais Eleitorais somente caberá recurso quando:

(...)

> V - denegarem habeas corpus, mandado de segurança, habeas data ou mandado de injunção."

Como se pode perceber, a CF/88 atribui competência originária a diferentes tribunais para julgarem *habeas corpus*. Essa competência originária estabelecida na CF/88, evidentemente, **não pode ser contrariada pela legislação infraconstitucional**, ou seja, a legislação infraconstitucional não pode atribuir a outros órgãos do Poder Judiciário a competência para julgar *habeas corpus* se essa competência já foi distribuída de forma diversa pela CF/88.

Por esse motivo, o Supremo Tribunal Federal, na **ADI 5278** (j. 27/03/2023), julgou inconstitucionais diversos dispositivos de uma lei que dava ao TJDFT a competência originária para julgar *habeas corpus* ajuizado contra o Presidente e membros do TJDFT, o Presidente e membros do Tribunal de Contas do Distrito Federal e o Procurador-Geral de Justiça do Distrito Federal e dos Territórios. Isso porque, segundo o art. 105, I, "c", da CF/88 (que vimos acima), a competência originária para julgar *habeas corpus* contra essas autoridades é do STJ, não podendo uma norma infraconstitucional dispor de forma diversa.

Nas exatas palavras do STF, *"a Constituição Federal atribui ao Superior Tribunal de Justiça a competência para processar e julgar a ação de habeas corpus quando o coator for desembargador do Tribunal de Justiça do Distrito Federal, membro do Tribunal de Contas do Distrito Federal e membro do Ministério Público da União que oficie perante tribunais. (...) O dispositivo impugnado atribui ao TJDFT a competência para julgar ações de habeas corpus que, **por disposição constitucional, são da competência do STJ**"*.

Em relação à competência para julgamento de *habeas corpus*, uma última observação se faz necessária: quando o ato coator é praticado por Turma Recursal de Juizado Especial, a competência para seu processo e julgamento é do respectivo Tribunal de Justiça ou Tribunal Regional Federal. Isso porque as Turmas Recursais são compostas por juízes de primeiro grau de jurisdição, os quais, em eventuais crimes que cometam, são julgados pelo Tribunal respectivo, de modo que, por razões lógicas, eventual ilegalidade a eles atribuída e que seja atacada por meio de *habeas corpus* deve se submeter a esse mesmo Tribunal.

Esse é o atual entendimento do Supremo Tribunal Federal, que superou sua Súmula 690, segundo a qual, *"compete originariamente ao Supremo Tribunal Federal o julgamento de "habeas corpus" contra decisão de Turma Recursal de Juizados Especiais Criminais"*.

O seguinte julgado é ilustrativo desse raciocínio:

> **Ementa:** COMPETÊNCIA - HABEAS CORPUS - DEFINIÇÃO. A competência para o julgamento do habeas corpus é definida pelos envolvidos - paciente e impetrante. COMPETÊNCIA - HABEAS CORPUS - ATO DE TURMA RECURSAL. **Estando os integrantes das turmas recursais dos juizados especiais submetidos, nos crimes comuns e nos de responsabilidade, à jurisdição do tribunal de justiça ou do tribunal regional federal, incumbe a cada qual, conforme o caso, julgar os habeas impetrados contra ato que tenham praticado.** (...)
>
> **(HC 86834/SP; Relator(a): Min. MARCO AURÉLIO; Julgamento: 23/08/2006; Órgão Julgador: Tribunal Pleno)**

MANDADO DE SEGURANÇA (ART. 5º, LXIX, CF/88)

Conforme vimos, a reforma constitucional de 1926 restringiu o uso do *habeas corpus*, que antes era utilizado de forma ampla, alcançando situações não caracterizadoras diretamente de cerceamento da liberdade de locomoção. Assim, a EC nº 1/1926 deixou um vácuo normativo que veio a ser ocupado, posteriormente, pelo mandado de segurança, introduzido pela Constituição Federal de 1934, permanecendo em todas as Constituições subsequentes, à exceção da CF/1937.

■ NOÇÕES GERAIS

Atualmente, o mandado de segurança está previsto no art. 5º, LXIX, da CF/88 e regulamentado pela Lei 12.016/09.

> "**Art. 5º, LXIX, CF/88** - conceder-se-á mandado de segurança para proteger direito líquido e certo, não amparado por habeas corpus ou habeas data, quando o responsável pela ilegalidade ou abuso de poder for autoridade pública ou agente de pessoa jurídica no exercício de atribuições do Poder Público;"

Como se pode perceber do dispositivo constitucional acima, o mandado de segurança se presta a tutelar (preventiva ou repressivamente) direitos que não se identifiquem com a liberdade de locomoção (protegidos por *habeas corpus*) e que não se refiram ao acesso ou retificação de informações relativas à pessoa do impetrante (protegidos por *habeas data*, tema que será estudado à frente), podendo ser manejado para atacar atos de autoridade ou mesmo omissões administrativas que violem direito líquido e certo por estarem inquinados de ilegalidade ou abuso de poder.

O mandado de segurança deve ser impetrado dentro do **prazo decadencial de 120 (cento e vinte) dias** a partir da ciência do ato pelo interessado (art. 23, Lei 12.016/09). Esse prazo decadencial já teve sua constitucionalidade questionada, e o Supremo Tribunal Federal decidiu que ele é plenamente válido (ADI 4296, j. 09/06/2021), estando esse entendimento, inclusive, contido na **Súmula 632 do STF**, segundo a qual, *"é constitucional lei que fixa o prazo de decadência para a impetração de mandado de segurança"*.

Esse prazo, nos termos da **Súmula 430 do STF** não é interrompido pela apresentação de pedido de reconsideração na esfera administrativa. Logo, uma vez ciente do ato reputado ilegal, o interessado tem, desde esse momento, o prazo de 120 (cento e vinte) dias para impetrar mandado de segurança, sendo irrelevante o fato de requerer a reconsideração da decisão à Administração.

> **Súmula 430/STF:** "O prazo decadencial para a impetração do mandado de segurança não é interrompido."

Isso, inclusive, foi cobrado no concurso para o cargo de Juiz Substituto do TJ/AL realizado pela Fundação Carlos Chagas em 2019, no qual foi considerada **incorreta** a assertiva segundo a qual, no mandado de segurança, *"o pedido de reconsideração na esfera administrativa interrompe o prazo decadencial para sua impetração"*.

Importante registrar que não se admite a fungibilidade do mandado de segurança com a ação civil pública, bem como que, nos termos da **Súmula 101 do STF**, *"o* *mandado de segurança não substitui a ação popular"*. Nesse sentido, a Fundação Carlos Chagas, no concurso de Juiz Substituto do TJ/AL realizado em 2019, ao questionar sobre esse remédio constitucional, considerou incorreta a assertiva segundo a qual *"permite-se a fungibilidade com a ação civil pública ou como sucedâneo da ação popular, na proteção de direitos coletivos"*.

Por fim, não se pode esquecer que, na ação de mandado de segurança, **é vedada a condenação ao pagamento de honorários sucumbenciais**, conforme estabelece o art. 25 da Lei 12.016/09, nos seguintes termos:

> **"Art. 25, Lei 12.016/09.** Não cabem, no processo de mandado de segurança, a interposição de embargos infringentes e a **condenação ao pagamento dos honorários advocatícios**, sem prejuízo da aplicação de sanções no caso de litigância de má-fé."

A constitucionalidade desse dispositivo, inclusive, já foi questionada, e o Supremo Tribunal Federal decidiu que ele é plenamente válido (ADI 4296, j. 09/06/2021), estando esse entendimento contido, também, na **Súmula 512 do STF**, segundo a qual, *"não cabe condenação em honorários de advogado na ação de mandado de segurança"*.

▶ Possibilidade de desistência do mandado de segurança

O Supremo Tribunal Federal admite a possibilidade de o impetrante **desistir** do mandado de segurança a qualquer tempo, mesmo após a prolação de sentença de mérito (mas antes do trânsito em julgado), sem a necessidade de anuência da parte contrária. A razão desse entendimento, segundo o STF, é o fato de que o mandado de segurança se presta a proteger o indivíduo, e não o Estado. Logo, considerando que a exigência de concordância prévia para a extinção do processo é uma proteção conferida à parte contrária pela legislação processual, não há sentido em exigir a concordância do poder público para a extinção do mandado de segurança, pois, quando se trata desse remédio constitucional, quem precisa de proteção é o impetrante, não o impetrado.

Esse entendimento está estampado, por exemplo, na ementa do RE 669367 (Tema de Repercussão Geral nº 530):

> **EMENTA:** (...) PROCESSO CIVIL. MANDADO DE SEGURANÇA. PEDIDO DE DESISTÊNCIA DEDUZIDO APÓS A PROLAÇÃO DE SENTENÇA. ADMISSIBILIDADE. **"É lícito ao impetrante desistir da ação de mandado de segurança, independentemente de aquiescência da autoridade apontada como coatora ou da entidade estatal interessada ou, ainda, quando for o caso, dos litisconsortes passivos necessários" (MS 26.890-AgR/DF, Pleno, Ministro Celso de Mello, DJe de 23.10.2009), "a qualquer momento antes do término do julgamento" (MS 24.584-AgR/DF, Pleno, Ministro Ricardo Lewandowski, DJe de 20.6.2008), "mesmo após eventual sentença concessiva do 'writ' constitucional, (...) não se aplicando, em tal hipótese, a norma inscrita no art. 267, § 4º, do CPC" (RE 255.837-AgR/PR, 2ª Turma, Ministro Celso de Mello, DJe de 27.11.2009).** Jurisprudência desta Suprema Corte reiterada em repercussão geral (Tema 530 - Desistência em mandado de segurança, sem aquiescência da parte contrária, após prolação de sentença de mérito, ainda que favorável ao impetrante). (...)
>
> **(RE 669367/RJ; Relator(a): Min. LUIZ FUX; Relator(a) p/ Acórdão: Min. ROSA WEBER; Julgamento: 02/05/2013; Órgão Julgador: Tribunal Pleno)**

No entanto, conforme decisões mais recentes, se a desistência caracterizar o intuito de evitar a aplicação da jurisprudência consolidada do tribunal (por exemplo, quando o impetrante sabe que o feito, já em grau de apelação, foi distribuído a um órgão fracionário que possui entendimento contrário aos seus interesses), não será possível desistir. Nesse sentido, o seguinte precedente:

> "Agravo regimental em embargos de declaração em embargos de declaração em **mandado de segurança**. Petição de desistência. Intuito de recusa à observância da jurisprudência da Corte. Não homologação. (...) Petição de desistência não homologada e agravo regimental não provido. 1. **Nas hipóteses em que demonstrado o mero intuito de se recusar observância a Jurisprudência pacífica da Corte, o Supremo Tribunal tem afastado o entendimento firmado no RE 669.367 RG (Relatora para o acórdão a Ministra Rosa Weber, Pleno, DJe de 30/10/14), segundo o qual pode a parte impetrante manifestar desistência da ação mandamental a qualquer tempo, mesmo após a sentença, independentemente da concordância da parte impetrada.** Precedentes. Pedido de desistência não homologado. (...) 5. Petição de desistência não homologada e agravo regimental não provido."
>
> **(MS 29083 ED-ED-AgR/DF; Relator(a): Min. TEORI ZAVASCKI; Relator(a) p/ Acórdão: Min. DIAS TOFFOLI; Julgamento: 16/05/2017; Órgão Julgador: Segunda Turma)**

Além disso, se o processo (seja um mandado de segurança ou não) for objeto de reconhecimento de repercussão geral pelo STF, não será possível a desistência. Esse entendimento foi adotado pela Suprema Corte no bojo de uma ação de mandado de segurança (RE 693.456), mas se aplica em qualquer caso. Confira a ementa do julgado:

> **EMENTA:** Recurso extraordinário. Repercussão geral reconhecida. Questão de ordem. **Formulação de pedido de desistência da ação no recurso extraordinário em que reconhecida a repercussão geral da matéria. Impossibilidade.** Mandado de segurança. (...) 1. O Tribunal, por maioria, resolveu questão de ordem no sentido de **não se admitir a desistência do mandado de segurança, firmando a tese da impossibilidade de desistência de qualquer recurso ou mesmo de ação após o reconhecimento de repercussão geral da questão constitucional.** (...)
>
> **(RE 693456/RJ; Relator(a): Min. DIAS TOFFOLI; Julgamento: 27/10/2016; Órgão Julgador: Tribunal Pleno)**

■ DIREITO LÍQUIDO E CERTO

Direito líquido e certo não é um direito que possui alguma qualificação jurídica especial, mas simplesmente o direito que se consegue demonstrar de imediato, mediante a apresentação de prova pré-constituída, isto é, prova documental já anexada à petição inicial ou que, embora já existente, encontre-se em poder de terceiro, nos termos do art. 6º, § 1º, da Lei 12.016/09.

Portanto, para que o direito seja considerado líquido e certo, não é indispensável que a prova da sua existência esteja em poder do impetrante e seja apresentada de imediato acompanhando a petição inicial. É possível que essa prova, embora exista, esteja em poder de terceiro, que pode ser chamado a apresentar essa documentação, por ordem do juiz, no prazo de 10 (dez) dias, tudo conforme prevê o art. 6º, § 1º, da Lei 12.016/09.

> "**Art. 6º, Lei 12.016/09** A petição inicial, que deverá preencher os requisitos estabelecidos pela lei processual, será apresentada em 2 (duas) vias com os

> documentos que instruírem a primeira reproduzidos na segunda e indicará, além da autoridade coatora, a pessoa jurídica que esta integra, à qual se acha vinculada ou da qual exerce atribuições.
>
> **§ 1º No caso em que o documento necessário à prova do alegado se ache em repartição ou estabelecimento público ou em poder de autoridade que se recuse a fornecê-lo por certidão ou de terceiro, o juiz ordenará, preliminarmente, por ofício, a exibição desse documento em original ou em cópia autêntica e marcará, para o cumprimento da ordem, o prazo de 10 (dez) dias. O escrivão extrairá cópias do documento para juntá-las à segunda via da petição.**
>
> § 2º Se a autoridade que tiver procedido dessa maneira for a própria coatora, a ordem far-se-á no próprio instrumento da notificação.
>
> (...)"

E o que acontece se o direito alegado no mandado de segurança não puder ser comprovado de imediato mediante prova pré-constituída? **Em outras palavras, qual é a consequência de o direito afirmado na ação não ser líquido e certo?** Nesse caso, a petição inicial será indeferida, extinguindo-se o processo sem resolução do mérito, conforme consta do art. 10 da Lei 12.016/09.

> "**Art. 10, Lei 12.016/09.** A inicial será desde logo indeferida, por decisão motivada, quando não for o caso de mandado de segurança ou lhe faltar algum dos requisitos legais ou quando decorrido o prazo legal para a impetração."

A exigência de direito líquido e certo para o cabimento do mandado de segurança significa, em última análise, que o rito especial desse remédio constitucional requer maior celeridade e não admite dilação probatória.

E, justamente por se exigir a existência de lesão a um direito líquido e certo, não se admite ajuizamento de mandado de segurança contra lei em tese. Ou seja, é inadmissível um mandado de segurança cujo objetivo seja simplesmente atacar uma norma abstratamente considerada, tenha ela forma de lei ou não. Isso, inclusive, consta da Súmula 266/STF. E a razão desse entendimento é o fato de que uma lei no plano abstrato, enquanto não aplicada a nenhum caso concreto, não tem o efeito de, por si só, violar o direito de alguém.

> **Súmula 266/STF:** "Não cabe mandado de segurança contra lei em tese."

Porém, caso se trate de uma lei de efeitos concretos, é possível a impetração do mandado de segurança para impugná-la, pois, nessa hipótese, a norma, por si só, já gera o efeito prático pretendido com a sua edição, como é o caso de uma lei que cria um Município ou de um decreto expropriatório.

Mas é importante ter em mente que a impossibilidade de se impugnar uma lei em tese por meio de mandado de segurança não significa que a (in)constitucionalidade de uma norma não possa ser debatida incidentalmente nesse remédio constitucional. Nesse caso, como pode ocorrer em qualquer processo judicial, haverá um controle incidental de constitucionalidade, sendo essa questão suscitada como causa de pedir.

Em outras palavras, o mandado de segurança não pode ter como objeto uma lei em tese (ou seja, não pode servir para controlar a validade de uma norma no plano abstrato pela via direta), mas pode ter, como causa de pedir (ou seja, na via incidental), o debate sobre a validade (constitucionalidade) de uma norma.

E esse entendimento encontra-se firmado não apenas em súmula do STF (no caso, a Súmula 266), mas também na jurisprudência do STJ, conforme restou decidido no seu Tema de Recursos Repetitivos nº 430:

> "No pertinente a impetração de ação mandamental contra lei em tese, a jurisprudência desta Corte Superior embora reconheça a possibilidade de mandado de segurança invocar a inconstitucionalidade da norma como fundamento para o pedido, não admite que a declaração de inconstitucionalidade, constitua, ela própria, pedido autônomo." **(STJ, Tema de Recursos Repetitivos nº 430, REsp 1119872/RJ)**

▪ LEGITIMIDADE ATIVA E PASSIVA

O legitimado ativo é chamado de impetrante (assim como no *habeas corpus*), cuidando-se do detentor do direito líquido e certo não amparado por *habeas corpus* ou *habeas data.*

Tanto pessoa física (brasileira ou não, residente no Brasil ou não, domiciliada no Brasil ou não) quanto pessoa jurídica podem se socorrer desse remédio constitucional. Ademais, também podem impetrar mandado de segurança:

a) órgãos públicos despersonalizados detentores da chamada **personalidade judiciária** (Súmula 525/STJ), como as Chefias dos Poderes Executivos, as Mesas dos Poderes Legislativos etc., com o intuito de defender suas prerrogativas institucionais;

b) universalidades de bens e direitos (espólio, massa falida, condomínio);

c) Ministério Público.

> **Súmula 525/STJ:** "A Câmara de Vereadores não possui personalidade jurídica, apenas personalidade judiciária, somente podendo demandar em juízo para defender os seus direitos institucionais."

Por sua vez, o legitimado passivo é chamado de impetrado, cuidando-se da autoridade coatora, isto é, do responsável pela ilegalidade ou abuso de poder que feriu o direito líquido e certo invocado na petição inicial. E, nos termos do art. 6º, § 3º, da Lei 12.016/09, o responsável pela ilegalidade ou abuso de poder é justamente quem praticou o ato ou ordenou a sua prática, ou seja, para identificar a legitimidade passiva para o mandado de segurança, é necessário identificar de onde emanou a ordem ilegal.

O impetrado não necessariamente deve ser uma autoridade pública, podendo ser uma pessoa privada no exercício de atribuições típicas do poder público. Por exemplo, o dirigente de uma concessionária de serviço público pode ser legitimado passivo em um mandado de segurança no que diz respeito a algum ato que tenha praticado na qualidade de poder público. No entanto, a própria lei diz que, se se tratar de ato de gestão comercial praticado por administradores de empresas públicas, de sociedades de economia mista ou de concessionárias de serviço público, não cabe mandado de segurança (art. 1º, § 2º, Lei 12.016/09).

> "**Art. 1º, Lei 12.016/09** Conceder-se-á mandado de segurança para proteger direito líquido e certo, não amparado por habeas corpus ou habeas data, sempre que, ilegalmente ou com abuso de poder, qualquer pessoa física ou

jurídica sofrer violação ou houver justo receio de sofrê-la por parte de autoridade, seja de que categoria for e sejam quais forem as funções que exerça.

§ 1º Equiparam-se às autoridades, para os efeitos desta Lei, os representantes ou órgãos de partidos políticos e os administradores de entidades autárquicas, bem como os dirigentes de pessoas jurídicas ou as pessoas naturais no exercício de atribuições do poder público, somente no que disser respeito a essas atribuições.

§ 2º Não cabe mandado de segurança contra os atos de gestão comercial praticados pelos administradores de empresas públicas, de sociedade de economia mista e de concessionárias de serviço público.

§ 3º Quando o direito ameaçado ou violado couber a várias pessoas, qualquer delas poderá requerer o mandado de segurança."

"**Art. 6º, § 3º, Lei 12.016/09** Considera-se autoridade coatora aquela que tenha praticado o ato impugnado ou da qual emane a ordem para a sua prática."

O conhecimento do art. 1º, § 1º, da Lei 12.016/09 foi cobrado no concurso para o cargo de Juiz Substituto do TJ/AL realizado pela Fundação Carlos Chagas em 2019, no qual foi considerada **correta** a assertiva que dizia que *"os representantes ou órgãos de partidos políticos e os dirigentes de estabelecimento de ensino superior são considerados autoridade coatora para o fim de legitimidade passiva do mandado de segurança"*. Mas é necessário ter cuidado com o fato de que, para que essas pessoas possam ser impetradas em mandado de segurança, é necessário que tenham agido na qualidade de autoridade pública, o que não ficou claro nessa questão. A assertiva, portanto, embora não esteja errada, não foi bem redigida, o que mostra que, em provas objetivas, é preciso ter atenção para não perder pontos em virtude de "preciosismos".

Importante registrar que, se o ato impugnado foi praticado no exercício de competência delegada, a legitimidade passiva será da própria autoridade delegada que diretamente praticou o ato, desde que, evidentemente, tenha agido dentro dos limites da delegação. Nesse sentido é a Súmula 510 do Supremo Tribunal Federal.

Súmula 510/STF: "Praticado o ato por autoridade, no exercício de competência delegada, contra ela cabe o mandado de segurança ou a medida judicial."

Morte do impetrante no curso do processo

Uma vez ajuizado o mandado de segurança, se o impetrante vem a falecer no curso da ação, quais são as repercussões processuais disso? É possível haver a sucessão do impetrante nos autos?

Segundo o Supremo Tribunal Federal, o direito tutelado por meio de mandado de segurança possui caráter personalíssimo, só podendo ser deduzido pelo próprio impetrante, de modo que, na hipótese de falecimento de quem ajuizou o remédio constitucional, o processo deve ser extinto sem resolução do mérito e eventuais interesses dos sucessores devem ser reclamados na via comum.

O seguinte precedente é exatamente nesse sentido:

"(...) Falecimento do impetrante no curso do processo. Inviabilidade de habilitação de herdeiros. Extinção decretada. Precedentes. (...) 1. A decisão ora atacada reflete a pacífica jurisprudência desta Corte a respeito do tema, conforme a qual, **é de cunho personalíssimo o direito em disputa em ação de mandado de**

> segurança. 2. **Não há que se falar, portanto, em habilitação de herdeiros em caso de óbito do impetrante**, devendo seus sucessores socorrer-se das vias ordinárias na busca de seus direitos. Precedentes. (...)"
>
> **(RMS 26806 AgR/DF; Relator(a): Min. DIAS TOFFOLI; Julgamento: 22/05/2012; Órgão julgador: Primeira Turma)**

TEORIA DA ENCAMPAÇÃO

Há situações em que o impetrante ajuíza o mandado de segurança em face de autoridade incorreta e hierarquicamente superior à real autoridade coatora, e a autoridade impetrada defende (no mérito) o ato impugnado, em vez de simplesmente alegar sua ilegitimidade para o *mandamus*.

Segundo o STJ, nesses casos, e desde que a equivocada indicação da autoridade coatora não acarrete modificação da competência constitucionalmente prevista para a hipótese de haver o preenchimento correto do polo passivo, aplica-se a chamada **teoria da encampação**, por força da qual, entende-se que a autoridade impetrada, presentes todos esses requisitos mencionados, ao defender o ato, encampa a sua prática, passando, portanto, a ter legitimidade *ad causam* e fazendo com que o processo possa ser aproveitado e julgado no seu mérito.

Resumindo, de acordo com a jurisprudência do Superior Tribunal de Justiça, os requisitos (cumulativos) para a aplicação da teoria da encampação são os seguintes:

I) existência de vínculo hierárquico entre a autoridade que prestou informações e a que ordenou a prática do ato impugnado;

II) ausência de modificação de competência estabelecida na Constituição Federal; e

III) manifestação a respeito do mérito nas informações prestadas.

Confira, nesse exato sentido, a ementa do RMS 55384:

> Ementa: PROCESSUAL CIVIL. MANDADO DE SEGURANÇA. ERRÔNEA INDICAÇÃO DA AUTORIDADE APONTADA COMO COATORA. ILEGITIMIDADE PASSIVA CONFIGURADA. TEORIA DA ENCAMPAÇÃO. INAPLICABILIDADE. REQUISITOS NÃO PREENCHIDOS.
>
> (...)
>
> **3. A aplicação da chamada Teoria da Encampação reclama o preenchimento, cumulativo, dos seguintes requisitos: (i) existência de vínculo hierárquico entre a autoridade que prestou informações e a que ordenou a prática do ato impugnado; (ii) ausência de modificação de competência estabelecida na Constituição Federal; e (iii) manifestação a respeito do mérito nas informações** prestadas (Precedente da Primeira Seção: AgInt nos EDcl no MS 23.399/DF, Rel. Ministra Regina Helena Costa, DJe 19.10.2017). Hipótese não configurada nos autos.
>
> (...)
>
> **(RMS 55384/GO; Relator(a): Ministro HERMAN BENJAMIN; Órgão Julgador: SEGUNDA TURMA; Data do Julgamento: 19/04/2018)**

COMPETÊNCIA

A competência para processar e julgar mandado de segurança é definida de acordo com a categoria da autoridade coatora (que define se ela será submetida a um juízo de primeiro grau ou a um tribunal) e sua sede funcional (que define a competência territorial). Cuida-se de competência absoluta.

Mas, por conta da previsão do art. 109, § 2º, da CF/88, segundo o qual, *"as causas intentadas contra a União poderão ser aforadas na seção judiciária em que for domiciliado o autor, naquela onde houver ocorrido o ato ou fato que deu origem à demanda ou onde esteja situada a coisa, ou, ainda, no Distrito Federal"*, o STJ admite que, quando a autoridade coatora é federal (vinculada à União ou a uma autarquia federal), o mandado de segurança seja ajuizado perante o juízo federal do domicílio do impetrante.

O art. 109, § 2º, da CF/88 não faz referência às autarquias federais, mas somente à União. No entanto, no RE 627.709, o Supremo Tribunal Federal estabeleceu que ele também se aplica às autarquias federais, e é por isso que o STJ admite que essa regra seja aplicada tanto a caso que envolva autoridade vinculada à União quanto a caso que envolva autoridade vinculada a uma autarquia federal.

Confira, nesse sentido, o seguinte precedente do Superior Tribunal de Justiça:

> **Ementa:** CONFLITO DE COMPETÊNCIA. (...) ANTINOMIA ENTRE A COMPETÊNCIA DEFINIDA EM RAZÃO DA SEDE FUNCIONAL DA AUTORIDADE APONTADA COMO COATORA E A OPÇÃO PREVISTA PELO CONSTITUINTE EM RELAÇÃO AO FORO DO DOMICÍLIO DO AUTOR. ART. 109, § 2º, DA CF. PREVALÊNCIA DESTE ÚLTIMO. (...)
>
> I - Conflito de competência conhecido para declarar competente o juízo federal do domicílio da parte impetrante.
>
> **II - A competência para conhecer do mandado de segurança é absoluta e, de forma geral, define-se de acordo com a categoria da autoridade coatora e pela sua sede funcional.**
>
> III - Todavia, **considerando a jurisprudência do Supremo Tribunal Federal no sentido de que, nas causas aforadas contra a União, pode-se eleger a seção judiciária do domicílio do autor (RE 627.709/DF), esta Corte de Justiça, em uma evolução de seu entendimento jurisprudencial, vem se manifestando sobre a matéria no mesmo sentido.** Precedentes em decisões monocráticas: (...)
>
> **(AgInt no CC 150269/AL; Relator(a): Ministro FRANCISCO FALCÃO; Órgão Julgador: PRIMEIRA SEÇÃO; Data do Julgamento: 14/06/2017)**

No âmbito do Supremo Tribunal Federal, os Ministros divergem sobre a aplicação da regra do art. 109, § 2º, da CF/88 ao mandado de segurança. Por exemplo, o Min. Ricardo Lewandowski, reiteradamente, vem decidindo, de forma monocrática, que a faculdade prevista nesse dispositivo não se aplica a esse remédio constitucional (RE 951415, j. 21/02/2017; RE 951415 AgR, j. 31/08/2018). Por outro lado, o Min. Alexandre de Moraes (RE 1242422, j. 12/11/2019), o Min. Marco Aurélio (AI 835908, j. 28/03/2019) e o Min. Dias Toffoli (AI 835908, j. 28/03/2017) já decidiram, também monocraticamente, no sentido de se aplicar o art. 109, § 2º, da CF/88 ao mandado de segurança, permitindo-se, assim, que o impetrante ajuíze a ação perante o juízo do seu domicílio quando a autoridade impetrada é vinculada à União ou a uma autarquia federal.

Além disso, a Segunda Turma do STF, em julgamento colegiado, já se manifestou no sentido de que a regra do art. 109, § 2º, da CF/88 é aplicável ao mandado de segurança, mesmo porque todo mandado de segurança traz consigo um litígio subjacente que envolve um ente público (RE 509.442 AgR, j. 03/08/2010).

Portanto, apesar da divergência interna existente no Supremo Tribunal Federal, é possível concluir que o entendimento majoritário no Tribunal é pela aplicação do art. 109, § 2º, da CF/88 à ação de mandado de segurança.

▶ Competência para julgar mandado de segurança impetrado contra ato de Tribunal

A jurisprudência entende que a competência para julgar mandado de segurança em face de ato ou omissão de Tribunal e de seus órgãos e membros é do próprio Tribunal, e não de um Tribunal superior. Esse entendimento, inclusive, consta das Súmulas 41/STJ e 624/STF.

> **Súmula 41/STJ:** "O Superior Tribunal de Justiça não tem competência para processar e julgar, originariamente, mandado de segurança contra ato de outros Tribunais ou dos respectivos órgãos."
>
> **Súmula 624/STF:** "Não compete ao Supremo Tribunal Federal conhecer originariamente de mandado de segurança contra atos de outros tribunais."

▶ Competência para julgar mandado de segurança impetrado em face de ato de juizado especial

O entendimento de que *habeas corpus* impetrado em face de ato emanado de juizado especial é de competência do respectivo Tribunal não se aplica ao mandado de segurança, o qual, quando ajuizado para impugnar ato de juizado especial, é de competência da turma recursal do Colégio Recursal correspondente, conforme os precedentes do STF abaixo.

> MANDADO DE SEGURANÇA – **IMPUGNAÇÃO DE DECISÕES OU DE ATOS EMANADOS, QUER DE TURMAS RECURSAIS VINCULADAS AO SISTEMA DOS JUIZADOS ESPECIAIS, QUER DE MAGISTRADOS QUE NELAS ATUAM** – AUSÊNCIA DE COMPETÊNCIA ORIGINÁRIA DO SUPREMO TRIBUNAL FEDERAL – **RECONHECIMENTO, EM TAL HIPÓTESE, DA COMPETÊNCIA ORIGINÁRIA DA PRÓPRIA TURMA RECURSAL DOS JUIZADOS ESPECIAIS** – PRECEDENTES – RECURSO DE AGRAVO IMPROVIDO.
>
> **(MS 32627 AgR/RJ; Relator(a): Min. CELSO DE MELLO; Julgamento: 05/08/2014; Órgão Julgador: Segunda Turma)**
>
> Ementa: (...) I - As Turmas Recursais são órgãos recursais ordinários de última instância relativamente às decisões dos Juizados Especiais, de forma que os juízes dos Juizados Especiais estão a elas vinculados no que concerne ao reexame de seus julgados. **II – Competente a Turma Recursal para processar e julgar recursos contra decisões de primeiro grau, também o é para processar e julgar o mandado de segurança substitutivo de recurso.** (...)
>
> **(RE 586789/PR; Relator(a): Min. RICARDO LEWANDOWSKI; Julgamento: 16/11/2011; Órgão Julgador: Tribunal Pleno)**

MANDADO DE SEGURANÇA COLETIVO (ART. 5º, LXX, CF/88)

O mandado de segurança coletivo foi criado pela CF/88. As diferenças primordiais entre ele e o mandado de segurança individual dizem respeito ao objeto e à legitimação ativa. No mais (questões atinentes a direito líquido e certo, ilegalidade e abuso de poder, legitimação passiva, ato praticado por autoridade ou particular no exercício de atribuições do poder público etc.), o que vimos sobre o mandado de segurança individual se aplica ao mandado de segurança coletivo.

■ OBJETO

À semelhança do mandado de segurança individual, o mandado de segurança coletivo se presta a tutelar direito líquido e certo não amparado por *habeas corpus* ou *habeas data* contra atos ou omissões ilegais ou inquinados de abuso de poder de autoridade (ou quem nessa qualidade atue). Mas, enquanto o mandado de segurança individual visa proteger um interesse individual do impetrante, o mandado de segurança coletivo é ajuizado com vistas a preservar (caráter preventivo) ou reparar (caráter repressivo) **interesses transindividuais**.

Nos termos do art. 21, p. único, da Lei 12.016/09, os interesses transindividuais que podem ser tutelados por mandado de segurança coletivo são os de caráter individual homogêneo ou coletivo *stricto sensu* (considerando a definição trazida pelo CDC). A Lei, portanto, não contempla os direitos coletivos de caráter difuso.

> "**Art. 21, parágrafo único, Lei 12.016/09.** Os direitos protegidos pelo mandado de segurança coletivo podem ser:
>
> I - coletivos, assim entendidos, para efeito desta Lei, os transindividuais, de natureza indivisível, de que seja titular grupo ou categoria de pessoas ligadas entre si ou com a parte contrária por uma relação jurídica básica;
>
> II - individuais homogêneos, assim entendidos, para efeito desta Lei, os decorrentes de origem comum e da atividade ou situação específica da totalidade ou de parte dos associados ou membros do impetrante."

■ LEGITIMIDADE ATIVA

A legitimidade ativa para o mandado de segurança coletivo está prevista no art. 5º, LXX, da CF/88, bem como no art. 21, *caput*, da Lei 12.016/09, que, inclusive, incorporou alguns entendimentos jurisprudenciais sobre o tema.

De acordo com essas normas, são dois os grupos de legitimados ativos para o mandado de segurança coletivo:

I) Partido político com representação no Congresso Nacional; e

II) Organização sindical, entidade de classe ou associação legalmente constituída e em funcionamento há pelo menos um ano.

> "**Art. 5º, LXX, CF/88** - o mandado de segurança coletivo pode ser impetrado por:
>
> a) partido político com representação no Congresso Nacional;
>
> b) organização sindical, entidade de classe ou associação legalmente constituída e em funcionamento há pelo menos um ano, em defesa dos interesses de seus membros ou associados;"

> "**Art. 21, Lei 12.016/09.** O mandado de segurança coletivo pode ser impetrado por partido político com representação no Congresso Nacional, na defesa de seus interesses legítimos relativos a seus integrantes ou à finalidade partidária, ou por organização sindical, entidade de classe ou associação legalmente constituída e em funcionamento há, pelo menos, 1 (um) ano, em defesa de direitos líquidos e certos da totalidade, ou de parte, dos seus membros ou associados, na forma dos seus estatutos e desde que pertinentes às suas finalidades, dispensada, para tanto, autorização especial."

É importante registrar que a Constituição Federal e a Lei 12.016/09, ao estabelecerem a legitimidade ativa para o mandado de segurança coletivo, trouxeram uma disciplina diferente da que foi estabelecida para o mandado de injunção coletivo, regido pela Lei 13.300/16 (conforme será estudado à frente).

Como vimos acima, no mandado de segurança coletivo, a legitimidade ativa foi conferida, pela CF/88 e pela Lei 12.016/09, somente (I) ao **partido político** com representação no Congresso Nacional e (II) à **organização sindical, entidade de classe** ou **associação** legalmente constituída e em funcionamento há pelo menos um ano. As normas que regem esse remédio constitucional, portanto, não deram legitimidade ativa ao Ministério Público nem à Defensoria Pública.

Por sua vez, em relação ao mandado de injunção coletivo, a Lei 13.300/16 (no seu art. 12) também conferiu legitimidade ativa (I) ao **partido político** com representação no Congresso Nacional e (II) à **organização sindical**, **entidade de classe** ou **associação** legalmente constituída e em funcionamento há pelo menos um ano. Mas, além dessas entidades, a Lei também deu legitimidade ativa para o mandado de injunção coletivo ao Ministério Público e à Defensoria Pública.

Portanto, **a previsão legal da legitimidade ativa para o mandado de segurança coletivo não é igual à do mandado de injunção coletivo**, sendo a deste mais ampla.

No entanto, embora nem a CF/88 nem a Lei 12.016/09 confiram ao Ministério Público legitimidade ativa para o mandado de segurança coletivo, o **Superior Tribunal de Justiça** (mais precisamente, as suas Turmas), em mais de uma oportunidade, decidiu que **o MP possui legitimidade para ajuizar esse remédio constitucional**. Um dos fundamentos utilizados pela Corte foi o fato de que a CF/88 (nos arts. 127 e 129) confere ao Ministério Público a missão de atuar na defesa dos interesses transindividuais, e o mandado de segurança coletivo é um dos instrumentos integrantes do microssistema de tutela desses direitos, de modo que se deve reconhecer ao MP a legitimidade para ajuizá-lo.

Esse entendimento foi adotado pelo STJ, por exemplo, no **AgRg no Ag 1249132** (PRIMEIRA TURMA, j. 24/08/2010) e no **RMS 67108** (SEGUNDA TURMA, j. 05/04/2022).

Porém, **em relação à Defensoria Pública**, o STJ, diferentemente do que vem decidindo quanto ao Ministério Público, **não tem reconhecido a legitimidade ativa para o ajuizamento de mandado de segurança coletivo**. Isso ocorreu, por exemplo, no **RMS 49257** (SEXTA TURMA, j. 03/11/2015) e no **RMS 51949** (PRIMEIRA TURMA, j. 23/11/2021).

Confira as ementas dos julgados mencionados:

> "(...)
>
> 1. **O Ministério Público está legitimado a defender os interesses transindividuais**, quais sejam os difusos, os coletivos e os individuais homogêneos.

2. A Carta de 1988, ao evidenciar a importância da cidadania no controle dos atos da Administração, com a eleição dos valores imateriais do art. 37, da CF/1988 como tuteláveis judicialmente, coadjuvados por uma série de instrumentos processuais de defesa dos interesses transindividuais, criou um **microssistema de tutela de interesses difusos referentes à probidade da administração pública, nele encartando-se a Ação Cautelar Inominada, Ação Popular, a Ação Civil Pública e o Mandado de Segurança Coletivo**, como instrumentos concorrentes na defesa desses direitos eclipsados por cláusulas pétreas.

3. Deveras, é mister concluir que a nova ordem constitucional erigiu um autêntico 'concurso de ações' entre os instrumentos de tutela dos interesses transindividuais e, a fortiori, **legitimou o Ministério Público para o manejo dos mesmos**.

4. Sob esse enfoque, a Carta Federal outorgou ao Ministério Público a incumbência de promover a defesa dos interesses individuais indisponíveis, podendo, para tanto, exercer outras atribuições previstas em lei, desde que compatível com sua finalidade institucional (CF/1988, arts. 127 e 129).

(...)" **(AgRg no Ag 1249132, Rel. Min. LUIZ FUX, PRIMEIRA TURMA, j. 24/08/2010)**

"(...)

6. Conforme dispõe o art. 129, III, da Constituição Federal, é **função institucional do Ministério Público** "promover o inquérito civil e a ação civil pública, para a **proteção do patrimônio público e social, do meio ambiente e de outros interesses difusos e coletivos**".

7. O fato de o citado dispositivo constitucional indicar que o Ministério Público deve promover a Ação Civil Pública na defesa do patrimônio público, obviamente, **não o proíbe de se utilizar de outros meios para a proteção de interesses e direitos constitucionalmente assegurados, difusos, coletivos ou individuais indisponíveis**, especialmente diante do princípio da máxima efetividade dos direitos fundamentais.

8. **A Constituição Federal outorga ao Ministério Público a incumbência de promover a defesa dos direitos transindividuais e individuais indisponíveis, podendo, para tanto, exercer o direito de ação nos termos de todas a normas previstas no ordenamento jurídico**, compatíveis com sua finalidade institucional.

9. Nesse sentido, aliás, dispõe o art. 177 do CPC/2015: "O Ministério Público exercerá o direito de ação em conformidade com suas atribuições constitucionais".

10. O art. 32, I, da Lei Orgânica Nacional do Ministério Público, Lei 8.625/1993, a seu turno, preconiza expressamente que os membros do órgão ministerial podem impetrar Mandado de Segurança nos Tribunais locais no exercício de suas atribuições, in verbis: "Art. 32. Além de outras funções cometidas nas Constituições Federal e Estadual, na Lei Orgânica e demais leis, compete aos Promotores de Justiça, dentro de suas esferas de atribuições: I - impetrar habeas-corpus e mandado de segurança e requerer correição parcial, inclusive perante os Tribunais locais competentes".

11. É evidente que **a defesa dos direitos indisponíveis da sociedade, dever institucional do Ministério Público, pode e deve ser plenamente garantida por meio de todos os instrumentos possíveis**, abrangendo não apenas as demandas coletivas, de que são exemplo a Ação de Improbidade Administrativa, Ação Civil Pública, como também os remédios constitucionais quando voltados à tutela dos interesses transindividuais e à defesa do patrimônio público material ou imaterial.

(...)" **(RMS 67108, Rel. Min. HERMAN BENJAMIN, SEGUNDA TURMA, j. 05/04/2022)**

"(...)

1. **O rol dos legitimados a impetrar mandado de segurança coletivo previsto no art. 5º, inciso LXX, da Constituição Federal, assim como no art. 21 da Lei nº 12.016/2009, não elenca a Defensoria Pública.**

2. Considerando que a impetração se deu em nome próprio, como sustentado pela Defensoria Pública neste recurso, incabível o mandamus porquanto a pretensão consubstancia pedido de declaração, em tese, do direito, finalidade para a qual não se presta o writ.

3. Desse modo, é incabível o writ porque a Defensoria Pública não tem legitimidade para impetrar mandado de segurança coletivo e também porque não se admite mandado de segurança normativo.

(...)" **(RMS 49257, Rel. Min. MARIA THEREZA DE ASSIS MOURA, SEXTA TURMA, j. 03/11/2015)**

"(...)

1. **A Defensoria Pública não detém legitimidade para impetrar mandado de segurança coletivo**, não se enquadrando no rol taxativo dos artigos 5°, LXX, da CF e 21 da Lei 12.016/2009. Precedente: RMS 49.257/DF, Rel. Min. Maria Thereza de Assis Moura, Sexta Turma, DJe 19/11/2015.

(...)" **(RMS 51949, Rel. Min. BENEDITO GONÇALVES, PRIMEIRA TURMA, j. 23/11/2021)**

Além desses precedentes do STJ, é possível encontrar no âmbito do **Supremo Tribunal Federal** um precedente no qual foi reconhecida a legitimidade ativa do **Ministério Público** para o mandado de segurança coletivo. Trata-se do **MS 33736**, que foi julgado pela Segunda Turma da Corte em 21/06/2016.

No caso concreto apreciado nesse precedente, a conclusão foi no sentido de que, na situação específica que estava sendo julgada, não se fazia presente a legitimidade do Ministério Público, mas a decisão deixou claro que **deve ser reconhecida a legitimidade ativa do MP para ajuizar mandado de segurança coletivo quando o caso concreto estiver dentro das atribuições do órgão.**

Veja o seguinte trecho do voto da Min. Cármen Lúcia (relatora do caso), no qual ela citou Sergio Ferraz (doutrinador de direito administrativo e Procurador do Estado do Rio de Janeiro aposentado) e deixou clara a possibilidade de o Ministério Público se valer do mandado de segurança coletivo no desempenho das suas atribuições institucionais:

"(...)

A atuação *custos legis* do Ministério Público que determine a impetração de mandado de segurança, por sua vez, não se afigura clara na espécie, embora seja evidente sua legitimidade para impetrar o mandado de segurança, por exemplo, contra decisão judicial que repute teratológica, proferida em ação penal. De todo modo, essa situação parece justificar-se apenas por sua participação na relação jurídica subjacente, como titular da pretensão punitiva estatal.

Não se pretende, a partir dessa compreensão, recusar a legitimidade ativa *ad causam* do Ministério Público para a impetração de mandado de segurança, apenas assinalar que **esta condiciona-se àquelas situações específicas em que o direito alegadamente transgredido seja titularizado pela instituição (ou respeite às funções descritas no art. 129 da Constituição da República) ou por aqueles a quem o Poder Constituinte incumbiu o Ministério Público da proteção**. Nesse particular, Sérgio Ferraz pontua:

"[É] inequívoco que pode o Ministério Público impetrar mandado de segurança em defesa de suas próprias funções institucionais (...), ou naqueles casos em

> que a Constituição da República lhe atribui, como função institucional (art. 129), a defesa judicial de determinados direitos e interesses (...). Assim se dá, por exemplo, e notadamente, com relação às populações indígenas (arts. 129, V, e 232, da CF, além da Lei Orgânica do Ministério Público) ou a interesse de menor (...). Mas não só. E se bem é verdade que disponha o Ministério Público da ação civil pública para a proteção do patrimônio público e social, do meio ambiente e de outros interesses difusos e coletivos (CF, art. 129, III), **a tutela de tais bens e interesses é tão prezada pelo ordenamento constitucional que, se se revelar mais expedito para tanto, em caso concreto, o mandado de segurança, inevitável será a possibilidade de sua utilização pelo Parquet.** Descabido, portanto, a nosso ver, limitar a legitimação ativa do Ministério Público, no caso específico de writ contra ato judicial, às questões de âmbito criminal (...).
>
> Pode-se, ainda, figurar outra situação, já, aí, de impetração como substituto processual, quando se cuida de infração a direito interestatal (v.g., contra eventual determinação judicial de bloqueio de conta de missão diplomática para saldar débito decretado na ação, sem que tivesse havido prévia e específica renúncia à imunidade de jurisdição)" (Mandado de Segurança. São Paulo: Malheiros Editores, 4ª ed., 2006, p. 71-72).
>
> Na mesma linha, destacando as mesmas hipóteses em que se admitiria a impetração do mandado de segurança pelo Ministério Público, é o magistério de Eduardo Arruda Alvim (Mandado de Segurança. Rio de Janeiro: LMJ Mundo Jurídico, 3ª ed., 2014, p. 51).
>
> (...)"

Partido político com representação no Congresso Nacional

Em relação ao **partido político**, basta, para se caracterizar sua representação no Congresso Nacional, possuir um único filiado seu como Parlamentar na Câmara dos Deputados ou no Senado Federal.

Além disso, é importante notar que, nos termos da literalidade do art. 21 da Lei 12.016/09, os partidos políticos apenas podem defender, por mandado de segurança coletivo, direitos políticos, além de apenas poderem representar seus filiados, ficando vedada, assim, a impetração coletiva na defesa de quem seja estranho a seus quadros. E essa disposição legal é reforçada pela jurisprudência do Superior Tribunal de Justiça, como se pode inferir dos seguintes julgados:

> **Ementa:** PROCESSUAL - MANDADO DE SEGURANÇA COLETIVO - PARTIDO POLITICO - ILEGITIMIDADE. **QUANDO A CONSTITUIÇÃO AUTORIZA UM PARTIDO POLITICO A IMPETRAR MANDADO DE SEGURANÇA COLETIVO, SO PODE SER NO SENTIDO DE DEFENDER OS SEUS FILIADOS E EM QUESTÕES POLITICAS**, AINDA ASSIM, QUANDO AUTORIZADO POR LEI OU PELO ESTATUTO. IMPOSSIBILIDADE DE DAR A UM PARTIDO POLITICO LEGITIMIDADE PARA VIR A JUIZO DEFENDER 50 MILHÕES DE APOSENTADOS, QUE NÃO SÃO, EM SUA TOTALIDADE, FILIADOS AO PARTIDO E QUE NÃO AUTORIZARAM O MESMO A IMPETRAR MANDADO DE SEGURANÇA EM NOME DELES.
>
> **(STJ, MS 197/DF; Relator(a): Ministro JOSE DE JESUS FILHO; Relator(a) p/ Acórdão: Ministro GARCIA VIEIRA; Órgão Julgador: PRIMEIRA SEÇÃO; Data do Julgamento: 08/05/1990)**
>
> **Ementa:** RMS - CONSTITUCIONAL - MANDADO DE SEGURANÇA COLETIVO - PARTIDO POLITICO - O MANDADO DE SEGURANÇA COLETIVO VISA A PROTEGER

> DIREITO DE PESSOAS INTEGRANTES DA COLETIVIDADE DO IMPETRANTE. DISTINGUEM-SE, ASSIM, DA AÇÃO CONSTITUCIONAL QUE PRESERVA DIREITO INDIVIDUAL, OU DIFUSO. **O PARTIDO POLITICO, POR ESSA VIA, SO TEM LEGITIMIDADE PARA POSTULAR DIREITO DE INTEGRANTE DE SUA COLETIVIDADE.**
>
> **(STJ, RMS 2423/PR; Relator(a): Ministro LUIZ VICENTE CERNICCHIARO; Órgão Julgador: SEXTA TURMA; Data do Julgamento: 27/04/1993)**

Mas aqui é necessário ter **cuidado** com um detalhe: no âmbito do Supremo Tribunal Federal, a situação é diferente, pois alguns de seus Ministros já se manifestaram no sentido de não se poder restringir a legitimidade ativa dos partidos políticos para o mandado de segurança coletivo.

No **RE 196.184**, julgado em 27/10/2004 (portanto, antes da entrada em vigor da Lei 12.016/09), a Ministra Ellen Gracie (Relatora) registrou, de forma bastante assertiva, em seu voto (condutor do julgamento) que a legitimidade dos partidos políticos não se limita à defesa de interesses de seus filiados nem à discussão de direitos políticos. Afirmou, assim, que se deve reconhecer aos partidos políticos, no âmbito do mandado de segurança coletivo, legitimidade para a defesa de quaisquer direitos coletivos ou difusos que afetem a sociedade. Alguns Ministros concordaram com ela, outros, não. Em relação a direitos individuais, porém, não reconheceu legitimidade aos partidos políticos para a impetração de mandado de segurança coletivo, e isso constou expressamente da ementa do acórdão.

Esse precedente, como registrado acima, é de 27/10/2004, portanto, anterior à entrada em vigor da Lei 12.016/09, que trouxe a previsão legal de restrição da legitimidade ativa do partido político no mandado de segurança coletivo.

Já após a entrada em vigor da Lei 12.016/09, esse entendimento foi reafirmado no âmbito do Supremo Tribunal Federal, por exemplo, no **MS 37.097**, de Relatoria do Ministro Alexandre de Moraes. Nesse caso, o Ministro Relator, em decisão monocrática de 29/04/2020 que deferiu a tutela cautelar pretendida, afirmou que não se pode restringir a legitimidade dos partidos políticos no mandado de segurança coletivo a questões relacionadas a direitos políticos e seus filiados, devendo-se, na verdade, assegurar-lhes ampla legitimidade para defender, através da impetração coletiva, quaisquer interesses coletivos e difusos ligados à sociedade, bastando, para isso, que tenham representação no Congresso Nacional. Isso porque, embora a Lei 12.016/09 preveja que a atuação dessas entidades no mandado de segurança coletivo deva ter relação com interesses ligados aos seus filiados ou à finalidade partidária, a Constituição Federal, ao tratar desse remédio constitucional, não fez essa restrição.

O problema é que esse mandado de segurança foi extinto precocemente sem resolução do mérito, em virtude da perda do objeto, de modo que não se sabe se o órgão colegiado iria concordar com essa posição do Ministro Alexandre de Moraes. E o mesmo ocorreu no **MS 34.070**, relatado pelo Ministro Gilmar Mendes.

Confira o seguinte trecho da decisão do Ministro Alexandre de Moraes no MS 37.097, no qual, inclusive, ele fez referência ao voto da Ministra Ellen Gracie no RE 196.184:

> "(...)
>
> **É o relatório. Decido.**
>
> A primeira questão que se coloca diz respeito à legitimidade *ad causam* do Partido Democrático Trabalhista (PDT) para impetrar mandado de segurança coletivo, que afirmo presente.

Entendo, como sempre defendi (Direito Constitucional. 36.ed. São Paulo: Atlas, 2020. p. 194-195), que **os partidos políticos, desde que representados no Congresso Nacional, têm legitimação ampla, podendo proteger quaisquer interesses coletivos ou difusos ligados à sociedade, independentemente de vinculação com interesse de seus filiados** (TEORI ZAVASCKI. Processo coletivo. 6 ed. São Paulo: RT, 2014. p. 193-194), o que, evidentemente, ocorre na presente hipótese (MS 34.070-MC, Rel. Min. GILMAR MENDES, DJe de 28/3/2016; MS 34.071-MC, Rel. Min. GILMAR MENDES, DJe de 28/3/2016; MS 34.069-MC, Rel. Min. CELSO DE MELLO, DJe de 16/2/2017). Como salientado pela Ministra ELLEN GRACIE,

"se o legislador constitucional dividiu os legitimados para a impetração do mandado de segurança coletivo em duas alíneas, e empregou somente com relação à organização sindical, à entidade de classe e à associação legalmente constituída a expressão em defesa dos interesses de seus membros ou associados é porque não quis criar esta restrição aos partidos políticos. Isso significa dizer que está reconhecendo na Constituição o dever do partido político de zelar pelos interesses coletivos, independente de estarem relacionados a seus filiados", além disso, afirma "não haver limitações materiais ao uso deste instituto por agremiações partidárias, à semelhança do que ocorre na legitimação para propor ações declaratórias de inconstitucionalidade" e conclui que "tudo o que foi dito a respeito da legitimação dos partidos políticos na ação direta de inconstitucionalidade pode ser aplicado ao mandado de segurança coletivo" (RE 196.184/AM).

O art. 21 da Lei n. 12.016/2009 deve ser interpretado no sentido de se excluir a restrição ao objeto do mandado de segurança coletivo ajuizado por partidos políticos tão somente à defesa de seus interesses legítimos relativos a seus integrantes ou à finalidade partidária. A meu ver, se todo o poder emana do povo, que o exerce por meio de representantes eleitos ou diretamente, nos termos da Constituição (CF, art. 1º, parágrafo único), sendo indispensável para o exercício da capacidade eleitoral passiva (elegibilidade) o alistamento eleitoral (CF, art. 14, § 3º, III), **a razão de existência dos partidos políticos é a própria subsistência do Estado Democrático de Direito e da preservação dos direitos e garantias fundamentais** (CF, art. 1º, V – consagra o pluralismo político como um dos fundamentos da República Federativa do Brasil). **Nesta esteira de raciocínio, o legislador constituinte pretende fortalecê-los concedendo-lhes legitimação para o mandado de segurança coletivo, para a defesa da própria sociedade contra atos ilegais ou abusivos por parte da autoridade pública. Cercear essa legitimação somente para seus próprios interesses ou de seus filiados é retirar dos partidos políticos a característica de essencialidade em um Estado Democrático de Direito e transformá-lo em mera associação privada**, o que, certamente, não foi a intenção do legislador constituinte.

(...)"

(MS 37097/DF; Decisão Monocrática do Relator Min. ALEXANDRE DE MORAES; Julgamento: 29/04/2020)

O que se percebe é que, no Supremo Tribunal Federal, essa questão ainda é um pouco tormentosa, não tendo recebido, até o momento, uma definição explícita e segura.

E qual entendimento deve ser adotado em provas? Depende.

Em provas objetivas, o ideal é responder conforme exigir o enunciado da questão. Então, se o examinador se referir ao entendimento do STJ, deve-se responder de acordo com o STJ; se o examinador exigir a literalidade da Lei 12.016/09, deve-se responder de acordo com a previsão legal; e, se o examinador exigir o entendimento existente no Supremo Tribunal Federal, o ideal é adotar os posicionamentos dos precedentes que vimos acima.

Já em provas subjetivas e orais, também é necessário orientar a resposta de acordo com o enunciado da questão, mas, nessas etapas do concurso, há maior espaço e liberdade para desenvolver o raciocínio, de modo que o ideal, para demonstrar o domínio da matéria, é abordar a previsão legal, o entendimento do STJ e o entendimento dos Ministros do Supremo Tribunal Federal, finalizando no sentido exigido pelo examinador.

Organização sindical, entidade de classe ou associação legalmente constituída e em funcionamento há pelo menos um ano

Em relação às **organizações sindicais, entidades de classe e associações**, devem elas preencher os seguintes requisitos previstos na CF/88: a) estar legalmente constituídas; e b) atuar na defesa dos interesses dos seus membros ou associados.

O requisito de estar em funcionamento há pelo menos 1 (um) ano é exclusivo das associações, conforme já decidiu o Supremo Tribunal Federal, a exemplo do que ocorreu no seguinte caso:

> "Tratando-se de mandado de segurança coletivo impetrado por sindicato, é indevida a exigência de um ano de constituição e funcionamento, porquanto **esta restrição destina-se apenas às associações**, nos termos do art. 5º, XXI, b, in fine, da CF ("o mandado de segurança coletivo pode ser impetrado por: ... b) organização sindical, entidade de classe ou **associação legalmente constituída e em funcionamento há pelo menos um ano**, em defesa dos interesses de seus membros ou associados;"). **(RE 198.919-DF, rel. Min. Ilmar Galvão, 15.6.99., Inf. 154/STF)**

No caso de mandado de segurança coletivo impetrado por sindicato, entidade de classe ou associação, há farta jurisprudência no sentido de que é desnecessária a autorização específica de seus associados, desde que haja previsão expressa no estatuto social. Cuida-se de verdadeira substituição processual (legitimação extraordinária) que decorre diretamente da Constituição e da Lei 12.016/09. Assim vem entendendo de forma tranquila o STF, além de estar previsto no *caput* do art. 21 da Lei do Mandado de Segurança.

Esse entendimento consta da **Súmula 629 do STF**, segundo a qual, *"a impetração de mandado de segurança coletivo por entidade de classe em favor dos associados independe da autorização destes"*. Além disso, é possível encontrar sua aplicação em diversos precedentes da Suprema Corte, como os seguintes:

> Ementa: (...) MANDADO DE SEGURANÇA COLETIVO CONTRA ATO DO TRIBUNAL DE CONTAS DA UNIÃO. ASSOCIAÇÃO CIVIL. LEGITIMIDADE. (...) 1. **Nos termos da jurisprudência desta Corte, a impetração de mandado de segurança coletivo por associação em favor dos associados independe da autorização destes.** Súmula 629/STF. (...)
>
> **(MS 31336/DF; Relator(a): Min. EDSON FACHIN; Julgamento: 28/03/2017; Órgão Julgador: Segunda Turma)**
>
> EMENTA: (...) Sindicato. Mandado de segurança coletivo. Substituto processual. Legitimidade extraordinária. Ofensa ao art. 5º, XXI e LXX, "b", da CF. Inexistência. (...) **Na segurança coletiva, o sindicato tem legitimação extraordinária, atuando como substituto processual, sem necessidade de autorização expressa.**
>
> **(RE 348973 AgR/DF; Relator(a): Min. CEZAR PELUSO; Julgamento: 23/03/2004; Órgão Julgador: Primeira Turma)**

> "Concluído julgamento de uma série de recursos extraordinários nos quais se discutia sobre o âmbito de incidência do inciso III do art. 8º da CF/88 ("ao sindicato cabe a defesa dos direitos e interesses coletivos ou individuais da categoria, inclusive em questões judiciais e administrativas;") - v. Informativos 84, 88, 330 e 409. O Tribunal, por maioria, na linha da orientação fixada no MI 347/SC (DJU de 8.4.94), no RE 202063/PR (DJU de 10.10.97) e no AI 153148 AgR/PR (DJU de 17.11.95), conheceu dos recursos e lhes deu provimento para reconhecer que **o referido dispositivo assegura ampla legitimidade ativa *ad causam* dos sindicatos como substitutos processuais das categorias que representam na defesa de direitos e interesses coletivos ou individuais de seus integrantes**." **(RE 214668/ES, rel. orig. Min. Carlos Velloso, rel. p/ o acórdão Min. Joaquim Barbosa, j. 12.6.2006, Inf. 431/STF)**

É possível perceber que não há menção a partidos políticos nos julgados transcritos acima. Porém, há na jurisprudência do STF precedente no sentido de que, no mandado de segurança coletivo, os **partidos políticos** também atuam com legitimação extraordinária (substituição processual), sendo, por isso, desnecessário que tenham autorização especial de seus filiados para o ajuizamento do *writ* coletivo.

Esse entendimento foi afirmado no julgamento da **Rcl 5215 AgR**, pelo Ministro Carlos Ayres Britto, Relator do caso, que foi seguido unanimemente pelos demais Ministros. Confira:

> "(...)
>
> 8. Começo por dizer que os precedentes citados pela Procuradoria-Geral da República, MS 23.879/DF e RE 364.051-8, dizem com o ajuizamento de mandado de segurança coletivo por associações de classe. **A disciplina jurídica, veiculada pelo inc. LXX do art. 5º da CF, consubstancia hipótese de substituição processual. É dizer: partido político com representação no Congresso Nacional, organização sindical, entidade de classe e associação legalmente constituída e em funcionamento há pelo menos um ano podem impetrar mandado de segurança coletivo, em defesa dos interesses de seus membros ou associados, sem que para isto haja necessidade de qualquer autorização.** O entendimento do Supremo Tribunal Federal, a respeito, está evidenciado no enunciado 629 da súmula de sua jurisprudência, posta nos seguintes termos: "a impetração de mandado de segurança coletivo por entidade de classe em favor dos associados independe da autorização destes". 9. Já no inc. XXI do art. 5º, a Carta Magna prefigura, sim, um caso de representação processual, desde que as associações estejam expressamente autorizadas.
>
> (...)"
>
> **(Rcl 5.215 AgR, trecho do voto do Relator, Ministro Carlos Ayres Britto, j. 15/04/2009, Pleno)**

Inclusive, justamente no sentido da desnecessidade de haver autorização especial dos associados para o ajuizamento de mandado de segurança coletivo, o Supremo Tribunal Federal, no **Tema de Repercussão Geral nº 1119** (ARE 1.293.130, j. 17/12/2020), firmou tese no sentido de que *"é desnecessária a autorização expressa dos associados, a relação nominal destes, bem como a comprovação de filiação prévia, para a cobrança de valores pretéritos de título judicial decorrente de mandado de segurança coletivo impetrado por entidade associativa de caráter civil"*.

Em outras palavras: segundo o STF, quando se trata de mandado de segurança coletivo, é possível o seu ajuizamento independentemente de prévia autorização dos associados da entidade impetrante, de apresentação da relação nominal desses associados e de a filiação deles (dos associados) ter ocorrido antes do ajuizamento da ação. Além disso, também independentemente de todos esses requisitos, os associados da entidade impetrante podem promover a execução individual dos valores decorrentes do acolhimento do pedido.

Esse entendimento do Tema de Repercussão Geral nº 1119, porém, **não se aplica quando a associação que impetra o mandado de segurança tem caráter genérico**, isto é, quando ela não tem objeto social bem definido e, por consequência, não tem uma lista de associados bem delineada. É o que se verifica, por exemplo, em relação à Associação Brasileira dos Contribuintes Tributários (ABCT). Isso porque praticamente todas as pessoas são contribuintes tributárias, de modo que uma associação de contribuintes tributários é, sem dúvida alguma, genérica, não possuindo objeto e associados bem definidos. Logo, essa associação **não tem legitimidade para o ajuizamento de mandado de segurança coletivo**.

Portanto, para que uma associação tenha legitimidade para impetrar mandado de segurança coletivo, ela deve representar uma categoria profissional ou econômica que possa ter seus integrantes definidos. Se não fosse assim, a entidade poderia atuar em praticamente toda e qualquer matéria e deduzir qualquer tipo de pretensão em juízo.

Isso foi afirmado pela Segunda Turma do STF no **ARE 1339496 AgR**, julgado em 07/02/2023 (mas já havia sido mencionado pelo próprio Supremo Tribunal Federal quando julgou embargos de declaração opostos no Tema de RG 1119).

Nos termos do voto do Min. André Mendonça (que foi o voto vencedor nesse julgamento), *"a Associação Brasileira de Contribuintes Tributários (ABCT), como expressa a própria denominação,* ***não categoriza um grupo determinado de beneficiários, podendo direcionar sua atuação a qualquer indivíduo****, visto que constituída à "congregação de Pessoas Físicas e Jurídicas, Contribuintes de Tributos Federais, Municipais, Estaduais pessoas jurídicas e físicas, entre outras." (...)*

Ante a notória indefinição de seu objeto, ***poderia a agravada laborar em prol de todo e qualquer contribuinte, sem a menor identificação de "circunstância", "classe" ou "origem comum"*** *— como estabelece o supracitado art. 81 do Código de Defesa do Consumidor.*

Nesse cenário, poderia a agravada patrocinar os mais distintos interesses, visto que, para cumprir seu (demasiadamente genérico) objeto, bastaria deduzir pretensão relativa a uma matéria tributária qualquer.

Por conseguinte, ***tenho por não operada, no caso, a substituição processual preconizada em sede no mandado de segurança coletivo****, conforme consentida no art. 5º, inc. LXX, al. "b", da CRFB.*

(...)

Tais entidades genéricas ***poderiam, inclusive, indicar o ingresso posterior na associação de interessados que, ao tempo da formação do título executivo, nem mesmo detinham causa de pedir para deduzir sua pretensão em Juízo****. A fim de angariar maior número de associados, bastaria a tais associações (também conhecidas como associações de gaveta) a oferta do cumprimento de sentença individual a quem a elas aderisse, em qualquer tempo.*

(...)

Em conclusão, à evidência da parca delimitação de seu objeto e da ambiguidade de sua representatividade (...), em especial para as finalidades de adequadamente figurar em processo coletivo, entendo por incluir na ressalva multicitada a ora agravada, Associação Brasileira de Contribuintes Tributários, de modo a assentar que ***a tese de julgamento fixada no Tema RG nº 1.119 não se aplica in casu*** *e, identificando-a como associação genérica,* ***reconhecer sua sua ilegitimidade ativa ad causam.***

(...)"

Além do que vimos acima, é importante registrar que o tratamento do Tema de RG 1119 dado ao mandado de segurança coletivo não se confunde com aquele que é dispensado às ações coletivas de rito comum, em relação às quais se aplicam as teses fixadas pelo STF nos **Temas de Repercussão Geral nºs 82 e 499**, que estabelecem, respectivamente, o seguinte:

I) "I – A previsão estatutária genérica não é suficiente para legitimar a atuação, em Juízo, de associações na defesa de direitos dos filiados, **sendo indispensável autorização expressa**, ainda que deliberada em assembleia, nos termos do artigo 5º, inciso XXI, da Constituição Federal; II – As balizas subjetivas do título judicial, formalizado em ação proposta por associação, são definidas pela representação no processo de conhecimento, **limitada a execução aos associados apontados na inicial." (Tema de Repercussão Geral nº 82)**

II) "A eficácia subjetiva da coisa julgada formada a partir de ação coletiva, de rito ordinário, ajuizada por associação civil na defesa de interesses dos associados, **somente alcança os filiados**, residentes no âmbito da jurisdição do órgão julgador, **que o fossem em momento anterior ou até a data da propositura da demanda**, constantes da **relação jurídica juntada à inicial** do processo de conhecimento." **(Tema de Repercussão Geral nº 499)**

Essa diferença de tratamento (necessidade de autorização específica nas ações coletivas de rito comum e desnecessidade dela no mandado de segurança coletivo) ocorre porque a natureza da atuação da entidade que ajuíza a demanda é diferente em cada um desses casos: no mandado de segurança coletivo, o impetrante atua como **substituto processual**, enquanto, nas ações coletivas de rito comum, o autor atua na qualidade de **representante processual**. Como na substituição processual não há necessidade de autorização especial para a propositura da ação e na representação processual há essa necessidade, a consequência é que o mandado de segurança coletivo e as ações coletivas de rito comum recebam tratamentos distintos nessa questão, conforme vimos acima.

Outra importante questão envolvendo o tema da legitimidade ativa no mandado de segurança coletivo é a seguinte: há necessidade de que o objeto do mandado de segurança interesse a toda a categoria representada pela entidade impetrante para que esta tenha legitimidade para a impetração coletiva? **Não**, a legitimidade para o mandado de segurança coletivo é reconhecida mesmo quando a pretensão deduzida interessa **tão somente a uma parcela da categoria**, conforme consta do *caput* do art. 21 da Lei 12.016/09 e da Súmula 630/STF.

Súmula 630/STF: "A entidade de classe tem legitimação para o mandado de segurança ainda quando a pretensão veiculada interesse apenas a uma parte da respectiva categoria."

Por fim, note que a Constituição Federal, ao prever a legitimidade ativa para o mandado de segurança coletivo, dispõe que as entidades referidas na alínea "b" do inciso LXX do art. 5º da CF/88 devem atuar na defesa dos interesses de seus membros ou associados, o que evidencia a exigência de **pertinência temática** entre o objeto da impetração coletiva e os objetivos institucionais do sindicato, entidade de classe ou associação. Isso, inclusive, está expressamente previsto no art. 21, *caput*, da Lei 12.016/09.

MANDADO DE INJUNÇÃO (ART. 5º, LXXI, CF/88)

O mandado de injunção também foi criado pela CF/88, estando previsto em seu art. 5º, LXXI, nos seguintes termos:

> "**Art. 5º, LXXI, CF/88** - conceder-se-á mandado de injunção sempre que a falta de norma regulamentadora torne inviável o exercício dos direitos e liberdades constitucionais e das prerrogativas inerentes à nacionalidade, à soberania e à cidadania;"

▪ NOÇÕES GERAIS

O mandado de injunção, assim como a ação direta de inconstitucionalidade por omissão (ADO), presta-se a combater omissões inconstitucionais. No entanto, enquanto a ADO é instrumento de controle concentrado abstrato, o mandado de injunção é instrumento de controle difuso concreto; enquanto a ADO consubstancia um processo objetivo, o mandado de injunção consiste em um processo de caráter subjetivo, isto é, um processo em que se busca a tutela de interesses subjetivos, e não simplesmente a proteção da ordem jurídica abstratamente considerada.

Omissões inconstitucionais referem-se a normas da Constituição que carecem de integração infraconstitucional para terem aplicabilidade, ou seja, apenas faz sentido falar em omissão inconstitucional em relação a normas constitucionais de eficácia limitada. O mandado de injunção e a ADO, assim, combatem o que se chama de **síndrome de inefetividade das normas constitucionais (de eficácia limitada)**, que é a "doença" que atinge as normas da Constituição que precisam de regulamentação e que ainda não foram contempladas com uma integração infraconstitucional.

Como se pode inferir do texto constitucional transcrito acima (art. 5º, LXXI, CF/88), há dois requisitos para o mandado de injunção, a saber: a) norma constitucional de eficácia limitada prescrevendo direitos, liberdades constitucionais e prerrogativas inerentes à nacionalidade, à soberania e à cidadania; e b) falta de norma regulamentadora tornando viável o exercício desses direitos, liberdades e prerrogativas.

O mandado de injunção, conforme foi apontado acima, foi criado pela CF/88 e passou quase 30 (trinta) anos sem que fossem editadas normas disciplinando seu processo e julgamento. No entanto, o Supremo Tribunal Federal sempre admitiu a aplicação da Lei do Mandado de Segurança por analogia, o que tornou viável o manejo desse remédio constitucional desde a entrada em vigor da atual Constituição Federal.

Finalmente, no ano 2016 foi editada a Lei 13.300, disciplinando o processo e julgamento do mandado de injunção, inclusive, prevendo o mandado de injunção coletivo (que já era admitido pelo STF), inovando, nesse ponto, em relação ao texto constitucional, pois o art. 5º, LXXI, da CF/88 não trouxe a previsão do mandado de injunção coletivo.

E, mantendo-se na linha de pensamento adotada pelo STF ao longo das últimas décadas, o art. 14 da Lei 13.300/16 determinou a aplicação subsidiária, ao mandado de injunção, da Lei do Mandado de Segurança e do CPC.

> "**Art. 14, Lei 13.300/16.** Aplicam-se subsidiariamente ao mandado de injunção as normas do mandado de segurança, disciplinado pela Lei nº 12.016, de 7 de agosto de 2009, e do Código de Processo Civil, instituído pela Lei nº 5.869, de 11 de janeiro de 1973, e pela Lei nº 13.105, de 16 de março de 2015, observado o disposto em seus arts. 1.045 e 1.046."

▶ Omissões que podem ser impugnadas em mandado de injunção

Quanto à omissão passível de impugnação em sede de mandado de injunção, nos termos do art. 2º da Lei 13.300/16, ela pode ser **total** (quando a norma constitucional não recebeu regulamentação alguma) ou **parcial** (quando a norma constitucional recebeu regulamentação, mas essa regulamentação é insuficiente). O clássico exemplo de omissão parcial diz respeito ao art. 7º, IV, da CF/88, que prevê as necessidades que devem ser atendidas pelo salário mínimo, o qual vem sendo regulamentado com fixação de valor insuficiente para o atingimento dessas finalidades. Nesse caso, a norma existe, mas não é bastante para cumprir o comando constitucional.

> "**Art. 2º, Lei 13.300/16** Conceder-se-á mandado de injunção sempre que a falta total ou parcial de norma regulamentadora torne inviável o exercício dos direitos e liberdades constitucionais e das prerrogativas inerentes à nacionalidade, à soberania e à cidadania.
>
> **Parágrafo único.** Considera-se parcial a regulamentação quando forem insuficientes as normas editadas pelo órgão legislador competente."

▶ Possibilidade de desistência do mandado de injunção

Finalmente, no que diz respeito à **possibilidade de desistência do mandado de injunção**, diferentemente do que entende em relação ao mandado de segurança (já estudado), o Supremo Tribunal Federal, em um julgado de 2007, não admitiu a desistência da impetração injuncional, aplicando o mesmo entendimento adotado em relação à ação direta de inconstitucionalidade (art. 5º, Lei 9.868/99), tendo em vista a indisponibilidade do direito discutido no processo, já que o mandado de injunção se presta a atacar uma inconstitucionalidade.

Ademais, no caso apreciado pela Suprema Corte, também foi invocado como fundamento da rejeição da desistência o fato de esta ter sido manifestada tardiamente, quando a maioria dos Ministros já havia votado (embora favoravelmente à impetração), bem como a constatação de que o impetrante não estava atuando em interesse próprio, mas alheio, já que se tratava de um **mandado de injunção coletivo**, no qual se verifica a chamada legitimidade extraordinária, de modo que o legitimado ativo não era o titular dos direitos discutidos no processo, não podendo, portanto, deles dispor.

Esse julgado recebeu a seguinte ementa:

> **EMENTA:** MANDADO DE INJUNÇÃO. ARTIGO 5º, LXXI, DA CB/88. QUESTÃO DE ORDEM. AÇÃO DE ÍNDOLE CONSTITUCIONAL. PEDIDO DE DESISTÊNCIA TARDIO. JULGAMENTO INICIADO. NÃO CABIMENTO. CONTINUIDADE DO PROCESSAMENTO

DO FEITO. 1. **É incabível o pedido de desistência formulado após o início do julgamento por esta Corte, quando a maioria dos Ministros já havia se manifestado favoravelmente à concessão da medida.** 2. O mandado de injunção coletivo, bem como a ação direta de inconstitucionalidade, não pode ser utilizado como meio de pressão sobre o Poder Judiciário ou qualquer entidade. 3. Sindicato que, na relação processual, é **legitimado extraordinário** para figurar na causa; sindicato que postula em nome próprio, na defesa de direito alheio. **Os substitutos processuais não detêm a titularidade dessas ações. O princípio da indisponibilidade é inerente às ações constitucionais.** 4. Pedido de desistência rejeitado. Prosseguimento do mandado de injunção.

(MI 712 QO/PA; Relator(a): Min. EROS GRAU; Julgamento: 15/10/2007; Órgão Julgador: Tribunal Pleno)

■ LEGITIMIDADE ATIVA

Nos termos do art. 3º da Lei 13.300/16, no mandado de injunção **individual**, a legitimidade ativa é da pessoa **física** ou **jurídica** que simplesmente **afirme** ser titular do direito, liberdade ou prerrogativa cujo exercício vem sendo inviabilizado em virtude da omissão inconstitucional.

Como se pode perceber, em relação a essa legitimação ativa, a Lei 13.300/16 adotou a **teoria da asserção**, por se satisfazer com a mera afirmação na petição inicial da titularidade do direito. Assim, caso ao fim do processo fique demonstrado que o impetrante nem mesmo era titular do direito afirmado, não será caso de extinção do feito sem resolução do mérito, mas sim de rejeição do pedido em julgamento de improcedência.

Ainda em relação à legitimidade ativa para o mandado de injunção individual, o Supremo Tribunal Federal, ao julgar o MI 725, admitiu a possibilidade de manejo do remédio constitucional por pessoa jurídica de direito público, tendo em vista a possibilidade de titularizar direitos fundamentais, o que naturalmente impõe que se lhe permita a impetração para combater omissões inconstitucionais que estejam inviabilizando o exercício de tais direitos. No caso concreto, porém, a Suprema Corte vislumbrou inexistir direito conferido pela Constituição ao impetrante (no caso, um Município) e não conheceu da ação.

> "**Art. 3º, Lei 13.300/16.** São legitimados para o mandado de injunção, como impetrantes, as pessoas naturais ou jurídicas que se afirmam titulares dos direitos, das liberdades ou das prerrogativas referidos no art. 2o e, como impetrado, o Poder, o órgão ou a autoridade com atribuição para editar a norma regulamentadora."

Já no mandado de injunção **coletivo**, o *caput* do art. 12 da Lei 13.300/16 traz um rol de 4 (quatro) legitimados, restringindo a impetração por cada um deles a determinadas hipóteses. Essa legitimação ativa é conferida:

I) ao Ministério Público;

II) ao partido político com representação no Congresso Nacional;

III) à organização sindical, entidade de classe ou associação legalmente constituída e em funcionamento há pelo menos 1 (um) ano; e

IV) à Defensoria Pública.

"**Art. 12, Lei 13.300/16.** O mandado de injunção coletivo pode ser promovido:

I - pelo **Ministério Público**, quando a tutela requerida for especialmente relevante para a defesa da ordem jurídica, do regime democrático ou dos interesses sociais ou individuais indisponíveis;

II - por **partido político** com representação no Congresso Nacional, para assegurar o exercício de direitos, liberdades e prerrogativas de seus integrantes ou relacionados com a finalidade partidária;

III - por **organização sindical, entidade de classe ou associação** legalmente constituída e em funcionamento há pelo menos 1 (um) ano, para assegurar o exercício de direitos, liberdades e prerrogativas em favor da totalidade ou de parte de seus membros ou associados, na forma de seus estatutos e desde que pertinentes a suas finalidades, dispensada, para tanto, autorização especial;

IV - pela **Defensoria Pública**, quando a tutela requerida for especialmente relevante para a promoção dos direitos humanos e a defesa dos direitos individuais e coletivos dos necessitados, na forma do inciso LXXIV do art. 5º da Constituição Federal."

Em comparação com a legitimação ativa para o mandado de segurança coletivo, a Lei do Mandado de Injunção inovou, ampliando o rol para a impetração coletiva, ao incluir o Ministério Público e a Defensoria Pública, que carecem de legitimidade ativa para o *mandamus* coletivo. Além disso, como se pode perceber da leitura do art. 12 da Lei 13.300/16, a legitimidade ativa do Ministério Público e da Defensoria Pública se verifica em situações nas quais essas instituições exercem as suas missões constitucionais, já que, nos termos desse dispositivo:

a) a legitimidade ativa do Ministério Público se faz presente quando o pedido formulado na ação for especialmente relevante para a defesa da ordem jurídica, do regime democrático ou dos interesses sociais ou individuais indisponíveis (missão constitucional do Ministério Público, nos termos do art. 127 da CF/88); e

b) a legitimidade ativa da Defensoria Pública se faz presente quando o pedido formulado na ação for especialmente relevante para a promoção dos direitos humanos e a defesa dos direitos individuais e coletivos dos necessitados (missão constitucional da Defensoria Pública, nos termos do art. 134 da CF/88).

E aqui surge o seguinte questionamento: para a impetração do mandado de injunção coletivo por partidos políticos, associações, entidades de classe e sindicatos, é necessário haver autorização especial expressa dos filiados ou associados?

Bem, em relação às entidades de classe, associações e sindicatos, a própria Lei do Mandado de Injunção (art. 12, III) deixa claro ser desnecessária essa autorização especial a cada caso para o ajuizamento do remédio constitucional.

Mas e quanto aos demais legitimados?

Isso não é tratado de forma clara na lei nem tampouco na jurisprudência do STF. Porém, a Suprema Corte sempre admitiu o ajuizamento de mandado de injunção coletivo, aplicando por analogia o art. 5º, LXX, da CF/88, que prevê o mandado de segurança coletivo e os seus legitimados.

Conforme vimos, no mandado de segurança coletivo, não se exige autorização especial em nenhum caso, tratando-se de verdadeira substituição processual. Logo, como o STF sempre aplicou o art. 5º, LXX, da CF/88, por analogia, ao mandado de injunção coletivo, a conclusão que se impõe é que, também no mandado de injunção coletivo não há necessidade de autorização especial para o ajuizamento.

Além disso, o *caput* do art. 13 da Lei do Mandado de Injunção, ao tratar da eficácia da decisão proferida nesse remédio constitucional, diz que ela produzirá efeitos em relação aos indivíduos que foram **substituídos** pelo legitimado ativo, o que mostra que, também para o legislador infraconstitucional, a legitimidade ativa no mandado de injunção coletivo, tal qual ocorre no mandado de segurança coletivo, é extraordinária, ou seja, consubstancia uma substituição processual (e não uma representação processual), dispensando-se, consequentemente, autorização especial para o ajuizamento da ação.

> "**Art. 13, Lei 13.300/2016.** No mandado de injunção coletivo, a sentença fará coisa julgada limitadamente às pessoas integrantes da coletividade, do grupo, da classe ou da categoria substituídos pelo impetrante, sem prejuízo do disposto nos §§ 1º e 2º do art. 9º."

Ainda no que diz respeito ao mandado de injunção coletivo, os interesses que podem ser tutelados por meio dele são os transindividuais de caráter coletivo *stricto sensu* (pertencentes a uma coletividade determinada) e de caráter difuso (pertencentes a uma coletividade indeterminada), não tendo a lei contemplado os individuais homogêneos. É o que se pode inferir do parágrafo único do art. 12 da Lei 13.300/16:

> "**Art. 12, parágrafo único, Lei 13.300/16.** Os direitos, as liberdades e as prerrogativas protegidos por mandado de injunção coletivo são os pertencentes, indistintamente, a uma coletividade indeterminada de pessoas ou determinada por grupo, classe ou categoria."

▪ LEGITIMIDADE PASSIVA

A legitimidade passiva para o mandado de injunção é de quem tem a atribuição de editar a norma omissa, e o impetrante, na inicial, deverá indicar, não apenas o responsável pela criação da norma, mas também a pessoa jurídica a que ele se acha vinculado. Assim, por exemplo, no caso de se tratar de omissão relativa a uma lei federal, o impetrado será o Congresso Nacional, devendo o impetrante indicar, na petição inicial, também a União (que é a pessoa jurídica que o Congresso Nacional integra). Tudo isso decorre dos arts. 3º e 4º da Lei 13.300/16:

> "**Art. 3º, Lei 13.300/16.** São legitimados para o mandado de injunção, como impetrantes, as pessoas naturais ou jurídicas que se afirmam titulares dos direitos, das liberdades ou das prerrogativas referidos no art. 2o e, como impetrado, o Poder, o órgão ou a autoridade com atribuição para editar a norma regulamentadora.
>
> **Art. 4º, Lei 13.300/16.** A petição inicial deverá preencher os requisitos estabelecidos pela lei processual e indicará, além do órgão impetrado, a pessoa jurídica que ele integra ou aquela a que está vinculado.
>
> **§ 1º** Quando não for transmitida por meio eletrônico, a petição inicial e os documentos que a instruem serão acompanhados de tantas vias quantos forem os impetrados.
>
> **§ 2º** Quando o documento necessário à prova do alegado encontrar-se em repartição ou estabelecimento público, em poder de autoridade ou de terceiro,

> havendo recusa em fornecê-lo por certidão, no original, ou em cópia autêntica, será ordenada, a pedido do impetrante, a exibição do documento no prazo de 10 (dez) dias, devendo, nesse caso, ser juntada cópia à segunda via da petição.
>
> **§ 3º** Se a recusa em fornecer o documento for do impetrado, a ordem será feita no próprio instrumento da notificação."

Há casos em que a lei cuja edição se pretende obter é de iniciativa privativa de determinado órgão ou autoridade (como os casos do art. 61, § 1º, da CF/88). Em tais casos, a legitimidade passiva será do órgão ou autoridade a quem cabe iniciar o processo legislativo, já que a omissão só a ele pode ser imputada. E há entendimento doutrinário (a exemplo de Pedro Lenza) no sentido de que, nessa hipótese, o polo passivo deve ser ocupado não apenas pelo responsável por iniciar o processo legislativo, mas também pela Casa Legislativa respectiva.

No entanto, mesmo em casos de iniciativa privativa de leis, caso o projeto já se encontre em tramitação na Casa Legislativa e havendo demora na apreciação da proposição, ficará caracterizada a chamada *inertia deliberandi*, não mais podendo a omissão ser imputada ao encarregado de dar início ao processo legislativo, mas apenas à própria Casa Legislativa, sendo apenas dela, nesse caso, a legitimidade passiva para o mandado de injunção.

■ COMPETÊNCIA

Assim como ocorre com o mandado de segurança, a competência para processar e julgar o mandado de injunção é definida de acordo com o órgão, poder ou autoridade responsável pela edição da norma regulamentadora.

A CF/88, nesse sentido, já traz em seu texto algumas hipóteses de competência dos Tribunais para julgar mandado de injunção, seja de forma originária ou em grau recursal. Essas hipóteses são as seguintes:

I) Supremo Tribunal Federal (art. 102, I, "q", CF/88): competência **originária**, quando a elaboração da norma reclamada for atribuição do Presidente da República, do Congresso Nacional, da Câmara dos Deputados, do Senado Federal, das Mesas dessas Casas Legislativas, do Tribunal de Contas da União, de algum Tribunal superior ou do próprio STF.

II) Supremo Tribunal Federal (art. 102, II, "a", CF/88): competência **recursal** (recurso ordinário), quando o mandado de injunção foi julgado originariamente (em única instância) por um Tribunal superior e a decisão foi denegatória.

III) Superior Tribunal de Justiça (art. 105, I, "h", CF/88): competência **originária**, quando a elaboração da norma reclamada for atribuição de órgão, entidade ou autoridade federal, da administração direta ou indireta, a menos que seja caso de competência do STF, da Justiça Federal ou de alguma Justiça especializada.

IV) Tribunais Regionais Eleitorais (art. 121, § 4º, V, CF/88): têm competência **originária**, pois, nos termos do texto constitucional, a denegação de mandado de injunção é um dos casos em cabe recurso contra decisão de TRE.

V) Tribunais de Justiça (art. 125, § 1º, CF/88): terão competência **originária** de acordo com o que dispuser a Constituição Estadual respectiva.

"**Art. 102, CF/88.** Compete ao **Supremo Tribunal Federal**, precipuamente, a guarda da Constituição, cabendo-lhe:

I - processar e julgar, originariamente:

(...)

q) o mandado de injunção, quando a elaboração da norma regulamentadora for atribuição do Presidente da República, do Congresso Nacional, da Câmara dos Deputados, do Senado Federal, das Mesas de uma dessas Casas Legislativas, do Tribunal de Contas da União, de um dos Tribunais Superiores, ou do próprio Supremo Tribunal Federal;

(...)

II - julgar, em recurso ordinário:

a) o habeas corpus, o mandado de segurança, o habeas data e o mandado de injunção decididos em única instância pelos Tribunais Superiores, se denegatória a decisão;"

"**Art. 105, CF/88.** Compete ao **Superior Tribunal de Justiça**:

I - processar e julgar, originariamente:

(...)

h) o mandado de injunção, quando a elaboração da norma regulamentadora for atribuição de órgão, entidade ou autoridade federal, da administração direta ou indireta, excetuados os casos de competência do Supremo Tribunal Federal e dos órgãos da Justiça Militar, da Justiça Eleitoral, da Justiça do Trabalho e da Justiça Federal;"

"**Art. 121, § 4º, CF/88** - Das decisões dos Tribunais Regionais Eleitorais somente caberá recurso quando:

(...)

V - denegarem habeas corpus, mandado de segurança, habeas data ou mandado de injunção."

"**Art. 125, CF/88.** Os Estados organizarão sua Justiça, observados os princípios estabelecidos nesta Constituição.

§ 1º A competência dos tribunais será definida na Constituição do Estado, sendo a lei de organização judiciária de iniciativa do Tribunal de Justiça."

A partir da leitura dos dispositivos transcritos acima, há quem afirme, na doutrina, que apenas tribunais possuem competência para julgar mandado de injunção, pois as normas constitucionais não falam expressamente na possibilidade de juízos de primeiro grau atuarem na ação injuncional.

No entanto, também há vozes doutrinárias no sentido da possibilidade de qualquer juízo (inclusive de primeiro grau) apreciar tal remédio constitucional, de acordo com o que dispuserem as Constituições Estaduais e as normas de organização judiciária de cada Tribunal local. Inclusive, existem casos concretos de impetração de mandado de injunção perante juízo singular de primeiro grau.

Por exemplo, no Estado de Goiás, a sua Constituição Estadual definiu que ao Tribunal de Justiça do Estado só caberia o julgamento dos mandados de injunção impetrados contra autoridades estaduais. Por conseguinte, prevalece a regra geral de competência dos juízos de primeiro grau para os demais casos, inclusive, para o julgamento de mandado de injunção em face de omissão legislativa municipal, tal como ocorre nos casos de mandado de segurança impetrado em face de autoridade para a qual não há previsão de competência de Tribunal.

E não poderia ser diferente, pois há diversas autoridades com competência para editar normas regulamentadoras que não estão previstas na Constituição Federal e que podem não estar previstas dentre aquelas que se submetem ao Tribunal de Justiça no processo e julgamento da ação injuncional (o que é definido, nos termos do art. 125, §1º, da CF/88, por cada Constituição Estadual).

Ademais, a própria Lei 13.300/16, ao tratar do mandado de injunção coletivo (art. 13), refere-se a sentença, que é ato jurisdicional praticado por juízos de primeiro grau, o que parece corroborar a possibilidade de tais órgãos jurisdicionais processarem e julgarem o remédio constitucional em questão.

Não bastasse tudo isso a confirmar essa possibilidade, o anteprojeto de Código de Processo Civil Coletivo (elaborado por um grupo de processualistas) trouxe a previsão da competência do juízo de primeiro grau para processar e julgar o mandado de injunção (coletivo, no caso) quando a elaboração da norma regulamentadora fosse atribuição do Prefeito, da Câmara de Vereadores, do Tribunal de Contas ou de órgão, entidade ou autoridade municipal, da administração direta ou indireta.

■ PRINCIPAIS ASPECTOS DO PROCEDIMENTO

Seguindo a lógica de aplicação subsidiária do Código de Processo Civil, a própria Lei 13.300/16, em seu art. 4º, determina que a petição inicial do mandado de injunção deve preencher os requisitos exigidos pelos arts. 319 e 320 do CPC, além de indicar o impetrado e a pessoa jurídica que ele integra.

> "**Art. 4º, Lei 13.300/16.** A petição inicial deverá preencher os requisitos estabelecidos pela lei processual e indicará, além do órgão impetrado, a pessoa jurídica que ele integra ou aquela a que está vinculado.
>
> **§ 1º** Quando não for transmitida por meio eletrônico, a petição inicial e os documentos que a instruem serão acompanhados de tantas vias quantos forem os impetrados.
>
> **§ 2º** Quando o documento necessário à prova do alegado encontrar-se em repartição ou estabelecimento público, em poder de autoridade ou de terceiro, havendo recusa em fornecê-lo por certidão, no original, ou em cópia autêntica, será ordenada, a pedido do impetrante, a exibição do documento no prazo de 10 (dez) dias, devendo, nesse caso, ser juntada cópia à segunda via da petição.
>
> **§ 3º** Se a recusa em fornecer o documento for do impetrado, a ordem será feita no próprio instrumento da notificação."

A petição inicial será indeferida se o mandado de injunção for **manifestamente incabível** ou **manifestamente improcedente** (art. 6º, Lei 13.300/16). Se o indeferimento se der por um juízo de primeiro grau, isso será feito por meio de uma sentença, da qual caberá recurso de apelação, nos termos do Código de Processo Civil, inclusive com possibilidade de juízo de retratação (art. 331, CPC). Por outro lado, se a ação injuncional for de competência originária de um tribunal, o indeferimento se dará por decisão monocrática do relator, da qual caberá agravo interno no prazo de 5 (cinco) dias, conforme prevê o parágrafo único do art. 6º da Lei 13.300/16.

> "**Art. 6º, Lei 13.300/16.** A petição inicial será desde logo indeferida quando a impetração for manifestamente incabível ou manifestamente improcedente.
>
> **Parágrafo único.** Da decisão de relator que indeferir a petição inicial, caberá agravo, em 5 (cinco) dias, para o órgão colegiado competente para o julgamento da impetração."

Aqui é necessário ter os seguintes **cuidados**:

I) O recurso de apelação cabível em face da sentença de indeferimento da inicial seguirá a disciplina do próprio Código de Processo Civil, inclusive, quanto ao prazo, que é de 15 (quinze) dias, e à possibilidade de realização de juízo de retratação nesse caso.

II) O prazo para interposição do agravo em face do indeferimento da inicial por relator quando a competência é de tribunal é de 5 (cinco) dias, não se aplicando o prazo do CPC (de 15 dias), por haver norma expressa específica na Lei 13.300/16.

III) Tanto no caso do item I quanto no caso do item II acima, a contagem do prazo para interposição do recurso cabível se dá em dias úteis, tendo em vista a aplicação subsidiária do CPC e a inexistência de disposição expressa a esse respeito na Lei 13.300/16.

Por fim, é necessário destacar que, ao receber a petição inicial, o órgão jurisdicional determinará a notificação do impetrado para prestar informações no prazo de 10 (dez) dias, bem como a ciência da pessoa jurídica interessada, para, querendo, ingressar no feito (art. 5º, Lei 13.300/16). Expirado o prazo para a prestação de informações, o Ministério Público terá o prazo de 10 (dez) dias para se manifestar nos autos, e, findo esse decêndio, os autos serão conclusos para decisão, tenha o *Parquet* apresentado parecer ou não (art. 7º, Lei 13.300/16).

> "**Art. 5º, Lei 13.300/16.** Recebida a petição inicial, será ordenada:
>
> I - a notificação do impetrado sobre o conteúdo da petição inicial, devendo-lhe ser enviada a segunda via apresentada com as cópias dos documentos, a fim de que, no prazo de 10 (dez) dias, preste informações;
>
> II - a ciência do ajuizamento da ação ao órgão de representação judicial da pessoa jurídica interessada, devendo-lhe ser enviada cópia da petição inicial, para que, querendo, ingresse no feito.
>
> (...)
>
> **Art. 7º, Lei 13.300/16.** Findo o prazo para apresentação das informações, será ouvido o Ministério Público, que opinará em 10 (dez) dias, após o que, com ou sem parecer, os autos serão conclusos para decisão."

▪ (IM)POSSIBILIDADE DE LIMINAR

A jurisprudência do Supremo Tribunal Federal, antes mesmo da Lei 13.300/16, consolidou-se no sentido de não ser cabível tutela liminar no mandado de injunção, haja vista ser incompatível com a natureza dessa ação e dos efeitos gerados pela sua decisão (já que, conforme veremos, ela pode ter a eficácia de suprir a omissão normativa). Esse entendimento encontra-se, por exemplo, nos seguintes precedentes: **MI 670** (j. 20/05/2002), **MI 323 AgR** (j. 31/10/1991) e **MI 335 AgR** (j. 09/08/1991).

Considerando que a Lei 13.300/16, ao regulamentar o mandado de injunção, não previu a possibilidade de decisão liminar no seu procedimento, continua, até hoje, incabível esse tipo de decisão na ação injuncional.

■ EFEITOS DA DECISÃO

O aspecto mais importante sobre o mandado de injunção diz respeito aos efeitos gerados pela decisão final proferida no processo.

Ao se analisar a eficácia da decisão nesse remédio constitucional, o que se quer saber é o seguinte:

a) A decisão, por si só, já define a norma aplicável para suprir a omissão inconstitucional?

b) A decisão alcança toda e qualquer pessoa (isto é, gera efeitos para fora do processo) ou apenas o impetrante?

O item "a" acima diz respeito à eficácia objetiva da decisão, enquanto o item "b" refere-se à sua eficácia subjetiva.

▶ Eficácia objetiva

Em relação à eficácia objetiva, há diversas correntes acerca de qual devem ser os efeitos da decisão proferida em sede de mandado de injunção, a saber:

I) **Não concretista**: a decisão não estabelece a norma aplicável para suprir a omissão inconstitucional, mas tão somente dá ciência ao responsável pela sua edição sobre o vácuo normativo.

II) **Concretista**: a decisão estabelece a norma aplicável para suprir a omissão inconstitucional. Essa corrente se divide em duas:

a) **Concretista intermediária**: em um primeiro momento, o órgão jurisdicional confere prazo para que o responsável pela edição da norma regulamentadora supra o vácuo e, caso essa omissão não seja sanada dentro do prazo fixado, aí sim, em um segundo momento, estabelece a norma que deve ser aplicada, isto é, os termos em que o direito, prerrogativa ou liberdade que vinha sendo inviabilizado poderá ser exercido.

b) **Concretista direta**: o órgão jurisdicional, de imediato, já estabelece qual norma deve ser aplicada, suprindo, portanto, a omissão inconstitucional independentemente de conferir prazo para que o responsável pela edição da norma saia da inércia.

▶ Eficácia subjetiva

Em relação à eficácia subjetiva, ela pode ser, de duas, uma:

I) **Individual**: a decisão gera efeitos apenas para o próprio impetrante.

II) **Geral**: a decisão gera efeitos para fora do processo, ultra partes ou *erga omnes*, atingindo outras pessoas que se encontrem em uma situação semelhante à do impetrante e que estejam sendo impedidas de exercer o direito, prerrogativa ou liberdade que depende de integração infraconstitucional.

Posição do STF

Antes da entrada em vigor da Lei 13.300/16, o Supremo Tribunal Federal apresentou uma evolução jurisprudencial sobre os efeitos da decisão na ação injuncional.

Em um primeiro momento e durante bastante tempo, o STF adotou a teoria não concretista, o que, na prática, tornava inócuo o mandado de injunção, pois lhe conferia os mesmos efeitos gerados pela decisão proferida em sede de ADO, isto é, a mera comunicação da omissão ao órgão responsável pela edição da norma (ressalve-se, aqui, a novidade verificada na ADO 26, em que o STF atribuiu eficácia concreta à decisão final, conforme estudamos no tema do controle de constitucionalidade).

Superando esse primeiro entendimento, o STF adotou em alguns casos a posição concretista intermediária individual e, posteriormente, a concretista direta individual, como ocorreu em casos de mandados de injunção impetrados por servidores públicos pleiteando o direito à aposentadoria especial por desempenho de funções em condições prejudiciais à saúde ou integridade física. Esse foi o posicionamento predominante na Suprema Corte nos últimos anos, até a edição da Lei 13.300/16.

Além disso, é interessante lembrar a excepcional decisão do STF nos MIs 670, 708 e 712 (que trataram do direito de greve dos servidores públicos), quando se adotou a corrente concretista direta geral, com determinação de aplicação, no que coubesse, da Lei 7.783/89, que é a norma de greve do setor privado.

Corrente adotada pela Lei 13.300/16

A Lei 13.300/16 adotou, como regra, a eficácia concretista intermediária individual, de modo que, em um primeiro momento, confere-se prazo para que a omissão seja suprida, somente havendo a definição da norma pelo Poder Judiciário (com efeitos apenas em relação ao impetrante) se esse prazo não for observado pelo impetrado.

A eficácia concretista intermediária cede espaço à concretista direta, se o impetrado já houver, em caso anterior semelhante, descumprido o prazo concedido pelo órgão jurisdicional.

E a eficácia individual cede espaço à geral, se, pela sua natureza, o direito, liberdade ou prerrogativa depender de efeitos para fora do processo para que possa ser exercido.

Tudo isso consta dos arts. 8º e 9º, *caput* e § 1º, da Lei 13.300/16:

> "**Art. 8º, Lei 13.300/16.** Reconhecido o estado de mora legislativa, será deferida a injunção para:
>
> I - determinar prazo razoável para que o impetrado promova a edição da norma regulamentadora;
> II - estabelecer as condições em que se dará o exercício dos direitos, das liberdades ou das prerrogativas reclamados ou, se for o caso, as condições em que poderá o interessado promover ação própria visando a exercê-los, caso não seja suprida a mora legislativa no prazo determinado.
> **Parágrafo único.** Será dispensada a determinação a que se refere o inciso I do *caput* quando comprovado que o impetrado deixou de atender, em mandado de injunção anterior, ao prazo estabelecido para a edição da norma.
>
> **Art. 9º, Lei 13.300/16.** A decisão terá eficácia subjetiva limitada às partes e produzirá efeitos até o advento da norma regulamentadora.

> **§ 1º** Poderá ser conferida eficácia *ultra partes* ou *erga omnes* à decisão, quando isso for inerente ou indispensável ao exercício do direito, da liberdade ou da prerrogativa objeto da impetração.
>
> (...)"

Resumindo, a decisão proferida em um MI pode ter eficácia:

I) Concretista intermediária individual **(regra)**;

II) Concretista direta individual (exceção);

III) Concretista intermediária geral (exceção);

IV) Concretista direta geral (exceção).

Note que, no mandado de injunção coletivo, a regra em relação à eficácia subjetiva também é a corrente individual, pois o art. 13, *caput*, da Lei 13.300/16 limita os efeitos da decisão à coletividade que foi substituída pelo legitimado coletivo no processo. Vejamos:

> "**Art. 13, Lei 13.300/16.** No mandado de injunção coletivo, a sentença fará coisa julgada limitadamente às pessoas integrantes da coletividade, do grupo, da classe ou da categoria substituídos pelo impetrante, sem prejuízo do disposto nos §§ 1º e 2º do art. 9º."

■ OUTROS ASPECTOS IMPORTANTES RELATIVOS À DECISÃO

A Lei 13.300/16 prevê a **coisa julgada *secundum eventum probationis*** para o mandado de injunção, pois permite a repropositura da ação injuncional se o indeferimento do pedido houver se fundamentado na insuficiência de provas. Nesse caso, para que o remédio constitucional seja novamente proposto será necessário haver novos elementos probatórios.

Ademais, uma vez julgado o mandado de injunção com formação de coisa julgada, a sua **decisão pode ser estendida a casos análogos**, o que é uma medida de economia processual.

Tudo isso decorre dos §§ 2º e 3º do art. 9º da Lei:

> "**Art. 9º, Lei 13.300/16.**
>
> (...)
>
> **§ 2º** Transitada em julgado a decisão, seus efeitos poderão ser estendidos aos casos análogos por decisão monocrática do relator.
>
> **§ 3º** O indeferimento do pedido por insuficiência de prova não impede a renovação da impetração fundada em outros elementos probatórios."

Por fim, é de extrema relevância anotar que, nos termos do art. 10 da Lei 13.300/16, **a decisão proferida no mandado de injunção submete-se à cláusula *rebus sic stantibus***, pois se admite que seja objeto de ação de revisão caso haja alteração relevante no contexto fático ou jurídico. Perceba que não se trata de ação rescisória, pois o objetivo não é rescindir a decisão transitada em julgado, mas simplesmente proceder à sua revisão (tal qual ocorre na ação de alimentos), revisão essa que pode ser requerida por qualquer interessado, e não apenas pelo impetrante da ação injuncional originária.

> "**Art. 10, Lei 13.300/16.** Sem prejuízo dos efeitos já produzidos, a decisão poderá ser revista, a pedido de qualquer interessado, quando sobrevierem relevantes modificações das circunstâncias de fato ou de direito.
>
> **Parágrafo único.** A ação de revisão observará, no que couber, o procedimento estabelecido nesta Lei."

▪ SUPERVENIÊNCIA DA NORMA REGULAMENTADORA

Impetrado o mandado de injunção e sobrevindo edição da norma regulamentadora, os impactos disso variam, da seguinte forma:

I) Se a norma regulamentadora é editada antes da decisão do mandado de injunção, este fica prejudicado, sendo extinto sem resolução do mérito.

II) Se a norma regulamentadora é editada após a decisão do mandado de injunção, essa nova norma passa a disciplinar o caso a partir de sua vigência (tendo, portanto, efeitos *ex nunc*), a menos que ela seja mais favorável do que a norma que havia sido criada pelo órgão jurisdicional, porque, em tal hipótese, aplica-se a regra contida no item abaixo.

III) Se a norma regulamentadora é editada após a decisão do mandado de injunção, essa nova norma, se for mais favorável ao beneficiário, produzirá efeitos retroativos (*ex tunc*).

Isso é o que dispõe o art. 11 da Lei 13.300/16:

> "**Art. 11, Lei 13.300/16.** A norma regulamentadora superveniente produzirá efeitos *ex nunc* em relação aos beneficiados por decisão transitada em julgado, salvo se a aplicação da norma editada lhes for mais favorável.
>
> **Parágrafo único.** Estará prejudicada a impetração se a norma regulamentadora for editada antes da decisão, caso em que o processo será extinto sem resolução de mérito."

▪ LITISPENDÊNCIA NO MANDADO DE INJUNÇÃO COLETIVO

Assim como ocorre no mandado de segurança coletivo, o mandado de injunção coletivo não gera litispendência em relação às ações injuncionais individuais, mas a decisão coletiva apenas beneficiará os impetrantes individuais se estes **desistirem** de seus processos dentro do prazo de 30 (trinta) dias a partir da ciência da ação coletiva (art. 13, parágrafo único, Lei 13.300/16).

> "**Art. 13, parágrafo único, Lei 13.300/16.** O mandado de injunção coletivo não induz litispendência em relação aos individuais, mas os efeitos da coisa julgada não beneficiarão o impetrante que não requerer a desistência da demanda individual no prazo de 30 (trinta) dias a contar da ciência comprovada da impetração coletiva."

"HABEAS DATA" (ART. 5º, LXXII, CF/88)

O *habeas data*, remédio constitucional criado pela CF/88 e regulamentado pela Lei 9.507/97, presta-se a assegurar o direito de obtenção de informações **pessoais** (isto é, relativas à pessoa do próprio impetrante) constantes de bancos de dados de entidades governamentais ou de caráter público; ou a retificar (em virtude de incorreção, imprecisão ou desatualização) tais informações.

> "**Art. 5º, LXXII, CF/88** - conceder-se-á habeas data:
>
> a) para assegurar o conhecimento de informações relativas à pessoa do impetrante, constantes de registros ou bancos de dados de entidades governamentais ou de caráter público;
>
> b) para a retificação de dados, quando não se prefira fazê-lo por processo sigiloso, judicial ou administrativo;"

É necessário ter **cuidado** com a seguinte distinção: o *habeas data* é o instrumento adequado para acessar e retificar informações relativas à pessoa do impetrante. Se a negativa do poder público foi de fornecimento de certidões ou de acesso a informações de terceiro (ainda que de interesse particular do requerente), o remédio adequado para debelar eventual ilegalidade é o mandado de segurança, e não o *habeas data.*

Portanto, quando o direito violado for o direito de obter certidões, não caberá *habeas data*, mas mandado de segurança. Da mesma forma, se o direito violado tiver relação com a obtenção de informações de terceiros (ainda que envolva interesse particular do requerente), não caberá *habeas data*, mas mandado de segurança.

Igualmente, se o interessado quiser ter acesso a um determinado processo administrativo e esse direito lhe for negado, o remédio cabível será o mandado de segurança, e não o *habeas data*. Essa hipótese, inclusive, foi objeto de cobrança no concurso para o cargo de Procurador do Município de Belo Horizonte/MG realizado pelo CESPE em 2017, no qual foi considerada **incorreta** a assertiva segundo a qual "nas situações em que se fizer necessário, o cidadão poderá impetrar *habeas data* para obter vistas dos autos de processo administrativo de seu interesse".

■ LEGITIMIDADE "AD CAUSAM"

A legitimidade **ativa** para o *habeas data* é da pessoa física ou jurídica que pretende obter e/ou retificar informações a respeito de sua própria pessoa.

Já a legitimidade **passiva** é do agente responsável pelo banco de dados em que se encontram as informações que são objeto do pedido do *habeas data* (mais precisamente, a legitimidade passiva é do agente responsável pelas informações). Esse banco de dados, como vimos, deve pertencer a uma entidade governamental (tanto da Administração direta quanto da Administração indireta) ou privada de caráter público.

Aqui, é importante registrar que o art. 1º, parágrafo único, da Lei 9.507/97, esclarece o que se considera banco de dados de caráter público: é aquele que contém informações que são ou que podem ser transmitidas a terceiros ou que não são de uso privativo do órgão ou entidade que as produziu ou que as detém.

> "**Art. 1º, Lei 9.507/97.** (VETADO)
>
> **Parágrafo único.** Considera-se de caráter público todo registro ou banco de dados contendo informações que sejam ou que possam ser transmitidas a terceiros ou que não sejam de uso privativo do órgão ou entidade produtora ou depositária das informações.

Portanto, tanto entidade pública quanto privada (integrante da Administração Pública ou não) pode ser impetrada em um *habeas data*. E, como exemplos de entidades privadas não governamentais de caráter público, podemos citar as empresas de serviço de proteção ao crédito (SPC), que, inclusive, são assim consideradas expressamente pelo art. 43, § 4º, do CDC (*"§ 4° Os bancos de dados e cadastros relativos a consumidores, os serviços de proteção ao crédito e congêneres são considerados entidades de caráter público."*).

ASPECTOS RELEVANTES DO PROCEDIMENTO

Para fins de concursos públicos, é de grande importância saber que é condição da ação de *habeas data* a prova da recusa de informações (e/ou retificação) ou do decurso do prazo legal sem resposta ao pedido, pois a falta dessa prova faz com que não fique caracterizada uma pretensão resistida e que, consequentemente, inexista interesse processual. Essa exigência consta do art. 8º, parágrafo único, da Lei 9.507/97 e já constava da jurisprudência do Supremo Tribunal Federal, conforme se pode inferir dos dispositivos legais e dos julgados transcritos abaixo.

"**Art. 8°, Lei 9.507/97.** A petição inicial, que deverá preencher os requisitos dos arts. 282 a 285 do Código de Processo Civil, será apresentada em duas vias, e os documentos que instruírem a primeira serão reproduzidos por cópia na segunda.

Parágrafo único. A petição inicial deverá ser instruída com prova:

I - da recusa ao acesso às informações ou do decurso de mais de dez dias sem decisão;

II - da recusa em fazer-se a retificação ou do decurso de mais de quinze dias, sem decisão; ou

III - da recusa em fazer-se a anotação a que se refere o § 2° do art. 4° ou do decurso de mais de quinze dias sem decisão."

"**Art. 4°** Constatada a inexatidão de qualquer dado a seu respeito, o interessado, em petição acompanhada de documentos comprobatórios, poderá requerer sua retificação.

§ 1° Feita a retificação em, no máximo, dez dias após a entrada do requerimento, a entidade ou órgão depositário do registro ou da informação dará ciência ao interessado.

§ 2° Ainda que não se constate a inexatidão do dado, se o interessado apresentar explicação ou contestação sobre o mesmo, justificando possível pendência sobre o fato objeto do dado, tal explicação será anotada no cadastro do interessado."

"À vista do disposto na Lei 9.507/97, que regula o direito de acesso a informações e disciplina o rito processual do habeas data, **tal ação só tem cabimento diante da recusa ao acesso às informações e da recusa em fazer-se a retificação ou anotação no cadastro do interessado** (art. 8º, parágrafo único). Desse modo, a Turma negou provimento ao recurso pela **falta de interesse de agir** do recorrente, já que, no caso, **não houve uma pretensão resistida**: ele não postulara o direito constitucionalmente estabelecido perante entidade governamental ou de caráter público competente. Precedente citado: RHD 22 - DF (DJU de 27.9.91). **RHD 24 - DF, rel. Min. Maurício Corrêa, 28.11.97." (Informativo 94/STF)**

> EMENTA: RECURSO DE HABEAS-DATA. CARÊNCIA DE AÇÃO: INTERESSE DE AGIR. 1. A lei nº 9.507, de 12.11.97, que regula o direito de acesso a informações e disciplina o rito processual do habeas-data, **acolheu os princípios gerais já proclamados por construção pretoriana**. 2. É princípio axiomático do nosso direito que só pode postular em juízo quem tem interesse de agir (CPC, arts. 3º e 267, VI), traduzido pela exigência de que **só se pode invocar a prestação da tutela jurisdicional diante de uma pretensão resistida**, salvo as exceções expressamente previstas. 3. Recurso de habeas-data não provido.
> **(RHD 24/DF; Relator(a): Min. MAURÍCIO CORRÊA; Julgamento: 28/11/1996; Órgão Julgador: Segunda Turma)**

A necessidade de haver recusa do pedido de acesso ou de retificação das informações para que seja cabível a ação de *habeas data* também já constava da jurisprudência do Superior Tribunal de Justiça antes mesmo da entrada em vigor da Lei 9.507/97 (a Lei do "Habeas Data"), tratando-se, inclusive, de entendimento sumulado. Nos termos da **Súmula nº 2 do STJ**, *"não cabe o habeas data (CF, art. 5º, LXXII, letra "a") se não houve recusa de informações por parte da autoridade administrativa"*.

Ademais, em consonância com o disposto no art. 5º, LXXVII, da CF/88, o art. 21 da Lei 9.507/97 prevê a gratuidade do procedimento administrativo de anotação de justificação e de obtenção e/ou retificação de informações, bem como da ação de *habeas data*.

> "**Art. 5º, LXXVII, CF/88** - são gratuitas as ações de *habeas corpus* e *habeas data*, e, na forma da lei, os atos necessários ao exercício da cidadania."
>
> "**Art. 21, Lei 9.507/97.** São gratuitos o procedimento administrativo para acesso a informações e retificação de dados e para anotação de justificação, bem como a ação de habeas data."

▪ COMPETÊNCIA

Tal qual ocorre no mandado de segurança e no *habeas corpus*, a competência para processar e julgar o *habeas data* também leva em conta a função exercida pelo impetrado e está disciplinada em diversos artigos da CF/88 e no art. 20 da Lei 9.507/97, tanto no que diz respeito ao conhecimento da ação originariamente quanto no que concerne à sua apreciação em grau de recurso.

Resumindo, a competência para o *habeas data* é conferida por nosso ordenamento jurídico aos seguintes órgãos jurisdicionais:

I) Supremo Tribunal Federal (art. 102, I, "d", CF/88): tem competência **originária**, quando o *habeas data* é impetrado contra atos do Presidente da República, das Mesas da Câmara dos Deputados e do Senado Federal, do Tribunal de Contas da União, do Procurador-Geral da República ou do próprio STF.

II) Supremo Tribunal Federal (art. 102, II, "a", CF/88): tem competência **recursal** (recurso ordinário), quando o *habeas data* foi julgado originariamente (em única instância) por um Tribunal superior e a decisão foi denegatória.

III) Supremo Tribunal Federal (art. 20, III, Lei 9.507/97): tem competência **recursal** em sede de recurso extraordinário, nos casos em que, segundo a CF/88, esse recurso for cabível.

IV) Superior Tribunal de Justiça (art. 105, I, "b", CF/88): tem competência **originária**, quando o *habeas data* é impetrado contra ato de Ministro de Estado, dos Comandantes das Forças Armadas ou do próprio STJ.

V) Superior Tribunal de Justiça (art. 20, II, "b", Lei 9.507/97): tem competência **recursal**, quando o *habeas data* for julgado originariamente (em única instância) por um TRF.

VI) Tribunais Regionais Federais (art. 108, I, "c", CF/88): têm competência **originária**, quando o *habeas data* é impetrado contra ato de juiz federal ou do próprio TRF.

VII) Tribunais Regionais Federais (art. 20, II, "c", Lei 9.507/97): têm competência **recursal**, quando o *habeas data* for julgado por um juiz federal.

VIII) Juízes federais (art. 109, VIII, CF/88): têm competência para julgar *habeas data* contra atos de autoridades federais, exceto nos casos em que a competência for dos tribunais federais.

IX) Tribunais Regionais Eleitorais (art. 121, § 4º, V, CF/88): têm competência **originária**, pois, nos termos do texto constitucional, a denegação de *habeas data* é um dos casos em cabe recurso contra decisão de TRE.

X) Tribunais de Justiça (art. 125, § 1º, CF/88): terão competência **originária** de acordo com o que dispuser a Constituição Estadual respectiva.

XI) Tribunais de Justiça (art. 20, II, "d", Lei 9.507/97): têm competência **recursal**, conforme dispuser a respectiva Constituição Estadual.

XII) Juízes estaduais (art. 20, I, "f", Lei 9.507/97): julgarão os *habeas data* nos casos de competência da Justiça Estadual que não forem de competência originária do Tribunal de Justiça respectivo.

Confira as disposições constitucionais e legais que disciplinam a questão:

> "**Art. 102, CF/88.** Compete ao Supremo Tribunal Federal, precipuamente, a guarda da Constituição, cabendo-lhe:
>
> I - processar e julgar, originariamente:
>
> (...)
>
> d) o habeas corpus, sendo paciente qualquer das pessoas referidas nas alíneas anteriores; o mandado de segurança e o habeas data contra atos do Presidente da República, das Mesas da Câmara dos Deputados e do Senado Federal, do Tribunal de Contas da União, do Procurador-Geral da República e do próprio Supremo Tribunal Federal;
>
> (...)
>
> II - julgar, em recurso ordinário:
>
> a) o habeas corpus, o mandado de segurança, o habeas data e o mandado de injunção decididos em única instância pelos Tribunais Superiores, se denegatória a decisão;"
>
> "**Art. 105, CF/88.** Compete ao Superior Tribunal de Justiça:
>
> I - processar e julgar, originariamente:
>
> (...)

b) os mandados de segurança e os habeas data contra ato de Ministro de Estado, dos Comandantes da Marinha, do Exército e da Aeronáutica ou do próprio Tribunal;"

"**Art. 108, CF/88.** Compete aos Tribunais Regionais Federais:

I - processar e julgar, originariamente:

(...)

c) os mandados de segurança e os habeas data contra ato do próprio Tribunal ou de juiz federal;"

"**Art. 109, CF/88.** Aos juízes federais compete processar e julgar:

(...)

VIII - os mandados de segurança e os habeas data contra ato de autoridade federal, excetuados os casos de competência dos tribunais federais;"

"**Art. 121, § 4º, CF/88.** Das decisões dos Tribunais Regionais Eleitorais somente caberá recurso quando:

(...)

V - denegarem habeas corpus, mandado de segurança, habeas data ou mandado de injunção."

"**Art. 125, CF/88.** Os Estados organizarão sua Justiça, observados os princípios estabelecidos nesta Constituição.

§ 1º A competência dos tribunais será definida na Constituição do Estado, sendo a lei de organização judiciária de iniciativa do Tribunal de Justiça."

"**Art. 20, Lei 9.507/97.** O julgamento do habeas data compete:

I - originariamente:

a) ao Supremo Tribunal Federal, contra atos do Presidente da República, das Mesas da Câmara dos Deputados e do Senado Federal, do Tribunal de Contas da União, do Procurador-Geral da República e do próprio Supremo Tribunal Federal;

b) ao Superior Tribunal de Justiça, contra atos de Ministro de Estado ou do próprio Tribunal;

c) aos Tribunais Regionais Federais contra atos do próprio Tribunal ou de juiz federal;

d) a juiz federal, contra ato de autoridade federal, excetuados os casos de competência dos tribunais federais;

e) a tribunais estaduais, segundo o disposto na Constituição do Estado;

f) a juiz estadual, nos demais casos;

II - em grau de recurso:

a) ao Supremo Tribunal Federal, quando a decisão denegatória for proferida em única instância pelos Tribunais Superiores;

b) ao Superior Tribunal de Justiça, quando a decisão for proferida em única instância pelos Tribunais Regionais Federais;

c) aos Tribunais Regionais Federais, quando a decisão for proferida por juiz federal;

d) aos Tribunais Estaduais e ao do Distrito Federal e Territórios, conforme dispuserem a respectiva Constituição e a lei que organizar a Justiça do Distrito Federal;

III - mediante recurso extraordinário ao Supremo Tribunal Federal, nos casos previstos na Constituição."

Aplicação da teoria da encampação no "habeas data"

Conforme vimos quando estudamos o mandado de segurança, o STJ firmou sua jurisprudência no sentido de que, quando a autoridade impetrada não é a verdadeira responsável pelo ato, mas é hierarquicamente superior a ela e, além disso, manifesta-se sobre o mérito da causa (defendendo o ato impugnado pelo impetrante), ela passa a ter legitimidade para o mandado de segurança, desde que o reconhecimento da sua legitimidade não altere a competência para o julgamento da ação (ou seja, deve ser mantida a competência que ficaria configurada caso o impetrante houvesse indicado corretamente a autoridade coatora). Isso é a **teoria da encampação** no mandado de segurança.

A teoria da encampação surgiu e se sedimentou para ter aplicação no mandado de segurança, mas o STJ também a admite na ação de *habeas data*.

Segundo o STJ, a teoria da encampação, feitas as adaptações que forem necessárias (isto é, "mutatis mutandis"), **aplica-se ao *habeas data***. Esse entendimento já foi aplicado pela Corte, por exemplo, no **HD 84** (j. 27/09/2006) e no **HD 147** (j. 12/12/2007).

Nas palavras do Tribunal, *"a teoria da encampação* ***aplica-se ao habeas data, mutatis mutandis****, quando o impetrado é autoridade hierarquicamente superior aos responsáveis pelas informações pessoais referentes ao impetrante e, além disso, responde na via administrativa ao pedido de acesso aos documentos"* (HD 84).

Portanto, segundo o STJ, se um *habeas data* é impetrado contra uma autoridade que não é a real responsável pelo ato, mas essa autoridade é hierarquicamente superior à autoridade correta e se manifesta sobre o pedido do impetrante (em vez de se limitar a alegar a sua ilegitimidade), a ação pode ser aproveitada e julgada no mérito, desde que o equívoco na indicação da autoridade não acarrete alteração da competência para o julgamento. Isso é a aplicação da teoria da encampação no *habeas data*.

AÇÃO POPULAR (ART. 5º, LXXIII, CF/88)

Regulamentada pela Lei 4.717/65, a ação popular está prevista no art. 5º, LXXIII, da CF/88.

> "**Art. 5º, LXXIII, CF/88** - qualquer cidadão é parte legítima para propor ação popular que vise a anular ato lesivo ao patrimônio público ou de entidade de que o Estado participe, à moralidade administrativa, ao meio ambiente e ao patrimônio histórico e cultural, ficando o autor, salvo comprovada má-fé, isento de custas judiciais e do ônus da sucumbência;"

Percebe-se, da leitura desse dispositivo, que a ação popular é instrumento de democracia direta e visa a assegurar a participação do cidadão na vida pública, protegendo a coisa pública ou, em outras palavras, interesses difusos.

HIPÓTESES DE CABIMENTO

Para o cabimento da ação popular, conforme decorre do art. 5º, LXXIII, da CF/88, deve haver **lesividade**:

a) ao patrimônio público ou de entidade de que o Estado participe (os conceitos de patrimônio público e de entidade que tem a participação do Estado são definidos pelo art. 1º da Lei 4.717/65);

b) à moralidade administrativa;

c) ao meio ambiente;

d) ao patrimônio histórico e cultural.

> "**Art. 1º, Lei 4.717/65** Qualquer cidadão será parte legítima para pleitear a anulação ou a declaração de nulidade de atos lesivos ao patrimônio da União, do Distrito Federal, dos Estados, dos Municípios, de entidades autárquicas, de sociedades de economia mista (Constituição, art. 141, § 38), de sociedades mútuas de seguro nas quais a União represente os segurados ausentes, de empresas públicas, de serviços sociais autônomos, de instituições ou fundações para cuja criação ou custeio o tesouro público haja concorrido ou concorra com mais de cinqüenta por cento do patrimônio ou da receita ânua, de empresas incorporadas ao patrimônio da União, do Distrito Federal, dos Estados e dos Municípios, e de quaisquer pessoas jurídicas ou entidades subvencionadas pelos cofres públicos.
>
> **§ 1º** Consideram-se patrimônio público para os fins referidos neste artigo, os bens e direitos de valor econômico, artístico, estético, histórico ou turístico.
>
> **§ 2º** Em se tratando de instituições ou fundações, para cuja criação ou custeio o tesouro público concorra com menos de cinqüenta por cento do patrimônio ou da receita ânua, bem como de pessoas jurídicas ou entidades subvencionadas, as conseqüências patrimoniais da invalidez dos atos lesivos terão por limite a repercussão deles sobre a contribuição dos cofres públicos."

Portanto, para o ajuizamento da ação popular, é necessário que se esteja diante de um ato ilegal (pois, para que o ato seja anulado ou tenha sua nulidade declarada é necessário que contenha ilegalidade) e lesivo ao patrimônio público. Essa exigência da presença de ilegalidade e lesividade no ato impugnado na ação popular é o que se chama de **binômio ilegalidade-lesividade**, sem o qual não há espaço para o manejo desse remédio constitucional.

É importante registrar, no entanto, que a exigência de lesividade ao patrimônio público não significa que, para o cabimento da ação popular, o ato impugnado deva ter causado efetivo prejuízo de caráter financeiro aos cofres públicos.

O conceito de patrimônio público para fins de manejo da ação popular é amplo, como fica claro no próprio art. 5º, LXXIII, da CF/88 e no art. 1º, § 1º, da Lei 4.717/65. Conforme se pode extrair desses dispositivos, o patrimônio público tutelado por ação popular compreende não apenas os recursos financeiros do Estado, mas também os bens e direitos de valor econômico, artístico, estético, histórico, turístico e cultural, assim como os princípios da Administração Pública, a exemplo da moralidade administrativa (que é expressamente citada no art. 5º, LXXIII, da CF/88).

Justamente por isso, o Supremo Tribunal Federal, ao jugar o Tema de Repercussão Geral nº 836, fixou a tese segundo a qual *"**não é condição para o cabimento da ação popular a demonstração de prejuízo material aos cofres públicos**, dado que o art. 5º, inciso LXXIII, da Constituição Federal estabelece que qualquer cidadão é parte legítima para propor ação popular e impugnar, ainda que separadamente, ato lesivo ao patrimônio material, moral, cultural ou histórico do Estado ou de entidade de que ele participe"*.

E o STJ, seguindo essa mesma linha de pensamento, também já reconheceu a possibilidade do ajuizamento de ação popular contra ato que não tenha causado efetivo prejuízo financeiro aos cofres públicos. Por exemplo, no **EREsp 1.192.563** (julgado em 27/02/2019), a Corte afirmou que *"não encontra abrigo na interpretação que vem realizando a Suprema Corte, na matéria, o entendimento (...) de que o conceito de ato lesivo sufragado pela Constituição Federal no inciso LXXIII do art. 5º (...), bem como pela Lei da Ação Popular (4.717/1965), apenas estaria compreendido nos casos em que houver lesão* *ao erário de conteúdo econômico-financeiro. (...)* ***Não se desconhece a existência de precedente do STJ que entende "imprescindível a comprovação do binômio ilegalidade-lesividade****, como pressuposto elementar para a procedência da Ação Popular e consequente condenação dos requeridos no ressarcimento ao erário em face dos prejuízos comprovadamente atestados ou nas perdas e danos correspondentes" (REsp 1.447.237/MG...). (...) Ocorre que* ***a jurisprudência majoritária do STJ defende que a Ação Popular é cabível quando violados os princípios da Administração Pública (art. 37 da CF/1988), como a moralidade administrativa, ainda que inexistente o dano material ao patrimônio público****. A lesão tanto pode ser efetiva quanto legalmente presumida, visto que a Lei 4.717/1965 estabelece casos de presunção de lesividade (art. 4º), para os quais basta a prova da prática do ato naquelas circunstâncias para considerá-lo lesivo e nulo de pleno direito".*

Portanto, a exigência de lesividade para que um ato possa ser objeto de ação popular não torna indispensável a presença de efetivo prejuízo de caráter patrimonial ao poder público.

Apesar de não expressamente dito na Lei e na Constituição, a ação popular pode ser preventiva (para evitar o ato lesivo) ou repressiva (para reparar o patrimônio público e anular o ato já praticado). E, presentes os requisitos de *fumus boni iuris* e *periculum in mora*, é possível a concessão de liminar, conforme previsto no art. 5º, § 4º, da Lei 4.717/65.

> "**Art. 5º, § 4º. Lei 4.717/65** Na defesa do patrimônio público caberá a suspensão liminar do ato lesivo impugnado."

■ LEGITIMIDADE "AD CAUSAM"

Nos termos do art. 5º, LXXIII, da CF/88 e do art. 1º, *caput*, da Lei 4.717/65, a legitimidade **ativa** para a ação popular é apenas do cidadão, que é o brasileiro (nato ou naturalizado) no pleno gozo de seus direitos políticos, devendo tal situação ser comprovada pelo título de eleitor ou documento equivalente (trata-se de um **requisito essencial** da petição inicial), conforme consta do art. 1º, § 3º, da Lei 4.717/65.

> "**Art. 1º, Lei 4.717/65.**
>
> (...)
>
> **§ 3º A prova da cidadania, para ingresso em juízo, será feita com o título eleitoral, ou com documento que a ele corresponda.**
>
> **§ 4º** Para instruir a inicial, o cidadão poderá requerer às entidades, a que se refere este artigo, as certidões e informações que julgar necessárias, bastando para isso indicar a finalidade das mesmas.
>
> **§ 5º** As certidões e informações, a que se refere o parágrafo anterior, deverão ser fornecidas dentro de 15 (quinze) dias da entrega, sob recibo, dos respectivos requerimentos, e só poderão ser utilizadas para a instrução de ação popular.
>
> **§ 6º** Somente nos casos em que o interesse público, devidamente justificado, impuser sigilo, poderá ser negada certidão ou informação.
>
> **§ 7º** Ocorrendo a hipótese do parágrafo anterior, a ação poderá ser proposta desacompanhada das certidões ou informações negadas, cabendo ao juiz, após apreciar os motivos do indeferimento, e salvo em se tratando de razão de segurança nacional, requisitar umas e outras; feita a requisição, o processo

> correrá em segredo de justiça, que cessará com o trânsito em julgado de sentença condenatória."

Ficam, portanto, excluídos da possibilidade de propor ação popular os estrangeiros, os apátridas, as pessoas jurídicas (Súmula 365/STF) e mesmo os indivíduos brasileiros que se encontrem com seus direitos políticos suspensos ou perdidos (isto é, que tenham sofrido a incidência de alguma das hipóteses do art. 15 da CF/88).

> **Súmula 365/STF:** "Pessoa jurídica não tem legitimidade para propor ação popular."

Interessante notar, nesse contexto, que a pessoa entre 16 e 18 anos que possua título de eleitor, embora não goze de capacidade civil plena, possui capacidade processual para o ajuizamento de ação popular (sem necessidade de assistência), o que, porém, não afasta a necessidade de constituir advogado, pois a lei não confere o *jus postulandi* ao legitimado ativo para esse remédio constitucional, conforme, inclusive, já afirmado pelo Supremo Tribunal Federal, a exemplo dos precedentes abaixo.

> EMENTA: AGRAVO REGIMENTAL NA **AÇÃO POPULAR** AUTUADA COMO AÇÃO ORIGINÁRIA. (...) **PETIÇÃO INICIAL ASSINADA PELA AUTORA, SEM REPRESENTAÇÃO PROCESSUAL**. REGULARMENTE INTIMADA PARA REGULARIZAR O FEITO, MANTEVE-SE INERTE. 1. **O direito de petição e o acesso à justiça não eximem a Agravante de postular em juízo com a presença de advogado (art. 133 da Constituição da República e art. 36 do Código de Processo Civil).**
>
> **(AO 1531 AgR/RS; Relator(a): Min. CÁRMEN LÚCIA; Julgamento: 03/06/2009; Órgão Julgador: Tribunal Pleno)**
>
> "A Constituição da República estabeleceu que o acesso à justiça e o direito de petição são direitos fundamentais (art. 5.º, XXXIV , 'a', e XXXV), porém estes não garantem a quem não tenha capacidade postulatória litigar em juízo, ou seja, **é vedado o exercício do direito de ação sem a presença de um advogado, considerado 'indispensável à administração da justiça' (art. 133 da Constituição da República e art. 1.º da Lei n. 8.906/94), com as ressalvas legais**. (...) Incluem-se, ainda, no rol das exceções, as ações protocoladas nos juizados especiais cíveis, nas causas de valor até vinte salários mínimos (art. 9.º da Lei n. 9.099/95) e as ações trabalhistas (art. 791 da CLT), **não fazendo parte dessa situação privilegiada a ação popular." (AO 1.531-AgR, voto da Min. Cármen Lúcia, j. 03.06.2009, Plenário, DJE de 1.º.07.2009)**

É importante registrar ainda, quanto à legitimidade ativa para a ação popular, que **nada impede que essa ação seja ajuizada por cidadão patrocinado pela Defensoria Pública**, desde que, evidentemente, estejam presentes os requisitos para a atuação desse órgão e o autor seja brasileiro e se encontre no gozo dos seus direitos políticos (isto é, seja efetivamente um cidadão).

Isso, inclusive, já foi cobrado em prova, como ocorreu no concurso para o cargo de Defensor Público do Estado de Roraima realizado pela FCC em 2021, no qual foi considerada **correta** a assertiva segundo a qual, em relação à ação popular, a Defensoria Pública *"não detém legitimidade para ajuizamento desta ação constitucional, mas nada impede que atue em favor de um cidadão brasileiro, desde que este esteja no pleno gozo dos seus direitos políticos"*.

Já a legitimidade **passiva**, tratada no art. 6º da Lei 4.717/65, é do agente que praticou o ato, da entidade lesada e dos beneficiários do ato lesivo. Em relação à entidade lesada, a Lei estabelece que ela pode deixar de contestar o pedido ou atuar ao lado do autor, abandonando, assim, o polo passivo da demanda, desde que tal postura seja útil ao interesse público.

Essa possibilidade de o poder público migrar do polo passivo da ação para o polo ativo é chamada na doutrina de **legitimidade bifronte ou pendular** (Antonio do Passo Cabral chama essa movimentação do poder público entre os polos da ação de **migração pendular**).

> "**Art. 6º, Lei 4.717/65** A ação será proposta contra as pessoas públicas ou privadas e as entidades referidas no art. 1º, contra as autoridades, funcionários ou administradores que houverem autorizado, aprovado, ratificado ou praticado o ato impugnado, ou que, por omissas, tiverem dado oportunidade à lesão, e contra os beneficiários diretos do mesmo.
>
> **§ 1º** Se não houver benefício direto do ato lesivo, ou se for ele indeterminado ou desconhecido, a ação será proposta somente contra as outras pessoas indicadas neste artigo.
>
> **§ 2º** No caso de que trata o inciso II, item "b", do art. 4º, quando o valor real do bem for inferior ao da avaliação, citar-se-ão como réus, além das pessoas públicas ou privadas e entidades referidas no art. 1º, apenas os responsáveis pela avaliação inexata e os beneficiários da mesma.
>
> **§ 3º** A pessoa jurídica de direito público ou de direito privado, cujo ato seja objeto de impugnação, poderá abster-se de contestar o pedido, ou poderá atuar ao lado do autor, desde que isso se afigure útil ao interesse público, a juízo do respectivo representante legal ou dirigente.
>
> **§ 4º** O Ministério Público acompanhará a ação, cabendo-lhe apressar a produção da prova e promover a responsabilidade, civil ou criminal, dos que nela incidirem, sendo-lhe vedado, em qualquer hipótese, assumir a defesa do ato impugnado ou dos seus autores.
>
> **§ 5º** É facultado a qualquer cidadão habilitar-se como litisconsorte ou assistente do autor da ação popular."

E quanto ao **Ministério Público**? Qual é o papel dele na ação popular? Conforme dispõe o § 4º do art. 6º da Lei 4.717/65 (transcrito acima), o MP atua como fiscal da lei (ou fiscal da ordem jurídica, se utilizarmos a terminologia mais abrangente do CPC/15). Além disso, o *Parquet*, embora não possa ajuizar a ação popular (o que só pode ser feito por um cidadão), poderá ocupar o polo ativo para dar prosseguimento ao feito, se o autor popular desistir da ação ou, por algum outro motivo, causar a extinção do processo sem resolução do mérito (isto é, se ele der causa à chamada "absolvição de instância").

Na verdade, caso o autor da ação popular desista do feito ou, de alguma outra forma, leve o processo à extinção sem julgamento de mérito, a ação popular poderá ter continuidade **não só por atuação do Ministério Público, mas também por atuação de outro cidadão**. Conforme estabelece o art. 9º da Lei 4.717/65, o prosseguimento da ação nessa hipótese poderá ser providenciado tanto pelo MP quanto por outro cidadão, mediante a **ocupação do polo ativo da demanda por um deles**. Veja:

> "**Art. 9º, Lei 4.717/65** Se o autor desistir da ação ou der motiva à absolvição da instância, serão publicados editais nos prazos e condições previstos no art. 7º, inciso II, ficando assegurado a qualquer cidadão, bem como ao representante do Ministério Público, dentro do prazo de 90 (noventa) dias da última publicação feita, promover o prosseguimento da ação."

■ COMPETÊNCIA

A **regra** é que a competência para processar e julgar a ação popular é do juízo singular de primeiro grau, variando o órgão julgador a depender da origem do ato impugnado, de modo que, se o patrimônio lesado for da União, competente será a Justiça Federal, se o patrimônio for de um Estado-membro, competente será a Justiça Estadual respectiva etc.

Nesse sentido, a jurisprudência do STF, como regra, não admite foro por prerrogativa de função na ação popular nem tampouco nas demais ações de caráter civil que não estejam expressamente previstas na CF/88 como de competência originária dos Tribunais, a exemplo da ação de improbidade administrativa (lembrando aqui que o STF, na Pet 3211 QO, entendeu que é sua a competência para julgar ação de improbidade ajuizada contra seus próprios membros). Confira os seguintes julgados adotando esse entendimento:

> **EMENTA:** AGRAVO REGIMENTAL EM AÇÃO POPULAR AUTUADA COMO PETIÇÃO. (...) INCOMPETÊNCIA DO SUPREMO TRIBUNAL FEDERAL. (...) 2. **Não é da competência originária do STF conhecer de ações populares, ainda que o réu seja autoridade que tenha na Corte o seu foro por prerrogativa de função para os processos previstos na Constituição.** Precedentes. (...)
>
> **(Pet 8504 AgR/DF; Relator(a): Min. ROSA WEBER; Julgamento: 19/12/2019; Órgão Julgador: Tribunal Pleno)**
>
> **Ementa:** (...) Sujeição dos Agentes Políticos a Duplo Regime Sancionatório em Matéria de Improbidade. Impossibilidade de Extensão do Foro por Prerrogativa de Função à Ação de Improbidade Administrativa. (...) 2. **O foro especial por prerrogativa de função previsto na Constituição Federal em relação às infrações penais comuns não é extensível às ações de improbidade administrativa, de natureza civil.** Em primeiro lugar, o foro privilegiado é destinado a abarcar apenas as infrações penais. A suposta gravidade das sanções previstas no art. 37, § 4º, da Constituição, não reveste a ação de improbidade administrativa de natureza penal. Em segundo lugar, o foro privilegiado submete-se a regime de direito estrito, já que representa exceção aos princípios estruturantes da igualdade e da república. **Não comporta, portanto, ampliação a hipóteses não expressamente previstas no texto constitucional. E isso especialmente porque, na hipótese, não há lacuna constitucional, mas legítima opção do poder constituinte originário em não instituir foro privilegiado para o processo e julgamento de agentes políticos pela prática de atos de improbidade na esfera civil.** Por fim, a fixação de competência para julgar a ação de improbidade no 1o grau de jurisdição, além de constituir fórmula mais republicana, é atenta às capacidades institucionais dos diferentes graus de jurisdição para a realização da instrução processual, de modo a promover maior eficiência no combate à corrupção e na proteção à moralidade administrativa. (...)
>
> **(Pet 3240 AgR/DF; Relator(a): Min. TEORI ZAVASCKI; Relator(a) p/ Acórdão: Min. ROBERTO BARROSO; Julgamento: 10/05/2018; Órgão Julgador: Tribunal Pleno)**
>
> **EMENTA:** (...) 2. **Não é da competência originária do STF conhecer de ações populares, nem mesmo quando o réu seja autoridade que tenha na Corte o seu foro por prerrogativa de função para os processos previstos na Constituição.** Precedentes. No caso, a ação popular é dirigida contra o Presidente do TJCE, o Governador de Estado do Ceará e a Mesa da Câmara Legislativa do Ceará, sendo manifesta a incompetência da Corte para seu conhecimento originário. 3. **A situação dos autos não configura hipótese a atrair a excepcional competência do Supremo Tribunal Federal, prevista no art. 102, inciso I, alínea n, da Constituição Federal. É assente o entendimento da Corte de que o impedimento, a suspeição ou o interesse que autorizam o conhecimento da demanda pelo STF, nos termos do disposto no art. 102, inciso I, alínea n, in fine, da CF/88, pressupõem**

> **a manifestação expressa dos membros do tribunal competente, em princípio, para o julgamento da causa** – o que não se verifica na espécie. Precedentes. (...)
>
> **(AO 2264 AgR/CE; Relator(a): Min. DIAS TOFFOLI; Julgamento: 10/10/2017; Órgão Julgador: Segunda Turma)**
>
> **EMENTA:** Questão de ordem. Ação civil pública. Ato de improbidade administrativa. (...) 1. **Compete ao Supremo Tribunal Federal julgar ação de improbidade contra seus membros.** 2. Arquivamento da ação quanto ao Ministro da Suprema Corte e remessa dos autos ao Juízo de 1º grau de jurisdição no tocante aos demais.
>
> **(Pet 3211 QO / DF; Relator(a): Min. MARCO AURÉLIO; Relator(a) p/ Acórdão: Min. MENEZES DIREITO; Julgamento: 13/03/2008; Órgão Julgador: Tribunal Pleno)**

Mas tenha **muito cuidado** com um detalhe: quando a ação popular tem pedido típico de mandado de segurança coletivo, o Supremo Tribunal Federal admite sua competência para processá-la e julgá-la originariamente, se o polo passivo for ocupado por quem, em sede de mandado de segurança, submete-se à sua jurisdição, como é o caso do Presidente da República. Confira o seguinte julgado nesse sentido:

> **Ementa:** (...) AÇÃO POPULAR. DIREITO CONSTITUCIONAL E ADMINISTRATIVO. COMPETÊNCIA DO SUPREMO TRIBUNAL FEDERAL. ARTIGO 102, I, D, DA CRFB. (...) 1. **O Supremo Tribunal Federal é competente para processar e julgar ação popular cujo pedido seja próprio de Mandado de Segurança coletivo contra ato de presidente da república, "ex vi" do artigo 102, I, d, da Constituição.** (...)
>
> **(Pet 8104 AgR/SP; Relator(a): Min. LUIZ FUX; Julgamento: 06/12/2019; Órgão Julgador: Tribunal Pleno)**

As autoridades que se submetem à jurisdição originária do STF em sede de mandado de segurança estão previstas no art. 102, I, "d", da CF/88:

> "**Art. 102, CF/88.** Compete ao Supremo Tribunal Federal, precipuamente, a guarda da Constituição, cabendo-lhe:
>
> I - processar e julgar, originariamente:
>
> (...)
>
> d) o *habeas corpus*, sendo paciente qualquer das pessoas referidas nas alíneas anteriores; o mandado de segurança e o *habeas data* contra atos do Presidente da República, das Mesas da Câmara dos Deputados e do Senado Federal, do Tribunal de Contas da União, do Procurador-Geral da República e do próprio Supremo Tribunal Federal; (...)"

Para além da situação excepcional vista acima, há, ainda, três hipóteses previstas na Constituição Federal em que a competência para julgar a ação popular deixará de ser do primeiro grau e passará a ser do Supremo Tribunal Federal. Essas hipóteses estão previstas no art. 102, I, "f" e "n", da CF/88.

> "**Art. 102, CF/88.** Compete ao Supremo Tribunal Federal, precipuamente, a guarda da Constituição, cabendo-lhe:
>
> I - processar e julgar, originariamente:

> (...)
>
> f) as causas e os conflitos entre a União e os Estados, a União e o Distrito Federal, ou entre uns e outros, inclusive as respectivas entidades da administração indireta;
>
> (...)
>
> n) a ação em que todos os membros da magistratura sejam direta ou indiretamente interessados, e aquela em que mais da metade dos membros do tribunal de origem estejam impedidos ou sejam direta ou indiretamente interessados;
>
> (...)"

Portanto, quando a ação popular envolver alguma das hipóteses indicadas nas alíneas "f" e "n" do inciso I do art. 102 da CF/88, o Supremo Tribunal Federal terá competência originária para o seu processo e julgamento. Essas hipóteses são as seguintes:

I) litígios entre a União e os Estados, a União e o Distrito Federal, ou entre uns e outros, inclusive, as respectivas entidades da administração indireta (art. 102, I, "f").

II) quando todos os membros da magistratura forem direta ou indiretamente interessados na demanda (art. 102, I, "n").

III) quando mais da metade dos membros do Tribunal de origem da ação estiverem impedidos ou forem direta ou indiretamente interessados (art. 102, I, "n").

Algumas observações sobre as hipóteses das alíneas "f" e "n" do inciso I do art. 102 da CF/88 merecem ser registradas.

1) Segundo o Supremo Tribunal Federal, para que fique configurada, no caso concreto, a hipótese do art. 102, I, "f", da CF/88, é necessário que haja um **conflito federativo**, que é aquele travado entre entidades integrantes da Federação que, pela sua magnitude, apresenta potencial para desequilibrar o pacto federativo e a harmonia entre as entidades federadas. O mero conflito entre entes federados sem aptidão para desestabilizar a Federação, como a simples disputa de caráter patrimonial, não é suficiente para atrair a competência originária do STF, sendo a demanda judicial, nesse caso, julgada de acordo com as regras ordinárias de competência **(AC 3389 MC-ref, j. 01/08/2013)**. Aqui é necessário registrar que a **EC 132/2023** (a chamada "Reforma Tributária") trouxe uma novidade importante a respeito do tema. Essa emenda incluiu a alínea "j" no inciso I do art. 105 da CF/88, estabelecendo que é da **competência originária do STJ** (sim, do Superior Tribunal de Justiça) o julgamento de processos que tenham como objeto conflitos entre entes federativos a respeito do IBS (Imposto sobre Bens e Serviços) e da CBS (Contribuição sobre Bens e Serviços). E, segundo o mesmo dispositivo (art. 105. I, "j", CF/88), também é da competência originária do STJ o julgamento de processos que tenham como objeto esse mesmo tipo de conflito, mas travado entre entes federados e o Comitê Gestor do IBS (***"Art. 105, CF/88.*** *Compete ao Superior Tribunal de Justiça: I - processar e julgar, originariamente: ... j) os* ***conflitos entre entes federativos, ou entre estes e o Comitê Gestor do Imposto sobre Bens e Serviços****, relacionados aos* ***tributos previstos nos arts. 156-A e 195, V;****"*). Como se pode perceber, a CF/88, no seu art. 105, I, "j" (incluído pela EC 132/2023), estabeleceu uma **presunção** de que, quando o conflito entre entes federados (ou entre entes federados e o Comitê Gestor do IBS) evolver o IBS ou a CBS, **não haverá um conflito federativo** (que é aquele capaz de desequilibrar o pacto federativo), cuidando-se de mera disputa patrimonial, motivo pelo qual a competência jurisdicional nesse caso será do STJ, e não do STF. Resta saber apenas se essa presunção de inexistência de conflito federativo nas disputas envolvendo o IBS e a CBS será considerada pelo STF (quando for provocado a se manifestar sobre a matéria) como uma presunção absoluta ou como uma presunção relativa. **Se essa presunção for considerada absoluta**, isso significará que toda e qualquer situação que envolver disputa entre entes federados (ou entre entes federados e o Comitê Gestor do IBS) a respeito do IBS ou da CBS será de competência originária do STJ, pois **nunca haverá aí um conflito federativo** (que é aquele com aptidão para desequilibrar o pacto federativo). Por outro lado, **se essa presunção for considerada meramente relativa**, isso significará que, quando houver uma disputa entre entes federados (ou entre entes federados e o Comitê Gestor do IBS) a respeito do IBS ou da CBS, essa disputa, **em regra**, não caracterizará um conflito federativo e, portanto, será de competência originária do STJ (nos termos do art. 105, I, "j", da CF/88). Porém, por se tratar de uma presunção relativa, **será possível, no caso concreto, que ela (a presunção) fique afastada mediante a demonstração da presença de um conflito federativo** (aquele que tem aptidão para causar um desequilíbrio no pacto federativo), situação em que a competência para processar e julgar o caso será originária do Supremo Tribunal Federal, nos termos do art. 102, I, "f", da CF/88.

2) Também segundo entende o Supremo Tribunal Federal, para que fique caracterizada a hipótese de competência originária prevista no art. 102, I, "n", da CF/88, não basta que as partes do processo aleguem que há impedimento, suspeição ou interesse direto ou indireto dos membros do Tribunal que, inicialmente, seria competente para julgar a demanda. Para que fique atraída a competência originária do STF nesse caso, é necessário que os membros do Tribunal de origem tenham expressa e formalmente declarado seu impedimento, suspeição ou interesse na causa **(AO 2264 AgR/CE, j. 10/10/2017)**.

3) Há entendimento no âmbito do STF no sentido de que a hipótese de competência originária prevista no art. 102, I, "n", da CF/88 **não se aplica a processos de controle concentrado abstrato de constitucionalidade**, como é o caso da representação de inconstitucionalidade estadual (a chamada "ADI estadual", que é julgada por um Tribunal de Justiça). Isso porque esses processos têm caráter objetivo, e em processos objetivos não há disputa de interesses intersubjetivos, de modo que não há espaço para se falar em impedimento ou mesmo em existência de interesses de magistrados no julgamento do pedido. Esse entendimento foi adotado na **Rcl 40428**, julgada monocraticamente pelo Min. Luís Roberto Barroso em 20/05/2020, e está de acordo com a jurisprudência do Supremo Tribunal Federal no sentido da inaplicabilidade das hipóteses de impedimento e suspeição de magistrado aos processos de controle concentrado abstrato de constitucionalidade (ADI 6362, j. 02/09/2020). O tema, inclusive, já foi cobrado em prova, como ocorreu no concurso para o cargo de Juiz Substituto do TJ/PR realizado pela FGV em 2023. Na prova objetiva desse concurso, houve uma questão com o seguinte enunciado: *"em Ação Direta de Inconstitucionalidade (Representação de Inconstitucionalidade) movida pelo governador do Estado Alfa perante o Pleno do Tribunal de Justiça local, impugnando a inconstitucionalidade de determinada lei estadual em face da Constituição do Estado Alfa, mais da metade dos membros do*

Tribunal de Justiça se declararam impedidos de julgá-la". Em seguida, a questão perguntou qual seria o órgão competente para julgar o caso segundo a jurisprudência do Supremo Tribunal Federal, e a resposta correta foi o *"Pleno do Tribunal de Justiça do Estado Alfa"*. Como se pode perceber, nessa questão a banca examinadora cobrou o entendimento do STF no sentido de que a hipótese de competência originária prevista no art. 102, I, "n", da CF/88 não se aplica a processos de controle concentrado abstrato de constitucionalidade.

4) Segundo o Supremo Tribunal Federal, a hipótese de competência originária prevista no art. 102, I, "n", da CF/88 não se aplica quando, apesar de haver interesse da magistratura no julgamento do processo, outros órgãos (como o Poder Legislativo, o Ministério Público, a Defensoria Pública, o Tribunal de Contas) também são interessados no caso. Ou seja, para que fique caracterizada essa competência originária do STF, **é necessário que o interesse na causa seja exclusivo da magistratura**, não podendo alcançar outras carreiras (**Rcl 30885**, j. 20/11/2019; **Rcl 21794 AgR**, j. 20/09/2015; **Rcl 16529 AgR**, j. 28/10/2014; e outros).

Alguns casos interessantes atinentes à competência para o processo e julgamento da ação popular foram apreciados pelo STF, conforme veremos nos tópicos abaixo.

▶ Competência para julgar ação popular envolvendo o SEBRAE

Houve um caso de ação popular ajuizada contra o SEBRAE. Nesse precedente, discutiu-se se a competência seria da Justiça Federal ou da Justiça Estadual, e o STF decidiu que o SEBRAE não possui natureza autárquica, mas, sim, de sociedade civil (que possui personalidade jurídica de direito privado), devendo a ação, por esse motivo, ser julgada pela Justiça Estadual.

> "**Compete à Justiça Comum o julgamento de causas que envolvam o SEBRAE.** Com base nessa orientação, a Turma reformou acórdão do TRF da 4ª Região que, por considerar o SEBRAE entidade autárquica, nos moldes da Lei 4.717/65 (LAP), concluíra pela competência da Justiça Federal para julgar ação popular contra ele proposta. Entendeu-se que **o referido ente não corresponde à noção constitucional de autarquia**, a qual deve ser criada por lei específica (CF, art. 37, XIX) e não na forma de sociedade civil, com personalidade de direito privado, como no caso. Ademais, asseverou-se que **o disposto no art. 20, c, da mencionada Lei 4.717/65 não transformou em autarquia as entidades de direito privado que recebem e aplicam contribuições parafiscais**, mas apenas as incluiu no rol de proteção da ação popular. Precedente citado: RE 336168/SC (DJU de 14.5.2004)."
>
> **(RE 414375/SC, rel. Min. Gilmar Mendes, 31.10.2006, Informativo 447/STF)**

▶ Competência para julgar ação popular ajuizada contra o CNMP

Houve, também, um caso de ação popular proposta originariamente perante o STF, com fundamento no art. 102, I, "r", da CF/88, contra uma decisão do Conselho Nacional do Ministério Público (CNMP) proferida pela maioria de seus membros.

> "**Art. 102, CF/88.** Compete ao Supremo Tribunal Federal, precipuamente, a guarda da Constituição, cabendo-lhe:
>
> I - processar e julgar, originariamente:

> (...)
> r) as ações contra o Conselho Nacional de Justiça e contra o Conselho Nacional do Ministério Público;
> (...)"

A Suprema Corte registrou, inicialmente, que o caso não consubstanciava nenhuma das situações excepcionais em que reconhece sua competência originária para o julgamento de ação popular, vistas anteriormente.

Além disso, esclareceu que a previsão do art. 102, I, "r", da CF/88 não permite concluir ser sua a competência para julgar ação popular em face do CNMP, pois esse remédio constitucional busca a responsabilização pessoal de quem praticou o ato, enquanto a competência originária do STF refere-se a casos em que se questiona a postura do próprio órgão colegiado.

Por fim, o Tribunal asseverou que o CNMP é um órgão (portanto, destituído de personalidade jurídica) integrante da União, o que afasta sua legitimidade para integrar o polo passivo da ação; e que, ainda que a ação tivesse sido ajuizada contra a União, seria necessário haver litisconsórcio passivo dela com todos os responsáveis (pessoas físicas) pela prática do ato impugnado.

Resumindo, o STF não possui competência originária para julgar ação popular em face de decisão do CNMP, e esse conselho nem mesmo possui legitimidade para figurar no polo passivo da ação, já que ele é um órgão integrante da União.

O caso foi assim noticiado no Informativo 443 do STF:

> "O Tribunal, resolvendo questão de ordem em petição, não conheceu de ação popular ajuizada por advogado contra o Conselho Nacional do Ministério Público - CNMP, na qual se pretendia a nulidade de decisão, por este proferida pela maioria de seus membros, que prorrogara o prazo concedido, pela Resolução 5/2006, aos membros do Ministério Público ocupantes de outro cargo público, para que estes retornassem aos órgãos de origem. **Entendeu-se que a alínea r do inciso I do art. 102 da CF ("Art. 102. Compete ao Supremo Tribunal Federal... I - processar e julgar, originariamente:... r) as ações contra o... Conselho Nacional do Ministério Público;"), introduzida pela EC 45/2004, refere-se a ações contra os respectivos colegiados e não aquelas em que se questiona a responsabilidade pessoal de um ou mais conselheiros, caso da ação popular.** Salientou-se, tendo em conta o que disposto no art. 6º, § 3º, da Lei 4.417/65 (Lei da Ação Popular), que o CNMP, **por não ser pessoa jurídica, mas órgão colegiado da União, nem estaria legitimado a integrar o pólo passivo da relação processual da ação popular**. Asseverou-se, no ponto, que, ainda que se considerasse a menção ao CNMP como válida à propositura da demanda contra a União, seria imprescindível o litisconsórcio passivo de todas as pessoas físicas que, no exercício de suas funções no colegiado, tivessem concorrido para a prática do ato, ou seja, os membros que compuseram a maioria dos votos da decisão impugnada. Por fim, ressaltando a jurisprudência da Corte no sentido de, tratando-se de ação popular, admitir sua competência originária somente no caso de incidência da alínea n do inciso I do art. 102, da CF ou de a lide substantivar conflito entre a União e Estado-membro, concluiu-se que, mesmo que emendada a petição inicial no tocante aos sujeitos passivos da lide e do pedido, não seria o caso de competência originária."
>
> **(Pet 3674 QO/DF, rel. Min. Sepúlveda Pertence, 4.10.2006, Informativo 443/STF)**

Importante notar que esse mesmo entendimento pode ser aplicado a casos que envolvam o CNJ.

E também é importante destacar que o que acabamos de ver acima deve ser compatibilizado com o entendimento firmado pelo STF ao julgar, em 18/11/2020, a ADI 4412, a Pet 4770 e a Rcl 33459. Nesse julgamento, a Corte, modificando sua jurisprudência, fixou a tese segundo a qual, *"nos termos do artigo 102, inciso I, alínea 'r', da Constituição Federal, é competência exclusiva do Supremo Tribunal Federal processar e julgar originariamente todas as decisões do Conselho Nacional de Justiça e do Conselho Nacional do Ministério Público proferidas no exercício de suas competências constitucionais respectivamente previstas nos artigos 103-B, parágrafo 4º, e 130-A, parágrafo 2º, da Constituição Federal"*.

Ou seja, segundo o atual entendimento do Supremo Tribunal Federal, se o CNMP ou o CNJ praticou o ato no exercício das suas atribuições constitucionais (previstas, respectivamente, no art. 130-A, § 2º, e 103-B, § 4º, da CF/88), eventual ação ajuizada contra esse ato, independentemente de sua natureza, será de competência originária do Supremo Tribunal Federal, por força da nova interpretação conferida ao art. 102, I, "r", da CF/88. Apenas se o ato impugnado na ação não foi praticado no exercício das atribuições desses Conselhos previstas no texto constitucional é que a competência para processar e julgar o caso será dos órgãos jurisdicionais de grau inferior, mais precisamente, da Justiça Federal.

Logo, embora a regra seja a de que o STF não tem competência para processar e julgar ação popular contra ato do CNJ ou do CNMP, o Tribunal terá essa competência quando a ação popular for ajuizada contra ato de algum desses Conselhos que tenha sido praticado com fundamento em alguma das suas atribuições previstas no texto constitucional (mais precisamente, nos arts. 103-B, § 4º, e 130-A, §2º).

▸ A reserva constitucional de competência originária do STF

Como uma forma de facilitar a compreensão do tema, é interessante registrar que o Supremo Tribunal Federal fixou, há muito tempo, o entendimento de que as hipóteses de sua competência originária previstas na Constituição Federal consubstanciam um **rol taxativo** (incide aí o chamado **princípio da reserva constitucional de competência originária**), o que exige uma interpretação restritiva e faz com que, como regra, causas de natureza civil (a exemplo da ação popular) que não estejam previstas como de competência originária da Suprema Corte submetam-se a processo e julgamento perante um juízo de primeiro grau.

Confira esse entendimento no seguinte precedente:

> "(...) A COMPETÊNCIA DO SUPREMO TRIBUNAL FEDERAL - CUJOS FUNDAMENTOS REPOUSAM NA CONSTITUIÇÃO DA REPÚBLICA - SUBMETE-SE A REGIME DE DIREITO ESTRITO. - **A competência originária do Supremo Tribunal Federal, por qualificar-se como um complexo de atribuições jurisdicionais de extração essencialmente constitucional - e ante o regime de direito estrito a que se acha submetida - não comporta a possibilidade de ser estendida a situações que extravasem os limites fixados, em numerus clausus, pelo rol exaustivo inscrito no art. 102, I, da Constituição da República.** Precedentes. O regime de direito estrito, a que se submete a definição dessa competência institucional, tem levado o Supremo Tribunal Federal, por efeito da taxatividade do rol constante da Carta Política, a **afastar, do âmbito de suas atribuições jurisdicionais originárias, o processo e o julgamento de causas**

de natureza civil que não se acham inscritas no texto constitucional (ações populares, ações civis públicas, ações cautelares, ações ordinárias, ações declaratórias e medidas cautelares), mesmo que instauradas contra o Presidente da República ou contra qualquer das autoridades, que, em matéria penal (CF, art. 102, I, b e c), dispõem de prerrogativa de foro perante a Corte Suprema ou que, em sede de mandado de segurança, estão sujeitas à jurisdição imediata do Tribunal (CF, art. 102, I, d). (...)"

(Pet 1738 AgR/MG; Relator(a): Min. CELSO DE MELLO; Julgamento: 01/09/1999; Órgão Julgador: Tribunal Pleno)

Por fim, o STF entende que, uma vez reconhecida a sua incompetência (originária), deve, ele próprio, indicar o órgão competente para apreciar o feito, o que pode, inclusive, ser feito monocraticamente pelo Relator (Pet. 3986 AgR/TO).

▪ REEXAME NECESSÁRIO E COISA JULGADA

Há previsão no art. 19 da Lei 4.717/65 de reexame necessário da sentença de improcedência ou que reconhece a carência da ação, mas isso não se aplica à sentença que acolhe a pretensão popular.

> "**Art. 19, Lei 4.717/65.** A sentença que concluir pela carência ou pela improcedência da ação está sujeita ao duplo grau de jurisdição, não produzindo efeito senão depois de confirmada pelo tribunal; da que julgar a ação procedente caberá apelação, com efeito suspensivo.
>
> **§ 1º** Das decisões interlocutórias cabe agravo de instrumento.
>
> **§ 2º** Das sentenças e decisões proferidas contra o autor da ação e suscetíveis de recurso, poderá recorrer qualquer cidadão e também o Ministério Público."

Além disso, a sentença na ação popular gera efeitos *erga omnes* e coisa julgada material (impedindo, portanto, a repropositura da demanda) em dois casos:

I) Se for de procedência da ação; ou

II) Se for de improcedência e essa improcedência decorrer de um contexto probatório suficiente para convencer o juízo de que o autor popular não tem razão no seu pedido.

Por outro lado, **se a sentença for de improcedência por insuficiência de provas, ela não fará coisa julgada material dotada de eficácia *erga omnes* e a ação poderá ser novamente proposta se houver novas provas**. A ação popular, portanto, adota o regime da coisa julgada *secundum eventum probationis*.

Isso decorre do art. 18 da Lei 4.717/65:

> "**Art. 18, Lei 4.717/65.** A sentença terá eficácia de coisa julgada oponível "*erga omnes*", exceto no caso de haver sido a ação julgada improcedente por deficiência de prova; neste caso, qualquer cidadão poderá intentar outra ação com idêntico fundamento, valendo-se de nova prova."

14

Organização do Estado

Aqui, no estudo da organização do Estado, abordaremos mais do que simplesmente o federalismo brasileiro.

A CF/88, como documento maior de nossa ordem jurídica e política, organiza o Estado brasileiro. Na verdade, tudo que a Constituição faz é organizar o Estado brasileiro. Dentre as tarefas atinentes à organização do Estado brasileiro, a Constituição estabeleceu os princípios fundamentais do Brasil na ordem interna e na ordem internacional, os fundamentos da República Brasileira, os objetivos da República Brasileira, a forma de governo, o sistema de governo e a forma de Estado. A CF/88 organiza o Estado brasileiro em todos esses aspectos, não se limitando à disciplina da forma federativa de Estado.

Normalmente, quando se fala em organização do Estado, aborda-se apenas a discussão sobre a forma de Estado, mas, considerando que a Constituição Brasileira, ao organizar o Estado brasileiro, trata de todos os temas mencionados acima, também estudaremos aqui esses outros aspectos, e não apenas o federalismo (que é a forma de Estado adotada pela CF/88).

TÍTULO I DA CF/88

■ FUNDAMENTOS DA REPÚBLICA BRASILEIRA E PRINCÍPIO DEMOCRÁTICO

O *caput* do art. 1º da CF/88 elenca, em seus incisos, os fundamentos da República Brasileira, que são os seguintes:

- **I)** a soberania;
- **II)** a cidadania;
- **III)** a dignidade da pessoa humana;
- **IV)** os valores sociais do trabalho e da livre iniciativa; e
- **V)** o pluralismo político.

Quanto à dignidade da pessoa humana, ela tem especial relevância, por ser considerada o fundamento último da Constituição, do poder constituinte e de todo o direito. Enfim, a dignidade humana é o valor supremo do nosso ordenamento jurídico, tal qual ocorre nos países de cultura ocidental de forma geral.

Além de elencar os fundamentos da República Brasileira, o *caput* do art. 1º da CF/88, ao estabelecer que o Estado brasileiro é formado *"pela união indissolúvel dos Estados e Municípios e do Distrito Federal"*, consagra o **princípio da indissolubilidade da união** ou **princípio da indissolubilidade do pacto federativo**. E prevê, também, que o Brasil é um Estado Democrático de Direito.

O que é um Estado democrático de direito?

O Estado de direito é aquele que é regido pelo império da lei, isto é, é o Estado em que as ações dos governantes e dos particulares se balizam pelas leis postas, de modo que a vontade do governante fica submetida à lei, só podendo ele fazer aquilo que a lei autoriza (não se admite que ele imponha sua vontade de forma absoluta), assim como os particulares não podem fazer o que for proibido pela lei.

E o Estado democrático é aquele que adota um regime democrático, ou seja, que observa os procedimentos estabelecidos para a gestão da coisa pública, assegura a participação das pessoas no debate público e na definição dos rumos políticos do país, respeita direitos fundamentais não apenas dos grupos majoritários, mas também dos grupos minoritários etc.

Logo, o Estado democrático de direito é aquele em que os governantes e os particulares devem obediência às leis e que respeita as normas de gestão da coisa pública, assegura a participação das pessoas na vida política e no debate público, respeita direitos fundamentais de todos os segmentos da sociedade etc.

> "**Art. 1º, CF/88.** A República Federativa do Brasil, formada pela união indissolúvel dos Estados e Municípios e do Distrito Federal, constitui-se em Estado Democrático de Direito e tem como **fundamentos**:
>
> I - a soberania;
>
> II - a cidadania;
>
> III - a dignidade da pessoa humana;
>
> IV - os valores sociais do trabalho e da livre iniciativa;
>
> V - o pluralismo político."

O art. 1º da CF/88 prevê, ainda, em seu parágrafo único, o **princípio democrático**. Vejamos:

> "**Art. 1º.** (...)
>
> **Parágrafo único.** Todo o poder emana do povo, que o exerce por meio de representantes eleitos ou diretamente, nos termos desta Constituição."

Nos termos desse dispositivo, o poder pode ser exercido de **forma indireta** ou de **forma direta**. O exercício do poder de forma indireta é feito por meio de uma **democracia representativa**, que é aquela em que o poder é exercido por meio de representantes. Já o exercício direto do poder é feito, por exemplo, através do voto, da ação popular, da iniciativa legislativa popular etc.

Segundo a doutrina e a jurisprudência, o parágrafo único do art. 1º da CF/88, ao estabelecer que *"todo o poder emana do povo"*, consagra o **princípio democrático**, que (evidentemente) está ligado ao Estado democrático de direito, referido no *caput* do mesmo artigo. Na verdade, o que o parágrafo único faz é reforçar o *caput*, que já estabelece a adoção do princípio democrático na República Brasileira.

■ SEPARAÇÃO DOS PODERES

O art. 2º da CF/88 traz o clássico **princípio da separação de Poderes**, nos seguintes termos:

> "**Art. 2º, CF/88.** São Poderes da União, independentes e harmônicos entre si, o Legislativo, o Executivo e o Judiciário."

Esse princípio tem como grande filósofo idealizador Montesquieu, que fez uma correlação entre as três funções clássicas do Estado (funções legislativa, executiva e judiciária), conhecidas desde a Antiguidade Clássica através das ideias de Aristóteles, com três órgãos distintos, quais sejam, os Poderes Legislativo, Executivo e Judiciário. Foi estabelecida, portanto, uma correspondência orgânica, no sentido de que a cada função corresponderia um órgão distinto. Essa ideia de Montesquieu consta de sua obra "O Espírito das Leis".

Montesquieu desenvolveu seu trabalho já conhecendo o pensamento de John Locke, que havia previsto uma bipartição orgânica das funções do Estado, atribuindo ao Legislativo a função de elaborar leis e ao Executivo a função de zelar pelo cumprimento das leis, o que envolvia tanto a própria execução delas quanto, como uma decorrência disso, as atribuições de julgador. Na teoria de Locke, portanto, não houve a atribuição da função jurisdicional a um terceiro órgão independente.

Por sua vez, Montesquieu, como vimos acima, propôs uma tripartição orgânica, com o estabelecimento de três órgãos (Legislativo, Executivo e Judiciário), cada um correspondente a uma das três funções do Estado, de forma bem delimitada.

O objetivo primordial da separação dos Poderes é resguardar as liberdades individuais, pois, a partir do momento em que as funções estatais são atribuídas a órgãos diferentes, evita-se (ou, ao menos, abranda-se) a possibilidade de cometimento de abusos pelo Estado, já que cada órgão vê o seu âmbito de atuação limitado pela atribuição das demais funções estatais a outros órgãos.

Além disso, o próprio esquema organizatório da separação dos Poderes prevê mecanismos de fiscalização e responsabilização recíproca dos Poderes, de modo que um exerça controle sobre os outros, evitando-se, com isso, o cometimento de abusos. Esse controle recíproco dos Poderes é o que se chama de sistema de **freios e contrapesos** (ou ***checks and balances***).

A separação de Poderes adotada na Constituição brasileira (e na maioria dos Estados modernos) não é absoluta, pois cada um dos Poderes exerce funções típicas dos outros Poderes. Ou seja, cada Poder tem funções típicas e funções atípicas, que nada mais são do que as funções que são tipicamente atribuídas a outro Poder. Assim, por exemplo, o Judiciário, além de julgar (isto é, de exercer a função jurisdicional, que é a sua função típica), redige o regimento interno dos Tribunais (função atípica legislativa) e administra os seus membros e servidores (função atípica executiva). Da mesma forma, o Legislativo, além de legislar e exercer a fiscalização contábil, orçamentária, financeira e patrimonial do Executivo (funções típicas suas), julga agentes públicos pelo cometimento de crimes de responsabilidade (função atípica jurisdicional) e organiza sua própria estrutura administrativa (função atípica executiva). Igualmente, o Poder Executivo, além de exercer a Administração do ente federativo (função típica sua), pode editar medidas provisórias e leis delegadas (função atípica legislativa) e julgar pedidos e recursos administrativos (função atípica jurisdicional).

Como se percebe, o formato moderno da separação de Poderes (que é o adotado na CF/88) não observa a tripartição pura das funções estatais sugerida por Montesquieu, pois há a atribuição, a cada um dos Poderes, de funções que, a princípio, não lhes são próprias.

Mas é importante notar que, mesmo quando exercem funções atípicas, os Poderes atuam no exercício de funções que são suas, pois são sempre atribuições dadas a cada um deles pela Constituição, notadamente, pelo poder constituinte originário. Em outras palavras, nenhum Poder pode praticar atos que a Constituição não tenha inserido dentre suas atribuições (ainda que atípicas), sob pena de ofensa à separação dos Poderes.

A separação dos Poderes na CF/88, portanto, não é absoluta, tendo cada um dos três Poderes funções precípuas e funções atípicas, além de serem regidos por um sistema de freios e contrapesos (***checks and balances***), para que tenham uma autocontenção recíproca (um Poder limitando o outro) e, ao mesmo tempo, sejam harmônicos e independentes entre si.

E, assim como foi registrado acima em relação ao exercício de funções atípicas por cada órgão estatal, os mecanismos de fiscalização recíproca dos Poderes (conhecidos como freios e contrapesos) dependem de previsão constitucional, isto é, para que um Poder controle o outro, é necessário que se valha de instrumentos previstos na própria Constituição, não podendo atuar fora das hipóteses constitucionalmente previstas, sob pena de ferir a separação de Poderes.

Podemos citar os seguintes exemplos de mecanismos de freios e contrapesos previstos na Constituição Brasileira de 1988:

I) A **inafastabilidade jurisdicional** (prevista no art. 5º, XXXV), que permite que o Poder Judiciário controle atos praticados pelo Legislativo e pelo Executivo.

II) A competência dada ao Senado Federal (Poder Legislativo) para julgar autoridades dos demais Poderes pela prática de **crimes de responsabilidade** (art. 52, I e II).

III) A atribuição dada ao Chefe do Poder Executivo para **sancionar ou vetar** projetos de lei aprovados pelo Poder Legislativo (art. 66, § 1º).

IV) A competência dada ao Supremo Tribunal Federal para **declarar a inconstitucionalidade** de leis e atos normativos (editados por outros órgãos da República) em sede de ADI (art 102, I, “a”).

▶ Indelegabilidade de atribuições entre os poderes

Além de impedir que um Poder usurpe atribuições de outro, a separação dos Poderes impede que um Poder delegue suas atribuições a outro. Isso porque a separação constante do art. 2º da CF/88 prevê que os Poderes são independentes e harmônicos entre si, de modo que cada um deles deve atuar dentro da parcela de competência que lhe foi conferida pela Constituição, notadamente, pelo poder constituinte originário.

Cuida-se do **princípio da indelegabilidade de atribuições**.

Por força desse princípio, cada Poder apenas pode exercer as atribuições que a Constituição, por meio do poder constituinte originário, tenha previsto para ele ou tenha permitido que lhes fossem delegadas por outro Poder (como é o caso das leis delegadas, que, nos termos do art. 68 da CF/88, podem ser elaboradas pelo Poder Executivo, se o Legislativo assim delegar).

■ OBJETIVOS FUNDAMENTAIS DA REPÚBLICA BRASILEIRA E PRINCÍPIOS QUE REGEM O BRASIL NAS RELAÇÕES INTERNACIONAIS

O art. 3º da CF/88 traz os **objetivos fundamentais** da República Federativa do Brasil, que são os seguintes:

I) construir uma sociedade livre, justa e solidária;

II) garantir o desenvolvimento nacional;

III) erradicar a pobreza e a marginalização;

IV) reduzir as desigualdades sociais e regionais; e

V) promover o bem de todos, sem qualquer forma de discriminação.

> "**Art. 3º, CF/88.** Constituem objetivos fundamentais da República Federativa do Brasil:
>
> I - construir uma sociedade livre, justa e solidária;
>
> II - garantir o desenvolvimento nacional;
>
> III - erradicar a pobreza e a marginalização e reduzir as desigualdades sociais e regionais;
>
> IV - promover o bem de todos, sem preconceitos de origem, raça, sexo, cor, idade e quaisquer outras formas de discriminação."

Por sua vez, os **princípios do Brasil nas relações internacionais**, que estão previstos no art. 4º da CF/88, são os seguintes:

I) independência nacional;

II) prevalência dos direitos humanos;

III) autodeterminação dos povos;

IV) não intervenção;

V) igualdade entre os Estados;

VI) defesa da paz;

VII) solução pacífica dos conflitos;

VIII) repúdio ao terrorismo e ao racismo;

IX) cooperação entre os povos para o progresso da humanidade;

X) concessão de asilo político.

"**Art. 4º, CF/88.** A República Federativa do Brasil rege-se nas suas **relações internacionais** [com os demais Estados e com os organismos internacionais] pelos seguintes **princípios**:

I - independência nacional;

II - prevalência dos direitos humanos;

III - autodeterminação dos povos;

IV - não-intervenção;

V - igualdade entre os Estados;

VI - defesa da paz;

VII - solução pacífica dos conflitos;

VIII - repúdio ao terrorismo e ao racismo;

IX - cooperação entre os povos para o progresso da humanidade;

X - concessão de asilo político.

Parágrafo único. A República Federativa do Brasil buscará a **integração econômica, política, social e cultural dos povos da América Latina**, visando à formação de uma **comunidade latino-americana de nações**."

As provas objetivas costumam cobrar os objetivos fundamentais (art. 3º, CF/88) e tentam confundi-los com os fundamentos (art. 1º, CF/88) e com os princípios nas relações internacionais (art. 4º, CF/88) da República Brasileira.

Para não confundir os objetivos fundamentais com os fundamentos da República Brasileira ou com os princípios que a regem nas relações internacionais, basta ter em mente o seguinte: a CF/88 expressa os objetivos sempre por meio de verbos, o que não poderia ser diferente, pois um objetivo traz, subjacente a si, uma ideia de ação. Já os fundamentos da República do Brasil são elencados sob a forma de substantivos, o que também se verifica em relação aos princípios orientadores das relações internacionais da República Brasileira, mas estes últimos têm a especificidade de sempre dizerem respeito a temas atinentes à ordem internacional.

Esse tema foi cobrado, por exemplo, no concurso de Juiz de Direito do TJMG realizado em 2014, no qual se considerou correta a assertiva que dizia ser objetivo fundamental da República Federativa do Brasil *"construir uma sociedade livre, justa e solidária, garantindo o desenvolvimento nacional com erradicação da pobreza e da marginalização, reduzindo as desigualdades sociais e regionais, promovendo o bem de todos, sem preconceitos de origem, raça, cor, idade e quaisquer outras formas de discriminação"*.

Como se pode perceber, a questão cobrou a integralidade do rol de objetivos constante do art. 3º da CF/88 quase em sua literalidade.

FORMAS DE ESTADO

Agora, estudaremos a organização do Estado sob o ponto de vista da compreensão tradicional dessa expressão, que diz respeito à organização político-administrativa. Cuida-se de um tema intimamente ligado à questão da forma de Estado, haja vista que a organização do Estado é traçada a partir da definição da forma de Estado adotada.

Mas, antes de estudarmos as principais formas de Estado, é necessário sabermos o que é uma forma de Estado.

A forma adotada por um Estado nada mais é do que a maneira como os seus elementos constitutivos se relacionam entre si (especialmente, os elementos poder e território). **Como assim?**

No estudo da teoria geral do Estado, é tranquilo o entendimento de que são elementos constitutivos do Estado os seguintes:

1) ELEMENTOS OBJETIVOS:

a. Povo (é o elemento humano); e

b. Território (é o elemento físico ou material).

2) ELEMENTO SUBJETIVO:

a. Poder, no qual está compreendida a soberania ou Governo soberano (é o elemento político).

Como se pode perceber do esquema acima, o povo e o território são os **elementos objetivos** do Estado, enquanto o poder é o seu **elemento subjetivo**.

Há quem afirme, ainda, a existência de outros elementos constitutivos do Estado, podendo ser citada como exemplo a **finalidade**, que seria o elemento social (sendo a finalidade de todo Estado a persecução do bem comum). Há quem diga, por outro lado, que a finalidade já se encontra inserida no elemento poder (soberania). E assim por diante.

Mas o que é certo é que os três elementos listados acima (povo, território e poder) são tranquilamente admitidos como elementos constitutivos do Estado, ou seja, elementos sem os quais não se pode falar na existência de um Estado. Em outras palavras: para que um Estado exista, é necessário que reúna esses três elementos, que são verdadeiros pressupostos de sua existência.

Tudo que se expôs acima pode se ver concentrado nas definições de Estado encontradas na doutrina, como a de Valerio Mazzuoli, para quem "pode-se definir o Estado (do latim *status* = estar firme), em sua concepção jurídica moderna, como um ente jurídico, dotado de personalidade internacional, formado de uma reunião (comunidade) de indivíduos estabelecidos de maneira permanente em um território determinado, sob a autoridade de um governo independente e com a finalidade precípua de zelar pelo bem comum daqueles que o habitam. Assim, pode-se dizer que os Estados nascem a partir do momento em que ele reúne os elementos essenciais à sua constituição."

Em idêntico sentido, mas com outras palavras, como bem lembra Pedro Lenza, Dalmo de Abreu Dallari define o Estado como "a ordem jurídica soberana que tem por fim o bem comum de um povo situado em determinado território."

É possível perceber que nas definições doutrinárias de Estado transcritas acima, estão presentes os seus elementos constitutivos (inclusive, o elemento finalidade).

Vistas essas noções fundamentais, podemos passar ao estudo das formas de Estado.

▪ AS PRINCIPAIS FORMAS DE ESTADO EXISTENTES NO MUNDO

As **formas de Estado existentes** são, basicamente, duas: o Estado unitário e o Estado federal. As características de cada uma delas são as seguintes:

I) **Estado unitário:** também chamado de **forma singular de Estado**, é aquele em que há concentração do poder político, que é uno (único) em relação ao território. Portanto, no Estado unitário, tem-se o território do Estado e uma única fonte de poder político (isto é, uma única fonte normativa, uma única fonte legislativa), que se irradia sobre o todo o território.

II) **Estado federal:** também chamado de **forma plural de Estado**, é aquele em que há divisão do poder político em relação ao território, há mais de uma fonte de poder político (mais de uma fonte normativa, mais de uma fonte legislativa). Aqui, continua havendo uma fonte de poder político central (que se irradia sobre todas as partes do território), mas, além dessa fonte central, há outras fontes de poder político, pois o território é subdividido em partes regionais e, em cada uma dessas partes regionais, há a incidência de uma outra fonte de poder político (isto é, de poder normativo) própria. A fonte de poder político regional incide apenas na parcela do território que lhe é própria, e não em todo o território. Nas partes regionais do território, portanto, há uma sobreposição de fontes de poder, pois nelas incide tanto o poder central quanto o poder regional respectivo.

Essas, então, são as diferenças básicas entre o Estado federal e o Estado unitário: no Estado unitário, uma única fonte de poder político incide em todo o território, enquanto, no Estado federal, subdivide-se o território, havendo uma fonte central de poder político (que incide sobre todo o território) e fontes regionais de poder político (que incidem sobre cada região delimitada do território), ocorrendo a incidência de mais de uma fonte de poder político sobre uma mesma porção territorial.

A partir disso, fica bem mais fácil visualizar o que foi dito acima: **a forma de Estado nada mais é do que a maneira como os elementos constitutivos do Estado se relacionam**, principalmente, os elementos poder e território. Isso fica bastante claro ao se compreender que, no Estado unitário, há uma única fonte de poder atuando em todo o território e, no Estado federal, há diferentes fontes de poder atuando no mesmo território.

E é por isso que, ao definir forma de Estado, Bernardo Gonçalves Fernandes diz que "a forma de Estado deve ser entendida como a distribuição do poder político em função de um território, ou seja, como o poder político é exercido (desenvolvido) dentro de um território."

> **→ CUIDADO!**
>
> Não se pode confundir forma de Estado (Estado unitário ou Estado federal) com forma de Governo (República ou Monarquia) nem com sistema de Governo (sistema presidencial, sistema parlamentar, sistema de assembleia).

Conforme visto, o Estado unitário é a forma de Estado em que se encontra apenas uma única fonte de poder político incidindo em todo o território do Estado. Há, portanto, uma **centralização política**, o que, porém, não impede que haja uma descentralização de natureza meramente administrativa (isto é, de natureza autárquica).

Assim, no Estado unitário pode haver descentralização administrativa, mas uma única fonte de poder político.

No Estado federal, por sua vez, há mais de uma fonte de poder político incidindo no mesmo território, sendo uma fonte de poder político central (a da União, que incide em todo o território nacional) e uma fonte de poder político regional (a do Estado-membro). E, no caso do Brasil, há ainda uma terceira fonte de poder político, que é a municipal.

Portanto, no Estado federal há descentralização não apenas administrativa, mas também (e principalmente, sendo isso o que caracteriza o Estado federal) política.

Mas, entre essas duas formas de Estado (o Estado unitário e o Estado federal), há formas de Estado intermediárias, mais precisamente, variações do Estado unitário que se aproximam do Estado federal.

Raul Machado Horta, por exemplo, observa que o Estado unitário tem sofrido uma espécie de renovação estrutural nos seus conceitos, o que tem dado ensejo à formação do regionalismo (ou de Estados regionais). Nesse modelo, há Estados unitários com alguma descentralização também política, ou seja, Estados unitários que, além de uma descentralização meramente administrativa, também têm, em alguma medida, uma descentralização de natureza política. Isso seria o que se chama de **Estado unitário regional**.

Outros autores falam, ainda, em um outro modelo de Estado intermediário, qual seja, o **Estado unitário autonômico** (referido, por exemplo, por Bernardo Guimarães). No Estado autonômico também há descentralização administrativa e, em alguma medida, política, apesar de ser um Estado unitário.

Qual é a diferença entre o Estado unitário regional e o Estado unitário autonômico? Segundo Bernardo Guimarães, a diferença seria a seguinte: no Estado regional, a descentralização política e administrativa é de cima para baixo, isto é, o ente central do Estado unitário (o seu poder central) concede ou retira competências de certas regiões, quando entende ser conveniente. Já no Estado autonômico, a descentralização política e administrativa é de baixo para cima, pois as províncias podem formar regiões e elas mesmas, de baixo para cima, podem avocar competências constitucionais produzindo seus próprios estatutos.

Podemos citar como exemplo de Estado unitário regional a Itália e como exemplo de Estado unitário autonômico a Espanha.

Portanto, atualmente, entende-se, em relação ao Estado unitário, que ele não se manifesta apenas de uma única forma. **É possível haver:**

1) Estado unitário puro, no qual há centralização plena e absoluta tanto do ponto de vista político quanto do ponto de vista administrativo (e isso é mais teórico do que real).

2) Estado unitário em que há centralização política, mas com alguma descentralização somente administrativa.

3) Estado unitário com descentralização administrativa e também política. Aqui, enquadram-se os modelos intermediários entre o Estado unitário e o Estado federal, que são, como visto acima, o Estado regional e o Estado autonômico. Conforme lição de Pedro Lenza, "no Estado unitário descentralizado administrativa e politicamente, diga-se de passagem, a forma de Estado mais comum hoje em dia, sobretudo nos países europeus, ocorre não só a descentralização administrativa mas também a política, pois, **no momento da execução de decisões já tomadas pelo Governo Central, as "pessoas" passam a ter, também, certa autonomia política para decidir no caso concreto o melhor procedimento a ser empregado na execução daquele comando central.**"

ORIGENS DA FEDERAÇÃO

Aqui, estudaremos as origens da federação nos EUA e no Brasil.

A palavra "federação" vem do latim *foedus*, *foederis*, significando aliança, pacto, união. Isso porque é da união ou aliança entre Estados que nasce a federação.

Ainda que alguns autores mencionem formas remotas de federação (na Grécia Antiga, na Antiguidade Clássica, na Idade Média etc.), a federação em sentido moderno tem data de nascimento. Ela nasceu nos EUA, com a Constituição Americana de 1787. Foi com essa Constituição (que foi a primeira Constituição escrita em sentido moderno) que a federação moderna nasceu.

■ A ORIGEM DA FEDERAÇÃO NORTE-AMERICANA E AS CARACTERÍSTICAS DA CONFEDERAÇÃO

Qual foi o caminho percorrido até se chegar à federação norte-americana?

Havia 13 (treze) colônias inglesas na América do Norte, que se tornaram independentes em 1776 e, com isso, tornaram-se Estados soberanos (soberania é a capacidade que um Estado tem de decidir em última análise os assuntos de seu interesse, somente com base em sua própria ordem jurídica, sem nada ser imposto por ordem jurídica de outro Estado). Esses 13 Estados soberanos tornaram-se independentes, mas houve uma guerra com a Inglaterra (a chamada Guerra de Independência), o que fez com que eles sentissem necessidade de estreitar ainda mais os seus laços políticos para enfrentar essa guerra.

Nesse contexto, em 1781, os 13 Estados soberanos da América do Norte adotaram um tratado (escrito um pouco antes, mas ratificado e colocado em vigor em 01/03/1781), adotando uma forma de união específica, que foi a **confederação**. Houve, portanto, um **tratado confederativo** (chamado de **Artigos da Confederação**), firmado entre esses Estados como instrumento de sua união, e não uma Constituição.

Referido tratado, então, previa a união política de Estados soberanos, fundando uma confederação.

As **características de uma confederação** são as seguintes:

1) Há a **reunião de Estados soberanos** (todos os Estados confederados são soberanos);

2) Adota-se um **tratado** para disciplinar a reunião dos Estados soberanos, e não uma Constituição;

3) Como os Estados confederados são soberanos, há **a possibilidade de cada Estado se retirar da confederação ou revogar, a qualquer momento, a delegação de poderes** para a entidade central;

4) Por ser a confederação uma reunião de Estados soberanos, há a **necessidade de unanimidade para alteração do tratado**; e

5) Também por se tratar de uma reunião de Estados soberanos, há **necessidade de concordância de cada Estado para as decisões centrais valerem internamente** em cada um deles.

Após o final da Guerra de Independência, os Estados independentes rediscutiram o modelo de sua união, havendo quem defendesse apenas a mudança dos Artigos da Confederação (mantendo-se, assim, a confederação) e quem propusesse a adoção de um novo modelo, sendo estes os **federalistas**. Os federalistas defendiam a ideia de que a confederação não seria suficiente para o bem comum, sendo necessário adotar um outro modelo, qual seja, a federação (no sentido moderno que conhecemos hoje), modelo esse que decorreria de uma Constituição, e não de um simples tratado.

O federalismo, como se sabe, venceu, e isso ocorreu com a Constituição Norte-americana de 1787, que adotou a forma federativa de Estado em sentido moderno. Como um "bônus", essa Constituição legou o sistema presidencial, a forma republicana de governo e o próprio sentido de Constituição escrita (pois ela foi a primeira constituição escrita em sentido moderno).

Para tanto, os Estados, que eram Estados soberanos, abriram mão de sua soberania, entregando-a a uma entidade central, qual seja, a União, e esses antigos Estados soberanos passaram a ser apenas Estados autônomos, isto é, passaram a ter apenas autonomia. A Constituição Norte-americana de 1787, portanto, recebeu a soberania dos Estados e, em troca, deu a eles autonomia para agir dentro das competências definidas em seu texto.

Houve resistência à criação da federação, e, para tentar vencer essas resistências, algumas medidas simbólicas foram adotadas em relação aos antigos Estados soberanos (que, com a adoção da federação, tornaram-se apenas autônomos), como as seguintes:

I) eles continuaram sendo chamados de Estados; e

II) eles foram autorizados a ter "Constituições" próprias (as Constituições estaduais).

Além disso, a união de Estados na América do Norte deu nome ao próprio Estado federal que daí surgiu: Estados Unidos da América.

Como vimos, no processo de formação da federação norte-americana, havia Estados soberanos pré-existentes que se uniram, surgindo daí a chamada **federação por agregação**, que recebe esse nome por ser aquela que se origina de Estados soberanos que decidem se unir na forma federal, isto é, que decidem se agregar.

▪ A ORIGEM DA FEDERAÇÃO BRASILEIRA

A forma federativa de Estado adotada no Brasil tem uma história diferente da federação norte-americana.

Nos EUA, conforme vimos, havia 13 colônias inglesas que se tornaram Estados soberanos, os quais, inicialmente, reuniram-se na forma de uma confederação e, depois, na forma de uma federação. Havia, nos EUA, portanto, Estados soberanos pré-existentes que se agregaram.

Já o Brasil era um Estado unitário que, com a proclamação da república, transformou-se em um Estado federal, o que ocorreu, principalmente, por meio de três documentos:

1) o Decreto nº 1, de 1889, que proclamou a República **Federativa** Brasileira;

2) o Decreto nº 510, de 1890, que estabeleceu uma Constituição provisória; e

3) a Constituição de 1891.

Portanto, **o Brasil era um Estado unitário e monárquico que se transformou em um Estado federal, republicano e presidencialista dividido em Estados autônomos.**

Logo, o processo do federalismo brasileiro não foi um processo de agregação de Estados soberanos, mas sim um processo de **desagregação de um Estado unitário**, pois, no nosso processo, um Estado unitário se desagregou e deu origem a Estados autônomos internos. Por conta disso, diz-se que a formação do Estado federal brasileiro deu origem ao que se chama de **federação por desagregação** (ao contrário da federação norte-americana, que se formou pela agregação de Estados soberanos).

CARACTERÍSTICAS DA FEDERAÇÃO

A partir do conhecimento do processo de formação e das características das federações norte-americana e brasileira, é possível traçar as características da forma de Estado federal, inclusive, à luz da Constituição Brasileira de 1988.

Essas características são as seguintes:

1) Há a **reunião de coletividades regionais autônomas** (os Estados que se reúnem não são soberanos, mas apenas autônomos).

2) Adota-se uma **Constituição** para tratar do pacto federativo, isto é, para tratar da reunião dos entes regionais.

3) Vigora o **princípio da indissolubilidade (ou indissociabilidade)**, não sendo possível o Estado se retirar da federação (não há mais o chamado direito de secessão, que existe na confederação, mas não na federação). Na federação brasileira, esse princípio encontra-se previsto no art. 1º da CF/88, já referido anteriormente. Não há, no Brasil, portanto, o direito de secessão dos Estados-membros, os quais, por conseguinte, não podem ter pretensões separatistas, isto é, pretensões de se tornarem soberanos (pois eles são apenas autônomos e a sua união é indissolúvel).

> "**Art. 1º, CF/88.** A República Federativa do Brasil, formada pela **união indissolúvel dos Estados e Municípios e do Distrito Federal**, constitui-se em Estado Democrático de Direito e tem como fundamentos:
>
> (...)"

4) Não há necessidade de unanimidade para a alteração da Constituição, embora a alteração se sujeite a um processo (por meio emendas) mais difícil do que o da elaboração das leis comuns;

5) Não há necessidade de concordância de cada Estado para as decisões centrais valerem internamente (como os Estados não são soberanos, mas apenas autônomos, as decisões centrais valem no âmbito interno de cada um deles, ainda que haja alguma discordância).

6) Há **descentralização político-administrativa** constitucional. Portanto, há uma descentralização na capacidade de fazer leis (que é a descentralização política) e na capacidade de definir as estruturas e as rotinas administrativas (que é a descentralização administrativa). Essa descentralização tem sede constitucional, ou seja, é a Constituição que a implementa. Cuida-se do que se conhece por **repartição constitucional de competências** (tanto competências legislativas quanto competências administrativas), que, na Constituição Brasileira de 1988, é encontrada, principalmente, nos arts. 21, 22, 23 e 24.

7) A Constituição deve ser **rígida**, pois a repartição constitucional de competências não deve poder ser alterada por uma lei infraconstitucional, mas apenas por força de emenda à própria Constituição.

8) Deve haver **controle de constitucionalidade**, de modo que, se uma lei comum alterar a repartição de competências, o controle de constitucionalidade a fulminará. Fica claro que, sem o controle de constitucionalidade, o pacto federativo fica ameaçado, pois a própria repartição de competências e a autonomia das entidades federadas ficam em xeque.

9) Deve haver um órgão que manifeste a vontade dos membros da federação. No Brasil, esse órgão é o **Senado Federal**, que é a Casa dos representantes dos Estados.

10) Há **auto-organização dos Estados**, a qual é exercida por meio da adoção de Constituições Estaduais, conforme autorizado pela Constituição Federal.

11) Vigora o **princípio da autonomia recíproca**, no sentido de que as entidades federadas se encontram no mesmo grau de autonomia, não havendo hierarquia entre elas (União, Estados, DF e Municípios têm a mesma hierarquia, inexistindo subordinação de uma entidade federada a outra no âmbito interno).

12) Existência de **mecanismos de segurança em face de ameaças sistêmicas**. Cuida-se da **intervenção** de uma entidade federada em outra, que pode ser efetivada caso haja uma ameaça à federação, isto é, ao pacto federativo.

13) Existência de um **órgão neutro para dirimir conflitos entre as unidades federadas**. No Brasil, esse órgão é o **Supremo Tribunal Federal**. E a competência do STF ligada a essa característica é a prevista no **art. 102, I, "f", da CF/88**, que prevê a competência da Suprema Corte para processar e julgar originariamente *"as causas e os conflitos entre a União e os Estados, a União e o Distrito Federal, ou entre uns e outros, inclusive as respectivas entidades da administração indireta"*. Está previsto nesse dispositivo da CF/88, portanto, o papel do STF como **Tribunal da Federação**. Conforme vimos anteriormente,

essa hipótese de competência do Supremo Tribunal Federal apenas fica caracterizada se a causa entre os entes federados (incluindo suas entidades da Administração indireta) puder impactar no pacto federativo, não ficando atraída a competência do STF se se tratar de questão menor, como uma disputa meramente patrimonial. Por exemplo, se um veículo do Estado de Roraima se chocar com um carro do IBAMA (gerando, portanto, uma lide entre um Estado e uma autarquia da União), a competência para dirimir essa questão (meramente patrimonial) não será do Supremo Tribunal Federal, por não haver, nessa hipótese, ameaça ao pacto federativo. Nesse sentido, decidiu o STF ao julgar, por exemplo, o **AgRg na ACO 1802** e a **AC 3389 MC-Ref.**

■ DIFERENÇAS ENTRE SOBERANIA E AUTONOMIA

A partir da análise da origem histórica dos federalismos norte-americano e brasileiro (especialmente, do norte-americano), é possível perceber que há grandes diferenças entre soberania e autonomia.

Em primeiro lugar, Estados soberanos podem formar uma confederação, enquanto na federação, por outro lado, a reunião é de Estados meramente autônomos, e não soberanos.

Mas **qual é a diferença entre soberania e autonomia, do ponto de vista conceitual?** José Afonso da Silva diz que **soberania** é o "poder supremo consistente na capacidade de autodeterminação", enquanto **autonomia** é o "governo próprio dentro do círculo de competências traçado pela Constituição federal".

Soberania, portanto, está ligada a autodeterminação, cuidando-se de uma ideia maior, pois o Estado soberano se autodetermina, ele diz por si mesmo, à luz de sua própria ordem jurídica, aquilo que ele é e aquilo que ele quer ser. Já autonomia é algo que se projeta apenas internamente no próprio Estado, pois se trata do mero exercício de competências delimitadas pela Constituição Federal.

A caracterização da autonomia depende da existência de determinados elementos. Em outras palavras, existem certos **elementos que devem estar presentes para que um Estado fique caracterizado como autônomo**. Esses elementos são os seguintes:

1) A existência de **competências próprias do Estado autônomo** traçadas na Constituição. A Constituição realiza uma descentralização político-administrativa, isto é, entrega aos Estados capacidade política e capacidade administrativa, conferindo-lhes competências para editar leis (capacidade política) e praticar atos atinentes às suas próprias administrações públicas (capacidade administrativa), dentro dos limites previstos no texto constitucional. Essa entrega de competências é feita por meio da chamada **repartição de competências.**

2) A existência de **órgãos próprios de cada entidade federada** (isto é, de cada Estado autônomo).

Além desses dois elementos, a autonomia também é caracterizada pela existência de determinadas **capacidades das entidades federadas**. Cuida-se de capacidades que são exercidas dentro das competências delimitadas pela Constituição Federal. Essas capacidades são as seguintes:

1) Capacidade de **autogoverno**, que consiste na existência de Poderes próprios, dentro dos limites constitucionais;

2) Capacidade de **auto-organização**, que é a capacidade de adotar Constituições e Leis Orgânicas próprias;

3) Capacidade de **autolegislação**, que é a capacidade de produzir normas e leis próprias;

4) Capacidade de **autoadministração**, que é a capacidade de se auto administrar, definindo suas próprias estruturas e rotinas administrativas; e

5) Autonomia **tributária, financeira e orçamentária**, que é a capacidade de instituir e arrecadar seus próprios tributos, de ter seus próprios recursos financeiros (isto é, seu próprio dinheiro em caixa) e de definir seu próprio orçamento, tudo, evidentemente, dentro dos limites traçados na Constituição Federal (e nas Constituições Estaduais e Leis Orgânicas, que devem observar a Constituição Federal).

Quando uma entidade reúne as capacidades referidas acima, é possível dizer que se trata de uma entidade política que possui autonomia. No caso da federação brasileira, existem três espécies de entidades federativas, todas autônomas (e, portanto, dotadas das capacidades elencadas acima), quais sejam, a União, os Estados e os Municípios. Quanto ao Distrito Federal, como veremos, há quem o inclua entre os Estados e há quem afirme ser ele uma quarta espécie de ente federado.

ESPÉCIES DE FEDERAÇÃO

A doutrina costuma classificar a federação em determinadas espécies, apontando, resumidamente, as que veremos a seguir.

■ FEDERAÇÃO POR AGREGAÇÃO E FEDERAÇÃO POR DESAGREGAÇÃO

Conforme já estudamos, a federação por **agregação** é aquela em que Estados soberanos pré-existentes se agregam, como no caso dos EUA, enquanto a federação por **desagregação** é aquela em que um Estado unitário pré-existente se desagrega, como no caso do Brasil.

■ FEDERAÇÃO CENTRÍPETA E FEDERAÇÃO CENTRÍFUGA

A divisão em **federação centrípeta** e **federação centrífuga** leva em consideração duas conhecidas forças da física, a força centrípeta (que é a que vem de fora para dentro, convergindo para o centro) e a força centrífuga (que é a que foge do centro para a periferia, vai de dentro para fora).

Partindo da premissa da existência de uma força centrípeta e de uma força centrífuga, **há duas formas de classificar as federações** (à luz dessas forças da física), considerando dois critérios (ou prismas de análise) diferentes:

1) O **processo histórico de formação do Estado**. Considerando esse critério, tem-se o seguinte:

   a. Federação **centrípeta** é a federação por agregação, que é aquela em que há Estados soberanos pré-existentes que se agregam, formando um novo Estado Federal, ou seja, há Estados pré-existentes que convergem para o centro, seguindo o vetor de uma força centrípeta. O exemplo clássico são os EUA.

   b. Federação **centrífuga** é a federação por desagregação, que é aquela em que um Estado unitário pré-existente se transforma em um Estado Federal, havendo uma força que foge do centro (uma força centrífuga), expandindo um Estado inicialmente unitário. O exemplo clássico é o Brasil.

2) O **resultado da concentração do poder**. Considerando esse critério, tem-se o seguinte:

   a. Federação **centrípeta** é aquela em que o poder fica concentrado na União, no centro. Aqui, a força converge para o centro, sendo o poder central maior do que os poderes regionais. Essa é a tendência das federações por desagregação, pois, na desagregação, um Estado central se dissolve, de modo que a tendência é que esse Estado central mantenha a maior parte dos poderes que tinha, cedendo poucos poderes aos Estados autônomos integrantes da federação. Um exemplo disso é o Brasil.

   b. Federação **centrífuga** é aquela em que o poder fica concentrado nos Estados-membros, fora do centro. É a tendência das federações por agregação, porque, na agregação, há Estados soberanos pré-existentes que se unem para formar um novo Estado, passando para a União, geralmente, uma parcela menor do poder e permanecendo mais fortes do que a entidade central. É justamente por isso que, nos EUA, os Estados possuem um poder mais acentuado, podendo, por exemplo, elaborar sua legislação penal própria, o que não se verifica no Brasil. Portanto, na federação centrífuga, o poder se manifesta mais fortemente nas mãos dos Estados. O melhor exemplo dessa espécie de federação são os EUA.

Como se pode perceber, o Brasil é uma federação centrífuga quanto ao processo de formação, mas centrípeta quanto à concentração do poder, enquanto os EUA são uma federação centrípeta quanto ao processo de formação, mas centrífuga quanto à concentração do poder.

▪ FEDERAÇÃO CLÁSSICA E FEDERAÇÃO ATÍPICA

A **federação clássica** (também chamada de federação dual ou dúplice) é aquela que possui duas espécies de entidades federadas: a União e os Estados-membros. Já a **federação atípica** (também chamada de tricotômica, ou tríplice, ou de terceiro grau) é a federação brasileira atual, que inclui os Municípios (e também o Distrito Federal) entre as entidades federadas.

Portanto, no federalismo brasileiro (que é tricotômico), as entidades federadas são as seguintes:

I) A **União**, que exerce, ao mesmo tempo, dois papéis, a saber:

a. O papel de pessoa jurídica de direito internacional (praticando atos soberanos em nome do Estado brasileiro); e

b. O papel de pessoa jurídica de direito público interno (praticando atos autônomos como entidade federada).

II) Os **Estados** (arts. 25 a 28, CF/88);

III) Os **Municípios** (arts. 29 a 31, CF/88); e

IV) O **Distrito Federal** (art. 32, CF/88).

CUIDADO!

Os Territórios (art. 33, CF/88) não são entidades federadas, mas, sim, entes de natureza autárquica integrantes da União, conforme estabelece o art. 18, § 2º, da CF/88 (*"Os Territórios Federais integram a União, e sua criação, transformação em Estado ou reintegração ao Estado de origem serão reguladas em lei complementar."*). Por esse motivo, eles também são chamados de **autarquias territoriais**.

Em resumo, no federalismo tricotômico, não existem apenas duas esferas de entidades federadas (como ocorre no federalismo clássico), havendo a inclusão de uma terceira esfera, qual seja, a dos Municípios (e por isso é chamado de federalismo tricotômico ou tríplice). Além disso, no Brasil, temos a inclusão do Distrito Federal no rol de entes federativos, o que, segundo alguns, permitiria, até mesmo, afirmar que se trata de um federalismo quádruplo.

No Brasil, portanto, a federação é formada pela União, pelos Estados, pelo DF e pelos Municípios. Essas são as entidades federadas no Estado Brasileiro, e elas, para serem consideradas entidades autônomas, possuem determinadas capacidades que revelam (caracterizam) essa autonomia.

As **capacidades** que caracterizam a autonomia dos Estados e dos Municípios, conforme já estudamos, são as seguintes:

I) Capacidades **estaduais**:

a. Capacidade de **autogoverno** (pois possui Poderes Executivo, Legislativo e Judiciário próprios);

b. Capacidade de **auto-organização** (que é a capacidade de elaborar suas próprias Constituições estaduais e, no caso do Distrito Federal, sua própria Lei Orgânica);

c. Capacidade de **autolegislação** (que é a capacidade de criar suas próprias leis e normas estaduais e distritais);

d. Capacidade de **autoadministração** (que é capacidade de administrar os seus interesses próprios dentro da esfera constitucional de competência estadual e de estruturar seus órgãos e rotinas administrativos); e

e. Autonomia **tributária, financeira e orçamentária** (dentro das competências estaduais estabelecidas na Constituição Federal).

II) Capacidades **municipais**:

a. Capacidade de **autogoverno** (pois há Poderes Executivo e Legislativo municipais, não havendo, porém, Poder Judiciário municipal);

b. Capacidade de **auto-organização** (que é a capacidade de elaborar a própria Lei Orgânica municipal);

c. Capacidade de **autolegislação** (que é a capacidade de criar as próprias leis e normas municipais);

d. Capacidade de **autoadministração** (que é capacidade de administrar os seus interesses próprios dentro da esfera constitucional de competência municipal e de estruturar seus órgãos e rotinas administrativos); e

e. Autonomia **tributária, financeira e orçamentária** (dentro das competências municipais estabelecidas na Constituição Federal).

Como se pode perceber, os Municípios detêm as mesmas capacidades dos Estados, com uma única diferença: sua capacidade de autogoverno não compreende o Poder Judiciário (municipal), mas apenas os Poderes Executivo e Legislativo.

A União, por sua vez, na qualidade de pessoa jurídica de direito público interno, possui as mesmas capacidades dos Estados, com a peculiaridade de que a sua auto-organização é feita pela própria Constituição Federal.

A Constituição Federal, portanto, além de estruturar o Estado Federal brasileiro, funciona como instrumento de auto-organização da União enquanto pessoa jurídica de direito público interno.

Em relação ao Distrito Federal, embora seja uma entidade federada aproximada dos Estados-membros, ele exerce não apenas as competências de natureza estadual, mas também as de caráter municipal, pois é vedada a sua divisão em Municípios, tudo nos termos do art. 32, *caput* e § 1º, da CF/88. Portanto, ao exercer sua autonomia, o Distrito Federal atua não somente dentro das competências estabelecidas pela Constituição Federal para os Estados, mas também dentro das competências constitucionais municipais.

> "**Art. 32, CF/88.** O Distrito Federal, **vedada sua divisão em Municípios**, reger-se-á por lei orgânica, votada em dois turnos com interstício mínimo de dez dias, e aprovada por dois terços da Câmara Legislativa, que a promulgará, atendidos os princípios estabelecidos nesta Constituição.
>
> **§ 1º** Ao Distrito Federal **são atribuídas as competências legislativas reservadas aos Estados e Municípios.**
>
> (...)"

Outra abordagem classificatória envolvendo a federação dual

Vimos acima que a federação clássica é aquela que possui duas esferas de entidades federadas, sendo, por esse motivo, também chamada de federação dual.

Ocorre que é possível encontrar na doutrina outra abordagem classificatória quanto à federação dual. Cuida-se da classificação que contrapõe o federalismo dual ao federalismo de cooperação.

Segundo essa visão doutrinária, a federação dual seria aquela em que as entidades federadas têm suas competências e seus âmbitos de atuação muito bem delimitados na Constituição, de modo que uma esfera federativa não atua em matérias que são atribuídas a outra esfera da federação. E essa definição de federação dual se contrapõe à de federação cooperativa, que seria aquela em que as entidades federativas atuam, muitas vezes, nas mesmas matérias, umas cooperando com as outras no tratamento dos diversos temas e na execução das tarefas constitucionais.

Um exemplo de federação dual sob esse ponto de vista seriam os EUA, enquanto um exemplo de federação cooperativa seria o Brasil, já que, na realidade brasileira, há competências administrativas comuns e competências legislativas concorrentes previstas na Constituição Federal, de modo que mais de uma esfera federativa executa tarefas materiais e legisla a respeito de uma mesma matéria, conforme estudaremos em momento oportuno.

Há, ainda, quem afirme que, na verdade, a federação brasileira adota um modelo misto, isto é, uma mistura entre o federalismo dual e o federalismo de cooperação, já que a CF/88, ao lado das competências comuns e concorrentes, prevê competências privativas e exclusivas das entidades federativas. Não houve, portanto, no Brasil, a adoção (pela CF/88) de um modelo unitário ou único (isto é, exclusivamente dual ou exclusivamente cooperativo), mas, sim, de um modelo misto.

No histórico do constitucionalismo brasileiro, apenas a Constituição de 1891 adotou o modelo dual puro.

Em sede jurisprudencial, o Supremo Tribunal Federal reconhece que o modelo adotado pela CF/88 é de um federalismo de cooperação, havendo um verdadeiro entrelaçamento das competências das diversas esferas federativas, em vez de uma delimitação estanque e precisa das atribuições de cada ente federado. Confira os seguintes precedentes nesse sentido:

> **Ementa:** (...) 5. **Durante a evolução do federalismo, passou-se da ideia de três campos de poder mutuamente exclusivos e limitadores, segundo a qual a União, os Estados e os Municípios teriam suas áreas exclusivas de autoridade, para um novo modelo federal baseado, principalmente, na cooperação**, como salientado por KARL LOEWESTEIN (Teoria de la constitución . Barcelona: Ariel, 1962. p. 362). 6. **O legislador constituinte de 1988, atento a essa evolução**, bem como sabedor da tradição centralizadora brasileira, tanto, obviamente, nas diversas ditaduras que sofremos, quanto nos momentos de normalidade democrática, **instituiu novas regras descentralizadoras na distribuição formal de competências legislativas**, com base no princípio da predominância do interesse, e **ampliou as hipóteses de competências concorrentes, além de fortalecer o Município** como polo gerador de normas de interesse local. (...)
>
> **(RE 1181244 AgR/SP; Relator(a): Min. ALEXANDRE DE MORAES; Julgamento: 23/08/2019; Órgão Julgador: Primeira Turma)**

"(...) ALEGADA NULIDADE DA INVESTIGAÇÃO PENAL PELO FATO DE A POLÍCIA JUDICIÁRIA ESTADUAL HAVER RECEBIDO COOPERAÇÃO DA POLÍCIA FEDERAL – INOCORRÊNCIA – **MÚTUA ASSISTÊNCIA TÉCNICA ENTRE A POLÍCIA FEDERAL E AS POLÍCIAS ESTADUAIS**, ALÉM DO **FORNECIMENTO RECÍPROCO DE DADOS INVESTIGATÓRIOS E O INTERCÂMBIO DE** INFORMAÇÕES ENTRE REFERIDOS ORGANISMOS POLICIAIS: **MEDIDAS QUE SE LEGITIMAM EM FACE DO MODELO CONSTITUCIONAL DE FEDERALISMO COOPERATIVO** (...)"

(RHC 116000 AgR; Órgão julgador: Segunda Turma; Relator(a): Min. CELSO DE MELLO; Julgamento: 25/03/2014)

EMENTA: Estado Federal: **discriminação de competências legislativas**: lei estadual que obriga os ofícios do registro civil a enviar cópias das certidões de óbito (1) ao Tribunal Regional Eleitoral e (2) ao órgão responsável pela emissão da carteira de identidade: ação direta de inconstitucionalidade por **alegada usurpação da competência privativa da União** para legislar sobre registros públicos (CF, art. 22, XXV): medida cautelar indeferida por falta de plausibilidade dos fundamentos, quanto à segunda parte da norma impugnada, por unanimidade de votos - pois impõe cooperação de um órgão da Administração estadual a outro; e, quanto à primeira parte, por maioria - por entender-se **compreendida a hipótese na esfera constitucionalmente admitida do federalismo de cooperação.**

(ADI 2254 MC/ES; Relator(a): Min. SEPÚLVEDA PERTENCE; Julgamento: 08/02/2001; Órgão julgador: Tribunal Pleno)

Importante registrar que, tal qual ocorre com a classificação do Estado federal como dual, o rótulo da federação como cooperativa também é abordado na doutrina a partir de uma segunda visão, de acordo com a qual, o federalismo cooperativo seria o modelo de federalismo que tem como finalidade eliminar (ou, ao menos, reduzir) as discrepâncias fáticas socioeconômicas verificadas entre as entidades integrantes da Federação para, assim, atingir os objetivos do Estado. Trata-se de uma abordagem que, por envolver a atuação conjunta das diversas esferas da federação, tem íntima relação com a visão de federalismo cooperativo que acabamos de abordar no presente tópico, mas que com ela não se confunde integralmente, embora não a exclua. Veremos isso no próximo tópico.

■ FEDERAÇÃO SIMÉTRICA E FEDERAÇÃO ASSIMÉTRICA

É possível encontrar na doutrina, ainda, a classificação da federação quanto à simetria, segundo a qual, a federação pode ser **simétrica** ou **assimétrica**. E essa classificação pode ser feita a partir de dois critérios diferentes. Vejamos.

1) O primeiro critério é uma **comparação com o modelo clássico de federação**. De acordo com esse critério, o federalismo simétrico é aquele que se assemelha ao modelo clássico (dual), enquanto o federalismo assimétrico é aquele que se distancia desse modelo clássico, como é o caso do federalismo tricotômico.

2) O segundo critério é a consideração de **diferenças jurídicas ou fáticas entre as entidades federadas**, analisando-se a simetria jurídica e a simetria fática entre elas, da seguinte forma:

a. **Simetria jurídica**: a federação é simétrica sob o **ponto de vista jurídico**, quando as entidades federadas recebem tratamentos jurídicos semelhantes, isto é, são regidas por normas jurídicas semelhantes. Por outro lado, quando os entes federativos recebem tratamentos jurídicos distintos, a federação é considerada assimétrica sob o prisma jurídico. A federação brasileira é juridicamente simétrica, pois as entidades federativas se submetem, grosso modo, a um mesmo tratamento jurídico básico, tendo em vista, por exemplo, que todos os Estados brasileiros têm Governador e Assembleia Legislativa, o mandato no Poder Executivo é sempre de quatro anos em todas os entes da Federação, as regras eleitorais são as mesmas em todos os entes etc. Essa simetria, essa igualdade de tratamento jurídico entre as entidades federadas brasileiras decorre das normas centrais da Constituição, que são aquelas normas obrigatórias para todos os Estados e Municípios, dizem respeito a temas que foram previamente definidos pelo constituinte de 1988, garantindo uma igualdade de tratamento jurídico em cada esfera da Federação. Dentre essas normas centrais da Constituição, que diminuem a autonomia jurídica e política dos Estados e Municípios, encontram-se os direitos e garantias fundamentais, a repartição de competências, as chamadas normas de preordenação (que são as normas que preordenam o Estado, que disciplinam as autoridades e órgãos estatais, como o Governador, o Prefeito, a Câmara Municipal etc.), os princípios constitucionais expressos e implícitos, os direitos políticos, as normas da Administração Pública, as garantias do Judiciário e da magistratura, os princípios gerais do direito tributário, a ordem econômica e social etc. Essas normas são obrigatórias para as entidades federadas, não podendo elas dispor em sentido contrário nas Constituições estaduais ou nas Leis Orgânicas municipais. São normas que provocam uma **uniformidade jurídica**. Sob esse ponto de vista, então, o federalismo brasileiro é simétrico.

b. **Simetria fática**: do ponto de vista não da realidade jurídica, mas, sim, da **realidade fática**, o federalismo é simétrico quando as entidades federadas apresentam realidades fáticas semelhantes e é assimétrico quando suas realidades fáticas não se assemelham. Sob o prisma fático, a federação brasileira é assimétrica, pois as entidades federadas têm, entre si, diferenças fáticas gritantes, elas se encontram em diferentes níveis de desenvolvimento econômico e social. Portanto, como são entes federados com realidades fáticas distintas, há uma assimetria federativa.

É justamente no contexto da assimetria fática na federação que tem lugar o federalismo cooperativo em uma visão diversa daquela que o contrapõe ao federalismo dual (que vimos anteriormente).

O federalismo cooperativo, no bojo da análise da realidade fática das entidades federadas, consiste no modelo de Estado federal que se presta a reduzir a assimetria fática existente entre os entes integrantes da federação, pois o seu objetivo é reduzir as desigualdades sociais e regionais, o que, inclusive, é um dos objetivos fundamentais da República Brasileira, conforme prevê o art. 3º, III, da CF/88. A federação brasileira, portanto, adota um modelo de cooperação também sob esse ponto de vista.

Em resumo, o federalismo cooperativo é o modelo de federação em que as entidades federadas devem atuar, todas, em conjunto, solidariamente, cooperando entre si, para que sejam atingidos os objetivos do Estado (que, em geral, consistem em medidas relacionadas com o bem comum) e reduzidas as desigualdades regionais sob os pontos de vista social e econômico. A adoção do federalismo cooperativo no Brasil fica clara no art. 3º da CF/88, que estabelece como um dos objetivos da República Brasileira, em seu inciso III, a redução das desigualdades regionais e sociais.

Além disso, o federalismo cooperativo é mencionado pela CF/88, dentre outras passagens, no art. 23, parágrafo único, que atribui às leis complementares a tarefa de estabelecer normas para que os entes federados **cooperem** entre si no exercício de suas competências materiais, visando o equilíbrio do desenvolvimento e do bem-estar em âmbito nacional. Veja:

> "**Art. 23, CF/88.** (...)
>
> Parágrafo único. **Leis complementares** fixarão normas para a **cooperação** entre a União e os Estados, o Distrito Federal e os Municípios, tendo em vista o equilíbrio do desenvolvimento e do bem-estar em âmbito nacional."

Portanto, a cooperação está expressamente prevista no texto constitucional em diversas passagens. A exemplo, do tratamento constitucional da repartição de receitas tributárias, em que há inegável cooperação, pois, apesar de a instituição e a cobrança dos tributos caberem a uma determinada entidade, o produto da arrecadação deles acaba sendo dividido com outros entes federados, como é o caso do ITR, do IPVA, do IR etc. Inclusive, é possível, até mesmo, que uma entidade federada arrecade o tributo, mas não fique com nenhuma fração dessa quantia, como ocorre com o IOF incidente sobre o ouro como ativo financeiro ou instrumento cambial, que é instituído e arrecadado pela União, mas, nos termos do art. 153, § 5º, I e II, 30% do seu produto são destinados ao Estado ou DF de origem e 70% são destinados aos Municípios, nada ficando na esfera federal.

A cooperação entre os entes federados brasileiros também ocorre, por exemplo, no SUS (que é custeado com recursos de todas as esferas da Federação) e no regime de colaboração que existe nos sistemas de educação, em que as entidades federadas devem prestar auxílio umas às outras, como se infere dos arts. 30, VI, e 211 da CF/88:

> "**Art. 30, CF/88.** Compete aos Municípios:
>
> (...)
>
> VI - manter, com a **cooperação técnica e financeira** da União e do Estado, programas de educação infantil e de ensino fundamental;"
>
> "**Art. 211, CF/88.** A União, os Estados, o Distrito Federal e os Municípios organizarão em regime de **colaboração** seus sistemas de ensino."

Importante registrar que a existência do federalismo cooperativo no Brasil com o propósito de atingir os objetivos da República no plano fático já foi reconhecido expressamente pelo Supremo Tribunal Federal, como se pode inferir do seguinte julgado:

> **Ementa:** AÇÃO DIRETA DE INCONSTITUCIONALIDADE. COMPETÊNCIA. (...) 1. Repartir competências compreende compatibilizar interesses para o **reforço do federalismo cooperativo em uma dimensão de fato cooperativa e difusa**, rechaçando-se a centralização em um ou outro ente a fim de que o funcionamento consonante das competências legislativas e executivas **otimizem os fundamentos (art. 1º, da CRFB) e objetivos (art. 3º, da CRFB) da República**. (...)
>
> **(ADI 6097/AM; Relator(a): Min. GILMAR MENDES; Redator(a) do acórdão: Min. EDSON FACHIN; Julgamento: 08/06/2020; Órgão julgador: Tribunal Pleno)**

E, reforçando a existência de um federalismo cooperativo na CF/88, a **EC 132/2023** (a chamada "Reforma Tributária") incluiu no texto constitucional o **art. 159-A**, criando um fundo alimentado com **recursos financeiros da União** com o objetivo de **reduzir as desigualdades regionais e sociais existentes nos Estados e no Distrito Federal e entre eles**, cabendo aos próprios Estados e Distrito Federal a gestão e aplicação desses recursos. Trata-se do **Fundo Nacional de Desenvolvimento Regional**, que, portanto, nada mais é do que um instrumento de entrega de recursos da União aos Estados e Distrito Federal com a finalidade de reduzir as desigualdades entre esses entes federados e dentro deles.

É interessante notar, inclusive, que o *caput* do art. 159-A da CF/88, ao criar o Fundo Nacional de Desenvolvimento Regional, diz expressamente que **essa medida se presta a concretizar o art. 3º, III, da CF/88**, que, como vimos, estabelece a redução das desigualdades regionais e sociais como um dos objetivos fundamentais da República Brasileira (***"Art. 3º, CF/88.*** *Constituem objetivos fundamentais da República Federativa do Brasil: ... III - erradicar a pobreza e a marginalização e* ***reduzir as desigualdades sociais e regionais;****"*).

Confira o teor do art. 159-A da CF/88:

> "**Art. 159-A, CF/88 (Incluído pela EC 132/2023).** Fica instituído o **Fundo Nacional de Desenvolvimento Regional**, com o objetivo de **reduzir as desigualdades regionais e sociais**, nos termos do art. 3º, III, mediante a **entrega de recursos da União aos Estados e ao Distrito Federal** para:
>
> I - realização de estudos, projetos e obras de infraestrutura;
>
> II - fomento a atividades produtivas com elevado potencial de geração de emprego e renda, incluindo a concessão de subvenções econômicas e financeiras; e
>
> III - promoção de ações com vistas ao desenvolvimento científico e tecnológico e à inovação.
>
> **§ 1º** É vedada a retenção ou qualquer restrição ao recebimento dos recursos de que trata o caput.
>
> **§ 2º** Na aplicação dos recursos de que trata o caput, os Estados e o Distrito Federal priorizarão projetos que prevejam ações de sustentabilidade ambiental e redução das emissões de carbono.
>
> **§ 3º** Observado o disposto neste artigo, **caberá aos Estados e ao Distrito Federal a decisão quanto à aplicação dos recursos** de que trata o caput.

> **§ 4º** Os recursos de que trata o caput **serão entregues aos Estados e ao Distrito Federal de acordo com coeficientes individuais de participação**, calculados com base nos seguintes indicadores e com os seguintes pesos:
>
> I - população do Estado ou do Distrito Federal, com peso de 30% (trinta por cento);
>
> II - coeficiente individual de participação do Estado ou do Distrito Federal nos recursos de que trata o art. 159, I, "a", da Constituição Federal, com peso de 70% (setenta por cento).
>
> **§ 5º** O Tribunal de Contas da União será o órgão responsável por regulamentar e calcular os coeficientes individuais de participação de que trata o § 4º."

Para finalizar, é importante saber que a própria EC 132/2023 já definiu em seu texto (mais precisamente, no seu art. 13) os **valores que serão entregues pela União** ao Fundo Nacional de Desenvolvimento Regional, bem como o **cronograma de liberação** desses valores. Esse cronograma **se inicia no ano 2029** e os valores sofrerão **aumentos gradativos a cada ano**. Veja:

> "**Art. 13, EC 132/2023.** Os recursos de que trata o art. 159-A da Constituição Federal, com a redação dada pelo art. 1º desta Emenda Constitucional, **corresponderão aos seguintes valores, atualizados, de 2023 até o ano anterior ao da entrega**, pela variação acumulada do IPCA ou de outro índice que vier a substituí-lo:
>
> I - em 2029, a R$ 8.000.000.000,00 (oito bilhões de reais);
>
> II - em 2030, a R$ 16.000.000.000,00 (dezesseis bilhões de reais);
>
> III - em 2031, a R$ 24.000.000.000,00 (vinte e quatro bilhões de reais);
>
> IV - em 2032, a R$ 32.000.000.000,00 (trinta e dois bilhões de reais);
>
> V - em 2033, a R$ 40.000.000.000,00 (quarenta bilhões de reais);
>
> VI - em 2034, a R$ 42.000.000.000,00 (quarenta e dois bilhões de reais);
>
> VII - em 2035, a R$ 44.000.000.000,00 (quarenta e quatro bilhões de reais);
>
> VIII - em 2036, a R$ 46.000.000.000,00 (quarenta e seis bilhões de reais);
>
> IX - em 2037, a R$ 48.000.000.000,00 (quarenta e oito bilhões de reais);
>
> X - em 2038, a R$ 50.000.000.000,00 (cinquenta bilhões de reais);
>
> XI - em 2039, a R$ 52.000.000.000,00 (cinquenta e dois bilhões de reais);
>
> XII - em 2040, a R$ 54.000.000.000,00 (cinquenta e quatro bilhões de reais);
>
> XIII - em 2041, a R$ 56.000.000.000,00 (cinquenta e seis bilhões de reais);
>
> XIV - em 2042, a R$ 58.000.000.000,00 (cinquenta e oito bilhões de reais);
>
> XV - a partir de 2043, a R$ 60.000.000.000,00 (sessenta bilhões de reais), por ano."

ORGANIZAÇÃO POLÍTICO-ADMINISTRATIVA DO ESTADO BRASILEIRO

■ ENTIDADES INTEGRANTES DO ESTADO FEDERAL BRASILEIRO

A CF/88, já no seu art. 1º, estabelece que a federação brasileira é indissolúvel, isto é, que as entidades regionais (Estados e Distrito Federal) e locais (Municípios) que a integram não podem dela se retirar. Ele consagra, portanto, o **princípio da indissolubilidade da união** ou **indissolubilidade do vínculo federativo**, segundo o qual, é vedada a secessão (isto é, a retirada) dos entes federados. Como vimos anteriormente, o direito de secessão não é admitido em uma federação.

Além disso, esse dispositivo deixa claro que os Municípios são entidades federadas, ou seja, são entes dotados de autonomia que fazem parte do pacto federativo. Esse é um detalhe importante, pois, antes da CF/88, os Municípios não eram entes federativos.

> **"Art. 1º, CF/88.** A República Federativa do Brasil, formada pela **união indissolúvel dos Estados e Municípios e do Distrito Federal**, constitui-se em Estado Democrático de Direito e tem como fundamentos: (...)"

O art. 18 da CF/88, por sua vez, estabelece a estrutura político-administrativa da Federação brasileira, isto é, diz quais são as entidades e as esferas federativas no Brasil. Segundo esse dispositivo, os entes federados brasileiros são a União, os Estados, o Distrito Federal e os Municípios. Mais uma vez, portanto, fica claro o *status* de entidade federativa dado pela Constituição de 1988 aos Municípios.

> **"Art. 18, CF/88.** A organização político-administrativa da República Federativa do Brasil compreende a União, os Estados, o Distrito Federal e os Municípios, todos autônomos, nos termos desta Constituição."

É justamente por conta do fato de a nossa Constituição incluir os Municípios entre os entes federativos (tornando, com isso, a federação brasileira uma federação tricotômica), que o nosso modelo de federalismo é considerado atípico.

Quanto aos Territórios, eles não são entidades federadas, mas sim entes de natureza autárquica que integram a estrutura administrativa da União, conforme estabelece o § 2º do art. 18 da CF/88. Além disso, nos termos desse dispositivo, é possível transformar um Território em Estado, criar um novo Território ou mesmo retroceder e reintegrá-lo ao Estado de origem, mas isso depende de edição de **lei complementar**.

> **"Art. 18, § 2º, CF/88.** Os Territórios Federais integram a União, e sua criação, transformação em Estado ou reintegração ao Estado de origem serão reguladas em **lei complementar**."

▶ Operações federativas envolvendo Estados e Municípios

Por operações federativas entenda-se os fenômenos tratados nos §§ 3º e 4º do art. 18 da CF/88, isto é, a incorporação, a subdivisão, o desmembramento, a criação e a fusão de Estados e de Municípios.

Por envolverem o pacto federativo, naturalmente, essas operações precisam ser disciplinadas na Constituição Federal, embora dependam, também, da edição de normas infraconstitucionais para serem realizadas.

O § 3º do art. 18 da CF/88 prevê a possibilidade de os Estados se incorporarem entre si, de se subdividirem ou de se desmembrarem, seja para se anexarem a outros

Estados, seja para formarem novos Estados ou mesmo Territórios Federais. Mas exige, para que isso seja feito, que haja aprovação da população diretamente interessada, por meio de uma forma específica, qual seja, o **plebiscito**. Além disso, nos termos desse dispositivo, essas operações dependem de **aprovação dada pelo Congresso Nacional através de lei complementar**.

> "**Art. 18, § 3º, CF/88.** Os Estados podem incorporar-se entre si, subdividir-se ou desmembrar-se para se anexarem a outros, ou formarem novos Estados ou Territórios Federais, mediante **aprovação da população diretamente interessada**, através de **plebiscito**, e do Congresso Nacional, por **lei complementar**."

Já o § 4º do art. 18 trata das operações federativas envolvendo os Municípios. Esse dispositivo prevê a possibilidade de criação de novos Municípios e de incorporação, fusão e desmembramento de Municípios já existentes. À semelhança do tratamento dado a essa questão em relação aos Estados, o dispositivo constitucional exige a satisfação de certos requisitos para que essas operações sejam possíveis, quais sejam, a consulta prévia às populações dos Municípios envolvidos, também por meio do instrumento específico do **plebiscito**, e a divulgação, também prévia, de **estudos de viabilidade municipal**, apresentados e publicados de acordo com o que estiver previsto em lei. Além disso, segundo estabelece o texto constitucional, as operações federativas municipais devem ser feitas por **lei estadual** e apenas durante o **período previsto para tal finalidade em lei complementar federal**.

> "**Art. 18, § 4º, CF/88.** A criação, a incorporação, a fusão e o desmembramento de Municípios, far-se-ão por **lei estadual**, dentro do período determinado por **Lei Complementar Federal**, e dependerão de consulta prévia, mediante **plebiscito**, às **populações dos Municípios envolvidos**, após divulgação dos **Estudos de Viabilidade Municipal**, apresentados e publicados na forma da lei."

Esse tema também é tratado pela Lei 9.709/98, especialmente, nos seus arts. 4º, 5º e 7º. Esses dispositivos legais disciplinam os requisitos exigidos pela CF/88 para a efetuação de operações federativas e, ao fazerem isso, estabelecem, dentre outras coisas, o âmbito da população que deve ser consultada no plebiscito a ser realizado, tanto nas operações envolvendo Estados quanto nas operações envolvendo Municípios. Segundo essa lei, a consulta plebiscitária deve ser dirigida a toda a população que for diretamente afetada pela operação, e não apenas à população da área específica que será desmembrada ou anexada.

> "**Art. 7º, Lei 9.709/98.** Nas consultas plebiscitárias previstas nos arts. 4º e 5º entende-se por população diretamente interessada tanto a do território que se pretende desmembrar, quanto a do que sofrerá desmembramento; em caso de fusão ou anexação, tanto a população da área que se quer anexar quanto a da que receberá o acréscimo; e a vontade popular se aferirá pelo percentual que se manifestar em relação ao total da população consultada."

Ademais, o STF decidiu, na **ADI 2650**, que o art. 7º da Lei 9.709/98 é constitucional e que, tanto no desmembramento de Estado-membro quanto no desmembramento de Município, o âmbito da consulta do plebiscito a que se referem os §§ 3º e 4º do art. 18 da CF/88 é o da população **diretamente interessada**, o que abrange **a população de toda a área a ser desmembrada e a população da área remanescente**. Eis a decisão do STF:

> "(...) O presente caso exige, para além de uma interpretação gramatical, uma interpretação sistemática da Constituição, tal que se leve em conta a sua integralidade e a sua harmonia, sempre em busca da máxima da unidade constitucional, de modo que a interpretação das normas constitucionais seja realizada de maneira a evitar contradições entre elas. Esse objetivo será alcançado mediante interpretação que extraia do termo 'população diretamente interessada' o significado de que, para a hipótese de desmembramento, **deve ser consultada, mediante plebiscito, toda a população do estado-membro ou do município, e não apenas a população da área a ser desmembrada**. (...)"
>
> **(ADI 2650, Rel. Min. DIAS TOFFOLI, Pleno, j. em 24/08/2011)**

→ *A hipótese de mera alteração de limites municipais*

Vimos que a Constituição exige lei e aprovação plebiscitária para que haja criação, incorporação, fusão e desmembramento de Municípios. E se, em vez de se tratar de alguma dessas operações, a lei estadual simplesmente alterar limites territoriais de Municípios? Nesse caso, também é necessário haver aprovação da população mediante plebiscito?

Esse questionamento chegou ao Supremo Tribunal Federal na **ADI 1825** (julgada em 15/04/2020) e a Corte entendeu que, em virtude do art. 18, § 4º, da CF/88, qualquer que seja a extensão da alteração territorial de Município (ainda que se trate de mera modificação dos seus limites), é indispensável que haja prévia consulta plebiscitária às populações envolvidas, sendo essa consulta um **mecanismo de exercício da soberania popular** e uma **condição de procedibilidade** da norma alteradora dos limites municipais.

E isso se aplica ainda que se trate de uma lei que simplesmente cuide de alterar a lei anterior que havia criado, após consulta plebiscitária, o Município envolvido. Em outras palavras, a cada nova operação (alteração dos limites geográficos) municipal, o procedimento constitucional do art. 18, § 4º, da CF/88 deve ser novamente observado.

Além disso, o STF deixou claro que o vício no procedimento da operação municipal não fica convalidado pelo fato de a Assembleia Legislativa ter aprovado a lei estadual concretizadora da operação, já que se trata de um vício decorrente da inobservância de uma exigência procedimental constitucional, ou seja, é um caso de inconstitucionalidade formal. Ao assim decidir, o Supremo Tribunal Federal manteve coerência com o seu entendimento de que, no processo legislativo, a sanção do Poder Executivo não convalida eventual vício de iniciativa.

O julgado recebeu a seguinte ementa:

> **Ementa:** AÇÃO DIRETA DE INCONSTITUCIONALIDADE. (...) 3. **Lei estadual que altera os limites territoriais de municípios sem a realização de consulta prévia, mediante plebiscito, às populações envolvidas contraria o disposto no artigo 18, § 4º, da Constituição Federal.** 4. **A alteração dos limites geográficos**

de municípios jamais prescinde da consulta plebiscitária prevista no artigo 18, § 4º, da Constituição Federal, qualquer que seja a extensão da alteração territorial verificada. Precedentes: (...) 5. O processo de emancipação municipal viciado **não pode ser corrigido por mera retificação legislativa**, sem a observância do artigo 18, § 4º, da Constituição Federal. Deveras, **uma vez criada a nova entidade federativa, não se admite a alteração da lei que a formalizou sem novo processo de incorporação, fusão ou desmembramento, com prévia consulta plebiscitária às populações envolvidas**. 6. O plebiscito consultivo conflui para concretizar o princípio da soberania popular, da cidadania e da autonomia federativa, de forma que as populações afetadas possam exercer efetivamente suas prerrogativas de autogoverno. (...) Nesse prisma, **a consulta plebiscitária é verdadeira condição de procedibilidade da norma que altera limites municipais, constituindo relevante meio de exercício da soberania popular**. (...) 12. Ação direta conhecida e julgada procedente, para declarar a inconstitucionalidade da Lei 2.900/1998 do Estado do Rio de Janeiro.

(ADI 1825/RJ; Relator(a): Min. LUIZ FUX; Julgamento: 15/04/2020; Órgão julgador: Tribunal Pleno)

→ *As operações federativas municipais convalidadas pela EC 57/2008 e as operações irregulares posteriores a ela*

Conforme vimos, o art. 18, § 4º, da CF/88 disciplina como devem ocorrer as operações de criação, fusão, incorporação e desmembramento de Municípios. Esse dispositivo estabelece que, para isso ser feito, é necessário que haja consulta prévia, por **plebiscito**, às populações dos Municípios envolvidos e a divulgação, também prévia, de **estudos de viabilidade municipal**, apresentados e publicados de acordo com o que estiver previsto em lei. Além disso, segundo estabelece o texto constitucional, as operações federativas municipais devem ser feitas por **lei estadual** e apenas durante o período previsto para tal finalidade em **lei complementar federal**.

> "**Art. 18, § 4º, CF/88.** A criação, a incorporação, a fusão e o desmembramento de Municípios, far-se-ão por lei estadual, dentro do período determinado por Lei Complementar Federal, e dependerão de consulta prévia, mediante plebiscito, às populações dos Municípios envolvidos, após divulgação dos Estudos de Viabilidade Municipal, apresentados e publicados na forma da lei."

Essa redação do art. 18, § 4º, da CF/88 foi dada pela EC 15/96. Antes dessa emenda, as operações federativas municipais tinham um procedimento mais fácil, pois exigiam apenas que fossem feitas por meio de lei estadual e que fossem atendidos os requisitos estabelecidos em lei complementar também estadual, além da realização de consulta prévia, por meio de plebiscito, às populações diretamente interessadas.

Antes da EC 15/96, portanto, não havia necessidade de participação do legislador federal no processo de criação, fusão, incorporação ou desmembramento de Município, bem como não se exigia a realização de nenhum estudo de viabilidade municipal. O procedimento, como se pode perceber, facilitava a proliferação de Municípios, o que não era desejado pelo constituinte, e foi justamente para evitar isso que o Congresso Nacional aprovou a EC 15/96.

Ocorre que, mesmo com a aprovação e a entrada em vigor da EC 15/96, vários Estados realizaram operações envolvendo seus municípios sem observar as novas exigências trazidas por essa emenda. Por conta disso, o Congresso Nacional aprovou a **EC 57/2008**, que incluiu o art. 96 no ADCT, convalidando todas as criações, fusões, incorporações e desmembramentos de Municípios que ocorreram até **31/12/2006**, desde que houvessem atendido os requisitos da legislação estadual vigente na época.

> "**Art. 96, ADCT.** Ficam convalidados os atos de criação, fusão, incorporação e desmembramento de Municípios, cuja lei tenha sido publicada até 31 de dezembro de 2006, atendidos os requisitos estabelecidos na legislação do respectivo Estado à época de sua criação." ***(Incluído pela EC 57/08)***

E quanto às leis estaduais que, após a EC 15/96 e após 31/12/2006, disciplinaram a realização das operações de criação, fusão, incorporação ou desmembramento de Municípios sem observar os requisitos do art. 18, § 4º, da CF/88, especialmente, sem respeitar a exigência de autorização em lei complementar federal? É possível considerá-las válidas? Evidentemente, **não.**

A esse respeito, é importante registrar que a lei complementar federal exigida pelo art. 18, § 4º, da CF/88, **nunca foi editada pelo Congresso Nacional**, o que, inclusive, levou o STF a reconhecer expressamente haver uma **omissão inconstitucional** em virtude da não edição dessa lei pelo Poder Legislativo. Isso ocorreu na **ADI 3682**, julgada em 09/05/2007.

E, mesmo depois de o STF reconhecer a existência de omissão inconstitucional no caso, o Congresso Nacional não editou a lei complementar federal prevista no art. 18, § 4º, da CF/88, e isso levou ao ajuizamento de nova ação de controle concentrado abstrato de constitucionalidade para questionar a omissão do Poder Legislativo. Essa ação é a **ADO 70**, que ainda se encontra pendente de julgamento.

No entanto, é evidente que a falta da lei complementar em questão não autoriza os Estados a realizarem operações de criação, fusão, incorporação ou desmembramento de Municípios sem observar as exigências constitucionais.

Embora isso seja algo óbvio, precisou ser dito pelo Supremo Tribunal Federal, o que ocorreu na **ADI 4711**, julgada em 08/09/2021. Nessa ação, a Corte declarou a **inconstitucionalidade** de leis estaduais (do Rio Grande do Sul) editadas após a EC 15/96 e após 31/12/2006 que permitiam a realização de operações de criação, fusão, incorporação e desmembramento de Municípios sem observar os requisitos da atual redação do art. 18, § 4º, da CF/88, em especial, sem exigir autorização de lei complementar federal para a realização dessas operações.

Nas palavras da Corte, *"a redação original do art. 18, § 4º, da CF/1988 condicionava a criação de municípios à edição de lei estadual, obedecidos os requisitos previstos em Lei Complementar estadual, e a uma consulta prévia, mediante plebiscito, às populações diretamente interessadas. Esse procedimento simplificado, que delegou exclusivamente à esfera estadual a regulamentação dos parâmetros para a emancipação, propiciou a proliferação de entes municipais no Brasil após a promulgação da Constituição de 1988. (...) Atento a essa realidade,* ***o constituinte derivado alterou o texto constitucional e dificultou a criação de municípios****, restringindo a fragmentação da federação. O art. 18, § 4º, da CF/1988, com redação dada pela EC* *nº 15/1996, passou a exigir, além dos requisitos anteriormente previstos, a edição de lei complementar federal e a divulgação prévia dos Estudos de Viabilidade Municipal, apresentados e publicados na forma da lei. (...) Esta Corte firmou jurisprudência no sentido de que* ***a inexistência da lei complementar federal a que se refere o art. 18, § 4º, da CF/1988 impede a criação, fusão, incorporação ou desmembramento de novos municípios****. (...) Ao promulgar a Lei Complementar nº 13.587/2010, o legislador gaúcho instaurou procedimento administrativo e legislativo que se esgota no âmbito estadual, praticamente repristinando a redação originária do art. 18, § 4º, da CF/1988.* ***A atual dicção desse dispositivo constitucional impõe a aprovação prévia de leis federais*** *para que os Estados sejam autorizados a iniciar novos processos de emancipação municipal.* ***Até que isso ocorra, leis estaduais que versem sobre o tema são inconstitucionais****".*

A tese fixada nesse julgamento estabeleceu que "*é inconstitucional lei estadual que permita a criação, incorporação, fusão e desmembramento de municípios sem a edição prévia das leis federais previstas no art. 18, § 4º, da CF/1988, com redação dada pela Emenda Constitucional nº 15/1996*".

Esse entendimento foi posteriormente reiterado pelo STF em outros casos, a exemplo da **ADPF 819**, julgada em 09/10/2023.

→ A EC 57/2008 convalidou operações federativas municipais realizadas sem plebiscito?

Como vimos, o art. 18, § 4º, da CF/88, disciplina as operações federativas envolvendo Municípios, dispondo que *"a criação, a incorporação, a fusão e o desmembramento de Municípios, far-se-ão por lei estadual, dentro do período determinado por Lei Complementar Federal, e dependerão de consulta prévia, mediante plebiscito, às populações dos Municípios envolvidos, após divulgação dos Estudos de Viabilidade Municipal, apresentados e publicados na forma da lei"*.

Vimos também que a EC 57/2008 convalidou as operações federativas entre Municípios ocorridas até 31/12/2006 nas quais não tenham sido observados os requisitos previstos no texto constitucional. Essa emenda fez isso por meio da inclusão do art. 96 ao ADCT, segundo o qual, *"ficam convalidados os atos de criação, fusão, incorporação e desmembramento de Municípios, cuja lei tenha sido publicada até 31 de dezembro de 2006, atendidos os requisitos estabelecidos na legislação do respectivo Estado à época de sua criação"*.

A partir disso, surgiu o seguinte questionamento: o art. 96 do ADCT (que foi incluído no texto constitucional pela EC 57/08) convalidou, inclusive, as operações federativas entre Municípios que foram realizadas sem prévio plebiscito? Em outras palavras: **o vício gerado pela ausência da realização de plebiscito também foi convalidado pela EC 57/08?**

Segundo decidiu o STF, **não.**

Esse tema já havia sido tratado pela Corte no **Tema de Repercussão Geral nº 400** (RE 1171699, j. 29/11/2019), no qual foi estabelecido o entendimento de que a convalidação operada pela EC 57/08 **não alcançou a falta de plebiscito** nas operações federativas entre Municípios.

Segundo o STF, o propósito dessa emenda constitucional foi, na verdade, o de manter válidas as operações envolvendo Municípios que foram realizadas sem que houvesse norma federal estabelecendo o período em que elas poderiam ser feitas. Já **o vício gerado pela ausência de prévio plebiscito jamais foi convalidado**, e isso gerou consequências, inclusive, na seara tributária, mais precisamente, no que diz respeito à cobrança do IPTU pelos Municípios resultantes de operações federativas nas quais não houve consulta plebiscitária.

Como o vício decorrente da falta de plebiscito não foi convalidado pela EC 57/08, a operação federativa realizada sem consulta plebiscitária permaneceu inválida (por conta de sua inconstitucionalidade), sendo viciado também o próprio Município dela decorrente, o que impede que esse Município, em relação à área que foi objeto da operação federativa viciada, cobre os tributos de competência municipal, como é o caso do IPTU.

Por conta disso, no Tema de Repercussão Geral nº 400, o STF fixou a tese segundo a qual *"**a exigência da realização de plebiscito, conforme se determina no § 4º do art. 18 da Constituição da República, não foi afastada** pelo art. 96, inserido no Ato das Disposições Constitucionais Transitórias da Constituição da República pela Emenda Constitucional n. 57/2008, **sendo ilegítimo o município ocupante para cobrar o Imposto sobre a Propriedade Predial e Territorial Urbana - IPTU nos territórios indevidamente incorporados**"*.

E, no **Tema de Repercussão Geral nº 559** (RE 614384, julgado em 02/05/2022), o Supremo Tribunal Federal reiterou esse entendimento, decidindo que, *"consoante a jurisprudência da Corte, **deve ser sempre observada a exigência de realização da consulta plebiscitária para o ato de desmembramento de municípios** referida no art. 18, § 4º, da Constituição Federal. (...) A EC nº 57/08 convalidou os atos de criação, fusão, incorporação e desmembramento de municípios que tenham obedecido, cumulativamente, a dois requisitos: 1) publicação da lei até 31 de dezembro de 2006; e 2) atendimento aos requisitos estabelecidos na legislação do respectivo estado à época de sua criação. **Tal emenda constitucional não dispensou a observância daquela exigência de consulta plebiscitária.** (...) O município ao qual foi acrescida área de outro sem que tenha sido observada a exigência da EC nº 57/08 **não possui competência tributária para a cobrança do IPTU relativo aos imóveis nela localizados**, em razão de o ato de desmembramento em questão estar eivado de inconstitucionalidade"*.

A tese fixada nesse julgamento estabeleceu que *"**a EC nº 57/08 não convalidou desmembramento municipal realizado sem consulta plebiscitária** e, nesse contexto, **não retirou o vício de ilegitimidade ativa existente nas execuções fiscais** que haviam sido propostas por município ao qual fora acrescida, sem tal consulta, área de outro para a cobrança do IPTU quanto a imóveis nela localizados"*.

Portanto, quando o Município (ou uma área a ele incorporada) decorre de uma operação federativa realizada sem prévia consulta plebiscitária, ele não possui competência para cobrar IPTU sobre os imóveis localizados na área que foi objeto dessa operação nem tampouco legitimidade para ajuizar execução fiscal com a pretensão de obter o pagamento desse tributo.

Nesse caso, a competência para a cobrança do imposto e a legitimidade para o ajuizamento de eventual execução fiscal é do Município ao qual, antes da operação federativa viciada, pertencia a área na qual localizado o imóvel objeto da tributação.

VEDAÇÕES CONSTITUCIONAIS ÀS ENTIDADES FEDERADAS

A Constituição Federal proíbe que as entidades federadas tenham certos comportamentos. Essas vedações estão previstas nos três incisos do art. 19 da CF/88 e se dirigem a todas as entidades federadas (União, Estados, DF e Municípios), devendo, obrigatoriamente, ser observadas por elas. Elas possuem, portanto, caráter cogente.

Vejamos o teor do art. 19 da CF/88, para, na sequência, analisar cada um de seus incisos em tópicos distintos.

> "**Art. 19, CF/88.** É vedado à União, aos Estados, ao Distrito Federal e aos Municípios:
>
> I - estabelecer cultos religiosos ou igrejas, subvencioná-los, embaraçar-lhes o funcionamento ou manter com eles ou seus representantes relações de dependência ou aliança, ressalvada, na forma da lei, a colaboração de interesse público;
>
> II - recusar fé aos documentos públicos;
>
> III - criar distinções entre brasileiros ou preferências entre si."

Vedação de estabelecer cultos religiosos ou igrejas, subvencioná-los, embaraçar-lhes o funcionamento ou manter com eles ou seus representantes relações de dependência ou aliança (art. 19, I, CF/88)

Essa vedação consubstancia a **laicidade do Estado**. O Brasil é um Estado laico, não confessional, secular, o que significa que não há, na CF/88, uma religião oficial, embora isso já tenha ocorrido em outros períodos do constitucionalismo brasileiro.

Portanto, o Brasil, na CF/88, é neutro, é independente do fenômeno religioso. A religião, no ordenamento jurídico brasileiro, é encarada como uma questão particular de cada indivíduo, que decide livremente se é crente ou não, se é crente monoteísta, se é crente politeísta, se é agnóstico (isto é, não tem opinião formada) ou se é ateu (isto é, não acredita em Deus).

A laicidade significa, também, que o Estado tem de respeitar o direito fundamental à liberdade religiosa. **O Estado brasileiro – repita-se – é neutro em relação ao fenômeno religioso.** Isso, porém, não significa que ele não possa conferir proteção a certas manifestações religiosas, conforme vimos ao estudarmos a liberdade religiosa, quando tratamos dos direitos fundamentais.

Resumindo, o Estado brasileiro é laico, estando a religião inserida no campo da esfera íntima de cada indivíduo. A laicidade estatal significa duas coisas: que o Estado não adota uma religião oficial e que fica assegurado a todos o direito fundamental à liberdade religiosa (que é a liberdade de ser crente ou não), previsto expressamente, inclusive, no art. 5º, VI e VIII, da CF/88:

> "**Art. 5º, CF/88.**
>
> (...)

> VI - é inviolável a liberdade de consciência e de crença, sendo assegurado o livre exercício dos cultos religiosos e garantida, na forma da lei, a proteção aos locais de culto e a suas liturgias;
>
> (...)
>
> VIII - ninguém será privado de direitos por motivo de crença religiosa ou de convicção filosófica ou política, salvo se as invocar para eximir-se de obrigação legal a todos imposta e recusar-se a cumprir prestação alternativa, fixada em lei;"

A laicidade do Estado brasileiro e a sua consequente neutralidade perante o fenômeno religioso já foram reconhecidas expressamente pelo Supremo Tribunal Federal, como se infere do seguinte precedente:

> "ESTADO – LAICIDADE. **O Brasil é uma república laica, surgindo absolutamente neutro quanto às religiões.** Considerações. (...)"
>
> **(ADPF 54, Rel. Min. Marco Aurélio, Tribunal Pleno, julgado em 12/04/2012)**

Importante registrar que a laicidade do Estado não impede que ele estabeleça uma colaboração de interesse público com cultos religiosos ou igrejas, conforme expressamente admitido pela parte final do art. 19, I, da CF/88. Mas, de acordo com o previsto nesse dispositivo, essa colaboração deve ser feita na forma da lei (mais precisamente, uma **lei ordinária**), ou seja, depende de regulamentação infraconstitucional.

Há uma questão interessante acerca do fenômeno religioso que diz respeito à proteção do patrimônio cultural brasileiro, tratada nos arts. 215, 216 e 216-A da CF/88. Como se sabe, alguns bens religiosos podem apresentar um interesse cultural ou histórico diferenciado, sendo possível, por esse motivo, que sejam especialmente protegidos pelo Estado, por exemplo, através do tombamento. Foi justamente seguindo essa linha de pensamento que foi editada, por exemplo, a Lei 14.519/2023, que estabeleceu o dia 21 de março como o **Dia Nacional das Tradições das Raízes de Matrizes Africanas e Nações do Candomblé**, sem que a proteção conferida a eles represente uma violação ao art. 19, I, da CF/88.

Em outras palavras: bens de caráter religioso podem ser especialmente protegidos como patrimônio cultural brasileiro por meio de tombamento, sem que isso caracterize um conflito com a laicidade do Estado.

▶ Vedação de recusar fé aos documentos públicos (art. 19, II, CF/88)

Como se infere dessa vedação, os documentos públicos produzidos por quaisquer dos entes da Federação têm fé pública, de modo que não pode uma entidade federada recusar fé pública a um documento produzido por outra entidade federada. Existe, portanto, uma **presunção de idoneidade dos documentos públicos expedidos por qualquer das entidades de direito público das três esferas da Federação**.

▶ Vedação de criar distinções entre brasileiros ou preferências entre si (art. 19, III, CF/88)

Nos termos do art. 19, III, da CF/88, as entidades federadas não podem criar distinções entre brasileiros. Essa vedação tem como objetivo assegurar o princípio da igualdade material, além, evidentemente, da igualdade formal. Trata-se, portanto, de uma disposição que **deriva do princípio da isonomia**.

Por conta dessa vedação, uma entidade federada não pode, por exemplo, recursar atender em seu serviço público de saúde ou de educação pessoas oriundas de outros Estados ou de quaisquer outras entidades da Federação. Todos os brasileiros devem ser tratados igualmente. Da mesma forma, os Estados-membros não podem, por exemplo, criar alíquotas diferenciadas de tributos de acordo com a entidade federativa de origem de bens ou mercadorias, o que, inclusive, também é vedado pelo art. 152 da CF/88.

E, segundo já decidiu o Supremo Tribunal Federal (**RE 614873**, j. 19/10/2023), por conta da vedação contida no art. 19, III, da CF/88, é inconstitucional lei estadual que crie reserva de vagas em universidade pública estadual para pessoas que cursaram o ensino médio em escolas (públicas ou privadas) localizadas no respectivo Estado, pois uma norma como essa, por favorecer indivíduos tão somente em virtude do local em que moram, acaba criando discriminações regionais não justificadas constitucionalmente. Ao decidir dessa forma, o STF registrou que, *"como corolário do princípio da isonomia posto em seu art. 5º, caput, a Constituição Federal enuncia expressamente, no inciso III do art. 19, que é vedado à União, aos Estados, ao Distrito Federal e aos Municípios criar distinções entre brasileiros ou preferências entre si"*.

Adotando a mesma linha de raciocínio, o STF também já declarou inconstitucional, por violação ao art. 19, III, da CF/88, uma lei estadual que previa um "bônus" de 10% na nota obtida em prova de concurso público para candidatos que fossem naturais do respectivo Estado e que residissem nele (**ADI 7458**, j. 12/12/2023).

É evidente, porém, que essa vedação não impede que a própria Constituição Federal preveja certas diferenças de tratamento entre brasileiros (a exemplo das distinções existentes entre brasileiros natos e brasileiros naturalizados), conforme vimos quando estudamos os direitos fundamentais.

Além disso, o art. 19, III, da CF/88 estabelece que não podem os entes federados quebrar a isonomia entre eles mesmos, pois é vedado que criem *"preferências entre si"*.

Segundo a Constituição Federal, portanto, a isonomia deve ser observada não apenas entre os indivíduos, mas também entre as próprias entidades integrantes da Federação.

→ *Inconstitucionalidade de estabelecimento de ordem de preferência entre entes federados na cobrança da dívida ativa*

Vimos acima que o art. 19, III, da CF/88 proíbe que a União, os Estados, o Distrito Federal e os Municípios estabeleçam preferências entre si. Trata-se de um dever de observância da isonomia entre as entidades federativas.

Tendo esse dever de isonomia em vista, o Supremo Tribunal Federal, em julgamento de 24/06/2021, apreciou a **ADPF 357**, ajuizada contra dispositivos do CTN (Lei 5.172/66) e da Lei de Execuções Fiscais (Lei 6.830/80), e decidiu cancelar a sua Súmula 563, que dizia que *"o concurso de preferência a que se refere o parágrafo único do art. 187 do Código Tributário Nacional é compatível com o disposto no art. 9º, inciso I, da Constituição Federal"*.

Essa súmula, editada antes da CF/88, estabelecia ser legítima a preferência da União em detrimento dos demais entes federados nas execuções ajuizadas para cobrar créditos da dívida ativa.

O Tribunal entendeu que a sua Súmula 563 não se compatibilizava com a CF/88, especialmente, porque o atual texto constitucional impõe, no seu art. 19, III, o respeito à isonomia entre os entes integrantes da Federação, o que era frontalmente contrariado pelo enunciado em questão, pois ele chancelava um tratamento jurídico que favorecia a União, deixando os Estados, o Distrito Federal e os Municípios em situação de inferioridade.

Pelos mesmos motivos, os dispositivos impugnados (parágrafo único do art. 187 do CTN e parágrafo único do art. 29 da Lei de Execuções Fiscais) foram declarados não recepcionados pela CF/88, tendo em vista que eles estabeleciam a preferência da União sobre os Estados, o Distrito Federal e os Municípios no concurso de cobrança da dívida ativa.

> "**Art. 187, CTN.** A cobrança judicial do crédito tributário não é sujeita a concurso de credores ou habilitação em falência, recuperação judicial, concordata, inventário ou arrolamento.
>
> **Parágrafo único.** O concurso de preferência somente se verifica entre pessoas jurídicas de direito público, na seguinte ordem:
>
> I - União;
>
> II - Estados, Distrito Federal e Territórios, conjuntamente e pró rata;
>
> III - Municípios, conjuntamente e pró rata."
>
> "**Art. 29, Lei 6.830/80.** A cobrança judicial da Dívida Ativa da Fazenda Pública não é sujeita a concurso de credores ou habilitação em falência, concordata, liquidação, inventário ou arrolamento.
>
> **Parágrafo Único** - O concurso de preferência somente se verifica entre pessoas jurídicas de direito público, na seguinte ordem:
>
> I - União e suas autarquias;
>
> II - Estados, Distrito Federal e Territórios e suas autarquias, conjuntamente e pro rata;
>
> III - Municípios e suas autarquias, conjuntamente e pro rata."

DISCIPLINA DOS ESTADOS E DOS MUNICÍPIOS NA CF/88

Neste tópico, veremos como a Constituição Federal disciplina a organização interna dos Estados e dos Municípios, notadamente, no que diz respeito à capacidade de auto-organização e ao desempenho das funções (Poderes) estatais.

■ ESTADOS-MEMBROS

▶ As capacidades de auto-organização e de autolegislação dos Estados

As capacidades de **auto-organização** (elaboração da Constituição Estadual) e de **autolegislação** (elaboração das leis e demais normas) dos Estados estão previstas no art. 25, *caput*, da CF/88, segundo o qual, *"os Estados organizam-se e regem-se pelas Constituições e leis que adotarem"*.

Quanto à Constituição Estadual, ela também tem previsão no art. 11 do ADCT, que estabeleceu o prazo de um ano contado da promulgação da CF/88 para que os Estados elaborassem suas Constituições.

> "**Art. 25, CF/88.** Os Estados organizam-se e regem-se pelas Constituições e leis que adotarem, observados os princípios desta Constituição."
>
> "**Art. 11, ADCT.** Cada Assembléia Legislativa, com poderes constituintes, elaborará a Constituição do Estado, no prazo de um ano, contado da promulgação da Constituição Federal, obedecidos os princípios desta.
>
> **Parágrafo único.** Promulgada a Constituição do Estado, caberá à Câmara Municipal, no prazo de seis meses, votar a Lei Orgânica respectiva, em dois turnos de discussão e votação, respeitado o disposto na Constituição Federal e na Constituição Estadual."

O art. 25 da CF/88 e o art. 11 do ADCT determinam que as Constituições dos Estados devem observar os princípios estabelecidos na Constituição Federal. Diante disso, surge o seguinte questionamento: **quais são os princípios da CF/88 que uma Constituição Estadual deve obedecer?** Sobre esse tema, adotaremos a classificação de José Afonso da Silva, por ser bastante cobrada pelas bancas examinadoras dos diversos concursos públicos.

De acordo com José Afonso da Silva, **há três grupos de princípios constitucionais que servem como limites ao poder constituinte derivado decorrente**. Segundo ele, tais princípios são os seguintes:

a) **Princípios constitucionais sensíveis**: quem deu essa denominação a esses princípios foi Pontes de Miranda, mas não explicou o motivo de ter escolhido tal nomenclatura, de modo que, na doutrina, existem várias opiniões a respeito da razão dessa escolha. O que interessa, na verdade, é saber quais são esses princípios. Os princípios constitucionais sensíveis são aqueles previstos no art. 34, VII, da CF/88, que são os que tratam da essência da organização do Estado brasileiro. Se esses princípios constitucionais sensíveis não forem observados, o que acontece? Qual a reação que a violação a esses princípios causa? Se esses princípios não forem observados, poderá haver uma **intervenção federal** no Estado-membro violador (tema que será objeto de capítulo próprio deste livro). Segundo alguns, esse é o motivo de serem chamados de princípios constitucionais sensíveis: eles possuem uma sensibilidade especial, pois, uma vez desrespeitados, podem autorizar a intervenção da União em um Estado.

b) **Princípios constitucionais estabelecidos**: estão consagrados na Constituição de forma assistemática, isto é, estão espalhados por toda a Constituição de forma não organizada. São princípios que a Constituição estabelece diretamente para os Estados, e é justamente por isso que se chamam princípios "estabelecidos". Esses princípios podem ser estabelecidos expressamente ou implicitamente, e geralmente se referem a vedações, restrições e limitações. Exemplos de **princípios estabelecidos expressos** são o art. 19, que estabelece vedações aos entes políticos, inclusive, aos Estados (*"Art. 19. É vedado à União, aos Estados, ao Distrito Federal e aos Municípios:"*), e o art. 37, *caput*, que impõe a observância de determinados princípios pela Administração Pública de todas as esferas da Federação (*"Art. 37. A administração pública* *direta e indireta de qualquer dos Poderes da União, dos Estados, do Distrito Federal e dos Municípios obedecerá aos princípios de legalidade, impessoalidade, moralidade, publicidade e eficiência e, também, ao seguinte:"*). Exemplo de **princípio estabelecido implícito** é o art. 22, que prevê a competência privativa da União para legislar sobre determinadas matérias, de modo que, se apenas a União pode tratar desses temas, os Estados não podem fazê-lo, caracterizando, portanto, um princípio estabelecido (implícito, evidentemente).

c) **Princípios constitucionais extensíveis**: esses princípios são normas organizatórias da União extensíveis (isto é, aplicáveis) aos Estados. Essa extensão pode ser feita pela Constituição Federal de forma expressa ou implícita. São esses princípios extensíveis que caracterizam a **simetria** entre a Constituição Estadual e a Constituição Federal (além de também alcançarem as Leis Orgânicas dos Municípios). Podemos citar os seguintes exemplos de princípios constitucionais extensíveis **expressos**: arts. 28, que determina a aplicação de regras das eleições do Presidente da República às eleições dos Governadores dos Estados, e 75, que impõe a simetria, no que for compatível, entre o TCU e os TCEs (*"Art. 75. As normas estabelecidas nesta seção aplicam-se, no que couber, à organização, composição e fiscalização dos Tribunais de Contas dos Estados e do Distrito Federal, bem como dos Tribunais e Conselhos de Contas dos Municípios."*). E os seguintes exemplos de princípios constitucionais extensíveis **implícitos**: art. 58, § 3º (que trata das CPIs), e arts. 59 e seguintes (que tratam do processo legislativo), os quais não determinam, expressamente, que suas regras sejam aplicadas aos Estados-membros, mas que, segundo o STF, devem, obrigatoriamente, ser observados pelas Constituições Estaduais. Nesse sentido, em virtude da extensão, aos Estados, das regas sobre processo legislativo constantes da CF/88, de acordo com o STF, a aprovação das leis complementares estaduais e das emendas constitucionais estaduais devem observar os quóruns previstos na Constituição Federal (ADI 486), assim como as regras de iniciativa devem ser reproduzidas pelas Constituições Estaduais ao tratarem do tema (ADI 637), fazendo apenas as adaptações necessárias de acordo com os cargos correspondentes no âmbito estadual. Os princípios constitucionais extensíveis (sejam eles expressos ou não) são também chamados de **normas de observância obrigatória**, ou **normas de reprodução obrigatória**, ou simplesmente **normas de reprodução.**

Em relação aos princípios extensíveis, embora as regras básicas de processo legislativo contidas na CF/88 sejam de observância obrigatória no âmbito dos Estados (e dos Municípios), não se pode afirmar que todas as regras da Constituição Federal disciplinadoras do Poder Legislativo são de reprodução obrigatória. Por exemplo, de acordo com o STF, o art. 57, § 4º, da CF/88, não é um princípio extensível **(ADIs 2371 MC, 6721, 6722 etc.)**. Segundo esse dispositivo, *"cada uma das Casas reunir-se-á em sessões preparatórias, a partir de 1º de fevereiro, no primeiro ano da legislatura, para a posse de seus membros e eleição das respectivas Mesas, para mandato de 2 (dois) anos,* ***vedada a recondução para o mesmo cargo na eleição imediatamente subseqüente****"*.

Como se pode perceber, essa disposição da CF/88 estabelece que, na composição das Mesas Diretoras das Casas do Congresso Nacional, é vedada a recondução para o mesmo cargo no período imediatamente subsequente. Essa vedação existe porque, apesar de os cargos de direção das Mesas estarem dentro do Poder Legislativo, eles não têm natureza legislativa, mas executiva, e é justamente por isso que a CF/88 proíbe a recondução para o período imediatamente subsequente, tendo em vista que um dos princípios republicanos é a alternância no exercício do poder. Mas, como a regra do art. 57, § 4º, da CF/88 não é de observância obrigatória, os Estados-membros não são obrigados a proibir, em seus âmbitos, a reeleição imediata para os cargos da Mesa Diretora da Assembleia Legislativa.

→ *Espécies de normas existentes nas Constituições Estaduais*

Compreendidos os princípios da Constituição Federal a serem observados pelas Constituições Estaduais, podemos lembrar que, conforme já estudamos anteriormente, a Constituição Estadual pode ter normas de duas espécies, quais sejam, normas **próprias** e normas **repetidas**.

As normas **próprias** são as normas da Constituição Estadual que o constituinte estadual elabora no exercício da liberdade conferida pela Constituição Federal, dentro do âmbito de competência estadual.

É importante perceber o seguinte: o constituinte estadual não pode dispor sobre matérias de competência dos Municípios ou da União. Mas, dentro da competência estadual traçada pela Constituição Federal, o constituinte estadual pode ou não criar normas próprias na Constituição Estadual. Essa liberdade decorre da autonomia conferida aos Estados pelo art. 25 da CF/88.

A Constituição do Estado, então, **não pode veicular normas próprias que invadam a competência legislativa municipal** (STF, ADI 307; STF, ADI 845; etc.). Isso é muito cobrado em provas de concursos. A respeito desse tema, por exemplo, a Constituição Estadual não pode disciplinar o IPTU cobrado pelos Municípios localizados no Estado (estabelecendo, dentre outras coisas, alíquotas máxima e mínima), pois isso é tema de competência municipal. Da mesma forma, a Constituição Estadual não pode dispor sobre obrigações dos Municípios relativas aos servidores municipais, já que se trata de uma questão exclusivamente local e que, por isso, deve ser resolvida pelos próprios Municípios, no exercício da autonomia municipal.

Ademais, na criação de normas próprias, existe uma diferenciação que, segundo o Supremo Tribunal Federal, deve ser feita, considerando se elas são fruto do poder constituinte derivado decorrente inicial (que é o que elabora a Constituição do Estado, isto é, cria as suas normas originárias) ou do poder constituinte derivado decorrente de revisão (que é o que elabora as emendas à Constituição do Estado): a elaboração das normas originárias da Constituição Estadual não precisa observar as regras de iniciativa legislativa privativa constantes da CF/88 (a exemplo das matérias de iniciativa privativa do Poder Executivo) mas a elaboração das emendas à Constituição Estadual deve observar essas regras (ADIs 1167, 2966 e 2616).

Isso, porém, não significa que o poder constituinte decorrente inicial, ao elaborar a Constituição do Estado, possa dispor sobre temas que, segundo a Constituição Federal, devam ser tratados por **lei** de iniciativa de algum órgão estadual específico, pois, se isso fosse permitido, equivaleria a usurpar a prerrogativa constitucional desse órgão, notadamente, quando se trata de um órgão que não pode iniciar o processo legislativo de emendas constitucionais. É por isso que, por exemplo, segundo o STF, a organização e o funcionamento dos Tribunais de Contas Estaduais (aí inserida a disciplina da carreira de Procurador de Contas) não podem ser tratados por meio de normas da Constituição do Estado (sejam elas normas originárias ou normas criadas por emenda constitucional), já que essas matérias, segundo o art. 75, *caput*, c/c o art. 73, *caput*, c/c o art. 93, *caput*, da CF/88, devem ser disciplinadas por lei aprovada em processo legislativo iniciado pela respectiva Corte de Contas (ADI 4643 e ADI 5323).

Além das normas próprias, a Constituição Estadual pode ter normas **repetidas** da Constituição Federal. Cuida-se de normas que estão na Constituição Federal e que o constituinte estadual repete. Essa repetição pode ser obrigatória (normas de reprodução) ou facultativa (normas de imitação).

Portanto, na Constituição Estadual, há temas que têm de ser obrigatoriamente reproduzidos (as chamadas normas de observância obrigatória, ou de reprodução obrigatória, ou, simplesmente, de reprodução, que, como vimos, **decorrem dos princípios constitucionais extensíveis**), a exemplo da separação de Poderes, do mandato do Governador do Estado etc. Esses temas dizem respeito às normas centrais da Constituição Federal e dão à federação brasileira a característica de ser simétrica sob o ponto de vista jurídico.

Além disso, há normas na Constituição do Estado que são de repetição facultativa (as chamadas normas de **imitação**), isto é, normas que o constituinte estadual repete ou não, se quiser, a exemplo da previsão de medida provisória estadual, que é uma faculdade do constituinte derivado decorrente.

▶ Poder Legislativo estadual

O Poder Legislativo estadual, que está disciplinado no art. 27 da CF/88, é exercido pela Assembleia Legislativa, cujos membros (os Deputados Estaduais) são eleitos pelo sistema proporcional, de uma maneira similar à eleição dos Deputados Federais.

O número de Deputados Estaduais de cada Assembleia Legislativa é definido a partir do número de Deputados Federais que o respectivo Estado possui no Congresso Nacional, da seguinte forma: a quantidade de Deputados Estaduais é o triplo da quantidade de Deputados Federais do Estado, até que se atinjam 36 vagas no Parlamento Estadual, e, a partir disso, cada Deputado Federal resultará em um Deputado Estadual a mais. Por exemplo, se o Estado possuir 15 Deputados Federais no Congresso Nacional, sua Assembleia Legislativa terá 39 Deputados Estaduais.

O mandato do Deputado Estadual é de 4 (quatro anos), conforme prevê o art. 27, § 1º, da CF/88.

Um detalhe importante é que, diferentemente do subsídio dos Parlamentares Federais (que é fixado por meio de Decreto Legislativo, com fundamento na competência prevista no art. 49, VI, da CF/88), o subsídio dos Deputados Estaduais deve ser fixado por meio de **lei** (exigindo, portanto, sanção do Poder Executivo), conforme decorre do art. 27, § 2º, da CF/88. Essa lei, no entanto, é de iniciativa exclusiva da própria Assembleia Legislativa e, ao fixar o valor do subsídio dos Parlamentares Estaduais, deve observar o limite máximo de 75% (setenta e cinco por cento) do subsídio dos Deputados Federais.

> "**Art. 27, CF/88.** O número de Deputados à Assembléia Legislativa corresponderá ao triplo da representação do Estado na Câmara dos Deputados e, atingido o número de trinta e seis, será acrescido de tantos quantos forem os Deputados Federais acima de doze.
>
> **§ 1º** Será de quatro anos o mandato dos Deputados Estaduais, aplicando- sê-lhes as regras desta Constituição sobre sistema eleitoral, inviolabilidade, imunidades, remuneração, perda de mandato, licença, impedimentos e incorporação às Forças Armadas.
>
> **§ 2º** O subsídio dos Deputados Estaduais será fixado por lei de iniciativa da Assembléia Legislativa, na razão de, no máximo, setenta e cinco por cento daquele estabelecido, em espécie, para os Deputados Federais, observado o que dispõem os arts. 39, § 4º, 57, § 7º, 150, II, 153, III, e 153, § 2º, I.
>
> **§ 3º** Compete às Assembléias Legislativas dispor sobre seu regimento interno, polícia e serviços administrativos de sua secretaria, e prover os respectivos cargos.
>
> **§ 4º** A lei disporá sobre a iniciativa popular no processo legislativo estadual."

→ *Vedação de vinculação remuneratória entre Deputados Estaduais e Deputados Federais*

A Constituição Federal, ao tratar do Poder Legislativo, estabelece limitações remuneratórias aos Parlamentares. O art. 27, § 2º, da CF/88 determina que o subsídio dos Deputados Estaduais não pode ser superiores a 75% (setenta e cinco por cento) do subsídio dos Deputados Federais, enquanto o art. 29, VI, da CF/88, prevê diferentes limites máximos para o valor do subsídio dos Vereadores, limites esses que variam de acordo com o tamanho da população do respectivo Município e têm como parâmetro o subsídio dos Deputados Estaduais.

Confira o teor esses dispositivos:

> "**Art. 27, § 2º, CF/88.** O **subsídio dos Deputados Estaduais** será **fixado por lei** de iniciativa da Assembléia Legislativa, na razão de, **no máximo, setenta e cinco por cento daquele estabelecido, em espécie, para os Deputados Federais**, observado o que dispõem os arts. 39, § 4º, 57, § 7º, 150, II, 153, III, e 153, § 2º, I."
>
> "**Art. 29, CF/88.** O Município reger-se-á por lei orgânica, votada em dois turnos, com o interstício mínimo de dez dias, e aprovada por dois terços dos membros da Câmara Municipal, que a promulgará, atendidos os princípios estabelecidos nesta Constituição, na Constituição do respectivo Estado e os seguintes preceitos:
>
> (...)
>
> VI - o **subsídio dos Vereadores** será **fixado pelas respectivas Câmaras Municipais** em cada legislatura para a subseqüente, observado o que dispõe esta Constituição, observados os critérios estabelecidos na respectiva Lei Orgânica e os seguintes **limites máximos**:

a) em Municípios de até dez mil habitantes, o subsídio máximo dos Vereadores corresponderá a vinte por cento do subsídio dos Deputados Estaduais;

b) em Municípios de dez mil e um a cinqüenta mil habitantes, o subsídio máximo dos Vereadores corresponderá a trinta por cento do subsídio dos Deputados Estaduais;

c) em Municípios de cinqüenta mil e um a cem mil habitantes, o subsídio máximo dos Vereadores corresponderá a quarenta por cento do subsídio dos Deputados Estaduais;

d) em Municípios de cem mil e um a trezentos mil habitantes, o subsídio máximo dos Vereadores corresponderá a cinqüenta por cento do subsídio dos Deputados Estaduais;

e) em Municípios de trezentos mil e um a quinhentos mil habitantes, o subsídio máximo dos Vereadores corresponderá a sessenta por cento do subsídio dos Deputados Estaduais;

f) em Municípios de mais de quinhentos mil habitantes, o subsídio máximo dos Vereadores corresponderá a setenta e cinco por cento do subsídio dos Deputados Estaduais;

Em relação a esses limites remuneratórios impostos aos membros do Poder Legislativo, o Supremo Tribunal Federal foi provocado a se manifestar, na **ADI 6437** (j. 31/05/2021), sobre a seguinte questão: é possível que uma norma estadual vincule o valor da remuneração dos respectivos Deputados Estaduais ao valor da remuneração dos Deputados Federais, estabelecendo, por exemplo, que ele será equivalente a 75% (setenta e cinco por cento) deste último?

O STF decidiu que não, isso não é possível.

Segundo a Corte, uma norma como essa é inconstitucional, pois viola a vedação de vinculação remuneratória no serviço público (prevista no art. 37, XIII, da CF/88), bem como a exigência de lei em sentido formal (contida expressamente no art. 27, § 2º, da CF/88) para a fixação da remuneração dos Deputados Estaduais, já que estabelece que o valor do subsídio destes últimos será sempre um percentual do valor do subsídio dos Deputados Federais. E, ao fazer isso, a norma em questão viola, também, a autonomia do Estado-membro (assegurada pelos arts. 18 e 25 da CF/88), pois retira do seu âmbito de decisão a definição do valor da remuneração dos integrantes da sua Assembleia Legislativa, já que ele será sempre definido a partir do valor fixado pelo Congresso Nacional para a remuneração dos seus membros.

Nos termos da ementa do acórdão lavrado nesse julgamento, *"a EC nº 19/98, também chamada de "Emenda da Reforma Administrativa", promoveu modificações profundas na política remuneratória dos agentes políticos e dos servidores públicos em geral, submetendo todas as modalidades de reajustes, aumentos ou concessão de vantagens no âmbito do funcionalismo público ao princípio da reserva de lei. (...)* ***A vinculação entre o subsídio dos Deputados Estaduais e dos Deputados Federais acarreta o esvaziamento da autonomia administrativa e financeira dos Estados-membros****, pois destitui os entes subnacionais da prerrogativa de estipular o valor da remuneração de seus agentes políticos, impondo-lhes a observância do quantum definido pela União Federal. (...)* ***A vinculação e a equiparação*** *entre cargos (efetivos, comissionados ou eletivos), empregos e funções,* ***para efeitos remuneratórios, acham-se vedadas em relação aos agentes***

políticos ou servidores públicos em geral *(CF, art. 37, XIII), ressalvadas as exceções expressamente previstas no próprio texto constitucional".*

Além de tudo isso, é importante destacar que o § 2º do art. 27 da CF/88 não determina que o subsídio de Deputado Estadual corresponda exatamente a 75% (setenta e cinco por cento) do subsídio de Deputado Federal, mas sim que ele não pode exceder esse percentual, ou seja, o valor exato da remuneração dos Parlamentares Estaduais deve ser fixado em lei de iniciativa reservada da respectiva Assembleia Legislativa (iniciativa essa prevista no próprio art. 27, § 2º, da CF/88), e esse procedimento deve ser observado sempre que se pretender modificar esse valor. Em outras palavras, para cada modificação do valor da remuneração dos Deputados Estaduais, é necessário haver uma nova lei realizando a alteração.

Confira os dispositivos constitucionais mencionados acima:

"**Art. 18, CF/88.** A organização político-administrativa da República Federativa do Brasil compreende a União, os Estados, o Distrito Federal e os Municípios, **todos autônomos**, nos termos desta Constituição."

"**Art. 25, CF/88.** Os Estados organizam-se e regem-se pelas Constituições e leis que adotarem, observados os princípios desta Constituição."

"**Art. 27, § 2º, CF/88.** O subsídio dos Deputados Estaduais **será fixado por lei** de iniciativa da Assembléia Legislativa, na razão de, no máximo, setenta e cinco por cento daquele estabelecido, em espécie, para os Deputados Federais, observado o que dispõem os arts. 39, § 4º, 57, § 7º, 150, II, 153, III, e 153, § 2º, I."

"**Art. 37, CF/88.** A administração pública direta e indireta de qualquer dos Poderes da União, dos Estados, do Distrito Federal e dos Municípios obedecerá aos princípios de legalidade, impessoalidade, moralidade, publicidade e eficiência e, também, ao seguinte:

(...)

XIII - é vedada a vinculação ou equiparação de quaisquer espécies remuneratórias para o efeito de remuneração de pessoal do serviço público;

(...)"

→ *Vedação de pagamento de indenização a Parlamentares (estaduais e federais) em virtude de convocação extraordinária*

Aqui, analisaremos a disciplina constitucional das convocações extraordinárias dos Parlamentares federais e, em seguida, veremos se ela se aplica ou não aos Parlamentares estaduais, especialmente, no que diz respeito à possibilidade ou não de pagamento de indenização em virtude de tais convocações.

Primeiramente, é necessário esclarecer que o ano legislativo é chamado de sessão legislativa, e a sessão legislativa é dividida em dois semestres chamados períodos legislativos, os quais, por sua vez, são intermediados por dois recessos parlamentares, conforme prevê o art. 57, *caput*, da CF/88, ao tratar do funcionamento do Congresso Nacional.

"**Art. 57, CF/88.** O Congresso Nacional reunir-se-á, anualmente, na Capital Federal, de 2 de fevereiro a 17 de julho e de 1º de agosto a 22 de dezembro."

Durante os recessos, é possível que os Parlamentares sejam convocados extraordinariamente, o que pode ocorrer em hipóteses justificadas pela presença de urgência ou de interesse público relevante, bem como em determinadas situações previstas na própria Constituição Federal, conforme estabelece o art. 57, § 6º, da CF/88. Um exemplo é a situação de decretação de intervenção federal, em que o Congresso Nacional, caso esteja em recesso, é convocado extraordinariamente para realizar o controle político sobre o decreto interventivo do Presidente da República (e isso também pode ocorrer em âmbito estadual, com a convocação extraordinária dos Deputados Estaduais, caso estejam em recesso no momento de eventual decretação de intervenção estadual), como prevê o art. 36, §§ 1º e 2º, da CF/88.

> "**Art. 36, CF/88.** (...)
>
> **§ 1º** O decreto de intervenção, que especificará a amplitude, o prazo e as condições de execução e que, se couber, nomeará o interventor, será submetido à apreciação do Congresso Nacional ou da Assembléia Legislativa do Estado, no prazo de vinte e quatro horas.
>
> **§ 2º** Se não estiver funcionando o Congresso Nacional ou a Assembléia Legislativa, far-se-á convocação extraordinária, no mesmo prazo de vinte e quatro horas."
>
> "**Art. 57, § 6º, CF/88.** A convocação extraordinária do Congresso Nacional far-se-á:
>
> I - pelo Presidente do Senado Federal, em caso de decretação de estado de defesa ou de intervenção federal, de pedido de autorização para a decretação de estado de sítio e para o compromisso e a posse do Presidente e do Vice-Presidente da República;
>
> II - pelo Presidente da República, pelos Presidentes da Câmara dos Deputados e do Senado Federal ou a requerimento da maioria dos membros de ambas as Casas, em caso de urgência ou interesse público relevante, em todas as hipóteses deste inciso com a aprovação da maioria absoluta de cada uma das Casas do Congresso Nacional."

Quando os Parlamentares são convocados extraordinariamente, podem receber o pagamento de indenização em virtude disso?

O art. 57, § 7º, da CF/88, na sua redação original, permitia que, em caso de convocação extraordinária, houvesse o pagamento de indenização aos Parlamentares. Mas essa regra sofreu alterações por emendas constitucionais.

A EC 19/98, alterando o art. 57, § 7º, da CF/88, limitou o valor da referida indenização, que passou a não poder exceder o valor do subsídio mensal do Parlamentar. Já a EC 50/2006, realizando mais uma alteração nesse dispositivo, trouxe uma restrição ainda maior e vedou completamente o pagamento de qualquer indenização aos Parlamentares em virtude de convocação extraordinária.

Confira a atual redação do art. 57, § 7º, da CF/88, dada pela EC 50/2006:

> "**Art. 57, § 7º, CF/88.** Na sessão legislativa extraordinária, o Congresso Nacional somente deliberará sobre a matéria para a qual foi convocado, ressalvada a hipótese do § 8º deste artigo, **vedado o pagamento de parcela indenizatória, em razão da convocação.**"

Essa regra se encontra inserida dentro do Capítulo da Constituição Federal que trata do Poder Legislativo Federal. Em virtude disso, surgiu o seguinte questionamento: considerando que a vedação de pagamento de indenização aos Parlamentares por convocação extraordinária se encontra inserida dentro das regras constitucionais que disciplinam o Congresso Nacional, **seria possível que normas estaduais permitissem o pagamento de verba indenizatória aos Deputados Estaduais nos casos de convocação extraordinária?**

O Supremo Tribunal Federal enfrentou essa questão na **ADPF 836**, julgada em 03/08/2021, e decidiu que norma estadual (no caso, uma norma prevista no regimento interno da Assembleia Legislativa do Estado de Roraima) não pode prever o pagamento de vantagem pecuniária a Parlamentares Estaduais em virtude de convocações extraordinárias, pois isso é vedado expressamente pelo art. 57, § 7º, da CF/88, o qual, por força do art. 27, § 2º, da CF/88, é aplicável aos membros das Assembleias Legislativas (que são os Deputados Estaduais).

> "**Art. 27, § 2º, CF/88.** O subsídio dos Deputados Estaduais será fixado por lei de iniciativa da Assembléia Legislativa, na razão de, no máximo, setenta e cinco por cento daquele estabelecido, em espécie, para os Deputados Federais, observado o que dispõem os arts. 39, § 4º, **57, § 7º**, 150, II, 153, III, e 153, § 2º, I."

Portanto, segundo o STF, a proibição de pagamento de vantagem pecuniária em virtude de convocação extraordinária se aplica tanto a Parlamentares Federais quanto a Parlamentares Estaduais.

Como a norma impugnada nesse caso era anterior à EC 50/2006 (que deu ao art. 57, § 7º, da CF/88 a sua atual redação), a ação de controle concentrado abstrato manejada foi uma ADPF, e não uma ADI. No julgamento final de mérito, o Supremo Tribunal Federal declarou a não recepção dessa norma pela Constituição Federal (na redação dada pela EC 50/2006).

É importante registrar, no entanto, que, apesar de o art. 57, § 7º, da CF/88 proibir o pagamento de vantagem pecuniária aos Parlamentares federais e estaduais em virtude de convocação extraordinária, isso não impede que lhes sejam pagas outras parcelas indenizatórias previstas em lei, desde que compatíveis com a Constituição, evidentemente.

Por esse motivo, na **ADI 6468**, julgada em 03/08/2021, o STF considerou constitucional disposição de lei estadual que prevê o pagamento aos Deputados Estaduais, no início e no fim de cada sessão legislativa (que é o ano legislativo), de parcela indenizatória denominada "ajuda de custo", criada com a finalidade de compensar os Parlamentares pelos gastos suportados para se instalarem na capital do Estado. Segundo a norma impugnada, o valor dessa verba corresponde a um subsídio mensal do Parlamentar.

Nessa ADI, a discussão girou em torno da compatibilidade do pagamento dessa verba com o regime remuneratório de subsídio, ao qual estão sujeitos os Parlamentares, por força do art. 39, § 4º, da CF/88.

> "**Art. 39, § 4º, CF/88.** O membro de Poder, o detentor de mandato eletivo, os Ministros de Estado e os Secretários Estaduais e Municipais serão remunerados exclusivamente por subsídio fixado em parcela única, vedado o acréscimo

> de qualquer gratificação, adicional, abono, prêmio, verba de representação ou outra espécie remuneratória, obedecido, em qualquer caso, o disposto no art. 37, X e XI."

Ocorre que o STF possui jurisprudência firmada no sentido de que o regime de subsídio não impede o pagamento de parcelas de caráter indenizatório ou mesmo de parcelas remuneratórias que não decorram das atividades normais do cargo. Isso ficou muito claro, por exemplo, no julgamento da **ADI 5856**, em que a Corte afirmou que *"**o regime remuneratório por meio de subsídio impõe parcela única tão somente para a remuneração do exercício das atividades próprias e ordinárias do cargo** (artigo 39, § 4º, CRFB), não impedindo a percepção de parcelas adicionais relativas a direitos sociais (artigo 39, § 3º, CRFB), indenizações e retribuições por eventual execução de encargos especiais, não incluídos no plexo das atribuições normais e típicas do cargo"*.

Por essas razões, o Tribunal considerou válido o pagamento da parcela indenizatória denominada "ajuda de custo" a Deputados Estaduais.

Confira o teor da ementa do acórdão:

> "(...) 1. A Constituição da República veda a vinculação das espécies remuneratórias de agentes políticos como Deputados Estaduais, Governadores e Vice-Governadores, limitando, assim, os efeitos sistêmicos de aumentos de remuneração automáticos. 2. A jurisprudência do Supremo Tribunal Federal evolui no sentido de interpretar de forma sistemática o conteúdo do art. 39, §4º da CRFB/88. A regra que estabelece o regime remuneratório por meio de subsídio em parcela única não impede a percepção de valores adicionais relativos a indenizações. 3. **É compatível com a Constituição da República norma que prevê o pagamento, ao início e ao fim de cada sessão legislativa, de ajuda de custo a Deputados Estaduais**, visando a ressarcir custos de instalação na capital do Estado. (...)" **(ADI 6468, Pleno, Rel. Min. EDSON FACHIN, j. 03/08/2021)**

→ *Autoridades sujeitas a convocação (compulsória) pelo Poder Legislativo estadual*

A CF/88, nos arts. 50, "caput" e § 2º, e 58, § 2º, III, estabelece os agentes públicos sujeitos a convocação pelo Poder Legislativo (mas o *caput* do art. 50, por conta da sua amplitude, já engloba as autoridades previstas nos demais dispositivos). Essas disposições, ao preverem a possibilidade de o Legislativo convocar autoridades ou lhes solicitar informações, referem-se a agentes subordinados ao Presidente da República e ao Presidente do Comitê Gestor do IBS (Imposto sobre Bens e Serviços), mas não ao Presidente da República, o que mostra de imediato a intenção do constituinte de não permitir a sujeição do Chefe do Executivo ao Parlamento.

Confira o teor desses dispositivos:

> "**Art. 50, CF/88.** A Câmara dos Deputados e o Senado Federal, ou qualquer de suas Comissões, poderão convocar **Ministro de Estado, quaisquer titulares de órgãos diretamente subordinados à Presidência da República ou o Presidente do Comitê Gestor do Imposto sobre Bens e Serviços** para prestarem, pessoalmente, informações sobre assunto previamente determinado,

importando crime de responsabilidade a ausência sem justificação adequada. ***(Redação dada pela EC 132/2023)***

§ 1º Os Ministros de Estado poderão comparecer ao Senado Federal, à Câmara dos Deputados, ou a qualquer de suas Comissões, por sua iniciativa e mediante entendimentos com a Mesa respectiva, para expor assunto de relevância de seu Ministério.

§ 2º As Mesas da Câmara dos Deputados e do Senado Federal poderão encaminhar pedidos escritos de informações **a Ministros de Estado ou a qualquer das pessoas referidas no caput deste artigo**, importando em crime de responsabilidade a recusa, ou o não - atendimento, no prazo de trinta dias, bem como a prestação de informações falsas."

"**Art. 58, CF/88.** O Congresso Nacional e suas Casas terão comissões permanentes e temporárias, constituídas na forma e com as atribuições previstas no respectivo regimento ou no ato de que resultar sua criação.

§ 1º Na constituição das Mesas e de cada Comissão, é assegurada, tanto quanto possível, a representação proporcional dos partidos ou dos blocos parlamentares que participam da respectiva Casa.

§ 2º Às comissões, em razão da matéria de sua competência, cabe:

(...)

III - convocar **Ministros de Estado** para prestar informações sobre assuntos inerentes a suas atribuições;

(...)"

Essas disposições, portanto, mostram que, segundo o texto constitucional, apenas agentes públicos subordinados ao Chefe do Poder Executivo (mas não o próprio Chefe do Executivo nem tampouco agentes públicos dos demais Poderes ou órgãos autônomos) podem ser convocados (com caráter compulsório) pelo Poder Legislativo.

É importante perceber que essas disposições da CF/88 se referem a agentes públicos federais e ao Legislativo federal (o Congresso Nacional), mas, como afetam diretamente a separação dos Poderes, elas devem ser observadas por **simetria** nas demais esferas federativas (pois, conforme já estudamos, a jurisprudência do STF é no sentido de que as normas da CF/88 que envolvem a separação dos Poderes são de reprodução obrigatória). Logo, nenhum Chefe de Executivo pode ser convocado pelo Poder Legislativo, seja qual for a esfera federativa envolvida, assim como nenhum agente público que não esteja previsto na Constituição Federal como sujeito a convocação pelo Legislativo pode sofrer essa convocação, seja qual for a esfera federativa envolvida.

Em outras palavras: o rol previsto na CF/88 de agentes públicos sujeitos a convocação pelo Poder Legislativo é de **observância obrigatória** nas demais esferas da Federação, não podendo ele ser ampliado, por exemplo, por Constituições Estaduais (norma constitucional estadual, portanto, não pode acrescentar autoridades nesse rol).

E isso foi decidido expressamente pelo STF em diferentes precedentes, a exemplo das **ADIs 6640 e 6645**, julgadas em 22/08/2022.

Essas ações foram ajuizadas contra disposições das Constituições dos Estados de Pernambuco e do Amazonas que ampliavam a lista de autoridades sujeitas a convocação pelo Poder Legislativo (que, em âmbito estadual, é a Assembleia Legislativa), incluindo nesse rol, por exemplo, o Procurador-Geral de Justiça, o Presidente do

Tribunal de Contas do Estado, Defensores Públicos e dirigentes da Administração Indireta não subordinados diretamente ao Governador. As normas impugnadas estabeleciam, ainda, que o não atendimento da convocação pelo Legislativo configuraria crime de responsabilidade (tema que, segundo a jurisprudência do STF, não pode ser tratado pelos Estados, pois é de competência legislativa privativa da União, nos termos do art. 22, I, da CF/88, por envolver direito penal e processual penal).

A Corte decidiu que a ampliação, em âmbito estadual, do rol de autoridades sujeitas a convocação pelo Poder Legislativo para além daquelas previstas no art. 50 da CF/88 é inconstitucional, pois esse dispositivo do texto constitucional é uma norma de reprodução obrigatória (submete-se à simetria constitucional). Logo, não pode uma Constituição Estadual prever, por exemplo, que o Procurador-Geral de Justiça ou o Presidente do Tribunal de Contas do Estado submete-se a convocação pela Casa Legislativa respectiva.

Confira as ementas desses julgados, para que a questão fique melhor ilustrada:

> "(...) DIREITO PENAL. CRIMES DE RESPONSABILIDADE. ART. 13, §§ 2º e 3º, DA CONSTITUIÇÃO DO ESTADO DE PERNAMBUCO. ASSEMBLEIA LEGISLATIVA. CONVOCAÇÃO DE SECRETÁRIO DE ESTADO, PROCURADORES-GERAIS DO ESTADO E DE JUSTIÇA E DIRIGENTES DA ADMINISTRAÇÃO DIRETA, INDIRETA OU FUNDACIONAL. PRINCÍPIO DA SIMETRIA. COMPETÊNCIA PRIVATIVA DA UNIÃO PARA LEGISLAR SOBRE DIREITO PENAL. (...) 1. A Constituição da República, em seu **art. 50, caput e § 2º**, prescreve sistemática de controle do Poder Legislativo sobre o Poder Executivo que, **em razão do princípio da simetria, deve ser observada pelos Estados-membros.** 2. Por força do art. 22, I da CRFB/88, a jurisprudência deste Supremo Tribunal Federal se consolidou no sentido de que **o Estado-membro não está autorizado a ampliar o rol de autoridades sujeitas à fiscalização direta pelo Poder Legislativo** e à sanção por crime de responsabilidade. 3. Ação direta de inconstitucionalidade julgada parcialmente procedente declarar a **inconstitucionalidade das expressões "Corregedor-Geral da Justiça", "Procurador-Geral da Justiça", "Defensoria Pública" e "dirigentes da administração indireta ou fundacional"** e para dar **interpretação conforme à expressão "dirigentes da administração direta"** de modo a restringir a possibilidade de sua convocação pela Assembleia Legislativa **apenas quando estiverem diretamente subordinados ao Governador do Estado.**" **(ADI 6640, Pleno, Rel. Min. EDSON FACHIN, j. 22/08/2022)**
>
> "(...) DIREITO PENAL. CRIMES DE RESPONSABILIDADE. ART. 28, XXIX, DA CONSTITUIÇÃO DO ESTADO DO AMAZONAS. ASSEMBLEIA LEGISLATIVA. CONVOCAÇÃO DE SECRETÁRIO DE ESTADO, PRESIDENTE DO TRIBUNAL DE CONTAS E DIRIGENTES DA ADMINISTRAÇÃO DIRETA E INDIRETA. PRINCÍPIO DA SIMETRIA. COMPETÊNCIA PRIVATIVA DA UNIÃO PARA LEGISLAR SOBRE DIREITO PENAL. (...) 1. A Constituição da República, em seu **art. 50, caput e § 2º**, prescreve sistemática de controle do Poder Legislativo sobre o Poder Executivo que, **em razão do princípio da simetria, deve ser observada pelos Estados-membros.** 2. Por força do art. 22, I da CRFB/88, a jurisprudência deste Supremo Tribunal Federal se consolidou no sentido de que **o Estado-membro não está autorizado a ampliar o rol de autoridades sujeitas à fiscalização direta pelo Poder Legislativo** e à sanção por crime de responsabilidade. 3. 3. Ação direta de **inconstitucionalidade julgada parcialmente procedente declarar a inconstitucionalidade das expressões "Presidente do Tribunal de Contas do Estado" e "dirigentes da administração indireta"** e para dar **interpretação conforme à expressão "dirigentes da administração direta"** de modo a restringir a possibilidade de

sua convocação pela Assembleia Legislativa **apenas quando estiverem diretamente subordinados ao Governador do Estado.**" **(ADI 6645, Pleno, Rel. Min. EDSON FACHIN, j. 22/08/2022)**

Portanto, segundo o STF, norma estadual (ainda que prevista na Constituição do Estado) não pode autorizar o Poder Legislativo local (que é a Assembleia Legislativa) a convocar (compulsoriamente) agentes públicos não previstos no **art. 50 da CF/88**, tendo em vista que esse dispositivo constitucional é uma **norma de reprodução obrigatória**. No entanto, nada impede que agentes públicos não indicados no art. 50 da CF/88 compareçam voluntariamente ao Poder Legislativo para prestar esclarecimentos ou para outras finalidades, caso entendam conveniente (e isso se aplica não só em âmbito estadual, mas em qualquer esfera federativa).

Poder Executivo Estadual

O **Poder Executivo Estadual** está disciplinado no art. 28 da CF/88, que trata da eleição do Governador, do subsídio do cargo e da perda do mandato.

Em relação à perda do mandato (art. 28, § 1º, CF/88), ela será analisada no capítulo que dedicaremos ao estudo do Poder Executivo.

Quanto à eleição para os cargos de Governador e Vice-Governador de Estado, ela segue, basicamente, o modelo da eleição de Presidente e Vice-Presidente da República, ou seja, obedece o sistema majoritário de maioria absoluta (que é o que tem a possibilidade de segundo turno), sendo o pleito realizado no primeiro domingo de outubro, em primeiro turno, e no último domingo de outubro, em segundo turno (se houver segundo turno). A data da posse, no entanto, não mais é a mesma da posse dos cargos de Presidente e Vice-Presidente da República, pois essa questão foi alterada pela EC 111/2021.

Até a EC 111/2021, os Governadores e os seus Vices, assim como o Presidente da República e o seu Vice, tomavam posse no dia primeiro de janeiro do ano subsequente ao da eleição. A partir dessa emenda, porém, a data da posse dos cargos de Governador e Vice-Governador passou a ser o dia 06 (seis) de janeiro do ano subsequente ao da eleição (enquanto a data da posse do Presidente e do Vice-Presidente da República passou a ser 05 de janeiro), conforme passou a estabelecer o art. 28 da CF/88. Essa nova data, contudo, segundo os arts. 4º e 5º da EC 111/2021, **apenas é aplicável a partir das eleições do ano 2026**, com posse em janeiro de 2027, permanecendo aplicável, antes dessas eleições, a data de 1º de janeiro.

A duração do mandato de Governador e Vice-Governador, assim como a do Presidente e do Vice-Presidente da República, é de 4 (quatro) anos, não tendo sofrido alteração pela EC 111/2021. Além disso, quanto às demais questões, o art. 28 da CF/88 determina expressamente sejam observadas as disposições do art. 77 da CF/88, que disciplina as eleições para o Poder Executivo no âmbito federal.

No que diz respeito aos subsídios dos cargos de Governador e de Vice-Governador de Estado, eles devem ser fixados por meio de **lei (estadual, claro) de iniciativa da respectiva Assembleia Legislativa (e não do Governador)**, conforme determina o § 2º do art. 28 da CF/88.

> "**Art. 28, CF/88.** A eleição do Governador e do Vice-Governador de Estado, para mandato de 4 (quatro) anos, realizar-se-á no primeiro domingo de outu-bro, em primeiro turno, e no último domingo de outu-bro, em segundo turno, se houver, do ano anterior ao do término do mandato de seus anteces-sores, e a posse ocorrerá em 6 de janeiro do ano subsequente, observado, quanto ao mais, o disposto no art. 77 desta Constituição.
>
> **§ 1º** Perderá o mandato o Governador que assumir outro cargo ou função na administração pública direta ou indireta, ressalvada a posse em virtude de concurso público e observado o disposto no art. 38, I, IV e V.
>
> **§ 2º** Os subsídios do Governador, do Vice-Governador e dos Secretários de Estado serão fixados por lei de iniciativa da Assembléia Legislativa, observado o que dispõem os arts. 37, XI, 39, § 4º, 150, II, 153, III, e 153, § 2º, I."
>
> "***Art. 4º, EC 111/2021.*** O Presidente da República e os Governadores de Estado e do Distrito Federal eleitos em 2022 tomarão posse em 1º de janeiro de 2023, e seus mandatos durarão até a posse de seus sucessores, em 5 e 6 de janeiro de 2027, respectivamente.
>
> ***Art. 5º, EC 111/2021.*** As alterações efetuadas nos arts. 28 e 82 da Constitui-ção Federal constan-tes do art. 1º desta Emenda Constitucional, relativas às datas de posse de Governadores, de Vice-Governadores, do Presidente e do Vice-Presidente da República, serão aplicadas somente a partir das eleições de 2026."

Poder Judiciário Estadual

A previsão do **Poder Judiciário Estadual** encontra-se, principalmente, nos artigos 92, VII, 125 e 126 da CF/88. Esses dispositivos elencam os Tribunais de Justiça dos Estados (e do Distrito Federal) e os juízes de direito como órgãos integrantes do Poder Judiciário e trazem diversas disposições que os disciplinam.

Esse tema será melhor abordado no capítulo dedicado ao estudo do Poder Judiciário, mas aqui é pertinente destacar o § 1º do art. 125 da CF/88, segundo o qual, *"a competência dos tribunais será definida na Constituição do Estado, sendo a lei de organização judiciária de iniciativa do Tribunal de Justiça"*.

Esse dispositivo, portanto, permite que os Estados, por meio de suas Constituições, estabeleçam hipóteses de competência originária do respectivo Tribunal de Justiça, a exemplos dos mandados de segurança e dos mandados de injunção impetrados em face de determinadas autoridades.

Além disso, o § 1º do art. 125 trata da iniciativa do processo legislativo de aprovação da lei de organização judiciária, estabelecendo que ela cabe exclusivamente ao respectivo Tribunal de Justiça. Por conta disso, o Supremo Tribunal Federal já decidiu ser inconstitucional disposição contida em Constituição Estadual que atribui a iniciativa dessa proposição legislativa ao Governador do Estado.

Esse entendimento foi afirmado na ADI 197, no bojo da qual, também se reconheceu a inconstitucionalidade da criação, por Constituição de Estado, de órgão de controle externo do respectivo Poder Judiciário (no caso, esse órgão havia sido rotulado de Conselho Estadual de Justiça) integrado por membros oriundos de órgãos e entidades não integrantes do Judiciário, por representar uma violação à separação dos Poderes. Inclusive, na ADI 3367, o STF já havia decidido que Estado-membro não tem competência para criar órgão de controle do Poder Judiciário, seja o controle externo ou interno, tendo em vista o caráter nacional e unitário do Poder Judiciário na CF/88.

> "**Art. 92, CF/88.** São órgãos do Poder Judiciário:
>
> (...)
>
> VII - os Tribunais e Juízes dos Estados e do Distrito Federal e Territórios.
>
> **§ 1º** O Supremo Tribunal Federal, o Conselho Nacional de Justiça e os Tribunais Superiores têm sede na Capital Federal.
>
> **§ 2º** O Supremo Tribunal Federal e os Tribunais Superiores têm jurisdição em todo o território nacional."
>
> "**SEÇÃO VIII**
>
> **DOS TRIBUNAIS E JUÍZES DOS ESTADOS**
>
> **Art. 125, CF/88.** Os Estados organizarão sua Justiça, observados os princípios estabelecidos nesta Constituição.
>
> **§ 1º** A competência dos tribunais será definida na Constituição do Estado, sendo a lei de organização judiciária de iniciativa do Tribunal de Justiça.
>
> **§ 2º** Cabe aos Estados a instituição de representação de inconstitucionalidade de leis ou atos normativos estaduais ou municipais em face da Constituição Estadual, vedada a atribuição da legitimação para agir a um único órgão.
>
> **§ 3º** A lei estadual poderá criar, mediante proposta do Tribunal de Justiça, a Justiça Militar estadual, constituída, em primeiro grau, pelos juízes de direito e pelos Conselhos de Justiça e, em segundo grau, pelo próprio Tribunal de Justiça, ou por Tribunal de Justiça Militar nos Estados em que o efetivo militar seja superior a vinte mil integrantes.
>
> **§ 4º** Compete à Justiça Militar estadual processar e julgar os militares dos Estados, nos crimes militares definidos em lei e as ações judiciais contra atos disciplinares militares, ressalvada a competência do júri quando a vítima for civil, cabendo ao tribunal competente decidir sobre a perda do posto e da patente dos oficiais e da graduação das praças.
>
> **§ 5º** Compete aos juízes de direito do juízo militar processar e julgar, singularmente, os crimes militares cometidos contra civis e as ações judiciais contra atos disciplinares militares, cabendo ao Conselho de Justiça, sob a presidência de juiz de direito, processar e julgar os demais crimes militares.
>
> **§ 6º** O Tribunal de Justiça poderá funcionar descentralizadamente, constituindo Câmaras regionais, a fim de assegurar o pleno acesso do jurisdicionado à justiça em todas as fases do processo.
>
> **§ 7º** O Tribunal de Justiça instalará a justiça itinerante, com a realização de audiências e demais funções da atividade jurisdicional, nos limites territoriais da respectiva jurisdição, servindo-se de equipamentos públicos e comunitários.
>
> **Art. 126, CF/88.** Para dirimir conflitos fundiários, o Tribunal de Justiça proporá a criação de varas especializadas, com competência exclusiva para questões agrárias.
>
> **Parágrafo único.** Sempre que necessário à eficiente prestação jurisdicional, o juiz far-se-á presente no local do litígio."

A criação de regiões administrativas pelos Estados

As regiões administrativas que podem ser instituídas pelos Estados são as regiões metropolitanas, as aglomerações urbanas e as microrregiões, que estão previstas no art. 25, § 3º, da CF, além de serem tratadas na Lei Federal nº 13.089, de 12 de janeiro de 2015.

> "**Art. 25, CF/88.**
>
> (...)
>
> **§ 3º** Os Estados poderão, mediante **lei complementar**, instituir regiões metropolitanas, aglomerações urbanas e microrregiões, constituídas por agrupamentos de municípios **limítrofes**, para integrar a organização, o planejamento e a execução de funções públicas de interesse comum."

É possível perceber da leitura desse dispositivo constitucional que a criação dessas regiões administrativas pelos Estados, que têm como finalidade organizar, planejar e executar serviços públicos de interesse comum das entidades participantes, depende do atendimento de dois requisitos: I) que isso seja feito por meio de **lei complementar estadual**; e II) que os Municípios envolvidos sejam **limítrofes** (isto é, contíguos).

Interessante registrar que o Supremo Tribunal Federal já estabeleceu o que se entende por **serviços de interesse comum para fins de criação de regiões metropolitanas**: são aqueles que atendem mais de um Município integrante da região administrativa criada ou que, caso atendam apenas um deles, são de algum modo relacionados com funções públicas que ultrapassam os seus limites (ADI 1842). E, nesse mesmo precedente, o Tribunal esclareceu, também, que o interesse comum nas regiões metropolitanas não se refere simplesmente à soma dos interesses de cada entidade federativa integrante, mas, muito mais do que isso, diz respeito ao interesse que, em virtude da verdadeira dependência que há entre os entes envolvidos, pode restar prejudicado se uma única entidade participante deixar de cumprir sua função corretamente.

Aproveitando a oportunidade de estarmos abordando as regiões metropolitanas, microrregiões e aglomerações urbanas, podemos elencar as seguintes características apresentadas por elas:

- **I)** não possuem personalidade jurídica;
- **II)** não possuem governo próprio;
- **III)** não possuem administração própria;
- **IV)** não constituem pessoas políticas ou administrativas;
- **V)** incluem-se na lógica do federalismo cooperativo, que já estudamos;
- **VI)** são criadas por leis **complementares** estaduais;
- **VII)** são formadas por grupos de municípios **limítrofes**;
- **VIII)** visam integrar a organização, o planejamento e a execução de funções públicas de interesse comum.

O tema atinente às regiões metropolitanas, microrregiões e aglomerações urbanas foi tratado pelo STF em alguns julgados importantes, sendo possível mencionar os seguintes:

I) **ADI 796**: nesse precedente, foi reconhecida a **inconstitucionalidade** de norma estadual que exigia consulta, por plebiscito, à população para a criação de regiões metropolitanas, pois essa exigência apenas existe na CF/88 para a criação, a incorporação, a fusão, a subdivisão e o desmembramento de Estados e Municípios.

II) **ADI 2809**: nesse julgado, o Supremo Tribunal Federal decidiu que não pode ser atribuída unicamente ao Estado-membro (mas, sim, a todas as entidades participantes) a **titularidade dos serviços geridos pela região metropolitana**, bem como que a **inclusão de Município em região metropolitana por lei de iniciativa parlamentar** não ofende a Constituição, já que tal medida não modifica a estrutura da Administração estadual nem acarreta aumento de despesa para o Poder Executivo, motivo pelo qual, não é de iniciativa privativa do Governador.

III) **ADI 1842**: nesse caso, decidiu-se que a lei pode **incluir os Municípios nas regiões metropolitanas independentemente da expressa concordância deles** (ou seja, compulsoriamente) e que a **gestão dos serviços** administrados pela região metropolitana, **embora não precise ser paritária entre todos os seus entes integrantes, não pode ficar concentrada nas mãos de apenas um deles**. Esse precedente foi cobrado pela Fundação Carlos Chagas nas provas objetivas de três diferentes concursos em que foi a banca examinadora: o de Procurador do Estado do Maranhão (2016), o de Procurador do Município de Campinas (2016) e o de Procurador do Município de Cuiabá (2014).

Os casos que vimos acima receberam as seguintes ementas:

> **EMENTA:** Ação Direta de Inconstitucionalidade. 2. Constituição do Estado do Espírito Santo, art. 216, §1º. Consulta prévia, mediante plebiscito, às populações diretamente interessadas, para criação de regiões metropolitanas e aglomerações urbanas. 3. Impugnação em face do art. 25, § 3º, da Constituição Federal. **Previsão de plebiscito, para inteirar-se o processo legislativo estadual, em se tratando de criação ou fusão de municípios, "ut" art. 18, § 4º, da Lei Magna federal, não, porém, quando se cuida da criação de regiões metropolitanas.** (...) Declarada a inconstitucionalidade do § 1º do art. 216, da Constituição do Estado do Espírito Santo.
>
> **(ADI 796/ES; Relator(a): Min. NÉRI DA SILVEIRA; Julgamento: 02/02/1998; Órgão Julgador: Tribunal Pleno)**
>
> **EMENTA:** (...) REGIÃO METROPOLITANA. INTERESSES COMUNS. PODER LEGISLATIVO ESTADUAL. LEGITIMIDADE. (...) 2. Criação de regiões metropolitanas. **Exigência de lei complementar estadual. Inclusão de município limítrofe por ato da Assembléia Legislativa. Legitimidade. Constitui-se a região administrativa em um organismo de gestão territorial compartilhada em razão dos interesses comuns, que tem no Estado-membro um dos partícipes e seu coordenador, ao qual não se pode imputar a titularidade dos serviços em razão da unidade dos entes envolvidos. Ampliação dos limites da região metropolitana. Ato da Assembléia Legislativa. Vício de iniciativa. Inexistência.** (...) Inclusão de município no âmbito da região

metropolitana instituída. **Aumento de despesa em projeto de iniciativa do Poder Executivo. Inexistência.** (...) 5. Despesa fixa vinculada à região metropolitana. Ausência de ônus maior para o Estado na realização de obras e serviços. Obrigatoriedade de prévia autorização orçamentária específica. Observância. Ação julgada improcedente.

(ADI 2809/RS; Relator(a): Min. MAURÍCIO CORRÊA; Julgamento: 25/09/2003; Órgão Julgador: Tribunal Pleno)

"(...) O interesse comum e a **compulsoriedade da integração metropolitana não são incompatíveis com a autonomia municipal**. O mencionado interesse comum não é comum apenas aos municípios envolvidos, mas ao Estado e aos municípios do agrupamento urbano. **O caráter compulsório da participação deles em regiões metropolitanas, microrregiões e aglomerações urbanas já foi acolhido pelo Pleno do STF** (ADI 1841/RJ, Rel. Min. Carlos Velloso, DJ 20.9.2002; ADI 796/ES, Rel. Min. Néri da Silveira, DJ 17.12.1999). **O interesse comum inclui funções públicas e serviços que atendam a mais de um município, assim como os que, restritos ao território de um deles, sejam de algum modo dependentes, concorrentes, confluentes ou integrados de funções públicas, bem como serviços supramunicipais.** (...) Para o adequado atendimento do interesse comum, **a integração municipal do serviço de saneamento básico pode ocorrer tanto voluntariamente**, por meio de gestão associada, empregando convênios de cooperação ou consórcios públicos, consoante o arts. 3º, II, e 24 da Lei Federal 11.445/2007 e o art. 241 da Constituição Federal**, como compulsoriamente, nos termos em que prevista na lei complementar estadual que institui as aglomerações urbanas**. A instituição de regiões metropolitanas, aglomerações urbanas ou microrregiões pode vincular a participação de municípios limítrofes, com o objetivo de executar e planejar a função pública do saneamento básico, seja para atender adequadamente às exigências de higiene e saúde pública, seja para dar viabilidade econômica e técnica aos municípios menos favorecidos. Repita-se que **este caráter compulsório da integração metropolitana não esvazia a autonomia municipal.** 5. **Inconstitucionalidade da transferência ao estado-membro do poder concedente de funções e serviços públicos de interesse comum.** O estabelecimento de região metropolitana não significa simples transferência de competências para o estado. O interesse comum é muito mais que a soma de cada interesse local envolvido, pois a má condução da função de saneamento básico por apenas um município pode colocar em risco todo o esforço do conjunto, além das consequências para a saúde pública de toda a região. (...) **É necessário evitar que o poder decisório e o poder concedente se concentrem nas mãos de um único ente** para preservação do autogoverno e da autoadministração dos municípios. **Reconhecimento do poder concedente e da titularidade do serviço ao colegiado formado pelos municípios e pelo estado federado.** A participação dos entes nesse colegiado **não necessita de ser paritária**, desde que apta a prevenir a concentração do poder decisório no âmbito de um único ente. A participação de cada Município e do Estado deve ser estipulada em cada região metropolitana de acordo com suas particularidades, **sem que se permita que um ente tenha predomínio absoluto**. (...)

(ADI 1842/RJ; Relator(a): Min. LUIZ FUX; Redator(a) do acórdão: Min. GILMAR MENDES; Julgamento: 06/03/2013; Órgão julgador: Tribunal Pleno)

→ ***Os frutos resultantes das atividades de interesse comum desempenhadas pela região metropolitana podem ficar concentrados em apenas um dos seus entes integrantes?***

Como vimos, o Supremo Tribunal Federal possui o entendimento de que é inconstitucional haver, em uma região metropolitana, a concentração dos poderes decisórios nas mãos de apenas um dos entes federados que a integram.

A jurisprudência da Corte é no sentido de que, em uma região metropolitana, a titularidade e a competência para a prestação dos serviços de interesse comum são dos seus entes integrantes, e não de apenas um deles, de modo que as decisões devem ser tomadas por um órgão colegiado, embora não seja obrigatório que, nesse órgão, seja paritária a representação dos entes federativos que integram a região metropolitana.

É possível citar, por exemplo, os seguintes precedentes do Tribunal nesse sentido: ADI 1842, ADI 1841 e ADI 796.

E, seguindo a mesma linha de raciocínio, o STF, nas **ADIs 6573 e 6911** e na **ADPF 863**, todas julgadas em 16/05/2022, decidiu que, além de o poder decisório da região metropolitana não poder ficar concentrado nas mãos de apenas um de seus entes integrantes, os recursos obtidos com a prestação dos serviços de interesse comum também não podem ser revertidos em favor de apenas um deles.

Tanto a gestão da região metropolitana quanto os seus frutos devem ser compartilhados, embora esse compartilhamento não precise, necessariamente, ser paritário entre todos os entes federativos envolvidos. Portanto, desde que não haja concentração em nenhum ente, a própria região metropolitana pode estabelecer o modelo de compartilhamento da sua gestão e das benesses por ela obtidas (por exemplo, em vez de um compartilhamento paritário, pode haver uma participação proporcional de cada ente federado).

Em outras palavras: um único ente integrante da região metropolitana não pode, sozinho, tomar as decisões relacionadas à sua gestão, assim como não pode, sozinho, beneficiar-se dos frutos colhidos com a prestação dos serviços de interesse comum, a exemplo dos recursos obtidos com a celebração de contrato de concessão do serviço de saneamento básico.

Nas palavras da Corte, *"no julgamento da ADI nº 1.842, a Corte se posicionou sobre a titularidade do interesse público metropolitano, afastando as posições extremadas que alocavam esta titularidade quer seja no Município, quer seja no conjunto de Municípios, quer seja no Estado-federado.* ***Prevaleceu a tese da competência e da titularidade conjuntas, a qual implica que deva existir, no seio da região metropolitana, estrutura colegiada assecuratória da participação dos Municípios.*** *Ainda que o Supremo Tribunal Federal não tenha definido, de maneira positiva, o desenho institucional a ser adotado pelas regiões metropolitanas,* ***assentou-se a proibição de que as instituições colegiadas concentrem poder decisório em um só ente-federado.*** *(...) O princípio da proibição de concentração de poder acarreta um outro, seu consectário lógico-normativo:* ***não se pode admitir que a percepção dos frutos da empreitada metropolitana comum aproveite a apenas um dos entes-federados.*** *Se a autonomia municipal significa autonomia política, autonomia financeira e autonomia administrativa, só se pode afirmar a proibição à concentração de poder afirmando, também, o compartilhamento da gestão e da percepção dos frutos da empreitada comum. (...) Por analogia à proibição de concentração de poder decisório, também quanto à partilha dos frutos da empreitada metropolitana a Constituição da República não impõe um único modelo pré-fixado:* ***há apenas a vedação a que um só ente absorva a integralidade das competências e das benesses, podendo a partilha obedecer a critérios outros que a paridade estrita****"* (ADPF 863).

→ *Os Estados têm competência para a criação de distritos?*

Embora os Estados tenham competência para criar regiões metropolitanas, eles não podem criar distritos. **A criação de distritos municipais é de competência dos**

próprios Municípios, embora, ao fazer isso, eles (os Municípios) tenham de observar o que determina a legislação dos respectivos Estados, conforme prevê o art. 30, IV, da CF/88.

> "**Art. 30, CF/88.** Compete aos Municípios:
> (...)
> IV - criar, organizar e suprimir distritos, observada a legislação estadual;"

Esse dispositivo da CF/88 é bastante cobrado em provas, como ocorreu no concurso para o cargo de Procurador do Estado da Bahia realizado pelo CESPE em 2014, no qual, foi considerada incorreta a assertiva segundo a qual *"os estados têm competência para criar, organizar e suprimir distritos"*. Alguns anos depois, no concurso para o cargo de Agente Fiscal de Posturas do Município de São José do Rio Preto de 2019, a Fundação Carlos Chagas considerou incorreta a assertiva que dizia que *"Constituição Federal estabelece que compete aos Municípios criar, organizar e suprimir distritos, observada a legislação federal"*. Como vimos, ao criar distritos, os Municípios devem observar a legislação **estadual**, não a federal.

Apesar disso, é importante saber que o Estado de Pernambuco, em sua Constituição, criou um distrito (no caso, um distrito estadual). Trata-se de **Fernando de Noronha**, que, nos termos de diversos dispositivos da Constituição Pernambucana, é um **distrito estadual** (embora isso seja de constitucionalidade duvidosa, já que a Constituição Federal não prevê a figura do distrito estadual, mas apenas do distrito municipal).

É o que está previsto, por exemplo, nos arts. 75 e 91 da Constituição do Estado de Pernambuco.

Veja:

> "**Art. 75, CEPE.** O Território do Estado é dividido em Municípios como unidades territoriais dotadas de autonomia política, normativa, administrativa e financeira, nos termos assegurados pela Constituição da República, por esta Constituição, por lei complementar estadual e pelas Leis Orgânicas dos Municípios e é também formado pelo **Distrito Estadual de Fernando de Noronha**."
>
> "**Art. 96, CEPE.** O **Arquipélago de Fernando de Noronha** constitui região geoeconômica, social e cultural do Estado de Pernambuco, **sob a forma de Distrito Estadual**, dotado de estatuto próprio, com autonomia administrativa e financeira.
>
> **§ 1º** O **Distrito Estadual de Fernando de Noronha** será dirigido por um Administrador-Geral, nomeado pelo Governador do Estado, com prévia aprovação da Assembléia Legislativa.
>
> **§ 2º** Os cidadãos residentes no Arquipélago elegerão pelo voto direto e secreto, concomitantemente com as eleições de Governador do Estado, sete conselheiros, com mandato de quatro anos, para formação do **Conselho Distrital**, órgão que terá funções consultivas e de fiscalização, na forma da lei.
>
> **§ 3º** O **Distrito Estadual de Fernando de Noronha** deverá ser transformado em Município quando alcançar os requisitos e exigências mínimas, previstos em lei complementar estadual."

MUNICÍPIOS

Primeiramente, é necessário registrar a existência de uma tradicional **discussão doutrinária** sobre se os Municípios seriam ou não verdadeiras entidades federadas. Por exemplo, José Afonso da Silva resiste a reconhecer os Municípios como entes integrantes da federação. O autor entende que os entes municipais são meras divisões dos Estados, afirmando que não existe federação de Municípios, mas apenas de Estados. Além disso, ele aponta alguns aspectos que, no seu entender, levariam à exclusão dos Municípios da categoria de entidades federativas, tais quais a inexistência de Poder Judiciário municipal e a falta de representação das municipalidades no Senado Federal. Já os Estados, por serem verdadeiros entes federativos, possuem Poder Judiciário próprio e representação no Senado Federal, que é a Casa Legislativa responsável por manifestar a vontade das entidades regionais em âmbito nacional.

Porém, a doutrina majoritária e a jurisprudência são firmes no sentido de que os Municípios são entidades federadas, mesmo porque eles são assim rotulados e tratados pela Constituição Federal de 1988, notadamente, pelos seus arts. 1º e 18, conforme vimos anteriormente. Portanto, **o federalismo brasileiro é, sem dúvida alguma, tricotômico**.

Auto-organização municipal

A **auto-organização** dos Municípios ocorre por meio das Leis Orgânicas Municipais, que é tratada no art. 29 da CF/88. Segundo esse dispositivo, a lei orgânica da entidade municipal, para ser aprovada, deve ser votada em dois turnos, com intervalo mínimo de dez dias entre eles, contando com votos de dois terços dos membros da Câmara Municipal, que a promulgará.

> "**Art. 29.** O Município reger-se-á por lei orgânica, votada em dois turnos, com o interstício mínimo de dez dias, e aprovada por dois terços dos membros da Câmara Municipal, que a promulgará, atendidos os princípios estabelecidos nesta Constituição, na Constituição do respectivo Estado e os seguintes preceitos: (...)"

Esse dispositivo deixa claro, também, que a Lei Orgânica Municipal deve observar as disposições tanto da Constituição Federal quanto da Constituição do Estado respectivo.

Além do art. 29 da CF/88, o art. 11, parágrafo único, do ADCT também traz uma disposição que disciplina a elaboração da Lei Orgânica Municipal, ao estabelecer um prazo para a sua elaboração, qual seja, o de seis meses a partir da promulgação da Constituição Estadual respectiva.

> "**Art. 11, parágrafo único, ADCT.** Promulgada a Constituição do Estado, caberá à Câmara Municipal, no prazo de seis meses, votar a Lei Orgânica respectiva, em dois turnos de discussão e votação, respeitado o disposto na Constituição Federal e na Constituição Estadual."

Embora haja divergência, a doutrina majoritária entende que a Lei Orgânica Municipal **não é manifestação do poder constituinte derivado decorrente** (ao contrário da Constituição Estadual, que, como vimos, é manifestação do poder constituinte derivado decorrente). Logo, Lei Orgânica de Município não é norma de natureza constitucional. Por outro lado, a Lei Orgânica do Distrito Federal é equiparada às Constituições Estaduais, ou seja, é fruto do poder constituinte derivado decorrente e, portanto, possui natureza constitucional. Esse é o entendimento, inclusive, do Supremo Tribunal Federal, como ficou claro, por exemplo, na ADI 980 MC.

Como o principal propósito deste livro é auxiliar na preparação para os concursos, é indispensável alertar que os vários incisos do art. 29 da CF/88, que elencam os preceitos que devem ser observados pelas Leis Orgânicas dos Municípios, costumam ser objeto de questionamento nas provas. Por isso, transcrevemos abaixo esse artigo, para leitura neste momento, sem prejuízo de abordar seus principais aspectos nos tópicos seguintes.

> "**Art. 29, CF/88.** O Município reger-se-á por lei orgânica, votada em dois turnos, com o interstício mínimo de dez dias, e aprovada por dois terços dos membros da Câmara Municipal, que a promulgará, atendidos os princípios estabelecidos nesta Constituição, na Constituição do respectivo Estado e os seguintes preceitos:
>
> I - eleição do Prefeito, do Vice-Prefeito e dos Vereadores, para mandato de quatro anos, mediante pleito direto e simultâneo realizado em todo o País;
>
> II - eleição do Prefeito e do Vice-Prefeito realizada no primeiro domingo de outubro do ano anterior ao término do mandato dos que devam suceder, aplicadas as regras do art. 77, no caso de Municípios com mais de duzentos mil eleitores;
>
> III - posse do Prefeito e do Vice-Prefeito no dia 1º de janeiro do ano subseqüente ao da eleição;
>
> (...)
>
> V - subsídios do Prefeito, do Vice-Prefeito e dos Secretários Municipais fixados por lei de iniciativa da Câmara Municipal, observado o que dispõem os arts. 37, XI, 39, § 4º, 150, II, 153, III, e 153, § 2º, I;
>
> VI - o subsídio dos Vereadores será fixado pelas respectivas Câmaras Municipais em cada legislatura para a subseqüente, observado o que dispõe esta Constituição, observados os critérios estabelecidos na respectiva Lei Orgânica e os seguintes limites máximos:
>
> (...)
>
> VII - o total da despesa com a remuneração dos Vereadores não poderá ultrapassar o montante de cinco por cento da receita do Município;
>
> VIII - inviolabilidade dos Vereadores por suas opiniões, palavras e votos no exercício do mandato e na circunscrição do Município;
>
> IX - proibições e incompatibilidades, no exercício da vereança, similares, no que couber, ao disposto nesta Constituição para os membros do Congresso Nacional e na Constituição do respectivo Estado para os membros da Assembléia Legislativa;
>
> X - julgamento do Prefeito perante o Tribunal de Justiça;
>
> XI - organização das funções legislativas e fiscalizadoras da Câmara Municipal;
>
> XII - cooperação das associações representativas no planejamento municipal;
>
> XIII - iniciativa popular de projetos de lei de interesse específico do Município, da cidade ou de bairros, através de manifestação de, pelo menos, cinco por cento do eleitorado;

XIV - perda do mandato do Prefeito, nos termos do art. 28, parágrafo único."

Poder Executivo Municipal

O Poder Executivo Municipal é exercido pelo Prefeito, e o art. 29 da CF/88 estabelece, nos seus três primeiros incisos, regras a serem observadas nas eleições municipais, nos seguintes termos:

a) Em todos os Municípios do País, as eleições para os cargos de Prefeito, Vice-Prefeito e Vereador devem ser realizadas simultaneamente, no primeiro domingo de outubro.

b) Enquanto as eleições para o Parlamento Municipal observam o sistema proporcional, as eleições para o Poder Executivo Municipal observam o sistema majoritário, mas a possibilidade de segundo turno apenas se aplica aos Municípios com mais de 200 (duzentos) mil eleitores.

c) Os Prefeitos e Vice-Prefeitos devem tomar posse no dia 1º de janeiro do ano subsequente ao da eleição. Até a EC 111/2021, as posses do Presidente e Vice-Presidente da República e dos Governadores e Vice-Governadores de Estado também ocorriam nessa data, mas, a partir dessa emenda, as datas das posses dessas autoridades passaram a ser, respectivamente, os dias 5 e 6 de janeiro do ano seguinte ao da eleição, embora, segundo os arts. 4º e 5º da emenda, essa alteração apenas tenha aplicação a partir das eleições de 2026, com posse em janeiro de 2027. A EC 111/2021 não alterou a data da posse dos Prefeitos e Vice-Prefeitos, que continua sendo o dia 1º de janeiro do ano posterior ao da eleição.

"**Art. 29, CF/88.** O Município reger-se-á por lei orgânica, votada em dois turnos, com o interstício mínimo de dez dias, e aprovada por dois terços dos membros da Câmara Municipal, que a promulgará, atendidos os princípios estabelecidos nesta Constituição, na Constituição do respectivo Estado e os seguintes preceitos:

I - eleição do Prefeito, do Vice-Prefeito e dos Vereadores, para mandato de quatro anos, mediante pleito direto e simultâneo realizado em todo o País;

II - eleição do Prefeito e do Vice-Prefeito realizada no primeiro domingo de outubro do ano anterior ao término do mandato dos que devam suceder, aplicadas as regras do art. 77, no caso de Municípios com mais de duzentos mil eleitores;

III - posse do Prefeito e do Vice-Prefeito no dia 1º de janeiro do ano subseqüente ao da eleição;

(...)"

Uma outra disposição importante do art. 29 da CF/88 diz respeito às remunerações dos cargos de Prefeito e Vice-Prefeito. Nos termos do inciso V desse artigo, os subsídios mensais do Chefe do Executivo Municipal e do seu Vice dependem de **lei** para serem fixados, e essa lei é de iniciativa da Câmara Municipal, e não do Prefeito.

> "**Art. 29, CF/88.** O Município reger-se-á por lei orgânica, votada em dois turnos, com o interstício mínimo de dez dias, e aprovada por dois terços dos membros da Câmara Municipal, que a promulgará, atendidos os princípios estabelecidos nesta Constituição, na Constituição do respectivo Estado e os seguintes preceitos:
>
> (...)
>
> V - subsídios do Prefeito, do Vice-Prefeito e dos Secretários Municipais fixados por lei de iniciativa da Câmara Municipal, observado o que dispõem os arts. 37, XI, 39, § 4º, 150, II, 153, III, e 153, § 2º, I; (...)"

Importante destacar também que, de acordo com o art. 29, X, da CF/88, nos crimes comuns, o Prefeito tem foro por prerrogativa de função, sendo julgado pelo Tribunal de Justiça do respectivo Estado.

> "**Art. 29, CF/88.** O Município reger-se-á por lei orgânica, votada em dois turnos, com o interstício mínimo de dez dias, e aprovada por dois terços dos membros da Câmara Municipal, que a promulgará, atendidos os princípios estabelecidos nesta Constituição, na Constituição do respectivo Estado e os seguintes preceitos:
>
> (...)
>
> X - julgamento do Prefeito perante o Tribunal de Justiça;
>
> (...)"

Segundo o STF, essa competência do TJ apenas se verifica quando o crime é de competência da justiça comum estadual. Se o crime for de competência da Justiça Federal, da Justiça Eleitoral ou mesmo da Justiça Militar da União, a competência será do respectivo TRF, TRE ou do Superior Tribunal Militar (lembrando, aqui, que na Justiça Militar da União não existe tribunal intermediário entre o primeiro grau e o STM).

Nas palavras da Corte, *"o Tribunal de Justiça do Estado, **ressalvadas as hipóteses que se incluem na esfera de atribuições jurisdicionais da Justiça Federal comum, da Justiça Militar da União e da Justiça Eleitoral**, dispõe de competência originária para processar e julgar os Prefeitos Municipais nas infrações penais comuns"* (ADI 687, Pleno, Rel. Min. CELSO DE MELLO, j. 02/02/1995).

Em outro precedente nesse mesmo sentido, o STF afirmou que *"as atribuições jurisdicionais originarias do Tribunal de Justiça – constitucionalmente definido como juiz natural dos Prefeitos Municipais – restringem-se, no que concerne aos processos penais condenatórios, unicamente as hipóteses pertinentes aos delitos sujeitos a competência da Justiça local. (...) Nos crimes praticados contra bens, serviços ou interesse da União, de suas autarquias ou de empresas públicas federais, a competência originaria para processar e julgar os Prefeitos Municipais pertence ao Tribunal Regional Federal. (...) Tratando-se de delitos eleitorais, o Prefeito Municipal é processado e julgado, originariamente, pelo Tribunal Regional Eleitoral"* (**Inq 406 QO**, Pleno, Rel. Min. Celso de Mello, j. 01/07/1993).

Toda essa linha de raciocínio encontra-se estampada, também, na **Súmula 702/STF**, que estabelece que *"a competência do tribunal de justiça para julgar prefeitos* *restringe-se aos crimes de competência da justiça comum estadual; nos demais casos, a competência originária caberá ao respectivo tribunal de segundo grau".*

Por fim, o art. 29 da CF/88, em seu inciso XIV, trata da perda do mandato do Prefeito, mas esse tema será abordado no capítulo reservado especificamente ao Poder Executivo.

Poder Legislativo Municipal

Em relação ao Poder Legislativo dos Municípios, ele recebe importante tratamento tanto no art. 29 quanto no art. 29-A da CF/88.

O art. 29, que estabelece as diretrizes a serem observadas pelos Municípios na elaboração de suas Leis Orgânicas, dispõe, principalmente, o seguinte a respeito do Legislativo Municipal:

I) Os membros do Legislativo Municipal (os Vereadores) são eleitos no mesmo pleito eleitoral em que se elegem o Prefeito e o Vice-Prefeito, conforme vimos no tópico anterior.

II) O mandato de Vereador é de 4 (quatro) anos.

III) A quantidade de Vereadores em cada Município varia de acordo com a população local, prevendo a Constituição Federal um escalonamento entre o mínimo de 9 (nove) e o máximo de 55 (cinquenta e cinco) Parlamentares, conforme consta do inciso IV do art. 29, que não será transcrito aqui, por conta de sua exagerada extensão e inexpressiva importância para as provas.

IV) O subsídio do cargo de Vereador é fixado pela própria Câmara Municipal, não por meio de lei, mas por meio de Decreto Legislativo, tal qual se dá em relação aos Parlamentares federais. Portanto, para a definição da remuneração dos Vereadores, não há a necessidade de concordância (por meio de sanção) do Poder Executivo. Cuida-se de mais uma exceção prevista na CF/88 à regra de que a fixação de remuneração de servidor público depende de lei.

V) Existe um limite máximo para a fixação do valor do subsídio do cargo de Vereador, limite esse que corresponde a um percentual do subsídio do cargo de Deputado Estadual e varia de acordo com a quantidade de habitantes do Município, conforme consta das alíneas do inciso VI do art. 29 da CF/88.

VI) A CF/88 veda expressamente que a Câmara Municipal gaste com a remuneração dos Vereadores um valor superior a 5% da receita do Município.

VII) Assegura-se aos Vereadores imunidade material nos limites do Municípios respectivo, conforme estudaremos em capítulo dedicado especificamente ao Poder Legislativo.

VIII) Impõem-se aos Vereadores, naquilo que for cabível, as mesmas proibições e incompatibilidades impostas aos Parlamentares federais pela CF/88 e aos Parlamentares estaduais pela Constituição do respectivo Estado.

IX) A Câmara Municipal tem as funções de legislar e fiscalizar, que são as funções típicas do Poder Legislativo no ordenamento jurídico brasileiro. A fiscalização exercida pela Câmara de Vereadores é disciplinada no art. 31 da CF/88, conforme estudaremos em tópico específico.

> "**Art. 29, CF/88.** O Município reger-se-á por lei orgânica, votada em dois turnos, com o interstício mínimo de dez dias, e aprovada por dois terços dos membros da Câmara Municipal, que a promulgará, atendidos os princípios estabelecidos nesta Constituição, na Constituição do respectivo Estado e os seguintes preceitos:
>
> I - eleição do Prefeito, do Vice-Prefeito e dos Vereadores, para mandato de quatro anos, mediante pleito direto e simultâneo realizado em todo o País;
>
> (...)
>
> VI - o subsídio dos Vereadores será fixado pelas respectivas Câmaras Municipais em cada legislatura para a subseqüente, observado o que dispõe esta Constituição, observados os critérios estabelecidos na respectiva Lei Orgânica e os seguintes limites máximos:
>
> (...)
>
> VII - o total da despesa com a remuneração dos Vereadores não poderá ultrapassar o montante de cinco por cento da receita do Município;
>
> VIII - inviolabilidade dos Vereadores por suas opiniões, palavras e votos no exercício do mandato e na circunscrição do Município;
>
> IX - proibições e incompatibilidades, no exercício da vereança, similares, no que couber, ao disposto nesta Constituição para os membros do Congresso Nacional e na Constituição do respectivo Estado para os membros da Assembléia Legislativa;
>
> (...)
>
> XI - organização das funções legislativas e fiscalizadoras da Câmara Municipal;
>
> (...)"

→ *Os limites dos gastos do Legislativo Municipal*

Além das disposições contidas no art. 29, a CF/88 dedica ao Poder Legislativo Municipal o art. 29-A, que foi introduzido no texto constitucional pela EC 25/2000, em virtude da necessidade de ajuste dos gastos no âmbito das Câmaras de Vereadores.

Nos termos do *caput* desse artigo, as despesas da Câmara de Vereadores em um determinado exercício financeiro (excluindo-se dessa conta os gastos com inativos) não podem ultrapassar o montante correspondente a um percentual calculado sobre o somatório, referente ao exercício financeiro anterior, da arrecadação dos tributos municipais com as transferências tributárias recebidas pelo Município.

Esse percentual varia de acordo com a quantidade de habitantes do Município, sendo maior para os Municípios com menos habitantes (nos quais a receita tributária é naturalmente menor) e menor para os Municípios com mais habitantes (nos quais a receita tributária é naturalmente maior). O maior percentual previsto é de 7% (sete por cento), que se aplica aos Municípios com até 100.000 (cem mil) habitantes, e o menor é de 3,5% (três e meio por cento), que se aplica aos Municípios com mais de 8.000.001 (oito milhões e um) habitantes.

Fixados esses parâmetros pelo *caput* do art. 29-A da CF/88, o § 1º desse artigo estabelece que, do total dos gastos permitidos à Câmara Municipal, a despesa com a folha de pagamento do seu pessoal não pode ultrapassar 70% (setenta por cento), da sua receita incluindo-se aí o montante correspondente à remuneração dos Vereadores. E, se essa limitação não for observada, ficará caracterizado crime de responsabilidade do Presidente da Casa, conforme prevê o § 3º do mesmo artigo.

Importante esclarecer que, para que consiga realizar suas despesas, a Câmara de Vereadores recebe, mensalmente, valores do Poder Executivo. Esses repasses mensais são os chamados **duodécimos**, e devem ser realizados até o dia 20 (vinte) de cada mês. Essa questão é tão sensível (haja vista sua íntima relação com a independência e a convivência harmônica entre os Poderes), que o art. 29-A, § 2º, da CF/88 prevê ser crime de responsabilidade do Prefeito Municipal o repasse do duodécimo com atraso ou em valor superior ou inferior ao devido.

> "**Art. 29-A, CF/88.** O total da despesa do Poder Legislativo Municipal, incluídos os subsídios dos Vereadores e excluídos os gastos com inativos, não poderá ultrapassar os seguintes percentuais, relativos ao somatório da receita tributária e das transferências previstas no § 5º do art. 153 e nos arts. 158 e 159, efetivamente realizado no exercício anterior:
>
> I - 7% (sete por cento) para Municípios com população de até 100.000 (cem mil) habitantes;
>
> II - 6% (seis por cento) para Municípios com população entre 100.000 (cem mil) e 300.000 (trezentos mil) habitantes;
>
> III - 5% (cinco por cento) para Municípios com população entre 300.001 (trezentos mil e um) e 500.000 (quinhentos mil) habitantes;
>
> IV - 4,5% (quatro inteiros e cinco décimos por cento) para Municípios com população entre 500.001 (quinhentos mil e um) e 3.000.000 (três milhões) de habitantes;
>
> V - 4% (quatro por cento) para Municípios com população entre 3.000.001 (três milhões e um) e 8.000.000 (oito milhões) de habitantes;
>
> VI - 3,5% (três inteiros e cinco décimos por cento) para Municípios com população acima de 8.000.001 (oito milhões e um) habitantes.
>
> **§ 1º** A Câmara Municipal não gastará mais de setenta por cento de sua receita com folha de pagamento, incluído o gasto com o subsídio de seus Vereadores.
>
> **§ 2º** Constitui crime de responsabilidade do Prefeito Municipal:
>
> I - efetuar repasse que supere os limites definidos neste artigo;
>
> II - não enviar o repasse até o dia vinte de cada mês; ou
>
> III - enviá-lo a menor em relação à proporção fixada na Lei Orçamentária.
>
> **§ 3º** Constitui crime de responsabilidade do Presidente da Câmara Municipal o desrespeito ao § 1º deste artigo."

- Alteração do "caput" do art. 29-A da CF/88 pela EC 109/2021

Conforme vimos, o art. 29-A da CF/88 estabelece limites de gastos para ao Poder Legislativo Municipal e determina, em seu *caput*, que, para fins de aferição do atingimento desses limites, não devem ser computadas as despesas com pessoal inativo.

A EC 109/2021, aprovada em um contexto de ajuste fiscal no País, modificou esse dispositivo (o *caput* do art. 29-A da CF/88), estabelecendo que, na aferição do atingimento dos limites de gastos das Câmaras de Vereadores, devem ser incluídas as despesas com inativos e pensionistas.

Portanto, a única alteração realizada pela EC 109/2021 no *caput* do art. 29-A da CF/88 foi essa: agora é necessário incluir as despesas com inativos e pensionistas no cálculo dos limites de gastos.

O detalhe é que, conforme ficou estabelecido no art. 7º da EC 109/2021, essa modificação feita no art. 29-A não entra em vigor de imediato, mas apenas na legislatura municipal subsequente, que se iniciará no ano 2025. Enquanto isso não ocorre, o art. 29-A da CF/88 mantém a sua redação anterior à EC 109/2021 (e, justamente por isso, esse dispositivo ainda não foi alterado no texto da Constituição Federal), só passando a vigorar com a nova redação em janeiro de 2025.

Confira a redação desse dispositivo nas versões anterior e posterior à EC 109/2021, bem como o teor do art. 7º dessa mesma emenda:

> ***"Art. 29-A, CF/88 (REDAÇÃO ATUAL, ANTERIOR À EC 109/2021).*** O total da despesa do Poder Legislativo Municipal, incluídos os subsídios dos Vereadores e ***excluídos os gastos com inativos***, não poderá ultrapassar os seguintes percentuais, relativos ao somatório da receita tributária e das transferências previstas no § 5º do art. 153 e nos arts. 158 e 159, efetivamente realizado no exercício anterior: (...)"
>
> ***"Art. 29-A, CF/88 (REDAÇÃO FUTURA, POSTERIOR À EC 109/2021).*** O total da despesa do Poder Legislativo Municipal, ***incluídos*** os subsídios dos Vereadores e os ***demais gastos com pessoal inativo e pensionistas***, não poderá ultrapassar os seguintes percentuais, relativos ao somatório da receita tributária e das transferências previstas no § 5º do art. 153 e nos arts. 158 e 159 desta Constituição, efetivamente realizado no exercício anterior: (...)"
>
> ***"Art. 7º, EC 109/2021.*** Esta Emenda Constitucional entra em vigor na data de sua publicação, ***exceto quanto à alteração do art. 29-A da Constituição Federal***, a qual entra em vigor a partir do início da primeira legislatura municipal após a data de publicação desta Emenda Constitucional."

→ *A função fiscalizadora da Câmara Municipal*

A função fiscalizadora do Poder Legislativo Municipal encontra-se prevista e disciplinada no art. 31 da CF/88, que estabelece caber à Câmara de Vereadores o controle externo do Poder Executivo do respectivo Município.

Esse dispositivo constitucional prevê duas formas de controle: o controle externo e o controle interno. O controle externo, conforme já estudamos, é uma função típica do Poder Legislativo, que, além de legislar, também fiscaliza o Poder Executivo. A função fiscalizadora, portanto, é ínsita ao Parlamento. O controle interno, por sua vez, é exercido pelo próprio Poder controlado, podendo consistir, por exemplo, em auditoria interna.

Nos termos do § 1º do art. 31 da CF/88, no exercício de sua função fiscalizadora, a Câmara Municipal conta com o auxílio do respectivo Tribunal de Contas do Estado ou do Município.

Em relação aos Tribunais, Conselhos ou órgãos de Contas Municipais, a CF/88, no art. 31, § 4º, proíbe a sua criação. Porém, o § 1º do mesmo artigo fala em Tribunais ou Conselhos de Contas dos Municípios. Como compatibilizar essas disposições?

Veja que o Poder Legislativo municipal exerce o controle externo do Executivo municipal e, nessa tarefa, conta com o auxílio de outro órgão, que pode ser um dos seguintes: o Tribunal de Contas do respectivo Estado (que é um órgão de natureza estadual) ou o Tribunal de Contas do respectivo Município (que é um órgão municipal).

Acontece que os únicos Municípios brasileiros que possuem Tribunal de Contas são Rio de Janeiro e São Paulo, sendo vedada a criação de outros órgãos de contas municipais, e é isso o que diz o art. 31, § 4º, da CF/88. Em outras palavras, nenhum Município, a partir da CF/88, pode criar órgão municipal de prestação de contas, apenas ficando mantidos os do Rio de Janeiro e de São Paulo, porque já existiam antes da CF/88.

Existe ainda a possibilidade de o órgão de Contas auxiliar da Câmara de Vereadores ser um Conselho ou Tribunal de Contas **dos Municípios**, que é um órgão estadual destinado especificamente à fiscalização das contas dos Municípios localizados no respectivo Estado e que não se confunde com o Tribunal de Contas **do Município**, que é um órgão municipal.

Portanto, em regra, os Parlamentos municipais são auxiliados por um órgão de contas estadual, ficando a cargo do Estado decidir se o seu órgão de Contas de auxílio aos Legislativos municipais será o próprio TCE (Tribunal de Contas do Estado) ou se será criado um órgão (estadual) específico para auxiliar no controle externo exercido nos Municípios (o chamado Tribunal de Contas **dos Municípios**).

Essa é a regra. Excepcionalmente, porém, o Município pode ter seu próprio Tribunal de Contas, que é o que ocorre com os Municípios do Rio de Janeiro e de São Paulo, os únicos no Brasil a possuírem órgãos de contas em sua estrutura. Mas isso apenas é possível porque esses órgãos já existiam antes da promulgação da CF/88, tendo em vista que, após isso, passou a ser proibida a criação de novos órgãos de Contas municipais. Inclusive, o Supremo Tribunal Federal já se manifestou nesse exato sentido, como ocorreu no seguinte caso:

> "(...) MUNICÍPIOS E TRIBUNAIS DE CONTAS. - **A Constituição da República impede que os Municípios criem os seus próprios Tribunais, Conselhos ou órgãos de contas municipais (CF, art. 31, § 4º), mas permite que os Estados-membros, mediante autônoma deliberação, instituam órgão estadual denominado Conselho ou Tribunal de Contas dos Municípios** (...), incumbido de auxiliar as Câmaras Municipais no exercício de seu poder de controle externo (CF, art. 31, § 1º). Esses Conselhos ou Tribunais de Contas dos Municípios - **embora qualificados como órgãos estaduais (CF, art. 31, § 1º) - atuam, onde tenham sido instituídos, como órgãos auxiliares e de cooperação técnica das Câmaras de Vereadores.** (...)"
>
> **(STF, ADI 687, Rel. Min. Celso de Mello, Pleno, j. em 02/02/1995)**

Enfim, se o Estado não criar um órgão de contas específico para auxiliar na fiscalização dos seus Municípios, esse auxílio será prestado pelo TCE.

Mas, caso haja, na Constituição do Estado, a previsão de um Tribunal (ou Conselho) de Contas dos Municípios (que, como vimos, é o órgão de contas estadual que atua na fiscalização municipal), é possível que uma emenda constitucional estadual o extinga, mantendo apenas o TCE? **Sim**. Segundo o Supremo Tribunal Federal, na linha do que vimos acima, os Estados, no exercício de sua autonomia, têm liberdade para decidir se é conveniente ter e manter, em sua estrutura, uma Corte de Contas destinada especificamente à prestação de contas dos seus Municípios, e essa liberdade assegura a possibilidade de extinguir esse órgão, e não apenas de criá-lo.

Além disso, o fato de a emenda constitucional estadual de extinção do Tribunal de Contas dos Municípios ser de iniciativa parlamentar não caracteriza violação a nenhuma regra de iniciativa legislativa. Em outras palavras, não há iniciativa privativa do Tribunal de Contas do Estado para essa proposição, notadamente, porque a Corte de Contas não tem iniciativa para propostas de emendas constitucionais (mas apenas para projetos de lei), de modo que reservar a ela a iniciativa legislativa nesse caso seria incompatível com uma interpretação sistemática da Constituição Federal, já que, em última análise, representaria transformar os Tribunais de Contas dos Municípios em verdadeiras cláusulas pétreas, tendo em vista que não existiria nenhum legitimado para deflagar o processo legislativo tendente à sua extinção.

Esse entendimento foi firmado pelo STF no julgamento da **ADI 5763**, que foi ementada nos seguintes termos:

> **Ementa:** (...) TRIBUNAL DE CONTAS DOS MUNICÍPIOS – EXTINÇÃO – POSSIBILIDADE. A interpretação sistemática dos parágrafos 1º e 4º do artigo 31 da Constituição Federal revela ser **possível a extinção de Tribunal de Contas responsável pela fiscalização dos Municípios mediante a promulgação de Emenda à Constituição estadual**, surgindo impróprio afirmar que o Constituinte proibiu a supressão desses órgãos. EMENDA À CONSTITUIÇÃO ESTADUAL – REGRAS DE INICIATIVA RELATIVAS À LEGISLAÇÃO ORDINÁRIA – OBSERVÂNCIA – IMPOSSIBILIDADE. **É inviável, a partir de leitura sistemática dos preceitos constitucionais, assentar a impossibilidade de Emenda à Constituição, de iniciativa parlamentar, versar a extinção de Tribunal de Contas estadual.** (...)
>
> **(ADI 5763/CE; Relator(a): Min. MARCO AURÉLIO; Julgamento: 26/10/2017; Publicação: 23/10/2019; Órgão julgador: Tribunal Pleno)**

Ainda quanto à fiscalização exercida pela Câmara Municipal, o § 2º do art. 31 da CF/88 deixa claro que cabe à Casa Legislativa julgar as contas prestadas pelo respectivo Prefeito e que esse julgamento consiste em aprovar ou rejeitar o parecer prévio emitido pelo órgão de contas. Mas há um detalhe importante em relação a isso: existe, no texto constitucional, uma presunção relativa de correção desse parecer prévio, pois ele apenas pode ser rejeitado pelo Legislativo se 2/3 (dois terços) dos Vereadores votarem pela sua não aprovação.

O procedimento da apreciação das contas do Prefeito Municipal, portanto, é o seguinte: o órgão de contas competente (seja ele estadual ou municipal, a depender do caso) analisa as contas do Prefeito e emite parecer sobre isso, parecer esse que pode concluir pela aprovação ou pela rejeição das contas e que só pode ser modificado ou rejeitado pela Câmara Municipal pelo voto de dois terços dos Vereadores.

Como se pode perceber, o parecer prévio do órgão de contas possui caráter não apenas opinativo, mas também, em certa medida, impositivo, pois, como vimos acima, gera uma presunção relativa de aprovação ou desaprovação das contas do Chefe do Executivo Municipal, já que a sua conclusão apenas pode ser desconstituída pela maioria qualificada de dois terços dos membros da Câmara Municipal. Inclusive, esse traço impositivo do parecer lavrado na apreciação das conta do Prefeito já foi reconhecido expressamente pelo Supremo Tribunal Federal, como ocorreu no julgamento do RE 848826 (Tema de Repercussão Geral nº 835), que recebeu a seguinte ementa:

> "(...) I - Compete à Câmara Municipal o julgamento das contas do chefe do Poder Executivo municipal, com o auxílio dos Tribunais de Contas, que emitirão **parecer prévio, cuja eficácia impositiva subsiste e somente deixará de prevalecer por decisão de dois terços dos membros da casa legislativa** (CF, art. 31, § 2º). II - O Constituinte de 1988 optou por atribuir, indistintamente, o julgamento de todas as contas de responsabilidade dos prefeitos municipais aos vereadores, em respeito à relação de equilíbrio que deve existir entre os Poderes da República ("checks and balances"). (...)
>
> **(RE 848826; Relator(a): Min. ROBERTO BARROSO; Redator(a) do acórdão: Min. RICARDO LEWANDOWSKI; Julgamento: 10/08/2016)**

Importante esclarecer que a divergência da Câmara Municipal em relação ao parecer prévio do órgão de contas (que depende dos votos de dois terços dos Vereadores) pode ter como finalidade tanto a rejeição de contas aprovadas por ele quanto a aprovação de contas por ele rejeitadas.

A maioria qualificada de dois terços como exigência para a rejeição do parecer prévio no julgamento das contas do Prefeito é tema sempre presente nas provas. Por exemplo, no concurso de Promotor de Justiça de Santa Catarina realizado em 2014, a banca examinadora considerou incorreta a assertiva segundo a qual *"o parecer prévio, emitido pelo órgão competente sobre as contas que o Prefeito deve anualmente prestar, só deixará de prevalecer por decisão da maioria dos membros da Câmara Municipal"*.

Como se pode perceber, essa questão cobrou a mera literalidade do texto constitucional.

Em relação ao tema, é indispensável registrar, ainda, o interessante entendimento do Supremo Tribunal Federal no sentido de que, caso o parecer prévio tenha sido pela rejeição das contas, deve ser dada oportunidade ao Prefeito para que, antes do julgamento realizado pela Câmara Municipal, manifeste-se e exerça o direito de defesa na tentativa de obter a rejeição da conclusão apresentada pelo órgão de contas. Cuida-se da aplicação do devido processo legal no procedimento de julgamento das contas do Poder Executivo. Isso foi afirmado pela Suprema Corte no RE 261885, ementado nos seguintes termos:

> **EMENTA:** PREFEITO MUNICIPAL. CONTAS REJEITADAS PELA CÂMARA DE VEREADORES. ALEGADA OFENSA AO PRINCÍPIO DO DIREITO DE DEFESA (INC. LV DO ART. 5º DA CF). Sendo o julgamento das contas do recorrente, como ex-Chefe do Executivo Municipal, realizado pela Câmara de Vereadores mediante parecer prévio do Tribunal de Contas, que poderá deixar de prevalecer por decisão de dois terços dos membros da Casa Legislativa (arts. 31, § 1º, e 71 c/c o 75 da CF)**, é fora de dúvida que, no presente caso, em que o parecer foi pela rejeição das contas, não poderia ele, em face da norma constitucional sob referência, ter sido aprovado, sem que se houvesse propiciado ao interessado a oportunidade**

de opor-se ao referido pronunciamento técnico, de maneira ampla, perante o órgão legislativo, com vista a sua almejada reversão. Recurso conhecido e provido.

(RE 261885; Órgão julgador: Primeira Turma; Relator(a): Min. ILMAR GALVÃO; Julgamento: 05/12/2000)

Além disso, também entende o STF que é inadmissível a aprovação tácita do parecer prévio emitido pelo órgão de contas em virtude do decurso do tempo. Isso porque admitir a aprovação do parecer emitido pelo Tribunal de Contas como uma consequência do escoamento do prazo (previsto em lei ou em regimento interno) para a manifestação da Câmara Municipal equivaleria a transferir para o órgão de contas a competência para julgar as contas do Prefeito, o que não encontra amparo no texto constitucional, pois, nos termos da CF/88, a competência para julgar as contas do Chefe do Executivo Municipal é exclusiva da Câmara de Vereadores.

Esse entendimento foi adotado no RE 729744 (Tema de Repercussão Geral nº 157), em que se fixou a tese segundo a qual *"o parecer técnico elaborado pelo Tribunal de Contas tem natureza meramente opinativa, competindo exclusivamente à Câmara de Vereadores o julgamento das contas anuais do Chefe do Poder Executivo local, sendo incabível o julgamento ficto das contas por decurso de prazo"*.

Para finalizar, vejamos o teor do art. 31 da CF/88:

> "**Art. 31, CF/88.** A fiscalização do Município será exercida pelo Poder Legislativo Municipal, mediante controle externo, e pelos sistemas de controle interno do Poder Executivo Municipal, na forma da lei.
>
> **§ 1º** O controle externo da Câmara Municipal será exercido com o auxílio dos Tribunais de Contas dos Estados ou do Município ou dos Conselhos ou Tribunais de Contas dos Municípios, onde houver.
>
> **§ 2º** O parecer prévio, emitido pelo órgão competente sobre as contas que o Prefeito deve anualmente prestar, só deixará de prevalecer por decisão de dois terços dos membros da Câmara Municipal.
>
> **§ 3º** As contas dos Municípios ficarão, durante sessenta dias, anualmente, à disposição de qualquer contribuinte, para exame e apreciação, o qual poderá questionar-lhes a legitimidade, nos termos da lei.
>
> **§ 4º** É vedada a criação de Tribunais, Conselhos ou órgãos de Contas Municipais."

Nos Municípios em que há Tribunal de Contas, é obrigatória a criação do Ministério Público de Contas?

Vimos que o art. 31, § 4º, da CF/88 proíbe que os Municípios criem Tribunais de Contas, o que, porém, não impediu que as Cortes de Contas Municipais já existentes quando da entrada em vigor da CF/88 continuassem existindo, como ocorre no Municípios de São Paulo e do Rio de Janeiro.

Em relação aos Tribunais de Contas Municipais que já existiam e continuaram existindo, o Procurador-Geral da República alegou, na **ADPF 272** (julgada em 25/03/2021), a inconstitucionalidade da não criação do respectivo Ministério Público de Contas, o qual, segundo ele, deveria ser criado por simetria com o modelo federal, assim como ocorre na esfera estadual, que, por força do art. 75 da CF/88, segue o formato do Tribunal de Contas da União naquilo que é cabível.

No entanto, o Supremo Tribunal Federal, considerando a peculiaridade das Cortes de Contas Municipais, bem como que não é indispensável haver uma carreira de Procurador de Contas para que o Tribunal de Contas desempenhe suas atribuições fiscalizatórias, decidiu que não há obrigação de criação do Ministério Público Especial em Tribunal de Contas Municipal.

PRINCÍPIO DA SIMETRIA

Conforme vimos, a simetria é a obrigação de que normas da Constituição do Estado ou da Lei Orgânica do Município (bem como da Lei Orgânica do DF) observem, no que for possível, o modelo traçado pela Constituição Federal. Ela decorre dos chamados princípios constitucionais extensíveis (que podem ser explícitos ou implícitos), princípios esses que consubstanciam as **normas constitucionais de reprodução obrigatória**.

Simetria não é regra, mas sim exceção. Quanto mais se aplica a simetria, menos os Estados e os Municípios são autônomos, menos se fortalece a Federação e mais se impõe aos Estados e Municípios um modelo que pode não lhes ser adequado.

O STF, ao longo do tempo, por vezes, tratou a simetria como se fosse regra, exagerando na sua aplicação.

É extremamente importante saber quando a simetria se aplica e quando não se aplica. Há algum critério para isso?

O critério proposto pela doutrina para orientar a aplicação do princípio da simetria é o **equilíbrio federativo**. Segundo esse critério, a simetria será imposta quando a adoção, pela Constituição Estadual ou Lei Orgânica Municipal, de norma diversa da prevista na Constituição Federal puder ameaçar ou lesar o equilíbrio do pacto federativo. Por outro lado, se a adoção de norma diversa da prevista na Constituição Federal não tiver a potencialidade de afetar negativamente o equilíbrio do pacto federativo, a simetria não precisará ser observada, devendo-se dar primazia à autonomia das entidades federadas.

Segundo esse critério, para se saber se a simetria se aplica ou não ao caso, é necessário fazer a seguinte pergunta: **caso haja a adoção de outra norma, essa norma diversa tem a potencialidade de ameaçar ou lesar o equilíbrio do vínculo federativo?** Se a resposta for positiva, significará que a matéria se submete à simetria (e, se a norma estadual ou municipal for assimétrica, ela será inconstitucional), mas, se a resposta for negativa, significará que a matéria não se submete à simetria, podendo ser tratada de forma assimétrica na Constituição do Estado ou na Lei Orgânica do Município, sem que fique caracterizada uma inconstitucionalidade.

Vamos a alguns exemplos.

Exemplo 1: igualdade de sexos (homens e mulheres são iguais perante a lei). Se o Estado **A** assegura a igualdade de sexos e o Estado **B** não a assegura, é evidente que isso rompe o equilíbrio federativo. É óbvio que a igualdade de sexos é matéria sujeita à simetria, de modo que, se a norma que dela tratar for assimétrica, estará sujeita à declaração de inconstitucionalidade.

Exemplo 2: legitimação ativa para a propositura de ação direta de inconstitucionalidade em âmbito estadual. Se cada Estado trata essa questão da forma que julga mais adequada, essa é uma matéria interna dele, não repercutindo no equilíbrio do pacto federativo, de modo que não se submete à simetria. Logo, se a norma for assimétrica, não será obrigatoriamente inconstitucional.

Em algumas situações, o princípio da simetria se impõe de modo implícito, enquanto, em outras situações, ele se impõe de modo explícito. É que, conforme vimos, os princípios constitucionais extensíveis podem ser explícitos ou implícitos, o que, por uma questão lógica, faz com que a simetria possa ser explícita (no primeiro caso) ou implícita (no segundo caso).

Um exemplo de aplicação implícita da simetria são as normas gerais de processo legislativo (exceto o caso do art. 61, § 1º, II, "b", que se aplica apenas a Territórios, conforme veremos ao estudarmos o processo legislativo).

Um exemplo de aplicação explícita da simetria é o art. 27, § 1º, da CF/88, segundo o qual, *"será de quatro anos o mandato dos Deputados Estaduais, aplicando- sê-lhes as regras desta Constituição sobre sistema eleitoral, inviolabilidade, imunidades, remuneração, perda de mandato, licença, impedimentos e incorporação às Forças Armadas"*. Por conta desse dispositivo, as regras sobre perda de mandato de Parlamentar federal se aplicam, por simetria explícita, a Parlamentar estadual.

O Supremo Tribunal Federal adota algum critério para definir os casos em que deve ocorrer a aplicação do princípio da simetria?

Quanto à aplicação da simetria, não há dificuldade alguma quando ela está prevista expressamente na Constituição Federal, pois, nesse caso, o próprio texto constitucional determina que as esferas estadual e municipal observem o modelo federal. Porém, quando a simetria é implícita, não é tão fácil saber as hipóteses em que deve ser aplicada e as hipóteses em que não deve, e a prova disso é o fato de que é possível encontrar na jurisprudência do Supremo Tribunal Federal mudanças de entendimento a respeito da sujeição ou não de determinados temas ao princípio da simetria, como ocorreu com a questão da obrigatoriedade ou não de os Estados observarem, na escolha do Procurador-Geral do Estado, o modelo de escolha do Advogado-Geral da União (tema que será estudado oportunamente).

Mas a verdade é que, apesar de possuir uma jurisprudência não muito precisa sobre a matéria, existe pelo menos um critério que é claramente adotado pela Suprema Corte para aplicar a simetria constitucional: a **separação de Poderes**.

Segundo o STF, sempre que uma norma da Constituição Federal tiver relação com a separação de Poderes, ela se submeterá ao princípio da simetria e deverá ser obrigatoriamente reproduzida nas Constituições Estaduais e nas Leis Orgânicas Municipais e do DF, ainda que não haja mandamento expresso em tal sentido no texto da Constituição Federal (nesse caso, haverá, então, uma simetria implícita).

É possível citar alguns exemplos vistos na **jurisprudência do STF**:

1) As normas gerais de processo legislativo previstas na CF/88 submetem-se à simetria (inclusive, as normas que tratam da iniciativa das proposições). Isso ocorre porque, no processo legislativo, existe intensa relação entre os Poderes da República, pois o Poder Legislativo aprecia as propostas, enquanto os outros Poderes podem iniciar o procedimento (apresentando as propostas), além de o veto ou sanção (quando há essa etapa) ficar a cargo do Poder Executivo (**ADI 637**).

2) A atribuição do Legislativo para controlar a atuação do Poder Executivo em alguns casos, como a hipótese de sustação de atos que exorbitem dos limites de exercício do poder regulamentar permitido pela lei (art. 49, V, CF/88). Essa atribuição não pode ser ampliada por Constituições Estaduais ou Leis Orgânicas Municipais e do DF, pois repercutem diretamente na separação dos Poderes e, portanto, submetem-se à simetria (**ADI 5290**).

3) A atribuição do Poder Legislativo de julgar as **contas do Chefe do Poder Executivo** e a do Tribunal de Contas de julgar as **contas dos demais administradores de bens e recursos públicos**. Nos termos do art. 71, II, da CF/88, cabe ao Tribunal de Contas da União *"julgar as contas dos administradores e demais responsáveis por dinheiros, bens e valores públicos"*. Já o art. 49, IX, da CF/88 estabelece que é competência do Congresso Nacional *"julgar anualmente as contas prestadas pelo Presidente da República"*. Segundo o Supremo Tribunal Federal, essas disposições, que **envolvem a separação dos Poderes** (já que dizem respeito à ingerência do Poder Legislativo em outro Poder), são de **reprodução obrigatória** (isto é, devem observar a simetria), de modo que Constituição Estadual não pode ampliar o campo de atuação do Poder Legislativo e estabelecer que ele (o Legislativo) julgará as contas de todos os Poderes (as do Judiciário, as do Executivo e as do próprio Legislativo). Segundo a CF/88, o Legislativo (no caso, o Congresso Nacional) julga as contas tão somente do Chefe do Poder Executivo (que, em âmbito federal, é o Presidente da República), ficando a cargo do TCU o julgamento das contas dos demais Poderes. Como essas disposições são de reprodução obrigatória, em âmbito estadual, a Assembleia Legislativa pode julgar as contas tão somente do respectivo Governador, ficando o julgamento das contas dos demais Poderes a cargo do respectivo Tribunal de Contas Estadual. Inclusive, a aplicação da simetria nesse caso encontra-se expressamente prevista na CF/88, mais precisamente, no art. 75, *caput*, segundo o qual, as normas estabelecidas no texto constitucional para o TCU *"aplicam-se, no que couber, à organização, composição e fiscalização dos Tribunais de Contas dos Estados e do Distrito Federal, bem como dos Tribunais e Conselhos de Contas dos Municípios"*. Esse entendimento foi adotado pelo STF na **ADI 6981** (j. 13/12/2022), na qual foi fixada a seguinte tese: *"é **inconstitucional norma de Constituição Estadual que amplia as competências de Assembleia Legislativa** para julgamento de contas de gestores públicos, sem observar a **simetria com a Constituição Federal**, por violação aos artigos 71, II, e 75 da CF/1988"*. E, pelos mesmos motivos, o Supremo Tribunal Federal decidiu, na **ADI 6984** (j. 09/03/2022), que norma de Constituição Estadual não pode estabelecer que a competência para julgar as contas do Poder Legislativo é do próprio Legislativo. Como a CF/88 não dá essa atribuição ao Parlamento, as normas estaduais não podem fazer isso, devendo ser seguido, por simetria, o modelo federal. Logo, a competência para julgar as contas do Legislativo, tanto em âmbito federal quanto em âmbito estadual, é do Tribunal de Contas, por força do princípio da simetria e dos arts. 71, II, e 75 da CF/88.

Confira as ementas de alguns desses precedentes:

> "Processo legislativo dos Estados-membros: **absorção compulsória das linhas básicas do modelo constitucional federal, entre elas, as decorrentes das normas de reserva de iniciativa das leis**, dada a implicação com o princípio fundamental da separação e independência dos Poderes: jurisprudência consolidada do Supremo Tribunal."
>
> **(ADI 637, Pleno, Rel. Min. SEPÚLVEDA PERTENCE, j. 25/08/2004)**
>
> "(...) **ATRIBUIÇÃO À ASSEMBLEIA LEGISLATIVA DE GOIÁS PARA SUSTAR ATOS NORMATIVOS DO PODER EXECUTIVO OU DOS TRIBUNAIS DE CONTAS.** AFRONTA AO INC. V DO ART. 49, AO ART. 71 E AO ART. 75 DA CONSTITUIÇÃO DA REPÚBLICA. **INOBSERVÂNCIA DOS PRINCÍPIOS DA SIMETRIA E DA SEPARAÇÃO DOS PODERES.** PRECEDENTES. (...) 1. Sustação de atos normativos do Poder Executivo em desacordo com a lei, que exorbitem do poder regulamentar ou dos limites de delegação legislativa: norma que altera o sistema federativo estabelecido pela Constituição da República. **É inconstitucional a ampliação da competência da Assembleia Legislativa para sustar atos do Poder Executivo em desacordo com a lei (inc. V do art. 49 da Constituição).** 2. **Sustação de atos do Tribunal de Contas estadual em desacordo com lei:** inobservância das garantias de independência, autonomia funcional, administrativa e financeira. **Impossibilidade de ingerência da Assembleia Legislativa na atuação do Tribunal de Contas estadual.** (...)"
>
> **(ADI 5290, Pleno, Rel. Min. CÁRMEN LÚCIA, j. 20/11/2019)**
>
> "(...) 1. No inc. II do art. 71 c/c o art. 75 da Constituição da República se estabelece a **competência dos Tribunais de Contas estaduais para julgar as contas prestadas pela Mesa Diretora de órgão legislativo pelo princípio da simetria**. Precedentes. 2. Inconstitucionalidade de norma de Constituição estadual que atribui a Assembleia Legislativa competência privativa para julgar as contas do Poder Legislativo daquele Estado Membro. (...)"
>
> **(ADI 6984, Pleno, Rel. Min. CÁRMEN LÚCIA, j. 09/03/2022)**

15

Repartição Constitucional de Competências

A DEFINIÇÃO DE COMPETÊNCIA E A NECESSIDADE DE REPARTIR AS COMPETÊNCIAS

Para estudar o tema da repartição de competências, é necessário, antes de mais nada, saber o que é competência. Segundo José Afonso da Silva, **competência** é "a faculdade juridicamente atribuída a uma entidade ou a um órgão ou agente do poder público para emitir decisões".

Portanto, competência é a capacidade, conferida pelo ordenamento jurídico, de decidir, de deliberar.

Como o Brasil é um Estado federal, e não unitário, é necessário dividir as atribuições, as competências para decidir sobre as diversas matérias que dizem respeito ao funcionamento do Estado, aos interesses da sociedade, ao bem-estar, aos objetivos fundamentais da República Brasileira.

Note que, em um Estado unitário, há uma única fonte de deliberação política. Nesse caso, não é necessário repartir ou dividir as competências. A necessidade de dividir as competências decorre do fato de o Brasil ser um Estado federal, que tem mais de uma fonte de poder político, o que faz com que seja indispensável estabelecer o que cada uma dessas fontes (a União, os Estados, os Municípios) tem atribuição para fazer, para decidir, para deliberar.

E a razão pela qual, em uma federação, é necessário distribuir as competências entre as entidades federadas é a seguinte: essa medida serve, de um lado, para evitar a sobreposição de atribuições (isto é, mais de um ente fazendo a mesma coisa) e, de outro lado, para evitar uma possível omissão em relação a alguma tarefa ou função do Estado.

COMO ESTUDAR A REPARTIÇÃO DE COMPETÊNCIAS

A repartição constitucional de competências é muito cobrada em provas, especialmente, os arts. 21, 22, 23, 24 e 30 da CF/88. Esses dispositivos trazem o núcleo central da repartição de competências na CF/88, muito embora não esgotem o tema (pois é possível encontrar competências distribuídas por toda a Constituição).

Esses quatro artigos da Constituição possuem vários incisos, e é necessário estudá-los e compreendê-los. Não sugerimos aqui a memorização desses dispositivos, mas, sim, que se compreenda a lógica por trás deles e, após isso, que se conheçam as exceções a essa lógica existentes no texto constitucional e as particularidades eventualmente verificadas.

O primeiro passo é compreender em que consiste a repartição de competências, o que já foi feito acima: a repartição de competências é uma medida necessária em um Estado federal, para definir o que cada entidade federada irá fazer, de modo a evitar que todas se dediquem a uma mesma tarefa, enquanto outra tarefa reste abandonada. E isso, evidentemente, é feito de uma maneira racional, não se trata de um sorteio, não é algo feito de forma aleatória. A repartição de competências traçada na Constituição obedece a critérios racionais.

Tendo tudo isso em mente, podemos estabelecer as seguintes etapas indispensáveis do estudo do tema da repartição constitucional de competências visando a preparação para concursos públicos:

1) Compreender a lógica adotada pelo constituinte ao traçar a repartição de competências na CF/88 e as hipóteses que excepcionam essa lógica, pois essa compreensão é a base para facilitar a leitura e, até mesmo, a memorização das disposições constitucionais sobre o tema.

2) Conhecer os dispositivos da CF/88 que disciplinam a repartição de competências e atribuem os diversos temas às diferentes esferas federativas, pois muitas questões de prova exigem o simples conhecimento da literalidade do texto constitucional.

3) Conhecer a jurisprudência do Supremo Tribunal Federal sobre a repartição constitucional de competências, pois apenas com esse conhecimento é possível saber duas coisas essenciais para o bom desempenho nas provas dos concursos públicos: (a) em quais temas se enquadram as diversas leis editadas pelas entidades federativas e (b) de quem é a competência para editá-las.

CRITÉRIOS E FORMAS DE REPARTIÇÃO DE COMPETÊNCIAS

A repartição de competências (que, como vimos, é feita de forma racional) é realizada pelo constituinte a partir de dois juízos básicos:

I) a análise do **conteúdo** das competências a serem distribuídas; e

II) a definição da **forma** pela qual essa distribuição é feita.

■ REPARTIÇÃO DE ACORDO COM O CONTEÚDO (CRITÉRIOS DE REPARTIÇÃO DAS COMPETÊNCIAS)

Ao analisar o conteúdo de cada competência e definir as entidades federadas que podem exercer a atribuição, o constituinte realiza a distribuição das tarefas de acordo com critérios lógicos, à luz de determinados princípios.

Na CF/88, é possível identificar a aplicação de, pelo menos, **dois critérios lógicos** de distribuição de competências entre os entes da Federação levando em conta o conteúdo de cada uma delas. Esses critérios são os seguintes:

I) O princípio da predominância do interesse; e

II) A necessidade de conferir tratamento uniforme à matéria em todo o território nacional.

Princípio da predominância do interesse

O primeiro desses critérios é o **princípio da predominância do interesse**. A partir desse princípio, analisa-se o conteúdo da competência e se verifica se, nele, há um interesse predominantemente nacional, predominantemente regional ou predominantemente local. Se o interesse presente na atribuição for predominantemente nacional, a competência será entregue à União; se for predominantemente regional, será entregue ao Estado; se for predominantemente local, será entregue aos Municípios.

A adoção desse critério pela CF/88, inclusive, é reconhecida pelo Supremo Tribunal Federal, que esclarece, ainda, que a predominância do interesse, além de ter orientado a distribuição de competências feita pelo constituinte de 1988, serve como norte para a interpretação constitucional nos casos em que há dúvida sobre se determinada matéria se insere no campo de competências de uma esfera federativa ou de outra. Isto é, nas situações em que não é possível inferir com clareza, do texto constitucional, qual entidade federada é competente para tratar da questão, deve-se, na interpretação constitucional, aplicar o princípio da predominância do interesse para definir de qual esfera é a competência.

Esse entendimento foi afirmado, por exemplo, no julgamento do **RE 1181244 AgR**, que recebeu a seguinte ementa:

> **Ementa:** (...) 6. O legislador constituinte de 1988, atento a essa evolução, bem como sabedor da tradição centralizadora brasileira, tanto, obviamente, nas diversas ditaduras que sofremos, quanto nos momentos de normalidade democrática, instituiu novas regras descentralizadoras na distribuição formal de competências legislativas, **com base no princípio da predominância do interesse**, e ampliou as hipóteses de competências concorrentes, além de fortalecer o Município como polo gerador de normas de interesse local. 7. **O princípio geral que norteia a repartição de competência entre os entes componentes do Estado Federal brasileiro é o princípio da predominância do interesse, tanto para as matérias cuja definição foi preestabelecida pelo texto constitucional, quanto em termos de interpretação em hipóteses que envolvem várias e diversas matérias**, como na presente Ação Direta de Inconstitucionalidade. 8. **A própria Constituição Federal, portanto, presumindo de forma absoluta para algumas matérias a presença do princípio da predominância do interesse, estabeleceu, a priori, diversas competências para cada um dos entes federativos**, União, Estados-Membros, Distrito Federal e Municípios, e, a partir dessas opções, pode ora acentuar maior centralização de poder, principalmente na própria União (CF, art. 22), ora permitir uma maior descentralização nos Estados-membros e Municípios (CF, arts. 24 e 30, inciso I). (...)
>
> **(RE 1181244 AgR/SP; Relator(a): Min. ALEXANDRE DE MORAES; Julgamento: 23/08/2019; Órgão Julgador: Primeira Turma)**

Evidentemente, em alguns temas é difícil definir qual é o interesse predominante, de modo que, em tais casos, a Constituição estabelece uma atuação comum a todos os entes federados. Por exemplo, de quem é o interesse predominante de guardar a Constituição e as leis? Todas as entidades federadas têm interesse nisso, não havendo interesse predominante nesse caso, motivo pelo qual, todas elas atuarão nessa atribuição.

→ *A regra de ouro na aplicação da predominância do interesse*

Quando o constituinte (ou, como vimos acima, o intérprete, nos casos em que há dúvida), analisando o interesse predominante em certa matéria, determina que ela fique inserida no âmbito de competência de determinada esfera da federação, fica estabelecida uma **regra de ouro**, que é a impossibilidade de um ente federativo se intrometer nas atribuições de outro ente federativo, pois, se isso ocorrer, haverá uma violação da autonomia de uma entidade da federação por outra e restará configurada uma inconstitucionalidade.

Em outras palavras, com base no critério da predominância do interesse, o constituinte (e o intérprete, nos casos em que há dúvida) reparte as competências entre os entes federados e fica vedada a ingerência de uma entidade federativa nas questões de outra entidade federativa, sob pena de ficar caracterizada uma violação de autonomia.

Em decorrência disso, por exemplo, como regra, um Estado não pode se intrometer em assuntos de interesse predominantemente local.

No entanto, aqui surge uma "sub-regra" de ouro, que é a seguinte: se a própria Constituição Federal, ao traçar a repartição das competências dos entes federativos, atribuiu a uma esfera federativa uma questão em relação à qual o interesse predominante é aparentemente de outra esfera federativa (por exemplo, a atribuição de uma questão local aos Estados), a lógica da predominância do interesse fica afastada e a entidade que recebeu do constituinte a atribuição pode legitimamente cuidar da questão. Ou seja, o critério da predominância do interesse não se aplica quando há disposição em sentido diverso na Constituição.

Um bom exemplo disso é a prestação do serviço **local de gás canalizado**, que, de acordo com o art. 25, § 1º, da CF/88, é de competência dos Estados, apesar de ser uma questão que envolve interesses dos Municípios (por se tratar de um serviço local) e da União (por envolver gás natural, que, nos termos do art. 177, I, da CF/88, é monopólio da União). Esse tema será mais detidamente analisado em momento oportuno.

E é justamente porque uma entidade da Federação não pode cuidar de questões de interesse de outra entidade da Federação (a menos que haja disposição expressa na Constituição Federal autorizando) que a jurisprudência do Supremo Tribunal Federal encontra-se pacificada no sentido de repelir normas estaduais (ainda que veiculadas nas Constituições dos Estados) que disciplinem questões locais ou federais. Por exemplo, o Tribunal já decidiu que:

I) Constituição Estadual não pode estabelecer a obrigação de Prefeitos Municipais comparecerem perante as respectivas Câmaras de Vereadores, pois essa determinação viola a autonomia municipal, além de ferir a separação dos Poderes (ADI 687).

II) Constituição Estadual não pode disciplinar a vocação sucessória na Chefia do Poder Executivo Municipal, por se tratar de questão de interesse local e, portanto, de competência exclusiva do Município (ADI 3549).

III) Constituição Estadual não pode estabelecer obrigações dos Municípios para com seus servidores, por se tratar de questão de interesse local, também de competência exclusiva de cada municipalidade (ADI 144).

IV) Lei estadual não pode estabelecer uma obrigatória participação, na composição de órgão estadual, de representante da OAB (ainda que da seccional do respectivo Estado), pois a OAB é uma entidade federal, de modo que uma norma editada por um Estado-membro, ao impor que ela tenha representante em órgão da Administração estadual, viola a autonomia federativa (ADI 4579). Interessante notar que, nesse julgado, os Ministros do Supremo Tribunal Federal afirmaram ser a OAB uma "autarquia federal", muito embora seja conhecido o entendimento firmado pela Suprema Corte, na ADI 3026, no sentido de que a OAB é uma entidade que não se enquadra em nenhuma das categorias de personalidade jurídica previstas no direito brasileiro e que não integra a Administração Pública da União. Esse alerta é importante, pois, se, em uma prova, o examinador afirmar que a OAB, por ser uma entidade (ou mesmo autarquia) federal, não pode ser forçada a ter representante em órgão estadual, essa afirmação deverá ser considerada correta, em virtude da decisão tomada na ADI 4579. Na verdade, o Supremo Tribunal Federal possui precedentes que acabam conferindo um tratamento bastante impreciso à OAB, pois, de um lado, o Tribunal afirma que a OAB não integra a Administração Pública (ADI 3026, RE 405267) e, de outro lado, afirma que, por ser a OAB uma "autarquia federal", não pode ser compelida a ter representante em órgão estadual (ADI 4579) e que, tal qual os conselhos profissionais em geral (que têm natureza de autarquia federal, conforme decidido no MS 22643), não pode impor sanções disciplinares aos seus inscritos em virtude de inadimplência no pagamento das anuidades (RE 647885). A OAB, portanto, é um tema que exige muita atenção nas provas dos concursos públicos.

Os julgados mencionados acima receberam as seguintes ementas:

> "**A Constituição estadual não pode impor ao prefeito municipal o dever de comparecimento perante a Câmara de Vereadores**, pois semelhante prescrição normativa, além de provocar estado de submissão institucional do chefe do Executivo ao Poder Legislativo municipal (sem qualquer correspondência com o modelo positivado na Constituição da República), **transgredindo, desse modo, o postulado da separação de poderes**, também **ofende a autonomia municipal**, que se qualifica como pedra angular da organização político-jurídica da Federação brasileira. (...) **(ADI 687/PA)**

> "1. **O poder constituinte dos Estados-membros está limitado pelos princípios da Constituição da República**, que lhes assegura autonomia com condicionantes, entre as quais se tem o **respeito à organização autônoma dos Municípios**, também assegurada constitucionalmente. 2. (...) **A vocação sucessória dos cargos de prefeito e vice-prefeito põe-se no âmbito da autonomia política**

> **local**, em caso de dupla vacância. 3. Ao disciplinar matéria, cuja competência é exclusiva dos Municípios, (...) **fere a autonomia desses entes** (...)" **(ADI 3549)**
>
> "(...) 2. Artigo 28, § 5º, da Constituição do Estado do Rio Grande do Norte. 3. **Fixação de data para o pagamento dos vencimentos dos servidores públicos estaduais e municipais**, da administração direta, indireta, autárquica, fundacional, de empresa pública e de sociedade de economia mista, corrigindo-se monetariamente os seus valores se pagos em atraso. 4. Violação dos artigos 34, VII, c, e 22, I, da Constituição Federal. 5. Ação Direta de Inconstitucionalidade julgada parcialmente procedente para confirmar a medida liminar e **declarar inconstitucionais as expressões "municipais"** e "de empresa pública e de sociedade de economia mista", constantes do § 5º, art. 28, da Constituição do Estado do Rio Grande do Norte." **(ADI 144/RN; Relator: Min. GILMAR MENDES; Julgamento: 19/02/2014; Órgão Julgador: Tribunal Pleno)**
>
> "(...) LEI ESTADUAL NÃO PODE ESTABELECER OBRIGAÇÃO DE PARTICIPAÇÃO DE REPRESENTANTE DA ORDEM DOS ADVOGADOS DO BRASIL EM ÓRGÃO DA ADMINISTRAÇÃO PÚBLICA ESTADUAL. AUTONOMIA DOS ENTES FEDERATIVOS (ARTIGO 18 DA CONSTITUIÇÃO FEDERAL). (...) 3. **A lei estadual não pode impor o comparecimento de representante de uma entidade federal, no caso, a Ordem dos Advogados do Brasil, para integrar órgão da Administração Pública estadual, sob pena de ofensa à autonomia dos entes federativos (artigo 18 da Constituição Federal). (...)"**
>
> **(ADI 4579; Órgão julgador: Tribunal Pleno; Relator(a): Min. LUIZ FUX; Julgamento: 13/02/2020)**

Sobre o tema, é importante registrar, no entanto, um interessante julgado do Supremo Tribunal Federal em que a Corte entendeu que, especificamente em relação ao Tribunal de Contas Municipal (que, atualmente, somente existe nos Municípios de São Paulo e do Rio de Janeiro), a Constituição Estadual pode disciplinar certos aspectos sem que isso seja considero um desrespeito à autonomia do respectivo Município.

Esse entendimento foi adotado na **ADI 4776**, julgada em 03/06/2020. No caso, foram impugnadas normas da Constituição do Estado de São Paulo que estabelecem que o Tribunal de Contas do Município de São Paulo deve observar as disposições da Constituição Federal e da Constituição Estadual, e é composto por 5 (cinco) Conselheiros, aos quais se aplicam as normas pertinentes aos Conselheiros do Tribunal de Contas do Estado de São Paulo.

No julgamento, o STF lembrou que a CF/88 veda que Municípios criem Tribunais de Contas próprios, tendo permitido tão somente que as Cortes de Contas Municipais que já existiam no momento da sua entrada em vigor continuassem existindo (art. 31, § 4º, CF/88).

> "**Art. 31, § 4º, CF/88.** É vedada a criação de Tribunais, Conselhos ou órgãos de Contas Municipais."

Assim, tendo em vista que os Tribunais de Contas Municipais são órgãos vedados pela Constituição Federal, o STF entendeu que a Constituição Estadual, ao deles tratar, não fere a autonomia do Município, mas sim a prestigia.

O STF destacou, ainda, que a norma impugnada, embora preveja a aplicação aos Conselheiros de Contas Municipais das normas pertinentes aos Conselheiros de Contas Estaduais, não estabeleceu nenhuma equiparação remuneratória entre eles, o que, aliás, não poderia ser feito, pois, aí sim, haveria uma violação da autonomia do Município, pois é apenas a ele que compete fixar a remuneração dos seus servidores.

Além disso, esclareceu que não há violação à simetria constitucional no estabelecimento, pela Constituição Estadual, de composição do Tribunal de Contas Municipal em número de membros diverso do previsto para a Corte de Contas do Estado. No caso, aliás, a norma estadual estabeleceu para o Tribunal de Contas do Município de São Paulo composição idêntica à fixada pela própria Lei Orgânica do Município, o que mostra a razoabilidade da opção feita pelo constituinte estadual.

Confira a ementa do julgado:

> "(...) 2. Artigo 151, *caput* e parágrafo único, da Constituição do Estado de São Paulo. 3. Disposição referente ao **Tribunal de Contas do Município de São Paulo**. 4. **Razoabilidade da fixação em 5 Conselheiros** para Tribunal de Contas de Município, nos termos da Constituição Estadual e Lei Orgânica Municipal. **Inexistência de ofensa ao princípio da simetria**, que não exige identidade com a Constituição Federal. 5. Art. 151 da Constituição do Estado de São Paulo **não incorre em vício de inconstitucionalidade, desde que interpretado de forma a respeitar a competência do Município de São Paulo para a fixação dos subsídios dos Conselheiros do Tribunal de Contas municipal**, sendo inconstitucional qualquer interpretação que leve à vinculação dos vencimentos dos Conselheiros do TCM/SP aos dos Conselheiros do TCE/SP ou aos dos Desembargadores do TJ/SP. (...)" **(ADI 4776, Pleno, Rel. Min. GILMAR MENDES, j. 03/06/2020)**

Tratamento uniforme da matéria em todo o território nacional

O segundo critério básico que norteia a distribuição de competências na CF/88 é a necessidade, definida pelo constituinte, de dar tratamento uniforme em todo o País a determinadas matérias.

Isso funciona da seguinte forma: sempre que a Constituição Federal quer estabelecer uma **uniformidade** no território nacional, isto é, quando ela quer que o tema seja tratado de forma uniforme em todo o País, esse tema é entregue à União, que é a entidade que legisla e executa tarefas em relação a todo o território brasileiro. Portanto, sempre que alguma questão deve ser disciplinada com uniformidade em todo o Brasil, a competência para cuidar dela é atribuída à União.

FORMAS DE DISTRIBUIÇÃO DAS COMPETÊNCIAS

Além dos critérios de distribuição de competências atinentes ao conteúdo de cada atribuição, a Constituição divide as competências entre as entidades federadas valendo-se de algumas técnicas, que nada mais são do que a forma pela qual o constituinte entrega cada tarefa a cada esfera federativa.

Em outras palavras, quando falamos na forma pela qual a distribuição de competências é feita pelo texto constitucional, estamos nos referindo à técnica formal de repartição de competências, a qual é escolhida pelo constituinte conforme for a melhor opção para satisfazer os objetivos visados.

Enfim, uma vez definidos os critérios de conteúdo a serem considerados na repartição de competências (no caso da CF/88, a predominância do interesse e a uniformidade de tratamento), é necessário estabelecer a forma de distribuição dessas competências entre as entidades da federação.

As **três técnicas de repartição de competências** mais comuns são as seguintes:

1) **Enumeração dos poderes da União**, ficando os poderes remanescentes com os Estados. Essa é a técnica predominante nas federações, sendo adotada, por exemplo, nos EUA, na Suíça, na Argentina e no México. Nessa forma de repartição de atribuições, elabora-se uma lista das competências da União e o que não é inserido nessa lista é entregue aos Estados.
2) **Enumeração dos poderes dos Estados**, ficando os poderes remanescentes com a União. Essa técnica é utilizada, por exemplo, no Canadá. Segundo essa forma de repartição de atribuições, o que não se encontra no rol de competências dos Estados é de competência da União.
3) **Enumeração total dos poderes dos Estados e da União**, ficando os poderes residuais com a União. Essa técnica é utilizada, por exemplo, na Índia e na Venezuela. Nessa forma de repartição de atribuições, elaboram-se listas das competências da União e dos Estados, e o que não se encontra inserido em nenhuma delas (que é o que se chama de poder **residual**) é entregue à União.

ATENÇÃO!

Da análise dessas três técnicas, é possível perceber que há uma diferença entre **poder remanescente** e **poder residual**.

O poder remanescente existe quando a técnica de repartição de competências envolve a enumeração dos poderes de uma das entidades da federação e o que não se encontra dentro dessa lista (que são, justamente, os chamados poderes **remanescentes**) fica atribuído à outra entidade.

Por outro lado, quando a técnica utilizada tenta esgotar todas as competências de cada uma das entidades federativas (ou seja, quando há uma lista dos poderes da União e uma lista dos poderes dos Estados), as atribuições que não foram inseridas no âmbito de atuação de nenhum dos entes (isto é, o que sobra) são os chamados poderes **residuais** (pois são os "resíduos"), os quais são entregues à União, conforme vimos acima.

No, entanto, é necessário alertar que, embora, do ponto de vista técnico, exista essa diferença entre poder remanescente e poder residual, é comum que, no Brasil, eles sejam tratados pela doutrina e pela jurisprudência como sinônimos, notadamente, ao se referirem ao § 1º do art. 25 da CF/88, segundo o qual, *"são reservadas aos Estados as competências que não lhes sejam vedadas por esta Constituição"*. Essa competência, rotulada pelo texto constitucional de "reservada", é comumente chamada, em trabalhos doutrinários e em precedentes jurisprudenciais (inclusive, do STF, como nas ADIs 3829 e 4951), de remanescente ou residual (como se essas expressões fossem sinônimas), embora, tecnicamente, tenha caráter remanescente.

▶ Técnica de repartição de competências adotada pela CF/88

As três técnicas de repartição de competências que vimos acima levam em consideração o modelo típico (ou clássico) de Estado federal, que é aquele que possui apenas duas esferas federativas (a União e os Estados).

Tendo isso em vista, é correto afirmar que a Constituição Brasileira 1988 apresenta algumas peculiaridades não consideradas nessas formas de distribuição de atribuições, a exemplo da inclusão dos Municípios no nosso federalismo. Então, enquanto as técnicas que abordamos se referem a Estados que adotam o federalismo dúplice ou dual (no qual as entidades federadas são apenas a União e os Estados), o Brasil adota um federalismo tricotômico, com a inclusão dos Municípios entre os entes da federação.

Por conta das peculiaridades da federação brasileira (notadamente, em virtude de não adotarmos um federalismo clássico), a CF/88 não adota de forma pura nenhuma das técnicas de repartição de competências que analisamos.

E de que forma, então, a Constituição Brasileira distribui as atribuições entre as entidades federadas?

A CF/88 toma como **ponto de partida** a enumeração dos poderes da União, com a atribuição do remanescente aos Estados e Municípios, que, além desses poderes remanescentes, possuem algumas competências indicadas (enumeradas) expressamente no texto constitucional.

Ao enumerar os poderes a União, a Constituição brasileira tenta esgotá-los, como se pode perceber das extensas listas contidas nos arts. 21 e 22, além dos dispositivos que elencam as atribuições do Congresso Nacional e de suas Casas (arts. 48 a 52), que, em última análise, nada mais são do que atribuições da União. Importante notar que, ao elencar essas competências, o texto constitucional não contempla nenhuma cláusula de competências remanescentes ou residuais da União (exceto o poder para instituir impostos residuais, previsto no art. 154, I), o que evidencia que a intenção do constituinte foi de, realmente, esgotar os poderes da entidade central da Federação.

Por outro lado, ao prever os poderes dos Estados e dos Municípios, a CF/88, embora enumere expressamente algumas de suas atribuições, traz cláusulas expressas de competências remanescentes. Para os Estados, essa cláusula é art. 25, § 1º, e, para os Municípios, o art. 30, I e II.

> "**Art. 25, § 1º, CF/88.** São reservadas aos Estados as competências que não lhes sejam vedadas por esta Constituição."
>
> "**Art. 30, CF/88.** Compete aos Municípios:
>
> I - legislar sobre assuntos de interesse local;
>
> II - suplementar a legislação federal e a estadual no que couber;"

No âmbito das competências remanescentes que a Constituição Federal lhes atribuiu, os Estados e os Municípios atuam norteados pelo princípio da predominância do interesse, como fica claro no art. 30, I e II, da CF/88, que, conforme vimos, estabelece que os Municípios têm competência para legislar sobre assuntos de interesse local e para suplementar as legislações federal e estadual, *"no que couber"*, ou seja, naquilo que for de interesse local.

É que, ao atribuir as competências remanescentes aos Estados e aos Municípios e estabelecer que os Municípios atuarão no que for de interesse local, a CF/88, em última análise, acabou por determinar que os Estados devem atuar nas questões que apresentarem interesse estadual, já que as de interesse geral foram, em tese, esgotadas nas listas de competências da União e as de interesse municipal foram conferidas aos Municípios. Isso evidencia que a divisão de atribuições no âmbito das competências remanescentes é orientada pelo princípio da predominância do interesse, como é a regra em todo o sistema de repartição de competências da CF/88.

Resumidamente, no que se refere às competências da União, dos Estados e dos Municípios na CF/88, temos o seguinte:

a) As competências da União estão todas expressamente enumeradas na Constituição (exceto pela possibilidade de instituição de impostos residuais, prevista no art. 154, I, conforme veremos à frente).

b) Os Estados e os Municípios também possuem competências enumeradas no texto constitucional, mas, enquanto os Municípios são contemplados com uma lista de atribuições relativamente extensa (contida no art. 30), as competências expressamente enumeradas dos Estados são hipóteses excepcionais e encontram-se espalhadas pela CF/88 (a exemplo dos arts. 25, §§ 2º e 3º, e 18, § 4º).

c) Tanto os Estados quanto os Municípios possuem competências remanescentes, mas, enquanto a competência remanescente é a regra das atribuições dos Estados (como consta claramente do art. 25, § 1º, da CF/88), no caso dos Municípios, ela é excepcional, já que os entes municipais possuem diversas atribuições expressamente enumeradas no texto constitucional.

Ou seja, União possui competências expressamente enumeradas no texto constitucional, e o que não houver sido inserido no elenco de competências da União (isto é, o remanescente) fica incluído no âmbito das competências dos Estados (e Distrito Federal) e dos Municípios, conforme decorre do § 1º do art. 25 (que reserva aos Estados as atribuições que não forem da União nem dos Municípios) e dos incisos I e II do art. 30 (que preveem a competência dos Municípios para atuar nos temas de interesse local, inclusive, suplementando a atuação da União e dos Estados). Além disso, o texto constitucional também prevê, de forma expressa, competências dos Estados e dos Municípios, as destes como regra e as daqueles como exceção.

Enfim, a CF/88 adota uma espécie de técnica mista de repartição de competências que parte da enumeração dos poderes da União. No que diz respeito às competências dos Estados e dos Municípios, elas, em grande parte (principalmente as dos Estados), não se encontram enumeradas no texto constitucional. Por esse motivo, inclusive, o Supremo Tribunal Federal já afirmou expressamente a importância da Lei Orgânica Municipal na definição das matérias que poderão ser tratadas pela respectiva Câmara de Vereadores, sempre se orientando pelo interesse local.

Nas palavras da Corte, "***as competências legislativas do município caracterizam-se pelo princípio da predominância do interesse local**, que, apesar de difícil conceituação, refere-se àqueles interesses que disserem respeito mais diretamente às suas necessidades imediatas. (...) **A atividade legislativa municipal submete-se à Lei Orgânica dos municípios**, à qual cabe o importante papel de **definir, mesmo que exemplificativamente, as matérias de competência legislativa da Câmara**, uma vez que **a Constituição Federal (artigos 30 e 31) não as exaure**, pois usa a expressão* *interesse local como catalisador dos assuntos de competência municipal. Essa função legislativa é exercida pela Câmara dos Vereadores, que é o órgão legislativo do município, em colaboração com o prefeito, a quem cabe também o poder de iniciativa das leis, assim como o poder de sancioná-las e promulgá-las, nos termos propostos como modelo, pelo processo legislativo federal"* **(RE 1151237, Rel. Min. Alexandre de Moraes, j. 03/10/2019, Pleno).**

A única competência residual na CF/88

Existe uma (única) matéria específica em relação à qual a CF/88 utiliza a técnica de enumeração total dos poderes de todas as entidades federativas, com a entrega do residual à União. Essa matéria é a instituição e cobrança de impostos.

A Constituição Federal enumera os poderes da União para instituir e cobrar determinados impostos (art. 153, CF/88), fazendo a mesma coisa em relação aos Estados (art. 155, CF/88) e em relação aos Municípios (art. 156, CF/88). O texto constitucional tenta, portanto, esgotar os impostos que cabem a cada ente federado.

Ao lado disso, prevê um poder **residual** para a instituição e a cobrança desses tributos, isto é, o poder para instituir e cobrar impostos que não tenham sido previstos como de competência de nenhuma das esferas da Federação. Esse poder residual é atribuído à **União**, nos termos do art. 154, I, da CF/88.

> "**Art. 154, CF/88.** A União poderá instituir:
>
> **I - mediante lei complementar, impostos não previstos no artigo anterior, desde que sejam não-cumulativos e não tenham fato gerador ou base de cálculo próprios dos discriminados nesta Constituição;**
>
> II - na iminência ou no caso de guerra externa, impostos extraordinários, compreendidos ou não em sua competência tributária, os quais serão suprimidos, gradativamente, cessadas as causas de sua criação."

CLASSIFICAÇÃO DAS COMPETÊNCIAS

Para que seja possível compreender o "núcleo duro" da repartição de competências na CF/88 (que são os arts. 21, 22, 23, 24 e 30), é necessário conhecer a classificação das competências.

CLASSIFICAÇÃO QUANTO À ORIGEM

Quanto à origem, a competência pode ser:

1) **Originária**: é aquela que, desde o início, pertence à entidade federada, isto é, que é atribuída à esfera federativa diretamente pela Constituição.
2) **Delegada**: é aquela que, na origem, pertence a uma entidade federada e esta a delega a outro ente da federação, ou seja, a entidade federativa, em vez de exercer a competência que lhe foi atribuída pelo texto constitucional, delega seu exercício a outro ente federado. Na CF/88, há previsão de competência delegada no art. 22, parágrafo único, conforme abordaremos oportunamente.

■ CLASSIFICAÇÃO QUANTO À EXTENSÃO

Quanto à extensão, a competência pode ser:

1) **Exclusiva**: é aquela que pertence a uma única entidade federada e não admite delegação (é uma competência indelegável).

2) **Privativa**: é aquela que pertence a uma única entidade federada, mas admite delegação (é uma competência delegável).

> **CUIDADO!**
>
> A divisão entre competência exclusiva (indelegável) de um lado e competência privativa (delegável) de outro lado, utilizando como critério distintivo a possibilidade ou não de delegação, serve apenas para os arts. 21, 22, 23 e 24 da CF/88. Essa divisão, com essa nomenclatura, não necessariamente se repete em outras passagens da Constituição, pois, fora dos arts. 21, 22, 23 e 24, o constituinte de 1988 não foi rigoroso tecnicamente a respeito da diferenciação entre as competências exclusiva e privativa.
>
> Por exemplo, os arts. 51 e 52 da CF/88 elencam diversas competências da Câmara dos Deputados e do Senado Federal, rotulando-as de privativas, embora sejam competências que não admitem delegação. Portanto, os arts. 51 e 52 da CF/88, ao chamarem de privativas as competências que elencam, não empregam o mesmo significado empregado pelos arts. 21, 22, 23 e 24 da CF/88, os quais, observando o rigor técnico, rotulam como privativas apenas as competências que admitem delegação.

3) **Comum**: é aquela que originalmente pertence a mais de uma entidade federada, atuando cada uma delas, como regra, em pé de igualdade.

4) **Concorrente**: é aquela em que mais de uma entidade federada possui atribuição para atuar, mas sem pé de igualdade (ao contrário da competência comum, em que as entidades competentes se encontram em pé de igualdade). Na competência concorrente, uma entidade possui competência geral (isto é, pode tratar do tema em seus aspectos gerais) e as demais entidades possuem competência suplementar para, complementando a atuação do ente que detém a competência geral, atender suas especificidades.

5) **Compartilhada:** é aquela em que, assim como na competência comum e na competência concorrente, mais de um ente federado tem competência para atuar na mesma matéria. Ela, no entanto, não se confunde com a competência comum (em que os entes competentes atuam em pé de igualdade) nem com a competência concorrente (em que os entes competentes atuam sem pé de igualdade). A competência compartilhada, no ordenamento jurídico brasileiro, **foi criada pela EC 132/2023** (a chamada "Reforma Tributária") e diz respeito, de forma específica, à competência dos Estados, Distrito Federal e Municípios para fiscalizar e arrecadar o **Imposto sobre Bens e Serviços** (IBS), que é um tributo que foi criado pela própria EC 132/2023 (aqui há um detalhe importante: antes da EC 132/2023, a CF/88, no art. 146, p. único, IV, previa a possibilidade de os entes federados exercerem de forma compartilhada as atividades de fiscalização e arrecadação dos tributos cobrados no regime de recolhimento único das microempresas e empresas de pequeno porte,

mas o texto constitucional não detalhava o que seria esse compartilhamento de tarefas nem modificava a titularidade dos tributos envolvidos, motivo pelo qual não parece possível afirmar que a competência compartilhada já existia antes da EC 132/2023). **Se na competência compartilhada também há diversos entes federados atuando em uma mesma matéria, qual é a diferença entre a competência compartilhada e as competências comum e concorrente?** A diferença é que, na competência compartilhada, a atuação dos entes federados (no mesmo tema) segue o que for estabelecido em um colegiado composto pelos próprios entes federados competentes, colegiado esse que, no caso do IBS, é o Comitê Gestor do Imposto sobre Bens e Serviços (o qual não tem natureza de órgão, mas de entidade da Administração Pública, conforme prevê o art. 156-B, § 1º, da CF/88). Por outro lado, na competência comum e na competência concorrente, não existe um colegiado ao qual caiba decidir a função de cada ente federado no exercício da competência. Na competência concorrente, o papel de cada ente federado é definido de forma estática na própria Constituição (mais precisamente, no art. 24, §§ 1º a 4º, da CF/88), enquanto na competência comum os entes federados atuam com funções semelhantes, embora seja possível que leis complementares estabeleçam, também de forma estática, regras de cooperação entre eles para evitar sobreposição de atuações (conforme prevê o art. 23, parágrafo único, da CF/88). Como se pode perceber, na competência compartilhada, diferentemente do que ocorre nas competências comum e concorrente, **o papel de cada ente federado no exercício da competência é definido a partir do diálogo entre os próprios entes competentes** (diálogo esse que ocorre no âmbito de um colegiado). Trata-se, portanto, de uma **competência dialógica**, representando mais uma manifestação de **federalismo cooperativo** em nosso ordenamento jurídico. E disso é possível extrair uma peculiaridade bastante interessante da competência compartilhada: a depender do diálogo travado entre os entes federados competentes, é possível que, em determinado momento, eles atuem em pé de igualdade no exercício da competência e, em outros momentos, eles atuem sem pé de igualdade. A competência compartilhada, portanto, **além de ser dialógica, é uma competência dinâmica**, pois seus contornos podem sofrer alteração a qualquer tempo, a depender do que for deliberado no respectivo órgão colegiado. Tudo isso decorre dos **arts. 156-A e 156-B da CF/88**, dispositivos que foram incluídos no texto constitucional pela EC 132/2023. Veja:

> "**Art. 156-A, CF/88.** Lei complementar instituirá imposto sobre bens e serviços **de competência compartilhada entre Estados, Distrito Federal e Municípios**.
>
> (...)
>
> **Art. 156-B, CF/88.** Os Estados, o Distrito Federal e os Municípios **exercerão de forma integrada, exclusivamente por meio do Comitê Gestor do Imposto sobre Bens e Serviços**, nos termos e limites estabelecidos nesta Constituição e em lei complementar, **as seguintes competências administrativas** relativas ao imposto de que trata o art. 156-A:
>
> I - editar regulamento único e uniformizar a interpretação e a aplicação da legislação do imposto;

> II - arrecadar o imposto, efetuar as compensações e distribuir o produto da arrecadação entre Estados, Distrito Federal e Municípios;
>
> III - decidir o contencioso administrativo.
>
> § 1º O Comitê Gestor do Imposto sobre Bens e Serviços, **entidade pública sob regime especial**, terá independência técnica, administrativa, orçamentária e financeira.
>
> (...)"

CLASSIFICAÇÃO QUANTO À FORMA

Quanto, à forma, a competência pode ser:

1) **Enumerada**: é a que se encontra prevista em um rol escrito. Por esse motivo, também é chamada de listada.

2) **Remanescente**: também chamada de reservada, é a que se verifica quando a técnica de repartição de competências utilizada pelo constituinte enumera as competências de apenas uma das entidades federativas e atribui o remanescente à outra entidade.

3) **Residual**: é a que se verifica quando utilizada a técnica de repartição de competências que enumera as competências de todas as entidades federadas e destina o resíduo (que é aquilo que não se conseguiu prever nas listas de competências) a uma dessas entidades.

4) **Implícita**: é também chamada de **resultante**. Essa é aquela que é reconhecida, especialmente, com base na **teoria dos poderes implícitos**, segundo a qual, quando a Constituição dá uma atribuição, ela dá também, implicitamente, os meios necessários para que se exerça essa atribuição. O raciocínio por trás dessa competência é o seguinte: de nada adianta estabelecer objetivos sem dar, ainda que de forma implícita, os meios para que esses objetivos sejam atingidos. Nessa linha de pensamento, a competência implícita se verifica, por exemplo, quando a Constituição entrega uma competência material a uma determinada entidade e, **implicitamente**, entrega também as competências necessárias para que essa entidade possa atuar com base na competência material que lhe foi conferida, inclusive, legislando sobre o tema. Portanto, uma vez que uma entidade tem uma competência material, os meios necessários para exercer essa competência material, ainda que não estejam expressamente previstos, são implicitamente assegurados. Inclusive, o **Supremo Tribunal Federal** reconhece a existência de competências implícitas, como ocorreu em um antigo caso, julgado em 24/07/1953 (RMS 2138), no qual o Tribunal decidiu ser possível a apreensão, realizada pela União, de bens encontrados em bagagem de passageiro vindo do exterior, apesar de a Constituição assegurar às pessoas a livre entrada no País com os seus bens, pois de nada adiantaria o texto constitucional prever a competência da União para legislar sobre comércio exterior, entrada e expulsão de estrangeiros e imigração e emigração, se não lhe fosse reconhecida a competência para, na forma da lei, apreender bens encontrados com pessoa

oriunda de país estrangeiro. Além disso, em precedentes mais recentes também é possível ver o STF admitindo as competências implícitas, a exemplo do seguinte:

> "(...) Há princípio basilar da hermenêutica constitucional, a saber, o dos 'poderes implícitos', segundo o qual, **quando a Constituição Federal concede os fins, dá os meios**. (...)"
>
> **(RE 468523, Rel. Min. Ellen Gracie, Segunda Turma, j. em 01/12/2009)**. Vide ainda: HC 94173, Rel. Min. Celso de Mello, Segunda Turma, j. em 27/10/2009.

▪ CLASSIFICAÇÃO QUANTO AO OBJETO

Quanto ao objeto, a competência pode ser:

1) **Material**: é a competência para executar tarefas materiais, como, por exemplo, defender as fronteiras, emitir moeda, manter o Poder Judiciário, manter serviço de estatística, explorar materiais nucleares, explorar serviço de transporte coletivo, cuidar da saúde, cuidar da educação, enfim, tudo que for atividade material. A competência material pode ser **exclusiva** (que é a que pertence a uma única entidade federada e é indelegável), **comum** (que é a que se atribui a todas as entidades da federação) ou **compartilhada** (que é a competência pertencente a mais de um ente federado – mais precisamente, aos Estados, Distrito Federal e Municípios – que foi criada pela **EC 132/2023** para a fiscalização e arrecadação do Imposto sobre Bens e Serviços, competência essa que é exercida nos termos do que for deliberado no colegiado chamado Comitê Gestor do Imposto sobre Bens e Serviços, tudo nos termos dos arts. 156-A e 156-B, da CF/88). Por exemplo, a competência para emitir moeda é exclusiva da União, a competência para cuidar da saúde e da educação é comum a todas as entidades federadas e a competência para fiscalizar e arrecadar o IBS (Imposto sobre Bens e Serviços) é compartilhada entre os Estados, Distrito Federal e Municípios.

2) **Legislativa**: é a competência para legislar (criar leis) sobre os mais variados temas (como sistema monetário, direito civil, telecomunicações, direito aeroespacial, meio ambiente, saúde etc.). A competência legislativa pode ser:

   a. **Exclusiva**: é a que se verifica quando apenas uma entidade legisla, sem possibilidade de delegação.

   b. **Privativa**: é a que se verifica quando apenas uma entidade legisla, mas pode delegar algum aspecto dessa competência a outra entidade.

   c. **Concorrente**: é a que se verifica quando mais de uma entidade federada pode legislar sobre o tema, mas uma delas cria normas gerais (é a chamada competência concorrente **geral**) e as outras suplementam essas normas gerais para atender suas especificidades (é a chamada competência concorrente **suplementar**).

AS ESPÉCIES DE COMPETÊNCIAS PREVISTAS NOS ARTS. 21, 22, 23, 24, 25, 29 E 30 DA CF/88

Vimos acima as diferentes classificações das competências. Agora, considerando essas classificações, é necessário identificar quais são as espécies de competências estabelecidas no "núcleo duro" da repartição de competências do nosso ordenamento jurídico (que são os arts. 21, 22, 23, 24 e 30 da CF/88) e nos dispositivos constitucionais que estabelecem a capacidade de auto-organização dos Estados e dos Municípios (que são os arts. 25 e 29 da CF/88).

O art. 21 da CF/88 estabelece a competência material exclusiva da União.

O art. 23 da CF/88 prevê a competência material comum a todas as entidades federadas.

O art. 25 *caput*, da CF/88, ao prever que os Estados elaborarão suas Constituições Estaduais, estabelece uma competência legislativa exclusiva dos Estados, assim como o faz o art. 29 da CF/88 em relação aos Municípios, ao estabelecer que eles elaboração suas Leis Orgânicas. Apesar disso, não se pode esquecer que a CF/88, ressalvadas algumas disposições pontuais, não trouxe competências estaduais e municipais de forma enumerada em listas.

O art. 22 da CF/88 prevê a competência legislativa privativa da União, competência essa que, como visto, admite delegação, conforme dispõe o parágrafo único do próprio art. 22 da CF/88.

O art. 24 da CF/88 prevê a competência legislativa concorrente da União, dos Estados e do Distrito Federal. Nessa espécie de competência, como vimos, a União edita normas gerais e os Estados e Distrito Federal edital normas específicas. A competência geral (da União) está prevista no § 1º e a competência suplementar (dos Estados e do DF), no § 2º. Além disso, há a competência suplementar dos Municípios, tratada no art. 30, II, da CF/88, que dá aos entes municipais a tarefa de suplementar a legislação federal e a estadual, no que couber (isto é, no que for de interesse local).

Portanto, ao analisar os arts. 21, 22, 23, 24, 25, 29 e 30 da CF/88, é possível identificar o que é competência material (arts. 21, 23 e alguns incisos do art. 30 da CF/88) e o que é competência legislativa (arts. 22, 24, 25, *caput*, e 29 da CF/88).

Na competência material, o art. 21 cuida das tarefas que apenas a União pode executar, enquanto o art. 23 trata do que todas as entidades federadas podem realizar. Já na competência legislativa, o art. 22 prevê a legislação que só a União pode elaborar (embora ela possa delegar matérias específicas aos Estados, na forma do parágrafo único), o art. 24 prevê a competência concorrente, o art. 25 estabelece uma competência exclusiva dos Estados e o art. 29 traz uma competência exclusiva dos Municípios.

É necessário ter em mente, ainda, que esses dispositivos (arts. 21, 22, 23, 24, 25, 29 e 30 da CF/88) não esgotam a repartição de competências na Constituição Federal. É possível encontrar passagens tratando das competências materiais e legislativas das entidades federadas em todo o texto constitucional. Por exemplo, o art. 48 da CF/88, ao estabelecer atribuições do Congresso Nacional que dependem de sanção do Presidente da República, traz outro rol de competências legislativas da União, inclusive, repetindo algumas das competências que estão previstas nos arts. 22 e 24 da CF/88.

Da mesma forma, o art. 219-B da CF/88 prevê hipótese de competência legislativa concorrente, conforme estudaremos oportunamente.

Além disso, podemos mencionar os arts. 156-A e 156-B da CF/88, que preveem a competência compartilhada dos Estados, Distrito Federal e Municípios para fiscalizar e arrecadar o IBS (Imposto sobre Bens e Serviços).

As competências remanescentes dos Estados e dos Municípios

Conforme vimos, na repartição de competências traçada na CF/88, a União possui competências enumeradas em uma lista (arts. 21 e 22, CF/88) e os Estados e Municípios não possuem, embora haja algumas competências dessas duas entidades previstas expressamente no texto constitucional.

As tarefas que não se encontram inseridas no elenco de competências da União, isto é, o remanescente, ficam incluídas no âmbito das competências dos Estados, dos Municípios e do Distrito Federal, conforme decorre do § 1º do art. 25 e dos incisos I e II do art. 30.

O que o art. 25, § 1º, da CF/88 prevê são as competências que ele chama de **reservadas**:

> "**Art. 25, CF/88.** Os Estados organizam-se e regem-se pelas Constituições e leis que adotarem, observados os princípios desta Constituição.
>
> **§ 1º** São **reservadas** aos Estados as competências que não lhes sejam vedadas por esta Constituição."

Segundo esse dispositivo, aquilo que não está no âmbito de competências da União nem no dos Municípios é reservado aos Estados. Cuida-se de uma competência remanescente.

Por sua vez, o art. 30, I e II, a CF/88, orientado pelo princípio da predominância do interesse, prevê a competência dos Municípios para atuar nos temas de interesse local, inclusive, suplementando a atuação da União e dos Estados.

> "**Art. 30, CF/88.** Compete aos Municípios:
>
> I - legislar sobre assuntos de interesse local;
>
> II - suplementar a legislação federal e a estadual no que couber;
>
> (...)"

Dessa forma, a menos que a Constituição expressamente atribua a matéria a outra entidade da Federação, se o tema for de interesse local, será de atribuição municipal, tendo o Município competência para legislar a seu respeito, inclusive suprindo lacunas existentes nas legislações federal e estadual editadas no âmbito da competência legislativa concorrente.

Por exemplo, o STF admitiu, no RE 1181244 AgR/SP (julgado em 23/08/2019, que Municípios legislem sobre proteção do consumidor, suplementando as normas federais e estaduais editadas sobre o tema (lembrando que proteção do consumidor é matéria de competência legislativa concorrente, nos termos do art. 24, VIII, da CF/88). Outro exemplo interessante é o RE 1.052.719 (julgado monocraticamente em 29/09/2017), no qual, o Min. Ricardo Lewandowski considerou constitucional lei municipal que vedava a conferência de mercadorias na saída de estabelecimentos comerciais localizados no respectivo Município, e fez isso invocando a jurisprudência do STF no sentido da possibilidade de os Municípios legislarem sobre proteção ao consumidor, suplementando a legislação federal e a legislação estadual, quando houver interesse local.

Combinando o art. 25, § 1º, com o art. 30, I e II, da CF/88, é possível perceber que, ao atribuir as competências remanescentes aos Estados e aos Municípios e estabelecer que os Municípios atuarão no que for de interesse local, a CF/88 acabou por determinar que os Estados devem atuar no que for de interesse estadual, o que evidencia que a divisão de atribuições no âmbito das competências remanescentes é orientada pelo princípio da predominância do interesse.

MODELO VERTICAL E MODELO HORIZONTAL DE REPARTIÇÃO DE COMPETÊNCIAS

Agora que já vimos quais são as espécies de competências e as técnicas de repartição geralmente utilizadas pelos constituintes dos diversos Estados, fica mais fácil entender os dois principais modelos de repartição de competências mencionados em sede doutrinária: o modelo horizontal e o modelo vertical.

No modelo **horizontal**, as entidades integrantes da federação são "posicionadas" uma ao lado da outra, de modo que não há sobreposição de atuação em relação a nenhuma matéria. Ou seja, nesse modelo, há uma nítida separação entre os entes federados, não havendo concorrência de atribuições entre eles. Cada um atua, em questões diferentes e sem relação de dependência ou subordinação, dentro dos limites fixados pelo texto constitucional.

Esse modelo é utilizado em relação às competências privativas, exclusivas, remanescentes e residuais. Na CF/88, portanto, é o modelo adotado pelos seguintes artigos:

a) 21 (competência administrativa exclusiva da União);

b) 22 (competência legislativa privativa da União);

c) 25 (competências exclusivas dos Estados de caráter legislativo e administrativo); e

d) 30 (competências exclusivas dos Municípios de caráter legislativo e administrativo).

Já no modelo **vertical**, as entidades federadas são "posicionadas" uma em cima da outra, de modo que há sobreposição de atuação, já que todas as esferas da federação cuidam dos mesmos temas, embora, muitas vezes, haja uma delimitação e subordinação entre elas no sentido de que a atuação de caráter geral caiba a uma única esfera federativa, devendo as demais atuar de forma específica de acordo com as suas peculiaridades. Nesse modelo, verifica-se uma maior proximidade entre os entes federados, pois eles compartilham competências sobre as mesmas matérias, em um verdadeiro "condomínio de atribuições". Esse modelo é utilizado em relação às competências comuns, concorrentes e compartilhada. Na CF/88, portanto, é o modelo adotado pelos arts. 23 (competência administrativa comum), 24 (competência legislativa concorrente), 156-A e 156-B (competência compartilhada para fiscalizar e arrecadar o IBS, que é uma competência de caráter administrativo).

Como se pode perceber, a Constituição brasileira de 1988 adota tanto o modelo vertical quanto o modelo horizontal, mas há predomínio do modelo horizontal, já que o elenco das competências privativas, exclusivas, remanescentes e residuais é maior do que o elenco das competências comuns e concorrentes e compartilhada.

CORRELAÇÃO ENTRE COMPETÊNCIA LEGISLATIVA E COMPETÊNCIA MATERIAL

Para a melhor compreensão do esquema de repartição de competências traçado na CF/88, é indispensável compreender que existe uma correlação entre a competência legislativa e a competência material, isto é, a atribuição da competência material a uma determinada esfera federativa para executar tarefas em determinado tema, em regra, é acompanhada da atribuição da competência legislativa para tratar desse mesmo tema.

Por que existe essa correlação? Por conta do princípio da **legalidade administrativa**, segundo o qual, o Administrador só pode fazer aquilo que a lei autoriza. Esse princípio é diferente do princípio da legalidade comum, que diz que ninguém é obrigado a fazer ou a deixar de fazer alguma coisa, senão em virtude de lei (art. 5º, II, CF/88). Portanto, enquanto na legalidade comum (aplicada ao regime de direito privado), é permitido fazer tudo que a lei não proíbe, na legalidade administrativa (aplicada ao regime de direito público), é permitido fazer apenas o que a lei autoriza.

O princípio da legalidade administrativa, como é possível perceber, envolve, em última análise, tanto a competência legislativa quanto a competência material, pois ele estabelece que o Administrador só pode **fazer** (competência material) o que a **lei** (competência legislativa) autoriza. E é exatamente aí que fica evidenciada a correlação constitucional entre a competência para fazer (competência material) e a competência para legislar (competência legislativa), pois quem tem a atribuição de executar tarefas precisa da atribuição para criar a norma que permita a execução. Ora, de nada adiantaria o constituinte estabelecer que um determinado ente federativo deve implementar certos atos materiais, se fosse de outro ente federativo a atribuição de editar a lei autorizadora da prática desses atos.

Por conta da correlação entre competência material e competência legislativa, a regra é a seguinte: se apenas uma entidade federada faz, somente ela legisla sobre isso, mas, se todas as entidades federadas fazem, todas legislam sobre isso.

Portanto, existe correlação entre:

1) Competência material exclusiva da União (art. 21, CF/88) e competência legislativa privativa da União (art. 22, CF/88).

2) Competência material comum (art. 23, CF/88) e competência legislativa concorrente (art. 24, CF/88).

3) Competência compartilhada (para fiscalizar e arrecadar o IBS, nos termos dos arts. 156-A e 156-B, da CF/88, tratando-se de uma competência material) e competência legislativa concorrente (para legislar sobre direito tributário, nos termos do art. 24, I, da CF/88).

Inclusive, é por força dessa correlação que acabamos de esclarecer que há muitos incisos dos arts. 21 e 22 e dos arts. 23 e 24 que são semelhantes uns aos outros. É que primeiro a Constituição estabelece qual ente federado irá realizar a tarefa material e depois determina que é esse mesmo ente federado que irá legislar sobre o respectivo tema.

Com o intuito de demonstrar a correlação entre as competências materiais e as competências legislativas na CF/88, nos próximos tópicos, veremos diversas correlações entre os arts. 21 e 22 e os arts. 23 e 24.

▪ ARTS. 21, III, E 22, XXVIII

A competência **material exclusiva da União** para assegurar a defesa nacional (arts. 21, III) tem correlação com a competência **legislativa privativa da União** para tratar de defesa territorial, defesa aeroespacial, defesa marítima, defesa civil e mobilização nacional (art. 22, XXVIII).

> "**Art. 21, CF/88.** Compete à União:
>
> (...)
>
> III - assegurar a **defesa nacional**;"
>
> "**Art. 22, CF/88.** Compete privativamente à União legislar sobre:
>
> (...)
>
> XXVIII - **defesa** territorial, defesa aeroespacial, defesa marítima, defesa civil e mobilização nacional;"

▪ ARTS. 21, VI, E 22, XXI

A competência **material exclusiva da União** para autorizar e fiscalizar material bélico (art. 21, VI) tem correlação com a competência **legislativa privativa da União** para tratar de material bélico (art. 22, XXI).

> "**Art. 21, CF/88.** Compete à União:
>
> (...)
>
> VI - autorizar e fiscalizar a produção e o comércio de **material bélico**;"
>
> "**Art. 22, CF/88.** Compete privativamente à União legislar sobre:
>
> (...)
>
> XXI - normas gerais de organização, efetivos, **material bélico**, garantias, convocação, mobilização, inatividades e pensões das polícias militares e dos corpos de bombeiros militares; **(Redação dada pela EC 103/2019)**
>
> (...)"

▪ ARTS. 21, VII, E 22, VI

A competência **material exclusiva da União** para emitir moeda (art. 21, VII) tem correlação com a competência **legislativa privativa da União** para tratar de sistema monetário (art. 22, VI).

> "**Art. 21, CF/88.** Compete à União:
>
> (...)
>
> VII – emitir **moeda**;"
>
> "**Art. 22, CF/88.** Compete privativamente à União legislar sobre:
>
> (...)
>
> VI - **sistema monetário** e de medidas, títulos e garantias dos metais;"

■ ARTS. 21, VIII, E 22, VII

A competência **material exclusiva da União** para administrar as reservas cambiais do Brasil e fiscalizar as operações de natureza financeira (art. 21, VIII) tem correlação com a competência **legislativa privativa da União** para tratar de política de crédito, câmbio, seguros e transferência de valores (art. 22, VII).

> "**Art. 21, CF/88.** Compete à União:
>
> (...)
>
> VIII - administrar as **reservas cambiais** do País e fiscalizar as **operações de natureza financeira**, especialmente as de crédito, câmbio e capitalização, bem como as de seguros e de previdência privada;
>
> (...)"
>
> "**Art. 22, CF/88.** Compete privativamente à União legislar sobre:
>
> (...)
>
> VII - **política de crédito, câmbio, seguros** e transferência de valores;
>
> (...)"

■ ARTS. 21, X, E 22, V

A competência **material exclusiva da União** para manter o serviço postal (art. 21, X) tem correlação com a competência **legislativa privativa da União** para tratar de serviço postal (art. 22, V).

> "**Art. 21, CF/88.** Compete à União:
>
> (...)
>
> X - manter o **serviço postal** e o correio aéreo nacional;"
>
> "**Art. 22, CF/88.** Compete privativamente à União legislar sobre:
>
> (...)
>
> V - **serviço postal**;"

■ ARTS. 21, XI, E 22, IV

A competência **material exclusiva da União** para explorar os serviços de telecomunicações (art. 21, XI) tem correlação com a competência **legislativa privativa da União** para tratar de telecomunicações (art. 22, IV).

"**Art. 21, CF/88.** Compete à União:

(...)

XI - explorar, diretamente ou mediante autorização, concessão ou permissão, os **serviços de telecomunicações**, nos termos da lei, que disporá sobre a organização dos serviços, a criação de um órgão regulador e outros aspectos institucionais;"

"**Art. 22, CF/88.** Compete privativamente à União legislar sobre:

(...)

IV – águas, energia, informática, **telecomunicações** e radiodifusão;"

ARTS. 21, XII, "A", E 22, IV

A competência **material exclusiva da União** para explorar os serviços de radiodifusão sonora e de radiodifusão de sons e imagens (art. 21, XII, "a") tem correlação com a competência **legislativa privativa da União** para tratar de radiodifusão (art. 22, IV).

"**Art. 21, CF/88.** Compete à União:

(...)

XII - explorar, diretamente ou mediante autorização, concessão ou permissão:

a) os serviços de **radiodifusão** sonora, e de sons e imagens;"

"**Art. 22, CF/88.** Compete privativamente à União legislar sobre:

(...)

IV – águas, energia, informática, telecomunicações e **radiodifusão**;"

ARTS. 21, XII, "B", E 22, IV

A competência **material exclusiva da União** para explorar os serviços de energia elétrica (art. 21, XII, "b") tem correlação com a competência **legislativa privativa da União** para tratar de energia (art. 22, IV).

"**Art. 21, CF/88.** Compete à União:

(...)

XII - explorar, diretamente ou mediante autorização, concessão ou permissão:

(...)

b) os serviços e instalações de **energia elétrica e o aproveitamento energético** dos cursos de água, em articulação com os Estados onde se situam os potenciais hidroenergéticos;"

"**Art. 22, CF/88.** Compete privativamente à União legislar sobre:

(...)

IV - águas, **energia**, informática, telecomunicações e radiodifusão;"

ARTS. 21, XII, "C", E 22, X

A competência **material exclusiva da União** para explorar a navegação aeroespacial (art. 21, XII, "c") tem correlação com a competência **legislativa privativa da União** para tratar de navegação aeroespacial (art. 22, X).

> "**Art. 21, CF/88.** Compete à União:
>
> (...)
>
> XII - explorar, diretamente ou mediante autorização, concessão ou permissão:
>
> (...)
>
> c) a navegação aérea, **aeroespacial** e a infraestrutura aeroportuária;"
>
> "**Art. 22, CF/88.** Compete privativamente à União legislar sobre:
>
> (...)
>
> X – regime dos portos, **navegação** lacustre, fluvial, marítima, aérea e **aeroespacial**;"

▪ ARTS. 21, XII, "D" E "E", E 22, XI

A competência **material exclusiva da União** para explorar os serviços de transporte ferroviário e aquaviário (art. 21, XII, "d") e de transporte rodoviário interestadual e internacional (art. 21, XII, "e") tem correlação com a competência **legislativa privativa da União** para tratar de transporte (art. 22, XI).

> "**Art. 21, CF/88.** Compete à União:
>
> (...)
>
> XII - explorar, diretamente ou mediante autorização, concessão ou permissão:
>
> (...)
>
> d) os serviços de **transporte ferroviário e aquaviário** entre portos brasileiros e fronteiras nacionais, ou que transponham os limites de Estado ou Território;
>
> e) os serviços de **transporte rodoviário interestadual e internacional** de passageiros;
>
> (...)"
>
> "**Art. 22, CF/88.** Compete privativamente à União legislar sobre:
>
> (...)
>
> XI – trânsito e **transporte**;
>
> (...)"

▶ A competência para legislar sobre o serviço de transporte por mototáxi

De quem é a competência para legislar sobre mototáxi? Seria correto afirmar que é da União, tendo em vista que a ela cabe privativamente a legislação sobre trânsito e transporte?

Inegavelmente, mototáxi é um tema que desperta interesse local. No entanto, considerando que, nos termos do art. 22, XI, da CF/88, compete privativamente à União legislar sobre trânsito e transporte (tema que tem normas uniformes em todo o território nacional, haja vista a existência do Código de Trânsito Brasileiro), questiona-se o seguinte: uma lei municipal (ou mesmo estadual) que discipline o serviço de mototáxi invade essa competência legislativa privativa da União?

Para poder responder esse questionamento, é preciso conhecer as decisões do Supremo Tribunal Federal sobre o tema. Segundo a nossa Suprema Corte, há violação à competência privativa da União para legislar sobre trânsito e transporte (art. 22, XI, da CF/88) nos seguintes casos:

I) Lei estadual que dispõe sobre o **cancelamento de multas de trânsito** (STF, ADI 2137, Rel. Min. Dias Toffoli, 11/04/2013);

II) Lei estadual que dispõe sobre a **obrigatoriedade do uso do cinto de segurança nas vias urbanas** (STF, ADI 2960, Rel. Min. Dias Toffoli, 11/04/2013);

III) Lei estadual que dispõe sobre a **obrigatoriedade de as empresas de transporte coletivo de passageiros que operam no Estado instalarem cinto de segurança** nos veículos (STF, ADI 874, Rel. Min. Gilmar Mendes, 03/02/2011);

IV) Lei estadual que dispõe sobre **penalidade a quem dirigir veículo automotor em estado de flagrante embriaguez** (STF, ADI 3269, Rel. Min. Cezar Peluso, 01/08/2011); e

V) Lei estadual que dispõe **sobre licenciamento de motocicletas para transporte de passageiros**, isto é, para o serviço conhecido como "mototáxi" (STF, ADI 3136, Rel. Min. Ricardo Lewandowski, 01/08/2006).

Portanto, como se pode perceber, é inconstitucional lei municipal (ou mesmo estadual) que trate de mototáxi, pois esse tema está inserido na competência para legislar sobre trânsito e transporte, que, como vimos, é privativa da União.

O caso do mototáxi é apenas um exemplo da importância do conhecimento da jurisprudência do Supremo Tribunal Federal para o estudo da repartição de competências. Essa importância se deve ao fato de que é o STF que, realizando a interpretação da Constituição, estabelece em qual tema da repartição de competências cada lei se enquadra e, consequentemente, qual é a entidade federada competente para elaborá-la. Por exemplo, a Suprema Corte, analisando o serviço de mototáxi, decidiu, como acabamos de ver, que ele se enquadra no tema de trânsito e transporte e que, por conta disso, a competência para legislar sobre ele é privativa da União (nos termos do art. 22, XI, da CF/88), não podendo outra entidade federativa disciplinar a questão.

■ ARTS. 21, XII, "F", E 22, X

A competência **material exclusiva da União** para explorar os portos (art. 21, XII, "f") tem correlação com a competência **legislativa privativa da União** para tratar do regime dos portos (art. 22, X).

> "**Art. 21, CF/88.** Compete à União:
>
> (...)
>
> XII - explorar, diretamente ou mediante autorização, concessão ou permissão:
>
> (...)
>
> f) os **portos** marítimos, fluviais e lacustres;"
>
> "**Art. 22, CF/88.** Compete privativamente à União legislar sobre:
>
> (...)
>
> X - regime dos **portos**, navegação lacustre, fluvial, marítima, aérea e aeroespacial;"

■ ARTS. 21, XIII, E 22, XVII

A competência **material exclusiva da União** para organizar o Poder Judiciário e o Ministério Público do Distrito Federal e Territórios e a Defensoria Pública dos Territórios (art. 21, XIII) tem correlação com a competência **legislativa privativa da União** para tratar da organização judiciária e do Ministério Público do Distrito Federal e Territórios e da organização da Defensoria Pública dos Territórios (art. 22, XVII).

> "**Art. 21, CF/88.** Compete à União:
>
> (...)
>
> XIII - organizar e manter o **Poder Judiciário, o Ministério Público do Distrito Federal e dos Territórios e a Defensoria Pública dos Territórios**;"
>
> "**Art. 22, CF/88.** Compete privativamente à União legislar sobre:
>
> (...)
>
> XVII – organização **judiciária**, do **Ministério Público do Distrito Federal e dos Territórios e da Defensoria Pública dos Territórios**, bem como organização administrativa destes;"

■ ARTS. 21, XV, E 22, XVIII

A competência **material exclusiva da União** para organizar e manter os serviços oficiais de estatística, geografia, geologia e cartografia de âmbito nacional (art. 21, XV) tem correlação com a competência **legislativa privativa da União** para tratar de sistema estatístico, sistema cartográfico e de geologia nacionais (art. 22, XVIII).

> "**Art. 21, CF/88.** Compete à União
>
> (...)
>
> XV - organizar e manter os serviços oficiais de estatística, geografia, geologia e cartografia de âmbito nacional;"
>
> "**Art. 22, CF/88.** Compete privativamente à União legislar sobre:
>
> (...)
>
> XVIII - sistema estatístico, sistema cartográfico e de geologia nacionais;"

■ ARTS. 21, XVIII, E 22, XXVIII

A competência **material exclusiva da União** para atuar na defesa contra calamidades públicas (art. 21, XVIII) tem correlação com a competência **legislativa privativa da União** para tratar de defesa civil e mobilização nacional (art. 22, XXVIII).

> "**Art. 21, CF/88.** Compete à União:
>
> (...)
>
> XVIII - planejar e promover a **defesa permanente contra as calamidades públicas**, especialmente as secas e as inundações;"
>
> "**Art. 22, CF/88.** Compete privativamente à União legislar sobre:
>
> (...)

> XXVIII - defesa territorial, defesa aeroespacial, defesa marítima, **defesa civil e mobilização nacional**;"

■ ARTS. 21, XXIII, E 22, XXVI

A competência **material exclusiva da União** para explorar serviços e instalações nucleares (art. 21, XXIII) tem correlação com a competência **legislativa privativa da União** para tratar de atividades nucleares (art. 22, XXVI).

> "**Art. 21, CF/88.** Compete à União:
>
> (...)
>
> XXIII - explorar os **serviços e instalações nucleares de qualquer natureza** e exercer monopólio estatal sobre a pesquisa, a lavra, o enriquecimento e reprocessamento, a industrialização e o comércio de minérios nucleares e seus derivados, atendidos os seguintes princípios e condições;
>
> (...)"
>
> "**Art. 22, CF/88.** Compete privativamente à União legislar sobre:
>
> (...)
>
> XXVI – **atividades nucleares de qualquer natureza**;"

Quanto ao art. 21, XXIII, da CF/88, é interessante aproveitar este espaço para registrar que a **EC 118/2022** realizou uma pequena alteração na sua redação, mais precisamente, nas suas alíneas "b" e "c", com o objetivo de **redesenhar as exceções ao monopólio da União sobre minerais nucleares.**

A redação atual (dada pela EC 118/22) do art. 21, XXIII, da CF/88 é a seguinte:

> "**Art. 21, CF/88.** Compete à União:
>
> (...)
>
> XXIII - explorar os serviços e instalações nucleares de qualquer natureza e exercer monopólio estatal sobre a pesquisa, a lavra, o enriquecimento e reprocessamento, a industrialização e o comércio de minérios nucleares e seus derivados, atendidos os seguintes princípios e condições:
>
> a) toda atividade nuclear em território nacional somente será admitida para fins pacíficos e mediante aprovação do Congresso Nacional;
>
> b) sob **regime de permissão**, são autorizadas a comercialização e a utilização de **radioisótopos para pesquisa e uso agrícolas e industriais**; ***(Redação dada pela EC 118/22)***
>
> c) sob **regime de permissão**, são autorizadas a produção, a comercialização e a utilização de **radioisótopos para pesquisa e uso médicos**; ***(Redação dada pela EC 118/22)***
>
> d) a responsabilidade civil por danos nucleares independe da existência de culpa;"

Agora confira abaixo um quadro comparativo mostrando as diferenças entre a redação anterior e a nova redação (dada pela EC 118/22) das alíneas "b" e "c" desse dispositivo:

ANTES DA EC 118/2022	APÓS A EC 118/2022
b) sob regime de permissão, são autorizadas a comercialização e a utilização de radioisótopos **para a pesquisa e usos médicos, agrícolas e industriais**;	b) sob regime de permissão, são autorizadas a comercialização e a utilização de radioisótopos **para pesquisa e uso agrícolas e industriais**;
c) sob regime de permissão, são autorizadas a produção, comercialização e utilização de **radioisótopos de meia-vida igual ou inferior a duas horas**;	c) sob regime de permissão, são autorizadas a produção, a comercialização e a utilização de **radioisótopos para pesquisa e uso médicos**;

A redação dessas alíneas anterior à EC 118/2022 havia sido dada pela EC 49/2006, que alterou o texto dessas disposições constitucionais para flexibilizar o monopólio da União sobre minerais nucleares, a fim de autorizar aos particulares – sob regime de permissão – a produção, a comercialização e a utilização de radioisótopos (ou isótopos radioativos) de meia-vida igual ou inferior a duas horas.

Agora, com a EC 118/2022, o constituinte reformador possibilitou que fossem excluídos do regime de monopólio estatal os materiais radioativos de uso médico, passando a prever que todos os radioisótopos de uso médico (quaisquer que sejam seus períodos de meia-vida) podem ser produzidos, comercializados e utilizados por agentes privados, sob o regime de permissão (art. 21, XXIII, "c", CF/88).

A emenda, porém, não alterou as regras sobre produção, comercialização e utilização de radioisótopos em outras áreas, em especial, a agricultura e a indústria. Ou seja, a possibilidade de se excepcionar o monopólio da União sobre as atividades de produção, comercialização e utilização de radioisótopos ocorre apenas na área médica, e essa exceção ao monopólio estatal deve ocorrer em regime de permissão.

Já nas áreas da agricultura e da indústria, o regime constitucional do monopólio da União sobre os radioisótopos não foi alterado pela EC 118/2022. A CF/88 continua prevendo que, nessas áreas, apenas as atividades de comercialização e utilização (mas não a atividade de produção) podem ser retiradas do monopólio estatal e ser desempenhadas por particulares em regime de permissão. Nesses casos, portanto, a produção dos radioisótopos permanece sob monopólio da União, podendo a iniciativa privada exercer tão somente a comercialização e a utilização dessas substâncias (desde que haja – repita-se – permissão do poder público).

■ ARTS. 21, XXVI, E 22, XXX

A competência **material exclusiva da União** para organizar e fiscalizar a proteção e o tratamento de dados pessoais (art. 21, XXVI, acrescentado pela EC 115/2022) tem correlação com a competência **legislativa privativa da União** para disciplinar a proteção e o tratamento de dados pessoais (art. 22, XXX, acrescentado pela EC 115/2022).

> "**Art. 21, CF/88.** Compete à União:
>
> (...)
>
> XXVI - organizar e fiscalizar a proteção e o tratamento de dados pessoais, nos termos da lei." ***(Incluído pela EC 115/2022)***
>
> "**Art. 22, CF/88.** Compete privativamente à União legislar sobre:

> (...)
>
> XXX - proteção e tratamento de dados pessoais." *(Incluído pela EC 115/2022)*

■ ARTS. 23, II, E 24, XII

A competência **material comum** para cuidar da saúde (art. 23, II) tem correlação com a competência **legislativa concorrente** para tratar de defesa da saúde (art. 24, XII).

> "**Art. 23, CF/88.** É competência comum da União, dos Estados, do Distrito Federal e dos Municípios:
>
> (...)
>
> II - **cuidar da saúde** e assistência pública, da proteção e garantia das pessoas portadoras de deficiência;"
>
> "**Art. 24, CF/88.** Compete à União, aos Estados e ao Distrito Federal legislar concorrentemente sobre:
>
> (...)
>
> XII - previdência social, **proteção e defesa da saúde**;"

■ ARTS. 23, II, E 24, XIV

A competência **material comum** para atuar na proteção e garantia das pessoas com deficiência (art. 23, II) tem correlação com a competência **legislativa concorrente** para tratar da proteção e integração social das pessoas com deficiência (art. 24, XIV).

> "**Art. 23, CF/88.** É competência comum da União, dos Estados, do Distrito Federal e dos Municípios:
>
> (...)
>
> II - cuidar da saúde e assistência pública, da **proteção e garantia das pessoas portadoras de deficiência**;"
>
> "**Art. 24, CF/88.** Compete à União, aos Estados e ao Distrito Federal legislar concorrentemente sobre:
>
> (...)
>
> XIV - **proteção e integração social das pessoas portadoras de deficiência**;"

■ ARTS. 23, III E IV, E 24, VII E VIII

A competência **material comum** para atuar na proteção de bens com valor histórico, artístico, cultural, paisagístico e arqueológico e evitar sua evasão, destruição e descaracterização (art. 23, III e IV) tem correlação com a competência **legislativa concorrente** para tratar da proteção ao patrimônio histórico, cultural, artístico, turístico e paisagístico e da responsabilização por danos a esses bens (art. 24, VII e VIII).

> "**Art. 23, CF/88.** É competência comum da União, dos Estados, do Distrito Federal e dos Municípios:

> (...)
>
> III - proteger os documentos, as obras e outros bens de valor histórico, artístico e cultural, os monumentos, as paisagens naturais notáveis e os sítios arqueológicos;
>
> IV - impedir a evasão, a destruição e a descaracterização de obras de arte e de outros bens de valor histórico, artístico ou cultural;"
>
> "**Art. 24, CF/88.** Compete à União, aos Estados e ao Distrito Federal legislar concorrentemente sobre:
>
> (...)
>
> VII – proteção ao patrimônio histórico, cultural, artístico, turístico e paisagístico;
>
> VIII – responsabilidade por dano ao meio ambiente, ao consumidor, a bens e direitos de valor artístico, estético, histórico, turístico e paisagístico;"

■ ARTS. 23, V, E 24, IX

A competência **material comum** para promover cultura, educação, ciência, tecnologia, pesquisa e inovação (art. 23, V) tem correlação com a competência **legislativa concorrente** para tratar de educação, cultura, ensino, desporto, ciência, tecnologia, pesquisa, desenvolvimento e inovação (art. 24, IX).

> "**Art. 23, CF/88.** É competência comum da União, dos Estados, do Distrito Federal e dos Municípios:
>
> (...)
>
> V - proporcionar os meios de acesso à cultura, à educação, à ciência, à tecnologia, à pesquisa e à inovação;"
>
> "**Art. 24, CF/88.** Compete à União, aos Estados e ao Distrito Federal legislar concorrentemente sobre:
>
> (...)
>
> IX - educação, cultura, ensino, desporto, ciência, tecnologia, pesquisa, desenvolvimento e inovação;"

■ ARTS. 23, VI, E 24, VI

A competência **material comum** para proteger o meio ambiente e combater a poluição (art. 23, VI) tem correlação com a competência **legislativa concorrente** para tratar de proteção do meio ambiente e controle da poluição (art. 24, VI).

> "**Art. 23, CF/88.** É competência comum da União, dos Estados, do Distrito Federal e dos Municípios:
>
> (...)
>
> VI - **proteger o meio ambiente e combater a poluição em qualquer de suas formas;**"
>
> "**Art. 24, CF/88.** Compete à União, aos Estados e ao Distrito Federal legislar concorrentemente sobre:

> (...)
>
> VI - florestas, caça, pesca, fauna, conservação da natureza, defesa do solo e dos recursos naturais, **proteção do meio ambiente e controle da poluição**;"

▪ ARTS. 23, VII, E 24, VI

A competência **material comum** para preservar as florestas e a fauna (art. 23, VII) tem correlação com a competência **legislativa concorrente** para tratar de florestas e fauna (art. 24, VI).

> "**Art. 23, CF/88.** É competência comum da União, dos Estados, do Distrito Federal e dos Municípios:
>
> (...)
>
> VII - **preservar as florestas, a fauna** e a flora."
>
> "**Art. 24, CF/88.** Compete à União, aos Estados e ao Distrito Federal legislar concorrentemente sobre:
>
> (...)
>
> VI - **florestas**, caça, pesca, **fauna**, conservação da natureza, defesa do solo e dos recursos naturais, proteção do meio ambiente e controle da poluição."

O CRITÉRIO DO TRATAMENTO UNIFORME NO TERRITÓRIO NACIONAL

Vimos, no tópico anterior, que o esquema de repartição de competências traçado pela CF/88 segue a lógica (decorrente do princípio da legalidade administrativa) de que a competência material corresponde à competência legislativa e vice-versa.

Compreender essa lógica é um instrumento para facilitar a memorização da distribuição das competências entre as entidades federativas.

Além da correlação entre as competências material e legislativa, há outro critério informador da repartição de competências na CF/88 que facilita o estudo do tema: o tratamento uniforme em todo o País.

Conforme vimos anteriormente, quando há necessidade de que determinada matéria seja tratada da mesma forma em todo o território nacional, o constituinte atribui a competência para cuidar dela à União, pois a União é o único ente da federação brasileira que atua em todo o País.

E ter em mente a lógica do tratamento uniforme é mais um instrumento facilitador da compreensão e memorização da repartição de competências estabelecida na CF/88, pois, se uma determinada matéria for (e tiver de ser) efetivamente tratada de maneira uniforme em todo o Brasil, isso significará que o texto constitucional atribuiu a competência para dispor sobre ela à União. Por outro lado, se o tema for (ou puder ser) tratado de diferentes formas pelas diversas entidades da Federação, isso significará que todas elas têm competência para a matéria, e não apenas a União.

Vejamos alguns exemplos.

O direito civil é o mesmo em todo o território nacional, existindo, até mesmo, um Código Civil aplicável integral e igualmente em todo o País. Logo, a competência para legislar sobre direito civil é privativa da União, conforme, inclusive, está previsto no art. 22, I, da CF/88.

Já as normas sobre direito tributário não são as mesmas em todo o território nacional, já que em cada ente federado é possível haver um regime tributário diferente, mesmo porque cada um deles institui e cobra os seus próprios tributos. Essa matéria, portanto, não apresenta tratamento uniforme em todo o País. Logo, a competência legislativa para dispor sobre direito tributário não é privativa da União, mas, sim, concorrente, como prevê o art. 24, I, CF/88.

Importante lembrar que, no sistema constitucional brasileiro, não existe competência **legislativa** comum, mas apenas privativa (que pertence a um ente e é delegável), exclusiva (que pertence a um ente e é indelegável) e concorrente (que pertence à União, aos Estados e ao Distrito Federal e pode ser suplementada pelos Municípios, no que for de interesse local).

EXCEÇÕES À LÓGICA DO SISTEMA DE REPARTIÇÃO DE COMPETÊNCIAS DA CF/88

Até aqui, vimos que:

I) A repartição de competências, seja na etapa de positivação da divisão de atribuições no texto constitucional, seja na etapa de interpretação das disposições constitucionais que a disciplinam, é orientada pelo princípio da predominância do interesse.

II) Quando pretende que determinado tema seja tratado uniformemente em todo o território nacional, o constituinte atribui a competência para nele atuar à União.

III) Em regra, a competência material corresponde à competência legislativa.

Essas três premissas representam a lógica do sistema de repartição de competências da CF/88. Acontece que existem exceções a esse sistema, isto é, hipóteses que fogem dessa lógica geral e que, naturalmente, exigem uma maior atenção durante o estudo do tema.

Nos tópicos a seguir veremos cada uma dessas exceções.

■ EXCEÇÕES AO PRINCÍPIO DA PREDOMINÂNCIA DO INTERESSE

Como foi visto anteriormente, a CF/88 adota a lógica de que cada ente federado deve cuidar de seus próprios assuntos, sem interferência de outra entidade federativa, o que nada mais é do que a consagração do princípio da predominância do interesse e da autonomia dos entes federativos.

Mas há, na Constituição Federal, algumas disposições que excepcionam o princípio da predominância do interesse, ao atribuir a determinada entidade federativa competência para atuar em tema que, claramente, tem repercussão em outra entidade federativa, como veremos abaixo.

▶ Competência da União para atuar em questões do Distrito Federal

O Distrito Federal tem como objetivo abrigar a capital da República (que é Brasília), e, por isso, ele tem a sua **autonomia parcialmente tutelada pela União.**

Ou seja, o Distrito Federal é uma entidade integrante da Federação (conforme estabelece expressamente o art. 18 da CF/88) e, como tal, é dotado de autonomia, mas essa autonomia recebe uma tutela da União em determinadas questões. Essa tutela parcial exercida pela União em relação ao Distrito Federal significa que este, em determinadas hipóteses previstas na Constituição Federal, recebe uma ajuda especial da União.

Nesse sentido, a competência para organizar e manter o Poder Judiciário, o Ministério Público, a polícia civil, a polícia penal, a polícia militar e o corpo de bombeiros militar do Distrito Federal não é do próprio Distrito Federal, mas sim da União (art. 21, XIII e XIV, CF/88). Da mesma forma, a competência para legislar sobre organização judiciária e do Ministério Público do Distrito Federal é da União, e não do Distrito Federal (art. 22, XVII, CF/88).

Como se pode perceber, são hipóteses em que o princípio da predominância do interesse é afastado, pois uma questão de uma entidade federada (o Distrito Federal) é inserida no âmbito de competência de outra entidade federada (a União).

Interessante notar que, apesar de excepcionar o princípio da predominância do interesse nesse tema, a Constituição manteve a correlação entre competência material e competência legislativa, pois atribuiu a uma mesma entidade federada (a União) tanto a competência para realizar tarefas materiais quanto a competência para legislar.

"**Art. 21, CF/88.** Compete à União:

(...)

XIII – organizar e manter **o Poder Judiciário, o Ministério Público do Distrito Federal** e dos Territórios e a Defensoria Pública dos Territórios;

XIV - organizar e manter **a polícia civil, a polícia penal, a polícia militar e o corpo de bombeiros militar do Distrito Federal**, bem como prestar **assistência financeira ao Distrito Federal para a execução de serviços públicos**, por meio de fundo próprio;

(...)"

"**Art. 22, CF/88.** Compete privativamente à União legislar sobre:

(...)

XVII – **organização judiciária, do Ministério Público do Distrito Federal** e dos Territórios e da Defensoria Pública dos Territórios, bem como organização administrativa destes;

(...)"

→ *Competência para legislar sobre organização e regime jurídico da Polícia Civil do Distrito Federal*

Vimos acima que a CF/88 estabelece, no seu art. 21, XIV, que a competência para organizar e manter a Polícia Civil, a Polícia Penal, a Polícia Militar e o Corpo de Bombeiros Militar do Distrito Federal é da **União**, e não do próprio Distrito Federal. Da mesma forma, o inciso XIII desse artigo e o inciso XVII do art. 22 (também da CF/88) determinam que a competência para organizar e manter o Poder Judiciário e o Ministério Público do Distrito Federal é da **União**, e não do próprio Distrito Federal.

Confira novamente o teor desses dispositivos:

> "**Art. 21, CF/88.** Compete à União:
>
> (...)
>
> XIII - organizar e manter o Poder Judiciário, o Ministério Público do Distrito Federal e dos Territórios e a Defensoria Pública dos Territórios;
>
> XIV - organizar e manter a polícia civil, a polícia penal, a polícia militar e o corpo de bombeiros militar do Distrito Federal, bem como prestar assistência financeira ao Distrito Federal para a execução de serviços públicos, por meio de fundo próprio;
>
> (...)"
>
> "**Art. 22, CF/88.** Compete privativamente à União legislar sobre:
>
> (...)
>
> XVII - organização judiciária, do Ministério Público do Distrito Federal e dos Territórios e da Defensoria Pública dos Territórios, bem como organização administrativa destes;
>
> (...)"

Os arts. 21, XIII e XIV, e 22, XVII, da CF/88, ao atribuírem à União a competência para organizar e manter o Poder Judiciário, o Ministério Público, a Polícia Civil, a Polícia Penal, a Polícia Militar e o Corpo de Bombeiros Militar do Distrito Federal, bem como determinarem que a União preste assistência financeira ao Distrito Federal para que este execute serviços públicos, estabelecem uma tutela parcial da União sobre a autonomia do Distrito Federal, já que todas essas questões, por dizerem respeito à organização do Distrito Federal, deveriam, por princípio, ser de sua própria competência, e não de competência de outro ente federado.

Ainda disciplinando a atuação da União em relação aos órgãos de Segurança Pública do Distrito Federal, a CF/88 prevê, no seu art. 32, § 4º, que a utilização da Polícia Civil, da Polícia Penal, da Polícia Militar e do Corpo de Bombeiros Militar do Distrito Federal pelo Governo do próprio Distrito Federal deve se dar nos termos de uma norma (mais precisamente, uma lei) editada pela União, e não pelo DF. Veja:

> "**Art. 32, § 4º, CF/88.** Lei **federal** disporá sobre a utilização, pelo Governo do Distrito Federal, da polícia civil, da polícia penal, da polícia militar e do corpo de bombeiros militar".

Essa (parcial) tutela da União sobre a autonomia do Distrito Federal tem um motivo bastante evidente, qual seja, o fato de o DF abrigar Brasília, que é a Capital do

País. Ou seja, como a Capital Federal se localiza no Distrito Federal, este recebe auxílio (inclusive, financeiro) da União em tarefas que, em princípio, deveriam ser desempenhadas pelo próprio DF.

Além disso, a organização, as garantias, os direitos e os deveres das Polícias Civis dos Estados e do Distrito Federal são temas inseridos na competência legislativa concorrente, de modo que as normas gerais a esse respeito devem ser editadas pela União, conforme estabelece o art. 24, XVI, e § 1º, da CF/88.

> "**Art. 24, CF/88.** Compete à União, aos Estados e ao Distrito Federal legislar concorrentemente sobre:
>
> (...) XVI - organização, garantias, direitos e deveres das polícias civis.
>
> **§ 1º** No âmbito da legislação concorrente, a competência da União limitar-se-á a estabelecer normas gerais.
>
> (...)"

Tendo isso em vista, surge o seguinte questionamento: poderia o Distrito Federal editar uma lei disciplinando questões relativas à sua própria Polícia Civil? Poderia uma lei distrital, por exemplo, assegurar autonomia administrativa e financeira à Polícia Civil do DF, reestruturar seus órgãos internos e lhes fixar competências, instituir e extinguir cargos em comissão no seu quadro de pessoal e estabelecer critérios para a nomeação do seu diretor-geral? Em outras palavras: uma lei do Distrito Federal poderia tratar da organização da Polícia Civil do próprio Distrito Federal e do regime jurídico do seu pessoal?

Isso foi respondido pelo Supremo Tribunal Federal na **ADI 6611**, julgada em 17/05/2021. Ao apreciar esse caso, a Corte decidiu pela inconstitucionalidade de uma lei do Distrito Federal que disciplinava a organização e o regime jurídico da Polícia Civil do DF, justamente porque, nos termos do art. 21, XIV, da CF/88, a competência para tratar dessas questões é da União, e não do próprio Distrito Federal. Além disso, como a lei distrital impugnada possuía normas de caráter geral (além de normas de caráter específico), ela também violou o art. 24, XVI, e § 1º, da CF/88, que, como vimos, estabelece que a competência para editar normas gerais sobre esse tema (não só em relação ao DF, mas também em relação aos Estados) é da União.

Nos exatos termos do acórdão lavrado pelo STF, *"a Lei 837/1994 do Distrito Federal dispôs sobre a* ***organização da estrutura orgânica de sua própria Polícia Civil****, com a instituição e extinção de cargos em comissão, unidades internas, atribuições concernentes e diretrizes administrativas, financeiras e funcionais, promovendo verdadeira estruturação do órgão policial. Com isso,* ***invadiu a esfera de competência da União****, estabelecida pela Constituição Federal, para manter e organizar a Polícia Civil do Distrito Federal, bem como para editar normas gerais sobre a matéria (artes. 21, XIV, e 24, XVI, § 1º, da CF)".*

Esse entendimento, a propósito, não é uma novidade na jurisprudência do Supremo Tribunal Federal. Na verdade, trata-se de um posicionamento já consolidado na Corte há algum tempo, encontrando-se, inclusive, consagrado na **Súmula 647/STF**, segundo a qual, *"compete privativamente à União legislar sobre vencimentos dos membros das polícias civil e militar do Distrito Federal"*.

Esse enunciado, inclusive, deu origem à **Súmula Vinculante nº 39**, que, com uma redação praticamente idêntica e acrescentando a referência aos bombeiros, estabelece que *"compete privativamente à União legislar sobre vencimentos dos membros das polícias civil e militar e do corpo de bombeiros militar do Distrito Federal"*.

Na verdade, a jurisprudência do STF confere uma interpretação ampla ao inciso XIV do art. 21 da CF/88, pois, embora esse dispositivo estabeleça, de forma singela, que a competência da União em relação aos órgãos de Segurança Pública do Distrito Federal (Polícia Civil, Polícia Penal, Polícia Militar e Corpo de Bombeiros Militar) engloba apenas as tarefas de organizá-los e mantê-los, o Supremo Tribunal Federal, em diversos precedentes, vem entendendo que essa competência da União diz respeito, de forma ampla, à organização e ao regime jurídico desses órgãos e do seu quadro de pessoal, abrangendo, inclusive, a sua remuneração, como consta da Súmula 647/STF, que vimos acima.

Os seguintes julgados deixam isso bem claro:

> "(...) 1. A Lei distrital n. 709/94 **é inconstitucional, visto que dispõe sobre matéria de competência exclusiva da União**. O texto normativo atacado diz respeito à promoção de ex-componentes da Polícia Militar e do Corpo de Bombeiros do Distrito Federal --- **regime jurídico dos policiais militares e membros do corpo de bombeiros militar do Distrito Federal** --- afrontando o disposto no artigo 21, inciso XIV, da Constituição do Brasil. 2. Pedido julgado procedente para declarar inconstitucional a Lei distrital n. 709/94." **(ADI 1136, Rel. Min. EROS GRAU, j. 16/08/2006, Pleno)**
>
> "(...) Ao instituir a chamada **"gratificação por risco de vida" dos policiais e bombeiros militares do Distrito Federal**, o Poder Legislativo distrital **usurpou a competência material da União para "organizar e manter a polícia civil, a polícia militar e o corpo de bombeiros militar do Distrito Federal**, bem como prestar assistência financeira ao Distrito Federal para a execução de serviços públicos, por meio de fundo próprio" (inciso XIV do art. 21 da Constituição Federal). (...)" **(ADI 3791, Rel. Min. AYRES BRITTO, j. 16/06/2010, Pleno)**
>
> "(...) os arts. 42, § 1º, e 142, § 3º, X, da Carta Magna não se aplicam ao **Distrito Federal**, cujas **Polícias Civil e Militar e Corpo de Bombeiros Militar**, por disposição do art. 21, XIV, da CF/88, **são organizadas e mantidas pela União, a quem compete privativamente legislar sobre o vencimento** dos integrantes de seus respectivos quadros. (...)" **(ARE 665632, Rel. Min. TEORI ZAVASCKI, j. 16/04/2015, Pleno, Tema de Repercussão Geral nº 806)**

É interessante notar que o fundamento utilizado pelo Supremo Tribunal Federal para entender ser da União a competência para **legislar** sobre organização e regime jurídico das forças de Segurança Pública do Distrito Federal é o inciso XIV do art. 21 da CF/88, muito embora esse artigo preveja competências de caráter administrativo (e não legislativo) da União. Portanto, o STF se vale da previsão de uma competência material para reconhecer uma competência legislativa.

Perceba que, em relação à organização do Poder Judiciário e do Ministério Público do Distrito Federal, a CF/88 estabelece expressamente a competência da União tanto em âmbito administrativo (art. 21, XIII) quanto em âmbito legislativo (art. 22, XVII). Por outro lado, no que diz respeito à organização dos órgãos de Segurança

Pública do DF, o texto constitucional traz de forma expressa a competência da União tão somente no âmbito administrativo (art. 21, XIV), nada dispondo sobre competência legislativa da União nesse tema.

Apesar disso, o STF entende, como vimos, que a competência para legislar sobre essas questões é da União, e não do Distrito Federal, o que, em última análise, é algo natural e se compatibiliza com a lógica que permeia o sistema de repartição de competências da CF/88.

Isso porque, conforme estudamos nas páginas 859 e seguintes do livro, o princípio da legalidade administrativa (art. 37, *caput*, CF/88) faz com que, em regra, exista, no nosso ordenamento constitucional, uma correlação entre competência administrativa e competência legislativa, de modo que, se, na repartição de competências, um determinado ente federado possui competência administrativa em algum tema, ele deve possuir também a competência legislativa para tratar da questão, sob pena de se ver impossibilitado de desempenhar sua competência administrativa, já que, nos termos da legalidade administrativa, o Poder Público somente pode agir quando autorizado por lei.

Por fim, é importante registrar que, como já deve ter ficado claro, a disciplina constitucional da competência legislativa para tratar da organização e do regime jurídico das Polícias Civis dos Estados não é igual à da competência legislativa para tratar dessas questões em relação à Polícia Civil do Distrito Federal.

Quanto às Polícias Civis dos Estados, a competência legislativa é da União em relação às normas gerais e dos próprios Estados em relação às normas específicas, pois, como vimos, o art. 24, XVI, da CF/88 prevê que esse tema se encontra inserido na competência legislativa concorrente, na qual, conforme estudamos nas páginas 886 e seguintes do livro, a tarefa da União é editar normas gerais e a dos Estados é editar normas específicas compatíveis com suas peculiaridades, além de poderem editar normas gerais em caso de omissão da União (art. 24, §§ 1º a 4º, CF/88).

Já no que diz respeito à Polícia Civil do Distrito Federal, tanto as normas gerais quanto as normas específicas são de competência legislativa privativa da União, não se aplicando nesse caso o art. 24, XVI, e § 1º, da CF/88, conforme o entendimento do Supremo Tribunal Federal que vimos acima.

▶ Competência material comum em relação aos recursos minerais

Os recursos minerais (inclusive os do subsolo) são bens da União, conforme o art. 20, IX, da CF/88. Por isso, há uma série de competências da União que estão ligadas a esse tema, pois, seguindo a lógica da predominância do interesse, se os recursos minerais são bens da União, é a União que deve legislar sobre eles, além de executar tarefas materiais que lhes sejam relacionadas. E, nesse sentido, a Constituição prevê, no art. 21, XXV, a competência da União para atuar materialmente na atividade de garimpagem e, no art. 22, XII, a competência da União para legislar sobre jazidas, minas e outros recursos minerais.

> "**Art. 20, CF/88.** São bens da União:
>
> (...)
>
> IX - os recursos minerais, inclusive os do subsolo;"

> "**Art. 21, CF/88.** Compete à União:
>
> (...)
>
> XXV - estabelecer as áreas e as condições para o exercício da atividade de garimpagem, em forma associativa."
>
> "**Art. 22, CF/88.** Compete privativamente à União legislar sobre:
>
> (...)
>
> XII - jazidas, minas, outros recursos minerais e metalurgia;"

Além disso, ainda levando em conta que os recursos minerais são bens da União e seguindo a lógica da predominância do interesse, a pesquisa e a lavra desses recursos somente podem ser efetuadas com autorização ou concessão da União, nos termos do art. 176, § 1º, da CF/88.

> "**Art. 176, § 1º, CF/88.** A pesquisa e a lavra de recursos minerais e o aproveitamento dos potenciais a que se refere o "*caput*" deste artigo somente poderão ser efetuados mediante autorização ou concessão da União, no interesse nacional, por brasileiros ou empresa constituída sob as leis brasileiras e que tenha sua sede e administração no País, na forma da lei, que estabelecerá as condições específicas quando essas atividades se desenvolverem em faixa de fronteira ou terras indígenas."

Portanto, o tema relativo à mineração e aos recursos minerais é, sem dúvida alguma, ligado à União. Apesar disso, os Estados, o DF e os Municípios possuem, juntamente com a União, uma competência material atinente a essa matéria. Trata-se da competência material comum da União, dos Estados, do Distrito Federal e dos Municípios para registrar, acompanhar e fiscalizar as concessões de direitos de pesquisa e exploração de recursos minerais em seus territórios, como prevê o art. 23, XI, da CF/88.

> "**Art. 23, CF/88.** É competência comum da União, dos Estados, do Distrito Federal e dos Municípios:
>
> (...)
>
> XI - registrar, acompanhar e fiscalizar as concessões de direitos de pesquisa e exploração de recursos hídricos e minerais em seus territórios;"

Então, embora os minerais sejam bens da União, o registro, o acompanhamento e a fiscalização da exploração dos recursos minerais são de competência material comum de todas as entidades federadas em cujos territórios essa exploração seja feita. Isso, embora excepcione a lógica da predominância do interesse, justifica-se por conta da previsão, no art. 20, § 1º, da CF/88, do direito dessas entidades federadas à participação no resultado financeiro da exploração desses recursos em seus limites territoriais ou a uma compensação financeira em virtude dessa exploração.

> "**Art. 20, § 1º, CF/88.** É assegurada, nos termos da lei, à União, aos Estados, ao Distrito Federal e aos Municípios a participação no resultado da exploração de petróleo ou gás natural, de recursos hídricos para fins de geração de energia elétrica e de outros recursos minerais no respectivo território, plataforma continental, mar territorial ou zona econômica exclusiva, ou compensação financeira por essa exploração."

Competência legislativa para disciplinar as águas

O tema das águas também é uma exceção à lógica geral do sistema de repartição de competências traçado na CF/88, mais precisamente, uma exceção à aplicação do princípio da predominância do interesse.

Isso porque, nos termos do art. 26, I, da CF/88, as águas são bens dos Estados-membros, mas a competência legislativa para tratar dessa matéria é privativa da União, conforme estabelece o art. 22, IV, da CF/88, assim como a competência material para gerenciar os recursos hídricos e para definir os critérios de outorga de uso desses recursos é exclusiva da União, como prevê o art. 21, XIX, da CF/88.

> "**Art. 26, CF/88.** Incluem-se entre os bens dos Estados:
>
> I - as águas superficiais ou subterrâneas, fluentes, emergentes e em depósito, ressalvadas, neste caso, na forma da lei, as decorrentes de obras da União;"
>
> "**Art. 21, CF/88.** Compete à União:
>
> (...)
>
> XIX - instituir sistema nacional de gerenciamento de recursos hídricos e definir critérios de outorga de direitos de seu uso;"
>
> "**Art. 22, CF/88.** Compete privativamente à União legislar sobre:
>
> (...)
>
> IV – águas, energia, informática, telecomunicações e radiodifusão;"

Como se pode perceber, trata-se de situação em que a Constituição deu a uma entidade federativa (a União) as competências legislativa e material para atuar em relação a um bem de propriedade de outra entidade federativa (os Estados), excepcionando, com isso, o princípio da predominância do interesse.

A razão dessa exceção, novamente, foi a necessidade de conferir tratamento uniforme ao tema em todo o território nacional, de modo que, embora se trate de bens pertencentes aos Estados-membros, as regras aplicáveis serão as mesmas em todo o País, o gerenciamento será o mesmo em todo o País (inclusive, existindo uma agência de águas com atuação em todo o território nacional, a ANA) e a outorga de uso seguirá o mesmo regime em todo o País, objetivos que só poderiam ser atingidos por meio da entrega da competência para a matéria à União.

É evidente, no entanto, que o fato de o tratamento do tema ser uniforme em âmbito nacional não impede que as peculiaridades de cada região do Brasil sejam consideradas no gerenciamento desses bens e na definição das regras aplicáveis, o que, inclusive, encontra-se consagrado na Lei nº 9.433/97 (conhecida como Lei das Águas), que prevê, no seu art. 3º, I e II, que a gestão dos recursos hídricos deve considerar aspectos como quantidade e qualidade da água, bem como as diversidades físicas, bióticas, demográficas, econômicas, sociais e culturais das diversas regiões do País.

Competências relacionadas ao gás natural

O tema do gás também foge da lógica geral do sistema de repartição de competências da CF/88.

Nos termos do art. 177, I, da CF/88, a pesquisa e a lavra de jazidas de gás natural são monopólio da União. Também é monopólio da União o transporte do gás natural de qualquer origem por meio de gasoduto, conforme consta do art. 177, IV, da CF/88. Além disso, nos termos do art. 20, IX, da CF/88, o gás natural em si é de propriedade da União, pois se trata de um recurso mineral.

> "**Art. 20, CF/88.** São bens da União:
>
> (...)
>
> IX - os recursos minerais, inclusive os do subsolo;"
>
> "**Art. 177, CF/88.** Constituem monopólio da União:
>
> I - **a pesquisa e a lavra das jazidas de** petróleo e **gás natural** e outros hidrocarbonetos fluidos;
>
> II - a refinação do petróleo nacional ou estrangeiro;
>
> III - a importação e exportação dos produtos e derivados básicos resultantes das atividades previstas nos incisos anteriores;
>
> IV - o transporte marítimo do petróleo bruto de origem nacional ou de derivados básicos de petróleo produzidos no País, bem assim **o transporte, por meio de conduto, de** petróleo bruto, seus derivados e **gás natural de qualquer origem**;
>
> V - a pesquisa, a lavra, o enriquecimento, o reprocessamento, a industrialização e o comércio de minérios e minerais nucleares e seus derivados, com exceção dos radioisótopos cuja produção, comercialização e utilização poderão ser autorizadas sob regime de permissão, conforme as alíneas b e c do inciso XXIII do *caput* do art. 21 desta Constituição Federal."

Esse monopólio da União, porém, **não inclui os serviços locais de gás canalizado**. A exploração dos serviços locais de gás canalizado é de competência (material) dos **Estados**, muito embora se trate de um serviço local (que, portanto, ao menos em tese, desperta interesse dos Municípios) e de um recurso natural de propriedade da União e cuja exploração se submete a monopólio federal.

A competência para a exploração dos serviços locais de gás canalizado, portanto, representa uma dupla exceção ao princípio da predominância do interesse, pois deixa de observar os interesses tanto dos Municípios (na prestação de um serviço **local**) quanto da União (na prestação de um serviço envolvendo um recurso natural de sua propriedade e cuja exploração se inclui em seu monopólio).

A previsão da competência dos Estados-membros para a exploração desses serviços encontra-se no art. 25, § 2º, da CF/88, segundo o qual, *"cabe aos Estados explorar diretamente, ou mediante concessão, os serviços locais de gás canalizado, na forma da lei, vedada a edição de medida provisória para a sua regulamentação"*.

A parte final desse dispositivo, a propósito, indica a possibilidade de existência de medida provisória estadual. Esse é o fundamento para se admitir o uso desse instrumento normativo pelos Governadores dos Estados. Porém, o que define se a medida provisória existe ou não no Estado é a sua previsão ou não na respectiva Constituição Estadual. E, para a hipótese de haver essa previsão, a Constituição Federal estabelece, aprioristicamente, uma matéria em relação à qual fica proibido o uso dessa espécie normativa: a regulamentação de serviço local de gás canalizado.

Um detalhe importante que o art. 25, § 2º, da CF/88 nos mostra é que, conforme já observamos anteriormente, embora determinado tema seja de interesse predominante de uma determinada esfera federativa, nem sempre essa esfera federativa será competente para dele tratar. Então, embora haja interesse local, nem sempre a competência será municipal, assim como, embora haja interesse federal, nem sempre a competência será da União.

Nesse sentido, quando a CF/88, excepcionalmente, apesar de haver interesse local na matéria, entregar a competência para outra entidade que não o Município (como ocorre com os serviços locais de gás canalizado), isso não representará violação da autonomia municipal e terá de ser respeitado, não podendo os Municípios atuar na questão, conforme, inclusive, já decidiu o STF. Vejamos:

> "A competência constitucional dos Municípios de legislar sobre interesse local não tem o alcance de estabelecer normas que a própria Constituição, na repartição das competências, atribui à União ou aos Estados." **(STF, RE 313060, Rel. Min. ELLEN GRACIE, Segunda Turma, j. em 29/11/2005)**

Esse julgado se aplica perfeitamente ao caso da exploração do serviço local de gás canalizado, pois, embora a decisão fale em "legislar", o mesmo raciocínio pode ser aplicado à competência material. Logo, a competência material dos Municípios para cuidar de assuntos de interesse local não pode impedir que um determinado tema seja tratado pelos Estados, se a Constituição, na repartição de competências, assim determinou, como é o caso do serviço local de gás canalizado.

▶ Competência para atuar no desenvolvimento urbano

Segundo o art. 21, XX, da CF/88, a União tem competência material exclusiva para instituir diretrizes em três áreas de interesse municipal, quais sejam, desenvolvimento urbano (inclusive, habitação), saneamento básico e transportes urbanos.

Nesses temas, portanto, também foi excepcionado o princípio da predominância do interesse, e essa opção do constituinte se deveu ao fato de se querer dar tratamento uniforme em todo o País às diretrizes para a prestação desses serviços de importância fundamental para os Municípios, o que apenas seria possível se a competência fosse da União.

Mas é importante notar que a competência dada à União não abrange a prestação dos serviços em si, mas apenas o estabelecimento de diretrizes a respeito deles. A prestação desses serviços fica a cargo dos próprios Municípios, conforme dispõe o art. 30 da CF/88 em seus incisos V e VIII, que preveem a competência municipal para a prestação de serviços públicos de interesse local (inclusive, o serviço de transporte coletivo) e para o ordenamento territorial.

Foi justamente com fundamento no art. 21, XX, da CF/88 (dentre outros dispositivos constitucionais) que o Supremo Tribunal Federal julgou constitucional a Lei 14.026/2020, que instituiu o chamado **novo marco legal do saneamento básico.**

O tema foi enfrentado pela Corte nas **ADIs 6492, 6536, 6583 e 6882**, julgadas em 02/12/2021. Nessas ações, dentre outras questões, foi alegada a inconstitucionalidade da Lei 14.026/2020 por violar a autonomia dos Municípios (que são os titulares do serviço de saneamento básico), em virtude de ela ter atribuído à União (por meio da Agência Nacional de Águas – ANA) a definição, para todo o País, das normas de referência para a regulação do serviço de saneamento básico. Além disso, a norma estabeleceu que a prestação desse serviço por entidade não integrante da Administração Pública deve necessariamente se dar por meio de contrato de concessão precedido de licitação, ficando vedada a celebração, para esse fim, de contrato de programa, convênio, termo de parceria ou outros instrumentos de natureza precária. Ou seja, também nesse aspecto teria havido, segundo alegado nas mencionadas ADIs, cerceamento indevido da autonomia municipal.

No entanto, o STF decidiu que **a Lei do Novo Marco Legal do Saneamento Básico não viola a autonomia municipal**, tendo em vista que a própria Constituição Federal estabelece ser da competência exclusiva da União a instituição de diretrizes para o saneamento básico (art. 21, XX), além de prever que a definição de normas gerais de licitações e contratos é da competência legislativa privativa da União. Tudo isso permite que uma lei federal de abrangência nacional atribua a uma agência reguladora federal (no caso, a ANA) a definição de normas gerais de regulação do serviço de saneamento básico e estabeleça a obrigatoriedade de realização de licitação e de celebração de contrato de concessão para a prestação desse serviço por entidade não integrante da Administração Pública.

A Corte esclareceu que essas disposições legais, editadas dentro dos limites permitidos na Constituição Federal (que prevê que o planejamento das políticas de saneamento básico não é de competência local), não retiram dos Municípios a titularidade do serviço de saneamento básico, mas tão somente fixam novas diretrizes com a finalidade de obter uma maior eficiência na prestação desse serviço, preservando, ainda, a autonomia dos Municípios para decidir se farão isso por meio de entidades integrantes da Administração ou não.

"**Art. 21, CF/88.** Compete à União:

(...)

XX - instituir **diretrizes para o desenvolvimento urbano**, inclusive habitação, saneamento básico e transportes urbanos;"

"***Art. 22, CF/88.*** Compete privativamente à União legislar sobre:

(...)

XXVII - normas gerais de licitação e contratação, em todas as modalidades, para as administrações públicas diretas, autárquicas e fundacionais da União, Estados, Distrito Federal e Municípios, obede-cido o disposto no art. 37, XXI, e para as empresas públicas e sociedades de economia mista, nos termos do art. 173, § 1°, III;

(...)"

"**Art. 30, CF/88.** Compete aos Municípios:

> (...)
>
> V - organizar e prestar, diretamente ou sob regime de concessão ou permissão, os serviços públicos de interesse local, incluído o de transporte coletivo, que tem caráter essencial;
>
> (...)
>
> VIII - promover, no que couber, adequado ordenamento territorial, mediante planejamento e controle do uso, do parcelamento e da ocupação do solo urbano;
>
> (...)"

▶ Competência para atuar em calamidades públicas

Nos termos do art. 21, XVIII, a União possui competência material exclusiva para planejar e promover a defesa permanente contra calamidades públicas, como secas e inundações.

A princípio, as calamidades públicas, por serem situações localizadas ou regionalizadas, são de interesse dos Municípios ou dos Estados, mas a Constituição Federal, com o intuito de conferir tratamento uniforme ao planejamento e à promoção de atividades tendentes a combatê-las, atribuiu a competência para esse planejamento à União, excepcionando, mais uma vez, o princípio da predominância do interesse.

Aqui também é necessário notar que o que foi atribuído à União foi apenas o planejamento e a promoção do combate às calamidades públicas, mas não a competência para executar ações específicas em face de situações calamitosas verificadas no caso concreto. Essas ações materiais concretas ficam a cargo dos Estados e dos Municípios, atuando, cada um deles, no respectivo âmbito de interesse, como decorre do art. 30, V, da CF/88 (que estabelece a competência dos Municípios para a prestação de serviços públicos de interesse local) e do art. 25, § 1º, da CF/88 (que prevê a competência remanescente dos Estados).

> "**Art. 21, CF/88.** Compete à União:
>
> (...)
>
> XVIII - **planejar e promover a defesa permanente contra as calamidades públicas**, especialmente as **secas** e as **inundações;**"

■ EXCEÇÕES À CORRELAÇÃO ENTRE COMPETÊNCIA LEGISLATIVA E COMPETÊNCIA MATERIAL

Também é possível identificar exceções à regra da correlação entre as competências legislativas e as competências materiais, isto é, hipóteses em que determinada esfera federativa, apesar de ter competência para legislar sobre um certo tema, não tem competência para executar tarefas materiais relacionadas a ele, e vice-versa.

Vamos ver alguns casos.

▶ Competência material comum para realizar desapropriação

Como se sabe, todos os entes da federação podem desapropriar bens. No entanto, a CF/88 não atribui a todos eles a competência legislativa para disciplinar a desapropriação.

O tema da desapropriação, portanto, é mais uma exceção à lógica do sistema, pois não obedece a correlação que, em regra, existe entre competência material e competência legislativa, já que, embora todos os entes federativos possam desapropriar, apenas a União pode legislar sobre esse assunto. Cuida-se de uma competência legislativa privativa da União, conforme prevê o art. 22, II, da CF/88.

O que ocorreu em relação ao tema da desapropriação foi que o constituinte decidiu dar a ele tratamento uniforme em todo o território nacional, de modo que, embora todas as esferas federativas tenham competência material para implementar desapropriações, é da União a atribuição de criar leis (aplicáveis em todo o País) que tratem dessa questão.

> "**Art. 22, CF/88.** Compete privativamente à União legislar sobre:
>
> (...)
>
> II – desapropriação;"

A localização do tema da desapropriação na repartição constitucional de competências foi objeto de questionamento, por exemplo, na prova do concurso para o cargo de Promotor de Justiça do MP/SP realizado pela VUNESP em 2015, na qual foi considerada incorreta a assertiva segundo a qual *"compete à União, aos Estados e ao Distrito Federal legislar concorrentemente sobre registros públicos, sistemas de consórcios e sorteios e desapropriação"*. Todos esses temas são de competência legislativa privativa da União, nos termos do art. 22, II, XX e XXV, da CF/88.

▶ Competências legislativa e material em relação ao trânsito

Nos termos do art. 22, XI, da CF/88, a competência para legislar sobre trânsito e transporte é privativa da União. No entanto, a competência material para realizar tarefas voltadas à educação e segurança no trânsito é comum a todas as entidades federativas, como prevê o art. 23, XII, da CF/88.

> "**Art. 22, CF/88.** Compete privativamente à União legislar sobre:
>
> (...)
>
> XI – trânsito e transporte;"
>
> "**Art. 23, CF/88.** É competência comum da União, dos Estados, do Distrito Federal e dos Municípios:
>
> (...)
>
> XII - estabelecer e implantar política de educação para a segurança do trânsito."

Como se pode perceber, cuida-se de mais uma exceção à lógica geral do sistema, pois não é observada a correlação entre competência legislativa e competência material.

Em relação ao tema do trânsito, portanto, o constituinte decidiu dar tratamento legislativo uniforme em todo o País (e, por isso, atribuiu a competência legislativa à União), mas descentralizou a execução de tarefas administrativas de caráter educativo e de promoção da segurança. Por conta disso, por exemplo, as regras para obtenção de carteira de habilitação são as mesmas em todo o território nacional, mas as campanhas de trânsito não necessariamente são as mesmas em todas as entidades federadas, podendo cada uma delas promover as que julgarem mais adequadas.

É importante esclarecer, a propósito, que **não se pode confundir a legislação sobre trânsito, que é uniforme em todo o País, com a regulamentação das vias públicas** (especialmente, das vias públicas urbanas), que é matéria de interesse local e nada tem a ver com a competência para legislar sobre trânsito. A regulamentação das vias públicas urbanas é tema de competência dos Municípios, pois é a eles que interessa predominantemente.

A regulamentação das vias públicas envolve questões como estabelecimento de limites de velocidade, rodízio de veículos, definição de direção e fluxo (mão e contramão), pedágio, áreas de estacionamento etc. Tudo isso não diz respeito à disciplina do trânsito, mas, sim, à regulamentação da utilização das vias públicas, e a jurisprudência tradicional do STF é no sentido de que a disciplina da utilização das vias públicas municipais é de competência dos respectivos Municípios. Confira, por exemplo, o seguinte precedente da década de 1960:

> "Cabe ao Município regular a utilização das vias públicas dentro de sua área territorial e determinar os pontos de estacionamento de veículos (...)." **(RMS 9190, Rel. Min. VICTOR NUNES, Pleno, j. em 22/01/1962)**

Portanto, legislar sobre trânsito não se confunde com legislar sobre utilização de vias públicas. São coisas distintas de competências também distintas.

▶ Competência para explorar e legislar sobre loteria

A loteria é um serviço público e tem regulamentação no Decreto-Lei 204/1967, que, no seu art. 1º, prevê a exclusividade da União na sua exploração, vedando expressamente a atuação dos Estados nessa atividade.

> "**Art. 1º, Decreto-Lei 204/67.** A exploração de loteria, como derrogação excepcional das normas do Direito Penal, constitui serviço público exclusivo da União não suscetível de concessão e só será permitida nos termos do presente Decreto-lei."

Essa vedação à atuação dos Estados no serviço de loteria é admitida, tendo em vista o esquema de repartição de competências da CF/88?

Esse questionamento foi enfrentado pelo STF nas **ADPFs 492 e 493** e na **ADI 4986**, julgadas em 30/09/2020. Nesse julgamento, a Suprema Corte decidiu que a Constituição Federal, embora preveja a competência privativa da União para legislar sobre serviços lotéricos (art. 22, XX), não prevê a sua exclusividade na respectiva exploração, de modo que não pode uma norma infraconstitucional se intrometer na disciplina da repartição de competências (que é tratada na Constituição) e restringir a autonomia dos Estados onde o texto constitucional não o fez.

> "**Art. 22, CF/88.** Compete privativamente à União legislar sobre:
>
> (...)
>
> XX - sistemas de consórcios e sorteios;
>
> (...)"

No caso, o STF diferenciou a competência legislativa da competência administrativa para a atuação na matéria, esclarecendo que o que a Constituição Federal atribui privativamente à União é apenas a competência legislativa para disciplinar o serviço lotérico, mas não a competência administrativa (material) para explorar as loterias. Nesse sentido, inclusive, a Súmula Vinculante nº 2 estabelece que "*é inconstitucional a lei ou ato normativo estadual ou distrital que disponha sobre sistemas de consórcios e sorteios, inclusive bingos e loterias*".

Consequentemente, considerando que o art. 25, § 1º, da CF/88 reserva aos Estados as competências que não tenham sido atribuídas às outras esferas federativas, deve-se reconhecer que eles têm competência constitucional para a exploração do serviço público lotérico e que podem, inclusive, regulamentar como essa exploração deve ser feita.

> "**Art. 25, § 1º, CF/88.** São reservadas aos Estados as competências que não lhes sejam vedadas por esta Constituição."

O STF destacou, porém, que a possibilidade de os Estados regulamentarem como explorarão as loterias não significa que eles podem legislar sobre o tema e estabelecer a própria disciplina do serviço lotérico (a exemplo das modalidades admitidas), pois a definição das diretrizes desse serviço se insere na competência legislativa privativa da União, devendo a exploração pelos Estados se dar nos termos delineados na legislação federal.

Há nesse tema, portanto, uma dissociação entre a competência legislativa e a competência material, excepcionando a regra geral do sistema.

COMPETÊNCIA PARA LEGISLAR SOBRE OS RAMOS DO DIREITO

Por conta da sua especificidade e da alta incidência em provas, é interessante tratar em tópico específico a distribuição feita pela CF/88 das competências para legislar sobre os diversos ramos do direito. Isso é tratado nos arts. 22 e 24 da CF/88.

■ TEMAS DE COMPETÊNCIA PRIVATIVA DA UNIÃO

O art. 22, I, da CF/88 trata dos ramos do direito, estabelecendo que se inserem na competência legislativa **privativa da União**:

a) Direito civil;

b) Direito comercial;

c) Direito penal;

d) Direito processual (tanto civil quanto penal);

e) Direito eleitoral;

f) Direito agrário;

g) Direito marítimo;

h) Direito aeronáutico;

i) Direito espacial; e

j) Direito do trabalho.

A lógica adotada nesse dispositivo é a do tratamento uniforme combinada com o princípio da predominância do interesse.

O constituinte, ao estabelecer a competência da União para disciplinar essas matérias, pretendeu que elas fossem tratadas da mesma maneira em todo o País. Ter isso em mente, inclusive, pode servir como uma estratégia de estudo para facilitar a memorização dessa lista, pois basta lembrar que, quando um determinado ramo do direito tem disciplina única em todo o território nacional, sem edição de normas pelos Estados e pelos Municípios, significa que a competência para legislar sobre ele é privativa da União.

Além disso, em algumas das matérias elencadas acima, é possível identificar facilmente a forte presença de interesse de abrangência nacional, como é o caso do direito marítimo, do direito aeronáutico e do direito espacial, que tratam de espaços e atividades com alcance em todo o País. Nesse sentido, considerando o princípio da predominância do interesse, a disciplina desses temas foi atribuída pelo constituinte à União.

> "**Art. 22, CF/88.** Compete **privativamente à União** legislar sobre:
> I - direito civil, comercial, penal, processual, eleitoral, agrário, marítimo, aeronáutico, espacial e do trabalho;"

A lista dos ramos do direito de competência legislativa privativa da União costuma ser objeto de questionamento em provas. Por exemplo, no concurso para o cargo de Promotor de Justiça do MP/SP realizado pela VUNESP em 2015, foi considerada incorreta a assertiva segundo a qual *"compete à União, aos Estados e ao Distrito Federal legislar concorrentemente sobre direito civil, comercial, penal, processual, eleitoral, agrário, marítimo, aeronáutico, espacial e do trabalho"*. Como acabamos de ver, esses temas são de competência legislativa privativa da União, nos termos do art. 22, I, da CF/88.

■ TEMAS DE COMPETÊNCIA LEGISLATIVA CONCORRENTE

O art. 24 da CF/88 disciplina a competência legislativa concorrente e, nos seus incisos I, II, V, VI, VIII, XII e XV, elenca os ramos do direito que nela estão inseridos. São os seguintes:

- **a)** Direito tributário (inciso I);
- **b)** Direito financeiro (inciso I);
- **c)** Direito penitenciário (inciso I);
- **d)** Direito econômico (inciso I);
- **e)** Direito urbanístico (inciso I);
- **f)** Direito orçamentário (inciso II);
- **g)** Direito ambiental (incisos VI e VIII);
- **h)** Direito do consumidor (incisos V e VIII);

i) Direito previdenciário (inciso XII);

j) Direito da criança e do adolescente (inciso XV).

Além disso, os incisos III e XI do art. 24 da CF/88 incluem na competência legislativa concorrente, respectivamente, uma questão específica do direito comercial e um aspecto específico do direito processual, quais sejam:

l) O tratamento das juntas comerciais (inciso III); e

ll) A disciplina de procedimentos em matéria processual (inciso XI).

> "**Art. 24, CF/88.** Compete à União, aos Estados e ao Distrito Federal legislar concorrentemente sobre:
>
> I - direito tributário, financeiro, penitenciário, econômico e urbanístico;
>
> II - orçamento;
>
> III - juntas comerciais;
>
> (...)
>
> V - produção e consumo;
>
> VI - florestas, caça, pesca, fauna, conservação da natureza, defesa do solo e dos recursos naturais, proteção do meio ambiente e controle da poluição;
>
> (...)
>
> VIII - responsabilidade por dano ao meio ambiente, ao consumidor, a bens e direitos de valor artístico, estético, histórico, turístico e paisagístico;
>
> (...)
>
> XI - procedimentos em matéria processual;
>
> XII - previdência social, proteção e defesa da saúde;
>
> (...)
>
> XV - proteção à infância e à juventude;
>
> (...)"

Conforme destacado anteriormente, a literalidade das competências enumeradas na Constituição Federal é comumente exigida nas provas dos diversos concursos públicos, e com o rol de temas da competência legislativa concorrente transcrito acima, a situação não é diferente. Por exemplo, na prova do concurso para o cargo de Promotor de Justiça do MP/SP realizada pela VUNESP em 2015, foi considerada correta a assertiva segundo a qual *"compete à União, aos Estados e ao Distrito Federal legislar concorrentemente sobre direito tributário, financeiro, penitenciário, econômico e urbanístico"*.

A lógica do tratamento uniforme também pode ser aplicada para facilitar o estudo e a memorização da lista de ramos do direito inseridos no âmbito da competência legislativa concorrente. Mas aqui ela deve ser aplicada *"a contrario sensu"*, da seguinte forma: esses temas, por escolha do constituinte, não precisam receber tratamento uniforme em todo o território nacional, logo, todas as entidades federativas podem legislar a respeito, e não apenas a União.

Nessa linha de raciocínio, sempre que um determinado ramo do direito não tiver tratamento único em todo o País, havendo leis editadas pelos Estados e pelos

Municípios, significará que faz parte do rol de matérias da competência legislativa concorrente.

Por exemplo, o direito penal, o direito civil, o processo civil, o direito do trabalho, o direito agrário e o direito comercial são iguais em todo o território nacional, são uniformes em todo o País, recebem tratamento apenas de leis editadas pelo Congresso Nacional, de modo que são da competência da União. Por outro lado, o direito tributário não é igual em todo o território nacional (cada ente federado possui seus próprios tributos etc.) e, portanto, é de competência de todos os entes, assim como ocorre com a regulação urbanística, que não é a mesma em todo o País, de modo que não é apenas a União que legisla a seu respeito.

Além disso, para compreender a inclusão dessas matérias na competência legislativa concorrente, é necessário ter em mente a lógica federativa, especialmente, a autonomia das entidades federadas.

Conforme vimos ao estudarmos as características do Estado federal, em uma federação, as suas entidades integrantes são dotadas de autonomia, e essa autonomia compreende determinadas capacidades, como a auto-organização, a autolegislação, a autoadministração e as autonomias financeira, orçamentária e tributária.

É necessário que a repartição de competências leve em conta a autonomia e as capacidades das entidades federadas, pois, se assim não for, os entes federativos, em última análise, não terão autonomia alguma (pois não terão competência para atuar nas questões atinentes à autonomia) e, consequentemente, nem mesmo será possível falar na existência de uma federação, já que o Estado federal tem como característica inerente a pluralidade de fontes autônomas de poder. Em outras palavras, a autonomia das entidades integrantes da federação é da natureza do Estado federal, o que faz com que a repartição de competências tenha de ser orientada por essa característica.

Nessa linha de pensamento, tomemos como exemplo o direito financeiro, que trata das receitas e das despesas públicas. A competência para legislar sobre direito financeiro é concorrente (art. 24, I, CF/88), o que não poderia ser diferente, pois, dentro da autonomia de que são dotadas, as entidades federadas têm autonomia financeira. Ora, se os entes federativos possuem autonomia financeira, é indispensável que todos eles tenham poderes para decidir sobre as questões atinentes a essa autonomia, logo, todos os entes da federação têm que ter competência para legislar sobre direito financeiro.

Exatamente a mesma análise pode ser feita em relação ao direito tributário. Considerando que todas as entidades federativas possuem autonomia tributária, a todas elas devem ser asseguradas competência para tratar de direito tributário, motivo pelo qual, essa matéria se encontra inserida na competência legislativa concorrente (art. 24, I, CF/88).

A inclusão do direito econômico no campo da competência legislativa concorrente também pode ser justificada sob a ótica da lógica federativa, mas com uma abordagem diversa da que vimos em relação ao direto financeiro e ao direito tributário.

O direito econômico é o ramo do direito que regula a produção e a circulação de produtos e de serviços, é o ramo do direito que cuida da geração de riqueza e do desenvolvimento nacional econômico. Ora, considerando que um dos objetivos da República Brasileira é garantir o desenvolvimento nacional (art. 3º, II, CF/88), todas as entidades integrantes da federação, em última análise, têm esse objetivo, de modo que é necessário que todas elas tenham competência para tratar de direito econômico, cada uma atuando de acordo com as suas peculiaridades.

Um exemplo de tema que, segundo o STF, diz respeito a direito econômico é a meia-entrada, que, justamente por ser de competência legislativa concorrente (e não privativa da União), não é tratada de maneira uniforme em todo o território nacional, podendo cada Estado ter regras próprias a seu respeito, ainda que a União estabeleça as regras gerais aplicáveis em todo o País.

POSSIBILIDADE DE DELEGAÇÃO DA COMPETÊNCIA LEGISLATIVA PRIVATIVA DA UNIÃO

Como vimos, a competência privativa, embora seja atribuída a uma única esfera federativa, pode ser delegada.

Na Constituição Brasileira de 1988, a União é a entidade que possui competência legislativa privativa, conforme está previsto no art. 22. Esse dispositivo traz uma lista das matérias inseridas na competência legislativa privativa da União e, em seu parágrafo único, permite que elas sejam delegadas aos Estados (e, naturalmente, ao Distrito Federal), sem, contudo, incluir os Municípios nessa possibilidade. Essa delegação deve ser feita por lei **complementar** (não se admitindo que se dê por lei ordinária) e não pode ser ampla e irrestrita, devendo se limitar a questões específicas das matérias elencadas no art. 22 da CF/88.

> "**Art. 22, CF/88.** Compete privativamente à União legislar sobre:
>
> (...)
>
> **Parágrafo único.** Lei complementar poderá autorizar os Estados a legislar sobre questões específicas das matérias relacionadas neste artigo."

Resumindo, essa delegação possui três requisitos:

1) Deve ser feita por meio de lei **complementar** (e não ordinária);
2) Deve ter por objeto uma **questão específica** das matérias do art. 22 da CF/88, não podendo ser ampla e irrestrita nem tampouco envolver matéria não contemplada no art. 22 da CF/88;
3) Se for feita, **deve ser dirigida a todos os Estados e ao DF**, sem distinção. Isso porque, se a União delegar tão somente a um determinado Estado ou a uma pluralidade restrita de Estados, ofenderá a igualdade das entidades federadas e, assim, desrespeitará o art. 19, III, da CF/88, que proíbe que os entes federativos criem preferências entre si.

Um **exemplo** de lei complementar que realizou essa delegação é a LC 103/2000, que trata do piso salarial.

DISCIPLINA DA COMPETÊNCIA LEGISLATIVA CONCORRENTE NA CF/88

As regras disciplinadoras da competência legislativa concorrente estão dispostas, principalmente, no *caput* e nos parágrafos do art. 24 da CF/88.

Segundo o *caput* do art. 24 da CF/88, a competência legislativa concorrente é atribuída à União, aos Estados e ao Distrito Federal. Não houve a previsão dos Municípios nesse dispositivo.

Nos termos do § 1º, no âmbito da competência concorrente, o papel da União é o de criar **normas de caráter geral**, que serão aplicáveis em todo o território nacional. Já o papel dos Estados e do Distrito Federal, segundo o § 2º, é o de **suplementar as normas gerais editadas pela União**, editando normas específicas para atender suas peculiaridades.

Na eventualidade de a União não exercer sua competência para editar normas gerais, os Estados e o Distrito Federal podem, conforme autoriza o § 3º, exercer a competência legislativa plena, ou seja, podem editar tanto as normas específicas quanto as normas gerais.

Mas o fato de os Estados e o DF terem exercido a competência plena não impede que, em momento posterior, a União saia da inércia e edite a lei sobre normas gerais. Nessa hipótese, a lei editada pela União não revogará as normas criadas pelos Estados e pelo Distrito Federal, mas tão somente as suspenderá no que forem incompatíveis.

> "**Art. 24, CF/88.** Compete à União, aos Estados e ao Distrito Federal legislar concorrentemente sobre:
>
> (...)
>
> **§ 1º** - No âmbito da legislação concorrente, a competência da União limitar-se-á a estabelecer **normas gerais**.
>
> **§ 2º** - A competência da União para legislar sobre normas gerais não exclui a **competência suplementar dos Estados**.
>
> **§ 3º** - Inexistindo lei federal sobre normas gerais, os Estados exercerão a **competência legislativa plena**, para atender a suas peculiaridades.
>
> **§ 4º** - A superveniência de lei federal sobre normas gerais **suspende a eficácia** da lei estadual, no que lhe for contrário."

▪ NOVA TENDÊNCIA NA JURISPRUDÊNCIA DO STF SOBRE OS TEMAS DA COMPETÊNCIA LEGISLATIVA CONCORRENTE

Tradicionalmente, a jurisprudência do Supremo Tribunal Federal assumiu uma postura de, no que diz respeito à repartição de competências, concentrar poderes nas "mãos" da União, isto é, sempre houve uma tendência na Corte de, ao se deparar com um questionamento sobre a validade de uma norma à luz da competência constitucional para editá-la, concluir, quando houvesse espaço para dúvidas, que o ente competente era a União, e não os Estados (ou mesmo os Municípios).

Hoje, porém, é possível notar uma inversão nesse cenário. Atualmente, o Supremo Tribunal Federal vem reiteradamente privilegiando a autonomia das entidades federativas descentralizadas (Estados e Municípios), o que é feito, na maioria das vezes, com fundamento na competência legislativa concorrente. Em mais de um julgado (por exemplo, a ADI 6066 e a ADI 3110), a Corte afirmou que, nos casos em que se questiona a competência para editar uma norma que envolve mais de uma matéria, o intérprete deve dar primazia à interpretação que favoreça a preservação da competência dos entes federados menores, como forma de fortalecer o pacto federativo.

É por isso que, por exemplo, no tema das telecomunicações, quando há questionamento sobre a competência para editar determinada norma e essa norma pode ser enquadrada nos temas inseridos na competência legislativa concorrente (art. 24, CF/88), o STF vem, na maioria dos casos, decidindo pela competência dos entes menores (notadamente os Estados). Apenas quando não é possível enquadrar a norma nas hipóteses da legislação concorrente é que tem sido reconhecida como competente a União.

Trataremos com mais detalhes dessa questão no tópico reservado à análise da jurisprudência do Supremo Tribunal Federal sobre os serviços de telecomunicações.

■ AS ESPÉCIES DE COMPETÊNCIA LEGISLATIVA CONCORRENTE DOS ESTADOS E DO DISTRITO FEDERAL

Segundo o Supremo Tribunal Federal, a competência legislativa concorrente dos Estados e do DF pode ser de **duas espécies**:

1) **Competência concorrente não cumulativa (também chamada de suplementar)**: é aquela exercida quando já existe lei federal sobre normas gerais, ou seja, é a hipótese do art. 24, § 2º, da CF/88.

2) **Competência concorrente cumulativa**: é a exercida pelos Estados e pelo DF na ausência de normas gerais editadas pela União. É cumulativa porque os Estados e o DF, nesse caso, em virtude da ausência da lei federal, cumulam as competências legislativas para editar normas gerais e para editar normas suplementares.

Essa nomenclatura foi adotada pelo STF, por exemplo, na **ADI 3098**, conforme consta da ementa do julgado:

> "(...) I. - **O art. 24 da CF compreende competência estadual concorrente não-cumulativa ou suplementar (art. 24, § 2º) e competência estadual concorrente cumulativa (art. 24, § 3º).** Na primeira hipótese, existente a lei federal de normas gerais (art. 24, § 1º), poderão os Estados e o DF, **no uso da competência suplementar, preencher os vazios da lei federal de normas gerais**, a fim de afeiçoá-la às peculiaridades locais (art. 24, § 2º); na segunda hipótese, poderão os Estados e o DF, **inexistente a lei federal de normas gerais, exercer a competência legislativa plena "para atender a suas peculiaridades" (art. 24, § 3º).** Sobrevindo a lei federal de normas gerais, suspende esta a eficácia da lei estadual, no que lhe for contrário (art. 24, § 4º). II. - A Lei 10.860, de 31.8.2001, do Estado de São Paulo foi além da competência estadual concorrente não-cumulativa e cumulativa, pelo que afrontou a Constituição Federal, art. 22, XXIV, e art. 24, IX, § 2º e § 3º. (...)" **(ADI 3098/SP; Julgamento: 24/11/2005)**

É importante registrar, em virtude da importância do autor para o estudo do direito constitucional, que Pedro Lenza chama a competência dos Estados no âmbito da legislação concorrente (art. 24, CF/88) de competência suplementar (seguindo, portanto, a nomenclatura do § 2º desse artigo). E o que chamamos aqui de competência concorrente não cumulativa ele chama de competência suplementar complementar, enquanto o que chamamos de competência concorrente cumulativa ele chama de competência suplementar supletiva.

Apesar dessas diferenças, em alguns julgados do STF também é possível encontrar a terminologia utilizada por Pedro Lenza, como ocorreu, por exemplo, na ADI 2818.

■ PREVISÃO DE COMPETÊNCIA LEGISLATIVA CONCORRENTE FORA DO ART. 24 DA CF/88

É necessário registrar que há, na CF/88, previsão expressa de competência legislativa concorrente fora do art. 24. Essa previsão se encontra no art. 219-B, que trata do Sistema Nacional de Ciência, Tecnologia e Inovação (SNCTI) e foi introduzido pela EC 85/2015.

Os §§ 1º e 2º desse artigo deixam claro que a competência para legislar sobre o SNCTI é concorrente, pois estabelecem que as normas gerais serão veiculadas em lei federal (que é editada pela União) e que os Estados, o Distrito Federal e os Municípios legislarão concorrentemente sobre suas peculiaridades.

Interessante notar que, apesar de não terem sido contemplados no art. 24 da CF/88, que é o dispositivo central da disciplina da competência legislativa concorrente, os Municípios foram expressamente incluídos na legislação concorrente sobre o SNCTI (art. 219-B, CF/88).

> "**Art. 219-B, CF/88.** O Sistema Nacional de Ciência, Tecnologia e Inovação (SNCTI) será organizado em regime de colaboração entre entes, tanto públicos quanto privados, com vistas a promover o desenvolvimento científico e tecnológico e a inovação.
>
> **§ 1º** Lei federal disporá sobre as **normas gerais** do SNCTI.
>
> **§ 2º** Os Estados, o Distrito Federal e os Municípios **legislarão concorrentemente sobre suas peculiaridades**."

Nesse artigo, a CF/88, mais uma vez, adota a correlação entre a competência material (*caput*) e a competência legislativa (parágrafos), pois todos os entes federados realizam tarefas materiais (competência material comum) e todos eles legislam sobre o tema (competência legislativa concorrente).

■ AS ENTIDADES FEDERATIVAS QUE POSSUEM COMPETÊNCIA LEGISLATIVA CONCORRENTE

Conforme vimos, o *caput* do art. 24 da CF/88, ao indicar os entes federados que podem atuar na legislação concorrente, conferiu competência apenas à União, aos Estados e ao Distrito Federal. Isso, no entanto, não é obstáculo a que os Municípios legislem sobre temas incluídos no âmbito da competência legislativa concorrente, desde que o façam nos limites dos interesses locais e para suplementar as normas editadas pela União e pelos Estados.

Ou seja, a competência suplementar dos Estados e do DF no âmbito da competência legislativa concorrente não impede a competência suplementar dos Municípios para tratar das matérias que apresentem interesse local.

Isso decorre do art. 30, II, da CF/88, segundo o qual, os Municípios possuem competência para *"suplementar a legislação federal e a estadual **no que couber**"*.

> "**Art. 30, CF/88.** Compete aos Municípios:
> I - legislar sobre assuntos de interesse local;
> II - suplementar a legislação federal e a estadual **no que couber**;"

A expressão "no que couber" contida nesse dispositivo significa duas coisas:

I) Que o que for matéria de competência privativa da União não pode ser suplementada pelos Municípios, já que apenas a União pode tratar delas; e

II) Que nem todas as matérias do art. 24 da CF/88 comportam suplementação pelos Municípios. Isso porque existem temas que são de interesse apenas nacional ou apenas regional (estadual) e que, por isso, não comportam suplementação pelos Municípios, já que, por força do princípio da predominância do interesse (que é adotado pela CF/88), aos Municípios, em regra, cabe tratar apenas de questões de interesse local, conforme, inclusive, consta expressamente do art. 30, I, da CF/88. Portanto, a expressão "no que couber" contida no art. 30 II, da CF/88 significa "naquilo que for de interesse local".

Resumindo: com fundamento no art. 30, II, da CF/88, os Municípios podem suplementar a legislação federal e a estadual inseridas no âmbito da competência concorrente, desde que envolva questão de interesse local.

Vejamos alguns exemplos.

O tema das custas dos serviços forenses encontra-se elencado no art. 24 da CF/88, mas não admite suplementação municipal, pois os Municípios não possuem Poder Judiciário, de modo que não há interesse local nessa questão. Da mesma forma, a organização da polícia civil não pode ser suplementada pelos Municípios, já que eles não possuem polícia civil (embora possuam guarda civil). Porém, há matérias do art. 24 da CF/88 que despertam interesse local, e, em relação a elas, o Município pode suplementar as normas federais e estaduais, como é o caso da proteção do consumidor, do meio ambiente, da educação, da cultura etc.

A partir do que vimos acima, é possível afirmar que os Municípios possuem competência legislativa concorrente? Esse questionamento não possui uma resposta simples e precisa. O que podemos afirmar a esse respeito é o seguinte:

I) Os Municípios não foram contemplados de forma genérica como entidades dotadas de competência legislativa concorrente, pois não se encontram previstos no *caput* do art. 24 da CF/88.

II) Os Municípios podem legislar sobre matérias inseridas no âmbito da competência legislativa concorrente, desde que haja interesse local que justifique.

III) Os Municípios possuem competência legislativa concorrente expressamente prevista na CF/88 para uma única matéria específica, qual seja, o Sistema Nacional de Ciência, Tecnologia e Informação (SNCTI), conforme prevê o art. 219-B da CF/88.

Apesar de os Municípios não terem sido contemplados pela CF/88 de forma expressa e genérica na competência legislativa concorrente, a banca CESPE sempre teve o costume de tratá-los como entidades federadas dotadas de competência legislativa concorrente, como ocorreu no concurso para o cargo de Procurador Federal do ano 2010, em que foi considerada incorreta a assertiva segundo a qual *"os municípios não podem legislar sobre normas de direito financeiro concorrentemente com a União"*.

Como se pode perceber, nessa questão, o CESPE, por conta da autorização contida no art. 30, II, da CF/88 (que permite aos Municípios a edição de normas sobre temas inseridos no âmbito da legislação concorrente), entendeu que os Municípios possuem competência legislativa concorrente ao lado da União, dos Estados e do Distrito Federal. E, no momento da realização dessa prova, nem mesmo se encontrava em vigor a EC 85/2015, que foi a responsável por inserir o art. 219-B na CF/88, o qual, como vimos, é o único dispositivo constitucional que atribui competência legislativa concorrente aos Municípios de forma expressa.

Resumindo:

a) No texto da CF/88, não há previsão expressa no sentido de os Municípios terem competência legislativa concorrente genérica, isto é, para tratar de todos os temas inseridos na legislação concorrente.

b) Apesar de não se encontrarem inseridos expressamente no rol de entidades federadas dotadas de competência legislativa concorrente, os Municípios podem editar normas sobre os temas da legislação concorrente, para suplementar as normas federais e as estaduais, desde que haja interesse local.

c) É possível afirmar, sem dúvida alguma, que os Municípios possuem competência legislativa concorrente, porém, a competência legislativa concorrente municipal apenas tem previsão expressa no texto constitucional para o tema específico do Sistema Nacional de Ciência, Tecnologia e Inovação (art. 219-B), não alcançando todos os temas da legislação concorrente.

▪ POSSIBILIDADE DE AS NORMAS ESTADUAIS ESTABELECEREM NÍVEL DE PROTEÇÃO MAIOR DO QUE O DAS NORMAS GERAIS FEDERAIS

Como vimos, no âmbito da competência legislativa concorrente, cabe à União estabelecer normas gerais, e aos Estados, normas específicas para atender suas peculiaridades.

No entanto, segundo vem se consolidando na jurisprudência do Supremo Tribunal Federal, essa divisão de tarefas determinada pela CF/88 na legislação concorrente não impede que, mesmo havendo uma norma geral federal sobe determinada matéria, os Estados editem normas que se sobreponham a essa disciplina geral criada pela União, se o fizerem para **aumentar o grau de proteção** conferido pela norma federal a bens e interesses constitucionalmente tutelados. Ou seja, a legislação federal, na competência concorrente, acaba assumindo a função de tão somente assegurar uma **proteção mínima**, não impedindo que a legislação estadual estabeleça um nível protetivo maior, ainda que em aspectos do tema que, a princípio, devam ser tratados em normas gerais.

Esse entendimento foi adotado pelo STF em mais de uma oportunidade.

Por exemplo, na **ADI 3470**, julgada em 29/11/2017, o Supremo Tribunal Federal considerou constitucional uma lei do Estado do Rio de Janeiro que, tratando de questões atinentes à proteção da saúde, do consumo e do meio ambiente (temas da competência legislativa concorrente, de acordo com o art. 24, V, VI, VIII e XII, da CF/88), proibiu o uso do amianto na indústria e na construção civil, estabelecendo em relação ao tema um grau protetivo maior do que o que havia sido estabelecido no art. 2º da Lei Federal 9.055/95, que tolerava a utilização dessa substância. Inclusive, em virtude de proporcionar uma proteção deficiente, o dispositivo da lei federal foi declarado inconstitucional de forma incidental nesse julgamento.

Conforme constou da ementa desse julgado, *"a Lei n° 3.579/2001, do Rio de Janeiro, que dispõe sobre a progressiva substituição da produção e do uso do asbesto/amianto no âmbito do Estado, veicula normas incidentes sobre produção e consumo, proteção do meio ambiente, controle da poluição e proteção e defesa da saúde, matérias a respeito das quais, a teor do art. 24, V, VI e XII, da CF, compete à União, aos Estados e ao Distrito Federal legislar concorrentemente. (...) No modelo federativo brasileiro, estabelecidas pela União as normas gerais para disciplinar a extração, a industrialização, a utilização, a comercialização e o transporte do amianto e dos produtos que o contêm, aos Estados compete, além da supressão de eventuais lacunas, a previsão de normas destinadas a complementar a norma geral e a atender as peculiaridades locais, respeitados os critérios da preponderância do interesse local, do exaurimento dos efeitos dentro dos respectivos limites territoriais e da* ***vedação da proteção insuficiente****. Ao assegurar* ***nível mínimo de proteção*** *a ser necessariamente observado em todos os Estados da Federação,* ***a Lei nº 9.055/1995, na condição de norma geral, não se impõe como obstáculo à maximização dessa proteção pelos Estados****, ausente eficácia preemptiva da sua atuação legislativa, no exercício da competência concorrente. A Lei nº 3.579/2001 do Estado do Rio de Janeiro* ***não excede dos limites da competência concorrente suplementar dos Estados****, consentânea a proibição progressiva nela encartada com a diretriz norteadora da Lei nº 9.055/1995 (norma geral), inocorrente afronta ao art. 24, V, VI e XII, e §§ 2º, 3º e 4º, da CF".*

Essa linha de raciocínio também foi adotada pelo STF na **ADI 4619**, julgada em 09/10/2020. Nessa ação, foi impugnada uma lei do Estado de São Paulo que estabeleceu, como condição para a comercialização de produtos transgênicos destinados à agricultura ou ao consumo humano ou animal, a obrigação de que a presença do organismo geneticamente modificado, quando **igual ou superior** a 1% (um por cento), seja informada nos respectivos rótulos.

As questões enfrentadas pelo STF nesse caso foram as seguintes:

a) A norma impugnada invade a competência privativa da União para legislar sobre direito comercial (art. 22, I, CF/88)?

b) Ainda que se entenda que não se trata de um tema de direito comercial, a norma estadual questionada invade a competência da União para editar normas gerais no âmbito da legislação concorrente (art. 24, § 1º, CF/88)? Isso porque ela contraria a disciplina dada ao mesmo tema pelo Decreto 4.680/03, que foi editado pelo Governo Federal para regulamentar o direito do consumidor à informação, e estabeleceu a obrigação de que a presença de organismos transgênicos nos produtos seja informada nos respectivos rótulos apenas quando for **superior** a 1%.

Ao julgar a ação, o STF entendeu que a norma impugnada não trata de direito comercial, mas de produção e consumo e de proteção e defesa da saúde, que são temas inseridos na competência legislativa concorrente (art. 24, V e XII). Logo, não se trata de matéria que compete apenas à União, podendo os Estados legislar a seu respeito.

Quanto à alegação de ofensa ao âmbito de competência da União para, na legislação concorrente, editar norma gerais, o Supremo Tribunal Federal entendeu que o que a norma estadual impugnada fez foi **ampliar o grau de proteção** estabelecido pela norma federal, o que é possível. Segundo esclareceu a Ministra Rosa Weber (Relatora do caso), *"o que se verifica é a implementação de critério mais protetivo e favorável ao consumidor e à proteção do direito à saúde"*.

Com esses fundamentos, a Corte julgou a ação improcedente e reconheceu a constitucionalidade da norma, seguindo a sua tendência de permitir que, no âmbito da competência legislativa concorrente, normas estaduais tratem de aspectos gerais sobre os temas do art. 24 da CF/88, se o fizerem para ampliar a proteção dada a bens e interesses constitucionalmente tutelados.

Confira os dispositivos constitucionais mencionados nos julgados referidos acima:

"**Art. 22, CF/88.** Compete privativamente à União legislar sobre:

I - direito civil, **comercial**, penal, processual, eleitoral, agrário, marítimo, aeronáutico, espacial e do trabalho;

(...)"

"**Art. 24, CF/88.** Compete à União, aos Estados e ao Distrito Federal legislar concorrentemente sobre:

I - direito tributário, financeiro, penitenciário, econômico e urbanístico;

II - orçamento;

III - juntas comerciais;

IV - custas dos serviços forenses;

V - produção e consumo;

VI - florestas, caça, pesca, fauna, conservação da natureza, defesa do solo e dos recursos naturais, **proteção do meio ambiente** e **controle da poluição**;

VII - proteção ao patrimônio histórico, cultural, artístico, turístico e paisagístico;

VIII - responsabilidade por dano ao **meio ambiente**, ao **consumidor**, a bens e direitos de valor artístico, estético, histórico, turístico e paisagístico;

IX - educação, cultura, ensino, desporto, ciência, tecnologia, pesquisa, desenvolvimento e inovação;

X - criação, funcionamento e processo do juizado de pequenas causas;

XI - procedimentos em matéria processual;

XII - previdência social, **proteção e defesa da saúde**;

XIII - assistência jurídica e Defensoria pública;

XIV - proteção e integração social das pessoas portadoras de deficiência;

XV - proteção à infância e à juventude;

XVI - organização, garantias, direitos e deveres das polícias civis.

§ 1º No âmbito da legislação concorrente, a competência da União limitar-se-á a estabelecer normas gerais.

§ 2º A competência da União para legislar sobre normas gerais não exclui a competência suplementar dos Estados.

§ 3º Inexistindo lei federal sobre normas gerais, os Estados exercerão a competência legislativa plena, para atender a suas peculiaridades.

§ 4º A superveniência de lei federal sobre normas gerais suspende a eficácia da lei estadual, no que lhe for contrário."

▪ HIPÓTESES DE EDIÇÃO DE NORMAS GERAIS PELA UNIÃO FORA DA COMPETÊNCIA CONCORRENTE

Como vimos, sempre que se fala em edição de normas gerais pela União, pensa-se, imediatamente, na competência legislativa concorrente. No entanto, existem **duas hipóteses** em que a CF/88 dá à União competência legislativa para criar normas gerais, mas essa competência não é concorrente, e sim privativa.

Nesses dois casos, como se trata de competência privativa, se a União não editar as normas gerais, os Estados não poderão exercer competência legislativa plena (o que apenas é possível no âmbito da competência concorrente), tendo de aguardar as normas gerais da União. Somente depois que a União legislar privativamente sobre as normas gerais desses temas, é que os Estados poderão suplementar a regulamentação federal.

Essas duas hipóteses estão previstas nos **incisos XXI e XXVII do art. 22 da CF/88** e são as seguintes:

I) organização, efetivos, material bélico, garantias, convocação, mobilização, inatividades e pensões das polícias militares e dos corpos de bombeiros militares; e

II) licitação e contratação, em todas as modalidades, para as administrações públicas de todas as esferas federativas.

"**Art. 22, CF/88.** Compete privativamente à União legislar sobre:

(...)

XXI - normas gerais de organização, efetivos, material bélico, garantias, convocação, mobilização, inatividades e pensões das polícias militares e dos corpos de bombeiros militares;

(...)

XXVII - normas gerais de licitação e contratação, em todas as modalidades, para as administrações públicas diretas, autárquicas e fundacionais da União, Estados, Distrito Federal e Municípios, obedecido o disposto no art. 37, XXI, e para as empresas públicas e sociedades de economia mista, nos termos do art. 173, § 1°, III;"

No que diz respeito à competência privativa da União para legislar sobre normas gerais de inatividades e pensões dos militares estaduais (art. 22, XXI, CF/88), é de extrema importância registrar que o Supremo Tribunal Federal, no julgamento de diversos casos, firmou o entendimento de que essa competência (que foi criada pela EC 103/2019) não permite que a União fixe a alíquota ou mesmo a base de cálculo da contribuição previdenciária paga pelos militares estaduais.

Portanto, embora a União seja competente para legislar privativamente sobre inatividades e pensões dos militares dos Estados, essa competência não compreende a fixação das alíquotas das contribuições previdenciárias pagas por esses agentes públicos aos seus regimes de previdência nem tampouco a definição da base de cálculo dessas contribuições.

Em outras palavras: o STF consolidou sua jurisprudência no sentido de que essas questões (fixação das alíquotas e da base de cálculo das contribuições previdenciárias dos militares estaduais) não dizem respeito a normas gerais do regime de previdência dos militares estaduais, mas sim a normas específicas, cuja definição é de competência de cada Estado. Logo, será inconstitucional eventual norma federal que pretenda disciplinar esses aspectos das inatividades e pensões dos militares dos Estados, como foi o caso do art. 24-C do Decreto-Lei 667/69.

Esse entendimento foi adotado pelo Tribunal, por exemplo, nos seguintes precedentes: **ACO 3396** (j. 05/10/2020), **ACO 3350** (j. 11/10/2021) e **RE 1.338.750** (Tema de Repercussão Geral nº 1177, j. 21/10/2021).

Inclusive, no **Tema de Repercussão Geral nº 1177** (RE 1.338.750), a tese fixada estabeleceu que *"a competência privativa da União para a edição de normas gerais sobre inatividades e pensões das polícias militares e dos corpos de bombeiros militares (artigo 22, XXI, da Constituição, na redação da Emenda Constitucional 103/2019)* ***não exclui a competência legislativa dos Estados para a fixação das alíquotas da contribuição previdenciária incidente sobre os proventos de seus próprios militares inativos e pensionistas****, tendo a Lei Federal 13.954/2019, no ponto, incorrido em inconstitucionalidade"*.

Nesse precedente, inclusive, o relator, Min. Luiz Fux, esclareceu no seu voto que o objeto de questionamento no caso era a *"constitucionalidade da alíquota* ***e da base de cálculo*** *para a contribuição previdenciária de policiais e bombeiros militares estaduais inativos e pensionistas estabelecidas pela Lei Federal 13.954/2019, ante a competência privativa da União para legislar sobre normas gerais de inatividades e pensões das polícias militares e dos corpos de bombeiros militares (artigo 22, XXI, da Constituição)"*.

Essa passagem deixa claro que, embora a tese de repercussão geral fixada pelo STF, ao afirmar a inconstitucionalidade da legislação federal, tenha se referido apenas à fixação da alíquota da contribuição previdenciária dos militares estaduais, essa inconstitucionalidade também alcança a definição da base de cálculo dessa contribuição, pois esse aspecto também diz respeito a normas específicas sobre a matéria, não se encontrando inserido no campo das normas gerais.

Esse tema já foi cobrado em prova, como ocorreu na segunda etapa do concurso para o cargo de Procurador do Estado de Goiás realizado pela Fundação Carlos Chagas em 2021.

■ COMPETÊNCIA LEGISLATIVA PARA TRATAR DA SEGURIDADE SOCIAL, DA SAÚDE E DA PREVIDÊNCIA

Nos termos do *caput* do art. 194 da CF/88, a seguridade social compreende as áreas da saúde, da previdência e da assistência social. E a Constituição Federal, na repartição de competências, não confere a atribuição de legislar sobre essas áreas a uma única esfera federativa.

Nos termos do art. 22, XXIII, da CF/88, é da competência **privativa** da União legislar sobre **seguridade social** (que, como vimos acima, abrange saúde, assistência e previdência). Porém, nos termos do art. 24, XII, as áreas da **previdência** e da **saúde** se inserem na competência legislativa **concorrente** da União, dos Estados e do Distrito Federal. Inclusive, é justamente porque a previdência é tema de competência legislativa concorrente, que os Estados (e os Municípios, com fundamento no art. 30, II, da CF/88) podem legislar sobre o sistema de previdência dos seus próprios servidores (o chamado regime próprio de previdência social), obedecendo regras gerais editadas pela União.

Essas hipóteses, portanto, não se confundem: uma coisa é a competência para legislar sobre seguridade social (que é privativa da União) e outra coisa é a competência para legislar sobre previdência e saúde (que é concorrente da União, dos Estados e do DF). Na verdade, como a seguridade social abrange três áreas (assistência social, previdência e saúde), é necessário interpretar essas disposições do texto constitucional de forma sistemática (como determina o princípio da unidade da Constituição).

Nesse sentido, é certo que a União tem competência para legislar sobre as três áreas da seguridade social, mas, em relação à previdência e à saúde, as demais esferas federativas também poderão legislar, por serem temas inseridos no âmbito da legislação concorrente. A assistência social é a única área da seguridade social em que a União legislará sem a concorrência dos demais entes federados, mas, mesmo assim, em algumas hipóteses de competência legislativa concorrente, os Estados e o Distrito Federal (e até mesmo os Municípios, com fundamento no art. 30, II, da CF/88) podem, em alguma medida, acabar tratando de questões próprias da assistência social. Isso pode vir a acontecer, por exemplo, ao legislarem sobre a proteção e integração social das pessoas portadoras de deficiência (art. 24, XIV, CF/88) e sobre a proteção à infância e à juventude (art. 24, XV, CF/88). Nesses casos específicos, a depender do aspecto tratado na lei, poderá haver, na prática, em questões atinentes à assistência social, concorrência legislativa entre a União e as demais esferas federativas.

> "**Art. 22, CF/88.** Compete privativamente à União legislar sobre:
>
> (...)
>
> XXIII - seguridade social;"
>
> "**Art. 24, CF/88.** Compete à União, aos Estados e ao Distrito Federal legislar concorrentemente sobre:
>
> (...)
>
> XII - previdência social, proteção e defesa da saúde;
>
> (...)
>
> XIV - proteção e integração social das pessoas portadoras de deficiência;
>
> XV - proteção à infância e à juventude;"

COMPETÊNCIA PARA TRATAR DA SAÚDE E O COMBATE À PANDEMIA DE COVID-19

Como vimos, a saúde é tema inserido na competência legislativa concorrente (art. 24, XII, CF/88), além de, seguindo a lógica da correlação entre competência legislativa e competência material, ser tema da competência administrativa comum, como prevê o art. 23, II, da CF/88.

> "**Art. 24, CF/88.** Compete à União, aos Estados e ao Distrito Federal legislar concorrentemente sobre:
>
> (...)
>
> XII - previdência social, **proteção e defesa da saúde**;"
>
> "**Art. 23, CF/88.** É competência comum da União, dos Estados, do Distrito Federal e dos Municípios:
>
> (...)
>
> II - **cuidar da saúde** e assistência pública, da proteção e garantia das pessoas portadoras de deficiência;"

E, envolvendo a competência para atuar na área da saúde, houve um importante debate que chegou ao Supremo Tribunal Federal acerca da adoção, pelas diversas entidades federativas, de **medidas de combate à pandemia do novo coronavírus (COVID-19)** que atingiu o Brasil no ano 2020.

Essa discussão envolveu a Lei 13.979/2020 (a lei de combate à pandemia de COVID-19) e as alterações nela introduzidas pela Medida Provisória nº 926/2020, posteriormente convertida na Lei 14.035/2020.

As normas mencionadas acima foram editadas para disciplinar medidas de combate à pandemia de coronavírus e acabaram por limitar a atuação dos gestores estaduais e municipais, ao preverem que a adoção de determinadas medidas por eles ficaria condicionada à autorização da Administração Federal.

Além disso, a Medida Provisória 926 incluiu o § 9º no art. 3º da Lei 13.979/2020, dispondo caber ao Presidente da República estabelecer, mediante decreto, quais atividades (econômicas) seriam consideradas essenciais, atividades essas que, conforme disposto na Lei, justamente por serem essenciais, não seriam atingidas pelas medidas restritivas e poderiam ser exercidas durante o período da pandemia.

Ocorre que cada localidade do País apresentava uma realidade fática distinta, o que exigia a adoção de diferentes medidas de combate à crise sanitária causada pela COVID-19, o que, evidentemente, envolvia a maior ou menor restrição ao exercício de atividades econômicas.

Por conta disso, as Administrações da União, dos Estados e dos Municípios não conseguiam chegar a um consenso sobre a melhor forma de combater o novo coronavírus. Isso, naturalmente, gerou um desgaste entre os gestores dos diversos entes federativos e a questão teve de ser resolvida pelo Supremo Tribunal Federal.

As decisões do STF que mais interessam nesse tema são as que foram proferidas, primeiro, na **ADI 6341** e, em um segundo momento, na **ADI 6343**.

ADI 6341

Na **ADI 6341**, em sede de medida cautelar, o Supremo Tribunal Federal entendeu que, como a saúde é um tema de competência legislativa concorrente (art. 24, XII, CF/88) e de competência material comum (art. 23, II, CF/88), a União pode adotar medidas de combate à crise sanitária causada pelo novo coronavírus, mas o exercício dessa competência pela União não pode suprimir a competência dos Estados e dos Municípios para atuar na questão.

Assim, como, no âmbito da competência concorrente, as peculiaridades locais devem ser resolvidas pelos próprios entes locais, as medidas materiais e normativas adotadas pela União não podem ser entendidas como limitadoras ou impeditivas da atuação dos Estados e dos Municípios para a definição das medidas que se mostrarem mais adequadas às suas próprias realidades.

O STF, nesse contexto, deu interpretação conforme a Constituição ao art. 3º da Lei 13.979/2020, com as alterações promovidas pela Medida Provisória 926, para que esse dispositivo seja entendido no sentido de que a União pode adotar medidas de combate à COVID-19, sem que fique obliterada ou prejudicada a autonomia dos Estados, do Distrito Federal e dos Municípios para, nos limites de suas competências, também atuarem na questão.

Assim, por exemplo, a definição das atividades consideradas essenciais pelo Presidente da República não pode impedir as demais entidades federativas de definirem suas próprias estratégias sanitárias e as atividades que devem sofrer restrição ou não.

Após a tomada dessa decisão pelo Supremo Tribunal Federal, a Medida Provisória 926 foi convertida na Lei 14.035/20, com alterações. Essas alterações tiveram o claro propósito de adequar o texto da Medida Provisória à necessidade de respeitar a autonomia das entidades federativas, conforme determinou a Suprema Corte. Nesse sentido, por exemplo, o § 9º do art. 3º da Lei 13.979/20, com as modificações aplicadas quando da conversão da MP 926 na Lei 14.035/20, passou a dispor que *"a adoção das medidas previstas neste artigo deverá resguardar o abastecimento de produtos e o exercício e o funcionamento de serviços públicos e de atividades essenciais, assim definidos em decreto da respectiva autoridade federativa"*, ou seja, retirou a decisão sobre a questão das mãos do Presidente da República e a transferiu a cada ente federado, para que resolva a seu respeito autonomamente, nos limites de suas competências.

ADI 6343

A **ADI 6343** tratou, basicamente, da mesma temática debatida na ADI 6341, mas com outro enfoque. Nesse caso, o objeto do debate foi a necessidade ou não de os Estados e os Municípios terem autorização da União para a liberação de certas atividades, especialmente, o transporte interestadual e intermunicipal.

Nessa ação, também em sede cautelar, o Supremo Tribunal Federal suspendeu a eficácia de dispositivos da Lei 13.979/2020 **sem redução de texto** (ou seja, realizou, liminarmente, uma declaração de nulidade sem redução de texto), para que tais dispositivos fossem interpretados de maneira que os Estados, o Distrito Federal e os Municípios não precisassem de autorização da União para adotar as medidas que, **nos**

limites de suas competências constitucionais, julgassem necessárias para combater a pandemia do novo coronavírus.

Porém – destacou o STF –, as medidas adotadas por cada entidade federativa devem ter embasamento em recomendações técnicas fundamentadas, não podendo ser tomadas com base em mero juízo de conveniência política.

Nesse contexto, segundo o STF, não se pode admitir que o transporte interestadual e intermunicipal fique condicionado à autorização da Administração Federal.

Isso, no entanto, não significa que a União não possa atuar nas questões do transporte interestadual e intermunicipal e das rodovias estaduais. O STF esclareceu que, na verdade, a União pode implementar medidas nesses temas, desde que esteja presente algum interesse geral, o que pode ocorrer, por exemplo, quando houver necessidade de interditar rodovias para se assegurar o rápido abastecimento de medicamentos em âmbito nacional. Esse entendimento é compatível com a atribuição da União para editar normas gerais no âmbito da competência legislativa concorrente e com o princípio da predominância do interesse, que, conforme vimos, orienta o traçado da repartição de competências no texto constitucional e a sua interpretação.

Da mesma forma, os Estados também podem implementar barreiras nas suas rodovias, desde que isso se justifique pela presença de interesse regional na medida, tal qual os Municípios podem atuar quando o interesse for local.

Em outras palavras, segundo o STF, é necessário que o combate à pandemia de COVID-19 (que se mostrou ser um problema nacional) seja implementado com respeito às autonomias dos diversos entes federativos nos limites de suas competências, o que, conforme vimos, é a regra de ouro do esquema de repartição constitucional de competências.

Inclusive, justamente por isso, a Suprema Corte deixou claro que **Estados e Municípios não podem fechar fronteiras**, já que essa questão não está inserida no âmbito de suas competências. Da mesma forma, **os Municípios não podem, com base em sua própria avaliação de oportunidade política, sem apoio em recomendações técnico-científicas, fechar seus limites geográficos** (e impedir a circulação de pessoas e mercadorias), agindo como se fossem entidades isoladas e ignorando que, na verdade, integram um Estado federal.

Enfim, na decisão cautelar tomada na ADI 6343, o STF realizou interpretação conforme dos dispositivos impugnados, no sentido de que (como já destacado acima) eles sejam entendidos de forma que as medidas restritivas neles indicadas sejam sempre precedidas de recomendações técnicas e fundamentadas, resguardando-se sempre a locomoção dos produtos e serviços essenciais assim definidos por cada ente da Federação nos limites de suas competências.

Por fim, é importante registrar que, no processo legislativo de conversão da Medida Provisória 926 na Lei 14.035/20, as alterações promovidas também observaram as determinações do Supremo Tribunal Federal contidas na decisão tomada na ADI 6343. Nesse sentido, por exemplo, o § 6º-B do art. 3º da Lei 13.979/20, incluído pela Lei 14.035/20, passou a dispor que a adoção de medidas restritivas de locomoção para combater a pandemia de COVID-19 cabe a cada esfera federativa atuando nos limites de suas competências constitucionais com embasamento em recomendação técnica e fundamentada.

> "**Art. 3º, Lei 13.979/20.** Para enfrentamento da emergência de saúde pública de importância internacional de que trata esta Lei, as autoridades poderão adotar, no âmbito de suas competências, entre outras, as seguintes medidas: *(Redação dada pela Lei nº 14.035, de 2020)*
>
> (...)
>
> VI – restrição excepcional e temporária, por rodovias, portos ou aeroportos, de: *(Redação dada pela Lei nº 14.035, de 2020)*
>
> a) entrada e saída do País; e *(Incluído pela Lei nº 14.035, de 2020)*
>
> b) locomoção interestadual e intermunicipal; *(Incluído pela Lei nº 14.035, de 2020)*
>
> (...)
>
> **§ 6º-B.** As medidas previstas no inciso VI do *caput* deste artigo deverão ser **precedidas de recomendação técnica e fundamentada**: *(Incluído pela Lei nº 14.035, de 2020)*
>
> I – da **Agência Nacional de Vigilância Sanitária (Anvisa)**, em relação à entrada e saída do País e à locomoção interestadual; ou *(Incluído pela Lei nº 14.035, de 2020)*
>
> II – do **respectivo órgão estadual** de vigilância sanitária, em relação à locomoção intermunicipal." *(Incluído pela Lei nº 14.035, de 2020)*

▶ A definição da política de vacinação de adolescentes contra a COVID-19

Ainda no contexto de que a competência para tratar da saúde é concorrente no aspecto legislativo (art. 24, XII, CF/88) e comum no aspecto administrativo (art. 23, II, CF/88), o Supremo Tribunal Federal, na **ADPF 756 TPI-oitava-Ref** (julgada em 11/10/2021), enfrentou o seguinte questionamento: **qual é a esfera federativa competente para definir a política de vacinação de adolescentes acima de 12 (doze) anos contra a COVID-19?**

Ao julgar o caso, o STF entendeu que a necessidade ou não de vacinar adolescentes depende da realidade local de cada ente federado (especialmente porque cada um deles enfrenta dificuldades diferentes no combate à pandemia de COVID-19), de modo que, considerando que a saúde é tema de competência administrativa comum e legislativa concorrente, cabe a cada Estado, a cada Município e ao Distrito Federal definir, de acordo com suas peculiaridades, se irá promover ou não a vacinação de adolescentes contra a COVID-19.

A Corte, porém, destacou que a decisão tomada, qualquer que ela seja, deverá sempre se basear em critérios científicos, conforme, inclusive, determina o art. 3º, § 1º, da Lei 13.979/2020.

> "**Art. 3º, Lei 13.979/20.** Para enfrentamento da emergência de saúde pública de importância internacional de que trata esta Lei, as autoridades poderão adotar, no âmbito de suas competências, entre outras, as seguintes medidas: (Redação dada pela Lei nº 14.035, de 2020)

> (...)
> § 1º As medidas previstas neste artigo somente poderão ser determinadas com base em evidências científicas e em análises sobre as informações estratégicas em saúde e deverão ser limitadas no tempo e no espaço ao mínimo indispensável à promoção e à preservação da saúde pública.
> (...)"

POSSIBILIDADE DE EMENDA CONSTITUCIONAL MODIFICAR A REPARTIÇÃO DE COMPETÊNCIAS

A federação é uma cláusula pétrea, nos termos do art. 60, § 4º, I, da CF/88, e isso repercute na repartição de competências, como veremos abaixo.

> "**Art. 60, § 4º, CF/88.** Não será objeto de deliberação a proposta de emenda tendente a abolir:
> I - a forma federativa de Estado;"

A repartição de competências, toda ela, é cláusula pétrea? Não. A petrificação da federação como cláusula intangível não impede que sejam feitos alguns ajustes na repartição de competências. É possível, por exemplo, repassar uma determinada competência da União para os Estados, DF e Municípios, mas não se pode esvaziar a lista de atribuições da União (ou de qualquer ente federado).

É possível, portanto, fazer alterações pontuais na repartição de competências, pois a cláusula pétrea do pacto federativo diz respeito ao núcleo essencial da federação, e não aos seus pormenores, conforme, inclusive, já decidiu o STF, como se pode extrair das seguintes decisões tomadas na ADI 1749:

> **EMENTA:** Liminar indeferida, por insuficiência de relevo jurídico da assertiva de que, ao redistribuir receitas e encargos referentes ao ensino, estaria a promulgação da Emenda nº 14-96 (nova redação do art. 60 do ADCT) a contrariar a autonomia municipal e conseqüentemente a forma federativa de Estado (art. 60, I, da Constituição). **(ADI 1749 MC/DF; Julgamento: 18/12/1997)**
>
> **EMENTA:** CONSTITUCIONAL. EMENDA CONSTITUCIONAL Nº 14/96 E LEI Nº 9.424/96. FUNDO DE MANUTENÇÃO E DESENVOLVIMENTO DO ENSINO FUNDAMENTAL E DE VALORIZAÇÃO DO MAGISTÉRIO. **ATRIBUIÇÃO DE NOVA FUNÇÃO À UNIÃO** - REDISTRIBUTIVA E SUPLETIVA DA GARANTIA DE EQUALIZAÇÃO DE OPORTUNIDADES EDUCACIONAIS. **ALEGADA OFENSA AO PRINCÍPIO FEDERATIVO. NÃO FERIMENTO À AUTONOMIA ESTADUAL.** (...) **(ADI 1749/DF; Julgamento: 25/11/1999)**

Resumindo: detalhes da repartição de competências podem ser alterados por meio de emenda constitucional, mas não se pode, através de emenda à Constituição, esvaziar completamente as competências materiais ou legislativas de uma determinada entidade federada, porque, se isso for feito, será afetado o núcleo essencial da federação, já que suprimirá a autonomia de um ente federativo. Ou seja, em virtude da petrificação da federação, não é possível esvaziar as atribuições de uma determinada esfera federada e transferi-las a outra, haja vista que isso aniquilaria uma das fontes autônomas de poder e desequilibraria o esquema federativo traçado pelo constituinte originário.

Portanto, seria perfeitamente possível, por exemplo, retirar dos Estados a competência para a exploração dos serviços locais de gás canalizado e entregá-la aos Municípios, sem que ficasse caracterizada ofensa à cláusula pétrea do pacto federativo. Porém, evidentemente, não seria possível retirar todas as competências dos Estados e entregar parte à União e parte aos Municípios, pois isso, sem dúvida alguma, afetaria o núcleo essencial da federação.

ANÁLISE DA JURISPRUDÊNCIA DO STF

Tão importante quanto compreender a lógica do sistema constitucional de repartição de competências é conhecer a jurisprudência do Supremo Tribunal Federal sobre a matéria.

Por quê?

Porque não é suficiente entender como as competências são delineadas e memorizar qual competência é atribuída a qual esfera da Federação. É necessário perceber que há diversas normas editadas pelo poder público que se localizam em uma espécie de "zona cinzenta", dificultando o seu enquadramento em um ou outro dispositivo da Constituição que trata da repartição de competências.

Um exemplo pode ajudar a entender essa dificuldade: uma norma sobre qualidade do ambiente de trabalho deve ser considerada uma norma que disciplina relações trabalhistas ou que disciplina o meio ambiente? Saber isso é de extrema importância para definir qual é a entidade federativa competente para editá-la, pois, se se entender que a norma trata de relações trabalhistas, a competência será privativa da União (já que se cuidará de direito do trabalho), mas, se se entender que ela trata de meio ambiente, a competência será concorrente.

E a única forma de superar essa dificuldade (especialmente, quando o objetivo do estudo é a preparação para concursos públicos) é conhecer a jurisprudência do Supremo Tribunal Federal sobre repartição de competências, pois o STF é o responsável por dar a palavra final a respeito das questões constitucionais.

Em outras palavras: é necessário saber em qual dispositivo atinente à repartição de competências o Supremo Tribunal Federal enquadra cada norma que é submetida à sua análise, pois apenas assim será possível saber qual é a entidade da Federação competente para disciplinar a questão.

E, justamente com esse objetivo, elencamos a seguir, de forma bastante resumida e objetiva, diversas normas apreciadas pelo STF e a competência definida pela Corte em cada caso.

1) Gratuidade de estacionamento em estabelecimento privado: competência da **União** (DIREITO CIVIL – art. 22, I).
2) Parcelamento de multa de trânsito: competência da **União** (TRÂNSITO E TRANSPORTE – art. 22, XI).

3) Cancelamento de multa de trânsito aplicada em rodovia estadual: competência da **União** (TRÂNSITO E TRANSPORTE – art. 22, XI).

4) Normas sobre sinalização, velocidade mínima e controle de velocidade em rodovias estaduais: competência da **União** (TRÂNSITO E TRANSPORTE – art. 22, XI).

5) Serviço de mototáxi: competência da **União** (TRÂNSITO E TRANSPORTE – art. 22, XI).

6) Remoção de postes de rede elétrica: competência da **União** (EXPLORAÇÃO DE SERVIÇOS DE ENERGIA ELÉTRICA – art. 21, XII, "b").

7) Contratação de controladores de velocidade para fiscalização de rodovia estadual: competência dos **Estados** (COMPETÊNCIA RESERVADA – art. 25, § 1º).

8) Limite de tempo de espera para atendimento em cartórios: competência dos **Municípios** (INTERESSE LOCAL – art. 30, I).

9) Medidas de conforto e segurança em agências bancárias: competência dos **Municípios** (INTERESSE LOCAL – art. 30, I).

10) Meia-entrada para ingresso em eventos esportivos, culturais e de lazer: **competência concorrente** da União, dos Estados e do DF (DIREITO ECONÔMICO – art. 24, I).

11) Comercialização de produtos por meio de embalagens reutilizáveis: **competência concorrente** da União, dos Estados e do DF (CONSUMIDOR E MEIO AMBIENTE – art. 24, V e VIII).

12) Prioridade na tramitação processual: competência da **União** (DIREITO PROCESSUAL – art. 22, I).

13) Medidas de acessibilidade para portadores de deficiência física no transporte coletivo intermunicipal: **competência concorrente** da União, dos Estados e do DF (PROTEÇÃO DAS PESSOAS PORTADORAS DE DEFICIÊNCIA – art. 24, XIV).

14) Horário de funcionamento do comércio local (SV 38): competência dos **Municípios** (INTERESSE LOCAL – art. 30, I).

15) Horário de funcionamento de instituições financeiras: competência da **União** (SISTEMA FINANCEIRO NACIONAL – arts. 22, VII, e 192 e Súmula 19/STJ).

16) "Meia-passagem" para estudantes no transporte coletivo municipal: competência dos **Municípios** (INTERESSE LOCAL – art. 30, I). Esse entendimento, inclusive, foi cobrado pela banca CESPE no concurso para o cargo de Juiz de Direito do TJ/PB realizado em 2015, no qual, foi considerada incorreta a assertiva segundo a qual, *"se a Constituição de determinado Estado-membro reconhecer aos estudantes o direito de pagar a metade da tarifa de transporte coletivo municipal, não haverá invasão da competência municipal para legislar sobre o tema, por se tratar de benefício estabelecido em Constituição estadual"*. Como vimos, seja por meio da Constituição Estadual, seja por meio de uma simples lei, o Estado-membro não pode dispor sobre temas que são de interesse local, a menos que haja determinação da Constituição Federal nesse sentido, sob pena de desrespeitar a autonomia e as competências municipais.

17) Serviço público de transporte intermunicipal: competência dos **Estados** (COMPETÊNCIA RESERVADA – art. 25, § 1º).

18) Fixação de data de vencimento de mensalidades escolares: competência da **União** (DIREITO CIVIL – art. 22, I).

19) Lei permitindo comercialização de artigos de conveniência em farmácias e drogarias: competência dos **Estados** (COMPETÊNCIA RESERVADA – art. 25, § 1º).

Além da lista acima, podemos elencar, sobre a repartição constitucional de competências, diversos precedentes e os principais trechos de suas ementas:

1) Lei **municipal** que autoriza o Poder Executivo Municipal a conceder a exploração do **serviço de radiodifusão** comunitária no âmbito do território do Município é inconstitucional, por invadir as competências material exclusiva e legislativa privativa da **União** para atuar no tema da radiodifusão (arts. 21, XII, "a" e 22, IV, CF/88).

"(...) 1. O **artigo 21, inciso XII, alínea "a"**, da Carta Maior prescreve ser **competência da** União explorar, diretamente ou mediante autorização, concessão ou permissão, os **serviços de radiodifusão** sonora, e de sons e imagens, enquanto que o **art. 22, IV**, da Constituição confere à **União a competência privativa para legislar** sobre o tema. (...) 5. In casu, **é formalmente inconstitucional a Lei 416/08, do Município de Augustinópolis/TO, que autoriza o Poder Executivo Municipal a conceder a exploração do Serviço de Radiodifusão Comunitária no âmbito do território do Município**, mercê da inexistência, na sistemática jurídico-constitucional atual, de espaço para que o legislador local busque tratar geral e abstratamente sobre o tema da exploração do Serviço de Radiodifusão Comunitária. (...)" **(ADPF 235/TO; Relator: Min. LUIZ FUX; J. 14/08/2019)**

2) Lei **estadual não pode**, a pretexto de disciplinar a proteção do consumidor, fixar **prazos** para que operadoras de plano de saúde **autorizem exames**, pois essa questão diz respeito a **relações contratuais**, que estão inseridas no **direito civil**, tema de competência privativa da **União** (art. 22, I, CF/88).

"Ação direta de inconstitucionalidade. **Lei estadual que fixa prazos máximos, segundo a faixa etária dos usuários, para a autorização de exames pelas operadoras de plano de saúde.** (...) Por mais ampla que seja, a competência legislativa concorrente em matéria de defesa do consumidor (CF/1988, art. 24, V e VIII) não autoriza os Estados-membros a editarem normas acerca de relações contratuais, uma vez que essa atribuição está inserida na competência da União Federal para legislar sobre **direito civil (CF/1988, art. 22, I)." (ADI 4.701/PE, rel. min. Roberto Barroso, j. 13-8-2014, P, DJE de 25-8-2014)**

3) **Estado-membro** não pode (seja por meio de lei ou pela Constituição Estadual) dispor sobre a **composição dos órgãos das respectivas empresas estatais**, pois essa questão está inserida no **direito comercial**, tema de competência privativa da **União** (art. 22, I, CF/88).

"Viola a reserva de lei para dispor sobre norma de **direito comercial** voltada à organização e estruturação das empresas públicas e das sociedades de economia mista **norma constitucional**

estadual que estabelece número de vagas, nos órgãos de administração das pessoas jurídicas, para ser preenchidas por representantes dos empregados." (ADI 238, j. 24/02/2010)

4) Lei **estadual** pode disciplinar a comercialização de produtos por meio de **vasilhames, recipientes ou embalagens reutilizáveis**, pois essa questão diz respeito a **direito do consumidor**, que é tema de competência legislativa concorrente (art. 24, V e VIII, CF/88).

"Ação direta de inconstitucionalidade. Lei nº 3.874, de 24 de junho de 2002, do Estado do Rio de Janeiro, a qual disciplina a **comercialização de produtos por meio de vasilhames, recipientes ou embalagens reutilizáveis**. Inconstitucionalidade formal. Inexistência. **Competência concorrente dos estados-membros e do Distrito Federal para legislar sobre normas de defesa do consumidor**. Improcedência do pedido. (...) o ato normativo se insere no âmbito de proteção do consumidor, de competência legislativa concorrente da União e dos estados (art. 24, V e VIII, CF/88). 2. **As normas em questão não disciplinam matéria atinente ao direito de marcas e patentes ou à propriedade intelectual – matéria disciplinada pela Lei federal nº 9.279 -, limitando-se a normatizar acerca da proteção dos consumidores no tocante ao uso de recipientes, vasilhames ou embalagens reutilizáveis, sem adentrar na normatização acerca da questão da propriedade de marcas e patentes.** (...) 4. Não havendo norma geral da União regulando a matéria, os estados-membros estão autorizados a legislar supletivamente no caso, como o fizeram os Estados do Espírito Santo e do Rio de Janeiro, até que sobrevenha disposição geral por parte da União. (...)" **(ADI 2818/RJ; Relator: Min. DIAS TOFFOLI; Julgamento: 09/05/2013)**

5) Lei **estadual** não pode prever a realização de **interrogatório por videoconferência**, pois essa questão diz respeito a **direito processual**, e não a mero procedimento, já que envolve o exercício do direito de defesa. Logo, a competência para legislar a esse respeito é privativa da **União** (art. 22, I, CF/88).

"Interrogatório do réu. Videoconferência. (...) A Lei 11.819/2005 do Estado de São Paulo viola, flagrantemente, a disciplina do art. 22, I, da Constituição da República, que prevê a **competência exclusiva da União para legislar sobre matéria processual."** **(HC 90.900, rel. p/ o ac. min. Menezes Direito, j. 30/10/2008)**

6) Lei **estadual** não pode dispor sobre critérios de **qualidade do ambiente de trabalho**, pois essa questão não se insere no direito ambiental, mas, sim, no **direito do trabalho**, que é de competência legislativa privativa da **União** (art. 22, I, CF/88), além de envolver a **fiscalização do trabalho**, que é de competência material exclusiva da **União** (art. 21, XXIV, CF/88).

"Ação direta de inconstitucionalidade. **Lei nº 3.623/01 do Estado do Rio de Janeiro, que dispõe sobre critérios de proteção do ambiente do trabalho e da saúde do trabalhador. Inconstitucionalidade formal. Competência privativa da União.** 1. Inconstitucionalidade formal da Lei nº 3.623/01 do Estado do Rio de Janeiro, a qual estabelece critérios para determinação de padrões de qualidade no ambiente de trabalho e versa sobre a proteção da saúde dos trabalhadores. 2. **Competência privativa da União para legislar sobre direito do trabalho e sua inspeção**, consoante disposto nos arts. 21, inciso XXIV, e 22, inciso I, da Constituição. (...)" **(ADI 2609/RJ; Relator(a): Min. DIAS TOFFOLI; Julgamento: 07/10/2015)**

7) O entendimento mencionado no item 6 acima não foi aplicado pelo STF no caso específico de lei **estadual** que veda o uso do **amianto** na indústria e na construção civil, além de, afirmando o propósito de proteger a saúde dos trabalhadores e de suas famílias, estabelecer limites de tolerância de exposição a essa substância. Conforme decidiu a Corte na **ADI 3470** (julgada em 29/11/2017), essa norma não trata de direito do trabalho (que é tema de competência material e legislativa da União, nos termos dos arts. 21, XXIV, e 22, I, da CF/88), mas sim de produção e consumo, proteção do meio ambiente, controle da poluição e proteção e defesa da saúde, matérias que se inserem na competência legislativa concorrente (art. 24, V, VI, VIII e XII, CF/88).

"(...) A Lei nº 3.579/2001, do Rio de Janeiro, que dispõe sobre a progressiva substituição da produção e do uso do **asbesto/amianto** no âmbito do Estado, **veicula normas incidentes sobre produção e consumo, proteção do meio ambiente, controle da poluição e proteção e defesa da saúde**, matérias a respeito das quais, a teor do art. 24, V, VI e XII, da CF, compete à União, aos Estados e ao Distrito Federal legislar concorrentemente. (...) Alegação de inconstitucionalidade formal dos arts. 7º e 8º da Lei nº 3.579/2001 do Estado do Rio de Janeiro por usurpação da competência privativa da União (arts. 21, XXIV, e 22, I e VIII, da CF). A despeito da nomenclatura, **preceito normativo estadual definidor de limites de tolerância à exposição a fibras de amianto no ambiente de trabalho não expressa norma trabalhista em sentido estrito**, e sim norma de proteção do meio ambiente (no que abrange o meio ambiente do trabalho), controle de poluição e proteção e defesa da saúde (art. 24, VIII e XII, da Lei Maior), inocorrente ofensa aos arts. 21, XXIV, e 22, I, da Constituição da República. (...)" **(ADI 3470, Rel. Min. Rosa Weber, j. 29/11/2017, Pleno)**

8) Lei **estadual** pode determinar que, no território do Estado, produtos que contenham **amianto** informem isso e alertem sobre seus riscos para a saúde de forma visível. Essa norma não trata de direito comercial nem de comércio interestadual (que são temas de competência legislativa privativa da União, nos termos do art. 22, I e VIII, da CF/88), mas sim de produção e consumo, proteção do meio ambiente, controle da poluição e proteção e defesa da saúde, matérias que se inserem na competência legislativa concorrente (art. 24, V, VI, VIII e XII, CF/88).

"(...) A disciplina da rotulagem de produto quando no território do Estado não configura legislação sobre comércio interestadual, incólume o art. 22, VIII, da CF. (...)" **(ADI 3470, Rel. Min. Rosa Weber, j. 29/11/2017, Pleno)**

9) Lei **estadual** pode estabelecer a obrigatoriedade de que **rótulos de produtos** contenham determinadas **informações**, pois essa questão diz respeito a **proteção do consumidor**, e não a direito comercial, de modo que a competência legislativa no caso é concorrente (art. 24, V e VIII, CF/88).

"Ação direta de inconstitucionalidade contra a **Lei paranaense 13.519, de 8-4-2002, que estabelece obrigatoriedade de informação, conforme especifica, nos rótulos de embalagens de café comercializado no Paraná**. (...) Não há usurpação de competência da União para legislar sobre direito comercial e comércio interestadual porque **o ato normativo impugnado buscou, tão somente, assegurar a proteção ao consumidor**. Precedente deste Tribunal (ADI 1.980 MC, rel. min. Sydney Sanches) no sentido de que não invade esfera de competência da União, para legislar sobre normas gerais, lei paranaense que assegura ao consumidor o direito de obter informações sobre produtos combustíveis." **(ADI 2.832, j. 07/05/2008)**

10) Lei **estadual** pode **tombar bem da União**, pois não se aplica ao tombamento o princípio da hierarquia federativa (que se aplica à desapropriação) e a **proteção de bens de valor histórico e cultural** é de competência administrativa comum (art. 23, III e IV, CF/88) e legislativa concorrente (art. 24, VII,

CF/88). Não há necessidade, ademais, de que o tombamento se dê por meio de ato administrativo em sentido estrito, podendo ser feito **por meio de lei**.

"(...) 3. **Tombamento de bem público da União por Estado.** (...) 4. **Hierarquia verticalizada, prevista na Lei de Desapropriação (Decreto-Lei 3.365/41). Inaplicabilidade no tombamento. Regramento específico. Decreto-Lei 25/1937 (arts. 2º, 5º e 11).** Interpretação histórica, teleológica, sistemática e/ou literal. **Possibilidade de o Estado tombar bem da União.** Doutrina. (...) 6. **Competências concorrentes material** (art. 23, III e IV, c/c art. 216, § 1º, da CF) **e legislativa** (art. 24, VII, da CF). (...) **Proteção do patrimônio histórico, cultural, artístico, turístico e paisagístico regional. Interesse estadual.** 7. Ilegalidade. Vício de procedimento por ser implementado apenas por ato administrativo. Rejeição. **Possibilidade de lei realizar tombamento de bem.** Fase provisória. Efeito meramente declaratório. Necessidade de implementação de procedimentos ulteriores pelo Poder Executivo. (...)." **(ACO 1208 AgR/MS; J. 24/11/2017)**

11) Os **Estados** e os **Municípios** não podem legislar sobre os **direitos dos seus servidores celetistas**, nem mesmo para lhes estender direitos próprios dos seus servidores estatutários, pois os celetistas se submetem às leis trabalhistas, de modo que essas questões se inserem no âmbito do **direito do trabalho**, que é tema de competência legislativa privativa da **União** (art. 22, I, CF/88).

"(...) SERVIDOR PÚBLICO. REGIME CELETISTA. REAJUSTE SALARIAL. COMPETÊNCIA DA UNIÃO PARA LEGISLAR SOBRE DIREITO DO TRABALHO. **1. A competência legislativa atribuída aos municípios se restringe a seus servidores estatutários. Não abrange ela os empregados públicos, porque estes estão submetidos às normas de Direito do Trabalho, que, nos termos do inciso I do art. 22 da Constituição Federal, são de competência privativa da União.** (...)" **(RE 632713 AgR/MG; Relator(a): Min. AYRES BRITTO; Julgamento: 17/05/2011)**

12) Lei **municipal** pode estabelecer a obrigação de os postos de combustíveis disponibilizarem, nas bombas de combustíveis, **informações sobre diferença de preço entre álcool e gasolina**, pois essa questão envolve **proteção do consumidor** e, com fundamento na competência suplementar prevista no art. 30, II, da CF/88, os Municípios podem dispor sobre matérias de competência legislativa concorrente (como é o caso do direito do consumidor), suplementando as normas editadas pelos Estados e pela União, quando houver **interesse local**.

"AGRAVO INTERNO NO RECURSO EXTRAORDINÁRIO. **MUNICÍPIO. COMPETÊNCIA SUPLEMENTAR PARA LEGISLAR SOBRE CONSUMO EM QUESTÕES QUE EVIDENCIAM O INTERESSE LOCAL.** 1. Tem-se, na origem, ação direta de inconstitucionalidade proposta perante o Tribunal de Justiça do Estado de São Paulo em face da **Lei 7.282, de 18 de maio de 2017, do Município de Mogi das Cruzes, que deu nova redação aos artigos 1º e 2º da Lei Municipal 6.809/2013 e outras providências, para dispor acerca da obrigatoriedade, em todas as bombas de abastecimento nos postos revendedores de combustíveis do Município, de informações ao cliente em forma de percentual indicativo da diferença de preço entre o litro do álcool/etanol e da gasolina comum, indicando ainda o combustível mais vantajoso para os consumidores de veículos bicombustíveis.** (...) 9. Verifica-se que, **na espécie, o Município, ao contrário do que alegado na petição inicial, não invadiu a competência concorrente da União, Estados e Distrito Federal para a edição de normas geral ou suplementar atinentes aos direitos do consumidor (CF, art. 24, V e VIII)**. Em realidade, **o legislador municipal atuou no campo relativo à competência legislativa suplementar atribuída aos Municípios pelo art. 30, I e II, da Constituição Federal**. 10. Com efeito, a legislação impugnada na presente Ação Direta atua no sentido de ampliar a proteção estabelecida no âmbito do Código de Defesa do Consumidor

(...) **sendo possível aos Municípios o estabelecimento de disciplina normativa específica, preenchendo os vazios ou lacunas deixados pela legislação federal** (ADI 2.396, Rel. Min. ELLEN GRACIE, Tribunal Pleno, DJ de 1º/8/2003). 11. Não há que se falar, assim, em indevida atuação do Município no campo da disciplina geral concernente a consumo. (...)" **(RE 1181244 AgR/SP; Relator(a): Min. ALEXANDRE DE MORAES; Julgamento: 23/08/2019)**

13) Lei **estadual não pode** dispensar a exigência de **revalidação de diploma** obtido no exterior para fins de concessão de benefícios e progressões aos seus servidores públicos, pois essa medida invade a competência legislativa privativa da **União** no tema das **diretrizes e bases da educação** (art. 22, XXIV, CF/88). Por conta dessa competência, cabe apenas à União dispor sobre requisitos para que títulos acadêmicos obtidos no exterior sejam reconhecidos como válidos no Brasil, não podendo uma lei estadual tratar da questão, ainda que o objetivo seja o de tão somente conceder aos servidores públicos do respectivo Estado vantagens funcionais.

"(...) 1. **O afastamento, por lei estadual, das exigências de revalidação de diploma obtido em instituições de ensino superior dos países membros do MERCOSUL para a concessão de benefícios e progressões a servidores públicos invade a competência privativa da União para legislar sobre diretrizes e bases da educação nacional (art. 22, XXIV, CRFB)**. 2. Do mesmo modo, a extensão da possibilidade de utilização de títulos oriundos de instituições de ensino de países pertencentes ao MERCOSUL não validados no Brasil para além das atividades de docência e pesquisa vai de encontro ao estabelecido no Decreto 5.518/2005. (...)" **(ADI 5341, Rel. Min. EDSON FACHIN, j. 05/11/2019)**

"(...) 3. Consoante iterativos julgados do STF, **"a questão afeta à internalização de títulos acadêmicos de mestrado e doutorado expedidos por instituições de ensino superior estrangeiras compõe interesse geral e demanda tratamento uniforme em todo o Estado brasileiro, pelo que deve ser regulamentada por normas de caráter nacional"** (ADI nº 5168, Rel. Min. Cármen Lúcia, Tribunal Pleno, DJe de 23/08/2017), razão pela qual o artigo 27 da Lei nº 1030/2016 do Estado de Roraima padece de inconstitucionalidade por **usurpação da competência privativa da União para legislar sobre diretrizes e bases da educação nacional** (art. 22, inc. XXIV, da Constituição da República). (...)" **(ADI 6091, Pleno, Rel. Min. DIAS TOFFOLI, j. 29/05/2023)**

14) Lei **estadual** não pode, a pretexto de dispor sobre proteção do consumidor, prever a obrigação de as concessionárias de veículos disponibilizarem **veículo reserva** a clientes que, durante o período da garantia contratual, fiquem sem seus carros por período superior a 15 (quinze) dias em virtude de manutenção. Normas com esse teor **extrapolam o tema da defesa do consumidor** (que é de competência legislativa concorrente) e ferem princípios da ordem econômica, como o da isonomia, o da livre iniciativa e o da livre concorrência.

"(...) 1. **É inconstitucional, por extrapolação de competência concorrente para legislar sobre matérias de consumo, lei estadual que impõe às montadoras, concessionárias e importadoras de veículos a obrigação de fornecer veículo reserva a clientes cujo automóvel fique inabilitado por mais de 15 dias por falta de peças originais ou por impossibilidade de realização do serviço, durante o período de garantia contratual.** 2. Da interpretação sistemática dos arts. 1º, IV, 5º, 24, V e VIII, 170, IV e 174, todos da Constituição Federal, extraem-se balizas impostas ao legislador estadual, quando da elaboração de normas consumeristas. **São, assim, vedadas extrapolações de competência concorrente e violações aos princípios da isonomia, livre iniciativa e da livre concorrência, sobretudo no que concerne à criação de ônus estadual a fornecedores, como verificado no exemplo da Lei nº 15.304/2014 do Estado de Pernambuco.** Precedentes: ADI 3.035, Rel. Min. Gilmar Mendes; ADI 3.645, Rel. Min. Ellen Gracie; ADI 2.656, Rel.

Min. Maurício Corrêa. (...)" **(ADI 5158/PE; Relator: Min. ROBERTO BARROSO; Julgamento: 06/12/2018)**

15) Lei **estadual NÃO** pode estabelecer, no âmbito do respectivo Estado, a **proibição de suspensão** do fornecimento de serviços públicos (mais precisamente, os de telefonia e energia elétrica) **em determinados dias** em virtude da inadimplência dos usuários, pois uma norma como essa invade a competência da União para legislar privativamente sobre energia (art. 22, IV, CF/88), para explorar os serviços de energia elétrica (art. 21, XII, "b", CF/88) e para disciplinar as condições para a prestação desses serviços (art. 175, CF/88). Isso porque, segundo o STF, normas desse teor, na verdade, ao permitirem a inadimplência dos usuários sem que possa haver o corte do serviço no momento apropriado, têm repercussão na política tarifária e na prestação do serviço como um todo, de modo que afetam a própria relação jurídica existente entre o poder concedente (no caso, a União) e as empresas concessionárias, atingindo, portanto, o núcleo da prestação do serviço, cuja disciplina, nessa hipótese, cabe à União, e não aos Estados.

"(...) **A competência da União Federal no domínio do setor energético reveste-se de caráter exauriente** (CF, art. 21, XII, "b", art. 22, IV, e art. 175). – A jurisprudência plenária do Supremo Tribunal Federal tem reconhecido a **manifesta inconstitucionalidade de diplomas legislativos de Estados-membros** que, a pretexto de exercerem a sua competência suplementar em matéria de "consumo" (CF, art. 24, V) ou de "responsabilidade por dano (...) ao consumidor" (CF, art. 24, VIII), editam normas estaduais dirigidas às empresas prestadoras de serviços de energia elétrica, dispondo sobre direitos dos usuários e obrigações das concessionárias, **usurpando, em consequência, a competência privativa outorgada à União Federal em tema de organização do setor energético** (CF, art. 21, XII, "b", art. 22, IV, e art. 175) e **intervindo, indevidamente, no âmbito das relações contratuais entre o poder concedente e as empresas delegatárias de tais serviços públicos.** (...) – Os Estados-membros não podem interferir na esfera das relações jurídico-contratuais estabelecidas entre o poder concedente (quando este for a União Federal ou o Município) e as empresas concessionárias nem dispõem de competência para modificar ou alterar as condições que, previstas na licitação, acham-se formalmente estipuladas no contrato de concessão celebrado pela União (energia elétrica – CF, art. 21, XII, "b"), de um lado, com as concessionárias, de outro, notadamente se essa ingerência normativa, ao determinar a suspensão temporária do pagamento das tarifas devidas pela prestação dos serviços concedidos (serviços de energia elétrica, sob regime de concessão federal), afetar o equilíbrio financeiro resultante dessa relação jurídico-contratual de direito administrativo. (...)" **(ADI 3824, Pleno, Rel. Min. CELSO DE MELLO, j. 05/10/2020)**

"(...) Lei nº 3.244/2017 do Estado de Tocantins (art. 1º). Fixação de datas e horários para a suspensão do fornecimento de energia elétrica e água tratada por falta de pagamento. (...) **Usurpação da competência privativa da união para legislar sobre serviços de energia elétrica** (CF, arts. 21, XII, b, 22, IV, 24, VIII, 37, XXI, e 175, caput e parágrafo único, I e II). Violação do equilíbrio econômico-financeiro dos contratos de concessão. **Indevida intervenção legislativa estadual em aspectos dos serviços de energia elétrica** regulados, de modo exauriente, nas normas regulamentares da Aneel. (...) 2. As normas regulamentadoras da prestação dos serviços de energia elétrica expedidas pela ANEEL já disciplinam, de maneira expressa e exauriente, a mesma matéria objeto da lei estadual impugnada, definindo os dias e horários apropriados à realização da suspensão do serviço ao usuário inadimplente (apenas nos dias úteis, das 08h às 18h), além de assegurarem amplo rol de garantias ao consumidor não previstas na legislação do Estado de Tocantins, circunstancia apta a afastar a atuação suplementar dos Estados-membros no matéria. (...) 3. Segundo a jurisprudência reiterada desta Suprema Corte, revela-se **inconstitucional**, por invadir a competência privativa da União para definir o regime tarifário da exploração do serviço público de energia elétrica, a lei estadual cujos efeitos não se esgotam na relação entre o consumidor-usuário e o fornecedor-prestador, interferindo na relação jurídica existente entre esses dois atores e o Poder Concedente, titular do serviço (arts. 21, XI, 22, IV, e 175, parágrafo único, da Constituição da República). (...)" **(ADI 5798, Rel. Min. ROSA WEBER, j. 04/11/2021, Pleno)**

16) Lei **estadual** pode estabelecer a obrigação de empresas prestadoras de serviços de telecomunicação e *internet* fornecerem aos seus usuários **informações sobre os funcionários que prestarão serviços** em suas residências ou sedes, pois essa questão diz respeito a **direito do consumidor**, que é tema de competência legislativa concorrente (art. 24, V e VIII, CF/88).

"(...) Legislação que impõe **obrigação de informar o consumidor acerca da identidade de funcionários que prestarão serviços de telecomunicações e internet, em sua residência ou sede,** constitui norma reguladora de obrigações e responsabilidades referentes a **relação de consumo, inserindo-se na competência concorrente do artigo 24, V e VIII, da Constituição da República.** (...)" **(ADI 5745/RJ; Relator: Min. ALEXANDRE DE MORAES; Relator p/ Acórdão: Min. EDSON FACHIN; J. 07/02/2019)**

17) Em um julgado sobre os valores obtidos com a **exploração de recursos hídricos e minerais**, o STF definiu que os **Estados** e os **Municípios** não têm competência para legislar sobre a **arrecadação** de tais receitas (inclusive, no que diz respeito à aplicação de penalidades pelo atraso no pagamento), pois isso se encontra inserido na competência da União para legislar privativamente sobre **águas e recursos minerais** (art. 22, IV e XII, CF/88) e para autorizar ou conceder a sua exploração (art. 176, CF/88). No entanto, eles (Estados e Municípios) podem legislar (e implementar medidas administrativas) sobre a **fiscalização** e o **controle** desses valores, tendo em vista a competência material comum, prevista no art. 23, XI, da CF/88, para a fiscalização da pesquisa e exploração de recursos hídricos e minerais.

"(...) 1. Segundo jurisprudência assentada nesta CORTE, as rendas obtidas nos termos do art. 20, § 1º, da CF constituem receita patrimonial originária, cuja titularidade – que não se confunde com a dos recursos naturais objetos de exploração – pertence a cada um dos entes federados afetados pela atividade econômica. 2. Embora sejam receitas originárias de Estados e Municípios, **as suas condições de recolhimento e repartição são definidas por regramento da União, que tem dupla autoridade normativa na matéria, já que cabe a ela definir as condições (legislativas) gerais de exploração de potenciais de recursos hídricos e minerais (art. 22, IV e XII, da CF), bem como as condições (contratuais) específicas da outorga dessa atividade a particulares (art. 176, parágrafo único, da CF).** (...) 3. As providências enumeradas no art. 23, XI, da CF – registro, fiscalização e acompanhamento – possibilitam o controle pelos demais entes federativos das quotas-partes repassadas a título de compensação financeira pelos órgãos federais, com a possibilidade de criação de obrigações administrativas instrumentais, a serem observadas pelas concessionárias instaladas nos respectivos territórios. **4. Os Estados, Distrito Federal e Municípios não possuem competência para definir as condições de recolhimento das compensações financeiras de sua titularidade, ou mesmo para arrecadá-las diretamente, por intermédio de seus órgãos fazendários. 5. Extrapola a competência comum do art. 23, XI, da CF a instituição de infrações e penalidades pelo atraso no pagamento das compensações financeiras (obrigação principal), bem como sua arrecadação diretamente pela Secretaria de Fazenda Estadual.** (...)" **(ADI 4606/BA; Relator(a): Min. ALEXANDRE DE MORAES; J. 28/02/2019)**

18) Lei **estadual** não pode, a pretexto de tratar de proteção do consumidor, disciplinar obrigações contratuais relativas a **seguros**, pois a competência para legislar a esse respeito é privativa da **União**, nos termos do art. 22, I (direito civil) e VII (seguros), da CF/88. Além disso, os Estados-membros não têm competência para legislar a respeito de **registro, desmonte e comercialização de carros sinistrados**, pois essas questões envolvem o **trânsito**, tema de competência privativa da **União**, como estabelece o art. 22, XI, da CF/88.

"(...) 1. A competência legislativa concorrente em sede de produção e consumo e responsabilidade por dano ao consumidor (artigo 24, V e VIII, da Constituição Federal) **não autoriza os Estados-membros e o Distrito Federal a disciplinarem relações contratuais securitárias, porquanto compete privativamente à União legislar sobre Direito Civil** (artigo 22, I, da Constituição Federal). (...) 2. O artigo 22, VII, da Constituição Federal dispõe que **compete privativamente à União legislar sobre seguros**, a fim de garantir uma coordenação centralizada das políticas de seguros privados e de regulação das operações, que assegurem a estabilidade do mercado, **impedindo os Estados de legislarem livremente acerca das condições e coberturas praticadas pelas seguradoras.** (...) 3. **Compete privativamente à União legislar sobre questões ligadas ao trânsito e sua segurança, como as relativas ao registro, desmonte e comercialização de veículos sinistrados (artigo 22, XI, da Constituição Federal).** (...) 5. In casu, os artigos 1º, 2º, 6º, 8º, 10, 11 e 12 da Lei 15.171/2010 do Estado de Santa Catarina, de origem parlamentar, tanto em sua redação original quanto na redação dada pela Lei estadual 16.622/2015, disciplinaram obrigações contratuais relativas a seguros de veículos, estabeleceram regras quanto ao registro, desmonte e comercialização de veículos sinistrados e criaram atribuições para o órgão de trânsito estadual, invadindo a competência privativa da União para legislar sobre Direito Civil, seguros, trânsito e transporte (artigo 22, I, VII e XI, da Constituição Federal) e usurpando a iniciativa do chefe do Poder Executivo para criar atribuições para os órgãos da administração estadual (artigos 61, § 1º, II, e; e 84, VI, a, da Constituição Federal). (...)" **(ADI 4704/DF; Relator(a): Min. LUIZ FUX; Julgamento: 21/03/2019)**

19) Lei **estadual** não pode, a pretexto de disciplinar a proteção do consumidor, proibir que o **ECAD** realize a cobrança de valores devidos a título de **direitos autorais** nos casos em que a obra for executada em eventos públicos promovidos por entidades filantrópicas ou oficialmente declaradas de utilidade pública sem fins lucrativos, pois essa questão se insere no âmbito do **direito civil**, tema de competência legislativa privativa da **União** (art. 22, I, CF/88).

"(...) 1. A competência legislativa concorrente em sede de produção e consumo e responsabilidade por dano ao consumidor (artigo 24, V e VIII, da Constituição Federal) **não autoriza os Estados-membros e o Distrito Federal a disporem de direitos autorais, porquanto compete privativamente à União legislar sobre direito civil, direito de propriedade e estabelecer regras substantivas de intervenção no domínio econômico (artigo 22, I, da Constituição Federal).** (...) 3. In casu, a Lei 92/2010 do Estado do Amazonas estabeleceu a gratuidade para a execução pública de obras musicais e literomusicais e de fonogramas por associações, fundações ou instituições filantrópicas e aquelas oficialmente declaradas de utilidade pública estadual, sem fins lucrativos. **Ao estipular hipóteses em que não se aplica o recolhimento dos valores pertinentes aos direitos autorais, fora do rol da Lei federal 9.610/1998, a lei estadual usurpou competência privativa da** União e alijou os autores das obras musicais de seu direito exclusivo de utilização, publicação ou reprodução das obras ou do reconhecimento por sua criação. (...)" **(ADI 5800/AM; Relator(a): Min. LUIZ FUX; J. 08/05/2019)**

20) O STF julgou constitucional lei **municipal** que obrigava os supermercados e hipermercados localizados no respectivo Município a colocar no setor de caixas pessoal suficiente para que a **espera dos consumidores nas filas** não fosse superior a 15 (quinze) minutos. A Suprema Corte entendeu tratar-se de questão de **interesse local na proteção dos consumidores**, especialmente, porque a norma questionada não impôs aos estabelecimentos a obrigação de contratar pessoal, mas apenas de distribuir seus colaboradores de modo a se respeitar o limite máximo de espera (**ARE 809489 AgR**). Essa decisão está em consonância com a tese adotada pelo STF, em regime de repercussão geral (Tema 272), no **RE 610221**, em que se definiu serem os **Municípios** competentes para legislar sobre o **tempo máximo** de espera de clientes em **filas de instituições bancárias**, por se tratar de questão de **interesse local**. O tema foi objeto de questionamento na prova do concurso para o cargo de Juiz de Direito do TJ/PB realizada pelo CESPE em 2015, na qual, foi considerada incorreta a assertiva segundo a qual *"é constitucional lei municipal que fixe o horário de funcionamento das agências bancárias e que disponha sobre o tempo máximo de permanência dos usuários nas filas, por se tratar de matéria de interesse local"*. Conforme vimos, embora os Municípios tenham competência para estabelecer tempo máximo de espera em filas (inclusive, em bancos), eles não podem dispor sobre o horário de funcionamento das agências bancárias, pois essa questão afeta o sistema financeiro nacional, sendo, por isso, de competência legislativa privativa da União (art. 22, VII, CF/88).

"DIREITO CONSTITUCIONAL. **COMPETÊNCIA DO MUNICÍPIO. TEMPO DE ESPERA EM FILAS DE ESTABELECIMENTOS COMERCIAIS. INTERESSE LOCAL.** (...)" **(ARE 809489 AgR/SP; Relator(a): Min. ROSA WEBER; J. 28/05/2019)**

21) Leis **estaduais** não podem **proibir** que empresas concessionárias do serviço público de energia elétrica cobrem **taxa de religamento** nos casos em que a interrupção na prestação do serviço tenha se dado por inadimplência, assim como não podem estabelecer **prazo máximo para o restabelecimento do serviço**. Isso porque essas questões dizem respeito ao tema da energia elétrica, que é de competência administrativa exclusiva e legislativa privativa da União (arts. 21, XII, "b", e 22, IV, CF/88). O fato de a proteção do consumidor se inserir no âmbito da competência legislativa concorrente (art. 24, V e VIII, CF/88) não permite que os Estados-membros, a pretexto de disciplinar a proteção do consumidor, invadam a esfera de competências que são apenas da União.

"(...) 1. O Direito do Consumidor, mercê de abarcar a competência concorrente dos Estados-Membros (artigo 24, V e VIII, da Constituição Federal), **não pode conduzir à frustração da teleologia das normas que estabelecem as competências legislativa e administrativa privativas da União.** (...) 2. Os prazos e valores referentes à religação do fornecimento de energia elétrica não apenas já estão normatizados na legislação setorial pertinente, como o quantum pelos serviços cobráveis e visitas técnicas submetem-se à homologação da ANEEL, razão pela qual não remanesce, sob esse prisma, qualquer espaço para a atuação legislativa estadual, mercê de, a pretexto de ofertar maior proteção ao consumidor, o ente federativo tornar sem efeito norma técnica exarada pela agência reguladora competente. 3. In casu, a lei estadual impugnada, **ao dispor sobre a proibição de cobrança de taxa de religação de energia elétrica em caso de corte de fornecimento por falta de pagamento e estabelecer prazo máximo de 24 (vinte e quatro) horas para restabelecimento do serviço, sem qualquer ônus para o consumidor, invadiu a competência privativa da União para legislar sobre energia (artigo 22, IV, da Constituição Federal), bem como interferiu na prestação de serviço público federal (artigo 21, XII, b, da Constituição Federal)**, em diametral contrariedade às normas técnicas setoriais editadas pela ANEEL, com reflexos na respectiva política tarifária. (...)" **(ADI 5610/BA; Relator(a): Min. LUIZ FUX; J. 08/08/2019)**

22) O STF definiu, no **RE 1151237 (Tema de Repercussão Geral nº 1070)**, que é do **Município** a competência para definir os **nomes das vias e logradouros públicos**, podendo isso ser feito tanto pelo **Prefeito (via decreto)** quanto pela **Câmara Municipal (por meio de lei).**

"(...) 5. As competências legislativas do município caracterizam-se pelo princípio da predominância do interesse local, que, apesar de difícil conceituação, refere-se àqueles interesses que disserem respeito mais diretamente às suas necessidades imediatas. (...) 7. A Lei Orgânica do Município de Sorocaba, ao estabelecer, em seu artigo 33, inciso XII, como **matéria de interesse local**, e, consequentemente, de competência legislativa municipal, **a disciplina de denominação de próprios, vias e logradouros públicos e suas alterações, representa legítimo exercício da competência legislativa municipal. Não há dúvida de que se trata de assunto predominantemente de interesse local (CF, art. 30, I)**. (...) 9. Em nenhum momento, a Lei Orgânica Municipal afastou expressamente a iniciativa concorrente para propositura do projeto de lei sobre a matéria. Portanto, deve ser interpretada no sentido de **não excluir a competência administrativa do Prefeito Municipal para a prática de atos de gestão referentes a matéria; mas, também, por estabelecer ao Poder Legislativo, no exercício de competência legislativa, baseada no princípio da predominância do interesse, a possibilidade de edição de leis para definir denominação de próprios, vias e logradouros públicos e suas alterações**. 10. Recurso Extraordinário provido, para declarar a constitucionalidade do do art. 33, XII, da Lei Orgânica do Município de Sorocaba, concedendo-lhe interpretação conforme à Constituição Federal, no sentido da **existência de uma coabitação normativa entre os Poderes Executivo (decreto) e o Legislativo (lei formal), para o exercício da competência destinada a "denominação de próprios, vias e logradouros públicos e suas alterações", cada qual no âmbito de suas atribuições**. 11. Fixada a seguinte tese de Repercussão Geral: **"É comum aos poderes Executivo (decreto) e Legislativo (lei formal) a competência destinada a denominação de próprios, vias e logradouros públicos e suas alterações, cada qual no âmbito de suas atribuições". (RE 1151237/SP; Relator: Min. ALEXANDRE DE MORAES; J. 03/10/2019; Órgão Julgador: Tribunal Pleno)**

23) Lei estadual que estabeleça restrições ao ingresso, armazenamento e comercialização de produtos agrícolas importados no âmbito do Estado-membro é inconstitucional, por invadir a competência privativa da União para legislar sobre comércio exterior (art. 22, VIII, CF/88).

"Restrições ao comércio de produtos agrícolas importados no Estado. Competência privativa da União para legislar sobre comércio exterior e interestadual (CF, art. 22, inciso VIII)" **(STF, ADI 3852, j. em 07/10/2015)**

24) Segundo decidiu o STF no RE 423560, é constitucional lei municipal que proíbe que o Município celebre contrato com parentes dos seus agentes públicos (inclusive, do Prefeito, do Vice-Prefeito e dos Vereadores) dentro do período de seis meses após o término do exercício das respectivas funções. O Tribunal entendeu que o fato de a competência para legislar sobre normas gerais de licitação ser privativa da União (art. 22, XXVII, CF/88) não impede que os Municípios editem leis com o referido teor, pois, além de não consubstanciarem norma geral de licitação (mas, sim, norma específica), homenageiam a impessoalidade e a moralidade administrativa, sendo, portanto, compatíveis com a Constituição Federal.

"(...) A Constituição Federal **outorga à União a competência para editar normas gerais sobre licitação** (art. 22, XXVII) e permite, portanto, que Estados e Municípios legislem para complementar as normas gerais e adaptá-las às suas realidades. (...) Dentro da permissão constitucional para legislar sobre **normas específicas em matéria de licitação**, é de se louvar a iniciativa do Município de Brumadinho-MG (...) **A proibição de contratação com o Município dos parentes, afins ou consanguíneos, do prefeito, do vice-prefeito, dos vereadores e dos ocupantes de cargo em comissão ou função de confiança, bem como dos servidores e empregados públicos municipais, até seis meses após o fim do exercício das respectivas funções**, é norma que evidentemente homenageia os **princípios da impessoalidade e da moralidade administrativa**, prevenindo eventuais lesões ao interesse público e ao patrimônio do Município, sem restringir a competição entre os licitantes. **Inexistência de ofensa ao princípio da legalidade ou de invasão da competência da União para legislar sobre normas gerais de licitação.** (...)" **(RE 423560/MG; Relator(a): Min. JOAQUIM BARBOSA; J. 29/05/2012; Órgão julgador: Segunda Turma)**

25) Na **ADI 4740**, julgada em 14/02/2020, o STF, seguindo sua jurisprudência, declarou inconstitucional lei **estadual** que proibia que as empresas prestadoras dos serviços de telecomunicação inscrevessem os nomes dos **usuários inadimplentes nos cadastros de proteção ao crédito**, pois tal previsão legal consubstancia norma geral de **proteção ao consumidor** (matéria de competência legislativa concorrente, nos termos do art. 24, V e VIII, da CF/88) **e a União já editou norma geral** sobre essa questão, qual seja, o Código de Defesa do Consumidor.

"(...) A orientação majoritária do Supremo Tribunal Federal, ressalvada a posição deste Relator, assentou que **a norma que estipula restrições à inscrição de devedores em cadastros de restrição de crédito não pode ser implementada por lei estadual em virtude da existência de lei geral da União sobre a matéria.** (...)" **(ADI 4740/MS; Relator: Min. Edson Fachin; J. 14/02/2020)**

26) Na **ADI 5166**, julgada em 04/11/2020, o Supremo Tribunal Federal analisou a constitucionalidade da Lei nº 15.361/14 do Estado de São Paulo, que determinou que os estabelecimentos comerciais localizados no território estadual tivessem **espaços exclusivos**, devidamente identificados, para os **produtos orgânicos**. Essa norma foi impugnada sob a alegação de violação à livre iniciativa e à competência privativa da União para legislar sobre direito comercial (art. 22, I, CF/88). Porém, o STF decidiu pela validade da norma, por entender que ela trata de **proteção do consumidor**, tema inserido na **competência legislativa concorrente** (art. 24, V e VIII, CF/88), pois sua finalidade foi facilitar a localização e o consumo de produtos orgânicos. Além disso, a Corte não vislumbrou na lei uma violação à livre iniciativa, mas, sim, uma mera imposição de cumprimento do **dever de informar o consumidor**, o que, inclusive, é princípio da ordem econômica (art. 170, V, CF/88).

"(...) 3. Competência privativa da União para legislar sobre direito comercial versus **competência concorrente para legislar sobre direito do consumidor**. 4. Norma estadual que determina exposição de produtos orgânicos de modo a privilegiar o **direito de informação do consumidor**. Possibilidade. 5. Inexistência de violação à livre iniciativa. (...)" **(ADI 5166, Rel. Min. Gilmar Mendes, j. 04/11/2020, Pleno)**

27) Lei **estadual** não pode criar feriados (sejam eles civis ou religiosos), pois isso interfere nas relações de trabalho e direito do trabalho é matéria de competência legislativa privativa da **União** (art. 22, I). Logo, a legislação local deve obedecer o que dispuser a legislação federal sobre o tema (Lei 9.093/95), não lhe sendo facultado criar feriados fora das hipóteses autorizadas.

"(...) 2. Lei 1.026/2001 do Estado de Rondônia. Feriado em homenagem aos evangélicos. 3. **Competência privativa da União para legislar sobre direito do trabalho implica a de decretar feriados.** Precedentes: ADIs 3.069 e 4.820. (...)" **(ADI 3940, Pleno, Rel. Min. GILMAR MENDES, j. 20/03/2020)**

28) Lei **estadual** pode estabelecer a obrigação de as instituições de ensino superior privadas localizadas no território do Estado devolverem a taxa de matrícula nas hipóteses em que os alunos desistirem do curso ou solicitarem transferência antes do início das aulas. Essa norma não diz respeito a direito civil, mas sim a proteção do consumidor e a educação, temas que se inserem na **competência legislativa concorrente** (art. 24, V, VIII e IX, CF/88), e, no caso, a lei estadual não invadiu a competência da União para editar normas gerais sobre as matérias (art. 24, § 1º, CF/88)

"(...) LEI N. 22.915/2018 DE MINAS GERAIS. INSTITUIÇÕES PARITUCLARES DE ENSINO SUPERIOR. DIREITO DO ESTUDANTE À **DEVOLUÇÃO DO VALOR DA MATRÍCULA** EM CASO DE DESISTÊNCIA OU TRANSFERÊNCIA SOLICITADA ANTES DO INÍCIO DAS AULAS. **COMPETÊNCIA CONCORRENTE DOS ESTADOS EM MATÉRIA DE DIREITO DO CONSUMIDOR E EDUCAÇÃO.** PRINCÍPIO DA PROPORCIONALIDADE. (...)" **(ADI 5951, Pleno, Rel. Min. CÁRMEN LÚCIA, j. 16/06/2020)**

29) Lei **estadual** pode estabelecer proibição de cobrança, pelos estabelecimentos de ensino localizados no território do Estado, de taxa de realização de provas de segunda chamada, finais ou equivalentes. No caso, não se trata de direito civil (que é tema de competência legislativa privativa da União, nos termos do art. 22, I, da CF/88), mas sim de direito do consumidor e de educação, temas de **competência legislativa concorrente** (art. 24, V, VIII e IX, CF/88).

"(...) 1. Lei fluminense que **proíbe a cobrança** pelos estabelecimentos de ensino sediados no Estado do Rio de Janeiro, **por provas de segunda-chamada, provas finais ou equivalentes**, não podendo os estudantes ser impedidos de fazer provas, testes, exames ou outras formas de avaliação, por falta de pagamento prévio. 2. Ao estabelecer regras protetivas dos estudantes mais amplas do que as federais, quanto à cobrança por provas de segunda chamada ou finais, o Estado do Rio de Janeiro **atuou dentro da área de sua competência concorrente para legislar sobre direito do consumidor e educação** (art. 24, inciso V e IX). 3. Do ponto de vista da constitucionalidade material, **não é desproporcional ou desarrazoada** norma que impede que o aluno seja financeiramente sobrecarregado por seu desempenho acadêmico ou pela impossibilidade de realizar a prova na data agendada. (...)" **(ADI 3874, Pleno, Rel. Min. ROBERTO BARROSO, j. 23/08/2019)**

30) Lei **estadual** pode estabelecer proibição de cobrança, pelas instituições privadas de ensino superior localizadas no território do Estado, de taxas de repetência, de disciplina eletiva e de provas. No caso, não se trata de direito civil (que é tema de competência legislativa privativa da União, nos termos do art. 22, I, da CF/88), mas sim de direito do consumidor e de educação, temas de **competência legislativa concorrente** (art. 24, V, VIII e IX, CF/88).

"(...) LEI ESTADUAL 7.202/2016 DO RIO DE JANEIRO. **RESTRIÇÃO À COBRANÇA DE TAXAS POR INSTITUIÇÕES PARTICULARES DE ENSINO SUPERIOR.** (...) 4. A Constituição Federal, no tocante à proteção e à defesa do consumidor, estabelece competência concorrente entre a União, os Estados-Membros e o Distrito Federal. Cabe àquela editar normas gerais, e, a estes, legislar de forma supletiva ou complementar (art. 24, §§ 1º e 2º, da CF). 5. A Lei 7.202/2016 do Estado do Rio de Janeiro não substitui a disciplina do Código de Defesa do Consumidor (Lei 8.078/1990), mas a complementa, com o objetivo de **ampliar a proteção dos consumidores** fluminenses em aspectos peculiares a exigências locais, conforme faculta a Constituição Federal. (...)" **(ADI 5462, Pleno, Rel. Min. ALEXANDRE DE MORAES, j. 11/10/2018)**

31) **Lei estadual** (no caso, do Distrito Federal) **não** pode tratar sobre requisitos para o **porte de arma de fogo** e os possíveis titulares desse direito (ainda que diga respeito a servidores públicos da segurança pública, a exemplo dos agentes penitenciários), pois é da **União** a competência para tratar do tema, que diz respeito a material bélico (art. 21, VI, CF/88) e direito penal (art. 22, I, CF/88).

"(...) 1. O porte de arma de fogo não constitui ilícito penal nas hipóteses previstas em lei federal, porquanto **compete à União legislar privativamente sobre Direito Penal**, bem como autorizar e fiscalizar a produção e o comércio de **material bélico**, o que alcança a disciplina do **porte de armas de fogo** (artigos 21, VI, e 22, I, da Constituição Federal). (...) 2. O porte de arma de fogo e os seus possíveis titulares, porque afetos a políticas de segurança pública de âmbito nacional, possuem **requisitos que cabe à União regular, inclusive no que se refere a servidores públicos estaduais ou municipais**, em prol da uniformidade da regulamentação do tema no país. 3. In casu, (...) essas normas distritais **dispõem sobre porte de armas de fogo**, criando hipóteses não previstas na legislação federal de regência, incidindo em inconstitucionalidade formal, por **invasão da competência da União para definir os requisitos para a concessão do porte de arma de fogo e os possíveis titulares de tal direito** (artigos 21, VI; e 22, I, da Constituição Federal). (...)" **(ADI 3996, Pleno, Rel. Min. LUIZ FUX, j. 15/04/2020)** No mesmo sentido: **ADIs 7188 e 7189** (j. 26/09/2022)

"(...) 2. Lei 3.230/2013, do Estado de Rondônia, que altera e revoga dispositivos da Lei 2.775/2012. 3. Norma que concede porte de arma de fogo aos integrantes do quadro efetivo de Agentes Penitenciários do Estado de Rondônia, de maneira incondicionada. (...) **5. Competência legislativa privativa da União.** Precedentes. (...)" **(ADI 5076, Pleno, Rel. Min. GILMAR MENDES, j. 13/03/2023)**

"(...) 1. Ação direta de inconstitucionalidade contra a Lei nº 3.960/2022, do Estado do Tocantins, que reconhece o risco da atividade e a efetiva necessidade do **porte de armas de fogo para os vigilantes de empresas de segurança privada**. 2. A jurisprudência do Supremo Tribunal Federal se firmou no sentido de que os arts. 21, VI, e 22, I e XXI, da Constituição **atribuem competência privativa à União para legislar sobre porte de arma**, matéria em que há predominância de interesse nacional. Precedentes. 3. A lei impugnada, ao reconhecer a efetiva necessidade do porte de armas de fogo por determinada categoria profissional, invade a competência privativa da União para definição dos possíveis titulares desse direito. Precedentes. 4. Pedido julgado procedente, com a fixação da seguinte tese de julgamento: **"É inconstitucional, por violação à competência legislativa privativa da União, lei estadual que reconhece o risco da atividade e a efetiva necessidade do porte de armas de fogo para os vigilantes de empresas de segurança privada"." (ADI 7252, Pleno, Rel. Min. ROBERTO BARROSO, j. 25/04/2023)**

"(...) 1. **Compete privativamente à União legislar sobre a posse e o porte de armas de fogo em território nacional, bem como estabelecer em quais hipóteses deve ser assegurado o porte funcional de arma de fogo**, não sendo franqueada aos Estados e ao Distrito Federal a prerrogativa de conceder porte de arma a agentes públicos ou privados não contemplados na legislação federal (Constituição, arts. 21, VI e 22, I e XXI). 2. Nos termos da jurisprudência da Corte, "O Estatuto do Desarmamento é norma federal e, de forma nítida, **afastou a possibilidade do exercício das competências complementares e suplementares dos Estados e Municípios para autorizar porte de arma de fogo, ainda que a pretexto de regular carreiras ou de dispor sobre segurança pública**, seja para garanti-lo aos inativos da carreira dos agentes penitenciários, seja para estendê-lo à dos agentes do sistema socioeducativo" (ADI 5359/DF, Rel. Min. Edson Fachin, Tribunal Pleno, DJe 5.5.2021). 3. **É inconstitucional a lei estadual que concede porte de arma a inativos da carreira dos Agentes Penitenciários e aos Agentes de Segurança Socioeducativos, ativos e inativos**, por violação manifesta de competência privativa da União. (...)" **(ADI 7424, Pleno, Rel. Min. GILMAR MENDES, j. 06/02/2024)**

32) Lei **estadual** pode estabelecer a obrigação de as empresas de ônibus prestadoras do serviço de transporte intermunicipal concederem duas passagens gratuitas por veículo a policiais militares devidamente fardados. Essa questão diz respeito à disciplina da segurança pública, que é de competência comum dos Estados-membros (art. 144, CF/88), e a medida não fere o princípio da igualdade, tendo em vista que o tratamento diferenciado tem justificativa legítima e razoável, já que seus destinatários são agentes públicos responsáveis pelo policiamento ostensivo e preservação da ordem pública. Além disso, os Estados podem legislar sobre transporte intermunicipal por conta da sua competência remanescente prevista no art. 25, § 1º, da CF/88.

"(...) 1. **A segurança pública é de competência comum dos Estados-membros** (CF, art. 144), sendo também sua **competência remanescente a prerrogativa de legislar sobre transporte intermunicipal** (CF, art. 25, § 1º). 2. A concessão de dois assentos a policiais militares devidamente fardados nos transportes coletivos intermunicipais vai ao encontro da melhoria das condições de segurança pública nesse meio de locomoção, em benefício de toda a Sociedade, **questão flagrantemente de competência dos Estados-membros** (CF, art. 144) e afasta qualquer alegação de desrespeito ao **princípio da igualdade**, uma vez que o discrímen adotado é legítimo e razoável, pois destinado àqueles que exercem atividade de polícia ostensiva e visam à preservação da ordem pública. (...)" **(ADI 1052; Pleno; Relator: Min. LUIZ FUX; Redator do acórdão: Min. ALEXANDRE DE MORAES; j. 24/08/2020)**

33) Lei **estadual não** pode prever que, uma vez renovada a CNH (Carteira Nacional de Habilitação), os pontos anteriormente acumulados por conta de infrações de trânsito não poderão ser considerados para fins de aplicação da penalidade de suspensão ou cassação do direito de dirigir. Essa norma diz respeito a trânsito, que é tema de competência legislativa privativa da **União** (art. 22, XI, CF/88). O Supremo Tribunal Federal possui jurisprudência tranquila no sentido de que apenas a União pode legislar sobre questões atinentes a trânsito, já tendo reconhecido a inconstitucionalidade de diversas normas estaduais que invadiram essa competência, como nos casos relacionados à atividade de inspeção veicular (ADI 1.972/RS , Rel. Min. TEORI ZAVASCKI), à obrigação de instalar cinto de segurança em veículos de transporte coletivo de passageiros (ADI 874/BA, Rel. Min. GILMAR MENDES), à proibição do transporte de crianças menores de 10 (dez) anos de idade em bancos dianteiros de automóveis (ADI 2.960/RS, Rel. Min. DIAS TOFFOLI), à autorização para maiores de 16 (dezesseis) anos conduzirem veículos automotores (ADI 556/RN, Rel. Min. SYDNEY SANCHES – ADI 1.032/RJ, Rel. Min. FRANCISCO REZEK), ao transporte de animais por meio de veículos terrestres (ADPF 514/SP, Rel. Min. EDSON FACHIN), à delegação do serviço de fabricação de placas veiculares (ADI 5.332/SC, Rel. Min. CÁRMEN LÚCIA), ao cancelamento de multas de trânsito em âmbito regional (ADI 2.137/RJ, Rel. Min. DIAS TOFFOLI), à cominação de penalidades a condutores flagrados em estado de embriaguez (ADI 3.269/DF, Rel. Min. CEZAR PELUSO), entre outros.

"(...) LEI ESTADUAL FLUMINENSE QUE **TORNA SEM EFEITOS OS PONTOS ATRIBUÍDOS AOS MOTORISTAS DE VEÍCULOS TERRESTRES EM DECORRÊNCIA DE INFRAÇÕES DE TRÂNSITO** PRATICADAS EM MOMENTO ANTERIOR À RENOVAÇÃO DA CARTEIRA NACIONAL DE HABILITAÇÃO – TRANSGRESSÃO À CLÁUSULA CONSTITUCIONAL QUE ATRIBUI, EM CARÁTER PRIVATIVO, À **UNIÃO FEDERAL COMPETÊNCIA PARA LEGISLAR SOBRE TRÂNSITO** (CF, ART. 22, XI) – REAFIRMAÇÃO DA **JURISPRUDÊNCIA CONSOLIDADA PELO SUPREMO TRIBUNAL FEDERAL** NO TEMA – PRECEDENTES (...)" **(ADI 5482, Pleno, Rel. Min. CELSO DE MELLO, j. 24/08/2020)**

34) Lei **estadual** pode conter previsão proibindo a interrupção do fornecimento dos serviços de água e energia elétrica durante a pandemia de COVID-19, pois se trata de norma que trata de proteção ao consumidor, tema de competência legislativa concorrente, conforme prevê o art. 24, V e VIII, da CF/88. Isso, porém, não permite que a norma estadual interfira no núcleo da disciplina dos serviços de água e energia elétrica, pois essa questão se insere no campo da competência legislativa privativa da União, como estabelece o art. 22, IV, da CF/88 **(ADI 6406 MC, j. 21/12/2020, Pleno).**

35) Lei **estadual não** pode, a pretexto de veicular proteção ao consumidor, determinar a redução das mensalidades escolares no âmbito do respectivo Estado durante a pandemia de COVID-19, pois essa questão diz respeito a direito civil, que é tema de competência legislativa privativa da União, como prevê o art. 22, I, da CF/88. Foi nesse sentido que o Supremo Tribunal Federal julgou, em 21/12/2020, as **ADIs 6423, 6435 e 6575**, ajuizadas contra leis dos Estados do Ceará, do Maranhão e da Bahia, respectivamente.

"(...) A Lei 17.208/2020 do Estado do Ceará, **ao determinar a redução obrigatória e proporcional das mensalidades na rede privada de ensino durante o Plano de Contingência da COVID-19, viola a competência da União para legislar sobre Direito Civil** (art. 22, I, CF), por se tratar de norma abstrata sobre direito civil, afastando-se da competência concorrente dos estados para editar normas sobre responsabilidade por danos aos consumidores (art. 24, V, CF). (...)" **(ADI 6423, j. 21/12/2020, Pleno)**

36) Lei **estadual não** pode fixar prazo diverso do previsto no Código de Processo Civil (art. 535, § 3º, II) para o pagamento de requisição de pequeno valor (RPV), pois se trata de norma que envolve direito processual (tema de competência legislativa privativa da União, nos termos do art. 22, I, da CF/88), e não mero procedimento (que é matéria de competência legislativa concorrente, nos termos do art. 24, XI, da CF/88). Portanto, o prazo de 2 (dois) meses para pagamento de RPV pela Fazenda Pública previsto no CPC não pode ser alterado por norma local, devendo ser observado em todas as esferas federativas.

"(...) A autonomia expressamente reconhecida na Constituição de 1988 e na jurisprudência do Supremo Tribunal Federal aos estados-membros para dispor sobre obrigações de pequeno valor restringe-se à fixação do valor referencial. Pretender ampliar o sentido da jurisprudência e do que está posto nos §§ 3º e 4º do art. 100 da Constituição, de modo a afirmar a competência legislativa do estado-membro para estabelecer também o prazo para pagamento das RPV, é passo demasiadamente largo. (...) **O Supremo Tribunal Federal reconhece a natureza processual das**

normas que regulamentam o procedimento de execução das obrigações de pequeno valor, por versarem sobre os atos necessários para que a Fazenda Pública cumpra o julgado exequendo. (...) **A norma do art. 535, § 3º, inciso II, do Código de Processo Civil detém natureza nitidamente processual, a atrair a competência privativa da União para dispor sobre tema** (art. 22, inciso I, da Constituição de 1988). (...)" **(ADI 5534, j. 21/12/2020, Pleno)**

37) Lei **estadual** pode determinar temporariamente, durante a pandemia de COVID-19, a suspensão do cumprimento, no âmbito do respectivo Estado, de ordens de despejo, reintegrações e imissões de posse e remoções. Isso porque, segundo entendeu o STF, essa norma, por ter como objetivo a contenção da propagação do novo coronavírus, trata do direito à saúde, que é tema de competência legislativa concorrente, nos termos do art. 24, XII, da CF/88 **(Rcl 45.319 MC, j. 23/12/2020, decisão monocrática do Min. Rel. Ricardo Lewandowski; Rcl 45.319 MC-AgR, j. 15/03/2021, Segunda Turma)**

38) Lei **ESTADUAL NÃO PODE** estabelecer, no âmbito do respectivo Estado, a obrigação de as empresas concessionárias do serviço de energia elétrica notificarem previamente os consumidores, por meio de **carta com aviso de recebimento (AR)**, sobre a realização de vistoria técnica no medidor de sua casa. Isso porque, nos termos dos arts. 21, XVII, "b", e 22, IV, da CF/88, a competência para explorar o serviço de energia elétrica e para legislar a seu respeito é da União, que, consequentemente, é o ente federado ao qual cabe estabelecer, por lei, o regime jurídico a que se submetem as empresas concessionárias do serviço e os direitos dos respectivos usuários, conforme decorre do art. 175, parágrafo único, da CF/88. Uma lei estadual que estabelece a obrigação de prévia expedição de notificação com aviso de recebimento para a realização de vistorias interfere nas relações contratuais firmadas entre a União (que é o poder concedente do serviço de energia elétrica) e as empresas concessionárias do serviço, além de interferir no equilíbrio econômico-financeiro dessas relações contratuais, já que onera as empresas prestadoras do serviço. Logo, a lei estadual em questão é inconstitucional por violar a competência da União no tema da energia elétrica. Isso foi decidido pelo STF na **ADI 3703** (j. 06/03/2023), e, com esse posicionamento, o Supremo Tribunal Federal superou o entendimento que adotou na ADI 4914 (j.21/12/2020), na qual havia decidido que uma lei estadual poderia obrigar as empresas concessionárias do serviço de energia elétrica e expedir notificações com aviso de recebimento antes de realizarem vistorias nos medidores dos usuários do serviço, por se tratar de norma de proteção ao consumidor, que é tema de competência legislativa concorrente, nos termos do art. 24, V e VIII, da CF/88.

"(...) 1. A interpretação sistemática dos arts. 21, XII, 'b'; 22, IV; e 175, parágrafo único, inciso III, da Constituição Federal revela que **a União é responsável pela prestação dos serviços de fornecimento de energia elétrica**, incumbindo-lhe também legislar sobre o regime jurídico das autorizadas, concessionárias e permissionárias desse serviço público, bem como sobre os direitos do usuário, a política tarifária e a obrigação de manutenção da qualidade adequada desse serviço. 2. A norma impugnada **altera aspectos relevantes da relação jurídico-contratual mantida entre o Poder concedente federal e as empresas concessionárias do setor de energia elétrica**, estabelecendo direito, em benefício do usuário do serviço público, não previsto no instrumento contratual. **A lei estadual onera as concessionárias de serviço público** ao dispor sobre a obrigatoriedade de a empresa expedir notificação, acompanhada de aviso de recebimento, previamente à realização de visita técnica no âmbito residencial. (...)" **(ADI 3703, Pleno, Rel. Min. EDSON FACHIN, Redator do acórdão Min. GILMAR MENDES, j. 06/03/2023)**

39) Lei **estadual** pode impor às empresas públicas e privadas prestadoras de serviços no âmbito do respectivo Estado que postem os boletos de cobrança aos seus usuários com antecedência mínima de 10 (dez) dias da data de vencimento, bem como que indiquem na parte externa da correspondência de cobrança as datas de postagem e de vencimento. Essa norma envolve direito do consumidor, que é tema de competência legislativa concorrente (art. 24, V e VIII, CF/88), e não serviço postal, que é tema de competência legislativa privativa da União (art. 22, V, CF/88), mesmo porque, conforme decidiu o STF na ADPF 46, a entrega de boletos bancários, bem como de encomendas e de contas dos diversos serviços públicos (água, energia elétrica e telefone) não se insere na exclusividade dos Correios prevista no art. 9º da Lei 6.538/78.

"(...) 2. O art. 1º, § 1º, da Lei Estadual 5.190/2008, do Rio de Janeiro, determina que as datas de vencimento e de postagem de boletos, referentes a pagamento de serviços prestados por empresas públicas e privadas, deverão ser impressas na parte externa da correspondência de cobrança. (...) 4. No julgamento da Arguição de Descumprimento de Preceito Fundamental 46 (Plenário, Min. EROS GRAU, DJ de 26/2/2010), estabeleceu-se que **a prestação exclusiva de serviço postal pela União, nos termos do art. 9º da Lei 6538/1978, não engloba a distribuição de boletos bancários, de contas telefônicas, de luz e água, de encomendas, v.g ., livros e jornais**, pois a atividade desenvolvida pelo ente central restringe-se ao conceito de carta, cartão-postal e correspondência agrupada. 5. Assim, o âmbito da competência legislativa privativa da União, estipulada no art. 22, V, da CARTA MAGNA, circunscreve-se à regulação do serviço postal prestado pela União, de modo exclusivo (art. 21, X, da CF/1988). (...) 7. Nessa perspectiva, a jurisprudência do SUPREMO TRIBUNAL FEDERAL vem atribuindo maior ênfase na competência legislativa concorrente dos Estados, quando o assunto girar em torno das relações de consumo. Igualmente, esta SUPREMA CORTE já declarou a constitucionalidade de diversas normas estaduais em hipóteses análogas, reconhecendo a competência dos Estados-membros para dispor sobre o direito de informação dos consumidores, no exercício de sua competência concorrente. 8. (...) Tema 491, fixada a seguinte tese de repercussão geral: "Os Estados-Membros e o Distrito Federal têm competência legislativa para estabelecer regras de postagem de boletos referentes a pagamento de serviços prestados por empresas públicas e privadas"." **(ARE 649379, j. 16/11/2020, Tema de Repercussão Geral nº 491)**

40) Lei **estadual** pode, no âmbito do respectivo Estado, impor às empresas concessionárias de serviços públicos essenciais a obrigação de informar os seus usuários, em tempo real, sobre interrupções no fornecimento dos serviços pelas mais diversas causas (sejam elas decorrentes da natureza ou não). Essa norma trata de direito do consumidor, que é tema de competência legislativa concorrente (art. 24, V e VIII, CF/88), não invadindo o campo da competência privativa da União para legislar sobre os diversos serviços públicos, como o de energia elétrica e o de telecomunicações (art. 22, IV, CF/88). Ademais, normas estaduais que asseguram ao consumidor o direito de obter informações (como é o caso da lei estadual em questão) não invadem a competência da União para, no âmbito da competência legislativa concorrente, tratar de aspectos gerais do direito do consumidor.

"(...) A lei estadual, **ao estabelecer o dever de informação sobre a interrupção dos serviços públicos essenciais, não adentrou na competência privativa da União**, prevista no art. 22, IV, da Constituição Federal, para legislar sobre telecomunicações. (...) Esta Suprema Corte tem entendimento consolidado no sentido de que não invade a esfera de competência da União, para legislar sobre normas gerais, **lei estadual que assegura ao consumidor o direito de obter informações sobre produtos e serviços, nos termos do art. 24, V e VIII, da CF. (...)" (ADI 6095, j. 08/02/2021, Pleno)**

41) Lei **estadual não** pode estabelecer descontos para pessoas idosas comprarem medicamentos em farmácias localizadas no respectivo Estado. Embora essa norma se insira no campo da proteção à saúde, da proteção ao consumidor e do direito econômico (que são temas de competência legislativa concorrente, nos termos do art. 24, I, V, VIII e XII, da CF/88), ela invade o âmbito das normas gerais sobre essas matérias, que, no âmbito da legislação concorrente, cabe à União, a qual, inclusive, já editou a normatização geral sobre a questão, disciplinando a regulação dos preços dos medicamentos em todo o território nacional.

"(...) 2. Lei 3.452/2001 do Estado do Rio de Janeiro, que concede descontos a consumidor idoso para aquisição de medicamentos em farmácias localizadas no Estado. (...) 5. **Extrapola a competência estadual para legislar sobre direito do consumidor – e invade o âmbito de competência da União para legislar sobre normas gerais** de proteção e defesa da saúde, direito econômico e proteção do consumidor – a lei estadual que, estabelecendo política pública voltada a saúde, conflita com plexo normativo federal que **regula a definição do preço de medicamentos** em todo o território nacional e o equilíbrio econômico-financeiro no mercado farmacêutico." **(ADI 2435, j. 21/12/2020, Pleno)**

42) Lei **estadual não** pode fixar limite de idade para ingresso no ensino fundamental no âmbito do respectivo Estado que seja diferente do fixado pela legislação federal, pois essa questão se insere no âmbito das normas gerais sobre diretrizes e bases da educação, que são da competência legislativa privativa da União, como prevê o art. 22, XXIV, da CF/88. Ademais a exigência da idade mínima de 06 (seis) anos para ingresso no ensino fundamental contida na Lei de Diretrizes e Bases da Educação Nacional (art. 32, *caput*) foi declarada constitucional pelo STF na ADC 17, julgada em 01/08/2018.

"(...) 1. Ação direta de inconstitucionalidade que tem por objeto **lei estadual que estabelece idade de corte para ingresso no ensino fundamental** em dissonância com a legislação federal. **Competência privativa da União para dispor sobre diretrizes e bases da educação** (CF, art. 22, XXIV). (...) 2. A questão já foi enfrentada pelo Supremo Tribunal Federal, em sede de controle concentrado da constitucionalidade, e firmou a seguinte tese: "**É constitucional a exigência de 6 (seis) anos de idade para o ingresso no ensino fundamental**, cabendo ao Ministério da Educação a definição do momento em que o aluno deverá preencher o critério etário" (...). Há, ainda, jurisprudência consolidada no Tribunal acerca da inconstitucionalidade de normas estaduais e distritais que disponham de forma conflitante em matéria atinente a "diretrizes e bases" da educação. (...) 3. Pedido julgado procedente, com a fixação da seguinte tese: "**É inconstitucional lei estadual que fixa critério etário para o ingresso no Ensino Fundamental diferente do estabelecido pelo legislador federal e regulamentado pelo Ministério da Educação**". **(ADI 6312, j. 21/12/2020, Pleno)**

43) Lei **estadual não** pode, com fundamento na competência legislativa concorrente para tratar de direito tributário (art. 24, I, CF/88), suprir a omissão da

União em editar normas gerais relativas à cobrança de ITCMD (Imposto de Transmissão *Causa Mortis* e Doação) sobre doações e heranças instituídas no exterior, tendo em vista a existência de previsão específica no art. 155, § 1º, III, da CF/88 no sentido de que a competência para instituir esse imposto nessas hipóteses deve ser tratada em lei complementar, a qual, segundo decidiu o STF no **Tema de Repercussão Geral nº 825** (RE 851108, julgado em 01/03/2021), deve ser necessariamente editada pelo Congresso Nacional para ter abrangência por todo o País, evitando situações de bitributação. A lei exigida pelo art. 155, § 1º, III, da CF/88, portanto, é uma lei complementar **federal**, não podendo sua ausência ser suprida por normas estaduais editadas com fundamento no art. 24, I, e § 3º, da CF/88, embora direito tributário seja tema de competência legislativa concorrente. Nos termos da tese fixada nesse julgamento, *"é vedado aos estados e ao Distrito Federal instituir o ITCMD nas hipóteses referidas no art. 155, § 1º, III, da Constituição Federal sem a intervenção da lei complementar exigida pelo referido dispositivo constitucional"*. Esse entendimento, inclusive, foi posteriormente reafirmado pelo STF em sede de controle abstrato de constitucionalidade, o que ocorreu em diversas ADIs ajuizadas contra normas estaduais que disciplinavam, no âmbito do respectivo Estado, o ITCMD sobre heranças e doações instituídas no exterior. Podemos citar como exemplos as **ADIs 6817, 6821, 6822, 6824, 6825, 6827, 6829, 6831, 6832, 6834, 6835, 6836, 6837 e 6839**, todas julgadas em 21/02/2022. É importante registrar que, ao julgar essas ações, a Corte, por razões de segurança jurídica, **modulou a eficácia das decisões** e estabeleceu que o reconhecimento da inconstitucionalidade das normas impugnadas tem efeitos apenas a partir da publicação do acórdão proferido no **Tema de RG nº 825** (o que ocorreu em **20/04/2021**). Porém, ficaram **excluídas da modulação** (e, portanto, foram atingidas normalmente pela eficácia retroativa da declaração de inconstitucionalidade) as **ações anteriormente ajuizadas** para discutir a qual Estado-membro o imposto é devido (em situação de bitributação) ou mesmo a validade da sua cobrança, desde que, **até a data fixada pelo STF (20/04/2021)**, elas ainda estivessem pendentes de conclusão. É importante registrar também que, posteriormente a todas essas decisões do STF, foi aprovada a **EC 132/2023** (a chamada "Reforma Tributária"), que, no seu art. 16, disciplinou a competência para a cobrança do ITCMD incidente sobre doações e heranças instituídas no exterior, suprindo, portanto, a omissão que existia até então. Esse dispositivo deixou claro, no entanto, que as regras por ele estabelecidas apenas se aplicam enquanto não for editada pelo Congresso Nacional a lei complementar (de abrangência nacional) exigida pelo art. 155, § 1º, III, da CF/88. Veja:

"**Art. 16, EC 132/2023.** Até que lei complementar regule o disposto no **art. 155, § 1º, III, da Constituição Federal**, o imposto incidente nas hipóteses de que trata o referido dispositivo **competirá**:

I - relativamente a **bens imóveis** e respectivos direitos, **ao Estado da situação do bem**, ou ao Distrito Federal;

II - se o doador tiver domicílio ou residência no exterior:

a) ao Estado **onde tiver domicílio o donatário** ou ao Distrito Federal;

b) se o donatário tiver domicílio ou residir no exterior, **ao Estado em que se encontrar o bem ou ao Distrito Federal**;

III - relativamente aos bens do de cujus, **ainda que situados no exterior, ao Estado onde era domiciliado**, ou, se domiciliado ou residente no exterior, **onde tiver domicílio o sucessor ou legatário**, ou ao Distrito Federal."

44) Lei **estadual não** pode, a pretexto de veicular regras de atuação perante órgãos da Administração Pública, estabelecer requisitos que, por conta de seu alcance, acabem regulamentando o próprio exercício de determinada atividade profissional, a exemplo dos **despachantes**. Isso porque normas com esse conteúdo dizem respeito a direito do trabalho e a condições para o exercício de profissões, que são temas de competência legislativa privativa da União (art. 22, I e XVI, CF/88).

"(...) 1. A Lei estadual nº 8.107/92, **a pretexto de prescrever regras de caráter administrativo** acerca da atuação dos despachantes junto aos órgãos públicos estaduais, **acabou por regulamentar essa atividade**, uma vez que estabeleceu os próprios requisitos para seu exercício. Violação da **competência legislativa da União**, a quem compete privativamente editar leis sobre direito do trabalho e sobre condições para o exercício de profissões. (...)" **(ADI 4387, j. 04/09/2014, Pleno)** No mesmo sentido: **ADIs 6738 e 6740** (j. 22/11/2022)

45) Lei **estadual não** pode estabelecer, no âmbito do respectivo Estado, a vedação de suspensão de contratos de plano de saúde em caso de inadimplência enquanto perdurar a pandemia de COVID-19, pois essa questão, por envolver relações contratuais e de seguro, diz respeito a direito civil e a direito securitário, que são temas de competência legislativa privativa da União, nos termos do art. 22, I e VII, da CF/88 (**ADIs 6491 MC e 6538 MC, decisões monocráticas do Min. Dias Toffoli *ad referendum* do Plenário, j. 18/03/2021**).

46) Lei **estadual** pode estabelecer proibição de veiculação, em estabelecimentos de educação básica situados no respectivo Estado, de propaganda (impressa ou não impressa) de alimentos e bebidas pobres em nutrientes e com alto teor de açúcar, gorduras saturadas ou sódio tendo como alvo o público infantil. Segundo o STF, normas com esse teor se inserem no campo da defesa da saúde e da proteção à infância (temas de competência legislativa concorrente, nos termos do art. 24, XII e XV, da CF/88), não invadindo a competência privativa da União para legislar sobre propaganda comercial (art. 22, XXIX, CF/88). Além disso, do ponto de vista material, essa norma não viola a liberdade de expressão nem a livre iniciativa, pois esses direitos não são absolutos e devem ser relativizados perante outros valores constitucionais que justifiquem a redução proporcional do seu âmbito de aplicação, como é o caso do direito à saúde das crianças, que, segundo o art. 227, *caput*, da CF/88, deve ser assegurado com absoluta prioridade (**ADI 5631, j. 25/03/2021, Pleno**).

47) Lei **estadual não** pode dispor sobre a implantação de instalações industriais destinadas à produção de energia nuclear no âmbito do respectivo Estado, pois essa questão está inserida na competência privativa da União para legislar sobre atividades nucleares (art. 22, XXVI, CF/88), o que faz com que o fato de a competência legislativa em matéria ambiental ser concorrente (art. 24,

VI e VIII, CF/88) não tenha o condão de permitir aos Estados legislar sobre energia nuclear (**ADI 330, j. 13/10/2020, Pleno**).

48) Lei **estadual não** pode estabelecer, no âmbito do respectivo Estado, a suspensão da cobrança de empréstimos consignados contraídos por servidores públicos nem vedar a incidência de juros e multa nesses contratos durante o período da pandemia de COVID-19, pois essa questão, por envolver relações contratuais entre instituições de crédito e tomadores de empréstimos, diz respeito a direito civil e a política de crédito, que são temas de competência legislativa privativa da União, nos termos do art. 22, I e VII, da CF/88 (**ADI 6495, j. 23/11/2020, Pleno**).

49) Lei **estadual** pode estabelecer, no âmbito do respectivo Estado, proibição de corte de energia elétrica por inadimplência enquanto perdurar o estado de emergência decorrente da pandemia de COVID-19. Segundo o STF, essa norma, por disciplinar a relação entre o usuário e a empresa prestadora do serviço, diz respeito a direito do consumidor, tema de competência legislativa concorrente, nos termos do art. 24, V e VIII, CF/88. A Corte esclareceu que a lei em questão não atinge de forma direta a relação contratual estabelecida entre a empresa concessionária e o poder público concedente (titular do serviço) nem o núcleo de atuação das empresas voltadas à prestação de serviços de fornecimento de energia elétrica, motivo pelo qual, não se pode afirmar que invade a competência privativa da União para legislar sobre energia, prevista no art. 22, IV, da CF/88 (**ADI 6432, j. 08/04/2021, Pleno**).

50) A competência para editar lei tratando da **obrigatoriedade da instalação de hidrômetros individuais** em condomínios e edifícios é dos **Municípios**, pois o interesse predominante nesse tema é local, o que atrai a competência municipal, conforme estabelece o art. 30, I, da CF/88. Isso porque a questão envolve o serviço de fornecimento de água (que é de competência municipal, conforme decidido pelo STF na ADI 2340, j. 06/03/2013), além de dizer respeito a direito do consumidor (quanto à informação sobre o consumo individual de água) e a direito ambiental (pois o consumo de água tem reflexos em lençóis freáticos, bacias hidrográficas, mananciais e rios), temas que, por estarem inseridos na competência legislativa concorrente (art. 24, V, VI e VIII, CF/88), podem ser suplementados pela legislação municipal naquilo que for de interesse local (art. 30, I e II, CF/88). E, em virtude de a competência para o serviço de fornecimento de água ser dos Municípios, **lei estadual não pode** estabelecer a obrigação de as concessionárias prestadoras desse serviço, antes de suspenderem o fornecimento por inadimplência, oferecerem aos consumidores a **opção de quitarem as suas dívidas por meio determinada forma de pagamento (como cartão de crédito ou débito)**. Da mesma forma, a **legislação estadual não pode** impor às concessionárias dos serviços de água a obrigação de equipar seus agentes com máquina de cartão de crédito ou débito para que, no momento da realização do corte do serviço por inadimplência, os usuários possam pagar as suas dívidas.

"Compete aos municípios legislar sobre a obrigatoriedade de instalação de hidrômetros individuais nos edifícios e condomínios, em razão do preponderante interesse local envolvido." (**Tese**

fixada no Tema de Repercussão Geral nº 849, RE 738481, Pleno, Rel. Min. EDSON FACHIN, j. 17/08/2021)

"(...) 3. Ao determinar que as concessionárias dos serviços públicos de fornecimento de água deverão oferecer a opção de pagamento de débitos por cartão de débito ou crédito, fixando que os agentes concessionários que efetuem as suspensões de fornecimento do serviço deverão portar obrigatoriamente a máquina do cartão, **o legislador estadual usurpou a competência dos Municípios para legislarem sobre fornecimento de água, assunto de interesse local**. Precedentes. (...)" **(ADI 7405, Pleno, Rel. Min. CÁRMEN LÚCIA, j. 27/11/2023)**

51) Lei **municipal NÃO pode** disciplinar o funcionamento de **rádios comunitárias**, veiculando disposições que tratam de direitos e obrigações delas, autorizam seu funcionamento e sua exploração e estabelecem infrações, sanções e taxa de funcionamento. Uma norma desse teor editada por Município usurpa a competência da União para explorar os serviços de radiodifusão sonora (art. 21, XII, CF/88) e para legislar privativamente sobre radiodifusão (art. 22, IV, CF/88). Esse entendimento foi adotado pelo STF na **ADPF 335, julgada em 30/08/2021.**

52) Lei **estadual NÃO pode** autorizar a circulação de veículos com débito de IPVA em aberto, pois essa questão, antes de dizer respeito a matéria tributária, envolve matéria de trânsito e transporte (pois disciplina requisitos de licenciamento, vistoria anual e emissão do certificado de registro de veículo automotor), o que é de competência legislativa privativa da União, nos termos do art. 22, XI, da CF/88.

"(...) LEI 7.718/2017 E ART. 2° DA LEI 7.717/2017, DO ESTADO DO RIO DE JANEIRO. DETRAN/RJ. DISPENSA DA EXIGÊNCIA DE QUITAÇÃO DO IPVA PARA O REGISTRO, VISTORIA, INSPEÇÃO E LICENCIAMENTO DE VEÍCULOS AUTOMOTORES. USURPAÇÃO DE COMPETÊNCIA DA UNIÃO EM MATÉRIA DE TRÂNSITO E TRANSPORTE. ART. 22, XI, DA CF. (...) II – Os atos normativos questionados, ao autorizarem a circulação dos veículos automotores nas vias públicas sem que tenha sido providenciado o regular pagamento do IPVA, disciplinando, diferentemente do Código de Trânsito Brasileiro, sobre os requisitos de licenciamento, vistoria anual e emissão do certificado de registro de veículo automotor, antes de tratarem de matéria tributária, disciplinam típica matéria de trânsito e transporte, cuja competência é privativa da União Federal, conforme estabelecido no art. 22, XI, da Constituição da República. Precedentes. (...)." **(ADI 5796, Pleno, Rel. Min. RICARDO LEWANDOWSKI, j. 08/04/2021)**

53) Lei **estadual NÃO pode** autorizar empresas concessionárias de rodovias estaduais a cobrar valores pela **instalação**, nas faixas de domínio e nas adjacências dessas rodovias, de **equipamentos de distribuição de energia elétrica**, pois essa medida onera os contratos de concessão do serviço de energia elétrica, de modo que viola a competência da União para explorar o serviço de energia elétrica (art. 21, XII, "b", CF/88) e para legislar privativamente sobre energia (art. 22, IV, CF/88).

"(...) LEI ESTADUAL N. 12.238/2005 E DECRETO N. 43.787/2005. PREVISÃO DE COBRANÇA DE RETRIBUIÇÃO PECUNIÁRIA DE CONCESSIONÁRIAS DE ENERGIA ELÉTRICA PELA OCUPAÇÃO DE FAIXAS DE DOMÍNIO E ÁREAS ADJACENTES A RODOVIAS ESTADUAIS. INVASÃO DA COMPETÊNCIA DA UNIÃO. AL. B DO INC. XII DO ART. 21 E INC. IV DO ART. 22 DA CONSTITUIÇÃO DA REPÚBLICA. PRECEDENTES DO SUPREMO TRIBUNAL FEDERAL. (...)" **(ADI 3763, Pleno, Rel. Min. CÁRMEN LÚCIA, j. 08/04/2021)**

54) Lei **estadual NÃO pode** estabelecer hipóteses de dispensa e simplificação do licenciamento ambiental para atividades de lavra mineral a céu aberto, pois invade a competência legislativa da **União** para editar normas gerais sobre proteção do meio ambiente, como prevê o art. 24, VI e VIII e §§ 1º e 2º, da CF/88. Além disso, uma norma estadual com esse teor consubstancia uma proteção ao meio ambiente menor do que a já estabelecida na legislação federal, violando, assim, o princípio da prevenção em matéria ambiental, que decorre do art. 225 da CF/88.

"(...) 2. É formalmente inconstitucional a subversão da lógica sistêmica das normas gerais nacionais pela Assembleia Legislativa de Santa Catarina ao instituir dispensa e licenciamento simplificado ambiental para atividades de lavra a céu aberto. 3. A dispensa e simplificação de licenciamento ambiental às atividades de mineração pelo legislador estadual **esvaziou o procedimento de licenciamento ambiental estabelecido na legislação nacional, em ofensa ao art. 24 da Constituição da República**. 4. O estabelecimento de procedimento de licenciamento ambiental estadual que torne **menos eficiente a proteção do meio ambiente equilibrado** quanto às atividades de mineração **afronta o caput do art. 225 da Constituição da República por inobservar o princípio da prevenção**. (...)" **(ADI 6650, Pleno, Rel. Min. CÁRMEN LÚCIA, j. 27/04/2021)**

55) Norma **estadual NÃO pode** estabelecer **restrição ou proibição de depósito de lixo atômico (lixo nuclear) ou de instalação de usinas nucleares** no território do respectivo Estado, pois isso usurpa a competência privativa da **União** para legislar sobre atividades nucleares, prevista no art. 22, XXVI, da CF/88. Ademais, também é da União a competência para editar lei definindo a localização das usinas nucleares (art. 225, § 6º, CF/88), bem como a competência (de caráter material) para *"explorar os serviços e instalações nucleares de qualquer natureza e exercer monopólio estatal sobre a pesquisa, a lavra, o enriquecimento e reprocessamento, a industrialização e o comércio de minérios nucleares e seus derivados"* (art. 21, XXIII, CF/88). De forma geral, portanto, norma estadual, ainda que contida na Constituição do Estado, **não pode estabelecer restrições a atividades nucleares** (como exigir autorização da Assembleia Legislativa para que elas sejam exercidas ou proibir o depósito de lixo nuclear). Nas palavras do STF, *"é inconstitucional a norma de constituição estadual que* ***disponha sobre atividades nucleares de qualquer natureza****"* (ADI 6904). Uma norma estadual com esse conteúdo viola diversos dispositivos constitucionais que atribuem à União a competência para tratar do tema **(ADI 6895, Pleno, Rel. Min. CÁRMEN LÚCIA, j. 15/09/2021; ADIs 6909 e 6913, Pleno, Rel. Min. ALEXANDRE DE MORAES, j. 20/09/2021; e ADIs 6904 e 6907, j. 24/10/2022)**

56) Lei **estadual NÃO pode**, a pretexto de exercer a parcela estadual da competência legislativa concorrente para tratar de meio ambiente (art. 24, VI e VIII, CF/88), disciplinar o procedimento de **licenciamento ambiental da atividade de garimpo** e, ao fazer isso, permitir o uso do mercúrio nessa atividade, delimitar áreas para o seu exercício e definir conceitos a ela relacionados, pois uma norma com esse teor invade a competência privativa da **União** para legislar sobre recursos minerais (artigo 22, XII, CF/88). Além disso, quanto à proteção ambiental, a norma em questão, ao permitir o uso do mercúrio, traz uma tutela do meio ambiente mais frágil do que a trazida pela legislação federal, e, na temática ambiental, o STF apenas admite legislação estadual 6discrepante da federal quando a discrepância representa uma maior proteção ao meio ambiente, nunca quando representa uma menor proteção ambiental **(ADI 6672, Pleno, Rel. Min. ALEXANDRE DE MORAES, j. 15/09/2021)**.

"(...) 1. A competência legislativa concorrente cria o denominado "condomínio legislativo" entre a União e os Estados-Membros, cabendo à primeira a edição de normas gerais sobre as matérias elencadas no art. 24 da Constituição Federal; e aos segundos o exercício da competência complementar – quando já existente norma geral a disciplinar determinada matéria (CF, art. 24, § 2º) – e da competência legislativa plena (supletiva) – quando inexistente norma federal a estabelecer normatização de caráter geral (CF, art. 24, § 3º). 2. A possibilidade de complementação da legislação federal para o atendimento de interesse regional (art. 24, § 2º, da CF) não permite que Estado-Membro simplifique o licenciamento ambiental para atividades de lavra garimpeira, esvaziando o procedimento previsto em legislação nacional. (...) 3. **Compete privativamente à União legislar sobre jazidas, minas, outros recursos minerais e metalurgia (art. 22, XII, da CF), em razão do que incorre em inconstitucionalidade norma estadual que, a pretexto de regulamentar licenciamento ambiental, regulamenta aspectos da própria atividade de lavra garimpeira.** (...)" **(ADI 6672, Pleno, Rel. Min. ALEXANDRE DE MORAES, j. 15/09/2021)**

57) Lei **estadual PODE** disciplinar e permitir a comercialização e o consumo de **bebidas alcoólicas nos estádios de futebol** durante os jogos. Não há aí usurpação de competência da União, pois essa norma envolve temas inseridos na competência legislativa concorrente, quais sejam, segurança pública (art. 144, CF/88), consumo e desporto (art. 24, V e IX, CF/88), e inexiste disposição geral na legislação federal (mais precisamente, no Estatuto do Torcedor, hoje revogado e "substituído" pela Lei 14.597/23, a Lei Geral do Esporte) que proíba, de forma clara e inequívoca, que bebidas alcoólicas sejam comercializadas e consumidas durante os eventos esportivos, o que autoriza os Estados a disciplinarem essa questão específica da forma que julgarem mais conveniente para as suas realidades.

"(...) EXERCÍCIO DA COMPETÊNCIA CONSTITUCIONAL CONCORRENTE PARA LEGISLAR SOBRE **CONSUMO, DESPORTO E SEGURANÇA PÚBLICA**. 1. A autorização e regulamentação da venda e do consumo de bebidas alcoólicas em eventos esportivos, estádios e arenas desportivas em um Estado-membro **não invade a competência da União prevista no art. 24, V e IX e §§1º a 3º, da Constituição da República**. 2. Ante a ausência de nitidez do comando constante do Estatuto do Torcedor, norma federal, **há espaço de conformação para os demais entes da federação** para, em nome da garantia da integridade física, regulamentar da maneira mais eficiente possível as medidas para evitar atos de violência. Espaço constitucional deferido ao sentido do federalismo cooperativo inaugurado pela Constituição Federal de 1988. 3. Não atenta contra a proporcionalidade, ao contrário vai a seu encontro, disposição, como a que consta da lei impugnada, que limite o consumo da bebida alcoólica entre o início da partida e o intervalo do segundo tempo. (...)" **(ADIs 5112 e 5460, Pleno, Rel. Min. EDSON FACHIN, j. 17/08/2021)**

58) Lei **estadual PODE** proibir a utilização de **animais para desenvolvimento, experimento e teste de produtos** cosméticos, de higiene pessoal, perfumes, de limpeza e seus componentes, pois essa questão diz respeito aos temas da fauna e da proteção do meio ambiente, que se encontram inseridos na competência legislativa concorrente (art. 24, VI e VIII, CF/88), e a União não possui norma geral que conflite com essa proibição. Ademais, ainda que houvesse uma norma geral federal que estabelecesse uma menor proteção aos animais e ao meio ambiente, a norma estadual em questão seria válida, pois o STF admite que, em matéria ambiental, os Estados estabeleçam um grau de proteção maior do que o estabelecido na legislação federal (ADI 5996, Pleno, Rel. Min. ALEXANDRE DE MORAES, j. em 15/04/2020; e **ADI 5995, Pleno, Rel. Min. GILMAR MENDES, j. 27/05/2021**).

"(...) 1. As regras de distribuição de competências legislativas são alicerces do federalismo e consagram a fórmula de divisão de centros de poder em um Estado de Direito. Princípio da predominância do interesse. 2. A Constituição Federal de 1988, presumindo de forma absoluta para algumas matérias a presença do princípio da predominância do interesse, estabeleceu, a priori, diversas competências para cada um dos entes federativos – União, Estados-Membros, Distrito Federal e Municípios – e, a partir dessas opções, pode ora acentuar maior centralização de poder, principalmente na própria União (CF, art. 22), ora permitir uma maior descentralização nos Estados-Membros e nos Municípios (CF, arts. 24 e 30, inciso I). 3. A Lei 289/2015 do Estado do Amazonas, **ao proibir a utilização de animais para desenvolvimento, experimentos e testes de produtos cosméticos, de higiene pessoal, perfumes e seus componentes, não invade a competência da União para legislar sobre normas gerais em relação à proteção da fauna.** Competência legislativa concorrente dos Estados (art. 24, VI, da CF). (...)" **(ADI 5996, Pleno, Rel. Min. ALEXANDRE DE MORAES, j. em 15/04/2020)**

59) Lei **estadual NÃO pode** estabelecer vedação de comercialização de produtos cosméticos, de higiene pessoal, perfumes e de limpeza desenvolvidos a partir de testes em animais nem tampouco determinar que conste do rótulo desses produtos comercializados no território do respectivo Estado informações acerca da não realização de testes em animais, pois essa questão diz respeito a direito comercial, que é tema de competência legislativa privativa da União, conforme prevê o art. 22, I, CF/88 (**ADI 5995, Pleno, Rel. Min. GILMAR MENDES, j. 27/05/2021**).

60) Lei **estadual PODE** estabelecer a proibição de que instituições financeiras, correspondentes bancários e sociedades de arrendamento mercantil façam *telemarketing*, oferta comercial, proposta, publicidade ou qualquer tipo de atividade tendente a **convencer aposentados e pensionistas a celebrarem contratos de empréstimo**, pois essa questão diz respeito a direito do consumidor, que é tema de competência legislativa concorrente (art. 24, V e VIII, CF/88), não havendo aí usurpação da competência da União. Ademais, nesse caso, tem-se um reforço da proteção conferida pelo CDC ao consumidor.

"(...) 1. Proibição da Lei paranaense n. 20.276/2020 a instituições financeiras, correspondentes bancários e sociedades de arrendamento mercantil realizarem telemarketing, oferta comercial, proposta, publicidade ou qualquer tipo de atividade tendente a convencer aposentados e pensionistas a celebrarem contratos de empréstimos resulta do **legítimo exercício da competência concorrente do ente federado em matéria de defesa do consumidor**, suplementando-se os princípios e as normas do Código de Defesa do Consumidor e reforçando-se a proteção de grupo em situação de especial vulnerabilidade econômica e social. (...)" **(ADI 6727, Pleno, Rel. Min. CÁRMEN LÚCIA, j. 12/05/2021)**

61) Lei **estadual NÃO pode** estabelecer hipóteses de **responsabilidade tributária de terceiros** diversas das previstas no Código Tributário Nacional, pois direito tributário é tema de competência legislativa concorrente (art. 24, I, CF/88), e a questão da responsabilidade tributária diz respeito a normas gerais de direito tributário, sendo, portanto, de competência da União, que, inclusive, deve tratar de tais normas por meio de lei complementar, conforme determina o art. 146, III, "b", da CF/88.

"(...) atribui-se ao contabilista a responsabilidade solidária com o contribuinte ou com o substituto tributário, quanto ao pagamento de impostos e de penalidades pecuniárias, no caso de suas ações ou omissões concorrerem para a prática de infração à legislação tributária. 2. A presente controvérsia consiste em definir se os atos normativos estaduais foram editados em contrariedade com as regras constitucionais de competência tributária, notadamente o art. 146, III, b, da CF/1988. Eventual inobservância de tais regras de competência implica ofensa direta à Constituição. Precedentes. 3. **Legislação estadual que amplia as hipóteses de responsabilidade de terceiros por infrações, invade a competência do legislador complementar federal para estabelecer as normas gerais sobre a matéria (art. 146, III, b, da CF/1988).** Isso porque as linhas básicas da responsabilidade tributária devem estar contidas em **lei complementar editada pela União**, não sendo possível que uma lei estadual estabeleça regras conflitantes com as normas gerais (ADI 4.845, sob a minha relatoria). 4. Inconstitucionalidade formal. Legislação do Estado de Goiás aborda matéria reservada à lei complementar e dispõe diversamente sobre (i) quem pode ser responsável tributário, ao incluir hipóteses não contempladas pelos arts. 134 e 135 do CTN, (ii) em quais circunstâncias pode ser responsável tributário ("infração à legislação tributária"), sendo que, conforme as regras gerais, para haver a responsabilidade tributária pessoal do terceiro, ele deve ter praticado atos com excesso de poderes ou infração de lei, contrato social ou estatutos, não havendo a responsabilização pelo mero inadimplemento de obrigação tributária. (...) 6. Fixação da seguinte tese: **"É inconstitucional lei estadual que verse sobre a responsabilidade de terceiros por infrações de forma diversa das regras gerais estabelecidas pelo Código Tributário Nacional.". (ADI 6284, Pleno, Rel. Min. ROBERTO BARROSO, j. 15/09/2021).**

62) Lei **estadual NÃO pode** autorizar a utilização de **diplomas de pós-graduação expedidos por instituições estrangeiras**, independentemente de revalidação no Brasil, para fins de progressão e admissão de servidores públicos, pois usurpa a competência privativa da União para legislar sobre diretrizes e bases da educação nacional (art. 22, XXIV, CF/88).

"(...) Lei estadual que dispõe sobre a admissão de diplomas expedidos por instituições de ensino superior de Portugal e de países do Mercosul. 1. Ação direta contra a Lei nº 245/2015, do Estado do Amazonas, que dispõe sobre a admissão de diplomas de pós-graduação stricto sensu originários de países do MERCOSUL e de Portugal. 2. Há inconstitucionalidade formal, por **violação à regra que confere competência privativa à União para legislar sobre diretrizes e bases da educação nacional** (art. 22, XXIV, da CF). Precedentes (ADI 5.341, Rel. Min. Edson Fachin; ADI 5.168, Relª. Minª. Cármen Lúcia). 3. (...) Fixação da seguinte tese de julgamento: **"É inconstitucional lei estadual que dispõe sobre a aceitação de diplomas expedidos por universidades estrangeiras"." (ADI 6592, Pleno, Rel. Min. ROBERTO BARROSO, j. 08/09/2021)**

63) Lei **estadual não pode** estabelecer regras que impõem a fiscalização e o cadastramento de chaveiros e instaladores de sistemas de segurança, pois, ao fazer isso, invade a competência privativa da União para legislar sobre condições para o exercício de profissões (art. 22, XVI, CF/88). Uma lei com esse teor, ademais, é de iniciativa privativa do Chefe do Poder Executivo, pois ela amplia as atribuições da Administração Pública, e leis que tratem de organização da Administração Pública são de iniciativa reservada do Chefe do Executivo (conforme prevê o art. 61, § 1º, II, "e", da CF/88), não podendo o seu processo legislativo ser deflagrado por Parlamentar.

"(...) 1. A Lei paulista nº 11.066/2002, de iniciativa parlamentar, **criou diversas novas atribuições administrativas** a serem desempenhadas pela Secretaria de Segurança Pública do Estado de São Paulo, modificando substancialmente o rol de atividades funcionais daquele órgão da

Administração Pública paulista, com evidente **transgressão à prerrogativa titularizada pelo Governador de Estado para deflagrar o processo legislativo em matéria pertinente à organização e ao funcionamento da Administração Pública estadual** (CF, art. 61, § 1º, II, "e", c/c o art. 84, VI). 2. O Diploma legislativo impugnado impõe aos **chaveiros e instaladores de sistemas de segurança** (a) o cadastramento prévio perante a Administração Pública, (b) a comprovação de idoneidade moral e (b) o controle, por meio de formulário padronizado, de informações sobre os serviços executados, as vendas efetuadas, os respectivos clientes e a autorização destes para a sua realização, **usurpando a competência privativa da União Federal, para legislar sobre condições para o exercício de profissões (CF, art. 22, XVI)**. 3. Aos Estados-membros e ao Distrito Federal, em tema de regulamentação das profissões, cabe dispor apenas sobre questões específicas relacionadas aos interesses locais e somente quando houver delegação legislativa da União operada por meio de lei complementar (CF, art. 22, parágrafo único), inexistente na espécie. 4. A prestação de serviços por chaveiros e instaladores de sistemas de segurança foi classificada pelo Poder Executivo Federal como atividade econômica de baixo risco, garantida a liberdade de exercício, sem a necessidade de quaisquer atos públicos de liberação, conforme assegurado pelos princípios norteadores da Declaração de Direito de Liberdade Econômica (Lei nº 13.874/2019, art. 3º, I). (...)" **(ADI 3924, Pleno, Rel. Min. ROSA WEBER, j. 21/06/2021)**

64) Lei **estadual NÃO pode** proibir que planos de saúde exijam **carência** para que cubram **atendimento em caso de COVID-19**, pois essa questão diz respeito a direito civil, direito comercial e política de seguros, que são temas de competência legislativa privativa da União (art. 22, I e VII, CF/88). Ademais, a disciplina legal da imposição de períodos de carência por operadoras de planos de saúde já foi estabelecida pela União por meio da Lei nº 9.656/98.

"(...) 2. Lei 11.746, de 30 de junho de 2020, do Estado da Paraíba. Proibição de operadoras de planos de saúde no Estado da Paraíba recusarem a prestação de serviços a pessoas suspeitas ou contaminadas pelo COVID-19 em razão de prazo de carência contratual. 3. **Usurpação de competência privativa da União para legislar sobre direito civil, comercial e sobre política de seguros.** 4. Interferência nas relações contratuais firmadas entre operadoras de plano de saúde e usuários. 5. Período de carência. (...) Disciplina dada pela Lei Federal 9.656/1998. (...) 6. Inconstitucionalidade formal. (...)" **(ADI 6493, Pleno, Rel. Min. GILMAR MENDES, j. 14/06/2021)**

65) Lei **estadual NÃO pode** determinar que fique suspensa, por determinado período durante a pandemia de COVID-19, a cobrança (e o pagamento) de empréstimos consignados contraídos no âmbito do respectivo Estado, pois, ao fazer isso, invade a competência privativa da União para legislar sobre direito civil e política de crédito (art. 22, I e VII, CF/88).

"(...) A Lei estadual, com as alterações promovidas pela Lei 11.298/2020, ao **interferir na relação obrigacional** estabelecida entre as instituições de crédito e os servidores e empregados públicos estaduais e municipais, adentrou na **competência privativa da União, prevista no art. 22, I e VII, da Constituição Federal, para legislar sobre direito civil e política de crédito.** (...)" **(ADI 6475, Pleno, Rel. Min. RICARDO LEWANDOWSKI, j. 17/05/2021)**

66) Lei **estadual NÃO pode** estabelecer, no âmbito do Estado, proibição da atividade de *delivery* de combustível (abastecimento de veículo em local diverso do posto de combustível), pois uma norma com esse teor diz respeito a energia, que é tema de competência legislativa privativa da União, nos termos do art. 22, IV, da CF/88. Inclusive, quanto à regulamentação da venda de combustível, o art. 238 da CF/88 estabelece que *"a lei ordenará a venda e revenda de combustíveis de petróleo, álcool carburante e outros combustíveis derivados de matérias-primas renováveis, respeitados os princípios desta*

Constituição". Essa lei, evidentemente, é uma lei federal, já que, segundo o art. 22, IV, da CF/88, energia é tema de competência legislativa privativa da União. Com fundamento nessa competência, o Congresso Nacional editou a Lei nº 9.478/97 (Lei da Agência Nacional do Petróleo – ANP), que, no seu art. 9º, diz que cabe à ANP disciplinar as atividades de distribuição e revenda de derivados de petróleo e álcool, o que já foi feito pela agência.

"(...) 2. A legislação estadual impugnada **com o escopo de coibir a atividade de "delivery de gasolina e etanol" exorbitou sua competência e usurpou competência privativa da União para legislar sobre energia**. 3. A matéria das normas impugnadas é regulada pela Lei n. 9.478/1997, pela qual se definem normas gerais sobre a política energética nacional e pela Resolução n. 41/2013 da Agência Nacional do Petróleo, Gás Natural e Biocombustíveis – ANP, na qual estabelecidos os requisitos necessários à autorização para o exercício da atividade de revenda varejista de combustíveis automotivos. 4. **É inconstitucional norma estadual pela qual usurpada a competência privativa da União para legislar sobre energia** e por ela estabelecida regulamentação paralela e contraposta à legislação federal existente, por **ofensa ao que se dispõe no inc. IV do art. 22 da Constituição da República**. Precedentes. (...)" **(ADI 6580, Pleno, Rel. Min. CÁRMEN LÚCIA, j. 12/05/2021)**

67) Norma **ESTADUAL (prevista na Constituição do Estado) NÃO pode** estabelecer restrições para que os Municípios realizem a desafetação de áreas definidas em projetos de loteamento como áreas verdes ou institucionais, pois essa questão envolve planejamento urbano, ordenação territorial e fiscalização de uso e ocupação do solo, temas que são de interesse local e, portanto, de competência dos Municípios, nos termos do art. 30, I e VIII, da CF/88. O Estado não pode legislar nesses termos, delimitando a competência municipal, pois, ao fazer isso, usurpa a competência do Município e viola a sua autonomia, que é assegurada pelo art. 18 da CF/88. Ademais, direito urbanístico encontra-se inserido entre as matérias de competência legislativa concorrente (art. 24, I, CF/88), e a União já editou norma geral a seu respeito, qual seja, a Lei 10.257/2001 (Estatuto da Cidade), que estabelece ser atribuição dos Municípios dispor sobre a alteração do uso do solo urbano (arts. 29 e 30), não podendo os Estados tratar da questão em sentido contrário.

"(...) 2. Os Municípios têm competência para legislar sobre assuntos de interesse local compreendendo o ordenamento territorial, o planejamento urbano e a fiscalização de áreas de uso e ocupação do solo. Precedentes. 3. **É formalmente inconstitucional norma estadual pela qual se dispõe sobre direito urbanístico em contrariedade ao que se determina nas normas gerais estabelecidas pela União e em ofensa à competência dos Municípios para legislar sobre assuntos de interesse local**, sobre os quais incluídos política de desenvolvimento urbano, planejamento, controle e uso do solo. Precedentes. 4. É inconstitucional norma de Constituição estadual pele, a pretexto de organizar e delimitar competência de seus respectivos Municípios, ofendido o princípio da autonomia municipal, consoante o art. 18, o art. 29 e o art. 30 da Constituição da República. Precedentes. (...)" **(ADI 6602, Pleno, Rel. Min. CÁRMEN LÚCIA, j. 14/06/2021)**

68) Norma **ESTADUAL (prevista na Constituição do Estado) pode** estabelecer proibição da atividade de caça no território do Estado, pois fauna e meio ambiente são temas de competência administrativa comum (art. 23, VI e VII, CF/88) e de competência legislativa concorrente (art. 24, VI e VIII, CF/88), de modo que os Estados-membros podem, de acordo com suas peculiaridades, editar normas específicas sobre essas questões, cabendo à União legislar criando normas gerais. Existe, inclusive, lei federal sobre caça estabelecendo normas gerais para essa atividade. Trata-se da Lei 5.197/67, que, no *caput* do seu art. 1º, também proíbe a caça, mas no § 1º desse mesmo artigo diz ser possível que o poder público autorize essa atividade quando as peculiaridades regionais permitirem. Embora esse dispositivo (o § 1º) diga que cabe à autoridade federal permitir a caça quando as especificidades regionais justificarem a medida, a verdade é que, à luz da CF/88, essa atribuição é dos Estados, tendo em vista que, nos termos do texto constitucional, cabe aos Estados editar normas específicas no âmbito da competência legislativa concorrente (art. 24, §§ 1º a 4º, CF/88). Dessa forma, no exercício da sua competência para tratar de fauna e meio ambiente (prevista no art. 24 da CF/88), os Estados podem, considerando as suas peculiaridades, vedar a caça (à semelhança do que fez o *caput* do art. 1º da Lei 5.197/67) ou estabelecer hipóteses em que ela é permitida (conforme autoriza o § 1º do art. 1º da Lei 5.197/67). A norma que foi analisada pelo STF nesse precedente era uma disposição da Constituição do Estado de São Paulo que vedava a caça no território estadual em qualquer hipótese. A Corte reconheceu a competência do Estado para disciplinar a questão, porém, realizou interpretação conforme à Constituição da norma, para excluir da proibição a caça de controle (que é a destruição de animais para fins de controle) e a caça científica (que é a coleta de animais para fins científicos), pois essas duas modalidades, além de serem permitidas pela norma geral federal (a Lei 5.197/67), protegem o meio ambiente, pois se destinam a reequilibrar o ecossistema **(ADI 350, Pleno, Rel. Min. Dias Toffoli, j. 21/06/2021)**.

69) Lei **ESTADUAL pode** estabelecer, no âmbito do respectivo Estado, a obrigação de as empresas prestadoras do serviço de internet móvel e banda larga na modalidade pós-paga apresentarem, nas faturas mensais dos seus usuários, gráficos que mostrem a velocidade média diária do serviço no que diz respeito ao envio e ao recebimento de dados pela rede mundial de computadores. Uma norma desse teor diz respeito a direito do consumidor, encontrando-se inserida, portanto, no âmbito da competência legislativa concorrente (art. 24, V e VIII, CF/88). Além disso, ela não invade a competência privativa da União para legislar sobre telecomunicações (art. 22, IV, CF/88), pois a obrigação em questão não consubstancia prestação de nenhum serviço de telecomunicação. Por fim, a norma não viola o princípio da livre iniciativa (art. 170, CF/88), pois a ordem econômica é norteada não só por esse princípio, mas também – dentre outros princípios – pela proteção do consumidor (art. 170, V, CF/88), que é a finalidade da lei em questão. A livre iniciativa, portanto, não pode ser obstáculo para a concretização da proteção do consumidor **(ADI 6893, Rel. Min. CÁRMEN LUCIA, Pleno, j. 11/10/2021)**.

70) Lei **ESTADUAL NÃO pode** estabelecer, no âmbito do respectivo Estado, a obrigação de proprietários de cães-guias e/ou seus adestradores se filiarem, direta ou indiretamente, a federação internacional de cães-guias, pois, embora a proteção e integração social das pessoas portadoras de deficiência seja um tema de competência legislativa concorrente (art. 24, XIV, CF/88), a norma em questão regulamenta obrigações e condicionantes impostas aos portadores de deficiência, podendo, inclusive, causar assimetrias regionais, motivo pelo qual exige tratamento uniforme em todo o território nacional, o que apenas pode ser feito por meio de lei federal, a qual, inclusive, já foi editada (trata-se da Lei 11.126/2005). A competência para legislar sobre essa questão, portanto, é da União, por se tratar de norma geral de proteção e integração social de pessoas portadoras de deficiência. Além disso, a imposição de filiação a entidades privadas (como é o caso de uma federação internacional) viola o direito fundamental de liberdade de associação (previsto no art. 5º, XX, da CF/88), o qual assegura aos indivíduos a livre decisão sobre se associar ou não a alguma entidade **(ADI 4267, Rel. Min. GILMAR MENDES. J. 25/10/2021, Pleno).**

71) Lei **ESTADUAL pode** impor, no âmbito do respectivo Estado, às concessionárias dos serviços de telecomunicações a obrigação de informar ao Poder Público, sob pena de multa, os dados pessoais dos usuários que utilizem seus telefones para passar trotes aos serviços de emergência. Segundo o STF, uma norma desse teor não afeta a prestação do serviço de telecomunicação nem interfere na relação travada entre as concessionárias do serviço e os seus usuários, motivo pelo qual não invade a competência da União para explorar com exclusividade os serviços de telecomunicações (art. 21, XI, CF/88) e para legislar privativamente sobre eles (art. 22, IV, CF/88). Além disso, a norma em questão atende à proporcionalidade, não encontrando óbice nos direitos fundamentais à vida privada e ao sigilo das comunicações (art. 5º, X e XII, CF/88), pois a restrição imposta pela exigência de fornecimento dos dados pessoais dos usuários dos serviços é o meio necessário (isto é, o menos gravoso possível) para proteger a eficiência dos serviços de emergência contra ilícitos administrativos que possam comprometer o atendimento a direitos fundamentais de terceiros **(ADI 4924, Rel. Min. GILMAR MENDES, j. 04/11/2021, Pleno).**

72) Lei **ESTADUAL NÃO pode** estabelecer, no âmbito do respectivo Estado, a obrigação de as instituições privadas prestadoras do serviço de ensino, sempre que lancem novas promoções, estenderem os novos benefícios promocionais aos clientes preexistentes, pois essa questão envolve relações contratuais e, por isso, diz respeito a direito civil, tema de competência legislativa privativa da União (art. 22, I, CF/88). Além disso, mesmo que se entendesse que a questão envolve direito do consumidor e/ou educação, que são temas de competência legislativa concorrente (art. 24, V, VIII e IX, CF/88), já existe uma norma geral federal tratando de critérios de fixação de anuidades escolares, não podendo uma lei estadual dispor de forma diversa, conforme estabelece o art. 24, §§ 1º e 2º, da CF/88. Nos termos da tese fixada pelo STF, *"é inconstitucional lei estadual que impõe aos prestadores privados de serviços de ensino a obrigação de estender o benefício de novas promoções aos clientes preexistentes"* **(ADI 6614, Rel. Min. ROSA WEBER, Redator do acórdão Min. ROBERTO BARROSO, j. 16/11/2021, Pleno).**

73) Lei **ESTADUAL NÃO pode** estabelecer, no âmbito do respectivo Estado, proibição de cobrança de juros, multas, outros encargos financeiros e parcelas vencidas de contratos de financiamento, pois essa questão envolve direito civil (relações contratuais) e política de crédito, que são temas de competência legislativa privativa da União, nos termos do art. 22, I e VII, da CF/88 **(ADI 6938, Rel. Min. CÁRMEN LÚCIA, j. 23/11/2021, Pleno)**.

74) Lei **ESTADUAL NÃO pode** disciplinar, no âmbito do respectivo Estado, relações contratuais entre seguradoras e seus segurados, pois esse tema, por envolver contratos de seguro, diz respeito a direito civil e a seguros, que são temas da competência legislativa privativa da União, nos termos do art. 22, I e VII, da CF/88.

"(...) A jurisprudência desta Suprema Corte orienta-se no sentido da **inconstitucionalidade de normas estaduais que disponham sobre relações contratuais securitárias**, por consubstanciarem tema de direito civil e seguros, afetos à competência legislativa privativa da União Federal (art. 22, I e VII, CF). (...)" **(ADI 6132, Rel. Min. ROSA WEBER, j. 29/11/2021, Pleno)**

75) Lei **ESTADUAL NÃO pode** prever a possibilidade de o Governador do Estado, de acordo com seu próprio juízo, conceder benefícios assistenciais (como as chamadas "pensões especiais") não previstos na legislação federal ou em desacordo com ela, pois, embora previdência social seja tema de competência legislativa concorrente (art. 24, XII, CF/88), assistência social é tema de competência legislativa privativa da União. Isso porque, nos termos do art. 22, XXIII, da CF/88, compete privativamente à União legislar sobre seguridade social, e assistência social integra a seguridade social. Além disso, a concessão de benefícios pelo poder público com base em critérios inespecíficos permite a prática de arbitrariedades e favorecimentos, o que é incompatível com um regime republicano.

"(...) I - As Leis estaduais, ao autorizarem a concessão de benefícios assistenciais em desacordo com os parâmetros estabelecidos pela legislação federal de regência, **adentraram na competência privativa da União, prevista no art. 22, XXIII, da Constituição Federal, para legislar sobre seguridade social**. Precedente. II - A pensão especial disciplinada pela legislação estadual não se coaduna com nenhuma das hipóteses indicadas no julgamento da ADI 4.976/DF, de minha relatoria, seja porque não concede o benefício a uma categoria profissional específica, seja porque não foi instituída para atender demandas sociais ou individuais de projeção social geradas por fatos extraordinários de repercussão nacional. III - A legislação estadual não especificou suficientemente os critérios autorizadores que dão ensejo ao benefício especial, abrindo margem para concessões arbitrárias e desvinculadas dos objetivos constantes do precitado art. 22 da Lei 8.742/1993. IV - **Não é possível, no âmbito de um regime republicano, a instituição de uma verdadeira regalia a indistintas pessoas** a juízo exclusivo do Governador do Estado, tomando por base cláusulas de conteúdo vago e impreciso, tais como "prestado relevantes serviços" e "caráter eminentemente humanitário", constantes do art. 1º, II e III da Lei estadual 11.280/1990. (...)" **(ADI 6559, Pleno, Rel. Min. RICARDO LEWANDOWSKI, j. 11/10/2021)**

76) Lei **ESTADUAL NÃO pode** estabelecer, no âmbito do respectivo Estado, proibição de planos de saúde limitarem o tempo de internação por COVID-19. Isso porque uma norma como essa, por envolver relações contratuais de seguros, diz respeito a direito civil, direito comercial e política de seguros, que são temas de competência legislativa privativa da União, nos termos do art. 22, I e VII, da CF/88 **(ADI 6497, Pleno, Rel. Min. ROSA WEBER, j. 14/12/2021)**.

77) Lei **ESTADUAL NÃO pode** estabelecer hipóteses de ocupação humana em áreas de preservação permanente (APP) fora das situações permitidas em lei federal de normas gerais ambientais. Isso porque **direito ambiental** é tema de **competência legislativa concorrente** (art. 24, VI e VIII, CF/88), cabendo à

União a edição de normas gerais e aos Estados a edição de normas específicas complementares às normas gerais federais. Por isso, não podem os Estados contrariar as normas gerais federais em matéria ambiental, exceto se fizerem isso para ampliar a proteção do meio ambiente, o que não se verifica quando a norma estadual autoriza a ocupação antrópica de espaços territoriais especialmente protegidos fora das hipóteses permitidas pela legislação geral federal.

"(...) I – É característica do Estado Federal a repartição de competências entre os entes políticos que o compõem, de modo a preservar a diversidade sem prejuízo da unidade da associação. II - Nos termos do art. 24, VI e VII da Carta Magna, os entes federados têm **competência concorrente** para legislar sobre florestas, caça, pesca, fauna, conservação da natureza, defesa do solo e dos recursos naturais, proteção do meio ambiente e controle da poluição, defesa do patrimônio histórico, cultural, artístico, turístico e paisagístico. III – Em paralelo, a Constituição da República prevê que **a União detém a competência para estabelecer as normas gerais** (art. 24, § 1º), com vistas a padronizar a regulamentação de certos temas, sendo **os Estados e o Distrito Federal competentes para suplementar a legislação nacional** (art. 24, § 1º), consideradas as peculiaridades regionais. IV – A legislação mineira, ao **flexibilizar os casos de ocupação antrópica em áreas de Preservação Permanente**, invadiu a competência da União, que já havia editado norma que tratava da regularização e ocupação fundiária em APPs. (...)" **(ADI 5675, Pleno, Rel. Min. RICARDO LEWANDOWSKI, j. 18/12/2021)**

78) Lei **ESTADUAL NÃO pode** impor às seguradoras de veículos que atuam no território do respectivo Estado a obrigação de divulgarem periodicamente na *internet* a lista de veículos que foram excluídos da cobertura contratual. Uma norma com esse conteúdo interfere nas relações contratuais firmadas entre as seguradoras e seus segurados, de modo que diz respeito a **direito civil e política de seguros**, que são temas de **competência legislativa privativa da União**, como prevê o art. 22, I e VII, da CF/88.

"(...) LEI 8.182/2018 DO ESTADO DO RIO DE JANEIRO. (...) REGRAS DE COMPETÊNCIA. **USURPAÇÃO DA COMPETÊNCIA PRIVATIVA DA UNIÃO PARA DISPOR SOBRE DIREITO CIVIL E SEGUROS** (CF, ART. 22, I E VII). (...) I - É característica do Estado Federal a repartição de competências entre os entes políticos que o compõem, de modo a preservar a diversidade sem prejuízo da unidade da associação II - A norma impugnada padece de vício de inconstitucionalidade pois **invadiu a atribuição do Congresso Nacional para legislar sobre Direito Civil e Seguros**, prevista no art. 22, I e VII, da Constituição. (...)" **(ADI 6153, Pleno, Rel. Min. RICARDO LEWANDOWSKI, j. 08/02/2022)**

79) Lei **ESTADUAL NÃO pode** proibir que usuários inadimplentes dos serviços públicos de água e esgoto sejam inscritos em cadastros de proteção ao crédito, pois essa questão diz respeito a regras gerais de concessão de serviços públicos, dos direitos dos seus usuários e de proteção do consumidor, que são de **competência legislativa da União**, nos termos dos arts. 22, XXVII, 175, *caput* e p. único, II, e 24, V e VIII, da CF/88. Segundo o STF, a legislação consumerista, ao disciplinar a inscrição de consumidores em bancos de dados e cadastros (arts. 43 e 44 do CDC), não faz qualquer distinção quanto aos tipos de débitos que podem ser inscritos, de modo que a norma estadual, ao estabelecer uma restrição nesse campo (indicando débitos que não podem sofrer inscrição) viola a norma federal e quebra a isonomia em relação a usuários residentes em outros Estados **(ADI 6668, Pleno, Rel. Min. GILMAR MENDES, j. 14/02/2022)**.

80) Lei **ESTADUAL PODE** impor, no âmbito do respectivo Estado, às empresas de televisão por assinatura e aos estabelecimentos de venda no varejo e no atacado que disponham de **serviço de atendimento ao cliente (SAC)**, a obrigação de disponibilizarem, para a prestação desse serviço, **canal de atendimento telefônico gratuito**. Essa questão se encontra inserida no âmbito da proteção do consumidor, de modo que, considerando que direito do consumidor é tema de competência legislativa concorrente (art. 24, V e VIII, CF/88), os Estados-membros podem legislar a seu respeito, desde que não transgridam norma geral federal nem transbordem dos seus próprios limites territoriais.

"(...) 4. No modelo federativo brasileiro, estabelecidas pela União as normas gerais para disciplinar sobre relação de consumo, **aos Estados e Distrito Federal compete, além da supressão de eventuais lacunas, a previsão de normas destinadas a complementar a norma geral e a atender as peculiaridades locais**, respeitados os critérios i) da preponderância do interesse local, ii) do exaurimento dos efeitos dentro dos respectivos limites territoriais, e iii) da vedação da proteção insuficiente. 5. O artigo 1º da Lei estadual nº 5.273/2008, editada na vigência da Lei federal nº 8.078/1990 (Código de Defesa do Consumidor - CDC), **ostenta nítido caráter suplementar - silente a lei geral acerca da gratuidade no canal telefônico, caso disponibilizado no âmbito do Serviço de Atendimento ao Consumidor – SAC, por empresas de televisão por assinatura e estabelecimentos comerciais de venda no atacado e no varejo -, bem como amplia o campo protetivo dos direitos do consumidor, sem desrespeitar os limites territoriais do ente federado estadual.** (...)" **(ADI 4118, Pleno, Rel. Min. ROSA WEBER, j. 02/03/2022)**

81) Lei **ESTADUAL NÃO PODE** exigir que seja realizada comunicação por carta registrada com aviso de recebimento para que consumidor inadimplente seja inscrito em cadastro de proteção ao crédito, pois uma norma desse teor afeta relações comerciais, e direito comercial é tema de competência legislativa privativa da União (art. 22. I, CF/88). No que diz respeito às relações consumeristas às quais a norma se dirige, ela destoa do modelo já adotado em norma geral federal (art. 43, § 2º, CDC) e transborda dos limites territoriais do Estado que a editou, de modo que exorbita da competência desse ente federado, embora direito do consumidor seja tema de competência legislativa concorrente, nos termos do art. 24, V e VIII, da CF/88 **(ADIs 5224, 5252, 5273 e 5978, Rel. Min. ROSA WEBER, Pleno, j. 09/03/2022)**.

82) Lei **ESTADUAL NÃO PODE** estabelecer "prazo de tolerância" a ser observado antes de ser realizada a inscrição de consumidor inadimplente em cadastro de proteção ao crédito. Uma norma desse teor afeta relações comerciais e civis, pois consubstancia verdadeira suspensão dos efeitos do vencimento da dívida, afetando questões relacionadas ao tempo do pagamento e aos efeitos da mora. Portanto, é norma sobre direito comercial e direito civil, que são temas de competência legislativa privativa da União, nos termos do art. 22, I, da CF/88 **(ADIs 5224, 5252, 5273 e 5978, Rel. Min. ROSA WEBER, Pleno, j. 09/03/2022)**.

83) Lei **ESTADUAL PODE** estabelecer, no território do respectivo Estado, que é desnecessária, para a inscrição de consumidor inadimplente em cadastro de proteção ao crédito, a prévia verificação da existência do crédito, da exigibilidade do título e da própria inadimplência do consumidor. Essa mesma norma também pode estabelecer que tais providências, passando a não ser uma etapa prévia obrigatória, apenas serão adotadas caso haja requerimento nesse sentido do próprio consumidor devedor ou da entidade gestora dos dados. Uma norma desse teor está inserida na competência dos Estados para legislar sobre direito do consumidor (que é tema de competência legislativa concorrente, nos termos do art. 25, V e VIII, da CF/88) e **não viola a vedação de retrocesso** no âmbito dos direitos fundamentais, pois não afeta o núcleo essencial de nenhum direito conquistado. Além disso, a vedação de retrocesso não se presta a impedir toda e qualquer alteração legislativa que seja meramente inconveniente para um determinado grupo de pessoas, e sim a manter o núcleo essencial das conquistas alcançadas no campo dos direitos fundamentais e o patamar civilizatório mínimo assegurado pela Constituição. As alterações legislativas em questão, por sua vez, representam meros aspectos marginais e acessórios da legislação infraconstitucional, não podendo ser enquadrados como valores constitucionais fundamentais, sob pena de se chegar a uma situação de constitucionalização de leis ordinárias **(ADIs 5224, 5252, 5273 e 5978, Rel. Min. ROSA WEBER, Pleno, j. 09/03/2022)**.

84) Lei **ESTADUAL NÃO PODE** impor às emissoras de televisão e aos jornais localizados no respectivo Estado a obrigação de veicular diariamente fotos de crianças desaparecidas. Isso porque essa matéria envolve radiodifusão de sons e imagens, que é tema de **competência legislativa privativa da União** (art. 22, IV, CF/88), bem como cria nova obrigação para os contratos de concessão dos serviços de radiodifusão, cuja exploração é de **competência administrativa exclusiva da União** (art. 21, XII, "a", CF/88). Além de invadir o campo de competências da União, essa norma **viola a livre iniciativa** (pois interfere indevidamente na atividade desenvolvida pelas emissoras de televisão e pelos jornais, que são agentes econômicos privados), **bem como a liberdade de informação jornalística** (que é assegurada às empresas de jornalismo pelo art. 220, *caput* e § 1º, da CF/88, segundo o qual, essas entidades não podem sofrer restrições ou embaraços no desempenho de suas atividades, desde que, evidentemente, observe eventuais limites decorrentes da própria Constituição).

"**EMENTA:** AÇÃO DIRETA DE INCONSTITUCIONALIDADE. LEI N. 16.576/2015 DE SANTA CATARINA. OBRIGATORIEDADE DE DIVULGAÇÃO DIÁRIA DE FOTOS DE CRIANÇAS DESAPARECIDAS EM NOTICIÁRIOS DE TV E JORNAIS DE SANTA CATARINA. **INVASÃO DA COMPETÊNCIA PRIVATIVA DA UNIÃO PARA LEGISLAR SOBRE RADIODIFUSÃO E EXPLORAR O SERVIÇO.** INGERÊNCIA DO PODER PÚBLICO EM ENTIDADES PRIVADAS DE JORNALISMO. **CONTRARIEDADADE AO PRINCÍPIO DA LIVRE INICIATIVA. AFRONTA AO ART. 220 DA CONSTITUIÇÃO DA REPÚBLICA.** AÇÃO DIRETA JULGADA PROCEDENTE." **(ADI 5292, Pleno, Rel. Min. CÁRMEN LÚCIA, j. 28/03/2022)**

85) Lei **ESTADUAL PODE** conceder o benefício da **meia-entrada** (nos estabelecimentos de lazer e entretenimento) aos **professores das redes públicas estadual e municipal de ensino**, pois essa questão diz respeito a direito econômico, que é tema de **competência legislativa concorrente** (art. 24, I, CF/88), no âmbito da qual os Estados podem editar normas específicas para atender suas peculiaridades e, em caso de omissão da União, até mesmo normas gerais (art. 24, §§ 2º e 3º, CF/88). Em relação à meia-entrada, existe lei federal que a disciplina (trata-se da

Lei 12.933/13), mas ela não contempla os professores das redes públicas estaduais e municipais, de modo que a legislação estadual, diante da lacuna existente na norma federal, pode prever que o benefício também se aplica a essa categoria específica. Uma norma desse teor, ademais, não viola a isonomia, pois o tratamento diferenciado conferido por ela se justifica legitimamente por consubstanciar uma política pública que promove a valorização da educação básica.

"**EMENTA:** (...) 1. O Supremo Tribunal Federal, nas oportunidades em que apreciou situações legislativas similares, concernentes à concessão do direito à meia-entrada aos estudantes e aos doadores de sangue em estabelecimentos de cultura e lazer (ADI nºs 1.950/SP e 3.512/ES), ambas de relatoria do Ministro Eros Grau, assentou que **a competência para legislar sobre direito econômico é concorrente entre a União, os estados-membros, o Distrito Federal e os municípios (art. 24, inciso I, e art. 30, inciso I, da CF/88)**. 2. **Ao disciplinar o direito à meia-entrada para a categoria de professores das redes públicas estadual e municipais de ensino, o Estado de São Paulo atuou no exercício da competência suplementar prevista no art. 24, § 2º, da Constituição Federal.** Inconstitucionalidade formal não configurada. 3. Não sendo obstada, no plano abstrato, a intervenção do Estado na economia, é de se perquirir se a atuação legislativa em exame nestes autos ofende o princípio da isonomia, ou se, ao contrário, ela está justificada por ser medida razoável e destinada a conferir concretude a relevantes valores constitucionais, tais como educação e democratização do acesso aos bens e às manifestações culturais. No caso, **considerando a relação intrínseca entre educação, cultura e desporto, bem como visando ao enriquecimento da prática docente com práticas pedagógicas mais atuais e dinâmicas, o tratamento desigual conferido aos professores é, a rigor e em tese, apto a conduzir aos fins almejados pela norma impugnada, os quais estão em conformidade com relevantes valores constitucionais.** 4. A lei paulista, ao conferir direito à meia-entrada apenas aos professores das redes públicas estadual e municipais de ensino, não incluindo entre seus destinatários os professores da rede pública federal e os pertencentes à rede privada, buscou, de forma legítima, incrementar as políticas públicas de educação no âmbito daquele estado, especialmente no que concerne ao fortalecimento da educação básica prestada diretamente por instituições públicas. 5. A diferenciação está plenamente justificada, de um lado, porque, como estratégia de política pública, se coaduna com a priorização absoluta da educação básica, por força de comando constitucional e legal; por outro lado, porque, mesmo que se admita a intervenção do estado na ordem econômica para a realização de relevantes valores constitucionais e, ainda, como condição para a concretização da justiça social, nada obsta que essa intervenção seja realizada de forma parcimoniosa. Ao contrário. É salutar que assim se proceda. Ponderação mais cautelosa à vista dos possíveis impactos econômicos a serem suportados pelos agentes econômicos dos ramos de cultura e entretenimento. 6. **Ao não incluir no benefício da meia-entrada os professores pertencentes à rede privada e aqueles vinculados às unidades federais de ensino, a legislação atacada não atuou de forma anti-isonômica.** Os professores da rede privada estão sob influência de outros mecanismos de incentivo e os professores da rede pública federal estão dedicados quase exclusivamente ao ensino superior e à educação profissional e tecnológica. **Inexiste distinção entre os professores da rede pública federal e os professores universitários do Estado de São Paulo**, que, por possuírem vínculo funcional com as respectivas entidades de ensino superior (autarquias e fundações), e não com a Secretaria de Educação, também não foram contemplados na norma. (...)" **(ADI 3753, Pleno, Rel. Min. Dias Toffoli, j. 11/04/2022)**

86) Lei **FEDERAL NÃO PODE** fixar prazo de validade de bilhetes de transporte rodoviário intermunicipal de passageiros, pois esse serviço, conforme a jurisprudência do STF (ADIs 1052 e 845), é de **titularidade e competência dos Estados-membros** (por força da competência remanescente que lhes é dada pelo art. 25, § 1º, da CF/88), de modo que cabe a estes a definição da respectiva política tarifária e dos elementos que podem influenciá-la, como é o caso do prazo de validade dos bilhetes. Portanto, uma norma editada pela União que disponha sobre essas questões interfere na autonomia estadual, mais precisamente, no poder de autoadministração dos Estados no que diz respeito aos contratos de concessão e permissão do serviço de transporte rodoviário intermunicipal de passageiros.

"EMENTA: (...) Alegação de **Inconstitucionalidade da Lei Federal Nº 11.795/2009, que dispõe sobre prazo de validade dos bilhetes de passagem de transporte coletivo rodoviário de passageiros intermunicipal, interestadual e internacional pelo prazo de um ano**, no tocante ao transporte intermunicipal de passageiros. Atribuição constitucional de **competência residual aos Estados-membros (CF, art. 25, §1º)**. Inconstitucionalidade. (...) 2. O art. 22, XI, da Constituição da República fixa a competência privativa da União para legislar sobre "trânsito e transportes". O significado da competência privativa atribuída à União quanto à legislação sobre transporte de passageiros há de ser definido sob a perspectiva de que a Constituição também confere a esse ente a titularidade da exploração, diretamente ou mediante autorização, concessão ou permissão, dos serviços de transporte rodoviário interestadual e internacional de passageiros (art. 21, XII, e). Aos Municípios foi conferida a competência de organizar serviços públicos de interesse local, inclusive transporte coletivo (art. 30, V, CF). **Resta a cargo dos Estados-membros a competência para explorar e regulamentar a prestação de serviço de transporte intermunicipal de passageiros, no exercício de sua competência reservada (art. 25, § 1º, CF).** 3. A União Federal, ao dispor acerca do prazo de validade dos bilhetes de transporte coletivo rodoviário intermunicipal, imiscuiu-se na competência constitucional residual do Estado-membro. Consolidação, na jurisprudência desta Suprema Corte, do entendimento de que **é dos Estados a competência para legislar sobre prestação de serviços públicos de transporte intermunicipal**. Precedentes. 4. O prazo de validade do bilhete, mais elastecido ou não, corresponde a um benefício que, por sua natureza, tem um custo. Incumbe ao Estado, como titular da exploração do transporte rodoviário intermunicipal, fixar a política tarifária à luz dos elementos que nela possam influenciar, tal como o prazo de validade do bilhete (art. 175, CF). Não cabe à União interferir no poder de autoadministração do ente estadual no que concerne às concessões e permissões dos contratos de transporte rodoviário de passageiros intermunicipal, sob pena de afronta ao pacto federativo. 5. O tratamento legal conferido aos transportes intermunicipais gera uma distinção em ofensa ao princípio da isonomia (art. 5º, caput, CF), uma vez que a Lei nº 11.975/2009 acaba por impor obrigação desigual entre as empresas e usuários dos transportes intermunicipal e semiurbano. (...)" **(ADI 4289, Pleno, Rel. Min. ROSA WEBER, j. 11/04/2022)**

87) Lei **ESTADUAL NÃO PODE**, no território do respectivo Estado, impor a empresas de plano de saúde e/ou seguro saúde, a cooperativas de trabalho médico e a outras empresas privadas que atuem na prestação direta ou indireta de serviços médico-hospitalares **obrigações relacionadas ao atendimento de pessoas**, a exemplo da obrigação de garantirem o atendimento integral e adequado a pessoas com deficiência. Essa norma afeta a relação contratual entre tais entidades privadas e seus usuários, de modo que **diz respeito a direito civil e a seguros**, que são temas de **competência legislativa privativa da União** (art. 22 I e VII, CF/88), não podendo haver intromissão dos Estados no tratamento da matéria.

"(...) É inconstitucional a Lei n. 11.782/2020, da Paraíba, pela qual se estabelecem **obrigações referentes a serviço de assistência médico-hospitalar que interferem nas relações contratuais estabelecidas entre as operadoras de planos de saúde e seus usuários**: matéria de direito civil e concernente à política de seguros, de **competência legislativa privativa da União** (incs. I e VII do art. 22 da Constituição da República). Precedentes. (...)" **(ADI 7029, Pleno, Rel. Min. CÁRMEN LÚCIA, j. 09/05/2022)**

"(...) Lei estadual que dispõe sobre as **obrigações dos planos de saúde em relação às pessoas com deficiência**. 1. Ação direta de inconstitucionalidade contra a Lei estadual nº 11.816, de 27 de junho de 2022, do Estado do Mato Grosso, que busca definir os tratamentos e intervenções terapêuticas a serem ofertados obrigatoriamente às pessoas com deficiência. 2. **Ao interferir diretamente na relação jurídica entre as operadoras de planos de saúde e os usuários, a lei**

local viola a divisão constitucional de competências federativas, por adentrar em matéria de direito civil (CF/1988, art. 22, I) e de política de seguros (CF/1988, art. 22, VII). O conteúdo em questão deve ser normatizado privativamente pela União, considerado o caráter nacional da atividade regulada. Precedentes. 3. Ação direta conhecida e pedido julgado procedente. Tese de julgamento: **É inconstitucional, por violação à competência da União para legislar sobre direito civil e seguros (CF/1988, art. 22, I e VII), lei estadual que estabelece obrigações contratuais para operadoras de planos de saúde.** (...)" **(ADI 7208, Pleno, Rel. Min. ROBERTO BARROSO, j. 27/03/2023)**

88) Lei **FEDERAL NÃO PODE** extinguir a penalidade administrativa de prisão disciplinar aplicada aos militares dos Estados (policiais militares e bombeiros militares), pois a competência da União para estabelecer normas gerais relativas aos militares estaduais (prevista no art. 22, XXI, da CF/88) deve ser interpretada restritivamente, apenas alcançando questões que se relacionem com a função das corporações militares estaduais de auxiliar o Exército (conforme prevê o art. 144, § 6º, da CF/88), o que não alcança a disciplina da prisão disciplinar, que, inclusive, tem caráter administrativo, e não penal, de modo que também não se insere dentro do Direito Penal, que é tema de competência legislativa privativa da União, nos termos do art. 22, I, da CF/88. Além disso, uma norma que trate dessa questão não pode ser de iniciativa parlamentar, pois a legislação sobre o regime jurídico dos militares é de iniciativa privativa do Chefe do Executivo, como prevê o art. 61, § 1º, II, "f", da CF/88, aplicável por simetria no âmbito dos Estados. Por fim, além de tais inconstitucionalidades formais, a norma que extingue a punição disciplinar de prisão dos militares é materialmente inconstitucional, pois a própria CF/88 prevê a possibilidade de aplicação dessa penalidade, ao estabelecer que não cabe habeas corpus contra punição disciplinar militar, o que se aplica tanto aos militares das Forças Armadas quanto aos militares estaduais, como decorre da combinação dos arts. 42, § 1º, e 142, § 2º, do texto constitucional.

"**Ementa:** (...) I - A iniciativa legislativa para estabelecer normas sobre o regime jurídico dos integrantes das Forças Armadas é privativa do Presidente da República, a teor do 61, § 1º, II, f, da Constituição Federal. II – De outra parte, a Lei Maior, no art. 22, XXI, outorga à União a competência para legislar acerca de "normas gerais de organização, efetivos, material bélico, garantias, convocação e mobilização das polícias militares e corpos de bombeiros militares". III – **Tal competência, porém, "há que ser interpretada restritivamente, dentro de princípios básicos da organização federativa: ela só se justifica em termos da imbricação dos prismas gerais da estruturação das polícias militares com o seu papel de ´forças auxiliares e reserva do Exército"** (ACO 3.396/DF, Rel. Min. Alexandre de Moraes). IV – Por isso, **quando se trata de regular o regime jurídico de servidores militares estaduais, a jurisprudência do Supremo Tribunal Federal é pacífica no sentido de assentar que a iniciativa é privativa do Chefe do Executivo estadual**, por força do princípio da simetria. V – Nesse sentido, o § 6º do art. 144 da CF é expresso ao consignar que "as polícias militares e os corpos de bombeiros militares, forças auxiliares e reserva do Exército subordinam-se, juntamente com as polícias civis e as polícias penais estaduais e distrital, aos Governadores dos Estados, do Distrito Federal e dos Territórios". VI - As polícias militares e os corpos de bombeiros militares constituem forças auxiliares e reserva do Exército, sendo responsáveis, segundo o art. 144 da CF - juntamente com as polícias de natureza civil - pela preservação da ordem pública e da incolumidade das pessoas e do patrimônio, inclusive mediante o uso da força, se necessário. VII – Consideradas as especificidades das respectivas carreiras, **os servidores militares submetem-se a regime jurídico diferenciado, cujos valores estruturantes repousam, conforme os arts. 42 e 142, da CF, na hierarquia e disciplina**, precisamente para que possam desempenhar, de forma expedita e rigorosa, o delicado múnus público que lhes é cometido. VIII – Não por outra razão, **a própria Constituição Federal, de maneira clara e inequívoca, estabelece, em**

seu art. 142, § 2º, que "[n]ão caberá habeas corpus em relação a punições disciplinares militares". IX- Tal preceito deita raízes no art. 5º, LXI, da CF, com a seguinte dicção: "ninguém será preso senão em flagrante delito ou por ordem escrita e fundamentada de autoridade judiciária competente, "salvo nos casos de transgressão militar ou crime propriamente militar, definidos em lei". (...)" **(ADI 6595, Pleno, Rel. Min. RICARDO LEWANDOWSKI, j. 23/05/2022)**

89) Lei **FEDERAL NÃO PODE** conceder anistia a militares estaduais (policiais militares e bombeiros militares) por infrações disciplinares cometidas por eles (a exemplo das infrações decorrentes da participação em movimentos reivindicatórios das suas carreiras). Como essa anistia recai sobre infrações de caráter administrativo, e não sobre crimes, a norma em questão não envolve direito penal, que é matéria de competência legislativa privativa da União (art. 22, I, CF). Essa norma, por dizer respeito a regime disciplinar de agente público, é de competência de cada ente federado no exercício de sua autonomia (que é assegurada a todas as esferas federativas pelo art. 18 da CF/88). No caso dos policiais militares e dos bombeiros militares, como se trata de agentes públicos estaduais, o ente competente para tratar de suas infrações disciplinares e conceder eventual anistia sobre elas é o respectivo Estado-membro, o que, inclusive, fica claro nos arts. 42 e 144, § 6º, da CF/88, que estabelecem a vinculação deles aos Estados, e não à União. E, como não se trata de uma norma geral sobre militares estaduais, não se aplica o art. 22, XXI, da CF/88, que diz ser de competência privativa da União legislar sobre *"normas gerais de organização (...) das polícias militares e dos corpos de bombeiros militares"*. Logo, norma federal que concede anistia a infrações disciplinares de policiais militares e de bombeiros militares é inconstitucional, por violar a competência (e consequentemente a autonomia) dos Estados-membros. Ademais, lei que concede essa anistia, por envolver regime jurídico de militar, é de **iniciativa privativa do respectivo Chefe do Poder Executivo**, conforme prevê o art. 61, § 1º, II, "f", da CF/88, que se aplica por simetria aos Estados. **ATENÇÃO!** No caso julgado pelo STF, a Corte fundamentou a iniciativa privativa do Executivo na alínea "c" (e não na alínea "f") do inciso II do § 1º do art. 61 da CF/88. Isso ocorreu porque o voto condutor do julgamento aplicou precedentes do Tribunal que dizem ser do Chefe do Executivo a iniciativa legislativa para tratar de regime jurídico de servidor público, o que, de fato, está previsto na alínea "c", e não na alínea "f" do dispositivo mencionado. Porém, quando se trata de uma lei sobre regime jurídico de **militar**, o correto é fundamentar a iniciativa privativa do Executivo na alínea "f", pois essa alínea se refere especificamente a regime jurídico de militar, enquanto a alínea "c" trata de servidor público de forma geral.

"(...) 3. Inconstitucionalidade formal: **competência dos Estados para conceder anistia aos Policiais e Bombeiros Militares por infrações disciplinares**. Situações similares ocorridas em mais de um Estado da Federação não afasta o interesse regional para legislar sobre anistia de servidores estaduais, bombeiros e policiais militares por infrações disciplinares. 4. Inconstitucionalidade formal: al. c do inc. II do § 1º do art. 61 da Constituição da República. **Competência privativa do Chefe do Poder Executivo para a iniciativa de leis sobre servidores públicos**, seu regime jurídico, provimento de cargos, estabilidade e aposentadoria. (...)" **(ADI 4869, Pleno, Rel. Min. CÁRMEN LÚCIA, j. 30/05/2022)**

90) Lei **ESTADUAL NÃO PODE** estabelecer sanções processuais diversas das previstas na legislação federal para quem, sendo parte em processo judicial, abusa do seu direito à prestação jurisdicional. Da mesma forma, lei

ESTADUAL NÃO PODE estabelecer um procedimento mais restritivo (diverso do disciplinado na legislação federal) para se requerer a concessão da gratuidade judiciária em processos judiciais. Normas com esses conteúdos tratam de **processo civil**, que é tema de **competência legislativa privativa da União** (art. 22, I, CF/88), o que impede que os Estados legislem a respeito.

"(...) LEI ESTADUAL 3.350/1999 E DECRETO LEI 05/1975. SANÇÃO PROCESSUAL. INVASÃO DA COMPETÊNCIA PRIVATIVA DA UNIÃO. MATÉRIA PROCESSUAL. (...) 2. Os arts. 15-A e 15-B, caput, constituem **invasão da competência privativa da União para legislar sobre direito processual** (Art. 22, I, CF), pois instituíram **sanções processuais diversas da legislação federal** para litigantes que abusem do seu direito à prestação jurisdicional e um **procedimento novo para requisição do benefício de gratuidade de justiça**. (...)" **(ADI 7063, Pleno, Rel. Min. EDSON FACHIN, j. 06/06/2022)**

91) Lei **ESTADUAL NÃO PODE**, no âmbito do respectivo Estado, impor às empresas privadas prestadoras dos serviços de ensino e de telefonia celular a obrigação de estender benefícios decorrentes de novas promoções a clientes preexistentes. A decisão de cada empresa no sentido de não estender suas novas promoções a clientes antigos não representa abuso ou violação a qualquer direito dos seus usuários, de modo que a norma em questão não se insere no campo da proteção do consumidor, que é tema de competência legislativa concorrente (art. 24, V e VIII, CF/88). Na verdade, uma norma que impõe essa obrigação a instituições de ensino consubstancia uma intromissão em relações contratuais e chega a acarretar, de forma geral e abstrata, alterações no conteúdo de contratos preexistentes. Por isso, trata-se de norma de **direito civil**, que é tema de **competência legislativa privativa da União** (art. 22, I, CF/88), o que impede que os Estados legislem a respeito. Quanto à imposição da referida obrigação a empresas prestadoras do serviço de telefonia móvel, a norma afeta o equilíbrio econômico-financeiro dos contratos de concessão de serviços telefônicos firmados entre a União (que é o poder concedente desses serviços) e as empresas concessionárias prestadoras de tais serviços. Logo, **invade a competência da União para explorar e legislar sobre telecomunicações** (arts. 21, XI, e 22, IV, CF/88).

"(...) 3. A lei impugnada, sob o fundamento de regular matéria de proteção ao consumidor, **invadiu competência legislativa privativa da União**. 4. No que diz respeito aos serviços de telefonia móvel, a lei incorreu em **violação aos arts. 21, XI, e 22, IV, da CF/1988, que atribuem à União competência para legislar e para explorar mediante concessão os serviços de telecomunicações**. A legislação estadual interfere no equilíbrio econômico-financeiro de contratos de concessão celebrados pela União com empresas privadas e por isso incorre em vício de inconstitucionalidade. Precedentes. 5. No que diz respeito aos serviços de educação, a lei incorreu em **violação ao art. 22, I, da CF/1988, que estabelece a competência privativa da União para legislar a respeito de direito civil**, tendo em vista que a lei impacta de forma genérica relações contratuais já constituídas, sem que se esteja diante de conduta abusiva do prestador do serviço. (...) 6. Os dispositivos impugnados também são inconstitucionais por **violação aos princípios da livre iniciativa (art. 170 da CF/1988) e da proporcionalidade**. É lícito que prestadores de serviços façam promoções e ofereçam descontos com a finalidade de angariar novos clientes, sem que isso signifique conduta desleal ou falha na prestação do serviço a clientes preexistentes. (...) 7. (...) Fixação da seguinte **tese de julgamento**: "É inconstitucional lei estadual que impõe aos prestadores privados de serviços de ensino e de telefonia celular a obrigação de estender o benefício de novas promoções aos clientes preexistentes"." **(ADI 6191, Pleno, Rel. Min. ROBERTO BARROSO, j. 09/06/2022)** No mesmo sentido: **ADI 5399**, j. 09/06/2022, e **ADI 6333 ED**, j. 09/06/2022.

92) Norma **ESTADUAL NÃO PODE** criar condições para a construção de instalações de energia elétrica (como usinas hidrelétricas) e/ou de energia nuclear, pois uma norma desse teor invade a **competência da União** para explorar e legislar sobre **energia elétrica** (arts. 21, XII, "b", e 22, IV, CF/88) e **atividades nucleares** (arts. 21, XXIII, e 22, XXVI, CF/88).

"**Ementa:** (...) Dispositivo da Constituição do Estado do Paraná que dispõe sobre instalações nucleares e de energia elétrica. Usurpação de Competência da União. 1. **É inconstitucional, por vício formal, dispositivo da Constituição paranaense que impõe condições para a construção de centrais termoelétricas, hidrelétricas e termonucleares, em razão da violação à competência privativa da União** para explorar tais serviços e legislar a seu respeito (arts. 21, XII, "b", XIX e XXIII e 22, IV e XXVI, da Constituição Federal). Precedentes. (...)" **(ADI 7076, Pleno, Rel. Min. ROBERTO BARROSO, j. 27/06/2022)**

93) Lei **ESTADUAL NÃO PODE** disciplinar questões relacionadas a depósitos judiciais e extrajudiciais realizados por terceiros (ou seja, não realizados pelo Estado) à disposição do Poder Judiciário e da Secretaria da Fazenda do Estado. Uma norma com esse conteúdo diz respeito a diversos temas que são de **competência legislativa da União**, quais sejam: (I) **Sistema Financeiro Nacional** (art. 21, VIII, CF); (II) **política de crédito e transferência de valores** (arts. 22, VII, e 192, CF); (III) **direito civil e processual** (art. 22, I, CF); e (IV) **normas gerais de direito financeiro** (art. 24, I, CF). Em relação à violação da competência da União para legislar sobre normas gerais de direito financeiro, o STF entendeu que essa violação ocorreu porque a lei estadual que foi analisada ultrapassou os limites de suplementação da legislação federal (campo no qual os Estados podem legislar, conforme prevê o art. 24, I e §§ 1º e 2º, da CF), pois estabeleceu hipóteses e finalidades não estabelecidas em normas gerais editadas pela União sobre a matéria. Além do vício de competência, o STF entendeu que a norma em questão, por permitir que o Estado utilize depósitos judiciais para custear suas despesas sem necessidade de concordância dos depositantes, é **materialmente inconstitucional**, mais precisamente, por violar a **separação dos Poderes** (já que autoriza a ingerência do Poder Executivo em depósitos mantidos à disposição do Poder Judiciário), o **direito de propriedade** (já que a utilização de recursos pertencentes a terceiros caracteriza uma verdadeira expropriação), as **hipóteses de empréstimo compulsório** autorizadas pela CF/88 no seu art. 148 (já que, na prática, a utilização de recursos pertencentes a terceiros equivale a forçá-los a emprestar dinheiro ao poder público) e as **hipóteses de endividamento do poder público** autorizadas pela CF/88 em seu art. 167, III (já que o Estado, quando utiliza recursos de terceiros, contrai uma dívida correspondente).

"(...) LEI Nº 12.305, DE 18 DE DEZEMBRO DE 2002, DO ESTADO DE PERNAMBUCO, ALTERADA PELA LEI Nº 12.337/2003, QUE DISPÕE SOBRE OS **DEPÓSITOS JUDICIAIS E EXTRAJUDICIAIS À DISPOSIÇÃO DO PODER JUDICIÁRIO ESTADUAL OU DA SECRETARIA DA FAZENDA.** INVASÃO DA **COMPETÊNCIA DA UNIÃO** (...). AFRONTA À **SEPARAÇÃO DOS PODERES** E AO **DIREITO DE PROPRIEDADE.** CARACTERIZAÇÃO DE **EMPRÉSTIMO COMPULSÓRIO.** INCREMENTO DE **ENDIVIDAMENTO.** (...) 1. O legislador pernambucano, ao determinar que os depósitos judiciais e extrajudiciais, em dinheiro, à disposição do Poder Judiciário Estadual ou da Secretaria da Fazenda, serão efetuados em Conta Central de Depósitos Procedimentais,

usurpa a competência da União para legislar sobre: (i) o Sistema Financeiro Nacional (art. 21, VIII, CF); (ii) a política de crédito e transferência de valores (art. 22, VII e 192, CF); (iii) direito civil e processual (art. 22, I); e (iv) normas gerais de direito financeiro (art. 24, I, CF) – atuação além dos limites de sua competência suplementar, ao prever hipóteses e finalidades não estabelecidas na norma geral editada pela União. 2. O tratamento legal revela **desarmonia do sistema de pesos e contrapesos** (art. 2º, CF). **Ingerência do Executivo** nos numerários depositados por terceiros em razão de processos nos quais o ente federativo não faz parte. Comprometimento da autonomia financeira. 3. **Configuração de expropriação** de valores pertencentes aos jurisdicionados, em afronta ao direito de propriedade (art. 5º, XXII, CF). Quantias não tributárias e transitórias, depositadas por terceiros em processos nos quais o Estado não figura como parte, **usadas para custear despesas estatais sem o consentimento dos depositantes**. Caracterização de **empréstimo compulsório** não previsto no artigo 148 da Constituição da República. 4. Criação, pela lei estadual impugnada, de um **endividamento inconstitucional** afastado das hipóteses de dívida pública albergadas pela Carta Magna – violação do artigo 167, III. (...)" **(ADI 6660, Pleno, Rel. Min. ROSA WEBER, j. 21/06/2022)**

94) Lei **ESTADUAL NÃO PODE** estabelecer que as instituições privadas de ensino superior localizadas no respectivo Estado ficam proibidas de recusar matrícula de estudantes inadimplentes e/ou de cobrar juros, multas, correção monetária ou quaisquer outros encargos desses estudantes durante o período da pandemia de COVID-19 (que chegou ao Brasil em 2020). Uma norma desse teor afeta **relações obrigacionais e contratuais**, tratando-se, portanto, de norma de **direito civil**, que é tema de **competência legislativa privativa da União** (art. 22, I, CF/88), de modo que os Estados não podem legislar a respeito.

"(...) 1. Normas estaduais que impeçam as instituições de ensino de recusarem a matrícula de estudantes inadimplentes, e também de cobrar juros, multas, correção monetária ou quaisquer outros encargos, **violam a competência privativa da União para legislar sobre direito civil** (Art. 22, I, da CRFB), conforme precedentes da Corte. (...)" **(ADIs 7104 e 7179, Pleno, Rel. Min. EDSON FACHIN, j. 08/08/2022)**

95) Lei **ESTADUAL NÃO PODE** proibir as empresas concessionárias dos serviços de telecomunicação que atuam no respectivo Estado de ofertarem e comercializarem serviços de valor adicionado (SVA), que são aqueles serviços que não se confundem com os de telecomunicação, mas são prestados de forma agregada ou associada a eles, conferindo-lhes novas utilidades relacionadas a acesso, armazenamento e outros aspectos, conforme define a Lei 9.472/97 (Lei Geral de Telecomunicações) em seu art. 61. Embora os serviços de valor adicionado não sejam serviços de telecomunicação, a proibição de ofertá-los e comercializá-los afeta os contratos de concessão de telecomunicações, pois elimina uma possível receita alternativa ou acessória das empresas concessionárias, o que, consequentemente, repercute na qualidade dos serviços prestados e na modicidade das suas tarifas. Por isso, uma norma que contenha essa proibição trata, em última análise, de telecomunicações, que é tema de competência material e legislativa da União (arts. 21, XI, 22, IV, e 48, XII, CF/88), não podendo haver intromissão legislativa dos Estados nessa questão.

"(...) 2. Em que pese o Serviço de Valor Adicionado (SVA) não estar entre os serviços de telecomunicações, quando comercializado por operadora do setor passa a ser **fonte de receita alternativa ou acessória da concessionária**, integrando-se, portanto, à estrutura econômico-financeira do contrato de concessão do serviço público. 3. **Lei estadual não pode, sob pena de ingerência reflexa no contrato de concessão celebrado entre a União e a concessionária, proibir ou limitar**

as receitas alternativas complementares ou acessórias da empresa. Eventual proibição dessa natureza pode potencializar o surgimento de diferentes padrões de serviço no âmbito nacional, dado o incentivo para as concessionárias investirem preferencialmente onde podem auferir mais recursos. 4. **É eivada de inconstitucionalidade lei estadual que proíbe as concessionárias dos serviços de telecomunicação de comercializarem SVA** ou qualquer outro agregado ao serviço. Precedentes. (...)" **(ADI 6199, Pleno, Rel. Min. NUNES MARQUES, j. 16/08/2022)**

96) Norma **ESTADUAL NÃO PODE** proibir que os magistrados convertam auto de prisão em flagrante em diligência, pois essa questão diz respeito a processo penal e **a competência para legislar sobre direito processual é privativa da União** (art. 22, I, CF/88), não podendo os Estados legislar a respeito. No caso, além disso, a norma analisada pelo STF era um provimento do Conselho da Magistratura estadual e ele, ao estabelecer a proibição mencionada, **inovou em matéria processual penal** (portanto, exorbitou dos limites de regulamentação da legislação processual), pois inexiste disposição legal proibindo conversão de auto de prisão em flagrante em diligência. Ademais, no aspecto material, a norma também é inconstitucional, por **violar a independência funcional dos magistrados** (a qual é inerente e corolário da independência do próprio Poder Judiciário), que confere aos juízes a prerrogativa de determinar as medidas que considerar necessárias para formar sua convicção.

"(...) 1. Na hipótese, insurge-se a autora contra a expressão "vedada a conversão em diligência", contida no art. 2º do Provimento nº 1.898/11 do Conselho Superior da Magistratura do Tribunal de Justiça de São Paulo, o qual dispõe sobre a atuação do juiz no plantão judiciário. 2. A norma em questão padece de flagrante inconstitucionalidade formal, por **desbordar dos limites do poder regulamentar e afrontar competência privativa da União para legislar sobre direito processual penal**, nos termos do art. 22, inciso I, da Constituição Federal. Isso porque não há que se falar em possível delegação por parte da União ao Conselho Superior de Magistratura do TJSP a autorizá-lo a legislar sobre a matéria, uma vez que a competência legislativa da União foi plenamente exercida, conforme se infere do art. 310 do Código de Processo Penal. 3. O mundo real, não raro, surpreende com situações peculiares, excepcionais e inéditas que podem justificar a conversão do auto de prisão em flagrante em diligência, a fim de se averiguar – sempre em regime de urgência e com parcimônia, dados o momento processual e os restritos poderes instrutórios do juiz nessa fase – algum fato, informação e/ou documento que venha a se revelar, diante das circunstâncias do caso concreto, de especial importância para a formação de sua convicção. **A possibilidade de ordenar diligências prévias, caso assim entenda indispensável para a formação de sua convicção, consiste em prerrogativa inafastável do magistrado**, porque consectária do princípio da independência do Poder Judiciário. Ao vedá-la, **a norma impugnada vulnera, diretamente, o princípio da independência funcional do juiz**, motivo pelo qual está eivada também de vício material. (...)" **(ADI 4662, Pleno, Rel. Min. DIAS TOFFOLI, j. 16/08/2022)**

97) Lei **ESTADUAL NÃO PODE** conceder isenção de tarifas dos serviços de saneamento básico e energia elétrica aos respectivos usuários (ainda que a isenção se dirija a usuários atingidos por enchentes), pois tais serviços não são de competência estadual. O serviço de **saneamento básico, por ser de interesse local, é de competência dos Municípios** (art. 30, I e V, CF), enquanto o serviço de **energia elétrica é de competência da União** (arts. 21, XII, "b", e 22, IV, CF). Quanto ao saneamento básico, o texto constitucional prevê ainda a competência da União (e não dos Estados) para estabelecer as diretrizes a serem seguidas (art. 21, XX, CF). Uma norma que concede as mencionadas isenções, em última análise, cria obrigações e retira prerrogativas das empresas concessionárias e impacta no equilíbrio econômico-financeiro dos respectivos contratos de concessão, nos quais, em se tratando de saneamento básico e de energia elétrica, o Estado-membro não é o poder concedente. Logo, não pode um Estado-membro legislar de modo a interferir na prestação desses serviços, ainda que ele seja acionista majoritário das empresas concessionárias atingidas pelas isenções concedidas.

"(...) 1. As regras de distribuição de competências legislativas são alicerces do federalismo e consagram a fórmula de divisão de centros de poder em um Estado de Direito. Princípio da predominância do interesse. 2. **A Constituição Federal de 1988, presumindo de forma absoluta para algumas matérias a presença do princípio da predominância do interesse, estabeleceu, a priori, diversas competências para cada um dos entes federativos** – União, Estados-Membros, Distrito Federal e Municípios – e, a partir dessas opções, pode ora acentuar maior centralização de poder, principalmente na própria União (CF, art. 22), ora permitir uma maior descentralização nos Estados-Membros e nos Municípios (CF, arts. 24 e 30, inciso I). 3. **As competências municipais, dentro dessa ideia de predominância de interesse, foram enumeradas no art. 30 da Constituição Federal, o qual expressamente atribuiu aos Municípios a competência para legislar sobre assuntos de interesse local (art. 30, I)** e para suplementar a legislação federal e a estadual no que couber (art. 30, II). 4. Lei estadual que atribui ao Poder Executivo estadual a faculdade de isentar o pagamento de tarifas de saneamento básico incorre em **violação aos arts. 23, IX; 21, XX e 30, I e V da Constituição Federal.** 5. É da essência da regulação setorial a autonomia das agências para a definição dos valores de tarifas, observados os termos e a juridicidade do contrato subjacente. Precedentes. (...)" **(ADI 6912, Pleno, Rel. Min. ALEXANDRE DE MORAES, j. 16/08/2022)** No mesmo sentido: ADI 2299, Pleno, Rel. Min. ROBERTO BARROSO, j. 23/08/2019

"(...) 3. Lei estadual que atribui ao Poder Executivo estadual a faculdade de isentar o pagamento de tarifas de energia elétrica não se compatibiliza com o modelo de repartição de competência previsto na Constituição Federal para a matéria. Precedentes. **4. Lei estadual que atribui ao Poder Executivo estadual a faculdade de isentar o pagamento de tarifas de energia elétrica incorre em violação ao art. 22, inciso IV, ao art. 21, inciso XII, alínea 'b' e ao art. 175, parágrafo único, inciso III, da Constituição Federal.** 5. Risco de se fazer impositiva a prestação gratuita de energia elétrica, apta a ensejar desequilíbrio econômico-financeiro no contrato de concessão. Interferência indevida do Estado-Membro na esfera das relações jurídico-contratuais estabelecidas entre o poder concedente federal e a empresa concessionária. Precedentes. (...)" **(ADI 7337, Pleno, Rel. Min. ALEXANDRE DE MORAES, j. 27/03/2023)**

98) Lei **DISTRITAL (OU ESTADUAL) NÃO PODE** estabelecer a obrigação de os sindicatos localizados no Distrito Federal divulgarem (na *internet*) a prestação de contas dos valores recebidos a título de contribuições confederativa e sindical e de outras verbas. Essa norma diz respeito a **direito do trabalho** (mais precisamente, a direito coletivo do trabalho) e a **direito civil** (mais precisamente, à disciplina legal das associações, já que os sindicatos são entidades associativas), e esses temas são de **competência legislativa privativa a União** (art. 22, I, CF/88), não podendo os Estados e o Distrito Federal legislar a respeito. Além disso, as contribuições recebidas pelos sindicatos são **tributos de competência da União** (art. 149, CF/88), de modo que apenas a própria União pode criar obrigações acessórias relacionadas a eles (como é o caso da obrigação de divulgar dados a respeito dos montantes recebidos), não cabendo aos Estados fazer isso.

"(...) 1. Controvérsia sobre a constitucionalidade, à luz dos arts. 22, I, e 8º, I, CF, de lei distrital que determina a publicação, pelas entidades sindicais, na rede mundial de computadores, das ações e respectivas prestações de contas relativas às contribuições e demais verbas recebidas, no âmbito do Distrito Federal. (...) 3. A lei distrital impugnada ao impor, de maneira ampla, obrigação aos sindicatos, **invade a competência legislativa privativa da União prevista no art. 22, I, CF**, considerado tanto o **Direito Coletivo do Trabalho** quanto, sob o prisma mais amplo de entidade associativa, o **Direito Civil**. 4. E ainda, o estabelecimento de dever específico relativo à contribuição sindical, a configurar **obrigação tributária acessória**, também está **fora da competência legislativa distrital**. Competente a União para legislar sobre o tributo federal (art. 149, CF). 5. Inexistente competência concorrente distrital a prevalecer em cotejo com a competência legislativa privativa da União (art. 24, CF) ou interesse local específico a justificar a atuação de competência legislativa municipal (art. 30 c/c art. 32, § 1º, CRFB). (...)" **(ADI 5349, Pleno, Rel. Min. ROSA WEBER, j. 22/08/2022)**

99) Lei **ESTADUAL PODE** estabelecer a obrigação de as empresas concessionárias dos serviços de telefonia e *internet* inserirem nas faturas enviadas aos seus usuários mensagens de incentivo à doação de sangue. Essa norma não afeta a prestação dos serviços de telecomunicações e não interfere no contrato (de concessão) celebrado entre o poder concedente (que, no caso, é a União). e as concessionárias. Essa norma, na verdade, tem como objetivo promover a proteção da saúde, e saúde é tema de competência legislativa concorrente (art. 24, XII, CF/88), de modo que podem os Estados-membros legislar a respeito, suplementando a legislação federal de normas gerais. No caso, como não existe norma geral federal disciplinando a questão em sentido contrário, nada impede que lei estadual preveja a obrigação de as empresas de telefonia e *internet* inserirem a mensagem de incentivo à doação de sangue nas faturas dos seus usuários.

"**Ementa:** (...) OBRIGATORIEDADE DE AS EMPRESAS PRESTADORAS DE SERVIÇOS E CONCESSIONÁRIAS DE TELEFONE E INTERNET INSERIREM, NAS FATURAS DE CONSUMO, MENSAGEM DE INCENTIVO À DOAÇÃO DE SANGUE. (...) 1. Sob o federalismo cooperativo, é necessário estabelecer de forma subsidiária uma presunção a favor da competência dos entes mais próximos dos interesses da população, presunção esta que só pode ser afastada quando o ente maior de forma nítida regula determinado tema de modo uniforme. 2. Não cabe ao Poder Judiciário maximizar o alcance da competência material para afastar a competência dos demais entes, sob pena de se premiar a inação do Poder Federal na realização de direitos fundamentais. 3. **Não há inconstitucionalidade na norma que, a pretexto de proteger a saúde, obriga as empresas de telefonia e de serviços de internet a inserir, nas faturas de consumo, mensagem de incentivo à doação e sangue.** (...)" **(ADI 6088, Pleno, Rel. Min. EDSON FACHIN, j. 29/08/2022)**

100) Lei **MUNICIPAL ou ESTADUAL NÃO PODE** disciplinar a instalação de Estação Rádio Base (ERB) e a sua fiscalização. A Estação Rádio Base é o equipamento que faz a conexão entre os aparelhos celulares (os telefones móveis) e as companhias de telefonia, e possuem diversos componentes, como antenas, torre e dispositivos de transmissão e recepção de sinal. A instalação e fiscalização de ERB, portanto, é uma questão que diz respeito a telecomunicações, que, por sua vez, é tema de competência legislativa privativa da União (art. 22, IV, CF/88), além de a sua exploração ser de competência material exclusiva também da União (art. 21, XI, CF/88). Logo, ainda que aleguem que disciplinar a instalação de Estações Rádio Base e a sua fiscalização são questões pertinentes ao ordenamento territorial urbano (o que é de competência municipal, como prevê o art. 30, VIII, da CF/88), os Municípios não têm competência para tratar do tema, haja vista que, se o fizerem, invadirão a competência da União sobre telecomunicações **(ARE 1370232, Tema de Repercussão Geral nº 1235, Pleno, Rel. Min. LUIZ FUX, j. 08/09/2022)**. Da mesma forma, ainda que aleguem se tratar de matéria relativa a direito ambiental (que, nos termos do art. 24, VI e VIII, da CF/88, é de competência legislativa concorrente), os Estados não podem editar leis exigindo a realização de licenciamento ambiental como condição para a instalação, no âmbito do respectivo Estado, de Rede de Transmissão de Sistemas de Telefonia, de Estações Rádio Base (ERBs) e de Equipamentos de Telefonia sem Fio **(ADI 7321, Pleno, Rel. Min GILMAR MENDES, j. 05/06/2023)**.

101) Lei **ESTADUAL NÃO PODE** proibir, ainda que durante o período de pandemia de COVID-19, a cobrança de multa por quebra de fidelidade nos contratos de televisão por assinatura, telefonia, *internet* e serviços assemelhados. Uma norma desse teor afeta o núcleo da prestação dos serviços de telecomunicações, pois a previsão contratual de um período de fidelidade é uma contrapartida exigida dos usuários em virtude de benefícios que lhes são oferecidos. Logo, proibir a cobrança de multa por quebra de fidelidade repercute no equilíbrio econômico-financeiro dos contratos de concessão (que são os contratos firmados entre as empresas prestadoras dos serviços e o poder público concedente, que, no caso das telecomunicações é a União). Assim, como telecomunicações é tema de competência administrativa e legislativa da União (arts. 21, XI, e 22, IV, CF/88), a norma em questão, por afetar o núcleo da prestação e da regulação desses serviços, usurpa competência da União. Esse entendimento supera, portanto, o posicionamento adotado pelo STF na ADI 4908, na qual decidiu ser constitucional lei estadual que impunha às empresas de telefonia fixa e móvel a obrigação de cancelarem a multa contratual de fidelidade quando o usuário comprovasse ter perdido o vínculo empregatício após a adesão ao contrato. Nessa oportunidade, a Corte entendeu que a norma tratava de proteção ao consumidor (que é tema de competência legislativa concorrente, nos termos do art. 24, V e VIII, da CF/88), mas isso agora está superado.

"(...) 1. As regras de distribuição de competências legislativas são alicerces do federalismo e consagram a fórmula de divisão de centros de poder em um Estado de Direito. 2. A Lei 8.888/2020 do Estado do Rio de Janeiro dispõe sobre a proibição da aplicação de multa por quebra de fidelidade nos serviços de TV por assinatura, telefonia, internet e assemelhados, enquanto perdurar a pandemia do novo coronavírus. 3. Discute-se se a referida lei é inconstitucional, por invadir a competência privativa da União para legislar sobre direito civil e telecomunicações (Constituição, art. 22, I e IV). 4. **A cláusula de fidelidade contratual é uma contrapartida decorrente de benefícios oferecidos aos consumidores**, como a redução de custos para aquisição de aparelhos ou oferecimento de planos por valores reduzidos, de modo que **a exclusão pura e simples dessa variável repercute no campo regulatório das atividades de caráter público**. 5. Diante da interferência no núcleo regulatório das telecomunicações, normas que disciplinam limites e possibilidades da cláusula de fidelização nos contratos de prestação de serviço TV por assinatura, telefonia, internet e serviços assemelhados **devem ser editadas privativamente pela União**, no exercício da competência normativa para dispor sobre telecomunicações (art. 22, IV). Precedentes. (...)" **(ADI 7211, Pleno, Rel. Min. ALEXANDRE DE MORAES, j. 03/10/2022)**

102) Lei **ESTADUAL NÃO PODE** proibir, no território do respectivo Estado, que operadoras de planos de saúde limitem consultas e sessões de tratamento de pessoas com deficiência. Uma norma desse teor, ao dispor sobre obrigações referentes a serviços de assistência médico-hospitalar, interfere em contratos privados (mais precisamente, nos contratos celebrados entre as operadoras de planos de saúde e os seus usuários), tratando-se, portanto, de norma sobre direito civil e política de seguros, que são temas de competência legislativa privativa da União (art. 22, I e VII, CF/88). Como a competência no caso é privativa da União, não podem os Estados legislar a respeito, nem mesmo a pretexto de disciplinar proteção do consumidor (que é tema de competência legislativa concorrente, como prevê o art. 24, V e VIII, da CF/88).

"(...) 3. É formalmente inconstitucional a Lei n. 9.438, de 21.10.2021, do Estado do Rio de Janeiro, pela qual se estabelecem obrigações referentes a serviço de assistência médico-hospitalar que **interferem nas relações contratuais estabelecidas entre as operadoras de planos de saúde e seus usuários**: matéria de direito civil e concernente à política de seguros, de **competência legislativa privativa da União** (incs. I e VII do art. 22 da Constituição da República). Precedentes. (...)" **(ADI 7172, Pleno, Rel. Min. CÁRMEN LÚCIA, j. 18/10/2022)**

103) Lei **MUNICIPAL PODE** estabelecer, no território do respectivo Município, a obrigação de os estabelecimentos privados e os órgãos e entidades do poder público substituírem o uso de sacos plásticos de lixo e de sacolas plásticas pelo de sacos e sacolas biodegradáveis (sacos e sacolas "ecológicos"). Isso porque a proteção do meio ambiente é matéria de competência administrativa comum (art. 23, VI, CF/88) e de competência legislativa concorrente (art. 24, VI, CF/88). Assim, sendo o meio ambiente uma matéria de competência legislativa concorrente, podem os Municípios, com base na sua competência para legislar sobre questões de interesse local e para suplementar a legislação federal e estadual nos aspectos de interesse local (art. 30, I e II, CF/88), tratar da temática ambiental, estabelecendo normas de proteção ao meio ambiente. Inclusive, segundo o Supremo Tribunal Federal, caso a legislação ambiental municipal estabeleça uma disciplina diferente da federal e/ou da estadual, ela deverá prevalecer sobre estas últimas se for mais protetiva do que elas ao meio ambiente. Além da compatibilidade formal com a Constituição Federal (por não ter violado regras de repartição de competências), **a norma municipal em questão, segundo o STF, também é materialmente constitucional**, pois a restrição que ela estabeleceu não inviabilizou o exercício das liberdades pelos particulares, em especial, o exercício das liberdades econômicas. Logo, a restrição ao uso e circulação de sacos e sacolas de plástico atende o princípio da proporcionalidade, pois se apresenta como meio adequado, necessário e proporcional em sentido estrito para atingir a finalidade de proteção do meio ambiente. Esse entendimento foi firmado pelo STF em recurso extraordinário com repercussão geral, tendo sido fixada a seguinte tese: *"é constitucional, formal e materialmente,* *a lei municipal que obriga a substituição de sacos e sacolas plásticos por sacos e sacolas biodegradáveis*" **(RE 732686, Tema de Repercussão Geral nº 970, Pleno, Rel. Min. LUIZ FUX, j. 19/10/2022).**

104) Lei **ESTADUAL NÃO PODE** proibir o Poder Executivo e as empresas estatais cujo controle acionário pertença ao Estado de firmarem acordo para viabilizar a transferência do controle técnico ou administrativo dessas entidades ou mesmo para tornar esse controle compartilhado. Essa norma, por tratar de questões relacionadas a sociedades empresárias, invade a competência privativa da União para legislar sobre direito civil e comercial (art. 22, I, CF/88). Ademais, especificamente quanto às empresas estatais, a própria CF/88 possui norma específica estabelecendo que seu regime jurídico será estabelecido por lei federal (art. 173, § 1º), o que mostra que esse regime jurídico, cuja definição cabe à União, deve ser o mesmo em todo o País, não podendo haver normas diferenciadas em cada Estado-membro. Essa norma federal sobre o regime jurídico das empresas estatais já foi editada, e é a Lei 13.303/2016, sendo ela a norma que deve ser observada quando da celebração de negócios jurídicos por essas entidades. Além disso, ainda que a CF/88 permitisse que uma lei estadual estabelecesse a vedação em questão, ela **não poderia ser de iniciativa parlamentar**, pois, em virtude de se tratar de norma que afeta a organização da Administração Pública, **a iniciativa legislativa é exclusiva o Chefe do Poder Executivo**, como determina o art. 61, § 1º, II, "e", da CF/88, que é de observância obrigatória no âmbito dos Estados e Municípios.

"(...) 1. Lei estadual de iniciativa parlamentar voltada a proibir certas contratações às empresas públicas e sociedades de economia mista locais revela **invasão da competência do Chefe do Executivo para deflagrar processo legislativo que disponha sobre organização da Administração Pública** (CF, art. 61, § 1º, II, "e" – norma de reprodução obrigatória, segundo a jurisprudência do Supremo). 2. A liberdade negocial das empresas estatais deve ser idêntica à das empresas privadas, com exceção das limitações impostas pela Constituição Federal e pelo Estatuto da Empresa Pública, que é **lei federal (CF, art. 173, § 1º)**. 3. A atuação de sociedades anônimas deve ser regida por **lei federal**, haja vista tratar-se de tema de direito comercial (CF, art. 22, I). (...)" **(ADI 1846, Pleno, Rel. Min. NUNES MARQUES, j. 24/10/2022)**

105) Lei **ESTADUAL NÃO PODE** criar contribuição compulsória a ser cobrada de seus servidores públicos civis e/ou dos seus militares para custear serviço de assistência médico-hospitalar em favor deles, pois, se a contribuição é compulsória, ela é um tributo, e não há previsão na Constituição Federal de competência dos Estados para instituir e cobrar tributo para custear serviços de saúde para seus agentes públicos. A contribuição que a CF/88 prevê como de competência dos Estados é apenas a contribuição previdenciária para custear o regime próprio de previdência dos seus servidores (art. 149, § 1º). Já as contribuições sociais, de intervenção no domínio econômico e de interesse das categorias profissionais ou econômicas são de competência exclusiva da União (art. 149, *caput*, CF/88). Portanto, lei estadual que cria contribuição compulsória para custear serviços de saúde para servidores públicos usurpa competência da União. Porém, segundo o STF, se a contribuição em questão for **facultativa**, ela será válida, caracterizando um verdadeiro plano de saúde complementar **(ADI 5368, Pleno, Rel. Min. Dias Toffoli, j. 03/11/2022).**

106) Lei **FEDERAL NÃO PODE** estabelecer datas e índices de reajustes dos benefícios pagos pelos regimes próprios de previdência dos demais entes federados (Estados, Distrito Federal e Municípios). Logo, não pode uma lei federal prever, por exemplo, que, na mesma data, os benefícios pagos pelos regimes próprios de previdência da União, dos Estados, do Distrito Federal e dos Municípios, serão reajustados pelos mesmos índices adotados no Regime Geral de Previdência Social (RGPS), que é o regime de previdência gerido pelo INSS. Isso porque, embora previdência seja matéria de competência legislativa concorrente (art. 24, XII, CF/88), a atuação da União, no âmbito da legislação concorrente, limita-se à definição de normas gerais, o que não é o caso dos índices e das datas dos reajustes concedidos aos benefícios pagos pelos regimes próprios de previdência de cada ente federado. Assim, por conta da autonomia assegurada pela CF/88 a todas as entidades integrantes da Federação, cabe a cada uma delas definir, por lei própria, as datas e os índices dos reajustes dos benefícios pagos pelos seus regimes próprios de previdência, não tendo a União competência para dispor a esse respeito. Nada impede, porém, que a legislação de cada ente federado (inclusive a da União) adote, para reajustar os benefícios pagos pelo seu regime próprio de previdência, os mesmos índices e as mesmas datas de reajustes dos benefícios do RGPS.

"(...) 1. A questão jurídica controvertida posta nesta ação direta de inconstitucionalidade consiste em saber se é constitucional lei federal que determina a todos os entes federados mantenedores de regimes próprios da previdência social a realização de reajustes dos proventos, na mesma data e índice em que se der o reacerto dos benefícios do regime geral, excetuados os beneficiados pela garantia da paridade. 2. Por afrontar a autonomia constitucional de Estado-membro e a repartição constitucional de competências legislativas, **é formalmente inconstitucional lei federal que determina a todos os entes federados mantenedores de regimes próprios da previdência social a realização de reajustes, na mesma data e índice em que se der o reacerto dos benefícios do regime geral**, ressalvado os casos de beneficiários agraciados pela paridade. 3. Na esteira da técnica decisória da interpretação conforme à Constituição, não há inconstitucionalidade no objeto, por vício formal, caso se considere que a lei impugnada dirige-se unicamente à União, havendo, assim, uma vinculação entre o RGPS e o regime próprio de previdência social em nível federal. 4. Não viola o princípio da igualdade ou a garantia fundamental à revisão geral anual de vencimentos, porque o objeto atacado almeja salvaguardar situações constituídas, excetuando do programa normativo os beneficiados pela garantia de paridade na revisão de proventos e pensões, nos termos da legislação regente. (...)" **(ADI 4582, Pleno, Rel. Min. Min. ANDRÉ MENDONÇA, j. 03/11/2022)**

107) Norma **ESTADUAL**, ainda que inserida na Constituição do Estado, **NÃO pode** fixar **limite de idade para a aposentadoria compulsória de servidores públicos** sem que esse limite tenha sido, antes, estabelecido em norma federal. A atual redação do art. 40, § 1º, II, da CF/88 foi dada pela EC 88/2015, e, a partir dessa emenda, esse dispositivo passou a estabelecer que a idade limite da aposentadoria compulsória no serviço público seria de

75 (setenta e cinco) anos, caso houvesse lei complementar assim prevendo (sem previsão em lei complementar, o limite continuaria sendo de 70 anos, como era antes da EC 88/2015). Segundo o STF, essa lei complementar deve necessariamente ser uma **lei federal** (de abrangência nacional), pois a idade da aposentadoria compulsória é norma que deve ser obrigatoriamente observada, de maneira igual, em todos os entes federados, não havendo espaço para os Estados suplementarem a legislação federal nesse ponto em caso de omissão da União. Por isso, é inconstitucional norma estadual que, antes da edição de lei complementar federal sobre o tema, tenha estabelecido em 75 (setenta e cinco) anos o limite etário para a aposentadoria compulsória de servidores públicos do Estado, ainda que a norma tenha englobado apenas uma categoria específica de servidores (como os magistrados). Isso porque, no caso, há **usurpação da competência da União** para legislar fixando o limite etário em questão. A norma federal ampliadora do limite de idade da aposentadoria compulsória dos servidores públicos (para 75 anos) já foi editada, e é a Lei Complementar 152/2015. Mas eventuais normas de outros entes federados que tenham realizado a ampliação do limite etário antes dessa lei federal são inconstitucionais **(ADI 5378, Pleno, Rel. Min. EDSON FACHIN, j. 19/12/2022)**.

108) Lei **ESTADUAL PODE** reservar **assentos a pessoas obesas** em cinemas, teatros e transporte coletivo no âmbito do respectivo Estado, pois essa questão envolve o tema do acesso a cultura, esporte e lazer, que é de competência legislativa concorrente (art. 24, IX, CF/88), na qual os Estados podem atuar. Não se trata, portanto, de norma que disciplina trânsito e transporte, que é tema de competência legislativa privativa da União (art. 22, XI, CF/88). Ademais, no caso julgado pelo STF, a lei analisada reservou 3% (três por cento) dos assentos em cinemas e teatros e 02 (dois) assentos em transportes coletivos, o que, segundo a Corte, é razoável, tendo em vista que, atualmente, mais de 18% da população brasileira sofre de obesidade. Além de razoável, a proteção conferida pela norma é proporcional, pois se mostra como uma medida necessária, adequada e proporcional em sentido estrito para se atingir o objetivo de promover a inclusão digna das pessoas com obesidade.

"(...) 1. Ação direta de inconstitucionalidade que impugna lei que estabeleceu a **reserva de 3% dos lugares disponíveis em salas de projeções, teatros, espaços culturais e nos veículos de transporte público municipal e intermunicipal** do Estado do Paraná. 2. Não há inconstitucionalidade formal, tendo em vista que a política de inclusão adotada se enquadra na **competência concorrente dos Estados, da União e dos Municípios para promover acesso a cultura, esporte e lazer** (arts. 6º; 23, V; 24, IX; 215 e 217, § 3º, CF). 3. Não há inconstitucionalidade material, tendo em vista que (i) a reserva de lugares foi estabelecida em percentual razoável e (ii) se trata de política inclusiva que não afronta a liberdade de iniciativa, principalmente se considerada a eficácia horizontal dos direitos fundamentais. 4. Pedido julgado improcedente." **(ADIs 2477 e 2572, Pleno, Rel. Min. ROBERTO BARROSO, j. 24/10/2022)**

109) Lei **MUNICIPAL ou ESTADUAL pode** criar o **feriado do Dia da Consciência Negra**. De acordo com a jurisprudência do STF, em regra, a competência para legislar criando feriados é da União, em virtude de os feriados afetarem as relações trabalhistas e direito do trabalho ser tema de competência legislativa privativa da União (art. 22, I, CF/88). Porém, o feriado do Dia da Consciência Negra é uma **exceção a essa regra**, podendo ele ser instituído pelos entes federados subnacionais (isto é, pelos Estados, Distrito Federal e Municípios), por representar uma **ação afirmativa**. Segundo o STF, estabelecer o Dia da Consciência Negra como um feriado, além de promover uma reflexão cívica, é uma verdadeira ação afirmativa que concretiza a CF/88, pois esta, em diversos dispositivos, mostra sua preocupação com a promoção da igualdade e repudia o racismo (prevendo-o, inclusive, como crime inafiançável no art. 5º, XLII). Por isso, especificamente quanto à instituição desse feriado, a análise da competência legislativa **não pode se reduzir à verificação das repercussões nas relações trabalhistas**, pois a questão racial transcende isso **(ADPF 634, Pleno, Rel. Min. Cármen Lúcia, j. 30/11/2022)**.

110) Lei **ESTADUAL PODE** proibir, no âmbito do respectivo Estado, **a fabricação e a comercialização de armas de fogo de brinquedo**, pois se trata de norma que diz respeito a proteção da criança e do adolescente e a proteção do consumidor, que são temas de **competência legislativa concorrente** (art. 24, V, VIII e XV, CF/88), na qual os Estados podem atuar. Segundo o STF, não há no caso usurpação da competência da União para tratar de material bélico, prevista nos arts. 21, VI, e 22, XXI, da CF/88 **(ADI 5126, Pleno, Rel. Min. GILMAR MENDES, j. 18/12/2022)**.

111) Lei **MUNICIPAL NÃO PODE** criar taxa de fiscalização de funcionamento de torres e antenas de transmissão, pois isso envolve telecomunicação, que é tema de competência legislativa privativa da União (art. 22, IV, CF/88), além de ser um serviço cuja exploração compete à União (art. 21, XI, CF/88). Logo, os Municípios não podem criar esse tributo, mesmo porque a legislação federal prevê caber à União a fiscalização da execução, da comercialização e do uso dos serviços de telecomunicações, inclusive, de aspectos técnicos dele. Esse entendimento foi firmado pelo STF em recurso extraordinário com repercussão geral, no qual foi fixada a seguinte tese: *"a instituição de taxa de fiscalização do funcionamento de torres e antenas de transmissão e recepção de dados e voz é de competência privativa da União, nos termos do art. 22, IV, da Constituição Federal, não competindo aos municípios instituir referida taxa"* **(RE 776594, Tema de Repercussão Geral nº 919, Pleno, Rel. Min. Dias Toffoli, j. 05/12/2022)**.

112) Lei **ESTADUAL NÃO PODE** proibir a apreensão de veículos automotores e/ou motocicletas em caso de não pagamento do IPVA, pois essa questão diz respeito a trânsito e transporte, que é tema de competência legislativa privativa da União (art. 22, XI, CF/88). Ademais, a legislação federal (mais precisamente, o Código de Trânsito Brasileiro) disciplina a questão de forma diversa, prevendo que é possível a retenção e a apreensão de veículos não licenciados por falta de pagamento de tributos.

"(...) 2. Lei 10.963, de 30 de julho de 2021, do **Estado do Rio Grande do Norte**. Proibição de apreensão e remoção de motocicletas, motonetas e ciclomotores de até 155cc (cento e cinquenta e cinco cilindradas), por autoridade de trânsito, em função da não identificação de pagamento do Imposto sobre a Propriedade de Veículos Automotores – IPVA. 3. **Competência privativa da União para legislar sobre trânsito e transporte.** Art. 22, inciso XI, da Constituição Federal. 4. Precedentes do STF. (...)" **(ADI 6997, Pleno, Rel. Min. GILMAR MENDES, j. 28/11/2022)**

113) Lei **MUNICIPAL NÃO PODE** dispor sobre o benefício da meia-entrada de forma diversa da estabelecida na legislação federal e assegurar gratuidade para pessoas idosas em salas de cinema. O tema da meia-entrada diz respeito a direito econômico, que é de **competência legislativa concorrente** (art. 24, I, CF/88), de modo que as regras gerais estabelecidas pela União devem ser respeitadas pelos Estados (que têm competência suplementar no âmbito da legislação concorrente) e pelos Municípios (que podem suplementar a legislação federal e a estadual no âmbito da legislação concorrente no que for de interesse local, com fundamento no art. 30, I e II, da CF/88). Como a legislação federal (tanto o Estatuto da Pessoa Idosa quanto a Lei da Meia-Entrada) assegura às pessoas idosas descontos nos ingressos para eventos artísticos, culturais, esportivos e de lazer, não pode a legislação municipal ampliar esse benefício e estabelecer que a entrada das pessoas idosas é gratuita **(ARE 1307028 AgR, 2ª Turma, Rel. Min. EDSON FACHIN, Redator do Acórdão Min. GILMAR MENDES, j. 22/11/2022).**

114) Lei **ESTADUAL NÃO PODE** proibir, no âmbito do respectivo Estado, que planos de saúde limitem tratamentos (como consultas e sessões de fisioterapia e fonoaudiologia) de pacientes autistas ou com outros tipos de deficiência, pois essa questão envolve direito civil (por dizer respeito a relações contratuais) e política de seguros (por dizer respeito a planos de saúde), ambos temas de **competência legislativa privativa da União**, nos termos do art. 22, I e VII, da CF/88. Segundo o STF, essa norma não trata de proteção do consumidor, que é tema de competência legislativa concorrente, nos termos do art. 24, V e VIII, da CF/88.

"(...) É formalmente inconstitucional a Lei n. 9.438, de 21.10.2021, do Estado do Rio de Janeiro, pela qual se estabelecem **obrigações referentes a serviço de assistência médico-hospitalar que interferem nas relações contratuais** estabelecidas entre as operadoras de planos de saúde e seus usuários: **matéria de direito civil e concernente à política de seguros, de competência legislativa privativa da União** (incs. I e VII do art. 22 da Constituição da República). Precedentes. (...)" **(ADI 7172, Pleno, Rel. Min. CÁRMEN LÚCIA, j. 18/10/2022)**

115) Lei **ESTADUAL NÃO PODE** estabelecer isenção de pagamento de direitos autorais pela execução de obras musicais em eventos sem fins lucrativos, pois essa questão diz respeito a direito civil, que é tema de **competência legislativa privativa da União** (art. 22, I, CF/88). Além disso, a isenção concedida pela norma viola os incisos XXVII e XXVIII do art. 5º da CF/88, que asseguram aos autores de obras direitos fundamentais como a exclusividade na sua utilização e reprodução, além do proveito econômico delas decorrente.

"(...) 1. Compete privativamente à União legislar sobre direito civil, direito de propriedade, direito autoral, bem como estabelecer regras substantivas de intervenção no domínio econômico (artigo 22, I, da Constituição Federal). 2. O proveito econômico dos direitos autorias configura-se como de fruição particular do autor, sendo uma verdadeira contrapartida pela utilização de sua própria produção intelectual. 3. A legislação estadual, ao estipular hipóteses de isenção fora do rol previsto pelo artigo 46 da Lei Federal n. 9.610/1998, usurpou competência privativa da União e alijou os autores das obras musicais de seu direito exclusivo de utilização, publicação e reprodução das obras, bem como do reconhecimento por sua criação. (...)" **(ADI 6151, Pleno, Rel. Min. EDSON FACHIN, j. 10/10/2022)**

116) Lei **ESTADUAL NÃO PODE** estabelecer que, nas execuções contra a Fazenda Pública, a requisição de pequeno valor (RPV) deve ser apresentada pelo credor (ou seu representante) diretamente à entidade devedora, pois essa questão diz respeito a direito processual, que é tema de **competência legislativa privativa da União** (art. 22, I, CF/88). Pelo mesmo motivo, norma estadual não pode estabelecer hipóteses de suspensão do prazo para pagamento de RPV **(ADI 5421, Pleno, Rel. Min. GILMAR MENDES, j. 17/12/2022)**.

117) Lei **ESTADUAL NÃO PODE** disciplinar o exercício da atividade de **leiloeiro público oficial**, estabelecendo requisitos, sanções e condições para que esses profissionais atuem perante juntas comerciais. Essas questões dizem respeito à regulamentação da própria atividade profissional de leiloeiro, e, nos termos do art. 22, XVI, da CF/88, **a competência para legislar sobre exercício de profissões é privativa da União**, não podendo os Estados se intrometer na matéria, a menos que a União delegue essa competência para eles por meio de lei complementar, conforme permite o parágrafo único do art. 22 da CF/88. Ademais, já existem normas federais válidas disciplinando a profissão de leiloeiro, que são o **Decreto 21.981/1932** e a **Instrução Normativa 72/2019** do Departamento Nacional de Registro Empresarial e Integração da Secretaria de Governo Digital **(ADI 6961, Pleno, Rel. Min. DIAS TOFFOLI, j. 17/12/2022)**.

118) Lei **ESTADUAL PODE** estabelecer a exigência de que, **nas contratações de operações de crédito por pessoas idosas, a assinatura do contrato seja física**, e não eletrônica. Segundo o STF, nesse caso, a norma não afeta relação contratual nem operação de crédito, portanto, não envolve questões relacionadas a direito civil ou a operações de crédito (que são temas de competência legislativa privativa da União, nos termos do art. 22, I e VII, da CF/88). Essa norma, na verdade, visa a assegurar que as pessoas idosas recebam informações adequadas sobre o produto ou serviço contratado, proporcionando-lhes um maior grau de proteção. Trata-se, portanto, de **norma que envolve defesa do consumidor**, que é tema de **competência legislativa concorrente** (art. 24, V e VIII, CF/88), podendo os Estados editar normas a respeito **(ADI 7027, Pleno, Rel. Min. GILMAR MENDES, j. 18/12/2022)**.

119) Lei **ESTADUAL NÃO PODE** estabelecer, no âmbito do respectivo Estado, a proibição de destruição de bens particulares apreendidos em operações de fiscalização ambiental. Isso porque direito ambiental é tema de **competência**

legislativa concorrente (art. 24, VI e VIII, CF/88) e existem normas gerais federais (a Lei 9.605/98 e o Decreto 6.514/08) prevendo a possibilidade da adoção da medida administrativa de destruição e inutilização de produtos, subprodutos e instrumentos de infrações ambientais, de modo que uma lei estadual que disponha em sentido contrário viola a competência da União para a edição de normas gerais em matéria ambiental.

"(...) 3. **Ofende o art. 24 da Constituição da República** lei estadual que esvazia norma de legislação federal (Lei Federal 9.605/1988 e Decreto 6.514/2008) que prevê o **perdimento de bens como forma de proteção ao meio ambiente.** 4. Afronta ao art. 225, §3º, da Constituição Federal. 5. Precedentes do STF. (...)" **(ADI 7203, Pleno, Rel. Min. GILMAR MENDES, j. 01/03/2023)**

120) Lei **ESTADUAL NÃO PODE** estabelecer, no âmbito do respectivo Estado, a **obrigação de os hospitais públicos e privados terem sala de descompressão** para ser utilizada por enfermeiros, técnicos de enfermagem e auxiliares de enfermagem. Uma norma com esse teor diz respeito aos direitos dos mencionados profissionais e às relações que eles mantêm com os seus empregadores, tratando-se, portanto, de **matéria de direito do trabalho,** que é de **competência legislativa privativa da União** (art. 22, I, CF/88), de modo que uma lei estadual não pode dispor sobre a questão. Logo, ainda que se alegue que a norma tem como objetivo proteger a saúde dos profissionais que atuam em hospitais, não se pode afirmar que é norma de direito à saúde, o que permitiria aos Estados legislar sobre o tema (já que a competência para legislar sobre direito à sáude é concorrente, nos termos do art. 24, XII, da CF/88). Além disso, a norma apreciada pelo STF era uma lei de iniciativa parlamentar, o que a tornava inconstitucional também por vício de iniciativa, já que ela abrangia não só os hospitais privados, mas também os hospitais públicos, de modo que gerava obrigações para a Administração Pública perante os seus servidores, o que só pode ser objeto de lei de iniciativa do respectivo Chefe do Poder Executivo, nos termos do art. 61, § 1º, II, "a", e "c", da CF/88.

"(...) 1. As regras de distribuição de competências legislativas são alicerces do federalismo e consagram a fórmula de divisão de centros de poder em um Estado de Direito. 2. A Lei 17.234/2020, do Estado de São Paulo, que **determina aos hospitais públicos e privados do Estado a criação de uma sala de descompressão**, para ser utilizada pelos enfermeiros, técnicos de enfermagem e auxiliares de enfermagem, em que pese a razoabilidade da matéria, **invade esfera de competência legislativa privativa da União (CF, art. 22, I)**. Precedentes desta CORTE. (...)" **(ADI 6317, Pleno, Rel. Min. EDSON FACHIN, Redator do acórdão Min. ALEXANDRE DE MORAES, j. 15/03/2023)**

121) Lei **ESTADUAL (NO CASO, ERA UMA LEI DO DISTRITO FEDERAL) NÃO PODE** estabelecer, no âmbito do respectivo Estado, a possibilidade do parcelamento de multas de trânsito e/ou a possibilidade de o pagamento dessas multas ser feito por meio de cartão de crédito, pois essas questões dizem respeito a matéria de **trânsito e transporte**, que é de **competência legislativa privativa da União** (art. 22, XI, CF/88). Portanto, além de não poder sobre parcelamento de multas de trânsito, lei estadual não pode disciplinar a forma de pagamento dessas multas (não podendo, por exemplo, permitir o seu pagamento com cartão de crédito), sob pena de violar a competência da União na matéria.

"(...) I - É inconstitucional a lei do Distrito Federal que autoriza a forma de pagamento de multas por infrações de trânsito emitidas por órgão ou entidade executiva rodoviária daquela unidade federada, autorizando o seu parcelamento em até 12 (doze) vezes. II - **A Constituição da República atribui à União a competência privativa para legislar sobre trânsito e transporte, e, consequentemente, normatizar as formas de pagamento das multas aplicadas.** Precedentes desta Corte. (...)" **(ADI 6578, Pleno, Rel. Min. RICARDO LEWANDOWSKI, j. 27/03/2023)**

122) Lei **ESTADUAL (NO CASO, ERA UMA LEI DO DISTRITO FEDERAL) NÃO PODE** estabelecer, no âmbito do respectivo Estado, uma disciplina legal do limite de despesa com pessoal diversa daquela estabelecida na LC 101/2000 (a Lei de Responsabilidade Fiscal – LRF), como ocorre no caso em que a norma local exclui do cálculo desse limite determinadas hipóteses de contrato de terceirização de mão-de-obra que, nos termos da LRF, deveriam ser computadas como despesas com pessoal. Uma norma local com esse teor, por destoar da LRF, **invade a competência da União** para, no campo da competência legislativa concorrente, estabelecer **norma gerais de direito financeiro e orçamentário** (art. 24, I e II, §§ 1º a 4º, CF/88).

"(...) CÁLCULO DO LIMITE DA DESPESA TOTAL COM PESSOAL. **CONTRATOS DE TERCEIRIZAÇÃO DE MÃO-DE-OBRA.** SUBSTITUIÇÃO DE SERVIDORES E EMPREGADOS PÚBLICOS. CONTABILIZAÇÃO. BURLA AO LIMITE PREVISTO NO ART. 169 DA CONSTITUIÇÃO DA REPÚBLICA. ART. 18, § 1º, DA LEI DE RESPONSABILIDADE FISCAL. **USURPAÇÃO DA COMPETÊNCIA DA UNIÃO PARA ESTABELECER NORMAS GERAIS SOBRE DIREITO FINANCEIRO E ORÇAMENTÁRIO.** ARTS. 24, I E II E §§ 1º A 4º, DA CONSTITUIÇÃO DA REPÚBLICA. (...) 3. Mostra-se inconstitucional, por **inobservância do disposto nos arts. 24, I, II e §§ 1º a 4º, e 169 da Constituição da República**, o dispositivo de lei distrital que, versando sobre o cálculo do limite da despesa total com pessoal, prevê regime contrário ao estabelecido na Lei de Responsabilidade Fiscal, **invadindo a competência da União para estabelecer normas gerais sobre direito financeiro e orçamentário** e consagrando a realização de despesa com pessoal em excesso aos limites estabelecidos na lei complementar de que trata o art. 169 da Lei Maior. Inconstitucionalidade do art. 51, § 1º, da Lei nº 5.695/2016 do Distrito Federal e do art. 53, § 1º, da Lei nº 5.950/2017 do Distrito Federal. (...)" **(ADI 5598 MC, Pleno, Rel. Min. ROSA WEBER, j. 27/03/2023)**

123) Lei **FEDERAL NÃO PODE** regulamentar o art. 37, V, da CF/88 para todos os entes federados. Esse dispositivo estabelece que o quantitativo mínimo de cargos comissionados a serem ocupados por servidores efetivos deve ser estabelecido em lei (*"**Art. 37, V, CF/88** - as funções de confiança, exercidas exclusivamente por servidores ocupantes de cargo efetivo, e os cargos em comissão, **a serem preenchidos por servidores de carreira nos casos, condições e percentuais mínimos previstos em lei**, destinam-se apenas às atribuições de direção, chefia e assessoramento;"*). A lei mencionada, porém, **não pode ser uma lei federal de abrangência nacional**, devendo cada ente federado editar a sua própria lei disciplinando a questão, sob pena de violação à sua autonomia **(ADO 44, Pleno, Rel. Min. GILMAR MENDES, j. 18/04/2023)**.

124) Lei **ESTADUAL NÃO PODE** estabelecer, no âmbito do respectivo Estado, a possibilidade de os órgãos de segurança pública venderem armas de fogo aos seus integrantes de forma direta (isto é, sem licitação). Uma norma com esse teor diz respeito a **material bélico** (por envolver arma de fogo) e **normas gerais de licitações e contratos administrativos** (por permitir a venda de bens móveis pela Administração Pública sem prévio procedimento licitatório), que são temas são de **competência legislativa privativa da União** (arts. 21, VI, 22, XXI e XXVII, CF/88).

"(...) 2. A jurisprudência do Supremo Tribunal Federal se firmou no sentido de que os arts. 21, VI, e 22, XXI, da Constituição **atribuem competência privativa à União para legislar sobre material bélico**, em razão da predominância de interesse nacional. 3. Os arts. 22, XXVII, e 37, XXI, CF **atribuem à União competência privativa para editar normas gerais sobre licitações e contratos**, e exigem prévio procedimento licitatório como requisito necessário para a contratação de obras, serviços, compras e alienações pela Administração Pública. 4. A Lei n.º 8.413/2021, do Estado de Alagoas, ao possibilitar a alienação direta de armas de fogo do patrimônio de órgãos de segurança pública estaduais aos seus integrantes, contrariou os arts. 21, VI; 22, XXI e XXVII; e 37, XXI, da Constituição Federal. 5. (...) Fixação da seguinte tese de julgamento: **"É inconstitucional a lei estadual que autoriza a seus órgãos de segurança pública a alienação de armas de fogo a seus integrantes, por meio de venda direta"." (ADI 7004, Pleno, Rel. Min. ROBERTO BARROSO, j. 25/04/2023)**

125) Lei **ESTADUAL NÃO PODE** dispor sobre o procedimento de licenciamento de veículos no âmbito do respectivo Estado, notadamente, quando as suas normas destoam da disciplina estabelecida pela legislação federal sobre a matéria (que é o Código de Trânsito Brasileiro – CTB), por haver no caso violação à **competência legislativa privativa da União para legislar sobre trânsito e transporte** (art. 22, XI, CF/88). É o que ocorre, por exemplo, quando a norma estadual estabelece que o veículo pode ser licenciado ainda que sobre ele recaia débito de multa e/ou IPVA ou que o veículo pode ser licenciado mesmo sem vistoria prévia. O CTB, em sentido diverso, prevê que a existência de débito de multa e/ou de tributos é um impeditivo ao licenciamento e que é necessário que o veículo tenha sido aprovado em vistoria prévia para que seja licenciado **(ADI 6597, Pleno, Rel. Min. GILMAR MENDES, j. 18/04/2023)**.

126) Lei **ESTADUAL NÃO PODE** disciplinar, no âmbito do respectivo Estado, o programa Jovem Aprendiz e, a esse título, estabelecer regras para a contratação de profissionais por empresas participantes desse programa. Uma norma como essa diz respeito a **direito do trabalho**, que é tema de **competência legislativa privativa da União** (art. 22, I, CF/88), de modo que um Estado não pode legislar sobre a questão.

"(...) 1. Ação direta de inconstitucionalidade contra a Lei nº 4.716/2020, do Estado de Rondônia, que dispõe sobre a contratação de profissionais por empresas que participem do Programa Jovem Aprendiz naquele Estado. 2. A lei impugnada **disciplina tema referente a relações de trabalho, invadindo diretamente a competência legislativa privativa da União** (art. 22, I, da Constituição). 3. Pedido julgado procedente, com a fixação da seguinte tese de julgamento: **"É inconstitucional lei estadual que regulamenta o programa jovem aprendiz, por invasão da**

competência privativa da União para legislar sobre direito do trabalho".' (ADI 7148, Pleno, Rel. Min. ROBERTO BARROSO, j. 25/04/2023)

127) Lei **ESTADUAL NÃO PODE** dispor sobre concursos públicos de ingresso na carreira de cartórios, pois, nos termos do art. 236 da CF/88, é da União a competência para legislar sobre os princípios básicos dos serviços notariais e de registro, competência essa que já foi exercida com a edição da Lei 8.935/94 (a Lei dos Cartórios) **(ADPF 209, Pleno, Rel. Min. GILMAR MENDES, j. 03/05/2023)**.

128) Lei **MUNICIPAL PODE** proibir, no âmbito do respectivo Município, o uso de fogos de artifício produtores de estampido (isto é, que emitem sons explosivos), pois essa questão diz respeito a **saúde e meio ambiente**, que são temas de competência legislativa concorrente (art. 24, VI, VIII e XII, CF/88), o que permite que os Municípios também legislem nessas matérias, para suplementar a legislação federal e estadual, desde que limitando-se ao que for de **interesse local**, conforme prevê o art. 30, I e II, da CF/88. Inclusive, no que diz respeito à poluição sonora, as normas federais (Resolução CONAMA 02/90) expressamente permitem que as normas locais estabeleçam limites de ruídos mais rigorosos, o que reforça o fato de que uma norma municipal que proíbe a soltura de fogos de artifício produtores de sons explosivos não invade a competência da União ou dos Estados no tema.

"(...) 1. **O Município é competente para legislar concorrentemente sobre meio ambiente**, no limite de seu interesse local e desde que esse regramento seja harmônico com a disciplina estabelecida pelos demais entes federados, **assim como detém competência legislativa suplementar quanto ao tema afeto à proteção à saúde** (art. 24, VI e XII, da CRFB/88). 2. É constitucionalmente válida a opção legislativa municipal de proibir o uso de fogos de artifício de efeito sonoro ruidoso, ao promover um padrão mais elevado de proteção à saúde e ao meio ambiente, nos limites razoáveis do regular exercício de competência legislativa pelo ente estatal. (...) 3. Tese de repercussão geral: **"É constitucional – formal e materialmente – lei municipal que proíbe a soltura de fogos de artifício e artefatos pirotécnicos produtores de estampidos"**. (...)" **(RE 1210727, Tema de Repercussão Geral nº 1056, Pleno, Rel. Min. LUIZ FUX, j. 09/05/2023)**

129) Lei **MUNICIPAL NÃO PODE** prever a possibilidade, no âmbito do respectivo Município, da celebração de contrato de parceria público-privada para a execução de obra pública sem vinculação a qualquer serviço público ou social, pois uma lei com esse conteúdo diz respeito a **normas gerais de licitações e contratos administrativos**, que é tema de competência legislativa privativa da União (art. 22, XXVII, CF/88). Logo, a lei municipal em questão invade a competência legislativa da União, especialmente porque a legislação federal sobre parcerias público-privadas (Lei 11.079/04) veda expressamente a contratação de PPPs que tenham como único objeto a execução de obra pública sem vinculação à prestação de um serviço público ou social.

"(...) 1. Criação de hipóteses de parcerias público-privadas para a execução de obra pública desvinculadas de qualquer serviço público ou social. Impossibilidade. **Competência privativa da União para legislar sobre normas gerais de licitação e contratação** (art. 22, XXVII, da CF/88). Precedentes. (...)" **(ADPF 282, Pleno, Rel. Min. GILMAR MENDES, j. 15/05/2023)**

130) Lei **MUNICIPAL NÃO PODE** criar **taxa de fiscalização de postes de energia elétrica**, pois essa questão diz respeito à disciplina do tema energia elétrica, que é de **competência legislativa privativa da União** (arts. 21, XII, "b", e 22, IV, CF/88). Ademais, a União já disciplinou a questão, por meio da Lei 9.427/96 (a Lei da ANEEL), estabelecendo que os entes federados subnacionais, aos quais cabe a realização de atividades complementares de fiscalização do serviço de energia elétrica, não podem exigir das empresas prestadoras do serviço novas obrigações sem prévia autorização da ANEEL, o que impede os Municípios de alegarem a presença de qualquer interesse local como justificativa para cobrar taxa de fiscalização de postes de energia elétrica dessas empresas.

"(...) 1. **A União, no exercício de suas competências (art. 21, XI e art. 22, IV CRFB), editou a Lei Federal n. 9.427/96, que, de forma nítida, proíbe à unidade federativa conveniada exigir de concessionária ou permissionária sob sua ação complementar de regulação, controle e fiscalização obrigação não exigida ou que resulte em encargo distinto do exigido de empresas congêneres, sem prévia autorização da ANEEL.** Dessa forma, a presunção de que gozam os entes menores para, nos assuntos de interesse comum e concorrente, legislarem sobre seus respectivos interesses (presumption against preemption) foi nitidamente afastada por norma federal expressa (clear statement rule). 2. Não cabe confundir as competências da União para legislar sobre transmissão de energia, editar normas gerais sobre transmissão de energia e fiscalizar tais serviços com as competências dos municípios para editar leis sobre outros assuntos de interesse local. (...)" **(ADPF 512, Pleno, Rel. Min. EDSON FACHIN, j. 22/05/202)**

131) Lei **MUNICIPAL NÃO PODE** criar condições para a instalação e funcionamento de postes e outros equipamentos de radiocomunicação nem tampouco criar taxa de fiscalização desses equipamentos, pois essas questões dizem respeito à disciplina do tema **telecomunicações**, que é de **competência legislativa privativa da União** (22, IV, CF/88), além de a exploração dos serviços de telecomunicação ser de **competência material exclusiva também da União** (art. 21, XI, CF/88), de modo que os Municípios (e o mesmo se aplica aos Estados) não podem legislar invadindo esse campo de atuação da União, ainda que o intuito seja promover a proteção do meio ambiente e da saúde das pessoas.

"(...) 4. São inconstitucionais, por **ofensa às competências material e legislativa privativas da União (CF, arts. 21, XI, e 22, IV)**, normas municipais que, a pretexto de proteger o meio ambiente, defender a saúde e regulamentar o uso e ocupação do solo e o zoneamento urbano, estabelecem a obrigatoriedade de condicionantes para a instalação e o funcionamento de equipamentos relacionados às Estações Transmissoras de Radiocomunicação – ETR, **interferindo diretamente na regulação de serviços de telecomunicações.** (...)" **(ADPF 1063, Pleno, Rel. Min. ALEXANDRE DE MORAES, j. 18/10/2023)**

132) Lei **ESTADUAL PODE** estabelecer, no âmbito do respectivo Estado, distância mínima entre presídios a ser observada na construção de novas unidades prisionais, bem como a capacidade máxima de lotação permitida para cada um deles. Essa questão diz respeito a **direito penitenciário**, que é de **competência legislativa concorrente** (art. 24, I, CF/88). Não há, no caso, violação da competência privativa da União para legislar sobre direito civil, prevista no art. 22, I, da CF/88.

"(...) Norma estadual que cria parâmetros a serem observados pela Administração Pública estadual na construção ou ampliação de unidades prisionais **diz respeito a direito penitenciário, cuja competência legislativa é concorrente (CF, art. 24, I)**, e não revela usurpação da competência da União para legislar sobre direito civil, tampouco limitação indevida do direito de propriedade. (...)" **(ADI 2402, Pleno, Rel. Min. NUNES MARQUES, j. 26/06/2023)**

133) Lei **ESTADUAL NÃO PODE** proibir, no âmbito do respectivo Estado, que a empresa prestadora do serviço postal utilize caixas postais comunitárias para entregar correspondências em vez de realizar as entregas de forma individualizada em cada casa. Essa norma invade as **competências da União** para **manter com exclusividade o serviço postal** (art. 21, X, CF/88) e para **legislar privativamente sobre ele** (art. 22, V, CF/88). Essa competência da União, porém, **apenas se aplica em relação às correspondências classificadas como cartas, cartões-postais e correspondências agrupadas**, pois são apenas essas correspondências que, nos termos da Lei 6.538/78 (a Lei do Serviço Postal) são consideradas serviços postais. Por outro lado, a entrega de **boletos de cobrança** de serviços prestados por empresas diversas (sejam elas públicas ou privadas) **não é serviço postal** (pois a Lei 6.538/78 não incluiu os boletos no serviço postal), de modo que os Estados podem legislar a esse respeito com fundamento na sua competência concorrente para legislar sobre **direito do consumidor** (art. 24, V e VIII, CF/88), o que, inclusive, foi reconhecido pelo STF no **Tema de Repercussão Geral nº 491** (ARE 649.379, j. 16/11/2020), no qual foi fixada a tese segundo a qual *"os Estados-Membros e o Distrito Federal **têm competência legislativa para estabelecer regras de postagem de boletos** referentes a pagamento de serviços prestados por empresas públicas e privadas"*. No entanto, quando um Estado edita lei disciplinando a possibilidade ou não de entrega de boletos em caixas postais comunitárias, ele (o Estado) deve deixar evidente a existência de alguma peculiaridade local que justifique disciplinar o uso de caixas postais comunitárias de forma diversa daquela prevista nas normas gerais federais contidas na Lei 6.538/78 e suas regulamentações (Portaria 141/1998 do Ministério das Comunicações e Portaria Interministerial MCTIC/MP nº 4.474/2018), não podendo a lei estadual simplesmente proibir, sem nenhuma justificativa, o uso de caixa postal comunitária para a entrega de boleto de pagamento, mesmo porque essa proibição pura e simples pode até ser prejudicial para as pessoas que moram em localidades nas quais os endereços residenciais ainda não estão identificados, o que geralmente ocorre em comunidades de baixa renda.

"(...) 1. A Constituição Federal **outorgou à União** a atribuição de **manter o serviço postal e o correio aéreo nacional (art. 21, X)**, além da competência privativa para **legislar sobre serviço postal (art. 22, V)**. 2. Por meio da **Lei n. 6.538/1978**, da **Portaria n. 141/1998 do Ministério das Comunicações** e da **Portaria Interministerial n. 4.474/2018 dos Ministros de Estado da Ciência, Tecnologia, Inovações e Comunicações e do Desenvolvimento, Planejamento e Gestão**, a União, no exercício da competência para regulamentar o serviço postal, disciplinou a entrega de correspondência em caixa postal comunitária sem, contudo, autorizar expressamente os Estados e o Distrito Federal a normatizar as questões específicas atinentes ao tema. 3. **O Supremo reconheceu a competência normativa dos Estados para regular a postagem de boletos de pagamento pelos serviços prestados por empresas públicas e privadas**, uma vez que a prestação exclusiva de serviço postal pela União se restringe ao conceito de carta, cartão-postal e correspondência agrupada. Precedentes: ADPF 46 MC e ARE 649.379. 4. **No que concerne às postagens enquadradas como cartas, cartões-postais e correspondências agrupadas, a competência legislativa é privativa da União**, o que revela a inconstitucionalidade da lei estadual impugnada. 5. **Relativamente à postagem de boletos para o pagamento de serviços prestados por empresas públicas e privadas, a competência concorrente dos Estados e do Distrito Federal, com fundamento na proteção do consumidor (CF, art. 24, VIII)**, não se restringe à suplementação ou repetição das normas gerais veiculadas em lei federal, admitindo-se também a criação de regime jurídico, desde que em função de peculiaridade local devidamente comprovada e com observância ao princípio da vedação da proteção insuficiente. 6. **Não há no diploma questionado referência explícita a situação concreta ou interesse particular local que legitime o surgimento de regime específico para as caixas postais comunitárias no Estado do Rio de Janeiro**, no que tange à postagem de boletos alusivos a serviços prestados por empresas públicas e privadas, com o condão de justificar a vedação à entrega de correspondência por esse meio. (...)" **(ADI 3081, Pleno, Rel. Min. NUNES MARQUES, j. 28/08/2023)**

134) Lei **MUNICIPAL ou ESTADUAL pode** criar o **feriado do Dia de São Jorge.** De acordo com a jurisprudência do STF, em regra, a competência para legislar criando feriados é da União, em virtude de os feriados afetarem as relações trabalhistas e direito do trabalho ser tema de competência legislativa privativa da União (art. 22, I, CF/88). Porém, um feriado como o Dia de São Jorge, tal qual ocorre com o feriado do Dia da Consciência Negra, é uma **exceção a essa regra**, podendo ele ser instituído pelos entes federados subnacionais (isto é, pelos Estados, Distrito Federal e Municípios), em virtude do **aspecto cultural envolvido**. Assim, considerando que a proteção dos bens de valor histórico, artístico e cultural é de competência material comum (art. 23, III, CF/88) e de competência legislativa concorrente (art. 24, VII, CF/88), nada impede que os Estados, Distrito Federal e Municípios legislem criando, em seus âmbitos, o feriado do Dia de São Jorge.

"(...) LEI 5.198/2008 DO ESTADO DO RIO DE JANEIRO QUE INSTITUI O **FERIADO DE SÃO JORGE**. ALEGAÇÃO DE INCONSTITUCIONALIDADE FORMAL POR OFENSA À COMPETÊNCIA PRIVATIVA DA UNIÃO PARA LEGISLAR SOBRE DIREITO DO TRABALHO. (...) PRESUNÇÃO DE CONSTITUCIONALIDADE DE NORMAS ESTADUAIS EDITADAS COM FUNDAMENTO NA **PRESERVAÇÃO DE BENS IMATERIAIS.** (...) 1. A Lei Federal n. 9.093/1995, que previu como feriados civis a data magna do Estado fixada em lei estadual (art. 1º, II); os dias do início e do término do ano do centenário de fundação do Município, fixados em lei municipal (art. 1º, III); e, como feriados religiosos, os dias de guarda, declarados em lei municipal, de acordo com a tradição local e em número não superior a quatro, neste incluída a Sexta-Feira da Paixão (art. 2º), não os restringe apenas a esses casos. **2. É possível que Estados e Municípios, com o objetivo de preservar a memória de bens imateriais, instituam feriados de alta significação étnica.** (...)" **(ADI 4092, Pleno, Rel. Min. NUNES MARQUES, Redator do acórdão Min. EDSON FACHIN, j. 28/08/2023)**

135) Lei **ESTADUAL (NO CASO, ERA UMA LEI DO DISTRITO FEDERAL) NÃO PODE** estabelecer, no âmbito do respectivo Estado, que as empresas prestadoras do serviço público de ônibus, caso implantem sistema eletrônico de cobrança de passagens, devem manter os antigos cobradores trabalhando nos veículos como "assistentes de bordo", pois uma norma com esse teor, que tem como objetivo manter os empregos dos trabalhadores em caso de avanço tecnológico, trata de **direito do trabalho**, que é tema de **competência legislativa privativa da União** (art. 22, I, CF/88).

"(...) 2. A Lei distrital n. 3.923/2006 conferiu a fruição de um direito subjetivo – estabilidade parcial no emprego – a cobradores de ônibus que mantinham vínculo trabalhista com as concessionárias do serviço de transporte de passageiros do Distrito Federal na época em que implantada a bilhetagem eletrônica. 3. **A garantia de permanência no emprego traduz-se em estabilidade no emprego, matéria típica de direito do trabalho, de competência da União (CF, art. 22, I).** A admitir-se que leis locais tratem desse tema, serão múltiplos os regimes trabalhistas no país, o que vai de encontro ao modelo federativo implantado pela Constituição de 1988. 4. Os governos e a sociedade precisarão, em algum momento, discutir a fundo e regulamentar a relação entre a automação e a perda de postos de trabalho – no que, aliás, a Constituição Federal de 1988 foi visionária (CF, art. 7º, XXVII). **Nem por isso cabe aos entes locais se adiantarem ao governo central para tratar desse tipo de matéria, que foge à sua competência legislativa.** (...)" **(ADI 3899, Pleno, Rel. Min. NUNES MARQUES, j. 25/09/2023)**

136) Lei **ESTADUAL NÃO PODE** estabelecer, no âmbito do respectivo Estado, que o usuário do serviço de telefonia móvel tem direito a receber sinal de rede celular e de dados nas passagens subterrâneas de trânsito, pois uma norma com esse teor, embora tenha o intuito de proteger o consumidor, envolve questões técnicas do serviço de telefonia que são disciplinas na legislação federal e cria obrigações para as empresas prestadoras do serviço de telefonia móvel, de modo que invade as competências da União para explorar com exclusividade os serviços de telecomunicações (art. 21, XI, CF/88) e para legislar privativamente sobre o tema (art. 22, IV, CF/88).

"(...) 3. **Legislação local que a assegura ao consumidor de serviço móvel de telefonia o direito de funcionalidade e acesso de dados em passagens subterrâneas de trânsito em qualquer modalidade de transporte**, com a imposição de obrigações às concessionárias de telefonia móvel no sentido de adaptação técnica e operacional. 4. Interferência direta na regulação de serviços de telecomunicações, que extrapola a competência concorrente dos Estados-membros para legislar sobre proteção ao consumidor (art. 24, V, CF), **violando a competência privativa da União para explorar, conceder e legislar sobre telecomunicações (art. 22, IV, CF).** (...)" **(ADI 7404, Pleno, Rel. Min. ALEXANDRE DE MORAES, j. 09/10/2023)**

137) Lei **ESTADUAL PODE** estabelecer, no âmbito do respectivo Estado, a obrigação de as empresas fabricantes de roupas identificarem as peças de roupa que produzem com etiquetas em braile ou outro meio acessível às pessoas com deficiência visual, sem que possam cobrar valor adicional por isso. Essa questão diz respeito a **direito do consumidor e inclusão da pessoa deficiência**, que são temas de **competência legislativa concorrente** (art. 24, V, VIII e XIV, CF/88), de modo que os Estados podem legislar no caso. Ademais, uma lei com esse teor não viola os princípios da livre concorrência e da livre iniciativa, pois esses princípios possuem caráter instrumental, pois são, na verdade, instrumentos para o cumprimento dos objetivos da República Brasileira, dentre os quais, encontra-se a promoção do bem de todos sem qualquer forma de discriminação (art. 3º, IV, CF/88), que é o que se busca quando se adota uma medida de inclusão de pessoas com deficiência. Os efeitos dessa norma, no entanto, devem se exaurir no âmbito do respectivo Estado, não podendo afetar o comércio interestadual, sob pena de interferir na autonomia dos demais Estados.

"(...) A Lei 7.465/2021 do Estado do Piauí, ao dispor que as empresas do setor têxtil estão obrigadas a produzir peças de vestuário que contenham etiquetas em braile ou qualquer outro meio acessível à compreensão das pessoas com deficiência visual, não versa primordialmente sobre comércio interestadual (CF, art. 22, VIII). Na realidade, **a legislação em questão encontra fundamento constitucional na competência concorrente para legislar sobre produção e consumo e proteção (CF, art. 24, V) e integração social das pessoas portadoras de deficiências (CF, art. 24, XIV).** (...)" **(ADI 6989, Pleno, Rel. Min. ROSA WEBER, j. 19/06/2023)**

138) Lei **ESTADUAL NÃO PODE** estabelecer, no âmbito do respectivo Estado, que os valores decorrentes do pagamento de multas penais (que são as multas impostas como pena em sentenças condenatórias proferidas em processos criminais) sejam destinados ao fundo penitenciário estadual, pois essa questão envolve **direito penal**, que é tema de **competência legislativa privativa da União** (art. 22, I, CF/88).

"(...) 1. A destinação dos recursos financeiros originados do pagamento das penas de multa **se insere no âmbito do direito penal**. Por isso, **é da União a competência privativa para legislar sobre a matéria (CF, art. 22, I)**. 2. O Estado do Espírito Santo, no art. 2º, I, da Lei Complementar n. 68/1995, ao dispor sobre os recursos oriundos das penas de multa, endereçando-os ao fundo penitenciário estadual, **invadiu a competência privativa da União**, a configurar vício de inconstitucionalidade formal. (...)" **(ADI 2935, Pleno, Rel. Min. NUNES MARQUES, j. 21/11/2023)**

139) Lei **MUNICIPAL (ou ESTADUAL) NÃO PODE** estabelecer, no âmbito do respectivo Município (ou do respectivo Estado), que os *shopping centers* são obrigados a instalar ambulatório médico ou serviço de pronto-socorro, com a presença de um médico, para prestação de atendimento de emergência. Uma norma desse teor envolve **direito do trabalho** (em virtude da obrigatoriedade de contratação de profissionais) e **direito comercial**, que são, ambos, temas de **competência legislativa privativa da União** (art. 22, I, CF/88). Ademais, a norma em questão **viola os princípios da livre iniciativa, da razoabilidade e da proporcionalidade**, pois impõe obrigações demasiadamente gravosas aos estabelecimentos comerciais sem lastro em disposições da CF/88.

"(...) Leis nºs 10.947/91 e 11.649/94 e Decreto nº 29.728/91 do **Município de São Paulo**. Obrigação de **implantação de ambulatório médico ou serviço de pronto-socorro** equipado para o atendimento de emergência em **shopping centers**. Princípios da livre iniciativa, da razoabilidade e da proporcionalidade. Afronta. Recurso provido. 1. **Invade esfera legislativa da União** e afronta os princípios da livre iniciativa, da razoabilidade e da proporcionalidade a lei municipal que obrigue a implantação, nos shopping centers, de ambulatório médico ou serviço de pronto-socorro equipado para o atendimento de emergência. 2. Foi fixada a seguinte tese para o Tema nº 1.051: **"É inconstitucional lei municipal que estabeleça a obrigação da implantação, nos shopping centers, de ambulatório médico ou serviço de pronto-socorro equipado para o atendimento de emergência".** (...)" **(RE 833291, Tema de Repercussão Geral nº 1051, Pleno, Rel. Min. DIAS TOFFOLI, j. 04/12/2023)**

▪ AS NORMAS SOBRE TELECOMUNICAÇÕES E A NOVA TENDÊNCIA NA JURISPRUDÊNCIA DO STF

Por conta da recorrência na jurisprudência do Supremo Tribunal Federal e de uma nova tendência sobre o tema verificada na Corte, parece apropriado abordarmos a competência para tratar de telecomunicações em tópico apartado.

Nos termos do art. 22, IV, da CF/88, a competência para legislar sobre telecomunicações é privativa da União. E, de forma correlacionada a isso, a competência material para explorar os serviços de telecomunicações é exclusiva da União, nos termos do art. 21, XI, da CF/88.

Por conta disso, o Supremo Tribunal Federal, ao longo dos anos, firmou entendimento no sentido de que os Estados-membros, ainda que a pretexto de disciplinar a proteção do consumidor, não poderiam legislar sobre questões atinentes aos serviços de telecomunicação. A Corte apreciou casos como os seguintes:

1) Lei estadual que cuida de validade de créditos de celulares: inconstitucional. Competência da **União** (TELECOMUNICAÇÕES – art. 22, IV).

2) Lei estadual que possibilita o acúmulo de minutos de franquia mensal: inconstitucional. Competência da **União** (TELECOMUNICAÇÕES – art. 22, IV).

3) Lei estadual que veda cobrança de assinatura mensal básica pelas concessionárias de telefonia fixa e móvel no Estado: inconstitucional. Competência da **União** (TELECOMUNICAÇÕES – art. 22, IV).

4) Lei estadual que obriga as empresas de telefonia celular a informar a localização dos aparelhos de seus clientes à polícia: inconstitucional. Competência da **União** (TELECOMUNICAÇÕES – art. 22, IV).

5) Lei estadual que proíbe as empresas de telecomunicação de cobrar taxa para a instalação do segundo ponto de acesso à *internet*: inconstitucional. Competência da **União** (TELECOMUNICAÇÕES – art. 22, IV).

Acontece que, na **ADI 6204**, julgada em 21/02/2020, o Supremo Tribunal Federal demonstrou uma clara tendência menos centralizadora de poderes na União, ao decidir que lei que dispõe sobre a utilização e o acúmulo de franquia de dados celulares trata de direito do consumidor, e não de telecomunicações, de modo que se insere no âmbito da competência legislativa concorrente (art. 24, V e VIII, CF/88). Como consequência, os Estados-membros podem disciplinar essa questão.

Nesse precedente, o Tribunal entendeu que, nas situações que envolvem mais de um tema (no caso, direito do consumidor e serviço de telecomunicações), deve-se dar primazia à solução que descentralize o poder, fortalecendo as entidades federativas locais e regionais e, consequentemente, o pacto federativo.

Essa linha de pensamento já havia sido "plantada" no STF, porém de forma ainda tímida, na ADI 5745 (j. 07/02/2019), na qual o Tribunal registrou que *"repartir competências compreende compatibilizar interesses para **reforçar o federalismo** em uma dimensão realmente cooperativa e difusa, **rechaçando-se a centralização em um ou outro ente** e corroborando para que o funcionamento harmônico das competências legislativas e executivas otimizem os fundamentos (art. 1º) e objetivos (art. 3º) da Constituição da República"*. Agora, na ADI 6204, essa forma de pensar ganhou corpo e se fez muito mais presente, pois a Corte afirmou claramente que, se houver dúvida, deve prevalecer a competência dos entes descentralizados.

Ocorre que a lei analisada na ação era de origem estadual (havia sido editada pelo Estado de Santa Catarina) e o STF acabou declarando sua inconstitucionalidade, em virtude de as suas disposições consubstanciarem normas gerais e a União já ter editado normas gerais sobre o tema no exercício legítimo do papel que lhe é atribuído pelo art. 24, § 1º, da CF/88 no âmbito da legislação concorrente.

Como se pode extrair do entendimento adotado pela Suprema Corte nesse caso, se não existisse norma geral federal sobre a questão, a lei estadual não teria sido declarada inconstitucional, já que, nos termos do art. 24, § 3º, da CF/88, no âmbito da competência legislativa concorrente, os Estados podem legislar de forma plena nas situações em que a União se omite em relação às normas gerais.

Isso representa um relevante "desvio de rota" na jurisprudência do Supremo Tribunal Federal, pois, como vimos acima, em casos anteriores, normas que tratavam de validade e acúmulo de créditos de telefonia móvel haviam sido enquadradas pelo Tribunal no tema das telecomunicações e, consequentemente, consideradas de competência legislativa privativa da União (art. 22, IV). Já na ADI 6204, uma norma de teor semelhante (que tratava de acúmulo de dados celulares) foi enquadrada no tema da proteção do consumidor e, como consequência, considerada de competência legislativa concorrente (art. 24, V e VIII), abrindo espaço para a atuação dos Estados-membros na matéria.

O acórdão lavrado nessa ação recebeu a seguinte ementa:

> "(...) 1. Nos casos em que a dúvida sobre a competência legislativa recai sobre **norma que abrange mais de um tema**, deve o intérprete acolher **interpretação que não tolha a competência que detêm os entes menores** para dispor sobre determinada matéria. 2. O federalismo é um instrumento de descentralização política que visa realizar direitos fundamentais, se a lei federal ou estadual claramente indicar, de forma necessária, adequada e razoável, que os efeitos de sua aplicação excluem o poder de complementação que detêm os entes menores (cear statement rule), é possível afastar a presunção de que, no âmbito regional, determinado tema deve ser disciplinado pelo ente maior. 3. **A norma que dispõe sobre utilização de franquia de dados pelo usuário insere-se no âmbito do direito do consumidor**, nos termos do art. 24, V e VIII, da Constituição da República. Sendo concorrente, no entanto, **deve-se ainda perquirir sobre a existência de norma federal sobre a matéria**. 4. A ANATEL, entidade reguladora do setor, no exercício de sua competência normativa prevista nos arts. 19 e 22 da Lei n. 9.472/97, editou a Resolução n. 424 de 2005. Segundo o art. 18 da resolução os dados de franquia são não cumulativos para outros períodos de apuração, enquanto a norma estadual impugnada exige que a operadora permita acumulação de franquia de dados para uso no mês subsequente. Assim, **sobressai a competência da União, nos termos do art. 24, §4º**, c/c art 22, IV, da CRFB. (...)" **(ADI 6204/SC; Relator: Min. EDSON FACHIN; J. 21/02/2020)**

Ficou claro nesse julgado – repita-se – o surgimento de uma tendência descentralizadora na jurisprudência do STF, com a adoção de uma postura que promove uma maior autonomia das entidades locais e regionais e, por consequência, torna mais forte a Federação brasileira.

E essa tendência de conferir maior autonomia aos entes federativos descentralizados foi reforçada pelo julgamento, em 27/11/2020, da **ADI 5724**, que foi ajuizada contra uma lei do Estado do Piauí que estabeleceu a obrigação de as empresas prestadoras dos serviços de telefonia fixa e móvel disponibilizarem em suas páginas na *internet* o extrato detalhado das chamadas realizadas e dos serviços utilizados pelos clientes de planos pré-pagos, com os respectivos valores cobrados, tal qual é feito em relação aos clientes de planos pós-pagos.

No caso, houve alegação de violação à competência privativa da União para legislar sobre telecomunicações, mas prevaleceu no STF o entendimento de que a norma impugnada trata de direito do consumidor, que, nos termos do art. 24, V, da CF/88, insere-se no âmbito da competência legislativa concorrente e, portanto, admite a atuação dos Estados-membros.

Nesse julgamento, o Tribunal esclareceu que a lei piauiense, embora destinada às empresas de telefonia, não interfere no núcleo básico da prestação dos serviços de telecomunicação nem tampouco nas relações jurídicas que as concessionárias do serviço possuem com os seus usuários e com o poder público. Por isso, foi rejeitada a alegação de que seria uma norma sobre telecomunicações.

Na mesma linha de pensamento, na **ADI 6066**, julgada em 04/05/2020, o Supremo Tribunal Federal considerou constitucional uma lei do Estado de São Paulo que estabeleceu tempo máximo de espera para que os usuários fossem atendidos presencialmente nas lojas das operadoras de telefonia fixa e móvel. No julgamento do caso, a Corte reafirmou que *"nos casos em que a dúvida sobre a competência legislativa recai sobre norma que abrange mais de um tema, deve o intérprete acolher interpretação que não tolha a competência que detêm os entes menores para dispor sobre determinada matéria"*, e concluiu no sentido de que a norma em questão não disciplina o serviço de telecomunicações, mas, na verdade, trata de direito do consumidor, que é de competência legislativa concorrente, nos termos do art. 24, V e VIII, da CF/88.

O Tribunal destacou, ainda, que a legislação federal que trata de telecomunicações (Lei 9.472/97) não contém disciplina que afaste a possibilidade de os Estados-membros editarem normas sobre o atendimento aos consumidores usuários dos serviços, motivo pelo qual não se pode afirmar que a lei estadual impugnada invadiu a competência da União para criar normas gerais sobre a matéria. Além disso, como se trata de tema inserido na legislação concorrente, não há necessidade de que seja tratado de maneira uniforme em todo o País, o que apenas é imposto pela Constituição Federal em relação aos temas de competência privativa da União.

Conforme constou da ementa do acórdão, *"a Lei nº 9.472/1997 não afasta de forma clara (clear statement rule) a possibilidade de que os Estados, no exercício de sua atribuição concorrente, normatizem a respeito da prestação de atendimento a consumidores de serviços de telecomunicações. (...) Não havendo regulação específica contrastante com a norma estadual aqui impugnada, **inexiste extrapolação do espaço legislativo ocupado de forma suplementar pelo estado-membro.** (...) **A necessidade do tratamento legislativo uniforme só é realidade em se tratando de competência constitucional privativa da União para legislar sobre o tema.** 7. Na hipótese, tratando-se de lei estadual que se enquadra na competência concorrente para legislar sobre prestação de atendimento e consumo, **não viola o princípio da igualdade que a matéria seja tutelada diferentemente no âmbito de cada ente federal**"*.

Seguindo a postura descentralizadora, na **ADI 5939**, julgada em 16/06/2020, o STF julgou constitucional lei do Estado de Pernambuco que estabeleceu a obrigação das empresas fornecedoras de serviços prestados de forma contínua (dentre eles, os serviços de telefonia e de *internet*), sempre que lançassem novas campanhas promocionais, estenderem as ofertas a quem já fosse cliente, não podendo restringi-las a novos clientes.

No julgamento dessa ação, o Tribunal reconheceu expressamente que a norma impugnada envolvia aspectos concernentes tanto à atividade desempenhada pelas empresas (dentre elas, serviços de telecomunicações) quanto ao direito do consumidor, e concluiu pela prevalência deste, tendo em vista a especificidade das disposições legais. A Corte afirmou que *"embora a lei tenha como destinatárias empresas dedicadas aos serviços continuados, sua principal finalidade é a implementação de um modelo de informação ao consumidor usuário daqueles serviços, no qual a oferta de novos benefícios e condições contratuais é, em carácter informativo e facultativo, estendida ao consumidor preexistente"*.

Além disso, a medida imposta pela lei questionada, segundo o STF, não violou o princípio da livre iniciativa, pois este não impede que o Estado atue subsidiariamente para garantir o atingimento da coesão social e dos objetivos da ordem econômica, que tem como um de seus princípios informadores a defesa do consumidor (art. 170, V, CF/88).

Por fim, a Corte registrou inexistir ofensa à isonomia no fato de a lei obrigar as empresas a informar o lançamento de novas promoções tão somente aos clientes preexistentes, pois a norma impõe unicamente a obrigação de comunicar sobre o surgimento das ofertas, sem discriminar ou excluir qualquer grupo de interessados. Na verdade, o que a lei fez foi promover a igualdade, ao impedir que os usuários antigos fossem excluídos.

Outro precedente extremamente importante no tema das telecomunicações é a **ADI 5962** (julgada em 25/02/2021), na qual o Supremo Tribunal Federal realizou uma verdadeira guinada jurisprudencial em relação à questão da possibilidade de lei estadual impor às empresas de telefonia obrigações relacionadas à prática (muito comum) das ofertas por meio de *telemarketing*.

Em precedente anterior, mais precisamente, na ADI 3959 (julgada em 20/04/2016), o STF, analisando uma lei do Estado de São Paulo, havia entendido que os Estados não teriam competência para editar leis obrigando as companhias operadoras de telefonia fixa e móvel a constituírem cadastro especial dos seus usuários que tivessem interesse no sistema de venda por meio de *telemarketing*. Isso porque essa questão se encontraria inserida no tema das telecomunicações, que é de competência legislativa privativa da União, nos termos do art. 22, IV, da CF/88.

Esse entendimento foi revertido na mencionada ADI 5962, na qual o Supremo Tribunal Federal jugou constitucional uma lei do Estado do Rio de Janeiro que determina às empresas de telefonia, no âmbito do Estado, a criação de cadastro dos seus usuários que não queiram receber ofertas por *telemarketing*, além de proibir essas ligações nos finais de semana e, nos dias úteis, após as 18 (dezoito) horas. Segundo decidiu o STF, essa lei não invade a competência privativa da União para legislar sobre telecomunicações (art. 22, IV, CF/88), pois trata de direito do consumidor, que é tema de competência legislativa concorrente (art. 24, V e VIII, CF/88).

Todos esses casos mostram que vem se consolidando no STF a tendência, revelada pelo julgamento da ADI 6204, de descentralização do poder no tema das telecomunicações. Essa tendência, aliás, provavelmente se estenderá a outras matérias e passará a permear o federalismo brasileiro de um modo geral.

Porém, cabe aqui um **ALERTA**: essa nova tendência verificada no Supremo Tribunal Federal não significa que toda e qualquer norma que, de alguma forma, envolva o serviço de telecomunicações será retirada da competência privativa da União. Isso apenas irá acontecer quando for possível enquadrá-la em temas da competência legislativa concorrente.

Essa ressalva ficou muito clara no julgamento da **ADI 3110**, ocorrido em 04/05/2020, no qual o STF julgou inconstitucional uma lei do Estado de São Paulo que, a pretexto de tratar de proteção à saúde (tema de competência concorrente, nos termos do art. 24, XII, da CF/88), disciplinou a **instalação de antenas de telefonia celular**, inclusive estabelecendo limites de tolerância aplicáveis à radiação emitida por elas. Conforme restou decidido, essa questão é de competência da União, nos termos dos arts. 21, XI e art. 22, IV, da CF/88.

No caso, a Corte entendeu que não havia dúvida de que as disposições legais impugnadas disciplinaram o próprio serviço de telecomunicações, e não temas inseridos na competência dos Estados no âmbito da legislação concorrente, mesmo porque existe legislação federal que cuida da questão (Leis 9.472/97 e 11.934/09) e exclui a possibilidade de atuação de qualquer outro ente federado na matéria.

Nos termos que constaram da ementa do julgado, *"nos casos em que **a dúvida sobre a competência legislativa** recai sobre norma que abrange **mais de um tema**, deve o intérprete acolher interpretação que **não tolha a competência que detêm os entes menores** para dispor sobre determinada matéria (presumption against preemption). (...) A União, no exercício de suas competências (art. 21, XI e art. 22, IV CRFB), editou a Lei 9.472/1997, que, de forma nítida, atribui à Anatel a definição de limites para a tolerância da radiação emitida por antenas transmissoras. (...) A União, por meio da Lei 11.934, fixou limites proporcionalmente adequados à exposição humana a campos elétricos, magnéticos e eletromagnéticos. (...) Dessa forma, a presunção de que gozam os entes menores para, nos assuntos de interesse comum e concorrente, legislarem sobre seus respectivos interesses (presumption against preemption) foi nitidamente afastada por norma federal expressa (clear statement rule) (...) É inconstitucional a Lei n. 10.995/2001 do Estado de São Paulo, pois, **a pretexto de proteger a saúde da população, disciplinando a instalação de antenas transmissoras de telefonia celular, adentrou na esfera de competência privativa da União**"*.

Nesse mesmo sentido, o STF julgou inconstitucional lei municipal que impunha limites à instalação de torres de telecomunicação no âmbito do respectivo Município, vedando que elas fossem instaladas a menos de 50 (cinquenta) metros de distância das residências. Segundo a Corte, essa norma afeta o núcleo da prestação do serviço de telecomunicações, não sendo possível enquadrá-la como uma norma de mero interesse local que suplementa normas federais e estaduais em matéria de saúde e meio ambiente, temas de competência legislativa concorrente (art. 24, VI, VIII e XII, CF/88). Uma norma como essa cuida, portanto, de telecomunicações, que é tema de competência legislativa privativa da União, como prevê o art. 22, IV, da CF/88 (**ADPF 731, j. 21/12/2020, Pleno**).

Por razões semelhantes, na **ADI 5040** (julgada em 04/11/2020), o STF considerou inconstitucional lei estadual que obrigava as operadoras de telefonia móvel atuantes no respectivo Estado a fornecer aos órgãos de segurança pública dados para a localização de telefones celulares e cartões "SIM" furtados, roubados, obtidos por latrocínio ou utilizados em atividades criminosa. Segundo entendeu o Tribunal, essa norma afeta a própria estrutura da prestação do serviço, e, nos termos do art. 22, IV, da CF/88, a competência para legislar sobre telecomunicações é privativa da União.

Nas palavras da Corte, *"ao obrigar as empresas prestadoras de serviço de telefonia móvel pessoal a fornecerem, aos órgãos de segurança pública, dados relativos à localização de telefones celulares e cartões "SIM" que tenham sido objeto de furto, roubo e latrocínio ou utilizados na prática de delitos, a Lei nº 6.336/2013 do Estado do Piauí* ***interfere na estrutura da prestação do serviço de telefonia, espécie do gênero telecomunicação, cujo regramento compete à União****, a teor dos arts. 21, XI, e 22, I e IV, da Constituição da República. (...) A jurisprudência do Supremo Tribunal Federal não tem atribuído validade constitucional a normas estaduais que, embora animadas pelo desiderato de contribuir com os órgãos de segurança pública, têm a consequência prática de interferir indevidamente em direitos individuais e na estrutura de prestação de serviço público"*.

▪ A COMPETÊNCIA PARA LEGISLAR SOBRE DIREITO DE GREVE DE SERVIDOR PÚBLICO

A qual esfera federativa pertence a competência para legislar sobre direito de greve de servidor público?

Para responder essa pergunta, é necessário, antes, saber o seguinte: o direito de greve dos servidores públicos é um tema que diz respeito a direito do trabalho ou a regime jurídico de servidor?

Essa questão foi enfrentada pelo Supremo Tribunal Federal nas **ADIs 1306, 1335 e 5213**.

As ADIs 1306 e 1335 foram ajuizadas para impugnar um decreto autônomo editado pelo Governador do Estado da Bahia para disciplinar questões relativas às rotinas e aos procedimentos a serem adotados pela Administração estadual em caso de deflagração de greve pelos seus servidores. Essa norma tratou, por exemplo, da contratação temporária de pessoal para fazer frente à falta de pessoal nos períodos de greve.

Já a ADI 5213 foi ajuizada em face de uma lei do Estado de Rondônia que efetivamente disciplinou o direito de greve dos servidores estaduais.

E o que o Supremo Tribunal Federal decidiu nesses casos? Houve uma definição sobre a competência legislativa para tratar do tema? **Não expressamente**.

Nessas ações, o STF não esclareceu de forma explícita qual seria o ente federado competente para legislar sobre direito de greve de servidor público, mas sinalizou qual deve ser a resposta para essa questão, ao afirmar que o tema não diz respeito a direito do trabalho, mas sim a regime jurídico de servidor.

Note que, ao afirmar que direito de greve de servidor público não diz respeito a direito do trabalho, a Corte acabou por afastar a possibilidade de se afirmar que se trata de uma matéria de competência legislativa privativa da União (art. 22, I). Além disso, quando esclareceu que o tema envolve regime jurídico de servidor, deu inegáveis sinais de que todas as entidades federativas têm competência para, no exercício de sua autonomia, legislar sobre a questão, disciplinando o direito de greve dos seus servidores.

Se o STF tivesse enfrentado mais detidamente a questão da competência legislativa, provavelmente seria essa a sua conclusão.

Porém, na ADI 5213, julgada em 13/06/2018, a norma impugnada (lei do Estado de Rondônia que disciplinou o direito de greve dos servidores estaduais) foi declarada inconstitucional por vício de iniciativa, pois sua origem foi parlamentar, o que desrespeitou a iniciativa privativa do Chefe do Poder Executivo para as proposições legislativas relativas a regime jurídico de servidor público. Nas palavras da Corte, *"a norma impugnada, ao disciplinar o exercício do* ***direito de greve dos servidores públicos*** *do Estado de Rondônia, apresenta peculiar disciplina normativa concernente à* ***relação jurídica havida entre os servidores públicos estaduais e a Administração Pública****. (...) Considerada a iniciativa parlamentar da norma impugnada, é de se reconhecer sua inconstitucionalidade formal (art. 61, §1º, II, c, CF)"*.

Já nas **ADIs 1306 e 1335**, julgadas conjuntamente também em 13/06/2018, o Supremo Tribunal Federal decidiu que a norma impugnada não disciplinou o direito de greve dos servidores baianos, mas tão somente questões procedimentais da própria Administração Pública estadual a serem observadas em situações de greve dos seus servidores. Por isso, essas ações foram julgadas improcedentes.

Parece correto concluir, diante desses precedentes, que, como o Supremo Tribunal Federal entende que o direito de greve dos servidores públicos é uma questão que se insere no âmbito do regime jurídico deles (e não na seara do direito do trabalho), cada ente federativo, no exercício da sua autonomia (que envolve as capacidades de autolegislação e autoadministração), possui competência para legislar a respeito da matéria.

16

Intervenção

A intervenção é um dos pontos mais delicados da federação. A regra é que cada entidade federada exerça as competências materiais e legislativas que a Constituição lhe confere, respeitando as demais entidades. Apenas excepcionalmente é que uma entidade pode intervir nos negócios (competências) de outra entidade federada.

Portanto, intervenção é uma situação excepcional em que a repartição de competências é, de certa forma, abalada, porque uma entidade passa a exercer as competências (totais ou parciais) de outra entidade (a que sofre a intervenção), mas com autorização constitucional para isso.

Sobre o **conceito** de intervenção, cabe lembrar o professor José Afonso da Silva, que diz que a intervenção "é **ato político** que consiste na incursão da entidade interventora nos negócios da entidade que a suporta", devendo ser compreendidas, na expressão "negócios", tanto as competências materiais quanto as competências legislativas.

A intervenção, então, é uma situação extraordinária em que uma entidade exerce, de maneira temporária e com autorização constitucional, parcela da competência de outra entidade.

Segundo a CF/88, a intervenção pode ser realizada tanto pela União (caso em que se tratará de uma intervenção federal) quanto pelos Estados (caso em que se tratará de uma intervenção estadual) e está disciplinada nos arts. 34, 35 e 36, cada um deles se ocupando de uma questão diferente, da seguinte forma:

a) O art. 34 cuida da intervenção federal nos Estados e no Distrito Federal;

b) O art. 35 cuida da intervenção estadual nos Municípios e da intervenção federal em Município localizado em Território Federal; e

c) O art. 36 trata do procedimento e das formalidades a serem observados em caso de decretação de uma intervenção.

Neste capítulo, abordaremos a intervenção federal e a estadual em conjunto, sempre deixando claro quando, eventualmente, algum tópico disser respeito a apenas uma delas.

ESPÉCIES DE INTERVENÇÃO

São as seguintes as espécies de intervenção previstas na CF/88:

1) Intervenção da **União nos Estados ou no Distrito Federal** (art. 34, CF/88);

2) Intervenção dos **Estados nos Municípios** (art. 35, CF/88); e

3) Intervenção da **União em Município situado em Território Federal** (art. 35, CF/88). É importante lembrar, a propósito, que, atualmente, não existe território no Brasil, mas, quando houver, essa intervenção poderá ocorrer.

Como se pode perceber, a intervenção estadual (que é a realizada pelos Estados) sempre ocorrerá em Município, enquanto a intervenção federal (que é a realizada pela União) pode ocorrer tanto em Estado quanto em Município (desde que se trate de Município localizado em Território Federal).

PRINCÍPIOS QUE REGEM A INTERVENÇÃO

O conhecimento dos princípios que regem a intervenção é essencial para a boa compreensão da disciplina constitucional desse instituto. Vejamos cada um deles.

▪ PRINCÍPIO DA EXCEPCIONALIDADE (OU NÃO INTERVENÇÃO)

Significa que a regra é a não intervenção, a regra é que cada entidade federada exerça o seu rol de competências sem que as outras se intrometam nos seus negócios. Excepcionalmente, admite-se que uma entidade exerça competências de outra.

▪ PRINCÍPIO DA NECESSIDADE

Significa que, para a intervenção ocorrer, a sua necessidade deve ser comprovada, ou seja, deve haver motivos que justifiquem a necessidade da intervenção.

▪ PRINCÍPIO DA TEMPORARIEDADE

Significa que a intervenção é sempre uma situação temporária, nunca definitiva.

▪ PRINCÍPIO DA FORMALIDADE

Significa que há formalidades que devem ser observadas ao se decretar e implementar uma intervenção.

MOTIVOS AUTORIZADORES DA INTERVENÇÃO (PRESSUPOSTOS DE FUNDO DA INTERVENÇÃO)

Quais são os motivos que podem levar a uma intervenção? Evidentemente, não é qualquer motivo, mas apenas aqueles constitucionalmente previstos, que são os seguintes, a depender da espécie de intervenção:

1) Necessidade de defesa do Estado (intervenção federal);

2) Necessidade de defesa do princípio federativo (intervenção federal);

3) Necessidade de defesa das finanças estaduais (intervenção federal);

4) Necessidade de defesa das finanças municipais (intervenção estadual); e

5) Necessidade de defesa da ordem constitucional (intervenção federal e intervenção estadual).

O que se pode perceber, em última análise, é que esses pressupostos são, na verdade, as finalidades da intervenção, isto é, quando uma intervenção é decretada, o propósito por trás dela é defender o Estado, defender o princípio federativo, defender as finanças estaduais, defendas as finanças municipais ou defender a ordem constitucional.

Nos tópicos seguintes, veremos como a CF/88 disciplina cada um desses pressupostos (ou motivos).

■ DEFESA DO ESTADO

O pressuposto interventivo da defesa do Estado apenas se aplica à intervenção federal nos Estados ou no Distrito Federal e está consagrado nas hipóteses de intervenção previstas nos incisos I e II do art. 34 da CF/88, que preveem a possibilidade de a União intervir nos Estados ou no Distrito Federal para *"manter a integridade nacional"* (inciso I) ou *"repelir invasão estrangeira"* (inciso II).

Vejamos a redação do dispositivo constitucional:

> "**Art. 34, CF/88.** A União **não intervirá** nos Estados nem no Distrito Federal, **exceto** para:
>
> I - manter a integridade nacional;
>
> II - repelir invasão estrangeira (...);"

É importante notar que o *caput* do art. 34 da CF/88, ao preconizar que *"a União **não intervirá** nos Estados nem no Distrito Federal, **exceto** para"*, estabelece, expressamente, o princípio da não intervenção (ou excepcionalidade), pois deixa claro que a intervenção é uma medida de caráter excepcional, e não a regra no federalismo brasileiro.

■ DEFESA DO PRINCÍPIO FEDERATIVO NA CF/88

O pressuposto interventivo da defesa do princípio federativo somente se aplica à intervenção federal nos Estados ou no Distrito Federal e está consagrado na hipótese de intervenção prevista no inciso II do art. 34 da CF/88, que prevê a possibilidade de a União intervir nos Estados ou no Distrito Federal para repelir invasão de uma entidade federativa em outra. Portanto, se um ente da Federação invadir outro, caberá à União realizar uma intervenção para que se retorne à normalidade federativa.

O dispositivo constitucional diz o seguinte:

> "**Art. 34, CF/88.** A União não intervirá nos Estados nem no Distrito Federal, exceto para:
>
> (...)
>
> II - repelir invasão (...) de uma unidade da Federação em outra;"

■ DEFESA DAS FINANÇAS ESTADUAIS

O pressuposto interventivo da defesa das finanças **estaduais** somente se aplica à intervenção federal nos Estados ou no Distrito Federal e está consagrado na hipótese de intervenção prevista no inciso V, "a" e "b", do art. 34 da CF/88, que prevê a possibilidade de a União intervir nos Estados ou no Distrito Federal para *"reorganizar as finanças da unidade da Federação que"*:

I) Deixar de pagar a dívida fundada por mais de dois anos consecutivos, a menos que haja motivo de força maior que justifique o não pagamento; ou

II) Deixar de efetuar os repasses tributários aos Municípios dentro dos prazos legais.

O dispositivo constitucional tem a seguinte redação:

> "**Art. 34, CF/88.** A União não intervirá nos Estados nem no Distrito Federal, exceto para:
>
> (...)
>
> V - reorganizar as finanças da unidade da Federação que:
>
> a) suspender o pagamento da **dívida fundada por mais de dois anos consecutivos**, salvo motivo de força maior;
>
> b) deixar de entregar aos Municípios **receitas tributárias fixadas nesta Constituição**, dentro dos prazos estabelecidos em lei;"

Interessante notar que a Constituição permite a intervenção federal quando o Estado ou o Distrito Federal deixa de pagar a dívida fundada (por mais de dois anos consecutivos), mas não esclarece o que é a dívida fundada. Isso é feito pela legislação infraconstitucional, mais precisamente, pela Lei Complementar nº 101/2000 (Lei de Responsabilidade Fiscal) e pela Lei 4.320/64, ao trazerem definições relacionadas à dívida pública.

Segundo o art. 29, I, da LRF, a dívida fundada (também chamada de dívida consolidada) nada mais é do que a dívida que, em regra, tem prazo de vencimento superior a 12 (doze) meses.

Já o art. 98 da Lei 4.320/64 define a dívida fundada como os compromissos de exigibilidade superior a 12 (doze) meses que tenham sido contraídos para fazer frente a desequilíbrio orçamentário ou a financiamento de obras e serviços públicos.

Como se pode perceber, essas duas definições legais convergem no sentido de que a dívida fundada (ou consolidada) é aquela que vence em prazo superior a 12 (doze) meses.

O conceito de dívida fundada se contrapõe ao de dívida flutuante, que é aquela contraída pelo Estado por um curto período de tempo, isto é, são as obrigações de curto prazo (prazo inferior a doze meses).

Enfim, essa definição de dívida fundada estabelecida no plano infraconstitucional é empregada para fins de intervenção.

> "**Art. 29, LRF.** Para os efeitos desta Lei Complementar, são adotadas as seguintes definições:
>
> I - dívida pública consolidada ou fundada: montante total, apurado sem duplicidade, das obrigações financeiras do ente da Federação, assumidas em virtude de leis, contratos, convênios ou tratados e da realização de operações de crédito, para amortização em prazo superior a doze meses;
>
> (...)"
>
> "**Art. 98, Lei 4.320/64.** A **dívida Fundada** compreende os compromissos de exigibilidade superior a **doze meses**, contraídos para atender a desequilíbrio orçamentário ou a financeiro de obras e serviços públicos."

■ DEFESA DAS FINANÇAS MUNICIPAIS

O pressuposto interventivo da defesa das finanças **municipais** somente se aplica à intervenção estadual e à intervenção federal em Município localizado em Território Federal. Esse pressuposto está consagrado na hipótese de intervenção prevista no inciso I do art. 35 da CF/88, que prevê a possibilidade de os Estados (ou a União, quando existir algum Território Federal) intervir nos seus Municípios quando *"deixar de ser paga, sem motivo de força maior, por dois anos consecutivos, a dívida fundada"*.

O dispositivo constitucional diz o seguinte:

> "**Art. 35, CF/88.** O Estado **não intervirá** em seus Municípios, nem a União nos Municípios localizados em Território Federal, **exceto** quando:
>
> I - deixar de ser paga, sem motivo de força maior, por **dois anos consecutivos**, a **dívida fundada**;
>
> (...)"

O *caput* do art. 35 da CF/88 também estabelece, expressamente, o princípio da excepcionalidade (ou não intervenção), ao dispor que *"o Estado **não intervirá** em seus Municípios (...), **exceto** quando"*. As expressões "não intervirá" e "exceto", tal qual ocorre no art. 34 da CF/88, deixam claro que a intervenção não é a regra, mas a exceção.

Em relação ao que se deve entender por dívida fundada para os fins dessa hipótese de intervenção, aplicam-se os mesmos comentários feitos quando analisamos a intervenção federal motivada pelo não pagamento da dívida fundada pelos Estados, ou seja, deve-se empregar a definição estabelecida na legislação infraconstitucional (arts. 29, I, da LRF e 98 da Lei 4.320/64).

■ DEFESA DA ORDEM CONSTITUCIONAL

O pressuposto interventivo da defesa da ordem constitucional se aplica tanto à intervenção federal nos Estados e no Distrito Federal quanto à intervenção estadual (e à federal em Município localizado em Território Federal).

A intervenção federal nos Estados e no DF com vistas à defesa da ordem constitucional se dá nas hipóteses dos incisos III, IV, VI e VII do art. 34 da CF/88, quais sejam:

1) Para pôr termo a grave comprometimento da ordem pública (inciso III);

2) Para garantir o livre exercício de qualquer dos Poderes nas unidades da Federação (inciso IV);

3) Para prover a execução de lei federal (inciso VI);

4) Para prover a execução de ordem ou decisão judicial (inciso VI);

5) Para assegurar a observância dos princípios previstos no art. 34, VII, da CF/88 (os chamados **princípios constitucionais sensíveis**), que são os seguintes:

a) forma republicana, sistema representativo e regime democrático;

b) direitos da pessoa humana;

c) autonomia municipal;

d) prestação de contas da administração pública, direta e indireta;

e) aplicação na saúde e no ensino de um montante mínimo de recursos resultantes de impostos estaduais (aí compreendidos os provenientes de transferências constitucionais), nos termos estabelecidos pelos arts. 198, § 2º, e 212 da CF/88, conforme vimos ao estudarmos os direitos fundamentais à educação e à saúde.

Vejamos a redação do dispositivo constitucional:

> "**Art. 34, CF/88.** A União não intervirá nos Estados nem no Distrito Federal, exceto para:
>
> (...)
>
> III - pôr termo a grave comprometimento da ordem pública;
>
> IV - garantir o livre exercício de qualquer dos Poderes nas unidades da Federação;
>
> (...)
>
> VI – prover a execução de lei federal, ordem ou decisão judicial;
>
> **VII - assegurar a observância dos seguintes princípios constitucionais:**
>
> a) forma republicana, sistema representativo e regime democrático;
>
> b) direitos da pessoa humana;
>
> c) autonomia municipal;
>
> d) prestação de contas da administração pública, direta e indireta;
>
> e) aplicação do mínimo exigido da receita resultante de impostos estaduais, compreendida a proveniente de transferências, na **manutenção e desenvolvimento do ensino** e nas **ações e serviços públicos de saúde**."

Por sua vez, a intervenção dos Estados nos seus Municípios (e da União nos Municípios localizados em Territórios Federais) com a finalidade de defender a ordem constitucional pode ocorrer nas hipóteses dos incisos II, III e IV do art. 35 da CF/88, que permitem a medida interventiva quando:

1) As contas municipais não forem devidamente prestadas (inciso II);

2) O município não houver aplicado na educação e na saúde o montante mínimo de recursos exigido, nos termos estabelecidos pelos arts. 198, § 2º, e 212 da CF/88, conforme vimos ao estudarmos os direitos fundamentais à educação e à saúde (inciso III);

3) For necessário assegurar a observância dos chamados **princípios constitucionais sensíveis estaduais**, que são princípios definidos pelos próprios Estados em suas Constituições (inciso IV);

4) For necessário prover a execução de lei (inciso IV); ou

5) For necessário prover a execução de ordem ou decisão judicial (inciso IV).

> "**Art. 35, CF/88.** O Estado não intervirá em seus Municípios, nem a União nos Municípios localizados em Território Federal, exceto quando:
>
> (...)
>
> II - não forem prestadas contas devidas, na forma da lei;
>
> III - não tiver sido aplicado o mínimo exigido da receita municipal na **manutenção e desenvolvimento do ensino** e nas **ações e serviços públicos de saúde**;
>
> IV - o **Tribunal de Justiça der provimento a representação** para assegurar a **observância de princípios indicados na Constituição Estadual**, ou para **prover a execução de lei, de ordem ou de decisão judicial**."

O rol de hipóteses interventivas (principalmente, as estaduais) é sempre cobrado nas provas. Por exemplo, no concurso para o cargo de Procurador do Município de Boa Vista/RR, realizado pelo CESPE em 2019, foi considerada correta a assertiva segundo a qual *"uma das hipóteses em que a intervenção dos estados em seus municípios é autorizada é a não aplicação do mínimo exigido da receita municipal nas ações de manutenção e desenvolvimento do ensino"*. Nessa questão, como é comum acontecer, a banca examinadora exigiu o conhecimento tão somente da mera literalidade do texto constitucional, o que mostra que a leitura da Constituição Federal não pode ser negligenciada durante os estudos.

Por fim, é importante registrar o entendimento do Supremo Tribunal Federal no sentido de que, em caso de descumprimento de ordem judicial (arts. 34, VI, e 35, IV), a intervenção apenas pode ser decretada se houver voluntariedade nesse descumprimento, isto é, se a determinação judicial estiver sendo descumprida intencionalmente pelo ente federado. Se o descumprimento se der por razões alheias à vontade da entidade federativa, não se legitima a intervenção.

Além disso, também segundo o STF, a decretação da intervenção nesse caso apenas pode ocorrer se a decisão judicial descumprida já houver transitado em julgado. Em outras palavras: apenas o **descumprimento voluntário de decisão judicial transitada em julgado** autoriza a intervenção.

O caso clássico em que isso é debatido é o de pagamento de precatórios, que, como se sabe, decorre de determinação judicial (com trânsito em julgado). O STF firmou jurisprudência no sentido de que, se os precatórios deixam de ser pagos em virtude de insuficiência financeira do ente federado devedor, e não por inadimplência deliberada, não fica autorizada a intervenção, ainda que haja no caso o descumprimento de uma decisão judicial transitada em julgado.

Por exemplo, na **IF 4.640 AgR**, julgada em 29/03/2012, a Corte afirmou que *"não se justifica decreto de intervenção federal por não pagamento de precatório judicial, quando o fato não se deva a omissão voluntária e intencional do ente federado, mas a insuficiência temporária de recursos financeiros"*. E, no mesmo sentido, na **IF 1.917 AgR**, julgada em 17/03/2004, esclareceu que *"o descumprimento voluntário e intencional de decisão transitada em julgado configura pressuposto indispensável ao acolhimento do pedido de intervenção federal. A ausência de voluntariedade em não pagar precatórios, consubstanciada na insuficiência de recursos para satisfazer os créditos contra a Fazenda estadual no prazo previsto no § 1º do art. 100 da Constituição da República, não legitima a subtração temporária da autonomia estatal, mormente quando o ente público, apesar da exaustão do erário, vem sendo zeloso, na medida do possível, com suas obrigações derivadas de provimentos judiciais"*.

ESPÉCIES DE INTERVENÇÃO DE ACORDO COM O PROCEDIMENTO (OU FORMA) DE IMPLEMENTAÇÃO

Acima, vimos os motivos autorizadores da intervenção. Para cada um deles, a CF/88 estabelece um procedimento diferente de implementação da medida, ou seja, não há um modelo formal único de intervenção, mas, sim, formalidades distintas a serem observadas em hipóteses interventivas distintas. Em outras palavras: há mais de um procedimento a ser seguido para as diferentes hipóteses de intervenção.

A intervenção federal nos Estados e DF recebeu da CF/88 um tratamento mais minucioso do que a intervenção estadual e do que a intervenção federal em Município localizado em Território Federal. O texto constitucional, ao disciplinar o procedimento de efetivação da intervenção estabeleceu diferentes formalidades para as diferentes hipóteses de intervenção da União nos Estados e no Distrito Federal, mas pouco disse em relação às hipóteses de intervenção estadual, como veremos a seguir.

De acordo com a disciplina constante da CF/88, é possível elencar as seguintes espécies interventivas, levando em conta a forma de decretação (isto é, o procedimento que deve ser observado):

1) Intervenção ***ex officio***; e

2) Intervenção **provocada**, que, nos termos dos arts. 36, I, II e III, e 35, IV, CF/88, pode ser:

   a) Por **solicitação**;

   b) Por **requisição**; ou

   c) Por **provimento judicial** de representação interventiva (aqui é importante lembrar que a Lei 12.562/2011 disciplina a representação interventiva no STF, também conhecida como ADI interventiva).

■ INTERVENÇÃO "EX OFFICIO"

A intervenção *ex officio* é o modelo básico de intervenção na CF/88, ou seja, é a regra geral. Ela é decretada (*ex officio*) pelo Presidente da República (no caso de intervenção federal) ou pelo Governador do Estado (no caso de intervenção estadual), com base em seu juízo pessoal de conveniência e oportunidade.

A intervenção será decretada de ofício sempre que não for exigido pela Constituição que algum órgão a provoque.

▶ Intervenção federal nos Estados e no Distrito Federal decretada "ex officio"

As hipóteses em que a intervenção federal nos Estados e no DF é decretada de ofício pelo Presidente da República são apenas as previstas nos incisos I, II, III e V do art. 34 da CF/88, pois as dos demais incisos desse artigo dependem de provocação. Ou seja, o Chefe do Executivo Federal pode decretar a medida interventiva *ex officio*, nos seguintes casos:

I) Para manter a integridade nacional (inciso I);

II) Para repelir invasão estrangeira (inciso II);

III) Para repelir invasão de uma unidade da Federação em outra (inciso II);

IV) Para pôr termo a grave comprometimento da ordem pública (inciso III);

V) Para reorganizar as finanças da entidade federada que deixar de pagar a dívida fundada por mais de dois anos consecutivos, exceto se houver motivo de força maior, ou que deixar de entregar aos Municípios, no prazo legal, as receitas tributárias previstas na Constituição Federal (inciso V).

O procedimento da decretação *ex officio* da intervenção federal segue essa sequência:

1) Oitiva do Conselho da República e do Conselho de Defesa Nacional (arts. 90, I, e 91, § 1º, II, CF/88);

2) Edição do decreto presidencial de intervenção; e

3) Submissão do decreto de intervenção à apreciação do Congresso Nacional em 24 horas.

Segundo a doutrina dominante, a oitiva do Conselho da República e do Conselho de Defesa Nacional tem natureza **opinativa**, e não vinculante. Essa oitiva é **obrigatória** nos casos de intervenção *ex officio* e no caso da intervenção provocada por solicitação, porque, nesses casos, há juízo de conveniência e oportunidade do Presidente da República (ele não é obrigado a decretar a medida interventiva), e, para formar esse juízo de conveniência e oportunidade, ele deve ouvir esses órgãos.

Note que a oitiva dos conselhos não se aplica nos casos de intervenção provocada por requisição ou por provimento judicial de representação interventiva, pois, nesses casos, não há juízo de conveniência e oportunidade sobre a decretação da medida (o Presidente da República é obrigado a decretá-la). Inclusive, nesse sentido, a Lei 12.562/2011, que disciplina o procedimento da intervenção provocada por provimento judicial do STF (ADI interventiva), não prevê a oitiva do Conselho da República nem do Conselho de Defesa Nacional.

É possível perceber, a partir disso, que requisição é diferente de solicitação, pois, enquanto na solicitação há liberdade para atender ou não o pedido, na requisição, há obrigatoriedade de atendimento do pedido.

Portanto, há essa distinção importante: se há discricionariedade do Presidente de República, devem ser ouvidos os referidos conselhos, mas, se não há discricionariedade do Presidente da República, não há oitiva desses conselhos, já que não há motivo para isso. E, segundo a doutrina, existe discricionariedade na decretação da medida interventiva apenas nas hipóteses de intervenção *ex officio* e de intervenção provocada por mera solicitação.

Após a oitiva dos conselhos, se o Presidente da República entender que é caso de intervenção, ele irá editar o decreto de intervenção (que possui requisitos e limites constitucionais) e, nas 24 (vinte e quatro) horas seguintes, irá submeter esse decreto à apreciação do Congresso Nacional, conforme consta do art. 36, § 1º, da CF/88. caso o Poder Legislativo se encontre em recesso, será convocado extraordinariamente, também no prazo de 24 (vinte e quatro) horas, para apreciar o decreto interventivo, conforme determina o art. 36, § 2º, da CF/88.

> "**Art. 36, CF/88.**
>
> **§ 1º.** O **decreto de intervenção**, que especificará **a amplitude, o prazo e as condições de execução** e que, **se couber, nomeará o interventor**, será submetido à apreciação do Congresso Nacional ou da Assembléia Legislativa do Estado, no prazo de **vinte e quatro horas.**
>
> **§ 2º.** Se não estiver funcionando o Congresso Nacional ou a Assembléia Legislativa, far-se-á convocação extraordinária, no mesmo prazo de vinte e quatro horas."

Como se pode perceber, a Constituição exige que o decreto de intervenção tenha um conteúdo mínimo, qual seja, a especificação da amplitude, do prazo e das condições de execução da medida interventiva, além de, quando for necessário, nomear o interventor (que substituirá as autoridades estaduais indicadas pelo Presidente da República). O texto constitucional deixa claro que nem sempre haverá interventor, mas apenas quando couber, a depender do alcance e das condições da intervenção.

O interventor poderá ser nomeado (quando couber) para substituir qualquer autoridade da entidade que sofre a medida interventiva (conforme for determinado no decreto interventivo) e, durante a intervenção, poderá praticar atos de **duas espécies**, a saber:

1) Atos ligados diretamente à intervenção (isto é, diretamente ligados ao motivo ou objeto da intervenção); e

2) Atos da gestão comum (cotidiana) da entidade que sofre a intervenção.

Qual é a **diferença** prática entre essas duas espécies de atos do interventor no exercício da intervenção? É o regime de **responsabilidade civil.**

Segundo a doutrina, nos atos ligados diretamente ao objeto ou motivo da intervenção, a responsabilidade civil principal é da entidade que promove a intervenção. Por outro lado, nos atos da gestão cotidiana, a responsabilidade civil principal é da entidade que sofre a intervenção, mas a entidade que promove a intervenção pode ter responsabilidade subsidiária.

Nesse sentido, se o interventor substituir, por exemplo, o Governador do Estado que sofre a intervenção, ele, além de praticar os atos necessários para resolver o problema que deu origem à intervenção, terá de administrar o Estado no dia-a-dia (irá nomear e exonerar servidores, assinar contratos etc.). Em relação aos atos do dia-a-dia, quem primeiro responderá civilmente será o próprio Estado (tendo a União responsabilidade apenas subsidiária), mas, no que diz respeito aos atos relacionados ao objeto da intervenção, a União responderá diretamente.

Em relação ao controle político da intervenção, a ser realizado pelo Poder Legislativo (conforme determina o art. 36, §§ 1º e 2º, da CF/88), o art. 49, IV, da CF/88 prevê a **competência exclusiva do Congresso Nacional** para aprovar ou suspender a intervenção federal.

> "**Art. 49, CF/88.** É da competência exclusiva do Congresso Nacional:
>
> (...)
>
> IV - aprovar o estado de defesa e a intervenção federal, autorizar o estado de sítio, ou suspender qualquer uma dessas medidas;"

Importante registrar que existem hipóteses previstas na CF/88 (art. 36, § 3º) em que o controle político exercido pelo Poder Legislativo é dispensado, mas nenhuma dessas hipóteses é de intervenção de ofício, todas são de intervenção provocada, e, mesmo nesses casos, apenas se dispensa o controle político se a única medida determinada na intervenção for a mera suspensão do ato impugnado. Caso contrário (isto é, se o decreto interventivo previr outras medidas mais gravosas, em virtude de a suspensão do ato atacado não ser suficiente para restaurar a normalidade), será necessário haver o controle do Legislativo.

> "**Art. 36, § 3º, CF/88.** Nos casos do art. 34, VI e VII, ou do art. 35, IV, dispensada a apreciação pelo Congresso Nacional ou pela Assembléia Legislativa, o decreto limitar-se-á a suspender a execução do ato impugnado, se essa medida bastar ao restabelecimento da normalidade."

▶ Intervenção estadual (ou federal em Município localizado em Território Federal) decretada "ex officio"

Em relação à intervenção estadual e à intervenção federal em Município localizado em Território Federal, suas hipóteses autorizadoras estão previstas no art. 35 da CF/88, que, em seus incisos, exige provocação apenas quando o objetivo da medida interventiva for assegurar a observância dos princípios constitucionais sensíveis estaduais ou prover a execução de lei, de ordem judicial ou de decisão judicial (art. 35, IV, CF/88).

É possível concluir, assim, que, nas demais hipóteses (isto é, nas previstas nos incisos I, II e III do art. 35 da CF/88) a intervenção será decretada *ex officio*, não tendo a Constituição Federal estabelecido maiores detalhes sobre o procedimento.

Porém, à semelhança do que ocorre na intervenção federal nos Estados e no DF, a medida interventiva terá a forma de decreto do Governador do Estado, que também terá um conteúdo mínimo, devendo especificar a amplitude, o prazo e as condições em que a intervenção deverá ser implementada, além de nomear interventor, se for o caso.

Em relação à nomeação do interventor, o Supremo Tribunal Federal entende que é inconstitucional a previsão contida em Constituição Estadual no sentido de que a escolha desse nome deve ser submetida à aprovação da Assembleia Legislativa, pois, nos termos da CF/88, o controle político realizado pelo Poder Legislativo sobre o decreto interventivo diz respeito à observância dos pressupostos da intervenção e das demais condições constitucionais do ato, não podendo haver intromissão nos critérios de escolha do interventor, cuja análise cabe apenas ao Chefe do Poder Executivo. Segundo o STF, uma norma como essa ofende a separação dos Poderes.

Portanto, de acordo com o Supremo Tribunal Federal, a escolha do interventor é ato político de juízo exclusivo do Chefe do Executivo (seja qual for a espécie e a hipótese de intervenção), de modo que não pode haver a exigência (nem mesmo por norma inserida em Constituição Estadual) de que essa escolha seja submetida à apreciação do Poder Legislativo, para que sabatine o interventor e aprove a sua escolha, já que não há previsão na Constituição Federal nesse sentido. Conforme destacou o Ministro Alexandre de Moraes na **ADI 2167** (julgada em 03/06/2020), *"o que a Constituição estabelece é que, em vinte e quatro horas, o decreto deve ser analisado, no caso aqui pela Assembleia Legislativa, para verificar as condições, para verificar as hipóteses, para verificar a extensão, para verificar a legalidade.* ***O interventor - e essa é a divisão entre o Executivo e o Legislativo na intervenção - é de escolha e confiança do Chefe do Executivo.*** *Ao colocar, na legislação do Estado a necessidade de sabatina, da participação do Legislativo para escolha do interventor, acaba quebrando, ao meu ver, (...) determinação expressa da Constituição (...)".*

Na intervenção estadual, também há controle político realizado pelo Poder Legislativo (mais precisamente, pela Assembleia Legislativa respectiva), ao qual o decreto interventivo tem de ser submetido no prazo de 24 (vinte e quatro horas), devendo haver a convocação extraordinária da Casa Legislativa também no prazo de 24 (vinte e quatro) horas, caso ela se encontre em recesso, tudo conforme prevê os §§ 1º e 2º do art. 36 da CF/88.

Tal qual ocorre na intervenção federal nos Estados e no Distrito Federal, em todos os casos de decretação de ofício da intervenção estadual (e de intervenção da União em Município localizado em Território Federal), deverá ser realizado o controle político pelo Legislativo. Nos termos do art. 36, § 1º, da CF/88, esse controle apenas é dispensado no caso de intervenção provocada por provimento de representação interventiva pelo respectivo Tribunal de Justiça, e desde que, nessa hipótese, a mera suspensão do ato ensejador da intervenção seja suficiente para restaurar a normalidade.

"Art. 36, CF/88.

§ 1º O decreto de intervenção, que especificará a amplitude, o prazo e as condições de execução e que, se couber, nomeará o interventor, será submetido à

> apreciação do Congresso Nacional ou da Assembléia Legislativa do Estado, no prazo de vinte e quatro horas.
>
> **§ 2º** Se não estiver funcionando o Congresso Nacional ou a Assembléia Legislativa, far-se-á convocação extraordinária, no mesmo prazo de vinte e quatro horas.
>
> **§ 3º** Nos casos do art. 34, VI e VII, ou do art. 35, IV, dispensada a apreciação pelo Congresso Nacional ou pela Assembléia Legislativa, o decreto limitar-se-á a suspender a execução do ato impugnado, se essa medida bastar ao restabelecimento da normalidade.

■ INTERVENÇÃO PROVOCADA

Quando se trata de intervenção provocada, a edição do decreto interventivo, evidentemente, não se dá de ofício. Nesse caso, a edição do decreto de intervenção depende de um requisito prévio, que é uma provocação. Essa provocação pode ser uma solicitação, uma requisição ou um provimento judicial do STF ou do Tribunal de Justiça (no caso de intervenção estadual).

O tipo de provocação exigida em cada situação de intervenção provocada depende de qual é o motivo ensejador da medida interventiva.

Quando a provocação da intervenção se dá por requisição ou por provimento judicial, fica esvaziado o juízo de conveniência e oportunidade realizado pelo Executivo e, justamente por isso, não é preciso ouvir o Conselho da República nem o Conselho de Defesa Nacional. É que, nesses dois casos, o juízo acerca da decretação da intervenção é feito previamente por outro órgão, através de uma requisição ou de um provimento judicial.

Importante registrar, no entanto, que, mesmo na hipótese de intervenção provocada por requisição ou por provimento judicial, o Chefe do Executivo possui um resquício de margem de discricionariedade, isto é, ele possui um espaço de liberdade, porém, bastante reduzido. Ele não tem liberdade para decidir se irá decretar a intervenção ou não, pois a prática do ato interventivo em tais casos é vinculada, devendo necessariamente ocorrer. O espaço (menor) de discricionariedade do Executivo nesses casos diz respeito apenas ao conteúdo do decreto de intervenção, ou seja, refere-se tão somente a questões como a nomeação do interventor, a duração e a amplitude da medida interventiva etc.

Por outro lado, no caso de intervenção provocada por solicitação, continua existindo margem para juízo de conveniência e oportunidade do Presidente da República, devendo, por consequência, haver a oitiva do Conselho da República e do Conselho de Defesa Nacional.

▶ Provocação por solicitação e por requisição

As hipóteses de intervenção por provocação mediante **solicitação** e **requisição** referem-se apenas à intervenção federal nos Estados e no Distrito Federal. Elas estão previstas nos incisos I e II do art. 36 da CF/88, e são as seguintes, respectivamente:

1) Quando a intervenção tiver o objetivo de garantir o livre exercício de qualquer dos Poderes das Unidades da Federação, ou seja, quando a hipótese autorizadora da medida interventiva for a do art. 34, IV, da CF/88. Nesse caso, se quem estiver sofrendo o constrangimento for o Poder Legislativo ou o Poder Executivo, a provocação se dará por **solicitação** do próprio órgão constrangido, mas, se o constrangimento estiver sendo imposto ao Poder Judiciário, a provocação se dará por **requisição** do STF.

2) Quando a intervenção tiver o objetivo de assegurar o cumprimento de ordem ou decisão judicial, ou seja, quando a hipótese autorizadora da medida interventiva for a do art. 34, VI, segunda parte, da CF/88. Nesse caso, a provocação se dará por **requisição** do STF, do STJ ou do TSE, a depender do caso.

> "**Art. 36, CF/88.** A decretação da intervenção dependerá:
>
> I – no caso do art. 34, IV, de **solicitação do Poder Legislativo ou do Poder Executivo** coacto ou impedido, ou de **requisição do Supremo Tribunal Federal**, se a coação for exercida contra o Poder Judiciário;
>
> II – no caso de desobediência a ordem ou decisão judiciária, de **requisição** do Supremo Tribunal Federal, do Superior Tribunal de Justiça ou do Tribunal Superior Eleitoral;"

Importante registrar que, no caso de requisição de intervenção federal decorrente de descumprimento de ordem ou decisão judiciária (arts. 34, VI, e 36, II, CF/88), o STF possui o entendimento de que essa hipótese de intervenção só é possível se a desobediência ao comando judicial for voluntária e intencional, isto é, for dolosa. Dessa forma, o descumprimento da ordem ou decisão em virtude de impossibilidade ou incapacidade do Estado de lhe dar cumprimento não autoriza a medida interventiva.

O exemplo clássico disso é a situação em que o Estado deixa de pagar precatório (que representa uma obrigação de pagar decorrente de decisão judicial) por insuficiência de recursos que não tenha sido causada por desídia na elaboração do orçamento, e sim por falta de capacidade financeira. Esse entendimento pode ser encontrando nos seguintes precedentes: **IF 1.917 AgR**, j. 17/03/2004; **IF 4.640 AgR**, j. 29/03/2012; **IF 298**, j. 27/02/2004; **IF 5.101**, **IF 5.105**, **IF 5.106** e **IF 5.114**, j. 28/03/2012.

Além disso, segundo o Supremo Tribunal Federal, a competência para requisitar a intervenção nessa hipótese (de descumprimento de ordem ou decisão judicial) caberá ao próprio ao STF, ao STJ ou ao TSE de acordo com a matéria envolvida. Se envolver matéria eleitoral, caberá ao TSE; se envolver matéria infraconstitucional comum, caberá ao STJ; se envolver matéria constitucional, caberá ao STF.

E se a matéria for trabalhista ou militar? Nesse caso, embora se trate de questões infraconstitucionais, a atribuição para requisitar a intervenção também será do STF, pois esses temas não se inserem no âmbito de atuação do STJ nem tampouco do TSE.

Nas palavras utilizadas pelo STF, ao interpretar o art. 36, II, da CF/88, *"define-se a competência pela matéria, cumprindo ao STF o julgamento quando o ato inobservado lastreia-se na CF; ao STJ quando envolvida matéria legal e ao TSE em se tratando de matéria de índole eleitoral"* (**IF 2.792**, j. 04/06/2003). Igualmente, afirmou que *"cabe exclusivamente ao STF requisição de intervenção para assegurar a execução de decisões* *da Justiça do Trabalho ou da Justiça Militar, ainda quando fundadas em direito infraconstitucional: fundamentação"* (**IF 230**, j. 24/04/1996).

Importante registrar a esse respeito, também, que as partes da ação em que foi proferida a ordem ou decisão descumprida só podem se dirigir diretamente ao STF para solicitar que a Corte requisite a intervenção, caso se trate de decisão proferida pelo próprio STF. Se, por outro lado, tratar-se de decisão (ou ordem) proferida por outro Tribunal, as partes do processo de origem devem se dirigir ao próprio Tribunal prolator da decisão, para que este se dirija, em seguida, ao STF, representando pela requisição da intervenção.

Conforme já esclareceu o Supremo Tribunal Federal, *"a parte interessada na causa somente pode se dirigir ao STF, com pedido de intervenção federal, para prover a execução de decisão da própria corte. Quando se trate de decisão de tribunal de justiça, o requerimento de intervenção deve ser dirigido ao respectivo presidente, a quem incumbe, se for o caso, encaminhá-lo ao STF"* (IF 105 QO, j. 03/08/1992). Nesse mesmo sentido, a Corte se manifestou na **IF 4.677**, julgada em 19/03/2012.

▶ Provocação por provimento judicial

O provimento judicial como provocação para a decretação de uma intervenção se dá no bojo de um procedimento de representação interventiva. Essa hipótese de provocação se aplica tanto à intervenção federal nos Estados e no DF quanto à intervenção estadual (e à intervenção federal em Município localizado em Território Federal).

→ *Provocação por provimento judicial na intervenção federal nos Estados e DF*

Em relação à intervenção federal nos Estados e no Distrito Federal, a provocação por provimento judicial está prevista no art. 36, III, da CF/88, sendo exigida quando o objetivo da intervenção for garantir a observância dos princípios constitucionais sensíveis ou a execução de lei federal, ou seja, quando as hipóteses autorizadoras da medida interventiva forem as dos incisos VI, primeira parte, e VII do art. 34 da CF/88.

Nesses casos, a competência para apreciar a representação interventiva será do Supremo Tribunal Federal e a legitimidade para apresentá-la será exclusiva do Procurador-Geral da República. Inclusive, essa legitimidade do PGR, além de estar prevista expressamente no art. 36, III, da CF/88, decorre do art. 129, IV, da CF/88, que estabelece ser função institucional do Ministério Público *"promover a ação de inconstitucionalidade ou representação para fins de intervenção da União e dos Estados, nos casos previstos nesta Constituição"*.

> "**Art. 36, CF/88.** A decretação da intervenção dependerá:
>
> (...)
>
> III – de provimento, pelo Supremo Tribunal Federal, de representação do Procurador-Geral da República, na hipótese do art. 34, VII, e no caso de recusa à execução de lei federal."

As hipóteses em que a intervenção da União nos Estados e no Distrito Federal depende de provimento de representação interventiva já foram cobradas em prova.

Por exemplo, no concurso para o cargo de Procurador do Município de Campo Grande, realizado pelo CESPE em 2019, o examinador apresentou a seguinte situação hipotética: *"determinado estado da Federação violou autonomia municipal por ter repassado a seus municípios, em valor menor do que o devido e com atraso, receitas tributárias obrigatórias determinadas pela Constituição Federal de 1988"*. Em relação a esse cenário, a questão exigiu que o candidato julgasse a seguinte assertiva: *"nessa situação, o presidente da República não pode decretar de ofício intervenção federal no referido estado"*. Essa afirmação foi considerada correta, pois a autonomia municipal é um dos princípios constitucionais sensíveis (art. 34, VII, "c", CF/88), cuja violação, como vimos, autoriza a intervenção da União nos Estados e no Distrito Federal, desde que haja provimento de representação interventiva (também chamada de ADI interventiva) pelo Supremo Tribunal Federal, conforme exige o art. 36, III, da CF/88, que acabamos de estudar.

Na linha do que foi visto anteriormente, se o STF der provimento à representação interventiva, o Presidente da República irá praticar um ato (de intervenção) **vinculado**, não havendo liberdade para decidir sobre a conveniência da medida.

Em relação ao controle político realizado pelo Poder Legislativo, conforme prevê o art. 36, § 3º, da CF/88, ele fica dispensado no caso de intervenção federal decorrente de provimento judicial do Supremo Tribunal Federal, se o decreto interventivo se limitar a suspender o ato impugnado e essa providência for suficiente para restabelecer a normalidade. Isso também se aplica à intervenção federal em Estado (ou no Distrito Federal) que tenha como finalidade assegurar o cumprimento de ordem ou decisão judicial, hipóteses essas que, como vimos, não exigem provimento judicial de representação interventiva para que a medida interventiva seja decretada.

Importante lembrar que a Lei 12.562/2011, regulamentando o art. 36, III, da CF/88, disciplinou o processo e julgamento da representação interventiva perante o STF. Recomenda-se a leitura desse diploma legal para complementar o estudo do tema, especialmente, porque seu texto é curto, simples e objetivo.

O procedimento de decretação de intervenção federal em Estado-membro mediante provocação por provimento judicial já foi cobrado em prova, como ocorreu no concurso para o cargo de Procurador do Estado do Maranhão, realizado pela Fundação Carlos Chagas em 2016, em que foi considerada correta a assertiva segundo a qual, na hipótese de o ente federado não aplicar na educação o mínimo de recursos exigido pela CF/88, a União poderá decretar a intervenção, *"após o julgamento, pelo STF, de representação interventiva proposta pelo Procurador-Geral da República, devendo o decreto limitar-se a suspender a execução do ato impugnado perante o STF, se essa medida bastar ao restabelecimento da normalidade, caso em que será dispensada sua submissão à apreciação do Congresso Nacional"*.

Como se pode perceber, nessa questão, a banca examinadora exigiu o conhecimento da mera literalidade do texto constitucional, o que mostra a importância da leitura "seca" da Constituição Federal no tema.

→ *Provocação por provimento judicial na intervenção estadual e na intervenção federal em Município localizado em Território Federal*

Conforme vimos, na intervenção federal nos Estados e DF, a representação interventiva, quando necessária, é de competência do STF e a legitimidade para sua apresentação é do Procurador-Geral da República. Por outro lado, na intervenção estadual e na intervenção federal em Município localizado em Território Federal, a representação interventiva, quando há necessidade de provocação por provimento judicial, é de competência do respectivo Tribunal de Justiça, como prevê o art. 35, IV, da CF/88, e a legitimidade para apresentá-la é do respectivo Procurador-Geral de Justiça.

Dessa forma, quando se tratar de intervenção estadual, a legitimidade será do Procurador-Geral de Justiça do respectivo Ministério Público Estadual (art. 29, II, da Lei 8.625/93), e, quando se tratar de intervenção federal em Município localizado em Território Federal, a legitimidade será do Procurador-Geral de Justiça do Ministério Público do Distrito Federal e Territórios (art. 158, Lei Complementar 75/93).

As hipóteses de intervenção estadual (e federal em Município localizado em Território Federal) que dependem de provimento de representação interventiva pelo Tribunal de Justiça são apenas as que têm como objetivo assegurar a observância dos princípios constitucionais sensíveis estaduais ou garantir o cumprimento de lei, de ordem judicial ou de decisão judicial (art. 35, IV, CF/88).

As hipóteses interventivas estaduais são muito cobradas em provas, especialmente, as que dependem de provimento do Tribunal de Justiça. Por exemplo, no concurso para o cargo de Procurador do Município de Belo Horizonte/MG, realizado pelo CESPE em 2017, foi considerada correta a assertiva segundo a qual, *"em relação à ADI interventiva, a intervenção estadual em município será possível quando o Poder Judiciário verificar que ato normativo municipal viola princípio constitucional sensível previsto na Constituição estadual"*.

Como se vê, trata-se de mais uma questão em que a banca examinadora exigiu do candidato tão somente o conhecimento da literalidade do texto constitucional.

O Governador do Estado e o Presidente da República, respectivamente, na intervenção estadual e na intervenção federal em Município localizado em Território Federal provocadas por provimento judicial, têm o seu âmbito de discricionariedade reduzido, porque, uma vez provida uma representação interventiva, o Chefe do Executivo não pode decidir se realizará ou não a intervenção. Nessa hipótese, ele é obrigado a editar o decreto interventivo, possuindo discricionariedade apenas a respeito do conteúdo desse decreto, ou seja, ele terá liberdade tão somente para definir detalhes como quem será o interventor, qual será a duração e a amplitude da intervenção etc.

Importante lembrar que a intervenção decorrente de provimento de representação pelo Tribunal de Justiça é o único caso de intervenção estadual (e de intervenção federal em Município de Território Federal) em que o controle posterior do Poder Legislativo fica dispensado, desde que o decreto interventivo determine tão somente a suspensão do ato impugnado e essa providência seja suficiente para restabelecer a normalidade, conforme prevê o art. 36, § 3º, da CF/88. Nas demais hipóteses de intervenção estadual (e de intervenção federal em Município de Território Federal), o controle realizado pelo Poder Legislativo não poderá ser excepcionado em nenhuma situação.

> "**Art. 36, § 3º, CF/88.** Nos casos do art. 34, VI e VII, ou do art. 35, IV, dispensada a apreciação pelo Congresso Nacional ou pela Assembleia Legislativa, o decreto limitar-se-á a suspender a execução do ato impugnado, se essa medida bastar ao restabelecimento da normalidade."

Essa disposição constitucional já foi objeto de questionamento em prova. Por exemplo, no concurso para o cargo de Procurador do Estado do Amazonas, realizado pelo CESPE em 2016, foi considerada incorreta a assertiva segundo a qual, *"no caso de representação com vistas à intervenção estadual em município para assegurar a observância de princípios indicados na Constituição estadual, o provimento do pedido pelo tribunal de justiça não pode consistir na suspensão da execução do ato normativo impugnado, mesmo que essa medida baste ao restabelecimento da normalidade"*. Como acabamos de ver, a medida mencionada nessa questão é autorizada pela Constituição Federal, sendo, inclusive, dispensado o controle pela Assembleia Legislativa nessa hipótese.

AUTONOMIA DOS ESTADOS PARA DISPOR SOBRE O PROCEDIMENTO DE DECRETAÇÃO DA INTERVENÇÃO ESTADUAL

Como vimos, a única hipótese autorizadora de intervenção estadual (ou federal em Município localizado em Território Federal) em que a Constituição Federal exige provocação é a do inciso IV do art. 35, que depende de provimento de representação interventiva. Em relação às demais hipóteses autorizadoras da decretação da medida interventiva pelos Estados (e pela União em Município localizado em Território Federal), o texto constitucional nada fala sobre a necessidade de provocação nem tampouco trata de minúcias sobre o seu procedimento, o que permite concluir que, a princípio, são casos de intervenção *ex officio*.

Ocorre que a falta de detalhamento, pela CF/88, do procedimento de decretação da intervenção estadual nas hipóteses que não dependem de provimento judicial parece dar um certo grau de liberdade para que o constituinte estadual, no exercício da autonomia conferida pelo art. 25 da CF/88, trate sobre alguns aspectos referentes a esse procedimento, inclusive, condicionando a decretação da medida interventiva à provocação de algum órgão. Ou seja, a autonomia federativa permite que uma hipótese interventiva estadual que, nos termos da CF/88, é de decretação de ofício seja transformada, pelo constituinte estadual, em um caso de intervenção provocada.

Por exemplo, a Constituição do Estado do Pará estabeleceu, no seu art. 85, I, que a intervenção do Estado nos Municípios, quando não for hipótese que exige provimento judicial do Tribunal de Justiça, depende de representação da Câmara Municipal respectiva ou do Tribunal de Contas.

Essa norma constitucional estadual foi submetida a controle de constitucionalidade perante o Supremo Tribunal Federal, na ADI 2631 (que abordaremos mais detidamente em tópico próprio), e a Corte, analisando a questão, entendeu que a previsão da possibilidade de o Tribunal de Contas representar pela intervenção é inconstitucional e que essa atribuição deve ser conferida apenas à Câmara de Vereadores, já que, nos termos da Constituição Federal, a competência para julgar as contas municipais é do Poder Legislativo respectivo, e não do órgão de contas (ao qual cabe, tão somente, emitir parecer prévio em cada caso).

Como se pode perceber, o STF não considerou inválida a inovação do constituinte estadual que, sem correspondência na Constituição Federal, exigiu a provocação como condição para a decretação da intervenção estadual. O que o Tribunal considerou inválido foi tão somente a atribuição da função de provocar a intervenção a órgão que, segundo a CF/88, não tem competência para julgar as contas do Executivo Municipal.

Em última análise, o Supremo Tribunal Federal admitiu que os Estados-membros, no exercício da autonomia de que são dotados, estabeleçam aspectos procedimentais da intervenção estadual que não tenham sido previstos na Constituição Federal, desde que, evidentemente, não contrariem esta última.

Diante de tudo isso, podemos concluir o seguinte:

1) As hipóteses autorizadoras de intervenção estadual e de intervenção federal em Município localizado em Território Federal estão, todas, previstas no art. 35 da CF/88.

2) Segundo a CF/88, apenas a hipótese interventiva do inciso IV do art. 35 exige provocação para ser decretada. Essa provocação é o provimento de uma representação interventiva apresentada pelo Procurador-Geral de Justiça respectivo.

3) As hipóteses interventivas dos incisos I, II e III do art. 35 da CF/88, por não preverem necessidade de provocação, submetem-se, a princípio, a decretação de ofício pelo Governador (em caso de intervenção estadual) ou pelo Presidente da República (em caso de intervenção federal em Município localizado em Território Federal).

4) Os Estados, no exercício de sua capacidade de auto-organização (prevista no art. 25 da CF/88), podem estabelecer detalhes procedimentais da intervenção estadual que não tenham sido previstos na CF/88, desde que não contrariem esta última.

5) Ao disciplinarem o procedimento de decretação da intervenção estadual, os Estados podem, até mesmo, transformar uma hipótese de intervenção *ex officio* em intervenção provocada, se não houver incompatibilidade com a CF/88. Essa possibilidade ficou clara, por exemplo, na ADI 2631.

CESSAÇÃO DA INTERVENÇÃO

A necessidade, a excepcionalidade e a temporariedade da intervenção impõem que esta, em qualquer caso, deve cessar assim que for possível. Ora, se a intervenção é medida excepcional e temporária, uma vez desaparecido o motivo que levou à sua decretação, ela deve ser imediatamente suspensa. Isso, inclusive, está expressamente previsto no art. 36, § 4º, da CF/88, que determina o retorno das autoridades afastadas aos seus cargos de origem, tão logo cessem os motivos que justificaram a intervenção.

> "**Art. 36, § 4º, CF/88.** Cessados os motivos da intervenção, as autoridades afastadas de seus cargos a estes voltarão, salvo impedimento legal."

Logo, se a União intervém em um Estado ou se um Estado intervém em um Município, uma vez cessada a necessidade da intervenção, a medida interventiva também deve cessar e as autoridades eventualmente afastadas devem retornar aos seus cargos. Isso é decorrência dos princípios da temporariedade, da excepcionalidade e da necessidade da intervenção.

A propósito, quanto à possibilidade de afastamento das autoridades da entidade federativa que sofre a intervenção, é importante esclarecer que, quando essa providência for determinada, não será necessariamente o Chefe do Poder Executivo que será afastado. Qualquer autoridade do ente federado submetido à medida interventiva pode ser afastada, conforme for definido no respectivo decreto interventivo, a depender do objetivo e das razões da intervenção.

CONTROLES DA INTERVENÇÃO

O caráter excepcional e o caráter temporário da intervenção têm como consequência natural a necessidade de que a medida interventiva seja submetida a certos controles. Isso porque, se não houvesse controle algum, não seria possível assegurar que os princípios da intervenção e o seu regramento constitucional sejam respeitados.

Os controles da intervenção, portanto, têm como finalidade garantir que os seus princípios norteadores (necessidade, excepcionalidade, temporariedade e formalidade) e a sua disciplina constitucional sejam efetivamente observados. Esses controles podem ser de duas naturezas: política ou judicial.

A intervenção terá sempre controle, seja ele político ou judicial.

▪ CONTROLE POLÍTICO

O controle político é exercido:

a) Pelo Congresso Nacional (no caso de intervenção federal) ou pela Assembleia Legislativa (no caso de intervenção estadual), quando da apreciação do decreto interventivo editado pelo Poder Executivo; e

b) Pelo Procurador-Geral da República (no caso de intervenção federal) ou pelo Procurador-Geral de Justiça (no caso de intervenção estadual ou de intervenção federal em Município de Território), quando realizam o juízo (de conveniência) sobre promover ou não a representação interventiva.

Nessas duas hipóteses, o controle da intervenção possui natureza política.

▪ CONTROLE JUDICIAL

O controle judicial pode ser exercido:

a) Em relação aos **pressupostos e requisitos constitucionais** da intervenção. Por exemplo, caso o Presidente da República vislumbre ser necessário decretar uma intervenção federal de ofício e efetivamente a decrete, será possível judicializar o ato de decretação da medida interventiva, sob a alegação de não estarem presentes os pressupostos e os requisitos constitucionais da intervenção. Essas questões podem ser submetidas ao controle do Poder Judiciário (no caso do exemplo dado, ao controle do STF).

b) Por meio do **provimento ou não da representação interventiva**. Nesse caso, o PGR ou o PGJ apresenta a representação interventiva e o STF ou o TJ respectivo decide se dá ou não provimento ao pedido. Cuida-se de um controle judicial da intervenção.

c) Em relação aos **atos praticados pelo interventor**. Como vimos, é possível a responsabilização da entidade interveniente pelos atos praticados pelo interventor na execução da intervenção. Se o interventor exorbitar dos limites da intervenção, os seus atos poderão ser contestados e controlados judicialmente.

INTERVENÇÃO FEDERAL COMO LIMITAÇÃO CIRCUNSTANCIAL AO PODER CONSTITUINTE DERIVADO

Como estudamos no capítulo sobre poder constituinte, a CF/88 veda que o seu texto seja emendado durante a vigência de intervenção federal, de estado de defesa ou de estado de sítio (art. 60, § 1º). A intervenção federal, portanto, é uma **limitação circunstancial ao poder de reforma**.

> "**Art. 60, § 1º, CF/88.** A Constituição não poderá ser emendada na vigência de intervenção federal, de estado de defesa ou de estado de sítio."

Logo, se estiver vigente uma intervenção federal, seja ela de ofício ou provocada, os procedimentos de elaboração de emenda constitucional ficam paralisados no Congresso Nacional.

INTERVENÇÃO (FEDERAL E ESTADUAL) ESQUEMATIZADA

Com o intuito de facilitar o estudo do tema, esquematizamos abaixo, de maneira correlacionada, os motivos e as formas da intervenção federal e da intervenção estadual (na qual se inclui a intervenção federal em Município localizado em Território Federal).

MOTIVO DA INTERVENÇÃO FEDERAL	FORMA DA INTERVENÇÃO FEDERAL
Manter e integridade nacional **(art. 34, I)**	De ofício pelo Presidente da República, ouvidos o Conselho da República (CR) e o Conselho de Defesa Nacional (CDN), mediante decreto de intervenção que deve ser submetido à apreciação do Congresso Nacional em 24 horas.
Repelir invasão estrangeira ou de um Estado da Federação em outro **(art. 34, II)**	
Pôr termo a grave comprometimento da ordem pública **(art. 34, III)**	
Reorganizar as finanças públicas: não pagamento por mais de dois anos da dívida fundada ou não repasse de verbas aos Municípios **(art. 34, V)**	
Garantir o livre exercício do Poder Executivo ou do Poder Legislativo **(art. 34, IV)**	Por solicitação do Poder Executivo ou do Poder Legislativo ao Presidente da República, devendo ser ouvidos o CR e o CDN, mediante decreto de intervenção submetido à apreciação do Congresso Nacional em 24 horas.
Garantir o livre exercício do Poder Judiciário **(art. 34, IV)**	Por requisição do STF ao Presidente da República, mediante decreto de intervenção, que será submetido ao Congresso Nacional no prazo de 24 horas. Não há oitiva do CR nem do CDN.
Prover a execução de ordem ou decisão judicial **(art. 34, VI)**	Por requisição do STF, do STJ ou do TSE ao Presidente da República, mediante decreto de intervenção, sem necessidade de oitiva do CR e do CDN. Não é preciso submeter o decreto interventivo ao Congresso Nacional se a mera suspensão da execução do ato impugnado bastar ao restabelecimento da normalidade (mas, se a suspensão do ato não se mostrar suficiente e houver efetiva adoção de medidas interventivas, deverá haver o controle político pelo Legislativo).
Prover a execução de lei federal **(art. 34, VI)**	Por provimento, pelo STF, de representação interventiva ajuizada pelo Procurador-Geral da República, mediante decreto presidencial de intervenção, sem necessidade de oitiva do CR e do CDN. Não é preciso submeter o decreto interventivo ao Congresso Nacional se a mera suspensão da execução do ato impugnado bastar ao restabelecimento da normalidade (mas, se a suspensão do ato não se mostrar suficiente e houver efetiva adoção de medidas interventivas, deverá haver o controle político pelo Legislativo).
Assegurar a observância dos princípios constitucionais sensíveis **(art. 34, VII)**	

MOTIVO DA INTERVENÇÃO ESTADUAL	FORMA DA INTERVENÇÃO ESTADUAL
Não pagamento de dívida fundada por dois anos consecutivos **(art. 35, I)**	De ofício pelo Governador do Estado, mediante decreto de intervenção, que deve ser submetido à apreciação da Assembleia Legislativa em 24 horas.
Não prestação de contas **(art. 35, II)**	
Não aplicação na saúde e na educação do mínimo exigido de recursos **(art. 35, III)**	
Assegurar a observância de princípios indicados na Constituição Estadual; prover a execução de lei, de ordem ou de decisão judicial **(art. 35, IV)**	Por provimento, pelo Tribunal de Justiça, de representação do Procurador-Geral de Justiça, mediante decreto governamental de intervenção que não precisa ser submetido à Assembleia Legislativa se a mera suspensão da execução do ato impugnado bastar ao restabelecimento da normalidade (mas, se a suspensão do ato não se mostrar suficiente e houver efetiva adoção de medidas interventivas, deverá haver o controle político pelo Legislativo).

PRINCIPAIS JULGADOS SOBRE INTERVENÇÃO ESTADUAL

Conhecer as hipóteses de intervenção e a forma de decretação da medida em cada uma delas é indispensável no estudo do tema da intervenção. E, para tornar isso mais fácil, elaboramos a tabela esquematizada do tópico anterior.

Mas, além disso, é muito importante conhecer o que há de mais relevante na jurisprudência sobre a matéria, e, na análise jurisprudencial, destaca-se a intervenção dos Estados nos seus Municípios, por conta dos vários casos já julgados pelo Supremo Tribunal Federal.

A seguir, então, serão analisados, em tópicos separados, precedentes do STF em que foram apreciadas diferentes questões envolvendo a intervenção estadual.

■ SIMETRIA CONSTITUCIONAL

O elenco de hipóteses autorizadoras da intervenção estadual (previsto no art. 35 da CF/88) é de observância obrigatória por parte dos Estados-membros, sendo inconstitucionais quaisquer ampliações ou restrições a ele contidas em normas estaduais **(ADI 336)**. Nessa linha de raciocínio, o STF suspendeu liminarmente norma da Constituição do Estado do Rio de Janeiro que afastava a hipótese interventiva do art. 35, I, da CF/88 "quando o inadimplemento esteja vinculado a gestão anterior" **(ADI 558 MC)**.

▪ LEGITIMIDADE

Nos termos do *caput* do art. 35 da CF/88, apenas os Estados-membros podem intervir nos Municípios. À União é vedado intervir em Municípios, exceto se se tratar de Município localizado em Território Federal (essa é a única hipótese em que a Constituição Federal admite intervenção da União em Município).

> "**Art. 35, CF/88.** O Estado não intervirá em seus Municípios, nem a União nos Municípios localizados em Território Federal, exceto quando:
>
> I - deixar de ser paga, sem motivo de força maior, por dois anos consecutivos, a dívida fundada;
>
> II - não forem prestadas contas devidas, na forma da lei;
>
> III - não tiver sido aplicado o mínimo exigido da receita municipal na manutenção e desenvolvimento do ensino e nas ações e serviços públicos de saúde;
>
> IV - o Tribunal de Justiça der provimento a representação para assegurar a observância de princípios indicados na Constituição Estadual, ou para prover a execução de lei, de ordem ou de decisão judicial."

Resumindo, a literalidade do art. 35 da CF/88 deixa claro que:

I) Os Estados podem intervir nos seus Municípios;

II) A União pode intervir nos Estados e no Distrito Federal;

III) A União pode intervir nos Municípios localizados em Território Federal;

IV) A União não pode intervir em Município localizado em Estado-membro.

Isso, inclusive, foi afirmado pelo Supremo Tribunal Federal, ao decidir uma questão de ordem no bojo da IF 590:

> "(...) IMPOSSIBILIDADE DE DECRETAÇÃO DE INTERVENÇÃO FEDERAL EM MUNICÍPIO LOCALIZADO EM ESTADO-MEMBRO. - **Os Municípios situados no âmbito dos Estados-membros não se expõem à possibilidade constitucional de sofrerem intervenção decretada pela União Federal**, eis que, relativamente a esses entes municipais, a única pessoa política ativamente legitimada a neles intervir é o Estado-membro. Magistério da doutrina. Por isso mesmo, no sistema constitucional brasileiro, **falece legitimidade ativa à União Federal para intervir em quaisquer Municípios, ressalvados, unicamente, os Municípios "localizados em Território Federal..."** (CF, art. 35, *caput*)." **(IF 590 QO/CE; Relator(a): Min. CELSO DE MELLO; Julgamento: 17/09/1998)**

O tema já foi cobrado em prova, como ocorreu no concurso para o cargo de Procurador de Contas do Estado do Pará, realizado pelo CESPE em 2019, em que foi considerada incorreta a assertiva segundo a qual *"cabe intervenção federal em município em caso de descumprimento de decisão de tribunal federal"*. Como acabamos de ver, a União não pode intervir em nenhum Município, a menos que se trate de Município localizado em Território Federal.

IRREGULARIDADE NAS CONTAS MUNICIPAIS: ATRIBUIÇÃO PARA REQUERER A INTERVENÇÃO E DEVIDO PROCESSO LEGAL

No caso de intervenção estadual decorrente de irregularidade na prestação de contas pelo Prefeito (art. 35, II, CF/88), é inconstitucional a previsão contida em Constituição Estadual de que é do Tribunal de Contas a atribuição para requerer ao Governador do Estado a medida interventiva. Como o julgamento das contas do Prefeito cabe à Câmara Municipal (sendo o Tribunal de Contas um órgão auxiliar, podendo apenas sugerir medidas a serem tomadas pela Casa Legislativa), é dela a atribuição para requerer a intervenção **(ADI 614 MC, ADI 2631).**

Além disso, nessa hipótese interventiva, antes de representar pela decretação da intervenção, deve a Câmara Municipal possibilitar ao Prefeito que se manifeste sobre as irregularidades apontadas no parecer prévio do Tribunal de Contas, observando-se, assim, o devido processo legal (contraditório e ampla defesa), o que é indispensável, tendo em vista a gravidade da situação, que afeta, a um só tempo, a autonomia municipal e o exercício do mandato pelo Prefeito **(ADI 614 MC).**

Confira como ficaram ementados os precedentes do STF sobre essas questões:

> "(...) A tomada de contas do prefeito Municipal, objeto principal do controle externo, é exercido pela Câmara Municipal com o auxílio do Tribunal de Contas, órgão a que cumpre emitir parecer prévio, no qual serão apontadas eventuais irregularidades encontradas e indicadas as providências de ordem corretiva consideradas aplicáveis ao caso pela referida casa legislativa, entre as quais a intervenção. Tratando-se, nessa última hipótese, de medida que implica séria interferência na autonomia municipal e grave restrição ao exercício do mandato do Prefeito, **não pode ser aplicada sem rigorosa observância do princípio do due process of law, razão pela qual o parecer opinativo do Tribunal de Contas será precedido de interpelação do Prefeito, cabendo à Câmara de Vereadores apreciá-lo e, se for o caso, representar ao Governador do Estado pela efetivação da medida interventiva**. (...)"
>
> **(ADI 614 MC/MA; Relator(a): Min. ILMAR GALVÃO; Julgamento: 14/10/1992)**
>
> "(...) I. - **É inconstitucional a atribuição conferida, pela Constituição do Pará, art. 85, I, ao Tribunal de Contas dos Municípios, para requerer ao Governador do Estado a intervenção em Município.** Caso em que **o Tribunal de Contas age como auxiliar do Legislativo Municipal, a este cabendo formular a representação**, se não rejeitar, por decisão de dois terços dos seus membros, o parecer prévio emitido pelo Tribunal (C.F., art. 31, § 2º). (...)" **(ADI 2631/PA; Relator(a): Min. CARLOS VELLOSO; Julgamento: 29/08/2002; Órgão Julgador: Tribunal Pleno)**

REPRESENTAÇÃO INTERVENTIVA PERANTE O TRIBUNAL DE JUSTIÇA

O procedimento judicial instaurado para viabilizar a intervenção tem sempre natureza político-administrativa (não possui caráter jurisdicional), motivo pelo qual, nos termos da **Súmula 637 do STF**, "*não cabe recurso extraordinário contra acórdão de tribunal de justiça que defere pedido de intervenção estadual em município*". Ou seja, uma vez decidida a representação interventiva, não cabe recurso, pois recurso é instrumento de provocação e exercício da jurisdição.

Naturalmente, esse entendimento se aplica tanto à intervenção estadual quanto à intervenção federal, como decidiu o Supremo Tribunal Federal, por exemplo, na Pet 1.256 e no AI 343.461 AgR, cuja ementa foi redigida nos seguintes termos:

> "(...) - **O procedimento destinado a viabilizar**, nas hipóteses de descumprimento de ordem ou de sentença judiciais (CF, art. 34, VI e art. 35, IV), **a efetivação do ato de intervenção** – trate-se de intervenção federal nos Estados-membros, cuide-se de intervenção estadual nos Municípios – **reveste-se de caráter político-administrativo, muito embora instaurado perante órgão competente do Poder Judiciário (CF, art. 36, II e art. 35, IV), circunstância que inviabiliza, ante a ausência de causa, a utilização do recurso extraordinário**. Precedentes."
>
> **(AI 343461 AgR/MG; Relator(a): Min. CELSO DE MELLO; Julgamento: 18/06/2002; Órgão Julgador: Segunda Turma)**

17

Poder Legislativo

ESTRUTURA

A estrutura do Poder Legislativo deve ser analisada subdividindo-se em duas: **estrutura interna** e **estrutura externa**.

A **estrutura externa** diz respeito a como o Poder Legislativo se apresenta perante outros Poderes e outros órgãos independentes, isto é, perante o Executivo, o Judiciário e as funções essenciais à Justiça (Ministério Público, Defensoria Pública e Advocacia Pública).

Já a **estrutura interna** diz respeito à própria organização interna do Legislativo, isto é, como cada órgão (Casa) do Poder Legislativo está organizado internamente.

ESTRUTURA EXTERNA

Quando se fala na estrutura externa do Poder Legislativo federal, deve-se levar em consideração uma característica que ele possui: o **bicameralismo**.

O que significa bicameralismo? Pela etimologia da palavra (bi = duas; cameralismo = casa), bicameralismo significa que o Poder Legislativo federal é composto por duas casas (Câmara e Senado). Importante registrar que a característica do bicameralismo não se estende aos Poderes Legislativos estaduais e municipais, que são unicamerais, ora como Assembleias Legislativas (em âmbito estadual), ora como Câmaras Municipais (em âmbito municipal).

A CF/88 possui 25 artigos trazendo distinções entre a Câmara dos Deputados e o Senado Federal, distinções essas que podem ser sintetizadas e esquematizadas da seguinte forma, sendo 3 (três) as principais diferenças:

CÂMARA DOS DEPUTADOS	SENADO FEDERAL
a) **Exerce representação popular**: isso significa que a Câmara é formada por representantes do povo brasileiro (representação popular significa representação do povo como um todo).	a) **Exerce representação federativa**: isso significa que o Senado é composto por representantes de duas espécies de entidades federativas, quais sejam, os Estados e o DF, e não por representantes de toda a Federação. Aqui, deixa de haver uma representação popular e passa a haver uma representação federativa (essa é a principal diferença entre a Câmara e o Senado, e dela decorrem as demais diferenças).
b) **Sistema eleitoral proporcional**: o mandato eletivo na Câmara dos Deputados é alcançado não pelo número de votos obtidos pelo candidato, mas pela força demonstrada pelo partido político a que pertence, o que quer dizer não que o candidato mais forte será eleito, mas sim que o partido político mais forte fará o maior número de candidatos eleitos. Esse é o sistema adequado ao Poder Legislativo, e é aplicado a todas as eleições para as Casas Legislativas em todas as esferas da Federação, à exceção das eleições para o Senado, que obedecem ao sistema majoritário.	b) **Sistema eleitoral majoritário**: é o sistema em que o mandato eletivo é alcançado pelo número de votos obtidos pelo candidato, ou seja, o candidato mais votado será considerado eleito. Esse sistema é adequado ao Poder Executivo, e a única hipótese em que é aplicado no Poder Legislativo são as eleições para o Senado.
c) **513 membros / mandato de 4 anos / há possibilidade de renovação total dos seus membros** (para isso, basta que nenhum dos Deputados seja reeleito, embora algo assim nunca tenha ocorrido na prática).	c) **81 membros (3 Senadores por cada Estado e o DF) / mandato de 8 anos / necessidade de renovação parcial** (a cada eleição, a renovação ocorre, alternadamente, em 1/3 e 2/3 dos Senadores).
d) O número total de Deputados e o número de Deputados a que cada Estado (e o Distrito Federal) tem direito **são definidos em norma infraconstitucional, mais precisamente, em lei complementar** (que atualmente é a LC 78/93), e essa lei complementar, ao definir o número de Deputados Federais por Estado (e pelo Distrirto Federal), **deve levar em consideração a população de cada um deles**, tudo conforme determina o art. 45, § 1º, da CF/88 (*"**Art. 45, § 1º, CF/88.** O **número total de Deputados**, bem como a **representação por Estado e pelo Distrito Federal**, será estabelecido **por lei complementar**, proporcionalmente à população, procedendo-se aos ajustes necessários, no ano anterior às eleições, para que nenhuma daquelas unidades da Federação tenha menos de oito ou mais de setenta Deputados."*). Esse dispositivo prevê, ainda, que o número de Deputados por Estado (e pelo Distrito Federal) deve ser revisto (mediante lei complementar) periodicamente, para que ele sempre	d) O número total de Senadores e o número de Senadores a que cada Estado (e o Distrito Federal) tem direito são definidos pela própria CF/88 e **são fixos**, não variando de acordo com a população do respectivo Estado (e do Distrito Federal), conforme determina o art. 46, § 1º, da CF/88 (*"**Art. 46, § 1º, CF/88.** Cada Estado e o Distrito Federal **elegerão três Senadores**, com mandato de oito anos."*).

CÂMARA DOS DEPUTADOS	SENADO FEDERAL
seja **proporcional à população do respectivo Estado (e do Distrito Federal)**. Segundo o Supremo Tribunal Federal, caso o legislador não edite, de tempos em tempos, nova lei complementar para realizar os ajustes necessários na quantidade de Deputados Federais por Estado (e pelo Distrito Federal), ficará caracterizada uma **omissão inconstitucional**, por violação ao art. 45, § 1º, da CF/88 e, consequentemente, ao direito fundamental ao sufrágio e ao princípio democrático, já que a falta de revisão do número de Deputados Federais por Estado (e pelo Distrito Federal) gera uma **assimetria representativa**, pois impede que a representação desses entes federativos na Câmara dos Deputados seja proporcional às suas populações (**ADO 38**, j. 28/08/2023).	

O bicameralismo é uma característica da federação que visa a permitir que a vontade regional participe da formação da vontade nacional. **Mas o que permite, no quadro comparativo que vimos acima, que a vontade regional participe (efetivamente) da formação da vontade nacional?**

O que permite que isso aconteça (e que a finalidade do bicameralismo seja atendida) é o Senado. O Senado, em uma federação, ocupa posição crucial, ocupa posição estratégica. Isso porque o Senado tem como grande missão a neutralização de interesses regionais que na Câmara tenham sido manifestados. Isso porque, na Câmara, não se garante que haja participação efetiva da vontade regional na formação da vontade nacional, pelo simples motivo de a Câmara ter composição proporcional à população dos Estados e ao DF, de modo que os Estados mais populosos têm mais representantes e os Estados menos populosos têm menos representantes. Ora, um Estado que tenha, por exemplo, 8 Deputados, jamais conseguirá se fazer ser ouvido perante um Estado que tenha, por exemplo, 50 Deputados na Casa. E é por isso que, na Câmara, a garantia de participação efetiva da vontade regional na formação da vontade nacional não existe.

Já no Senado, como sua função é de neutralização de interesses regionais que porventura tenham sido manifestados na Câmara, há garantia de que a vontade regional participe de modo efetivo na formação da vontade nacional, pois sua composição é paritária (cada Estado e o Distrito Federal elegem a mesma quantidade de Senadores), e não proporcional. Assim, aquele Estado que, na Câmara, não tinha como fazer sua voz ser ouvida, terá, no Senado, condições iguais às dos demais Estados.

O que acaba de ser exposto acima (Senado tendo como missão a neutralização de interesses regionais porventura manifestados na Câmara e sendo a garantia de que a vontade regional participe efetivamente da formação da vontade nacional) tem **consequências** no Direito, na política e na arquitetura. Esse tema é tão amplo, que transcende o Direito.

Repercussão jurídica: é justamente pelo que se expôs acima que, no Processo Legislativo, a casa em que se inicia a tramitação das propostas é a Câmara dos Deputados, salvo quando o projeto de lei ou a proposta de emenda à Constituição é de autoria de algum Senador. Além disso, nos termos do art. 212, II, do Regimento Interno do Senado Federal, em relação à proposta de emenda à Constituição, quando ela é de iniciativa das Assembleias Legislativas (que são os órgãos legislativos em âmbito estadual), o processo legislativo também se inicia pelo Senado Federal, o que é natural, já que, como vimos, o Senado é a Casa de representação dos Estados e do Distrito Federal.

Portanto, em regra, a Casa iniciadora é a Câmara e a Casa revisora é o Senado, justamente para que o Senado fale por último e, assim, tenha como neutralizar interesses meramente regionais que tenham sido manifestados na Câmara.

Repercussão política: politicamente falando, o domínio da Câmara pertence às regiões Sul e Sudeste do País, enquanto o Senado tem domínio do Norte e Nordeste. E por que motivo isso ocorre? A Câmara tem domínio dos Estados do Sul e do Sudeste porque são os Estados mais populosos do País, o que faz com que o seu número de representantes seja maior e, consequentemente, dominem a Casa. Já o Senado tem domínio dos Estados do Norte e do Nordeste por outro motivo: embora a população do Norte e do Nordeste seja menor, essa região do País possui um maior número de Estados (o Sul possui 3 Estados, o Sudeste possui 4 Estados, e a soma dos Estados do Norte e do Nordeste é bem maior que isso), o que faz com que haja um maior número de Senadores oriundos do Norte e do Nordeste, dominando, assim, o Senado. Esse fenômeno ocorre em qualquer federação, como nos EUA, onde os Estados do Leste dominam a Câmara e os Estados do Oeste dominam o Senado.

Repercussão arquitetônica: por que motivo Oscar Niemeyer desenhou o Congresso Nacional da forma como o fez? Como se sabe, o Congresso Nacional conta com dois prédios iguais, havendo entre eles uma passarela, e a Câmara tem o formato de uma concavidade voltada para cima, enquanto o Senado, de uma concavidade voltada para baixo. Qual é a explicação disso? Essa figura é um símbolo, ela tem um significado.

Os dois prédios iguais com uma passarela os conectando representam igualdade de poderes. Logo, embora a Câmara e o Senado sejam Casas diferentes dotadas de características diferentes, possuem poderes iguais.

A Câmara está voltada para cima, porque ela é o órgão de inovação, é ela quem inicia o processo legislativo, de modo que se volta para cima em busca da luz, em busca de inspiração. Já o Senado se volta para baixo, porque não é um órgão de inovação, mas, sim, de equilíbrio, e, como órgão de equilíbrio que é, busca o solo, busca o chão, para equilibrar a Federação. Portanto, um órgão inova (Câmara) e o outro órgão equilibra (Senado).

■ ESTRUTURA INTERNA

Na análise da estrutura interna, a questão passa a ser a forma como cada Casa do Congresso Nacional está internamente organizada.

De início, é possível dizer que a estruturação das Casas é similar. É verdade que cada uma das Casas tem suas peculiaridades, cada uma determina sua própria organização (notadamente, pelos seus Regimentos Internos), mas, no geral, o estudo de suas estruturas internas é comum, por conta das semelhanças existentes entre elas.

Embora a Câmara e o Senado não tenham estruturas internas idênticas, possuem organizações básicas semelhantes, contando com:

I) **Mesa**;

II) **Plenário**;

III) **Comissões** (a comissão pode ser permanente ou temporária);

IV) **Serviços administrativos** (ou serviços auxiliares); e

V) **Polícia Legislativa**.

Mesa

A Mesa é também chamada de Mesa Diretora ou Mesa Diretiva, porque se trata do órgão que dirige os trabalhos da Casa. Assim, os trabalhos da Câmara são dirigidos por sua própria Mesa; os do Senado, por sua própria Mesa; e os do Congresso, quando reunido, também por sua própria mesa.

A Mesa de cada Casa do Congresso Nacional é composta por Presidência (que compreende o Presidente e dois Vice-Presidentes) e por Secretaria (que compreende quatro Secretários e quatro Suplentes). Quando a Constituição Federal ou alguma outra norma se refere ao Presidente de uma Casa Legislativa, trata-se do Presidente da Mesa Diretora, que, como vimos, é o órgão que dirige as atividades da Casa.

Na Constituição Federal, o tema é tratado no art. 57, que, no seu § 5º, estabelece a composição da Mesa do Congresso Nacional a partir da composição das Mesas da Câmara dos Deputados e do Senado Federal. Nos termos desse dispositivo, o Presidente da Mesa do Congresso Nacional será o Presidente do Senado Federal, enquanto os demais cargos dessa Mesa serão exercidos pelos Parlamentares ocupantes de cargos equivalentes na Câmara dos Deputados e no Senado Federal, nessa ordem e alternadamente.

> "**Art. 57, § 5º, CF/88.** A Mesa do Congresso Nacional será presidida pelo Presidente do Senado Federal, e os demais cargos serão exercidos, alternadamente, pelos ocupantes de cargos equivalentes na Câmara dos Deputados e no Senado Federal."

Resumindo: de acordo com o art. 57, § 5º, da CF/88, há 3 (três) Mesas: a da Câmara, a do Senado e a do Congresso. Cada uma dessas Mesas, segundo os Regimentos Internos da Câmara dos Deputados e do Senado Federal, possui Presidente, 1º Vice-Presidente e 2º Vice-Presidente, além de 4 (quatro) Secretários e 4 (quatro) Suplentes de Secretários.

O dispositivo constitucional em questão diz que a Mesa do Congresso Nacional é composta, a partir da Presidência do Senado, por cargos equivalentes e alternados das duas Casas do Congresso Nacional. Isso significa que o Presidente da Mesa do Senado é o Presidente da Mesa do Congresso e que, como os demais cargos são preenchidos de forma equivalente e alternada, o 1º Vice da Mesa da Câmara é o 1º Vice da Mesa do Congresso, o 2º Vice da Mesa do Senado é o 2º Vice da Mesa do Congresso e assim por diante.

A partir daí, surge uma questão que já foi levada ao STF em duas oportunidades: durante a licença do Presidente do Senado, quem ocupa a Presidência do Congresso é o Presidente da Câmara, o Vice-Presidente do Senado ou nem um nem outro?

Não há dúvida de que, na licença do Presidente do Senado, quem ocupa a Presidência do próprio Senado é o Vice-Presidente do Senado. Porém, no Congresso, em caso de licença do Presidente do Senado, quem ocupa a Presidência do Congresso? Será o Presidente da Câmara? O Vice-Presidente do Senado? Note que essas duas autoridades nem mesmo compõem a Mesa do Congresso.

Na verdade, **em caso de licença do Presidente do Senado, quem ocupa a Presidência do Congresso é o 1º Vice-Presidente da Câmara**, porque ele, como visto acima, é o 1º Vice-Presidente do Congresso.

Outra questão importante sobre as Mesas das Casas do Congresso Nacional diz respeito à eleição dos seus integrantes. Nos termos do § 4º do art. 57 da CF/88, no primeiro ano da legislatura, a partir do dia 1º de fevereiro, as Casas devem se reunir em sessões preparatórias para a posse de seus integrantes e para a eleição dos membros de suas Mesas. O detalhe é que o mandato dos membros das Mesas Diretoras é de 2 (dois) anos e eles não podem ser reeleitos para exercer os mesmos cargos no período imediatamente subsequente. Ou seja, segundo a Constituição Federal, o Parlamentar que faz parte da Mesa Diretora da respectiva Casa Legislativa, após cumprir o mandato inicial de 2 (dois) anos, até pode permanecer na composição da Mesa, mas apenas para um cargo diferente do que vinha exercendo.

> "**Art. 57, § 4º, CF/88.** Cada uma das Casas reunir-se-á em sessões preparatórias, a partir de 1º de fevereiro, no primeiro ano da legislatura, para a posse de seus membros e eleição das respectivas Mesas, para mandato de 2 (dois) anos, vedada a recondução para o mesmo cargo na eleição imediatamente subseqüente."

Ocorre que, apesar de sua clareza, esse dispositivo gerou um debate que ganhou grande repercussão midiática: as Casas do Congresso Nacional podem estabelecer regras internas que permitam a **reeleição dos membros de suas Mesas** para o período imediatamente subsequente?

A questão foi tratada pelo Supremo Tribunal Federal na **ADI 6524**, julgada em sessão virtual iniciada no dia 04/12/2020, com a apresentação do último voto (o do Min. Luiz Fux) no dia 06/12/2020. Essa ação foi ajuizada em face do art. 59 do Regimento Interno do Senado Federal e do art. 5º, § 1º, do Regimento Interno da Câmara dos Deputados, dispositivos esses que disciplinam as eleições dos membros das Mesas dessas Casas Legislativas.

A Relatoria do caso foi do Ministro Gilmar Mendes, que apresentou voto no sentido de ser permitida uma única reeleição para o mesmo cargo no período imediatamente subsequente, pouco importando se ela ocorre na mesma legislatura da eleição original ou na legislatura seguinte. Esse entendimento foi seguido por outros quatro Ministros, quais sejam, Dias Toffoli, Alexandre de Moraes, Ricardo Lewandowski e Nunes Marques.

O voto do Relator, porém, não prevaleceu.

Houve manifestação de **divergência** por seis Ministros, e, dentre eles, houve também divergência, pois alguns votaram no sentido de não ser admitida a reeleição em nenhuma hipótese, ficando ela vedada ainda que ocorra em outra legislatura (aplicaram, portanto, a estrita literalidade do art. 57, § 4º, da CF/88), enquanto outros votaram no sentido de a reeleição apenas ser proibida dentro da mesma legislatura. Para estes últimos, portanto, os membros das Mesas das Casas Legislativas podem se reeleger para os mesmos cargos no período imediatamente subsequente, desde que a reeleição ocorra na legislatura subsequente, quando os mandatos e as composições das Casas Legislativas são outros, motivo pelo qual, segundo os Ministros, o que ocorre nessa hipótese não é uma verdadeira reeleição, mas sim uma nova eleição, o que não é vedado pela Constituição.

Os Ministros que divergiram do Relator votaram das seguintes formas:

a) **Marco Aurélio, Cármen Lúcia e Rosa Weber** consideraram inconstitucional a reeleição dos membros das Mesas das Casas do Congresso Nacional para os mesmos cargos no período imediatamente subsequente, **independentemente** de a reeleição ocorrer na mesma legislatura ou em legislatura diferente.

b) **Luís Roberto Barroso, Luiz Edson Fachin e Luiz Fux** consideraram inconstitucional a reeleição dos membros das Mesas das Casas do Congresso Nacional para os mesmos cargos no período imediatamente subsequente apenas na **mesma legislatura**. Para eles, quando se dá em outra legislatura, a reeleição é possível.

Como se pode perceber, apenas três Ministros da Corte (Marco Aurélio, Cármen Lúcia e Rosa Weber) votaram no sentido de ser vedada a reeleição em toda e qualquer hipótese, pouco importando se envolve uma única legislatura ou legislaturas diversas.

Por outro lado, oito Ministros (o Relator, os que o acompanharam, Barroso, Fachin e Fux) consideraram possível a reeleição para os mesmos cargos das Mesas da Câmara dos Deputados e do Senado Federal quando ocorre na legislatura subsequente àquela em que houve a eleição original.

Como consequência, a reeleição dos membros das Mesas das Casas Legislativas do Congresso Nacional para os mesmos cargos no período imediatamente subsequente ficou **vedada dentro de uma mesma legislatura**, mas permitida caso ocorra na legislatura seguinte.

→ *Eleição dos membros das Mesas Diretoras das Assembleias Legislativas: o art. 57, § 4º, da CF/88, é norma de observância obrigatória?*

Conforme vimos no capítulo sobre organização do Estado, o Supremo Tribunal Federal pacificou sua jurisprudência no sentido de que o art. 57, § 4º, da CF/88 não se submete à simetria, isto é, não é uma norma de observância obrigatória pelos demais entes federados, de modo que, no âmbito das Assembleias Legislativas e das Câmaras de Vereadores, não ficam necessariamente vedadas as reeleições para os cargos das respectivas Mesas em períodos subsequentes, devendo essa questão ser disciplinada em norma de cada entidade da Federação. Esse entendimento foi aplicado pela Corte, por exemplo, nos seguintes precedentes: ADI 2371 MC, ADI 793, ADI 1528 MC, ADI 792.

No entanto, após o julgamento da ADI 6524, ocorrido em 14/12/2020, em que o STF decidiu pela impossibilidade de reeleição para os cargos das Mesas das Casas do Congresso Nacional dentro da mesma legislatura, várias ações diretas de inconstitucionalidade (a exemplo das **ADIs 6706, 6707, 6709, 6710, 6720, 6721, 6722 e 6684**) foram ajuizadas em face de dispositivos de Constituições Estaduais que permitiam sucessivas reeleições para os cargos das Mesas das respectivas Assembleias Legislativas. Em várias dessas ações, decisões monocráticas de diferentes Ministros da Corte suspenderam a possibilidade de reeleições sucessivas para esses cargos, por entenderem, em um primeiro momento, que, em âmbito estadual, deveria ser seguida, a mesma disciplina aplicada em âmbito federal nessa questão, isto é, o entendimento firmado na ADI 6524 em relação às Mesas das Casas do Poder Legislativo Federal.

Esse cenário, no entanto, não foi suficiente para concluir que, a partir dessas decisões, o Supremo Tribunal Federal superou sua jurisprudência e passou a entender que o art. 57, § 4º, da CF/88 se submete à simetria, e o julgamento final de mérito dessas ações, ocorrido em setembro de 2021, mostrou que a Corte realmente não modificou seu entendimento sobre essa questão.

Ao julgar esses casos (ADIs 6706, 6707, 6709, 6710, 6720, 6721, 6722 e 6684), o STF decidiu expressamente que **o art. 57, § 4º, da CF/88 não é uma norma de observância obrigatória** (portanto, não se submete à simetria), mas isso não significa que os Estados possuem autonomia para definir livremente se os membros das Mesas do Poder Legislativo podem se reeleger ilimitadamente para períodos sucessivos.

Isso porque, apesar de o art. 57, § 4º, da CF/88 não ser uma norma submetida à simetria constitucional, existem outras disposições da CF/88 que limitam a capacidade de auto-organização dos Estados e o exercício do poder constituinte derivado decorrente, como é o caso dos princípios republicano e democrático.

Segundo decidiu o STF, tendo em vista que a república e a democracia exigem uma alternância no exercício do poder, não é possível permitir que os membros das Mesas das Assembleias Legislativas sejam reeleitos ilimitadamente de forma sucessiva, motivo pelo qual, independentemente de o art. 57, § 4º, da CF/88 ser ou não uma norma de observância obrigatória (e, conforme vimos, ele não é), é inconstitucional norma que permita reeleições sucessivas e ilimitadas para os cargos da Mesa do Poder Legislativo estadual.

Isso fica muito claro nas teses firmadas pela Corte nos julgamentos das referidas ações.

Por exemplo, nas **ADIs 6720, 6721 e 6722**, julgadas em 27/09/2021, as teses fixadas estabeleceram o seguinte:

> "1. O art. 57, § 4º, da CF, não é norma de reprodução obrigatória por parte dos Estados-membros.
>
> 2. É inconstitucional a reeleição em número ilimitado, para mandatos consecutivos, dos membros das Mesas Diretoras das Assembleias Legislativas Estaduais para os mesmos cargos que ocupam, sendo-lhes permitida uma única recondução."
>
> **(ADIs 6720, 6721 e 6722, Pleno, Rel. Min. ROBERTO BARROSO, j. 27/09/2021)**

Já nas **ADIs 6707, 6709, 6710 e 6684**, julgadas em 21/09/2021, as teses fixadas tiveram a seguinte redação:

> "(i) a eleição dos membros das Mesas das Assembleias Legislativas estaduais **deve observar o limite de uma única reeleição ou recondução**, limite cuja observância **independe de os mandados consecutivos referirem-se à mesma legislatura**;
>
> (ii) a vedação à reeleição ou recondução aplica-se somente para o mesmo cargo da mesa diretora, não impedindo que membro da mesa anterior se mantenha no órgão de direção, desde que em cargo distinto; e
>
> (iii) o limite de uma única reeleição ou recondução, acima veiculado, deve orientar a formação das Mesas das Assembleias Legislativas que foram eleitas **após a publicação do acórdão da ADI 6.524**, mantendo-se inalterados os atos anteriores."
>
> **(ADIs 6707, 6709, 6710 e 6684, Pleno, Rel. Min. RICARO LEWANDOWSKI, Redator do acórdão Min. GILMAR MENDES, j. 21/09/2021)**

É importante notar que, em relação às eleições dos membros das Mesas das Assembleias Legislativas, o entendimento firmado pelo STF não foi o mesmo firmado (na ADI 6524) para as eleições dos membros das Mesas das Casas do Congresso Nacional. No âmbito do Congresso Nacional, os membros das Mesas das Casas Legislativas apenas podem ser reeleitos (uma única vez) caso a reeleição ocorra para período da legislatura seguinte, não podendo haver reeleição para o mesmo cargo dentro de uma mesma legislatura. Já nas Assembleias Legislativas a reeleição para os cargos das Mesas Diretoras independe de o novo mandato ser iniciado na legislatura subsequente, sendo possível a reeleição dentro da mesma legislatura em que foi exercido o mandato anterior.

Isso ocorre justamente porque o art. 57, § 4º, da CF/88 não é de observância obrigatória.

Portanto, enquanto no Congresso Nacional o art. 57, § 4º, da CF/88 impede, segundo interpretação dada pelo STF na ADI 6524, que haja reeleição para os cargos das Mesas das Casas Legislativas dentro da mesma legislatura em que foram desempenhados os mandatos anteriores, no âmbito das Assembleias Legislativas inexiste essa restrição, podendo a reeleição ocorrer dentro da mesma legislatura em que exercidos os mandatos anteriores, já que os Estados não devem obrigatoriamente observar o regime estabelecido pelo art. 57, § 4º, da CF/88.

Além disso, é importante registrar (embora seja evidente) que a vedação de reeleição proíbe apenas que o Parlamentar se eleja para um determinado cargo da Mesa Diretora e, no período imediatamente subsequente, seja eleito novamente para esse mesmo cargo. Não há vedação a que, no período imediatamente subsequente, o Parlamentar concorra a outro cargo da Mesa Diretora, assim como não há proibição de que, não sendo para período imediatamente subsequente (ou seja, havendo intervalo de pelo menos um mandato), ele se candidate ao mesmo cargo que já havia exercido anteriormente, e que faça isso repetidas vezes.

Por fim, note que, com o objetivo de proteger a segurança jurídica, o STF estabeleceu que o seu novo entendimento apenas se aplica às eleições para as Mesas das

Assembleias Legislativas ocorridas após a publicação do acórdão da ADI 6524, ficando preservados, portanto, os resultados das eleições para os órgãos de direção dos Legislativos estaduais ocorridas antes dessa data, ainda que em desconformidade com o novo posicionamento do Tribunal. Ou seja, se houve a formação da Mesa de uma Assembleia Legislativa com a reeleição de seus membros para os mesmos cargos sem a observância do limite de uma única reeleição permitida para períodos sucessivos, mas isso ocorreu antes da publicação do acórdão da ADI 6524, essa formação fica mantida.

Em resumo, o atual entendimento do Supremo Tribunal Federal sobre as eleições para as Mesas Diretoras do Poder Legislativo é o seguinte:

I) No **Congresso Nacional**, os membros das Mesas das Casas Legislativas apenas podem ser eleitos e reeleitos para os mesmos cargos em períodos sucessivos se a reeleição se der para mandato iniciado em **nova legislatura** (ADI 6524).

II) Nos **Estados**, os membros das Mesas das Assembleias Legislativas podem ser eleitos e reeleitos para os mesmos cargos em períodos sucessivos dentro da **mesma legislatura**, mas deve ser observada a limitação de uma única reeleição (ADIs 6706, 6707, 6709, 6710, 6720, 6721, 6722 e 6684).

Esse entendimento também se aplica aos Municípios, isto é, às eleições das Mesas das Câmaras de Vereadores?

Após definir o entendimento aplicável para o Legislativo estadual (que vimos acima), o Supremo Tribunal Federal enfrentou a questão em relação aos Municípios, e adotou para o âmbito municipal o mesmo posicionamento adotado para o âmbito estadual: **é possível uma única reeleição subsequente para os cargos das Mesas Diretoras das Câmaras de Vereadores**, independentemente de o novo período se iniciar na mesma legislatura em que se deu o período anterior ou não.

Isso foi definido pela Corte na **ADPF 871** (j. 23/11/2021).

Nessa ação, a Min. Cármen Lúcia (relatora do caso), registrou no seu voto (condutor do julgamento) que, *"ao apreciar as Ações Diretas de Inconstitucionalidade ns. 6.707, 6.684, 6.709 e 6.710 (...), este Supremo Tribunal estabeleceu interpretação conforme à Constituição a normas do Espírito Santo, Tocantins e Sergipe, pelas quais se autorizava a reeleição de membros das mesas diretoras das Assembleias Legislativas, fixando-se as seguintes teses: "(i) a eleição dos membros das Mesas das Assembleias Legislativas estaduais deve observar o limite de uma única reeleição ou recondução, limite cuja observância independe de os mandados consecutivos referirem-se à mesma legislatura; (ii) a vedação à reeleição ou recondução aplica-se somente para o mesmo cargo da mesa diretora, não impedindo que membro da mesa anterior se mantenha no órgão de direção, desde que em cargo distinto; e (iii) o limite de uma única reeleição ou recondução, acima veiculado, deve orientar a formação das Mesas das Assembleias Legislativas que foram eleitas após a publicação do acórdão da ADI 6.524, mantendo-se inalterados os atos anteriores".*

(...)

Em 27.9.2021, este Supremo Tribunal Federal julgou parcialmente procedentes as Ações Diretas de Inconstitucionalidade ns. 6.720, 6.721 e 6.722, (...), e interpretou conforme à Constituição da República normas da Constituição de Alagoas, do Estado do Rio de Janeiro e de Rondônia, para admitir apenas uma reeleição dos membros das Mesas

Diretoras das Assembleias Legislativas para os mesmos cargos em mandatos consecutivos.

(...)

A autonomia política dos entes da Federação pressupõe a observância aos princípios estruturantes do Estado Democrático de Direito, de que são exemplos o republicano e o democrático, aos quais a lei orgânica municipal se submete:

(...)

Com essas premissas e tendo sido fixada por este Supremo Tribunal a impossibilidade de integrantes das Mesas das Assembleias Legislativas serem reeleitos mais de uma vez, sucessivamente, para cargos idênticos, em atenção aos princípios constitucionais fundamentais da República e da Democracia, não vejo como chegar-se a conclusão diferente e permitir-se aplicação diversa de norma às Câmaras Municipais. Há de se adotar a mesma interpretação às normas municipais, tendo-se presente a imperiosidade de observância, por todos entes políticos, dos princípios democráticos e republicanos.

(...)"

Portanto, segundo o Supremo Tribunal Federal, em **âmbito municipal**, a possibilidade de reeleição dos membros da Mesa da Casa Legislativa deve seguir o mesmo entendimento firmado pela Corte em relação à possibilidade de reeleição dos membros das Mesas das Assembleias Legislativas: **a reeleição para o mesmo cargo no período imediatamente subsequente é possível, independentemente de ocorrer na mesma legislatura ou não**, mas deve ser observado o **limite de uma única reeleição**, não podendo os membros da Mesa Diretora do Legislativo Municipal ser reeleitos para os mesmos cargos mais de uma vez seguida.

Esse entendimento, inclusive, foi posteriormente reafirmado no âmbito do STF na **ADPF 959.**

Plenário

O Plenário nada mais é do que a reunião de todos os membros integrantes da Casa Legislativa, cuidando-se do órgão máximo de deliberação.

Comissões

A previsão constitucional das comissões encontra-se no art. 58 da CF/88.

> "**Art. 58, CF/88.** O Congresso Nacional e suas Casas terão comissões permanentes e temporárias, constituídas na forma e com as atribuições previstas no respectivo regimento ou no ato de que resultar sua criação.
>
> **§ 1º** Na constituição das Mesas e de cada Comissão, é assegurada, tanto quanto possível, a representação proporcional dos partidos ou dos blocos parlamentares que participam da respectiva Casa.
>
> **§ 2º** Às comissões, em razão da matéria de sua competência, cabe:
>
> I - discutir e votar projeto de lei que dispensar, na forma do regimento, a competência do Plenário, salvo se houver recurso de um décimo dos membros da Casa;
>
> II - realizar audiências públicas com entidades da sociedade civil;

> III - convocar Ministros de Estado para prestar informações sobre assuntos inerentes a suas atribuições;
>
> IV - receber petições, reclamações, representações ou queixas de qualquer pessoa contra atos ou omissões das autoridades ou entidades públicas;
>
> V - solicitar depoimento de qualquer autoridade ou cidadão;
>
> VI - apreciar programas de obras, planos nacionais, regionais e setoriais de desenvolvimento e sobre eles emitir parecer.
>
> **§ 3º** As comissões parlamentares de inquérito, que terão poderes de investigação próprios das autoridades judiciais, além de outros previstos nos regimentos das respectivas Casas, serão criadas pela Câmara dos Deputados e pelo Senado Federal, em conjunto ou separadamente, mediante requerimento de um terço de seus membros, para a apuração de fato determinado e por prazo certo, sendo suas conclusões, se for o caso, encaminhadas ao Ministério Público, para que promova a responsabilidade civil ou criminal dos infratores.
>
> **§ 4º** Durante o recesso, haverá uma Comissão representativa do Congresso Nacional, eleita por suas Casas na última sessão ordinária do período legislativo, com atribuições definidas no regimento comum, cuja composição reproduzirá, quanto possível, a proporcionalidade da representação partidária."

Como se pode inferir do dispositivo transcrito, as comissões podem ser permanentes ou temporárias, a depender de estarem sujeitas a prazo ou não.

Comissão **permanente** é também chamada de comissão temática, porque não está vinculada ou sujeita a prazo algum, mas sim a um tema específico. Na Câmara, são 16 (dezesseis) as comissões permanentes, assim como no Senado (com algumas diferenças entre elas), a exemplo da Comissão de Ética, da Comissão de Constituição, Justiça e Redação, da Comissão de Saúde etc.

Já a comissão **temporária** é aquela que não se vincula a tema, mas, sim, a prazo, e, justamente por isso, é chamada de temporária.

A Câmara dos Deputados e o Senado Federal, em seus Regimentos Internos, trazem disciplinas diferentes para suas comissões temporárias. Em ambas as Casas, essas comissões podem ser de três tipos, mas esses tipos não recebem, todos, os mesmos nomes nas duas Casas.

Na Câmara dos Deputados, de acordo com o art. 33 do seu Regimento Interno, as comissões temporárias são as comissões especiais, as comissões de inquérito (as CPIs) e as comissões externas. Já no Senado Federal, nos termos do que prevê o art. 74 do seu Regimento Interno, as comissões temporárias são as comissões internas, as comissões externas e as comissões parlamentares de inquérito (as CPIs). A diferença entre essas Casas, portanto, é que, enquanto a Câmara dos Deputados possui "comissões especiais", o Senado Federal possui "comissões internas".

Em última análise, as comissões internas do Senado Federal são comissões "especiais", pois, segundo o art. 74, I, do Regimento Interno dessa Casa, elas são aquelas *"previstas no Regimento interno para finalidade específica"*. Ocorre que essas finalidades específicas não são sempre as mesmas previstas no Regimento Interno da Câmara do Deputados para as suas comissões especiais.

A seguir veremos as hipóteses de constituição das comissões temporárias e, quando abordarmos as comissões especiais, tomaremos como referência a disciplina contida no Regimento Interno da Câmara dos Deputados, mas veremos uma hipótese em que a comissão especial é instaurada tanto na Câmara quanto no Senado (lembrando que o Regimento Interno do Senado Federal chama a comissão especial de "comissão interna").

→ *Comissão temporária especial*

A comissão especial pode ser criada no processo legislativo ou fora do processo legislativo.

Segundo o art. 34 do Regimento Interno da Câmara dos Deputados, no âmbito do processo legislativo, a criação dessa comissão pode ocorrer em duas hipóteses:

a) Quando se tratar de proposta de emenda à Constituição. Qualquer que seja a matéria, uma proposta de emenda à Constituição dá ensejo à criação de uma comissão especial.

b) Quando se tratar de projeto de lei e ele for afeto a mais de 3 (três) comissões permanentes (temáticas). Nessa hipótese, o projeto, além de passar pelas comissões temáticas às quais já teria de se submeter naturalmente, passará pela comissão especial, em virtude da relevância que ele demonstra ter. Por outro lado, se o projeto for afeto a até três comissões permanentes, ele passará apenas por essas comissões.

Resumindo: proposta de emenda à Constituição é sempre presumida relevante e, por isso, deve passar por uma comissão especial, enquanto projeto de lei pode ou não ser relevante, a depender do caso (será considerado relevante se for afeto a mais de três comissões temáticas, e, nesse caso, também será apreciado por uma comissão especial).

Além disso, como foi registrado, há hipóteses de constituição de comissões especiais fora do processo legislativo, como é o caso do procedimento de *impeachment*, no bojo do qual, há a formação de comissões especiais tanto na Câmara dos Deputados (para a emissão de parecer relativo à instauração ou não do processo) quanto no Senado Federal (para a emissão de dois pareceres – de acordo com o que foi decidido pelo STF na ADPF 378 –, um quanto à instauração do processo e outro quanto ao julgamento do Presidente da República pela prática de crime de responsabilidade).

→ *Comissão temporária externa*

A comissão externa é criada para a realização de diligências externas à Casa. Nesse sentido, o art. 74, II, do Regimento Interno do Senado Federal estabelece que as comissões externas são *"destinadas a representar o Senado em congressos, solenidades e outros atos Públicos"*.

É possível, por exemplo, criar uma comissão externa para uma diligência investigatória externa (nesse caso não há ainda uma CPI, mas apenas uma diligência externa à Casa), com vistas à apuração de certos fatos e à coleta de informações que podem impactar na atividade legislativa a ser desempenhada pela Casa.

→ *Comissão temporária de inquérito*

A comissão de inquérito, como o próprio nome deixa claro, é responsável pelo inquérito parlamentar e está prevista expressamente na CF/88, em seu art. 58, § 3º. Assim como existem inquérito policial e inquérito civil, há inquérito parlamentar, que estudaremos em momento futuro.

▶ Serviços administrativos

Os serviços administrativos são também chamados de serviços auxiliares. Trata-se de todos **os órgãos responsáveis pela atividade-meio da Casa.**

A atividade-fim da Casa é desempenhada pela Mesa e pelas comissões (permanentes e temporárias). Já a atividade-meio é desenvolvida pelos serviços administrativos ou auxiliares, que são o "staff" administrativo, são todo o assessoramento da Casa Legislativa.

▶ Polícia

A Polícia, que alguns chamam de Guarda, é o órgão responsável pela segurança interna da Casa Legislativa. A segurança interna da Câmara é de responsabilidade da Polícia da Câmara, assim como a segurança interna do Senado é de responsabilidade da Polícia do Senado.

Por ser responsável pela segurança interna das Casas do Poder Legislativo, essa Polícia é chamada de Polícia Legislativa. Assim como existe a Polícia Judiciária no Supremo Tribunal Federal, existe a Polícia Legislativa no Congresso Nacional.

FUNCIONAMENTO

No seu funcionamento, o Poder Legislativo desempenha **4 (quatro) atribuições precípuas**. As atribuições a que nos referimos aqui não são as funções que vimos ao tratar da separação dos Poderes. Conforme estudamos, o Legislativo, além de desempenhar funções atípicas, possui duas funções principais: legislar e fiscalizar. Já as atribuições que veremos aqui não se confundem com essas funções, mas, sim, encontram-se inseridas nelas.

As 4 atribuições precípuas do Legislativo federal são as seguintes:

a) Atribuição representativa;

b) Atribuição investigatória;

c) Atribuição fiscalizadora (que alguns doutrinadores consideram integrante da atribuição investigatória); e

d) Atribuição legislativa.

Cada uma dessas atribuições é relacionada a um tema específico, conforme veremos a seguir.

■ ATRIBUIÇÃO REPRESENTATIVA

A atribuição representativa é aquela no exercício da qual o Poder Legislativo, em algumas situações, representa o Estado brasileiro. Existem, portanto, determinadas situações em que o Brasil é representado pelo Poder Legislativo federal.

Há um importante tema que é especialmente relacionado a essa atribuição, qual seja, a incorporação dos tratados e convenções internacionais ao ordenamento jurídico interno. Isso porque, no procedimento de internalização de tratados e convenções internacionais, cabe ao Congresso Nacional aprovar o documento (art. 49, I, CF/88), e, ao fazer isso, ele acaba por representar o Estado brasileiro no ato, exercendo, assim, sua atribuição representativa.

■ ATRIBUIÇÃO INVESTIGATÓRIA

A atribuição investigatória significa que, em alguns casos, ao Poder Legislativo compete a investigação político-administrativa sobre determinados fatos e condutas.

O grande tema vinculado a essa atribuição é a comissão parlamentar de inquérito (CPI), a qual instaura, desenvolve e conclui o inquérito parlamentar, que é o modo pelo qual é formalizada a atribuição investigatória do Poder Legislativo.

■ ATRIBUIÇÃO FISCALIZADORA

O Poder Legislativo exerce a fiscalização contábil, financeira, orçamentária e patrimonial do Poder Executivo, com o auxílio do Tribunal de Contas. Essa é a sua atribuição fiscalizadora.

O grande tema relacionado à atribuição fiscalizadora é a competência exclusiva do Congresso Nacional para apreciar as contas prestadas pelo Presidente da República. A esse respeito, é importante registrar que o Tribunal de Contas julga as contas dos administradores e gestores de recursos públicos em geral, mas as contas do Chefe do Poder Executivo são julgadas pelo Poder Legislativo. A atribuição do Tribunal de Contas, no que diz respeito às contas do Chefe do Poder Executivo, é de simplesmente emitir um parecer prévio, que auxilia o Poder Legislativo no julgamento dessas contas. Isso decorre do art. 49, IX, c/c o art. 71, I, II e V, todos da CF/88.

Além da apreciação das contas do Chefe do Executivo, merece destaque, dentro da função fiscalizadora do Poder Legislativo, a competência do Congresso Nacional para fiscalizar e controlar os atos do Poder Executivo de modo geral, o que pode ser feito diretamente pelo próprio Congresso Nacional ou por meio de alguma das suas Casas (Câmara dos Deputados e Senado Federal), conforme prevê o art. 49, X, da CF/88.

A esse respeito, o Supremo Tribunal Federal decidiu, na **ADI 4700** (j. 14/12/2021), que, como a Constituição Federal atribui essa função fiscalizatória expressamente ao Congresso Nacional e às suas Casas Legislativas, **não é possível que um Parlamentar pretenda exercê-la individualmente** e, a esse pretexto, requisite, por exemplo, documentos e informações do Poder Executivo. A Corte esclareceu, ainda, que as hipóteses em que a Constituição Federal permite que o Legislativo fiscalize os demais Poderes **são de observância obrigatória nas demais esferas federativas.**

Isso porque a fiscalização desempenhada pelo Poder Legislativo está intimamente relacionada com a separação de Poderes, motivo pelo qual, as suas hipóteses não podem ser ampliadas pelo intérprete ou pelo legislador infraconstitucional e, nas demais esferas federativas, são de observância obrigatória (isto é, submetem-se à simetria). Em outras palavras: ao fiscalizar os demais Poderes, o Legislativo de qualquer esfera federativa apenas pode atuar dentro das situações permitidas na Constituição Federal, as quais, por envolverem a separação de Poderes, são de observância obrigatória nos âmbitos estadual e municipal.

Esse mesmo entendimento foi adotado pelo STF em outros casos, como na **ADI 3046** (j. 15/04/2004), na qual a Corte esclareceu que *"o poder de fiscalização legislativa da ação administrativa do Poder Executivo* ***é outorgado aos órgãos coletivos de cada câmara do Congresso Nacional, no plano federal, e da Assembléia Legislativa, no dos Estados****; nunca, aos seus membros individualmente,* ***salvo, é claro, quando atuem em representação (ou presentação) de sua Casa ou comissão"***.

Por essa razão, segundo o STF, é inconstitucional norma de Constituição Estadual que preveja a possibilidade de Deputados Estaduais, individualmente, requisitarem informações de órgãos e entidades do Poder Executivo. Como vimos, a Constituição Federal não prevê a possibilidade de os Parlamentares fiscalizarem outros Poderes individualmente, e isso deve ser simetricamente observado nos âmbitos dos Estados e dos Municípios.

A Corte, no entanto, faz a seguinte **ressalva**: nada impede que os Parlamentares solicitem informações ao Poder Público na qualidade de cidadãos, tal qual é assegurado a qualquer pessoa pelo art. 5º, XXXIII, da CF/88.

> ***"Art. 5º, XXXIII, CF/88*** - todos têm direito a receber dos órgãos públicos informações de seu interesse particular, ou de interesse coletivo ou geral, que serão prestadas no prazo da lei, sob pena de responsabilidade, ressalvadas aquelas cujo sigilo seja imprescindível à segurança da sociedade e do Estado;"
>
> **"Art. 49, CF/88.** É da competência exclusiva do Congresso Nacional:
>
> (...)
>
> IX - julgar anualmente as contas prestadas pelo Presidente da República e apreciar os relatórios sobre a execução dos planos de governo;
>
> X - fiscalizar e controlar, diretamente, ou por qualquer de suas Casas, os atos do Poder Executivo, incluídos os da administração indireta;
>
> (...)"
>
> **"Art. 71, CF/88.** O controle externo, a cargo do Congresso Nacional, será exercido com o auxílio do Tribunal de Contas da União, ao qual compete:
>
> I - apreciar as contas prestadas anualmente pelo Presidente da República, mediante parecer prévio que deverá ser elaborado em sessenta dias a contar de seu recebimento;
>
> II - julgar as contas dos administradores e demais responsáveis por dinheiros, bens e valores públicos da administração direta e indireta, incluídas as fundações e sociedades instituídas e mantidas pelo Poder Público federal, e as contas daqueles que derem causa a perda, extravio ou outra irregularidade de que resulte prejuízo ao erário público;

> (...)
>
> V - fiscalizar as contas nacionais das empresas supranacionais de cujo capital social a União participe, de forma direta ou indireta, nos termos do tratado constitutivo;
>
> (...)"

ATRIBUIÇÃO LEGISLATIVA

A atribuição legislativa é a grande atribuição do Poder Legislativo. Ela é exercida não quando o Estado brasileiro é representado na prática de determinados atos (atribuição representativa) ou quando certos fatos são investigados (atribuições fiscalizadora e investigatória), mas, sim, quando normas sobre as mais diversas matérias são produzidas.

O grande tema relacionado à atribuição legislativa é o processo legislativo, não apenas no que que tange ao rito de produção das normas legais, mas também no que diz respeito às espécies normativas que podem ser produzidas. Tudo isso será objeto de tópicos próprios nesta obra.

INCORPORAÇÃO DOS TRATADOS E CONVENÇÕES INTERNACIONAIS AO ORDENAMENTO JURÍDICO BRASILEIRO (ATRIBUIÇÃO REPRESENTATIVA)

Qualquer que seja o formato que o tratado ou convenção tenha e qualquer que seja a matéria nele versada, a sua incorporação ao ordenamento interno terá a participação do Poder Legislativo. Essa participação poderá ser mais intensa ou menos intensa, mas sempre se verificará no procedimento de incorporação de tratados e convenções internacionais à ordem jurídica brasileira.

Com a edição da EC 45/04, passou a haver dois ritos diferentes de incorporação de tratados e convenções internacionais, a depender da matéria, mais precisamente, a depender de o documento tratar de direitos humanos ou não. Portanto, a partir da referida emenda constitucional, passou a ter importância, para o ato de internalização da norma, saber se o tratado ou convenção internacional cuida de direitos humanos ou de outro tema qualquer.

E o motivo disso foi a EC 45/04 incluir, no art. 5º da CF/88, o § 3º, segundo o qual, tratando-se de tratado ou convenção sobre direitos humanos, caso sua incorporação se dê pelo mesmo rito de aprovação de emendas à Constituição, o seu *status* será o de emenda constitucional.

> "**Art. 5º, § 3º, CF/88.** Os tratados e convenções internacionais sobre direitos humanos que forem aprovados, em cada Casa do Congresso Nacional, em dois turnos, por três quintos dos votos dos respectivos membros, serão equivalentes às emendas constitucionais."

É possível perceber, com isso, que o regime dos tratados e convenções internacionais sofreu relevante mudança a partir da entrada em vigor da EC 45/04.

▶ Tratado ou convenção incorporado antes da EC 45/04

Se o tratado foi incorporado à ordem jurídica brasileira antes da EC 45/04, o rito de sua incorporação seguiu as normas dos arts. 49, I, 47 e 84, VIII, da CF/88.

E esse rito é observado ainda hoje, quando o tratado é internalizado sem *status* constitucional.

O art. 84, VIII, da CF/88 prevê a competência privativa do Presidente da República para celebrar tratados e convenções internacionais, e a parte final desse dispositivo, ao estabelecer que a celebração do tratado ou convenção deve ser submetida à ratificação do Congresso Nacional, remete ao art. 49, I, da CF/88, que prevê a competência exclusiva desse órgão legislativo para resolver definitivamente sobre tratados, acordos ou atos internacionais.

Ao ser submetido à apreciação do Congresso Nacional, o tratado ou convenção é objeto de projeto de decreto legislativo, apreciado de acordo com as disposições dos Regimentos Internos do Congresso Nacional, da Câmara dos Deputados e do Senado Federal, que aplicam a essa espécie normativa tramitação semelhante à dos projetos de lei.

A deliberação desse projeto de decreto legislativo se dá em um só turno de votação em cada Casa do Congresso Nacional (iniciando-se pela Câmara dos Deputados, tal qual ocorre, em regra, com os projetos de lei), exigindo-se, para a sua aprovação, a maioria simples dos respectivos membros (desde que presente, no mínimo, a maioria absoluta deles), mesmo porque o *quórum* de aprovação exigido nas deliberações do Poder Legislativo é sempre o de maioria simples, exceto quando a própria Constituição expressamente estabelece um *quórum* diferente. Logo, não havendo disposição constitucional em sentido diverso, a aprovação do tratado ou convenção segue a regra geral, qual seja, a exigência de maioria simples, desde que presente a maioria absoluta dos integrantes da Casa, nos termos do art. 47 da CF/88.

> "**Art. 84, CF/88.** Compete privativamente ao Presidente da República:
>
> (...)
>
> VIII - celebrar tratados, convenções e atos internacionais, sujeitos a referendo do Congresso Nacional;
>
> (...)"
>
> "**Art. 49, CF/88.** É da competência exclusiva do Congresso Nacional:
>
> I - resolver definitivamente sobre tratados, acordos ou atos internacionais que acarretem encargos ou compromissos gravosos ao patrimônio nacional;
>
> (...)"
>
> "**Art. 47, CF/88.** Salvo disposição constitucional em contrário, as deliberações de cada Casa e de suas Comissões serão tomadas por maioria dos votos, presente a maioria absoluta de seus membros."

Portanto, em relação aos tratados e convenções anteriores à EC 45/04, qualquer que fosse a matéria por eles versada, o seu rito de incorporação seguia as normas dos arts. 47, 49, I, e 84, VIII, da CF/88. E, conforme registramos anteriormente, esse procedimento ainda pode ser aplicado atualmente, sempre que não se pretender internalizar o tratado ou convenção com *status* constitucional, o que ocorre, notadamente, quando a matéria nele versada não são direitos humanos.

▸ Tratado ou convenção incorporado após a EC 45/04

A partir da EC 45/04, passou a haver diferenciação entre tratados e convenções sobre direitos humanos e tratados e convenções sobre outras matérias não relativas a direitos humanos.

Nesse sentido, se o tratado ou convenção não for sobre direitos humanos, o seu rito de incorporação permanecerá sendo o anterior, previsto nos arts. 47, 49, I, e 84, VIII, da CF/88, conforme vimos.

Porém, se o tratado ou convenção versar sobre direitos humanos e for ratificado pelo Brasil após a EC 45/04, haverá a possibilidade da adoção do rito previsto no art. 5º, § 3º, da CF/88.

Pela leitura do art. 5º, § 3º, da CF/88, é possível notar 3 diferenças entre, de um lado, o rito de incorporação aplicável a tratados e convenções sobre direitos humanos posteriores à EC 45/04 e, de outro lado, o rito de incorporação aplicável a todos os demais tratados e convenções (aí incluídos todos os tratados e convenções anteriores à EC 45/04, independentemente da matéria tratada, e os posteriores à EC 45/04 não relacionados com direitos humanos).

Conforme se extrai do art. 5º, § 3º, da CF/88, no rito de aprovação dos tratados e convenções sobre direitos humanos posteriores à EC 45/04:

I) Há dois turnos de votação em cada Casa do Congresso Nacional, e não apenas um; e

II) A aprovação da proposição depende de maioria de 3/5 em cada turno de votação.

> **"Art. 5º, § 3º, CF/88.** Os tratados e convenções internacionais sobre direitos humanos que forem aprovados, em cada Casa do Congresso Nacional, em dois turnos, por três quintos dos votos dos respectivos membros, serão equivalentes às emendas constitucionais."

No caso de aprovação do tratado ou convenção nos termos do art. 5º, § 3º, da CF/88, o STF reconhece que o *status* do diploma não é legal nem supralegal, mas, sim, equivalente a emenda constitucional, cuidando-se, portanto, de um *status* normativo constitucional.

Interessante notar que o art. 5º, § 3º, da CF/88 deixa claro que há participação do Poder Legislativo em qualquer hipótese de incorporação de tratados e convenções internacionais à ordem jurídica brasileira. Essa participação pode ser mais intensa (na aprovação com *status* constitucional) ou menos intensa (na aprovação sem *status* constitucional), mas sempre ocorrerá, ou seja, em toda e qualquer internalização de tratado ou convenção internacional, o Poder Legislativo exercerá sua atribuição representativa.

Além disso, esse dispositivo desloca o protagonismo do processo legislativo de incorporação de tratados e convenções internacionais, tirando-o da Chefia do Poder Executivo e transferindo-o às Casas do Poder Legislativo, caso a proposta envolva direitos humanos. Antes da edição da EC 45/04, o protagonismo do processo de incorporação de tratados e convenções internacionais pertencia ao Chefe do Poder Executivo, não se dando tanta importância ao Congresso Nacional, até porque o procedimento no Legislativo era mais simplificado. A partir da EC 45/04, por conta da inovação nos trâmites de internalização, esse protagonismo passa a ser das Casas Legislativas.

O deslocamento de protagonismo apontado acima traz uma consequência relacionada à denúncia do tratado ou convenção. Deixando de lado considerações sobre vedação de retrocesso, o fato é que, se o tratado ou convenção foi incorporado por um determinado rito, sua eventual retirada do ordenamento jurídico deve observar o mesmo rito. Logo, se for possível a denúncia do tratado ou convenção (por não caracterizar retrocesso vedado), ela, para ser aprovada, deverá seguir o procedimento que foi adotado na respectiva incorporação, exigindo-se, portanto, quando se tratar de documento sobre direitos humanos internalizado como emenda constitucional, dois turnos de votação em cada Casa do Congresso Nacional e votos de 3/5 dos respectivos membros.

É importante esclarecer que o tratado ou convenção sobre direitos humanos aprovado pelo rito do art. 5º, § 3º, da CF/88 não é emenda constitucional, mas apenas equivalente a ela, assim como, nos termos do art. 62 da CF/88, medida provisória não é lei, mas apenas tem força de lei, isto é, apenas equivale a lei.

Disso, surgem duas consequências práticas:

1) O tratado ou convenção internalizado pelo rito do art. 5º, § 3º, da CF/88 não será inserido no texto da Constituição, mas, sim, permanecerá fora dele, com a advertência de que foi aprovado por esse procedimento.

2) Embora integre o ordenamento jurídico de forma apartada do texto da Constituição e contenha a advertência de que o rito de incorporação seguido foi o do art. 5º, § 3º, da CF/88, o tratado ou convenção internalizado com *status* constitucional não terá numeração sequencial própria de emenda à Constituição.

Um exemplo disso é o Tratado Internacional Sobre Direitos Humanos das Pessoas Com Deficiência, que foi incorporado (com observância do art. 5º, § 3º, da CF/88) pelo Decreto Legislativo 186/08. Cuida-se, portanto, de um decreto legislativo, não dotado de numeração sequencial de emenda constitucional e que não foi inserido no texto da Constituição. Porém, há, nele, uma advertência de que a sua incorporação à ordem jurídica brasileira se deu em conformidade com o art. 5º, § 3º, da CF/88, incluído pela EC 45/04.

Fica claro, assim, que, hoje, qualquer que seja a matéria versada pelo tratado ou convenção internacional (direitos humanos ou não), ele será incorporado ao ordenamento jurídico brasileiro sob a forma de decreto legislativo. O detalhe é que, se a matéria não for atinente a direitos humanos, esse decreto legislativo será aprovado pelo rito dos arts. 47, 49, I, e 84, VIII, da CF/88, enquanto, se a matéria disser respeito a direitos humanos, a aprovação poderá se dar pelo rito do art. 5º, § 3º, da CF/88 ou pelo rito geral de incorporação dos tratados e convenções internacionais (que é o rito dos arts. 47, 49, I, e 84, VIII, da CF/88).

Em virtude dessa diferença de tratamentos constitucionais conferidos aos tratados e convenções internacionais, o Supremo Tribunal Federal entende que esses diplomas apresentam uma **tríplice hierarquia**, a saber:

I) Tratado ou convenção internacional sobre temas diversos que não direitos humanos possui *status* infraconstitucional de lei ordinária;

II) Tratado ou convenção internacional sobre direitos humanos incorporado sem observância do art. 5º, § 3º, da CF/88 possui *status* supralegal, tendo eficácia paralisante da legislação infraconstitucional que seja com ele conflitante; e

III) Tratado ou convenção internacional sobre direitos humanos incorporado com observância do art. 5º, § 3º, da CF/88 possui *status* constitucional.

▶ Necessidade de aprovação do Poder Legislativo para que a denúncia de um tratado internacional gere efeitos internos no ordenamento jurídico brasileiro

Conforme vimos, a incorporação de um tratado internacional ao ordenamento jurídico brasileiro exige a participação do Presidente da República e do Congresso Nacional.

Vimos também que a denúncia de um tratado internacional depende da aprovação do Congresso Nacional pelo mesmo rito aplicado quando da sua internalização.

Essa questão, porém, precisa ser aprofundada.

Na **ADC 39** (j. 19/06/2023), o Supremo Tribunal Federal esclareceu, de forma didática, todo o procedimento de aprovação e incorporação dos tratados internacionais ao direito brasileiro, bem como se há necessidade de aprovação do Congresso Nacional também em caso de denúncia (isto é, de retirada do Brasil) de um tratado internacional.

Segundo explicou o STF, **o procedimento de aprovação e incorporação de um tratado internacional é o seguinte, nessa ordem de etapas:**

1) Em um primeiro momento, o Estado Brasileiro, por meio do Presidente da República, participa das negociações dos termos do tratado e, concordando com o que foi negociado, **assina o instrumento do tratado**. Essa etapa se dá no **plano internacional**, e ela envolve as pessoas jurídicas de direito público externo (os Estados soberanos) que pretendem celebrar o tratado. Nos termos da CF/88, a atribuição de representar o Estado Brasileiro nessas negociações e na assinatura do instrumento do tratado é **privativa do Presidente da República**, conforme prevê o art. 84, VIII (*"**Art. 84, CF/88.** Compete privativamente ao Presidente da República: ... VIII - **celebrar tratados, convenções e atos internacionais**, sujeitos a referendo do Congresso Nacional;"*).

2) Após as negociações e a assinatura do instrumento do tratado, o Presidente da República remete o inteiro teor do tratado ao **Congresso Nacional**, para que ele delibere sobre a **aprovação ou não do documento**. Essa competência do Congresso Nacional está prevista no art. 49, I, da CF/88, segundo o qual *"é da **competência exclusiva do Congresso Nacional** (...) resolver definitivamente sobre **tratados, acordos ou atos internacionais** que acarretem encargos ou compromissos gravosos ao patrimônio nacional"*. Embora esse dispositivo se refira a tratados, acordos ou atos internacionais que **acarretem encargos** para o Estado brasileiro, o STF deixou claro que **todos os**

tratados (e outros atos) internacionais devem se submeter à aprovação do Congresso Nacional, por dois motivos: **a)** em primeiro lugar, o art. 84, VIII, da CF/88, ao prever a competência do Presidente da República para celebrar tratados internacionais diz que eles se sujeitam à aprovação do Congresso Nacional **sem fazer qualquer restrição**, não tendo excluído da necessidade de aprovação legislativa os tratados que acarretem encargos ao Estado brasileiro; **b)** em segundo lugar, a expressão "encargos ou compromissos gravosos" contida no art. 49, I, da CF/88 **não deve ser compreendida apenas na sua acepção de encargos financeiros**, mas sim de forma ampla, englobando **qualquer obrigação assumida pelo Estado brasileiro**, e o fato é que todo e qualquer tratado internacional contém alguma obrigação assumida pelo Brasil, motivo pelo qual **todo e qualquer tratado internacional depende da aprovação do Congresso Nacional.**

3) Uma vez aprovado o tratado internacional pelo Congresso Nacional (que faz isso na forma de **decreto legislativo**), o Presidente da República deve **ratificar o tratado**, e essa etapa (de ratificação), assim como a etapa de assinatura do tratado, ocorre no **plano internacional**, tratando-se, portanto, de mais uma etapa do procedimento de aprovação de tratados internacionais que envolve relações entre Estados estrangeiros. A ratificação é um **ato discricionário do Presidente da República**, não estando ele obrigado fazê-la, ainda que o Poder Legislativo tenha aprovado o tratado. Por esse motivo, é comum que um tratado internacional que envolva vários países demore anos para ser ratificado por todos eles (como a ratificação é um ato discricionário, cada país a realiza no momento que entender apropriado, podendo acontecer até mesmo de um país signatário nunca ratificar o tratado). É com a ratificação que o país que inicialmente assinou o tratado confirma de forma definitiva que está obrigado a cumprir o tratado.

4) Feita a ratificação do tratado, ele passa a integrar o ordenamento jurídico brasileiro com a sua **promulgação pelo Presidente da República**, que faz isso por meio de um **decreto**.

Esse, então, é o procedimento de aprovação e internacionalização de tratados internacionais, segundo definido pelo STF na ADC 39.

Como se pode perceber, nesse procedimento, há a participação do Poder Executivo e do Poder Legislativo. Nos termos do voto proferido pelo Min. Dias Toffoli (relator do caso), a CF/88 estabelece "*as **competências que dizem respeito à aprovação de tratados**, repartindo-as entre o Poder Executivo, a quem incumbe, na pessoa do presidente da República, **a decisão política de celebrar ou não um pacto internacional**, e o Poder Legislativo, a quem compete exercer um **juízo de controle e fiscalização, sem o qual o acordo não produzirá efeitos no ordenamento jurídico nacional***".

Portanto, o juízo político sobre a celebração ou não de um tratado internacional é privativo do Presidente da República (como prevê o art. 84, VIII, da CF/88), e, para que o tratado produza efeitos e gere obrigações no ordenamento jurídico interno, é necessário que haja a aprovação do Congresso Nacional (como estabelece o art. 49, I, da CF/88).

Por ser do Presidente da República a decisão sobre celebrar ou não um tratado internacional, também cabe a ele a decisão sobre retirar ou não o Brasil do tratado que foi celebrado. Em outras palavras: também é do Presidente da República a decisão sobre realizar ou não a denúncia de um tratado internacional.

Porém, segundo decidiu o STF na ADC 39, a denúncia de um tratado internacional, isoladamente considerada, é **tão somente um ato de direito internacional**, isto é, é um ato que gera efeitos jurídicos apenas no plano internacional, entre os países que celebraram o tratado. Em outras palavras: o Presidente da República pode, com base no seu próprio juízo político, denunciar um tratado internacional (e, com isso, retirar o Brasil do tratado), mas essa denúncia gerará efeitos apenas no plano internacional, perante os demais países signatários do tratado, não repercutindo no ordenamento jurídico interno brasileiro.

De acordo com o que foi decidido STF, **para que a denúncia de um tratado internacional pelo Presidente da República gere efeitos no ordenamento jurídico interno, retirando as normas previstas no tratado da ordem jurídica brasileira, é necessário que haja aprovação do Congresso Nacional**, tal qual é necessário haver aprovação legislativa para que o tratado internacional passe a fazer parte do nosso ordenamento jurídico.

Segundo o STF, as principais razões pelas quais a denúncia de um tratado internacional só pode gerar efeitos no ordenamento jurídico interno se houver aprovação do Congresso Nacional são os princípios do **Estado Democrático de Direito**, da **legalidade** (que é corolário do Estado Democrático de Direito) e da **separação dos Poderes**.

Como assim?

Quando um tratado internacional é incorporado ao ordenamento jurídico brasileiro, ele se torna uma norma interna e, como tal, gera obrigações para todos, e é por esse motivo que a sua internalização depende da aprovação do Poder Legislativo.

Isso porque, nos termos do art. 5º, II, da CF/88, *"ninguém será obrigado a fazer ou deixar de fazer alguma coisa senão em virtude de lei"*. Esse é o **princípio da legalidade** (e aqui nos referimos à legalidade geral, e não à legalidade da Administração Pública), que é uma decorrência do próprio Estado Democrático de Direito.

A necessidade de lei para a criação de obrigações para as pessoas (princípio da legalidade) decorre do fato de que os membros do Poder Legislativo são representantes do povo, de modo que, quando o legislador aprova uma lei criando obrigações para as pessoas, o que se tem aí, em última análise, são as pessoas criando obrigações para elas mesmas. Em outras palavras: o Poder Legislativo só pode criar obrigações para as pessoas (por meio das leis que aprova) porque está autorizado a fazer isso pelas próprias pessoas destinatárias dessas obrigações.

Da mesma forma que a aprovação e incorporação de um tratado internacional cria obrigações para as pessoas, a sua retirada do ordenamento jurídico também gera essa consequência, pois modifica as normas até então vigentes na ordem jurídica interna. E é por isso que é necessário haver aprovação do Poder Legislativo (mais precisamente, do Congresso Nacional) para que a denúncia de um tratado internacional gere efeitos internos no Brasil. Isso é uma imposição do princípio da legalidade.

Nos exatos termos da ementa da ADC 39, *"à luz da Constituição de 1988, **decorre do próprio Estado Democrático de Direito e de seu corolário 'o princípio da legalidade'** que a denúncia de um tratado internacional, embora produza efeitos no âmbito externo diante da manifestação de vontade do presidente da República, **requer a anuência do Congresso Nacional para que suas normas sejam excluídas do direito positivo interno**"*.

Além disso, se a denúncia de um tratado internacional pudesse gerar efeitos no ordenamento jurídico interno sem a aprovação do Congresso Nacional, haveria uma violação à separação dos Poderes. Isso porque a internalização do tratado exige aprovação legislativa, de modo que permitir a sua retirada da ordem jurídica interna sem manifestação do Poder Legislativo representaria uma intromissão do Poder Executivo (já que quem faz a denúncia é o Presidente da República) no Poder Legislativo (que havia anteriormente aprovado a incorporação do tratado).

Com base em tudo isso que vimos acima, o STF, na ADC 39, decidiu que, para que a denúncia de um tratado internacional gere efeitos no ordenamento jurídico interno, deve ser observado, por paralelismo, o mesmo procedimento que foi aplicado para a sua aprovação e internalização. Nesse julgamento, a Corte fixou a tese segundo a qual ***"a denúncia pelo Presidente da República de tratados internacionais aprovados pelo Congresso Nacional, para que produza efeitos no ordenamento jurídico interno, não prescinde da sua aprovação pelo Congresso"***.

■ COMISSÃO PARLAMENTAR DE INQUÉRITO (ATRIBUIÇÃO INVESTIGATÓRIA)

A comissão parlamentar de inquérito (CPI) tem previsão no art. 58, § 3º, da CF/88, que destrincharemos nos tópicos seguintes.

> "**Art. 58, § 3º, CF/88.** As comissões parlamentares de inquérito, que terão poderes de investigação próprios das autoridades judiciais, além de outros previstos nos regimentos das respectivas Casas, serão criadas pela Câmara dos Deputados e pelo Senado Federal, em conjunto ou separadamente, mediante requerimento de um terço de seus membros, para a apuração de fato determinado e por prazo certo, sendo suas conclusões, se for o caso, encaminhadas ao Ministério Público, para que promova a responsabilidade civil ou criminal dos infratores."

A seguir, definiremos o que é CPI e analisaremos seus pressupostos e requisitos (lembrando que, em direito público, pressupostos e requisitos são coisas distintas: pressupostos são materiais e requisitos são formais), além dos seus limites de atuação.

► Definição

A definição de CPI deve considerar a natureza do órgão e a natureza da função.

No que respeita à **natureza do órgão**, a CPI é uma comissão integrante do Poder Legislativo. Conforme vimos, qualquer das Casas Legislativas possui comissões em suas estruturas internas, e a CPI nada mais é do que uma **comissão temporária**.

Como comissão temporária que é, a CPI se submete a prazo. E, cuidando-se de uma comissão de inquérito, a CPI tem a missão de instaurar, desenvolver e concluir o inquérito parlamentar.

Por outro lado, levando-se em consideração a **natureza da função**, é necessário ter em mente que o Poder Legislativo desempenha duas investigações: a investigação financeiro-orçamentária (que chamamos, anteriormente, de atribuição fiscalizadora) e a investigação político-administrativa.

A investigação financeiro-orçamentária é a que diz respeito às finanças e ao orçamento, e ela é feita com o auxílio do Tribunal de Contas.

> **ATENÇÃO!**
> Em nenhum momento a CF/88 diz que o Tribunal de Contas é órgão pertencente ao Poder Legislativo. O que a CF/88 diz é que o Tribunal de Contas auxilia o Poder Legislativo no controle externo das finanças públicas. Aliás, o Tribunal de Contas ocupa uma posição muito similar à do Ministério Público, motivo pelo qual, alguns doutrinadores afirmam que se trata de órgão autônomo independente, enquanto outros dizem que é um órgão com elevado *status* constitucional, além de existir uma terceira corrente de pensamento que sustenta que o Tribunal de Contas (assim como o Ministério Público) é quase um quarto Poder (ou seja, é um órgão que não está vinculado a nenhum outro Poder).

Já a investigação político-administrativa é a investigação que tem a ver com política e com administração, sendo ela feita pelo Poder Legislativo por intermédio da comissão parlamentar de inquérito (CPI). Veja que, aqui, por rigor técnico, não se pode falar "com o auxílio de", mas sim "por intermédio de", pois a CPI integra o Poder Legislativo (ela é uma "*longa manus*" do Poder Legislativo).

Assim, em relação à natureza da função, a CPI desempenha investigação político-administrativa. Ela não cuida da investigação financeiro-orçamentária.

Combinando os dois critérios classificatórios (natureza do órgão e natureza da função), pode-se dizer que a CPI é uma comissão temporária (definição pela natureza do órgão) com atribuição para investigação político-administrativa (definição pela natureza da função). Essa é a melhor definição possível do que é CPI.

▶ Pressupostos da CPI

Pressupostos, como visto acima, são condições materiais para que a CPI venha a ser criada.

Os pressupostos da CPI referidos pela CF/88 (art. 58, § 3º) são os seguintes, sendo um pressuposto substancial e um pressuposto temporal:

a) **Prazo certo**: é o pressuposto temporal. Para se constituir uma CPI, é necessário saber o seu prazo de duração.

b) **Fato determinado**: é o pressuposto substancial. Não se constitui uma CPI sem que ela se destine a investigar um fato certo.

Portanto, para que se instaure uma CPI, há duas condições impostas: que o fato seja certo e que o prazo de duração seja determinado.

É importante registrar, porém, que a jurisprudência do STF mitiga esses pressupostos.

Quanto ao pressuposto substancial, afirma-se que há atenuação por parte do STF, porque a CF/88 exige fato determinado, mas a Suprema Corte admite que a CPI seja instaurada para a apuração, também, de um fato conexo ao fato que acarretou originalmente a sua instauração. Assim, havendo conexão entre o fato efetivamente apurado e aquele que deu ensejo à criação da CPI, o STF vem admitindo o inquérito parlamentar.

Por exemplo, a chamada CPI do narcotráfico tinha como objeto da investigação o tráfico ilícito de drogas, e o STF aceitou que ela investigasse, também, tráfico de armas, milícia e até grupos de extermínio. Estes últimos não eram os fatos que acarretaram a criação da CPI, mas eram conexos ao fato determinado que levou à instauração da comissão e a sua investigação foi admitida.

Nas palavras da Corte, *"o inquérito parlamentar, realizado por qualquer CPI, qualifica-se como procedimento jurídico-constitucional revestido de autonomia e dotado de finalidade própria, circunstância esta que permite à Comissão legislativa (...) promover a pertinente investigação, ainda que os atos investigatórios possam incidir, eventualmente, sobre aspectos referentes a acontecimentos sujeitos a inquéritos policiais ou a processos judiciais que guardem conexão com o evento principal objeto da apuração congressual"* (MS 23639, j. 16/11/2000).

Em outro caso, o Supremo Tribunal Federal afirmou que *"a Comissão Parlamentar de Inquérito poderá estender o âmbito de sua apuração a fatos ilícitos ou irregulares que, no curso do procedimento investigatório, se revelarem conexos à causa determinante da criação da comissão"* (HC 100341/AM, j. 04/11/2010).

Portanto, o STF admite que a investigação realizada pela CPI ultrapasse o fato determinado que levou à sua instauração e alcance outros fatos, desde que haja alguma conexão entre eles.

Igualmente, o STF atenua o pressuposto temporal (que é a exigência de prazo certo), pois admite que haja **prorrogação do prazo da CPI**, desde que ocorra dentro da mesma legislatura.

Para compreender isso, é necessário conhecer 4 (quatro) definições técnicas:

a) **Legislatura**: é o intervalo de tempo de 4 (quatro) anos. Portanto, Deputado tem mandato de uma legislatura, enquanto Senador tem mandato de duas legislaturas.

b) **Sessão legislativa**: é o intervalo de tempo de 1 (um) ano. Logo, cada legislatura é composta de 4 (quatro) sessões legislativas.

c) **Período legislativo**: é o intervalo de tempo de 6 (seis) meses. Cada sessão legislativa, então, é composta por dois períodos legislativos, que, são intermediados por dois recessos parlamentares.

d) **Sessão**: é o intervalo de tempo de um dia em que as atividades parlamentares são desenvolvidas cotidianamente (sessão de terça-feira, sessão de quarta-feira, sessão de quinta-feira etc.).

Então, a prorrogação do prazo da CPI é possível, se ocorrer dentro de uma mesma legislatura. A prorrogação não pode ultrapassar o término da legislatura, até mesmo por uma questão pragmática, pois é possível que os Parlamentares membros da comissão de inquérito não sejam reeleitos, o que acabaria prejudicando os trabalhos desenvolvidos. Portanto, prorrogação de CPI que ultrapasse a legislatura na qual foi criada é juridicamente impossível.

A mitigação do pressuposto temporal da CPI, com a admissão da prorrogação de sua duração (desde que dentro da mesma legislatura), decorre do art. 5º, § 2º, da Lei 1.579/52, no qual se fundamenta o Supremo Tribunal Federal para formar sua jurisprudência sobre a questão.

> **"Art. 5º, § 2º, Lei 1.579/52 -** A incumbência da Comissão Parlamentar de Inquérito termina com a sessão legislativa em que tiver sido outorgada, salvo deliberação da respectiva Câmara, **prorrogando-a dentro da Legislatura em curso.**

É possível citar os seguintes exemplos de precedentes em que esse entendimento foi adotado:

> "(...) I. - A Comissão Parlamentar de Inquérito deve apurar fato determinado. C.F., art. 58, § 3º. Todavia, não está impedida de investigar fatos que se ligam, intimamente, com o fato principal. II. - Prazo certo: o Supremo Tribunal Federal, julgando o HC nº 71.193-SP, decidiu que **a locução "prazo certo", inscrita no § 3º do artigo 58 da Constituição, não impede prorrogações sucessivas dentro da legislatura**, nos termos da Lei 1.579/52. (...)" **(HC 71231/RJ; Relator(a): Min. CARLOS VELLOSO; Julgamento: 05/05/1994; Órgão Julgador: Tribunal Pleno)**
>
> "(...) 3. A duração do inquérito parlamentar - com o poder coercitivo sobre particulares, inerentes a sua atividade instrutória e a exposição da honra e da imagem das pessoas a desconfianças e conjecturas injuriosas - é um dos pontos de tensão dialética entre a CPI e os direitos individuais, cuja solução, pela limitação temporal do funcionamento do órgão, antes se deve entender matéria apropriada a lei do que aos regimentos: donde, **a recepção do art. 5., par. 2., da L. 1579/52, que situa, no termo final de legislatura em que constituída, o limite intransponível de duração, ao qual, com ou sem prorrogação do prazo inicialmente fixado, se há de restringir a atividade de qualquer comissão parlamentar de inquérito.** (...)" **(HC 71261/RJ; Relator(a): Min. SEPÚLVEDA PERTENCE; Julgamento: 11/05/1994; Órgão Julgador: Tribunal Pleno)**

Requisitos da CPI

Conforme já observado, requisito é condição formal. Veremos aqui as condições formais para a instauração de uma CPI.

Os requisitos da CPI são 3 (três):

a) **Requerimento de constituição**: a constituição da CPI deve ser requerida por alguém que tenha legitimação para tanto.

b) **Inquérito parlamentar**: instaurada a CPI, todo o trabalho se formaliza em um inquérito parlamentar.

c) **Relatório de investigação**: concluído o inquérito parlamentar, é lavrado um relatório final, que, se for caso, será encaminhado ao Ministério Público, para que apure e denuncie crimes eventualmente descobertos no curso do procedimento.

O requerimento é o início da CPI, o inquérito é o seu meio e o relatório é o seu fim.

O relatório final é encaminhado ao Ministério Público, tecnicamente, como peça de informação, sendo possível que o MP, de posse dele e nele se baseando, deflagre a ação, requisite a instauração de algum procedimento com base no que foi apurado ou o arquive (assim como pode arquivar inquérito civil, o MP pode arquivar relatório de inquérito parlamentar).

É importante registrar ainda que, **segundo o STF**, o fato de a Constituição Federal prever (no art. 58, § 3º) que a CPI pode enviar o seu relatório final ao Ministério Público para que este promova as responsabilizações cabíveis faz com que exista, em relação às apurações da CPI, um canal de **"diálogo direto"** entre o MP e o Poder Legislativo.

Como consequência disso, caso o Ministério Público, ao receber o relatório final de uma CPI, entenda necessário haver algum esclarecimento ou complementação, pode solicitar a providência **diretamente à respectiva Casa Legislativa**, não havendo necessidade de pedir ao Poder Judiciário que determine ao Legislativo o fornecimento desses dados.

Foi com base nesse entendimento que a Min. Rosa Weber, em decisão proferida na **Pet 10065** em 03/02/2022, indeferiu um pedido formulado pela Procuradoria-Geral da República no sentido de que o STF enviasse ao Senado Federal questionamentos sobre provas produzidas na CPI da COVID.

→ *Requerimento de instauração: CPI como direito das minorias*

Há direito das minorias parlamentares à investigação parlamentar? O que essa questão tem a ver com a CPI, especialmente, no que diz respeito ao tema do requerimento de sua instauração?

Essa questão esbarra em algo maior: democracia. A democracia, em um de seus aspectos, é o somatório de dois vetores, quais sejam, o respeito à **vontade da maioria** e o respeito aos **direitos das minorias**. Ou seja, democracia não se limita a voto e a quantidade (maioria), ela também envolve a tutela de valores fundamentais, inclusive, de valores das minorias. Minoria é algo tão caro à democracia, que faz parte de seu conceito.

Retomando: existe direito das minorias à investigação parlamentar? **Sim**, existe. O que isso tem a ver com os requisitos de constituição de uma CPI? É que, de acordo com o STF, o requerimento de constituição de uma CPI não está sujeito à deliberação plenária, pois, se estivesse, as minorias jamais conseguiriam instaurar uma CPI, tendo em vista que o seu pedido nunca seria acolhido pelo Plenário.

A esse respeito, o que o STF diz é o seguinte: tendo em vista que minoria faz parte da definição de democracia e que o regime democrático também tutela direitos das minorias (e não apenas da maioria), deve-se reconhecer a existência do direito das minorias parlamentares à investigação. E esse direito se materializa pela ausência de deliberação plenária do requerimento de constituição da CPI, **bastando, para que a comissão seja criada, que esse requerimento seja formulado nos termos do art. 58, § 3º, da CF/88**, inexistindo qualquer juízo de valor na sua instauração.

O que o art. 58, § 3º, da CF/88 exige é, apenas, que o requerimento de instalação da CPI **(I)** indique um fato determinado de interesse público como objeto da investigação, **(II)** estabeleça o prazo de duração da comissão e **(III)** seja subscrito por pelo menos 1/3 dos membros da Câmara dos Deputados, do Senado Federal ou do Congresso Nacional. Atendidas essas exigências constitucionais, a Casa Legislativa fica obrigada a constituir a CPI, não podendo ser frustrado o direito da minoria parlamentar à investigação do fato político-administrativo que pretende apurar. Em outras palavras: havendo requerimento subscrito por pelo menos 1/3 dos membros da Casa indicando prazo de duração da investigação e o fato determinado a ser investigado, há obrigação de instauração do inquérito parlamentar.

> **"Art. 58, § 3º, CF/88.** As comissões parlamentares de inquérito, que terão poderes de investigação próprios das autoridades judiciais, além de outros previstos nos regimentos das respectivas Casas, serão criadas pela Câmara dos Deputados e pelo Senado Federal, em conjunto ou separadamente, **mediante requerimento de um terço de seus membros**, para a apuração de fato determinado e por prazo certo, sendo suas conclusões, se for o caso, encaminhadas ao Ministério Público, para que promova a responsabilidade civil ou criminal dos infratores."

Aliás, o STF vem entendendo que essa vinculação é ainda maior. Antes, a Corte entendia que a vinculação em questão era simples, bastando, para a instauração da CPI, que o requerimento de constituição fosse subscrito por pelo menos 1/3 dos membros da Casa respectiva. Hoje, porém, o STF entende que essa vinculação é dupla: a Casa está vinculada a constituir a CPI, assim como a constituir a CPI nos termos do pedido, não tendo a possibilidade de alterar o objeto constante do requerimento de instauração da comissão.

Logo, além de o requerimento de constituição da CPI não estar sujeito à deliberação plenária, a essa deliberação também não se sujeita o objeto da CPI constante do requerimento de sua instauração. Em outras palavras: além de a Casa não ter a possibilidade de negar a criação da CPI, não pode modificar o seu objeto e, com isso, desnaturar a investigação. Isso é garantia eficiente que o STF confere ao direito das minorias parlamentares à investigação político-administrativa.

Além disso, segundo o Supremo Tribunal Federal, **uma vez apresentado o requerimento de constituição de uma CPI subscrito por pelo menos um terço dos membros da Casa Legislativa e atendendo as demais exigências constitucionais**

(quais sejam, fato determinado e prazo certo), não é possível a retirada de nenhuma assinatura, sendo inevitável a criação da comissão.

Nesse exato sentido, decidiu o STF ao julgar o MS 26441/DF, cuja ementa expressa, de forma brilhante e enriquecedora, as ideias fundamentais envolvidas no reconhecimento do direito público subjetivo de investigação assegurado às minorias parlamentares. Vale a pena a leitura:

> "(...) - Existe, no sistema político-jurídico brasileiro, um verdadeiro estatuto constitucional das minorias parlamentares, cujas prerrogativas - notadamente aquelas pertinentes ao direito de investigar - devem ser preservadas pelo Poder Judiciário, a quem incumbe proclamar o alto significado que assume, para o regime democrático, a essencialidade da proteção jurisdicional a ser dispensada ao direito de oposição, analisado na perspectiva da prática republicana das instituições parlamentares. - A norma inscrita no art. 58, § 3º, da Constituição da República destina-se a ensejar a participação ativa das minorias parlamentares no processo de investigação legislativa, sem que, para tanto, mostre-se necessária a concordância das agremiações que compõem a maioria parlamentar. (...) - **A maioria legislativa não pode frustrar o exercício, pelos grupos minoritários que atuam no Congresso Nacional, do direito público subjetivo que lhes é assegurado pelo art. 58, § 3º, da Constituição e que lhes confere a prerrogativa de ver efetivamente instaurada a investigação parlamentar**, por período certo, sobre fato determinado. (...) - A ofensa ao direito das minorias parlamentares constitui, em essência, um desrespeito ao direito do próprio povo, que também é representado pelos grupos minoritários que atuam nas Casas do Congresso Nacional. (...) - A instauração de inquérito parlamentar, para viabilizar-se no âmbito das Casas legislativas, está vinculada, unicamente, à satisfação de três (03) exigências definidas, de modo taxativo, no texto da Lei Fundamental da República: (1) subscrição do requerimento de constituição da CPI por, no mínimo, 1/3 dos membros da Casa legislativa, (2) indicação de fato determinado a ser objeto da apuração legislativa e (3) temporariedade da comissão parlamentar de inquérito. (...) - **O requisito constitucional concernente à observância de 1/3 (um terço), no mínimo, para criação de determinada CPI (CF, art. 58, § 3º), refere-se à subscrição do requerimento de instauração da investigação parlamentar, que traduz exigência a ser aferida no momento em que protocolado o pedido junto à Mesa da Casa legislativa, tanto que, "depois de sua apresentação à Mesa", consoante prescreve o próprio Regimento Interno da Câmara dos Deputados (art. 102, § 4º), não mais se revelará possível a retirada de qualquer assinatura.** - **Preenchidos os requisitos constitucionais (CF, art. 58, § 3º), impõe-se a criação da Comissão Parlamentar de Inquérito, que não depende, por isso mesmo, da vontade aquiescente da maioria legislativa. Atendidas tais exigências (CF, art. 58, § 3º), cumpre, ao Presidente da Casa legislativa, adotar os procedimentos subseqüentes e necessários à efetiva instalação da CPI, não se revestindo de legitimação constitucional o ato que busca submeter, ao Plenário da Casa legislativa, quer por intermédio de formulação de Questão de Ordem, quer mediante interposição de recurso ou utilização de qualquer outro meio regimental, a criação de qualquer comissão parlamentar de inquérito.** - A prerrogativa institucional de investigar, deferida ao Parlamento (especialmente aos grupos minoritários que atuam no âmbito dos corpos legislativos), não pode ser comprometida pelo bloco majoritário existente no Congresso Nacional, que não dispõe de qualquer parcela de poder para deslocar, para o Plenário das Casas legislativas, a decisão final sobre a efetiva criação de determinada CPI, sob pena de frustrar e nulificar, de modo inaceitável

e arbitrário, o exercício, pelo Legislativo (e pelas minorias que o integram), do poder constitucional de fiscalizar e de investigar o comportamento dos órgãos, agentes e instituições do Estado, notadamente daqueles que se estruturam na esfera orgânica do Poder Executivo. - **A rejeição de ato de criação de Comissão Parlamentar de Inquérito, pelo Plenário da Câmara dos Deputados, ainda que por expressiva votação majoritária, proferida em sede de recurso interposto por Líder de partido político que compõe a maioria congressual, não tem o condão de justificar a frustração do direito de investigar** que a própria Constituição da República outorga às minorias que atuam nas Casas do Congresso Nacional." **(MS 26441/DF; Relator(a): Min. CELSO DE MELLO; Julgamento: 25/04/2007; Órgão Julgador: Tribunal Pleno)**

Esse tema já foi cobrado em prova, como ocorreu no concurso para o cargo de Procurador do Estado do Amazonas realizado pelo CESPE em 2016, no qual, foi considerada incorreta a assertiva segundo a qual, "dado o princípio majoritário adotado pela CF, pode a Constituição estadual prever que o pedido de criação de comissão parlamentar de inquérito efetuado por um terço dos deputados estaduais no âmbito da assembleia legislativa fique condicionado à vontade da maioria do plenário, que, se assim deliberar, poderá impedir a instalação da respectiva comissão". Como vimos, segundo o STF, as minorias parlamentares têm direito público subjetivo à instauração do inquérito parlamentar, sendo vedado que, uma vez preenchidos os requisitos e pressupostos constitucionais das CPIs, a constituição da comissão dependa de chancela do Plenário da Casa Legislativa.

- Possibilidade de controle judicial dos requisitos e pressupostos para a instauração de uma CPI

Vimos acima que, uma vez apresentado um requerimento de instauração de uma comissão parlamentar de inquérito subscrito por pelo menos 1/3 (um terço) dos membros da Casa Legislativa e no qual haja a indicação de um fato determinado a ser investigado e de prazo certo de duração dos trabalhos, a CPI deve ser instalada, não havendo possibilidade de se submeter o pedido à análise de qualquer outra instância (nem mesmo do Presidente ou do Plenário da Casa Legislativa).

Isso porque, segundo entende o STF, a criação das CPIs é um direito das minorias parlamentares, de modo que o ato de instalação da comissão é um ato vinculado, isto é, uma vez presentes os requisitos e pressupostos exigidos pelo art. 58, § 3º, da Constituição Federal para esse fim (quais sejam, requerimento subscrito por pelo menos um terço dos membros da Casa Legislativa, indicação de fato determinado a ser apurado e delimitação de prazo de duração dos trabalhos), a instauração da CPI é obrigatória.

Essa questão foi muito debatida no caso da chamada **CPI da COVID**, que teve grande repercussão midiática.

O que ocorreu nesse caso foi que um Senador apresentou ao Presidente do Senado Federal um requerimento de instalação de uma CPI para apurar irregularidades na gestão da crise de saúde pública causada pela pandemia de COVID-19 que chegou ao Brasil no ano 2020. Embora todas as exigências constitucionais para a criação da comissão de inquérito estivessem presentes, o Presidente da Casa Legislativa, alegando que a pandemia impediria que os trabalhos da CPI fossem desenvolvidos adequadamente (por conta do distanciamento social que ela impunha), omitia-se e deixava de apreciar o pedido, o que levou à judicialização do caso, que foi apreciado pelo STF no **MS 37.760.**

A questão, inicialmente, recebeu uma decisão monocrática do Min. Luís Roberto Barroso, proferida no dia 08/04/2021, determinando ao Presidente do Senado Federal que instalasse a CPI, justamente por estarem presentes todos os requisitos e pressupostos constitucionais para isso, o que afastava qualquer possibilidade de se submeter o requerimento de criação da comissão a qualquer deliberação, seja ela do Presidente da Casa Legislativa, seja ela do Plenário da Casa.

Em outras palavras: quem decide se a CPI deve ser instalada não é o Presidente da Casa Legislativa nem o seu Plenário, mas sim os Parlamentares subscritores do respectivo requerimento. Logo, havendo assinaturas de pelo menos um terço dos membros da Casa Legislativa e a indicação de fato determinado a ser investigado e de prazo certo de duração dos trabalhos, a decisão da instalação da comissão já está tomada (pelos Parlamentares subscritores do requerimento) e deve ser cumprida.

Da mesma forma, não cabe ao Poder Judiciário decidir se uma CPI deve ser instalada. Ao Judiciário cabe, tão somente, assegurar a observância de direitos conferidos pelo ordenamento jurídico, e, no caso da CPI da COVID, o que ocorreu foi justamente isso: o Supremo Tribunal Federal determinou que fosse respeitada a decisão da minoria parlamentar de instaurar a comissão de inquérito, por se tratar de um direito assegurado pela Constituição Federal.

Perceba: não foi o Judiciário que decidiu instalar a CPI nesse caso. A decisão de instalação da comissão já havia sido tomada pelos Senadores que assinaram o respectivo requerimento. O que o Poder Judiciário fez aí foi tão somente determinar que essa decisão fosse respeitada, porque os subscritores do pedido tinham esse direito assegurado pela Constituição Federal.

No dia 14/04/2021, a decisão monocrática do Min. Barroso foi referendada pelo Plenário do Supremo Tribunal Federal, pelas razões que vimos acima. No que diz respeito à alegação de que a CPI não teria condições de desenvolver seus trabalhos por conta da pandemia de COVID-19, a Corte deixou claro que *"o procedimento a ser seguido pela CPI deverá ser definido pelo próprio Senado Federal, de acordo com as regras que vem adotando para funcionamento dos trabalhos durante a pandemia, não cabendo ao Senado definir "se" vai instalar a CPI ou "quando" a comissão vai funcionar, mas sim "como" irá proceder, por exemplo, se por videoconferência, de modo presencial, semipresencial ou fazendo uma combinação de todas essas possibilidades"*.

Ou seja, mais uma vez, ficou reconhecida a natureza vinculada do ato de instalação de uma comissão parlamentar de inquérito quando presentes as exigências constitucionais para a sua criação. A Casa Legislativa ou o seu Presidente não possui a prerrogativa de analisar a conveniência e a oportunidade de instalar a comissão nem qual seria o melhor momento para isso, havendo, na verdade, a obrigação de atender o requerimento apresentado pelos Parlamentares que desejam ver o inquérito instaurado.

▶ Limites da CPI

Nos termos do art. 58, § 3º, da CF/88, a CPI, além de poderes definidos no regimento interno da respectiva Casa Legislativa, possui **poderes investigatórios próprios das autoridades judiciais.**

> "**Art. 58, § 3º, CF/88.** As comissões parlamentares de inquérito, que terão **poderes de investigação próprios das autoridades judiciais**, além de outros previstos nos regimentos das respectivas Casas, serão criadas pela Câmara dos Deputados e pelo Senado Federal, em conjunto ou separadamente, mediante requerimento de um terço de seus membros, para a apuração de fato determinado e por prazo certo, sendo suas conclusões, se for o caso, encaminhadas ao Ministério Público, para que promova a responsabilidade civil ou criminal dos infratores."

Isso gera o seguinte questionamento: em um sistema acusatório, como é o caso do sistema brasileiro, autoridade judicial possui poder investigatório? Não.

O cerne do sistema acusatório processual penal é justamente a separação entre acusação e julgamento. Não necessariamente essa separação deve ser tão radical como ocorre no Brasil, em que não apenas as funções são separadas, como também os órgãos de acusação (Ministério Público) e de julgamento (Judiciário). É possível que seja um sistema acusatório mitigado, como o da Itália, onde há separação das funções, mas concentradas no mesmo órgão.

Portanto, seja o sistema acusatório puro ou impuro, pleno ou mitigado, há separação entre as figuras do acusador e do julgador, o que significa que a autoridade judicial não tem poder investigatório, até porque, se o tivesse, sua imparcialidade estaria completamente comprometida. Nesse sentido, Hugo Nigro Mazzili diz que a ausência de intromissão do Judiciário na investigação criminal e na acusação penal é o primeiro fator de proteção das liberdades públicas, pois garante a imparcialidade do magistrado e, consequentemente, do julgamento que vier a ser proferido.

Por esse motivo, a expressão utilizada pelo art. 58, § 3º, da CF/88 carece da melhor técnica, já que autoridade judicial não possui poderes de investigação.

Como, então, entender a previsão do art. 58, § 3º, da CF/88? Ao prever que CPI possui poderes investigativos de autoridade judicial, o que a CF/88 quer dizer é que CPI pode atribuir caráter obrigatório, caráter cogente a seus atos, tal qual pode fazer qualquer autoridade do Poder Judiciário.

Os atos de uma CPI, portanto, são cogentes, são obrigatórios. CPI não admoesta ninguém, e sim determina, à semelhança do que faz uma autoridade judicial.

Resumindo: ao prever que a CPI possui poderes de investigação próprios de autoridades judiciais (Juízes e Tribunais), a CF/88 não quer se referir a poderes para investigar, até porque órgãos jurisdicionais não possuem poderes investigatórios.

O que a Constituição quer dizer aí é que, assim como a jurisdição é imperativa e inevitável, a CPI tem a possibilidade jurídica de conferir obrigatoriedade aos atos praticados por ela.

Fixada essa interpretação, pergunta-se: quais são os **limites** aos quais estão sujeitas as atividades de uma CPI? Alguns autores dizem que são dois, mas, na verdade, são três, a saber: limite de **competência**; limite de **conteúdo**; e limite de **matéria**.

Quanto ao limite de **competência**, a CPI está limitada à competência da Casa Legislativa em que foi instituída, ela não pode ultrapassar a competência do órgão legislativo que deu ensejo à sua criação (STF, HC 71.231). Isso é importante, especialmente, quando se trata de CPIs estaduais e municipais: se uma Assembleia Legislativa ou uma Câmara Municipal cria uma CPI, essa CPI não pode ultrapassar as competências atribuídas ao Estado ou ao Município respectivo e invadir competências de outras entidades da Federação, notadamente, da União.

Em outras palavras, é possível a criação de CPIs em qualquer esfera da Federação (ou seja, no Congresso Nacional, nas Assembleias Legislativas e nas Câmaras de Vereadores), porém, CPI federal apenas pode investigar fatos de interesse nacional, CPI estadual apenas pode investigar fatos de interesse do respectivo Estado e CPI municipal apenas pode investigar fatos de interesse do respectivo Município.

Quanto ao limite de **conteúdo**, esse limite tem a ver com o interesse público, significando o seguinte: CPI desempenha investigação político-administrativa, de modo que qualquer investigação dela deve ter relação com política e com administração, casos que envolvem, ambos, interesse público. CPI não pode ser criada para investigar matéria de interesse meramente privado, ela deve ter em vista um fato de interesse público. Interesses privados poderão ser objeto de atuação de outros órgãos, mas não de CPI. Logo, o limite de conteúdo da CPI é o interesse público.

Mas é importante compreender que o fato de CPI não se prestar a investigar questões de interesse privado não significa que ela não possa investigar atos praticados no âmbito da vida privada das pessoas, desde que sejam atos privados que apresentem interesse público. Portanto, atos praticados na esfera privada, se forem de interesse público, podem ser objeto de investigação de CPI (STF, HC 71.231).

Por fim, há limite de **matéria**: CPI não pode investigar matéria reservada ao Poder Judiciário, o que, de acordo com o STF, recebeu o nome de **princípio da reserva constitucional da jurisdição**. CPI, então, não pode investigar matéria reservada pela Constituição ao Poder Judiciário.

Isso repercute até na **possibilidade de instituição de CPI para investigar o Poder Judiciário**, o que se admite, mas exige que seja feita a distinção entre ato jurisdicional e ato judiciário. Ato jurisdicional é ato praticado pelo Poder Judiciário no exercício da sua função típica, que é a função jurisdicional (por exemplo, sentença, acórdão, despacho, decisão interlocutória etc.), enquanto ato judiciário é o ato praticado pelo Poder Judiciário fora do exercício da função jurisdicional, ou seja, no exercício de funções atípicas (por exemplo, quando o Poder Judiciário desempenha anomalamente a função administrativa e pratica um ato, esse ato, tecnicamente, é um ato judiciário, mas não um ato jurisdicional, como é o caso do ato que dá posse a um juiz).

Tendo em vista essa diferenciação, é possível a constituição de uma CPI sobre o Poder Judiciário, desde que não seja sobre atos jurisdicionais, mas, sim, sobre atos judiciários, além de ser necessário, evidentemente, que sejam preenchidos todos os requisitos e pressupostos constitucionais para a instauração do inquérito parlamentar (prazo certo, apuração de fato determinado e requerimento subscrito por 1/3 dos membros da Casa).

Atos jurisdicionais são imunes ao controle exercido por CPI, mesmo porque ato jurisdicional só está sujeito a controle interno do próprio Judiciário, seja por meio de recurso, seja por meio de ação autônoma de impugnação (como ação rescisória e revisão criminal). Por outro lado, atos judiciários podem ser sindicados por CPI, podem sofrer controle externo por CPI, desde que presentes os pressupostos e requisitos do inquérito parlamentar. Por exemplo, quando o Poder Judiciário celebra um contrato, faz isso no exercício de sua função anômala administrativa (não é um ato jurisdicional, mas judiciário), de modo que a celebração desse contrato poderá ser investigada por CPI com a finalidade de apurar eventual lesão ao interesse público.

Nesse sentido, o seguinte precedente do STF:

> "(...) Comissão Parlamentar de Inquérito. **Não se mostra admissível para investigação pertinente às atribuições do Poder Judiciário, relativas a procedimento judicial compreendido na sua atividade-fim** (processo de inventário). (...)" **(HC 79441/DF; Relator(a): Min. OCTAVIO GALLOTTI; Julgamento: 24/11/1999; Órgão Julgador: Tribunal Pleno)**

Por fim, é necessário registrar que, além de todas as considerações feitas acima sobre os limites de atuação de uma comissão parlamentar de inquérito, o Supremo Tribunal Federal possui jurisprudência no sentido de que as ordens expedidas por uma CPI devem ser sempre **fundamentadas** de modo a ficar demonstrada a sua utilidade para a apuração do fato investigado. Ou seja, CPI não pode determinar a prática de atos de forma descriteriosa e sem uma relação de meio e fim com a investigação que se encontra em andamento.

Justamente por esse motivo, o STF não admite que, uma vez concluídos os trabalhos de uma CPI com a aprovação do seu relatório final, sejam determinadas novas diligências (a exemplo da quebra de sigilo de dados telemáticos). Isso porque, se a investigação já foi encerrada, não há como a prática de qualquer novo ato ser útil para o esclarecimento do fato apurado. Esse entendimento foi adotado pela Corte, por exemplo, no **MS 38.289 MC**, julgado em 22/11/2021.

→ *Atos sujeitos à cláusula de reserva de jurisdição*

Conforme vimos, CPI não pode praticar atos submetidos a reserva de jurisdição. Esses atos apenas podem ser praticados pelo Poder Judiciário no exercício de sua função jurisdicional. E aí surge o questionamento: quais atos, então, pode a CPI praticar e quais lhe são vedados?

Essas questões são respondidas pelo Supremo Tribunal Federal a cada caso concreto por ele apreciado, de modo que a análise casuística de sua jurisprudência é essencial para bem conhecer o tema.

No quadro abaixo, esquematizamos os atos que, segundo o STF, podem ser praticados por uma comissão parlamentar de inquérito e os atos que, por se submeterem a reserva de jurisdição, não podem. Essas hipóteses foram brilhantemente compiladas pelo Ministro Celso de Mello no **MS 33663 MC**. Vejamos.

CPI PODE	CPI NÃO PODE (RESERVA DE JURISDIÇÃO)
1) Quebrar sigilo fiscal; **2)** Quebrar sigilo bancário; **3)** Quebrar sigilo de dados (inclusive, de dados telefônicos); **4)** Ouvir investigados ou indiciados, respeitando o direito ao silêncio (não autoincriminação); **5)** Ouvir testemunhas, sob pena de condução coercitiva, respeitando o direito ao silêncio (não autoincriminação) e ao sigilo profissional; **6)** Convocar Ministros de Estado; **7)** Determinar a realização de diligências (como perícias e exames); **8)** Tomar depoimento de qualquer autoridade; **9)** Requisitar de órgãos públicos informações e documentos de qualquer natureza (inclusive, sigilosos); **10)** Realizar "inspeções" presencialmente.	**1)** Determinar busca e apreensão domiciliar (o que se aplica a qualquer espaço resguardado pela inviolabilidade, como escritórios de empresas); **2)** Determinar interceptação telefônica; **3)** Expedir ordem de prisão, salvo em caso de flagrante delito, como pode ocorrer em uma situação de falso testemunho perante a própria CPI; **4)** Decretar medidas assecuratórias de eventual sentença condenatória, seja de natureza real ou pessoal (como arresto e sequestro de bens, hipoteca legal, proibição de se afastar do País); **5)** Quebrar segredo de justiça.

No que diz respeito à possibilidade de CPI quebrar sigilo bancário, conforme vimos ao estudarmos os direitos fundamentais, segundo o STF, essa prerrogativa somente se estende ao Ministério Público e ao Tribunal de Contas, se o caso envolver verba pública.

Quanto à possibilidade de ouvir testemunhas, houve um caso em que a testemunha a ser ouvida pela CPI era esposa do investigado pela comissão e, por isso, alegou que não poderia ser obrigada a testemunhar. Porém, baseando-se nos arts. 203, 206 e 208 do Código de Processo Penal, o STF entendeu que ela não poderia se eximir do dever de depor, mas que, por ser esposa do investigado, não teria a obrigação de prestar o compromisso de dizer a verdade (HC 86.355, decisão monocrática do Min. Nelson Jobim, j. 25/07/2005).

Em relação à oitiva dos investigados, surge a seguinte questão: o investigado convocado para ser ouvido pela CPI pode escolher não comparecer?

Isso foi debatido no **HC 171438**, julgado em 28/05/2019 pela Segunda Turma do Supremo Tribunal Federal. No caso, a votação terminou com placar empatado em 2x2, tendo os Ministros Gilmar Mendes e Celso de Mello entendido pela facultatividade do comparecimento e os Ministros Edson Fachin e Cármen Lúcia, pela sua obrigatoriedade.

Como o julgamento restou empatado, teve de ser adotada a posição mais favorável ao paciente do *habeas corpus*, que, no caso, foi o reconhecimento da facultatividade do comparecimento do investigado.

Veja que, no caso, todos os Ministros votantes concordaram que, ocorrendo o comparecimento do investigado perante a CPI, ficam a ele assegurados os direitos:

a) ao silêncio;

b) à assistência de advogado;

c) de não prestar compromisso de dizer a verdade; e

d) de não sofrer constrangimentos (físicos ou morais) em virtude do exercício dos direitos mencionados acima.

A divergência verificada foi tão somente em relação à possibilidade (ou não) de a CPI determinar a condução coercitiva do investigado caso ele não compareça quando convocado. E a corrente contrária a essa medida (Gilmar Mendes e Celso de Mello) invocou como fundamento o entendimento firmado pelo STF na ADPF 395, na qual, a Suprema Corte decidiu que, no processo penal, não se pode determinar a condução coercitiva do investigado ou do réu para interrogatório.

Assim, a Segunda Turma do STF, ao julgar o **HC 171438**, em 28/05/2019, transformou a compulsoriedade do comparecimento do investigado para ser ouvido por CPI em facultatividade. E, em 05/06/2019, essa decisão foi estendida, monocraticamente, pelo Ministro Relator Gilmar Mendes a outros investigados.

Portanto, CPI pode ouvir testemunhas e investigados, porém, apenas as testemunhas podem ser conduzidas coercitivamente se deixarem de comparecer.

Essa condução coercitiva, no entanto, é feita através do Poder Judiciário, pois o art. 3º da Lei 1.579/52 (a Lei das CPIs) estabelece que as intimações dos indiciados e das testemunhas devem ser feitas de acordo com o disposto na legislação penal (*caput*) e que, caso a testemunha deixe de comparecer sem motivo justificado, a sua intimação será solicitada pela CPI ao juízo criminal do local em que se encontre, devendo ser seguido o procedimento previsto, para tal situação, no Código de Processo Penal. O CPP, por sua vez, prevê, no seu art. 218, que a condução coercitiva é determinada por um juiz e realizada pela autoridade policial ou por oficial de justiça.

> "**Art. 3º, Lei 1.579/52.** Indiciados e testemunhas serão intimados de acordo com as prescrições estabelecidas na legislação penal.
>
> **§ 1º** Em caso de não comparecimento da testemunha sem motivo justificado, **a sua intimação será solicitada ao juiz criminal da localidade em que resida ou se encontre**, nos termos dos arts. 218 e 219 do Decreto-Lei nº 3.689, de 3 de outubro de 1941 - Código de Processo Penal.
>
> **§ 2º** O depoente poderá fazer-se acompanhar de advogado, ainda que em reunião secreta."
>
> "**Art. 218, CPP.** Se, regularmente intimada, a testemunha deixar de comparecer sem motivo justificado, **o juiz poderá requisitar à autoridade policial a sua apresentação ou determinar seja conduzida por oficial de justiça**, que poderá solicitar o auxílio da força pública.
>
> **Art. 219, CPP.** O juiz poderá aplicar à testemunha faltosa a multa prevista no art. 453, sem prejuízo do processo penal por crime de desobediência, e condená-la ao pagamento das custas da diligência."

Os poderes das CPIs são um tema sempre cobrado em provas, como ocorreu no concurso para o cargo de Procurador do Município de São José dos Campos/SP realizado pela VUNESP em 2017. Nessa prova, a banca examinadora considerou incorreta a assertiva que dizia que as CPIs *"têm competência para requerer a quebra de registros telefônicos pretéritos, determinar a interceptação telefônica de investigados e a busca e apreensão domiciliar"*. Como vimos, de fato, as comissões parlamentares de inquérito podem quebrar sigilo telefônico (que diz respeito aos registros telefônicos pretéritos), mas não podem determinar interceptação telefônica nem busca e apreensão domiciliar, pois essas medidas se submetem à cláusula de reserva de jurisdição.

Nessa mesma questão, a assertiva considerada correta foi a que dizia que as CPIs *"possuem poderes próprios das autoridades judiciais, podendo, inclusive, determinar quebra de sigilos bancário, fiscal e de dados"*. Conforme acabamos de ver, essas providências não se submetem a reserva de jurisdição, podendo ser determinadas por comissões parlamentares de inquérito.

→ *(Im)possibilidade de CPI convocar Governador de Estado*

A chamada CPI da COVID (que foi instalada no Senado Federal para apurar a atuação da Administração Federal e a aplicação de recursos federais no combate à pandemia de COVID-19 manifestada no Brasil em 2020), em um determinado momento de seus trabalhos, decidiu convocar Governadores de alguns Estados para prestarem esclarecimentos (como testemunhas) sobre a gestão da pandemia em suas esferas e a aplicação de recursos públicos, especialmente, dos recursos que receberam do Governo Federal.

Não concordando com essa convocação, diversos Governadores de diferentes Estados decidiram impugná-la judicialmente, e, para isso, ajuizaram, em conjunto, a **ADPF 848**.

A ação, inicialmente, recebeu uma decisão cautelar monocrática da sua relatora, Min. Rosa Weber, no dia 21/06/2021. Nessa decisão (posteriormente submetida ao referendo do Plenário do Tribunal), a Ministra Weber decidiu que uma CPI federal não pode convocar Governadores de Estados para serem ouvidos, e os fundamentos utilizados por ela foram os seguintes:

I) Essa convocação viola a Separação dos Poderes, pois a Constituição Federal não prevê a possibilidade de o Legislativo convocar o Chefe do Poder Executivo;

II) Essa convocação viola a autonomia federativa, pois acaba submetendo os Estados à União, o que não é permitido pela CF/88, que estabelece serem autônomos todos os entes integrantes da Federação, o que compreende a impossibilidade de uma entidade federada se intrometer na gestão de outra entidade federada;

III) Qualquer CPI tem seus poderes limitados ao âmbito de competência da respectiva Casa Legislativa, de modo que uma CPI federal deve investigar a Administração federal, não a Administração Estadual, a qual, na verdade, submete-se aos poderes investigatórios da respectiva Assembleia Legislativa;

IV) A fiscalização da aplicação de verbas públicas é atribuição do Tribunal de Contas, não do Poder Legislativo, de modo que não cabe a uma CPI fiscalizar como foram aplicados recursos repassados pelo Governo Federal.

Vamos analisar esses fundamentos, um a um.

Em relação à violação à Separação dos Poderes (primeiro fundamento da decisão), ela decorre de interpretação dos arts. 50, "caput" e § 2º, e 58, § 2º, III, da CF/88, pois esses dispositivos, ao preverem a possibilidade de o Poder Legislativo convocar autoridades ou lhes solicitar informações, referem-se a agentes subordinados ao Presidente da República, mas não ao próprio Presidente da República, o que mostra a intenção do constituinte de não permitir a sujeição do Chefe do Executivo ao Poder Legislativo.

O teor desses dispositivos é o seguinte:

> "**Art. 50, CF/88.** A Câmara dos Deputados e o Senado Federal, ou qualquer de suas Comissões, poderão convocar Ministro de Estado ou quaisquer titulares de órgãos diretamente subordinados à Presidência da República para prestarem, pessoalmente, informações sobre assunto previamente determinado, importando crime de responsabilidade a ausência sem justificação adequada.
>
> **§ 1º** Os Ministros de Estado poderão comparecer ao Senado Federal, à Câmara dos Deputados, ou a qualquer de suas Comissões, por sua iniciativa e mediante entendimentos com a Mesa respectiva, para expor assunto de relevância de seu Ministério.
>
> **§ 2º** As Mesas da Câmara dos Deputados e do Senado Federal poderão encaminhar pedidos escritos de informações a Ministros de Estado ou a qualquer das pessoas referidas no caput deste artigo, importando em crime de responsabilidade a recusa, ou o não - atendimento, no prazo de trinta dias, bem como a prestação de informações falsas."
>
> "**Art. 58, CF/88.** O Congresso Nacional e suas Casas terão comissões permanentes e temporárias, constituídas na forma e com as atribuições previstas no respectivo regimento ou no ato de que resultar sua criação.
>
> **§ 1º** Na constituição das Mesas e de cada Comissão, é assegurada, tanto quanto possível, a representação proporcional dos partidos ou dos blocos parlamentares que participam da respectiva Casa.
>
> **§ 2º** Às comissões, em razão da matéria de sua competência, cabe:
>
> I - discutir e votar projeto de lei que dispensar, na forma do regimento, a competência do Plenário, salvo se houver recurso de um décimo dos membros da Casa;
>
> II - realizar audiências públicas com entidades da sociedade civil;
>
> ***III - convocar Ministros de Estado para prestar informações sobre assuntos inerentes a suas atribuições;***
>
> IV - receber petições, reclamações, representações ou queixas de qualquer pessoa contra atos ou omissões das autoridades ou entidades públicas;
>
> V - solicitar depoimento de qualquer autoridade ou cidadão;
>
> VI - apreciar programas de obras, planos nacionais, regionais e setoriais de desenvolvimento e sobre eles emitir parecer."

Como essas disposições afetam diretamente a Separação dos Poderes, elas devem ser observadas por simetria nas demais esferas federativas (pois, conforme já estudamos, a jurisprudência do STF é no sentido de que as normas da CF/88 que envolvem a Separação dos Poderes são de reprodução obrigatória), de modo que nenhum Chefe de Executivo pode ser convocado pelo Poder Legislativo, seja qual for a esfera federativa envolvida.

Isso, porém, evidentemente, não impede que o Chefe do Poder Executivo compareça voluntariamente perante o Poder Legislativo, se assim entender conveniente.

É interessante notar que o inciso V do § 2º do art. 58 (transcrito acima), ao prever que as comissões do Congresso Nacional podem solicitar o depoimento de qualquer autoridade ou cidadão, não permite concluir que a Constituição autoriza a convocação do Presidente da República, simplesmente porque a Separação de Poderes não dá espaço a interpretar o texto constitucional dessa forma. Esse é o entendimento de José Afonso da Silva (que foi mencionado pela Min. Rosa Weber no caso) e foi a linha de pensamento adotada pelo Ministro Gilmar Mendes em seu voto proferido no julgamento do referendo da decisão da Ministra Rosa Weber. Segundo entendeu o Min. Gilmar Mendes, a razão de o Legislativo não poder convocar o Chefe do Executivo não é o fato de o texto constitucional ter se omitido quanto a essa possibilidade, mas sim a pura e simples consagração da Separação dos Poderes na Constituição.

No que diz respeito à violação à autonomia federativa (segundo fundamento da decisão), ela envolve o art. 18 da CF/88 (e outros dispositivos que trazem conteúdo semelhante ou relacionado), que expressamente estabelece que a União, os Estados, o DF e os Municípios são, todos, autônomos.

> "**Art. 18, CF/88.** A organização político-administrativa da República Federativa do Brasil compreende a União, os Estados, o Distrito Federal e os Municípios, todos autônomos, nos termos desta Constituição."

Como já estudamos, a autonomia de uma entidade federada significa que ela tem liberdade para agir e decidir dentro dos limites das competências dadas a ela pela Constituição Federal, e que, dentro dos limites de suas competências, não pode haver interferência de outro ente integrante da Federação.

Tendo essa ideia em mente, fica fácil perceber que, quando um órgão federal tenta se intrometer na Administração Estadual sem que haja previsão disso na Constituição Federal (como é o caso da convocação de Governadores por uma CPI instalada no Congresso Nacional), fica caracteriza uma violação à autonomia do ente federado que sofre a intromissão.

É importante lembrar que a autonomia federativa é tão importante para o nosso constituinte, que ele estabeleceu o Estado federal como uma das cláusulas pétreas da CF/88 (art. 60, §4º, I).

> "**Art. 60, § 4º, CF/88.** Não será objeto de deliberação a proposta de emenda tendente a abolir:
>
> I - a forma federativa de Estado;
>
> II - o voto direto, secreto, universal e periódico;
>
> III - a separação dos Poderes;

> IV - os direitos e garantias individuais."

Quanto à limitação do alcance dos poderes das CPIs (terceiro fundamento da decisão), ela decorre do esquema de repartição de competências. Conforme já vimos, em todas as esferas da Federação, a atuação das CPIs deve se limitar ao âmbito de atuação da respectiva Casa Legislativa. Assim, se a CPI foi instalada no Poder Legislativo Federal, ela não pode ultrapassar os limites de atuação do Congresso Nacional, de modo que não pode pretender investigar a Administração Pública de outros entes federados. Esse é o entendimento do Supremo Tribunal Federal (HC 71.231).

Por fim, em relação à falta de atribuição da CPI para fiscalizar a aplicação de verbas públicas (quarto fundamento da decisão), a Ministra Rosa Weber entendeu que esse papel cabe ao Tribunal de Contas, não podendo a CPI se intrometer nessa questão. Isso porque, segundo o art. 71, II e VI, da CF/88, quem julga contas de gestores de recursos públicos (inclusive quando envolvem recursos repassados a outros entes federados) é a Corte de Contas, e não o Poder Legislativo. O Legislativo apenas julga contas de agente público em uma única hipótese: quando se trata das contas prestadas pelo respectivo Chefe do Poder Executivo. Nesse caso, a atribuição do Tribunal de Contas é de simplesmente emitir um parecer prévio, como determina o art. 71, I, da CF/88, sendo o julgamento propriamente dito dessas contas uma atribuição do Poder Legislativo (art. 49, IX, CF/88).

> "**Art. 49, CF/88.** É da competência exclusiva do Congresso Nacional:
>
> (...)
>
> IX - julgar anualmente as contas prestadas pelo Presidente da República e apreciar os relatórios sobre a execução dos planos de governo;
>
> (...)"
>
> "**Art. 71, CF/88.** O controle externo, a cargo do Congresso Nacional, será exercido com o auxílio do Tribunal de Contas da União, ao qual compete:
>
> I - apreciar as contas prestadas anualmente pelo Presidente da República, mediante parecer prévio que deverá ser elaborado em sessenta dias a contar de seu recebimento;
>
> II - julgar as contas dos administradores e demais responsáveis por dinheiros, bens e valores públicos da administração direta e indireta, incluídas as fundações e sociedades instituídas e mantidas pelo Poder Público federal, e as contas daqueles que derem causa a perda, extravio ou outra irregularidade de que resulte prejuízo ao erário público;
>
> (...)
>
> VI - fiscalizar a aplicação de quaisquer recursos repassados pela União mediante convênio, acordo, ajuste ou outros instrumentos congêneres, a Estado, ao Distrito Federal ou a Município;
>
> (...)"

A decisão foi submetida ao referendo do Plenário. Como se posicionaram os demais Ministros?

Houve unanimidade de votos no sentido da impossibilidade de a CPI da COVID convocar Governadores, portanto, esse entendimento ficou firmado no Supremo Tribunal Federal.

Porém, alguns Ministros fizeram algumas ressalvas apenas em relação à fundamentação, pois não concordaram com alguns argumentos utilizados pela Ministra Rosa Weber.

É importante perceber o seguinte: a impossibilidade de uma CPI convocar Governadores foi estabelecida, em votação unânime, pelo Supremo Tribunal Federal. Em relação a isso não houve ressalva. As ressalvas (pequenas divergências) apresentadas dizem respeito, tão somente, às razões que sustentam essa impossibilidade. E, mesmo assim, a maioria dos Ministros referendou a decisão da Min. Rosa Weber integralmente, isto é, sem ressalvar nenhum fundamento, de modo que a decisão do Tribunal foi nos exatos termos propostos por ela (pela Min. Rosa Weber).

Quais Ministros apresentaram ressalvas e quais foram essas ressalvas?

Os Ministros que, nos seus votos, seguiram o dispositivo da decisão da Min. Rosa Weber (no sentido da impossibilidade da convocação de Governadores por CPI), mas fizeram ressalvas na fundamentação, foram Alexandre de Moraes, Gilmar Mendes, Marco Aurélio, Luís Roberto Barroso e Nunes Marques. Todos os demais Ministros referendaram integralmente a decisão.

As ressalvas apresentadas se referiram à (im)possibilidade de uma CPI fiscalizar a aplicação de recursos públicos. Conforme vimos, segundo entendeu a Min. Rosa Weber, isso é atribuição do Tribunal de Contas, não cabendo a uma comissão parlamentar de inquérito desempenhar essa função. No entanto, para os Ministros que ressalvaram os fundamentos da decisão referendada, o fato de a Corte de Contas ter atribuição constitucional para julgar contas de gestores de recursos públicos não impede que uma CPI investigue fatos que envolvem a aplicação de verbas públicas, mesmo porque a investigação realizada por uma CPI tem caráter eminentemente político e em nada prejudica a atuação do Tribunal de Contas.

Além dessa ressalva, o Min. Gilmar Mendes afirmou, ainda, no seu voto, que a consagração da Separação dos Poderes no texto constitucional (art. 2º) é suficiente, por si só, para impedir a convocação de Governadores por uma CPI, sendo irrelevante a constatação de que a CF/88 foi omissa em relação a essa possibilidade.

Dentre os Ministros que seguiram a relatora com ressalvas, o Min. Nunes Marques foi o único que apresentou fundamentação completamente dissonante. Para ele, a impossibilidade de a CPI da COVID convocar Governadores se deve ao fato de que os Governadores convocados seriam ouvidos como investigados e que, segundo a jurisprudência do próprio STF, investigado não pode ser obrigado a comparecer perante CPI (ADPFs 395 e 444 e HC 171.438), já que não pode sofrer condução coercitiva, tendo em vista que tal medida viola a presunção de inocência (art. 5º, LVII, CF/88) e o direito à não autoincriminação (art. 5º, LXIII, CF/88).

Seja como for, independentemente das ressalvas apresentadas, o resultado prático da decisão ficou mantido: CPI federal não pode convocar (com caráter compulsório) Governador de Estado para depor, seja como testemunha, seja como investigado.

Esse entendimento, aliás, por envolver a Separação dos Poderes, aplica-se a qualquer esfera da Federação (União, Estados, Distrito Federal e Municípios), não sendo possível que uma CPI (de qualquer ente federado) convoque um Chefe de Poder Executivo (de qualquer ente federado) para ser ouvido.

Por fim, é importante registrar que essa não foi a primeira vez que o STF se deparou com essa questão. Na decisão monocrática proferida no MS 31.689 MC (posteriormente extinto sem resolução do mérito por perda do objeto), já havia sido estabelecida, no âmbito da Corte, a impossibilidade de CPI convocar Governador para ser ouvido, seja como testemunha, seja como investigado, entendimento esse que foi reiterado agora, no referendo da ADPF 848 MC. O tema, portanto, não é novo no Tribunal.

→ *(Im)possibilidade de CPI convocar indígenas*

Conforme será melhor estudado no tópico sobre os índios (localizado no capítulo sobre a Ordem Econômica e Social), o Supremo Tribunal Federal possui entendimento no sentido de que **comissão parlamentar de inquérito não pode convocar indígenas para serem ouvidos,** tendo em vista que o art. 231, § 5º, da CF/88 assegura a eles o direito de não serem removidos de suas terras **(HC 80.240, j. 20/06/2001, Pleno).**

→ *Os poderes das CPIs estaduais e municipais*

Conforme vimos, segundo o art. 58, § 3º, da CF/88 as CPIs, além de poderes definidos no regime interno da respectiva Casa Legislativa, possuem poderes de investigação próprios de autoridades judiciais. Esse dispositivo trata do Poder Legislativo Federal, de modo que, a princípio, seria aplicável apenas às CPIs criadas no âmbito do Congresso Nacional.

No entanto, segundo o Supremo Tribunal Federal, as CPIs criadas em âmbito estadual (nas Assembleias Legislativas) possuem os mesmos poderes das CPIs federais, de modo que também gozam de poderes de investigação próprios de autoridades judiciais, podendo, por exemplo, determinar quebra de sigilo bancário diretamente, como foi decidido pela Corte na **ACO 730** (julgada em 22/09/2004).

Nesse mesmo precedente, no entanto, os Ministros do STF entenderam que isso não se aplica às CPIs municipais (criadas pelas Câmaras de Vereadores), de modo que elas não são dotadas de poderes de investigação próprios de autoridades judiciais. E o motivo disso é o fato de que os Municípios não possuem Poder Judiciário, que é de onde as CPIs recebem, por delegação, esses poderes investigatórios.

Como consequência, CPI municipal não pode, por exemplo, determinar diretamente a quebra de sigilo bancário, devendo, para isso, obter autorização judicial. Por essa razão, na prova objetiva do concurso para o cargo de Procurador do Município de Salvador realizado pelo CESPE em 2015, a banca examinadora considerou incorreta a assertiva segundo a qual *"as CPIs instauradas nas câmaras municipais possuem poderes para (...) requerer a apresentação de dados protegidos por sigilo bancário"*.

GARANTIAS DOS MEMBROS DO CONGRESSO NACIONAL

Quando se fala em garantias dos membros do Congresso Nacional, é certo que vêm à mente as imunidades parlamentares. Mas as imunidades parlamentares não são a única garantia desses agentes políticos.

Existem diversas garantias conferidas aos membros do Congresso Nacional brasileiro, sendo as imunidades apenas uma delas. Essas garantias são as seguintes:

a) identidade de retribuição pecuniária (art. 49, inc. VII);

b) limitação ao dever de testemunhar (art. 53, § 6°);

c) restrição ao serviço militar (art. 53, § 7°);

d) foro especial (arts. 53, § 1°, e 102, inc. I, *b*); e

e) imunidades parlamentares (art. 53, *caput*, §§ 2°, 3°, 4°, 5° e 8°).

▪ IDENTIDADE DE RETRIBUIÇÃO PECUNIÁRIA (ART. 49, VII, CF/88)

O art. 49, VII, da CF/88 diz competir ao Congresso Nacional, por meio de **decreto legislativo**, *"fixar idêntico subsídio para os Deputados Federais e os Senadores, observado o que dispõem os arts. 37, XI, 39, § 4º, 150, II, 153, III, e 153, § 2º, I"*.

Retribuição pecuniária, como se sabe, é a contraprestação em dinheiro, no caso, paga pelo desempenho da função pública de Deputado ou Senador. A forma assumida por essa retribuição, quando se trata de Parlamentares, é o **subsídio**, ou seja, Deputados e Senadores, que são agentes políticos, são remunerados por subsídio.

A garantia de identidade de retribuição pecuniária significa que a remuneração (sob a forma de subsídio) paga a Deputado e a Senador tem de ter valor idêntico, tem de ter o mesmo valor, isto é, o valor do subsídio pago a Deputado é igual ao valor do subsídio pago a Senador.

Tendo em vista que a retribuição pecuniária é idêntica a todos os Parlamentares, podemos concluir que a Câmara (que tem 513 Deputados) deve ter orçamento maior do que o Senado (que tem 81 Senadores). A Câmara, portanto, é, ao menos em tese, mais custosa ao erário do que o Senado.

E aqui é importante, ainda, notar o seguinte: a fixação do subsídio dos membros do Congresso Nacional é uma exceção à regra de que remuneração de servidor público deve ser fixada por lei (art. 37, X, CF/88). A mesma coisa ocorre com o subsídio dos Vereadores (art. 29, VI, CF/88), mas não ocorre com o subsídio dos Deputados Estaduais (art. 27, § 2º, CF/88), pois, enquanto a remuneração dos Parlamentares municipais também é fixada pela própria Casa Legislativa (por meio de Decreto Legislativo), a remuneração dos Parlamentares estaduais depende de lei para sua definição.

> "**Art. 37, X, CF/88** - a remuneração dos servidores públicos e o subsídio de que trata o § 4º do art. 39 somente poderão ser fixados ou alterados por lei específica, observada a iniciativa privativa em cada caso, assegurada revisão geral anual, sempre na mesma data e sem distinção de índices;"
>
> "**Art. 29, VI, CF/88** - o subsídio dos Vereadores será fixado pelas respectivas Câmaras Municipais em cada legislatura para a subseqüente, observado o que dispõe esta Constituição, observados os critérios estabelecidos na respectiva Lei Orgânica e os seguintes limites máximos: (...)"
>
> "**Art. 27, § 2º, CF/88** - O subsídio dos Deputados Estaduais será fixado por lei de iniciativa da Assembléia Legislativa, na razão de, no máximo, setenta e cinco por cento daquele estabelecido, em espécie, para os Deputados

> Federais, observado o que dispõem os arts. 39, § 4º, 57, § 7º, 150, II, 153, III, e 153, § 2º, I."

■ LIMITAÇÃO AO DEVER DE TESTEMUNHAR (ART. 53, § 6º, CF/88)

> "**Art. 53, § 6º, CF/88.** Os Deputados e Senadores não serão obrigados a testemunhar sobre informações recebidas ou prestadas em razão do exercício do mandato, nem sobre as pessoas que lhes confiaram ou deles receberam informações."

Nos termos desse dispositivo constitucional, os Deputados e Senadores não são obrigados a prestar testemunho sobre fatos ou pessoas que conheceram enquanto no desempenho de seus cargos.

Aqui, uma observação se faz importante: essa garantia **não consiste em sigilo profissional**, embora com ele seja parecida. Por quê? Por dois motivos:

a) Ser Deputado ou Senador não configura profissão que a lei regule. Portanto, no exercício do mandato parlamentar, **não há configuração de profissão**.

b) Ainda que o exercício do mandato parlamentar caracterizasse uma profissão, é de se notar que o sigilo profissional se refere apenas a fatos de que o indivíduo tenha tomado conhecimento no exercício de sua profissão, enquanto a garantia parlamentar ora analisada é **mais extensa**, pois engloba tanto fatos quanto pessoas que o parlamentar tenha conhecido em razão do exercício do mandato.

■ RESTRIÇÃO AO SERVIÇO MILITAR (ART. 53, § 7º, CF/88)

> "**Art. 53, § 7º, CF/88.** A incorporação às Forças Armadas de Deputados e Senadores, embora militares e ainda que em tempo de guerra, dependerá de prévia licença da Casa respectiva."

Nos termos do dispositivo transcrito, para a incorporação de qualquer Deputado ou Senador às Forças Armadas, deve haver licença da respectiva Casa Legislativa. É, portanto, uma restrição ao serviço militar.

Alguns **detalhes** devem ser destacados:

1) Essa licença é a última licença (autorização) ainda existente na CF/88 para que os Deputados e os Senadores possam ser submetidos a alguma situação. A licença (autorização) que se exigia do Legislativo para processar Parlamentar por crime não mais existe, por conta da EC 35/01 (hoje o que a Casa Legislativa pode fazer é tão somente suspender o andamento da ação penal, mas não mais cabe a ela autorizar ou não a instauração do processo).

2) Essa licença consubstancia uma restrição exacerbada ao serviço militar, pois, mesmo que o Deputado ou Senador seja militar e que se trate de uma situação de guerra externa, exige-se a licença da respectiva Casa Legislativa para a sua incorporação às Forças Armadas. É interessante notar que a guerra externa traz algumas possibilidades excepcionais, a exemplo da pena de morte, mas não permite que o Parlamentar seja incorporado às Forças Armadas sem licença da Casa a que pertence, ainda que ele seja militar.

FORO ESPECIAL (ARTS. 53, § 1º, E 102, I, "B", CF/88)

> "**Art. 53, CF/88.**
>
> (...)
>
> **§ 1º** Os Deputados e Senadores, desde a expedição do diploma, serão submetidos a julgamento perante o Supremo Tribunal Federal."
>
> "**Art. 102.** Compete ao Supremo Tribunal Federal, precipuamente, a guarda da Constituição, cabendo-lhe:
>
> I - processar e julgar, originariamente:
>
> (...)
>
> b) nas infrações penais comuns, o Presidente da República, o Vice-Presidente, **os membros do Congresso Nacional**, seus próprios Ministros e o Procurador-Geral da República;
>
> (...)"

Da conjugação desses dois dispositivos, pode-se concluir, sem maiores dificuldades que:

1) O foro especial dos membros do Congresso Nacional é no STF; e

2) O termo inicial dessa prerrogativa é a diplomação (que é o ato solene que ocorre antes da posse pelo qual a Justiça Eleitoral declara que o mandato foi adquirido na via eleitoral e habilita o eleito ao seu exercício).

Fixadas essas duas máximas, é preciso, preliminarmente, registrar que a expressão "infrações penais comuns" contida no art. 102, I, "b", da CF/88 **abrange qualquer tipo de delito**, englobando, inclusive, crimes eleitorais e contravenções penais, conforme já afirmado pelo Supremo Tribunal Federal, a exemplo do seguinte julgado:

> "A JURISPRUDÊNCIA DO SUPREMO TRIBUNAL FEDERAL FIRMOU-SE NO SENTIDO DE DEFINIR A LOCUÇÃO CONSTITUCIONAL "CRIMES COMUNS" COMO EXPRESSÃO ABRANGENTE A **TODAS AS MODALIDADES DE INFRAÇÕES PENAIS, ESTENDENDO-SE AOS DELITOS ELEITORAIS E ALCANÇANDO, ATÉ MESMO, AS PRÓPRIAS CONTRAVENÇÕES PENAIS**. PRECEDENTES." **(STF, Rcl 511/PB; Julgamento: 09/02/1995, Pleno)**

Além disso, é importante registrar que, segundo o Supremo Tribunal Federal, em virtude de os Parlamentares Federais possuírem prerrogativa de foro no STF, a instauração de investigação criminal contra eles **depende de autorização do próprio STF**.

Nesse sentido, no **Inq 2411 QO** (j. 10/10/2007), a Corte decidiu que, *"se a Constituição estabelece que os agentes políticos respondem, por crime comum, perante o STF*

(CF, art. 102, I, b), não há razão constitucional plausível para que as atividades diretamente relacionadas à supervisão judicial (abertura de procedimento investigatório) sejam retiradas do controle judicial do STF. ***A iniciativa do procedimento investigatório deve ser confiada ao MPF contando com a supervisão do Ministro-Relator do STF.*** *(...) A Polícia Federal* ***não está autorizada a abrir de ofício inquérito policial para apurar a conduta de parlamentares federais*** *ou do próprio Presidente da República (no caso do STF). No exercício de competência penal originária do STF (CF, art. 102, I, "b" c/c Lei nº 8.038/1990, art. 2º e RI/STF, arts. 230 a 234),* ***a atividade de supervisão judicial deve ser constitucionalmente desempenhada durante toda a tramitação das investigações desde a abertura dos procedimentos investigatórios*** *até o eventual oferecimento, ou não, de denúncia pelo dominus litis".*

Mas a grande questão envolvendo a prerrogativa de foro dos membros do Congresso Nacional foi ventilada na Ação Penal 937, ao ser decidida uma questão de ordem pelo Supremo Tribunal Federal: a quais crimes se aplica o foro especial e em que momento ele cessa (com a consequente remessa dos autos ao juízo singular de primeira instância)?

Antes do julgamento da referida questão de ordem, o foro especial era aplicado para qualquer infração penal comum praticada pelo Parlamentar, sendo irrelevante o momento em que praticado o delito ou a existência de relação entre o fato típico e o exercício do mandato. Assim, para ser julgado perante o Supremo Tribunal Federal, bastava que tivesse ocorrido a diplomação. E, uma vez cessado o exercício do mandato, os autos deixavam o STF e eram remetidos ao juízo ou Tribunal competente na situação em que se encontrassem, a menos que se tratasse de renúncia ao mandato para fugir da jurisdição da Suprema Corte (o que ficou conhecido como "fuga de foro").

Nesse contexto, é interessante, previamente à análise do que se entendeu no julgamento da questão de ordem suscitada na AP 937, tecer alguns comentários em relação à chamada "fuga de foro".

▶ Teoria da Fuga de Foro

Fixado o entendimento de que, cessando a investidura do Parlamentar, cessava também o foro especial, passou a haver abusos por Parlamentares, que começaram a renunciar ao mandato com o objetivo claro de não serem julgados pela Suprema Corte. Por conta disso, desde 2012, o STF passou a construir uma tese chamada de teoria da fuga de foro, que consiste no seguinte: se o motivo da perda do cargo foi a renúncia ao mandato, o Tribunal deve analisar se houve, no caso, abuso do direito de defesa ou não, e, se for reconhecido o propósito deliberado do renunciante de não se submeter à jurisdição da Suprema Corte, a competência do STF não cessa e o Tribunal continua o processo e julgamento desse (agora ex) Parlamentar. **A teoria da fuga de foro, portanto, excepcionava a regra de que, cessada a investidura, cessava também o foro especial.**

Evoluindo na sua jurisprudência, o STF criou um **critério objetivo** para analisar a conduta da fuga de foro. Essa questão foi tratada, por exemplo, na AP 568 (rel. Min. Luis Roberto Barroso), caso em que se fixou (e se reiterou) o seguinte **critério (objetivo) para a caracterização desse abuso do direito de defesa: o encerramento da instrução.**

Assim, segundo o STF, se a renúncia ocorresse antes do encerramento da instrução, não ficaria caracterizado o abuso do direito de defesa pela fuga de foro, de modo que, cessada a investidura até esse momento, o STF perderia a competência. Porém, caso a renúncia ocorresse após o encerramento da instrução processual penal, ficaria caracterizado o propósito deliberado de fugir da jurisdição da Corte Suprema, de modo que a competência do STF para processar e julgar o caso permaneceria, não havendo remessa dos autos a outro juízo ou Tribunal. Nesse mesmo julgado, contudo, o Supremo Tribunal Federal entendeu que **a teoria da fuga de foro não se aplicaria quando a cessação das atividades parlamentares se desse em virtude da não reeleição do Deputado ou Senador.**

O acórdão lavrado no caso recebeu a seguinte ementa:

> "(...) 1. **A Turma, por maioria de votos, já decidiu que a renúncia de parlamentar, após o final da instrução, não acarreta a perda de competência do Supremo Tribunal Federal.** Precedente: AP 606-QO, Rel. Min. Luís Roberto Barroso (Sessão de 07.10.2014). 2. No Inq 3734, a Turma entendeu, por ocasião do recebimento da denúncia, que **na hipótese de não reeleição não se aplica o mesmo critério de fixação de competência. (...)" (AP 568/SP; Relator(a): Min. ROBERTO BARROSO; Julgamento: 14/04/2015; Órgão Julgador: Primeira Turma)**

▪ INÍCIO E FIM DO FORO ESPECIAL DOS PARLAMENTARES: ENTENDIMENTO ADOTADO PELO STF NA AP 937 QO E NO HC 232.627

Conforme alertamos, a questão do foro por prerrogativa de função dos Parlamentares federais foi objeto de importante discussão no STF por ocasião do julgamento de uma questão de ordem suscitada no bojo da Ação Penal 937, o qual foi concluído no dia 03/05/2018, **trazendo modificações sensíveis na jurisprudência da Suprema Corte sobre a matéria.**

Ao julgar referida questão de ordem, o Plenário do Supremo Tribunal Federal fixou duas teses muito importantes:

1) **O foro por prerrogativa de função aplica-se apenas aos crimes cometidos durante o exercício do mandato (após a diplomação) e relacionados às funções desempenhadas.** Isso se justifica porque a ampliação do foro especial (como vinha sendo feito anteriormente, ao abranger toda e qualquer infração penal) é contrária às suas próprias finalidades. Ora, se o foro por prerrogativa de função foi criado para evitar que a persecução penal em juízo seja utilizada como forma de perseguição política, não faz sentido admitir que ele seja aplicado para infrações que nada têm a ver com o exercício do mandato. Na verdade, a ampliação exagerada do foro especial acabava transformando-o em um privilégio pessoal, o que é inadmissível em uma república.

2) **Após o final da instrução processual (que fica caracterizado, objetivamente, com a publicação do despacho de intimação para apresentação de alegações finais), a competência para processar e julgar ações penais não será mais modificada em razão de o Parlamentar deixar o cargo, seja qual for o motivo (haja tentativa de fuga do foro ou não).** Assim, uma vez publicada a intimação para a apresentação das razões finais, a cessação do exercício

do mandato parlamentar (por renúncia, não reeleição, nomeação para outro cargo ou qualquer outro motivo) não retira do STF a competência para julgar o caso. A fixação desse entendimento e a adoção do critério (objetivo) da publicação da intimação para apresentação de alegações finais, além de representar aplicação de entendimento que já vinha sendo adotado pelo STF, homenageia o princípio da identidade física do juiz, pois permite que a causa seja julgada pelo juízo que presidiu a instrução processual.

O acórdão desse julgamento ficou assim ementado:

> "(...) 1. O foro por prerrogativa de função, ou foro privilegiado, na interpretação até aqui adotada pelo Supremo Tribunal Federal, alcança todos os crimes de que são acusados os agentes públicos previstos no art. 102, I, b e c da Constituição, inclusive os praticados antes da investidura no cargo e os que não guardam qualquer relação com o seu exercício. 2. **Impõe-se, todavia, a alteração desta linha de entendimento, para restringir o foro privilegiado aos crimes praticados no cargo e em razão do cargo.** É que a prática atual não realiza adequadamente princípios constitucionais estruturantes, como igualdade e república, por impedir, em grande número de casos, a responsabilização de agentes públicos por crimes de naturezas diversas. Além disso, a falta de efetividade mínima do sistema penal, nesses casos, frustra valores constitucionais importantes, como a probidade e a moralidade administrativa. 3. **Para assegurar que a prerrogativa de foro sirva ao seu papel constitucional de garantir o livre exercício das funções – e não ao fim ilegítimo de assegurar impunidade – é indispensável que haja relação de causalidade entre o crime imputado e o exercício do cargo.** (...) 4. A orientação aqui preconizada encontra-se em harmonia com diversos precedentes do STF. De fato, o Tribunal adotou idêntica lógica ao condicionar a imunidade parlamentar material – i.e., a que os protege por suas opiniões, palavras e votos – à exigência de que a manifestação tivesse relação com o exercício do mandato. (...) 5. **A partir do final da instrução processual, com a publicação do despacho de intimação para apresentação de alegações finais, a competência para processar e julgar ações penais – do STF ou de qualquer outro órgão – não será mais afetada em razão de o agente público vir a ocupar outro cargo ou deixar o cargo que ocupava, qualquer que seja o motivo.** A jurisprudência desta Corte admite a possibilidade de prorrogação de competências constitucionais quando necessária para preservar a efetividade e a racionalidade da prestação jurisdicional. (...) 6. Resolução da questão de ordem com a fixação das seguintes teses: **"(i) O foro por prerrogativa de função aplica-se apenas aos crimes cometidos durante o exercício do cargo e relacionados às funções desempenhadas; e (ii) Após o final da instrução processual, com a publicação do despacho de intimação para apresentação de alegações finais, a competência para processar e julgar ações penais não será mais afetada em razão de o agente público vir a ocupar cargo ou deixar o cargo que ocupava, qualquer que seja o motivo".** 7. Aplicação da nova linha interpretativa aos processos em curso. Ressalva de todos os atos praticados e decisões proferidas pelo STF e demais juízos com base na jurisprudência anterior. (...)
>
> **(AP 937 QO/RJ; Relator(a): Min. ROBERTO BARROSO; Revisor(a): Min. EDSON FACHIN; Julgamento: 03/05/2018; Órgão Julgador: Tribunal Pleno)**

Esse, portanto, é o atual entendimento do Supremo Tribunal Federal sobre o tema.

E é interessante notar que, nessa ocasião, o STF também registrou que esse entendimento se aplicaria imediatamente (isto é, desde a data do julgamento da questão de ordem, o que ocorreu em 03/05/2018), inclusive, em relação a infrações penais já cometidas e a processos que já se encontravam em curso. Porém, todos os atos praticados e decisões proferidas (pelo STF e pelos demais juízos) antes do julgamento dessa questão de ordem com base na jurisprudência anterior foram considerados válidos.

Por fim, é importante que se registre que, segundo restou decidido nesse julgamento, essa nova orientação se aplicaria apenas a Parlamentares federais, porque o caso não envolvia outras autoridades. Mas a Suprema Corte claramente deixou aberto o caminho para que o entendimento fosse adotado em qualquer caso de foro por prerrogativa de função.

Nessa esteira, **em junho de 2018, a 1ª Turma do STF aplicou esse mesmo entendimento a um Ministro de Estado (no caso, o Senador licenciado e Ministro da Agricultura Blairo Maggi) e a um Conselheiro de Tribunal de Contas Estadual**, no bojo do **INQ 4703**, remetendo os autos ao juízo de primeiro grau, tendo em vista que as infrações penais sob investigação haviam sido praticadas quando os investigados (e já denunciados) exerciam mandatos de Governador e de Deputado Estadual, respectivamente.

O voto condutor foi da lavra do Ministro Luiz Fux, que adotou como fundamento justamente o precedente do Plenário na AP 937 QO, em que se definiu que os Parlamentares federais só devem ser julgados no STF em relação a crimes supostamente cometidos no exercício do cargo e relacionados às funções desempenhadas. No acórdão proferido, ficou consignado ainda que **o entendimento firmado na AP 937 QO se aplica a qualquer autoridade possuidora de prerrogativa de foro**.

O caso recebeu a seguinte ementa:

> "(...) A ratio decidendi do julgamento realizado pelo Supremo Tribunal Federal na AP 937-QO **aplica-se, indistintamente, a qualquer hipótese de competência especial por prerrogativa de função**, tanto que a discussão acerca da possibilidade de modificação da orientação jurisprudencial foi conduzida objetivamente pelo Plenário em consideração aos parâmetros gerais da sobredita modalidade de competência especial, isto é, sem qualquer valoração especial da condição de parlamentar do réu da AP 937. (...) **os denunciados não mais exercem os cargos no exercício dos quais praticaram, em tese, as condutas**: o então Governador de Estado é, atualmente, Senador da República no exercício do cargo de Ministro de Estado; sendo que o então Deputado Estadual é, atualmente, Conselheiro do Tribunal de Contas do Estado do Mato Grosso. 4. O elemento persuasivo (vinculante ou vinculativo, conforme o caso) do precedente não decorre das partes ou do dispositivo da decisão, mas sim dos fundamentos jurídicos adotados para justificá-la, ou seja, da chamada ratio decidendi. In casu, **a) não cabe cogitar da competência do STF para conhecer da denúncia oferecida, uma vez que o hoje Senador da República e Ministro de Estado não praticou, em tese, o fato no exercício e em razão daqueles últimos cargos; b) não se visualiza competência do STJ, uma vez que o denunciado BLAIRO não mais exerce o cargo de Governador do Estado e o denunciado SÉRGIO, embora exerça atualmente o cargo de Conselheiro de Tribunal de Contas, não praticou, em tese, o fato no exercício do aludido cargo; c) não se visualiza competência do Tribunal local, uma vez que o denunciado SÉRGIO, embora tenha praticado o fato, em tese, na condição de Deputado Estadual, não mais exerce o cargo em questão; d) por exclusão, o único Juízo competente para conhecer da peça acusatória é o da 1ª instância**, mais precisamente, da Justiça Estadual do Mato Grosso, considerando não se visualizar, a princípio, competência da Justiça Federal quanto aos crimes imputados. (...) **(Inq 4703 QO/DF; Relator(a): Min. LUIZ FUX; Julgamento: 12/06/2018; Órgão Julgador: Primeira Turma)**

Em 2024, no entanto, o Supremo Tribunal Federal, no HC 232.627, modificou parcialmente o entendimento que havia firmado na AP 937 QO.

Ao apreciar esse *habeas corpus*, relatado pelo Min. Gilmar Mendes, o STF manteve a aplicação do foro por prerrogativa de função apenas a infrações penais praticadas durante o exercício do cargo e que tenham relação com o cargo, não tendo alterado o que foi decidido na AP 937 QO nesse aspecto.

Porém, no que diz respeito ao **termo final da prerrogativa de foro**, a Corte **reformulou o entendimento adotado na AP 93 QO**.

Segundo a nova decisão do STF (proferida no HC 232.627), uma vez praticada uma infração penal em momento no qual o indivíduo se encontra investido em um cargo com prerrogativa de foro e possuindo essa infração relação com o cargo, o foro especial se aplica e não cessa mais (ou seja, ele perdura até o julgamento final do caso), ainda que o acusado (ou investigado) deixe o cargo por qualquer motivo. Como se pode perceber, com esse novo posicionamento, fica afastado o entendimento, fixado na AP 937 QO, no sentido da cessação do foro por prerrogativa de função em caso de abandono do cargo.

Por que o Supremo Tribunal Federal reformulou o seu entendimento nesse ponto?

O STF, seguindo o voto do Min. Gilmar Mendes, adotou os seguintes fundamentos para a reformulação do seu entendimento sobre o tema da prerrogativa de foro:

1) A prerrogativa de foro, além de servir para assegurar a imparcialidade do órgão julgador e, com isso, a adequada prestação da atividade jurisdicional (pois, pelo menos em tese, o foro especial geralmente é um órgão mais "afastado" e "blindado" de influências externas), é uma garantia dada ao agente público (uma "proteção" dada a ele), para que ele possa desempenhar as suas funções sem medo de perseguições, proporcionando-lhe a necessária liberdade para exercer suas atribuições da forma que melhor atender o interesse público.

2) Como a prerrogativa de foro tem como objetivo proporcionar ao agente público uma atuação com liberdade e sem receio de perseguições, não faz sentido algum ela cessar no momento em que o agente público deixa o cargo. Isso porque, se o indivíduo, enquanto se encontra no exercício do cargo, sabe que, no momento em que deixar o cargo, a sua prerrogativa de foro deixará de existir, ele nunca terá a tranquilidade necessária para tomar as decisões mais importantes e sensíveis inerentes ao cargo ocupado, pois sempre saberá que, uma vez fora do cargo, estará sujeito a sofrer perseguições daqueles que eventualmente tenham se sentido prejudicados ou de outra forma desagradados por tais decisões. Logo, manter o foro especial mesmo após o agente público deixar o cargo, segundo o STF, é necessário para que essa prerrogativa possa cumprir uma das finalidades que justificam a sua existência, qual seja, assegurar o livre desempenho do cargo público.

Com esses fundamentos, o Supremo Tribunal Federal, acolhendo a proposta do Min. Gilmar Mendes (relator do caso), fixou a tese segundo a qual *"a prerrogativa de foro para julgamento de crimes praticados no cargo e em razão das funções* ***subsiste mesmo após o afastamento do cargo****, ainda que o inquérito ou a ação penal sejam iniciados depois de cessado seu exercício"*.

E é importante registrar que, nesse julgamento, **o STF se referiu de forma geral aos cargos com prerrogativa de foro, não tendo restringido a decisão a cargos eletivos**, o que deixa claro se tratar de um entendimento que engloba todos os cargos contemplados com foro especial.

Portanto, o entendimento atual do Supremo Tribunal Federal sobre o foro por prerrogativa de função (que decorre da **combinação da decisão proferida na AP 937 QO com a decisão proferida no HC 232.627**) é o de que o foro especial apenas se aplica a infrações penais praticadas durante o desempenho do cargo e relacionadas com o cargo (conforme decidido na AP 937 QO) e ele persiste até o julgamento final do caso, não cessando se o acusado ou investigado abandonar o cargo por qualquer motivo (conforme decidido no HC 232.627).

▪ FORO POR PRERROGATIVA DE FUNÇÃO DE PARLAMENTAR FEDERAL EM CASO DE MANDATOS CRUZADOS

Vimos que, na questão de ordem decidida na AP 937, o Supremo Tribunal Federal restringiu o alcance do foro por prerrogativa de função, estabelecendo que ele apenas se aplica a infrações penais cometidas durante o exercício do cargo e que tenham relação com ele.

Esse entendimento foi inicialmente aplicado apenas a Parlamentares federais, mas, em julgados posteriores, foi estendido para todos os demais cargos com prerrogativa de foro.

Aprofundando o tratamento do tema, na **Pet 9189**, julgada em 14/05/2021, o STF fixou o entendimento de que, em relação aos **Parlamentares federais** (não tendo sido abrangidos outros cargos), a prerrogativa de foro no Supremo Tribunal Federal permanece ainda que a infração penal tenha sido cometida durante o exercício do mandato em uma das Casas do Congresso Nacional e o Parlamentar tenha passado a exercer mandato na outra Casa do Congresso Nacional, desde que **não tenha havido solução de continuidade** entre um mandato e outro.

Em outras palavras: quando um Parlamentar federal exerce seu mandato em uma das Casas do Congresso Nacional e, sem interrupção, passa a exercer mandato na outra Casa do Congresso Nacional, esses dois mandatos subsequentes desempenhados pelo mesmo Parlamentar ficam caracterizados como os chamados **"mandatos cruzados"**, situação em que não fica prejudicada a competência originária do Supremo Tribunal Federal para julgar eventual infração penal praticada durante o primeiro mandato.

Logo, se, por exemplo, um Deputado Federal cometer um crime durante o exercício do seu mandato e esse crime tiver relação com o desempenho do cargo, a competência para julgar o caso será do Supremo Tribunal Federal, e essa competência permanecerá ainda que esse Deputado seja eleito Senador e passe a exercer seu mandato no Senado Federal, desde que sem solução de continuidade, isto é, desde que o mandato como Senador seja exercido na legislatura imediatamente subsequente ao término do mandato como Deputado Federal.

Esse entendimento, segundo expressamente esclareceu o STF no julgamento do caso (e posteriormente reiterou ao julgar uma questão de ordem no **Inq 4342**), aplica-se **exclusivamente a Parlamentares federais**, ou seja, alcança apenas os membros do Congresso Nacional, de modo que, para que esse posicionamento se estenda a outros cargos, é necessário que haja manifestação expressa da Corte.

▪ STJ: FORO POR PRERROGATIVA DE FUNÇÃO DE DESEMBARGADOR E O ENTENDIMENTO FIRMADO PELO STF NA AP 937 QO

Houve um curioso caso envolvendo foro por prerrogativa de função de Desembargador julgado pelo STJ. Nessa oportunidade, o debate foi o seguinte: **o novo**

entendimento do STF firmado no julgamento da AP 937 QO também se aplica a magistrados?

Nesse caso, um Desembargador do TJPR havia praticado o crime de lesão corporal, sem qualquer relação com o cargo ocupado. O problema foi que esse delito foi cometido em Curitiba/PR, de modo que, de acordo com a tese fixada na AP 937 QO, a competência para julgar a ação penal seria de um juiz de primeiro grau também vinculado ao TJPR. Diante disso, o STJ entendeu que, mesmo não havendo relação entre a infração penal praticada e o cargo ocupado pelo réu, o foro especial (no STJ) deveria prevalecer, afastando-se o entendimento firmado pelo STF na AP 937 QO. E os fundamentos invocados pela Corte foram os seguintes:

1) O foro por prerrogativa de função tem dupla finalidade: I) assegurar que o seu detentor exerça suas funções de forma livre e independente; e II) garantir que o julgador atue de maneira imparcial, para que a justiça criminal seja realizada de modo isonômico e republicano.

2) Se o juiz da causa e o réu (Desembargador) são vinculados ao mesmo Tribunal, a imparcialidade do julgador pode ficar comprometida, pois o magistrado condutor do processo penal pode ser afetado pelo receio de que eventuais interesses seus relacionados à sua vida funcional sejam prejudicados pelo réu em deliberações administrativas do Tribunal a que pertencem.

Conclusão: sempre que o julgador e o réu do processo penal forem magistrados vinculados ao **mesmo Tribunal**, aplica-se o foro especial no STJ (desde que, evidentemente, o réu seja detentor de prerrogativa de foro no STJ), ainda que o delito praticado não tenha relação com o cargo ocupado pelo infrator. Por outro lado, caso sejam vinculados a Tribunais diferentes, não há razão para se aplicar esse entendimento, incidindo normalmente o posicionamento firmado pelo STF na AP 937 QO.

O acórdão lavrado pelo STJ nesse caso recebeu a seguinte ementa:

> "(...)
>
> **1. Hipóteses em que Desembargador do Tribunal de Justiça do Estado do Paraná responde pela prática, em tese, de delito de lesão corporal ocorrido em Curitiba-PR.**
>
> 2. O crime que é imputado ao réu não tem relação com o exercício do cargo de Desembargador, de modo que, a princípio, aplicando-se o precedente produzido pelo Supremo Tribunal Federal no julgamento da QO na AP 937, não teria o réu foro no Superior Tribunal de Justiça.
>
> 3. A interpretação do alcance das hipóteses de prerrogativa de foro previstas na Constituição da República, não obstante, responde não apenas à necessidade de que aquele que goza da prerrogativa tenha condições de exercer com liberdade e independência as funções inerentes ao cargo público que lhe confere a prerrogativa.
>
> **4. Para além disso, nos casos em que são membros da magistratura nacional tanto o acusado quanto o julgador, a prerrogativa de foro não se justifica apenas para que o acusado pudesse exercer suas atividades funcionais de forma livre e independente, pois é preciso também que o julgador possa reunir as condições necessárias ao desempenho de suas atividades judicantes de forma imparcial.**

> 5. A necessidade de que o julgador possa reunir as condições para o desempenho de suas atividades judicantes de forma imparcial não se revela como um privilégio do julgador ou do acusado, mas como uma condição para que se realize justiça criminal de forma isonômica e republicana.
> **6. Questão de ordem resolvida no sentido de se reconhecer a competência do Superior Tribunal de Justiça nas hipóteses em que, não fosse a prerrogativa de foro (art. 105, I, da Constituição), o Desembargador acusado houvesse de responder à ação penal perante juiz de primeiro grau vinculado ao mesmo tribunal. (QO na APn 878/DF; Relator(a): Ministro BENEDITO GONÇALVES; Órgão Julgador: CE - CORTE ESPECIAL; Data do Julgamento: 21/11/2018)**

É importante registrar que esse entendimento adotado pelo STJ será analisado pelo STF no **Tema de Repercussão Geral nº 1147** (ARE 1223589, reautuado como RE 1331044).

Quando esse caso for julgado, saberemos se o posicionamento do Superior Tribunal de Justiça foi confirmado ou rejeitado pelo Supremo Tribunal Federal. Caso o STF mantenha a linha de raciocínio que vem seguindo nos precedentes sobre o tema, ele rejeitará o entendimento do STJ. Porém, se o STF concordar com o STJ, isso significará uma alteração na jurisprudência até agora existente na Suprema Corte.

STJ: PRERROGATIVA DE FORO DE MEMBROS DO MINISTÉRIO PÚBLICO E DE TRIBUNAL DE CONTAS ESTADUAL

Conforme vimos, na **AP 937 QO**, o Supremo Tribunal Federal restringiu o alcance do foro por prerrogativa de função e decidiu que ele somente se aplica a infrações penais praticadas durante o exercício do cargo e que tenham relação com o desempenho das funções. Esse precedente envolveu especificamente a prerrogativa de foro dos Parlamentares federais, mas posteriormente o próprio STF, no **Inq 4703**, estendeu esse entendimento a todos os cargos detentores de prerrogativa de foro no nosso ordenamento jurídico.

Ocorre que, apesar desses precedentes do Supremo Tribunal Federal, o STJ, no **CC 177.100**, julgado em 08/09/2021, afastou o entendimento firmado pelo STF na AP 937 QO e determinou que fosse observada a prerrogativa de foro de um Promotor de Justiça perante o respectivo Tribunal de Justiça em um caso no qual a infração penal por ele cometida não tinha qualquer relação com as funções do cargo.

Segundo o STJ, o STF, na AP 937 QO, referiu-se apenas ao foro por prerrogativa de função de Parlamentares federais, não sendo possível, por isso, aplicar o mesmo entendimento a membros do Ministério Público estadual, que possuem tal prerrogativa prevista em dispositivo constitucional específico, qual seja, o art. 96, III, da CF/88.

> "**Art. 96, CF/88.** Compete privativamente:
>
> (...)
>
> III - aos Tribunais de Justiça julgar os juízes estaduais e do Distrito Federal e Territórios, bem como os membros do Ministério Público, nos crimes comuns e de responsabilidade, ressalvada a competência da Justiça Eleitoral."

Outra justificativa adotada pelo STJ para decidir dessa forma foi o fato de, anteriormente (na **QO na APn 878**), ter mantido a prerrogativa de foro de Desembargador de Tribunal de Justiça em um caso no qual a infração penal cometida também não tinha relação com as funções do cargo, deixando de seguir, portanto, a decisão do STF na AP 937 QO.

Após esse precedente, houve mais uma decisão do STJ afastando o entendimento firmado pelo STF na AP 937 QO.

Essa decisão foi proferida no **AgRg na Rcl 42.804** (j. 16/08/2023), oportunidade em que o Superior Tribunal de Justiça reconheceu a aplicação da prerrogativa de foro a Conselheiros de Tribunais de Contas estaduais mesmo quando a infração penal foi praticada em momento no qual o acusado (ou investigado) nem mesmo se encontrava no cargo (tratando-se, portanto, de infração sem qualquer relação com o cargo).

Para fundamentar essa decisão, o STJ afirmou que a CF/88 assegura aos Ministros do Tribunal de Contas da União as mesmas prerrogativas da magistratura (art. 73, § 3º) e estende essa equiparação aos membros dos Tribunais de Contas dos Estados (art. 75, *caput*). Como consequência disso, segundo o Superior Tribunal de Justiça, não haveria como não aplicar aos Conselheiros dos Tribunais de Contais estaduais o entendimento que o próprio STJ havia firmado para os magistrados no sentido da aplicação da prerrogativa de foro independentemente da existência de relação entre a infração penal e o exercício do cargo (QO na APn 878).

Nas exatas palavras do STJ, *"nos termos expressos dos artigos 73, § 3º, e 75 da Constituição,* ***aos Conselheiros dos Tribunais de Contas dos Estados, Distrito Federal e Municípios são conferidas as mesmas garantias e prerrogativas dos integrantes da magistratura****, havendo identidade do regime jurídico. (...) Ao estabelecer a expressa equiparação de garantias e prerrogativas, o constituinte estava ciente das distinções entre as Cortes de Contas, órgãos auxiliares do Poder Legislativo, e os órgãos do Poder Judiciário. Em consequência, descabe ao intérprete, sob o argumento de interpretar restritivamente as hipóteses de competência ratione personae, substituir o comando de equiparação expressamente promovido pela Constituição da República, de forma a tornar letra morta o dispositivo constitucional, pois uma das mais importantes garantias e prerrogativas da magistratura findaria por ser negada aos membros dos Tribunais de Contas"*.

Esse entendimento do STJ, porém, além de contrariar a jurisprudência do STF, interpreta equivocadamente a jurisprudência do próprio STJ, o que ocorreu porque partiu de premissas equivocadas.

Em primeiro lugar, diferentemente do que afirmou o STJ, o Supremo Tribunal Federal já decidiu que o entendimento por ele firmado na AP 937 QO se aplica a qualquer cargo com prerrogativa de foro. Isso ocorreu, conforme vimos, no Inq 4703, além de ter sido reiterado na **ADI 558**, julgada pelo Pleno do STF em 19/04/2021, na qual a Min. Cármen Lúcia (relatora) afirmou expressamente em seu voto, sem fazer distinção em relação a qualquer cargo público, que *"a partir do julgamento da Questão de Ordem na Ação Penal n. 937/RJ, concluído em 3.5.2018, este Supremo Tribunal passou a dar interpretação mais restritiva às hipóteses de foro por prerrogativa de função e assentou que* ***o foro privilegiado deve se restringir aos crimes praticados no cargo e em razão do cargo****"*.

Em segundo lugar, no precedente do STJ da QO na APn 878, havia uma peculiaridade que justificava o afastamento do entendimento firmado pelo STF na AP 937 QO, qual seja, o fato de que o réu era um Desembargador do Tribunal de Justiça ao qual era vinculado o juiz de primeiro grau que julgaria o caso se a prerrogativa de foro não fosse aplicada, o que poderia comprometer a imparcialidade no julgamento. Esse cenário, no entanto, não se repetiu no caso do Promotor de Justiça, tendo em vista que, além de o réu não ser um magistrado, a competência territorial, na hipótese de o seu julgamento ser realizado por um juiz de primeiro grau, seria de um juízo vinculado a um Tribunal de Justiça de outro Estado.

Além disso, é interessante registrar que se encontra em tramitação no STF a **PSV (Proposta de Súmula Vinculante) nº 131**, apresentada pelo Min. Dias Toffoli, na qual se encontra pendente de aprovação, já com parecer favorável da Procuradoria-Geral da República, o enunciado de súmula vinculante segundo o qual *"a competência por prerrogativa de foro, prevista na Constituição Federal para agentes públicos dos Poderes Legislativo, Executivo e Judiciário e do* ***Ministério Público****, compreende* ***exclusivamente os crimes praticados no exercício e em razão do cargo ou da função pública****"*. Isso deixa ainda mais claro o equívoco cometido pelo STJ.

Por todos esses motivos, é provável que o STF não confirme esse posicionamento do Superior Tribunal de Justiça.

No entanto, caso seja cobrado em prova de concurso especificamente o entendimento do **STJ** sobre a prerrogativa de foro de membro de Ministério Público estadual, o ideal, diante do precedente que acabamos de analisar, é responder que essa prerrogativa (que se dá perante o respectivo Tribunal de Justiça) se aplica mesmo quando a infração penal praticada não tem relação com o desempenho das atribuições do cargo.

Por outro lado, caso a banca examinadora questione simplesmente sobre a prerrogativa de foro, sem mencionar nenhum cargo e sem especificar se está se referindo ao posicionamento do STF ou do STJ, o mais seguro é responder de acordo com a jurisprudência do STF.

■ PRERROGATIVA DE FORO EM ÂMBITO ESTADUAL

A prerrogativa de foro não é uma exclusividade dos Parlamentares. Além disso, o tema da prerrogativa de foro em âmbito estadual não está necessariamente relacionado com o foro especial dos Parlamentares federais. No entanto, por razões didáticas, é interessante aproveitar o "gancho" deste capítulo para abordá-lo, principalmente porque ele foi objeto de decisão do STF em que houve mudança de entendimento jurisprudencial. Portanto, é tema com grandes chances de ser cobrado nas provas.

Aqui, o grande questionamento inicial é o seguinte: os Estados-membros podem criar hipóteses de foro por prerrogativa de função no respectivo Tribunal de Justiça para cargos estaduais?

A jurisprudência que havia sido firmada pelo STF era no sentido de que isso seria possível, tendo em vista que o art. 125, § 1º, da CF/88 prevê que a competência dos Tribunais de Justiça deve ser definida pelas Constituições dos respectivos Estados. Logo, segundo a Suprema Corte, cada Estado poderia atribuir prerrogativa de foro a cargos criados em seu âmbito, desde que o fizesse por meio de sua Constituição Estadual.

> "**Art. 125, CF/88.** Os Estados organizarão sua Justiça, observados os princípios estabelecidos nesta Constituição.
>
> **§ 1º** A competência dos tribunais será definida na Constituição do Estado, sendo a lei de organização judiciária de iniciativa do Tribunal de Justiça.
>
> (...)"

A única ressalva que o Supremo Tribunal Federal fazia era no sentido de que a criação de hipóteses de foro especial pelos Estados não poderia ser indiscriminada, devendo apresentar razoabilidade (isto é, ser justificada pela natureza das atribuições do cargo, como os casos de Procuradores de Estado e de Defensores Públicos) e não contrariar disposições da Constituição Federal.

Nessa linha de raciocínio, por exemplo, ao julgar a ADI 2587 (em 01/12/2004), o STF entendeu que norma de Constituição Estadual que atribui foro por prerrogativa de função ao cargo de Delegado de Polícia é incompatível com a Constituição Federal, uma vez que, por disposição da própria CF/88, o Delegado de Polícia, no exercício de suas funções, submete-se ao Ministério Público, de modo que conferir a ele foro especial no Tribunal de Justiça seria incompatível com a lógica da disciplina constitucional do cargo. Isso porque, no caso concreto, a prerrogativa de foro afastaria o Delegado de Polícia da esfera de atuação do Promotor de Justiça a que se encontra submetido no exercício de suas atribuições, já que a ação penal seria acompanhada por um membro do Ministério Público que atua perante o Tribunal, e não por um Promotor de Justiça.

A criação de foro especial para Delegados de Polícia, portanto, embora até possa ser uma medida razoável, não se compatibiliza com as normas constitucionais que dizem respeito ao exercício do cargo, motivo pelo qual, o STF não a admitia.

Ocorre que, ao julgar a **ADI 2553** (em 15/05/2019), o STF, seguindo sua tendência de restringir a prerrogativa de foro, realizou uma **guinada jurisprudencial** e passou a entender que, sendo as hipóteses de foro especial verdadeiras excepcionalidades, **todos os casos de foro por prerrogativa de função, inclusive, em âmbito estadual, já estão previstos na própria CF/88**, não podendo o constituinte estadual estabelecer outras hipóteses de foro especial no respectivo TJ. Assim, a Suprema Corte firmou nova interpretação do art. 125, § 1º, da CF/88, entendendo, a partir de então, que tal dispositivo não dá liberdade aos Estados-membros para atribuir prerrogativa de foro a quem não foi contemplado com ela na Constituição Federal.

Atualmente, portanto, o entendimento do Supremo Tribunal Federal é no sentido de que somente é possível haver prerrogativa de foro em âmbito estadual perante o Tribunal de Justiça nas hipóteses previstas na Constituição Federal, a exemplo dos juízes estaduais e dos membros do Ministério Público, conforme previsto no art. 96, III, da CF/88.

> "**Art. 96, CF/88.** Compete privativamente:
>
> (...)
>
> III - aos Tribunais de Justiça julgar os juízes estaduais e do Distrito Federal e Territórios, bem como os membros do Ministério Público, nos crimes comuns e de responsabilidade, ressalvada a competência da Justiça Eleitoral."

E, nesse sentido, no dia 23/11/2020, o Plenário do Supremo Tribunal Federal confirmou esse entendimento, ao referendar medidas cautelares deferidas pelo Min. Luís Roberto Barroso nas ADIs 6501, 6502, 6508, 6515 e 6516, para suspender a eficácia de dispositivos de Constituições Estaduais que previam foro especial para agentes públicos não contemplados com essa prerrogativa na Constituição Federal (como Delegados de Polícia, Defensores Públicos e Procuradores).

Da mesma forma, em 29/03/2021, julgando o mérito da **ADI 6514**, o STF declarou a inconstitucionalidade de norma da Constituição do Estado do Ceará que estabelecia prerrogativa de foro para os Defensores Públicos Estaduais nos crimes comuns e nos crimes de responsabilidade. E, em relação aos crimes de responsabilidade, havia uma razão adicional para a invalidade da norma: o tratamento dessa matéria em norma estadual viola a competência privativa da União para legislar sobre essas infrações e o seu processo e julgamento (art. 22, I, CF/88 e Súmula Vinculante 46).

Esse exato mesmo entendimento havia sido aplicado pela Corte alguns dias antes, nas **ADIs 5591 e 3294** (julgadas em 22/03/2021), ajuizadas contra dispositivos das Constituições dos Estados de São Paulo e do Pará que previam prerrogativa de foro no respectivo Tribunal de Justiça para o Delegado-Geral da Polícia Civil nos casos de infrações penais comuns e de crimes de responsabilidade. É interessante notar que, nesse caso, o reconhecimento da invalidade da norma decorre não só da incompetência dos Estados para legislar sobre crimes de responsabilidade e do atual entendimento do STF no sentido da impossibilidade de norma estadual ampliar as hipóteses de foro por prerrogativa de função, mas também da jurisprudência da Corte segundo a qual a previsão de foro especial no Tribunal de Justiça para Delegados de Polícia viola a CF/88, por ser incompatível com o exercício do controle externo da atividade policial pelo Ministério Público.

Esses precedentes permitem concluir que o Supremo Tribunal Federal consolidou a alteração jurisprudencial sobre o tema da prerrogativa de foro em âmbito estadual, o que foi confirmado posteriormente em 23/08/2021, quando a Corte julgou o mérito das **ADIs 6501, 6502, 6508, 6515, 6516.**

Ao julgar essas ações, a Corte novamente afirmou que o art. 125, § 1º, da CF/88 não dá aos Estados liberdade para criar prerrogativa de foro perante o respectivo Tribunal de Justiça, e que os casos em que essa prerrogativa é conferida pelo ordenamento jurídico brasileiro já estão todos contemplados na Constituição Federal, de modo que as Constituições Estaduais não podem inovar nessa matéria.

Essas ações foram relatadas pelo Ministro Luís Roberto Barroso e foram julgadas à unanimidade, ou seja, todos os demais Ministros concordaram com o voto do relator.

Em seu voto, o Ministro Barroso deixou claro que a Constituição Federal pode conferir prerrogativa de foro de três maneiras:

I) Por **enumeração expressa** em seu texto. Nesse caso, a CF/88 enumera expressamente em seu texto (em diferentes dispositivos) as autoridades contempladas com foro especial.

II) Por **simetria expressa** em seu texto. Nesse caso, a CF/88 determina expressamente em seu texto que o regime de prerrogativa de foro de determinadas autoridades federais seja aplicado a autoridades de outra esfera federativa (feitas as devidas adaptações, evidentemente). Esse é o caso dos Deputados Estaduais, que, segundo decidiu o STF nessas ADIs, possuem prerrogativa de foro conferida pela própria Constituição Federal, pois esta, em seu art. 27, § 1º, determina que se aplique aos Parlamentares Estaduais o mesmo regime de imunidades dos Parlamentares Federais. Embora o foro por prerrogativa de função não seja, tecnicamente, uma imunidade, a Corte entendeu que o comando do art. 27, § 1º, da CF/88 confere essa prerrogativa aos Deputados Estaduais, por conta da simetria que impõe entre as imunidades destes e as dos Deputados Federais e Senadores. Esse entendimento, porém, apenas se aplica aos Parlamentares Estaduais, não alcançando os Parlamentares Municipais (Vereadores), uma vez que em relação a estes não há na CF/88 norma semelhante à do art. 27, § 1º. Inclusive, o STF já decidiu que Vereadores e

Vice-Prefeitos não possuem prerrogativa de foro assegurada pela Constituição Federal, motivo pelo qual é inconstitucional norma de Constituição Estadual que lhes confira tal garantia (ADI 6842, j. 21/06/2021).

III) Por **simetria implícita.** Nesse caso, a Constituição Federal (ela própria, em seu texto) determina que regras de organização da esfera federal sejam aplicadas na organização de outra esfera federativa (conferindo a esta um tratamento jurídico semelhante ao que é dado à esfera federal), sem falar expressamente em prerrogativa de foro ou imunidades. Segundo entendeu o STF, quando há essa simetria jurídica, fica implicitamente reconhecida a prerrogativa de foro. É o que ocorre, segundo constou expressamente do voto condutor do Min. Roberto Barroso na ADI 6501, com o Vice-Governador e com autoridades do Poder Executivo Estadual que são auxiliares diretas do Governador, mais precisamente, os Secretários de Estado (dentre os quais, em regra, inclui-se o Procurador-Geral do Estado, por ser geralmente tratado como Secretário de Estado pelas Constituições Estaduais) e o Comandante dos militares estaduais. Isso porque o art. 28 da CF/88, ao tratar do Executivo Estadual, remete às regras da Constituição Federal aplicáveis ao Executivo Federal (arts. 76 e seguintes), o que faz com que, implicitamente, a própria Constituição Federal dê a essas autoridades estaduais foro por prerrogativa de função perante o Tribunal de Justiça respectivo, já que as autoridades federais a elas equivalentes (isto é, o Vice-Presidente da República, os Ministros de Estado – dentre os quais se inclui o Advogado-Geral da União, que recebe o rótulo de Ministro de Estado pelo art. 18, VII, da Lei 14.600/23 – e os Comandantes das Forças Armadas) possuem foro especial no Supremo Tribunal Federal, conforme consta do art. 102, I, "b" e "c", da CF/88. Esse entendimento, no entanto, tal qual vimos em relação aos Parlamentares, apenas se aplica ao âmbito estadual, não alcançando o âmbito municipal, pois o voto do Ministro Barroso na ADI 6501 não contemplou autoridades municipais nesse tratamento simétrico contido na CF/88, e o próprio STF já decidiu que Vice-Prefeito Municipal não possui prerrogativa de foro assegurada pela Constituição Federal, sendo inconstitucional norma de Constituição Estadual que lhe confira essa garantia (ADI 6842, j. 21/06/2021).

Confira os dispositivos da CF/88 dos quais o Supremo Tribunal Federal extrai a prerrogativa de foro de autoridades estaduais (Deputados Estaduais, Vice-Governador, Secretários de Estado e Comandantes dos militares estaduais) por simetria com autoridades federais:

> "**Art. 27, § 1º, CF/88.** Será de quatro anos o mandato dos Deputados Estaduais, aplicando- sê-lhes as regras desta Constituição sobre sistema eleitoral, inviolabilidade, imunidades, remuneração, perda de mandato, licença, impedimentos e incorporação às Forças Armadas."
>
> "**Art. 28, CF/88.** A eleição do Governador e do Vice-Governador de Estado, para mandato de 4 (quatro) anos, realizar-se-á no primeiro domingo de outubro, em primeiro turno, e no último domingo de outubro, em segundo turno, se houver, do ano anterior ao do término do mandato de seus antecessores, e a posse ocorrerá em 6 de janeiro do ano subsequente, observado, quanto ao mais, o disposto no art. 77 desta Constituição."
>
> "**Art. 53, § 1º, CF/88.** Os Deputados e Senadores, desde a expedição do diploma, serão submetidos a julgamento perante o Supremo Tribunal Federal."
>
> "**Art. 102, CF/88.** Compete ao Supremo Tribunal Federal, precipuamente, a guarda da Constituição, cabendo-lhe:
>
> I - processar e julgar, originariamente:

> (...)
> b) nas infrações penais comuns, o Presidente da República, o Vice-Presidente, os membros do Congresso Nacional, seus próprios Ministros e o Procurador-Geral da República;
> c) nas infrações penais comuns e nos crimes de responsabilidade, os Ministros de Estado e os Comandantes da Marinha, do Exército e da Aeronáutica, ressalvado o disposto no art. 52, I, os membros dos Tribunais Superiores, os do Tribunal de Contas da União e os chefes de missão diplomática de caráter permanente;
> (...)"

Quanto às autoridades (federais, estaduais e municipais) que possuem prerrogativa de foro expressamente prevista de forma enumerada na Constituição Federal, o Min. Barroso foi extremamente didático, fazendo constar de seu voto a lista de todas essas autoridades, de modo a afastar qualquer dúvida sobre o tema.

Nas palavras do Ministro:

> *"a partir da leitura do texto constitucional, percebe-se que o legislador constituinte não disciplinou a matéria apenas na esfera federal, mas já determinou quais seriam as autoridades em âmbito estadual e municipal que seriam detentoras dessa prerrogativa.* ***Se o próprio constituinte federal previu exceções nos três níveis federativos, não cabe ao constituinte estadual inovar.***
>
> *Na **esfera municipal**, (i) o art. 29, X, da CF/1988 estabelece o julgamento do Prefeito perante o Tribunal de Justiça e (ii) o art. 105, I, "a", da CF/1988 estabelece que compete ao STJ, nos crimes comuns e de responsabilidade, o julgamento dos membros dos Conselhos ou Tribunais de Contas dos Municípios.*
>
> *Na **esfera estadual**, (iii) o art. 96, III, da CF/1988, estabelece que compete ao Tribunal de Justiça julgar os juízes estaduais e do Distrito Federal e Territórios, bem como os membros do Ministério Público, nos crimes comuns e de responsabilidade, ressalvada a competência da Justiça Eleitoral; (iv) o art. 105, I, "a", da CF/1988 prevê que compete ao STJ, nos crimes comuns, julgar os Governadores dos Estados e do Distrito Federal, e, nestes e nos de responsabilidade, os desembargadores dos Tribunais de Justiça dos Estados e do Distrito Federal e os membros dos Tribunais de Contas dos Estados e do Distrito Federal.*
>
> *Na **esfera federal**, **(v)** o art. 102, I, "b", da CF/1988 estabelece que compete ao STF processar e julgar nas infrações penais comuns, o Presidente da República, o Vice-Presidente, os membros do Congresso Nacional, seus próprios Ministros e o Procurador-Geral da República; **(vi)** o art. 102, I, "c", da CF/1988 prevê que compete ao STF processar e julgar, nas infrações penais comuns e nos crimes de responsabilidade, os Ministros de Estado e os Comandantes da Marinha, do Exército e da Aeronáutica, ressalvado o disposto no art. 52, I, os membros dos Tribunais Superiores, os do Tribunal de Contas da União e os chefes de missão diplomática de caráter permanente; **(vii)** o art. 105, I, "a", da CF/1988 dispõe que compete ao STJ processar e julgar nos crimes comuns e nos de responsabilidade, os membros dos Tribunais Regionais Federais, dos Tribunais Regionais Eleitorais e do Trabalho assim como os membros do Ministério Público da União que oficiem perante tribunais; **(viii)** o art. 108, I, "a", da CF/1988 estabelece que compete aos Tribunais Regionais Federais processar e julgar os juízes federais da área de sua jurisdição, incluídos os da Justiça Militar e da Justiça do Trabalho, nos crimes comuns e de responsabilidade, e os membros do Ministério Público da União, ressalvada a competência da Justiça Eleitoral e **(ix)** o art. 53, §2º, da CF/1988 estabelece que os Deputados e Senadores, desde a expedição do diploma, serão submetidos a julgamento perante o Supremo Tribunal Federal.*
>
> ***Fora dessas hipóteses expressamente previstas, somente se admite a concessão de foro privilegiado nos casos em que a própria Constituição Federal***

> ***estabelece regra de simetria para a organização dos Estados-membros.*** *Não se trata, propriamente, de discricionariedade conferida ao constituinte estadual. De acordo com o entendimento que prevaleceu no julgamento da ADI 2.553-MA, essa possibilidade decorre da própria Constituição Federal. (...)"*

Veja os dispositivos mencionados pelo Min. Barroso ao elencar os cargos expressamente enumerados na CF/88 com prerrogativa de foro:

"**Art. 29, CF/88.** O Município reger-se-á por lei orgânica, votada em dois turnos, com o interstício mínimo de dez dias, e aprovada por dois terços dos membros da Câmara Municipal, que a promulgará, atendidos os princípios estabelecidos nesta Constituição, na Constituição do respectivo Estado e os seguintes preceitos:

(...)

X - julgamento do Prefeito perante o Tribunal de Justiça;

(...)"

"**Art. 53, § 1º, CF/88.** Os Deputados e Senadores, desde a expedição do diploma, serão submetidos a julgamento perante o Supremo Tribunal Federal."

"**Art. 96, CF/88.** Compete privativamente:

(...)

III - aos Tribunais de Justiça julgar os juízes estaduais e do Distrito Federal e Territórios, bem como os membros do Ministério Público, nos crimes comuns e de responsabilidade, ressalvada a competência da Justiça Eleitoral."

"**Art. 102, CF/88.** Compete ao Supremo Tribunal Federal, precipuamente, a guarda da Constituição, cabendo-lhe:

I - processar e julgar, originariamente:

(...)

b) nas infrações penais comuns, o Presidente da República, o Vice-Presidente, os membros do Congresso Nacional, seus próprios Ministros e o Procurador-Geral da República;

c) nas infrações penais comuns e nos crimes de responsabilidade, os Ministros de Estado e os Comandantes da Marinha, do Exército e da Aeronáutica, ressalvado o disposto no art. 52, I, os membros dos Tribunais Superiores, os do Tribunal de Contas da União e os chefes de missão diplomática de caráter permanente; (...)"

"**Art. 105, CF/88.** Compete ao Superior Tribunal de Justiça:

I - processar e julgar, originariamente:

a) nos crimes comuns, os Governadores dos Estados e do Distrito Federal, e, nestes e nos de responsabilidade, os desembargadores dos Tribunais de Justiça dos Estados e do Distrito Federal, os membros dos Tribunais de Contas dos Estados e do Distrito Federal, os dos Tribunais Regionais Federais, dos Tribunais Regionais Eleitorais e do Trabalho, os membros dos Conselhos ou Tribunais de Contas dos Municípios e os do Ministério Público da União que oficiem perante tribunais;

(...)"

"**Art. 108, CF/88.** Compete aos Tribunais Regionais Federais:

I - processar e julgar, originariamente:

a) os juízes federais da área de sua jurisdição, incluídos os da Justiça Militar e da Justiça do Trabalho, nos crimes comuns e de responsabilidade, e os membros do Ministério Público da União, ressalvada a competência da Justiça Eleitoral;

(...)"

A partir disso e de forma bastante objetiva, é possível esquematizar todas as hipóteses de prerrogativa de foro previstas na Constituição Federal da seguinte maneira:

HIPÓTESES DE PRERROGATIVA DE FORO EXPRESSAMENTE ENUMERADAS NA CF/88		
ESFERA FEDERATIVA DO CARGO	**CARGO**	**ÓRGÃO COMPETENTE PARA JULGAR E PREVISÃO CONSTITUCIONAL**
Federal	Presidente da República	STF (art. 102, I, "b", CF/88)
Federal	Vice-Presidente da República	STF (art. 102, I, "b", CF/88)
Federal	Deputados Federais e Senadores	STF (art. 102, I, "b", CF/88)
Federal	Ministros do STF	STF (art. 102, I, "b", CF/88)
Federal	Procurador-Geral da República	STF (art. 102, I, "b", CF/88)
Federal	Ministros de Estado	STF (art. 102, I, "c", CF/88)
Federal	Comandantes das Forças Armadas (Marinha, Exército e Aeronáutica)	STF (art. 102, I, "c", CF/88)
Federal	Membros dos Tribunais Superiores	STF (art. 102, I, "c", CF/88)
Federal	Membros do TCU	STF (art. 102, I, "c", CF/88)
Federal	Chefes de missão diplomática de caráter permanente	STF (art. 102, I, "c", CF/88)
Federal	Membros dos TRFs, dos TRTs e dos TREs	STJ (art. 105, I, "a", CF/88)
Federal	Membros do MPU que atuam perante tribunais.	STJ (art. 105, I, "a", CF/88)
Federal	Juízes federais (inclusive os da Justiça Militar e os da Justiça do Trabalho)	TRF (art. 108, I, "a", CF/88), exceto se for caso de infração de competência da Justiça Eleitoral, hipótese em que o órgão competente, naturalmente, passa a ser o TRE

HIPÓTESES DE PRERROGATIVA DE FORO EXPRESSAMENTE ENUMERADAS NA CF/88		
ESFERA FEDERATIVA DO CARGO	**CARGO**	**ÓRGÃO COMPETENTE PARA JULGAR E PREVISÃO CONSTITUCIONAL**
Federal	Membros do MPU	TRF (art. 108, I, "a", CF/88), exceto se for caso de infração de competência da Justiça Eleitoral, hipótese em que o órgão competente, naturalmente, passa a ser o TRE
Estadual	Juízes	Tribunal de Justiça (art. 96, III, CF/88), exceto se for caso de infração de competência da Justiça Eleitoral, hipótese em que o órgão competente, naturalmente, passa a ser o TRE
Estadual	Membros do Ministério Público	Tribunal de Justiça (art. 96, III, CF/88), exceto se for caso de infração de competência da Justiça Eleitoral, hipótese em que o órgão competente, naturalmente, passa a ser o TRE
Estadual	Governador	STJ (art. 105, I, "a", CF/88)
Estadual	Desembargador	STJ (art. 105, I, "a", CF/88)
Estadual	Membros do TCE	STJ (art. 105, I, "a", CF/88)
Municipal	Prefeito	Tribunal de Justiça (art. 29, X, CF/88), exceto em relação às infrações de competência da Justiça Eleitoral ou da Justiça Federal, hipóteses em que o órgão competente será, respectivamente, o TRE ou o TRF, conforme determina a Súmula 702/STF, segundo a qual, "a competência do Tribunal de Justiça para julgar prefeitos restringe-se aos crimes de competência da justiça comum estadual; nos demais casos, a competência originária caberá ao respectivo tribunal de segundo grau".
Municipal	Membros do TCM	STJ (art. 105, I, "a", CF/88)

HIPÓTESE DE PRERROGATIVA DE FORO DECORRENTE DE SIMETRIA COM A ESFERA FEDERAL EXPRESSAMENTE ESTABELECIDA PELA CF/88		
ESFERA FEDERATIVA DO CARGO	**CARGO**	**ÓRGÃO COMPETENTE PARA JULGAR E PREVISÃO CONSTITUCIONAL**
Estadual	Deputado Estadual	Tribunal de Justiça (art. 27, § 1º, CF/88)

HIPÓTESES DE PRERROGATIVA DE FORO DECORRENTE DE SIMETRIA COM A ESFERA FEDERAL IMPLICITAMENTE ESTABELECIDA PELA CF/88		
ESFERA FEDERATIVA DO CARGO	**CARGO**	**ÓRGÃO COMPETENTE PARA JULGAR E PREVISÃO CONSTITUCIONAL**
Estadual	Vice-Governador	Tribunal de Justiça (art. 28 c/c art. 102, I, "b", CF/88)
Estadual	Secretários de Estado	Tribunal de Justiça (art. 28 c/c art. 102, I, "c", CF/88)
Estadual	Comandante dos militares estaduais	Tribunal de Justiça (art. 28 c/c art. 102, I, "c", CF/88)

Em relação ao foro especial das autoridades estaduais que possuem essa garantia por simetria (explícita ou implícita) com autoridades federais, o Min. Barroso não disse em seu voto qual seria o órgão competente para julgá-las. No entanto, considerando o caráter residual da competência da Justiça Estadual e que a CF/88 não atribui a competência expressamente a nenhum outro tribunal, a conclusão mais acertada parece ser a de que o órgão competente é o respectivo Tribunal de Justiça.

Não é por outro motivo, aliás, que as Constituições Estaduais, ao tratarem do foro especial dessas autoridades, costumam atribuir a competência ao Tribunal de Justiça, como é o caso da Constituição do Estado de São Paulo, que, no seu art. 74, I, estabelece ser competente o TJ/SP para jugar, nas infrações penais comuns, *"o Vice-Governador, os Secretários de Estado, os Deputados Estaduais, o Procurador-Geral de Justiça, o Procurador-Geral do Estado, (...) e os Prefeitos Municipais"*.

Quanto à tese fixada no julgamento dessas ações, ela estabeleceu que *"é inconstitucional norma de constituição estadual que estende o foro por prerrogativa de função a autoridades não contempladas pela Constituição Federal de forma expressa ou por simetria"*.

É importante ter o cuidado de perceber que a expressão "ou por simetria" constante dessa tese não significa que os Estados possuem liberdade para, alegando simetria com a esfera federal, criar hipóteses de prerrogativa de foro não previstas (expressa ou implicitamente) na Constituição Federal. Na verdade, como vimos, a referência à simetria na tese fixada pela Corte significa, tão somente, que há casos em que a Constituição Federal confere prerrogativa de foro em virtude de um tratamento simétrico que ela mesma estabelece, de forma explícita ou não, entre as esferas estadual e federal.

Em outras palavras: para que um cargo estadual tenha prerrogativa de foro, é necessário que essa prerrogativa esteja assegurada na Constituição Federal, o que pode ser feito de forma enumerada (quando o texto constitucional diz explicitamente que determinado cargo possui a prerrogativa) ou por meio do estabelecimento de um tratamento simétrico (explícito ou implícito) entre a esfera estadual e a esfera federal.

E isso é confirmado pelo fato de se encontrar em tramitação no STF a **PSV (Proposta de Súmula Vinculante) nº 131**, apresentada pelo Min. Dias Toffoli, na qual se encontra pendente de aprovação, já com parecer favorável da Procuradoria-Geral da República, o enunciado de súmula vinculante segundo o qual *"são inconstitucionais normas de Constituições Estaduais e da Lei Orgânica do Distrito Federal que contemplem hipóteses de prerrogativa de foro não previstas expressamente na Constituição Federal, vedada a invocação de simetria"*.

A existência dessa proposta mostra que o entendimento da Corte é, realmente, no sentido de que os Estados não possuem liberdade para ampliar as hipóteses de foro por prerrogativa de função estabelecidas pela Constituição Federal, ainda que aleguem uma simetria com a CF/88 para fazer isso. Talvez, no momento de sua aprovação, seja necessário realizar algum ajuste na sua redação, pois o texto proposto diz que apenas são admitidas as hipóteses de prerrogativa de foro previstas expressamente na Constituição Federal, enquanto que, conforme vimos, o STF decidiu que há casos em que essa prerrogativa é assegurada pela CF/88 de forma implícita. Logo, se o enunciado for aprovado sem qualquer alteração na sua redação, a expressão "expressamente" contida no seu texto deverá ser interpretada como "exclusivamente", isto é, como um elemento que tem como finalidade excluir de forma clara a possibilidade de os Estados inovarem no tema da prerrogativa de foro.

Seja como for, caso a literalidade da tese fixada pelo STF apareça em provas objetivas como uma representação do entendimento da Corte sobre o tema da prerrogativa de foro em âmbito estadual, a assertiva deve ser considerada correta. Por outro lado, em provas discursivas e orais, há espaço para desenvolver o raciocínio jurídico e esclarecer o significado dela, nos termos do julgamento das ADIs 6501, 6502, 6508, 6515 e 6516, tal qual vimos acima.

Por fim, apenas com intuito informativo, é importante registrar que, nessas ações, o STF considerou inconstitucionais normas de Constituições Estaduais que conferiam prerrogativa de foro aos seguintes cargos:

I) Defensor Público (ADIs 6501, 6508, 6514, 6515 e 6516);

II) Procurador de Estado (ADIs 6515 e 6516);

III) Defensor Público-Geral (ADI 6502); e

IV) Chefe-Geral da Polícia Civil (ADI 6502).

Além disso, o Supremo Tribunal Federal já havia reconhecido a inconstitucionalidade de normas de Constituições Estaduais que atribuíam prerrogativa de foro a:

I) Delegado de Polícia (ADI 2553);

II) Delegado-Geral da Polícia Civil (ADIs 3294, 5591 e 6517);

III) Procurador Legislativo (ADI 2553);

IV) Vice-Prefeito (ADI 6842); e

V) Vereador (ADI 6842).

É interessante notar que, conforme entendeu o STF, o Chefe-Geral (ou Delegado-Geral) da Polícia Civil não possui prerrogativa de foro conferida pela CF/88, enquanto o Comandante dos militares estaduais possui. Isso ocorre porque, em âmbito federal, o Diretor-Geral da Polícia Federal não tem foro especial, mas os Comandantes das Forças Armadas (que são os órgãos militares federais) possuem essa garantia. Como consequência disso, a simetria jurídica estabelecida pela CF/88 entre o Poder Executivo Estadual e o Poder Executivo Federal assegura a prerrogativa de foro ao Comandante dos militares estaduais, mas não ao Chefe-Geral da Polícia Civil.

Por fim, é importante registrar que, afastando qualquer dúvida sobre o tema, o Supremo Tribunal Federal, em 2023 (**ADI 7447**, j. 21/11/2023), reafirmou sua jurisprudência no sentido de que **TODAS** as hipóteses de prerrogativa de foro existentes no ordenamento jurídico brasileiro estão previstas na CF/88 (e apenas na CF/88), não podendo ser ampliadas pelo intérprete nem tampouco pelos legisladores locais ou mesmo pelo legislador federal infraconstitucional.

▶ Qual é a natureza da inconstitucionalidade da norma estadual que cria hipótese de prerrogativa de foro não prevista na Constituição Federal?

Conforme vimos, o Supremo Tribunal Federal firmou sua jurisprudência no sentido de que todas as hipóteses de foro por prerrogativa de função existentes no direito brasileiro estão, necessariamente, previstas na Constituição Federal (seja de forma explícita, seja de forma implícita), de modo que os Estados, ainda que por meio de suas Constituições, não podem inovar nesse tema, ou seja, não podem criar novas hipóteses de prerrogativa de foro (não podem atribuir essa prerrogativa a cargos que não tenham sido contemplados com ela pela Constituição Federal).

Fica claro, portanto, que uma norma estadual que estabeleça hipótese de foro por prerrogativa de função não prevista na Constituição Federal será **inconstitucional**.

A questão que surge aqui é a seguinte: essa inconstitucionalidade da norma estadual que inova no tema da prerrogativa de foro **é uma inconstitucionalidade formal ou uma inconstitucionalidade material?** Isso, inclusive, foi objeto de cobrança na prova oral do concurso para o cargo de Juiz Substituto do TJSP realizada em 2022.

A primeira reação pode ser responder que se trata de uma inconstitucionalidade formal, e o fundamento para essa conclusão seria a falta de competência dos Estados para inovar no tema da prerrogativa de foro.

No entanto, essa não parece ser a melhor resposta para a questão. Isso porque, nos termos do art. 125, § 1º, da CF/88, as Constituições Estaduais podem tratar da competência dos respectivos Tribunais de Justiça. Veja:

> "**Art. 125, § 1º, CF/88.** A competência dos tribunais será definida na Constituição do Estado, sendo a lei de organização judiciária de iniciativa do Tribunal de Justiça."

Ora, tendo em vista que a prerrogativa de foro nada mais é do que uma regra de competência (já que ela estabelece os casos em que determinado tribunal será competente para o julgamento), os Estados-membros podem legislar a esse respeito por meio de suas Constituições, como prevê o art. 125, § 1º, da CF/88. Esse dispositivo, como vimos, diz que os Estados podem (por meio de suas Constituições) definir a competência dos seus Tribunais de Justiça.

O problema, portanto, não é de falta de competência legislativa, logo, não se trata de uma inconstitucionalidade formal.

O que ocorre é que, embora os Estados tenham competência legislativa para, por meio de suas Constituições, dispor sobre a competência jurisdicional dos seus Tribunais de Justiça, quando se trata do tema do foro por prerrogativa de função, eles (os Estados) não podem estabelecer uma disciplina diversa daquela que está contida na Constituição Federal.

Em outras palavras: no tema da prerrogativa de foro, os Estados não podem estabelecer normas de **conteúdo** diverso do previsto na Constituição Federal. O problema, portanto, é o conteúdo da norma, e não a competência para editá-la.

Se o problema é o conteúdo da norma, a conclusão é que, quando um Estado-membro cria uma hipótese de prerrogativa de foro não prevista na Constituição Federal, fica caracteriza uma inconstitucionalidade **material**.

Isso, inclusive, foi afirmado expressamente pelo Supremo Tribunal Federal na **ADI 5674** (j. 03/22/2022), na qual a Corte declarou a inconstitucionalidade de norma da Constituição do Estado do Espírito Santo que conferia prerrogativa de foro a Defensores Públicos. Ao reconhecer essa inconstitucionalidade, o STF deixou registrado na ementa do acórdão tratar-se de uma inconstitucionalidade **material** (e isso também foi dito no voto condutor do julgamento, proferido pelo Min. Gilmar Mendes, relator do caso).

Nos exatos termos da ementa, a ação foi julgada *"procedente para declarar, com efeitos ex nunc, a inconstitucionalidade **material** do §6º do art. 123 da Constituição do Estado do Espírito Santo, na redação que lhe foi dada pela Emenda Constitucional Estadual 94/2013"*.

Portanto, segundo o Supremo Tribunal Federal, a inconstitucionalidade verificada na norma de Constituição Estadual que cria hipótese de prerrogativa de foro não prevista na Constituição Federal é uma inconstitucionalidade **material**.

▶ A Súmula Vinculante 45 perdeu o sentido após a mudança de entendimento do STF sobre a prerrogativa de foro em âmbito estadual?

A **Súmula Vinculante 45** estabelece que *"a competência constitucional do Tribunal do Júri prevalece sobre o foro por prerrogativa de função estabelecido exclusivamente pela constituição estadual"*.

Esse enunciado foi aprovado na época em que o STF admitia que as Constituições Estaduais inovassem no tema da prerrogativa de foro e atribuíssem essa prerrogativa a cargos não contemplados com ela na Constituição Federal.

O objetivo dessa súmula era deixar claro algo que decorre da hierarquia das normas integrantes do ordenamento jurídico: como a competência do Tribunal do Júri é estabelecida na Constituição Federal (que, no art. 5º, XXXVIII, "d", dispõe que ao Júri cabe julgar crimes dolosos contra a vida), não poderia um agente público estadual sem prerrogativa de foro prevista na Constituição Federal, mas contemplado com essa prerrogativa na Constituição do respectivo Estado, ser julgado no seu foro especial estadual caso lhe fosse imputada a prática de um crime doloso contra a vida.

Isso porque a Constituição Federal é o fundamento último de validade de todas as demais normas da ordem jurídica, de modo que um foro por prerrogativa de função estabelecido unicamente em uma norma de hierarquia inferior (a Constituição

Estadual) não poderia afastar a competência do Júri, que é estabelecida na norma que ocupa o mais elevado grau hierárquico do sistema jurídico (a Constituição Federal).

Ocorre que, conforme vimos, desde o julgamento da **ADI 2553**, o Supremo Tribunal Federal não mais admite que Constituição Estadual confira prerrogativa de foro a cargo não contemplado com essa prerrogativa na Constituição Federal, de modo que, atualmente, todas as hipóteses de foro por prerrogativa de função já estão previstas no texto constitucional federal.

Por conta disso, surge o seguinte questionamento: com o julgamento da ADI 2553, a Súmula Vinculante 45 perdeu seu sentido e/ou sua utilidade, tendo em vista que não é mais possível que exista prerrogativa de foro estabelecida exclusivamente em Constituição Estadual?

A resposta é negativa.

A Súmula Vinculante 45 não perdeu sentido nem utilidade, mas para perceber isso é necessário interpretá-la *a contrario sensu*.

Isso porque esse enunciado, como vimos, diz que a prerrogativa de foro apenas não prevalece sobre a competência do Tribunal do Júri quando ela (a prerrogativa de foro) é estabelecida exclusivamente em Constituição Estadual. *A contrario sensu*, é possível concluir que, quando o foro por prerrogativa de função não é previsto exclusivamente na Constituição do Estado (ou seja, quando ele tem previsão na Constituição Federal), ele prevalece sobre a competência do Júri.

Portanto, a Súmula Vinculante 45 continua sendo útil, já que continua servindo para deixar claro que a prerrogativa de foro prevista na Constituição Federal prevalece sobre a competência do Tribunal do Júri. Isso ocorre porque ela (a prerrogativa de foro) é norma especial, enquanto a competência do Júri é estabelecida em uma norma geral.

Assim, considerando que nesse caso ambas as normas possuem a mesma hierarquia (pois tanto a competência do Júri quanto a prerrogativa de foro estão previstas na Constituição Federal) e que norma especial derroga norma geral, o foro por prerrogativa de função (que é norma especial) prevalece nesse conflito.

A consequência prática disso é que, caso seja imputado o cometimento de um crime doloso contra a vida a um agente público contemplado com prerrogativa de foro na Constituição Federal, ele será julgado no seu foro especial, e não pelo Tribunal do Júri.

▪ NECESSIDADE DE AUTORIZAÇÃO JUDICIAL PARA A INSTAURAÇÃO DE INVESTIGAÇÃO CRIMINAL CONTRA PESSOA OCUPANTE DE CARGO COM PRERROGATIVA DE FORO

Neste tópico, tomaremos como base precedentes do STF envolvendo prerrogativa de foro em âmbito estadual, e, justamente por isso, a abordagem do tema será feita, do começo ao fim, referindo-se a cargos com foro especial em Tribunal de Justiça. No entanto, o entendimento que veremos se aplica a qualquer caso de foro por prerrogativa de função, não se restringindo aos casos em que o foro especial é um Tribunal estadual.

Feito esse esclarecimento inicial, passemos à análise do tema.

A grande questão a ser enfrentada aqui é a seguinte: os agentes públicos ocupantes de cargos com foro por prerrogativa de função em âmbito estadual podem ser investigados independentemente de **prévia autorização do respectivo Tribunal de Justiça**?

É possível afirmar que, durante um período, a jurisprudência do Supremo Tribunal Federal, embora apresentasse inclinação em um determinado sentido, não se encontrava plenamente pacificada nesse tema. Isso mudou em 2022, quando o Pleno da Corte julgou uma ADI envolvendo a questão, pondo um fim à insegurança que havia em torno dela.

Mas, antes de vermos o que foi decidido pelo Plenário do STF, é importante saber como vinham se manifestando as Turmas do Tribunal sobre o tema.

Há diferentes precedentes em que a questão da necessidade ou não de autorização judicial para a instauração de investigação criminal contra pessoa ocupante de cargo com prerrogativa de foro foi tratada. E, a seguir, veremos os principais julgados a esse respeito.

O tema foi enfrentado pela **Segunda Turma do Supremo Tribunal Federal** no **HC 201.965**, julgado em 30/11/2021, oportunidade em que se decidiu que **é indispensável haver autorização** (e posterior supervisão) do Tribunal de Justiça para a instauração de investigação (que pode ser um inquérito ou outro procedimento investigatório) envolvendo agente público com prerrogativa de foro em âmbito estadual.

Segundo esse precedente, caso não haja a prévia autorização ou ao menos a comunicação da instauração da investigação para viabilizar a supervisão judicial pelo Tribunal de Justiça respectivo, os elementos probatórios colhidos no procedimento investigatório serão imprestáveis e os atos processuais eventualmente praticados serão nulos.

Esse entendimento já havia sido adotado anteriormente pela mesma **Segunda Turma do STF** na **AP 933 QO**, julgada em 06/10/2015, e no **RE 1322854 AgR**, julgado em 03/08/2021. Esses precedentes envolveram investigações criminais de Prefeitos Municipais (e Prefeito é uma autoridade com foro especial no Tribunal de Justiça, conforme estabelece o art. 29, X, da CF/88), tendo a Corte exigido a supervisão judicial para a validade do procedimento investigatório.

Na ementa do RE 1322854 AgR, por exemplo, a Corte registrou que *"a instauração de inquérito por delegado de polícia contra Prefeito Municipal, por fatos relacionados ao exercício do mandado, sem a prévia requisição da Procuradoria-Geral de Justiça e supervisão do Tribunal de Justiça, ofende o art. 29, X, da Constituição Federal. (...) Constatado vício desde a instauração do inquérito policial até o oferecimento da denúncia, impõe-se o reconhecimento da nulidade de todos os atos processuais praticados"*.

Na **Primeira Turma do Supremo Tribunal Federal** esse entendimento também já havia sido adotado, o que ocorreu no **ARE 1282474 AgR**, julgado em 22/03/2021, e na **AP 912**, julgada em 07/03/2017.

No entanto, a própria **Primeira Turma do STF** já decidiu no sentido da desnecessidade da autorização do Tribunal de Justiça para a instauração de investigação criminal envolvendo agente público detentor de prerrogativa de foro em âmbito estadual. Inclusive, isso ocorreu em precedente posterior aos dois mencionados no parágrafo anterior. Trata-se do **HC 177.992 AgR**, que foi julgado em 23/08/2021.

E mesmo na **Segunda Turma do STF** há um precedente em que expressamente se entendeu pela desnecessidade de prévia autorização do Tribunal de Justiça para a instauração de investigação criminal envolvendo agentes públicos detentores de prerrogativa de foro em âmbito estadual, desde que houvesse posterior comunicação ao TJ viabilizando a supervisão judicial das investigações. Trata-se do **HC 184.648 AgR**, julgado em 15/09/2021, no qual foi decidido que *"foro por prerrogativa não exige autorização do Tribunal de origem para abertura do inquérito policial. Entretanto,* ***a ciência e a supervisão do Tribunal são imprescindíveis*** *para que a investigação não seja contaminada por vício de nulidade absoluta"*.

Em resumo, até 2022, tínhamos o seguinte na jurisprudência do Supremo Tribunal Federal sobre a questão da necessidade ou não de autorização do Tribunal de

Justiça para a instauração de investigação criminal envolvendo agente público com prerrogativa de foro em âmbito estadual:

I) Precedentes no sentido da ~~**necessidade**~~ da autorização:

a. ARE **1282474 AgR**, julgado pela **Primeira Turma** em 22/03/2021;

b. AP **912**, julgada pela **Primeira Turma** em 07/03/2017;

c. AP **933 QO**, julgada pela **Segunda Turma** em 06/10/2015;

d. RE **1322854 AgR**, julgado pela **Segunda Turma** em 03/08/2021; e

e. HC **201.965**, julgado pela **Segunda Turma** em 30/11/2021 (esse é o precedente **mais recente** do STF sobre o tema).

II) Precedente no sentido da ~~**desnecessidade**~~ da autorização:

a. HC 177.992 AgR, julgado pela **Primeira Turma** em 23/08/2021.

III) Precedente no sentido da ~~**desnecessidade**~~ de prévia autorização, desde que haja ~~**posterior comunicação**~~ ao Tribunal de Justiça ~~**viabilizando a supervisão judicial**~~ das investigações:

a. HC 184.648 AgR, julgado pela **Segunda Turma** em 15/09/2021.

Em 2022, porém, o Plenário do STF pôs fim a essa insegurança, fixando o entendimento da Corte sobre a questão.

Na **ADI 7083**, julgada em 16/05/2022, o Supremo Tribunal Federal, analisando uma disposição do Regimento Interno do TJAP, decidiu que, assim como já se entendia em relação às autoridades com prerrogativa de foro no STF, as investigações criminais contra ocupantes de cargos contemplados com foro especial em outros Tribunais dependem de supervisão do respectivo Tribunal competente para que possam ser instauradas e ter andamento.

Ou seja, o Tribunal competente para julgar o caso **deve autorizar a instauração da investigação e acompanhar o seu desenvolvimento** até o fim.

Nas exatas palavras do STF, *"a jurisprudência deste Supremo Tribunal consolidou-se no sentido de que, **tratando-se de autoridades com prerrogativa de foro neste Supremo Tribunal, "a atividade de supervisão judicial deve ser constitucionalmente desempenhada durante toda a tramitação das investigações desde a abertura dos procedimentos investigatórios até o eventual oferecimento, ou não, de denúncia pelo dominus litis"** (Inquérito n. 2411-QO, Relator o Ministro Gilmar Mendes, Plenário, julgado em 10.10.2007, DJe 25.4.2008). (...) **A mesma interpretação tem sido aplicada pelo Supremo Tribunal Federal aos casos de investigações envolvendo autoridades com prerrogativa de foro nos Tribunais de segundo grau**, afirmando-se a necessidade de supervisão das investigações pelo órgão judicial competente. (...) Em interpretação sistemática da Constituição da República, **a mesma razão jurídica apontada para justificar a necessidade de supervisão judicial dos atos investigatórios de autoridades com prerrogativa de foro neste Supremo Tribunal Federal aplica-se às autoridades com prerrogativa de foro em outros Tribunais.** (...) Não se há cogitar de usurpação das funções institucionais conferidas constitucionalmente ao Ministério Público, pois o órgão mantém a titularidade da ação penal e as prerrogativas investigatórias, devendo apenas submeter suas atividades ao controle judicial. (...) A norma questionada não apresenta* *vício de iniciativa, não inovando em matéria processual penal ou procedimental, e limitando-se a regular a norma constitucional que prevê o foro por prerrogativa de função".*

Esse é o entendimento que podemos afirmar com segurança ser o atualmente adotado (e pacificado) pelo Supremo Tribunal Federal, pois foi fixado em decisão do seu Plenário em sede de controle concentrado abstrato de constitucionalidade. E confirma isso o fato de que esse entendimento foi **reiterado** pelo STF na **ADI 7447** (j. 21/11/2023), na qual a Corte afirmou que *"as investigações contra autoridades com prerrogativa de foro nesta SUPREMA CORTE submetem-se ao prévio controle judicial, o que inclui a* ***autorização judicial para as investigações****, nos termos do art. 21, XV, do RISTF. (...) Como expressão da própria regulamentação constitucional do foro por prerrogativa de função,* ***aplica-se a mesma exigência*** *de prévia autorização judicial para a instauração de investigações penais originárias que envolvam* ***autoridades com prerrogativa de foro nos Tribunais de segundo grau****".*

Inclusive, seguindo essa linha de raciocínio, o Supremo Tribunal Federal já decidiu que **o Ministério Público não pode realizar investigação interna (a exemplo do seu procedimento investigatório criminal – PIC) sobre fatos criminosos atribuídos a autoridades com prerrogativa de foro**, justamente porque, quando o caso envolve agente público com foro especial, deve haver, do início ao fim da investigação, a supervisão (com a prévia autorização) do respectivo Tribunal competente.

Esse entendimento foi adotado, por exemplo, em decisão proferida pela Min. Rosa Weber, em 08/09/2022, na **Pet 10477**. Segundo esclareceu a Ministra (relatora do caso), uma vez tendo conhecimento de suposta prática de infração penal por autoridade com prerrogativa de foro, cabe ao Ministério Público, tão somente, (I) propor o arquivamento, pela inexistência de indicativo de prática delituosa; (II) requerer autorização ao respectivo Tribunal para a abertura de inquérito ou a realização de diligências preliminares; ou (III) oferecer denúncia.

Nas exatas palavras da Ministra, uma vez verificado que o caso envolve autoridade com prerrogativa de foro, *"a deflagração de qualquer procedimento investigativo criminal supõe, para legitimar-se, prévia anuência da autoridade judiciária"*. Não pode o MP, portanto, nesse caso, promover investigação interna sem o conhecimento do Tribunal competente.

■ É POSSÍVEL EXIGIR DECISÃO COLEGIADA PARA AUTORIZAR A INSTAURAÇÃO DE INVESTIGAÇÃO CRIMINAL CONTRA PESSOA OCUPANTE DE CARGO COM PRERROGATIVA DE FORO?

Como vimos, na ADI 7083, o Supremo Tribunal Federal definiu que a instauração de investigação criminal contra pessoa ocupante de cargo com prerrogativa de foro depende de autorização e acompanhamento do Tribunal competente.

É possível exigir que essa autorização do Tribunal competente seja dada por decisão colegiada? Segundo o STF, **não**.

Na **ADI 5331**, julgada em 06/06/2022, o Supremo Tribunal Federal decidiu que **é inconstitucional norma que exija decisão colegiada** para que seja autorizada a instauração de investigação criminal contra autoridade detentora de prerrogativa de foro, pois essa exigência consubstancia uma benesse que não se confere a todos os cargos contemplados com foro especial, o que **viola a isonomia**.

Nessa ação, a norma impugnada foi uma disposição de uma lei complementar do Estado de Minas Gerais que assegurava aos magistrados mineiros a necessidade de haver autorização de órgão colegiado para que fosse possível a instauração de investigação criminal contra eles. O STF, além de reconhecer que essa norma violava a isonomia, entendeu que ela era formalmente inconstitucional, por invadir a competência da União para, por meio de lei complementar de iniciativa do próprio STF, dispor sobre questões institucionais da magistratura, como prevê o art. 93 da Constituição Federal (*"Art. 93, CF/88. Lei complementar, de iniciativa do Supremo Tribunal Federal, disporá sobre o Estatuto da Magistratura, observados os seguintes princípios: (...)"*).

Segundo a tese fixada pela Corte nesse caso, *"é inconstitucional norma estadual de acordo com a qual compete a órgão colegiado do tribunal autorizar o prosseguimento de investigações contra magistrados, por criar prerrogativa não prevista na Lei Orgânica da Magistratura Nacional e não extensível a outras autoridades com foro por prerrogativa de função"*.

Logo, segundo o STF, embora seja necessário haver autorização (ou supervisão) do respectivo Tribunal competente para que haja instauração de investigação criminal contra pessoa ocupante de cargo com prerrogativa de foro, essa autorização deve se dar por decisão monocrática do relator do caso, e não por decisão colegiada.

A ementa desse julgamento explica bem a questão. Veja:

> **"EMENTA:** (...) 1. Ação direta de inconstitucionalidade que tem por objeto o art. 90, § 1º, da Lei Complementar nº 59/2001 do Estado de Minas Gerais, que prevê a necessidade de autorização de órgão colegiado do Tribunal de Justiça para prosseguimento das investigações contra magistrado. 2. Cabe a lei complementar de iniciativa do Supremo Tribunal Federal disciplinar as matérias institucionais relativas à magistratura nacional (art. 93 da Constituição Federal). 3. **O dispositivo impugnado é formalmente inconstitucional ao instituir prerrogativa não prevista na Lei Orgânica da Magistratura Nacional.** Tal norma determina, nas investigações contra magistrado, a remessa do inquérito ao Tribunal ou órgão competente, mas não condiciona o prosseguimento à autorização do órgão colegiado. 4. **A norma questionada é materialmente inconstitucional por violação ao princípio da isonomia**, já que confere garantia mais extensa aos magistrados mineiros do que a prevista para os demais membros da magistratura e autoridades com foro por prerrogativa de função. 5. Há relevante distinção entre o presente caso e o que decidido na ADI 7083, Rel. Min. Cármen Lúcia. Em tal oportunidade, esta Corte destacou que "a mesma razão jurídica apontada para justificar a necessidade de supervisão judicial dos atos investigatórios de autoridades com prerrogativa de foro neste Supremo Tribunal Federal aplica-se às autoridades com prerrogativa de foro em outros Tribunais". No entanto, **o Regimento Interno do STF não exige que o prosseguimento da investigação seja autorizado por órgão colegiado, bastando que o relator decida a respeito.** Na mesma linha, dispôs o Regimento Interno do TJAP, cuja constitucionalidade fora afirmada em tal precedente. 6. Ação direta cujo pedido se julga parcialmente procedente, (...), a fim de estabelecer que **caberá ao relator autorizar o prosseguimento das investigações.** Tese: "É inconstitucional norma estadual de acordo com a qual compete a órgão colegiado do tribunal autorizar o prosseguimento de investigações contra magistrados, por criar prerrogativa não prevista na Lei Orgânica da Magistratura Nacional e não extensível a outras autoridades com foro por prerrogativa de função"." **(ADI 5331, Pleno, Rel. Min. ROSA WEBER, Redator do acórdão Min. ROBERTO BARROSO, j. 06/06/2022)**

■ IMUNIDADES PARLAMENTARES (ART. 53, "CAPUT", §§ 2º, 3º, 4º, 5º E 8º, CF/88)

> **"Art. 53, CF/88.** Os Deputados e Senadores são invioláveis, civil e penalmente, por quaisquer de suas opiniões, palavras e votos.

> (...)
>
> **§ 2º** Desde a expedição do diploma, os membros do Congresso Nacional não poderão ser presos, salvo em flagrante de crime inafiançável. Nesse caso, os autos serão remetidos dentro de vinte e quatro horas à Casa respectiva, para que, pelo voto da maioria de seus membros, resolva sobre a prisão.
>
> **§ 3º** Recebida a denúncia contra o Senador ou Deputado, por crime ocorrido após a diplomação, o Supremo Tribunal Federal dará ciência à Casa respectiva, que, por iniciativa de partido político nela representado e pelo voto da maioria de seus membros, poderá, até a decisão final, sustar o andamento da ação.
>
> **§ 4º** O pedido de sustação será apreciado pela Casa respectiva no prazo improrrogável de quarenta e cinco dias do seu recebimento pela Mesa Diretora.
>
> **§ 5º** A sustação do processo suspende a prescrição, enquanto durar o mandato.
>
> (...)
>
> **§ 8º** As imunidades de Deputados ou Senadores subsistirão durante o estado de sítio, só podendo ser suspensas mediante o voto de dois terços dos membros da Casa respectiva, nos casos de atos praticados fora do recinto do Congresso Nacional, que sejam incompatíveis com a execução da medida."

A redação dos dispositivos que disciplinam as imunidades parlamentares não é a do texto original da CF/88, mas, sim, a que foi dada pela EC 35/01.

Basicamente, a EC 35/01 trouxe duas grandes mudanças: uma relativa à imunidade parlamentar material e outra relativa à imunidade parlamentar formal, que são os dois tipos diferentes de imunidades parlamentares existentes no Brasil.

Antes de se passar à análise das imunidades parlamentares, é importante analisar essas duas mudanças.

A primeira grande mudança se deu em relação à imunidade parlamentar material. Não foi, na verdade, uma grande mudança, mas, sim, uma harmonização entre o texto da CF/88 e a posição que o STF já havia fixado antes da EC 35/01.

Essa alteração do texto constitucional disse respeito ao alcance da imunidade material. É que essa imunidade acarretava a irresponsabilidade penal do Parlamentar, mas havia o questionamento se ela também acarretaria a irresponsabilidade civil.

Antes da EC 35/01, o STF já havia adotado a posição de que a imunidade parlamentar material não seria apenas penal, mas também civil, de modo que, assim como acarretaria uma irresponsabilidade penal, também acarretaria uma irresponsabilidade civil. E o motivo disso é simples: a finalidade da imunidade parlamentar é permitir que os Parlamentares exerçam suas funções de forma livre, de modo que, se houver a submissão do Deputado ou Senador à possibilidade jurídica de responder por algum dano (patrimonial, moral ou ambos), essa finalidade não será atendida, porque não haverá liberdade no desempenho do mandato, podendo a função parlamentar acabar sendo tolhida pela possibilidade, em tese, de o Parlamentar responder por eventual dano que tenha causado a terceiro (seja um dano patrimonial, moral ou ambos).

Assim, a EC 35/01 trouxe essa posição do STF para a CF/88, estabelecendo expressamente (art. 53, *caput*, CF/88) que os Deputados e Senadores são invioláveis civil e penalmente (a especificação "civil e penalmente" não existia no texto constitucional antes), afastando qualquer dúvida sobre isso.

Dessa forma, embora a imunidade material, na maioria dos casos, envolva matéria penal, ela não é apenas penal, mas também civil. Por esse motivo, não mais se justifica chamá-la de imunidade penal (já que não é apenas penal), sendo mais adequado chamá-la simplesmente de imunidade parlamentar **material**.

É possível visualizar a afirmação desse entendimento, por exemplo, nos seguintes precedentes:

> "(...) IMUNIDADE MATERIAL DE VEREADORES (CF, ART. 29, VIII). EXTENSÃO QUANTO À RESPONSABILIDADE CIVIL. (...) **Se é certo que tal imunidade, inclusive para efeitos civis, é assegurada até mesmo em caso de cometimento de crime, não se há de afastá-la em casos como o da espécie, que de crime não se trata** e em que sequer a intenção dolosa foi aventada. 6. Recursos extraordinários providos. **(RE 405386/RJ; Relator(a): Min. ELLEN GRACIE; Relator(a) p/ Acórdão: Min. TEORI ZAVASCKI; Julgamento: 26/02/2013; Órgão Julgador: Segunda Turma)**
>
> "(...) **A garantia constitucional da imunidade parlamentar em sentido material (CF, art. 53, "caput")** – que representa instrumento vital destinado a viabilizar o exercício independente do mandato representativo – **protege o membro do Congresso Nacional, tornando-o inviolável, civil e penalmente**, por quaisquer "de suas opiniões, palavras e votos". (...) **(Pet 5875 AgR/DF; Relator(a): Min. CELSO DE MELLO; Julgamento: 17/03/2017; Órgão Julgador: Segunda Turma)**

Interessante notar, no entanto, que a CF/88 não prevê a aplicação da imunidade parlamentar material na esfera administrativa, o que, inclusive, já foi cobrado em prova. Por exemplo, no concurso para o cargo de Procurador do Município de Curitiba/PR realizado pela UFPR em 2015, foi considerada incorreta a assertiva segundo a qual *"a imunidade material assegurada a Deputados e Senadores abrange expressamente a esfera administrativa"*.

A outra modificação operada pela EC 35/01 diz respeito à imunidade parlamentar **formal**. Consiste no seguinte: antes da EC 35/01, o processo criminal contra Parlamentares se submetia a uma condição de procedibilidade (ou causa impeditiva do processo), mas, após essa emenda, o que era condição de procedibilidade passou a ser uma possível condição de prosseguibilidade (art. 53, § 3º, CF/88). Em outras palavras, o que era uma causa impeditiva do processo passou a ter o potencial de ser uma causa suspensiva do processo.

Trata-se de uma licença para processamento que a respectiva Casa poderia dar para que o Parlamentar fosse réu em ação penal. Era uma autorização do Poder Legislativo sem a qual o Poder Judiciário não poderia admitir a instauração de processo-crime contra Deputado ou Senador. **Essa licença foi abolida pela EC 35/01**. Hoje, só há na Constituição Federal uma única licença que a Casa Legislativa pode dar em relação aos seus membros, que é a licença para incorporação às Forças Armadas, não mais existindo a exigência de licença para que o Deputado ou Senador seja processado criminalmente.

Imunidade parlamentar material

Em sede doutrinária, essa imunidade também é chamada de imunidade parlamentar absoluta, imunidade parlamentar substancial, imunidade parlamentar real, inviolabilidade e indenidade (este último sinônimo foi criado por Zaffaroni).

Aqui, o viés de análise será o penal, pois o que havia de relevante para abordar quanto ao âmbito civil já foi visto no tópico anterior.

A imunidade parlamentar material (que, como vimos, aplica-se tanto na esfera penal quanto na esfera civil) está prevista no art. 53, *caput*, da CF/88, que diz que os Parlamentares são invioláveis por suas opiniões, palavras e votos. Essa imunidade, portanto, nos termos do texto constitucional, implica na inviolabilidade dos membros do Poder Legislativo quando emitem opiniões, quando discursam e quando manifestam seus votos.

> "**Art. 53, CF/88.** Os Deputados e Senadores são invioláveis, civil e penalmente, por quaisquer de suas opiniões, palavras e votos."

Se o membro do Poder Legislativo é inviolável por suas opiniões, palavras e votos, isso significa que não fica caracterizada infração penal (nem ilícito civil) e, consequentemente, não pode haver instauração de inquérito nem de processo criminal.

É necessário analisar a natureza jurídica e a extensão funcional dessa imunidade.

Comecemos pela sua **natureza jurídica**, cuja análise passa pelo seguinte questionamento: a imunidade material evita a configuração de infração penal por que motivo? Quando ela incide, o que falta para ficar configurada a infração penal? O que se quer saber com essas perguntas é justamente qual é a natureza jurídica dessa imunidade. Ela é causa de exclusão da tipicidade, causa de exclusão da ilicitude, causa de exclusão da culpabilidade ou outra coisa? Isso, embora não seja relevante para o Direito Constitucional, é de extrema relevância para o Direito Penal e o Direito Processual Penal.

Esse tema é controvertido na doutrina.

A posição **majoritária**, defendida por Luiz Vicente Cernicchiaro (ex-Ministro do STJ), sustenta que a imunidade parlamentar material é uma **causa de exclusão da tipicidade**. Consequentemente, por força dessa inviolabilidade, o fato sequer chega a ser típico, de modo que sequer ocorre a subsunção do fato à norma. **Essa posição é adotada pelo STF.** Para essa corrente de pensamento, portanto, quando a imunidade parlamentar material incide, não há crime, porque o fato não chega a ser típico.

Já a posição minoritária (sustentada, por exemplo, por Damásio de Jesus e Alexandre Araripe Marinho) defende que não se trata de uma causa de exclusão da tipicidade, mas, sim, de uma causa de exclusão da punibilidade. Esses autores não dizem que não há crime, mas, sim, que há crime, porém, não há aplicação de pena ao agente.

A afirmação da natureza de causa excludente da tipicidade (posição majoritária) pode ser visualizada, por exemplo, no seguinte precedente do STF:

> "(...) **A cláusula da inviolabilidade parlamentar qualifica-se como causa de exclusão constitucional da tipicidade penal** da conduta do congressista em tema de delitos contra a honra, afastando, por isso mesmo, a própria natureza delituosa do comportamento em que tenha incidido. (...)" **(Pet 5875 AgR/DF; Relator(a): Min. CELSO DE MELLO; Julgamento: 17/03/2017; Órgão Julgador: Segunda Turma)**

Já em relação à **extensão funcional**, a Constituição condiciona a incidência da imunidade parlamentar material à existência de opinião, palavra ou voto do congressista. Diante disso, pergunta-se:

I) O que é necessário para que a conduta do Parlamentar configure opinião, palavra ou voto?

II) Essa imunidade somente protege o Parlamentar em relação a fato praticado dentro do recinto da Casa a que ele pertence ou também o protege em relação a fato praticado fora do recinto da Casa a que ele pertence?

O motivo desses questionamentos é o fato de que, embora o voto do Parlamentar seja um ato que se pratica dentro do recinto da Casa Legislativa, isso não necessariamente ocorre em relação à manifestação de opiniões e à prolação de palavras, que são situações que podem ocorrer fora desse espaço físico.

A CF/88 exige que, para incidir a imunidade material, a conduta do Parlamentar consubstancie opinião, palavra ou voto, motivo pelo qual, o STF exige **nexo funcional**, isto é, que o fato tenha sido praticado no desempenho do cargo ou em razão dele. Note que não é necessário que o ato seja praticado no exercício *stricto sensu* do mandato, sendo possível que o fato tenha sido praticado simplesmente em razão do mandato, isto é, a pretexto dele.

O Min. Celso de Melo do STF costuma se referir a ato praticado *in officium* (na função) ou *propter officium* (em razão da função). Evidentemente, voto é praticado *in officium*, mas as palavras e as opiniões podem ser praticadas *propter officium*, isto é, em razão do mandato, mas não necessariamente no desempenho estrito dele.

Logo, a imunidade material protege o Parlamentar não apenas por fatos ocorridos dentro do recinto da Casa, mas também por fatos ocorridos fora do recinto da Casa.

Considerando isso, o STF fixou o entendimento de que, se o fato ocorreu dentro do recinto da Casa, há presunção **absoluta** de que o Deputado ou Senador se encontrava no desempenho do mandato, sendo, portanto, um ato praticado *in officium*. Nessa hipótese, se ficar caracterizado algum abuso na sua conduta, o Parlamentar até poderá responder internamente por quebra de decoro parlamentar, mas a imunidade material incidirá normalmente, ficando impossibilitada, por esse motivo, a sua responsabilização civil ou criminal em âmbito judicial.

Por outro lado, se o ato foi praticado fora do recinto da Casa Legislativa, há, segundo o STF, presunção meramente **relativa** de que essa prática se deu a pretexto do mandato, ou seja, *propter officium*. Nesse caso, o fato, a princípio, encontra-se protegido pela imunidade material, mas se admite que algum legítimo interessado produza prova no sentido de que o Parlamentar não atuou em razão do mandato e que, portanto, a conduta não apresenta nexo funcional com o mandato desempenhado. Caso a prova em sentido contrário seja produzida, a imunidade ficará afastada e poderá haver a responsabilização do Parlamentar pelo fato que lhe é imputado.

Como se pode perceber, se o fato ocorreu no recinto da Casa Legislativa, o nexo funcional é absolutamente presumido, não se admitindo a produção de prova em sentido contrário para afastar a imunidade. Porém, se o fato ocorreu fora das instalações físicas do Poder Legislativo, o nexo funcional é relativamente presumido e, portanto, a prova contrária é admitida, sendo possível, caso se demonstre a ausência do nexo funcional no caso concreto, a responsabilização do Parlamentar.

Em relação a fatos ocorridos fora do espaço físico do Congresso Nacional, o Supremo Tribunal Federal já reconheceu a incidência da imunidade parlamentar material, por exemplo, em manifestações de Parlamentares através da *internet* em redes sociais, como o *Twitter* (Pet 5.875-AgR), e em outros meios de comunicação, como o *WhatsApp* (AO 2002 e Pet 6587), pois o ato questionado tinha relação com o exercício do mandato.

Porém, também em relação a manifestações de Parlamentares ocorridas na internet, o Supremo Tribunal Federal já entendeu estar ausente o nexo funcional e, consequentemente, afastou a incidência da imunidade material para admitir a instauração de ação penal. Foi o que ocorreu, por exemplo, nas **Pets 8242, 8259, 8262, 8263, 8267 e 8366**, em que a Corte recebeu ações penais contra o então Senador Jorge Kajuru pela prática, imputada a ele, de supostos crimes contra a honra cometidos nas redes sociais. Segundo entendeu o STF, no caso, as condutas do Parlamentar tiveram como único intuito a ofensa à honra, não possuindo qualquer relação com o mandato parlamentar em si, o que fez com que ficasse afastada a imunidade material.

Essa decisão está de acordo com a jurisprudência do Tribunal, pois, como vimos, quando o fato ocorre fora das instalações físicas do Parlamento, a presunção da presença do nexo funcional é apenas relativa, podendo ela, portanto, ser afastada (caso se demonstre que o fato não tem relação com o desempenho do mandato) e o Parlamentar ser responsabilizado pela conduta.

Além de tudo isso, no ano 2023, o Supremo Tribunal Federal incluiu um novo elemento na análise da incidência ou não da imunidade material nos fatos envolvendo os Parlamentares.

Na **Pet 8401** (j. 04/12/2023), o STF recebeu queixa-crime contra um Deputado Federal em razão de manifestações proferidas por ele em uma rede social atribuindo a outro Parlamentar fatos criminosos, tais como o recebimento de propina para a aprovação de lei e o envolvimento com o tráfico de drogas.

Nesse caso, o Supremo Tribunal Federal decidiu que **a imunidade parlamentar material não incide quando a manifestação do Parlamentar é abusiva ou tem intuito criminoso ou fraudulento**, que é o que ocorre, por exemplo, quando o discurso do Parlamentar, embora até se refira a temas tratados no Parlamento, tem o objetivo tão somente de ofender ou de atribuir a outra pessoa fatos criminosos sem que haja qualquer prova do que é afirmado.

Como se pode perceber dessa decisão, o STF passou a entender que, mesmo quando há nexo funcional na manifestação do Parlamentar (que é o que ocorre quando o discurso, ainda que proferido fora do recinto da Casa Legislativa, diz respeito a temas tratados no Parlamento), **a imunidade material fica afastada quando a manifestação é abusiva ou tem intuito criminoso ou fraudulento.** O intuito criminoso da manifestação se verifica, por exemplo, quando o Parlamentar imputa falsamente a alguém a prática de crime (pois, nesse caso, fica caracterizado o crime de calúnia no discurso do Parlamentar) e o intuito fraudulento é o que ocorre quando o Parlamentar, ao se manifestar, mente (notadamente, de forma proposital) sobre o que está falando.

O afastamento da imunidade parlamentar material em caso de abuso ou de intuito criminoso ou fraudulento se justifica, segundo o STF, porque nessas situações a incidência da imunidade seria contrária à própria razão pela qual ela existe, que é assegurar ao Parlamentar liberdade no desempenho do mandato para que as suas funções constitucionais sejam exercidas com plenitude.

Nos termos do voto do Min. Gilmar Mendes (relator do caso), *"embora ainda se garanta ampla liberdade de expressão aos representantes do povo – por tratar-se de prerrogativa essencial ao desempenho de suas funções –,* ***nos casos de abuso ou de uso criminoso, fraudulento ou ardiloso dessa prerrogativa para a ofensa aviltante a terceiros ou para a incitação da prática de delitos, pode-se concluir pela não incidência***

***da cláusula de imunidade**, já que o referido privilégio não pode ser utilizado de forma contrária à própria finalidade que gerou a sua criação.*

(...)

*(...) a garantia da imunidade parlamentar, que deve ser compreendida de forma extensiva para a garantia do adequado desempenho de mandatos parlamentares, **não alcança** os atos que sejam praticados sem claro nexo de vinculação recíproca do discurso com o desempenho das funções parlamentares (teoria funcional) ou nos casos em que for utilizada para **a prática de flagrantes abusos, usos criminosos, fraudulentos ou ardilosos**.*

(...)

No caso em julgamento (...), entendo não ser caso de aplicação das cláusulas relativas à liberdade de expressão ou à imunidade parlamentar, tendo em vista que tais direitos e prerrogativas não possuem uma natureza absoluta (...).

(...)

*No particular, não se ignora que tais manifestações foram proferidas dentro do contexto de animosidade e de embate político que envolve ambas as partes. Contudo, ainda considerado o presente momento processual, parece ter havido in casu **clara superação dos limites do debate político para as ofensas e difamações de cunho aviltantes e exclusivamente pessoais, que não encontram respaldo na liberdade de expressão ou na imunidade parlamentar**.*

(...)"

Portanto, segundo decidido pelo STF na Pet 8401, a imunidade parlamentar material, além de não incidir quando inexiste nexo funcional na manifestação do Parlamentar, não é aplicada quando o Parlamentar se manifesta de forma abusiva e/ou com intuito criminoso ou fraudulento.

O fato que foi objeto desse precedente ocorreu fora do recinto do Congresso Nacional, porém, o Supremo Tribunal Federal, ao afastar a incidência da imunidade, simplesmente disse que ela (a imunidade) não incide quando a manifestação do Parlamentar tem caráter abusivo, criminoso ou fraudulento, sem diferenciar situações em que o Parlamentar está dentro da Casa Legislativa de situações em que ele está fora dela. Logo, pelo menos a princípio, a decisão do STF leva a crer que, mesmo quando a manifestação do Parlamentar ocorrer nas instalações físicas do Parlamento, a imunidade material ficará afastada se houver abuso ou intuito criminoso ou fraudulento.

Portanto, segundo a jurisprudência do Supremo Tribunal Federal, **a imunidade parlamentar material não incide em duas situações:**

I) Quando **não há nexo funcional** na manifestação do Parlamentar (nexo funcional esse que é presumido de forma absoluta quando a manifestação ocorre dentro da Casa Legislativa, mas é presumido de forma relativa quando a manifestação ocorre fora da Casa Legislativa); e

II) Quando a manifestação do Parlamentar é **abusiva ou tem intuito criminoso ou fraudulento**.

O tema da imunidade parlamentar material foi abordado de forma bastante interessante na prova do concurso para o cargo de Promotor de Justiça do MPSP realizado pela VUNESP em 2012, no qual, a banca considerou correta a assertiva segundo a qual essa imunidade *"exige relação entre as condutas praticadas pelo parlamentar e o exercício do mandato, tornando-o inviolável pelas palavras, votos e opiniões decorrentes do desempenho das funções parlamentares e possuem eficácia temporal permanente ou perpétua, pois pressupondo a inexistência da infração penal ou ilícito civil, mesmo após o fim da legislatura, o parlamentar não poderá ser investigado, incriminado ou responsabilizado pelos fatos anteriores."*

Essa questão tratou corretamente da necessidade de presença de nexo funcional para a incidência da indenidade, além de, também de forma acertada, afirmar que a imunidade material persiste perpetuamente, mesmo após o Parlamentar deixar o cargo, o que é uma decorrência natural do fato de que ela tem natureza de causa de exclusão da tipicidade e, por isso, atinge o próprio fato ocorrido, e não apenas aspectos processuais da responsabilização do Parlamentar. Ademais, se, após o término do mandato, fosse possível responsabilizar o Deputado ou Senador por fatos que, no curso do mandato, encontravam-se acobertados pela imunidade material, essa prerrogativa não atingiria a sua finalidade, que é o desempenho do cargo de forma livre e desimpedida, já que o Parlamentar teria sempre o receio de que suas opiniões, palavras e votos poderiam ter repercussões negativas em sua esfera jurídica após deixar o cargo. Diferente é o regime da imunidade formal, pois esta apenas surte efeitos enquanto o Deputado ou Senador se encontra no cargo.

→ *Caso Jair Bolsonaro no STJ (REsp 1.642.310)*

Ao julgar o **REsp 1.642.310**, o Superior Tribunal de Justiça relativizou a imunidade parlamentar para impor a responsabilização civil decorrente de ofensa irrogada pelo então Deputado Federal Jair Bolsonaro em face da também Deputada Federal Maria do Rosário. Aqui, analisaremos os fundamentos utilizados pela Corte Superior, bem como se eles se compatibilizam com a jurisprudência do Supremo Tribunal Federal sobre a matéria.

No caso, durante uma discussão no recinto do Congresso Nacional, o Deputado disse à Deputada que ela não merecia ser estuprada.

Analisando o caso em sede de julgamento de recurso especial, o STJ fundamentou sua decisão no seguinte:

1) A imunidade parlamentar (que é irrenunciável) é outorgada pela Constituição para que o Parlamentar exerça suas funções com autonomia e independência.

2) A imunidade parlamentar não é absoluta, pois, conforme jurisprudência do STF, "a inviolabilidade dos Deputados Federais e Senadores, por opiniões palavras e votos, prevista no art. 53 da Constituição da República, é inaplicável a crimes contra a honra cometidos em situação que não guarda liame com o exercício do mandato" (Inq 3438).

3) A ofensa segundo a qual a ofendida não "mereceria" ser vítima de estupro (em razão de seus dotes físicos e intelectual) não guarda nenhuma relação com o mandato parlamentar.

4) Considerando que a ofensa foi veiculada em imprensa e na internet, a localização do recorrente, no recinto da Câmara dos Deputados, é elemento meramente acidental, que não atrai a aplicação da imunidade.

5) Há violação à dignidade humana e, portanto, dever de indenizar (danos morais).

Portanto, o Superior Tribunal de Justiça, no caso, afastou a imunidade do Parlamentar e reconheceu sua responsabilidade civil, condenando-o a indenizar a parte contrária.

Diante disso, o questionamento que surge é: a decisão do STJ observou a jurisprudência há muito consolidada do STF?

A verdade é que o STJ, muito embora tenha até feito referência a precedente do STF, não decidiu em consonância com a jurisprudência tradicional desse Tribunal. Isso porque a Suprema Corte já há bastante tempo pacificou seus entendimentos sobre imunidade parlamentar nos seguintes termos (Pet 3686):

1) No recinto da Casa Legislativa, a imunidade é absoluta (não havendo de se perquirir acerca da conexão do ato, palavra ou voto com o exercício do mandato parlamentar) e acompanha o Parlamentar na tribuna, nas comissões e em qualquer outra atividade parlamentar desenvolvida no edifício da Casa Legislativa, mesmo quando veiculada, posteriormente, pelos meios de comunicação.

2) A análise da presença ou não do nexo com o mandato apenas tem espaço quando o ato, palavra ou voto se dá fora do recinto do Parlamento. Se o fato ocorre dentro do recinto do Parlamento, o nexo funcional é absolutamente presumido.

3) Estende-se a imunidade parlamentar a eventual entrevista que se limite a reproduzir o teor da manifestação ocorrida na Casa Legislativa.

4) A imunidade parlamentar e sua extensão não significa amparar excessos (manifestações abusivas do Parlamentar). Estes, porém, resolvem-se no âmbito da própria Casa Legislativa, podendo o Parlamentar perder o mandato por quebra de decoro e outras transgressões regimentais. Mas o certo é que, se a manifestação ocorreu no recinto do Parlamento, a inviolabilidade é absoluta, não podendo haver responsabilização (tanto civil quanto criminal) do Parlamentar na esfera judicial.

Além de todas essas considerações acerca da jurisprudência pacificada da Suprema Corte, é necessário observar que o precedente do STF invocado pelo STJ (Inq 3438) não se assemelha ao caso protagonizado por Jair Bolsonaro, pois se refere a uma ofensa praticada por um Parlamentar estadual fora do recinto da Casa Legislativa, situação que, conforme vimos, recebe um tratamento diferente, pois admite a demonstração da falta de nexo funcional da opinião, palavra ou voto, o que não ocorre quando o fato se verifica nas instalações físicas do Poder Legislativo.

Mas é necessário fazer um alerta: apesar do descompasso entre a decisão do STJ e a jurisprudência do STF, o certo é que, se uma questão de prova afirmar que a utilização da expressão "não merece ser estuprada" gera a responsabilização civil do Parlamentar, essa assertiva deve ser considerada correta, exceto se a banca examinadora expressamente exigir que se considere o entendimento da Suprema Corte.

Ou seja, em uma prova, o ideal é responder a questão de acordo com o entendimento exigido pelo seu enunciado. Não obstante, especificamente em provas subjetivas e orais que tenham uma abordagem mais abrangente, recomendamos expor os entendimentos do STF e do STJ, inclusive, esclarecendo as circunstâncias dos precedentes aqui estudados.

→ *Caso Jair Bolsonaro no STF (Inq 3932 e Pet 5243)*

Conforme vimos acima, o Superior Tribunal de Justiça, no **REsp 1.642.310**, afastou a garantia constitucional da imunidade parlamentar material e condenou o então Deputado Federal Jair Bolsonaro a indenizar a então Deputada Federal Maria do Rosário por danos morais decorrentes de ofensa a ela dirigida nas instalações do Congresso Nacional.

Vimos também que essa decisão do STJ contrariou a jurisprudência que o STF consolidou no sentido de que, quando o fato ocorre no recinto do Parlamento, o nexo funcional que atrai a aplicação da imunidade parlamentar material é presumido de forma absoluta, não podendo ser afastado no caso concreto.

Diante dessa explicação sobre o tema, **é possível que surja a seguinte dúvida**: considerando que o STF, no **Inq 3932** e na **Pet 5243**, admitiu o ajuizamento de ações penais contra o então Deputado Federal Jair Bolsonaro pela mesma ofensa que foi objeto de julgamento pelo STJ, não seria correto concluir que a decisão do STJ está de acordo com a jurisprudência do STF?

Não, não seria.

Isso porque o caso envolve diferentes fatos nos quais (em todos eles) a ofensa "você não merece ser estuprada" foi repetida pelo então Deputado Federal Jair Bolsonaro. Esses fatos são os seguintes:

I) Em **11/11/2003**, houve uma discussão entre os dois Parlamentares durante uma entrevista concedida no Salão Verde da Câmara dos Deputados, e, durante essa discussão, o então Deputado Federal Jair Bolsonaro proferiu a ofensa segundo a qual não estupraria a Deputada em virtude de ela "não merecer".

II) Em **09/12/2014**, em discurso proferido no Plenário da Câmara dos Deputados, o então Deputado Federal Jair Bolsonaro relembrou o ocorrido no dia 11/11/2003, fazendo referência à ofensa que irrogou contra a então Deputada Federal Maria do Rosário. No mesmo dia, esse discurso foi veiculado em vídeo postado no canal do *YouTube* Jair Bolsonaro.

III) Em **10/12/2014**, em espaço e momento reservados, dentro de seu gabinete na Câmara dos Deputados, o então Deputado Federal Jair Bolsonaro concedeu entrevista a um meio de comunicação repetindo a ofensa, vindo essa entrevista a ser veiculada ao público.

Como a ação de responsabilização civil e os pedidos de instauração de processo crime apenas foram apresentados no ano 2014, o fato ocorrido em 2003 não foi objeto de apreciação nem pelo STJ nem pelo STF, em virtude de já se encontrar fulminado pela prescrição tanto na esfera civil quanto na esfera penal.

Em relação aos fatos ocorridos em 2014, o STJ os tratou de maneira igual, afirmando que a ofensa praticada não tem relação com as funções do mandato parlamentar e que, por isso, o então Deputado Federal Jair Bolsonaro devia indenizar a então Deputada Federal Maria do Rosário.

Portanto, **o STJ não observou a distinção feita pela jurisprudência do Supremo Tribunal Federal** entre fatos ocorridos dentro do recinto parlamentar (quando há presunção absoluta do nexo funcional que atrai a imunidade parlamentar material) e fatos ocorridos fora do recinto parlamentar (quando há presunção meramente relativa do nexo funcional que atrai a imunidade parlamentar material, o que permite que, ficando demonstrada a inexistência de pertinência entre o fato e o mandato, o Parlamentar seja responsabilizado).

Logo, no **REsp 1.642.310**, o Superior Tribunal de Justiça, de fato, contrariou a jurisprudência do Supremo Tribunal Federal.

Mas como é possível afirmar isso, tendo em vista que o STF, no **Inq 3932** e na **Pet 5243**, admitiu a instauração de processos crimes contra o então Deputado Federal Jair Bolsonaro por conta da mesma ofensa que levou o STJ a impor ao Parlamentar o dever de reparação civil?

Essa afirmação é possível porque, diferentemente do STJ, o STF, ao admitir a instauração dos processos criminais, fez a diferenciação já consolidada na sua jurisprudência entre fatos ocorridos no recinto parlamentar e fatos ocorridos fora do recinto parlamentar, e apenas admitiu a acusação por conta do fato ocorrido no dia 10/12/2014.

Por quê?

Porque o fato do dia 09/12/2014, por se tratar de um discurso público ocorrido no Plenário da Câmara dos Deputados, encontrava-se acobertado pela imunidade parlamentar material, tendo em vista que, segundo a jurisprudência do STF, o nexo entre o fato e o mandato é presumido de forma absoluta quando o fato se passa no recinto parlamentar, de modo que não é possível, nesse cenário, afastar a imunidade.

No entanto, o fato do dia 10/12/2014 foi uma entrevista gravada reservadamente para posterior veiculação ao público, de modo que, embora ela tenha sido concedida em um espaço físico integrante do Congresso Nacional, isso não foi capaz de atrair a imunidade material com presunção absoluta do nexo funcional, pois as manifestações do Parlamentar nesse caso tinham como objetivo, desde o início, tornarem-se conhecidas apenas quando divulgadas fora do Congresso Nacional, de modo que se tornou indiferente o local em que a entrevista foi gravada.

Por conta disso, o Supremo Tribunal Federal considerou esse fato como ocorrido fora das instalações do Parlamento e deu a ele o tratamento firmado em sua jurisprudência para fatos ocorridos fora do recinto parlamentar, os quais admitem o afastamento da imunidade material (com a consequente responsabilização do Parlamentar) quando fica demonstrada a inexistência de nexo entre o fato e o exercício do mandato.

A partir dessa premissa, a Corte, entendendo não haver nexo funcional no fato, afastou a inviolabilidade parlamentar e admitiu a instauração dos processos criminais.

Tudo isso ficou bastante claro no voto do Min. Luiz Fux (relator do caso), especialmente, no trecho em que ele registrou, quanto à conduta do então Deputado Federal Jair Bolsonaro, que as suas:

"primeiras declarações foram reverberadas da tribuna da Câmara dos Deputados, aproveitando-se de momento em que o parlamentar manifestaria suas críticas à comemoração do Dia Internacional dos Direitos Humanos.

Deveras, não obstante a jurisprudência do Supremo Tribunal Federal tenha entendimento no sentido da impossibilidade de responsabilização do parlamentar quando as palavras tenham sido proferidas no recinto da Câmara dos Deputados, ***in casu as declarações foram proferidas em entrevista a veículo de imprensa, não incidindo, assim, a imunidade****.*

Com efeito, o denunciado decidiu, ainda, conceder uma entrevista a diário de circulação nacional (Jornal Zero Hora). Na entrevista, o acusado voltou a registrar que a Deputada Federal Maria do Rosário não merecia ser estuprada, por ser uma mulher cujos dotes físicos ou intelectuais não o atraiam.

O fato de o parlamentar estar em seu gabinete no momento em que concedeu a entrevista é fato meramente acidental, já que ***não foi ali que se tornaram públicas as ofensas, mas sim através da imprensa e da internet****.*

Portanto, ***cuidando-se de declarações firmadas em entrevista concedida a veículo de grande circulação****, cujo conteúdo não se relaciona à garantia do exercício da função parlamentar,* ***não incide a imunidade prevista no art. 53 da Constituição Federal****".*

Condensando esse raciocínio, a ementa do caso ficou redigida da seguinte forma:

"(...)

13. In casu,

(i) a entrevista concedida a veículo de imprensa não atrai a imunidade parlamentar, porquanto as manifestações se revelam **estranhas ao exercício do mandato legislativo**, ao afirmar que "não estupraria" Deputada Federal porque ela "não merece";

(ii) o fato de o parlamentar estar em seu gabinete no momento em que concedeu a entrevista é fato meramente acidental, já que **não foi ali que se tornaram públicas as ofensas, mas sim através da imprensa e da internet**;

(...)"

(Inq 3932 e Pet 5243, Primeira Turma, Rel. Min. LUIZ FUX, j. 21/06/2016)

Portanto, a decisão do STJ foi contrária à jurisprudência do STF, tendo inobservado, inclusive, o precedente firmado pela Suprema Corte no julgamento do Inq 3932 e Pet 5243, muito embora – e isso deve ser reconhecido – o desfecho do caso julgado pelo STJ não pudesse ser diferente ainda que o Tribunal houvesse observado corretamente a jurisprudência do STF, já que, dentre todos os fatos envolvidos na situação, um havia ocorrido fora do recinto parlamentar e, portanto, permitia afastar a imunidade do art. 53 da CF/88.

Seja como for, em relação à estratégia a ser seguida para responder questões de prova sobre o tema, ficam mantidas as orientações dadas no tópico anterior.

▸ Imunidade parlamentar formal

A imunidade parlamentar formal se encontra prevista nos §§ 2º, 3º, 4º, 5º e 8º do art. 53 da CF/88. Ela se aplica às situações em que não há incidência da inviolabilidade (imunidade material), pois, se a inviolabilidade incidir no caso concreto, não haverá crime e, assim, não haverá inquérito nem ação, de modo que não haverá lógica em falar em imunidade formal.

> **"Art. 53, CF/88.**
>
> (...)
>
> **§ 2º** Desde a expedição do diploma, os membros do Congresso Nacional não poderão ser presos, salvo em flagrante de crime inafiançável. Nesse caso, os autos serão remetidos dentro de vinte e quatro horas à Casa respectiva, para que, pelo voto da maioria de seus membros, resolva sobre a prisão.
>
> **§ 3º** Recebida a denúncia contra o Senador ou Deputado, por crime ocorrido após a diplomação, o Supremo Tribunal Federal dará ciência à Casa respectiva, que, por iniciativa de partido político nela representado e pelo voto da maioria de seus membros, poderá, até a decisão final, sustar o andamento da ação.
>
> **§ 4º** O pedido de sustação será apreciado pela Casa respectiva no prazo improrrogável de quarenta e cinco dias do seu recebimento pela Mesa Diretora.
>
> **§ 5º** A sustação do processo suspende a prescrição, enquanto durar o mandato.
>
> (...)
>
> **§ 8º** As imunidades de Deputados ou Senadores subsistirão durante o estado de sítio, só podendo ser suspensas mediante o voto de dois terços dos membros da Casa respectiva, nos casos de atos praticados fora do recinto do Congresso Nacional, que sejam incompatíveis com a execução da medida."

A imunidade formal incide quando não há nexo funcional entre o ato do Parlamentar e o exercício do mandato. Ou seja, nesse caso, o fato foi praticado fora da Casa Legislativa a que pertence o Parlamentar e sem nexo com o desempenho do mandato, situação em que pode haver configuração de infração penal e, portanto, instauração de inquérito e de processo criminal.

As imunidades parlamentares formais podem importar na improcessabilidade dos membros do Poder Legislativo. É que tais imunidades, embora não excluam a configuração da infração penal, limitam a prisão à hipótese de flagrante de crime inafiançável e permitem que o andamento da ação penal eventualmente ajuizada seja suspenso por iniciativa de partido político com representação na Casa Legislativa a que pertence o Parlamentar. Portanto, quando é caso de aplicação das imunidades formais, é possível a instauração de inquérito e processo criminal, embora a persecução penal possa ser sustada pelo Parlamento.

Existem **duas** imunidades parlamentares **formais**. Uma delas é ligada à prisão provisória e a outra é ligada à ação penal pública.

→ *Imunidade formal relativa à prisão (art. 53, § 2º, CF/88)*

A imunidade parlamentar formal em relação à prisão estabelece que só se admite prisão provisória de Parlamentar, se houver flagrante e, em havendo flagrante, apenas se o crime for inafiançável. Sem a presença desses dois requisitos (que são cumulativos), não é possível ocorrer prisão provisória de Deputado ou Senador.

E, ainda que preenchidos os requisitos para que o Parlamentar seja preso provisoriamente, uma vez efetuada a prisão, a autoridade policial deverá remeter os autos, no prazo de 24 horas, à Casa Legislativa respectiva, para que, pelo voto da maioria dos seus membros (portanto, **maioria absoluta**), decida, com base em critérios políticos, se relaxa a prisão ou não. Ou seja, a autoridade policial irá lavrar o auto de prisão em flagrante e, no prazo de 24 horas, encaminhará esse auto de prisão à Câmara ou ao Senado, que terá a oportunidade de deliberar sobre a conveniência e oportunidade de relaxamento da prisão ou não.

Interessante notar que o STF utiliza a expressão "relaxamento" para se referir à possibilidade de a Casa Legislativa liberar o Parlamentar da prisão em flagrante de crime inafiançável, muito embora não se trate de um verdadeiro relaxamento, já que não é um juízo feito com base na legalidade da prisão, mas, sim, à luz da conveniência política da sua manutenção.

Duas advertências devem ser feitas em relação ao "relaxamento" da prisão provisória do Parlamentar:

1) Como vimos acima, cuida-se de uma hipótese de relaxamento de prisão que não decorre necessariamente do fato de a prisão ser ilegal, mas, sim, de um critério político, ou seja, o Poder Legislativo realiza um juízo de conveniência e oportunidade sobre a manutenção ou não da prisão.

2) Trata-se de uma hipótese em que o relaxamento da prisão não é realizado pela autoridade judicial competente, mas, sim, pelo Poder Legislativo. Isso, no entanto, não exclui a possibilidade de o Poder Judiciário se manifestar sobre o caso, desde que provocado e seja competente.

Importante notar que essa imunidade impede apenas que o Parlamentar sofra prisões provisórias (exceto a prisão em flagrante de crime inafiançável), não evitando que ele seja alvo de prisão decorrente de condenação criminal transitada em julgado.

A disciplina constitucional da imunidade parlamentar formal relativa à prisão já foi cobrada em provas, como ocorreu no concurso para o cargo de Procurador do Município de São José dos Campos/SP realizado pela VUNESP em 2017, no qual, foi considerada correta a assertiva segundo a qual o Parlamentar *"poderá ser preso em flagrante se o crime cometido for inafiançável, devendo os autos ser remetidos em 24 horas à Casa respectiva, para que, pelo voto da maioria de seus membros, resolva sobre a prisão"*. Como se pode perceber, a questão exigiu o conhecimento da simples literalidade do texto constitucional, o que é bastante comum, especialmente, em provas objetivas.

• Caso Delcídio do Amaral

Como vimos, uma vez diplomado, o Parlamentar só pode ser preso em caso de flagrante de crime inafiançável. Mas houve um caso que ganhou notoriedade envolvendo o ex-Senador Delcídio do Amaral, que, no curso do mandato parlamentar, sofreu prisão por determinação do Supremo Tribunal Federal **(Ação Cautelar 4039)**. Essa situação gerou questionamentos sobre a modalidade da prisão que foi efetuada.

Foi uma prisão preventiva? Caso a resposta seja positiva, a CF/88 admite a decretação dessa prisão em face de Parlamentar?

Na verdade, o caso de Delcídio do Amaral foi de prisão em flagrante de crime inafiançável. Para esclarecer essa afirmação, trazemos a seguir os argumentos utilizados na decisão que determinou a prisão:

1) O crime praticado era o de organização criminosa, que, por ser um crime permanente, gera incessante situação de flagrância.

2) No caso, estavam presentes os pressupostos para a hipotética decretação de uma prisão preventiva, de modo que, considerando que é vedada pelo art. 324, IV, do CPP a concessão de fiança quando estão presentes os pressupostos da prisão preventiva, a situação era, também, de inafiançabilidade.

Assim, considerando que se estava diante de um flagrante de crime inafiançável (muito embora se tratasse de uma inafiançabilidade no caso concreto, e não em abstrato), foi decretada a prisão (em flagrante) do então Senador, inclusive, com determinação de remessa dos autos ao Senado Federal, para decidir a respeito (podendo "relaxar" a prisão), nos termos do art. 53, §2º, da Constituição Federal.

Esses foram os principais fundamentos utilizados pelo Supremo Tribunal Federal para determinar a prisão do Parlamentar, o que deixa claro ter se tratado de uma prisão em flagrante de crime inafiançável, e não de uma prisão preventiva.

Além desses argumentos, foi invocado lateralmente, na decisão, um precedente do próprio STF (HC 89417, de relatoria da Ministra Cármen Lúcia), no qual foi chancelada a decretação da prisão cautelar de diversos Deputados Estaduais de Rondônia, mas não com fundamento em situação de flagrância de crime inafiançável, e sim com apoio na tese da derrotabilidade (*defeasibility*) da regra constitucional da imunidade parlamentar relativa à prisão (art. 53, § 2º, da CF/88) como consequência do fato de que, dos 24 (vinte e quatro) Deputados integrantes da Assembleia Legislativa do Estado de Rondônia, 23 (vinte e três) haviam sido indiciados em investigações.

A derrotabilidade é o afastamento da regra (sem que ela seja declarada inválida) quando a sua aplicação no caso concreto é contrária aos próprios princípios e valores que justificam a sua existência. Como se sabe, a imunidade parlamentar apenas existe para que os Deputados e Senadores possam exercer seus mandatos de forma livre e independente, e não para facilitar a prática de crimes, de modo que sua aplicação não pode servir como salvaguarda para o cometimento sistemático de infrações penais, sendo possível que ela, em uma hipótese como essa, seja "derrotada" e, consequentemente, afastada no caso concreto.

E foi justamente isso que ocorreu no precedente do HC 89417: o afastamento da regra da imunidade em virtude do seu uso com finalidades ilícitas. Já no caso Delcídio do Amaral, o que houve foi a normal aplicação da imunidade formal, com a prisão do Parlamentar em situação de flagrância de crime inafiançável.

E por que motivo o precedente do HC 89417 (em que se aplicou a tese da derrotabilidade) foi invocado como fundamento na decisão que decretou a prisão do então Senador Delcídio do Amaral? A finalidade da referência a esse precedente foi tão somente fortalecer a fundamentação no sentido da necessidade da decretação da prisão, não tendo ele sido utilizado como *ratio decidendi*, de modo que não restam dúvidas de que o caso Delcídio do Amaral foi realmente de prisão em flagrante de crime inafiançável.

Inclusive, corroborando isso, ao julgar a ADI 5526 (em 11/10/2017), o Supremo Tribunal Federal afirmou expressamente que *"a imunidade formal prevista constitucionalmente* ***somente permite a prisão de parlamentares em flagrante delito por crime inafiançável****, sendo, portanto, incabível aos congressistas, desde a expedição do diploma, a aplicação de qualquer outra espécie de prisão cautelar, inclusive de prisão preventiva prevista no artigo 312 do Código de Processo Penal"*.

Nesse mesmo precedente, a Suprema Corte esclareceu, no entanto, que o Poder Judiciário pode impor outras medidas cautelares processuais penais de natureza diversa da prisão. Ou seja, a restrição constitucional às prisões provisórias em face de Parlamentares não impede a aplicação de outras medidas cautelares penais, seja em substituição a eventual prisão em flagrante de crime inafiançável, seja de forma autônoma, desde que justificado pelas circunstâncias do caso concreto. Além disso, segundo o Tribunal, qualquer que seja a medida cautelar imposta ao Parlamentar (prisão em flagrante de crime inafiançável ou alguma medida diversa da prisão), sempre que ela impedir, de forma direta ou indireta, o pleno exercício do mandato, deve ser encaminhada à Casa Legislativa respectiva, dentro do prazo de vinte e quatro horas, para que resolva a respeito, podendo mantê-la ou não, conforme determina o art. 53, §2º, da CF/88.

Nas palavras do STF, *"o Poder Judiciário dispõe de competência para impor aos parlamentares, por autoridade própria, as medidas cautelares a que se refere o art. 319 do Código de Processo Penal, seja em substituição de prisão em flagrante delito por crime inafiançável, por constituírem medidas individuais e específicas menos gravosas; seja autonomamente, em circunstâncias de excepcional gravidade. (...) Os autos da prisão em flagrante delito por crime inafiançável ou a decisão judicial de imposição de medidas cautelares que impossibilitem, direta ou indiretamente, o pleno e regular exercício do mandato parlamentar e de suas funções legislativas, serão remetidos dentro de vinte e quatro horas a Casa respectiva, nos termos do §2º do artigo 53 da Constituição Federal, para que, pelo voto nominal e aberto da maioria de seus membros, resolva sobre a prisão ou a medida cautelar"*.

- Caso Daniel Silveira

Em fevereiro de 2021, no **INQ 4781** (que ficou conhecido como Inquérito das *Fake News*), o Ministro Alexandre de Moraes, em decisão monocrática posteriormente referendada pelo Plenário do STF, determinou a prisão em flagrante do então Deputado Federal Daniel Silveira.

O caso foi praticamente idêntico ao da prisão do (então) Senador Delcídio do Amaral, decretada no bojo na AC 4039, pois o Min. Alexandre de Moraes vislumbrou que se estava diante de uma situação de flagrante delito e que os requisitos legais para eventual decretação de prisão preventiva estavam presentes, o que impediria a concessão de fiança. Logo, estava caracterizado um flagrante de crime inafiançável (tratando-se, tal qual ocorreu na AC 4039, de uma inafiançabilidade no caso concreto).

O episódio envolveu a publicação na *internet*, pelo então Deputado Federal Daniel Silveira, de um vídeo em que ele proferiu diversas ofensas a Ministros do Supremo Tribunal Federal e adotou um discurso considerado antidemocrático. Esse ato foi reputado, pelo Ministro Alexandre de Moraes, como subsumido a tipos penais previstos na Lei de Segurança Nacional (Lei 7.170/83, posteriormente revogada pela Lei 14.197/21), e, muito embora esses delitos não estejam previstos abstratamente no ordenamento jurídico como inafiançáveis, o fato de estarem presentes os requisitos para se decretar uma eventual prisão preventiva fez com que, no caso concreto, o crime fosse inafiançável.

Além disso, o Deputado não retirou a sua publicação do ar, o que gerou uma situação de permanência do flagrante. Logo, segundo entendeu o Min. Alexandre de Moraes, havia, no caso, um flagrante de crime inafiançável, e a prisão (em flagrante) do Parlamentar foi decretada por decisão judicial, nos mesmos moldes do que ocorreu com Delcídio do Amaral na AC 4039, inclusive, com a remessa dos autos à Câmara dos Deputados para que decidisse sobre a manutenção ou não da prisão, como determina o art. 53, § 2º, da CF/88.

Isso deixa claro um detalhe muito importante: ao menos para fins de prisão de Parlamentar em flagrante de crime inafiançável, o Supremo Tribunal Federal entende (AC 4039 e INQ 4781) que o requisito constitucional da inafiançabilidade do delito fica satisfeito pela presença da mera **inafiançabilidade relativa** (que é aquela verificada no caso concreto, a depender das suas circunstâncias), não sendo indispensável a **inafiançabilidade absoluta** (que é aquela prevista abstratamente no ordenamento jurídico e que independe das circunstâncias do caso concreto para ficar caracterizada).

→ *Imunidade parlamentar formal relativa à ação penal (art. 53, §§ 3º, 4º e 5º)*

A imunidade parlamentar formal em relação à ação penal sofreu uma sensível modificação com a edição da EC 35/01. Antes dessa emenda, a ação penal contra Parlamentares se submetia a uma condição de procedibilidade (causa que impedia a instauração do processo) e, após a sua entrada em vigor, essa condição de procedibilidade deixou de existir e, em seu lugar, passou a haver uma possível condição de prosseguibilidade (causa que pode suspender a tramitação do processo).

Qual era o rito antes da EC 35/01 e qual passou a ser o rito após a EC 35/01?

Antes da EC 35/01, a tramitação de eventual inquérito ou ação penal contra Parlamentar se dava da seguinte forma: ocorrido o fato, ele era autuado e dava ensejo ao inquérito, que, havendo conclusão positiva, geraria denúncia, a qual, por sua vez, era submetida à análise do Judiciário, para ser recebida ou não. O que a CF/88 previa era que, entre a denúncia e o seu recebimento, deveria haver licença da Casa à qual pertencesse o Parlamentar, a chamada licença para processar. Ou seja, antes da EC 35/01, a Câmara ou o Senado deliberava se daria ou não autorização para que a denúncia contra o Deputado ou Senador fosse recebida.

Funcionava, portanto, da seguinte forma: o Ministério Público oferecia denúncia, mas o Relator no STF não podia receber essa denúncia sem que a respectiva Casa Legislativa desse licença para processar. Então, o STF solicitava ao Poder Legislativo a licença para processamento, e, desde o momento em que pedida a licença, o prazo de prescrição ficava suspenso, aguardando que a Casa Legislativa autorizasse ou não o processamento da inicial acusatória.

Uma vez dada a licença para processar, o Relator no STF podia, com base nela, receber a denúncia para processar o Parlamentar, mas, se a Casa não desse a licença, o prazo prescricional permanecia suspenso e, no dia em que o Parlamentar, por algum motivo, perdesse o mandato, ele poderia ser processado, e, nesse caso, sem foro especial (já que teria cessado o desempenho do cargo).

Portanto, antes da EC 35/01, a licença da Casa Legislativa era uma condição de procedibilidade, já que, enquanto não fosse dada, funcionava como uma causa impeditiva do processo, isto é, a sua falta impedia a instauração da ação penal.

Porém, com a EC 35/01, essa licença foi abolida. A única licença que a Constituição Federal ainda exige em relação aos Parlamentares é a licença para incorporação às Forças Armadas.

Atualmente, o rito é o seguinte: continua havendo fato, inquérito e denúncia, mas a denúncia, agora, pode ser recebida (ou não) pelo STF livremente, sem necessidade de consultar a Casa e de obter licença para processamento. O que pode acontecer, agora, é um partido político com assento na Câmara ou no Senado (sem necessidade de que seja o partido a que pertença o Parlamentar envolvido) levar ao Plenário da Casa a deliberação sobre a conveniência e a oportunidade de suspender o andamento do processo no estado em que se encontre. Essa deliberação da Casa Legislativa depende de **maioria absoluta**, pois a Constituição exige a maioria dos seus membros.

Percebe-se, assim, que o que antes era uma condição de procedibilidade (a exigência de licença para processamento), agora, tem o potencial de ser, no caso concreto, uma condição de prosseguibilidade (a possibilidade de suspensão do processo), o que, em cada caso, dependerá de haver ou não iniciativa de algum partido político no sentido de provocar a manifestação da Casa Legislativa respectiva. Em outras palavras, o que era uma causa impeditiva da instauração do processo passou a poder ser (ou não) uma causa suspensiva do processo.

Trata-se de uma situação rara de causa suspensiva de processo penal não prevista pelo CPP, mas, sim, pela CF.

■ IMUNIDADES DOS PARLAMENTARES ESTADUAIS E MUNICIPAIS

Os parlamentares estaduais (Deputados Estaduais) e municipais (Vereadores) também possuem imunidades? **Sim**, mas há detalhes a serem analisados.

▸ Parlamentares estaduais

Em relação aos Deputados Estaduais (e do Distrito Federal), eles possuem o mesmo regime de imunidades conferido aos parlamentares federais, pois assim determina a CF/88 em seu art. 27, § 1º.

> "**Art. 27, CF/88.** O número de Deputados à Assembléia Legislativa corresponderá ao triplo da representação do Estado na Câmara dos Deputados e, atingido o número de trinta e seis, será acrescido de tantos quantos forem os Deputados Federais acima de doze.
>
> **§ 1º** Será de quatro anos o mandato dos Deputados Estaduais, **aplicando-sê--lhes as regras desta Constituição sobre** sistema eleitoral, **inviolabilidade, imunidades**, remuneração, perda de mandato, licença, impedimentos e incorporação às Forças Armadas. (...)"

Portanto, tudo que estudamos sobre as imunidades dos Parlamentares federais aplica-se aos Parlamentares estaduais, sendo-lhes conferidas a imunidade material e as imunidades formais previstas no art. 53 da CF/88 para Deputados Federais e Senadores. Nessa linha de raciocínio, a inviolabilidade dos Deputados Estaduais não fica limitada à circunscrição do respectivo Estado-membro, já que eles gozam do mesmo regime de imunidades conferido aos membros do Congresso Nacional, cuja indenidade tem abrangência em todo o País. Por esse motivo, no concurso para o cargo de Procurador Legislativo da Câmara Legislativa do Distrito Federal realizado pela Fundação Carlos Chagas em 2018, foi considerada incorreta a assertiva segundo a qual *"aos Deputados Distritais é garantida a imunidade material apenas na circunscrição do Distrito Federal"*.

Inclusive, em sessão de julgamento realizada no dia 08/05/2019, o Supremo Tribunal Federal, negando medidas cautelares nas **ADIs 5824 e 5825** (ajuizadas contra dispositivos de Constituições Estaduais que estendem as imunidades material e formais dos Parlamentares federais a Deputados Estaduais), **confirmou que a Constituição Federal assegura aos Parlamentares estaduais tais prerrogativas conferidas aos Senadores e Deputados Federais**, a exemplo da possibilidade de a Casa Legislativa sustar o andamento de ação penal ajuizada contra Parlamentar que a integra, bem como decidir sobre medidas cautelares penais aplicadas pelo Judiciário em face de seus membros.

Esse entendimento foi **mantido no julgamento final de mérito** dessas ações, que ocorreu em 19/12/2022, tendo o STF decidido que se aplicam aos Deputados estaduais as mesmas imunidades (tanto a material quanto as formais) previstas na Constituição Federal para os Parlamentares do Congresso Nacional. Logo, os Parlamentares dos Estados também gozam da inviolabilidade (imunidade material) e das imunidades (formais) que vedam a prisão provisória (exceto em caso de flagrante de crime inafiançável, caso em que a Casa Legislativa respectiva pode se manifestar sobre a manutenção ou não da prisão) e permitem a sustação de processos criminais eventualmente instaurados contra Parlamentares.

A Corte esclareceu, ainda, que, como essas imunidades consubstanciam **normas de observância obrigatória no âmbito dos Estados**, elas se aplicam ainda que as normas estaduais (inclusive a Constituição do Estado) não as prevejam expressamente.

O regime das imunidades parlamentares estaduais é comumente cobrado em provas. Por exemplo, no concurso para o cargo de Procurador Legislativo da Câmara Legislativa do Distrito Federal realizado pela Fundação Carlos Chagas em 2018, foi proposta uma questão com o seguinte enunciado: *"considere que a Câmara Legislativa do Distrito Federal tenha aprovado projeto de emenda à Lei Orgânica do Distrito Federal, de iniciativa do Chefe do Poder Executivo, para o fim de condicionar a instauração de ação penal contra os Deputados Distritais, por crime comum cometido antes da diplomação, à prévia autorização da casa legislativa"*. A assertiva considerada correta afirmava a exigência dessa autorização *"não poderia ter sido imposta pelo legislador distrital, nem pelo legislador federal, uma vez que, pela Constituição Federal, não cabe condicionar a instauração de ação penal contra membro do Poder Legislativo à autorização prévia da Casa à qual pertença"*.

Agiu bem a banca examinadora, pois, conforme vimos, o art. 27, § 1º, da CF/88 estende aos Parlamentares estaduais (o que também alcança os do Distrito Federal) as imunidades dos Parlamentares federais, de modo que não pode a Lei Orgânica do DF (que tem natureza de norma constitucional produzida pelo Poder Constituinte Derivado Decorrente) estabelecer regime diverso do contido na Constituição Federal, que, em seu art. 53, § 3º, prevê que o recebimento da peça acusatória contra Parlamentar não depende de prévia licença da respectiva Casa Legislativa.

▶ Parlamentares municipais

No que diz respeito aos Parlamentares municipais, a eles é conferida tão somente a imunidade material, não lhes sendo estendidas as imunidades formais. Além disso, a imunidade material conferida aos Vereadores sofre uma limitação: apenas incide nos limites da circunscrição do respectivo Município, não tendo alcance em todo o território nacional. É o que consta do art. 29, VIII, da CF/88:

> "**Art. 29, CF/88.** O Município reger-se-á por lei orgânica, votada em dois turnos, com o interstício mínimo de dez dias, e aprovada por dois terços dos membros da Câmara Municipal, que a promulgará, atendidos os princípios estabelecidos nesta Constituição, na Constituição do respectivo Estado e os seguintes preceitos:
>
> (...)
>
> VIII - inviolabilidade dos Vereadores por suas opiniões, palavras e votos no exercício do mandato e **na circunscrição do Município**;
>
> (...)"

Essa imunidade, inclusive, já foi reconhecida pelo **STF** em regime de repercussão geral (RE 600.063, j. 25/02/2015, **Tema de RG nº 469**), tendo sido fixada a tese segundo a qual, *"nos limites da circunscrição do Município e havendo **pertinência com o exercício do mandato**, os vereadores são imunes judicialmente por suas palavras, opiniões e votos"*.

O tema já foi cobrado em provas. Por exemplo, no concurso para o cargo de Procurador do Município de Curitiba/PR realizado pela UFPR em 2015, foi considerada incorreta a assertiva segundo a qual *"as imunidades formais são aplicáveis a parlamentares federais, estaduais e municipais"*. Conforme acabamos de ver, a Constituição não confere nenhuma imunidade formal aos Vereadores.

Importante perceber que, embora a CF/88 limite a imunidade material dos Parlamentares municipais à circunscrição do respectivo Município, isso não significa que essa prerrogativa apenas se aplica no recinto da Câmara de Vereadores. Inclusive, nesse sentido, no concurso para o cargo de Procurador do Município de Curitiba realizado pela UFPR em 2015, foi considerada incorreta a assertiva segundo a qual *"a imunidade material assegurada aos Vereadores limita-se aos atos praticados no recinto da Câmara Municipal"*.

Apesar da limitação territorial que sofre a imunidade material dos Vereadores, essa prerrogativa, tal qual se verifica em relação aos Parlamentares federais e estaduais, exclui tanto a responsabilidade penal quanto a civil, conforme já teve oportunidade de decidir o Supremo Tribunal Federal, que rechaçou pretensão de responsabilização civil de Vereador por palavras proferidas em uma sessão da respectiva Câmara Municipal (RE 600.063/SP). O acórdão do caso ficou assim ementado:

> "(...) 1. Vereador que, em sessão da Câmara, teria se manifestado de forma a ofender ex-vereador, afirmando que este "apoiou a corrupção [...], a ladroeira, [...] a sem-vergonhice", sendo pessoa sem dignidade e sem moral. 2. **Observância, no caso, dos limites previstos no art. 29, VIII, da Constituição: manifestação proferida no exercício do mandato e na circunscrição do Município.** 3. A interpretação da locução "no exercício do mandato" deve prestigiar as diferentes vertentes da atuação parlamentar, dentre as quais se destaca a fiscalização dos outros Poderes e o debate político. 4. Embora indesejáveis, as ofensas pessoais proferidas no âmbito da discussão política, respeitados os limites trazidos pela própria Constituição, não são passíveis de reprimenda judicial. **Imunidade que se caracteriza como proteção adicional à liberdade de expressão**, visando a assegurar a fluência do debate público e, em última análise, a própria democracia. 5. **A ausência de controle judicial não imuniza completamente as manifestações dos parlamentares, que podem ser repreendidas pelo Legislativo.** 6. Provimento do recurso, com fixação, em repercussão geral, da seguinte tese: **nos limites da circunscrição do Município e havendo pertinência com o exercício do mandato, os vereadores são imunes judicialmente por suas palavras, opiniões e votos. (RE 600063/SP; Relator(a): Min. MARCO AURÉLIO; Relator(a) p/ Acórdão: Min. ROBERTO BARROSO; J. 25/02/2015; Tribunal Pleno)**

▪ FORO POR PRERROGATIVA DE FUNÇÃO DE DEPUTADO ESTADUAL E A COMPETÊNCIA DO TRIBUNAL DO JÚRI: STJ *VS.* STF

Aqui, o intuito é entender o seguinte: **a Constituição Federal confere foro por prerrogativa de função aos Parlamentares dos Estados e do DF?**

Imagine que um Deputado Estadual tenha cometido um crime doloso contra a vida. Nesse caso, ele será julgado pelo Tribunal do Júri (como estabelece o art. 5º, XXXVIII, "d", da CF/88) ou pelo Tribunal de Justiça (onde seria o seu foro especial por prerrogativa de função)?

Para entender a lógica por trás dessa discussão, é necessário conhecer a Súmula Vinculante 45, que diz o seguinte:

> **Súmula Vinculante 45:** "A competência constitucional do Tribunal do Júri prevalece sobre o foro por prerrogativa de função estabelecido exclusivamente pela Constituição Estadual."

Portanto, havendo a prática de um crime doloso contra a vida, caso o foro especial decorra tão somente da Constituição Estadual (o que era possível quando o STF admitia que Constituição de Estado previsse novas hipóteses de prerrogativa de foro), a competência será do Júri, pois a Constituição Federal prevalece sobre qualquer outra norma do ordenamento jurídico. Por outro lado, quando o foro especial é estabelecido pela própria Constituição Federal, ele prevalece sobre o Tribunal do Júri, pois, nesse caso, tratando-se de normas de mesma hierarquia, a norma especial (prerrogativa de foro) afasta a norma geral (competência do Júri para julgar crimes dolosos contra a vida).

Por conta disso, em um caso envolvendo a prática de crime doloso contra a vida por um Deputado do Estado de Tocantins, discutiu-se se ele deveria ser julgado pelo Tribunal do Júri ou pelo Tribunal de Justiça, onde teria foro especial previsto expressamente na Constituição Estadual (o que, na época, era admitido pelo STF).

O STJ, analisando o caso, entendeu que o foro especial dos Parlamentares Estaduais não seria assegurado apenas pela norma estadual, mas, na verdade, seria uma decorrência da própria Constituição Federal, ao estabelecer, em seu art. 27, § 1º, que as imunidades dos Parlamentares Federais se estendem aos Parlamentares Estaduais, embora esse dispositivo nada fale expressamente sobre prerrogativa de foro. Confira:

> "Apesar de não constar do artigo 27, parágrafo 1º, da Carta Magna, expressamente, a extensão do foro por prerrogativa de função aos deputados estaduais, tem-se que **as Constituições locais, ao estabelecerem para os parlamentares do estado idêntica garantia prevista para os congressistas, refletem a própria Constituição Federal**, não se podendo, portanto, afirmar que referida prerrogativa encontra-se prevista, exclusivamente, na Constituição Estadual." **(STJ, CC 105227/TO, julgado em 24/11/2010)**

Assim, segundo o entendimento adotado pelo STJ, a competência para processar e julgar crime doloso contra a vida praticado por Deputado Estadual seria do seu foro por prerrogativa de função, e não do Tribunal do Júri.

No entanto, o STF (mais precisamente, a sua Segunda Turma), em momento posterior, afirmou expressamente que não há foro especial de Parlamentar Estadual previsto na Constituição Federal. E a Suprema Corte se fundamentou no fato de que o art. 96, III, da CF/88, ao prever os casos de competência originária dos Tribunais de Justiça dos Estados, não prevê o julgamento de Deputados Estaduais, mas tão somente de magistrados e membros do Ministério Público.

Nas exatas palavras da Suprema Corte, *"nem sequer a prerrogativa de foro dos Deputados Estaduais decorre da Constituição Federal – art. 96, III"* (STF, ARE 1037746 AgR, j. 01/08/2017).

> "**Art. 96, CF/88.** Compete privativamente:
>
> (...)
>
> III - aos Tribunais de Justiça julgar os juízes estaduais e do Distrito Federal e Territórios, bem como os membros do Ministério Público, nos crimes comuns e de responsabilidade, ressalvada a competência da Justiça Eleitoral."

Isso, porém, mudou no âmbito do Supremo Tribunal Federal a partir do julgamento da ADI 2553, e essa mudança de orientação foi confirmada no julgamento das ADIs 6501, 6502, 6508, 6515, 6516.

Nessas ações, ao reiterar o entendimento que havia firmado na ADI 2553 (no sentido de que Constituições Estaduais não podem inovar no tema do foro por prerrogativa de função criando hipóteses dessa garantia não previstas na Constituição Federal), o STF afirmou que **a Constituição Federal assegura foro especial aos Parlamentares Estaduais** em seu art. 27, § 1º, segundo o qual, *"será de quatro anos o mandato dos Deputados Estaduais, aplicando- sê-lhes as regras desta Constituição sobre sistema eleitoral,* *inviolabilidade, imunidades, remuneração, perda de mandato, licença, impedimentos e incorporação às Forças Armadas".*

Esse foi o posicionamento afirmado pelo Min. Luís Roberto Barroso (relator) em seu voto, o qual foi seguido unanimemente pelos demais Ministros das Corte.

Ou seja, embora a prerrogativa de foro não seja, tecnicamente, uma imunidade, o Supremo Tribunal Federal, na mesma linha do precedente do STJ mencionado anteriormente, passou a entender que a CF/88 a assegura aos Deputados Estaduais, pois determina que a estes seja aplicado o mesmo regime de imunidades dos Parlamentares Federais, os quais, como sabemos, possuem prerrogativa de foro, pois são julgados originariamente pelo STF no que diz respeito às infrações penais comuns (arts. 53, § 1º, e 102, I, "b", CF/88).

Portanto, atualmente, para provas de concurso, o entendimento a ser adotado é, naturalmente, o que foi afirmado pelo STF na ADI 6501, por ser o posicionamento atual do seu Pleno. Em outras palavras, hoje é possível afirmar que, segundo o Supremo Tribunal Federal, há na Constituição Federal previsão de foro por prerrogativa de função para Deputados Estaduais (e, evidentemente, para Deputados do Distrito Federal).

Mas **ATENÇÃO!** Antes mesmo do julgamento da ADI 6501, a discussão envolvendo especificamente a prerrogativa de foro dos Parlamentares em caso de crime doloso contra a vida já havia perdido um pouco a razão de ser, pois, conforme vimos, segundo o atual entendimento do STF, adotado na AP 937 QO, o foro por prerrogativa de função não se aplica quando o delito não tem relação com o exercício do mandato (e, em regra, crimes dolosos contra a vida nada têm a ver com o exercício das funções de um Parlamentar).

Apesar disso, caso um Parlamentar Estadual seja acusado da prática de um crime doloso contra a vida que, por algum motivo, possa ser considerado relacionado com o desempenho do mandato, ele será julgado no seu foro especial, e não pelo Tribunal do Júri, já que, segundo o Supremo Tribunal Federal, a sua prerrogativa de foro é assegurada pela Constituição Federal.

■ CONDENAÇÃO CRIMINAL TRANSITADA EM JULGADO E PERDA DO MANDATO PARLAMENTAR

Conforme vimos ao estudarmos as imunidades parlamentares, os Congressistas não podem sofrer prisão provisória, exceto em caso de flagrante de crime inafiançável. No entanto, nada impede que sejam presos em virtude de condenação criminal transitada em julgado.

É nesse contexto que surge o seguinte questionamento: a condenação criminal com trânsito em julgado acarreta automaticamente a perda do mandato parlamentar?

Isso vem sendo objeto de manifestação do Supremo Tribunal Federal em diversos casos, merecendo atenção especial.

Antes, no entanto, é necessário registrar que aos Parlamentares não se aplica a perda do cargo como consequência lógica e automática da suspensão dos direitos políticos causada pela condenação criminal transitada em julgado, prevista no art. 15, III, da CF/88.

"**Art. 15, CF/88.** É vedada a cassação de direitos políticos, cuja perda ou suspensão só se dará nos casos de:

I - cancelamento da naturalização por sentença transitada em julgado;

II - incapacidade civil absoluta;

III - condenação criminal transitada em julgado, enquanto durarem seus efeitos;

IV - recusa de cumprir obrigação a todos imposta ou prestação alternativa, nos termos do art. 5º, VIII;

V - improbidade administrativa, nos termos do art. 37, § 4º."

E o motivo de essa suspensão de direitos políticos não acarretar a perda do mandato parlamentar é o fato de que os Congressistas possuem um regime constitucional específico sobre perda de cargo, previsto no art. 55 da CF/88. Nesse sentido já decidiu o Supremo Tribunal Federal:

"(...) À incidência da regra do art. 15, III, da Constituição, sobre os condenados na sua vigência, não cabe opor a circunstância de ser o fato criminoso anterior à promulgação dela a fim de invocar a garantia da irretroatividade da lei penal mais severa: cuidando-se de norma originária da Constituição, obviamente não lhe são oponíveis as limitações materiais que nela se impuseram ao poder de reforma constitucional. **Da suspensão de direitos políticos – efeito da condenação criminal transitada em julgado –, ressalvada a hipótese excepcional do art. 55, § 2º, da Constituição, resulta por si mesma a perda do mandato eletivo ou do cargo do agente político.**" **(RE 418.876, j. 30/03/2004, 1ª Turma)**

A disciplina da perda do mandato parlamentar por conta de condenação criminal transitada em julgado encontra-se, portanto, no art. 55 da Constituição Federal. Vejamos o teor desse dispositivo:

"**Art. 55, CF/88.** Perderá o mandato o Deputado ou Senador:

I - que infringir qualquer das proibições estabelecidas no artigo anterior;

II - cujo procedimento for declarado incompatível com o decoro parlamentar;

III - que deixar de comparecer, em cada sessão legislativa, à terça parte das sessões ordinárias da Casa a que pertencer, salvo licença ou missão por esta autorizada;

IV - que perder ou tiver suspensos os direitos políticos;

V - quando o decretar a Justiça Eleitoral, nos casos previstos nesta Constituição;

VI - que sofrer condenação criminal em sentença transitada em julgado.

§ 1º É incompatível com o decoro parlamentar, além dos casos definidos no regimento interno, o abuso das prerrogativas asseguradas a membro do Congresso Nacional ou a percepção de vantagens indevidas.

§ 2º Nos casos dos incisos I, II e VI, a perda do mandato será decidida pela Câmara dos Deputados ou pelo Senado Federal, por maioria absoluta, mediante provocação da respectiva Mesa ou de partido político representado no Congresso Nacional, assegurada ampla defesa.

§ 3º Nos casos previstos nos incisos III a V, a perda será declarada pela Mesa da Casa respectiva, de ofício ou mediante provocação de qualquer de seus

> membros, ou de partido político representado no Congresso Nacional, assegurada ampla defesa.
>
> **§ 4º** A renúncia de parlamentar submetido a processo que vise ou possa levar à perda do mandato, nos termos deste artigo, terá seus efeitos suspensos até as deliberações finais de que tratam os §§ 2º e 3º."

Conhecendo o arcabouço normativo aplicável ao caso (art. 55, CF/88), agora é necessário conhecer o que diz a jurisprudência a respeito.

Até 2022, o histórico desse tema no STF, em ordem cronológica, foi o seguinte:

I) Em um primeiro momento, o **Plenário do STF**, no bojo da **AP 565**, entendeu que a condenação criminal transitada em julgado não acarreta a perda automática do mandato parlamentar, devendo isso ser decidido pela respectiva Casa Legislativa, por aplicação do art. 55, VI, e § 2º, CF/88. Nesse caso, a pena aplicada foi de 4 (quatro) anos de detenção, logo, o regime prisional foi o aberto.

II) Posteriormente, a **1ª Turma do STF**, julgando a **AP 694**, decidiu que, em regra, a condenação criminal com trânsito em julgado não acarreta automaticamente a perda do mandato parlamentar. No entanto, como exceção a isso, se a condenação acarretar **mais de 120 (cento e vinte) dias em regime fechado**, a perda do cargo é uma **consequência lógica e automática** da condenação. Isso porque, nesse caso, o Congressista, ao cumprir a pena, necessariamente deixa de comparecer à terça parte das sessões ordinárias da sessão legislativa, e, nos termos do art. 55, III c/c § 3º, da CF/88, na hipótese de inassiduidade do Parlamentar, a Casa Legislativa tão somente **declara** a perda do mandato. Nessa situação, a perda do cargo já decorre automaticamente da ausência do Deputado ou Senador na terça parte das sessões ordinárias em cada sessão legislativa, não havendo espaço para deliberação alguma da Casa Legislativa a respeito.

III) Em um terceiro momento, na **AP 996** (que teve o julgamento concluído no dia 29/05/2018), a **2ª Turma do STF** entendeu que, mesmo em caso de condenação que exige cumprimento de pena por mais de 120 (cento e vinte) dias em regime fechado, a questão da perda do mandato parlamentar deve ser **decidida pela respectiva Casa Legislativa**, por aplicação do art. 55, VI c/c § 2º, da CF/88. Isso porque o art. 55, VI, da CF/88 refere-se, de forma específica, à perda do mandato parlamentar como decorrência de condenação criminal com trânsito em julgado, e, para tal hipótese, o § 2º desse mesmo artigo prevê que deve haver uma deliberação da respectiva Casa Legislativa sobre a cassação do mandato, cabendo, portanto, somente a ela decidir sobre a questão.

Ocorre que, em abril de 2022, mais precisamente, na **AP 1044**, julgada em 20/04/2022, o Plenário do Supremo Tribunal Federal adotou um posicionamento diferente dos que haviam sido adotados anteriormente tanto pelas Turmas quanto pelo próprio Plenário do Tribunal.

No julgamento dessa ação (que foi ajuizada contra o então Deputado Federal Daniel Silveira em virtude da prática de atos tipificados no Código Penal e na Lei de Segurança Nacional – hoje revogada – e não acobertados pela imunidade parlamentar), o Supremo Tribunal Federal determinou, como consequência automática da condenação e sem espaço para deliberação da respectiva Casa Legislativa, a perda do mandato do Parlamentar condenado criminalmente.

Nesse caso, a Corte, **aparentemente**, aplicou o art. 55, III, IV e VI, c/c § 3º, da CF/88, bem como o art. 92 do Código Penal, determinando a perda automática do mandato.

Por que "aparentemente"?

Porque, no dispositivo do voto do Ministro relator (Alexandre de Moraes), que foi o voto condutor do julgamento, ficou estabelecido o seguinte: *"oficie-se o Presidente da Câmara dos Deputados, para fins do artigo 55, III, VI e VI, c.c o § 3º, da Constituição Federal e art. 92 do Código Penal"*.

Como se pode perceber, houve menção duas vezes ao inciso VI do art. 55, o que, provavelmente, foi um mero erro material. Tudo indica que, na verdade, o Ministro, nessa passagem, quis se referir aos incisos IV e VI, e não duas vezes ao inciso VI.

Segundo os incisos III, IV e VI do art. 55 da CF/88, o Parlamentar perderá o mandato quando deixar de comparecer, em cada sessão legislativa, à terça parte das sessões ordinárias da Casa a que pertencer (inciso III); quando perder ou tiver suspensos os direitos políticos (inciso IV); e quando sofrer condenação criminal em sentença transitada em julgado (inciso VI).

Por sua vez, o § 3º do art. 55 (também indicado como fundamento da determinação da perda do mandato no caso) estabelece que, nos casos de incidência dos incisos III, IV e V, a perda do mandato ocorrerá automaticamente, cabendo à Casa Legislativa tão somente declará-la, sem qualquer margem de liberdade para decidir a respeito.

Esse é o teor do dispositivo:

> "**Art. 55, § 3º, CF/88.** Nos casos previstos nos incisos III a V, a perda será declarada pela Mesa da Casa respectiva, de ofício ou mediante provocação de qualquer de seus membros, ou de partido político representado no Congresso Nacional, assegurada ampla defesa."

Segundo decidiu o STF, portanto, como o Parlamentar fica com seus direitos políticos suspensos quando é condenado criminalmente, ele deve automaticamente perder o cargo, por aplicação do inciso IV c/c § 3º do art. 55 da CF/88.

Além disso, como o cumprimento da pena privativa de liberdade aplicada no caso (8 anos e 9 meses de reclusão em regime inicial fechado) exige a permanência por mais de 120 (cento e vinte dias) em regime fechado, ficou caracterizada a hipótese do inciso III do art. 55 da CF/88, situação em que a perda do mandato também é automática, como prevê o § 3º desse mesmo artigo.

Por fim, a Corte aplicou, também, o art. 92 do Código Penal, que, no seu inciso I, prevê que a perda do cargo público (inclusive do cargo eletivo) é um efeito da condenação quando a pena aplicada é privativa de liberdade igual ou superior a 1 (um) ano e o crime é praticado com abuso de poder ou com violação de dever para com a Administração Pública ou, em relação aos demais crimes, quando a pena aplicada é privativa de liberdade superior a 4 (quatro) anos.

> "**Art. 92, Código Penal** - São também efeitos da condenação:
>
> I - a perda de cargo, função pública ou mandato eletivo:
>
> a) quando aplicada pena privativa de liberdade por tempo igual ou superior a um ano, nos crimes praticados com abuso de poder ou violação de dever para com a Administração Pública;
>
> b) quando for aplicada pena privativa de liberdade por tempo superior a 4 (quatro) anos nos demais casos.
>
> II – a incapacidade para o exercício do poder familiar, da tutela ou da curatela nos crimes dolosos sujeitos à pena de reclusão cometidos contra outrem igualmente titular do mesmo poder familiar, contra filho, filha ou outro descendente ou contra tutelado ou curatelado;
>
> III - a inabilitação para dirigir veículo, quando utilizado como meio para a prática de crime doloso.
>
> **Parágrafo único** - Os efeitos de que trata este artigo não são automáticos, devendo ser motivadamente declarados na sentença."

Não há como negar que a decisão é um pouco confusa em relação à perda do mandato, o que se deve, principalmente, ao erro material na indicação dos incisos do art. 55 da CF/88 que lhe serviram como fundamento.

Mas o fato é que, nela, o Plenário do Supremo Tribunal Federal adotou o entendimento de que, **uma vez condenado criminalmente, o Parlamentar perde automaticamente o mandato**, seja por conta da suspensão dos seus direitos políticos (art. 55, IV, CF/88), seja por conta da sua ausência a um terço das sessões ordinárias da sessão legislativa da respectiva Casa em virtude do cumprimento de pena privativa de liberdade que exige mais de 120 (cento e vinte) dias em regime fechado (art. 55, III, CF/88), seja por força do art. 92 do Código Penal.

E, pelo menos até que haja eventual nova decisão em sentido diverso, esse é o entendimento que se recomenda adotar nas provas de concurso, por ser a manifestação mais recente do STF sobre o tema. Ademais, não se pode deixar de lembrar que essa decisão foi proferida pelo Plenário do Tribunal, o que confere a ela um maior peso na identificação do entendimento da Corte sobre a matéria.

Porém, se a prova se referir a uma Turma específica do STF e questionar qual foi o posicionamento que ela adotou sobre o tema, a resposta deverá ser dada de acordo com esse direcionamento. Em outras palavras: caso a questão pergunte qual foi o posicionamento da **1ª Turma da Corte**, a resposta deverá seguir o precedente da **AP 694**, mas, se for cobrado o posicionamento da **2ª Turma do Tribunal**, a resposta deverá apontar o que foi decidido na **AP 996**, tudo conforme vimos acima.

Além disso, caso se trate de uma prova discursiva ou oral, o ideal, além de expor o entendimento mais recente do STF, será abordar todo o histórico de decisões do Tribunal que vimos neste tópico.

▶ Situações de não exercício do mandato parlamentar que não acarretam a perda do cargo

Vimos acima que o art. 55 da CF/88 disciplina as hipóteses de perda do mandato parlamentar e o procedimento aplicável em cada caso.

Porém, a CF/88 também prevê **situações em que o Parlamentar, embora não desempenhe o seu mandato, não perde o cargo**. Essas situações estão elencadas no art. 56 da CF/88, e são as seguintes:

I) Quando o Parlamentar se licencia do mandato **para exercer os seguintes cargos**:

a) Ministro de Estado;

b) Governador de Território;

c) Secretário de Estado, do Distrito Federal, de Território e de Prefeitura de Capital; e

d) Chefe de missão diplomática temporária.

II) Quando o Parlamentar se licencia **por motivo de doença** ou para tratar, sem remuneração, de **interesse particular** (em caso de licença para tratar de interesse particular, o afastamento não pode ser superior a 120 dias por sessão legislativa, isto é, por ano).

O art. 56 da CF/88 estabelece ainda, no seu § 1º, que, nos casos de afastamento do Parlamentar sem perda do mandato e nos casos em que o mandato fica vago (isto é, quando o Parlamentar perde o mandato por qualquer motivo), **o respectivo suplente deve assumir o mandato**. Há, porém, um detalhe: especificamente quando o afastamento do Parlamentar sem perda do mandato ocorre em virtude de alguma licença, o suplente só pode ser convocado a assumir o mandato quando a licença ultrapassar 120 (cento e vinte) dias de duração (hipótese em que, tratando-se de licença por interesse particular, o Parlamentar perderá o mandato).

Veja o teor do art. 56 da CF/88:

> "**Art. 56, CF/88.** Não perderá o mandato o Deputado ou Senador:
>
> I - investido no **cargo de Ministro de Estado, Governador de Território, Secretário de Estado, do Distrito Federal, de Território, de Prefeitura de Capital ou chefe de missão diplomática temporária**;
>
> II - **licenciado** pela respectiva Casa **por motivo de doença**, ou para tratar, sem remuneração, de **interesse particular**, desde que, neste caso, o afastamento **não ultrapasse cento e vinte dias por sessão legislativa**.
>
> **§ 1º** O **suplente** será convocado nos casos de vaga, de investidura em funções previstas neste artigo ou de **licença superior a cento e vinte dias**.
>
> **§ 2º** Ocorrendo vaga e não havendo suplente, far-se-á eleição para preenchê-la se faltarem mais de quinze meses para o término do mandato.
>
> **§ 3º** Na hipótese do inciso I, o Deputado ou Senador **poderá optar pela remuneração do mandato**."

A respeito do art. 56, houve um questionamento apresentado ao Supremo Tribunal Federal: a regra do § 1º, que prevê que, em caso de licença do Parlamentar, o seu suplente só é convocado quando a licença ultrapassa 120 (cento e vinte) dias (e, portanto, há a perda do mandato), deve ser observada também em âmbito estadual (para os Deputados Estaduais)? Ou ela se restringe aos Parlamentares federais?

Segundo decidiu o STF (**ADI 7253**, j. 22/05/2023), a regra do art. 56, § 1º, da CF/88 submete-se ao **princípio da simetria**, isto é, ela é de observância obrigatória para os Deputados Estaduais, em virtude de determinação expressa da CF/88 nesse sentido, mais precisamente, do art. 27, § 1º, da CF/88, segundo o qual *"será de quatro anos o mandato dos Deputados Estaduais,* ***aplicando-sê-lhes as regras desta Constituição sobre*** *sistema eleitoral, inviolabilidade, imunidades, remuneração,* ***perda de mandato, licença****, impedimentos e incorporação às Forças Armadas"*.

Logo, será inconstitucional uma norma estadual que estabeleça um prazo diverso daquele previsto no art. 56, § 1º, da CF/88 para a duração da licença do Parlamentar estadual que acarreta a convocação do respectivo suplente.

O caso julgado pelo Supremo Tribunal Federal foi uma ADI ajuizada contra uma norma da Constituição do Estado do Acre que estabelecia que, em caso de licença de Deputado Estadual para tratar de assunto de interesse particular, o suplente seria convocado se a licença fosse superior a 60 (sessenta) dias. O STF considerou essa norma inconstitucional, por violar a simetria que deve existir com o art. 56, § 1º, da CF/88. Veja a ementa do julgamento:

> "(...) 1. A autonomia política dos entes da Federação pressupõe a observância dos princípios estruturantes do Estado Democrático de Direito, de que são exemplos o republicano, o democrático e a soberania popular. 2. A interpretação que assegura a máxima efetividade do § 1º do art. 56 c/c o § 1º do art. 27 da Constituição da República e dos princípios da soberania popular, democrático e republicano determina que **o prazo previsto na Constituição da República, para convocação de suplente no caso de licença de parlamentar para tratar de interesses particulares, é de observância obrigatória pelos Estados-membros e deve ser adotado pelas respectivas Assembleias Legislativas**. 3. Ação direta de inconstitucionalidade julgada procedente para declarar a inconstitucionalidade da expressão "para tratar, sem remuneração, de interesse particular, por prazo superior a 60 (sessenta) dias" posta no § 1º do art. 43 da Constituição do Acre." **(ADI 7253, Pleno, Rel. Min. CÁRMEN LÚCIA, j. 22/05/2023)**

Seguindo a mesma linha de raciocínio (segundo a qual as regras da CF/88 sobre licença e perda de mandato de Parlamentares federais se aplicam por simetria aos Parlamentares estaduais), o Supremo Tribunal Federal, nas **ADIs 7249 e 7254** (julgadas em 25/03/2024), decidiu que é inconstitucional norma estadual que preveja que o Deputado Estadual pode gozar licença para tratar de assuntos particulares por prazo superior a 120 (cento e vinte) dias sem perder o mandato.

Nessas ações, foram impugnadas normas das Constituições dos Estados de Mato Grosso e de Pernambuco que permitiam que os Deputados Estaduais fossem licenciados por prazo superior a 120 (cento e vinte) dias para tratar de interesses particulares sem haver perda do mandato. A norma de Mato Grosso previa o prazo de até 180 (cento e oitenta) dias para a licença e a norma de Pernambuco simplesmente não previa prazo algum (o que permitia o gozo da licença por período superior a 120 dias), e ambas foram declaradas inconstitucionais pelo STF em virtude de não observarem a necessária simetria com o art. 56 da CF/88.

A Corte afirmou expressamente, ainda, que o afastamento do Parlamentar estadual para tratar de assuntos particulares por mais de 120 (cento e vinte) dias **acarreta necessariamente a perda do mandato**, tal qual ocorre com os Parlamentares federais.

PROCESSO LEGISLATIVO

O processo legislativo é disciplinado, na Constituição Federal, nos arts. 59 a 69.

Iniciaremos o estudo do tema pelo procedimento legislativo e, em seguida, analisaremos as espécies normativas.

O **procedimento legislativo** é composto, basicamente, por **3 fases**, subdivididas em **6 atos**. Vejamos:

1) *Fase introdutória:* compreende a **iniciativa**.
2) *Fase constitutiva:* compreende os atos de **deliberação, votação** e **sanção ou veto**.
3) *Fase complementar:* compreende os atos de **promulgação** e **publicação**.

Primeiramente, é necessário fazer **duas observações**.

Como vimos anteriormente, o momento inicial da vigência de uma lei (isto é, o momento em que o projeto de lei é convertido em lei) é a sua sanção ou a derrubada de eventual veto pelo Poder Legislativo, conforme se pode extrair do art. 66, §§ 1º e 7º, da CF/88.

Além disso, é necessário ter em mente que o procedimento que abordaremos aqui é o **procedimento legislativo ordinário**, isto é, aquele empregado para a produção de leis ordinárias.

Existem, porém, **procedimentos legislativos especiais** (que se diferenciam, basicamente, por conta da ausência de alguma das fases que compõem o procedimento ordinário), aplicáveis a determinadas espécies normativas, como é o caso do procedimento de elaboração de emenda constitucional (que não possui a etapa da sanção do Chefe do Executivo) e do procedimento de elaboração de medida provisória (que é editada diretamente pelo Poder Executivo, sem prévia apreciação e deliberação do Poder Legislativo). Em relação à medida provisória, a deliberação parlamentar que há a seu respeito ocorre sempre quando a norma já se encontra em vigor, no procedimento de sua conversão em lei.

Conhecendo o procedimento legislativo ordinário, fica fácil entender os procedimentos legislativos especiais, já que estes, grosso modo, são variações daquele.

■ FASE INTRODUTÓRIA

A fase introdutória corresponde ao ato de **iniciativa**, que é o ato que deflagra, que dá início ao processo legislativo.

A iniciativa é classificada em **duas espécies**, de acordo com a CF/88:

a) iniciativa **geral**; e
b) iniciativa **reservada** (ou privativa).

A iniciativa geral é a iniciativa para toda e qualquer matéria, ressalvadas as matérias sob reserva, as quais são objeto da iniciativa reservada.

A esse respeito, é necessário ter cuidado com o art. 61, *caput*, da CF/88. Esse dispositivo atribui iniciativa legislativa a:

I) Qualquer membro ou comissão da Câmara dos Deputados;
II) Qualquer membro ou comissão do Senado Federal;
III) Qualquer membro ou comissão do Congresso Nacional;
IV) O Presidente da República;
V) O Supremo Tribunal Federal;
VI) Os Tribunais Superiores;
VII) O Procurador-Geral da República; e

VIII) Os cidadãos.

> "**Art. 61, CF/88.** A iniciativa das leis complementares e ordinárias cabe a qualquer **membro** ou **Comissão** da **Câmara dos Deputados**, do **Senado Federal** ou do **Congresso Nacional**, ao **Presidente da República**, ao **Supremo Tribunal Federal**, aos **Tribunais Superiores**, ao **Procurador-Geral da República** e aos **cidadãos**, na forma e nos casos previstos nesta Constituição."

O grande problema é que esse dispositivo se refere a todos os órgãos e pessoas que têm iniciativa legislativa, sem, porém, especificar quais deles são titulares de iniciativa reservada e quais deles são titulares de iniciativa geral.

A partir de uma interpretação sistemática da CF/88, conclui-se que os órgãos e pessoas indicados no art. 61, *caput*, da CF/88 que possuem **iniciativa geral** são apenas os seguintes:

I) Qualquer membro ou comissão da Câmara dos Deputados;

II) Qualquer membro ou comissão do Senado Federal;

III) Qualquer membro ou comissão do Congresso Nacional;

IV) O Presidente da República; e

V) Os cidadãos.

Os demais órgãos e pessoas elencados nesse dispositivo (o Supremo Tribunal Federal, os Tribunais Superiores e o Procurador-Geral da República) possuem tão somente iniciativa reservada para apresentar proposições sobre temas específicos.

Além disso, há uma autoridade federal que passou a ter iniciativa reservada a partir da EC 80/2014 e não é mencionada no art. 61 da CF/88. Cuida-se do Defensor Público Geral (tanto em âmbito federal quanto em âmbito estadual), que, por força dos arts. 93, 96, II, e 134, § 4º, da CF/88, possui legitimidade para iniciar o processo legislativo sobre certos temas relacionados à Defensoria Pública. Fica claro, com isso, que o rol trazido pelo art. 61, *caput*, da CF/88 não é taxativo, mas exemplificativo.

> "**Art. 93, CF/88.** Lei complementar, de iniciativa do Supremo Tribunal Federal, disporá sobre o Estatuto da Magistratura, observados os seguintes princípios:
>
> (...)"
>
> "**Art. 96, CF/88.** Compete privativamente:
>
> (...)
>
> II - ao Supremo Tribunal Federal, aos Tribunais Superiores e aos Tribunais de Justiça propor ao Poder Legislativo respectivo, observado o disposto no art. 169:
>
> a) a alteração do número de membros dos tribunais inferiores;
>
> b) a criação e a extinção de cargos e a remuneração dos seus serviços auxiliares e dos juízos que lhes forem vinculados, bem como a fixação do subsídio de seus membros e dos juízes, inclusive dos tribunais inferiores, onde houver;
>
> c) a criação ou extinção dos tribunais inferiores;
>
> d) a alteração da organização e da divisão judiciárias;
>
> (...)"

> "**Art. 134, § 4º, CF/88.** São princípios institucionais da Defensoria Pública a unidade, a indivisibilidade e a independência funcional, aplicando-se também, no que couber, o disposto no art. 93 e no inciso II do art. 96 desta Constituição Federal."

Resumidamente, as normas da CF/88 que preveem **iniciativa legislativa reservada** são as seguintes:

1) **Presidente da República**: arts. 40, § 14, 61, § 1º, e 165, I a III. O Presidente da República é a única autoridade que é titular das duas iniciativas (a geral e a reservada). Na iniciativa geral, ele, naturalmente, concorre com todos os demais que foram contemplados com ela.

2) **Supremo Tribunal Federal**: arts. 93 (Estatuto da Magistratura) e 96, II (organização interna do próprio Tribunal, remunerações dos servidores e dos membros, criação, extinção e composição dos tribunais inferiores).

3) **Tribunais Superiores**: art. 96, II (organização interna do próprio Tribunal, remunerações dos servidores e dos membros, criação, extinção e composição dos tribunais inferiores).

4) **Tribunais de Justiça**: arts. 96, II (organização interna do próprio Tribunal, remunerações dos servidores e dos membros) e 125 , § 1º (lei de organização judiciária respectiva).

5) **Tribunal de Contas da União**: arts. 73 e 96, II (nos termos do art. 96, o STF e os Tribunais superiores têm iniciativa legislativa sobre determinados temas, e o art. 73 prevê a aplicação desse dispositivo ao TCU).

6) **Tribunais de Contas Estaduais**: arts. 73, *caput*, 96, II, "d", e 75, *caput*, da CF/88 (o art. 75 da CF/88 estende aos TCEs as normas aplicáveis ao TCU e, na **ADI 4643**, o STF confirmou expressamente a iniciativa legislativa dos TCEs).

7) **Ministério Público**: arts. 127, § 2º, e 128, § 5º (conferem iniciativa legislativa reservada ao Procurador-Geral da República e aos Procuradores-Gerais de Justiça para tratar de questões relativas ao Ministério Público, como organização, funcionamento, criação e extinção de cargos e remuneração). No entanto, essa iniciativa, na verdade, é concorrente com o Chefe do Poder Executivo (Presidente da República no âmbito federal e Governador no âmbito estadual), conforme estudaremos no capítulo sobre o Ministério Público.

8) **Defensoria Pública**: art. 134, § 4º (essa norma foi incluída na Constituição pela EC 80/2014 e determina aplicação à Defensoria Pública dos arts. 93 e 96, II, da CF/88, o que confere ao Defensor Público Geral em âmbito federal e estadual iniciativa legislativa privativa para tratar sobre questões como estrutura, funcionamento e garantias dos membros da Defensoria Pública). No entanto, essa iniciativa, na verdade, é concorrente com o Chefe do Poder Executivo (Presidente da República no âmbito federal e Governador no âmbito estadual), conforme estudaremos no tópico da Defensoria Pública no capítulo sobre as Funções Essenciais à Justiça.

9) **Câmara dos Deputados e Senado Federal**: arts. 51, IV, e 52, XIII (não se trata da iniciativa geral, pois a iniciativa geral é de membro ou Comissão da Câmara

ou do Senado, enquanto aqui a iniciativa é privativa da própria Câmara e do próprio Senado, agindo através da respectiva Mesa, para tratar de questões internas, como organização, funcionamento, cargos auxiliares e remuneração).

10) **Congresso Nacional**: art. 8º, § 3º, do ADCT (também não se trata da iniciativa geral conferida a membro ou comissão do Congresso Nacional, mas sim de iniciativa reservada do próprio Congresso Nacional para, através de sua Mesa, tratar sobre uma reparação patrimonial assegurada a quem sofreu determinados prejuízos durante o regime militar no Brasil).

Algumas coisas precisam ficar claras:

I) Quando uma matéria é de iniciativa legislativa privativa (ou reservada) de algum órgão ou pessoa, apenas esse órgão ou pessoa pode deflagrar o processo legislativo sobre ela. Se a proposição foi apresentada por outro órgão ou pessoa, ficará caraterizada uma inconstitucionalidade formal subjetiva.

II) Quando determinada matéria não é de iniciativa legislativa privativa, isso significa que ela é de iniciativa geral. Nesse caso, apenas quem tem iniciativa geral pode apresentar proposta sobre ela.

III) Quando o órgão ou pessoa possui tão somente iniciativa legislativa privativa para tratar de determinados temas, esse órgão ou pessoa apenas pode apresentar proposições sobre esses temas, não podendo provocar o Legislativo para apreciar outras matérias.

IV) Quando o órgão ou pessoa possui iniciativa legislativa geral, pode apresentar proposições sobre toda e qualquer matéria, exceto sobre as matérias que a Constituição prevê como de iniciativa privativa de outro órgão ou pessoa.

A iniciativa privativa do Presidente da República do art. 61, § 1º, da CF/88

As principais (mas não únicas) hipóteses de iniciativa privativa do Presidente da República encontram-se previstas no art. 61, § 1º, da CF/88, hipóteses essas que, de modo geral, dizem respeito a questões relativas à Administração Pública e servidores públicos. Inclusive, nesse sentido, o STF, no **Tema de Repercussão Geral nº 686** (RE 745811, j. 17/10/2013), fixou a tese segundo a qual *"há reserva de iniciativa do Chefe do Poder Executivo para edição de normas que alterem o padrão remuneratório dos servidores públicos (art. 61, § 1º, II, a, da CF)"*.

Veja o teor do art. 61, § 1º, da CF/88:

> "**Art. 61, § 1º, CF/88.** São de iniciativa privativa do Presidente da República as leis que:
>
> I - fixem ou modifiquem os efetivos das Forças Armadas;
>
> II - disponham sobre:
>
> a) criação de cargos, funções ou empregos públicos na administração direta e autárquica ou aumento de sua remuneração;
>
> b) organização administrativa e judiciária, matéria tributária e orçamentária, serviços públicos e pessoal da administração dos Territórios;
>
> c) servidores públicos da União e Territórios, seu regime jurídico, provimento de cargos, estabilidade e aposentadoria;

> d) organização do Ministério Público e da Defensoria Pública da União, bem como normas gerais para a organização do Ministério Público e da Defensoria Pública dos Estados, do Distrito Federal e dos Territórios;
>
> e) criação e extinção de Ministérios e órgãos da administração pública, observado o disposto no art. 84, VI;
>
> f) militares das Forças Armadas, seu regime jurídico, provimento de cargos, promoções, estabilidade, remuneração, reforma e transferência para a reserva."

Essas hipóteses, conforme a jurisprudência do STF, por consubstanciarem normas gerais de processo legislativo, são de **observância obrigatória** pelos Estados, Distrito Federal e Municípios, de modo que se aplicam, feitas as devidas adaptações, aos Governadores e Prefeitos. Em outras palavras: nos âmbitos estadual e municipal, também são de iniciativa privativa os temas assim elencados na Constituição Federal para o processo legislativo no âmbito da União.

A exceção a isso é a disposição do art. 61, § 1º, II, "b", da CF/88, que diz ser de iniciativa privativa do Presidente da República as proposições legislativas sobre *"organização administrativa e judiciária, **matéria tributária** e orçamentária, serviços públicos e pessoal da administração **dos Territórios**"*. Isso porque, como ela se refere especificamente aos Territórios, e não a toda a Administração Federal, não pode ser considerada norma geral de processo legislativo, mas sim uma norma específica direcionada aos Territórios.

Assim, não se tratando de uma norma geral, não se submete à simetria, de modo que, nos âmbitos dos Estados, dos Municípios e do Distrito Federal, os temas elencados nesse dispositivo não são de iniciativa privativa do Chefe do Poder Executivo, a menos que haja outra disposição (de caráter geral) na Constituição Federal estabelecendo a iniciativa privativa em relação a eles.

Inclusive, o Supremo Tribunal Federal já se manifestou nesse sentido, como ocorreu na **ADI 2402** (j. 26/06/2023), na qual a Corte afirmou que *"a disposição do art. 61, § 1º, II, "b", do Texto Constitucional **não se aplica aos Estados**, restringindo-se às iniciativas privativas do Chefe do Poder Executivo Federal na esfera exclusiva dos Territórios Federais"*.

Logo, **matéria tributária não é de iniciativa privativa do Chefe do Poder Executivo**, seja qual for a esfera federativa, pois o art. 61, § 1º, II, "b", da CF/88 prevê essa iniciativa privativa apenas para o âmbito dos Territórios Federais e não há disposição geral no texto constitucional reservando a iniciativa legislativa nesse tema ao Chefe do Executivo. Por outro lado, embora esse mesmo dispositivo (art. 61, § 1º, II, "b", CF/88) preveja a iniciativa privativa do Presidente da República para tratar da organização administrativa dos Territórios, esse tema também é de iniciativa privativa do Chefe do Executivo no que diz respeito à Administração Pública Federal e à Administração Pública dos demais entes federados, pois existem normas gerais estabelecendo essa iniciativa privativa, quais sejam, as alíneas "a" e "e" do art. 61, § 1º, II, da CF/88, que reservam ao Presidente da República a iniciativa legislativa para tratar da *"criação de cargos, funções ou empregos públicos na administração direta e autárquica ou aumento* *de sua remuneração"* e da *"criação e extinção de Ministérios e órgãos da administração pública, observado o disposto no art. 84, VI".*

É importante registrar também, por ser uma questão que gera bastante confusão, que **a iniciativa privativa do Chefe do Executivo para dispor sobre servidores públicos, seu regime jurídico e sua remuneração se aplica apenas aos servidores do próprio Poder Executivo**. Em relação aos servidores dos demais Poderes (e dos órgãos dotados de autonomia, como o Tribunal de Contas e o Ministério Público), a iniciativa legislativa é do respectivo Poder (ou órgão autônomo).

Se assim não fosse, haveria uma violação à separação dos Poderes, pois o Poder Executivo poderia se intrometer em questões sensíveis dos demais Poderes (e dos órgãos autônomos).

O Supremo Tribunal Federal até já disse isso expressamente, como ocorreu na **ADI 4827** (j. 27/09/2019), na qual foi impugnada uma norma estadual sobre militares do respectivo Estado que violava a iniciativa do Chefe do Executivo, e o STF esclareceu que, *"na espécie, incide, por simetria, o disposto no art. 61, § 1º, da Constituição, que atribui ao Chefe do Poder Executivo a iniciativa de leis que disponham sobre servidores públicos desse Poder. Portanto,* ***os Poderes Legislativo e Judiciário Estadual apenas podem disciplinar a situação funcional de seus servidores****, sendo-lhes vedada a atribuição de iniciativa legislativa para promoverem a fixação ou a distribuição do efetivo da Polícia Militar Estadual, vinculada umbilicalmente ao Poder Executivo (art. 42 da CF)".*

O mesmo entendimento foi adotado na **ADI 2820** (j. 05/06/2023), como ficou claro no voto do Min. Nunes Marques (relator do caso), que explicou que *"reajustes remuneratórios de servidores públicos devem ocorrer a partir de leis específicas, com iniciativas definidas na Lei Maior, em caráter privativo, seja do Presidente da República, no âmbito federal, seja do Governador, no estadual (CF, art. 61, § 1º, II, "a").*

Cumprirá ao Legislativo elaborar norma específica acerca do reajuste da remuneração dos próprios servidores*, nos termos dos arts. 51, IV, e 52, XIII, da Constituição Federal, a alcançarem o âmbito dos Estados-Membros, em conformidade com o princípio da simetria".*

Portanto, a iniciativa legislativa privativa do Chefe do Executivo para tratar de servidores públicos se refere apenas aos servidores do próprio Poder Executivo, **não englobando os servidores dos demais Poderes ou dos órgãos dotados de autonomia** (como o Ministério Público e o Tribunal de Contas), aos quais cabe privativamente a apresentação de proposição legislativa sobre os respectivos servidores. Esse, inclusive, é o entendimento do STF.

Outra questão muito importante sobre o tema deve ser esclarecida: considerando o teor do art. 61, § 1º, da CF/88, é possível afirmar que toda e qualquer proposição legislativa que acarrete algum gasto à Administração Pública é de iniciativa privativa do Chefe do Poder Executivo? **Não.**

De acordo com a jurisprudência do Supremo Tribunal Federal, o fato de o Chefe do Poder Executivo possuir iniciativa privativa para apresentar proposições legislativas sobre órgãos da Administração e regime jurídico de servidores públicos não faz com que caiba apenas a ele iniciar todo e qualquer processo legislativo que envolva propostas capazes de acarretar gastos ao poder público.

Esse entendimento foi adotado pelo Tribunal, por exemplo, na **ADI 4729** (julgada em 29/05/2020), na qual foi impugnada uma lei estadual de iniciativa parlamentar que criou um programa de reinserção de presos, prevendo a possibilidade de o Poder Executivo firmar convênios com outros Poderes visando a sua implantação e inserir cláusulas nos contratos administrativos exigindo uma participação mínima dos destinatários do programa. Nesse precedente, o STF esclareceu que a iniciativa privativa do Chefe do Executivo diz respeito a órgãos e entidades da Administração e a servidores públicos, não alcançado toda e qualquer proposta que possa acarretar gastos à entidade federativa. Além disso, normas que digam respeito a contratos administrativos também não são de iniciativa exclusiva do Poder Executivo, pois não estão inseridas nas hipóteses previstas no art. 61, § 1º, da CF/88, que constituem um **rol fechado**.

Da mesma maneira decidiu o STF em outros precedentes, como o **ARE 878.911** (Tema de Repercussão Geral nº 917), no qual se questionou se é de iniciativa privativa do Prefeito lei municipal que crie a obrigação de instalação de câmeras nas escolas públicas municipais e nas suas proximidades. No caso, a Corte entendeu que não se aplica a reserva de iniciativa, afirmando que *"não usurpa a competência privativa do chefe do Poder Executivo lei que, embora crie despesa para a Administração Pública, não trata da sua estrutura ou da atribuição de seus órgãos nem do regime jurídico de servidores públicos"*.

Seguindo essa linha de raciocínio, o Supremo Tribunal Federal vem declarando a inconstitucionalidade (formal) de diversas outras normas de iniciativa parlamentar que tratam das matérias do art. 61, § 1º, da CF/88. Confira, por exemplo, os seguintes casos em que a questão foi enfrentada pela Corte (além do precedente envolvendo norma de iniciativa parlamentar sobre organização e funcionamento da Polícia Civil, objeto de estudo no capítulo deste livro destinado ao tema da Segurança Pública):

I) Na **ADI 5997** (j. 19/04/2020), foi reconhecida a **inconstitucionalidade formal por vício de iniciativa** de lei estadual (do Rio de Janeiro) de iniciativa parlamentar que, disciplinando a educação à distância, estabeleceu que, nessa modalidade de ensino, qualquer função somente poderia ser exercida por professores e que esses profissionais teriam direito à observância do piso remuneratório regional aplicado aos professores presenciais. O STF entendeu que essas questões envolvem criação de cargo público e aumento de sua remuneração, temas que, segundo o art. 61, § 1º, II, "a", da CF/88, são de iniciativa privativa do Chefe do Executivo, de modo que a lei em questão não poderia ter sido de iniciativa parlamentar. Nas exatas palavras do Tribunal, *"o art. 61, § 1º, (...) da CF/1988 confere ao Chefe do Poder Executivo a competência privativa para inaugurar o processo legislativo que disponha sobre a criação de cargos, funções ou empregos públicos ou aumento de sua remuneração (v. RE 554536, Rel. Min. Eros Grau). (...) Desse modo,* ***a lei impugnada, ao atribuir qualquer função na educação a distância aos professores e ao estender o piso regional do magistério aos tutores, invadiu a reserva de iniciativa do Governador do Estado do Rio de Janeiro para propor leis que versem sobre criação de cargos e aumento de sua remuneração****"*.

II) Na **ADI 5946** (j. 24/05/2021), foi reconhecida a **inconstitucionalidade formal por vício de iniciativa** de emenda a Constituição Estadual que, sendo de iniciativa parlamentar, disciplinou a autonomia universitária no âmbito do Estado e conferiu autonomia administrativa, financeira e orçamentária à respectiva universidade estadual, além de lhe assegurar a prerrogativa de iniciar o processo legislativo de proposições relativas à sua organização e funcionamento e tratar da escolha do seu reitor. Segundo entendeu o STF, essas questões envolvem organização e regime da Administração Pública e de servidores públicos, que são temas de iniciativa legislativa privativa do Chefe do Executivo (art. 61, § 1º, II, "a", "c" e "e", CF/88), e as emendas às Constituições Estaduais, segundo a jurisprudência do STF, devem respeitar as regras da CF/88 sobre reserva de iniciativa legislativa (ao contrário do que ocorre com as emendas à Constituição Federal, que, também segundo o STF, não se sujeitam a essa limitação). No entanto, como, no curso do processo, a Constituição do Estado foi novamente emendada, dessa vez por iniciativa do Poder Executivo, e essa nova emenda foi de teor idêntico ao da emenda inicialmente impugnada na ação, a ADI teve prosseguimento e, no julgamento final de mérito, o STF acabou não reconhecendo o vício de iniciativa da norma impugnada, pois ele (o vício de iniciativa) ficou suprido pela nova emenda.

III) No **RE 1.308.883** (julgado por decisão monocrática do Min. Edson Fachin em 09/04/2021), foi reconhecida a **constitucionalidade** de lei municipal de iniciativa parlamentar que vedava a nomeação para cargos públicos de pessoas condenadas pela Lei Maria da Penha (Lei 11.340/06). Segundo explicou o Ministro, essa norma não trata de organização e funcionamento da Administração Pública nem de regime jurídico de servidor, cuidando-se, na verdade, de uma norma geral sobre moralidade administrativa, tema que não é de iniciativa legislativa privativa do Chefe do Poder Executivo. Ademais, a moralidade Administrativa, segundo a jurisprudência do STF, é um princípio constitucional autoaplicável, de modo que não depende de lei para que seja aplicado concretamente (até é possível a edição de lei para concretizá-lo de alguma forma específica, mas a lei não é indispensável para que ele seja aplicado). Esse entendimento, inclusive, foi firmado pelo Tribunal no julgamento do **Tema de Repercussão Geral nº 29** (RE 570.392, j. 11/12/2014), no qual foi fixado a tese segundo a qual *"leis que tratam dos casos de vedação a nepotismo não são de iniciativa exclusiva do Chefe do Poder Executivo"*, justamente porque as normas que proíbem o nepotismo dão concretude aos princípios da moralidade e da impessoalidade administrativas. O Ministro esclareceu que **a iniciativa legislativa exclusiva não se aplica aos temas previstos em normas constitucionais dotadas de aplicabilidade imediata** (como é o caso dos princípios da Administração Pública previstos no art. 37 da CF/88), o que é natural, já que, se a norma constitucional nem mesmo depende de regulamentação infraconstitucional para ser aplicada, não há sentido em atribuir a iniciativa para deflagrar eventual processo legislativo sobre ela a algum órgão (ou autoridade) específico. Nas suas palavras, *"ao vedar a nomeação de agentes públicos, no âmbito da Administração Direta e Indireta do município, condenados nos termos da Lei federal nº 11.340/2006, a norma impugnada impôs regra geral de moralidade administrativa, visando dar concretude aos princípios elencados no caput do art. 37 da Constituição Federal, cuja aplicação* *independem de lei em sentido estrito e não se submetem a uma interpretação restritiva. (...) Destaco que quando do julgamento do RE 570.392, Tema 29 da Repercussão Geral, o Tribunal assentou a tese de que não é privativa do Chefe do Poder Executivo a competência para a iniciativa legislativa de lei sobre nepotismo na Administração Pública: leis com esse conteúdo normativo dão concretude aos princípios da moralidade e da impessoalidade do art. 37, caput, da Constituição da República, que, ademais, têm aplicabilidade imediata, ou seja, independente de lei. (...) Noutras palavras, a regra relativa a iniciativa legislativa aplica-se apenas aos casos em que a obrigação imposta por lei não deriva automaticamente da própria Constituição. Tal interpretação deve ainda ser corroborada pelo disposto no art. 5º, § 1º, da CRFB, segundo o qual os direitos e garantias previstos na Constituição têm aplicação imediata. Nesses termos, tratando-se o diploma impugnado na origem de matéria decorrente diretamente do texto constitucional, não subsiste o vício de iniciativa legislativa (...)".*

IV) Na **ADI 2296** (j. 04/10/2021), foi reconhecida a **inconstitucionalidade formal por vício de iniciativa** de lei estadual de iniciativa parlamentar que tratava do processo de escolha de membros da diretoria de empresa pública do respectivo Estado e assegurava a participação de ex-empregados aposentados nesse processo. Isso porque uma norma com esse teor envolve a organização da Administração Pública (já que empresa pública é entidade integrante da Administração indireta), que é tema de iniciativa legislativa privativa do Chefe do Poder Executivo, conforme estabelece o art. 61, § 1º, II, "e", da CF/88. Nesse caso, o STF reconheceu, também, a inconstitucionalidade material da norma impugnada, por violação à parte final do art. 7º, XI, da CF/88 (segundo o qual, é direito dos trabalhadores urbanos e rurais a *"participação nos lucros, ou resultados, desvinculada da remuneração, e, excepcionalmente, **participação na gestão da empresa**, conforme definido em lei"*), já que esse dispositivo constitucional, ao assegurar aos trabalhadores a participação na gestão da empresa, tem como finalidade proteger os empregados em atividade, e não os inativos.

V) Na **ADI 4928** (j. 11/10/2021), foi reconhecida a **inconstitucionalidade** de lei estadual de iniciativa parlamentar que tratava de **concessão de anistia a infrações administrativas praticadas por policiais civis, militares e bombeiros**, pois essa questão envolve regime jurídico de servidores públicos e organização da Administração, temas de iniciativa legislativa do Chefe do Executivo, conforme prevê o art. 61, § 1º, II, "c" e "e". Além disso, a concessão de anistia a infrações administrativas é atribuição do próprio órgão administrativo ao qual se encontra vinculado o agente público, de modo que a intromissão do Poder Legislativo nessa questão viola a separação dos Poderes (art. 2º, CF/88), o que acarreta a inconstitucionalidade da norma também no aspecto material.

VI) Na **ADI 6132** (j. 29/11/2021), foi reconhecida a **inconstitucionalidade** de lei estadual de iniciativa parlamentar que, ao disciplinar relações contratuais entre seguradoras e seus segurados, acabou criando atribuições para o respectivo DETRAN no que diz respeito a esses contratos. O STF esclareceu que essa norma, por ter criado atribuições para uma entidade vinculada ao Poder Executivo, usurpou a iniciativa legislativa privativa do Governador do Estado no tema da organização da Administração Pública estadual (art. 61, § 1º, II, "e", CF/88). Esse mesmo entendimento foi posteriormente reiterado pelo Supremo Tribunal Federal na **ADI 6597** (j. 18/04/2024), na qual o STF reconheceu a **inconstitucionalidade formal por vício de iniciativa** de uma lei estadual que dava ao DETRAN do respectivo Estado e a seus servidores atribuições relacionadas ao licenciamento de veículos. Segundo a Corte, como essa norma criava atribuições para uma entidade da Administração Pública (no caso, o DETRAN) e para os seus servidores, ela não poderia ter sido de iniciativa parlamentar, pois o seu conteúdo era de regime jurídico de servidor e de organização e funcionamento da Administração Pública, temas em relação aos quais a iniciativa legislativa é privativa do Chefe do Poder Executivo, nos termos do art. 61, § 1º, "c" e "e", da CF/88.

VII) Na **ADI 5241** (j. 30/08/2021), foi reconhecida a **constitucionalidade** de lei federal de iniciativa parlamentar que veiculou regras de caráter nacional sobre **aposentadoria especial de servidores públicos** (no caso, servidores policiais), pois uma norma com esse teor não envolve pura e simplesmente regime jurídico de servidores públicos da União, hipótese em que seria de iniciativa privativa do Presidente da República, conforme prevê o art. 61, § 1º, II, "c". Nesse julgamento, o STF esclareceu que somente se pode reconhecer uma norma como de iniciativa privativa quando essa conclusão decorre de forma inequívoca da Constituição, o que não se verifica quando a lei disciplina aposentadoria especial de servidores públicos em todo o País.

VIII) Na **ADI 6937** (j. 22/11/2022), foi reconhecida a **inconstitucionalidade formal por vício de iniciativa** de lei estadual de iniciativa parlamentar que estabelecia **reserva de vagas para advogados nos estacionamentos dos órgãos públicos** estaduais. Segundo decidiu o STF, uma norma desse teor afeta o funcionamento da Administração Pública, motivo pelo qual é de iniciativa privativa do Chefe do Executivo, nos termos do art. 61, § 1º, II, "e", da CF/88. Nas palavras da Corte, *"é inconstitucional a norma de iniciativa parlamentar que crie atribuições e encargos aos órgãos públicos estaduais por violação da norma constitucional que determina a iniciativa privativa do Poder Executivo para a disciplina de sua organização administrativa"*.

IX) Na **ADI 6970** (j. 16/08/2022), foi reconhecida a **constitucionalidade** de uma lei federal de iniciativa parlamentar (a Lei 14.128/21) que estabeleceu uma indenização a ser paga pela União aos profissionais da saúde (ou aos seus familiares) que ficaram incapacitados permanentemente para o trabalho (ou faleceram) em virtude de sua atuação no combate à pandemia de COVID-19 que chegou ao Brasil em 2020. Segundo o STF, essa norma não diz respeito a regime jurídico de servidor público nem a estrutura ou organização da Administração Pública, motivo pelo qual não é de iniciativa legislativa privativa do Chefe do Executivo (não incide no caso, portanto, o art. 61, § 1º, II, "c" e "e", da CF/88).

X) Na **ADI 6926** (j. 24/06/2022), foi reconhecida a **constitucionalidade** de uma lei federal de iniciativa parlamentar (a Lei 14.172/21) que previu a transferência de recursos da União para os Estados e o Distrito Federal, com o objetivo de custear o acesso à internet de alunos e professores da educação básica em virtude das necessidades decorrentes da pandemia de COVID-19 que atingiu o Brasil em 2020. Segundo o STF, essa norma não afeta a organização ou o funcionamento da Administração Pública (pois prevê simplesmente um repasse de recursos para que os entes destinatários promovam políticas públicas), motivo pelo qual não é de iniciativa privativa do Chefe do Executivo (não incide no caso, portanto, o art. 61, § 1º, II, "e", da CF/88).

XI) Na **ADI 3428** (j. 01/03/2023), foi declarada a **inconstitucionalidade formal por vício de iniciativa** de dispositivos contidos em uma lei federal de iniciativa parlamentar (arts. 4º e 5º da Lei 9.696/98) que criaram conselhos de fiscalização profissional (mais precisamente, o Conselho Federal de Educação Física e os Conselhos Regionais de Educação Física). Isso porque os conselhos profissionais, segundo a jurisprudência do Supremo Tribunal Federal, têm natureza de autarquias federais, de modo que a iniciativa legislativa para tratar deles é privativa do Presidente da República, já que cabe exclusivamente ao Chefe do Executivo iniciar o processo legislativo de leis que tratem da criação de cargos públicos e da organização da Administração Pública, conforme determina o art. 61, § 1º, II, "a" e "e". Nas palavras do STF, *"os conselhos de fiscalização profissional, na jurisprudência da Corte,* ***ostentam natureza jurídica de autarquia federal****, máxime porque a Constituição determina que sejam criados por lei, com personalidade jurídica de direito público e autonomia administrativa e financeira; exerçam atividade tipicamente pública de fiscalização de exercício profissional; e prestem contas a entidades de controle externo. (...) As leis que disponham sobre criação de cargos, funções ou empregos públicos na administração direta e autárquica ou aumento de sua remuneração* ***são de iniciativa privativa do Presidente da República****, conforme dispõe o artigo 61, § 1º, II, a, da Constituição, regra que encontra fundamento direto na separação de poderes, que garante ao Executivo a prerrogativa de controlar a estrutura e o funcionamento básico da Administração, consoante o juízo de conveniência e oportunidade que informam os custos dessa organização"*.

XII) Na **ADI 4727** (j. 23/02/2023), foi reconhecida a **constitucionalidade** de uma lei estadual de iniciativa parlamentar que autorizava o Poder Executivo a implementar um **programa social de pagamento de auxílio financeiro** a famílias que residissem em local de risco iminente ou cujo imóvel fosse atingido por catástrofe (esse programa social recebeu o nome de **Bolsa Aluguel**, e se destinava a subsidiar o pagamento do aluguel devido por essas famílias). Segundo decidiu o STF, embora essa lei tivesse potencial para gerar despesas a serem suportadas pelo Poder Executivo, isso não a tornava inconstitucional, pois **o simples fato de uma lei gerar gastos para a Administração Pública não faz com que ela seja de iniciativa legislativa privativa do Chefe do Executivo**. Para que uma lei seja de iniciativa privativa do Poder Executivo, é necessário que ela se enquadre de forma precisa em uma das hipóteses de iniciativa privativa do Executivo, dentre as quais se encontram as leis que tratem de regime jurídico de servidor público e de organização (estrutura e atribuições) da Administração Pública (art. 61, § 1º, II, "a" e "e", CF/88), mas não as leis que acarretem gastos à Administração Pública. Esse entendimento, inclusive, já havia sido firmado pelo STF no julgamento do **Tema de Repercussão Geral nº 917**, no qual foi fixada a tese segundo a qual *"**não usurpa competência privativa do Chefe do Poder Executivo** lei que, **embora crie despesa para a Administração**, não trata da sua estrutura ou da atribuição de seus órgãos nem do regime jurídico de servidores públicos (art. 61, § 1º, II, "a", "c" e "e", da Constituição Federal)"*. Nesse precedente, outra questão interessante foi enfrentada pelo STF: a lei impugnada estabelecia que o auxílio financeiro nela previsto tinha valor limitado a um salário-mínimo, o que fez com que fosse alegada a sua inconstitucionalidade, por violação ao art. 7º, IV, da CF/88, o qual proíbe a chamada **indexação do salário mínimo**, que é a utilização do salário mínimo como parâmetro para definir o valor de outras vantagens, ou seja, é a vinculação entre o valor do salário mínimo e o valor de outras vantagens de modo que, com a modificação do salário mínimo, as vantagens a ele vinculadas sejam automaticamente modificadas (*"**Art. 7º, CF/88.** São direitos dos trabalhadores urbanos e rurais, além de outros que visem à melhoria de sua condição social: ... IV - salário mínimo, fixado em lei, nacionalmente unificado, capaz de atender a suas necessidades vitais básicas e às de sua família com moradia, alimentação, educação, saúde, lazer, vestuário, higiene, transporte e previdência social, com reajustes periódicos que lhe preservem o poder aquisitivo, **sendo vedada sua vinculação para qualquer fim;**"*). A esse respeito, o STF decidiu não haver qualquer violação à proibição de indexação do salário mínimo, pois essa proibição prevista na CF/88 tem como objetivo impedir que parcelas remuneratórias (de empregados e de servidores públicos) fiquem vinculadas ao salário mínimo e, assim, sofram reajustes automáticos sempre que o valor do salário mínimo for alterado, o que não é o caso de um benefício assistencial que tem como referência o valor do salário mínimo, pois benefício assistencial não tem natureza remuneratória. Além disso, a norma impugnada não estabelecia o valor do salário mínimo como o valor do auxílio financeiro a ser pago pela Adminsitração Pública, mas sim como o limite máximo do valor desse auxílio. Nas exatas palavras do STF, *"a norma impugnada **não incide na proibição constitucional de indexação ao salário mínimo**, tendo em vista que (i) não é fixado valor, mas limite máximo do benefício; e (ii) inexiste inconstitucionalidade em qualquer vinculação a salários mínimos, mas apenas em relação a reajuste automático de salários de servidores"*.

É importante destacar que, segundo a jurisprudência do Supremo Tribunal Federal, as hipóteses de iniciativa privativa estabelecidas na Constituição Federal submetem-se ao chamado **"regime de direito estrito"**, devendo, portanto, ser interpretadas restritivamente. Isso porque elas representam uma limitação ao poder de instauração do processo legislativo, no qual a iniciativa geral é a regra e a iniciativa privativa é a exceção.

Esse entendimento foi muito bem abordado na **ADI 5241**, na qual o Min. Gilmar Mendes (relator) registrou no seu voto que:

> *"sobre o assunto, é firme a jurisprudência do Supremo Tribunal Federal no sentido de que "a iniciativa reservada, por constituir* ***matéria de direito estrito****, não se presume e nem comporta interpretação ampliativa, na medida em que, por implicar limitação ao poder de instauração do processo legislativo,* ***deve necessariamente derivar de norma constitucional expressa e inequívoca****" (ADI-MC 724/RS, Rel. Min. Celso de Mello, DJ 27.4.2001).*
>
> *Como se vê, a iniciativa legislativa privativa acaba, invariavelmente, por subtrair dos membros do Congresso Nacional a prerrogativa de fazerem instaurar o processo de formação de leis. Cabe ao intérprete, portanto, agir com total parcimônia ao construir o alcance normativo dos preceitos constitucionais que concentram a iniciativa de projetos de lei em determinadas autoridades ou órgãos, atentando para a natureza excepcional e para o regime de direito estrito a que se submetem as hipóteses de iniciativa legislativa reservada.*
>
> *Isso porque, embora a iniciativa privativa se justifique, em determinados casos, para assegurar o equilíbrio entre os Poderes, tais instrumentos possuem o inconveniente de estreitar os mecanismos necessários ao desenvolvimento e aprimoramento do ordenamento jurídico, concentrando em um único agente político a conveniência e a oportunidade da deflagração do debate legislativo em torno do assunto reservado.*
>
> *Por esse motivo, a correta exegese dos dispositivos que preveem iniciativa privativa do Presidente da República pressupõe postura cautelosa do intérprete, que deve afastar-se de interpretações ampliativas ou de qualquer leitura que conduza ao alargamento desnecessário do campo de incidência das alíneas do art. 61, §1º, inciso II, da Constituição Federal".*

Como consequência disso, uma determinada lei somente será considerada de iniciativa privativa quando a matéria nela tratada puder ser enquadrada sem margem de dúvidas (isto é, de forma precisa) em alguma hipótese de iniciativa privativa. Caso contrário, a norma será considerada de iniciativa geral.

▶ Impossibilidade de sanção convalidar vício de iniciativa

Imaginemos a seguinte situação hipotética: uma lei fruto de projeto apresentado por um Tribunal Superior descriminalizou o uso de drogas, mas, no dia seguinte, uma (outra) lei de iniciativa não especificada voltou a tratar o uso de drogas como crime. Nesse caso, houve *abolitio criminis* decorrente da primeira lei ou não? Em outras palavras, a primeira lei é constitucional? Ela revogou de modo válido a Lei de Drogas que então vigorava?

Nos termos do art. 61, *caput*, da CF/88, os Tribunais Superiores têm iniciativa legislativa. Porém, conforme vimos, esse dispositivo constitucional não traça distinção entre os titulares de iniciativa geral e os titulares de iniciativa reservada, diferenciação essa que ficou a cargo da doutrina, a qual, realizando interpretação sistemática, definiu que apenas têm iniciativa geral o Presidente da República, qualquer cidadão, e qualquer membro ou comissão do Congresso Nacional ou de qualquer de suas Casas.

Os Tribunais Superiores, portanto, têm apenas iniciativa reservada (tão somente para tratar das matérias indicadas nos arts. 93 e 96, II, da CF/88), e matéria penal não se enquadra em qualquer dos dispositivos constitucionais que tratam de iniciativa reservada, sendo, por consequência, matéria de iniciativa geral.

Logo, a primeira lei é formalmente inconstitucional, por vício de iniciativa.

Mas, considerando que o Chefe do Poder Executivo sancionou o projeto que resultou nessa lei, é possível afirmar que a sanção convalidou o vício de iniciativa? **Não.** Segundo o STF, vício de iniciativa não se convalida nem mesmo pela sanção do Chefe do Executivo ao projeto de lei, pois inconstitucionalidade é nulidade e nulidade não se convalida (a Súmula 5/STF está superada, portanto).

Portanto, no exemplo dado, não houve *abolitio criminis*, pois a primeira lei não revogou validamente a Lei de Drogas, já que, sendo ela inconstitucional (no caso, por vício de iniciativa), era inválida desde o seu nascedouro, por decorrência da adoção da teoria da nulidade do ato inconstitucional no direito brasileiro.

No sentido da impossibilidade de a sanção do Executivo convalidar vício de iniciativa em projeto de lei, podemos citar como exemplo os seguintes precedentes:

> "(...) **O sancionamento tácito do Governador** do Estado do Amapá em exercício ao projeto que resultou na Lei estadual 751/03 **não tem o condão de convalidar o vício de iniciativa originário.** Precedentes. (...)" **(ADI 3627, Pleno, Rel. Min. TEORI ZAVASCKI, j. 06/11/2014)**
>
> "(...) A sanção do projeto de lei **não convalida o vício de inconstitucionalidade resultante da usurpação do poder de iniciativa do Poder Executivo.** Precedentes: ADI 2.867, Rel. Min. Celso de Mello, Plenário, DJ de 9/2/2007; e ADI 2.305, Rel. Min. Cezar Peluso, DJe de 5/8/2011. (...)" **(ADI 3428, Pleno, Rel. Min. LUIZ FUX, j. 01/03/2023)**

Reiterando esse entendimento, o Supremo Tribunal Federal, na **ADI 6337** (j. 24/08/2020), julgou inconstitucional dispositivo da Constituição do Estado de Minas Gerais que estabelecia que *"a sanção expressa ou tácita supre a iniciativa do Poder Executivo no processo legislativo"*.

Nas palavras da Corte, ***"sanção executiva não tem força normativa para sanar vício de inconstitucionalidade formal, mesmo que se trate de vício de usurpação de iniciativa de prerrogativa institucional do Chefe do Poder Executivo.*** *O processo legislativo encerra a conjugação de atos complexos derivados da vontade coletiva de ambas as Casas do Congresso Nacional acrescida do Poder Executivo. (...)* ***O processo legislativo encerra complexo normativo de edificação de espécies normativas de reprodução obrigatória"***.

Esse tema sempre aparece nas provas. Por exemplo, no concurso para o cargo de Procurador do Município de São José dos Campos/SP realizado pela VUNESP em 2017, foi considerada incorreta a assertiva segundo a qual, *"conforme entendimento do Supremo Tribunal Federal, a sanção presidencial tem o efeito de convalidar vício formal subjetivo de iniciativa no projeto de lei"*.

▶ A apresentação de nova proposição durante uma tramitação legislativa é apta a sanar vício de iniciativa (Lei da Autonomia do Banco Central)?

Na **ADI 6696**, julgada em 26/08/2021, o Supremo Tribunal Federal, ao analisar a constitucionalidade da LC 179/2021 (que ficou conhecida como Lei da Autonomia do

Banco Central), manifestou-se sobre a seguinte questão: quando um Parlamentar dá início ao processo legislativo sobre um tema que é de iniciativa privativa do Poder Executivo e, durante a tramitação do projeto, o Chefe do Executivo apresenta proposição de mesmo teor, o vício de iniciativa fica sanado?

O que ocorreu nesse caso foi o seguinte: o projeto que deu origem à LC 179/2021 foi de iniciativa parlamentar, mas, durante a sua tramitação, o Presidente da República apresentou proposição de mesmo teor, sendo o projeto do Executivo apensado ao projeto original. A partir disso, as duas propostas tramitaram conjuntamente.

Uma vez sancionada a LC 179/2021, foi ajuizada a ADI 6696 para impugná-la, e a alegação foi a de que a lei apresentaria inconstitucionalidade formal por vício de iniciativa, já que a norma se originou de projeto de iniciativa parlamentar e trata de organização da Administração Pública e de servidores públicos, temas de iniciativa privativa do Presidente da República, nos termos do art. 61, § 1º, II, "a", "c" e "e", da CF/88.

> "**Art. 61, § 1º, CF/88.** São de iniciativa privativa do Presidente da República as leis que:
>
> I - fixem ou modifiquem os efetivos das Forças Armadas;
>
> II - disponham sobre:
>
> a) criação de cargos, funções ou empregos públicos na administração direta e autárquica ou aumento de sua remuneração;
>
> b) organização administrativa e judiciária, matéria tributária e orçamentária, serviços públicos e pessoal da administração dos Territórios;
>
> c) servidores públicos da União e Territórios, seu regime jurídico, provimento de cargos, estabilidade e aposentadoria;
>
> d) organização do Ministério Público e da Defensoria Pública da União, bem como normas gerais para a organização do Ministério Público e da Defensoria Pública dos Estados, do Distrito Federal e dos Territórios; e) criação e extinção de Ministérios e órgãos da administração pública, observado o disposto no art. 84, VI; f) militares das Forças Armadas, seu regime jurídico, provimento de cargos, promoções, estabilidade, remuneração, reforma e transferência para a reserva.

O que decidiu o STF?

Antes de tratarmos disso, precisamos saber qual é o teor das disposições da LC 179/2021.

A principal novidade trazida por essa lei (e que a fez ser rotulada como uma lei que deu autonomia ao Banco Central) foi o estabelecimento de mandatos para o Presidente e os Diretores do Banco Central com início e fim não coincidentes com o início e o fim do mandato do Presidente da República. Essa medida foi pensada para reduzir o poder de interferência do Chefe do Poder Executivo sobre a atuação do Banco Central.

Confira o teor dos dispositivos da lei que trouxeram essas regras:

> "**Art. 3º, LC 179/2021.** A Diretoria Colegiada do Banco Central do Brasil terá 9 (nove) membros, sendo um deles o seu Presidente, todos nomeados pelo Presidente da República entre brasileiros idôneos, de reputação ilibada e de

notória capacidade em assuntos econômico-financeiros ou com comprovados conhecimentos que os qualifiquem para a função.

Art. 4º, LC 179/2021. O Presidente e os Diretores do Banco Central do Brasil serão indicados pelo Presidente da República e por ele nomeados, após aprovação de seus nomes pelo Senado Federal.

§ 1º O mandato do Presidente do Banco Central do Brasil terá duração de 4 (quatro) anos, com início no dia 1º de janeiro do terceiro ano de mandato do Presidente da República.

§ 2º Os mandatos dos Diretores do Banco Central do Brasil terão duração de 4 (quatro) anos, observando-se a seguinte escala:

I - 2 (dois) Diretores terão mandatos com início no dia 1º de março do primeiro ano de mandato do Presidente da República;

II - 2 (dois) Diretores terão mandatos com início no dia 1º de janeiro do segundo ano de mandato do Presidente da República;

III - 2 (dois) Diretores terão mandatos com início no dia 1º de janeiro do terceiro ano de mandato do Presidente da República; e

IV - 2 (dois) Diretores terão mandatos com início no dia 1º de janeiro do quarto ano de mandato do Presidente da República.

§ 3º O Presidente e os Diretores do Banco Central do Brasil poderão ser reconduzidos 1 (uma) vez, por decisão do Presidente da República, observando-se o disposto no caput deste artigo na hipótese de novas indicações para mandatos não consecutivos.

§ 4º O prazo de gestão do Presidente e de cada um dos Diretores do Banco Central do Brasil estender-se-á até a investidura do sucessor no cargo."

Mas o que o STF decidiu sobre a validade dessa lei? Há inconstitucionalidade por vício de iniciativa ou não?

A Corte concluiu que a lei é constitucional e julgou a ação improcedente, mas os Ministros que votaram pela validade da norma utilizaram fundamentos diversos.

Como votaram os Ministros?

O Min. Ricardo Lewandowski (relator da ação) e a Min. Rosa Weber entenderam que houve vício de iniciativa na tramitação da proposta que deu origem à lei e votaram pela procedência da ação. Eles ficaram vencidos no julgamento.

Quanto aos Ministros que entenderam ser válida a lei e votaram pela improcedência da ação, houve a formação de dois grupos, cada um sustentando um fundamento diverso para justificar a constitucionalidade da norma.

Um desses grupos foi encabeçado pelo Min. Luís Roberto Barroso, que foi quem abriu a divergência no julgamento após a apresentação do voto do relator. Barroso entendeu que a LC 179/2021 não trata de temas de iniciativa privativa do Chefe do Executivo, pois ela não disciplina regime jurídico de servidor público nem organização da Administração Pública. Segundo o Ministro, a lei trata, na verdade, de questões que afetam a responsabilidade fiscal e o sistema monetário, que não são temas cuja iniciativa legislativa é exclusiva do Presidente da República. Logo, de acordo com esse entendimento, não há vício de iniciativa e a norma é válida.

O Min. Barroso foi seguido por outros quatro Ministros: Dias Toffoli, Gilmar Mendes, Nunes Marques e Luiz Fux.

O outro grupo divergente foi encabeçado pelo Min. Alexandre de Moraes, que entendeu que o tema tratado na lei é de iniciativa privativa do Poder Executivo (pois diz respeito a organização da Administração Pública e a regime jurídico de servidor público), mas, no caso, como o Presidente da República apresentou uma nova proposição com idêntico teor ao do projeto original, ficou sanado o vício de iniciativa.

O Min. Alexandre de Moraes foi seguido por outros dos Ministros: Edson Fachin e Cármen Lúcia.

Isso nos traz um entendimento bastante interessante e que pode vir a ser cobrado nas provas: a apresentação de proposição legislativa pelo titular da iniciativa exclusiva é apta a sanar vício de iniciativa em proposição anteriormente apresentada e já em tramitação, especialmente quando, uma vez apresentada a nova proposição, ambas tramitem conjuntamente.

Portanto, é possível notar, no âmbito do STF, a existência de dois entendimentos diferentes (e relativos a situações diferentes) sobre a possibilidade de convalidação de vício de iniciativa no processo legislativo, entendimentos esses que não se confundem e não se excluem mutuamente:

I) A sanção do Chefe do Poder Executivo não é apta a sanar vício de iniciativa (esse entendimento já se encontra consolidado há algum tempo na jurisprudência do Tribunal, conforme já estudamos).

II) A apresentação de nova proposição pelo titular da iniciativa exclusiva durante a tramitação de proposição anterior que foi apresentada sem a observância da iniciativa correta é apta a sanar o vício de iniciativa, especialmente quando ambas as propostas têm tramitação conjunta (esse foi o entendimento apresentado pelo Min. Alexandre de Moraes no julgamento da ADI 6696).

Seja como for, a Lei da Autonomia do Banco Central (LC 179/2021) foi considerada constitucional pelo STF.

▶ Pode uma lei ou o constituinte derivado estabelecer prazo para que o Chefe do Executivo exerça sua iniciativa legislativa?

Seria possível que uma lei ou uma norma contida em Constituição Estadual fixasse um prazo para que o Chefe do Poder Executivo (que, no âmbito estadual, é o Governador do Estado) expedisse decretos para regulamentar leis ou apresentasse projetos de lei sobre determinadas matérias?

Segundo a jurisprudência do Supremo Tribunal Federal, **não**, pois a CF/88 (art. 84, II, III e IV) confere ao Chefe do Poder Executivo a prerrogativa de expedir regulamentos e de iniciar com exclusividade o processo legislativo sobre determinadas matérias **sem fixar prazo máximo** para que isso seja feito. Logo, a fixação desse prazo em norma infraconstitucional ou mesmo em norma decorrente do poder constituinte derivado (como é o caso de uma norma constante de Constituição Estadual, que é obra do constituinte derivado decorrente) viola a Constituição Federal, mais precisamente, a separação dos Poderes (prevista no art. 2º da CF/88), que, nos termos do art. 60, § 4º, III, da CF/88, é uma cláusula pétrea.

Veja o teor dos dispositivos envolvidos nessa questão:

> "**Art. 2º, CF/88.** São Poderes da União, independentes e harmônicos entre si, o Legislativo, o Executivo e o Judiciário."
>
> "**Art. 60, § 4º, CF/88.** Não será objeto de deliberação a proposta de emenda tendente a abolir:
>
> I - a forma federativa de Estado;
>
> II - o voto direto, secreto, universal e periódico;
>
> **III - a separação dos Poderes;**
>
> IV - os direitos e garantias individuais."
>
> "**Art. 84, CF/88.** Compete privativamente ao Presidente da República:
>
> (...)
>
> II - exercer, com o auxílio dos Ministros de Estado, a **direção superior da administração federal**;
>
> III - **iniciar o processo legislativo**, na forma e nos casos previstos nesta Constituição;
>
> IV - sancionar, promulgar e fazer publicar as leis, bem como **expedir decretos e regulamentos para sua fiel execução;**
>
> (...)"

Esse entendimento foi adotado pelo STF em diversos precedentes, a exemplo das **ADIs 127, 1448 MC, 3394 e 4052**.

Inclusive, na ADI 4052 (j. 04/07/2022), a Min. Rosa Weber (relatora do caso), registrou no seu voto que é *"firme a jurisprudência deste Supremo Tribunal Federal no sentido da incompatibilidade de dispositivos legais que estabeleçam prazos ao Chefe do Poder Executivo para apresentação de projetos de lei e regulamentação de disposições legais, por* ***violação dos arts. 2º e 84, II, da Constituição da República****.*

Consabido competir, com exclusividade, ao Governador de Estado examinar a conveniência e a oportunidade para desempenho das atividades legislativas e regulamentares que lhe são próprias. Assim, ***qualquer norma que imponha prazo certo para prática de tais atos, configura indevida interferência do Poder Legislativo em atividade própria do Poder Executivo*** *e caracteriza intervenção na condução superior da Administração Pública".*

▶ Iniciativa privativa do Tribunal de Contas

Conforme vimos, nos termos do art. 73 c/c o art. 96, II, da CF/88, o TCU possui iniciativa legislativa privativa para determinados temas, dentre os quais, sua organização e funcionamento. E o Supremo Tribunal Federal, na **ADI 4643**, julgada em 15/05/2019, decidiu acertadamente que isso também se aplica, no âmbito dos Estados-membros, aos Tribunais de Contas Estaduais, por força do que dispõe o 75, *caput*, da CF/88, que consubstancia um princípio extensível expresso.

Isso porque é a combinação do art. 73, *caput*, com o art. 96, II, da CF/88 que confere iniciativa legislativa ao TCU, e o art. 75, *caput*, da CF/88 determina que esse regramento seja aplicado aos TCEs no que couber.

"**Art. 73, CF/88.** O Tribunal de Contas da União, integrado por nove Ministros, tem sede no Distrito Federal, quadro próprio de pessoal e jurisdição em todo o território nacional, exercendo, no que couber, as atribuições previstas no art. 96."

"**Art. 96, CF/88.** Compete privativamente:

(...)

II - ao Supremo Tribunal Federal, aos Tribunais Superiores e aos Tribunais de Justiça propor ao Poder Legislativo respectivo, observado o disposto no art. 169:

(...)

d) a alteração da organização e da divisão judiciárias;

(...)"

"**Art. 75, CF/88.** As normas estabelecidas nesta seção aplicam-se, no que couber, à organização, composição e fiscalização dos Tribunais de Contas dos Estados e do Distrito Federal, bem como dos Tribunais e Conselhos de Contas dos Municípios.

Parágrafo único. As Constituições estaduais disporão sobre os Tribunais de Contas respectivos, que serão integrados por sete Conselheiros."

O acórdão do caso recebeu a seguinte ementa:

"(...) 1. A Lei Complementar 142/2011 do Estado do Rio de Janeiro, de origem parlamentar, ao alterar diversos dispositivos da Lei Orgânica do Tribunal de Contas do Estado do Rio de Janeiro, **contrariou o disposto nos artigos 73, 75 e 96, II, d, da Constituição Federal, por dispor sobre forma de atuação, competências, garantias, deveres e organização do Tribunal de Contas estadual, matéria de iniciativa legislativa privativa daquela Corte.** 2. As Cortes de Contas do país, conforme reconhecido pela Constituição de 1988 e por esta Suprema Corte, gozam das prerrogativas da autonomia e do autogoverno, o que inclui, essencialmente, a **iniciativa privativa para instaurar processo legislativo que pretenda alterar sua organização e funcionamento, como resulta da interpretação lógico-sistemática dos artigos 73, 75 e 96, II, d, da Constituição Federal.** Precedentes. (...)" **(ADI 4643/RJ; Relator(a): Min. LUIZ FUX; J. 15/05/2019; Tribunal Pleno)**

Portanto, segundo a CF/88 e o STF (ADI 4643), apenas o próprio Tribunal de Contas (tanto o da União quanto o Estadual) tem iniciativa para proposições legislativas que disciplinem sua organização e funcionamento, sendo inconstitucional norma de iniciativa parlamentar sobre esse tema.

Esse entendimento também foi adotado, por exemplo, na **ADI 5323**, na qual, além de reafirmar o entendimento fixado na ADI 4643, o Supremo Tribunal Federal esclareceu que, quando a matéria é de iniciativa legislativa privativa de um determinado órgão e esse órgão não pode apresentar proposta de emenda constitucional, mas apenas projeto de lei (como é o caso do Tribunal de Contas), essa matéria apenas pode ser disciplinada por meio de lei resultante de processo legislativo instaurado de acordo com a iniciativa reservada do caso, não se admitindo que a questão seja disciplinada por emenda constitucional, pois isso acarretaria a usurpação da iniciativa legislativa privativa prevista na Constituição Federal.

A ementa do acórdão lavrado no caso ficou assim redigida:

> "(...) 1. Na linha da jurisprudência pacífica e reiterada do Supremo Tribunal Federal, **estende-se aos Tribunais de Contas, como corolário das prerrogativas de independência e autonomia asseguradas às Cortes de Contas pela Lei Maior do país (arts. 73 e 75), a reserva de iniciativa para deflagrar o processo legislativo que tenha por objeto alterar a sua organização ou o seu funcionamento (art. 96, II, da Constituição da República). A promulgação de emenda a constituição estadual não constitui meio apto para contornar a cláusula de iniciativa reservada, que se impõe seja diante do texto original seja do resultante de emenda.** A inobservância da regra constitucional de iniciativa legislativa reservada acarreta a inconstitucionalidade formal de norma resultante. Precedentes. (...) 3. **O art. 75, caput, da Constituição da República contempla comando expresso de espelhamento obrigatório, nos Estados, no Distrito Federal e nos Municípios**, do modelo nela estabelecido de controle externo da higidez contábil, financeira e orçamentária dos atos administrativos, sendo materialmente inconstitucional a norma de regência da organização ou funcionamento de Tribunal de Contas estadual divorciada do modelo federal de controle externo das contas públicas. (...)" **(ADI 5323/RN; Relator(a): Min. ROSA WEBER; J. 11/04/2019; Tribunal Pleno)**

Adotando a mesma linha de raciocínio, na **ADI 6986**, julgada em 29/11/2021, o Supremo Tribunal Federal declarou a inconstitucionalidade de emenda constitucional estadual resultante de PEC de iniciativa parlamentar que previa a **sujeição de decisões liminares do respectivo Tribunal de Contas a um controle exercido pela Assembleia Legislativa.** Segundo o STF, uma norma desse teor, além de usurpar a prerrogativa do Tribunal de Contas para iniciar o processo legislativo de normas que tratem do seu funcionamento e organização, viola a autonomia da Corte de Contas, pois cria um controle que não tem previsão na Constituição Federal.

E, também seguindo essa linha de pensamento, o STF (na verdade, a sua 2ª Turma) considerou **inconstitucional uma emenda à Lei Orgânica do Distrito Federal de iniciativa parlamentar que criou uma Procuradoria-Geral na estrutura do Tribunal de Contas do DF**. Como essa norma afetou a organização do Tribunal de Contas, ela deveria ter sido veiculada em lei de iniciativa da própria Corte de Contas (**RE 1023883, 2ª Turma, Rel. Min. EDSON FACHIN, j. 22/11/22**).

É importante registrar que esse entendimento do Supremo Tribunal Federal alcança, inclusive, o Ministério Público junto ao Tribunal de Contas, o qual deve ser disciplinado por lei de iniciativa do Tribunal de Contas respectivo, conforme decidiu o STF no bojo da **ADI 5117.**

Nesse precedente, a Suprema Corte esclareceu que, como a carreira dos Procuradores de Contas não está disciplinada na Constituição Federal (tendo apenas a previsão de sua existência e de algumas prerrogativas nos arts. 73, § 2º, I, e 130 do texto constitucional), ela deve ser tratada por meio de lei de iniciativa do próprio Tribunal de Contas, não podendo ser objeto de tratamento na Constituição via emenda constitucional. Isso porque o Tribunal de Contas não possui iniciativa para proposta de emenda à Constituição, de modo que a veiculação da matéria em norma de natureza constitucional representaria subtrair da Corte de Contas sua prerrogativa de apresentar projetos de lei sobre seu funcionamento, organização e estruturação. Cuida-se do mesmo raciocínio aplicado pelo STF na ADI 5323.

Em resumo, no que diz respeito ao Tribunal de Contas Estadual, a Constituição do Estado deve tão somente reproduzir, por simetria e no que couber, as disposições da Constituição Federal sobre o Tribunal de Contas da União, além das normas específicas sobre os Tribunais de Contas Estaduais contidas também na CF/88. Tudo aquilo que não houver sido disciplinado na Constituição Federal acerca da organização, estrutura e funcionamento dos Tribunais de Contas (tanto os dos Estados quanto o da União) deve ser disciplinado por lei (infraconstitucional) de iniciativa da própria Corte de Contas.

Confira a ementa do acórdão lavrado na ADI 5117:

> "(...) 2. **Os procuradores de contas integram os quadros dos respectivos Tribunais de Contas, estes sim dotados de poder de autogoverno, consubstanciado na prerrogativa de fazer instaurar o processo legislativo concernente à sua organização, à sua estruturação interna, à definição do seu quadro de pessoal e à criação dos cargos respectivos.** (...) 3. A Constituição Federal fixa o número de Ministros do Tribunal de Contas da União (artigo 73, *caput*) e de Conselheiros dos Tribunais de Contas dos Estados e do Distrito Federal (artigo 75, parágrafo único), mas **nada diz a respeito do quantitativo dos procuradores de contas, de forma que a matéria se insere na esfera de autogoverno das Cortes de Contas (artigo 73, caput, c/c o artigo 96, II, b, da Constituição Federal)**. 4. O modelo delineado na Lei Maior para a organização, composição e fiscalização dos Tribunais de Contas é de **observância obrigatória** pelos Estados-membros e pelo Distrito Federal, por força do disposto no artigo 75, *caput*, da Constituição Federal. (...) 4. **A iniciativa do processo legislativo relativo à fixação do número dos procuradores de contas compete privativamente aos respectivos Tribunais de Contas.** (...) 5. A inserção nos textos constitucionais estaduais de **matérias cuja veiculação por lei se submeteria à reserva de iniciativa** de órgãos de quaisquer dos Poderes e do Ministério Público, mormente daqueles que não podem propor emendas constitucionais, lhes subtrai a possibilidade de manifestação e **tolhe suas prerrogativas institucionais, caracterizando burla à formatação constitucional da separação dos Poderes.** (...) 6. In casu, o constituinte derivado decorrente, ao fixar o número de procuradores de contas estaduais no artigo 73, *caput*, da Constituição do Estado do Ceará, com a redação dada pela Emenda Constitucional estadual 77/2013, cerceou a prerrogativa do Tribunal de Contas estadual de deflagrar o processo legislativo relativo à definição do seu quadro de pessoal e à criação dos cargos respectivos, em ofensa ao disposto nos artigos 73, *caput*, in fine, e 75, *caput*, c/c o artigo 96, II, b, da Constituição Federal. (...)" **(ADI 5117/CE; Relator(a): Min. LUIZ FUX; J. 13/12/2019; Tribunal Pleno)**

▶ Possibilidade de emenda parlamentar em projeto de iniciativa privativa

Pode haver emenda do Poder Legislativo em projeto de lei de iniciativa privativa de outro órgão ou pessoa? Admitir livremente emenda parlamentar nesse caso seria como permitir que a vontade de quem iniciou o processo legislativo por prerrogativa exclusiva seja usurpada por uma pessoa a quem a CF/88 não conferiu a legitimidade para deflagrar a produção normativa. Por outro lado, não admitir emenda parlamentar seria como dizer que o Legislativo, nesse caso, é um mero partícipe amorfo do processo legislativo, um partícipe que não pode manifestar a sua vontade, cabendo-lhe, tão somente, a função de carimbador, em verdadeira contramão ao sistema de freios e contrapesos.

Imaginemos, por exemplo, que o Presidente da República proponha projeto de lei sobre servidor público federal para conceder aumento de remuneração, com base no art. 61, § 1º, II, "a" e "c", da CF/88, que prevê a iniciativa privativa do Chefe do Executivo para esse tema. Esse projeto, naturalmente, exige a indicação dos recursos orçamentários para suportar as despesas dele decorrentes.

O Parlamento, por sua vez, faz uma emenda ao projeto, para direcionar a respectiva verba à criação de novos cargos no serviço público federal, sem conceder o aumento previsto e sem aumentar a despesa inicialmente prevista. Isso é possível? **Sim.**

É possível emenda parlamentar a projeto de lei de iniciativa reservada de outro órgão, desde que atendidas duas condições, uma **implícita** e outra **explícita**.

A condição implícita é a **pertinência temática**, isto é, a emenda tem de versar sobre o mesmo tema do projeto original, para que se evite o "contrabando legislativo" (expressão já utilizada pelo STF, que significa a inserção de emenda parlamentar sobre matéria estranha ao projeto). A condição explícita é o **não aumento da despesa** prevista no projeto original (art. 63, I, da CF/88), justamente porque não compete ao Legislativo criar despesa em orçamento cuja gestão não lhe compete.

> "**Art. 63, CF/88.** Não será admitido aumento da despesa prevista:
>
> I - nos projetos de iniciativa exclusiva do Presidente da República, ressalvado o disposto no art. 166, § 3º e § 4º;
>
> II - nos projetos sobre organização dos serviços administrativos da Câmara dos Deputados, do Senado Federal, dos Tribunais Federais e do Ministério Público."

No exemplo dado, o assunto tratado pela emenda parlamentar é o mesmo (servidor público) e não houve aumento de despesa, de modo que a emenda é admissível.

É importante que fique claro que, embora o art. 63, I, da CF/88, ao vedar emenda parlamentar que acarrete aumento de despesa em proposições de iniciativa privativa, refira-se apenas aos projetos apresentados pelo Presidente da República, **essa restrição, segundo o Supremo Tribunal Federal, aplica-se a qualquer hipótese de iniciativa legislativa reservada**, independentemente do órgão ao qual ela se refira (em outras palavras: pouco importa qual é o órgão detentor da reserva de iniciativa em cada caso, as emendas parlamentares ao projeto de lei apresentado deverão observar a exigência do art. 63, I, da CF/88).

O regramento constitucional das emendas parlamentares em projetos de iniciativa privativa (permitindo que elas sejam apresentadas, mas com limitações) faz com que o Poder Legislativo não se limite a ser mero carimbador de projetos que não são seus e impede que ele se torne usurpador da vontade de outro Poder.

Os requisitos para que projetos de iniciativa privativa sofram emendas parlamentares já foram afirmados expressamente pelo STF em diversos precedentes, a exemplo dos seguintes:

> "(...) 1. Este Supremo Tribunal Federal possui jurisprudência pacífica e dominante no sentido de que **a possibilidade de emendas parlamentares aos projetos de lei de iniciativa reservada ao Chefe do Poder Executivo, aos tribunais, ao Ministério Público, dentre outros, encontra duas limitações constitucionais, quais sejam: (i) não importarem aumento de despesa e; (ii) manterem**

> **pertinência temática com o objeto do projeto de lei.** Nesse sentido: ADI 1.050-MC, Rel. Min. Celso de Mello; ADI 1.333, Rel. Min. Cármen Lúcia; ADI 2.569, Rel. Min. Carlos Velloso. (...)" **(ADI 4062, Pleno, Rel. Min. ROBERTO BARROSO, j. 23/08/2019)**
>
> "(...) 1. Na linha dos precedentes desta Suprema Corte **"conflita com a Constituição Federal introduzir, em projeto de iniciativa de outro Poder, alteração a implicar aumento de despesas – artigo 63, inciso I, da Lei Maior"** (ADI 4759, Rel. Min. Marco Aurélio, DJe de 29.10.2018). (...)" **(ADI 6091, Pleno, Rel. Min. DIAS TOFFOLI, j. 29/05/2023)**

Esses requisitos foram afirmados pelo STF até mesmo no sistema de repercussão geral, o que ocorreu no RE 745811 (**Tema de Repercussão Geral nº 686**, j. 17/10/2013), no qual foi fixada a tese segundo a qual "*são formalmente inconstitucionais emendas parlamentares que impliquem aumento de despesa em projeto de lei de iniciativa reservada do Chefe do Poder Executivo (art. 63, I, da CF)*".

Há, no entanto, um caso de projeto de lei de iniciativa privativa do Chefe do Executivo no qual se admite emenda parlamentar que acarrete aumento da despesa prevista no texto original. Trata-se do projeto de lei atinente ao orçamento (tanto o projeto de lei orçamentária anual quanto o projeto de lei de diretrizes orçamentárias). Mas, nessa hipótese, os requisitos para que tal emenda seja possível são diferentes, conforme consta da tabela abaixo, nos termos do que dispõem os §§ 3º, 4º e 6º do art. 166 da CF/88.

EMENDAS PARLAMENTARES EM PROJETOS DE LEI RELATIVOS AO ORÇAMENTO: REQUISITOS PARA QUE POSSAM ACARRETAR AUMENTO DE DESPESA	
Projeto de LOA ou projeto de lei que modifique a LOA (art. 166, § 3º, CF/88)	**Projeto de LDO (art. 166, § 4º, CF/88)**
1) A emenda deve ser **compatível com o PPA e com a LDO**; **2)** A emenda deve **indicar os recursos necessários** para fazer frente ao aumento de despesa que acarreta; **3)** A emenda deve dizer respeito a dispositivos do projeto original ou a correção de erros ou omissões, isto é, deve ter **pertinência com o projeto original**.	**1)** A emenda deve ser **compatível com o PPA**.

> "**Art. 166, CF/88.** Os projetos de lei relativos ao plano plurianual, às diretrizes orçamentárias, ao orçamento anual e aos créditos adicionais serão apreciados pelas duas Casas do Congresso Nacional, na forma do regimento comum.
>
> (...)
>
> **§ 2º** As emendas serão apresentadas na Comissão mista, que sobre elas emitirá parecer, e apreciadas, na forma regimental, pelo Plenário das duas Casas do Congresso Nacional.
>
> **§ 3º** As emendas ao projeto de lei do orçamento anual ou aos projetos que o modifiquem somente podem ser aprovadas caso:

I - sejam compatíveis com o plano plurianual e com a lei de diretrizes orçamentárias;

II - indiquem os recursos necessários, admitidos apenas os provenientes de anulação de despesa, excluídas as que incidam sobre:

a) dotações para pessoal e seus encargos;

b) serviço da dívida;

c) transferências tributárias constitucionais para Estados, Municípios e Distrito Federal; ou

III - sejam relacionadas:

a) com a correção de erros ou omissões; ou

b) com os dispositivos do texto do projeto de lei.

§ 4º As emendas ao projeto de lei de diretrizes orçamentárias não poderão ser aprovadas quando incompatíveis com o plano plurianual.

§ 5º O Presidente da República poderá enviar mensagem ao Congresso Nacional para propor modificação nos projetos a que se refere este artigo enquanto não iniciada a votação, na Comissão mista, da parte cuja alteração é proposta.

§ 6º Os projetos de lei do plano plurianual, das diretrizes orçamentárias e do orçamento anual serão enviados pelo Presidente da República ao Congresso Nacional, nos termos da lei complementar a que se refere o art. 165, § 9º.

(...)"

É importante registrar que, segundo entende o STF, caso haja emenda parlamentar a projeto de lei de iniciativa privativa de outro órgão e essa emenda seja feita sem observar os seus requisitos constitucionais (os quais vimos acima), a sanção do Chefe do Executivo não tem o poder de convalidar esse vício de inconstitucionalidade formal. Assim decidiu a Corte, por exemplo, na **ADI 1050**, julgada em 01/08/2018.

Portanto, de acordo com o STF, assim como a sanção do Executivo não tem o poder de convalidar eventual vício de iniciativa, ela também não é apta a convalidar vício existente em emenda parlamentar a projeto de lei de iniciativa privativa de outro órgão.

Outro detalhe da jurisprudência do Supremo Tribunal Federal que merece registro é o fato de que a Corte possui precedente no qual rotulou como **vício de iniciativa** o vício decorrente de emenda parlamentar a projeto de lei de iniciativa privativa de outro órgão na qual não houve a observância dos requisitos constitucionais.

Isso ocorreu, por exemplo, na **ADI 4433**, julgada em 18/06/2015. Na ementa desse julgado, o vício decorrente de emenda parlamentar violadora dos requisitos constitucionais foi expressamente chamado de vício de iniciativa. Confira:

"(...) 1. Segundo a jurisprudência reiterada desta Suprema Corte, **embora o poder de apresentar emendas alcance matérias de iniciativa privativa do Chefe do Poder Executivo**, são inconstitucionais as alterações assim efetuadas quando resultem em aumento de despesa, ante a expressa vedação contida no art. 63, I, da Constituição da República, bem como quando desprovidas de pertinência material com o objeto original da iniciativa normativa submetida a cláusula de reserva. (...) 2. Inconstitucionalidade formal do art. 3º da Lei nº 15.215/2010 do Estado de Santa Catarina, por **vício de iniciativa**. (...)" **(ADI 4433, Pleno, Rel. Min. ROSA WEBER, j. 18/06/2015)**

É importante perceber que o vício verificado em uma emenda parlamentar não ocorre na fase de iniciativa do processo legislativo, mas sim na sua fase constitutiva. Além disso, trata-se de um vício que viola normas constitucionais relativas às formalidades que devem ser observadas na tramitação dos projetos de lei. Por esses motivos, parece que, tecnicamente, o correto seria classificar esse vício como uma inconstitucionalidade formal propriamente dita **objetiva**, e não como um vício de iniciativa, que é uma inconstitucionalidade formal propriamente dita **subjetiva**.

Porém, o fato é que o Supremo Tribunal Federal enquadrou essa inconstitucionalidade como um **vício de iniciativa**.

E, para fins de provas de concursos, é extremamente importante ter conhecimento disso, pois esse entendimento do STF já foi objeto de questionamento. Por exemplo, na prova objetiva do concurso para o cargo de Procurador do Estado de Rondônia realizado pelo CESPE em 2022, foi considerada correta a assertiva segundo a qual uma lei de iniciativa privativa do Chefe do Executivo em cuja tramitação houve emenda parlamentar aumentando a despesa inicialmente prevista é *"formalmente inconstitucional, haja vista o* ***vício de iniciativa****"*. Como se pode perceber, a banca, nesse caso, seguiu a classificação adotada pelo STF na ADI 4433.

Iniciativa legislativa nos âmbitos estadual e municipal

As regras da CF/88 sobre iniciativa legislativa devem ser observadas pelos Estados e Municípios em relação aos seus processos legislativos? Em outras palavras, as hipóteses de iniciativa reservada e de iniciativa geral contidas no texto da Constituição Federal devem ser observadas nas Constituições dos Estados e nas Leis Orgânicas dos Municípios ou essas entidades federativas podem disciplinar essa questão livremente, como julgarem mais adequado?

O STF entende que as normas gerais sobre processo legislativo previstas na CF/88 se submetem ao **princípio da simetria**, ou seja, elas são de observância obrigatória pelos Estados e Municípios. Esse entendimento não se aplica às normas específicas, mas apenas às normas **gerais** sobre processo legislativo, e, dentre essas normas gerais, encontram-se todas as normas sobre iniciativa legislativa (tanto as que estabelecem iniciativa geral quanto as que estabelecem iniciativa reservada).

Inclusive, é por conta da aplicação da simetria nessa matéria que o STF julga inconstitucionais leis estaduais de iniciativa parlamentar que não tenham observado as reservas de iniciativa do Chefe do Executivo previstas na CF/88, como é o caso de leis que tratam de atribuições de órgãos e entidades da Administração Pública, tema que, nos termos do art. 61, § 1º, II, "e", da CF/88, submete-se à iniciativa privativa do Poder Executivo.

Confira o seguinte precedente nesse sentido:

> "(...) 4. **A iniciativa das leis que estabeleçam as atribuições dos órgãos pertencentes à estrutura administrativa da respectiva unidade federativa compete aos Governadores dos Estados-membros, à luz dos artigos 61, § 1º, II, e; e 84, VI, a, da Constituição Federal, que constitui norma de observância obrigatória pelos demais entes federados, em respeito ao princípio da simetria.** (...) 5. In casu, os artigos 1º, 2º, 6º, 8º, 10, 11 e 12 da Lei 15.171/2010 do Estado de Santa Catarina, de origem parlamentar, tanto em sua redação original quanto na redação dada pela Lei estadual 16.622/2015, disciplinaram obrigações

> contratuais relativas a seguros de veículos, estabeleceram regras quanto ao registro, desmonte e comercialização de veículos sinistrados e **criaram atribuições para o órgão de trânsito estadual**, invadindo a competência privativa da União para legislar sobre Direito Civil, seguros, trânsito e transporte (artigo 22, I, VII e XI, da Constituição Federal) e **usurpando a iniciativa do chefe do Poder Executivo para criar atribuições para os órgãos da administração estadual** (artigos 61, § 1º, II, e; e 84, VI, a, da Constituição Federal). (...)" **(ADI 4704/DF; Relator(a): Min. LUIZ FUX; J. 21/03/2019; Tribunal Pleno)**

É extremamente importante registrar, no entanto, que existe **uma única norma sobre iniciativa legislativa que, segundo o STF, não é norma geral de processo legislativo**, mas sim norma especial e, por isso, **não se aplica obrigatoriamente aos Estados e aos Municípios, ficando fora da simetria**. Trata-se do art. 61, § 1º, II, "b", da CF/88, segundo o qual, são de iniciativa privativa do Presidente da República as leis que disponham sobre organização administrativa e judiciária, matéria tributária e orçamentária, serviços públicos e pessoal da administração dos Territórios. Essa disposição constitucional, por ser específica para os Territórios, aplica-se apenas a eles, não alcançando nenhuma das entidades federativas (tanto os Estados e os Municípios quanto à própria União, naquilo que não diz respeito aos seus Territórios). Logo, por exemplo, matéria tributária não é de iniciativa privativa nos Estados e nos Municípios (nem tampouco na União). Todas as demais normas sobre iniciativa (seja ela geral ou reservada) são normas gerais de processo legislativo e se submetem à simetria.

A razão de essas questões relacionadas aos Territórios serem de iniciativa legislativa privativa do Presidente da República é o fato de que os Territórios são entidades de natureza autárquica (autarquias territoriais) integrantes da Administração federal. Consequentemente, como se trata de matéria que afeta a Administração Pública, a Constituição reservou a iniciativa ao Chefe do Poder Executivo respectivo. É possível perceber, assim, que não haveria motivo lógico para estabelecer a aplicação dessas disposições aos Estados e aos Municípios, porque não há previsão constitucional de criação de Territórios em âmbito estadual ou municipal.

Nesse sentido, confira o seguinte precedente da nossa Suprema Corte:

> "(...) 1. **Não ofende o art. 61, § 1º, II, b da Constituição Federal lei oriunda de projeto elaborado na Assembléia Legislativa estadual que trate sobre matéria tributária, uma vez que a aplicação deste dispositivo está circunscrita às iniciativas privativas do Chefe do Poder Executivo Federal na órbita exclusiva dos territórios federais.** (...) A reserva de iniciativa prevista no art. 165, II da Carta Magna, por referir-se a normas concernentes às diretrizes orçamentárias, não se aplica a normas que tratam de direito tributário, como são aquelas que concedem benefícios fiscais. (...)" **(ADI 2464/AP; Relator(a): Min. ELLEN GRACIE; J. 11/04/2007; Tribunal Pleno)**

O tema do processo legislativo é sempre cobrado em provas. Por exemplo, no concurso para o cargo de Procurador do Estado de Sergipe realizado pelo CESPE em 2017, foi proposta uma questão cujo enunciado se referiu a uma situação ocorrida em âmbito estadual na qual o respectivo Governador encaminhou à Assembleia Legislativa um projeto de lei sobre criação de cargos na Administração estadual e suas respectivas remunerações, tendo esse projeto sofrido emenda parlamentar durante sua tramitação. A assertiva considerada correta foi a que afirmava que a lei sancionada ao fim desse processo legislativo será *"formalmente constitucional, desde que as emendas não tenham gerado aumento de despesa"*. Como vimos, a regra é que emendas parlamentares em projetos de iniciativa privativa apenas são admitidas se tiverem pertinência temática e não acarretarem aumento da despesa inicialmente prevista.

Como se pode perceber, nessa questão, a banca examinadora exigiu conhecimento sobre as hipóteses de iniciativa reservada previstas na CF/88, as condições constitucionais para que sejam feitas emendas parlamentares nesses casos e a aplicação da simetria às normas gerais sobre processo legislativo (as quais, como vimos, englobam as normas que tratam de iniciativa legislativa).

→ *Simetria nas matérias reservadas a lei complementar*

Aproveitando o contexto do tema, é importante registrar que, também com fundamento na sujeição das normas gerais de processo legislativo ao princípio da simetria, o Supremo Tribunal Federal entende que as Constituições Estaduais não podem exigir lei complementar para disciplinar, em âmbito estadual, matérias que a Constituição Federal não elencou como próprias dessa espécie normativa **(ADI 5003, j. 05/12/2019; ADI 2872, j. 01/08/2011)**. Em outras palavras: segundo o STF, as hipóteses de matérias reservadas a lei complementar na CF/88 submetem-se ao princípio da simetria, sendo, portanto, de reprodução obrigatória no âmbito dos Estados e Municípios, de modo que normas locais não podem ampliar (ou restringir) os casos em que essa espécie normativa (a lei complementar) deve ser utilizada.

Os precedentes mencionados acima receberam as seguintes ementas:

> "(...) 1. A lei complementar, conquanto não goze, no ordenamento jurídico nacional, de posição hierárquica superior àquela ocupada pela lei ordinária, pressupõe a adoção de processo legislativo qualificado, cujo quórum para a aprovação demanda maioria absoluta, ex vi do artigo 69 da CRFB. 2. A criação de reserva de lei complementar, com o fito de mitigar a influência das maiorias parlamentares circunstanciais no processo legislativo referente a determinadas matérias, decorre de juízo de ponderação específico realizado pelo texto constitucional, fruto do sopesamento entre o princípio democrático, de um lado, e a previsibilidade e confiabilidade necessárias à adequada normatização de questões de especial relevância econômica, social ou política, de outro. (...) 4. **A ampliação da reserva de lei complementar, para além daquelas hipóteses demandadas no texto constitucional, portanto, restringe indevidamente o arranjo democrático-representativo desenhado pela Constituição Federal**, ao permitir que Legislador estadual crie, por meio do exercício do seu poder constituinte decorrente, óbices procedimentais – como é o quórum qualificado – para a discussão de matérias estranhas ao seu interesse ou cujo processo legislativo, pelo seu objeto, deva ser mais célere ou responsivo aos ânimos populares. 5. In casu, **são inconstitucionais os dispositivos ora impugnados, que demandam edição de lei complementar para o tratamento (i) do regime jurídico único dos servidores estaduais e diretrizes para a elaboração de planos de carreira; (ii) da organização da Polícia Militar e do Corpo de Bombeiros Militar e do regime jurídico de seus servidores; (iii) da organização do sistema estadual de educação;**

> **e (iv) do plebiscito e do referendo – matérias para as quais a Constituição Federal não demandou tal espécie normativa.** (...)" **(ADI 5003/SC; Relator(a): Min. LUIZ FUX; J. 05/12/2019; Tribunal Pleno)**
>
> "(...) **I – A inconstitucionalidade dos preceitos impugnados decorre da violação ao princípio da simetria, uma vez que a Constituição do Estado do Piauí exige a edição de Lei Complementar para o tratamento de matérias em relação às quais a Constituição Federal prevê o processo legislativo ordinário.** II – A jurisprudência reiterada desta Corte é no sentido de que o Estado-membro, em tema de processo legislativo, deve observância cogente à sistemática ditada pela Constituição Federal. Precedentes. (...)" **(ADI 2872/PI; Relator(a): Min. EROS GRAU; Relator(a) p/ Acórdão: Min. RICARDO LEWANDOWSKI; J. 01/08/2011; Tribunal Pleno)**

→ *Simetria no processo legislativo das leis orçamentárias*

Conforme vimos, o Supremo Tribunal Federal possui entendimento pacificado no sentido de que as normas básicas de processo legislativo se submetem à simetria, de modo que os Estados e os Municípios devem obrigatoriamente observar, nos seus processos legislativos, as regras básicas contidas na Constituição Federal para o processo legislativo federal.

E, segundo decidiu o STF na **ADI 6308** (j. 06/06/2022), que teve como objeto normas da Constituição do Estado de Roraima, essa simetria se aplica até mesmo às normas da Constituição Federal que disciplinam o processo legislativo orçamentário, abrangendo, inclusive, as regras sobre os limites das emendas parlamentares impositivas, que são uma figura introduzida na CF/88 (art. 166, §§ 9º, 9º-A, 11 e 12) pelas ECs 86/2015 (que deu caráter impositivo a emendas parlamentares individuais) e 100/2019 (que deu caráter impositivo a emendas parlamentares coletivas, que são aquelas apresentadas por bancadas de Parlamentares), com posteriores alterações realizadas pela EC 126/2022 (que alterou a redação dos §§ 9º e 11 do art. 166 da CF/88 e nele incluiu o § 9º-A).

Como consequência disso, são inconstitucionais normas de Constituições Estaduais que inobservem os preceitos da Constituição Federal sobre o processo legislativo das leis relativas ao orçamento, como é o caso das disposições locais que tenham criado em âmbito estadual a figura das emendas impositivas antes mesmo de sua previsão na CF/88 (o que se deu pelas ECs 86/2015 e 100/2019) ou que estabeleçam, para essas emendas parlamentares, limites diversos dos previstos na Constituição Federal.

A Corte esclareceu, ainda, que o fato de as ECs 86/2015 e 100/2019 terem, em momento posterior, introduzido a figura das emendas parlamentares impositivas não faz com que as normas estaduais em questão se tornem válidas, pois **não se admite, no nosso sistema jurídico, o fenômeno da constitucionalidade superveniente**, conforme já estudamos no capítulo sobre controle de constitucionalidade.

O acórdão do caso ficou redigido nos seguintes termos:

> "(...) A figura das emendas parlamentares impositivas em matéria de orçamento público, tanto individuais como coletivas, foi **introduzida no Estado de Roraima antes de sua previsão no plano federal,** que só ocorreu com as ECs nº 86/2015 e 100/2019. (...) **Inexistência de constitucionalidade superveniente no Direito brasileiro.** (...) Não bastasse isso, apesar de a Constituição Federal ter passado

> a prever as emendas parlamentares impositivas em matéria orçamentária, **fixou limites diferentes** daqueles que haviam sido adotados pelo Estado de Roraima. **As normas da CF/1988 sobre o processo legislativo das leis orçamentárias são de reprodução obrigatória pelo constituinte estadual**. Aplicabilidade do princípio da simetria na espécie. (...)" **(ADI 6308, Rel. Min. ROBERTO BARROSO, j. 06/06/2022, Pleno)**

Na **ADI 5274**, julgada em 19/10/2021, o mesmo entendimento foi aplicado pelo STF, dessa vez, em relação a disposições da Constituição do Estado de Santa Catarina. A Corte, inclusive, reiterou que o fato de as ECs 86/2015 e 100/2019 terem, de forma superveniente, introduzido a previsão das emendas parlamentares impositivas no texto da CF/88 não torna válidas as normas estaduais impugnadas, haja vista estas serem anteriores a elas e não existir o fenômeno da constitucionalidade superveniente no ordenamento jurídico brasileiro (isso afasta qualquer dúvida que possa existir quanto à possibilidade ou não de constitucionalização superveniente de normas no Brasil).

Esse entendimento, aliás, já havia sido reafirmado pelo STF na **ADI 6670**, julgada em 30/08/2021, oportunidade em que a Corte declarou a inconstitucionalidade de disposição da Constituição do Estado de Rondônia que previa limites para as emendas parlamentares impositivas em percentuais diversos dos estabelecidos na Constituição Federal. No caso, a norma estadual permitia que essas emendas contemplassem valores destinados às ações e serviços públicos de saúde em patamar inferior ao assegurado pela CF/88 em seu art. 166, §§ 9º, 11 e 12, violando, portanto, a simetria com o processo legislativo orçamentário delineado na Constituição Federal.

Para ilustrar a questão, confira o teor do art. 166, §§ 9º, 11 e 12, da CF/88 na **redação anterior à EC 126/2022** (que estava em vigor quando do julgamento dos precedentes mencionados acima):

> **"Art. 166, CF/88.**
>
> (...)
>
> **§ 9º** As emendas individuais ao projeto de lei orçamentária serão aprovadas no limite de 1,2% (um inteiro e dois décimos por cento) da receita corrente líquida prevista no projeto encaminhado pelo Poder Executivo, sendo que a metade deste percentual será destinada a ações e serviços públicos de saúde.
>
> (...)
>
> **§ 11.** É obrigatória a execução orçamentária e financeira das programações a que se refere o § 9º deste artigo, em montante correspondente a 1,2% (um inteiro e dois décimos por cento) da receita corrente líquida realizada no exercício anterior, conforme os critérios para a execução equitativa da programação definidos na lei complementar prevista no § 9º do art. 165.
>
> **§ 12.** A garantia de execução de que trata o § 11 deste artigo aplica-se também às programações incluídas por todas as emendas de iniciativa de bancada de parlamentares de Estado ou do Distrito Federal, no montante de até 1% (um por cento) da receita corrente líquida realizada no exercício anterior.
>
> (...)"

Agora, veja a **atual redação** dos §§ 9º e 11 do art. 166 da CF/88 (que foram alterados pela EC 126/2022), bem como a do § 9º-A desse mesmo artigo (que foi acrescentado pela EC 126/2022):

> "**Art. 166, CF/88.**
>
> (...)
>
> **§ 9º** As emendas individuais ao projeto de lei orçamentária serão aprovadas no limite de 2% (dois por cento) da receita corrente líquida do exercício anterior ao do encaminhamento do projeto, observado que a metade desse percentual será destinada a ações e serviços públicos de saúde. ***(Redação dada pela EC 126/2022)***
>
> **§ 9º-A** Do limite a que se refere o § 9º deste artigo, 1,55% (um inteiro e cinquenta e cinco centésimos por cento) caberá às emendas de Deputados e 0,45% (quarenta e cinco centésimos por cento) às de Senadores. ***(Incluído pela EC 126/2022)***
>
> (...)
>
> **§ 11.** É obrigatória a execução orçamentária e financeira das programações oriundas de emendas individuais, em montante correspondente ao limite a que se refere o § 9º deste artigo, conforme os critérios para a execução equitativa da programação definidos na lei complementar prevista no § 9º do art. 165 desta Constituição, observado o disposto no § 9º-A deste artigo. ***(Redação dada pela EC 126/2022)***
>
> (...)"

Quanto ao § 12 do art. 166 da CF/88, ele não sofreu alteração pela EC 126/2022, de modo que a sua redação continua igual à que se encontrava em vigor antes dessa emenda.

A propósito, é importante que fique claro que o fato de a EC 126/2022 ter modificado a redação dos dispositivos mencionados acima não altera o entendimento do Supremo Tribunal Federal (que vimos acima) no sentido de que as normas constitucionais sobre o processo legislativo orçamentário, inclusive, as que tratam das emendas parlamentares impositivas, devem ser obrigatoriamente observadas nos âmbitos estadual e municipal.

Por fim, é interessante registrar que, nas ADIs 6308, 6670 e 5274, o STF entendeu que as normas estaduais impugnadas eram inconstitucionais não apenas por desrespeitarem a simetria com o processo legislativo orçamentário, mas também porque consubstanciavam normas gerais de direito financeiro, que, nos termos do art. 24, I e § 1º, da CF/88, são de competência legislativa da União (no âmbito da competência legislativa concorrente), não podendo os Estados usurpar essa competência para dispor de forma diversa da já disciplinada em norma federal.

> "**Art. 24, CF/88.** Compete à União, aos Estados e ao Distrito Federal legislar concorrentemente sobre:
>
> I - direito tributário, **financeiro**, penitenciário, econômico e urbanístico;
>
> (...)
>
> **§ 1º** No âmbito da legislação concorrente, a competência da União limitar-se-á a estabelecer **normas gerais**.
>
> (...)"

■ FASE CONSTITUTIVA

A fase constitutiva do procedimento legislativo ordinário é formada pelas seguintes etapas:

a) Deliberação;

b) Votação; e

c) Sanção ou veto.

▶ Deliberação e votação

A **deliberação** é a discussão, enquanto a **votação** é o escrutínio. Em outras palavras, o ato que sujeita a proposição legislativa a discussão é chamado de deliberação, enquanto o ato que sujeita a propositura legislativa a escrutínio é chamado de votação.

As etapas de deliberação e votação relacionam-se intimamente com os conceitos de maioria e quórum, que são expressões comumente tratadas como sinônimas, não obstante, tecnicamente, não signifiquem a mesma coisa. A diferenciação entre elas não costuma ser feita pelos trabalhos doutrinários no Brasil, mas a doutrina germânica se debruça sobre a questão e esclarece as distinções existentes.

Quórum é o número mínimo para que a sessão seja instalada, ou seja, é a quantidade de presentes abaixo da qual não se admite a instalação da sessão. O quórum exigido pela CF/88 no processo legislativo é invariável (é sempre o mesmo) e está previsto no art. 47, parte final, que exige a presença da maioria absoluta da Casa Legislativa ou da comissão para que a sessão possa ocorrer.

> "**Art. 47, CF/88.** Salvo disposição constitucional em contrário, as deliberações de cada Casa e de suas Comissões serão tomadas por maioria dos votos, **presente a maioria absoluta de seus membros**."

Maioria não é o mesmo que metade mais um. Na verdade, maioria é o primeiro número inteiro após a metade. Esse é o significado de maioria em sentido matemático. Quando a CF/88 exige maioria absoluta dos membros, significa o primeiro número inteiro após a metade do número de Parlamentares integrantes da Casa, pouco importando, para a apuração desse número, a quantidade de presentes na sessão.

Logo, considerando que, segundo o art. 47 da CF/88, o quórum (número mínimo de presentes para a instalação da sessão) é a maioria absoluta da Casa, na Câmara, ele é de 257 Deputados, enquanto, no Senado, de 41 Senadores.

Maioria, por sua vez, é o **número mínimo para que a matéria seja aprovada**. Quando se fala em maioria, significa que a sessão já foi iniciada (portanto, havia quórum para isso), passando a questão a ser aprovar ou não a matéria. Enquanto o quórum é sempre o mesmo (a maioria absoluta dos membros da Casa Legislativa), a maioria pode variar, a depender do tipo de propositura submetida a deliberação.

A maioria pode ser **simples** ou **qualificada**, e a qualificada pode ser absoluta, de 2/3 ou de 3/5.

A maioria **simples** (ou relativa) nada mais é do que a maioria dos votos dos presentes. Ela é a regra, como previsto no art. 47 da CF/88, que vimos acima. Tendo em vista que essa maioria é calculada a partir do número de presentes, ela varia a cada sessão.

A maioria qualificada **absoluta** é a maioria dos membros da Casa Legislativa e está prevista no art. 69 da CF/88. Ela é aplicável às leis complementares. Portanto, quando se trata de um projeto de lei complementar, a sessão só pode ser instalada mediante a presença da maioria absoluta dos integrantes da Casa e a matéria só é aprovada mediante os votos também da maioria absoluta dos integrantes da Casa.

> "**Art. 69, CF/88.** As leis complementares serão aprovadas por maioria absoluta."

A maioria qualificada de **2/3** é exigida pela Constituição para a suspensão de imunidades parlamentares durante o estado de sítio em relação a atos praticados fora do recinto do Parlamento e que sejam incompatíveis com a medida excepcional decretada (art. 53, § 8º, CF/88).

> "**Art. 53, § 8º, CF/88.** As imunidades de Deputados ou Senadores subsistirão durante o estado de sítio, só podendo ser suspensas mediante o voto de dois terços dos membros da Casa respectiva, nos casos de atos praticados fora do recinto do Congresso Nacional, que sejam incompatíveis com a execução da medida."

A maioria qualificada de **3/5**, por sua vez, é exigida pelo texto constitucional para a aprovação de propostas de emenda constitucional (art. 60, § 2º, CF/88).

> "**Art. 60, § 2º, CF/88.** A proposta será discutida e votada em cada Casa do Congresso Nacional, em dois turnos, considerando-se aprovada se obtiver, em ambos, três quintos dos votos dos respectivos membros."

Resumindo:

I) A maioria simples (ou relativa) é o primeiro número inteiro após a metade, tomando-se como referência o número de membros presentes na sessão. Portanto, ela varia, a depender do número de pessoas participantes do ato.

II) A maioria qualificada é sempre calculada sobre o número de membros do órgão (e não sobre o número de presentes), podendo corresponder a:

- **a.** O primeiro número inteiro após a metade dos membros do órgão, no caso da maioria absoluta.
- **b.** O equivalente a 2/3 dos membros do órgão ou o primeiro número inteiro a partir dessa fração (se a fração não for um número inteiro), no caso da maioria qualificada de 2/3.
- **c.** O equivalente a 3/5 dos membros do órgão ou o primeiro número inteiro a partir dessa fração (se a fração não for um número inteiro), no caso da maioria qualificada de 3/5.

Importante lembrar que, conforme vimos anteriormente, a sanção ou a rejeição do veto pelo Parlamento é o momento em que o projeto de lei se converte em lei, como decorre da interpretação dos §§ 1º e 7º do art. 66 da CF/88.

O veto apenas pode ter como objeto texto integral de artigo, parágrafo, inciso ou alínea, não podendo se limitar, por exemplo, a apenas uma palavra, conforme estabelece o art. 66, § 2º, da CF/88. Isso significa que **não se aplica ao veto presidencial o princípio da parcelaridade**.

Portanto, ainda que o veto do Poder Executivo se fundamente na inconstitucionalidade da proposição legislativa, ele não pode atingir apenas uma palavra ou expressão do projeto, devendo, necessariamente, englobar o texto integral do artigo, inciso, alínea ou parágrafo.

No controle de constitucionalidade, por outro lado, a situação é diferente, pois, quando o Poder Judiciário declara uma inconstitucionalidade, pode fazer isso em relação a uma única palavra ou expressão da norma impugnada, não havendo obrigatoriedade de se reconhecer o vício em todo o dispositivo analisado. Ou seja, no controle de constitucionalidade, admite-se o princípio da parcelaridade.

Nesse sentido, a banca VUNESP, no concurso para o cargo de Procurador do Município de São José dos Campos/SP realizado em 2017, considerou incorreta a assertiva que afirmava que *"o veto pode ser total ou parcial, podendo este se dar sobre texto integral de artigo, parágrafo, inciso, alínea ou palavra"*. Como acabamos de ver, segundo o art. 66, § 2º, da CF/88, não se aplica o princípio da parcelaridade ao veto, de modo que ele não pode incidir sobre uma palavra ou expressão isolada da proposição legislativa, devendo se referir, sempre, a texto integral de *caput*, parágrafo, inciso ou alínea (ou mesmo ao artigo completo).

> **"Art. 66, § 2º, CF/88.** O veto parcial somente abrangerá texto integral de artigo, de parágrafo, de inciso ou de alínea."

A sanção do projeto de lei pode ser expressa ou tácita. Ela será expressa quando o Presidente da República expressamente disser que concorda com a proposição legislativa, e será tácita quando ele não se manifestar a respeito dentro do prazo de 15 (quinze) dias úteis, conforme consta do art. 66, §§ 1º e 3º, da CF/88. O veto, por outro lado, só pode ser expresso, pois, na hipótese de silêncio do Chefe do Executivo, a consequência será a sanção do projeto, e não a sua rejeição.

> ***"Art. 66, CF/88.*** (...)
>
> ***§ 1º*** Se o Presidente da República considerar o projeto, no todo ou em parte, inconstitucional ou contrário ao interesse público, vetá-lo-á total ou parcialmente, no prazo de quinze dias úteis, contados da data do recebimento, e comunicará, dentro de quarenta e oito horas, ao Presidente do Senado Federal os motivos do veto.
>
> (...)
>
> ***§ 3º*** Decorrido o prazo de quinze dias, o silêncio do Presidente da República importará sanção."

Segundo o art. 66, § 1º, da CF/88, o Presidente da República pode vetar o projeto, total ou parcialmente, por considerá-lo contrário ao interesse público ou por considerá-lo inconstitucional. Desse dispositivo são extraídas **duas classificações do veto**, uma considerando um critério formal e outra, um critério material.

Pelo critério **formal**, o veto pode ser **total** ou **parcial**, pois a CF/88 permite que o projeto seja vetado **no todo** (veto que abrange todo o projeto) ou **em parte** (veto que abrange apenas uma parte do projeto, podendo ser um artigo, um parágrafo, um inciso ou, no mínimo, uma alínea).

Já pelo critério **material**, o veto pode ser **jurídico** ou **político**. O veto jurídico é o veto por inconstitucionalidade (que é motivo jurídico), enquanto o veto político é o veto por contrariedade ao interesse público (que é motivo político). O veto jurídico é uma hipótese de **controle de constitucionalidade político preventivo**, pois envolve um cotejo entre a proposição legislativa e a Constituição e é exercido pelo Chefe do Executivo (órgão estranho ao Poder Judiciário) em momento anterior à existência da norma no ordenamento jurídico (nesse momento, o que se tem é ainda um mero projeto).

A esse respeito, no concurso para o cargo de Procurador do Município de São José dos Campos/SP realizado em 2017, a VUNESP considerou incorreta a assertiva segundo a qual *"o veto caracteriza-se por ser sempre expresso, mas nem sempre precisa ser motivado, que se dá no caso de veto político, no qual há evidente contrariedade ao interesse público"*. Como vimos, de fato, o veto deve ser sempre expresso, mas a Constituição Federal não prevê a possibilidade de veto imotivado, exigindo que as razões de vetar (sejam elas políticas ou jurídicas) sejam sempre comunicadas ao Presidente do Senado Federal, comunicação essa que deve ocorrer dentro do prazo de 48 (quarenta e oito) horas, conforme estabelece o art. 66, § 1º, da CF/88.

Se houver veto, ele será submetido à Câmara e ao Senado, que, em **sessão conjunta**, poderão derrubá-lo pelo voto da maioria absoluta dos Deputados e Senadores. Sendo o veto derrubado, não haverá uma nova fase de sanção do projeto, sendo ele encaminhado diretamente para a promulgação pelo Presidente da República, conforme consta dos §§ 4º a 7º do art. 66 da CF/88.

Nos casos de derrubada do veto e de sanção tácita, o Presidente da República terá o prazo de 48 (quarenta e oito) horas para promulgar a lei, e, se não o fizer, o ato de promulgação caberá ao Presidente do Senado, que também terá 48 (quarenta e oito) horas para fazê-lo, sob pena de, esgotado esse prazo sem que a lei seja promulgada, essa atribuição passar a ser do Vice-Presidente do Senado, conforme prevê o art. 66, § 7º, da CF/88.

Importante registrar que sessão conjunta não é a mesma coisa que sessão unicameral. Em ambas os Deputados e os Senadores se reúnem simultaneamente, mas, na sessão conjunta, os votos são computados por Casa Legislativa e a maioria exigida para o ato é calculada também separadamente por cada Casa, enquanto, na sessão unicameral, os votos são computados e a maioria é calculada como se os Deputados e os Senadores integrassem, em conjunto, uma só Casa Legislativa.

> **"Art. 66, CF/88.**
>
> (...)

> **§ 4º** O veto será apreciado em sessão conjunta, dentro de trinta dias a contar de seu recebimento, só podendo ser rejeitado pelo voto da maioria absoluta dos Deputados e Senadores.
>
> **§ 5º** Se o veto não for mantido, será o projeto enviado, para promulgação, ao Presidente da República.
>
> **§ 6º** Esgotado sem deliberação o prazo estabelecido no § 4º, o veto será colocado na ordem do dia da sessão imediata, sobrestadas as demais proposições, até sua votação final.
>
> **§ 7º** Se a lei não for promulgada dentro de quarenta e oito horas pelo Presidente da República, nos casos dos § 3º e § 5º, o Presidente do Senado a promulgará, e, se este não o fizer em igual prazo, caberá ao Vice-Presidente do Senado fazê-lo."

→ ***O Presidente da República pode opor o seu veto após o decurso do prazo constitucional de 15 (quinze) dias úteis?***

Como vimos, o Presidente da República tem o prazo de 15 (quinze) dias úteis para sancionar ou vetar o projeto de lei aprovado pelo Congresso Nacional (art. 66, § 1º, CF/88). Decorrido esse prazo, caso o Presidente da República não se manifeste, ocorrerá a sanção tácita do projeto de lei, que, a partir desse momento, torna-se uma lei (art. 66, § 3º, CF/88).

Após o decurso do prazo de 15 (quinze) dias úteis, pode o Presidente da República alegar algum motivo para opor o seu veto? Segundo o Supremo Tribunal Federal, **não**.

Essa questão foi enfrentada pela Corte na **ADPF 893** (j. 21/06/2022), na qual houve a impugnação de veto oposto pelo Presidente da República um dia após expirado o prazo para sancionar ou vetar um projeto de lei que havia sido aprovado pelo Congresso Nacional. O STF decidiu que, expirado o prazo constitucional de 15 (quinze) dias úteis para sancionar ou vetar o projeto de lei, não pode mais o Presidente da República opor veto, pois, nesse caso, a sanção tácita do projeto já se consumou.

Em outras palavras: **não é possível vetar uma lei, mas apenas um projeto de lei**.

O Supremo Tribunal Federal esclareceu, ainda, que, mesmo que o veto extemporâneo (que é aquele que é oposto após o prazo constitucional de 15 dias úteis) não seja derrubado ao ser apreciado pelo Poder Legislativo (na forma do art. 66, § 4º, da CF/88), isso não faz com que ele (o veto) se torne válido e tenha o efeito de retirar do ordenamento jurídico a lei "vetada". Segundo a Corte, caso o Legislativo entenda que a lei deve ser retirada do mundo jurídico, ele deve fazer isso pela via prevista na Constituição Federal, qual seja, a revogação por meio de uma nova lei.

Nos termos da tese fixada pelo STF nesse caso, *"o poder de veto previsto no art. 66, § 1º, da Constituição não pode ser exercido após o decurso do prazo constitucional de 15 (quinze) dias"*.

Confira a ementa do julgado:

> "(...) 2. A controvérsia posta nos autos não é sequer a discussão de saber se o veto opera preclusão, e sim se é possível exercer tal poder após a expiração do prazo. A resposta parece ser claramente negativa. Precedentes: ADPFs 714, 715 e 718, Rel.

Min. Gilmar Mendes. 3. No caso presente, o prazo para exercício da prerrogativa de vetar o projeto de lei de conversão se entendeu até 14.07.2021. Nessa data, o Presidente da República editou mensagem de veto e encaminhou o texto legal para publicação, sem manifestar a intenção de vetar o art. 8º do projeto de lei. Foi somente no dia seguinte, quando o prazo já havia expirado, que se providenciou a publicação de edição extra do diário oficial para a divulgação de novo texto legal com a aposição adicional de veto a dispositivo que havia sido sancionado anteriormente. 4. **Ultrapassado o prazo de 15 (quinze) dias do art. 66, § 1º, da Constituição, o texto do projeto de lei é, necessariamente, sancionado (art. 66, § 3º), e o poder de veto não pode mais ser exercido. O fato de o veto extemporâneo ter sido mantido na forma do art. 66, § 4º, da Constituição não altera a conclusão pela sua inconstitucionalidade.** O ato apreciado pelo Congresso Nacional nem sequer poderia ter sido praticado. (...)" **(ADPF 893, Pleno, Rel. Min. CÁRMEN LÚCIA, Redator do acórdão Min. ROBERTO BARROSO, j. 21/06/2022)**

→ *O veto no sistema brasileiro é absoluto?*

Conforme vimos, se o Chefe do Executivo vetar o projeto aprovado pelo Parlamento, a proposição volta para o Poder Legislativo, para que avalie se concorda com o veto ou se prefere derrubá-lo.

Segundo Manoel Gonçalves Ferreira Filho, isso mostra que o veto no processo legislativo brasileiro **não é absoluto**, pois ele não acarreta a rejeição definitiva da proposição. Na verdade, no Brasil, o veto aposto pelo Chefe do Poder Executivo é meramente **suspensivo (ou superável)**, pois, em vez de encerrar o procedimento, ele deixa o projeto em "standby" até que seja confirmado ou superado (rejeitado) pelos Parlamentares.

Importante lembrar que, quando o Chefe do Executivo veta a proposição, não se trata de uma suspensão da vigência nem tampouco da eficácia da lei, pois, nesse momento, não há lei, mas simples projeto. O que a aposição do veto acarreta é a prolongação do processo legislativo (em relação à parte vetada), tendo em vista que faz com que se devolva ao Parlamento a apreciação da proposta e das razões pelas quais foi vetada, permitindo que essas razões sejam avaliadas pelos Parlamentares para que decidam pela manutenção ou não do veto.

→ *O Chefe do Poder Executivo pode se arrepender do veto?*

No que diz respeito à etapa de sanção ou veto da proposição legislativa, houve uma curiosa situação apreciada pelo STF nas **ADPFs 714, 715 e 718**, julgadas em 17/02/2021.

A situação foi a seguinte: o Presidente da República vetou apenas parcialmente um determinado projeto de lei, e, em relação ao restante, houve o decurso do prazo constitucional (de 15 dias úteis) para sua manifestação acerca da sanção ou veto, ou seja, houve a sanção tácita nessa parte. Depois de já decorrido esse prazo, o Presidente da República, alegando que houve um erro no primeiro veto, publicou nova mensagem de veto, abrangendo mais disposições do projeto de lei, que, a essa altura, já havia se tornado lei, tendo em vista o esgotamento do prazo constitucional para a deliberação do Poder Executivo sobre a proposição legislativa.

O Supremo Tribunal Federal, analisando a situação, decidiu que **não pode o Chefe do Poder Executivo alegar arrependimento, erro ou incorreção para renovar a etapa de sanção ou veto do processo legislativo**, especialmente porque, no caso específico apreciado, o novo veto teve como objeto uma lei já existente, e não um simples projeto de lei. Trata-se de uma situação tão absurda, que fez com que a Corte admitisse o ajuizamento de ADPF contra veto, excepcionando sua tradicional jurisprudência que não admite o manejo dessa ação contra esse tipo de ato, conforme vimos no capítulo sobre controle de constitucionalidade.

→ *Procedimentos legislativos que não possuem a etapa de sanção ou veto*

A etapa de sanção ou veto não ocorre em todas as hipóteses de processo legislativo. No procedimento de elaboração de leis ordinárias e complementares, há, sem dúvida, a necessidade de submissão do projeto à apreciação do Chefe do Executivo. No entanto, não há sanção ou veto do Presidente da República nos seguintes casos (lembrando que as espécies normativas elencadas no art. 59 da CF/88 ainda serão objeto de estudo em momento apropriado):

a) **Emendas à Constituição**. Conforme disciplinado na CF/88, a única participação possível do Chefe do Executivo no procedimento de aprovação de emenda à Constituição é a iniciativa.

b) **Leis delegadas**. Como a lei delegada é elaborada diretamente pelo Presidente da República e a CF/88 veda que o Legislativo faça alterações nela, não há sentido em exigir sanção ou veto do Chefe do Executivo.

c) **Decretos legislativos e resoluções**. Como são atos por meio dos quais o Congresso Nacional e suas Casas exercem suas competências exclusivas, não há espaço para participação do Chefe do Executivo.

d) **Conversão de medidas provisórias sem alteração de conteúdo**. Nesse caso, a norma terá sido elaborada pelo próprio Presidente da República e o seu conteúdo não terá sofrido modificação, de modo que se torna desnecessária a sanção ou veto do Chefe do Executivo.

Resumindo, apenas haverá a submissão da proposição à sanção ou veto do Poder Executivo quando se tratar de projeto de lei ordinária, projeto de lei complementar ou projeto de conversão de medida provisória em lei com alteração de conteúdo.

Nesse sentido, a VUNESP, na prova objetiva do concurso para o cargo de Procurador do Município de São José dos Campos/SP realizado em 2017, considerou correta a assertiva segundo a qual "*o ato legislativo que resolve definitivamente sobre tratados, acordos ou atos internacionais que acarretem encargos ou compromissos gravosos ao patrimônio nacional dispensa a sanção presidencial*". Conforme estudamos, o Congresso Nacional resolve sobre tratados interacionais por meio de decreto legislativo (art. 49, I, CF/88), que é uma espécie normativa não sujeita a sanção ou veto do Chefe do Poder Executivo.

▪ FASE COMPLEMENTAR

A fase complementar é composta por **promulgação** e por **publicação**.

Promulgação é o ato que **atesta a existência da lei**. Como vimos, a lei passa a existir a partir da sanção do projeto pelo Poder Executivo ou da derrubada do veto pelo Poder Legislativo, mas a sua existência só é atestada pela promulgação.

Já a publicação é o ato que **torna público o teor da lei**. Ou seja, a lei já existe, a sua existência já foi atestada (pela promulgação) e, com a publicação, é dada ciência ao público da sua existência e do seu conteúdo, permitindo-se, com isso, a instauração da ficção jurídica de que todos têm conhecimento do seu teor.

Em se tratando de leis complementares e ordinárias, a promulgação e a publicação cabem, em regra, ao Presidente da República, que as providencia tão logo sancione o projeto (na prática, a sanção e a promulgação ocorrem concomitantemente, e, no mesmo momento, é determinada a publicação do texto).

Quando, porém, a sanção é tácita (por decurso de prazo) ou eventual veto é derrubado pelo Legislativo, a Constituição Federal estabelece que a promulgação continua cabendo ao Chefe do Executivo, mas nessa hipótese ela deve ocorrer no prazo de 48 (quarenta e oito) horas, sob pena de a prática desse ato passar a ser atribuição do Presidente do Senado Federal, que deverá fazer isso no mesmo prazo (48 horas). Se o Presidente do Senado não providenciar a promulgação tempestivamente, a competência para o ato passará a ser do Vice-Presidente do Senado.

Essas regras estão previstas no art. 66, §§ 3º, 5º e 7º, da CF/88.

> "**Art. 66, CF/88.**
>
> (...)
>
> **§ 3º** Decorrido o prazo de quinze dias, o silêncio do Presidente da República importará sanção.
>
> (...)
>
> **§ 5º** Se o veto não for mantido, será o projeto enviado, para promulgação, ao Presidente da República.
>
> (...)
>
> **§ 7º** Se a lei não for promulgada dentro de quarenta e oito horas pelo Presidente da República, nos casos dos § 3º e § 5º, o Presidente do Senado a promulgará, e, se este não o fizer em igual prazo, caberá ao Vice-Presidente do Senado fazê-lo."

É importante notar que o § 7º desse artigo estabeleceu o prazo de 48 horas para a promulgação nas hipóteses de sanção tácita e de derrubada do veto apenas para o Presidente da República e o Presidente do Senado. Não houve a fixação expressa desse prazo também para o Vice-Presidente do Senado.

Porém, parece natural que ele também se aplique ao Vice-Presidente do Senado, pois não há razão para qualquer distinção. Inclusive, o próprio Poder Legislativo entende nesse sentido, conforme consta da matéria intitulada "Entenda a tramitação do veto" hospedada no menu "Matérias Legislativas" da página do Congresso Nacional na *internet*, onde há a afirmação expressa de que *"caso o veto seja rejeitado, as partes correspondentes do projeto apreciado são encaminhadas à promulgação pelo Presidente da República em até 48 horas ou, na omissão deste, pelo Presidente ou Vice-Presidente do Senado, em igual prazo (art. 66, §7º, CF)".*

Promulgação precoce

Imagine a situação em que um projeto de lei aprovado pelo Parlamento foi encaminhado ao Chefe do Executivo para a etapa de sanção ou veto, mas que, equivocando-se na contagem dos dias e imaginando já ter escoado o prazo para a sanção expressa previsto no art. 66, § 1º, da CF/88 (ou seja, imaginando ter ocorrido a sanção tácita), a Casa Legislativa promulga o texto antes mesmo do fim do prazo para o Executivo se manifestar.

Nesse caso, a lei resultante do projeto promulgado de forma precoce é inconstitucional? Esse vício no procedimento de elaboração da norma caracteriza uma inconstitucionalidade formal?

Essa situação ocorreu na prática no Estado de Pernambuco e foi levada ao Supremo Tribunal Federal por meio da **ADI 5158**, julgada em 06/12/2018. No caso, a Corte entendeu que, embora tenha ocorrido um vício no processo legislativo, não se trata de um vício capaz de gerar uma inconstitucionalidade, especialmente porque o Chefe do Poder Executivo em nenhum momento se manifestou contrariamente à aprovação da norma. Logo, de acordo com o posicionamento firmado pelo Tribunal, a promulgação precoce de uma lei (quando ela ainda é um projeto de lei) não acarreta a sua inconstitucionalidade.

Segundo constou do voto do Ministro Relator (Luís Roberto Barroso), não houve no caso *"equívoco substancial no processo legislativo capaz de ensejar a inconstitucionalidade formal pretendida pelos requerentes, com a promulgação pela Assembleia no décimo segundo dia do prazo de manifestação do Governador"*.

E, nos termos da ementa do acórdão, *"na hipótese, não se verifica a inconstitucionalidade formal de lei, por alegada violação ao art. 66, § 1º, da Constituição Federal, diante de irregular promulgação antecipada pelo Poder Legislativo, antes do término do prazo constitucional para sanção ou veto do Chefe do Executivo. Em casos específicos como o dos autos, tal irregularidade não enseja inconstitucionalidade formal da lei"*.

Possibilidade de promulgação da parte "incontroversa" do texto

O que acontece se o Presidente da República sancionar uma parte do projeto e vetar outra? Ele pode promulgar e publicar apenas a parte "incontroversa" da lei, enquanto a outra parte, que foi vetada, é submetida à apreciação do Congresso Nacional para manutenção ou derrubada do veto? Sim. Segundo o Supremo Tribunal Federal, **o Chefe do Poder Executivo pode promulgar apenas a parte sancionada da lei**, sem precisar aguardar a deliberação do Poder Legislativo sobre o veto que atingiu a outra parte. Segundo a Corte, não há nenhuma inconstitucionalidade na promulgação de uma parte do texto sem a promulgação da parcela do projeto que foi vetada e ainda se encontra pendente de análise pelos Parlamentares (RE 706.103, Tema de Repercussão Geral nº 595, j. 27/04/2020).

Essa possibilidade, na verdade, decorre da permissão dada pela Constituição à aposição de veto parcial ao projeto aprovado pelo Parlamento. Em uma situação como essa, caso o veto (que havia atingido apenas parte da proposição legislativa) seja rejeitado, a lei terá diferentes momentos de início de sua vigência, pois a sanção parcial conclui o processo legislativo em relação à parte a que se refere, enquanto a parte vetada fica com o processo legislativo prolongado, até que o Poder Legislativo delibere sobre o veto parcial.

Nesse caso, o STF aproveitou para deixar claro que a promulgação é um dever imposto pela Constituição e decorre naturalmente da conclusão do processo legislativo pela sanção do projeto ou derrubada de eventual veto, de modo que o Poder Executivo e o Poder Legislativo não podem deixar de promulgar uma lei que tenha sido aprovada, sob pena de incorrerem em inconstitucionalidade por omissão.

Nesse sentido, na hipótese de o Congresso Nacional derrubar o veto, a não promulgação da lei caracteriza, segundo a Suprema Corte, uma omissão inconstitucional, embora não permita concluir pela ocorrência de promulgação automática, já que inexiste previsão constitucional de promulgação por decurso de prazo. O mesmo raciocínio se aplica para os casos em que o projeto é sancionado pelo Chefe do Executivo.

A ementa do caso ficou assim redigida:

> "(...) 3. A aposição de veto parcial implica o desmembramento do processo legislativo em duas fases distintas, eis que **enquanto a parte não vetada do projeto de lei segue para a fase de promulgação, a parte objeto do veto retorna ao Poder Legislativo para nova apreciação**, após o que será ou não promulgada, conforme o resultado da deliberação. 4. **A rejeição legislativa do veto acarreta o dever de sua promulgação (artigo 66, § 7º, da CRFB/88), cujo descumprimento caracteriza omissão inconstitucional** dos Poderes Executivo e Legislativo frente à ausência de encerramento do processo legislativo. 5. A caracterização dessa omissão inconstitucional atrai a possibilidade de controle judicial, todavia **revela-se inapta a acarretar a promulgação automática** dos vetos parciais derrubados, **tampouco macula de inconstitucionalidade a parte anteriormente já sancionada e promulgada**. 6. Concluído o processo legislativo quanto a essa parte, **a promulgação da parte incontroversa sancionada é medida de rigor, sem que exsurja qualquer vício de inconstitucionalidade**, seja pela ausência de violação ao princípio da separação dos poderes, seja pela inexistência de ultraje às normas constitucionais relativas ao processo legislativo. (...) 8. Recurso extraordinário provido, com a fixação da seguinte tese de repercussão geral: **"É constitucional a promulgação, pelo Chefe do Poder Executivo, da parte incontroversa de projeto de lei que não foi vetada, antes da manifestação do Poder Legislativo pela manutenção ou pela rejeição do veto, inexistindo vício de inconstitucionalidade dessa parte inicialmente publicada pela ausência de promulgação da derrubada dos vetos"."** **(RE 706103/MG; Relator: Min. LUIZ FUX; J. 27/04/2020; Tribunal Pleno)**

▶ A promulgação e a publicação cabem ao Chefe do Poder Executivo, independentemente da espécie normativa envolvida?

Não é em relação a toda e qualquer espécie normativa que a promulgação e a publicação cabem ao Presidente da República. A depender do caso, esses atos serão atribuição do Poder Executivo ou do Poder Legislativo, da seguinte forma:

I) **Leis ordinárias**: a promulgação e a publicação cabem ao Presidente da República.

II) **Leis complementares**: a promulgação e a publicação cabem ao Presidente da República.

III) **Leis delegadas**: a promulgação e a publicação cabem ao Presidente da República, a quem também cabe elaborar a própria lei, nos termos da delegação dada pelo Congresso Nacional (art. 68, CF/88).

IV) **Medidas provisórias**: se forem aprovadas pelo Legislativo sem alteração, são promulgadas e publicadas pelo Presidente da Mesa do Congresso Nacional (que é o Presidente do Senado Federal), mas, se forem aprovadas em projeto de conversão com alterações no texto original, devem ser encaminhadas para sanção ou veto do Poder Executivo, e nessa mesma oportunidade, caso seja sancionada, será promulgada e publicada pelo próprio Chefe do Executivo.

V) **Emendas constitucionais**: a promulgação e a publicação cabem às Mesas da Câmara dos Deputados e do Senado Federal (art. 60, § 3º, CF/88).

VI) **Decretos legislativos**: a promulgação e a publicação cabem ao Presidente do Senado.

VII) **Resoluções**: a promulgação e a publicação cabem ao Presidente da Casa Legislativa que editar a norma (Câmara dos Deputados, Senado Federal ou Congresso Nacional).

Como se pode perceber, a promulgação e a publicação apenas cabem ao Poder Executivo nas hipóteses em que o processo legislativo possui a etapa de sanção ou veto (bem como no caso da lei delegada, que é elaborada diretamente pelo Presidente da República), o que é natural, já que, ao sancionar o projeto, o Chefe do Executivo já promulga a lei e determina a sua publicação. Nos casos em que a proposição legislativa não se submete a sanção ou veto (e, portanto, após ser aprovada pelas Casas Legislativas, não é remetida ao Executivo), a promulgação e a publicação são providenciadas no âmbito do próprio Poder Legislativo, por algum órgão ou membro seu.

Os sítios eletrônicos das Casas do Congresso Nacional, a propósito, são bastante elucidativos acerca dos detalhes do processo legislativo. Por exemplo, na página do Senado Federal na *internet*, consta a seguinte explicação sobre o ato de promulgação:

> "É o instrumento que declara a existência da lei e ordena sua execução. Emendas constitucionais são promulgadas pelas Mesas da Câmara e do Senado, em sessão solene do Congresso. A promulgação das leis complementares e ordinárias é feita pelo presidente da República, e ocorre simultaneamente com a sanção. No caso de sanção tácita, o próprio presidente da República é quem deve promulgar a lei. Caso não o faça, a promulgação fica a cargo do presidente do Senado. O presidente da República também promulga os projetos de lei cujos vetos são derrubados pelo Congresso. Não o fazendo, a atribuição se desloca para o presidente do Senado, e, se este se omitir, para o 1º vice-presidente. Os decretos legislativos são promulgados pelo presidente do Senado, bem como as resoluções adotadas pela Casa e pelo Congresso Nacional. As resoluções da Câmara dos Deputados são promulgadas pelo seu presidente." **(Fonte: Agência Senado)**

Em relação aos decretos legislativos e às resoluções, é comum a afirmação na doutrina de que estas podem ser editadas pelo Congresso Nacional e por qualquer de suas

Casas para, como regra, surtirem efeitos internos, enquanto aqueles podem ser editados apenas pelo Congresso Nacional e geralmente têm efeitos externos.

Isso, no entanto, não está previsto expressamente na Constituição Federal. Qual é o motivo, então, dessa diferenciação feita doutrinariamente? São os regimentos internos das Casas Legislativas.

No estudo do processo legislativo, os Regimentos Internos da Câmara dos Deputados e do Senado Federal, bem como o Regimento Comum do Congresso Nacional, têm grande importância, pois o texto constitucional não trata do tema de forma exaustiva, o que torna necessário que o Poder Legislativo esclareça várias questões.

É nesse cenário que o Regimento Interno da Câmara dos Deputados estabelece que os projetos de decreto legislativo se destinam a *"regular as matérias de exclusiva competência do Poder Legislativo, sem a sanção do Presidente da República"* (art. 109, II), e, da mesma forma, o Regimento Interno do Senado Federal prevê que, dentre as proposições legislativas, o projeto de decreto legislativo é *"referente à matéria da competência exclusiva do Congresso Nacional (Const., art. 49)"* (art. 213, II).

Além disso, o Regimento Interno da Câmara dos Deputados prevê que os projetos de resolução servem para tratar de *"matérias da competência privativa da Câmara dos Deputados"* (art. 109, III) e o Regimento Interno do Senado Federal, em idêntico sentido, estabelece que esses projetos se referem a *"matéria da competência privativa do Senado (Const., art. 52)"* (art. 213, III).

Por sua vez, o Regimento Comum do Congresso Nacional estabelece, no art. 52, parágrafo único, que *"tratando-se, porém, de matéria da competência exclusiva do Congresso Nacional, será promulgada pelo Presidente do Senado"*. E, também quanto ao ato de promulgação, o Regimento Interno do Senado Federal prevê que cabe ao Presidente do Senado *"promulgar as resoluções do Senado e os decretos legislativos"* (art. 48, XXVIII), enquanto o Regimento Interno da Câmara dos Deputados determina competir ao Presidente da Câmara *"promulgar as resoluções da Câmara e assinar os atos da Mesa"* (art. 17, VI, "m").

Tudo isso deixa claro que:

I) Matérias de competência exclusiva do Congresso Nacional que não se submetem à sanção do Poder Executivo (art. 49, CF/88) devem ser objeto de decreto legislativo.

II) A promulgação do decreto legislativo cabe ao Presidente do Senado Federal (que também é o Presidente do Congresso Nacional).

III) Matérias de competência privativa da Câmara dos Deputados (art. 51, CF/88) e do Senado Federal (art. 52, CF/88) devem ser objeto de resolução.

IV) O Congresso Nacional, por ser a reunião da Câmara dos Deputados e do Senado Federal, também pode editar resoluções, para tratar de matérias de sua competência privativa que não devam ser objeto de decreto legislativo. Inclusive, o Regimento Comum do Congresso Nacional é uma resolução (assim como o são os Regimentos Internos da Câmara e do Senado). Um exemplo de resolução editada pelo Congresso Nacional e que tem previsão expressa na CF/88 é a resolução que delega ao Presidente da República poderes para a elaboração de lei delegada (art. 68, § 2º, CF/88).

V) As resoluções são promulgadas pelo Presidente da Casa Legislativa que as editar.

No entanto, especificamente, no que diz respeito à afirmação de que a resolução se presta a fins internos, enquanto o decreto legislativo, a fins externos, a própria Constituição Federal mostra que se trata apenas de uma diretriz geral para a compreensão do tema e não de uma regra a ser levada "a ferro e fogo", pois ela mesma (a Constituição) prevê o uso da resolução para fins externos, como é o caso da já mencionada resolução que delega ao Presidente da República a elaboração de lei delegada (art. 68, § 2º, CF/88). Da mesma forma, a resolução editada pelo Senado Federal para suspender lei declarada inconstitucional pelo STF no controle difuso (art. 52, X, CF/88) se destina a gerar efeitos externos.

> "**Art. 52, CF/88.** Compete privativamente ao Senado Federal:
>
> (...)
>
> X - suspender a execução, no todo ou em parte, de lei declarada inconstitucional por decisão definitiva do Supremo Tribunal Federal;"
>
> "**Art. 68, § 2º, CF/88.** A delegação ao Presidente da República terá a forma de resolução do Congresso Nacional, que especificará seu conteúdo e os termos de seu exercício."

Por fim, é importante ter em mente que, nos âmbitos dos Poderes Legislativos Estaduais e Municipais, a diferenciação entre as hipóteses de uso de decreto legislativo e de resolução não seguem exatamente o modelo federal, pois, nas esferas estadual e municipal, o Legislativo não é bicameral, de modo que essas espécies normativas são sempre editadas pela mesma Casa Legislativa (seja uma Assembleia Legislativa ou uma Câmara de Vereadores).

Por exemplo, no Estado de São Paulo, a Constituição Estadual estabelece, no seu art. 27, que *"o Regimento Interno da Assembleia Legislativa disciplinará os casos de decreto legislativo e de resolução cuja elaboração, redação, alteração e consolidação serão feitas com observância das mesmas normas técnicas relativas às leis"*. E, seguindo essa determinação, o Regimento Interno da Assembleia Legislativa Paulista estabelece, no seu art. 145, os casos em que se usa uma ou outra espécie normativa.

Porém, há uma coisa que não muda, seja qual for a esfera da Federação: os decretos legislativos e as resoluções se prestam sempre para tratar de matérias de competência privativa ou exclusiva do Legislativo (as quais não se submetem à apreciação do Poder Executivo, isto é, não passam pelo crivo da sanção ou veto).

■ REQUISITO ESPECÍFICO DAS PROPOSIÇÕES QUE GERAM IMPACTO NOS COFRES PÚBLICOS

A **EC 95/2016 incluiu o art. 113 ao ADCT da CF/88**, estabelecendo que proposições legislativas que afetam negativamente os cofres públicos (pelo aumento de despesa obrigatória ou pela renúncia de receita) devem necessariamente ser **acompanhadas da respectiva estimativa do impacto orçamentário e financeiro** a ser causado.

Veja o teor desse dispositivo:

> "**Art. 113, ADCT.** A proposição legislativa que crie ou altere **despesa obrigatória ou renúncia de receita** deverá ser acompanhada da **estimativa do seu impacto orçamentário e financeiro**."

Quando da inclusão desse dispositivo no texto constitucional, passou-se a questionar se ele seria aplicável a todas as esferas federativas ou se sua aplicação se restringiria ao âmbito da União. Também se questionou se a não observância do comando contido nessa disposição (ou seja, se a não apresentação da estimativa do impacto orçamentário-financeiro no processo legislativo de propostas que geram despesa obrigatória ou renúncia de receita) geraria alguma inconstitucionalidade.

A esse respeito, o Supremo Tribunal Federal decidiu o seguinte (ADI 6303, j. 14/03/2022):

I) O comando contido no art. 113 do ADCT é norma **aplicável a todas as esferas federativas** (União, Estados, Distrito Federal e Municípios), não se restringindo ao âmbito federal. Segundo a Corte, essa é a conclusão que se extrai de uma interpretação literal, teleológica e sistemática do dispositivo, pois (I) o seu texto não restringe sua aplicação à União; (II) trata-se de uma norma que tem como objetivo uma gestão fiscal responsável, o que é uma concretização de princípios constitucionais aplicáveis a todos os entes federados, como os princípios da impessoalidade, da moralidade, da publicidade e da eficiência (previstos no art. 37 da CF/88); e (III) o tratamento estabelecido por essa norma é semelhante ao que já se encontrava previsto na Lei de Responsabilidade Fiscal (art. 14), que é aplicável a todas as esferas da Federação. Nas palavras do STF, *"o art. 113 do ADCT foi introduzido pela Emenda Constitucional nº 95/2016, que se destina a disciplinar "o Novo Regime Fiscal no âmbito dos Orçamentos Fiscal e da Seguridade Social da União". A regra em questão, porém,* ***não se restringe à União, conforme a sua interpretação literal, teleológica e sistemática****. (...) Primeiro, a redação do dispositivo* ***não determina que a regra seja limitada à União****, sendo possível a sua extensão aos demais entes. Segundo, a norma, ao buscar a gestão fiscal responsável,* ***concretiza princípios constitucionais como a impessoalidade, a moralidade, a publicidade e a eficiência*** *(art. 37 da CF/1988). Terceiro, a inclusão do art. 113 do ADCT acompanha o* ***tratamento que já vinha sendo conferido ao tema pelo art. 14 da Lei de Responsabilidade Fiscal, aplicável a todos os entes da Federação****. (...) A exigência de estudo de impacto orçamentário e financeiro* ***não atenta contra a forma federativa, notadamente a autonomia financeira dos entes****. Esse requisito visa a permitir que o legislador, como poder vocacionado para a instituição de benefícios fiscais, compreenda a extensão financeira de sua opção política".*

II) A não observância do art. 113 do ADCT gera a **inconstitucionalidade formal** da norma aprovada pelo Parlamento. Em outras palavras: caso uma lei que gera uma despesa obrigatória ou uma renúncia a alguma receita seja aprovada pelo Poder Legislativo sem que o projeto original tenha sido acompanhado da respectiva estimativa do seu impacto orçamentário-financeiro, essa lei será formalmente inconstitucional, por desrespeito ao art. 113 do ADCT.

Esse entendimento foi adotado pelo STF, por exemplo, nos seguintes casos:

1) ADI **5816** (j. 05/11/2019), na qual a Corte declarou a inconstitucionalidade de norma do Estado de Rondônia que concedeu **isenção de ICMS** nas contas de serviços públicos pagas por igrejas e templos de qualquer culto (realizando uma verdadeira ampliação da imunidade tributária religiosa) sem que tenha sido acompanhada da estimativa do impacto orçamentário e financeiro dessa renúncia de receita. Nas palavras do Tribunal, *"a norma estadual, ao pretender ampliar o alcance da imunidade prevista na Constituição, veiculou **benefício fiscal** em matéria de ICMS, providência que, embora não viole o art. 155, § 2º, XII, "g", da CF (...), **exige a apresentação da estimativa de impacto orçamentário e financeiro** no curso do processo legislativo para a sua aprovação. (...) A Emenda Constitucional 95/2016, por meio da nova redação do art. 113 do ADCT, estabeleceu **requisito adicional para a validade formal** de leis que criem despesa ou concedam benefícios fiscais, requisitos esse que, por expressar medida indispensável para o equilíbrio da atividade financeira do Estado, dirige-se a todos os níveis federativos".*

2) ADI **6303** (j. 14/03/2022), na qual a Corte declarou a inconstitucionalidade de norma do Estado de Roraima que concedeu **isenção de IPVA** sem que tenha sido acompanhada da estimativa do impacto orçamentário e financeiro dessa renúncia de receita. Inclusive, nesse precedente, o STF fixou a tese segundo a qual *"é inconstitucional lei estadual que concede benefício fiscal sem a prévia estimativa de impacto orçamentário e financeiro exigida pelo art. 113 do ADCT".*

3) ADI **6080** (j. 05/12/2022), na qual a Corte declarou a inconstitucionalidade de norma do Estado de Roraima que concedeu **aumento salarial a servidores públicos** sem que tenha sido acompanhada da estimativa do impacto orçamentário e financeiro desse aumento de despesa.

Portanto, a partir da inclusão do **art. 113 ao ADCT**, o processo legislativo (de todas as esferas federativas) passou a exigir um **requisito formal adicional** nos casos de proposições que acarretam aumento de despesa obrigatória ou renúncia de receita: a estimativa do impacto orçamentário e financeiro da proposta. Sem a observância dessa exigência, a norma que vier a ser aprovada será **formalmente inconstitucional**.

Esse tema já foi cobrado em prova, como ocorreu na etapa objetiva do concurso para o cargo de Procurador do Distrito Federal realizada pelo CESPE em 2022, na qual foi considerada **incorreta** a assertiva segundo a qual *"a obrigatoriedade de instrução da proposta legislativa de concessão de benefício fiscal com a adequada estimativa do impacto financeiro e orçamentário, conforme introduzida pela EC n.º 95/2016, não se aplica aos estados e municípios"*. Como vimos, essa exigência, contida no art. 113 do ADCT, aplica-se a todos os entes federados, segundo entendimento reiterado do Supremo Tribunal Federal.

ESPÉCIES NORMATIVAS

O estudo das espécies normativas envolve a análise aprofundada do art. 59 da CF/88. Esse artigo possui 7 (sete) incisos, os quais trazem 7 (sete) espécies normativas, quais sejam:

I) Emendas constitucionais;

II) Leis complementares;

III) Leis ordinárias;

IV) Leis delegadas;

V) Medidas provisórias;

VI) Decretos legislativos; e

VII) Resoluções.

> "**Art. 59, CF/88.** O processo legislativo compreende a elaboração de:
> I - emendas à Constituição;
> II - leis complementares;
> III - leis ordinárias;
> IV - leis delegadas;
> V - medidas provisórias;
> VI - decretos legislativos;
> VII - resoluções.
> **Parágrafo único.** Lei complementar disporá sobre a elaboração, redação, alteração e consolidação das leis."

As espécies normativas nada mais são do que o produto obtido ao fim do processo legislativo, ou seja, é o que se gera quando se conclui o procedimento constitucional de elaboração normativa.

Neste momento preliminar, é preciso esclarecer a seguinte questão: **a enumeração do art. 59 da CF/88 é exemplificativa ou taxativa?** Se se entender que ela é taxativa, significará que só existem, no ordenamento brasileiro, 7 (sete) espécies normativas, porém, se se entender que ela é exemplificativa, significará que existem, principalmente, as 7 (sete) espécies normativas indicadas no art. 59 da CF/88, mas que é possível reconhecer a existência de outras espécies normativas além delas.

O Supremo Tribunal Federal analisou essa questão, ao apreciar a Resolução CNJ nº 7/2005, que vedou o nepotismo no âmbito do Poder Judiciário, muito semelhante à Resolução CNMP nº 1/2005, que proibiu o nepotismo no âmbito do Ministério Público. Essa resolução foi levada ao STF por meio da **ADC nº 12** (julgada em 20/08/2008), tendo o acórdão proferido pelo Tribunal reconhecido a constitucionalidade da norma e dado origem à Súmula Vinculante nº 13, que pôs fim ao nepotismo em todo o poder público, não apenas em relação ao Poder Judiciário e ao Ministério Público, mas também em relação ao Poder Legislativo, ao Poder Executivo e ao Tribunal de Contas.

Nessa linha de raciocínio, na ADC 12 o que aconteceu, em última análise, foi que o STF decidiu que a enumeração de espécies normativas contida no art. 59 da CF/88 é **meramente exemplificativa**, não é taxativa (exaustiva), devendo-se reconhecer, ao lado das 7 (sete) espécies previstas nesse dispositivo, pelo menos, as resoluções do CNJ e do CNMP como outra categoria de normas (elas não se enquadram dentre as resoluções mencionadas no inciso VII do art. 59 da CF/88, pois estas são editadas pelas Casas Legislativas).

E por qual motivo o Supremo Tribunal Federal adotou esse entendimento?

O motivo foi que o STF, na ADC 12, reconheceu ao CNJ e ao CNMP o chamado **poder normativo primário**, que é o poder de produzir normas jurídicas em primeiro nível, imediatamente abaixo da Constituição, isto é, com fundamento de validade direto na Constituição, sem necessidade de haver uma norma intermediadora. Cuida-se do poder de inovar o ordenamento jurídico, que é o que as leis em geral fazem. Em outras palavras, é a capacidade de elaborar normas jurídicas primárias.

Como resultado disso, as resoluções elaboradas pelo CNJ e pelo CNMP, à semelhança do que ocorre com as sete espécies normativas mencionadas no art. 59 da CF/88, **estão sujeitas a controle de constitucionalidade** e podem ser declaradas inconstitucionais pelo STF, caso contrariem a Constituição sob o ângulo formal, sob o ângulo material ou sob ambos os ângulos.

Enfim, a ADC 12 foi julgada **procedente**, reconhecendo-se a validade da resolução questionada, o que, obviamente, apenas foi possível porque essa espécie de norma se sujeita ao controle de constitucionalidade, o que deixa claro o seu caráter primário.

■ EMENDAS CONSTITUCIONAIS

Em outros capítulos, estudamos praticamente tudo que havia a estudar sobre as emendas constitucionais. E aqui, por estarmos analisando o processo legislativo, podemos retomar o seguinte questionamento: **existe iniciativa popular de proposta de emenda à Constituição?**

O art. 60, I, II e III, da CF/88, ao prever a legitimidade para apresentação de proposta de emenda à Constituicão, não elenca os cidadãos. Já o art. 61, § 2º, da CF/88, ao estabelecer a legitimidade dos cidadãos para iniciar o processo legislativo, não se refere a emenda constitucional, mas apenas a projeto de lei.

> "**Art. 60, CF/88.** A Constituição poderá ser emendada mediante proposta:
>
> I - de um terço, no mínimo, dos membros da Câmara dos Deputados ou do Senado Federal;
>
> II - do Presidente da República;
>
> III - de mais de metade das Assembléias Legislativas das unidades da Federação, manifestando-se, cada uma delas, pela maioria relativa de seus membros."
>
> "**Art. 61, § 2º, CF/88 -** A iniciativa popular pode ser exercida pela apresentação à Câmara dos Deputados de projeto de lei subscrito por, no mínimo, um por cento do eleitorado nacional, distribuído pelo menos por cinco Estados, com não menos de três décimos por cento dos eleitores de cada um deles."

Há, nesse caso, uma lacuna ou um silêncio eloquente? Se se entender que se trata de um silêncio eloquente, não será possível colmatar essa omissão para admitir PEC de iniciativa popular. Por outro lado, se for entendido que é caso de lacuna técnica, estará caracterizada uma atividade culposa do constituinte, sendo possível uma analogia para admitir PEC de iniciativa popular (analogia essa feita com base nos arts. 60, I, II e III, e 61, § 2º, todos da CF/88).

Há, sobre o tema, uma controvérsia doutrinária.

A posição **minoritária** (de José Afonso da Silva – que já foi isolado no assunto – e Pedro Lenza) entende que é possível iniciativa popular de PEC, e o argumento por eles utilizado é de que há lacuna técnica sobre o assunto no texto constitucional, podendo, portanto, ser empregado o recurso da analogia, com apoio nos arts. 60, I, II e III, e 61, § 2º, da CF/88.

Já a posição **majoritária** (Manoel Gonçalves Ferreira Filho e outros autores) é no sentido de que inexiste iniciativa popular de PEC, e o argumento é no sentido de que, na matéria, não há lacuna técnica, mas, sim, um silêncio eloquente do constituinte, que se omitiu dolosamente (se ele quisesse prever a possibilidade de iniciativa popular para apresentação de PEC, teria feito isso de forma expressa), de modo que a analogia se mostra juridicamente impossível. A PEC, portanto, segundo esse pensamento doutrinário, só pode ter iniciativa daqueles previstos nos incisos do art. 60 da CF/88.

Há Constituições Estaduais que preveem a legitimidade de cidadãos para a iniciativa de proposta de emenda ao seu texto, como são os casos da CE/RJ e da CE/AP, e o STF, em 25/10/2018, jugando a ADI 825 considerou **constitucional** tal previsão da Constituição do Estado do Amapá. Na oportunidade, a Corte asseverou que, **apesar de a Constituição Federal não autorizar a iniciativa popular para as propostas de emendas ao seu próprio texto (mas apenas para proposições infraconstitucionais), nada impede que as Constituições Estaduais tragam essa previsão (ampliando as hipóteses previstas na CF/88), por se tratar de instrumento de exercício da soberania popular e da democracia direta.**

Com esse julgado, o Supremo Tribunal Federal, além de permitir a previsão, nas Constituições dos Estados, de iniciativa popular de PEC estadual, parece ter se inclinado no sentido da impossibilidade dessa iniciativa em relação a propostas de emendas à CF/88.

O acórdão ficou ementado nos seguintes termos:

> **Ementa:** (...) INICIATIVA POPULAR PARA EMENDA À CONSTITUIÇÃO ESTADUAL: CONSTITUCIONALIDADE. (...) 3. **É facultado aos Estados, no exercício de seu poder de auto-organização, a previsão de iniciativa popular para o processo de reforma das respectivas Constituições estaduais, em prestígio ao princípio da soberania popular (art. 1º, parágrafo único, art. 14, I e III, e art. 49, XV, da CF).** 4. Ação direta de inconstitucionalidade parcialmente conhecida e, nessa parte, julgada parcialmente procedente.
>
> **(ADI 825/AP; Relator(a): Min. ALEXANDRE DE MORAES; Julgamento: 25/10/2018; Órgão Julgador: Tribunal Pleno)**

■ LEIS (COMPLEMENTARES, ORDINÁRIAS E DELEGADAS)

O art. 59 da CF/88 também prevê em seu rol as leis complementares, as leis ordinárias e as leis delegadas.

Leis complementares

Em relação às leis complementares, há duas questões de extrema importância que precisam ser estudadas: I) qual é a característica principal das leis complementares que a diferencia das leis ordinárias; e II) se essa característica lhes confere hierarquia sobre as demais espécies normativas, especialmente, sobre as leis ordinárias.

A principal característica distintiva da lei complementar, valendo-se de expressão utilizada por Paulo de Barros Carvalho, é o seu "**caráter ontológico formal**". Nessa única expressão, Paulo de Barros Carvalho conseguiu sintetizar quais são as características principais da lei complementar que a diferenciam das demais espécies normativas.

O que significa dizer que a lei complementar possui um caráter ontológico? Ontologia refere-se a matéria, de modo que, quando se diz que a lei complementar tem um caráter ontológico, isso se deve ao fato de que **a lei complementar só regula as matérias que a Constituição textualmente atribui a ela**.

E como saber se a matéria deve ser tratada por lei complementar ou por lei ordinária? Simples: quando a Constituição fala que determinado tema deve ser regulado por lei, essa lei, em regra, é uma lei ordinária. Só é necessário que a matéria seja objeto de lei complementar quando a Constituição o exige expressamente.

Além disso, a lei complementar diferencia-se pelo seu caráter formal, pois, para a aprovação de um projeto de lei complementar, exige-se votação por maioria absoluta, enquanto a lei ordinária é aprovada mediante maioria simples.

Portanto, o que caracteriza uma lei complementar é justamente isso: ela só trata de matérias indicadas expressamente na Constituição e ela exige, para ser aprovada, maioria absoluta.

A partir daí, surge outra questão: o caráter ontológico formal da lei complementar lhe garante hierarquia sobre as leis ordinárias ou não? **Não.** Segundo o Supremo Tribunal Federal, não existe hierarquia entre lei complementar e lei ordinária. Esse entendimento pode ser visualizado, por exemplo, no seguinte julgado:

> Ementa: Embargos de divergência em agravo regimental em recurso extraordinário. 2. Acórdão recorrido destoa da jurisprudência do Supremo Tribunal Federal. 3. Revogação, pelo art. 56 da Lei 9.430/96, de isenção da COFINS concedida às sociedades civis de profissão legalmente regulamentada pelo art. 6º, II, da Lei Complementar 70/91. Legitimidade 4. **Inexistência de relação hierárquica entre lei ordinária e lei complementar. Questão exclusivamente constitucional relacionada à distribuição material entre as espécies legais. Precedentes.** 5. A Lei Complementar 70/91 é apenas formalmente complementar, mas materialmente ordinária, com relação aos dispositivos concernentes à contribuição social por ela instituída. ADC 1 - Moreira Alves, RTJ 156/721. 6. Embargos de divergência aos quais se dá provimento.
>
> **(RE 509300 AgR-EDv/MG; Relator(a): Min. GILMAR MENDES; Julgamento: 17/03/2016; Órgão Julgador: Tribunal Pleno)**

Mas é importante saber que existem 3 (três) correntes sobre esse assunto:

1) Hugo de Brito Machado entende que sempre existe hierarquia entre lei complementar e lei ordinária, justamente por conta de a lei complementar (norma superior) possuir um caráter ontológico formal, não presente na lei ordinária (norma inferior).

2) Celso Ribeiro Bastos entende que nunca há hierarquia entre lei complementar e lei ordinária, possuindo elas o mesmo *status* normativo, pois o fundamento de validade de ambas é o mesmo (é comum), qual seja, a Constituição, e tanto é assim que o art. 59 da CF/88 alude a ambas as espécies em igualdade de condições. Nessa linha de raciocínio, a diferenciação entre lei ordinária e lei complementar diz respeito tão somente às matérias sobre as quais cada uma delas pode tratar. Essa, conforme vimos, é a **posição do STF**.

3) Paulo de Barros Carvalho possui a posição doutrinária mais recente e, com ela, evita os excessos das duas correntes anteriores. Ele diz que, em regra, inexiste hierarquia entre lei complementar e lei ordinária, salvo em um caso, ou seja, segundo o autor, há uma situação em que pode haver hierarquia entre lei complementar (superior) e lei ordinária (inferior). Para saber que situação é essa, é necessário, antes, identificar o seguinte: **o que torna uma norma superior a outra?** O que faz a Constituição ser superior a leis, lei ser superior a decreto, decreto ser superior a portaria etc.? Conforme se sabe desde a teoria de Kelsen, o que torna uma norma superior ou inferior é o modo de produção: a norma que regula o modo de produção de outra é superior, enquanto a norma que tem seu modo de produção regulado por outra é inferior. O modo de produção, portanto, é a chave para estabelecer a existência ou não de hierarquia entre normas. Assim, Paulo de Barros Carvalho diz que, em regra, inexiste hierarquia entre lei complementar e lei ordinária, porque a regra é que leis complementares não regulam o modo de produção de leis ordinárias, **salvo em um único caso**, que é a única situação em que a Constituição diz que uma lei complementar disciplina a forma como uma lei ordinária deve ser produzida. Esse caso é o previsto no art. 59, parágrafo único, da CF/88, que diz que *"lei complementar disporá sobre a elaboração, redação, alteração e consolidação das leis"*, dispositivo esse que foi regulamentado pela LC 95/98, sendo esta, portanto, a única lei complementar hierarquicamente superior às leis ordinárias. Segundo esse ponto de vista, a LC 95/98 teria um *status* supralegal (mas abaixo da Constituição), à semelhança dos tratados e convenções internacionais sobre direitos humanos não incorporados sob o rito de emendas constitucionais.

▶ Leis ordinárias

Vimos acima o que caracteriza uma lei complementar. E quanto às **leis ordinárias**? Qual é a característica de uma lei ordinária?

A lei complementar, como vimos, possui caráter ontológico formal. Consequentemente, a lei ordinária só pode ter outra característica, que é o seu **caráter residual**.

Como assim? É que, quando a Constituição estabelece que determinada matéria deve ser aprovada por maioria absoluta, exige lei complementar. Por outro lado, quando o texto constitucional não exige determinada espécie normativa nem tampouco maioria absoluta (bastando maioria simples), significa que o tema é de lei ordinária. **Esse é o caráter residual da lei ordinária: ela regula as matérias que a Constituição não atribui de modo expresso à lei complementar.**

É importante registrar, no entanto, que, em casos raros, a Constituição aproxima a lei ordinária da lei complementar, ao indicar matéria própria dela (lei ordinária), o que lhe atribui um caráter ontológico. Essas hipóteses se verificam quando a Constituição utiliza a expressão "lei específica", a qual não diz respeito a qualquer lei ordinária, mas, sim, a uma lei ordinária que deve regular de modo específico a matéria a que se refere o texto constitucional. Portanto, quando a Constituição utiliza a expressão "lei específica", ela indica matéria própria de lei ordinária, retirando da lei ordinária o caráter residual que lhe é próprio e aproximando-a da lei complementar.

E há pelo menos dois exemplos no texto constitucional de leis ordinárias exigidas para tratar especificamente de determinadas matérias, quais sejam:

1) **Art. 37, VII, da CF/88**, que cuida do direito de greve dos servidores públicos (*"o direito de greve será exercido nos termos e nos limites definidos em lei específica"*); e

2) **Art. 150, § 6º, da CF/88**, segundo o qual, qualquer renúncia a receita pública deve ser feita por meio de lei específica (*"§ 6º Qualquer subsídio ou isenção, redução de base de cálculo, concessão de crédito presumido, anistia ou remissão, relativos a impostos, taxas ou contribuições, só poderá ser concedido mediante lei específica, federal, estadual ou municipal, que regule exclusivamente as matérias acima enumeradas ou o correspondente tributo ou contribuição, sem prejuízo do disposto no art. 155, § 2.º, XII, g."*). Esse dispositivo não raramente serve como parâmetro para a declaração de inconstitucionalidade de diversas normas, porque é comum, no âmbito de todas as esferas da Federação, haver leis prevendo alguma renúncia de receita pública e, concomitantemente, regulando outras matérias, o que contraria a Constituição, que exige que a renúncia de receita pública se dê por meio de lei específica.

Quando a Constituição exige "lei específica", pode a lei ordinária (específica) regular outra matéria que não aquela expressamente indicada no texto constitucional?

Embora possa parecer que o fato de a Constituição exigir lei específica para tratar de determinada matéria faça com que essa lei necessariamente só possa tratar da matéria para a qual ela é exigida, não é isso que entende o Supremo Tribunal Federal.

Segundo o STF, lei específica **não é a mesma coisa que lei exclusiva**, de modo que, quando a CF/88 exige lei ESPECÍFICA para tratar de determinada matéria, nada impede que essa mesma lei trate, concomitantemente, de algum outro tema. Em outras palavras: a lei específica exigida pelo texto constitucional para disciplinar determinada matéria não necessariamente fica impedida de cuidar de outra matéria, a menos que a própria Constituição diga que essa lei deve tratar exclusivamente da matéria para a qual ela é exigida.

Essa questão foi enfrentada pelo STF na **ADI 5154** (j. 12/09/2023), na qual foi impugnada uma lei estadual (mais precisamente, uma lei do Estado do Pará) que tratava dos regimes de previdência dos militares estaduais e dos servidores civis estaduais.

Nessa ação, alegou-se que essa lei seria inconstitucional em virtude de o art. 42, § 1º, da CF/88, exigir "lei específica" para disciplinar a previdência dos militares estaduais, o que impediria que a mesma lei trouxesse, também, disposições sobre a previdência dos servidores civis.

O Supremo Tribunal Federal não concordou com essa alegação.

Segundo esclareceu o STF, quando a Constituição Federal quer que determinada matéria seja tratada com exclusividade por uma lei (de modo que essa lei não possa tratar de nenhum outro tema), ela faz isso de forma expressa, sendo possível citar como exemplo o art. 150, § 6º, da CF/88 (que vimos acima), o qual, ao se referir a benefícios tributários, estabelece que *"qualquer subsídio ou isenção, redução de base de cálculo, concessão de crédito presumido, anistia ou remissão, relativos a impostos, taxas ou contribuições, só poderá ser concedido mediante lei específica, federal, estadual ou municipal,* ***que regule exclusivamente*** *as matérias acima enumeradas ou o correspondente tributo ou contribuição"*.

No caso do regime de previdência dos militares estaduais, como a Constituição Federal não exige que a lei disciplinadora desse tema trate dele com exclusividade, nada impede que essa mesma lei cuide tanto do regime de previdência dos militares quanto do regime de previdência dos servidores civis, sendo possível, até mesmo, que ela (a lei) contenha disposições de caráter geral dirigidas igualmente a servidores civis e a militares (já que não há exigência constitucional de exclusividade de tema nessa lei).

▶ Leis delegadas

As **leis delegadas** são uma das hipóteses em que o Chefe do Executivo exerce, anomalamente, a função legislativa.

O Chefe do Executivo exerce (de forma anômala) a função legislativa em duas hipóteses: quando edita lei delegada e quando edita medida provisória.

A diferença clara que existe entre lei delegada e medida provisória é de **grau de formalidade**. Portanto, é a formalidade que define a diferença existente entre as legislações que podem ser editadas pelo Chefe do Poder Executivo.

A medida provisória é absolutamente informal (tem grau de formalidade baixo), pois o Presidente da República invoca relevância e urgência (as quais se presumem presentes, pois se trata de um ato do Poder Público, que, como se sabe, tem presunção relativa de veracidade e de legitimidade) e edita a medida provisória, submetendo-a, em seguida, à apreciação do Congresso Nacional.

Já a lei delegada é uma legislação presidencial com grau de formalidade alto, pois, para que ela possa ser elaborada, a Constituição exige delegação legislativa sob a forma de resolução do Congresso Nacional e que nessa resolução sejam indicadas as matérias sobre as quais o Presidente da República poderá legislar.

A propósito, é importante lembrar que não é possível haver delegação de matérias de competência exclusiva do Congresso Nacional ou de competência privativa da Câmara dos Deputados ou do Senado Federal nem tampouco os temas reservados a lei complementar, além dos temas elencados nos incisos do § 1º do art. 68 da CF/88.

> "**Art. 68, § 1º, CF/88** - Não serão objeto de delegação os atos de competência exclusiva do Congresso Nacional, os de competência privativa da Câmara dos

> Deputados ou do Senado Federal, a matéria reservada à lei complementar, nem a legislação sobre:
>
> I - organização do Poder Judiciário e do Ministério Público, a carreira e a garantia de seus membros;
>
> II - nacionalidade, cidadania, direitos individuais, políticos e eleitorais;
>
> III - planos plurianuais, diretrizes orçamentárias e orçamentos."

Então, **para a produção de uma lei delegada, exige-se uma delegação legislativa**. Porém, não necessariamente ocorrerá, após a elaboração da norma pelo Chefe do Poder Executivo, controle por parte do Legislativo da lei delegada produzida. Ou seja, obrigatoriamente, há um controle preventivo pelo Legislativo (art. 68, § 2º, da CF/88), mas não obrigatoriamente haverá controle repressivo, pois nem sempre a lei delegada que vier a ser produzida será submetida a controle posterior pelo Congresso Nacional, sendo necessário, para que isso ocorra, haver previsão no próprio ato de delegação legislativa, conforme estabelece o art. 68, § 3º, da CF/88.

A delegação que não exige controle posterior é chamada pela doutrina de **delegação típica**, enquanto a que exige controle posterior, **delegação atípica**. Nas hipóteses em que houver apreciação pelo Legislativo, este não poderá inserir qualquer emenda na lei elaborada pelo Presidente da República.

> **"Art. 68, CF/88.**
>
> (...)
>
> **§ 2º** A delegação ao Presidente da República terá a forma de resolução do Congresso Nacional, que especificará seu conteúdo e os termos de seu exercício.
>
> **§ 3º** Se a resolução determinar a apreciação do projeto pelo Congresso Nacional, este a fará em votação única, vedada qualquer emenda."

DECRETOS LEGISLATIVOS E RESOLUÇÕES

Quanto aos **decretos legislativos** e às **resoluções**, é necessário, primeiramente, saber as hipóteses de edição de um e de outro. Sobre isso, tem-se o seguinte:

1) Tudo que a CF/88 traz no art. 49 é hipótese de decreto legislativo; e

2) Tudo que a CF/88 traz nos arts. 51 e 52 tem a forma necessária de resolução.

A explicação é simples: o art. 49 cuida das hipóteses de competência do Congresso Nacional, e o ato que o Congresso Nacional edita é o decreto legislativo. Já os arts. 51 e 52 cuidam de competências da Câmara (art. 51) e do Senado (art. 52), e o ato que as Casas utilizam é a resolução.

Mas é necessário ter em mente que essa explicação é, na verdade, um "bizu" para ajudar na memorização. Ela não é tecnicamente precisa, já que, na verdade, também há resoluções editadas pelo Congresso Nacional, não se tratando de uma exclusividade de cada Casa Legislativa isoladamente considerada. Por exemplo, a própria CF/88 prevê a edição de resolução pelo **Congresso Nacional** para a delegação exigida previamente à elaboração de uma lei delegada (art. 68, CF/88).

Seja como for, o decreto legislativo e a resolução são espécies normativas utilizadas pelo Poder Legislativo para tratar de questões que competem apenas a ele. São, portanto, matérias em que os demais Poderes não se intrometem.

> "**Art. 49, CF/88.** É da competência exclusiva do Congresso Nacional:
>
> I - resolver definitivamente sobre tratados, acordos ou atos internacionais que acarretem encargos ou compromissos gravosos ao patrimônio nacional;
>
> II - autorizar o Presidente da República a declarar guerra, a celebrar a paz, a permitir que forças estrangeiras transitem pelo território nacional ou nele permaneçam temporariamente, ressalvados os casos previstos em lei complementar;
>
> III - autorizar o Presidente e o Vice-Presidente da República a se ausentarem do País, quando a ausência exceder a quinze dias;
>
> IV - aprovar o estado de defesa e a intervenção federal, autorizar o estado de sítio, ou suspender qualquer uma dessas medidas;
>
> V - sustar os atos normativos do Poder Executivo que exorbitem do poder regulamentar ou dos limites de delegação legislativa;
>
> VI - mudar temporariamente sua sede;
>
> VII - fixar idêntico subsídio para os Deputados Federais e os Senadores, observado o que dispõem os arts. 37, XI, 39, § 4º, 150, II, 153, III, e 153, § 2º, I;
>
> VIII - fixar os subsídios do Presidente e do Vice-Presidente da República e dos Ministros de Estado, observado o que dispõem os arts. 37, XI, 39, § 4º, 150, II, 153, III, e 153, § 2º, I;
>
> IX - julgar anualmente as contas prestadas pelo Presidente da República e apreciar os relatórios sobre a execução dos planos de governo;
>
> X - fiscalizar e controlar, diretamente, ou por qualquer de suas Casas, os atos do Poder Executivo, incluídos os da administração indireta;
>
> XI - zelar pela preservação de sua competência legislativa em face da atribuição normativa dos outros Poderes;
>
> XII - apreciar os atos de concessão e renovação de concessão de emissoras de rádio e televisão;
>
> XIII - escolher dois terços dos membros do Tribunal de Contas da União;
>
> XIV - aprovar iniciativas do Poder Executivo referentes a atividades nucleares;
>
> XV - autorizar referendo e convocar plebiscito;
>
> XVI - autorizar, em terras indígenas, a exploração e o aproveitamento de recursos hídricos e a pesquisa e lavra de riquezas minerais;
>
> XVII - aprovar, previamente, a alienação ou concessão de terras públicas com área superior a dois mil e quinhentos hectares;
>
> XVIII - decretar o estado de calamidade pública de âmbito nacional previsto nos arts. 167-B, 167-C, 167-D, 167-E, 167-F e 167-G desta Constituição. ***(Incluído pela EC 109/2021)"***
>
> "**Art. 51, CF/88.** Compete privativamente à Câmara dos Deputados:
>
> I - autorizar, por dois terços de seus membros, a instauração de processo contra o Presidente e o Vice-Presidente da República e os Ministros de Estado;
>
> II - proceder à tomada de contas do Presidente da República, quando não apresentadas ao Congresso Nacional dentro de sessenta dias após a abertura da sessão legislativa;

III - elaborar seu regimento interno;

IV - dispor sobre sua organização, funcionamento, polícia, criação, transformação ou extinção dos cargos, empregos e funções de seus serviços, e a iniciativa de lei para fixação da respectiva remuneração, observados os parâmetros estabelecidos na lei de diretrizes orçamentárias;

V - eleger membros do Conselho da República, nos termos do art. 89, VII."

"**Art. 52, CF/88.** Compete privativamente ao Senado Federal:

I - processar e julgar o Presidente e o Vice-Presidente da República nos crimes de responsabilidade, bem como os Ministros de Estado e os Comandantes da Marinha, do Exército e da Aeronáutica nos crimes da mesma natureza conexos com aqueles;

II - processar e julgar os Ministros do Supremo Tribunal Federal, os membros do Conselho Nacional de Justiça e do Conselho Nacional do Ministério Público, o Procurador-Geral da República e o Advogado-Geral da União nos crimes de responsabilidade;

III - aprovar previamente, por voto secreto, após argüição pública, a escolha de:

a) Magistrados, nos casos estabelecidos nesta Constituição;

b) Ministros do Tribunal de Contas da União indicados pelo Presidente da República;

c) Governador de Território;

d) Presidente e diretores do banco central;

e) Procurador-Geral da República;

f) titulares de outros cargos que a lei determinar;

IV - aprovar previamente, por voto secreto, após argüição em sessão secreta, a escolha dos chefes de missão diplomática de caráter permanente;

V - autorizar operações externas de natureza financeira, de interesse da União, dos Estados, do Distrito Federal, dos Territórios e dos Municípios;

VI - fixar, por proposta do Presidente da República, limites globais para o montante da dívida consolidada da União, dos Estados, do Distrito Federal e dos Municípios;

VII - dispor sobre limites globais e condições para as operações de crédito externo e interno da União, dos Estados, do Distrito Federal e dos Municípios, de suas autarquias e demais entidades controladas pelo Poder Público federal;

VIII - dispor sobre limites e condições para a concessão de garantia da União em operações de crédito externo e interno;

IX - estabelecer limites globais e condições para o montante da dívida mobiliária dos Estados, do Distrito Federal e dos Municípios;

X - suspender a execução, no todo ou em parte, de lei declarada inconstitucional por decisão definitiva do Supremo Tribunal Federal;

XI - aprovar, por maioria absoluta e por voto secreto, a exoneração, de ofício, do Procurador-Geral da República antes do término de seu mandato;

XII - elaborar seu regimento interno;

XIII - dispor sobre sua organização, funcionamento, polícia, criação, transformação ou extinção dos cargos, empregos e funções de seus serviços, e a iniciativa de lei para fixação da respectiva remuneração, observados os parâmetros estabelecidos na lei de diretrizes orçamentárias;

XIV - eleger membros do Conselho da República, nos termos do art. 89, VII.

XV - avaliar periodicamente a funcionalidade do Sistema Tributário Nacional, em sua estrutura e seus componentes, e o desempenho das administrações tributárias da União, dos Estados e do Distrito Federal e dos Municípios.

Parágrafo único. Nos casos previstos nos incisos I e II, funcionará como Presidente o do Supremo Tribunal Federal, limitando-se a condenação, que somente será proferida por dois terços dos votos do Senado Federal, à perda do cargo, com inabilitação, por oito anos, para o exercício de função pública, sem prejuízo das demais sanções judiciais cabíveis."

Quanto às competências previstas no art. 49 da CF/88, é importante ter atenção ao inciso XVIII desse artigo, que foi incluído pela EC 109/2021 (resultante da aprovação da chamada "PEC Emergencial") e atribuiu ao Congresso Nacional, com exclusividade, a competência para decretar o estado de calamidade pública de âmbito nacional para que a União fique autorizada a adotar, enquanto perdurar a calamidade, um regime extraordinário fiscal, financeiro e de contratações (inclusive de pessoal), com a finalidade de atender as necessidades decorrentes desse cenário de crise e de enfrentá-lo, tudo nos termos dos arts. 167-B, 167-C, 167-D, 167-E, 167-F e 167-G da CF/88, que também foram incluídos no texto constitucional pela EC 109/2021.

É importante registrar que a decretação do estado de calamidade pública nacional pelo Congresso Nacional com fundamento no art. 49, XVIII, da CF/88 depende de proposta do Presidente da República, conforme consta do art. 84, XXVIIII (também incluído pela EC 109/2021), e do art. 167-B da CF/88. Isso porque o inciso XXVIII do art. 84 do texto constitucional estabelece ser da competência privativa do Chefe do Executivo Federal propor, ao Congresso Nacional, a decretação de estado de calamidade pública de âmbito nacional para os fins do regime extraordinário previsto nos arts. 167-B a 167-G da CF/88, além de o próprio art. 167-B da CF/88 deixar claro que a decretação desse estado de calamidade pelo Congresso Nacional é feita por iniciativa do Presidente da República.

Confira os dispositivos:

"***Art. 49, CF/88.*** É da competência exclusiva do Congresso Nacional:

(...)

XVIII - decretar o estado de calamidade pública de âmbito nacional previsto nos arts. 167-B, 167-C, 167-D, 167-E, 167-F e 167-G desta Constituição. ***(Incluído pela EC 109/2021)***"

"***Art. 84, CF/88.*** Compete privativamente ao Presidente da República:

(...)

XXVIII - propor ao Congresso Nacional a decretação do estado de calamidade pública de âmbito nacional previsto nos arts. 167-B, 167-C, 167-D, 167-E, 167-F e 167-G desta Constituição. ***(Incluído pela EC 109/2021)***"

"***Art. 167-B, CF/88.*** Durante a vigência de estado de calamidade pública de âmbito nacional, decretado pelo Congresso Nacional ***por iniciativa privativa do Presidente da República***, a União deve adotar regime extraordinário fiscal, financeiro e de contratações para atender às necessidades dele decorrentes, somente naquilo em que a urgência for incompatível com o regime regular, nos termos definidos nos arts. 167-C, 167-D, 167-E, 167-F e 167-G desta Constituição. *(Incluído pela EC 109/2021)*"

Além disso, deve-se dar destaque especial, também, ao inciso I do art. 49 da CF/88, que diz competir ao Congresso Nacional decidir sobre tratados internacionais, o que é feito por meio de decreto legislativo. **Ainda que o tratado se refira a direitos humanos, utiliza-se a espécie normativa decreto legislativo, mas, aí, o rito poder ser diferente, com dois turnos de votação em cada uma das Casas, mediante aprovação por maioria de 3/5 (art. 5º, § 3º, CF/88).**

Também merecem atenção especial o art. 51, III, e o art. 52, XII, da CF/88, que preveem as competências da Câmara e do Senado para editar seus regimentos internos. **Os regimentos internos das Casas do Congresso Nacional têm a forma de resolução e, por tal motivo, somente por meio de resoluções podem ser alterados.**

Por fim, houve um caso em que o Senado Federal editou uma Resolução, com apoio no art. 52, VII, da CF/88, autorizando os Estados, o Distrito Federal e os Municípios a transferirem, por meio de endosso-mandato (o qual não transfere a titularidade do crédito, mas apenas dá ao endossatário poderes para agir como representante do endossante) a cobrança de suas dívidas ativas a instituições financeiras. Essa Resolução teve sua constitucionalidade questionada perante o STF em sede de ADI.

O Supremo Tribunal Federal decidiu que a Resolução em questão é inconstitucional, pois o art. 52, VII, da CF/88 prevê ser competência privativa do Senado Federal dispor sobre limites e condições para a realização de operações de crédito externo e interno pelas entidades da Federação, e a transferência a instituições financeiras de valores inscritos em dívida ativa não se enquadra no conceito de operação de crédito previsto no art. 29, III, da LRF (LC 101/2000). Logo, há, no caso, uma inconstitucionalidade formal, já que o tema, segundo afirmado pelo STF, deveria ter sido tratado por meio de lei.

A ementa do acórdão ficou redigida nos seguintes termos:

> "(...) 1. Não caracterização como operação de crédito, para fins de submissão ao disposto no art. 52, inciso VII, da Constituição Federal, da autorização prevista pela Resolução do Senado Federal 33/2006, de cessão da Dívida Ativa de Estados, do Distrito Federal e de Municípios a instituições financeiras mediante emprego de endosso-mandato e antecipação de receita. 2. A leitura constitucional do conceito de operações de crédito, incluída a por antecipação de receita, deve atentar para o de responsabilidade fiscal. 3. **Alteração na forma de cobrança da Dívida Ativa tributária e não tributária demanda tratamento estritamente legal.** (...)" **(ADI 3786/DF; Relator(a): Min. ALEXANDRE DE MORAES; J. 03/10/2019; Pleno)**

Apenas com o intuito de enriquecer os estudos, é interessante chamar atenção para o fato de que o STF, ao julgar esse caso, analisou tão somente o vício de forma, mas deixou de se manifestar sobre alguns questionamentos extremamente importantes para o debate do tema:

I) Tendo em vista que a norma impugnada interfere em atribuições de agentes públicos dos Estados, Distrito Federal e Municípios, a competência para disciplinar a questão não seria deles, dentro da esfera de autonomia de cada um?

II) A transferência da cobrança da dívida ativa (ainda que mediante antecipação de receita) não fere a exclusividade de representação conferida pelo art. 132 da CF/88 aos Procuradores dos Estados e do Distrito Federal, de modo que nem mesmo por meio de lei poderia ser admitida?

Infelizmente, a Suprema Corte perdeu uma ótima oportunidade de se manifestar sobre esses pontos e, assim, contribuir para fortalecer a segurança jurídica no tratamento da matéria.

■ MEDIDA PROVISÓRIA

A **medida provisória** é regulada pelo art. 62 da CF/88, cuja atual redação decorre da EC nº 32/2001, não se tratando do texto original da Constituição.

A medida provisória é a principal influência parlamentarista em uma Constituição presidencialista. Por que se diz isso? Porque as nossas principais inspirações para o uso de medida provisória são a Constituição da Itália (art. 66) e a Constituição da Espanha (art. 77), Constituições essas que adotam o parlamentarismo, no qual, quem edita a medida provisória é o Primeiro-Ministro.

E, como se sabe, no Parlamentarismo há a responsabilidade política, por força da qual, a manutenção do Governo depende da confiança do Parlamento. Assim, se o Primeiro-Ministro conseguir converter a medida provisória em lei, significa que ele obteve a confiança que se esperava do Parlamento, mas, se ele não obtiver a conversão da medida provisória em lei, isso equivale a um voto de censura ou a uma moção de desconfiança (o Parlamento manifesta desconfiança no Primeiro-Ministro, pois este alega que determinada matéria é relevante e urgente, mas, na verdade, não é).

Isso quer dizer que, na Itália e na Espanha, se não houver conversão do Decreto-Lei (termo utilizado nesses países, que não foi utilizado na CF/88 para não causar confusão com o antigo Decreto-Lei brasileiro) em lei, o Gabinete inteiro cai (inclusive, o Primeiro-Ministro), o que faz com que, nesses países, a média de Decretos-Leis editados seja baixíssima (1 e 1,5 por ano, respectivamente). Já no Brasil, chegou a haver, em um determinado ano, 5 mil medidas provisórias editadas.

Na verdade, **a medida provisória é um corpo estranho no Presidencialismo**. Não há nenhum Presidencialismo hoje, no mundo contemporâneo, similar ao que temos no Brasil. A medida provisória é um instituto inspirado no Parlamentarismo aplicado ao Presidencialismo, mas, no Presidencialismo, é irrelevante a confiança do Parlamento no governo (sendo este conservado enquanto não houver uma ilicitude, seja ela penal, civil ou de natureza político-administrativa), de modo que este não cai se a medida provisória for eventualmente rejeitada pelo Poder Legislativo.

▶ Pressupostos e requisitos da medida provisória

Agora passamos a analisar os **pressupostos** (materiais) e os **requisitos** (formais) para a edição (e, se for o caso, reedição) de uma medida provisória.

A CF/88 impõe duas condições materiais para que a medida provisória possa ser editada e, sendo o caso, reeditada, além de duas condições formais para que seja lícito o procedimento pelo qual a medida provisória é editada e, sendo o caso, reeditada.

→ *Pressupostos da medida provisória*

Os **pressupostos (materiais)** para a edição de uma medida provisória são dois:

a) **relevância**; e

b) **urgência.**

Relevância é o mesmo que **interesse público.** Logo, matéria relevante é a matéria de interesse público. Se não houver interesse público, não haverá relevância suficiente que justifique a edição ou reedição de uma medida provisória.

E quanto à urgência? Há na doutrina a indicação de um critério objetivo para definir urgência: urgente é **aquilo que não pode aguardar 90 (noventa) dias.** Dessa forma, se não houver condição de que se aguardem 90 dias, haverá urgência suficiente para justificar a edição de uma medida provisória, mas, se for possível aguardar 90 dias, não haverá urgência suficiente para a edição de uma medida provisória.

De onde se extraiu esse prazo de 90 dias? Da interpretação sistemática do art. 64 da CF/88, especialmente, dos seus §§ 1º e 2º. Esse dispositivo regula o que a doutrina chama de **procedimento legislativo sumário** (que é aquele que apresenta urgência urgentíssima), o rito mais rápido que a CF/88 prevê para a produção de uma norma legal.

> **"Art. 64, CF/88.**
>
> (...)
>
> **§ 1º** - O Presidente da República poderá solicitar urgência para apreciação de projetos de sua iniciativa.
>
> **§ 2º** - Se, no caso do § 1º, a Câmara dos Deputados e o Senado Federal não se manifestarem sobre a proposição, cada qual sucessivamente, em até quarenta e cinco dias, sobrestar-se-ão todas as demais deliberações legislativas da respectiva Casa, com exceção das que tenham prazo constitucional determinado, até que se ultime a votação."

Foi do § 1º acima transcrito que surgiu a expressão "urgência urgentíssima". Isso porque tudo que envolve processo legislativo é urgente, mas, na hipótese desse dispositivo, a urgência é ainda maior, cuidando-se de uma urgência urgentíssima.

Segundo esse dispositivo, o Chefe do Poder Executivo pode solicitar urgência na apreciação de proposições de sua iniciativa, e, conforme prevê o § 2º, nesse caso, cada Casa do Congresso Nacional terá o prazo de 45 (quarenta e cinco) dias para apreciar a proposta, ficando a pauta trancada, caso esse prazo não seja observado.

Considerando que a soma de 45 dias com 45 dias resulta em 90 dias, esse prazo de 90 dias é o prazo mínimo para a produção de uma lei ordinária. Por conseguinte, se o Presidente puder aguardar 90 dias, caberá a ele oferecer projeto de lei e, até mesmo, pedir urgência, sendo que, ao fim de 90 dias, terá um projeto aprovado ou rejeitado. Porém, se não for possível aguardar 90 dias, poderá editar uma medida provisória, que, em seguida, será convertida ou não em lei pelo Congresso Nacional.

É possível haver controle de constitucionalidade dos pressupostos de relevância e urgência da medida provisória? O STF pode declarar inconstitucional uma medida provisória por ausência de um ou de ambos esses pressupostos? Em outras palavras: **esses pressupostos são sindicáveis pelo Judiciário ou se inserem apenas no âmbito de discricionariedade política do Executivo e do Legislativo?**

Até o ano de 2001, o STF entendia que não era possível o controle de constitucionalidade, pelo Judiciário, dos pressupostos de relevância e urgência da medida provisória, cuidando-se de conceitos discricionários cuja aferição seria reservada ao Chefe do Executivo (e ao Legislativo). Assim, qualquer invasão do STF no mérito desses pressupostos seria indevida e poderia, inclusive, ferir o art. 2º da CF/88 (separação dos Poderes).

Nesse diapasão, segundo o STF, sua atuação em relação à medida provisória devia se limitar a analisar dois aspectos: I) se a norma veiculada pela medida provisória era válida (validade material); e II) se a matéria por ela tratada podia ser veiculada em medida provisória (validade formal). Então, o que o STF podia fazer era analisar a constitucionalidade formal e a constitucionalidade material da medida provisória, ficando os pressupostos de relevância e urgência submetidos apenas ao crivo do Chefe do Executivo e do Legislativo.

Porém, por conta de abusos cometidos na edição de medidas provisórias por todos os governos posteriores à promulgação da CF/88, o STF, aproveitando a edição da EC 32/01, mudou seu entendimento e passou a afirmar que é possível, sim, o controle de constitucionalidade dos pressupostos materiais das medidas provisórias (relevância e urgência), podendo haver a declaração de inconstitucionalidade de uma medida provisória por falta de relevância, por falta de urgência ou por falta de ambos.

Portanto, nos termos do atual entendimento do STF, a análise que ele faz em relação às medidas provisórias é tríplice: I) analisa a validade da norma contemplada pela medida provisória (isto é, o seu conteúdo); II) analisa se a matéria pode ser tratada por medida provisória ou não; e III) analisa se estão presentes ou não os pressupostos materiais da medida provisória (isto é, a relevância e a urgência).

E, conforme entendeu o STF na **ADI 5599** (julgada em 26/10/2020), a Corte pode, no momento em que aprecia os requisitos de relevância e urgência, analisar os motivos expostos pelo Presidente da República ao editar a medida provisória. O objetivo disso é auxiliar o Tribunal a desvendar, à luz da justificativa apresentada pelo Chefe do Executivo, se a norma realmente é relevante e urgente.

Nos termos que constaram do acórdão desse caso, *"no limitado controle dos requisitos formais da medida provisória* ***deve o Poder Judiciário verificar se as razões apresentadas na exposição de motivos pelo Chefe do Poder Executivo são congruentes com a urgência e a relevância alegadas****, sem adentrar ao juízo de fundo que o texto constitucional atribui ao Poder Legislativo"*.

Um detalhe muito interessante nesse julgado é que, ao se referir aos pressupostos de relevância e urgência como "requisitos formais da medida provisória", o Supremo Tribunal Federal deixou claro que entende que eventual vício nesses pressupostos constitucionais de edição da norma caracteriza uma inconstitucionalidade **formal**, e não uma inconstitucionalidade material, muito embora, conforme vimos anteriormente, a relevância e a urgência exigidas pela CF/88 para a edição de medida provisória tenham nítido caráter material (pois se referem ao conteúdo da norma).

É importante registrar, ainda, que, em relação aos pressupostos (materiais) de relevância e urgência, o STF entende que apenas pode declarar a inconstitucionalidade da medida provisória, se a ausência de um deles ou de ambos for manifesta, nítida, notória, isto é, desde que não seja necessário discutir o mérito da norma para saber se há relevância e urgência ou não. Em outras palavras, para que o Poder Judiciário possa exercer controle acerca da presença ou não dos pressupostos de relevância e urgência, é necessário que se trate de uma situação de abuso do poder de legislar via medida provisória ou de desvio de finalidade.

Se não se caracterizar essa notoriedade, a aferição da relevância e da urgência restará reservada ao Chefe do Executivo e ao Legislativo.

Imagine, **por exemplo**, que o Chefe do Executivo edite uma medida provisória no mês de março, instituindo a cobrança de um imposto. Como se sabe, os impostos se submetem ao princípio da anterioridade, de modo que só podem ser cobrados no exercício seguinte ao de sua instituição ou majoração. Dessa forma, considerando que a medida provisória foi editada em março, ou seja, 10 meses antes da data em que o tributo poderia começar a ser cobrado, é manifesta a falta de urgência no caso (sequer sendo necessário analisar a relevância da questão), de modo que o STF pode declarar a inconstitucionalidade dessa medida provisória, por conta da falta do pressuposto de urgência.

Confira o seguinte precedente do Supremo Tribunal Federal no sentido do que acabamos de ver:

> "(...) 1. A decisão agravada está alinhada à jurisprudência do Supremo Tribunal Federal, firme no sentido de que **somente se admite o exame jurisdicional do mérito dos requisitos de relevância e urgência na edição de medida provisória em casos excepcionalíssimos, em que a ausência desses pressupostos seja evidente.** (...)" **(RE 526353 AgR/RJ; Relator(a): Min. ROBERTO BARROSO; J. 22/09/2015; Primeira Turma)**

Por fim, é importante registrar um relevante entendimento que foi adotado no âmbito do Supremo Tribunal Federal sobre os pressupostos de edição de uma medida provisória: **se a matéria já foi deliberada pelo Poder Legislativo, não pode o Chefe do Executivo editar uma medida provisória em sentido diverso**, suplantando a vontade manifestada pelo legislador. Segundo o STF, em uma hipótese como essa, não se fazem presentes os requisitos de relevância e urgência necessários para a edição de uma medida provisória.

Esse entendimento foi adotado na medida cautelar deferida na **ADI 7232** (decisão da Min. Cármen Lúcia de 04/11/2022). Nessa ação, a norma impugnada foi uma medida provisória editada pelo Presidente da República que disciplinou determinado tema de forma diversa daquela que o Congresso Nacional havia anteriormente deliberado, inclusive, **derrubando veto oposto pelo próprio Presidente da República** em projetos de lei que tratavam da questão. Ou seja, a medida provisória editada pelo Poder Executivo nesse caso teve o propósito de substituir a vontade manifestada legitimamente pelo legislador, caracterizando um verdadeiro **desvio de finalidade e abuso de poder** (pois a medida provisória nesse caso teve como intuito burlar o devido processo legislativo).

→ *Requisitos da medida provisória*

Além dos pressupostos (materiais), a Constituição exige, para a edição de uma medida provisória, a observância de **requisitos (formais)**, que também são dois:

a) **edição pelo Presidente da República**; e

b) submissão ao Congresso Nacional.

- Edição pelo Presidente da República

Segundo a Constituição, cabe ao Presidente da República editar a medida provisória e submetê-la ao Congresso Nacional, e cabe ao Congresso Nacional apreciar a medida provisória, convertendo-a ou não em lei.

É importante notar que a CF/88 reserva a edição de medida provisória não ao próprio titular do cargo de Presidente da República, mas a qualquer pessoa que exerça a Presidência da República, desde que atue nessa qualidade, ainda que de forma interina. Portanto, qualquer pessoa que esteja no exercício do cargo de Presidente da República (titular, sucessor ou substituto) pode editar medida provisória.

- Submissão ao Congresso Nacional

Quanto à necessidade de submissão da medida provisória ao Congresso Nacional, surge o seguinte questionamento: **essa submissão precisa ser imediata ou pode não ser imediata?**

Além disso, há uma questão envolvendo o prazo de vigência da medida provisória, que é de 60 dias, prorrogáveis uma única vez por mais 60 dias. Essa questão é a seguinte: **há algum caso em que o prazo de vigência da medida provisória pode ultrapassar 120 dias?** Sim, há, como veremos logo abaixo.

A redação original da CF/88 dizia que, quando fosse editada medida provisória durante recesso parlamentar, haveria convocação extraordinária do Congresso Nacional para apreciá-la. Por conta de abusos, a EC 32/2001 alterou a norma em relação a esse aspecto, e agora o art. 62, § 4º, da CF/88 prevê que o prazo de vigência da medida provisória será suspenso durante o recesso do Congresso Nacional. Logo, é sim possível que a vigência de uma medida provisória ultrapasse 120 dias, o que ocorre em caso de haver recesso parlamentar durante esse período.

Isso, inclusive, responde o outro questionamento, pois mostra que, embora o *caput* do art. 62 da CF/88 determine que a medida provisória, uma vez editada, seja imediatamente submetida ao Congresso Nacional, nem sempre essa submissão será imediata. Isso porque, atualmente, a edição de uma medida provisória durante recesso parlamentar não mais acarreta a convocação do Parlamento, devendo-se, nessa hipótese, aguardar o transcurso do recesso (durante o qual, fica suspenso o prazo de eficácia da norma elaborada pelo Executivo), para, quando o Legislativo retornar aos trabalhos, submeter-se a medida provisória ao seu controle.

> "**Art. 62, CF/88.** Em caso de relevância e urgência, o Presidente da República poderá adotar medidas provisórias, com força de lei, devendo submetê-las de imediato ao Congresso Nacional.
>
> (...)
>
> **§ 3º** As medidas provisórias, ressalvado o disposto nos §§ 11 e 12 perderão eficácia, desde a edição, se não forem convertidas em lei no prazo de sessenta dias, prorrogável, nos termos do § 7º, uma vez por igual período, devendo o Congresso Nacional disciplinar, por decreto legislativo, as relações jurídicas delas decorrentes.

> **§ 4º** O prazo a que se refere o § 3º contar-se-á da publicação da medida provisória, suspendendo-se durante os períodos de recesso do Congresso Nacional.
>
> (...)"

Quando remetida ao Legislativo, a tramitação da medida provisória sempre se inicia pela Câmara dos Deputados, conforme estabelece o art. 62, § 8º, da CF/88. Além disso, antes de os Plenários das Casas apreciarem (separadamente) a medida, alguns Deputados e Senadores, reunidos em uma comissão mista, deverão realizar um juízo prévio e emitir parecer sobre ela, como determina o art. 62, § 9º, do texto constitucional.

Cada Casa do Congresso Nacional, antes de apreciar o mérito (isto é, o conteúdo) da medida provisória, deve analisar se estão presentes os pressupostos de relevância e urgência justificadores da sua edição, nos termos do que prevê o art. 62, § 5º, da CF/88.

> **"Art. 62, CF/88.**
>
> (...)
>
> **§ 5º** A deliberação de cada uma das Casas do Congresso Nacional sobre o mérito das medidas provisórias dependerá de juízo prévio sobre o atendimento de seus pressupostos constitucionais.
>
> (...)
>
> **§ 8º** As medidas provisórias terão sua votação iniciada na Câmara dos Deputados.
>
> **§ 9º** Caberá à comissão mista de Deputados e Senadores examinar as medidas provisórias e sobre elas emitir parecer, antes de serem apreciadas, em sessão separada, pelo plenário de cada uma das Casas do Congresso Nacional."

▶ Apreciação das medidas provisórias por meio de deliberação remota durante a pandemia de COVID-19

As medidas provisórias, uma vez editadas pelo Presidente da República, devem ser imediatamente submetidas ao Congresso Nacional, onde, antes de serem analisadas pelo Plenário de cada Casa Legislativa (Câmara dos Deputados e Senado Federal), devem ser submetidas a uma comissão mista de Deputados e Senadores. Esse é o procedimento estabelecido no art. 62, *caput* e § 9º, da CF/88.

> "**Art. 62, CF/88.** Em caso de relevância e urgência, o Presidente da República poderá adotar medidas provisórias, com força de lei, devendo submetê-las de imediato ao Congresso Nacional.
>
> (...)
>
> **§ 9º** Caberá à comissão mista de Deputados e Senadores examinar as medidas provisórias e sobre elas emitir parecer, antes de serem apreciadas, em sessão separada, pelo plenário de cada uma das Casas do Congresso Nacional.
>
> (...)"

A regra do § 9º do art. 62 da CF/88, que determina a submissão prévia das medidas provisórias a uma comissão mista de Deputados e Senadores deve sempre, em toda e qualquer hipótese, ser observada? É possível deixar de segui-la, caso haja razões excepcionais que justifiquem o seu afastamento?

Esse questionamento tem a ver com atos editados pela Câmara dos Deputados e pelo Senado Federal (um deles conjuntamente por ambas as Casas) nos quais se estabeleceu, para o período da pandemia de COVID-19, um sistema de deliberação remota (*on-line*) no Poder Legislativo federal e ficou previsto que, na tramitação das medidas provisórias por esse sistema, deixaria de haver a análise prévia da comissão mista de Deputados e Senadores prevista no art. 62, § 9º, da CF/88 e essa etapa ficaria substituída pela emissão de parecer por um Parlamentar designado de acordo com as regras regimentais, sendo esse parecer apresentado diretamente ao Plenário da respectiva Casa Legislativa para deliberação.

Essas normas internas do Poder Legislativo que afastaram o procedimento estabelecido pela Constituição Federal em seu art. 62, § 9º, são constitucionais? **Segundo o STF, sim.**

O caso foi analisado pelo Supremo Tribunal Federal na **ADI 6751** e nas **ADPFs 661 e 663**, todas julgadas em 08/09/2021. Ao julgar essas ações, a Corte entendeu que a mudança procedimental operada pelas normas impugnadas teve como finalidade adaptar os trabalhos legislativos à realidade de distanciamento social imposta pela pandemia de COVID-19, e que isso seria uma forma de promover o princípio da eficiência da atuação do poder público, que é consagrado pela Constituição Federal.

Segundo o STF, com essa medida, o Poder Legislativo viabilizou a continuidade das atividades parlamentares durante um período em que ficou inviabilizado o funcionamento das suas comissões, tratando-se de uma norma que respeitou a prerrogativa do Presidente da República de apresentar medidas provisórias (já que, sem a implantação do sistema de deliberação remota, as medidas provisórias acabariam perdendo eficácia por decurso de prazo, já que pandemias não são hipóteses constitucionalmente previstas de suspensão do prazo de vigência dessas normas), bem como a competência do próprio Poder Legislativo para analisá-las. É, portanto, uma norma que concretizou a separação e harmonia entre os Poderes, já que viabilizou que as prerrogativas constitucionais deles continuassem sendo exercidas.

A Corte esclareceu, ainda, que a adoção do sistema de deliberação remota em plataforma *on-line* não viola o direito das minorias parlamentares de se manifestarem no processo de aprovação de medidas provisórias, pois, nesse sistema, há a apresentação de parecer sobre a norma submetida a apreciação diretamente ao Plenário da Casa Legislativa, onde todos os Parlamentares podem se manifestar.

Assim, tratando-se de uma medida que se justifica em virtude da situação excepcional de distanciamento social imposta pela pandemia de COVID-19, o STF concluiu ser razoável, na tramitação das medidas provisórias, a utilização do sistema de deliberação remota com a substituição da manifestação prévia da comissão mista de Deputados e Senadores (art. 62, § 9º, CF/88) por um parecer apresentado por um Parlamentar diretamente em Plenário.

Nas palavras dos Min. Alexandre de Moraes (relator), é:

> *"razoável, em tempos de estado de emergência decretado em face de grave pandemia, a possibilidade de o Congresso Nacional, temporariamente, estabelecer a apresentação de parecer sobre as medidas provisórias diretamente em Plenário, por parlamentar designado na forma regimental, em virtude da impossibilidade momentânea de atuação da comissão mista.*
>
> *Essa previsão regimental excepcional possibilitará, em sua plenitude e com eficiência, a análise congressual das medidas provisórias editadas pelo Presidente da República, respeitando a competência do chefe do Executivo para sua edição, e do Congresso Nacional para sua análise e deliberação e, dessa forma, concretizando a harmonia estabelecida constitucionalmente no art. 2º do texto constitucional.*
>
> *Nosso texto constitucional consagrou, juntamente com a necessidade de atuação harmônica do Legislativo, Executivo e Judiciário, o respeito ao princípio da eficiência, como aquele que impõe a todos os poderes de Estado e a seus agentes a persecução do bem comum, por meio do exercício de suas competências de forma imparcial, neutra, transparente, participativa, eficaz, sem burocracia e sempre em busca da qualidade, primando pela adoção dos critérios constitucionais, legais e morais necessários para a maior rentabilidade social de suas atividades.*
>
> *A proposta de adequação interpretativa do Congresso Nacional é razoável e atende ao princípio da eficiência, que se dirige para a razão e fim maior do Estado, a prestação dos serviços públicos e sociais essenciais à população, visando à adoção de todos os meios legais e morais possíveis para satisfação do bem comum".*

A medida, portanto, é constitucional.

E a constitucionalidade da adoção do sistema de deliberação remota se manteve mesmo após a retomada parcial dos trabalhos parlamentares presenciais, pois, segundo esclareceu o STF, apenas parte dos trabalhos presenciais foram retomados, tendo permanecido a necessidade de realização remota de algumas atividades, em virtude de a pandemia de COVID-19 ainda não ter sido completamente superada no momento do julgamento das ações.

A esse respeito, o Min. Alexandre de Moraes explicou que:

> *"dadas as circunstâncias singulares em questão, nas quais todas as instâncias do Poder Público foram obrigadas a transigir em relação ao seu funcionamento normal, impõe-se reconhecer que a solução alcançada pelos órgãos diretivos do Congresso Nacional, nos termos apresentados nos autos e deliberados pela CORTE no julgamento cautelar, é aquela que melhor concilia todos interesses em causa.*
>
> *A evolução dessas circunstâncias ao longo dos últimos meses, conforme noticiado nos autos, parece ter permitido, ou mesmo exigido, o retorno de parte das atividades parlamentares de maior urgência e sensibilidade política e administrativa, como o funcionamento da Comissão Mista do Orçamento.*
>
> *Nem por isso, no entanto, será possível afirmar que os atos impugnados nas ações em julgamento perderam o seu fundamento de validade, ou foram nulificados por uma inconstitucionalidade superveniente.*
>
> *A pandemia do novo coronavírus ainda exige a observância de cautelas sanitárias que restringem a plena circulação e reunião de pessoas em espaços públicos e confinados, isso em todo o território nacional, inclusive no Distrito Federal, em que pesem os avanços na campanha de vacinação de toda a população. Mostra-se precipitada, assim, a afirmação de que já estariam superadas as circunstâncias fáticas que fundamentaram o julgamento cautelar nos presentes autos. Ainda há uma crise de saúde pública em curso, a exigir uma atuação consistente do Poder Público".*

Por fim, há mais uma questão que foi analisada pelo STF e que foi alegada especificamente na **ADI 6751**: a alteração no funcionamento do Parlamento quanto às deliberações legislativas pode ser feito por meio de ato que não seja uma resolução?

O objeto dessa ação foi um ato conjunto das Mesas da Câmara dos Deputados e do Senado Federal, e, por conta disso, o legitimado ativo pediu o reconhecimento de sua inconstitucionalidade formal, alegando que o funcionamento interno do Poder Legislativo deve necessariamente ser regulado por resolução, sendo inadmissível que isso seja feito por outra forma.

O Tribunal, porém, rejeitou essa alegação e reconheceu a constitucionalidade formal do ato impugnado, em virtude de não existir, na Constituição Federal, reserva de resolução para tratar do funcionamento das atividades parlamentares.

O Min. Alexandre de Moraes explicou que a resolução é ato do Congresso Nacional ou de qualquer de suas Casas e, assim como as demais espécies normativas previstas no art. 59 da CF/88, possui caráter primário. Ela (a resolução), em regra, destina-se a produzir efeitos internos, mas, excepcionalmente, pode produzir efeitos externos (a exemplo da resolução que realiza delegação legislativa ao Presidente da República), e se presta a regular matérias relevantes para o funcionamento do Poder Legislativo que não sejam próprias de decreto legislativo ou de lei nem estejam incluídas nas competências privativas da Câmara dos Deputados (art. 51, CF/88) e do Senado Federal (art. 52, CF/88). No entanto, não há disposição na Constituição que estabeleça que apenas resoluções podem tratar das matérias relevantes para o funcionamento das atividades parlamentares.

Portanto, é constitucional a previsão da adoção de sistema de deliberação parlamentar remota (em plataforma *on-line*) por ato conjunto das Mesas da Câmara dos Deputados e do Senado Federal que não tenha forma de resolução.

▶ Matérias que não podem ser objeto de medida provisória

Um aspecto muito importante (e muito cobrado em provas) da medida provisória são as matérias sobre as quais ela pode ou não pode versar. O Presidente da República pode editar medida provisória sobre toda e qualquer matéria? **Não.**

Existem matérias (elencadas na Constituição Federal) que não podem ser objeto de medida provisória, e a regra básica é a seguinte: temas reservados a lei complementar não podem ser tratados por medida provisória. Logo, o que for residual (isto é, os temas que estiverem inseridos no campo de atuação da lei ordinária) pode ser disciplinado por medida provisória.

No entanto, mesmo em relação aos temas residuais há exceções, isto é, há casos em que matéria que pode ser disciplinada por lei ordinária não pode ser objeto de medida provisória. Isso ocorre em relação aos seguintes temas:

I) Nacionalidade;

II) Cidadania;

III) Direitos políticos;

IV) Partidos políticos;

V) Direito eleitoral;

VI) Direito penal;

VII) Direito processual penal;

VIII) Direito processual civil;

IX) Organização do Poder Judiciário, bem como a sua carreira e as garantias dos seus membros;

X) Organização do Ministério Público, bem como a sua carreira e as garantias dos seus membros;

XI) Planos plurianuais;

XII) Diretrizes orçamentárias;

XIII) Orçamento;

XIV) Créditos adicionais e suplementares, embora não seja vedado o uso de medida provisória para a abertura de créditos extraordinários, conforme permite o art. 167, § 3º, da CF/88;

XV) Detenção ou seqüestro de bens, de poupança popular ou qualquer outro ativo financeiro;

XVI) Matéria já disciplinada em projeto de lei aprovado pelo Poder Legislativo e que se encontre pendente de sanção ou veto do Chefe do Poder Executivo.

Todas essas vedações ao uso de medida provisória estão previstas no art. 62, § 1º, da CF/88.

> "**Art. 62, § 1º, CF/88.** É vedada a edição de medidas provisórias sobre matéria:
>
> **I** - relativa a:
>
> a) nacionalidade, cidadania, direitos políticos, partidos políticos e direito eleitoral;
>
> b) direito penal, processual penal e processual civil;
>
> c) organização do Poder Judiciário e do Ministério Público, a carreira e a garantia de seus membros;
>
> d) planos plurianuais, diretrizes orçamentárias, orçamento e créditos adicionais e suplementares, ressalvado o previsto no art. 167, § 3º;
>
> **II** - que vise a detenção ou seqüestro de bens, de poupança popular ou qualquer outro ativo financeiro;
>
> **III** - reservada a lei complementar;
>
> **IV** - já disciplinada em projeto de lei aprovado pelo Congresso Nacional e pendente de sanção ou veto do Presidente da República."

→ *Edição de medida provisória no mesmo dia em que o Presidente da República sanciona ou veta projeto de lei de conteúdo semelhante*

Conforme vimos, o art. 62, § 1º, IV, da CF/88 veda a edição de medida provisória sobre matéria que já se encontre disciplinada em projeto de lei que foi aprovado pelo Poder Legislativo e que esteja pendente de sanção ou veto do Presidente da República.

Essa regra impede que, no mesmo dia, o Presidente da República sancione ou vete um projeto de lei e, em seguida, edite uma medida provisória com conteúdo semelhante ao desse projeto de lei? Segundo o STF, **não.**

Essa questão foi enfrentada pelo Tribunal na **ADI 2601**, julgada em 19/08/2021. O entendimento adotado pela Corte foi no sentido de que, em uma hipótese como essa, o projeto de lei não mais se encontra pendente de sanção ou veto no momento da edição da medida provisória, de modo que o Chefe do Executivo não pode ficar impedido de editar a norma.

As possibilidades na apreciação da medida provisória pelo Poder Legislativo

Quando a medida provisória é submetida ao Congresso Nacional, quatro são as possibilidades de desfecho:

a) Aprovação sem alteração;
b) Aprovação com alteração;
c) Rejeição tácita (não apreciação);
d) Rejeição expressa.

→ *Aprovação sem alteração*

Ocorrida a conversão da medida provisória em lei sem alteração realizada pelo Legislativo, não há submissão do projeto de lei ao Chefe do Executivo, sendo ele diretamente remetido para a **promulgação pelo Presidente da Mesa do Congresso Nacional** (que, conforme já estudamos, é o Presidente do Senado Federal, nos termos do art. 57, § 5º, da CF/88), conforme decorre do art. 12 da Resolução do Congresso Nacional nº 01/2002.

→ *Aprovação com alteração*

Durante a tramitação do projeto de lei de conversão de medida provisória em lei, admite-se a inserção de emendas parlamentares ao texto original. Se a emenda for apresentada apenas na Casa revisora, deve o projeto retornar à Casa iniciadora (lembrando que a tramitação da conversão de uma medida provisória em lei se inicia sempre na Câmara dos Deputados), e, em todo caso de emenda parlamentar no trâmite da conversão de uma medida provisória, deve o texto aprovado pelo Congresso Nacional ser, ao fim, encaminhado ao Presidente da República para sanção ou veto. Após a sanção ou derrubada de eventual veto, a lei de conversão será promulgada e publicada também pelo Presidente da República, tudo como ocorre no processo legislativo comum.

Aqui é necessário ter um **cuidado** especial: se houver alteração do texto da medida provisória pelo Parlamento, até que haja a sanção ou veto pelo Presidente da República, é o texto original da medida que continuará em vigor, e não o texto resultante da alteração, conforme dispõe o art. 62, § 12, da CF/88.

> "**Art. 62, § 12, CF/88.** Aprovado projeto de lei de conversão alterando o texto original da medida provisória, esta manter-se-á integralmente em vigor até que seja sancionado ou vetado o projeto."

Portanto, uma vez submetida a medida provisória ao Congresso Nacional, é possível haver emendas parlamentares ao seu texto. E, segundo o Supremo Tribunal Federal, para que a emenda seja válida, é necessário que haja **pertinência temática** entre ela e a medida provisória. Consequentemente, fica vedado o chamado **"contrabando legislativo"** (ou "jabuti"), que consiste na inserção de emendas sobre temas diversos do tratado no texto original.

E o motivo da vedação do contrabando legislativo é simples: o juízo sobre a relevância e urgência da matéria veiculada em medida provisória cabe apenas ao Presidente da República, de modo que permitir a inserção de emendas parlamentares dissociadas do texto original seria o mesmo que permitir a usurpação dessa atribuição do Chefe do Executivo pelo Poder Legislativo (e, portanto, violação à separação de Poderes e ao princípio democrático).

No entanto, quando o STF analisou o tema do contrabando legislativo em medidas provisórias, várias medidas já haviam sido convertidas em leis com a inserção de emendas despidas de pertinência temática, de modo que a Suprema Corte, por razões de segurança jurídica, modulou os efeitos da decisão e estabeleceu que as leis resultantes de conversões de medidas provisórias ocorridas até **15/10/2015** (memorize essa data!) permanecem válidas, ainda que fruto de contrabando legislativo.

Esse entendimento foi adotado na ADI 5127 e reiterado na ADI 5012, conforme consta das ementas dos respectivos acórdãos:

> "(...) 1. Viola a Constituição da República, notadamente o princípio democrático e o devido processo legislativo (arts. 1º, *caput*, parágrafo único, 2º, *caput*, 5º, *caput*, e LIV, CRFB), a prática da **inserção, mediante emenda parlamentar no processo legislativo de conversão de medida provisória em lei, de matérias de conteúdo temático estranho ao objeto originário da medida provisória.** 2. Em atenção ao princípio da segurança jurídica (art. 1º e 5º, XXXVI, CRFB), **mantém-se hígidas todas as leis de conversão fruto dessa prática promulgadas até a data do presente julgamento**, inclusive aquela impugnada nesta ação. (...)" **(ADI 5127/DF; Relator(a): Min. ROSA WEBER; Relator(a) p/ Acórdão: Min. EDSON FACHIN; J. 15/10/2015; Pleno)**
>
> "(...) 2. Afronta ao princípio democrático, ao postulado da separação entre os Poderes e à garantia do devido processo legislativo, à ausência de pertinência temática entre a matéria veiculada na emenda parlamentar e o objeto da medida provisória submetida à conversão em lei. 3. Em **15.10.2015**, o Plenário do Supremo Tribunal Federal, embora reconhecendo formalmente inconstitucional, a teor dos arts. 1º, *caput* e parágrafo único, 2º, *caput*, e 5º, LIV, da Carta Política, a inclusão de emenda, em projeto de conversão de medida provisória em lei, versando conteúdo divorciado do seu objeto originário, ao julgamento da **ADI 5127**, forte no princípio da segurança jurídica, afirmou a validade dos preceitos normativos resultantes de emendas a projetos de lei de conversão, ainda que sem relação com o objeto da medida provisória, aprovados antes da data daquele julgamento. (...)" **(ADI 5012/DF; Relator(a): Min. ROSA WEBER; J. 16/03/2017; Pleno)**

É importante registrar, ainda, que as emendas parlamentares a projetos de lei de conversão de medidas provisórias **podem, inclusive, acarretar aumento de despesa,** desde que: **(I)** sejam emendas que tenham pertinência temática com o texto original (não se admitindo, como vimos, o "contrabando legislativo"); **(II)** não se trate de nenhuma das situações em que é vedado o aumento da despesa inicialmente prevista na proposição legislativa (situações essas que se encontram previstas no art. 63 da CF/88, como é o caso dos projetos de iniciativa privativa do Chefe do Executivo); e **(III)** seja apresentado estudo do impacto financeiro e orçamentário do aumento da despesa, conforme exige o art. 113 do ADCT.

Note que, ao exigir o atendimento desses requisitos para que haja aumento da despesa inicialmente prevista em uma proposição legislativa, a CF/88 se refere a projetos de lei. No entanto, essas exigências também se aplicam ao processo legislativo de conversão de medida provisória em lei, mesmo porque, nesse caso, o que o Poder Legislativo analisa é um projeto de lei (mais precisamente, um projeto de conversão de medida provisória em lei).

Inclusive, a necessidade de atendimento dessas condicionantes para que sejam válidas emendas parlamentares que acarretem aumento da despesa prevista em medida provisória foi afirmada expressamente pelo Supremo Tribunal Federal na **ADI 6928**, julgada em 23/11/2021.

Nas palavras da Min. Cármen Lúcia, relatora da ação:

> *"no art. 63 da Constituição da República se proíbe que emenda parlamentar aumente despesa prevista apenas nos projetos de iniciativa privativa do Presidente da República e sobre organização dos serviços administrativos da Câmara dos Deputados, do Senado Federal, dos Tribunais Federais e do Ministério Público.*
>
> *Na espécie, não se trata de tema incluído entre os de iniciativa privativa do Presidente da República, nos termos do § 1º do art. 61 da Constituição da República, tampouco de organização administrativa da Câmara dos Deputados, do Senado Federal, dos Tribunais Federais e do Ministério Público.*
>
> *É de se anotar que, observados os limites do art. 63 da Constituição da República e atendido o disposto no art. 113 do Ato das Disposições Constitucionais Transitórias, é possível que emenda parlamentar acarrete aumento de despesa pública em projeto de lei".*

Confira o teor desses dispositivos:

> **"Art. 63, CF/88. Não será admitido aumento da despesa prevista:**
>
> **I - nos projetos de iniciativa exclusiva do Presidente da República, ressalvado o disposto no art. 166, § 3º e § 4º;**
>
> **II - nos projetos sobre organização dos serviços administrativos da Câmara dos Deputados, do Senado Federal, dos Tribunais Federais e do Ministério Público."**
>
> **"Art. 113, ADCT. A proposição legislativa que crie ou altere despesa obrigatória ou renúncia de receita deverá ser acompanhada da estimativa do seu impacto orçamentário e financeiro."**

→ ATENÇÃO!

Como já deve ter ficado claro, as condições formais para a validade de uma medida provisória (inclusive, as relativas às emendas parlamentares ao seu texto) podem ser controladas pelo STF, e, se não forem corretamente observadas, é possível a declaração da inconstitucionalidade da norma.

→ *Rejeição tácita (não apreciação)*

O prazo inicial de vigência de uma medida provisória é de 60 (sessenta) dias, mas, se o Congresso Nacional não a apreciar (expressamente) dentro desse intervalo de tempo, essa vigência será automaticamente prorrogada por mais 60 (sessenta) dias. Portanto, o prazo total dentro do qual a medida provisória deve ser apreciada pelo Legislativo é de 120 (cento e vinte) dias, sob pena de perda de sua eficácia **desde a origem**. Tudo isso decorre dos §§ 3º e 7º do art. 62 da CF/88.

Como se pode perceber, caso decorridos 120 dias da edição da medida provisória sem apreciação pelo Congresso Nacional, haverá a **rejeição tácita** da medida, já que, nesse caso, ela perderá sua eficácia desde a data em que foi editada.

Duas observações se fazem necessárias aqui:

I) Caso a medida provisória seja rejeitada tacitamente (com a perda da sua eficácia desde a sua edição), a Constituição Federal determina que o Congresso Nacional discipline por **decreto legislativo** as relações jurídicas que eram reguladas pela medida provisória que caducou.

II) O Congresso Nacional tem o prazo de 60 (sessenta) dias para editar o decreto legislativo referido acima, e, se não o fizer dentro desse prazo, as relações jurídicas decorrentes da medida provisória tacitamente rejeitada permanecerão regidos por ela (sim, é isso mesmo!). É uma regra bastante estranha, mas é o que determina o art. 62, § 11, da CF/88.

> "**Art. 62, CF/88.**
>
> (...)
>
> **§ 3º** As medidas provisórias, ressalvado o disposto nos §§ 11 e 12 perderão eficácia, desde a edição, se não forem convertidas em lei no prazo de sessenta dias, prorrogável, nos termos do § 7º, uma vez por igual período, devendo o Congresso Nacional disciplinar, por decreto legislativo, as relações jurídicas delas decorrentes.
>
> **§ 4º** O prazo a que se refere o § 3º contar-se-á da publicação da medida provisória, suspendendo-se durante os períodos de recesso do Congresso Nacional.
>
> (...)
>
> **§ 7º** Prorrogar-se-á uma única vez por igual período a vigência de medida provisória que, no prazo de sessenta dias, contado de sua publicação, não tiver a sua votação encerrada nas duas Casas do Congresso Nacional.
>
> (...)
>
> **§ 11.** Não editado o decreto legislativo a que se refere o § 3º até sessenta dias após a rejeição ou perda de eficácia de medida provisória, as relações jurídicas constituídas e decorrentes de atos praticados durante sua vigência conservar-se-ão por ela regidas.
>
> (...)"

→ *Rejeição expressa*

Dentro do prazo máximo de 120 dias (60 dias prorrogáveis por igual período), o Congresso Nacional pode rejeitar expressamente a medida provisória. Nesse caso, aplica-se o mesmo regramento visto acima para a hipótese de rejeição tácita: perda da eficácia da medida provisória desde sua origem e necessidade de o Parlamento editar decreto legislativo para disciplinar as relações jurídicas dela decorrentes, sob pena de, não o fazendo dentro de 60 dias, permanecerem elas sendo reguladas pela norma rechaçada pelo Poder Legislativo.

E, uma vez rejeitada a medida provisória (**seja a rejeição expressa ou tácita**), não pode o Presidente da República reeditá-la na mesma sessão legislativa. Assim, caso o Chefe do Executivo pretenda reeditar uma medida provisória que perdeu sua eficácia por decurso de prazo ou foi expressamente rejeitada pelo Congresso Nacional, terá ele de aguardar o ano seguinte. É o que consta do art. 62, § 10, da CF/88.

> "**Art. 62, § 10, CF/88.** É vedada a reedição, na mesma sessão legislativa, de medida provisória que tenha sido rejeitada ou que tenha perdido sua eficácia por decurso de prazo."

O Supremo Tribunal Federal, inclusive, já aplicou esse dispositivo, como ocorreu em sede cautelar na ADI 6062:

> "(...) Medida Provisória nº 886/2019. **Reedição do teor de medida provisória anterior, na mesma sessão legislativa. Violação ao art. 62, §10, da Constituição.** (...) A MP 886/2019 **reedita a norma rejeitada pelo Congresso Nacional e o faz na mesma sessão legislativa em que ela vigorou e na qual foi rejeitada**, o que configura violação ao teor literal do art. 62, §10, da Constituição, bem como ao princípio da separação dos poderes. (...) Tese: "Nos termos expressos da Constituição, **é vedada a reedição, na mesma sessão legislativa, de medida provisória que tenha sido rejeitada.** Com a concessão da presente medida cautelar, subsiste o tratamento normativo anterior, com a vinculação da FUNAI ao Ministério da Justiça"." **(ADI 6062 MC-Ref/DF; Relator(a): Min. ROBERTO BARROSO; J. 01/08/2019; Pleno)**

Revogação de medida provisória por nova medida provisória na mesma sessão legislativa

Nas **ADIs 5709 e 5717** o STF apreciou uma questão bastante interessante: pode o Presidente da República editar uma medida provisória revogando e disciplinando o mesmo tema tratado em outra medida provisória que havia sido editada na mesma sessão legislativa? Ou a vedação de reedição de medida provisória em uma mesma sessão legislativa se aplica apenas quando a MP é rejeitada ou perde eficácia por decurso de prazo?

Segundo o STF, não pode o Presidente da República, em uma mesma sessão legislativa, editar uma medida provisória e, depois, editar nova medida provisória revogando a primeira e tratando do mesmo tema. Isso porque tal estratégia representaria a reedição da MP na mesma sessão legislativa (o que é vedado pelo art. 62, § 10, da CF/88), além do fato de que, ao revogar a primeira MP, o Presidente da República, em última análise, reconhece que o tema não é urgente, o que faz com que estejam ausentes os pressupostos (relevância e urgência) para a adoção da medida.

Note, ainda, que o fato de a medida provisória revogadora ter algumas diferenças pontuais em relação à medida provisória revogada não descaracteriza a reedição, pois não se tem, nessa hipótese, alteração substancial do ato.

Portanto, de acordo com o STF, é inconstitucional a medida provisória (ou a lei resultante de sua conversão) que revoga medida provisória editada na mesma sessão legislativa e disciplina o mesmo tema tratado por esta última.

Nesse mesmo precedente, o Supremo Tribunal Federal fez uma observação muito importante: medida provisória, por conta do seu caráter precário, não tem aptidão para revogar lei. Dessa forma, uma vez editada uma medida provisória, caso haja uma lei anterior que seja contrária a ela, esta não será revogada por aquela, mas ficará meramente suspensa até que o Poder Legislativo delibere sobre a medida editada pelo Executivo, aprovando-a ou não. Caso a medida provisória seja convertida em lei pelo Parlamento, aí sim a lei anterior será revogada, mas não pela medida provisória, e sim pela lei resultante de sua conversão. Por outro lado, se a medida não for convertida em lei dentro do seu prazo de vigência, a lei anterior que se encontrava suspensa volta a produzir efeitos normalmente.

Confira a ementa do acórdão lavrado no caso:

> "(...) ALEGAÇÃO DE OFENSA AO ART. 62, CAPUT e §§ 3º e 10, CRFB. REQUISITOS PROCEDIMENTAIS. **REJEIÇÃO E REVOGAÇÃO DE MEDIDA PROVISÓRIA COMO CATEGORIAS DE FATO JURÍDICO EQUIVALENTES E ABRANGIDAS NA VEDAÇÃO DE REEDIÇÃO NA MESMA SESSÃO LEGISLATIVA. INTERPRETAÇÃO DO §10 DO ART. 62 DA CONSTITUIÇÃO FEDERAL.** (...) **Medida provisória não revoga lei anterior, mas apenas suspende seus efeitos no ordenamento jurídico**, em face do seu caráter transitório e precário. Assim, **aprovada a medida provisória pela Câmara e pelo Senado, surge nova lei, a qual terá o efeito de revogar lei antecedente**. Todavia, caso a medida provisória seja rejeitada (expressa ou tacitamente), a lei primeira vigente no ordenamento, e que estava suspensa, volta a ter eficácia. (...) **Impossibilidade de reedição, na mesma sessão legislativa, de medida provisória revogada**, nos termos do prescreve o art. 62, §§2º e 3º. Interpretação jurídica em sentido contrário, importaria violação do princípio da Separação de Poderes. Isso porque o Presidente da República teria o controle e comando da pauta do Congresso Nacional, por conseguinte, das prioridades do processo legislativo, em detrimento do próprio Poder Legislativo. (...) **É vedada reedição de medida provisória que tenha sido revogada, perdido sua eficácia ou rejeitada pelo Presidente da República na mesma sessão legislativa.** Interpretação do §10 do art. 62 da Constituição Federal. (...)" **(ADI 5709/DF; Relator(a): Min. ROSA WEBER; J. 27/03/2019; Pleno)**

▶ Desistência e retirada da medida provisória pelo Chefe do Poder Executivo

Não se admite que o Presidente da República "desista" de uma medida provisória pendente de apreciação pelo Poder Legislativo, pois a Constituição não dá essa faculdade a ele. Ou seja, ele não pode retirar da apreciação do Parlamento uma medida provisória que editou, pois, o texto constitucional não lhe confere essa disponibilidade. Pelo contrário, o que a Constituição Federal prevê, na verdade, é a atribuição do Legislativo para apreciar as medidas provisórias editadas pelo Executivo, sem permitir que este interfira no desempenho dessa função.

O que o Chefe do Executivo pode fazer é editar nova medida provisória que simplesmente revogue a medida provisória anterior (desde que, evidentemente, não discipline o mesmo tema na mesma sessão legislativa), o que, inclusive, evidenciará que a matéria não apresenta urgência, logo, não poderá mais ser tratada por medida provisória (que, como vimos, exige relevância e urgência), mas apenas por projeto de lei.

Registre-se, ainda, que, se o Presidente da República editar medida provisória revogadora de outra medida provisória, o Parlamento, desde que dentro do prazo constitucional de eficácia da norma, poderá apreciar ambas as medidas (a revogada e a revogadora) e escolher qual delas entende adequado converter em lei. Isso ocorre porque, à semelhança do que vimos em relação à revogação de lei por medida provisória, quando uma medida provisória revoga outra medida provisória, a medida revogada fica tão somente com sua eficácia suspensa, sendo possível que volte a produzir efeitos se a medida revogadora não for convertida em lei dentro do seu prazo de vigência.

Tudo isso foi expressamente afirmado pelo Supremo Tribunal Federal no julgamento da **ADI 2984 MC**, que recebeu a seguinte ementa:

> "(...) 1. Porque possui força de lei e eficácia imediata a partir de sua publicação, **a Medida Provisória não pode ser "retirada" pelo Presidente da República à apreciação do Congresso Nacional.** (...) 2. **Como qualquer outro ato legislativo, a Medida Provisória é passível de ab-rogação mediante diploma de igual ou superior hierarquia.** (...) 3. A revogação da MP por outra MP **apenas suspende a eficácia** da norma ab-rogada, que voltará a vigorar pelo tempo que lhe reste para apreciação, caso caduque ou seja rejeitada a MP ab-rogante. 4. **Conseqüentemente, o ato revocatório não subtrai ao Congresso Nacional o exame da matéria contida na MP revogada.** 5. O sistema instituído pela EC nº 32 leva à **impossibilidade - sob pena de fraude à Constituição - de reedição da MP revogada**, cuja matéria somente poderá voltar a ser tratada por meio de projeto de lei. (...)" **(ADI 2984 MC/DF; Relator(a): Min. ELLEN GRACIE; J. 04/09/2003; Pleno)**

Prazo para apreciação da medida provisória e trancamento de pauta

Uma vez editada a medida provisória pelo Poder Executivo e remetida ao Poder Legislativo, este possui um prazo para apreciá-la: **45 dias**.

Caso esse prazo não seja cumprido pelo Congresso Nacional, a consequência é que a tramitação do projeto de conversão da medida provisória entra em regime de urgência, e isso tranca a pauta da Casa Legislativa em que ele se encontrar, conforme prevê o art. 62, § 6º, da CF/88.

> "**Art. 62, § 6º, CF/88.** Se a medida provisória não for apreciada em até quarenta e cinco dias contados de sua publicação, entrará em regime de urgência, subseqüentemente, em cada uma das Casas do Congresso Nacional, ficando sobrestadas, até que se ultime a votação, todas as demais deliberações legislativas da Casa em que estiver tramitando."

Esse trancamento da pauta da Casa significa que ela não pode apreciar nenhuma outra proposição que estiver em tramitação? **Não.** Segundo decidiu o Supremo

Tribunal Federal (**MS 27931**, julgado em 29/06/2017, Inf. 870/STF), apenas ficam sobrestadas as deliberações sobre proposições que tratem de temas que poderiam ser veiculados em medida provisória. Logo, todas as deliberações sobre temas proibidos de serem disciplinados por medida provisória continuam podendo ser realizadas pela Casa Legislativa, ainda que haja medida provisória em regime de urgência pendente de sua apreciação.

▶ O Poder Legislativo deve observar a ordem cronológica de apresentação das medidas provisórias ao apreciá-las?

Conforme vimos, nos termos do art. 62, *caput*, da CF/88, ao editar uma medida provisória, o Presidente da República deve submetê-la imediatamente à apreciação do Congresso Nacional, para que este a rejeite ou a converta em lei.

> "**Art. 62, CF/88.** Em caso de relevância e urgência, o Presidente da República poderá adotar medidas provisórias, com força de lei, devendo submetê-las de imediato ao Congresso Nacional."

Na apreciação das medidas provisórias adotadas pelo Presidente da República, o Congresso Nacional deve observar a ordem cronológica em que elas foram editadas? Em outras palavras: o Poder Legislativo tem liberdade para apreciar as medidas provisórias na ordem que entender mais conveniente ou apenas pode proceder à análise de uma delas após analisar a que foi editada anteriormente?

Esse questionamento foi levado ao Supremo Tribunal Federal no **MS 37.915**, no bojo do qual, no dia 19/05/2021, foi proferida decisão cautelar monocrática pelo Min. Luís Roberto Barroso, apreciando o pedido liminar.

O mandado de seguranca em questão foi impetrado por Parlamentares para impugnar a inclusão de determinada medida provisória na pauta da respectiva Casa Legislativa antes que fossem apreciadas outras medidas provisórias editadas anteriormente pelo Presidente da República. Dentre outros argumentos, os impetrantes alegaram haver no caso violação ao art. 62, § 6º, da CF/88, que, ao prever o trancamento da pauta da Casa Legislativa quando a medida provisória não é apreciada dentro do prazo de 45 (quarenta e cinco) dias, teria estabelecido o dever de apreciação das medidas provisórias na ordem cronológica em que editadas.

Confira o teor do dispositivo constitucional mencionado:

> "**Art. 62, § 6º, CF/88.** Se a medida provisória não for apreciada em até quarenta e cinco dias contados de sua publicação, entrará em regime de urgência, subseqüentemente, em cada uma das Casas do Congresso Nacional, ficando sobrestadas, até que se ultime a votação, todas as demais deliberações legislativas da Casa em que estiver tramitando."

No entanto, em um juízo preliminar, o Ministro Barroso, proferindo decisão monocrática, não acolheu as alegações dos impetrantes.

Segundo esclareceu o Ministro, o controle preventivo de constitucionalidade das normas é medida excepcional, apenas se justificando quando caraterizada uma evidente violação ao processo legislativo constitucional, o que não se verifica no caso em questão, uma vez que não é possível extrair com clareza do art. 62, § 6º, da CF/88 a obrigação de o Poder Legislativo apreciar as medidas provisórias na exata ordem cronológica em que editadas pelo Presidente da República.

Esse mesmo entendimento, inclusive, já havia sido adotado pelo Supremo Tribunal Federal (no MS 31.816 AgR) em relação à apreciação, pelo Parlamento, do veto do Executivo no processo legislativo, tendo a Corte decidido que não há disposição na Constituição Federal que determine que os vetos do Presidente da República aos projetos de lei devam ser analisados pelo Poder Legislativo na ordem cronológica em que foram manifestados.

Nas palavras do Ministro Barroso:

> *"dada a excepcionalidade do controle judicial do processo legislativo, seria necessário identificar na espécie uma violação clara e direta ao texto constitucional para que o pedido liminar pudesse ser acolhido. Todavia, não parece ser esse o caso. Numa análise preliminar, parece-me não ser possível extrair da Constituição, de forma inequívoca, a justificar um provimento liminar, o dever de a casa legislativa examinar as medidas provisórias em ordem cronológica de edição. (...)*
>
> Ademais, em hipótese análoga, relativa à apreciação dos vetos do Presidente da República a projetos de lei, o Plenário deste Tribunal cassou a medida cautelar então deferida pelo Ministro Luiz Fux, que determinava a "deliberação dos vetos presidenciais na sua ordem cronológica de comunicação ao Congresso Nacional". Foi levada em consideração, na espécie, a gravidade das consequências que derivariam do puro e simples reconhecimento, com efeitos ex tunc, da inconstitucionalidade da prática até então adotada pelo Congresso Nacional. O dispositivo constitucional em questão – art. 66, § 6º – tem redação muito semelhante à do art. 62, § 6º, da CF/1988, estabelecendo que "[e]sgotado sem deliberação o prazo estabelecido no § 4º, o veto será colocado na ordem do dia da sessão imediata, sobrestadas as demais proposições, até sua votação final".
>
> *(...)"*

Assim, não havendo disposição constitucional que justifique a intervenção judicial, o acolhimento do pedido dos impetrantes caracterizaria uma violação à separação dos Poderes.

Como consequência, o Ministro indeferiu o pedido de tutela liminar.

Esse entendimento, no entanto, pode ser modificado no julgamento final de mérito, de modo que é necessário aguardar o desfecho do caso para saber qual será o posicionamento definitivo do Supremo Tribunal Federal sobre o tema.

▶ Medida provisória em âmbitos estadual e municipal

O Supremo Tribunal Federal **admite a edição de medida provisória em âmbito estadual**, desde que haja previsão dessa possibilidade na Constituição do respectivo Estado e que sejam observadas as normas gerais de processo legislativo contidas na Constituição Federal aplicáveis às medidas provisórias.

Além disso, a Suprema Corte também **admite a edição de medida provisória em âmbito municipal**, desde que haja previsão de sua adoção na Constituição do Estado em que localizado o Município, bem como que a respectiva lei orgânica municipal expressamente a autorize e que se observem as normas gerais de processo legislativo (previstas na Constituição Federal) aplicáveis. Isso fica bastante claro no seguinte trecho do voto do Min. Maurício Corrêa proferido na ADI 425:

> "(...) "Conforme estudado em tópico anterior, o Supremo Tribunal Federal considera as regras básicas de processo legislativo previstas na Constituição Federal como modelos obrigatórios às Constituições Estaduais. **Tal entendimento, que igualmente se aplica às Leis Orgânicas dos Municípios, acaba por permitir que no âmbito estadual e municipal haja previsão de medidas provisórias a serem editadas, respectivamente, pelo Governador do Estado ou Prefeito Municipal e analisadas pelo poder Legislativo local, desde que, no primeiro caso, exista previsão expressa na Constituição Estadual e no segundo, previsão nessa e na respectiva Lei Orgânica do Município.** Além disso, **será obrigatória a observância do modelo básico da Constituição Federal**" (Direito Constitucional, 10ª edição, Ed. Atlas, São Paulo, 2001, pp. 550/551). (...)" **(ADI 425/TO, voto do Min. Rel. Maurício Corrêa, j. 04/09/2002)**

18

Poder Executivo

ESTRUTURA DO PODER EXECUTIVO FEDERAL

Neste tema, a primeira observação importante é que a Presidência da República não é o único órgão que compõe o Poder Executivo Federal brasileiro, o qual, na verdade, é composto, basicamente, por **5 (cinco) órgãos**, a saber:

1) **Presidência da República**: a Presidência da República é a chefia do Poder Executivo federal. Deve-se ter **cuidado** com o termo utilizado: o agente político é o Presidente da República, enquanto o órgão (independente) é a Presidência da República. Portanto, o **órgão** que compõe o Poder Executivo é a Presidência da República.

2) **Vice-Presidência da República**: a Vice-Presidência da República é um órgão autônomo em relação à Presidência da República. Embora Presidente e Vice sejam eleitos simultaneamente na mesma eleição, a Presidência é um órgão e a Vice-Presidência é outro órgão (autônomo em relação àquele). No que diz respeito a isso, é interessante anotar que, no direito comparado, a tendência, hoje, é de manutenção da Vice-Presidência com um perfil diferente do adotado pela Constituição brasileira. A CF/88 reserva, hoje, basicamente **3 (três) funções** ao Vice-Presidente, quais sejam (art. 79, CF/88): **I)** função de substituição eventual; **II)** função de sucessão (se houver a vacância do cargo de Presidente); e **III)** função de desempenhar missões especiais que a Presidência lhe tenha conferido. Além disso, é possível que lei complementar preveja outras atribuições a cargo do Vice-Presidente da República. Logo, na prática, hoje, o Vice-Presidente se limita a substituir e a suceder o Presidente, sendo raros os casos de desempenho de missões especiais conferidas pela Presidência da República. Já no direito comparado, há uma tendência mundial de extinção do cargo de Vice-Presidente (como ocorre na França) ou de atribuição à Vice-Presidência de funções legislativas, ou seja, manutenção do cargo de Vice-Presidente com ampliação de suas funções, conferindo-lhe um viés legislativo. Por exemplo, nos EUA e na Argentina, seguindo essa linha, o Vice-Presidente preside o Senado, e, como nesses dois países o Senado

possui número par de membros, ele (o Vice-Presidente) tem a possibilidade de proferir voto de minerva, caso haja empate em alguma discussão, o que, no Brasil, não ocorre.

3) **Ministérios de Estado**: Ministérios são órgãos técnicos de assessoramento (técnico) da Presidência em suas respectivas pastas (e o número de pastas corresponderá àquilo que a Chefia do Executivo fixar). Os Ministérios, portanto, são órgãos integrantes do Poder Executivo Federal brasileiro que possuem viés técnico de assessoramento do Chefe do Executivo.

4) **Conselho da República**: será objeto de comentário em conjunto com o Conselho de Defesa Nacional, no item abaixo.

5) **Conselho de Defesa Nacional**: ele e o Conselho da República são dois órgãos opinativos, são dois órgãos de opinamento da Presidência (tratados nos arts. 89 a 91 da CF/88). Esses opinamentos ocorrem em circunstâncias anômalas, em circunstâncias extraordinárias (como estado de defesa, estado de sítio e intervenção federal). Ademais, esses órgãos opinativos de circunstâncias anômalas trazem consigo a vinculação da Presidência a consultá-los, mas não trazem consigo a vinculação da Presidência a seguir a opinião que dão. Isto é, nos termos da CF/88, a Presidência da República está obrigada a, em determinadas situações extraordinárias, solicitar a opinião desses órgãos, mas não está obrigada a seguir a opinião dada. Logo, é possível que esses conselhos opinem em um sentido e a Presidência adote solução diversa.

De qualquer forma, o fato é que a grande "estrela" do Poder Executivo Federal é a Presidência da República, que, por conta disso, será aqui estudada de forma mais aprofundada.

▪ AQUISIÇÃO DO MANDATO PRESIDENCIAL

A **regra** para a aquisição do mandato presidencial é a eleição direta, que é prevista, textualmente, pelo art. 77, *caput*, da CF/88, segundo o qual, esse pleito eleitoral deve ser realizado no ano anterior ao do término do mandato em curso, sempre no primeiro domingo de outubro, em primeiro turno, e no último domingo de outubro, em eventual segundo turno.

"**Art. 77, CF/88.** A eleição do Presidente e do Vice-Presidente da República realizar-se-á, simultaneamente, no primeiro domingo de outubro, em primeiro turno, e no último domingo de outubro, em segundo turno, se houver, do ano anterior ao do término do mandato presidencial vigente.

§ 1º A eleição do Presidente da República importará a do Vice-Presidente com ele registrado.

§ 2º Será considerado eleito Presidente o candidato que, registrado por partido político, obtiver a maioria absoluta de votos, não computados os em branco e os nulos.

§ 3º Se nenhum candidato alcançar maioria absoluta na primeira votação, far-se-á nova eleição em até vinte dias após a proclamação do resultado,

> concorrendo os dois candidatos mais votados e considerando-se eleito aquele que obtiver a maioria dos votos válidos.
>
> **§ 4º** Se, antes de realizado o segundo turno, ocorrer morte, desistência ou impedimento legal de candidato, convocar-se-á, dentre os remanescentes, o de maior votação
>
> **§ 5º** Se, na hipótese dos parágrafos anteriores, remanescer, em segundo lugar, mais de um candidato com a mesma votação, qualificar-se-á o mais idoso."

A eleição é concomitante para o Presidente e para o Vice-Presidente da República. Além disso, esse pleito se dá pelo sistema eleitoral **majoritário** de maioria **absoluta**.

O sistema majoritário é aquele em que o que importa, para a definição do vencedor, é o número de votos obtidos por cada candidato, e não o número de votos obtidos pelo partido político.

Se o sistema majoritário é de maioria absoluta, significa que são exigidos, para a eleição do candidato, votos em quantidade de maioria absoluta, seja em primeiro turno, seja em segundo turno, caso este venha a ser necessário. Logo, ser de maioria absoluta significa, por inerência, que, em tese, é possível o segundo turno, se, no primeiro turno, não for alcançada a maioria (absoluta) dos votos válidos.

Já o sistema majoritário de maioria simples é aquele em que se elege, dentre os candidatos, aquele que obtiver o maior número de votos (ainda que não se atinja a maioria absoluta), inexistindo, portanto, possibilidade de realização de segundo turno.

O sistema eleitoral majoritário se aplica, no Brasil, nas eleições de Presidente e Vice-Presidente da República, de Governador e Vice-Governador de Estado e do Distrito Federal, de Prefeito e Vice-Prefeito e de Senador. Em relação ao pleito para o cargo de Senador, adota-se sempre o sistema majoritário de maioria simples. Em relação aos pleitos para os cargos de Presidente e Vice-Presidente da República e de Governador e Vice-Governador de Estado e do Distrito Federal, adota-se sempre o sistema majoritário de maioria absoluta. Já no que diz respeito ao pleito para os cargos de Prefeito e Vice-Prefeito, depende: em Municípios com mais de 200 mil eleitores, aplica-se o sistema majoritário de maioria absoluta, enquanto, em Municípios com até 200 mil eleitores, aplica-se o sistema majoritário de maioria simples (portanto, sem possibilidade de segundo turno).

Tudo isso se encontra previsto na Constituição Federal:

> **"Art. 77, CF/88.** A eleição do Presidente e do Vice-Presidente da República realizar-se-á, simultaneamente, no primeiro domingo de outubro, em primeiro turno, e no último domingo de outubro, em segundo turno, se houver, do ano anterior ao do término do mandato presidencial vigente."
>
> **"Art. 28, CF/88.** A eleição do Governador e do Vice-Governador de Estado, para mandato de 4 (quatro) anos, realizar-se-á no primeiro domingo de outubro, em primeiro turno, e no último domingo de outubro, em segundo turno, se houver, do ano anterior ao do término do mandato de seus antecessores, e a posse ocorrerá em 6 de janeiro do ano subsequente, observado, quanto ao mais, o disposto no art. 77 desta Constituição".
>
> **"Art. 29, CF/88.** O Município reger-se-á por lei orgânica, votada em dois turnos, com o interstício mínimo de dez dias, e aprovada por dois terços dos membros da Câmara Municipal, que a promulgará, atendidos os princípios

> estabelecidos nesta Constituição, na Constituição do respectivo Estado e os seguintes preceitos:
>
> (...)
>
> II - eleição do Prefeito e do Vice-Prefeito realizada no primeiro domingo de outubro do ano anterior ao término do mandato dos que devam suceder, aplicadas as regras do art. 77, no caso de Municípios com mais de duzentos mil eleitores; (...)"
>
> "**Art. 32, § 2º, CF/88.** A eleição do Governador e do Vice-Governador, observadas as regras do art. 77, e dos Deputados Distritais coincidirá com a dos Governadores e Deputados Estaduais, para mandato de igual duração."
>
> "**Art. 46, CF/88.** O Senado Federal compõe-se de representantes dos Estados e do Distrito Federal, eleitos segundo o princípio majoritário."

Eleição presidencial indireta no Brasil

Há, no Brasil, eleição presidencial **indireta**? Se sim, em que hipótese e sob que condições?

Sim, no Brasil existe uma **única situação excepcional de eleição presidencial indireta**, a qual está prevista no art. 81, § 1º, da CF/88, nos seguintes termos:

> "**Art. 81, CF/88.** Vagando os cargos de Presidente e Vice-Presidente da República, far-se-á eleição noventa dias depois de aberta a última vaga.
>
> **§ 1º Ocorrendo a vacância nos últimos dois anos do período presidencial, a eleição para ambos os cargos será feita trinta dias depois da última vaga, pelo Congresso Nacional, na forma da lei.**
>
> § 2º Em qualquer dos casos, os eleitos deverão completar o período de seus antecessores."

Tem-se, portanto, nesse dispositivo, a **única situação de eleição presidencial indireta**: em havendo vacância dos cargos de Presidente e de Vice-Presidente nos dois últimos anos do mandato.

A Constituição, nesse caso, faz, claramente, uma distinção entre vacância desses dois cargos nos dois primeiros anos e vacância desses dois cargos nos dois últimos anos. Se a vacância ocorrer nos dois primeiros anos, a eleição será **direta**, a ocorrer no prazo de 90 (noventa) dias da última vaga, mas, se a vacância ocorrer nos dois últimos anos, a eleição será **indireta**, a ocorrer no prazo de 30 (trinta) dias da última vaga.

Em relação à previsão de eleição indireta para o cargo de Presidente da República (e de Vice-Presidente da República), é importante registrar que, segundo o Supremo Tribunal Federal, **essa regra não se submete ao princípio da simetria**, ou seja, não é de observância obrigatória pelos demais entes da Federação. Em outras palavras: os Estados e os Municípios, em suas Constituições e Lei Orgânicas, têm liberdade para definir como e quando haverá eleição indireta para o Poder Executivo em caso de dupla vacância nesse Poder, não sendo os entes subnacionais obrigados a observar o modelo previsto no art. 81, § 1º, da CF/88 para o Poder Executivo federal.

Confira esse entendimento no seguinte julgado:

> "(...) INCONSTITUCIONALIDADE. Ação direta. Lei nº 2.154/2009, do Estado do Tocantins. Eleição de Governador e Vice-Governador. **Hipótese de cargos vagos nos dois últimos anos de mandato. Eleição indireta pela Assembléia Legislativa.** Votação nominal e aberta. Constitucionalidade aparente reconhecida. **Reprodução do disposto no art. 81, § 1º, da CF. Não obrigatoriedade. Exercício da autonomia do Estado-membro.** Liminar indeferida. Precedente. Em sede tutela antecipada em ação direta de inconstitucionalidade, aparenta constitucionalidade a lei estadual que prevê eleição pela Assembléia Legislativa, por votação nominal e aberta, para os cargos de Governador e Vice-Governador, vagos nos dois últimos anos do mandato." **(ADI 4298 MC/TO; Relator(a): Min. CEZAR PELUSO; J. 07/10/2009; Pleno)**

No entanto, embora o STF tenha firmado sua jurisprudência no sentido de que o art. 81, § 1º, da CF/88 não é uma norma de observância obrigatória pelos Estados e Municípios, o próprio Supremo Tribunal Federal também entende que os Estados e Municípios devem, necessariamente, prever alguma hipótese de eleição indireta para o Poder Executivo em caso de dupla vacância nesse Poder.

Por quê?

Perceba o seguinte: a CF/88 prevê a obrigatoriedade de realização de eleição indireta para o Poder Executivo federal em caso de dupla vacância nesse Poder (no caso do Executivo federal, o art. 81, § 1º, diz que a eleição indireta deve ser feita se a dupla vacância ocorrer na segunda metade do mandato em curso). Essa regra tem íntima relação com a separação dos Poderes, pois representa uma intromissão do Poder Legislativo na definição de quem exercerá o Poder Executivo.

Segundo a jurisprudência pacífica do Supremo Tribunal Federal, disposições da CF/88 que tenham relação com a separação dos Poderes se submetem à simetria constitucional (isto é, são de observância obrigatória). Logo, embora o modelo do art. 81, § 1º, da CF/88 não seja de observância obrigatória, a necessidade de que a eleição para o Executivo seja feita de forma indireta em alguma hipótese de dupla vacância nesse Poder é de observância obrigatória, pois, como vimos, a realização de eleições indiretas para o Executivo tem intima relação com a separação dos Poderes.

Em outras palavras: os Estados e Municípios não são obrigados a seguir de forma exata o modelo do art. 81, § 1º, da CF/88 (que prevê eleições indiretas para o Executivo federal caso haja dupla vacância nesse Poder na segunda metade do mandato em curso), mas **são obrigados a prever algum caso de eleição indireta para o Poder Executivo se este sofrer dupla vacância**. Então, os Estados e Municípios não são obrigados a estabelecer, em suas Constituições e Leis Orgâncias, que haverá eleição indireta para o Poder Executivo se houver dupla vacância nesse Poder na segunda metade do mandato, mas, como eles são obrigados a prever alguma hipótese de eleição indireta para o Executivo em caso de dupla vacância, eles podem estabelecer, por exemplo, que haverá eleição indireta se a dupla vacância ocorrer no último ano do mandato. Ou seja, a hipótese de eleição indireta em caso de dupla vacância no Executivo pode ser definida livremente por cada Estado e por cada Município, **mas ela deve necessariamente existir**.

O STF decidiu nesse sentido na **ADI 999** (j. 26/06/2023), que foi ajuizada contra uma norma da Constituição do Estado de Alagoas que estabelecia que em caso de dupla vacância no Poder Executivo haveria nova eleição, mas não previa qualquer hipótese de realização dessa eleição de forma indireta (isto é, não havia nenhuma hipótese de eleição indireta para o Executivo prevista na Constituição Alagona). O STF decidiu que isso é **inconstitucional**, porque, embora o art. 81, § 1º, da CF/88 não seja de observância obrigatória, os Estados e Municípios devem necessariamente prever alguma situação em que a dupla vacância no Poder Executivo acarretará eleição indireta para esse Poder.

Nos termos do voto do Min. Dias Toffoli (relator do caso), *"embora, como visto, o Supremo Tribunal Federal tenha decidido que o art. 81, § 1º, da CF/88 não é de reprodução obrigatória pelos estados,* ***referia-se a Corte especificamente ao procedimento da eleição ocorrida naquela hipótese de vacância****, conforme precedentes já mencionados aqui. Os demais critérios estabelecidos pela norma devem ser observados.*

Entendo que ***a diferenciação entre eleição direta ou indireta a depender do momento em que ocorrer a vacância dos cargos deve ser observada pelos estados****, visto que tais normas dizem respeito à distribuição do poder político e ao equilíbrio entre os poderes da república, matéria de observância obrigatória, tendo o constituinte de 1988 optado por conferir ao poder legislativo o papel de escolher a chapa substituta da chefia do poder executivo no caso de dupla vacância ocorrida nos últimos anos do governo".*

Caso haja a eleição decorrente da dupla vacância no Poder Executivo, o mandato a ser adquirido será um novo mandato integral (de 4 anos) ou um mandato que durará apenas o restante do mandato já iniciado (o chamado **"mandato tampão"**)?

O § 2º do art. 81 da CF/88 responde essa pergunta, determinando que, em qualquer dos casos (isto é, tanto na hipótese de eleição direta quanto na hipótese de eleição indireta), o eleito irá tão somente completar o mandato do antecessor, exercendo, assim, o restante do mandato que já havia sido iniciado. Cuida-se do que se chama de "mandato tampão", que é a conclusão do mandato já iniciado.

> "**Art. 81, § 2º, CF/88.** Em qualquer dos casos, os eleitos deverão completar o período de seus antecessores."

→ *Imprescindibilidade da realização de nova eleição no caso de dupla vacância no Poder Executivo e de que os candidatos componham chapa única*

Conforme vimos acima, segundo o STF (ADI 4298), a regra do art. 81, § 1º, da CF/88 (segundo a qual a nova eleição para os cargos do Executivo Federal deve ser indireta caso a dupla vacância ocorra na segunda metade do mandato em curso) não é de observância obrigatória pelos demais entes federados, de modo que os Estados e os Municípios possuem liberdade para definir como e quando haverá eleição indireta para o Poder Executivo em caso de dupla vacância nesse Poder, não sendo os entes subnacionais obrigados a observar o modelo previsto na CF/88 para o Poder Executivo federal.

Mas poderia um Estado-membro, em sua Constituição, prever que, caso ocorra dupla vacância no Poder Executivo na segunda metade ou mesmo no último ano do mandato, não haverá nova eleição, mas sim a sucessão (que tem caráter definitivo) do Governador e do Vice-Governador por outra autoridade (por exemplo, o Presidente da Assembleia Legislativa)? **Não.**

Esse questionamento foi enfrentado pelo Supremo Tribunal Federal na **ADI 2709**, julgada em 01/08/2008. Nessa ação, a Corte esclareceu que a autonomia dos Estados não permite que eles, em suas Constituições, suprimam a previsão de realização de nova eleição nos casos de dupla vacância no Poder Executivo, independentemente do período do mandato em que as vagas surgirem. O STF decidiu que **os cargos de Governador e Vice-Governador apenas podem ser preenchidos em caráter definitivo mediante eleição** (raciocínio que, naturalmente, pode ser aplicado a qualquer cargo eletivo).

Esse entendimento, inclusive, chegou a ser posteriormente reiterado pela Corte, como ocorreu nas **ADIs 7137** (j. 22/08/2022), **7142** (j. 22/08/2022) e **7139** (j. 31/10/2022).

Portanto, segundo o STF, embora os Estados possuam liberdade para definir quando e como, em caso de vacância dos cargos de Governador e Vice-Governador, a nova eleição para o preenchimento das vagas será direta ou indireta, **eles não têm liberdade para decidir se haverá ou não nova eleição nesse caso**, pois esses cargos apenas podem ser ocupados em caráter definitivo por quem foi eleito para essa finalidade. Em outras palavras: sempre que houver dupla vacância no Poder Executivo no curso do mandato, será indispensável a realização de nova eleição para o preenchimento dos cargos de titular e de Vice, independentemente de as vagas terem surgido na primeira ou na segunda metade do mandato.

Seja como for (ocorra a dupla vacância na primeira ou na segunda metade do mandato, seja a eleição direta ou indireta), segundo decidiu o Supremo Tribunal Federal na **ADPF 969** (j. 15/08/2023), os candidatos na eleição realizada para o "mandato tampão" do Poder Executivo **devem compor chapa única**, não podendo o titular e o Vice ser eleitos separadamente. Isso porque **a CF/88 exige unicidade de chapa nas eleições para o Poder Executivo**, e, segundo o STF, isso se aplica **tanto em âmbito federal** (pois o art. 77, § 1º, da CF/88 diz que a eleição do Presidente da República importa a do Vice que foi com ele registrado) **quanto em âmbito estadual** (pois o art. 28 da CF/88 diz que nas eleições para Governador e Vice-Governador devem ser observadas as disposições do art. 77 da CF/88).

E, utilizando esses mesmos fundamentos, o Supremo Tribunal Federal também já decidiu que **é inconstitucional a previsão, em Constituição Estadual, de realização de nova eleição para escolher tão somente o Vice-Governador** no caso de apenas esse cargo ficar vago. Segundo o STF (conforme vimos acima), a eleição do Vice-Governador somente pode ser realizada em conjunto com a do Governador, de modo que, se no curso do mandato o cargo de Vice ficar vago, mas o de Governador não ficar vago, **não será possível realizar nova eleição tão somente para o cargo de Vice**.

Isso foi decidido pelo STF na **ADI 999**, julgada em 26/06/2023. Nas palavras da Corte, *"a Constituição de 1988 manifestou escolha deliberada pela eleição conjunta da chapa formada pelos candidatos aos cargos executivos, ao condicionar a eleição do vice-presidente à do presidente da república com quem compartilha a candidatura, conforme o art. 77, § 1º, norma de observância obrigatória pelos estados. A eleição do vice-presidente é uma consequência da legitimidade do presidente, a quem são endereçados os votos exercidos em sufrágio universal. Não há que se falar em eleição avulsa do substituto, sem o titular. (...) Somente em caso de dupla vacância se cogitam novas eleições, diretas* *ou indiretas, conforme o período do mandato em que se der a última vaga (art. 81 da CF/88). (...)* ***A mesma lógica se aplica ao poder executivo estadual.*** *Elege-se a chapa da qual fazem parte candidatos para o cargo de governador e vice-governador, sendo a eleição do substituto decorrência dos votos recebidos pelo titular.* ***A previsão de eleição isolada de um ou de outro, em caso de vacância, subverte o modelo constitucional que posicionou a investidura no cargo de vice-presidente ou de vice-governador como consequência da eleição do chefe do poder executivo****, na qualidade de seu substituto, sucessor e auxiliar".*

"**Art. 77, CF/88.** A eleição do Presidente e do Vice-Presidente da República realizar-se-á, simultaneamente, no primeiro domingo de outubro, em primeiro turno, e no último domingo de outubro, em segundo turno, se houver, do ano anterior ao do término do mandato presidencial vigente.

§ 1º A eleição do Presidente da República **importará a do Vice-Presidente** com ele registrado.

(...)"

"Art. 28, CF/88. A eleição do Governador e do Vice-Governador de Estado, para mandato de 4 (quatro) anos, realizar-se-á no primeiro domingo de outubro, em primeiro turno, e no último domingo de outubro, em segundo turno, se houver, do ano anterior ao do término do mandato de seus antecessores, e a posse ocorrerá em 6 de janeiro do ano subsequente, observado, quanto ao mais, o disposto no art. 77 desta Constituição. **(Redação dada pela EC 111/21)**

(...)"

→ *Regulamentação da eleição indireta para o Poder Executivo estadual em caso de dupla vacância*

Vimos que, segundo estabelece o art. 81 da CF/88, na hipótese de ocorrer dupla vacância no Poder Executivo Federal, deverá haver nova eleição para os cargos de Presidente e de Vice-Presidente da República, e essa eleição será indireta caso a dupla vacância ocorra na segunda metade do mantado presidencial em curso (art. 81, § 1º, CF/88). Além disso, os novos eleitos irão tão somente completar o período de governo iniciado, isto é, exercerão o chamado "mandato tampão" (art. 81, § 2º, CF/88).

Confira o teor do dispositivo:

"**Art. 81, CF/88.** Vagando os cargos de Presidente e Vice-Presidente da República, far-se-á eleição noventa dias depois de aberta a última vaga.

§ 1º Ocorrendo a vacância nos últimos dois anos do período presidencial, a eleição para ambos os cargos será feita trinta dias depois da última vaga, pelo Congresso Nacional, na forma da lei.

§ 2º Em qualquer dos casos, os eleitos deverão completar o período de seus antecessores."

Vimos também que, segundo o STF (ADI 4298), a regra do art. 81, § 1º, da CF/88 (segundo a qual a nova eleição para os cargos do Executivo Federal deve ser indireta caso a dupla vacância ocorra na segunda metade do mandato em curso) **não é de observância**

obrigatória pelos demais entes federados, de modo que os Estados e os Municípios possuem liberdade para definir se, na hipótese de haver dupla vacância em seus Poderes Executivos na segunda metade do mandato, a nova eleição será direta ou indireta.

O fato é que diversas Constituições Estaduais seguem o modelo federal (embora não sejam obrigadas a isso), prevendo que, caso ocorra dupla vacância no Poder Executivo na segunda metade do mandato, haverá eleição indireta para a escolha dos novos Governador e Vice-Governador do Estado.

Em relação a esse tema, os seguintes questionamentos foram enfrentados pelo Supremo Tribunal Federal na **ADI 1057** (j. 17/08/2021) e na **ADI 4298** (j. 30/08/2021), ajuizadas respectivamente contra uma lei do Estado da Bahia e uma lei do Estado do Tocantins que disciplinaram a eleição indireta para Governador e Vice-Governador na hipótese de ambos os cargos ficarem vagos na segunda metade do mandato:

I) Os Estados podem legislar regulamentando o procedimento dessa eleição indireta para os cargos do Poder Executivo Estadual ou isso representaria uma usurpação da competência privativa da União para legislar sobre direito eleitoral (art. 22, I, CF/88)?

II) Ao disciplinarem o procedimento dessa eleição indireta, os Estados, tal qual fez a Bahia na lei questionada na ADI 1057, podem estabelecer que a votação (que, nesse caso, é feita pelos Parlamentares, já que se trata de uma eleição indireta) seja aberta (isto é, não sigilosa) ou isso ofenderia a garantia constitucional do voto secreto (art. 14, *caput*, CF/88), que, inclusive, é uma cláusula pétrea (art. 60, § 4º, II, CF/88)?

Confira os dispositivos constitucionais (mencionados acima) utilizados como fundamento para impugnar a lei estadual em questão:

> "**Art. 14, CF/88.** A soberania popular será exercida pelo sufrágio universal e pelo voto direto e secreto, com valor igual para todos, e, nos termos da lei, mediante:
>
> (...)"
>
> "**Art. 22, CF/88.** Compete privativamente à União legislar sobre:
>
> I - direito civil, comercial, penal, processual, eleitoral, agrário, marítimo, aeronáutico, espacial e do trabalho;
>
> (...)"
>
> "**Art. 60, § 4º, CF/88.** Não será objeto de deliberação a proposta de emenda tendente a abolir:
>
> (...)
>
> II - o voto direto, secreto, universal e periódico;
>
> (...)"

Ao julgar as ações, o STF decidiu que as leis estaduais impugnadas, ao disciplinarem a eleição indireta para Governador e Vice-Governador em caso de vacância de ambos os cargos na segunda metade do período de governo, não usurpam competência da União, pois não consubstanciam normas sobre direito eleitoral, mas tão somente o exercício da autonomia do ente federado para disciplinar o procedimento de escolha dos novos ocupantes dos cargos do Poder Executivo, o que, por não ter sido feito por norma específica da Constituição Federal, foi deixado a cargo de cada entidade federativa, mesmo porque, segundo a jurisprudência do próprio Supremo Tribunal Federal, a regra do art. 81, § 1º, da CF/88 não é de observância obrigatória (e isso confere autonomia às esferas estadual e municipal para legislarem sobre o tema conforme entenderem mais adequado).

Mas uma ressalva deve ser feita: julgando embargos de declaração apresentados contra o julgamento da ADI 4298, o STF, aplicando entendimento adotado anteriormente (na ADI 5525), esclareceu que a competência dos Estados (e Municípios) para regulamentar o procedimento da eleição indireta para o Poder Executivo apenas se verifica quando a extinção dos mandatos e, consequentemente, a dupla vacância não têm causa eleitoral (isto é, não têm relação com algum ato ilícito praticado durante o processo eleitoral). Isso porque, **quando a dupla vacância decorre de causa eleitoral, a situação passa a envolver direito eleitoral**, de modo que a disciplina da respectiva eleição suplementar passa a ser tarefa da União, que é o ente federado dotado de competência legislativa privativa para tratar de direito eleitoral, conforme estabelece o art. 22, I, da CF/88.

Logo, se a extinção dos mandatos do Poder Executivo decorrer, por exemplo, de decisão da Justiça Eleitoral que indeferiu o registro da candidatura ou cassou o diploma dos eleitos (hipóteses que envolvem direito eleitoral), as eleições suplementares deverão ser realizadas nos termos de normas editadas pela União (a exemplo do art. 224, §§ 3º e 4º, do Código Eleitoral), e não de acordo com normas estaduais ou municipais.

E, seguindo essa mesma linha de raciocínio, o STF destacou que eventual norma estadual (ou municipal) disciplinadora da eleição para o "mandato tampão" dos novos ocupantes do Poder Executivo (norma essa que, como vimos, só é válida para situações em que a dupla vacância não tem causa eleitoral) não pode afastar as regras contidas na Constituição Federal e na legislação infraconstitucional federal sobre inelegibilidades e condições de elegibilidade, já que essas questões são atinentes a direito eleitoral, tema sobre o qual apenas a União tem competência para legislar (art. 22, I, CF/88).

Quanto à previsão, contida na lei baiana impugnada na ADI 1057, no sentido de o voto ser aberto (isto é, não secreto) na eleição indireta dos novos Governador e Vice-Governador em caso de dupla vacância na segunda metade do mandato, o Supremo Tribunal Federal decidiu que ela **não viola a garantia do sigilo do voto**, contida nos arts. 14, *caput*, e 60, § 4º, II, da CF/88.

Isso porque o voto secreto assegurado pela Constituição Federal é uma garantia inserida em nosso ordenamento jurídico para o cidadão eleitor, tendo como finalidade evitar que ele sofra pressões econômicas e/ou sociais ao escolher o seu representante político. Essa situação, no entanto, fica invertida quando a votação ocorre no âmbito de um órgão legislativo, no qual a regra é que as votações sejam públicas (a publicidade, nas votações parlamentares, sobrepõe-se ao sigilo), para lhes conferir maior transparência e permitir maior controle da população. Foi por esse motivo, inclusive, que a EC 76/2013 modificou o § 2º do art. 55 e o § 4º do art. 66, ambos da CF/88, para passar a prever que o voto nas deliberações sobre perda de mandato parlamentar e sobre derrubada de veto no processo legislativo deve ser aberto, e não mais secreto. Apenas para ilustrar, veja a redação original e a redação atual (dada pela EC 76/2013) desses dispositivos:

> **"Art. 55, § 2º, CF/88 (redação original).** Nos casos dos incisos I, II e VI, a perda do mandato será decidida pela Câmara dos Deputados ou pelo Senado Federal, por **voto secreto** e maioria absoluta, mediante provocação da respectiva Mesa ou de partido político representado no Congresso Nacional, assegurada ampla defesa."
>
> **"Art. 55, § 2º, CF/88 (redação atual, dada pela EC 76/2013).** Nos casos dos incisos I, II e VI, a perda do mandato será decidida pela Câmara dos Deputados ou pelo Senado Federal, por maioria absoluta, mediante provocação da respectiva Mesa ou de partido político representado no Congresso Nacional, assegurada ampla defesa."
>
> **"Art. 66, § 4º, CF/88 (redação original).** O veto será apreciado em sessão conjunta, dentro de trinta dias a contar de seu recebimento, só podendo ser rejeitado pelo voto da maioria absoluta dos Deputados e Senadores, em escrutínio secreto."
>
> **"Art. 66, § 4º CF/88 (redação atual, dada pela EC 76/2013).** O veto será apreciado em sessão conjunta, dentro de trinta dias a contar de seu recebimento, só podendo ser rejeitado pelo voto da maioria absoluta dos Deputados e Senadores."

Após os precedentes que vimos acima, a questão da competência dos Estados (e Municípios) para disciplinar a eleição indireta para o "mandato tampão" do Poder Executivo em caso de dupla vacância foi **novamente enfrentada pelo STF na ADPF 969** (j. 15/08/2023), na qual a Corte manteve o entendimento que adotou nos casos anteriores e acrescentou alguns detalhes.

Nessa ação, o Supremo Tribunal Federal decidiu o seguinte:

I) Os Estados têm **autonomia** para disciplinar quando e como deve ocorrer a eleição indireta para o "mandato tampão" dos cargos de Governador e Vice-Governador em caso de dupla vacância no Poder Executivo, desde que a dupla vacância tenha **causa não eleitoral**.

II) Na regulamentação da eleição indireta para o "mandato tampão" dos cargos de Governador e Vice-Governador, os Estados, embora não fiquem vinculados ao modelo federal (previsto no art. 81 da CF/88), devem observar as demais disposições da CF/88. Isso decorre do art. 25 da CF/88, segundo o qual *"os Estados organizam-se e regem-se pelas Constituições e leis que adotarem, **observados os princípios desta Constituição**"*.

III) Na eleição para o "mandato tampão", os candidatos a Governador e Vice-Governador devem compor **chapa única**.

IV) Na eleição para o "mandato tampão", os candidatos a Governador e Vice-Governador **devem atender as condições de elegibilidade e não podem incidir nas hipóteses de inelegibilidade (tanto as previstas diretamente na CF/88 quanto as previstas na lei complementar regulamentadora do art. 14, § 9º, da CF/88)**, pois essas exigências estão previstas na própria CF/88, e, como vimos, a regulamentação da eleição para o "mandato tampão" não pode violar a CF/88.

V) Embora os candidatos a titular e vice na eleição para o "mandato tampão" devam ser **filiados a um partido político** para que possam concorrer (pois a filiação partidária é uma condição de elegibilidade prevista no art. 14, § 3º, V, da CF/88), **isso não significa que eles devam obrigatoriamente ser escolhidos em convenção partidária e ter o registro de suas candidaturas realizadas pelos seus partidos políticos**. Isso porque as exigências de escolha em convenção partidária e de registro da candidatura pelo partido político não estão previstas na CF/88, mas na legislação infraconstitucional (mais precisamente, na Lei 9.504/97, a Lei das Eleições), à qual a regulamentação local da eleição para o "mandato tampão" não fica vinculada.

VI) A legislação local regulamentadora da eleição indireta para o "mandato tampão" **pode prever que a votação realizada pelos Parlamentares seja aberta**, pois o sigilo do voto é uma garantia prevista na CF/88 para o cidadão escolher os seus representantes livremente. Por outro lado, nas deliberações parlamentares, a regra é a publicidade do voto.

VII) A legislação local regulamentadora da eleição indireta para o "mandato tampão" **pode prever que a mera maioria simples de votos é suficiente para a definição dos candidatos eleitos**, pois não há norma na CF/88 que determine o contrário. É possível, até mesmo, que as normas locais prevejam uma "sucessão de maiorias", estabelecendo que, em uma primeira deliberação, é necessário haver maioria absoluta para a definição dos eleitos, mas que, em caso de haver uma segunda deliberação (na hipótese de não ser atingida a maioria absoluta na primeira), a maioria simples dos votos passa a ser suficiente para definir os candidatos vitoriosos.

VIII) Não há inconstitucionalidade na fixação, pela regulamentação local da eleição para o "mandato tampão", de **prazos exíguos para o registro das candidaturas e demais providências**, pois a celeridade é inerente aos procedimentos eleitorais, especialmente em uma situação em que há um impasse institucional causado pela dupla vacância no Poder Executivo.

Condensando tudo que vimos acima, o STF fixou a seguinte tese nesse julgamento:

> "Os Estados possuem autonomia relativa na solução normativa do problema da dupla vacância da Chefia do Poder Executivo, não estando vinculados ao modelo e ao procedimento federal (art. 81, CF), mas **tampouco pode desviar-se dos princípios constitucionais que norteiam a matéria**, por força do art. 25 da Constituição Federal, devendo observar: **(i)** a necessidade de registro e votação dos candidatos a Governador e Vice-Governador por meio de **chapa única**; **(ii)** a **observância das condições constitucionais de elegibilidade e das hipóteses de inelegibilidade** previstas no art. 14 da Constituição Federal e na Lei Complementar a que se refere o § 9º do art. 14; e **(iii)** que a filiação partidária **não pressupõe a escolha em convenção partidária nem o registro da candidatura pelo partido político**; **(iv)** a regra da maioria, enquanto critério de averiguação do candidato vencedor, **não se mostra afetada a qualquer preceito**

constitucional que vincule os Estados e o Distrito Federal." (ADPF 969, Pleno, Rel. Min. GILMAR MENDES, j. 15/08/2023)

Sucessão e substituição do Presidente da República

Qual é a distinção entre sucessão e substituição presidencial?

A sucessão é definitiva, e **só existe um único sucessor** do Presidente da República, qual seja, o Vice-Presidente da República.

Já a substituição é temporária, e a Presidência da República possui **4 (quatro) substitutos**, nessa ordem: I) Vice-Presidente da República, em caráter interino (quando, então, é chamado de Presidente interino ou em exercício); II) Presidente da Câmara dos Deputados; III) Presidente do Senado Federal; e IV) Presidente do Supremo Tribunal Federal. Eles não são sucessores, mas meros substitutos eventuais, pois exercem a Presidência em caráter interino, isto é, em caráter transitório, não em caráter permanente.

Portanto, sucessão não se confunde com substituição.

A vocação sucessória (e de substituição) do Presidente da República está prevista nos arts. 79 e 80 da CF/88:

> "**Art. 79, CF/88.** Substituirá o Presidente, no caso de impedimento, e suceder-lhe-á, no de vaga, o Vice-Presidente.
>
> **Parágrafo único.** O Vice-Presidente da República, além de outras atribuições que lhe forem conferidas por lei complementar, auxiliará o Presidente, sempre que por ele convocado para missões especiais.
>
> **Art. 80.** Em caso de impedimento do Presidente e do Vice-Presidente, ou vacância dos respectivos cargos, serão sucessivamente chamados ao exercício da Presidência o Presidente da Câmara dos Deputados, o do Senado Federal e o do Supremo Tribunal Federal."

A distinção entre sucessão e substituição é extraída da combinação dos arts. 14, § 5º, 79, *caput*, e art. 81, § 1º, da CF/88.

Os arts. 14, § 5º, e 79, *caput*, falam expressamente em sucessão e em substituição, deixando evidente a existência de distinção entre essas duas situações.

Já o art. 81, § 1º, diz que, se houver vacância de ambos os cargos, deve haver nova eleição, o que mostra que os outros substitutos (que não o Vice-Presidente) não são também sucessores, pois, se fossem, não seria necessário realizar novas eleições em caso de vaga dos cargos de Presidente e de Vice-Presidente da República.

Confira os textos desses dispositivos:

> "**Art. 14, § 5º, CF/88.** O Presidente da República, os Governadores de Estado e do Distrito Federal, os Prefeitos e quem os houver sucedido, ou substituído no curso dos mandatos poderão ser reeleitos para um único período subseqüente."
>
> "**Art. 79, CF/88.** Substituirá o Presidente, no caso de impedimento, e suceder-lhe-á, no de vaga, o Vice-Presidente."

> "**Art. 81, § 1º, CF/88.** Ocorrendo a vacância nos últimos dois anos do período presidencial, a eleição para ambos os cargos será feita trinta dias depois da última vaga, pelo Congresso Nacional, na forma da lei."

É imprescindível saber que a ordem de vocação sucessória do Presidente da República (Vice-Presidente da República, Presidente da Câmara dos Deputados, Presidente do Senado Federal e Presidente do Supremo Tribunal Federal) **não é de observância obrigatória pelos demais entes da Federação**. Logo, os Estados e os Municípios podem estabelecer a substituição do Chefe do Executivo por agentes públicos diversos, sendo muito comum, por exemplo, que Leis Orgânicas municipais atribuam ao Procurador-Geral do Município a vocação para substituir o Prefeito e o Vice-Prefeito em caso de impedimento de ambos.

E, nessa mesma linha de raciocínio, os Estados-membros não podem, por meio de suas Constituições, disciplinar a ordem de substituição dos Prefeitos dos Municípios localizados nos seus limites territoriais, pois essa questão se insere no âmbito da autonomia municipal, devendo ser resolvida por cada Município.

Vejamos dois precedentes do STF nesse sentido:

> "(...) 1. O poder constituinte dos Estados-membros está limitado pelos princípios da Constituição da República, que lhes assegura autonomia com condicionantes, entre as quais se tem o respeito à organização autônoma dos Municípios, também assegurada constitucionalmente. 2. O art. 30, inc. I, da Constituição da República outorga aos Municípios a atribuição de legislar sobre assuntos de interesse local. **A vocação sucessória dos cargos de prefeito e vice-prefeito põem-se no âmbito da autonomia política local, em caso de dupla vacância.** 3. Ao disciplinar matéria, cuja competência é exclusiva dos Municípios, o art. 75, § 2º, da Constituição de Goiás fere a autonomia desses entes, mitigando-lhes a capacidade de auto-organização e de autogoverno e limitando a sua autonomia política assegurada pela Constituição brasileira. (...)" **(ADI 3549/GO; Relator(a): Min. CÁRMEN LÚCIA; J. 17/09/2007; Pleno)**
>
> "(...) Artigo 75 da Lei Orgânica do Município de Manaus-AM, que dispõe sobre os substitutos eventuais do prefeito e vice-prefeito no caso de dupla vacância. Matéria que não se submete ao princípio da simetria. Autonomia municipal. (...) 1. **A jurisprudência da Corte fixou-se no sentido de que a disciplina acerca da sucessão e da substituição da chefia do Poder Executivo municipal põe-se no âmbito da autonomia política do município, por tratar tão somente de assunto de interesse local, não havendo dever de observância do modelo federal** (...). 2. O precedente firmado no julgamento do RE nº 317.574 não teve o condão de superar o entendimento jurisprudencial que lastreou a decisão agravada. **Dentre os preceitos reputados de reprodução obrigatória no mencionado precedente, não consta o art. 80 da Constituição Federal**, que estabelece as autoridades que entrarão no exercício da Presidência da República na hipótese de impedimento ou vacância dos cargos de presidente e vice-presidente da República. (...)" **(RE 655647 AgR/AM; Relator(a): Min. DIAS TOFFOLI; J. 11/11/2014; Primeira Turma)**

Além disso, é necessário ter conhecimento de uma decisão proferida pelo STF em que se adotou o entendimento de que **quem é réu em ação penal perante o Supremo**

Tribunal Federal não pode exercer a Presidência da República (ADPF 402 MC). Logo, se o Presidente da República, por qualquer motivo, não puder exercer suas funções, o seu substituto, se for réu em ação penal perante a Suprema Corte, não poderá substituí-lo.

Isso nada mais é do que uma decorrência lógica do art. 86, §1º, I, da CF/88 (a ser estudado futuramente), que determina o afastamento do Presidente da República de suas funções em caso de recebimento de denúncia contra ele pelo STF, de modo que não faria sentido qualquer outra autoridade em semelhante situação exercer a chefia do Poder Executivo Federal.

Porém, isso não significa que aquele que se encontra na linha sucessória do Presidente da República, uma vez réu em processo criminal perante o STF, tenha que deixar o cargo ocupado. Assim, por exemplo, se o Presidente do Senado Federal se tornar réu em ação penal recebida pelo Supremo Tribunal Federal, ele não poderá exercer a Presidência da República, mas poderá permanecer presidindo a Casa Legislativa.

O acórdão desse caso ficou ementado nos seguintes termos:

> "(...) – Os substitutos eventuais do Presidente da República – o Presidente da Câmara dos Deputados, o Presidente do Senado Federal e o Presidente do Supremo Tribunal Federal (CF, art. 80) – **ficarão unicamente impossibilitados de exercer, em caráter interino, a Chefia do Poder Executivo da União, caso ostentem a posição de réus criminais**, condição que assumem somente após o recebimento judicial da denúncia ou da queixa-crime (CF, art. 86, § 1º, I). – Essa interdição, contudo – por unicamente incidir na hipótese estrita de convocação para o exercício, por substituição, da Presidência da República (CF, art. 80) –, **não os impede de desempenhar a Chefia que titularizam no órgão de Poder que dirigem**, razão pela qual não se legitima qualquer decisão que importe em afastamento imediato de tal posição funcional em seu órgão de origem. – A "ratio" subjacente a esse entendimento (exigência de preservação da respeitabilidade das instituições republicanas) apoia-se no fato de que não teria sentido que os substitutos eventuais a que alude o art. 80 da Carta Política, ostentando a condição formal de acusados em juízo penal, viessem a dispor, para efeito de desempenho transitório do ofício presidencial, de maior aptidão jurídica que o próprio Chefe do Poder Executivo da União, titular do mandato, a quem a Constituição impõe, presente o mesmo contexto (CF, art. 86, § 1º), o necessário afastamento cautelar do cargo para o qual foi eleito." **(ADPF 402 MC-Ref/DF; Relator: Min. MARCO AURÉLIO; Relator p/ Acórdão: Min. CELSO DE MELLO; J. 07/12/2016; Pleno)**

■ DURAÇÃO DO MANDATO PRESIDENCIAL

Tendo sido adquirido o mandato, pela via direta (regra) ou indireta (exceção), e sendo ele iniciado, por quanto tempo pode durar esse mandato? Além disso, é possível a renovação do mandato presidencial?

Nos termos do art. 82 da CF/88, a duração do mandato é de 4 anos. Quanto à data da posse no cargo, ela foi modificada pela EC 111/2021.

Até a EC 111/2021, o Presidente da República e o seu Vice, assim como os Governadores de Estado e os seus Vices, tomavam posse no dia primeiro de janeiro do ano subsequente ao da eleição. A partir dessa emenda, porém, a data da posse do Presidente da República (e do seu Vice) passou a ser o dia **05 (cinco) de janeiro** do ano subsequente ao da eleição (enquanto a data da posse de Governador de Estado e seu

Vice passou a ser 06 de janeiro), conforme passou a estabelecer o art. 82 da CF/88. Essa nova data, contudo, segundo os arts. 4º e 5º da EC 111/2021, **apenas é aplicável a partir das eleições do ano 2026**, com posse em janeiro de 2027, permanecendo aplicável, antes dessas eleições, a data de 1º de janeiro.

> "**Art. 82, CF/88.** O mandato do Presidente da República é de 4 (quatro) anos e terá início em 5 de janeiro do ano seguinte ao de sua eleição."
>
> "Art. 4º, EC 111/2021. O Presidente da República e os Governadores de Estado e do Distrito Federal eleitos em 2022 tomarão posse em 1º de janeiro de 2023, e seus mandatos durarão até a posse de seus sucessores, em 5 e 6 de janeiro de 2027, respectivamente.
>
> Art. 5º, EC 111/2021. As alterações efetuadas nos arts. 28 e 82 da Constituição Federal constantes do art. 1º desta Emenda Constitucional, relativas às datas de posse de Governadores, de Vice-Governadores, do Presidente e do Vice-Presidente da República, serão aplicadas somente a partir das eleições de 2026."

Possibilidade de reeleição

De acordo com o art. 14, § 5º, da CF/88, é possível uma única reeleição para os cargos de Chefe do Poder Executivo (Presidente da República, Governador de Estado e do Distrito Federal e Prefeito Municipal):

> "**Art. 14, § 5º, CF/88.** O Presidente da República, os Governadores de Estado e do Distrito Federal, os Prefeitos e quem os houver sucedido, ou substituído no curso dos mandatos poderão ser reeleitos para um único período subseqüente."

Conjugando-se o art. 82 com o art. 14, § 5º, da CF/88, chega-se à conclusão de que o mandato é de 4 anos, com a possibilidade de uma única reeleição. Assim, a investidura presidencial pode ser de 8 (oito) anos, caso haja reeleição.

A possibilidade de reeleição (de todos os Chefes do Executivo) é fruto da EC 16/97, não tendo constado do texto original da CF/88.

Algumas questões sobre o tema precisam ser analisadas.

O art. 14, § 5º, da CF/88, ao permitir uma única reeleição, fala em quem houver sucedido ou substituído o Chefe do Executivo. Qual foi a interpretação dada pelo STF sobre o sentido, alcance e conteúdo dessa norma, na redação dada pela EC 16/97?

Essa questão foi analisada pelo Supremo Tribunal Federal em um caso envolvendo Geraldo Alckmin e a chefia do Poder Executivo do Estado de São Paulo, consistente no seguinte: em um primeiro mandato, o Governador era Mario Covas, tendo ocorrido algumas substituições por Geraldo Alckmin, seu Vice; houve reeleição e, no curso do segundo mandato, Mario Covas faleceu, ocorrendo a sucessão por Geraldo Alckmin (que havia sido novamente eleito como Vice-Governador). Nas eleições subsequentes,

Alckmin foi candidato, dessa vez ao cargo de Governador do Estado (e não mais de Vice-Governador). Diante disso, questionou-se no STF se Alckmin poderia ou não ser eleito para o cargo de Governador em um terceiro mandato seguido, tendo em vista que o art. 14, § 5º, da CF/88 fala tanto em sucessão quanto em substituição, ao permitir uma única reeleição no âmbito do Poder Executivo.

O Supremo Tribunal Federal, analisando o caso, decidiu que era válida a eleição de Alckmin para o cargo de Governador nesse terceiro mandato seguido. Isso porque a razão de ser da norma é limitar a reeleição a um único mandato subsequente, resultando essa norma da ponderação entre dois princípios constitucionais em colisão: de um lado, o princípio republicano e, de outro lado, o princípio da eficiência administrativa.

E de que forma a previsão da possibilidade de uma única reeleição faz os princípios republicano e da eficiência administrativa se relacionarem?

É que a república é a forma de governo em que o exercício do poder político é temporário, não podendo ser permanente (mesmo porque, se fosse permanente, a república se aproximaria da monarquia). Por outro lado, um período de mandato muito reduzido pode prejudicar a eficiência administrativa, pois dificulta que políticas públicas sejam concebidas e efetivamente executadas, por conta da falta de tempo hábil para isso. Assim, ao prever a possibilidade de uma única reeleição, o texto constitucional permite que o mandato no Poder Executivo tenha uma duração maior (permitindo, com isso, que os programas de governo possam ser melhor pensados e implementados), mas não deixa de preservar o espírito republicano, já que não autoriza o exercício de mais de dois mandatos consecutivos pela mesma pessoa.

Assim, havendo, de um lado, a imposição da temporariedade do poder político e, de outro lado, a necessidade de eficiência, admitiu-se (por meio da EC 16/97) a reeleição para a Chefia do Poder Executivo limitada a um único mandato subsequente. Ao se proceder dessa forma, chegou-se a um meio termo, a uma ponderação entre os dois princípios envolvidos: o poder político, mesmo podendo ser exercido por até 8 anos, continuou sendo temporário e, ao mesmo tempo, permitiu-se uma maior continuidade administrativa, para que as políticas públicas pudessem ser concebidas, implementadas e executadas.

Enfim, interpretando o art. 14, § 5º, da CF/88, o STF decidiu que, para fins de reeleição, embora o texto constitucional se refira a quem houver sucedido ou substituído o Chefe do Executivo, não serão computados períodos exercidos a título de substituição (por mais longos que sejam), mas apenas períodos exercidos a título de sucessão (por menores que sejam). Por esse motivo, foi válida a eleição de Geraldo Alckmin no terceiro mandato seguido (primeiro mandato subsequente ao falecimento de Mario Covas).

Logo, **para efeitos de reeleição, apenas se considera como um mandato exercido o período desempenhado em caráter definitivo** (isto é, título de eleição ou de sucessão), não se computando o período de exercício do cargo a título de substituição.

O acórdão do caso ficou assim ementado:

"(...) I. - Vice-governador eleito duas vezes para o cargo de vice-governador. No segundo mandato de vice, sucedeu o titular. Certo que, no seu primeiro mandato de vice, teria substituído o governador. Possibilidade de reeleger-se ao cargo de governador, porque **o exercício da titularidade do cargo dá-se mediante eleição ou por sucessão. Somente quando sucedeu o titular é que passou a exercer o seu primeiro mandato como titular do cargo**. II. - Inteligência do disposto no § 5º do art. 14 da Constituição Federal. (...)" **(RE 366488/SP; Relator(a): Min. CARLOS VELLOSO; J. 04/10/2005; Segunda Turma)**

▶ É necessária a desincompatibilização para tentar a reeleição?

Sobre o tema, surge mais um questionamento: **para fins de reeleição é necessária a desincompatibilização?** Em que consiste a desincompatibilização?

A desincompatibilização consiste no ato pelo qual o indivíduo se afasta de algum cargo, emprego ou função na Administração para que possa disputar uma eleição. Consiste, portanto, em uma obrigação prevista nas normas eleitorais para afastar eventual inelegibilidade do cidadão que pretenda se candidatar a um mandato eletivo.

Em relação ao Chefe do Poder Executivo, existem algumas situações em que, para fins de desincompatibilização, ele deve renunciar ao mandato em curso até 6 (seis) meses antes do pleito eleitoral.

Mas a desincompatibilização **não é exigida para a reeleição**, conforme se extrai do art. 14, § 6º, da CF/88, que apenas impõe tal medida para que os Chefes do Executivo concorram a **outros** cargos. Isso porque, se a exigência se refere apenas a eleição para outros cargos, não há necessidade de desincompatibilização para reeleição, na qual, o cargo almejado é o próprio cargo que já está sendo exercido.

> "**Art. 14, § 6º, CF/88.** Para concorrerem a outros cargos, o Presidente da República, os Governadores de Estado e do Distrito Federal e os Prefeitos devem renunciar aos respectivos mandatos até seis meses antes do pleito."

A desincompatibilização do Chefe do Poder Executivo, quando é necessária, dá-se através de renúncia, e não de licença, pois licença não corta o vínculo, mas apenas suspende o exercício do mandato eletivo, possibilitando que, posteriormente, o indivíduo volte ao desempenho do cargo. E essa renúncia deve ocorrer até 6 (seis) meses antes do pleito. Logo, até 6 (seis) meses antes da data do 1º turno das eleições, o Chefe do Executivo, caso pretenda concorrer a algum outro cargo eletivo, deve se desincompatibilizar.

Além disso, note que, para a reeleição, o que não há é uma obrigação **jurídica** da desincompatibilização, o que não quer dizer, contudo, que não se possa vislumbrar aí um imperativo moral. Portanto, se o Chefe do Executivo entender que não é ético que ele concorra à reeleição no desempenho do mandato, nada impede que renuncie, mas, juridicamente falando, ele não é obrigado a fazer isso.

■ PERDA DO MANDATO PRESIDENCIAL

Há, de um lado, a perda **extinção** do mandato e, de outro lado, a perda **cassação** do mandato, situações que são distintas.

A extinção do mandato não possui um viés de punição, ela não traz consigo nenhuma aplicação de sanção. Já a cassação traz consigo a ideia de punição, de sanção aplicada em virtude da prática de uma ilicitude, ilicitude essa que pode ter natureza penal ou político-administrativa.

▶ Extinção do mandato presidencial

A **extinção** pode ocorrer por **cinco situações**, sendo que duas delas a Constituição sequer prevê, por serem óbvias. São as seguintes:

a) **Morte**: essa hipótese não está prevista expressamente na Constituição e nem precisaria estar, pois é evidente que o mandato se extingue pela morte.

b) **Renúncia**: aqui, é adotado o conceito de renúncia do direito civil (ato abdicativo unilateral e irretratável), e essa hipótese também não está prevista na Constituição, já que também não é necessário, pois, uma vez tendo o titular do cargo abdicado do mandato, é óbvio que este se extingue.

c) **Perda ou suspensão de direitos políticos (art. 15, CF/88)**: ocorrida a perda ou a suspensão dos direitos políticos do Presidente da República, um dos efeitos colaterais é a perda do cargo (lembrando que isso não se aplica aos Parlamentares, por terem regramento próprio sobre a perda do mandato). Aqui, não há nenhuma infração como causa direta da perda do mandato. Pode até se verificar alguma infração como causa da perda ou suspensão dos direitos políticos, mas a extinção do mandato se dá por mera consequência natural da perda ou suspensão dos direitos políticos, não da infração em si.

d) **Não comparecimento à investidura no mandato eletivo, por mais de dez dias (art. 78, p. único, CF/88)**: para tomar posse no cargo de Presidente da República, a Constituição prevê o prazo de dez dias, prazo esse que deve ser respeitado, sob pena de se declarar o cargo vago, a menos que haja motivo justificado para o não comparecimento.

> "**Art. 78, CF/88.** O Presidente e o Vice-Presidente da República tomarão posse em sessão do Congresso Nacional, prestando o compromisso de manter, defender e cumprir a Constituição, observar as leis, promover o bem geral do povo brasileiro, sustentar a união, a integridade e a independência do Brasil.
>
> **Parágrafo único.** Se, decorridos dez dias da data fixada para a posse, o Presidente ou o Vice-Presidente, salvo motivo de força maior, não tiver assumido o cargo, este será declarado vago."

e) **Ausência do território nacional, sem a autorização do Congresso Nacional, por mais de quinze dias (art. 83, CF/88)**: se o período for inferior a 15 dias, o Presidente pode se ausentar e retornar sem que se cogite a perda do seu mandato, mas, se o período for superior a 15 dias, a ausência depende da autorização do Congresso Nacional, sob pena de, no 16º dia, ocorrer a perda do mandato.

> "**Art. 83, CF/88.** O Presidente e o Vice-Presidente da República não poderão, sem licença do Congresso Nacional, ausentar-se do País por período superior a quinze dias, sob pena de perda do cargo."

Em relação à previsão do art. 83 da CF/88 (necessidade de autorização do Congresso Nacional para que o Presidente da República se ausente do País por mais de 15 dias), é importante registrar que se trata de uma regra submetida à simetria constitucional, ou seja, é de **observância obrigatória nas demais esferas da Federação**, por se tratar de disposição atinente ao esquema organizatório da separação dos Poderes, sendo esse o entendimento firmado pelo Supremo Tribunal Federal, como fica claro no seguinte precedente:

> "(...) 1. A Carta da República, em seus arts. 49, inciso III, e 83, dispôs ser da competência do Congresso Nacional autorizar o presidente e o vice-presidente da República a se ausentarem do País quando a ausência for por período superior a quinze dias. 2. **Afronta os princípios da separação dos Poderes e da simetria disposição da Constituição estadual que exige prévia licença da Assembleia Legislativa para que o governador e o vice-governador se ausentem do País por qualquer prazo.** 3. Trata-se de mecanismo do sistema de freios e contrapesos, o qual somente se legitima nos termos já delineados pela própria Lei Maior, sendo vedado aos estados-membros criar novas ingerências de um Poder na órbita de outro que não derivem explícita ou implicitamente de regra ou princípio da Lei Fundamental. Precedentes. (...)" **(ADI 775/RS; Relator(a): Min. DIAS TOFFOLI; J. 03/04/2014; Pleno)**

Como se pode perceber, **em nenhuma das hipóteses de extinção há a prática de ilicitude**, seja penal ou político-administrativa. O que ocorre é algum fato que não caracteriza uma infração, mas acarreta a perda do mandato.

Cassação do mandato presidencial

Quando há a prática de alguma infração – infração essa que pode ser penal ou político-administrativa –, fala-se em cassação, pois, nesse caso, a perda do mandato é resultado de uma sanção aplicada por conta da ilicitude cometida.

A **cassação** pode se dar por:

a) **Crime comum**: crime comum é um ilícito penal e, como tal, é objeto de uma ação penal.

b) **Crime de responsabilidade**: crime de responsabilidade é um ilícito político-administrativo, que é objeto de *impeachment*.

→ "Impeachment" (arts. 52, I e p. único, 85 e 86, CF/88)

O *impeachment* é o procedimento que decorre da prática de um crime de responsabilidade (que é uma infração de natureza político-administrativa) e que pode ensejar a cassação do mandato, que é a perda através da aplicação de sanção.

Essa hipótese de perda do mandato presidencial é prevista na CF/88, mais precisamente, nos arts. 52, I e p. único, 85 e 86, além de estar disciplinada, também, na Lei 1.079/50. O *impeachment*, portanto, possui previsão constitucional e infraconstitucional.

O art. 52, I, da CF/88 prevê a competência do Senado para processar e julgar o Presidente da República pela prática de crime de responsabilidade, enquanto o seu parágrafo único se refere às sanções cominadas no caso de *impeachment*, quais sejam, a perda do cargo e a inabilitação por 8 anos para o exercício de função pública.

O art. 85 da CF/88 enumera os bens jurídicos tutelados por crime de responsabilidade. Esses bens jurídicos são a própria Constituição Federal e os seguintes:

I) A existência da União;

II) O livre exercício dos Poderes Legislativo e Judiciário, do Ministério Público e dos Poderes dos entes federativos;

III) O exercício dos direitos políticos, individuais e sociais;

IV) A segurança interna do País;

V) A probidade na administração;

VI) A lei orçamentária;

VII) O cumprimento das leis e das decisões judiciais.

Essa lista contida no art. 85 da CF/88 não raramente é cobrada em provas, como ocorreu no concurso para o cargo de Procurador da Assembleia Legislativa do Estado do Rio Grande do Sul realizado em 2018 pela FUNDATEC, no qual foi considerada correta a afirmação segundo a qual, *"de acordo com a Constituição Federal, são crimes de responsabilidade os atos do Presidente da República que atentem contra a Constituição Federal e, especialmente, contra o exercício dos direitos políticos, individuais e sociais, a probidade na administração, o cumprimento das leis e das decisões judiciais"*.

Como se pode perceber, essa questão exigiu, tão somente, o conhecimento da literalidade do texto constitucional.

É importante perceber que, conforme registramos acima, o que o art. 85 da CF/88 elenca são os bens jurídicos tutelados pelo sistema de responsabilização político-administrativa do Presidente da República, e não as próprias infrações que podem acarretar essa responsabilização. A tipificação das infrações que podem levar ao *impeachment* do Chefe do Executivo Federal (isto é, a definição dos crimes de responsabilidade) é feita pela legislação infraconstitucional, conforme determina o parágrafo único do art. 85 da CF/88, segundo o qual, *"esses crimes serão definidos em lei especial, que estabelecerá as normas de processo e julgamento"*. Essa lei é a Lei 1.079/50.

Um detalhe que merece ser registrado sobre os bens jurídicos tutelados pelos incisos do *caput* do art. 85 da CF/88 é que, dentre eles, encontra-se a probidade na administração (inciso V). Ou seja, atos do Presidente da República que violem a probidade na administração podem caracterizar crimes de responsabilidade.

E, justamente porque a improbidade administrativa do Presidente da República encontra-se inserida dentre as hipóteses caracterizadoras dos seus crimes de responsabilidade, o Supremo Tribunal Federal entende que, no Brasil, o Presidente da

República é o único agente político que não se submete ao regime de responsabilização da lei de improbidade administrativa.

Segundo o STF, todos os agentes políticos, no Brasil, sujeitam-se à responsabilização tanto por improbidade administrativa quanto por crime de responsabilidade, exceto o Presidente da República, que se submete apenas à responsabilização político-administrativa, pois, no caso dele, a improbidade administrativa já se encontra inserida dentre os crimes de responsabilidade (art. 85, V, CF/88).

Conforme esclareceu a Corte na **Pet 3240 AgR**, julgada em 10/05/2018, *"os agentes políticos, com exceção do Presidente da República, encontram-se sujeitos a um* ***duplo regime sancionatório****, de modo que* ***se submetem tanto à responsabilização civil pelos atos de improbidade administrativa, quanto à responsabilização político-administrativa por crimes de responsabilidade.*** *Não há qualquer impedimento à concorrência de esferas de responsabilização distintas, de modo que carece de fundamento constitucional a tentativa de imunizar os agentes políticos das sanções da ação de improbidade administrativa, a pretexto de que estas seriam absorvidas pelo crime de responsabilidade.* ***A única exceção ao duplo regime sancionatório em matéria de improbidade se refere aos atos praticados pelo Presidente da República, conforme previsão do art. 85, V, da Constituição****"*.

O art. 86 da CF/88 traz aspectos procedimentais a serem observados em caso de *impeachment* do Presidente da República, estabelecendo o seguinte:

I) Para que o processo seja instaurado, deve haver autorização da Câmara dos Deputados, por 2/3 de seus membros.

II) A competência para o julgamento da acusação é do Senado Federal.

III) Se o processo for efetivamente instaurado pelo Senado Federal, o Presidente da República fica afastado das suas funções.

IV) O afastamento do Presidente da República tem a duração máxima de 180 (cento e oitenta) dias.

V) Se o processo não for concluído dentro do prazo máximo de afastamento do Presidente da República, este voltará ao exercício do mandato, sem prejuízo do prosseguimento do *impeachment*.

Além desses fundamentos constitucionais, o *impeachment* também tem fundamentação legal, que, como já registramos, é a Lei 1.079/50, a qual está em vigor, tendo sido parcialmente recepcionada pela CF/88, segundo o STF. Essa lei, além de tipificar os crimes de responsabilidade, estabelece as minúcias do respectivo processo e julgamento.

> "**Art. 52, CF/88.** Compete privativamente ao Senado Federal:
>
> I - processar e julgar o Presidente e o Vice-Presidente da República nos crimes de responsabilidade, bem como os Ministros de Estado e os Comandantes da Marinha, do Exército e da Aeronáutica nos crimes da mesma natureza conexos com aqueles;
>
> (...)

Parágrafo único. Nos casos previstos nos incisos I e II, funcionará como Presidente o do Supremo Tribunal Federal, limitando-se a condenação, que somente será proferida por dois terços dos votos do Senado Federal, à perda do cargo, com inabilitação, por oito anos, para o exercício de função pública, sem prejuízo das demais sanções judiciais cabíveis."

"**Art. 85, CF/88.** São crimes de responsabilidade os atos do Presidente da República que atentem contra a Constituição Federal e, especialmente, contra:

I - a existência da União;

II - o livre exercício do Poder Legislativo, do Poder Judiciário, do Ministério Público e dos Poderes constitucionais das unidades da Federação;

III - o exercício dos direitos políticos, individuais e sociais;

IV - a segurança interna do País;

V - a probidade na administração;

VI - a lei orçamentária;

VII - o cumprimento das leis e das decisões judiciais.

Parágrafo único. Esses crimes serão definidos em lei especial, que estabelecerá as normas de processo e julgamento.

Art. 86, CF/88. Admitida a acusação contra o Presidente da República, por dois terços da Câmara dos Deputados, será ele submetido a julgamento perante o Supremo Tribunal Federal, nas infrações penais comuns, ou perante o Senado Federal, nos crimes de responsabilidade.

§ 1º O Presidente ficará suspenso de suas funções:

I - nas infrações penais comuns, se recebida a denúncia ou queixa-crime pelo Supremo Tribunal Federal;

II - nos crimes de responsabilidade, após a instauração do processo pelo Senado Federal.

§ 2º Se, decorrido o prazo de cento e oitenta dias, o julgamento não estiver concluído, cessará o afastamento do Presidente, sem prejuízo do regular prosseguimento do processo.

§ 3º Enquanto não sobrevier sentença condenatória, nas infrações comuns, o Presidente da República não estará sujeito a prisão.

§ 4º O Presidente da República, na vigência de seu mandato, não pode ser responsabilizado por atos estranhos ao exercício de suas funções."

Existem algumas questões sobre o *impeachment* que, dada a sua relevância, merecem ser abordadas, a saber:

a) A sua definição;

b) A sua natureza;

c) A condição de procedibilidade que deve observar;

d) O seu procedimento (conforme definido pelo STF na **ADPF 378**);

e) A natureza das sanções aplicáveis e a possibilidade de impetração de *habeas corpus*;

f) A possibilidade de aplicação seccionada das sanções;

g) A competência legislativa para tratar do tema.

- Definição

Em inglês arcaico, *impeachment* significa "proibir que se coloque de pé". Em inglês mais moderno, significa indiciamento.

Na realidade do ordenamento jurídico brasileiro, pode-se definir *impeachment* como o processo de investigação e julgamento do Presidente da República por crime de responsabilidade.

É necessário analisar os detalhes dessa conceituação.

O *impeachment* não é um processo apenas de investigação, mas também de julgamento. Através dele, há investigação da autoria e da materialidade de um crime de responsabilidade (infração político-administrativa) e, sendo caso, o julgamento do Presidente da República. Se se tratasse de crime comum, não haveria *impeachment*, mas ação penal.

É necessário esclarecer que o conceito visto acima é um conceito *stricto sensu*, é uma definição que considera apenas o Presidente da República. Um conceito mais amplo do que esse (isto é, uma definição *lato sensu*) seria o seguinte: *impeachment* é o meio de responsabilização político-administrativa dos agentes políticos na república.

No presente momento, estamos tratando do *impeachment* do Presidente da República, porque o tema que está sendo estudado aqui é Poder Executivo. Mas há *impeachment* de outras autoridades, em qualquer Poder (por exemplo, é possível *impeachment* de Ministro do STF) e até mesmo em órgão independente (como o Ministério Público, podendo o Procurador-Geral da República sofrer *impeachment*), exceto no Poder Legislativo, pois, no Legislativo, não há *impeachment*, e sim quebra de decoro parlamentar.

É importante ter em mente, portanto, que o *impeachment* pode ser abordado a partir desses dois conceitos: um restrito, limitado ao Chefe do Poder Executivo, e um amplo, abrangendo outros Poderes e órgãos independentes.

- Natureza

O *impeachment* é um processo estritamente político (com causa política e consequência política) ou é um processo político-penal (com causa política e consequência penal)? Se ele for considerado um processo político-penal, significará que se reconhece nele um viés jurídico, pois, nessa hipótese, ele terá natureza penal, ainda que apenas parcialmente.

Há repercussões práticas do enquadramento do *impeachment* como processo político ou como processo político penal? Sim.

Se for entendido que o *impeachment* é um processo político, não caberá controle judicial dos atos praticados durante sua tramitação, justamente por se tratar de um processo formado exclusivamente por atos políticos, o que faz com que o controle judicial se torne indevido.

Por outro lado, se for entendido que o *impeachment* é um processo político-penal, ele passará a ter uma conotação jurídica (penal), o que fará com que o controle judicial seja admissível.

Qual, então, é a natureza do *impeachment*? Na doutrina, existe divergência a esse respeito.

Entre outros doutrinadores, Paulo Brossard (ex-Ministro do STF), autor do principal livro brasileiro sobre o tema (chamado "O impeachment"), entende que impeachment é um processo político, de modo que não pode haver controle judicial dos atos praticados durante sua tramitação. Em outras palavras: o *impeachment* não é sindicável judicialmente, tendo em vista que, no Brasil, atos políticos são imunes a controle por parte do Poder Judiciário.

Mas a posição dominante na doutrina hoje é a de Miguel Reale Jr., que sustenta que *impeachment* é processo político-penal (com causa política e consequência penal). Segundo essa linha de pensamento, *impeachment* não é um processo estritamente político, tendo também um viés jurídico, ainda que penal. A conclusão para quem assim pensa é que *impeachment* é sujeito a controle judicial, mais precisamente, no que diz respeito ao seu aspecto penal.

Diante dessa controvérsia doutrinária, o STF já se manifestou sobre o tema em duas situações, uma em 1992 (caso de Fernando Collor) e outra em 2015 (caso de Dilma Rousseff), quando a Corte confirmou o entendimento que havia adotado antes. Para o STF, *impeachment* é processo político-penal, existindo a possibilidade de controle judicial dos atos praticados durante o seu trâmite. E tanto é assim que, nos dois casos de *impeachment* pós CF/88, houve manifestação do STF controlando atos praticados no curso do procedimento, chegando, até mesmo, a declarar a invalidade de alguns desses atos.

Mas há um **detalhe**: quando houver o controle judicial dos atos praticados durante o *impeachment*, esse controle não será de mérito, mas de legalidade. Ou seja, não compete ao STF aferir se há autoria e materialidade de crime de responsabilidade (isso não compete nem mesmo à Câmara dos Deputados, mas somente ao Senado Federal), cabendo à Suprema Corte apenas controlar o procedimento, mais precisamente, sua legalidade, e, ao fazer isso, pode invalidar atos praticados durante o processo (atos procedimentais), se os entender contrários à Constituição.

O Supremo Tribunal Federal, em relação ao *impeachment*, atua como guardião do procedimento, e não como guardião do mérito da acusação. Aliás, mesmo em relação ao controle procedimental, também não compete ao STF dizer qual é a melhor interpretação da Constituição, pois o processo de *impeachment* é uma questão tão cara à separação de Poderes (isto é, tamanha é sua repercussão na separação de Poderes), que, nesse caso, ao menos em um cenário ideal, deve o Tribunal se limitar a dizer se a interpretação adotada pela Casa Legislativa se harmoniza com a Constituição ou não, independentemente de ser ela a melhor possível ou não.

- Condição de procedibilidade

Existe alguma condição de procedibilidade no processo de *impeachment*? Sim.

O art. 15 da Lei 1.079/50 prevê uma condição de procedibilidade: estar o Presidente no desempenho do mandato, o que, aliás, é óbvio, pois uma das sanções do *impeachment* é a perda do cargo, e só se pode perder aquilo que se tem. Nessa linha de raciocínio, se a sanção é a perda do cargo, a condição que a legislação impôs para a instauração do processo foi justamente estar o Presidente no desempenho do mandato.

Se o Presidente não estiver no desempenho do mandato, oferecida a acusação, ela será recusada. Mas, se o Presidente estiver no desempenho do mandato, oferecida a acusação, ela poderá ser admitida ou não. O Presidente tem de estar no desempenho do mandato para que, uma vez admitida a acusação, possa o mandato que está em curso vir a ser perdido, caso haja condenação.

> "**Art. 15, Lei 1.079/50.** A denúncia só poderá ser recebida enquanto o denunciado não tiver, por qualquer motivo, deixado definitivamente o cargo."

Sobre isso, há uma questão discutida em 1992 (*impeachment* de Fernando Collor) e uma questão discutida em 2015 (*impeachment* de Dilma Rousseff).

Por ocasião do processamento do *impeachment* de Fernando Collor (1992), não se questionou se a norma do art. 15 da Lei 1.079/50 realmente consubstanciaria uma condição de procedibilidade, mas se discutiu se ela seria (também) uma condição de prosseguibilidade. Isso tem uma imensa importância prática, por conta da renúncia, que pode ocorrer durante o processo.

Caso se entenda que o art. 15 da Lei 1.079/50, além de ser uma condição de procedibilidade, é condição de prosseguibilidade, isso significará que o processo só pode prosseguir enquanto o Presidente permanecer no cargo. Por outro lado, caso se entenda que não é condição de prosseguibilidade, o processo poderá prosseguir independentemente de estar o Presidente no cargo, e, em ocorrendo a renúncia, o *impeachment* prosseguirá para a aplicação da sanção de inabilitação por 8 anos para o desempenho de função pública (que, com a renúncia, passa a ser a única sanção com condições de ser aplicada).

Duas correntes de pensamento foram apresentadas diante desse questionamento:

1) *Denise Freitas Fabião Guasque:* sustentou que o art. 15 da Lei 1.079/50 seria também uma condição de prosseguibilidade, de modo que a renúncia extinguiria o processo.

2) *Luís Roberto Barroso:* sustentou que o art. 15 da Lei 1.079/50 traria apenas uma condição de procedibilidade, não consubstanciando condição de prosseguibilidade. Logo, poderia o processo prosseguir, estando o Presidente no cargo ou não, e a renúncia não produziria qualquer efeito prático no *impeachment.*

A posição adotada pelo STF foi a de Luís Roberto Barroso.

No caso, Fernando Collor renunciou ao cargo na véspera da sessão de julgamento do *impeachment* (e a renúncia foi lida pelo advogado de Collor no plenário do Senado), o que levou à instauração de uma questão de ordem sobre a continuidade do processo ou não. O Supremo Tribunal Federal decidiu pela continuação do procedimento, mesmo que não fosse mais possível a cassação do mandato, pois ainda havia espaço para se discutir a aplicação da sanção de inabilitação para o desempenho de função pública por oito anos. Para a Corte, portanto, encontrar-se o Presidente da República no cargo não é uma condição de prosseguibilidade do *impeachment.*

Ao assim decidir, o STF afirmou que, apesar de a pena de perda do cargo não poder ser aplicada isoladamente, a sanção de inabilitação para o exercício de função pública não é acessória, de modo que ela não fica prejudicada pela impossibilidade de cassação do mandato. A conclusão é que ambas as sanções possuem caráter principal, embora não possam ser aplicadas isoladamente.

O *impeachment*, então, teve continuidade e o Senado concluiu pela condenação de Collor, tornando-o inabilitado por oito anos para o desempenho de função pública.

Confira a ementa da decisão do Supremo Tribunal Federal:

> "(...) I. - Controle judicial do "impeachment": possibilidade, desde que se alegue lesão ou ameaça a direito. C.F., art. 5., XXXV. (...) IV. - No sistema do direito anterior à Lei 1.079, de 1950, isto é, no sistema das Leis n.s 27 e 30, de 1892, era possível a aplicação tão somente da pena de perda do cargo, podendo esta ser agravada com a pena de inabilitação para exercer qualquer outro cargo (Constituição Federal de 1891, art. 33, par. 3.; Lei n. 30, de 1892, art. 2.), emprestando-se a pena de inabilitação o caráter de pena acessória (Lei n. 27, de 1892, artigos 23 e 24). **No sistema atual, da Lei 1.079, de 1950, não é possível a aplicação da pena de perda do cargo, apenas, nem a pena de inabilitação assume caráter de acessoriedade** (C.F., 1934, art. 58, par. 7.; C.F., 1946, art. 62, par. 3. C.F., 1967, art. 44, parag. único; EC n. 1/69, art. 42, parag. único; C.F., 1988, art. 52, parag. único. Lei n. 1.079, de 1950, artigos 2., 31, 33 e 34). (...) VI. - **A renúncia ao cargo, apresentada na sessão de julgamento, quando já iniciado este, não paralisa o processo de "impeachment".** (...) IX. - Mandado de segurança indeferido." **(MS 21689/DF; Relator(a): Min. CARLOS VELLOSO; J. 16/12/1993; Pleno)**

No *impeachment* de Dilma Rousseff (2015), o questionamento apresentado foi sobre o que alguns autores chamam de ***impeachment* tardio**. Essa questão não foi suscitada em 1992 porque, na época, não havia norma que previsse a possibilidade de reeleição, que apenas foi introduzida pela EC 16/97 (art. 14, § 5º, CF/88).

O que se questionou foi o seguinte: se o Presidente da República foi eleito e reeleito, pode ele, no curso do segundo mandato, ser acusado e responder por ato praticado no mandato anterior? Essa responsabilização por fato ocorrido em mandato anterior é o que a doutrina chama de ***impeachment* tardio**. Isso é possível ou não?

Em 2015, essa questão foi levantada porque houve apresentação de denúncia de crime de responsabilidade contra a Presidente Dilma Rousseff (que havia sido reeleita) no curso do segundo mandato e, na acusação, constavam fatos do primeiro mandato.

Sobre isso, também se instalou uma controvérsia na doutrina.

Pedro Serrano entende que *impeachment* tardio é indevido, é juridicamente impossível. Esse autor diz que, no Brasil, não é admissível *impeachment* tardio, porque o fato de o Presidente ser reeleito não torna o período presidencial único, permanecendo como dois mandatos diferentes, embora a investidura venha a ser contínua, isto é, embora não haja solução de continuidade entre os mandatos. Assim, considerando que a Lei 1.079/50 exige, para a instauração do processo de *impeachment*, a contemporaneidade entre o fato e a acusação (pois o recebimento da denúncia depende de o Presidente da República ainda se encontrar no cargo, ocorrendo a sua responsabilização durante o curso do mandato) e que a reeleição não transforma dois mandados consecutivos em mandato único, não é admissível o *impeachment tardio*.

Por outro lado, Gustavo Badaró (entre outros) admite *impeachment* tardio, com o seguinte argumento: a única imposição da legislação (art. 15 da Lei 1.079/50) é que o Presidente da República esteja no cargo, pouco importando se o fato foi praticado no mandato atual ou no mandato anterior. Assim, estando o Presidente no cargo no momento da instauração do *impeachment*, a condição exigida pela lei fica plenamente satisfeita, nada mais sendo necessário.

Essa questão não chegou a ser analisada pelo Supremo Tribunal Federal, porque, quando houve, em 2015, a acusação contra a Presidente da República, o Presidente da Câmara dos Deputados não admitiu a parte das acusações relativas a fatos praticados em mandato anterior, o que impediu que o STF pudesse se manifestar quanto a isso. Mas, em sede doutrinária, essa controvérsia existe.

- Procedimento do "impeachment" (ADPF 378)

Na ADPF 378, o STF definiu o rito do *impeachment*.

Alguns autores comparam o *impeachment* ao júri, porque, assim como o júri, o processo de *impeachment* é composto por duas fases, as quais, inclusive, recebem os mesmos nomes: juízo de admissibilidade da acusação (1ª fase) e juízo de mérito da acusação (2ª fase). Nesse procedimento, portanto, primeiro se verifica se a acusação é admissível ou não, para apenas depois se investigar o próprio mérito da acusação.

No *impeachment*, tudo se inicia com a apresentação da peça inicial, que os arts. 14 e seguintes da Lei 1.079/50 chamam de **denúncia**, a qual pode ser apresentada por qualquer cidadão.

> **"Lei 1.079/50**
>
> (...)
>
> **PARTE SEGUNDA – PROCESSO E JULGAMENTO**
>
> **TÍTULO ÚNICO – DO PRESIDENTE DA REPÚBLICA E MINISTROS DE ESTADO**
>
> **CAPÍTULO I – DA DENÚNCIA**
>
> **Art. 14.** É permitido a qualquer cidadão denunciar o Presidente da República ou Ministro de Estado, por crime de responsabilidade, perante a Câmara dos Deputados.
>
> **Art. 15.** A denúncia só poderá ser recebida enquanto o denunciado não tiver, por qualquer motivo, deixado definitivamente o cargo.
>
> **Art. 16.** A denúncia assinada pelo denunciante e com a firma reconhecida, deve ser acompanhada dos documentos que a comprovem, ou da declaração de impossibilidade de apresentá-los, com a indicação do local onde possam ser encontrados, nos crimes de que haja prova testemunhal, a denúncia deverá conter o rol das testemunhas, em número de cinco no mínimo."

Apresentada a denúncia, o Presidente da Câmara dos Deputados analisa a presença de elementos mínimos de autoria e materialidade para decidir se a recebe ou se a rejeita (arquivando-a) liminarmente.

E aqui é necessário fazer a primeira observação relevante do que restou decidido pelo STF ao julgar a ADPF 378: não há falar em aplicação subsidiária, ao Presidente da Câmara dos Deputados, neste momento inicial, das hipóteses de impedimento e suspeição de magistrado previstas no CPP. Isso porque a atividade do Parlamentar é diferente da atividade do magistrado, já que, enquanto este deve se manter imparcial no exercício de suas funções, aquele exerce o mandato de acordo com suas convicções político-partidárias, de modo que não há espaço para a ele serem aplicadas as hipóteses de impedimento e suspeição previstas para juízes no exercício da jurisdição. Ademais, essa questão recebe regramento próprio na Lei 1.079/50 (art. 36), de modo que não há espaço para aplicação subsidiária de outro diploma legal.

> **"Art. 36, Lei 1.079/50.** Não pode interferir, em nenhuma fase do processo de responsabilidade do Presidente da República ou dos Ministros de Estado, o deputado ou senador:
>
> a) que tiver parentesco consangüíneo ou afim, com o acusado, em linha reta; em linha colateral, os irmãos cunhados, enquanto durar o cunhado, e os primos co-irmãos;
>
> b) que, como testemunha do processo tiver deposto de ciência própria."

Recebida a denúncia pelo Presidente da Câmara dos Deputados, é formada uma comissão especial para a elaboração de um relatório a ser submetido à apreciação do plenário da Casa.

Em relação a essa comissão especial, o STF também se manifestou, estabelecendo que, para a sua formação, deve haver indicação dos líderes partidários, não se admitindo candidaturas avulsas. E a indicação dos líderes partidários (para a composição da comissão especial) deve ser submetida ao plenário da Casa tão somente para ratificação, em **votação aberta**.

Inclusive, segundo expressamente afirmou o STF nessa ADPF, **todas as votações no *impeachment* devem ser abertas**, não se admitindo, nesse rito, votação secreta. Isso porque, além da gravidade das sanções que podem ser aplicadas, cuida-se de um procedimento que exige maior controle popular, além de a Constituição Federal não prever o sigilo do voto em tal situação.

Esse tema já foi até mesmo cobrado em prova objetiva, mais precisamente, no concurso para o cargo de Procurador do Município de Belo Horizonte/MG realizado pelo CESPE em 2016 (prova aplicada em 2017), no qual se considerou correta a assertiva segundo a qual, *"no Brasil, de acordo com o STF, a regra é a observância do princípio da publicidade, razão pela qual, em impeachment de presidente da República, o sigilo do escrutínio é incompatível com a natureza e a gravidade do processo"*.

Formada a comissão especial, é dada oportunidade para que o Presidente da República apresente manifestação por escrito e documentos. Neste momento, ainda não há plenitude do direito de defesa, não havendo ampla produção probatória, mas apenas a apresentação das provas pré-constituídas.

Em seguida, a comissão especial elabora relatório e o submete ao Plenário da Câmara dos Deputados, que decidirá se autoriza a instauração do processo, o que depende dos votos de **2/3 (dois terços) dos membros da Casa.**

Autorizada a instauração do processo pela Câmara dos Deputados, os autos são remetidos ao Senado Federal, onde, em um primeiro momento, também será formada uma comissão especial (e aqui se aplicam as mesmas observações feitas em relação à comissão formada na Câmara dos Deputados).

Formada, a comissão especial, ela elabora um parecer acerca da admissibilidade da acusação e o submete ao plenário do Senado, para que realize o juízo de admissibilidade, instaurando o processo ou não. A instauração do processo depende de votação da **maioria simples**.

Em relação à realização de um juízo de admissibilidade pelo Senado Federal, o STF (na ADPF 378), para assim decidir, fundamentou-se no art. 52, I, da CF/88, pois esse dispositivo preconiza que compete ao Senado **processar** e julgar o Presidente da República pela prática de crimes de responsabilidade. Segundo a Suprema Corte, a expressão "processar" compreende a realização do juízo de admissibilidade do processo.

> "**Art. 52, CF/88.** Compete privativamente ao Senado Federal:
>
> I - **processar** e julgar o Presidente e o Vice-Presidente da República nos crimes de responsabilidade, bem como os Ministros de Estado e os Comandantes da Marinha, do Exército e da Aeronáutica nos crimes da mesma natureza conexos com aqueles;"

Sendo positivo o juízo de admissibilidade e instaurado o processo contra o Presidente da República, este fica suspenso de suas funções por até 180 (cento e oitenta) dias (art. 86, §§ 1º, II, e 2º, CF/88) e se passa à fase de pronúncia, na qual se exige voto da **maioria simples** para que o acusado seja pronunciado.

Pronunciado o Presidente da República, a etapa seguinte é a verdadeira instrução processual, com plenitude do contraditório e da ampla defesa, além da produção de todas as provas admitidas em direito (perícias, oitiva de testemunhas etc.).

Aqui, é necessário fazer mais uma observação sobre o que restou decidido pelo STF nesse caso: os Senadores, no procedimento do *impeachment*, podem adotar as medidas necessárias à apuração do crime de responsabilidade, inclusive no que concerne à produção de provas, não se lhes impondo o princípio da inércia.

O último ato da instrução é o **interrogatório do Presidente da República**.

Finalizada a instrução, a comissão especial elabora um parecer e o submete ao plenário do Senado para deliberação acerca da acusação. Para a condenação do Presidente da República, exigem-se os votos de 2/3 (dois terços) dos membros da Casa Legislativa.

Em relação ao julgamento da acusação, é necessário lembrar que o Senado Federal, em tal momento, é presidido pelo Presidente do Supremo Tribunal Federal, conforme previsto no art. 52, parágrafo único, da CF/88.

> "**Art. 52, CF/88.** Compete privativamente ao Senado Federal:
>
> I - processar e julgar o Presidente e o Vice-Presidente da República nos crimes de responsabilidade, bem como os Ministros de Estado e os Comandantes da

> Marinha, do Exército e da Aeronáutica nos crimes da mesma natureza conexos com aqueles;
>
> (...)
>
> **Parágrafo único. Nos casos previstos nos incisos I e II, funcionará como Presidente do Supremo Tribunal Federal, limitando-se a condenação, que somente será proferida por dois terços dos votos do Senado Federal, à perda do cargo, com inabilitação, por oito anos, para o exercício de função pública, sem prejuízo das demais sanções judiciais cabíveis."**

É necessário lembrar, ainda, que o julgamento da acusação é competência exclusiva do Senado Federal (que é o **juiz natural** para o julgamento do Presidente da República em hipóteses de crime de responsabilidade), não podendo haver manifestação da Câmara dos Deputados a esse respeito nem tampouco ingerência jurisdicional (o papel do STF, no *impeachment*, é tão somente o de assegurar a observância do devido processo legal e de outros direitos fundamentais do acusado, não podendo se intrometer na análise do mérito).

- (In)existência de prazo para análise de pedido de instauração de "impeachment" contra o Presidente da República

Conforme vimos, o *impeachment* do Presidente da República tem como peça inicial uma denúncia apresentada por qualquer cidadão, e essa denúncia, em um primeiro momento, é apreciada pelo Presidente da Câmara dos Deputados, que decide se a arquiva ou se a submete ao Plenário da Casa Legislativa, para que este decida se autoriza ou não a instauração do processo.

Mas **o que ocorre se o Presidente da Câmara dos Deputados se omite e não analisa o pedido de instauração do *impeachment*? É possível falar que ele deve observar um prazo para se manifestar a esse respeito?** Esse foi o questionamento apresentado ao Supremo Tribunal Federal nos **MIs 7358 e 7362**, julgados, respectivamente, em 12/04/2021 e 22/04/2021, ambos por decisão monocrática da Min. Cármen Lúcia.

Nesses mandados de injunção, o que se alegou foi a existência de uma omissão inconstitucional quanto à definição de um prazo para que o Presidente da Câmara dos Deputados analisasse o pedido de instauração de *impeachment* contra o Presidente da República. Em outras palavras, os impetrantes dessas ações afirmaram que deveria ser estabelecido, infraconstitucionalmente, um prazo para que o Presidente da Câmara dos Deputados realizasse o seu juízo preliminar acerca do início do processo de *impeachment*, e que o legislador estaria se omitindo em relação a essa questão.

A Min. Cármen Lúcia, ao apreciar os pedidos formulados, extinguiu ambos os mandados de injunção sem resolução do mérito, por vislumbrar não serem cabíveis.

Isso porque, como sabemos, o mandado de injunção é um remédio constitucional que se presta a combater omissões inconstitucionais que inviabilizem o exercício de algum direito assegurado constitucionalmente. Nos termos do art. 5º, LXXI, da CF/88, ele tem como objetivo viabilizar *"o exercício dos direitos e liberdades constitucionais e das prerrogativas inerentes à nacionalidade, à soberania e à cidadania"*.

Nesse sentido, segundo explicou a Min. Cármen Lúcia, para o cabimento de um mandado de injunção, é necessário que o impetrante aponte o direito que está sendo inviabilizado pela omissão inconstitucional. Isso, porém, não foi feito nos casos em questão, por um motivo muito simples: não existe, na Constituição Federal, norma que estabeleça a obrigação de definição de prazo para que o Presidente da Câmara dos Deputados analise o pedido de instauração de processo de *impeachment* contra o Presidente da República.

Nas palavras da Ministra (MI 7358):

> *"para se ter por cabível o mandado de injunção há que se demonstrar a existência de norma constitucional garantidora dos direitos e liberdades constitucionais ou das prerrogativas inerentes à nacionalidade, à cidadania e à soberania, cujo exercício esteja sendo inviabilizado pela ausência de norma regulamentadora.*
> *No caso em exame, não há dispositivo constitucional a impor aos impetrados o dever de regulamentar algum prazo para o Presidente da Câmara dos Deputados apreciar requerimento de afastamento do Presidente da República.*
>
> *Constata-se ausente, no presente processo, a demonstração de quais direitos e liberdades constitucionais estariam sendo inviabilizado em seu exercício pela falta de norma regulamentadora a ser editada pela autoridade e pelo órgão apontados como parte passiva na presente ação.*
>
> *Carece, assim, o caso posto à análise do atendimento ao requisito comprobatório do cabimento do presente mandado de injunção".*

Esse entendimento foi posteriormente **confirmado pelo Pleno do STF**, o que ocorreu em outro processo, mais precisamente, no **MS 38034 AgR** (j. 23/05/22). Nesse caso, também relatado pela Min. Cármen Lúcia, o voto condutor do julgamento afirmou que *"no ordenamento jurídico vigente, **inexiste norma assecuratória da pretensão de processamento automático ou com prazo estabelecido sobre processamento de pedido de impeachment**. Assim, a alegada demora na apreciação e no encaminhamento da denúncia apresentada não se afirma como direito dos seus autores, **por mais numeroso que seja o número de subscritores e de inegável peso cívico**. A quantidade de pedidos formulados com igual finalidade ou o número de denunciantes e apoiadores (sic) indicados pelos agravantes também não constituem direito nem automático dever da autoridade apontada como coatora em dar prosseguimento ao pedido de impeachment apresentado".*

Portanto, segundo entendimento do Supremo Tribunal Federal, não há previsão na Constituição Federal de prazo para que o Presidente da Câmara dos Deputados aprecie pedido de instauração de processo de *impeachment* contra o Presidente da República, assim como não há norma constitucional que imponha a regulamentação infraconstitucional desse prazo.

- (In)existência de direito à apreciação de pedido de instauração de "impeachment" contra o Presidente da República

Vimos acima que, segundo entendimento firmado no Supremo Tribunal Federal, não há prazo para que o Presidente da Câmara dos Deputados se manifeste sobre pedido de instauração de *impeachment* contra o Presidente da República, além de não existir qualquer disposição na Constituição Federal no sentido de que deve haver a regulamentação desse prazo (e a sua fixação) em âmbito infraconstitucional.

Além dessa questão, outra, muito semelhante, foi submetida ao STF: o autor de uma denúncia de *impeachment* contra o Presidente da República possui direito subjetivo a que o seu pedido seja apreciado pelo Presidente da Câmara dos Deputados, ficando este proibido de se omitir em relação à instauração do processo?

Isso foi respondido no dia 21/07/2021 pela Min. Cármen Lúcia, ao denegar liminarmente o **MS 38.034**, que havia sido ajuizado com o objetivo de forçar o Presidente da Câmara dos Deputados a analisar pedido de instauração de processo de "impeachment" contra o Presidente da República Jair Bolsonaro.

Por que a Ministra denegou o pedido?

Porque, para que o pedido formulado no mandado de segurança em questão fosse acolhido, seria necessário reconhecer a existência de um direito subjetivo à análise do pedido de instauração de "impeachment". Esse direito, contudo, segundo o STF, não existe.

Conforme esclareceu a Min. Cármen Lúcia, não há nenhuma norma na Constituição Federal ou na Lei 1.079/50 (a "Lei do Impeachment") que estabeleça a obrigação do Presidente da Câmara dos Deputados de analisar denúncias de crime de responsabilidade apresentadas contra o Presidente da República nem tampouco, conforme vimos anteriormente, fixação de prazo para que essa análise seja feita.

Na verdade, segundo a jurisprudência do STF (MS 21.564), o processo de "impeachment", embora possua um caráter jurídico penal (haja vista poder acarretar a aplicação de penalidades previstas no ordenamento jurídico), possui também um caráter político, o qual se manifesta já no juízo de admissibilidade da acusação na Câmara dos Deputados, de modo que a decisão da Casa Legislativa de admitir ou não o prosseguimento da denúncia e a instauração do processo é tomada a partir de critérios de conveniência e oportunidade políticas.

Esse juízo político é realizado, também, pelo Presidente da Câmara dos Deputados, ao decidir dar andamento à acusação, arquivá-la ou simplesmente não fazer nada.

Isso, porém, não significa que a Casa Legislativa possui ampla liberdade para tomar toda e qualquer decisão no sentido de responsabilizar o Presidente da República por alguma infração político-administrativa, isto é, por algum crime de responsabilidade.

É que, embora o «impeachment» tenha uma carga política, o ordenamento jurídico impõe alguns requisitos (inclusive, formais) para que o processo possa ser instaurado e ter andamento, tais como a apresentação de uma peça inicial (chamada de denúncia pela Lei 1.079/50) na qual fique demonstrada a presença de indícios de autoria e materialidade de um crime de responsabilidade.

Sem o atendimento dessas exigências, o Poder Legislativo não pode, por vontade própria e sem qualquer limite jurídico, responsabilizar livremente o Presidente da República.

Portanto, no "impeachment", o Legislativo atua, em parte, de acordo com critérios políticos, inexistindo norma jurídica que o obrigue a receber a acusação e a instaurar o respectivo processo. Como consequência, não é possível falar na existência de um direito subjetivo líquido e certo à apreciação do pedido formulado pelo autor da denúncia que possa ser amparado por mandado de segurança, tendo sido essa a razão da denegação liminar do MS 38.034 pela Min. Cármen Lúcia no dia 21/07/2021.

Essa mesma linha de raciocínio, aliás, já havia sido adotada pelo Min. Nunes Marques em 15/04/2021, ao denegar liminarmente o **MS 37.832**, ajuizado contra a omissão do Presidente do Senado Federal em analisar o pedido de instauração de processo de *impeachment* contra o Ministro do Supremo Tribunal Federal Alexandre de Moraes.

Ao esclarecer que inexiste norma jurídica que obrigue o Presidente da Casa Legislativa à imediata apreciação desse tipo de pedido (ou mesmo a fazê-lo dentro de determinado prazo), o Min. Nunes Marques registrou em sua decisão que:

> *"embora se discuta a natureza do impeachment (se processo político, criminal, político-criminal, político-administrativo), o certo é que* ***a presença do elemento político na sua composição é indiscutível****, como decorre da própria circunstância de ter a Constituição atribuído às Casas Legislativas, e não ao Poder Judiciário, a competência (e, logicamente, a jurisdição) para processar e julgar tal ação.*
>
> *Isso implica que* ***não é dado ao Judiciário, salvo quanto à observância do procedimento constitucionalmente estabelecido e às garantias constitucionais do acusado, fiscalizar o conteúdo dos atos processuais praticados pelo Congresso Nacional na tramitação e julgamento de impeachment*** *de qualquer autoridade.*
>
> *Ora, se é assim quanto aos atos praticados, por maioria de razão é assim quanto às alegadas "omissões".* ***O ritmo de apreciação da acusação na Casa Legislativa é, em si mesmo, objeto de decisões políticas.*** *A velocidade do rito, a cadência das fases do processo, tudo isso é assunto que está profundamente relacionado à atmosfera política e aos juízos discricionários dos parlamentares.* ***Não cabe ao Judiciário emitir pronunciamentos para acelerar ou retardar o procedimento****, dado que* ***não existem prazos peremptórios a serem cumpridos para a sua instauração.*** *O assunto é claramente matéria interna corporis da Casa respectiva — infenso, portanto, ao controle judicial.*
>
> *(...)*
>
> *Pode-se ponderar que a abstenção judicial de controlar as atribuições do Presidente do Senado, nessa específica competência jurisdicional que cabe à Câmara Alta, induziria a que a mera não apreciação do requerimento se tornasse um mecanismo de frustração do processo de impeachment logo no seu nascedouro. Bem, isso é desconhecer completamente o funcionamento de um Parlamento. Todos sabem que,* ***quando há vontade política relevante, a Presidência da Casa não consegue obstruir o caminho de qualquer requerimento.*** *Então, se essa matéria é trazida ao Judiciário, claramente* ***se intenta substituir a maioria parlamentar por uma decisão heterônoma do Poder Judiciário****, o que não é possível senão com* ***infringência do princípio fundamental da separação de Poderes*** *(CF, art. 2º).*
>
> ***Cabe ao Poder Legislativo, e apenas a ele, dirigir o processo de impeachment.*** *Nesse trabalho, o próprio Poder Legislativo tem os seus mecanismos orgânicos para acelerar, retardar, levar a Plenário, enfim, controlar o exercício dessa atribuição pelo Presidente da Casa. Não cabe ao Judiciário imiscuir-se em semelhante tema.*

> *A jurisprudência da Corte já acentuou, sob diferentes ângulos, a* ***independência do Poder Legislativo para processar e julgar as autoridades sujeitas à jurisdição daquele Poder em crimes de responsabilidade****.*
>
> *Nesse sentido, o Tribunal, por exemplo, rejeitou ação que tinha por objetivo revisar decisão da Presidência do Senado que arquivou pedido de impeachment de Ministro do Supremo Tribunal Federal:*
>
> *(...)*
>
> *A mesma solução acima foi dada a um caso em que o arquivamento do pedido de impeachment do Vice-Presidente da República foi decidida monocraticamente pelo Presidente da Câmara dos Deputados:*
>
> *(...)*
>
> *Inúmeras decisões monocráticas têm também enfatizado a* ***insuscetibilidade de fiscalização judicial da conduta das Presidências das Casas Legislativas que negam seguimento a pedidos de impeachment****. Assim, por exemplo: MS 34.592/DF, Ministro EDSON FACHIN (DJ 12/05/2017); MS 33.728/DF, Ministro CELSO DE MELLO (DJ 07/02/2018).*
>
> *Se é certo que este Tribunal reconhece a competência ao Presidente do Senado para indeferir monocraticamente pedido de impeachment de Ministro do Supremo Tribunal Federal, sem que haja possibilidade de revisão de tal ato (judicial review), por ser ele típica manifestação da independência do Poder Legislativo (ato interna corporis), com muito maior razão* ***não pode haver interferência judicial para acelerar processos e julgamentos daquela Casa Legislativa****.*
>
> *Nesse contexto, verifica-se, prima facie, que* ***o autor não tem direito líquido e certo*** *ao que postula, por* ***faltar respaldo jurídico à tese invocada na inicial****.*
>
> *(...)".*

- Natureza das sanções aplicáveis no "impeachment" e a possibilidade de impetração de "habeas corpus"

No processo de *impeachment*, o Presidente da República, conforme vimos, pode sofrer duas sanções: perda do cargo e inabilitação para o exercício de qualquer função pública por oito anos.

Essas penalidades possuem natureza político-administrativa, assim como os crimes de responsabilidade são infrações de natureza também político-administrativa. Como consequência disso, é incabível a impetração de *habeas corpus* para trancar processo de *impeachment*, já que esse remédio constitucional se presta a tutelar a liberdade de locomoção e inexiste no caso risco de cerceamento do direito de ir e vir do acusado, tendo em vista que não há previsão de aplicação de nenhuma penalidade privativa de liberdade.

Nesse sentido já se manifestou o Supremo Tribunal Federal:

> "(...) AGRAVO REGIMENTAL NO HABEAS CORPUS. PROCESSO DE IMPEACHMENT. (...) 1. Nos termos do art. 654 do Código de Processo Penal, a petição inicial de habeas corpus conterá a declaração da espécie de constrangimento ilegal ao direito de locomoção, ou, em caso de simples ameaça de coação, as razões em que se

> funda o seu temor. 2. **No caso, a insurgência a que se opõe o impetrante, em rigor, diz respeito a eventual obstáculo ao exercício de direitos políticos e não ao direito de ir e vir.** 3. Agravo regimental a que se nega provimento." **(HC 134315 AgR/DF; Relator(a): Min. TEORI ZAVASCKI; J. 16/06/2016; Pleno)**

- Possibilidade de aplicação seccionada das sanções

Vimos que as sanções que podem ser aplicadas em caso de condenação do Presidente da República pelo cometimento de crime de responsabilidade são duas: I) perda do cargo; e II) inabilitação para o exercício de qualquer função pública pelo período de 8 (oito) anos.

Ocorre que, no caso Dilma Rousseff, o Senado Federal, ao condenar a Presidente da República, determinou tão somente a perda do cargo, não a inabilitando para o exercício de função pública. Isso fez surgir o seguinte questionamento: essa decisão é compatível com o regime constitucional do *impeachment*?

O grande problema nessa discussão é que ela não foi levada ao Supremo Tribunal Federal, de modo que não houve uma decisão definitiva a esse respeito. No entanto, conforme estudamos anteriormente, há um precedente da Suprema Corte envolvendo o *impeachment* de Fernando Collor em que se afirmou que a pena de perda do cargo não pode ser aplicada sem a inabilitação para o exercício de funções públicas, muito embora a sanção de inabilitação possa ser aplicada sem a de perda do cargo na hipótese de o Presidente da República renunciar ao mandato antes do julgamento final do *impeachment* (que foi exatamente o que ocorreu com Fernando Collor).

Isso fica muito claro no seguinte trecho da ementa do acórdão (MS 21689/DF):

> "(...) IV. - No sistema do direito anterior a Lei 1.079, de 1950, isto é, no sistema das Leis n.s 27 e 30, de 1892, era possível a aplicação tão somente da pena de perda do cargo, podendo esta ser agravada com a pena de inabilitação para exercer qualquer outro cargo (Constituição Federal de 1891, art. 33, par. 3.; Lei n. 30, de 1892, art. 2.), emprestando-se à pena de inabilitação o caráter de pena acessória (Lei n. 27, de 1892, artigos 23 e 24). **No sistema atual, da Lei 1.079, de 1950, não é possível a aplicação da pena de perda do cargo, apenas, nem a pena de inabilitação assume caráter de acessoriedade**. (...)" **(MS 21689/DF; Relator(a): Min. CARLOS VELLOSO; J. 16/12/1993; Pleno)**

Percebe-se, assim, que, apesar de o Supremo Tribunal Federal não ter se manifestado sobre essa questão específica envolvendo a ex-Presidente Dilma Rousseff, o seccionamento das sanções não é admitido pela sua jurisprudência.

- Competência para legislar sobre "impeachment" e crimes de responsabilidade

A competência para legislar sobre crimes de responsabilidade, seu processo e julgamento é privativa da União, sendo vedado aos demais entes da federação tratar sobre essa matéria. Como consequência disso, por exemplo, Constituições (e/ou leis) dos

Estados-membros que estabeleçam qual é o órgão competente para o julgamento dos respectivos Chefes do Poder Executivo pela prática de crimes de responsabilidade ou mesmo prevejam a necessidade de autorização do Poder Legislativo para a instauração do processo de *impeachment* são inconstitucionais, porque apenas a União tem competência legislativa para disciplinar esse tema.

O fundamento desse entendimento é o art. 22, I, da CF/88, que estabelece ser da competência legislativa privativa da União o tratamento de temas atinentes ao direito penal e ao direito processual, estando o *impeachment* e os crimes de responsabilidade inseridos nessas matérias.

Nesse sentido, inclusive, o STF editou a Súmula Vinculante 46, nos seguintes termos:

> **Súmula Vinculante 46:** "A definição dos crimes de responsabilidade e o estabelecimento das respectivas normas de processo e julgamento são da competência legislativa privativa da União."

Essa questão já foi objeto de questionamento em diversas provas. Por exemplo, no concurso para o cargo de Procurador do Município de Goiânia/GO realizado pela UFG em 2015, foi considerada errada a seguinte assertiva: *"a definição dos crimes de responsabilidade e o estabelecimento das respectivas normas de processo e julgamento são da competência legislativa da União, sem empecilho que os estados federados, no exercício do poder constituinte decorrente, instituam normas a esse respeito"*. Como vimos, os Estados-membros não podem disciplinar a matéria, nem mesmo através de suas Constituições.

PERDA DO MANDATO DOS GOVERNADORES E DOS PREFEITOS NA CF/88

Ao tratar dos Governadores e Prefeitos, a CF/88 não traz muitas minúcias quanto à perda do mandato.

Naturalmente, no entanto, tal qual ocorre com o Presidente da República, os Chefes dos Executivos estaduais e municipais perderão o mandato em caso de morte, de renúncia e de perda ou suspensão dos direitos políticos. Inclusive, no que diz respeito à hipótese de perda ou suspensão dos direitos políticos, o Supremo Tribunal Federal já afirmou expressamente ser caso de perda de mandato de Prefeito Municipal:

> "(...) Eleitoral. Recurso contra expedição de diploma. **Condenação criminal transitada em julgado após a posse do candidato eleito (CF, art. 15, III). Perda dos direitos políticos: conseqüência da existência da coisa julgada.** A Câmara de vereadores não tem competência para iniciar e decidir sobre a perda de mandato de prefeito eleito. Basta uma comunicação à Câmara de Vereadores, extraída nos autos do processo criminal. **Recebida a comunicação, o Presidente da Câmara de Vereadores, de imediato, declarará a extinção do mandato do Prefeito, assumindo o cargo o Vice-Prefeito, salvo se, por outro motivo, não possa exercer a função. Não cabe ao Presidente da Câmara de Vereadores outra conduta senão a declaração da extinção do mandato. (...)" (RE 225019/GO; Relator(a): Min. NELSON JOBIM; J. 08/09/1999; Pleno)**

O que a Constituição Federal traz de maneira expressa quanto à perda do mandato do Governador e do Prefeito são as disposições dos arts. 28, § 1º, e 29, XIV, que dizem o seguinte:

> "**Art. 28, CF/88.** A eleição do Governador e do Vice-Governador de Estado, para mandato de 4 (quatro) anos, realizar-se-á no primeiro domingo de outubro, em primeiro turno, e no último domingo de outubro, em segundo turno, se houver, do ano anterior ao do término do mandato de seus antecessores, e a posse ocorrerá em 6 de janeiro do ano subsequente, observado, quanto ao mais, o disposto no art. 77 desta Constituição.
>
> **§ 1º Perderá o mandato o Governador que assumir outro cargo ou função na administração pública direta ou indireta, ressalvada a posse em virtude de concurso público e observado o disposto no art. 38, I, IV e V.** (Renumerado do parágrafo único, pela Emenda Constitucional nº 19, de 1998)
>
> **§ 2º** Os subsídios do Governador, do Vice-Governador e dos Secretários de Estado serão fixados por lei de iniciativa da Assembléia Legislativa, observado o que dispõem os arts. 37, XI, 39, § 4º, 150, II, 153, III, e 153, § 2º, I."
>
> "**Art. 29, CF/88.** O Município reger-se-á por lei orgânica, votada em dois turnos, com o interstício mínimo de dez dias, e aprovada por dois terços dos membros da Câmara Municipal, que a promulgará, atendidos os princípios estabelecidos nesta Constituição, na Constituição do respectivo Estado e os seguintes preceitos:
>
> (...)
>
> **XIV - perda do mandato do Prefeito, nos termos do art. 28, parágrafo único.** (Renumerado do inciso XII, pela Emenda Constitucional nº 1, de 1992)
>
> (...)"

Segundo esses dispositivos, o Governador e o Prefeito, no curso do mandato, apenas podem tomar posse em outro cargo se se tratar de cargo ao qual tiveram acesso mediante concurso público. Nesse caso, terão de observar as regras de afastamento e cumulação (ou opção) de remuneração previstas no art. 38 da CF/88, que será estudado oportunamente.

Perceba, assim, que o Chefe do Executivo nas esferas estadual e municipal não pode assumir um cargo comissionado, pois, se o fizer, perderá o mandato.

Uma questão interesse e que já foi analisada pelo Supremo Tribunal Federal é a seguinte: conforme vimos, a hipótese de perda de mandato decorrente de investidura em outro cargo se aplica igualmente a Governadores e Prefeitos, pois o art. 29, XIV, da CF/88 determina que se aplique aos prefeitos o previsto no art. 28, § 1º (originalmente, parágrafo único), da CF/88. Mas **poderia a Constituição do Estado (ou mesmo a Lei Orgânica do Município) ampliar ou restringir (tornando mais ou menos gravosa, portanto) a abrangência da hipótese de perda do mandato decorrente de investidura em outro cargo?**

Segundo decidiu o STF, **não**, pois se trata de norma da Constituição Federal que é de observância obrigatória pelos Estados e Municípios. Confira:

> "(...) 1. Ação direta julgada procedente em relação aos seguintes preceitos da Constituição sergipana: i) Artigo 14, inciso V: dispõe que o prefeito e o vice-prefeito perderão o mandato se assumirem outro cargo ou função pública, estadual ou municipal, salvo em virtude de concurso público realizado antes de sua eleição. Impugnação à expressão: "realizado antes de sua eleição". **A Constituição do Brasil - artigos 28 e 29 - estabelece as hipóteses de perda de mandato de prefeito e vice-prefeito. A Constituição estadual não pode ampliar esse elenco.** (...) Ação julgada parcialmente procedente." **(ADI 336/SE; Relator(a): Min. EROS GRAU; J. 10/02/2010; Pleno)**

É interessante registrar que, no julgado transcrito acima, consta do voto condutor do julgamento (proferido pelo Ministro Relator Eros Grau) que a observância estrita dos arts. 28, § 1º, e 29, XIV, da CF/88 pelos Estados e Municípios se baseou na simetria constitucional. Em outras palavras, o Supremo Tribunal Federal os tratou como princípios constitucionais extensíveis.

Nas exatas palavras utilizadas pelo Ministro, "*o inciso XIV do art. 29 da CB/88 estabelece que as prescrições do art. 28 relativas à perda do mandato de governador aplicam-se ao prefeito, qualificando-se, assim, como preceito de reprodução obrigatória por parte dos Estados-membros e Municípios*".

No entanto, tecnicamente, esse não é o tratamento mais adequado, pois os princípios extensíveis são aqueles que consagram normas aplicáveis ao âmbito federal que devem ser observadas também nas esferas estadual e municipal. Já os arts. 28, § 1º, e 29, XIV, da CF/88 trazem disposições constitucionais direcionadas especificamente aos Estados e aos Municípios. Trata-se, portanto, de princípios constitucionais estabelecidos, e não de simetria constitucional, muito embora a Suprema Corte tenha tratado a situação como um caso de aplicação da simetria.

Seja como for, o resultado final é o mesmo: os Estados e os Municípios devem observar estritamente as previsões dos arts. 28, § 1º, e 29, XIV, da CF/88, não podem ampliá-las nem as restringir.

Além dos arts. 28, § 1º e 29, XIV, da CF/88, que devem ser observados pelos Estados e Municípios porque assim está expressamente previsto no texto constitucional, o cargo do Chefe do Poder Executivo nos âmbitos estadual e municipal pode ser perdido por decorrência de aplicação simétrica de norma da CF/88 que se dirige ao Executivo Federal. Nesse caso, sim, estamos diante de um verdadeiro princípio constitucional extensível, mais precisamente, de um princípio extensível **implícito**.

Cuida-se da norma da CF/88 que estabelece a necessidade de autorização do Poder Legislativo para que o Presidente da República se ausente do País por mais de 15 dias, sob pena de, caso não seja autorizado, perder o mandato (art. 49, III, c/c art. 83, ambos da CF/88). Essa exigência se aplica, por simetria implícita, às demais esferas da Federação.

> "**Art. 49, CF/88** É da competência exclusiva do Congresso Nacional:
>
> (...)
>
> **III** - autorizar o Presidente e o Vice-Presidente da República a se ausentarem do País, quando a ausência exceder a quinze dias;"

> "**Art. 83, CF/88.** O Presidente e o Vice-Presidente da República não poderão, sem licença do Congresso Nacional, ausentar-se do País por período superior a quinze dias, sob pena de perda do cargo."

Segundo a jurisprudência pacífica do Supremo Tribunal Federal, como esses dispositivos consubstanciam um mecanismo da sistemática de freios e contrapesos, atingindo, portanto, a separação dos Poderes, devem ser observados simetricamente nas demais esferas da Federação. Confira os seguintes julgados nesse sentido:

> "(...) 1. A Carta da República, em seus arts. 49, inciso III, e 83, dispôs ser da competência do Congresso Nacional autorizar o presidente e o vice-presidente da República a se ausentarem do País quando a ausência for por período superior a quinze dias. 2. **Afronta os princípios da separação dos Poderes e da simetria disposição da Constituição estadual que exige prévia licença da Assembleia Legislativa para que o governador e o vice-governador se ausentem do País por qualquer prazo.** 3. Trata-se de mecanismo do sistema de freios e contrapesos, o qual somente se legitima nos termos já delineados pela própria Lei Maior, sendo vedado aos estados-membros criar novas ingerências de um Poder na órbita de outro que não derivem explícita ou implicitamente de regra ou princípio da Lei Fundamental. (...)" **(ADI 775/RS; Relator(a): Min. DIAS TOFFOLI; J. 03/04/2014; Pleno)**
>
> "(...) **Em decorrência do princípio da simetria, a Constituição Estadual deve estabelecer sanção para o afastamento do Governador ou do Vice-Governador do Estado sem a devida licença da Assembléia Legislativa.** (...)" **(ADI 3647/MA; Relator(a): Min. JOAQUIM BARBOSA; J. 17/09/2007; Pleno)**
>
> "(...) – **A exigência de prévia autorização da Assembleia Legislativa para o Governador e o Vice-Governador do Estado ausentarem-se, em qualquer tempo, do território nacional mostra-se incompatível com os postulados da simetria e da separação de poderes**, pois essa restrição – que não encontra correspondência nem parâmetro na Constituição Federal (art. 49, III, c/c o art. 83) – revela-se inconciliável com a Lei Fundamental da República, que, por qualificar-se como fonte jurídica de emanação do poder constituinte decorrente, impõe ao Estado-membro, em caráter vinculante, em razão de sua índole hierárquico-normativa, o dever de estrita observância quanto às diretrizes e aos princípios nela proclamados e estabelecidos (CF, art. 25, *"caput"*), sob pena de completa desvalia jurídica das disposições estaduais que conflitem com a supremacia de que se revestem as normas consubstanciadas na Carta Política. (...)" **(ADI 5373 MC/RR; Relator(a): Min. CELSO DE MELLO; J. 09/05/2019; Pleno)**

Por fim, não se pode esquecer que os Governadores e Prefeitos também devem observar normas editadas pelos Estados e Municípios no exercício de sua autonomia, além de poderem perder o mandato em virtude de responsabilização político-administrativa, a qual se dá de acordo com a legislação **federal** (já que a competência para tratar do tema é da União), conforme estudaremos no próximo tópico.

■ RESPONSABILIZAÇÃO POLÍTICO-ADMINISTRATIVA DOS GOVERNADORES E DOS PREFEITOS

Ao tratarmos da perda do mandato do Presidente da República, abordamos o *impeachment* e a prática de infrações de caráter político-administrativo (os chamados crimes de responsabilidade) pelo Chefe do Executivo Federal.

Agora, teceremos alguns comentários sobre a responsabilização político-administrativa dos Governadores e dos Prefeitos.

Para compreender o tema, é indispensável ter sempre em mente a premissa, já vista, de que **a competência para legislar sobre crimes de responsabilidade (infrações político-administrativas) e seu processo e julgamento é privativa da União**, ainda que se trate de responsabilização dos Chefes dos Executivos Estaduais e Municipais. Portanto, as normas sobre esse tema devem, **sempre**, ser editadas pelo Congresso Nacional, carecendo as demais esferas políticas de competência para disciplinar a matéria.

Responsabilização político-administrativa dos Governadores dos Estados e do Distrito Federal

Em relação aos Governadores, o regramento de sua responsabilização pela prática de crimes de responsabilidade também está contido na Lei 1.079/50, especialmente, nos seus arts. 74 a 79, que trazem, inclusive, as regras atinentes ao seu processo e julgamento.

Aqui, é necessário fazer uma observação extremamente importante: é muito comum que normas estaduais prevejam que a competência para processar e julgar o Governador do Estado por crimes de responsabilidade é da Assembleia Legislativa ou mesmo que é necessário haver autorização da Casa Legislativa para a instauração de *impeachment* contra o Chefe do Executivo Estadual. Todas essas normas, no entanto, são inconstitucionais, pois, conforme já vimos, a competência para tratar sobre essas questões é privativa da União, não podendo os Estados legislar (seja por meio de suas Constituições, seja por meio de suas leis) sobre processo e julgamento dos seus Governadores pela prática de crimes de responsabilidade. Inclusive, é farta a jurisprudência do Supremo Tribunal Federal nesse sentido, a exemplo dos julgados transcritos abaixo.

> "(...) ARTS. 56, INC. XXI, E 93 DA CONSTITUIÇÃO DO ESPÍRITO SANTO. (...) EXIGÊNCIA DE AUTORIZAÇÃO PRÉVIA DA ASSEMBLEIA LEGISLATIVA PARA INSTAURAÇÃO DE PROCESSO CONTRA O GOVERNADOR POR PRÁTICA DE CRIMES DE RESPONSABILIDADE. 1. Inconstitucionalidade formal decorrente da **incompetência dos Estados-membros para legislar sobre processamento e julgamento de crimes de responsabilidade** (art. 22, inc. I, da Constituição da República). (...) **(ADI 4792/ES, julgada em 12/02/2015)**
>
> "(...) 1. A competência para dispor legislativamente sobre processo e julgamento por crimes de responsabilidade é privativa da União, que o fez por meio da Lei 1.079/50, aplicável aos Governadores e Secretários de Estado, razão pela qual **são inconstitucionais as expressões dos arts. 54 e 89 da Constituição do Estado do Paraná que trouxeram disciplina discrepante na matéria, atribuindo o julgamento de mérito de imputações do tipo à Assembleia Legislativa local.** (...)" **(ADI 4791/PR, julgada em 12/02/2015)**
>
> "1. Ação direta de inconstitucionalidade contra **expressões da Lei Orgânica do Distrito Federal que concentram na Câmara Legislativa do Distrito Federal o juízo de admissibilidade do processo de impeachment e o julgamento do Governador por crime de responsabilidade**. 2. De acordo com a Súmula Vinculante nº 46, "[a] definição dos crimes de responsabilidade e o estabelecimento das respectivas normas de processo e julgamento são da competência legislativa privativa da União". (...) 5. Procedência do pedido. Tese de julgamento: **"É inconstitucional disposição de Constituição estadual ou Lei Orgânica distrital que,**

em desacordo com o previsto no art. 78, § 3º, da Lei nº 1.079/1950, atribuam à Assembleia ou Câmara Legislativa o julgamento do Governador por crime de responsabilidade".” (ADI 3466, Pleno, Rel. Min. DIAS TOFFOLI, Redator do acórdão Min. ROBERTO BARROSO, j. 13/04/2023)

Logo, o órgão competente para julgar Governador de Estado por crime de responsabilidade é aquele indicado no **§ 3º do art. 78 da Lei 1.079/50** (e não qualquer outro indicado nas normas locais). Trata-se de um tribunal misto composto por cinco Desembargadores do respectivo Tribunal de Justiça e cinco Deputados da respectiva Assembleia Legislativa, cabendo a presidência ao Desembargador Presidente da Corte de Justiça.

Inclusive, o Supremo Tribunal Federal já decidiu que **o art. 78, § 3º, da Lei 1.079/50 foi recepcionado pela CF/88**, como ocorreu na **Rcl 47.666** (j. 22/07/2021) e na **ADI 3466** (j. 13/04/2023). Portanto, não há dúvida alguma quanto à compatibilidade desse dispositivo com a CF/88, de modo que não há espaço para se alegar que o julgamento dos crimes de responsabilidade dos Governadores por um órgão misto composto por 5 Desembargadores e 5 Deputados Estaduais sob a presidência do Presidente do Tribunal de Justiça viola preceitos constitucionais, como a garantia do juiz natural.

"**Art. 78, Lei 1.079/50.** O Governador será julgado nos crimes de responsabilidade, pela forma que determinar a Constituição do Estado e não poderá ser condenado, senão à perda do cargo, com inabilitação até cinco anos, para o exercício de qualquer função pública, sem prejuízo da ação da justiça comum.

§ 1º Quando o tribunal de julgamento fôr de jurisdição mista, serão iguais, pelo número, os representantes dos órgãos que o integrarem, excluído o Presidente, que será o Presidente do Tribunal de Justiça.

§ 2º Em qualquer hipótese, só poderá ser decretada a condenação pelo voto de dois têrços dos membros de que se compuser o tribunal de julgamento.

§ 3º Nos Estados, onde as Constituições não determinarem o processo nos crimes de responsabilidade dos Governadores, aplicar-se-á o disposto nesta lei, devendo, porém, o julgamento ser proferido por um tribunal composto de cinco membros do Legislativo e de cinco desembargadores, sob a presidência do Presidente do Tribunal de Justiça local, que terá direito de voto no caso de empate. A escolha desse Tribunal será feita - a dos membros do legislativo, mediante eleição pela Assembléia: a dos desembargadores, mediante sorteio.

§ 4º Êsses atos deverão ser executados dentro em cinco dias contados da data em que a Assembléia enviar ao Presidente do Tribunal de Justiça os autos do processo, depois de decretada a procedência da acusação."

Em relação a esse art. 78, é necessário perceber que todas as suas disposições que remetem a disciplina do tema a normas estaduais (como é o caso do seu § 1º e da primeira parte do seu *caput*) não foram recepcionadas pela CF/88, que estabelece a **competência privativa da União** para tratar da matéria.

Outro aspecto importante são as sanções que podem ser aplicadas ao Governador: perda do cargo e inabilitação por até cinco anos para exercer qualquer função pública. Já no caso do Presidente da República, a inabilitação para o exercício de funções públicas é de oito anos exatos.

Já o quórum de condenação é o mesmo para o Presidente da República e para Governador de Estado: **dois terços** dos membros do órgão julgador.

Por fim, os crimes de responsabilidade que podem ser praticados pelos Governadores dos Estados e do Distrito Federal são os previstos como tais na própria Lei 1.079/50, conforme consta de seu art. 74.

> "**Art. 74, Lei 1.079/50.** Constituem crimes de responsabilidade dos governadores dos Estados ou dos seus Secretários, quando por eles praticados, os atos definidos como crimes nesta lei."

Responsabilização político-administrativa dos Prefeitos Municipais

A disciplina da responsabilização do Chefe do Executivo Municipal encontra-se no Decreto-Lei 201/67, que, segundo já decidiu o Supremo Tribunal Federal (**SS 5279 AgR**), foi recepcionado pela CF/88 e, portanto, contina aplicável até hoje.

Em relação aos Prefeitos, a primeira observação que deve ser feita diz respeito à nomenclatura das infrações que podem ser por eles praticadas, falando-se, em relação a essas autoridades, em crimes de responsabilidade **próprios** e crimes de responsabilidade **impróprios**.

Há divergência doutrinária sobre o significado dessas expressões.

Segundo Pedro Lenza e Damásio de Jesus, os crimes de responsabilidade próprios são crimes propriamente ditos, são infrações penais, estando previstos no art. 1º do Decreto-Lei 201/67, enquanto os crimes de responsabilidade impróprios são crimes no sentido impróprio da palavra, cuidando-se, esses sim, de infrações de caráter político-administrativo, estando previstos no art. 4º do Decreto-Lei 201/67.

Por outro lado, Bernardo Gonçalves inverte essas definições, entendendo que os crimes de responsabilidade próprios são os previstos no art. 4º do Decreto-Lei 201/67 (infrações político-administrativas) e os crimes de responsabilidade impróprios são os previstos no art. 1º do Decreto-Lei 201/67 (infrações penais).

Essa divergência se deve ao critério classificatório adotado por cada doutrinador. Quem adota como critério a noção de crime entende que as infrações penais do art. 1º do Decreto-Lei 201/67 devem ser rotuladas como crimes de responsabilidade próprios, por serem, propriamente falando, crimes, enquanto as infrações do art. 4º do Decreto-Lei 201/67 devem ser chamadas de crimes de responsabilidade impróprios, por não serem crimes propriamente ditos. Por outro lado, quem adota como critério classificatório a noção de crime de responsabilidade em sua tradicional acepção de infração político-administrativa entende que as infrações penais do art. 1º do Decreto-Lei 201/67 devem ser rotuladas como crimes de responsabilidade impróprios, por ser impróprio chamá-las de crimes de responsabilidade, enquanto as infrações do art. 4º do Decreto-Lei 201/67 devem ser chamadas de crimes de responsabilidade próprios, haja vista serem verdadeiros crimes de responsabilidade.

Na jurisprudência, há precedentes adotando a linha de pensamento seguida por Bernardo Gonçalves tanto no **STF** (ADI 3915) quanto no **STJ** (REsp 1066772), de modo que, nas provas, o mais seguro é seguir esse entendimento, segundo o qual, os crimes de responsabilidade próprios dos Prefeitos Municipais são as infrações político-administrativas previstas no art. 4º do Decreto-Lei 201/67, enquanto os seus crimes de responsabilidade impróprios são os crimes funcionais (infrações penais comuns) previstos no art. 1º do Decreto-Lei 201/67.

> "**Art. 1º, Decreto-Lei 201/67.** São crimes de responsabilidade dos Prefeitos Municipal, sujeitos ao julgamento do Poder Judiciário, independentemente do pronunciamento da Câmara dos Vereadores:
>
> (...)"
>
> "**Art. 4º, Decreto-Lei 201/67.** São infrações político-administrativas dos Prefeitos Municipais sujeitas ao julgamento pela Câmara dos Vereadores e **sancionadas com a cassação do mandato**:
>
> I - Impedir o funcionamento regular da Câmara;
>
> II - Impedir o exame de livros, folhas de pagamento e demais documentos que devam constar dos arquivos da Prefeitura, bem como a verificação de obras e serviços municipais, por comissão de investigação da Câmara ou auditoria, regularmente instituída;
>
> III - Desatender, sem motivo justo, as convocações ou os pedidos de informações da Câmara, quando feitos a tempo e em forma regular;
>
> IV - Retardar a publicação ou deixar de publicar as leis e atos sujeitos a essa formalidade;
>
> V - Deixar de apresentar à Câmara, no devido tempo, e em forma regular, a proposta orçamentária;
>
> VI - Descumprir o orçamento aprovado para o exercício financeiro;
>
> VII - Praticar, contra expressa disposição de lei, ato de sua competência ou omitir-se na sua prática;
>
> VIII - Omitir-se ou negligenciar na defesa de bens, rendas, direitos ou interesses do Município sujeito à administração da Prefeitura;
>
> IX - Ausentar-se do Município, por tempo superior ao permitido em lei, ou afastar-se da Prefeitura, sem autorização da Câmara dos Vereadores;
>
> X - Proceder de modo incompatível com a dignidade e o decoro do cargo."

O rito e a competência para processar e julgar o Prefeito pela prática de infrações político-administrativas estão definidos no art. 5º do Decreto-Lei 201/67, que estabelece a respectiva Câmara de Vereadores como o órgão competente para esse julgamento.

O art. 5º do Decreto-Lei 201/67 estabelece também, no seu inciso II, que a denúncia pela prática de infração político-administrativa apresentada contra Prefeito só pode ser recebida pela Câmara Municipal se assim for decidido pelos votos da **maioria simples** (que é a maioria dos presentes) dos Vereadores.

A validade da exigência de maioria simples para se autorizar a instauração de processo de responsabilização político-administrativa contra Prefeito Municipal chegou a ser questionada no Supremo Tribunal Federal, com a alegação de que deveria ser observado no âmbito do Município, por simetria, a regra do art. 86, *caput*, da CF/88, que exige a maioria qualificada de 2/3 (dois terços) dos Deputados Federais para se autorizar a instauração de processo de *impeachment* contra o Presidente da República (*"**Art. 86, CF/88.** Admitida a acusação contra o Presidente da República, por dois terços da Câmara dos Deputados, será ele submetido a julgamento perante o Supremo Tribunal Federal, nas infrações penais comuns, ou perante o Senado Federal, nos crimes de responsabilidade."*).

O STF, porém, não acolheu esse argumento.

Segundo o Supremo Tribunal Federal, a regra do art. 86 da CF/88 (que exige os votos de 2/3 dos Deputados Federais para a instauração de processo de *impeachment* contra o Presidente da República) não é de reprodução obrigatória, tratando-se, na verdade, de uma norma aplicável apenas ao âmbito federal. Logo, as normas de processo e julgamento dos Prefeitos pela prática de infração político-administrativa são aquelas estabelecidas no Decreto-Lei 201/67, de modo que o recebimento da denúncia contra o Chefe do Executivo Municipal depende da maioria simples dos Vereadores, e não da maioria qualificada de 2/3 (dois terços).

Esse entendimento foi adotado, por exemplo, na **SS 5279 AgR** (julgada pelo Pleno do STF em 28/06/2019), na qual a Corte decidiu que é *"**inaplicável o princípio da simetria quanto à exigência de quórum de 2/3 para o recebimento de denúncia por câmara municipal a fim de instaurar o processo de cassação de prefeito.** (...) "A norma do art. 86 da Constituição Federal não é de reprodução obrigatória, mas de aplicabilidade restrita ao Chefe do Poder Executivo Federal" (ARE nº 823.619, Min. Luiz Fux, DJe de 12/08/16)".*

Além disso, o **quórum para a condenação do Prefeito é de dois terços dos Vereadores** e a sanção aplicável é a perda do mandato, conforme o art. 4º, *caput*, e o art. 5º, VI, ambos do Decreto-Lei 201/67.

> "**Art. 5º, Decreto-Lei 201/67.** O processo de cassação do mandato do Prefeito pela Câmara, por infrações definidas no artigo anterior, obedecerá ao seguinte rito, se outro não for estabelecido pela legislação do Estado respectivo:
>
> I - A denúncia escrita da infração poderá ser feita por qualquer eleitor, com a exposição dos fatos e a indicação das provas. Se o denunciante for Vereador, ficará impedido de votar sobre a denúncia e de integrar a Comissão processante, podendo, todavia, praticar todos os atos de acusação. Se o denunciante for o Presidente da Câmara, passará a Presidência ao substituto legal, para os atos do processo, e só votará se necessário para completar o quorum de julgamento. Será convocado o suplente do Vereador impedido de votar, o qual não poderá integrar a Comissão processante.
>
> II - De posse da denúncia, o Presidente da Câmara, na primeira sessão, determinará sua leitura e consultará a Câmara sobre o seu recebimento. Decidido o recebimento, pelo voto da maioria dos presentes, na mesma sessão será

constituída a Comissão processante, com três Vereadores sorteados entre os desimpedidos, os quais elegerão, desde logo, o Presidente e o Relator.

III - Recebendo o processo, o Presidente da Comissão iniciará os trabalhos, dentro em cinco dias, notificando o denunciado, com a remessa de cópia da denúncia e documentos que a instruírem, para que, no prazo de dez dias, apresente defesa prévia, por escrito, indique as provas que pretender produzir e arrole testemunhas, até o máximo de dez. Se estiver ausente do Município, a notificação far-se-á por edital, publicado duas vezes, no órgão oficial, com intervalo de três dias, pelo menos, contado o prazo da primeira publicação. Decorrido o prazo de defesa, a Comissão processante emitirá parecer dentro em cinco dias, opinando pelo prosseguimento ou arquivamento da denúncia, o qual, neste caso, será submetido ao Plenário. Se a Comissão opinar pelo prosseguimento, o Presidente designará desde logo, o início da instrução, e determinará os atos, diligências e audiências que se fizerem necessários, para o depoimento do denunciado e inquirição das testemunhas.

IV - O denunciado deverá ser intimado de todos os atos do processo, pessoalmente, ou na pessoa de seu procurador, com a antecedência, pelo menos, de vinte e quatro horas, sendo lhe permitido assistir as diligências e audiências, bem como formular perguntas e reperguntas às testemunhas e requerer o que for de interesse da defesa.

V – concluída a instrução, será aberta vista do processo ao denunciado, para razões escritas, no prazo de 5 (cinco) dias, e, após, a Comissão processante emitirá parecer final, pela procedência ou improcedência da acusação, e solicitará ao Presidente da Câmara a convocação de sessão para julgamento. Na sessão de julgamento, serão lidas as peças requeridas por qualquer dos Vereadores e pelos denunciados, e, a seguir, os que desejarem poderão manifestar-se verbalmente, pelo tempo máximo de 15 (quinze) minutos cada um, e, ao final, o denunciado, ou seu procurador, terá o prazo máximo de 2 (duas) horas para produzir sua defesa oral;

VI - Concluída a defesa, proceder-se-á a tantas votações nominais, quantas forem as infrações articuladas na denúncia. Considerar-se-á afastado, definitivamente, do cargo, o denunciado que for declarado pelo voto de dois terços, pelo menos, dos membros da Câmara, em curso de qualquer das infrações especificadas na denúncia. Concluído o julgamento, o Presidente da Câmara proclamará imediatamente o resultado e fará lavrar ata que consigne a votação nominal sobre cada infração, e, se houver condenação, expedirá o competente decreto legislativo de cassação do mandato de Prefeito. Se o resultado da votação for absolutório, o Presidente determinará o arquivamento do processo. Em qualquer dos casos, o Presidente da Câmara comunicará à Justiça Eleitoral o resultado.

VII - O processo, a que se refere este artigo, deverá estar concluído dentro em noventa dias, contados da data em que se efetivar a notificação do acusado. Transcorrido o prazo sem o julgamento, o processo será arquivado, sem prejuízo de nova denúncia ainda que sobre os mesmos fatos."

Por fim, não se pode deixar de registrar que a parte final do *caput* do art. 5º do Decreto-Lei 201/67 (*"se outro não for estabelecido pela legislação do Estado respectivo"*) não foi recepcionada pela CF/88. Isso porque, conforme vimos, a competência para legislar sobre infrações político-administrativas e seu processo e julgamento é privativa da União, de modo que não pode essa tarefa ser atribuída pela legislação infraconstitucional a outros entes federativos.

▪ JULGADOS IMPORTANTES SOBRE A PRÁTICA DE INFRAÇÕES PENAIS POR GOVERNADORES E PREFEITOS

Há dois julgados importantes proferidos no contexto da prática de infrações penais (crimes comuns) pelos Chefes dos Executivos Estaduais e Municipais.

O primeiro deles representa uma mudança de entendimento do Supremo Tribunal Federal em relação à persecução penal envolvendo os Governadores dos Estados e do Distrito Federal.

Por muito tempo, o STF entendeu serem válidas normas de Constituições Estaduais que exigissem a prévia autorização da Assembleia Legislativa para que fosse instaurado processo crime (perante o STJ, nos termos do art. 105, I, "a", da CF/88) em face de Governador de Estado. Essas normas reproduziam, simetricamente, o modelo de responsabilização penal do Presidente da República, no qual, é exigida a autorização da Câmara dos Deputados para a instauração do processo-crime (arts. 51, I, e 86, *caput*, CF/88).

No entanto, no ano 2017, em um caso envolvendo a Assembleia Legislativa de Minas Gerais e o Governador desse Estado, a Suprema Corte realizou uma guinada jurisprudencial e reconheceu a **inconstitucionalidade** da norma estadual que exigia tal autorização da Casa Legislativa. Segundo entendeu o Tribunal, a exigência de autorização da Câmara dos Deputados para a instauração de processo-crime contra o Presidente da República, por ser uma exceção à regra geral da inexistência de condição de procedibilidade para a responsabilização criminal, deve ser interpretada restritivamente, não podendo ser estendida a Governadores de Estado (ou mesmo a Prefeitos Municipais), mesmo porque essa extensão indevida caracterizaria uma ofensa aos seguintes princípios:

I) Princípio da igualdade, pois representaria um tratamento diferenciado (não conferido às pessoas em geral) sem fundamento constitucional.

II) Princípio da separação dos Poderes, pois possibilitaria que o Legislativo impedisse, sem fundamento em previsão contida na CF/88, o livre recebimento da inicial acusatória e o exercício da jurisdição pelo STJ.

III) Princípio republicano, pois permitiria que os Poderes constituídos (os órgãos do Estado) fossem arbitrariamente usados para atender interesses pessoais, como ocorre em caso de eventual conluio entre o Legislativo e o Executivo para impedir a instauração de processo criminal em face do Governador do Estado.

Além disso, o Tribunal registrou que o recebimento da peça acusatória pelo STJ **não acarreta automático afastamento do Chefe do Executivo Estadual das suas funções**, devendo isso ser decidido pelo próprio STJ em cada caso concreto, sendo possível, inclusive, a adoção de outras medidas de caráter cautelar que eventualmente se façam necessárias.

A ementa do caso ficou redigida nos seguintes termos:

"(...) Não há fundamento normativo-constitucional expresso que faculte aos Estados possuírem em suas Constituições estaduais a exigência de autorização prévia da Assembleia Legislativa para o processamento e julgamento de Governador por crime comum perante o Superior Tribunal de Justiça. 2. A regra do art. 51, I, CRFB, prevista de forma expressa apenas para o Presidente da República, não comporta interpretação extensiva aos Governadores de Estado, visto que excepciona a regra geral que estabelece a ausência de condição de procedibilidade política para o processamento de ação penal pública. 3. A exigência de autorização prévia de Assembleia Estadual para o processamento e julgamento de Governador do Estado por crime comum perante o Superior Tribunal de Justiça ofende o princípio republicano (art. 1º, *caput*, CRFB), a separação de Poderes (art. 2º, *caput*, CRFB) e a cláusula geral de igualdade (art. 5º, *caput*, CRFB). 4. Ação direta de inconstitucionalidade julgada parcialmente procedente, com fixação da seguinte tese: **Não há necessidade de prévia autorização da Assembleia Legislativa para o recebimento de denúncia ou queixa e instauração de ação penal contra Governador de Estado, por crime comum, cabendo ao STJ, no ato de recebimento ou no curso do processo, dispor, fundamentadamente, sobre a aplicação de medidas cautelares penais, inclusive afastamento do cargo."** **(ADI 5540/MG; Relator(a): Min. EDSON FACHIN; J. 03/05/2017; Pleno)**

Um detalhe importante a ser registrado é que há precedente no STF no sentido de que, caso o STJ, ao receber a peça acusatória, decida aplicar alguma medida de caráter cautelar, como o afastamento do Governador das suas funções, é possível a apresentação do pedido de suspensão de liminar previsto no art. 4º da Lei 8.437/92.

Isso porque o afastamento do Chefe do Executivo do exercício do cargo pode, a depender das circunstâncias do caso concreto, gerar grave lesão à ordem, à saúde, à segurança e à economia públicas, que é o pressuposto exigido pelo art. 4º da Lei 8.437/92 para que o pedido de suspensão de liminar seja acolhido.

"**Art. 4º, Lei 8.437/92.** Compete ao presidente do tribunal, ao qual couber o conhecimento do respectivo recurso, suspender, em despacho fundamentado, a execução da liminar nas ações movidas contra o Poder Público ou seus agentes, a requerimento do Ministério Público ou da pessoa jurídica de direito público interessada, em caso de manifesto interesse público ou de flagrante ilegitimidade, e para evitar grave lesão à ordem, à saúde, à segurança e à economia públicas."

Trata-se, como se pode perceber, de uma incomum hipótese de formulação do pedido de suspensão de liminar no contexto de um processo criminal, e, tal qual ocorre no âmbito cível, a legitimidade para apresentá-lo deve ser da pessoa jurídica de direito público interessada, conforme estabelece o art. 4º da Lei 8.437/92. Note que esse dispositivo também prevê a possibilidade de o pedido ser formulado pelo Ministério Público, mas, nesse caso, não há lógica em cogitar isso, já que terá sido ele (o MP) quem ajuizou a ação penal e provocou a adoção da medida liminar que se pretende suspender.

Essa situação ocorreu, no STF, na **SL 992**, em decisão monocrática de 30/06/2016 proferida pelo Min. Ricardo Lewandowski, Presidente do Supremo Tribunal Federal na época. Nessa decisão, o Ministro deferiu pedido apresentado com a finalidade de suspender uma decisão liminar do Tribunal de Justiça de São Paulo que, no bojo de uma ação penal, afastou cautelarmente o Prefeito do Município de Araçatuba/SP do exercício de suas funções. Conforme constou da sua decisão, o Min. Lewandowski entendeu estarem *"presentes os pressupostos indispensáveis à suspensão da medida cautelar de afastamento do Prefeito do Município de Araçatuba/SP, pela ameaça de grave lesão à ordem pública, que compreende a ordem jurídico-constitucional, jurídico-administrativa e jurídico-processual"*.

Após esse precedente, houve outros casos em que se admitiu, no âmbito do STF, a apresentação de pedido de suspensão de liminar no contexto de processos criminais, podendo ser citados os seguintes exemplos:

a) Na **SL 1395**, o Min. Luiz Fux (Presidente do STF na época) admitiu e deferiu monocraticamente (com posterior confirmação pelo Plenário da Corte) pedido de suspensão de decisão que havia sido proferida em *habeas corpus* (HC 191.836) pelo Min. Marco Aurélio determinando a revogação da prisão preventiva do famoso traficante André Oliveira Macedo (conhecido como **André do Rap**) em virtude de ter sido excedido o prazo legal de 90 (noventa) dias, previsto no art. 316 do CPP, para a duração da medida. Além de aspectos processuais justificadores do acolhimento do pedido de suspensão (como a supressão de instância praticada pela decisão do Min. Marco Aurélio), o Min. Fux (e posteriormente o Pleno do Tribunal) registrou que a jurisprudência do STF se firmou no sentido de que a extrapolação de 90 (noventa) dias de duração da prisão preventiva não acarreta por si só e de forma automática a revogação da medida, sendo necessário analisar, em cada caso concreto, se os motivos que justificaram a sua decretação inicial ainda se fazem presentes ou não.

b) Na **SL 1504**, novamente o Min. Luiz Fux (Presidente do STF na época) admitiu e deferiu monocraticamente o pedido para suspender decisão do TJRS que impediu a execução imediata (provisória) da pena imposta aos réus do processo criminal que julgou o famoso caso da tragédia ocorrida na **Boate Kiss** em Santa Maria/RS. Segundo o Ministro, em virtude da alta reprovabilidade da conduta dos réus e do seu negativo impacto na comunidade local e internacional, bem como tendo em vista que no procedimento do Tribunal do Júri eventual recurso interposto contra a sentença condenatória não pode ensejar a reanálise dos fatos julgados na origem (pois, no Júri, o julgamento dos fatos cabe apenas aos jurados, não podendo ocorrer a sua reapreciação por outro órgão do Poder Judiciário), a decisão do TJRS que impediu a imediata execução da condenação deveria ser afastada.

Ocorre que, em 2022, sob a Presidência da Min. Rosa Weber, passou a não mais ser admitida a apresentação de pedido de suspensão de liminar no âmbito criminal.

Essa mudança de entendimento ocorreu na **SL 1583** (j. 18/10/22), na qual a Min. Rosa Weber, na função de Presidente do STF, decidiu ser inadmissível pedido de suspensão de liminar contra decisão do STJ que afasta Governador do cargo no bojo de processo criminal.

Os fundamentos da Ministra foram os seguintes:

I) Não há, na ordem jurídica brasileira, previsão da utilização da suspensão de liminar nessa hipótese. Esse instrumento, segundo a legislação, destina-se a proteger o Poder Público, ou seja, **restringe-se a processos de natureza civil.**

II) Permitir o uso da suspensão de liminar contra decisões que, na esfera criminal, aplicam medidas cautelares a ocupantes de cargos eletivos caracteriza um tratamento diferenciado não extensível a outras pessoas que também sofrem persecução penal, o que **viola a isonomia.**

A decisão da Min. Rosa Weber, portanto, superou o entendimento (existente no STF) que admitia, ainda que para situações excepcionais, o cabimento do pedido de suspensão de liminar no âmbito de processos criminais.

É importante registrar, porém, que esse cenário pode sofrer novas alterações, pois tudo depende de quem ocupa a Presidência do Supremo Tribunal Federal. Isso porque, nos termos do art. 4º da Lei 8.437/92, o pedido de suspensão de liminar é dirigido ao Presidente do Tribunal competente para julgar eventual recurso contra a decisão que se pretende suspender, de modo que a admissão ou não desse pedido depende de qual é o posicionamento do Presidente da Corte no momento da sua apresentação.

Seja como for, o entendimento mais recente no STF sobre a possibilidade de apresentação de pedido de suspensão de liminar em processo criminal (inclusive em processo criminal envolvendo Chefe de Poder Executivo) é no sentido da inadmissibilidade desse pedido, tendo em vista que ele, por ser uma medida que visa a proteger o Poder Público, restringe-se aos processos de natureza civil.

Em relação aos Prefeitos Municipais, é necessário tratar aqui de um precedente do **Superior Tribunal de Justiça** e de alguns precedentes do **Supremo Tribunal Federal** sobre a necessidade ou não de haver prévia autorização judicial para a instauração de investigação pela prática de infração penal.

Vamos iniciar pelo Superior Tribunal de Justiça, passando, em seguida, para o Supremo Tribunal Federal.

O **STJ** possui precedente segundo o qual a instauração de investigação em face do Chefe do Executivo Municipal pela prática de infração penal comum não depende de prévia autorização do respectivo Tribunal de Justiça. Isso porque, embora haja algumas exceções, a regra no ordenamento jurídico brasileiro é que a previsão de foro por prerrogativa de função para determinadas autoridades tem a função unicamente de estabelecer a competência jurisdicional para julgar o caso, não possuindo o condão de interferir no exercício das funções investigatórias (do Ministério Público e da autoridade policial), motivo pelo qual, é desnecessário haver autorização do Tribunal competente para que as investigações sejam realizadas. Confira:

> "(...) 2. Os poderes investigatórios do Ministério Público são poderes implícitos, corolário da própria titularidade privativa do Parquet em promover a ação penal pública (Constituição da República, art. 129, I). **Contudo, a Constituição, em seu art. 129, VIII, confere expressamente ao Ministério Público a atribuição de requisitar diligências investigatórias e a instauração de inquérito à autoridade policial, independentemente de sindicabilidade ou supervisão judicial.**
>
> 3. O art. 5º do Código de Processo Penal, em seus incisos I e II, dispõe que, nos crimes de ação penal pública, o inquérito será iniciado de ofício ou mediante

requisição da autoridade judiciária ou do Ministério Público, ou a requerimento do ofendido ou de quem tiver qualidade para o representar. Nesses termos, **o próprio Ministério Público pode requisitar a instauração de inquérito policial, sem necessidade de prévia submissão do pleito ao Poder Judiciário, razão pela qual, na hipótese de procedimento investigatório criminal instaurado pelo próprio Parquet, não há se falar igualmente em pedido formal de autorização judicial.**

4. Nas hipóteses de haver previsão de foro por prerrogativa de função, seja por disposição do poder constituinte, do constituído reformador ou decorrente, pretende-se apenas que a autoridade, em razão da importância da função que exerce, seja processada e julgada perante foro mais restrito, formado por julgadores mais experientes, evitando-se pois persecuções penais infundadas. **Da prerrogativa de função, contudo, não decorre qualquer condicionante à atuação do Ministério Público, ou da autoridade policial, no exercício do mister investigatório, sendo, em regra, despicienda a admissibilidade da investigação pelo Tribunal competente.**

5. (...) Há, entrementes, exceções no ordenamento que, mesmo que indiretamente, consagram sindicabilidade judicial nas investigações contra autoridades com prerrogativa de função. Pode-se citar o art. 21, XV do Regimento Interno do Supremo Tribunal Federal, que atribui ao relator a instauração de inquérito policial, a pedido do Procurador-Geral da República; o art. 33 da LOMAN impõe a admissibilidade pelo tribunal competente para prosseguimento da investigação criminal em face de magistrados; e, da mesma forma, o art. 18 da Lei Complementar 75/93 e art. 41, parágrafo único, da Lei 8625/1993, quanto aos membros do Ministério Público.

6. (...) O ordenamento jurídico (CRFB, art. 29, X) apenas determina a competência do Tribunal de Justiça para julgamento do prefeito, não havendo qualquer restrição à incidência plena do sistema acusatório no caso concreto. **De rigor, pois, o exercício pleno da atribuição investigativa do Parquet, independente da sindicabilidade do Tribunal de Justiça, que somente deverá ocorrer por ocasião do juízo acerca do recebimento da denúncia ou, eventualmente, antes, se houver necessidade de diligência sujeita à reserva jurisdicional**, conforme disposição expressa nos arts. 4º e 6º da Lei 8.038/90. (...)" **(RHC 77518/RJ; Relator(a): Ministro RIBEIRO DANTAS; QUINTA TURMA; J. 09/03/2017)**

Esse entendimento do STJ, porém, não foi aceito pelo **STF**, que, em momento posterior, por meio de suas duas Turmas e do Plenário, adotou entendimento em sentido contrário, ou seja, **exigiu autorização judicial para a instauração de investigação criminal em face de Prefeito Municipal**.

No **RE 1322854 AgR**, julgado em 03/08/2021, a **Segunda Turma do STF** decidiu que **é indispensável haver autorização** (e posterior supervisão) do Tribunal de Justiça para a instauração de investigação (que pode ser um inquérito ou outro procedimento investigatório) envolvendo Prefeito Municipal (na verdade, o STF aplica esse entendimento a qualquer agente público com prerrogativa de foro em âmbito estadual).

Segundo a decisão, caso não haja a prévia autorização ou ao menos a comunicação da instauração da investigação para viabilizar a supervisão judicial pelo Tribunal de Justiça respectivo, os elementos probatórios colhidos no procedimento investigatório serão imprestáveis e os atos processuais eventualmente praticados serão nulos.

Conforme constou da ementa do acórdão, *"a instauração de inquérito por delegado de polícia contra Prefeito Municipal, por fatos relacionados ao exercício do mandado, sem a prévia requisição da Procuradoria-Geral de Justiça e supervisão do Tribunal de Justiça, ofende o art. 29, X, da Constituição Federal. (...) Constatado vício desde a instauração do inquérito policial até o oferecimento da denúncia, impõe-se o reconhecimento da nulidade de todos os atos processuais praticados"*.

A Segunda Turma do STF já havia adotado esse entendimento na **AP 933 QO**, julgada em 06/10/2015.

Quanto à **Primeira Turma do Supremo Tribunal Federal**, ela também possui esse entendimento, sendo possível citar como exemplos nesse sentido os precedentes do **ARE 1282474 AgR** (j. 22/03/2021) e da **AP 912** (j. 07/03/2017).

No entanto, é importante registrar que a própria Primeira Turma do STF já decidiu no sentido da desnecessidade da autorização do Tribunal de Justiça para a instauração de investigação criminal envolvendo Prefeito Municipal. Inclusive, esse precedente é posterior aos dois mencionados no parágrafo anterior. Trata-se do **HC 177.992 AgR**, que foi julgado em 23/08/2021.

E mesmo na Segunda Turma do STF há um precedente em que expressamente se entendeu pela desnecessidade de prévia autorização do Tribunal de Justiça para a instauração de investigação criminal envolvendo Prefeito, desde que houvesse posterior comunicação ao TJ viabilizando a supervisão judicial das investigações. Trata-se do **HC 184.648 AgR**, julgado em 15/09/2021, no qual foi decidido que *"foro por prerrogativa não exige autorização do Tribunal de origem para abertura do inquérito policial. Entretanto,* ***a ciência e a supervisão do Tribunal são imprescindíveis*** *para que a investigação não seja contaminada por vício de nulidade absoluta"*.

Como se pode perceber, houve uma certa divergência entre as Turmas do STF sobre o tema, gerando insegurança na questão.

Essa insegurança, porém, chegou ao fim quando a Corte julgou a **ADI 7083** (em 16/05/2022). Nesse precedente (que, por ter sido firmado em controle concentrado abstrato de constitucionalidade, tem eficácia vinculante e *erga omnes*), o Pleno do Supremo Tribunal Federal, analisando uma disposição do Regimento Interno do TJAP, decidiu que, assim como já se entendia em relação às autoridades com prerrogativa de foro no STF, as investigações criminais contra ocupantes de cargos contemplados com foro especial em outros Tribunais (como é o caso dos **Prefeitos**, que, nos termos do art. 29, X, da CF/88 têm prerrogativa de foro no respectivo Tribunal de Justiça) **dependem de supervisão do respectivo Tribunal competente** para que possam ser instauradas e ter andamento.

Ou seja, o Tribunal competente para julgar o caso **deve autorizar a instauração da investigação e acompanhar o seu desenvolvimento** até o fim.

Esse é o entendimento que podemos afirmar com segurança ser o atualmente adotado (e pacificado) pelo Supremo Tribunal Federal, pois foi fixado em decisão do seu Plenário em sede de controle concentrado abstrato de constitucionalidade.

Portanto, em provas, caso se questione se é necessário que haja autorização do Tribunal competente para que seja instaurada investigação criminal contra Prefeito Municipal, deve-se responder que sim, por ser esse o atual entendimento do **STF** firmado em controle concentrado abstrato de constitucionalidade. No entanto, se a questão afirmar especificamente que há precedente no âmbito do **STJ** dispensando a exigência dessa autorização, essa assertiva deve ser considerada correta, pois, como vimos, há decisão na jurisprudência do STJ nesse sentido.

FUNCIONAMENTO DO PODER EXECUTIVO

Para o estudo do funcionamento do Poder Executivo, é necessário fazer uma incursão na Teoria do Estado, pois é preciso conhecer o tema dos sistemas de governo.

SISTEMAS DE GOVERNO

O que são sistemas de Governo? São técnicas de relacionamento entre o Poder Executivo e o Poder Legislativo. A mais sensível relação que o Estado mantém se dá entre dois Poderes, quais sejam, o Legislativo e o Executivo, que são os dois Poderes legitimados democraticamente pelo voto popular.

Por conta da sensibilidade que a relação entre Executivo e Legislativo apresenta, foram criados sistemas de Governo, que são técnicas que disciplinam essa relação. As duas principais dessas técnicas chamam-se presidencialismo e parlamentarismo.

Diferenças básicas entre presidencialismo e parlamentarismo

O parlamentarismo tem origem histórica na Inglaterra medieval, enquanto o presidencialismo tem origem nos Estados Unidos da América, tendo sido uma contribuição da Constituição norte-americana de 1787.

No parlamentarismo, o Poder Executivo é dual, porque conta com duas funções diferentes e cada uma delas é atribuída a uma figura diferente. Essas funções são as seguintes: chefia de Estado e chefia de Governo.

A chefia de Estado compreende atribuições de representação, tanto interna quanto internacional. A chefia de Estado, no sistema parlamentarista, é dada ao Presidente ou ao Monarca, a depender da forma de Governo adotada. Se a forma de governo for uma república, o chefe de Estado será o Presidente, mas, se for uma monarquia, o chefe de Estado será o monarca, que pode ser um rei, mas nem sempre o será, pois existem diferentes formas de monarquia (reino, império, ducado e principado).

Já a chefia de Governo não compreende atribuições de representação, mas, sim, atribuições político-administrativas, atribuições de chefia do governo stricto sensu e da própria administração pública. A chefia de Governo, no parlamentarismo, é dada ao Primeiro-Ministro ou título a ele equivalente. Não necessariamente o Chefe de Governo ostentará o título de Primeiro-Ministro, pois isso depende do que dispuser a ordem jurídica de cada Estado. Por exemplo, no parlamentarismo britânico, o Chefe de Governo tem o título de Primeiro-Ministro, mas, no parlamentarismo espanhol, tem o título de Presidente do Conselho de Ministros, enquanto no alemão, de Chanceler e, no israelense, de Premier.

Enfim, o fato é que, no parlamentarismo, as figuras de chefia de Estado e de chefia de Governo são separadas, não são concentradas em um só órgão ou autoridade.

Por sua vez, no presidencialismo, o Poder Executivo não é dual, mas unipessoal, pois o Presidente acumula as duas funções: ora é chefe de Estado (exercendo atribuições de representação interna e internacional), ora é chefe de Governo (exercendo atribuições de direção do governo e da administração pública, que são atribuições político-administrativas).

No parlamentarismo, o Chefe de Governo é escolhido por aprovação do Parlamento e se mantém no cargo enquanto contar com o apoio parlamentar e não sofrer um voto de censura, também chamado de voto de desconfiança (é a retirada do voto de confiança dado pelos parlamentares no ato de escolha do Chefe de Governo). Não há, portanto, mandato com duração definida e o Chefe de Governo possui uma responsabilidade política perante o Poder Legislativo, isto é, ele responde por suas escolhas políticas, de modo que, se tomar decisões que não atendam os interesses da população, pode ser retirado do cargo, e isso se dá por meio de um procedimento relativamente simples.

Além disso, o parlamentarismo tem como característica a possibilidade de, em determinadas hipóteses, haver a dissolução do Parlamento, com a convocação de novas eleições. Isso pode ocorrer, por exemplo, quando o Chefe de Governo tiver perdido o apoio da maioria parlamentar e precisar de novas eleições para tentar recompor sua base no Parlamento para que possa governar ou quando o Chefe de Estado entender que o governo não está sendo bem conduzido.

Como se pode perceber, no parlamentarismo, o governo é conduzido em conjunto pelo Chefe de Governo e pelo Parlamento, sendo necessário que haja algum grau de consenso entre eles. É por isso que se diz que, nesse sistema, a separação de Poderes é menos rígida do que no presidencialismo, em que não há essa interdependência tão forte entre o Executivo e o Legislativo.

No presidencialismo, o Chefe do Poder Executivo é escolhido pelo povo, por meio do voto (direto ou indireto), para exercer mandato com período determinado. Nesse sistema, portanto, o mandato é fixo, variando a sua duração de país para país, havendo, inclusive, países que admitem a reeleição e outros que não a admitem.

A perda do cargo no sistema presidencialista não se dá pela retirada do apoio do Parlamento, mas, sim, em virtude da prática de algum ilícito, seja ele de natureza penal ou de natureza político-administrativa.

Enquanto o sistema parlamentarista é compatível tanto com a monarquia quanto com a república, o presidencialismo é adotado apenas na forma de governo republicana.

Essas são as características gerais desses dois sistemas de governo, mas é necessário ter em mente que a formatação do sistema adotado em cada país varia de acordo com o que determinar a respectiva Constituição. Portanto, vários países podem adotar, por exemplo, o presidencialismo, mas não necessariamente o sistema de governo será idêntico em todos eles, assim como pode ocorrer com os países que adotam o parlamentarismo.

Além disso, é possível que um Estado, ao escolher seu sistema de governo adote uma variação tão intensa do presidencialismo e do parlamentarismo, que chegue a um sistema que representa uma verdadeira mistura deles, um "meio termo", como é o caso do chamado semipresidencialismo, no qual a condução das decisões políticas cotidianas é compartilhada entre o Chefe de Governo e o Chefe de Estado.

Em outras palavras, o que vimos acima sobre parlamentarismo e presidencialismo é apenas um modelo geral delineado a partir das experiências verificadas em diferentes regiões do planeta. A formatação do sistema de governo efetivamente adotado em cada país dependerá sempre do que for decidido pelo poder constituinte respectivo ao elaborar a Constituição e organizar o Estado.

▶ Sistema de governo adotado no Brasil

O Brasil adota o sistema de governo presidencialista. Inclusive, hoje há quem entenda que essa escolha é uma cláusula pétrea implícita, afirmando que, em virtude de em 1993 ter havido um plebiscito sobre a forma e o sistema de governo e o povo brasileiro ter rejeitado o parlamentarismo, não mais seria possível haver alteração sobre essa matéria.

→ *Atribuições do Presidente da República*

Como o nosso sistema é presidencialista, o Presidente da República Brasileira acumula as funções de chefe de Estado e chefe de Governo. Isso está muito claro no art. 84 da CF/88, ao indicar quais são as atribuições do Presidente da República. Esse dispositivo não diferencia quais dessas atribuições são próprias de chefe de Estado e quais delas são próprias da qualidade de chefe de Governo, de modo que coube à doutrina fazer essa diferenciação.

> "**Art. 84, CF/88.** Compete privativamente ao Presidente da República:
>
> I - nomear e exonerar os Ministros de Estado;
>
> II - exercer, com o auxílio dos Ministros de Estado, a direção superior da administração federal;
>
> III - iniciar o processo legislativo, na forma e nos casos previstos nesta Constituição;
>
> IV - sancionar, promulgar e fazer publicar as leis, bem como expedir decretos e regulamentos para sua fiel execução;
>
> V - vetar projetos de lei, total ou parcialmente;
>
> VI - dispor, mediante decreto, sobre:
>
> a) organização e funcionamento da administração federal, quando não implicar aumento de despesa nem criação ou extinção de órgãos públicos;
>
> b) extinção de funções ou cargos públicos, quando vagos;
>
> VII - manter relações com Estados estrangeiros e acreditar seus representantes diplomáticos;
>
> VIII - celebrar tratados, convenções e atos internacionais, sujeitos a referendo do Congresso Nacional;
>
> IX - decretar o estado de defesa e o estado de sítio;
>
> X - decretar e executar a intervenção federal;

XI - remeter mensagem e plano de governo ao Congresso Nacional por ocasião da abertura da sessão legislativa, expondo a situação do País e solicitando as providências que julgar necessárias;

XII - conceder indulto e comutar penas, com audiência, se necessário, dos órgãos instituídos em lei;

XIII - exercer o comando supremo das Forças Armadas, nomear os Comandantes da Marinha, do Exército e da Aeronáutica, promover seus oficiais-generais e nomeá-los para os cargos que lhes são privativos;

XIV - nomear, após aprovação pelo Senado Federal, os Ministros do Supremo Tribunal Federal e dos Tribunais Superiores, os Governadores de Territórios, o Procurador-Geral da República, o presidente e os diretores do banco central e outros servidores, quando determinado em lei;

XV - nomear, observado o disposto no art. 73, os Ministros do Tribunal de Contas da União;

XVI - nomear os magistrados, nos casos previstos nesta Constituição, e o Advogado-Geral da União;

XVII - nomear membros do Conselho da República, nos termos do art. 89, VII;

XVIII - convocar e presidir o Conselho da República e o Conselho de Defesa Nacional;

XIX - declarar guerra, no caso de agressão estrangeira, autorizado pelo Congresso Nacional ou referendado por ele, quando ocorrida no intervalo das sessões legislativas, e, nas mesmas condições, decretar, total ou parcialmente, a mobilização nacional;

XX - celebrar a paz, autorizado ou com o referendo do Congresso Nacional;

XXI - conferir condecorações e distinções honoríficas;

XXII - permitir, nos casos previstos em lei complementar, que forças estrangeiras transitem pelo território nacional ou nele permaneçam temporariamente;

XXIII - enviar ao Congresso Nacional o plano plurianual, o projeto de lei de diretrizes orçamentárias e as propostas de orçamento previstos nesta Constituição;

XXIV - prestar, anualmente, ao Congresso Nacional, dentro de sessenta dias após a abertura da sessão legislativa, as contas referentes ao exercício anterior;

XXV - prover e extinguir os cargos públicos federais, na forma da lei;

XXVI - editar medidas provisórias com força de lei, nos termos do art. 62;

XXVII - exercer outras atribuições previstas nesta Constituição;

XXVIII - propor ao Congresso Nacional a decretação do estado de calamidade pública de âmbito nacional previsto nos arts. 167-B, 167-C, 167-D, 167-E, 167-F e 167-G desta Constituição. **(Incluído pela EC 109/2021)**

Parágrafo único. O Presidente da República poderá delegar as atribuições mencionadas nos incisos VI, XII e XXV, primeira parte, aos Ministros de Estado, ao Procurador-Geral da República ou ao Advogado-Geral da União, que observarão os limites traçados nas respectivas delegações."

Considerando a lista contida no art. 84 da CF/88, é possível esquematizar as atribuições do Presidente da República da seguinte forma:

1) Atribuições de chefe de Estado de **representação nas relações internacionais**: art. 84, VII, VIII, XIX, XX, XXI e XXII, CF/88.

2) Atribuições de chefe de Estado de **representação nas relações internas**: art. 84, XIV, XV e XVI, CF/88.

3) Atribuições de chefe de Governo de **determinação das políticas nacionais**: art. 84, III, IV, V, VI, IX, X, XI, XII, XXIII, XXIV, XXVI e XXVIII, CF/88.

4) Atribuições de chefe de Governo de **direção da administração pública**: art. 84, I, II, XIII, XVII, XVIII e XXV, CF/88.

- Estabelecimento de prazo para que o Chefe do Executivo regulamente disposições legais

Vimos acima que o art. 84 da CF/88 estabelece o rol de atribuições do Presidente da República, sendo ele aplicável simetricamente, no que couber, em âmbito estadual e municipal, pois, por ser um dispositivo que envolve a separação de Poderes, é norma de reprodução obrigatória.

Vimos também que, nos termos do art. 84, II e IV, da CF/88, cabe ao Chefe do Executivo exercer a direção superior da Administração Pública e expedir regulamentos para viabilizar a execução das leis.

> "**Art. 84, CF/88.** Compete privativamente ao Presidente da República:
>
> (...)
>
> II - exercer, com o auxílio dos Ministros de Estado, a direção superior da administração federal;
>
> (...)
>
> IV - sancionar, promulgar e fazer publicar as leis, bem como expedir decretos e regulamentos para sua fiel execução
>
> (...);

A esse respeito, o seguinte questionamento chegou ao Supremo Tribunal Federal: **pode uma lei fixar prazo para que o Chefe do Poder Executivo a regulamente?** A resposta é negativa.

Na **ADI 4728**, julgada em 16/11/2021, o STF decidiu que é inconstitucional a fixação em lei de prazo para que o respectivo Chefe do Poder Executivo expeça regulamentações de normas legais. Isso porque a CF/88, sem fixar qualquer prazo, estabelece (no art. 84, II e IV) que a direção superior da Administração Pública e a expedição de decretos regulamentares para a execução das leis cabem exclusivamente ao Chefe do Executivo, sendo apenas dele, portanto, o juízo sobre a conveniência e a oportunidade do desempenho das suas atividades legislativas e regulamentares.

Logo, uma lei que fixa prazo para que o Chefe do Poder Executivo regulamente disposições legais (ou mesmo para que ele apresente alguma proposição legislativa de sua iniciativa exclusiva) consubstancia uma invasão indevida do Legislativo na esfera de atribuições do Executivo e, assim, viola a separação de Poderes.

Nas palavras da Corte, é *"firme a jurisprudência deste Supremo Tribunal Federal no sentido da incompatibilidade de dispositivos normativos que estabeleçam prazos, ao*

Poder Executivo, para apresentação de projetos de lei e regulamentação de preceitos legais, por violação dos arts. 2º e 84, II, da Constituição da República".

Esse entendimento foi posteriormente **reiterado** pelo STF na **ADI 4727**, julgada em 23/02/2023.

→ ***Concessão de indulto pelo Presidente da República e possibilidade de controle judicial***

Conforme consta do inciso XII do art. 84 da CF/88, cabe privativamente ao Presidente da República conceder indulto.

O indulto nada mais é do que um **ato discricionário do Presidente da República praticado (na forma de decreto) mediante juízo político de conveniência e oportunidade** e que gera a extinção da punibilidade do seu beneficiário, conforme prevê o art. 107, II, do Código Penal. Veja:

> "**Art. 107, CP -** Extingue-se a punibilidade:
>
> I - pela morte do agente;
>
> II - pela anistia, graça ou **indulto**;
>
> (...)"

O indulto não se confunde com a anistia, pois a anistia, embora também seja uma hipótese de extinção da punibilidade, não é concedida por ato do Presidente da República, mas apenas por lei aprovada pelo Congresso Nacional, conforme estabelece o art. 48, VIII, da CF/88:

> "**Art. 48, CF/88.** Cabe ao Congresso Nacional, **com a sanção do Presidente da República**, não exigida esta para o especificado nos arts. 49, 51 e 52, dispor sobre todas as matérias de competência da União, especialmente sobre:
>
> (...)
>
> VIII - concessão de **anistia**;
>
> (...)"

O indulto pode ser **individual** (que é aquele que tem um único destinatário específico ou até mais de um, desde que todos eles estejam individualizados no ato concessivo do indulto) ou **coletivo** (que é aquele concedido em caráter geral a todos que se enquadrem nas condições estabelecidas no ato concessivo do indulto). O indulto individual é também chamado de **graça**.

Portanto, a graça nada mais é do que o **indulto individual**.

Então, o art. 84, XII, da CF/88, ao prever a competência privativa do Presidente da República para conceder o indulto, permite que ele conceda esse benefício de forma coletiva ou individual. Em todo caso, porém, a prática do ato de indulto depende da discricionariedade do Presidente da República, que realiza um juízo de conveniência e oportunidade políticas em cada caso.

Em virtude do caráter político do ato de concessão do indulto, surgiu o seguinte questionamento: **o indulto concedido pelo Presidente da República pode ser objeto de controle judicial?**

O Supremo Tribunal Federal já analisou a questão, como ocorreu nas **ADPFs 964, 965, 966 e 967**, todas julgadas em 10/05/2023.

Nessas ações, foi impugnado o decreto do então Presidente da República Jair Bolsonaro que concedeu indulto ao então Deputado Federal Daniel Silveira um dia após ele ter sido condenado criminalmente.

Ao analisar o caso, o Supremo Tribunal Federal decidiu que o Poder Judiciário **não pode controlar o mérito do ato de indulto**, por se tratar de um ato discricionário do Presidente da República dotado de viés político. Portanto, o STF não pode, por exemplo, definir quem deve ser o destinatário do indulto ou quais condições o Chefe do Executivo deve estabelecer para conceder esse perdão de pena.

Isso, no entanto, não significa que o ato concessivo do indulto seja imune a todo e qualquer controle judicial.

Isso porque o decreto de indulto, embora seja um ato de caráter político, **é um ato administrativo**, e, como tal, deve respeitar os princípios da Administração Pública, notadamente, aqueles expressamente previstos no art. 37, *caput*, da CF/88, dentre os quais, os princípios da moralidade e da impessoalidade. Logo, no que diz respeito ao atendimento dos princípios norteadores da Administração Pública e a outros aspectos de legalidade do ato, o indulto pode ser controlado judicialmente, desde que o Poder Judiciário não interfira no que for relativo à margem de discricionariedade política do Presidente da República para a concessão do perdão de pena.

No caso do indulto concedido ao então Deputado Federal Daniel Silveira, o ato concessivo foi praticado pelo Presidente da República no dia imediatamente seguinte ao da condenação criminal do Parlamentar, ficando evidenciado se tratar de ato motivado pela mera afinidade político-ideológica existente entre ele (o Parlamentar) e o Presidente da República, sem qualquer relação com o interesse público. Por isso, houve, segundo o Supremo Tribunal Federal, desvio de finalidade e violação aos princípios da moralidade e da impessoalidade, tornando inválido (inconstitucional) o ato concessivo do indulto.

Veja a ementa do julgamento:

> "(...) 2. O adimplemento dos deveres constitucionais impostos a este Supremo Tribunal Federal pressupõe, de maneira inexorável e intransigente, o absoluto respeito, pelos Poderes Executivo, Legislativo e pelos demais órgãos do Judiciário, às suas deliberações plenárias, pois o atuar desta Corte Suprema consubstancia expressão direta da superioridade da Constituição. 3. A esta Suprema Corte, no exercício de suas regulares atribuições, outorgadas direta e expressamente pela Carta Política, incumbe decidir sobre a amplitude, a extensão e os contornos que conformam as atribuições dos Poderes da República. Precedentes. 4. **O perdão presidencial é um importante instrumento, à disposição do Poder Executivo, de contrapeso ao Poder Judiciário**, revelando-se, pois, legítima, em tese, quando devidamente prevista no texto constitucional, a interferência de um Poder no outro. 5. Ao exame da ADI 5.874/DF, Red. p/ acórdão Min. Alexandre de Moraes, Tribunal Pleno, j. 09.5.2019, DJe 05.11.2020, que versou sobre a constitucionalidade de indulto de caráter coletivo, **este Supremo Tribunal Federal**

não afirmou que a competência privativa do Presidente da República para edição do decreto de indulto se reveste de caráter absoluto, sem qualquer tipo de restrição. Ressaltada, na ocasião, a **inadmissibilidade de invasão da esfera de competência privativa do Presidente da República no que diz com o mérito da concessão da clementia principis (juízo de conveniência e oportunidade)**. 6. A existência de vício em quaisquer dos elementos constitutivos do ato administrativo permite a sua legítima invalidação pelo Poder Judiciário. 7. **O ato de governo ou ato político, espécie do gênero ato administrativo, reveste-se de espectro mais amplo de discricionariedade. Disso não resulta, contudo, sua insindicabilidade absoluta perante o Poder Judiciário**, até porque alguns dos elementos do ato administrativo são totalmente vinculados, como, por exemplo, o sujeito, a forma e a finalidade em sentido amplo. 8. Considerados os diferentes graus de vinculação, a menor vinculação do ato de governo faz-se presente no objeto, no motivo e na finalidade restrita, mas, ainda assim, **é possível - mesmo que em menor extensão-, o devido controle externo pelo Poder Judiciário sem acarretar qualquer interferência no mérito administrativo e/ou violação da separação funcional de poderes**. 9. A teoria do desvio de finalidade aplica-se quando o agente público competente pratica ato aparentemente lícito, mas com objetivo de atingir fim diverso do admitido pelo ordenamento jurídico, importando em violação de princípios constitucionais. 10. **Configurado, na espécie, o desvio de finalidade** do Decreto de 21 de abril de 2022, porquanto o Presidente da República, a despeito das razões elencada, subverteu a regra e violou princípios constitucionais, produzindo ato com efeitos inadmissíveis para a ordem jurídico. **A concessão de perdão a aliado político pelo simples e singelo vínculo de afinidade político-ideológica não se mostra compatível com os princípios norteadores da Administração Pública, tais como a impessoalidade e a moralidade administrativa**. 11. Admitir que o Presidente da República, por supostamente deter competência para edição de indulto, possa criar, a seu entorno, um círculo de virtual imunidade penal é negar a sujeição de todos ao império da lei, permitindo a sobreposição de interesses meramente pessoais e subjetivos aos postulados republicanos e democráticos. (...) 13. A jurisprudência deste Supremo Tribunal Federal firmou-se no sentido de que o indulto, em face da sua própria natureza jurídica, tem a aptidão apenas de extinguir a punibilidade, ou seja, atinge tão somente os efeitos principais da condenação, remanescendo íntegros os efeitos secundários penais e extrapenais. (...)" **(ADPFs 964, 965, 966 e 967, Pleno, Rel. Min. ROSA WEBER, j. 10/05/2023)**

- Proposta de decretação de estado de calamidade pública nacional

É importante destacar, em relação ao art. 84 da CF/88, o disposto no seu inciso XXVIII, que foi incluído pela EC 109/2021 (resultante da aprovação da "PEC Emergencial").

Conforme vimos no capítulo sobre o Poder Legislativo, o Congresso Nacional possui competência exclusiva para a decretação de estado de calamidade pública de âmbito nacional com a finalidade de que a União possa adotar um regime extraordinário fiscal, financeiro e de contratações enquanto perdurar a calamidade. Essa competência do Parlamento está prevista no art. 49, XVIII, da CF/88, que também foi incluído no texto constitucional pela EC 109/2021.

Acontece que, para que o Legislativo Federal possa exercer essa competência, ele depende de apresentação de proposta nesse sentido pelo Presidente da República, justamente porque o art. 84, XXVIII, da CF/88 estabelece ser atribuição privativa do Chefe do Executivo Federal propor essa medida ao Congresso Nacional e o art. 167-B da CF/88 (que também foi criado pela EC 109/2021) diz expressamente que essa decretação de calamidade pelo Parlamento é feita mediante iniciativa do Presidente da República.

Essas novidades trazidas pela EC 109/2021 certamente aparecerão nas provas. Por isso, confira novamente os dispositivos que tratam da questão:

> "**Art. 49, CF/88.** É da competência exclusiva do Congresso Nacional:
>
> (...)
>
> XVIII - decretar o estado de calamidade pública de âmbito nacional previsto nos arts. 167-B, 167-C, 167-D, 167-E, 167-F e 167-G desta Constituição. **(Incluído pela EC 109/2021)**"
>
> "**Art. 84, CF/88.** Compete privativamente ao Presidente da República:
>
> (...)
>
> XXVIII - propor ao Congresso Nacional a decretação do estado de calamidade pública de âmbito nacional previsto nos arts. 167-B, 167-C, 167-D, 167-E, 167-F e 167-G desta Constituição. **(Incluído pela EC 109/2021)**"
>
> "**Art. 167-B, CF/88.** Durante a vigência de estado de calamidade pública de âmbito nacional, decretado pelo Congresso Nacional **por iniciativa privativa do Presidente da República**, a União deve adotar regime extraordinário fiscal, financeiro e de contratações para atender às necessidades dele decorrentes, somente naquilo em que a urgência for incompatível com o regime regular, nos termos definidos nos arts. 167-C, 167-D, 167-E, 167-F e 167-G desta Constituição. **(Incluído pela EC 109/2021)**"

- Edição de decretos autônomos pelo Presidente da República

Dentre as atribuições do Presidente da República previstas no art. 84 da CF/88, também merece destaque a prevista no inciso VI (com a redação dada pela EC 32/01), que diz respeito à possibilidade de edição de decretos autônomos pelo Chefe do Executivo.

O que é decreto autônomo? Existe diferença entre decreto autônomo e decreto regulamentar? Sim, existe.

Como se sabe, é possível (e, em algumas situações, é um dever) elaborar uma lei para regulamentar alguma disposição da Constituição. A regulamentação dessa lei, por sua vez, é feita por um decreto. Esse decreto é chamado de decreto regulamentar, referido no art. 84, IV, parte final, da CF/88. Não há dúvida alguma de que o decreto regulamentar existe no ordenamento jurídico brasileiro, pois a própria Constituição Federal, no referido dispositivo, prevê a possibilidade de o Presidente da República expedir decretos para a fiel execução das leis.

Já o decreto autônomo é o decreto que regulamenta diretamente a Constituição, ou seja, trata-se do decreto que exerce a função da lei, é o decreto que inova a ordem jurídica (o que é função da lei) e que retira seu fundamento de validade diretamente (isto é, de forma imediata) da Constituição, diferentemente do decreto regulamentar, que busca fundamento de validade diretamente na lei e apenas indiretamente na Constituição, sendo, assim, sujeito a controle de legalidade, não de constitucionalidade.

No Brasil, o decreto autônomo é admissível? Isso depende do momento histórico analisado, se antes ou se depois da EC 32/01, que modificou o art. 84, VI, da CF/88. O panorama jurídico existente antes da EC 32/01 era um e, após ela, passou a ser outro.

A questão da possibilidade de edição de decretos autônomos tem a ver com o seguinte questionamento: o decreto autônomo viola o princípio da separação de Poderes (consagrado no art. 2º da CF/88)? A ideia de separação de Poderes se coaduna com a edição de decretos pelo Presidente da República sem base em lei? Ou, por força do princípio da separação de Poderes, só pode o Presidente da República editar decretos com base em lei? Em outras palavras: decreto autônomo respeita ou desrespeita o princípio da separação de Poderes?

No direito constitucional comparado, é possível verificar diferentes situações. Por exemplo, na França, é natural que o Presidente edite atos normativos sem base em lei, autônomos em relação à legislação francesa. Por outro lado, nos EUA é diferente, lá não é permitido que o Presidente da República atue de modo autônomo à lei, ele não pode editar atos normativos sem base em lei, mas apenas com base em lei.

No Brasil, qual escola é seguida? A francesa ou a americana? A resposta a isso varia, a depender de a referência ser anterior ou posterior à EC 32/01, havendo, inclusive, posicionamento do STF a respeito do tema mesmo antes dessa reforma constitucional.

As hipóteses previstas no art. 84, VI, da CF/88 consubstanciam situações de edição de decreto autônomo? Em caso de resposta positiva, quais são as condições para que o decreto autônomo seja editado nesses casos?

Até a EC 32/01, havia no Brasil duas posições, uma baseada na doutrina francesa e outra baseada na doutrina norte-americana.

Hely Lopes Meirelles, com base na doutrina francesa, sustentava que decreto autônomo era admissível, porque não ofenderia o princípio da separação de Poderes. Este princípio, para ele, seria harmonioso com a edição de decretos autônomos. O autor citava como exemplo a França, porque na França o Presidente sempre teve atribuição para editar decretos autônomos.

Por outro lado, José Cretella Jr., com base na doutrina norte-americana, dizia que decretos autônomos não seriam admissíveis, pois isso atentaria contra o princípio da separação de Poderes. O autor citava como exemplo os EUA, porque nesse país o Presidente nunca teve a possibilidade de editar decreto autônomo, mas no máximo decreto para assegurar a fiel execução das leis.

Até a EC 32/01, o panorama da doutrina era esse.

O STF já havia se posicionado, asseverando que decretos autônomos não seriam admissíveis. Nesse sentido, o STF sempre disse que seria cabível ADI contra decreto autônomo, e o objetivo da ação nesse caso seria declarar a inconstitucionalidade do ato, por ofender o art. 2º da CF/88 (princípio da separação dos Poderes).

Esse era o cenário até o ano 2001.

Foi, então, editada a EC 32/01, que deu nova redação ao inciso VI do art. 84 da CF/88, nos seguintes termos:

> **"Art. 84, CF/88.** Compete privativamente ao Presidente da República:
>
> (...)
>
> VI - dispor, mediante decreto, sobre:
>
> a) organização e funcionamento da administração federal, quando não implicar aumento de despesa nem criação ou extinção de órgãos públicos;
>
> b) extinção de funções ou cargos públicos, quando vagos;
>
> (...)"

Esse dispositivo consagra a possibilidade de edição de decreto autônomo? Ressalvados entendimentos isolados, a maioria da doutrina entende que essa inovação da EC 32/01 trouxe para o Brasil, no inciso VI (ambas as alíneas) do art. 84 da CF/88, a possibilidade de edição de decreto autônomo.

E de onde se tirou a ideia de que o que esse inciso VI passou a permitir é decreto autônomo? De uma interpretação sistemática do inciso IV, parte final, do art. 84 da CF/88 com o inciso VI desse mesmo artigo.

O inciso IV prevê que compete ao Presidente da República expedir decretos e regulamentos para a fiel execução das leis. Logo, no inciso IV, a existência do decreto depende da lei, e o decreto se presta a regulamentar a fiel execução da lei. Já o inciso VI faz nova menção a decreto, porém, não menciona lei, o que leva à conclusão de que, no inciso VI, o decreto é autônomo em relação à lei. **Daí, então, nasce a figura do decreto autônomo.** Nas duas alíneas do inciso VI do art. 84 da CF/88 há condições impostas para a edição do decreto autônomo, de modo que, se elas não forem atendidas, a matéria deverá ser regulamenta por lei, e não por decreto.

Segundo o art. 84, VI, da CF/88, compete ao Presidente da República dispor, mediante decreto, sobre:

I) Organização e funcionamento da administração federal, **quando não implicar aumento de despesa nem criação ou extinção de órgãos públicos**. *A contrario sensu*, se o ato implicar aumento de despesa ou criação ou extinção de órgãos públicos, a matéria deve ser objeto de lei, e não de decreto.

II) Extinção de funções ou cargos públicos, **quando vagos**. *A contrario sensu*, quando os cargos ou funções não estiverem vagos, a matéria deverá ser tratada por lei, e não por decreto.

Enfim, satisfeitas as referidas condições, as matérias elencadas nas alíneas do inciso VI do art. 84 da CF/88 poderão ser objeto de decreto autônomo.

Importante perceber, a propósito, que, na alínea "b" do inciso VI do art. 84 da CF/88, há uma atecnia grosseira. Como se sabe, de acordo com a CF/88, cargo público é criado por lei, de modo que, se o cargo estiver provido, tanto a sua criação quanto a sua extinção deverão ocorrer por lei (nesse caso, a extinção do cargo se dará por meio da revogação de uma lei anterior por uma lei posterior). Mas, se o cargo estiver vago, ele poderá ser extinto por decreto, surgindo uma situação estranha de criação por lei e extinção por decreto. Nessa hipótese, falta simetria entre a forma de criação e a forma de extinção.

A introdução dessa possibilidade na CF/88 pela EC 32/01 não é inconstitucional, porque não violou nenhuma cláusula pétrea, mas, do ponto de vista técnico, não é uma situação ideal e não consubstancia revogação de lei anterior por decreto autônomo posterior, pois não há simetria entre as formas de criação e de extinção do cargo. O que ocorre nessa hipótese é o predomínio da segunda norma (o decreto) sobre a primeira norma (a lei), como fruto de uma atecnia grosseira do constituinte derivado.

Não se pode deixar de registrar que a atribuição do Presidente da República para editar decreto autônomo é delegável, conforme consta do parágrafo único do art. 84 da CF/88:

> "**Art. 84, parágrafo único, CF/88.** O Presidente da República poderá delegar as atribuições mencionadas nos incisos VI, XII e XXV, primeira parte, aos Ministros de Estado, ao Procurador-Geral da República ou ao Advogado-Geral da União, que observarão os limites traçados nas respectivas delegações."

Como se vê, as atribuições mencionadas são delegáveis a 3 autoridades diferentes: Ministros de Estado, Procurador-Geral da República e Advogado-Geral da União.

Por fim, é interessante registrar que o parágrafo único do art. 84 da CF/88 costuma ser mencionado em sede doutrinária quando se aborda o tema da repartição de competências, mais precisamente, para criticar o uso das expressões "privativa" e "privativamente" nesse dispositivo. Isso porque, no contexto do estudo das competências, o termo "privativo" é usado para se referir a algo delegável, enquanto o que é indelegável é acompanhado do predicado "exclusivo". Apesar disso, nem sempre a CF/88 usa essas expressões com rigor técnico, pois, em determinadas passagens, as expressões "privativa" e "privativamente" são utilizadas para se fazer referência a competências não delegáveis.

Nessa linha de raciocínio, é possível identificar uma grande atecnia no próprio *caput* do art. 84 da CF/88, pois ele utiliza a expressão "privativamente" ao elencar as atribuições do Presidente da República, mas, dos seus 27 incisos, apenas dois e meio realmente são de competência privativa (delegável). Os demais são de competência exclusiva (indelegável).

GARANTIAS DO CHEFE DO PODER EXECUTIVO FEDERAL

O Presidente da República tem 3 (três) garantias, a saber:

1) **Foro especial por prerrogativa de função no STF** (arts. 51, I, 86, *caput*, e 102, I, "b", da CF/88);

2) **Imunidade temporária à prisão provisória** (art. 86, § 3º, CF/88); e

3) **Imunidade temporária à persecução criminal** (art. 86, § 4º, CF/88).

Em relação às imunidades atinentes à prisão provisória e à persecução penal, o STF entende que elas não podem ser estendidas a outras autoridades (como Governadores de Estado e Prefeitos Municipais), pois, além de envolverem matéria de competência legislativa privativa da União (direito processual penal), são prerrogativas inerentes à função de Chefe de Estado, que, no Brasil, é exercida apenas pelo Presidente da República.

Confira o seguinte precedente nesse sentido:

"(...) - O Estado-membro, ainda que em norma constante de sua propria Constituição, não dispõe de competência para outorgar ao Governador a prerrogativa extraordinária da imunidade a prisão em flagrante, a prisão preventiva e a prisão temporaria, pois **a disciplinação dessas modalidades de prisão cautelar submete-se, com exclusividade, ao poder normativo da União Federal**, por efeito de expressa reserva constitucional de competência definida pela Carta da Republica. - A norma constante da Constituição estadual - que impede a prisão do Governador de Estado antes de sua condenação penal definitiva - não se reveste de validade jurídica e, consequentemente, não pode subsistir em face de sua evidente incompatibilidade com o texto da Constituição Federal. (...) - **Os Estados-membros não podem reproduzir em suas proprias Constituições o conteúdo normativo dos preceitos inscritos no art. 86, PAR.3. e 4., da Carta Federal, pois as prerrogativas contempladas nesses preceitos da Lei Fundamental - por serem unicamente compativeis com a condição institucional de Chefe de Estado - são apenas extensiveis ao Presidente da Republica.** (...)" **(ADI 1028/PE; Relator(a): Min. ILMAR GALVÃO; Relator(a) p/ Acórdão: Min. CELSO DE MELLO; J. 19/10/1995; Pleno)**

FORO ESPECIAL POR PRERROGATIVA DE FUNÇÃO (ARTS. 51, I, 86, "CAPUT", E 102, I, "B", DA CF/88)

O art. 51, I, da CF/88 prevê ser atribuição da Câmara dos Deputados autorizar instauração de processo contra o Presidente da República, por maioria de 2/3.

"**Art. 51, CF/88.** Compete privativamente à Câmara dos Deputados:
I - autorizar, por dois terços de seus membros, a instauração de processo contra o Presidente e o Vice-Presidente da República e os Ministros de Estado;
(...)"

O art. 86, *caput*, da CF/88 diz que, admitida acusação contra o Presidente da República, ele será submetido a julgamento pelo STF (nos crimes comuns) ou pelo Senado (nos crimes de responsabilidade).

"**Art. 86, CF/88.** Admitida a acusação contra o Presidente da República, por dois terços da Câmara dos Deputados, será ele submetido a julgamento perante o Supremo Tribunal Federal, nas infrações penais comuns, ou perante o Senado Federal, nos crimes de responsabilidade."

Finalmente, o art. 52, I, prevê ser da competência privativa do Senado Federal processar e julgar o Presidente da República nos crimes de responsabilidade, enquanto o art. 102, I, "b", da CF/88 prevê que, em relação às infrações penais comuns, a competência para processar e julgar o Chefe do Executivo Federal é do STF.

"**Art. 52, CF/88.** Compete privativamente ao Senado Federal:
I - processar e julgar o Presidente e o Vice-Presidente da República nos crimes de responsabilidade, bem como os Ministros de Estado e os Comandantes da Marinha, do Exército e da Aeronáutica nos crimes da mesma natureza conexos com aqueles;

> (...)"
>
> "**Art. 102, CF/88.** Compete ao Supremo Tribunal Federal, precipuamente, a guarda da Constituição, cabendo-lhe:
>
> I - processar e julgar, originariamente:
>
> (...)
>
> b) nas infrações penais comuns, o Presidente da República, o Vice-Presidente, os membros do Congresso Nacional, seus próprios Ministros e o Procurador--Geral da República;
>
> (...)"

Portanto, quando se fala em foro especial por prerrogativa de função do Presidente da República, o rigor técnico manda que se use o plural, porque, na verdade, existem dois foros especiais, a depender do tipo de infração que é imputada ao Chefe do Executivo Federal. Se for uma infração penal (crime comum), será julgada pelo STF, mas, se for uma infração político-administrativa (crime de responsabilidade), será julgada pelo Senado Federal.

Essa distinção de natureza (ora infração penal, ora infração político-administrativa) gera impactos no tipo de ação de persecução da infração e no órgão competente para julgamento. O crime comum dá origem a uma ação penal, e, sendo uma ação penal, ela será processada e julgada pelo STF. Já no caso de crime de responsabilidade, não se tem infração penal, mas infração político-administrativa, que não será objeto de ação penal, mas de *impeachment*, em relação ao qual a competência para processo e julgamento é do Senado Federal, conforme já estudado.

Como vimos anteriormente, a Câmara dos Deputados realiza um juízo de admissibilidade em caso de *impeachment* do Presidente da República, podendo esse juízo ser positivo ou negativo. Porém, isso não acontece apenas no *impeachment*. Na verdade, a Câmara dos Deputados exerce juízo de admissibilidade em relação a qualquer acusação contra o Presidente da República, seja em caso de crime de responsabilidade, seja em caso de crime comum.

Oferecida qualquer acusação contra o Presidente da República, os autos devem ser encaminhados à Câmara dos Deputados, para que admita a acusação ou não, e, havendo autorização da instauração do processo pelo voto de 2/3 dos membros da Casa Legislativa, os autos são encaminhados ao STF (no caso de crime comum) ou ao Senado (no caso de crime de responsabilidade). E tanto o Supremo Tribunal Federal quanto o Senado Federal terão liberdade para instaurar o processo ou não, pois a Câmara dos Deputados tão somente os autoriza a fazer isso, o que não os obriga a admitir a acusação.

Logo, no caso de acusação do Presidente da República pela prática de crime comum, a ação penal tem uma condição específica de procedibilidade, qual seja, a autorização da Câmara dos Deputados para o seu processamento. Essa exigência da Constituição se deve ao fato de que, caso a acusação seja admitida, o Presidente da República poderá ser afastado do cargo, o que justifica a necessidade do crivo de um órgão que conta com a legitimidade do voto popular.

Em relação ao afastamento do Presidente da República do exercício do cargo, isso está previsto no art. 86, § 1º, da CF/88 e é uma consequência da instauração do processo pelo Supremo Tribunal Federal (em caso de crime comum) ou pelo Senado Federal (em caso de crime de responsabilidade). Esse afastamento dura 180 (cento e oitenta) dias, e, se o julgamento não for concluído nesse prazo, o Presidente da República retorna às suas funções, o que, no entanto, não impede o prosseguimento do processo (art. 86, § 2º, CF/88).

> **"Art. 86, CF/88.**
>
> **§ 1º** O Presidente ficará suspenso de suas funções:
>
> I - nas infrações penais comuns, se recebida a denúncia ou queixa-crime pelo Supremo Tribunal Federal;
>
> II - nos crimes de responsabilidade, após a instauração do processo pelo Senado Federal.
>
> **§ 2º** Se, decorrido o prazo de cento e oitenta dias, o julgamento não estiver concluído, cessará o afastamento do Presidente, sem prejuízo do regular prosseguimento do processo."

Se esse rito (prévia autorização pela Câmara e posterior remessa dos autos ao STF, que só então poderá admitir ou não o processo) não for observado, será cabível, até mesmo, *habeas corpus*, já que estará em risco o direito de ir, vir e ficar (isto é, a liberdade de locomoção) do Presidente da República.

■ IMUNIDADE TEMPORÁRIA À PRISÃO PROVISÓRIA (ART. 86, § 3º, CF/88)

O art. 86, § 3º, da CF/88 prevê que, enquanto não houver sentença condenatória definitiva nas infrações comuns, o Presidente da República não estará sujeito à prisão. Embora esse dispositivo se refira a "sentença condenatória", em rigor técnico, trata-se de um acórdão condenatório, já que o Chefe do Executivo Federal possui prerrogativa de foro e é julgado perante um Tribunal (o STF).

> "**Art. 86, § 3º, CF/88.** Enquanto não sobrevier sentença condenatória, nas infrações comuns, o Presidente da República não estará sujeito a prisão."

Essa imunidade é **temporária**, porque tem duração apenas enquanto durar o mandato, e **se refere apenas a prisão provisória**, que é aquela anterior ao trânsito em julgado da decisão condenatória.

As prisões provisórias são três: flagrante, preventiva e temporária. No curso do mandato do Presidente da República, essas prisões não são admitidas, de modo que essa autoridade, enquanto se encontra no cargo, sempre responde a eventual processo-crime em liberdade.

Comparando a imunidade temporária à prisão provisória do Presidente da República com a imunidade formal parlamentar relativa à prisão, concluímos que a imunidade do Chefe do Executivo Federal é mais ampla.

Isso porque o Parlamentar não pode ser preso provisoriamente, exceto em caso de flagrante de crime inafiançável, situação em que o auto de prisão em flagrante deve ser remetido à respectiva Casa Legislativa, que pode deliberar sobre a oportunidade e a conveniência de manter essa prisão, tendo a possibilidade de, por critério meramente político, relaxá-la. Cuida-se de uma hipótese estranha de relaxamento de prisão não determinado pelo Poder Judiciário e não decorrente de ilegalidade, mas de mero juízo de conveniência e oportunidade políticas.

Por sua vez, o Presidente da República, no curso do seu mandato, não pode ser preso provisoriamente em hipótese alguma, nem mesmo em flagrante de crime inafiançável.

Como se vê, a imunidade parlamentar formal em relação à prisão é relativa, porque ela admite uma exceção, qual seja, o flagrante delito de crime inafiançável. Já a imunidade temporária à prisão provisória do Presidente da República é absoluta, pois, enquanto durar o mandato presidencial, ela não admite nenhuma exceção.

■ IMUNIDADE TEMPORÁRIA À PERSECUÇÃO CRIMINAL (ART. 86, § 4º, CF/88)

Essa imunidade está prevista no art. 86, § 4º, da CF/88, que prevê que o Presidente da República, na vigência do seu mandato, não pode ser responsabilizado por atos estranhos às suas funções.

> **"Art. 86, § 4º, CF/88.** O Presidente da República, na vigência de seu mandato, não pode ser responsabilizado por atos estranhos ao exercício de suas funções."

Essa garantia do Presidente da República, tal qual a sua imunidade à prisão provisória, é temporária, pois persiste apenas enquanto durar o mandato presidencial. Além disso, ela impede a **persecução criminal** em juízo do Chefe do Poder Executivo Federal durante o seu mandato no que diz respeito a atos estranhos às funções do cargo.

É importante registrar que, tradicionalmente, foi firmado o entendimento no sentido de que essa imunidade impediria por completo a persecução criminal do Presidente da República, significando, assim, que ficaria impedida qualquer atividade atribuída ao Estado que compreendesse investigação, acusação, julgamento, condenação e execução de pena em relação ao Chefe do Executivo Federal. Tratava-se, portanto, de um obstáculo às atividades estatais verificadas desde a investigação criminal até a execução penal.

Esse posicionamento, no entanto, foi revisto pelo Supremo Tribunal Federal no **Inq 4462**, no qual a Corte permitiu a investigação criminal do então Presidente da República Michel Temer por fatos estranhos ao desempenho do mandato. O STF entendeu que é necessário permitir a investigação para se evitar, por exemplo, a perda da oportunidade de produção de provas, permanecendo o impedimento, porém, ao ajuizamento de ação penal contra o Presidente da República no curso do mandato por fatos estranhos ao desempenho de suas funções, ainda que tais fatos tenham sido investigados.

Essa mudança de posicionamento da Corte foi bem lembrada pelo Min. Luiz Fux em decisão monocrática proferida em 11/02/2019 na **AP 1008**. Nas palavras do Ministro:

> *"o artigo 86 da Constituição estabelece duas disciplinas distintas quanto à responsabilização penal do Presidente da República, no exercício do mandato, conforme os atos sejam ou não estranhos ao exercício das funções. (...)*
>
> *(...)*
>
> *Relativamente aos **atos estranhos ao exercício de suas funções**, a Constituição Federal estabelece a **imunidade formal temporária** do Presidente da República, na vigência do seu mandato (art. 86, §4º, da CRFB). Portanto, **nas hipóteses que envolvam atos estranhos ao exercício das funções, é constitucionalmente vedado processar e julgar** o Presidente da República durante o exercício do mandato.*
>
> *Importa ressaltar que, recentemente, nos autos do Inq. 4462 (investigado o então Presidente da República, Michel Temer), admitiu-se a possibilidade, unicamente, de **investigação** dos atos estranhos ao exercício do mandato, "a fim de, por exemplo, evitar dissipação de provas, valendo aquela proteção constitucional apenas contra a responsabilização, e não em face da investigação criminal em si".*
>
> *Compreendeu-se que "a Constituição, quando veda a responsabilização do presidente da República por atos anteriores ao exercício do mandato, refere-se à propositura de ação penal, único meio de se chegar à responsabilização penal de qualquer cidadão brasileiro".*
>
> *(...)"*

Portanto, segundo o atual entendimento do Supremo Tribunal Federal, a imunidade penal temporária do Presidente da República prevista no art. 86, § 4º, da CF/88 impede tão somente a instauração da fase processual da persecução criminal, isto é, impede o ajuizamento de ação penal, bem como o seu processamento e julgamento e a execução de eventual condenação. Não fica impedida a investigação, que se dá na fase pré-processual da *persecutio criminis*.

No entanto, ainda que seja possível instaurar investigação criminal contra o Presidente da República no curso do mandato para apurar atos estranhos ao desempenho do cargo, a instauração do procedimento investigatório **depende de autorização do Supremo Tribunal Federal**, conforme já decidiu o próprio STF.

Nesse sentido, no **Inq 2411 QO** (j. 10/10/2007), a Corte decidiu que, *"se a Constituição estabelece que os agentes políticos respondem, por crime comum, perante o STF (CF, art. 102, I, b), não há razão constitucional plausível para que as atividades diretamente relacionadas à supervisão judicial (abertura de procedimento investigatório) sejam retiradas do controle judicial do STF. **A iniciativa do procedimento investigatório deve ser confiada ao MPF contando com a supervisão do Ministro-Relator do STF.** (...) A Polícia Federal **não está autorizada a abrir de ofício inquérito policial para apurar a conduta de parlamentares federais ou do próprio Presidente da República** (no caso do STF). No exercício de competência penal originária do STF (CF, art. 102, I, "b" c/c Lei nº 8.038/1990, art. 2º e RI/STF, arts. 230 a 234), **a atividade de supervisão judicial deve ser constitucionalmente desempenhada durante toda a tramitação das investigações desde a abertura dos procedimentos investigatórios** até o eventual oferecimento, ou não, de denúncia pelo dominus litis".*

No que diz respeito ao que se deve compreender por atos estranhos às funções do cargo, é necessário registrar que esses atos podem ser de dois tipos:

1) Atos **anteriores à investidura** no mandato eletivo. Naturalmente, qualquer ato anterior à posse e ao exercício do cargo de Presidente da República é estranho a ele.

2) Atos praticados **no período de desempenho do cargo, mas que não digam respeito a ele**, isto é, atos que são praticados não na qualidade de Presidente da República, mas sim de forma estranha a essa qualidade. Esses atos até podem ser posteriores à posse no cargo, mas não têm relação com ele.

De acordo com o texto constitucional, essa garantia do Presidente da República apenas prevalece quando o ato é estranho ao desempenho das suas funções. Logo, se o ato tiver relação com as funções de Presidente da República (ou seja, se for um ato posterior à investidura no cargo e que diga respeito às suas atribuições), essa imunidade temporária não incidirá, muito embora a imunidade à prisão provisória permaneça aplicável.

Por fim, é preciso registrar que, segundo já decidiu o Supremo Tribunal Federal **(decisão monocrática proferida pelo Min. Luiz Fux em 11/02/2019 nas APs 1007 e 1008)**, durante o período em que incide a imunidade penal do Presidente da República por fatos estranhos ao desempenho do mandato, **fica suspenso o curso do prazo prescricional**. Essa é uma consequência natural da incidência dessa garantia do Chefe do Executivo Federal, pois, como ela impede o exercício do *jus puniendi* estatal, nada seria mais lógico do que acarretar, concomitantemente, a suspensão da prescrição.

Note que esse entendimento foi firmado pelo STF a despeito de inexistir previsão expressa específica nesse sentido na Constituição Federal ou na legislação infraconstitucional. Para fundamentar a decisão, a Corte aplicou, por extensão, o **art. 53, § 5º, da CF/88** (que impõe a suspensão da prescrição quando a ação penal ajuizada contra Parlamentar é suspensa pela respectiva Casa Legislativa), bem como se valeu de interpretação teleológica do **art. 116, I, do Código Penal** (que determina a suspensão da prescrição quando se encontra pendente de solução questão prejudicial da qual dependa o julgamento do caso).

> "Art. 53, § 5º, CF/88. A sustação do processo suspende a prescrição, enquanto durar o mandato."
>
> **"Art. 116, CP - Antes de passar em julgado a sentença final, a prescrição não corre:**
>
> **I - enquanto não resolvida, em outro processo, questão de que dependa o reconhecimento da existência do crime;**
>
> **(...)"**

Nas palavras do Min. Luiz Fux, invocando um precedente da Corte:

> *"no julgamento do **Inq. 567-QO**, considerou-se cabível, em tese, a aplicação da sistemática de suspensão da prescrição estabelecida, primeiro, jurisprudencialmente e, depois, por norma positiva inscrita na Constituição de 1988, para os casos de sustação do processo instaurado em face de parlamentares.*
>
> *Cuida-se do **art. 53, §5º, da Constituição Federal, que prevê, ante a sustação, por iniciativa do Poder Legislativo, do andamento de ação penal instaurada***

__contra parlamentar, operar-se a consequente suspensão do prazo prescricional__, enquanto durar o mandato (...).

(...)

*Embora se cuide de norma específica do capítulo dos Deputados e Senadores, **a Corte entendeu extensível, em tese, a suspensão da prescrição também ao caso de suspensão temporária do processo penal contra o Presidente da República**, por ato estranho ao exercício do mandato.*

__A suspensão do prazo prescricional__, durante o curso do mandato, é medida consentânea com o espírito da constituição, que não estabelece a imunidade material do Presidente da República, mas tão-somente sua imunidade processual temporária, com a qual não se coadunaria a possibilidade de os fatos, em tese, criminosos, serem atingidos pela prescrição, com a consequente extinção da punibilidade.

*Ainda que assim não fosse, afigura-se perfeitamente aplicável a tais casos, por **interpretação teleológica**, a norma do art. 116, I, do Código Penal, cuja letra prevê que a prescrição não corre "enquanto não resolvida, em outro processo, questão de que dependa o reconhecimento da existência do crime".*

Havendo suspensão do inquérito ou da ação penal, decorrente de previsão legal ou constitucional, sem previsão de que a suspensão possa gerar a extinção da punibilidade, aplica-se a ratio essendi do referido dispositivo, cuja finalidade é impedir que circunstâncias alheias ao processo-crime, que impeçam seu andamento, produzam os efeitos da prescrição.

(...)

*Consectariamente, à luz do art. 116, I, do Código Penal, e por extensão da norma prevista no art. 53, §5º, da Constituição Federal, **aplica-se a suspensão do prazo prescricional, enquanto permanecer suspensa a ação penal, por força da prerrogativa prevista no art. 86, §4º, da Constituição Federal**.*

(...)"

19

Poder Judiciário

O estudo do Poder Judiciário deve ter como premissa uma característica que é inerente a ele e o diferencia de qualquer outro Poder: o seu **caráter nacional**.

A característica básica do Poder Judiciário é o seu **caráter nacional**, que não está presente no Poder Executivo nem no Poder Legislativo. Veja que tanto o Poder Executivo quanto o Poder Legislativo podem ser qualificados como federal, estadual ou municipal, qualificação essa que, tecnicamente, não é admitida para o Poder Judiciário. Pode-se falar em Justiça Federal e Justiça Estadual, mas não se pode falar em Poder Judiciário Estadual ou Poder Judiciário Federal. **O Poder Judiciário é nacional, é uno, é indivisível, não admitindo, do ponto de vista técnico, o adjetivo de estadual ou federal.**

E há um fato que comprova o caráter nacional do Poder Judiciário: são cabíveis recursos contra decisões tomadas por Tribunais vinculados à estrutura administrativa dos Estados endereçados a Tribunais vinculados à Administração Pública da União. Por exemplo, contra acórdão proferido por um Tribunal de Justiça, cabe recurso extraordinário para o Supremo Tribunal Federal (se a matéria for constitucional) e cabe recurso especial para o Superior Tribunal de Justiça (se a matéria for legal federal). Como se sabe, Tribunal de Justiça é vinculado à estrutura administrativa de Estado-membro, enquanto o STF e o STJ são vinculados à estrutura administrativa da União. Isso mostra que o Poder Judiciário é um só, que ele está todo interconectado e possui caráter nacional.

Perceba que, no âmbito do Poder Legislativo, de decisão tomada por Câmara Municipal não cabe recurso para a Assembleia Legislativa do Estado, assim como de decisão de Assembleia Legislativa não cabe recurso para o Congresso Nacional. Já no âmbito do Poder Executivo, também seria um absurdo cogitar que, de decisão tomada por Prefeito Municipal, coubesse recurso para o Governador do Estado ou que, de decisão tomada por Governador de Estado, coubesse recurso para o Presidente da República. Por outro lado, no âmbito do Poder Judiciário, é natural o cabimento de recursos envolvendo órgãos jurisdicionais vinculados a estruturas administrativas de diferentes entes federativos, o que evidencia o caráter nacional desse Poder.

Fica claro, com isso, que toda e qualquer qualificação empregada no âmbito do Poder Judiciário (federal, estadual, comum, do trabalho etc.) não se refere ao Poder

Judiciário em si, mas, sim, às Justiças que o compõem, pois, o Poder Judiciário tem caráter nacional, ele é uno e indivisível.

ESTRUTURA DO PODER JUDICIÁRIO

Os órgãos integrantes do Poder Judiciário estão indicados no art. 92 da CF/88 e são o STF, o CNJ, o STJ, o TST, os TRFs, o TRTs, os TREs, os TJs, os Tribunais Militares e os juízes.

> "**Art. 92, CF/88.** São órgãos do Poder Judiciário:
>
> I - o Supremo Tribunal Federal;
>
> I-A o Conselho Nacional de Justiça;
>
> II - o Superior Tribunal de Justiça;
>
> II-A - o Tribunal Superior do Trabalho;
>
> III - os Tribunais Regionais Federais e Juízes Federais;
>
> IV - os Tribunais e Juízes do Trabalho;
>
> V - os Tribunais e Juízes Eleitorais;
>
> VI - os Tribunais e Juízes Militares;
>
> VII - os Tribunais e Juízes dos Estados e do Distrito Federal e Territórios.

A partir da estrutura prevista no art. 92 da CF/88, é possível classificar as Justiças que integram o Poder Judiciário. Não se trata, conforme já registramos, de uma classificação do Poder Judiciário em si, pois este, por ser unitário, não admite ser classificado dessa forma.

As Justiças podem ser classificadas a partir de dois critérios: a natureza do órgão e a natureza da função.

Pela **natureza do órgão**, diferenciam-se:

I) Justiça Federal; e

II) Justiça Estadual.

Pela **natureza da função**, diferenciam-se:

I) Justiça comum; e

II) Justiça especializada.

■ CLASSIFICAÇÃO PELA NATUREZA DO ÓRGÃO

Pela natureza do órgão, a Justiça pode ser federal ou estadual.

A Justiça Federal é aquela que está vinculada à estrutura administrativa da União, enquanto a Justiça Estadual é aquela que está vinculada à estrutura administrativa de um Estado.

■ CLASSIFICAÇÃO PELA NATUREZA DA FUNÇÃO

Pela natureza da função, a Justiça pode ser comum ou especializada.

Nesta classificação, não se perquire a que estrutura administrativa a Justiça está vinculada, mas sim se a competência dada a ela é para matéria reservada (Justiça especializada) ou para matéria residual (Justiça comum). As matérias reservadas pela CF/88 às Justiças especializadas são três: trabalhista, militar e eleitoral. Já as matérias residuais são todas aquelas que a CF/88 não tenha reservado a alguma Justiça especializada.

Portanto, Justiça comum é aquela que tem competência para qualquer matéria, ressalvadas as matérias sob reserva, enquanto a Justiça especializada é aquela que tem competência para alguma das matérias reservadas, que são os temas das áreas trabalhista, eleitoral e militar.

No Brasil, o Poder Judiciário é composto por 6 (seis) Justiças, além de 2 (dois) Tribunais de superposição e de um órgão judiciário não jurisdicional.

Do ponto de vista numérico, no Brasil há predomínio de Justiças federais especializadas sobre as demais Justiças. Isso porque, no que diz respeito à natureza do órgão, das 6 (seis) Justiças, 4 (quatro) são federais e duas são estaduais, e, no que se refere à natureza da função, das 6 (seis) Justiças, 2 (duas) são comuns e 4 (quatro) são especializadas.

Portanto, o perfil do Poder Judiciário, hoje, no Brasil, tende a ser de ramos federais e especializados.

■ JUSTIÇA FEDERAL COMUM

A Justiça Federal comum está disciplinada nos arts. 106 a 110 da CF/88.

O primeiro grau da Justiça Federal comum é composto por juízes federais. Já o segundo grau é formado por Tribunais Regionais Federais (TRFs), que, tiveram seu número aumentado (de cinco para nove) por força da EC 73/2013, a qual acabou sendo impugnada na ADI 5017, ainda pendente de julgamento.

A EC 45/04 não trouxe nenhuma alteração em relação à Justiça Federal.

▶ Grau X instância

Qual é a diferença entre grau e instância?

Grau diz respeito à estrutura organizacional do Poder Judiciário. Nesse sentido, na estrutura do Poder Judiciário, o primeiro grau é composto pelos juízos monocráticos (as varas); o segundo grau é composto pelos Tribunais estaduais e federais; acima deles há o grau dos Tribunais superiores; e no topo da estrutura encontra-se o Supremo Tribunal Federal.

Note que a Constituição Federal fala expressamente em primeiro e segundo graus, mas não usa a expressão "terceiro grau", não obstante seja comum se deparar com ela nas mais variadas fontes de informação. E foi por isso que não foi mencionado acima um "terceiro grau" ou mesmo um "quarto grau" de jurisdição, sendo mais apropriado falar em grau dos Tribunais superiores e grau do Supremo Tribunal Federal.

É possível perceber que a definição de grau tem um caráter estático, não variando, pois diz respeito à estrutura do Poder Judiciário. Em outras palavras: as varas sempre estarão no primeiro grau; os tribunais estaduais e federais sempre estarão no segundo grau; e os tribunais superiores e o Supremo Tribunal Federal sempre se encontrarão em graus acima do primeiro e do segundo graus.

Já instância é diferente. Instância diz respeito ao nível em que determinada causa está sendo conhecida pelo Poder Judiciário. Então, se o caso está sendo apreciado pelo Poder Judiciário pela primeira vez, cuida-se da primeira instância; se está sendo apreciado pela segunda vez, cuida-se da segunda instância; e assim por diante.

A regra é que a primeira instância da jurisdição seja exercida por um órgão de primeiro grau, isto é, como regra, será um juiz singular atuando em uma vara que irá primeiramente analisar uma causa submetida ao Poder Judiciário. Porém, é possível que a primeira instância seja exercida por órgãos de algum grau acima do primeiro, nos casos em que há previsão de competência originária desses órgãos. Por exemplo, Governador de Estado é julgado originariamente, pela prática de crimes comuns, pelo STJ, de modo que se tem aí uma hipótese de primeira instância sendo exercida por um Tribunal superior; da mesma forma, o Presidente da República, quando acusado de praticar uma infração penal, é julgado originariamente pelo STF, que, nesse caso, exerce a primeira instância.

A partir disso, é possível perceber que a definição de instância é dinâmica, pois pode coincidir ou não com o grau do órgão jurisdicional, a depender de se ele está conhecendo da causa de forma originária ou derivada. Em outras palavras: enquanto grau nunca muda, instância é variável.

■ JUSTIÇA ESTADUAL COMUM

A Justiça estadual comum está prevista no art. 125, *caput* e § 1º, da CF/88.

O primeiro grau da Justiça estadual é formado por juízes de direito, enquanto o segundo grau é, hoje, formado por Tribunais de Justiça (TJs). Aqui, houve modificação trazida pela EC 45/04: até o ano de 2004 era possível a existência de Tribunais de Alçada (que foram extintos pela EC 45/04), e alguns Estados possuíam a segunda instância de suas Justiças bipartida em Tribunal de Justiça e Tribunal de Alçada.

Em relação ao Tribunal de Alçada, ele nada mais era do que o fruto de uma descentralização que retirava do Tribunal de Justiça a competência para apreciar determinadas matérias. Via de regra, o Tribunal de Alçada possuía competência por matéria, como, por exemplo, em matéria cível, julgava apenas demandas de locações; em matéria penal, julgava apenas crimes contra o patrimônio.

Enfim, por força da EC 45/04 (art. 9º), onde ainda existiam, os Tribunais de Alçada foram extintos e os juízes que nele atuavam foram promovidos à condição de Desembargadores do Tribunal de Justiça do respectivo Estado.

Então, a EC 45/04 realizou a unificação da segunda instância da Justiça comum estadual.

A Justiça Federal comum e a Justiça estadual comum formam, juntas, a Justiça comum, que possui dois ramos, um federal e um estadual.

JUSTIÇA DO TRABALHO

A Justiça do Trabalho é tratada nos arts. 111 a 116 da CF/88.

Enquanto as Justiças vistas anteriormente são bipartidas, a Justiça do Trabalho é **tripartida**, isto é, possui 3 (três) graus.

O primeiro grau da Justiça do Trabalho é formado pelos juízes do trabalho. Importante destacar que as Juntas de Conciliação e Julgamento já haviam sido extintas antes da EC 45/04, tendo sido convertidas em Varas do Trabalho (Juízos do Trabalho), com a abolição dos Juízes classistas, persistindo apenas os Juízes togados.

O segundo grau da Justiça do Trabalho é formado pelos Tribunais Regionais do Trabalho (TRTs), que, em regra, são sediados em capitais de Estados.

Finalmente, o último grau da Justiça do Trabalho é o Tribunal Superior do Trabalho (TST), sediado na capital federal.

JUSTIÇA ELEITORAL

A Justiça Eleitoral (tratada nos arts. 118 a 121 da CF/88) possui uma estrutura semelhante (mas não idêntica) à da Justiça do Trabalho, pois ela também é tripartida.

Em primeiro grau, a Justiça Eleitoral é composta por dois órgãos, um monocrático e um colegiado. Os órgãos monocráticos são os juízes eleitorais (que, nos termos do art. 32 do Código Eleitoral, são juízes de direito no acúmulo da função eleitoral), enquanto os órgãos colegiados são as juntas eleitorais.

As juntas eleitorais, embora hoje não tenham mais a mesma relevância do passado, ainda existem, compondo o primeiro grau da Justiça Eleitoral. Elas são órgãos colegiados formados por juízes togados e por cidadãos e possuem competência em duas situações, uma ligada à apuração das eleições e outra ligada à diplomação. A competência ligada à apuração consiste em processar e julgar recurso contra a apuração do voto manual, enquanto a competência ligada à diplomação consiste em diplomar candidatos eleitos nas eleições locais (Prefeitos e Vereadores). Porém, como a votação passou a ser eletrônica, só havendo possibilidade de recurso (à junta eleitoral) contra a apuração no caso do uso contingencial da cédula escrita, a junta eleitoral perdeu muita importância e, hoje, basicamente atua para diplomar candidatos eleitos nas eleições municipais (Prefeitos e Vereadores).

A tendência futura é que haja a extinção das juntas eleitorais e que, aí, a Justiça Eleitoral passe a ter perfil similar ao da Justiça do Trabalho. Mas, por enquanto, a situação é a de existência de dois órgãos no primeiro grau da Justiça Eleitoral.

O segundo grau da Justiça Eleitoral é formado pelos Tribunais Regionais Eleitorais (TREs), que têm sede, sempre, na capital do Estado, além do Distrito Federal (art. 120, CF/88).

Finalmente, o último grau da Justiça Eleitoral é o Tribunal Superior Eleitoral (TSE), que tem sede na capital federal.

JUSTIÇA MILITAR FEDERAL (JUSTIÇA MILITAR DA UNIÃO)

A Justiça Militar Federal (ou da União), tratada nos arts. 122 a 124 da CF/88, tem **competência exclusivamente penal**, cabendo-lhe processar e julgar os crimes militares definidos em lei (art. 124, CF/88). E essa definição legal dos crimes sujeitos à competência da Justiça Militar da União é dada pelo Código Penal Militar, em seus arts. 9º (crimes militares em tempo de paz) e 10 (crimes militares em tempo de guerra).

> "**Art. 124, CF/88.** À Justiça Militar compete processar e julgar os crimes militares definidos em lei.
>
> **Parágrafo único.** A lei disporá sobre a organização, o funcionamento e a competência da Justiça Militar."

Diferentemente da Justiça Militar Estadual, que, conforme veremos à frente, apenas julga militares, **a Justiça Militar Federal pode julgar tanto militares (das Forças Armadas) quanto civis**, pois o Código Penal Militar considera crimes militares, em tempo de paz, também os praticados por civis contra as instituições militares.

Em relação à competência para jugar crimes dolosos contra a vida praticados por militares contra civis, o art. 124 da CF/88 silencia, remetendo essa questão à disciplina da lei. Regulamentando o texto constitucional, o art. 9º, § 1º, do Código Penal Militar e o art. 82 do Código de Processo Penal Militar estabelecem ser da justiça comum (portanto, do Tribunal do Júri **federal**) a competência para julgar os crimes dolosos contra a vida praticados por militares (das Forças Armadas, evidentemente) contra civis.

A exceção fica por conta de crime doloso contra a vida praticado contra civil nas hipóteses do art. 9º, § 2º, do CPM, introduzido pela Lei 13.491/2017. Nesses casos, mesmo tratando-se de crime doloso contra a vida, o fato será considerado crime militar, devendo, por consequência, ser julgado pela Justiça Militar Federal, e não pelo Tribunal do Júri.

> "**Art. 9º, CPM.** Consideram-se crimes militares, em tempo de paz:
>
> (...)
>
> **§ 1º** Os crimes de que trata este artigo, **quando dolosos contra a vida e cometidos por militares contra civil, serão da competência do Tribunal do Júri.**
>
> **§ 2º** Os crimes de que trata este artigo, **quando dolosos contra a vida e cometidos por militares das Forças Armadas contra civil, serão da competência da Justiça Militar da União, se praticados no contexto:**
>
> I – do cumprimento de atribuições que lhes forem estabelecidas pelo Presidente da República ou pelo Ministro de Estado da Defesa;
>
> II – de ação que envolva a segurança de instituição militar ou de missão militar, mesmo que não beligerante; ou
>
> III – de atividade de natureza militar, de operação de paz, de garantia da lei e da ordem ou de atribuição subsidiária, realizadas em conformidade com o disposto no art. 142 da Constituição Federal e na forma dos seguintes diplomas legais:
>
> a) Lei nº 7.565, de 19 de dezembro de 1986 - Código Brasileiro de Aeronáutica;
>
> b) Lei Complementar nº 97, de 9 de junho de 1999;
>
> c) Decreto-Lei nº 1.002, de 21 de outubro de 1969 - Código de Processo Penal Militar; e
>
> d) Lei nº 4.737, de 15 de julho de 1965 - Código Eleitoral."

A Justiça Militar Federal (tratada nos arts. 122 a 124 da CF/88) tem perfil bipartido, contando com apenas dois graus.

O primeiro grau da Justiça Militar Federal é composto pelos Conselhos de Justiça Militar, que funcionam nas sedes das Auditorias Militares, conforme prevê a Lei nº 8.457/92, que organiza a Justiça Militar da União e regula o funcionamento de seus Serviços Auxiliares.

O último grau da Justiça Militar Federal é o Superior Tribunal Militar (STM). **Não há, na Justiça Militar Federal, órgão intermediário entre as auditorias militares e o STM.**

Em relação ao STM, esse tribunal **não examina matérias provenientes da Justiça Militar Estadual ou do DF**, ou seja, **o STM atua exclusivamente na Justiça Militar Federal**. É possível perceber, assim, que o STM não atua tal qual o STJ, mas, sim, guardadas as devidas proporções, à semelhança de um Tribunal de Justiça, possuindo competências originárias, bem como competências recursais para apreciar apelações e outros recursos das decisões dos juízes de primeiro grau da Justiça Militar da União.

É interessante notar o seguinte em relação à Justiça Militar Federal: muito se cogita haver, na CF/88, resquícios do sistema antigo, isto é, resquícios do regime anterior (que era militarista) que teriam sobrevivido na CF/88, e talvez aqui (no tratamento constitucional da Justiça Militar da União) se tenha o mais claro indicativo disso. É que a CF/88 prevê a existência do Tribunal Superior Eleitoral e do Tribunal Superior do Trabalho, mas, na Justiça Militar Federal, o que há é o Superior Tribunal Militar (e não Tribunal Superior Militar), que em nada se parece com o STJ nem com o STF. A ideia, com isso, foi manter a nomenclatura que esse Tribunal tinha na Constituição anterior, embora seja, hoje, um tribunal com perfil completamente diferente do que havia no regime que antecedeu a CF/88. Esse resquício do regime passado (que tinha viés militar) nunca foi corrigido.

■ JUSTIÇA MILITAR ESTADUAL

A Justiça Militar estadual é tratada no art. 125, §§ 3º a 5º, da CF/88, também tendo sofrido alterações pela EC 45/04.

O § 3º do art. 125 da CF/88 estabelece que *"**a lei estadual** poderá criar, mediante **proposta do Tribunal de Justiça**, a Justiça Militar estadual, constituída, em primeiro grau, pelos juízes de direito e pelos Conselhos de Justiça e, em segundo grau, pelo próprio Tribunal de Justiça, ou por Tribunal de Justiça Militar nos Estados em que o efetivo militar seja superior a vinte mil integrantes".*

Portanto, segundo determina expressamente a CF/88 (art. 125, § 3º), a criação da Justiça Militar estadual depende de uma **lei (ordinária) estadual** apresentada pelo respectivo Tribunal de Justiça. Em outras palavras: cabe apenas ao Tribunal de Justiça, em cada Estado, realizar um juízo de conveniência sobre a criação da Justiça Militar estadual e, a partir disso, apresentar ou não uma proposição legislativa à Assembleia Legislativa criando essa justiça. Isso é uma prerrogativa expressamente assegurada pela CF/88 aos Tribunais de Justiça dos Estados, não podendo, portanto, ser afastada por normas infraconstitucionais ou mesmo por Constituições Estaduais.

No entanto, o fato é que antes da entrada em vigor da CF/88, já existia Justiça Militar em diferentes Estados, como é o caso do Estado do Rio Grande do Sul e do Estado de São Paulo. Nesses casos, poderia a respectiva Constituição Estadual prever a existência da Justiça Militar estadual e a sua estrutura? Ou isso seria inconstitucional por caracterizar uma violação à prerrogativa do Poder Judiciário estadual de apresentar proposta legislativa de criação (e organização) da Justiça Militar estadual?

O Supremo Tribunal Federal já enfrentou esse tema, o que ocorreu na **ADI 4360**, julgada em 04/12/2023.

Segundo decidiu o STF, em virtude de a CF/88, no art. 125, § 3º, assegurar ao Tribunal de Justiça (e apenas a ele) a prerrogativa de apresentar proposta legislativa de criação e organização da Justiça Militar estadual respectiva, não pode a Constituição do Estado ou uma emenda constitucional estadual fazer isso em substituição à lei de iniciativa do Poder Judiciário estadual.

Porém, como a CF/88 não determinou que as Justiças Militares estaduais existentes antes dela fossem extintas para serem novamente criadas, aquelas que eram preexistentes a ela foram, segundo o STF, **recepcionadas por ela**.

Considerando que as Justiças Militares estaduais preexistentes à CF/88 foram recepcionadas por ela, nos Estados em que elas existiam as Constituições Estaduais podem, nos seus textos originários, ter disposições prevendo a existência da Justiça Militar estadual. Porém, essas disposições **devem se limitar a simplesmente manter a organização da Justiça Militar estadual que já era existente no momento da promulgação da Constituição do Estado**. Nesse caso, as disposições da Constituição Estadual (que simplesmente mantêm a Justiça Militar nos exatos termos em que ela existia anteriormente) têm, segundo o STF, **caráter meramente declaratório**, pois elas se limitam a declarar uma situação preexistente.

No entanto, eventuais alterações na organização e funcionamento da Justiça Militar estadual e até mesmo a sua extinção que venham a ocorrer após a entrada em vigor da Constituição do Estado (e, evidentemente, da CF/88) devem necessariamente ser feitas mediante lei (ordinária) de iniciativa do respectivo Tribunal de Justiça, sob pena de violação ao art. 125, § 3º, da CF/88. Nesse caso, o que teremos será uma lei infraconstitucional alterando disposições que estão previstas na Constituição do Estado, o que só é possível porque as disposições da Constituição Estadual nesse caso têm, conforme vimos, caráter meramente declaratório, não se tratando de verdadeiras normas com *status* constitucional.

Nas exatas palavras do Supremo Tribunal Federal, *"não havendo expressa extinção pela Constituição da República, presume-se a recepção da norma,* ***não havendo óbice para que o constituinte estadual originário mantenha a organização judiciária já devidamente criada pela lei****. Essa constitucionalização, no entanto, é* ***limitada a uma declaração do arquétipo institucional à época da edição da Constituição Estadual****. (...) O art. 125, § 3º, da Constituição da República é norma de reprodução obrigatória, cabendo à lei estadual, mediante proposta do Tribunal de Justiça, criar a Justiça Militar estadual e o Tribunal de Justiça Militar. Logo, embora a Constituição possa manter o Tribunal de Justiça militar já existente, a natureza declaratória dessa previsão* ***não afasta a prescrição da Constituição da República quanto à espécie normativa e à reserva de iniciativa das disposições posteriores****"*.

Perceba que, se o STF não tivesse decidido dessa forma, haveria um verdadeiro engessamento no ordenamento jurídico estadual, pois, no cenário que vimos acima, a Justiça Militar estadual foi prevista na Constituição do Estado. Assim, considerando que o Poder Judiciário não tem iniciativa legislativa para apresentar proposta de emenda à Constituição e que a CF/88 determina que a Justiça Militar estadual deve necessariamente ser disciplinada por proposta legislativa do Tribunal de Justiça, caso o STF não tivesse tomado a decisão que tomou, a Justiça Militar estadual, na hipótese que acabamos de ver (isto é, quando fosse preexistente à CF/88 e estivesse prevista na Constituição Estadual), não poderia jamais ser alterada ou extinta.

O Supremo Tribunal Federal, portanto, resolveu um verdadeiro impasse nesse julgamento.

Quanto às suas competências, diferentemente da Justiça Militar Federal, a Justiça Militar Estadual **possui competência tanto na esfera criminal quanto na esfera cível** e apenas pode julgar militares (estaduais, evidentemente), não podendo julgar civis.

O primeiro grau da Justiça Militar Estadual é formado por Conselhos de Justiça e por juízes de direito. Os Conselhos de Justiça são formados pelo juiz de direito (que é um civil e preside o Conselho) e por oficiais militares estaduais.

> "**Art. 125, § 3º, CF/88** A lei estadual poderá criar, mediante proposta do Tribunal de Justiça, a Justiça Militar estadual, constituída, em primeiro grau, pelos juízes de direito e pelos Conselhos de Justiça e, em segundo grau, pelo próprio Tribunal de Justiça, ou por Tribunal de Justiça Militar nos Estados em que o efetivo militar seja superior a vinte mil integrantes."

Os juízes de direito mencionados acima são novidade trazida pela EC 45 (não existiam antes dela) e funcionam da seguinte forma: em duas situações, esses juízes togados (que, como vimos acima, são civis) prestam jurisdição monocraticamente, sem participação de nenhum militar, sendo um desses casos em matéria cível e outro em matéria criminal. Em resumo, **via de regra, o julgamento é colegiado pelos Conselhos de Justiça, mas em dois casos o julgamento é monocrático**, apenas pelo juiz togado, quais sejam (art. 125, § 5º, CF/88):

I) Crime militar praticado por militar contra civil, desde que seja não doloso contra a vida, hipótese em que a competência será do tribunal do júri. Esse crime é julgado monocraticamente pelo juiz togado para evitar corporativismo, já que o juiz togado é tão civil quanto a vítima.

II) Ação cível em que haja discussão da prática de uma infração administrativa com a consequente possibilidade de aplicação de sanção disciplinar.

> "**Art. 125, CF/88.**
>
> (...)
>
> § 3º A lei estadual poderá criar, mediante proposta do Tribunal de Justiça, a Justiça Militar estadual, constituída, em primeiro grau, pelos juízes de direito e pelos Conselhos de Justiça e, em segundo grau, pelo próprio Tribunal de Justiça, ou por Tribunal de Justiça Militar nos Estados em que o efetivo militar seja superior a vinte mil integrantes

> § 4º Compete à Justiça Militar estadual processar e julgar **os militares dos Estados, nos crimes militares definidos em lei e as ações judiciais contra atos disciplinares militares, ressalvada a competência do júri quando a vítima for civil**, cabendo ao tribunal competente decidir sobre a perda do posto e da patente dos oficiais e da graduação das praças.
>
> § 5º Compete aos juízes de direito do juízo militar processar e julgar, singularmente, **os crimes militares cometidos contra civis e as ações judiciais contra atos disciplinares militares**, cabendo ao Conselho de Justiça, sob a presidência de juiz de direito, processar e julgar os demais crimes militares."

Quanto ao segundo grau da Justiça Militar Estadual, ele é formado por Tribunais de Justiça Militar (TJMs) **ou** por Tribunais de Justiça (TJs). Nos termos do art. 125, § 3º, da CF/88 (transcrito acima), o que define se o órgão de segundo grau será um TJ ou um TJM é o tamanho da corporação militar do Estado: se a corporação tiver **mais de 20 mil integrantes**, o Estado terá a **faculdade** de criar um TJM (não é obrigação, podendo o Estado, mesmo com grande corporação, manter o TJ como órgão de segundo grau tanto da Justiça comum quanto da Justiça Militar estadual), mas, se tiver **até 20 mil integrantes**, o órgão de segundo grau será necessariamente o próprio TJ do respectivo Estado, o qual, nesse caso, integrará o segundo grau tanto da Justiça Comum estadual quanto da Justiça Militar estadual.

Da decisão do TJM ou do TJ, cabe recurso para o STJ ou para o STF, de acordo com a matéria debatida. O que é importante é não esquecer que, seja qual for o caso discutido nos autos, na Justiça Militar **Estadual**, jamais caberá recurso para o STM, que, como vimos, tem jurisdição limitada à Justiça Militar Federal.

Por fim, há uma questão referente à competência da Justiça Militar estadual que merece atenção.

O **§ 4º do art. 125 da CF/88** prevê ser da competência da Justiça Militar estadual decidir sobre a perda do posto, da patente e da graduação dos militares estaduais. Ou seja, é da competência da Justiça Militar estadual decidir sobre a perda do "cargo" do militar estadual, seja esse militar um oficial (caso em que o "cargo" será um posto ou uma patente) ou uma praça (caso em que o "cargo" será uma graduação).

Essa competência é desempenhada pelo **Tribunal de Justiça Militar** (onde houver) ou pelo **Tribunal de Justiça no exercício da competência da Justiça Militar estadual** (quando não houver Tribunal de Justiça Militar no Estado), e o Supremo Tribunal Federal já se manifestou sobre a sua abrangência.

No **Tema de Repercussão Geral nº 1.200** (ARE 1320744, j. 26/06/23), o STF decidiu que a perda do "cargo" do militar estadual pode ser imposta das seguintes formas:

I) Em **processo administrativo instaurado na própria corporação militar** (para a apuração de infração disciplinar), com a aplicação das regras disciplinares militares, o que pode ocorrer ainda que exista, simultaneamente, processo judicial em curso sobre o mesmo fato, haja vista a independência entre as instâncias administrativa e jurisdicional.

II) Em **processo crime comum**, como consequência de uma condenação criminal comum pela Justiça Comum, pois o art. 92, I, do Código Penal permite a decretação da perda do cargo como efeito da condenação, o que se aplica, inclusive, aos militares julgados criminalmente pela Justiça Comum. Veja o teor desse dispositivo:

> "**Art. 92, CP** - São também efeitos da condenação:
>
> I - a **perda de cargo**, função pública ou mandato eletivo:
>
> a) quando aplicada pena privativa de liberdade por tempo igual ou superior a um ano, nos crimes praticados com abuso de poder ou violação de dever para com a Administração Pública;
>
> b) quando for aplicada pena privativa de liberdade por tempo superior a 4 (quatro) anos nos demais casos.
>
> (...)
>
> **Parágrafo único** - Os efeitos de que trata este artigo não são automáticos, devendo ser motivadamente declarados na sentença."

III) Em **processo crime militar**, como consequência de uma condenação criminal militar pela Justiça Militar estadual, pois o art. 102 do Código Penal Militar prevê a perda do "cargo" como uma consequência da condenação criminal. Veja:

> "**Art. 102, CPM.** A condenação da praça a pena privativa de liberdade, por tempo superior a dois anos, **importa sua exclusão das fôrças armadas**."

IV) Em **processo judicial instaurado no Tribunal de Justiça Militar** (onde houver) **ou no Tribunal de Justiça** (quando não houver Tribunal de Justiça Militar no Estado), com fundamento no **art. 125, § 4º, da CF/88.** Esse processo é instaurado por representação do Ministério Público, e nele **a única sanção que pode ser aplicada ao militar estadual é a de perda do "cargo"** (posto, patente ou graduação), não sendo possível a aplicação de sanção diversa. Ademais, a perda do "cargo" do militar estadual nesse processo pode ser imposta em virtude de **fatos diversos que sejam incompatíveis com a ética e a moral militares** ou mesmo como **consequência de uma condenação criminal** (por crime comum ou militar), independentemente da quantidade de pena aplicada nessa condenação ou da natureza do crime cometido, desde que, evidentemente, a sentença condenatória não tenha, ela mesma, determinado a perda do "cargo" como consequência da condenação. Em outras palavras: se o militar estadual foi condenado criminalmente (por crime comum ou por crime militar) e a respectiva sentença condenatória não impôs a perda do "cargo" como consequência da condenação, é possível instaurar processo de perda do "cargo" no TJM ou no TJ com fundamento nessa condenação criminal.

Em resumo: a perda do "cargo" do militar estadual, segundo o STF, pode ser imposta: **I)** em **processo administrativo de caráter disciplinar** instaurado na própria corporação militar; **II)** em **sentença criminal condenatória, por crime comum ou militar**, como decorrência da condenação; ou **III)** nos termos do art. 125, § 4º, da CF/88, em **processo judicial instaurado pelo Ministério Público perante o TJM**

(onde houver) ou o TJ (onde não houver TJM), hipótese em que a perda do "cargo" será a única sanção que poderá ser aplicada e poderá ter como fundamento qualquer fato incompatível com a ética e a moral militares ou mesmo uma condenação criminal anterior (por crime comum ou militar) na qual não tenha sido imposta a perda do "cargo", independentemente da quantidade de pena que foi imposta nessa condenação ou da natureza do crime cometido.

Com base em tudo isso, o Supremo Tribunal Federal fixou a seguinte **tese de repercussão geral**:

> "I – A perda da graduação da praça pode ser declarada como **efeito secundário da sentença condenatória pela prática de crime militar ou comum**, nos termos do art. 102 do Código Penal Militar e do art. 92, I, 'b', do Código Penal, respectivamente;
>
> II – Nos termos do **artigo 125, § 4º, da Constituição Federal**, o Tribunal de Justiça Militar, onde houver, ou o Tribunal de Justiça são competentes para decidir, **em processo autônomo decorrente de representação do Ministério Público**, sobre a perda do posto e da patente dos oficiais e da graduação das praças que teve contra si uma sentença condenatória, independentemente da natureza do crime por ele cometido." **(Tema de Repercussão Geral nº 1.200)**

A ementa desse julgamento ficou redigida da seguinte forma:

> "(...) 1. A perda da graduação das praças **pode ser decorrente de decretação da perda do cargo público militar, por força de condenação criminal** pela prática de crimes de natureza comum (art. 92, I, "b", do Código Penal) ou de natureza militar (art. 102, do Código Penal), bem como **pode ser decretada no âmbito do procedimento administrativo militar**, ocasiões em que há a dispensabilidade de procedimento jurisdicional específico para decidir sobre a perda da graduação (...). 2. Tendo em vista a **independência das instâncias**, jurisdicional e administrativa, e o devido respeito ao contraditório e à ampla defesa, **nada impede a exclusão da praça militar estadual da corporação em processo administrativo no qual se apura o cometimento de falta disciplinar**, mesmo que ainda esteja em curso ação penal envolvendo o mesmo fato (...). 3. **Compete à Justiça Comum** decretar, na sentença penal condenatória, com base no art. 92, I, "b", do Código Penal, **a perda do cargo público da Polícia Militar da praça e do oficial militar estadual** nos autos do processo criminal em que houve a sua **condenação por crime comum** à pena superior a quatro anos ou conforme outras hipóteses legalmente previstas, bem como **compete à Justiça Militar** decidir sobre **a perda da graduação das praças** nos casos de **crimes militares**, com base no art. 102, do Código Penal Militar (...); (...) 4. Ao decidir sobre a perda da graduação das praças e oficiais **é vedado ao Tribunal Militar aplicar sanções administrativas diversas**, sob pena de ofensa ao art. 125, §4º, da CF/1988, e ao princípio da separação dos poderes, por interferir em decisão administrativa, própria da Corporação (...). 5. A perda do posto e da patente dos oficiais e da graduação das praças se compreende como medida judicial, de **competência originária e privativa do Tribunal de Justiça Militar ou do Tribunal de Justiça estadual, onde aquele não existir**, decorrente de atos que revelam incompatibilidade ético-moral do militar com a Instituição a que pertence. (...) 6. O Tribunal de Justiça Militar, onde houver, ou o Tribunal de Justiça, com fulcro no art. 125, §4º, da CF, detêm a **competência para decidir sobre a perda do posto e da patente dos oficiais e da graduação das praças em processo autônomo decorrente de representação ministerial**, independentemente da quantidade da pena imposta e da natureza

do crime cometido pelo agente militar estadual, **na hipótese da ausência de declaração da perda do posto, patente ou graduação, como efeito secundário da condenação pela prática de crime militar ou comum**, tudo com o objetivo de apurar se a conduta do militar abalou os valores que a vida castrense exige dos que nela ingressam a ponto de tornar-se insustentável a sua permanência na caserna. (...)" **(ARE 1320744, Tema de Repercussão Geral nº 1200, Pleno, Rel. Min. ALEXANDRE DE MORAES, j. 26/06/2023)**

TRIBUNAIS DE SUPERPOSIÇÃO

O que são Tribunais de superposição?

"Superposição" é um termo cunhado por autores alemães que indica que há tribunais que sobrepairam as Justiças, sem se enquadrarem em nenhuma delas. Hoje, no Brasil, há, sem dúvida alguma, dois Tribunais de superposição, que são dois Tribunais que sobrepairam as seis Justiças (tanto é assim que eles possuem competência recursal para julgar recursos contra decisões proferidas por quaisquer dessas seis Justiças), mas que não se enquadram, sob o ponto de vista administrativo, em nenhuma delas: o Supremo Tribunal Federal e o Superior Tribunal de Justiça.

O STF é tratado nos arts. 101 e 102 da CF/88, enquanto o STJ é tratado nos arts. 104 e 105 da CF/88.

Qual é a distinção básica entre o STF e o STJ?

É comum encontrar, nos livros, que o STF é o órgão com competência para matéria constitucional, enquanto o STJ é o tribunal competente para matéria legal federal. Ocorre que há um certo debate na doutrina sobre isso, de modo que essa afirmação, que já foi tida, de certa forma, como correta, hoje é considerada mitigada pela Constituição Federal.

Como assim?

Veja que, até a EC 45/04, era possível dizer, ao menos em um contexto despido de muito rigor técnico, que o STF era competente, exclusivamente, para matéria constitucional, enquanto o STJ era competente, exclusivamente, para matéria legal federal. A partir da EC 45/04, parte da doutrina passou a sustentar que se deve dizer que o STF é competente, **predominantemente**, para matéria constitucional, enquanto o STJ é competente, **precipuamente**, para matéria legal federal, mas que a exclusividade não mais existe.

A EC 45/04 (e isso é inegável) não atendeu ao reclamo da doutrina de criação de um Tribunal constitucional puro (como existe, por exemplo, na Itália, na Espanha, em Portugal etc.). E não foi apenas isso. A EC 45/04 também modificou as competências do STF e do STJ e, de certa forma, acabou mitigando a pureza que o sistema parecia ter.

E é nesse contexto que surgem vozes sustentando que, em um caso, a competência em matéria constitucional não é do STF, mas do STJ; e que, em dois casos, o STF passou a ter competência em certa medida relacionada com a aplicação da legislação federal (o que tradicionalmente sempre foi reservado ao STJ), e é aqui (em relação às competências do STF) que encontramos algumas divergências doutrinárias.

Vamos analisar melhor essas questões.

A única hipótese de matéria constitucional atribuída ao STJ pela CF/88 é a seguinte: o art. 109, § 5º, da CF/88 (o qual não está inserido no capítulo que trata do STJ, mas, sim, no capítulo sobre juízos federais), que cuida do **Incidente de Deslocamento de Competência (IDC)**. Vejamos.

> "**Art. 109, § 5º, CF/88.** Nas hipóteses de grave violação de direitos humanos, o Procurador-Geral da República, com a finalidade de assegurar o cumprimento de obrigações decorrentes de tratados internacionais de direitos humanos dos quais o Brasil seja parte, poderá suscitar, perante o **Superior Tribunal de Justiça**, em qualquer fase do inquérito ou processo, incidente de deslocamento de competência para a Justiça Federal." **(Incluído pela EC 45/04)**

O que é o IDC (Incidente de Deslocamento de Competência)? Como o próprio nome diz, é um incidente processual. Ele é requerido pelo Procurador-Geral da República e sua finalidade é deslocar a competência da Justiça Estadual para a Justiça Federal no respectivo Estado.

Portanto, quanto ao IDC, tem-se o seguinte:

I) A sua natureza é de incidente processual;

II) A legitimação para sua instauração é do Procurador-Geral da República; e

III) A sua finalidade é o deslocamento da competência da Justiça Estadual para a Justiça Federal no Estado respectivo.

A competência para o IDC é do STJ, que, como vimos, em regra, tem competência para matéria legal federal. No entanto, segundo a CF/88, a finalidade de instauração do IDC é assegurar a observância de obrigações decorrentes de tratados internacionais de direitos humanos dos quais o Brasil seja parte, o que que é um tema materialmente constitucional, já que envolve direitos fundamentais.

Note, ainda, que a EC 45/04 (que inseriu o § 5º no art. 109 da CF/88) também acrescentou o § 3º ao art. 5º da CF/88, segundo o qual, tratados internacionais sobre direitos humanos podem ter um processo diferenciado de aprovação, o qual, caso seja observado, dá ao tratado internacional sobre direitos humanos status constitucional. Se esse procedimento diferenciado (semelhante ao de aprovação de emenda à Constituição) não for observado no procedimento de incorporação do tratado e ele versar sobre direitos humanos, seu status será supralegal.

Portanto, a matéria é claramente constitucional (não há como negar isso), conforme decorre das características inerentes aos direitos materialmente fundamentais e do art. 5º, § 3º, da CF/88. Porém, mesmo sendo uma matéria constitucional, a competência para julgar o IDC é do **STJ**, e não do STF, nos termos do art. 109, § 5º, da CF/88, que – repita-se – é o único caso em que a CF/88 dá competência ao STJ em matéria constitucional.

É importante registrar que **o IDC teve sua constitucionalidade questionada no Supremo Tribunal Federal**, com a alegação de que ele violaria a autonomia dos Estados (já que permite o deslocamento, para a Justiça Federal, de processos que a princípio são de competência da Justiça Estadual) e diversos princípios constitucionais, como o devido processo legal e o juiz natural.

Essa questão foi analisada pelo STF nas **ADIs 3486 e 3493** (j. 12/09/2023), e a Corte decidiu que **o IDC é constitucional**.

Segundo o STF, o IDC foi criado pela EC 45/04 como uma forma de proteger direitos humanos previstos em tratados internacionais subscritos pelo Brasil, e **cabe à União, como ente central, o papel de garantidor dessa proteção**, tanto no plano interno quanto perante a comunidade internacional. Além disso, o Poder Judiciário tem caráter único e nacional, de modo que não há violação da autonomia de nenhum de seus órgãos no deslocamento de competência decorrente do IDC (que retira apenas uma pequena parcela da competência da magistratura estadual). Por essas razões, **a EC 45/04, ao criar o IDC, não violou o pacto federativo nem nenhuma outra cláusula pétrea**.

Ademais, como o IDC é previsto em uma regra de competência de caráter geral, abstrato e impessoal, não há violação alguma ao princípio do juiz natural. No entanto, como forma de assegurar que o juiz natural seja efetivamente respeitado, o IDC **não pode ser aplicado a fatos ocorridos antes da sua criação pela EC 45/04** (pois o princípio do juiz natural exige que o órgão julgador tenha sido criado antes da ocorrência do fato que ele julga).

No que diz respeito ao devido processo legal, o IDC também não viola essa garantia constitucional, já que os investigados ou acusados em cada caso participam do processamento do incidente, podendo, inclusive, apresentar suas razões.

Além de tudo isso, o Supremo Tribunal Federal aproveitou a oportunidade para esclarecer que o art. 109, § 5º, da CF/88 (no qual foi inserida a previsão do IDC) é uma **norma constitucional de eficácia plena**, não dependendo, portanto, de regulamentação infraconstitucional para ser aplicado. Em outras palavras: o IDC é aplicável independentemente de regulamentação infraconstitucional, bastando, para a sua concretização, a atuação do Procurador-Geral da República.

Nas exatas palavras do STF, *"a mera modificação das regras de competência jurisdicional* ***não enseja ofensa ao pacto federativo ou a qualquer cláusula de autonomia dos órgãos judiciários locais****, porquanto o Poder Judiciário é pautado, no desempenho de sua função precípua, pelo caráter nacional e de unidade, a despeito da diversidade de organização administrativa. (...) A criação do incidente de deslocamento* ***não agride o princípio do juiz natural*** *sob a vertente de proibição de criação de juízo ex post facto ou direcionado a caso específico,* ***já que se trata de regra abstrata de competência estabelecida previamente ao fato delituoso****. As investigações e os processos versados sobre* ***delitos cometidos anteriormente à edição da EC nº 45/04 não podem ser objeto do incidente de deslocamento de competência****. (...) A intangibilidade das regras de competência não é parte da cláusula do juiz natural, sob pena de se inviabilizar o próprio exercício da jurisdição e se amesquinhar outras garantias, como a imparcialidade do juízo. (...) É legítima e imperiosa a* ***aplicabilidade imediata*** *da norma impugnada tão logo seja vigente, uma vez que possui todos os elementos qualificadores necessários a sua incidência. Em verdade, por se tratar de normas concernentes aos direitos humanos, nem sequer se pode esperar uma definição legal. (...) Quanto à observância das demais cláusulas do devido processo legal, do contraditório e da ampla defesa, ressalta-se que* ***os investigados ou acusados participam do processamento do incidente, oferecendo suas razões****. Além disso, gozam as partes de todas as prerrogativas processuais definidas* *nas normas constitucionais e processuais, independentemente de tramitar o processo na Justiça Estadual ou na Federal".*

O IDC, portanto, é o caso em que a CF/88 atribui ao STJ competência em matéria constitucional.

Por outro lado, há **dois casos** em que a CF/88 atribui ao **STF** competência que, segundo parte da doutrina, diz respeito a matéria legal federal (embora esse não seja o entendimento predominante). Esses dois casos, ambos criados pela EC 45/04, são os seguintes:

I) **Art. 36, III, parte final, CF/88:** alguns autores chamam esse instrumento de ação de execução de lei federal (AELF).

II) **Art. 102, III, "d", CF/88:** traz uma hipótese nova de recurso extraordinário.

▶ Art. 36, III, parte final, CF/88

O art. 36, III, da CF/88, em sua parte inicial, regula a chamada ação interventiva ou ação direta de inconstitucionalidade interventiva (ADI interventiva), que, sem dúvida, é matéria constitucional.

> "**Art. 36, CF/88.** A decretação da intervenção dependerá:
>
> (...)
>
> III - de provimento, pelo Supremo Tribunal Federal, de representação do Procurador-Geral da República, na hipótese do art. 34, VII, e no caso de recusa à execução de lei federal. *(Redação dada pela Emenda Constitucional nº 45, de 2004)*"

Porém, a parte final desse inciso se refere ao "caso de recusa à execução de lei federal", e não à recusa de execução da Constituição Federal, o que, segundo alguns doutrinadores, evidencia tratar-se de matéria legal federal, e não de matéria constitucional (como é o caso de Guilherme Peña). Para essa parcela da doutrina, a prova de que essa matéria é infraconstitucional é o fato de que ela constava do inciso IV do art. 36 da CF/88, inciso esse que foi revogado pela EC 45/04, sendo a matéria transferida para o inciso III. E o inciso IV atribuía competência ao STJ (o que comprovaria que a hipótese envolve direito infraconstitucional), enquanto que o inciso III (atualmente em vigor) atribui competência ao STF.

Mas uma **observação** deve ser feita: não obstante o entendimento doutrinário apontado no parágrafo acima, é possível encontrar posicionamentos no sentido de que mesmo essa hipótese de recusa à execução de lei federal tem caráter constitucional, pois envolve um conflito entre entidades da Federação (já que o que se tem aí é um Estado recusando-se a aplicar uma lei federal), e que seria esse o motivo pelo qual a EC 45/04 transferiu essa competência para o STF. A EC 45/04, portanto, teria corrigido um erro, e não cometido um.

Além disso, trata-se de uma hipótese de **intervenção federal**, isto é, de intervenção da União em outra entidade da Federação, o que mostra, sem qualquer sombra de dúvida, que a matéria é constitucional, pois envolve a forma de Estado adotada pela nossa Constituição (a federação). Esse é o entendimento que parece ser o mais adequado e que parece ser adotado majoritariamente.

Art. 102, III, "d", CF/88

A hipótese veiculada no art. 102, III, "d", da CF/88 era caso de recurso especial, portanto, de competência do STJ, mas, com a EC 45/04, passou a ser caso de recurso extraordinário e, assim, de competência do STF.

> **"Art. 102, CF/88.** Compete ao Supremo Tribunal Federal, precipuamente, a guarda da Constituição, cabendo-lhe:
>
> (...)
>
> III - julgar, mediante recurso extraordinário, as causas decididas em única ou última instância, quando a decisão recorrida:
>
> (...)
>
> d) julgar válida lei local contestada em face de lei federal. **(Incluída pela EC 45/2004)**
>
> (...)"

Há, na doutrina, quem enxergue essa situação da seguinte forma: como o dispositivo constitucional em tela se refere à hipótese de lei local ser julgada válida em face de lei federal, cuida-se de controle de legalidade, e não de controle de constitucionalidade, sendo, portanto, matéria legal federal, e não matéria constitucional.

Para a parcela da doutrina que adota essa linha de raciocínio, a competência, mais uma vez, foi dada ao STF de modo anômalo. Por exemplo, Guilherme Peña se filia a essa corrente, vislumbrando que, no caso, eventual violação à Constituição seria meramente reflexa (oblíqua), o que, se fosse corretamente observada a jurisprudência pacificada do STF, faria com que a competência para apreciar a questão fosse do STJ por meio de recurso especial (haja vista se tratar de situação de violação a lei federal), e não do STF, que, inclusive, possui entendimento pacificado no sentido de que apenas pode apreciar recursos extraordinários em casos nos quais a ofensa à Constituição seja direta.

Por outro lado, alguns outros autores enxergam a situação de outra forma. Para essa outra linha de raciocínio, como se trata de cotejo entre lei local e lei federal, a questão envolve a repartição constitucional de competências (disputa de competência entre diferentes entes federados), tendo, portanto, caráter constitucional, pois o que se tem aí é, na verdade, um conflito federativo. A essa corrente filia-se, por exemplo, Pedro Lenza, que diz que a EC 45/04, ao transferir essa competência para o STF, corrigiu um erro que havia no texto original da Constituição (tal qual ocorreu em relação ao art. 36, III, da CF/88, estudado acima). **Essa corrente de pensamento parece ser a majoritária e, a nosso sentir, a mais acertada.**

Lenza diz, ainda, que, ao realizar essa correção, a EC 45/04 manteve com o STJ a competência para apreciar (em sede de recurso especial, conforme o art. 105, III, "b", da CF/88) o conflito entre **ato** local e lei federal, o que teria sido acertado, pois, quando se coteja um ato local com uma lei federal, a análise não diz respeito à repartição constitucional de competências legislativas, mas sim à compatibilidade do ato com a lei. Ou seja, esse cotejo envolve um verdadeiro controle de legalidade, e não a análise de uma disputa entre entes da Federação.

ÓRGÃO JUDICIÁRIO NÃO JURISDICIONAL (CONSELHO NACIONAL DE JUSTIÇA)

O órgão judiciário não jurisdicional, que foi criado pela EC 45/04, é o **Conselho Nacional de Justiça (CNJ)**, previsto e disciplinado no art. 103-B da CF/88.

De onde se tira a afirmação de que se trata de um órgão judiciário não jurisdicional?

Quando se fala que o CNJ é um órgão judiciário, o fundamento é o art. 92, I-A, da CF/88, que prevê que o CNJ é órgão do Poder Judiciário. **Como o CNJ pertence à estrutura do Poder Judiciário, ele é um órgão judiciário.**

> "**Art. 92, CF/88.** São órgãos do Poder Judiciário:
>
> I - o Supremo Tribunal Federal;
>
> I-A o Conselho Nacional de Justiça; *(Incluído pela Emenda Constitucional nº 45, de 2004)*
>
> II - o Superior Tribunal de Justiça;
>
> II-A - o Tribunal Superior do Trabalho; (Incluído pela Emenda Constitucional nº 92, de 2016)
>
> III - os Tribunais Regionais Federais e Juízes Federais;
>
> IV - os Tribunais e Juízes do Trabalho;
>
> V - os Tribunais e Juízes Eleitorais;
>
> VI - os Tribunais e Juízes Militares;
>
> VII - os Tribunais e Juízes dos Estados e do Distrito Federal e Territórios."

O objetivo do constituinte, com o inciso I-A do art. 92 da CF/88, foi evitar qualquer alegação de que o CNJ desempenharia controle externo e que, por consequência, a sua criação seria inconstitucional. Ora, se o CNJ pertence ao Poder Judiciário, a consequência disso é que o controle que ele exerce é um **controle interno**, e não um controle externo.

Outrossim, o CNJ é um órgão não jurisdicional, o que se extrai do art. 103-B, § 4º, da CF/88 (incluído pela EC 45/04), onde estão previstas as suas atribuições. Ser um órgão não jurisdicional significa que o CNJ não tem em suas mãos atividades-fim do Poder Judiciário, mas sim atividades-meio desse Poder. **O CNJ não desempenha jurisdição, mas sim controle (controle esse que é um controle interno).**

Para que fique claro: **o CNJ possui apenas atribuições de caráter administrativo** (e por "administrativo" entenda-se "não jurisdicional), e esse é o motivo de se afirmar que ele é um órgão não jurisdicional.

Em relação às atribuições do CNJ, a EC 103/2019 trouxe relevante novidade, que foi a retirada do texto constitucional da possibilidade de aplicação a magistrados da sanção disciplinar de aposentadoria (compulsória) com proventos proporcionais ao tempo de serviço. Essa sanção se encontrava prevista na redação original do art. 103-B, § 4º, III, da CF/88 e agora, com a edição da EC 103/2019, não mais existe. Da mesma forma, a possibilidade da aposentadoria compulsória foi suprimida também do art. 93, VIII, da CF88.

No entanto, é necessário registrar que essa penalidade continua prevista no art. 42 da LOMAN (LC 35/79), o que é uma incoerência no sistema, já que mantém no ordenamento jurídico uma sanção que o texto constitucional, embora não proíba expressamente, não mais prevê. É preciso aguardar para saber se a manutenção dessa punição disciplinar na LOMAN será considerada válida ou inválida.

> "**Art. 103-B, § 4º, CF/88.** Compete ao Conselho o controle da atuação administrativa e financeira do Poder Judiciário e do cumprimento dos deveres funcionais dos juízes, cabendo-lhe, além de outras atribuições que lhe forem conferidas pelo Estatuto da Magistratura:
>
> I - zelar pela autonomia do Poder Judiciário e pelo cumprimento do Estatuto da Magistratura, podendo expedir atos regulamentares, no âmbito de sua competência, ou recomendar providências;
>
> II - zelar pela observância do art. 37 e apreciar, de ofício ou mediante provocação, a legalidade dos atos administrativos praticados por membros ou órgãos do Poder Judiciário, podendo desconstituí-los, revê-los ou fixar prazo para que se adotem as providências necessárias ao exato cumprimento da lei, sem prejuízo da competência do Tribunal de Contas da União;
>
> III - receber e conhecer das reclamações contra membros ou órgãos do Poder Judiciário, inclusive contra seus serviços auxiliares, serventias e órgãos prestadores de serviços notariais e de registro que atuem por delegação do poder público ou oficializados, sem prejuízo da competência disciplinar e correicional dos tribunais, podendo avocar processos disciplinares em curso, determinar a remoção ou a disponibilidade e aplicar outras sanções administrativas, assegurada ampla defesa; **(Redação dada pela Emenda Constitucional nº 103, de 2019)**
>
> IV - representar ao Ministério Público, no caso de crime contra a administração pública ou de abuso de autoridade;
>
> V - rever, de ofício ou mediante provocação, os processos disciplinares de juízes e membros de tribunais julgados há menos de um ano;
>
> VI - elaborar semestralmente relatório estatístico sobre processos e sentenças prolatadas, por unidade da Federação, nos diferentes órgãos do Poder Judiciário;
>
> VII - elaborar relatório anual, propondo as providências que julgar necessárias, sobre a situação do Poder Judiciário no País e as atividades do Conselho, o qual deve integrar mensagem do Presidente do Supremo Tribunal Federal a ser remetida ao Congresso Nacional, por ocasião da abertura da sessão legislativa."

Resumindo: o CNJ é um órgão judiciário, pois pertence à estrutura do Poder Judiciário, mas ele não é um órgão jurisdicional, tendo em vista que ele não desempenha função jurisdicional (atividade fim do Poder Judiciário), mas controle (atividade meio do Poder Judiciário).

O controle exercido pelo CNJ é **tríplice**: administrativo (em sentido estrito), financeiro e disciplinar. Os controles administrativo e financeiro se referem aos órgãos do Poder Judiciário (os juízos e Tribunais), enquanto o controle disciplinar se refere aos membros do Poder Judiciário (os juízes, desembargadores e ministros), e não aos seus órgãos.

Portanto, os juízos e tribunais têm suas atividades administrativas e financeiras controladas pelo CNJ, enquanto os magistrados têm sua atividade funcional controlada pelo Conselho, que afere se os deveres funcionais estão sendo cumpridos ou não.

Em relação ao controle disciplinar exercido pelo CNJ, é preciso perceber que ele existe **concomitantemente ao poder disciplinar exercido pelos próprios tribunais**, não sendo um excludente do outro. Em outras palavras, a atribuição de caráter disciplinar conferida ao Conselho Nacional de Justiça pela CF/88 não prejudica nem é prejudicada pela competência disciplinar dos Tribunais aos quais se encontram vinculados os magistrados.

É necessário ter muita atenção às atribuições do CNJ elencadas no art. 103-B, § 4º, da CF/88 (que vimos acima), pois esse dispositivo é comumente cobrado em sua literalidade nas provas.

Por exemplo, no concurso para o cargo de Procurador do Estado de Sergipe realizado pelo CESPE em 2017, foram consideradas incorretas, por contrariarem o art. 103-B, § 4º, I e V, da CF/88, as assertivas segundo as quais o CNJ *"poderá, apenas por provocação, rever processos disciplinares de membros de tribunais, sem nenhum limite temporal"* e *"não terá competência para zelar pela autonomia do Poder Judiciário"*.

A mesma prova, por outro lado, considerou correta a assertiva segundo a qual o CNJ *"poderá, de ofício, rever processos disciplinares de juízes julgados há menos de um ano"*. Essa afirmação está de acordo com o art. 103-B, § 4º, V, da CF/88, que permite que o Conselho revise processos disciplinares tanto de ofício quanto por provocação.

Para responder essas questões, bastava o conhecimento da mera literalidade do texto constitucional, o que mostra a importância da leitura da Constituição.

▶ O CNJ pode exercer controle de constitucionalidade?

Conforme vimos, o CNJ, embora integre o Poder Judiciário, é um órgão de natureza administrativa e possui atribuições de caráter administrativo. **O CNJ não exerce atividades de natureza jurisdicional, não exerce jurisdição.**

Como consequência do não exercício da jurisdição pelo CNJ, o Supremo Tribunal Federal consolidou sua jurisprudência no sentido de que não se reconhece ao Conselho a possibilidade de exercer controle de constitucionalidade. Vejamos, nesse sentido, o seguinte julgado:

> "O Conselho Nacional de Justiça, no exercício de suas funções constitucionais, **possui, tão somente, atribuições de natureza administrativa** e, nesse sentido, **não lhe é permitido apreciar a constitucionalidade dos atos administrativos**, mas somente sua legalidade. Precedentes." **(MS 31285/DF; Julgamento: 02/08/2016)**

Esse entendimento foi cobrado na prova objetiva do concurso para o cargo de Procurador do Município de Belo Horizonte/MG realizado pelo CESPE em 2016, tendo sido considerada incorreta a assertiva segundo a qual *"o CNJ, como órgão do Poder Judiciário, tem competência para apreciar a constitucionalidade de atos administrativos"*.

No entanto, o STF faz uma ressalva: o CNJ realmente não pode exercer controle de constitucionalidade, mas pode reconhecer uma inconstitucionalidade que já tenha sido reconhecida pelo Supremo Tribunal Federal, já que, nesse caso, o Conselho não realiza verdadeiramente o controle da constitucionalidade, mas tão somente aplica o entendimento da Suprema Corte. Confira, nesse sentido, o **MS 26.739**:

> "(...) 2. No caso, a deliberação do CNJ se pautou essencialmente na ilegalidade do ato do Tribunal local (por dissonância entre os 60 dias de férias e o Estatuto dos Servidores do Estado de Minas Gerais). **Quanto à fundamentação adicional de inconstitucionalidade, o Supremo tem admitido sua utilização pelo Conselho quando a matéria já se encontra pacificada na Corte, como é o caso das férias coletivas.** 3. Sendo o ato administrativo controlado de caráter normativo geral, resta afastada a necessidade de notificação, pelo CNJ, dos servidores interessados no processo. (...)" **(MS 26739; Segunda Turma; Relator(a): Min. DIAS TOFFOLI; J. 01/03/2016)**

Sobre essa questão, há mais um detalhe na jurisprudência do Supremo Tribunal Federal que exige **cuidado**: o fato de se negar ao CNJ o exercício do controle de constitucionalidade não significa que ele não possa reconhecer a invalidade de um ato administrativo do Poder Judiciário por estar ele fundamentado em uma lei que é contrária à Constituição Federal. Esse entendimento foi afirmado no **MS 28.112**.

Em uma hipótese como essa, o CNJ permanece exercendo tão somente o controle de validade dos atos administrativos praticados pelo Poder Judiciário, com a peculiaridade de que a invalidade, em tal caso, decorre do afastamento da aplicação da lei que fundamenta a prática do ato administrativo em virtude de ser ela (a lei) incompatível com o texto constitucional. Na prática, é uma situação semelhante a um controle incidental de constitucionalidade, mas isso não permite afirmar que o STF admite que o CNJ realize controle de constitucionalidade, pois, mesmo nessa hipótese, o controle do ato administrativo é feito com base em uma lei. O que ocorre é que essa lei tem sua aplicação afastada, por não ser ela compatível com a Constituição.

No procedimento de controle administrativo em questão, o CNJ, inclusive invocando entendimento firmado pelo STF (ADI 3233), reconheceu a invalidade de atos administrativos de nomeação de servidores comissionados de um Tribunal de Justiça, em virtude da incompatibilidade, com a CF/88 (art. 37, II e V), da lei que criou tais cargos e serviu como fundamento das nomeações dos servidores em questão. Isso porque esses cargos não se destinavam ao exercício de atribuições de direção, chefia ou assessoramento, únicas hipóteses que, nos termos da Constituição, permitem a nomeação de servidores comissionados.

Como bem destacou a Ministra Relatora Cármen Lúcia, quando o controle da validade do ato administrativo exige que o órgão avalie a compatibilidade constitucional da norma legal que deu fundamento ao ato controlado, não há óbice a que isso seja feito. Trata-se de um poder que deve ser implicitamente reconhecido para que as atribuições do órgão de controle possam ser exercidas.

Nas palavras da Ministra, *"essa atuação não prescinde do exame da validade do ato administrativo, que perpassa, necessariamente, pela adequação constitucional do fundamento legal no qual se fundamenta: se o órgão de controle concluir fundar-se o ato objeto de análise em norma legal contrária à Constituição da República, afastar-lhe-á a aplicação na espécie em foco.*

Cuida-se de poder implicitamente atribuído aos órgãos autônomos de controle administrativo para fazer valer as competências a eles conferidas pela ordem constitucional. Afinal, como muito repetido, quem dá os fins, dá os meios".

A Ministra esclareceu, ainda, que não se deve confundir a possibilidade de, em um caso concreto, negar-se aplicação a uma norma por ser ela incompatível com a Constituição (que foi o que ocorreu no caso analisado) com a possibilidade de se declarar a inconstitucionalidade da norma, o que não se reconhece ao CNJ, por ser uma atribuição reservada à jurisdição. Na verdade, a não aplicação de uma norma tida como contrária ao texto constitucional é um dever de todos os órgãos de qualquer dos Poderes do Estado.

Um entendimento interessante que também foi afirmado nesse caso foi a desnecessidade de que fosse dada, aos servidores atingidos pela invalidação dos atos de nomeação, oportunidade de manifestação no procedimento administrativo instaurado no CNJ. Isso porque os cargos envolvidos admitiam exoneração *ad nutum* e não estava em discussão nenhuma questão de caráter subjetivo (como a prática de alguma infração funcional), ou seja, a análise do caso envolvia elementos puramente objetivos, não relacionados às pessoas dos servidores.

Por fim, o STF, ao julgar o caso, reconheceu incidentalmente a inconstitucionalidade da norma que criou os cargos comissionados em confronto com o art. 37, V, da CF/88, reforçando o acerto da atuação do CNJ.

Confira como ficou redigida a ementa do acórdão lavrado pela Corte:

> "(...) 1. Atuação do órgão de controle administrativo, financeiro e disciplinar da magistratura nacional nos limites da respectiva competência, **afastando a validade dos atos administrativos e a aplicação de lei estadual na qual embasados e reputada pelo Conselho Nacional de Justiça contrária à regra constitucional de ingresso no serviço público por concurso público**, pela ausência dos requisitos caracterizadores do cargo comissionado. 2. **Insere-se entre as competências constitucionalmente atribuídas ao Conselho Nacional de Justiça a possibilidade de afastar, por inconstitucionalidade, a aplicação de lei aproveitada como base de ato administrativo objeto de controle**, determinando aos órgãos submetidos a seu espaço de influência a observância desse entendimento, por ato expresso e formal tomado pela maioria absoluta dos membros do Conselho. 3. **Ausência de desrespeito ao contraditório: sendo exoneráveis ad nutum e a exoneração não configurando punição por ato imputado aos servidores atingidos pela decisão do Conselho Nacional de Justiça, mostra-se prescindível a atuação de cada qual dos interessados no processo administrativo, notadamente pela ausência de questão de natureza subjetiva na matéria discutida pelo órgão de controle do Poder Judiciário.** 4. Além dos indícios de cometimento de ofensa ao decidido na Ação Direta de Inconstitucionalidade n. 3.233/PB, a leitura das atribuições conferidas ao cargo criado pelo art. 5º da Lei n. 8.223/2007, da Paraíba, evidencia burla ao comando constitucional previsto no inc. V do art. 37 da Constituição da República: declaração incidental de inconstitucionalidade. (...)" **(MS 28112/DF; Relator(a): Min. CÁRMEN LÚCIA; J. 19/12/2016; Pleno)**

O controle exercido pelo CNJ e a análise prévia de anteprojetos de lei dos Tribunais de Justiça

Os Tribunais de Justiça possuem iniciativa legislativa para as normas que tratam da sua organização, dos seus cargos e da remuneração dos seus servidores e magistrados. Trata-se de uma prerrogativa prevista no art. 96, II, da CF/88:

> "**Art. 96, CF/88.** Compete privativamente:
>
> (...)

> II - ao Supremo Tribunal Federal, aos Tribunais Superiores e aos Tribunais de Justiça propor ao Poder Legislativo respectivo, observado o disposto no art. 169:
>
> a) a alteração do número de membros dos tribunais inferiores;
>
> b) a criação e a extinção de cargos e a remuneração dos seus serviços auxiliares e dos juízos que lhes forem vinculados, bem como a fixação do subsídio de seus membros e dos juízes, inclusive dos tribunais inferiores, onde houver;
>
> c) a criação ou extinção dos tribunais inferiores;
>
> d) a alteração da organização e da divisão judiciárias;
>
> (...)"

Além disso, conforme vimos, nos termos do art. 103-B, § 4º, da CF/88, o Conselho Nacional de Justiça (CNJ) é um órgão de controle interno do Poder Judiciário, e esse controle alcança questões administrativas, disciplinares e financeiras.

A esse respeito, o seguinte questionamento chegou ao Supremo Tribunal Federal na **ADI 5119**, julgada em 21/06/22: as atribuições do CNJ permitem que ele exija que os Tribunais de Justiça submetam à sua apreciação eventuais anteprojetos de lei de sua iniciativa sobre criação de cargos, funções comissionadas e unidades judiciárias, para que ele (CNJ) elabore nota técnica a respeito da viabilidade da proposta?

Essa obrigação foi imposta aos Tribunais de Justiça pelo CNJ por meio da **Resolução CNJ nº 184/2013**, que foi impugnada na ação mencionada acima.

O que decidiu o STF a respeito?

Segundo ficou decidido pelo Supremo Tribunal Federal, a exigência imposta pelo CNJ aos Tribunais de Justiça tem como finalidade assegurar que os gastos públicos realizados pelo Poder Judiciário sejam compatíveis com a Lei de Responsabilidade Fiscal (Lei Complementar 101/2000) e que os órgãos jurisdicionais tenham uma gestão orçamentária responsável, tal qual exige o art. 167 da CF/88.

Com base nisso, o STF entendeu que a Resolução CNJ 184/2013 é constitucional, pois a exigência por ela imposta aos Tribunais de Justiça faz parte da atribuição do Conselho Nacional de Justiça de exercer controle de caráter financeiro sobre os órgãos do Poder Judiciário. Além disso, essa norma, segundo a Corte, prestigia a autonomia dos Estados-membros, notadamente, ao permitir que eles tenham uma adequada programação financeiro-orçamentária e que os seus Tribunais de Justiça realizem a gestão dos seus recursos humanos de forma apropriada.

Portanto, segundo o STF, o CNJ pode, no exercício da sua atribuição de controle financeiro do Poder Judiciário, exigir que os Tribunais de Justiça dos Estados submetam à sua apreciação eventuais anteprojetos de lei de criação de cargos, funções comissionadas e unidades judiciárias.

▶ O CNJ se submete ao controle do Supremo Tribunal Federal?

Os atos praticados pelo CNJ podem ser objeto de apreciação pelo STF? Naturalmente, **sim**, pois em nosso sistema vigora o princípio da inafastabilidade da jurisdição (art. 5º, XXXV, CF/88).

"**Art. 5º, XXXV, CF/88** - a lei não excluirá da apreciação do Poder Judiciário lesão ou ameaça a direito;"

No entanto, ao exercer o controle dos atos praticados pelo CNJ, o Supremo Tribunal Federal não pode invadir o seu mérito. Em outras palavras, a Corte não pode substituir o Conselho Nacional de Justiça na análise da questão que foi objeto do ato controlado judicialmente.

O STF, portanto, não pode reanalisar os fatos que foram apreciados pelo CNJ e praticar novo ato em substituição ao ato praticado pelo Conselho. Nesse sentido: MS 35540/DF e MS 35521/DF, julgados em 12/3/2019 (**Info 933**).

→ *Qualquer ação proposta contra ato do CNJ é de competência do STF?*

Conforme consta do art. 102, I, "r", da CF/88, compete ao Supremo Tribunal Federal processar e julgar, originariamente, *"as ações contra o Conselho Nacional de Justiça e contra o Conselho Nacional do Ministério Público"*.

A respeito desse dispositivo, o STF firmou e manteve por muito tempo o entendimento de que nem todas as ações propostas em face do CNJ seriam de sua competência originária, mas apenas as ações constitucionais (como o mandado de segurança), o que excluiria da competência da Corte, por exemplo, ações ordinárias (atualmente, segundo o CPC/15, ações submetidas ao rito comum) ajuizadas contra atos praticados pelo Conselho, mesmo porque, nesses casos, a legitimidade passiva seria da União, e não do próprio Conselho, já que este é um órgão e, como tal, não possui personalidade jurídica própria.

Esse entendimento, no entanto, foi modificado no julgamento, concluído em 18/11/2020, dos seguintes processos: ADI 4412, Pet 4770 e Rcl 33459. Ao apreciar esses casos, o Supremo Tribunal Federal, alterando sua jurisprudência, decidiu que todas as ações, de qualquer natureza, ajuizadas contra atos do CNJ e do CNMP praticados no exercício das competências constitucionais desses Conselhos (as quais estão previstas nos arts. 103-B, § 4º, e 130-A, § 2º, da CF/88) são de competência originária do Supremo Tribunal Federal, por imposição do art. 102, I, "r", da CF/88. Apenas as ações que envolvam atos praticados por esses Conselhos fora das suas listas de atribuições previstas na Constituição Federal é que são de competência dos órgãos jurisdicionais de grau inferior, mais precisamente, da Justiça Federal.

Segundo a tese fixada nesse julgamento, *"nos termos do artigo 102, inciso I, alínea 'r', da Constituição Federal, é competência exclusiva do Supremo Tribunal Federal processar e julgar originariamente todas as decisões do Conselho Nacional de Justiça e do Conselho Nacional do Ministério Público proferidas no exercício de suas competências constitucionais respectivamente previstas nos artigos 103-B, parágrafo 4º, e 130-A, parágrafo 2º, da Constituição Federal"*.

No entanto, é preciso registrar que, segundo o próprio STF, **quando o CNJ (ou o CNMP) exerce o controle de um ato praticado por algum tribunal (ou por algum órgão do MP) e, ao julgar o caso, simplesmente mantém o ato impugnado, essa decisão do CNJ (ou do CNMP) não tem o efeito de substituir o ato de origem**, de modo que, nessa hipótese, eventual ação judicial que seja proposta para impugnar a decisão do Conselho estará, na verdade, impugnando o próprio ato originário.

A consequência disso é que, em uma situação como essa, a competência para apreciar a ação judicial proposta não será do STF, mas sim do órgão jurisdicional competente à luz das regras ordinárias de fixação de competência. Isso porque, em última análise, o ato impugnado não terá sido do CNJ (ou do CNMP), mas sim do órgão que proferiu a decisão posteriormente mantida pelo Conselho.

Esse entendimento foi adotado pelo Pleno do Supremo Tribunal Federal, por exemplo, no **MS 27712 AgR** (j. 09/06/2011), no qual a Corte afirmou que *"**o pronunciamento do Conselho Nacional de Justiça que consubstancie recusa de intervir em determinado procedimento** ou, então, que envolva mero reconhecimento de sua incompetência ou, ainda, que nada determine, **que nada imponha, que nada avoque, que nada aplique, que nada ordene, que nada invalide, que nada desconstitua não faz instaurar, para efeito de controle jurisdicional, a competência originária do Supremo Tribunal Federal**. O Conselho Nacional de Justiça, em tais hipóteses, considerado o próprio conteúdo negativo de suas resoluções (que nada provêem), **não supre, não substitui, nem revê atos ou omissões eventualmente imputáveis a órgãos judiciários em geral, inviabilizando, desse modo, o acesso ao Supremo Tribunal Federal**, que não pode converter-se em instância revisional ordinária dos atos e pronunciamentos administrativos emanados desse órgão de controle do Poder Judiciário"*.

Posteriormente, a Segunda Turma do STF, no **MS 37364 AgR** (j. 17/05/2021), reafirmou esse entendimento, esclarecendo que *"a jurisprudência desta Casa firmou-se no sentido de que **as deliberações negativas do Conselho Nacional de Justiça e do Conselho Nacional do Ministério Público**, por não substituírem o ato originalmente questionado, **não estão sujeitas à apreciação por mandado de segurança impetrado diretamente no Supremo Tribunal Federal**"*.

Portanto, segundo o STF, quando o CNJ ou o CNMP, ao exercer o controle de um ato praticado por algum tribunal (ou por algum órgão do Ministério Público), profere decisão negativa (mantendo o ato impugnado), eventual ação judicial proposta contra essa decisão não será de competência do STF, mas sim do órgão jurisdicional competente à luz das regras ordinárias de fixação de competência.

Esse entendimento, aliás, já foi cobrado em prova, como ocorreu no concurso para o cargo de Procurador do Estado de Minas Gerais realizado pela FGV em 2022. Em uma das questões dessa prova, o enunciado dizia que *"a sociedade empresária Alfa almejava concorrer em uma licitação organizada pelo Tribunal de Justiça do Estado Beta. No entanto, ao analisar os termos do edital, constatou que não preenchia alguns requisitos exigidos. Por essa razão, sob o argumento de afronta direta à Lei de Licitações, impugnou-o perante o Tribunal local e, uma vez indeferido o seu pleito, renovou a impugnação perante o Conselho Nacional de Justiça, o qual não vislumbrou qualquer motivo que pudesse justificar a anulação de alguma cláusula do edital"*. Em seguida, foi questionado qual seria o órgão jurisdicional competente para apreciar eventual ação judicial impugnando a decisão do Tribunal de Justiça, e foi considerada **correta** a assertiva segundo a qual essa decisão *"não pode ser impugnada diretamente perante o Supremo Tribunal Federal, considerando que tão somente manteve o entendimento do órgão controlado"*.

Como se pode perceber, nessa questão a banca examinadora aplicou a jurisprudência do STF que vimos acima.

O STF se submete ao controle do CNJ?

Vimos que o CNJ pode ter seus atos controlados pelo STF na via jurisdicional. Mas pode o CNJ exercer suas atribuições de controle sobre o STF? **Não.**

Na ADI 3367, o Supremo Tribunal Federal decidiu que o CNJ não tem nenhuma competência sobre ele e seus Ministros, pois a Constituição Federal, na verdade, estabelece que é o CNJ que se sujeita ao controle da Suprema Corte, conforme está previsto no art. 102, I, "r", da CF/88, que estabelece ser ela competente para julgar as ações ajuizadas contra esse Conselho (e contra o CNMP). Confira a ementa do acórdão lavrado no caso:

> "(...) São constitucionais as normas que, introduzidas pela Emenda Constitucional nº 45, de 8 de dezembro de 2004, instituem e disciplinam o Conselho Nacional de Justiça, como órgão administrativo do Poder Judiciário nacional. (...) Os Estados membros carecem de competência constitucional para instituir, como órgão interno ou externo do Judiciário, conselho destinado ao controle da atividade administrativa, financeira ou disciplinar da respectiva Justiça. (...) Conselho Nacional de Justiça. Órgão de natureza exclusivamente administrativa. Atribuições de controle da atividade administrativa, financeira e disciplinar da magistratura. **Competência relativa apenas aos órgãos e juízes situados, hierarquicamente, abaixo do Supremo Tribunal Federal. Preeminência deste, como órgão máximo do Poder Judiciário, sobre o Conselho, cujos atos e decisões estão sujeitos a seu controle jurisdicional. Inteligência dos art. 102, caput, inc. I, letra "r", e § 4º, da CF. O Conselho Nacional de Justiça não tem nenhuma competência sobre o Supremo Tribunal Federal e seus ministros, sendo esse o órgão máximo do Poder Judiciário nacional, a que aquele está sujeito.** (...) **(ADI 3367/DF; Relator(a): Min. CEZAR PELUSO; J. 13/04/2005; Pleno)**

Composição do CNJ

A composição do CNJ (art. 103-B, *caput*, CF/88) merece análise destacada e estudo cuidadoso, por ser um aspecto também muito cobrado em provas de concursos.

O Conselho Nacional de Justiça possui 15 (quinze) membros, sendo eles **nomeados pelo Presidente da República após o Senado Federal aprovar, por maioria absoluta**, as indicações feitas nos termos da CF/88.

Existe, porém, uma **exceção** a essa sistemática: dos 15 (quinze) integrantes do CNJ, há um único que não é nomeado pelo Presidente da República, haja vista ser **membro nato do Conselho**. Cuida-se do **Presidente do CNJ**, que será sempre o **Ministro Presidente do STF**. Consequentemente, embora isso não seja dito expressamente pela CF/88, o cargo de Presidente do CNJ é privativo de **brasileiro nato**, tendo em vista que, nos termos do art. 12, § 3º, IV, da CF/88, o cargo de Ministro do STF apenas pode ser ocupado por quem seja dotado da nacionalidade brasileira originária.

O Presidente do CNJ, quando ausente ou impedido, é **substituído pelo Vice-Presidente do STF**, que não é membro do Conselho. Logo, o substituto do Presidente do CNJ é alguém estranho aos quadros do órgão.

Isso já foi cobrado em prova, como ocorreu no concurso para o cargo de Procurador do Estado de Sergipe realizado pelo CESPE em 2017, no qual foi considerada incorreta a assertiva segundo a qual o CNJ "*é presidido pelo presidente do STF ou, na sua ausência, pelo presidente do STJ*".

Os membros do CNJ são os seguintes:

1) O **Ministro Presidente do STF** (único **membro nato** do CNJ, ocupando o cargo de Presidente do órgão);

2) Um **Ministro do STJ**, indicado pelo próprio STJ;

3) Um **Ministro do TST**, indicado pelo próprio TST;

4) Um **Juiz de Direito**, indicado pelo STF;

5) Um **Desembargador de Tribunal de Justiça**, indicado pelo STF;

6) Um **Juiz Federal**, indicado pelo STJ;

7) Um **Juiz de TRF**, indicado pelo STJ;

8) Um **Juiz do Trabalho**, indicado pelo TST;

9) Um **Juiz de TRT**, indicado pelo TST;

10) Um **membro do Ministério Público da União**, indicado pelo Procurador-Geral da República;

11) Um **membro de Ministério Público Estadual**, indicado pelo Procurador-Geral da República entre os nomes constantes de uma lista elaborada pelos Ministérios Públicos dos Estados;

12) Um **advogado**, indicado pelo Conselho Federal da OAB;

13) Mais um **advogado**, também indicado pelo Conselho Federal da OAB;

14) Um **cidadão com notável saber jurídico e reputação ilibada**, indicado pela Câmara dos Deputados; e

15) Mais um **cidadão com notável saber jurídico e reputação ilibada**, esse indicado pelo Senado Federal.

Os membros do CNJ possuem **mandato de 2 (dois) anos**, sendo admitida **uma recondução**. Aqui, é necessário ter **cuidado** com um detalhe: os membros do Conselho Nacional de Justiça, embora possuam mandato, não são eleitos, mas, sim, nomeados após aprovação de suas indicações, e, como consequência disso, a prorrogação de seus mandatos se dá por meio de **recondução**, e não de reeleição.

Isso já foi cobrado em prova, como ocorreu no concurso para o cargo de Procurador do Estado de Sergipe realizado pelo CESPE em 2017, no qual foi considerada incorreta a assertiva segundo a qual o CNJ "*é composto por membros com mandato de quatro anos, admitindo-se uma reeleição*". Como acabamos de ver, o mandato dos membros do CNJ é de dois anos, e a renovação desse mandato se dá através de recondução, não de reeleição.

Por fim, é de extrema importância saber que a função de **Corregedor do CNJ** é reservada ao **Ministro do STJ** que integra o Conselho, ficando esse Ministro afastado da distribuição processual no Tribunal. Isso foi cobrado na prova do concurso para o cargo de Procurador do Estado da Bahia realizado pelo CESPE em 2014, no qual foi considerada correta a assertiva segundo a qual *"a função de ministro-corregedor do Conselho Nacional de Justiça deve ser exercida por ministro do STJ"*.

> "**Art. 103-B, CF/88.** O Conselho Nacional de Justiça compõe-se de 15 (quinze) membros com mandato de 2 (dois) anos, admitida 1 (uma) recondução, sendo:
>
> I - o Presidente do Supremo Tribunal Federal;
>
> II - um Ministro do Superior Tribunal de Justiça, indicado pelo respectivo tribunal;
>
> III - um Ministro do Tribunal Superior do Trabalho, indicado pelo respectivo tribunal;
>
> IV - um desembargador de Tribunal de Justiça, indicado pelo Supremo Tribunal Federal;
>
> V - um juiz estadual, indicado pelo Supremo Tribunal Federal;
>
> VI - um juiz de Tribunal Regional Federal, indicado pelo Superior Tribunal de Justiça;
>
> VII - um juiz federal, indicado pelo Superior Tribunal de Justiça;
>
> VIII - um juiz de Tribunal Regional do Trabalho, indicado pelo Tribunal Superior do Trabalho;
>
> IX - um juiz do trabalho, indicado pelo Tribunal Superior do Trabalho;
>
> X - um membro do Ministério Público da União, indicado pelo Procurador-Geral da República;
>
> XI um membro do Ministério Público estadual, escolhido pelo Procurador-Geral da República dentre os nomes indicados pelo órgão competente de cada instituição estadual;
>
> XII - dois advogados, indicados pelo Conselho Federal da Ordem dos Advogados do Brasil;
>
> XIII - dois cidadãos, de notável saber jurídico e reputação ilibada, indicados um pela Câmara dos Deputados e outro pelo Senado Federal.
>
> **§ 1º** O Conselho será presidido pelo Presidente do Supremo Tribunal Federal e, nas suas ausências e impedimentos, pelo Vice-Presidente do Supremo Tribunal Federal.
>
> **§ 2º** Os demais membros do Conselho serão nomeados pelo Presidente da República, depois de aprovada a escolha pela maioria absoluta do Senado Federal.
>
> **§ 3º** Não efetuadas, no prazo legal, as indicações previstas neste artigo, caberá a escolha ao Supremo Tribunal Federal.
>
> (...)
>
> **§ 5º** O Ministro do Superior Tribunal de Justiça exercerá a função de Ministro-Corregedor e ficará excluído da distribuição de processos no Tribunal, competindo-lhe, além das atribuições que lhe forem conferidas pelo Estatuto da Magistratura, as seguintes:
>
> I - receber as reclamações e denúncias, de qualquer interessado, relativas aos magistrados e aos serviços judiciários;
>
> II - exercer funções executivas do Conselho, de inspeção e de correição geral;
>
> III - requisitar e designar magistrados, delegando-lhes atribuições, e requisitar servidores de juízos ou tribunais, inclusive nos Estados, Distrito Federal e Territórios.

> **§ 6º** Junto ao Conselho oficiarão o Procurador-Geral da República e o Presidente do Conselho Federal da Ordem dos Advogados do Brasil.
>
> **§ 7º** A União, inclusive no Distrito Federal e nos Territórios, criará ouvidorias de justiça, competentes para receber reclamações e denúncias de qualquer interessado contra membros ou órgãos do Poder Judiciário, ou contra seus serviços auxiliares, representando diretamente ao Conselho Nacional de Justiça."

▶ Criação de Conselho de Justiça em âmbito estadual

Os Estados-membros podem criar, em seus âmbitos, órgãos de controle administrativo, financeiro e disciplinar do Poder Judiciário semelhantes ao CNJ? É possível a criação de Conselhos Estaduais de Justiça? Segundo o Supremo Tribunal Federal, não, porque isso ofenderia o caráter nacional e unitário do Poder Judiciário, ao instituir um órgão de controle atuante em uma unidade federada específica (**ADI 3367**).

E, de acordo com o STF, pouco importa se o órgão é interno ou externo ao Poder Judiciário. Em qualquer dos casos, os Estados não têm competência para sua criação, por conta – repita-se – do caráter unitário e nacional do Poder Judiciário, que impede a sujeição dos seus órgãos a disciplinas e controles distintos nas diferentes esferas federativas, sob pena, até mesmo, de abalar o pacto federativo. Nas palavras da Corte, "*os Estados membros carecem de competência constitucional para instituir, como órgão interno ou externo do Judiciário, conselho destinado ao controle da atividade administrativa, financeira ou disciplinar da respectiva Justiça*".

Mas, quando se trata de um órgão de controle externo, a sua criação, além de ferir o caráter nacional e unitário do Poder Judiciário, viola a separação dos Poderes (prevista no art. 2º da CF/88), conforme consta da **Súmula 649 do STF**, segundo a qual, "*é inconstitucional a criação, por Constituição Estadual, de órgão de controle administrativo do Poder Judiciário do qual participem representantes de outros poderes ou entidades*".

▶ Controle de qualidade externo dos serviços prestados pelo poder judiciário

Na **ADI 1905**, julgada em 17/08/2021, o Supremo Tribunal Federal analisou a validade de uma norma estadual que previa a realização, pelo Poder Executivo (através de uma agência reguladora e de uma Secretaria de Estado), de um controle de qualidade dos serviços públicos prestados no âmbito do Estado, estabelecendo índices e metas de desempenho a serem atendidos, sob pena de aplicação de penalidades pecuniárias. Essa norma previa a sua aplicação, inclusive, ao Poder Judiciário.

O que decidiu o STF a respeito?

O Tribunal considerou essa norma inconstitucional, por violar a separação dos Poderes (art. 2º, CF/88) e a autonomia administrativa, financeira e orçamentária do Poder Judiciário (art. 99, CF/88).

> "**Art. 2º, CF/88.** São Poderes da União, independentes e harmônicos entre si, o Legislativo, o Executivo e o Judiciário."
>
> "**Art. 99, CF/88.** Ao Poder Judiciário é assegurada autonomia administrativa e financeira.

> **§ 1º** Os tribunais elaborarão suas propostas orçamentárias dentro dos limites estipulados conjuntamente com os demais Poderes na lei de diretrizes orçamentárias.
>
> **§ 2º** O encaminhamento da proposta, ouvidos os outros tribunais interessados, compete:
>
> I - no âmbito da União, aos Presidentes do Supremo Tribunal Federal e dos Tribunais Superiores, com a aprovação dos respectivos tribunais;
>
> II - no âmbito dos Estados e no do Distrito Federal e Territórios, aos Presidentes dos Tribunais de Justiça, com a aprovação dos respectivos tribunais.
>
> **§ 3º** Se os órgãos referidos no § 2º não encaminharem as respectivas propostas orçamentárias dentro do prazo estabelecido na lei de diretrizes orçamentárias, o Poder Executivo considerará, para fins de consolidação da proposta orçamentária anual, os valores aprovados na lei orçamentária vigente, ajustados de acordo com os limites estipulados na forma do § 1º deste artigo.
>
> **§ 4º** Se as propostas orçamentárias de que trata este artigo forem encaminhadas em desacordo com os limites estipulados na forma do § 1º, o Poder Executivo procederá aos ajustes necessários para fins de consolidação da proposta orçamentária anual.
>
> **§ 5º** Durante a execução orçamentária do exercício, não poderá haver a realização de despesas ou a assunção de obrigações que extrapolem os limites estabelecidos na lei de diretrizes orçamentárias, exceto se previamente autorizadas, mediante a abertura de créditos suplementares ou especiais.

Essa decisão está em sintonia com a jurisprudência do STF, que se encontra consolidada no sentido de que as interferências de um Poder em outro apenas são legítimas quando previstas na própria Constituição, o que não é o caso do controle de qualidade em questão.

Nas palavras da Corte, *"as normas questionadas, que fixam metas de desempenho a serem atingidas pelos órgãos judiciários e a possível aplicação de penalidades no caso de seu descumprimento, divergem da intenção meramente informativa,* ***ferindo a independência e a autonomia financeira, orçamentária e administrativa do Poder Judiciário****, consagradas nos arts. 2º e 99 da Constituição Federal, ao submetê-lo a controle de eficiência pelo Poder Executivo local. (...) O Supremo Tribunal Federal* ***vem rechaçando, de longa data, a interferência indevida de outros Poderes no âmbito interno de atuação e direção dos órgãos jurisdicionais****, ressaltando a necessidade de manutenção do equilíbrio institucional".*

"QUINTO CONSTITUCIONAL"

A regra do chamado "quinto constitucional" encontra-se prevista no art. 94 da CF/88. Cuida-se de uma reserva de vagas nos tribunais imposta pela Constituição da República, no sentido de que um quinto dos membros desses órgãos seja oriundo do Ministério Público e da advocacia.

> "**Art. 94, CF/88.** Um quinto dos lugares dos Tribunais Regionais Federais, dos Tribunais dos Estados, e do Distrito Federal e Territórios será composto de membros, do Ministério Público, com mais de dez anos de carreira, e de advogados de notório saber jurídico e de reputação ilibada, com mais de dez anos de efetiva atividade profissional, indicados em lista sêxtupla pelos órgãos de representação das respectivas classes.

> **Parágrafo único.** Recebidas as indicações, o tribunal formará lista tríplice, enviando-a ao Poder Executivo, que, nos vinte dias subseqüentes, escolherá um de seus integrantes para nomeação."

■ TRIBUNAIS QUE DEVEM OBSERVAR O "QUINTO"

O *caput* do art. 94 da CF/88, transcrito acima, determina que o "quinto" se aplica apenas aos TRFs e aos Tribunais de Justiça dos Estados e do Distrito Federal. Porém, além desses tribunais, são alcançados por essa regra os **tribunais do trabalho** (tanto os TRTs quanto o TST).

Os tribunais trabalhistas apenas não estão mencionados no art. 94 da CF/88 porque, no texto original da Constituição, não foram alcançados por essa regra. Não obstante, com a edição da EC 45/04, os Tribunais Regionais do Trabalho e o Tribunal Superior do Trabalho passaram a dever obediência ao "quinto" em sua composição, conforme previsto nos arts. 111-A, I, e 115, I, ambos da CF/88.

Ocorre que a EC 45/04, apesar de haver introduzido essas alterações, não modificou a redação do *caput* do art. 94 da CF/88, de modo que, para perceber a incidência do "quinto" sobre as Cortes trabalhistas, é necessário realizar uma interpretação sistemática do texto constitucional.

> "**Art. 94, CF/88.** Um quinto dos lugares dos Tribunais Regionais Federais, dos Tribunais dos Estados, e do Distrito Federal e Territórios será composto de membros, do Ministério Público, com mais de dez anos de carreira, e de advogados de notório saber jurídico e de reputação ilibada, com mais de dez anos de efetiva atividade profissional, indicados em lista sêxtupla pelos órgãos de representação das respectivas classes.
>
> **Parágrafo único.** Recebidas as indicações, o tribunal formará lista tríplice, enviando-a ao Poder Executivo, que, nos vinte dias subseqüentes, escolherá um de seus integrantes para nomeação."
>
> "Art. 111-A, CF/88. O Tribunal Superior do Trabalho compõe-se de vinte e sete Ministros, escolhidos dentre brasileiros com mais de trinta e cinco e menos de setenta anos de idade, de notável saber jurídico e reputação ilibada, nomeados pelo Presidente da República após aprovação pela maioria absoluta do Senado Federal, sendo: **(Redação dada pela EC 122/22)**
>
> I – **um quinto** dentre advogados com mais de dez anos de efetiva atividade profissional e membros do Ministério Público do Trabalho com mais de dez anos de efetivo exercício, observado o disposto no art. 94;
>
> II – os demais dentre juízes dos Tribunais Regionais do Trabalho, oriundos da magistratura da carreira, indicados pelo próprio Tribunal Superior."
>
> "Art. 115, CF/88. Os Tribunais Regionais do Trabalho compõem-se de, no mínimo, sete juízes, recrutados, quando possível, na respectiva região e nomeados pelo Presidente da República dentre brasileiros com mais de trinta e menos de setenta anos de idade, sendo: **(Redação dada pela EC 122/22)**
>
> I – **um quinto** dentre advogados com mais de dez anos de efetiva atividade profissional e membros do Ministério Público do Trabalho com mais de dez anos de efetivo exercício, observado o disposto no art. 94;
>
> II – os demais, mediante promoção de juízes do trabalho por antigüidade e merecimento, alternadamente."

Em resumo, **a regra do "quinto constitucional" se aplica a:**

I) Tribunais de Justiça;

II) Tribunais Regionais Federais;

III) Tribunais Regionais do Trabalho; e

IV) Tribunal Superior do Trabalho.

E o STJ? Não se submete ao "quinto"?

De acordo com o art. 104, p. único, II, da CF/88, no STJ também há reserva de vagas para advogados e membros do Ministério Público. Porém, nesse tribunal, a reserva é de um terço das cadeiras, e não de um quinto, motivo pelo qual, tecnicamente, não se pode dizer que o "quinto constitucional" se aplica ao Superior Tribunal de Justiça.

No STJ, então, há vagas destinadas a advogados e a membros do Ministério Público, e a indicação deles se dá da mesma forma que ocorre no caso do "quinto constitucional", isto é, o procedimento é o mesmo. A diferença é apenas a quantidade de cargos reservados, que – repita-se –, no caso do STJ, é de um terço, e não de um quinto.

> "**Art. 104, CF/88.** O Superior Tribunal de Justiça compõe-se de, no mínimo, trinta e três Ministros.
>
> Parágrafo único. Os Ministros do Superior Tribunal de Justiça serão nomeados pelo Presidente da República, dentre brasileiros com mais de trinta e cinco e menos de setenta anos de idade, de notável saber jurídico e reputação ilibada, depois de aprovada a escolha pela maioria absoluta do Senado Federal, sendo: **(Redação dada pela EC 122/22)**:
>
> I - um terço dentre juízes dos Tribunais Regionais Federais e um terço dentre desembargadores dos Tribunais de Justiça, indicados em lista tríplice elaborada pelo próprio Tribunal;
>
> II - **um terço**, em partes iguais, dentre advogados e membros do Ministério Público Federal, Estadual, do Distrito Federal e Territórios, alternadamente, **indicados na forma do art. 94**."

■ PROCEDIMENTO DO "QUINTO"

Como ocorre o preenchimento das vagas destinadas ao "quinto constitucional"?

O procedimento é muito simples: o órgão de representação da classe elabora uma lista com seis nomes (lista sêxtupla) e a encaminha ao tribunal que está oferecendo a vaga. Em seguida, o tribunal reduz essa lista para três nomes (lista tríplice) e a encaminha ao Chefe do Poder Executivo, que, nos 20 (vinte) dias subsequentes, escolherá um dos nomes.

Algumas observações devem ser feitas.

Primeiramente, note que, nos termos do art. 94 da CF/88, **não se exige a aprovação do Poder Legislativo** para que o Chefe do Executivo nomeie um dos indicados na lista tríplice encaminhada pelo tribunal.

Além disso, é necessário saber o seguinte: **que órgãos de representação de classe são esses mencionados no art. 94 da CF/88?**

No caso dos advogados, isso é disciplinado no art. 1º do Provimento nº 102/2004 do Conselho Federal da OAB, nos seguintes termos:

I) Quando se tratar de tribunal estadual ou de tribunal federal que tenha jurisdição limitada a um único Estado da Federação, a lista sêxtupla será elaborada pelo Conselho Seccional respectivo;

II) Quando se tratar de tribunal federal com jurisdição que abrange mais de um Estado da Federação, do TST e do STJ (lembrando que o STJ não se submete ao "quinto constitucional", mas um terço de suas vagas são preenchidas de acordo com as regras do "quinto"), a lista sêxtupla será elaborada pelo Conselho Federal da OAB.

> "**Art. 1º, Provimento 102/04 CFOAB.** A indicação de advogados para a lista sêxtupla a ser encaminhada aos Tribunais Judiciários (Constituição Federal, arts. 94; 104, parágrafo único, II; 107, I; 111-A, I; 115, I) é de competência do Conselho Federal e dos Conselhos Seccionais da Ordem dos Advogados do Brasil.
>
> **§ 1º** Compete ao Conselho Federal a elaboração da lista sêxtupla a ser encaminhada ao Superior Tribunal de Justiça, ao Tribunal Superior do Trabalho e aos Tribunais Federais com competência territorial que abranja mais de um Estado da Federação.
>
> **§ 2º** Compete aos Conselhos Seccionais a elaboração da lista sêxtupla a ser encaminhada aos Tribunais de Justiça dos Estados e aos Tribunais Federais de competência territorial restrita a um Estado."

No caso dos membros do Ministério Público, a questão é disciplinada pelo art. 15, I, da Lei 8.625/93 (Lei Orgânica Nacional do Ministério Público – LONMP) e pelos arts. 53, II, 94, III, e 162, III, da Lei Complementar 75/93 (Estatuto do Ministério Público da União), nos seguintes termos:

I) A lista sêxtupla destinada a tribunal estadual é elaborada pelo Conselho Superior do Ministério Público do Estado respectivo;

II) A lista sêxtupla destinada a tribunal federal e ao TJDFT é elaborada pelo Colégio de Procuradores da carreira respectiva (tratando-se de TRT, é elaborada pelo Colégio de Procuradores do Trabalho; tratando-se de TRF, é elaborada pelo Colégio de Procuradores da República; tratando-se do TJDFT, é elaborada pelo Colégio de Procuradores e Promotores de Justiça do MPDFT).

Por fim, **o Chefe do Poder Executivo que escolherá o nome dentre os indicados na lista tríplice oriunda do tribunal é:**

I) O Governador do Estado respectivo, no caso de tribunal estadual;

II) O Presidente da República, no caso de tribunal federal e do TJDFT (lembrando que, nos termos do art. 21, XIII, da CF/88, cabe à União organizar e manter o Poder Judiciário do Distrito Federal e dos Territórios).

PRECEDENTES ENVOLVENDO A APLICAÇÃO DA REGRA DO "QUINTO"

Há casos na jurisprudência do Supremo Tribunal Federal em que aspectos envolvendo a regra do "quinto constitucional" foram objeto de debate, sendo muito importante conhecer esses precedentes.

Inexistência de membros do Ministério Público que preencham os requisitos do art. 94, CF/88

Conforme consta do art. 94 da CF/88, o membro do Ministério Público, para ser elegível ao "quinto constitucional", deve contar com mais de 10 (dez) anos de carreira. No entanto, segundo decidiu o STF, se não houver candidatos que preencham esse requisito em número suficiente para a formação da lista sêxtupla, esta poderá ser complementada com nomes que tenham tempo de carreira inferior ao exigido pelo texto constitucional.

Essa decisão foi tomada na **ADI 1289 EI**, quando se julgou constitucional ato normativo do Conselho Superior do Ministério Público do Trabalho que autorizava a complementação da lista sêxtupla nesses casos.

Divergência entre o tribunal e o órgão de classe a respeito do preenchimento dos requisitos constitucionais pelos nomes indicados

Se o tribunal, ao receber a lista sêxtupla enviada pelo órgão de classe, entender que os requisitos constitucionais não estão presentes em todos os nomes indicados, o que ele pode fazer?

Segundo STF (**MS 25624**), nesse caso, o tribunal não pode se substituir ao órgão de classe e reformular a lista sêxtupla. No entanto, pode, desde que motivadamente e com base em critérios objetivos, devolver a lista à origem para que ela seja refeita total ou parcialmente, a depender da quantidade de candidatos desqualificados. E, se o órgão de representação classista entender que é indevida essa devolução, poderá questioná-la em juízo.

O acórdão desse caso ficou ementado nos seguintes termos:

> "(...) 1. Na vigente Constituição da República - em relação aos textos constitucionais anteriores - **a seleção originária dos candidatos ao "quinto" se transferiu dos tribunais para "os órgãos de representação do Ministério Público e da advocacia"**-, incumbidos da composição das listas sêxtuplas - restando àqueles, os tribunais, o poder de reduzir a três os seis indicados pelo MP ou pela OAB, para submetê-los à escolha final do Chefe do Poder Executivo. (...) 3. **Pode o Tribunal recusar-se a compôr a lista tríplice dentre os seis indicados**, se tiver razões objetivas para recusar a algum, a alguns ou a todos eles, as qualificações pessoais reclamadas pelo art. 94 da Constituição (...) 6. Nessa hipótese **ao Tribunal envolvido jamais se há de reconhecer o poder de substituir a lista sêxtupla** encaminhada pela respectiva entidade de classe por outra lista sêxtupla que o próprio órgão judicial componha, ainda que constituída por advogados componentes de sextetos eleitos pela Ordem para vagas diferentes. 7. A solução harmônica à Constituição é a **devolução motivada da lista sêxtupla à corporação da qual emanada**, para que a refaça, total ou parcialmente, conforme o número de candidatos desqualificados: **dissentindo a entidade de classe, a ela restará questionar em juízo**, na via processual adequada, a rejeição parcial ou total do tribunal competente às suas indicações." **(MS 25624/SP; Relator(a): Min. SEPÚLVEDA PERTENCE; J. 06/09/2006; Pleno)**

Nessa linha de raciocínio, o STF entendeu ter sido justificada a recusa em um caso envolvendo o TJSP e a Seccional da OAB de São Paulo (**Rcl 5413**), considerando que havia, na lista, um advogado que respondia a processo-crime (o que evidenciaria a ausência de reputação ilibada) e um advogado que havia sido reprovado em 10 (dez) concursos para a magistratura (o que demonstraria não possuir ele notório saber jurídico).

Distribuição das vagas do "quinto" quando são em número ímpar

Nos termos do art. 100, § 1º, da Lei Complementar 35/79 (LOMAN), a destinação das vagas do "quinto constitucional" é definida previamente, isto é, as vagas são cativas de cada categoria (advogados e membros do Ministério Público).

Dessa forma, se foi aberta uma vaga deixada por um Desembargador oriundo da advocacia, ela deve necessariamente ser preenchida por um novo Desembargador também oriundo da advocacia. Em igual sentido, se foi aberta uma vaga deixada por um Desembargador oriundo do Ministério Público, ela deve necessariamente ser preenchida por um novo Desembargador também oriundo do Ministério Público.

A adoção dessa sistemática, em vez da alternância nas nomeações, evita que haja prevalência de uma categoria sobre a outra no preenchimento dos cargos reservados ao "quinto".

Um **alerta** deve ser feito: a LOMAN, ao tratar do "quinto", refere-se a lista tríplice, o que se deve ao fato de que a elaboração de uma lista com seis nomes é novidade trazida pela CF/88. Antes da atual Constituição, o procedimento já se iniciava por uma lista tríplice, que era elaborada pelo próprio tribunal, e não pelos órgãos de classe.

> "**Art. 100, § 1º, LOMAN** - Os lugares reservados a membros do Ministério Público ou advogados **serão preenchidos, respectivamente, por membros do Ministério Público ou por advogados**, indicados em lista tríplice pelo Tribunal de Justiça ou seu órgão especial."

Mas aí surge um questionamento: **como proceder, se o número de vagas reservadas ao "quinto constitucional" for ímpar?**

Essa situação já foi apreciada pelo Supremo Tribunal Federal (**MS 20597**, j. 22/10/1986) e até mesmo pelo Conselho Nacional de Justiça (**Procedimento de Controle Administrativo nº 0005768-09.2015.2.00.0000**), que decidiram que, em tal hipótese, por força do art. 100, § 2º, da LOMAN, sempre que surgir uma nova vaga, ela deverá ser preenchida pela categoria que, até então, estava em menor número na composição da Corte. Com isso, haverá uma alternância entre as categorias dos advogados e do Ministério Público na superioridade numérica verificada no tribunal, evitando-se que qualquer delas se perpetue em maior número.

Assim, por exemplo, se um determinado tribunal possui 3 (três) vagas para o "quinto constitucional" e essas três vagas eram ocupadas por dois Desembargadores egressos da advocacia e um Desembargador egresso do Ministério Público, caso haja vacância de uma das cadeiras ocupadas pela categoria dos advogados, essa nova vaga deverá ser preenchida pelo Ministério Público.

> "**Art. 100, § 2º, LOMAN** - Nos Tribunais em que for ímpar o número de vagas destinadas ao quinto constitucional, **uma delas será, alternada e**

sucessivamente, preenchida por advogado e por membro do Ministério Público, de tal forma que, também sucessiva e alternadamente, os representantes de uma dessas classes superem os da outra em uma Unidade."

COMPOSIÇÃO DOS TRIBUNAIS SUPERIORES

É comum provas de primeira etapa de concurso cobrarem a composição dos tribunais superiores, e, quando fazem isso, não raramente exigem simplesmente o conhecimento da literalidade da CF/88. Por esse motivo, esquematizamos, na tabela abaixo, as informações mais relevantes sobre isso.

COMPOSIÇÃO DOS TRIBUNAIS SUPERIORES		
TRIBUNAL	**INTEGRANTES**	**OBSERVAÇÕES**
STF (art. 101, CF/88)	**11 Ministros**, nomeados pelo Presidente da República após **aprovação pela maioria absoluta do Senado Federal**.	Para ser Ministro do STF, é necessário ser, além de **brasileiro nato**, cidadão com **mais de 35 e menos de 70 anos** e ter **notável saber jurídico e reputação ilibada**.
STJ (art. 104, CF/88)	No mínimo, **33 Ministros**, nomeados pelo Presidente da República após **aprovação pela maioria absoluta do Senado Federal**, sendo as vagas distribuídas da seguinte forma: (I) **um terço** dentre juízes dos Tribunais Regionais Federais; (II) **um terço** dentre desembargadores dos Tribunais de Justiça, indicados em lista tríplice elaborada pelo próprio STJ; e (III) **um terço**, em partes iguais, dentre advogados e membros do Ministério Público Federal, Estadual, do Distrito Federal e Territórios, alternadamente, escolhidos de acordo com o art. 94 da CF/88 (regras aplicáveis ao "quinto constitucional", conforme vimos anteriormente).	Para ser Ministro do STJ, é necessário ser **brasileiro (nato ou naturalizado)** com **mais de 35 e menos de 70 anos**, além de possuir **notável saber jurídico e reputação ilibada**.

COMPOSIÇÃO DOS TRIBUNAIS SUPERIORES		
TRIBUNAL	**INTEGRANTES**	**OBSERVAÇÕES**
TST (art. 111-A, CF/88)	**27 Ministros**, nomeados pelo Presidente da República após **aprovação pela maioria absoluta do Senado Federal**, sendo as vagas distribuídas da seguinte forma: (I) **um quinto** dentre advogados com mais de dez anos de efetiva atividade profissional e membros do Ministério Público do Trabalho com mais de dez anos de efetivo exercício, observado o art. 94 da CF/88 (aplica-se, conforme vimos, o "quinto constitucional"); (II) **os demais (4/5)** dentre juízes dos Tribunais	Para ser Ministro do TST, é necessário ser **brasileiro (nato ou naturalizado)** com **mais de 35 e menos de 70 anos**, além de possuir **notável saber jurídico e reputação ilibada**.
TST (art. 111-A, CF/88)	Regionais do Trabalho **oriundos da magistratura de carreira** (não podem ter ingressado no TRT pela regra do "quinto constitucional"), indicados pelo próprio TST.	
TSE (art. 119, CF/88)	**No mínimo, sete membros**, escolhidos: I - mediante **eleição**, pelo voto secreto: a) **três juízes** dentre os Ministros do Supremo Tribunal Federal (eleitos pelo próprio STF); b) **dois juízes** dentre os Ministros do Superior Tribunal de Justiça (eleitos pelo próprio STJ); II - por **nomeação do Presidente da República**, **dois juízes** dentre seis advogados de notável saber jurídico e idoneidade moral, indicados pelo Supremo Tribunal Federal (**sem necessidade de aprovação do Senado**).	**Dentre os Ministros do STF** integrantes do TSE, o próprio TSE escolherá, mediante eleição, seu **Presidente e seu Vice-Presidente**. Percebe-se, assim, que os cargos de Presidente e de Vice-Presidente do TSE são privativos de brasileiro nato, pois Ministro do STF deve ser brasileiro nato. **Dentre os Ministros do STJ** integrantes do TSE, o próprio TSE escolherá, mediante eleição, o **Corregedor Eleitoral**.

COMPOSIÇÃO DOS TRIBUNAIS SUPERIORES		
TRIBUNAL	**INTEGRANTES**	**OBSERVAÇÕES**
STM (art. 123, CF/88)	**15 Ministros vitalícios**, nomeados pelo Presidente da República, depois de **aprovada a indicação pelo Senado Federal**, sendo as vagas distribuídas da seguinte forma: (I) **três** dentre oficiais-generais da Marinha; (II) **quatro** dentre oficiais-generais do Exército; (III) **três** dentre oficiais-generais da Aeronáutica, todos da ativa e do posto mais elevado da carreira; e (IV) **cinco** dentre civis, que devem ser brasileiros com **mais de 35 e menos de 70 anos de idade**, mais precisamente, três dentre advogados de notório saber jurídico e conduta ilibada, com mais de dez anos de efetiva atividade profissional, e dois, por escolha paritária, dentre juízes auditores e membros do Ministério Público da Justiça Militar.	Tendo em vista que o cargo de oficial das Forças Armadas é privativo de brasileiro nato (art. 12, § 3º, VI, CF/88), **os oficiais-generais da Marinha, do Exército e da Aeronáutica que integram o STM devem ser brasileiros natos**.

A EC 122/2022 E A ALTERAÇÃO DA IDADE LIMITE PARA SE TORNAR MEMBRO DE TRIBUNAL SUPERIOR

Vimos acima, de forma esquematizada, os requisitos constitucionais que qualquer pessoa deve atender para passar a integrar um tribunal superior. Dentre esses requisitos, temos o da idade máxima, que desde a promulgação da CF/88 sempre foi de 65 (sessenta e cinco) anos (exceto quanto ao STM, em relação ao qual o texto original da Constituição não estabeleceu limite etário máximo para ingresso de membros).

Atualmente, porém, o limite etário não é mais esse.

A **EC 122/2022** modificou a redação de alguns dispositivos da CF/88 para fixar em **70 (setenta) anos de idade** o limite etário máximo para ingressar como membro no STF, STJ, TST, STM (nesse tribunal, a limitação etária se refere apenas aos seus integrantes civis, não mencionando os militares), TRFs, TRTs e TCU.

Portanto, atualmente, para se tornar membro de um desses órgãos, o indivíduo não pode ter mais de 70 (setenta) anos de idade. Em relação ao STM, essa limitação, como vimos acima, refere-se apenas aos seus integrantes de origem civil.

Confira a nova redação dada aos dispositivos que foram alterados pela EC 122/22 para estabelecer o novo limite etário em questão:

> "**Art. 73, CF/88.** (...)
>
> **§ 1º** Os Ministros do **Tribunal de Contas da União** serão nomeados dentre brasileiros que satisfaçam os seguintes requisitos:

I - mais de trinta e cinco e menos de setenta anos de idade; **(Redação dada pela EC 122/22)**

(...)"

"Art. 101, CF/88. O Supremo Tribunal Federal compõe-se de onze Ministros, escolhidos dentre cidadãos com mais de trinta e cinco e menos de setenta anos de idade, de notável saber jurídico e reputação ilibada. **(Redação dada pela EC 122/22)**

(...)"

"**Art. 104, CF/88.** (...)

Parágrafo único. Os Ministros do Superior Tribunal de Justiça serão nomeados pelo Presidente da República, dentre brasileiros com mais de trinta e cinco e menos de setenta anos de idade, de notável saber jurídico e reputação ilibada, depois de aprovada a escolha pela maioria absoluta do Senado Federal, sendo: **(Redação dada pela EC 122/22)**

(...)"

"Art. 107, CF/88. Os Tribunais Regionais Federais compõem-se de, no mínimo, sete juízes, recrutados, quando possível, na respectiva região e nomeados pelo Presidente da República dentre brasileiros com mais de trinta e menos de setenta anos de idade, sendo: **(Redação dada pela EC 122/22)**

(...)"

"Art. 111-A, CF/88. O Tribunal Superior do Trabalho compõe-se de vinte e sete Ministros, escolhidos dentre brasileiros com mais de trinta e cinco e menos de setenta anos de idade, de notável saber jurídico e reputação ilibada, nomeados pelo Presidente da República após aprovação pela maioria absoluta do Senado Federal, sendo: **(Redação dada pela EC 122/22)**

(...)"

"Art. 115, CF/88. Os Tribunais Regionais do Trabalho compõem-se de, no mínimo, sete juízes, recrutados, quando possível, na respectiva região e nomeados pelo Presidente da República dentre brasileiros com mais de trinta e menos de setenta anos de idade, sendo: **(Redação dada pela EC 122/22)**

(...)"

"**Art. 123, CF/88.** O Superior Tribunal Militar compor-se-á de quinze Ministros vitalícios, nomeados pelo Presidente da República, depois de aprovada a indicação pelo Senado Federal, sendo três dentre oficiais-generais da Marinha, quatro dentre oficiais-generais do Exército, três dentre oficiais-generais da Aeronáutica, todos da ativa e do posto mais elevado da carreira, e **cinco dentre civis**.

Parágrafo único. Os Ministros civis serão escolhidos pelo Presidente da República dentre brasileiros com mais de trinta e cinco e menos de setenta anos de idade, sendo: **(Redação dada pela EC 122/22)**

(...)"

FUNCIONAMENTO DO PODER JUDICIÁRIO

Em relação a como funciona o Poder Judiciário, é necessário observar que o seu funcionamento se dá com base em **3 (três) diretrizes**: a Constituição; a legislação; e as Súmulas Vinculantes (do STF). Inclusive, a própria Constituição e a legislação (CPC/2015 e Lei 11.417/06) determinam que o Poder Judiciário funcione à luz da sumulação vinculante do Supremo Tribunal Federal.

E é justamente por conta da relevância que tem a Súmula Vinculante do STF que a estudaremos mais detidamente.

■ SÚMULA VINCULANTE

O fundamento normativo da Súmula Vinculante se encontra na Constituição Federal, no CPC e na legislação extravagante:

a) art. 103-A da CF/88 (resultante da EC 45/04);

b) art. 927, II, do CPC/15 (esse dispositivo diz competir ao Poder Judiciário obedecer, no seu funcionamento, a sumulação vinculante do STF); e

c) Lei 11.417/06.

O que é súmula vinculante?

Em rigor técnico, súmula vinculante é um enunciado ou verbete da súmula da jurisprudência predominante do STF com eficácia vinculante, de onde veio a corruptela "Súmula Vinculante".

Cada Tribunal tem uma súmula (que é um resumo) de sua jurisprudência dominante, sendo a súmula decomposta em enunciados ou verbetes, os quais podem ter eficácia persuasiva ou eficácia vinculante.

A súmula vinculante é um instituto que visa concretizar 3 (três) valores constitucionais: estabilidade, previsibilidade e igualdade. Foi a partir da conjugação desses 3 (três) valores que nasceu a súmula vinculante.

Estabilidade de que? Das relações jurídicas subjacentes às questões levadas ao Poder Judiciário.

Previsibilidade de que? Das decisões, que, com a súmula vinculante, passam a ser previsíveis, em virtude da existência de um padrão decisório previamente fixado de observância obrigatória pelos órgãos do Poder Judiciário.

Igualdade entre quem? Entre os jurisdicionados, que deixam de ser tratados de forma distinta pela simples diferença na distribuição dos processos.

André Ramos Tavares, em seu livro sobre súmula vinculante, diz que súmula vinculante é um ponto de confluência, de **convergência entre o controle abstrato principal e o controle concreto incidental de constitucionalidade**. Essa é uma outra forma de conceber a súmula vinculante, igualmente válida.

Como mostra essa definição, o controle abstrato concentrado e o controle difuso concreto não são mais duas coisas paralelas que não se comunicam, sendo, agora, duas linhas que se cruzam, nascendo a sumulação vinculante justamente no ponto de convergência entre eles. E André Ramos Tavares sustenta essa ideia porque a súmula vinculante tem características tanto do controle abstrato principal quanto do controle concreto incidental.

A característica do controle abstrato principal que a súmula vinculante tem é o efeito vinculante, que, como se sabe, é inerente a esse tipo de controle (embora, hoje, também seja admitido pelo STF no controle incidental). E a característica do controle concreto incidental que a súmula vinculante tem é a reiteração de casos, já que a súmula vinculante (assim como a súmula persuasiva) só é editada mediante a repetição de processos sobre a mesma questão.

Precisamos analisar quais são **os pressupostos e os requisitos da súmula vinculante** (lembrando que pressuposto se refere a matéria e requisito se refere a forma). A sumulação vinculante tem 4 pressupostos (materiais) e 3 requisitos (formais). Vejamos.

▶ Pressupostos da sumulação vinculante

Os pressupostos (materiais) da súmula vinculante são os seguintes:

a) Controvérsia atual;

b) Multiplicação de processos sobre questão idêntica;

c) Reiteradas decisões sobre matéria constitucional;

d) Grave insegurança jurídica.

Esse rol de pressupostos decorre tanto da Constituição Federal quanto da Lei 11.417/06:

> "**Art. 103-A, CF/88.** O Supremo Tribunal Federal poderá, de ofício ou por provocação, mediante decisão de dois terços dos seus membros, após **reiteradas decisões sobre matéria constitucional**, aprovar súmula que, a partir de sua publicação na imprensa oficial, terá efeito vinculante em relação aos demais órgãos do Poder Judiciário e à administração pública direta e indireta, nas esferas federal, estadual e municipal, bem como proceder à sua revisão ou cancelamento, na forma estabelecida em lei.
>
> **§ 1º** A súmula terá por objetivo a validade, a interpretação e a eficácia de normas determinadas, acerca das quais haja **controvérsia atual** entre órgãos judiciários ou entre esses e a administração pública que acarrete **grave insegurança jurídica** e relevante **multiplicação de processos sobre questão idêntica**."
>
> "**Art. 2º, Lei 11.417/06.** O Supremo Tribunal Federal poderá, de ofício ou por provocação, após **reiteradas decisões sobre matéria constitucional**, editar enunciado de súmula que, a partir de sua publicação na imprensa oficial, terá efeito vinculante em relação aos demais órgãos do Poder Judiciário e à administração pública direta e indireta, nas esferas federal, estadual e municipal, bem como proceder à sua revisão ou cancelamento, na forma prevista nesta Lei.
>
> **§ 1º** O enunciado da súmula terá por objeto a validade, a interpretação e a eficácia de normas determinadas, acerca das quais haja, entre órgãos judiciários ou entre esses e a administração pública, **controvérsia atual** que acarrete

grave insegurança jurídica e relevante **multiplicação de processos sobre idêntica questão.**"

Antes da análise de cada um dos pressupostos, é necessário fazer algumas observações.

Primeiramente, esses pressupostos não são pressupostos apenas de edição, mas sim da **produção** sumular, o que significa que são pressupostos de edição, de revisão e de cancelamento. Logo, tanto para editar quanto para revisar e para cancelar súmula vinculante, esses pressupostos devem estar presentes (e não apenas para a edição do enunciado).

Ademais, esses pressupostos são **cumulativos**. Assim, para que a produção sumular se justifique, é imperioso que esses quatro pressupostos estejam presentes concomitantemente. Se qualquer deles não estiver presente, a produção sumular não estará autorizada, o que, inclusive, mostra que a produção de súmula vinculante é (ou deveria ser) algo bastante restrito.

Finalmente, esses pressupostos são **interligados**, um conduzindo ao outro. Vejamos: se a Constituição e a Lei exigem controvérsia atual, significa que haverá multiplicação de processos sobre a questão e que, consequentemente, haverá reiteradas decisões a respeito, o que, sem dúvida, gerará grave insegurança jurídica.

É pertinente tecer alguns comentários sobre esses pressupostos.

→ *Controvérsia atual*

É necessário que a controvérsia seja atual, seja **presente**, não bastando que a controvérsia seja passada nem tampouco que haja uma previsão de controvérsia futura.

→ *Multiplicação de processos sobre questão idêntica*

A questão discutida deve ser **idêntica**, deve ser a mesma questão reiterada em diversos casos.

→ *Reiteradas decisões sobre matéria constitucional*

A matéria deve ser **constitucional**. Portanto, para a produção da sumulação vinculante, exige-se que o STF atue em sua competência precípua, que é a interpretação da Constituição Federal.

→ *Grave insegurança jurídica*

A insegurança gerada tem que ser **grave**. Sem essa gravidade, não é possível a produção de súmula vinculante.

▶ Requisitos da sumulação vinculante

Do ponto de vista formal, o que se exige para a produção de súmula vinculante? Sobre os requisitos, a Lei 11.417/06 foi mais clara do que quando tratou dos pressupostos.

Os requisitos da súmula vinculante são 3 (três), a saber:

a) Iniciativa;

b) Aprovação;

c) Publicação.

→ *Iniciativa*

A CF/88 prevê, quanto à iniciativa para a produção de súmula vinculante, no mínimo, a iniciativa que é conferida aos legitimados para a propositura de ADI, o que abriu caminho para que a lei previsse outros legitimados ativos para edição, revisão e cancelamento de súmula vinculante, além daqueles que podem propor ADI.

Assim, além dos legitimados ativos para a ADI, a Lei 11.417/06 acrescentou 3 (três) legitimados (que não são legitimados ativos para a ADI):

1) **Defensor Público-Geral Federal**: é a primeira vez que a legislação brasileira fala em Defensoria Pública como participante do controle de constitucionalidade abstrato principal (lembrando que a sumulação vinculante não é controle de constitucionalidade abstrato principal, mas tem características dele). Essa, por enquanto, é a única participação que essa autoridade tem em algo ligado ao controle abstrato principal de constitucionalidade.

2) **Tribunais de Justiça, Tribunais Regionais, Tribunais Superiores e Tribunais Militares**: esses tribunais podem requerer a produção de súmula vinculante. Porém, é pouco provável que eles requeiram a edição de súmula vinculante para que sejam obrigados a aplicá-la. O mais provável é que requeiram a revisão ou o cancelamento de algum enunciado de súmula vinculante, quando, por qualquer motivo, não concordarem com ele.

3) **Municípios, de modo incidental em processo no qual figurem**: claramente, ao exigir a existência de um processo judicial em curso, a intenção da Lei aqui foi fazer com que o requerimento de produção sumular não venha a ser elaborado pelo Prefeito do Município ou pelo Presidente da Câmara Municipal, mas, sim, pelo Procurador-Geral do Município.

> "**Art. 103-A, § 2º, CF/88.** Sem prejuízo do que vier a ser estabelecido em lei, a aprovação, revisão ou cancelamento de súmula poderá ser provocada por aqueles que podem propor a ação direta de inconstitucionalidade."
>
> "**Art. 3º, Lei 11.417/06.** São legitimados a propor a edição, a revisão ou o cancelamento de enunciado de súmula vinculante:
>
> I – o Presidente da República;
>
> II – a Mesa do Senado Federal;
>
> III – a Mesa da Câmara dos Deputados;
>
> IV – o Procurador-Geral da República;
>
> V – o Conselho Federal da Ordem dos Advogados do Brasil;
>
> VI – o Defensor Público-Geral da União;
>
> VII – partido político com representação no Congresso Nacional;
>
> VIII – confederação sindical ou entidade de classe de âmbito nacional;

> IX – a Mesa de Assembléia Legislativa ou da Câmara Legislativa do Distrito Federal;
>
> X – o Governador de Estado ou do Distrito Federal;
>
> XI – os Tribunais Superiores, os Tribunais de Justiça de Estados ou do Distrito Federal e Territórios, os Tribunais Regionais Federais, os Tribunais Regionais do Trabalho, os Tribunais Regionais Eleitorais e os Tribunais Militares.
>
> **§ 1º** O Município poderá propor, incidentalmente ao curso de processo em que seja parte, a edição, a revisão ou o cancelamento de enunciado de súmula vinculante, o que não autoriza a suspensão do processo."

→ *Aprovação*

A CF/88 e Lei 11.417/06 exigem aprovação por 2/3 dos membros do STF para editar, revisar e cancelar enunciado da súmula vinculante (art. 103-A, *caput*, CF/88 e art. 2º, § 3º, Lei 11.417/06).

Note que, como se trata de controle de constitucionalidade, aplica-se o princípio da reserva de plenário, previsto no art. 97 da CF/88, de modo que se conclui que esses 2/3 são 2/3 do plenário do STF, o que, inclusive, além de decorrer do *caput* do art. 103-A da CF/88, foi explicitado pelo art. 2º, § 3º, da Lei 11.417/06, ao estabelecer que *"a edição, a revisão e o cancelamento de enunciado de súmula com efeito vinculante dependerão de decisão tomada por 2/3 (dois terços) dos membros do Supremo Tribunal Federal,* ***em sessão plenária****".*

Logo, como o STF possui 11 (onze) Ministros, são necessários 8 (oito) votos favoráveis para edição, revisão e cancelamento de súmula vinculante.

→ *Publicação*

Em rigor técnico, são publicações (no plural), porque a lei exige duas publicações, uma no DOU (Diário Oficial da União) e outra no DJU (Diário da Justiça da União). Só a partir da última publicação é que a súmula vinculante passa a operar efeitos, conforme decorre da conjugação do *caput* com o § 4º do art. 2º da Lei 11.417/06.

> "**Art. 2º, Lei 11.417/06.** O Supremo Tribunal Federal poderá, de ofício ou por provocação, após reiteradas decisões sobre matéria constitucional, editar enunciado de súmula que, **a partir de sua publicação na imprensa oficial, terá efeito vinculante** em relação aos demais órgãos do Poder Judiciário e à administração pública direta e indireta, nas esferas federal, estadual e municipal, bem como proceder à sua revisão ou cancelamento, na forma prevista nesta Lei.
>
> (...)
>
> **§ 4º** No prazo de 10 (dez) dias após a sessão em que editar, rever ou cancelar enunciado de súmula com efeito vinculante, o Supremo Tribunal Federal fará publicar, em seção especial do **Diário da Justiça** e do **Diário Oficial da União**, o enunciado respectivo."

▶ Consequência da inobservância da súmula vinculante

Acaso haja desrespeito a enunciado da súmula vinculante, caberá reclamação ao STF apresentada por qualquer interessado prejudicado pelo ato ou omissão que descumpriu o verbete.

Importante registrar que, caso o descumprimento do enunciado decorra de ato administrativo, a reclamação só poderá ser apresentada após o esgotamento da via administrativa (art. 103-A, § 3º, CF/88 e art. 7º, Lei 11.417/06).

> "**Art. 103-A, § 3º, CF/88.** Do ato administrativo ou decisão judicial que contrariar a súmula aplicável ou que indevidamente a aplicar, caberá reclamação ao Supremo Tribunal Federal que, julgando-a procedente, anulará o ato administrativo ou cassará a decisão judicial reclamada, e determinará que outra seja proferida com ou sem a aplicação da súmula, conforme o caso."
>
> "**Art. 7º, Lei 11.417/06.** Da decisão judicial ou do ato administrativo que contrariar enunciado de súmula vinculante, negar-lhe vigência ou aplicá-lo indevidamente caberá reclamação ao Supremo Tribunal Federal, sem prejuízo dos recursos ou outros meios admissíveis de impugnação.
>
> **§ 1º** Contra omissão ou ato da administração pública, o uso da reclamação só será admitido após esgotamento das vias administrativas.
>
> **§ 2º** Ao julgar procedente a reclamação, o Supremo Tribunal Federal anulará o ato administrativo ou cassará a decisão judicial impugnada, determinando que outra seja proferida com ou sem aplicação da súmula, conforme o caso."

GARANTIAS DO PODER JUDICIÁRIO

As garantias do Poder Judiciário podem ser divididas em dois tipos: garantias **funcionais** e garantias **institucionais**.

As garantias **funcionais** dizem respeito aos **membros** do Poder Judiciário, isto é, aos magistrados (Juízes, Desembargadores e Ministros), cuidando-se da vitaliciedade, da inamovibilidade e da irredutibilidade de subsídio.

Já as garantias **institucionais** se referem à **instituição Poder Judiciário**, ao Poder Judiciário como um todo, cuidando-se das autonomias administrativa, funcional e financeira, sendo esta última acompanhada da autonomia orçamentária.

Há, portanto, uma clara distinção entre esses dois tipos de garantias. Inclusive, a topografia constitucional delas é diferente: as garantias funcionais estão previstas no art. 95, I a III, da CF/88, enquanto as garantias institucionais estão previstas nos arts. 99 e 168 da CF/88.

Vamos ao estudo de cada uma delas.

■ GARANTIAS INSTITUCIONAIS DO PODER JUDICIÁRIO

As garantias institucionais do Poder Judiciário, previstas nos arts. 99 e 168 da CF/88 são três, a saber:

a) Autonomia administrativa;

b) Autonomia funcional; e

c) Autonomia financeira e orçamentária.

"**Art. 99, CF/88.** Ao Poder Judiciário é assegurada autonomia administrativa e financeira.

§ 1º Os tribunais elaborarão suas propostas orçamentárias dentro dos limites estipulados conjuntamente com os demais Poderes na lei de diretrizes orçamentárias.

§ 2º O encaminhamento da proposta, ouvidos os outros tribunais interessados, compete:

I - no âmbito da União, aos Presidentes do Supremo Tribunal Federal e dos Tribunais Superiores, com a aprovação dos respectivos tribunais;

II - no âmbito dos Estados e no do Distrito Federal e Territórios, aos Presidentes dos Tribunais de Justiça, com a aprovação dos respectivos tribunais.

§ 3º Se os órgãos referidos no § 2º não encaminharem as respectivas propostas orçamentárias dentro do prazo estabelecido na lei de diretrizes orçamentárias, o Poder Executivo considerará, para fins de consolidação da proposta orçamentária anual, os valores aprovados na lei orçamentária vigente, ajustados de acordo com os limites estipulados na forma do § 1º deste artigo. (Incluído pela Emenda Constitucional nº 45, de 2004)

§ 4º Se as propostas orçamentárias de que trata este artigo forem encaminhadas em desacordo com os limites estipulados na forma do § 1º, o Poder Executivo procederá aos ajustes necessários para fins de consolidação da proposta orçamentária anual. (Incluído pela Emenda Constitucional nº 45, de 2004)

§ 5º Durante a execução orçamentária do exercício, não poderá haver a realização de despesas ou a assunção de obrigações que extrapolem os limites estabelecidos na lei de diretrizes orçamentárias, exceto se previamente autorizadas, mediante a abertura de créditos suplementares ou especiais."

"**Art. 168.** Os recursos correspondentes às dotações orçamentárias, compreendidos os créditos suplementares e especiais, destinados aos órgãos dos Poderes Legislativo e Judiciário, do Ministério Público e da Defensoria Pública, ser-lhes-ão entregues até o dia 20 de cada mês, em duodécimos, na forma da lei complementar a que se refere o art. 165, § 9º.

§ 1º É vedada a transferência a fundos de recursos financeiros oriundos de repasses duodecimais. **(Incluído pela Emenda Constitucional nº 109, de 2021)**

§ 2º O saldo financeiro decorrente dos recursos entregues na forma do *caput* deste artigo deve ser restituído ao caixa único do Tesouro do ente federativo, ou terá seu valor deduzido das primeiras parcelas duodecimais do exercício seguinte. **(Incluído pela Emenda Constitucional nº 109, de 2021)**"

▶ Autonomia administrativa

A autonomia administrativa significa que o Poder Judiciário é composto por órgãos autônomos em relação aos outros Poderes e às funções essenciais à Justiça.

▶ Autonomia funcional

A autonomia funcional significa que, no desempenho de suas funções, não está o Poder Judiciário sujeito a nenhuma intromissão, a nenhuma interferência indevida, sob pena de se caracterizar violação ao princípio da separação dos Poderes (art. 2º, CF/88).

▶ Autonomia financeira e orçamentária

A **autonomia orçamentária** significa que o Poder Judiciário possui a prerrogativa de elaborar a sua própria proposta orçamentária, que será encaminhada ao Legislativo pelo Poder Executivo, após este consolidar as propostas orçamentárias de todos os órgãos dotados de autonomia. Já a **autonomia financeira** significa que o Judiciário pode, uma vez definido o seu orçamento, fixar os critérios para a efetuação das suas despesas e realizar essas despesas (ou seja, ele tem a prerrogativa de decidir como e quando gastará os recursos previstos no seu orçamento).

Logo, o Judiciário pode não apenas delimitar a sua receita, com a proposta de seu orçamento, como também, uma vez fixado o orçamento, definir critérios próprios para que realize suas despesas, sem nenhuma interferência. Em linguagem pouco formal: o Judiciário tem a "caneta" para "rascunhar" quanto dinheiro precisará receber e gastar, bem como a "chave do cofre" para realizar os gastos que julgar necessários.

Mas isso significa que qualquer proposta orçamentária que seja apresentada pelo Poder Judiciário deve ser acatada integralmente, sem qualquer possibilidade de alteração? **Não.** Como assim?

A elaboração do orçamento funciona da seguinte forma: nos termos dos arts. 165 e 166 da CF/88, o Chefe do Poder Executivo consolida as propostas orçamentárias do próprio Poder Executivo e dos demais Poderes e órgãos com autonomia orçamentária e encaminha a proposta final consolidada ao Poder Legislativo, para análise e aprovação da lei orçamentária que será aplicável no ano subsequente.

O que a autonomia orçamentária assegura ao Poder Judiciário não é a garantia de que o seu orçamento será necessariamente o que ele propuser, mas, sim, que ele irá **propor** o seu orçamento, de acordo com suas necessidades, para consolidação pelo Executivo e apreciação pelo Legislativo.

Aqui surgem dois questionamentos:

1) A proposta orçamentária apresentada pelo Poder Judiciário pode ser alterada pelo Poder Executivo antes do encaminhamento ao Poder Legislativo ou ela deve permanecer intocada?

2) O Poder Legislativo, ao apreciar a proposta consolidada que foi encaminhada pelo Poder Executivo, pode realizar alterações ou, por conta da autonomia orçamentária do Poder Judiciário, deve tão somente dar sua chancela?

Há precedentes do Supremo Tribunal Federal no sentido de que a autonomia orçamentária não significa uma intangibilidade absoluta da proposta orçamentária apresentada pelo órgão detentor dessa garantia.

Assim, é possível que o Chefe do Poder Executivo, ao consolidar as diversas propostas a ele encaminhadas pelos órgãos dotados de autonomia, realize alterações unilateralmente, desde que essas alterações se limitem a adaptar essas propostas à lei de diretrizes orçamentárias em vigor. Naturalmente, as modificações promovidas pelo Executivo não podem ir além dessas adequações à LDO, sob pena de ofensa à separação dos Poderes e à garantia da autonomia financeira e orçamentária conferida pela Constituição Federal. Isso, inclusive, decorre do art. 99, § 1º, da CF/88, segundo o qual, *"os tribunais elaborarão suas propostas orçamentárias dentro dos limites estipulados conjuntamente com os demais Poderes* ***na lei de diretrizes orçamentárias***".

Nesse sentido, decidiu o STF ao julgar a **ADI 5287**, bem como pronunciou-se o Min. Gilmar Mendes ao negar o pedido de liminar na **ADI 5682**, que, no ano 2019, acabou sendo extinta sem resolução do mérito, por perda superveniente do objeto, em virtude do exaurimento dos efeitos da lei orçamentária apreciada no caso, que vigorou apenas durante o ano 2017. Esses dois precedentes envolveram a Defensoria Pública, mas, por terem tratado da garantia orçamentária de modo geral (inclusive, referindo-se expressamente aos Poderes da República e aos órgãos autônomos), aplicam-se perfeitamente ao Poder Judiciário.

Nos termos da tese fixada na ADI 5287 (julgada em 18/05/2016), "*é inconstitucional a redução unilateral pelo Poder Executivo dos orçamentos propostos pelos outros Poderes e por órgãos constitucionalmente autônomos, como o Ministério Público e a Defensoria Pública, na fase de consolidação do projeto de lei orçamentária anual,* ***quando tenham sido elaborados em obediência às leis de diretrizes orçamentárias*** *e enviados conforme o art. 99, § 2º, da CRFB/88, cabendo-lhe apenas pleitear ao Poder Legislativo a redução pretendida, visto que a fase de apreciação legislativa é o momento constitucionalmente correto para o debate de possíveis alterações no Projeto de Lei Orçamentária*".

Segundo consta dessa tese, caso o Poder Executivo não concorde com a proposta orçamentária elaborada por algum outro Poder ou por algum órgão autônomo, poderá apenas pedir ao Legislativo que faça as modificações que julgar necessárias, não podendo, por conta própria, realizar qualquer modificação que não seja indispensável para adequar a proposta à lei de diretrizes orçamentárias.

Além disso, segundo o Supremo Tribunal Federal, o Poder Legislativo, desde que não incorra em abuso devidamente demonstrado (que não se caracteriza pela mera redução realizada em proposta de orçamento, especialmente, em um cenário de crise financeira), não fica impedido de realizar alterações nas propostas orçamentárias elaboradas e consolidadas pelo Poder Executivo. Isso porque uma das funções mais relevantes do Poder Legislativo é a definição do orçamento, de modo que a autonomia financeira e orçamentária conferida pela CF/88 aos diversos órgãos não pode ser obstáculo a que a Casa Legislativa desempenhe suas atribuições constitucionais.

Esse entendimento foi adotado na **ADI 5468** (julgada em 30/06/2016), em que se alegou a inconstitucionalidade da lei orçamentária que foi aprovada com redução na proposta de orçamento apresentada pela Justiça do Trabalho e o STF, nos termos do voto do Ministro Luiz Fux (Relator), rejeitou o argumento de afronta à separação dos Poderes, afirmando que a autonomia orçamentária do Judiciário lhe garante a prerrogativa de elaborar e apresentar suas propostas ao Poder Executivo, mas a definição do orçamento é da competência do Poder Legislativo.

Nas palavras da Corte, "***o abuso parlamentar não se configura****, sob o ângulo da principiologia dos subprincípios da proporcionalidade (necessidade, adequação e proporcionalidade em sentido estrito),* ***quando imposta a redução do orçamento público destinado a órgãos e programas orçamentários, em decorrência de crise econômica e*** *fiscal. (...) Consectariamente, diante da ausência de abusividade, deve-se declarar que* ***a função de definir receitas e despesas do aparato estatal é uma das mais tradicionais e relevantes do Poder Legislativo****, impondo-se ao Poder judiciário, no caso, uma postura de deferência institucional em relação ao debate parlamentar, sob pena de indevida e ilegítima tentativa de esvaziamento de típicas funções institucionais do Parlamento".*

■ GARANTIAS FUNCIONAIS DO PODER JUDICIÁRIO

As garantias funcionais do Poder Judiciário (isto é, as garantias de seus membros) também são 3 (três), previstas no art. 95, I, II e III, da CF/88, a saber:

a) Vitaliciedade;

b) Inamovibilidade; e

c) Irredutibilidade de subsídio.

> "**Art. 95, CF/88.** Os juízes gozam das seguintes garantias:
>
> I - vitaliciedade, que, no primeiro grau, só será adquirida após dois anos de exercício, dependendo a perda do cargo, nesse período, de deliberação do tribunal a que o juiz estiver vinculado, e, nos demais casos, de sentença judicial transitada em julgado;
>
> II - inamovibilidade, salvo por motivo de interesse público, na forma do art. 93, VIII;
>
> III - irredutibilidade de subsídio, ressalvado o disposto nos arts. 37, X e XI, 39, § 4º, 150, II, 153, III, e 153, § 2º, I. (Redação dada pela Emenda Constitucional nº 19, de 1998)
>
> **Parágrafo único.** Aos juízes é vedado:
>
> I - exercer, ainda que em disponibilidade, outro cargo ou função, salvo uma de magistério;
>
> II - receber, a qualquer título ou pretexto, custas ou participação em processo;
>
> III - dedicar-se à atividade político-partidária.
>
> IV - receber, a qualquer título ou pretexto, auxílios ou contribuições de pessoas físicas, entidades públicas ou privadas, ressalvadas as exceções previstas em lei; (Incluído pela Emenda Constitucional nº 45, de 2004)
>
> V - exercer a advocacia no juízo ou tribunal do qual se afastou, antes de decorridos três anos do afastamento do cargo por aposentadoria ou exoneração."

▶ Vitaliciedade

A vitaliciedade significa duas coisas:

1) Os cargos de **membros** do Poder Judiciário são cargos vitalícios. Os demais cargos do Poder Judiciário (técnicos, analistas etc.) são efetivos ou em comissão, mas os cargos cujas atribuições são o desempenho da atividade-fim do Poder Judiciário (isto é, a jurisdição) gozam de vitaliciedade.

2) Uma vez adquirida a vitaliciedade pelo exercício do cargo durante dois anos, o cargo só pode ser perdido em uma única situação: por decisão judicial transitada em julgado.

Aqui, duas considerações são importantes.

Primeiramente, como a vitaliciedade é adquirida após dois anos de exercício do cargo, fica claro que **o estágio probatório dos membros do Poder Judiciário tem duração de dois anos**. Evidentemente, pressupõe-se ingresso na carreira mediante aprovação em concurso público, para que o magistrado passe por estágio probatório. Porém, não se pode esquecer que existem cargos de membros do Poder Judiciário que não se submetem a estágio probatório, justamente por não exigirem aprovação em concurso público, como são os casos, por exemplo, do quinto constitucional e dos Ministros do STF.

Quando se trata de um magistrado concursado (o juiz), a vitaliciedade apenas é adquirida após os 2 (dois) anos de estágio probatório. Em outras palavras: **o interregno de dois anos para a aquisição da vitaliciedade só é exigido quando a investidura originária no cargo se dá no primeiro grau** (o que ocorre mediante aprovação em concurso público). Se a investidura originária se dá diretamente em Tribunal (como nos casos do quinto constitucional e dos Ministros dos Tribunais superiores), o magistrado é vitalício desde o início do vínculo.

Portanto, a exigência de dois anos para que o magistrado seja vitaliciado apenas se aplica quando o ingresso na magistratura se deu no primeiro grau, através de aprovação em concurso público.

A propósito, em relação ao concurso de ingresso na carreira, o Supremo Tribunal Federal, na **ADI 5329**, julgada em 15/12/2020, declarou a **inconstitucionalidade** da fixação, mediante **lei ordinária** (no caso, a Lei Federal 11.697/08, que disciplina a organização judiciária do Distrito Federal e dos Territórios), de **limites de idade mínimo e máximo** para ingressar na magistratura. Isso porque, pois não há a previsão de requisito etário para a investidura no cargo de Juiz de primeiro grau na Constituição Federal, a qual, no seu art. 93, I, exige, tão somente, aprovação em concurso público e três anos de atividade jurídica.

Ademais, o regime jurídico infraconstitucional dos membros do Poder Judiciário (o Estatuto da Magistratura), também segundo o art. 93 da CF/88, deve ser veiculado em lei **complementar** de iniciativa do Supremo Tribunal Federal, não sendo possível que uma lei ordinária trate de requisitos de investidura no cargo.

A Corte destacou, também, que a sua jurisprudência apenas admite a adoção de critérios discriminatórios para o desempenho de cargos públicos (como é o caso do limite de idade) quando a discriminação se mostra constitucionalmente legítima e é justificada pela natureza das atribuições do cargo. Nesse exato sentido é o teor da sua Súmula 683, segundo a qual *"o limite de idade para a inscrição em concurso público só se legitima em face do art. 7º, XXX, da Constituição, quando possa ser justificado pela natureza das atribuições do cargo a ser preenchido"*.

Tendo isso em vista, o STF registrou que a imposição de limite de idade como requisito de acesso a cargo público se justifica, por exemplo, nas carreiras policiais, (que exigem uma aptidão física especial dos seus integrantes) mas não na magistratura. Na verdade, na magistratura, idades mais avançadas muitas vezes indicam mais experiência profissional e mais conhecimento jurídico acumulado, proporcionando melhor exercício do cargo.

A ementa desse julgamento ficou redigida nos seguintes termos:

> "(...) 3. Em assuntos diretamente relacionados à magistratura nacional, como as condições para investidura no cargo, **a disciplina da matéria deve ser versada pela Constituição Federal ou pela LOMAN, não podendo lei ordinária federal inovar** e prever norma de caráter restritivo ao ingresso na magistratura que não encontra pertinência nos citados diplomas normativos. 4. **A Constituição Federal não exige idade mínima para o ingresso na magistratura, mas sim a exigência de "três anos de atividade jurídica" ao bacharel em direito** (CF, art. 93, I). 5. O limite de 50 anos de idade para ingresso em cargo de magistrado **não guarda correlação com a natureza do cargo** e destoa do critério a que a Constituição adotou para a composição dos Tribunais Superiores, Tribunais Regionais Federais e Tribunais Regionais do Trabalho. (...)" **(ADI 5329/DF; Relator: Min. MARCO AURÉLIO; Redator do acórdão: Min. ALEXANDRE DE MORAES: Julgamento: 15/12/2020; Órgão Julgador: Tribunal Pleno)**

Esse entendimento também foi adotado pelo STF na **ADI 6801**, julgada em 23/11/2021, na qual o Tribunal, utilizando os mesmos fundamentos, declarou a inconstitucionalidade de norma contida em lei estadual (mais precisamente, uma lei complementar) que estabelecia limites etários mínimo e máximo para ingresso na carreira da magistratura.

Por fim, importante registrar a seguinte diferença entre vitaliciedade e estabilidade: a perda do cargo em que já se adquiriu a vitaliciedade só pode ocorrer por decisão judicial transitada em julgado, isto é, após o vitaliciamento, não há possibilidade de perda administrativa do cargo (o que apenas é possível antes do vitaliciamento). Já o cargo efetivo, mesmo após atingida a estabilidade, pode ser perdido tanto por decisão judicial quanto por decisão administrativa.

▶ Inamovibilidade

A inamovibilidade também significa duas coisas:

1) Qualquer remoção de membro do Poder Judiciário deve, em regra, ser voluntária. Remoção é a mudança de um agente de um órgão público para outro. A remoção pode ser classificada em voluntária ou compulsória, e a remoção voluntária pode ser unilateral (ou a pedido) ou bilateral (ou por permuta). A remoção compulsória, evidentemente, não depende de vontade, é uma sanção administrativa (de média gravidade, não sendo tão branda quanto a advertência nem tão grave quanto a demissão). Já a remoção voluntária é aquela que depende de vontade, podendo envolver uma única vontade (remoção voluntária unilateral ou a pedido) ou duas vontades (remoção voluntária bilateral ou por permuta).

2) É possível a remoção compulsória de membro do Poder Judiciário em **um caso**, no qual a CF/88 impõe duas condições, uma formal e uma material. É uma situação que raramente se verifica na prática. A remoção compulsória, como visto, é uma sanção administrativa de média gravidade por conta da prática de uma infração administrativa também de média gravidade. Para ocorrer a remoção compulsória de membro do Poder Judiciário, a condição material é a existência de interesse público, não podendo ser adotada essa medida por motivo diverso, e a condição formal é que esse interesse público seja aferido pela maioria absoluta de órgão colegiado pertencente ao Poder Judiciário (que pode ser o próprio Tribunal ou o CNJ), com observância do contraditório e da ampla defesa (que são garantias de todos, inclusive, dos membros do Poder Judiciário), tudo conforme consta do art. 93, VIII, da CF/88. Sem a presença dessas condições, não é possível a remoção compulsória.

> "**Art. 93, CF/88.** Lei complementar, de iniciativa do Supremo Tribunal Federal, disporá sobre o Estatuto da Magistratura, observados os seguintes princípios:
>
> (...)
>
> **VIII - o ato de remoção ou de disponibilidade do magistrado, por interesse público, fundar-se-á em decisão por voto da maioria absoluta do respectivo tribunal ou do Conselho Nacional de Justiça, assegurada ampla defesa;**
>
> (...)"

→ *A possibilidade de permuta dentro da magistratura (EC 130/2023)*

Desde a EC 45/04, o art. 93, VIII-A, da CF/88 previa a possibilidade de remoção de magistrado a pedido e de permuta entre magistrados vinculados ao mesmo tribunal. Não havia, no entanto, previsão constitucional de permuta entre magistrados vinculados a tribunais diferentes.

Em virtude disso, o Conselho Nacional de Justiça (CNJ) chegou a decidir pela impossibilidade da permuta entre juízes vinculados a Tribunais de Justiça distintos, porque isso representaria uma violação à regra constitucional de aprovação em concurso público (art. 37, II, CF/88), tendo em vista que, embora o Poder Judiciário tenha caráter nacional, não existe no Brasil uma carreira única da magistratura, mas diversas carreiras, nas quais o ingresso depende de aprovação em concurso público próprio (por exigência da regra constitucional do concurso público). Essa decisão foi tomada no **Pedido de Providências nº 465/2006**.

Nas exatas palavras do CNJ, *"**cada ramo da Justiça brasileira constitui carreira autônoma**, cujo provimento, em regra, se dará por concurso público, salvo as hipóteses excepcionais de investidura político-constitucional. (...) **Não há um único Poder Judiciário Estadual**, mas sim, existe a Justiça Estadual como um dos importantes ramos da Justiça Brasileira, exercida pelos Tribunais de Justiça Estaduais e por seus juízes vinculados administrativamente, **sem que haja qualquer vaso comunicante administrativo ou jurisdicional entre eles**. (...) Impossibilidade de remoção por permuta de magistrados pertencentes a Poderes Judiciários estaduais diversos, mesmo com a concordância dos respectivos Tribunais de Justiça, por corresponder à transferência, ou seja, forma de ingresso em carreira diversa daquela para a qual o servidor público ingressou por concurso, **hipótese absolutamente vedada pelo artigo 37, inciso II, do texto constitucional**"*.

Posteriormente, o Supremo Tribunal Federal também decidiu pela impossibilidade de realização de permuta entre juízes vinculados a tribunais distintos, mais precisamente, quando essa permuta é prevista em norma estadual. Isso ocorreu na **ADI 6782**, julgada em 06/03/2023.

Nessa oportunidade, o STF declarou a inconstitucionalidade de uma lei estadual que previa a possibilidade de juízes do respectivo Tribunal de Justiça realizarem permuta com juízes vinculados a outros Tribunais de Justiça. Na fundamentação da decisão, a Corte fez referência ao que já havia sido decidido pelo CNJ no Pedido de Providências 465/2006 (que vimos acima), além de ter esclarecido que uma lei estadual sobre o tema viola a competência legislativa da União, pois, nos termos do art. 93 da CF/88, o regime jurídico da magistratura deve ser disciplinado em lei complementar nacional de iniciativa privativa do Supremo Tribunal Federal. Essa lei é a lei veiculadora do Estatuto da Magistratura, mas até hoje não foi editada, de modo que a norma que vem desempenhando o papel do Estatuto da Magistratura até os dias atuais é a LOMAN – Lei Orgânica da Magistratura Nacional (a Lei Complementar 35/79), na qual não há previsão de permuta entre juízes vinculados a diferentes tribunais.

Ocorre que, em 2023, houve uma **novidade** nesse tema, por conta da aprovação da **EC 130**, que alterou o inciso VIII-A do art. 93 da CF/88 e incluiu o inciso VIII-B nesse mesmo artigo.

Com as alterações promovidas pela **EC 130/2023**, o art. 93 da CF/88 passou a prever, no seu inciso VIII-B, **a possibilidade de permuta entre Juízes (e Desembargadores) pertencentes a tribunais diferentes**, desde que dentro do mesmo "ramo" de Justiça e que se trate de magistrados de mesmo grau de jurisdição e da mesma entrância (portanto, juiz de primeiro grau e de primeira entrância só pode permutar com juiz de primeiro grau e de primeira entrância, assim como juiz de segundo grau – ou Desembargador – apenas pode permutar com juiz de segundo grau).

Além disso, essa possibilidade de permuta, nos termos do texto do art. 93, VIII-B, da CF/88, **restringe-se às Justiças Estadual Comum, Federal Comum e do Trabalho**, o que exclui, pelo menos de acordo com a literalidade do dispositivo constitucional, as Justiças Militar e Eleitoral.

Portanto, desde a **EC 130/2023**, passou a ser possível, no âmbito da magistratura, a permuta entre magistrados vinculados a tribunais diferentes, exigindo-se, para isso, tão somente que os magistrados envolvidos pertençam a **tribunais integrantes do mesmo "ramo" de Justiça** (desde que se trate da Justiça Estadual Comum, da Justiça Federal Comum ou da Justiça do Trabalho) e que eles (os juízes que pretendem realizar a permuta) atuem no **mesmo grau de jurisdição** e na **mesma entrância**.

Veja o teor do art. 93, VIII-A e VIII-B, da CF/88:

> "**Art. 93, CF/88.** Lei complementar, de iniciativa do Supremo Tribunal Federal, disporá sobre o Estatuto da Magistratura, observados os seguintes princípios:
>
> (...)
>
> VIII-A - a remoção a pedido de magistrados de comarca de igual entrância atenderá, no que couber, ao disposto nas alíneas "a", "b", "c" e "e" do inciso II do caput deste artigo e no art. 94 desta Constituição; **(Redação dada pela EC 130/2023)**
>
> VIII-B - a permuta de magistrados de comarca de igual entrância, quando for o caso, e dentro do mesmo segmento de justiça, inclusive entre os juízes de segundo grau, vinculados a diferentes tribunais, na esfera da justiça estadual, federal ou do trabalho, atenderá, no que couber, ao disposto nas alíneas "a",

> "b", "c" e "e" do inciso II do caput deste artigo e no art. 94 desta Constituição; **(Incluído pela EC 130/2023)**
> (...)"

Irredutibilidade de subsídio

A irredutibilidade de subsídio também significa duas coisas:

1) A retribuição pecuniária paga aos magistrados não se submete ao regime de vencimentos (que alguns chamam simplesmente de remuneração, sendo esta composta por vencimento base e outras parcelas), mas sim ao regime de subsídio. É importante lembrar que subsídio, hoje, tem conceito fixado pela CF/88, em seu art. 39, § 4º (redação dada pela EC 19/98) c/c o art. 37, § 11 (redação dada pela EC 47/05). De acordo com o art. 39, § 4º, da CF/88, subsídio é retribuição pecuniária fixada em parcela única, sendo vedado o acréscimo de qualquer outra espécie remuneratória (embora isso sofra temperamentos pela jurisprudência). Ou seja, subsídio é um só valor, sendo vedado o acréscimo de qualquer outra espécie remuneratória. Isso, porém, gerou algumas injustiças: servidores públicos em situações distintas passaram a perceber valor igual. Para corrigir essa injustiça foi introduzido o § 11 no art. 37 da CF/88, trazendo a seguinte exceção: ficam ressalvadas as parcelas indenizatórias, que podem ser acrescidas ao subsídio, além de poderem, inclusive, ultrapassar o teto remuneratório.

> "**Art. 39, § 4º, CF/88.** O membro de Poder, o detentor de mandato eletivo, os Ministros de Estado e os Secretários Estaduais e Municipais serão remunerados exclusivamente por subsídio fixado em parcela única, vedado o acréscimo de qualquer gratificação, adicional, abono, prêmio, verba de representação ou outra espécie remuneratória, obedecido, em qualquer caso, o disposto no art. 37, X e XI."
>
> "**Art. 37, § 11, CF/88.** Não serão computadas, para efeito dos limites remuneratórios de que trata o inciso XI do *caput* deste artigo, as parcelas de caráter indenizatório previstas em lei."

2) Quando se fala em irredutibilidade, a doutrina contemporânea entende que isso não impõe somente uma obrigação de não fazer, mas também uma obrigação de fazer. Os autores tradicionais enxergavam na irredutibilidade apenas uma obrigação negativa, mas os autores contemporâneos enxergam nela, além de uma obrigação negativa, também uma obrigação positiva, especialmente em Estados que sofrem com processos inflacionários, como é o caso do Brasil. A obrigação negativa é a não redução do valor nominal (o valor nominal total não pode ser reduzido, sob pena de afrontar a garantia em tela). Já a obrigação positiva é a concessão periódica de reajustes, para a conservação do valor real, do poder de compra, para a recuperação de perdas inflacionárias. Dessa forma, seria atentatório contra essa garantia tanto o fato de o valor ser diminuído quanto o fato de o valor ser mantido inalterado durante longo lapso temporal (o que levaria o poder aquisitivo a ser corroído pela inflação).

No entanto, a jurisprudência pacificada no Supremo Tribunal Federal é no sentido de que **a irredutibilidade remuneratória assegura, tão somente, que o valor nominal da contraprestação pecuniária não seja reduzido**, o que não garante reajustes para combater a corrosão do valor da moeda.

Envolvendo a garantia da irredutibilidade de subsídio, o STF, no **RE 597.396** (Tema de Repercussão Geral nº 690, j. 16/09/2020), tratando sobre a Lei 1.711/52 (que era o Estatuto dos Funcionários Públicos Civis da União antes da Lei 8.112/90), fixou tese segundo a qual *"é inconstitucional o pagamento do adicional de 20% previsto no art. 184, II, da Lei 1.711/1952 a desembargadores, após a adoção do subsídio como forma remuneratória. A supressão do adicional não pode representar decesso remuneratório, em face do princípio constitucional da irredutibilidade de vencimentos, hipótese em que a parcela deve ser absorvida por reajustes salariais futuros"*.

→ *Aplicação do mesmo "teto remuneratório" para os magistrados federais e estaduais*

Como vimos no início do capítulo, o Poder Judiciário é marcado pelo seu caráter nacional e unitário.

E foi justamente com fundamento no caráter nacional e unitário do Poder Judiciário que o Supremo Tribunal Federal, nas **ADIs 3854 e 4014**, decidiu que o teto remuneratório dos magistrados deve ser o mesmo em todo o País, não sendo possível haver distinção entre juízes estaduais e juízes federais.

Como assim?

O atual regime constitucional do limite remuneratório no serviço público foi estabelecido pelas ECs 41/03 e 47/05. Esta incluiu o § 12 no art. 37 da CF/88, enquanto aquela modificou a redação do inciso XI do *caput* desse mesmo artigo.

Essas emendas, ao estabelecerem a atual disciplina constitucional da matéria, fixaram como teto do Poder Judiciário no âmbito dos Estados o subsídio de Desembargador do Tribunal de Justiça, limitado a 90,25% do subsídio de Ministro do Supremo Tribunal Federal. Esse mesmo teto remuneratório, no entanto, não foi previsto para a magistratura federal, o que gerou o questionamento sobre a possibilidade desse tratamento diferenciado, tendo em vista o princípio da isonomia e o caráter nacional e unitário do Poder Judiciário.

Confira o teor do art. 37, XI, e § 12, da CF/88 de acordo com as alterações promovidas pelas ECs 41/03 e 47/05:

> "**Art. 37, CF/88.**
>
> (...)
>
> XI - a remuneração e o subsídio dos ocupantes de cargos, funções e empregos públicos da administração direta, autárquica e fundacional, dos membros de qualquer dos Poderes da União, dos Estados, do Distrito Federal e dos Municípios, dos detentores de mandato eletivo e dos demais agentes políticos e os proventos, pensões ou outra espécie remuneratória, percebidos cumulativamente ou não, incluídas as vantagens pessoais ou de qualquer outra natureza, não poderão exceder o subsídio mensal, em espécie, dos Ministros do

Supremo Tribunal Federal, aplicando-se como limite, nos Municípios, o subsídio do Prefeito, e nos Estados e no Distrito Federal, o subsídio mensal do Governador no âmbito do Poder Executivo, o subsídio dos Deputados Estaduais e Distritais no âmbito do Poder Legislativo e **o subsídio dos Desembargadores do Tribunal de Justiça, limitado a noventa inteiros e vinte e cinco centésimos por cento do subsídio mensal, em espécie, dos Ministros do Supremo Tribunal Federal, no âmbito do Poder Judiciário**, aplicável este limite aos membros do Ministério Público, aos Procuradores e aos Defensores Públicos;

(...)

§ 12 Para os fins do disposto no inciso XI do *caput* deste artigo, fica facultado aos Estados e ao Distrito Federal fixar, em seu âmbito, mediante emenda às respectivas Constituições e Lei Orgânica, como limite único, **o subsídio mensal dos Desembargadores do respectivo Tribunal de Justiça, limitado a noventa inteiros e vinte e cinco centésimos por cento do subsídio mensal dos Ministros do Supremo Tribunal Federal**, não se aplicando o disposto neste parágrafo aos subsídios dos Deputados Estaduais e Distritais e dos Vereadores."

Nas ações ajuizadas para discutir a questão, as normas impugnadas foram o próprio art. 37, XI, e § 12, da CF/88 (com as alterações promovidas pelas ECs 41/03 e 47/05), o art. 2º da Resolução 13/2006 do CNJ e o art. 1º, parágrafo único, da Resolução 14/2003 do CNJ. Essas resoluções regulamentaram a aplicação do art. 37, XI, e § 12, da CF/88 no âmbito do Poder Judiciário.

Em 28/02/2007, foi deferida medida cautelar estabelecendo que o teto remuneratório dos magistrados estaduais deve ser o mesmo dos magistrados federais, qual seja, 100% do subsídio de Ministro do Supremo Tribunal Federal. Ao fixar esse entendimento, o STF diferenciou **"teto de remuneração"** (ou **"teto remuneratório"**) de **"teto de subsídio"** (que foi chamado pelo Min. Gilmar Mendes de **"subteto de subsídio"**), e decidiu da seguinte forma:

a) Nos termos do art. 93, V, da CF/88, o subsídio mensal dos magistrados não vinculados aos tribunais superiores não pode ultrapassar 95% do subsídio de Ministro de tribunal superior. Acontece que, também de acordo com esse dispositivo constitucional, o subsídio de Ministro de tribunal superior corresponde a 95% do subsídio de Ministro do STF, o que significa que o subsídio dos magistrados não vinculados aos tribunais superiores não pode ultrapassar **90,25% do subsídio de Ministro do Supremo Tribunal Federal**. Esse limite é o **"teto de subsídio"** da magistratura, e se aplica tanto em âmbito federal quanto em âmbito estadual.

b) Nos termos da literalidade do art. 37, XI, e § 12, da CF/88, o limite remuneratório dos magistrados estaduais é o subsídio de Desembargador do Tribunal de Justiça, que não pode ser superior a 90,25% do subsídio de Ministro do Supremo Tribunal Federal. Esse é o **"teto remuneratório"** estabelecido pelo texto constitucional (na redação dada pelas ECs 41/03 e 47/05) apenas para os magistrados estaduais, sem alcançar os magistrados federais, os quais, por conta disso, foram contemplados com "teto remuneratório" equivalente a 100% do subsídio de Ministro do Supremo Tribunal Federal.

c) Embora, conforme determina o art. 93, V, da CF/88, o "teto de subsídio" seja o mesmo para os magistrados federais e estaduais (qual seja, 90,25% do subsídio de Ministro do STF), o "teto remuneratório" fixado pelas ECs 41/03 e 47/05 não foi o mesmo. Isso porque, para os magistrados estaduais o "teto remuneratório" foi fixado como equivalente ao seu "teto de subsídio", enquanto, para os magistrados federais, o "teto remuneratório" ficou correspondente a 100% do subsídio de Ministro do STF. Como consequência disso, os magistrados federais poderiam somar aos seus subsídios mensais outras parcelas remuneratórias lícitas acumuláveis (desde que observado o limite máximo do subsídio de Ministro do STF), enquanto os magistrados estaduais não poderiam fazer a mesma coisa. Essa situação, portanto, ofenderia a **cláusula pétrea da isonomia** (art. 5º, *caput* e I, da CF/88).

d) Considerando que a distinção de tratamento trazida pelas ECs 41/03 e 47/05 ofendeu a isonomia e que o Poder Judiciário é uno, o STF interpretou as modificações feitas pelas referidas emendas (que, por serem obra do poder constituinte derivado, devem respeitar as cláusulas pétreas) no sentido de que o limite remuneratório deve ser o mesmo para todos os magistrados, de modo que, assim como ocorre com os juízes federais, os juízes dos Estados podem ter remuneração que corresponda a até 100% do subsídio de Ministro do Supremo Tribunal Federal. Dessa forma, tal qual ocorre com os magistrados federais, é possível que os magistrados estaduais recebam, cumulativamente com seus subsídios mensais, eventuais parcelas remuneratórias lícitas a que venham a fazer jus, desde que seja respeitado o limite máximo de 100% do subsídio de Ministro do STF.

O mérito das ações foi julgado em **04/12/2020**, e, nessa oportunidade, o Supremo Tribunal Federal confirmou o entendimento adotado na cautelar, de modo que, nos moldes que vimos acima, deve ser aplicado a todos os magistrados do País (federais e estaduais) o mesmo limite remuneratório, que é o subsídio de Ministro do Supremo Tribunal Federal. Isso, no entanto, segundo a Corte, não significa assegurar a todos os membros da magistratura o direito de receberem idêntico subsídio, pois essa questão deve ser definida por cada ente federado de acordo com as suas capacidades financeiras.

No julgamento final foram reiterados o caráter unitário do Poder Judiciário e a violação à isonomia decorrente do tratamento diferenciado nessa questão. Segundo o Min. Gilmar Mendes (Relator), o art. 93, V, da CF/88 deixa claro o caráter nacional do Poder Judiciário brasileiro, ao estabelecer o mesmo regime remuneratório (inclusive, com o mesmo escalonamento de subsídios) para todos os magistrados do País, sem fazer qualquer distinção.

> **"Art. 93, V, CF/88 -** o subsídio dos Ministros dos Tribunais Superiores corresponderá a noventa e cinco por cento do subsídio mensal fixado para os Ministros do Supremo Tribunal Federal e os subsídios dos demais magistrados serão fixados em lei e escalonados, em nível federal e estadual, conforme as respectivas categorias da estrutura judiciária nacional, não podendo a diferença entre uma e outra ser superior a dez por cento ou inferior a cinco por cento, nem exceder a noventa e cinco por cento do subsídio mensal dos Ministros dos Tribunais Superiores, obedecido, em qualquer caso, o disposto nos arts. 37, XI, e 39, § 4º;"

Assim, o Tribunal conferiu interpretação conforme ao art. 37, XI, e § 12, da CF/88 nas redações dadas pelas ECs 41/03 e 47/05 e declarou a inconstitucionalidade dos dispositivos das resoluções do CNJ que regulamentavam a questão sem observar a necessidade de aplicação de igual limite remuneratório para toda a magistratura nacional.

→ ***Os membros do Poder Judiciário gozam da garantia de reajuste automático do subsídio?***

Já que estamos estudando a garantia da irredutibilidade de subsídio dos magistrados, é interessante esclarecer uma questão: **sempre que é alterado o valor do subsídio mensal do cargo de Ministro do STF, os subsídios correspondentes aos demais cargos da magistratura nacional podem ser automaticamente alterados na mesma proporção, observando um escalonamento remuneratório?** Por exemplo, o subsídio de Desembargador de Tribunal de Justiça deve, automaticamente, ser reajustado para corresponder a 90,25% do subsídio de Ministro do STF sempre que este último sofre reajuste?

É bastante difundida a ideia de que esse reajuste automático é assegurado pela CF/88, tendo em vista algumas disposições do texto constitucional, como, por exemplo, a que prevê como limite para o subsídio de Desembargador de TJ o equivalente a 90,25% do subsídio mensal de Ministro do STF (art. 37, XI, CF/88). Porém, a resposta correta a essa pergunta é: **não**.

Embora seja possível encontrar disposições legais estaduais autorizando essa prática pelos Tribunais, o Supremo Tribunal Federal já se manifestou no sentido de que é vedada, pelo art. 37, XIII, da CF/88 qualquer vinculação remuneratória no serviço público, o que abrange todo e qualquer agente público, inclusive, os membros de Poder (como é o caso dos magistrados). Ademais, o art. 93, V, da CF/88 expressamente exige lei para estabelecer o valor do subsídio dos magistrados, exigência que a CF/88 faz, inclusive, para todo o funcionalismo público, no art. 37, X. Vejamos:

> "**Art. 37, CF/88.** A administração pública direta e indireta de qualquer dos Poderes da União, dos Estados, do Distrito Federal e dos Municípios obedecerá aos princípios de legalidade, impessoalidade, moralidade, publicidade e eficiência e, também, ao seguinte:
>
> (...)
>
> X - a remuneração dos servidores públicos e o subsídio de que trata o § 4º do art. 39 **somente poderão ser fixados ou alterados por lei específica**, observada a iniciativa privativa em cada caso, assegurada revisão geral anual, sempre na mesma data e sem distinção de índices;
>
> (...)
>
> **XIII** - é **vedada a vinculação ou equiparação** de quaisquer espécies remuneratórias para o efeito de remuneração de pessoal do serviço público;"
>
> "**Art. 93, CF/88.** Lei complementar, de iniciativa do Supremo Tribunal Federal, disporá sobre o Estatuto da Magistratura, observados os seguintes princípios:
>
> (...)
>
> V - o subsídio dos Ministros dos Tribunais Superiores corresponderá a noventa e cinco por cento do subsídio mensal fixado para os Ministros do Supremo Tribunal Federal e **os subsídios dos demais magistrados serão fixados em lei** e escalonados, em nível federal e estadual, conforme as respectivas categorias

da estrutura judiciária nacional, não podendo a diferença entre uma e outra ser superior a dez por cento ou inferior a cinco por cento, nem exceder a noventa e cinco por cento do subsídio mensal dos Ministros dos Tribunais Superiores, obedecido, em qualquer caso, o disposto nos arts. 37, XI, e 39, § 4º;"

Como se pode perceber, o art. 93, V, da CF/88 traz uma única vinculação remuneratória: o subsídio de Ministro de Tribunal Superior, que deve sempre corresponder a 95% do subsídio de Ministro do STF. Assim, por força do texto constitucional, sempre que há alteração no valor do subsídio mensal de Ministro da Suprema Corte, o valor do subsídio mensal de Ministro de Tribunal superior é automaticamente alterado na mesma proporção. **Em relação aos demais magistrados, há vedação constitucional de vinculação remuneratória**, de modo que é necessário editar nova lei reajustando seus subsídios para que acompanhem a revalorização conferida aos subsídios dos membros do STF, sendo-lhes garantido apenas que se observem os limites máximo (10%) e mínimo (5%) do escalonamento remuneratório entre os níveis da carreira e o "teto constitucional" (art. 37, XI, CF/88), conforme decorre do art. 37, XIII, e do próprio art. 93, V, ambos da CF/88, tal qual vimos acima.

Como consequência disso, não podem os tribunais, por atos administrativos próprios (atos esses que possuem caráter normativo), alterar o valor do subsídio pago aos magistrados que lhes sejam vinculados, com base na alteração do valor do subsídio mensal de Ministro do Supremo Tribunal Federal, por dois motivos: I) a vinculação em questão é vedada pela CF/88; e II) a CF/88, como regra, exige lei em sentido formal para a fixação da remuneração dos magistrados.

Nesse exato sentido, decidiu o Pleno do Supremo Tribunal Federal, ao julgar, por unanimidade, a **AO 969**, declarando a inconstitucionalidade de ato administrativo de Tribunal que reajustou os subsídios de seus membros, como consta, claramente, do voto do Ministro Relator do caso:

> "(...) Vê-se, pois, que o valor devido aos Ministros do Supremo Tribunal Federal representava apenas um limite máximo, não sendo criada nem autorizada qualquer espécie de vinculação ou equiparação, prevista apenas entre as categorias da mesma carreira.
>
> **É por isso que, diante da regra constitucional que veda a vinculação de vencimentos, seja na ordem atual, seja na anterior à EC 19/98, não há falar em direito dos autores em ter seus vencimentos corrigidos de acordo com o mesmo percentual aplicado à remuneração dos Ministros do Supremo Tribunal Federal.**
>
> Além disso, a pretensão do requerente encontra óbice no art. 96, II, ***b***, da Carta da República, que prevê **reserva legal** para se fixar a remuneração dos membros do Poder Judiciário, sendo inconstitucional qualquer alteração concedida por meio de resoluções administrativas dos tribunais, não só por entender-se que os aumentos equivalem a nova fixação de vencimentos, mas também porque as despesas decorrentes dos reajustes só serão possíveis se houver prévia dotação orçamentária suficiente para atender às suas projeções (Cf. ADI 2098-AL, Ilmar Galvão, DJ 14/12/01).
>
> Por fim, anoto que os autores parte da premissa de que a Lei 7722/89, que dispõe sobre a remuneração dos Ministros do TST e Juízes do Trabalho, regulamenta o inciso V do art. 93 da Constituição Federal. Ocorre que esta Corte já decidiu em

sentido contrário, conforme bem explicitado no voto proferido pelo Ministro Pertence no julgamento da ADIMC 1899, Celso de Mello, DJ 14/10/98, *verbis*:

"O ato parte de uma premissa: a de que a Lei nº 7722, ao estabelecer determinados percentuais entre as diversas categorias da estrutura judiciária da União, teria regulamentado o art. 93, V, de modo a vincular as legislações futuras à observância desse percentual.

A meu ver é patente que o art. 93, V, independe de qualquer regulamentação (...). A Lei 7722/89, seguramente, não pretendeu ser esse regulamento não só dispensável mas inadmissível. ***A Constituição não admite lei que, a título de regulamentar o art. 93, V, pretendesse manter para o futuro determinado percentual entre as categorias, dado que incidiria fatalmente na censura do art. 37, XIII, da redação original da Constituição, que sobreviveu à reforma, proibitivo de vinculações, como já temos decidido mesmo em relação aos vencimentos cobertos pela norma do art. 93, V.*** *Chegamos, creio que no regime constitucional decaído, a declarar* ***inconstitucional lei ou regra da Constituição do Estado do Piauí, que fixava para os seus desembargadores um percentual dos vencimentos dos Ministros do Supremo****".*

Assim sendo, nenhuma razão assiste aos autores, diante do **óbice à vinculação na extensão pretendida e em face da exigência de lei em seu sentido formal, para se poder, de qualquer forma, aumentar o valor da remuneração dos magistrados.**

(...)"

Esse entendimento, aliás, foi reafirmado pelo Supremo Tribunal Federal em outras oportunidades, englobando, inclusive, **outras carreiras além da magistratura, como os membros do Ministério Público e dos Tribunais de Contas**.

Foi o que ocorreu na **ADI 7264** (j. 22/05/2023), na qual foram impugnadas leis estaduais (mais precisamente, leis do Estado do Tocantins) que estabeleciam vinculação entre o subsídio de Ministro do STF e os subsídios dos membros do Tribunal de Justiça, do Ministério Público e do Tribunal de Contas do respectivo Estado. Segundo essas leis, o subsídio dos referidos cargos seria, no nível mais alto da carreira, equivalente a 90,25% do subsídio de Ministro do STF e sofreria um escalonamento de nível para nível, com redução de 5% entre eles até chegar ao nível mais baixo da carreira.

O Supremo Tribunal Federal, reiterando a sua jurisprudência (que é aplicável a qualquer cargo público, e não apenas à magistratura, ao Ministério Público e aos Tribunais de Contas), decidiu que essa vinculação remuneratória entre cargos de diferentes carreiras (no caso, entre os mencionados cargos estaduais e o cargo de Ministro do STF) é inconstitucional, por violar o art. 37, X e XIII, da CF/88. Isso porque o art. 37, X, da CF/88 exige lei formal para a fixação de remunerações no serviço público e o art. 37, XIII, da CF/88 veda expressamente qualquer vinculação remuneratória no serviço público. Esses dispositivos ficam violados em um cenário de vinculação entre remunerações de diferentes carreiras, pois, nesse caso, além de ser desrespeitada a própria proibição de vinculação remuneratória, ocorrem modificações nas remunerações dos cargos envolvidos sem que haja a edição de lei alterando essas remunerações.

Ademais, a vinculação remuneratória entre diferentes cargos viola também o art. 39, § 1º, da CF/88, que estabelece que a fixação da remuneração no serviço público deve observar as peculiares de cada cargo (como o seu grau de responsabilidade, os requisitos de investidura etc.), o que não é observado quando há vinculação entre remunerações, pois, nesse caso, os valores das remunerações dos cargos envolvidos são alterados de forma automática sem se levar em conta os elementos mencionados no art. 39, § 1º, da CF/88.

O STF, porém, fez **duas ressalvas**, que ele, inclusive, já havia reconhecido em precedentes anteriores:

I) Não há inconstitucionalidade na **equiparação remuneratória entre juízes de direito e auditores do Tribunal de Contas ou entre Desembargadores do Tribunal de Justiça e Conselheiros do Tribunal de Contas**, tendo em vista que a própria CF/88 assegura essa equiparação nos arts. 73, § 4º, e 75, que dão aos integrantes dos Tribunais de Contas (da União e dos Estados) as mesmas vantagens e remuneração da magistratura. O STF decidiu nesse sentido, por exemplo, na **ADI 6953** (j. 22/09/2022).

II) Não há inconstitucionalidade na **vinculação remuneratória interna em cada carreira**, que nada mais é do que o escalonamento remuneratório entre os diferentes níveis funcionais de uma mesma carreira. Por isso, é válida, por exemplo, a previsão legal, na magistratura, de que o juiz de entrância final tem subsídio 5% menor do que o subsídio de Desembargador, o juiz de entrância intermediária tem subsídio 5% menor do que o subsídio de juiz de entrância final e assim por diante). E esse entendimento **também se aplica ao escalonamento remuneratório, no âmbito do Tribunal de Contas, entre os cargos de Conselheiro e de Auditor**, tendo em vista que ambos desempenham, basicamente, as mesmas funções, conforme decidido pelo STF na **ADI 6945** (j. 22/08/2022).

Por fim, o STF, de forma bastante pragmática e criativa, decidiu que a norma que estabelece uma vinculação remuneratória entre diferentes cargos deve ser interpretada no sentido de que a vinculação remuneratória por ela estabelecida consiste tão somente na fixação, uma única vez (mais precisamente, no momento da entrada em vigor da lei), do valor nominal da remuneração do cargo ao qual se refere, sem autorizar reajustes automáticos posteriores. Para haver novos reajustes, é necessário haver a edição de novas leis alterando o valor da remuneração do cargo em cada caso.

Com esses fundamentos, o Supremo Tribunal Federal fixou a seguinte tese:

> "1) É inconstitucional, por **violação ao art. 37, X e XIII, e ao art. 39, § 1º, da CF**, a vinculação de remunerações de carreiras pertencentes a entes federativos distintos ao subsídio de Ministros do Supremo Tribunal Federal;
>
> 2) A previsão legal que fixe subsídio em percentual determinado de um cargo paradigma **deve ser interpretada conforme à Constituição, considerando-se como base o valor vigente no momento de publicação da lei impugnada**, vedados reajustes automáticos posteriores;
>
> 3) Não ofende a Constituição o escalonamento de vencimentos entre cargos estruturados na **mesma carreira pública ou entre conselheiros e auditores de Contas.**" **(ADI 7264, Pleno, Rel. Min. ROBERTO BARROSO, j. 22/05/2023)**

→ *Norma estadual pode criar vantagem remuneratória para a magistratura?*

Na **ADI 2952** (j. 03/04/2023), o Supremo Tribunal Federal enfrentou a seguinte questão: uma norma estadual (no caso, tratava-se de uma lei do Estado do Rio de

Janeiro) pode criar, para a magistratura local, uma vantagem remuneratória que não esteja prevista no Estatuto da Magistratura (que, atualmente, é a Lei Complementar 35/79, a LOMAN – Lei Orgânica da Magistratura Nacional)?

A verba criada pela norma em questão era um adicional de permanência (que não se confundia com o abono de permanência devido aos servidores que podem se aposentar) pago a juízes que contassem com mais de 30 (trinta) anos de serviço. Esse adicional era de 5% da remuneração para cada ano que superasse os 30 (trinta) anos de serviço, ficando limitado ao máximo de 5 (cinco) anos.

Segundo decidiu o Supremo Tribunal Federal, é inconstitucional a criação, para magistrados, de vantagens que não estejam previstas na LOMAN (que é a lei que atualmente desempenha o papel do Estatuto da Magistratura no nosso ordenamento jurídico), de modo que o adicional de permanência criado pela lei do Estado do Rio de Janeiro é inválido.

Isso porque a magistratura se submete, em todo o País, a um regime jurídico único, o qual é definido, segundo o art. 93, *caput*, da CF/88, por lei complementar de abrangência nacional cuja iniciativa é privativa do Supremo Tribunal Federal. Essa lei complementar, segundo o art. 93 da CF/88, veicula o Estatuto da Magistratura, que atualmente é a LOMAN, por não ter sido editada nova lei complementar sobre o assunto após a entrada em vigor da CF/88.

A LOMAN, no seu art. 65, traz a lista de vantagens que podem ser pagas aos magistrados, e, segundo o STF, essa lista é **taxativa**, o que impede que sejam pagas à magistratura vantagens que não estejam nela previstas. E, como a competência legislativa para tratar da questão é privativa da União, por meio de lei complementar de iniciativa do Supremo Tribunal Federal, não pode uma lei estadual ou mesmo uma lei ordinária federal ampliar o rol do art. 65 da LOMAN e prever o pagamento aos magistrados de vantagem não prevista nesse rol.

Inclusive, o próprio art. 65 da LOMAN, no seu § 2º, veda o pagamento aos magistrados de vantagens não previstas na sua lista taxativa.

Veja o teor do art. 65 da LOMAN:

"**Art. 65, LC 35/79** - Além dos vencimentos, poderão ser outorgadas aos magistrados, nos termos da lei, **as seguintes vantagens**:

I - ajuda de custo, para despesas de transporte e mudança;

II - ajuda de custo, para moradia, nas localidades em que não houver residência oficial à disposição do Magistrado.

III - salário-família;

IV - diárias;

V - representação;

VI - gratificação pela prestação de serviço à Justiça Eleitoral;

VII - gratificação pela prestação de serviço à Justiça do Trabalho, nas Comarcas onde não forem instituídas Juntas de Conciliação e Julgamento;

VIII - gratificação adicional de cinco por cento por qüinqüênio de serviço, até o máximo de sete;

IX - gratificação de magistério, por aula proferida em curso oficial de preparação para a Magistratura ou em Escola Oficial de Aperfeiçoamento de

> Magistrados (arts. 78, § 1º, e 87, § 1º), exceto quando receba remuneração específica para esta atividade;
>
> X - gratificação pelo efetivo exercício em Comarca de difícil provimento, assim definida e indicada em lei.
>
> **§ 1º** - A verba de representação, salvo quando concedida em razão do exercício de cargo em função temporária, integra os vencimentos para todos os efeitos legais.
>
> **§ 2º** - É **vedada a concessão de adicionais ou vantagens pecuniárias não previstas na presente Lei**, bem como em bases e limites superiores aos nela fixados.

Nos termos do voto do Min. Gilmar Mendes (relator do caso), *"a LOMAN, especificamente em seu art. 65, enumera as vantagens que podem ser concedidas aos magistrados, verbis:*

(...)

No § 2º, como se pode constatar, está prevista a vedação da concessão de adicionais ou vantagens pecuniárias não prescritas na LOMAN, bem como em bases e limites superiores aos nela fixados. Como bem ressaltado na peça inicial, a norma do art. 65 da LOMAN é numerus clausus, ***sendo proibido ao legislador ordinário, federal ou estadual, bem como aos tribunais, quando da confecção do regimento interno, suprimir ou instituir novos benefícios aos magistrados.***

A natureza taxativa do rol de direitos e vantagens dos magistrados, *disposto no art. 65 da LOMAN,* ***tem sido confirmada pela jurisprudência deste Supremo Tribunal Federal,*** *em diversos julgados (...).*

Ressalte-se, ainda, que, como decidido no julgamento da AO 4995/DF, a expressão "adicionais ou vantagens pecuniárias", objeto de vedação do art. 65, § 2º, da LC 35/79, ***deve ser entendida como todo e qualquer acréscimo pago ao magistrado, seja de que natureza for, inclusive indenizatória*** *(AO 499-5/DF, Rel. Min. Maurício Corrêa, DJ 1º.8.2003).*

(...) já se manifestou o Supremo Tribunal Federal no sentido de que não resta qualquer dúvida de que ***as disposições da Lei Orgânica da Magistratura, concernentes a direitos e vantagens dos magistrados, são taxativas, e foram recepcionadas pela Carta da República de 1988.*** *(...)"*

Portanto, segundo o Supremo Tribunal Federal, leis estaduais ou mesmo leis ordinárias federais não podem criar, para os magistrados, vantagens não previstas no rol taxativo da LOMAN (LC 35/79), que, atualmente, é a lei que desempenha o papel do Estatuto da Magistratura no nosso ordenamento jurídico.

A PROMOÇÃO E A REMOÇÃO NA CARREIRA DA MAGISTRATURA E A UTILIZAÇÃO DE TEMPO DE SERVIÇO PÚBLICO COMO CRITÉRIO DE DESEMPATE

Nos termos do art. 93, II, da CF/88, as promoções na carreira da magistratura devem ocorrer, de forma alternada, por antiguidade e por merecimento.

> "**Art. 93, CF/88.** Lei complementar, de iniciativa do Supremo Tribunal Federal, disporá sobre o Estatuto da Magistratura, observados os seguintes princípios:

> (...)
>
> II - promoção de entrância para entrância, **alternadamente, por antigüidade e merecimento**, atendidas as seguintes normas:
>
> a) é obrigatória a promoção do juiz que figure por três vezes consecutivas ou cinco alternadas em lista de merecimento;
>
> b) a promoção por merecimento pressupõe dois anos de exercício na respectiva entrância e integrar o juiz a primeira quinta parte da lista de antigüidade desta, salvo se não houver com tais requisitos quem aceite o lugar vago;
>
> c) aferição do merecimento conforme o desempenho e pelos critérios objetivos de produtividade e presteza no exercício da jurisdição e pela freqüência e aproveitamento em cursos oficiais ou reconhecidos de aperfeiçoamento;
>
> d) na apuração de antigüidade, o tribunal somente poderá recusar o juiz mais antigo pelo voto fundamentado de dois terços de seus membros, conforme procedimento próprio, e assegurada ampla defesa, repetindo-se a votação até fixar-se a indicação;
>
> e) não será promovido o juiz que, injustificadamente, retiver autos em seu poder além do prazo legal, não podendo devolvê-los ao cartório sem o devido despacho ou decisão;
>
> (...)"

Na **ADI 6766**, julgada em 23/08/2021, e na **ADI 6779**, julgada em 30/08/2021, o Supremo Tribunal Federal analisou a constitucionalidade de normas que adotavam tempo de serviço público como critério de desempate no concurso de promoção na magistratura.

Na ADI 6766, foram impugnados dispositivos do Regimento Interno do TJ/RO que estabeleciam o tempo de serviço em qualquer cargo público (portanto, não especificamente na magistratura) e o tempo de serviço prestado ao Estado de Rondônia como critérios de desempate para a promoção dos magistrados.

Já na ADI 6779, foi impugnada disposição da Lei (Federal) nº 11.697/08 (que organiza o Poder Judiciário do Distrito Federal e dos Territórios) na qual se previa o tempo de serviço público (em qualquer cargo, e não apenas na magistratura) como critério para aferição da antiguidade dos magistrados.

Ambas as ações foram julgadas procedentes, tendo o STF declarado a inconstitucionalidade das normas impugnadas. Os motivos foram os seguintes:

I) A adoção de tempo de serviço público de forma indistinta (isto é, abrangendo qualquer cargo) como critério de desempate em concurso de promoção na magistratura **viola a isonomia** (art. 5º, *caput*, CF/88), pois discrimina os integrantes da carreira que, embora não tenham tempo de serviço em outro cargo, têm tempo na iniciativa privada, bem como os integrantes que, embora não tenham tempo de serviço em outro cargo, têm tempo de serviço na magistratura.

II) A adoção de tempo de serviço público de forma indistinta (isto é, abrangendo qualquer cargo) como critério de desempate em concurso de promoção na magistratura **viola o art. 19, III, da CF/88**, que veda aos entes federados o estabelecimento de distinções entre brasileiros (*"**Art. 19, CF/88.** É vedado à União, aos Estados, ao Distrito Federal e aos Municípios: (...) III - criar distinções entre brasileiros ou preferências entre si."*). Essa violação é ainda mais evidente quando a norma adota como critério de desempate o tempo de serviço público prestado a um Estado específico (como foi o caso da norma impugnada na ADI 6766, que adotou como critério de desempate o tempo de serviço prestado ao Estado de Rondônia), pois, nesse caso, todos os indivíduos que têm tempo de serviço em outros entes federados acabam sendo discriminados.

III) As normas impugnadas (especialmente as impugnadas na ADI 6766,) **usurpam a competência da União para, por iniciativa do STF, legislar sobre o regime e a organização da magistratura nacional**, competência essa prevista no art. 93, *caput*, da CF/88, segundo o qual, *"lei complementar, de iniciativa do Supremo Tribunal Federal, disporá sobre o Estatuto da Magistratura"*. A lei que desempenha o papel da norma referida nesse dispositivo é a **Lei Complementar 35/79** (Lei Orgânica da Magistratura Nacional – LOMAN), e ela prevê como critério de desempate de antiguidade o tempo de carreira (na magistratura), não sendo possível que os Estados (ou mesmo a União sem observar a iniciativa privativa do STF) disciplinem a questão de forma diversa. Isso, inclusive, ficou estampado na ementa da ADI 6766, na qual o STF registrou que *"o art. 164, IV, "e" e "f", do Regimento Interno do TJRO, exorbitou indevidamente ao estabelecido pela LOMAN, desprezando o critério da precedência na carreira para efeito de promoção a entrância superior, em prol dos critérios do tempo de exercício de função pública, não especificamente como magistrado, e do tempo de serviço prestado ao Estado de Rondônia"*.

Esse mesmo entendimento foi adotado pelo STF na **ADI 6771**, julgada em 23/11/2021, na qual a Corte declarou a inconstitucionalidade de disposições contidas em lei complementar do Estado de Pernambuco que, destoando da disciplina contida na LOMAN, estabeleciam o tempo de serviço público efetivo indistinto (isto é, em qualquer cargo) como critério para apuração da antiguidade dos magistrados em cada entrância.

Conforme esclareceu o Tribunal, tendo em vista que a LOMAN (Lei Complementar 35/79), ao tratar do tema, estabelece como critério de apuração da antiguidade dos magistrados em cada entrância o tempo de carreira (e não o tempo de serviço público efetivo em qualquer cargo), as normas estaduais em questão inovaram na disciplina da matéria e, assim, usurparam a competência da União para legislar sobre o assunto e a prerrogativa do Supremo Tribunal Federal para iniciar o processo legislativo no caso.

Portanto, segundo o STF, é inconstitucional norma estadual ou federal ordinária que adote tempo de serviço público indistinto (isto é, em qualquer cargo) como critério de aferição de antiguidade e de desempate para promoção de magistrados.

Além do critério de desempate na aferição da antiguidade, na **ADI 6771**, o Supremo Tribunal Federal analisou **outra questão**: na magistratura, a remoção de um juiz dentro de uma determinada entrância pode ter preferência sobre a promoção de outro juiz para essa mesma entrância?

Nessa ação, a norma estadual impugnada previa que a remoção dos magistrados teria preferência sobre qualquer outra forma de provimento dos cargos da carreira da magistratura, e o STF considerou essa disposição **inconstitucional**, porque a LOMAN prevê, no seu art. 81, que a remoção tem preferência apenas sobre a promoção por merecimento e sobre o provimento inicial na carreira. A promoção por antiguidade, por sua vez, nos termos da literalidade da LOMAN, não é preterida pela remoção. Logo, como a norma estadual impugnada previa que a remoção do magistrado teria preferência sobre qualquer outra forma de provimento de cargo na magistratura (inclusive, portanto, sobre a promoção por antiguidade), o Supremo Tribunal Federal a declarou inconstitucional, por violar a competência da União e a iniciativa legislativa do próprio STF na matéria (pois, como vimos, segundo a CF/88, compete à União, por meio de lei complementar de iniciativa do STF, dispor sobre o regime jurídico da magistratura).

Inclusive, pelos mesmos fundamentos, no **Tema de Repercussão Geral nº 964** (RE 1037926, j. 16/09/2020), o STF fixou a tese segundo a qual *"a promoção na magistratura por antiguidade precede a mediante remoção"*.

Ocorre que, em 2023, **o Supremo Tribunal Federal modificou o seu entendimento** sobre o tema, o que ocorreu na **ADI 6609** (j. 19/10/2023), na qual foi impugnada uma lei estadual (mais precisamente, uma lei do Estado de Minas Gerais) que previa a possibilidade de a remoção de magistrados ter preferência sobre qualquer espécie de promoção (tanto a por merecimento quanto a por antiguidade).

Nesse caso, seguindo o voto do Min. Gilmar Mendes, o STF realizou uma **guinada jurisprudencial** e passou a entender que, na verdade, desde a EC 45/04, a remoção na magistratura passou ser equiparada, pela CF/88, à promoção (tanto a por antiguidade quanto a por merecimento), de modo que **não pode a remoção de juízes ser preterida por nenhuma hipótese de promoção**.

Isso porque a EC 45/04 incluiu no art. 93 da CF/88 o inciso VIII-A, que manda aplicar na remoção a pedido de magistrados os mesmos critérios aplicados na promoção deles. Esse inciso foi posteriormente modificado pela EC 130/2023, mas essa emenda não alterou a determinação de que a remoção e a promoção de magistrados observem os mesmos critérios.

Veja o teor do dispositivo:

> "**Art. 93, CF/88.** Lei complementar, de iniciativa do Supremo Tribunal Federal, disporá sobre o Estatuto da Magistratura, **observados os seguintes princípios**:
>
> (...)
>
> II - **promoção de entrância para entrância**, alternadamente, por antigüidade e merecimento, **atendidas as seguintes normas**:
>
> a) é obrigatória a promoção do juiz que figure por três vezes consecutivas ou cinco alternadas em lista de merecimento;
>
> b) a promoção por merecimento pressupõe dois anos de exercício na respectiva entrância e integrar o juiz a primeira quinta parte da lista de antigüidade desta, salvo se não houver com tais requisitos quem aceite o lugar vago;
>
> c) aferição do merecimento conforme o desempenho e pelos critérios objetivos de produtividade e presteza no exercício da jurisdição e pela freqüência e aproveitamento em cursos oficiais ou reconhecidos de aperfeiçoamento;
>
> d) na apuração de antigüidade, o tribunal somente poderá recusar o juiz mais antigo pelo voto fundamentado de dois terços de seus membros, conforme

> procedimento próprio, e assegurada ampla defesa, repetindo-se a votação até fixar-se a indicação;
>
> e) não será promovido o juiz que, injustificadamente, retiver autos em seu poder além do prazo legal, não podendo devolvê-los ao cartório sem o devido despacho ou decisão;
>
> (...)
>
> VIII-A - a remoção a pedido de magistrados de comarca de igual entrância atenderá, no que couber, ao disposto nas alíneas "a", "b", "c" e "e" do inciso II do caput deste artigo e no art. 94 desta Constituição; **(Redação dada pela EC 130/2023)**
>
> (...)"

Portanto, como a CF/88, a partir da EC 45/04, passou a determinar que a remoção e a promoção de juízes devem observar os mesmos critérios, não é mais possível, desde então, estabelecer preferências entre essas duas formas de movimentação na carreira da magistratura.

Na verdade, desde a EC 45/04, a remoção, por seguir os mesmos critérios da promoção (dentre eles, a antiguidade), sempre terá preferência sobre a promoção. Isso porque a remoção ocorre entre dentro de uma mesma entrância e a antiguidade do juiz, nos termos previstos na LOMAN, é verificada também dentro da entrância, e não na carreira (ou seja, na promoção e na remoção, o juiz mais antigo é aquele com mais tempo na entrância, e não necessariamente o que tem mais tempo total de carreira). Ora, se o juiz mais antigo é aquele que tem mais tempo de entrância, a remoção dentro da entrância sempre terá preferência sobre a promoção para essa mesma entrância, pois o juiz que está sendo promovido sempre terá menos tempo na entrância para a qual deseja se promover do que o juiz que já está nessa entrância e pretende apenas se remover dentro dela.

Por esses motivos, no julgamento da ADI 6609, o Supremo Tribunal Federal afirmou que *"após a EC 45/2004, nas carreiras das magistratura federal e estadual,* ***a remoção sempre precederá à promoção por antiguidade ou merecimento****, por força do inciso VIII-A do art. 93 da CF"* e que *"o critério para aferição de antiguidade é o efetivo exercício no cargo correspondente da magistratura naquela entrância (art. 80, § 1º, I, da Loman) e não entre todas as entrâncias"*.

Inclusive, em virtude dessa mudança de entendimento, o STF, no próprio julgamento da ADI 6609, decidiu **cancelar o Tema de Repercussão Geral nº 964**, que ficou expressamente superado pela Corte.

DISTINÇÃO ENTRE JUÍZES TITULARES E SUBSTITUTOS PARA FINS DE REMOÇÃO NA CARREIRA DA MAGISTRATURA

No que diz respeito à garantia da inamovibilidade e à remoção de magistrados, houve um caso bastante interessante apreciado pelo Supremo Tribunal Federal na **ADI 3358**, julgada em 25/10/2021.

Nessa ação, foram impugnados dispositivos da Constituição do Estado de Pernambuco que, ao tratarem das garantias da carreira da magistratura, estabeleceram para os juízes substitutos um regime de inamovibilidade e de remoção diverso do assegurado aos juízes titulares. O tratamento dado aos juízes substitutos por essas normas flexibilizou os termos em que a garantia da inamovibilidade se encontra prevista na CF/88 e ampliou as hipóteses de remoção do magistrado por interesse público em comparação ao que é permitido pelo texto constitucional federal.

O que entendeu o STF sobre isso? Essas disposições são compatíveis com a Constituição Federal? **Não.**

Segundo decidiu o Supremo Tribunal Federal, são inconstitucionais normas estaduais (ainda que veiculadas na Constituição do Estado) que, disciplinando a inamovibilidade e a remoção dos magistrados, estabelecem regimes diversos para juízes titulares e juízes substitutos, pois tal distinção **viola a isonomia**. Além disso, também não se compatibilizam com a CF/88 normas estaduais que flexibilizam a garantia da inamovibilidade dos magistrados e alargam as hipóteses de remoção de juízes por interesse público, pois, além de desrespeitarem o modelo estabelecido na Constituição Federal, abrem espaço para a violação dos **princípios constitucionais do juiz natural, da impessoalidade e da moralidade.**

A Corte registrou também que, conforme estabelece o art. 93, *caput*, da CF/88, esse tema é reservado ao Estatuto da Magistratura, que é uma lei complementar federal de iniciativa do Supremo Tribunal Federal, de modo que não pode uma norma estadual, ainda que fruto do poder constituinte derivado decorrente, disciplinar a questão, sob pena de usurpar a competência da União e a prerrogativa do STF para deflagrar o processo legislativo sobre a matéria.

Quanto ao Estatuto da Magistratura, ele até hoje não foi editado, e por isso o papel que lhe cabe deve ser desempenhado pela Lei Complementar 35/79, a Lei Orgânica da Magistratura Nacional (LOMAN).

Nos exatos termos da ementa do acórdão, *"o art. 93, caput, da Constituição Federal reserva a lei complementar nacional, de iniciativa deste Supremo Tribunal Federal, dispor sobre o Estatuto da Magistratura. (...) Enquanto não editada referida lei complementar, a uniformização do regime jurídico da magistratura permanece sob a regência da Lei Complementar 35/1979, a Lei Orgânica da Magistratura Nacional – LOMAN. (...) O poder constituinte decorrente estadual imiscuiu-se em matéria própria do Estatuto da Magistratura, em violação direta da reserva de lei complementar nacional, de iniciativa desta Suprema Corte, nos termos do art. 93, caput, da Constituição Federal"*.

As disposições estaduais impugnadas, portanto, são inconstitucionais tanto do ponto de vista material (por violarem a isonomia, o juiz natural, a impessoalidade e a moralidade) quanto do ponto de vista formal (por usurparem a competência da União e a iniciativa legislativa do Supremo Tribunal Federal).

20

Funções Essenciais à Justiça

Aqui não será abordado o Ministério Público, que será estudado no próximo capítulo.

As funções essenciais à justiça estão tratadas em um capítulo próprio, qual seja, o Capítulo IV do Título IV da CF/88. Nesse Título IV, também está inserido o Poder Judiciário e, por isso, alguém desavisado poderia pensar que as funções essenciais à justiça integram o Poder Judiciário, mas isso não é verdade, mesmo porque, apesar de estarem (as funções essenciais à justiça e o Poder Judiciário) tratados no mesmo Título da Constituição, eles não foram inseridos no mesmo Capítulo, mas em Capítulos diferentes.

Portanto, as funções essenciais à justiça **não integram o Poder Judiciário**. Na verdade, são órgãos de estatura constitucional essenciais à função jurisdicional do Estado, essenciais ao Poder Judiciário, essenciais à tarefa de fazer justiça, mas não integram a estrutura administrativa do órgão judiciário.

As funções essenciais à justiça são as seguintes:

1) Ministério Público (arts. 127 a 130-A, CF/88);

2) Advocacia Pública, que compreende:

  a) Advocacia Geral da União (arts. 131 e 135, CF/88); e

  b) Procuradorias dos Estados e do Distrito Federal (arts. 132 e 135, CF/88).

3) Advocacia Privada (art. 133, CF/88); e

4) Defensoria Pública (arts. 134 e 135, CF/88).

Esse é o quadro geral das instituições que serão aqui estudadas (à exceção do Ministério Público, que analisaremos em capítulo próprio).

Em relação aos cargos públicos das carreiras integrantes das funções essenciais à justiça, eles devem ser providos por meio de concursos públicos específicos, alguns deles com participação da OAB, outros sem essa participação.

A OAB, segundo a Constituição Federal, participará dos concursos públicos para provimento dos cargos (além do Poder Judiciário) do Ministério Público e das Procuradorias dos Estados e do DF. Não há, porém, na CF/88, obrigatoriedade de participação da OAB nos concursos públicos da AGU e da Defensoria Pública, o que, no entanto, não é impeditivo da participação da Ordem nesses certames, podendo normas infraconstitucionais prever tal participação, embora não haja imposição constitucional nesse sentido.

Além disso, os cargos públicos integrantes das funções essenciais à justiça devem ser remunerados por meio de subsídio, como decorre do art. 135 c/c art. 39, § 4º, da CF/88.

OS FUNDOS DE MANUTENÇÃO E APARELHAMENTO DAS FUNÇÕES ESSENCIAIS À JUSTIÇA (E DO PODER JUDICIÁRIO) EM ÂMBITO ESTADUAL

Em mais de uma oportunidade o Supremo Tribunal Federal analisou o seguinte questionamento: **é constitucional a criação, em âmbito estadual, de fundos de manutenção e aparelhamento do Poder Judiciário e dos órgãos integrantes das Funções Essenciais à Justiça (Advocacia Pública, Defensoria Pública e Ministério Público), destinando-se a eles recursos correspondentes a parte da receita de custas e emolumentos extrajudiciais recebidos por notários e registradores (as taxas de cartório)?**

Essa questão foi analisada pelo STF, por exemplo, na **ADI 3704**, julgada em 27/04/2021. Essa ação foi ajuizada contra uma lei do Estado do Rio de Janeiro que previa a destinação a um fundo especial da Procuradoria-Geral do Estado de parte da receita das custas e emolumentos extrajudiciais pagos aos notários e registradores.

Ao julgar a ação, a Corte declarou a **constitucionalidade** dessa norma, pelos seguintes motivos:

I) A parcela dessa receita que é destinada ao fundo da PGE não consiste em um simples rateio das taxas de cartório. Na verdade, trata-se de uma taxa autônoma cobrada pelo exercício do poder de polícia, mais precisamente, pela fiscalização desempenhada pelo Estado sobre as atividades dos notários e registradores. Portanto, no âmbito das atividades notariais e de registros públicos, é possível a existência simultânea e harmônica de duas taxas diferentes: **(a)** a taxa de serviço, que é paga pelos usuários dos servidores prestados pelos notários e registradores; e **(b)** a taxa de polícia, que é paga pelos notários e registradores, em favor dos cofres públicos, por conta da fiscalização das suas atividades pelo Estado.

II) O valor dessa taxa (que corresponde à fatia da receita de custas e emolumentos destinada ao fundo) é compatível com os custos do desempenho da fiscalização das atividades notariais e registrais, tendo em vista que, quanto maior a arrecadação de custas e emolumentos, maior será a quantidade de atos praticados pelos notários e registradores e, consequentemente, maior será a fiscalização a ser desempenhada pelo poder público. Logo, a taxa em questão observa a característica da referibilidade dessa espécie tributária (característica essa que faz com que o valor do tributo somente possa variar de acordo com o custo da atividade estatal que é o seu fato gerador), de modo que não viola o art. 145, §2º, da CF/88, segundo o qual, *"as taxas não poderão ter base de cálculo própria de impostos"*.

III) A instituição dessa taxa de polícia é compatível com o art. 236, § 1º, da CF/88, que prevê que o Poder Judiciário deve fiscalizar as atividades dos notários e registradores.

IV) A criação, por lei estadual, da taxa de polícia consistente na destinação de parte da receita das custas e emolumentos extrajudiciais a fundo especial da PGE não usurpa a competência da União, prevista no art. 236, § 2º, da CF/88, para editar normas gerais sobre a fixação de emolumentos. Isso porque essa competência da União se refere aos emolumentos pagos na relação travada entre os delegatários das serventias (os notários e registradores) e o público usuário dos serviços cartorários. Por outro lado, a taxa de polícia consubstanciada na destinação de parte das taxas cartorárias a fundo especial da PGE diz respeito à relação existente entre o poder delegante e os agentes delegados (os notários e registradores).

V) No caso, não incide a vedação constitucional à destinação da receita de impostos a órgão, fundo ou despesa (prevista no art. 167, IV, da CF/88), pois não se trata de imposto, e sim de taxa.

VI) A destinação de parte da receita decorrente das taxas cartorárias a fundo especial da PGE é autorizada pelo art. 98, § 2º, da CF/88, segundo o qual, *"as custas e emolumentos serão destinados exclusivamente ao custeio dos serviços afetos às atividades específicas da Justiça"*. De acordo com a jurisprudência do Supremo Tribunal Federal, a expressão "Justiça" contida nesse dispositivo não se refere exclusivamente ao Poder Judiciário, mas sim a todos os órgãos que exercem atividades imprescindíveis para que o Judiciário desempenhe suas funções constitucionais de modo adequado. A expressão engloba, portanto, os órgãos que desempenham as chamadas Funções Essenciais à Justiça.

Veja o teor dos dispositivos constitucionais mencionados acima:

> "**Art. 98, § 2º, CF/88.** As custas e emolumentos serão destinados exclusivamente ao custeio dos serviços afetos às atividades específicas da Justiça."
>
> "**Art. 145, § 2º, CF/88.** As taxas não poderão ter base de cálculo própria de impostos."
>
> "**Art. 167, CF/88.** São vedados:
>
> (...)
>
> IV - a vinculação de receita de impostos a órgão, fundo ou despesa, ressalvadas a repartição do produto da arrecadação dos impostos a que se referem os arts. 158 e 159, a destinação de recursos para as ações e serviços públicos de saúde, para manutenção e desenvolvimento do ensino e para realização de atividades da administração tributária, como determinado, respectivamente, pelos arts. 198, § 2º, 212 e 37, XXII, e a prestação de garantias às operações de crédito por antecipação de receita, previstas no art. 165, § 8º, bem como o disposto no § 4º deste artigo;
>
> (...)"
>
> "**Art. 236, CF/88.** Os serviços notariais e de registro são exercidos em caráter privado, por delegação do Poder Público.

> **§ 1º** Lei regulará as atividades, disciplinará a responsabilidade civil e criminal dos notários, dos oficiais de registro e de seus prepostos, e definirá a fiscalização de seus atos pelo Poder Judiciário.
>
> **§ 2º** Lei federal estabelecerá normas gerais para fixação de emolumentos relativos aos atos praticados pelos serviços notariais e de registro.
>
> **§ 3º** O ingresso na atividade notarial e de registro depende de concurso público de provas e títulos, não se permitindo que qualquer serventia fique vaga, sem abertura de concurso de provimento ou de remoção, por mais de seis meses."

No julgamento, o Min. Gilmar Mendes (redator do acórdão) registrou em seu voto que esse entendimento se aplica igualmente a fundos especiais de financiamento (manutenção e aparelhamento) do próprio Poder Judiciário e de todos os órgãos que integram as Funções Essenciais à Justiça (Advocacia Pública, Ministério Público e Defensoria Pública), conforme diversos precedentes do Supremo Tribunal Federal, a exemplo das ADIs 3151, 2069, 2129, 3028, 3643 e 3086.

Por outro lado, o próprio STF já reconheceu diversas vezes a inconstitucionalidade da destinação desses mesmos recursos (parcela da receita de custas e emolumentos extrajudiciais) a entidades privadas não integrantes da estrutura do Estado, a exemplo das caixas de assistência de advogados, das associações de magistrados, das carteiras de previdência complementar de servidores públicos, das caixas de assistência do Ministério Público, das caixas de assistência de Procuradores de Estado etc., mesmo porque essa destinação caracterizaria um tratamento favorecido a essas entidades em detrimento dos demais particulares, **violando, assim, a isonomia** (ADIs 1378 MC, 2040 MC, 3111, 1145).

Isso tudo foi claramente abordado pelo Min. Gilmar Mendes em seu voto, ao explicar que:

> *"a matéria posta em discussão não é inédita nesta Corte. Em diversas ocasiões, o Supremo Tribunal Federal rechaçou pretensões similares deduzidas pela Associação dos Notários e Registradores do Brasil, declarando a higidez de normas estaduais que destinaram parcela da arrecadação de emolumentos extrajudiciais a fundos dedicados ao financiamento da estrutura do Poder Judiciário ou de órgãos e funções essenciais à Justiça, a exemplo do Ministério Público e da Defensoria Pública (...).*
>
> *(...)*
>
> *Na ocasião, o Tribunal Pleno compreendeu esse fenômeno de afetação de recursos não propriamente como uma redistribuição automática e linear, em benefício do Poder Judiciário, dos emolumentos arrecadados pelas serventias extrajudiciais. Vislumbrou, antes, a instituição de uma **modalidade tributária autônoma**, cobrada pelo Estado-membro na forma de **taxa**, decorrente do exercício do **poder de polícia**, a que alude o art. 236, §1º, da Constituição da República, que impõe a **fiscalização, pelo Poder Judiciário, das atividades desempenhadas pelos delegatários de serventias extrajudiciais.***
>
> *Em julgados posteriores, o Supremo Tribunal Federal reafirmou esta orientação jurisprudencial, chancelando a instituição de taxa em decorrência da vigilância exercida sobre os serviços prestados pelos delegatários de serventias extrajudiciais. Assentou, ainda, que o produto da arrecadação da taxa de fiscalização **não se limita ao***

financiamento das atividades próprias do Poder Judiciário**, e sim ao **aperfeiçoamento do sistema de Justiça como um todo.

*De fato, em pelo menos duas outras oportunidades, ao dialogar com os precedentes da Corte, o Tribunal Pleno referendou leis estaduais que previam o destaque e a arrecadação de percentual dos emolumentos extrajudiciais em benefício de fundos dedicados ao financiamento da estrutura do **Ministério Público do Estado do Rio de Janeiro** (ADI 3.028, rel. Min. Marco Aurélio, redator do acórdão Min. Ayres Britto, DJ 30.6.2010) e da **Defensoria Pública do Estado do Rio de Janeiro** (ADI 3.643, rel. Min. Ayres Brito, DJ 8.11.2006).*

(...)

Como se vê, (...), o Supremo Tribunal Federal distinguiu duas modalidades de taxa que podem coexistir, harmonicamente, no âmbito das atividades notariais e de registros públicos.

Enxergou, de um lado, a possibilidade de instituição de taxa decorrente da prestação de serviço público, que é paga pelos usuários dos serviços individualizados (uti singuli) desempenhados pelos notários e registradores. De outro, assentou a possibilidade de instituição de taxa de poder de polícia, cobrada, em benefício dos cofres públicos, dos próprios delegatários de serventias extrajudiciais, em decorrência da fiscalização que o Estado-membro exerce sobre as atividades notariais e de registro.

*A jurisprudência do Supremo Tribunal Federal, portanto, acena positivamente para leis estaduais que destacam percentual dos emolumentos cobrados pelos registradores e notários em benefício de órgãos ou fundos públicos, enxergando, na hipótese, **puro e simples desconto dos valores devidos ao Estado-membro a título de taxa em razão do exercício regular de poder de polícia, e não propriamente uma distribuição automática e linear, em benefício de órgãos estatais, das receitas arrecadadas com a cobrança de emolumentos extrajudiciais**.*

(...)

*De fato, no julgamento das multicitadas Ações Diretas de Inconstitucionalidade, o Tribunal entendeu que, por se tratar de **taxa de poder de polícia**, não incide a vedação da vinculação de **impostos** a qualquer órgão, fundo ou despesa pública, prevista no art. 167, inciso IV, da Constituição da República.*

Afastou, igualmente, a tese de violação à norma prevista no art. 236, §2º, da Constituição da República, que reserva à União a competência para editar normas gerais sobre emolumentos extrajudiciais. (...)

(...)

*(...) no julgamento das ADIs 3.028 e 3.643, o Tribunal referendou leis estaduais que previam o destaque e a arrecadação de percentual dos emolumentos extrajudiciais em benefício de fundos dedicados ao financiamento da estrutura do **Ministério Público do Estado do Rio de Janeiro** e da **Defensoria Pública do Estado do Rio de Janeiro**.*

A orientação jurisprudencial então sedimentada amparou-se na dicção do art. 98, §2º, da Constituição da República, que impõe a destinação das custas e dos emolumentos exclusivamente ao custeio dos serviços afetos às atividades específicas da Justiça. Invocando diversos precedentes, o Tribunal fixou o entendimento de que os valores arrecadados com a mencionada taxa não teriam aplicação restrita ao Poder

> *Judiciário, e sim ao aperfeiçoamento de* ***todas as estruturas genuinamente estatais que desempenham funções essenciais à Justiça.***
>
> *(...)*
>
> *Assim, atende aos desígnios constitucionais de universalização e aperfeiçoamento da própria jurisdição como atividade básica do Estado o fornecimento de recursos suficientes e adequados ao aparelhamento da Advocacia Pública, cujos membros exercem relevante múnus constitucional de defesa dos interesses titularizados pelas pessoas jurídicas de direito público".*

É importante registrar, ainda, que **esse mesmo entendimento foi adotado pelo STF em relação aos fundos estaduais criados para custear serviços gratuitos de cartórios e a manutenção de cartórios deficitários.** Segundo a Corte, também é constitucional a destinação a esses fundos de parte da receita de custas e emolumentos extrajudiciais cobrados por notários e registradores **(ADI 5672, j. 21/06/2021).**

Em resumo, de acordo com o Supremo Tribunal Federal, **é constitucional a destinação de parte da receita de custas e emolumentos extrajudiciais cobrados por notários e registradores a fundos especiais de financiamento (manutenção e aparelhamento) do próprio Poder Judiciário e de todos os órgãos integrantes das Funções Essenciais à Justiça** (Advocacia Pública, Ministério Público e Defensoria Pública), bem como a fundos especiais criados para custear serviços gratuitos de cartórios e a manutenção de cartórios deficitários. Porém, é inconstitucional a destinação de tais recursos a entidades privadas não integrantes da estrutura do Estado.

E, em 2022, esse entendimento foi reafirmado na ADI 5539 (j. 21/06/22), na qual o STF, sintetizando a questão, registrou quem pode e quem não pode receber esses recursos.

Segundo a Corte, **podem receber** essas verbas:

a) O **Tribunal de Justiça** (isto é, o próprio Poder Judiciário);

b) O **Ministério Público;**

c) A **Procuradoria-Geral do Estado** (isto é, a Advocacia Pública);

d) A **Defensoria Pública**; e

e) Os fundos de **outras atividades que tenham relação com o desempenho da função jurisdicional do Estado**, como os que visam a custear advogados dativos, compensação dos atos gratuitos praticados pelos cartórios e complementação da receita mínima dos cartórios deficitários.

Por outro lado, **não podem receber** essas verbas:

a) Entidades **privadas**;

b) Órgãos que **não se relacionam com a prestação e o aperfeiçoamento da jurisdição**, a exemplo dos que fazem parte da segurança pública e da administração fazendária (esses órgãos devem ser custeados com receita decorrente de impostos).

ADVOCACIA PÚBLICA

A CF/88 cuida da Advocacia Pública da União, dos Estados e do DF, não tratando da Advocacia Pública municipal, que deve ser regulamentada por lei do respectivo Município.

A seguir, abordaremos, em tópicos próprios, a Advocacia Pública de cada esfera federativa (federal, estadual e municipal), mas, antes, trataremos de alguns temas enfrentados pelo Supremo Tribunal Federal que se aplicam a todas as carreiras de Advogados Públicos do País.

▶ Recebimento de honorários sucumbenciais por Advogados Públicos

No que diz respeito à questão relativa ao recebimento de honorários sucumbenciais por Advogados Públicos, trata-se de um direito assegurado pelo art. 85, § 19, do CPC ("*Art. 85, § 19. Os advogados públicos perceberão honorários de sucumbência, nos termos da lei.*") e regulamentado, em cada entidade federativa, por meio de lei própria da carreira.

A Procuradoria-Geral da República ajuizou diversas ações de controle concentrado abstrato de constitucionalidade (entre ADIs e ADPFs) em face de diversas leis que disciplinam essa verba para as carreiras federais (AGU) e estaduais (PGEs). A alegação da PGR foi a de que o pagamento de honorários sucumbenciais a advogados públicos, por representar contraprestação adicional pelo exercício das atribuições normais do cargo já remuneradas regularmente, é incompatível com o regime a que estão submetidos esses agentes públicos, notadamente o regime remuneratório de subsídio (art. 135, CF/88), que, nos termos do art. 39, §4º, da CF/88, deve ser pago em parcela única.

O Supremo Tribunal, no entanto, não acolheu essa tese e considerou **constitucional o pagamento de honorários de sucumbência aos advogados públicos** (de qualquer esfera federativa), desde que a soma dessa parcela com o subsídio do cargo não ultrapasse o teto remuneratório estabelecido no art. 37, XI, da CF/88.

Segundo entendeu a Corte, os advogados públicos são advogados e exercem funções próprias da advocacia, de modo que a eles deve ser aplicado o regime de remuneração que compreende o pagamento de honorários advocatícios, o que, inclusive, por estabelecer um modelo remuneratório norteado pela performance do agente público, estimula a eficiência no serviço público.

O Tribunal destacou, ainda, que já havia firmado, na ADI 4941 (julgada em 14/08/2019), o entendimento de que o regime remuneratório de subsídio não estabelece uma vedação absoluta ao pagamento de outras parcelas remuneratórias, sendo possível cumulá-las nas hipóteses em que estejam presentes circunstâncias que justifiquem a cumulação, como é o caso dos servidores que exercem funções extraordinárias ou trabalham em condições diferenciadas.

Dessa forma, considerando que os advogados públicos exercem funções diferenciadas próprias da advocacia, não há incompatibilidade na cumulação de seus subsídios com os honorários de sucumbência, que se prestam a remunerar o serviço de forma condizente com as suas peculiaridades.

A tese firmada pelo STF foi a de que *"é constitucional o pagamento de honorários sucumbenciais aos advogados públicos, observando-se, porém, o limite remuneratório previsto no art. 37, XI, da Constituição"* **(ADI 6159, Rel. Min. Luís Roberto Barroso, j. 24/08/2020, Pleno)**. Esse entendimento foi adotado em todas as demais ações ajuizadas para debater a questão.

É interessante notar que, ao proferirem os seus votos, os Ministros que convergiram para essa tese afirmaram que o somatório das parcelas remuneratórias pagas (subsídio e honorários) fica limitado ao **teto remuneratório de Ministro do Supremo Tribunal Federal**, o que deixou aberto o caminho para a aplicação, aos advogados públicos, do mesmo teto remuneratório aplicado à magistratura, qual seja, 100% do subsídio de Ministro do STF (a esse respeito, confira o capítulo sobre o Poder Judiciário).

Essa questão será abordada em tópico específico deste capítulo, quando estudarmos a Advocacia Pública estadual.

→ *Pagamento de honorários a Advogados Públicos na cobrança extrajudicial de créditos do Poder Público*

Conforme vimos, o Supremo Tribunal Federal decidiu, em diversas ações de controle concentrado abstrato de constitucionalidade, que é constitucional o pagamento de honorários advocatícios sucumbenciais a advogados públicos, desde que a somatória dessa verba com a remuneração normal do cargo não supere o teto remuneratório estabelecido no art. 37, XI, da CF/88.

Segundo a Corte, não há incompatibilidade entre o pagamento da verba honorária e o regime remuneratório de subsídio.

Posteriormente, na **ADI 5910**, julgada em 30/05/2022, a seguinte questão chegou ao Supremo Tribunal Federal: é constitucional o pagamento de honorários a advogados públicos mesmo quando esses honorários são pagos no bojo de cobranças extrajudiciais da dívida ativa?

É bastante comum que os entes federados estabeleçam em suas leis que, quando os seus Procuradores realizam a cobrança da dívida ativa em meios alternativos de cobrança (como programas de parcelamento, protesto em cartório etc.), o valor deva ser acrescido de um determinado montante relativo aos honorários advocatícios, sendo esses honorários destinados aos Procuradores.

O questionamento apresentado ao STF na ADI 5910 foi se isso é constitucional ou não. A norma impugnada nessa ação foi uma lei do Estado de Rondônia que prevê o pagamento desses honorários aos Procuradores do Estado.

A Corte decidiu que sim, **é constitucional o pagamento de honorários advocatícios a advogados públicos mesmo quando essa verba decorre de cobrança extrajudicial de créditos do poder público**. Porém, assim como ocorre em relação aos honorários pagos em processos judiciais, a soma dos honorários extrajudiciais com a remuneração normal do cargo não pode ultrapassar o teto remuneratório previsto no art. 37, XI, da CF/88.

O STF deixou claro, também, que a norma que prevê o pagamento de honorários nos meios extrajudiciais de cobrança da dívida ativa não é uma norma sobre direito civil ou processo civil (que são temas de competência legislativa privativa da União, conforme consta do art. 22, I, da CF/88), mas tão somente uma norma editada no exercício da autonomia de cada ente federativo para disciplinar os seus procedimentos administrativos e fixar critérios de cobrança de seus créditos e a destinação dos recursos obtidos.

Confira a ementa do julgado:

> "**EMENTA:** (...) 1. À luz da jurisprudência da Corte, **não viola o art. 22, inciso I, da Constituição Federal ou o regime de subsídio ou os princípios da impessoalidade, da isonomia, da moralidade e da razoabilidade lei estadual que destina aos procuradores estaduais honorários advocatícios incidentes na hipótese de quitação da dívida ativa em decorrência da utilização de meio alternativo de cobrança administrativa ou de protesto de títul**o. Precedentes (ADI nº 6.165/TO, ADI nº 6.178/RN, ADI nº 6.181/AL, ADI nº 6.197/RR, ADI nº 6.053/DF, ADI nº 6.159/PI, ADI nº 6.170/CE e ADPF nº 597/AM). 2. Necessidade de a soma do subsídio e dos honorários advocatícios pagos aos procuradores estaduais **se submeter ao teto remuneratório previsto no art. 37, inciso XI, da Constituição Federal**. (...)" **(ADI 5910, Pleno, Rel. Min. DIAS TOFFOLI, j. 30/05/2022)**

→ *O repasse dos honorários aos Advogados Públicos pode ser feito por meio da respectiva entidade de classe?*

Conforme vimos, o Supremo Tribunal Federal firmou sua jurisprudência no sentido de que é constitucional o pagamento de honorários a Advogados Públicos, desde que observado o "teto constitucional" na somatória dessa verba com a remuneração do cargo.

Sobre esse tema, outra questão muito importante para a Advocacia Pública foi enfrentada pela Corte: **o repasse dos honorários aos Advogados Públicos pode ser feito por meio da respectiva entidade de classe (a exemplo da associação de Procuradores de um determinado Estado)?**

Na **ADI 6170** (j. 15/03/2021), na qual o STF analisou a legislação cearense que disciplina o pagamento de honorários aos Procuradores do Estado do Ceará, a Corte decidiu ser **inconstitucional a realização do repasse dessa verba por meio da entidade de classe** (no caso, a Associação dos Procuradores do Estado do Ceará – APECE).

Nos termos da legislação cearense, os honorários devidos aos Procuradores do Estado do Ceará deveriam ser *"entre eles rateados na forma, limites e condições definidos, em Estatuto, pela Associação dos Procuradores do Estado do Ceará – APECE"* e seriam depositados em conta *"mantida pela Associação dos Procuradores do Estado do Ceará-APECE"*.

Essas disposições foram declaradas **inconstitucionais** pelo Supremo Tribunal Federal.

Isso porque, segundo a Corte, o repasse dos honorários por meio da entidade de classe viola o direito fundamental de **liberdade de associação**, tendo em vista que essa sistemática de pagamento representa, em última análise, a criação de um vínculo associativo obrigatório. Em outras palavras: se os Procuradores de um determinado ente federado recebem a verba honorária por meio da respectiva associação, isso significa que, independentemente da vontade de cada Procurador, existe um vínculo (obrigatório) entre eles e a entidade de classe. **O caráter obrigatório desse vínculo viola a Constituição Federal**, mais precisamente, a liberdade de associação, assegurada pelo art. 5º, XVII e XX.

Além disso, como os honorários advocatícios pagos aos Advogados Públicos possuem **natureza remuneratória**, o pagamento dessa verba por meio da entidade de classe (que é uma pessoa jurídica de direito privado) gera uma **indevida confusão entre o público e o privado**, já que fica caracterizado um cenário em que a remuneração de servidores públicos é paga por entidade privada.

Nos termos do voto condutor do julgamento (proferido pela Min. Cármen Lúcia, relatora do caso), *"comprova-se, no caso em exame, a mácula de* ***inconstitucionalidade*** *nas normas pelas quais atribuídas à Associação dos Procuradores do Estado do Ceará – APECE a regulamentação do rateio dos honorários e a responsabilidade da entidade pela manutenção da conta de depósito dessas verbas. (...)*

(...)

Os dispositivos não se compatibilizam com o direito fundamental de liberdade de associação *previsto no inc. XVII do art. 5º da Constituição da República. Profissionais, membros de poder e servidores públicos* ***não estão obrigados a se associarem a entidades de classe****, nem como instrumentalidade para o exercício de direito previsto em lei.*

Portanto, sob pena de se instalar ***indevida confusão entre público e privado****, não é juridicamente razoável atribuir-se a entidade representativa de classe a responsabilidade pela regulamentação do rateio de honorários de advogados públicos, "cuja feição, como se viu, é de vantagem remuneratória", e a gestão da respectiva conta de depósito.*

(...)"

→ ***O ente federado pode reduzir o valor dos honorários dos seus Procuradores quando há programa de refinanciamento administrativo dos seus créditos?***

Como vimos, o pagamento de honorários a Advogados Públicos, segundo o Supremo Tribunal Federal, é constitucional.

Sobre o tema, a seguinte questão foi apresentada ao STF: o ente federado pode estabelecer, em sua legislação, que, em caso de programa de refinanciamento dos seus créditos (conhecido como REFIS), os honorários pagos aos seus Procuradores sofrerão redução?

Esse questionamento foi apreciado pela Corte na **ADI 7014**, ajuizada contra uma lei do Estado do Paraná e julgada em 28/11/2022.

Segundo decidiu o STF, é inconstitucional a previsão legal que estabeleça a redução dos honorários advocatícios devidos aos Procuradores do ente público em caso realização de programa de refinanciamento (ou parcelamento) dos seus créditos.

A Corte esclareceu que não é dado às partes transigir sobre a verba honorária sucumbencial devida aos advogados sem que haja a anuência deles, já estando pacificado na jurisprudência, inclusive, que os advogados podem executar de forma autônoma (separadamente da execução do valor principal, devido à parte do processo) os valores referentes aos honorários sucumbenciais.

O STF lembrou que é justamente nesse sentido o entendimento firmado no âmbito do Superior Tribunal de Justiça, citando como exemplo o REsp 1.613.672, julgado em 14/02/2017. Nesse precedente, o STJ decidiu que, *"nos termos dos arts. 22, 23 e 24, §§ 1º e 4º, do Estatuto da Advocacia, a prestação de serviço profissional assegura ao advogado inscrito na Ordem dos Advogados do Brasil o recebimento de honorários, sobre os quais possui direito autônomo de exigibilidade, podendo reclamá-los nos mesmos autos em que fixados e não podendo ser prejudicado por eventual transação realizada pelo cliente e a parte adversa, sem a sua anuência."*

Nessa mesma linha de raciocínio, não pode o ente público, em programa de refinanciamento administrativo de seus créditos, reduzir os honorários devidos aos seus Procuradores.

A impossibilidade de redução dos honorários devidos aos Procuradores em programas de refinanciamento decore também do fato de que, segundo a jurisprudência do STF, os honorários pagos aos advogados públicos integram a sua remuneração (submetendo-se, inclusive, ao "teto constitucional"), e, sendo remuneração, não pode o ente público reduzi-la e dela se apropriar, sob pena (embora isso não tenha sido dito expressamente pelo STF), de se violar a garantia da irredutibilidade remuneratória prevista no art. 37, XV, da CF/88.

Além disso, a norma impugnada na ADI 7014, por ter sido editada por um Estado-membro, foi considerada inconstitucional pelo STF também sob o aspecto formal, tendo em vista que tratou de tema relativo a processo civil, que, como se sabe, é de competência legislativa privativa da União, nos termos do art. 22, I, da CF/88.

A Corte esclareceu que não se poderia alegar tratar-se de norma de caráter procedimental (hipótese em que os Estados poderiam legislar sobre o tema, haja vista que procedimento é matéria de competência legislativa concorrente, como prevê o art. 24, XI, da CF/88), pois ela disciplina atos judiciais, mais precisamente, atos amplamente tratados no Código de Processo Civil (no qual há ampla normatização sobre a fixação do valor dos honorários advocatícios de sucumbência).

Veja os principais trechos do voto do Min. Edson Fachin (relator do caso), que conduziu o julgamento e foi acompanhado à unanimidade pelos demais Ministros do STF:

> "(...)
>
> De início, segundo as alegações feitas pela parte requerente, a referida norma seria formalmente inconstitucional por tratar de matéria processual, invadindo a competência privativa da União (art. 22, I, CRFB), e também por contrariar a norma geral sobre procedimentos relativos a honorários (art. 24, XI, §§ 1º ao 4º, CRFB).
>
> Reputo que tal argumentação deve ser acolhida.
>
> A norma impugnada, de fato, padece da inconstitucionalidade formal suscitada, dado ocasionar a usurpação da competência da União para legislar sobre direito processual.
>
> (...)
>
> Não prevalece a tese que a norma possui índole procedimental, seja porque, de fato, rege atos judiciais, seja em virtude de avançar sobre tema que consta em extenso capítulo do Código de Processo Civil e é marcadamente processual.

De outra parte, compreendo que a lei impugnada colide com a compreensão que este STF construiu acerca do regime jurídico a que estão jungidos Procuradores, especialmente no que concerne ao recebimento de honorários advocatícios.

Ocorre que **acha-se consolidada na jurisprudência desta Corte a ideia de que os honorários compõem a remuneração de determinadas carreiras públicas**, sujeitando-se, assim, ao teto constitucional. **É uma decorrência lógica de tal premissa, a noção de que o Estado não pode transigir e conceder benefício fiscal decotando parcela da remuneração dos seus funcionários.**

(...)

Essa parcela remuneratória dos profissionais da advocacia compreende não só o direito à sua percepção, como também o de requerer de forma autônoma o seu pagamento. Mostra-se, com isso, vedado às partes realizar transação com o objetivo de dispensar o dever de pagar os honorários de sucumbência, sem a anuência do advogado, vide interpretação conferida pelo Superior Tribunal de Justiça:

(...)

Como os honorários são devidos até mesmo em caso de desistência, renúncia, reconhecimento ou transação (art. 90, caput, §§1º e 2º, CPC), inexiste fundamento legal para a redução posterior dos valores dos honorários sucumbenciais como medida de incentivo ao parcelamento de dívidas tributárias, ainda que destinada apenas aos contribuintes em recuperação judicial ou extrajudicial, ou falência, afinal o Estado, neste caso, está transigindo com remuneração de outrem.

(...)"

▶ Advogado Público pode sofrer controle de jornada de trabalho?

Pode uma norma que disciplina uma carreira de Advocacia Pública (como a AGU, uma PGE ou uma PGM) estabelecer que os Procuradores que a integram devem cumprir a sua jornada de trabalho com **controle de ponto**?

O Supremo Tribunal Federal decidiu que **não**.

Essa questão foi enfrentada pelo STF no **RE 1.400.161** (j. 15/12/2022), no qual se discutiu a validade de uma norma do Município de Jaraguá do Sul/SC que exigia dos Procuradores Municipais registro de ponto como forma de controlar a sua jornada de trabalho.

O Min. Edson Fachin, julgando o caso monocraticamente, decidiu que essa exigência é incompatível com a natureza das atividades da advocacia e com as prerrogativas do advogado estabelecidas no Estatuto da OAB (Lei 8.906/94), que, no seu art. 7º, I, assegura a esse profissional o exercício da profissão com liberdade.

Veja o teor desse dispositivo:

> "**Art. 7º, EOAB.** São direitos do advogado:
>
> I - exercer, com liberdade, a profissão em todo o território nacional;
>
> (...)"

O Min. Edson Fachin esclareceu que essa garantia de exercício da profissão com liberdade deve ser interpretada de forma ampla, como **verdadeira independência e liberdade no exercício funcional**, permitindo que as atribuições do cargo sejam exercidas, inclusive, fora das instalações físicas do ambiente de trabalho, em horários extra jornada, em fins de semana etc., tudo para que os prazos e demandas sejam devidamente atendidos.

Nas palavras do Ministro, *"é necessário esclarecer que liberdade inscrita no dispositivo inclui independência e flexibilidade na atuação funcional, além dos limites físicos do ambiente de trabalho, compreendendo compromissos externos, exercício em horários além da jornada, feriados e fins de semana para que sejam atendidos os prazos processuais"*.

Essa garantia, assim como as demais prerrogativas previstas no EAOB, aplica-se normalmente aos Advogados Públicos, o que, inclusive, é dito expressamente pelo próprio EOAB em seu art. 3º, parágrafo único. Veja:

> "**Art. 3º, EOAB.** O exercício da atividade de advocacia no território brasileiro e a denominação de advogado são privativos dos inscritos na Ordem dos Advogados do Brasil (OAB).
>
> **§ 1º** Exercem atividade de advocacia, **sujeitando-se ao regime desta lei**, além do regime próprio a que se subordinem, os **integrantes da Advocacia-Geral da União, da Procuradoria da Fazenda Nacional, da Defensoria Pública e das Procuradorias e Consultorias Jurídicas dos Estados, do Distrito Federal, dos Municípios** e das respectivas entidades de administração indireta e fundacional.
>
> (...)"

Portanto, segundo o próprio EOAB, as suas regras se aplicam aos Advogados Públicos de todas as esferas federativas.

E isso também foi afirmado expressamente pelo Min. Fachin em sua decisão. Nas suas palavras, *"tais prerrogativas se estendem aos integrantes da Advocacia-Geral da União, da Procuradoria da Fazenda Nacional, da Defensoria Pública e das Procuradorias e Consultorias Jurídicas dos Estados, do Distrito Federal, dos Municípios e das respectivas entidades de administração indireta e fundacional.*

Sendo assim, aplicam-se integralmente ao procurador público, eis que está amparado pelo referido diploma".

Esse entendimento, inclusive, já se encontrava pacificado no âmbito da OAB, tendo o Conselho Federal da entidade aprovado um enunciado sumular a respeito. Trata-se da **Súmula nº 9/CFOAB**, segundo a qual, *"o controle de ponto é incompatível com as atividades do Advogado Público, cuja atividade intelectual exige flexibilidade de horário"*.

Tendo tudo isso em vista, e considerando que a competência para legislar sobre o exercício de profissões (e a advocacia, evidentemente, é uma profissão) é da União (conforme prevê o art. 22, XVI, da CF/88), uma norma estadual ou municipal não pode impedir a aplicação das prerrogativas previstas no EOAB (que é uma lei federal) aos membros da Advocacia Pública.

Com esses fundamentos, o Min. Edson Fachin decidiu que é inválida a exigência de controle de ponto de Advogados Públicos em qualquer esfera federativa.

Indo além, o Ministro registrou, ainda, que os Advogados Públicos, em virtude da natureza das suas atividades e das prerrogativas asseguradas pelo Estatuto da OAB, não podem sofrer nem mesmo controle de **frequência**.

No exatos termos utilizados por Fachin, *"dito isso, inegável é a incompatibilidade de controle de ponto de cumprimento da jornada regular dos advogados públicos ante a natureza de trabalho que compõe a profissão pela liberdade de atuação e flexibilidade de horários, inerentes à profissão.*

(...)

O legislador municipal, embora tenha atribuído ao Chefe do Poder Executivo a prerrogativa de regulamentar a duração da jornada de trabalho, não estendeu à referida forma de controle relativamente aos advogados públicos, cuja atividade é em princípio ***incompatível com a metodologia do controle de frequência****"*.

Portanto, segundo o entendimento firmado no âmbito do Supremo Tribunal Federal, **Advogados Públicos não podem se submeter a controle de ponto ou de frequência**.

- **Advogado Público pode sofrer aplicação de multa por descumprimento de decisão judicial?**

Em um processo judicial ajuizado contra um ente público, caso uma ordem do juiz (a exemplo da determinação de cumprimento da obrigação imposta na sentença) não seja cumprida, pode o juiz aplicar multa pelo descumprimento da ordem ao Advogado Público que acompanha o caso?

Não.

Esse debate não é recente, tendo ele ocorrido quando ainda se encontrava em vigor o CPC de 1973, e agora, já na vigência do atual CPC, houve novamente discussão sobre o tema.

Para entender bem questão, é necessário conhecer o cenário que existia na época da vigência do CPC de 1973.

O CPC de 1973 previa, no seu art. 14, V, ser dever das partes e de todos que atuassem no processo cumprir com exatidão as ordens judiciais. E o parágrafo único desse artigo estabelecia que, à exceção dos advogados privados, quem deixasse de cumprir uma ordem judicial ficaria sujeito à aplicação de multa, além de eventuais outras sanções cabíveis, inclusive criminais.

Nos exatos termos desse dispositivo (art. 14, p. único, CPC/73), *"ressalvados os advogados* ***que se sujeitam exclusivamente aos estatutos da OAB****, a violação do disposto no inciso V deste artigo constitui ato atentatório ao exercício da jurisdição, podendo o juiz, sem prejuízo das sanções criminais, civis e processuais cabíveis,* ***aplicar ao responsável multa*** *em montante a ser fixado de acordo com a gravidade da conduta e não superior a vinte por cento do valor da causa"*.

Essa norma foi objeto da **ADI 2652** (j. 08/05/2003), e nela o STF decidiu ser inconstitucional a ressalva contida no dispositivo no sentido de que apenas os advogados privados ficariam "imunes" à aplicação de multa por descumprimento de decisão judicial, pois essa ressalva permitia que os advogados públicos sofressem a aplicação dessa multa, em clara violação à isonomia. Isso porque os advogados públicos também são advogados e, assim como os advogados privados, têm assegurada a prerrogativa da inviolabilidade profissional.

Por essas razões, o STF decidiu, nesse precedente, que tanto os advogados privados quanto os advogados públicos ficam ressalvados da possibilidade de aplicação de multa por descumprimento de ordem judicial. A multa, portanto, deve ser suportada pelas próprias partes do processo, independentemente de elas serem representadas nos autos por advogados privados ou por advogados públicos.

Tempos depois, já na vigência do CPC de 2015, o tema foi novamente levado ao STF, pois, em um processo judicial proposto contra um Município, houve aplicação de multa ao Procurador Municipal que acompanhava o caso.

Dessa vez, o debate ocorreu na **Rcl 61245**, que foi julgada por decisão monocrática do Min. Luís Roberto Barroso proferida em 04/08/2023.

O Min. Barroso, analisando o caso, cassou a decisão que aplicou a multa ao Procurador Municipal em virtude de ela (a decisão) violar o que foi decidido pelo STF na ADI 2652 (que vimos acima).

Conforme deixou claro o Ministro, tanto os advogados privados quanto os advogados públicos não podem sofrer aplicação de multa por descumprimento de ordem em processo judicial.

Inclusive, no CPC de 2015 essa questão está expressamente disciplinada nesse exato sentido.

Portanto, o atual CPC corrigiu o erro do CPC de 1973 nesse ponto, estabelecendo, no seu art. 77, § 6º, que é proibido aplicar multa por descumprimento de decisão judicial a advogados públicos e privados, bem como a membros da Defensoria Pública e do Ministério Público. O dispositivo, no entanto, deixa claro que **a impossibilidade de aplicação de multa não impede** que eles (os advogados públicos e privados e os membros da Defensoria Pública e do Ministério Público) **respondam disciplinarmente perante os respectivos órgãos (e perante a OAB)** em virtude de sua atuação processual, caso caiba a aplicação de alguma sanção disciplinar.

Veja o que estabelece o art. 77 do CPC/15 sobre o tema:

> "**Art. 77, CPC/15.** Além de outros previstos neste Código, são deveres das partes, de seus procuradores e de todos aqueles que de qualquer forma participem do processo:
>
> (...)
>
> **IV - cumprir com exatidão as decisões jurisdicionais, de natureza provisória ou final, e não criar embaraços à sua efetivação;**
>
> (...)
>
> **§ 2º** A violação ao disposto nos incisos IV e VI constitui **ato atentatório à dignidade da justiça**, devendo o juiz, sem prejuízo das sanções criminais, civis e processuais cabíveis, **aplicar ao responsável multa** de até vinte por cento do valor da causa, de acordo com a gravidade da conduta.
>
> (...)
>
> **§ 6º** Aos advogados públicos ou privados e aos membros da Defensoria Pública e do Ministério Público **não se aplica o disposto nos §§ 2º a 5º**, devendo eventual responsabilidade disciplinar ser apurada pelo respectivo órgão de classe ou corregedoria, ao qual o juiz oficiará.
>
> (...)

> § 8º O representante judicial da parte **não pode ser compelido a cumprir decisão em seu lugar.**"

Portanto, segundo o CPC/15 e o Supremo Tribunal Federal, **não é possível a aplicação de multa por descumprimento de ordem judicial ao Advogado Público** (bem como ao advogado privado).

A Obrigação de os Advogados Públicos realizarem a defesa de administradores públicos em ações de improbidade administrativa

Outro tema enfrentado pelo Supremo Tribunal Federal que também é de interesse de toda a Advocacia Pública diz respeito à atuação dos Advogados Públicos nas ações de improbidade administrativa.

A Lei 14.230/2021 alterou a Lei 8.429/92 (a Lei de Improbidade Administrativa) e, ao fazer isso, retirou do ente público lesado pelo ato ímprobo a legitimidade para ajuizar a respectiva ação de improbidade administrativa e buscar a aplicação das sanções cabíveis ao responsável pela lesão. Essa legitimidade passou a ser apenas do Ministério Público.

Além disso, as alterações realizadas na lei passaram a estabelecer que, quando o administrator público praticasse ato de improbidade administrativa seguindo orientação contida em parecer emitido pelo órgão de Advocacia Pública da entidade lesada (que o texto legal chamou de "assessoria jurídica"), a sua defesa na ação de improbidade deveria ser realizada pelo próprio órgão emissor do parecer.

Veja os dispositivos da Lei 8.429/92 em que essas novidades foram inseridas (art. 17, *caput* e § 20):

> "Art. 17, Lei 8.429/92. A ação para a aplicação das sanções de que trata esta Lei será proposta pelo Ministério Público e seguirá o procedimento comum previsto na Lei nº 13.105, de 16 de março de 2015 (Código de Processo Civil), salvo o disposto nesta Lei. **(Redação dada pela Lei 14.230/2021)**
>
> (...)
>
> § 20. A assessoria jurídica que emitiu o parecer atestando a legalidade prévia dos atos administrativos praticados pelo administrador público ficará obrigada a defendê-lo judicialmente, caso este venha a responder ação por improbidade administrativa, até que a decisão transite em julgado. **(Incluído pela Lei 14.230/2021)**
>
> (...)"

Acontece que essas alterações realizadas na Lei de Improbidade Administrativa pela Lei 14.230/2021 foram impugnadas perante o Supremo Tribunal Federal, mais precisamente, nas **ADIs 7042 e 7043.**

Nessas ações, em um primeiro momento, o Min. Alexandre de Moraes, em decisão monocrática do dia 17/02/2022, deferiu medida cautelar *ad referendum* do Plenário do Tribunal, para realizar uma interpretação conforme à Constituição do *caput* do art. 17 da Lei 8.429/92, de modo a estabelecer, para a ação de improbidade administrativa, a legitimidade ativa concorrente entre o Ministério Público e a pessoa jurídica lesada pelo ato ímprobo. Além disso, a decisão suspendeu o § 20 desse artigo, de modo que deixou de ser aplicável a obrigação do órgão de Advocacia Pública de realizar a defesa do administrador público que praticou o ato de improbidade seguindo parecer de sua autoria.

Essa decisão se baseou no fato de que a Constituição Federal, ao conferir ao Ministério Público legitimidade para ações de natureza civil, prevê expressamente que essa legitimidade não exclui a de terceiros (art. 129, § 1º). Diferente é o caso da ação penal pública, em relação à qual o texto constitucional estabeleceu, de forma expressa, que a legitimidade ativa é privativa do Ministério Público (art. 129, I).

Além disso, segundo esclareceu o Ministro, o combate à corrupção e à imoralidade é uma das principais preocupações da Constituição Federal, o que fica evidenciado, por exemplo, no *caput* e no § 4º do seu art. 37, os quais estabelecem, respectivamente, os princípios da Administração Pública (dentre eles, o da moralidade) e a aplicação de sanções severas a quem pratica ato de improbidade administrativa.

Na mesma linha de pensamento, o art. 23, I, da CF/88 estabelece ser de competência comum de todas as esferas federativas zelar pela guarda da Constituição e conservar o patrimônio público.

Confira o teor dos dispositivos mencionados:

"**Art. 23, CF/88.** É competência comum da União, dos Estados, do Distrito Federal e dos Municípios:

I - zelar pela guarda da Constituição, das leis e das instituições democráticas e conservar o patrimônio público;

(...)"

"**Art. 37, CF/88.** A administração pública direta e indireta de qualquer dos Poderes da União, dos Estados, do Distrito Federal e dos Municípios obedecerá aos princípios de **legalidade, impessoalidade, moralidade, publicidade e eficiência** e, também, ao seguinte:

(...)

§ 4º, CF/88. Os atos de improbidade administrativa importarão a suspensão dos direitos políticos, a perda da função pública, a indisponibilidade dos bens e o ressarcimento ao erário, na forma e gradação previstas em lei, sem prejuízo da ação penal cabível.

(...)"

"**Art. 129, CF/88.** São funções institucionais do Ministério Público:

I - promover, privativamente, a ação penal pública, na forma da lei;

(...)

III - promover o inquérito civil e a ação civil pública, para a proteção do patrimônio público e social, do meio ambiente e de outros interesses difusos e coletivos;

(...)

§ 1º - A legitimação do Ministério Público para as ações civis previstas neste artigo não impede a de terceiros, nas mesmas hipóteses, segundo o disposto nesta Constituição e na lei.

(...)"

Todo esse contexto normativo deixa evidente que a vontade do constituinte foi de estabelecer um amplo sistema de combate a atos que violem a probidade na Administração Pública, de modo que não é compatível com o texto constitucional retirar da entidade lesada a possibilidade de, por meio do seu órgão de Advocacia Pública, promover a ação de improbidade administrativa. A supressão dessa legitimidade, inclusive, representaria um inegável retrocesso no combate aos atos de improbidade, bem como uma violação ao direito fundamental de acesso à jurisdição (que também é assegurado às pessoas jurídicas de direito público), além de desrespeitar o princípio da eficiência (previsto no art. 37, *caput*, da CF/88), já que dificulta o combate à improbidade administrativa. Nas palavras do Min. Alexandre de Moraes, inclusive, citando precedentes do próprio STF:

> *"a supressão da legitimidade ativa das pessoas jurídicas interessadas para a propositura da ação de improbidade administrativa pode* ***representar grave limitação ao amplo acesso à jurisdição*** *(CF, art. 5º, XXXV), com* ***ferimento ao princípio da eficiência*** *(CF, art. 37, caput) e, no limite,* ***obstáculo ao exercício da competência comum*** *da União, Estados, Distrito Federal e Municípios* ***para "zelar pela guarda da Constituição" e "conservar o patrimônio público"*** *(CF, art. 23, I), bem como, um* ***significativo retrocesso*** *quanto ao imperativo constitucional de combate à improbidade administrativa.*
>
> *Em respeito às citadas normas constitucionais, a previsão do §1º, do art. 129 da Constituição Federal parece indicar um* ***comando impeditivo à previsão de exclusividade por parte do Ministério Público nas ações civis por ato de improbidade administrativa****, impondo, assim, a necessidade de uma interpretação teleológica do texto constitucional, como bem ressaltado pelo Min. ILMAR GALVÃO no julgamento do Recurso Extraordinário 208.790 (Tribunal Pleno, DJ de 15/02/2000):*
>
> *Na verdade, o art. 129, III, da CF, ao legitimar o Ministério Público para agir na proteção do patrimônio público, por via da ação civil pública, não fez senão instituí-lo substituto processual de toda a coletividade, posto que agirá na defesa de um interesse que toca a todos, indistintamente, revestindo, consequentemente, a natureza de interesse difuso.* ***Essa legitimação, de caráter extraordinário, [...] não afasta a iniciativa do próprio ente público interessado, como previsto no primeiro dispositivo citado*** *[CF, art. 129, § 1º].*
>
> *Mais recentemente, ao apreciar a restrição constitucional que veda ao Ministério Público a representação judicial e a consultoria jurídica de entidades públicas (CF, art. 129, XI, in fine), a mesma conclusão (extensível, a contrario sensu, para os casos sob análise) foi reafirmada pelo Min. LUIZ FUX no julgamento do Recurso Extraordinário 409.356 (Tribunal Pleno, DJe de 29/07/2020), nos seguintes termos:*
>
> *A referida restrição, todavia, deve ser interpretada em consonância com os demais dispositivos da Carta Magna que atribuem ao parquet ampla atribuição no campo da tutela do patrimônio público, interesse de cunho inegavelmente transindividual. Afinal, o próprio art. 129, III, da Constituição exorta o Ministério Público ao ajuizamento da ação civil pública "para a proteção do patrimônio público e social", "e de outros interesse difusos e coletivos". Rememore-se que* ***a atuação do parquet na proteção do patrimônio público não afasta a atuação do próprio ente público prejudicado, conforme prevê o art. 129, § 1º, da Constituição****: [...]. No plano infraconstitucional, a Lei nº 8.429/92 confere ao Ministério Público legitimidade para promover a ação de improbidade, a qual possui dentre seus objetivos a reparação ao Erário. Em casos tais, o parquet não age como representante da entidade pública, e sim como substituto processual de uma coletividade indeterminada, é dizer, a sociedade como um todo, titular do direito à boa administração do patrimônio público.*

> *(...)*
>
> *A supressão da legitimidade ativa das pessoas jurídicas interessadas para a propositura da ação por ato de improbidade administrativa* ***caracteriza uma espécie de monopólio absoluto do combate à corrupção ao Ministério Público, não autorizado, entretanto, pela Constituição Federal****, e sem qualquer sistema de freios e contrapesos como estabelecido na hipótese das ações penais públicas (art. 5º, LIX, da CF).*
>
> *(...)"*

Como consequência do reconhecimento da legitimidade da pessoa jurídica lesada, é natural que seja afastada a obrigação de o seu órgão de Advocacia Pública realizar a defesa do administrador que praticou o ato de improbidade. Isso porque, tendo em vista que a entidade interessada, ao buscar a aplicação das sanções cabíveis, atua por meio de seus Advogados Públicos, haveria verdadeira incompatibilidade entre o reconhecimento de sua legitimidade e a atribuição ao seu órgão de Advocacia Pública do dever de defender o responsável pelo ato.

E todo esse entendimento adotado na decisão cautelar foi **confirmado, posteriormente, no julgamento final de mérito das ações**, ocorrido em 31/08/2022.

Portanto, em virtude do julgamento das ADIs 7042 e 7043, a Advocacia Pública não tem o dever de realizar a defesa judicial do Administrador Público responsável pela prática de ato de improbidade administrativa, ainda que esse ato tenha sido praticado em consonância com orientação jurídica contida em parecer emitido pelos próprios Advogados Públicos da pessoa jurídica lesada. No entanto, segundo também estabeleceu o STF nesse julgamento, o órgão de Advocacia Pública, desde que haja previsão em lei do respectivo ente federado nesse sentido, pode autorizar os seus membros que emitiram a orientação jurídica seguida pelo Administrador a realizarem a defesa na ação de improbidade administrativa eventualmente ajuizada contra ele.

▶ Aplicação do estatuto da OAB a advogados celetistas da Administração Pública

Em alguns órgãos e entidades de todas as esferas da Federação (União, Estados e Municípios), o corpo jurídico é formado por advogados contratados sob o regime da CLT (ou seja, são advogados com vínculo celetista com a Administração Pública).

Deixando de lado discussões relacionadas à exigência de regime jurídico único para os servidores da Administração Pública (exigência essa prevista no art. 39, *caput*, da CF/88), o fato é que há, na Administração Pública das esferas federal, estadual e municipal, advogados contratados pelo regime celetista (que é a forma como se chama o regime de trabalho submetido às normas da CLT).

Tratando especificamente dos advogados contratados pelo poder público sob regime celetista, o art. 4º da Lei 9.527/97 estabeleceu que a eles não se aplicam as regras do Estatuto da OAB sobre salário, honorários sucumbenciais e regime e jornada de trabalho do advogado empregado da iniciativa privada (essas regras estão previstas nos arts. 18 a 21 do EOAB).

Por força desse dispositivo, o vínculo do advogado contratado pelo poder público sob regime celetista deve observar, quanto a salário, honorários sucumbenciais e regime e jornada de trabalho, disposições próprias, em especial, aquelas estabelecidas no edital do respectivo concurso público.

Esse é o teor do art. 4º da Lei 9.527/97:

> "**Art. 4º, Lei 9.527/97.** As disposições constantes do Capítulo V, Título I, da Lei nº 8.906, de 4 de julho de 1994, não se aplicam à Administração Pública direta da União, dos Estados, do Distrito Federal e dos Municípios, bem como às autarquias, às fundações instituídas pelo Poder Público, às empresas públicas e às sociedades de economia mista."

Essa norma foi questionada perante o Supremo Tribunal Federal na **ADI 3396**, julgada em 23/06/2022, com a alegação de que ela violaria a isonomia, ao discriminar advogados pelo simples fato de manterem vínculo de emprego com a Administração Pública. Alegou-se, também, que, em relação aos advogados empregados das empresas estatais (empresas públicas, sociedades de economia mista e suas subsidiárias), a norma, por ter estabelecido para eles um regime jurídico não aplicável aos advogados das empresas privadas atuantes no mercado, teria ofendido o art. 173, § 1º, II, da CF/88, que exige que as estatais exploradoras de atividade econômica se submetam ao mesmo regime jurídico das empresas privadas.

O que decidiu o STF?

Segundo decidiu o Supremo Tribunal Federal, o tratamento diferenciado dado pelo art. 4º da Lei 9.527/97 aos advogados empregados da Administração Pública não viola a isonomia, pois o fato de o profissional ter vínculo com o poder público é uma circunstância que justifica que seu regime jurídico, quando comparado com o regime aplicável a advogados empregados da iniciativa privada, tenha peculiaridades que sejam adequadas às especificidades desse vínculo.

Inclusive, adotando essa mesma linha de raciocínio, o próprio Estatuto da OAB, no seu art. 3º, § 1º, estabelece que os advogados integrantes da Advocacia Pública e os advogados das demais entidades da Administração Pública submetem-se às regras do EOAB em conjunto com as regras próprias do seu regime jurídico (as quais, naturalmente, derrogam as regras do EOAB que sejam com elas incompatíveis). Como se pode perceber, há aí peculiaridades que são justificadas pelas especificidades da natureza do advogado e do seu vínculo profissional.

Veja:

> "**Art. 3º, § 1º, EOAB.** Exercem atividade de advocacia, sujeitando-se ao regime desta lei, além do regime próprio a que se subordinem, os integrantes da Advocacia-Geral da União, da Procuradoria da Fazenda Nacional, da Defensoria Pública e das Procuradorias e Consultorias Jurídicas dos Estados, do Distrito Federal, dos Municípios e das respectivas entidades de administração indireta e fundacional."

Portanto, o STF decidiu que é constitucional o art. 4º da Lei 9.527/97, sendo válido afastar dos advogados empregados da Administração Pública as regras do EOAB relativas a salário, honorários sucumbenciais e regime e jornada de trabalho do advogado empregado da iniciativa privada.

A Corte, porém, estabeleceu uma **exceção**: em relação aos advogados empregados das empresas estatais (empresas públicas, sociedades de economia mista a suas subsidiárias) que exploram **atividade econômica em regime de concorrência com empresas privadas** (isto é, que não exercem monopólio nem são prestadoras de serviço público), o art. 4º da Lei 9.527/97 é inconstitucional, devendo ser aplicadas aos advogados empregados dessas entidades as mesmas regras (do EOAB) aplicáveis aos advogados empregados da iniciativa privada.

Isso porque, caso se aplicasse aos advogados empregados das estatais exploradoras de atividade econômica em regime concorrencial um regime jurídico diverso do que é aplicado aos advogados empregados das empresas privadas, haveria uma violação à livre concorrência e à isonomia entre os agentes econômicos, já que se verificaria nessa hipótese um cenário em que empresas submetidas a diferentes regimes jurídicos concorreriam entre si. Isso violaria, inclusive, o art. 173, § 1º, II, da CF/88, que, como vimos, exige que as estatais exploradoras de atividade econômica se submetam ao mesmo regime jurídico aplicável às empresas privadas.

Portanto, segundo decidiu o STF, as regras do Estatuto da OAB relativas a salário, honorários sucumbenciais e regime e jornada de trabalho do advogado empregado **não se aplicam** aos advogados empregados (isto é, celetistas) das seguintes entidades da Administração Pública de todas as esferas da Federação:

a) Administração Direta;

b) Autarquias;

c) Fundações públicas;

d) Empresas públicas, sociedades de economia mista e suas subsidiárias prestadoras de serviço público; e

e) Empresas Públicas, sociedades de economia mista e suas subsidiárias exploradoras de atividade econômica em regime de monopólio.

Em relação a essas entidades, é válido o art. 4º da Lei 9.527/97.

Porém, também segundo decidiu o STF, as regras do Estatuto da OAB relativas a salário, honorários sucumbenciais e regime e jornada de trabalho do advogado empregado **aplicam-se**, em todas as esferas da Federação, aos advogados empregados (isto é, celetistas) das empresas públicas, sociedades de economia mista e suas subsidiárias **exploradoras de atividade econômica em regime concorrencial** (isto é, em regime de disputa de mercado com as empresas privadas).

A Corte fez ainda a seguinte observação: mesmo em relação aos advogados celetistas das estatais exploradoras de atividade econômica em regime concorrencial, deve ser observado o teto remuneratório do art. 37, XI, da CF/88, exceto se a estatal for não dependente, isto é, se ela não receber recursos públicos para seu custeio ou para pagamento de pessoal, conforme prevê o art. 37, § 9º, da CF/88.

> **"Art. 37, CF/88.** (...)
>
> XI - a remuneração e o subsídio dos ocupantes de cargos, funções e empregos públicos da administração direta, autárquica e fundacional, dos membros de qualquer dos Poderes da União, dos Estados, do Distrito Federal e dos Municípios, dos detentores de mandato eletivo e dos demais agentes políticos e os proventos, pensões ou outra espécie remuneratória, percebidos cumulativamente ou não, incluídas as vantagens pessoais ou de qualquer outra natureza, não poderão exceder o subsídio mensal, em espécie, dos Ministros do Supremo Tribunal Federal, aplicando-se como limite, nos Municípios, o subsídio do Prefeito, e nos Estados e no Distrito Federal,

o subsídio mensal do Governador no âmbito do Poder Executivo, o subsídio dos Deputados Estaduais e Distritais no âmbito do Poder Legislativo e o subsídio dos Desembargadores do Tribunal de Justiça, limitado a noventa inteiros e vinte e cinco centésimos por cento do subsídio mensal, em espécie, dos Ministros do Supremo Tribunal Federal, no âmbito do Poder Judiciário, aplicável este limite aos membros do Ministério Público, aos Procuradores e aos Defensores Públicos;

(...)

§ 9º O disposto no inciso XI **aplica-se às empresas públicas e às sociedades de economia mista, e suas subsidiárias, que receberem recursos** da União, dos Estados, do Distrito Federal ou dos Municípios **para pagamento de despesas de pessoal ou de custeio em geral**.

(...)"

Por fim, é importante registrar que, como medida de segurança jurídica e ciente de que, até a data de julgamento da ADI 3396, diversos advogados já haviam sido contratados por empresas estatais exploradoras de atividade econômica em regime concorrencial com a aplicação do art. 4º da Lei 9.527/97 (isto é, afastando-se as regras do EOAB sobre salário, honorários sucumbenciais e regime e jornada e trabalho), o STF determinou que as contratações de advogados empregados por essas entidades sem a aplicação do EOAB realizadas antes do julgamento da ação permanecem válidas e regidas pelas regras dos editais dos respectivos concursos públicos.

→ **ATENÇÃO!**

O que decidiu o Supremo Tribunal Federal na ADI 3396 não significa, de forma alguma, que o Estatuto da OAB não se aplica a Advogados Públicos (isto é, aos integrantes da Advocacia Pública). Isso não foi dito pela Corte em nenhum momento e, de fato, não foi essa a questão enfrentada nessa ação.

Na verdade, os principais destinatários da norma do art. 4º da Lei 9.527/97 (que foi o objeto da ADI 3396), embora possam ser chamados de **advogados empregados públicos** em virtude de serem advogados com vínculo de emprego com a Administração Pública (e aqui estamos deixando de lado discussões doutrinárias sobre o correto uso da expressão "empregado público"), nem mesmo integram a Advocacia Pública, que é composta pela Advocacia-Geral da União (e pelas carreiras vinculadas a ela), pelas Procuradorias dos Estados e pelas Procuradorias dos Municípios. Esses órgãos, em regra, adotam o regime estatutário para os seus membros, de modo que não há sentido em falar na aplicação, em relação a eles, de regras previstas no EOAB para advogados submetidos a regime de emprego.

Portanto, tenha cuidado quando se deparar com alguma afirmação no sentido de que o STF decidiu que o Estatuto da OAB não se aplica a Advogados Públicos. Essa afirmação é incorreta, mesmo porque, como vimos, o próprio EOAB prevê (no art. 3º, § 1º) que as suas normas são aplicáveis aos membros da Advocacia Pública naquilo que for compatível com o regime jurídico de cada carreira.

Os Advogados Públicos precisam ser inscritos na OAB?

Há uma questão relevante que não é disciplinada nos arts. 131 e 132 da CF/88 e que merece atenção: **os Advogados Públicos devem ser inscritos nos quadros da OAB para que possam exercer suas funções?**

Nos termos da CF/88, os membros da Advocacia Pública são os integrantes da Advocacia-Geral da União e das carreiras a ela vinculadas e os Procuradores dos Estados e do Distrito Federal (além dos Procuradores dos Municípios, mas estes não têm previsão constitucional expressa). E, nos termos do § 1º do art. 3º do EOAB, os membros da Advocacia Pública exercem atividade advocatícia e se sujeitam ao regime desse estatuto. A conclusão lógica a que se chega a partir disso é que os Advogados Públicos **devem possuir inscrição na OAB**.

Confira o teor do art. 3º, § 1º, do EOAB:

> "**Art. 3º, § 1º, EOAB.** Exercem atividade de advocacia, sujeitando-se ao regime desta lei, além do regime próprio a que se subordinem, os integrantes da Advocacia-Geral da União, da Procuradoria da Fazenda Nacional, da Defensoria Pública e das Procuradorias e Consultorias Jurídicas dos Estados, do Distrito Federal, dos Municípios e das respectivas entidades de administração indireta e fundacional."

Não se pode esquecer, no entanto, que essa questão (necessidade ou não de inscrição do Advogado Público nos quadros da OAB) encontra-se em discussão no Supremo Tribunal Federal, inclusive, com repercussão geral reconhecida no bojo do **RE 609517 (Tema de Repercussão Geral nº 936)**, nos seguintes termos: *"a questão referente à exigência de inscrição de advogado público na OAB para o exercício de suas funções públicas alcança toda a advocacia pública nacional, transcendendo, portanto, o interesse das partes"*.

O mérito desse recurso, no entanto, ainda não foi analisado, mas, quando for, a tese que vier a ser fixada será aplicável a toda a Advocacia Pública do País.

■ ADVOCACIA PÚBLICA DA UNIÃO

A **advocacia pública da União** é tratada no art. 131 da CF/88, nos seguintes termos:

> "**Art. 131, CF/88.** A Advocacia-Geral da União é a instituição que, **diretamente ou através de órgão vinculado**, representa a União, **judicial e extrajudicialmente**, cabendo-lhe, nos termos da **lei complementar** que dispuser sobre sua organização e funcionamento, as atividades de **consultoria e assessoramento jurídico do Poder Executivo**."

▶ Carreiras da advocacia pública federal

Nos termos do art. 131, *caput*, da CF/88, a advocacia pública no âmbito federal compreende não apenas as carreiras integrantes da Advocacia-Geral da União (AGU), mas também as carreiras que, embora não a integrem, são a ela vinculadas, como é o caso das carreiras de Procurador Federal (Procuradoria-Geral Federal) e de Procurador do Banco Central (Procuradoria-Geral do Banco Central).

E quais são as carreiras que integram a AGU? A de Advogado da União e a de Procurador da Fazenda Nacional, conforme consta do art. 2º da Lei Complementar 73/93 (Lei Orgânica da Advocacia-Geral da União). Inclusive, o art. 17 dessa mesma lei, inserido no capítulo que trata dos órgãos vinculados à AGU, deixa claro que órgãos jurídicos de autarquias (como é o caso da Procuradoria-Geral Federal, que se ocupa das autarquias federais em geral, e da Procuradoria-Geral do Banco Central, que se ocupa do Banco Central) são órgãos vinculados à AGU, e não órgãos integrantes dela.

Vejamos:

Lei Complementar 73/93

"Capítulo II– Da Composição

Art. 2º - A Advocacia-Geral da União compreende:

I - órgãos de direção superior:

a) o Advogado-Geral da União;

b) a Procuradoria-Geral da União e a da Fazenda Nacional;

c) Consultoria-Geral da União;

d) o Conselho Superior da Advocacia-Geral da União; e

e) a Corregedoria-Geral da Advocacia da União;

II - órgãos de execução:

a) as Procuradorias Regionais da União e as da Fazenda Nacional e as Procuradorias da União e as da Fazenda Nacional nos Estados e no Distrito Federal e as Procuradorias Seccionais destas; (Vide Lei nº 9.028, de 1996)

b) a Consultoria da União, as Consultorias Jurídicas dos Ministérios, da Secretaria-Geral e das demais Secretarias da Presidência da República e do Estado-Maior das Forças Armadas;

III - órgão de assistência direta e imediata ao Advogado-Geral da União: o Gabinete do Advogado-Geral da União;

IV - (VETADO)

§ 1º - Subordinam-se diretamente ao Advogado-Geral da União, além do seu gabinete, a Procuradoria-Geral da União, a Consultoria-Geral da União, a Corregedoria-Geral da Advocacia-Geral da União, a Secretaria de Controle Interno e, técnica e juridicamente, a Procuradoria-Geral da Fazenda Nacional.

§ 2º - As Procuradorias Seccionais, subordinadas às Procuradorias da União e da Fazenda Nacional nos Estados e no Distrito Federal, serão criadas, no interesse do serviço, por proposta do Advogado-Geral da União.

§ 3º - As Procuradorias e Departamentos Jurídicos das autarquias e fundações públicas são órgãos vinculados à Advocacia-Geral da União.

§ 4º - O Advogado-Geral da União é auxiliado por dois Secretários-Gerais: o de Contencioso e o de Consultoria.

§ 5º - São membros da Advocacia-Geral da União: o Advogado-Geral da União, o Procurador-Geral da União, o Procurador-Geral da Fazenda Nacional, o Consultor-Geral da União, o Corregedor-Geral da Advocacia da União, os Secretários-Gerais de Contencioso e de Consultoria, os Procuradores Regionais, os Consultores da União, os Corregedores-Auxiliares, os Procuradores-Chefes, os Consultores Jurídicos, os Procuradores Seccionais, os Advogados da União, os Procuradores da Fazenda Nacional e os Assistentes Jurídicos."

"Capítulo IX –Dos Órgãos Vinculados

Art. 17 - Aos **órgãos jurídicos das autarquias e das fundações públicas** compete:

I - a sua representação judicial e extrajudicial;

II - as respectivas atividades de consultoria e assessoramento jurídicos;

III - a apuração da liquidez e certeza dos créditos, de qualquer natureza, inerentes às suas atividades, inscrevendo-os em dívida ativa, para fins de cobrança amigável ou judicial."

Acrescente-se a isso o fato de que a própria Lei 10.480/02, que disciplina a carreira de Procurador Federal, diz, em seu art. 9º, que a carreira de Procurador Federal é **vinculada** à Advocacia-Geral da União, não a integrando.

> "**Art. 9º, Lei 10.480/02.** É criada a Procuradoria-Geral Federal, à qual fica assegurada autonomia administrativa e financeira, **vinculada à Advocacia-Geral da União.**
>
> **Parágrafo único.** Incumbe à Advocacia-Geral da União a supervisão da Procuradoria-Geral Federal."

E por que motivo é tão importante saber quais carreiras integram e quais carreiras não integram a AGU? Por conta do que veremos no tópico a seguir.

Direito a 60 (sessenta) dias de férias na advocacia pública federal

O art. 131, *caput*, da CF/88, exige **lei complementar** para disciplinar a organização e o funcionamento da Advocacia-Geral da União, lei complementar essa que é a **LC 73/93**, a Lei Orgânica da Advocacia-Geral da União. Por outro lado, para disciplinar as carreiras vinculadas à AGU (que, como vimos, não a integram), não é necessário lei complementar, mas simplesmente lei ordinária, já que a Constituição somente exige lei complementar para tratar da AGU.

E, nesse contexto da exigência constitucional de lei complementar para tratar da organização e do funcionamento da AGU, houve a discussão sobre a existência ou não do direito a férias de 60 (sessenta) dias por ano no âmbito da advocacia pública federal. Inicialmente, esse debate envolveu os Procuradores da Fazenda Nacional e os Procuradores Federais, mas, posteriormente, foi estendido aos Advogados da União.

O cenário foi o seguinte: algumas normas anteriores à CF/88 equiparavam os Procuradores Federais, os Procuradores da Fazenda Nacional e os Advogados da União aos Procuradores da República no que diz respeito às vantagens do cargo. Porém, após a entrada em vigor da CF/88, essas normas foram revogadas por uma lei ordinária (a Lei 9.527/97), o que levou ao surgimento da tese de que não poderia uma lei ordinária revogar tais disposições legais, já que elas teriam sido recepcionadas pela CF/88 com *status* de lei complementar. Com base nessa linha de raciocínio, os Procuradores Federais, os Procuradores da Fazenda Nacional e os Advogados da União sustentaram a tese de que eles, tal qual os Procuradores da República, teriam direito a 60 (sessenta) dias de férias por ano.

O debate chegou ao Supremo Tribunal Federal, que negou o direito tanto aos Procuradores Federais quanto aos Procuradores da Fazenda Nacional e aos Advogados da União, por entender que as disposições sobre as vantagens do cargo não exigem disciplina por lei complementar, já que a CF/88 apenas exige essa espécie normativa para tratar da organização e do funcionamento da AGU. Logo, as normas anteriores à CF/88 que realizavam a equiparação mencionada acima não foram recepcionadas como leis complementares e, consequentemente, podiam ser revogadas por lei ordinária.

Além disso, o Supremo Tribunal Federal deixou claro, quanto à carreira de Procurador Federal, que ela não integra a Advocacia-Geral da União, sendo, na verdade, uma carreira vinculada à AGU, de modo que a exigência de lei complementar contida no *caput* do art. 131 da CF/88 não lhe é aplicável.

Em relação aos Procuradores Federais, a questão foi resolvida no **Tema de Repercussão Geral nº 279** (RE 602.381), em relação aos Procuradores da Fazenda Nacional, no **Tema de Repercussão Geral nº 1.090** (RE 594.481) e, em relação aos Advogados da União, no **Tema de Repercussão Geral nº 1.063** (RE 929.886). Em todos os casos, foi negado o direito a férias de 60 (sessenta) dias.

No **Tema nº 279**, a tese fixada estabeleceu que *"os procuradores federais têm o direito às férias de 30 dias, por força do que dispõe o art. 5º da Lei 9.527/1997, porquanto não recepcionados com natureza de leis complementares o art. 1º da Lei 2.123/1953 e o art. 17, parágrafo único, da Lei 4.069/1962"*.

No **Tema nº 1.090**, a tese foi redigida no sentido de que *"os Procuradores da Fazenda Nacional não possuem direito a férias de 60 (sessenta) dias, nos termos da legislação constitucional e infraconstitucional vigentes"*.

E, no **Tema nº 1.063**, a tese estabeleceu que *"os Advogados da União não possuem direito a férias de 60 (sessenta) dias, nos termos da legislação constitucional e infraconstitucional vigentes"*.

Além disso, o STJ, aplicando o entendimento do Supremo Tribunal Federal, também vem negando o direito aos 60 (sessenta) dias de férias nesses casos:

> "(...)
>
> **III. É firme a atual e pacífica jurisprudência no STJ no sentido de que, a partir de 1997, os Procuradores Autárquicos - hoje Procuradores Federais - e os demais Procuradores da administração direta federal fazem jus a 30 (trinta) dias anuais de férias, e não mais a 60 (sessenta) dias anuais de férias, tendo em vista o disposto no art. 5º da Medida Provisória 1.522/96, posteriormente convertida na Lei 9.527/97.** Com efeito, "esta Corte já possui entendimento firmado no sentido de que as férias dos Procuradores da Fazenda Nacional, a partir de 1997, sofreram redução com a edição da Medida Provisória n. 1.522/96, convertida na Lei n. 9.527/97, que previu a redução de 60 (sessenta) para 30 (trinta) dias, o período de férias anuais dos integrantes das carreiras jurídicas do Poder Executivo Federal" (...)
>
> **IV. O Supremo Tribunal Federal, no julgamento do RE 602.381/AL (Rel. Ministra CÁRMEN LÚCIA, TRIBUNAL PLENO, DJe de 04/02/2015), submetido ao regime de repercussão geral (Tema 279), não reconheceu, aos Procuradores Federais, o direito às férias anuais de 60 (sessenta) dias e seus consectários legais**, por entender que não foram recepcionados, com natureza de leis complementares, a Lei 2.123/53 (art. 1º) e a Lei 4.069/62 (art. 17, parágrafo único), concluindo pela "atual impossibilidade de equiparação das condições funcionais dos membros da advocacia pública e do Ministério Público".
>
> V. A dissipar dúvidas sobre as férias dos Procuradores da Fazenda Nacional, **a tese de que a Lei 9.527/97 não poderia revogar os diplomas legais anteriores à Constituição Federal de 1988 que tratassem da organização e funcionamento da Procuradoria da Fazenda Nacional, entre eles o Decreto-lei 147/67 (art. 30), porquanto gozariam de status de lei complementar, foi rechaçada, pelo STF, no julgamento do RE 539.370/RJ (Rel. Ministro GILMAR MENDES, SEGUNDA TURMA, DJe de 04/03/2011, trânsito em julgado em 24/06/2011), ao entendimento de que "a Constituição Federal reserva à lei complementar apenas a questão referente à organização e ao funcionamento da Advocacia-Geral da União"** e de que "são de iniciativa privativa do Presidente da República as leis que disponham sobre servidores públicos da União, seu regime jurídico, provimento de cargos, estabilidade e aposentadoria. **Para que seja exigida lei complementar, é necessária expressa previsão constitucional**, em virtude da especialidade do processo legislativo que lhe é reservado". (...) **(AgInt**

no AREsp 1144873/SP; Relator(a): Ministra ASSUSETE MAGALHÃES; SEGUNDA TURMA; J. 24/04/2018)

▶ Proibição imposta aos Advogados da União, aos Procuradores da Fazenda Nacional e aos Procuradores Federais de manifestação pública sobre assuntos inerentes ao cargo

A LC 73/93, no art. 28, III, estabelece para **os Advogados da União e os Procuradores da Fazenda Nacional** a proibição de se manifestarem, em qualquer meio de divulgação, sobre assuntos relacionados ao exercício das suas funções, salvo se autorizados pelo Advogado-Geral da União.

Idêntica proibição é prevista para os **Procuradores Federais** no art. 38, § 1º, III, da Medida Provisória 2.229/01.

Veja:

"**Art. 28, LC 73/93.** Além das proibições decorrentes do exercício de cargo público, aos membros efetivos da Advocacia-Geral da União é vedado:

I - exercer advocacia fora das atribuições institucionais;

II - contrariar súmula, parecer normativo ou orientação técnica adotada pelo Advogado-Geral da União;

III - manifestar-se, por qualquer meio de divulgação, sobre assunto pertinente às suas funções, salvo ordem, ou autorização expressa do Advogado-Geral da União."

"**Art. 38, § 1º, MP 2.229/01.** Ao Procurador Federal é proibido:

I - exercer a advocacia fora das atribuições do respectivo cargo;

II - contrariar súmula, parecer normativo ou orientação técnica, adotados pelo Advogado-Geral da União;

III - manifestar-se, por qualquer meio de divulgação, sobre assunto conexo às suas atribuições, salvo ordem, ou autorização expressa, do Advogado-Geral da União;

IV - exercer suas atribuições em processo, judicial ou administrativo, em que seja parte ou interessado, ou haja atuado como advogado de qualquer das partes, ou no qual seja interessado parente consangüíneo ou afim, em linha reta ou colateral, até o segundo grau, bem como cônjuge ou companheiro, bem assim nas hipóteses da legislação, inclusive processual; e

V - participar de comissão ou banca de concurso e intervir no seu julgamento, quando concorrer parente consangüíneo ou afim, em linha reta ou colateral, até o segundo grau, bem como cônjuge ou companheiro.

Essas disposições legais foram impugnadas perante o Supremo Tribunal Federal, com a alegação de que violariam o direito fundamental de liberdade de expressão. O STF, porém, não acolheu essa alegação e considerou **constitucional a vedação contida nas normas em questão.**

Segundo decidiu o STF (**ADI 4652**, j. 13/06/2023), é possível que a liberdade de expressão sofra determinadas restrições quando em conflito com outros valores constitucionais que justifiquem tais restrições com proporcionalidade e razoabilidade. E é isso o que acontece no caso de normas legais que proíbem Advogados Públicos (no caso,

Advogados Públicos federais) de se manifestarem publicamente sobre assuntos que dizem respeito ao próprio exercício das suas atribuições institucionais.

A vedação de manifestação pública nesse caso tem como objetivo assegurar o sigilo que deve ser observado no exercício da atividade advocatícia de forma geral, bem como proteger os interesses públicos que estão envolvidos na atuação dos Advogados Públicos.

No entanto, segundo o STF, como forma de evitar arbitrariedades, a vedação legal em questão não impede manifestações dos Advogados Públicos no âmbito acadêmico (no qual é assegurada a liberdade de cátedra) nem tampouco que esses agentes públicos comuniquem as autoridades competentes sobre a prática de ilegalidades das quais venham a tomar conhecimento (mesmo porque a comunicação de ilegalidades é dever funcional do servidor público).

Confira a ementa desse julgamento:

> "(...) 1. Ação direta contra os arts. 28, III, da LC nº 73/1993 e 38, § 1º, III, da MP nº. 2.229-43/2001, que **proíbem os advogados públicos federais de se manifestarem sobre assuntos pertinentes às suas funções, salvo ordem ou autorização expressa do Advogado-Geral da União**. 2. O direito fundamental à liberdade de expressão, com previsão expressa no art. 5º, IV, da CF/1988, constitui pressuposto indispensável ao funcionamento da democracia e se legitima como expressão da dignidade da humana. Todavia, **pode sofrer limitações, desde que razoáveis, proporcionais e que se deem em razão da proteção de interesses constitucionais igualmente relevantes**. 3. Os dispositivos questionados, ao proibirem os advogados públicos federais de se manifestarem sobre assunto pertinente às suas funções, salvo ordem ou autorização expressa do Advogado-Geral da União, **objetivam resguardar o sigilo necessário ao desempenho da advocacia e, consequentemente, salvaguardar os interesses públicos envolvidos na atuação da AGU**. 4. A discrição exigida do advogado público federal **encontra paralelo em diversas procuradorias estaduais e mesmo no plano do Código de Ética e Disciplina da OAB**, a indicar a íntima conexão da restrição com o cargo ocupado. 5. Não se trata, diversamente do afirmado, de se tornar o sigilo como regra da Administração Pública. Os atos praticados em processos administrativos ou judiciais permanecem, ordinariamente, públicos e sua consulta ou reprodução não é embaraçada pelos dispositivos atacados na presente ação. O acesso à informação é assegurado pelo ordenamento jurídico por outros meios. 6. Além disso, **as normas impugnadas têm como destinatários os agentes públicos, não criando qualquer espécie de censura direcionada à imprensa**. Ausente, então, qualquer violação à liberdade dos meios de comunicação ou à atividade jornalística. 7. Sem prejuízo do afirmado, a abertura redacional dos dispositivos impugnados poderia dar ensejo a arbitrariedades, demandando interpretação conforme a Constituição. Deve-se, nesse contexto, **afastar do seu âmbito de incidência a possibilidade de manifestação pelo advogado público na seara acadêmica (liberdade de cátedra) ou para representar às autoridades competentes sobre ilegalidades de que tenha conhecimento (dever funcional do servidor)**. 8. Fixação da seguinte tese de julgamento: "Considerando-se a natureza do cargo, é constitucional a necessidade de ordem ou autorização expressa do Advogado-Geral da União para manifestação do advogado público sobre assunto pertinente às suas funções, ressalvadas a liberdade de cátedra e a comunicação às autoridade competentes acerca de ilegalidades constatadas"."
> **(ADI 4652, Pleno, Rel. Min. ROBERTO BARROSO, j. 13/06/2023)**

Atuação da AGU

Nos termos do art. 131 da CF/88, a AGU representa a União tanto no âmbito judicial quanto no âmbito extrajudicial. Mas, no que diz respeito à consultoria e ao assessoramento jurídico, a AGU atua apenas em relação ao Poder Executivo, não atendendo o Poder Judiciário nem o Poder Legislativo. Ou seja, o Judiciário e o Legislativo federais podem contar com a AGU para questões de representação judicial (desde que não se refiram à defesa das prerrogativas institucionais desses órgãos), mas, em relação a atividades de consultoria e assessoramento jurídico, a AGU atua apenas no Poder Executivo.

Além disso, no que tange à execução da dívida ativa de natureza tributária (art. 131, § 3º, CF/88), a Constituição determina, expressamente, que ela seja executada por um órgão específico, qual seja, a Procuradoria Geral da Fazenda Nacional, o que deve ser disciplinado por lei **ordinária**, não se exigindo lei complementar para tratar dessa questão.

> "**Art. 131, CF/88.** A Advocacia-Geral da União é a instituição que, **diretamente ou através de órgão vinculado**, representa a União, **judicial e extrajudicialmente**, cabendo-lhe, nos termos da **lei complementar** que dispuser sobre sua organização e funcionamento, as atividades de **consultoria e assessoramento jurídico do Poder Executivo.**
>
> (...)
>
> **§ 3º** - Na execução da dívida ativa de natureza tributária, a representação da União cabe à Procuradoria-Geral da Fazenda Nacional, observado o disposto em lei."

O Advogado-Geral da União

Segundo o § 1º do art. 131 da CF/88, a **chefia da AGU** é exercida pelo Advogado-Geral da União.

> "**Art. 131, § 1º, CF/88.** A Advocacia-Geral da União tem por chefe o **Advogado-Geral da União**, de **livre nomeação pelo Presidente da República** dentre **cidadãos maiores de trinta e cinco anos, de notável saber jurídico e reputação ilibada**."

Conforme decorre desse dispositivo constitucional, o Advogado-Geral da União não precisa ser um membro das carreiras da AGU, tratando-se de um cargo de **livre nomeação** pelo Presidente da República. Os únicos requisitos para a investidura nesse cargo são: **I)** ser cidadão; **II)** ter mais de 35 anos de idade; **III)** ter notável saber jurídico; e **IV)** possuir reputação ilibada.

Ingresso nas carreiras da AGU

Em relação ao ingresso nas carreiras da AGU, a Constituição Federal (art. 131, § 2º) determina apenas que se dê mediante aprovação em concurso público de provas e títulos.

Não há a exigência, no texto constitucional, de que a OAB participe do concurso de ingresso na advocacia pública federal. No entanto, a LC 73/93 (LOAGU) prevê expressamente, em seu art. 21, § 4º, que a Ordem terá representante na banca examinadora dos concursos de ingresso nas carreiras da AGU.

> "**Art. 131, § 2º, CF/88.** O ingresso nas classes iniciais das carreiras da instituição de que trata este artigo far-se-á mediante concurso público de provas e títulos."
>
> "**Art. 21, § 4º, LC 73/93.** A Ordem dos Advogados do Brasil é representada na banca examinadora dos concursos de ingresso nas carreiras da Advocacia-Geral da União."

▪ ADVOCACIA PÚBLICA DOS ESTADOS E DISTRITO FEDERAL

No âmbito dos Estados e do Distrito Federal, a advocacia pública abrange, nos termos do art. 132 da CF/88, a **Procuradoria Geral do Estado** (e os Procuradores do Estado) e a **Procuradoria Geral do DF** (e seus membros). Lembre-se que a Constituição não disciplina a advocacia pública no âmbito municipal, o que deve ser tratado na legislação de cada Município.

O art. 132 da CF/88, na primeira parte do *caput* e no parágrafo único, estabelece quatro coisas básicas sobre a advocacia pública dos Estados e do Distrito Federal:

I) O ingresso na carreira de Procurador do Estado se dá mediante concurso público de provas **e** títulos (portanto, há fase de conhecimento e fase de títulos) no qual haja participação da OAB em todas as fases.

II) A estabilidade (e não vitaliciedade) no cargo é adquirida após 3 (três) anos de efetivo exercício.

III) As Procuradorias dos Estados e do DF devem ter suas próprias Corregedorias, não se submetendo os Procuradores do Estado a correição de outro órgão.

IV) Os Procuradores dos Estados e do Distrito Federal, ao atuarem em juízo nessa qualidade, não precisam exibir instrumento de procuração, pois seu mandato é conferido pela própria Constituição (é um mandato *ex lege*), ao prever que eles exercerão a representação judicial dos entes federados a que são vinculados. Nesse sentido, já se manifestou o STJ: *"os Procuradores dos Estados estão desobrigados de provar sua capacidade postulatória, pois trata-se de delegação de poderes decorrentes de sua nomeação. Assim, não se há de exigir, como obrigatória, cópia da procuração no agravo de instrumento"* (**AgRg no Ag 1319991**).

> "**Art. 132, CF/88.** Os Procuradores dos Estados e do Distrito Federal, organizados em carreira, na qual o ingresso dependerá de concurso público de provas e títulos, com a participação da Ordem dos Advogados do Brasil em todas as suas fases, exercerão a representação judicial e a consultoria jurídica das respectivas unidades federadas.
>
> **Parágrafo único.** Aos procuradores referidos neste artigo é assegurada estabilidade após três anos de efetivo exercício, mediante avaliação de desempenho perante os órgãos próprios, após relatório circunstanciado das corregedorias."

É importante registrar que, embora o *caput* do art. 132 da CF/88, ao mencionar as atribuições das Procuradorias de Estado (e do Distrito Federal), refere-se à consultoria jurídica e à representação judicial, mas não à representação extrajudicial. Isso significa que a advocacia pública estadual não realiza a representação extrajudicial do Estado-membro? **Não, não significa isso.**

Na verdade, apesar de o art. 132 da CF/88 não dizer expressamente que os Procuradores de Estado exercerão, além da representação judicial e da consultora jurídica, a representação extrajudicial do Estado-membro, a função de representação extrajudicial também se encontra inserida nas atribuições da advocacia pública estadual.

Isso, inclusive, já foi dito expressamente pelo Supremo Tribunal Federal em mais de uma oportunidade, como ocorreu na **ADI 2820** (j. 05/06/2023) e na **ADI 5107** (j. 20/06/2018). Na ADI 2820, por exemplo, o Min. Nunes Marques (relator), ao se referir ao exercício da advocacia pública nos entes federados, registrou que, *"nos Estados, essas funções são desempenhadas pelos respectivos procuradores, **incumbidos da representação judicial e extrajudicial** do ente federativo cuja estrutura administrativa integram (CF, art. 132, caput)"*.

Princípio da unicidade orgânica

A questão mais importante sobre a advocacia pública estadual contida no art. 132 da CF/88 está na parte final do seu *caput*. Trata-se da determinação de que aos Procuradores do Estado (e do DF) cabem, **com exclusividade**, a representação judicial (e extrajudicial) e a atividade de consultoria e assessoramento jurídico da respectiva entidade da Federação. E essa exclusividade de atuação abrange não apenas o Poder Executivo, mas todo o ente federado (isto é, todo o Estado-membro) em todos os seus órgãos e Poderes, diferentemente do que ocorre na advocacia pública federal, na qual, nos termos do art. 131 da CF/88 (que estudamos anteriormente), as atividades de consultoria e assessoramento jurídico desempenhadas pela AGU e os órgãos a ela vinculados abrangem apenas o Poder Executivo (*"**Art. 131, CF/88.** A Advocacia-Geral da União é a instituição que, diretamente ou através de órgão vinculado, representa a União, judicial e extrajudicialmente, cabendo-lhe, nos termos da lei complementar que dispuser sobre sua organização e funcionamento, as atividades de **consultoria e assessoramento jurídico do Poder Executivo**."*).

Portanto, as Procuradorias dos Estados (e do Distrito Federal) exercem suas funções de representação judicial (e extrajudicial) e de consultoria jurídica em todo o ente federado (em todo o Estado-membro ou Distrito Federal), isto é, em todos os órgãos e Poderes do ente federado, não sendo a sua atuação limitada ao Poder Executivo.

Isso, inclusive, já foi afirmado expressamente no âmbito do Supremo Tribunal Federal, como ocorreu na **ADI 7218** (j. 11/03/2024), na qual o Min. Dias Toffoli (relator) registrou no seu voto que *"À Advocacia-Geral da União, prevista no art. 131 da Constituição Federal, conferiu-se a **representação judicial e extrajudicial da União, diretamente ou através de órgão vinculado**, cabendo-lhe, nos termos da lei complementar que dispuser sobre sua organização e funcionamento, **as atividades de consultoria e assessoramento jurídico do Poder Executivo**.*

*Diversamente, o art. 132 da Constituição Federal, ora em análise, estabeleceu **um modelo de exercício <u>exclusivo</u>, pelos procuradores do estado e do Distrito Federal, <u>de</u>***

toda a atividade jurídica das unidades federadas estaduais e distrital – o que inclui as autarquias e as fundações -, seja ela consultiva ou contenciosa.

(...)

*Essa previsão constitucional, também conhecida como **princípio da unicidade da representação judicial e da consultoria jurídica dos estados e do Distrito Federal**, estabelece competência funcional exclusiva da procuradoria-geral do estado.*

*Note-se que, distintamente da Advocacia-Geral da União, o assessoramento jurídico prestado pelas procuradorias dos estados e do Distrito Federal, por força do que determina expressamente o art. 132 da Carta Magna, **não se restringe ao Poder Executivo, englobando tanto a representação judicial quanto a consultoria jurídica de todo o ente federativo**. Tem-se, nesse caso, uma prerrogativa institucional de ordem pública dos procuradores dos estados e do Distrito Federal que encontra assento na própria Constituição Federal e que não pode, por isso mesmo, comportar exceções nem sofrer derrogações que o próprio texto constitucional não tenha autorizado ou previsto.*

(...)"

Por conta dessa exclusividade assegurada pelo texto constitucional, fica vedada, após a entrada em vigor da CF/88, a criação de carreiras paralelas às Procuradorias dos Estados para o exercício das funções previstas no art. 132 da Constituição, bem como a atribuição de tais funções a outros cargos da Administração, a exemplo dos cargos de técnicos, de analistas e de assessores jurídicos, sejam eles de provimento efetivo ou comissionado.

Isso é o que se chama (inclusive no âmbito do STF) de **princípio da unicidade orgânica (ou de organização) das Procuradorias dos Estados e do DF (ou princípio da unicidade da representação judicial e da consultoria jurídica dos Procuradores de Estado)**. Segundo esse princípio, que decorre da parte final do *caput* do art. 132 da CF/88, apenas se admite o desempenho da representação judicial e da consultoria e assessoramento jurídico dos Estados-membros (e do Distrito Federal) por **um único órgão**, qual seja, a respectiva Procuradoria-Geral do Estado (ou do Distrito Federal).

É por essa razão que o Supremo Tribunal Federal vem, reiteradamente, declarando a inconstitucionalidade de normas estaduais criadoras de carreiras ou cargos isolados (efetivos ou comissionados) fora da estrutura da Procuradoria-Geral do Estado para o desempenho de funções de representação judicial e/ou consultoria jurídica de órgãos e entidades da Administração Pública respectiva.

Isso ocorreu, por exemplo, na **ADI 6252**, julgada em 27/11/2020, em que a Corte, com fundamento no princípio da unicidade da Advocacia Pública estadual, considerou inconstitucionais normas do Estado de Santa Catarina que criaram, paralelamente à PGE, cargos em comissão de assessor jurídico, consultor jurídico e procurador jurídico.

O mesmo entendimento foi adotado na **ADI 7218** (j. 11/03/2023), na qual o STF declarou a inconstitucionalidade de diversos cargos de representação judicial e assessoria jurídica (ora denominados "Advogado", ora denominados "Procurador") existentes em diferentes entidades autárquicas da Administração indireta do Estado da Paraíba.

Na **ADI 7380** (j. 22/08/2023), o STF também adotou esse posicionamento e, com base nele, declarou a inconstitucionalidade de uma norma estadual que criava cargos de consultoria jurídica em uma fundação pública do respectivo Estado. Nesse julgamento, a Corte, inclusive, fixou a tese segundo a qual *"é inconstitucional, por violação do art. 132 da CF, a criação de órgão ou de cargos jurídicos fora da estrutura da Procuradoria do Estado, com funções de representação judicial, consultoria ou assessoramento jurídico de autarquias e fundações públicas estaduais"*.

E, seguindo a mesma linha de raciocínio, o Supremo Tribunal Federal, na **ADI 6397** (j. 22/02/2023), declarou a **inconstitucionalidade de normas do Estado de Alagoas que previam a existência, na estrutura da uma autarquia estadual, de cargos responsáveis pelo exercício da consultoria e assessoramento jurídico da autarquia**. Esses cargos, por terem atribuições próprias de advocacia pública em estrutura paralela à Procuradoria-Geral do Estado, violavam a unicidade dos Procuradores de Estado, prevista no art. 132 da CF/88.

Além disso, as normas impugnadas nessa ação previam também a existência do cargo de diretor jurídico da autarquia, que seria ocupado por agente público não integrante da carreira de Procurador do Estado, o que também foi considerado inconstitucional pelo Supremo Tribunal Federal. Segundo decidiu o STF, **o cargo de diretor jurídico de uma autarquia estadual e os cargos que o substituem devem necessariamente ser ocupados por Procuradores de Estado**, sob pena de violação ao princípio da unicidade da Advocacia Pública Estadual.

Nessa ADI houve a fixação de uma tese, que recebeu a seguinte redação:

> "É **inconstitucional a criação de Procuradorias Autárquicas no âmbito dos Estados e do Distrito Federal**, em razão da violação à unicidade orgânica da advocacia pública estadual." **(tese fixada pelo STF na ADI 6397, j. 22/02/2023)**

É importante registar que, nesse julgamento (ADI 6397), o Supremo Tribunal Federal deu uma solução muito interessante para o fato de que, apesar de serem inconstitucionais, os cargos de "Procuradores" autárquicos efetivamente existiam na estrutura da Administração do Estado de Alagoas. O STF não determinou que esses cargos deveriam deixar de existir, isto é, ele não retirou do ordenamento jurídico as normas que previam a sua existência.

O que a Corte fez foi uma interpretação conforme a Constituição dos dispositivos que previam a existência desses cargos de "Procurador" autárquico, para estabelecer que eles devem ser compreendidos como **cargos de auxílio aos Procuradores do Estado**. Em outras palavras: os cargos de "Procurador" autárquico questionados na ADI 6397 foram "transformados" pelo STF em cargos de assessor de Procurador do Estado (na verdade, eles não foram tecnicamente transformados, mas sim interpretados pelo STF como cargos de assessoramento aos Procuradores do Estado, pois a Corte realizou, no caso, uma interpretação conforme a Cosntituição para preservar a existência da norma impugnada, em vez de simplesmente retirá-la do ordenamento jurídico).

Nas exatas palavras do Supremo Tribunal Federal, a ação foi julgada *"procedente, para (...) dar interpretação conforme (...), de modo que o assessoramento jurídico (...) seja compreendido como* ***atividade instrumental, de assistência e auxílio aos Procuradores do Estado****"*.

Ainda sobre a impossibilidade da existência, em âmbito estadual, de cargo com funções de advocacia pública fora da Procuradoria-Geral do Estado, o STF já decidiu que, **mesmo que o cargo (ou carreira) paralelo à PGE seja vinculado a ela (à PGE), ele será inconstitucional**. Em outras palavras: se uma lei cria um cargo (ou carreira) com atribuições de advocacia pública fora da estrutura da Procuradoria Geral do Estado, o fato de haver nessa lei disposição no sentido de que esse cargo (ou carreira) se submete à PGE (isto é, possui vinculação a ela), não torna a norma constitucional, pois, mesmo nesse cenário, há violação ao princípio da unicidade das Procuradorias Estaduais.

O Supremo Tribunal Federal decidiu nesse sentido na **ADI 6500** (j. 13/03/2023), na qual afirmou que *"o princípio da unicidade veda a criação de órgão de assessoria jurídica na Administração Direta e Indireta diverso da Procuradoria do Estado para exercer parte das atividades que são privativas dos procuradores,* ***ainda que haja previsão de vinculação à Procuradoria-Geral do Estado****"*.

No entanto, é necessário esclarecer que, segundo o STF, apesar da previsão do princípio da unicidade no art. 132 da CF/88, os Estados e o Distrito Federal **não ficam proibidos de, em situações excepcionais, constituir advogados privados para atuarem em causas específicas**, desde que as circunstâncias do caso e da matéria justifiquem a não atuação da Procuradoria Geral.

Em outras palavras: o princípio da unicidade (art. 132, CF/88) assegura aos Procuradores dos Estados (e do Distrito Federal) a exclusividade na representação judicial (e extrajudicial) e na consultoria jurídica do Estado-membro. Porém, como exceção a essa regra, em situações especiais, o Estado-membro pode constituir advogados privados para atuarem em causas específicas, desde que as circunstâncias do caso concreto justifiquem essa medida e a não atuação da Procuradoria Geral do Estado. Esse entendimento foi adotado pelo STF na **Pet 409 AgR** (j. 18/04/1990) e foi posteriormente reiterado pela Corte na **ADI 5109** (j. 13/12/2018) e na **ADI 7218** (j. 11/03/2024).

Nas exatas palavras do Supremo Tribunal Federal, *"ao conferir aos Procuradores dos Estados e do Distrito Federal a sua representação judicial, o artigo 132 da Constituição veicula norma de organização administrativa, sem tolher a capacidade de tais entidades federativas para conferir* ***mandato ad judicia a outros advogados para causas especiais****"*.

A propósito do tema da unicidade das Procuradorias Estaduais, é importante registrar o julgamento da **ADI 5387**, em 12/02/2021, no qual o Supremo Tribunal Federal considerou **constitucional** a criação de programa de **residência jurídica** no âmbito das Procuradorias-Gerais dos Estados, desde que, evidentemente, não se atribua aos residentes funções privativas dos Procuradores de Estado. Em um cenário como esse, segundo a Corte, **não há violação ao princípio da unicidade**.

Para além disso, o STF entendeu, também, que a residência jurídica criada pela lei analisada não fere a regra constitucional do concurso público, pois consubstancia mero estágio específico para bacharéis em Direito, visando o seu aperfeiçoamento, sem que lhes sejam conferidas atribuições dos membros das Procuradorias ou de outros titulares de cargos públicos efetivos da área jurídica.

Por outro lado, se, a pretexto de criar um programa de estágio, a lei conferisse aos residentes jurídicos atribuições típicas de cargos públicos efetivos (dentre os quais, o de Procurador do Estado), aí sim ela violaria a regra constitucional do concurso público e, consequentemente, seria inválida.

→ *Exceções ao princípio da unicidade*

O princípio da unicidade admite algumas exceções, isto é, situações em que a atividade de advocacia pública em âmbito estadual pode ser exercida por órgão diverso da Procuradoria-Geral do Estado (ou do Distrito Federal). Algumas dessas situações, na verdade, não chegam a ser exceções, mas, sim, a correta aplicação do princípio. Seja como for, são hipóteses em que a representação judicial e a consultoria e assessoramento jurídico serão realizadas por carreiras paralelas à dos Procuradores do Estado (ou do DF).

Vejamos essas exceções, uma a uma.

- Carreiras anteriores à CF/88

Uma das exceções ao princípio da unicidade é a situação tratada pelo **art. 69 do ADCT**, que permitiu a permanência de consultorias jurídicas paralelas às Procuradorias dos Estados, desde que existentes anteriormente à entrada em vigor da CF/88.

> "**Art. 69, ADCT.** Será permitido aos Estados manter consultorias jurídicas separadas de suas Procuradorias-Gerais ou Advocacias-Gerais, desde que, na data da promulgação da Constituição, tenham órgãos distintos para as respectivas funções."

Tais consultorias paralelas, no entanto, a partir de 05/10/1988, tornaram-se **carreiras em extinção**. E, hoje, segundo vem reiteradamente decidindo o Supremo Tribunal Federal é inconstitucional a criação de carreiras ou cargos isolados (sejam eles efetivos ou comissionados) paralelos às PGEs para desempenhar a representação judicial e a consultoria e assessoramento jurídico no âmbito dos Estados.

Esse entendimento pode ser encontrado, por exemplo, nos seguintes precedentes da vasta jurisprudência do Supremo Tribunal Federal a respeito do tema:

> "(...) É **inconstitucional** o diploma normativo editado pelo Estado-membro, ainda que se trate de emenda à Constituição estadual, que outorgue a exercente de **cargo em comissão ou de função de confiança, estranho aos quadros da Advocacia de Estado**, o exercício, no âmbito do Poder Executivo local, de **atribuições inerentes à representação judicial e ao desempenho da atividade de consultoria e de assessoramento jurídicos**, pois tais encargos traduzem **prerrogativa institucional outorgada, em caráter de exclusividade, aos Procuradores do** Estado pela própria Constituição da República. (...)" **(ADI 4.843-MC, Rel. Min. Celso de Mello, j. 11/12/2014)**
>
> "(...)
> 1. O art. 132 da Constituição Federal confere às Procuradorias dos Estados e do Distrito Federal a **atribuição exclusiva das funções de representação judicial, consultoria e assessoramento** jurídico das unidades federativas aos seus respectivos procuradores, organizados em **carreira única.**
> 2. A norma do **art. 69 do Ato das Disposições Constitucionais Transitórias**, que permitiu aos Estados manter consultorias jurídicas separadas de suas

Procuradorias-Gerais ou Advocacias-Gerais, desde que, na data da promulgação da Constituição, tivessem órgãos distintos para as respectivas funções, **não autoriza a perpetuação de órgãos consultivos paralelos às Procuradorias dos Estados e do Distrito Federal.** (...)" **(ADI 5393 MC/RN; Relator(a): Min. ROBERTO BARROSO; J. 22/05/2017)**

"(...) A atividade de assessoramento jurídico do Poder Executivo dos Estados **é de ser exercida por procuradores organizados em carreira**, cujo ingresso depende de concurso público de provas e títulos, com a participação da Ordem dos Advogados do Brasil em todas as suas fases, nos termos do art. 132 da Constituição Federal. (...) **É inconstitucional norma estadual que autoriza a ocupante de cargo em comissão o desempenho das atribuições de assessoramento jurídico**, no âmbito do Poder Executivo. (...)" **(ADI 4261/RO; Relator(a): Min. AYRES BRITTO; J. 02/08/2010)**

"(...) Ante o **princípio da unicidade orgânica das Procuradorias estaduais** – artigo 132 da Constituição Federal –, surge **inconstitucional** restrição, considerada manifestação do poder constituinte derivado local, do âmbito de atuação dos Procuradores do Estado à defesa e assessoramento jurídico dos órgãos da Administração direta mediante a "constitucionalização" de **carreiras de Procurador Autárquico e de Advogado de Fundação** à margem da estrutura da Procuradoria-Geral do Estado, **ressalvada regra excepcional contida no artigo 69 do Ato da Disposições Constitucionais Transitórias.**" **(ADI 4449/AL; Relator(a): Min. MARCO AURÉLIO; J. 28/03/2019; Pleno)**

"(...) 1. A separação das funções de representação judicial e consultoria jurídica em diferentes órgãos somente é permitida se já existente na data de promulgação da Constituição de 1988 (ADCT, art. 69). Ofende a **prerrogativa dos Procuradores de Estado** o posterior desmembramento dessas atividades (CF, art. 132). (...) 2. **É vedada a atribuição de atividades de representação judicial e de consultoria ou assessoramento jurídicos a analista administrativo da área jurídica.** (...)" **(ADI 5107/MT; Relator(a): Min. ALEXANDRE DE MORAES; J. 20/06/2018; Pleno)**

É importante reiterar, para que fique claro, que as carreiras paralelas à PGE criadas antes da CF/88, embora tenham sido autorizadas a continuar existindo pelo art. 69 do ADCT, passaram, a partir daí, a ser **carreiras em extinção**. Isso significa que, conforme os seus cargos ficarem vagos, não poderão ser novamente providos, ficando vedada, portanto, a renovação da carreira (o que **impede, inclusive, a realização de novos concursos de ingresso**), devendo suas atribuições ser gradativamente absorvidas pelos Procuradores do Estado.

Isso ficou muito claro na ementa da **ADI 5393** (transcrita acima), na qual o STF registrou expressamente que *"a norma do art. 69 do Ato das Disposições Constitucionais Transitórias (...)* ***não autoriza a perpetuação*** *de órgãos consultivos paralelos às Procuradorias dos Estados e do Distrito Federal"*.

E, esclarecendo ainda mais a questão, o relator da ação, Min. Luís Roberto Barroso, ao tratar do art. 69 do ADCT no seu voto, registrou que:

"tal disposição, pela própria natureza transitória de que se reveste, não autoriza a perpetuação de órgãos consultivos paralelos às Procuradorias dos Estados e do Distrito Federal. E, por se tratar de exceção, tal norma transitória deve ser interpretada restritivamente. Aliás, como lembrado pelo Procurador-Geral da República, o Supremo Tribunal Federal já afirmou o caráter excepcional e transitório do art. 69 do ADCT (ADI 484, Rel. Min. Eros Grau, Red. para o acórdão Min. Ricardo Lewandowski, j. em 10.11.2011, DJe 01.02.2012).

> *Isso significa que, após a promulgação da Constituição Federal de 1988, **ficou vedado o provimento de cargos vagos ou mesmo a criação de novos cargos** pelos Estados e Distrito Federal para consultorias jurídicas existentes quando da promulgação da Constituição Federal. Isto porque **o quadro de pessoal dos órgãos paralelos deveria ser considerado em extinção.** É que o intuito do constituinte era ver efetivado, ao longo do tempo, o princípio da unicidade da representação judicial e da consultoria jurídica dos Procuradores de Estado previsto no art. 132 da Constituição Federal".*

Para finalizar, é importante deixar claro que o que o art. 69 do ADCT permite é que órgãos estaduais de advocacia pública paralelos às Procuradorias-Gerais dos Estados que foram criados antes da CF/88 continuem existindo **tão somente para o desempenho de atividades de consultoria jurídica**. Em outras palavras: esses órgãos paralelos às PGEs anteriores à CF/88 não podem, desde a entrada em vigor da atual Constituição, exercer a representação judicial dos Estados-membros.

Desde a entrada em vigor da CF/88, a atividade de representação judicial em âmbito estadual é exclusiva dos Procuradores de Estado, não podendo ela ser exercida por órgãos paralelos às PGEs, ainda que esses órgãos já existissem antes da atual Constituição Federal.

Isso porque o art. 69 do ADCT é claro ao dispor que os Estados podem manter em sua estrutura *"consultorias jurídicas separadas de suas Procuradorias-Gerais ou Advocacias-Gerais"*, desde que esses órgãos já fossem existentes quando da entrada em vigor da CF/88. Como esse dispositivo se refere especificamente a consultorias jurídicas (não englobando as atividades de representação judicial), fica claro o intuito do constituinte de não permitir que a representação judicial fosse desempenhada por órgãos paralelos às PGEs.

A distinção entre consultoria jurídica e representação judicial contida no art. 69 do ADCT já foi reconhecida expressamente pelo Supremo Tribunal Federal, que, na **ADI 145** (j. 20/06/2018), ao invalidar disposições da Constituição do Estado do Ceará que permitiam a existência, mesmo após a CF/88, de procuradorias autárquicas no âmbito da Administração Pública estadual, deixou claro que as carreiras paralelas às PGEs anteriores à CF/88 apenas podem exercer atividades de consultoria jurídica, **nunca de representação judicial.**

Nos exatos termos da ementa desse julgado, *"a exceção prevista no art. 69 do ADCT deixou evidente que, após a Constituição de 1988, não é mais possível a criação de órgãos jurídicos distintos da procuradoria-geral do estado, **sendo admitida apenas a manutenção daquelas consultorias jurídicas já existentes quando da promulgação da Carta.** Trata-se de exceção direcionada a situações concretas e do passado, que, por essa razão, deve ser interpretada restritivamente, inclusive com atenção à **diferenciação entre os termos "consultoria jurídica" e "procuradoria jurídica", uma vez que essa última pode englobar as atividades de consultoria e representação judicial**"*.

E, julgando embargos de declaração opostos contra essa decisão, o Supremo Tribunal Federal deixou ainda mais clara a diferenciação entre consultoria jurídica e representação judicial contida no art. 69 do ADCT, estabelecendo que as carreiras paralelas à PGE criadas antes da CF/88 **devem imediatamente deixar de exercer atividades de representação judicial**, limitando-se a funções consultivas, com a supervisão da PGE.

Nos termos da ementa desses embargos de declaração, o STF, em relação às carreiras paralelas à PGE criadas antes da CF/88, decidiu, *"**impedir que seus atuais***

***ocupantes exerçam funções relativas à representação judicial**, permitindo-lhes que realizem, excepcionalmente, atribuições de **consultoria jurídica**, desde que sob supervisão técnica do procurador-geral do Estado do Ceará"*. Esse mesmo entendimento foi adotado posteriormente pelo STF na **ADI 7218** (j. 11/03/2024).

Portanto, o art. 69 do ADCT permite que carreiras paralelas à PGE criadas antes da CF/88 continuem existindo **unicamente para o desempenho de atividades de consultoria jurídica, sendo-lhes vedado exercer a representação judicial do Estado-membro**. Isso é o que consta da literalidade desse dispositivo, bem como da jurisprudência do Supremo Tribunal Federal.

- Possibilidade de existência de Procuradorias próprias nos Poderes Legislativo e Judiciário e nos Tribunais de Contas

Não obstante exista o princípio da unicidade das Procuradorias dos Estados e do Distrito Federal, segundo o STF, os demais Poderes (Legislativo e Judiciário), assim como os Tribunais de Contas, podem manter, em suas estruturas, Procuradorias próprias para atuação judicial em situações de defesa de suas prerrogativas constitucionais (notadamente, quando em conflito com outro Poder) e para exercer sua representação extrajudicial e consultoria jurídica interna (especialmente, nas questões que dizem respeito à sua organização, à sua autonomia e às suas prerrogativas constitucionais).

Portanto, a regra é que a representação judicial e a consultoria jurídica do Estado-membro (e do Distrito Federal) são de atribuição exclusiva da Procuradoria Geral do Estado (e do Distrito Federal), mas, como exceção, o Legislativo, o Judiciário e o Tribunal de Contas podem manter Procuradorias próprias para a defesa judicial de sua autonomia e independência (defesa de suas prerrogativas) e para a sua consultoria jurídica interna.

Em outras palavras: nas questões atinentes ao Estado-membro enquanto pessoa jurídica (questões cotidianas, como aquelas que envolvem direitos de servidores públicos de qualquer dos Poderes), as atividades de representação judicial e de consultoria jurídica cabem aos Procuradores do Estado. Por outro lado, nas questões institucionais (prerrogativas constitucionais e organização interna) dos Poderes Legislativo e Judiciário e do Tribunal de Contas, as atividades de representação judicial e de consultoria jurídica podem ser realizadas por órgãos jurídicos próprios de cada um desses Poderes e da Corte de Contas.

No entanto, segundo o Supremo Tribunal Federal, os agentes públicos que desempenham as funções das procuradorias dos órgãos autônomos **não podem exercer, também, a atividade-fim desses órgãos**. Então, por exemplo, no âmbito dos Tribunais de Justiça e das Assembleias Legislativas, é possível haver procuradorias próprias para a consultoria jurídica interna e a defesa judicial das prerrogativas constitucionais desses órgãos, mas os integrantes dessas procuradorias não podem ser magistrados ou Parlamentares. Essa vedação, inclusive, está prevista no próprio Estatuto da OAB (Lei 8.906/94), mais precisamente, no seu art. 28, que estabelece a impossibilidade de exercício da advocacia pelos membros do Poder Judiciário, do Ministério Público, dos Tribunais de Contas e das Mesas do Poder Legislativo e seus substitutos.

Isso foi afirmado pelo STF na **ADI 6433** (j. 03/04/2023), na qual a Corte fixou a **tese** segundo a qual *"é constitucional a instituição de* ***órgãos, funções ou carreiras especiais voltadas à consultoria e assessoramento jurídicos dos Poderes Judiciário e Legislativo estaduais****, admitindo-se a representação judicial extraordinária exclusivamente nos casos em que os referidos entes despersonalizados necessitem praticar em juízo, em nome próprio,* ***atos processuais na defesa de sua autonomia, prerrogativas e independência face aos demais Poderes****, desde que a atividade desempenhada pelos referidos órgãos, funções e carreiras especiais remanesça* ***devidamente apartada da atividade-fim do Poder Estadual*** *a que se encontram vinculados"*. Além da ADI 6433, existem diversos precedentes do STF no sentido de tudo que vimos acima. Confira:

> "(...) 5. Reconhecimento da **possibilidade de existência de procuradorias especiais para representação judicial da Assembleia Legislativa e do Tribunal de Contas** nos casos em que necessitem praticar em juízo, em nome próprio, série de atos processuais na **defesa de sua autonomia e independência** em face dos demais poderes, as quais também **podem ser responsáveis pela consultoria e pelo assessoramento jurídico de seus demais órgãos.** (...)" **(ADI 94/RO; Relator(a): Min. GILMAR MENDES; J. 07/12/2011; Pleno)**
>
> "(...) 3. A Procuradoria Geral do Distrito Federal é a responsável pelo desempenho da atividade jurídica consultiva e contenciosa exercida na defesa dos interesses da pessoa jurídica de direito público Distrito Federal. 4. Não obstante, a jurisprudência desta Corte reconhece a ocorrência de **situações em que o Poder Legislativo necessite praticar em juízo, em nome próprio, uma série de atos processuais na defesa de sua autonomia e independência frente aos demais Poderes**, nada impedindo que assim o faça por meio de um **setor pertencente a sua estrutura administrativa, também responsável pela consultoria e assessoramento jurídico de seus demais órgãos**. (...)" **(ADI 1557/DF; Relator(a): Min. ELLEN GRACIE; J. 31/03/2004; Pleno)**
>
> "(...) CARGOS EFETIVOS DE ADVOGADOS NO QUADRO ADMINISTRATIVO DO **PODER JUDICIÁRIO**. (...) 1. As Advocacias Públicas de que tratam os arts. 131 e 132 da Constituição Federal são órgãos autônomos vinculados ao Poder Executivo da União ou Estado, o que não obsta a defesa de interesses cotidianos próprios dos demais Poderes do ente federativo a que pertencerem. **Excepcionalmente, admite-se a existência de órgão de assessoramento jurídico, com finalidade, inclusive, postulatória, quando o objetivo for zelar pela independência funcional e as prerrogativas inerentes ao Poder.** (...) 2. Necessária interpretação conforme à Constituição, com o propósito de **permitir a representação judicial somente nos casos em que o Poder Judiciário estadual atuar em nome próprio, na defesa de sua autonomia, prerrogativas e independência em face dos demais Poderes.** (...)" **(ADI 5024/SP; Relator(a): Min. ROBERTO BARROSO; J. 20/09/2018; Pleno)**
>
> "(...) A criação de órgão jurídico vinculado ao Legislativo não é, por si só, opção política de auto-organização vedada pela Constituição Federal. (...) Não há falar na possibilidade de o Legislativo pôr-se em juízo como dotado de personalidade jurídica cindida do Estado-membro. Conferida interpretação conforme à Constituição para consignar-se que **a representação judicial e extrajudicial da Assembleia Legislativa, a cargo de sua Procuradoria-Geral, encontra limite nos feitos em que esse Poder, em nome próprio, esgrima na defesa de sua autonomia e independência em face do Executivo e do Judiciário**. (...)" **(ADI 2820, Pleno, Rel. Min. NUNES MARQUES, j. 05/06/2023)**

> "(...) Embargos de declaração conhecidos e providos em parte, para (...) assentar que são da competência da **Procuradoria-Geral da Assembleia Legislativa as atividades de consultoria e assessoramento jurídicos, a par da representação judicial e extrajudicial** nos feitos em que o Legislativo, em nome próprio, esgrima na **defesa de sua autonomia, independência, prerrogativas e competências em face dos Poderes Executivo e Judiciário e dos órgãos de envergadura constitucional independentes**, casos do Ministério Público, da Defensoria Pública e do Tribunal de Contas." **(ADI 2820 ED, Pleno, Rel. Min. NUNES MARQUES, j. 30/10/2023)**

→ *Não aplicação da unicidade às empresas públicas e sociedades de economia mista*

Também em 2019, a Suprema Corte afirmou, na ADI 3536, que a unicidade não abrange as empresas públicas e as sociedades de economia mista, de modo que é inconstitucional a norma estadual que atribui à Procuradoria-Geral do Estado a representação judicial e o controle dos serviços jurídicos de tais entidades.

Isso porque as estatais são pessoas jurídicas de direito privado, de modo que colocá-las sob a atuação da PGE seria uma ingerência indevida do Governador do Estado em suas atividades, inclusive, ferindo a isonomia, pois favoreceria tais entidades privadas em detrimento dos particulares em geral.

Portanto, o princípio da unicidade abrange apenas a Administração Pública direta, autárquica e fundacional, o que, inclusive, foi afirmado expressamente pelo STF ao apreciar o caso:

> "(...) 1. O art. 132 da Constituição Federal confere às Procuradorias dos Estados atribuições para as atividades de consultoria jurídica e representação judicial das respectivas unidades federadas, aí se compreendendo apenas a administração pública direta, autárquica e fundacional. 2. A atuação de órgãos da Advocacia Pública em prol de empresas públicas e sociedades de economia mista, além de descaracterizar o perfil constitucional atribuído às Procuradorias dos Estados, implicaria favorecimento indevido a entidades que não gozam do regime jurídico de Fazenda Pública, em afronta ao princípio constitucional da isonomia. (...)" (ADI 3536/SC; Relator(a): Min. ALEXANDRE DE MORAES; J. 03/10/2019; Pleno)

→ *As universidades públicas estaduais podem ter Procuradorias próprias?*

Nas ADIs 5215 e 5262 (ambas julgadas em 28/03/2019), o Supremo Tribunal Federal adotou entendimento no sentido de que as universidades públicas estaduais poderiam ter procuradorias próprias, pois a autonomia universitária (prevista no art. 207 da CF/88), segundo a Corte, deveria ser interpretada de forma ampla, permitindo, inclusive, a existência de órgãos jurídicos próprios nessas entidades da Administração Estadual.

> "**Art. 207, CF/88.** As universidades gozam de autonomia didático-científica, administrativa e de gestão financeira e patrimonial, e obedecerão ao princípio de indissociabilidade entre ensino, pesquisa e extensão."

Esse posicionamento, no entanto, foi superado pelo STF na **ADI 5946**, julgada em 24/05/2021. Nesse julgamento, a Corte, realizando uma guinada jurisprudencial, entendeu que a unicidade orgânica das Procuradorias-Gerais dos Estados impede que as universidades públicas estaduais possuam procuradorias próprias, muito embora não haja impedimento à existência, no seu quadro de pessoal, de um cargo em comissão de Procurador-Geral da Universidade, que pode, inclusive, ser ocupado por quem não integra a carreira de Procurador do Estado.

Ocorre que, em 2024, houve **nova alteração de entendimento no STF**, que retomou o posicionamento firmado nas ADIs 5215 e 5262 e, assim, **voltou a considerar constitucional a existência de procurarias próprias em universidades públicas estaduais**, por conta da autonomia universitária.

Isso aconteceu na **ADI 7218** (j. 11/03/2024), na qual foram impugnadas normas do Estado da Paraíba que previam a existência de procuradoria própria, separada da Procuradoria Geral do Estado, na Universidade Estadual da Paraíba (UEPB). Segundo decidiu o STF, a autonomia universitária (prevista no art. 207 da CF/88) permite que as universidades públicas possuam órgão jurídico próprio, sem que isso caracterize uma violação à unicidade dos Procuradores de Estado.

Em outras palavras: a unicidade das Procuradorias dos Estados (e do Distrito Federal) **não alcança as universidades públicas**, de modo que as universidades estaduais podem, segundo o atual entendimento do STF, ter procuradorias próprias.

▶ O regime jurídico da advocacia pública estadual na jurisprudência do Supremo Tribunal Federal

O STF já se manifestou sobre diversas questões envolvendo a advocacia pública estadual e o regime jurídico a ela aplicável, destacando-se o que foi decidido nas **ADIs 291** (j. 07/04/2010), **2729** (j. 19/06/2013), **5029** (j. 15/04/2020), **2167** (j. 03/06/2020) e **127**, (j. 29/11/2021), que trataram de muitos aspectos sobre as Procuradorias dos Estados e do DF que têm sido cobrados pelas provas de concursos.

Resumidamente, nessas ações, que envolveram a PGE/MT, a PGE/RN, a PGE/RR e a PGE/AL, a Suprema Corte decidiu que a Constituição do Estado e as leis estaduais **não podem**:

1) Condicionar a **escolha** ou a **destituição** do Procurador-Geral do Estado à autorização da Assembleia Legislativa, pois isso representaria uma interferência indevida do Poder Legislativo no Poder Executivo e o cargo de PGE é de livre nomeação e exoneração pelo Governador do Estado.

2) Fixar **mandato (com prazo determinado)** para o exercício do cargo de Procurador-Geral do Estado, pois isso caracteriza uma interferência indevida do Poder Legislativo no Poder Executivo, tendo em vista que, por imposição de norma criada pelo Legislativo, fica subtraída a prerrogativa do Governador do Estado de escolher (nomeando e exonerando) o chefe da Advocacia Pública estadual.

3) Estender ao Procurador-Geral do Estado a prerrogativa do Chefe do Executivo de dispor sobre as matérias exclusivas de sua iniciativa. Dessa forma, o que for matéria de iniciativa exclusiva do Governador não pode ser entregue ao PGE pela Constituição Estadual.

4) Atribuir à Procuradoria-Geral do Estado autonomia funcional, administrativa e financeira, devendo a PGE ficar subordinada ao Governador e ao Poder Executivo. Nas palavras do STF, *"a administração direta é una e não comporta a criação de distinções entre órgãos em hipóteses não contempladas explícita ou implicitamente pela Constituição Federal"* (ADI 5029).

5) Estender à Procuradoria-Geral do Estado os princípios institucionais e as prerrogativas funcionais do Ministério Público e da Defensoria Pública (dentre elas, a garantia da inamovibilidade), tendo em vista que as atribuições dos Procuradores de Estado (que estão inseridos em uma estrutura hierarquizada) não têm relação com as atribuições dos integrantes do MP e da Defensoria.

6) Atribuir vitaliciedade aos Procuradores do Estado, pois tal prerrogativa se presta a preservar a autonomia e a independência de determinados agentes públicos, logo, considerando que o cargo de Procurador de Estado se encontra inserido em uma estrutura hierarquizada, não se mostra compatível com a Constituição Federal a concessão de vitaliciedade aos advogados públicos, pois não há autonomia nem independência a lhes serem asseguradas. Ademais, o próprio art. 132, p. único, da CF/88, expressamente, assegura **estabilidade** aos Procuradores dos Estados e do DF, o que exclui a incidência da prerrogativa da vitaliciedade.

7) Assegurar aos Procuradores do Estado prerrogativas processuais (tais como prisão domiciliar, imunidade relativa à prisão e tratamento diferenciado na condição de testemunha), pois se trata de matéria processual, cuja competência legislativa é privativa da União, nos termos do art. 22, I, da CF/88.

8) Instituir foro por prerrogativa de função perante o respectivo Tribunal de Justiça para os Procuradores do Estado. Essa questão foi decidida na ADI 2729, e, na época do julgamento, o STF entendia que essa prerrogativa não podia ser prevista em lei estadual, mas podia ser prevista na Constituição do Estado, pois, nos termos do art. 125, § 1º, da CF/88, a Constituição do Estado (e apenas ela) pode definir a competência da Corte de Justiça Estadual. Atualmente, porém, conforme estudamos anteriormente, a possibilidade de previsão de foro especial em norma estadual (esteja essa norma em uma lei ou na Constituição do Estado) não é mais admitida pelo Supremo Tribunal Federal.

9) Conceder porte de arma de fogo aos Procuradores do Estado, pois compete privativamente à União *"autorizar e fiscalizar a produção e o comércio de material bélico"* (art. 21, VI, CF/88), além de esse tema ser relativo a direito penal, cuja competência legislativa também é privativa da União (art. 22, I, CF/88). Esse entendimento foi posteriormente reiterado pelo STF em outros casos, como a **ADPF 884** e a **ADI 6978** (j. 09/03/22), as **ADIs 6972 e 6979** (j. 19/09/22) e a **ADI 6977** (j. 14/09/22).

→ *A escolha do Procurador-Geral do Estado*

A Constituição Federal não estabelece expressamente quais critérios devem ser observados para a escolha do Procurador-Geral do Estado, e a jurisprudência do Supremo Tribunal Federal sobre a questão apresenta um histórico com diversas idas e vindas.

Em um primeiro momento (**ADI 2581**, j. 16/08/2007), analisando norma da Constituição do Estado de São Paulo que estabelecia (e continua estabelecendo até hoje) a necessidade de escolha do Procurador-Geral do Estado dentre integrantes da carreira de Procurador do Estado, o Supremo Tribunal Federal entendeu que, por conta da autonomia assegurada pela CF/88, os Estados poderiam disciplinar essa questão livremente, sem necessidade de observar obrigatoriamente o modelo previsto na Constituição Federal para a escolha do Advogado-Geral da União. Logo, cada Estado teria liberdade para estabelecer se o seu Procurador-Geral deveria ser escolhido dentre membros da carreira ou se poderia ser nomeado livremente, dando ao Governador do Estado a possibilidade de selecionar um integrante da carreira ou não.

Nesse mesmo sentido a Suprema Corte se manifestou, posteriormente, sobre a Constituição do Estado do Amapá, ao julgar a **ADI 2682** (em 12/02/2009), oportunidade em que afirmou que *"a forma de provimento do cargo de Procurador-Geral do Estado, não prevista pela Constituição Federal (art. 132), pode ser definida pela Constituição Estadual, competência esta que se insere no âmbito de autonomia de cada Estado-membro"*.

Depois disso, no entanto, o Supremo Tribunal Federal modificou o seu entendimento e estabeleceu que a escolha do Chefe da Advocacia Pública Estadual deveria ser feita com observância simétrica do modelo adotado pela CF/88 para a nomeação do Advogado-Geral da União, de modo que uma norma estadual não poderia obrigar o Governador a escolher o Procurador-Geral do Estado dentre membros da carreira de Procurador do Estado, devendo-se assegurar ao Chefe do Executivo Estadual liberdade para fazer essa escolha dentre integrantes da Procuradoria-Geral do Estado ou não. Esse entendimento foi adotado na **ADI 291**, julgada em 07/04/2010.

Ocorre que, em 04/10/2019, ao julgar a **ADI 4898**, novamente analisando norma da Constituição do Estado do Amapá, o Supremo Tribunal Federal voltou a afirmar a liberdade dos Estados para definir os critérios de escolha do Procurador-Geral do Estado e de seus substitutos, tendo sido retomado o entendimento que fora firmado no julgamento das ADIs 2581 e 2682 (inclusive, houve menção expressa a esses precedentes no julgamento).

Em outras palavras, nessa ADI, o STF reconheceu (mais uma vez) a autonomia dos Estados-membros para definir os critérios de escolha do Chefe de sua Advocacia Pública, podendo, inclusive, exigir que o Governador o nomeie exclusivamente dentre membros da carreira de Procurador do Estado.

Porém, depois disso houve nova mudança de entendimento no Supremo Tribunal Federal.

Na **ADI 127**, julgada em 29/11/2021, o STF **voltou a adotar o entendimento de que Constituição Estadual não pode obrigar o Governador do Estado a escolher o Procurador-Geral do Estado dentre membros da carreira de Procurador do**

Estado, devendo o Chefe do Executivo ter liberdade para escolher o titular desse cargo livremente, dentre membros do órgão de Advocacia Pública ou não.

Nos termos que constaram da ementa do acórdão, *"ferem as prerrogativas do governador do Estado a imposição de escolha do procurador-geral do estado dentre os membros da carreira – no caso em questão dentre os membros da última classe da carreira de procurador do Estado –, bem como a prévia aprovação do escolhido pela Assembleia Legislativa, a fixação de mandato para o exercício do cargo e a destituição do cargo por deliberação da maioria da Assembleia Legislativa"*.

Esse julgado, contudo, foi bastante esquisito, pois ignorou as decisões mais recentes (na época) do STF sobre a matéria, tendo, inclusive, invocado como fundamento um precedente no qual a Corte entendeu exatamente o contrário, isto é, que cada Estado teria liberdade para definir os critérios de escolha do seu Procurador-Geral. Esse precedente foi o da ADI 2682, que vimos acima.

Isso gerou a expectativa de que o entendimento sobre o tema poderia ser novamente alterado no STF.

E foi o que aconteceu.

Em 2023, o Supremo Tribunal Federal modificou mais uma vez a sua jurisprudência e passou novamente a entender que os critérios de escolha do Procurador-Geral do Estado (inclusive, a definição sobre se ele deve ser um integrante da carreira de Procurador do Estado ou não) podem ser livremente fixados pela legislação estadual. Isso porque os Estados, como entes federados que são, possuem autonomia, de modo que podem definir sua organização e sua legislação próprias, não se aplicando por simetria o modelo de escolha do Advogado-Geral da União (previsto no art. 131, § 1º, da CF/88).

Esse entendimento foi adotado pelo STF nas **ADIs 2820** (j. 05/06/2023) e **3056** (j. 25/09/2023).

Na ADI 2820, a Corte afirmou expressamente que *"**a Constituição de 1988 não estabeleceu norma acerca dos critérios direcionados à escolha da chefia das Procuradorias dos Estados e do Distrito Federal**, remetendo a disciplina da matéria ao Poder Constituinte decorrente, considerada a autonomia estadual e distrital, de sorte que **não se aplicam, por simetria, os requisitos para a definição do cargo de Advogado-Geral da União**"*.

E, na ADI 3056, seguindo a mesma linha de raciocínio, o Supremo Tribunal Federal fixou a tese segundo a qual *"**não ofende a Constituição Federal** a previsão, em ato normativo estadual, de obrigatoriedade de **escolha do Procurador-Geral do Estado entre os integrantes da respectiva carreira**"*.

Portanto, o atual entendimento do STF a respeito dos critérios de escolha do Procurador-Geral do Estado é no sentido de que a definição desses critérios pode ser feita livremente pelos próprios Estados por meio de sua própria legislação, **não se aplicando por simetria o modelo de escolha do Advogado-Geral da União, previsto no art. 131, § 1º, da CF/88**. Logo, os Estados possuem autonomia para definir se o Procurador-Geral do Estado deve ser escolhido dentre os integrantes da carreira de Procurador do Estado ou não.

→ *A iniciativa legislativa para tratar dos critérios de escolha do Procurador--Geral do Estado*

Na **ADI 4898**, em que foi adotado, como vimos, o entendimento no sentido da liberdade dos Estados para definir os critérios de escolha do Procurador-Geral do Estado, o Supremo Tribunal Federal decidiu outras duas importantes questões atinentes à Procuradoria-Geral do Estado.

E uma dessas questões se refere à iniciativa da proposta legislativa para definir os critérios de escolha do Procurador-Geral do Estado e de seus substitutos, questão essa que diz respeito à organização da Procuradoria-Geral do Estado.

Em relação a isso, o Supremo Tribunal Federal lembrou, ao julgar a ação, que possui entendimento no sentido de que, quando se trata de um órgão já criado pela própria Constituição Federal (e a Advocacia Pública Estadual encontra-se prevista na CF/88, com *status* de função essencial à justiça), não se aplica a reserva de iniciativa, de modo que a proposta legislativa (seja ela um projeto de lei ou uma PEC estadual) que trate sobre os critérios de escolha do Procurador-Geral do Estado e de seus substitutos **não é de iniciativa exclusiva do Chefe do Poder Executivo**, podendo, portanto, ter origem parlamentar.

Segundo constou da ementa do acórdão, *"não há reserva de iniciativa do Chefe do Poder Executivo para a deflagração de processo legislativo de norma pela qual se definem critérios para nomeação do Procurador-Geral do Estado e eventuais substitutos, como Subprocurador-Geral do Estado e Procurador do Estado Corregedor"*.

Esse entendimento pode gerar estranheza, porque, conforme já estudamos, as regras básicas de processo legislativo previstas na Constituição Federal (dentre as quais, incluem-se as hipóteses de reserva de iniciativa) são de observância obrigatória nas demais esferas da Federação. Mas o fato é que, na jurisprudência do Supremo Tribunal Federal, há precedentes no sentido de que não se pode falar em iniciativa privativa do processo legislativo para tratar de órgão cuja criação se deu pela própria Constituição Federal.

Isso ficou bastante claro no voto da Ministra Cármen Lúcia, Relatora da ação:

> "(...)
>
> 5. Amparados no princípio da simetria, há diversos precedentes do Supremo Tribunal Federal nos quais se declarou a inconstitucionalidade formal de emendas às Constituições estaduais por inobservância da reserva de iniciativa do Chefe do Poder Executivo para deflagrar processo legislativo das matérias previstas no inc. II do § 1º do art. 61 da Constituição da República.
>
> 6. Na espécie vertente, todavia, não se discute essa mesma matéria. **Não há reserva de iniciativa do Chefe do Poder Executivo para a definição de critérios para nomeação do Procurador-Geral do Estado e eventuais substitutos, como o Subprocurador-Geral do Estado e Procurador do Estado Corregedor.**
>
> 7. Essa questão foi debatida por este Supremo Tribunal no julgamento da Ação Direta de Inconstitucionalidade n. 2.581, DJe 15.8.2008, pela qual se julgava norma da Constituição do Estado de São Paulo pela qual se previa a escolha do Procurador-Geral do Estado entre os membros da carreira. Nesse julgamento o Ministro Sepúlveda Pertence proferiu voto nos seguintes termos:
>
> **"Debate-se sobre uma estrutura de Estado criada pela própria Constituição da República (art. 132, CF). Não preciso, para afastar o óbice da iniciativa legislativa, tecer comentários quanto à diferença entre órgãos**

> **e agentes públicos. O que importa é que essa estrutura estatal, vale dizer, de Procurador de Estado, é criada pela Constituição, que aliás, outorga-lhe status de função essencial à Justiça. Não há falar em iniciativa privativa sobre algo constitucionalmente criado" (Relator o Ministro Maurício Corrêa, Plenário).**
>
> (...)"
>
> **(ADI 4898/AP; Trecho do voto da Min. Relatora Cármen Lúcia; J. 04/10/2019; Pleno)**

Esse entendimento, inclusive, foi posteriormente reiterado pelo STF na **ADI 2820** (j. 05/06/2023), na qual foram questionados dispositivos da Constituição do Estado do Espírito Santo que tratavam da escolha do Procurador-Geral do Estado. Nessa ação, o voto vencedor foi o da Min. Cármen Lúcia, e, nele, ela fez referência ao precedente que vimos acima, da ADI 4898 (na qual o voto condutor do julgamento também foi proferido por ela), reafirmando tudo havia dito lá.

Mas é importante registrar que há precedentes do Supremo Tribunal Federal no sentido de que a iniciativa legislativa para normas que disciplinem a Procuradoria-Geral do Estado é exclusiva do Governador do Estado. Um exemplo disso é a **ADI 5262** (j. 28/03/2019), na qual a Suprema Corte afirmou que a iniciativa de lei ou de emenda constitucional pela qual se discipline a organização e as atribuições de órgãos ou entidades da Administração estadual cabe apenas ao Chefe do Executivo, motivo pelo qual a norma estadual de iniciativa parlamentar que trate de atribuições da PGE é inconstitucional.

Qual posicionamento se deve adotar em provas?

É necessário ter cautela. Se o examinador se referir especificamente aos critérios de escolha do Procurador-Geral do Estado e de seus substitutos, deve-se considerar que não há reserva de iniciativa nesse caso, pois há precedente específico do STF nesse sentido. No entanto, se a questão da prova se referir, de forma mais genérica, à organização e às atribuições da PGE, o ideal parece ser adotar o entendimento no sentido de que a iniciativa é apenas do Governador do Estado, pois há precedentes da Suprema Corte afirmando isso.

→ *Possibilidade de norma estadual concentrar as citações e comunicações processuais no Procurador-Geral do Estado*

É constitucional norma estadual que estabelece ser **atribuição exclusiva do Procurador-Geral do Estado receber citações e comunicações** relativas a processos judiciais?

Essa questão foi apreciada pelo Supremo Tribunal Federal na **ADI 5773**, ajuizada contra norma do Estado de Minas Gerais (art. 7º, III, da Lei Complementar Estadual nº 30/93, que é a Lei Orgânica da Advocacia-Geral do Estado de Minas Gerais). Essa norma estabelece competir ao Advogado-Geral do Estado *"receber a citação inicial ou a comunicação referente a qualquer ação ou processo ajuizado contra o Estado ou sujeito à intervenção da Procuradoria-Geral do Estado"*, e foi impugnada pelo Procurador-Geral da República, na referida ação de controle de constitucionalidade, sob o argumento de que violaria a competência privativa da União para legislar sobre direito processual (art. 22, I, CF/88) e feriria os princípios constitucionais da razoável duração do processo (art. 5º, LXXVIII, CF/88) e da eficiência (art. 37, *caput*, CF/88).

Porém, o STF, ao julgar a ação (em 08/03/2021), considerou a norma **constitucional**.

De acordo com o que foi decidido, a definição do Procurador-Geral do Estado como o único agente competente para receber citações e comunicações processuais **se insere no âmbito da capacidade de auto-organização e na autonomia administrativa do ente federado**, pois se trata de mera organização administrativa interna. Além disso, segundo a Corte, **a norma não cuida de direito processual**, de modo que não se insere na competência legislativa privativa da União (art. 22, I, CF/88), mas de mero procedimento, tanto processual (o que é tema de competência legislativa concorrente, conforme prevê o art. 24, XI, da CF/88) quanto administrativo (o que é questão inserida na autonomia do ente federado).

Do ponto de vista formal, portanto, não há invalidade alguma na norma.

Quanto às alegações de inconstitucionalidade material por violação da razoável duração do processo e da eficiência, o Tribunal entendeu justamente o contrário disso: a norma estadual, ao estabelecer um único agente do Estado com atribuição para receber citações e comunicações dos processos judiciais, organiza a estrutura administrativa de modo a **racionalizar o exercício do direito de defesa do Estado e a aperfeiçoar o desempenho das atividades finalísticas do órgão de advocacia pública**, e tudo isso, na verdade, **promove a celeridade processual**, ao invés de prejudicá-la.

Essa norma, portanto, é constitucional tanto do ponto de vista formal quanto do ponto de vista material.

→ *Possibilidade de vinculação remuneratória na carreira de Procurador de Estado*

Outra questão tratada pelo STF na **ADI 4898** foi a possibilidade (ou não) de vinculação remuneratória na carreira de Procurador de Estado. Essa questão foi posteriormente tratada pelo STF também na **ADI 6610** (j. 21/03/2022).

Imagine uma norma estadual hipotética prevendo que *"o Procurador do Estado será remunerado por subsídio, que, na última classe da carreira, será equivalente a 90,25% do subsídio de Ministro do Supremo Tribunal Federal, ficando o subsídio mensal das demais classes escalonado, sucessivamente, em 5%"*.

Essa norma é constitucional?

Nessa norma hipotética, há uma vinculação remuneratória, o que é vedado por uma regra geral prevista na CF/88, qual seja, o art. 37, XIII:

> **"Art. 37, CF/88.**
>
> (...)
>
> XIII - é vedada a vinculação ou equiparação de quaisquer espécies remuneratórias para o efeito de remuneração de pessoal do serviço público;"

Além disso, a vinculação remuneratória prevista na norma hipotética referida acima permite reajustes automáticos do subsídio de Procurador do Estado a cada novo reajuste do subsídio de Ministro do STF, o que viola a exigência constitucional de lei para fixação de remuneração de servidor público, prevista no art. 37, X, CF/88:

> **"Art. 37, CF/88.**
> (...)
> X - a remuneração dos servidores públicos e o subsídio de que trata o § 4º do art. 39 somente poderão ser fixados ou alterados por lei específica, observada a iniciativa privativa em cada caso, assegurada revisão geral anual, sempre na mesma data e sem distinção de índices;"

Tendo em vista as disposições constitucionais sobre o tema, o Supremo Tribunal Federal, nas ADIs 4898 e 6610, afirmou expressamente a **inconstitucionalidade** dessa vinculação remuneratória.

Além disso, a Corte entendeu que, como a vinculação remuneratória em questão faz com que o valor da remuneração paga por um ente federado dependa da remuneração definida por outro ente federado, ela (a vinculação remuneratória) **viola também a autonomia federativa**, mais precisamente, a autonomia que cada ente federado possui de conceder reajustes aos seus servidores de acordo com as suas próprias capacidades orçamentário-financeiras (pois, em última análise, o que se tem aí é um ente federado interferindo na remuneração paga por outro ente federado).

Mas note que, segundo decidido pelo STF, o que é vedado pela Constituição Federal é a **vinculação remuneratória** "externa", isto é, aquela que vincula a remuneração de um cargo à remuneração de outro cargo (vinculação entre carreiras diferentes). Logo, não pode o subsídio de Procurador de Estado ser fixado, por exemplo, de acordo com o subsídio de Ministro do Supremo Tribunal Federal.

Por outro lado, a **vinculação "interna"** é permitida, pois, nesse caso, o que há é um mero escalonamento remuneratório dentro da mesma carreira. Dessa forma, é possível que haja uma previsão determinando, por exemplo, que dentro de uma mesma carreira haja uma diferença remuneratória de 5% entre cada um de seus níveis ou classes.

Conforme constou da ementa do acórdão, *"é inconstitucional norma pela qual se estabelece equiparação de subsídios entre servidores públicos de diferentes carreiras. (...) É constitucional a organização remuneratória em escalonamento vertical de servidores da mesma carreira, por se tratar de hierarquia salarial entre classes de servidores públicos de igual categoria"*.

Percebe-se, assim, que, na norma hipotética mencionada anteriormente, a inconstitucionalidade alcança apenas a vinculação entre o subsídio de Procurador do Estado e o de Ministro do STF, sendo válida, por outro lado, a fixação de um escalonamento remuneratório dentro da carreira.

Mas, antes de encerrarmos a abordagem desse tema, é necessário deixar claro um detalhe: a vedação de vinculação entre remunerações no serviço público, como vimos, é a **regra** no nosso ordenamento jurídico, por conta da disposição contida no art. 37, XIII, da CF/88. Porém, essa regra apenas se aplica quando a própria Constituição Federal não estabelece, ela própria, uma vinculação remuneratória para algum cargo específico.

Por exemplo, em relação à remuneração dos Ministros dos Tribunais Superiores, a própria CF/88 estabelece, no art. 93, V, que ela sempre corresponderá a 95% do subsídio de Ministro do STF. Em outras palavras: para o caso específico do subsídio de Ministro de Tribunal Superior, o texto constitucional estabelece uma vinculação com a remuneração dos Ministros do Supremo Tribunal Federal (devendo corresponder a 95% dela), de modo que, nesse caso, não se aplica a vedação de vinculação remuneratória contida no art. 37, XIII, da CF/88.

> "**Art. 93, CF/88.** Lei complementar, de iniciativa do Supremo Tribunal Federal, disporá sobre o Estatuto da Magistratura, observados os seguintes princípios:
>
> (...)
>
> V - o subsídio dos Ministros dos Tribunais Superiores **corresponderá a noventa e cinco por cento do subsídio mensal fixado para os Ministros do Supremo Tribunal Federal** e os subsídios dos demais magistrados serão fixados em lei e escalonados, em nível federal e estadual, conforme as respectivas categorias da estrutura judiciária nacional, não podendo a diferença entre uma e outra ser superior a dez por cento ou inferior a cinco por cento, nem exceder a noventa e cinco por cento do subsídio mensal dos Ministros dos Tribunais Superiores, obedecido, em qualquer caso, o disposto nos arts. 37, XI, e 39, § 4º;
>
> (...)"

Note, porém, que essa vinculação remuneratória alcança apenas os Ministros dos Tribunais Superiores, não atingindo os demais magistrados do País, pois, em relação a estes, o próprio art. 95, V, da CF/88 estabelece que seus subsídios *"serão fixados em lei"*.

→ *(Im)possibilidade de vinculação remuneratória entre Procuradores do Estado e Procuradores da Assembleia Legislativa*

Conforme vimos anteriormente, o Supremo Tribunal Federal considera constitucional a existência de procuradoria própria em Assembleia Legislativa, para que defenda em juízo e fora dele as prerrogativas constitucionais do Poder Legislativo estadual e realize a sua consultoria jurídica interna. Isso não viola a unicidade dos Procuradores de Estado, prevista no art. 132 da CF/88.

A partir disso, surge o seguinte questionamento: em um Estado no qual a Assembleia Legislativa possua procuradoria própria, **é possível existir uma norma que estabeleça que a remuneração dos Procuradores da Assembleia Legislativa é idêntica à dos Procuradores do Estado?** Em outras palavras: é constitucional a vinculação remuneratória entre Procuradores de Estado e Procuradores Legislativos?

Essa questão foi enfrentada pelo STF na **ADI 2820**, julgada em 05/06/2023.

Segundo o Supremo Tribunal Federal, **é inconstitucional a equiparação remuneratória entre Procuradores do Estado e Procuradores da Assembleia Legislativa**, pois o art. 37, XIII, da CF/88 veda a vinculação entre remunerações no serviço público. Esse, inclusive, foi um dos fundamentos pelos quais o STF, nas ADIs 4898 e 6610 (que vimos anteriormente), declarou a inconstitucionalidade de normas estaduais que vinculavam a remuneração dos Procuradores do Estado ao subsídio dos Ministros do Supremo Tribunal Federal.

Além disso, a vinculação remuneratória entre Procuradores da Assembleia Legislativa e Procuradores do Estado pode, segundo decidiu o STF, acarretar uma **violação à prerrogativa de iniciativa legislativa exclusiva do Poder Legislativo ou do Poder Executivo**. Isso porque, se a Assembleia Legislativa resolver aprovar uma lei alterando a remuneração dos seus Procuradores, a remuneração dos Procuradores do Estado ficará automaticamente modificada, o que deveria ser feito por meio de lei de iniciativa privativa do Governador do Estado (conforme prevê o art. 61, § 1º, II, "a", da CF/88, que se aplica por simetria no âmbito estadual). Da mesma forma, se o Governador do Estado se antecipar à Assembleia Legislativa e apresentar projeto de lei modificando a remuneração dos Procuradores do Estado, isso automaticamente alterará a remuneração dos Procuradores da Assembleia Legislativa, o que é um tema que deveria ser objeto de lei de iniciativa do próprio Poder Legislativo (conforme decorre dos arts. 51, IV, e 52, XIII, da CF/88, que se aplicam por simetria no âmbito estadual).

Isso mostra, inclusive, que a vinculação remuneratória entre Procuradores do Estado e Procuradores da Assembleia Legislativa **viola, também, a Separação dos Poderes** (art. 2º, CF/88), por acarretar uma indevida ingerência do Poder Legislativo no Poder Executivo e vice-versa.

Veja o teor dos dispositivos constitucionais mencionados acima, que são violados quando há vinculação remuneratória entre Procuradores de Estado e Procuradores Legislativos:

"**Art. 2º, CF/88.** São Poderes da União, **independentes e harmônicos entre si**, o Legislativo, o Executivo e o Judiciário."

"**Art. 37, CF/88.** A administração pública direta e indireta de qualquer dos Poderes da União, dos Estados, do Distrito Federal e dos Municípios obedecerá aos princípios de legalidade, impessoalidade, moralidade, publicidade e eficiência e, também, ao seguinte:

(...)

XIII - é **vedada a vinculação ou equiparação de quaisquer espécies remuneratórias** para o efeito de remuneração de pessoal do serviço público;

(...)

"**Art. 51, CF/88.** Compete privativamente à Câmara dos Deputados:

(...)

IV - dispor sobre sua organização, funcionamento, polícia, criação, transformação ou extinção dos cargos, empregos e funções de seus serviços, e a **iniciativa de lei para fixação da respectiva remuneração**, observados os parâmetros estabelecidos na lei de diretrizes orçamentárias;

(...)"

"**Art. 52, CF/88.** Compete privativamente ao Senado Federal:

(...)

XIII - dispor sobre sua organização, funcionamento, polícia, criação, transformação ou extinção dos cargos, empregos e funções de seus serviços, e a **iniciativa de lei para fixação da respectiva remuneração**, observados os parâmetros estabelecidos na lei de diretrizes orçamentárias;

(...)"

"**Art. 61, CF/88.**

> § 1º São de **iniciativa privativa do Presidente da República** as leis que:
> (...)
> II - disponham sobre:
> a) criação de cargos, funções ou empregos públicos na administração direta e autárquica ou **aumento de sua remuneração**;
> (...)"

Por todos esses motivos, é inconstitucional, segundo o STF, a vinculação remuneratória entre Procuradores de Estado e Procuradores de Assembleia Legislativa.

→ *O teto remuneratório dos Procuradores de Estado*

A EC 41/03, alterando a redação do art. 37, XI, da CF/88, estabeleceu a atual disciplina do limite máximo de remuneração (o chamado "teto remuneratório") dos servidores públicos de todo o País.

A partir dessa emenda constitucional, o art. 37, XI, da CF/88, fixou como limite máximo geral para as remunerações dos servidores públicos brasileiros o subsídio mensal dos Ministros do Supremo Tribunal Federal.

Além do limite máximo geral, a norma também estabeleceu, abaixo dele, diferentes limites máximos (os chamados "subtetos") para os âmbitos estadual (e do Distrito Federal) e municipal, havendo, no âmbito dos Estados (e do Distrito Federal), variações de acordo com o Poder (Executivo, Legislativo ou Judiciário) a que o servidor público é vinculado.

Portanto, nos termos do art. 37, XI, da CF/88, no âmbito do serviço público federal, o teto remuneratório aplicável é o subsídio de Ministro do STF (que é, também, o teto remuneratório máximo geral do serviço público brasileiro), e, nos âmbitos estadual e municipal (e do Distrito Federal), aplicam-se limites remuneratórios próprios (em geral, inferiores ao "teto do STF"), que são os chamados "subtetos" dos Estados e DF (onde há um "subteto" diferente para cada Poder) e dos Municípios (onde há apenas um "subteto", que é o subsídio do Prefeito).

Veja:

> "**Art. 37, XI, CF/88** - a remuneração e o subsídio dos ocupantes de cargos, funções e empregos públicos da administração direta, autárquica e fundacional, dos membros de qualquer dos Poderes da União, dos Estados, do Distrito Federal e dos Municípios, dos detentores de mandato eletivo e dos demais agentes políticos e os proventos, pensões ou outra espécie remuneratória, percebidos cumulativamente ou não, incluídas as vantagens pessoais ou de qualquer outra natureza, não poderão exceder o subsídio mensal, em espécie, dos Ministros do Supremo Tribunal Federal, aplicando-se como limite, nos Municípios, o subsídio do Prefeito, e nos Estados e no Distrito Federal, o subsídio mensal do Governador no âmbito do Poder Executivo, o subsídio dos Deputados Estaduais e Distritais no âmbito do Poder Legislativo e **o subsídio dos Desembargadores do Tribunal de Justiça, limitado a noventa inteiros e vinte e cinco centésimos por cento do subsídio mensal, em espécie, dos Ministros do Supremo Tribunal Federal, no âmbito do Poder Judiciário**, aplicável este limite aos membros do Ministério Público, aos **Procuradores** e aos Defensores Públicos;"

É importante registrar, no entanto, que, com a **EC 132/2023** (a chamada "Reforma Tributária"), uma categoria específica de servidores estaduais e municipais (e do Distrito Federal) foi expressamente retirada dos "subtetos" dos Estados e dos Municípios (e do Distrito Federal) e passou a se sujeitar ao limite remuneratório federal (o "teto do STF"). Essa categoria é a dos **servidores da administração tributária** (notadamente, os cargos responsáveis pela fiscalização tributária, que, em regra, são rotulados pelas leis dos diferentes entes federados como "auditores fiscais", "fiscais de renda" ou "fiscais de tributos"). Desde a EC 132/2023, a CF/88 passou a prever expressamente que esses servidores, ainda que de âmbito estadual ou municipal (ou do Distrito Federal), têm como limite remuneratório o subsídio de Ministro do STF (que é o teto remuneratório geral do serviço público brasileiro), não mais se submetendo ao "subteto" remuneratório local.

Essa previsão, no entanto, **apenas entrará em vigor no ano 2027** (conforme estabelecido no art. 23, I, da EC 132/2023), e, quando isso acontecer, ela será incluída no § 18 do art. 37 da CF/88, que **terá a seguinte redação:**

> "Art. 37, § 18, CF/88. Para os fins do disposto no inciso XI do caput deste artigo, os servidores de carreira das administrações tributárias dos Estados, do Distrito Federal e dos Municípios sujeitam-se ao limite aplicável aos servidores da União." **(Incluído pela EC 132/2023 com vigência a partir do ano 2027)**

Mas voltemos à análise do art. 37, XI, da CF/88.

Conforme vimos acima, segundo o art. 37, XI, da CF/88, o subteto remuneratório no Poder Judiciário estadual é o subsídio dos Desembargadores do respectivo Tribunal de Justiça, subsídio esse que é limitado a 90,25% do subsídio dos Ministros do STF. E esse limite, de acordo com o mesmo dispositivo, é aplicável também aos Procuradores, aos membros do Ministério Público e aos Defensores Públicos.

Em outras palavras: no âmbito estadual, a Constituição Federal estabeleceu como limite remuneratório dos integrantes da Advocacia Pública o mesmo limite aplicável aos Desembargadores.

Como é possível perceber, o art. 37, XI, da CF/88, na redação dada pela EC 41/03 (que é a redação atual do dispositivo), estabeleceu para os magistrados estaduais o limite remuneratório de 90,25% do subsídio dos Ministros do Supremo Tribunal Federal, mas não fez o mesmo em relação aos magistrados federais, de modo que o limite remuneratório destes últimos continuou sendo 100% do subsídio dos Ministros do STF.

Esse tratamento diferenciado entre a magistratura federal e a estadual foi questionado perante o Supremo Tribunal Federal, e, conforme vimos no capítulo sobre o Poder Judiciário, a Corte decidiu, ADIs 3854 e 4014, que, por força da isonomia e do caráter nacional e unitário do Poder Judiciário, não é possível haver limites remuneratórios distintos para juízes federais e juízes estaduais, devendo o teto remuneratório dos magistrados ser o mesmo em todo o País.

O STF estabeleceu que o limite de 90,25% previsto no art. 37, XI, da CF/88 para a magistratura estadual deve ser compreendido como o limite do subsídio do cargo, mas que o total da remuneração dos juízes estaduais, somando o subsídio do cargo com eventuais parcelas remuneratórias acumuláveis, pode chegar a 100% do subsídio de Ministro do STF, tal qual ocorre na magistratura federal.

E por que é relevante saber tudo isso sobre o teto remuneratório da magistratura?

Porque, nos termos da parte final do art. 37, XI, da CF/88, no âmbito estadual, o limite remuneratório dos Advogados Públicos é o mesmo dos Desembargadores do Tribunal de Justiça, de modo que, como o Supremo Tribunal Federal estabeleceu que a magistratura estadual deve ter o mesmo teto remuneratório da magistratura federal (100% do subsídio dos Ministros do STF), surgiu o entendimento, no âmbito da Advocacia Pública, no sentido de que o teto remuneratório dos Procuradores também deveria ser 100% do subsídio dos Ministros do STF.

Durante algum tempo houve dúvida sobre se esse entendimento defendido pela Advocacia Pública seria chancelado pelo Supremo Tribunal Federal, especialmente porque os precedentes da Corte que tratavam da remuneração dos Advogados Públicos não eram categóricos sobre o limite remuneratório aplicável. Em 2022, porém, essa dúvida chegou ao fim.

Ao apreciar o **ARE 1.144.442** (j. 26/10/2022), o Supremo Tribunal Federal decidiu, de forma clara e expressa, que **o limite remuneratório dos Procuradores de Estado é 100% (cem por cento) do subsídio dos Ministros do Supremo Tribunal Federal**.

O caso foi julgado monocraticamente pelo Min. André Mendonça, que apresentou os seguintes fundamentos para a sua decisão:

I) Na ADI 3854, o STF estabeleceu que a magistratura estadual se submete ao teto remuneratório de 100% do subsídio dos Ministros do STF, de modo que, como o art. 37, XI, da CF/88 prevê que o limite remuneratório dos juízes estaduais se aplica aos Procuradores, não há como não aplicar a estes últimos o teto de 100% do subsídio dos Ministros do STF.

II) Um dos fundamentos utilizados pelo STF na ADI 3854 para aplicar o mesmo limite remuneratório para os juízes federais e estaduais foi o fato de que eles, embora pertencentes a ramos distintos do Poder Judiciário, desempenham as mesmas funções, não havendo razão para receberem tratamentos distintos quanto à limitação remuneratória. Logo, aplicando-se o mesmo raciocínio aos Advogados Públicos, tendo em vista que eles, independentemente da esfera federativa a que pertençam, exercem atribuições semelhantes (não havendo qualquer distinção a esse respeito estabelecida na CF/88), não há razão lógica para que Procuradores do âmbito federal fiquem submetidos a um teto remuneratório (100% do subsídio dos Ministros do STF) e Procuradores do âmbito estadual fiquem submetidos a outro teto remuneratório (90,25% do subsídio dos Ministros do STF). Logo, para que não haja ofensa à isonomia, os Procuradores de Estado, tal qual os Advogados Públicos federais, devem ficar submetidos ao limite remuneratório de 100% do subsídio dos Ministros do STF.

III) Ao julgar diferentes ações de controle concentrado abstrato de constitucionalidade sobre a validade do pagamento de honorários sucumbenciais a Advogados Públicos, o Supremo Tribunal Federal, em casos envolvendo o pagamento dessa verba, por exemplo, a Procuradores do Distrito Federal (ADI 6168) e a Procuradores do Estado do Espírito Santo (ADPF 598), estabeleceu que o limite a ser observado na somatória da remuneração do cargo com os honorários de sucumbência deve ser o *"teto remuneratório constitucional dos Ministros do Supremo Tribunal Federal"*.

Com base nesses fundamentos, restou decidido que os Procuradores de Estado (assim como do Distrito Federal, naturalmente) têm como teto remuneratório 100% do subsídio dos Ministros do Supremo Tribunal Federal.

→ *É válido o pagamento de adicional de dedicação exclusiva aos Procuradores de Estado?*

Na realidade da Advocacia Pública brasileira, existem Procuradorias em que o exercício da advocacia privada pelos seus membros é permitido e outras em que ele é vedado. Tudo depende do que estabelece a lei que disciplina a carreira, ou seja, é ela que define se os integrantes da carreira podem desempenhar a atividade advocatícia na iniciativa privada ou se eles devem se dedicar exclusivamente à advocacia pública.

Além disso, existem casos em que a lei disciplinadora da carreira estabelece um regime híbrido para os seus membros: eles podem optar pela dedicação exclusiva à advocacia pública ou pela possibilidade de, concomitantemente ao desempenho do cargo de Procurador, exercer a advocacia privada. Nesse caso, há, dentro da mesma carreira, membros que podem advogar na iniciativa privada e membros que não podem exercer a advocacia fora das funções do cargo.

É comum que, nas Procuradorias em que o regime de dedicação é híbrido (com a possibilidade de os membros da carreira escolherem entre a dedicação exclusiva à advocacia pública e a liberdade para, em acúmulo com as funções do cargo, exercer a advocacia na iniciativa privada), haja a previsão do pagamento de um adicional ao Procurador que opta por se dedicar exclusivamente ao cargo.

O pagamento desse adicional de dedicação exclusiva é constitucional?

Esse questionamento foi enfrentado pelo Supremo Tribunal Federal na **ADI 6784**, julgada em 14/09/2022.

Segundo decidiu o STF, **é válido o pagamento de adicional (ou gratificação) pela dedicação exclusiva do Procurador que opta por não ter a liberdade de exercer a advocacia fora das atribuições do cargo** (isto é, a advocacia privada), não havendo qualquer incompatibilidade dessa verba com o regime remuneratório de subsídio (que é o regime de remuneração que deve ser seguido na Advocacia Pública, conforme determina o art. 135 da CF/88), pois, segundo a jurisprudência do próprio STF (ADI 4941), **quando o servidor público exerce funções em condições diferenciadas, ele pode receber parcelas remuneratórias adicionais, ainda que seja remunerado por subsídio** (ou seja, o pagamento de parcelas remuneratórias extraordinárias não viola o regime remuneratório de subsídio).

Ademais, como o regime de dedicação exclusiva faz com que o Procurador tenha uma carga de trabalho superior à do colega que se submete a regime de dedicação parcial (no qual há a possibilidade de se exercer a advocacia privada), o adicional em questão consubstancia uma **contraprestação que deve ser paga para que não fique caracterizada uma redução remuneratória** (a qual é vedada pelo art. 37, XV, da CF/88).

Isso porque, se o Procurador submetido a regime de dedicação exclusiva receber a mesma remuneração do Procurador com dedicação parcial, o que haverá na prática será a redução da remuneração paga ao Procurador com exclusividade, já que este possui uma maior carga de trabalho. Esse raciocínio, inclusive, já se encontrava sedimentado na jurisprudência do STF, que, no **Tema de Repercussão Geral nº 514** (ARE 660010), fixou tese no sentido de que *"a ampliação de jornada de trabalho sem alteração da remuneração do servidor consiste em violação da regra constitucional da irredutibilidade de vencimentos"*.

→ *Possibilidade de os Procuradores do Estado exercerem outras funções em órgãos da Administração Pública*

Os Procuradores do Estado podem exercer função em órgão da Administração Pública diverso da Procuradoria-Geral do Estado, como é o caso da função de conselheiro em colegiado não integrante da PGE?

Essa questão foi enfrentada pelo Supremo Tribunal Federal na **ADI 2926** (j. 18/03/2023), na qual foi impugnada uma lei do Estado do Paraná que previa que o Conselho da Polícia Civil do Estado seria integrado, dentre outros, por um Procurador do Estado indicado pelo Procurador-Geral do Estado. O legitimado ativo da ação alegou que a participação de um Procurador do Estado no referido conselho seria incompatível com o art. 132 da CF/88, que prevê que as funções dos Procuradores de Estado são de representação judicial e consultoria jurídica do Estado-membro, o que impediria que eles exercessem outras funções na Administração Pública.

O STF, no entanto, não acolheu essa alegação.

Segundo decidiu o Supremo Tribunal Federal, o art. 132 da CF/88 não impõe aos Procuradores de Estado nenhuma proibição de exercício de outras funções públicas, de modo que é perfeitamente possível que eles participem de outros órgãos da Administração Pública externos à estrutura da Procuradoria Geral do Estado, como é o caso do Conselho da Polícia Civil (ou de um tribunal administrativo de matéria tributária).

Diferente é a situação dos membros do Ministério Público, que, por expressa disposição constitucional contida no art. 128, § 5º, II, "d", da CF/88, não podem, ainda que estejam em disponibilidade, exercer nenhuma outra função pública, exceto a magistério. Veja o teor desse dispositivo:

> "**Art. 128, CF/88.**
>
> (...)
>
> **§ 5º** Leis complementares da União e dos Estados, cuja iniciativa é facultada aos respectivos Procuradores-Gerais, estabelecerão a organização, as atribuições e o estatuto de cada Ministério Público, observadas, relativamente a seus membros:
>
> (...)
>
> II - as seguintes vedações:
>
> (...)
>
> d) exercer, ainda que em disponibilidade, qualquer outra função pública, salvo uma de magistério;
>
> (...)"

Portanto, os membros do Ministério Público não podem integrar outros órgãos da Administração Pública (como é o caso do Conselho da Polícia Civil), em virtude de isso ser expressamente proibido pela CF/88, o que, porém, não ocorre com os membros da Procuradoria Geral do Estado.

O ajuizamento de ação de improbidade administrativa pela Procuradoria-Geral do Estado

Houve um caso em que o Tribunal de Justiça de Sergipe, fundamentando-se em disposições legais que regem a Procuradoria-Geral do Estado, inadmitiu uma ação de improbidade administrativa ajuizada por um Procurador do Estado, por entender que seria necessário haver, além da autorização do respectivo Procurador-Geral, a chancela do Governador do Estado.

Ao se manifestar a respeito dessa questão, o Supremo Tribunal Federal rememorou que, nos termos da sua jurisprudência, é incompatível com o regime constitucional da advocacia pública reconhecer autonomia funcional aos Procuradores de Estado, inclusive, por conta da própria natureza da atividade por eles desempenhada, que, em geral, exige uma atuação coordenada da instituição, submetendo-se os integrantes do órgão às diretrizes de sua chefia, em sintonia com a orientação da própria Administração Pública. Por conta disso, não viola a Constituição Federal exigir autorização do Procurador-Geral do Estado no caso.

No entanto, esclareceu a Corte que negar a autonomia funcional aos Procuradores de Estado não afasta a **isenção técnica** que eles, como advogados que são, possuem para desempenhar suas funções.

Em relação à exigência de autorização do Governador do Estado, o STF entendeu ser ela incompatível com a Constituição Federal, por ferir o **princípio da impessoalidade**, uma vez que faz com que a Procuradoria-Geral do Estado, que tem a função de atuar na defesa do interesse público do ente federado que integra, fique submetida a interesses políticos e pessoais do agente político que comanda a Administração Pública respectiva.

Nas palavras da Corte, *"o Supremo Tribunal Federal já afirmou ser incabível a extensão aos procuradores de estado das garantias constitucionais conferidas aos membros da Magistratura e do Ministério Público. (...) Os Procuradores de Estado não gozam da prerrogativa da autonomia funcional. Por outro lado, como os advogados em geral, gozam da isenção técnica necessária ao exercício livre da sua função. (...) A exigência da autorização do Procurador-Geral do Estado para o ajuizamento de ação de improbidade não ofende a Constituição Federal. Por outro lado, a exigência de autorização do Governador do Estado afronta o princípio da impessoalidade, previsto no art. 37, caput, da Constituição. Quando o interesse público demanda a atuação da Procuradoria, não pode a vontade do Governador impedir essa atuação"*.

Lei Orgânica de Procuradoria-Geral de Estado pode prever a realização de avaliações periódicas de desempenho dos respectivos Procuradores?

O art. 41, § 1º, III, da CF/88, prevê que o servidor público estável só perderá o cargo *"mediante procedimento de avaliação periódica de desempenho, na forma de lei complementar, assegurada ampla defesa"*. A lei complementar referida nesse dispositivo nunca foi editada pelo Congresso Nacional.

Paralelamente a isso, a Lei Orgânica da Procuradoria-Geral do Estado de São Paulo (Lei Complementar Estadual nº 1.270/2015) previu a possibilidade da realização de avaliações periódicas de desempenho dos Procuradores do Estado, com o objetivo de verificar o bom desempenho profissional dos integrantes da carreira. A Lei estabeleceu, inclusive, ser possível, a partir dessas avaliações, a anotação de elogios nos prontuários dos Procuradores.

Tais disposições da Lei Orgânica da PGE/SP tiveram sua constitucionalidade questionada perante o Supremo Tribunal Federal na ADI 5437, julgada em 20/11/2020. Ao apreciar o caso, a Corte entendeu que as normas impugnadas são **constitucionais**, pois não tratam da hipótese prevista no art. 41, § 1º, III, da CF/88, que exige lei complementar editada pelo Congresso Nacional para disciplinar a perda do cargo pelo servidor público como decorrência de insuficiência na avaliação de desempenho. De acordo com o Tribunal, as normas do Estado de São Paulo, na verdade, dizem respeito ao art. 41, § 1º, II, da CF/88, que estabelece a possibilidade de o servidor público perder o cargo por processo administrativo disciplinar em que assegurada a ampla defesa.

Segundo observou a Min. Cármen Lúcia, relatora do caso, *"a avaliação de desempenho prevista nas normas impugnadas pode resultar na anotação de elogio em prontuário, aferição do mérito dos integrantes da carreira para fins de promoção e demissão por ineficiência decorrente de descumprimento de dever funcional que, no caso, subsume-se à hipótese do inc. II do § 1º do art. 41 da Constituição (perda do cargo por processo administrativo disciplinar, assegurada a ampla defesa)"*.

Além disso, ao esclarecer que as normas questionadas não regulamentam a perda do cargo por insuficiência na avaliação periódica de desempenho prevista no art. 41, § 1º, III, da CF/88, a Ministra afirmou que *"a demissão por ineficiência no serviço público, na hipótese em tela, caracteriza falta funcional, de conteúdo sancionatório, que depende de processo administrativo disciplinar, assegurada a ampla defesa, nos termos do inc. II do § 1º do art. 41 da Constituição da República"*.

Portanto, segundo o Supremo Tribunal Federal, são constitucionais normas estaduais disciplinadoras da Procuradoria-Geral do Estado que prevejam a possibilidade de realização de avaliações periódicas de desempenho para aferir o bom desempenho profissional dos integrantes da carreira com objetivos diversos, tais como anotações de elogios, promoção e até mesmo instauração de procedimento administrativo disciplinar (no qual, pode ser aplicada a penalidade de demissão ou não).

Para finalizar, é importante notar que, embora o caso tenha se referido a uma lei que trata especificamente da carreira de Procurador de Estado, o entendimento é aplicável aos servidores públicos em geral, pois o precedente envolveu a interpretação do art. 41, § 1º, da CF/88, que diz respeito ao regime constitucional dos servidores públicos como um todo.

■ ADVOCACIA PÚBLICA DOS MUNICÍPIOS

Conforme vimos, a Constituição Federal não trata expressamente da Advocacia Pública no âmbito municipal. Assim, diferentemente do que ocorre no âmbito da União, dos Estados e do Distrito Federal, não existe uma imposição constitucional de que os Municípios criem Procuradorias próprias.

Disso, já se pode inferir que o princípio da unicidade, estudado anteriormente, **não se aplica** na esfera municipal, ou seja, não há a obrigatoriedade de que a representação dos Municípios se dê, com exclusividade, por um único órgão, de modo que não é obrigatório haver Procuradorias nos Municípios. Isso, inclusive, já foi afirmado pelo Supremo Tribunal Federal em mais de uma oportunidade, como no RE 893694 AgR (j. 21/10/2016), no RE 1156016 AgR (j. 06/05/2019) e no RE 1465818 AgR (j. 11/03/2024).

Mas é indispensável ter **ATENÇÃO** a um detalhe: o fato de não existir imposição constitucional no sentido de que os Municípios tenham um órgão único (no caso, uma Procuradoria) para o exercício da advocacia pública em seus âmbitos não significa que os cargos de Procuradores Municipais (ou equivalentes) possam ser providos em comissão indiscriminadamente.

É que, como se sabe, a regra no direito brasileiro é que o acesso a cargos públicos depende de prévia aprovação em concurso público (art. 37, II, CF/88) e que o provimento em comissão apenas é admitido (como exceção) quando se trata de cargo com atribuição de direção, chefia ou assessoramento (art. 37, V, CF/88).

"**Art. 37, CF/88.** A administração pública direta e indireta de qualquer dos Poderes da União, dos Estados, do Distrito Federal e dos Municípios obedecerá aos princípios de legalidade, impessoalidade, moralidade, publicidade e eficiência e, também, ao seguinte:

(...)

II - a investidura em cargo ou emprego público depende de aprovação prévia em concurso público de provas ou de provas e títulos, de acordo com a natureza e a complexidade do cargo ou emprego, na forma prevista em lei, ressalvadas as nomeações para cargo em comissão declarado em lei de livre nomeação e exoneração;

(...)

V - as funções de confiança, exercidas exclusivamente por servidores ocupantes de cargo efetivo, e os cargos em comissão, a serem preenchidos por servidores de carreira nos casos, condições e percentuais mínimos previstos em lei, destinam-se apenas às atribuições de direção, chefia e assessoramento;

(...)"

Portanto, a inexistência de obrigação de os Municípios criarem Procuradorias próprias não permite que a advocacia pública municipal seja exercida, indiscriminadamente, por servidores comissionados. Até é possível a existência de cargos em comissão para o desempenho de funções relacionadas à advocacia pública nos Municípios (como, inclusive, permitiu o STF no RE 1465818 AgR, julgado em 11/03/2024), mas desde que observada a exigência constitucional de que tais cargos tenham atribuições de direção, chefia ou assessoramento, pois a CF/88 não permite a criação de cargos comissionados para o exercício de atribuições de caráter técnico ou burocrático, que não exigem, para o seu adequado desempenho, relação especial de confiança. Esse é o entendimento tranquilo do Supremo Tribunal Federal, conforme se infere do seguinte precedente:

> "(...) 1. A jurisprudência do Supremo Tribunal Federal (STF) é firme no sentido de que **não há previsão constitucional de obrigação aos municípios de criação de órgão de advocacia pública.** (...) 2. A decisão proferida pelo Tribunal de origem está alinhada ao entendimento firmado pelo STF no sentido de que **é**

inconstitucional norma que autoriza a ocupante de cargo em comissão o desempenho das atribuições de assessoramento jurídico, no âmbito do Poder Executivo. (...) (RE 1064618 ED-AgR; Primeira Turma; Relator(a): Min. ROBERTO BARROSO; J. 29/03/2019)

Essa linha de pensamento, inclusive, está presente na tese fixada pelo STF no **Tema de Repercussão Geral nº 1010** (RE 1041210), segundo a qual, *"a) a criação de cargos em comissão **somente se justifica para o exercício de funções de direção, chefia e assessoramento**, não se prestando ao desempenho de atividades burocráticas, técnicas ou operacionais; b) tal criação **deve pressupor a necessária relação de confiança** entre a autoridade nomeante e o servidor nomeado; c) o número de cargos comissionados criados **deve guardar proporcionalidade** com a necessidade que eles visam suprir e com o número de servidores ocupantes de cargos efetivos no ente federativo que os criar; e d) as atribuições dos cargos em comissão **devem estar descritas, de forma clara e objetiva**, na própria lei que os instituir"*.

Tudo isso que vimos acima foi reafirmado pelo Supremo Tribunal Federal no julgamento da **ADI 6331** (j. 09/04/2024), na qual foi impugnada uma norma da Constituição do Estado de Pernambuco que previa a obrigatoriedade de os Municípios pernambucanos criarem Procuradorias em suas estruturas.

O STF declarou a **inconstitucionalidade** dessa norma por dois motivos:

I) Uma Constituição Estadual não pode impor aos Municípios obrigações relacionadas à estrutura e à organização da Administração municipal ou a servidores municipais, pois essas questões são de **interesse local** e, portanto, são de competência de cada Município, conforme prevê o art. 30, I, da CF/88. Logo, uma norma de Constituição Estadual que estabeleça obrigações como essas aos Municípios **viola a autonomia municipal**, sendo inconstitucional.

II) Não existe, na CF/88, previsão de obrigatoriedade de criação de Procuradorias Gerais nos Municípios, devendo isso ser **decidido por cada Município** no exercício de sua autonomia.

É importante registrar ainda que, nesse julgamento, o STF afirmou expressamente que, caso o Município decida criar uma Procuradoria Geral na sua estrutura, as atribuições desse órgão (isto é, as funções da Advocacia Pública municipal) deverão ser **desempenhadas por Procuradores concursados**, ou seja, os membros da Procuradoria Geral do Município deverão ser Procuradores investidos nos cargos mediante prévia aprovação em concurso público.

Isso, no entanto, evidentemente, não significa que não possa existir nenhum cargo em comissão no âmbito da Procuradoria Geral do Município. Porém, os cargos comissionados, como vimos acima, deverão ser uma exceção e se limitar a funções de chefia, direção e assessoramento (como é o caso do cargo de Procurador-Geral do Município), não podendo ser uma regra na estrutura do órgão, tendo em vista que as atribuições ordinárias dos Procuradores têm caráter eminentemente técnico e burocrático, não sendo próprias de cargos em comissão.

Os Municípios, portanto, têm as seguintes opções para disciplinar sua Advocacia Pública:

I) Criar uma Procuradoria, atribuindo-lhe a exclusividade no exercício da advocacia pública municipal, o que não é obrigatório, conforme vimos. Nesse caso, conforme decidiu o STF na ADI 6331, os cargos de Procurador deverão, em regra, ser providos mediante prévia aprovação em concurso público (o que não impede, como vimos, a excepcional existência de cargos comissionados no âmbito da Procuradoria do Município).

II) Criar cargos de provimento efetivo (com observância da exigência constitucional de concurso público) espalhados pela estrutura da Administração municipal (ou seja, não concentrados em um único órgão), o que é possível em virtude de não se aplicar em âmbito municipal o princípio da unicidade.

III) Criar cargos de provimento em comissão para o exercício das atribuições de direção, chefia e assessoramento, o que não é possível para o exercício de funções de caráter técnico ou burocrático.

▶ O teto remuneratório dos Procuradores municipais

O Supremo Tribunal Federal foi provocado a se manifestar sobre o teto remuneratório aplicável aos Procuradores municipais. A questão levantada foi se eles se submeteriam ao teto do respectivo Prefeito, por serem servidores públicos municipais, ou se estariam sujeitos ao teto de Desembargador do Tribunal de Justiça do respectivo Estado, por serem alcançados pela expressão "Procuradores" contida no art. 37, XI, da CF/88, segundo o qual, no âmbito estadual, aos Procuradores se aplica o limite remuneratório dos Desembargadores do TJ.

Apreciando o **RE 663.696** (julgado em 28/02/2019), o STF decidiu, com repercussão geral (Tema nº 510), que a expressão "Procuradores" contida no art. 37, XI, da CF/88 compreende os Procuradores municipais, de modo que, tal qual se dá em relação aos Procuradores dos Estados, a eles se aplica o limite remuneratório dos Desembargadores dos Tribunais de Justiça (90,25% do subsídio de Ministro do STF).

Conforme explicou o Tribunal, "*o termo "Procuradores", na axiologia desta Corte, compreende os procuradores autárquicos, além dos procuradores da Administração Direta, o que conduz que a mesma ratio legitima, por seu turno, a compreensão de que os procuradores municipais, também, estão abrangidos pela referida locução*", e "*a hermenêutica que exclua da categoria "Procuradores" – prevista no art. 37, XI, parte final, da CRFB/88 – os defensores dos Municípios é inconstitucional*". Consequentemente, "*os Procuradores do Município (...) devem se submeter, no que concerne ao teto remuneratório, ao subsídio dos desembargadores dos Tribunais de Justiça estaduais, como impõe a parte final do art. 37, XI, da Constituição da República*".

E, ao assim entender, o STF expressamente reconheceu que os advogados públicos municipais integram as funções essenciais à Justiça, apesar de a Constituição Federal não se referir a eles de maneira explícita. Nas palavras da Corte, "*os procuradores municipais integram a categoria da Advocacia Pública inserida pela Constituição da República dentre as cognominadas funções essenciais à Justiça, na medida em que também atuam para a preservação dos direitos fundamentais e do Estado de Direito*". Ficou assentado, portanto, o *status* constitucional da advocacia pública também no âmbito municipal.

E a Suprema Corte aproveitou a oportunidade para deixar claro que o fato de se reconhecer aos Procuradores municipais o limite remuneratório dos Desembargadores do Tribunal de Justiça não obriga os Prefeitos a implementarem em favor desses agentes públicos padrões remuneratórios idênticos aos dos Desembargadores nem tampouco superiores à sua (do Prefeito) remuneração. Essas questões se inserem no âmbito da conveniência política da gestão municipal.

A tese de repercussão geral fixada no caso foi a seguinte: *"a expressão 'Procuradores', contida na parte final do inciso XI do art. 37 da Constituição da República, compreende os Procuradores Municipais, uma vez que estes se inserem nas funções essenciais à Justiça, estando, portanto, submetidos ao teto de noventa inteiros e vinte e cinco centésimos por cento do subsídio mensal, em espécie, dos Ministros do Supremo Tribunal Federal"*.

ADVOCACIA PRIVADA

Em relação à advocacia privada, assim dispõe a Constituição Federal:

> "**Art. 133, CF/88.** O advogado é **indispensável à administração da justiça**, sendo **inviolável por seus atos e manifestações no exercício da profissão**, nos **limites da lei**."

O art. 133 da CF/88 estabelece a indispensabilidade do advogado para a administração da justiça, bem como uma proteção constitucional especial para ele, qual seja, uma inviolabilidade (ou imunidade) por seus atos e manifestações, mas essa inviolabilidade não é absoluta, e sim **relativa**, porque ela é conferida no exercício da profissão e nos limites da lei.

Portanto, a imunidade material assegurada aos advogados pelo texto constitucional é relativa, por interpretação do art. 133 da CF/88.

▶ A imunidade do advogado na lei e na jurisprudência do Supremo Tribunal Federal

A imunidade constitucionalmente reconhecida aos advogados é disciplinada infraconstitucionalmente, principalmente, pelo art. 7º, § 2º, da Lei 8.906/94 (EOAB) e pelo art. 142, I, do CP.

O Estatuto da OAB trata da imunidade do advogado no exercício da profissão em seu art. 7º, § 2º:

> "**Art. 7º, EOAB.** (...)
>
> **§ 2º.** O advogado tem imunidade profissional, não constituindo injúria, difamação ou desacato puníveis qualquer manifestação de sua parte, no exercício de sua atividade, em juízo ou fora dele, sem prejuízo das sanções disciplinares perante a OAB, pelos excessos que cometer."

Nos termos do art. 7º, § 2º, do EOAB, a atuação profissional do advogado, seja em juízo ou fora dele, não tem a aptidão para caracterizar os crimes de injúria, difamação ou desacato. Isso, porém, não impede que, eventualmente, fique caracterizado algum excesso e a OAB aplique as punições disciplinares cabíveis.

Ocorre que a expressão **"desacato"** contida nesse dispositivo legal foi declarada inconstitucional na **ADI 1127**, de modo que um ato do advogado, ainda que no exercício da profissão, pode configurar o crime de desacato.

Portanto, a imunidade do advogado **não acoberta o crime de desacato** (haja vista a inconstitucionalidade declarada pelo STF) **nem o crime de calúnia** (que não está previsto no texto do EOAB como alcançado pela inviolabilidade).

Agora, antes de passarmos à análise da disciplina da imunidade do advogado no Código Penal, é necessário fazer um **ALERTA** sobre o art. 7º, § 2º, do EOAB: no ano 2022, foi aprovada a Lei 14.365, que trouxe novas disposições sobre o exercício da advocacia, inclusive, fortalecendo prerrogativas dos advogados. Ocorre que, por um **erro material no processo legislativo**, quando essa lei foi publicada, o seu texto foi organizado de uma forma que revogou o § 2º do art. 7º do EOAB, sem que tenha havido deliberação e votação nesse sentido no Congresso Nacional. Foi, de fato, um erro material, e esse erro já chegou, até mesmo, a ser reconhecido pelos Parlamentares.

Isso será solucionado? Espera-se que sim.

Segundo noticiado nos meios de comunicação, atualmente, encontra-se pendente de publicação uma versão do texto da Lei 14.365/2022 que corrija esse erro material e, assim, faça voltar a constar do EOAB o § 2º do seu art. 7º tal qual existia anteriormente (contendo a imunidade dos advogados que vimos acima). Enquanto isso não ocorrer, continuará constando oficialmente do EOAB que esse dispositivo (o § 2º do art. 7º) foi revogado (embora essa revogação tenha decorrido de um erro material reconhecido publicamente pelos Parlamentares).

Passemos agora à análise da previsão da imunidade do advogado no Código Penal.

No Código Penal, essa questão é tratada no art. 142:

> "**Art. 142, CP** - Não constituem injúria ou difamação punível:
>
> I - a ofensa irrogada em juízo, na discussão da causa, pela parte ou por seu procurador;
>
> (...)"

O Código Penal, como se pode perceber, não incluiu a calúnia nem o desacato entre as figuras típicas acobertadas pela inviolabilidade do advogado, de modo que, seja qual for a disciplina legal utilizada como parâmetro, a imunidade desse profissional apenas impede a caracterização dos crimes de injúria ou difamação.

E o STF já analisou esse tema, manifestando-se nesse exato sentido:

> "(...) 1. **A inviolabilidade do advogado** por seus atos e manifestações no exercício da profissão, estabelecida pelo art. 133 da Constituição da República, **é relativa, não alcançando todo e qualquer crime contra a honra**. 2. A jurisprudência do Supremo Tribunal Federal é pacífica no sentido de que **o crime de calúnia não é alcançado pela imunidade**. (...)" **(RE 585901 AgR, 2ª Turma, j. 21/09/2010)** Vide ainda: RMS 26975, 2ª Turma, j. em 01/04/2008

Ainda sobre os limites da imunidade do advogado, há outras decisões importantes do Supremo Tribunal Federal. Segundo a Corte, a imunidade do advogado não compreende:

1) Atos relacionados a **questões pessoais**, nem às **relações do profissional com o seu próprio cliente**.

"(...) A imunidade do advogado - além de condicionada aos "limites da lei", o que, obviamente, não dispensa o respeito ao núcleo essencial da garantia da libertas conviciandi - não alcança as relações do profissional com o seu próprio cliente." **(RE 387945, 1ª Turma, j. em 14/02/2006)**

2) Ofensas irrogadas **contra o magistrado** fora do juízo e do âmbito da discussão da causa.

"(...) CRIME CONTRA HONRA DE MAGISTRADA. DIFAMAÇÃO. (...) II – Extrai-se da sentença e do acórdão que a confirmou que a paciente, advogada, de forma voluntária e consciente, teria irrogado ofensas à honra objetiva da vítima, diante de funcionários do cartório e demais pessoas que lá se encontravam, o que se amolda perfeitamente à conduta descrita no art. 139 do Código Penal. III – No caso concreto, **não há como acolher a pretensão de reconhecimento da imunidade conferida aos advogados**, uma vez que **a ofensa não foi irrogada em juízo, na discussão da causa** e, ainda, porque **a referida excludente de crime não abrange o magistrado**, que não pode ser considerado parte na relação processual, para os fins da norma. (...)" **(HC 104385, 1ª Turma, j. e m 28/06/2011)**

3) Atos, gestos ou palavras que **manifestamente desbordem do exercício da profissão**, como a agressão (física ou moral), o insulto pessoal e a humilhação pública, ou seja, atos que, claramente, não são necessários para o desempenho da profissão.

"(...) ADVOGADO DENUNCIADO PELOS CRIMES DE CALÚNIA E DIFAMAÇÃO, QUE TERIAM SIDO PRATICADOS, CONTRA MAGISTRADOS, POR MEIO DE ENTREVISTA EM EMISSORA DE TELEVISÃO. (...) Pacificou-se também a jurisprudência no sentido de que **não é absoluta a inviolabilidade do advogado**, por seus atos e manifestações, o que não infirma a abrangência que a Carta de Outubro conferiu ao instituto, de cujo manto protetor **somente se excluem atos, gestos ou palavras que manifestamente desbordem do exercício da profissão**, como a agressão (física ou moral), o insulto pessoal e a humilhação pública (ADI 1.127). (...)" **(AO 933, Pleno, j. em 25/09/2003)**

4) Atos **estranhos ao exercício regular e legítimo da advocacia**, que é incompatível com práticas abusivas ou atentatórias à dignidade da profissão ou às normas ético-jurídicas que lhe regem o exercício. Isso, no entanto, **não impede que o advogado, de forma objetiva e sem excessos, apresente críticas** a outros profissionais, como magistrados.

"(...) CRIME CONTRA A HONRA - PRÁTICA ATRIBUÍDA A ADVOGADO - PROTESTO POR ELE MANIFESTADO, EM TERMOS OBJETIVOS E SERENOS, CONTRA MAGISTRADO (...) EXERCÍCIO LEGÍTIMO, NA ESPÉCIE, DO DIREITO DE CRÍTICA, QUE ASSISTE AOS ADVOGADOS EM GERAL (...) A garantia da intangibilidade profissional do Advogado **não se reveste, contudo, de valor absoluto**, eis que a cláusula assecuratória dessa especial prerrogativa jurídica encontra limites na lei, consoante dispõe o próprio art. 133 da Constituição da República. **A invocação da imunidade constitucional pressupõe, necessariamente, o exercício regular e legítimo da Advocacia.** Essa prerrogativa jurídico-constitucional, no entanto, revela-se **incompatível com práticas abusivas ou atentatórias à dignidade da profissão ou às normas ético-jurídicas que lhe regem o exercício.** (...)" **(RHC 81750, 2ª Turma, j. em 12/11/2002)**

Natureza jurídica da OAB e de suas anuidades

Outro tema importante no âmbito da advocacia privada para fins de provas de concursos é o tema atinente à natureza jurídica da OAB. Qual é a natureza jurídica da OAB? Vejamos o que decidiu o STF sobre isso:

"(...) 2. Não procede a alegação de que a OAB sujeita-se aos ditames impostos à Administração Pública Direta e Indireta. 3. A OAB **não é uma entidade da Administração Indireta da União**. A Ordem é um **serviço público independente**, categoria ímpar no elenco das personalidades jurídicas existentes no direito brasileiro. (...) 5. Por não consubstanciar uma entidade da Administração Indireta, a OAB não está sujeita a controle da Administração, nem a qualquer das suas partes está vinculada. (...) 6. A OAB ocupa-se de atividades atinentes aos advogados, que exercem **função constitucionalmente privilegiada**, na medida em que são

> indispensáveis à administração da Justiça [artigo 133 da CB/88]. (...) Não há ordem de relação ou dependência entre a OAB e qualquer órgão público. 7. A Ordem dos Advogados do Brasil, cujas características são autonomia e independência, **não pode ser tida como congênere dos demais órgãos de fiscalização profissional.** A OAB **não está voltada exclusivamente a finalidades corporativas.** Possui finalidade institucional. (...) **Incabível a exigência de concurso público para admissão dos contratados sob o regime trabalhista pela OAB." (ADI 3026, Rel. Min. EROS GRAU, Pleno, j. em 08/06/2006)**

Segundo o STF, portanto, a natureza jurídica da OAB é a de **serviço público independente**, categoria ímpar no rol das personalidades jurídicas no direito brasileiro. A OAB, assim, **não integra a Administração direta ou indireta** nem é igual aos demais órgãos/entes de fiscalização profissional.

Apesar disso, a Suprema Corte, em julgamento realizado em 27/04/2020 (**RE 647885**), afirmou expressamente que as anuidades cobradas pelos conselhos profissionais em geral (aí incluindo a OAB) têm natureza de tributo, e, ao fazer isso, aproximou a OAB dos demais conselhos profissionais, mas não afastou o entendimento de que ela é considerada um serviço público independente. Inclusive, esse entendimento diverge de precedentes do STJ no sentido de que a anuidade cobrada pela OAB não seria um tributo (REsp 1574642, julgado em 16/02/2016; AgInt no REsp 1633675, julgado em 27/04/2017).

Nesse caso julgado pelo STF, um advogado havia sofrido a sanção de suspensão do exercício da profissão em virtude de inadimplência no pagamento da anuidade, tendo o STF decidido pela impossibilidade de aplicação dessa penalidade disciplinar (que configura uma sanção política), por violação ao devido processo legal substancial, à proporcionalidade e à razoabilidade, pois existem outros meios para se implementar a cobrança da dívida que não impedem o indivíduo de auferir verbas alimentares e que, portanto, não violam o mínimo existencial.

Esse caso foi decidido com repercussão geral reconhecida (**Tema nº 732**), tendo a tese sido fixada nos seguintes termos: *"é inconstitucional a suspensão realizada por conselho de fiscalização profissional do exercício laboral de seus inscritos por inadimplência de anuidades, pois a medida consiste em sanção política em matéria tributária"*. Interessante notar que, mesmo sendo um caso que envolvia a OAB, o Supremo Tribunal Federal afirmou que as anuidades cobradas se inserem na seara tributária.

Confira a ementa dada ao acórdão lavrado nesse julgamento:

> "(...) 1. **A jurisprudência desta Corte é no sentido de que as anuidades cobradas pelos conselhos profissionais caracterizam-se como tributos da espécie contribuições de interesse das categorias profissionais**, nos termos do art. 149 da Constituição da República. (...) 2. As sanções políticas consistem em restrições estatais no exercício da atividade tributante que culminam por inviabilizar injustificadamente o exercício pleno de atividade econômica ou profissional pelo sujeito passivo de obrigação tributária, logo representam afronta aos princípios da proporcionalidade, da razoabilidade e do devido processo legal substantivo. (...) 3. **Não é dado a conselho de fiscalização profissional perpetrar sanção de interdito profissional, por tempo indeterminado até a satisfação da obrigação pecuniária, com a finalidade de fazer valer seus interesses de arrecadação frente a infração disciplinar consistente na inadimplência fiscal.** Trata-se de medida desproporcional e caracterizada como sanção política em matéria tributária. 4. **Há diversos outros meios alternativos judiciais e extrajudiciais para cobrança de dívida civil que não obstaculizam a percepção de verbas alimentares ou**

atentam contra a inviolabilidade do mínimo existencial do devedor. Por isso, infere-se ofensa ao devido processo legal substantivo e aos princípios da razoabilidade e da proporcionalidade, haja vista a ausência de necessidade do ato estatal. (...)" **(RE 647885/RS; Relator(a): Min. EDSON FACHIN; J. 27/04/2020; Pleno)**

→ *A OAB se sujeita a controle realizado pelo TCU?*

A OAB deve prestar contas ao Tribunal de Contas da União e se sujeitar à fiscalização realizada por esse órgão?

Segundo o STF, **não**.

Essa questão foi enfrentada pelo Supremo Tribunal Federal no **Tema de Repercussão Geral nº 1054** (RE 1182189, j. 25/04/2023).

Segundo decidiu o STF, **a OAB não se sujeita ao controle do TCU**, pois ela não é uma entidade integrante da Administração Pública (segundo o STF, ela é um serviço público independente, que não é a mesma coisa que serviço estatal) e o seu patrimônio tem **natureza privada**, e não pública.

O Supremo Tribunal Federal esclareceu, ainda, que, enquanto os conselhos profissionais em geral recebem receitas decorrentes de contribuições de natureza tributária, as anuidades cobradas dos advogados pela OAB não têm natureza de tributo, mas de verba privada (aqui é necessário ter **CUIDADO** com um detalhe: o fato de o STF ter afirmado que as anuidades cobradas pela OAB têm natureza privada não faz com que fique superado o entendimento adotado no Tema de Repercussão Geral nº 732, no qual, conforme vimos, o mesmo STF decidiu que a suspensão do exercício profissional dos advogados devedores de anuidades é inconstitucional por ser uma sanção política em matéria **tributária**).

Logo, tendo em vista que o art. 71 da CF/88 não prevê hipótese de atuação do TCU para fiscalizar recursos e patrimônio privados, não fica a OAB submetida ao controle realizado por esse órgão.

Além disso, o STF destacou que, se a OAB ficasse sujeita ao controle do TCU, isso afetaria a própria liberdade de que ela necessita para cumprir a sua função constitucional, que é de alta relevância, tendo em vista que os advogados são indispensáveis à administração da justiça, conforme estabelece o art. 133 da CF/88.

Nos termos da tese de repercussão geral fixada pelo STF, *"o Conselho Federal e os Conselhos Seccionais da Ordem dos Advogados do Brasil não estão obrigados a prestar contas ao Tribunal de Contas da União nem a qualquer outra entidade externa"*.

→ *A OAB pode condicionar o exercício da advocacia e a participação nas eleições internas da entidade ao pagamento das anuidades?*

Na **ADI 7020** (j. 17/12/2022), foram impugnadas diferentes normas (inclusive do Estatuto da OAB) que exigiam a quitação das anuidades devidas pelos advogados como condição para que eles participassem das eleições internas da entidade e para que exercessem a advocacia (as normas impugnadas previam a inadimplência como infração disciplinar e causa de suspensão profissional do advogado).

O que o STF decidiu a respeito?

Quanto à exigência do pagamento das anuidades como condição para participação nas eleições internas da OAB, o Supremo Tribunal Federal considerou válidas (constitucionais) as normas impugnadas, por se tratar de simples regras que estabelecem os requisitos para que os inscritos nos quadros da entidade possam participar dos pleitos para a composição dos seus órgãos de direção. Essas regras, inclusive, fazem com que apenas participem das eleições aqueles que sejam efetivamente ativos e que tenham interesse no dia a dia da entidade.

Porém, no que diz respeito ao condicionamento do exercício da atividade profissional (a advocacia) ao pagamento das anuidades, o STF decidiu ser inconstitucional, por caracterizar um meio indireto de coerção para o pagamento de tributo, violando a proporcionalidade, a razoabilidade e o devido processo legal. Esse entendimento, inclusive, conforme vimos, já havia sido firmado pela Corte no **Tema de Repercussão Geral nº 732**, no qual foi fixada a tese segundo a qual *"é inconstitucional a suspensão realizada por conselho de fiscalização profissional do exercício laboral de seus inscritos por inadimplência de anuidades, pois a medida consiste em sanção política em matéria tributária"*.

Portanto, segundo o STF, a OAB pode exigir a quitação das anuidades devidas pelos advogados como condição para que eles participem das eleições internas da entidade, mas não pode fazer essa exigência como condição para que eles exerçam a atividade profissional (a advocacia).

Validade da previsão do exercício da advocacia para pontuação em provas de títulos

O Supremo Tribunal Federal firmou entendimento no sentido de que é constitucional a previsão do exercício da advocacia como título em concurso público de ingresso em carreiras jurídicas, ainda que a norma não atribua pontuação de título a outras atividades profissionais. Essa medida, segundo o Tribunal, não ofende o princípio da igualdade, mesmo porque as diversas profissões demandam diferentes aptidões técnicas, sendo possível que umas sejam consideradas compatíveis com a qualificação de título para fins de concursos públicos e outras não.

Esse posicionamento foi adotado, por exemplo, na **ADI 3760**, julgada em 04/05/2020, na qual se impugnou dispositivo da lei do Estado de Minas Gerais que disciplina os concursos de ingresso e remoção nos serviços notariais e registrais mineiros. Nas palavras da Corte, *"a existência de grupo, com aptidões técnicas, não contemplado com a atribuição de título em concurso público não enseja a invalidade da atribuição de título a outros grupos que também as ostentem. (...) O exercício da advocacia é critério adequado para a atribuição de título em concursos para carreiras jurídicas"*.

DEFENSORIA PÚBLICA

No que diz respeito à Defensoria Pública, as suas atribuições constitucionais e os seus princípios institucionais devem ser compreendidos à luz da EC 80/2014, que alterou o art. 134 da CF/88, alteração essa que foi bastante relevante e profunda.

A formatação constitucional da Defensoria Pública (como instituição permanente, necessária à democracia, ao livre acesso ao Poder Judiciário e à concretização da justiça) encontra-se prevista no art. 134 da CF/88. Vejamos:

> "**Art. 134, CF/88.** A Defensoria Pública é **instituição permanente, essencial à função jurisdicional do Estado**, incumbindo-lhe, como expressão e instrumento do regime democrático, fundamentalmente, **a orientação jurídica, a promoção dos direitos humanos e a defesa, em todos os graus, judicial e**

> **extrajudicial, dos direitos individuais e coletivos**, de forma **integral e gratuita**, aos **necessitados**, na forma do inciso LXXIV do art. 5º desta Constituição Federal." *(Redação da EC 80/2014)*

A redação do art. 134 da CF/88 aproxima o formato constitucional da Defensoria Pública do formato constitucional do Ministério Público, sendo ambos os órgãos compreendidos como instituições permanentes, essenciais ao regime democrático e à função jurisdicional do Estado. E a sua destinação constitucional está muito clara no *caput* desse dispositivo: trata-se de um órgão direcionado à **proteção dos hipossuficientes**, pois, nos termos do texto constitucional, cabe-lhe *"a orientação jurídica, a promoção dos direitos humanos e a defesa, em todos os graus, judicial e extrajudicial, dos direitos individuais e coletivos, de forma integral e gratuita, aos necessitados"*.

A missão constitucional da Defensoria Pública está relacionada com o direito fundamental previsto no art. 5º, LXXIV, da CF/88, segundo o qual, *"o Estado prestará assistência jurídica integral e gratuita aos que comprovarem insuficiência de recursos"*. A Defensoria Pública é um instrumento de concretização desse direito.

A esse respeito, é importante registrar que o Supremo Tribunal Federal decidiu, na **ADI 4636**, julgada em 04/11/2021, que a Defensoria Pública pode prestar assistência jurídica não apenas a pessoas físicas, mas também a pessoas jurídicas, pois o texto constitucional não estabelece qualquer limitação nesse aspecto e é perfeitamente possível que pessoas jurídicas sejam hipossuficientes. Segundo a Corte, as expressões "necessitados" (contida no art. 134, *caput*, da CF/88) e "insuficiência de recursos" (contida no art. 5º, LXXIV, da CF/88) aplicam-se tanto a pessoas físicas quanto a pessoas jurídicas.

Portanto, quando a pessoa jurídica for hipossuficiente, ela poderá ser atendida pela Defensoria Pública.

A CF/88 continua a tratar da Defensoria Pública nos parágrafos do seu art. 134. Vejamos:

> "**Art. 134.** (...)
>
> **§ 1º. Lei complementar** organizará a Defensoria Pública da União e do Distrito Federal e dos Territórios e prescreverá normas gerais para sua organização nos Estados, em cargos de carreira, providos, na classe inicial, mediante concurso público de provas e títulos, assegurada a seus integrantes a **garantia da inamovibilidade** e **vedado o exercício da advocacia fora das atribuições institucionais**."

Portanto, a lei que organiza a Defensoria Pública da União e do DF e prescreve normas gerais para a organização da Defensoria Pública dos Estados é uma lei **complementar**, não ordinária, lei essa que, inclusive, já foi editada. Trata-se da Lei Complementar nº 80/94.

Dentre as normas gerais estabelecidas pela LC 80/94 para nortear a organização das Defensorias Públicas Estaduais, há a previsão, no art. 99, de que o chefe do órgão é o Defensor Público-Geral, cuja escolha compete ao Governador do Estado, dentre Defensores Públicos já estáveis no cargo e maiores de 35 (trinta e cinco) anos, desde que tenham sido indicados em **lista tríplice** formada pelo voto direto, secreto, plurinominal e obrigatório dos integrantes da carreira. Segundo o dispositivo legal, o Defensor Público-Geral do Estado tem mandato com duração de 2 (dois) anos, permitida uma recondução.

Além disso, o art. 99 da LC 80/94, no seu § 1º, prevê que **o substituto do Defensor Público-Geral do Estado é o Subdefensor Público-Geral do Estado**, que é escolhido dentre membros estáveis da carreira pelo próprio Defensor Público-Geral do Estado.

Perceba que essa norma não exige que haja aprovação da Assembleia Legislativa para que o Governador do Estado nomeie o Defensor Público-Geral. As únicas exigências são: estabilidade no cargo, idade mínima de 35 anos e ter o nome sido indicado em lista tríplice formada pela própria carreira. Por conta disso, o Supremo Tribunal Federal considera inconstitucional norma de Constituição Estadual que exija a aprovação do Poder Legislativo respectivo para que o Governador nomeie o Defensor Público Geral do Estado (**ADI 2167**, j. 03/06/2020).

E, nessa mesma linha de raciocínio, o STF também considera inconstitucionais normas estaduais que estabeleçam formas e critérios de escolha do Defensor Público-Geral do Estado e do seu substituto (o Subdefensor Público-Geral do Estado) diversos dos estabelecidos na LC 80/94. Isso porque essas questões dizem respeito a normas gerais de organização das Defensorias Públicas estaduais, o que, como vimos acima, é tema de competência legislativa da União, competência essa que foi exercida com a edição da LC 80/94.

Com base nesse entendimento, o Supremo Tribunal Federal, na **ADI 4982** (j. 13/11/2023), declarou a inconstitucionalidade de uma lei estadual (mais precisamente, de uma lei do Estado do Rio Grande do Norte) que estabelecia que o Defensor Público-Geral do Estado e o seu substituto (o Subdefensor Público-Geral do Estado) poderiam ser escolhidos livremente pelo Governador do Estado dentre advogados, o que contraria as disposições da LC 80/94, que, como vimos, exige que esses cargos sejam ocupados por integrantes da carreira de Defensor Público estadual. Segundo o STF, ao definir forma e critérios de escolha do Defensor Público-Geral do Estado e do seu substituto diversos dos previstos na legislação federal (mais precisamente, na LC 80/94), a lei estadual invadiu o âmbito de competência da União, sendo, por isso, inconstitucional.

Nesse mesmo julgamento, o STF decidiu que **não pode uma norma estadual atribuir ao Defensor Público-Geral do Estado tratamento de Secretário de Estado**, pois isso também não tem previsão nas normas gerais estabelecidas na LC 80/94, além de contrariar os próprios critérios de escolha do Defensor Público-Geral do Estado previstos nessa lei, tendo em vista que, de acordo com ela, o Defensor Público-Geral do Estado deve ser um integrante da carreira de Defensor Público, o que é incompatível com a equiparação do chefe da Defensoria Pública aos Secretários de Estado, pois estes são agentes políticos auxiliares do Governador do Estado e são escolhidos livremente por este. Logo, quando uma norma estadual equipara o Defensor Público-Geral do Estado aos Secretários de Estado, ela invade o âmbito de competência da União, sendo, portanto, inconstitucional.

Em relação ao Defensor Público-Geral Federal, a situação é diferente. Para a sua escolha, a LC 80/94 estabelece, no art. 6º, os mesmos requisitos e o mesmo procedimento que exige para a escolha do Defensor Público-Geral Estadual, com uma única diferença: há a necessidade de prévia aprovação do nome pela **maioria absoluta** do Senado Federal. Portanto, no âmbito da Defensoria Pública da União, a exigência de aprovação do nome do chefe do órgão pelo Legislativo se aplica porque está prevista na LC 80/94, ao contrário do que ocorre em relação às Defensorias Públicas Estaduais.

Confira os dispositivos legais mencionados:

> "**Art. 6º, LC 80/94.** A Defensoria Pública da União tem por chefe o Defensor Público-Geral Federal, nomeado pelo Presidente da República, dentre

membros estáveis da Carreira e maiores de 35 (trinta e cinco) anos, escolhidos em lista tríplice formada pelo voto direto, secreto, plurinominal e obrigatório de seus membros, **após a aprovação de seu nome pela maioria absoluta dos membros do Senado Federal**, para mandato de 2 (dois) anos, permitida uma recondução, precedida de nova aprovação do Senado Federal."

"**Art. 99, LC 80/94.** A Defensoria Pública do Estado tem por chefe o Defensor Público-Geral, nomeado pelo Governador do Estado, dentre membros estáveis da Carreira e maiores de 35 (trinta e cinco) anos, escolhidos em lista tríplice formada pelo voto direto, secreto, plurinominal e obrigatório de seus membros, para mandato de 2 (dois) anos, permitida uma recondução."

A Constituição prevê, ainda, que os Defensores Públicos possuem a garantia da **inamovibilidade**.

E, embora não haja previsão expressa no dispositivo transcrito acima, além da inamovibilidade, os Defensores Públicos possuem a garantia da **irredutibilidade de subsídio**. Os membros da Defensoria Pública, portanto, não possuem uma previsão específica de irredutibilidade de subsídio, mas gozam dessa garantia com lastro no comando geral de irredutibilidade remuneratória relativo a todos os servidores públicos, previsto no art. 37, XV, da CF/88.

A Constituição estabelece também uma vedação aos Defensores Públicos, qual seja, a proibição do exercício da advocacia fora das suas atribuições institucionais. Essa vedação não pode ser afastada por normas locais, ou seja, não é possível que a Constituição Estadual ou a legislação estadual disponha em sentido contrário e permita aos membros da respectiva Defensoria Pública o desempenho da advocacia no âmbito privado. Isso, inclusive, foi afirmado pelo Supremo Tribunal Federal, ao julgar a **ADI 3043**:

"(...) **O § 1º do artigo 134 da Constituição do Brasil repudia o desempenho, pelos membros da Defensoria Pública, de atividades próprias da advocacia privada.** Improcede o argumento de que o exercício da advocacia pelos Defensores Públicos somente seria vedado após a fixação dos subsídios aplicáveis às carreiras típicas de Estado. 2. Os §§ 1º e 2º do artigo 134 da Constituição do Brasil veiculam regras atinentes à estruturação das defensorias públicas, que **o legislador ordinário não pode ignorar**. (...)" **(ADI 3043/MG; Relator(a): Min. EROS GRAU; J. 26/04/2006)**

Lei federal pode criar Ouvidoria-Geral no âmbito das Defensorias Públicas estaduais?

Como vimos, a Defensoria Pública em âmbito federal é organizada por lei complementar, que é a Lei Complementar 80/94.

Já no âmbito dos Estados, a Defensoria Pública é organizada a partir de regras gerais estabelecidas em lei complementar federal (que é a Lei Complementar 80/94) e pelas normas editadas por cada um dos Estados-membros.

Isso é o que decorre do art. 134, § 1º, da CF/88:

"**Art. 134, § 1º, CF/88.** Lei complementar organizará a Defensoria Pública da União e do Distrito Federal e dos Territórios e prescreverá normas gerais para sua organização nos Estados, em cargos de carreira, providos, na classe inicial, mediante concurso público de provas e títulos, assegurada a seus integrantes a garantia da inamovibilidade e vedado o exercício da advocacia fora das atribuições institucionais."

A LC 80/94 (que organizou a Defensoria Pública da União e estabeleceu regras gerais para a organização das Defensorias Públicas dos Estados) previu, como estrutura integrante das Defensorias Públicas estaduais, a Ouvidoria-Geral e estabeleceu os critérios para o provimento do cargo de Ouvidor-Geral, que foi disciplinado como um cargo em comissão ocupado por pessoa não integrante da carreira de Defensor Público, com mandato de 2 anos (art. 105-B, LC 80/94).

A respeito disso, os seguintes questionamentos chegaram ao Supremo Tribunal Federal:

1) Uma lei federal pode criar uma estrutura (no caso, a Ouvidoria-Geral) para as Defensorias Públicas dos Estados?

2) Estabelecer que o cargo de Ouvidor-Geral deve ser ocupado, em comissão, por pessoa não integrante da carreira de Defensor Público viola a regra constitucional do concurso público?

Esses questionamentos foram respondidos na **ADI 4608**, julgada em 16/05/2022. Para a primeira pergunta, a resposta foi positiva, enquanto, para a segunda, negativa.

Segundo decidiu o STF, a criação da Ouvidoria-Geral das Defensorias Públicas estaduais por norma federal é válida e não viola a autonomia dos Estados. A Corte esclareceu que a União, ao estabelecer essa norma, atuou dentro dos limites de sua competência, tendo em vista que cabe a ela a definição das normas gerais para a organização das Defensorias Públicas dos Estados. Assim, como a previsão da existência da Ouvidoria-Geral nas Defensorias Públicas estaduais diz respeito a normas gerais de organização (especialmente porque, no caso, a LC 80/94 não se intrometeu em aspectos relacionados a especificidades locais, deixando isso para cada Estado disciplinar dentro do seu campo de atuação), a norma em questão é compatível com a Constituição.

Além disso, a previsão de que o provimento do cargo de Ouvidor-Geral será em comissão e de que o ocupante desse cargo será alguém não integrante da carreira de Defensor Público não viola a regra constitucional do concurso público, pois essa regra, prevista no art. 37, V, da CF/88, prevê que os cargos em comissão são uma exceção à exigência de prévia aprovação em concurso público e se prestam ao desempenho de funções de direção, chefia e assessoramento, que é o caso do cargo de Ouvidor-Geral, conforme consta do art. 105-C da LC 80/94.

Portanto, segundo o STF, desde que a norma federal se limite a estabelecer regras gerais, ela pode criar estruturas para as Defensorias Públicas estaduais, e, desde que as atribuições dessas estruturas digam respeito a direção, chefia ou assessoramento, o seu titular poderá ser um servidor comissionado, sem que haja ofensa à regra constitucional do concurso público, prevista no art. 37, V, da CF/88 (*"Art. 37, V, CF/88 - as* ***funções de confiança****, exercidas exclusivamente por servidores ocupantes de cargo efetivo, e os* ***cargos em comissão****, a serem preenchidos por servidores de carreira nos casos, condições e percentuais mínimos previstos em lei,* ***destinam-se apenas às atribuições de direção, chefia e assessoramento****;"*).

▶ Os Municípios podem prestar o serviço de assistência jurídica gratuita à população de baixa renda?

Conforme vimos, a Constituição Federal prevê a existência da Defensoria Pública nos âmbitos da União, dos Estados e do Distrito Federal, não fazendo menção à existência desse órgão na esfera municipal. Por conta disso, surgiu o seguinte questionamento: **é possível que os Municípios instituam o serviço de assistência jurídica gratuita em favor da população de baixa renda?** Isso violaria as prerrogativas constitucionais da Defensoria Pública?

O Supremo Tribunal Federal se manifestou sobre essa questão na **ADPF 279**, julgada em 03/11/2021, e decidiu que é perfeitamente compatível com a Constituição Federal a instituição do serviço gratuito de assistência jurídica aos necessitados em âmbito municipal.

Os fundamentos utilizados pela Corte para decidir dessa maneira foram os seguintes:

I) A existência de um serviço municipal de assistência jurídica gratuita à população de baixa renda não tem como objetivo substituir a Defensoria Pública. Na verdade, esta e aquele coexistem harmonicamente, não havendo exclusão mútua entre eles nem violação das prerrogativas constitucionais da Defensoria Pública.

II) O serviço municipal de assistência jurídica gratuita à população de baixa renda é, ao lado da Defensoria Pública, mais um instrumento de concretização do direito fundamental previsto no art. 5º, LXXIV, da CF/88. Esse dispositivo estabelece que *"o Estado prestará assistência jurídica integral e gratuita aos que comprovarem insuficiência de recursos"* e, ao utilizar a expressão "Estado", deixa claro que não pretendeu diferenciar as esferas da Federação no atendimento desse direito.

III) Nos termos do art. 30, I, II e V, da CF/88, os Municípios têm competência para legislar sobre assuntos de interesse local, para suplementar a legislação federal e estadual no que couber e para organizar e prestar os serviços públicos de interesse local. Logo, os Municípios podem analisar as necessidades da sua população e, a partir disso, instituir um serviço de assistência jurídica gratuita.

IV) Segundo o art. 23, X, da CF/88, todas as esferas da Federação possuem competência comum para combater as causas da pobreza e os fatores de marginalização, bem como para promover a integração social dos desfavorecidos. A criação de um serviço de assistência jurídica gratuita em âmbito municipal encontra-se inserida dentro dessa competência constitucional.

Veja o teor dos dispositivos constitucionais mencionados acima:

> "**Art. 5º, LXXIV, CF/88** - o Estado prestará assistência jurídica integral e gratuita aos que comprovarem insuficiência de recursos;"
>
> "**Art. 23, CF/88.** É competência comum da União, dos Estados, do Distrito Federal e dos Municípios:

> (...)
>
> X - combater as causas da pobreza e os fatores de marginalização, promovendo a integração social dos setores desfavorecidos;
>
> (...)"
>
> "**Art. 30, CF/88.** Compete aos Municípios:
>
> I - legislar sobre assuntos de interesse local;
>
> II - suplementar a legislação federal e a estadual no que couber;
>
> (...)
>
> V - organizar e prestar, diretamente ou sob regime de concessão ou permissão, os serviços públicos de interesse local, incluído o de transporte coletivo, que tem caráter essencial;
>
> (...)"

▶ A missão constitucional da Defensoria Pública e a criação do cargo de advogado para a defesa gratuita de praças no âmbito da Justiça Militar

Considerando que a Constituição Federal confere à Defensoria Pública a função de prestar assistência jurídica integral (judicial e extrajudicial) aos necessitados, pode uma norma estadual criar, no âmbito da Justiça Militar, o cargo de advogado com a atribuição de realizar a defesa judicial **gratuita** de praças da Polícia Militar?

O Supremo Tribunal Federal, na **ADI 3152**, que foi ajuizada contra uma norma do Estado do Ceará e julgada em 27/04/2022, decidiu que **não**.

Segundo entendeu o STF, é inconstitucional a criação, em âmbito estadual (e isso também se aplica à esfera federal), de cargo paralelo à Defensoria Pública para desempenhar a tarefa de defesa judicial gratuita, pois, segundo a Constituição Federal, a função de defender os necessitados, quando essa defesa é realizada pelo Estado, cabe à Defensoria Pública. Isso é o que decorre do art. 134, *caput*, da CF/88, segundo o qual, *"a Defensoria Pública é instituição permanente, essencial à função jurisdicional do Estado,* ***incumbindo-lhe****, como expressão e instrumento do regime democrático, fundamentalmente, a orientação jurídica, a promoção dos direitos humanos e* ***a defesa, em todos os graus, judicial e extrajudicial, dos direitos individuais e coletivos, de forma integral e gratuita, aos necessitados****, na forma do inciso LXXIV do art. 5º desta Constituição Federal".*

Confira o teor da ementa desse julgamento:

> "**EMENTA:** (...) 1. O modelo constitucional implementado ao advento da Lei Maior de 1988 **tem na Defensoria Pública, instituição permanente e essencial à função jurisdicional do Estado, o papel de prestar a assistência jurídica, em todos os graus, judicial e extrajudicial, de forma integral e gratuita**, aos que comprovarem insuficiência de recursos (arts. 5º, LXXIV, e 134). 2. Editada em observância ao comando do parágrafo único do art. 134 da Carta Política, a Lei Complementar 80/1994, dispõe que a "Defensoria Pública dos Estados organizar-se-á de acordo com as normas gerais" em tal diploma previstas, bem como **explicita incumbir à Defensoria Pública do Estado prestar "assistência jurídica aos necessitados, em todos os graus de jurisdição e instâncias administrativas do Estado"** (arts. 97 e 106). 3. Transformação dos cargos de Advogado de Ofício da Justiça Militar "em cargos de Defensor Público da União", os quais passaram a

"integrar o Quadro Permanente da Defensoria Pública da União", nos termos do art. 138 da LC 80/1994. 4. Na dicção do art. 22 do ADCT, assegurou-se aos Advogados de Ofício, integrantes da Defensoria da Justiça Militar, "investidos na função até a data da instalação da Assembleia Nacional Constituinte, o direito de opção pela carreira, com a observância das garantias e vedações previstas no art. 134, parágrafo único, da Constituição". 5. **Incumbindo à Defensoria Pública, nos planos federal e estadual, em cumprimento ao texto constitucional e à legislação de regência, prestar assistência jurídica integral e gratuita aos que comprovarem insuficiência de recursos, desvia do modelo constitucional o art. 5º da Lei Estadual 12.382/1998**, pelo qual "revogados o Art. 2º e seu § 1º da Lei nº 12.380, de 09 de dezembro de 1994, restabelecendo-se a situação anterior quanto aos dois (02) cargos de Advogado da Justiça Militar, despadronizados, de provimento efetivo, lotados no Quadro III - Poder Judiciário". (...)" **(ADI 3152, Pleno, Rel. Min. ROSA WEBER, j. 27/04/2022)**

É importante perceber que essa decisão do STF não supera o entendimento da Corte adotado na ADPF 279 no sentido da possibilidade de os Municípios instituírem serviço de assistência jurídica gratuita em favor da população de baixa renda. Isso porque, como no âmbito municipal não existe previsão constitucional de criação da Defensoria Pública, não se pode afirmar que o serviço municipal de assistência jurídica gratuita usurpa as funções dos Defensores Públicos, diferentemente do que ocorre quando se cria um cargo em âmbito estadual (ou mesmo federal) para desempenhar tais atribuições.

Os Defensores Públicos precisam ser inscritos na OAB?

A questão sobre a necessidade ou não de os Defensores Públicos se inscreverem nos quadros da OAB para que possam exercer suas funções já foi apreciada tanto pelo STJ quanto pelo STF.

Como vimos, os membros da Defensoria Pública não podem advogar fora das atribuições do cargo. E a vedação ao exercício da advocacia privada pelos Defensores Públicos foi um dos fundamentos utilizados pelo **Superior Tribunal de Justiça** para decidir que eles não são obrigados a ter inscrição nos quadros da OAB para que possam exercer suas funções, pois, segundo o Tribunal, se não podem advogar, não há razão para exigir que se inscrevam na OAB. Além disso, de acordo com o STJ, a capacidade postulatória dos Defensores Públicos decorre da investidura no cargo, o que também torna desnecessária a inscrição na Ordem.

Nas palavras da Corte, *"os membros das Defensorias Públicas, conquanto exerçam atividade assemelhada à advocacia, possuem peculiaridades que justificam que a eles seja dispensado tratamento diverso, inclusive com a inexigibilidade de sua inscrição nos quadros da Ordem dos Advogados do Brasil, na medida em que a sua capacidade postulatória decorre da nomeação e posse no referido cargo público"* **(AgInt no REsp 1654495/ES; Relator(a): Ministro NAPOLEÃO NUNES MAIA FILHO; PRIMEIRA TURMA; J. 26/08/2019)**.

No **Supremo Tribunal Federal**, a questão foi objeto do **RE 1.240.999**, no qual se reconheceu a repercussão geral da matéria **(Tema 1074)** e, no julgamento final de mérito (ocorrido em 04/11/2021), foi fixada a seguinte tese: *"é inconstitucional a exigência de inscrição do Defensor Público nos quadros da Ordem dos Advogados do Brasil"*. Ou seja, o STF firmou entendimento no mesmo sentido do STJ, estabelecendo a desnecessidade de o Defensor Público ser inscrito na OAB para que possa desempenhar suas atribuições.

A Corte explicou que a Lei Complementar 80/94 prevê que a capacidade postulatória dos Defensores Públicos decorre unicamente da nomeação e posse no cargo, havendo exigência constitucional de dedicação exclusiva desses agentes públicos à missão constitucional da Defensoria Pública, inclusive, com vedação expressa ao exercício da advocacia privada. Como consequência, é incompatível com a Constituição Federal exigir que os Defensores Públicos se submetam, também, ao regime do Estatuto da OAB.

Confira a ementa do acórdão:

> "(...) 1. O artigo 134, § 1º, da CONSTITUIÇÃO FEDERAL, ao outorgar à lei complementar a organização da Defensoria Pública da União, do Distrito Federal e dos Territórios, e a edição de normas gerais organizacionais para as Defensorias Públicas dos Estados, **vedou expressamente "o exercício da advocacia fora das atribuições institucionais"**. 2. A exigência prevista na Lei Complementar 80/1994, de que o candidato ao cargo de defensor público deve comprovar sua inscrição na Ordem dos Advogados do Brasil – OAB, **não conduz à inarredável conclusão de que o Defensor Público deve estar inscrito nos registros da entidade**. 3. O artigo 4º, § 6º, da Lei Complementar 80/1994, na redação dada pela Lei Complementar 132/2009, dispõe que a capacidade postulatória do defensor decorre exclusivamente de sua nomeação e posse no cargo público, para se dedicar unicamente à nobre missão institucional de proporcionar o acesso dos assistidos à ordem jurídica justa. 4. Logo, **o Defensor Público submete-se somente ao regime próprio da Defensoria Pública, sendo inconstitucional a sua sujeição também ao Estatuto da OAB**. 5. Recurso extraordinário desprovido. Tese para fins da sistemática da Repercussão geral: É inconstitucional a exigência de inscrição do Defensor Público nos quadros da Ordem dos Advogados do Brasil." **(RE 1240999, Tema de RG 1074, Rel. Min. ALEXANDRE DE MORAES, j. 04/11/2021, Pleno)**

Esse entendimento (no sentido da inconstitucionalidade da exigência de inscrição dos Defensores Públicos nos quadros da OAB) foi igualmente adotado pelo STF na **ADI 4636**, que também foi julgada em 04/11/2021.

▶ Autonomia da Defensoria Pública

Nos termos do art. 134, § 2º, da CF/88, incluído no texto constitucional pela EC 45/04, as Defensorias Públicas estaduais possuem **autonomia funcional, administrativa e orçamentária**.

> **"Art. 134.** (...)
>
> **§ 2º.** Às Defensorias Públicas Estaduais são asseguradas **autonomia funcional e administrativa** e a **iniciativa de sua proposta orçamentária** dentro

dos limites estabelecidos na lei de diretrizes orçamentárias e subordinação ao disposto no art. 99, § 2º."

Portanto, as Defensorias Públicas estaduais têm autonomia funcional e administrativa, bem como iniciativa de sua proposta orçamentária, às semelhanças do que a Constituição assegura ao Ministério Público e ao Poder Judiciário. A Defensoria Pública, como se percebe com isso, tem posição constitucional muito similar à desses outros dois órgãos no que se refere à garantia de autonomia. Trata-se, inegavelmente, instituições com tratamentos semelhantes na Constituição Federal.

O art. 134, § 2º, da CF/88 assegura tais autonomias apenas às Defensorias Públicas dos Estados. E quanto às Defensorias Públicas da União e do Distrito Federal? A Constituição não dá a elas o mesmo tratamento? Sim, dá.

De acordo com o § 3º do art. 134 da CF/88, o que consta do § 2º desse artigo (autonomia funcional, administrativa e orçamentária das Defensorias Públicas estaduais) se aplica às Defensorias Públicas da União e do Distrito Federal.

A extensão dessas autonomias à Defensoria Pública da União e do DF se deu pela EC 74/2013 (ao incluir o § 3º no art. 134 da CF/88), que foi impugnada perante o Supremo Tribunal Federal na **ADI 5296**, sob a alegação de ofensa à separação de Poderes (por dar autonomia a um órgão da Administração Pública) e à iniciativa privativa do Poder Executivo para deflagrar o processo legislativo no caso (por envolver regime jurídico de servidor público), já que a proposta que resultou na EC 74/2013 foi de iniciativa parlamentar.

Ao apreciar o pedido de medida cautelar nessa ação, o STF rejeitou a postulação e manteve aplicável a norma impugnada, afirmando que o poder constituinte derivado de emendar a Constituição Federal se submete apenas aos limites materiais e formais (além dos circunstanciais) já estabelecidos no próprio texto constitucional, dentre os quais, não se encontra a reserva de iniciativa do processo legislativo em nenhuma matéria. De acordo com o Tribunal, as hipóteses de iniciativa privativa, embora se apliquem às emendas às Constituições dos Estados, não se aplicam às Emendas à Constituição Federal.

Ademais, segundo esclareceu a Corte, as cláusulas pétreas não impedem que figuras constitucionalmente previstas sejam institucionalmente aprimoradas (como ocorreu no caso), e a Defensoria Pública não desempenha funções ligadas à essência do Poder Executivo, o que enfraquece o argumento de que uma emenda constitucional que lhe assegure autonomia viola a separação de Poderes.

Em 03/11/2020, a Corte julgou o mérito da ação e reiterou os termos da cautelar, assentando, definitivamente, a constitucionalidade da autonomia funcional, administrativa e orçamentária da Defensoria Pública em todas as esferas da Federação.

Por fim, é importante registrar que, em virtude da autonomia da Defensoria Pública (que assegura ao órgão uma verdadeira capacidade de autogoverno), o Supremo Tribunal Federal já decidiu que **o Poder Judiciário não pode se intrometer na gestão da Defensoria Pública e determinar que ela lote Defensores Públicos em determinadas localidades** contrariando o planejamento traçado pela própria Defensoria Pública.

No entanto, a Defensoria Pública deve observar, na distribuição dos seus Defensores Públicos, o art. 98, *caput* e § 2º, do ADCT da CF/88, que determina que a quantidade de Defensores Públicos em cada localidade seja proporcional à respectiva população e à demanda pelos serviços da Defensoria Pública e que sejam atendidos com prioridade os locais com maior população e maiores índices de exclusão social. Veja o teor desses dispositivos:

> "**Art. 98, ADCT CF/88.** O número de defensores públicos na unidade jurisdicional **será proporcional à efetiva demanda pelo serviço da Defensoria Pública e à respectiva população**.
>
> **§ 1º** No prazo de 8 (oito) anos, a União, os Estados e o Distrito Federal deverão contar com defensores públicos em todas as unidades jurisdicionais, observado o disposto no caput deste artigo.
>
> **§ 2º** Durante o decurso do prazo previsto no § 1º deste artigo, a lotação dos defensores públicos ocorrerá, **prioritariamente, atendendo as regiões com maiores índices de exclusão social e adensamento populacional**."

Esse entendimento foi adotado pelo STF no **Tema de Repercussão Geral nº 847** (RE 887671, j. 08/03/2023), no qual foi fixada a tese segundo a qual *"ofende a autonomia administrativa das Defensorias Públicas decisão judicial que determine a lotação de defensor público em localidade desamparada, em desacordo com os critérios previamente definidos pela própria instituição, desde que observados os critérios do art. 98, caput e § 2º, do Ato das Disposições Constitucionais Transitórias – ADCT"*.

▶ Prerrogativas e princípios institucionais da Defensoria Pública

O § 4º do art. 134 da CF/88 elenca os princípios institucionais da Defensoria Pública, que são os mesmos princípios institucionais do Ministério Público: **unidade**, **indivisibilidade** e **independência funcional**.

Além disso, o art. 134, § 4º, da CF/88 prevê a aplicação à Defensoria Pública das disposições dos arts. 93 e 96, II, do texto constitucional, que asseguram ao Poder Judiciário a iniciativa legislativa para a elaboração do Estatuto da Magistratura e para a criação e extinção de seus órgãos e cargos, além da fixação de sua remuneração (assim como ocorre com o Ministério Público). Portanto, a Defensoria Pública tem como prerrogativa a iniciativa legislativa para tratar do seu estatuto, de sua estrutura e, conforme vimos, do seu orçamento, o qual será encaminhado ao Legislativo à semelhança das propostas orçamentárias do Poder Judiciário e do Ministério Público.

> **"Art. 134, CF/88.**
>
> (...)
>
> **§ 4º.** São princípios institucionais da Defensoria Pública a unidade, a indivisibilidade e a independência funcional, aplicando-se também, no que couber, o disposto no art. 93 e no inciso II do art. 96 desta Constituição Federal."

Porém, é importante registrar que a iniciativa legislativa da Defensoria Pública para tratar de sua organização é **compartilhada com o Chefe do Poder Executivo**, que, no âmbito federal, é o Presidente da República e, no âmbito estadual, é o respectivo Governador.

Isso porque, segundo o art. 61, § 1º, II, "d", da CF/88, é de iniciativa privativa do Presidente da República a lei que dispõe sobre a organização da Defensoria Pública da União. Como consequência, considerando que, segundo o STF, as normas gerais de processo legislativo se submetem à simetria, no âmbito dos Estados e do Distrito Federal, as leis que organizam as respectivas Defensorias Públicas são de iniciativa privativa dos respectivos Governadores.

> "**Art. 61, § 1º, CF/88.** São de iniciativa privativa do Presidente da República as leis que:
>
> (...)
>
> II - disponham sobre:
>
> (...)
>
> d) organização do Ministério Público e da Defensoria Pública da União, bem como normas gerais para a organização do Ministério Público e da Defensoria Pública dos Estados, do Distrito Federal e dos Territórios;
>
> (...)"

Combinando o art. 61, § 1º, II, "d", da CF/88 com o disposto no art. 134, § 4º, também da CF/88, a conclusão é que as leis orgânicas das Defensorias Públicas são de iniciativa "privativa" tanto da própria Defensoria Pública quanto do respectivo Chefe do Executivo (o Presidente da República ou o Governador), ou seja, trata-se de uma **iniciativa legislativa concorrente** entre eles.

Porém, **há uma observação muito importante que deve ser feita aqui.**

Quando estudarmos o Ministério Público (no capítulo seguinte), veremos que o MP, quanto à questão da iniciativa legislativa sobre a sua organização, tem uma disciplina constitucional semelhante à da Defensoria Pública, pois a CF/88 estabelece que o Presidente da República tem iniciativa legislativa privativa no tema da organização do Ministério Público (no art. 61, § 1º, II, "d") e que o Chefe do Ministério Público (o seu Procurador-Geral) também tem essa iniciativa legislativa (art. 128, § 5º).

A conclusão disso é que a iniciativa legislativa para tratar do Ministério Público, assim como acontece com a Defensoria Pública, é compartilhada entre o Chefe do Executivo e o Chefe do próprio MP. Isso é o que decorre do texto da CF/88 (e, inclusive, é defendido doutrinariamente, por exemplo, por Hugo Nigro Mazzilli).

O Supremo Tribunal Federal, no entanto, na **ADI 400** (j. 21/06/22), decidiu que somente no âmbito federal a iniciativa legislativa para tratar da organização do Ministério Público é compartilhada entre o Chefe do Executivo e o Chefe do MP, não ocorrendo a mesma coisa no âmbito estadual. Segundo a Corte, no âmbito dos Estados, apenas o próprio Ministério Público (por meio do seu Chefe) tem iniciativa legislativa para tratar da sua organização.

Como se pode perceber, o que o STF fez, em última análise, foi decidir que o art. 61, § 1º, II, "d", não é uma norma de reprodução obrigatória (isto é, não se submete à simetria) na parte em que estabelece a iniciativa legislativa do Presidente da República para normas de organização do Ministério Pública da União.

A partir disso, o STF fixou o seguinte entendimento:

I) No **âmbito federal**, as normas que disciplinam a organização do Ministério Público (que, no caso, é o MPU) são de **iniciativa legislativa concorrente** entre o Presidente da República e o Procurador-Geral da República.

II) No **âmbito estadual**, as normas que disciplinam a organização do Ministério Público (que, no caso, é o Ministério Público do Estado) são de **iniciativa legislativa exclusiva** do respectivo Procurador-Geral de Justiça.

O STF, porém, pelo menos até o presente momento, não proferiu nenhuma decisão adotando esse mesmo entendimento em relação à Defensoria Pública (embora a disciplina constitucional da iniciativa legislativa para tratar da sua organização seja semelhante à do Ministério Público). Logo, o que nos resta é seguir o que decorre do texto da CF/88: as normas sobre a organização da Defensoria Pública, tanto em âmbito federal quanto em âmbito estadual, são de iniciativa legislativa concorrente entre o Chefe do Executivo e a própria Defensoria Pública (por meio do Defensor-Geral). Isso se deve ao fato de que, segundo a jurisprudência do STF, as normas gerais de processo legislativo constantes da Constituição Federal são de observância obrigatória nas demais esferas federativas, de modo que o regime da iniciativa legislativa sobre a Defensoria Pública estabelecido no texto constitucional federal deve ser seguido também em âmbito estadual.

No entanto, especificamente quanto à questão da disciplina dos cargos, remunerações e planos de carreira da Defensoria Pública, o Supremo Tribunal Federal já se manifestou e decidiu que a iniciativa legislativa para tratar dessas questões é privativa da própria Defensoria Pública (por meio do seu Defensor-Geral).

Isso ocorreu na **ADI 5943** (j. 17/12/2022), na qual o STF decidiu que a iniciativa legislativa privativa do Chefe do Executivo para tratar de regime jurídico de servidores públicos (prevista no art. 61, § 1º, II, "c", da CF/88) não se aplica quando a proposta diz respeito a servidores da Defensoria Pública, pois esta, segundo o art. 134, § 4º, da CF/88, possui, no que couber, a prerrogativa conferida ao Poder Judiciário pelo art. 96, II, da CF/88.

Veja:

> "**Art. 134, § 4º, CF/88.** São princípios institucionais da Defensoria Pública a unidade, a indivisibilidade e a independência funcional, aplicando-se também, no que couber, o disposto no art. 93 e no inciso II do art. 96 desta Constituição Federal."

O art. 96, II, da CF/88, por sua vez, estabelece (na alínea "b") que cabe ao próprio Poder Judiciário apresentar ao Poder Legislativo proposições sobre seus cargos.

> "**Art. 96, CF/88.** Compete privativamente:
>
> (...)
>
> II - ao Supremo Tribunal Federal, aos Tribunais Superiores e aos Tribunais de Justiça propor ao Poder Legislativo respectivo, observado o disposto no art. 169:
>
> (...)

> **b)** a criação e a extinção de cargos e a remuneração dos seus serviços auxiliares e dos juízos que lhes forem vinculados, bem como a fixação do subsídio de seus membros e dos juízes, inclusive dos tribunais inferiores, onde houver;
> (...)"

Aplicando essa disposição à Defensoria Pública (conforme determina o art. 134, § 4º, da CF/88), a conclusão é que apenas a própria Defensoria Pública tem iniciativa legislativa para tratar de seus cargos, remunerações e planos de carreira.

Foi isso o que decidiu o STF na ADI 5943. Inclusive, nos termos do voto do Min. Gilmar Mendes (relator do caso), *"de fato, o art. 61, § 1º, II, alínea "c", da Constituição Federal estabelece que são de iniciativa privativa do Presidente da República leis que disponham sobre regime jurídico de servidores públicos da União e Territórios.*

(...)

É igualmente verdadeiro, outrossim, conforme entendimento deste Tribunal, que as regras do processo legislativo federal devem ser observadas no âmbito estadual, de modo que leis que disponham sobre regime jurídico de servidores estaduais seriam de iniciativa privativa dos Governadores.

(...)

Essa tese, no entanto, era válida até o advento de emendas constitucionais que alteraram o art. 134 da Constituição Federal, conferindo maior autonomia funcional e administrativa à Defensoria Pública. A Emenda nº 80/2014, por exemplo, além de atribuir independência funcional ao órgão, estabeleceu a ***aplicação, no que couber, do disposto no inciso II do art. 96 da Constituição, competindo à Defensoria Pública propor ao Poder Legislativo a criação e extinção de cargos.***

(...)

Com o novo tratamento constitucional conferido às Defensorias, o STF decidiu que ***a iniciativa de lei sobre criação de cargos, política remuneratória e planos de carreira da Defensoria Pública é privativa do defensor público geral****.*

(...)"

Portanto, em resumo, embora a iniciativa legislativa para tratar da organização da Defensoria Pública seja, segundo a CF/88, compartilhada (isto é, concorrente) entre o Chefe do Executivo e a própria Defensoria Pública, isso, segundo o STF, não ocorre em relação a proposições que digam respeito a cargos, remunerações e planos de carreira da Defensoria Pública, pois, nesse caso, a iniciativa legislativa é privativa da própria Defensoria Pública, por aplicação do art. 134, § 4º, c/c o art. 96, II, "b", da CF/88.

→ *O princípio da independência funcional na Defensoria Pública*

Vimos que os princípios institucionais da Defensoria Pública são os mesmos do Ministério Público, o que permite afirmar que a Defensoria Pública ganhou um perfil constitucional semelhante ao do *Parquet*. No entanto, a independência funcional da Defensoria Pública deve ser compreendida de uma forma diferente daquela como é compreendida em relação ao MP.

A independência funcional do membro do Ministério Público é mais ampla do que a do membro da Defensoria Pública. É que o membro do MP tem independência para atuar no exercício de suas funções, em obediência à Constituição, à ordem jurídica e à sua consciência. O membro do MP, por exemplo, pode decidir não denunciar e preferir arquivar o inquérito; pode pedir absolvição ou condenação do réu; pode pedir que uma ação civil pública proposta por ele mesmo seja julgada improcedente por não ter se convencido após a produção de provas etc.

Por outro lado, em relação à Defensoria Pública, é necessário ter alguma reserva no que diz respeito à compreensão desse princípio, que não pode ser absoluto. A independência funcional do Defensor Público é mais restrita do que a do membro do Ministério Público, pois o indivíduo (hipossuficiente) que procura a Defensoria Pública não pode ficar desassistido, seja no âmbito criminal, seja no âmbito cível. Nessa linha de raciocínio, a independência funcional do Defensor Público não pode chegar ao ponto de permitir que o Defensor Público, por exemplo, em um processo criminal, pugne pela condenação do réu que é por ele patrocinado.

A independência funcional da Defensoria Pública, na verdade, permite que o Defensor tenha liberdade para escolher a melhor tese jurídica, dentro do ordenamento jurídico e dentro de princípios éticos, mas não pode deixar de realizar a defesa do hipossuficiente.

É importante ter em mente essa distinção em relação ao Ministério Público.

Princípio do Defensor natural

Em relação ao Judiciário e ao Ministério Público, reconhece-se a existência dos princípios do Juiz natural e do Promotor natural. Mas **é possível afirmar que também existe o princípio do Defensor natural?**

Há previsão do princípio do Defensor Natural no art. 4º-A, IV, da LC 80/94, que é a lei que disciplina a Defensoria Pública da União e a dos Territórios, além de estabelecer normas gerais para a organização das Defensorias Públicas nos Estados.

> "**Art. 4º-A, LC 80/94.** São direitos dos assistidos da Defensoria Pública, além daqueles previstos na legislação estadual ou em atos normativos internos:
>
> (...)
>
> IV – o patrocínio de seus direitos e interesses pelo defensor natural;
>
> (...)"

Porém, esse princípio, segundo a jurisprudência do STF, não afasta a hipótese de nomeação de defensor dativo em certas situações, o que não pode acontecer em relação ao Juiz nem em relação ao membro do MP.

Não é possível designar um Juiz dativo, pois isso caracterizaria um juízo de exceção, assim como não é possível a designação de um Promotor dativo ou *ad hoc* para acusar em regime de exceção. Mas, em relação à Defensoria Pública, o STF entende que, em determinadas circunstâncias, ainda que exista o princípio do Defensor natural, é possível a nomeação de defensor dativo.

É que uma coisa é o princípio do Defensor natural, segundo o qual, o Defensor Público que atuará no caso deve ser designado segundo critérios previamente definidos no ordenamento jurídico, e outra coisa é a exclusividade da Defensoria para atuar nas causas que envolvam pessoas carentes, o que não pode ser exigido, tendo em vista a realidade institucional da Defensoria Pública, ainda ausente em muitas localidades. Assim, onde não há Defensor Público, nada impede a constituição de um advogado dativo para defender os interesses do hipossuficiente.

Confira o seguinte precedente do Supremo Tribunal Federal nesse sentido:

> "(...) 2. O art. 4º-A da Lei Complementar 80/1994 estabelece que são direitos dos assistidos pela Defensoria Pública 'o patrocínio de seus direitos e interesses pelo **defensor natural**' (designação por critérios legais), **o que não se confunde com exclusividade do órgão para atuar nas causas em que figure pessoa carente**, sobretudo se considerada a atual realidade institucional. 3. No caso, o indeferimento do pedido de adiamento de audiência designada não configura cerceamento de defesa, pois, **à falta de defensor público disponível para atuar na defesa técnica do paciente, foi-lhe constituído advogado particular [dativo]**, que exerceu seu mister com eficiência e exatidão, precedido de entrevista reservada e privativa com o acusado. (...)" **(HC 123494, Rel. Min. TEORI ZAVASCKI, Segunda Turma, j. 16/02/2016)**

O poder de requisição da Defensoria Pública

A **Lei Complementar 80/94**, em diferentes dispositivos, atribui às Defensorias Públicas (aí compreendidos os Defensores Públicos e os Defensores Públicos-Gerais) da União, dos Estados, do Distrito Federal e dos Territórios o **poder de requisitar**, dos diversos agentes públicos, documentos, informações, certidões, perícias, esclarecimentos e outras providências que sejam necessárias para o desempenho de suas funções institucionais.

Confira o teor desses dispositivos:

> **TÍTULO II**
>
> **Da Organização da Defensoria Pública da União**
>
> "**Art. 8º, LC 80/94.** São atribuições do Defensor Público-Geral, dentre outras:
>
> (...)
>
> XVI - requisitar de qualquer autoridade pública e de seus agentes, certidões, exames, perícias, vistorias, diligências, processos, documentos, informações, esclarecimentos e demais providências necessárias à atuação da Defensoria Pública;
>
> (...)"
>
> "**Art. 44, LC 80/94.** São prerrogativas dos membros da Defensoria Pública da União:
>
> (...)
>
> X - requisitar de autoridade pública e de seus agentes exames, certidões, perícias, vistorias, diligências, processos, documentos, informações, esclarecimentos e providências necessárias ao exercício de suas atribuições;
>
> (...)"

TÍTULO III

Da Organização da Defensoria Pública do Distrito Federal e dos Territórios

"**Art. 56, LC 80/94.** São atribuições do Defensor Público-Geral:

(...) XVI - requisitar de qualquer autoridade pública e de seus agentes, certidões, exames, perícias, vistorias, diligências, processos, documentos, informações, esclarecimentos e demais providências necessárias à atuação da Defensoria Pública;

(...)"

"**Art. 89, LC 80/94.** São prerrogativas dos membros da Defensoria Pública do Distrito Federal e dos Territórios:

(...)

X - requisitar de autoridade pública ou de seus agentes exames, certidões, perícias, vistorias, diligências, processos, documentos, informações, esclarecimentos e providências necessárias ao exercício de suas atribuições;

(...)"

TÍTULO IV

Das Normas Gerais para a Organização da Defensoria Pública dos Estados

"**Art. 128, LC 80/94.** São prerrogativas dos membros da Defensoria Pública do Estado, dentre outras que a lei local estabelecer:

(...)

X - requisitar de autoridade pública ou de seus agentes exames, certidões, perícias, vistorias, diligências, processos, documentos, informações, esclarecimentos e providências necessárias ao exercício de suas atribuições;

(...)"

Essas normas foram todas impugnadas pela Procuradoria-Geral da República na **ADI 6852**, julgada em 21/02/2022. Nessa ação, a PGR pediu a declaração de inconstitucionalidade dos dispositivos em questão, alegando que o poder de requisição conferido às Defensorias Públicas viola a isonomia na relação processual (e, portanto, quebra a paridade de armas no processo), pois confere aos Defensores Públicos uma prerrogativa que os advogados em geral (especialmente, os privados) não possuem, que é a possibilidade de ordenar diretamente a agentes públicos que forneçam documentos e informações e adotem outras providências que se façam necessárias.

A Procuradoria-Geral da República alegou, ainda, que conferir esse poder à Defensoria Pública faz com que os atos praticados em cumprimento às suas ordens sejam subtraídos da apreciação do Poder Judiciário, o que representaria uma ofensa à inafastabilidade da jurisdição, prevista no art. 5º, XXXV, da CF/88, segundo o qual, *"a lei não excluirá da apreciação do Poder Judiciário lesão ou ameaça a direito"*.

O Supremo Tribunal Federal, no entanto, não acolheu os argumentos da PGR e **declarou a constitucionalidade das normas impugnadas.**

Segundo decidiu a Corte, não há espaço para se falar em violação à isonomia no caso, pois a atuação da Defensoria Pública não tem a mesma natureza da atuação de um advogado, seja ele público ou privado (aí incluído o advogado dativo). E isso fica muito claro até mesmo topograficamente na própria Constituição Federal, que disciplina a Defensoria Pública, a Advocacia Pública e a Advocacia (privada) em seções próprias e separadas inseridas no capítulo dedicado às Funções Essenciais à Justiça. Ademais, conforme já estudamos, o próprio STF já decidiu que os Defensores Públicos não precisam ser inscritos nos quadros da OAB (Tema de Repercussão Geral nº 1074), o que reforça a sua separação da atividade advocatícia.

Além disso, o Tribunal registrou que existe mais um aspecto que diferencia a Defensoria Pública dos advogados, especialmente, dos advogados privados: enquanto estes atuam, em regra, sempre pautados preponderantemente pelo interesse pessoal dos seus clientes, os Defensores Públicos, embora levem em conta o interesse dos seus assistidos, submetem-se às disposições do seu estatuto jurídico constitucional e infraconstitucional.

O STF esclareceu, ainda, que, considerando o delineamento do perfil constitucional da Defensoria Pública, é possível perceber que ela se aproxima mais do Ministério Público do que da Advocacia.

Logo, considerando que a Defensoria Pública não é uma instituição que se confunde com a Advocacia (pública ou privada), não é possível falar que a atribuição aos Defensores Públicos de um poder que não se estende aos advogados (públicos ou privados) representa uma violação à isonomia na relação processual.

Além disso, o STF esclareceu que a Defensoria Pública é uma instituição que tem como finalidade assegurar aos necessitados o acesso à justiça e, assim, a diversos direitos fundamentais (a Defensoria Pública, portanto, é um instrumento de concretização de diretos fundamentais), e que o seu poder de requisição é um mecanismo viabilizador do cumprimento desse objetivo. Dessa forma, negar aos Defensores Públicos a possibilidade de requisitar dos agentes públicos documentos, informações e outras providências necessárias ao desempenho de suas funções representaria um retrocesso na concretização de direitos fundamentais.

Com esses fundamentos, o Supremo Tribunal Federal decidiu ser **constitucional** a previsão legal do poder de requisição da Defensoria Pública.

É importante registrar, no entanto, que esse entendimento do STF representa uma **mudança jurisprudencial**, pois anteriormente, em um contexto normativo diferente, a Corte havia decidido ser inconstitucional a atribuição de poder de requisição aos Defensores Públicos, como aconteceu na ADI 230 (julgada em 01/02/2010), na qual foi impugnada norma do Estado do Rio de Janeiro que atribuía esse poder à DPE/RJ.

Segundo o Min. Edson Fachin, relator da ADI 6852, essa mudança de entendimento se justifica porque, a partir da EC 80/2014, ficou definitivamente estabelecida a autonomia funcional e administrativa da Defensoria Pública, bem como sua condição de instrumento de concretização da democracia. Isso porque essa emenda alterou a redação do *caput* do art. 134 da CF/88, incluiu nesse dispositivo o § 4º e manteve inalterado o seu § 2º (que havia sido incluído pela EC 45/04). Com isso, o texto constitucional passou a prever que a Defensoria Pública é "***expressão e instrumento do regime democrático***"; que "*são princípios institucionais da Defensoria Pública a unidade, a indivisibilidade e a* ***independência funcional***"; e que "*às Defensorias Públicas Estaduais são asseguradas* ***autonomia funcional e administrativa***".

Nas palavras do Ministro:

> *"com o advento da **Emenda Constitucional 80, em 04 de junho de 2014**, a moldura normativa que balizou aquele entendimento foi substancialmente alterada, restando definitivamente fixada a autonomia funcional e administrativa da Defensoria Pública, bem como seu status de instrumento do regime democrático.*
>
> *O fortalecimento institucional daquele órgão implica necessariamente o reconhecimento da **superação do precedente então firmado**".*

Esse mesmo entendimento foi posteriormente aplicado pelo STF no julgamento de diversas outras ADIs que foram ajuizadas, também pela PGR, para impugnar **normas estaduais que conferem poder de requisição às respectivas Defensorias Públicas**, a exemplo das **ADIs 6876 e 6879**, julgadas em 21/03/2022.

Nessas ações, a Corte considerou constitucionais normas estaduais que, à semelhança do que faz a LC 80/94 em relação à DPU e às Defensorias Públicas dos Estados, do DF e dos Territórios, conferem poder de requisição às Defensorias Públicas locais.

Esse entendimento do Supremo Tribunal Federal, porém, **não se aplica em relação à possibilidade de os Defensores Públicos requisitarem a instauração de inquérito** às autoridades policiais.

Essa questão foi enfrentada pelo STF na **ADI 4346** (j. 13/03/2023), na qual foi impugnada uma lei estadual (mais precisamente, uma lei do Estado de Minas Gerais) que dava à Defensoria Pública local o poder de requisitar a instauração de inquéritos policiais, e a Corte decidiu ser inconstitucional essa norma.

Segundo o Supremo Tribunal Federal, a instauração de inquérito policial é **matéria que diz respeito a direito processual**, e direito processual é tema de **competência legislativa privativa da União** (como prevê o art. 22, I, da CF/88), de modo que uma lei estadual não pode se intrometer na questão e dar à Defensoria Pública o poder de requisitar a instauração de inquéritos policiais, poder esse que não é assegurado à Defensoria Pública pela legislação federal (especialmente, pelo Código de Processo Penal).

Assim, como nem o Código de Processo Penal nem a LC 80/94 dão à Defensoria Pública o poder de requisitar a instauração de inquéritos policiais, não pode uma lei estadual se intrometer na questão e dar à Defensoria Pública local esse poder, sob pena de violar a competência legislativa privativa da União em matéria de direito processual (art. 22, I, CF/88).

Além disso, o STF, nesse julgamento, chegou a mencionar que a requisição de instauração de inquéritos policiais foge do perfil constitucional de atuação da Defensoria Pública, o que dá a entender que mesmo uma lei federal que desse à Defensoria Pública o poder de requisitar a instauração de inquéritos seria considerada inconstitucional pela Corte.

Confira a ementa do julgamento:

> "(...) 1. O poder de requisição constitui mecanismo fundamental para o desempenho da função constitucional da Defensoria Pública, que prestigia o aperfeiçoamento do sistema democrático, a concretização dos direitos fundamentais de amplo acesso à Justiça (CF, art. 5º, XXXV) e de prestação de assistência jurídica

integral e gratuita aos hipossuficientes (CF, art. 5º, LXXIV). Precedentes. 2. **Desproporcionalidade e ausência de adequação as atribuições constitucionais da Defensoria Pública** na previsão do art. 45, XXI, da lei questionada que instituiu o poder de requisição à instauração de inquérito policial. 3. **A previsão de requisição de instauração de inquérito policial – que é ordem à autoridade policial e não pedido – é tema de direito processual, matéria de competência privativa da União (art. 22, I, CF)**, sendo disciplinada no art. 5º do Código de Processo Penal. Inconstitucionalidade formal reconhecida. (...)" **(ADI 4346, Pleno, Rel. Min. ROBERTO BARROSO, Redator do acórdão Min. ALEXANDRE DE MORAES, j. 13/03/2023)**

Atuação das Defensorias Públicas estaduais perante os Tribunais superiores

De acordo com a CF/88, a Defensoria Pública pode ser dividida organicamente da seguinte forma:

1) Defensoria Pública da União;

2) Defensoria Pública dos Estados;

3) Defensoria Pública do Distrito Federal; e

4) Defensoria Pública dos Territórios.

É importante destacar que, desde a EC 69/2012, que deu nova redação ao art. 21, XIII, da CF/88, não existe mais (com esse nome e como órgão único) a Defensoria Pública do Distrito Federal e dos Territórios. Antes da EC 69/2012, a Defensoria Pública do DFT era um órgão só e era mantida pela União, mas, após essa emenda, passaram a existir dois órgãos diferentes, quais sejam, a Defensoria Pública do Distrito Federal e a Defensoria Pública dos Territórios (que, aliás, não existe, porque não há Território no Brasil), e a União passou a manter apenas a Defensoria Pública dos Territórios, não mais a do Distrito Federal, conforme prevê a atual redação do art. 21, XIII, da CF/88.

As Defensorias Públicas estaduais têm legitimidade para interpor recursos aos Tribunais superiores (REsp, RExt etc.), pois, segundo estabelece a Lei Complementar 80/94, *"à Defensoria Pública do **Estado** caberá interpor recursos aos **Tribunais Superiores**, quando cabíveis"* (art. 106, p. único) e *"o Defensor Público do **Estado** atuará, na forma do que dispuser a legislação estadual, junto a todos os Juízos de 1º grau de jurisdição, núcleos, órgãos judiciários de 2º grau de jurisdição, instâncias administrativas e **Tribunais Superiores**"* (art. 111).

Mas, em relação a essa questão, há um problema logístico: todas as Defensorias Estaduais têm representação (escritório) em Brasília e, portanto, efetiva atuação perante os Tribunais lá sediados? Caso alguma Defensoria Pública Estadual não tenha representação estruturada para atuação em Brasília, o que ocorre?

O **Superior Tribunal de Justiça** firmou entendimento, em relação a isso, no sentido de que a Defensoria Pública da União deve realizar o acompanhamento dos processos em tramitação no STJ, quando a Defensoria Pública Estadual responsável pela causa não possui representação em Brasília.

Veja, nesse sentido, o seguinte precedente:

> "(...) Conforme pacífica jurisprudência do Superior Tribunal de Justiça, 'enquanto os estados, mediante lei específica, não organizarem sua Defensoria Pública para atuar continuamente em Brasília/DF, inclusive com sede própria, o acompanhamento dos processos em trâmite nesta Corte **constitui prerrogativa da Defensoria Pública da União (...)'" (STJ, AgRg no REsp 1287189, 5ª Turma, j. em 27/03/2014)**

No entanto, também segundo o STJ, esse entendimento não se aplica aos processos que tramitam em **meio eletrônico**, se a Defensoria Pública Estadual, mesmo não possuindo instalações físicas em Brasília, aderiu ao portal de intimações eletrônicas. Isso porque, nesse caso, não há necessidade da presença física de um Defensor Público para a prática dos atos processuais nas diversas demandas, que podem ser acompanhadas remotamente, a partir da sede de cada Defensoria Pública.

Isso fica claro na ementa do seguinte julgado:

> "(...) 8. Nesse contexto, **existindo representação em Brasília, conforme a jurisprudência consolidada desta Corte, ou viabilizada a intimação eletrônica das Defensorias Públicas dos Estados em virtude de adesão ao Portal de Intimações Eletrônicas, impõe-se o indeferimento de requerimentos da Defensoria Pública da União no sentido de assumir a defesa de pessoas já assistidas pelas Defensorias Públicas estaduais.** (...) 10. Questão de ordem submetida a julgamento da Quinta Turma desta Corte para, no caso, tratando-se de Defensoria Pública de Estado que aderiu ao Portal das Intimações Eletrônicas, podendo atuar a partir de sua sede local, indeferir o requerimento apresentado pela Defensoria Pública da União. **(PET no AREsp 1513956/AL; Relator(a): Ministro REYNALDO SOARES DA FONSECA; QUINTA TURMA; J. 17/12/2019)**

Resumindo, a atuação das Defensorias Públicas Estaduais perante os Tribunais Superiores (notadamente, perante o STJ) nos processos sob seu acompanhamento deve observar o seguinte:

1) Se se tratar de processo que tramita eletronicamente e a Defensoria Pública Estadual houver aderido ao sistema de intimações pelo portal eletrônico, o processo não pode ser acompanhado pela DPU.

2) Se se tratar de processo que tramita em meio físico ou, tratando-se de processo com tramitação eletrônica, a Defensoria Pública Estadual não houver aderido ao sistema de intimações pelo portal eletrônico e, além disso, não possuir representação (isto é, instalações físicas) em Brasília, o processo deve ser acompanhado pela DPU.

▶ Ajuizamento de ação civil pública pela Defensoria Pública

Houve uma discussão sobre se o ajuizamento de ação civil pública pela Defensoria Pública seria possível ou representaria uma usurpação das atribuições do Ministério Público. E, a esse respeito, o STF decidiu, tanto em controle de constitucionalidade difuso com repercussão geral reconhecida (RE 733.433) quanto em controle de constitucionalidade concentrado (ADI 3943), que **a Defensoria Pública tem legitimidade para propor ação civil pública no exercício de sua missão constitucional**, ou seja, na defesa de direitos difusos e coletivos dos quais sejam titulares, em tese, as pessoas necessitadas. Isso não conflita com as atribuições do Ministério Público.

Segundo a tese fixada no RE 733.433 (**Tema de Repercussão Geral nº 607**), "*a Defensoria Pública tem legitimidade para a propositura de ação civil pública em ordem a promover a tutela judicial de direitos difusos e coletivos de que sejam titulares, em tese, as pessoas necessitadas*".

Recebimento de honorários advocatícios pela Defensoria Pública

Da mesma forma que acontece nos processos judiciais em geral envolvendo quaisquer partes, a Defensoria Pública, quando o seu assistido é vitorioso em um processo judicial, tem direito a receber honorários advocatícios sucumbenciais pagos pela parte contrária.

Porém, durante bastante tempo foi aplicado o entendimento de que, quando o assistido pela Defensoria Pública litigasse contra o ente federado que a Defensoria Pública integra (por exemplo, quando o assistido por uma Defensoria Pública estadual ajuizasse uma ação contra o respectivo Estado-membro), ainda que o "cliente" da Defensoria Pública vencesse o processo, não seriam devidos honorários advocatícios à Defensoria Pública. Isso porque, nesse caso, segundo esse entendimento, haveria **confusão entre o credor e o devedor** desses honorários, já que a verba seria paga por um ente federado a um órgão que faz parte da sua estrutura. Dessa forma, como a confusão, segundo o art. 381 do Código Civil, é uma hipótese de extinção das obrigações, os honorários sucumbenciais não seriam devidos à Defensoria Pública nesses casos ("***Art. 381, CC.*** *Extingue-se a obrigação, desde que na mesma pessoa* ***se confundam as qualidades de credor e devedor.***").

Esse entendimento, inclusive, chegou a ser sumulado pelo **Superior Tribunal de Justiça**, na sua **Súmula 421**, com o seguinte teor:

> **Súmula 421/STJ:** "Os honorários advocatícios não são devidos à Defensoria Pública **quando ela atua contra a pessoa jurídica de direito público à qual pertença.**"

Ocorre que, em 2023, o Supremo Tribunal Federal mudou esse cenário, superando esse entendimento.

No **Tema de Repercussão Geral nº 1002** (RE 114005, j. 26/06/2023), o STF decidiu que os honorários advocatícios sucumbenciais são devidos à Defensoria Pública quando ela patrocina a parte vencedora em demanda **contra qualquer ente público**, ainda que o ente público derrotado seja o próprio ente federado ao qual ela (a Defensoria Pública) pertence ou uma entidade da sua Administração Pública.

O STF, portanto, **afastou a tese da caracterização de confusão entre a Defensoria Pública e o ente federado que ela integra**. Isso porque, segundo a Corte, o atual perfil constitucional da Defensoria Pública assegura a ela autonomia, de modo que ela não pode ficar submetida ao Poder Executivo do ente federado que integra como se fosse um órgão auxiliar dele.

Por essas razões, a Defensoria Pública não se confunde com o ente federado ao qual ela pertence, de modo que os honorários advocatícios sucumbenciais devidos a ela devem ser pagos mesmo em processos judiciais nos quais ela patrocina assistidos que saem vitoriosos contra o seu ente federado.

Porém, os honorários sucumbenciais recebidos pela Defensoria Pública não podem ser rateados entre os Defensores Públicos, devendo eles ser utilizados na manutenção e aparelhamento da própria Defensoria Pública, com o objetivo de melhorar a qualidade dos serviços que presta à população carente e de promover a efetividade do acesso à justiça. Inclusive, a vedação de pagamento de honorários advocatícios aos Defensores Públicos e a obrigação de destinar essa verba à estruturação da própria Defensoria Pública são previstas expressamente na LC 80/94, mais precisamente, nos seus arts. 4º, XXI, 46, III, 91, III, e 130, III. Veja:

> "**Art. 4º, LC 80/94.** São funções institucionais da Defensoria Pública, dentre outras:
>
> (...)
>
> XXI – **executar e receber as verbas sucumbenciais decorrentes de sua atuação**, inclusive quando devidas por quaisquer entes públicos, destinando-as a fundos geridos pela Defensoria Pública e **destinados, exclusivamente, ao aparelhamento da Defensoria Pública e à capacitação profissional de seus membros e servidores**;
>
> (...)"
>
> "**Art. 46, LC 80/94.** Além das proibições decorrentes do exercício de cargo público, **aos membros da Defensoria Pública da União é vedado**:
>
> (...)
>
> III - receber, a qualquer título e sob qualquer pretexto, **honorários**, percentagens ou custas processuais, em razão de suas atribuições;
>
> (...)"
>
> "**Art. 91, LC 80/94.** Além das proibições decorrentes do exercício de cargo público, **aos membros da Defensoria Pública do Distrito Federal e dos Territórios é vedado**:
>
> (...)
>
> III - receber, a qualquer título e sob qualquer pretexto, **honorários**, percentagens ou custas processuais, em razão de suas atribuições;
>
> "**Art. 130, CF/88.** Além das proibições decorrentes do exercício de cargo público, **aos membros da Defensoria Pública dos Estados é vedado**:
>
> (...)
>
> III - receber, a qualquer título e sob qualquer pretexto, **honorários**, percentagens ou custas processuais, em razão de suas atribuições;
>
> (...)"

Com base em tudo que vimos acima, o STF fixou a seguinte **tese de repercussão geral**:

> "1. É devido o pagamento de honorários sucumbenciais à Defensoria Pública, quando representa parte vencedora em demanda ajuizada **contra qualquer ente público, inclusive aquele que integra**;
>
> 2. O valor recebido a título de honorários sucumbenciais **deve ser destinado, exclusivamente, ao aparelhamento das Defensorias Públicas**, vedado o seu rateio entre os membros da instituição." **(Tema de Repercussão Geral nº 1002)**

Posteriormente, em virtude desse julgamento do Supremo Tribunal Federal, o STJ cancelou expressamente a sua Súmula 421.

21

Ministério Público

Ao longo das Constituições brasileiras, o Ministério Público passou por uma evolução, chegando aos contornos que tem atualmente, no regime da CF/88.

Foi **na CF/88 que o Ministério Público foi definitivamente desatrelado dos Poderes da República**, recebendo tratamento topográfico fora da disciplina dos Poderes Executivo e Judiciário, diferentemente, por exemplo, das Constituições de 1891 e de 1967, em que o MP foi inserido na seção que tratava do Poder Judiciário, e da Constituição de 1969 (EC 1/69), em que foi alocado no capítulo do Poder Executivo.

Além disso, é importante registrar que, no regime constitucional anterior, a União era representada em juízo pelos Procuradores da República (membros do Ministério Público Federal), podendo a lei, nas comarcas de interior, atribuir essa função ao Ministério Público local. Já na CF/88, vedou-se que o Ministério Público exercesse a representação judicial e a consultoria jurídica dos entes públicos, tarefa essa que, conforme já estudamos, foi atribuída à Advocacia Pública.

Outra evolução relevante, conforme veremos à frente, é que o Procurador-Geral da República, na vigência da CF/88, não é mais livremente demissível pelo Presidente da República. Fica, portanto, vedada a demissão *ad nutum* do PGR.

Tudo isso mostra que, no regime da CF/88, o Ministério Público foi libertado de vinculações com os Poderes da República. E foi nesse sentido que o atual texto constitucional, em seu art. 127, *caput*, estabeleceu que o MP **é instituição permanente essencial à função jurisdicional do Estado**, além de lhe haver conferido missões de alta relevância, quais sejam, a defesa da ordem jurídica, a defesa do regime democrático e a defesa dos interesses sociais e individuais indisponíveis.

> **"Art. 127, CF/88.** O Ministério Público é **instituição permanente**, **essencial à função jurisdicional do Estado**, incumbindo-lhe a **defesa da ordem jurídica**, do **regime democrático** e dos **interesses sociais e individuais indisponíveis**."

NORMAS QUE REGEM O MINISTÉRIO PÚBLICO

Além da Constituição Federal, outras normas, regulamentando o texto constitucional, foram editadas para disciplinar o Ministério Público, a saber:

I) **Lei 8.625/93**: é a Lei Orgânica Nacional do Ministério Público (LONMP), que traz normas gerais para a organização do Ministério Público nos Estados. Essa lei é de **iniciativa privativa do Presidente da República**, conforme consta do art. 61, § 1º, II, "d", da CF/88.

> "**Art. 61, § 1º, CF/88.** São de iniciativa privativa do Presidente da República as leis que:
>
> (...)
>
> **II** - disponham sobre:
>
> (...)
>
> **d)** organização do Ministério Público e da Defensoria Pública da União, bem como normas gerais para a organização do Ministério Público e da Defensoria Pública dos Estados, do Distrito Federal e dos Territórios;
>
> (...)"

II) **Lei Complementar 75/93**: é a Lei Orgânica do Ministério Público da União (LOMPU), cuja iniciativa é do Procurador-Geral da República (chefe do MPU) ou do Presidente da República, nos termos dos arts. 128, § 5º e 61, § 1º, II, "d", da CF/88. O Ministério Público da União, nos termos do art. 128, I, da CF/88, compreende o Ministério Público Federal (MPF), o Ministério Público Militar (MPM), o Ministério Público do Trabalho (MPT) e o Ministério Público do Distrito Federal e Territórios (MPDFT), todos independentes entre si. A LOMPU trata do estatuto, organização e atribuições do MPU e, diferentemente da LONMP (que é uma lei de caráter nacional), tem abrangência apenas federal (isto é, somente se aplica no âmbito da União).

> "**Art. 128, CF/88.** O Ministério Público abrange:
>
> **I** - o Ministério Público da União, que compreende:
>
> a) o Ministério Público Federal;
>
> b) o Ministério Público do Trabalho;
>
> c) o Ministério Público Militar;
>
> d) o Ministério Público do Distrito Federal e Territórios;
>
> **II** - os Ministérios Públicos dos Estados."

III) **Leis complementares estaduais**: cada Estado deve editar lei complementar própria, de iniciativa do Procurador-Geral de Justiça (chefe do MP estadual), para disciplinar o Ministério Público local, conforme decorre do art. 128, § 5º, da CF/88. Isso, inclusive, foi afirmado pelo STF, por exemplo, na **ADI 5505** (julgada em 15/04/2020), na qual a Corte esclareceu que *"as leis complementares estaduais que dispõem sobre a organização, atribuições e estatuto dos respectivos Ministérios Públicos, nos termos previstos pelo artigo 128, §5º, da Constituição Federal, (i) são de* ***iniciativa do Procurador-Geral de Justiça daquele Estado-membro****; e (ii) devem* ***respeito à lei federal de normas gerais****, de iniciativa privativa do Presidente da República"*. Nessa mesma ação, o Tribunal esclareceu, ainda, que a legislação estadual relativa ao Ministério Público tem liberdade para dispor sobre a atuação do respectivo Procurador-Geral de Justiça e dos Procuradores de Justiça, estabelecendo suas atribuições, pois essa questão não foi esgotada pela norma geral federal aplicável aos Ministérios Públicos Estaduais (a Lei 8.625/93). Conforme constou do acórdão desse precedente, *"a Lei federal 8.625/1993 (Lei Orgânica Nacional do Ministério Público – LONMP) não pormenoriza a atuação dos Procuradores-Gerais de Justiça e dos Procuradores de Justiça em sede recursal e, por expressa dicção do caput de seu artigo 29, o rol de atribuições dos Procuradores-Gerais de Justiça não é exaustivo, de modo que as leis orgânicas dos Ministérios Públicos estaduais podem, validamente, ampliar ou densificar tais atribuições"*. Além disso, o Supremo Tribunal Federal também já decidiu (**ADI 3194**, j. 13/11/2023) que, **se a lei estadual disciplinadora do Ministério Público local for uma lei ordinária, ela será formalmente inconstitucional**, pois a CF/88, no art. 128, § 5º, exige expressamente lei complementar para tratar da organização e do funcionamento do Ministério Público no âmbito dos Estados.

> "**Art. 128, § 5º, CF/88.** Leis complementares da União e dos Estados, cuja iniciativa é facultada aos respectivos Procuradores-Gerais, estabelecerão a organização, as atribuições e o estatuto de cada Ministério Público, observadas, relativamente a seus membros:
>
> (...)"

Tendo em mente o que vimos acima, é necessário fazer uma observação em relação às leis complementares que organizam o Ministério Público da União e os Ministérios Públicos Estaduais.

Nos termos do art. 128, § 5º, da CF/88, essas leis são de iniciativa **facultada** aos respectivos Procuradores-Gerais (no caso do MPU, ao Procurador-Geral da República e, no caso dos Ministérios Públicos Estaduais, aos respectivos Procuradores-Gerais de Justiça). Por esse motivo, é muito comum nos depararmos – inclusive, na jurisprudência do Supremo Tribunal Federal – com afirmações puras e simples (sem qualquer ressalva) no sentido de que tais leis são de iniciativa do Ministério Público. Um exemplo disso é o precedente da **ADI 5505** (já mencionado anteriormente), em que o STF afirmou que *"as leis complementares estaduais que dispõem sobre a organização, atribuições e estatuto dos respectivos Ministérios Públicos, nos termos previstos pelo artigo 128, §5º, da Constituição Federal, (i) são de iniciativa do Procurador-Geral de Justiça daquele Estado-membro"*.

Porém, a verdade é que o Supremo Tribunal Federal chegou a firmar jurisprudência no sentido de que **essas leis também são de iniciativa do Chefe do Poder Executivo respectivo**. Essa jurisprudência, porém, sofreu alteração ao longo do tempo, como veremos a partir de agora.

Para compreender a questão, é necessário lembrar que o art. 61, § 1º, II, "d", da CF/88 estabelece que é de iniciativa privativa do Presidente da República a lei que dispõe sobre a organização do Ministério Público da União. Como consequência, considerando que, segundo o STF, as normas gerais de processo legislativo se submetem à simetria, no âmbito dos Estados, as leis que organizam o Ministério Público seriam, em tese, de iniciativa privativa dos respectivos Governadores.

> "**Art. 61, § 1º, CF/88.** São de iniciativa privativa do Presidente da República as leis que:
>
> (...)
>
> II - disponham sobre:
>
> (...)
>
> d) organização do Ministério Público e da Defensoria Pública da União, bem como normas gerais para a organização do Ministério Público e da Defensoria Pública dos Estados, do Distrito Federal e dos Territórios;
>
> (...)"

Dessa forma, combinando o art. 61, § 1º, II, "d", da CF/88 com o disposto no art. 128, § 5º, também da CF/88, a conclusão natural seria a de que as leis complementares que organizam os Ministérios Públicos (tanto o da União quanto os Estaduais) são de iniciativa "privativa" tanto do próprio Ministério Público (por meio do Procurador-Geral da República ou do Procurador-Geral de Justiça) quanto do respectivo Chefe do Executivo (o Presidente da República ou o Governador), tratando-se, portanto, de uma **iniciativa legislativa concorrente** entre eles.

E isso chegou a ser dito expressamente pela Ministra Cármen Lúcia nas **ADIs 5281 e 5324** (julgadas em 12/05/2021), ajuizadas contra norma da Constituição do Estado de Rondônia resultante de emenda constitucional de iniciativa parlamentar que tratou das atribuições do Procurador-Geral de Justiça.

Em seu voto, a Ministra, relatora dessas ações citou a doutrina de Hugo Nigro Mazzilli explicando a **iniciativa concorrente para as leis complementares disciplinadoras do Ministério Público.** Veja:

> "(...)
>
> Nesse sentido, Hugo Nigro Mazzilli pondera:
>
> "Leis complementares da União e dos Estados, cuja iniciativa agora também é facultada aos respectivos procuradores-gerais, estabelecerão a organização, as atribuições e o estatuto de cada Ministério Público (CF, art. 61, caput, e 128, § 5º). Não se esqueça de que cabe ao Presidente da República a iniciativa exclusiva da lei de organização do Ministério Público da União e da lei que fixará normas gerais para a organização do Ministério da União e da lei que fixará normas gerais para a organização do Ministério Público dos Estados, do Distrito Federal e Territórios (art. 61, § 1º, II, d). É preciso vencer a contradição, até certo ponto apenas aparente, entre esses dispositivos.
>
> O procurador-geral da República terá a iniciativa de leis na forma e nos casos previstos na Constituição de 1988 (art. 61, caput); pelo princípio da simetria, os procuradores-gerais de justiça dos Estados também terão a iniciativa de leis, nas hipóteses correspondentes. Haverá uma lei federal, de iniciativa do presidente da República, que estabelecerá: a) a organização do Ministério Público da União (art. 61, § 1º, II, d); b) normas gerais de organização do Ministério Público dos Estados e do Distrito Federal e Territórios (art. 61, § 1º, II, d, segunda parte). **Na União,** haverá ainda uma lei complementar, cuja iniciativa é facultada ao procurador-geral da República (e, portanto, é de **iniciativa concorrente do presidente da República**), que estabelecerá a organização, as atribuições e o estatuto do Ministério Público da União (art. 128, § 5º). **Nos Estados**, haverá leis complementares, de iniciativa facultada aos seus procuradores-gerais (e, igualmente, de **iniciativa**

> **concorrente dos governadores**), que farão o mesmo com os Ministérios Públicos locais (ainda o art. 128, § 5º). Ora, a iniciativa presidencial exclusiva é reservada para uma lei nacional que fixará apenas as normas gerais de organização do Ministério Público dos Estados, do Distrito Federal e Territórios. Assim, leis complementares da União e dos Estados, cuja iniciativa é facultada aos respectivos procuradores gerais, minudenciarão a organização, as atribuições e o estatuto de cada Ministério Público, obedecidas as normas gerais fixadas na lei federal. (...)" (O Ministério Público na Constituição de 1988. São Paulo: Saraiva, 1989, p. 73-75). (...)" **(trecho do voto da Min. Cármen Lúcia nas ADIs 5281 e 5324, j. 12/05/2021)**

Porém, em 2022, houve uma alteração na jurisprudência do Supremo Tribunal Federal sobre o tema, o que ocorreu na **ADI 400**, julgada em 21/06/2022. Nessa ação, foi "ressuscitado" um entendimento que anteriormente havia sido proposto pelo Min. Alexandre de Moraes e acolhido pelo STF na ADI 4142, julgada em 19/12/2019.

O que mudou a partir do julgamento da ADI 400?

Em relação à disciplina do **Ministério Público no âmbito federal** (isto é, quanto ao Ministério Público da União), nada mudou, de modo que a iniciativa legislativa para tratar da sua organização continua sendo **concorrente entre o Presidente da República e o Procurador-Geral da República**.

Isso porque a CF/88 prevê, de forma específica e expressa, no art. 61, § 1º, II, "d", que o Presidente da República possui iniciativa para as leis que organizam o MPU.

Logo, tendo em vista que a mesma CF/88 também confere ao PGR a iniciativa legislativa para as normas de organização do Ministério Público da União (art. 128, § 5º), a conclusão a que chegou o STF foi a de que, em relação ao MPU, de fato, a iniciativa legislativa para as normas que disciplinam a sua organização é concorrente entre o Presidente da República e o Procurador-Geral da República.

Ocorre que, segundo ficou decidido nesse julgamento, a concorrência entre o Chefe do Executivo e o Chefe do Ministério Público é uma **excepcionalidade que se verifica apenas no âmbito federal**, não se reproduzindo no âmbito dos Estados.

Em outras palavras: na **ADI 400**, o que o Supremo Tribunal Federal decidiu foi que a disposição do art. 61, § 1º, II, "d", da CF/88 que estabelece ter o Presidente da República iniciativa legislativa para as normas que organizam o Ministério Público da União **não é de reprodução obrigatória**, de modo que, no âmbito dos Estados, o Governador não possui iniciativa para as leis que tratam da organização do respectivo Ministério Público.

Portanto, segundo decidiu o STF, em âmbito Estadual, a iniciativa legislativa para as normas que disciplinam a organização do Ministério Público é **exclusiva do respectivo Procurador-Geral de Justiça**.

Nos exatos termos da tese fixada pela Corte, *"a atribuição de iniciativa privativa ao Governador do Estado para leis que disponham sobre a organização do Ministério Público estadual contraria o modelo delineado pela Constituição Federal nos arts. 61, § 1º, II, d, e 128, § 5º"*.

Resumindo, **segundo a atual jurisprudência do STF:**

I) No **âmbito federal**, as normas que disciplinam a organização do Ministério Público (que, no caso, é o MPU) são de **iniciativa legislativa concorrente** entre o Presidente da República e o Procurador-Geral da República.

II) No **âmbito estadual**, as normas que disciplinam a organização do Ministério Público (que, no caso, é o Ministério Público do Estado) são de **iniciativa legislativa exclusiva** do respectivo Procurador-Geral de Justiça.

■ EMENDA CONSTITUCIONAL ESTADUAL PODE DISPOR SOBRE A ORGANIZAÇÃO DO MINISTÉRIO PÚBLICO LOCAL?

Nas **ADIs 5281 e 5324** (julgadas em 12/05/2021), houve a impugnação de norma da Constituição do Estado de Rondônia resultante de emenda constitucional de iniciativa parlamentar que tratou das atribuições do Procurador-Geral de Justiça, ampliando-as.

O Supremo Tribunal Federal, ao julgar essas ações, esclareceu que uma norma desse teor trata, em última análise, da própria organização do Ministério Público, e que esse tema (organização do Ministério Público) não pode ser disciplinado em normas inseridas nas Constituições Estaduais, pois, quando isso ocorre, tem-se uma usurpação da prerrogativa constitucional do Ministério Público de, através do seu chefe, iniciar o processo legislativo sobre a sua organização, bem como uma ofensa à autonomia e independência do órgão.

Isso porque o Ministério Público não possui iniciativa para emendas constitucionais, de modo que, caso as normas relativas à sua organização sejam veiculadas em emendas à Constituição, o processo legislativo terá necessariamente sido iniciado por outro órgão ou autoridade. Não é por outro motivo, aliás, que, conforme vimos, a Constituição Federal estabelece expressamente que essa matéria deve ser objeto de lei (mais precisamente, de lei complementar), e não de emenda constitucional.

Nessa linha de raciocínio, o Tribunal vislumbrou que a norma impugnada nessas ações (que era uma **emenda constitucional estadual de iniciativa parlamentar**), ao ampliar atribuições do Procurador-Geral de Justiça, intrometeu-se no campo da definição das normas gerais de organização dos Ministérios Públicos Estaduais (que, como vimos, devem ser veiculadas em lei federal de iniciativa do Presidente da República, que é a Lei 8.625/93), bem como no âmbito de atuação da lei complementar estadual disciplinadora do Ministério Público local.

Conforme a Min. Cármen Lúcia (relatora do caso) registrou no seu voto:

> *"na Emenda Constitucional n. 94/2015 à Constituição de Rondônia, pela qual acrescentado o parágrafo único ao art. 99, alargaram-se as atribuições previstas no inc. III do art. 29 da Lei n. 8.625/1993, reproduzidas no inc. II, item 15, do art. 45 da Lei Complementar rondoniense n. 93/1993.*
>
> *Constata-se, assim, a* ***usurpação da competência reservada ao Procurador-Geral de Justiça, subtraindo-se do domínio conferido à lei complementar estadual a disciplina das atribuições dos membros do Ministério Público*** *e a edição de legislação contraposta à legislação nacional pela qual se regula o tema".*

A ementa desse julgamento, que se deu por unanimidade, foi redigida nos seguintes termos:

> "(...) 2. As leis complementares estaduais, pelas quais se estabelecem a organização, atribuições e estatuto dos respectivos Ministérios Públicos são de iniciativa do Procurador-Geral de Justiça do Estado e devem observar o regramento geral definido pelas normas gerais previstas na Lei Orgânica Nacional do Ministério Público, de iniciativa privativa do Presidente da República (al. d do inc. II do § 1º do art. 61 e § 5º do art. 128 da Constituição da República). 3. Na Emenda Constitucional n. 94/2015 à Constituição de Rondônia, pela qual acrescentado o parágrafo único ao art. 99, **elasteceram-se as atribuições previstas no inc. III do art. 29 da Lei n. 8.625/1993**, reproduzidas no inc. II, item 15, do art. 45 da Lei Complementar rondoniense n. 93/1993. 4. É formalmente inconstitucional a norma impugnada, pois **usurpada iniciativa reservada pela Constituição da República ao chefe do Poder Executivo** para tratar sobre normas gerais à organização do Ministério Público e versada sobre **matéria reservada à lei complementar de iniciativa do chefe do Ministério Público estadual**. Precedentes. 5. A **usurpação da competência de iniciativa legislativa** conferida ao chefe do Ministério Público pela Constituição da República **ofende a autonomia e a independência desse órgão**, asseguradas pelo § 2º do art. 127 e pelo § 5º do art. 128 da Constituição da República. (...)" **(ADIs 5281 e 5324, Pleno, Rel. Min. CÁRMEN LÚCIA, j. 12/05/2021)**

■ LEI DE INICIATIVA PARLAMENTAR PODE CRIAR NOVAS ATRIBUIÇÕES PARA MEMBROS DO MINISTÉRIO PÚBLICO?

Na **ADI 5351**, julgada em 21/06/2021, o Supremo Tribunal Federal declarou a **inconstitucionalidade** de dispositivos da Lei 10.001/2000 (de iniciativa parlamentar) que estabeleceram a obrigação de o membro do Ministério Público, uma vez recebido o relatório de conclusão de uma comissão parlamentar de inquérito, adotar determinadas providências e informar o Poder Legislativo sobre o andamento delas, sob pena de se sujeitar a sanções administrativas, civis e penais.

Segundo entendeu o Tribunal, como o processo legislativo do qual se originou essa lei teve **iniciativa parlamentar**, as normas em questão são formalmente inconstitucionais por vício de iniciativa, já que, por criarem novas atribuições para os Membros do Ministério Público, consubstanciam disposições sobre organização e funcionamento desse órgão, tema de iniciativa legislativa do próprio Ministério Público e do Chefe do Poder Executivo, conforme vimos (lembrando que, também conforme vimos, em âmbito estadual, a lei que organiza o Ministério Público, segundo o STF, é de iniciativa exclusiva do respectivo Procurador-Geral de Justiça).

Portanto, segundo decidiu o STF na **ADI 5351, lei de iniciativa parlamentar não pode criar novas atribuições para membros do Ministério Público**, tendo em vista que uma norma desse teor trata, em última análise, da organização e funcionamento do MP, o que é de iniciativa legislativa do próprio órgão (com o detalhe de que, em âmbito federal, a iniciativa legislativa para esse tema também é conferida ao Presidente da República).

Nessa mesma ação também foi impugnada uma disposição da Lei 10.001/2000 que estabeleceu a prioridade de tramitação para os procedimentos administrativos e judiciais instaurados pelo Ministério Público em decorrência das conclusões das comissões parlamentares de inquérito. Essa norma foi declarada constitucional pelo Tribunal, pois, além de se tratar de medida que atende a razoabilidade e a proporcionalidade (já que promove o interesse público e homenageia a fiscalização exercida pelo Poder Legislativo), é tema de competência legislativa privativa da União (art. 22, I, CF/88) e não é de iniciativa do Ministério Público ou do Poder Executivo.

Confira a ementa desse julgado:

> "(...) CAPUT E PARÁGRAFO ÚNICO DO ART. 2º E ART. 4º DA LEI FEDERAL N. 10.001/2000. (...) **PROPOSIÇÃO DE ORIGEM PARLAMENTAR. VÍCIO DE INICIATIVA.** (...) 1. Há novas atribuições ao Ministério Público ao estabelecer-se a obrigação de comunicar o órgão, semestralmente, o andamento processual dos procedimentos administrativos ou judiciais instaurados em decorrência das conclusões das Comissões Parlamentares de Inquérito (parágrafo único do art. 2º da Lei federal n. 10.001/2000), bem como que preste informações em trinta dias a respeito das providências adotadas ou justifique a omissão (caput do art. 2º da Lei federal n. 10.001/2000), sob pena de "sanções administrativas, civis e penais" (art. 4º da Lei federal n. 10.001/2000). 2. **É formalmente inconstitucional a norma impugnada, pois usurpada iniciativa reservada pela Constituição da República ao chefe do Poder Executivo para tratar sobre normas gerais à organização do Ministério Público e versada sobre matéria reservada à lei complementar de iniciativa do chefe do Ministério Público estadual.** Precedentes. 3. A usurpação da competência de iniciativa legislativa conferida ao chefe do Ministério Público pela Constituição da República **ofende a autonomia e a independência desse órgão, asseguradas pelo § 2º do art. 127 e pelo § 5º do art. 128 da Constituição da República.** 4. O estabelecimento de hipóteses de **prioridade de tramitação processual insere-se entre as atribuições legislativas da União** (inc. I do art. 22 da Constituição da República). 5. **Não viola a proporcionalidade ou razoabilidade a opção do legislador de priorizar a tramitação** de procedimentos administrativos ou judiciais que derivem de apurações das Comissões Parlamentares de Inquérito, considerando o interesse público atingido e a deferência constitucional ao poder fiscalizatório do Congresso Nacional (inc. X do art. 49 da Constituição da República). (...)" **(ADI 5351, Pleno, Rel. Min. CÁRMEN LÚCIA, j. 21/06/2021)**

▸ LEI ESTADUAL PODE DEFINIR CRITÉRIOS DE REMOÇÃO E PERMUTA DE MEMBROS DO MINISTÉRIO PÚBLICO DIVERSOS DOS PREVISTOS NA LEI ORGÂNICA NACIONAL DO MINISTÉRIO PÚBLICO?

Como vimos, no âmbito estadual, o Ministério Público é regido por dois tipos de normas:

I) As normas gerais **editadas pela União**, que são veiculadas em lei de iniciativa privativa do Presidente da República, conforme prevê o art. 61, § 1º, II, "d", da CF/88. Essa lei existe e é a Lei 8.625/93, intitulada de Lei Orgânica Nacional do Ministério Público (LONMP).

II) As normas locais específicas de organização de cada Ministério Público estadual, que são veiculadas em **lei complementar estadual** (conforme prevê o art. 128, § 5º, da CF/88), cuja iniciativa estudaremos no próximo tópico.

Apenas para relembrar o teor dessas disposições da Constituição Federal, veja o texto de cada uma delas:

> "**Art. 61, § 1º, CF/88.** São de iniciativa privativa do Presidente da República as leis que:
>
> (...)
>
> II - disponham sobre:
>
> (...)
>
> d) organização do Ministério Público e da Defensoria Pública da União, bem como **normas gerais para a organização do Ministério Público e da Defensoria Pública dos Estados, do Distrito Federal e dos Territórios**;
>
> (...)"
>
> "**Art. 128, § 5º, CF/88.** Leis complementares da União e dos Estados, cuja iniciativa é facultada aos respectivos Procuradores-Gerais, estabelecerão **a organização, as atribuições e o estatuto de cada Ministério Público**, observadas, relativamente a seus membros:
>
> (...)"

A respeito desses dois tipos de normas, o Supremo Tribunal Federal enfrentou, na **ADI 6328** (j. 16/08/2022), a seguinte questão: a lei estadual que organiza o Ministério Público local pode estabelecer critérios de remoção e permuta dos membros da carreira diversos dos previstos na legislação federal de normas gerais (isto é, diversos dos previstos na LONMP)?

A Corte decidiu que não.

Segundo o STF, as leis estaduais que organizam os Ministérios Públicos dos Estados não podem estabelecer critérios de movimentação funcional (como remoção e permuta) diversos dos previstos na lei federal de normas gerais (que, como vimos, é a Lei 8.625/93), pois, ao fazerem isso, invadem a competência da União para legislar sobre normas gerais de organização dos Ministérios Públicos dos Estados.

No caso julgado pela Corte, foi impugnada uma lei do Estado de Goiás que previa a possibilidade de remoção interna de membros do Ministério Público sem a necessidade de publicação de edital informando a carreira sobre a abertura da vaga e com a adoção da antiguidade na comarca como critério de desempate (ou de "preferência") para se decidir qual membro da carreira ficaria com a vaga. A LONMP, por sua vez, exige a publicação de edital pelo Conselho Superior do respectivo Ministério Público informando a carreira sobre a vaga aberta e não prevê a antiguidade na comarca como critério para remoção.

Por isso, a lei estadual impugnada violou, a um só tempo, **(I)** a **competência da União** para fixar as normas gerais de organização dos Ministérios Públicos dos Estados (ao estabelecer formalidades e critérios para a remoção de membros da carreira diversos dos previstos na legislação federal) e **(II)** os princípios da **isonomia e impessoalidade** (ao dar preferência a membros da carreira lotados em determinada comarca, em detrimento de outros membros da carreira de mesmo nível funcional lotados em outra comarca).

A lei impugnada previu, ainda, a possibilidade de haver movimentação funcional de membros do Ministério Público por **permuta temporária**, isto é, permuta com prazo de eficácia, ao fim do qual, os envolvidos retornariam à situação anterior. A LONMP, por sua vez, não prevê permuta temporária, mas apenas definitiva. O prazo que a LONMP estabelece em relação à permuta é tão somente um intervalo mínimo de tempo (mais precisamente, de dois anos) a ser observado para que o integrante da carreira possa apresentar novo pedido de permuta.

Novamente, portanto, a norma estadual impugnada dispôs sobre a movimentação funcional dos membros do Ministério Público em desconformidade com o previsto na legislação federal de normas gerais, violando, assim, a competência da União para tratar da matéria.

Além disso, segundo decidiu o STF, as disposições impugnadas violaram as regras da CF/88 que impõem a **observância dos critérios de antiguidade e merecimento na progressão e movimentação funcional de magistrados** (art. 93, II e VIII-A), regras essas que **também se aplicam aos membros do Ministério Público**, por determinação expressa do art. 129, § 4º, da CF/88.

"**Art. 93, CF/88.** Lei complementar, de iniciativa do Supremo Tribunal Federal, disporá sobre o Estatuto da Magistratura, observados os seguintes princípios:

(...)

II - promoção de entrância para entrância, alternadamente, por antigüidade e merecimento, atendidas as seguintes normas:

a) é obrigatória a promoção do juiz que figure por três vezes consecutivas ou cinco alternadas em lista de merecimento;

b) a promoção por merecimento pressupõe dois anos de exercício na respectiva entrância e integrar o juiz a primeira quinta parte da lista de antigüidade desta, salvo se não houver com tais requisitos quem aceite o lugar vago;

c) aferição do merecimento conforme o desempenho e pelos critérios objetivos de produtividade e presteza no exercício da jurisdição e pela freqüência e aproveitamento em cursos oficiais ou reconhecidos de aperfeiçoamento;

d) na apuração de antigüidade, o tribunal somente poderá recusar o juiz mais antigo pelo voto fundamentado de dois terços de seus membros, conforme procedimento próprio, e assegurada ampla defesa, repetindo-se a votação até fixar-se a indicação;

e) não será promovido o juiz que, injustificadamente, retiver autos em seu poder além do prazo legal, não podendo devolvê-los ao cartório sem o devido despacho ou decisão;

(...)

VIII-A - a remoção a pedido de magistrados de comarca de igual entrância atenderá, no que couber, ao disposto nas alíneas "a", "b", "c" e "e" do inciso II do caput deste artigo e no art. 94 desta Constituição; **(Redação dada pela EC 130/2023)**

(...)"

"**Art. 129, § 4º, CF/88.** Aplica-se ao Ministério Público, no que couber, o disposto no art. 93."

Confira o teor da ementa desse julgamento:

> "(...) ARTS. 167-A E 169-A DA LEI ORGÂNICA DO MINISTÉRIO PÚBLICO DO ESTADO DE GOIÁS. **REMOÇÃO INTERNA E PERMUTA TEMPORÁRIA. MODALIDADES DE PROVIMENTO DERIVADO EM DESCONFORMIDADE COM A LONMP.** ART. 128, § 5°, E AO ART. 129, §4°, COMBINADO COM O ART. 93, II E VIII-A, CF. PROCEDÊNCIA. 1. O Ministério Público da União e os Ministérios Públicos dos Estados **são disciplinados por leis complementares próprias**, cuja iniciativa é facultada aos respectivos Procuradores-Gerais, as quais estabelecem a organização, as atribuições e o estatuto de cada Ministério Público (art. 128, § 5º, da CF), **respeitadas as normas gerais editadas pela União sobre organização dos Ministérios Públicos** (art. 61, § 1º, II, "d", da CF). 2. A Lei Orgânica do Ministério Público do Estado de Goiás previu a figura da remoção interna, como procedimento anterior à remoção tratada nos art. 62 e 63 da LONMP, estabelecendo critério de antiguidade do membro do Ministério Público na comarca do cargo vago, tendo, assim, criado **modalidade de provimento de cargo que inova no ordenamento em desconformidade com a norma geral, além de violar os princípios da isonomia e da impessoalidade**. 3. O legislador local também se afastou do modelo nacional de movimentação funcional das carreiras do Ministério Público ao prever a possibilidade de remoção por permuta temporária, uma vez que **o art. 64 da LONMP trata da remoção por permuta em caráter definitivo**, incorrendo em inconstitucionalidade também quanto a esse aspecto. (...)" **(ADI 6328, Pleno, Rel. Min. ALEXANDRE DE MORAES, j. 16/08/2022)**

Esse entendimento, inclusive, chegou a ser posteriormente **reiterado pelo STF**, como ocorreu na **ADI 7283** (j. 03/05/2023).

Nessa ação, foi impugnada uma lei estadual (mais precisamente, uma lei do Estado de Minas Gerais) que estabelecia o tempo de serviço público no respectivo Estado e o número de filhos do interessado (sim, o número de filhos) como critérios de desempate para aferição da antiguidade do membro do Ministério Público local para fins de promoção e de remoção.

Julgando o caso, o STF mais uma vez esclareceu que a definição das normas gerais de organização dos Ministérios Públicos dos Estados é de **competência legislativa da União**, mediante iniciativa legislativa do Presidente da República, conforme prevê o art. 61, § 1º, II, "d", da CF/88. Essa competência da União já foi exercida, tendo resultado na Lei 8.625/93 (a LONMP – Lei Orgânica Nacional do Ministério Público), que não prevê o tempo de serviço público nem o número de filhos como critérios de desempate na aferição da antiguidade de membros dos Ministérios Públicos estaduais para fins de promoção ou remoção.

Além disso, o STF registrou que utilizar o tempo de serviço público e o número de filhos do do membro do Ministério Público como critérios de desempate na aferição da antiguidade viola a isonomia, pois esses critérios não têm relação com o cargo desempenhado, de modo que acabam criando tratamentos desiguais entre membros da mesma carreira sem uma justificativa constitucionalmente legítima.

Portanto, segundo o STF, as leis estaduais de organização dos Ministérios Públicos dos Estados não podem divergir da Lei Orgânica Nacional do Ministério Público quanto aos critérios para movimentação funcional (como remoção e permuta) dos membros da carreira.

Essa mesma linha de raciocínio, inclusive, foi utilizada pelo Supremo Tribunal Federal também em relação aos critérios de promoção e remoção dos **membros da Defensoria Pública**.

Na **ADI 7317** (j. 03/05/2023), foi impugnada uma lei estadual (mais precisamente, uma lei do Estado do Rio Grande do Sul) que estabelecia o tempo de serviço público em geral e o tempo de serviço público no respectivo Estado como critérios de desempate na aferição da antiguidade para fins de promoção e remoção na carreira de Defensor Público estadual.

O STF decidiu que a definição das normas gerais de organização das Defensorias Públicas dos Estados é de **competência legislativa da União**, por meio de lei complementar de iniciativa legislativa do Presidente da República, nos termos dos arts. 61, § 1º, II, "d", 93 e 134, §§ 1º e 4º, da CF/88. Essa competência da União já foi exercida, tendo resultado na Lei Complementar 80/94, que não prevê o tempo de serviço público em geral nem o tempo de serviço público no respectivo Estado como critérios de desempate na aferição da antiguidade de membros das Defensorias Públicas estaduais para fins de promoção ou remoção.

E, assim como decidiu em relação ao Ministério Público, o STF registrou que utilizar o tempo de serviço público (em geral ou no respectivo ente federado) como critério de desempate na aferição da antiguidade viola a isonomia, pois esse critério não tem relação com o cargo desempenhado, de modo que acaba criando tratamentos desiguais entre membros da mesma carreira sem uma justificativa constitucionalmente legítima.

Por esses motivos, segundo o STF, **não apenas no Ministério Público, mas também na Defensoria Pública**, é inconstitucional a utilização do tempo de serviço público (e do número de filhos do membro da carreira) como critério de desempate na aferição da antiguidade para fins de remoção e promoção na carreira, por **violação ao princípio da isonomia**. Além disso, quando esse critério é previsto em lei estadual, também se verifica uma inconstitucionalidade formal orgânica, por **violação da competência legislativa da União** para tratar da matéria. Esse entendimento, inclusive, **também é aplicado pelo STF em relação à magistratura**, como vimos no capítulo sobre o Poder Judiciário.

■ "QUARENTENA" PARA INGRESSO NA CARREIRA

Nos termos do art. 129, § 2º, da CF/88, as funções do Ministério Público apenas podem ser exercidas por integrantes da carreira, que devem residir na própria comarca em que atuam, salvo autorização do chefe da instituição.

> "**Art. 129, § 2º, CF/88.** As funções do Ministério Público só podem ser exercidas por integrantes da carreira, que deverão residir na comarca da respectiva lotação, salvo autorização do chefe da instituição."

O ingresso na carreira, por sua vez, ocorre por meio de aprovação em concurso público de provas e títulos com a participação da OAB em todas as suas fases, inclusive, na apreciação de eventuais recursos endereçados à banca examinadora, conforme consta do **Enunciado nº 11 do CNMP**:

> "**Art. 1º** É obrigatória a **participação da Ordem dos Advogados do Brasil em todas as fases de concurso para ingresso no Ministério Público**, inclusive na apreciação de eventuais recursos apreciados pela respectiva banca, **sob pena de nulidade de todas as fases posteriores à comprovada ausência de participação**.
>
> **Art. 2º** O enunciado terá aplicação a partir de sua publicação.
>
> Brasília-DF, 13 de dezembro de 2016."

Para o ingresso na carreira do Ministério Público, assim como ocorre com o ingresso na magistratura (art. 93, I, CF/88), há um requisito constitucional que se convencionou chamar de "quarentena de entrada". Essa "quarentena" consiste na exigência de que o candidato ao cargo (que deve ser bacharel em direito) possua pelo menos **03 (três) anos de atividade jurídica**, conforme previsto no art. 129, § 3º, da CF/88.

> "**Art. 129, § 3º, CF/88.** O ingresso na carreira do Ministério Público far-se-á mediante concurso público de provas e títulos, assegurada a **participação da Ordem dos Advogados do Brasil em sua realização**, exigindo-se do bacharel em direito, no mínimo, **três anos de atividade jurídica** e observando-se, nas nomeações, a ordem de classificação."

Uma importante questão que já foi objeto de análise pelo STF e pelo Conselho Nacional do Ministério Público (CNMP) é a seguinte: **o preenchimento do requisito de 03 (três) anos de atividade jurídica deve ser comprovado em que momento?** Somente na posse? Ou seria necessária essa comprovação antes mesmo do momento da investidura no cargo?

No que diz respeito ao cargos públicos em geral, a jurisprudência é tranquila no sentido de que os requisitos para a investidura somente precisam ser comprovados no momento da posse, conforme consta da Súmula 266 do STJ (*"O diploma ou habilitação legal para o exercício do cargo deve ser exigido na posse e não na inscrição para o concurso público."*). **Porém**, em relação ao requisito da "quarentena de entrada" para investidura no cargo de membro do Ministério Público, o Supremo Tribunal Federal firmou o entendimento de que deve ser comprovado por ocasião da **inscrição definitiva no concurso**.

E esse entendimento se aplica tanto para o concurso de ingresso no Ministério Público quanto para o concurso de ingresso na magistratura (na verdade, essas duas carreiras recebem tratamento semelhante em diversas questões, e não apenas em relação à "quarentena de entrada").

Por exemplo, na **ADI 3460** (julgada em 31/08/2006), o STF afirmou que *"os três anos de atividade jurídica contam-se da data da conclusão do curso de Direito e o fraseado "atividade jurídica" é significante de atividade para cujo desempenho se faz imprescindível a conclusão de curso de bacharelado em Direito. O momento da comprovação desses requisitos deve ocorrer na data da inscrição no concurso, de molde a promover maior segurança jurídica tanto da sociedade quanto dos candidatos"*.

E no **RE 655265** (julgado em 13/04/2016), a Corte, reafirmando sua jurisprudência, registrou que *"a exigência de comprovação, no momento da inscrição definitiva (e não na posse), do triênio de atividade jurídica privativa de bacharel em Direito como condição de ingresso nas carreiras da magistratura e do ministério público (arts. 93, I e*

129, §3º, CRFB - na redação da Emenda Constitucional n. 45/2004) foi declarada constitucional pelo STF na ADI 3.460. (...) Mantidas as premissas fáticas e normativas que nortearam aquele julgamento, reafirmam-se as conclusões (ratio decidendi) da Corte na referida ação declaratória".

Esse recurso foi julgado na sistemática de repercussão geral (Tema nº 509), e a tese fixada foi a seguinte: *"a comprovação do triênio de atividade jurídica exigida para o ingresso no cargo de juiz substituto, nos termos do inciso I do art. 93 da Constituição Federal, deve ocorrer no momento da inscrição definitiva no concurso público"*.

▶ Cursos de pós-graduação podem ser considerados atividade jurídica para os fins da "quarentena de entrada"?

Na ADI 4219, foi questionada a constitucionalidade dos dispositivos das Resoluções 11/2006 do CNJ e 29/2008 do CNMP que permitiam computar cursos de pós-graduação em Direito como atividade jurídica para fins de ingresso no Ministério Público e na magistratura.

Ao julgar a ação (em 05/08/2020), o Supremo Tribunal Federal reconheceu a validade das normas impugnadas, admitindo, portanto, que cursos de pós-graduação em Direito sejam considerados atividade jurídica para o atendimento do requisito constitucional da "quarentena de entrada", pois o fato de se tratar de uma atividade teórica não contraria a Constituição, que não exige que a atividade jurídica para tal finalidade seja exclusivamente prática, mas apenas que se trate de uma atividade desempenhada após a conclusão da graduação em Direito e que tenha esta como pressuposto.

Logo, nada impede, segundo entendeu a Corte, que o CNMP e o CNJ, no exercício do seu poder normativo, editem normas regulamentando a exigência constitucional do triênio de atividade jurídica, permitindo que cursos de pós-graduação na área jurídica sejam computados para esse fim.

Nas palavras do Tribunal, *"o sintagma "atividade jurídica", constante do art. 129, §3º, da Constituição da República, não estabelece hierarquia entre as formas prática e teórica de aquisição de conhecimento, exigindo apenas atividade que suceda o curso de direito e o pressuponha como condição de possibilidade. (...) Em sua função regulamentadora, o Conselho Nacional do Ministério Público está autorizado a densificar o comando constitucional de exigência de atividade jurídica com cursos de pós-graduação"*.

▶ A criação de programa de estágio de pós-graduação no âmbito do Ministério Público viola a exigência constitucional do concurso público?

Como vimos, a Constituição Federal exige prévia aprovação em concurso público para ingresso em carreira do Ministério Público (art. 129, § 3º), bem como para investidura nos demais cargos existentes no órgão (caso em que se aplica a regra geral do concurso público prevista no art. 37, II).

Foi nesse contexto que, **na ADI 5477** (julgada em 29/03/2021), houve a impugnação de lei do Estado do Rio Grande do Norte que criou programa de estágio de pós-graduação (comumente conhecido como "residência jurídica") no âmbito do

Ministério Público Estadual. A norma em questão deu a esse programa o nome de "MP Residente".

A alegação apresentada pelo legitimado ativo foi a de que a norma impugnada violaria a regra constitucional do concurso público e invadiria a competência privativa da União para legislar sobre direito do trabalho (art. 22, I, CF/88), já que teria criado hipótese de admissão de pessoal no serviço público sem observar essas balizas da Constituição Federal.

O STF, ao julgar a ação, rejeitou tais alegações e declarou a **constitucionalidade** da lei, por entender que a norma não confere aos participantes do "MP Residente" atribuições próprias de empregos públicos ou de cargos efetivos (ou mesmo vitalícios), não tendo havido, portanto, violação à exigência constitucional de prévia aprovação em concurso público para acesso a cargos e empregos públicos (art. 37, II, CF/88). Além disso, por exigir aprovação em processo seletivo para ingresso no programa, a lei observou os princípios norteadores da administração pública, em especial, a impessoalidade, a moralidade e a eficiência.

A Corte esclareceu, ainda, que, nos termos em que foi editada, a lei impugnada, seguindo critérios nacionais para programas de estágio, exigiu do participante a matrícula regular em instituição de ensino, a celebração de termo de compromisso e a limitação de jornada supervisionada em 30 (trinta) horas semanais. Tudo isso mostra que o programa de estágio em questão foi estruturado de maneira a se compatibilizar com os estudos dos estagiários e que ele consubstancia uma atividade educativa e complementar ao ensino prestado por cursos de pós-graduação, com o objetivo de integrar os alunos ao ambiente profissional do Ministério Público e de proporcionar a aplicação prática do conteúdo teórico assimilado nas aulas. Trata-se, portanto, de uma norma que disciplina o direito à educação, que é tema de competência legislativa concorrente (art. 24, IX, CF/88), não se tratando de direito do trabalho, este sim de competência legislativa privativa da União (art. 22, I, CF/88).

ESTRUTURA DO MINISTÉRIO PÚBLICO NA CF/88

Quando estudamos o Poder Judiciário, vimos que, apesar do seu caráter unitário, ele é estruturado em diversas Justiças, havendo na Constituição Federal a previsão da Justiça Estadual, da Justiça Federal, da Justiça do Trabalho etc. Em relação ao Ministério Público, também se verifica a existência de uma estrutura organizacional com diferentes órgãos, inclusive, órgãos "comuns" (que atuam na "justiça comum") e órgãos "especializados" (que atuam na "justiça especializada").

Como, então, está organizado o Ministério Público na CF/88?

Isso é tratado no art. 128 da Constituição Federal, que prevê o Ministério Público da União (MPU) e o Ministério Público dos Estados. O MPU, por sua vez, compreende o Ministério Público Federal (MPF), o Ministério Público do Trabalho (MPT), o Ministério Público Militar (MPM) e o Ministério Público do Distrito Federal e Territórios (MPDFT). Veja:

> "**Art. 128, CF/88.** O Ministério Público abrange:
>
> **I -** o Ministério Público da União, que compreende:

> a) o Ministério Público Federal;
>
> b) o Ministério Público do Trabalho;
>
> c) o Ministério Público Militar;
>
> d) o Ministério Público do Distrito Federal e Territórios;
>
> **II** - os Ministérios Públicos dos Estados."

Algumas observações devem ser feitas de imediato.

Primeiramente, note que o Ministério Público Militar é uma carreira do Ministério Público na esfera federal e tem atuação apenas perante a Justiça Militar Federal, não atuando perante a Justiça Militar Estadual, na qual, é o Ministério Público Estadual que exerce suas atribuições.

Além disso, não obstante o semelhante tratamento jurídico-constitucional existente entre os Estados e o Distrito Federal, o Ministério Público do Distrito Federal (e Territórios) foi afastado da esfera estadual e inserido no MPU, o que se deve ao fato de ser organizado e mantido pela União, nos termos do art. 21, XIII, da CF/88.

> "**Art. 21, CF/88.** Compete à União:
>
> (...)
>
> **XIII** - organizar e manter o Poder Judiciário, o Ministério Público do Distrito Federal e dos Territórios e a Defensoria Pública dos Territórios;"

■ MINISTÉRIO PÚBLICO ELEITORAL

Ao tratarmos, acima, da estrutura do Ministério Público na Constituição Federal, não fizemos menção ao Ministério Público Eleitoral. E o motivo é muito simples: não há referência, na CF/88, ao Ministério Público Eleitoral.

Na verdade, o que ocorre é que o Ministério Público Eleitoral **não possui estrutura própria**, ele tem uma **formação mista**: é composto, em parte, por membros do MPU (em sua maioria, membros do MPF, à exceção do PGR, que, em tese, pode ser escolhido dentre integrantes de qualquer carreira do MPU) e, em parte, por membros do Ministério Público Estadual. A tabela abaixo ilustra isso de forma esquematizada:

MINISTÉRIO PÚBLICO ELEITORAL (ARTS. 73 A 79, LC 75/93)		
ÓRGÃO	**ORIGEM**	**GRAU DE JURISDIÇÃO EM QUE ATUA**
Procurador-Geral Eleitoral (é o Procurador-Geral da República)	O PGR pode ser escolhido dentre membros de qualquer das carreiras do MPU, mas, na prática, tem sempre sido escolhido entre membros do Ministério Público Federal.	Tribunal Superior Eleitoral

MINISTÉRIO PÚBLICO ELEITORAL (ARTS. 73 A 79, LC 75/93)		
ÓRGÃO	**ORIGEM**	**GRAU DE JURISDIÇÃO EM QUE ATUA**
Vice-Procurador-Geral Eleitoral (é designado pelo Procurador-Geral Eleitoral dentre os Subprocuradores-Gerais da República)	Ministério Público Federal	Tribunal Superior Eleitoral
Procuradores Regionais Eleitorais (são designados pelo Procurador-Geral Eleitoral dentre Procuradores Regionais da República)	Ministério Público Federal	Tribunais Regionais Eleitorais Juízes auxiliares designados pelos TREs para apreciação de reclamações e representações que lhes sejam dirigidas (art. 96, § 3º, da Lei 9.504/97)
Promotores eleitorais	Ministério Público Estadual	Juízes Eleitorais Juntas Eleitorais

Lei Complementar 75/93

"**Art. 73.** O Procurador-Geral Eleitoral é o Procurador-Geral da República.

Parágrafo único. O Procurador-Geral Eleitoral designará, dentre os Subprocuradores-Gerais da República, o Vice-Procurador-Geral Eleitoral, que o substituirá em seus impedimentos e exercerá o cargo em caso de vacância, até o provimento definitivo.

Art. 74. Compete ao Procurador-Geral Eleitoral exercer as funções do Ministério Público nas causas de competência do Tribunal Superior Eleitoral.

Parágrafo único. Além do Vice-Procurador-Geral Eleitoral, o Procurador-Geral poderá designar, por necessidade de serviço, membros do Ministério Público Federal para oficiarem, com sua aprovação, perante o Tribunal Superior Eleitoral.

Art. 75. Incumbe ao Procurador-Geral Eleitoral:

I - designar o Procurador Regional Eleitoral em cada Estado e no Distrito Federal;

II - acompanhar os procedimentos do Corregedor-Geral Eleitoral;

III - dirimir conflitos de atribuições;

IV - requisitar servidores da União e de suas autarquias, quando o exigir a necessidade do serviço, sem prejuízo dos direitos e vantagens inerentes ao exercício de seus cargos ou empregos.

Art. 76. O Procurador Regional Eleitoral, juntamente com o seu substituto, será designado pelo Procurador-Geral Eleitoral, dentre os Procuradores Regionais da República no Estado e no Distrito Federal, ou, onde não houver, dentre os Procuradores da República vitalícios, para um mandato de dois anos.

§ 1º O Procurador Regional Eleitoral poderá ser reconduzido uma vez.

§ 2º O Procurador Regional Eleitoral poderá ser destituído, antes do término do mandato, por iniciativa do Procurador-Geral Eleitoral, anuindo a maioria absoluta do Conselho Superior do Ministério Público Federal.

Art. 77. Compete ao Procurador Regional Eleitoral exercer as funções do Ministério Público nas causas de competência do Tribunal Regional Eleitoral respectivo, além de dirigir, no Estado, as atividades do setor.

Parágrafo único. O Procurador-Geral Eleitoral poderá designar, por necessidade de serviço, outros membros do Ministério Público Federal para oficiar, sob a coordenação do Procurador Regional, perante os Tribunais Regionais Eleitorais.

Art. 78. As funções eleitorais do Ministério Público Federal perante os Juízes e Juntas Eleitorais serão exercidas pelo Promotor Eleitoral.

Art. 79. O Promotor Eleitoral será o membro do Ministério Público local que oficie junto ao Juízo incumbido do serviço eleitoral de cada Zona.

Parágrafo único. Na inexistência de Promotor que oficie perante a Zona Eleitoral, ou havendo impedimento ou recusa justificada, o Chefe do Ministério Público local indicará ao Procurador Regional Eleitoral o substituto a ser designado."

Não estando o Ministério Público Eleitoral previsto na CF/88 e sendo ele composto por membros do MPU e do Ministério Público Estadual, fica a pergunta: **a função eleitoral do MP é de natureza federal ou estadual?** De uma leitura da LC 75/93, resta evidente a natureza federal do MP Eleitoral, pois esse diploma legal prevê que:

I) O Ministério Público **Federal** exercerá suas funções nas causas de competência dos Tribunais e Juízes Eleitorais (art. 37, I, LC 75/93);

II) Cabe ao Ministério Público **Federal** o exercício das funções do Ministério Público perante a Justiça Eleitoral, atuando em todas as fases e instâncias do processo eleitoral (art. 72, LC 75/93);

III) O Promotor Eleitoral, nos termos do art. 79 da LC 75/93, será o membro do Ministério Público local que naturalmente atue perante o juízo incumbido do serviço eleitoral, mas que, na falta dele, haverá indicação, pelo Chefe do MP local, de um substituto a ser designado pelo Procurador Regional Eleitoral (que, como vimos, é integrante do MPF), de modo que fica claro que, quando o Promotor de Justiça atua como órgão eleitoral, faz isso na qualidade de Ministério Público **Federal**.

"**Art. 37, LC 75/93.** O Ministério Público Federal exercerá as suas funções:

I - nas causas de competência do Supremo Tribunal Federal, do Superior Tribunal de Justiça, dos Tribunais Regionais Federais e dos Juízes Federais, **e dos Tribunais e Juízes Eleitorais**; (...)"

"**Art. 72.** Compete ao Ministério Público Federal exercer, no que couber, junto à Justiça Eleitoral, as funções do Ministério Público, atuando em todas as fases e instâncias do processo eleitoral."

"**Art. 79.** O Promotor Eleitoral será o membro do Ministério Público local que oficie junto ao Juízo incumbido do serviço eleitoral de cada Zona.

Parágrafo único. Na inexistência de Promotor que oficie perante a Zona Eleitoral, ou havendo impedimento ou recusa justificada, o Chefe do Ministério Público local indicará ao Procurador Regional Eleitoral o substituto a ser designado."

PROCURADOR-GERAL DA REPÚBLICA

Quem é e o que faz o Procurador-Geral da República?

O Procurador-Geral da República (PGR) é o chefe do Ministério Público da **União**, além de ser, também, o chefe do MPF, como prevê o art. 45 da LC 75/93. A sua escolha é feita pelo Presidente da República, dentre membros do MPU maiores de 35 (trinta e cinco) anos, sendo sua nomeação condicionada à aprovação pela maioria absoluta do Senado Federal, para exercer mandato de 02 (dois) anos, com a possibilidade de ser reconduzido ao cargo de forma ilimitada (evidentemente, a cada recondução, é necessário haver nova aprovação do Senado). É o que consta do art. 128, § 1º, da CF/88:

> "**Art. 128, § 1º, CF/88** O Ministério Público da União tem por chefe o Procurador-Geral da República, nomeado pelo Presidente da República dentre integrantes da carreira, maiores de trinta e cinco anos, após a aprovação de seu nome pela maioria absoluta dos membros do Senado Federal, para mandato de dois anos, permitida a recondução."

Ficou bastante conhecida a chamada "lista tríplice" apresentada ao Presidente da República para a escolha do PGR dentre os nomes nela indicados. Essa lista, no entanto, não está prevista na CF/88, sendo uma criação costumeira da Associação Nacional dos Procuradores da República (ANPR). Esse costume teve início no ano 2001, mas, por não estar previsto no ordenamento jurídico, nunca vinculou a escolha do Presidente da República.

É curioso notar que, apesar de o PGR ser o chefe do Ministério Público da **União**, a lista tríplice promovida pela ANPR vem contemplando apenas Procuradores da República (que são integrantes do Ministério Público Federal apenas), deixando de fora, portanto, os membros das demais carreiras do MPU, que, naturalmente, criticam essa medida excludente.

O PGR, uma vez investido no cargo, pode ser destituído pelo próprio Presidente da República, mas não de forma livre. Para isso, é necessário que haja prévia autorização da maioria absoluta do Senado Federal, conforme prevê o art. 128, § 2º, da CF/88. Aqui há uma diferença em relação ao regime constitucional anterior à CF/88: antes, tanto a nomeação quanto a exoneração do PGR pelo Presidente da República eram livres, mas, a partir da CF/88, que trouxe um cenário de maior desvinculação do Ministério Público em relação aos Poderes da República, tanto a nomeação quanto a destituição do PGR dependem de aprovação da maioria absoluta do Senado Federal.

> "**Art. 128, § 2º, CF/88** A destituição do Procurador-Geral da República, por iniciativa do Presidente da República, deverá ser precedida de autorização da maioria absoluta do Senado Federal."

PROCURADOR-GERAL DE JUSTIÇA DOS ESTADOS E DO DISTRITO FEDERAL E TERRITÓRIOS

O Procurador-Geral de Justiça (PGJ) é o chefe do Ministério Público Estadual e do Ministério Público do Distrito Federal e Territórios. Assim, em cada Estado e no Distrito Federal e Territórios haverá um Procurador-Geral de Justiça chefiando o respectivo MP.

O procedimento de escolha do PGJ é diferente do que a CF/88 prevê em relação ao PGR.

Nos Estados e no DFT, há a formação de uma lista tríplice composta de nomes escolhidos dentre integrantes da carreira, na forma prevista na respectiva lei local do MP (no caso do MPDFT, essa lei é a LC 75/93). Uma vez formada a lista tríplice, a escolha do PGJ será feita pelo Chefe do Executivo, que para os Estados é o Governador e para o Distrito Federal e Territórios é o Presidente da República, já que, nos termos dos arts. 21, XIII, e 22, XVII, da CF/88, é a União que organiza e mantém o MPDFT.

O PGJ tem mandato de 02 (dois) anos, sendo permitida a sua recondução, mas, diferentemente do que ocorre em relação ao PGR (que pode ser reconduzido ilimitadamente), a recondução do PGJ só pode ocorrer uma única vez.

Tudo isso está previsto no art. 128, § 3º, da CF/88:

> "**Art. 128, § 3º, CF/88** Os Ministérios Públicos dos Estados e o do Distrito Federal e Territórios formarão lista tríplice dentre integrantes da carreira, na forma da lei respectiva, para escolha de seu Procurador-Geral, que será nomeado pelo Chefe do Poder Executivo, para mandato de dois anos, permitida uma recondução."

Em relação à definição dos critérios para a formação da lista tríplice prévia à escolha do Procurador-Geral de Justiça, tendo em vista que o Ministério Público possui a prerrogativa da iniciativa das proposições legislativas acerca de sua organização, os mencionados critérios apenas podem ser definidos em lei complementar decorrente de proposta apresentada pelo próprio Ministério Público (art. 128, §§ 3º e 5º, CF/88), não podendo, nem mesmo, ser disciplinados em Emenda à Constituição Estadual.

É que o Ministério Público não possui legitimidade para iniciar o processo de aprovação de Emenda Constitucional, de modo que permitir o tratamento da matéria por meio dessa espécie normativa equivaleria a suprimir sua prerrogativa para, autonomamente, apresentar a proposição legislativa sobre o tema. Nesse sentido, já se manifestou o Supremo Tribunal Federal na **ADI 5171**, julgada em 30/08/2019:

> "(...) 1. **O Ministério Público é o titular da iniciativa de projeto de lei que organiza, institui atribuições e estabelece a estrutura da carreira, dispondo também sobre a forma de eleição, de composição da lista tríplice e de escolha do Procurador-Geral de Justiça**, na forma do artigo 128, §§ 3º e 5º, da Constituição Federal, observados os limites traçados pelo texto constitucional e pela legislação orgânica nacional (Lei 8.625/1993). (...) 3. **A lei orgânica do Ministério Público é a via legislativa apta a definir os membros da carreira elegíveis para o cargo de Procurador-Geral de Justiça.** 4. Consectariamente, **a emenda constitucional de iniciativa parlamentar, ao dispor sobre a data para a realização da eleição, para a formação de lista tríplice para o cargo de Procurador-Geral de Justiça, viola as disposições do artigo 128, § 3º e 5º, da Constituição Federal**, que exige lei complementar estadual de iniciativa daquela autoridade. (...)" **(ADI 5171/AP; Relator(a): Min. LUIZ FUX; J. 30/08/2019; Pleno)**

Há a **necessidade de aprovação** da escolha do PGJ pelo Poder Legislativo, tal qual ocorre com o PGR? **Não**, pois a CF/88, no seu art. 128, § 3º, traz como única exigência a formação de lista tríplice de acordo com a lei respectiva para escolha de um dos nomes pelo Chefe do Executivo. Inclusive, assim já decidiu o Supremo Tribunal Federal:

"(...) 1. **A Constituição Federal de 1988 não prevê a participação do Poder Legislativo estadual no processo de escolha do chefe do Ministério Público, de modo que não podem a Constituição Estadual e a legislação infraconstitucional exigir tal participação parlamentar.** Salvo em tema de destituição do Procurador-Geral de Justiça, porque, agora sim, a Magna Carta condiciona tal desinvestidura forçada à aprovação do Poder Legislativo, pela maioria absoluta dos respectivos membros. (...) **(ADI 3727/RN; Relator(a): Min. AYRES BRITTO; J. 12/05/2010; Pleno)**

Esse entendimento foi reiterado pelo STF no julgamento (em 21/12/2020) da medida cautelar requerida na **ADI 6608**, oportunidade em que a Corte afirmou a *"inconstitucionalidade de normas que sujeitam a escolha do Chefe do Ministério Público estadual à aprovação das Assembleias Legislativas"*.

E a **destituição** do PGJ? Ela é possível? **Sim**, mas também aqui há diferença em relação ao PGR.

Nos termos do art. 128, § 4º, da CF/88, o PGJ pode ser destituído, mas o ato de destituição não será do Chefe do Executivo, e sim da própria Assembleia Legislativa local, mediante deliberação da maioria absoluta de seus membros, na forma prevista na lei orgânica do respectivo MP. Conforme vimos acima, em relação ao PGR, a destituição é ato do próprio Presidente da República, mas depende de prévia autorização da maioria absoluta do Senado Federal.

"**Art. 128, § 4º, CF/88** Os Procuradores-Gerais nos Estados e no Distrito Federal e Territórios poderão ser destituídos por deliberação da maioria absoluta do Poder Legislativo, na forma da lei complementar respectiva."

Aqui, é necessário ter **cuidado** com um detalhe: o art. 128, § 4º, da CF/88, prevê que a destituição do PGJ se dará por ato do Poder Legislativo respectivo. Em relação ao MP Estadual, não há dúvida alguma de que esse ato é da Assembleia Legislativa local. Porém, em relação ao MPDFT, esse ato é do **Senado Federal**, e não da Câmara Legislativa do DF, conforme prevê a LC 75/93, em seu art. 156, § 2º, norma essa que decorre naturalmente da vinculação constitucional do MPDFT à União.

"**Art. 155, LC 75/93.** O Procurador-Geral de Justiça é o Chefe do Ministério Público do Distrito Federal e Territórios.

Art. 156, LC 75/93. O Procurador-Geral de Justiça será nomeado pelo Presidente da República dentre integrantes de lista tríplice elaborada pelo Colégio de Procuradores e Promotores de Justiça, para mandato de dois anos, permitida uma recondução, precedida de nova lista tríplice.

§ 1º Concorrerão à lista tríplice os membros do Ministério Público do Distrito Federal com mais de cinco anos de exercício nas funções da carreira e que não tenham sofrido, nos últimos quatro anos, qualquer condenação definitiva ou não estejam respondendo a processo penal ou administrativo.

§ 2º O Procurador-Geral **poderá ser destituído, antes do término do mandato, por deliberação da maioria absoluta do Senado Federal**, mediante representação do Presidente da República."

Houve ainda outra questão decidida pelo Supremo Tribunal Federal acerca do mandato do Procurador-Geral de Justiça: se houver vacância antes do término do biênio do mandato, o novo PGJ irá tão somente concluir o período já iniciado (exercendo um "mandato tampão") ou irá cumprir um novo período completo de 02 (dois) anos? Segundo o STF, como o art. 128, § 3º, da CF/88 fixa em 02 (dois) anos o mandato do PGJ, **é inconstitucional norma que estabeleça que, em caso de vacância do cargo antes do término do biênio, o novo Procurador-Geral de Justiça se limita a concluir o período anteriormente iniciado.**

Confira o seguinte julgado nesse sentido:

> "(...) **é inconstitucional a previsão em lei estadual de que, vago o cargo de Procurador Geral no curso do biênio, o provimento se faça para completar o período interrompido e não para iniciar outro de dois anos**: implicações da previsão de que a nomeação se faça sempre para o tempo certo de um biênio com a mecânica das garantias da independência do Chefe do Ministério Público: (...)" **(ADI 1783/BA; Relator(a): Min. SEPÚLVEDA PERTENCE; J. 11/10/2001; Pleno)**

▶ Norma estadual pode impor ao Procurador-Geral de Justiça o dever de prestar informações à Assembleia Legislativa?

Na **ADI 5289**, julgada em 08/06/2021, o Supremo Tribunal Federal analisou a constitucionalidade de norma da Constituição do Estado de São Paulo que previa a possibilidade de a Assembleia Legislativa requisitar informações do Procurador-Geral de Justiça e que, caso a requisição não fosse atendida ou fossem prestadas informações falsas, ficaria caracterizado crime de responsabilidade.

Ao julgar a ação, o Supremo Tribunal Federal declarou a inconstitucionalidade dessa norma, tendo em vista que ela amplia a lista de autoridades sujeitas à fiscalização do Poder Legislativo prevista no art. 50 da CF/88, dispositivo que, segundo decidiu o STF, submete-se à **simetria constitucional**, ou seja, é de observância obrigatória.

O art. 50 da CF/88 prevê, em seu *caput*, que os agentes públicos que podem ser convocados pelas Casas do Congresso Nacional para prestar informações são os Ministros de Estado e outros agentes subordinados diretamente ao Presidente da República. O § 2º desse mesmo artigo, por sua vez, estabelece que o Legislativo tem a prerrogativa de pedir informações escritas a essas mesmas autoridades, sob pena de, não sendo atendido o pedido ou sendo prestadas informações falsas, ficar caracterizado crime de responsabilidade.

Confira o teor do texto constitucional:

> "**Art. 50, CF/88.** A Câmara dos Deputados e o Senado Federal, ou qualquer de suas Comissões, poderão convocar Ministro de Estado ou quaisquer titulares de órgãos diretamente subordinados à Presidência da República para prestarem, pessoalmente, informações sobre assunto previamente determinado, importando crime de responsabilidade a ausência sem justificação adequada.
>
> **§ 1º** Os Ministros de Estado poderão comparecer ao Senado Federal, à Câmara dos Deputados, ou a qualquer de suas Comissões, por sua iniciativa e

> mediante entendimentos com a Mesa respectiva, para expor assunto de relevância de seu Ministério.
>
> **§ 2º** As Mesas da Câmara dos Deputados e do Senado Federal poderão encaminhar pedidos escritos de informações a Ministros de Estado ou a qualquer das pessoas referidas no caput deste artigo, importando em crime de responsabilidade a recusa, ou o não - atendimento, no prazo de trinta dias, bem como a prestação de informações falsas."

Tendo em vista que, segundo decidiu o STF, o modelo do art. 50 da CF/88 é de observância obrigatória nas demais esferas federativas, norma estadual (ainda que prevista na Constituição do Estado) não pode ampliar a lista de autoridades sujeitas ao poder fiscalizatório do Legislativo estabelecido nesse dispositivo.

Portanto, é inconstitucional norma estadual que preveja a possibilidade de a Assembleia Legislativa requisitar informações ao Procurador-Geral de Justiça e estabeleça que o não atendimento dessa requisição ou a prestação de informações falsas caracteriza crime de responsabilidade. Isso porque no art. 50 da CF/88 não há previsão de sujeição do Procurador-Geral da República (que, em âmbito federal, é o equivalente do Procurador-Geral de Justiça) à ação fiscalizatória do Congresso Nacional.

Em outras palavras: norma editada por Estado-membro não pode criar um rol de agentes públicos estaduais sujeitos à Assembleia Legislativa maior do que o rol de agentes públicos federais sujeitos ao Congresso Nacional, de modo que, em âmbito estadual, os agentes sujeitos à fiscalização da Assembleia Legislativa devem corresponder aos agentes que, em âmbito federal, estão sujeitos à fiscalização do Congresso Nacional nos termos do art. 50 da CF/88. Como consequência, os agentes públicos que as Assembleias Legislativas podem convocar são os Secretários de Estado e outros agentes subordinados diretamente ao Governador do Estado, pois são eles os equivalentes estaduais aos Ministros de Estado e aos demais agentes subordinados diretamente ao Presidente da República.

Além disso, a norma impugnada, ao prever que o não atendimento da requisição de informações ou a prestação de informações falsas caracteriza crime de responsabilidade, usurpou a competência privativa da União para, com fundamento no art. 22, I, da CF/88, legislar sobre crimes de responsabilidade e seu processo e julgamento, conforme prevê a Súmula Vinculante nº 46, segundo a qual, *"a definição dos crimes de responsabilidade e o estabelecimento das respectivas normas de processo e julgamento são da competência legislativa privativa da União"*.

■ PROCURADOR-GERAL DO TRABALHO, PROCURADOR-GERAL DA JUSTIÇA MILITAR E PROCURADOR-GERAL ELEITORAL

Para facilitar e tendo em vista o que há de relevante a tratar sobre esses cargos, o tema será abordado no quadro esquematizado abaixo:

	ATRIBUIÇÕES	QUEM É	ESCOLHA
PROCURADOR-GERAL DO TRABALHO	É o Chefe do Ministério Público do Trabalho (art. 87, LC 75/93).	É um integrante do MPT com mais de 35 (trinta e cinco) anos de idade e mais de 05 (cinco) anos de carreira. Caso não haja número suficiente de membros com o tempo de carreira exigido, poderá concorrer à lista quem contar com mais de 02 (dois) anos de "casa" (art. 88, LC 75/93).	É escolhido pelo Procurador-Geral da República dentre indicados em lista tríplice elaborada por voto plurinominal, facultativo e secreto do Colégio de Procuradores do Trabalho, para mandato de 02 (dois) anos, admitida uma única recondução, hipótese em que o procedimento de escolha deve ser novamente observado. É possível que o PGT seja exonerado (pelo PGR) antes do término do seu mandato, mediante proposta do Conselho Superior do MPT resultante de deliberação de dois terços de seus membros através de voto secreto (art. 88, LC 75/93).
PROCURADOR-GERAL DA JUSTIÇA MILITAR	É o Chefe do Ministério Público Militar (art. 120, LC 75/93). A LC 75/93 rotulou o cargo como Procurador-Geral da **Justiça** Militar, apesar de o órgão que ele comanda ser o Ministério Público **Militar** (sem "Justiça").	É um integrante do MPM com mais de 35 (trinta e cinco) anos de idade e mais de 05 (cinco) anos de carreira. Caso não haja número suficiente de membros com o tempo de carreira exigido, poderá concorrer à lista quem contar com mais de 02 (dois) anos de "casa" (art. 121, LC 75/93).	É escolhido pelo Procurador-Geral da República dentre indicados em lista tríplice elaborada por voto plurinominal, facultativo e secreto do Colégio de Procuradores da Justiça Militar, para mandato de 02 (dois) anos, admitida uma única recondução, hipótese em que o procedimento de escolha deve ser novamente observado. É possível que o PGJM seja exonerado (pelo PGR) antes do término do seu mandato, mediante proposta do Conselho Superior do MPM resultante de deliberação de dois terços de seus membros através de voto secreto (art. 121, LC 75/93).
PROCURADOR-GERAL ELEITORAL	É o integrante do Ministério Público que exerce as atribuições do MP nas causas de competência do TSE (art. 74, LC 75/93).	Necessariamente, o Procurador-Geral da República será o Procurador-Geral Eleitoral (art. 73, LC 75/93).	Conforme vimos, necessariamente, o Procurador-Geral da República será o Procurador-Geral Eleitoral (art. 73, LC 75/93).

■ CONFLITO DE ATRIBUIÇÕES ENTRE ÓRGÃOS DO MINISTÉRIO PÚBLICO

Houve um caso que gerou bastante repercussão ao ser decidido pelo Supremo Tribunal Federal, envolvendo um conflito negativo de atribuições entre um Ministério

Público Estadual e o Ministério Público Federal em que se discutia qual desses órgãos teria a atribuição para apurar uma determinada infração penal (um afirmava caber ao outro a apuração).

Até então, havia o entendimento no STF (ACO 889, PET 3528, ACO 853, PET 3631) de que essa questão deveria ser decidida pelo próprio Supremo Tribunal Federal, haja vista consubstanciar um conflito entre diferentes entes da Federação (a União de um lado e um Estado de outro). Esse posicionamento se fundamentava no art. 102, I, "f", da CF/88:

> "**Art. 102, CF/88.** Compete ao Supremo Tribunal Federal, precipuamente, a guarda da Constituição, cabendo-lhe:
>
> **I** - processar e julgar, originariamente:
>
> (...)
>
> **f)** as causas e os conflitos entre a União e os Estados, a União e o Distrito Federal, ou entre uns e outros, inclusive as respectivas entidades da administração indireta;"

Ocorre que, ao ser provocado a decidir o conflito de atribuições suscitado no bojo da **ACO 1.567**, o STF, julgando **questão de ordem** (em 17/08/2011), modificou o seu entendimento (e é por isso que esse tema ganhou maior importância, inclusive, em provas de direito constitucional) e fixou a tese de que caberia ao Procurador-Geral da República apreciar conflitos de atribuição entre órgãos do Ministério Público.

Essa decisão foi alvo de fortes críticas no sentido de sua inconstitucionalidade, porque, além de não haver feito distinção alguma entre Ministério Público Estadual e Ministério Público Federal, afrontou a autonomia dos MPs dos Estados, colocando-os em situação de subordinação institucional ao PGR, que, conforme vimos, é chefe do Ministério Público da **União**, e não dos Estados.

Porém, na **ACO 843** (julgada em 08/06/2020), o Supremo Tribunal Federal, considerando as críticas no sentido de que os Ministérios Públicos Estaduais não se encontram submetidos ao Ministério Público da União (nem tampouco, portanto, ao Procurador-Geral da República), **modificou novamente o seu entendimento** e decidiu que a competência para apreciar os conflitos de atribuições entre Ministérios Públicos de diferentes entidades federativas é do Conselho Nacional do Ministério Público (CNMP), o que faz sentido, já que o CNMP é órgão incumbido do controle administrativo do Ministério Público e o conflito de atribuições tem caráter administrativo.

Nessa oportunidade, o STF, além de se fundamentar no princípio da unidade (do qual decorre a existência de chefia própria em cada carreira do Ministério Público, sem subordinação de uma a outra), aproveitou para esclarecer que, como o conflito de atribuições entre Ministérios Públicos de diferentes entidades federativas não tem potencial para desequilibrar o pacto federativo, o caso não atrai a competência do Supremo Tribunal Federal prevista no art. 102, I, "f", da CF/88.

A ementa do acórdão ficou redigida nos seguintes termos:

> "(...) 1. **Incompetência originária do SUPREMO TRIBUNAL** FEDERAL para conhecer e dirimir conflito de atribuições entre membros de ramos diversos do

Ministério Público. Inaplicabilidade do art. 102, I, f, da CF, por **ausência de risco ao equilíbrio federativo**. 2. **Impossibilidade de encaminhamento do conflito de atribuição para o Procurador-Geral da República**, enquanto autoridade competente, pois é parte interessada na solução da demanda administrativa, uma vez que acumula a Chefia do Ministério Público da União com a chefia de um de seus ramos, o Ministério Público Federal, nos termos da LC 75/1993. 3. **Os membros do Ministério Público integram um só órgão sob a direção única de um só Procurador-Geral**, ressalvando-se, porém, que só existem unidade e indivisibilidade dentro de cada Ministério Público, **inexistindo qualquer relação de hierarquia entre o Ministério Público Federal e os dos Estados, entre o de um Estado e o de outro, ou entre os diversos ramos do Ministério Público da União**. 4. (...) A **solução de conflitos de atribuições entre ramos diversos dos Ministérios Públicos pelo CNMP**, nos termos do artigo 130-A, § 2º, e incisos I e II, da Constituição Federal e no exercício do controle da atuação administrativa do Parquet, é a mais adequada, pois reforça o mandamento constitucional que lhe atribuiu o controle da legalidade das ações administrativas dos membros e órgãos dos diversos ramos ministeriais, sem ingressar ou ferir a independência funcional. (...)" **(ACO 843/SP; Relator(a): Min. MARCO AURÉLIO; Redator(a) do acórdão: Min. ALEXANDRE DE MORAES; J. 08/06/2020; Pleno)**

PRINCÍPIOS INSTITUCIONAIS DO MINISTÉRIO PÚBLICO

Quando os concursos apresentam questões sobre o Ministério Público, é comum aparecer o tema dos princípios institucionais, principalmente, em provas de primeira fase.

Os princípios institucionais do Ministério Público estão previstos no art. 127, § 1º, da CF/88 e são os seguintes: unidade, indivisibilidade e independência funcional.

> "**Art. 127, CF/88.** O Ministério Público é instituição permanente, essencial à função jurisdicional do Estado, incumbindo-lhe a defesa da ordem jurídica, do regime democrático e dos interesses sociais e individuais indisponíveis.
>
> **§ 1º - São princípios institucionais do Ministério Público a unidade, a indivisibilidade e a independência funcional.**
>
> (...)"

■ UNIDADE

A unidade significa que o Ministério Público é uma instituição única. Em outras palavras: o fato de o MP apresentar divisões internas não faz com que haja diferentes Ministérios Públicos dentro do Ministério Público. Assim, por exemplo, se no Ministério Público do Estado de São Paulo houver uma Promotoria da Infância, uma Promotoria da Família, uma Promotoria de Crimes Cibernéticos etc., isso não irá significar a existência de um Ministério Público de São Paulo para cada Promotoria.

E corrobora isso o fato de que em cada carreira do Ministério Público há um só chefe, ao qual toda a estrutura do órgão está submetida: o Procurador-Geral de Justiça é o Chefe do Ministério Público Estadual, o Procurador-Geral do Trabalho é o Chefe do MPT, o Procurador-Geral da República é o Chefe do MPU etc.

Inclusive, a partir do que foi dito acima, é possível perceber que a unidade se refere a cada órgão, não sendo possível falar em unidade entre MPU e os Ministérios Públicos Estaduais nem tampouco entre as carreiras integrantes do MPU (cada uma delas possui chefia própria).

Esses aspectos foram abordados pelo STF na **ADPF 482** (j.03/03/2020), na qual se debateu o seguinte: **é constitucional a permuta entre membros de diferentes Ministérios Públicos?**

No caso, o ato impugnado foi um acórdão do CNMP que permitiu a remoção, por permuta nacional, entre membros dos Ministérios Públicos dos Estados e do Distrito Federal e Territórios. E o Supremo Tribunal Federal acolheu a ADPF, decidindo ser inconstitucional o ato em questão, por ofender a regra do concurso público (art. 37, II, CF/88) e o princípio da unidade do Ministério Público.

No que diz respeito ao princípio da unidade do MP, o STF esclareceu, conforme vimos acima, que esse princípio significa que os membros do Ministério Público integram um só órgão sob a direção única de um só Procurador-Geral. Em outras palavras, para cada Procurador-Geral, existe um único Ministério Público sob seu comando, e Ministérios Públicos sob diferentes chefias não se misturam. Logo, não há unidade entre diferentes carreiras do Ministério Público.

Já em relação ao desrespeito à exigência constitucional de concurso público (o que, aliás, é uma decorrência lógica da constatação de que o princípio da unidade se verifica isoladamente para cada carreira do Ministério Público submetida a uma chefia própria), a Suprema Corte registrou que a permuta nacional entre membros de diferentes Ministérios Públicos equivale à transferência, que é a forma de provimento que permite ao servidor investir-se em cargo pertencente a carreira diversa aquela para a qual obteve aprovação em concurso público, o que burla a regra do concurso público, conforme, inclusive, consta da Súmula Vinculante nº 43, segundo a qual, *"é inconstitucional toda modalidade de provimento que propicie ao servidor investir-se, sem prévia aprovação em concurso público destinado ao seu provimento, em cargo que não integra a carreira na qual anteriormente investido"*.

Portanto, segundo decidiu o STF na ADPF 482, é inconstitucional a permuta nacional entre membros de diferentes Ministérios Públicos.

Confira a ementa dada a esse julgado:

> "(...) 2. **Por força do princípio da unidade do Ministério Público (art. 127, § 1º, da CF), os membros do Ministério Público integram um só órgão sob a direção única de um só Procurador-Geral.** Só existe unidade dentro de cada Ministério Público, não havendo unidade entre o Ministério Público de um Estado e o de outro, nem entre esses e os diversos ramos do Ministério Público da União. 3. **A remoção, por permuta nacional, entre membros do Ministério Público dos Estados e entre esses e membros do Ministério Público do Distrito Federal e Territórios**, admitida na decisão impugnada, **equivale à transferência**, ou seja, forma de ingresso em carreira diversa daquela para a qual o servidor público ingressou por concurso, vedada pelo art. 37, II, da Constituição Federal e pela Súmula Vinculante 43 (...)" **(ADPF 482/DF; Relator(a): Min. ALEXANDRE DE MORAES; J. 03/03/2020; Pleno)**

Esse entendimento, inclusive, foi posteriormente reiterado pelo Supremo Tribunal Federal na **ADI 6780** (j. 04/09/2023), na qual o STF decidiu que *"o caráter nacional do Ministério Público, considerado o regramento de observância obrigatória por todos os seus órgãos – Ministérios Públicos da União, dos Estados e do Distrito Federal – e respectivos membros,* ***não se confunde com a existência de um único Ministério Público dos Estados****, pois isso configuraria violação da forma federativa adotada pelo constituinte originário e da autonomia dos entes estaduais (CF, arts. 1º, 25 e 60, § 4º, I). (...)* ***Inexistindo carreira única****, comum a todos os Ministérios Públicos, da União, dos Estados e do Distrito Federal,* ***a remoção por permuta nacional entre membros do Ministério Público dos Estados e entre esses e os do Ministério Público do Distrito Federal e Territórios constitui forma de ingresso em cargo diverso daquele para o qual aprovado o servidor em concurso público de provas e títulos****, em inobservância ao disposto no art. 37, II, da Constituição Federal e ao enunciado vinculante n. 43 da Súmula"*.

Houve, no entanto, mudança nesse cenário com a edição da **EC 130/2023**, a partir da qual o entendimento que vimos acima **parece não ser mais aplicável**.

Isso porque a EC 130/2023 incluiu na CF/88 a possibilidade de, na magistratura, Juízes (e Desembargadores) de diferentes tribunais realizarem permuta entre si, desde que pertencentes ao mesmo ramo de justiça (portanto, para que magistrados vinculados a diferentes tribunais possam realizar permuta entre si, é necessário que os tribunais que eles integram sejam pertencentes à mesma "justiça", como é o caso de juízes vinculados a diferentes Tribunais de Justiça, que são tribunais da Justiça Comum Estadual).

A previsão dessa permuta foi incluída no texto da CF/88 em seu art. 93, mais precisamente, no inciso VIII-B desse artigo, o qual restringe essa possibilidade às Justiças Estadual, Federal e do Trabalho (o que, pelo menos pela literalidade do texto constitucional, exclui os ramos da Justiça Eleitoral e da Justiça Militar).

O art. 93 da CF/88 se refere apenas ao Poder Judiciário, e não ao Ministério Público. No entanto, o art. 129, § 4º, da CF/88 estabelece que o art. 93 da CF/88 se aplica ao Ministério Público no que couber, de modo que, desde a EC 130/2023, passou a ser possível a permuta entre membros de diferentes Ministérios Públicos, desde que dentro do mesmo "ramo" do MP. Além disso, essa permuta, tal qual ocorre no Poder Judiciário, apenas é possível nos Ministérios Públicos Estadual (e do Distrito Federal, naturalmente), Federal e do Trabalho.

Veja o teor dos arts. 93, VIII-B, e 129, § 4º, da CF/88:

> "**Art. 93, CF/88.** Lei complementar, de iniciativa do Supremo Tribunal Federal, disporá sobre o Estatuto da Magistratura, observados os seguintes princípios:
>
> (...)
>
> VIII-A - a remoção a pedido de magistrados de comarca de igual entrância atenderá, no que couber, ao disposto nas alíneas "a", "b", "c" e "e" do inciso II do caput deste artigo e no art. 94 desta Constituição; **(Redação dada pela EC 130/2023)**
>
> VIII-B - a permuta de magistrados de comarca de igual entrância, quando for o caso, e dentro do mesmo segmento de justiça, inclusive entre os juízes de segundo grau, vinculados a diferentes tribunais, na esfera da justiça estadual, federal ou do trabalho, atenderá, no que couber, ao disposto nas alíneas "a",

"b", "c" e "e" do inciso II do caput deste artigo e no art. 94 desta Constituição; **(Incluído pela EC 130/2023)**

(...)"

"Art. 129, § 4º, CF/88. Aplica-se ao Ministério Público, no que couber, o disposto no art. 93."

INDIVISIBILIDADE

O princípio da indivisibilidade é uma **decorrência lógica do princípio da unidade**.

Segundo a indivisibilidade, é possível que um membro do Ministério Público substitua outro e exerça as funções deste, sem que haja qualquer repercussão prática. Isso ocorre porque os atos de um Promotor ou de um Procurador são atribuídos à instituição Ministério Público, e não à pessoa do seu membro.

INDEPENDÊNCIA FUNCIONAL

De forma bem simples, a independência funcional é a **autonomia de convicção** que os integrantes do Ministério Público possuem.

Assim, os Promotores e Procuradores do MP, no exercício de suas funções, não se submetem a nenhum poder hierárquico, podendo atuar (ou deixar de atuar) da maneira que melhor entenderem.

A hierarquia existente no âmbito do Ministério Público se limita às questões de caráter administrativo, sendo ela exercida pelo Chefe da Instituição, mas nunca alcança as questões do exercício das atribuições dos membros da carreira.

Nesse contexto, é importante ter em mente que, conforme decidiu o STF na **ADI 5505** (julgada em 15/04/2020), o princípio da independência funcional não afasta a necessidade de que os membros do Ministério Público atuem de acordo com os limites e com a distribuição de atribuições estabelecidos em lei.

Essa ação teve como objeto a Lei Orgânica do Ministério Público do Estado do Rio Grande do Norte, e, nas palavras da Corte, *"**a independência funcional do órgão do Ministério Público é exercida dentro das atribuições fixadas na lei**, mercê de a atuação do Parquet se dar, institucionalmente, de forma organizada e hierarquizada, uma vez que **seus agentes exercem as respectivas funções sob determinadas regras e limites impostos pela estrutura interna do organismo**. (...) **Os princípios da independência funcional e do promotor natural não podem ser invocados, via de regra, para invalidar a distribuição de atribuições efetuada pela lei**, sob pena de desconsideração dos princípios institucionais da unidade e da indivisibilidade do Parquet. (...) In casu, o artigo 22, XLI e LV, da Lei Complementar 141/1996 do Estado do Rio Grande do Norte (Lei Orgânica do Ministério Público estadual), que **atribui ao Procurador-Geral de Justiça a competência para interpor recursos ao Supremo Tribunal Federal e ao Superior Tribunal de Justiça e neles oficiar**, e o artigo 38, V, da referida Lei, que **atribui aos Procuradores de Justiça a incumbência de encaminhar acórdãos, no prazo de vinte e quatro horas, ao Procurador-Geral de Justiça, com manifestação pela conveniência da interposição do recurso devido**, não padecem de inconstitucionalidade* *formal ou material, uma vez que (i) não há incompatibilidade entre os dispositivos estaduais e as normas gerais delineadas na Lei federal 8.625/1993; (ii) o processo legislativo que originou a norma foi deflagrado pelo Procurador-Geral de Justiça; (iii)* ***não se cogita de vulneração aos princípios do promotor natural e da independência funcional, eis que se trata de mera divisão de atribuições dentro do Ministério Público estadual, veiculada por meio de lei, a qual não possibilita a ingerência do Procurador-Geral de Justiça nas atividades dos Procuradores de Justiça, que conservam plena autonomia no exercício de seus misteres legais****"*.

ATUAÇÃO AUTÔNOMA DO MINISTÉRIO PÚBLICO ESTADUAL PERANTE O STF (E O STJ)

Considerando que o art. 46 da LC 75/93 prevê que *"incumbe ao Procurador-Geral da República exercer as funções do Ministério Público junto ao Supremo Tribunal Federal, manifestando-se previamente em todos os processos de sua competência"*, **pode o Ministério Público Estadual atuar de forma autônoma (desvinculada do Procurador-Geral da República), ajuizando ações e apresentando recursos, perante o STF?** Ou a atuação perante a Suprema Corte é uma exclusividade do PGR?

> "**Art. 46, LC 75/93.** Incumbe ao Procurador-Geral da República exercer as funções do Ministério Público junto ao Supremo Tribunal Federal, manifestando-se previamente em todos os processos de sua competência.
>
> **Parágrafo único.** O Procurador-Geral da República proporá perante o Supremo Tribunal Federal:
>
> **I** - a ação direta de inconstitucionalidade de lei ou ato normativo federal ou estadual e o respectivo pedido de medida cautelar;
>
> **II** - a representação para intervenção federal nos Estados e no Distrito Federal, nas hipóteses do art. 34, VII, da Constituição Federal;
>
> **III** - as ações cíveis e penais cabíveis."

Em um primeiro momento, diante de uma reclamação constitucional apresentada por um Ministério Público Estadual em virtude do descumprimento da Súmula Vinculante nº 9 (**Rcl 7.358**), o STF reconheceu a legitimidade autônoma do órgão, até porque foi ele quem atuou nas 1ª e 2ª instâncias. Além disso, a Corte observou que o art. 46 da LC 75/93 de fato confere uma exclusividade de atuação perante o STF ao Procurador-Geral da República, mas esse dispositivo se encontra inserido em capítulo da lei que disciplina especificamente o Ministério Público Federal, sendo incabível, portanto, aplicar essa regra ao MP Estadual.

Em oportunidade posterior (**RE 593.727**), o STF apreciou novamente esse tema e, de forma mais ampla e genérica, afirmou que o Procurador-Geral da República não possui ingerência sobre o MP Estadual, haja vista que, segundo a CF/88, a ele cabe chefiar o MPU tão somente. Assim, o Ministério Público de Estado-Membro não se encontra vinculado nem subordinado (seja no plano processual, administrativo ou institucional) ao PGR, o que lhe confere **legitimidade ampla** para postular autonomamente perante o STF, no bojo de recursos e processos (originários) em que ele (o MP Estadual) seja um dos sujeitos da relação processual (isto é, uma das partes do processo). Nesse caso, o PGR funciona como "fiscal da ordem jurídica", enquanto o

MP Estadual atua com legitimidade autônoma, podendo praticar os atos próprios de parte (pois parte ele é), inclusive, realizar sustentação oral.

A ementa do acórdão lavrado nesse caso ficou redigida nos seguintes termos:

> "(...) **O Procurador-Geral da República não dispõe de poder de ingerência na esfera orgânica do Parquet estadual**, pois lhe incumbe, unicamente, por expressa definição constitucional (art. 128, § 1º), a Chefia do Ministério Público da União. O Ministério Público de estado-membro não está vinculado, nem subordinado, no plano processual, administrativo e/ou institucional, à Chefia do Ministério Público da União, o que lhe confere **ampla possibilidade de postular, autonomamente, perante o Supremo Tribunal Federal, em recursos e processos nos quais o próprio Ministério Público estadual seja um dos sujeitos da relação processual.** Questão de ordem resolvida no sentido de assegurar ao Ministério Público estadual a prerrogativa de sustentar suas razões da tribuna. (...)" **(ACO 1567 QO/SP; Relator(a): Min. DIAS TOFFOLI; J. 17/08/2016; Pleno)**

Por fim, é importante fazer uma **observação**: como vimos, o Ministério Público Estadual não se submete ao Procurador-Geral da República e possui legitimidade autônoma para postular perante o Supremo Tribunal Federal. Isso, porém, não significa que os "ramos" do Ministério Público da União também possuam essa autonomia de atuação perante a Suprema Corte, pois, conforme vimos, o MPU é chefiado pelo PGR, a quem cabe atuar pelo Ministério Público perante o STF.

Nesse sentido, já decidiu o STF (Rcl 4.453-MC-AgRAgR e Rcl 4.801-MC-AgR):

> "(...) 1. **Incumbe ao Procurador-Geral da República exercer as funções do Ministério Público junto ao Supremo Tribunal Federal**, nos termos do art. 46 da Lei Complementar 75/93. (...) 3. **O exercício das atribuições do Ministério Público do Trabalho se circunscreve aos órgãos da Justiça do Trabalho**, consoante se infere dos arts. 83, 90, 107 e 110 da Lei Complementar 75/93. (...) 5. **Processo que não está sujeito à competência da Justiça do Trabalho, mas sim do próprio Supremo Tribunal Federal**, motivo por que não pode o Ministério Público do Trabalho nele atuar, sob pena de **usurpação de atribuição conferida privativamente ao Procurador-Geral da República. (...)" (Rcl 4453 MC-AgR-AgR/SE; Relator(a): Min. ELLEN GRACIE; J. 04/03/2009; Pleno)**

Esse entendimento, porém, de acordo com o próprio Supremo Tribunal Federal, não se aplica ao Ministério Público do Distrito Federal e Territórios. Segundo a Corte, embora o MPDFT integre o Ministério Público da União, ele recebe o mesmo tratamento que é dado ao MP estadual no que diz respeito à possibilidade ou não de atuação autônoma perante o STF, **podendo ele, portanto, atuar perante a Corte independentemente do Procurador-Geral da República.**

Isso foi afirmado pelo STF no **RE 985392 (Tema de Repercussão Geral nº 946, j. 25/05/2017)**. Nesse precedente, a Corte afirmou que *"os Ministérios Públicos dos Estados e do Distrito Federal e Territórios podem postular diretamente no STF e no STJ, em recursos e meios de impugnação oriundos de processos nos quais o ramo Estadual tem atribuição para atuar"*.

E a **tese de repercussão geral** fixada nesse caso estabeleceu que *"os Ministérios Públicos dos Estados e do Distrito Federal têm legitimidade para propor e atuar em recursos e meios de impugnação de decisões judiciais em trâmite no STF e no STJ, oriundos de processos de sua atribuição, sem prejuízo da atuação do Ministério Público Federal"*.

Esse entendimento, inclusive, já foi cobrado em prova, como ocorreu no concurso para o cargo de Procurador do Distrito Federal realizado pelo CESPE em 2022, no qual a banca considerou **incorreta** a assertiva segundo a qual *"o Ministério Público do DF carece de legitimidade para impugnar decisão judicial em trâmite no STF, ainda que se trate de processo oriundo de sua atribuição"*. Como vimos, a jurisprudência do STF reconhece essa legitimidade tanto aos Ministérios Públicos dos Estados quanto ao Ministério Público do Distrito Federal e Territórios.

PRINCÍPIO DO PROMOTOR NATURAL

Em relação ao princípio do Promotor natural, muito se discutiu sobre se ele realmente existe (e se deve ser aplicado) e quais seriam as suas implicações.

Mas, antes de passarmos a essas questões, é necessário saber o seguinte: **o que significa o princípio do Promotor natural?**

Esse princípio nada mais é do que a aplicação do princípio do juiz natural ao âmbito do órgão de acusação. Assim, tal qual ao acusado é garantido o julgamento por um órgão independente, previamente existente e competente e definido no caso concreto de acordo com critérios previamente fixados, a ele também se assegura, constitucionalmente, o direito de somente ser processado (acusado) por um órgão independente do Estado, ficando vedada a designação arbitrária de membros do Ministério Público para o exercício dessa atribuição. Não se admite, portanto, a figura do **promotor *ad hoc*** ou **"por encomenda"**.

Após debates doutrinários iniciados antes mesmo da CF/88, o Supremo Tribunal Federal (**HC 67.759**) reconheceu que o texto constitucional consagra o princípio do promotor natural, o qual, segundo a Corte, representa uma proteção tanto ao próprio membro do Ministério Público (pois lhe assegura independência no exercício de suas funções) quanto à sociedade (que tem reconhecido o direito de ver atuando, sempre, o Promotor designado para o caso a partir de critérios abstratos e predeterminados estabelecidos em lei).

Segundo o STF, a CF/88, ao trazer um fortalecimento institucional do Ministério Público, teve como objetivos, dentre outros, assegurar que ninguém sofra persecução penal arbitrária por membro do MP designado em caráter de exceção (isto é, *ad hoc*) e intensificar as prerrogativas de independência funcional e inamovibilidade dos integrantes da carreira, o que contribui para evitar o chamado "acusador de exceção".

Como este tema se insere melhor nos programas de direito penal e processo penal, não nos aprofundaremos nele, e, assim, podemos seguir para o próximo tópico.

GARANTIAS DO MINISTÉRIO PÚBLICO

As garantias do Ministério Público são as mesmas da magistratura, podendo inclusive ser divididas em garantias institucionais e garantias funcionais (isto é, dos seus membros). Nesse sentido, as garantias institucionais (previstas no art. 127, §§ 2º e 3º, da CF/88) são as autonomias funcional, administrativa e financeira (acompanhada da autonomia orçamentária), enquanto as garantias funcionais (previstas no art. 128, § 5º, I, da CF/88) são a vitaliciedade, a inamovibilidade e a irredutibilidade de subsídio.

> **"Art. 127, CF/88.**
>
> (...)

> **§ 2º** Ao Ministério Público é assegurada autonomia funcional e administrativa, podendo, observado o disposto no art. 169, propor ao Poder Legislativo a criação e extinção de seus cargos e serviços auxiliares, provendo-os por concurso público de provas ou de provas e títulos, a política remuneratória e os planos de carreira; a lei disporá sobre sua organização e funcionamento.
>
> **§ 3º** O Ministério Público elaborará sua proposta orçamentária dentro dos limites estabelecidos na lei de diretrizes orçamentárias.
>
> **§ 4º** Se o Ministério Público não encaminhar a respectiva proposta orçamentária dentro do prazo estabelecido na lei de diretrizes orçamentárias, o Poder Executivo considerará, para fins de consolidação da proposta orçamentária anual, os valores aprovados na lei orçamentária vigente, ajustados de acordo com os limites estipulados na forma do § 3º.
>
> **§ 5º** Se a proposta orçamentária de que trata este artigo for encaminhada em desacordo com os limites estipulados na forma do § 3º, o Poder Executivo procederá aos ajustes necessários para fins de consolidação da proposta orçamentária anual.
>
> **§ 6º** Durante a execução orçamentária do exercício, não poderá haver a realização de despesas ou a assunção de obrigações que extrapolem os limites estabelecidos na lei de diretrizes orçamentárias, exceto se previamente autorizadas, mediante a abertura de créditos suplementares ou especiais."
>
> **"Art. 128, § 5º, CF/88.** Leis complementares da União e dos Estados, cuja iniciativa é facultada aos respectivos Procuradores-Gerais, estabelecerão a organização, as atribuições e o estatuto de cada Ministério Público, observadas, relativamente a seus membros:
>
> **I** - as seguintes garantias:
>
> **a)** vitaliciedade, após dois anos de exercício, não podendo perder o cargo senão por sentença judicial transitada em julgado;
>
> **b)** inamovibilidade, salvo por motivo de interesse público, mediante decisão do órgão colegiado competente do Ministério Público, pelo voto da maioria absoluta de seus membros, assegurada ampla defesa;
>
> **c)** irredutibilidade de subsídio, fixado na forma do art. 39, § 4º, e ressalvado o disposto nos arts. 37, X e XI, 150, II, 153, III, 153, § 2º, I;"

Considerando a semelhança de tratamento, nesse ponto, entre o Ministério Público e o Poder Judiciário, as mesmas considerações feitas em relação a essas garantias quando estudamos a magistratura aplicam-se ao MP, não havendo necessidade de repetir, aqui, todo aquele conteúdo.

Apesar disso, é necessário trazer alguns comentários adicionais sobre as garantias institucionais do Ministério Público (mais precisamente, quanto à sua autonomia financeira e orçamentária), bem como sobre a inamovibilidade dos seus membros (mais precisamente, quanto à possibilidade de serem designados para atuar em lotações diversas da original).

▪ A AUTONOMIA FINANCEIRA E ORÇAMENTÁRIA DO MINISTÉRIO PÚBLICO

Como vimos, as garantias institucionais do MP estão previstas no art. 127 da CF/88. No § 2º desse artigo estão previstas as autonomias administrativa e funcional, enquanto no seu § 3º está prevista a autonomia financeira e orçamentária.

A autonomia financeira e orçamentária significa que o órgão tem as seguintes prerrogativas:

I) A prerrogativa de elaborar a proposta do seu orçamento (isso é a autonomia orçamentária); e

II) A prerrogativa de possuir recursos financeiros próprios (um "cofre próprio"), podendo realizar as suas despesas (isto é, gastar os seus recursos) diretamente, desde que dentro do que está previsto no seu orçamento (isso é a autonomia financeira).

A autonomia financeira e orçamentária do Ministério Público, porém, não permite que uma lei de iniciativa do próprio Ministério Público estabeleça que determinada gratificação devida aos seus membros seja paga por outro órgão também dotado de autonomia financeira e orçamentária (como é o caso dos Poderes da República).

Esse entendimento foi adotado pelo Supremo Tribunal Federal na **ADI 2831**, julgada em 03/05/2021. Nessa ação, foi impugnado um dispositivo da Lei Orgânica do Ministério Público do Estado do Rio de Janeiro que assegurava aos membros da carreira o pagamento de gratificação pelo desempenho de funções eleitorais e previa que essa gratificação seria paga pelo respectivo Tribunal Regional Eleitoral.

O STF decidiu que uma norma como essa impõe ao Poder Judiciário uma obrigação financeira e a necessidade de possuir dotação orçamentária para a realização da respectiva despesa, de modo que, como ela foi prevista em uma lei de iniciativa do Ministério Público elaborada sem a participação do Judiciário, há uma violação à autonomia financeira e orçamentária desse Poder, bem como à própria separação de Poderes estabelecida na Constituição Federal.

Portanto, a autonomia financeira e orçamentária de um órgão não é tão ampla a ponto de permitir que ele imponha obrigações financeiras e orçamentárias a outro órgão.

Além disso, na **ADI 6610** (j. 21/03/2022), o Supremo Tribunal Federal decidiu que a autonomia financeira e orçamentária do Ministério Público não permite que seja estabelecida em lei a vinculação do subsídio dos seus membros ao subsídio dos membros de outro órgão, a exemplo do subsídio dos Ministros do próprio STF.

Logo, não é possível, por exemplo, que uma lei estadual estabeleça que o subsídio da classe final da carreira do Ministério Público do respectivo Estado corresponda a 90,25% do subsídio de Ministro do STF, assegurando, com isso, que a cada reajuste do subsídio de Ministro do STF a remuneração dos membros do MP local seja automaticamente reajustada.

Essa vinculação remuneratória é vedada expressamente pelo art. 37, X e XIII, da CF/88, que exige lei específica para a fixação da remuneração dos agentes públicos (inciso X) e proíbe a vinculação entre remunerações no serviço público (inciso XIII).

Nessa mesma ADI, o STF, com fundamento no inciso X do art. 37 da CF/88 (que exige lei específica para a fixação de remuneração no serviço público), decidiu que é **inconstitucional** ato normativo destituído de forma de lei (a exemplo de uma resolução) que estabeleça para membros do Ministério Público **vantagens pecuniárias não previstas em lei**, como é o caso do adicional de férias superior a um terço. A autonomia financeira e orçamentária do MP, portanto, também não permite que normas como essa sejam editadas pelo órgão.

Ainda sobre a autonomia financeira e orçamentária do Ministério Público, na **ADI 6594**, julgada em 15/09/2021, o Supremo Tribunal Federal decidiu que essa garantia, ao assegurar ao MP as prerrogativas de elaborar a sua própria proposta orçamentária e de executar o seu orçamento nos termos em que foi aprovado, também lhe assegura que não lhe sejam impostas limitações ou restrições na elaboração da sua proposta de orçamento e/ou na sua execução orçamentária.

Com esse entendimento, a Corte declarou **inconstitucional** norma da Lei de Diretrizes Orçamentárias (LDO) do Estado do Ceará que estabelecia limitação para a previsão das despesas do Ministério Público (e dos demais órgãos dotados de autonomia) com folha complementar de pagamento de pessoal. O dispositivo impugnado na ação dispunha que *"as despesas da folha complementar do exercício 2021 não poderão exceder a 1% (um por cento) da despesa anual da folha normal de pagamento de pessoal projetada para o exercício 2021, em cada um dos Poderes, Executivo, Legislativo, compreendendo o Tribunal de Contas do Estado, e Judiciário, no* ***Ministério Público Estadual*** *e na Defensoria Pública"*.

Segundo entendeu o STF, embora a LDO não seja o orçamento propriamente dito e as propostas orçamentárias de todos os órgãos devam ser apresentadas dentro dos limites estabelecidos pela LDO, **isso não permite que a LDO seja elaborada unilateralmente pelo Poder Executivo** trazendo disposições que acarretem uma restrição na autonomia orçamentária do Ministério Público (e dos demais órgãos autônomos, evidentemente). E foi justamente isso que aconteceu no caso: o Ministério Público não participou da elaboração da proposta legislativa que deu origem à LDO, mas, mesmo assim, sofreu imposição (pela LDO) de limitação à elaboração do seu orçamento e à sua execução orçamentária.

Em outras palavras: para que um órgão dotado de autonomia financeira e orçamentária sofra limitação na elaboração da sua proposta orçamentária, é necessário que ele **participe do processo de fixação desses limites**, sob pena de ficar caracterizada ofensa à sua autonomia (financeira e orçamentária) assegurada constitucionalmente. Essa exigência, inclusive, consta do texto da CF/88, mais precisamente, do seu art. 99, § 1º, que diz que **os limites contidos na LDO devem ser discutidos conjuntamente pelos órgãos autônomos** (*"Art. 99, § 1º, CF/88. Os tribunais elaborarão suas propostas orçamentárias dentro dos limites estipulados conjuntamente com os demais Poderes na lei de diretrizes orçamentárias."*).

Perceba que isso não significa que a LDO não possa prever limites à elaboração das propostas orçamentárias dos órgãos autônomos. Ela pode fazer isso, pois ela é o instrumento adequado para impor essas restrições. O que ocorre é que, para que a LDO preveja esses limites, é necessário que os órgãos autônomos que sofrerão as limitações participem da formulação da proposta que lhe deu origem, sob pena de terem violada sua autonomia financeira e orçamentária.

Essa não foi a primeira vez que o STF se manifestou sobre a questão, e o posicionamento adotado está de acordo com a jurisprudência do Tribunal, tratando-se, inclusive, de entendimento que se aplica a qualquer órgão contemplado pela Constituição Federal com autonomia financeira e orçamentária, e não apenas ao Ministério Público.

Tudo isso foi registrado pelo Min. Edson Fachin (relator) em seu voto, ao explicar que *"a Constituição da República, para além de assegurar ao Ministério Público as autonomias funcional e administrativa, garante também, em seu art. 127, § 3º, que "o Ministério Público elaborará sua proposta orçamentária dentro dos limites estabelecidos na lei de diretrizes orçamentárias".*

> *(...)*
>
> *A entender que a autonomia financeira representa a proteção do órgão contra ingerências estranhas à lógica constitucional de sua atuação, sucede que a capacidade de elaboração de proposta orçamentária implica o direito de participação na produção da Lei de Diretrizes Orçamentárias. O sentido do art. 99 da CRFB/88 é o de que os Tribunais elaborem suas propostas orçamentárias, mas que o façam dentro de limites estipulados em conjunto com os demais poderes da República. Em outras palavras, quis o Constituinte que se expressasse publicamente esta ação concertada de limitação coletiva. A Lei de Diretrizes Orçamentárias é, portanto, limite desde que seja, também, momento institucional de concertação. Foi o que decidiu o Tribunal na ADI nº 810:*
>
> *(...)*
>
> *Em razão da homologia entre o art. 99, §1º e o art. 127, §2º e §3º, conclui-se que tal entendimento, válido para a necessária consulta do Poder Judiciário quando da elaboração da Lei de Diretrizes Orçamentárias, aplica-se pari passu ao Ministério Público. Raciocínio análogo já foi adotado por este Supremo Tribunal Federal ao tratar da Defensoria Pública:*
>
> *(...)*
>
> *Das premissas assim elaboradas, concluo ser contrária à ordem constitucional vigente a restrição unilateral de gastos a ser observada pelo Ministério Público.*
>
> *(...)*
>
> *(...) o debate travado na presente ação tem que ver com (...) a restrição à participação do Ministério Público do Estado do Ceará no momento de elaboração da Lei de Diretrizes Orçamentárias (...). Dos elementos que aportaram aos autos, consigno ter ficado evidenciado que esta oitiva não ocorreu, acarretando a violação do art. 127, §3º da CRFB/88, analogicamente interpretado em referência ao art. 99, §1º da CRFB/88.*
>
> *(...)".*

A INAMOVIBILIDADE DOS MEMBROS DO MINISTÉRIO PÚBLICO E AS DESIGNAÇÕES PARA ATUAREM EM LOTAÇÕES DIVERSAS DAS ORIGINALMENTE OCUPADAS

Conforme vimos, os membros do Ministério Público possuem a garantia funcional da inamovibilidade, o que significa que não podem ser removidos de sua lotação de trabalho sem que concordem com isso.

Essa garantia se encontra prevista no art. 128, § 5º, I, "b", da CF/88:

> "**Art. 128, § 5º, CF/88.** Leis complementares da União e dos Estados, cuja iniciativa é facultada aos respectivos Procuradores-Gerais, estabelecerão a organização, as atribuições e o estatuto de cada Ministério Público, observadas, relativamente a seus membros:
>
> I - as seguintes garantias:
>
> a) vitaliciedade, após dois anos de exercício, não podendo perder o cargo senão por sentença judicial transitada em julgado;
>
> b) **inamovibilidade**, salvo por motivo de interesse público, mediante decisão do órgão colegiado competente do Ministério Público, pelo voto da maioria absoluta de seus membros, assegurada ampla defesa;

> c) irredutibilidade de subsídio, fixado na forma do art. 39, § 4º, e ressalvado o disposto nos arts. 37, X e XI, 150, II, 153, III, 153, § 2º, I;"

A respeito dessa garantia, o Supremo Tribunal Federal enfrentou o seguinte questionamento na **ADI 5052**, julgada em 23/05/2022: a possibilidade de os membros do Ministério Público serem designados para atuarem em lotações diversas daquelas em que originalmente atuam viola a garantia da inamovibilidade?

O STF entendeu que sim, **há violação à inamovibilidade nessa hipótese**.

A ação em questão foi ajuizada contra dispositivos da Lei Orgânica do Ministério Público da União (a LC 75/93) que estabelecem a possibilidade de os membros das carreiras do MPU serem designados para atuarem em diferentes funções pelo período de dois anos, com possibilidade de renovação. Essas designações, na prática, vinham possibilitando que os membros do MPU tivessem de passar a atuar, em caráter definitivo, em ofícios (que é o nome dado às lotações do MPU) diversos daqueles em que originalmente exerciam suas atribuições. Essas designações estão previstas nos arts. 214 a 218 da LC 75/93.

O Supremo Tribunal Federal, aplicando a técnica da declaração de nulidade sem redução de texto, estabeleceu que, em virtude da garantia da inamovibilidade, é inconstitucional interpretar esses dispositivos legais de modo a permitir que as designações façam com que membros do Ministério Público tenham de passar a atuar de modo definitivo (isto é, sem retorno à sua origem) e sem que haja sua concordância em lotações diversas das originalmente ocupadas.

Veja o teor da ementa desse julgamento:

> "**EMENTA:** (...) 1. Os **ofícios correspondem às unidades de lotação dos membros das carreiras do Ministério Público da União** em que exercem suas atribuições institucionais (ciência dos artigos 34, 81, 114, 147 e 180 da Lei Complementar 75/93). 2. **O deslocamento de membros das carreiras do Ministério Público da União para outro ofício, sem retorno à origem, mediante designações e redesignações bienais encerra aptidão para movimentações casuísticas, em possível afronta à garantia da inamovibilidade.** 3. Ação Direta de Inconstitucionalidade julgada procedente, para declarar a inconstitucionalidade parcial, sem redução de texto, dos artigos 216, caput, 217, caput, e 218, caput, todos da Lei Complementar 75/93, de modo a **afastar qualquer interpretação que implique remoção do membro da carreira** de seu ofício de lotação." **(ADI 5052, Pleno, Rel. Min. GILMAR MENDES, j. 23/05/2022)**

■ O ASSENTO DO MEMBRO DO MINISTÉRIO PÚBLICO À DIREITA DO MAGISTRADO DURANTE A REALIZAÇÃO DE ATOS PROCESSUAIS

A LC 73/95 (Lei Orgânica do Ministério Público da União – LOMPU) e a Lei 8.625/93 (Lei Orgânica Nacional do Ministério Público – LONMP) asseguram ao membro do Ministério Público a prerrogativa de se sentar à direita do juiz singular ou do juiz presidente de órgão colegiado durante a realização de atos processuais.

Os dispositivos que preveem essa prerrogativa são os arts. 18, I, "a", da LOMPU e 41, XI, da LONMP, que têm a seguinte redação:

"**Art. 18, LOMPU.** São prerrogativas dos membros do Ministério Público da União:

I - institucionais:

a) sentar-se no mesmo plano e imediatamente à direita dos juízes singulares ou presidentes dos órgãos judiciários perante os quais oficiem;

(...)"

"**Art. 41, LONMP.** Constituem prerrogativas dos membros do Ministério Público, no exercício de sua função, além de outras previstas na Lei Orgânica:

(...)

XI - tomar assento à direita dos Juízes de primeira instância ou do Presidente do Tribunal, Câmara ou Turma."

A constitucionalidade dessas disposições legais foi questionada perante o Supremo Tribunal Federal na **ADI 4768**, julgada em 23/11/2022.

Segundo decidiu o STF, essas normas são constitucionais, pelos seguintes motivos:

I) O Ministério Público, seja quando figura como parte, seja quando figura como fiscal do ordenamento jurídico, atua no processo para defender a ordem jurídica e o interesse público, o que justifica o tratamento diferenciado que recebe da legislação;

II) A CF/88 não estabelece nenhuma ordem para a acomodação física dos sujeitos processuais nos atos do processo, de modo que não há nenhum parâmetro no texto constitucional do qual possa decorrer qualquer invalidade da prerrogativa em questão conferida ao Ministério Público;

III) Não há nenhuma evidência concreta que demonstre a ocorrência de qualquer prejuízo à imparcialidade do julgador e/ou ao equilíbrio processual como consequência da presença do membro do Ministério Público ao lado do magistrado na prática dos atos do processo, de modo que alegações de prejuízos desse tipo são meramente especulativas.

Com esses fundamentos, a Corte considerou válida a prerrogativa do Ministério Público de ter assento à direita do juiz durante a realização de atos processuais.

VEDAÇÕES IMPOSTAS AOS MEMBROS DO MINISTÉRIO PÚBLICO

Os impedimentos (vedações) que devem ser observados pelos integrantes das carreiras do Ministério Público se encontram previstos nos **arts. 128, §§ 5º, II, e 6º e 129, IX, parte final, da CF/88**:

"**Art. 128, § 5º, CF/88.** Leis complementares da União e dos Estados, cuja iniciativa é facultada aos respectivos Procuradores-Gerais, estabelecerão a organização, as atribuições e o estatuto de cada Ministério Público, observadas, relativamente a seus membros:

(...)

II - as seguintes vedações:

> **a)** receber, a qualquer título e sob qualquer pretexto, honorários, percentagens ou custas processuais;
>
> **b)** exercer a advocacia;
>
> **c)** participar de sociedade comercial, na forma da lei;
>
> **d)** exercer, ainda que em disponibilidade, qualquer outra função pública, salvo uma de magistério;
>
> **e)** exercer atividade político-partidária;
>
> **f)** receber, a qualquer título ou pretexto, auxílios ou contribuições de pessoas físicas, entidades públicas ou privadas, ressalvadas as exceções previstas em lei.
>
> **§ 6º** Aplica-se aos membros do Ministério Público o disposto no **art. 95, parágrafo único, V.**"
>
> "**Art. 95, Parágrafo único, CF/88.** Aos juízes é vedado:
>
> **I** - exercer, ainda que em disponibilidade, outro cargo ou função, salvo uma de magistério;
>
> **II** - receber, a qualquer título ou pretexto, custas ou participação em processo;
>
> **III** - dedicar-se à atividade político-partidária.
>
> **IV** - receber, a qualquer título ou pretexto, auxílios ou contribuições de pessoas físicas, entidades públicas ou privadas, ressalvadas as exceções previstas em lei;
>
> **V - exercer a advocacia no juízo ou tribunal do qual se afastou, antes de decorridos três anos do afastamento do cargo por aposentadoria ou exoneração.**"
>
> "**Art. 129, CF/88.** São funções institucionais do Ministério Público:
>
> (...)
>
> **IX** - exercer outras funções que lhe forem conferidas, desde que compatíveis com sua finalidade, **sendo-lhe vedada a representação judicial e a consultoria jurídica de entidades públicas.**"

A leitura e memorização dessas disposições constitucionais é de extrema importância para provas (especialmente, para provas objetivas), sendo pertinente aprofundar algumas dessas vedações, conforme veremos abaixo.

■ MEMBRO DO MINISTÉRIO PÚBLICO PODE ADVOGAR?

Como se pode notar da leitura dos dispositivos constitucionais transcritos acima, dentre os vários impedimentos (vedações) impostos aos membros do Ministério Público, foi inserida a impossibilidade de exercer atividade de advocacia, seja no âmbito privado (art. 128, § 5º, II, "b"), seja em favor de entidades públicas (art. 129, IX, parte final).

Foi necessário que o constituinte de 1988 previsse de forma tão clara e ampla a vedação ao exercício da advocacia? Sim, porque, antes da CF/88, era permitido aos membros do Ministério Público advogar, inclusive, cabendo ao MPF a representação judicial da União. Com a entrada em vigor da CF/88, o MP recebeu um novo perfil constitucional, ganhando autonomia em relação aos Poderes da República e ficando afastado da advocacia, seja ela pública ou privada (aqui, deve ser ressalvado o art. 29, *caput*, do ADCT, que previu continuar a cargo do MPF a representação judicial da União até que fosse editada a lei disciplinando a AGU).

Porém, houve a previsão, no ADCT de 1988, da possibilidade de quem já era integrante do Ministério Público antes da CF/88 optar por permanecer submetido ao regime constitucional anterior. Vamos ver o teor do art. 29 do ADCT.

> "**Art. 29, ADCT. Enquanto não aprovadas as leis complementares relativas ao Ministério Público e à Advocacia-Geral da União**, o Ministério Público Federal, a Procuradoria-Geral da Fazenda Nacional, as Consultorias Jurídicas dos Ministérios, as Procuradorias e Departamentos Jurídicos de autarquias federais com representação própria e os membros das Procuradorias das Universidades fundacionais públicas **continuarão a exercer suas atividades na área das respectivas atribuições**.
>
> **§ 1º** O Presidente da República, no prazo de cento e vinte dias, encaminhará ao Congresso Nacional projeto de lei complementar dispondo sobre a organização e o funcionamento da Advocacia-Geral da União.
>
> **§ 2º** Aos atuais Procuradores da República, nos termos da lei complementar, será facultada a opção, de forma irretratável, entre as carreiras do Ministério Público Federal e da Advocacia-Geral da União.
>
> **§ 3º Poderá optar pelo regime anterior, no que respeita às garantias e vantagens, o membro do Ministério Público admitido antes da promulgação da Constituição, observando-se, quanto às vedações, a situação jurídica na data desta.**
>
> **§ 4º** Os atuais integrantes do quadro suplementar dos Ministérios Públicos do Trabalho e Militar que tenham adquirido estabilidade nessas funções passam a integrar o quadro da respectiva carreira.
>
> **§ 5º** Cabe à atual Procuradoria-Geral da Fazenda Nacional, diretamente ou por delegação, que pode ser ao Ministério Público Estadual, representar judicialmente a União nas causas de natureza fiscal, na área da respectiva competência, até a promulgação das leis complementares previstas neste artigo."

Considerando o disposto no § 3º do art. 29 do ADCT, para saber se, hoje, um membro do Ministério Público pode advogar ou não, é necessário saber a qual regime de impedimentos ele estava submetido no momento da entrada em vigor da CF/88.

Assim, em 05 de outubro de 1988, o cenário a respeito do exercício da advocacia privada pelos integrantes das carreiras do Ministério Público era o seguinte:

a) Os membros do Ministério Público Estadual **não podiam** advogar (art. 24, § 2º, LC 40/81).

b) Os membros do Ministério Público do Distrito Federal e Territórios **não podiam** advogar (art. 60, LC 40/81, que previa a aplicação ao MPDFT das normas previstas nessa lei).

c) Os membros das carreiras do MPU, à exceção do MPDFT, **podiam** advogar, exceto nas situações em que isso contrariasse os interesses da União ou da Fazenda Nacional (Lei 1.341/51, Lei 6.788/80 e Decreto 40.359/56).

Em resumo, após a CF/88, os únicos membros do Ministério Público que permaneceram podendo advogar foram os integrantes das carreiras do MPU (exceto os do MPDFT) que optaram por continuar sujeitos ao regime jurídico anterior e que não tenham sofrido, após a entrada em vigor da Constituição de 1988, interrupção em sua inscrição nos quadros da OAB. Isso, inclusive, foi regulamentado pelo CNMP, através de sua **Resolução nº 8/2006**:

> "**Art. 1º** Somente poderão exercer a advocacia com respaldo no § 3º do art. 29 do ADCT da Constituição de 1988, **os membros do Ministério Público da União que integravam a carreira na data da sua promulgação e que, desde então, permanecem regularmente inscritos na Ordem dos Advogados do Brasil**. *(Redação dada pela Resolução nº 16, de 30 de janeiro de 2007)*
>
> **Parágrafo único.** O exercício da advocacia, para os membros do Ministério Público do Distrito Federal e Territórios está, incondicionalmente, vedado, desde a vigência do artigo 24, § 2º, da Lei Complementar nº 40/81. *(Incluído pela Resolução nº 16, de 30 de janeiro de 2007)*
>
> **Art. 2º** Além dos impedimentos e vedações previstos na legislação que regula o exercício da advocacia pelos membros do Ministério Público, estes **não poderão fazê-lo nas causas em que, por força de lei ou em face do interesse público, esteja prevista a atuação do Ministério Público**, por qualquer dos seus órgãos e ramos (Ministérios Públicos dos Estados e da União).
>
> **Art. 3º** Esta Resolução entra em vigor na data de sua publicação."

■ EXERCÍCIO DE OUTROS CARGOS PÚBLICOS POR MEMBROS DO MINISTÉRIO PÚBLICO

Conforme consta do art. 128, § 5º, II, "d", da CF/88, é vedado ao integrante do Ministério Público *"exercer, ainda que em disponibilidade, qualquer outra função pública, salvo uma de magistério"*.

Por conta dessa vedação, o STF, ao julgar a **ADPF 388** (em 09/03/2016), entendeu que membros do MP não podem ocupar cargos fora do âmbito do próprio Ministério Público, exceto cargo ou função no magistério (professor). Dessa forma, para exercer qualquer outra função pública, o integrante do *Parquet* deve se **exonerar** (não bastando que esteja licenciado ou em disponibilidade) do cargo ocupado no Ministério Público, a menos que essa outra função diga respeito à atividade docente, porque a Constituição permite que o membro do MP acumule o seu cargo com a docência, seja ela pública ou privada. O caso concreto apreciado pela Suprema Corte na ADPF 388 disse respeito à nomeação de um Procurador de Justiça para o cargo de Ministro da Justiça, e o Tribunal entendeu que, para ocupar o cargo no Ministério, ele teria de se exonerar do MP.

Esse entendimento foi reiterado pelo Supremo Tribunal Federal em outros casos, a exemplo da **ADI 3194** (j. 13/11/2023), na qual o STF declarou a inconstitucionalidade de normas estaduais que permitiam que membros do Ministério Público local participassem de comissão de sindicância ou de outros processos administrativos em órgãos diversos do Ministério Público.

Portanto, o membro do Ministério Público, em virtude da vedação contida no art. 128, § 5º, II, "d", da CF/88 não pode exercer nenhuma função pública fora do Ministério Público, exceto função de magistério. É por esse motivo que, por exemplo, os membros do Ministério Público não podem participar de conselhos (ou outros tipos de colegiado) de órgãos que não sejam o próprio Ministério Público, como é o caso do conselho da Polícia Civil.

Essa vedação imposta aos membros do MP se aplica, nos mesmos termos, aos magistrados, conforme prevê o art. 95, parágrafo único, I, da CF/88.

E sobre ela surgiu o seguinte questionamento: ao estabelecer que o membro do Ministério Público (assim como o magistrado) apenas pode exercer, cumulativamente, **uma** função de magistério, a Constituição Federal quis dizer que ele apenas pode ocupar um único cargo ou emprego de professor? Segundo o STF, não.

Isso foi decidido na **ADI 3126 MC**, que disse respeito aos magistrados, mas, como vimos aqui, também se aplica aos membros do Ministério Público. Nesse precedente, o Supremo Tribunal Federal entendeu que o intuito da CF/88, ao estabelecer essa vedação, não foi restringir a possibilidade de cumulação a um único cargo ou emprego de professor, mas sim deixar claro que o exercício do magistério deve ser compatível com o exercício do cargo no Ministério Público ou na magistratura para que possa haver a cumulação entre eles. Em outras palavras: é necessário que haja compatibilidade de horários entre o exercício da docência e o exercício do cargo no MP (ou na magistratura), mas a possibilidade de cumulação não fica necessariamente limitada a um único cargo ou emprego. É possível, por exemplo, que um membro do Ministério Público (ou um magistrado) seja professor em duas universidades privadas, desde que, somadas as cargas horárias desempenhadas em ambas, não haja nenhuma incompatibilidade com o exercício do cargo no *Parquet* (ou na magistratura).

E essa questão foi regulamentada nesses mesmos termos pela Resolução 73/2011 do CNMP (no âmbito do Ministério Público) e pela Resolução 226/2016 do CNJ (no âmbito da magistratura).

Por fim, é importante registrar que, por força do **art. 29, § 3º, do ADCT**, a vedação aqui estudada não alcança os integrantes do Ministério Público que já haviam ingressado na carreira antes da CF/88 e que optaram por permanecer submetidos ao regime anterior. Isso, inclusive, já foi afirmado expressamente pelo Supremo Tribunal Federal, como ocorreu na ADI **3194** (j. 13/11/2023).

Nessa ação, o STF deixou claro que o membro do Ministério Público não pode exercer função pública fora do próprio Ministério Público, exceto se se tratar de atividade de magistério ou se ele (o membro do MP) houver ingressado na carreira antes da CF/88 e tiver optado por permanecer submetido ao regime anterior nos termos do art. 29, § 3º, do ADCT.

Nas exatas palavras da Corte, *"o Supremo reconhece **apenas três exceções** à vedação do art. 128, § 5º, II, "d", da Carta da República: **(i)** o exercício de uma função pública de **magistério**; **(ii)** o exercício de função pública **na administração superior da própria instituição**, desde que compatível com a finalidade desta; e **(iii)** o exercício de função pública por membro do Ministério Público que, a par de ter ingressado na carreira antes da promulgação da Constituição Federal de 5 de outubro de 1988, **haja optado pelo regime anterior**, conforme previsão do art. 29, § 3º, do Ato das Disposições Constitucionais Provisórias (ADCT)"*.

▪ EXERCÍCIO DE ATIVIDADE POLÍTICO-PARTIDÁRIA POR MEMBRO DO MINISTÉRIO PÚBLICO

Outra vedação imposta a membros do Ministério Público que merece uma abordagem mais aprofundada diz respeito à impossibilidade de exercício de atividades político-partidárias, prevista no art. 128, § 5º, II, "e", da CF/88.

A atual redação dessa disposição constitucional foi dada pela EC 45/04. Antes dessa alteração no texto da Constituição, o art. 128, § 5º, II, "e", ressalvava exceções legais, ou seja, permitia que o membro do Ministério Público, mesmo que tivesse ingressado na carreira após a CF/88, exercesse atividade político-partidária nos casos (excepcionais) previstos pela legislação. Veio a EC 45/04 e suprimiu a possibilidade de haver qualquer exceção a essa vedação.

Por conta dessa alteração trazida pela EC 45/04, surgiu o seguinte questionamento: considerando que foi suprimida a possibilidade de a lei excepcionar a vedação do art. 128, § 5º, II, "e", da CF/88, **os integrantes do MP que ingressaram na carreira antes da CF/88 e que optaram por se sujeitar ao regime anterior, podem exercer atividade político-partidária sem necessidade de deixarem definitivamente o cargo?**

Já houve decisão monocrática do **TSE** no sentido de que a vedação em questão (já com a alteração trazida pela EC 45/04) não se aplica aos membros do MP que exerceram a opção prevista no art. 29, § 3º, do ADCT. Além disso, o TSE (no **RO 1.070**) confirmou a candidatura de membro do MPSP (Fernando Capez) integrante da carreira desde antes da CF/88 que se elegeu Deputado Estadual. Essa questão chegou ao Supremo Tribunal Federal no **RE 594.154**, mas o recurso foi julgado prejudicado, pois o mandato do Deputado foi concluído enquanto seu julgamento ainda se encontrava pendente.

Houve também um interessante caso em que o Supremo Tribunal Federal conseguiu se manifestar sem que o julgamento ficasse prejudicado: o **RE 597.994**. Nesse precedente, a interessada era uma Promotora de Justiça que **ingressou na carreira após a CF/88** (portanto, não contemplada pela possibilidade de escolha prevista no art. 29, § 3º, do ADCT) e que se encontrava licenciada do Ministério Público, exercendo o mandato de Prefeita do Município de Santarém/PA, para o qual havia sido eleita no pleito eleitoral do ano 2004, portanto, antes da entrada em vigor da EC 45/04 (o que se deu em 31/12/2004). No ano 2008, ela registrou sua candidatura à reeleição para esse mesmo cargo e o STF decidiu que ela poderia concorrer porque se tratava de reeleição, que é um direito previsto expressamente no art. 14, § 5º, da CF/88. Logo, como ela já se encontrava no exercício do mandato para o qual havia sido eleita antes de a EC 45/04 suprimir qualquer possibilidade de exceção à vedação do art. 128, § 5º, II, "e", da CF/88 e o texto constitucional permitia a reeleição, a Suprema Corte admitiu sua recandidatura.

Além disso, na **ADI 2534** (j. 24/08/2020), o STF, deixando mais clara a questão, decidiu expressamente que **os membros do Ministério Público que ingressaram na carreira após a CF/88 (independentemente de o ingresso ter ocorrido antes ou após a EC 45/04) não podem, em hipótese alguma, exercer atividade político-partidária** nem tampouco ocupar cargo eletivo ou alguma função no Poder Executivo, a menos que tenham o vínculo com o MP rompido definitivamente (por exoneração ou aposentadoria).

Nas exatas palavras da Corte, *"não há possibilidade de filiação político-partidária, de exercício de cargo eletivo e de função no âmbito do Poder Executivo, por membros do* ***Ministério Público que ingressaram na carreira após o regime jurídico instaurado pela Constituição Federal de 1988****. (...) A vedação ao exercício de atividade político partidária aos membros do Ministério Público constitui* ***causa absoluta de inelegibilidade****, impedindo a filiação a partidos políticos e a disputa de qualquer cargo eletivo,* ***salvo se estiverem aposentados ou exonerados****, independentemente de o ingresso ter sido após a EC 45/04 ou entre essa e a promulgação do texto constitucional"*.

O que se pode concluir a partir de tudo isso (principalmente tendo em vista a ADI 2534), é que, para o Supremo Tribunal Federal, desde a EC 45/04, não é permitido ao membro do Ministério Público que ingressou na carreira após a CF/88 iniciar atividade político-partidária que já não estivesse sendo regularmente desempenhada antes da alteração do art. 128, § 5º, II, "e", da CF/88. Porém, é permitido que a atividade iniciada antes da EC 45/04 continue sendo desempenhada mesmo após a sua entrada em vigor.

Resumindo, o que temos na jurisprudência sobre essa questão é o seguinte:

a) O TSE, ao apreciar casos concretos, admitiu o exercício de atividade político-partidária, mesmo após a EC 45/04, por membro do Ministério Público que ingressou na carreira antes da CF/88 e que optou por se submeter ao regime anterior, nos termos do art. 29, § 3º, do ADCT.

b) O STF entendeu, em um caso concreto a ele submetido, que membro do Ministério Público que ingressou na carreira após a CF/88 (o qual, até a EC 45/04, podia exercer atividade político-partidária, inclusive, candidatando-se a cargos eletivos, se houvesse autorização em lei) pode continuar exercendo a atividade político-partidária que já havia sido regularmente iniciada (como é o caso da reeleição para um cargo que já vinha sendo exercido) antes da entrada em vigor da EC 45/04, a qual, alterando o art. 128, § 5º, II, "e", da CF/88, suprimiu qualquer possibilidade de exceção legal à vedação em questão (igualando, assim, esse impedimento àquele que é imposto a magistrados pelo art. 95, p. único, III, da CF/88).

c) O STF também firmou entendimento, em sede de controle concentrado abstrato de constitucionalidade (ADI 2534), que, desde a EC 45/04, membro do Ministério Público que ingressou na carreira após a CF/88 não pode, em hipótese alguma, exercer atividade político-partidária ou ocupar cargo eletivo ou função no Poder Executivo (esse entendimento **não exclui** o entendimento mencionado no item anterior no sentido de que uma atividade político-partidária iniciada regularmente por membro do MP antes da EC 45/04 pode continuar sendo por ele exercida após essa emenda, ainda que o ingresso na carreira tenha ocorrido após a CF/88).

▪ É POSSÍVEL QUE UMA LEI PROÍBA MEMBRO DO MINISTÉRIO PÚBLICO DE SE AUSENTAR DA SUA COMARCA SEM COMUNICAR PREVIAMENTE A CORREGEDORIA OU DE SAIR DO ESTADO SEM AUTORIZAÇÃO DO CHEFE DA INSTITUIÇÃO?

Uma lei do Estado do Acre estabeleceu como deveres dos membros do Ministério Público estadual (I) a prévia comunicação ao Corregedor-Geral de eventuais ausências da comarca de exercício de suas funções e (II) a obtenção de autorização do Procurador-Geral de Justiça para sair do Estado.

Essa lei é constitucional?

Esse questionamento foi respondido pelo Supremo Tribunal Federal na **ADI 6845**, julgada em 25/10/2021, tendo a Corte decidido que a norma é inconstitucional, por **violar o direito fundamental de liberdade de locomoção** dos membros do Ministério Público sem motivos que justifiquem tal restrição. Trata-se, portanto, de medida **desarrazoada e desproporcional**, já que não é necessária para atingir a finalidade a que se propõe, qual seja, assegurar o cumprimento dos deveres funcionais dos integrantes da carreira.

O mesmo entendimento foi adotado pelo STF na **ADI 6272**, julgada em 14/12/2021, na qual o Tribunal julgou inconstitucional norma legal do Estado de Pernambuco que também impunha aos membros do Ministério Público estadual o dever de obter autorização do Procurador-Geral de Justiça para se ausentarem do Estado.

FUNÇÕES INSTITUCIONAIS DO MINISTÉRIO PÚBLICO

As funções institucionais do Ministério Público estão previstas no art. 129 da CF/88. Em relação a esse dispositivo legal, é importante saber duas coisas:

I) Trata-se de um rol meramente **exemplificativo** (como decorre do inciso IX); e

II) Sua memorização é muito importante.

> "**Art. 129, CF/88.** São funções institucionais do Ministério Público:
>
> **I** - promover, privativamente, a ação penal pública, na forma da lei;
>
> **II** - zelar pelo efetivo respeito dos Poderes Públicos e dos serviços de relevância pública aos direitos assegurados nesta Constituição, promovendo as medidas necessárias a sua garantia;
>
> **III** - promover o inquérito civil e a ação civil pública, para a proteção do patrimônio público e social, do meio ambiente e de outros interesses difusos e coletivos;
>
> **IV** - promover a ação de inconstitucionalidade ou representação para fins de intervenção da União e dos Estados, nos casos previstos nesta Constituição;
>
> **V** - defender judicialmente os direitos e interesses das populações indígenas;
>
> **VI** - expedir notificações nos procedimentos administrativos de sua competência, requisitando informações e documentos para instruí-los, na forma da lei complementar respectiva;
>
> **VII** - exercer o controle externo da atividade policial, na forma da lei complementar mencionada no artigo anterior;
>
> **VIII** - requisitar diligências investigatórias e a instauração de inquérito policial, indicados os fundamentos jurídicos de suas manifestações processuais;
>
> **IX** - exercer outras funções que lhe forem conferidas, desde que compatíveis com sua finalidade, sendo-lhe vedada a representação judicial e a consultoria jurídica de entidades públicas."

Nesse rol de atribuições, há uma que tem se mostrado bastante relevante para quem se prepara para concursos públicos: a legitimidade para a execução da multa penal (que tem a ver com a titularidade para o ajuizamento da ação penal pública).

Legitimidade para a execução da pena de multa

Quando, em uma sentença penal condenatória, há a aplicação da **pena de multa**, qual órgão tem legitimidade para executar essa quantia? O Ministério Público ou a Fazenda Pública (através de sua Procuradoria)?

A Lei 9.268/96, alterando o art. 51 do Código Penal, estabeleceu que a multa penal constitui dívida de valor, o que levou o STJ a editar a Súmula 521, segundo a qual, *"a legitimidade para a execução fiscal de multa pendente de pagamento imposta em sentença condenatória é exclusiva da Procuradoria da Fazenda Pública"*, devendo ser seguido o rito da Lei 6.830/80 (execuções fiscais), e não o das execuções penais.

Porém, posteriormente, o Supremo Tribunal Federal, ao julgar a **ADI 3150**, entendeu que **a legitimidade é prioritariamente do Ministério Público**, apenas podendo a Fazenda Pública (por meio de sua Procuradoria) executar a multa penal, se o MP não o fizer no prazo de 90 (noventa) dias.

Esse entendimento se fundamentou no art. 129, I, da CF/88, pois, quando a Constituição atribui ao Ministério Público a legitimidade para promover a ação penal pública, essa legitimidade deve compreender tanto a fase processual de conhecimento quanto a fase processual executiva. Nessa linha de raciocínio, conclui-se que, se a legitimidade para executar a multa penal fosse atribuída de forma exclusiva à Fazenda Pública (como fazia a Súmula 521/STJ), a legitimidade do MP para promover a ação penal pública sofreria verdadeira "interrupção".

Resumindo: segundo o STF (**ADI 3150**), para a execução da multa penal, a legitimidade é **prioritária do Ministério Público**, perante uma vara de execução penal e sob o rito das execuções penais, e **subsidiária da Fazenda Pública**, perante uma vara de execução fiscal e sob o rito dos executivos fiscais, disciplinado na Lei 6.830/80. E a Fazenda Pública com legitimidade (subsidiária) para executar será a federal ou a estadual, a depender do caso.

Confira a ementa do julgado:

> "(...) A Lei nº 9.268/1996, ao considerar a multa penal como dívida de valor, não retirou dela o caráter de sanção criminal, que lhe é inerente por força do art. 5º, XLVI, c, da Constituição Federal. (...) Como consequência, **a legitimação prioritária para a execução da multa penal é do Ministério Público perante a Vara de Execuções Penais. 3. Por ser também dívida de valor em face do Poder Público, a multa pode ser subsidiariamente cobrada pela Fazenda Pública, na Vara de Execução Fiscal, se o Ministério Público não houver atuado em prazo razoável (90 dias)**. (...) Fixação das seguintes teses: (i) **O Ministério Público é o órgão legitimado para promover a execução da pena de multa**, perante a Vara de Execução Criminal, observado o procedimento descrito pelos artigos 164 e seguintes da Lei de Execução Penal; (ii) **Caso o titular da ação penal, devidamente intimado, não proponha a execução da multa no prazo de 90 (noventa) dias, o Juiz da execução criminal dará ciência do feito ao órgão competente da Fazenda Pública (Federal ou Estadual, conforme o caso)** para a respectiva cobrança na própria Vara de Execução Fiscal, com a observância do rito da Lei 6.830/1980. **(ADI 3150/DF; Relator(a): Min. MARCO AURÉLIO; Relator(a) p/ Acórdão: Min. ROBERTO BARROSO; J. 13/12/2018; Pleno)**

Mas é necessário ter **atenção** a um detalhe: antes de o STF adotar esse entendimento na ADI 3150, vinha sendo aplicada a Súmula 521 do STJ, que atribuía a legitimidade para a execução da multa penal exclusivamente à Fazenda Pública. Como ficaram, então, as execuções que, no momento do julgamento da ADI 3150, já haviam sido ajuizadas e até mesmo concluídas de acordo com a Súmula 521 do STJ?

Para resolver essa questão e preservar as execuções que já haviam sido propostas, o Supremo Tribunal Federal, em sede de embargos de declaração julgados em 20/04/2020, modulou os efeitos da decisão proferida na ADI 3150, estabelecendo que o novo entendimento não alcança as execuções ajuizadas antes do trânsito em julgado da ADI 3150, para as quais, ficou reconhecida a legitimidade **concorrente** entre o Ministério Público e a Procuradoria da Fazenda Pública. Nas palavras da Corte, *"por razões de segurança jurídica e de excepcional interesse social, devem ser modulados temporalmente os efeitos da decisão, de modo a estabelecer a competência concorrente da Procuradoria da Fazenda Pública quanto às execuções findas ou iniciadas até a data do trânsito em julgado da presente ação direta de inconstitucionalidade"*.

Portanto, segundo essa modulação de efeitos, deve-se observar o seguinte:

a) Nas execuções ajuizadas após o trânsito em julgado da ADI 3150, deve ser seguida a decisão dessa ADI, ou seja, a legitimidade prioritária do Ministério Público e a legitimidade subsidiária da Fazenda Pública.

b) Para as execuções ajuizadas antes do trânsito em julgado da ADI 3150, há legitimidade concorrente entre o Ministério Público e a Fazenda Pública.

→ *O "Pacote Anticrime" afetou a legitimidade para a execução da pena de multa?*

Tudo que vimos acima mudou com a aprovação, em 2019, do "Pacote Anticrime" (Lei 13.964/2019)?

É importante notar que a alteração trazida pela Lei 13.964/2019 foi tão somente a expressa fixação da competência do juízo da execução penal para a execução da multa penal, o que não constava expressamente da redação anterior do art. 51 do Código Penal. Todo o resto permanece inalterado, inclusive, a previsão de que essa multa é considerada dívida de valor e que se aplicam a ela as normas concernentes à dívida ativa da Fazenda Pública.

Isso permite concluir que, agora, a Fazenda Pública não mais terá legitimidade (nem mesmo subsidiária) para a cobrança em questão? Ou que, admitindo-se a legitimidade subsidiária da Fazenda Pública, o feito deverá, na hipótese de sua atuação, tramitar perante o juízo da execução penal, ficando afastada a competência do juízo de execução fiscal?

Ainda é muito cedo para afirmar uma coisa ou outra, pois não houve manifestação do Supremo Tribunal Federal a respeito. É necessário aguardar a definição do tema pela jurisprudência para termos certeza sobre a questão, e isso não deve demorar, pois o STF, no dia 02/06/2022, reconheceu a existência de repercussão geral na matéria, o que ocorreu no **RE 1.377.843** (Tema nº 1.219). Será nesse recurso, portanto, que teremos a resposta que aguardamos (é necessário acompanhar o andamento processual desse caso para saber qual desfecho foi dado pela Corte).

Porém, enquanto o STF não julga a matéria, o que se recomenda para as provas de concurso é o seguinte:

I) Se a questão simplesmente afirmar que a competência para a execução da multa penal é do juízo da execução penal, deve-se considerar correta a assertiva, pois essa é a literalidade da atual redação do art. 51 do Código Penal e é a regra que se aplica quando o Ministério Público promove essa execução (lembrado que, segundo a ADI 3150, a preferência para o ajuizamento do feito executivo é do MP).

II) Se a questão exigir o entendimento firmado pelo Supremo Tribunal Federal, deve-se responder de acordo com a tese fixada na ADI 3150, vista acima.

▶ Legitimidade do Ministério Público para o ajuizamento de ações civis públicas

O Ministério Público possui legitimidade para ajuizar ação civil pública na defesa de direitos difusos, coletivos e individuais homogêneos, quando se tratar de interesses relacionados com suas missões constitucionais, quais sejam, *"a defesa da ordem jurídica, do regime democrático e dos interesses sociais e individuais indisponíveis"* (art. 127, *caput*, CF/88).

Nesse contexto, firmou-se o entendimento de que o Ministério Público possui legitimidade para a propositura de ação civil pública na defesa de:

I) Qualquer direito **difuso**;

II) Qualquer direito **coletivo**;

III) Direitos **individuais homogêneos**, desde que:

a) Sejam **indisponíveis**; ou

b) Sejam **disponíveis**, mas de **interesse social** (que são aqueles direitos que, quando considerados em seu conjunto, transcendem a esfera meramente individual e representam interesses da comunidade).

Foi nesse contexto que o Supremo Tribunal Federal, no **RE 605533**, julgado em 15/08/2018, reconheceu a legitimidade do Ministério Público para ajuizar ação civil pública com o objetivo de obrigar os entes federados a fornecerem medicamentos aos usuários do SUS que apresentassem certas enfermidades (no caso, hipotireoidismo e hipocalcemia severa). Segundo a tese de repercussão geral firmada (**Tema nº 262**), *"o Ministério Público é parte legítima para ajuizamento de ação civil pública que vise o fornecimento de remédios a portadores de certa doença"*.

E, na mesma linha de raciocínio, o **STJ** consolidou o entendimento contido na sua **Súmula 601**, segundo a qual, *"o Ministério Público tem legitimidade ativa para atuar na defesa de direitos difusos, coletivos e individuais homogêneos dos consumidores, ainda que decorrentes da prestação de serviço público"*. Os direitos individuais homogêneos dos consumidores, ainda que disponíveis, são de interesse social, sendo essa a razão de sua inclusão nesse enunciado.

Ainda seguindo essa forma de pensar, o Superior Tribunal de Justiça decidiu, no **REsp 2.079.440** (j. 20/02/2024), que o Ministério Público tem legitimidade para ajuizar ação civil pública que tenha como objetivo discutir contrato de honorários advocatícios abusivos, desde que envolva litigantes hipossuficientes e haja no caso repercussão social que transcenda os interesses dos particulares, a exemplo do que ocorre quando a situação diz respeito a beneficiários da Previdência Social que contrataram advogado para ajuizar ações previdenciárias e, no contrato firmado com o advogado, a fixação dos honorários tenha sido abusiva.

Nas exatas palavras do STJ, *"a Previdência Social tem por finalidade garantir aos seus beneficiários meios indispensáveis de manutenção, por motivo de incapacidade, desemprego involuntário, idade avançada, tempo de serviço, encargos familiares e prisão ou morte daqueles de quem dependiam economicamente. (...)A modalidade de advocacia predatória que obsta o propósito da Previdência Social de mantença de seus segurados, ao atuar com desídia para aumentar a sua remuneração e ao cobrar honorários que prejudicam a subsistência dos beneficiários,* ***desvirtua a lógica do direito previdenciário.*** *(...) O Ministério Público* ***possui legitimidade para propor ação civil pública que trate de contrato de honorários advocatícios abusivos quando houver litigantes hipossuficientes e repercussão social que transcenda a esfera dos interesses particulares"***.

Por outro lado (e seguindo a mesma linha de raciocínio que acabamos de ver acima), o próprio STJ entende que **o Ministério Público não tem legitimidade ativa para ajuizar ação civil pública objetivando deduzir em juízo pretensão de natureza tributária em defesa dos contribuintes que vise questionar a constitucionalidade ou legalidade de tributo**, em virtude de se tratar de pretensão referente a **direito individual homogêneo disponível (e destituído de interesse social)**. Esse entendimento foi adotado pelo STJ em diferentes precedentes, como os seguintes:

I) **EREsp 505.303**, Rel. Min. Humberto Martins, Primeira Seção, j. 11/06/2008;

II) **EREsp 1428611**, Rel. Min. Francisco Falcão, Primeira Seção, j. 09/02/2022;

III) **REsp 1.709.093**, Rel. Min. Benedito Gonçalves, Primeira Turma, j. 29/03/2022;

IV) **AgRg na Pet 1.093**, Rel. Min. Nilson Naves, Corte Especial, j. 24/10/2002.

Esse entendimento do STJ está alinhado com o posicionamento adotado pelo STF no **Tema de Repercussão Geral nº 645** (ARE 694294, j. 25/04/2013), no qual a Suprema Corte fixou a tese segundo a qual *"o Ministério Público não possui legitimidade ativa ad causam para, em ação civil pública, deduzir em juízo pretensão de natureza tributária em defesa dos contribuintes, que vise questionar a constitucionalidade/legalidade de tributo"*.

Mantendo o entendimento de que o Ministério Público pode atuar na defesa de interesses individuais socialmente relevantes, o Supremo Tribunal Federal admitiu o ajuizamento de ação civil pública pelo MP para tutelar direitos individuais homogêneos em dois precedentes muito interessantes.

O primeiro deles foi o **RE 631.111** (julgado em 07/08/2014), no qual, o STF reconheceu a legitimidade do Ministério Público para ajuizar ação civil pública relativa ao pagamento de indenizações do seguro DPVAT, por entender que, embora se trate de um direito individual homogêneo disponível, a sua tutela se reveste de interesse social qualificado, o que justifica a atuação do MP, como estabelece o art. 127 da CF/88.

Nas palavras do Tribunal, *"os direitos difusos e coletivos são transindividuais, indivisíveis e sem titular determinado, sendo, por isso mesmo, tutelados em juízo invariavelmente em regime de substituição processual, por iniciativa dos órgãos e entidades indicados pelo sistema normativo, entre os quais o Ministério Público, que tem, nessa legitimação ativa, uma de suas relevantes funções institucionais (CF art. 129, III). (...) Direitos individuais disponíveis, ainda que homogêneos, estão, em princípio, excluídos do âmbito da tutela pelo Ministério Público (CF, art. 127). (..) No entanto,* ***há certos interesses individuais que, quando visualizados em seu conjunto, em forma coletiva e impessoal, têm a força de transcender a esfera de interesses puramente***

***particulares**, passando a representar, mais que a soma de interesses dos respectivos titulares, verdadeiros interesses da comunidade. Nessa perspectiva, a lesão desses interesses individuais acaba não apenas atingindo a esfera jurídica dos titulares do direito individualmente considerados, mas também comprometendo bens, institutos ou valores jurídicos superiores, cuja preservação é cara a uma comunidade maior de pessoas. **Em casos tais, a tutela jurisdicional desses direitos se reveste de interesse social qualificado, o que legitima a propositura da ação pelo Ministério Público** com base no art. 127 da Constituição Federal. Mesmo nessa hipótese, todavia, a legitimação ativa do Ministério Público se limita à ação civil coletiva destinada a obter sentença genérica sobre o núcleo de homogeneidade dos direitos individuais homogêneos. (...)".*

O segundo precedente foi o **RE 643978**, julgado em 09/10/2019, no qual, o STF, fundamentando-se no entendimento firmado no RE 631.111, reconheceu a legitimidade do Ministério Público para ajuizar ação civil pública em defesa de direitos sociais relacionados ao **Fundo de Garantia do Tempo de Serviço (FGTS)**. Nesse caso, a Suprema Corte realizou interpretação conforme a Constituição Federal do art. 1º, parágrafo único, da Lei 7.347/85 (que veda o manejo de ACP para veicular pretensões que envolvam o FGTS), estabelecendo que tal dispositivo teve a finalidade de simplesmente evitar a vulgarização do uso da ação civil pública, o que não se verifica quando o MP atua na defesa de interesses socialmente relevantes (ainda que individuais, como era o caso), situação em que a legitimidade do *Parquet* decorre diretamente do art. 127 da CF/88, não podendo norma infraconstitucional ser invocada para afastá-la.

Conforme constou da ementa do julgado, *"no julgamento do RE 631.111 (Rel. Min. TEORI ZAVASCKI, DJe de 30/10/2014), sob o regime da repercussão geral, o PLENÁRIO firmou entendimento no sentido de que **certos interesses individuais, quando aferidos em seu conjunto, de modo coletivo e impessoal, têm o condão de transcender a esfera de interesses estritamente particulares**, convolando-se em verdadeiros interesses da comunidade, emergindo daí a legitimidade do Ministério Público para ajuizar ação civil pública, com amparo no art. 127 da Constituição Federal, o que não obsta o Poder Judiciário de sindicar e decidir acerca da adequada legitimação para a causa, inclusive de ofício. (...) **A demanda intenta o resguardo de direitos individuais homogêneos cuja amplitude possua expressiva envergadura social, sendo inafastável a legitimidade do Ministério Público para ajuizar a correspondente ação civil pública.** (...) É o que ocorre com as pretensões que envolvam tributos, contribuições previdenciárias, o **Fundo de Garantia do Tempo de Serviço - FGTS** ou outros fundos de natureza institucional cujos beneficiários podem ser individualmente determinados (parágrafo único do art. 1º da Lei 7.347/1985)".*

▶ O Ministério Público possui legitimidade exclusiva para propor ação de improbidade administrativa?

A Lei 8.429/92 (Lei de Improbidade Administrativa), em sua redação original, estabelecia a legitimidade ativa concorrente entre o Ministério Público e a pessoa jurídica lesada para o ajuizamento da ação de improbidade administrativa. O texto legal estabelecia que *"a ação principal, que terá o rito ordinário, será proposta pelo Ministério Público ou pela pessoa jurídica interessada, dentro de trinta dias da efetivação da medida cautelar"* (art. 17).

Porém, a Lei 14.230/21 alterou a Lei 8.429/92 e, ao fazer isso, retirou do ente público lesado pelo ato ímprobo a legitimidade para ajuizar a respectiva ação de improbidade administrativa e buscar a aplicação das sanções cabíveis ao responsável pela lesão. Essa legitimidade passou a ser apenas do Ministério Público.

A Lei 14.230/21 estabeleceu, ainda (no seu art. 3º), que o Ministério Público deveria, no prazo de um ano, manifestar interesse em dar prosseguimento às ações de improbidade administrativa que tivessem sido ajuizadas pelo Poder Público, sob pena de extinção desses processos sem julgamento de mérito. Além disso, segundo a Lei, nesse período de um ano e até que o MP se manifestasse sobre as ações em curso, estas deveriam ficar suspensas.

Confira o teor dessas disposições legais:

> "Art. 17, Lei 8.429/92. A ação para a aplicação das sanções de que trata esta Lei será proposta pelo Ministério Público e seguirá o procedimento comum previsto na Lei nº 13.105, de 16 de março de 2015 (Código de Processo Civil), salvo o disposto nesta Lei. **(Redação dada pela Lei 14.230/2021)**
>
> (...)"
>
> "**Art. 3º, Lei 14.230/21.** No prazo de **1 (um) ano** a partir da data de publicação desta Lei, o Ministério Público competente **manifestará interesse** no prosseguimento das ações por improbidade administrativa em curso ajuizadas pela Fazenda Pública, inclusive em grau de recurso.
>
> **§ 1º** No prazo previsto no caput deste artigo **suspende-se o processo**, observado o disposto no art. 314 da Lei nº 13.105, de 16 de março de 2015 (Código de Processo Civil).
>
> **§ 2º** Não adotada a providência descrita no caput deste artigo, o processo será **extinto sem resolução do mérito**."

Acontece que essas novidades trazidas pela Lei 14.230/21 foram impugnadas perante o Supremo Tribunal Federal, mais precisamente, nas **ADIs 7042 e 7043.**

Nessas ações, em um primeiro momento, o Min. Alexandre de Moraes, em decisão monocrática do dia 17/02/2022, deferiu medida cautelar *ad referendum* do Plenário do Tribunal, para realizar uma interpretação conforme à Constituição do *caput* do art. 17 da Lei 8.429/92, de modo a estabelecer, para a ação de improbidade administrativa, a **legitimidade ativa concorrente entre o Ministério Público e a pessoa jurídica lesada pelo ato ímprobo**. Além disso, a decisão suspendeu o art. 3º da Lei 14.230/21, de modo que **o MP não pode mais assumir as ações de improbidade administrativa ajuizadas pela Fazenda Pública**.

Essa decisão se baseou no fato de que a Constituição Federal, ao conferir ao Ministério Público legitimidade para ações de natureza civil, prevê expressamente que essa legitimidade não exclui a de terceiros (art. 129, § 1º). Diferente é o caso da ação penal pública, em relação à qual o texto constitucional estabeleceu, de forma expressa, que a legitimidade ativa é privativa do Ministério Público (art. 129, I).

Além disso, segundo esclareceu o Ministro, o combate à corrupção e à imoralidade é uma das principais preocupações da Constituição Federal, o que fica evidenciado, por exemplo, no *caput* e no § 4º do seu art. 37, os quais estabelecem, respectivamente, os princípios da Administração Pública (dentre eles, o da moralidade) e a aplicação de sanções severas a quem praticar ato de improbidade administrativa.

Na mesma linha de pensamento, o art. 23, I, da CF/88 estabelece ser da competência comum de todas as esferas federativas zelar pela guarda da Constituição e conservar o patrimônio público.

Confira o teor dos dispositivos mencionados:

"**Art. 23, CF/88.** É competência comum da União, dos Estados, do Distrito Federal e dos Municípios:

I - zelar pela guarda da Constituição, das leis e das instituições democráticas e conservar o patrimônio público;

(...)"

"**Art. 37, CF/88.** A administração pública direta e indireta de qualquer dos Poderes da União, dos Estados, do Distrito Federal e dos Municípios obedecerá aos princípios de **legalidade, impessoalidade, moralidade, publicidade e eficiência** e, também, ao seguinte:

(...)

§ 4º, CF/88. Os atos de improbidade administrativa importarão a suspensão dos direitos políticos, a perda da função pública, a indisponibilidade dos bens e o ressarcimento ao erário, na forma e gradação previstas em lei, sem prejuízo da ação penal cabível.

(...)"

"**Art. 129, CF/88.** São funções institucionais do Ministério Público:

I - promover, privativamente, a ação penal pública, na forma da lei;

(...)

III - promover o inquérito civil e a ação civil pública, para a proteção do patrimônio público e social, do meio ambiente e de outros interesses difusos e coletivos;

(...)

§ 1º - A legitimação do Ministério Público para as ações civis previstas neste artigo não impede a de terceiros, nas mesmas hipóteses, segundo o disposto nesta Constituição e na lei.

(...)"

Todo esse contexto normativo deixa evidente que a vontade do constituinte foi de estabelecer um amplo sistema de combate a atos que violem a probidade na Administração Pública, de modo que não é compatível com o texto constitucional retirar da entidade lesada a possibilidade de, por meio do seu órgão de Advocacia Pública, promover a ação de improbidade administrativa. A supressão dessa legitimidade, inclusive, representaria um inegável retrocesso no combate aos atos de improbidade, bem como uma violação ao direito fundamental de acesso à jurisdição (que também é assegurado às pessoas jurídicas de direito público), além de desrespeitar o princípio da eficiência (previsto no art. 37, *caput*, da CF/88), já que dificulta o combate à improbidade administrativa.

Nas palavras do Min. Alexandre de Moraes, inclusive, citando precedentes do próprio STF:

> *"a supressão da legitimidade ativa das pessoas jurídicas interessadas para a propositura da ação de improbidade administrativa pode* ***representar grave limitação ao amplo acesso à jurisdição*** *(CF, art. 5º, XXXV), com* ***ferimento ao princípio da eficiência*** *(CF, art. 37, caput) e, no limite,* ***obstáculo ao exercício da competência comum*** *da União, Estados, Distrito Federal e Municípios* ***para "zelar pela guarda da Constituição" e "conservar o patrimônio público"*** *(CF, art. 23, I), bem como, um*

> ***significativo retrocesso*** *quanto ao imperativo constitucional de combate à improbidade administrativa.*
>
> *Em respeito às citadas normas constitucionais, a previsão do §1º, do art. 129 da Constituição Federal parece indicar um* ***comando impeditivo à previsão de exclusividade por parte do Ministério Público nas ações civis por ato de improbidade administrativa****, impondo, assim, a necessidade de uma interpretação teleológica do texto constitucional, como bem ressaltado pelo Min. ILMAR GALVÃO no julgamento do Recurso Extraordinário 208.790 (Tribunal Pleno, DJ de 15/02/2000):*
>
> *Na verdade, o art. 129, III, da CF, ao legitimar o Ministério Público para agir na proteção do patrimônio público, por via da ação civil pública, não fez senão instituí-lo substituto processual de toda a coletividade, posto que agirá na defesa de um interesse que toca a todos, indistintamente, revestindo, consequentemente, a natureza de interesse difuso.* ***Essa legitimação, de caráter extraordinário, [...] não afasta a iniciativa do próprio ente público interessado, como previsto no primeiro dispositivo citado*** *[CF, art. 129, § 1º].*
>
> *Mais recentemente, ao apreciar a restrição constitucional que veda ao Ministério Público a representação judicial e a consultoria jurídica de entidades públicas (CF, art. 129, XI, in fine), a mesma conclusão (extensível, a contrario sensu, para os casos sob análise) foi reafirmada pelo Min. LUIZ FUX no julgamento do Recurso Extraordinário 409.356 (Tribunal Pleno, DJe de 29/07/2020), nos seguintes termos:*
>
> *A referida restrição, todavia, deve ser interpretada em consonância com os demais dispositivos da Carta Magna que atribuem ao parquet ampla atribuição no campo da tutela do patrimônio público, interesse de cunho inegavelmente transindividual. Afinal, o próprio art. 129, III, da Constituição exorta o Ministério Público ao ajuizamento da ação civil pública "para a proteção do patrimônio público e social", "e de outros interesse difusos e coletivos". Rememore-se que* ***a atuação do parquet na proteção do patrimônio público não afasta a atuação do próprio ente público prejudicado, conforme prevê o art. 129, § 1º, da Constituição****: [...]. No plano infraconstitucional, a Lei nº 8.429/92 confere ao Ministério Público legitimidade para promover a ação de improbidade, a qual possui dentre seus objetivos a reparação ao Erário. Em casos tais, o parquet não age como representante da entidade pública, e sim como substituto processual de uma coletividade indeterminada, é dizer, a sociedade como um todo, titular do direito à boa administração do patrimônio público.*
>
> *(...)*
>
> *A supressão da legitimidade ativa das pessoas jurídicas interessadas para a propositura da ação por ato de improbidade administrativa* ***caracteriza uma espécie de monopólio absoluto do combate à corrupção ao Ministério Público, não autorizado, entretanto, pela Constituição Federal****, e sem qualquer sistema de freios e contrapesos como estabelecido na hipótese das ações penais públicas (art. 5º, LIX, da CF).*
>
> *(...)"*

Esse entendimento adotado na decisão cautelar foi **posteriormente confirmado no julgamento final de mérito das ações**, ocorrido em 31/08/2022.

Portanto, atualmente, em virtude do julgamento das ADIs 7042 e 7043, o Ministério Público **não possui legitimidade ativa exclusiva** para a ação de improbidade administrativa (essa legitimidade é concorrente entre e o MP e a Fazenda Pública), além de **não poder assumir** as ações de improbidade administrativa que foram ajuizadas pelo Poder Público.

▶ Participação em bancas de concursos para cargos externos ao Ministério Público

Houve um caso em que uma norma de Constituição Estadual estabeleceu que em todos os concursos públicos realizados no Estado deveria haver a participação de um membro do Ministério Público Estadual nas respectivas comissões organizadoras, sob pena de nulidade.

Essa norma é compatível com a Constituição Federal? Segundo decidiu o STF na **ADI 3841**, julgada em 16/06/2020, **não**.

De acordo com a Corte, essa norma não se compatibiliza com as funções institucionais do Ministério Público, pois o art. 129 da CF/88 não prevê tal atribuição dentre aquelas que foram conferidas ao MP pelo texto constitucional. Além disso, a norma impõe ao Ministério Público um ônus muito pesado, capaz de prejudicar o desempenho das suas atribuições constitucionalmente previstas, e contraria a vedação ao exercício de consultoria jurídica em favor de entes públicos imposta ao MP pelo art. 129, IX, da CF/88. Isso porque, segundo entendeu o STF, a única forma pela qual os membros do *Parquet* poderiam contribuir para concursos públicos de acesso a cargos externos (notadamente os não jurídicos) seria zelando pela sua regularidade.

Nos termos da ementa do julgado, *"a participação de membro do Parquet em bancas de concursos para cargos externos a esse órgão é incompatível com as funções institucionais do Ministério Público"*.

Esse mesmo entendimento foi adotado pelo Supremo Tribunal Federal na **ADI 4714**, julgada em 29/11/2019, na qual foi declarada a inconstitucionalidade de dispositivo de lei estadual que atribuiu ao Ministério Público do Estado a função de fiscalizar o recolhimento de taxas destinadas ao Fundo de Reaparelhamento do Ministério Público. No caso, o STF entendeu que essa atribuição é típica atividade de fiscalização tributária, não se compatibilizando com a lista de funções do Ministério Público contida no art. 129 da CF/88.

Nas palavras da Corte, *"as atribuições conferidas ao Ministério Público do Rio Grande do Norte pelos arts. 7º, 8º, 9º e 10 da Lei estadual n. 9.419/2010 são atividades de fiscalização tributária típicas das Secretarias de Estado de Fazenda, não se relacionando diretamente com as finalidades constitucionais daquela instituição de defesa da ordem jurídica, do regime democrático e dos interesses sociais e individuais indisponíveis"*.

CONSELHO NACIONAL DO MINISTÉRIO PÚBLICO (CNMP)

O CNMP, criado pelo art. 130-A da CF/88 (incluído pela EC 45/04 e regulamentado pela Lei 11.372/06), é conhecido como o **"irmão gêmeo" do CNJ**, justamente por ter sido criado para atuar em relação ao Ministério Público tal qual o CNJ atua em relação ao Poder Judiciário.

■ COMPOSIÇÃO DO CONSELHO

Enquanto o CNJ possui 15 (quinze) membros, o CNMP possui 14 (quatorze), sendo o seu membro nato o Procurador-Geral da República, que preside o Conselho. Em relação aos demais membros, são escolhidos à semelhança do que ocorre com os membros não natos do CNJ: são indicados e, após a aprovação da indicação pela maioria absoluta do Senado Federal, são nomeados pelo Presidente da República para um mandato de 02 (dois) anos, admitida uma única recondução (não se trata de reeleição, mas de recondução). O PGR, por ser membro nato, não se submete a esse procedimento.

Vejamos a composição do CNMP:

> "**Art. 130-A, CF/88.** O Conselho Nacional do Ministério Público compõe-se de quatorze membros nomeados pelo Presidente da República, depois de aprovada a escolha pela maioria absoluta do Senado Federal, para um mandato de dois anos, admitida uma recondução, sendo:
>
> **I** - o Procurador-Geral da República, **que o preside**;
>
> **II** - quatro membros do Ministério Público da União, assegurada a representação de cada uma de suas carreiras;
>
> **III** - três membros do Ministério Público dos Estados;
>
> **IV** - dois juízes, indicados um pelo Supremo Tribunal Federal e outro pelo Superior Tribunal de Justiça;
>
> **V** - dois advogados, indicados pelo Conselho Federal da Ordem dos Advogados do Brasil;
>
> **VI** - dois cidadãos de notável saber jurídico e reputação ilibada, indicados um pela Câmara dos Deputados e outro pelo Senado Federal.
>
> **§ 1º** Os membros do Conselho **oriundos do Ministério Público serão indicados pelos respectivos Ministérios Públicos**, na forma da lei."

Ainda em relação à composição do CNMP, dentre os membros do Ministério Público que o integram, será escolhido o Corregedor, por votação **secreta**. O Corregedor terá mandato de 02 (dois) anos, mas para essa função é vedada a recondução. Note que, embora se trate, nesse caso, de verdadeira eleição, o texto constitucional, aqui, também usa a expressão "recondução", e não "reeleição". É o que consta do § 3º do art. 130-A da CF/88:

> "**Art. 130-A, § 3º** O Conselho escolherá, em votação secreta, um Corregedor nacional, dentre os membros do Ministério Público que o integram, vedada a recondução, competindo-lhe, além das atribuições que lhe forem conferidas pela lei, as seguintes:
>
> **I** - receber reclamações e denúncias, de qualquer interessado, relativas aos membros do Ministério Público e dos seus serviços auxiliares;
>
> **II** - exercer funções executivas do Conselho, de inspeção e correição geral;
>
> **III** - requisitar e designar membros do Ministério Público, delegando-lhes atribuições, e requisitar servidores de órgãos do Ministério Público."

Além disso, o Presidente do Conselho Federal da OAB também tem papel relevante no CNMP: ele não é previsto na Constituição como integrante do Conselho, mas sua atuação perante o órgão é obrigatória (art. 130-A, § 4º, CF/88).

> "**Art. 130-A, § 4º** O Presidente do Conselho Federal da Ordem dos Advogados do Brasil oficiará junto ao Conselho."

ATRIBUIÇÕES DO CONSELHO

Quando estudamos o CNJ, vimos a grande importância, para provas de concursos, de conhecer bem as atribuições do Conselho. Embora o CNMP seja menos cobrado nas provas em geral, também é indispensável conhecer bem suas atribuições previstas no texto constitucional (art. 130-A, § 2º, CF/88). O único "problema" é que se trata de mais um tema que exige a memorização da literalidade da Constituição.

Vejamos o que estabelece a CF/88 sobre o tema:

> "**Art. 130-A, § 2º, CF/88.** Compete ao Conselho Nacional do Ministério Público o controle da atuação administrativa e financeira do Ministério Público e do cumprimento dos deveres funcionais de seus membros, cabendo lhe:
>
> **I** - zelar pela autonomia funcional e administrativa do Ministério Público, podendo expedir atos regulamentares, no âmbito de sua competência, ou recomendar providências;
>
> **II** - zelar pela observância do art. 37 e apreciar, de ofício ou mediante provocação, a legalidade dos atos administrativos praticados por membros ou órgãos do Ministério Público da União e dos Estados, podendo desconstituí-los, revê-los ou fixar prazo para que se adotem as providências necessárias ao exato cumprimento da lei, sem prejuízo da competência dos Tribunais de Contas;
>
> **III** - receber e conhecer das reclamações contra membros ou órgãos do Ministério Público da União ou dos Estados, inclusive contra seus serviços auxiliares, sem prejuízo da competência disciplinar e correicional da instituição, podendo avocar processos disciplinares em curso, determinar a remoção ou a disponibilidade e aplicar outras sanções administrativas, assegurada ampla defesa; **(Redação dada pela Emenda Constitucional nº 103, de 2019)**
>
> **IV** - rever, de ofício ou mediante provocação, os processos disciplinares de membros do Ministério Público da União ou dos Estados julgados há menos de um ano;
>
> **V** - elaborar relatório anual, propondo as providências que julgar necessárias sobre a situação do Ministério Público no País e as atividades do Conselho, o qual deve integrar a mensagem prevista no art. 84, XI."

Da leitura do dispositivo transcrito acima, é possível perceber que as atribuições constitucionais do CNMP são extremamente parecidas com as do CNJ. Por isso, uma vez estudado o Conselho Nacional de Justiça, a dificuldade para o estudo do Conselho Nacional do Ministério Público fica reduzida.

O § 2º do art. 130-A visto acima deixa clara uma característica do CNMP que já foi estudada em relação ao CNJ: trata-se de um órgão administrativo, não jurisdicional. Nesse sentido, as atribuições do CNMP são todas de caráter administrativo, e aqui "administrativo" significa tudo que não é exercício de jurisdição (é um conceito obtido por exclusão, portanto).

O Conselho Nacional do Ministério Público, então, realiza um controle administrativo (em sentido amplo) sobre o Ministério Público, e esse controle administrativo envolve não apenas a apreciação de atos administrativos (que é o controle administrativo em sentido estrito), mas também a apreciação de questões financeiras e disciplinares.

Em relação às atribuições do CNMP, há alguns aspectos interessantes que precisam ser registrados.

O primeiro deles é que o STF já decidiu que a atribuição conferida ao CNMP para realizar revisão de processos disciplinares apenas pode ser exercida em relação a **membros** do Ministério Público, não alcançando servidores. O entendimento não poderia ser outro, já que o próprio texto constitucional, quando trata dessa possibilidade, refere-se apenas a membros (art. 130-A, § 2º, IV, CF/88).

Confira o seguinte julgado nesse sentido:

> "(...) **A competência revisora conferida ao Conselho Nacional do Ministério Público limita-se aos processos disciplinares instaurados contra os membros do Ministério Público da União ou dos Estados** (inc. IV do § 2º do art. 130-A da Constituição da República), não sendo possível a revisão de processo disciplinar contra servidores. (...) A Constituição da República **resguardou o Conselho Nacional do Ministério Público da possibilidade de se tornar instância revisora** dos processos administrativos disciplinares instaurados nos órgãos correicionais competentes **contra servidores auxiliares do Ministério Público** em situações que não digam respeito à atividade-fim da própria instituição. (...)" **(MS 28827/SP; Relator(a): Min. CÁRMEN LÚCIA; J. 28/08/2012; Primeira Turma)**

Além disso, existe uma orientação no âmbito do próprio CNMP no sentido de que o Conselho apenas examina questões que não sejam de alcance meramente individual, devendo ultrapassar os interesses subjetivos das partes envolvidas. É o que consta do **Enunciado CNMP nº 8/2014:**

> "Não cabe ao Conselho Nacional do Ministério Público o exame de pretensões que ostentem natureza meramente individual, que não ultrapassem o interesse subjetivo das partes envolvidas, mostrando-se desprovidas de repercussão geral para a sociedade ou para o Ministério Público. Pressupõe-se a repercussão geral da demanda que esteja relacionada a função eminentemente institucional do Ministério Público ou que tenha natureza disciplinar dos seus membros. Aplica-se este enunciado somente aos feitos protocolizados neste Conselho após a sua publicação."

A publicação desse enunciado se deu na edição do Diário Oficial da União de **02/05/2014**, só tendo aplicação, portanto, após essa data.

Em relação à possibilidade de realização de controle de constitucionalidade pelo CNMP, aplicam-se as mesmas considerações feitas anteriormente quanto à possibilidade de o CNJ exercer esse tipo de controle.

Por fim, tal qual ocorreu com o CNJ, a EC 103/2019 extinguiu a possibilidade de o CNMP aplicar, a membros do Ministério Público, a sanção disciplinar de aposentadoria (compulsória) com proventos proporcionais ao tempo de serviço (art. 130-A, § 2º, III, CF/88). Porém, diferentemente do que se verifica em relação à magistratura (que continua possuindo a previsão dessa penalidade disciplinar em sede infraconstitucional), no âmbito do Ministério Público, as normas infraconstitucionais que disciplinam os diferentes órgãos e carreiras, especialmente, a LC 75/93 e a Lei 8.625/93, não trazem a previsão da aposentadoria compulsória proporcional como sanção disciplinar.

MINISTÉRIO PÚBLICO JUNTO AO TRIBUNAL DE CONTAS

O Ministério Público junto ao Tribunal de Contas (também chamado de **Ministério Público especial** ou **Ministério Público de Contas**), no regime constitucional atualmente em vigor, não se confunde com o Ministério Público "comum" (seja o da União ou o dos Estados), consubstanciando uma instituição autônoma em relação a este.

O MP junto ao Tribunal de Contas, na verdade, encontra-se estruturalmente ligado ao Tribunal de Contas (seja da União, do Estado ou, onde houver, do Município), nem mesmo sendo possível "aproveitar" membros do Ministério Público comum para atuar perante o Tribunal de Contas ou o inverso. O MP junto ao Tribunal de Contas, portanto, possui uma carreira específica, com membros próprios, conforme, inclusive, já decidiu o Supremo Tribunal Federal:

> "(...) **Impossibilidade de Procuradores de Justiça do Estado do Espírito Santo atuarem junto à Corte de Contas estadual, em substituição aos membros do Ministério Público especial.** (...) Esta Corte entende que **somente o Ministério Público especial tem legitimidade para atuar junto aos Tribunais de Contas dos Estados** e que a organização e composição dos Tribunais de Contas estaduais estão sujeitas ao modelo jurídico estabelecido pela Constituição do Brasil [artigo 75]. (...) **É inconstitucional o texto normativo que prevê a possibilidade de Procuradores de Justiça suprirem a não-existência do Ministério Público especial**, de atuação específica no Tribunal de Contas estadual. (...)" **(ADI 3192/ES; Relator(a): Min. EROS GRAU; J. 24/05/2006; Pleno)**

A (tímida) disciplina constitucional do MP junto ao Tribunal de Contas encontra-se, basicamente, nos arts. 73, § 2º, I, e 130 da CF/88. E o art. 130 da CF/88 estende aos seus membros o mesmo regime de direitos, vedações e forma de investidura previsto na Constituição para os integrantes das carreiras do Ministério Público comum (muito embora não haja vinculação deste com o Ministério Público especial).

> "**Art. 73, § 2º, CF/88.** Os Ministros do Tribunal de Contas da União serão escolhidos:
>
> **I** - um terço pelo Presidente da República, com aprovação do Senado Federal, sendo dois alternadamente dentre auditores e **membros do Ministério Público junto ao Tribunal**, indicados em lista tríplice pelo Tribunal, segundo os critérios de antigüidade e merecimento;
>
> **II** - dois terços pelo Congresso Nacional.
>
> "**Art. 130, CF/88.** Aos membros do Ministério Público junto aos Tribunais de Contas aplicam-se as disposições desta seção pertinentes a direitos, vedações e forma de investidura."

O MP junto ao Tribunal de Contas é regido, no âmbito infraconstitucional, por lei orgânica própria (sob a forma de lei **ordinária**), a qual, conforme vimos no capítulo sobre processo legislativo, é **de iniciativa do Tribunal de Contas respectivo**, que, por força do art. 73 da CF/88 (que determina a aplicação ao Tribunal de Contas, no que couber, do art. 96 da CF/88), possui iniciativa legislativa privativa para tratar de sua estrutura, organização e funcionamento. Isso se aplica tanto ao MP de Contas da União quanto aos MPs de Contas dos Estados, pois o art. 75 da CF/88 determina a aplicação às Cortes de Contas Estaduais, no que couber, do regramento previsto no texto constitucional para o Tribunal de Contas da União.

Inclusive, o regramento do Ministério Público de Contas não pode ser estabelecido por meio de Emenda à Constituição (seja no âmbito federal ou no âmbito estadual), pois isso representaria uma supressão da prerrogativa conferida pela CF/88 ao Tribunal de Contas para dar início ao processo legislativo de proposições que digam respeito à sua estrutura e funcionamento. Isso porque o Tribunal de Contas, embora tenha iniciativa para leis, não tem iniciativa para emendas constitucionais, de modo que, se a matéria for tratada por emenda à Constituição, isso significará que a iniciativa não foi do Tribunal de Contas.

E a jurisprudência do STF se firmou nesse exato sentido, como consta dos seguintes precedentes:

> "(...) **A Lei Complementar 142/2011 do Estado do Rio de Janeiro, de origem parlamentar**, ao alterar diversos dispositivos da Lei Orgânica do Tribunal de Contas do Estado do Rio de Janeiro, **contrariou o disposto nos artigos 73, 75 e 96, II, d, da Constituição Federal**, por dispor sobre forma de atuação, competências, garantias, deveres e organização do Tribunal de Contas estadual, **matéria de iniciativa legislativa privativa daquela Corte.** (...) **As Cortes de Contas do país**, conforme reconhecido pela Constituição de 1988 e por esta Suprema Corte, gozam das prerrogativas da autonomia e do autogoverno, o que inclui, essencialmente, a **iniciativa privativa para instaurar processo legislativo que pretenda alterar sua organização e funcionamento, como resulta da interpretação lógico-sistemática dos artigos 73, 75 e 96, II, d, da Constituição Federal.** (...)" **(ADI 4643/RJ; Relator(a): Min. LUIZ FUX; J. 15/05/2019; Pleno)**
>
> "(...) **Os procuradores de contas integram os quadros dos respectivos Tribunais de Contas**, estes sim dotados de poder de autogoverno, consubstanciado na **prerrogativa de fazer instaurar o processo legislativo** concernente à sua organização, à sua estruturação interna, à definição do seu quadro de pessoal e à criação dos cargos respectivos. (...) **A iniciativa do processo legislativo relativo à fixação do número dos procuradores de contas compete privativamente aos respectivos Tribunais de Contas.** (...) **A inserção nos textos constitucionais estaduais de matérias cuja veiculação por lei se submeteria à reserva de iniciativa** de órgãos de quaisquer dos Poderes e do Ministério Público, mormente daqueles que não podem propor emendas constitucionais, **lhes subtrai a possibilidade de manifestação e tolhe suas prerrogativas institucionais, caracterizando burla à formatação constitucional da separação dos Poderes.** (...) In casu, **o constituinte derivado decorrente**, ao fixar o número de procuradores de contas estaduais no artigo 73, *caput*, da Constituição do Estado do Ceará, com a redação dada pela Emenda Constitucional estadual 77/2013, **cerceou a prerrogativa do Tribunal de Contas estadual de deflagrar o processo legislativo relativo à definição do seu quadro de pessoal e à criação dos cargos respectivos**, em ofensa ao disposto nos artigos 73, *caput*, in fine, e 75, *caput*, c/c o artigo 96, II, b, da Constituição Federal. (...)" **(ADI 5117/CE; Relator(a): Min. LUIZ FUX; J. 13/12/2019; Pleno)**

▪ O MINISTÉRIO PÚBLICO DE CONTAS POSSUI INICIATIVA LEGISLATIVA PARA AS NORMAS QUE DISCIPLINAM SUA ORGANIZAÇÃO E FUNCIONAMENTO?

Conforme vimos acima, o Ministério Público de Contas encontra-se inserido na estrutura do Tribunal de Contas respectivo, não se confundindo com o Ministério Público "comum".

Justamente por conta do fato de o Ministério Público de Contas ser parte integrante do Tribunal de Contas, o Supremo Tribunal Federal possui entendimento de que ele não possui iniciativa legislativa para as normas que disciplinam sua organização e funcionamento. Isso porque o órgão ao qual a Constituição Federal assegura a iniciativa legislativa para tratar de sua organização e funcionamento é o Tribunal de Contas, e não o MP de Contas, que é simplesmente uma parte integrante da Corte de Contas.

Por isso, é **inconstitucional** norma de Constituição Estadual que atribua ao próprio Ministério Público de contas a iniciativa legislativa para tratar de sua organização e funcionamento e de outras questões atinentes à sua carreira (como remuneração). Esses temas devem ser tratados em lei de iniciativa do respectivo Tribunal de Contas, que é o órgão detentor da prerrogativa constitucional para deflagrar o processo legislativo sobre a matéria **(ADI 3804, Rel. Min. DIAS TOFFOLI, j. 06/12/2021, Pleno)**.

▪ É CONSTITUCIONAL EXIGIR LEI COMPLEMENTAR PARA DISCIPLINAR O MINISTÉRIO PÚBLICO DE CONTAS?

Vimos que o Ministério Público de Contas deve ser disciplinado em lei de iniciativa do respectivo Tribunal de Contas.

A esse respeito o seguinte questionamento foi enfrentado pelo Supremo Tribunal Federal: é possível que norma de Constituição Estadual exija que a lei que disciplina a organização e funcionamento do respectivo MP de Contas seja uma lei complementar?

Na **ADI 3804**, julgada em 06/12/2021, o STF decidiu que não.

Segundo o Supremo Tribunal Federal, o campo de atuação da lei complementar se restringe às hipóteses expressamente previstas na Constituição Federal, de modo que, quando o texto constitucional prevê que determinada matéria deve ser disciplinada em lei, mas não especifica se essa lei é complementar ou ordinária, significa que a lei em questão é ordinária.

Além disso, os temas reservados a lei complementar pela Constituição Federal são de observância obrigatória nos âmbitos estadual e municipal, de modo que não pode uma Constituição Estadual ampliar essa lista, inserindo nela temas para os quais a CF/88 não exige a edição de lei complementar.

Por isso, considerando que a CF/88 não exige lei complementar para disciplinar a organização e funcionamento do Tribunal de Contas (onde se encontra inserido o MP de Contas), é inconstitucional norma de Constituição Estadual que exija lei complementar para tratar do respectivo Ministério Público de Contas.

■ A LEI QUE DISCIPLINA O MINISTÉRIO PÚBLICO DE CONTAS PODE ESTABELECER PROCEDIMENTO DE ESCOLHA DO RESPECTIVO PROCURADOR-GERAL DE CONTAS DIVERSO DO PROCEDIMENTO DE ESCOLHA DO PROCURADOR-GERAL DO MINISTÉRIO PÚBLICO "COMUM"?

Conforme vimos, o Ministério Público de Contas não se confunde com o Ministério Público "comum", tratando-se, portanto, de carreiras distintas e que integram estruturas distintas. **O MP de Contas está estruturalmente ligado ao respectivo Tribunal de Contas**, ao qual cabe a iniciativa de lei disciplinando o Ministério Público de Contas e a carreira de Procurador de Contas.

Vimos também que a CF/88 traz uma disciplina muito tímida do Ministério Público de Contas (referindo-se a ele tão somente nos seus arts. 73, § 2º, I, e 130) e que o art. 130 da CF/88 manda aplicar aos membros do MP de Contas as normas constitucionais do Ministério Público "comum" relativas a *"direitos, vedações e forma de investidura"*.

Nesse cenário, o seguinte questionamento foi apresentado ao Supremo Tribunal Federal: **a lei que disciplina o Ministério Público de Contas pode estabelecer um procedimento de escolha do Procurador-Geral de Contas que não seja igual ao procedimento de escolha do Procurador-Geral do Ministério Público "comum"?**

Essa questão foi enfrentada pelo STF na **ADI 4427** (j. 04/09/2023), que foi ajuizada contra uma lei estadual (mais precisamente, uma lei do Estado do Amazonas) que previa que o Procurador-Geral de Contas seria escolhido livremente pelo Governador do Estado dentre membros da carreira do MP de Contas, sem necessidade de formação de lista tríplice, lista essa que, nos termos do art. 128, § 3º, da CF/88, é exigida para a escolha do Procurador-Geral de Justiça (que é o Procurador-Geral do Ministério Público "comum" estadual).

O Supremo Tribunal Federal decidiu que a lei em questão é constitucional, **não havendo necessidade de formação de lista tríplice para a escolha do Procurador-Geral do Ministério Público de Contas estadual**. Segundo o STF, o procedimento de escolha do Procurador-Geral de Contas não precisa ser igual ao do Procurador-Geral do Ministério Público "comum", pois o MP de Contas não se confunde com o MP "comum" e o art. 130 da CF/88, ao mandar aplicar aos membros do MP de Contas as normas constitucionais do MP "comum" relativas a *"direitos, vedações e forma de investidura"*, **refere-se apenas às prerrogativas subjetivas** (isto é, dos membros) do Ministério Público, e não às prerrogativas institucionais desse órgão.

As prerrogativas subjetivas do Ministério Público (as quais devem ser aplicadas ao MP de Contas) são as garantias que dizem respeito a **vitaliciedade, inamovibilidade, irredutibilidade remuneratória, independência funcional e forma de ingresso na carreira**. As demais prerrogativas do Ministério Público previstas na CF/88 (dentre elas, a exigência de lista tríplice para a escolha do Procurador-Geral de Justiça) têm caráter institucional, **não se estendendo ao Ministério Público de Contas.**

Inclusive, no que diz respeito à determinação contida no art. 130 da CF/88 de aplicação ao MP de Contas das regras sobre forma de investidura do MP "comum", o STF deixou claro que essa disposição **se refere apenas à forma de ingresso na**

carreira, a qual é disciplinada no art. 129, § 3º, da CF/88 (que exige, para ingresso na carreira do Ministério Público, aprovação em concurso público de provas e títulos com a participação da OAB, além de bacharelado em direito com pelo menos três anos de atividade jurídica). Portanto, a determinação constitucional de aplicação ao MP de Contas das regras sobre forma de investidura do MP "comum" não engloba a forma de investidura no cargo de Procurador-Geral do Ministério Público, que é uma questão institucional do MP, não dizendo respeito ao regime jurídico dos membros da carreira (isto é, não tem a ver com as prerrogativas subjetivas deles).

Portanto, segundo o STF, a forma e os critérios de escolha do Procurador-Geral de Contas devem ser definidos por cada ente federado em lei própria (de iniciativa do respectivo Tribunal de Contas), tendo cada um deles autonomia para definir essas questões sem necessidade de simetria com o Ministério Público "comum". Assim, **em âmbito estadual, não é obrigatório que a escolha do Procurador-Geral do MP de Contas seja feita a partir de uma lista tríplice formada pela própria carreira** tal qual ocorre, por força do art. 128, § 3º, da CF/88, no Ministério Público "comum".

Confira a ementa desse julgamento:

> "(...) 3. Esta Casa encerrou controvérsia jurídico-constitucional, de modo a consagrar, de forma definitiva, a integração do Ministério Público especial à intimidade estrutural do Tribunal de Contas, ou seja, **o Parquet de Contas está intrinsecamente vinculado ao próprio Tribunal de Contas perante o qual oficia**. Precedentes. 4. Este Supremo Tribunal Federal, ao analisar o art. 130 da Constituição da República, compreende **extensível aos membros do Ministério Público de Contas apenas as garantias subjetivas inerentes aos membros do Parquet comum**. Precedentes. 5. O termo investidura inscrito no art. 130 da Constituição Federal faz referência à forma como o membro do Parquet de Contas ingressa na carreira, estabelecendo o vínculo jurídico-administrativo originário com a Instituição. 6. **Para ingresso na carreira de membro do Ministério Público especial junto ao Tribunal de Contas, aplica-se o disposto no art. 129, § 3º, da Carta Política**, motivo pelo qual necessária a realização de concurso público de provas e títulos, com participação da OAB em todas as fases, com a exigência de bacharelado em Direito e três anos de atividade jurídica e observância, nas nomeações, da ordem de classificação. 7. **Cabe aos Estados-membros, no desempenho de sua autonomia político-administrativa, a definição quanto à forma de indicação do Procurador-Geral do Ministério Público junto ao Tribunal de Contas.** (...) 8. Ausente, no texto constitucional, qualquer norma que disponha sobre o método de escolha do Procurador-Geral do Ministério Público junto ao Tribunal de Contas, a evidenciar a **liberdade de conformação do legislador ordinário**. (...)" **(ADI 4427, Pleno, Rel. Min. ROSA WEBER, j. 04/09/2023)**

■ CONSTITUIÇÃO ESTADUAL PODE EQUIPARAR A REMUNERAÇÃO DOS MEMBROS DO MINISTÉRIO PÚBLICO DE CONTAS COM A DOS MEMBROS DO MINISTÉRIO PÚBLICO "COMUM"?

Considerando que o art. 130 da CF/88 estabelece que se aplicam aos membros do Ministério Público junto ao Tribunal de Contas as disposições constitucionais pertinentes a direitos, vedações e forma de investidura dos membros do Ministério Público "comum", seria válida uma norma de Constituição Estadual que estabelecesse equiparação remuneratória entre membros do MP de Contas e membros do MP "comum"? **Não.**

Na **ADI 3804**, julgada em 06/12/2021, o Supremo Tribunal Federal decidiu que é inconstitucional norma de Constituição Estadual que estabeleça equiparação remuneratória entre membros do Ministério Público de Contas e membros do Ministério Público "comum".

Isso porque as únicas normas relativas aos membros do MP "comum" que a CF/88 (no seu art. 130) manda aplicar aos membros do MP de Contas são as disposições constitucionais sobre direitos, vedações e forma de investidura, o que não abrange a fixação dos vencimentos e vantagens do cargo. Além disso, a equiparação de remunerações no serviço público é vedada de forma geral e expressa pela Constituição Federal no seu art. 37, XIII, o que também se aplica aos membros do Ministério Público de Contas e do Ministério Público "comum".

> "**Art. 37,** XIII, CF/88 - é vedada a vinculação ou equiparação de quaisquer espécies remuneratórias para o efeito de remuneração de pessoal do serviço público;"
>
> "**Art. 130, CF/88.** Aos membros do Ministério Público junto aos Tribunais de Contas aplicam-se as disposições desta seção pertinentes a direitos, vedações e forma de investidura."

■ O MINISTÉRIO PÚBLICO DE CONTAS E SEUS MEMBROS SE SUBMETEM AO CNMP?

O CNMP, em 07/08/2013, manifestou-se sobre essa questão (na Consulta nº 0.00.000.000843/2013-39), entendendo que sim, isto é, que o MP de Contas e os seus integrantes estariam sujeitos ao seu controle.

Após essa manifestação do CNMP, foi apresentada no Senado Federal a PEC nº 42/2013, com o objetivo de alterar o art. 130-A da CF/88, para expressamente prever a sujeição do Ministério Público de Contas e de seus membros ao controle do CNMP.

Ocorre que, ao se manifestar sobre essa proposta de alteração do texto constitucional, o CNMP, por meio da Nota Técnica nº 05, de 28/01/2015, modificou seu entendimento e afirmou que apenas será competente para exercer controle sobre o MP de Contas e seus membros se houver alteração formal também do art. 128 da CF/88, incluindo o Ministério Público especial na estrutura do Ministério Público, inclusive, prevendo a edição de lei complementar instituindo seu estatuto, além de lhe assegurar autonomia funcional, administrativa, financeira, orçamentária e disciplinar, desvinculando-o, assim, do Tribunal de Contas junto ao qual atue.

E esse entendimento mais recente do CNMP foi adotado também pelo Supremo Tribunal Federal, mais precisamente, no bojo da **ADI 5117**. Nesse caso, o Ministro Relator (Luiz Fux), em um primeiro momento, manifestou-se no sentido de inadmitir a ação, proposta pela Associação Nacional do Ministério Público de Contas – AMPCON, por considerar que essa entidade representaria apenas parcela da categoria profissional interessada (no caso, os membros do Ministério Público), deixando claro, com isso, seu entendimento no sentido de que os integrantes do MP de Contas estariam inseridos entre os membros do MP comum, o que permitiria concluir que, segundo esse Ministro, também se sujeitariam ao controle do CNMP.

Porém, após a interposição de agravo interno, o Ministro reconsiderou sua decisão, admitindo a AMPCON como legitimada para instaurar o controle de constitucionalidade concentrado abstrato, fundamentando sua nova decisão no fato de que, segundo o STF (**ADI 5442-MC**), **os integrantes do MP de Contas representam carreira com identidade própria** que não se confunde nem com o MP comum nem com os servidores do respectivo Tribunal de Contas.

Logo, é possível concluir que, para o Supremo Tribunal Federal, não deve haver sujeição do MP de Contas ao CNMP, por se tratar de carreira diversa do MP comum.

22

Sistema Constitucional das Crises

É possível que todo e qualquer Estado, pelos mais variados motivos, passe por alguma situação de instabilidade institucional, como ocorre nos casos de guerra externa ou interna.

E o chamado sistema constitucional das crises nada mais é do que o conjunto de normas que têm como finalidade **manter ou restabelecer a normalidade constitucional** em momentos de grave instabilidade institucional.

Os momentos que justificam a atuação de um sistema constitucional de crise são chamados pela doutrina de **síncopes constitucionais**, em referência ao que a medicina chama de síncope, que se caracteriza quando uma pessoa perde subitamente a consciência e o tônus corporal (o conhecido desmaio). Uma síncope constitucional, portanto, é uma situação em que o Estado sai de sua normalidade constitucional, em virtude de um acontecimento tão grave, que chega a gerar um verdadeiro "desmaio institucional", e, como em todo desmaio, é necessário que medidas excepcionais sejam tomadas até que a saúde seja restabelecida.

ESPÉCIES DE SISTEMAS DE CRISES

Em sede doutrinária, é possível encontrar a classificação dos sistemas constitucionais das crises em **duas espécies**, a depender da margem de liberdade existente na adoção das medidas extraordinárias debeladoras da situação de anormalidade:

I) **Sistemas flexíveis**: são aqueles em que a ordem jurídica do Estado não estabelece quais são as medidas que podem ser adotadas para combater as crises constitucionais, dando liberdade para que um determinado órgão ou autoridade defina essa questão em cada caso. Esse sistema foi adotado, por exemplo, na Constituição francesa de 1958, cujo art. 18 previa caber ao Presidente da República adotar as medidas que se fizessem necessárias para combater a gravidade institucional.

II) **Sistemas rígidos**: são aqueles em que a ordem jurídica do Estado possui normas que estabelecem previamente quais medidas podem ser adotadas em situações de crises constitucionais. Então, se a Constituição do país regulamenta, por exemplo, o estado de sítio para combater esses momentos excepcionais, pode-se dizer que esse país adota um sistema de crises rígido.

A Constituição brasileira de 1988 adota como regra o sistema rígido, porém, especificamente em relação a uma das hipóteses de decretação de estado de sítio (art. 137, II), adota (como exceção) o sistema flexível, conforme veremos oportunamente.

PRINCÍPIOS QUE REGEM O SISTEMA DE CRISES

As medidas excepcionais aplicadas em momentos de crise institucional, por poderem envolver restrições a direitos fundamentais, são algo extraordinário e, como tal, não podem ser empregadas livremente, sem qualquer amarra. Há alguns princípios que balizam os sistemas constitucionais de crises, princípios esses que devem ser observados em todo o processo de solução da anormalidade (decretação, manutenção e cessação da medida de crise, além da eventual responsabilização dos envolvidos) e têm como finalidade principal evitar o cometimento de excessos nessas situações de extrema gravidade.

Esses princípios são os seguintes: necessidade, temporariedade, proporcionalidade e razoabilidade.

É importante alertar, porém, que é possível encontrar na doutrina quem aponte apenas os princípios da necessidade e da temporariedade como norteadores do sistema de crises, porque, em última análise, os princípios da proporcionalidade e da razoabilidade, na verdade, norteiam todo e qualquer ato do poder público, e não apenas os mecanismos de solução de crises previstos em nosso ordenamento jurídico.

Seja como for, à semelhança do posicionamento de Olavo Alves Ferreira, preferimos elencar expressamente a proporcionalidade e a razoabilidade dentre os princípios regentes do sistema constitucional de crises.

■ PRINCÍPIO DA NECESSIDADE

Esse princípio significa que o sistema constitucional de crises só pode ser utilizado em situações de extrema gravidade, situações em que a ordem constitucional se encontre em risco, ou seja, quando houver real necessidade.

Se o sistema de crises for acionado quando não houver necessidade de adoção das medidas excepcionais por ele autorizadas, ficará caracterizado um golpe de estado.

Dentro do princípio da necessidade, encontra-se (implicitamente) um critério que deve ser empregado para se avaliar a legitimidade do acionamento do sistema de crises. Cuida-se do **critério da subsidiariedade**.

A subsidiariedade, como ensina Olavo Alves Ferreira, nada mais é do que a análise da existência ou não de outro meio menos gravoso (do que os mecanismos do sistema de crises) para resolver a gravidade em curso e retomar a normalidade. Em outras palavras, sempre que for possível restabelecer as condições normais da ordem constitucional por outros meios menos gravosos, será ilegítimo colocar em prática o sistema de crises.

Vamos a um exemplo para que isso fique mais claro. O art. 34, II, da CF/88 prevê a possibilidade de decretação de intervenção federal para repelir invasão estrangeira. Já o art. 137, II, da CF/88 prevê a possibilidade de decretação de estado de sítio (que é um dos mecanismos do nosso sistema de crises) em caso de *"resposta a agressão armada estrangeira"*. Como se percebe, essas duas hipóteses são muito semelhantes, de modo que, em uma situação concreta, é possível que seja cabível tanto a medida interventiva quanto o acionamento do sistema de crises.

Ocorre que a intervenção federal, por tão somente afetar a autonomia da entidade federativa específica que sofre a intervenção, mostra-se como uma medida menos gravosa do que o estado de sítio, que pode envolver a restrição a direitos fundamentais e acabar abrangendo mais de uma entidade da Federação. Logo, por aplicação do critério da subsidiariedade, deve-se dar preferência à decretação da intervenção federal (em vez de se decretar o estado de sítio), caso ela seja capaz de sanar a gravidade verificada.

O princípio da necessidade (nele compreendido o critério da subsidiariedade), tal qual os demais princípios que veremos aqui, deve nortear todas as fases de atuação do sistema de crises, ou seja, deve ser considerado tanto no juízo de decretação da medida excepcional, quanto na sua execução (na análise dos atos que serão adotados e dos direitos que sofrerão restrição) e na sua cessação, devendo permear, inclusive, eventual apreciação da responsabilidade por excessos que tenham sido cometidos durante a solução da gravidade constitucional. Isso significa que os mecanismos do sistema constitucional de crises apenas serão acionados se forem necessários, assim como as medidas restritivas determinadas durante sua vigência apenas serão adotadas caso se façam necessárias, e, por fim, quando não houver mais necessidade na manutenção do mecanismo de crise em funcionamento, deverá ser determinada a sua imediata cessação.

■ PRINCÍPIO DA TEMPORARIEDADE

Significa que, uma vez decretada alguma medida excepcional do sistema de crises, ela deve ser mantida apenas provisoriamente, a sua vigência é temporalmente limitada, apenas se justificando enquanto a necessidade da medida estiver presente.

Se a necessidade do regime de exceção deixar de existir sem que, paralelamente a isso, seja cessada a medida de combate à crise, ficará caracterizada uma ditadura.

■ PRINCÍPIO DA PROPORCIONALIDADE

Esse princípio significa que as medidas adotadas no contexto de aplicação do sistema de crises devem ser proporcionais, devendo elas, portanto, observar as três máximas da proporcionalidade (que já estudamos anteriormente), quais sejam, a proporcionalidade , a adequação e a necessidade em sentido estrito.

Se as medidas adotadas para combater a crise institucional forem desproporcionais ao cenário de crise institucional verificado no caso concreto, ficará caracterizado um abuso de poder.

■ PRINCÍPIO DA RAZOABILIDADE

Embora seja possível encontrar, tanto na doutrina quanto na jurisprudência, referências ao princípio da razoabilidade como sinônimo do princípio da proporcionalidade, esse não parece ser o melhor tratamento no estudo desses postulados.

Na doutrina brasileira, Humberto Ávila é o maior expoente da diferenciação entre proporcionalidade e razoabilidade.

Conforme já vimos, o princípio da proporcionalidade, em todas as suas máximas parciais, envolve sempre uma análise da relação entre meio e fim. Já no princípio da razoabilidade isso não ocorre. A razoabilidade, em vez de dizer respeito a uma relação entre meio e fim, compreende uma análise de correspondência entre duas grandezas, de modo que, para que um ato ou uma norma seja razoável, é necessário que apresente uma **congruência** com o efeito prático que irá produzir.

Essa relação de congruência exigida pela razoabilidade, no entanto, não é aferida a partir de critérios precisos, ou seja, não é resultado de uma simples operação aritmética. Cuida-se, na verdade, de uma ideia que varia no tempo e no lugar, a depender da consciência jurídica que se faça presente. Deve, portanto, ser analisada caso a caso.

Tal qual a proporcionalidade, a razoabilidade no direito brasileiro é extraída da cláusula do devido processo legal substancial (art. 5º, LIV, CF/88), conforme entende a doutrina e o STF. Contudo, embora a doutrina e a jurisprudência consigam empregar critérios metodológicos mais ou menos claros na aplicação da proporcionalidade, o mesmo não se verifica em relação à razoabilidade.

Humberto Ávila, reconhecendo essa falta de critérios precisos no emprego da razoabilidade pelas decisões judiciais no Brasil, diz que os diferentes precedentes jurisprudenciais utilizam a expressão "razoabilidade" com sentidos diversos, ora se referindo à razoabilidade de uma alegação, ora se referindo à razoabilidade de uma interpretação, ora se referindo à razoabilidade de uma determinada restrição a algum direito etc.

Ávila, então, percebendo a necessidade de estabelecer uma metodologia na aplicação da razoabilidade, passou a analisar, na jurisprudência do Supremo Tribunal Federal, vários precedentes que de alguma forma trataram da razoabilidade e os reconstruiu, com a finalidade de identificar os critérios utilizados pela Corte no emprego desse princípio.

Dentre os diversos sentidos com que a razoabilidade foi empregada nos casos analisados, Humberto Ávila identificou três acepções desse princípio que se destacaram:

I) **Razoabilidade como equidade:** cuida-se da aplicação da razoabilidade como uma exigência de harmonização entre a norma (ou medida) aplicável ao caso concreto e as peculiaridades deste. Isso porque, ao se criar uma norma jurídica para disciplinar certas situações, levam-se em conta elementos que normalmente se fazem presentes nas situações visadas pela norma. A razoabilidade como equidade estabelece, portanto, que, na aplicação de uma norma a um caso concreto, é necessário analisar se as circunstâncias fáticas que, a princípio, atraem a aplicação da norma encontram-se dentro da normalidade. Ou seja, os aspectos individuais de cada caso devem ser considerados na aplicação da norma, e, se tais aspectos individuais mostrarem que a aplicação da norma no caso concreto analisado será contrária à razão que motiva a existência da própria norma, esta deve ser afastada. Como se pode perceber, a acepção da razoabilidade como equidade carrega consigo a ideia de justiça, pois impõe que a aplicação das normas se dê de uma forma justa.

Como explica Humberto Ávila, cuida-se de um dever de harmonização do geral com o individual.

II) Razoabilidade como congruência: é a aplicação da razoabilidade como uma imposição de harmonização entre a norma (ou medida) e a realidade fática a que ela se destina. Nessa acepção, a razoabilidade exige duas coisas. A primeira delas é que a norma (ou medida) adotada se refira a uma situação que realmente exista ou que seja suficiente para justificar o ato. Ou seja, se houver um deslocamento da realidade, faltará razoabilidade. Por exemplo, a previsão legal de pagamento de adicional de férias a aposentados não é razoável, já que aposentados, por não se encontrarem em atividade, não gozam férias (STF, ADI 1158 MC). A segunda exigência da razoabilidade como congruência é que a norma (ou medida) adotada se baseie em um critério de diferenciação que seja congruente com ela e que, portanto, consiga justificá-la. Por exemplo, a limitação legal de que, nas eleições proporcionais para os cargos do Poder Legislativo, o número de candidatos por partido seja limitado de acordo com a quantidade de vagas em disputa na respectiva Casa Legislativa (art. 10, Lei 9.504/97) é justificada pela finalidade de assegurar uma melhor representatividade da população, de modo que ela é razoável (STF, ADI 1813 MC). Resumidamente, a acepção da razoabilidade como congruência significa o dever de harmonização do Direito com o mundo exterior.

III) Razoabilidade como equivalência: é a exigência de que as normas (ou medidas) tenham uma relação de equivalência com o critério que lhes serve de parâmetro. Por exemplo, o STF julgou inconstitucional a instituição de taxa judiciária em percentual fixo, por não ser equivalente ao real custo do serviço prestado (Rp 1077 MC). Como o custo do serviço, nesse caso, é o critério que dimensiona o valor da taxa, a razoabilidade impõe que haja uma equivalência entre eles. A razoabilidade como equivalência, portanto, é o dever de vinculação entre duas grandezas.

O SISTEMA DE CRISES DA CF/88: ESTADO DE DEFESA E ESTADO DE SÍTIO

O sistema constitucional de crises na ordem jurídica atualmente em vigor no Brasil (CF/88) compreende dois mecanismos, quais sejam, o **estado de defesa** e o **estado de sítio**. O estado de defesa é disciplinado no art. 136, enquanto o estado de sítio é objeto dos arts. 137, 138 e 139 da Constituição Federal. Além disso, os arts. 140 e 141 trazem disposições gerais aplicáveis a ambos.

O que é mais relevante no estudo desse tema (especialmente, para fins de concursos) são as hipóteses de decretação do estado de defesa e do estado de sítio, as formalidades que devem ser observadas para isso, as medidas que podem ser adotadas em cada caso e os controles a que ambos se submetem.

O grande "problema" é que, para uma boa preparação para as provas, não há como evitar, aqui, uma intensa leitura do texto da Constituição e a sua memorização. Para tentar tornar isso mais fácil, abordaremos a disciplina constitucional do estado de defesa e do estado de sítio de forma comparativa, já que a comparação de institutos costuma ser uma estratégia que potencializa a compreensão da matéria estudada.

Como pressuposto, tenha sempre a seguinte ideia em mente: **o estado de defesa é um estado de sítio "mitigado"**, isto é, ele se destina a solucionar situações de maior gravidade do que aquelas para as quais a Constituição prevê o estado de defesa, além de autorizar a adoção de medidas mais gravosas do que aquelas autorizadas durante o estado de defesa.

■ DEFINIÇÃO

De acordo com o art. 136 da CF/88, o **estado de defesa** é um regime de legalidade extraordinária (pois, na sua vigência, a normalidade da ordem jurídica cede espaço a medidas excepcionais) que pode ser instaurado por tempo e em local certos e determinados, com a finalidade de, nas palavras do texto constitucional, *"preservar ou prontamente restabelecer (...) a ordem pública ou a paz social"*.

Por sua vez, o **estado de sítio**, conforme se extrai dos art. 137 e 138 da CF/88, também é um regime de legalidade extraordinária (mais gravoso do que o estado de defesa, conforme vimos) que pode ser instaurado também por tempo determinado, com a finalidade de preservar ou restabelecer a normalidade constitucional.

Essas definições são muito semelhantes. Quais seriam, então, as diferenças entre o estado de defesa e o estado de sítio?

Além das formalidades envolvidas e das hipóteses de decretação, um dos aspectos distintivos mais claros no texto constitucional diz respeito à abrangência territorial dessas medidas. Em relação ao estado de defesa, o art. 136, *caput*, da CF/88 diz que ele apenas pode ser decretado em *"locais **restritos** e determinados"*. Essa restrição territorial, no entanto, não se verifica no estado de sítio.

No que diz respeito ao estado de sítio, o que o texto constitucional estabelece é que, após publicado o seu ato de decretação, o Presidente da República *"designará (...) as áreas abrangidas"* (art. 138), o que mostra que a sua abrangência, embora tenha de se dar sobre áreas especificadas, não sofre a restrição verificada no estado de defesa, podendo compreender, se houver necessidade, todo o território nacional.

Confira o teor do texto constitucional:

> *"**Art. 136, CF/88.*** O Presidente da República pode, ouvidos o Conselho da República e o Conselho de Defesa Nacional, decretar estado de defesa para preservar ou prontamente restabelecer, em locais restritos e determinados, a ordem pública ou a paz social ameaçadas por grave e iminente instabilidade institucional ou atingidas por calamidades de grandes proporções na natureza."
>
> *"**Art. 138, CF/88.*** O decreto do estado de sítio indicará sua duração, as normas necessárias a sua execução e as garantias constitucionais que ficarão suspensas, e, depois de publicado, o Presidente da República designará o executor das medidas específicas e as áreas abrangidas."

■ HIPÓTESES DE DECRETAÇÃO (PRESSUPOSTOS MATERIAIS)

As hipóteses de decretação do estado de defesa estão previstas no art. 136 da CF/88, enquanto as do estado de sítio encontram-se no art. 137 do texto constitucional.

O estado de defesa pode ser decretado para preservar ou restabelecer a ordem pública ou a paz social (isto é, a normalidade institucional) em caso de (art. 136, *caput*, CF/88):

I) grave e iminente instabilidade institucional; ou

II) calamidade de grandes proporções na natureza.

Portanto, para que seja legítima a decretação do estado de defesa, é necessário que o cenário de gravidade tenha sido causado por uma grave e iminente instabilidade institucional ou por uma calamidade na natureza que tenha grandes proporções.

Por sua vez, o estado de sítio pode ser decretado, também para preservar ou restabelecer a normalidade constitucional, em 4 (quatro) hipóteses (art. 137, *caput*, CF/88):

I) quando, anteriormente, houver sido decretado o estado de defesa e este não tiver sido suficiente para solucionar a situação de crise (inciso I);

II) quando verificada uma comoção grave de repercussão nacional, a exemplo de uma tentativa de revolução (inciso I);

III) quando houver sido declarado estado de guerra (inciso II); ou

IV) para dar resposta a uma agressão armada estrangeira (inciso II).

Importante notar que a decretação do estado de sítio decorrente de agressão armada estrangeira não depende da prévia declaração formal de guerra e não necessariamente envolve um Estado estrangeiro, pois o ato agressivo pode ter sido praticado, por exemplo, por um grupo terrorista.

Confira como as hipóteses de decretação dessas medidas estão previstas no texto constitucional:

> "***Art. 136, CF/88.*** O Presidente da República pode, ouvidos o Conselho da República e o Conselho de Defesa Nacional, decretar estado de defesa para preservar ou prontamente restabelecer, em locais restritos e determinados, a ordem pública ou a paz social ameaçadas por grave e iminente instabilidade institucional ou atingidas por calamidades de grandes proporções na natureza."
>
> "***Art. 137, CF/88.*** O Presidente da República pode, ouvidos o Conselho da República e o Conselho de Defesa Nacional, solicitar ao Congresso Nacional autorização para decretar o estado de sítio nos casos de:
>
> I - comoção grave de repercussão nacional ou ocorrência de fatos que comprovem a ineficácia de medida tomada durante o estado de defesa;
>
> II - declaração de estado de guerra ou resposta a agressão armada estrangeira."

■ PROCEDIMENTO DE DECRETAÇÃO (PRESSUPOSTOS FORMAIS)

A Constituição Federal exige, para que o estado de defesa e o estado de sítio sejam decretados, a observância de determinadas formalidades. Trata-se do procedimento que deve ser seguido na adoção dessas medidas.

A competência para a decretação tanto do estado de defesa quanto do estado de sítio é exclusiva do Presidente da República, a quem cabe, também com exclusividade, o juízo acerca da necessidade e conveniência de se decretar uma dessas medidas.

Conforme consta dos arts. 136 e 137 da CF88, tanto no estado de defesa quanto no estado de sítio, a decretação depende de o Presidente da República ouvir, previamente, o Conselho da República e o Conselho de Defesa Nacional sobre a questão, sem, porém, ficar vinculado à opinião emitida por esses órgãos.

A diferença entre o estado de defesa e o estado de sítio, quanto ao momento inicial da decretação, é o fato de que, no estado de sítio (e apenas nele), é necessário haver prévia **autorização** do Congresso Nacional para que a medida seja decretada, conforme estabelece o art. 137 da CF/88.

Uma vez ouvidos o Conselho da República e o Conselho de Defesa Nacional, se o Presidente da República continuar entendendo ser caso de decretar a medida de crise, as providências subsequentes serão as seguintes:

a) No **estado de defesa**, restará ao Presidente da República tão somente expedir o decreto determinando a medida (a forma do ato é a de decreto), decreto esse que, obrigatoriamente, terá um conteúdo mínimo, pois, conforme estabelece o art. 136, § 1º, da CF/88, ele *"determinará o tempo de sua duração, especificará as áreas a serem abrangidas e indicará, nos termos e limites da lei, as medidas coercitivas a vigorarem"*. Portanto, o conteúdo do ato de decretação do estado de defesa é o seguinte: o tempo de duração do regime excepcional, as áreas atingidas e as medidas coercitivas que passam a ser aplicadas. Uma vez decretado o estado de defesa, o decreto presidencial deverá ser submetido ao Congresso Nacional em 24 horas, para que decida pelos votos da sua maioria absoluta, podendo aprová-lo ou rejeitá-lo, e, se estiver em recesso, será convocado extraordinariamente pelo Presidente do Senado Federal (que é também o Presidente do Congresso Nacional) para que se reúna em até 5 (cinco) dias. O Parlamento deve decidir sobre a medida do Presidente da República em até 10 (dez) dias após recebida a comunicação da decretação do regime de crise, devendo permanecer em funcionamento enquanto persistirem as medidas coercitivas.

b) No **estado de sítio**, conforme dispõem o parágrafo único do art. 137 e os §§ 2º e 3º do art. 138 da CF/88, o Presidente da República deverá, fundamentadamente, solicitar autorização para decretar a medida ao Congresso Nacional, que decidirá pela maioria absoluta dos seus membros e, se estiver em recesso, será convocado extraordinariamente pelo Presidente do Senado Federal para que se reúna em até 5 (cinco) dias. Assim como ocorre no estado de defesa, uma vez autorizado e decretado o estado de Sítio, o Parlamento deve permanecer em funcionamento enquanto persistirem as medidas coercitivas. Porém, quanto à deliberação parlamentar para autorizar ou não o estado de sítio, a CF/88 não estabeleceu prazo para que ela ocorra, ao contrário do que fez em relação ao estado de defesa. Caso seja dada a autorização, o Chefe do Executivo irá, em um primeiro momento, expedir um decreto determinando a medida de crise, no qual deverá estabelecer o seu prazo de duração, as normas que deverão ser observadas na sua execução e as garantias constitucionais que ficarão suspensas. Ocorre que, após a publicação desse decreto, o Presidente da República deverá, em um segundo momento, expedir outro decreto, dessa vez, para designar quem será o executor das medidas e quais são as áreas abrangidas pelo estado de sítio, tudo conforme consta do art. 138, *caput*, da CF/88. Como se pode perceber, no estado de sítio, os decretos presidenciais também possuem um conteúdo mínimo obrigatório delimitado pela Constituição.

Confira a redação do texto constitucional:

> "***Art. 136.***
>
> (...)
>
> ***§ 1º, CF/88.*** O decreto que instituir o estado de defesa determinará o tempo de sua duração, especificará as áreas a serem abrangidas e indicará, nos termos e limites da lei, as medidas coercitivas a vigorarem, dentre as seguintes:
>
> (...)
>
> ***§ 4º*** Decretado o estado de defesa ou sua prorrogação, o Presidente da República, dentro de vinte e quatro horas, submeterá o ato com a respectiva justificação ao Congresso Nacional, que decidirá por maioria absoluta.
>
> ***§ 5º*** Se o Congresso Nacional estiver em recesso, será convocado, extraordinariamente, no prazo de cinco dias.
>
> ***§ 6º*** O Congresso Nacional apreciará o decreto dentro de dez dias contados de seu recebimento, devendo continuar funcionando enquanto vigorar o estado de defesa."
>
> "***Art. 137, parágrafo único, CF/88.*** O Presidente da República, ao solicitar autorização para decretar o estado de sítio ou sua prorrogação, relatará os motivos determinantes do pedido, devendo o Congresso Nacional decidir por maioria absoluta."
>
> "***Art. 138, CF/88.*** O decreto do estado de sítio indicará sua duração, as normas necessárias a sua execução e as garantias constitucionais que ficarão suspensas, e, depois de publicado, o Presidente da República designará o executor das medidas específicas e as áreas abrangidas.
>
> (...)
>
> ***§ 2º*** Solicitada autorização para decretar o estado de sítio durante o recesso parlamentar, o Presidente do Senado Federal, de imediato, convocará extraordinariamente o Congresso Nacional para se reunir dentro de cinco dias, a fim de apreciar o ato.
>
> ***§ 3º*** O Congresso Nacional permanecerá em funcionamento até o término das medidas coercitivas."

■ DURAÇÃO (LIMITES TEMPORAIS)

Como vimos, o sistema constitucional de crises é norteado, dentre outros, pelo princípio da temporariedade, de modo que o estado de defesa e o estado de sítio não podem se prolongar indefinidamente, eles devem ter prazo determinado, e a determinação desse prazo deve ser feita no próprio ato de decretação da medida, conforme ordena a Constituição.

A limitação temporal do estado de defesa está prevista no art. 136, § 2º, da CF/88, que estabelece que, qualquer que seja a hipótese constitucional autorizadora da medida, ela não pode ter duração superior a 30 (trinta) dias, sendo admitida uma única prorrogação por igual período, desde que continuem presentes as razões que justificaram a sua decretação.

> *"Art. 136, § 2º, CF/88.* O tempo de duração do estado de defesa não será superior a trinta dias, podendo ser prorrogado uma vez, por igual período, se persistirem as razões que justificaram a sua decretação."

Já em relação ao estado de sítio a CF/88 prevê diferentes prazos máximos de duração para as diferentes hipóteses de decretação (art. 138, § 1º).

Se a medida houver sido decretada em virtude de comoção nacional ou de ineficácia do estado de defesa anteriormente instaurado (hipótese do art. 137, I, da CF/88), a duração será de no máximo 30 (trinta) dias, admitindo-se ilimitadas prorrogações enquanto houver necessidade do regime excepcional, mas cada prorrogação, embora não precise ser de período igual ao da duração inicial, também não pode ser superior a 30 (trinta) dias.

Por outro lado, se a decretação da medida se fundamentar na existência de guerra declarada ou de agressão armada estrangeira (hipótese do art. 137, II, da CF/88), o estado de sítio poderá perdurar enquanto persistir a guerra ou a agressão.

> *"Art. 138, § 1º, CF/88.* O estado de sítio, no caso do art. 137, I, não poderá ser decretado por mais de trinta dias, nem prorrogado, de cada vez, por prazo superior; no do inciso II, poderá ser decretado por todo o tempo que perdurar a guerra ou a agressão armada estrangeira."

■ MEDIDAS COERCITIVAS QUE PODEM SER ADOTADAS

Tanto o estado de defesa quanto o estado de sítio têm como efeito a possibilidade de restrição temporária de determinados direitos fundamentais. Essa restrição de direitos decorre da adoção de certas medidas coercitivas, as quais encontram-se previstas na própria Constituição Federal, em **rol taxativo**.

▶ Medidas coercitivas permitidas no estado de defesa

No caso do estado de defesa, o art. 136, § 1º, da CF/88 prevê as restrições a direitos fundamentais que podem ser determinadas no próprio decreto de instauração da medida de crise. Segundo esse dispositivo, o Presidente da República, ao decretar o estado de sítio, pode estabelecer, como medidas coercitivas, a restrição aos direitos de reunião, de sigilo de correspondência e de sigilo de comunicação telegráfica e telefônica, bem como, caso se esteja diante de uma situação de calamidade pública (e apenas nessa hipótese), a ocupação e o uso temporário de bens e serviços públicos.

E, sabendo que a ocupação e o uso de bens e serviços públicos podem, eventualmente, causar danos e gerar custos, a própria Constituição estabelece que a União responderá por eles caso essa medida coercitiva seja determinada (art. 136, § 1º, II).

Perceba que essas medidas coercitivas são as que podem ser determinadas de imediato pelo Presidente da República no próprio ato de decretação do estado de defesa. Porém, a Constituição autoriza mais uma restrição de direito fundamental, qual seja, a possibilidade de, em caso de prática de crime contra o Estado, o próprio executor do estado de defesa realizar prisão, independentemente de flagrante ou de mandado judicial. Trata-se da chamada **prisão provisória especial por crime contra o Estado**, que excepciona a garantia do art. 5º, LXI, da CF/88, segundo o qual, *"ninguém será preso senão em flagrante delito ou por ordem escrita e fundamentada de autoridade judiciária competente, salvo nos casos de transgressão militar ou crime propriamente militar, definidos em lei"*.

Caso seja efetuada essa prisão, algumas condições deverão ser atendidas, conforme exige o art. 136, § 3º, da CF/88:

I) O executor da medida **comunicará a prisão imediatamente ao juiz** competente, que poderá relaxá-la, caso seja ilegal;

II) O preso poderá requerer **exame de corpo de delito** à autoridade policial;

III) A comunicação da prisão será acompanhada de declaração, pela própria autoridade executora da medida, do **estado físico e mental** do detido no momento de sua autuação;

IV) O preso não poderá ser mantido **incomunicável**; e

V) A prisão **não poderá ter duração superior a 10 (dez) dias**, salvo se houver autorização judicial.

Confira o teor dos dispositivos constitucionais que estabelecem o que vimos acima:

> *"Art. 136, § 1º, CF/88.* O decreto que instituir o estado de defesa determinará o tempo de sua duração, especificará as áreas a serem abrangidas e indicará, nos termos e limites da lei, as medidas coercitivas a vigorarem, dentre as seguintes:
> I - restrições aos direitos de:
> a) reunião, ainda que exercida no seio das associações;
> b) sigilo de correspondência;
> c) sigilo de comunicação telegráfica e telefônica;
> II - ocupação e uso temporário de bens e serviços públicos, na hipótese de calamidade pública, respondendo a União pelos danos e custos decorrentes."
> *"Art. 136, § 3º, CF/88.* Na vigência do estado de defesa:
> I - a prisão por crime contra o Estado, determinada pelo executor da medida, será por este comunicada imediatamente ao juiz competente, que a relaxará, se não for legal, facultado ao preso requerer exame de corpo de delito à autoridade policial;
> II - a comunicação será acompanhada de declaração, pela autoridade, do estado físico e mental do detido no momento de sua autuação;
> III - a prisão ou detenção de qualquer pessoa não poderá ser superior a dez dias, salvo quando autorizada pelo Poder Judiciário;
> IV - é vedada a incomunicabilidade do preso."

▶ Medidas coercitivas permitidas no estado de sítio

As medidas coercitivas que podem ser adotadas no estado de sítio, tal qual o seu prazo máximo de duração, variam de acordo com a hipótese de decretação.

Segundo o art. 139 da CF/88, se o estado de sítio foi decretado por conta de calamidade nacional ou de insuficiência do estado de defesa anteriormente adotado (hipótese do inciso I do art. 137 da CF/88), as seguintes medidas cerceadoras de direitos fundamentais (e apenas elas) poderão ser adotadas:

I) obrigação de **permanência** em localidade determinada;

II) **detenção** em edifício não destinado a acusados ou condenados por crimes comuns;

III) restrições ao sigilo de **correspondências** e de **comunicações**, bem como à liberdade de **imprensa**, não podendo sofrer essa restrição os pronunciamentos parlamentares difundidos a partir das Casas Legislativas, desde que autorizados pela respectiva Mesa;

IV) suspensão da **liberdade de reunião**;

V) busca e apreensão em **domicílio**;

VI) intervenção nas **empresas de serviços públicos**; e

VII) requisição de **bens**.

Confira o teor do art. 139 da CF/88:

> "***Art. 139, CF/88.*** Na vigência do estado de sítio decretado com fundamento no art. 137, I, só poderão ser tomadas contra as pessoas as seguintes medidas:
>
> I - obrigação de permanência em localidade determinada;
>
> II - detenção em edifício não destinado a acusados ou condenados por crimes comuns;
>
> III - restrições relativas à inviolabilidade da correspondência, ao sigilo das comunicações, à prestação de informações e à liberdade de imprensa, radiodifusão e televisão, na forma da lei;
>
> IV - suspensão da liberdade de reunião;
>
> V - busca e apreensão em domicílio;
>
> VI - intervenção nas empresas de serviços públicos;
>
> VII - requisição de bens.
>
> ***Parágrafo único.*** Não se inclui nas restrições do inciso III a difusão de pronunciamentos de parlamentares efetuados em suas Casas Legislativas, desde que liberada pela respectiva Mesa."

Por outro lado, no caso do estado de sítio decretado em virtude de guerra declarada ou de agressão armada estrangeira (art. 137, II, CF/88), a Constituição não estabeleceu quais medidas coercitivas podem ser adotadas (a CF/88 simplesmente silenciou em relação a isso), de modo que elas deverão ser fixadas pelo próprio Presidente da República conforme o caso, sempre, evidentemente, observando os princípios que norteiam o sistema de crises (necessidade, temporariedade, proporcionalidade e razoabilidade).

Como o texto constitucional dá liberdade ao Chefe do Executivo Federal para estabelecer as restrições a direitos fundamentais nesse caso, entende-se que, em relação à hipótese autorizadora do estado de sítio prevista no art. 137, II, da CF/88, foi adotado o sistema de crises **flexível**. Já nas demais hipóteses de estado de sítio e em todas as hipóteses de estado de defesa, a Constituição brasileira adotou o sistema **rígido**.

Portanto, o sistema flexível foi adotado apenas em relação ao estado de sítio decorrente de guerra declarada ou de agressão armada estrangeira.

Suspensão das imunidades parlamentares

Embora não se trate de uma medida coercitiva que pode ser determinada pelo Presidente da República, a vigência do estado de sítio admite que sejam suspensas as **imunidades parlamentares** (que já estudamos em capítulo próprio), mas apenas em relação a atos praticados pelos Deputados e Senadores fora das instalações físicas do Congresso Nacional e que sejam incompatíveis com o regime de crise implantado, conforme prevê o art. 53, § 8º, da CF/88.

A possibilidade de suspensão das imunidades dos Deputados e Senadores está prevista apenas em relação ao estado de sítio e, mesmo assim, como medida excepcional que depende da aprovação de **dois terços** dos membros da Casa Legislativa respectiva. Perceba que a Constituição não previu essa possibilidade durante a vigência de estado de defesa, mas apenas durante o estado de sítio, o que leva à conclusão de que, como o estado de defesa é um regime de crise menos gravoso do que o estado de sítio, ele não admite a suspensão de imunidades parlamentares, ainda que se trate de ato incompatível com a medida decretada e haja deliberação da Casa Legislativa nesse sentido.

Confira o teor do art. 53, § 8º, da CF/88:

> *"**Art. 53, § 8º, CF/88.*** As imunidades de Deputados ou Senadores subsistirão durante o estado de sítio, só podendo ser suspensas mediante o voto de dois terços dos membros da Casa respectiva, nos casos de atos praticados fora do recinto do Congresso Nacional, que sejam incompatíveis com a execução da medida."

CONTROLES REALIZADOS

Tanto o estado de defesa quanto o estado de sítio se submetem a controles político e judicial, sendo o controle político exercido pelo Congresso Nacional.

Controle político

O controle político realizado pelo Congresso Nacional no **estado de defesa** pode ser introdutório, concomitante ou posterior.

Conforme já estudamos, após decretar ou prorrogar o estado de defesa, o Presidente da República deve, no prazo de 24 (vinte e quatro) horas, submeter o ato ao Congresso Nacional, para que decida a seu respeito mediante os votos da **maioria absoluta** dos seus membros. Caso o Parlamento esteja em recesso no momento da edição do decreto presidencial, haverá a sua convocação extraordinária pelo Presidente do Senado Federal para que se reúna em até 5 (cinco) dias. Em todo caso, o Congresso Nacional deverá decidir sobre a decretação do estado de defesa no prazo de 10 (dez) dias contados da data em que foi recebida a comunicação da instauração do regime de crise. Se o decreto presidencial for rejeitado, o estado de defesa deverá cessar imediatamente, mas, se for aprovado, o Congresso Nacional deverá se manter em funcionamento enquanto vigorar o regime de crise decretado. Esse é o controle político **introdutório** do estado de defesa, disciplinado nos arts. 57, § 6º, I, e 136, §§ 4º, 5º, 6º e 7º, da CF/88.

Uma vez aprovada a decretação (ou prorrogação) do estado de defesa, a atuação do Congresso Nacional não fica exaurida. O Parlamento deverá formar uma comissão especial composta de 5 (cinco) membros para acompanhar e fiscalizar a execução do regime de crise, conforme determina o art. 140 da CF/88. Inclusive, mesmo tendo dado sua chancela ao estado de defesa instaurado pelo Presidente da República, o Congresso Nacional poderá, durante a sua vigência, suspendê-lo a qualquer tempo, caso entenda apropriado, como prevê o art. 49, IV, da CF/88, que não diz se, nesse caso, é necessária a maioria absoluta do Parlamento, mas a doutrina entende que sim, já que a Constituição exige essa maioria qualificada para a aprovação do decreto presidencial que adota a medida. Trata-se do controle político **concomitante** do estado de defesa.

Por fim, uma vez cessado o estado de defesa (o que, necessariamente, fará cessarem também os seus efeitos), o Presidente da República deverá enviar um relatório ao Congresso Nacional, informando as medidas que foram aplicadas (com as respectivas justificativas) e as pessoas atingidas por elas, sendo possível, inclusive, responsabilizar os agentes envolvidos na execução desses por eventuais ilícitos cometidos, tudo conforme prevê o art. 141, *caput* e parágrafo único, da CF/88. Cuida-se do controle político **posterior** do estado de defesa.

Já no **estado de sítio**, o controle político pode ser prévio, concomitante ou posterior.

Como se pode perceber, aqui, diferentemente do que vimos em relação ao controle político do estado de defesa, não falamos em controle introdutório, mas sim em controle prévio. Isso porque, no estado de defesa, o Presidente da República decreta a medida e apenas depois a submete à aprovação do Parlamento. No estado de sítio é diferente, pois para a sua decretação o Chefe do Executivo Federal depende de **prévia autorização** do Congresso Nacional, mediante os votos de sua maioria absoluta, como prevê o art. 137, parágrafo único, da CF/88. Se o Parlamento se encontrar em recesso, também será convocado extraordinariamente pelo Presidente do Senado para deliberar sobre a questão, conforme estabelecem os arts. 138, § 2º, e 57, § 6º, I, da CF/88. Ao contrário do que fez em relação ao estado de defesa, a Constituição Federal não estabeleceu, ao tratar do estado de sítio, um prazo máximo para que o Congresso Nacional realize a deliberação inicial sobre a (autorização para) decretação do regime de crise. Esse é o controle político **prévio** do estado de sítio.

Já os controles políticos **concomitante** e **posterior** são iguais aos que ocorrem no estado de defesa, estando, inclusive, disciplinados pelos mesmos dispositivos constitucionais, quais sejam, os arts. 49, IV, 140 e 141. Quanto à possibilidade de o Congresso Nacional suspender o estado de sítio durante a sua vigência (prevista no art. 49, IV, da CF/88), aplica-se o mesmo raciocínio que vimos em relação ao estado de defesa: segundo a doutrina, embora a Constituição não diga isso expressamente, essa deliberação deve se dar por maioria absoluta, já que a autorização da instauração do estado de sítio depende da maioria absoluta do Parlamento, como prevê o art. 137, parágrafo único, da CF/88.

Confira o teor dos dispositivos constitucionais que disciplinam esses controles:

*"**Art. 49, CF/88.*** É da competência exclusiva do Congresso Nacional:

(...)

IV - aprovar o estado de defesa e a intervenção federal, autorizar o estado de sítio, ou suspender qualquer uma dessas medidas;"

*"**Art. 57, § 6º, CF/88.*** A convocação extraordinária do Congresso Nacional far-se-á:

I - pelo Presidente do Senado Federal, em caso de decretação de estado de defesa ou de intervenção federal, de pedido de autorização para a decretação de estado de sítio e para o compromisso e a posse do Presidente e do Vice-Presidente da República;

(...)"

*"**Art. 136, CF/88.***

(...)

§ 4º Decretado o estado de defesa ou sua prorrogação, o Presidente da República, dentro de vinte e quatro horas, submeterá o ato com a respectiva justificação ao Congresso Nacional, que decidirá por maioria absoluta.

§ 5º Se o Congresso Nacional estiver em recesso, será convocado, extraordinariamente, no prazo de cinco dias.

§ 6º O Congresso Nacional apreciará o decreto dentro de dez dias contados de seu recebimento, devendo continuar funcionando enquanto vigorar o estado de defesa.

§ 7º Rejeitado o decreto, cessa imediatamente o estado de defesa."

*"**Art. 137, parágrafo único, CF/88.*** O Presidente da República, ao solicitar autorização para decretar o estado de sítio ou sua prorrogação, relatará os motivos determinantes do pedido, devendo o Congresso Nacional decidir por maioria absoluta."

*"**Art. 138, CF/88.***

(...)

§ 2º Solicitada autorização para decretar o estado de sítio durante o recesso parlamentar, o Presidente do Senado Federal, de imediato, convocará extraordinariamente o Congresso Nacional para se reunir dentro de cinco dias, a fim de apreciar o ato.

§ 3º O Congresso Nacional permanecerá em funcionamento até o término das medidas coercitivas."

*"**Art. 140, CF/88.*** A Mesa do Congresso Nacional, ouvidos os líderes partidários, designará Comissão composta de cinco de seus membros para acompanhar e fiscalizar a execução das medidas referentes ao estado de defesa e ao estado de sítio."

*"**Art. 141, CF/88.*** Cessado o estado de defesa ou o estado de sítio, cessarão também seus efeitos, sem prejuízo da responsabilidade pelos ilícitos cometidos por seus executores ou agentes.

Parágrafo único. Logo que cesse o estado de defesa ou o estado de sítio, as medidas aplicadas em sua vigência serão relatadas pelo Presidente da República, em mensagem ao Congresso Nacional, com especificação e justificação das providências adotadas, com relação nominal dos atingidos e indicação das restrições aplicadas."

▶ Controle judicial

Tanto no estado de defesa quanto no estado de sítio, é possível o controle judicial em qualquer fase da medida de crise, para repelir qualquer excesso verificado.

Importante notar que, segundo o entendimento majoritário, o Poder Judiciário não pode se intrometer no próprio mérito da decretação da medida, ou seja, não pode substituir o Presidente da República na análise da conveniência e oportunidade da instauração do regime de crise, embora possa controlar a observância dos requisitos formais previstos na Constituição Federal, além de poder fiscalizar o atendimento da proporcionalidade e da razoabilidade das medidas adotadas, pois esse tipo de controle diz respeito à própria validade (compatibilidade com o ordenamento jurídico) dos atos do poder público, e não ao seu mérito propriamente dito.

Inclusive, conforme já estudamos, o Judiciário tem uma importante atuação, prevista expressamente na Constituição Federal (art. 136, § 3º), em relação às prisões provisórias especiais efetuadas durante o estado de defesa, que devem sempre ser comunicadas ao juiz competente, o qual poderá relaxá-las se forem ilegais e até mesmo autorizar que tenham prazo superior a 10 (dez) dias.

Importante registrar que, especificamente em relação ao estado de **sítio** decretado em caso de guerra declarada ou de agressão armada estrangeira (art. 137, II, CF/88), como a Constituição não estabeleceu as medidas coercitivas que podem ser adotadas, há entendimento doutrinário no sentido de que qualquer garantia fundamental pode ser suprimida na vigência do regime de crise, inclusive, o acesso à jurisdição, ainda que por meio de remédios constitucionais (como o mandado de segurança e o *habeas corpus*), muito embora a responsabilização e a reparação posteriores ao encerramento do estado de sítio continuem plenamente possíveis, na hipótese de terem sido cometidos excessos. Assim entendem, por exemplo, Manoel Gonçalves Ferreira Filho e Uadi Bulos.

Por outro lado, há doutrinadores, como Alexandre de Moraes e José Afonso da Silva que entendem que, mesmo no estado de sítio decretado em virtude de declaração de guerra ou de agressão armada estrangeira, a possibilidade de controle judicial dos atos praticados na execução da medida de crise deve ser preservada e o acesso à jurisdição deve ser mantido, notadamente, por meio dos remédios constitucionais. Para esses autores, portanto, não há excepcionalidade que permita suprimir tais garantias.

Olavo Alves Ferreira, realizando uma interpretação sistemática do nosso ordenamento constitucional, filia-se ao entendimento de Alexandre de Moraes e José Afonso da Silva, ou seja, também defende a impossibilidade de suspensão do controle judicial e dos remédios constitucionais no caso do estado de sítio fundamentado no art. 137, II, da CF/88. Segundo o autor, a suspensão dessas garantias representaria, em última análise, a paralisação do funcionamento de um dos Poderes da República (no caso, do Poder Judiciário), o que não encontra respaldo no texto constitucional.

Além disso, atualmente, o Brasil é signatário de documentos internacionais que vedam a suspensão de remédios constitucionais, a exemplo do Pacto de São José da Costa Rica, que não admite sejam suspensos o *habeas corpus* e as ações judiciais voltadas à preservação de determinados direitos fundamentais, dentre eles, o direito à vida, o direito à integridade física e os direitos políticos.

Diante do cenário descrito acima, o melhor entendimento parece ser o de que, mesmo em caso de estado de sítio decorrente de guerra declarada ou de agressão armada estrangeira, não é possível a suspensão das garantias de caráter jurisdicional.

23

Forças Armadas

Em relação às Forças Armadas, o estudo para concursos exige, basicamente, a leitura e a compreensão do texto da Constituição Federal e de algumas normas infraconstitucionais, além de algumas questões enfrentadas pela jurisprudência, as quais, muitas vezes, estudamos quando abordamos outros temas.

NOÇÕES GERAIS

Uma ideia que se deve ter em mente para compreender o regime constitucional das Forças Armadas é que elas são essenciais à própria fundação e existência do Estado, pois asseguram o exercício da soberania, que é um dos elementos constitutivos do Estado, conforme já estudamos.

É justamente nessa linha de raciocínio que o art. 142, *caput*, da CF/88 estabelece que as Forças Armadas (constituídas pelo Exército, Marinha e Aeronáutica) são instituições permanentes e regulares destinadas a defender a Pátria e a garantir os poderes constitucionais, a lei e a ordem.

É importante registrar que, conforme fica claro no *caput* do art. 142 da CF/88, as Forças Armadas não têm como missão constitucional primordial cuidar da segurança pública. Esta é responsabilidade de órgãos específicos, que estão previstos no art. 144 da CF/88. Porém, de forma excepcional e subsidiária (isto é, quando os órgãos de segurança pública não tiverem condições de solucionar a situação), as Forças Armadas poderão atuar, episodicamente, nessa área, conforme permite o próprio art. 142, *caput*, da CF/88, ao prever a possibilidade de atuarem na garantia da lei e da ordem (conhecida como GLO), possibilidade essa que foi regulamentada no âmbito infraconstitucional pela Lei Complementar 97/99 e pelo Decreto 3.897/2001.

Ainda nos termos do *caput* do art. 142 da CF/88, as Forças Armadas organizam-se com base na hierarquia e na disciplina e se subordinam ao Presidente da República, que, segundo o texto constitucional, é o seu chefe supremo. Conforme se pode extrair das definições contidas na Lei 6.880/80 (Estatuto dos Militares), a hierarquia nada mais é do que a organização da autoridade em diferentes níveis, uns submetidos aos outros, enquanto a disciplina significa a estrita observância da lei (em sentido amplo) e o integral cumprimento dos deveres inerentes à vida nas organizações militares.

O fato de as Forças Armadas serem baseadas na hierarquia e na disciplina, no entanto, não permite a criação e/ou manutenção de tipos penais militares que consubstanciem discriminação ou cerceamento de outros direitos fundamentais, como a liberdade de orientação sexual. Esse entendimento foi adotado pelo STF na **ADPF 291**.

Essa ação foi ajuizada contra o art. 235 do Código Penal Militar, que prevê o crime rotulado *"pederastia ou outro ato de libidinagem"*, consistente na conduta de *"praticar, ou permitir o militar que com êle se pratique ato libidinoso, homossexual ou não, em lugar sujeito a administração militar*". O STF entendeu que a criminalização de atos libidinosos praticados em instalações militares é justificada pela necessidade de proteger a hierarquia e a disciplina em que se baseiam as Forças Armadas. Porém, a referência a pederastia e a ato homossexual no tipo penal é discriminatória e fere a liberdade de orientação sexual, motivo pelo qual, as expressões "pederastia ou outro" e "homossexual ou não" foram consideradas não recepcionadas pela CF/88.

Confira a ementa desse julgado:

> "(...) 1. No entendimento majoritário do Plenário do Supremo Tribunal Federal, a **criminalização de atos libidinosos** praticados por militares em ambientes sujeitos à administração militar justifica-se, em tese, para a **proteção da hierarquia e da disciplina castrenses** (art. 142 da Constituição). No entanto, **não foram recepcionadas pela Constituição de 1988 as expressões "pederastia ou outro" e "homossexual ou não"**, contidas, respectivamente, no nomen iuris e no *caput* do **art. 235 do Código Penal Militar**, mantido o restante do dispositivo. 2. Não se pode permitir que a lei faça uso de **expressões pejorativas e discriminatórias**, ante o reconhecimento do **direito à liberdade de orientação sexual** como liberdade existencial do indivíduo. (...)" **(ADPF 291, Rel. Min. Roberto Barroso, j. 28/10/2015, Pleno)**

Quanto à organização e à atuação (preparação e emprego efetivo) das Forças Armadas, a Constituição exige que essas questões sejam disciplinadas por lei complementar (art. 142, § 1º). Essa lei complementar, inclusive, já foi editada. Trata-se da **LC 97/99**, que também regulamenta a utilização das Forças Armadas para a garantia da lei e da ordem (GLO), conforme mencionamos anteriormente.

> "**Art. 142, CF/88.** As Forças Armadas, constituídas pela Marinha, pelo Exército e pela Aeronáutica, são instituições nacionais permanentes e regulares, organizadas com base na hierarquia e na disciplina, sob a autoridade suprema do Presidente da República, e destinam-se à defesa da Pátria, à garantia dos poderes constitucionais e, por iniciativa de qualquer destes, da lei e da ordem.
>
> **§ 1º** Lei complementar estabelecerá as normas gerais a serem adotadas na organização, no preparo e no emprego das Forças Armadas.
>
> (...)"

A ESCALA HIERÁRQUICA NAS FORÇAS ARMADAS

Para compreender bem alguns aspectos do regime constitucional dos militares, é necessário entender como funciona a hierarquia nas Forças Armadas. Isso porque os seus integrantes são referidos no texto constitucional por expressões diversas, e essas expressões, evidentemente, têm significados distintos.

A primeira coisa que se deve saber é que esse e outros aspectos da carreira militar e das Forças Armadas são tratados na Lei 6.880/80, que é o Estatuto dos Militares.

Em relação à hierarquia militar, é necessário, antes de qualquer outra coisa, conhecer a noção de patente. **O que é uma patente militar?**

A patente nada mais é do que a posição que o militar ocupa na hierarquia da carreira. É o que os estatutos dos servidores civis geralmente chamam de classe ou nível do servidor. Em outras palavras, a patente indica a "progressão funcional" do militar.

Nos termos da Lei 6.880/80, a hierarquia militar (e suas patentes) é dividida em dois grandes grupos: os **oficiais** e as **praças** (havendo, ainda, um grupo especial de praças, que são as **praças especiais**). Os níveis hierárquicos dos oficiais são chamados de **postos**, enquanto os das praças, **graduações**. Em relação aos militares que possuem o mesmo posto ou a mesma graduação, a hierarquia é definida pela antiguidade, de modo que o mais antigo no posto ou na graduação é hierarquicamente superior ao menos antigo (arts. 14, § 1º, e 16, §§ 1º, 3º e 4º).

Portanto, quando a lei ou a Constituição, ao tratar dos militares, fala em "posto", isso significa que está se referindo aos oficiais. Por outro lado, quando fala em "graduação", significa que a referência é às praças.

Na hierarquia militar, as praças se encontram abaixo dos oficiais, cabendo-lhes, inclusive, auxiliá-los ou lhes complementar as atividades, conforme determina o art. 37 da Lei 6.880/80. E, dentro das praças, as praças especiais encontram-se acima das demais praças, conforme decorre do art. 19 da Lei 6.880/80.

Veja:

> "**Art. 14, Lei 6.880/80.** A hierarquia e a disciplina são a base institucional das Forças Armadas. A autoridade e a responsabilidade crescem com o grau hierárquico.
>
> **§ 1º** A hierarquia militar é a ordenação da autoridade, em níveis diferentes, dentro da estrutura das Forças Armadas. A ordenação se faz por postos ou graduações; dentro de um mesmo posto ou graduação se faz pela antigüidade no posto ou na graduação. O respeito à hierarquia é consubstanciado no espírito de acatamento à seqüência de autoridade.
>
> (...)"
>
> "**Art. 16, Lei 6.880/90.** (...)
>
> **§ 1º** Posto é o grau hierárquico do oficial, conferido por ato do Presidente da República ou do Ministro de Força Singular e confirmado em Carta Patente.
>
> **§ 3º** Graduação é o grau hierárquico da praça, conferido pela autoridade militar competente.
>
> **§ 4º** Os Guardas-Marinha, os Aspirantes-a-Oficial e os alunos de órgãos específicos de formação de militares **são denominados praças especiais.**"
>
> "**Art. 19, Lei 6.880/80.** A **precedência entre as praças especiais e as demais praças** é assim regulada:
>
> I - os Guardas-Marinha e os Aspirantes-a-Oficial são hierarquicamente superiores às demais praças;
>
> II - os Aspirantes da Escola Naval, os Cadetes da Academia Militar das Agulhas Negras e da Academia da Força Aérea e os alunos do Instituto Tecnológico de Aeronáutica, do Instituto Militar de Engenharia e das demais instituições de graduação de oficiais da Marinha e do Exército são hierarquicamente superiores aos Suboficiais e aos Subtenentes;
>
> III - os alunos de Escola Preparatória de Cadetes e do Colégio Naval têm precedência sobre os Terceiros-Sargentos, aos quais são equiparados;
>
> IV - os alunos dos órgãos de formação de oficiais da reserva, quando fardados, têm precedência sobre os Cabos, aos quais são equiparados; e
>
> V - os Cabos têm precedência sobre os alunos das escolas ou dos centros de formação de sargentos, que a eles são equiparados, respeitada, no caso de militares, a antigüidade relativa."
>
> "**Art. 37, Lei 6.880/80.** Os graduados auxiliam ou complementam as atividades dos oficiais, quer no adestramento e no emprego de meios, quer na instrução e na administração."

É importante registrar que, embora os §§ 1º e 3º do art. 16 da Lei 6.880/80 (transcritos acima) estabeleçam que os postos são conferidos pelo Presidente da República e as graduações são conferidas por uma autoridade militar competente, essas disposições não parecem ter sido recepcionadas pela Constituição Federal de 1988, pois, nos termos do art. 142, § 3º,

I, do texto constitucional, as patentes militares são conferidas pelo Presidente da República, não tendo o constituinte feito distinção entre postos e graduações para esse fim específico.

> "**Art. 142, § 3º, CF/88.** Os membros das Forças Armadas são denominados militares, aplicando-se-lhes, além das que vierem a ser fixadas em lei, as seguintes disposições:
>
> I - as **patentes**, com prerrogativas, direitos e deveres a elas inerentes, são conferidas pelo Presidente da República e asseguradas em plenitude aos oficiais da ativa, da reserva ou reformados, sendo-lhes privativos os títulos e postos militares e, juntamente com os demais membros, o uso dos uniformes das Forças Armadas;
>
> (...)"

■ QUEM PODE REQUISITAR O EMPREGO DAS FORÇAS ARMADAS?

Como vimos, nos termos do *caput* do art. 142 da CF/88, as Forças Armadas possuem três missões:

a) A defesa da Pátria;

b) A garantia dos poderes constitucionais (Executivo, Legislativo e Judiciário); e

c) A garantia da lei e da ordem.

Em relação à garantia da lei e da ordem, cuida-se de uma atuação meramente subsidiária das Forças Armadas, pois diz respeito a atividades de segurança pública, que a CF/88 atribuiu a órgãos específicos, conforme disciplinado pelo seu art. 144, que estudaremos no próximo capítulo. Se essa atuação é subsidiária, isso significa que as Forças Armadas apenas poderão ser empregadas para garantir a lei e a ordem se os órgãos de segurança pública não tiverem condições de fazê-lo.

A Constituição Federal diz, no art. 142, que, para a garantia da lei e da ordem, as Forças Armadas funcionarão por iniciativa de qualquer dos Poderes (Executivo, Legislativo e Judiciário). Isso significa que qualquer deles poderá, por ato próprio, determinar às Forças Armadas que efetivamente atuem nessas hipóteses?

Como vimos anteriormente, a questão foi regulamentada pela LC 97/99 e pelo Decreto 3.897/01.

O art. 15, *caput*, da LC 97/99 diz que o emprego das Forças Armadas é de responsabilidade do **Presidente da República**, e o seu § 1º estabelece que cabe a ele (o Presidente da República) a decisão sobre essa questão, muito embora seja possível que a provocação venha de outro Poder, através do respectivo Presidente (no caso do Poder Legislativo, a iniciativa pode ser tanto do Presidente da Câmara dos Deputados quanto do Presidente do Senado Federal).

Portanto, segundo a legislação que regulamenta a matéria, apenas o Presidente da República tem competência para decidir sobre o emprego das Forças Armadas.

Outro detalhe importante sobre o art. 15 da LC 97/99 é que os seus §§ 2º e 3º deixam claro o caráter subsidiário do emprego das Forças Armadas para a garantia da lei e da ordem, ao estabelecerem que isso apenas será possível quando esgotados os instrumentos de segurança pública, o que só fica caracterizado mediante o reconhecimento formal dessa situação pelo respectivo Chefe do Poder Executivo (que pode ser federal ou estadual, a depender do caso).

Além disso, o emprego das Forças Armadas para a garantia da lei e da ordem (que envolverá atividades de caráter repressivo e preventivo) deve ser episódico, temporário e limitado a um local específico, e, quando determinado, implicará a transferência, para as Forças Armadas, do controle operacional dos órgãos de segurança pública necessários para viabilizar a execução das ações pertinentes (art. 15, §§ 4º e 5º, CF/88).

> "**Art. 15, LC 97/99.** O emprego das Forças Armadas na defesa da Pátria e na garantia dos poderes constitucionais, da lei e da ordem, e na participação em operações de paz, é de responsabilidade do Presidente da República, que determinará ao Ministro de Estado da Defesa a ativação de órgãos operacionais, observada a seguinte forma de subordinação:
>
> (...)
>
> **§ 1º** Compete ao Presidente da República a decisão do emprego das Forças Armadas, por iniciativa própria ou em atendimento a pedido manifestado por quaisquer dos poderes constitucionais, por intermédio dos Presidentes do Supremo Tribunal Federal, do Senado Federal ou da Câmara dos Deputados.
>
> **§ 2º** A atuação das Forças Armadas, na garantia da lei e da ordem, por iniciativa de quaisquer dos poderes constitucionais, ocorrerá de acordo com as diretrizes baixadas em ato do Presidente da República, após esgotados os instrumentos destinados à preservação da ordem pública e da incolumidade das pessoas e do patrimônio, relacionados no art. 144 da Constituição Federal.
>
> **§ 3º** Consideram-se esgotados os instrumentos relacionados no art. 144 da Constituição Federal quando, em determinado momento, forem eles formalmente reconhecidos pelo respectivo Chefe do Poder Executivo Federal ou Estadual como indisponíveis, inexistentes ou insuficientes ao desempenho regular de sua missão constitucional.
>
> **§ 4º** Na hipótese de emprego nas condições previstas no § 3º deste artigo, após mensagem do Presidente da República, serão ativados os órgãos operacionais das Forças Armadas, que desenvolverão, de forma episódica, em área previamente estabelecida e por tempo limitado, as ações de caráter preventivo e repressivo necessárias para assegurar o resultado das operações na garantia da lei e da ordem.
>
> **§ 5º** Determinado o emprego das Forças Armadas na garantia da lei e da ordem, caberá à autoridade competente, mediante ato formal, transferir o controle operacional dos órgãos de segurança pública necessários ao desenvolvimento das ações para a autoridade encarregada das operações, a qual deverá constituir um centro de coordenação de operações, composto por representantes dos órgãos públicos sob seu controle operacional ou com interesses afins."

Aqui é importante registrar que, segundo decidiu o Supremo Tribunal Federal na **ADI 6457** (j. 09/04/2024), a possibilidade de atuação das Forças Armadas para a garantia da lei e da ordem não se limita a situações em que esteja em curso intervenção federal, estado de defesa ou estado de sítio. Na verdade, a atuação das Forças Armadas na garantia da lei e da ordem se presta ao restabelecimento da normalidade em situações nas quais os órgãos de segurança pública (previstos no art. 144 da CF/88) se encontram incapacitados, por qualquer motivo, para solucionar o problema.

Em outras palavras: a previsão constitucional de atuação das Forças Armadas para a garantia da lei e da ordem permite que elas (as Forças Armadas) atuem na área da segurança pública, mas **apenas subsidiariamente** (isto é, quando os órgãos ordinários de segurança pública não consigam sozinhos solucionar o problema), **de forma pontual, temporária e excepcional**.

Além disso, também segundo decidiu o STF na ADI 6457, embora o Presidente da República seja o chefe supremo das Forças Armadas, isso não significa que ele possa empregá-las da forma como bem entender e para finalidades diversas não previstas na Constituição.

O STF esclareceu que **a chefia das Forças Armadas pelo Presidente da República deve ser exercida dentro dos limites das atribuições constitucionais do Presidente da**

República, as quais estão previstas no art. 84 da CF/88. Ou seja, o Presidente da República é o chefe supremo das Forças Armadas, mas essa chefia apenas pode ser exercida para finalidades previstas dentre as atribuições do Presidente da República no art. 84 da CF/88, como é o caso da definição da organização do órgão (atribuição prevista no art. 84, VI, da CF/88).

Seguindo essa linha de raciocínio, o Supremo Tribunal Federal também decidiu expressamente que as Forças Armadas **não podem ser empregadas como uma espécie de "Poder Moderador"** para interferir na atuação dos Poderes da República, ainda que a pretexto de "restabelecer" a normalidade institucional e o equilíbrio entre esses Poderes. Isso porque a CF/88 não prevê a existência de um Poder Moderador no Brasil, e o seu art. 2º estabelece expressamente que os Poderes Executivo, Legislativo e Judiciário (os únicos Poderes existentes em nosso ordenamento jurídico) devem funcionar de forma harmônica e independente (esse é o princípio da separação dos Poderes), sem possibilidade de haver ataques recíprocos entre eles. Os únicos mecanismos de interferência ou controle de um Poder sobre outro são aqueles previstos expressamente na CF/88 (a exemplo da possibilidade de o Judiciário declarar a inconstitucionalidade de leis ou de o Legislativo realizar o *impeachment* do Presidente da República). Qualquer outra interferência de um Poder em outro viola a separação dos Poderes, prevista no art. 2º da CF/88.

Logo, por exemplo, não pode o Presidente da República, a pretexto de garantir a lei e a ordem, empregar as Forças Armadas para realizar qualquer tipo de intervenção ou controle sobre outro Poder, pois, além de uma medida como essa violar a separação dos Poderes, não há previsão disso dentre as atribuições constitucionais do Presidente da República (listadas no art. 84 da CF/88).

Os exatos termos da decisão do STF, que refletiu o voto do Min. Luiz Fux (relator do caso), seguido por unanimidade pelos demais Ministros, foram esses:

> *"(i) A missão institucional das Forças Armadas na defesa da Pátria, na garantia dos poderes constitucionais e na garantia da lei e da ordem* ***não acomoda o exercício de poder moderador entre os poderes Executivo, Legislativo e Judiciário;***
>
> *(ii) A chefia das Forças Armadas* ***é poder limitado, excluindo-se qualquer interpretação que permita sua utilização para indevidas intromissões no independente funcionamento dos outros Poderes,*** *relacionando-se a autoridade sobre as Forças Armadas às competências materiais atribuídas pela Constituição ao Presidente da República;*
>
> *(iii) A prerrogativa do Presidente da República de autorizar o emprego das Forças Armadas, por iniciativa própria ou em atendimento a pedido manifestado por quaisquer dos outros poderes constitucionais por intermédio dos Presidentes do Supremo Tribunal Federal, do Senado Federal ou da Câmara dos Deputados,* ***não pode ser exercida contra os próprios Poderes entre si;***
>
> *(iv) O emprego das Forças Armadas para a garantia da lei e da ordem, embora não se limite às hipóteses de intervenção federal, de estados de defesa e de estado de sítio,* ***presta-se ao excepcional enfrentamento de grave e concreta violação à segurança pública interna, em caráter subsidiário,*** *após o esgotamento dos mecanismos ordinários e preferenciais de preservação da ordem pública e da incolumidade das pessoas e do patrimônio, mediante a atuação colaborativa das instituições estatais e sujeita ao controle permanente dos demais poderes, na forma da Constituição e da lei."*

CARACTERÍSTICAS DAS FORÇAS ARMADAS

Os membros das Forças Armadas, segundo consta da própria Constituição (art. 142, § 3º), são denominados **militares** (e, como veremos no próximo capítulo, os integrantes das polícias militares e dos corpos de bombeiros militares também são militares, porém, de âmbito estadual).

Os militares não se confundem com os servidores públicos civis, havendo na Constituição Federal regimes distintos para cada um desses grupos. Nesse sentido, as disposições constitucionais relativas aos servidores civis apenas se aplicam aos militares quando o texto constitucional determina isso expressamente, o que, inclusive, ocorre nos incisos do § 3º do art. 142.

Além do que vimos nos tópicos anteriores, as principais caraterísticas que marcam o regime constitucional dos militares das Forças Armadas são as seguintes (art. 142, §§ 2º e 3º, CF/88):

a) Não cabe *habeas corpus* contra punições disciplinares militares, conforme estudamos no capítulo sobre remédios constitucionais (art. 142, § 2º).

b) As patentes, com prerrogativas, direitos e deveres a elas inerentes, são conferidas pelo Presidente da República (art. 142, § 3º, I).

c) As patentes são asseguradas em plenitude aos oficiais da ativa, da reserva ou reformados (art. 142, § 3º, I).

d) Os títulos e postos militares são privativos dos oficiais da ativa, da reserva ou reformados (art. 142, § 3º, I).

e) O uso dos uniformes das Forças Armadas é privativo dos seus membros (todos eles). Essa exclusividade não é apenas dos oficiais, contemplando também as praças (art. 142, § 3º, I).

f) Os militares não podem se sindicalizar nem realizar greve (art. 142, § 3º, IV).

g) Os militares, enquanto em serviço ativo, não podem estar filiados a partidos políticos (art. 142, § 3º, V).

h) O oficial (isso não alcança as praças) só perderá o posto e a patente se for julgado indigno do oficialato ou com ele incompatível, por decisão de tribunal militar de caráter permanente, em tempo de paz, ou de tribunal especial, em tempo de guerra (art. 142, § 3º, VI). A exigência de decisão de tribunal nesse caso faz com que alguns doutrinadores considerem os oficiais das Forças Armadas agentes públicos vitalícios, tais quais os magistrados.

i) O oficial condenado na justiça comum ou militar a pena privativa de liberdade superior a dois anos, por sentença transitada em julgado, será submetido ao julgamento referido no item anterior, isto é, ao julgamento de indignidade, que pode levar à perda do posto e da patente (art. 142, § 3º, VII).

j) Aplicam-se aos militares das Forças Armadas os direitos trabalhistas previstos no art. 7º, incisos VIII, XII, XVII, XVIII, XIX e XXV (art. 142, § 3º, VIII). Importante notar que o direito ao salário mínimo (previsto no inciso IV do art. 7º) não foi estendido aos militares, e, por esse motivo, o Supremo Tribunal Federal editou a Súmula Vinculante nº 6, segundo a qual, *"não viola a Constituição o estabelecimento de remuneração inferior ao salário mínimo para as praças prestadoras de serviço militar inicial"*.

k) Aplicam-se aos militares das Forças Armadas as disposições sobre os servidores públicos civis contidas no art. 37, incisos XI, XIII, XIV, XV e XVI, alínea "c" (art. 142, § 3º, VIII).

l) Os seguintes temas sobre as Forças Armadas deverão ser tratados em lei: o ingresso, os limites de idade, a estabilidade, a inatividade (o que mostra que o regime de previdência dos militares das Forças Armadas é disciplinado por lei, e não pela Constituição), os direitos, os deveres, a remuneração, as prerrogativas e outras situações especiais dos militares, consideradas as peculiaridades de suas atividades, inclusive aquelas cumpridas por força de compromissos internacionais e de guerra (art. 142, § 3º, X). Vale destacar, a propósito, o entendimento adotado pelo Supremo Tribunal Federal no **RE 600.885** (julgado em 09/02/2011), em que a Corte decidiu que a Constituição não permite que os requisitos para o ingresso nas Forças Armadas (a exemplo do limite de idade) seja fixado em norma infralegal (como regulamentos e editais de concursos), pois o art. 142, § 3º, X, exige expressamente **lei** para disciplinar essa questão, sendo essa a única espécie normativa admitida pra tal fim. Segundo o STF, nem mesmo se houver delegação feita por lei, uma norma infralegal poderá tratar da matéria. Nas palavras do Tribunal, *"o art. 142, § 3º, inciso X, da Constituição da República, é expresso ao atribuir exclusivamente à lei a definição dos requisitos para o ingresso nas Forças Armadas. (...) A Constituição brasileira determina, expressamente, os requisitos para o ingresso nas Forças Armadas, previstos em lei: referência constitucional taxativa ao critério de idade. Descabimento de regulamentação por outra espécie normativa, ainda que por delegação legal"*. Por tais razões, foi reconhecida, nesse julgamento, a não recepção da previsão contida no art. 10 da Lei 6.880/80 (Estatuto dos Militares) no sentido de que os requisitos para ingresso nas Forças Armadas podem ser fixados em regulamentos da Marinha, do Exército e da Aeronáutica.

Confira o teor dos dispositivos referidos acima:

> **"Art. 142, CF/88.**
>
> (...)
>
> **§ 2º** Não caberá *habeas corpus* em relação a punições disciplinares militares.
>
> **§ 3º** Os membros das Forças Armadas são denominados militares, aplicando-se-lhes, além das que vierem a ser fixadas em lei, as seguintes disposições:
>
> I - as patentes, com prerrogativas, direitos e deveres a elas inerentes, são conferidas pelo Presidente da República e asseguradas em plenitude aos oficiais da ativa, da reserva ou reformados, sendo-lhes privativos os títulos e postos militares e, juntamente com os demais membros, o uso dos uniformes das Forças Armadas;
>
> II - o militar em atividade que tomar posse em cargo ou emprego público civil permanente, ressalvada a hipótese prevista no art. 37, inciso XVI, alínea "c", será transferido para a reserva, nos termos da lei;
>
> III - o militar da ativa que, de acordo com a lei, tomar posse em cargo, emprego ou função pública civil temporária, não eletiva, ainda que da administração indireta, ressalvada a hipótese prevista no art. 37, inciso XVI, alínea "c", ficará agregado ao respectivo quadro e somente poderá, enquanto permanecer nessa situação, ser promovido por antiguidade, contando-se-lhe o tempo de serviço apenas para aquela promoção e transferência para a reserva, sendo depois de dois anos de afastamento, contínuos ou não, transferido para a reserva, nos termos da lei;
>
> IV - ao militar são proibidas a sindicalização e a greve;
>
> V - o militar, enquanto em serviço ativo, não pode estar filiado a partidos políticos;
>
> VI - o oficial só perderá o posto e a patente se for julgado indigno do oficialato ou com ele incompatível, por decisão de tribunal militar de caráter permanente, em tempo de paz, ou de tribunal especial, em tempo de guerra;
>
> VII - o oficial condenado na justiça comum ou militar a pena privativa de liberdade superior a dois anos, por sentença transitada em julgado, será submetido ao julgamento previsto no inciso anterior;
>
> VIII - aplica-se aos militares o disposto no art. 7º, incisos VIII, XII, XVII, XVIII, XIX e XXV, e no art. 37, incisos XI, XIII, XIV e XV, bem como, na forma da lei e com prevalência da atividade militar, no art. 37, inciso XVI, alínea "c";
>
> IX - **(Revogado pela Emenda Constitucional nº 41, de 19.12.2003)**

> X - a lei disporá sobre o ingresso nas Forças Armadas, os limites de idade, a estabilidade e outras condições de transferência do militar para a inatividade, os direitos, os deveres, a remuneração, as prerrogativas e outras situações especiais dos militares, consideradas as peculiaridades de suas atividades, inclusive aquelas cumpridas por força de compromissos internacionais e de guerra."

■ CUMULAÇÃO DAS ATIVIDADES MILITARES COM CARGO, EMPREGO OU FUNÇÃO DE NATUREZA CIVIL

A EC 77/2014 incluiu, no art. 142, § 3º, II e III, a possibilidade de o militar das Forças Armadas em atividade ser investido em cargo, emprego ou função pública civil sem precisar passar para a reserva ou ser agregado.

Para que a compreensão do tema fique mais fácil, é preciso saber que, de acordo com a Lei 6.880/80, a reserva é uma das situações de inatividade do militar, enquanto a agregação é uma situação em que o militar permanece em atividade, mas fora da escala hierárquica, como se ele fosse "colocado de lado".

O militar que se encontra na reserva, embora esteja na inatividade, pode sofrer penalidade disciplinar, mas o militar reformado (que também é um militar em situação de inatividade) não pode. Isso consta das **Súmulas 55 e 56 do Supremo Tribunal Federal**, que estabelecem, respectivamente, que *"militar da reserva está sujeito à pena disciplinar"* e *"militar reformado não está sujeito à pena disciplinar"*.

O art. 142, § 3º, II e III, da CF/88, ao tratar da possibilidade de cumulação de cargo militar com cargo ou emprego público civil, diferencia as situações em que o cargo, emprego ou função pública civil exercida pelo militar é temporária daquelas em que é permanente, e, para ambas as hipóteses, estabelece a regra a ser observada e a exceção admitida.

Vamos, primeiramente, compreender a regra.

Quando o militar encontra-se em atividade e toma posse em cargo ou emprego público civil **permanente**, a regra é que ele seja transferido para a reserva (art. 142, § 3º, II, CF/88).

Por outro lado, quanto o militar em atividade toma posse em cargo, emprego ou função pública civil **temporária** (e que não seja eletiva, pois nesse caso há regras específicas no art. 14, § 8º, da CF/88), ele não é transferido para a reserva de imediato. Nesse caso, ele é agregado, somente passando para a reserva após dois anos de afastamento, pouco importando se esses dois anos foram contínuos ou não (art. 142, § 3º, III, CF/88).

O militar que foi agregado por ter sido investido em cargo, emprego ou função pública civil temporária pode, enquanto permanecer agregado (pois a situação da agregação não é uma situação de inatividade), ser promovido por antiguidade, e o seu tempo de serviço durante esse período será computado tão somente para essa promoção e para a sua transferência para a reserva (que, como vimos, ocorre após dois anos de afastamento).

Ocorre que ambas as hipóteses que acabamos de ver admitem **uma única exceção**: o exercício de cargo ou emprego público privativo de profissional da saúde com profissão regulamentada. Essa foi a novidade trazida pela EC 77/2014, que modificou os incisos II e III do § 3º do art. 142 da CF/88, permitindo a aplicação aos militares das Forças Armadas do art. 37, XVI, "c", da CF/88, que autoriza a cumulação remunerada, pelos servidores civis, de dois cargos ou empregos na área da saúde, desde que haja compatibilidade de horários.

Portanto, quando, havendo compatibilidade de horários, o militar das Forças Armadas for exercer um cargo ou emprego público privativo de profissional da saúde com profissão regulamentada, ele não precisará ser transferido para a reserva nem tampouco ser agregado. Ou seja, poderá cumular o cargo militar com o cargo ou emprego civil como se fosse um servidor público civil. A CF/88 impõe apenas **duas condições** para que essa cumulação seja feita: **(I)** que sejam observados os termos da lei e **(II)** que a atividade militar prevaleça sobre a civil (art. 142, § 3º, VIII, parte final).

O que significa a exigência de que a atividade militar tenha prevalência sobre a atividade civil? Isso diz respeito aos horários de cada uma delas.

Nos termos do art. 37, XVI, da CF/88, a cumulação remunerada de cargos só é possível se houver compatibilidade de horários ente os cargos acumulados. E isso se aplica, igualmente, aos militares que acumulam as suas atividades com um cargo ou emprego na área da saúde, pois o art. 142, § 3º, II e III, da CF/88 estende a eles o art. 37, XVI, "c", da CF/88.

Dessa forma, o que a exigência de prevalência das atividades militares sobre as civis significa é que, na distribuição de horários, o cargo ou emprego civil deve ser a ocupação secundária, enquanto o cargo militar deve ser a ocupação principal.

> **"Art. 37, CF/88.**
>
> (...)
>
> XVI - é vedada a acumulação remunerada de cargos públicos, exceto, quando houver **compatibilidade de horários**, observado em qualquer caso o disposto no inciso XI:
>
> a) a de dois cargos de professor;
>
> b) a de um cargo de professor com outro técnico ou científico;
>
> **c) a de dois cargos ou empregos privativos de profissionais de saúde, com profissões regulamentadas;"**
>
> "**Art. 142, § 3º, CF/88.** Os membros das Forças Armadas são denominados militares, aplicando-se-lhes, além das que vierem a ser fixadas em lei, as seguintes disposições:
>
> (...)
>
> II - o militar em atividade que tomar posse em cargo ou emprego público civil permanente, **ressalvada a hipótese prevista no art. 37, inciso XVI, alínea "c"**, será transferido para a reserva, nos termos da lei;
>
> III - o militar da ativa que, de acordo com a lei, tomar posse em cargo, emprego ou função pública civil temporária, não eletiva, ainda que da administração indireta, **ressalvada a hipótese prevista no art. 37, inciso XVI, alínea "c"**, ficará agregado ao respectivo quadro e somente poderá, enquanto permanecer nessa situação, ser promovido por antiguidade, contando-se-lhe o tempo de serviço apenas para aquela promoção e transferência para a reserva, sendo depois de dois anos de afastamento, contínuos ou não, transferido para a reserva, nos termos da lei;
>
> (...)
>
> VIII - aplica-se aos militares o disposto no art. 7º, incisos VIII, XII, XVII, XVIII, XIX e XXV, e no art. 37, incisos XI, XIII, XIV e XV, bem como, **na forma da lei** e com **prevalência da atividade militar**, no art. 37, inciso XVI, alínea "c"; (...)"

A OBRIGATORIEDADE DO SERVIÇO MILITAR

Nos termos do art. 143, *caput*, da CF/88, o serviço militar é obrigatório, **nos termos da lei**. Essa lei já foi editada e é a Lei 4.375/64 (Lei do Serviço Militar), regulamentada pelo Decreto 57.654/66.

Nos termos desse decreto (art. 40), o alistamento militar para o serviço obrigatório deve ser realizado no ano em que o indivíduo completa 18 (anos) de idade, e o serviço obrigatório inicial tem duração normal de 12 (doze) meses (art. 21).

Importante registrar que, embora o serviço militar seja obrigatório, a própria Constituição Federal permite, em tempo de paz, a alegação da chamada **escusa de consciência** com a finalidade de deixar de cumprir essa obrigação. Trata-se da situação em que o indivíduo apresenta razões de crença religiosa e de convicção filosófica ou política, para se eximir das atividades **essencialmente** militares. Caso isso aconteça, as Forças Armadas atribuirão a ele serviço alternativo (art. 143, § 1º, CF/88).

A prestação desse serviço alternativo foi regulamentada pela Lei 8.239/91, que, no art. 3º, § 2º, diz que se entende por serviço alternativo *"o exercício de atividades de caráter administrativo, assistencial, filantrópico ou mesmo produtivo, em substituição às atividades de caráter essencialmente militar"*.

A consequência para quem alega imperativo de consciência para não prestar o serviço militar obrigatório e se recusa a cumprir o serviço alternativo é a perda dos direitos políticos, conforme prevê o art. 15, IV, da CF/88 (hipótese que, conforme já estudamos, a doutrina eleitoral entende, em grande parte, ser caso de suspensão, e não de perda dos direitos políticos). Isso, inclusive, está em consonância com o inciso VIII do art. 5º da CF/88, segundo o qual, *"ninguém será privado de direitos por motivo de crença religiosa ou de convicção filosófica ou política, salvo se as invocar para eximir-se de obrigação legal a todos imposta e recusar-se a cumprir prestação alternativa, fixada em lei"*.

Paralelamente à possibilidade de alegação de imperativo de consciência vista acima, o § 2º do art. 143 da CF/88 estabelece que as mulheres e os eclesiásticos são **isentos** do serviço militar obrigatório em tempo de paz, mas ficam sujeitos a outros encargos que a lei lhes atribuir. E o que a lei diz a esse respeito é tão somente que as mulheres e os eclesiásticos ficam, de acordo com suas aptidões, sujeitos a encargos no interesse da mobilização, sem, porém, especificar quais encargos seriam esses (art. 5º, Lei 8.239/91).

> "**Art. 143, CF/88.** O serviço militar é obrigatório nos termos da lei.
>
> **§ 1º** Às Forças Armadas compete, na forma da lei, atribuir serviço alternativo aos que, em tempo de paz, após alistados, alegarem imperativo de consciência, entendendo-se como tal o decorrente de crença religiosa e de convicção filosófica ou política, para se eximirem de atividades de caráter essencialmente militar.
>
> **§ 2º** As mulheres e os eclesiásticos ficam isentos do serviço militar obrigatório em tempo de paz, sujeitos, porém, a outros encargos que a lei lhes atribuir."
>
> "**Art. 3º, § 2º, Lei 8.239/91.** Entende-se por Serviço Alternativo o exercício de atividades de caráter administrativo, assistencial, filantrópico ou mesmo produtivo, em substituição às atividades de caráter essencialmente militar."
>
> "**Art. 5º, Lei 8.239/91.** As mulheres e os eclesiásticos ficam isentos do Serviço Militar Obrigatório em tempo de paz, sujeitos, porém, de acordo com suas aptidões, a encargos do interesse da mobilização."

24

Segurança Pública

A Constituição Federal trata da segurança pública no seu art. 144.

Já no *caput* desse dispositivo, o texto constitucional estabelece que a segurança pública é um **dever do Estado e direito e responsabilidade de todos**, o que mostra que se trata de um direito de cuja implementação a sociedade como um todo deve participar e que a omissão ou a insuficiência na sua prestação permite que se exija a correção das falhas cometidas, mesmo porque, conforme já estudamos, a segurança pública é um direito fundamental e, nos termos do art. 5º, § 1º, da CF/88, as normas que definem direitos fundamentais têm aplicação imediata.

Há, inclusive, disposições em nosso ordenamento jurídico que concretizam a previsão constitucional de que a segurança pública é responsabilidade de todos, como a previsão legal da possibilidade de qualquer do povo comunicar à autoridade policial a ocorrência de infração penal de ação pública (art. 5º, §3º, CPP) e até mesmo realizar prisão em flagrante delito (art. 301, CPP).

> "**Art. 144, CF/88.** A segurança pública, **dever do Estado, direito e responsabilidade de todos**, é exercida para a preservação da ordem pública e da incolumidade das pessoas e do patrimônio, através dos seguintes órgãos: (...)"

Esse dispositivo estabelece, também, que a finalidade da segurança pública é preservar a ordem pública e a incolumidade das pessoas e dos patrimônios, o que é feito através de órgãos específicos previstos taxativamente nos seus incisos.

COMPETÊNCIA LEGISLATIVA PARA TRATAR DE SEGURANÇA PÚBLICA

A CF/88, ao delinear a repartição de competências entre os entes federados não menciona o tema da segurança pública, o que faz surgir o questionamento sobre qual esfera federativa é competente para legislar a esse respeito.

O Supremo Tribunal Federal já possui entendimento firmado sobre a questão. Segundo a Corte, embora a segurança pública não esteja elencada no art. 24 da CF/88 como um dos temas da competência legislativa concorrente, ela é de competência concorrente, em virtude da sua disciplina constitucional e da estrutura dos órgãos que a compõem. Isso porque o art. 144, *caput*, da CF/88 estabelece que a segurança pública é dever do Estado sem restringir essa missão constitucional a nenhuma esfera federativa, além de prever um rol de órgãos de segurança pública existentes tanto na esfera federal quanto na esfera estadual, conforme ainda estudaremos neste capítulo.

Essa questão foi didaticamente abordada pelo Min. Edson Fachin no seu voto proferido na **ADI 2575**.

Conforme explicou o Ministro:

> *"o Plenário desta Corte reconheceu em precedentes recentes que **é concorrente a competência entre União e Estados sobre segurança pública** (ADI 5.356, Rel. Min. Edson Fachin, Red. para o acórdão Min. Marco Aurélio, Pleno, DJe 31.07.2017).*
>
> *A competência concorrente para segurança pública **não se encontra no art. 24 da CRFB, mas no próprio art. 144, caput**, que prevê que "a segurança pública, dever do Estado, direito e responsabilidade de todos, é exercida para a preservação da ordem pública da incolumidade das pessoas e do patrimônio".*
>
> *(...)*
>
> *Não é por outra razão, portanto, que o Congresso Nacional fez aprovar a Lei 13.675, de 11 de junho de 2018, que disciplina a organização e o funcionamento dos órgão responsáveis pela segurança pública, de forma a disciplinar o § 7º do art. 144 da Constituição Federal.*
>
> *De acordo com o art. 9º, § 2º, da referida Lei, são integrante operacionais do Sistema Único de Segurança Pública não apenas os mesmos órgãos constantes do rol constitucional, mas também "os institutos oficiais de criminalística, medicina legal e identificação" (inciso X)".*

OS ÓRGÃOS DE SEGURANÇA PÚBLICA PREVISTOS NA CF/88

Os órgãos incumbidos de exercer a segurança pública no Brasil estão previstos no próprio art. 144 da CF/88, mais precisamente, nos incisos do seu *caput*. Esses órgãos são os seguintes:

I) polícia federal (órgão integrante da União);

II) polícia rodoviária federal (órgão integrante da União);

III) polícia ferroviária federal (órgão integrante da União);

IV) polícias civis (órgãos integrantes dos Estados e do Distrito Federal);

V) polícias militares e corpos de bombeiros militares (órgãos integrantes dos Estados e do Distrito Federal); e

VI) polícias penais federal, estaduais e distrital (órgãos integrantes da União, dos Estados e do Distrito Federal).

As polícias penais nem sempre estiveram previstas no texto constitucional. Elas foram uma novidade introduzida pela **EC 104/2019** com o propósito de melhor disciplinar a segurança pública nas unidades prisionais, conforme veremos em tópico próprio.

> "**Art. 144, CF/88.** A segurança pública, dever do Estado, direito e responsabilidade de todos, é exercida para a preservação da ordem pública e da incolumidade das pessoas e do patrimônio, através dos seguintes órgãos:
>
> I - polícia federal;
>
> II - polícia rodoviária federal;
>
> III - polícia ferroviária federal;
>
> IV - polícias civis;

> V - polícias militares e corpos de bombeiros militares.
>
> VI - polícias penais federal, estaduais e distrital."

Conforme já registramos, a lista de órgãos prevista no art. 144 da CF/88 é **taxativa**. Isso, inclusive, já foi afirmado pelo Supremo Tribunal Federal em mais de uma oportunidade. A Corte, por exemplo, já declarou a inconstitucionalidade de normas estaduais que inseriram departamento de trânsito (ADI 1182) e instituto de perícias (ADI 2827) dentre os órgãos de segurança pública. Segundo a jurisprudência pacífica do Tribunal, o art. 144 da CF/88 é uma norma de observância obrigatória, não se admitindo a criação de órgãos de segurança pública diversos dos previstos nesse dispositivo.

Isso, porém, não significa que os entes federados não possam criar órgãos com a atribuição de atuar no auxílio e apoio às forças de segurança pública, pois isso se insere no âmbito de autonomia de cada entidade federativa, que pode estruturar sua Administração como bem entender, desde que observe as normas constitucionais. O que não é possível é, tão somente, inovar em relação ao rol de órgãos de segurança pública listados no art. 144 da CF/88.

Esse é um entendimento já tranquilo no Supremo Tribunal Federal e foi reafirmado no julgamento da ADI 2861, em 29/05/2020, na qual a Corte esclareceu que *"as Constituições Estaduais podem criar órgãos ou entidades que desempenhem funções auxiliares às atividades policiais, sem atribuições de segurança pública"*.

Importante registrar que os servidores policiais dos órgãos de segurança pública elencados no art. 144 da CF/88 devem necessariamente ser remunerados por subsídio, conforme determina o § 9º desse artigo, que faz remissão ao art. 39, § 4º, da CF/88, que, por sua vez, é o dispositivo constitucional que disciplina o regime remuneratório de subsídio.

> **"Art. 144, § 9º, CF/88.** A remuneração dos servidores policiais integrantes dos órgãos relacionados neste artigo será fixada na forma do § 4º do art. 39."

Por fim, é preciso destacar o § 7º do art. 144 da CF/88. Esse dispositivo prevê a edição de uma lei para disciplinar a organização e o funcionamento dos órgãos de segurança pública. Pedro Lenza considera essa lei uma espécie de **lei orgânica da segurança pública** e entende que ela deve ser editada pelo Congresso Nacional e ter abrangência em todo o País.

Esse entendimento, inclusive, é compatível com outras passagens da Constituição Federal, em especial, os incisos I e XVI do art. 24, que estabelecem ser da competência legislativa concorrente (entre a União, os Estados e o Distrito Federal) a disciplina do direito penitenciário e a elaboração de normas sobre organização, garantias, direitos e deveres das polícias civis.

Como a competência para legislar sobre essas matérias (que dizem respeito à segurança pública) é concorrente, cabe à União editar normas gerais a seu respeito, restando aos Estados e ao Distrito Federal cuidar tão somente de questões específicas, de modo que faz total sentido falar em uma lei orgânica da segurança pública a ser editada pelo Congresso Nacional.

Essa "lei orgânica", na verdade, já foi editada. Trata-se da Lei 13.675/2018, que criou a Política Nacional de Segurança Pública e Defesa Social (PNSPDS) e instituiu o Sistema Único de Segurança Pública (SUSP).

"**Art. 144, § 7º, CF/88.** A lei disciplinará a organização e o funcionamento dos órgãos responsáveis pela segurança pública, de maneira a garantir a eficiência de suas atividades."

"**Art. 24, CF/88.** Compete à União, aos Estados e ao Distrito Federal legislar concorrentemente sobre:

I - direito tributário, financeiro, penitenciário, econômico e urbanístico;

(...)

XVI - organização, garantias, direitos e deveres das polícias civis."

E A FORÇA NACIONAL DE SEGURANÇA PÚBLICA?

A Força Nacional de Segurança Pública é um órgão integrante do sistema de segurança pública? **Não.**

Não se trata de um órgão, e sim de um convênio firmado entre a União e os Estados e Distrito Federal para o desempenho de atividades de preservação da ordem pública e da incolumidade das pessoas e do patrimônio. A Força Nacional de Segurança Pública, portanto, é um instrumento de cooperação federativa, e está disciplinada na Lei 11.473/07 e no Decreto 5.289/04.

Se a Força Nacional de Segurança Pública não é um órgão, **de onde vêm os agentes que atuam no desempenho das funções que lhe cabem?** Esses agentes são servidores que receberam treinamento especial do Ministério da Justiça, integrantes das polícias federais e integrantes dos órgãos de segurança pública dos Estados que tenham aderido ao convênio (art. 4º, § 2º, Decreto 5.289/04). Nenhum desses agentes públicos, contudo, deixar de integrar os quadros dos seus órgãos de origem pelo fato de atuarem na Força Nacional de Segurança Pública. Durante esse período, eles ficam sob a coordenação do Ministério da Justiça, mas não sofrem qualquer modificação nos seus vínculos funcionais (art. 5º, *caput*, Decreto 5.289/04).

Onde a Força Nacional de Segurança Pública pode ser utilizada? Em qualquer parte do território nacional (art. 4º, Decreto 5.289/04).

E quem pode solicitar a atuação da Força Nacional de Segurança Pública? Qualquer Ministro de Estado e o Governador do Estado ou do Distrito Federal em que sua atuação seja necessária. Porém, apenas o Ministro da Justiça pode determinar o seu efetivo emprego, que deverá ser sempre episódico e planejado (art. 4º, *caput* e § 1º, Decreto 5.289/04).

"**Art. 1º, Decreto 5.289/04.** Este Decreto disciplina as regras gerais de organização e funcionamento da administração pública federal, para desenvolvimento do programa de cooperação federativa denominado Força Nacional de Segurança Pública, ao qual poderão voluntariamente aderir os Estados interessados, por meio de atos formais específicos.

Art. 2º, Decreto 5.289/04. A Força Nacional de Segurança Pública atuará em atividades destinadas à preservação da ordem pública e da incolumidade das pessoas e do patrimônio, nas hipóteses previstas neste Decreto e no ato formal de adesão dos Estados e do Distrito Federal.

(...)

Art. 4º, Decreto 5.289/04. A Força Nacional de Segurança Pública poderá ser empregada em qualquer parte do território nacional, mediante solicitação expressa do respectivo Governador de Estado, do Distrito Federal ou de Ministro de Estado.

§ 1º Compete ao Ministro de Estado da Justiça determinar o emprego da Força Nacional de Segurança Pública, que será episódico e planejado.

§ 2º O contingente mobilizável da Força Nacional de Segurança Pública será composto por servidores que tenham recebido, do Ministério da Justiça, treinamento especial para atuação conjunta, integrantes das polícias federais e dos órgãos de segurança pública dos Estados que tenham aderido ao programa de cooperação federativa.

(...)

Art. 5º, Decreto 5.289/04. Os servidores de órgãos de segurança pública mobilizados para atuar de forma integrada, no programa de cooperação federativa, ficarão sob coordenação do Ministério da Justiça enquanto durar sua mobilização, mas não deixam de integrar o quadro funcional de seus respectivos órgãos.

(...)"

▪ POLÍCIA ADMINISTRATIVA, POLÍCIA JUDICIÁRIA E POLÍCIA INVESTIGATIVA

Segundo classificação doutrinária, as polícias responsáveis pela segurança pública compõem um gênero chamado **polícia de segurança** (que é a polícia de segurança *lato sensu*), a qual se subdivide em **polícia administrativa** (também chamada de polícia ostensiva, ou de polícia administrativa, ou de polícia de segurança *stricto sensu*), **polícia judiciária** e **polícia investigativa.**

A polícia administrativa aqui referida não é o poder de polícia estudado no direito administrativo e no direito tributário. O poder de polícia nós podemos chamar de polícia administrativa *lato sensu*, enquanto a polícia administrativa responsável pela segurança pública é a polícia administrativa *stricto sensu*.

A **polícia ostensiva** (polícia administrativa *stricto sensu*) é a que atua **preventivamente**, com o fim de preservar a ordem pública e evitar danos às pessoas e ao patrimônio. Ela se faz presente em nosso dia a dia, por exemplo, pelos policiais militares e pelos policiais rodoviários que vemos nas ruas e nas rodovias. É, portanto, quem "faz a segurança" na rotina das pessoas, e, por esse motivo, ela também é chamada de polícia de segurança stricto sensu. São órgãos de polícia ostensiva: **I)** a polícia federal (que também atua como polícia judiciária); **II)** a polícia rodoviária federal; **III)** a polícia ferroviária federal; **IV)** as polícias militares; **V)** os corpos de bombeiros militares; e **VI)** as polícias penais.

Já a **polícia judiciária** é aquela que atua repressivamente, na fase de persecução penal, para auxiliar o Poder Judiciário no cumprimento de suas ordens e o titular da ação penal na sua função de promover a persecução penal em juízo. Os órgãos de polícia judiciária (que, apesar do nome, integram o Poder Executivo) são: **I)** as polícias civis; **II)** a polícia federal (que também atua como polícia ostensiva); e **III)** excepcionalmente, quando se tratar de infrações penais de competência da Justiça Militar, as polícias militares e as Forças Armadas.

Em relação à excepcional atribuição das polícias militares e das Forças Armadas para exercer o papel de polícia judiciária, isso apenas ocorre em relação a infrações penais de competência da Justiça Militar (tanto da União quanto dos Estados) e decorre dos arts.

6º, 7º e 8º do Código de Processo Penal Militar (Decreto-Lei nº 1.002/69), considerados recepcionados pela atual ordem constitucional, em virtude de o art. 124, parágrafo único, da CF/88 estabelecer que *"a lei disporá sobre a organização, o funcionamento e a competência da Justiça Militar"*.

Esses dispositivos legais têm a seguinte redação:

> **"Art. 6º, CPPM.** Obedecerão às normas processuais previstas neste Código, no que forem aplicáveis, salvo quanto à organização de Justiça, aos recursos e à execução de sentença, os processos da Justiça Militar Estadual, nos crimes previstos na Lei Penal Militar a que responderem os oficiais e praças das Polícias e dos Corpos de Bombeiros, Militares."
>
> **"Art. 7º, CPPM.** A polícia judiciária militar é exercida nos têrmos do art. 8º, pelas seguintes autoridades, conforme as respectivas jurisdições: (...)"
>
> **"Art. 8º, CPPM.** Compete à Polícia judiciária militar:
>
> a) apurar os crimes militares, bem como os que, por lei especial, estão sujeitos à jurisdição militar, e sua autoria;
>
> b) prestar aos órgãos e juízes da Justiça Militar e aos membros do Ministério Público as informações necessárias à instrução e julgamento dos processos, bem como realizar as diligências que por êles lhe forem requisitadas;
>
> c) cumprir os mandados de prisão expedidos pela Justiça Militar;
>
> d) representar a autoridades judiciárias militares acêrca da prisão preventiva e da insanidade mental do indiciado;
>
> e) cumprir as determinações da Justiça Militar relativas aos presos sob sua guarda e responsabilidade, bem como as demais prescrições dêste Código, nesse sentido;
>
> f) solicitar das autoridades civis as informações e medidas que julgar úteis à elucidação das infrações penais, que esteja a seu cargo;
>
> g) requisitar da polícia civil e das repartições técnicas civis as pesquisas e exames necessários ao complemento e subsídio de inquérito policial militar;
>
> h) atender, com observância dos regulamentos militares, a pedido de apresentação de militar ou funcionário de repartição militar à autoridade civil competente, desde que legal e fundamentado o pedido."

Por fim, a **polícia investigativa** é aquela que atua **especificamente na atividade de colheita de elementos de prova e de informação** quanto à autoria e à materialidade dos delitos.

É evidente que as atividades de polícia investigativa e de polícia judiciária se entrelaçam, tendo íntima relação, pois não há dúvida de que a colheita de elementos de prova e de informação auxiliam na persecução penal (que é o foco das atividades de polícia judiciária). No entanto, a diferenciação entre polícia judiciária e polícia investigativa existe e é adotada, inclusive, na jurisprudência brasileira, especialmente, no âmbito do STJ.

Segundo o Superior Tribunal de Justiça, **as funções de polícia judiciária e de polícia investigativa não se confundem, existindo uma diferenciação entre elas até mesmo na CF/88**, pois, quando o texto constitucional, nos parágrafos do art. 144, elenca as funções da polícia federal, estabelece que é atribuição exclusiva dela exercer a polícia judiciária da União. E, quando trata da polícia civil, diz caber a ela desempenhar as funções de polícia judiciária dos Estados (e do Distrito Federal). Não há menção, nessas passagens da Constituição, às funções de polícia investigativa, de modo que, segundo a Corte, o que o texto constitucional pretendeu aí foi deixar de fora da atuação exclusiva da polícia federal e das polícias civis as atividades relacionadas especificamente à colheita de elementos de prova e de informação.

Veja:

> "**Art. 144, CF/88.**
>
> (...)
>
> **§ 1º** A polícia federal, instituída por lei como órgão permanente, organizado e mantido pela União e estruturado em carreira, destina-se a:
>
> (...)
>
> IV - exercer, com exclusividade, as funções de **polícia judiciária da União.**
>
> (...)
>
> **§ 4º** Às polícias civis, dirigidas por delegados de polícia de carreira, incumbem, ressalvada a competência da União, as funções de **polícia judiciária** e a apuração de infrações penais, exceto as militares.
>
> (...)"

Com base nessas considerações, o Superior Tribunal de Justiça firmou sua jurisprudência no sentido de que a polícia militar pode cumprir mandado de busca e apreensão, por se tratar de diligência inserida nas funções de polícia investigativa, a qual não se confunde com polícia judiciária e, por isso, não é uma atribuição exclusiva da polícia federal ou das polícias civis. Isso porque a busca e apreensão tem por objetivo colher elementos de prova para embasar eventual condenação criminal ou a prática de algum ato processual de caráter cautelar, estando, portanto, englobada pela atividade de polícia investigativa.

Segundo o STJ, como a Constituição Federal prevê como uma exclusividade da polícia federal e das polícias civis tão somente a atividade de polícia judiciária, nada tendo afirmado sobre as funções de polícia investigativa, conclui-se que a polícia investigativa pode ser exercida pela polícia militar, sem que fique caracterizada qualquer ilegalidade. Logo, a polícia militar pode, por exemplo, cumprir mandado de busca e apreensão.

Nas palavras da Corte, *"nos termos do art. 144 da Constituição Federal,* ***à polícia federal e às polícias civis compete, com exclusividade, unicamente o exercício das funções de polícia judiciária, o que não se estende à atividade de polícia investigativa.*** *Assim, embora não seja atividade típica da polícia militar, não consiste em ilegalidade – muito menos nulidade – eventual cumprimento de mandado de busca e apreensão pela instituição"* **(AgRg no HC 752547, Quinta Turma, Rel. Min. REYNALDO SOARES DA FONSECA, j. 13/09/2022).**

É importante registrar, para finalizar, que na Constituição Federal também existe referência à existência de polícias legislativas, que são as polícias próprias das Casas Legislativas (arts. 51, IV, e 52, XIII, da CF/88). Elas não são órgãos de segurança pública (já que não estão previstas no art. 144 da CF/88), não obstante sejam responsáveis pelo policiamento ostensivo nas instalações físicas do Poder Legislativo e haja uma discussão sobre poderem ou não desempenhar funções de polícia judiciária, conforme veremos em momento apropriado.

▶ A polícia militar pode lavrar Termo Circunstanciado de Ocorrência (TCO) de infração penal de menor potencial ofensivo?

Em relação às infrações penais de menor potencial ofensivo, o art. 69 da Lei 9.099/95 estabelece que *"a autoridade policial que tomar conhecimento da ocorrência lavrará* ***termo***

***circunstanciado** e o encaminhará imediatamente ao Juizado, com o autor do fato e a vítima, providenciando-se as requisições dos exames periciais necessários*".

A partir disso, surgiu o seguinte questionamento: **a autoridade policial referida no art. 69 da Lei 9.099/95 (que deve lavrar o termo circunstanciado de ocorrência nas infrações penais de menor potencial ofensivo) é necessariamente a polícia civil ou pode ser a polícia militar?**

O tema foi enfrentado pelo Supremo Tribunal Federal na **ADI 5637** (j. 14/03/2022), na qual foi impugnada uma lei do Estado de Minas Gerais que autorizou a polícia militar a lavrar o termo circunstanciado de ocorrência nos casos envolvendo infração penal de menor potencial ofensivo. Nessa lei, a atribuição para a lavratura desse termo também foi conferida à polícia civil.

O que decidiu o STF?

Primeiramente, a Corte registrou que os Estados possuem competência para legislar sobre os órgãos incumbidos da lavratura do termo circunstanciado de ocorrência, por se tratar de questão que envolve a disciplina do funcionamento dos juizados especiais, além de dizer respeito a procedimentos (pois envolve o detalhamento do procedimento a ser seguido no registro da ocorrência), ambos temas inseridos na **competência legislativa concorrente**, como prevê o art. 24, X e XI, da CF/88.

> "**Art. 24, CF/88.** Compete à União, aos Estados e ao Distrito Federal legislar concorrentemente sobre:
>
> (...)
>
> X - criação, funcionamento e processo do juizado de pequenas causas;
>
> XI - procedimentos em matéria processual;
>
> (...)"

Quanto à atribuição da polícia militar para lavrar termo circunstanciado de ocorrência, o STF decidiu que ela **não viola a Constituição Federal**, pois essa atribuição não é atividade investigativa (já que se trata de mero ato de constatação da ocorrência de um delito) nem é privativa da polícia judiciária, de modo que não se pode alegar que deveria ser exclusiva da polícia civil.

Por essas razões, segundo a Corte, não há invalidade alguma na previsão legal que autoriza a polícia militar a lavrar termo circunstanciado de ocorrência de infração de menor potencial ofensivo.

Isso, porém, não significa que a polícia militar pode instaurar inquéritos policiais e lhes dar andamento, pois essa atividade (ela sim) possui natureza investigativa e se insere nas funções de polícia judiciária, que, como vimos, são privativas da polícia federal (no âmbito da União) e das polícias civis (no âmbito dos Estados e do Distrito Federal).

Nos termos do voto do Min. Edson Fachin (relator do caso), "*é possível estabelecer uma **distinção entre o termo circunstanciado, que é lavrado pela autoridade policial que "tomar conhecimento da ocorrência" e o "inquérito policial"**, o qual, nos termos da Lei 12.830, de 2013, – e da jurisprudência deste Tribunal v.g. ADI 3.896, Rel. Ministra Cármen Lúcia, DJe 08.08.2008 – é **da competência do delegado de polícia**. É que o inquérito é o instrumento para viabilizar a investigação criminal, que consiste na atividade de apuração de infrações penais. Já **o termo circunstanciado não tem função investigativa**, ele se limita a constatar a ocorrência,* *tal como, de maneira perspicaz, registrou Ada Pellegrini Grinover, para quem* ***o termo circunstanciado nada mais é do que um "boletim de ocorrência mais detalhado"****.*

Assim, o art. 69 da Lei dos Juizados Especiais, ao dispor que "a autoridade policial que tomar conhecimento da ocorrência lavrará termo circunstanciado e o encaminhará imediatamente ao Juizado, com o autor do fato e a vítima, providenciando-se as requisições dos exames periciais necessários" ***não se refere exclusivamente à polícia judiciária, mas às demais autoridades legalmente reconhecidas****, como bem afirmou a mesma i. Ada Pellegrini Grinover em seus comentários à Lei 9.099, de 1995:* ***"a expressão autoridade policial referida no art. 69 compreende todas as autoridades reconhecidas por lei****, podendo a Secretaria do Juizado proceder à lavratura do termo de ocorrência e tomar as providências devidas no referido artigo".*

Como se observa dessas razões, não há nem na Constituição nem no ordenamento federal previsão normativa que expressamente retire dos Estados a competência para disciplinar a atribuição de lavratura do termo circunstanciado, o que implica rejeitar os apontados vícios formais (...).

Também não se observa na Lei o vício material de violação dos incisos IV e V do art. 144 da Constituição Federal (...).

(...)

É que, como ***não há atribuição privativa do delegado de polícia ou mesmo da polícia judiciária para a lavratura do termo circunstanciado****, não há falar em ofensa dos referidos incisos constitucionais.*

Tendo a norma federal indicado ser possível que qualquer autoridade possa proceder à lavratura do termo, aos Estados cabe apenas indicá-las (...).

(...)"

A propósito, o Min. Alexandre de Moraes, acompanhando o Min. Fachin, afirmou no seu voto que **qualquer dos órgãos encarregados da segurança pública constantes do art. 144 da CF/88 pode, validamente, receber a atribuição de lavrar o termo circunstanciado de ocorrência.**

Nas suas palavras, *"Conforme salientei doutrinariamente (...), será possível que todos os órgãos encarregados constitucionalmente da segurança pública (art. 144 da CF), tomando conhecimento da ocorrência, lavrem o termo circunstanciado e remetam os envolvidos à Secretaria do Juizado Especial, no exercício do "ATO DE POLÍCIA".*

(...)

A Lei, ao determinar que a autoridade policial que tomar conhecimento da ocorrência lavrará termo circunstanciado e o encaminhará imediatamente ao Juizado, com o autor do fato e a vítima, refere-se a todos os órgãos encarregados pela Constituição Federal de defesa da segurança pública (art. 144, caput), para que exerçam plenamente sua função de "restabelecer a ordem" (...) e garantir a "boa execução da administração" (...) e seu mandamento constitucional de "preservação da ordem pública" (...), respeitando os princípios da lei, principalmente em relação à celeridade.

(...)"

A ementa do julgado, por sua vez, recebeu a seguinte redação:

> "(...) LEI DO ESTADO DE MINAS GERAIS N. 22.257/2016. AUTORIZAÇÃO DE LAVRATURA DE TERMO CIRCUNSTANCIADO POR INTEGRANTES DOS ÓRGÃOS DE SEGURANÇA PÚBLICA. POSSIBILIDADE. COMPETÊNCIA CONCORRENTE DOS ESTADOS. AUSÊNCIA DE DESVIO DE FUNÇÕES. (...) 1. A lavratura de termo circunstanciado não

configura atividade investigativa, **nem é atividade privativa da polícia judiciária.** Precedentes. 2. No âmbito da competência concorrente, **Estados e Distrito Federal têm competência para definir as autoridades legitimadas para a lavratura do termo circunstanciado.** 3. Como não há atribuição privativa de delegado de polícia ou mesmo da polícia judiciária para a lavratura do termo circunstanciado, **norma estadual que atribui essa competência à polícia militar não viola a divisão constitucional de funções entre os órgãos de segurança pública.** (...)" **(ADI 5637, Pleno, Rel. Min. EDSON FACHIN, j. 14/03/2022)**

Esse entendimento, inclusive, foi posteriormente reiterado pelo Supremo Tribunal Federal, o que ocorreu nas **ADIs 6245 e 6264**, julgadas em 22/02/2023.

Nessas ações, foi impugnada uma norma (mais precisamente, um decreto autônomo federal) que deu à **Polícia Rodoviária Federal** a atribuição de lavrar o Termo Circunstanciado de Ocorrência (TCO) nas infrações penais de menor potencial ofensivo, e o STF, assim como fez na ADI 5637, esclareceu que **o TCO não é ato de natureza investigativa**, motivo pelo qual **não é privativo de autoridade de polícia judiciária**. Por isso, polícias de caráter administrativo (como é o caso da PRF) podem lavrar o TCO sem que fique caracterizada a usurpação de qualquer função constitucional de outros órgãos policiais.

Nos exatos termos da ementa do julgamento dessas ADIs, "***o TCO não é ato de natureza investigativa***, *uma vez que visa apenas a registrar em detalhes os fatos ocorridos.* ***É incabível, portanto, a sua comparação com o inquérito policial, que, dada a natureza investigativa, é necessariamente presidido por delegado de polícia (polícia judiciária).*** *(...) O Supremo Tribunal Federal já firmou o entendimento de que é constitucional a lavratura de TCO por autoridade policial que não seja delegado de polícia, por não se tratar de atribuição exclusiva da polícia judiciária (ADI 5.637, Rel. Ministro Edson Fachin)*".

Além disso, nesse julgamento, o Supremo Tribunal Federal aproveitou para fixar uma tese, e essa tese estabeleceu que "***o Termo Circunstanciado de Ocorrência (TCO) não possui natureza investigativa, podendo ser lavrado por integrantes da polícia judiciária ou da polícia administrativa***".

O Ministério Público pode investigar?

Sim! O fato de a Constituição Federal atribuir às polícias civis e à polícia federal a função de polícia judiciária não impede que o Ministério Público realize investigações sobre infrações penais, mesmo porque, nos crimes de ação penal pública, ele é o destinatário final dos elementos colhidos na fase investigatória.

É evidente, porém, que, ao promover tais investigações, o MP deve respeitar todos os direitos e prerrogativas dos investigados e seus advogados, tal qual se exige das autoridades policiais.

Esse entendimento, inclusive, já se encontra pacificado no âmbito do Supremo Tribunal Federal, que, ao julgar o **RE 593.727**, em 14/05/2015, esclareceu que "*os artigos 5º, incisos LIV e LV, 129, incisos III e VIII, e 144, inciso IV, § 4º, da Constituição Federal, não tornam a investigação criminal exclusividade da polícia, nem afastam os poderes de investigação do Ministério Público*".

Nesse recurso, foi fixada a tese de repercussão geral (**Tema nº 184**) segundo a qual "*o Ministério Público dispõe de competência para promover, por autoridade própria, e por prazo razoável, investigações de natureza penal, desde que respeitados os direitos e garantias que assistem a qualquer indiciado ou a qualquer pessoa sob investigação do Estado, observadas, sempre, por seus* *agentes, as hipóteses de reserva constitucional de jurisdição e, também, as prerrogativas profissionais de que se acham investidos, em nosso País, os Advogados (Lei 8.906/94, artigo 7º, notadamente os incisos I, II, III, XI, XIII, XIV e XIX), sem prejuízo da possibilidade – sempre presente no Estado democrático de Direito – do permanente controle jurisdicional dos atos, necessariamente documentados (Súmula Vinculante 14), praticados pelos membros dessa instituição".*

▪ POLÍCIA FEDERAL

A polícia federal, ao lado da polícia rodoviária federal, da polícia ferroviária federal e da polícia penal federal, integra os órgãos de segurança pública da União.

A disciplina constitucional da polícia federal encontra-se no § 1º do art. 144, que estabelece que ela é um **órgão permanente** organizado e mantido pela União e **estruturado em carreira**.

Esse dispositivo, em seus incisos, cuida também de elencar as atribuições da polícia federal, que são as seguintes:

a) apurar infrações penais contra a **ordem política e social** (o texto constitucional fala em ordem política, não em ordem pública);

b) apurar infrações penais cometidas em detrimento de **bens, serviços e interesses da União ou de suas entidades autárquicas e empresas públicas**;

c) apurar infrações penais que tenham **repercussão interestadual ou internacional** e exija repressão uniforme, segundo dispuser a lei;

d) prevenir e reprimir o **tráfico ilícito de entorpecentes e drogas afins**;

e) prevenir e reprimir o **contrabando** e o **descaminho**;

f) exercer as funções de **polícia marítima, aeroportuária e de fronteiras** (nessas hipóteses, a polícia federal exerce funções de polícia ostensiva);

g) exercer, com **exclusividade**, as funções de **polícia judiciária da União**.

Confira a redação texto constitucional:

> "**Art. 144, § 1º, CF/88.** A polícia federal, instituída por lei como órgão permanente, organizado e mantido pela União e estruturado em carreira, destina-se a:
>
> I - apurar infrações penais contra a ordem política e social ou em detrimento de bens, serviços e interesses da União ou de suas entidades autárquicas e empresas públicas, assim como outras infrações cuja prática tenha repercussão interestadual ou internacional e exija repressão uniforme, segundo se dispuser em lei;
>
> II - prevenir e reprimir o tráfico ilícito de entorpecentes e drogas afins, o contrabando e o descaminho, sem prejuízo da ação fazendária e de outros órgãos públicos nas respectivas áreas de competência;
>
> III - exercer as funções de polícia marítima, aeroportuária e de fronteiras;
>
> IV - exercer, com exclusividade, as funções de polícia judiciária da União."

É importante esclarecer que as atribuições da polícia federal para a apuração de infrações penais não se limitam aos casos em que a competência para o processo e julgamento é da justiça federal. Isso é o que se pode extrair da Lei 10.446/02.

Segundo o *caput* do art. 1º dessa lei, a polícia federal atuará nos casos elencados em seus incisos, quando apresentarem repercussão interestadual ou internacional que exija repressão uniforme (tal qual estabelece o art. 144, § 1º, I, da CF/88), sem prejuízo da atuação dos demais órgãos de segurança pública, especialmente, os estaduais. E o parágrafo único desse artigo diz que, havendo autorização do Ministro da Justiça, a polícia federal atuará em outros casos que também apresentem repercussão interestadual ou internacional que exija repressão uniforme.

Tudo isso mostra que, ainda que a competência jurisdicional para o caso seja estadual, a polícia federal poderá atuar, desde que presentes os pressupostos legais (que também são previstos na Constituição Federal), quais sejam, a existência de repercussão para além de um único Estado-membro (seja ela interestadual ou internacional) e a necessidade de haver uma resposta estatal uniforme. E as infrações penais que autorizam a ação da polícia federal já se encontram previamente previstas na própria lei (art. 1º, *caput*, Lei 10.446/02) ou poderão ser definidas posteriormente por autorização do Ministro da Justiça (art. 1º, parágrafo único, Lei 10.446/02).

As atribuições da polícia federal para a apuração de infrações penais, portanto, são mais amplas do que a competência da justiça federal para julgá-las.

Confira a redação dos dispositivos legais mencionados:

> "**Art. 1º, Lei 10.446/02.** Na forma do inciso I do § 1º do art. 144 da Constituição, quando houver repercussão interestadual ou internacional que exija repressão uniforme, poderá o Departamento de Polícia Federal do Ministério da Justiça, sem prejuízo da responsabilidade dos órgãos de segurança pública arrolados no art. 144 da Constituição Federal, em especial das Polícias Militares e Civis dos Estados, proceder à investigação, dentre outras, das seguintes infrações penais:
>
> (...)
>
> **Parágrafo único.** Atendidos os pressupostos do *caput*, o Departamento de Polícia Federal procederá à apuração de outros casos, desde que tal providência seja autorizada ou determinada pelo Ministro de Estado da Justiça."

Polícia judiciária da União: polícia legislativa *vs.* polícia federal

Conforme vimos, o art. 144, § 1º, IV, da CF/88 estabelece que o desempenho das funções de polícia judiciária no âmbito da União é uma **exclusividade** da polícia federal.

Vimos também que, embora não sejam órgãos integrantes do sistema de segurança pública da CF/88, existem polícias próprias nas Casas do Congresso Nacional. Portanto, a Câmara dos Deputados e o Senado Federal possuem suas próprias polícias, que atuam tanto preventivamente (policiamento ostensivo) quanto repressivamente.

Diante disso, surge o questionamento: quando for caso de infração penal que envolva o Congresso Nacional e/ou os seus membros, as funções de polícia judiciária deverão ser exercidas pela polícia legislativa respectiva? Por exemplo, um mandado de busca e apreensão em tal hipótese deve ser cumprido pela polícia legislativa ou pela polícia federal? São válidas normas internas das Casas Legislativas que atribuam tais funções aos seus órgãos policiais?

Essa questão já foi apreciada pelo Supremo Tribunal Federal, e a Corte aplicou a literalidade do art. 144, § 1º, IV, da CF/88, decidindo que apenas a polícia federal pode exercer funções de polícia judiciária no âmbito da União, de modo que diligências determinadas pelo Poder Judiciário no âmbito de investigações criminais, ainda que envolvam o Congresso Nacional e/ou os seus membros, devem ser cumpridas pela polícia federal, não havendo espaço para se falar, nem mesmo, em necessidade de acompanhamento do ato pela polícia legislativa respectiva.

O entendimento, segundo esclarecido pelo próprio STF, não poderia ser diferente, porque, se fosse, o que se teria seria a submissão do Poder Judiciário ao Poder Legislativo, o que não é admitido pelo princípio da separação dos Poderes. Além disso, permitir a intromissão da polícia legislativa na execução das tarefas de polícia judiciária da União acabaria prejudicando as próprias investigações, pois daria a ela acesso a informações que, em geral, são sigilosas.

Nas palavras do Tribunal, "*ordens emanadas do Poder Judiciário são de cumprimento exclusivo da polícia judiciária, em cujo rol não se inserem as polícias legislativas. À míngua de determinação constitucional expressa, as medidas cautelares autorizadas judicialmente em face de detentores de cargo com prerrogativa de foro não se sujeitam à validação de outro Poder Republicano*" **(Inq 4112, Rel. Min. Edson Fachin, j. 22/08/2017, Segunda Turma)**.

É importante registrar que esse entendimento do STF se aplica ainda que as diligências sejam realizadas nas instalações físicas da própria Casa Legislativa, conforme foi decidido na **AC 4005 AgR**, julgada pelo Plenário da Corte em 02/06/2016. Segundo constou da ementa do acórdão desse caso, "*não ofende os princípios da separação e da harmonia entre os Poderes do Estado a decisão do Supremo Tribunal Federal que, em inquérito destinado a apurar ilícitos penais envolvendo deputado federal, determinou, sem prévia autorização da Mesa Diretora da Câmara dos Deputados, a coleta de dados telemáticos nas dependências dessa Casa Legislativa. Além de não haver determinação constitucional nesse sentido, a prévia autorização poderia, no caso, comprometer a eficácia da medida cautelar pela especial circunstância de o Presidente da Câmara, à época, estar ele próprio sendo investigado perante a Suprema Corte*".

Mas é necessário ter **CUIDADO** com um detalhe importante: o que vimos acima não se confunde com a situação de **infração penal praticada <u>dentro das instalações do Congresso Nacional</u>**. Para essa hipótese, o Supremo Tribunal Federal possui um entendimento diferente. Segundo a Corte, em relação a crimes cometidos no recinto parlamentar, a própria polícia legislativa tem competência para realizar eventual prisão em flagrante e instaurar o respectivo inquérito.

Isso é o que consta da **Súmula 397 do STF**, segundo a qual, "*o poder de polícia da Câmara dos Deputados e do Senado Federal, em caso de crime cometido nas suas dependências, compreende, consoante o regimento, a prisão em flagrante do acusado e a realização do inquérito*".

Esse enunciado é anterior à CF/88, mas, até hoje, não foi expressamente superado nem formalmente cancelado, motivo pelo qual continua aplicável, especialmente, para fins de provas de concursos públicos. Inclusive, há precedente do Supremo Tribunal Federal posterior à CF/88 em que essa súmula foi aplicada. Trata-se do **HC 81525**, no qual o Min. Sydney Sanches, em decisão monocrática de 12/12/2001, acolheu manifestação da Procuradoria-Geral da República que afirmava ser aplicável a Súmula 397 da Corte.

Portanto, pelo menos até o presente momento, não há motivo para deixar de seguir o entendimento contido no enunciado em questão.

■ POLÍCIA RODOVIÁRIA FEDERAL E POLÍCIA FERROVIÁRIA FEDERAL

A polícia rodoviária federal e a polícia ferroviária federal, tais quais a polícia federal e polícia penal federal, são órgãos policiais da União. Elas, no entanto, não exercem funções de polícia judiciária (que, como vimos, no âmbito da União, são exclusivas da polícia federal), mas tão somente de polícia administrativa (ostensiva).

Na CF/88, a polícia rodoviária federal e a polícia ferroviária federal recebem tratamentos praticamente idênticos (art. 144, §§ 2º e 3º). Ambas são órgãos permanentes organizados e mantidos pela União e estruturados em carreira (à semelhança da polícia federal). A única diferença entre elas no texto da CF/88 é a missão constitucional de cada uma: enquanto a polícia **rodoviária** federal se destina ao patrulhamento ostensivo das **rodovias** federais, a polícia **ferroviária** federal se ocupa do patrulhamento ostensivo das **ferrovias** federais.

A disciplina minuciosa e, consequentemente, as demais diferenças entre essas duas polícias ficaram a cargo da regulamentação infraconstitucional.

Confira o teor do art. 144, §§ 2º e 3º, da CF/88:

> "**Art. 144, CF/88.**
>
> (...)
>
> **§ 2º** A polícia rodoviária federal, órgão permanente, organizado e mantido pela União e estruturado em carreira, destina-se, na forma da lei, ao patrulhamento ostensivo das rodovias federais.
>
> **§ 3º** A polícia ferroviária federal, órgão permanente, organizado e mantido pela União e estruturado em carreira, destina-se, na forma da lei, ao patrulhamento ostensivo das ferrovias federais."

■ POLÍCIAS CIVIS, POLÍCIAS MILITARES E CORPOS DE BOMBEIROS MILITARES

As polícias civis, as polícias militares, os corpos de bombeiros militares e as polícias penais são os órgãos de segurança pública **estaduais e do Distrito Federal** (além da possibilidade de virem a existir nos Territórios, se e quando estes forem criados). Portanto, cada Estado-membro (e o DF) organiza e mantém a sua própria polícia civil, a sua própria polícia militar, o seu próprio corpo de bombeiros militares e a sua própria polícia penal (esta última será estudada em tópico separado).

Isso, no entanto, não acontece no Distrito Federal, pois, segundo o art. 21, XIV, da CF/88, a organização e manutenção dos órgãos de segurança pública do DF cabe à União, e não ao próprio Distrito Federal, de modo que esses órgãos são disciplinados por lei federal, e não por lei distrital. Até mesmo a utilização dessas forças de segurança pública pelo Distrito Federal é disciplinada por lei federal, não sendo tratada em norma distrital, conforme estabelece o art. 32, § 4º, da CF/88.

Nesse sentido, houve um caso em que uma lei do Distrito Federal concedeu vantagens a militares do Distrito Federal, e o STF a julgou inconstitucional por conta da violação da competência da União para tratar do tema. Além disso, nesse precedente também foi identificado vício de iniciativa na norma, em virtude de o processo legislativo ter sido iniciado por um Parlamentar, muito embora se tratasse de matéria de iniciativa privativa do Chefe do Executivo, por envolver servidor público (art. 61, § 1º, II, CF/88).

Segundo constou da ementa do acórdão, foi a *"inconstitucionalidade declarada, por invasão da iniciativa exclusiva do Chefe do Poder Executivo, bem como da competência da União, para legislar sobre a remuneração dos servidores integrantes dos organismos de segurança do Distrito Federal"* (ADI 1475, Rel. Min. Octavio Gallotti, j. 19/10/2000, Pleno).

Confira os dispositivos da Constituição Federal que tratam da questão:

> "**Art. 21, CF/88.** Compete à União:
> (...)
> XIV - organizar e manter a polícia civil, a polícia penal, a polícia militar e o corpo de bombeiros militar do Distrito Federal, bem como prestar assistência financeira ao Distrito Federal para a execução de serviços públicos, por meio de fundo próprio;
> (...)"
>
> "**Art. 32, § 4º, CF/88.** Lei federal disporá sobre a utilização, pelo Governo do Distrito Federal, da polícia civil, da polícia penal, da polícia militar e do corpo de bombeiros militar."

É importante registrar que, segundo já decidiu o Supremo Tribunal Federal, a lei estadual que organiza a polícia civil (ou a polícia militar, ou o corpo de bombeiros militar) no âmbito do respectivo Estado (lembrando que, no caso do Distrito Federal, essa lei não é distrital, mas federal) é uma **lei ordinária**, e não uma lei complementar. Isso decorre do art. 144, § 7º, da CF/88, que exige simplesmente lei para tratar dessa matéria, e não lei complementar. Nos termos desse dispositivo, *"a lei disciplinará a organização e o funcionamento dos órgãos responsáveis pela segurança pública, de maneira a garantir a eficiência de suas atividades."*. Logo, **é inconstitucional a exigência contida em Constituição Estadual de que esse tema seja tratado em lei complementar**.

Isso porque, segundo a jurisprudência do STF, as hipóteses em que a CF/88 exige lei complementar são de **observância obrigatória** no âmbito dos Estados (e dos Municípios), de modo que as matérias reservadas a lei complementar não podem ser ampliadas ou reduzidas nas Constituições Estaduais (e nas Leis Orgânicas Municipais).

Assim, como a CF/88 não exige lei complementar para a organização das polícias civis (e das polícias militares e corpos de bombeiros militares), não pode uma Constituição Estadual exigir que essa matéria seja tratada em lei complementar.

No entanto, nada impede que uma matéria que deve ser disciplinada em lei ordinária (como é o caso da organização e funcionamento dos órgãos de segurança pública) seja tratada em lei complementar. O uso da lei complementar nesse caso seria apenas uma espécie de **"redundância"** que não invalidaria a norma, já que para a aprovação de uma lei ordinária exige-se a maioria simples dos Parlamentares e para a aprovação de uma lei complementar exige-se a maioria absoluta deles (em outras palavras: quando se aprova uma lei complementar, há, "dentro dela", a aprovação de uma lei ordinária). Nesse caso, a lei, embora tenha sido aprovada como lei complementar, **será tratada como lei ordinária**, já que essa é a natureza formal que a CF/88 estabelece para ela.

Nas exatas palavras do STF, *"a exigência de lei complementar para disciplinar a organização, as atribuições e o estatuto das carreiras exclusivas do Estado não encontra paralelo na Constituição Federal, em especial em relação à carreira policial (CF, art. 144, § 7º). (...)* ***A votação e aprovação de lei complementar em contexto a exigir apenas o rito de lei ordinária não configura vício formal****, porquanto é satisfeito, e suplantado, o requisito da maioria simples.* ***A lei complementar inexigível deve ser tratada como lei ordinária****"*.

Portanto, embora seja inconstitucional a previsão em Constituição Estadual de que os órgãos de segurança pública estaduais devam ser disciplinados por lei complementar, nada impede que o respectivo Poder Legislativo, ao deliberar sobre o tema, "exagere" e aprove uma lei complementar em vez de uma lei ordinária.

É preciso destacar também que, segundo o art. 144, § 4º, da CF/88, as polícias civis devem necessariamente ser dirigidas por delegados de carreira e têm a atribuição de exercer as funções de polícia judiciária (ressalvada a competência da polícia federal) e apurar infrações penais, exceto as militares, (em relação a estas, conforme vimos, a investigação é feita pelas polícias militares e pelas Forças Armadas).

Nos exatos termos desse dispositivo, *"às polícias civis, **dirigidas por delegados de polícia de carreira**, incumbem, ressalvada a competência da União, as funções de polícia judiciária e a apuração de infrações penais, exceto as militares"*.

Aqui é importante registrar que, por conta do mandamento constitucional no sentido de que as polícias civis sejam dirigidas por delegados de carreira, o STF já considerou inconstitucional norma estadual que atribuía a integrantes da polícia militar a função de prestar atendimento nas delegacias de polícia situadas em localidades onde não houvesse delegado de polícia de carreira (**ADI 3614**, j. 20/09/2007). Segundo a Corte, apenas delegados de polícia de carreira podem chefiar delegacias e conduzir investigações criminais na polícia civil. E, seguindo a mesma linha de raciocínio, o Supremo Tribunal Federal também considerou inconstitucional norma estadual que permitia que a chefia de delegacias localizadas no interior do respectivo Estado fosse exercida por servidores da polícia civil não integrantes da carreira de delegado, escolhidos mediante designação feita pelo Delegado-Geral (**ADI 6847**, j. 21/11/2023).

Além disso, também por conta da determinação constitucional de que as polícias civis sejam dirigidas por delegados de carreira (sem qualquer outra exigência para a escolha dos ocupantes desses cargos de chefia), chegou ao STF o questionamento sobre a constitucionalidade de normas estaduais que exigem que o chefe da polícia civil (o Diretor-Geral, o Delegado-Geral ou cargo equivalente) seja um delegado que já conte com um determinado estágio de progressão funcional (por exemplo, encontrar-se no último nível da carreira).

Na ADI 3062, julgada em 09/09/2010, o Supremo Tribunal Federal entendeu que, por conta da autonomia federativa, os Estados-membros teriam liberdade para definir os requisitos a serem observados na escolha dos chefes de suas polícias civis, desde que respeitassem a exigência mínima contida no art. 144, § 4º, da CF/88, qual seja, ser a chefia exercida por um delegado de carreira.

Veja o teor desse dispositivo:

> "**Art. 144, § 4º, CF/88.** Às polícias civis, dirigidas por delegados de polícia de carreira, incumbem, ressalvada a competência da União, as funções de polícia judiciária e a apuração de infrações penais, exceto as militares."

Posteriormente, em outro precedente (ADI 3077, j. 16/11/2016), o STF chegou a modificar o seu entendimento e decidiu que a escolha do chefe da polícia civil deveria recair sobre um delegado de carreira independentemente do nível funcional ocupado por ele, tendo em vista que a estrita literalidade do art. 144, § 4º, da CF/88 exige tão somente que as polícias civis sejam dirigidas por delegados de carreira, sem fazer qualquer menção a outros requisitos, como a necessidade de se encontrarem esses delegados em um determinado nível de progressão funcional.

Essa mudança de posicionamento, porém, não persistiu, e o Supremo Tribunal Federal alterou novamente a sua jurisprudência, voltando a entender que **é constitucional norma estadual que exija que a escolha do chefe da polícia civil pelo Governador do**

Estado recaia sobre um delegado de carreira que já se encontre em determinado nível funcional (ADI 3922, j. 25/10/2021). Isso porque os Estados, no exercício de sua autonomia, possuem liberdade para definir os critérios de escolha do chefe da polícia civil, desde que respeitem as exigências mínimas contidas na Constituição Federal.

O STF, no entanto, fez uma **ressalva**: caso a norma estadual tenha sido resultado de uma **proposição legislativa de iniciativa parlamentar**, ela será inconstitucional, em virtude de haver, nessa hipótese, **uma violação à prerrogativa do Chefe do Executivo de dar início ao processo legislativo sobre regime jurídico de servidor público e sobre a organização da Administração Pública**, prerrogativa essa prevista no art. 61, § 1º, II, "c" e "e", da CF/88 e que, segundo a jurisprudência do STF, aplica-se ao processo de elaboração das leis estaduais e das emendas às Constituições dos Estados (abordamos isso detalhadamente nos capítulos sobre poder constituinte e sobre Poder Legislativo).

Veja o teor desses dispositivos:

> "**Art. 61, § 1º, CF/88.** São de iniciativa privativa do Presidente da República as leis que:
>
> (...)
>
> II - disponham sobre:
>
> (...)
>
> c) servidores públicos da União e Territórios, **seu regime jurídico**, provimento de cargos, estabilidade e aposentadoria;
>
> (...)
>
> e) criação e extinção de Ministérios e órgãos da administração pública, observado o disposto no art. 84, VI;
>
> (...)"

Além disso, o Supremo Tribunal Federal também deixou claro nesse julgamento que, caso a exigência de escolha do chefe da polícia civil dentre delegados de determinado nível funcional esteja prevista em norma originária da Constituição do Estado, não ficará configurada a usurpação da iniciativa legislativa privativa do Governador, pois, segundo a jurisprudência do STF, as regras da CF/88 sobre iniciativa legislativa exclusiva não são aplicáveis quando se trata de norma de texto originário de Constituição Estadual, mas apenas quando se trata de **EMENDA** a Constituição de Estado.

Nas exatas palavras da Corte, "***não há qualquer óbice constitucional de índole material à estipulação normativa de critérios razoáveis e objetivos à escolha do Chefe da Polícia Civil pelo Governador do Estado***, *tal como a exigência de que o ocupante do cargo seja eleito entre os integrantes da última classe da carreira. (...) A veiculação de critérios restritivos da escolha do Diretor da Polícia Civil pelo Governador do Estado, para se mostrar válida no plano formal,* ***deve observar a cláusula de reversa de iniciativa prevista no art. 61, § 1º, II, "c" e "e"*** *(aplicáveis aos Estados por força do art. 25 da CF), motivo pelo qual somente o Chefe do Poder Executivo dispõe de legitimação para instaurar o processo legislativo pertinente ou propor o respectivo projeto de emenda à Constituição estadual quanto a esse específico tema. (...)* ***Tratando-se de norma originária da Constituição estadual, como no caso, não há falar em usurpação da prerrogativa de iniciativa do Governador estadual****, pois as regras da Constituição Federal estipuladoras de reserva de iniciativa legislativa não sujeitam o exercício do poder constituinte decorrente instituidor titularizado pelas Assembleias Legislativas estaduais (ADCT, art. 11), ressalvada a constatação objetiva de burla ou* *fraude às prerrogativas institucionais do Chefe do Poder Executivo, situação inocorrente na espécie (...)".*

Portanto, **segundo o atual entendimento do Supremo Tribunal Federal (ADI 3922), é constitucional norma estadual (esteja ela prevista em lei, esteja ela prevista na Constituição do Estado) que estabeleça que o chefe da polícia civil deve ser escolhido, pelo Governador, dentre delegados de polícia que já tenham atingido determinado nível funcional** (como a última classe da carreira). No entanto, se a norma que contém essa exigência for **resultante de proposição legislativa de iniciativa parlamentar, ela será inconstitucional** por violar a iniciativa privativa do Chefe do Executivo para apresentar proposições sobre regime jurídico de servidor público e organização da Administração Pública. Essa usurpação da iniciativa legislativa reservada do Chefe do Executivo **só não ocorrerá se a norma for integrante do texto ORIGINÁRIO da Constituição do Estado.**

Enquanto a polícia civil exerce as funções de polícia judiciária, a polícia militar desempenha a polícia ostensiva (sendo responsável pela preservação da ordem pública) e o corpo de bombeiros fica responsável pela defesa civil e por outras atribuições eventualmente definidas em lei, conforme consta do art. 144, § 5º, da CF/88.

> "**Art. 144, § 5º, CF/88.** Às polícias militares cabem a polícia ostensiva e a preservação da ordem pública; aos corpos de bombeiros militares, além das atribuições definidas em lei, incumbe a execução de atividades de defesa civil."

Apesar dessa distribuição de atribuições entre a polícia civil, a polícia militar e o corpo de bombeiros militar, o Supremo Tribunal Federal já decidiu (**ADI 2776**, j. 12/09/2023) que nada impede que a legislação estadual dê ao corpo de bombeiros militar a atribuição de realizar perícias em locais de incêndios e explosões.

Por quê?

Primeiramente porque essa questão diz respeito a simples procedimentos, o que é tema de **competência legislativa concorrente**, de modo que os Estados podem legislar a respeito, nos termos do art. 24, XI, da CF/88.

Além disso, embora caiba à polícia civil a função de polícia judiciária, isso não significa que todos os atos de uma investigação sejam exclusividade da polícia civil, mesmo porque o STF possui jurisprudência no sentido de que a investigação criminal pode ser realizada por órgãos não policiais, como é o caso do procedimento investigatório criminal do Ministério Público, nos termos do decidido no **Tema de Repercussão Geral nº 184**. Ademais, nem todo incêndio ou explosão envolve a prática de um crime, de modo que a atuação dos bombeiros no caso nem sempre terá relação com uma investigação criminal.

Inclusive, a jurisprudência do STF se firmou no sentido de que é plenamente constitucional a existência de órgãos externos à polícia civil responsáveis pela realização de perícias criminais (**ADI 6621**, j. 08/06/2021), de modo que a autorização para que o corpo de bombeiros militar realize essas tarefas está de acordo com o entendimento do Supremo Tribunal Federal.

No entanto, **não pode** a lei prever que a atribuição de realizar perícias em locais de incêndios e explosões é **exclusiva** do corpo de bombeiros militar, pois isso impediria a presença da polícia civil nesses locais e, como consequência, impediria a polícia civil de desempenhar as suas atribuições constitucionais de investigação criminal quando o incêndio ou explosão periciado envolvesse a prática de um ilícito penal.

É importante registrar que as polícias militares e os corpos de bombeiros militares são, nos termos da Constituição Federal (art. 144, § 6º), forças auxiliares e reserva do **Exército**. Isso tem como consequência prática a possibilidade de, eventualmente, os seus integrantes serem requisitados e designados pelas Forças Armadas para exercerem funções que não sejam de segurança pública.

> "**Art. 144, § 6º, CF/88.** As polícias militares e os corpos de bombeiros militares, forças auxiliares e reserva do Exército subordinam-se, juntamente com as polícias civis e as polícias penais estaduais e distrital, aos Governadores dos Estados, do Distrito Federal e dos Territórios."

O art. 144, § 6º, da CF/88 (transcrito acima) estabelece uma questão hierárquica muito importante: todas as forças de segurança pública dos Estados e do Distrito Federal encontram-se subordinadas aos respectivos Governadores. Em relação ao Distrito Federal, essa disposição constitucional gera uma situação híbrida bastante interessante, pois os seus órgãos de segurança pública, embora organizados e mantidos pela União, submetem-se hierarquicamente ao seu Governador, e não ao Presidente da República.

E, justamente por conta da subordinação das forças policiais ao Governador do Estado, o STF já decidiu ser **inconstitucional** norma estadual (ainda que contida na Constituição do Estado) que estabeleça que o chefe da polícia civil (o Delegado-Geral) deva ser escolhido pelo Governador dentre Delegados indicados em **lista tríplice elaborada pela própria carreira**, e que preveja que ele (o Delegado-Geral) será nomeado para mandato com tempo determinado (por exemplo, dois anos com a possibilidade de uma recondução).

Isso ocorreu na **ADI 6923** (j. 03/11/2022), na qual a Corte entendeu que uma norma que imponha ao Governador a obrigação de escolher o Delegado-Geral dentre nomes constantes de lista tríplice elaborada pela própria carreira viola o esquema contido na Constituição Federal (art. 144, §6º) de subordinação hierárquica da polícia civil (e das demais forças de segurança pública estaduais) ao Governador do Estado.

▶ A competência legislativa para disciplinar os órgãos de segurança pública dos Estados

Como vimos, os órgãos de segurança pública dos Estados são a polícia civil, a polícia penal, a polícia militar e o corpo de bombeiros militar.

A organização e a manutenção de cada um desses órgãos cabem ao próprio Estado respectivo, de modo que a competência para legislar a respeito deles é de cada Estado, tratando-se de uma questão inserida na capacidade de auto-organização e autolegislação dos Estados-membros.

Em outras palavras: a competência para legislar sobre os órgãos de segurança pública estaduais é **dos próprios Estados** (com a ressalva de que, segundo o art. 24, XVI, da CF/88, é de **competência legislativa concorrente** – cabendo à União criar as normas gerais e aos Estados, as normas específicas, bem como as normas gerais caso haja omissão da União – a disciplina da *"organização, garantias, direitos e deveres das* ***polícias civis****"*).

A competência estadual nesse tema decorre da própria autonomia conferida aos Estados pela Constituição Federal (autonomia essa que o texto constitucional confere a todos os entes integrantes da Federação, conforme já estudamos neste livro).

Inclusive, especificamente quanto aos **militares estaduais**, a competência dos Estados para legislar estabelecendo a sua disciplina, além de ser uma decorrência natural da autonomia estadual, encontra-se expressamente prevista em dispositivos do texto constitucional, mais precisamente, nos arts. 42, § 1º, e 142, § 3º, X.

Segundo o art. **42, § 1º, da CF/88** (que é um dispositivo que disciplina os **militares estaduais**), cabe a *"lei estadual específica dispor sobre as matérias do art. 142, § 3º, inciso X"*. E o **art. 142, § 3º, X, da CF/88** (que é um dispositivo que disciplina os **militares da União**) diz que *"a lei disporá sobre o **ingresso** nas Forças Armadas, os **limites de idade**, a **estabilidade** e outras condições de **transferência do militar para a inatividade**, os **direitos**, os **deveres**, a **remuneração**, as **prerrogativas** e **outras situações especiais** dos militares, consideradas as peculiaridades de suas atividades, inclusive aquelas cumpridas por força de compromissos internacionais e de guerra"*.

Basicamente, portanto, o que o art. 142, § 3º, X, da CF/88 diz é que **a remuneração e o regime jurídico dos militares (no caso, dos militares federais) devem ser estabelecidos em lei**. E o art. 42, § 1º, da CF/88 estabelece que os temas mencionados no art. 142, § 3º, X, da CF/88 devem ser disciplinados em lei estadual específica. Logo, **a remuneração e o regime jurídico dos militares estaduais devem ser objeto de lei específica editada pelo próprio Estado**.

Porém, uma ressalva deve ser feita: nos termos do art. 22, XXI, da CF/88, a edição de normas gerais sobre alguns aspectos dos **militares estaduais** (isto é, das polícias militares e dos corpos de bombeiros militares dos Estados) é de competência da União, e não dos Estados. Esses aspectos são os seguintes: organização, efetivos, material bélico, garantias, convocação, mobilização, inatividades e pensões.

Confira o teor desse dispositivo:

> **"Art. 22, XXI, CF/88 -** normas gerais de organização, efetivos, material bélico, garantias, convocação, mobilização, inatividades e pensões das polícias militares e dos corpos de bombeiros militares;"

É necessário, no entanto, fazer um **ALERTA**: segundo o Supremo Tribunal Federal, a competência legislativa da União para editar normas gerais a respeito dos militares estaduais deve ser interpretada **restritivamente**. Segundo a Corte, essa competência apenas pode ser exercida em relação a aspectos que digam respeito ao papel das polícias militares e dos corpos de bombeiros militares de serem **forças auxiliares e reserva do Exército** (papel esse expressamente previsto no art. 144, § 6º, da CF/88, como vimos anteriormente). Fora disso, a competência legislativa é dos próprios Estados, não podendo haver intromissão da União.

Isso, na prática, significa que a disciplina legal do **regime jurídico dos militares estaduais** (seus direitos, deveres, vantagens, condições de trabalho etc.) é de **competência dos próprios Estados** (e a iniciativa legislativa é privativa do respectivo Governador), não podendo a União legislar a esse respeito, por não se tratar de questão ligada à atuação das polícias militares e dos corpos de bombeiros militares como forças auxiliares e reserva do Exército.

Foi exatamente isso o que disse o STF, por exemplo, na **ADI 6595**, julgada em 23/05/2022. Veja:

> "(...) I - A iniciativa legislativa para estabelecer normas sobre o regime jurídico dos integrantes das Forças Armadas é privativa do Presidente da República, a teor do 61, § 1º, II, f, da Constituição Federal. II – De outra parte, a Lei Maior, no **art. 22, XXI, outorga à União a competência para legislar** acerca de "**normas gerais** de organização,

efetivos, material bélico, garantias, convocação e mobilização **das polícias militares e corpos de bombeiros militares**". III – Tal competência, porém, "há que ser **interpretada restritivamente**, dentro de princípios básicos da organização federativa: **ela só se justifica em termos da imbricação dos prismas gerais da estruturação das polícias militares com o seu papel de ´forças auxiliares e reserva do Exército**" (ACO 3.396/DF, Rel. Min. Alexandre de Moraes). IV – Por isso, quando se trata de regular o **regime jurídico de servidores militares estaduais**, a jurisprudência do Supremo Tribunal Federal é pacífica no sentido de assentar que **a iniciativa é privativa do Chefe do Executivo estadual**, por força do princípio da simetria. V – Nesse sentido, o § 6º do art. 144 da CF é expresso ao consignar que "as polícias militares e os corpos de bombeiros militares, forças auxiliares e reserva do Exército subordinam-se, juntamente com as polícias civis e as polícias penais estaduais e distrital, aos Governadores dos Estados, do Distrito Federal e dos Territórios". VI - As polícias militares e os corpos de bombeiros militares constituem forças auxiliares e reserva do Exército, sendo responsáveis, segundo o art. 144 da CF - juntamente com as polícias de natureza civil - pela preservação da ordem pública e da incolumidade das pessoas e do patrimônio, inclusive mediante o uso da força, se necessário. VII – Consideradas as especificidades das respectivas carreiras, **os servidores militares submetem-se a regime jurídico diferenciado**, cujos valores estruturantes repousam, conforme os arts. 42 e 142, da CF, na hierarquia e disciplina, precisamente para que possam desempenhar, de forma expedita e rigorosa, o delicado múnus público que lhes é cometido. VIII – Não por outra razão, a própria Constituição Federal, de maneira clara e inequívoca, estabelece, em seu art. 142, § 2º, que "[n]ão caberá habeas corpus em relação a punições disciplinares militares". IX- Tal preceito deita raízes no art. 5º, LXI, da CF, com a seguinte dicção: "ninguém será preso senão em flagrante delito ou por ordem escrita e fundamentada de autoridade judiciária competente, "salvo nos casos de transgressão militar ou crime propriamente militar, definidos em lei". (...)" **(ADI 6595, Pleno, Rel. Min. RICARDO LEWANDOWSKI, j. 23/05/2022)**

Essa competência da União para editar normas gerais relativas aos militares estaduais foi, inclusive, exercida no ano 2023, com a aprovação da Lei 14.751.

A Lei 14.751/2023 recebeu o rótulo de **Lei Orgânica Nacional das Polícias Militares e dos Corpos de Bombeiros Militares dos Estados, do Distrito Federal e dos Territórios**. Antes dessa lei, existia uma norma geral federal sobre as Polícias Militares e os Corpos de Bombeiros Militares, mas essa norma era anterior à CF/88. Trata-se do Decreto-Lei 667/69, que teve diversas disposições revogadas pela Lei 14.751/2023, mas continua em vigor (apenas a parte que não foi revogada, evidentemente).

Portanto, em resumo, segundo o STF e a CF/88 (art. 22, XXI):

I) A competência para legislar sobre a **organização e o funcionamento** das polícias militares e dos corpos de bombeiros militares dos Estados, bem como sobre o **regime jurídico** dos militares estaduais é dos próprios Estados.

II) Como exceção, especificamente no que diz respeito a aspectos relacionados ao papel das polícias militares e dos corpos de bombeiros militares de serem **forças auxiliares e reserva do Exército**, a União possui competência privativa para legislar sobre **normas gerais** de organização, efetivos, material bélico, garantias, convocação, mobilização, inatividades e pensões dos militares estaduais, competência essa que foi exercida com a edição da Lei 14.751/2023.

A competência legislativa para disciplinar os órgãos de segurança pública do Distrito Federal

O que vimos acima sobre a competência legislativa para disciplinar os órgãos de segurança pública dos Estados e o regime jurídico dos seus integrantes não se aplica quando se trata do **Distrito Federal**, tendo em vista que o DF, em virtude de abrigar a Capital Federal (Brasília), submete-se a um regime constitucional diferenciado, tendo a sua **autonomia parcialmente tutelada pela União** (o que significa que, em algumas questões relacionadas ao Distrito Federal, a Constituição Federal atribuiu à União, e não ao próprio Distrito Federal, a competência para atuar).

E, no que diz respeito aos órgãos de segurança pública, essa parcial tutela exercida pela União sobre o Distrito Federal está expressamente prevista no art. 21, XIV, e 32, § 4º, da CF/88.

O art. 21, XIV, da CF/88 atribui à União a competência administrativa exclusiva para *"**organizar e manter** a polícia civil, a polícia penal, a polícia militar e o corpo de bombeiros militar do **Distrito Federal**"*.

Já o art. 32, § 4º, da CF/88 estabelece que *"**lei federal** disporá sobre a **utilização, pelo Governo do Distrito Federal**, da polícia civil, da polícia penal, da polícia militar e do corpo de bombeiros militar"*.

O que é mais importante saber é que, a respeito da organização e manutenção dos órgãos de segurança pública do Distrito Federal, embora a CF/88 tenha atribuído à União tão somente a competência de caráter material (que é a competência administrativa), o Supremo Tribunal Federal entende que a competência da União nesse tema também é **legislativa**.

Claramente, o STF aplica nessa temática a lógica que estudamos no capítulo sobre repartição de competências: em regra, quando a Constituição Federal atribui a um ente federado a competência administrativa sobre determinada matéria, ela também confere a esse ente a competência para legislar sobre o tema. Isso se deve ao **princípio da legalidade** (imposto a todas as esferas federativas pelo art. 37, *caput*, da CF/88), segundo o qual o Poder Público apenas pode fazer o que a lei permite que ele faça. Como consequência disso, não há sentido algum em a Constituição atribuir determinada competência administrativa a um ente federativo sem que também atribua a ele a competência legislativa correspondente (pois, se o ente não tiver competência para legislar sobre a matéria, ele, em virtude do princípio da legalidade, não poderá exercer atividades materiais relacionadas a ela).

Por isso, segundo o Supremo Tribunal Federal, **a competência da União** para atuar em relação aos órgãos de segurança pública do Distrito Federal **não é somente administrativa, mas também legislativa**. E a Corte interpreta essa competência de forma bastante ampla, entendendo que ela compreende a definição da **remuneração** (inclusive de eventuais gratificações) e do **regime jurídico como um todo** (abrangendo até mesmo a disciplina das promoções na carreira) dos integrantes das forças de segurança pública do DF.

Nessa linha de raciocínio, o STF entende que os art. 42, § 1º, e 142, § 3º, X da CF/88 (que estabelecem caber a lei estadual específica dispor sobre a remuneração e o regime jurídico dos militares estaduais) não se aplicam no âmbito do Distrito Federal (já que, em relação às forças de segurança pública do DF, as competências legislativa e administrativa são da União).

Veja os seguintes julgados nesse sentido:

> "(...) Ao instituir a chamada **"gratificação por risco de vida" dos policiais e bombeiros militares do Distrito Federal**, o Poder Legislativo distrital **usurpou a competência material da União** para "organizar e manter a polícia civil, a polícia militar e o corpo de bombeiros militar do Distrito Federal, bem como prestar assistência financeira ao

Distrito Federal para a execução de serviços públicos, por meio de fundo próprio" (inciso XIV do art. 21 da Constituição Federal). (...)" **(ADI 3791, j. 16/06/2010, Pleno)**

"(...) os arts. 42, § 1º, e 142, § 3º, X, da Carta Magna **não se aplicam ao Distrito Federal**, cujas Polícias Civil e Militar e Corpo de Bombeiros Militar, por disposição do art. 21, XIV, da CF/88, **são organizadas e mantidas pela União**, a quem **compete privativamente legislar sobre o vencimento** dos integrantes de seus respectivos quadros. (...)" **(ARE 665632, j. 16/04/2015, Pleno, Tema de Repercussão Geral nº 806)**

"(...) 1. A Lei distrital n. 709/94 é inconstitucional, visto que dispõe sobre **matéria de competência exclusiva da União**. O texto normativo atacado diz respeito à **promoção** de ex-componentes da Polícia Militar e do Corpo de Bombeiros do Distrito Federal --- **regime jurídico dos policiais militares e membros do corpo de bombeiros militar do Distrito Federal** --- afrontando o disposto no artigo 21, inciso XIV, da Constituição do Brasil. 2. Pedido julgado procedente para declarar inconstitucional a Lei distrital n. 709/94." **(ADI 1136, j. 16/08/2006, Pleno)**

Esse entendimento se encontra, inclusive, sumulado no STF, como consta da sua **Súmula 647** e da **Súmula Vinculante 39** (que nada mais é do que uma versão da Súmula 647 com pequenas alterações). Veja:

Súmula 647/STF: "Compete privativamente à **União** legislar sobre **vencimentos** dos membros das polícias civil e militar do Distrito Federal."

Súmula Vinculante 39: "Compete privativamente à **União** legislar sobre **vencimentos** dos membros das polícias civil e militar e do corpo de bombeiros militar do Distrito Federal."

Como é possível perceber, essas súmulas não incluíram a polícia penal em seus textos. Isso, porém, deve-se ao fato de que, quando da sua edição, a polícia penal ainda não havia sido inserida no texto da CF/88 como um órgão de segurança pública (o que apenas ocorreu com a EC 104/2019). Se esses enunciados houvessem sido editados quando a polícia penal já se encontrava expressamente prevista na CF/88, eles certamente teriam contemplado esse órgão, já que ele, como vimos, faz parte da lista (prevista no art. 21, XIV, da CF/88) de órgãos de segurança pública do DF disciplinados pela União.

Por fim, é importante registrar o entendimento do Supremo Tribunal Federal no sentido de que, embora os militares do Distrito Federal sejam disciplinados por lei da União, eles **não possuem direito de equiparação remuneratória com os militares da União** (que são os integrantes das Forças Armadas), tendo em vista que, segundo o art. 37, XIII, da CF/88, é vedada a vinculação ou equiparação de remunerações no serviço público (nos exatos termos desse dispositivo, *"é vedada a vinculação ou equiparação de quaisquer espécies remuneratórias para o efeito de remuneração de pessoal do serviço público"*).

Esse entendimento se encontra na tese de repercussão geral fixada no **Tema nº 806**, segundo a qual *"é vedada a equiparação remuneratória entre militares das Forças Armadas e policiais e bombeiros militares do Distrito Federal, visto que a Constituição Federal de 1988, em seu art. 37, XIII, coíbe a vinculação ou equiparação de quaisquer espécies remuneratórias no âmbito do serviço público"*.

▶ Competência para conceder anistia a infrações disciplinares praticadas por militares estaduais

Como vimos, a competência para disciplinar o regime jurídico dos militares estaduais é dos próprios Estados, com exceção de alguns aspectos previstos no art. 22, XXI, da

CF/88 naquilo em que se relacionarem com o papel das polícias militares e dos corpos de bombeiros militares de serem forças auxiliares e reserva do Exército (em relação a esses aspectos, a competência legislativa é privativa da União).

A situação, porém, é diferente quando se trata dos militares do Distrito Federal, pois, segundo o STF, a definição do regime jurídico deles é de competência da União, por força do art. 21, XIV, da CF/88.

E, justamente em virtude de a competência para a definição do regime jurídico dos militares estaduais ser dos próprios Estados, o Supremo Tribunal Federal, na **ADI 4377** (j. 04/11/2021) e na **ADI 4869** (j. 30/05/2022), decidiu que **a União não possui competência para conceder anistia a infrações disciplinares praticadas por militares dos Estados**. Esses casos envolveram leis federais (respectivamente, as Leis 12.191/10 e 12.505/11) que anistiaram infrações disciplinares de militares estaduais que, em determinado período, participaram de movimentos reivindicatórios por melhorias de vencimentos e de condições de trabalho.

Segundo a Corte, a competência da União para conceder anistia prevista no art. 21, XVII, da CF/88 refere-se apenas a infrações penais (já que direito penal é tema de competência legislativa privativa da União, nos termos do art. 22, I, da CF/88), não alcançando infrações disciplinares praticadas por agentes públicos estaduais, já que essas infrações dizem respeito, na verdade, ao regime disciplinar desses agentes, cuja disciplina é de competência de cada Estado (e, especificamente em relação aos militares estaduais, isso, como vimos, é dito expressamente pelo art. 42, § 1º, combinado com o art. 142, § 3º, X, ambos da CF/88).

Por isso, segundo decidiu o STF, a competência para conceder **anistia a infrações disciplinares praticadas por militares estaduais** (assim como dos demais agentes públicos estaduais) é **dos próprios Estados**, não podendo haver intromissão da União nessa questão. Além disso, a lei que concede essa anistia, por envolver regime jurídico de agentes públicos, é de **iniciativa privativa do Chefe do Poder Executivo** (que, no caso dos Estados, é o Governador).

Veja o teor das ementas desses julgados:

> "(...) 2. Lei Federal nº 12.191/2010. Anistia a policiais e bombeiros militares estaduais por crimes militares e infrações disciplinares em razão da participação em movimentos reivindicatórios. 3. Competência exclusiva da União para **anistia de crimes**. 4. **Anistia de infrações disciplinares compreende-se na esfera de autonomia dos Estados-membros.** 5. **Iniciativa de lei reservada ao Chefe do Poder Executivo.** 6. Precedentes: ADI 104 e ADI 1440. (...)" **(ADI 4377, Pleno, Rel. Min. GILMAR MENDES, j. 04/11/2021)**
>
> "(...) 3. Inconstitucionalidade formal: **competência dos Estados para conceder anistia aos Policiais e Bombeiros Militares por infrações disciplinares.** Situações similares ocorridas em mais de um Estado da Federação não afasta o interesse regional para legislar sobre anistia de servidores estaduais, bombeiros e policiais militares por infrações disciplinares. 4. Inconstitucionalidade formal: al. c do inc. II do § 1º do art. 61 da Constituição da República. **Competência privativa do Chefe do Poder Executivo** para a iniciativa de leis sobre servidores públicos, seu regime jurídico, provimento de cargos, estabilidade e aposentadoria. (...)" **(ADI 4869, Pleno, Rel. Min. CÁRMEN LÚCIA, j. 30/05/2022)**

No entanto, é importante fazer um **ALERTA** sobre esses precedentes do Supremo Tribunal Federal.

Como vimos acima, esses julgados referem-se, o tempo todo, a militares estaduais, e afirmam que a competência para a concessão de anistia a infrações disciplinares praticadas por eles é dos próprios Estados. Não há, nos votos dos Ministros ou mesmo nas ementas dos acórdãos, referência aos militares do Distrito Federal acompanhada da afirmação de que, em relação a eles, a competência para conceder anistia de infrações disciplinares é do próprio DF.

Porém, as leis (federais) que foram impugnadas nessas ações concediam anistia também a infrações disciplinares praticadas pelos militares do Distrito Federal. E isso parece ter sido ignorado pelo STF ao julgar os casos (pois o Tribunal fez referência expressa apenas aos militares estaduais), o que, tecnicamente não foi adequado, pois, como vimos, a competência para disciplinar os militares dos Estados é diferente da competência para disciplinar os militares do DF (estes últimos, segundo o próprio STF, têm seu regime jurídico definido pela União, por força do art. 21, XIV, da CF/88).

Na verdade, do ponto de vista técnico, o correto teria sido o STF, nesses julgamentos, ressalvar os militares do Distrito Federal, tendo em vista que, segundo a sua própria jurisprudência, é da União a competência para legislar sobre o regime jurídico desses agentes públicos, o que, naturalmente, abrange (ou, pelo menos, deveria abranger) o seu regime disciplinar e eventuais anistias concedidas a eles.

No entanto, como já foi destacado acima, a Corte ignorou o fato de que as leis impugnadas nesses casos também envolviam os militares do Distrito Federal e, provavelmente por isso, também ignorou a necessidade de registrar que, em relação a eles, a União possui competência legislativa.

Isso pode ser um complicador caso o tema seja cobrado em prova. Se isso ocorrer, a estratégia que parece ser a mais adequada é a seguinte:

I) Se a questão afirmar, simplesmente, que a competência para conceder anistia a infrações disciplinares praticadas por militares estaduais é dos próprios Estados, não tendo a União competência para isso, ela deve ser considerada correta, pois é exatamente o que dizem os julgados que vimos acima (inclusive, é esse o teor das ementas desses julgados).

II) Se a questão afirmar que o Supremo Tribunal Federal já declarou a inconstitucionalidade de lei federal que concedeu anistia a infrações disciplinares de militares do Distrito Federal, ela também deve ser considerada correta, pois, embora tecnicamente inapropriado, foi o que aconteceu nas ADIs 4377 e 4869, como vimos acima.

▶ (Im)possibilidade de a Polícia Civil desempenhar atividades típicas de órgão executivo de trânsito

Pode uma norma estadual, ainda que inserida na Constituição do Estado, atribuir à Polícia Civil funções típicas de órgão executivo de trânsito (tais como registro e licenciamento de veículos), além de inserir na estrutura da Polícia Civil o DETRAN? Uma disposição como essa violaria a competência privativa da união para legislar sobre trânsito e transporte (prevista no art. 22, XI, da CF/88) ou mesmo a disciplina constitucional da Polícia Civil, dentre cujas atribuições a CF/88 não inclui o desempenho de atividades relacionadas a serviços de trânsito?

Esse questionamento foi enfrentado pelo Supremo Tribunal Federal na **ADI 6773**, julgada em 18/12/2021, e a Corte decidiu que a norma mencionada é constitucional.

O STF explicou o constituinte de 1988, ao estabelecer as disposições constitucionais que delinearam a repartição de competências, foi orientado, preponderantemente, pelo princípio da predominância do interesse, e que esse princípio deve orientar também a interpretação dessas disposições. Além disso, o próprio federalismo (já que o Estado brasileiro é uma federação) deve ser uma baliza interpretativa das normas constitucionais definidoras da repartição de competências.

A consequência disso é que, quando se está diante de uma situação que envolve matérias inseridas nas competências de mais de uma esfera federativa ou mesmo quando houver dúvida sobre qual o interesse preponderante no tema, o intérprete deve dar preferência à conclusão que reconheça a competência dos entes federados descentralizados (Estados e Municípios), já que a base de uma federação é justamente a existência de múltiplos centros de poder convivendo em equilíbrio.

No caso de normas estaduais que atribuem à Polícia Civil funções típicas de órgão executivo de trânsito e inserem na sua estrutura o próprio departamento de trânsito, não se trata de disposições que interferem na disciplina do trânsito em si (embora tenham, evidentemente, relação com esse tema), mas sim de mera organização da estrutura administrativa do ente federado, o que faz parte da autonomia da entidade federativa típica de um Estado federal. Nessa linha de raciocínio, os Estados-membros, desde que não violem normas constitucionais (em algum outro aspecto), podem organizar seu departamento de trânsito como entenderem mais conveniente, tendo liberdade, inclusive, para definir se a sua natureza será de órgão ou de autarquia ou mesmo se ele integrará a estrutura de outro órgão ou entidade da Administração.

Logo, não há aí violação à competência privativa da União para legislar sobre trânsito e transporte, prevista no art. 22, XI, da CF/88.

> "**Art. 22, CF/88.** Compete privativamente à União legislar sobre:
>
> (...)
>
> XI - trânsito e transporte;
>
> (...)"

Ademais, é necessário lembrar que, segundo a jurisprudência do Supremo Tribunal Federal, **a segurança pública é tema de competência legislativa concorrente**, de modo que, como não existe uma norma geral federal tratando de atribuições da Polícia Civil, os Estados têm liberdade para suprir essa omissão, conforme permite o art. 24, §§ 1º a 4º, da CF/88, desde que, evidentemente, não desvirtuem o perfil constitucional do órgão.

> "**Art. 24, CF/88.**
>
> (...)
>
> **§ 1º** No âmbito da legislação concorrente, a competência da União limitar-se-á a estabelecer normas gerais.
>
> **§ 2º** A competência da União para legislar sobre normas gerais não exclui a competência suplementar dos Estados.
>
> **§ 3º** Inexistindo lei federal sobre normas gerais, os Estados exercerão a competência legislativa plena, para atender a suas peculiaridades.
>
> **§ 4º** A superveniência de lei federal sobre normas gerais suspende a eficácia da lei estadual, no que lhe for contrário."

Quanto à possível violação do perfil constitucional da Polícia Civil, isso também não ocorre no caso, pois, também no exercício de sua autonomia, os Estados podem definir as atribuições e a organização desse órgão, desde que, evidentemente, não desvirtuem a missão constitucional dele, que é o desempenho das funções de polícia judiciária e a apuração das infrações penais, conforme prevê o art. 144, § 4º, da CF/88.

Nessa linha de raciocínio, considerando que existe uma inegável proximidade entre os serviços de trânsito e a segurança pública (o que ficou ainda mais evidente a partir da EC 82/2014, que incluiu no art. 144 da CF/88 o § 10, tratando da segurança viária), não há incompatibilidade material alguma com o texto constitucional na atribuição de funções típicas de órgão executivo de trânsito à Polícia Civil.

"Art. 144, CF/88.

§ 4º Às polícias civis, dirigidas por delegados de polícia de carreira, incumbem, ressalvada a competência da União, as funções de polícia judiciária e a apuração de infrações penais, exceto as militares.

(...)

§ 10. A segurança viária, exercida para a preservação da ordem pública e da incolumidade das pessoas e do seu patrimônio nas vias públicas:

I - compreende a educação, engenharia e fiscalização de trânsito, além de outras atividades previstas em lei, que assegurem ao cidadão o direito à mobilidade urbana eficiente; e

II - compete, no âmbito dos Estados, do Distrito Federal e dos Municípios, aos respectivos órgãos ou entidades executivos e seus agentes de trânsito, estruturados em Carreira, na forma da lei."

Portanto, o que a norma local não poderia fazer seria retirar da Polícia Civil as suas atribuições previstas no texto constitucional ou mesmo lhe atribuir funções constitucionalmente estabelecidas para outros órgãos. Mas, respeitados esses limites, é perfeitamente possível que os Estados atribuam às suas Polícias Civis funções correlatas às suas missões constitucionais.

Tudo isso foi muito bem abordado no voto do Min. Alexandre de Moraes, relator da ação, no qual ficou registrado que:

*"a **estruturação dos departamentos de trânsito estaduais**, seja como órgão do Poder Executivo, seja como entidade autárquica, **insere-se na competência dos Estados-Membros** que, autônomos (CF, art. 18), devem viabilizar sua auto-organização (CF, art. 25), dentro dos limites simétricos assentados pela Constituição Federal.*

*(...) o arranjo institucional delineado pelas normas (...) **não confronta a competência privativa da União para legislar sobre trânsito e transporte**, limitando-se a ordenar a estrutura dos órgãos e das autarquias necessárias para materializar as diversas competências administrativas que são reservadas aos entes federados. (...)*

*Verifica-se, de outro lado, que **é assegurado ao Estado-Membro, igualmente, a competência para delinear a organização de sua respectiva polícia civil**, como parte integrante da Administração Pública local, sob a direção do Poder Executivo estadual (...).*

(...)

*Não bastasse, **o ente subnacional ainda detém a prerrogativa de exercer a competência plena para legislar sobre organização, garantias, direitos e deveres das***

> ***polícias civis*** *(CF, art. 24, XVI), ante a* ***inércia da União*** *em editar lei federal sobre a matéria concorrente (CF, art. 24, § 3º).*
>
> *(...)*
>
> *Nesse contexto, portanto, releva-se formalmente legítimo ao Estado-Membro tanto disciplinar as atribuições e a estrutura do departamento de trânsito local, quanto organizar e exercer a competência legislativa plena sobre temas afeitos à Polícia Civil, desde que, evidentemente, não desvirtue a missão constitucional do organismo policial responsável pelas funções de polícia judiciária e de apuração de infrações penais.*
>
> *Sob a perspectiva material, o objeto impugnado tampouco padece dos vícios suscitados.*
>
> *A legislação (...) atribuiu à Polícia Civil, entre outras atividades: a) o registro e o licenciamento de veículos automotores, assim como a habilitação do condutor (...); b) a direção do DETRAN (...); c) a possibilidade de substituir o Chefe da Polícia Civil pelo Diretor do DETRAN (...); e d) dirigir os serviços de trânsito (...). Assim fazendo, esse complexo normativo agregou às suas funções típicas (polícia judiciária e apuração de infrações penais), previstas no art. 144, § 4º, da Constituição Federal, atribuições relacionadas aos serviços de trânsito. (...)*
>
> *(...)*
>
> *O âmbito de atuação da Polícia Civil, contudo,* ***não se exaure peremptoriamente nas duas matérias pontuadas****, mas também acolhe funções correlatas,* ***desde que não invada o campo de atribuições reservadas constitucionalmente a outro órgão de segurança pública.*** *(...)*
>
> *(...) o liame entre as funções constitucionalmente destinadas à polícia e as atribuições do departamento de trânsito, sobretudo após a segurança viária passar a ter assento constitucional no capítulo da Carta destinado à segurança pública, torna-se igualmente evidente pelo fato de representantes da corporação integrarem conselhos estaduais de trânsito em diversos entes federados (...)*
>
> (...)
>
> Não se desconhece que este SUPREMO TRIBUNAL FEDERAL tem adotado uma posição rigorosa e salutar na demarcação dos órgãos que constituem o sistema de segurança pública, rechaçando soluções normativas que incluem componentes estranhos ao rol do art. 144 da Constituição, a exemplo dos agentes de trânsito, mesmo após a EC 82/2014 disciplinar a segurança viária (...).
>
> Entretanto, tais precedentes não afastam a possibilidade de os órgãos de segurança pública absorverem, como enfatizado, funções correlatas, desde que preservem o campo de atribuições reservado a cada um dos componentes.
>
> (...)"

▶ (Im)possibilidade de lei conferir autonomia à Polícia Civil

É comum que normas infraconstitucionais (notadamente, leis estaduais) assegurem autonomia administrativa e financeira a órgãos integrantes da Administração Pública (a exemplo das Polícias Civis), ainda que a Constituição Federal nada preveja nesse sentido.

A esse respeito, na **ADI 6611**, julgada em 17/05/2021, o Supremo Tribunal Federal apreciou a constitucionalidade de uma lei do Distrito Federal que estabelecia que a Polícia Civil do Distrito Federal era dotada de **autonomia administrativa e financeira.**

O que decidiu a Corte nesse caso?

Além de debater sobre a (in)competência do Distrito Federal para legislar sobre a questão (aspecto que abordamos no capítulo sobre repartição de competências), o STF decidiu que, como a Constituição Federal não assegura essa autonomia aos órgãos de

Segurança Pública (as quais se encontram hierarquicamente submetidos ao Chefe do Poder Executivo), a norma é **inconstitucional.**

Segundo acertadamente observou a Corte, nos termos da Constituição Federal, as Polícias Civis (e os órgãos de Segurança Pública em geral) encontram-se inseridas na estrutura hierarquizada do Poder Executivo, sem serem contempladas, pelo texto constitucional, com autonomia de caráter administrativo, financeiro ou orçamentário. Isso, inclusive, é dito de forma expressa pelo § 6º do art. 144 da CF/88, ao estabelecer que *"as polícias militares e os corpos de bombeiros militares, forças auxiliares e reserva do Exército* ***subordinam-se, juntamente com as polícias civis*** *e as polícias penais estaduais e distrital,* ***aos Governadores*** *dos Estados, do Distrito Federal e dos Territórios"*.

Nos exatos termos do acórdão lavrado nesse julgamento, *"o art. 144, § 6º, da CF estabelece vínculo de subordinação entre os Governadores de Estado ou do Distrito Federal e as respectivas Polícias Civis, em razão de que* ***se mostra inconstitucional a atribuição de autonomia administrativa e financeira aos respectivos órgãos policiais****, mesmo que materializadas em deliberações da Assembleia local"*.

Idêntico entendimento foi adotado pelo STF na **ADI 5573** (j. 21/06/2021), ajuizada contra norma da Constituição do Estado de Rondônia que conferia autonomia administrativa e financeira à respectiva Polícia Civil. Nas palavras da Corte, *"a jurisprudência deste Supremo Tribunal Federal pacificou-se no sentido de que, não havendo previsão de autonomia administrativa e financeira da polícia civil no art. 144, § 6º da CRFB, é indevida a sua previsão no âmbito estadual"*.

Portanto, segundo o STF, norma estadual (ou do Distrito Federal), esteja ela inserida na Constituição do Estado (ou na Lei Orgânica do Distrito Federal) ou em lei, não pode atribuir autonomia administrativa e/ou financeira à respectiva Polícia Civil.

Seguindo a mesma linha de raciocínio, o Supremo Tribunal Federal decidiu, na **ADI 5579** (j. 21/06/2021), que norma estadual (ou do Distrito Federal), seja ela veiculada na Constituição do Estado (ou na Lei Orgânica do Distrito Federal) ou em lei, não pode conferir **autonomia funcional** a integrantes das carreiras da respectiva Polícia Civil (no caso, delegados de polícia, peritos criminais, médicos-legistas e datiloscopistas policiais), pois eles se encontram hierarquicamente subordinados ao Governador do Estado, inexistindo previsão na Constituição Federal que permita lhes conferir a possibilidade de atuar com tal autonomia.

Isso, no entanto, não significa lhes retirar a independência técnica. Ao contrário disso, esses agentes públicos devem, na verdade, atuar sempre de forma independente do ponto de vista técnico, tendo liberdade para utilizar, no desempenho de suas funções, seus conhecimentos técnicos e sua experiência, sem qualquer interferência indevida.

Nos termos que constaram da ementa desse julgamento, *"a polícia civil integra a estrutura institucional do Poder Executivo, do qual é dependente e subordinada administrativa, funcional e financeiramente ao Governador, que tem a direção superior da Administração Pública estadual ou distrital. (...)* ***A subordinação da polícia civil ao Chefe do Poder Executivo, como preceitua o § 6º do art. 144 da Constituição da República, não se compatibiliza com a independência funcional*** *que as normas questionadas conferem aos delegados de polícia, aos peritos criminais, aos médicos-legistas e aos datiloscopistas policiais do Distrito Federal. (...) A inconstitucionalidade das normas previstas nos §§ 4º e 9º do art. 119 da Lei Orgânica do Distrito* ***Federal não afasta o dever desses servidores públicos em atuarem com o rigor da independência técnica****, em especial, das funções como de peritos criminais, médicos-legistas e datiloscopistas policiais, cabendo a esses profissionais analisar* *vestígios e elementos de convicção e interpretá-los, **sem interferências ilegítimas**, à luz de seus conhecimentos técnicos e de sua experiência*".

▶ Norma estadual pode conferir independência funcional aos Delegados de Polícia e incluir a Polícia Civil entre as Funções Essenciais à Justiça?

Na **ADI 5522**, julgada em 21/02/2022, o Supremo Tribunal Federal analisou uma emenda a uma Constituição Estadual que **conferiu aos Delegados de Polícia independência funcional pautada na livre convicção**, bem **como incluiu a Polícia Civil entre as Funções Essenciais à Justiça.**

Essa norma foi considerada válida?

Não. Segundo decidiu o STF, **uma norma desse teor é inconstitucional**, pelos seguintes motivos:

I) A independência funcional conferida aos Delegados de Polícia **viola o art. 144, § 6º, da CF/88**, pois, segundo expressamente contido nesse dispositivo, a Polícia Civil – assim como os demais órgãos de segurança pública – encontra-se inserida em uma **estrutura hierarquizada**, sendo **subordinada ao Governador do respectivo Estado**, o que impede a atribuição de autonomia pautada na livre convicção às autoridades policiais. Inclusive, por esse mesmo motivo, nas **ADIs 5517 e 5528** (j. 22/11/22), o STF declarou a inconstitucionalidade **(I)** de norma da Constituição do Estado do Espírito Santo que assegurava aos Delegados de Polícia **prerrogativas dos membros do Judiciário e do Ministério Público** e **(II)** de norma da Constituição do Estado do Tocantins que enquadrava os Delegados de Polícia como **carreira jurídica e função essencial do Estado**. Nas palavras da Corte, **(I)** "*a outorga ao delegado de polícia de tratamento jurídico e de **prerrogativas próprias dos membros do Judiciário e do Ministério Público** não se compatibiliza com a vinculação hierárquico-administrativa ao Chefe do Executivo e discrepa do modelo concebido pela Carta da República*" **(ADI 5517)** e **(II)** "*são incompatíveis, sob o ângulo material, com o vínculo de subordinação ao Governador de Estado estabelecido no art. 144, § 6º, da Constituição de 1988 a **atribuição de natureza jurídica ao cargo de delegado de polícia** e a **inclusão das funções por ele exercidas entre as funções essenciais do Estado***" (ADI 5528).

> "**Art. 144, § 6º, CF/88.** As polícias militares e os corpos de bombeiros militares, forças auxiliares e reserva do Exército subordinam-se, juntamente com as polícias civis e as polícias penais estaduais e distrital, aos Governadores dos Estados, do Distrito Federal e dos Territórios."

II) A independência funcional conferida aos Delegados de Polícia também **viola prerrogativas do Ministério Público**, mais precisamente, as contidas no **art. 129, I, VI e VIII, da CF/88**, as quais asseguram ao MP a exclusividade na promoção da ação penal pública, bem como a possibilidade de expedir notificações e requisitar documentos, informações e diligências em procedimentos administrativos (em especial, os de caráter investigatório), além da própria instauração de inquérito policial. Essas prerrogativas ficam fragilizadas com a atribuição de independência funcional aos Delegados de Polícia, pois essa independência permite que a autoridade atue de acordo com a sua livre convicção, não admitindo interferência externa.

> "**Art. 129, CF/88.** São funções institucionais do Ministério Público:
>
> I - **promover, privativamente, a ação penal pública**, na forma da lei;
>
> (...)
>
> VI - **expedir notificações** nos procedimentos administrativos de sua competência, **requisitando informações e documentos para instruí-los**, na forma da lei complementar respectiva;
>
> (...)
>
> VIII - **requisitar diligências investigatórias e a instauração de inquérito policial**, indicados os fundamentos jurídicos de suas manifestações processuais;
>
> (...)"

III) O **poder constituinte originário**, ao elaborar a Constituição Federal, **estabeleceu expressamente quais são os órgãos que integram a categoria das Funções Essenciais à Justiça**, não deixando margem de liberdade para que os Estados-membros dispusessem de forma diversa. Logo, não pode uma norma estadual (ainda que contida na Constituição do Estado ou em emenda constitucional estadual) ampliar o rol dos órgãos rotulados pela Constituição Federal como Funções Essenciais à Justiça, que são, tão somente, a Advocacia, a Advocacia Pública, o Ministério Público e a Defensoria Pública.

▶ Iniciativa legislativa de normas que tratam da organização e do funcionamento da Polícia Civil

No capítulo dedicado ao estudo do processo legislativo, vimos que leis que tratam de criação, extinção e organização de órgãos e entidades da Administração Pública federal são de iniciativa privativa do Presidente da República, por determinação do art. 61, § 1º, II, "e", da CF/88.

Vimos também que, como as regras gerais de processo legislativo se submetem à simetria constitucional, a mesma coisa acontece em âmbito estadual: leis que tratam de criação, extinção e organização de órgãos e entidades da Administração Pública dos Estados são de iniciativa privativa dos respectivos Governadores.

Além disso, foi registrado que, de acordo com a jurisprudência do STF, as emendas constitucionais em âmbito federal (isto é, as emendas à CF/88) não se submetem às regras de iniciativa privativa, mas as emendas constitucionais em âmbito estadual (isto é, as emendas às Constituições Estaduais) se submetem a tais regras. A consequência disso é que, por exemplo, uma emenda à Constituição Federal que trate da organização da Administração Pública não é de iniciativa reservada do Presidente da República, mas uma emenda a uma Constituição Estadual que trate desse mesmo tema é de iniciativa reservada do respectivo Governador.

Por conta disso, na **ADI 5573** (j. 21/06/2021), o Supremo Tribunal Federal reconheceu a inconstitucionalidade, por **vício de iniciativa** (além de outros vícios), de uma norma da Constituição do Estado de Rondônia resultante de emenda constitucional de iniciativa parlamentar que atribuiu autonomia administrativa e financeira à respectiva Polícia Civil, já que esse tema deve ser disciplinado por norma de iniciativa do Governador.

Nas palavras da Corte, *"a jurisprudência deste Supremo Tribunal Federal (...) já se consolidou de que padecem de inconstitucionalidade formal normas de iniciativa parlamentar, inclusive emendas constitucionais, que veiculam matérias cuja iniciativa seja restrita ao chefe do Poder Executivo Estadual"*.

Portanto, normas que tratem da organização da Polícia Civil, segundo o STF, são de iniciativa privativa do Chefe do Poder Executivo, sendo possível aplicar esse mesmo raciocínio em relação aos demais órgãos de segurança pública.

▶ Fixação do subsídio de Delegado de Polícia em 90,25% do subsídio de ministro do STF

Nos termos do art. 37, XI, da CF/88, o limite remuneratório máximo (chamado de "teto remuneratório" ou "teto constitucional") no funcionalismo público brasileiro é o valor do subsídio mensal de Ministro do Supremo Tribunal Federal. Esse dispositivo também estabelece diferentes "subtetos remuneratórios" para os âmbitos estadual e municipal, e o § 12 desse artigo permite que, por meio de emenda à Constituição Estadual ou à Lei Orgânica Distrital, seja adotado como "subteto" único no âmbito do Estados e do Distrito Federal (exceto para os membros do Poder Legislativo) o valor do subsídio mensal de Desembargador do respectivo Tribunal de Justiça, o qual, por sua vez, é limitado a 90,25% do subsídio mensal de Ministro do STF.

> "**Art. 37, CF/88.** A administração pública direta e indireta de qualquer dos Poderes da União, dos Estados, do Distrito Federal e dos Municípios obedecerá aos princípios de legalidade, impessoalidade, moralidade, publicidade e eficiência e, também, ao seguinte:
>
> (...)
>
> XI - a remuneração e o subsídio dos ocupantes de cargos, funções e empregos públicos da administração direta, autárquica e fundacional, dos membros de qualquer dos Poderes da União, dos Estados, do Distrito Federal e dos Municípios, dos detentores de mandato eletivo e dos demais agentes políticos e os proventos, pensões ou outra espécie remuneratória, percebidos cumulativamente ou não, incluídas as vantagens pessoais ou de qualquer outra natureza, não poderão exceder o subsídio mensal, em espécie, dos Ministros do Supremo Tribunal Federal, aplicando-se como limite, nos Municípios, o subsídio do Prefeito, e nos Estados e no Distrito Federal, o subsídio mensal do Governador no âmbito do Poder Executivo, o subsídio dos Deputados Estaduais e Distritais no âmbito do Poder Legislativo e o subsídio dos Desembargadores do Tribunal de Justiça, limitado a noventa inteiros e vinte e cinco centésimos por cento do subsídio mensal, em espécie, dos Ministros do Supremo Tribunal Federal, no âmbito do Poder Judiciário, aplicável este limite aos membros do Ministério Público, aos Procuradores e aos Defensores Públicos;
>
> (...)
>
> **§ 12.** Para os fins do disposto no inciso XI do caput deste artigo, fica facultado aos Estados e ao Distrito Federal fixar, em seu âmbito, mediante emenda às respectivas Constituições e Lei Orgânica, como limite único, o subsídio mensal dos Desembargadores do respectivo Tribunal de Justiça, limitado a noventa inteiros e vinte e cinco centésimos por cento do subsídio mensal dos Ministros do Supremo Tribunal Federal, não se aplicando o disposto neste parágrafo aos subsídios dos Deputados Estaduais e Distritais e dos Vereadores.
>
> (...)"

A possibilidade de se adotar em âmbito estadual, por meio de emenda à Constituição do Estado, o "subteto" único equivalente ao subsídio mensal de Desembargador do respectivo Tribunal de Justiça (que é limitado a 90,25% do subsídio mensal de Ministro do STF) permite que uma emenda constitucional estadual estabeleça que o subsídio de Delegado de Polícia corresponde a 90,25% do subsídio de Ministro do Supremo Tribunal Federal? **Não.**

Isso foi decidido pelo STF na **ADI 5573**, julgada em 21/06/2021. Nessa ação, dentre outras normas, foi impugnado um dispositivo da Constituição do Estado de Rondônia decorrente de uma emenda constitucional estadual que dispunha que *"o subsídio do Delegado de Polícia Judiciária Civil Classe Especial corresponderá a 90,25% (noventa vírgula vinte e cinco por cento) do subsídio mensal fixado para os Ministros do Supremo Tribunal Federal, sendo os subsídios dos demais integrantes da categoria fixados em lei e escalonados, não podendo a diferença entre um e outro ser superior a 16,5% (dezesseis vírgula cinco por cento) ou inferior a 5% (cinco por cento), na forma do disposto nos artigos 37, inciso XI, e 39, § 4º, da Constituição Federal".*

Como se pode perceber, esse dispositivo não estabeleceu um limite remuneratório máximo, mas, sim, fixou o valor da remuneração do cargo de Delegado de Polícia, o qual passou a ser sempre correspondente a 90,25% do subsídio mensal de Ministro do STF. Essa norma, portanto, criou uma sistemática de vinculação remuneratória entre o cargo de Delegado de Polícia e o cargo de Ministro do STF, tendo como consequência o reajustamento automático do subsídio mensal do cargo de Delegado sempre que o subsídio de Ministro do STF sofresse reajuste.

Essa norma, segundo decidiu o STF, é inconstitucional, por violar o inciso XIII do art. 37 da CF/88, que estabelece a proibição de vinculação ou equiparação remuneratória entre agentes públicos (*"é vedada a vinculação ou equiparação de quaisquer espécies remuneratórias para o efeito de remuneração de pessoal do serviço público"*), o que apenas pode ser excepcionado em hipóteses previstas na própria Constituição Federal, a exemplo da vinculação remuneratória entre Ministros dos Tribunais Superiores e Ministros do STF, prevista no art. 93, V, da CF/88, segundo o qual, *"o subsídio dos Ministros dos Tribunais Superiores corresponderá a noventa e cinco por cento do subsídio mensal fixado para os Ministros do Supremo Tribunal Federal".*

Conforme constou da ementa do acórdão desse julgamento, *"há inconstitucionalidade na equiparação dos subsídios dos delegados ao percentual de 90,25% (noventa vírgula vinte e cinco por cento) do subsídio mensal fixado para os Ministros do Supremo Tribunal Federal".*

▶ Diferenciação constitucional entre os militares e os servidores civis

É necessário que fique claro que os integrantes das polícias militares e dos corpos de bombeiros militares não são servidores públicos civis. Eles são **militares**, tais quais os integrantes das Forças Armadas, mas, enquanto estes são vinculados à União, aqueles são vinculados aos Estados e ao Distrito Federal.

A natureza militar dos policiais militares e dos bombeiros militares é afirmada expressamente pela própria Constituição Federal, que, no *caput* do seu art. 42, diz que "os membros das Polícias Militares e Corpos de Bombeiros Militares, instituições organizadas com base na hierarquia e disciplina, ***são militares*** dos Estados, do Distrito Federal e dos Territórios". Portanto, não há dúvida alguma em relação a isso.

Já os integrantes das polícias civis e das polícias penais são servidores públicos civis.

E por que motivo é importante saber essa diferenciação? Porque o regime constitucional dos militares não é o mesmo dos servidores civis, havendo regras próprias para cada um desses grupos de agentes públicos. Apenas quando a Constituição expressamente determina, é que as suas disposições destinadas aos civis se aplicam aos militares. Fora dessas hipóteses, a comunicação de regimes não pode ocorrer.

Existem matérias, inclusive, em que o regime dos militares recebe tratamento muito tímido na Constituição, sendo majoritariamente remetidas à regulamentação infraconstitucional. O melhor exemplo é o regime próprio de previdência, que, para os servidores civis, é disciplinado exaustivamente no art. 40 da CF/88, enquanto, para os militares, tem sua disciplina remetida para a lei (inclusive no que diz respeito aos seus pensionistas), conforme consta dos arts. 42, §§ 1º e 2º, e 142, § 3º, X, da CF/88.

A Constituição Federal, portanto, separa os servidores públicos civis dos militares e lhes confere tratamentos distintos.

Quais são, então, as disposições constitucionais que se aplicam aos militares estaduais? Elas estão definidas nos §§ 1º e 3º do art. 42 da CF/88, e são as seguintes:

a) O art. 14, § 8º, que trata da elegibilidade dos militares, diferenciando os que possuem mais de 10 anos de serviço (que não precisam se desvincular da corporação para concorrer a cargos eletivos) dos que possuem menos de 10 anos de serviço (que já no ato do registro da candidatura precisam se desvincular da corporação), conforme estudamos no capítulo sobre direitos políticos.

b) O art. 40, § 9º, que estabelece a contagem recíproca do tempo de contribuição entre os diversos regimes de previdência. Essa norma disciplina a previdência dos civis, mas, por extensão do art. 42, § 1º, da CF/88, também se aplica à inatividade dos militares estaduais.

c) O art. 142, § 2º, que veda o uso do *habeas corpus* para impugnar punições disciplinares militares, conforme estudamos no capítulo sobre remédios constitucionais. Esse dispositivo disciplina os militares das Forças Armadas, mas, por extensão do art. 42, § 1º, da CF/88, também se aplica aos militares estaduais.

d) O art. 142, § 3º, que, em seus incisos, estabelece diversas disposições aplicáveis aos militares das Forças Armadas (conforme estudamos no capítulo anterior) e que se estendem aos militares estaduais por conta de determinação contida no art. 42, § 1º, da CF/88. Dentre essas disposições, destacam-se as vedações impostas aos militares de sindicalizarem-se, exercerem greve e, enquanto no serviço ativo, filiarem-se a partidos políticos (incisos IV e V).

e) O art. 37, XVI, que permite a acumulação remunerada de cargos públicos, desde que haja compatibilidade de horários. A extensão desse dispositivo (que disciplina os servidores civis) aos militares estaduais encontra-se prevista no art. 42, § 3º, da CF/88, que foi incluído no texto constitucional pela EC 101/2019. Por conta dessa novidade, os militares dos estados podem, se os horários forem compatíveis, exercer cumulativamente um dos cargos indicados nas três alíneas do art. 37, XVI, da CF/88, de modo que eles podem continuar vinculados à corporação e, concomitantemente, se houver compatibilidade de horários, exercer um cargo de professor (alínea "a"), ou um cargo técnico ou científico (alínea "b"), ou um cargo de profissional da saúde com profissão regulamentada (alínea "c"). Importante registrar que essa possibilidade não foi estendida aos militares das Forças Armadas, mas apenas aos estaduais. Os integrantes das Forças Armadas continuam podendo acumular suas funções apenas com um cargo de profissional da saúde com profissão regulamentada, conforme consta do art. 142, § 3º, II, III e VIII, parte final, da CF/88. Um detalhe importante em relação à possibilidade de cumulação de cargos pelos militares é que, quando essa cumulação ocorrer, a atividade militar deverá sempre ter prioridade sobre a atividade civil, não podendo esta se sobrepor àquela, e isso se aplica tanto aos militares estaduais quanto aos militares das Forças Armadas, conforma consta dos dispositivos constitucionais que disciplinam a questão.

Confira a redação dos dispositivos que foram referidos acima:

> "**Art. 42, CF/88.** Os membros das Polícias Militares e Corpos de Bombeiros Militares, instituições organizadas com base na hierarquia e disciplina, são militares dos Estados, do Distrito Federal e dos Territórios.
>
> **§ 1º** Aplicam-se aos militares dos Estados, do Distrito Federal e dos Territórios, além do que vier a ser fixado em lei, as disposições do art. 14, § 8º; do art. 40, § 9º; e do art. 142, §§ 2º e 3º, cabendo a lei estadual específica dispor sobre as matérias do art. 142, § 3º, inciso X, sendo as patentes dos oficiais conferidas pelos respectivos governadores.
>
> **§ 2º** Aos pensionistas dos militares dos Estados, do Distrito Federal e dos Territórios aplica-se o que for fixado em lei específica do respectivo ente estatal.
>
> **§ 3º** Aplica-se aos militares dos Estados, do Distrito Federal e dos Territórios o disposto no art. 37, inciso XVI, com prevalência da atividade militar."
>
> "**Art. 142, CF/88.**
>
> (...)
>
> **§ 2º** Não caberá habeas corpus em relação a punições disciplinares militares.
>
> **§ 3º** Os membros das Forças Armadas são denominados militares, aplicando-se-lhes, além das que vierem a ser fixadas em lei, as seguintes disposições:
>
> I - as patentes, com prerrogativas, direitos e deveres a elas inerentes, são conferidas pelo Presidente da República e asseguradas em plenitude aos oficiais da ativa, da reserva ou reformados, sendo-lhes privativos os títulos e postos militares e, juntamente com os demais membros, o uso dos uniformes das Forças Armadas;
>
> II - o militar em atividade que tomar posse em cargo ou emprego público civil permanente, ressalvada a hipótese prevista no art. 37, inciso XVI, alínea "c", será transferido para a reserva, nos termos da lei;
>
> III - o militar da ativa que, de acordo com a lei, tomar posse em cargo, emprego ou função pública civil temporária, não eletiva, ainda que da administração indireta, ressalvada a hipótese prevista no art. 37, inciso XVI, alínea "c", ficará agregado ao respectivo quadro e somente poderá, enquanto permanecer nessa situação, ser promovido por antiguidade, contando-se-lhe o tempo de serviço apenas para aquela promoção e transferência para a reserva, sendo depois de dois anos de afastamento, contínuos ou não, transferido para a reserva, nos termos da lei;
>
> IV - ao militar são proibidas a sindicalização e a greve;
>
> V - o militar, enquanto em serviço ativo, não pode estar filiado a partidos políticos;
>
> VI - o oficial só perderá o posto e a patente se for julgado indigno do oficialato ou com ele incompatível, por decisão de tribunal militar de caráter permanente, em tempo de paz, ou de tribunal especial, em tempo de guerra;

VII - o oficial condenado na justiça comum ou militar a pena privativa de liberdade superior a dois anos, por sentença transitada em julgado, será submetido ao julgamento previsto no inciso anterior;

VIII - aplica-se aos militares o disposto no art. 7º, incisos VIII, XII, XVII, XVIII, XIX e XXV, e no art. 37, incisos XI, XIII, XIV e XV, bem como, na forma da lei e com prevalência da atividade militar, no art. 37, inciso XVI, alínea "c";

IX - **(Revogado pela Emenda Constitucional nº 41, de 19.12.2003)**

X - a lei disporá sobre o ingresso nas Forças Armadas, os limites de idade, a estabilidade e outras condições de transferência do militar para a inatividade, os direitos, os deveres, a remuneração, as prerrogativas e outras situações especiais dos militares, consideradas as peculiaridades de suas atividades, inclusive aquelas cumpridas por força de compromissos internacionais e de guerra."

"**Art. 14, § 8º, CF/88.** O militar alistável é elegível, atendidas as seguintes condições:

I - se contar menos de dez anos de serviço, deverá afastar-se da atividade;

II - se contar mais de dez anos de serviço, será agregado pela autoridade superior e, se eleito, passará automaticamente, no ato da diplomação, para a inatividade."

"**Art. 40, § 9º, CF/88.** O tempo de contribuição federal, estadual, distrital ou municipal será contado para fins de aposentadoria, observado o disposto nos §§ 9º e 9º-A do art. 201, e o tempo de serviço correspondente será contado para fins de disponibilidade."

"**Art. 37, CF/88.**

(...)

XVI - é vedada a acumulação remunerada de cargos públicos, exceto, quando houver compatibilidade de horários, observado em qualquer caso o disposto no inciso XI:

a) a de dois cargos de professor;

b) a de um cargo de professor com outro técnico ou científico;

c) a de dois cargos ou empregos privativos de profissionais de saúde, com profissões regulamentadas;"

→ ***Exercício do direito de greve por policiais civis e militares (e por guardas municipais)***

Vimos que a Constituição Federal veda, em seu art. 142, § 3º, IV, que o militar das Forças Armadas se sindicalize e realize greve. Essa disposição, por força do art. 42, § 1º, é aplicável aos militares estaduais, de modo que não há dúvida alguma de que os militares (tanto os da União quanto os dos Estados e do Distrito Federal) não podem exercer o direito de greve nem tampouco constituir sindicatos.

Portanto, no âmbito estadual e do DF, os policiais militares e os bombeiros militares (que são os militares estaduais) não podem deflagrar greve.

E quanto aos integrantes das **polícias civis**? A vedação à greve se estende a eles? Isso já foi respondido pelo Supremo Tribunal Federal.

À primeira vista, poderíamos pensar que eles não sofrem essa proibição, porque são servidores civis e o STF, nos Mandados de Injunção 670, 708 e 712, assegurou o exercício do direito de greve aos servidores públicos civis em geral, determinando, diante da omissão do Legislador, a aplicação a eles, no que couber, da lei de greve do setor privado (Lei 7.783/89).

Porém, em momento posterior, a própria Suprema Corte entendeu que alguns servidores civis, por conta da essencialidade da sua atividade para a coesão e preservação da sociedade, não são contemplados pela possibilidade de exercer o direito de greve. Dentre esses servidores, foram mencionados os que atuam na saúde pública e na segurança pública. Nessa linha de raciocínio, o Tribunal equiparou, no que diz respeito à possibilidade de realizar greve, os integrantes das polícias civis aos militares, vedando-lhes o exercício desse direito.

Nas palavras do STF, *"não há dúvida quanto a serem, os servidores públicos, titulares do direito de greve. Porém, tal e qual é lícito matar a outrem em vista do bem comum, não será ilícita a recusa do direito de greve a tais e quais servidores públicos em benefício do bem comum. (...) Os servidores públicos são, seguramente, titulares do direito de greve. Essa é a regra. Ocorre, contudo, que entre os serviços públicos há alguns que a coesão social impõe sejam prestados plenamente, em sua totalidade. Atividades das quais dependam a manutenção da ordem pública e a segurança pública, a administração da Justiça – onde as carreiras de Estado, cujos membros exercem atividades indelegáveis, inclusive as de exação tributária – e a saúde pública não estão inseridos no elenco dos servidores alcançados por esse direito. Serviços públicos desenvolvidos por grupos armados: as atividades desenvolvidas pela polícia civil são análogas, para esse efeito, às dos militares, em relação aos quais a Constituição expressamente proíbe a greve [art. 142, § 3º, IV]"* **(Rcl 6568, Rel. Min. Eros Grau, j. 21/05/2009, Pleno)**.

Esse entendimento, inclusive, foi reiterado posteriormente pela Corte, ao afirmar, na **Rcl 11246 AgR**, julgada em 27/02/2014, que *"as atividades desenvolvidas pelas polícias civis são análogas, para efeito do exercício do direito de greve, às dos militares, em relação aos quais a Constituição expressamente proíbe a greve (art. 142, § 3º, IV)"*.

Isso foi afirmado até mesmo com repercussão geral reconhecida, no **ARE 654.432 (Tema nº 541)**, em que o Supremo Tribunal Federal mais uma vez deixou claro que a polícia civil, tal qual a militar, é um "braço armado do Estado" e, por isso, não pode entrar em greve.

Segundo constou do acórdão, *"a atividade policial é carreira de Estado imprescindível a manutenção da normalidade democrática, sendo impossível sua complementação ou substituição pela atividade privada. A carreira policial é o braço armado do Estado, responsável pela garantia da segurança interna, ordem pública e paz social. E o Estado não faz greve. O Estado em greve é anárquico. A Constituição Federal não permite"*.

Nesse precedente, o que tivemos de mais interessante foi a solução dada pelo STF como alternativa à impossibilidade de deflagração de greve pelos policiais: a realização de mediação judicial (art. 165 do CPC/15) para a negociação dos pleitos da categoria, não sendo permitido ao poder público se negar a participar dessa mediação.

A tese de repercussão geral fixada no caso estabeleceu o seguinte:

a) O exercício do direito de greve, sob qualquer forma ou modalidade, é vedado aos policiais civis e a todos os servidores públicos que atuem diretamente na área de segurança pública.

b) É obrigatória a participação do Poder Público em mediação instaurada pelos órgãos classistas das carreiras de segurança pública, nos termos do art. 165 do Código de Processo Civil, para vocalização dos interesses da categoria.

Portanto, a jurisprudência reiterada e pacífica do Supremo Tribunal Federal é no sentido da impossibilidade de os integrantes das polícias civis realizarem greve.

Inclusive, essa restrição, segundo decidiu a Corte, **também se aplica aos integrantes das guardas municipais**, embora estas, como veremos detalhadamente em tópico específico, não sejam órgãos de segurança pública.

Segundo o STF, como as guardas municipais exercem atividades relacionadas à segurança pública (estando, inclusive, previstas dentro do art. 144 da CF/88, embora não no seu *caput*), elas devem se submeter às mesmas restrições ao direito de greve que são impostas às polícias civis. Em outras palavras: **os guardas municipais, por exercerem atividade essencial insuscetível de paralisação, também não podem fazer greve**.

Isso foi afirmado pela Corte no **RE 846.854** (Tema de Repercussão Geral nº 544, j. 01/08/2017), no qual foi decidido que *"as Guardas Municipais executam atividade de segurança pública (art. 144, § 8º, da CF), essencial ao atendimento de necessidades inadiáveis da comunidade (art. 9º, § 1º, CF), pelo que se submetem às restrições firmadas pelo Supremo Tribunal Federal no julgamento do ARE 654.432"*.

Como vimos, o ARE 654.432 foi o precedente em que o STF decidiu que os policiais civis não podem exercer o direito de greve. Logo, segundo a Corte, os guardas municipais também não podem exercer esse direito.

→ *Proibição legal de manifestação de policiais civis e de militares em determinadas situações*

Pode uma lei de um Estado estabelecer que os policiais civis ficam proibidos de realizarem manifestações públicas contra ou favor de autoridades públicas ou contra atos da Administração Pública, prevendo que tais manifestações caracterizam infração disciplinar? Uma proibição como essa viola o direito fundamental de liberdade de expressão?

Essa questão foi enfrentada pelo STF na **ADPF 734** (j. 13/04/2023), que foi ajuizada contra uma lei do Estado de Pernambuco que previa como infrações disciplinares dos policiais civis a manifestação pública de apreço ou desapreço por autoridades públicas ou contra atos da Administração Pública em geral.

O Supremo Tribunal Federal decidiu que não viola a CF/88 uma lei que proíbe os policiais civis de promover ou participar de manifestações públicas contra ou a favor de autoridades públicas ou contra atos do poder público em geral, pois **o regime especial de hierarquia a que estão submetidos esses agentes públicos justifica que sofram maiores restrições no exercício de seus direitos em determinadas situações**. Além disso, caso fosse permitido aos policiais civis a participação nessas manifestações, **poderia ficar prejudicado o direito fundamental das outras pessoas de participarem de manifestações pacíficas e sem armas (art. 5º, XVI, CF/88)**, tendo em vista que os policiais civis, por conta do exercício de suas funções, portam armas.

Dessa forma, realizando uma ponderação entre, de um lado, o direito dos policiais de manifestação do pensamento e, de outro lado, a hierarquia inerente à carreira policial e o direito das demais pessoas de participação em manifestações pacíficas e sem armas, o STF considerou válida a previsão, em lei estadual, de proibição de os policiais civis promoverem ou participarem de manifestações contra ou a favor de autoridades públicas ou contra atos do poder público em geral.

Veja a ementa desse julgamento:

> "(...) 1. As normas constitucionais devem ser compreendidas de modo que a elas seja dada a máxima efetividade, sem se olvidar da coerência que o sistema impõe. Precedentes. 2.

Na espécie, **impugna-se lei estadual que proíbe os policiais civis do Estado de Pernambuco de "promover ou participar de manifestações de apreço ou desapreço a quaisquer autoridades" e de "manifestar-se ou participar de manifestações contra atos da Administração Pública em geral"**. O Supremo Tribunal Federal já teve a oportunidade de se debruçar sobre a matéria no recente julgamento da ADPF nº 353, Rel. Min. Cármen Lúcia, cujo objeto em tudo se assemelha ao dos presentes autos (julgado em 21/6/21; publicado no DJe de 30/6/21). Na ocasião, o Plenário da Corte entendeu que referido dispositivo fora recepcionado pela Constituição Federal de 1988, julgando improcedente o pedido. 3. A livre manifestação de ideias, quaisquer que sejam 'mesmo que envolvam críticas e protestos', é condição sine qua non para o amadurecimento do sistema democrático e para o desenvolvimento da sociedade pluralista pretendida pelo legislador constituinte. No entanto, nos termos já sedimentados pela jurisprudência da Corte, **há que se atentar, em especial, para a singularidade das carreiras da área de segurança pública, uma vez que são subservientes aos princípios da hierarquia e da disciplina**, que regem a corporação, incumbindo a ela a manutenção da segurança interna, da ordem pública e da paz social. 4. As restrições preconizadas no ato normativo em apreço são adequadas, necessárias e proporcionais, mormente se levarmos em conta que **os policiais civis são agentes públicos armados** cujas manifestações de apreço ou desapreço relativamente a atos da administração em geral e/ou a autoridades públicas em particular **podem implicar ofensa ao art. 5º, inciso XVI, da Constituição, segundo o qual se reconhece a todos o direito de reunir-se pacificamente e "sem armas"**, fazendo-se necessária a conciliação entre esses valores constitucionais: de um lado, a liberdade de expressão dos policiais civis; de outro, a segurança e a ordem públicas, bem como a hierarquia e a disciplina que regem as organizações policiais. (...)" **(ADPF 734, Pleno, Rel. Min. DIAS TOFFOLI, j. 13/04/2023)**

Adotando linha de raciocínio semelhante, o STF, na **ADPF 475** (j. 13/04/2023), decidiu que não viola a CF/88 a disposição legal, contida no art. 166 do Código Penal Militar, que prevê como crime militar a conduta do militar consistente em criticar ato de seu superior hierárquico ou assunto relacionado com a disciplina militar ou com resolução do Governo. Veja o teor desse dispositivo:

> "**Publicação ou crítica indevida**
>
> **Art. 166, CPM.** Publicar o militar ou assemelhado, sem licença, ato ou documento oficial, ou **criticar ublicamente ato de seu superior ou assunto atinente à disciplina militar, ou a qualquer resolução do Govêrno:**
>
> **Pena** – detenção, de dois meses a um ano, se o fato não constitui crime mais grave."

Segundo decidiu o STF, o art. 166 do Código Penal Militar, ao prever como crime (e, assim, reprimir a sua prática) a conduta do militar consistente em criticar ato de seu superior hierárquico ou assunto relacionado à disciplina militar ou a resoluções do Governo, não viola a CF/88, pois os militares se submetem a regime de hierarquia e disciplina que em muito se diferencia do regime jurídico dos servidores civis em geral. A peculiaridade do regime ao qual estão submetidos os militares justifica que a liberdade de expressão desses agentes públicos sofra restrições em determinadas situações, inclusive como forma de preservar a segurança nacional e a ordem pública, bens jurídicos que ficariam em risco caso a manifestação pública dos militares sobre determinados assuntos fosse amplamente permitida.

Ademais, o art. 166 do CPM não impede o exercício da liberdade de expressão pelos militares em toda e qualquer situação, de modo que esse direito continua podendo ser exercido por esses agentes públicos, com exceção das situações elencadas no tipo penal em questão.

Veja o teor da ementa desse julgamento:

> "(...) 1. As normas constitucionais devem ser compreendidas de modo que a elas seja dada máxima efetividade, sem se olvidar da coerência que o sistema impõe. Precedentes. 2. Na espécie, **está-se diante de dispositivo do Código Penal Militar que proíbe os militares de criticar publicamente ato de seu superior ou assunto atinente à disciplina militar, ou a qualquer resolução do governo**, sob pena de detenção. O Supremo Tribunal Federal já teve a oportunidade de se debruçar sobre matéria relacionada à ponderação entre o preceito da liberdade de expressão e os postulados da hierarquia e da disciplina, sob o prisma das carreiras policiais, cuja lógica, mutatis mutandis, em tudo se aplica ao presente caso (v.g., ADPF nº 353, Rel. Min. Cármen Lúcia, Tribunal Pleno, julgado em 21/6/21, publicado no DJe de 30/6/21). 3. A livre manifestação de ideias, quaisquer que sejam 'mesmo que envolvam críticas e protestos', é condição sine qua non para o amadurecimento do sistema democrático e para o desenvolvimento da sociedade pluralista pretendida pelo legislador constituinte. No entanto, na linha do entendimento já firmado pela Corte, **há que se atentar para a singularidade das carreiras militares, sejam elas policiais ou propriamente militares, que igualmente são subservientes aos postulados da hierarquia e da disciplina**, e cujas limitações "visam a atender à supremacia do bem coletivo em detrimento de interesses particulares, até pela força, se necessário" (ADI nº 6.595, Rel. Min. Ricardo Lewandowski, Tribunal Pleno, DJe de 5/8/22). 4. A previsão normativa em apreço não ofende, a priori, os princípios e valores constitucionalmente protegidos. Ao reprimir a crítica dos militares "a atos de seu superior ou assunto atinente à disciplina militar, ou a qualquer resolução do Governo**", a norma pretende evitar excessos no exercício da liberdade de expressão que comprometam a hierarquia e a disciplina internas, postulados indispensáveis às instituições militares**, e, assim, em última análise, **impedir que se coloquem em risco a segurança nacional e a ordem pública**, bens jurídicos vitais para a vida em sociedade. Nada obsta, todavia, que sejam analisadas e sopesadas todas as circunstâncias de cada caso concreto, a fim de se aferir se estão presentes todas as elementares do tipo penal. (...)" **(ADPF 475, Pleno, Rel. Min. DIAS TOFFOLI, j. 13/04/2023)**

■ POLÍCIAS PENAIS

As polícias penais foram incluídas na CF/88 pela EC 104/2019, com o objetivo de preencher um vácuo normativo e adequar o texto constitucional à realidade e às necessidades das entidades federadas. Trata-se de órgãos de segurança pública existentes na União, nos Estados e no Distrito Federal (além dos Territórios, conforme veremos oportunamente) que foram criados pelo constituinte reformador para se dedicarem à segurança nos estabelecimentos prisionais, conforme consta do art. 144, § 5º-A, da CF/88.

> "**Art. 144, CF/88.** A segurança pública, dever do Estado, direito e responsabilidade de todos, é exercida para a preservação da ordem pública e da incolumidade das pessoas e do patrimônio, através dos seguintes órgãos:
>
> (...)
>
> VI - polícias penais federal, estaduais e distrital.
>
> (...)

> **§ 5º-A** Às polícias penais, vinculadas ao órgão administrador do sistema penal da unidade federativa a que pertencem, cabe a segurança dos estabelecimentos penais."

E como era feita a segurança nos estabelecimentos penais antes da criação das polícias penais pela EC 104/2019? Essa tarefa ficava a cargo da polícia civil? **Não.**

Segundo o Supremo Tribunal Federal, é inconstitucional atribuir à polícia civil a segurança nos estabelecimentos carcerários, pois as polícias civis, segundo o art. 144, § 4º, da CF/88, tem competência apenas para exercer as funções de polícia judiciária. Nesse sentido, ao julgar a ADI 3916, em 03/02/2010, a Corte esclareceu que *"a Constituição do Brasil – artigo 144, § 4º – define incumbirem às polícias civis "as funções de polícia judiciária e a apuração de infrações penais, exceto as militares". Não menciona a atividade penitenciária, que diz com a guarda dos estabelecimentos prisionais; não atribui essa atividade específica à polícia civil"*.

Se as polícias civis não podiam cuidar da segurança nos estabelecimentos penais, qual alternativa tinham as entidades federadas para resolver a questão? Simples: criar carreiras próprias de agentes penitenciários (não necessariamente adotando essa nomenclatura).

Nos termos do art. 24, I, da CF/88, a competência legislativa para tratar de direito penitenciário é concorrente entre a União, os Estados e o Distrito Federal, e, com base nessa competência, essas entidades federadas sempre puderam criar seus próprios cargos incumbidos da segurança nos estabelecimentos penais, embora não houvesse a previsão, no art. 144 da CF/88, de um órgão de segurança pública responsável pela segurança penitenciária.

Justamente por isso, o STF, na ADI 3916, jugou constitucional lei do Distrito Federal que criou uma carreira de agentes penitenciários. Nas palavras do Tribunal, *"a competência para legislar sobre direito penitenciário é concorrente entre os entes da Federação, nos termos do disposto no artigo 24, inciso I, da CB/88. (...) A Lei distrital n. 3.669 cria a Carreira de Atividades Penitenciárias, nos Quadros da Administração do Distrito Federal, no âmbito da Secretaria de Justiça, Direitos Humanos e Cidadania do Distrito Federal. (...) O Poder Legislativo distrital foi exercido no âmbito da parcela da competência concorrente para dispor sobre direito penitenciário"*.

Portanto, mesmo antes da EC 104/2019, já havia no âmbito dos Estados e do Distrito Federal carreiras responsáveis pela segurança nos estabelecimentos prisionais. O que se verificou com a entrada em vigor da EC 104/2019 foi que o texto constitucional incluiu expressamente esses servidores no sistema de segurança pública e sistematizou essa função estatal.

E o que ocorreu com os servidores que, antes da EC 104/2019, já exerciam a segurança penitenciária? Eles foram incorporados, em cada entidade federada, às respectivas polícias penais, pois estas, nos termos do art. 4º da EC 104/2019, devem ter os quadros de pessoal preenchidos mediante novos concursos públicos e pela transformação (em policiais penais) dos cargos anteriormente existentes incumbidos da segurança nos estabelecimentos prisionais.

Confira o dispositivo:

> "**Art. 4º, EC 104/2019.** O preenchimento do quadro de servidores das polícias penais será feito, exclusivamente, por meio de concurso público e por meio da transformação dos cargos isolados, dos cargos de carreira dos atuais agentes penitenciários e dos cargos públicos equivalentes."

Por fim, é importante lembrar que, assim como os demais órgãos de segurança pública dos Estados e do Distrito Federal (e, eventualmente, dos Territórios), as polícias penais submetem-se hierarquicamente aos respectivos Governadores, conforme determina o art. 144, § 6º, da CF/88:

> "**Art. 144, § 6º, CF/88.** As polícias militares e os corpos de bombeiros militares, forças auxiliares e reserva do Exército subordinam-se, juntamente com as polícias civis e as polícias penais estaduais e distrital, aos Governadores dos Estados, do Distrito Federal e dos Territórios."

■ GUARDAS MUNICIPAIS

As guardas municipais (também conhecidas como guardas civis) estão previstas no art. 144 da CF/88, mais precisamente, no seu § 8º.

Segundo se extrai da literalidade da CF/88, às guardas municipais cabe cuidar da proteção dos bens, serviços e instalações do respectivo Município (ou seja, a elas cabe proteger o patrimônio municipal), conforme estiver estabelecido em lei. Portanto, esses órgãos não atuam na segurança pública da mesma forma que atuam as polícias civis e as polícias militares. Apesar disso, a Lei 13.675/2018 as incluiu entre os órgãos operacionais integrantes do Sistema Único de Segurança Pública (art. 9º, §2º, VII). Confira:

> "**Art. 144, § 8º, CF/88.** Os Municípios poderão constituir guardas municipais destinadas à proteção de seus bens, serviços e instalações, conforme dispuser a lei."
>
> "**Art. 9º, Lei 13.675/2018.** É instituído o Sistema Único de Segurança Pública (Susp), que tem como órgão central o Ministério Extraordinário da Segurança Pública e é integrado pelos órgãos de que trata o art. 144 da Constituição Federal, pelos agentes penitenciários, pelas guardas municipais e pelos demais integrantes estratégicos e operacionais, que atuarão nos limites de suas competências, de forma cooperativa, sistêmica e harmônica.
>
> (...)
>
> **§ 2º** São integrantes operacionais do Susp:
>
> (...)
>
> VII - guardas municipais;
>
> (...)"

As guardas municipais são órgãos de segurança pública?

A jurisprudência tradicional do Supremo Tribunal Federal se consolidou no sentido de que a lista de órgãos de segurança pública prevista no *caput* do art. 144 da CF/88 seria um **rol taxativo**, de modo que os órgãos de segurança pública seriam **apenas aqueles expressamente indicados nos incisos do *caput* do art. 144 da CF/88**. Como consequência disso, segundo o STF, as guardas municipais não seriam órgãos de segurança pública.

Esse entendimento sempre foi muito forte no Supremo Tribunal Federal e se manteve inalterado mesmo após a inclusão das guardas municipais no Sistema Único de Segurança Pública (que é disciplinado pela Lei 13.675/18).

Em outras palavras: o fato, por si só, de as guardas municipais terem sido incluídas por lei no Sistema Único de Segurança Pública (SUSP) não as tornou órgãos de segurança pública.

Isso porque o SUSP pode compreender a atuação de diversos órgãos públicos, sem que isso faça com que todos eles passem, por conta de sua atuação no SUSP, a ser considerados órgãos de segurança pública. Isso, inclusive, acontece atualmente, pois o art. 9º, § 2º, da Lei 13.675/18, inseriu na lista de órgãos operacionais do SUSP, por exemplo, institutos de criminalística e de medicina legal, que, embora auxiliem os órgãos de segurança pública no desempenho de suas atividades, não são órgãos de segurança pública.

Veja o teor desse dispositivo, para que fique mais claro o que foi explicado acima:

> "**Art. 9º, § 2º, Lei 13.675/18.** São integrantes operacionais do Susp:
> I - polícia federal;
> II - polícia rodoviária federal;
> III – (VETADO);
> IV - polícias civis;
> V - polícias militares;
> VI - corpos de bombeiros militares;
> VII - guardas municipais;
> VIII - órgãos do sistema penitenciário;
> IX - (VETADO);
> X - institutos oficiais de criminalística, medicina legal e identificação;
> XI - Secretaria Nacional de Segurança Pública (Senasp);
> XII - secretarias estaduais de segurança pública ou congêneres;
> XIII - Secretaria Nacional de Proteção e Defesa Civil (Sedec);
> XIV - Secretaria Nacional de Política Sobre Drogas (Senad);
> XV - agentes de trânsito;
> XVI - guarda portuária."

Portanto, existem órgãos que auxiliam as forças de segurança pública no desempenho de suas atividades e que, até mesmo, integram o Sistema Único de Segurança Pública, mas que não são, por conta disso, órgãos de segurança pública.

Inclusive, seguindo essa linha de raciocínio, o Supremo Tribunal Federal, no **MI 6781** AgR (j. 20/09/2019), afirmou que os guardas municipais não têm direito à aposentadoria especial por atividade de risco, tendo em vista nem mesmo serem integrantes de forças de segurança pública. A Corte afirmou, ainda, que a Lei 13.675/18 (a Lei do SUSP), embora tenha incluído as guardas municipais na lista de órgãos que atuam no SUSP, **não as transformou em órgãos de segurança pública**, pois estes seriam apenas aqueles previstos no rol taxativo do art. 144, *caput*, da CF/88.

Nas exatas palavras da Corte, *"a Lei 13.675/2018, lei ordinária que instituiu o Sistema Único de Segurança Pública (Susp),* ***não incluiu outros órgãos no rol taxativo previsto no artigo 144, I a V, da CRFB/88****, como responsáveis pela segurança pública. Na realidade, tratou de fomentar uma salutar integração entre todas as classes responsáveis pela ordem pública,* ***sendo inviável conferir qualquer interpretação no sentido de tratar as guardas municipais como órgão de segurança pública*** *para conceder-lhes, pela via judicial, o direito à aposentadoria especial"*.

No entanto, **no ano 2023, o Supremo Tribunal Federal modificou o seu entendimento sobre a natureza jurídica das guardas municipais** e, mitigando o caráter taxativo do rol do *caput* do art. 144 da CF/88, **passou a considerar as guardas municipais como órgãos de segurança pública**.

Isso ocorreu na **ADPF 995**, julgada em 28/08/2023.

Nessa ação, o Supremo Tribunal Federal afirmou que a sua jurisprudência já vinha evoluindo para flexibilizar o caráter taxativo do rol do art. 144, *caput*, da CF/88, e que o fato de as guardas municipais não estarem previstos nesse rol, mas apenas no § 8º do art. 144 da CF/88, não faz com que elas não possam ser classificadas como órgãos de segurança pública.

E, diferentemente do que vinha decidindo anteriormente, o STF registrou nesse julgamento que o fato de as guardas municipais terem sido incluídas, pelo legislador, no Sistema Único de Segurança Pública (Lei 13.675/18) evidencia que elas realmente são órgãos de segurança pública (isso, evidentemente, não significa que todo e qualquer órgão que atue no SUSP deva ser considerado um órgão de segurança pública, pois, como vimos, há diversos órgãos que atuam nesse sistema auxiliando órgãos de segurança pública, sem que se tornem, por conta disso, órgãos de segurança pública).

Nos exatos termos da ementa do acórdão desse julgamento, *"o quadro normativo constitucional e jurisprudencial dessa SUPREMA CORTE em relação às Guardas Municipais* ***permite concluir que se trata de órgão de segurança pública****, integrante do Sistema Único de Segurança Pública (SUSP)"*.

E no voto do Min. Alexandre de Moraes (relator do caso), que foi seguido pela maioria dos demais Ministros do STF, o enquadramento das guardas municipais como órgãos de segurança pública ficou ainda mais claro.

Nas palavras do Ministro, *"o ponto nevrálgico da controvérsia relativa ao reconhecimento das guardas municipais como agentes de segurança pública decorre de uma questão topográfica, uma vez que o órgão não é previso nos incisos do art. 144, mas apenas no §8º.*

Nessa conjuntura, surge a celeuma de definir se o rol dos incisos do art. 144 é exaustivo, de modo que os agentes de segurança público são restritos aos órgãos nele expressamente previstos, ou seja: polícia federal, polícia rodoviária federal, polícia ferroviária federal, polícias civis, polícias militares e corpos de bombeiros militares, e polícias penais federal, estaduais e distrital.

Ocorre que ***o deslocamento topográfico da disciplina das guardas municipais no texto constitucional não implica a desconfiguração do órgão como agente de segurança pública****, ao argumento de que não estaria inclusa em pretenso rol taxativo dos órgãos de segurança.*

É que, materialmente, conforme previsão do §8º do art. 144 da Constituição, ***as guardas municipais exercem atividade típica de segurança pública****, consubstanciada na proteção de bens, serviços e instalações dos municípios.*

Observo, ainda, que o art. 144, §7º, estabelece que "a lei disciplinará a organização e o funcionamento dos órgãos responsáveis pela segurança pública, de maneira a garantir a eficiência de suas atividades".

Em atenção a essa norma, foi editada a Lei 13.675/2018, a qual disciplina a organização e o funcionamento dos órgãos responsáveis pela segurança pública e institui o Sistema Único de Segurança Pública (Susp).

Ao tratar da composição do SUSP, o art. 9º da referida lei estatui que: "É instituído o Sistema Único de Segurança Pública (Susp), que tem como órgão central o Ministério Extraordinário da Segurança Pública e é integrado pelos órgãos de que trata o art. 144 da

Constituição Federal, pelos agentes penitenciários, ***pelas guardas municipais*** *e pelos demais integrantes estratégicos e operacionais, que atuarão nos limites de suas competências, de forma cooperativa, sistêmica e harmônica".*

Assim, ***a legislação federal disciplinadora do Sistema Único de Segurança Pública prevê expressamente as guardas municipais como órgãos de segurança pública.***

Ademais, a Lei 13.022/2014, a qual dispõe sobre o Estatuto Geral das Guardas Municipais, prevê diversas atribuições ao órgão que são inerentes a agentes de segurança pública:

(...)

Perceba-se, portanto, que as Guardas Municipais têm entre suas atribuições primordiais o poder-dever de prevenir, inibir e coibir, pela presença e vigilância, infrações penais ou administrativas e atos infracionais que atentem contra os bens, serviços e instalações municipais. ***Trata-se de atividade típica de segurança pública exercida na tutela do patrimônio municipal.***

Igualmente, a atuação preventiva e permanentemente, no território do Município, para a proteção sistêmica da população que utiliza os bens, serviços e instalações municipais é atividade típica de órgão de segurança pública.

Feitas essas considerações, entendo que ***o quadro normativo brasileiro me parece claro quanto ao reconhecimento das Guardas Municipais como órgãos de segurança pública.***

(...)

O quadro normativo constitucional e legal, bem como o posicionamento jurisprudencial dessa SUPREMA CORTE em relação às Guardas Municipais ***permite concluir que se trata de órgão de segurança pública****, integrante do Sistema Único de Segurança Pública (SUSP).*

(...)"

É necessário, porém, ter **CUIDADO** com um detalhe: o fato de as guardas municipais serem agora consideradas órgãos de segurança pública não faz com que elas possam atuar, nas ruas, como se fossem polícias civis ou militares.

Portanto, assim como não podiam antes do julgamento da ADPF 995, as guardas municipais não podem realizar diligências típicas das forças policiais de forma indiscriminada. Em outras palavras: as guardas municipais, embora sejam agora consideradas órgãos de segurança pública, não são substitutas das polícias civis e militares.

Por isso, elas (as guardas municipais) continuam não podendo, por exemplo, realizar buscas pessoais em pessoas nas ruas de forma indiscriminada como se fossem órgãos policiais.

O que as guardas municipais podem fazer, no desempenho da segurança pública, é praticar atos que tenham relação com a sua atribuição constitucional de proteção do patrimônio municipal. Essa é a missão constitucional das guardas municipais no sistema de segurança pública: proteger o patrimônio municipal. E isso fica muito claro no § 8º do art. 144 da CF/88, que diz que *"os Municípios poderão constituir guardas municipais* ***destinadas à proteção de seus bens, serviços e instalações****, conforme dispuser a lei".*

Portanto, as guardas municipais não podem, simplesmente por serem consideradas órgãos de segurança pública, atuar em substituição às polícias civis e militares. O exercício da segurança pública pelas guardas municipais deve ocorrer de acordo com a sua atribuição constitucional de proteção do patrimônio municipal.

Por isso, as guardas municipais não podem "combater o crime" como se fossem polícias civis ou polícias militares, de modo que não podem realizar buscas nas pessoas em via pública de forma ampla e indiscriminada. Essas diligências até podem ser realizadas pelas guardas municipais, mas desde que no contexto da proteção dos bens, serviços e instalações dos municípios. Por exemplo, em uma situação de prática de infração penal envolvendo o patrimônio municipal ou os usuários do patrimônio municipal, será lícita a atuação da guarda municipal realizando, por exemplo, uma busca pessoal. Porém, fora desse contexto a atuação da guarda municipal será ilícita.

Esse é o entendimento, inclusive, do STJ.

O Superior Tribunal de Justiça já considerou **ilegal a realização de busca pessoal em via pública por guardas municipais**. Segundo a Corte, os guardas municipais não podem agir como se fossem integrantes das polícias civis ou militares e abordar indivíduos nas vias públicas, realizando buscas pessoais, **exceto quando essa diligência estiver relacionada com a proteção do patrimônio público**, já que esta é a missão constitucional da guarda municipal.

Portanto, não é papel das guardas municipais "patrulhar" as ruas com o objetivo de identificar pessoas "suspeitas" e, a partir disso, realizar buscas pessoais para encontrar elementos de prova da prática de crimes.

No entanto, **nada impede que guardas municipais realizem prisões em flagrante** (desde que se trate de situações de evidente flagrância do delito, aquelas em que a infração é presenciada pelo guarda municipal no momento da prisão), tendo em vista que essa prerrogativa é assegurada a qualquer pessoa pelo art. 301 do Código de Processo Penal (segundo esse dispositivo, *"qualquer do povo poderá e as autoridades policiais e seus agentes deverão prender quem quer que seja encontrado em flagrante delito"*).

Nas palavras do STJ, *"ao dispor no art. 301 do CPP que "qualquer do povo poderá [...] prender quem quer que seja encontrado em flagrante delito", o legislador, tendo em conta o princípio da autodefesa da sociedade e a impossibilidade de que o Estado seja onipresente,* ***contemplou apenas os flagrantes visíveis de plano****, como, por exemplo, a situação de alguém que, no transporte público, flagra um indivíduo subtraindo sorrateiramente a carteira do bolso da calça de outrem e o detém.* ***Diferente, porém, é a hipótese em que a situação de flagrante só é evidenciada após realizar atividades invasivas de polícia ostensiva ou investigativa como a busca pessoal ou domiciliar****, uma vez que não é qualquer do povo que pode investigar, interrogar, abordar ou revistar seus semelhantes.*

Da mesma forma que os guardas municipais não são equiparáveis a policiais, também não são cidadãos comuns. Trata-se de agentes públicos com atribuição sui generis de segurança, pois, embora ***não elencados no rol de incisos do art. 144, caput, da Constituição****, estão inseridos § 8º de tal dispositivo; dentro, portanto, do Título V, Capítulo III, da Constituição, que trata da segurança pública em sentido lato. Assim, se por um lado não podem realizar tudo o que é autorizado às polícias, por outro lado também não estão plenamente reduzidos à mera condição de "qualquer do povo"; são servidores públicos dotados do importante poder-dever de proteger o patrimônio municipal, nele incluídos os seus bens, serviços e instalações.*

É possível e recomendável, dessa forma, que exerçam a vigilância, por exemplo, de creches, escolas e postos de saúde municipais, de modo a ***garantir que não tenham sua estrutura física danificada ou subtraída por vândalos ou furtadores*** *e, assim,* ***permitir a continuidade da prestação do serviço público municipal*** *correlato a tais instalações. Nessa esteira, podem realizar patrulhamento preventivo na cidade, mas sempre vinculados à finalidade específica de tutelar os bens, serviços e instalações municipais, e não de reprimir* *a criminalidade urbana ordinária, função esta cabível apenas às polícias, tal como ocorre, na maioria das vezes, com o tráfico de drogas.*

***Não é das guardas municipais, mas sim das polícias, como regra, a competência para patrulhar** supostos pontos de tráfico de drogas, **realizar abordagens e revistas em indivíduos suspeitos** da prática de tal crime ou ainda **investigar denúncias anônimas** relacionadas ao tráfico e outros delitos cuja prática não atinja de maneira clara, direta e imediata os bens, serviços e instalações municipais.*

***Poderão, todavia, realizar busca pessoal em situações absolutamente excepcionais - e por isso interpretadas restritivamente - nas quais se demonstre concretamente haver clara, direta e imediata relação de pertinência com a finalidade da corporação**, isto é, quando se tratar de instrumento imprescindível para a tutela dos bens, serviços e instalações municipais. Vale dizer, só é possível que as guardas municipais realizem excepcionalmente busca pessoal se houver, além de justa causa para a medida (fundada suspeita de posse de corpo de delito), relação clara, direta e imediata com a necessidade de proteger a integridade dos bens e instalações ou assegurar a adequada execução dos serviços municipais, o que não se confunde com permissão para realizarem atividades ostensivas ou investigativas típicas das polícias militar e civil para combate da criminalidade urbana ordinária"* **(REsp 1977119, Sexta Turma, Rel. Min. ROGERIO SCHIETTI CRUZ, j. 16/08/2022)**.

Esse entendimento, firmado inicialmente no **REsp 1.977.119**, foi posteriormente aplicado pelo STJ em outros casos, a exemplo do **HC 742.578** (j. 13/09/2022), do **AgRg no HC 771.705** (j. 27/09/2022), do **HC 702.161** (j. 23/03/2023) e do **AgRg no HC 867.058** (j. 04/03/2024). Trata-se, portanto, de posicionamento que se consolidou na Corte.

Perceba que, apesar de esse posicionamento do STJ ter sido firmado antes de o STF reconhecer as guardas municipais como órgãos de segurança pública (na ADPF 995), ele plenamente aplicável após essa decisão do STF. Isso porque o STJ, nas suas decisões, fundamentou-se principalmente no fato de que as atribuições constitucionais das guardas municipais dizem respeito à proteção do patrimônio municipal, o que não foi modificado pelo fato de as guardas municipais terem sido reconhecidas pelo Supremo Tribunal Federal como órgãos de segurança pública.

Isso, inclusive, já foi afirmado pelo próprio STJ após o julgamento da ADPF 995 pelo STF.

Foi o que ocorreu, por exemplo, no **AgRg no AgRg no HC 836348** (j. 27/02/2024), no qual o STJ esclareceu que *"**as Guardas Municipais não têm atribuições de atividades investigativas ou ostensivas, mas somente de proteção do patrimônio municipal.** Embora tenham sido incluídas no Sistema de Segurança Pública por força do julgamento da ADPF n. 995/DF pelo Supremo Tribunal Federal, **o entendimento firmado pela Suprema Corte não interfere na jurisprudência já sedimentada**, reafirmando, assim, o entendimento prevalente nesta Corte quanto aos limites da atuação dos guardas civis municipais"*.

Portanto, em resumo, o que temos hoje na jurisprudência sobre a natureza jurídica das guardas municipais e a sua atuação é o seguinte:

I) As guardas municipais **são órgãos de segurança pública** (STF, ADPF 995).

II) As guardas municipais **não podem "patrulhar" as ruas como se fossem polícias civis ou polícias militares**, devendo atuar na segurança pública de acordo com as suas atribuições constitucionais, que dizem respeito à **proteção do patrimônio municipal**. Portanto, embora as guardas municipais não possam "combater o crime" de forma ampla e irrestrita, podem fazer isso em contextos nos quais a infração penal tenha sido (ou esteja sendo) praticada em prejuízo do patrimônio municipal ou de seus usuários. Por isso, a realização, por exemplo, de uma **busca pessoal em via pública por guardas municipais** apenas será lícita se estiver relacionada com a prática de alguma conduta prejudicial ao patrimônio público ou aos seus usuários (STJ, REsp 1.977.119, HC 742.578, AgRg no HC 771.705, HC 702.161 e AgRg no HC 867.058).

III) As guardas municipais **podem realizar prisão em flagrante**, desde que a realização da prisão ocorra no momento da prática do delito (isto é, desde que o cometimento da infração esteja sendo presenciado pelo guarda municipal no momento da prisão, o que caracteriza a situação chamada de **"flagrante visível"**), tendo em vista que isso é permitido a qualquer pessoa pelo art. 301 do Código de Processo Penal (STJ, REsp 1.977.119, HC 742.578, AgRg no HC 771.705, HC 702.161 e AgRg no HC 867.058).

Além do que vimos acima, há duas questões sobre as guardas municipais que merecem ser tratadas aqui.

A primeira delas diz respeito à lei exigida pelo art. 144, § 8º, da CF/88 para disciplinar a atuação das guardas municipais. Essa lei foi editada pelo Congresso Nacional, cuidando-se da Lei 13.022/2014, chamada de **Estatuto Geral das Guardas Municipais**.

Ocorre que foram apresentados os seguintes questionamentos a respeito dessa lei:

a) A competência para editá-la era realmente da União? Em outras palavras: a lei exigida pelo art. 144, § 8º, da CF/88 é uma lei federal ou são leis editadas pelos diversos Municípios em relação às suas guardas civis? Essa lei federal viola a autonomia dos Municípios?

b) As disposições nela contidas que dão às guardas municipais atribuições exageradamente amplas, inclusive, atribuições semelhantes às das polícias civis e militares, são constitucionais, tendo em vista que a missão constitucional das guardas municipais é restrita à proteção do patrimônio municipal (art. 144, § 8º, CF/88)?

Esses questionamentos foram respondidos pelo Supremo Tribunal Federal na **ADI 5780** (j. 03/07/2023), na qual a Corte reconheceu a **constitucionalidade do Estatuto Geral das Guardas Municipais.**

Segundo decidiu o STF, não há inconstitucionalidade no Estatuto Geral das Guardas Municipais (Lei 13.022/14), pois ele é apenas uma norma geral de organização das guardas municipais e permite aos Municípios que, por leis próprias, criem suas guardas municipais (ou não criem, caso assim prefiram) e estabeleçam sua estrutura e funcionamento. Portanto, a União, ao editar essa lei, **não violou a competência dos Municípios**.

Além disso, também segundo decidiu o STF, as atribuições das guardas municipais estabelecidas na Lei 13.022/14 não violam a CF/88, pois, de acordo com a jurisprudência do próprio Supremo Tribunal Federal, as guardas municipais podem desempenhar atividades de segurança pública.

O segundo questionamento envolvendo o art. 144, § 8º, da CF/88, e as guardas municipais é o seguinte: esses órgãos **podem exercer o poder de polícia?**

Apesar de não serem órgãos de segurança pública, nada impede que exerçam poder de polícia, desde que o façam dentro do que for compatível com as suas atribuições constitucionais de proteção dos bens, serviços e instalações dos Municípios e não invadam a esfera de atuação da segurança pública. É possível, por exemplo, que a fiscalização de trânsito, ainda que exercida ostensivamente, seja atribuída às guardas civis, inclusive, com a aplicação de sanções administrativas eventualmente cabíveis, pois essas atividades não caracterizam o desempenho de funções de segurança pública e, portanto, não são exclusivas dos órgãos policiais.

Nesse sentido, ao julgar o **RE 658.570** (Tema de Repercussão Geral nº 472), o STF fixou a tese segundo a qual *"é constitucional a atribuição às guardas municipais do exercício de poder de polícia de trânsito, inclusive para imposição de sanções administrativas legalmente previstas"*. E, ao assim decidir, a Corte deixou claro que esse entendimento continua aplicável mesmo após a entrada em vigor da EC 82/2014, que incluiu, no art. 144 da CF/88, o § 10, prevendo que a segurança viária nos Estados, Distrito Federal e Municípios é exercida por órgãos próprios.

Confira a enriquecedora ementa do acórdão:

> "(...) 1. **Poder de polícia não se confunde com segurança pública.** O exercício do primeiro não é prerrogativa exclusiva das entidades policiais, a quem a Constituição outorgou, com exclusividade, no art. 144, apenas as funções de promoção da segurança pública. 2. A fiscalização do trânsito, com aplicação das sanções administrativas legalmente previstas, embora possa se dar ostensivamente, constitui mero exercício de poder de polícia, não havendo, portanto, óbice ao seu exercício por entidades não policiais. (...) 4. Dentro de sua esfera de atuação, delimitada pelo CTB, **os Municípios podem determinar que o poder de polícia que lhe compete seja exercido pela guarda municipal**. 5. O art. 144, §8º, da CF, **não impede que a guarda municipal exerça funções adicionais à de proteção dos bens, serviços e instalações do Município. Até mesmo instituições policiais podem cumular funções típicas de segurança pública com exercício de poder de polícia.** Entendimento que não foi alterado pelo advento da EC nº 82/2014. (...)"
>
> **(RE 658570, Tema de Repercussão Geral 472, j. 06/08/2015, Pleno)**

O porte de arma de fogo do integrantes das guardas municipais

O art. 6º, III e IV, do Estatuto do Desarmamento (Lei nº 10.826/03), estabeleceu que os integrantes das guardas municipais só poderiam portar arma de fogo se o respectivo Município fosse capital de Estado ou, não sendo capital, tivesse população superior a 500.000 (quinhentos mil) habitantes. Em relação aos Municípios com menos de 500.000 (quinhentos mil) habitantes, os integrantes das guardas municipais só poderiam portar arma de fogo se a população fosse superior a 50.000 (cinquenta mil) habitantes, e, mesmo assim, o porte da arma apenas seria permitido enquanto estivessem em serviço. Já nos Municípios que não possuíssem mais de 50.000 (cinquenta mil) habitantes, o porte de arma de fogo pelos integrantes das guardas municipais ficou proibido pelo texto legal.

Essas disposições do Estatuto do Desarmamento foram objeto de controle concentrado abstrato de constitucionalidade no Supremo Tribunal Federal, que, nas **ADIs 5948 e 5538** e na **ADC 38** (julgadas em 01/03/2021), confirmou a medida cautelar anteriormente deferida e decidiu que as discriminações contidas no texto legal são inconstitucionais, por ofenderem os princípios da igualdade (art. 5º, CF/88) e da eficiência (art. 37, CF/88).

Portanto, atualmente, segundo decidido pelo STF, os integrantes das guardas municipais de todos os Municípios do País encontram-se autorizados por lei a portar arma de fogo.

■ SEGURANÇA VIÁRIA

A segurança viária foi tratada no art. 144 da CF/88 por força da EC 82/2014 (que incluiu o § 10 nesse artigo), devendo ser exercida por órgãos ou entidades próprios, sendo os agentes de trânsito estruturados em carreira (art. 144, § 10, II, CF/88).

Trata-se de órgãos cuja finalidade é a preservação da ordem pública e da incolumidade das pessoas e do seu patrimônio nas vias públicas, estando eles presentes nos Estados, no Distrito Federal e nos Municípios. Não houve previsão de órgão de segurança viária no âmbito da União, muito embora a CF/88 já previsse a existência da polícia rodoviária federal (que tem algumas atribuições relacionadas à segurança viária) desde a sua entrada em vigor.

A segurança viária compreende uma série de ações que têm como objetivo garantir segurança e eficiência na mobilidade urbana. Nos termos do art. 144, § 10, I, essas ações são a educação, a engenharia e a fiscalização do trânsito, além de outras atividades previstas em lei. É importante lembrar que isso não prejudica a possibilidade de as guardas municipais exercerem fiscalização de trânsito nos Municípios, conforme decidido pelo Supremo Tribunal Federal no Tema de Repercussão Geral nº 472 (RE 658.570).

Confira o teor do art. 144, § 10, da Constituição Federal:

> **"Art. 144, § 10, CF/88.** A segurança viária, exercida para a preservação da ordem pública e da incolumidade das pessoas e do seu patrimônio nas vias públicas:
>
> I - compreende a educação, engenharia e fiscalização de trânsito, além de outras atividades previstas em lei, que assegurem ao cidadão o direito à mobilidade urbana eficiente; e
>
> II - compete, no âmbito dos Estados, do Distrito Federal e dos Municípios, aos respectivos órgãos ou entidades executivos e seus agentes de trânsito, estruturados em Carreira, na forma da lei."

Uma importante questão a ser respondida sobre os órgãos de segurança viária é a seguinte: **eles são órgãos de segurança pública?**

De acordo com a literalidade do texto constitucional, não é possível afirmar que sim, pois, como vimos, o rol do *caput* do art. 144 da CF/88 é taxativo, e lá não estão previstos os órgãos de segurança viária.

Porém, é fato que a segurança viária é tratada, topograficamente, no mesmo dispositivo constitucional que disciplina a segurança pública. Além disso, a sua missão constitucional (de preservação da ordem pública e da incolumidade das pessoas e do seu patrimônio) revela tarefas que têm relação com a segurança pública. Por essas razões, a doutrina entrou em divergência sobre se os órgãos de segurança viária são ou não órgãos de segurança pública. Pedro Lenza, evitando entrar na discussão, diz tão somente que as atribuições desses órgãos devem ser compreendidas no contexto da segurança pública, sem, porém, afirmar que eles são órgãos de segurança pública.

Para a sorte de quem se prepara para os concursos públicos, o Supremo Tribunal Federal, na **ADI 3396**, julgada em 15/04/2020, acabou com as dúvidas que existiam a esse respeito e afirmou expressamente que os órgãos de segurança viária **não são órgãos de segurança pública**, pois o rol do art. 144, que elenca os órgãos de segurança pública existentes no Brasil, tem natureza taxativa.

Nas palavras da Corte, *"compete aos órgãos e agentes de trânsito estaduais, distritais e municipais o exercício da* ***"segurança viária"***, *que compreende a* ***educação, engenharia***

***e fiscalização de trânsito**, além de outras atividades previstas em lei, que assegurem ao cidadão o direito à mobilidade urbana eficiente, **não se confundindo com a atividade de "segurança pública"** (artigo 144, § 10, da Constituição Federal). (...) In casu, o inciso XVIII do artigo 2º da Lei distrital 2.990/2002, ao dispor que compete aos agentes de trânsito exercer "outras atividades de natureza policial que lhes forem atribuídas, na forma da legislação vigente", assim como o artigo 11 do mesmo diploma, ao dispor que o cargo de agente de trânsito "é atividade de segurança pública para todos os efeitos", encontram-se eivados de inconstitucionalidade material por não observância da **taxatividade do rol dos órgãos encarregados da segurança pública previstos no artigo 144 da Constituição Federal**".*

Evidentemente, esse é o entendimento que deve ser adotado nas provas.

■ E OS ÓRGÃOS DE SEGURANÇA PÚBLICA DOS TERRITÓRIOS?

O *caput* do art. 144 da CF/88, quando elenca os órgãos de segurança pública, não se refere, em nenhum inciso, aos Territórios, mas apenas à União, aos Estados e ao Distrito Federal.

Isso significa que não poderá haver órgãos de segurança pública nos Territórios, se e quando eles forem criados? **Não**, não significa isso.

O que acontece em relação aos órgãos de segurança pública dos Territórios é que a Constituição Federal falhou na tarefa de sistematizar com clareza a sua disciplina, especialmente após as modificações realizadas pelas diversas emendas constitucionais.

Por exemplo, o art. 21, XIV, da CF/88, em sua redação original, ao estabelecer a competência da União para organizar a manter os órgãos de segurança pública do Distrito Federal, também se referia aos Territórios. Porém, quando esse dispositivo foi modificado pela EC 19/98, a referência aos Territórios foi suprimida, assim permanecendo até hoje, na atual redação do dispositivo, que foi conferida pela EC 104/2019.

Mas é necessário repetir: isso não significa que, quando vier a ser criado um Território, não haverá nele órgãos de segurança pública. E por que não significa isso? Porque, apesar do que acabamos de ver acima, há passagens do texto constitucional que mencionam órgãos de segurança pública dos Territórios.

É o caso do § 6º do art. 144 da CF/88, que, ao estabelecer a subordinação das forças de segurança pública dos Estados e do Distrito Federal aos respectivos Governadores, menciona também os Territórios. Veja:

> "***Art. 144, § 6º, CF/88.*** As polícias militares e os corpos de bombeiros militares, forças auxiliares e reserva do Exército subordinam-se, juntamente com as polícias civis e as polícias penais estaduais e distrital, aos Governadores dos Estados, do Distrito Federal e dos Territórios."

Nesse dispositivo, fica claro que a Constituição Federal reconhece a existência de órgãos de segurança pública nos Territórios, órgãos esses que são os mesmos dos Estados e do Distrito Federal.

Mas, se o art. 21, XIV, da CF/88 não mais prevê a competência da União para organizar e manter os órgãos de segurança pública dos Territórios, qual será o fundamento constitucional para que isso seja feito? O art. 33, *caput*, da CF/88, que remete à lei a

...nização administrativa e judiciária dos Territórios, lei essa que é de iniciativa privati-... do Presidente da República, nos termos do art. 61, § 1º, II, "b", da CF/88.

> "***Art. 33, CF/88.*** A lei disporá sobre a organização administrativa e judiciária dos Territórios."
>
> "***Art. 61, § 1º, CF/88.*** São de iniciativa privativa do Presidente da República as leis que:
>
> (...)
>
> II - disponham sobre:
>
> (...)
>
> b) organização administrativa e judiciária, matéria tributária e orçamentária, serviços públicos e pessoal da administração dos Territórios;
>
> (...)"

Portanto, não há dúvida quanto à possibilidade de criação de órgãos de segurança pública nos Territórios, que serão os mesmos existentes nos Estados e no Distrito Federal e serão organizados por lei federal de iniciativa privativa do Presidente da República, além de serem mantidos, evidentemente, pela União, já que os Territórios integram a Administração Pública federal.

JUS3499